Jürgen Mirow

Geschichte
des deutschen
Volkes

Jürgen Mirow

Geschichte des deutschen Volkes

Von den Anfängen
bis zur Gegenwart

Parkland

1996 Parkland Verlag GmbH, Köln
© Casimir Katz Verlag, Gernsbach
Lizenzausgabe mit freundlicher Genehmigung des Originalverlages
Umschlaggestaltung: Zembsch' Werkstatt, München
ISBN 3-88059-867-3

Inhaltsverzeichnis

nisse · Geringe Sensibilität · Unterhaltung · Gestaltung · Mythisch-magisches Weltverständnis · „Christliches Mittelalter"? · Christliches Erbe · Um das rechte Christentum · Kirchliche Elitenkultur · Antikes Erbe · Autorität und Realität · Begriff
und Beziehungen · Höfische Kultur · Geistige Freiheit und Vergewisserung

zur Reformation · Entfaltung des reformatorischen Aufbruchs · Eingreifen der Obrigkeiten · Reichspolitik und Glaubenseinheit · Konfessionalisierung: gegenseitige Abgrenzung · Konfessionalisierung: Formierung der Gläubigen · Hexenverfolgungen · Moralisierung des Alltags · Entdeckung der Persönlichkeit?

höfischen Mentalitätswandels · Antikes Erbe · Geometrische Ordnung · Ausstrahlung der Hofkultur · Kirchen als Erzieher · Elementarschulwesen · Unterhaltung der einfachen Leute · Konfessionelle Spaltung · Katholizismus · Protestantismus · Konfessionen und Modernität · Erneuerung der gelehrten Welterfassung: Prinzipien · Staatswissenschaften · Zeitbewußtsein · Resonanz der neuen Weltsicht · Individualisierung · Aufklärung · Empfindsamkeit · Ansätze bürgerlicher Nationalkultur

zu Triumph · Sudetenkrise · Auslösung des Zweiten Weltkriegs · Polenfeldzug, Skandinavienfeldzug, Westfeldzug · Weichenstellungen: Sommer 1940 bis Sommer 1941 · Ausweitung zum Weltkrieg · Scheitern der Strategie der Blitzfeldzüge · Die deutsche Besatzungsherrschaft über Europa · Pläne für ein künftiges Europa · Reaktionen auf die Besatzungsherrschaft · Kriegswirtschaft und Siegeschancen · Friedensmöglichkeiten? · Kriegswende · Rückzug · Deutschlandpläne der Alliierten · Kriegsende · Grenzregelungen · Einrichtung der Besatzungsherrschaft · Potsdamer Konferenz · 1945: Katastrophe oder Befreiung? · Spaltung · Bilanz

Einleitung

„Geschichte des deutschen Volkes" – nicht einfach „deutsche Geschichte" heißt dieses Buch, und das mit Bedacht. Was ist der Gegenstand einer Geschichtsdarstellung, die im deutschen Volk ihr Subjekt sieht? In dreierlei Hinsicht ist dieser näher zu bestimmen: erstens hinsichtlich seiner räumlichen und zeitlichen Eingrenzung, zweitens hinsichtlich seines sachlichen Inhalts und drittens hinsichtlich seiner methodischen Folgen.

Zum ersten Problem. Als nationalliberale Historiker im 19. Jahrhundert darangingen, deutsche Nationalgeschichte zu schreiben, war für sie der deutsche Nationalstaat, als welchen sie dann das 1871 gegründete Deutsche Reich ansahen, selbstverständlicher Bezugspunkt ihrer Darstellung, und daran haben seitdem fast alle Gesamtdarstellungen der deutschen Geschichte festgehalten. Nun läßt sich zwar die französische Geschichte von ihrem Beginn im 10. Jahrhundert bis heute sinnvoll als Geschehen im Rahmen des kontinuierlich bestehenden Staates Frankreich darstellen, aber auf die deutsche Geschichte ist dieses Konzept eben nicht übertragbar, und das aus mehreren Gründen. Die deutsche Geschichte kennt nicht den einen deutschen Staat, der in vergleichbarer Weise über Jahrhunderte hinweg kontinuierlich existiert und ihr damit festen Halt und Begrenzung gegeben hätte. Das unterscheidet sie z.B. von der französischen oder dänischen, das hat sie z.B. mit der italienischen gemeinsam. Diese Kontinuität fehlt in räumlicher Hinsicht: es wäre unsinnig, einfach den jeweils größten deutschen Staat zu betrachten und so eine Kontinuitätslinie zu konstruieren, bei der sich dann nacheinander die Niederlande, die Schweiz, Liechtenstein und Luxemburg, Österreich und zeitweise die DDR aus der deutschen Geschichte abspalten und deren Fortsetzung entsprechend einschrumpft. Zu vieles bliebe dabei außen vor, was doch unbezweifelbar deutsch war und ist. Die staatliche Kontinuität fehlt auch inhaltlich: das römisch-deutsche Reich vom 10. Jahrhundert bis 1806, der Deutsche Bund 1815-1866, das Deutsche Reich 1867/1871 bis 1945, schließlich die BRD – die Brüche zwischen diesen Gebilden waren mehr als nur ein Wechsel der Verfassung, den auch Frankreich im Laufe seiner Geschichte mehrfach erlebte, sie berührten Wesen und Identität der genannten Reiche, Bünde und Staaten. Nur das Deutsche Reich verstand sich als deutscher Nationalstaat, und selbst das war nur eingeschränkt berechtigt. Die BRD ist entschieden weniger, hinsichtlich der Fläche wie bis zur Wiedervereinigung 1990 auch vom Selbstverständnis her. Aber auch das durch den Beitritt der DDR zur BRD entstandene Gesamtdeutschland ist nicht ein wiederauferstandenes Deutsches Reich, sondern etwas qualitativ anderes, denn dessen Traditionen autoritärer, junkerlicher und militaristischer Art sind ihm fremd, und es entspricht auch nicht mehr dem Leitbild eines gesamtdeutschen Nationalstaats als eines in sich integrierten und nach außen deutlich abgegrenzten Gebildes, sondern ist in weitgespannte Zusammenschlüsse wie EG und NATO eingebunden, um jene wirtschafts- und sicherheitspolitischen Ziele zu realisieren, die man sich im 19. Jahrhundert vom Nationalstaat erwartete. Der Deutsche Bund wiederum war überhaupt kein Reich, sondern nur ein lockerer Zusammenschluß souveräner Staaten. Das römisch-deutsche Reich schließlich war erst recht mit keinem der anderen identisch und war auch kein Nationalstaat, sondern ein übervolkliches Gebilde, das u.a. auch zahlreiche Franzosen, die Tschechen und große Teile Italiens einschloß. Zu Unrecht unterstellten ihm die Historiker des 19. Jahrhunderts, ein Deutsches Reich gewesen zu sein, um so ihr Konzept einer durchgehenden nationalstaatlichen deutschen Geschichte gegen die Fakten zu retten, und oft projizierten sie dabei tatsächlich das Gebiet in etwa des Deutschen Reiches des 19. Jahrhunderts bis ins Mittelalter zurück und behandelten das Geschehen auf diesem Boden, wogegen sie die übrigen Teile des römisch-deutschen Reiches weitgehend aussparten. Schließlich fehlt der deutschen Geschichte staatliche Kontinuität und Einheit auch darin, daß im römisch-deutschen Reich und im Deutschen Bund nicht die auf Einheit und Zentralismus orientierten Kräfte vorherrschend waren, sondern die territorialen Gewalten, und das je länger desto mehr. Stets gab es mehrere deutsche Staaten. In Frankreich wurden seit dem späten Mittelalter Nationalsprache, Hochkultur und Bürokratie vom Königshof aus geprägt, aufgebaut und im ganzen Staat durchgesetzt. Im deutschen Raum erwies sich dagegen spätestens seit Ende des 12. Jahrhunderts nicht die Reichszentrale als wichtigstes Zentrum politischer, kultureller und gesellschaftlicher Impulse und Neuerungen, sondern diese Rolle spielten regionale Zentren in den einzelnen Territorien. Auch in dieser Hinsicht ist der deutsche Gesamtstaat nicht *die* prägende Kraft der deutschen Geschichte gewesen.

Wenn nun also deutsche Reiche und Staaten als Subjekt der deutschen Geschichte unbrauchbar sind, läßt sich deutsche Geschichte dann vielleicht als das Geschehen in einem bestimmten natürlichen Raum erfassen? Eine Geschichte der Britischen Inseln oder der italienischen Halbinsel ist denkbar, weil diese klar abgegrenzte Naturräume bilden. Der Raum der deutschen Geschichte ist zwar durch Nord- und Ostsee nach Norden und durch die Alpen nach Süden einigermaßen begrenzt, aber nach Westen und Osten ohne natürliche Grenzen. So dehnte sich der Raum der deutschen Geschichte aus, zog sich zusammen und verlagerte sich, und auch sein regionaler Schwerpunkt wanderte im Laufe der Jahrhunderte. Das Siedlungsgebiet weitete sich mit der mittelalterlichen Ostsiedlung stark aus und schrumpfte mit den Vertreibungen nach 1945 deutlich zusammen, das Gebiet politischer Herrschaft erfaßte zeitweise weite Teile Italiens und Osteuropas und zerfiel auch wiederholt, und obendrein deckte es sich nie mit dem Siedlungsraum. Die großen Teilräume Mitteleuropas weisen in durchaus unterschiedliche Richtungen: das Flußsystem des Rheins verbindet mit den Franzosen und weist nach England, die großen parallelen Ströme der norddeutschen Tiefebene weisen nach Norden, der Donauraum öffnet sich nach Südosteuropa. Die Lage in der Mitte Europas bescherte viele Nachbarn und schuf mehr Verflechtungen als klare Abgrenzungen.

Nun hieße es, das Kind mit dem Bade ausschütten, wollte man jetzt den Schluß ziehen, daß eine über Jahrhunderte hinwegreichende zusammenhängende Darstellung der deutschen Geschichte nicht möglich wäre. Nur muß man das Subjekt der deutschen Geschichte an anderer Stelle suchen, nämlich im deutschen Volk. Das deutsche Volk definiert sich nicht als biologische oder gar rassische Einheit, denn in das deutsche Volk sind, wie in alle anderen großen Völker auch, im Laufe der Jahrhunderte verschiedene biologische Elemente eingeströmt. Das deutsche Volk ist vielmehr eine Großgruppe von Menschen, die miteinander kommunizieren. Indem sie untereinander Gedanken austauschen, entwickeln sie eine Gemeinsamkeit von Literatur, Ideen, Überzeugungen, Stilen und Bräuchen. Indem eine Generation mit der folgenden kommuniziert und dabei Vorstellungen und Gewohnheiten weitergibt, leben Traditionen fort. Das zentrale Mittel der Kommunikation ist die Sprache. Diese ist zugleich ein System menschlicher Weltaneignung und Weltauslegung, denn ihre Art bringt Denkweisen zum Ausdruck und prägt zugleich das Denken des einzelnen Menschen. Die gemeinsame Sprache fördert die Kommunikation und damit Gemeinsamkeit und Einheitlichkeit, das Nichtverstehen der Sprache fremder Völker behindert die Kommunikation und läßt Unterschiede verstärkt hervortreten. Deshalb ist der Gebrauch der deutschen Sprache als Muttersprache das Hauptmerkmal, um das deutsche Volk gegen andere Völker abzugrenzen. Dabei veränderten sich Art und Weise der ausgetauschten und weitergegebenen Kulturbestände im Laufe der Jahrhunderte. Einen sich ewig gleichbleibenden Nationalcharakter oder Volksgeist gibt es nicht. Völker bestehen als Kommunikationszusammenhang, nicht als Verkörperung von Wesensgehalten. Gleichwohl wirken wirtschaftliche, geistige und politische Strukturen, die sich einmal unter bestimmten Bedingungen gebildet und verfestigt haben, oft über lange Zeiträume prägend weiter.

Zweifellos war und ist das Volk nicht die einzige Großgruppe, die aufgrund intensiver Kommunikation Gemeinsamkeiten besitzt. Innerhalb jedes Volkes gab und gibt es Teilgruppen regionaler und lokaler Art oder als gesellschaftliche Schichten, die ihrerseits besondere Sitten und Einstellungen ausbilden, und zugleich gab es auch stets einen Austausch von Kulturgütern über die Volksgrenzen hinweg, vor allem im gesamteuropäischen Rahmen, was die Einheit der abendländischen Kultur begründete. Die Gewichtung dieser verschiedenen Ebenen zueinander verschob sich im Laufe der Jahrhunderte. Das Volk ist also keineswegs das einzig mögliche Subjekt einer umfassenden Darstellung, aber es ist eines der möglichen, und zwar ein wichtiges, weil in hohem Maße prägend. Die jeweiligen Zeitgenossen vom 10. Jahrhundert bis heute haben stets den Begriff eines deutschen Volkes gekannt, was belegt, daß es auch im Bewußtseinshorizont der einzelnen Epochen existiert hat, also keine nachträgliche und künstliche Historikerkonstruktion darstellt. Deshalb ist es auch berechtigt, das deutsche Volk zum Subjekt einer historischen Darstellung zu machen.

Indem nun das Subjekt der deutschen Geschichte klar bestimmt ist, ergibt sich daraus auch ihre zeitliche und räumliche Abgrenzung. So beginnt deutsche Geschichte erst in der Mitte des 10. Jahrhunderts; die Germanen oder gar urzeitliche Menschen im mitteleuropäischen Raum waren zwar Vorläufer der Deutschen, aber noch nicht selbst Deutsche. Als Teil des deutschen Volkes gehören zur deutschen Geschichte auch die Entwicklungen der Deutschen außerhalb des jeweiligen deutschen Hauptstaates, also jene der Österreicher auch nach 1866 und der deutschen Schweizer nach 1648, der seit dem Mittelalter in einzelnen Siedlungsinseln über Osteuropa verstreuten Volksdeutschen und der im 19. und 20. Jahrhundert nach Übersee ausgewanderten Auslandsdeutschen, letztere, solange sie sich als deutsch empfunden und noch nicht assimiliert haben.

Vom Volk muß deutlich die Staatsnation unterschieden werden. Eine Staatsnation ist eine Großgruppe von Menschen, die den Willen hat, miteinander in einem Staat in einer gemeinsamen politischen und gesellschaftlichen Ordnung zusammenzuleben. Dies kommt meist auch darin zum Ausdruck, daß sie an politischen Entscheidungsprozessen teilhaben. Im 19. Jahrhundert kam nun die Vorstellung auf, Volk und Staatsnation müßten in einem Nationalstaat zur Deckung gebracht werden – möglichst alle Angehörigen eines Volkes sollten in einem Staat zusammengefaßt werden, möglichst alle Einwohner eines Staates sollten dieselbe Volkszugehörigkeit besitzen oder annehmen. Die Unwilligkeit, Volk und Staatsnation zu trennen, hat höchst unglückliche politische Folgen gezeitigt. Sie führte zu zahlreichen Versuchen, Angehörigen volklicher Minderheiten innerhalb eines Staates eine andere Volkszugehörigkeit mehr oder minder aufzuzwingen, sie verleitete zu Annexionen, um die Staatsgrenzen den Volksgrenzen anzugleichen, und sie ist verantwortlich für massenhafte Umsiedlungen und Vertreibungen, welche die Volksgrenzen den Staatsgrenzen anpassen sollten. Diese Idee war der Grund dafür, daß man in Österreich nach dem Zweiten Weltkrieg eine auch kulturelle Eigenexistenz gegenüber dem Deutschen zu konstruieren versuchte und es teilweise geradezu tabu wurde, den Begriff „deutsch” mit Bezug auf Österreich zu verwenden, aus der unbegründeten Angst heraus, daß die Tatsache gemeinsamer Volkszugehörigkeit immer noch die staatliche Selbständigkeit Österreichs gefährden könnte. Es ist höchste Zeit, sich von der Vorstellung zu lösen, daß die Übereinstimmung der räumlichen Ausdehnung von Volk und Staat, daß eine so verstandene nationale politische Einheit ein vorgegebenes Ziel historischer Entwicklung sei, und es ist nötig, diese Idee stattdessen als Erscheinung einer bestimmten Epoche zu begreifen. Dann wird der Blick frei für die Tatsache, daß in der deutschen Geschichte jahrhundertelang Volk und Staatsnation eben nicht zusammenfielen, daß ein Volk wie das Deutsche auf mehrere Staaten aufgeteilt sein kann und daß eine Staatsnation Menschen verschiedener Volkszugehörigkeit zu umfassen vermag, wie dies in der Schweiz der Fall ist. Die säuberliche Trennung von Volk und Staatsnation ist Voraussetzung dafür, daß das deutsche Volk zum Subjekt der deutschen Geschichte gemacht werden kann, ohne daß sich damit der unakzeptable politische Anspruch einstellt, andere deutsche Staaten gegen ihren Willen an den deutschen Hauptstaat anschließen zu wollen. Demokratisches Denken gebietet es, die Frage, ob zwei Staaten vereint werden sollen, nicht nach dem objektiven Merkmal der Volkszugehörigkeit zu entscheiden, sondern das Selbstbestimmungsrecht zum Maßstab zu nehmen und deshalb nach dem subjektiven, freien Willen der jeweiligen Bevölkerung zu fragen.

Das deutsche Volk als Subjekt der deutschen Geschichte zu erkennen, hat, *zum zweiten,* über die räumliche und zeitliche Abgrenzung des Gegenstandes hinaus, auch Folgen für seinen sachlichen Inhalt. Eine so verstandene deutsche Geschichte handelt nicht nur von den Eliten, sondern vom ganzen Volk. Sie fragt nicht nur nach Leben und Leistungen der Fürsten, Feldherren und Politiker, sondern auch nach den Lebensumständen, nach Arbeit, Ernährung und Wohnen der einfachen Deutschen. Ihr Interesse an der Geschichte geistiger Dinge richtet sich nicht nur auf die Spitzenleistungen großer Gelehrter und Dichter, sondern auch auf Glauben, Mentalität, Denkgewohnheiten und Einstellungen der einfachen Leute, nicht nur auf die Künste der Eliten, sondern auch auf die oft als trivial und minderwertig abgewerteten künstlerischen Gestaltungen im Lebensumfeld der Masse der Bevölkerung. Sie versteht unter Herrschaftsverhältnissen nicht nur Verfassungsorgane und zentrale Verwaltungsbehörden, sondern Herrschaft und Verwaltung bis hinunter zur lokalen Ebene, welche die Menschen oft viel unmittelbarer berührt. Sie handelt nicht nur von Dichtern und Denkern, sondern auch von Richtern und Henkern. Sie ist nicht nur auf obrigkeitliche Ordnung, sondern auch auf Bestrebungen nach mehr Freiheit neugierig, die es in der deutschen Geschichte sehr wohl gab, nur daß diese ihre Ansatzpunkte durchweg im räumlich kleineren Rahmen fanden und dadurch territorialen oder lokalen Charakter bekamen, eine Folge der Tatsache, daß über weite Strecken der deutschen Geschichte hinweg verschiedene Territorien nebeneinander existierten und die Zentralgewalt wenig bedeutete. Eine Geschichte des deutschen Volkes wählt weder einseitig die Sicht vom Ministerschreibtisch aus oder aus dem Schloßfenster hinaus, noch die ebenso einseitige Froschperspektive des kleinen Mannes, sondern sie versucht, das ganze Volk in seinen verschiedenen gesellschaftlichen Gruppen zu erfassen.

Und schließlich versucht eine Geschichtsdarstellung, die nach diesem Konzept verfährt, das Volk in der Gesamtheit und Mannigfaltigkeit seiner Lebensäußerungen in den Blick zu fassen. Für die Auswahl kann dabei nicht ausschlaggebend sein, welche Gebiete die Forschung gründlicher und welche sie bisher kaum bearbeitet hat, was teilweise recht zufällig ist, sondern leitend für die Auswahl muß sein, was wir wissen wollen. Deshalb und weil die Fülle des Stoffes anders nicht zu bändigen ist, wird jede Epoche systematisch nach den gleichen leitenden Fragestellungen abgehandelt. Ausgangspunkt ist dabei der Mensch, der handelt, indem er zeugt, arbeitet, spricht und herrscht. Aus diesen Grundtatsachen leitet sich die Kapitelgliederung jeder Epoche her. (1.) ist zunächst vom deutschen Volk in seinem schlicht zahlenmäßigen Bestand zu sprechen, wie er sich aus Geborenwerden und Sterben der einzelnen Deutschen ergibt, sowie von seiner räumlichen Verbreitung und von den Veränderungen seines Siedlungsgebietes. Besonders ist auch zu fragen nach der Rolle und den Problemen volklicher Minderheiten, und zwar stets gleicherweise der deutschen inmitten anderer Völker wie jener anderer Volkszugehörigkeit in deutschen Staaten. Dann wird (2.) geschildert, wie die Deutschen sich durch Arbeit mit ihrer physischen Umwelt auseinandersetzten, wie sie jener Nahrung und Rohstoffe entnahmen und diese verarbeiteten, um ihre materiellen Bedürfnisse zu befriedigen, welcher Techniken und Organisationsweise der menschlichen Arbeit sie sich dabei bedienten, wie sie zugleich auf die Natur zurückwirkten und diese umformten, vor allem durch die Nutzung von Bodenfruchtbarkeit, durch Siedlungen und Verkehr sowie den Ausstoß von Abfallstoffen, und wie sie der Gefahren für Leben und Gesundheit Herr zu werden versuchten. Insbesondere aus dem arbeitsteiligen Zusammenarbeiten und außerdem aus den Herrschaftsverhältnissen ergab sich (3.) jeweils ein System von gesellschaftlichen Beziehungen zwischen den Menschen, das Ungleichheiten und Konflikte zwischen den verschiedenen Gruppen mit sich brachte und ihre gesellschaftlichen Rollen festlegte. Als (4.) wird dargelegt, wie bestimmte Muster entstanden, die natürliche und gesellschaftliche Wirklichkeit zu erfahren und zu deuten, wie Wertvorstellungen, Glaubensüberzeugungen und Geisteshaltungen und wie künstlerische und literarische Gestaltungsformen sich entwickelten, durch sprachliche Kommunikation in ihrer Zeit verbreitet und oft auch an folgende Generationen weitergegeben wurden. Herrschaft schließlich äußerte sich in mehrfacher Weise. Und zwar (5.) zunächst als Frage, inwieweit die Deutschen einen Gesamtstaat als politische Einheit besaßen oder es mehrere deutsche Staaten gab, wie das Ringen zwischen zentralistischen und partikularistischen Kräften verlief, und wie es um die Existenz einer oder mehrerer Staatsnationen im deutschen Volk bestellt war. Das ist ein Grundproblem gerade der deutschen Geschichte. Als (6.) wird erzählt, wie innerhalb der jeweiligen deutschen Staaten Herrschaft organisiert war und von oben nach unten ausgeübt wurde, wer daran teilhatte und inwieweit es Freiheit gab. Schließlich wird (7.) dargelegt, wie die politischen Beziehungen der deutschen Staaten zu anderen Völkern und Staaten sich gestalteten, ihre Grundprobleme und wechselvollen Ereignisabläufe. Am Schluß der Epoche wird (8.) überlegt, was von den Entscheidungen, Werken und geschaffenen Strukturen dieser Epoche sehr langfristig, ja bis in unsere Gegenwart hinein, als Erbe fortwirkt.

Letztlich dient die Beschäftigung mit Geschichte stets der Selbstvergewisserung. Sie wird geleitet von dem Ziel, heutige Gegebenheiten besser verstehen zu können, indem wir erkennen, wie diese entstanden sind, und sie liefert einen möglichen Maßstab zur Bewertung der Gegenwart, indem man sie an der Vergangenheit mißt. Die historisch ererbten Gegebenheiten sind die Voraussetzungen, unter denen jede Generation ihre eigene Epoche gestaltet. Die Arbeit vorangegangener Generationen kann hilfreich sein, indem sie einen Sockel bildet, auf dem spätere aufbauen können und so weiter vorankommen, als wenn sie alles noch einmal wieder von vorne erdenken und beginnen müßten, und wenn verschiedene Völker auf der Welt sich im heutigen materiellen Entwicklungsniveau unterscheiden, so ist dieser Unterschied Ergebnis einer jahrhundertelangen unterschiedlichen Entwicklung; das Erbe kann aber auch eine belastende Bürde sein, die man gerne los wäre und deren man sich oft doch nicht zu entledigen vermag. In jedem Fall setzt das historisch Geschehene gegenwärtigem Handeln bestimmte Rahmenbedingungen und schränkt die Zahl möglicher Handlungsalternativen ein. Historische Vorprägungen erfolgen sowohl in Gestalt von Kontinuitäten weiterwirkender Strukturen als auch in Gestalt von Brüchen in der geschichtlichen Entwicklung, die bestimmte Traditionen abschneiden, was von den nachfolgenden Generationen ebenso als Verlust wie als Freiheit zu Neuanfang und Modernisierung empfunden werden kann. Der Blick auf den politischen Bereich läßt in der deutschen Geschichte vor allem die Diskontinuitäten hervortreten. Wo in etlichen anderen Ländern Staatsgründung und Unabhängigkeitskrieg, erfolgreiche Revolutionen und Verfassungsschöpfungen sowie auch gewonnene Kriege bejahte Ergebnisse von bleibender Dauer gezeitigt haben und deshalb auch in Gestalt von Feiertagen im jährlichen Festkalender sowie im Bewußtsein der Bevölkerung präsent sind, besitzen die Deutschen kaum vergleichbare, ungebrochene politische Traditionen. Nachdenken über die politische Geschichte fördert hier eher Brüche, Scheitern, problematische Siege oder als Belastung empfundene Hinterlassenschaften zutage. Doch auch damit erübrigt sich nicht die Frage, wie es so gekommen ist. Dabei sollte man zugleich auch ein Augenmerk richten auf Alternativen, auf abgebrochene Entwicklungen und nicht verwirklichte, gleichwohl ernsthafte Pläne und auch auf Zufälle, besonders an jenen Stellen, wo die Ergebnisse und Folgen des tatsächlichen Geschichtsverlaufs im heutigen Licht problematisch erscheinen. Wesentliche, wenn auch oft wenig bewußte Verwurzelungen in ihrer Geschichte weisen die Lebensverhältnisse der heutigen Deutschen dagegen dort auf, wo langfristige Prozesse im wirtschaftlichen, gesellschaftlichen und geistigen Bereich die heutigen Strukturen allmählich haben entstehen lassen, z.B. die Prozesse zunehmender Arbeitsteilung und räumlich immer weiter ausgreifender Wirtschaftsverflechtung der Haushalte und Regionen, des Aufbaus bürokratischer Verwaltungen und der Monopolisierung legitimer physischer Gewaltanwendung, der Entstehung von Subjektivität und der Entwicklung von einem religiös-magischen zu einem säkularisierten Weltverständnis, die Verstädterung und überhaupt die Formung der Kulturlandschaft und die dabei entstehenden Umweltprobleme, die Entwicklung von technologischem Niveau und wissenschaftlichem Kenntnisstand.

Schließlich hat, *zum dritten*, die Entscheidung für das deutsche Volk als Subjekt der deutschen Geschichte und für die damit verbundenen Inhalte auch methodische Folgen. Es geht nicht in erster Linie um die politischen Entscheidungen und Handlungen, Schlachten und Verträge, Kunstwerke und Dichtungen der großen einzelnen, der Politiker, Fürsten und Feldherren, Dichter und Künstler, für deren großes Theater die Lebensverhältnisse der vielen bestenfalls das Bühnenbild im Hintergrund abgaben. So wird wenig von Personen und Personennamen die Rede sein. Es geht um die Geschichte des Volkes als Ganzem. Diesem Gegenstand kann aber auch keine Geschichte des Alltags genügen, die aus der eng begrenzten Froschperspektive der kleinen Leute das tägliche Leben vergangener Zeiten zu fassen versucht und dabei Gefahr läuft, bei kleingemalten Bildern aus der deutschen Vergangenheit zu landen, statisch und blind für gesellschaftliche und politische Zusammenhänge und Strukturen, historische Ursachen und Wirkungen. Vielmehr stehen für uns im Mittelpunkt Art und Wandel jener überindividuellen Erscheinungen wie z.B. Wirtschaftsordnungen und gesellschaftliche Gliederungen, Weltanschauungen und Kunststile, Herrschaftsordnungen und politische Konstellationen. Sie alle werden zwar von Menschen gemacht, aber indem sie aus dem Tun und Arbeiten der vielen, aus einer sich durchkreuzenden Vielzahl verschiedener handelnder Einzelwillen entstehen und indem einmal Geschaffenes und Entschiedenes sich oft auf Dauer stellt, gewinnen sie ihre eigene Dynamik, treten sie dem einzelnen mit seinem Willen gegenüber und prägen ihn von Kindheit an bis in sein Wollen hinein.

Diese kollektiven Gebilde wandeln sich mit unterschiedlicher Geschwindigkeit. Ganz grob lassen sich drei Verlaufsgeschwindigkeiten unterscheiden. Die erste vollzieht sich so langsam, daß innerhalb einer Epoche praktisch keine Veränderungen feststellbar sind. Man kann diese Verhältnisse als Strukturen oder Zustände ansprechen, aber sie sind eigentlich nicht etwas Statisches im Gegensatz zum Wandel, sondern eine Form extrem langsamen Wandels. Dabei kann es sich um Formen der Arbeitsorganisation ebenso wie um gesellschaftliche Rollen, Glaubensüberzeugungen, Verfassungen, Rechtsordnungen und außenpolitische Grundkonstellationen handeln. Bei Geschehnissen der zweiten Verlaufsgeschwindigkeit geht es um jene mehr oder minder langsamen Entwicklungen, oft von nachdenklichen Zeitgenossen durchaus wahrnehmbar, die einen meist durchgehenden Trend einer Epoche bilden. Der dritten Verlaufsgeschwindigkeit sind jene Erscheinungen zuzurechnen, die sich im Zeitraum von Monaten oder wenigen Jahren deutlich verändern und die im allgemeinen die Aufmerksamkeit der Zeitgenossen, der Chroniken und Zeitungen fast ausschließlich auf sich ziehen. Dazu gehören u.a. kurzfristige Konjunkturschwankungen und Hungersnöte, rasch wechselnde Moden und politische Ereignisse. Im einzelnen sind die Übergänge zwischen den drei Verlaufsgeschwindigkeiten durchaus fließend. Dabei lassen sich die verschiedenen Inhaltsbereiche, also die Auseinandersetzung des Menschen mit seiner natürlichen Umwelt, die gesellschaftlichen Beziehungen, die geistigen Orientierungen und Gestaltungen sowie die Politik, nicht den verschiedenen Verlaufsgeschwindigkeiten zuordnen, sondern haben jede an allen dreien teil. In jeder Epoche begegnen die verschiedenen Verlaufsgeschwindigkeiten nebeneinander. Dabei kommen Wechsel vor, indem immer wieder einzelne Dinge sozusagen aus dem langsam dahinfließenden Strom historischer Entwicklung zu dauernden Verhältnissen auskristallisieren, die sich dann in späteren Jahrhunderten zum Teil wieder verflüssigen, zum Teil aber auch bestehen bleiben. Auch änderte sich das Mischungsverhältnis der Verlaufsgeschwindigkeiten im Laufe der Geschichte. Im Mittelalter stand der größere Teil der wirtschaftlichen und ein wesentlicher Teil der gesellschaftlichen Erscheinungen der ersten Verlaufsgeschwindigkeit nahe, und das Hin und Her politischer Ereignisgeschichte erscheint hiervon weitgehend abgehoben. Die Entwicklung des erstgenannten Bereichs beschleunigte sich dann allmählich und gewann im 19. Jahrhundert ein Tempo, dem nun teilweise die Mentalitäten kaum noch zu folgen vermochten und das immer mehr auf den Rhythmus auch der politischen Geschichte eingewirkt hat. Da nicht das Gleichbleibende, sondern der Wandel die Geschichte ausmacht, und da Geschichte zum Verständnis der Gegenwart beitragen will, stehen für uns weder Strukturen und statische Epochenquerschnitte, noch die wirre Fülle der rasch wechselnden und oft flüchtigen Ereignisse im Mittelpunkt des Interesses, sondern jene langfristigen Entwicklungsprozesse, die nach und nach die Grundgegebenheiten der heutigen Zeit entstehen ließen. Dabei lassen sich die wichtigen Entwicklungen nicht herausstellen, ohne sich grober Pinselstriche zu bedienen, welche Feinheiten wie frühe Vorläufer und gegenwärtige Nebentendenzen, insbesondere auch regionale und lokale Sonderentwicklungen vernachlässigen müssen. Die Darstellung würde sonst den Umfang des Buches sprengen und der Leser den Wald vor lauter Bäumen aus dem Blick verlieren.

Historische Entwicklung läßt sich nicht als Sich-selbst-Entfalten eines von vornherein keimhaft angelegten Volkscharakters oder einer irgendwie gearteten materiellen Substanz verstehen, noch weniger als Ergebnis der Planungen einzelner Menschen. Vielmehr ist sie Ergebnis eines komplexen Gefüges von Beziehungen, wobei die Sachlogik von Institutionen und von außen herangetragene Herausforderungen, ebenso überindividuelle Tendenzen und der Wille einzelner sich miteinander verbinden und das Gewicht einzelner Faktoren sich im Laufe der Geschichte verändern kann. Da zwar vieles – wenn auch keineswegs alles – einander beeinflußt, da sich die vielfältigen Entscheidungen nicht aus einer letztlich entscheidenden Basis herleiten lassen und da deshalb die verschiedenen Bereiche wie Wirtschaftskonjunkturen, Kunststile und Rechtsordnungen ihre jeweils eigenen Wandlungsgeschwindigkeiten und Zäsuren aufweisen, ist die Gliederung in Epochen gerade angesichts der Breite der Perspektive nur eine grobe Ordnungshilfe. Ihre innere Einheit ist begrenzt, und ihre Übergänge sind unscharf.

Ist nun eine Entwicklung, die sich langfristig durchgesetzt hat, ihres Erfolges wegen auch schon als fortschrittlich zu bejahen? Für die Nationalgeschichtsschreibung des 19. Jahrhunderts waren nationale Größe, eine mächtige Stellung eines deutschen Reiches gegenüber anderen Staaten und die Beherrschung weiter Gebiete, eine starke Zentralgewalt im Innern und der deutsche Nationalstaat als solcher Maßstäbe historischen Urteils, der Weg dorthin bejahter Fortschritt, ebenso meist die Entfaltung eines eigenen nationalen, von fremden Einflüssen möglichst freien Kulturlebens. Nach 1945 wurden andere Stimmen laut: angesichts der äußeren und inneren Katastrophe gerieten nun weit zurückreichende Entwicklungslinien, die in die jüngste Vergangenheit eingemündet hatten und 1945 abgebrochen worden waren, mit in Verruf, und manchem schien die ganze deutsche Geschichte nur noch aus einem Abweichen vom rechten Weg, aus einer Verkettung von Unglück und Fehlern, von Unfreiheit und Aggression zu bestehen. Neigten erstere dazu, in nationalistischer Einseitigkeit deutsche Mißgriffe gegen andere Völker im allgemeinen zu rechtfertigen und um so lauter Übergriffe der anderen gegen Deutsche zu beklagen, so tendierten letztere dahin, Unrecht stets bei den deutschen Akteuren zu vermuten und es bei den anderen zu übersehen. Befriedigen kann beides nicht. Soll man also auf Werturteile ganz verzichten? Dies ist kaum möglich, sondern führt eher dazu, daß Wertungen versteckt, vielleicht sogar unbewußt einfließen, und wo man sich tatsächlich ganz darauf einzulassen versucht, eine Epoche nur aus sich selbst heraus zu deuten, geht jede Distanz zu ihr verloren. Ein ausgewogenes Urteil ist gefragt, und das setzt feste Urteilsmaßstäbe jenseits politischer Opportunität voraus und deren konsequente Anwendung. Nun sind Wertmaßstäbe nicht aus der Geschichte heraus objektiv beweisbar, sondern unterliegen selbst dem historischen Wandel. Sie sind stets subjektive Setzung, und ihre Geltung ist nur durch allgemeinen Konsens begründbar. Fortschritt ist kein in der Geschichte objektiv vorhandener Prozeß, sondern meint eine Annäherung an die gesetzten Wertvorstellungen. Dabei können auf fortschrittliche Entwicklungen auch wieder Rückschritte folgen, können beide Seiten in ein und derselben Entwicklung miteinander verwoben sein und ihr ein ambivalentes Gesicht geben. Als Wertmaßstäbe scheinen uns vor allem vier wesentlich zu sein: die Freiheit des einzelnen zu einer selbstverantwortlichen und vernünftigen Lebensführung, die Fähigkeit der Menschen, die Natur zur Befriedigung ihrer materiellen Bedürfnisse sinnvoll zu nutzen, die Sicherheit vor Gewalt und vor den Gefährdungen der sozialen Existenz und die Gerechtigkeit in den gesellschaftlichen Bezichungen. Die Verwirklichung des Nationalstaates ist dagegen kein Wert an sich. Dabei bleibt unbenommen, daß seine Realisierung oder Nichtrealisierung Einfluß darauf haben kann, inwieweit die genannten Werte verwirklicht werden können. Wendet man diese Wertmaßstäbe auf lange zurückliegende Epochen an, muß man behutsam vorgehen. Wertmaßstäbe dürfen nicht als etwas Fremdes von außen an vergangene Epochen herangetragen werden, wenn historisches Urteil nicht zu bloßem Abkanzeln verkommen soll. Die eigenen Maßstäbe und das jeweils zeitgenössische Denken lassen sich aber insofern miteinander verbinden, als keine Epoche völlig einheitlich ist, sondern jede ein bestimmtes Spektrum verschiedener Wertvorstellungen aufweist, und auf dieses lassen sich die eigenen Wertungen beziehen. Gemessen an Idealen schneidet jede Wirklichkeit schlecht ab. Aber es ist sinnvoll zu fragen, ob ein Entwicklungstrend in Richtung auf eine stärkere Verwirklichung erwünschter Werte verlief und ob Verhältnisse im Vergleich zu anderen Ländern der gleichen Zeit fortschrittlich waren.

Noch zwei Bemerkungen. Die Darstellung eines so weitgespannten Themas wie des vorliegenden kann nur zum kleinsten Teil direkt aus den Quellen schöpfen, sondern muß sich im wesentlichen auf die im Laufe der Jahrzehnte angesammelten Forschungsergebnisse zahlreicher anderer Wissenschaftler verschiedener Fachgebiete stützen. Der Verfasser weiß sich ihnen verpflichtet. Dabei ist das Gesamtthema nicht nur seit langem auf verschiedene Disziplinen aufgeteilt (z.B. Geschichtswissenschaft, Kunstgeschichte, Literaturwissenschaft, Volkskunde, Rechtsgeschichte, Wirtschaftsgeschichte u.a.), sondern auch die Geschichtswissenschaft selbst fällt immer mehr in Teilbereiche auseinander, und die Vertreter der verschiedenen Forschungsgebiete kommunizieren wenig miteinander, nehmen einander teilweise nicht einmal wahr. Um so mehr ist es Aufgabe einer Gesamtdarstellung, Zusammenhang und Einheit herzustellen. Indem sie dies tut und dabei von ihren eigenen Fragestellungen ausgeht, fallen auch manche Antworten und Folgerungen anders aus. Da die Auswahl des Stoffes sich an den eigenen Problemstellungen und nicht einfach an den Schwerpunkten bisheriger Forschung orientiert, ist der Unterbau der vorliegenden Darstellung recht uneinheitlich. In manchen Bereichen kann sie sich auf das festgemauerte Fundament aus zahlreichen Untersuchungen stützen, die sich im Laufe von Jahrzehnten angesammelt haben und bei denen man sich manchmal wundert, warum immer wieder Wissenschaftler ihre Kraft erneut auf dasselbe Feld verwenden, in manchen Bereichen ist in jüngster Zeit fleißig gebaut worden, und anderswo liegen erst vereinzelt Detailstudien vor, und bei dem Versuch, auch dort die Haupttendenzen zu erfassen, bekommt man das Gefühl, über einen großen Sumpf mit nur wenigen Trittsteinen zu wandern.

Der Verfasser hat sich bemüht, möglichst konkret zu schreiben. Gängige Formulierungen wie „viel" oder „wenig" Wohnraum, „lebhafter" oder „geringer" Handel, „starker Anstieg" oder „modern" meinen völlig Verschiedenes, je nachdem, ob sie für das hohe Mittelalter, das 17. oder das 20. Jahrhundert verwendet werden; sie bedürfen eines Maßstabes, der aber in den meisten Darstellungen nicht mitgeliefert wird, so daß sie eigentlich Leerformeln und deshalb ungeeignet sind, dem Leser eine angemessene Vorstellung zu vermitteln. Der Verfasser hat deshalb auf sie verzichtet und soweit wie möglich Konkretes benannt, oft statistische Daten angegeben. Doch muß hier vor einem Mißverständnis statistischer Angaben gewarnt werden. Grundsätzlich ist jede Maßangabe mit einer Meßungenauigkeit behaftet. Statistische Ämter wurden erst im Laufe des 19. Jahrhunderts aufgebaut, so daß der größte Teil der Angaben für die Zeit vor dem letzten Drittel des 19. Jahrhunderts als Schätzungen gelten muß, und je früher die Zeit, auf die sie sich beziehen, desto mehr stützen sie sich nur auf wenige Einzeldaten und gehen schließlich in begründete Vermutungen über. Außerdem müssen angesichts der vielfältigen Wirklichkeit etliche willkürliche Vorentscheidungen in statistische Erhebungen und Berechnungen hineingesteckt werden (z.B. ist die ermittelte Zahl der in der Landwirtschaft Tätigen davon abhängig, wie Haushalte, die über Einkommen sowohl aus einer kleinen Landwirtschaft als auch aus anderer Tätigkeit verfügen, wie mithelfende Familienangehörige und wie Saisonarbeitskräfte nur für die Erntewochen gezählt werden). Lange Zeitreihen leiden darunter, daß sich ihr Meßgegenstand nicht nur quantitativ, sondern auch in seiner Struktur wandelt. Auch wenn der Verfasser sich und dem Leser ein ständiges „ca." erspart hat, so sind doch viele Daten mehr als Schätzungen aufzufassen. Trotzdem sagen sie über Größenordnungen und deren Relationen zueinander immer noch mehr aus als verbale Allgemeinbegriffe.

1.

Vorspiel zur deutschen Geschichte

1.1 Entstehung von Volk, Staatsnation und Reich der Deutschen

Das deutsche Volk hatte nicht schon immer bestanden. Sein Entstehen bedeutet den Beginn der deutschen Geschichte.

Hierbei muß zunächst von den Germanen die Rede sein, Vorläufern, die man noch nicht als Deutsche bezeichnen kann. In den drei Jahrhunderten vor der Zeitenwende bildete sich im norddeutschen Raum zwischen Nieder- und Mittelrhein, Mittelgebirge und Weichsel aus einer Vielzahl von Bevölkerungsgruppen unterschiedlicher Herkunft eine Bevölkerung mit zunehmend einheitlicher Sprache und Kultur. Die Träger dieser Kultur wurden von den Römern dann als Germanen bezeichnet, während die Germanen selbst für ihre Gesamtheit keine eigene Bezeichnung kannten. Die Germanen dehnten ihr Siedlungsgebiet nach Westen und Süden aus, in Richtung auf Maas, mittleren und oberen Rhein und obere Donau. Im Gebiet des heutigen Südwestdeutschlands wichen die dort wohnhaften Kelten teilweise nach Westen aus, teilweise blieben sie am Ort und gingen nach und nach in den eindringenden Germanen auf, ohne Spuren in der Erinnerung zu hinterlassen.

Um die Jahrtausendwende kam die Ausbreitung der Westgermanen zum Stehen, denn die Römer eroberten 58-51 v.Chr. das keltische Gallien und wenig später die Alpen und das Alpenvorland bis zur Donau. Zur Zeit des Kaisers Augustus unterwarfen römische Truppen in den Jahren 12-9 v.Chr. auch die Germanenstämme zwischen Rhein und Elbe und richteten dort eine römische Provinzverwaltung ein. Doch dort blieben sie ohne dauernden Erfolg. Eine verfehlte Besatzungspolitik trieb die Germanen zum Aufstand. Geführt von dem Cheruskerhäuptling Arminius vernichteten die Germanen im Jahre 9 n.Chr. das Heer des römischen Statthalters Varus in der dreitägigen Schlacht am Kalkrieser Berg fast völlig (früher hat man den Schlachtort im Teutoburger Wald vermutet). Unzweifelhaft ist aber ihre Bedeutung. Mit dieser Schlacht brach die römische Herrschaft diesseits des Rheins zusammen. Die Germanen blieben auf Dauer frei von römischer Herrschaft. Das war eine Entscheidung von weitreichenden Folgen, denn da die Germanen nicht römische Provinzbewohner wurden, eigneten sie sich auch nicht die lateinische Kultur an, wodurch sie zu einem romanischen Volk geworden wären, vergleichbar den Franzosen, die später aus den romanisierten Galliern hervorgingen. Ein *deutsches* Volk wäre dann nie entstanden. So blieben Rhein und Donau die Grenzen des Römischen Reiches, und im Winkel zwischen beiden Flüssen errichteten die Römer entlang einer Linie etwa von Koblenz nach Regensburg eine Sperrkette mit Graben, Wall, Wachtürmen und Kastellen, den Limes. Vereinzelt sind seine Reste noch heute als Bodenunebenheiten im Gelände auszumachen. Seither lebten Römer und freie Germanen für lange Zeit im großen und ganzen in friedlicher Grenznachbarschaft. Einzelne Germanen sickerten auch über die Grenze hinüber, vor allem im 3. Jahrhundert, traten oft für einige Zeit in römische Dienste und lernten dabei die römische Zivilisation kennen.

Völker-
wanderung:
die Ost-
germanen

Dieser Zustand endete mit der Völkerwanderung. Diese gewaltige Völkerverschiebung begann schon im 2. Jahrhundert und erreichte ihren Höhepunkt im 4. bis 6. Jahrhundert. In diesen Jahrhunderten verwandelten sich die germanischen Verbände tiefgehend. Die locker gefügten Kleinstämme vor Beginn der Völkerwanderungszeit gingen zum Teil unter, spalteten sich, schlossen sich anderen an und verschwanden damit von der Bildfläche, oder sie überlagerten andere, sogen sie auf und wuchsen dadurch beträchtlich an. In komplizierten, unentwirrbaren Umbildungsprozessen entstand eine geringe Anzahl von größeren germanischen Völkern. Germanische Völkerschaften wurden im Römischen Reich angesiedelt, zunächst als Verbündete unter römischer Oberhoheit, die jedoch zunehmend zur leeren Formel verblaßte. Die Herrschaft des Römischen Reiches über den westlichen Mittelmeerraum einschließlich Italien, Gallien und Britannien brach zusammen, so daß das Reich auf die östliche Reichshälfte einschrumpfte, wo es als Byzantinisches Reich weiterlebte. Auf dem ehemals römischen Boden entstanden germanische Reiche.

Die ostgermanischen Völker östlich der Elbe räumten ihr altes Siedlungsgebiet fast völlig, legten lange Wanderwege zurück und bildeten dann mehrere Reiche: die Wandalen in Nordafrika, Sizilien und Korsika, die Sweben im Nordwesten der iberischen Halbinsel, die Westgoten auf der iberischen Halbinsel und im Süden Galliens, die Ostgoten in Italien und Illyrien, die Burgunder im Nordwesten des heute noch so genannten Burgund. Das Swebenreich wurde im 6. Jahrhundert von den Westgoten erobert. Das Burgunderreich sah sich 534 von dem westgermanischen Volk der Franken unterworfen. Die Reiche der Wandalen und Ostgoten wurden in der Mitte des 6. Jahrhunderts durch das römisch-byzantinische Reich erobert und zerstört, das noch einmal versuchte, seinen alten Machtbereich wieder herzustellen. Das Westgotenreich endete 711 nach einer Niederlage gegen die Araber. Kurzum, alle Reiche der Ostgermanen gingen bald unter, und das Germanentum ihrer Träger hinterließ dort keine bleibenden Spuren. Die Völker, die diese Reiche gegründet hatten, zählten jeweils nur schätzungsweise 100.000 Köpfe. Sie bildeten in ihren Reichen eine Minderheit von wenigen Prozent der Bevölkerung, die sich als Grundherren über die einheimische Bevölkerung setzte und neben ihr lebte. Kulturell waren die Ostgermanen ihrer römischen Umwelt unterlegen, deren Rechtsordnung, Religion und Geisteswelt sie nichts Vergleichbares entgegenzusetzen hatten. So veränderte die germanische Herrenschicht sich bald tiefgreifend und verschmolz bis zum 9. Jahrhundert mit den eingeborenen Bevölkerungsteilen, wobei sie ihre kulturelle und sprachliche Eigenart als Germanen verlor.

Die Nord-
germanen

Die Nordgermanen blieben in der Völkerwanderungszeit in ihrer Heimat sitzen; sie sollten sich zu den Dänen, Schweden und Norwegern entwickeln. Ein Teil der Angeln und Sachsen, in Jütland und dem Gebiet des heutigen Niedersachsens zu Hause, überquerte im 5. und 6. Jahrhundert die Nordsee und siedelte in England, das die Römer geräumt hatten. Ihr weiteres Schicksal mündet in die englische Geschichte.

Mit Ausnahme der Langobarden und der genannten Teile der Angeln und Sachsen wanderten bei den Westgermanen westlich der Elbe keine ganzen Völker. Stattdessen schoben diese ihr Siedlungsgebiet nach und nach in immer neuen Stößen nach Westen und Süden vor, ohne dabei den Zusammenhang mit ihrem alten Siedlungsland aufzugeben. Im Kontakt mit den Römern und während der Völkerwanderungszeit ballten sich auch bei den Westgermanen kleinere Gemeinschaften und Stämme zu einer immer geringeren Zahl größerer Gemeinschaften zusammen, zu Völkern. Schon um 12 v.Chr. wurden die Friesen an der Nordseeküste erstmals erwähnt. Die Alemannen, seit 213 n.Chr. genannt, wuchsen am oberen Main aus verschiedenen Heerhaufen zusammen. Ebenso wie sie bildeten sich auch die Franken, indem sich mehrere germanische Einzelstämme gegen die Römer zusammenschlossen. Sie waren seit Mitte des 3. Jahrhunderts n.Chr. am mittleren Rhein beheimatet. Das Volk der Sachsen entstand wahrscheinlich durch Eroberung und Unterwerfung anderer germanischer Gruppen im Unterelberaum, teilweise vielleicht auch durch Bündnisse. Seit etwa 500 hören wir auch von dem Volk der Bayern südlich der Donau, dessen Kerngruppe aus Böhmen einwanderte. Kleiner war das aus verschiedenen Teilen zusammengewachsene Volk der Thüringer zwischen Harz und mittlerer Elbe, die Ende des 4. Jahrhunderts erstmals erwähnt werden. Schließlich sind noch die Langobarden zu nennen, die zuerst 5 n.Chr. an der unteren Elbe ins Licht der Überlieferung geraten, von wo sie im 5. Jahrhundert an die mittlere Donau abwanderten und dort ihr erstes Reich gründeten.

Wie hat man sich die Struktur dieser Völker vorzustellen? Den Kern jedes Volkes bildete eine adlige Führungsschicht, welche die Volkstradition wahrte und für den Zusammenhalt des Volkes entscheidend war. Bei einigen Völkern entstand auch ein Herzog- oder Königtum. Innerhalb jedes Volkes entwickelten die Mitglieder ein Zusammengehörigkeitsgefühl. Dies äußerte sich auch darin, daß man Sagen über eine fiktive gemeinsame Abstammung erdichtete. Vor allem war ein Volk eine Gemeinschaft mit gemeinsamem Recht. Innerhalb der neu entstandenen Völker hatten die Volksangehörigen untereinander Kontakte, und dadurch glichen sich die verschiedenen Mundarten, Sitten und Trachten der zusammengefügten Kleinstämme und Einzelgruppen allmählich einander an. Die Angehörigen jedes Volkes bildeten eine verhältnismäßig einheitliche Mundart aus, die sich von der anderer Völker unterschied. Eine germanische Gemeinsprache gab es nicht. Indem Westgermanen, Nord- und Ostgermanen und Angelsachsen in England sich im Laufe der Völkerwanderung räumlich voneinander trennten, entstanden zugleich auch sprachliche Unterschiede zwischen den Westgermanen und den anderen Germanen.

Die Landnahme ehemals römischer Gebiete durch Westgermanen begann, als die Alemannen im Jahr 260 n.Chr. den Limes durchbrachen. Im 5. Jahrhundert setzten sie sich auch links des Rheins fest, und bis ins 9. Jahrhundert hinein drangen sie siedelnd in die Urschweiz vor. Die Friesen dehnten ihr Gebiet auf die ganze Nordseeküste zwischen Schelde und Weser aus. Die Franken drangen seit dem 4. Jahrhundert kräftig über die Rheingrenze hinweg nach Belgien vor. Die Bayern besiedelten seit Anfang des 6. Jahrhunderts die römischen Gebiete südlich der Donau und stießen nach Süden in die Alpentäler vor sowie nach Südosten in den Raum des späteren Österreich, wo ihre Siedlungstätigkeit bis ins 8. Jahrhundert andauerte. Auch die Sachsen erweiterten

Entstehen der westgermanischen Völker

Landnahme der Westgermanen, Entstehung des Frankenreiches

ihr Siedlungsland in Richtung Süden und Westen, indem sie in Räume nachrückten, die durch die Westbewegung der Franken leer geworden waren. Die Langobarden gaben um 568 ihr Reich an der Donau auf und fielen in Italien ein, wo sie sich vor allem in der Po-Ebene niederließen. Sie gründeten ein Königreich, das fast ganz Ober- und Mittelitalien umfaßte, so daß sich die byzantinische Herrschaft auf Süditalien beschränkt sah. Die römische Bevölkerung wurde unterworfen, die römische Verwaltung beseitigt, und die Langobarden errichteten als germanische Grundherrenschicht ein rein germanisches Reich.

Die Franken wurden das erfolgreichste und wichtigste der westgermanischen Völker. Chlodwig I. (Lebenszeit 466-511) einte den ursprünglich lockeren Kampfverband der Franken unter seiner monarchischen Führung, indem er die zahlreichen Häuptlinge beseitigte. Er war ein skrupelloser und brutaler Gewaltmensch, der sogar seine nächsten Verwandten ermorden ließ, von denen er Konkurrenz befürchtete. Dann dehnten die Franken ihre Herrschaft über andere aus. Im Jahr 486 eroberten sie das Reich des römischen Usurpators Syagrius zwischen Somme und Loire. Um 496 besiegten und unterwarfen die Franken die Alemannen. 507 eroberte Chlodwig das Westgotenreich bis zu den Pyrenäen. 531 wurden die Thüringer, 532-34 die Burgunder unterworfen. Die Bayern gerieten in lose Abhängigkeit vom Frankenreich. Damit hatten die Franken innerhalb relativ kurzer Zeit ein großes Reich geschaffen. Gleichzeitig mit diesen Eroberungen strömten immer mehr Franken über den Rhein nach Westen und siedelten sich in bis dahin siedlungsleerem Land inselartig zwischen der Vorbevölkerung an. Dabei nahm die Dichte der fränkischen Besiedlung von Osten nach Westen langsam ab, und südlich der Loire war nur noch eine dünne germanische Herrenschicht über der galloromanischen Bevölkerung anzutreffen.

Ausbreitung des Germanentums

Die volklichen Verhältnisse, die durch die Wanderungen der Westgermanen entstanden waren, sahen in den einzelnen Regionen verschieden aus. Im Siedlungsgebiet der Alemannen und Bayern und in den von Franken besetzten Räumen an Mosel und Niederrhein, alles ehemals römische Länder, war ein Teil der Vorbevölkerung abgerückt, besonders die römische Oberschicht, Beamte und Kaufleute, ein Teil war bei den kriegerischen Auseinandersetzungen umgekommen. Beträchtliche Gruppen der Vorbevölkerung blieben jedoch sitzen, sei es keltischen, sei es anderen Völkerschaften zugehörig, teilweise auch romanisierte. Die Germanen siedelten zwischen ihnen und setzten sich als Herren über sie, und da sie bald in der Überzahl waren, wurde die Vorbevölkerung sprachlich und kulturell von den germanischen Völkern assimiliert. Die römischen Städte verfielen zu Ruinen und wurden weitgehend von Gestrüpp überwuchert, da den Germanen diese Steinansammlungen fremd waren und sie sich mit ihnen nicht recht anfreunden konnten. Das römische Wirtschaftsleben brach zusammen. Die Schriftkultur verschwand. Nur einzelne landwirtschaftliche und handwerkliche Techniken und Fertigkeiten des täglichen Lebens übernahmen die Germanen von den Römern. Im Unterschied zu diesen Gebieten, die unmittelbar an die alte Heimat der Westgermanen anschlossen, waren die Germanen in den meisten Teilen Galliens und in Italien eine Minderheit, die keine germanisierende Wirkung auf die unterworfene Bevölkerung auszuüben vermochte. Dort lebten deshalb auch provinzialrömische Kulturtraditionen weiter. Der germanische Anteil im fränkisch besetzten Nordgallien lag aber sicher höher als im Langobardenreich und in den Ostgermanenreichen, und im Unterschied zu diesen blieb bei den Franken immer die Verbindung mit der fränkischen Heimat gewahrt.

32

Das Frankenreich wurde unter Chlodwigs Nachfolgern, der Dynastie der Merowinger, nicht zentralistisch verwaltet, weil die dafür nötigen Instrumente fehlten. Die unterworfenen rechtsrheinischen Germanenvölker waren dem Reich der Franken nur locker eingegliedert. Die Frankenkönige setzten dort Herzöge ein, die in ihrem Namen herrschten. Bei Chlodwigs Tod wurde das vom Frankenvolk selbst besiedelte und beherrschte Gebiet in mehrere Teilkönigtümer („regna") aufgeteilt. Es war fränkische Sitte, daß die Söhne des Königs das Land gemeinsam zur ganzen Hand erbten und jeder gleiches Recht als König der Franken hatte, wobei jeder ein Teilkönigtum als seinen unmittelbaren Wirkungsbereich erhielt. Das Ergebnis war, daß das Frankenreich im 6. und 7. Jahrhundert nur noch kurzzeitig (558-61, 613-38, 661-62) unter einem Herrscher vereint war. Vielmehr erlebte es in ständigem Wechsel weitere Teilungen, wenn mehrere Königssöhne vorhanden waren, und Wiedervereinigungen von Teilen beim Aussterben einer Linie oder durch gewaltsame Eroberung. Hierdurch wurde das Reich in einen Strudel von inneren Kämpfen, von Mord und Raub gerissen, der die Macht des Königtums ruinierte. Dabei bildeten sich innerhalb des fränkischen Volksgebiets drei Teilreiche heraus: der Nordwesten unter der Bezeichnung Neustrien, der Nordosten bis nach Thüringen hin unter dem Namen Austrien sowie Burgund. Der ehemals westgotische Südwesten unter der Bezeichnung Aquitanien verselbständigte sich in starkem Maße, und die fränkische Oberhoheit über Alemannen, Thüringer und Bayern verflüchtigte sich in der zweiten Hälfte des 7. Jahrhunderts zum leeren Anspruch, so daß diese unter ihren Herzögen unabhängig wurden.

Das Frankenreich unter den Merowingern

Aus den Wirren gegenseitiger Kämpfe führte eine neue Dynastie das Reich der Franken zu neuer Einheit: die Karolinger. Nachdem dieses Geschlecht in Austrien als Leiter der Reichsverwaltung (Hausmeier) zu Macht und Einfluß gekommen war, erkämpfte der Karolinger Karl Martell sich eine Stellung als eigentlicher Herrscher des Frankenreiches, während dem Merowingerkönig außer seinem Gutshof nur noch der Königstitel blieb. Karl baute seine Stellung in langwierigen, schweren Kämpfen auch in den Teilreichen Neustrien, Burgund und Alemannien aus. Durch mehrere Feldzüge konnte er eine lockere Oberhoheit über Aquitanien und Bayern wiederherstellen, blieb aber erfolglos gegenüber den Friesen und Sachsen, die beide dem Frankenreich auch bisher nicht angegliedert gewesen waren. Mit Karls Tod 741 wurde sein Herrschaftsgebiet unter seine beiden Söhne aufgeteilt, von denen Pippin jedoch bald Alleinherrscher wurde. Aufstände gegen die fränkische Herrschaft, die nach Karls Tod in Aquitanien, Bayern und Alemannien ausbrachen, blieben erfolglos. 746 erstickte Pippin die Selbständigkeitsbestrebungen der Alemannen in einem Blutbad, bei dem ein großer Teil des alemannischen Adels hingeschlachtet wurde. Das alemannische Herzogsgut wurde in fränkisches Reichsgut verwandelt und das Land in Grafschaften aufgegliedert. 757 erkannten die Bayern die fränkische Oberhoheit wieder an. Nach langen, schweren Kämpfen beseitigte Pippin 768 die Selbständigkeit Aquitaniens. Am mittleren Main stießen die Franken im 8. Jahrhundert siedelnd vor und trugen damit den Namen Franken in jene Gegend, an der er bis heute hängen geblieben ist.

Die ersten Karolinger

Schon 751 hatte Pippin den letzten merowingischen Schattenkönig abgesetzt und sich selbst zum König der Franken erheben lassen. Aber der abgesetzten Königssippe war eine magische und religiöse Kraft zugeschrieben worden, an welcher der Usurpator Pippin keinen Anteil hatte. Seine Herrschaft war nicht legitim. Deshalb entstand eine folgenreiche Verbindung zwischen Pippin und dem Papst in Rom. Es war ein gegenseitiges Geschäft. Der Papst, in dessen Besitz die faktische Herrschaft in dem

Gebiet um Rom und Ravenna übergegangen war, die zuvor der byzantinische Kaiser ausgeübt hatte, sah sich durch die Langobarden bedroht. Pippin wurde im Auftrag des Papstes und 753 noch einmal von ihm persönlich mit geweihtem Öl „gesalbt". Das verlieh seiner Herrschaft eine Legitimation auf neuer Basis und begründete die Tradition der kirchlichen Königsweihe. Als Gegenleistung zwang Pippin in zwei Feldzügen 754 und 756 den König der Langobarden, eroberte Gebiete an den Papst zurückzugeben. Der Papst verlieh dem fränkischen König den Titel eines „Patricius Romanorum" und erkannte damit eine Schutz- und Oberhoheit Pippins an, der dem Papst dafür dessen Gebietsbesitz bestätigte. Diese sogenannte „Pippinische Schenkung" begründete dann den Kirchenstaat in Mittelitalien.

Das Franken-
reich auf
seinem
Höhepunkt

Nach Pippins Tod 768 wurde das Reich unter seine beiden Söhne aufgeteilt. Nur der baldige Tod des jüngeren verhinderte, daß ein Bruderkrieg ausbrach. Der überlebende Sohn, Karl, führte das Frankenreich dann auf den Höhepunkt seiner Macht. Zeitgenossen verliehen ihm dafür den Beinamen „der Große". Von 772 bis 785 eroberte und unterwarf Karl in immer neuen blutigen Feldzügen das Volk der Sachsen, das in wiederholten Aufständen erbitterten Widerstand leistete. Im Jahr 778 ließ Karl in Verden als Vergeltungsmaßnahme 4.500 Sachsen an einem einzigen Tag enthaupten. Nach neuerlichen Aufständen vor allem der bäuerlichen Schichten wurden massenhaft Sachsen in fränkisches Gebiet deportiert und Franken in Sachsen angesiedelt, um so den Widerstand zu brechen. Erst 804 unterwarfen sich die Sachsen endgültig den Franken. Die Niederlage der Sachsen zog die der Friesen nach sich. Schon die Merowinger hatten im 7. Jahrhundert immer wieder versucht, die Friesen zu unterwerfen, die ihre Unabhängigkeit jedoch stets wieder neu erkämpft hatten. Nachdem 734 die südlichen Teile der Friesen endgültig unter fränkische Herrschaft geraten waren, unterwarf Karl sie ganz. Einem päpstlichen Hilferuf folgend eroberte Karl 773-74 die in Ober- und Mittelitalien gelegenen Teile des Langobardenreiches und verband es in Personalunion mit dem Frankenreich. Der in Süditalien gelegene Teil des Langobardenreiches verselbständigte sich dabei als Herzogtum Benevent, doch 787 zwang Karl auch ihm die fränkische Oberhoheit auf, die freilich nur locker blieb. 788 setzte Karl den bayerischen Herzog ab und erneuerte die Herzogswürde nicht wieder. Damit war das letzte westgermanische Herzogtum beseitigt. In mehreren Feldzügen zwang Karl zwischen 789 und 812 auch die östlich an die Germanen angrenzenden slawischen Stämme zwischen Ostsee und Donau, eine lockere fränkische Oberhoheit anzuerkennen und Tribute zu zahlen. Die Slawen waren im 6. und 7. Jahrhundert von Osten in jene Räume eingewandert, aus denen die Ostgermanen bei Beginn der Völkerwanderung abgezogen waren, und hatten die dünne germanische Restbevölkerung dort wahrscheinlich slawisiert. Im Südosten wurden die dort einrückenden Slawen Mitte des 8. Jahrhunderts vom bayerischen Herzogtum abhängig, das dort die Mark Karantanien einrichtete. 791-96 unterwarfen die Franken auch die Awaren, die sich nach dem Abzug der Langobarden an der mittleren Donau niedergelassen hatten, und unterstellten die Gebiete an der Donau als Ostmark fränkischer Herrschaft.

Kaisertitel

In zahlreichen Feldzügen, mit zum Teil geradezu terroristischen Mitteln und unter hohen Verlusten an Menschenleben hatten die Karolinger also das Frankenreich wieder vereint und weiter ausgedehnt als zuvor. Karl hatte zum ersten Mal alle westgermanischen Völker des Festlandes zusammengezwungen und unter eine gemeinsame politische Spitze gestellt. Er herrschte über ein Großreich, dessen Umfang alle bisherigen germanischen Königreiche übertraf und welches das ganze lateinische Europa umfaßte, ausgenommen die kleinen Königreiche England und Asturien im Norden der iberischen Halbinsel. Angesichts dieser Machtstellung strebte Karl danach, gleichberechtigt neben den in Byzanz residierenden Kaiser zu treten, der sein Reich als das weiterexistierende Römische Reich verstand. Nun erhielt Papst Leo III. in Italien vom byzantinischen Kaiser kaum noch Schutz, wurde sogar von seinen Gegnern in Rom gefangengenommen, geblendet und vertrieben, so daß er sich nach einem starken Bundesgenossen umsah. Die Franken führten den Papst nach Rom zurück. Am Weihnachtstag des Jahres 800 krönte der Papst Karl in Rom zum „imperator", zum Kaiser. Damit wurde in Rom ein zweites Kaisertum begründet, eine rechtlich sehr zweifelhafte Angelegenheit. Karls realer Macht fügte der neue Titel nichts hinzu; sie beruhte auf seiner Stellung als König der Franken und Langobarden. Nach allgemeiner Vorstellung war nur ein einziges, unteilbares Römisches Reich denkbar, und so fand Ostrom sich erst nach langem, zähen Feilschen damit ab, die Existenz eines zweiten Kaisertums anzuerkennen, das obendrein in seinen Augen noch halbbarbarisch war. Dabei verzichtete Karl auf den Titel „imperator Romanorum", der dem oströmischen Kaiser vorbehalten blieb, und begnügte sich mit dem schlichten „imperator", der auch von seinen Nachfolgern ohne Zusatz geführt wurde. Karls Reich erstreckte sich also zwar bis Rom, aber sein Kaisertum stellte nicht das eines fortbestehenden Römischen Reiches dar. Und war mit der Idee des antiken römischen Kaisertums nicht auch der Anspruch verbunden gewesen, die gesamte bekannte Welt zu beherrschen, der Anspruch auf Universalherrschaft? England und Asturien verstanden sich jedenfalls immer als unabhängig, und auch Karl und seine Nachfolger deuteten ihr Kaisertum nie in diese Richtung. Bemerkenswerterweise ließ Karl seinen ältesten Sohn und später auch dieser wiederum seinen ältesten Sohn in Karls Hauptresidenz Aachen zum Kaiser wählen und krönen, und so sollte es offenbar für immer gelten: ein romfreies Kaisertum ohne Mitwirkung des Papstes, das mit dem fränkischen Königtum untrennbar verschmelzen sollte. Doch diese Idee setzte sich nicht durch. In beiden Fällen wiederholte der Papst die Kaiserkrönung in späteren Jahren noch einmal mit eigener Hand. Als in der dritten Generation der Kandidat für den Kaisertitel auf ein oberitalienisches Teilreich beschränkt war, Aachen also nicht in seinem Machtbereich lag, war es dann nur logisch, daß die Kaiserkrönung durch den Papst in Rom erfolgte. Damit waren die Königserhebung durch den Adel und die Kaiserkrönung durch den Papst räumlich und damit auch zeitlich auseinandergefallen und letztere überdies an die Herrschaft über Oberitalien gekoppelt.

Das Frankenreich war ein Vielvölkerstaat. Zur Zeit Karls setzte es sich zusammen aus der Francia, d.h. dem Gebiet fränkischer Grundherren (wobei die bäuerliche Bevölkerung z.T. romanisch war), welches das fränkische Stammland und das Gebiet nördlich der Loire umfaßte, aus dem Gebiet unterworfener germanischer Völker (Alemannen, Sachsen, Bayern, Thüringer und Friesen), aus Aquitanien mit einer Bevölkerung, die vulgärlateinisch sprach und nach römischem Recht lebte, aus Italien mit seiner langobardisch-lateinischen Bevölkerung mit ihrem eigenen Recht sowie aus den angegliederten Randgebieten. Auch die germanischen Völker lebten weiter nach ihren eigenen Volksrechten, trugen weiter ihre Volkstrachten, stellten eigene Kontingente zum fränkischen Reichsheer und existierten auch als Sprachgemeinschaften fort. Politisch waren die Franken das herrschende Volk im Reich. Die Reichsaristokratie, welche die hohen Ämter besetzte, stammte fast ganz aus dem fränkischen Volk und wurde nur durch wenige Familien anderer Herkunft ergänzt. Fränkisch war Hofsprache, und

Innere Ordnung des Frankenreiches

35

fränkische Einrichtungen und Rechtsprechung drangen überall im Reich vor. Die einzelnen Regionen des Reiches waren unterschiedlich eng angebunden. Direkt regierte Karl die Francia, die Alemannen, die schon seit längerem eingegliedert waren, und die Sachsen, deren Adel sich jetzt rasch mit dem fränkischen verband. Hier gab es keine selbständigen politischen Organisationen, sondern dieser Raum sollte in einzelne Grafschaften zergliedert werden, ohne daß dies überall voll durchgeführt wurde. Andere Gebiete wahrten mehr Autonomie: in Italien und Aquitanien setzte Karl 781 seine Söhne als Unterkönige ein, Bayern erhielt einen Präfekten als Statthalter. Noch loser waren Benevent, die slawischen Stämme und die Bretagne angegliedert: dort regierten einheimische Fürsten, so daß nur eine Oberhoheit des Frankenkönigs bestand.

Christianisierung der Westgermanen

Im Jahre 497 oder 498 war der Frankenkönig Chlodwig zum Christentum übergetreten. Der König ging voran, der Adel folgte, die Masse des Volkes schloß sich an. Im Laufe des 6. und 7. Jahrhunderts gingen die Franken an Rhein und Mosel nach und nach zum Christentum über. Dann trugen irische Wanderprediger das Christentum über den Rhein und missionierten im Laufe des 7. Jahrhunderts die Alemannen und Bayern, woran die Frankenkönige aus politischen Gründen interessiert waren. Im 8. Jahrhundert wurden Ostfranken, Thüringen und das Maingebiet von angelsächsischen Missionaren endgültig christianisiert, geleitet von Bonifatius, der vom Papst 746 zum ersten Erzbischof für das rechtsrheinische Gebiet ernannt worden war mit Sitz in Mainz. Parallel mit der Missionstätigkeit wurde eine kirchliche Organisation aufgebaut. Man richtete ein Netz von Klöstern und Bistümern ein. Zu den Sachsen und Friesen gelangte das Christentum erst, als Karl I. diese unterwarf und es ihnen in Massentaufen gewaltsam aufzwang: demjenigen, der sich nicht taufen lassen wollte, drohte die Todesstrafe.

Überall entfalteten sich die Institutionen der Kirche mehr und mehr. Der neue Glaube folgte nur langsam. Zunächst verschmolzen in der Oberschicht heidnisches und christliches Denken miteinander, und bei der einfachen Bevölkerung lebten noch lange heidnische Traditionen weiter, nur oberflächlich durch christliche Riten verhüllt. Das war bei der Art und Weise der Christianisierung nicht verwunderlich. Christianisierung erfolgte im Regelfall nicht als individuelle Bekehrung, sondern die Missionare suchten die politischen Führer für den neuen Glauben zu gewinnen; war das geschehen, vollzog die übrige Bevölkerung den Wechsel oft in Massentaufen mit. Dabei warben die Missionare oft nicht mit den Inhalten der christlichen Lehre, sondern mit der größeren Macht des Christengottes. Diese suchten sie dann auch augenfällig zu beweisen, etwa indem sie heidnische Heiligtümer demonstrativ zerstörten, ohne dabei eine sichtbare Strafe der heidnischen Götter zu erleiden.

Aufnahme lateinischer Bildungstradition

Das kulturpolitische Programm Karls I. sah vor, römische und germanische Kulturtradition miteinander zu verschmelzen. Nun war unter den Merowingern das Latein, das in Gallien von Römern gesprochen worden war, verwildert und auf dem Weg, sich zu französischen Mundarten zu entwickeln. Die antike Bildung war in Gallien verfallen. Aber die Franken waren bei den Romanen in Gallien mit dem antiken Erbe in Berührung gekommen, mit Philosophie, Dichtung, Geschichtsschreibung und den umfassenden Kenntnissen der Antike, einem Erbe, das sie sich nur über die lateinische Sprache erschließen konnten. Karl rief eine bewußte Bildungserneuerung ins Leben: das verwilderte Latein wurde überwunden, indem man sich dem reineren Latein der Spätantike zuwandte und dabei das sogenannte „Mittellatein" schuf. Dies war keine Umgangssprache des Volkes mehr, sondern die Schriftsprache einer kleinen Gelehrtenschicht. Diese Sprache öffnete den Weg zu den antiken Autoren, vor allem zu ihren christlichen Schriften, und wurde zugleich Verwaltungssprache der Karolinger. Die christlich-lateinische Bildung sollte auch an die germanischen Gebiete rechts des Rheins weitergegeben werden. Mit den Klöstern entstanden bei den Germanen Inseln lateinischer Bildungspflege. Mönche verbreiteten lateinische Handschriften, indem sie diese wiederholt abschrieben. Karl knüpfte auch an die antike Baukunst an, indem er romanische Baumeister in den germanischen Norden kommen ließ, die Pfalzen und Kirchen errichteten und auf diese Weise dort den Steinbau einführten. Für den Dom in Aachen ließ Karl sogar Säulen aus antiken Bauten in Rom und Ravenna entwenden. Indem die westgermanischen Völker die lateinische und christliche Überlieferung aufnahmen, indem sie sich in den Kulturkreis der römischen Kirche eingliederten, wurden sie Teil des christlichen Europas, das zur Zeit Karls auf der gemeinsamen Grundlage dieses Erbes als kulturelle Einheit entstand.

Das zweite Bein der Kulturpolitik Karls war die germanische Tradition. Karl regte an, eine Grammatik zu schaffen, die ein einheitliches Germanisch herstellen sollte. Er ließ die bis dahin nur mündlich überlieferten germanischen Heldenlieder sammeln und aufzeichnen und setzte sich dafür ein, volkssprachliche Gebets- und Liturgietexte zu schaffen. Doch diese Entwicklung wurde gewaltsam abgebrochen, noch bevor sie sich entfalten konnte. Karls Sohn Ludwig I. ließ sich völlig von der Kirche führen, wofür er von geistlichen Schreibern den Beinamen „der Fromme" erhielt. Unter dem Einfluß der Kirche wurde nun ein kulturpolitischer Kurs eingeschlagen, der darauf abzielte, das heimische germanische Erbe zu vernichten. So ließ Ludwig die germanischen Heldenlieder zerstören, und die Kirche konnte bei ihm auch durchsetzen, daß Latein zur alleinigen Kirchensprache wurde. Während die Angelsachsen in England im 8. bis 10. Jahrhundert eine blühende Dichtung und Prosaschriftstellerei in ihrer angelsächsischen Volkssprache schrieben und die Gesetze in ihrer Volkssprache abfaßten, während man bei der Bekehrung der Russen zum Christentum ab 988 statt des Griechischen der Ostkirchen eine slawische Sprache zur Kirchensprache wählte, wurde bei den Westgermanen das Latein zur fast ausschließlichen Schrift- und Kirchensprache. Die germanische Runenschrift, ohnehin wenig verwendet, kam völlig außer Gebrauch, und die lateinische Schrift wurde durchgesetzt. Zahlreiche Wörter aus dem übermächtigen Latein drangen als Lehnwörter in die Volkssprache ein. Ansätze zu einer Dichtung christlichen Inhalts in einer germanisch-deutschen Schriftsprache mit lateinischen Buchstaben, wie es sie im 9. Jahrhundert einige Jahrzehnte lang gab, erstarben schon vor Ende des Jahrhunderts wieder. So wurde höhere Bildung als lateinische Bildung zur Sache einer sehr kleinen Zahl von Geistlichen in Klöstern und am Hof, abgespalten von der großen Masse der Bevölkerung, die schriftlos blieb. Ihre volkssprachlichen Heldensagen, Lieder und Spruchdichtung, ohne Beziehung zur fremdartigen lateinischen Bildungswelt, wurden auch weiterhin nur mündlich weitergegeben und fanden nicht den Weg zur Schriftsprache.

Zwei Entwicklungen ließen aus den germanischen Völkern im Frankenreich ein deutsches Volk entstehen: daß sich eine deutliche Abgrenzung nach außen herausbildete und daß die germanischen Völker zu einer inneren Einheit zusammenwuchsen.

Entstehen der Sprachgrenzen

Von Osten her drangen slawische Siedler langsam bis an die Grenzen des sächsischen und bayerischen Volksgebiets vor und machten dort halt. So entstand längs Böhmerwald, Saale und Elbe eine Volksgrenze zwischen Slawen und Germanen. Nur in der Gegend um das Fichtelgebirge konnten die Slawen noch weiter vorstoßen, bis das

Frankenreich unter Karl I. ihnen hier Grenzen setzte. Im Südosten trafen Ende des 6. Jahrhunderts an der oberen Drau slawische Siedler, die von Südosten heranrückten, auf die siedelnd nach Südosten vorstoßenden Bayern. Ebenso geschah es an der Donau, wo die Bayern sich rodend bis in die Gegend des heutigen Wien vorschoben.

Im Westen hatte die fränkische Landnahme der Völkerwanderungszeit dazu geführt, daß sich vom Rhein bis fast nach Südgallien ein Gebiet erstreckte, in dem in der Folgezeit fränkische Mundart und Vulgärlatein nebeneinander gesprochen wurden. Wo die Germanen in der Überzahl waren, d.h. in einer Zone unmittelbar links des Rheins, haben sie die Reste der römischen Provinzialbevölkerung assimiliert. In Gallien dagegen wurde die fränkische Minderheit zunehmend romanisiert. Dieser Prozeß griff seit dem 7. Jahrhundert von Süden und Westen her um sich, und im 9. Jahrhundert verschwanden hier die letzten Reste germanischer Sprache in der Oberschicht. Anstelle des Nebeneinander von germanischen und romanischen Mundarten bildete sich so eine Sprachgrenze zwischen beiden aus. Diese entstand also nicht durch die Siedlung, sondern erst im nachhinein durch einen sprachlichen Ausgleich, indem Germanisches und Romanisches sich allmählich wieder voneinander absetzten. Angesichts der kulturellen Überlegenheit der Romanen war dies vorwiegend eine Rückzugslinie des Germanischen.

Einige Zeit später als die Franken im ehemaligen Gallien wurden die Langobarden in Oberitalien, die inmitten der Romanen eine kleine herrschende Minderheit bildeten, ebenfalls zunehmend romanisiert. Im 9. Jahrhundert verschwand das Langobardische als Umgangssprache. Gleichzeitig drangen das Alemannische und Bayerische im Alpenraum noch weiter nach Süden vor, teilweise durch germanische Siedlungstätigkeit, teilweise indem hier die romanische Bevölkerung die germanischen Mundarten übernahm. Diese Bewegung hielt noch bis etwa 1200 an. Durch diese Prozesse der Siedlung und Assimilierung entstand also rund um das westgermanische Siedlungsgebiet eine Sprachgrenze gegenüber romanisch oder slawisch sprechenden Völkern und Stämmen.

Von germanischen Völkern zum deutschen Volk

Triebkraft der fränkischen Großreichsbildung waren Ehrgeiz und Machtstreben der Dynastie gewesen, und Nutzen hatte davon auch der Reichsadel, der große Ländereien erhielt. Die fränkischen Bauern hatten dagegen kein Interesse am ständigen Kriegsdienst, und jene germanischen Völker, welche die Franken in das fränkische Reich hineingezwungen hatten, waren davon ohnehin wenig begeistert gewesen. Und doch war die Zusammenfassung aller westgermanischen Völker des Festlands im Frankenreich die unerläßliche Voraussetzung dafür, daß ein deutsches Volk entstehen konnte, auch wenn dies natürlich außerhalb des Gesichtskreises der Zeitgenossen lag. Dieses Zusammenwachsen zu einem Großvolk, den Deutschen, war keineswegs selbstverständlich. In der Zeit der Merowinger hatte sich die Aussprache der Mundarten der Alemannen, Bayern, des größten Teils der Franken und der Langobarden wesentlich gewandelt; so wurde p zu f, t zu s und k zu ch. Die außerhalb des Merowingerreiches stehenden Sachsen und Friesen machten diese Veränderungen nicht mit. Damit zerfielen die festländischen Germanen sprachlich in zwei Gruppen, die einander nicht mehr verstehen konnten. Wären die Sachsen nicht in das Frankenreich einbezogen worden, dann hätten sie sich ebenso wie die Dänen als ein eigenes Volk weiterentwickelt oder wären mit diesem zu einem gemeinsamen Volk zusammengewachsen. Ja, der dänische König unternahm 804-11 tatsächlich Feldzüge nach Süden und nach Friesland, vielleicht um ein großes germanisches Reich zu gründen, das die Voraussetzung für eine solche Verschmelzung geschaffen hätte.

So aber brachte das Zusammenleben im fränkischen Großreich viele Adlige und Freie der germanischen Völker verstärkt miteinander in Berührung, auf Kriegszügen wie im Dienst der Kirche. Das führte dazu, daß sich vom 8. bis 10. Jahrhundert die Sprachen dieser germanischen Völker in Lauten, Lexik und Formen durch wechselseitigen Austausch allmählich aneinander anglichen und dabei zu Dialekten einer gemeinsamen Sprache wurden: der deutschen. Parallel dazu entwickelte sich langsam ein Bewußtsein der Gemeinsamkeiten der germanischen Völker im fränkischen Reich. Dabei trug auch das Gegenübertreten gegen Romanen und Slawen im Westen, Süden und Osten dazu bei, die Gemeinsamkeiten des Dazwischenliegenden als Besonderes bewußt werden zu lassen. Anknüpfungspunkt für das entstehende Gemeinschaftsbewußtsein war die Sprache. Um 800 tauchte die Bezeichnung theodisca lingua, deutsche Sprache, auf, welche ausdrückte, daß man die sprachliche Einheit der Germanen im Gegensatz zu den romanischen Mundarten erkannt hatte. Anfangs wurde diese Bezeichnung gelegentlich im Sinne von germanisch schlechthin verwendet, verfestigte sich dann aber in der Bedeutung von deutsch, d.h. auf die Germanenvölker im Frankenreich beschränkt. Zunächst benutzte man theodiscus nur als Adjektiv, um die Sprache zu kennzeichnen. Seit 850 tauchte dann gelegentlich auch der Begriff Theotisci als Bezeichnung für die Deutschsprechenden auf. Seit Ende des 9. Jahrhunderts begann sich langsam die Sprachbezeichnung „deutsch" zur Kennzeichnung eines Volkes auszuwachsen. Die germanischen Völker im Frankenreich wuchsen zum Großvolk der Deutschen zusammen und wurden damit zu dessen Stämmen. Etwa Mitte des 10. Jahrhunderts war diese Entwicklung vollendet: das Bewußtsein war entstanden, ein deutsches Volk zu sein. Das Bewußtsein, einem Stamm anzugehören, wurde dadurch nicht ersetzt, sondern ergänzt. Seit den 960er Jahren finden wir die Bezeichnung Teutonici, die Deutschen, nördlich der Alpen als Bezeichnung des eigenen Volks, und zwar auch offiziell in kaiserlichen Urkunden. Das deutsche Volk umfaßte Franken, Sachsen, Thüringer, Alemannen und Bayern, also alle festländischen Westgermanen mit Ausnahme der Langobarden und Friesen. Erstere waren gerade von den Romanen assimiliert worden. Letztere waren von 834 bis Ende des 9. Jahrhunderts weitgehend unter normannische Herrschaft geraten und nahmen nicht gleichermaßen am Austausch- und Angleichungsprozeß teil. Sie verstanden sich weiter als Friesen im Unterschied zu den „deutschen" Sachsen und Franken, und ihre Volksmundart bildete immer mehr Eigenarten gegenüber den übrigen germanischen Mundarten heraus, die sich als deutsche in Zukunft eher einander anglichen.

Es ist in Europa einzig, daß das Bewußtsein einer sprachlichen Einheit zuerst entstand und dieses erst danach den Anstoß gab, ein Gemeinschaftsbewußtsein als Volk auszubilden, daß ein Volksname aus einem Sprachnamen herauswuchs. Bei allen anderen Völkern Europas standen Volks- oder Ländernamen am Anfang, aus denen sich dann die Bezeichnung für Land bzw. Volk und für die Sprache herleiteten; so die Franzosen vom Volk der Franken, die Engländer von den Angelsachsen, die Italiener vom Land Italien. Wenn es bei dem Entstehen der Deutschen anders war, so ist dies kein Zufall, sondern es kennzeichnet das, was die Deutschen zum Volk gemacht hat. Bis heute ist die Einheit des deutschen Volkes im Sprachlich-Kulturellen begründet.

Die Einheit des Frankenreichs und die relative Stärke der königlichen Zentralgewalt unter Karl dem Großen erwiesen sich als nur vorübergehende Erscheinungen. Bald nach Karls Tod begann eine Phase, in welcher der alte fränkische Brauch, nach dem Tod eines Königs die Herrschaft auf alle vorhandenen Söhne aufzuteilen, und die Ein-

Erschlaffen der Zentralgewalt

heitsidee des Kaiserreiches miteinander rangen, was sich in einer Folge von Teilungen und Wiedervereinigungen entlud. Diese Phase endete erst in der Mitte des 10. Jahrhunderts wieder in einem neuen stabilen Zustand, der dann für die nächsten 300 Jahre erhalten bleiben sollte. Doch anders als in der Merowingerzeit war diesmal die Reichseinheit am Ende nicht wiederhergestellt, sondern zwei souveräne Reiche standen nebeneinander.

In dieser wirren Zeit wandelten sich die inneren Verhältnisse gründlich. Die fränkischen Teilherrscher verschlissen sich im ständigen Kampf gegeneinander. Ihre Heere schrumpften, da immer mehr wehrpflichtige freie Bauern in Abhängigkeit des Adels gerieten. Um in ihrem Kampf gegeneinander vom Adel unterstützt zu werden, verschleuderten die Karolinger vom riesigen königlichen Grundbesitz einen Teil nach dem anderen an den Adel, so daß sich am Ende des Jahrhunderts nur noch wenig in der Hand der Könige befand. So wurde die Macht der Karolinger immer schwächer, bis sie schließlich ganz von der Bühne verschwanden. Was die Könige verloren, gewannen die Grafen und anderen Adligen, die dadurch immer mächtiger und selbständiger wurden. Indem die Teilherrscher sich überdies zunehmend auf den regionalen Adel stützten, verlor der Adel des Frankenvolkes seine herrschende Stellung, und die Tendenz ging dahin, daß eine Reihe regionaler Staatsnationen zu entstehen begannen. Aber das Reich zerfiel nicht infolge seiner Größe durch separatistische Neigungen der verschiedenen Völker, sondern dadurch, daß die Karolinger es zerteilten; das zunehmende Eigenleben der Reichsteile war nicht Ursache, sondern Folge der Teilungen. Nur die unterworfenen Außengebiete entzogen sich zunehmend der Oberhoheit der erschlaffenden fränkischen Königsgewalt, so die slawischen Randgebiete, über welche die fränkischen Herrscher ihre Oberhoheit in Feldzügen vergeblich zu bewahren suchten und die gegen Ende des 9. Jahrhunderts unabhängig wurden, und das Herzogtum Benevent.

Daß die Zentralgewalt schwächer wurde, war um so fataler, als seit Anfang des 9. Jahrhunderts die Wikinger in immer größeren Heeren Raubzüge gegen das fränkische Reich unternahmen. Plündernd und verwüstend drangen sie auf den Flüssen weit ins Landesinnere vor. Erst Ende des Jahrhunderts flauten ihre Vorstöße ab. Dafür brach aber seit dieser Zeit ein wildes Reitervolk aus Asien nach Europa ein und verwüstete Jahr um Jahr den Osten des fränkischen Reiches und Oberitalien in neuen Plünderungszügen: die Ungarn. Die Karolinger waren der Abwehraufgabe indessen immer weniger gewachsen.

Zerfall und Neubau des Reiches

Karl I. hatte zunächst die Idee, seine jüngeren Söhne als Herrscher der autonomen Reichsteile abzuschichten und die Masse des Reiches mit der Kaiserwürde unangetastet zu erhalten. Er legte 806 fest, daß seine beiden jüngeren Söhne Italien, wie das langobardische Königreich jetzt auch genannt wurde, und Aquitanien nach seinem Tod als Teilreiche erhalten sollten. Mit dem Tod von zwei Söhnen wurde diese Nachfolgeregelung aber wenige Jahre später hinfällig, so daß der überlebende Sohn, Ludwig, noch einmal die ungeteilte Herrschaft antreten konnte. Kaiser Ludwig I. setzte in ähnlicher Weise seine jüngeren Söhne Ludwig II. und Pippin als Unterkönige in Bayern beziehungsweise Aquitanien ein, während er 817 seinen ältesten Sohn Lothar I. zum Mitkaiser und Regenten in Italien machte. Als Ludwig I. in zweiter Ehe noch ein weiterer Sohn geboren wurde, Karl II., schuf er für diesen 829 mit Alemannien ein weiteres Teilreich. Daraufhin empörten sich die übrigen Söhne gegen ihren Vater. Es kam zu mehrjährigen heftigen Kämpfen und einem ständigen Hin und Her zwischen Vater und Söhnen und der Söhne untereinander, worüber 838 Pippin I. und 840 Kaiser Ludwig I. starben. Nachdem Lothar 841 eine schwere militärische Niederlage erlitten hatte, teilten die drei Brüder 843 im Vertrag von Verdun das Reich neu auf. Karl II. (der Kahle) erhielt Neustrien und Aquitanien, Ludwig II. erhielt außer Bayern noch Alemannien, Sachsen und die Gebiete fränkischen Rechts am Main und mittleren Rhein einschließlich Thüringen, und Kaiser Lothar I. erhielt außer Italien Burgund, das übrige Austrien und Friesland, also einen schmalen Landstreifen von der Nordsee bis zum Mittelmeer. Anders als bei den Teilungen von 806 und 817 war diesmal das Siedlungsgebiet des Reichsvolks selbst zerteilt worden in ein westfränkisches, ein mittleres und ein ostfränkisches. Diese Teilung des Reichskerns geschah gegen den Willen des Adels der Franken, Alemannen und Sachsen. Sie war ausschließlich Ausdruck der durch das Schlachtenglück entstandenen Machtverhältnisse in der Herrscherfamilie. Der Vertrag von Verdun sollte die erschöpfenden inneren Kämpfe beenden, nicht aber die Einheit des Reiches auflösen. Im Sinne der Einheit des Reiches als Brüdergemeinschaft arbeiteten die drei Teilkönige in innen- und außenpolitischen Fragen auch weiterhin zusammen, unter anderem in gemeinsamen Königskonferenzen. Da aber der Anteil Kaiser Lothars im Vergleich zu dem ursprünglichen Plan von 817 stark geschrumpft war, blieb als Ergebnis doch, daß die Ungeschicklichkeit Ludwigs I. selbst und die Gier seiner Söhne den Grundlagen der Reichseinheit einen schweren Schlag versetzt hatten.

Nach dem Tode Kaiser Lothars I. im Jahr 855 wurde sein Land unter seine Söhne aufgeteilt. Der älteste, Ludwig II., erhielt Italien und die Kaiserwürde, Karl die Provence mit Teilen Burgunds und Lothar II. das Land an Rhein und Maas, an dem sein Name als Lothringen (Lotharii regnum) hängenblieb. Damit wurden die Herrschaft über das fränkische Stammesgebiet und die Kaiserwürde voneinander getrennt. Friesland entglitt ganz der Herrschaft der Karolinger und geriet weitgehend unter die Kontrolle der dänischen Normannen. Nach dem Tode Karls teilten seine Brüder sein Erbe unter sich auf, und als Lothar II. im Jahr 869 starb, teilten der ostfränkische Ludwig II. und der westfränkische Karl II. (der Kahle) sein Land im Vertrag von Meersen ihrerseits untereinander. Versuche des ostfränkischen Königs, 856 und 858 auch noch das Westfrankenreich, und des westfränkischen Königs, 876 auch das Ostfrankenreich hinzuzugewinnen, scheiterten. Nach dem Tode Kaiser Ludwigs II. im Jahr 875 wurden Italien und die Kaiserwürde von Karl II. errungen, der aber schon im nächsten Jahr starb, ebenso wie der ostfränkische Ludwig II. Das ostfränkische Teilreich Ludwigs II. wurde unter die Söhne des Herrschers zu gleichen Teilen aufgeteilt: Karl (III.) erhielt Alemannien, Karlmann Bayern und die Ostmark und Ludwig III. Ostfranken, Thüringen und Sachsen. Aber schon 880 und 882 starben die beiden älteren Brüder Karls III. (des Dicken), so daß ihr Erbteil ihm zufiel. Hätten sie länger weitergelebt, wäre das Teilreich Ludwigs II. wahrscheinlich ebenso wie das mittelfränkische Reich Lothars I. in mehrere kleinere Teilreiche zerfallen. Im Jahr 881 errang Karl III. Italien und die Kaiserkrone, und als bald darauf die westfränkischen Karolinger bis auf einen unmündigen Enkel Karls II. (des Kahlen) ausstarben, entschieden die Großen sich dort für den ostfränkischen Karl III. auch als westfränkischen König. Damit war das ganze Reich Karls I. wieder unter der unmittelbaren Herrschaft eines Monarchen vereint. Aber die drei Reichsteile hatten sich schon so verfestigt, daß es bei getrennten Reichsversammlungen blieb. Karl III. (der Dicke) konnte seine Aufgabe in den Abwehrkämpfen des Reiches nicht erfüllen, da er schwer krank war. Deshalb wurde er 887 abgesetzt, und sein Neffe Arnulf, der einzige regierungsfähige Karolinger, griff nach der Krone. Doch noch bevor er seine Herrschaft im Osten gefestigt hatte, drängten in den übrigen Teilreichen eine Reihe nichtkarolingischer Könige an die Macht: in Westfranken nördlich der Loire Graf Odo von Paris, der dabei den noch unmündigen westfränkischen Karolinger Karl III. (den Einfältigen) umging, in Italien stritten Herzog Wido von Spoleto und Markgraf Berengar von Friaul um das Königtum, andere Könige kamen in Hochburgund, in der Provence und vorübergehend auch in Aquitanien auf, und die Alemannen hielten zunächst noch weiter an Karl III. (dem Dicken) fest. Diese Usurpationen zeigten, wie weit das Ansehen der Karolinger durch ihre Unfähigkeit heruntergekommen war. Arnulf konnte zwar sein Königtum mit Gewalt auch in Alemannien durchsetzen und Lothringen gewinnen, aber seine Macht reichte nicht aus, die übrigen Teilherrscher zu beseitigen. Jedoch erkannten die Könige von Westfranken, Hochburgund und der Provence und Berengar in Italien freiwillig eine Oberhoheit Arnulfs an. Nur Wido von Spoleto war dazu nicht bereit und erzwang sogar für sich und seinen Sohn Lambert die Kaiserkrönung. Gegen diesen Usurpator zog Arnulf dann auch zu Felde und konnte sich im Jahr 896 in Rom selbst zum Kaiser krönen lassen. Damit hatte die Idee des gemeinsamen fränkischen Großreiches noch einmal konkrete Gestalt gewonnen, aber da die Teilreiche mit dem Aufkommen eigener Dynastien weiter an Eigenständigkeit gewonnen hatten, geschah dies nur noch in jener loseren Form, in der bislang Oberhoheiten über fremde Randvölker ausgeübt worden waren, nicht über Reichsteile. Es war das letzte Mal, daß es einem Herrscher gelang, seinen Herrschaftsanspruch in allen Teilreichen des fränkischen Gesamtreiches durchzusetzen.

Für seine Nachfolge plante Arnulf zunächst, den östlichen Reichsteil unter seine Söhne aufzuteilen, schichtete dann aber Zwentibold nur als König von Lothringen ab und gab das andere an Ludwig IV. Als Arnulf 899 starb, war Ludwig IV. noch ein unmündiges Kind. Ihm fiel zwar bald auch Lothringen zu, aber das Königreich Italien und die Kaiserwürde wurden Ludwig III. (dem Blinden), einem Enkel Kaiser Ludwigs II., überlassen, und die Oberherrschaft über die übrigen Teilreiche konnte für den unmündigen Herrscher erst recht nicht bewahrt werden. Das ostfränkische Reich wurde in dieser Zeit immer wieder durch Raubzüge der Ungarn verheert. Da das Königtum infolge der Unmündigkeit seines Trägers praktisch ausfiel, mußten die Stämme in der Abwehr sich selbst helfen. Dabei war eine Führung des Stammesaufgebots erforderlich. In erbitterten, blutigen Kämpfen gegen andere Adelsfamilien drängten sich jetzt einzelne Große an die Spitze der Stämme. Stammesherzogtümer entstanden. In Bayern war dies schon Ende des 9. Jahrhunderts erfolgt, in Sachsen errangen um 900 die Liudolfinger die gesamtsächsische Führung, im Gebiet fränkischen Rechts am Mittelrhein und Main wurde 906 der Konradiner Konrad faktisch Herzog, in Alemannien, jetzt meist Schwaben genannt, war die Herausbildung des Stammesherzogtums im Jahr 917 abgeschlossen. In Lothringen entstand erst 928 unter Mitwirkung des Königtums eine Herzogsgewalt. In Thüringen und Friesland konnte sich kein Herzogtum formieren. Thüringen stand unter fränkischem und sächsischem Einfluß, und Friesland blieb sich selbst überlassen und wurde faktisch selbständig.

Als 911 mit dem Tod Ludwigs IV. die ostfränkischen Karolinger ausstarben, erhoben Franken und Sachsen den Frankenherzog Konrad zum König. Der im westfränkischen Reich regierende König, der Karolinger Karl III. (der Einfältige), betrachtete diese Wahl eines Nichtkarolingers als Anmaßung und erhob seinerseits Erbansprüche auf das ostfränkische Reich, und die Lothringer erkannten ihn auch als ihren Herrn an. Konrad I. versagte nicht nur im Abwehrkampf gegen die Ungarn, er konnte auch seine Königsgewalt in Schwaben und Ostsachsen nicht wirklich durchsetzen, und Bayern verselbständigte sich fast ganz. Die Herzöge von Bayern und Schwaben begannen, ebenfalls Königsrechte auszuüben (z.B. Münzen zu prägen, Märkte und Zölle einzurichten und Burgen zu bauen). Die Großstämme waren dabei, zu eigenständigen Teilreichen zu werden gleich den übrigen Teilreichen des Frankenreiches. Auf Konrads Rat hin wählten Franken und Sachsen nach seinem Tod im Jahre 919 den Herzog von Sachsen, Heinrich, zum König. Die Bayern erhoben daraufhin ihren Herzog Arnulf auch formell zum König, und zwar offensichtlich nicht des ostfränkischen, sondern eines selbständigen bayerischen Reiches. Schwaben stand unterdessen abseits. Würde das ostfränkische Reich nun gänzlich auseinanderfallen? Nach kriegerischen Auseinandersetzungen erreichte Heinrich I., daß seine Oberhoheit 919/21 auch vom Herzog von Schwaben und von Arnulf von Bayern (dem er innerhalb Bayerns eine königsähnliche Stellung belassen mußte), bis 925 auch vom Herzog von Lothringen und vielleicht auch vom König von Hochburgund anerkannt wurde. In mehreren Feldzügen brachte Heinrich auch die mittelelbischen Slawen und Böhmen dazu, die fränkische Oberhoheit und eine Tributpflicht wieder anzuerkennen. Da sich aber die einzelnen Stämme durch das Aufkommen fast königsgleicher Herzogtümer weitgehend verselbständigt hatten, war die Herrschaft des ostfränkischen Königtums über Bayern, Schwaben und Lothringen von einer direkten zu einer nur indirekten Form der Oberhoheit geworden, ähnlich der früheren Oberhoheit Arnulfs über die einzelnen Teile des fränkischen Gesamtreiches. Der westfränkische König Karl III. gab seine Erbansprüche auf das ostfränkische Reich auf und erkannte Heinrich 921 als gleichgestellten König von Ostfranken an. Die Idee, das fränkische Gesamtreich unter einem einzigen Herrscher wiederzuvereinigen, war damit endgültig tot. Heinrich entschied, daß in Zukunft das Königreich der Ostfranken beim Tod des Königs nicht mehr, wie es fränkischer Tradition entsprochen hatte, in Teilkönigreiche für alle Söhne aufgeteilt werden, sondern in Zukunft unteilbar sein sollte. Etwa zur gleichen Zeit setzte sich das Prinzip der Unteilbarkeit auch im Westfrankenreich durch. Dieses Prinzip bedeutete, daß das ost- und das westfränkische Reich sich als eigenständige Gebilde verfestigten. Wie zuvor arbeiteten die Könige der beiden fränkischen Reiche aber auch weiterhin zusammen. Zwar war jetzt nicht mehr daran zu denken, Ost- und Westreich wiederzuvereinigen, aber es war noch möglich, die übrigen Bruchstücke des ehemaligen Gesamtreiches mit einem der beiden Nachfolgereiche wiederzusammenzufügen. Heinrich war zum mächtigsten Herrscher auf dem Boden des ehemaligen Gesamtreiches geworden, und deshalb plante er, auch noch Italien und die Kaiserkrone zu gewinnen, nachdem mit Ludwig III. (dem Blinden) im Jahre 928 der rechtmäßige Kaiser gestorben war, der infolge der Usurpation der Kaiserkrone durch Berengar von Friaul aber schon lange machtlos gewesen war. Doch im Jahr 936 trat Heinrichs eigener Tod dazwischen.

Heinrichs Sohn Otto, von diesem zu seinem Nachfolger bestimmt, wurde von den Großen aller fünf deutschen Stämme in Aachen, dem ehemaligen Regierungssitz Karls I., zum König erhoben. Während Böhmen nach Heinrichs Tod abfiel, konnte Otto das Fortbestehen der Oberherrschaft über Burgund sichern. Aber schon 937 und 938 brachen Aufstände gegen Otto los: sein Halbbruder Thankmar und sein Bruder Heinrich waren mit dem neuen Unteilbarkeitsprinzip bei der Thronfolge nicht einverstanden, das ihnen keine Teilreiche mehr zugestand, und den Herzögen war Ottos

Oberherrschaft zu straff: der Herzog von Bayern versuchte sich 938 aus Ottos Oberherrschaft zu lösen, der Herzog von Lothringen unterstellte sich 939 der Oberhoheit
des westfränkischen Königs Ludwig IV. Nachdem es Otto gelungen war, seine Widersacher niederzuwerfen und die Einheit des ostfränkischen Reiches wiederherzustellen,
versuchte er, die Herzogtümer fester an sich zu binden und zugleich seine Familienmitglieder zu befriedigen, indem er als Herzöge in Bayern, Schwaben und Lothringen
Verwandte einsetzte, während er Sachsen und Franken in eigener Verwaltung behielt.

Seit 940 griff Otto auch mehrmals im westfränkischen Reich ein, wo König Ludwig IV. seine Königsgewalt gegen die Großen seines Reiches nicht durchsetzen
konnte. Otto spielte den König und die westfränkischen Großen gegeneinander aus,
und letztere verkehrten mit Otto genauso wie mit Ludwig. Bis in die 960er Jahre war
Otto auch in Westfranken bestimmend, ohne aber eine formelle Oberhoheit zu besitzen. Seitdem ging die Intensität der Beziehungen zwischen West- und Ostfranken
rasch zurück, und das Gefühl der Gemeinsamkeit erkaltete.

Als im Jahr 951 Adelheid, die Witwe des Königs von Italien, in der Auseinandersetzung mit rivalisierenden Geschlechtern Otto um Hilfe anrief, zog dieser über die Alpen, machte sich selbst zum König von Italien und heiratete Adelheid. Als König Italiens ersuchte Otto jetzt in Rom darum, auch zum Kaiser erhoben zu werden, jedoch
ohne Erfolg. Erst als er auf einen Hilferuf des Papstes hin 962 erneut nach Italien zog,
krönte ihn der Papst zum Kaiser. Indem Otto Italien und die Kaiserwürde wieder für
das ostfränkische Reich gewann, schlug er keinen neuen Weg ein, sondern bewegte
sich weiter auf den alten Geleisen fränkischer Teilherrscher in der ununterbrochenen
Tradition der fränkischen Reichsidee. Nachdem das von Karl I. (dem Großen) begründete Kaisertum in die Hände schwacher Herrscher geraten und zuletzt sogar einige
Jahre vakant gewesen war, was im weiteren Verlauf des Mittelalters noch öfter vorkommen sollte, war es mit der Kaiserkrönung Ottos I. wieder an den mächtigsten
Herrscher Europas übergegangen. Auch die seit einigen Jahrzehnten verlorengegangenen Außengebiete konnte Otto wieder an das Reich heranführen: 950 unterwarf er
den Herzog von Böhmen erneut der Tributpflicht und der ostfränkischen Oberhoheit,
und 967 stellte er die Oberhoheit über die süditalienischen Fürstentümer Capua und
Benevent wieder her.

Vom
fränkischen
Teilreich zum
souveränen
Staat
Wie sich zeigt, war es also nicht so, daß das Reich Karls I. in ein Westfrankenreich
(entsprechend dem späteren Frankreich) und ein deutsches Ostfrankenreich (entsprechend dem Gebiet der heutigen BRD) aufgeteilt worden wäre und daß die Herrscher
des letzteren dann über ein Jahrhundert später die unselige Idee gepackt hätte, über
das nationale Staatsgebiet hinauszugreifen und auch noch Italien und den Kaisertitel
zu erwerben, um sich damit ins uferlose Universale zu verirren. In Wirklichkeit hat
erst die Kaiserkrönung Ottos I. den Schlußpunkt gesetzt unter die komplizierte, rund
150jährige Zerfallsphase des karolingischen Frankenreiches. Erst an deren Ende standen zwei Reiche da, und der zu diesem Zeitpunkt erreichte Zustand sollte dann auf
lange Dauer bestehen bleiben. Das ostfränkische Reich hörte auf, ein fränkisches Teilreich zu sein; seine Eigenständigkeit stand in Zukunft außer Frage. Die Idee, die
Bruchstücke des fränkischen Gesamtreiches wieder alle in einer Hand zusammenzufassen und die karolingische Reichseinheit zu erneuern, war endgültig überholt. Dem
ostfränkischen Reich verblieben aus der Erbmasse des karolingischen Reiches (Ost-)
Franken, die Herzogtümer Sachsen (mit Thüringen), Schwaben, Bayern und Lothringen und das Königreich Italien; mit diesen Ländern also auch Karls des Großen Resi-

denz Aachen als Ort der Königserhebung und die Papstresidenz Rom als Ort der Kaiserkrönung; ferner in loser Angliederung noch das Königreich Burgund, Friesland, die Herzogtümer Böhmen und Benevent und das Patrimonium Petri, und obendrein die Kaiserwürde. Das westfränkische Reich blieb dagegen selbständig, wobei fast das ganze Gebiet südlich der Loire als Herzogtum Aquitanien (Guyenne) und die von den Normannen beherrschte Normandie und Bretagne ihrerseits vom westfränkischen König fast unabhängig waren. Das ostfränkische Reich stand also als der Haupterbe des karolingischen Reiches da. Aber der Kaiser symbolisierte nicht mehr die Einheit ganz Europas, sondern sein Reich war zu einem Reich neben anderen geworden, wenn es auch lange das mächtigste blieb.

In der Regierungszeit Ottos I., der schon von den Zeitgenossen „der Große" genannt wurde, fiel jene Reihe wichtiger Entscheidungen, welche die Grenze zwischen der Zeit der fränkischen Teilreiche und der Zeit der neuen souveränen Reiche markiert. Nachdem schon 921 die Idee der Wiedervereinigung von westlichem und östlichem Teilreich endgültig aufgegeben worden war, wurde seit 940 auch die Unteilbarkeit des ostfränkischen Reiches nie mehr in Frage gestellt. Damit wurde das Reich ein von der Person des jeweiligen Königs unabhängiges Gebilde und gewann eine Existenz für sich selbst. Seit 951 blieb das Königreich Italien jahrhundertelang mit dem ostfränkischen Reich verbunden, und seit 962 war die Kaiserwürde bis 1804 im Abendland immer dem Inhaber des ostfränkischen bzw. deutschen Königtums vorbehalten. Seit den 960er Jahren waren die Beziehungen zwischen Westfranken und Ostfranken auch nicht länger die von Teilreichen innerhalb eines fränkischen Gesamtreiches, sondern solche zwischen souveränen Staaten. So haben wir es seit den 960er Jahren nicht länger mit einem ostfränkischen Teilreich zu tun, sondern mit einem nach außen souveränen Staat.

Allerdings — niemand kam im 10. Jahrhundert auf den Gedanken, irgendwann ein neues Reich gegründet zu haben. Es ist in Stufen aus dem fränkischen Reich heraus entstanden. Daß nach den vielen Teilungen und Neuverbindungen im Zerfallsprozeß des fränkischen Gesamtreiches des Ergebnis letztlich so aussah, wie es seit dem Jahre 962 bestehen blieb, war weitgehend die Folge einer Kette von dynastischen Zufällen und Schlachtentscheidungen. Es hätte ebensogut sein können, daß am Ende eines, einige oder alle der deutschen Herzogtümer als selbständige Staaten oder als Teile Frankreichs dagestanden hätten, daß statt eines französischen Königtums mehrere Staaten ins Leben getreten oder daß Italien und die Kaiserwürde statt mit dem ostfränkischen mit dem westfränkischen/französischen Königreich verbunden gewesen wären.

Unter den Merowingern und den ersten Karolingern hatten zweifellos die fränkischen Großen die Staatsnation im Reich gebildet: sie besetzten fast alle Führungsstellen, sie erhoben in einer formellen Königs-„Wahl" die Herrscher, die in ihrem Volksbereich herrschen sollten, während die Unterkönige, die über unterworfene Völker herrschten, vom König aus eigener Machtvollkommenheit und ohne Zustimmungsakt eingesetzt wurden, und schließlich kam dies auch im Titel „König der Franken" zum Ausdruck. Die Herrscher der Reichsteile, die seit 817 entstanden, wurzelten dann aber in diese ein, stützten sich auf deren Stammesadel und zogen diesen zu höheren Ämtern heran. Dadurch zerfiel die Francia seit 843 in einen westlichen, mittleren und östlichen Teil, die jeweils ein politisches Eigenleben entwickelten, ebenso Norditalien, und innerhalb des östlichen Reichsteils gewannen vor allem Bayern und Alemannien politisches Eigengewicht. So entwickelte sich das herrschende Reichsvolk

Von der fränkischen zur deutschen Adelsnation

45

der Franken nicht nur in zwei bzw. drei Teile auseinander, sondern innerhalb des östlichen Reichsgebiets verlor es zugleich allmählich seine Rolle als herrschendes Volk
und wurde zu einem Stamm neben den anderen. Im Laufe des 9. Jahrhunderts bestand
die Tendenz, daß sich auf dem Boden des Frankenreiches ein halbes Dutzend verschiedener Staatsnationen zu bilden begannen. Der ostfränkische Ludwig II. und Karlmann
stützten sich stets vor allem auf den bayerischen und Karl III. (der Dicke) auf den alemannischen Adel, also den Adel aus jenem Gebiet, wo sie anfänglich Teilherrscher
waren, und auch Arnulf bevorzugte den bayerischen Adel. Ein Zeichen dafür, daß die
nichtfränkischen Reichsteile sich aus der fränkischen Vorherrschaft lösten und in Richtung auf eine eigene Staatsnation voranschritten, bedeutete es auch, als die nichtfränkischen Reichsteile ihre Herrscher nicht mehr ohne eigenes Zutun eingesetzt erhielten, sondern der dortige Adel selbst seinen Herrscher förmlich erhob; so ab 861 in
Südburgund, ab 876 in Italien, ab 879 in Bayern und ab 882 in Alemannien. Indem die
Franken im östlichen Reichsgebiet ihre herrschende Stellung verloren, büßte auch der
Titel „König der Franken" seinen Sinn ein. Ludwig II. und Ludwig III. nannten sich,
da sie u.a. die östliche Francia beherrschten, „König der Ostfranken", während die
Brüder des letzteren gelegentlich als „König der Bayern" oder „König von Alemanni-
en" urkundeten, und die nachfolgenden Herrscher im Osten nannten sich dann meist
nur „König" ohne Volkszusatz. Lothringen, zwischen Westen und Osten hin- und hergerissen, gewann im Laufe des 9. Jahrhunderts keine vergleichbare Eigenständigkeit
wie Bayern und Alemannien. Dies war auch bei den Sachsen nicht der Fall. Die Stel-
lung des sächsischen Adels war im Innern schwach, wie besonders der Stellingaaufstand der sächsischen Freien und Halbfreien 841-43 offenbar machte. Der sächsische
Adel lehnte sich deshalb an die Ostfranken an. Der Adel beider Stämme begann zu
einer einzigen Staatsnation zu verschmelzen. Schon 882 hatten Franken und Bayern
Karl III. getrennt gehuldigt, und bei den Königserhebungen 887, 911, 919 und 936 handelten jeweils (Ost-)Franken und Sachsen gemeinsam, während vom Adel der Bayern
und Alemannen zumindest die große Mehrheit nicht beteiligt war. Für Otto I. findet
sich anfänglich mehrfach in seinen eigenen Urkunden und durch andere die Bezeichnung „König der Franken und Sachsen". Aber im lange unklaren Zwiespalt zwischen
dem Streben der Herrscher, möglichst weite Gebiete zusammenzufassen, und der Tendenz, daß sich auf dem Gebiet des entstehenden deutschen Volkes drei getrennte
Staatsnationen bildeten, setzte sich dann doch die Einheit durch. Ottos Königswahl
durch Franken und Sachsen wurde noch im selben Jahr in Aachen durch einen gemeinsamen Akt der Großen aus Sachsen, Franken, Lothringen, Schwaben und Bayern be-
kräftigt. Hier handelten zum ersten Mal alle deutschen Stämme gemeinsam und gleichberechtigt, und so blieb es seitdem bei allen späteren Königserhebungen und anderen
wichtigen politischen Handlungen. Damit war eine deutsche Staatsnation entstanden.

Reich –
Volk –
Staatsnation

Für den Anfang der deutschen Geschichte läßt sich kein genaues Datum angeben.
Sie beginnt nicht wie ein Theaterstück, bei dem mit einem Schlag der Vorhang aufgeht
und das Spiel anfängt, sondern Reich, Volk und Staatsnation der Deutschen entstanden schrittweise als parallele Vorgänge. In der Mitte des 10. Jahrhunderts finden wir
sie dann fertig ausgebildet. Dabei waren diese drei Elemente weder inhaltlich identisch, noch deckte sich ihr Umfang. Das Reich bestand in der politischen Herrschaftsgewalt des Königs und ihrem Bezugsraum. Das Volk war in der sprachlich-kulturellen
Gemeinsamkeit der Deutschen begründet. Die Staatsnation lag im gemeinsamen politischen Willen und Handeln der adligen Führungsschicht. Das Reich umfaßte mehr

46

als das deutsche Volk; auch zahlreiche Italiener, Franzosen und Slawen gehörten dazu. Zur Staatsnation wiederum gehörte nur ein kleiner Teil des deutschen Volkes, eben der Adel (und die höhere Geistlichkeit). Bei Königswahlen, Hoftagen, Italienzügen und auch Feldzügen trat er als gemeinsam handelnde Staatsnation auf. Nur er besaß einen Informations- und Interessenhorizont, der sich auf das ganze Reich bezog, während Bewußtsein und Aktionsradius der Masse der Bevölkerung lokal begrenzt blieben.

1.2 Die Entstehung der gesellschaftlichen und politischen Ordnung

Germanische Wirtschaft

Da die Deutschen aus den Germanen entstanden, wurzelte dort auch ein wesentlicher Teil der sozialen und politischen Verhältnisse der Deutschen im Mittelalter. Wir müssen deshalb zunächst einen Blick auf die Germanen in den Jahrhunderten vor der Völkerwanderung werfen.

Die Bevölkerung verteilte sich ungleichmäßig über das Land. Sie konzentrierte sich in kleinen Siedlungskammern, und unwegsame Urwälder, Sümpfe und Gebirgskämme trennten diese voneinander. Die Germanen lebten teils in Einzelhöfen, teils in Gehöftgruppen von drei bis vier Höfen, sogenannten Weilern. Die einzelnen Höfe waren je nach Reichtum des Besitzers unterschiedlich groß, in ihrer Struktur jedoch alle gleich. Burgen als befestigte Herrensitze gab es nicht, ebensowenig Städte. Fast alle Germanen waren mit Ackerbau und Viehwirtschaft beschäftigt, und die Rohprodukte wurden fast ausschließlich im eigenen Haushalt zu Lebensmitteln, Kleidung, Haus- und Ackergerät verarbeitet. Nur sehr wenige handwerkliche Tätigkeiten waren Sache von Spezialisten, so die Eisenverhüttung und Schmiedearbeiten. Die Haushalte versorgten sich also fast gänzlich selbst, und wenn sie andere Produkte brauchten, tauschten sie direkt Ware gegen Ware ein. Da die Arbeitsteilung so gering war, gab es auch keinen nennenswerten Handel. Deshalb prägten die Germanen auch keine Münzen, und wenn römische Münzen in ihren Besitz gelangten, verwendeten sie diese nicht als allgemeine Zahlungsmittel, sondern tauschten sie als Edelmetallstücke genauso wie die übrigen Naturalgüter.

Haus, Sippe, Stamm, Gefolgschaft

Die Germanen waren ursprünglich nicht in Staaten organisiert. Trotzdem bestanden sie keineswegs aus einer losen Anhäufung von Einzelpersonen. Ganz im Gegenteil. Gerade weil der einzelne nicht durch einen starken Staat in seiner Freiheit und in seinem Besitz geschützt wurde, genoß er nur als Glied einer Gemeinschaft Schutz und Sicherheit. Da er ohne diese als soziales Wesen nicht existieren konnte, mußte er sich in sie einordnen. Diese Gemeinschaften waren das Haus, die Sippe und auch der Stamm (beziehungsweise das Volk). Dabei waren die engeren wichtiger als die weiteren.

48

Das Haus stellte das wichtigste Element rechtlicher und sozialer Ordnung dar. Es galt als besonderer Friedensbezirk. Niemand durfte ohne Erlaubnis des Hausherrn die Schwelle von dessen Haus übertreten. Verletzte jemand diesen Hausfrieden, beging er also Hausfriedensbruch, drohten ihm hohe Strafen. Jedes Haus hatte einen Hausherrn. Seine Frau, seine Kinder, solange diese noch keinen eigenen Hausstand gegründet hatten (also gegebenenfallls auch über die Volljährigkeitsgrenze hinaus), und das Gesinde unterstanden der hausherrlichen Herrschaftsgewalt, der Munt. Der Hausherr hatte eine weitgehende Verfügungsgewalt über die Bewohner seines Hauses. Er konnte verlangen, daß sie ihn in häuslichen Dingen und in Notfällen bei der Fehde unterstützten, und sein Strafrecht ging bis zur Tötung. Dafür war der Hausherr verpflichtet, den Personen, die in seiner Munt lebten, Schutz und Schirm gegen jede Bedrohung zu gewähren und sie mit Nahrung, Kleidung und Wohnmöglichkeit zu versehen. Da Untergebene des Hausherrn keine Rechtspersonen waren, vertrat der Hausherr seine Abhängigen nach außen vor Gericht und bei Rechtsgeschäften, und er haftete für Schäden, die sie außerhalb des Hauses gegen Dritte anrichteten, nicht sie selbst. Herrschaft und Schutz waren untrennbar miteinander verbunden: indem jemand seine Abhängigen schützte, erwies er sich als ihr Herr. Dieser Zusammenhang war für das ganze Mittelalter grundlegend.

Die Sippe war eine Gruppe von Freien, die durch Abstammung oder Schwägerschaft miteinander verwandt waren. Ihr Inhalt bestand vor allem darin, daß ihre Mitglieder sich bei Fehde und Blutrache gegenseitig unterstützten. Jeder mußte einer Sippe angehören, wenn er nicht nahezu recht- und schutzlos sein wollte. Im Unterschied zum Haus stellte die Sippe aber einen viel loseren Zusammenhang dar und hatte keine feste Begrenzung. Ihre Struktur war nicht von herrschaftlicher Über- und Unterordnung bestimmt, sondern sie bildete eine genossenschaftliche Verbindung Gleichgestellter, und somit besaß sie keine handlungsfähige Spitze.

Über die Sippen wölbte sich der Stamm. Da die Germanen sich gesellschaftliche Zusammenhänge noch nicht als abstrakte Beziehung und Institution vorstellen konnten, faßten sie auch den Stamm als eine Abstammungsgemeinschaft auf, vergleichbar einer großen Sippe. Der Stamm war eine Friedens- und Rechtsgemeinschaft. Alles Recht war auf ihn bezogen und band nur gegenüber Stammesgenossen. Fremde standen ursprünglich außerhalb der Rechtsordnung. Ihnen konnte aber Gastrecht gewährt werden.

Als weitere gesellschaftliche Ordnungsform gab es noch die Gefolgschaften. Von der Masse der einfachen Freien hoben sich einige wenige als adlig ab. Dabei gab es keinen abgeschlossenen Adelsstand mit bestimmten Rechten, der sich klar gegen die einfachen Freien abgrenzen ließe. Wenn man trotzdem von einem Adel bei den Germanen spricht, sind jene gemeint, die sich durch ihre Macht und ihr Ansehen faktisch als adlig erwiesen. Diese Macht beruhte darauf, daß sie wesentlich reicher waren und sich eine Gefolgschaft hielten. Die Gefolgsleute waren meist junge Männer, die freiwillig unter die Munt eines Herrn traten, jedoch im Unterschied zu den Hausgenossen als Freie galten. Zwischen dem Herrn und seinen Mannen bestand ein gegenseitiges Treueverhältnis: der Mann verpflichtete sich seinem Herrn gegenüber zu Rat und Hilfe, dieser gelobte dem Mann Schutz und Unterhalt. In der Regel lebten die Gefolgsleute auf dem Hof ihres Herrn und besaßen keine Eigenwirtschaft. Es gab aber auch Gefolgsleute, die auf eigenen Höfen wohnten und nur bei besonderem Anlaß zum Hausgefolge stießen. Im Unterschied zu den übrigen Freien arbeiteten die Gefolgsleute ebensowenig wie ihre Herren mit eigener Hand, sondern widmeten sich vorwiegend dem Kampf und Krieg. Der Unterhalt der Gefolgschaft wurde meist durch kriegerische Beutezüge organisiert sowie durch die Überschüsse gesichert, welche der mit Unfreien bewirtschaftete Grundbesitz des Herrn abwarf.

Unter den Germanen herrschte also keinesweg völlige Gleichheit, sondern schon zu dem Zeitpunkt, an dem die Gesellschaftsordnung der Germanen für uns zum ersten Mal in Quellen erkennbar wird, gab es eine deutliche soziale Schichtung in Adel, Freie und Unfreie. Der Adel bildete dabei eine nur kleine Elite. Das zahlenmäßige Verhältnis zwischen Freien und Unfreien ist umstritten. Die männlichen Freien und Adligen waren das Volk im politischen und rechtlichen Sinne. Dies war der Inhalt der Unterscheidung von Freien und Unfreien. Über Besitz und wirtschaftliche Tätigkeit sagte sie nichts aus. Die Unfreien rekrutierten sich wahrscheinlich zum größten Teil aus Menschen, die im Krieg gefangengenommen oder unterworfen worden waren, sowie aus deren Nachkommen.

Innerer und äußerer Frieden — Wenn es bei den Germanen keine Staaten gab im Sinne überpersönlicher Organisationen mit Beamten, Soldaten, Richtern und Steuern, wer sorgte dann für Sicherheit und Frieden innerhalb des Stammes, wer organisierte die Kriegführung gegen andere Stämme, sei es in Verteidigung oder Angriff? Die Gesamtheit der freien Männer bildete als Fußsoldaten das Heer. Die Freien waren also zugleich Bauern und Krieger. Die Versammlung aller freien Männer eines Stammes, der Allthing, war zugleich Volks- und Heeresversammlung. Sie tagte, vom Adel geleitet, an einem bestimmten Ort unter freiem Himmel und beschloß über Krieg und Frieden, und sie war auch oberstes Gericht.

Räubereien waren nichts Entehrendes, sofern sie außerhalb der Grenzen des eigenen Stammes unternommen wurden. Es gab keine mehrere Stämme überspannende Rechts- und Friedensgemeinschaft. Zwischen den Stämmen herrschte gewissermaßen ungeregelter Naturzustand. Innerhalb eines Stammes versuchte man dagegen, Missetaten nicht ungesühnt zu lassen. Die Unfreien unterlagen der Strafgewalt ihres Hausherrn, die sich vor allem in körperlichen Züchtigungen ausdrückte, einem Kennzeichen der Unfreiheit. Die Mitglieder einer Sippe waren verpflichtet, untereinander Frieden zu halten. Kam es trotzdem zu einem Rechtsstreit zwischen Sippengenossen, so schlichtete die Sippe selbst. Wenn ein Sippenfremder einen Sippengenossen in seinem Recht verletzte, so galt dies als Schädigung des Sippenheils. Um dieses wiederherzustellen, ging dann die verletzte Sippe gegen den Täter oder auch eine andere Person aus dessen Sippe vor. Die Stammesgemeinschaft griff ursprünglich nur bei solchen Delikten strafend ein, die den Stamm als Ganzes berührten, nämlich Delikte gegen Religion und Kult und im Heer, z.B. Verrat und Desertion. Der Täter wurde zum Tode verurteilt oder er verfiel, falls er flüchtig war, der Acht: auf Beschluß des Things stieß die Sippe ihn aus ihrer Schutzgemeinschaft aus, so daß er recht- und friedlos wurde, ein einsamer, heimatloser Waldgänger, der von jedermann erschlagen werden durfte und mußte. Sein Leichnam blieb unbegraben den Vögeln zum Fraße liegen – er war „vogelfrei". In den meisten Rechtskonflikten war jedoch das Mittel, um sie auszutragen, die Rache durch die Sippe. Das hatte ständig Fehden der Sippen gegeneinander zur Folge, eine schier endlose Kette von Totschlag, Raub, Brand und Verwüstung. Ein Totschlag zog leicht zehn weitere nach sich. Das heißt nicht, daß die Germanen das Recht verachtet hätten, sondern in der Fehde übten die Sippen in legitimer Weise Gewalt aus. Da es eben noch keinen Staat gab, der ein Monopol legitimer Gewaltanwendung hätte haben können, war die rechtliche Selbsthilfe der Sippen die logische Folge. Im Laufe der Jahrhunderte bemühte sich die Gemeinschaft dann verstärkt, die dauernde Fehdeführung der Sippen einzuschränken, indem sie darauf drang, auf die Rache zu verzichten und stattdessen eine Bußezahlung als friedlichen Ausgleich anzunehmen. Falls die beiden streitenden Parteien sich hierüber nicht zu einigen vermochten, konnten sie vor dem Thing des betreffenden Gaues (Bezirks) verhandeln. Dabei tagten die freien Männer eines Gaues unter Vorsitz eines Adligen als Gericht. Aber niemand war gezwungen, vor Gericht zu gehen, und vollstrecken mußte der Kläger das Urteil bei Bußen selber, wodurch das Verfahren oft wieder in gewaltsame Auseinandersetzung umschlug. Viele hielten ohnehin weiter zäh an der Blutrache fest, da die Geschädigten es oft als Verletzung ihrer Ehre auffaßten, für den Totschlag eines Verwandten eine Geldbuße anzunehmen, und ferner auch deshalb, weil die Bußen sehr hoch waren und die Täter diese meist nicht aufbringen konnten, wenn nicht ihre Sippe für sie einstand.

In der Zeit der Völkerwanderung und vor allem des fränkischen Reiches unter den Merowingern und Karolingern änderte sich die gesellschaftliche und politische Ordnung der Westgermanen nach und nach und sah schließlich in der Mitte des 10. Jahrhunderts wesentlich anders aus. Mit Königtum, Lehenswesen und Grundherrschaft wurden neue Ordnungselemente bestimmend, und Heerwesen, Gerichtswesen und gesellschaftliche Gliederung wandelten sich grundlegend. Diese Veränderung war nicht auf den Willen einer einzelnen Person zurückzuführen, sondern ergab sich aus dem Zusammen- und Gegeneinanderwirken vieler als allmählicher, unbeabsichtigter Entwicklungsprozeß. Der wesentliche Antrieb hierfür lag darin, daß sich das kleine Volk der Völkerwanderungszeit zum fränkischen Großreich ausweitete. Im einzelnen wirkten mehrere Tendenzen ineinander und nebeneinander, die sich in den verschiedenen Teilräumen auch in unterschiedlicher Weise durchsetzten, so daß wir von dieser Umwandlung ein stellenweise etwas unklares Bild haben. Doch die Hauptrichtung ist unverkennbar: sie lief darauf hinaus, das herrschaftliche Element zu stärken gegenüber der Mitwirkung der vielen und gegenüber deren Freiheit, und sie vergrößerte die soziale Spannweite und Spannung zwischen „oben" und „unten" auf Kosten der Gleichheit.

Der große Umbruch

In den ständigen Kämpfen der Völkerwanderungszeit war eine Führung nötig, aus der das Königtum hervorging. Es gipfelte schließlich in der Herrschaft der fränkischen Könige über alle westgermanischen Völker des Festlands. Durch das Königtum gewann die politische Ebene oberhalb der Sippen gewaltig an Bedeutung, die vor der Völkerwanderung nur schwach ausgebildet gewesen war. Indem das fränkische Reich sich so weit ausdehnte, wurde ein Allthing als Versammlung aller Freien undurchführbar. Im 8. Jahrhundert hörte er auf und schrumpfte zu einem Hoftag, zu dem der fränkische König nur noch die mächtigsten Adligen zusammenrief, um sich von ihnen beraten zu lassen. Die oberste Gerichtsgewalt und das Recht, über Krieg und Frieden zu entscheiden, gingen vom Allthing praktisch auf den König selbst über. Bei den meisten Tagungen des lokalen Gerichtsthings nahmen nicht mehr alle Freien teil, sondern stattdessen nur noch sieben Schöffen, die aus dem Kreis der Freien ausgewählt wurden. Insgesamt wurden also die Mitwirkungsmöglichkeiten bei politischen Entscheidungen und im Gericht für weite Kreise drastisch beschnitten. Der Sippengedanke geriet immer mehr in den Hintergrund und verschwand schließlich. Dies hatte zwei Gründe. Erstens traten immer mehr Freie unter die Schutzgewalt eines Adligen, der

Das Königtum

nachhaltigeren Schutz gewähren konnte als die Sippe. Zweitens bekämpfte der fränkische König die rechtliche Selbsthilfe der Sippenfehde. Er drang darauf, die Fehde durch die Bußezahlung zu ersetzen und sich an die Gerichte zu wenden, wenn auch ohne großen Erfolg. Gleichzeitig wurde die Strafgewalt des Hausherrn über seine Abhängigen abgeschwächt, indem das Tötungsrecht wegfiel. Zur Kontrolle der öffentlichen Rechtsprechung ernannten die Karolinger Grafen. Diese waren adlige Vertrauensleute des Königs, die in ihrer Grafschaft begütert waren und dort bald zum Vertreter des Königs in allen Angelegenheiten wurden. Sie boten auch die Waffendienstpflichtigen zum Heer auf und kümmerten sich gegebenenfalls um den königlichen Grundbesitz. Unter einer Grafschaft ist kein fest abgegrenztes Gebiet, sondern der tatsächliche Wirkungsraum eines Grafen zu verstehen, dessen Umfang davon abhing, wo königliche und gräfliche Besitzungen lagen und wie tatkräftig der jeweilige Graf persönlich war. Im Unterschied zum romanischen Reichsteil wurde das Grafschaftssystem östlich des Rheins nie zu einem flächendeckenden Netz ausgebaut. Der Graf bereiste die Thingstätten seines Amtsbereichs und hielt dort Gericht ab, meist dreimal im Jahr, wobei er den Vorsitz im Thing hatte und auch die Vollstreckung des Urteils in die Hand nahm. Während der längeren Zwischenzeiten wurden in den einzelnen Gerichtsbezirken Zwischentermine festgesetzt, an denen man zunehmend nur niedere Sachen behandelte, wobei ein Zentenar oder Gograf den Vorsitz führte. Damit spaltete sich die Gerichtsbarkeit in eine hohe und eine niedere.

Wandel des
Heerwesens

Auch das Heerwesen wandelte sich im fränkischen Reich grundlegend. Die Zahl der Kriegszüge nahm mit der Eroberungspolitik immer mehr zu, und indem sich das Reich ausdehnte, dauerten die Kriegszüge immer länger. Damit wurde die Heerfolgepflicht für die meisten Freien zu einer schweren Belastung und drohte sie wirtschaftlich zu ruinieren, da sie sich während ihrer Abwesenheit nicht um ihren Hof kümmern konnten. Außerdem kam im 8. Jahrhundert im Frankenreich eine kriegstechnische Neuerung auf: der gepanzerte Reiter. Dadurch verlor der traditionelle Krieger zu Fuß auch an militärischem Wert. Dank der Erfindung von Steigbügel und Sattel saß der Reiter jetzt fester auf dem Pferd und konnte mit einer Lanze gegen einen anderen Kämpfer anrennen, ohne sich beim Auftreffen durch einen Rückstoß selbst vom Pferd zu hebeln. Er trug einen Helm und ein langes, enganliegendes Hemd aus Eisenringen oder Eisenschuppen. Rüstungen aus Plattenpanzern gab es noch nicht. So gewappnet war der Reiterkrieger nur schwer verwundbar. Pferd und Panzerhemd waren jedoch so teuer, daß ein Freier sie sich nicht leisten konnte. Angesichts dieser Veränderungen ließ sich der Grundsatz der allgemeinen Heerfolgepflicht nicht mehr länger aufrechterhalten. Das allgemeine Aufgebot der bäuerlichen Fußkrieger verlor für große Feldzüge nach und nach an Bedeutung und kam seit der Mitte des 10. Jahrhunderts im Feldheer nicht mehr vor, sondern nur noch als örtliche Landwehr. Das Feldheer wandelte sich zu einer kleineren Truppe aus Reiterkriegern, für die das Waffenhandwerk zur Hauptbeschäftigung wurde. Bäuerliche und kriegerische Tätigkeit trennten sich voneinander, und allmählich entstanden Bauer und Ritter als zwei verschiedene Stände.

Lehenswesen

Um ihre Macht zu stärken, nahmen die Merowinger dem Adel das Recht, sich Gefolgschaften aus Freien zu halten, und behielten es sich selbst vor. Daraufhin begannen die Adligen, unfreie Abhängige in Dienst zu nehmen, sie zu bewaffnen und mit ihnen Fehden auszutragen, so wie bisher mit den jetzt verbotenen Gefolgschaften. Sie bedienten sich dabei der gallorömischen Tradition der Vasallität: ein Mann niederer Herkunft ergab sich durch einen Akt, den man als Kommendation bezeichnete, in den

Schutz eines Herrn und wurde damit zu seinem Vasallen (hergeleitet vom keltischen gwas = Knecht). Er verpflichtete sich zu lebenslangem Dienst und Gehorsam, wofür der Herr zusicherte, ihm seinen Unterhalt zu gewähren. Bald verband sich diese Vasallität mit der Idee der germanischen Gefolgschaft, die auf gegenseitiger Treue zwischen Herrn und freiem Mann beruhte. Da dem Waffentragen ein höheres Prestige zugemessen wurde als der landwirtschaftlichen Arbeit, stieg das soziale Ansehen der Vasallen, so daß seit dem 8. Jahrhundert auch Freie in ein Vasallenverhältnis eintraten. In jenen Zeiten, als die Königsmacht verfiel, also unter den späteren Merowingern und wieder unter den späteren Karolingern, stellten die mächtigen Adligen immer größere Vasallenheere auf, mit denen sie ihre zahlreichen Fehden führten. Zum persönlichen Abhängigkeits- und Treueverhältnis trat bald noch ein dingliches Element hinzu: das Lehen. Da sich die Heeresorganisation wandelte, wurden die Vasallen als berittene Krieger für den König immer wichtiger. Weil es keinen aus ständigen Abgaben gespeisten zentralen Königsschatz gab, so daß die fränkischen Könige ihre Vasallen nicht durch Soldzahlungen unterhalten konnten, begannen die Karolinger, ihren Vasallen leihweise Land zu lebenslänglichem Nutzungsrecht auszugeben, damit diese eine ausreichende wirtschaftliche Grundlage hatten. Dabei wahrten die Karolinger für sich ein Obereigentum an dem verliehenen Land. Die mächtigen Adligen machten dies mit ihren Vasallen bald nach. So wuchsen die römisch-keltische Vasallität, der Treuegedanke der germanischen Gefolgschaft und das Verleihen von Lehen im 8. Jahrhundert zusammen, und damit war die Grundform des mittelalterlichen Lehenswesens entstanden. Mit ihm hatte sich eine Schicht von Reiterkriegern herangebildet, die durch ein Lehensgut wirtschaftlich gesichert und vom König oder anderen Adligen abhängig waren, aber trotzdem als Freie galten. Da das Lehen lateinisch als feudum bezeichnet wurde, spricht man heute auch von Feudalismus. Dieser Begriff soll hier jedoch vermieden werden, da er recht unterschiedlich verwendet wird und dadurch unklar geworden ist.

Die Bedeutung des Lehenswesens beschränkte sich nicht darauf, daß eine neue soziale Schicht entstanden war. Da das allgemeine Heeresaufgebot immer unbedeutender und das Aufgebot der Reiter für die Kriegführung entscheidend wurde, setzte Karl I. durch, daß außer dem König auch die Großen ihre Vasallen zum Kriegsdienst im Reichsheer aufbieten sollten. Karl gab Lehen auch an mächtige Adlige aus, um diese dadurch nach Lehensrecht als Vasallen an sich zu binden. Teilweise nötigte er Adlige sogar, ihm ihren eigenen Besitz zu übertragen und dann als Lehen zurückzunehmen. Neben den Lehen blieben aber stets weiterhin große Gebiete adliger Eigenbesitz, sogenanntes Allod, und oft verfügte ein Adliger gleichzeitig über Eigenbesitz und Lehen. Doch indem der König das Lehenswesen ausweitete, verwandelte sich das Nebeneinander zahlreicher Vasallenschaften in ein abgestuftes Lehenssystem, in welchem der fränkische König, dessen Vasallen und deren Untervasallen übereinander geordnet waren. Die Karolinger dehnten die lehensrechtlichen Bindungen nicht nur auf die mächtigen Adligen, sondern auch auf die Grafen aus. Ursprünglich hatte die Absicht bestanden, das ganze Reich mit einem Netz von Grafschaften zu überziehen im Sinne der römischen Idee, die den Staat als eine von der jeweiligen Person getrennte Institution und als Amt auffaßte. Doch dafür fehlten bei den Germanen die wirtschaftlichen und geistigen Voraussetzungen, so daß der ihnen fremde Amtsgedanke sich nicht durchsetzen konnte. Die Grafen neigten dazu, die Grafenrechte an ihre Söhne weiterzuvererben und damit ihre Bindung an den fränkischen König zu lösen. So machte der König auch die Grafen zu seinen Vasallen, in der Hoffnung, daß der persönliche Treuegedanke des Lehenswesens sie fester an sich binden würde als die sachliche Abhängigkeit als Amtsträger. Unter Karl I. durchdrang das Lehenswesen, das im romanischen Teil des Frankenreiches entstanden war, auch den germanischen Osten, ausgenommen die Kerngebiete Frieslands. Um 900 schoben sich dann im ostfränkischen Reichsteil die wiederauflebenden stammesherzoglichen Gewalten in Bayern, Schwaben und Lothringen in die Lehenspyramide zwischen König und Adel ein.

Ursprünglich erlosch ein Lehensverhältnis mit dem Tod des Mannes oder dem des Herrn. Im 9. Jahrhundert setzte sich dann die faktische Erblichkeit der Lehen durch, die seitdem nur noch bei Treubruch entzogen werden konnte. Als im 9. Jahrhundert die einzelnen fränkischen Teilkönige gegeneinander kämpften, breitete sich die Unsitte aus, Lehen von mehreren Herren anzunehmen. Bei einer solchen Doppelvasallität war ein Vasall nicht verpflichtet, im Streit seinem einen Herrn gegen seinen anderen Herrn zu folgen, sondern durfte neutral bleiben. Erblichkeit und Doppelvasallität schwächten also die Stellung des Herrn gegenüber seinem Vasallen. Überdies neigten Vasallen dazu, ihr Lehen mit zu ihrem Allod zu schlagen und es damit ihrem Herrn zu entfremden. Die Lehensbeziehung war zweiseitig, und es war offen, wer sich als der jeweils stärkere Partner erwies. Man darf aber auch nicht übersehen, daß es für den König praktisch keine Alternative zum Lehenssystem gab und daß dieses es ihm immerhin ermöglichte, den Adel, dessen aus eigener Wurzel gewachsene Herrschaft ja schon vor dem König bestanden hatte und den er nicht einfach herumkommandieren konnte, wenigstens durch eine Treueverpflichtung an sich zu binden. Letztlich war das Lehenswesen die zwangsläufige Folge des Willens zur Großreichsbildung in einer Zeit, die angesichts des geringen Entwicklungsstands noch nicht über die wirtschaftlichen und geistigen Hilfsmittel für eine bürokratische Herrschaftsausübung verfügte.

Grund-
herrschaft

Jener Entwicklungsprozeß, der die Beziehungen zwischen den Angehörigen der Oberschicht nach dem Prinzip des Lehenswesens umgestaltete, setzte sich nach unten fort, indem gleichzeitig die Grundherrschaft entstand. In der germanischen Zeit lebten diejenigen, die sich in der Munt eines reichen Herrn befanden, im Regelfall als Gesinde und Handwerker im Haushalt ihres Herrn und saßen nur in wenigen Fällen auf eigenen Bauernwirtschaften. Die Munt war Herrengewalt über Menschen, die wegen dieser Abhängigkeit unfrei waren. Vom 7. bis 9. Jahrhundert entwickelte sich daraus ein Herreneigentum an Grund und Boden: die Grundherrschaft. Die Grundherren verliehen Bauernstellen an Unfreie, die dafür Zins zahlten und geringe persönliche Dienstleistungen auf dem Salhof, d.h. dem Herrenhof, erbrachten, den der Grundherr weiter in eigener Regie bewirtschaftete. Indem Unfreie in eigene Haushalte abgeschichtet wurden, schwächte sich die Intensität ihrer Unfreiheit ab, wenngleich sie nicht verschwand. Sie wurden zu Hörigen, die man auch als Grundholden oder Hintersassen bezeichnete. Nun traten immer mehr Freie unter die Schutzherrschaft eines Grundherrn und nahmen von ihm Land zur Bewirtschaftung. Das geschah teils durch den indirekten Zwang der Verhältnisse, teils durch direkten gezielten Zwang der Mächtigen. Als sich allmählich die Bevölkerung vermehrte, brauchte man mehr Akkerland, so daß vor allem nachgeborene Söhne im Urwald Land rodeten und urbar machten. Bei den Germanen hatte jeder Freie das Recht besessen, von dem noch unerschöpflichen Urwaldland ein Stück in Besitz zu nehmen, um es zu bewirtschaften. Im fränkischen Reich nahmen jedoch die Großen und der König die Urwälder zunehmend für sich in Beschlag, und so mußten einfache Freie, die Land roden wollten, es sich von Grundherren verleihen lassen und dafür in deren Schutzherrschaft eintreten. Ferner gab es Freie, die ihren Landbesitz einem Grundherrn schenkten, um ihn mit lebenslänglichem Nutzungsrecht zurückgeliehen zu erhalten, und die dafür die Verpflichtung eingingen, Abgaben zu leisten – so Bauern, die durch Unglücksfälle wie Mißernten und Viehseuchen wirtschaftlich ruiniert waren, die in den unsicheren Zeiten des 9. Jahrhunderts auf diese Weise Schutz vor Raubzügen suchten, oder die sich der Last des Kriegsdienstes entziehen wollten, der im expandierenden Karolingerreich immer drückender wurde. Außerdem wurden etliche Freie von den Mächtigen mit Gewalt gezwungen, sich in ihre grundherrliche Abhängigkeit zu begeben. Karl mußte 811 auf einem Hoftag feststellen: „Die Armen [d.h. die Bauern] klagen an, sie würden aus ihrem Eigentum vertrieben; und diese Klage erheben sie gleichermaßen gegen Bischöfe, Äbte und deren Vögte wie gegen die Grafen und deren Zentenare. Sie sagen auch: wenn jemand sein Eigen dem Bischof, Abt, Grafen, Richter oder auch dem Amtmann oder Zentenar nicht geben will, suchen sie Gelegenheiten, diesen Armen zu verurteilen und ihn immer wieder gegen den Feind ziehen zu lassen, bis er, verarmt, sein Eigentum wohl oder übel übergibt oder verkauft; andere aber, die es schon übergeben haben, bleiben ohne Belästigung durch irgendjemand zu Hause."[1]

Wenn ein Bauernhof im Rahmen der Grundherrschaft gegen Abgaben und Dienste verliehen wurde, hatten weder der Grundherr noch der beliehene Hörige an dem Land ein Eigentum im Sinne des heutigen Eigentumsbegriffs, so wenig wie Lehensherr und Vasall am Lehen. Vielmehr war das Eigentum am Boden gespalten in ein Obereigentum des Grundherrn und ein Untereigentum des Hörigen als des Besitzers, der daran ein Nutzungsrecht hatte. Dieses war üblicherweise lebenslänglich, aber wenn der Bauer schlecht wirtschaftete, konnte er von seinem Grundherrn auch aus dem Hof herausgesetzt werden. Das Verhältnis zwischen Grundherrn und Hörigen war kein rein sachenrechtliches wie bei der Pacht, sondern es war durch die Verbindung von persönlicher Abhängigkeit und sachenrechtlicher Beziehung gekennzeichnet. Das Verhältnis zwischen Grundherrn und Hörigen war eine Beziehung auf Gegenseitigkeit. Dadurch war sie legitim und stabil. Der Hörige leistete Abgaben, eventuell persönliche Dienste und im Notfall auch Hilfe mit der Waffe, der Grundherr gewährte ihm dafür Schutz und Schirm, also Sicherheit gegen äußere Bedrohungen, und er half seinem Hintersassen bei Mißernten, Viehseuchen und kriegerischer Verwüstung auch materiell und sicherte ihn damit in seiner sozialen Existenz. Auch hier erwiesen sich Schutz und Herrschaft als zwei Seiten derselben Medaille. Wer Schutz gewährte, gewann damit auch das Recht zu befehlen, vorzuschreiben, zu richten und dafür Dienste und Abgaben zu fordern. Allerdings – Herrschaft ohne Kontrolle neigt dazu, ihre Forderungen und Belastungen zu erhöhen und ihre Leistungen zu verringern und damit Züge von Ausbeutung anzunehmen. Hiermit blieb Grundherrschaft stets belastet.

Wie das Lehenswesen die Beziehungen der Grundherren untereinander neu formte, so die Grundherrschaft die Beziehungen zwischen Grundherren und Hörigen. In der Zeit vom 6. bis 9. Jahrhundert veränderte sich damit die soziale Struktur der Germanen im Frankenreich tiefgreifend. Seit der Völkerwanderung wuchs die Macht des Adels stark, und der soziale Abstand zwischen Mächtigen und kleinen Freien vergrößerte sich immer mehr. Ein Teil des alten Adels ging in den ständigen Kämpfen der fränkischen Zeit unter, doch dafür stiegen im Königsdienst andere von unten neu zu adliger Stellung auf. Mit den Lehensherren und ihren Vasallen entstand eine Schicht

Soziale Struktur

55

von Reiterkriegern, auf die Heeresdienstpflicht und Fehderecht sich weitgehend einschränkten. Sie hob sich als dünne Grundherrenschicht deutlich von den gewöhnlichen freien wie hörigen Bauern ab. Sie lebte weitgehend von den Abgaben ihrer hörigen Bauern und ihren Eigengütern. An der Basis der sozialen Stufenleiter wuchsen gleichzeitig jene alten Freien, die in grundherrliche Abhängigkeiten hineingerieten, und die persönlich Unfreien, die selbständige Höfe erhielten, zu einem einheitlichen Stand höriger Bauern zusammen. Die Schicht der alten Freien, die persönlich frei waren und freies Eigentum an ihren Höfen besaßen, schrumpfte stark zusammen und unterschied sich in ihrer Lebensart kaum von den übrigen Bauern.

Integriertheit der Lebensbereiche   Wir sind heute gewohnt, Staat bzw. Politik, die Gesellschaft, auch Religion bzw. Kirche sowie Produktion und Konsum als voneinander getrennte Bereiche aufzufassen. Den damaligen Lebensverhältnissen entsprach dies nicht. Es gab keinen von den sozialen Rollen getrennten Herrschaftsapparat; gesellschaftliche und politische Struktur deckten sich. Die Herrschaft des Adels über Land und Leute wie auch die des Hausherrn im Haus beinhalteten noch ungeschieden Elemente, die erst in späteren Jahrhunderten auseinandertreten sollten als „öffentliche" Hoheitsaufgaben (wie Gericht, Polizei, Steuern) und „privater" Bereich (besonders auch Eigentumsrechte an Sachen). In abgeschwächter Weise fand sich diese geringe Differenzierung auch in dem Verhältnis des Politischen zum Religiösen. Die Rechtsordnung galt als Teil der allgemeinen göttlichen Ordnung, auch der König als von Gottes Gnaden, wie umgekehrt der König Bischöfe einsetzte und die Kirche zu weltlichen Aufgaben heranzog, Grundherren konnten Eigenkirchen besitzen, und politische Eroberung heidnischer Gebiete und deren Missionierung bildeten ein einheitliches Geschehen. Selbst das Wirtschaftsleben stellte keinen von der sozialen und politischen Einheit des Hauses gesonderten Daseinsbereich dar, weil es weitgehend in der Hauswirtschaft bestand und damit in die herrschaftlich-gesellschaftliche Einheit des Hauses eingebunden war.

1.3 Am Beginn der deutschen Geschichte

Indem jene Prozesse zum Abschluß kamen, mit denen das deutsche Volk entstand, sich das Reich herausbildete, das dann für Jahrhunderte die staatliche Hülle des deutschen Volkes sein sollte, und sich die deutsche Adelsnation formierte, begann in den 960er Jahren die deutsche Geschichte. Vier Grundentscheidungen, welche die deutsche Geschichte jahrhundertelang bestimmen sollten, waren zu diesem Zeitpunkt bereits gefallen.

Da ist zunächst einmal die Tatsache, daß aus den mitteleuropäischen Germanen überhaupt ein deutsches Volk entstanden ist und nicht etwa mehrere kleinere germanische Völker. Dieses Volk war zwar in Stämme gegliedert, und das blieb noch lange so. Nichtsdestoweniger hob es sich gegenüber den Franzosen, Italienern und Slawen klar als ein zusammenhängendes Ganzes ab, eben als ein Volk.

Als zweite Grundlage war ein Reich der Deutschen entstanden, das auch das Königreich Italien einschloß und fest mit der Kaiserwürde verknüpft war. Diese Verbindung machte den unverwechselbaren Charakter des Reiches aus. Die Verknüpfung mit Italien und der Kaiserwürde, deren Krönungshandlung seit 823 immer vom Papst in Rom vorgenommen wurde, bestimmte die weitere deutsche Geschichte nachhaltig. Bis ins 16. Jahrhundert mußte jeder deutsche König über die Alpen nach Süden ziehen, um Italien in Besitz zu nehmen und sich in Rom krönen zu lassen, wenn er die Ansprüche seiner Vorfahren aufrechterhalten und bewahren wollte. Die Tradition der im Jahre 800 gegründeten Kaiserwürde dauerte darüber hinaus noch weiter fort bis 1806, und selbst das von Preußen gegründete kleindeutsche Reich knüpfte an sie 1871 noch einmal wieder an, so wie auch der habsburgische Kaiser Österreichs sie seit 1804 fortführte, beide bis 1918.

Drittens war es für die Geschichte des deutschen Volkes höchst bedeutsam, daß es das Christentum und Latein als Bildungssprache angenommen hatte. Damit waren die Deutschen in die abendländische Kultur eingetreten und ein Teil Europas geworden, und damit öffnete sich ihnen zugleich die Tür zum geistigen Erbe der Antike. Christliche und heidnische, antike und germanische Kulturtraditionen begannen in den Köpfen der Deutschen miteinander zu ringen. Ein jahrhundertelanger, oft stiller Kulturkampf hob an, bei dem manches sich mischen sollte. Auf lange Sicht verblaßte dabei die kulturelle Tradition der heidnisch-germanischen Welt weitgehend.

Zum vierten hatte sich mit Lehenswesen und Grundherrschaft ein System herrschaftlicher und gesellschaftlicher Ordnung herausgebildet, das die gesellschaftliche und politische Entwicklung des deutschen Volkes bis Anfang des 19. Jahrhunderts wesentlich prägen sollte, wenn auch in zunehmend abgeschwächter Form.

2.

Die Deutschen im hohen Mittelalter: 960-1250

2.1 Bevölkerungswachstum und Besiedlung

Obwohl die Deutschen schon das Bewußtsein hatten, gemeinsam ein Volk zu sein, zergliederte sich ihre Umgangssprache im hohen Mittelalter auch weiterhin in verschiedene Mundarten. Aber indem die Führungsschichten der einzelnen Stämme sich am Kaiserhof und auf gemeinsamen Feldzügen trafen und so verstärkt miteinander Kontakt bekamen, näherten sich bei ihnen die verschiedenen Mundarten durch den Austausch von Worten einander an. In der Blütezeit des Rittertums wurden dann in der höfischen Dichtersprache mundartliche Züge bewußt abgebaut. Bis zu einer echten Gemeinsprache entwickelten sich diese Tendenzen jedoch nicht.

Sprache

Nirgends lag deutsches Siedlungsgebiet außerhalb der Reichsgrenzen, ausgenommen im französischen Flandern. Dafür wohnten in großer Zahl nichtdeutsche Bevölkerungsteile im Reich: Franzosen in den an Frankreich angrenzenden Gebieten, Italiener und Rätoromanen im Süden und mit der Ausdehnung der Reichsgewalt nach Osten zunehmend auch Slawen. Die Zeitgenossen sahen darin keine Probleme. Sprache im Schriftverkehr war ohnehin überall Latein, und im täglichen Umgang bediente man sich der jeweils ortsüblichen Volkssprache. Außerdem bestand die Bevölkerung nicht aus einander gleichgestellten Staatsbürgern, sondern aus einem Konglomerat von Gruppen mit verschiedenen Rechtsstellungen und Gebräuchen: Adligen und Unfreien, Sachsen und Bayern, Klerikern und Laien, Angehörigen der familia des Bischofs von Worms und der des Grafen von Holstein usw. In dieser bunten Vielfalt von Ungleichheiten war auch reichlich Raum für verschiedene Volkszugehörigkeiten, ohne daß dies als unpassend oder störend gewirkt hätte.

Nichtdeutsche Bevölkerung im Reich

Außer den randlich angrenzenden war als Minderheit mittendrin noch ein weiteres Volk unter den Bewohnern des Reiches zu finden: die Juden. Da diese sich durch ihre Religion und Bräuche von der übrigen Bevölkerung unterschieden und außerdem größtenteils orientalischer Herkunft waren, wurden sie als eigenes Volk betrachtet und verstanden sich auch selbst so. In die deutschen Lande wanderten Juden im 9. und 10. Jahrhundert aus Italien und Frankreich ein und ließen sich vor allem in städtischen Siedlungen nieder, wo sie überwiegend als Handwerker und Kaufleute lebten. Ihre Rechtsstellung unterschied sich zunächst nicht von jener der übrigen Stadtbewohner.

Dies änderte sich mit Beginn des ersten Kreuzzugs im Jahr 1096. Kreuzzugsprediger begannen die Menschen gegen die „Ungläubigen" aufzuhetzen, und dabei wurden die Juden zum nahen Prototyp des Ungläubigen, mehr noch: man schmähte sie als Mörder Christi. In einer großen Verfolgungswelle wurden zahlreiche Juden erschlagen und viele zur Taufe gezwungen. Kaiser Heinrich IV. stellte daraufhin 1103 die Juden unter den besonderen Schutz, die Gerichtsbarkeit und Steuerhoheit des Kaisers, und die folgenden Kaiser führten diese Politik fort. Doch vergebens. Die erste Verfolgung sollte nicht die einzige bleiben, und die Stellung der Juden unter den Deutschen verschlechterte sich seit dem 13. Jahrhundert immer mehr. Dabei war es unzweifelhaft die Kirche, welche die Diskriminierung und Verfolgung der Juden in Gang brachte und damit die Quelle schuf zu jener Flut des Leidens, die sich dann im 20. Jahrhundert gerade von deutscher Seite mit ungeheurer Gewalt über die Juden ergießen sollte.

Bevölke-rungs-vermehrung
Am Beginn der deutschen Geschichte in den 960er Jahren betrug die Zahl der Deutschen knapp vier Millionen, die Zahl der Bewohner des gesamten Reichsgebiets (ohne die Nebenlande) knapp das Doppelte. Die Zahl der Franzosen und Italiener war jeweils rund eineinhalbmal so groß wie die Zahl der Deutschen. Von den Reichen des christlich-lateinischen Europa war das ostfränkische dagegen dasjenige mit der größten Bevölkerung.

Die Geburtenzahl lag hoch: 34 bis 45 je 1.000 Einwohner im Jahr. Dem stand eine hohe Sterblichkeit von 30 bis 40 je 1.000 Einwohner im Jahr gegenüber. Normalerweise ergab sich ein leichtes Bevölkerungswachstum. Wenn aber Krieg, Seuchen oder Hungersnöte auftraten, konnten kurzfristig ein Fünftel, ein Drittel oder gar die Hälfte der Bevölkerung eines Gebiets weggerafft werden, was immer wieder vorkam, mal in dieser, mal in jener Region. Wurden auf diese Weise Stellen frei, reagierten die Menschen, indem sie verstärkt neue Familien gründeten. Diese Art der Bevölkerungsentwicklung blieb bis zum Anfang des 19. Jahrhunderts im wesentlichen unverändert.

Warum wuchs die Bevölkerung überhaupt? Diese Frage berührt ein ganz grundlegendes Problem, da über Jahrhunderte hin das Bevölkerungswachstum eine der wesentlichen Antriebskräfte für wirtschaftliche und gesellschaftliche Wandlungen darstellte. Anscheinend besitzt jede vorindustrielle Bevölkerung die Neigung, langfristig zu wachsen, bis die Tragfähigkeit des vorhandenen Lebensraumes weitgehend ausgeschöpft ist. Dies Verhalten entspricht demjenigen, das sich auch bei Tierpopulationen beobachten läßt, und ist wohl von daher als ein naturnahes zu erklären. Zwar beeinflußten schon im Mittelalter menschliche Maßnahmen die Fruchtbarkeit, aber nicht so stark, daß sie die allgemeine Wachstumstendenz aufgehoben hätten. So blieben manche ehelos, und unerwünschte Kinder wurden vielfach getötet, indem man sie mit Kräuterträken abtrieb oder bald nach der Geburt aussetzte, ertränkte, oder durch mangelnde Pflege in kurzer Zeit zu Tode kommen ließ. Empfängnisverhütung kannte man dagegen im Mittelalter anscheinend nicht. Die entscheidenden Begrenzungsfaktoren des Bevölkerungswachstums waren vielmehr ebenso wie bei Tieren die Nahrungsmöglichkeit und die natürlichen Feinde. Aber anders als Tiere können Menschen diese Begrenzungen gezielt verändern und damit die Tragfähigkeit ihres Raumes vergrößern. Dadurch konnte langfristig die Bevölkerungszahl immer weiter steigen, während die Größe von Tierpopulationen sich irgendwann auf ein Gleichgewichtsniveau einzupendeln beginnt. Mit den größeren natürlichen Feinden in Gestalt wilder Tiere wurden die Menschen schon vor Beginn der deutschen Geschichte recht gut fertig, den kleineren in Gestalt von Bakterien standen sie bis ins 19. Jahrhundert weitgehend hilflos gegenüber. Der Nahrungsspielraum des Menschen hängt aber nicht nur von natürlichen Gegebenheiten ab, sondern auch von den Besitzverhältnissen und damit von der gesellschaftlichen Ordnung. Und vor allem: der Mensch ist nicht auf vorgefundene Nahrung beschränkt, sondern greift arbeitend in die Natur ein, produziert dabei und kann seine Arbeitsorganisation und Arbeitstechniken weiterentwickeln. Wie die Deutschen diese Auseinandersetzung mit der Natur führten, wie sie gegen diese Grenzen ihrer Existenzmöglichkeiten ankämpften, das ist ein durchgehendes Thema ihrer Geschichte.

So wuchs also die Zahl der Deutschen im hohen Mittelalter langsam, aber stetig. *Siedlung* Bis zum Jahr 1250 hatte sie sich mehr als verdreifacht. Man rodete Wälder, um neue Bauernstellen zu schaffen, die der zusätzlichen Bevölkerung wirtschaftliche Existenzen boten. Dieser Landesausbau erfolgte nicht nur im Innern des Reiches, sondern durch neue Siedlungen wurde das Siedlungsgebiet des deutschen Volkes auch über seine Grenzen hinaus ausgedehnt. Die Siedlungslücke zwischen Franken und Bayern schloß sich. Nachdem die Bedrohung durch die Ungarn mit dem deutschen Sieg auf dem Lechfeld 955 beseitigt worden war, stießen deutsche Siedler wieder nach Südosten vor, vor allem aus dem bayerischen Stamm. Das Siedlungsgebiet wurde gegen den Bayerischen Wald vorgeschoben, die Mark Österreich wurde bis Leitha und March besiedelt, bis 1200 waren die Hochtäler der Alpen erschlossen und besiedelt, und nach Süden drangen deutsche Siedler im Etschtal vor und ließen sich in Südtirol nieder. In den Ostalpen beteiligten sich am Landesausbau neben den Deutschen auch Slawen, so daß eine breite deutsch-slawische Mischzone entstand. In Südtirol wie auch im Südwesten des deutschen Siedlungsraumes ging in weiten Gebieten die rätoromanische Bevölkerung im deutschen Volk auf. An der deutsch-slawischen Grenze zwischen Ostsee und Erzgebirge wanderten vor 1100 auch in den deutsch beherrschten Marken zwischen Saale und Elbe nur Ritter und Geistliche als Träger deutscher Herrschaft ein, aber keine Bauern. Im 12. Jahrhundert begannen dann deutsche Bauern auch an dieser Volksgrenze rodend nach Osten vorzudringen, zunächst vor allem in Ostholstein und im Gebiet der Grenzmarken zwischen Saale und Elbe.

Es war kein Zufall, daß die deutschen Siedler nach Osten und Südosten zogen und nicht nach Westen. Die deutschen Lande standen in Europa in einem deutlichen Gefälle der Bevölkerungsdichte. Italien und Frankreich, besonders Nordfrankreich, waren dichter besiedelt als die deutschen Lande, die im Osten anschließenden Gebiete wiesen dagegen eine wesentlich geringere Bevölkerungsdichte auf und besaßen noch große Urwälder. So war die Richtung, in die sich der deutsche Siedlungsraum ausweitete, nur natürlich. Im 13. Jahrhundert begannen die Deutschen sich dann massenhaft nach Osten auszubreiten.

2.2 Im Zeichen von Pflug und Wald

Entwicklungs-stand

Wie schon in germanischer Zeit waren auch das ganze hohe Mittelalter hindurch die meisten Menschen überwiegend damit beschäftigt, sich durch landwirtschaftliche Arbeit ihre tägliche Nahrung sowie pflanzliche und tierische Rohstoffe zu beschaffen, deren Verarbeitung sie dann weitgehend im eigenen Haushalt erledigten. Menschen, die überwiegend mit Gewerbe und Handel beschäftigt waren, fanden sich nur wenige an den großen Höfen. Da die Produktivität der landwirtschaftlichen Arbeit gering war, erzeugten die dort tätigen Menschen nur wenig Nahrungsmittel über das hinaus, was sie selbst verbrauchten. Darum blieb die Zahl jener Menschen, die von diesen Überschüssen mit ernährt wurden und sich deshalb anderen Aufgaben zuwenden konnten, notgedrungen klein.

Die einzelnen deutschen Landschaften waren nun wirtschaftlich durchaus etwas unterschiedlich weit entwickelt. Im Rheingebiet, besonders an Knotenpunkten wie Köln, Frankfurt und Worms, und im Südwesten, also in jenen Gebieten, die einst zum Römischen Reich gehört hatten, waren Verkehr, Handel und Gewerbe reger als im übrigen deutschen Raum, vor allem als im Nordosten des Reiches. Dieser Unterschied war eingelagert in ein europäisches Entwicklungsgefälle, das von jenen Ländern, in denen in der Antike die römische Stadtzivilisation geblüht hatte, besonders also Oberitalien und Frankreich, über Mitteleuropa bis nach Skandinavien und in die slawischen Länder reichte. Der deutsche Raum lag mitten in diesem gesamteuropäischen Gefälle des wirtschaftlichen Entwicklungsstandes, und die Entwicklungsunterschiede innerhalb des Reiches waren sein Niederschlag auf deutschem Boden.

Wirtschafts-wachstum?

Das Mittelalter, besonders das hohe, war keine Zeit dynamischen Wirtschaftswachstums. Veränderungen der Wirtschaftslage erlebten die Menschen als unsteten, kurzzeitigen Wechsel von guten und schlechten Ernten und deren Folgen. Langfristig erwarteten sie dagegen, daß das bestehende niedrige Lebensniveau unverändert fortdauern würde. So ließ der Abt Cäsarius von Prüm am Anfang des 13. Jahrhunderts ein Register, in dem im 9. Jahrhundert die Abgaben der einzelnen Bauern verzeichnet worden waren, noch einmal abschreiben, weil er wissen wollte, was ihm zustand, und ging dabei ganz selbstverständlich davon aus, daß sich in den drei Jahrhunderten da-

64

zwischen nichts geändert hätte (obwohl die Verhältnisse tatsächlich durchaus nicht mehr die alten waren). Nur aus dem historischen Rückblick über mehrere Jahrhunderte läßt sich ein allgemeiner Entwicklungstrend des Wirtschaftslebens feststellen, über alle vorübergehenden Schwankungen hinweg, und dieser war eindeutig: es ging aufwärts. Triebkraft waren dabei nicht etwa technische Neuerungen, die eine höhere Arbeitsproduktivität ermöglicht hätten. Entscheidend war vielmehr, daß die Bevölkerung an Zahl zunahm. Mit ihr vermehrten sich die arbeitenden Hände, die immer mehr Land urbar machten. Indem das Siedlungsnetz sich verdichtete entstanden langsam auch Arbeitsteilung, Austausch auf dem Markt und Geldwirtschaft, zunächst an vereinzelten Knotenpunkten, forciert seit dem 12. Jahrhundert, eine Entwicklung, die langfristig das ganze Leben tiefgreifend verändern sollte.

Doch viele Grundtatsachen des wirtschaftlichen Lebens blieben nicht nur das ganze Mittelalter über unverändert, sondern dauerten noch lange darüber hinaus fort, vieles bis gegen 1800. Wir schildern diese Grundlagen nur hier am Anfang und beschränken uns in den folgenden Kapiteln darauf, von dem zu berichten, was sich veränderte. Jenen Grundstrom jahrhundertelang und wie selbstverständlich fortdauernder Verfahrensweisen und Lebensumstände sollte der Leser darüber aber nicht aus den Augen verlieren.

Am Beginn der deutschen Geschichte bot die Landschaft des deutschen Siedlungsraumes ein wesentlich anderes Bild als heute. Die Bevölkerungsdichte betrug im 10. Jahrhundert nur 8 bis 10 Menschen je Quadratkilometer (BRD 1986: 246), und so war die Landschaft viel weniger von Menschen geprägt. Noch immer lagen Gehöfte und Weiler mit den sie umgebenden Feldern wie Inseln eingestreut in einer von Menschen noch nicht veränderten Naturlandschaft. Diese bestand überwiegend aus Urwäldern, teils in Form von dichtem Hochwald, teils lichten Gehölzen. Es fanden sich dort vor allem Laubbäume, wobei die Buche vorherrschte. Nur auf den Mittelgebirgen standen auch damals schon Nadelwälder, die ihnen jenes unheimlich-finstere Aussehen verliehen, das dem Schwarzwald seinen Namen gab. Besonders in Norddeutschland waren auch Moore und Heiden verbreitet. Die Talauen waren meist versumpft. Außer Rehen, Hirschen und zahlreichen Wildschweinen durchstreiften noch viele andere größere Wildtiere die Wälder, die man dort heute vergeblich suchen würde, beispielsweise Braunbären und gefährliche Wölfe, auch Wisente, Elche, Wildpferde, Luchse und andere Wildkatzen. An manchen Gewässern errichteten Biber ihre Bauten.

Im Laufe des hohen Mittelalters änderte sich das Bild stetig und im Ergebnis gründlich. Die steigende Menschenzahl brauchte auch mehr Nahrung und Existenzen. Angesichts weitgehender Selbstversorgung bedeutete dies, daß die Acker- und Siedlungsfläche rein quantitativ erweitert werden mußte. Immer wieder hallten die Axtschläge rodender Bauern durch die Wälder. Bestehende Einzelhöfe und Weiler wuchsen zu Dörfern heran und dehnten ihre Flur auf Kosten des umliegenden Waldes aus, und zahlreiche neue Orte wurden in der Wildnis angelegt. Zwischen den aneinandergrenzenden Dorfgemarkungen verflüchtigte sich die Naturlandschaftszone zur Grenzlinie. Von 800 bis 1150 verzehnfachte sich die Zahl der bewohnten Orte im Rheinland fast. Um 1300 war Westdeutschland mit mehr Orten besiedelt, war die landwirtschaftlich genutzte Fläche größer als je zuvor und jemals später. Orte mit Namen auf -hagen, -holz, -horst, -loh, -reut, -rode und -wald geben sich noch heute als Neugründungen dieser Rodungsbewegung zu erkennen. Der hochmittelalterliche Landesausbau voll-

Landschaft um 1000

Landesausbau

zog sich in erster Linie auf Kosten der Wälder und dann auch in den Flußniederungen. Die großen Waldgebiete der Mittelgebirge wie Harz, Schwarzwald, Thüringer Wald, Taunus und Sauerland nahm die Rodungsbewegung dabei als letztes in Angriff. Auf einige Waldareale hatten schon seit dem 10. Jahrhundert König, Herzöge oder andere große Herren ihre Hände gelegt und jede Rodung verboten, um sie für sich als Jagdreviere zu erhalten. Einige der heute noch großen Waldgebiete verdanken diesem Schutz, daß es sie noch gibt, so beispielsweise Solling, Harz, Spessart und Steigerwald. Seit dem 12. Jahrhundert wurden auch die Küstenmarschen an der Nordsee zunehmend nutzbar gemacht und dichter besiedelt, indem man sie eindeichte, vor allem an den Unterläufen von Elbe und Weser. Nur Moore, Sümpfe und Heiden blieben noch lange weitgehend unangetastet. Allmählich entstand jenes Landschaftsbild, bei dem ein dichtes Netz von Dörfern alle Gegenden überzog und Wälder, wo es sie noch gab, nicht länger herrenlose Urwälder waren, sondern wirtschaflich genutzt und immer mehr zu von Menschen geformten Forsten wurden. Unberührte Naturlandschaft kam seit dem Ausgang des Hochmittelalters nur noch inselartig vor; sie war fast ganz der Kulturlandschaft gewichen. Damit stieß der innere Landesausbau gegen 1200 auch an seine Grenzen. Fortgesetzt werden konnte er im 13. und 14. Jahrhundert nur noch in den Gebieten östlich der Elbe, welche die Deutschen erst in dieser Zeit in Besitz nahmen. Von einer „Zerstörung der Natur" als Erscheinung des Industrialismus zu reden, ist also weitgehend verfehlt, denn seit dem Ausgang des hohen Mittelalters ließ sich nur noch eine Form von Kulturlandschaft in eine andere umwandeln.

Das große Wild wurde während der Rodungszeit immer seltener: es braucht ausgedehnte Flächen, auf denen es ungestört leben kann, aber indem die Siedlungsfläche zunahm, mangelte es daran immer mehr. So verschwanden im Laufe des hohen Mittelalters in Westdeutschland auch Elche, Ure und Wisente und wichen in die noch urwüchsigeren Gebiete östlich der Elbe zurück. Die Nutzungsintensität der Landschaft war aber im Mittelalter noch wesentlich geringer als heute. In der nicht bewaldeten Kulturlandschaft reihte sich noch nicht Feld an Feld, sondern große Teile davon befanden sich im Zustand der Brache oder von Buschland, das nur sehr extensiv als Weide genutzt wurde; außerdem gab es herrschaftliche Jagdwälder und Gemeindewälder. Es existierten also noch viele naturnahe Areale.

Nachdem man den bodenbedeckenden Wald gerodet hatte, wurde auch verstärkt feine Erde von den Hängen abgespült, die sich dann als fruchtbarer Lehm in den Talauen im Hochwasserbereich der Flüsse abzulagern begann. Im Wesertal beispielsweise ist diese Auelehmschicht bis heute angewachsen auf 2 Meter bei Hannoversch-Münden und 3,50 Meter bei Hameln.

In dieser Zeit, als die Deutschen rücksichtslos die Wälder rodeten, war ihnen ästhetischer Landschaftsgenuß ebenso fremd wie der Naturschutzgedanke. Anders als die buntblühende Frühlingswiese, deren Reiz man auch im Mittelalter immer wieder pries, galt der finstere Wald den Menschen als schreckenerregende Gefahrenzone und kulturfeindlicher Platz der Barbarei, ebenso wie ödes Hochgebirge und die gefährlich unwegsamen Moore. Der Wald war der Ort wilder Tiere, er war Zuflucht der Räuber und solcher Menschen, die als gesetzlos aus der menschlichen Gemeinschaft ausgestoßen worden waren. In ihm vermutete man Ungeheuer, schreckliche Fabeltiere und bösartige Dämonen. Rodung bedeutete für die hochmittelalterlichen Deutschen Licht in der Finsternis. Urbarmachung war Fortschritt. Und durften sie sich dabei nicht auch Gottes Wohlwollen und Hilfe sicher glauben angesichts des biblischen Auftrags: machet euch die Erde untertan und herrschet über alles Getier auf Erden?

Wenn also die Umwelt der Deutschen im hohen Mittelalter dem Naturzustand wesentlich näher war als sie es heute ist, lebten die Deutschen dann in Harmonie und Gleichgewicht mit ihrer natürlichen Umwelt? Keineswegs – im Gegenteil! Gerade weil die technischen Fähigkeiten zur Beherrschung der Natur erst wenig entwickelt waren, ging von der Umwelt ständig Unsicherheit aus, bedrohte sie die menschliche Existenz in einer Weise, der die Deutschen kaum und oft genug auch gar nicht Herr wurden. Es gelang ihnen nicht, auch nur ihre elementarsten Bedürfnisse zuverlässig zu befriedigen. Sie taten sich schwer, die Natur so zu bearbeiten, daß genug Nahrung wuchs, Krankheiten zu bekämpfen und mit Häusern und Kleidung Kälte und Nässe abzuwehren. Hinzu kamen die Bedrohung des Lebens durch wilde Tiere, besonders Wölfe, und die von den Menschen selbst verursachten Gefährdungen, vor allem durch Fehden des Adels, Kriege und Straßenräuber.

In zweierlei Weise versuchten die Deutschen, auf die Natur einzuwirken: durch technische und durch magische Verfahren. In diesem Abschnitt soll nur von ersteren die Rede sein, weil nur diese die Natur tatsächlich veränderten. Die durchschnittliche Lebenserwartung lag bei etwa 24 Jahren. Dabei lebten die Angehörigen der Oberschicht im allgemeinen länger als die Masse der Bevölkerung, an deren Kräften die körperliche Arbeit zehrte und die den Krankheiten und Hungersnöten stärker ausgesetzt waren. Tod war nicht wie heute primär eine Erscheinung des hohen Alters. Rund die Hälfte der Geborenen starben schon als Kleinkinder und blieben damit nur flüchtige Gäste auf dieser Welt, und auch in den übrigen Lebensaltern war der Tod stets gegenwärtig. Kleinkinder waren besonders gefährdet, da sie gegen Krankheiten weniger widerstandsfähig waren und auch die Nachlässigkeit der Eltern das ihre dazu beitrug. Da man zu mehreren in einem Bett schlief, war es nicht selten, daß ein Säugling nachts erstickt oder erdrückt wurde. Haupttodesursache waren die Infektionskrankheiten, während chronische Leiden, die sich erst mit zunehmendem Alter einstellen, kaum eine Rolle spielten, da die meisten Menschen schon vorher starben. Ebenso war der Lebensabschnitt der nachelterlichen Gefährtenschaft weitgehend unbekannt, da viele starben, bevor ihr letztes Kind erwachsen war.

Hagelschlag und andere Unwetter, zu kalte und lange Winter, zu nasse oder zu trockene Sommer und Pflanzenkrankheiten führten das ganze hohe Mittelalter über immer wieder zu Mißernten. Da rund ein Drittel der Ernte für die nächste Aussaat beiseite gelegt werden mußte, bedeutete ein Minderertrag um ein Drittel schon, daß sich die zum Verzehr vorhandene Getreidemenge halbierte, und da die Bauern zu arm waren, um Vorräte für Notzeiten anzulegen, herrschte dann rasch Hungersnot. Zwar waren die Hungersnöte meist regional begrenzt, aber angesichts des schlechten Straßenzustands war kein Austausch möglich, und den Hungernden hätten auch die Mittel zum Kaufen gefehlt. Selbst wo man Getreidevorräte einlagerte, gab dies nicht immer Sicherheit, da sie gelegentlich durch Ratten und andere Schädlinge vernichtet wurden. Zwar kam bei den Deutschen nach dem 10. Jahrhundert auch bei schweren Hungersnöten wohl keine Menschenfresserei mehr vor, aber es blieb schlimm genug: immer wieder berichteten die Chroniken, daß die Hungernden in der Not die Wurzeln der Bäume, Katzen, Hunde und das Aas aßen und daß sich Banden zusammenrotteten, um sich ihre Nahrung zusammenzurauben. Als Bischöfe im Jahre 1024 von einer Synode über Amberg heimreisten, konnten sie nicht in die große Pfarrkirche hinein, weil

67

deren Fußboden ganz mit Hungertoten bedeckt war. Erzbischof Poppo von Trier erlebte 1035 bei einem Ritt zur Kirche, daß ein Haufen Hungernder ihn anhielt, mit seinen Begleitern zum Absitzen zwang und vor den Augen des Erzbischofs die Pferde zerfleischte und hinunterschlang.

Krankheiten und ihre Behandlung

Da unterernährte Menschen anfälliger für Krankheiten sind, folgten oft auf schwere Mißernten auch noch Seuchen. Auch die feuchtkalten und zugigen Behausungen förderten manche Krankheit. Lungentuberkulose kam häufig vor, ebenso Pocken und Ruhr. Ernährungsmangelkrankheiten wie Rachitis und Blindheit waren verbreitet, desgleichen Geschwüre, Krätze und Abszesse. Besonders gefährlich war Lepra, eine öfter vorkommende Infektionskrankheit, die allmählich die Glieder abfaulen läßt und den Körper in langem Siechtum furchtbar entstellt. Zwar gab es noch keine vom Menschen erzeugten chemischen Giftstoffe, aber dafür hatte man es viel mehr als heute mit biologischen Vergiftungen zu tun. Da Lebensmittelvorräte über den Winter lange gelagert werden mußten, war mit Schimmelpilzen und Fäulnisbakterien zu rechnen. Teilweise epidemische Ausmaße nahmen Vergiftungen mit Mutterkorn an, einem Pilz, der befallene Roggenkörner giftig werden läßt. Ihr Genuß führt zu Krämpfen, Schmerzen und Halluzinationen, die Glieder werden schwarz, als ob sie von unsichtbarem Feuer verzehrt würden, und in schweren Fällen kommt es auch zum Tod. Die Menschen hielten dieses „Antoniusfeuer" oder Kribbelkrankheit genannte Leiden für ein heiliges Irresein. Erst um 1670 erkannte man, daß es auf den Genuß von Roggen zurückgeht, der durch Mutterkorn vergiftet ist.

Allen diesen Leiden standen die Deutschen im hohen Mittelalter weitgehend hilflos gegenüber. Leprakranke schloß man radikal von der menschlichen Gemeinschaft aus und überließ sie ihrem Schicksal. Da selbst relativ geringe Arbeitsunfälle oft nicht richtig behandelt werden konnten und bei der Geburt manchmal recht grobe Hilfsmittel eingesetzt wurden, sah man wohl weit häufiger als heute Lahme und überhaupt Verkrüppelte. Schmerzen mußten ertragen werden, da es kaum lindernde Mittel gab. Wer ernstlich krank wurde, war auf sein baldiges Ende gefaßt. Von ärztlicher Hilfe war kaum etwas zu erwarten. Krankenhäuser kannte man nicht, sondern Kranke wurden in der Familie gepflegt. Es gab nur wenige Heilkundige, die gelehrt waren, d.h. Kenntnisse der Medizin der Antike besaßen. Diese waren nur an Bischofspfalzen und an Klöstern zu finden und für die meisten Menschen unerreichbar. Im übrigen hatten auch diese gelehrten Heilkundigen kaum zutreffende Vorstellungen davon, wie der menschliche Organismus funktioniert. Sie besaßen keine technischen Mittel zur Diagnose und konnten die einzelnen Krankheiten erst wenig voneinander unterscheiden. Die aus der Antike übernommenen gelehrten Theorien über die Ursachen der Krankheiten waren spekulativ; tatsächlich wußte man darüber fast nichts. Die Masse der Bevölkerung war im Krankheitsfall auf Vertreter der Volksmedizin angewiesen. Das waren Bauern, Schäfer und besonders heilkundige Frauen, die um mündlich überlieferte Heilpraktiken wußten. Gelehrte Medizin wie Volksmedizin bedienten sich als Heilmittel vor allem Kräuter und auch tierischer Produkte, dagegen kaum anorganischer Stoffe. Es wurden Hunderte von Kräutern als Heilpflanzen eingesetzt. Nach heutigen Kenntnissen wurden sie teilweise sinnvoll verwendet, teilweise waren sie wirkungslos, teilweise besaßen sie eine Wirkung, aber nicht die ihnen damals zugeschriebene. Da man nicht systematisch experimentierte, gelang es nicht, Richtiges von Falschem zu trennen. Insgesamt waren die Heilmöglichkeiten der verwendeten Mittel begrenzt, wobei die Mittel der Volksmedizin meist nicht besser und nicht schlechter waren als die der gelehrten Medizin. Vertreter der Volksmedizin bedienten sich auch vielfach magischer Praktiken, sei es, daß sie wilde Pflanzen für Heilzwecke nur zu bestimmten Zeiten und unter bestimmten Zeremonien sammelten, sei es als direkt magische Behandlungsmethode, die bei chronischen Leiden mit psychosomatischer oder hysterischer Grundlage auch durchaus Erfolg haben konnten. In beträchtlichem Umfang versuchte die Geistlichkeit, Krankheiten durch Gebete, Prozessionen und angeblich heilkräftige Reliquien zu bekämpfen sowie Geisteskranke durch Teufelsaustreibung zu heilen, da man sie vom Teufel besessen glaubte. Ferner versuchten die Menschen sich oft durch allerlei Hausmittel selbst zu helfen.

Gefördert wurde die Ausbreitung von Krankheiten dadurch, daß die Hygiene gering war. Der Brauch, sich täglich zu waschen, war im Mittelalter unbekannt. Auch Kleidung wurde nur selten gewaschen, wobei man den Schmutz mangels brauchbarer Waschmittel weitgehend mit Holzschlägern oder Steinen herausschlug oder herausrieb. Läuse, Flöhe, Wanzen und anderes Ungeziefer in Behausung und Kleidung waren in allen Ständen alltägliche Selbstverständlichkeit. Ihre Notdurft verrichteten die Bauern im Sommer im Freien und im Winter im Stall, und selbst auf Burgen führte der Abort, meist ein kleiner Erker, einfach in den Burggraben. Am Geruch störte man sich nicht. Das Problem der Abfallbeseitigung war den Bauern praktisch unbekannt. Bei der Armseligkeit der materiellen Ausstattung fiel ohnehin nur wenig Müll an. Da Konservendosen, Glas und Kunststoffe nicht existierten und somit fast nur organische Abfälle entstanden, kamen diese alle zusammen mit Stallmist und Jauche auf den Misthaufen und schließlich als Dünger wieder aufs Feld, so daß also ein weitgehend geschlossener Kreislauf bestand.

Hygiene und Entsorgung

Ein durchschnittliches Dorf bestand auch am Ende der Periode des Landesausbaus nur aus rund einem Dutzend Haushaltungen mit zusammen rund 70-80 Einwohnern, 300 waren wohl die Obergrenze. Auch die städtischen Siedlungen waren oft nicht sehr viel größer. Im Unterschied zu den Dörfern waren sie meist befestigt. Anfangs diente dazu nur ein Erdwall mit hölzernem Palisadenzaun oben drauf und einem Graben außen vor. Die Häuser in den städtischen Siedlungen unterschieden sich im hohen Mittelalter nicht von den Bauernhäusern auf dem Lande, und auch erst sehr allmählich wurden die Ställe und Nutzgärten innerhalb der Städte kleiner, die Bebauung dichter als in den Dörfern.

Siedlungen

Die Germanen hatten keine Steinbauten gekannt, sondern nur Holzhäuser. Auch das ganze hohe Mittelalter über besaßen fast alle Gebäude, ländliche wie städtische, Wände entweder aus senkrechten Holzbohlen oder aus Flechtwerk, das mit Lehm verstrichen war. Da die Pfosten im Boden faulten, hielt ein solches Haus höchstens 50 Jahre. Die Dächer waren mit Stroh, Balken oder Holzschindeln gedeckt. Im Laufe des hohen Mittelalters bauten die Deutschen dann zunehmend auch mit Naturstein. Dieser wurde aber lange nur für ganz wenige bedeutende Bauten verwendet wie große Kirchen, Teile von Klosteranlagen, Pfalzen der Könige, Herzöge und Bischöfe und dann zunehmend auch Teile von Burgen des übrigen Adels. In Bremen besaßen bis 1200 nur der Bischof und die Klöster steinerne Gebäude, während der Adel dort erst später anfing, Steinhäuser zu bauen. Außer Adelssitzen war auch ein großer Teil der Dorfkirchen lange aus Holz. Ziegel kamen in deutschen Landen erst ab 1165 auf. Die Masse der Wohngebäude waren eigentlich mehr niedrige Hütten als Häuser. So waren die Siedlungen für heutige Begriffe recht unansehnlich und ihre Gebäude in der Konstruktion ziemlich mangelhaft. Bei einem Hoftag Kaiser Lothars 1132 in der Pfalz Goslar stürzte der Saalbau ein, und dies war nicht der einzige Fall, in dem Chronisten uns davon berichten, daß Kirchen und Burgen zusammenbrachen und dabei Menschen unter sich begruben.

Bauernhäuser
Gehöfte bestanden meist aus mehreren Gebäuden, z.B. Wohnhaus, Speicher und Backhaus, die durch einen Hofzaun gegen wilde Tiere und Eindringlinge geschützt wurden. Die Wohngebäude hatten, genauso wie städtische Wohnhäuser, im hohen Mittelalter in der Regel nur einen Raum, der kaum unterteilt war. In diesem wurde zugleich gewohnt, gekocht, gearbeitet und geschlafen, in ihm brachte man, besonders im Winter, auch Kühe und Schweine unter, und zwischen dem Ganzen liefen Hühner gakkernd hin und her. Die Sauberkeit war entsprechend gering.

Burgen
Auch der Adel wohnte anfangs im Dorf oder am Dorfrand, und seine Herrenhöfe unterschieden sich oft nur durch ihre Größe von den Bauernhöfen. Diese Herrenhöfe waren unbefestigt, und auch die Pfalzen der karolingischen Kaiser waren unbefestigte Anlagen. Als Befestigungen kannte man ursprünglich nur größere Ringwallanlagen mit Graben, die einer Sippe, der Gefolgschaft und den Leuten der Umgebung bei Kriegsgefahr als Fluchtburg dienten, aber in normalen Zeiten unbewohnt waren.

Als die inneren Kämpfe der späten Karolinger und die Angriffe der Ungarn und Normannen im 9. und 10. Jahrhundert Unsicherheit verbreiteten, fing der König an, Burgen zu bauen, vor allem zur Grenzsicherung im Osten. Außerdem begannen vereinzelt mächtige Adlige, ihre Herrenhöfe mit Palisaden und Graben zu umgeben und damit zur Burg zu befestigen, in der ständiger Wohnsitz und Wehrbau miteinander verschmolzen. Vor allem im nordwestdeutschen Raum entwickelte sich bald der als Motte bezeichnete Typ der Turmhügelburg: ein bewohnbarer Turm aus Holz, später auch aus Stein, stand auf einem künstlich aufgeschütteten Hügel und war durch Palisade und Graben gesichert. Der Turmhügel war verbunden mit Wohnhäusern, Ställen und Scheunen. Erhalten ist uns keine einzige dieser Anlagen, genausowenig wie ein hochmittelalterliches Bauernhaus; nur der Spaten der Archäologen vermittelt uns heute ungefähre Vorstellungen davon, wie sie etwa ausgesehen haben müssen.

Im 12. und 13. Jahrhundert veränderte sich das Aussehen einer typischen deutschen Burg, und sie wurde allmählich zu jener steinernen Anlage, deren Erscheinungsbild heute allgemein als „Ritterburg" gilt. An die Stelle der Palisaden traten zunehmend Ringmauern aus Stein, die man bei größeren Anlagen mit Schießscharten und Wehrgang versah. Erde-Holz-Wälle behaupteten sich aber teilweise noch bis ins 14. Jahrhundert. Der gemauerte Wehrturm, der Bergfried, wurde allmählich an die Mauer gerückt. Er hatte im Mittel rund zehn Meter Durchmesser. Der Eingang befand sich meist im Obergeschoß, das über eine Leiter erreicht werden mußte. Im Belagerungsfall wurde diese eingezogen. Darunter lagen lichtlose Kellergewölbe, in denen man Vorräte und gegebenenfalls auch Gefangene verwahren konnte. Dem Wohnen des Burgherrn diente ein rechteckiges Gebäude, der Palas. Er barg im fensterarmen Untergeschoß Küche, Vorratskammern und andere Wirtschaftsräume, im Obergeschoß besaß er meist einen großen Saal, der oft über eine Freitreppe zu erreichen war und als Versammlungsraum diente, und ganz oben enthielt er Wohnräume. Bei fürstlichen Residenzburgen diente der Palas nur repräsentativen Zwecken und war baulich getrennt von dem eigentlichen Wohngebäude, der beheizbaren Kemenate. Hinzu kamen bei einer Burg einfache Fachwerkbauten als Stallungen, Scheunen und Gesindewohnungen, die oft in Vorburgen lagen. Um den Schutz zu erhöhen, suchten die Burgenbauer das Gelände auszunutzen. Während die Herrensitze bis ins 11. Jahrhundert in der Regel in den Dörfern lagen, wurden die Burgen seitdem bevorzugt auf steile Berg-kuppen oder im Flachland auf Inseln, Halbinseln, im Sumpfgelände oder an künstlich aufgestauten Gewässern angelegt. Bequem war beides nicht. Die Bewohner mußten in dem einen Fall meist damit leben, daß ihnen der kalte Höhenwind scharf durch die Ritzen pfiff, während ihnen im anderen Fall die kühlen Nebel der feuchten Niederun-gen in die Wände krochen.

Natürlich waren die Burganlagen unterschiedlich groß. Kleine Burgen besaßen nur ein einziges steinernes Wohngebäude, wogegen die Wälle und Mauern der Königspfal-zen einen großen Hofraum umschlossen, über den eine ganze Reihe verschiedener Ge-bäude unregelmäßig verteilt waren, darunter oft auch eine große Kirche. Als einziger Palas einer Königspfalz ist jener in Goslar heute noch einigermaßen original erhalten; dort läßt sich heute noch am ehesten eine Vorstellung von einer Königspfalz des hohen Mittelalters gewinnen. Während Königspfalzen schon immer einen Palas besessen hat-ten, bei dem zumindest das Untergeschoß aus Stein war, konnten andere Herren sich so etwas erst seit dem 12. Jahrhundert leisten. Wie ungemütlich eng es auf einer klei-nen Burg war, zeigt ein Brief des Ritters Ulrich von Hutten, der eine solche noch einige Jahrhunderte später bewohnte: „Die Burg selbst, ob sie auf dem Berg oder in der Ebene liegt, ist nicht als angenehmer Aufenthalt, sondern als Festung gebaut. Sie ist von Mauern und Gräben umgeben, innen ist sie eng und durch Stallungen für Vieh und Pferde zusammengedrängt. Daneben liegen dunkle Kammern, vollgepfropft mit ... Waffen und Kriegsgerät. ... und dann die Hunde und ihr Dreck, auch das − ich muß es schon sagen − ein lieblicher Duft! Reiter kommen und gehen, darunter Räu-ber, Diebe und Wegelagerer. Denn fast für alle stehen unsere Häuser offen. ... Man hört das Blöken der Schafe, das Brüllen der Rinder, das Bellen der Hunde, das Rufen der auf dem Feld Arbeitenden, das Knarren und Rattern der Fuhrwerke und Karren; ja sogar das Heulen der Wölfe hört man in unserem Haus, weil es nahe am Wald liegt."2

Zunächst gab es nur wenige befestigte Adelssitze. Seit Mitte des 11. Jahrhunderts schossen dann die Burgen in den deutschen Ländern wie Pilze aus dem Boden. Wenn die Bezeichnung „Ritterburg" die Vorstellung erweckt, Reiterkrieger hätten sich sol-che Burgen als Wohnsitze errichtet wie heute Ärzte ihre Villen, so ist dies zumindest für die Zeit bis 1200 falsch. Bauherren der Burgen waren zunächst Könige, Herzöge und Bischöfe und seit Mitte des 11. Jahrhunderts auch Grafen und grafengleiche Große. Einige wenige Burgen dienten ihren Herren als Residenz, wobei die großen Burgen der geistlichen und weltlichen Fürsten ähnlich wie die Königspfalzen angelegt waren. Die Masse der kleineren Burgen ließen die Fürsten errichten, um dadurch ihre Herrschaft in den einzelnen Winkeln ihrer Länder zu festigen. Auf diese Burgen setz-ten sie Dienstmannen, welche die Burgen in ihrem Auftrag verteidigten und mit dem Umland verwalteten. Im allgemeinen dürfte eine Burgmannschaft aus fünf bis zehn Burgmannen bestanden haben, bei großen Anlagen auch mehr. Erst Ende des 12. Jahrhunderts begannen sich auch einzelne Dienstmannen und niedere Adlige eine eigene kleine Burg, ein festes Haus oder einen Wohnturm mit Wall und Graben als Wohnsitz zu bauen. Die meisten Burgen wurden erst im 13. und 14. Jahrhundert er-richtet. Der größte Teil der Ritter lebte aber nicht auf einer landesherrlichen Burg und konnte sich auch keine eigene Burg leisten, sondern wohnte auf einem Rittergut.

Von Wohn-„komfort" konnte im hohen Mittelalter auf Burgen und erst recht in Bauernhäusern keine Rede sein. Die Deutschen mußten sich hier in Umstände des

Wohn-
„komfort"

71

täglichen Lebens fügen, die man heute keinem Gefängnisinsassen mehr zumuten könnte. Die Bauernhäuser waren anfangs fensterlos; erst später versah man sie mit Lichtöffnungen, die auch dann nur klein waren. Erleuchtet wurde der Raum nur durch die Tür oder die Dachluke oder vom Herdfeuer her. Burgen besaßen zwar Fenster, aber stets ohne Fensterglas. Das war vor allem im Winter ungemütlich: zwar gab es Fensterläden mit Holzgitter oder Weidengeflecht oder mit geöltem Pergament, doch wenn man die Fensteröffnungen damit gegen die Kälte schloß, wurde es drinnen recht finster. Auch Gardinen waren unbekannt. Die künstliche Beleuchtung war nicht in der Lage, Räume als Ganzes zu erhellen. Man verwendete Kienspäne, später auch Kerzen aus Talg oder − seltener − mit Öl gefüllte Schälchen, in denen ein Docht schwamm. Bei diesen Beleuchtungstechniken blieb es im übrigen bis ins 19. Jahrhundert hinein. Große Burgsäle versuchte man durch Fackeln zu erhellen, die aber fürchterlich blakten. Als Heizung gab es im Bauernhaus nur das offene Herdfeuer. Da man noch keinen Schornstein kannte, mußte der Rauch durch eine Dachluke und durch Tür und Fenster abziehen, so daß die Bauernhäuser ständig verqualmt und Decke und Wände rauchgeschwärzt waren. Das blieb in den Bauernhäusern teilweise bis ins 18. Jahrhundert so. In den Adelssitzen sah es anfangs nicht anders aus. Seit dem 11. Jahrhundert kamen dann dort und in den Klöstern allmählich Rauchfänge auf. Um den Schutz gegen Kälte stand es nicht besser als um die künstliche Beleuchtung. Große Räume konnten im Winter nie vernünftig erwärmt werden; während es in der Nähe des Feuers übermäßig heiß war, blieben die hinteren Ecken des Raumes eiskalt. Fließendes Wasser gab es nicht; man mußte es eimerweise vom Brunnen heranschleppen. Auch dies blieb bis ins 19. Jahrhundert unverändert. Die Wohnräume würden auf uns recht leer wirken. Im Bauernhaushalt gab es nur wenig Mobiliar. Als Bettstelle diente eine Bettkiste mit Strohsäcken. Dabei war es bis ins 18. Jahrhundert allgemein üblich, daß mehrere Personen zusammen in einem Bett unter einer Decke schliefen, besonders für Kinder und Gesinde. Zum Sitzen gab es Schemel und Bänke ohne Rücken- und Seitenlehne, noch kaum Stühle. Außerdem hatten Bauernhäuser einen grobgezimmerten Tisch. Kleidung und Werkzeug hängte man an Holzpflöcke in der Wand, später auch auf Kleiderstangen. Auf Burgen sah es auch nicht viel reichlicher aus. Auch hier war der Tisch meist nur eine Holzplatte auf Böcken, und nach dem Essen wurde „die Tafel aufgehoben" und hinausgetragen. Während Kastenmöbel im Bauernhaushalt ganz fehlten, gab es auf Burgen vor allem Truhen, um Kleidung und Geschirr aufzubewahren. Schränke kannte man noch nicht. Die Wände fürstlicher Burgen schmückten gelegentlich Wandteppiche, aber niemand wäre auf die Idee gekommen, etwas so Wertvolles wie einen Teppich auf den Boden zu legen und mit Füßen darauf herumzutreten. Die Fußböden blieben immer nackt. In Bauernhäusern bestanden sie einfach aus gestampftem Lehm. Schüsseln, Kannen, Becher und Löffel waren allgemein aus Holz gefertigt. Metallgeräte wie Pfannen und Messer waren wertvoll und daher bei den Bauern selten. Nur der Adel besaß manchmal silberne Becher.

Das tägliche Brot

Es war wenig genug, was die Deutschen zu Essen auf dem Tisch hatten. Die meisten Menschen lebten nur knapp über dem Existenzminimum. Übergewicht war für sie kein Thema. Reiche aßen nicht so sehr qualitativ besser als vor allem mehr. Auf uns würde die Ernährungsweise der damaligen Zeit recht eintönig wirken. Hauptnahrungsmittel waren Getreide und Hülsenfrüchte, und außerdem standen vor allem Kraut und Rüben sowie Milchprodukte auf dem Speiseplan. Die Zubereitungsarten beschränkten sich auf ein geringes Repertoire. Lange Zeit wurden die Hauptnahrungsmittel nur zu

Suppen, Grützen und Breispeisen verarbeitet, auch in wohlhabenden Häusern. Im Laufe des 12. und 13. Jahrhunderts verbreitete sich dann daneben der Genuß von Brot aus Roggen oder Weizen. Dabei war Weißbrot aus Weizenmehl feiner und galt daher als vornehmer; bis ins 15. Jahrhundert stellte es als „Herrenbrot" einen Luxus der höheren Stände dar. Über die Menge des Fleischverbrauchs lassen sich keine Angaben machen. Sicher spielte die pflanzliche Nahrung die weitaus größere Rolle, vor allem bei der einfachen Bevölkerung. Hochwild blieb wohl weitgehend vornehmen Kreisen vorbehalten. Im Winter gab es kein frisches Fleisch, Obst oder Gemüse zu essen. Da man noch keine Kühlmöglichkeit hatte, konnte man nur konservieren, indem man Fleisch pökelte und räucherte und Obst dörrte. In der Fastenzeit wurde Fisch gegessen, der aus Binnengewässern kam, seit dem 12. Jahrhundert zunehmend auch Heringe, die aber nur eingepökelt ins Binnenland transportiert werden konnten. Als Getränk hatte man ursprünglich den schon von den Germanen genossenen Met, also gegorenes Honigwasser. Seit dem 12. Jahrhundert wurde er in höfischen Kreisen aber immer mehr durch Wein verdrängt, und als Volksgetränk setzte sich zunehmend Bier durch, so daß Met am Ende des Mittelalters völlig veraltet und kaum noch bekannt war. Zum Bierbrauen wurden ursprünglich die verschiedensten Getreidearten und Bierwürzen verwendet. Dabei waren anfangs Hafer und Weizen am häufigsten. Erst im Laufe des späten Mittelalter setzte sich Gerste als Ausgangsgetreide durch, und erst im 17. Jahrhundert verdrängte Hopfen die anderen Bierwürzen. Die Bauern tranken oft auch Molke oder schlicht Wasser. Genuß- und Nahrungsmittel, die in Übersee heimisch sind, wie Kaffee, Tee und Tabak, waren natürlich völlig unbekannt. Dasselbe galt zunächst auch für Zitronen, Apfelsinen und alle anderen Südfrüchte. Seit dem 12. Jahrhundert begann man aus dem Mittelmeerraum einige Südfrüchte einzuführen, z.B. Datteln, und ebenso Gewürze wie Muskat, Zimt und Pfeffer, doch wegen ihres horrenden Preises blieben sie exklusiver Luxus der Reichen.

Die Zusammensetzung der Ernährung, die häufigen Versorgungskrisen und der frühe Beginn körperlicher Arbeit waren wohl auch die Ursachen dafür, daß die Deutschen im Mittelalter langsamer reiften und kleiner blieben als heute. Im 13. Jahrhundert waren Männer durchschnittlich knapp 170 Zentimeter groß.

Kleidung

Hauptkleidungsstück war ein Rock mit langen Ärmeln, der bei den Männern knielang, bei den Frauen länger war. Geistliche trugen einen knöchellangen Rock. Für Adlige setzte sich allmählich ein Unterhemd durch, das der einfachen Bevölkerung aber fremd blieb. Reiche trugen Lederschuhe, während die einfache Bevölkerung das ganze Mittelalter über im Sommer meist barfuß ging und im Winter Bundschuhe trug. Diese bestanden aus einem Leder- oder Fellappen, der um den Fuß gewickelt und mit Bändern zusammengebunden wurde. Für Männer gab es außerdem beinlange Strümpfe. Ende des 15. Jahrhunderts wurden diese oben durch Zwickel verbunden, so daß eine zusammenhängende lange Hose entstand. Ferner gab es eine badehosenartige, eng anliegende kurze Hose unter dem Rock.

Technik

Wenn der Lebensstandard im hohen Mittelalter so gering war, lag dies wesentlich daran, daß die Menschen ihre physische Umwelt nur in geringem Umfang durch Technik zu beherrschen vermochten.

Holz war der wichtigste Werkstoff für Haushalts- und Arbeitsgeräte, Möbel, Fässer und Wagen, und es war auch der wichtigste Baustoff für Gebäude. In zweiter Linie spielten als Baustoff vor allem Natursteine eine Rolle, als Werkstoff tierische Rohstoffe und Pflanzenfasern, besonders Leder und Wolle sowie Flachs. Eisen blieb das ganze hohe Mittelalter über ein relativ seltenes und entsprechend kostbares Material, da die Eisenerzgewinnung nur gering war. Das meiste Eisen verbrauchte man für Waffen und Rüstungen. Immerhin wurden im Laufe des hohen Mittelalters die Eisenteile an den bäuerlichen Arbeitsgeräten häufiger; sie machten diese haltbarer und die Arbeit effektiver.

Die Ausstattung mit technischem Gerät war nicht nur für unsere Begriffe bescheiden, sondern auch gemessen am Stand der römischen Antike. Hacke, Schaufel und Pflug waren die wichtigsten Werkzeuge; darüber hinaus gab es wenig. Die Arbeit wurde dadurch noch mühsamer. Beispielsweise verbreitete sich die Sense zwar für das Grasschneiden, aber für die Getreideernte blieb es bei der Sichel. Einige wenige technische Neuerungen lassen sich im hohen Mittelalter allerdings verzeichnen: seit dem 9. Jahrhundert kam der hölzerne Dreschflegel in Gebrauch, seit dem 11. Jahrhundert wurde im Transportwesen der zweirädrige Karren zunehmend durch den vierrädrigen Wagen ersetzt, und anstelle des ursprünglichen Hakenpflugs, der den Boden nur oberflächlich ritzte, kamen seit dem 11. Jahrhundert vereinzelt Pflüge mit einem Streichbrett auf, die den Boden wenden konnten, und verbreiteten sich im 12. Jahrhundert allgemein. Insgesamt gesehen gab es jedoch bis ins 14. Jahrhundert hinein kaum neue Erfindungen, sondern der technische Fortschritt bestand mehr darin, daß bestimmte bekannte Geräte und Verfahrensweisen allmählich häufiger wurden. Dies alles vollzog sich so langsam, daß der einzelne Bauer so wirtschaftete wie im Grunde schon sein Vater und sein Großvater und keinen technischen Fortschritt spürte.

Energie   Außerdem mangelte es an Energie zum Betreiben von hilfreichen Maschinen. Neben der menschlichen Arbeitskraft spielten Zugtiere vor Pflug und Wagen als Arbeitskräfte eine Rolle, vor allem Ochsen, wogegen Pferde in der Landwirtschaft im hohen Mittelalter noch kaum verwendet wurden. Daß Menschen und Tiere ungenügend ernährt waren, schränkte ihr Arbeitsvermögen zusätzlich ein. Wärme zum Kochen und Braten, Heizen, Erzverhütten, Schmieden usw. gewann man ausschließlich aus Brennholz. Somit wurde Energie fast nur aus Nahrung bzw. Futter und Holz gewonnen, also aus Pflanzen, und d.h. letztlich die durch die Photosynthese in ihnen gespeicherte Sonnenenergie genutzt. Daran änderte sich bis zur Industrialisierung nichts wesentliches. Da man sich auf regenerative Energiequellen beschränkte, wurden zwar keine Energierohstoffe auf Kosten der Zukunft verbraucht, aber zugleich blieb die nutzbare Energiemenge sehr begrenzt, letztlich durch die verfügbare Bodenfläche, die Futter und Holz hervorbringen mußte. Von der Energiemenge, die in der Nahrung enthalten ist, wird dabei überdies nur ein kleiner Teil in Arbeitsleistung umgewandelt und damit genutzt. Beim menschlichen Körper sind es je nach Art der Arbeit, Geschick und Arbeitstempo nur rund 10-25 Prozent, bei Arbeitstieren sogar nur 3-5 Prozent.

Es bedeutete eine zwar kleine, aber doch wesentliche Ergänzung der vorhandenen Energiequellen, daß sich im Laufe des hohen Mittelalters Wassermühlen vom Südwesten her über ganz Deutschland verbreiteten. Diese waren die ersten Kraftmaschinen. Ihre Antriebskraft wurde zum Getreidemahlen genutzt und befreite die Menschen davon, das Getreide per Hand auf einem Schalenstein mit einem Reibstein zerreiben zu müssen, einer anstrengenden und zeitraubenden Arbeit. Seit dem späten 12. Jahrhundert tauchten ferner Windmühlen auf, blieben aber noch lange vereinzelt. Auch Wind- und Wasserkraft erneuern sich ständig durch die Sonne, denn indem diese verschiedene Erdstellen und die darüber befindliche Luft unterschiedlich stark erwärmt, erzeugt sie ausgleichende Winde, und indem sie Wasser zum Verdunsten bringt, hält sie den Wasserkreislauf in Gang. Doch gerade diese Energiequellen waren launisch und deshalb nur begrenzt verfügbar: Flüsse konnten zufrieren, Winde wehten ungleichmäßig und schliefen auch ein.

Da Energie und arbeitssparende Maschinen knapp waren, mußte die weitaus meiste Arbeit von Menschenkraft verrichtet werden. Man mußte also viel arbeiten, und zugleich verlangte das Arbeiten den Menschen mehr körperliche Kraftanstrengung ab als heute, war mühseliger und erschöpfender. Das hinterließ seine Spuren auch an den Körpern, machte sie klobig und ausgearbeitet und verschliß sie früh.

Arbeit

Auch der Zeitrhythmus war ein anderer als heute. Man arbeitete gemächlich und ohne Zeitdruck und Hektik, aber es gab auch weder Urlaub noch einen Feierabend als einen von der Arbeitszeit klar abgegrenzten Tagesabschnitt. Vielmehr war Arbeit öfters mit Gespräch und anderen Tätigkeiten durchmischt. Der Arbeitsanfall schwankte im Jahreszeitenrhythmus. In der Erntezeit im Herbst war am meisten zu tun, wogegen der Winter ruhiger war.

Das Wort „Arbeit" bedeutete ursprünglich Mühe, Plage und Anstrengung, und tatsächlich mußten die Bauern sich ihre tägliche Mahlzeit mühselig auf den Feldern erarbeiten. Der Adel, der von den Abgaben und damit der Arbeit dieser Bauern lebte und sich seiner Heldenfaulheit erfreute, verachtete körperliche Arbeit: sie sei unvereinbar mit der Stellung eines wirklich freien Menschen. Die Bauern sahen das sicher anders, und auch die Kirche schätzte körperliche Arbeit keineswegs gering. Die Kirche wertete vielmehr nur die Handarbeit als redliche Arbeit und verurteilte den Handelsgewinn des Kaufmanns und erst recht das Zinsnehmen für verliehenes Geld. Beides sei unmoralisch und deshalb eine Gefahr für das Seelenheil. Die kirchliche Moral orientierte sich dabei an einer Welt aus fast autarken Bauernhöfen. Sie hatte beim Zinsverbot vor allem den Konsumkredit im Auge, den der Arme in Notzeiten aufnehmen mußte, um seinen Lebensunterhalt bestreiten zu können, und zweifellos schreckten die Kaufleute jener Zeit bei ihren Geschäften auch vor Überlistung und Betrug nicht zurück. In seiner Allgemeinheit belastete das Zinsverbot aber sicher die wirtschaftliche Entwicklung, wenn es auch oft umgangen wurde, selbst von Klöstern.

Was galt als redliche Arbeit?

Im Zentrum der mittelalterlichen Landwirtschaft stand der Getreideanbau. Im hohen Mittelalter war vor allem der Anbau von Hafer verbreitet, dem um 1300 der Roggen den ersten Rang ablief. Gerste und Weizen spielten demgegenüber eine untergeordnete Rolle. In Schwaben wurde auch noch viel Dinkel angebaut, eine Art Zwergweizen. Die Gemüsefrüchte kamen zunächst vor allem in den Gärten der Klöster und Herren vor, verbreiteten sich dann aber immer mehr und waren Ende des 11. Jahrhunderts genauso wichtig wie das Getreide. Man kannte vor allem Erbsen, Ackerbohnen, Linsen und Kohlrüben. Der Obstanbau wurde im hohen Mittelalter vor allem von Klöstern gepflegt und von den Bauern erst wenig betrieben. Bekannt waren seit alters her Apfelbaum und Haselnuß, und im Laufe der Zeit breitete sich von Westen her nach Innerdeutschland allmählich auch der Anbau von Birnen, Kirschen, Pflaumen, Quitten und Edelkastanien aus. Der Anbau von Weinreben drang von Südwestdeutschland her im Laufe des hohen Mittelalters über fast das ganze deutsche Sprachgebiet bis nach Brandenburg vor. Der saure norddeutsche Wein wurde wahrscheinlich mit Würzzusätzen genießbar gemacht. Hieß es doch im späten Mittelalter in einem Spottvers von dem ostpreußischen Wein, daß er den Hals heruntergehe wie eine Säge. Insgesamt war die Palette der angebauten Nahrungs- und Genußmittel kleiner als heute. Dabei bestanden beträchtliche regionale Unterschiede. Manche Kulturpflanze fehlte, die erst in

Was die Landwirtschaft lieferte

75

späteren Jahrhunderten gezüchtet wurde, beispielsweise Johannisbeere, Stachelbeere, Blumenkohl oder Zuckerrübe, oder die aus anderen Gegenden eingeführt und heimisch gemacht wurde, wie etwa Kartoffel oder Tomate.

Ferner baute man pflanzliche Rohstoffe an, so schon seit germanischer Zeit Flachs (für die Leinenherstellung) und Hanf. Die Färberkräuter Waid (zum Blaufärben) und Krapp (zum Rotfärben) waren zwar schon bekannt, aber erst wenig verbreitet.

Neben Acker- und Weideflächen spielte die Waldnutzung im Mittelalter eine beträchtliche Rolle. Das galt nicht nur für den höchst wichtigen Rohstoff und Energieträger Holz, den man im hohen Mittelalter noch regellos aus den Wäldern herausschlug, ohne sich um das Nachwachsen zu kümmern. Der Wald war auch Nahrungsquelle. Man sammelte Beeren und Pilze, wilde Nüsse und Kräuter. Der Wald diente der Schweinemast und war Lebensraum jagdbarer Wildtiere. Hinzu kamen andere Nutzungen, z.B. die Gewinnung von Eichenrinde zum Gerben der Häute. Der mittelalterliche Wald war also halb wild und wurde vielfältig genutzt, in ihm wuchsen eine Fülle von Pflanzenarten und reichhaltiges Unterholz, so daß er sich deutlich unterschied von den geordneten Stangenholzplantagen heutiger Forste.

Die Anzahl der Haustiere vermehrte sich im Laufe des hohen Mittelalters stark. Die wesentlichen Arten waren aber schon seit germanischer Zeit bekannt, nämlich Pferd und Hausrind, Schwein, Ziege und Schaf, Hunde, Katzen und Gänse. Das Schwein war der wichtigste Fleischlieferant. Rinder spielten sowohl als Milchlieferanten wie als Zugtiere eine große Rolle, weniger als Fleischlieferanten. Das Schaf war sowohl wegen der Wolle wichtig, da man noch keine Baumwolle kannte, als auch für Fleisch, Milch und Fell. Mit zu erwähnen sind hier außerdem die Bienenvölker, die bis in die frühe Neuzeit hinein in großem Umfang im Wald gehalten wurden. Da es noch keinen Rübenzucker und vor dem 14. Jahrhundert auch keinen importierten Rohrzucker gab, bildete der Honig den einzigen Süßstoff. Da er knapp war, mußte die Masse der Bevölkerung ungesüßt essen. Außerdem lieferten die Bienen Wachs für Wachskerzen, die allerdings außerordentlich teuer waren.

Landwirtschaftliche Ertragsverhältnisse

Die Pflanzen- und Tierrassen der hochmittelalterlichen Landwirtschaft unterschieden sich beträchtlich von jenen, die heute in Mitteleuropa verwendet werden. Mehrere Jahrhunderte Züchtung liegen dazwischen. Die Rinder waren niedriger und schwächlicher. Eine Kuh, die 600 Liter Milch im Jahr lieferte, galt als Musterkuh – 1982 lag der durchschnittliche Jahresertrag je Kuh in der BRD bei 4.647 Liter Milch. Die Legefähigkeit von Hühnern im 13. Jahrhundert wird auf jährlich gut 100 Eier geschätzt; 1982 brachten sie es in der BRD im Durchschnitt auf 252 Eier. Die Schweine waren schlanker, hochbeiniger und besaßen einen langen Rüssel. Sie waren damit im ganzen noch dem Wildschwein ähnlicher als die heutigen Zuchtformen. Viele Gemüsearten wurden nach sehr einfachen Formen kultiviert. Der Ernteertrag des Getreides betrug nur rund das Dreifache der Saatmenge, was natürlich je nach Witterung und Bodengüte stark schwankte. Das Pflanzenmaterial war eben noch wenig entwickelt, es gab keinen Mineraldünger und keine Schädlingsbekämpfungsmittel, und die Bodenbearbeitung war einfach.

Pflanzenbau oder Viehzucht?

Mit der steigenden Bevölkerungszahl dehnte sich die Ackerfläche immer weiter aus, wobei sich das reine Weideland verringerte. Durch diese „Vergetreidung" rückte der Getreideanbau noch mehr in den Mittelpunkt der Landwirtschaft, während die Tierhaltung je Einwohner zurückging und die Viehwirtschaft insgesamt weniger wichtig wurde. Von dieser Vergetreidung ausgenommen blieben nur das nordseenahe Küstenland und der Alpenraum, jene Gebiete, die wegen ihrer höheren Feuchtigkeit besonders graswüchsig sind. Diese Gegenden richteten sich umgekehrt allmählich stärker auf Viehwirtschaft aus.

Für die deutschen Lande insgesamt blieb es aber bis 1800 dabei, daß der Getreideanbau die mit Abstand größte Rolle in der Landwirtschaft spielte. Der Grund dafür, daß man vor allem hohe Getreideerträge erstrebte, lag darin, daß bei der Viehaufzucht rund 90 Prozent der Kalorien und Nährstoffe verlorengehen, die in den verfütterten Feldfrüchten stecken, und nur der kleine Rest der menschlichen Ernährung in Form von Fleisch zugute kommt. Solche Veredelungsverluste kann sich in großem Stil nur eine Landwirtschaft leisten, die entweder über Boden im Überfluß verfügt oder sehr hohe Ernteerträge je Flächeneinheit einbringt, wie sie nur Industrieländer erwirtschaften. Nachdem der Landesausbau die freien Bodenreserven aufgebraucht hatte, war in den deutschen Landen beides nicht der Fall, so daß man die Feldfrüchte überwiegend direkt konsumierte und sich den Umweg über die Fleischerzeugung nur in begrenztem Maße leisten konnte.

Ein Grundproblem jeder Landwirtschaft besteht darin, die Bodenfruchtbarkeit zu erhalten, obwohl dem Boden mit den abgeernteten Pflanzen ständig Nährstoffe entzogen werden. Nun kannte man im Mittelalter keinen Mineraldünger, und bei der geringen Viehhaltung fiel auch nur wenig tierischer Dung an. Deshalb ließ sich das Problem nur dadurch lösen, daß man dem Ackerboden regelmäßig bebauungsfreie Ruhezeiten gönnte, in denen er sich auf natürliche Weise regenerierte, indem wilder Bewuchs dem Boden die entzogenen Nährstoffe wieder zuführte. Die Germanen hatten die Betriebsweise der Feldgraswirtschaft praktiziert: mehrjähriger Getreideanbau wechselte mit einer Anzahl von Jahren mit Grasbewuchs. In einem allmählichen Ausbreitungsprozeß, der am Ende der Völkerwanderungszeit begann und das ganze hohe Mittelalter fortschritt, setzte sich dann die Betriebsweise der Dreifelderwirtschaft in rund zwei Drittel Mitteleuropas durch. Es waren vor allem die von der Vergetreidung nicht betroffenen Gebiete im norddeutschen Küstenland und in Gebirgslagen, die bei der Feldgraswirtschaft blieben. Die Dreifelderwirtschaft brachte den Wechsel zwischen Bebauungs- und Ruhezeiten in ein festes System: im ersten Jahr stand auf dem Feld bis zum Juli Wintergetreide, das man im Oktober des Vorjahres gesät hatte, im zweiten Jahr wurde im Frühjahr Sommergetreide gesät und im Spätsommer geerntet, und im dritten Jahr lag das Feld brach bis zur Aussaat des Wintergetreides, womit der Zyklus wieder von vorne begann. In den Brachezeiten diente das Stoppelfeld als Weide, wobei die weidenden Tiere zugleich etwas Dung auf den Feldern hinterließen. Als Wintergetreide baute man vor allem Roggen und Weizen, als Sommergetreide Hafer, Gerste und Bohnen an.

Die so bewirtschaftete Fläche eines Dorfes wurde in mehrere große Schläge eingeteilt, die man Gewanne nannte. Je ein Drittel davon verwendete man für Wintergetreide, Sommergetreide und Brache, so daß das Dorf jedes Jahr Sommer- und Wintergetreide ernten konnte. Von den Bauern eines Dorfes erhielt jeder in jedem der Gewanne Feldstücke, um Unterschiede in der Bodengüte gerecht auszugleichen und damit jeder auch in jedem Jahr an der Ernte teilhatte. Da die Felder der Bauern in Gemengelage gemischt waren und das Format schmaler Streifen in den Gewannen hatten, konnte nicht jeder seine Felder nur über Wege erreichen, ohne Feldstreifen anderer Bauern überqueren zu müssen. Deshalb waren die Bauern dem Flurzwang unterworfen: es konnte nicht jeder pflügen, säen und ernten wann er wollte, sondern die

Dreifelder-
wirtschaft

Gesamtheit der Bauern einer Dorfgemeinschaft setzte einheitliche Termine für alle Bauern verbindlich fest. Gemeinsam geregelt wurde auch die Nutzung der Allmende, d.h. des Gemeinbesitzes, der allen Bauern eines Dorfes oder eines Verbandes mehrerer Dörfer gemeinsam gehörte. Zu ihm rechneten Wiesen, Wald und Gewässer.

Methoden der   Bei einem mittelalterlichen Dorf lag unmittelbar in der Nähe der Höfe das Garten-
Viehhaltung land, das nicht in die Dreifelderwirtschaft einbezogen war, sondern individuell bewirtschaftet wurde. Daran anschließend ordneten sich die nach der Dreifelderwirtschaft bearbeiteten Gewanne um das Dorf herum, und weiter außerhalb schlossen sich oft noch extensiver bewirtschaftete Außenfelder an, die dann gleitend übergingen in buschwaldbewachsene Weide und noch weiter vom Dorf entfernt in Wald. Als Futtergrundlage für das Vieh gab es den Sommer über neben etwas Weide vor allem die sich begrünende Brache und die Stoppeln der abgeernteten Felder. Im Herbst wurde das Vieh, besonders die Schweine, in die dorfnahen Wälder getrieben, wo es sich an Eicheln, Bucheckern und wildem Obst und teilweise auch an Kleintieren mästete. Nicht etwa Rehe, sondern Schweine und Kühe waren bis um 1700 die häufigsten größeren Waldtiere, und bis Anfang des 19. Jahrhunderts warf die Waldnutzung als Schweinemast mehr ab als der Holzeinschlag. Deshalb überwog damals auch der fruchttragende Laubwald, während man den Wert der Nadelbäume als viel geringer einschätzte. Da soviel Land wie möglich als Acker nach dem System der Dreifelderwirtschaft genutzt wurde, mangelte es an Stallfutter für den Winter. Deshalb schlachtete man einen großen Teil des Viehs im Herbst, und das über den Winter im Stall gehaltene Vieh kam dabei meist so herunter, daß es im Frühjahr kaum aus eigenen Kräften zur Weide gehen konnte. Gelegentlich mußte die entkräftete Kuh sogar vom Bauern auf die Weide gezogen werden, wo sie dann gierig das frische Grün in sich hineinschlang.

Die hier geschilderte Betriebsweise der Landwirtschaft, die vor allem von der Dreifelderwirtschaft geprägt wurde, blieb vom hohen Mittelalter bis ins 18. Jahrhundert hinein im deutschen Raum vorherrschend, ohne daß sich an ihr Grundlegendes änderte.

Horten statt   Die menschliche Arbeitskraft spielte für die hochmittelalterliche Wirtschaft eine viel
Investieren größere Rolle als das Kapital, das sich in der bäuerlichen Wirtschaft im wesentlichen auf Pflug, Vieh und Saatgut beschränkte. Dieser Zeit war die Idee fremd, ständig neu zu investieren, so das Kapital zu vermehren und dadurch die Produktion wachsen zu lassen, von der Neulandgewinnung einmal abgesehen. Wenn Adlige oder Klöster Reichtümer zusammensammeln konnten, investierten sie diese nicht, sondern horteten sie in Form von Edelmetallen oder gaben sie für Luxuskonsum und Repräsentationsbauten aus. Als Folge dieses Verhaltens kannte die Wirtschaft nicht jene Dynamik, welche dem einzelnen immer mehr Güter verschafft.

Im übrigen trugen die dauernden Fehden mit ihren Verwüstungen und die allgemeine Unsicherheit auch nicht dazu bei, das Wirtschaftsleben zu fördern.

Geringe   Beim Austausch der produzierten Güter lassen sich grob drei Stufen unterscheiden:
Arbeits- (1.) das Produzierte bleibt innerhalb des eigenen Haushalts und wird vom Produzenten
teilung selbst konsumiert, (2.) der Austausch vollzieht sich im lokalen Rahmen zwischen einem Markt und seinem Umland von einigen Kilometern, und (3.) ein Warenhandel über weitere Entfernungen hinweg. Im 10. und 11. Jahrhundert bestand nun fast ausschließlich Hauswirtschaft. Eine Volkswirtschaft als ein zusammenhängendes Ganzes, in dem die einzelnen Teile durch vielfältige Austauschbeziehungen miteinander ver-

flochten sind, existierte im hohen Mittelalter noch nicht. Stattdessen standen die einzelnen Fronhofsverbände und Bauernhöfe weitgehend unverbunden nebeneinander. Ihre Produktion war im wesentlichen gleichartig, und Transporte waren wegen der schlechten Verkehrsverhältnisse sehr aufwendig, so daß wenig Anreiz zum Austausch bestand. Da das Wirtschaftsleben so stark örtlich gebunden war, gab es auch keine allgemeine Konjunktur. Die Menschen waren ganz von den Ereignissen in ihrer Umgebung abhängig. So konnte eine örtliche Mißernte für ein begrenztes Gebiet katastrophale Folgen haben, während gleichzeitig in einer anderen, nicht allzuweit entfernten Gegend eine überreiche Ernte in den Speichern verkam.

Vor allem im 10., 11. und 12. Jahrhundert bestimmten große Fronhofsverbände das Bild, Villikationen genannt. Diese waren so aufgebaut, daß der Herr einen Teil des Ackerlandes in eigener Regie bewirtschaftete und das übrige als selbständige Höfe an ihm hörige Bauern ausgab. Diese Bauern hatten einen Teil ihres Ertrags in Naturalien an den Herrn abzuliefern und überdies am Herrenhof und auf dem dazugehörigen Land Arbeitsdienst zu leisten, den Frondienst. Die Herrenhöfe wurden mit der Arbeit dort ansässigen Gesindes und mit den Frondienstleistungen bewirtschaftet. Während kleinere Herren nur einen einzigen Fronhof besaßen, gab es bei sehr großem Grundbesitz, der oft räumlich weit verstreut lag, mehrere Fronhöfe. Außer dem Oberhof, auf dem der Grundherr selbst saß, gehörten dann noch eine Reihe nachgeordneter Haupthöfe dazu, die jeweils von einem Meier geleitet wurden und die die Abgaben sammelten, welche die hörigen Bauern aus dem Umkreis abliefern mußten. Vor allem bei großem Grundbesitz, wie ihn Klöster und große Herren ihr Eigen nannten, gab es aber innerhalb einer solchen Grundherrschaft eine weitgehende Arbeitsteilung. Solche Grundherren hielten sich eigene Handwerker, die auf ein bestimmtes Gewerbe spezialisiert waren und von dem mit ernährt wurden, was die Bauern ablieferten. Das Kloster St. Gallen verfügte um 820 beispielsweise unter anderem über Müller, Bäcker, Fleischer, Schmiede, Zimmerleute, Wagner, Spinner, Weber, Walker, Schneider, Schuhmacher und Schildmacher. Diese arbeiteten aber nur für diese eine Grundherrschaft und gehörten meist zum Kreis der Hörigen. Nur so seltene Luxushandwerker wie Goldschmiede, Glockengießer, Glasbläser und anfangs auch Baumeister für Steinbauten lebten als Wanderhandwerker, die je nach Bedarf von Kloster zu Kloster zogen oder weitergereicht wurden.

So wie die Herren ihren Bedarf fast ganz aus ihrem eigenen Fronhofsverband deckten, so befriedigten die Bauern ihren Bedarf fast ganz aus ihrer eigenen Hauswirtschaft. Nur Schmiede und Töpfer gab es als freie Dorfhandwerker, die für den Bedarf der Bauern arbeiteten. Oft betrieben diese ihre Handwerkstätigkeit nur als Nebengewerbe neben der Landwirtschaft. Ansonsten bestand unter den Bauern keine Arbeitsteilung; Produzent und Konsument war derselbe Haushalt. Das bedeutete für die Bauern, daß sie nicht nur alle Lebensmittel selbst anbauen mußten, sondern auch die Verarbeitung mußte im eigenen Haushalt geschehen. Butter- und Käsemachen, Brotbakken, Schlachten, Pökeln, Räuchern und Wurstmachen verblieben bis ins 19. Jahrhundert hinein in der bäuerlichen Eigenwirtschaft. Nur das Getreidemahlen erfolgte bald in einer Mühle. Die Lebensmittelvorräte mußten stets bis zur nächsten Ernte reichen. Die Bauern bauten auch ihre Holzhäuser selbst unter Mithilfe der Nachbarn, ohne daß sie spezialisierte Bauhandwerker heranzogen. Sie stellten Werkzeuge und Hausgerät selbst her, und auch das Spinnen von Wolle und Leinen, das Weben des Garns und das Zuschneiden der Kleidung erfolgten im Bauernhaushalt. Natürlich wirkte es sich auf die Qualität aus, daß die Erfahrung spezialisierter Handwerkerarbeit hier fehlte. Stoffe, Geräte und Häuser gerieten entsprechend derb und grobschlächtig.

Entstehen von Märkten

Solange fast alles im eigenen Haushalt oder an Fronhöfen hergestellt wurde und die Arbeitsteilung sehr gering blieb, gab es fast keinen Warenaustausch und keine größeren Ansammlungen spezialisierter Handwerker, die ihre Handwerkserzeugnisse an andere verkauft hätten. Dementsprechend existierten auch fast keine Städte. Im Jahre 1000 dürfte es im deutschsprachigen Raum nur rund 100 Orte gegeben haben, die das Privileg besaßen, einen Markt abhalten zu dürfen, und die eine gewisse Ansammlung von Handwerkern aufwiesen, so daß man sie als Städte bezeichnen kann. Bei fast allen handelte es sich um ehemalige Römerstädte im Rheinland und längs der Donau. Sie waren gegenüber der antiken Zeit stark geschrumpft und hatten meist weniger als 800 Einwohner, von denen viele mit Landwirtschaft beschäftigt waren. Die gewerbliche Produktion in Villikationszentren und durch freie Dorfhandwerker war umfangreicher als jene der Städte.

Nimmt man das hohe Mittelalter als Ganzes, so ist jedoch ein steter Entwicklungstrend zu erkennen hin zu mehr Arbeitsteilung. Nach und nach entstanden Wochenmärkte und Jahrmärkte. An den Wochenmärkten ließen sich Handwerker nieder, meist ehemalige Bauern, die sich jetzt ganz auf handwerkliche Tätigkeiten spezialisierten und damit aus der Landwirtschaft ausschieden. Auf den Wochenmärkten tauschten weitgehend Bauern und Handwerker die von ihnen selbst produzierten Waren direkt miteinander. Grundherren boten dort überschüssiges Getreide zum Verkauf an, das aus den Abgaben ihrer Hörigen stammte. Die Einzelwirtschaften begannen, miteinander in Zusammenhang zu treten. Seit etwa 1200 überzog sich das Land schrittweise mit Punkten, an denen Marktwirtschaft begann, so daß ein Netz aus vielen kleinen Markt-Umland-Einheiten entstand. Da Bauern für Hin- und Rückweg zum Markt nicht mehr als eine Tagesreise zu Fuß aufwenden konnten, also 20 bis 25 Kilometer, lagen die Märkte schließlich dicht nebeneinander.

Am frühesten und raschesten entfaltete sich diese Marktwirtschaft im Rheinmündungsgebiet, dem Gebiet des heutigen Belgien und der südlichen Niederlande.

Entstehen von Städten

Seit Mitte des 11. Jahrhunderts verlieh der König einzelnen Ortschaften ein besonderes Stadtrecht. Um 1150 setzte eine regelrechte Welle von Städtegründungen ein, die bis etwa 1350 andauerte. Danach ist die Zahl der deutschen Städte nicht mehr nennenswert angewachsen, so daß der größte Teil der heute bestehenden deutschen Städte in dieser Epoche gegründet wurde. Der Anteil der Stadtbewohner an der Gesamtbevölkerung stieg zwischen 1150 und 1300 von etwa 2 Prozent auf etwa 10 Prozent. Die einzelnen Städte entstanden in unterschiedlicher Weise. Teilweise bildeten sich Siedlungen von städtischem Charakter eigenwüchsig und ohne förmlichen Gründungsakt und erhielten dann im nachhinein das Stadtrecht verliehen. Teilweise gründeten Könige, Herzöge und Grafen neue Städte aber auch planmäßig auf freiem Feld. Anknüpfungspunkte, an denen städtische Siedlungen von selbst entstehen konnten, gaben öfters ehemalige Römerstädte ab, die dann Bischofssitze geworden waren, wie zum Beispiel Köln, Straßburg, Mainz, Worms, Trier, Augsburg, Basel, Chur, Regensburg und Salzburg. Es konnte auch sein, daß Villikationszentren sich allmählich zu Städten auswuchsen, besonders bei Kaiserpfalzen wie Goslar, Aachen, Frankfurt und Nürnberg, Herzogspfalzen wie Würzburg oder mächtigen Klöstern wie Fulda und Quedlinburg. Es ist verständlich, daß sich Handwerker und Fernhändler gerade an den Sitzen von Bischöfen, des Königs und mächtiger weltlicher Herren niederließen – dort fanden sie für ihre Waren eine zahlungskräftige Oberschicht, und dort genossen sie auch Schutz. Gelegentlich sind außerdem Niederlassungen von Fernhändlern an verkehrsgünstiger Lage zur Wurzel einer Stadtentwicklung geworden, etwa an einem Flußübergang. Hierzu zählt z.B. Emden. Manchmal entstanden mehrere solcher Siedlungskerne in unmittelbarer Nachbarschaft, die dann erst allmählich zu einer Stadt zusammenwuchsen, z.B. in Braunschweig und Hildesheim.

Nicht jeder Markt wurde zur Stadt. Aber umgekehrt haben sich von den gegründeten Städten auf Dauer nur jene halten können, in denen der Markt lebte und sich Handwerker ansammelten, die damit also die entscheidenden Merkmale städtischen Wirtschaftslebens aufwiesen. Die anderen Stadtgründungen verkümmerten später.

Indem Märkte und Städte entstanden, ging die Selbstversorgung der Bauern mit gewerblichen Gütern allmählich etwas zurück. Aber weiterhin stellten die Bauernhaushalte die meisten ihrer Konsumgüter selbst her. Auch die adligen Herren konnten jetzt gewerbliche Güter in den Städten kaufen und benötigten dazu nicht mehr eigene Handwerker auf ihren Fronhöfen. So gab man das Villikationshandwerk weitgehend auf. Das Handwerk verlagerte sich in die Städte. Diese Arbeitsteilung zwischen Stadt und Land wurde auch dadurch gefördert, daß die Städte bald im Umkreis von einigen Kilometern um sich herum, der Bannmeile, jeglichen Handel verboten. Aber noch lange blieben die Übergänge zwischen Landwirtschaft und Gewerbe fließend.

Der Überlandverkehr war ebenso gering wie die Transportverhältnisse schwierig und aufwendig waren, und beides bedingte einander gegenseitig. Wenn man von den wenigen gepflasterten Landstraßen absieht, die ganz im Süden und Westen Deutschlands noch aus der Römerzeit übriggeblieben waren, gab es keine Landstraßen mit fester Straßendecke. Die wenigen Überlandstraßen waren eher breite Trassen, die eine allgemeine Zugrichtung angaben und teilweise aus mehreren Wegen nebeneinander bestanden. Anders als heutige Fernstraßen verliefen sie im Mittelgebirgsraum meist über die trockenen Höhen und nicht durch die feuchten, damals noch oft versumpften Talniederungen. Der Straßenzustand war sehr von der Witterung abhängig; während er bei Trockenheit staubte, konnte er sich bei Regen in grundlosen Morast verwandeln. Gelegentlich kam es auch vor, daß ein Bauer ein Stück der Landstraße überpflügte. Wegweiser und Landkarten waren unbekannt; man mußte sich durchfragen. Auch um Flußübergänge war es schlecht bestellt. Hier sahen Reisende sich weitgehend auf Furten angewiesen. Erst seit dem 12. Jahrhundert begann man, große Steinbrücken zu bauen. Über den Rhein existierte in nachrömischer Zeit bis 1859 zwischen Bodensee und Mündung keine einzige feste Brücke. Auch die Fortbewegungsmittel waren primitiv. Kutschen kannte man noch nicht. Sollte etwas transportiert werden, geschah dies entweder auf Karren oder Wagen oder auf dem Rücken von Lastpferden, letzteres besonders in gebirgigen Landesteilen. Personen ritten zu Pferd, was sich aber nur Reiche leisten konnten; die anderen gingen schlicht zu Fuß. Und Reisen war nicht nur unbequem, sondern auch gefährlich: auf den schlechten Straßen konnten Wagen umstürzen, und man konnte auf einsamer Straße überfallen werden. Kein Wunder also, daß niemand reiste, der es nicht unbedingt mußte. So waren die Landstraßen für heutige Begriffe recht leer. Nur gelegentlich kamen einzelne Pilger vorbei oder Adlige auf Fehdezug, und nur selten sah man einen Kaufmann. Da der Verkehr gering war, gab es auch keine Herbergen und Gasthäuser. Reisende fanden in Burgen, Klöstern und Privathäusern kostenlos Nachtquartier − oder auch nicht.

Da die Straßenverhältnisse so schwierig waren, transportierte man größere Lasten

*Überland-
verkehr*

möglichst auf dem Wasserweg über die Flüsse. Doch im Hochmittelalter sahen nur Rhein und Donau schon häufiger Transporte. Ansonsten war auch die Binnenschifffahrt noch nicht entwickelt.

Daß unter diesen Umständen so etwas wie eine Post oder überhaupt regelmäßige Nachrichtenverbindungen noch unbekannt waren, versteht sich fast von selbst.

*Über-
regionaler
Güter-
austausch*

Über die umfangreiche Selbstversorgung im eigenen Haushalt und den sich entfaltenden kleinräumigen Stadt-Umland-Austausch hinweg spannen sich die dünnen Fäden des überregionalen Güteraustausches. Wegen der schwierigen Transportverhältnisse lohnte er nur für Güter, die pro Gewichtseinheit einen hohen Wert besaßen, so etwa Gewürze aus dem Mittelmeerraum, Bernstein von der Ostseeküste, Pelze und Seide, Gegenstände aus Gold und Silber sowie auch Salz und Metalle. Dementsprechend waren Fernhandelsgüter teuer. Bis ins 12. Jahrhundert blieb der Umfang des Fernhandels äußerst gering, denn selbst die Masse der Grundherren kam als Käufer kaum in Frage, da sie von ihren Bauern Naturallieferungen erhielten und kaum Geld einnahmen. Im 11. und 12. Jahrhundert legte der Fernhandel an Umfang zu, versorgte zunächst die großen Herren und weitete dann allmählich seinen Kundenkreis auch auf die Ritterschaft aus.

Der überregionale Güteraustausch war im hohen Mittelalter deutlich vom örtlichen Stadt-Land-Austausch getrennt. Oft vollzog sich der überregionale Austausch von Luxusgütern im 10. und 11. Jahrhundert noch gar nicht als Handel, sondern indem Angehörige der Spitzen der Gesellschaft untereinander Geschenke austauschten. Der König, Bischöfe, Herzöge und Äbte beschenkten sich damit gegenseitig und erwarteten für jedes Geschenk ein Gegengeschenk, wobei sie oft auch angaben, was sie sich wünschten. Dann wurde der überregionale Güteraustausch jedoch Sache von Kaufleuten, die damit als eigene Berufsgruppe entstanden. Diese Kaufleute müssen wir uns bis ins 12. Jahrhundert als recht abenteuerliche Gestalten mit oft zweifelhaftem Charakter vorstellen. Es waren Wanderkaufleute ohne festen Wohnsitz, die in Begleitung ihrer Waren über Land zogen. Sie kauften ein und transportierten ihre Waren dorthin, wo diese selten oder gar fast unbekannt waren, um sie dort möglichst teuer loszuschlagen. Das war nur etwas für wagemutige Kerle, denn auf der Landstraße oder auch durch Rechtsstreitigkeiten in der Fremde drohten allerlei Gefahren und Risiken. Was Wunder, daß die Kaufleute oft skrupellos waren und teilweise auch vor gelegentlichen Räubereien nicht zurückschreckten.

*Geld-
wirtschaft*

Erleichtert wurde die Ausweitung des Handels dadurch, daß im Laufe des hohen Mittelalters nach und nach mehr Silber gefördert und damit mehr Münzen geprägt wurden. Anfangs gab es nur sehr wenig gemünztes Edelmetall, und auch dies wurde mehr für Notzeiten gehortet, als daß es umlief. Den Münzen haftete noch stark der Charakter an, eine Handelsware zu sein wie andere Waren auch. Sie wurden nach ihrem Edelmetallgewicht in Zahlung genommen, wobei man zwischen gemünztem und ungemünztem Edelmetall keinen großen Unterschied machte. Lange war es Brauch, Münzen bei Bedarf einfach in Teile zu zerbrechen. Erst allmählich sahen die Menschen in ihnen zunehmend Geld im Sinne von abstraktem Wertzeichen, Vergleichsmaßstab und Rechnungseinheit. Während man Münzen zunächst nur im Fernhandel verwendet und sonst nur Naturalien gegeneinander getauscht hatte, drang die Geldwirtschaft dann langsam auch in den lokalen Austausch vor.

Gesamtsicht

Das hohe Mittelalter war also insgesamt genommen alles andere als eine „gute alte Zeit", keine Epoche „natürlicher" und darum „gesunder" Lebensumstände, seine

82

Realität erst recht fern aller romantischen Idealisierungen. Es war eine Zeit der steten Gefährdungen des Lebens, in der die Menschen der Natur noch in vielfacher Hinsicht ohnmächtig gegenüberstanden und sich deshalb trotz aller Mühsal mit sehr geringer Lebenserwartung und entsprechend niedrigem Lebensstandard zufriedengeben mußten. Aber zugleich ließ sich auch langsamer Fortschritt in der Beherrschung der Natur verzeichnen, der wichtige Grundlagen für spätere Zeiten legte. Unvermeidbar war damit verbunden, daß die Urlandschaft zurückging. Dies kann aber nicht als Zerstörung negativ gewertet werden, zum einen deshalb, weil der Verlust gegenüber dem Nutzen für den Menschen geringes Gewicht hatte, zumal die Artenvielfalt noch kaum eingeschränkt wurde, zum anderen, weil es sich nicht um Raubbau handelte, sondern ein neues, von der menschlichen Wirtschaftstätigkeit geprägtes ökologisches System entstand, das stabil und auf Dauer existenzfähig war, denn Bodenfruchtbarkeit und Energie- und Rohstoffreserven blieben langfristig erhalten, und die Belastung der Umwelt durch Abfälle war noch bedeutungslos.

2.3 Bauer und Grundherr

Grund-
prinzipien der
sozialen
Gliederung
Die gesellschaftliche Struktur der Deutschen im hohen Mittelalter unterschied sich grundlegend von ihrer heutigen, und darum ist es nicht ganz einfach, sich in sie hineinzudenken. So wie das Wirtschaftsleben in viele kleine Einheiten zerfiel, die nur wenig untereinander austauschten, lag dementsprechend auch in der Gesellschaft das Schwergewicht auf den kleinen, engen Verbänden und auf unmittelbaren, persönlichen Beziehungen. Fragt man nach einer gesamtgesellschaftlichen Gliederung, so läßt diese sich nicht einfach mit den Begriffen von Berufsständen beschreiben. Die Dreiteilung in Geistliche, adlige Herren und Bauern bietet nur eine grobe Annäherung. Überhaupt ist das Konzept einer sozialen Schichtung nur eingeschränkt anwendbar, da es eigentlich davon ausgeht, daß eine Gesellschaft sich aus einer großen Zahl von Individuen zusammensetzt, wobei solche mit bestimmten ähnlichen Merkmalen sich zu einer Schicht zusammenfassen lassen, die anderen Schichten nach bestimmten Prinzipien über- oder untergeordnet ist. Eben gerade das war aber im hohen Mittelalter nicht der Fall. Anstatt aus Einzelpersonen war die Gesellschaft aus verschiedenen Arten von Personenverbänden zusammengesetzt, hinter denen der einzelne ganz zurücktrat. Es gab hierarchisch strukturierte Verbände, so das Haus, von dem in der Öffentlichkeit nur der Haushaltsvorstand auftrat, während die übrigen Haushaltsmitglieder dahinter weitgehend unbeachtet blieben, und ebenso die mehrere Haushalte umfassende „familia" (die nicht mit der Kleinfamilie aus Eltern und Kindern verwechselt werden darf). Daneben standen, weniger bedeutend, auch noch Verbände, die nach dem Prinzip genossenschaftlicher Gleichberechtigung organisiert waren, etwa gelegentlich noch weiterlebende Sippenverbände, hier und da Gilden und auch Anfänge der Dorfgenossenschaft.

Das Haus blieb weiter die soziale Grundeinheit, wie es schon in den vorausgegangenen Jahrhunderten der Fall gewesen war. Im allgemeinen heiratete nur, wer einen Haushalt – und das hieß weitgehend eine Bauernstelle – übernahm oder neu gründen konnte und damit eine Familie zu ernähren vermochte. Umgekehrt führte im Regelfall nur derjenige einen eigenen Haushalt, der verheiratet war. Wer noch ledig war oder es auf Dauer blieb, lebte als eine Art Gesinde im Haus der Eltern oder Geschwister, sofern er sich nicht als Gesinde an einem Herrenhof verdingte, Geistlicher wurde oder zum Bettler verkam. An diesen Grundsätzen hat sich bis gegen 1800 nichts wesentliches geändert.

Unter dem lateinischen Begriff familia verstand man den Verband aller Menschen, die einem bestimmten Grundherrn unterstanden. Dazu gehörten außer seiner eigenen (Klein-)Familie das Gesinde an seinem Hof und die von ihm abhängigen unfreien Bauern, die in einem eigenen Haus wohnten und einen Hof selbständig bewirtschafteten. Alle Unfreien gehörten zu irgendeiner familia. Ursprünglich durften sie auch nur im Kreis der familia heiraten und erben. Seit dem 11. Jahrhundert kam es dann zunehmend auch zu Heiratsverbindungen von Hörigen verschiedener familiae. Der Umfang so einer familia war sehr unterschiedlich. Diejenige eines Kleingrundbesitzers mochte einige Dutzend Menschen umfassen, die des Königs oder eines Herzogs mehrere tausend Personen, die natürlich sehr unterschiedliche soziale Stellungen hatten, vom Pferdeknecht bis zum persönlichen Ratgeber oder Schatzverwalter. Nicht nur die berufliche Tätigkeit, sondern mindestens ebenso die Zugehörigkeit zu diesem oder jenem Personenverband bestimmten die gesellschaftliche Stellung; der Diener eines Herzogs galt mehr als der Diener eines Ritters.

Fragt man mit dieser Einschränkung nach der sozialen Schichtung im hohen Mittelalter, so stößt man auf drei verschiedene Prinzipien, die einander kreuzten und damit das Bild komplizierten. Erstens wurde grundsätzlich getrennt zwischen Klerikern und Laien, die sich in ihrer Rechtsstellung und ganzen Lebensweise deutlich voneinander unterschieden. Die Kleriker pflegten dieses Gliederungsmerkmal besonders zu betonen, um sich selbst deutlich von der Masse der Bevölkerung abzuheben. Sie setzten sich selbst als ersten Stand den Adligen und Bauern voran, doch wird man bezweifeln dürfen, ob Adlige, die vielleicht sogar als Eigenkirchenherren selbst ihren Geistlichen einsetzten, bereit waren, einem einfachen Dorfpfarrer einen Vorrang zuzubilligen. Zweitens gliederte man auch weiter in Freie und Unfreie, was deutliche Unterschiede in der Rechtsstellung und im Ansehen begründete. Drittens war der Umfang des Besitzes sehr verschieden, was zugleich Unterschiede an Macht und Einfluß bedeutete.

Die Zahl der Freien war recht gering. Nur wenige von ihnen hatten ihre Stellung von den Freien der germanischen Vorzeit geerbt. Neben ihnen waren andere in unterschiedlicher Weise zur Freiheit aufgestiegen. Einigen war ihre Freiheit vom König verliehen, vor allem, wenn sie Land rodeten, manchen auch von anderen mächtigen Herren; etliche verstanden es auszunutzen, wenn ihre Herren sich aus irgendwelchen Gründen längere Zeit nicht um sie kümmerten und sie nicht zu Dienstleistungen heranzogen, um sich dann für Dauer frei zu machen, zum Teil im genossenschaftlichen Zusammenschluß mit anderen. Doch was bedeutete „Freiheit" im Mittelalter? Sie war damals nicht ein Zustand grundsätzlicher, allgemeiner Freiheit, sondern hieß immer, von diesen oder jenen bestimmten Abgaben und Pflichten befreit zu sein, so daß es also eine Fülle von Freiheiten unterschiedlicher Art gab. So schwer es ist, den Begriff Freiheit für das hohe Mittelalter konkret zu bestimmen und gegen Unfreiheit abzugrenzen, kann allgemein als Kennzeichen von Freien gelten, daß sie nicht oder wenig von einem örtlichen Grundherrn abhängig waren, sondern nur eine Gewalt wie die des Königs oder eines Fürsten über sich hatten, die weit entfernt und deshalb am Ort weniger intensiv war. Dadurch konnten sie ihr tägliches Leben stärker selbst bestimmen, als dies Unfreien möglich war. Dies setzte aber zugleich voraus, daß sie stark genug waren, ihren Handlungsfreiraum mit der Waffe in der Hand gegen Eingriffe anderer selbst zu schützen. Freiheit und Macht hingen also zusammen: wer mächtig war, hatte viel Freiheit, und wer schwach war und unter dem Schutz eines anderen stand, war unfrei, aber auch wer einen mächtigen Beschützer hatte, der ihm viel Freiraum ließ, konnte als frei gelten – die Königsfreien waren zugleich königseigen.

Gesellschaftlich relevanter Besitz bedeutete in der fast ausschließlich agrarischen Gesellschaft jener Zeit Grundbesitz. Von ihm hingen Reichtum und Macht ab, und er war zweifellos ungleich verteilt. Nach der damit verbundenen Stellung im Wehrwesen lassen sich grob fünf Abstufungen unterscheiden, zwischen denen es natürlich gleitende Übergänge gab. An der Spitze stand die sehr kleine Gruppe der Großgrundbesitzer, zu der unter anderem Herzöge und Grafen gehörten; Kleingrundherren mit einem Besitz von etwa einem Dutzend Bauernstellen dienten als Panzerreiter; einen Besitz von etwa vier Stellen können wir bei Leichtbewaffneten und Ortsgeistlichen annehmen; die Besitzer von nur einer Stelle bildeten als Bauern das Rückgrat der Gesellschaft; und ferner gab es eine mehr oder minder große Zahl von Menschen, die keine Hofstelle besaßen und die unverheiratet im Haushalt von Verwandten oder eventuell auch als Gesinde am Herrenhof lebten oder sich als Bettler durchschlugen. Lohnarbeiter, bei denen Arbeiten und Wohnen räumlich getrennt sind und die in Geld entlohnt werden, existierten dagegen noch nicht.

Das zahlenmäßige Verhältnis der verschiedenen sozialen Gruppen läßt sich nur ungefähr abschätzen. Gliedert man nach Tätigkeit und Lebensweise, so gehörten 1 bis 2 Prozent der Bevölkerung zum Klerus, und etwa 1 Prozent lebte als Herren und Reiterkrieger. Rund 94 Prozent der Bevölkerung waren um 1100 noch in der Landwirtschaft beschäftigt. Der Rest ist für Bettler, Personal in Herrenhaushalten, Handwerker und Kaufleute zu veranschlagen.

Die landwirtschaftliche Bevölkerung differenzierte sich wohl mit der Zeit zunehmend. Zwar wurde gleichzeitig mit dem Bevölkerungswachstum die Zahl der Bauernstellen durch das Roden von Neuland laufend vermehrt, aber da nur ein Teil der Bevölkerung hieran teilhatte und Neuland schließlich im Westen auch knapper wurde, nahm anscheinend der Anteil der Kleinstellenbesitzer und auch der Landlosen langfristig zu.

In der Gesellschaft des hohen Mittelalters bestand also Unfreiheit und soziale Ungleichheit. Nun war die kleine Gruppe der gebildeten Theologen seit dem 10. Jahrhundert der Auffassung, daß der Bibel zufolge die Menschen alle in der gleichen Weise von dem ersten von Gott frei geschaffenen Menschenpaar abstammten und daß alle durch Christus gleichermaßen frei gemacht worden seien. Diese Auffassung blieb aber reine Theorie ohne Folgen für die Lebenspraxis. Schlimmer noch: die biblische Lehre wurde von manchen verbogen und mißbraucht, um die sozialen Unterschiede zu rechtfertigen. Die Äbtissin Hildegard von Bingen schrieb: „Gott achtet bei jedem Menschen darauf, daß sich der niedere Stand nicht über den höheren erhebe, wie es einst Satan und der erste Mensch getan ... Gott teilt sein Volk auf Erden in verschiedene Stände, wie die Engel im Himmel in verschiedene Gruppen geordnet sind, in die einfachen Engel und in die Erzengel ..., die Cherubim und Seraphim."[3] Und wie sah die Meinung der Bauern aus? Natürlich war mancher mit seiner konkreten Situation nicht zufrieden, hätte gerne weniger Dienste und Abgaben zu leisten gehabt – soziale Ungleichheit als Prinzip wurde aber offenbar von niemandem in der Praxis ernsthaft in Zweifel gezogen, sondern lebte aus der Selbstverständlichkeit der Tradition.

Überblickt man das hohe Mittelalter als Ganzes, ist zu erkennen, daß die gesellschaftliche Struktur sich mit der Zeit wandelte, allerdings zu langsam, als daß den Mitlebenden dieses bewußt geworden wäre. Indem in der Zeit des Frankenreiches die Schicht der Freien stark zusammengeschrumpft war, war der Unterschied zwischen frei und unfrei in seinem ursprünglichen Sinn zurückgetreten hinter der Zweiteilung der Laien in eine sehr kleine Herrenschicht und die große Zahl der Bauern, die in der Masse als Unfreie in familia-Verbände eingegliedert waren. Im Laufe des hohen Mittelalters kristallisierten sich innerhalb der familia-Verbände verschiedene Sozialgruppen heraus, so daß seit dem 11. Jahrhundert die familia-Verbände langsam zerfielen. Ein Teil der Unfreien wurde mit zum Waffendienst herangezogen. Er schied im Laufe der Zeit aus der familia seines Herrn aus und verschmolz schließlich mit dem Adel. Mit den Städten entstanden die neuen Gesellschaftsgruppen der Handwerker und Kaufleute. Auch die Stadtbewohner lösten sich schließlich aus ihrem familia-Verband und wurden zu freien Bürgern. Die bäuerlichen familia-Mitglieder fanden diesen Weg zur Freiheit meist nicht. Aber indem sich im Laufe des hohen Mittelalters das Fronhofsystem auflöste und Dörfer entstanden, wurde die Bindung der Bauern an ihren Grundherrn schwächer, und daneben trat zunehmend ihr Zusammenschluß in der bäuerlichen Dorfgemeinschaft. Dieser Abbau persönlicher Abhängigkeiten bedeutete zweifellos einen Fortschritt. Während zunächst der Unterschied zwischen frei und unfrei wichtigstes gesellschaftliches Gliederungsmerkmal gewesen war, verlor er mit dieser Entwicklung an Bedeutung. Seit dem 11. Jahrhundert begann man allmählich in Geistliche, Krieger und Bauern einzuteilen, und bis zum 13. Jahrhundert entstand eine nach Berufsverbänden gegliederte Gesellschaft, wie sie dann für das späte Mittelalter kennzeichnend war.

Die Geistlichkeit war nach Herkunft und Lebensführung in sich höchst uneinheitlich. Zunächst ist zu unterscheiden zwischen den Weltgeistlichen, die in einer Pfarre oder an einem Domkapitel tätig waren, und den Ordensgeistlichen, die in Klöstern lebten. Letztere machten etwas über die Hälfte aller Geistlichen aus. *Klerus*

Die Klöster waren sehr verschieden groß; die meisten beherbergten einige Dutzend Mönche. Anfangs kamen Mönche wohl aus allen Gesellschaftskreisen, aber zunehmend entstammten sie dann der Herrenschicht, bis viele Klöster überhaupt nur noch Adlige aufnahmen, ja sie entwickelten sich beinahe zu Versorgungseinrichtungen für unverheiratete Adlige. Mönche durften ihr Kloster nur kurzzeitig und mit ausdrücklicher Erlaubnis des Abtes verlassen. Die Verbindung von Beten und Arbeiten bildete für die Klosterinsassen zwar ein vorgeschriebenes Programm, aber harte körperliche Arbeit war bei den Mönchen bald verpönt, weil sie diese ihren Hörigen überließen, von deren Abgaben sie dann lebten. Sie selbst beschränkten sich auf bequemere Tätigkeiten wie leichte Gartenarbeit, handwerkliche Arbeiten, das Abschreiben von Büchern usw. Erst mit den Zisterziensern trat hier vorübergehend ein gewisser Wandel ein. Im übrigen hielten nicht alle Insassen die monotone Strenge des Klosterlebens auf Dauer aus. Manche entliefen. Vagabundierende Geistliche stellten eine bekannte Erscheinung dar.

Unter den Weltgeistlichen waren die Bischöfe und Domherren fast nur adliger Herkunft. Das Bistum Bamberg erhielt erst 1842 seinen ersten nichtadligen Bischof. Vor allem im 10. und 11. Jahrhundert boten die meisten Bischöfe in ihrem Denken und Handeln mehr das Bild weltlicher als geistlicher Herren. Viele Dorfkirchen waren von Adligen gestiftet und ausgestattet, die diese dann als Eigenkirchenherren auch weiter kontrollierten. Sie setzten dort als Dorfpfarrer oft irgendeinen ihrer Hörigen ein, der sich dann in seinem Lebensniveau nicht wesentlich von den umwohnenden Bauern unterschied. Die Pfarrstellen in den allmählich entstehenden Städten machten dagegen teilweise eine adlige Lebenshaltung möglich. Seit Ende des 12. Jahrhunderts fanden sich dann auf städtischen Pfarrstellen und in Domkapiteln zunehmend jüngere Rittersöhne. Diese faßten ihre Einkünfte bald als Mittel für eine ihnen zustehende standesgemäße Lebensführung auf, nicht als Entlohnung für das Wahrnehmen bestimmter Aufgaben und Pflichten. So tauschten sie auch bedenkenlos Pfründen oder kumulierten diese ohne Rücksicht darauf, ob die daran hängenden Aufgaben erfüllt wurden.

Weltgeistliche waren im allgemeinen verheiratet. Erst im 13. Jahrhundert verschwand die Priesterehe im deutschen Raum allmählich. Aber auch weiterhin lebten Pfarrer oft mit Konkubinen zusammen, und man sah in großer Zahl uneheliche Priesterkinder. Dies wurde von der Bevölkerung durchaus gebilligt. In den Aufzeichnungen der Predigermönche von Colmar im Elsaß heißt es über die Zeit um 1200: „Auch hatten die Geistlichen insgeheim Beischläferinnen, weil die Bauern sie dazu gewöhnlich anhielten; denn sie sagten: der Pfaff kann nicht enthaltsam sein, deshalb ist besser, daß er nur ein Weib hat, als daß er die Weiber von allen versucht oder erkennt."[4]

Adel und
Ministeriale

Die weltlichen Führungsschichten waren gegen die übrige Bevölkerung weniger klar abgegrenzt als die Geistlichen gegen die Laien. Um das Jahr 1000 hob sich innerhalb der Gruppe der Freien ein kleiner Teil dadurch als adlig ab, daß er als Herren über Unfreie herrschte. Besondere Standesrechte oder Titel zeichneten diesen Adel nicht aus. Die Masse der Adligen waren dabei Vasallen der großen Herren. Da sie aber dazu neigten, die empfangenen Lehen erblich werden zu lassen, begann der König Mitte des 11. Jahrhunderts, aus dem Kreis der Unfreien, die zu seiner familia gehörten und an seinem Hof lebten, einige mit zum Kriegsdienst als bewaffnete Reiter und zur Verwaltung des Königsgutes heranzuziehen. Herzöge, Bischöfe und andere Große ahmten dies bald nach. So entstand eine Schicht bevorrechtigter Unfreier, Ministeriale genannt, die Aufgaben wahrnahmen, welche bis dahin Adligen vorbehalten gewesen waren. Ein Teil der Ministerialen wurde als Besatzung auf der Burg ihres Herrn eingesetzt, andere erhielten ein Dienstgut zugewiesen. Dieses war keine Burg, sondern ein unbefestigter Hof, wahrscheinlich oft mit einem steinernen Wohnhaus mit vielleicht zwei Räumen. Rund zehn bis zwölf Hufen mußte ein solcher Besitz schon umfassen, um einen stets einsatzbereiten Reiterkrieger tragen zu können. Schließlich konnte dieser sich nicht persönlich um die Landwirtschaft kümmern, und die Ausrüstung, für die er selbst aufkommen mußte, war teuer. Sie umfaßte üblicherweise ein Schwert, Helm und Panzerhemd und je ein Streit-, Marsch- und Lastpferd. Diese Reiterkrieger wurden auch als Ritter bezeichnet. Ursprünglich war der Übergang zwischen reichen Bauern und Ministerialen durchaus fließend. Der gehobene Dienst als Reiterkrieger setzte die Ministerialen aber im Laufe der Zeit stärker von der Masse ab, ebenso wie ihre Nähe zum König oder zu Fürsten, manche nahmen am höfischen Leben teil, und allmählich wurden auch Ministeriale lehensfähig und gingen Eheverbindungen mit Adligen ein. Im 13. Jahrhundert geriet die ehemals unfreie Stellung der Ministerialen endgültig in Vergessenheit, und das Gros der Ministerialen verschmolz mit dem größten Teil des bisherigen Adels zur Schicht des niederen Adels. Vom 11. bis 13. Jahrhundert war ein beträchtlicher Teil der alten Adelsfamilien ausgestorben, und so machten diese nur etwa 1 bis 2 Prozent der neuen Adelsschicht aus. Während auf diese Weise die Trennlinien nach oben verblaßten, waren die Ministerialen gleichzeitig bestrebt, sich zunehmend nach unten gegen die Bauern abzugrenzen. Im 13. Jahrhundert setzte sich endgültig der Grundsatz durch, daß nur derjenige als Ritter gelten durfte, der schon als Ritter geboren war und eine bestimmte Anzahl von ritterlichen Ahnen nachweisen konnte. Damit hatte diese Gruppe sich als Stand gegen Nachzug von unten abgeschlossen, und eine klare Trennlinie zwischen Adligen und Nichtadligen war entstanden.

Für die Stellung der unfreien Masse der Bauern gab es verschiedene Bezeichnungen: hörig, eigen, leibeigen oder zinspflichtig. Ein rechtloser Sklave, mit dem sein Herr nach Belieben verfahren durfte, war der Hörige keineswegs. Das entscheidende Kennzeichen seiner Unfreiheit bestand darin, daß er an die Scholle gebunden war, sie also nicht ohne Erlaubnis seines Herrn verlassen durfte und bei einem Besitzwechsel zusammen mit dem Grundstück einen neuen Herrn bekam, und daß er seinem Herrn zu Dienstleistungen und Abgaben verpflichtet war. Die Oberschicht, der Adel wie die ganze Kirche, lebte von den Leistungen der Bauern. Das war ein für das Funktionieren der Gesellschaft ganz grundlegender Zusammenhang.

Der Zehnt war von allen Bauern zu geben, auch von den freien. Er ging ursprünglich an die Kirche und sollte für den Unterhalt der Geistlichen, für Bau und Unterhalt der Kirchengebäude und für die Armenfürsorge dienen. Der Zehnt wurde von der Getreideernte erhoben, später auch von Gartenfrüchten und Vieh. Die Höhe war verschieden; es mußte nicht ein Zehntel sein. Bald wurde der Anspruch auf den Zehnten aber wie ein beliebiges Vermögensobjekt verkauft, getauscht oder verschenkt, so daß er oft in die Hände weltlicher Herren geriet.

Die Leistungen der hörigen Bauern an ihre Grundherren waren von unübersehbarer Vielfalt mit unzähligen Bezeichnungen, je nach Art und Landschaft. Vom Rechtfertigungsgrund her gab es solche für das Obereigentum des Herrn am Boden, als Anerkennung für die Unfreiheit, als Gerichtsgebühren, als Abgeltung des Mühlenzwangs und vieles mehr. Es existierten Abgaben, die jährlich regelmäßig wiederkehrten, und solche, die nur bei besonderen Gelegenheiten wie Heirat oder Tod fällig wurden. Im Laufe der Zeit verschwanden einige Abgaben, die Herren erfanden andere neu, und manchmal legten sie mehrere zu einer zusammen. Eine Systematik ist unmöglich. Manche Forderungen stellten eine schwere Belastung dar, andere waren unbedeutende Anerkennungsgebühren. In den verschiedenen Orten wurde sehr verschiedenes verlangt, und auch die einzelnen Bauern im selben Ort hatten oft unterschiedliche Verpflichtungen. Sie wurden von Fall zu Fall besonders geregelt. Allgemein nahm die Höhe der Zinslast von Westen nach Osten ab. Nach der Art der Leistungen läßt sich zwischen Abgaben und Frondiensten unterscheiden. Erstere bestanden darin, daß die Hörigen Naturalien aus der bäuerlichen Produktion ablieferten wie Getreide, Schweine, Hühner, Eier, Käse, Leinen usw. Die Frondienste gliederten sich in Spanndienste und Handdienste. Bei Spanndiensten mußte der Bauer mit seinen Zugtieren anrücken, um die Felder des Grundherrn zu pflügen, Fuhren für den Hausbau oder Transportdienste zu leisten. Bei den Handdiensten hatte der Bauer selbst Hand anzulegen, beispielsweise die Ernte auf den Feldern des Herrn einzubringen, im Haushalt des Herrn beim Dreschen, Waschen, Backen und Brauen zu helfen, dessen Vieh zu hüten, Wach- und Botendienste zu verrichten und bei der Jagd zu helfen. Im Extremfall konnte es auch vorkommen, daß ein Herr seinen Bauern befahl, die Frösche im Burggraben zu vernichten, durch deren Gequake er sich in der Nachtruhe gestört fühlte. Die Frondienstleistungen wurden entlohnt, zumindest mit Essen und Trinken. Das konnte die Bauern aber auch nicht darüber hinwegtrösten, daß die meisten Frondienste natürlich genau dann anfielen, wenn sie ihre Arbeitskraft auch auf ihren eigenen Feldern brauchten. Es war nicht nötig, daß der Bauer zu Frondiensten selbst erschien, sondern er konnte auch Vertreter schicken. Natürlich mußte kein Bauer alle denkbaren Leistungen erbringen. Als Beispiel für die Praxis sei ein Auszug aus dem Urbar des Klosters Kitzingen aus dem 11. Jahrhundert angeführt. „Dies ist die Gesamtheit der Besitzungen und Eigentümer, die zum Kloster Kitzingen gehören, und zwar 14 Fronhöfe, 254 Hufen, 120 Joch Weinberge, von denen 18 wüst sind, 6 Pfarreien, 12 Mühlen, 3 Fähren, 12 Fischer mit ihren Lehen. Zum Fronhof Kitzingen gehören 31 Hufen, die Mastschweine und für die Frauenarbeit 11 Pfennige und 10 Eier liefern, sie dienen 3 Tage wöchentlich, pflügen 30 Joch und leisten 6 Wochendienste im Jahr. ... Zu ihm gehören auch 2 Mühlen, die 24 Maß [Malz] abgeben, eine Furt, die 4 Pfund entrichtet, ein Markt, der 9 Unzen entrichtet, 1 Wald, der abgibt 1.500 Eier, 40 Hühner, und Eisen für 12 Pferde, 9 Fischer, 7 Weinbauern, beide mit ihren Lehen ... Zum Fronhof Etwashausen 5 Hufen, 3 entrichten Schweine und je 16 Pfennige, 2 Hufen 40 Eimer Bier und 16 Pfennige, 10 Eier, sie dienen, pflügen und leisten Wochendienst ... Zum Fronhof Volkersdorf 9 Hufen, 4 [je] 7 Maß Malz, 5 Hufen je ein Pfund Flachs und einen Wollenrock, 1 Huhn und 10 Eier."[5] Über die festgelegten Rechte hinaus langte mancher Grundherr gelegentlich auch dort zu, wo es ihm nach Recht nicht zustand, beispielsweise, indem er einem Bauern einen Ochsen einfach mit Gewalt wegführen ließ oder wenn er die Bauern zwang, ihr Getreide in seiner Bannmühle gegen Gebühr mahlen zu lassen, indem er die Handmühlen der Bauern zerschlagen ließ. Auch kam es öfters vor, daß ein Grundherr sich höriger Frauen und Mädchen zu seinem sexuellen Vergnügen bediente.

Im Laufe des hohen Mittelalters besserte sich die Rechtsstellung der Bauern immerhin etwas. Während die Herren ursprünglich Dienste und Leistungen in beliebigem Umfang fordern durften, wurde deren Höhe im 12. und 13. Jahrhundert immer mehr festgelegt. Zugleich verbesserte sich das Besitzrecht des Bauern an seinem Hof in steigendem Maße. Anfangs entschied der Grundherr, welche seiner Unfreien einen Hof zum Bewirtschaften erhielten. Dieser wurde meist auch nur auf eine begrenzte Zahl von Jahren, bestenfalls auf Lebenszeit vergeben und fiel dann wieder an den Herrn zurück. Oft suchte der Grundherr den Nachfolger unter den Kindern des Bauern aus. Später gab man die Bauernhöfe dann zunehmend erblich aus, was sich im Laufe des späten Mittelalters zum Gewohnheitsrecht verfestigte. Mit dem Vordringen der Geldwirtschaft wandelten die Herren die Frondienste der Bauern allmählich in Geldzahlungen um, zumal die Bauern die Dienste oft nachlässig ausführten. Teilweise wurden die Fronhöfe auch verpachtet, sei es als Ganzes, beispielsweise an Ritter, sei es, daß man das Salland in Stücke zerlegte und an Bauern ausgab. Auf diese Weise lösten sich die Villikationen im 12. und 13. Jahrhundert zum großen Teil auf. Oft verkauften oder verschenkten die Herren die Anrechte auf die einzelnen bäuerlichen Leistungen voneinander getrennt, so daß die ursprünglich in einer Hand vereinte Herrengewalt zersplitterte. So konnten mehrere Herren am selben Dorf Rechte haben und auch derselbe Bauer verschiedenen Herren in einer jeweils anderen Beziehung unterstehen. In dieser Form sind die Beziehungen zwischen Herren und Bauern in den deutschen Landen westlich der Elbe im wesentlichen bis zum Anfang des 19. Jahrhunderts bestehen geblieben.

Welche Gegenleistung des Herrn stand den Leistungen der Bauern gegenüber? Als Kriegerstand sollten die Herren bei Bedarf bereitstehen, um zum gemeinsamen Nutzen das Reich zu verteidigen, eine Last, der sie sich aber nur zu gerne entzogen. Theoretisch sollten die Herren auch ihren eigenen Bauern Schutz gewähren gegen jede Art von Angriffen und ungerechten Übergriffen. Doch nur zu oft war von dem Schutz in der Realität nicht viel zu spüren, genausowenig von Armenfürsorge als Gegenleistung für den Zehnten, besonders wenn er in weltliche Hände geraten war. Gerade manche Klöster und der hohe Klerus vermochten aus ihren Einnahmen beachtliche Reichtümer anzusammeln. Dagegen spürten die Bauern ihre eigenen Verpflichtungen sehr wohl als beträchtliche Belastung. Angesichts dieses Mißverhältnisses fühlten sich viele Bauern ausgebeutet – mit Recht. Sie verhielten sich auch dementsprechend. Die hörigen Bauern versuchten, weniger Abgaben zu leisten, als sie sollten, und leisteten diese in schlechter Qualität, verspätet oder manchmal auch gar nicht. Streit gab es besonders, wenn die Ernte der Bauern durch Unwetter oder Fehden stark geschädigt war. Der Bauer konnte und wollte dann nur weniger oder gar nicht zahlen, der Herr bestand oft auf seinen Ansprüchen. Da die Bauern natürlich an ihrer eigenen Wirtschaft mehr interessiert waren als an der des Herrn, führten sie die Frondienste nur unwillig und nachlässig aus. Wenn die Herren das Hochwild für sich in Beschlag nahmen, so wilderten manche Bauern gelegentlich in den Wäldern des Herrn. Schließlich gab es für einen Bauern auch die Möglichkeit, wegzulaufen und bei einem anderen Grundherrn neu anzufangen, der ihm bessere Bedingungen bot. Das kam vor allem seit dem 12. Jahrhundert häufiger vor, als für die Besiedlung im Osten Leute gesucht wurden. Kein Wunder, daß die Herren in dieser Zeit zunehmend über die „Dreistigkeit" und „Ansprüche" der Bauern klagten.

Bleibt zu fragen, warum die Bauern nicht versuchten, das ganze System grundlegend zu ändern. Dafür gab es zwei Gründe. Da die Gesellschaft in lauter isolierte örtliche Einheiten zerfiel, die keine Beziehungen untereinander hatten, ist nur schwer vorstellbar, wie großräumige Bewegungen entstehen und sich alternative Ordnungsideen verbreiten könnten. Zum zweiten war es ein Kennzeichen hochmittelalterlicher Verhältnisse, daß gesellschaftliche Beziehungen einen stark persönlichen Charakter hatten. Die Bauern sahen sich ja ihrem konkreten Grundherrn gegenüber und nicht anonymen Institutionen. Es gehörte zweifellos zu den Erfahrungen der Bauern, daß der Wechsel der Person des Grundherrn, beispielsweise auf dem Erbwege, die Verhältnisse in einer Grundherrschaft stark ändern konnte, zum Guten wie zum Schlechten. Es gab durchaus eine ganze Reihe von Bauernunruhen, aber diese richteten sich stets gegen die Willkür eines einzelnen Grundherrn, der sich gemessen an geltenden Traditionen ungerecht verhielt. Damit blieben sie dann personenbezogen und örtlich begrenzt.

Bürger

Mit der Zahl der Städte stieg auch die der Stadtbewohner. Diese waren unterschiedlicher Herkunft. Viele waren als unfreie Bauern ihrem Herrn entlaufen, manche waren freie Kaufleute, und ein Teil der städtischen Führungsschicht stammte aus Ministerialenfamilien. Anfangs galten die Stadtbürger nicht als frei, sondern gehörten zur familia des jeweiligen Stadtherrn. Um 1200 lösten sich die großen Städte aus dieser Bindung. Die Stadtbewohner genossen Freizügigkeit statt Schollenbindung, waren keinem grundherrlichen Ehekonsens unterworfen und konnten ihren Besitz frei verkaufen und vererben, so daß ihre Stellung allgemein als „frei" bezeichnet wurde. Seit dem 12. Jahrhundert galt, daß ein Unfreier, der ohne Erlaubnis seines Grundherrn in eine Stadt zog, diese Abhängigkeit los war, wenn sein Grundherr nicht innerhalb einer bestimmten Frist, die zwischen einem und zehn Jahren lag, beweisbaren Anspruch auf ihn erhob.

Fahrende Leute

Nicht vergessen werden soll schließlich jene buntgemischte Gesellschaft, die keinen festen Wohnsitz hatte, sondern unstet von Ort zu Ort zog. Da sie nicht in soziale Abhängigkeiten fest eingebunden waren, galten diese Menschen als schutz- und friedlos.

Bei den meisten handelte es sich um unverheiratete jüngere Männer. Oft waren sie wegen bestimmter Delikte aus der Heimat vertrieben worden, hatten früh die Eltern verloren oder waren durch Unglücksfälle auf die Straße geworfen worden. In der Masse lebten sie als Landstreicher und Bettler. Seit Ende des 11. Jahrhunderts tauchten auch häufiger Vaganten auf. Diese stellten eine Art intellektuelles Proletariat dar aus entlaufenen Geistlichen, abgebrochenen Studenten und gelehrten Laien, die sich mit Gelegenheitsjobs durchschlugen und der Nachwelt spöttisch-zeitkritische Lieder hinterließen. Auch Spielleute, Wahrsager und Gaukler wanderten über die Landstraßen und suchten auf Märkten, Hochzeiten und Festen ihr Brot zu verdienen.

Soziale Mobilität   Sozialer Aufstieg und Abstieg einzelner kam in der Gesellschaft des hohen Mittelalters nicht sehr häufig vor. Es gab ihn indessen durchaus. Der geringe Umfang der Mobilität war weniger durch künstlich errichtete Schranken verursacht, sondern ergab sich zwangsläufig aus der Art der Existenzen. Grob gesagt bestanden zwei Arten von Existenzen: Vollstellen, die eine Familiengründung erlaubten, und Hilfsstellen, die dafür nicht ausreichten. Jene Stellen, von denen man eine Familie ernähren konnte, waren an Besitz gebunden, sei es ein Bauernhof oder adliger Grundbesitz oder auch ein Handwerksbetrieb in der Stadt. Solchen Besitz konnte man nur erlangen, indem man ihn erbte oder von einem Herrn übertragen erhielt. Nur kirchliche Ämter blieben durchgehend nichterblich. Aber auch die Stellung als Freier oder Unfreier hing vom Vater ab und war damit durch die Geburt festgelegt. Es gab keine Position, in die hinein der einzelne durch eine Karriere kraft eigener Leistung hätte aufsteigen können, und es war nicht möglich, sich im Wirtschaftsleben durch Geschäftstüchtigkeit nennenswert emporzuarbeiten. Der allmähliche Aufstieg der Ministerialen stellte eine Besonderheit dar. Dabei handelte es sich aber nicht um den Aufstieg eines einzelnen, sondern hier stieg über mehrere Menschenalter hin eine ganze Gruppe im Sozialgefüge auf. Ferner heiratete die Oberschicht nur innerhalb etwa der gleichen sozialen Ebene, so daß sich auch von hierher keine soziale Durchlässigkeit ergab: wo niemand einen gesellschaftlich wesentlich Tieferstehenden heiratet, kommt auf diese Weise eben auch keiner nach oben.

Wer die Stelle seines Vaters nicht übernehmen konnte, stieg im Prinzip sozial ab. Auch ein Ritter, der eine andere Lebensform wählte, hörte damit auf, dem Ritterstand anzugehören. Von sozialem Abstieg betroffen sahen sich ebenso jene Bauern, die ihren Hof verloren, weil sie ihn durch schlechte Wirtschaftsführung ruiniert hatten oder weil mehrmalige Mißernten, verwüstende Fehden, Viehseuchen oder Feuersbrunst ihre Wirtschaft zerstört hatten, und bei denen dann Hilfe durch den Grundherrn oder durch die Verwandtschaft fehlte, so daß sie sich mittellos auf die Straße geworfen sahen. Anscheinend kam dies im hohen Mittelalter keineswegs selten vor. Insgesamt war aber wohl trotzdem der Umfang des sozialen Abstiegs noch recht begrenzt, denn für diejenigen, die keine oder nur eine sehr kleine Stelle erhalten oder die ihre verloren hatten, gab es ja noch die Möglichkeit, sich beim Landesausbau durch Roden eine neue Bauernstelle zu schaffen, oder, als später die Städte anwuchsen, in eine Stadt zu ziehen und sich dort als Handwerker eine Existenz aufzubauen. Auch konnten Stellen frei werden, wenn große Seuchen die Inhaber wegrafften, ohne daß diese Erben hinterließen. Zwar stand dem theoretisch entgegen, daß die Hörigen ohne die Abzugserlaubnis ihres Grundherrn die Scholle nicht verlassen durften, aber in der Praxis war es kaum möglich, sie an der Flucht zu hindern oder später zurückzuholen. So war die

Ortsmobilität im hohen Mittelalter wahrscheinlich gar nicht so gering, wie ein Klischee vom schollenverwurzelten Bauerntum es nahelegen mag.

Familien-namen

Ursprünglich führten die Deutschen nur einen einzigen Namen, den später so genannten Vornamen. Nachdem Grafen sich im allgemeinen in der zweiten Hälfte des 11. Jahrhunderts eine Burg als Wohnsitz gebaut hatten, nahmen sie deren Namen als Zunamen an, und ritterliche Dienstmannen taten es ihnen nach mit dem Namen jener Burg, auf der sie eingesetzt waren. Im 12. Jahrhundert entstand in diesen Kreisen ein ausgeprägtes Familienbewußtsein, das an den Stammsitz anknüpfte. Die Patrizier in den Städten ahmten das Beispiel des Adels nach und nahmen ebenfalls Zunamen an. Bald fingen auch die Handwerker an, Zunamen zu führen, und schließlich folgten die Bauern. Die Zunamen der Stadtbewohner knüpften entweder an ihren Beruf an, wie Schmied, Müller, Bäcker oder Wagner, oder sie gingen auf persönliche Eigenarten zurück, wie Kurze, Schwarzkopf oder Stolz, oder Neuzugezogene benannten sich nach ihrem Herkunftsort. Seit dem 13. Jahrhundert war das Führen von Zunamen allgemein üblich. Diese Zunamen wurden aber oft erst im Laufe des späten Mittelalters zu festen, vererbbaren Familiennamen, und selbst diese wurden gelegentlich noch wieder gewechselt. Noch 1677 erließ der bayerische Kurfürst ein Verbot, sich heute so und morgen anders zu nennen. An der Nordseeküste entstand der Brauch, als Zunamen den jeweiligen Vatersnamen zu führen. Dort konnten die Behörden erst im 19. Jahrhundert feste Familiennamen durchsetzen.

Ehe

Kleinste soziale Einheit war der Haushalt. Er bestand aus der Kernfamilie, also Ehemann, Frau und ihren Kindern, war aber oft um unverheiratete Geschwister des Ehemanns, teilweise auch um nicht verwandtes Hausgesinde erweitert. Es ist eine Legende, daß es Großfamilien gegeben hätte, und ebensowenig kam die Dreigenerationenfamilie aus Eltern, verheirateten Kindern und Enkeln vor. Wegen der geringen Lebenserwartung dauerte eine Ehe selten länger als 20 Jahre, so daß eine Dreigenerationenfamilie kaum möglich war, und außerdem heiratete man meist auch nur, wenn man eine Vollstelle übernehmen konnte. Die Eheschließung hatte kaum etwas mit Liebe zu tun, und es gab auch keine kirchliche Hochzeit. Die Eheschließung war vielmehr ein Vertrag zwischen zwei Familien über die eheliche Verbindung zweier ihrer Mitglieder. Die Brautleute wurden dabei praktisch nicht um ihre Meinung gefragt und konnten sich ihren Ehepartner auch nicht aussuchen, die Frau schon gar nicht. Die Verlobung vollzog sich, indem die Braut mit ihrem Heiratsgut vom Vater ihrem künftigen Ehemann und dessen Verwandtschaft übergeben wurde und sie damit von seiner in dessen Gewalt überging. Dadurch, daß die Brautleute das Beilager vollzogen, wurde die Ehe dann rechtskräftig. Bei der Heirat von Hörigen war die Zustimmung ihres Grundherrn erforderlich. Die Ehe war weitgehend eine wirtschaftliche Angelegenheit, bei der es vor allem darum ging, eine Stelle gemeinsam zu bewirtschaften und das Geschlecht fortzupflanzen, aber nicht um flüchtige Gefühle der Zuneigung. Für Hofbesitzer war die Ehe auch wirtschaftlich notwendig, da ein Hof sich nur zu zweit bewirtschaften ließ. Das machte die Ehen stabil. Ehescheidungen kamen fast nicht vor, weil eine Trennung die wirtschaftliche Lebensgemeinschaft und Existenz zerstört hätte. Starb ein Ehegatte vorzeitig, war es üblich, daß der andere wieder heiratete, so daß oft ein großer Altersunterschied zwischen den Eheleuten bestand.

Frauen

Die Frauen hatten rechtlich eine geringere Stellung als der Mann. Alle Herrschaftsfunktionen in der Gesellschaft, die Führung des Haushalts und seine Vertretung nach außen waren Männersache. Nur Männer durften Fehden führen, und nur sie konnten

Lehen verliehen bekommen. Frauen galten weiter als unmündig und nicht rechtsfähig. Die Frau zog nach der Heirat ins Haus des Gatten und übernahm seinen Familiennamen (nachdem solche aufgekommen waren). Das Eigentum wurde auf den Sohn oder die Söhne vererbt, und die Kinder gehörten zur Verwandtschaft des Vaters. Diese herausgehobene Stellung des Mannes entsprach einer Zeit, in der Herrschaft und größere physische Gewalt zusammengingen und ergab sich daraus, daß der Mann im Durchschnitt der physisch Kräftigere ist. Das bedeutete nicht nur, daß er sich im Haus eher durchsetzen konnte, sondern war entscheidend vor allem angesichts der Fülle von Unsicherheiten, in welcher der Hausherr das Seinige und die Seinen mit der Waffe in der Hand gegen Bedrohungen durch andere Menschen und wilde Tiere verteidigen mußte. An den Fürstenhöfen, wo die Männer mit körperlicher Gewalt stärker an sich halten sollten, stieg das soziale Gewicht der Frauen. Die rechtlich nachgeordnete Stellung bedeutete aber nicht, daß die Frauen allgemein gering geachtet gewesen wären. Gewiß, die Kirche diskriminierte mit Hinweis auf die Bibelgeschichte vom Sündenfall die Frau als „Gefäß der Sünde". Der einflußreiche Kirchenlehrer Thomas von Aquin schrieb sogar: „Das Weib verhält sich zum Mann wie das Unvollkommene und Defekte zum Vollkommenen", während „die volle Verwirklichung der menschlichen Art männlich ist."[6] Doch das war Theologengeschwätz. Die Bauern sahen das ganz anders. In Bauernhaushalten waren die Eheleute wirtschaftlich weitgehend gleichberechtigt. Außer dem Gespannführen wurden alle bäuerlichen Arbeiten sowohl vom Mann wie von der Frau verrichtet, und dabei ging es eben nicht nur um Essenszubereitung in der Küche, sondern um landwirtschaftliche Produktion und Hausgewerbe für den Eigenbedarf. Der Bauer wußte sehr wohl, was eine fähige Bäuerin für das Funktionieren des gemeinsamen Hofes wert war, und das gab der Frau auch eine feste Stellung im Haus. Im übrigen arbeiteten auch die Frauen an Fürstenhöfen produktiv, und zwar gehobene Textilwaren wie Kleidung, Stickereien und Wandteppiche.

Kein Individualismus Wie schon die Art der Partnerauswahl bei der Eheschließung zeigt, war im Mittelalter wenig Raum für die Selbstverwirklichung des Individuums, wie wir sie verstehen. Im Haushalt wohnte man eng zusammen, hatte einander im Auge, nicht nur die Familie, sondern auch das Gesinde und an Höfen das sonstige Dienstpersonal − und das ständig den ganzen Tag über, da Wohnen und Arbeiten räumlich ungetrennt zusammenlagen. Alle waren im „Ganzen Haus" unter einem Dach vereint. Eine räumlich abgeschirmte Privatsphäre, in die der einzelne sich gelegentlich hätte zurückziehen können, gab es nicht. In Burgen gingen die wenigen Räume, die dabei verhältnismäßig groß und unspezialisiert waren, ohne Flure ineinander über, so daß man oft andere Räume durchqueren mußte, und Bauernhäuser hatten meist ohnehin nur einen Raum. Auch bei der Berufswahl ließen sich keine besonderen Vorlieben entfalten; zu gering war die Zahl der Berufe, zu stark die Vorentscheidung durch Geburt und Erbe. Außerhalb des Haushalts sah es nicht anders aus. Die Masse der Bevölkerung lebte in den kleinen, überschaubaren Verhältnissen des Dorfes und der Grundherrschaft. Geburt, Heirat und Tod waren keine Privatangelegenheiten, sondern durch Traditionen in dorföffentliche Festformen eingebunden. Das enge Nebeneinander bedeutete aber auch, stets unter den wechselseitig neugierig kontrollierenden Blicken der tratschenden Nachbarschaftsöffentlichkeit zu leben. Lauter Familienkrach, Schlamperei, abweichende Meinungen oder Verfehlungen konnten nicht verborgen bleiben. Man wußte wenig von der Welt außerhalb der kleinen eigenen Lebensgemeinschaft von Dorf, Herrschaft und Gemeinde und lernte damit auch keine alternativen Denk- und

Handlungsweisen kennen, aber man wußte alles voneinander und besaß ein starkes Gefühl der Zusammengehörigkeit. Kein Wunder also, wenn die Art sich zu kleiden, zu essen und zu bauen, zu beten, sprechen und denken an einem Ort weitgehend übereinstimmte. Individualismus war unerwünscht und wurde auch nicht erstrebt. Erst wesentlich spätere Jahrhunderte formulierten ihn als Programm. Die Forderung, sich an die Gruppe und ihre Normen anzupassen, trat dem einzelnen nicht von außen entgegen, sondern steckte in ihnen selbst, in ihren Köpfen, deren Denken durch diese Verhältnisse geformt war, und wurde deshalb nicht als Zwang empfunden. Man kannte es eben nicht anders. Aus diesem Grunde fehlte wohl auch die Erscheinung der psychischen Pubertät, denn wo die Umwelt keine alternativen Orientierungsmöglichkeiten bot und jeden distanzlos in die vorgegebene Lebensplanung und Glaubensüberzeugung hineinsozialisierte, konnte es auch kein Suchen und krisenhaftes Durchringen zur eigenen Ich-Identität geben.

Ob jemand ins Kloster eintrat, wurde oft von den Eltern bestimmt, konnte aber auch bewußter Ausbruch aus der gewohnten Lebensumwelt sein. Im Kloster war die Unterordnung des einzelnen unter die Gemeinschaft noch extremer als im Bauerndorf. Die Mönche waren dem Abt zu absolutem Gehorsam verpflichtet. Sie verzichteten auf einen eigenen Willen, auf eigenen Besitz und auf Beziehungen zu Menschen außerhalb der Klostergemeinschaft und ergaben sich ganz in das gemeinsame Leben mit einheitlicher Kleidung, Essen im gemeinsamen Eßsaal, Schlafen im gemeinsamen Schlafsaal und weitgehend gemeinsamem und vorgeschriebenem Tagesablauf.

Nicht nur im hohem Mittelalter trat das Individuum hinter der Gemeinschaft zurück, sondern diese Verhältnisse dauerten weitgehend bis ins 18. Jahrhundert hinein, vor allem auf dem Lande, wenn sie sich auch allmählich abschwächten.

Warum wurde dem Individuum im Mittelalter so wenig Spielraum eingeräumt? Zum einen lag es an der örtlichen Begrenztheit der vielen kleinen Lebenskreise, die den einzelnen so sehr auf seine Nachbarschaft verwiesen. Die Bereitschaft, sich einzuordnen, ergab sich aber auch aus der Notwendigkeit, die eigene soziale Existenz abzusichern. Diese konnte gefährdet werden, wenn man durch einen Unfall oder schwere Krankheit arbeitsunfähig wurde oder wenn Feuersbrünste, Fehden oder Naturkatastrophen schwere Zerstörungen anrichteten. Dagegen war Alterssicherung kaum ein Problem, da es keinen ruhigen Lebensabend gab. Man arbeitete bis zu seinem Tod, und der kam bei der niedrigen Lebenserwartung meist ohnehin nicht so spät. Aus demselben Grund waren vielmehr die Waisenkinder ein großes Problem. Nicht ohne Grund forderten die Prediger immer wieder dazu auf, sich ihrer anzunehmen.

Da die großräumigen Einheiten wie Herzogtümer oder gar das Reich nichts taten und tun konnten, um den einzelnen sozial abzusichern, blieb diese Aufgabe an den örtlichen gesellschaftlichen Verbänden hängen. In erster Linie war dies Aufgabe von Familie und Verwandtschaft. Waisenkinder gab man im allgemeinen Pflegeeltern oder Vormündern. Witwen wurden oft dadurch versorgt, daß sie wieder heirateten. Die Sippenverbände, zu deren Zwecken die soziale Sicherung in früheren Zeiten mit gehört hatte, waren im 9. und 10. Jahrhundert bedeutungslos geworden. Nur dort, wo Bauernlandschaften von der Grundherrschaft frei geblieben oder es geworden waren, bestanden Sippenverbände noch lange weiter, in Dithmarschen bis 1533, in den Urkantonen der Schweiz gar bis ins 17. Jahrhundert.

Nach dem allgemeinen Zerfall der Sippenverbände mußte eine über die Familie hinausreichende soziale Sicherung entweder durch herrschaftliche Fürsorge oder durch

Soziale
Absicherung

die Solidarität genossenschaftlicher Zusammenschlüsse erfolgen. Wenn es auch nirgends festgelegt war, so erwartete man doch von einem Grundherrn, daß er seinen Hörigen in Notfällen half. Dies ist auch tatsächlich in gewissem Umfang geschehen, beispielsweise indem der Grundherr Holz zum Wiederaufbau bereitstellte, wenn einem Hörigen das Haus abgebrannt war. Schließlich lag es ja im wohlverstandenen eigenen Interesse des Herrn, den Hintersassen zu erhalten, von dessen Abgaben er lebte.

In dem Maße, wie die grundherrliche familia an Bedeutung verlor, entstanden dann andere Verbände, zu deren Aufgaben auch die soziale Sicherung gehörte, vor allem die Dorfgemeinschaft und besondere Genossenschaften. Schon in spätgermanischer Zeit, als die Kraft der Sippenbindungen nachzulassen begann, hatten sich Männervereinigungen gebildet, die auf gegenseitigen Treueschwüren beruhten und sowohl der gegenseitigen Hilfe wie gemeinsamen kultischen Handlungen dienten. Diese Form des Zusammenstehens wurde seit dem 9. Jahrhundert als Gilde von Kaufleuten übernommen, die bei ihren oft riskanten Fahrten in der Fremde sonst ohne Schutz und Hilfe gewesen wären. Die Kaufleute gingen sie zunächst nur für einzelne Reisen ein, später dann als dauernde Verbindungen. Indem die Gildemitglieder gemeinsame Trinkgelage feierten, gemeinsam der Toten gedachten und einen bestimmten Heiligen verehrten, lebte hier in christianisierter Form die germanische Idee der Kult- und Opfergemeinschaft weiter. Als die Stadtbevölkerung seit 1100 anwuchs, schlossen sich in den Städten nach dem Vorbild der Kaufleute auch Handwerker, die gleiche und ähnliche Berufe hatten, zu ähnlichen genossenschaftlichen Vereinigungen zusammen, was oft durch den Stadtherrn gefördert wurde. Man bezeichnete diese Handwerkervereinigungen je nach Gegend als Zunft, Zeche, Amt, Gilde, Bruderschaft oder Innung.

Jene Bedürftigen, die von den genannten Hilfen nicht erfaßt wurden, konnten nur noch auf die Kirche hoffen. Daß die Kirche einen Teil ihrer Einnahmen aus dem Zehnten verwenden sollte, um Arme und in Not Geratene zu unterstützen, war indessen wohl mehr Theorie als Praxis. Vor allem erfolgte diese kirchliche Mildtätigkeit völlig ungeregelt und unsystematisch. An einigen Stellen wurde viel, an anderen gar nichts gegeben. Arme hatten weder einen festen Anspruch auf Almosen, noch wurde die Bedürftigkeit der Bittsteller geprüft.

Diese verschiedenen Formen gegenseitiger und herrschaftlicher Hilfe zeigen, daß die Menschen auch im hohen Mittelalter versuchten, einander gegen Notlagen abzusichern. Da diese Hilfseinrichtungen sozial und räumlich eng begrenzt waren, war ihre Leistungsfähigkeit notwendigerweise gering. Sie konnte zwar helfen, wenn die Not ein einzelnes Mitglied betraf, beispielsweise durch Krankheit oder Unfall, aber wenn die ganze Gruppe durch allgemeine Mißernten, Fehden oder Feuersbrunst getroffen wurde, mußte ihr Schutz zwangsläufig versagen.

2.4 Zwischen heimischem und christlichem Erbe

Germanische Tradition, griechisch-römische Antike und Christentum waren jene drei Quellen, die das Kulturleben der Deutschen im hohen Mittelalter speisten. Das Erbe der christlichen und das der griechisch-römischen Antike waren schon eng verschmolzen zu den Germanen beziehungsweise den Deutschen gekommen, wogegen dieses sich mit der heimischen Tradition erst wenig gemischt hatte. So standen bei den Deutschen im hohen Mittelalter zwei gänzlich verschiedene Kulturbereiche nebeneinander, zunächst sehr deutlich voneinander getrennt. Das eine war die Elitenkultur, die sich der lateinischen Sprache bediente, und zwar als gesprochene Sprache und alleinige Schreibsprache, nicht als tote Fremdsprache. Diese Elitenkultur beruhte auf Geschriebenem und auf christlichen und antiken Traditionen, während sie sich von germanischen Traditionen völlig abgewandt hatte (zumindest im Kunststil). Dagegen stand die Breitenkultur, deutschsprachig und schriftlos und ganz auf mündliche Kommunikation gegründet. In ihr lebten in starkem Maße germanische Traditionen fort, die dann zunehmend christlich überformt wurden. Die Elitenkultur wurde getragen von Bischöfen und Äbten, einem Teil der Domherren und von Mönchen, vor allem denen in den großen Reichsklöstern mit Kontakt zum Kaiser. Auch der Kaiser selbst ist hierzu zu rechnen. Er war der wichtigste Auftraggeber von Großbauten, und auch alle kaiserlichen Urkunden lauteten bis ins 13. Jahrhundert lateinisch. Bei den Trägern der Elitenkultur handelte es sich alles in allem um eine recht begrenzte Zahl von Menschen, die fast ausschließlich Geistliche waren. Die ganze übrige Bevölkerung gehörte zur Breitenkultur. Adlige unterschieden sich von Bauern zwar an Besitz und Macht, aber zunächst kaum in kultureller Hinsicht. Adlige Herren nahmen vielfach an bäuerlichen Festen teil, trugen Kleidung vom gleichen Schnitt wie die Bauern und konnten genausowenig wie diese lesen und schreiben. Kaiserlichen Thronfolgern wurde auch Lesen und Schreiben beigebracht, aber wenn durch dynastische Zufälle ein anderer Fürst auf den Thron kam, war es gleich wieder ein Analphabet. Den heutigen Deutschen mag dieses Nebeneinander von zwei so verschiedenen Kulturen sonderbar vorkommen. Dagegen war diese Situation in der Weltgeschichte so selten nicht, und sie ist auch manchen heutigen Entwicklungsländern in Schwarzafrika durchaus vertraut, in denen eine ein-

Zwei Kulturen

heimische Elite mit europäischem Kulturstil und oft englischer oder französischer Verkehrssprache einer breiten Eingeborenenbevölkerung mit traditionellen Lebensformen gegenübersteht.

Erst im Laufe des 12. Jahrhunderts setzten sich dann die Fürstenhöfe von der übrigen Breitenkultur ab und begründeten damit Kulturformen, die in mancher Hinsicht eigenständig zwischen Eliten- und Breitenkultur standen.

Einflüsse und Ausstrahlungen

Im 10. und 11. Jahrhundert entstanden im deutschen Raum eindrucksvollere Bauten und Plastiken als im ganzen übrigen Europa. In ihnen kam die Machtstellung des auftraggebenden Kaisertums zum Ausdruck. Fragt man indessen, wo in der europäischen Elitenkultur Neuerungen entstanden und in welche Richtungen sie sich ausbreiteten, so bestand jahrhundertelang ein europäisches Kulturgefälle. Der deutsche Raum hatte dabei eine Mittel- und Vermittlerstellung zwischen Italien und Frankreich zum einen und Skandinavien und Osteuropa zum anderen. Dieses Gefälle bestand im hohen Mittelalter in abgeschwächter Form auch innerhalb des deutschen Raumes. Zumindest in Baukunst, Malerei und Musik erfanden die Deutschen vom 9. bis zum 18. Jahrhundert nie einen wichtigen Stil ganz neu, übernahmen dagegen viele Anregungen von Westen und Süden, entwickelten diese dann oft zu einem besonders reichhaltigen Spätstil fort und vermittelten sie teilweise umgeformt weiter. Das Denken und künstlerische Gestalten der Deutschen in diesen Jahrhunderten war ein ständiges Ringen zwischen dem Weiterentwickeln der eigenen Traditionen und der Aufnahme fremder Anregungen aus dem romanischen Teil Europas. In Dänemark, Ungarn und auch Polen wirkten im 10. und 11. Jahrhundert deutsche Geistliche, Kunsthandwerker und Baumeister bei der Christianisierung mit. Nach 1100 schwand in Dänemark und Ungarn der deutsche Einfluß zugunsten des französischen, während er in Polen eher zunahm. Noch stärker wurde bei den Elbslawen, in Mecklenburg und Pommern, bei Preußen und baltischen Völkern die Christianisierung und Eingliederung in den europäischen Kulturkreis im 10. bis 13. Jahrhundert von deutschen Kräften getragen. Gleichzeitig strahlten von Frankreich immer stärkere Anregungen auf die Deutschen aus, so im 11. Jahrhundert die Klosterreform von Cluny, im 12. Jahrhundert die Idee des Zisterzienserordens und die französische Ritterkultur mit Kleidungsmode, Dichtung, Turnieren und Lebensstil, im 13. Jahrhundert gotische Kunst, scholastische Gelehrsamkeit und Armutsbewegung.

Mündlichkeit und Informationshorizont

Wenden wir uns zunächst ausführlicher der Breitenkultur zu. Da Schriftlichkeit fehlte, konnten Informationen nur mündlich im Gespräch weitergegeben werden, sei es als überlieferte Erzählung, Dorfklatsch oder Gerücht aus der Ferne. Sie waren also an den persönlichen Kontakt gebunden und ließen sich nicht durch Medien verbreiten. Öffentlichkeit, die der Meinungsbildung diente, war deshalb vor allem das Zusammensein beim Kirchgang oder im Wirtshaus. Über andere Gegenden erfuhr man nur etwas, wenn man selber reiste oder ein durchreisender Wanderkaufmann oder Spielmann zu berichten wußte. So blieb der Erfahrungshorizont fast aller Deutschen eng begrenzt und in sich abgeschlossen. Fast alles, was man wußte, hatte man mit eigenen Augen gesehen. Hof und Dorf waren der Mittelpunkt der Weltorientierung. Bekannt war den Bauern die Umgebung bis zur Gemeindekirche und zum Fronhof des Herrn und dann später auch zum nächsten Markt. Jenseits davon war nebelhafte Fremde, die nicht weiter differenziert werden konnte. Herzogtum und Kaiserreich waren ihrem Denken kaum faßbar. Und allem, was aus dem Unbekannten kam, begegnete man mit Argwohn. Noch am Anfang des 19. Jahrhunderts konnte ein Beobachter über die Bauern im Kanton Bern schreiben: „Da wußte man drei Stunden voneinander nichts als höchstens dunkle Gerüchte, wie wenn sie aus dem Schlaraffenland kämen. Sechs Stunden Entfernung bildeten eine den meisten unübersteigbare Kluft."[7] Die Breitenkultur zerfiel also in viele lokale und regionale Teilöffentlichkeiten. Und da kaum Ideen zwischen diesen einzelnen Teilöffentlichkeiten hin- und hergingen, prägten diese jede ihre Besonderheiten in Gebräuchen und Mundart aus, je länger desto mehr. Adlige konnten Boten schicken und selber größere Strecken reiten, hatten daher eher weitläufigere Kontakte und waren besser informiert, aber auch ihr Gesichtskreis war durchweg provinziell, ihre Kenntnis von Ereignissen der Reichspolitik meist nur verschwommen.

Da nur wenig an Informationen zwischen den örtlichen Teilwelten kursierte und dieses obendrein noch langsam, gab es auch wenig Neues, sowohl an Nachrichten über Ereignisse wie hinsichtlich Technik, Praktiken und Moden, entstehen doch Innovationen daraus, bisher Getrenntes zu einem Neuen zu verbinden. Dementsprechend verlief die kulturelle Entwicklung nur sehr langsam. Man brauchte sich nicht „auf dem Laufenden" zu halten, da die Welt sich nicht ständig veränderte. Stattdessen wurde das Gegebene durch seine langdauernde Existenz zum Selbstverständlichen. Es herrschte die Auffassung, daß Gott die Welt einmal geschaffen und ihr eine Ordnung gegeben habe und daß es gelte, diese vorgegebene Ordnung zu bewahren. „Fortschritt" war als Deutungsmuster, überhaupt als Begriff unbekannt. Da das Alte nicht außer Kurs geriet, besaßen Tradition und Autorität großen Wert. In der Gerichtssitzung fragte der Richter die Schöffen, wie in solchem Fall gewohnheitsmäßig verfahren worden war, und diese antworteten nach ihrer Erinnerung aus dem Gedächtnis. Lange Lebenszeit machte gescheit, Alter überlegen (wobei alte Leute oft nicht genau wußten, wieviele Jahre sie alt waren). Ferne Vergangenheit, Gegenwart und Zukunft waren gleichförmig und flossen daher im Denken ineinander. Die Elitenkultur besaß eine genauere Erinnerung an Vergangenes als die einfache Bevölkerung, aber auch sie vermochte verschiedene Zeiten nicht wirklich zu differenzieren. Die Geschichtsschreibung besaß keine Vorstellung von einem qualitativen Wandel historischer Zeiten, die Malerei stellte die biblischen Gestalten stets in der zeitgenössischen Kleidung des jeweiligen Malers dar, und immer wieder kam es vor, daß die biblische Endzeiterwartung unmittelbar auf die eigene Zeit bezogen wurde ungeachtet der Tatsache, daß etliche Jahrhunderte trennend dazwischen lagen.

Nun hatte selbst die analphabetische Bevölkerung ihre geschichtliche Überlieferung, und zwar in Gestalt der Sagen. Bäuerliche Sagen bewahrten die Erinnerung an außergewöhnliche Ereignisse und erzählten von Herkunft, Alter und Bedeutung besonderer Örtlichkeiten in der Umgebung, beispielsweise einer Burgruine, einem Steinkreuz, vorgeschichtlicher Hügelgräber, merkwürdig geformter Felsblöcke oder von Flurnamen. Sagen waren dementsprechend meist nur örtlich begrenzt verbreitet. Bis ins 18. Jahrhundert hinein gaben immer wieder Ereignisse Anlaß zum Entstehen neuer Sagen. Ein bekanntes Beispiel ist der Auszug eines großen Teils der Jugend der Stadt Hameln am 26. Juni 1284, der die Sage vom Rattenfänger von Hameln entstehen ließ. Hinzu kamen Heldensagen, die in Ereignissen der Völkerwanderungszeit wurzelten und mehrere Sagenkreise umfaßten, so um das Schicksal der Nibelungen, die Hunnenschlacht, Hildebrand und Dietrich von Bern. Sagen machten ihr Geschehen aber nie an Jahreszahlen oder gleichzeitigen historischen Ereignissen fest, sondern spielten in einer Vergangenheit ohne historische Tiefe. Ferne Räume und ferne Zeiten blieben also gleichermaßen diffus. Da die Sagen aus dem Gedächtnis weitererzählt wurden,

Zeit

konnten sie sich auch verändern. Sie wurden sogar auf andere Orte und Personen übertragen oder mit anderen Sagen vermischt.

Da die Vorstellung fremd war, daß Zeit sich langfristig kontinuierlich verändern würde, verband die Idee zeitlicher Veränderung sich für die Menschen mit den kürzeren, sich zyklisch wiederholenden natürlichen Abläufen: die Jahreszeiten, Tag und Nacht, die Gezeiten an der Küste, auch die Lebensalter. Dabei kannte man keine Möglichkeit, abstrakte Zeiteinheiten wie z.B. gleichmäßige Stunden zu messen. Es gab keine mechanischen Uhren. Vor allem Mönche versuchten, Zeitabschnitte durch Sanduhren, die Brenndauer von Kerzen oder die Zahl der gelesenen Seiten zu erfassen, aber das blieb recht beliebig und höchst ungenau. Es bestand aber auch keine Notwendigkeit, die Zeit genau zu messen, denn wo Menschen nicht arbeitsteilig in komplexen Systemen wie Fabriken, Büros oder öffentlichem Verkehr zusammenwirken, braucht ihr Verhalten auch nicht durch Pünktlichkeit koordiniert zu werden. In der bäuerlichen Arbeit kam es auf eine genaue Zeit nicht an. Termindruck und Hektik waren unbekannt. Das Verhalten richtete sich nicht nach menschengeschaffenen Zeiteinheiten, sondern nach dem natürlichen Rhythmus, im Tagtäglichen vom ersten Hahnenschrei bis Sonnenuntergang (so daß die Arbeitstage je nach Jahreszeit verschieden lang waren), in Feldarbeit und Kriegführung nach Jahreszeiten und Witterung.

Konkretheit des Denkens

Ebenso wie das Maß der Zeit waren auch die anderen Maße nicht an abstrakten Einheiten, sondern an natürlichen Gegebenheiten orientiert und dementsprechend schwankend und ungenau. Zur Längenmessung dienten Handspanne, Elle und Schritt. Als Flächenmaße wurden Morgen, Joch und Tagewerk verwendet, welche die in einer bestimmten Zeit mit einem Ochsengespann zu pflügende Ackerfläche meinten. Ferner maß man auch nach Eimern, Wagenladungen (Fuder) und Spannweite der Arme (Klafter). Überhaupt waren die Menschen viel weniger als heute in der Lage, in abstrakten Begriffen zu denken, geschweige denn komplexe Ursachenketten und Funktionszusammenhänge zu verstehen. Begreifen im abstrakten Sinn war viel stärker an die unmittelbar sinnliche Wahrnehmung gebunden und dadurch auf das begrenzt, was sich im ursprünglichen Wortsinn „begreifen" ließ. Das zeigte sich schon darin, daß die Substantive auf -ung, -keit und -heit, die Abstraktes bezeichnen, weitgehend noch gar nicht vorhanden waren. Das konkrete Denken wurde auch noch in Rechtstexten späterer Jahrhunderte deutlich: Körperverletzung lag vor, wenn ein Blutstropfen die Erde rötete, Entfernungen wurden danach bestimmt, wie weit man ein weißes Pferd schimmern sah, ein Zinshahn sollte so groß sein, daß er auf einen Stuhl fliegen konnte, ein Zaun so stark, daß ein gewappneter Mann dreimal mit dem Fuß dagegen laufen konnte. Die weitaus meisten Rechtsakte vollzog man nicht durch ein geschriebenes Wort, sondern durch eine sichtbare symbolische Geste unter Zeugen: wer Vasall wurde, legte kniend seine gefalteten Hände in die seines Herrn, bei der Verleihung eines Reichslehens überreichte der König eine Fahne oder ein Szepter, bei der Übertragung von Grundbesitz übergab man einen Strohhalm oder eine Erdscholle, und Fehde mußte durch Übersendung eines Handschuhs angesagt werden.

Erziehung und Ausbildung erfolgten nicht durch ein von der Lebenspraxis abgehobenes schulisches Lernen, sondern ausschließlich innerhalb der Hausgemeinschaft. Auch dort wurde kaum theoretisierend erklärt, sondern vor allem beispielhaft vorgemacht und nachgemacht. Noch wichtiger war, daß die Kinder von klein auf bei Arbeit, Gespräch und Geselligkeit der Erwachsenen dabei waren, zur Mithilfe in Haus und Hof angehalten wurden und im Mithandeln unwillkürlich Erwachsene nachahmten.

100

Diese Kinderarbeit unter elterlicher Aufsicht war selbstverständlich. Nach prinzipiell gleichem Muster vollzog sich die Ausbildung von Rittern, die oft als Knappen an einen befreundeten Hof geschickt wurden und dort im Hofdienst aufwuchsen. Bei so wenig bewußt gelenkter Erziehung wuchsen die Kinder sozusagen heran wie die Bäume im Wald. Der Umfang des zu Lernenden war ohnehin noch gering, und so wurde man früh mündig, meist mit 15 Jahren. Eine Ausnahme von dieser Erziehungsform machten nur die wenigen Kloster- und Domschulen. Auch dort wurden Kinder in den eigenen Haushalt aufgenommen und in der „Schule" ausgebildet, aber dies erfolgte nicht nur für den kirchlichen Eigenbedarf, sondern in der „äußeren Schule" waren auch junge Laien zugelassen, so daß das dort Vermittelte also den Charakter einer von der unmittelbaren Lebenspraxis abgehobenen Allgemeinbildung hatte.

Die Orientierung am Konkreten und die geringe Neigung zum abstrakten Prinzip zeigten sich auch in Recht und Brauch. Es gab eine Fülle verschiedener Privilegien, die jeweils einen konkreten einzelnen Fall regelten, so daß bunte Vielfalt statt System herrschte. Bauern handelten nicht in Anwendung theoretischer Kenntnisse, sondern aus einem Fundus konkreter, situationsbezogener Arbeitsmethoden, Verfahren, Gebote und Bräuche heraus.

Ohne Schriftlichkeit als Mittel dauerhafter Abstraktionsleistungen, ohne gezielte Schulung von schlußfolgerndem Denken, von Rechengewandtheit und Sprachfähigkeit und ohne vielfältige und dadurch geistig anregende Umwelt blieben die Menschen geistig schwerfällig, langsam und wenig wendig, ihre Sprechweise ungelenk und wahrscheinlich auch langsamer als heute. Das Denken war außerdem ungenau. In mittelhochdeutschen Texten sind die einzelnen Aussagen und Sätze oft blockhaft unverbunden nebeneinandergereiht oder nur sehr global und ungenau aufeinander bezogen, wo heute präzise zwischen kausalen, finalen, konsekutiven usw. Zusammenhängen differenziert wird. Stünde ein durchschnittlicher Erwachsener jener Zeit uns für einen heutigen Intelligenztest zur Verfügung, wäre das Ergebnis sicher bescheiden.

Nicht so sehr durch kühle Denkanstrengungen, sondern vor allem durch brutale Kraftaufwendung bewältigten die Deutschen im hohen Mittelalter ihr Leben, in der Auseinandersetzung sowohl mit der Natur als auch mit anderen Menschen. Bauern brauchten Kraft, wenn sie den Pflug führten, und lenkten ihre Schweine durch Schläge, Adlige setzten sich und ihren Herrschaftsanspruch im Kampf mit kräftigem Schwerthieb gegen andere durch, man verteidigte sich gegebenenfalls mit Leibeskräften gegen wilde Tiere, wenn jemand von einem anderen beleidigt wurde, prügelte er ihn gleich mit einem Holzscheit oder ähnlichen „schlagenden Argumenten", und Bauern wie Adlige haben in gleicher Weise ihre Ehefrauen „körperlich zurechtgewiesen", ihre schreienden Babys geschlagen, damit sie ruhig sind, und auch bei der Erziehung ihrer Kinder mit Prügeln nicht gespart. Auch die Leibesübungen waren am Kraftideal orientiert: Steinwerfen, Steinstoßen, Wettlaufen und Wettspringen waren in allen sozialen Schichten üblich. Gewaltsamkeit gehörte genauso natürlich zum Alltag wie das Wetter. Im Strafrecht wirkte Gewaltanwendung keineswegs strafverschärfend, sondern im Gegenteil: der Dieb, der feige und heimlich fremdes Gut stahl, wurde härter bestraft als der Räuber, der seinem Opfer offen gegenübertrat und dem Überfallenen die Möglichkeit zur Gegenwehr ließ.

Nicht nur die äußere Natur vermochten die Deutschen erst wenig zu beherrschen, auch ihre inneren Triebe beherrschten sie noch kaum. So schlugen Triebe und Gefühle ungehemmt auf das Verhalten durch. Die Leidenschaften wurden kaum durch Selbst-

Körper, Triebe und natürliche Bedürfnisse

beherrschung oder Reflexion gezügelt und nicht von langsichtigem Planen und Wägen der Folgen in Dienst genommen. Das führte zu spontanem Verhalten aus der Situation des Augenblicks heraus und zur Maßlosigkeit. Stimmungen konnten schnell umschlagen von jauchzender Freude zu lähmender Angst oder wütender Aggression, ebenso wie heftige Wutausbrüche rasch verrauchen konnten, ohne die zwischenmenschlichen Beziehungen auf Dauer beschädigt zu haben. Schon geringfügige Anlässe reichten, um es zu hitzigen Schlägereien und Messerstechereien kommen zu lassen, die oft zu schweren Verletzungen führten und nicht selten tödlich endeten. Krieger sprengten mit Gebrüll oder Singen ungestüm in die Schlacht und lebten im Kampfgetümmel ihre wilde Streitlust aus. Schlachtordnung und überlegte Taktik waren ihnen fremd, ganz zu schweigen von Deckung und Tarnung. Am Sterbebett rauften sich die Verwandten unter Klagegeschrei die Haare und schlugen sich auf die Brust. Die Bußbücher erwarteten, daß der Beichtende sich nach dem Sündenbekenntnis stöhnend, weinend und seufzend zu Boden warf. Bei Festessen anläßlich von kirchlichen Feiertagen, Hochzeiten, Taufen, Leichenbegängnissen und anderen Gelegenheiten schlang man so viel in sich hinein wie möglich. Und dabei pflegten die Männer auch kräftig zu bechern; es war üblich, um die Wette zu trinken bis zur Bewußtlosigkeit. Wer so viel gesoffen hatte, daß er sich übergeben mußte, machte sich meist nicht die Mühe, sich vom Platz zu erheben, und trank anschließend weiter. Einige Frauen kannten eine besondere Art des Rauscherlebnisses. Sie bestrichen ihren Körper mit einer Salbe, die insbesondere aus Bilsenkraut und Tollkirsche zusammengemixt war. Die in diesen Pflanzen enthaltenen Pflanzenalkaloide bewirkten, daß die Frauen in Schlaf verfielen und dann das Gefühl hatten, durch die Lüfte zu fliegen (obwohl ihr Körper natürlich liegenblieb) sowie auch sexuelle Lust verspürten. Ursprünglich war dies offenbar mit der Vorstellung verbunden gewesen, bei der Luftfahrt mit einer heidnischen Göttin zusammenzutreffen.

Unkomplizierter und naturbelassener war das Verhältnis der Deutschen auch zu jenen Bereichen des Körpers, die heute mit Gefühlen des Peinlichen verbunden sind. Man badete im Freien nackt. Da die Kopulation der rechtsgültige Vollzug der Eheschließung war, beschritten die Brautleute das Ehebett in Gegenwart von Zeugen der Hochzeitsgesellschaft: man „legte sie zusammen". Das Problem der Sexualaufklärung erübrigte sich, da Kinder aufgrund der räumlichen Gegebenheiten ohnehin auch das Geschlechtsleben der Erwachsenen von klein auf miterlebten. Im übrigen hatten Männer häufig auch außereheliche Beziehungen; uneheliche Kinder waren häufig und wurden den ehelichen gleichgestellt (außer erbrechtlich). Allerdings drängte die Kirche seit dem 11. Jahrhundert verstärkt auf wirkliche Monogamie. Homosexualität wurde dagegen stets schwer bestraft. Überkam einen das Bedürfnis, zu rülpsen, zu spucken (was damals häufig war), Blähungen zu lassen oder seine Notdurft zu verrichten, so tat man sich keinen Zwang an, auch nicht innerhalb von Räumen. Bei Tisch aß man die festen Speisen mit den Fingern (Gabeln gab es noch nicht), mehrere Personen fischten mit den Fingern in der gemeinsamen Schüssel herum, benutzten denselben Löffel und tranken aus demselben Glas. Man schneuzte sich in die Hand.

Im Vergleich zu heute waren die Deutschen im Mittelalter durch die Kälte sicher abgehärteter und gegen die Schmerzen von Prügeln und Krankheiten aus Gewohnheit duldsamer und weniger empfindlich.

Dies alles galt für sämtliche Gesellschaftsschichten vom König bis zum Knecht in gleicher Weise.

Indem die Deutschen im Mittelalter so stark unmittelbar aus ihrem Körper heraus lebten, waren sie wenig sensibel für differenzierte psychische Empfindungen. Die Handlungsmotive waren drastisch und schlicht: Machtgier, Habsucht, Haß, selbstlose Hingabe. Man hatte kaum eine Vorstellung davon, daß Kinder besondere Charakterzüge besitzen. Kinder wurden genauso gekleidet wie Erwachsene, hatten keinen eigenen Lebensbereich und wurden früh (meist ab dem siebten Lebensjahr) auch strafrechtlich wie Erwachsene behandelt. Märchen zeichneten die Menschen einseitig als gut oder böse und kannten weder differenzierte Charaktere noch seelisch tiefreichende Gefühle und Nöte. Auch hochmittelalterliche Lebensbeschreibungen von Heiligen schilderten nicht das innere, geistige Leben dieser Menschen. Bei Rache in der Fehde und beim Strafrecht ging man vom Erfolg der Tathandlung und von Tatbeständen aus, die in ihrer unterschiedlichen Schwere typisiert waren, und schloß von daher auf einen bösen Willen, aber man differenzierte die Schuld nicht weiter nach dem jeweiligen subjektiven Motiv und den Lebensumständen des Täters. Überhaupt fehlten die Begriffe für Empfindungen und inneres Erleben der deutschen Sprache noch weitgehend. *Geringe Sensibilität*

Kurzum: indem sie nur wenig abstrahieren und differenzieren konnten, zum Bildlichen und Konkreten neigten und sprunghaft und ungehemmt waren, verhielten die damaligen Erwachsenen sich so, wie dies heute nur noch Kinder tun. Jene Zivilisationsformen und geistig-seelischen Fähigkeiten, die Kindern heute anerzogen werden, um sie in die Welt der Erwachsenen einzugliedern, waren damals noch nicht vorhanden, sondern sind erst im Laufe der Jahrhunderte nach und nach entstanden.

Kindlich wirkt auf uns auch die Art der Unterhaltung der Erwachsenen, weil sie von der damaliger Kinder kaum getrennt war und viele ihrer Formen uns heute nur noch für Kinder angemessen erscheinen. Der literarischen Unterhaltung dienten Sagen und Märchen. Märchen waren im Unterschied zu ersteren fiktive Erzählungen. Teilweise gingen Märchenstoffe auf vorgeschichtliche Zeit zurück. Andererseits waren etliche der nach 1800 gesammelten Märchen im Mittelalter noch nicht bekannt. Man sang auch volkstümliche Lieder. Vermittelt wurden diese Erzählungen und Lieder teilweise im kleinen Kreis der Einheimischen untereinander, teilweise aber auch durch reisende Spielleute. Diese verdienten sich ihren Unterhalt, indem sie bei Bedarf durch Heldensagen, Märchen und Fabeln, Neuigkeiten aus fremden Gegenden, Späße, Akrobatik, eine Art Sketche, Gesang mit Instrumentbegleitung und Tanzmusik für Unterhaltung sorgten. Sie spielten bei Hochzeiten wie kirchlichen Festen, vor Bauern wie an Burgen und Bischofshöfen. Aber Spielleute kamen nicht häufig vorbei, und im heimatlichen Kreis hatte man es mit immer denselben Gesichtern und Geschichten zu tun. So gab es aufs Ganze wenig Abwechslung. Nicht übersehen werden soll das Vergnügen des Spiels, besonders an Festtagen. Außer den schon erwähnten Kraftspielen erheiterten Erwachsene sich genauso bei Versteckspiel und Schneeballschlacht. In allen sozialen Schichten beliebt waren Würfelspiel und Rätselfragen. Dagegen blieb das geistig anspruchsvollere Schachspiel auf wenige Liebhaber in höfischen Kreisen beschränkt. *Unterhaltung*

Die Lebensumwelt war in der Breitenkultur erst in geringem Maße künstlerisch gestaltet. Kleidung, Häuser und Hausgeräte beließ man im Regelfall ungefärbt und unverziert. Bilderschmuck war unbekannt. Nur der Adel und seit dem 13. Jahrhundert auch reichere Bauern konnten es sich leisten, ihre Kleidung zu färben und einige Einzelteile ihrer Häuser bunt zu bemalen. Auch Dorfkirchen waren fast schmucklos, der Altar eine einfache Steinplatte. Die Umwelt der Menschen war nicht nur in den Formen derb, sondern auch farblich recht eintönig: braun von Holz, Erde und Leder, grau *Gestaltung* von Stein und ungefärbten Stoffen, grün von lebenden Pflanzen. Wo man sich Gestaltung leisten konnte, griff man daher in bewußtem Kontrast hierzu mit Vorliebe zu kräftigen, leuchtenden Farben, vor allem blau und rot. Auch hier wurde wenig differenziert: man verwendete die Farben stets, ohne sie abzumischen, und auch gemusterte Stoffe gab es kaum. Ähnlich grob und ohne differenzierende Verfeinerung wurden die Speisen zubereitet. Die meisten Speisen kochte man einfach als Eintopf zusammen, besonders bei den Unterschichten. Das Essen der Oberschicht unterschied sich von dem der einfachen Bevölkerung nur dadurch, daß größere Mengen und dabei mehr Fleisch aufgetischt wurden, aber nicht durch größere Kochkünste. Wo die Menschen sich Braten leisten konnten, kam dieser dann stets als Ganzes und unzerlegt auf die Tafel, Kalbsviertel ebenso wie am Spieß gebratene Schweine, Fische wie Vögel, an denen teilweise noch die Federn steckten.

Mythisch-magisches Weltverständnis

Das Weltverständnis der Deutschen im Mittelalter unterschied sich grundlegend von ihrem heutigen. Auch damals versuchten die Menschen, das Umweltgeschehen zu verstehen und durch Arbeit und Technik zu beeinflussen. Da der Stand von Technik und Wissen gering war, stießen sie damit aber rasch an Grenzen, und viele komplexe Erscheinungen waren noch undurchschaut und damit unbeherrschbar, beispielsweise das Entstehen von plötzlichem Unwetter, die Ursache von Krankheiten oder die Vorgänge im menschlichen Körper bei der Schwangerschaft. Um dem schrecklichen Unsicherheitsgefühl des Nichtwissens zu entkommen und psychischen Halt zu gewinnen, schuf man aber auch hierfür Deutungen. Da die Menschen zwischen manipulierbaren Dingen der Natur und handlungsfähigen Subjekten gedanklich noch nicht klar zu trennen vermochten, statteten sie die unsichtbaren Ursachen mit menschlichen Eigenschaften wie Willen, Macht und Bewußtsein aus und deuteten damit dann vordergründig unverständliche Erscheinungen so, daß diese auf den Willen anderer Wesen zurückgingen, seien es Gott, Geister oder zaubernde Menschen. Man erklärte also nicht mit Hilfe abstrakter Prinzipien, die man noch kaum denken konnte, sondern durch Handlungsabläufe. Die Deutschen versuchten dem angsterregenden Gefühl, von diesen Mächten hilflos abhängig zu sein, entgegenzutreten, und zwar auf zwei Wegen: erstens indem sie durch Gebet die Gottheiten verehrten und so diese dazu bringen wollten, im Interesse der Betenden zu wirken, und zweitens indem sie sich bemühten, durch Magie selbst eine zwingende, aber nichttechnische Macht direkt auf die Natur auszuüben.

Überhaupt sahen die Deutschen im Mittelalter keine so deutlichen Grenzen zwischen Lebewesen und Unbelebtem, zwischen Mensch und Tier, zwischen tot und lebendig, Diesseits und Jenseits, wie sie es heute tun. Die Natur galt eben nicht als tote Materie, die unveränderlichen Naturgesetzen gehorcht, sondern wurde als von belebten Kräften durchwaltet gedacht. Besonders wenn Unwetter die Ernten schädigte, Mensch und Vieh erkrankten und bei der Kuh die Milch wegblieb, vermutete man öfters Schadenszauber als Ursache. Jemanden durch Schadenszauber zu schädigen, war stets strafbar. Als im späten Mittelalter die öffentliche Strafgewalt verstärkt aktiv wurde, bestrafte sie Tiere so wie Menschen für angerichteten Schaden und ließ sie auch durch den Henker hinrichten. Wenn ein Hahn ein Ei legte (weil er infolge einer Fehlsteuerung des Hormonhaushalts Eierstöcke ausgebildet hatte), wurde er wegen Zauberei verbrannt. Man glaubte auch, daß Menschen sich in Tiere verwandeln könnten, insbesondere in Werwölfe. Noch im 16. Jahrhundert kam es vor, daß Wölfe gehenkt wurden, die man für Werwölfe hielt. Man glaubte bis ins späte Mittelalter, daß manche Tote nachts als unberechenbare Wiedergänger, als „lebende Leichname" umgingen und daß in tosenden Sturmnächten das Wilde Heer unter Führung des Wilden Jägers lärmend durch die Lüfte brausen würde (ursprünglich das von Wotan angeführte Totenheer). Manche Geschehnisse verstanden die Menschen als unmittelbares Eingreifen Gottes, beispielsweise den Ausgang eines Gottesurteils vor Gericht oder eine Seuche als Strafe Gottes. Unerklärliche Naturanomalien wie Mißgeburten, Kometen, Erdbeben oder seltsame Blitze wurden oft als Vorzeichen kommenden Unheils gedeutet. Einer Nichte des Bischofs Thietmar von Merseburg soll die Rotfärbung eines Teichs ihren Tod angekündigt haben. Etliche Deutsche glaubten, tatsächlich persönlich Geistern oder ähnlichen Wesen begegnet zu sein. Das ist so zu erklären, daß sie diffuse, mehrdeutige Wahrnehmungen mittels der durch die Tradition bereitliegenden mythischen Deutungsmuster interpretierten. Bezeichnenderweise fanden solche Erlebnisse überwiegend in finsterer Nacht und in dunklen und einsamen Wald- und Gebirgsgegenden statt, aber nicht am hellichten Tag auf offenem Feld.

Christliche Glaubensvorstellungen breiteten sich nur sehr langsam aus, schon einfach deshalb, weil die Organisation Kirche im hohen Mittelalter kaum in der Lage war, sie zu vermitteln. Die Kirchen waren anfangs nur locker übers Land verstreut, und erst im Laufe des hohen Mittelalters entstand allmählich ein dichteres Netz von Pfarrkirchen. Schon wegen der weiten Wege gingen viele Leute nur selten zur Kirche und kamen mit dem Pfarrer außer bei Taufe und Tod kaum in Berührung. Selbst die Eheschließung war im hohen Mittelalter ein rein weltlicher Akt. Die Messe, einschließlich Vaterunser und Glaubensbekenntnis, wurde auf Lateinisch gelesen, so daß die Gemeinde nichts verstand und währenddessen oft aus langer Weile schwatzte. Predigtsprache war zwar Deutsch, aber es wurde nur wenig gepredigt, da die Dorfpfarrer dazu kaum fähig waren. Diese wurden für ihren Beruf entweder in Domschulen oder oft einfach durch eine Lehre bei einem Pfarrer ausgebildet. Bis ins 14. Jahrhundert konnten viele Pfarrer nur lesen, aber nicht schreiben. Pfarrer sollten die liturgischen Formeln, einige Gebete und etwas Kirchengesang auswendig können, aber ihr Verständnis der lateinischen Sprache brauchte über die Anfangsgründe nicht hinauszugehen, und theologisch wurden sie erst recht nicht ausgebildet. Bibeln gab es weder auf Deutsch, noch konnten sie durch Buchdruck vervielfältigt werden, was ebenfalls der Verbreitung ihres Inhalts enge Grenzen setzte.

Für einige mehr randliche deutsche Gegenden wird noch aus dem 11. und 12. Jahrhundert berichtet, daß es Menschen gab, die heidnische Götter, heilige Quellen, Steine und Haine verehrten. Bis zum 13. Jahrhundert war dies dann überall abgestorben. Manche heidnischen Bräuche hat die Kirche völlig unterdrückt, so den bei heidnischen Opfermählern üblichen Genuß von Pferdefleisch (der infolgedessen den Deutschen noch heute als praktisch indiskutabel gilt). Ein Teil der heidnischen Bräuche wurde noch lange weiterpraktiziert, verlor aber mit dem Schwinden des heidnischen Glaubens im Laufe der Jahrhunderte seinen ursprünglichen Sinn, verwilderte in manchen Fällen auch, und nur sehr wenige dieser Bräuche haben das 16. Jahrhundert überdauert. In wohl den meisten Fällen formte der kirchliche Einfluß die heidnischen Traditionen mehr oder minder stark um. Öfters setzte man Kirchen gezielt an die Stelle heidnischer Kultstätten. Ein Teil des heidnischen Glaubens wurde abgewertet. Die Kirche bestritt zwar nicht, daß die heidnischen Götter wirkungsmächtige Wesen seien, erklärte sie aber zu unheilvollen Dämonen und Geistern. Die Wotan heiligen Raben wurden zu „Unglücksraben". Die mittelalterlichen Deutschen rechneten also mit einer Fülle besonderer Wesen: nach der Bibel Gott, Christus und der Teufel, aus kirchlicher

„Christliches Mittelalter"?

Tradition die wachsende Schar der Heiligen, aus mehr oder minder stark umgeformter heidnischer Tradition Dämonen und verschiedene Arten von Geistern, darunter Hauskobolde und Poltergeister, kleine Wichte, Unterirdische im Berg und Albe (die im Dunkeln am Weg den Vorübergehenden auf den Rücken springen), ferner Riesen und Zwerge sowie Wilde Männer (behaarte Waldmenschen). Der heidnische Brauch von Bauopfern, vielleicht ursprünglich auch als Menschenopfer, wurde weiter ausgeübt und in der Form verchristlicht: in den Fundamenten etlicher mittelalterlicher Kirchen und Burgen lassen sich Tiere, Eier, Talismane, Segenssprüche und Kreuze als Bauopfer nachweisen. Der heidnische Brauch, durch (teilweise maskierte) Umgänge, Umläufe oder ein Umtanzen um Haus, Dorf und Flur magisch Fruchtbarkeit und Wohlstand zu vermitteln, wurde in manchen Fällen in kirchliche (Reliquien-)Prozessionen und Umritte umgeformt, floß aber auch in das spätere Fastnachtsbrauchtum mit ein und lebte außerdem zum Teil auch in eigenen Lärmaufzügen Vermummter weiter. Viel magisches Brauchtum wurde nur äußerlich verchristlicht: in magischen Zaubersprüchen ersetzte man heidnische Götternamen durch den von Christus, so daß es Wund-, Augen-, Wurm-, Zahnsegen usw. gab. Die Kirche verbot, beim Sammeln von Heilkräutern Zauberformeln zu rezitieren, erlaubte dafür aber, dabei das Credo und Paternoster aufzusagen. Das Aufsagen von Gebeten ersetzte heidnische Beschwörungen, und die Kirche nahm heidnische Amulette fort und gab dafür christliche. Darüber hinaus führte die Kirche eine Reihe neuer magischer Mittel ein: Weihwasser, Kreuzzeichen, Reliquien und Vaterunsersprechen, um damit böse Geister abzuwehren und zu vertreiben; Reliquien, geweihtes Wasser, Salz und Kräuter sowie Wein, in den das heilige Kreuz eingetaucht wurde, als Heilmittel gegen Krankheiten; Besprengen von Feldfrüchten mit Weihwasser unter Sprechen von Segnungsformeln zum Schutz gegen Schädlinge; Öl aus Kirchenlampen, um Felder und Weinberge gegen Insekten und Raupen zu schützen, usw. Besonders die sterblichen Reste von Menschen mit außergewöhnlich frommem Lebenswandel galten als Träger magischer Kräfte, so daß Geistliche sehr dahinter her waren, solche in ihren Besitz zu bekommen. Geistliche schreckten nicht davor zurück, anerkannte Reliquien durch Diebstahl zu ergattern und auch mit Gewalt um sie zu kämpfen. Die Leichen mancher Heiligen wurden regelrecht zerfleddert, weil viele ein Stückchen abbekommen wollten. Vom Leichnam der heiligen Elisabeth von Thüringen schnitten die Leute Haare und Nägel, ja sogar Stücke der Ohren und Brustwarzen ab. Aber auch unabhängig von der Kirche kamen im Laufe der Zeit neue magische Mittel auf. Beispielsweise wurden Blut, Finger und andere Glieder sowie Fett von Hingerichteten und auch Teile des Henkerstricks verwendet, vor allem als Heilmittel. Noch 1761 enthielt die offizielle Dresdner Liste der steuerpflichtigen medizinischen Artikel den Posten menschliches Fett. Ähnlichkeit und Nebeneinanderbestehen von vorchristlichen und verchristlichten Praktiken wird besonders an den magischen Versuchen deutlich, böse Dämonen durch Lärm zu vertreiben (tatsächlich natürlich um die eigene Angst zu vertreiben, so wie ein einsamer Wanderer, der im dunklen Wald pfeift). Aus heidnischer Zeit hat sich unverändert die Methode des Polterabends bei der Hochzeit erhalten, die Kirche führte als neue Methode das Läuten der Kirchenglocke ein, besonders als Wetterläuten gegen Unwetter, hinter dem man als Ursache Dämonen vermutete, und in brauchtümliche Umgänge wurde teilweise die Methode des Peitschenknallens eingefügt.

Die Weltdeutung blieb also magisch. Die Bevölkerung sah keinen grundlegenden Unterschied zwischen den alten heidnischen und den kirchlichen magischen Praktiken

– mit Recht. Und es war dieselbe, nicht von wissenschaftlichen Beweisen, sondern vom Glauben ausgehende Denkhaltung, die den Glauben an Wotan, an Geister und an die Auferstehung Christi trug. Nun hat die Kirche zwar die heidnische „schwarze" im Unterschied zur kirchlichen „weißen" Magie verboten, bekämpfte überhaupt heidnische Glaubensformen als Aberglauben, d.h. falschen Glauben. Dieser Ausdruck war nichts anderes als ein Kampfbegriff gegen die heidnische Konkurrenz bei dem Versuch der Kirche, die Verbindung zu übernatürlichen Mächten zu monopolisieren und jede Art von do-it-yourself-Magie der Laien zu unterdrücken.

Mit dem Christentum hatten die Deutschen aus der Antike ein recht problembeladenes Erbstück übernommen. Im fernen Palästina war einst der jüdische Zimmermannssohn Jesus der Auffassung gewesen, daß das Weltende und der Anbruch der Herrschaft Gottes unmittelbar bevorstehe, und er hatte deshalb dazu aufgerufen, den Lebenswandel zu ändern, um in das Gottesreich eingehen zu können. Jesus hatte verlangt, allen aggressiven und egoistischen Neigungen zu entsagen und seinen Nächsten, ja selbst seine Feinde zu lieben und hatte gefordert, nicht mehr nach weltlichem Reichtum und Macht zu streben, sondern sich ganz darauf zu konzentrieren, die Gerechtigkeit Gottes zu erlangen, ja er hatte gerade die Armen, Hungernden und Verfolgten gepriesen und gelehrt, daß alle Menschen vor Gott gleich seien. Als das erwartete Weltende dann doch ausgeblieben war, hatten sich die Anhänger von Jesus auf Dauer eingerichtet, und dabei war entstanden, was Jesus nie zu gründen beabsichtigt hatte, nämlich eine Kirche mit institutionalisierten Ämtern, die sich zunehmend hierarchisch organisierte und den Gläubigen gegenübertrat. Dabei erfand im 3. Jahrhundert der Bischof von Rom sogar einen bis dahin unbekannten Primatanspruch gegenüber allen anderen Bischöfen und setzte ihn allmählich gegen Widerstände im ganzen lateinisch schreibenden Raum durch, und die Kirche verband sich im 4. Jahrhundert eng mit den staatlichen Autoritäten. Gleichzeitig knüpften aber auch immer wieder einzelne Menschen daran an, daß Jesus Reichtum und Macht ausdrücklich abgelehnt und Ehelosigkeit gelebt hatte, mehr noch an Paulus, der diese Ansätze zugespitzt hatte, und verschärften sie durch den prinzipiellen Verzicht auf Sexualverkehr und den Verzicht auch auf bestimmte Nahrungsgenüsse, durch die Abwertung körperlicher Bedürfnisse und leiblichen Wohlbefindens überhaupt zur Askese. Damit begründeten sie das Mönchtum. Es waren also im Christentum von vornherein Widersprüche angelegt zwischen der verschütteten, aber latent vorhandenen Endzeiterwartung und dem Sich-Einrichten in einer fortdauernden Welt, zwischen Jesus' Verhaltensanweisungen und der Durchsetzung der eigenen Interessen in einer unharmonischen Welt, zwischen weltverneinender Askese und Armut einerseits und einer weltzugewandten, mächtigen und reichen Amtskirche andererseits. Diese Widersprüche brachen im Laufe der Jahrhunderte immer wieder auf und erschütterten dann oft Kirche, Gesellschaft und Herrschaft.

Das Christentum war bei den germanischen Ahnen der Deutschen von oben eingeführt worden. Es erschien zunächst in Gestalt einer herrschaftlichen Kirchenorganisation, deren Führer der adligen Herrenschicht zugehörten. Auch die deutschen Klöster waren bis ins 11. Jahrhundert pragmatisch darauf orientiert, Landwirtschaft und Ausbildung zu pflegen. Nach der Theorie sollten Mönche asketisch leben, z.B. keine sinnliche Lust hegen, den Leib züchtigen, das Fasten lieben, Unrecht geduldig ertragen, nicht laut lachen, nicht trunksüchtig und eßgierig sein, Sünden meiden, nicht träge sein usw., aber Ideal und Realität klafften weit auseinander, und anstelle der Armut genos-

Christliches Erbe

Um das rechte Christentum

107

sen die meisten Klöster einen durch Stiftungen überreich wachsenden Besitz. Das Christentum war bei den Germanen auf eine Gesellschaft getroffen, in der es üblich und zulässig war, Rechtshändel in Fehden mit Gewalt auszutragen, und in der es Herren und Unfreie gab, in der ein kriegerischer und kampflustiger Adel den Ton angab, welcher im Jagen und Saufen ungehemmt seine Leidenschaften auslebte und nach Besitz strebte. Es war eine Gesellschaft gewesen, die in ihrer heidnischen Religion nicht einmal sittliche Gebote und damit auch keine Vorstellung von Sünde und schlechtem Gewissen gekannt hatte. Größer konnte der Gegensatz zur Lehre von Jesus kaum sein! Auf diesem steinigen Boden vermochte sie dementsprechend auch lange praktisch keine Wurzeln zu schlagen. Es ist bezeichnend, daß man bis ins 12. Jahrhundert in der Kunst Christus vor allem als erhabenen, mächtigen König, Lehrer und Weltenrichter darstellte und ihn am Kreuz meist ohne Zeichen von Schmerz und Leid und voll bekleidet zeigte. Ein als Verbrecher hingerichteter Gottessohn war den Deutschen damals völlig unbegreiflich. Die Kirche sah sich vor der schwierigen Aufgabe, den Deutschen beizubringen, daß Totschlag und manche anderen Verhaltensweisen sittlich schlecht seien. Ihr Erfolg war dabei im hohen Mittelalter recht begrenzt. Als Erziehungsmittel führte die Kirche die Beichte ein und erlegte Bußen für Sünden auf. Die Auflagen, für die es feste Tarife gab, bestanden im wesentlichen aus Fasten, dem mechanischen Aufsagen einer bestimmten Anzahl von Psalmen mit oder ohne Kniebeugen und aus Wallfahrten. Dies entsprach der Gewohnheit, Probleme mit körperlicher Leistung und Kraft zu bewältigen, während eine seelische Verarbeitung von Schuld und Gewissenskonflikte weitgehend unbekannt blieben. Man leistete die Bußen für Sünden ab, wie man heute chemische Reinigungsmittel gegen Flecke auf der weißen Weste anwendet. So überrascht es nicht, daß schon seit dem 8. Jahrhundert Bußstrafen auch durch Geldzahlungen, Sachleistungen und Leistungen von Stellvertretern abgelöst werden konnten. Ein zu sieben Jahre Bußfasten verurteilter Adliger durfte ersatzweise auch 840 seiner Leute je drei Tage fasten lassen.

Es konnte nicht ausbleiben, daß wiederholt Bewegungen aufbrachen, die sich stärker an den Ursprüngen des Christentums zu orientieren versuchten. In diesem Sinne traten seit dem 11. Jahrhundert vereinzelt Wanderprediger auf. Teilweise wurden sie von der Kirche anerkannt, teilweise als Ketzer verfolgt. Seit Mitte des 11. Jahrhunderts ging von dem französischen Kloster Cluny eine Reformbewegung aus, die auch vom Papsttum aufgegriffen und gefördert wurde. An die Klöster im deutschen Raum vermittelte das Kloster Hirsau ab 1079 diese Reformideen. Für die Klöster sahen die Reformer vor, die asketische Lebensführung zu erneuern, für den Weltklerus forderten sie den Zölibat, also die allgemeine Ehelosigkeit, und die sexuelle Enthaltsamkeit, und in der ganzen Kirche suchten sie den Einfluß der weltlichen Eigenkirchenherren zurückzudrängen. Indem das Papsttum für den Zölibat und gegen Eigenkirchen eintrat, beabsichtigte es, die Kirche stärker unter die eigene Kontrolle zu bekommen. Der Askesegedanke und vor allem die Zölibatsforderung stießen im deutschen Klerus auf heftigen Widerstand. Immerhin wurden im Laufe einiger Jahrzehnte zahlreiche Klöster reformiert und die Stellung der Eigenkirchenherren im Laufe des 12. Jahrhunderts zu einem Patronat verdünnt. Radikaler als die von Cluny ausgegangene Reformbewegung waren die Zisterzienser, die seit 1123 auch im deutschen Raum Klöster gründeten. Sie wählten dafür bewußt Plätze in einsamer Wildnis und versuchten, dort in Armut, bei körperlicher Arbeit und asketisch zu leben. Aber im Laufe der Zeit kamen auch diese Klöster zu Reichtum und verweltlichten.

Am Anfang des 13. Jahrhunderts griff eine neue Welle von Bewegungen von Frankreich und Italien auf den deutschen Raum über, die wiederum auf das ursprüngliche Armutsideal zurückgriffen. Ihr Aufkommen zeigte, daß man sich vor allem in Städten allmählich tiefer mit der christlichen Lehre befaßte und erkannte, wie groß die Diskrepanz zwischen ursprünglicher Lehre und bestehender Kirche war. Vor allem die Waldenser, die auf den französischen Kaufmann Waldes zurückgingen, verbreiteten sich auch unter den Deutschen. Da die Waldenser urkirchliche Lebensformen nicht nur hinsichtlich der Armut nachzuleben versuchten, sondern auch die Kirchenhierarchie ablehnten und selbst predigten und Sakramente spendeten, sah die etablierte Kirche ihren Monopolanspruch auf Heilsvermittlung gefährdet und verfolgte die Waldenser als Ketzer. Im Untergrund existierten diese aber in kleinen Gruppen noch lange weiter. Erfolgreicher war jene Armutsbewegung, die auf den Italiener Franz von Assisi zurückging. Sie entrann nur knapp dem Schicksal, als ketzerisch verurteilt zu werden, und wurde von der Kirche dann in Gestalt des Franziskanerordens integriert, wobei ihr radikaler Flügel beschnitten wurde. Die Mitglieder dieses Ordens sollten von eigener Hände Arbeit leben und, falls dies nicht reichte, vom Betteln. Seit 1225 bauten die Franziskaner auch deutsche Niederlassungen auf. Nach dem Vorbild der Franziskaner folgten mit den Dominikanern (ab 1226) und den Augustiner-Eremiten (ab 1263) zwei weitere neugegründete Bettelorden.

Um Ketzer zu bekämpfen, errichtete das Papsttum 1231 die Inquisition, eine Behörde, die zentral von Rom aus gelenkt wurde und Dienststellen in den einzelnen europäischen Regionen aufbauen sollte. In den deutschen Landen traf sie aber auf Widerstände. Der erste deutsche Inquisitor wurde schon 1233 auf offener Straße totgeschlagen, und so blieb den Deutschen das Übel der Inquisition im späten Mittelalter weitgehend erspart.

Das Christentum durchdrang die Deutschen nicht rasch, aber langfristig gesehen hat es sittigend und zivilisierend gewirkt, daß mit dem Christentum überhaupt erst einmal sittliche Wertvorstellungen eingeführt worden sind. Dies war ein Fortschritt, weil es ein friedliches, gewaltfreies Zusammenleben der Deutschen förderte. Darüber hinaus hat das Liebesgebot seit dem späten Mittelalter Impulse für die soziale Fürsorge gegeben. Dem standen die negativen Folgen der Christianisierung gegenüber, die im Laufe der Jahrhunderte auftraten. Dazu ist die Abwertung körperlicher Bedürfnisse zu zählen, die zu vielen unnötigen Verklemmtheiten und Leiden geführt hat. Indem sie besonders die Sexualität nur als notwendiges Übel zur Fortpflanzung ansahen, ansonsten aber als Sünde abwerteten, diskriminierten die männlichen Theologen überdies die Frauen. Diese drohten bei ihnen dem widerstrebende Bedürfnisse auszulösen und galten ihnen deshalb als „Pforte zur Hölle". Überhaupt zog das Element der Weltverneinung Kräfte und Mittel an sich, die zur Lebensbewältigung innerhalb der Welt benötigt worden wären und nun dort fehlten. Zur Passivseite rechnet auch, daß die Kirche mit Höllendrohungen (vor allem im späten Mittelalter) den Menschen künstlich Angst machte, und daß die Kirche unter der Flagge der Ketzerverfolgung sogar Menschen nur ihres Glaubens wegen umbringen ließ.

Wenden wir uns der Elitenkultur näher zu. Sie wurde nur an oasenhaft punktuellen Zentren gepflegt, aber diese standen miteinander in Kontakt, indem sie korrespondierten und Bücher zum Abschreiben austauschten. So blieb sie nicht lokal begrenzt, sondern bildete – aufgrund der lateinischen Sprache – eine gesamteuropäische Kultur. Wie klein der Kreis der Träger dieser Elitenkultur war, erhellt sich daraus, daß

Kirchliche
Elitenkultur

noch im 13. Jahrhundert manche Mönche und selbst Äbte nicht schreiben konnten. Ende des 13. Jahrhunderts vermochten von 14 Angehörigen des Domkapitels in Meißen 9 nicht einmal ihren Namen zu schreiben, und noch 1324 waren im unterfränkischen Kloster Bildhausen von 47 Mönchen 11 nicht schreibkundig.

Die Elitenkultur war aufwendiger, reichhaltiger und differenzierter als die Breitenkultur. Kirchliche und kaiserliche Macht drückten sich zunächst schlicht darin aus, daß äußere Abmessungen, Buntheit und Glanz gesteigert wurden. So erbaute man große Kaiserpfalzen und mächtige Dome, die sich mit ihren Türmen damals über die niedrig hingekauerten Holzhütten noch weitaus imposanter erhoben als über die heutigen Häuserblöcke. Die Elitenkultur hob sich von der Breitenkultur dadurch ab, daß sie reichlicher Farbe und edle Materialien gebrauchte: die Innenwände der Dome und (teilweise) auch der Kaiserpfalzen waren mit großflächigen Fresken bunt bemalt; Domkirchen, manche Klöster und der Kaiserhof besaßen Prachthandschriften, die aufwendig mit Bildern verziert waren; hölzerne Kruzifixe, Reliquienbehälter und Altargeräte wurden kunstvoll geschnitzt und dann bemalt oder mit Gold überzogen. Zumindest Kaiser und Bischöfe besaßen farbenprächtige Prunkgewänder, deren Stoffe teilweise golddurchwirkt und oft mit bunten Borten und Edelsteinen besetzt waren. In Büchern war Wissen über Glaubensdinge, Geschichte, Tiere, Pflanzen und Steine gespeichert.

So klar die Elitenkultur die Breitenkultur überragte, so begrenzt wirkten ihr Umfang und Niveau aus heutiger Sicht. Selbst große Klosterbibliotheken umfaßten nur einige Hunderte von Büchern. Dementsprechend war es um den Umfang des Wissens bestellt. Man strebte danach, Weltgeschichte zu schreiben, aber hatte doch einen eher provinziellen Horizont. Über Länder außerhalb Europas besaßen auch die Gebildeten fast gar keine Kenntnisse. Die Erde stellte man sich meist als Scheibe vor, über der das Himmelszelt aufgespannt war, seltener als Kugel mit einer oder mehreren Himmelskuppeln. Mochte die geistige Elite der breiten Bevölkerung an gedanklicher Schärfe überlegen sein – zum Erfassen und Gestalten komplexer Zusammenhänge war selbst sie noch nicht in der Lage. Auch große Dome waren in ihrem Aufbau schlicht additiv aus einfachen stereometrischen Körpern zusammengesetzt, so wie ein Kind Bauklötze zusammenlegt (gleichartige Joche, Mittel- und Seitenschiffe; dann Langhaus, Querhaus, Haupt- und Nebenapsis, Türme). Erst allmählich wurden die Wände komplizierter untergliedert. Während Kirchengrundrisse immerhin noch eine ordnende Symmetrie aufwiesen, bestanden Pfalzen und Burgen aus einer Anzahl von Einzelgebäuden ohne Ordnung und Bezug zueinander. Die Tier- und Pflanzenbücher reihten die Einzelobjekte einfach beliebig, bestenfalls alphabetisch geordnet, ohne sie irgendwie zu systematisieren. Die Annalen, der vorherrschende Typ der Geschichtsschreibung, führten schlicht bemerkenswerte Ereignisse chronologisch hintereinander auf.

Vor allem wurde die Elitenkultur entscheidend dadurch geprägt, daß sie im wesentlichen kirchlich war. Großbauten, Kunsthandwerk, Wand- und Buchmalerei ebenso wie Musik erhielten ihre Aufgaben fast ausschließlich von der Kirche. Es gab keine eigenständigen Künste, in denen der Künstler frei nach eigenem Willen hätte gestalten können, um seine Werke dann über einen Kunstmarkt zu vertreiben. So ging es bei künstlerischer Gestaltung auch nicht darum, originell zu sein oder subjektiven Problemen des Künstlers Ausdruck zu geben, sondern Kunst sollte vorgegebene, sich wiederholende geistige Gehalte sichtbar machen. Daß die Ausdrucksformen sich dabei ständig wiederholten, sollte ihre Verständlichkeit fördern. In der Literatur herrschten religiöse Inhalte in Gestalt von Bibelkommentaren, Predigtsammlungen, Bußbüchern und Heiligenbiographien vor, wenngleich auch weltliche Bildung, Geschichtsschreibung und Naturkunde vorkamen. Aber in der Weltdeutung wurden Religion, Philosophie und Einzelwissenschaften nicht getrennt. Alles Wissen war zu einer Einheit verwoben, wobei die Bibel, Kirchenväter und Konzilsbeschlüsse den Kern bildeten. Man ordnete alle Dinge auf der Welt in einer Stufenfolge von Gott über verschiedene Arten von Engeln, Menschen, Tiere und Pflanzen bis zu den leblosen Dingen, wobei Gottes Wille als letzte Wirkursache gedacht wurde, die durch alle Stufen hindurchgehe. In der Weltgeschichte sah man in der Schöpfung der Welt und in dem kommenden Jüngsten Gericht einen heilsgeschichtlichen Anfangs- und Endpunkt, und die dazwischenliegende Zeit wurde in Anlehnung an die Bibel in eine Abfolge von vier Weltreichen als jeweilige Führungsmächte eingeteilt.

Seit der zweiten Hälfte des 11. Jahrhunderts gab es zaghafte Popularisierungsversuche. Nach einer Pause von eineinhalb Jahrhunderten entstanden seitdem auch wieder geistliche Schriften in deutscher Sprache. An Dom- und Klosterkirchen begannen Geistliche, zu Weihnachten und Ostern die Liturgie szenisch darzustellen, so daß sich allmählich eine Art von geistlichen Schauspielen herausbildete. Seit dem 12. Jahrhundert wurden auch lateinische Hymnen ins Deutsche übersetzt.

Neben dem christlichen prägte auch das (übrige) antike Erbe die mittelalterliche Elitenkultur. Dieses Erbe wurde aber keineswegs in vollem Umfang bewahrt, sondern nur in Bruchstücken und in vergröberter Form. In der Architektur übernahm man Einzelformen wie Säulenreihe und Rundbogen aus der Spätantike sowie die Basilikaform für den Kirchenbau. Ebenso wie Plastik und Malerei wurden sie bei der Übernahme stark vergröbert. So wiesen die Bauten, zumindest zunächst, schwer lastende Formen und massige Wandflächen auf, und erst im Laufe des hohen Mittelalters lernten die Deutschen, Wände und Säulen leichter zu bauen. Die aus der Spätantike übernommene gregorianische Kirchenmusik war nichts anderes als ein Absingen liturgischer Texte, einstimmig und ohne Instrumentbegleitung. Fast keine Schrift eines bedeutenden antiken Autors wurde bewahrt, sondern fast nur die zusammenfassenden Summen der Spätantike. Diese hatten ihrerseits schon das antike Wissen auf einen Bruchteil reduziert, diesen Extrakt kompiliert und in Merkversen, Vokabularien, Anthologien und Etymologien zu Häppchen für den Schulbetrieb aufbereitet. Selbst von dieser spätantiken Verfallsform wurden bei der Übernahme noch weitere Abstriche gemacht. Diese oft entstellte Überlieferung war in den „Sieben freien Künsten" zusammengefaßt, die man an den Dom- und (Männer-)Klosterschulen lehrte (deutsche Universitäten gab es noch nicht). Sie bestanden aus dem Trivium, nämlich Grammatik (d.h. die Beherrschung der lateinischen Sprache), Dialektik (logisches Denken) und Rhetorik (vor allem die richtige Handhabung der Formeln für Urkunden, Briefe usw.) sowie dem Quadrivium, nämlich Arithmetik (ein etwas besseres Rechnen), Geometrie (mehr eine Art grobe Erdkunde und Naturkunde), Musik (weitgehend eine Art Zahlentheorie, aber kein praktisches Singen) und Astronomie (vor allem das Ausrechnen der beweglichen Jahresfeste der Kirche). Darauf baute an diesen Schulen dann das Theologiestudium auf. Frauenklöster hatten ein begrenzteres Programm. Erst später, vom 13. bis zum Ende des 18. Jahrhunderts, kam es in mehreren Schüben zu einer umfangreicheren Aneignung antiken Kulturerbes.

Die hochmittelalterlichen Denker gingen davon aus, daß alles Wissen bereits früheren Generationen offenbart worden sei und nicht mehr in der Natur verborgen liege.

Antikes Erbe

Autorität und Realität

Als Quelle der Erkenntnis galt deshalb die Meinung von Autoritäten, aber nicht eigene Erfahrung und Beobachtung. Dementsprechend bestand die Lehr- und Lernmethode in Kloster- und Domschulen im Vorsagen, Nachsagen und mechanischen Auswendiglernen der feststehenden Wahrheiten. Gelehrsamkeit hieß, anerkannte Autoren kommentierend auszulegen und Probleme dadurch zu bearbeiten, daß man einschlägige Zitate von Autoritäten anhäufte und abwägend darauf anwandte. Wegen ihrer Bindung an Dom- und Klosterschulen wurde diese Gelehrsamkeit als Scholastik, also Schullehre, bezeichnet. Kreatives Denken, das neue Lösungen findet, war hier genausowenig gefragt wie kritisches Denken, das Traditionen in Frage stellt. Die Naturkunde beobachtete keine Naturobjekte, durch die sie ihre Aussagen hätte überprüfen können, und die Geschichtsschreibung beleuchtete ihre Quellen nicht kritisch. So wurden phantastische Behauptungen und Irrtümer weiter und weiter mitgeschleppt. Die Illustrationen in den Tier- und Kräuterbüchern verzerrten sich beim wiederholten Abmalen immer mehr. In manchem hätte wahrscheinlich schon ein Gang in den Klostergarten oder über den Grundbesitz des Klosters die handschriftenabschreibenden Mönche eines Besseren belehrt. Das Ergebnis war eine realitätsferne Gelehrsamkeit, die im abgeschlossenen Kämmerlein spekulativ vor sich hinwerkelte.

Dem entsprach die Malerei. Auch sie schilderte nicht beobachtete Wirklichkeit, sondern versuchte Ideen ins Bild umzusetzen. Könige und Bischöfe, menschliche Gebärden, Berge und Pflanzen wurden typisiert dargestellt, ohne daß individuelle Persönlichkeitszüge oder unterscheidbare Pflanzenarten erkennbar waren. Weitere Eigenarten verstärkten den naturfernen Eindruck noch. Die Bilder zeigten keine perspektivische Raumtiefe und keine durch Licht und Schatten erzeugte Illusion der Körperlichkeit, anstelle von Hintergrundlandschaften deuteten nur einzelne formelhafte Zeichen den Ereignisort vage an, und auch die Schwerkraft schien auf die Kleidung und die schwebenden Körper nicht einzuwirken. Außerdem waren die Farben oft willkürlich: Hintergründe konnten golden, Pferde blau sein. Manchmal wurden Menschen verschieden groß dargestellt, um ihre Bedeutungshierarchie auszudrücken.

Begriff und Beziehungen Angesichts der Neigung, der Idee, dem gedachten Wesen der Dinge den Vorrang einzuräumen vor der sorgsamen Beobachtung ihrer konkreten, nur empirisch ermittelbaren Erscheinung, und angesichts der auch bei der geistigen Elite erst geringen Fähigkeit, gedanklich zu differenzieren, gerieten die Versuche, die Zusammenhänge der Natur zu erfassen, mehr phantasievoll als wirklichkeitsnah. Man trennte noch nicht klar zwischen Sprache und Welt, zwischen der Bedeutung des Ausdrucks und dem durch ihn repräsentierten Sachverhalt. Das führte dazu, daß Etymologien sehr geschätzt wurden, da die Gebildeten meinten, aus dem Deuten des Begriffs heraus die bezeichnete Sache erkennen zu können. Dementsprechend hieß es dann über den Ameisenlöwen, er würde aus der Vereinigung von Löwe und Ameise geboren. Um die Zusammenhänge in der Natur zu verstehen, zerlegte man auch nicht die Dinge analytisch in ihre Teile, um dann deren Zusammenhang als Ursache und Wirkung zu erkennen. Vielmehr gingen die Gebildeten von äußerlichen, aber anschaulich erfaßbaren Eigenschaften und Merkmalen der Dinge aus, nahmen intuitiv eine oder mehrere als entscheidend, stellten vage Ähnlichkeiten und Kontraste zu denen anderer Dinge fest und ordneten danach die Dinge einander zu. Durch dieses Analogiedenken wurde ein Netz von Korrespondenzen zusammenkonstruiert, das aber dabei zwischen Ursache und Wirkung sowie zwischen Kausalität und Bedeutung oft gar nicht deutlich zu trennen vermochte. So symbolisierte der von der Sonne durchschienene Beryll den von

Christus erleuchteten Gläubigen, gelber Saffran sollte von Gelbsucht heilen, rote Steine bei Blutergüssen helfen und die leberähnlichen Blättchen des Leberblümchens gegen Lebererkrankungen wirken. Der Apfel symbolisierte das Böse, weil das lateinische Wort malum sowohl „Apfel" wie „Böses" bedeutete, und Lilie, Ölbaum und Maiglöckchen wurden der Jungfrau Maria zugeordnet.

Seit Anfang des 12. Jahrhunderts setzten sich die Fürstenhöfe vom kulturellen Leben der breiten Bevölkerungsschichten ab und entwickelten eigene Kulturformen, wobei sie sich an französischen Vorbildern orientierten. Da die Höfe miteinander in Kontakt standen und deutschsprachig waren, entstand hier eine überregionale, nationale Kultur. Der Begriff des Ritters, der ursprünglich nichts anderes als den gepanzerten Reiterkrieger gemeint hatte, wurde jetzt mit besonderen Idealen aufgeladen. Er sollte nicht nur seinem Lehensherrn treu dienen, sondern für das Zusammenleben bei Hofe wurden Maßhalten und Selbstbeherrschung gefordert, und die Kirche wünschte sich, daß er als „christlicher Ritter" Beschützer der Kirche, Witwen und Waisen sein sollte. *Höfische Kultur*

An den Fürstenhöfen wandte man sich von der bisherigen Spielmannsdichtung ab und anspruchsvollerer Unterhaltungsliteratur zu, indem man französische Epen und Minnelyrik ins Deutsche übersetzte und dann ebenfalls in diesen Formen dichtete. Diese Literatur fand jetzt auch den Weg in die schriftliche Überlieferung. Die ritterlichen Epen spielten in einer märchenhaften Traumwelt und handelten von Abenteuern wie denen der Kreise um den legendären König Artus und des antiken Makedonenkönigs Alexander. In der Minnelyrik warb ein Minnesänger um die Liebe einer verheirateten, standeshöheren Frau, wohl wissend, daß diese sich ihm zu versagen hatte, was dem Ganzen etwas Verspanntes gab. Epen und Minnelyrik wurden nicht gelesen, sondern von einem Minnesänger mündlich als Gesang vorgetragen, wobei er ein Instrument als Begleitung spielte. Große Höfe hatten ritterliche Minnesänger fest engagiert, die sich deutlich von den einfachen Spielleuten unterschieden. Schon Anfang des 13. Jahrhunderts begann die Minnelyrik in konventionellen Formeln zu erstarren, während das Epos sich entweder in eine immer phantastischere Wunderwelt der Riesen, Zwerge und Zauberer hineinsteigerte oder sich der nüchterneren Wirklichkeit des Dorflebens und der Schwankdichtung zuwandte.

Auch vergrößerter Aufwand demonstrierte die herausgehobene Stellung der Fürstenhöfe. Bei höfischen Festen wurde üppig aufgetischt, und das beeindruckte in einer Zeit, in der viele hungern mußten. Männer und Frauen trugen leuchtendbunte Kleidung mit kostbaren Verzierungen und funkelnden Schmuck zur Schau. Auf Grabplatten tauchte jetzt das idealisierte Bild des Fürsten auf, um von ihm auch über seinen Tod hinaus zu künden. Bunte Wandteppiche schmückten manchen Raum, und die Hofgesellschaften vergnügten sich bei höfischen Festen und Kampfspielen. Verschiedene Formen von berittenen Kampfspielen wurden aus Frankreich übernommen: das Turnier stellte eine Art kleine Reiterschlacht dar, bei der zwei Abteilungen voll gerüstet aufeinanderstürmten, beim Buhurt ritten zwei Gruppen ohne Rüstung aufeinander, und beim Tjost traten zwei vollgerüstete Ritter im Einzelkampf gegeneinander an.

Nicht nur durch größeren Aufwand setzten die Hofkreise ihren Lebensstil von dem der übrigen Bevölkerung ab, sondern auch, indem sie ihre Verhaltensformen verfeinerten und ihre Triebe bändigten. Der Tanz an den Höfen war ein gemessenes Schreiten im Reigen im Unterschied zum wilden springenden, durcheinanderwirbelnden Paartanz der Bauern, die einander dabei derb umfaßten und auch übereinanderkugelten. Damen sollten nicht zu laut, nicht zu schnell und nicht zu viel reden. Das Frauenkleid wurde zur Schleppe verlängert, die schon dadurch, daß sie höchst unpraktisch war, ihre Trägerin von der handarbeitenden Bevölkerung abhob. Der ungestüme, bärenstarke Kraftritter mit mächtigem Appetit war nicht mehr gefragt. Die Männer paßten ihr Äußeres eher den Frauen an: ihr Rock wurde knöchellang, sie trugen jetzt schulterlanges Haar (im Unterschied zum kurzgeschnittenen der Bauern), und im 13. Jahrhundert wurde Bartlosigkeit eine zeitlang üblich. Auch bei Tisch hatte man bei Hofe an sich zu halten: man sollte nicht schmatzen und rülpsen, sich nicht ins Tischtuch schneuzen, nichts gierig hinunterschlingen, abgebissenes Brot nicht wieder in die gemeinsame Schüssel tunken, den abgenagten Knochen nicht wieder in die gemeinsame Schüssel werfen, sondern auf den Boden, nicht mehr auf und über, sondern nur noch unter den Tisch spucken, nicht mit vollem Mund reden, beim Reden nicht gestikulieren, anderen nicht ins Wort fallen und bei Tisch nicht einschlafen. Daß solches durch Tischzuchten eingeschärft werden mußte, läßt auch ahnen, was außerhalb der Fürstenhöfe üblich war.

Das Ausmaß, in dem die höfischen Lebensformen verfeinert wurden, darf aber nicht überschätzt werden. Die Ritter blieben im Regelfall Analphabeten. Adlige Damen mochten schon eher bei Nonnen etwas Lesen, Schreiben und Singen gelernt haben. Weiter bildeten Reiten, Jagen, Waffenhandwerk, Schwimmen, Ringen und Laufen den Hauptbestandteil der ritterlichen Jungenerziehung. Turniere waren eine heftige Angelegenheit, die öfters zu Todesfällen führte. Und vor allem: diese höfischen Kulturformen waren in der ersten Hälfte des 13. Jahrhunderts in deutschen Landen nur an vielleicht ein bis zwei Dutzend Fürstenhöfen zu finden. Gewiß mag auch mancher andere Adlige und Ministeriale etwas davon mitbekommen haben, wenn er als Jugendlicher für einige Jahre zur Erziehung an den Fürstenhof des Lehensherrn geschickt wurde, aber die Mehrzahl der Adligen und Ministerialen blieb von den höfischen Lebensformen im hohen Mittelalter unberührt.

Geistige Freiheit und Vergewisserung

Die Verhältnisse der menschlichen Gemeinschaften ließen sich leicht überschauen, weil diese klein und wenig differenziert waren. Um so weniger konnten die mittelalterlichen Deutschen komplexe Zusammenhänge des Naturgeschehens durchschauen und berechnen oder gar durch eigene Eingriffe beherrschen. Das bedeutete eine ständige Quelle von Ängsten und Unsicherheiten, überhaupt des Gefühls, von übernatürlichen Kräften abhängig zu sein. Da das Verhalten des Menschen viel weniger als das des Tiers durch Instinkte festgelegt ist, kann er aufgrund eigener Entscheidungen handeln und muß dies auch tun. Das bedeutet eine Chance zu persönlicher Freiheit, doch wurde diese im Mittelalter erst wenig ausgeschöpft. Um Handlungsorientierung zu ermöglichen und den einzelnen davon zu entlasten, in unübersichtlicher Situation immer wieder neu und selbst entscheiden zu müssen, traten magisch-religiöse Weltdeutung und noch stärker Gebräuche und Gewohnheiten auf. Gerade weil damals die Fähigkeit gering war, die komplexe Umwelt zu verstehen, war das Bedürfnis nach Entlastung groß, und weil die Denkstrukturen relativ einfach waren, waren auch die Konventionen schlicht und fest. Da die Menschen über ihr Handeln kaum reflektierten, beanspruchten Sitten und Bräuche Geltung, ohne durch argumentative Begründungen gerechtfertigt zu sein. Die Menschen wären meist schon überfordert gewesen, wenn sie allgemeine Prinzipien auf verschiedene Situationen hätten anwenden sollen, und deshalb schrieben Brauch und Sitte das Verhalten direkt für konkrete Einzelsituationen vor. Gerade darum schränkten sie den Handlungs- und Gedankenspielraum des einzelnen stark ein. Für eine Fülle von Lebenssituationen wurde das Verhalten zu Gewohnheiten verfestigt. Sprichworte gossen Erfahrung in kurze, feste Formeln, die individuelles Denken ersetzten. Diese Denk- und Glaubensformen, Wertvorstellungen und Bräuche waren zwar im Prinzip von den Deutschen geschaffen worden, aber einmal gefunden, wurden sie als Tradition weitergegeben und traten dann dem einzelnen als verselbständigte Gebilde gegenüber, nach denen er sich zu richten hatte, die ihn von klein auf formten und ihn strikt auf die allgemeine Norm hin ausrichteten. Geistige Freiheit im Sinne bewußt wahrgenommener Wahlmöglichkeiten ließ sich deshalb wenig finden.

2.5 Das Kaisertum im Ringen mit Fürsten und Papsttum

Fränkisches oder römisches Reich?

Welches Selbstverständnis besaß das Reich, in dem die Deutschen im hohen Mittelalter lebten? Nachdem es Mitte des 10. Jahrhunderts entstanden war, herrschte hierüber für einige Jahrzehnte ziemliche Unklarheit. Zunächst wurde genauso wie im westfränkischen Reich die Tradition des karolingischen Frankenreichs fortgesetzt und das Reich dementsprechend offiziell meist als Königreich der (Ost-)Franken bezeichnet. Nun paßte dies indessen nicht mehr recht, seitdem nicht länger die Franken das herrschende Volk im Reich darstellten, sondern die Deutschen. Unsichere Versuche, das Reich als regnum Germaniae, Teutonicorum oder Saxonum zu bezeichnen, blieben aber weitgehend auf nichtoffizielle Quellen beschränkt. Wenn man unter dem Eindruck des 1871 gegründeten Deutschen Reiches die nationalstaatliche Idee des 19. Jahrhunderts ins hohe Mittelalter zurückprojiziert und das mittelalterliche Reich als „Deutsches Reich" anspricht, so ist dies ein Anachronismus. Das mittelalterliche Reich war kein deutscher Nationalstaat, der nur Deutsche umfaßt hätte, und es verstand sich auch nicht als solcher. Stattdessen überwölbte das ostfränkische Königreich schon zu Beginn der deutschen Geschichte in der Mitte des 10. Jahrhunderts mehrere verschiedene Stämme und Völker. Neben der fränkischen Tradition regte vielmehr die in Rom verliehene Kaiserwürde ein rombezogenes Selbstverständnis an. Beide Vorstellungen liefen nebeneinander her, bis letztere schließlich die fränkische verdrängte. Otto II. und Otto III. betonten in ihrem Kaisertitel die römische Idee (982-83 und 983/996-1002), während der nachfolgende Heinrich II. (1002-24) sich in seinem Königtum bewußt wieder der fränkischen Tradition zuwandte. Unter seinem Nachfolger Konrad II. (1024-39) entschied sich dann, daß das Reich selbst ein römisches sein sollte. Romanum imperium – Römisches Reich wurde seitdem zur Bezeichnung des Reiches, und nach dem Reich titulierte sich konsequenterweise bald auch der König vor seiner Kaiserkrönung als römischer König. Seit 1157 wurde das Reich überdies auch noch als sacrum imperium, als Heiliges Reich bezeichnet. Das Reich verstand sich immer mehr als Fortsetzung des Römischen Reiches der Antike, das über die Byzantiner und Franken auf die Deutschen übergegangen sei. Die Tradition des karolingischen Frankenreiches verschwand dann im 12. Jahrhundert hinter der des Römischen Reiches und wurde damit an das westliche Nachbarreich preisgegeben, das sie bis heute in seinem Namen fortführt: Frankreich. Bis in die Neuzeit zählten die Chronisten die römisch-deutschen Kaiser in der Reihe der mit Caesar beginnenden antiken Kaiser fort, und König Philipp (1198-1208) zählte sich als der Zweite, weil es 244-249 schon einmal einen römischen Kaiser dieses Namens gegeben hatte. Diese Idee eines weiterlebenden Römischen Reiches war eine erkünstelte Konstruktion, denn zweifellos war das Reich der Deutschen von dem alten der Römer wesensverschieden, aber auch Ideen können historisch wirksam werden.

Der Adler, im antiken Rom Sinnbild der kaiserlichen Macht und Reichssymbol, wurde wahrscheinlich schon von Karl I. nach seiner Kaiserkrönung als Zeichen des römischen Kaisertums übernommen und von den Kaisern seitdem auf dem Zepter und an kaiserlichen Gebäuden angebracht. Als in der Ritterzeit Wappen aufkamen, wurde im 12. Jahrhundert der schwarze Adler auf goldenem (gelbem) Grund zum Reichswappen. Dies ist er, wenn auch im Laufe der Jahrhunderte mannigfach variiert, kontinuierlich bis zum heutigen Bundeswappen der BRD geblieben, und in anderer Farbgebung lebt er auch im Staatswappen Österreichs weiter.

Wie schon seit seiner Gründung durch Karl I. war das Kaisertum nur eine persönliche Würde, welche die römisch-deutschen Könige zusätzlich erhielten, aber kein territoriales Gebilde. Es war auch nicht mit weiteren politischen Rechten verbunden, sieht man einmal ab von dem Recht, Könige ernennen zu dürfen. Trotzdem blieb es dabei, daß bis 1531 jeder römisch-deutsche König in Aachen in der Pfalzkapelle Karls I. zum König gekrönt wurde, zuerst durch den Mainzer, dann seit 1028 durch den Kölner Erzbischof, daß er die Kaiserkrönung aber nur durch den Papst in Rom erhalten konnte. So gab es nach jedem Thronwechsel für meist einige Jahre keinen Kaiser, bis der König dazu gekommen war, über die Alpen zu ziehen und seinen Anspruch auf die Kaiserwürde in Rom einzulösen.

Königtum und Kaisertum

Das ostfränkische Königreich war aus mehreren großen Bausteinen zusammengesetzt, die zunächst praktisch Reiche für sich darstellten. Die einzelnen Bausteine waren in den Gesamtbau unterschiedlich fest eingefügt, und die Königsmacht erfaßte sie nicht gleichermaßen intensiv. Deshalb ist auch die Frage, welche Gebiete diesseits und welche jenseits der Reichsgrenze lagen, nicht sehr sinnvoll, weil sie von der falschen Vorstellung ausgeht, die königliche Regierungsgewalt hätte den ganzen Raum gleichmäßig durchdrungen, wie dies auch die einheitliche Flächenfärbung auf vielen historischen Karten vorspiegelt. Den Kern des Reiches bildeten die deutschen Stämme. In Bayern, Schwaben und Sachsen herrschten Stammesherzöge. Vor allem die beiden ersten nahmen in ihren Stämmen eine königsgleiche Stellung ein, und der ostfränkische König übte über sie praktisch eine nur lehensrechtliche Oberhoheit aus. Thüringen und Franken (seit 939) besaßen keine eigene Herzogsgewalt und waren so unmittelbar dem König unterstellt. Daneben trat Lothringen, seit 959 in zwei Herzogtümer geteilt, die nicht auf stammlicher Grundlage ruhten. Östlich der Elblinie und im Südosten waren dem Reich eine Reihe von Markgrafschaften angelagert. Diese dienten zunächst als herzogsgleiche Großgrafschaften dem Zweck, das fremdvolkliche Vorfeld im Osten zu kontrollieren. Im Laufe des hohen Mittelalters wurden sie dann zunehmend durch deutsche Siedler umgeprägt und wuchsen dabei ins Reich hinein, wobei sie den übrigen Herzogtümern immer ähnlicher wurden. Die im Südosten gelegenen Marken wurden schon 976 zu einem Herzogtum Kärnten zusammengefaßt. Der Adel dieser Her-

Bausteine des Reiches

zogtümer und Markgrafschaften bildete zusammen die deutsche Staatsnation, wie sie beispielsweise bei Hoftagen und Königserhebungen handelnd auftrat. Der ostfränkische bzw. römische König war seit 951 zugleich auch immer Herrscher im Königreich Italien, das die Poebene, die Toskana und das weiter südliche Herzogtum Spoleto umfaßte. Die Großen dieses Königreiches waren jedoch kein Teil der deutschen Staatsnation, so daß dieser Reichsteil stets eine gewisse Sonderstellung innerhalb des Gesamtreiches behielt. Außerdem befanden sich unter der Oberhoheit des ostfränkischen Königs eine Reihe von Nebenländern, deren Einwohner im wesentlichen fremden Völkern angehörten: im Nordwesten Friesland, im Südwesten das Königreich Burgund, in Mittelitalien der Kirchenstaat und südlich angrenzend die Fürstentümer Benevent und Capua, außerdem im Osten die Herzogtümer (und später Königreiche) Böhmen und meist auch Polen. Wie diese Länder einzuordnen waren, wurde nie klar geregelt, sondern blieb den jeweiligen faktischen Machtverhältnissen überlassen, die sich im Laufe der Zeit wandelten. Friesland gehörte formell zum Reich, war aber ohne eigene Herzogsgewalt und weitgehend selbständig. Bei den anderen Nebenländern handelte es sich ursprünglich um eine lose Oberhoheit des römisch-deutschen Königs über einen fremdvolklichen Herrscher. Im Falle von Burgund, das wegen seiner Westalpenpässe für den Zugang nach Italien wichtig war, erwarb der römisch-deutsche König 1033 selbst die Königswürde. Seitdem blieb Burgund mit dem Reich fest verbunden und gewann eine Italien vergleichbare Stellung. Im Süden Burgunds konnte sich die Reichsgewalt aber faktisch nie durchsetzen. Böhmen wuchs, anders als Polen, im Laufe des 11. Jahrhunderts zunehmend in die deutsche Staatsnation hinein. Im Jahre 1212 erlosch die Tributpflicht, so daß es damit vollends den übrigen deutschen Fürstentümern gleichberechtigt wurde. Kurzzeitig befanden sich auch noch Dänemark und Ungarn in Lehensabhängigkeit vom Reich, doch das waren nur flüchtig vorüberhuschende Erscheinungen.

Königreich und Kaiserreich meinten lange nicht ein engeres und ein weiteres Staatsgebiet, sondern wurden unterschiedslos für ein und dasselbe Staatsgebiet verwendet. Erst Anfang des 12. Jahrhunderts traten Königtum und Kaisertum räumlich auseinander, eine Folge des Investiturstreits. Allgemein setzte sich die Vorstellung durch, das Römische Kaiserreich zergliedere sich in die Dreiheit des Königreichs Italien, des Königreichs Burgund und des jetzt auch so genannten Königreichs der Deutschen, regnum Teutonicorum, das alle übrigen Gebiete umfaßte. Dabei gab es für Deutschland, Italien und Burgund keine gesonderten Könige, sondern der römische König übte automatisch auch die Königsgewalt in den drei Teilreichen aus.

Im Folgenden beschränkt sich dies Kapitel darauf, das Verhältnis der königlichen Zentralgewalt zu den deutschen Partikulargewalten zu betrachten, während die Beziehungen zu allen anderen Völkern dem übernächsten Kapitel vorbehalten bleiben.

Zergliederung der Herzogtümer

Im deutschen Raum bildeten Herzöge, Grafen, andere grafengleiche Adlige und Bischöfe im 10. Jahrhundert gegenüber dem König die nicht genau begrenzte Gruppe der „Großen" des Reiches. Zwar organisierten und führten die Herzöge anfangs das Stammesaufgebot und beriefen Hoftage wie ein König, aber die nächstniedrigere Schicht von Herrschaftsträgern, die Grafen, erhielt ihr Amt im allgemeinen vom König und nicht vom Herzog zu Lehen (außer wahrscheinlich in Bayern). Die herrschaftliche Substanz der Herzogsgewalt wurde dann im Laufe des hohen Mittelalters zunehmend ausgezehrt. Vor allem in Sachsen, Franken und den beiden Lothringen vereinigten manche Herren mehrere Grafschaften in einer Hand, und Otto I. und seine Nachfolger verliehen viele Grafschaften an Bischöfe, die dadurch in eine vergleichbare Machtposition hineinwuchsen. Diese geistlichen und weltlichen Großgrafschaften waren von den Herzögen kaum zu kontrollieren und erstrebten auch eine herzogsgleiche Stellung. So schrumpften die Herzogsgewalten in Ober- und Niederlothringen auf kleinere Gebiete zusammen, die dann als Herzogtümer Lothringen und Brabant bezeichnet wurden, und auch die sächsische Herzogswürde bezog sich nach 1180 nur noch auf ein kleines Teilgebiet. 1156 wurde die Ostmark zum Herzogtum Österreich erhoben und 1180 die Steiermark als Herzogtum von Bayern abgetrennt. Mit der Pfalzgrafschaft am Rhein und der Landgrafschaft Thüringen entstanden zwei weitere herzogtumsartige Herrschaften, zu denen dann 1235 das Herzogtum Braunschweig und 1292 die Landgrafschaft Hessen kamen. So hoben sich am Ende des 12. Jahrhunderts rund 90 geistliche und 13 weltliche Herren als besondere Gruppe der Fürsten von den übrigen Großen ab; im Unterschied zu diesen wurden sie ausschließlich unmittelbar vom König belehnt und hatten selbst wieder adlige Vasallen. Ihre Herrschaftsgebiete waren kleiner, aber im Inneren geschlossener und fester auf ein bestimmtes Gebiet bezogen als die alten Großherzogtümer. Man bezeichnete diese Fürsten seit Anfang des 13. Jahrhunderts auch als „Landesherren". Da sich auf diese Weise die alten Stammesherzogtümer zergliederten, erlosch auch der Gedanke der Stammeszugehörigkeit um 1200 allgemein.

Welche Machtstellung hatte nun der König gegenüber diesen einzelnen Teilgewalten im Reich? Als Spitze der Lehenspyramide belehnte der König Herzöge und die meisten Grafen. Im Regelfall verlieh er auch den Gerichtsbann an die Grafen, und wo er sich aufhielt, konnte er als oberster Richter jeden Rechtsfall an sich ziehen. Obwohl die Bischöfe formal durch „Klerus und Volk", konkret durch das Domkapitel, gewählt wurden, setzte faktisch der König sie ein, konnte seinen Kandidaten allerdings nicht immer durchbringen. Dieser Brauch wurde aus dem Karolingerreich übernommen und blieb bis zur Mitte des 11. Jahrhunderts unangefochten, da auch der König seine Gewalt von Gottes Gnaden ableitete und als sakral galt. Bis Ende des 10. Jahrhunderts durfte nur der König Befestigungsanlagen, Münzstätten, Märkte und Zollstellen errichten und diese nutzen, wobei allerdings die Herzöge von Bayern und Schwaben mit ihrer königsgleichen Stellung die beiden erstgenannten Rechte seit dem Anfang des 10. Jahrhunderts ebenfalls ausübten, das Recht zum Burgenbauen außerdem auch die Markgrafen. Darüber hinaus leitete der König die Außenpolitik und war der oberste Heerführer. Der König hatte Anspruch auf die (Heeres-)Dienstleistungen seiner Vasallen, die dazu auch ihre eigenen Ressourcen einsetzten und ihre Untervasallen aufboten, und ferner gebot er noch über seine nichtvasallischen Gefolgsleute und Diener.

Die Machtstellung des Königs mag auf den ersten Blick recht eindrucksvoll erscheinen, aber bei näherem Hinsehen ändert sich das Bild. Heute werden in der BRD Beschlüsse des Bundestags oder der Bundesregierung von Bonn bis Sylt überall in gleicher Weise durchgesetzt. Im hohen Mittelalter verdünnte sich die königliche Gewalt dagegen von einem Kerngebiet aus nach außen immer mehr. Am nachhaltigsten wirkte sie an seinem Hof und am jeweiligen Aufenthaltsort des Königs, dann im Bereich des Reichsguts, d.h. jener Gebiete, wo der König unmittelbar Grundherr war, ohne durch Zwischengewalten von der Bevölkerung abgeschnitten zu sein. Schwerpunkte des Reichsguts lagen anfangs in Franken, wo es auf ehemals karolingischen Besitz zurückging, und im östlichen Sachsen, wo es vorher Eigenbesitz Ottos I. gewesen war. Im Laufe des hohen Mittelalters kam es hier dann zu Verschiebungen. Weniger

Macht der
königlichen
Zentralgewalt

intensiv war die Herrschaft des Königs in jenen Gebieten, in denen er bloß die Herzogsgewalt selbst wahrnahm, also in Franken und Thüringen und zeitweise auch in dem einen oder anderen der Stammesherzogtümer. Hier regelte der König praktisch nur die Verhältnisse der Großen untereinander. Die übrigen Herzogtümer nahmen eine recht selbständige Stellung ein, in die der König wenig hineinregierte, und die Nebenlande des Reiches waren faktisch weitgehend unabhängig.

Die tatsächliche Macht der königlichen Zentralgewalt gegenüber regionalen und lokalen Herrschaftsträgern war recht begrenzt, Herrschaft also weitgehend dezentralisiert. Es gab keinen königlichen Herrschaftsapparat, der in großem Umfang materielle Mittel mobilisiert hätte, über die der König unmittelbar hätte verfügen können und mit denen er Verwaltungsbeamte und Soldaten hätte bezahlen können, die sich durch schriftliche Weisungen hätten steuern lassen. Das lag vor allem an dem fast allgemeinen Analphabetentum und an den weitgehend naturalwirtschaftlichen Verhältnissen, wozu noch das dürftige Verkehrswesen kam. Aus Gerichtsgebühren, Bannbußen, Zoll, Münzgewinn und Ehrengeschenken und gelegentlichen Steuern aus Italien flossen dem König zwar auch Geldeinnahmen zu, doch diese waren nur gering. Bei entwickelter Geldwirtschaft ist es möglich, alle dem Staat zustehenden Erträge und Abgaben zu sammeln und dann zentral über ihre Verwendung zu entscheiden, auch über die Zahlung von Beamtengehältern. Da Naturalüberschüsse aber nicht über größere Strecken transportiert werden konnten, mußte der König an Vasallen als Entlohnung für die von ihnen erwarteten Dienstleistungen Land als Lehen ausleihen, aus dem diese sich mehr oder minder direkt versorgten. Das machte im Konfliktfall zwischen Zentrale und nachgeordnetem Herrschaftsträger einen großen Unterschied: der Beamte ist davon abhängig, daß ihm sein Gehalt aus der Zentralkasse weiter gezahlt wird, während der Lehensmann sein ertragbringendes Lehensgut unmittelbar in eigener Verfügung hatte. Der König konnte die Verwaltungstätigkeit seiner Vasallen auch nicht dadurch aus der Ferne steuern, daß er ihnen geschriebene und vervielfältigte Weisungen übermittelte, denn diese hätten solche weitgehend nicht lesen können. Überdies hatte der König von den Gegebenheiten in seinem Reich nur recht verschwommene Vorstellungen, da es keine Landkarten, Statistiken und Länderkunden gab.

Reise-königtum

Die Herrschaftsausübung des Königs blieb also stark an sein persönliches Erscheinen gebunden. So zog der König ständig umher, um an möglichst vielen Orten selbst gegenwärtig zu sein und persönlich Schutz zu geben, anzuordnen und Recht zu sprechen. Das königliche Gefolge von mehreren hundert Leuten mußte natürlich aus örtlich angesammelten Überschüssen ernährt werden. Dafür hatte beispielsweise die Abtei Werden an der Ruhr an einem einzigen Tag zu liefern: 8 Kühe, 68 Schweine, 50 Ferkel, 8 Pfaue, 195 Hühner, 95 Käse, 16.000 Liter Hafer, 172 Krüge Bier und 147 Becher. Der König konnte sich mit seinem Hof im wesentlichen nur dort für längere Zeit aufhalten, wo er Reichsgüter besaß. Die große Zahl von Pfalzen und Wirtschaftshöfen, die über fast das ganze Reichsgebiet verstreut waren, ermöglichten es ihm, in den verschiedenen Teilen seines Reiches zu erscheinen. Ein König mußte gesund und kräftig sein, um immer im Sattel sitzen zu können, wenn er sein Königtum zur Geltung bringen wollte. Wer etwas von diesem Reisekönig wollte, mußte ihn im eigentlichen Wortsinne auf-suchen. Es konnte beispielsweise sein, daß ein westfälischer Adliger den König zunächst in Schwaben suchte, lange hier und da nach seinem letzten Aufenthaltsort herumfragte und ihn schließlich in Oberitalien fand. Weil der

König ständig umherzog, bildete sich kein dauernder Mittelpunkt, keine Hauptstadt des Gesamtreiches heraus. Nur in einzelnen Regionen mit umfangreichem Besitz an Reichsgütern gab es Ansätze, daß sich dort regionale Zentren bildeten. Wenn zur gleichen Zeit die Könige von England und Frankreich in London und Paris schon eine vergleichsweise feste Residenz besaßen, so verweist das auf den Dimensionsunterschied der Reiche. Die Größe des Königreiches England entsprach etwa der eines deutschen Stammesherzogtums, und der Bewegungs- und faktische Machtbereich des französischen Königs war weitgehend auf die Île de France beschränkt, ein noch kleineres Gebiet. Das römisch-deutsche Reich gehörte demgegenüber einer ganz anderen Größenordnung an. Für die Wirkungsmöglichkeiten der Zentralgewalt brachte das viel größere Probleme mit sich. Die deutschen Könige berührten auf ihren Reisen den größten Teil der deutschen Länder, zogen immer wieder über die Alpen nach Italien und führten häufig im Osten Feldzüge an, die weit in den slawischen Raum ausgriffen. So sah sich der römisch-deutsche König im hohen Mittelalter mit fast übermenschlichen Anforderungen konfrontiert. Symptomatisch gleichermaßen für die Zentrumslosigkeit des Reiches wie für die Weite des königlichen Aktionsradius' ist die Lage der Grabstätten der römisch-deutschen Könige. Die 32 legitimen Könige des Zeitraumes von 962-1519 liegen an 21 verschiedenen Orten begraben, und diese streuen von Braunschweig bis Palermo, von Middelburg (Niederlande) bis Székesfehérvár (früher Stuhlweißenburg, Ungarn) und Tyrus (Libanon).

Im Gefolge des Königs gab es eine Reihe von Hofämtern, welche die Reisen organisierten und sich um die Verwaltung des Reichsguts kümmerten. Die Gesamtheit der Geistlichen, die zum Hof gehörten, wurde seit den Karolingern zusammenfassend als Hofkapelle bezeichnet. Da kaum ein Laie in Latein schreiben konnte, waren die Könige bei schriftlichen Angelegenheiten auf diese Geistlichen angewiesen. So bildete ein Teil von ihnen eine Art Schreibbüro, das Urkunden ausfertigte, die Kanzlei. Ihr Vorsteher, der Kanzler, gewann nach und nach mehr Einfluß als alle anderen Hofämter. Da der gesamte (recht geringe) Schriftverkehr durch seine Hände ging, wurde er bald zu einem der wichtigsten Berater des Königs und nahm seit dem 11. Jahrhundert die Stellung eines leitenden Ministers ein. In verweltlichter Form überdauerte das Amt des Kanzlers selbst den Untergang des Reiches im Jahre 1806 und ist in der BRD und Österreich heute noch vorhanden. Von einer institutionalisierten Zentralverwaltung kann man allerdings nicht sprechen. Auch war kein königliches Archiv vorhanden, welches das Reichsgut oder den als Lehen ausgegebenen Besitz verzeichnet hätte. Kam der König an einen Ort, mußte er oft erst erfragen, welche Rechte ihm dort zustanden. So vermochte die Kanzlei nur schwer zu kontrollieren, ob königlicher Besitz entfremdet wurde. Wenn der König beispielsweise von einem Kloster eine Urkunde zur Unterzeichnung vorgelegt bekam, die eine frühere Schenkung bestätigte, konnte er nicht einmal prüfen, ob hier nicht mit einer Fälschung Besitz erschlichen werden sollte (was immer wieder vorkam).

Wie stark die Stellung des königlichen Zentralgewalt war, hing nicht zuletzt auch von der Kontinuität der Nachfolge ab. Bei der Königserhebung verbanden sich der Konsens der Großen einerseits und das Geblütsrecht andererseits. Ersterer hatte je nach den Verhältnissen mehr den Charakter einer Wahl oder bloßer Zustimmung. Letzteres, das die Auswahl auf die Angehörigen der Königssippe einschränkte, lief, falls ein Königssohn vorhanden war, weitgehend auf den Erbgedanken hinaus. Es mußte sich zeigen, welches der beiden Prinzipien die Oberhand gewinnen würde.

Hofämter

Wahl- und Erbgedanke

Wie selbstverständlich strebten die Herzöge und andere Große nach mehr Eigenständigkeit gegenüber dem König, und umgekehrt trachtete der König danach, seine Macht nach innen zu festigen und auszubauen. Dieser ständige Kampf zwischen Zentralgewalt und Partikulargewalt durchzieht wie ein roter Faden die Kaisergeschichte im hohen Mittelalter. Dieses wurde noch dadurch ausgeweitet, daß wiederholt auch Kaiser und Papst miteinander rangen, wobei letzterer die kaiserliche Gewalt zu schwächen suchte und dazu mit oppositionellen Großen gemeinsame Sache machte. Für das Königtum kam es darauf an, ob es ihm gelang, seinen Anspruch als oberster Lehensherr auf die Dienstpflichten seiner Vasallen zur Geltung zu bringen, das Reichsgut als Bereich unmittelbarer Herrschaft und Quelle von materiellen Mitteln zu mehren und die königlichen Hoheitsrechte für sich effektiv zu nutzen. Dabei sah das Königtum sich mit zwei Problemen konfrontiert: es konnte seine Hoheitsrechte kaum selbst nutzen, da es ihm an dem erforderlichen Verwaltungsapparat fehlte, und die Vasallen neigten dazu, sich ihren Verpflichtungen zu entziehen, ihr Lehensgut erblich werden zu lassen und schließlich gar ihrem Eigenbesitz zuzuschlagen, also dem Königtum zu entfremden. Langfristig bedeutete dann die Ausbreitung von Geldwirtschaft und Handel eine neue Chance: hiermit vervielfältigten sich die Einnahmen aus Zoll, Münze und Märkten, und mit der Geldwirtschaft ließen sich Ressourcen über größere Entfernungen transportieren und speichern, damit in Händen zentraler Stellen kumulieren und für diese unmittelbar verfügbar machen.

Otto I. bemühte sich, die Herzogsgewalt zu kontrollieren, indem er nach karolingischem Vorbild die Herzöge frei ein- und absetzte ohne Rücksicht auf ihre Stammeszugehörigkeit. Dazu bediente er sich zunächst mit Vorliebe seiner Verwandten. Doch er erlebte einen bösen Fehlschlag. Aus persönlichen Motiven erhoben sich sein Sohn Liudolf und Herzog Konrad von Lothringen 953/54 gegen ihn. Otto zog daraus die Konsequenz, sich bei der Vergabe der Herzogtümer nicht mehr an verwandtschaftlichen Bindungen zu orientieren und überdies die Macht der Herzöge auszuhöhlen, indem er die über den Stämmen stehende Kirche zum Gegengewicht und zur Stütze des Königtums ausbaute. Otto unterstellte die Grundherrschaften der Bistümer und Klöster unmittelbar der Krone und durchlöcherte damit die Amtsbereiche der Grafen und Herzöge, er übertrug den Bischöfen und Äbten zusätzlich in großem Umfang Reichsgut zur Verwaltung, stattete sie zunehmend für bestimmte Gebiete mit den vollen gräflichen Rechten aus und verlieh ihnen ferner das Recht, Münzstätten zu betreiben, Zölle zu erheben und Märkte zu gründen. Dafür waren sie verpflichtet, den König und sein Gefolge zu versorgen, wenn dieser auf seinen Reisen dort Quartier nahm, was seitdem immer häufiger vorkam. Außerdem hatten jene kirchlichen Würdenträger, die mit Reichsgut ausgestattet waren, Vasallen zum Reichsheer zu stellen; ihre Reiter machten dort bald den weitaus größten Anteil aus. Es ging Otto nicht darum, der Kirche Geschenke zu machen, sondern er wollte den Apparat der Kirche nutzen, um königliche Hoheitsrechte und Besitzungen zu verwalten, gewissermaßen als Ersatz für die nicht vorhandene Reichsverwaltung. Anders als weltliche Vasallen konnten geistliche Große nicht so sehr danach trachten, verliehene Güter durch Vererbung der Krone zu entfremden oder für eine dynastischen Zwecken dienende Politik zu verwenden, da sie im Regelfall kinderlos waren. Da der König die Bischöfe und wichtige Äbte einsetzte, fiel der an geistliche Große ausgegebene Komplex von Rechten also praktisch immer wieder an den König zurück, der ihn so Männern seines Vertrauens übergeben konnte.

Die Macht des Königs blieb nicht unangefochten. Nachdem Otto I. 973 gestorben war, hatte sein Sohn und Nachfolger Otto II. zunächst gegen Verschwörungen seines Vetters Herzog Heinrich (der Zänker) von Bayern zu kämpfen, die er aber niederschlagen konnte. Schon 983 wurde dann der erst 28jährige Kaiser von der Malaria hingerafft. Für seinen zu diesem Zeitpunkt erst dreijährigen Sohn Otto III. führte die Kaiserwitwe bis zur Volljährigkeit die Regentschaft. Aber schon 1002 starb Otto III., erst 21 Jahre alt und kinderlos.

Das Königtum festigt sich

Die Dynastie der Ottonen lebte mit Herzog Heinrich von Bayern, dem Sohn Heinrichs des Zänkers, nur noch in einer Nebenlinie weiter. Mit Mühe konnte Heinrich sich gegen Konkurrenten um die Königskrone durchsetzen. Indem er dem Krongut sein Eigengut in Bayern hinzufügte, vermehrte er die Macht der Zentralgewalt beträchtlich. Mit seinem Tod 1024 erlosch das Geschlecht der Ottonen im Mannesstamm endgültig. Von den beiden Thronkandidaten, beide in weiblicher Linie Nachkommen von Ottonenkaisern, erlangte Konrad II. aus dem Geschlecht der Salier die Krone und setzte sich auch gegen Widerstände im Innern durch. Er übernahm den größten Teil des Güterbesitzes der Ottonen in Franken und Ostsachsen als Reichsgut und vermehrte dieses in Franken planmäßig, um die Stellung der Krone im Reich zu stärken. Die Herzöge versuchte Konrad in Schach zu halten, indem er deren Untervasallen förderte. Konrad festigte die Stellung der Krone im Innern so weit, daß nach seinem Tod 1039 beim Regierungsantritt seines Sohnes Heinrich III. nirgends mehr Widerstände aufflammten. Allerdings hatte Heinrich im späteren Verlauf seiner Regierungszeit mehrfach mit Unruhen der Großen zu tun.

Das von Otto I. begründete Reichskirchensystem wurde von allen seinen Nachfolgern tatkräftig ausgebaut und erreichte unter Heinrich III. seinen Höhepunkt. Zur Zeit Heinrichs II., Konrads II. und Heinrichs III. waren die Bischöfe die zuverlässigste Stütze der königlichen Herrschaft, während der weltliche Adel sich immer ausschließlicher um seinen eigenen Besitz kümmerte und die weltlichen Grafschaften der Macht des Königs weitgehend entglitten. Schon Otto I. hatte angestrebt, nicht nur die deutschen Bischöfe, sondern auch den Papst zu kontrollieren, an sich eine logische Konsequenz des Reichskirchensystems. Zeitweise war den Kaisern damit auch Erfolg beschieden: während zuvor der stadtrömische Adel die Päpste als Bischöfe von Rom gewählt hatte, wurden die zwölf Päpste, die von 963-1003 und von 1046-57 amtierten, bis auf einen unter maßgeblicher Mitwirkung des Kaisers ausgewählt und eingesetzt. Von den königlichen Hoheitsrechten, die der König Mitte des 10. Jahrhunderts ausgeübt hatte, war bis Mitte des 11. Jahrhunderts nichts an weltliche Große verloren gegangen. Das Reichsgut hatte sich gemehrt. Das Königtum war unter den Saliern praktisch erblich geworden. Insgesamt: Einheit des Reiches und Macht der Krone gegenüber den Partikulargewalten standen unter den beiden ersten Saliern recht weit gefestigt da. Doch gerade die tragende Verbindung zur Reichskirche sollte wenig später das Königtum schwer gefährden.

Nach dem Tod Heinrichs III. 1056 ging die Krone zwar ohne äußere Schwierigkeiten an seinen sechsjährigen Sohn Heinrich IV. über, aber in der Zeit der Regentschaft für den unmündigen Heinrich wurde die Stellung des Königtums stark geschwächt. Große Teile des Königsguts entglitten der Krone, und als Heinrich seine Regierung antrat, befand sich keines der Herzogtümer in seiner Hand. Der junge König begann nun sofort energisch darum zu kämpfen, das verlorene Reichsgut wiederzuerlangen und darüber hinaus noch zu mehren. Planmäßig ging er daran, aus Grundherrschaften, Bur-

Ursprung des Investiturstreits

gen und anderen Herrschaftsrechten ein geschlossenes Gebiet unmittelbarer Königsherrschaft aufzubauen, das Ostsachsen und Thüringen umfassen sollte. Um zu verhindern, daß die von ihm mit der Verwaltung beauftragten Männer die ihnen übertragenen Herrschaften der Krone entfremdeten, gab Heinrich diese Posten nicht als Lehen
an Vasallen, sondern beschritt einen neuen Weg: er setzte Ministeriale ein, also unfreie Dienstleute, verbot ihnen, ihre Dienstlehen weiterzuleihen, und behielt sich vor,
diese auch wieder einzuziehen. Schroffe Maßnahmen provozierten in Sachsen einen
gewaltigen Aufstand, dem sich auch die süddeutschen Herzöge anschlossen. Nach militärischen Erfolgen war Heinrich IV. aber 1075 wieder Herr der Lage, hatte reichlich
Reichsgut zurückgewonnen und die alte Machtfülle des Königtums fast erneuert.

Doch er konnte sein Aufbauwerk nicht ungehindert fortsetzen: das Papsttum verstrickte das römische Königtum in einen fast 50jährigen Kampf und erschütterte es dabei in den Grundfesten. Papst Gregor VII. (1073-85) weitete die von kirchlichen Re-
formkreisen vorgetragene Forderung, geistliche Ämter sollten nicht mehr gegen Geld
verkauft werden (Simonie), außerordentlich aus, indem er die Einsetzung (Investitur)
von geistlichen Würdenträgern durch Laien überhaupt verbot. Dabei rechnete er auch
den König, der sich bisher als Gesalbter des Herrn verstanden hatte, zu den Laien. Da
gerade das ottonische Kirchensystem den Bischöfen eine besondere Rolle als Stützen
der königlichen Macht zuwies, löste dieses Verbot im römisch-deutschen Reich viel
heftigere Streitigkeiten aus als in Frankreich und England. Gregor VII. ging sogar
noch weiter: er beanspruchte für das Papsttum eine universale Vorherrschaft auch
über den Kaiser, konkret das Recht, nicht nur Bischöfe, sondern auch Könige und
selbst den Kaiser absetzen und Fürsten von ihren Treuepflichten lösen zu können.
Zwischen dem Herrschaftsbewußtsein Heinrichs IV., der wie seine Vorgänger sein
Königtum als sakral verstand, und den Ansprüchen Gregors VII., der von fanatischer
Unduldsamkeit beseelt war, entbrannte ein Kampf, welcher zu der grundsätzlichen,
aber doch recht theoretischen Frage gesteigert wurde, ob die geistliche Gewalt der
weltlichen übergeordnet sei oder umgekehrt.

*Verlauf des
Investitur-
streits*
Als Gregor gegen einige deutsche Bischöfe den Vorwurf der Simonie erhob, erklärten der deutsche Episkopat und Heinrich 1076 auf einer Reichsversammlung in Worms
Gregor für abgesetzt. Der Papst konterte, indem er seinerseits Heinrich IV. für abgesetzt erklärte und ihn exkommunizierte. Das hatte es noch nie gegeben! Die Zeitgenossen empfanden es als ungeheuerlich. Der Papst verbündete sich mit der wiederauflebenden Fürstenopposition. Das Königtum geriet in einen Zweifrontenkrieg gegen
den Primatanspruch des Papstes und gegen den fürstlichen Partikularismus. Im weiteren Verlauf der mittelalterlichen Geschichte schleuderten Päpste noch mehrfach den
Bannfluch gegen den römischen König, ohne damit indessen größere politische Wirkung zu erzielen. Erst daß Gregors Bann mit der Fürstenopposition zusammentraf,
machte ihn für Heinrich so gefährlich. Ein Fürstentag beschloß noch im selben Jahr
1076 in Tribur, Heinrich abzusetzen, wenn es ihm nicht gelänge, sich binnen Jahresfrist
vom päpstlichen Bann zu lösen, womit die Fürsten aber insgeheim nicht rechneten. Im
strengen Winter eilte Heinrich nun mit nur wenigen Getreuen über die tiefverschnei-
ten Alpenpässe nach Oberitalien. Der Papst, unterwegs nach Norden, zog sich in die
uneinnehmbare Burg Canossa zurück. Drei Tage lang bat Heinrich vor dem geschlossenen Burgtor um Vergebung, barfuß und in schlichtem Büßerhemd. Dann hob der
Papst den Bann gezwungenermaßen auf. Der König hatte einen Augenblickserfolg erlangt, aber die sakrale Gottesunmittelbarkeit seines Herrscheramtes war durch diese

Demütigung ramponiert. Die opponierenden Fürsten fühlten sich geprellt. Eine Gruppe von ihnen wählte trotz der Absolution Herzog Rudolf von Schwaben, Heinrichs Schwager, zum Gegenkönig. Nach einigem Zögern ergriff auch Gregor erneut gegen Heinrich Partei: 1080 erklärte er Rudolf für legitim und Heinrich zum zweiten Mal für abgesetzt und exkommuniziert. Heinrich reagierte darauf, indem er einen Gegenpapst erhob. Als Rudolf noch im Herbst 1080 in einer Schlacht die rechte Hand verlor und daran starb, trat der größte Teil der Fürsten wieder auf Heinrichs Seite. Nur noch eine kleine Gruppe wählte mit dem ganz unbedeutenden Grafen Hermann von Salm einen neuen Gegenkönig. Damit stammte erstmals der zum König gewählte nicht einmal entfernt von einem der früheren römisch-deutschen Könige ab. Hermann fand keinen nennenswerten Anhang mehr und wurde 1088 bei der Erstürmung einer Burg tödlich verwundet. 1084 konnte Heinrich seinem Gegenpapst den Weg nach Rom freikämpfen, und als Gregor im folgenden Jahr starb, stand Heinrich als Sieger über das Papsttum da. Doch Papst Urban II. (1088-99) setzte die königsfeindliche Politik fort. Als der Papst mit Heinrichs Gegnern in Oberitalien Verbindung aufnahm, als sich 1093 sogar Heinrichs Sohn und Mitkönig Konrad von ihm lossagte, fand der König sich innerhalb kurzer Zeit verlassen und für mehrere Jahre von jedem politischen Einfluß ausgeschaltet. Erst 1098 konnte Heinrich die Macht zurückgewinnen. Er setzte Konrad als Mitkönig ab und schloß ihn von der Thronfolge aus. Der Streit zwischen Kaiser und Papst ging nicht mehr um die allgemeine Frage des Primats, sondern nun um die begrenzte der Investitur. Aber obwohl Heinrich sich um einen Ausgleich bemühte, erneuerte Urbans Nachfolger Paschalis II. (1099-1118) im Jahr 1102 den Bann gegen ihn. 1105 entlud sich außerdem der Groll des deutschen Adels in einer neuen Rebellion, an deren Spitze sich Heinrichs Sohn Heinrich V. stellte. Dieser wollte den Vater opfern und auf seine Weise einen Ausgleich der Krone mit Fürsten und Papst suchen. Noch bevor Heinrich IV. zum militärischen Gegenschlag ausholen konnte, starb er 1106.

In der Investiturfrage einigte Heinrich V. sich 1111 in Rom mit dem Papst. Geistliche Funktion und weltliche Rechte sollten wieder radikal voneinander getrennt werden, indem der König auf die Investitur und die Kirche auf das ihr seit Karl I. verliehene Reichsgut verzichten sollte. Das war ein theoretisch sauberer Plan, aber er scheiterte am Protest der Bischöfe, Äbte und Fürsten. Als er diesen bekanntgegeben wurde, kam es zu Tumultszenen: die Bischöfe hätten große Besitzeinbußen erlitten, der König hätte ungeheuer an Macht gewonnen. Heinrich V. erpreßte daraufhin vom Papst gewaltsam das Zugeständnis, dem König stehe im ganzen Reich die Investitur der Bischöfe zu. Doch als er wieder in Freiheit war, stand der Papst nicht mehr zu diesem Wort. Heinrich V. hielt nicht nur an seinem Investiturrecht fest, sondern auch an der Politik seines Vaters, das Königtum dadurch zu stärken, daß er das Reichsgut rücksichtslos ausbaute, besonders in Sachsen, und daß er die Ministerialen begünstigte. So geriet auch er in Gegensatz zu den Fürsten. 1112 brach erneut ein großer Aufstand los, der sich in Norddeutschland mit schweren Kämpfen lange hinzog. Mit dem Papst einigte Heinrich sich 1122 im Wormser Konkordat. Dieses beendete den jahrzehntelangen Kampf mit einem Kompromiß, der die geistliche und die weltliche Seite der Reichsbischöfe weniger radikal trennte als der Vorschlag von 1111. Die Bischöfe sollten von Volk und Klerus gewählt werden; Heinrich verzichtete auf die Investitur mit Ring und Stab, den Symbolen der geistlichen Würde, investierte die Bischöfe aber weiter mit dem Zepter als Symbol ihrer weltlichen Befugnisse. Für Deutschland (nicht für Italien und Burgund) gestand der Papst zu, daß die Wahlen der

Bischöfe und Äbte in Gegenwart des Königs oder seines Bevollmächtigten stattfinden sollten und daß der König das Zepter dem Kandidaten schon vor seiner Weihe verleihen dürfe. Von einem Mitspracherecht des Königs bei der Papstwahl war keine Rede mehr.

Ergebnis des Investiturstreits und dessen Folgen Die Machtstellung des Königtums im Reich war am Ende des Investiturstreits schwer erschüttert. Über die Bischöfe in Italien und Burgund konnte der König überhaupt nicht mehr verfügen. Sein Einfluß auf die Besetzung der Bistümer in Deutschland war beschnitten, wenngleich keineswegs beseitigt. Die geistlichen Fürsten stützten nicht länger die Krone gegen die weltlichen Fürsten, sondern verschmolzen mit den weltlichen Großen zu einem einzigen Fürstenstand, der dann dem König geschlossen gegenübertrat. Weil die Leistungen der geistlichen Fürsten an den König in Form von Truppengestellung, Naturallieferungen und Geldabgaben jetzt stark zurückgingen, wurde das unmittelbare Reichsgut für den König um so wichtiger. Doch der Versuch, ein größeres Königsterritorium aufzubauen, war in einer Lawine von Kämpfen gescheitert, das Krongut in Ostsachsen weitgehend verloren. Außerdem hatte das Königtum in den Wirren der Regierungszeit Heinrichs IV. die Kontrolle über das Münzwesen und das Befestigungsrecht fast ganz an den hohen Adel eingebüßt. Seit dieser Zeit prägten viele geistliche und weltliche Fürsten Münzen im eigenen Namen, und es gab kaum noch Münzstätten, die für den König und mit seinem Bildnis arbeiteten. Grafen und Edelherren bauten sich jetzt ihre eigenen Burgen als Wohnsitze. Auch das bisher königliche Recht, neue Zölle, Märkte und Städte anzulegen, wurde im 12. Jahrhundert zunehmend auch von Fürsten in Anspruch genommen. Insgesamt war während der langen Bürgerkriege die Macht der Regionalgewalten gegenüber der königlichen Zentralgewalt erstarkt.

Es war folgenschwer, daß sich das Königtum gerade jetzt so stark zurückgeworfen fand, denn im Laufe des 12. Jahrhunderts eröffneten sich neue Möglichkeiten: die Zahl der Städte begann rasch zu steigen, und die Geldwirtschaft nahm zu. Geldeinnahmen, mit denen sich z.B. Soldritter anwerben ließen, begannen für Herrscher wichtiger zu werden als das Anrecht auf persönliche Kriegsdienstleistungen, die oft doch nicht erfüllt wurden. In England verfügte der König seit dem 11. Jahrhundert über direkte Steuereinnahmen aus dem ganzen Land, und der französische König besaß seit Mitte des 12. Jahrhunderts rasch wachsende Finanzeinnahmen aus Steuern und Zahlungen seiner Vasallen. Damit verglichen sah sich die königliche Zentralgewalt im römisch-deutschen Reich in einer schwächeren Position. Die militärischen Dienstleistungen der Vasallen schmolzen weg, ohne daß sie durch Steuerzahlungen an den König abgelöst worden wären. Pläne Heinrichs IV. und Heinrichs V., nach englischem Vorbild eine allgemeine Reichssteuer einzuführen, hatten erbitterten Widerstand der Großen hervorgerufen und waren nicht verwirklicht worden. König und Fürsten wetteiferten im 12. und 13. Jahrhundert damit, steuerbringende Städte und Märkte zu gründen und neue Münzstätten und Zollstellen einzurichten. Die Zahl der Münzstätten im deutschsprachigen Raum stieg 920-1250 von knapp 30, fast alle westlich des Rheins gelegen, auf etwa 500. Der Löwenanteil der neuen Märkte, Münzarten und Zollstellen entfiel auf die Fürsten. Die Machtquellen der Zentralgewalt blieben weitgehend auf das Reichsgut beschränkt, dessen Leistungen überdies noch zum großen Teil naturalwirtschaftlich waren.

Staufer gegen Welfen Als Heinrich V. 1125 kinderlos starb, erlosch die Dynastie der Salier. Der nach Geblütsrecht nächste Anwärter auf die Krone war Herzog Friedrich von Schwaben aus dem Geschlecht der Staufer, ein Enkel Heinrichs IV. und zugleich Erbe der umfangreichen salischen Eigengüter. Weil die Fürsten fürchteten, er würde die Politik der Salier fortsetzen, wählten sie stattdessen Heinrichs mächtigsten Gegner zum König, den Herzog Lothar von Sachsen. Friedrich weigerte sich, das Reichsgut herauszugeben, das vom salischen Hausgut kaum zu trennen war. So kam es zum Kampf zwischen den Staufern und Lothar II. Friedrichs jüngerer Bruder Konrad ließ sich von der staufischen Partei 1127 zum Gegenkönig ausrufen. Erst 1135 konnte Lothar sich gegen die beiden Staufer durchsetzen.

Als Lothar 1137 kinderlos starb, fielen seine Eigengüter und das Herzogtum Sachsen auf dem Erbweg an seinen Schwiegersohn Heinrich den Stolzen aus dem Haus der Welfen, der ohnehin schon Herzog von Bayern und im Besitz ausgedehnter Eigengüter war. Heinrich stand somit als der mächtigste Fürst im Reich da. Noch vor dem offiziellen Wahltag erhob eine kleine Fürstengruppe jedoch nicht ihn, sondern den früheren staufischen Gegenkönig Konrad zum König, der dann auch von den Fürsten anerkannt wurde. Als Konrad III. dem übermächtigen Welfen mindestens eines seiner Herzogtümer abnehmen wollte, kam es zum offenen Kampf. Er endete 1142 mit einem Vergleich: Heinrich der Löwe, Sohn und Erbe des inzwischen verstorbenen Heinrich des Stolzen, mußte auf Bayern verzichten, behielt aber das Herzogtum Sachsen einschließlich der Masse der norddeutschen Reichsgüter. Letztere gingen so der Zentralgewalt auf Dauer verloren und damit die materielle Basis, um sich in Norddeutschland zur Geltung zu bringen. Konrad III., ein schwacher Herrscher, hatte sehr mit inneren Schwierigkeiten zu kämpfen, doch konnte er im fränkischen und bayerischen Raum das Krongut wesentlich vermehren. Um die Kontinuität der Dynastie nicht zu gefährden, designierte er bei seinem Tod nicht seinen erst sechsjährigen Sohn, sondern seinen Neffen Herzog Friedrich von Schwaben zum Nachfolger, der 1152 auch gewählt wurde.

Friedrich I., der von den Italienern wegen seines rötlichen Bartes den Beinamen Barbarossa erhielt, erwies sich als energischer Herrscher. Als Vetter Heinrichs des Löwen führte er 1154/56 einen Ausgleich mit den Welfen herbei, indem er Heinrich auch noch Bayern überließ und ihm in Norddeutschland weitgehend freie Hand gewährte. Heinrich baute sich mit rücksichtslosem Machtwillen im Norden des Reiches einen eigenen Herrschaftsbereich auf. Der hochmütige und königsgleich auftretende Welfe wurde zum mächtigsten Reichsfürsten. Währenddessen war Friedrich jahrelang weitgehend in Italien engagiert. Als Friedrich den Herzog 1176 um Truppenunterstützung bat, ließ dieser ihn im Stich und trug damit dazu bei, daß der Kaiser bei Legnano eine militärische Niederlage erlitt, die seiner Italienpolitik einen entscheidenden Schlag versetzte. Darauf ließ Friedrich seinen bisherigen Freund fallen und sorgte dafür, daß ihm in einem politischen Prozeß 1180 sämtliche Reichslehen abgesprochen wurden. Hätte der Kaiser die beiden Herzogtümer für die Krone einziehen können, wäre die Zentralgewalt gewaltig erstarkt. Doch da Friedrich die Mithilfe der Fürsten benötigt hatte, um den Welfen niederwerfen zu können, mußte er die Gebiete wieder ausgeben. Bayern ging, in verkleinerter Form, als Lehen an Otto von Wittelsbach, dessen Dynastie dort bis 1918 regierte. Den Welfen blieben nur ihre Eigengüter um Braunschweig und Lüneburg.

Da die königlichen Hoheitsrechte der Zentralgewalt immer mehr entglitten und da sich allmählich innerlich fester werdende Territorialfürstentümer herausbildeten, sah sich das Königtum auf den Weg verwiesen, nach Möglichkeit selbst zum mit Ab-

Ein Königs-territorium?

stand größten Territorialfürsten zu werden. Gewissermaßen in den Fußstapfen Heinrichs IV. bemühte Friedrich sich seine ganze Regierungszeit intensiv, der Krone ebenfalls geschlossene unmittelbare Herrschaftsbezirke zu schaffen. Er ging vom Reichs- und Hausgut aus, kaufte und tauschte Grundherrschaften und zog heimgefallene Lehen ein. So sollte ein zentrales großes Königsterritorium entstehen, das Schwaben, Elsaß, Franken, Thüringen und das Egerland umfaßte. Dabei setzte der König Ministeriale als Verwaltungsbeamte ein. Nach dem Tod Friedrichs I., der 1190 auf dem Dritten Kreuzzug in Kleinasien in einem Fluß ertrank, führte sein Sohn und Nachfolger Heinrich VI. diesen Ausbau einer königlichen Territorialherrschaft zielstrebig fort. Erneut lebte ein Konflikt mit den Fürsten auf, besonders mit den Welfen, aber Heinrich konnte ihn überstehen. Als Preis für die Aussöhnung mit den Welfen ließ Heinrich VI. die rheinische Pfalzgrafschaft auf dem Erbwege von den Staufern an den ältesten Sohn Heinrichs des Löwen übergehen. Nachdem in der Zeit des Investiturstreits die Machtstellung des Königs in Deutschland schwer erschüttert worden war, nahm sie unter den beiden großen Stauferkaisern noch einmal einen enormen Aufschwung. Für die königliche Zentralgewalt zeichnete sich die Chance ab, gestützt auf ein schrittweise entstehendes großes Kronterritorium und auf die Lehenshoheit über mittelgroße Herzogtümer, langfristig stark genug zu werden, um heimfallende Lehen einzuziehen und damit nach und nach die Partikulargewalten überwinden und einen Einheitsstaat schaffen zu können. Voraussetzung dafür wäre gewesen, daß das Königtum längere Zeit kontinuierlich diese Politik des inneren Aufbaus fortgesetzt hätte. Doch dazu sollte es nicht kommen: die Krone wurde nach Italien abgelenkt.

Gipfel der Kaisermacht

1189 erbte überraschend die Gemahlin Heinrichs VI., Konstanze, das Königreich Sizilien, als ihr Neffe, König Wilhelm II. von Sizilien, kinderlos starb. Das Königreich Sizilien, das die Insel Sizilien und Unteritalien umfaßte, war ein reiches, gut organisiertes Staatswesen. Heinrich griff zu (1194). Die Macht des Kaisers gegenüber den deutschen Fürsten schnellte gewaltig empor, das Papsttum sah sich von Norden und Süden umklammert und in der Gefahr, zu einem obersten Reichsbischof herabgedrückt zu werden. Die unausbleibliche Folge war eine unversöhnliche Feindschaft des Papstes gegen jede dauernde Vereinigung des römisch-deutschen Reiches mit Sizilien. Genau das aber war Heinrichs Absicht. Da dies nur ging, wenn beide Kronen erblich waren, versuchte Heinrich die deutschen Fürsten gegen einige Zugeständnisse dafür zu gewinnen, das römisch-deutsche Reich zu einem mit Sizilien verbundenen Erbreich zu machen, nachdem die weltlichen Territorialfürstentümer bereits auch weitgehend erblich geworden waren. Nach anfänglicher Zustimmung lehnten die Fürsten Heinrichs Erbreichsplan jedoch ab.

Absturz der Kaisermacht

Durch die Verbindung mit Sizilien hatte Heinrich VI. die kaiserliche Macht auf einsame Höhe gehoben, doch alles beruhte ganz auf seiner Person. Als Heinrich 1197 mit nur 32 Jahren starb, kam es zur größten Katastrophe der mittelalterlichen Kaisergeschichte. Der erst zweijährige Kaisersohn Friedrich kam nicht mehr nach Deutschland durch, so daß er in Süditalien als König von Sizilien aufwuchs. In Deutschland loderte der staufisch-welfische Gegensatz neu auf. Da das römische Königtum für das Kind in Sizilien nicht zu halten war, wählten die staufertreuen Fürsten 1198 Philipp, den Bruder Heinrichs VI., zum König, während eine nordwestdeutsche-welfische Fürstengruppe mit englischem Geld den Welfen Otto wählte, einen Sohn Heinrichs des Löwen. In Deutschland entbrannte ein zehnjähriger Bürgerkrieg. Obwohl der Papst Otto unterstützte, konnte sich Philipp dabei durchsetzen. Ottos Rücktritt war schon verein-

Mühseliges Bücken: Ernten mit der Sichel um 1200.

etreideernte

Begrenzter Fortschritt: en mit der Sense um 1900.

Mechanisierung: en mit dem Mähdrescher.

2.1 Handschmiede. *Der kleine Handwerksbetrieb stützt sich ganz auf die menschliche Arbeitskraft.*

Eisenverarbeitu

2.3 *Eisenwalzwerk um 1875. Der große Fabriksaal ist mit Gestänge und Arbeitern angefüllt. Trotz der industriellen Technik beansprucht die Arbeit weiter viel Körperkraft. Da Kantinen fehlen, müssen die Arbeiter in der Werkhalle auch essen (vorne rechts im Bild).*

2.2 Eisenhammer. Wasserkraft unterstützt den Menschen, indem das Wasserrad den Eisenhammer regelmäßig über eine Nockenwelle hebt und dann auf den Amboß
fallen läßt. Aber die Leistung ist begrenzt, und bei Trok-
kenheit und Frost liegt die Anlage still.

Walzstraße 1986. Mit der Automatisierung ist die
e menschenleere Halle der physischen Produktion
nlich völlig vom Leitstand der Anlage getrennt. Die
eit verlagert sich auf Tätigkeiten der Steuerung, War-
usw. Der Kapitaleinsatz je Arbeitsplatz und dement-
chend die Arbeitsproduktivität sind hoch.

3.1 Eine große Stadt: Lübeck.

3.2 Eine kleine Stadt: Bernkastel.

Siedlungen
im
16. Jahrhundert

3.3 Dorf und Burg: das Filstal bei Göppingen.

Verstädterung:
Essen als Beispiel

Alle drei Ansichten sind etwa vom gleichen Standpunkt aus gemalt bzw. fotografiert.

4.1 1829: eine Stadt des Handwerks und Handels vor der Industrialisierung.

4.2 1867: Fabrikgebäude haben sich um den alten Stadtkern gelagert, und rauchende Schlote prägen die Silhouette.

4.3 1989: Die Stadt hat sich weit ausgebreitet, und im alten Stadtkern ist eine City entstanden. Dabei ist die Ballung der Schornsteine der Ballung der Schreibtische in Bürohochhäusern gewichen.

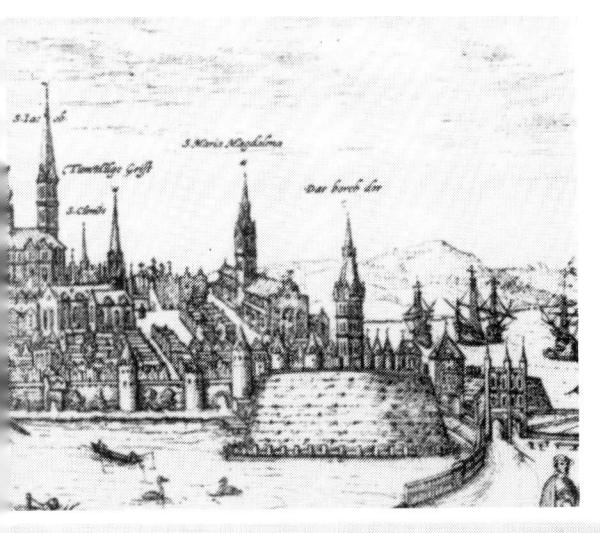

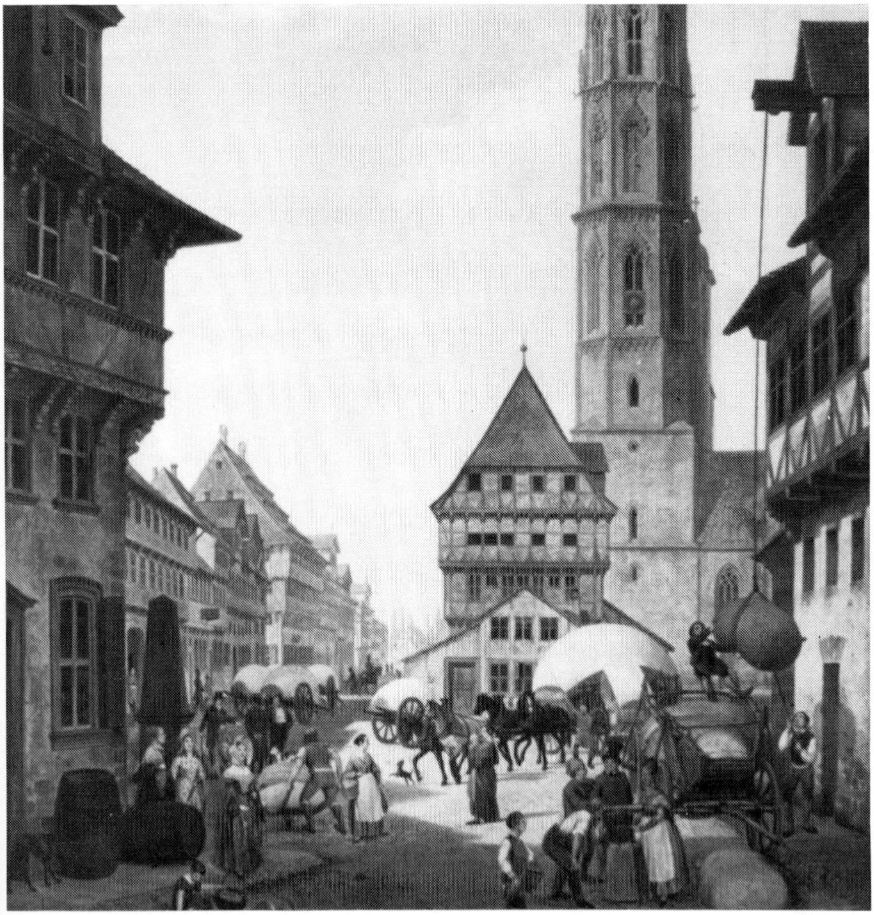

5.1 Vorindustrielles Stad
bild: Braunschweig um 183
Wollmarkt.

5.3 Der Wunsch nach einem eigenen Haus mit Garten führt zu flächenaufwendigem Wohnen. Die Städte fließen ins Umland a
und das Auto macht es möglich, sich so weit vom Stadtzentrum zu entfernen. Hamburg-Lurup 1978.

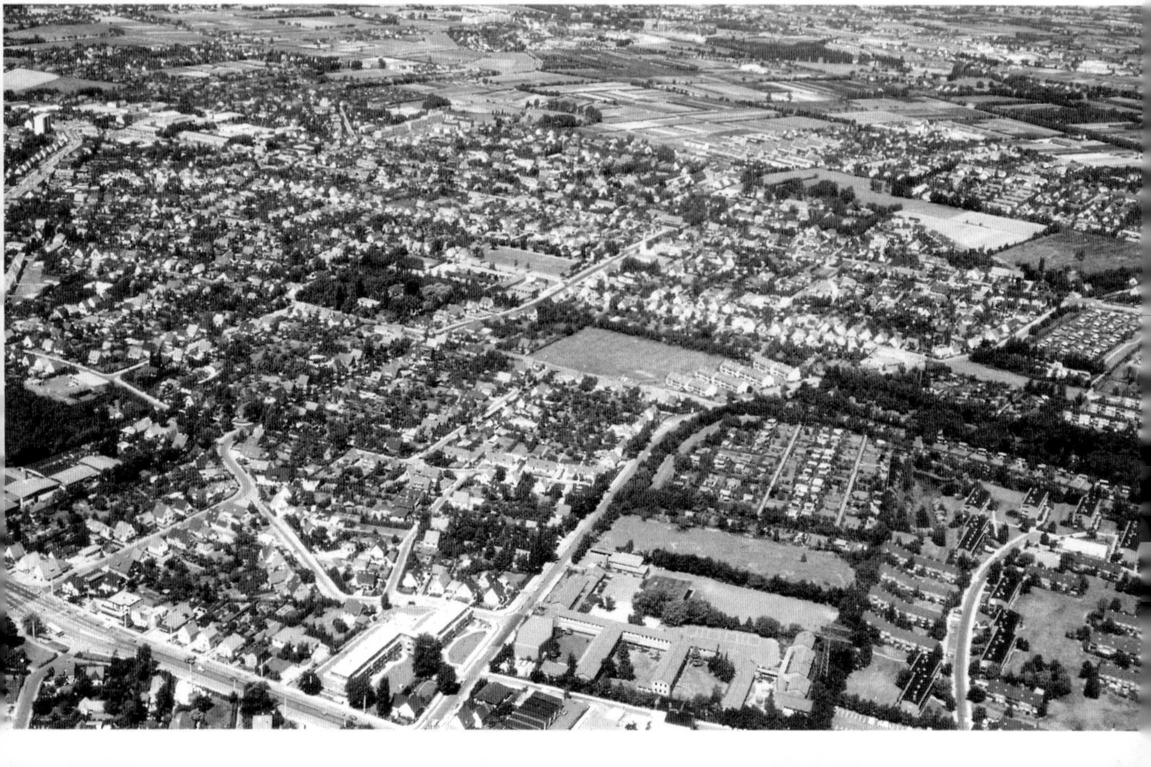

*5.2 Mit der Zusammenbal-
lung der Menschen infolge
der Industrialisierung sind
die Bodenpreise gestiegen
und die Gebäude höher ge-
worden. Mit dem zunehmen-
den Verkehr werden die
Straßen breiter, und für die
Fußgänger ist ein Bürger-
steig geschaffen worden. Der
Verkehr besteht aus Straßenbahnen und Frachtwagen,
aber noch fast gar nicht aus
Pkws. Berlin, Leipziger
Straße, Ecke Manestraße.*

adtbild

n

/andel

Großdimensional geplanter Massenwohnungsbau: Berlin, Märkisches Viertel, gebaut 1963-74.

6.1 Das älteste Verfahren: Spinnen mit der Handspindel.

6.2 Kleiner Fortschritt Ende des 15. Jahrhunderts: Spinnen mit dem Spinnrad.

Spinnen

6.3 Mechanisierung: Spinnmaschinensaal um 1860. Deutlich ist das Gestänge zur mechanischen Kraftübertragung von der zentralen Antriebsmaschine zu erkennen.

6.4 Automatisierung: Perlonspinnmaschine um 1960.

bart, als Philipp 1208 bei einem privaten Racheakt mit dem Schwert erschlagen wurde. Da man weithin der Kämpfe müde war, wurde jetzt Otto allgemein anerkannt. Um Staufer und Welfen zu versöhnen, heiratete er Philipps Tochter Beatrix. Zur Überraschung des Papstes nahm Otto IV. jetzt die staufische Italienpolitik wieder auf und eroberte die gesamte italienische Halbinsel. Angesichts dieser neuen Umklammerung bannte der Papst Otto und ließ 1211 von einer Fürstengruppe den Sizilianer Friedrich zum römischen König wählen. Dieser eilte nach Deutschland, wo ihn in kürzester Zeit fast alle Fürsten anerkannten, so daß Otto IV. 1218 machtlos starb.

Während des langen Thronstreits war das Krongut rapide zusammengeschrumpft. Beide Prätendenten hatten es mit vollen Händen verschleudert, um Anhänger zu gewinnen. Von 1212 bis 1220 nahm Friedrich II. die Idee, ein Kronterritorium zu bilden, wieder auf und konnte einen Teil des verlorenen Besitzes zurückgewinnen. Doch dann brach er diese Politik ab und wandte sich Italien zu, wo er die ganzen restlichen 30 Lebensjahre verbrachte, von einem einzigen Kurzbesuch nördlich der Alpen abgesehen, stets in heftige Kämpfe verstrickt. 1220 ließ Friedrich in Deutschland seinen minderjährigen Sohn Heinrich (VII.) zum König wählen. Die Zustimmung der geistlichen Fürsten erkaufte er mit der Confoederatio cum principibus ecclesiasticis. In dieser Vereinbarung bestätigte der König ihnen den Besitz des Zoll-, Münz- und Befestigungsrechts, das sie bereits ausübten, sowie der Gerichtshoheit und verzichtete darauf, in ihren Territorien neue Zoll- und Münzstätten, Burgen und Städte anzulegen. Damit war die Entstehung der Landeshoheit der Territorialherren endgültig. Vielleicht hielt Friedrich II. die Sache der königlichen Zentralgewalt in Deutschland bereits für hoffnungslos, da sie in den Thronwirren schon so viel an Boden verloren hatte und die Territorialfürstentümer sich festigten, sicher und vor allem war er nach Geburt und Erziehung Italiener, und die Machtstellung des Königs in Unteritalien war wesentlich stärker als jene in Deutschland. So sank Deutschland für Friedrich zum Nebenland herab. Die Stellung der königlichen Zentralgewalt in Deutschland wurde immer schwächer, während die Fürsten zielstrebig ihre Territorien festigten und immer mehr Gewicht gewannen. In steigendem Maße erschütterten Kämpfe der Territorialfürsten gegeneinander das Reich.

Friedrich versuchte, die heimgefallenen Herzogtümer Österreich und Steiermark einzuziehen und unter kaiserliche Verwaltung zu nehmen, um so den unmittelbaren Herrschaftsbereich der Krone zu vergrößern, hatte damit aber nur vorübergehenden Erfolg. 1228 begann Heinrich (VII.) als Unterkönig in Deutschland selbst zu regieren. Er suchte sich dabei auf Städte und Reichsministeriale zu stützen. Aber 1231 zwangen ihn die weltlichen Fürsten, ihnen im Statutum in favorem principum die gleichen Hoheitsrechte zu bestätigen wie elf Jahre zuvor sein Vater den geistlichen Fürsten. Von seinem Vater wurde Heinrich nicht unterstützt, im Gegenteil: um in seinem Kampf gegen den Papst den Rücken frei zu haben, arbeitete Friedrich den deutschen Fürsten in die Hände. Damit opferte er die Stellung des deutschen Königtums seiner italienischen Politik. Daraufhin ließ Heinrich sich zu einer Empörung gegen seinen Vater hinreißen. Sie war aussichtslos. Friedrich setzte Heinrich 1235 ab und ließ seinen minderjährigen Sohn Konrad zum König wählen. Um sich mit den Welfen auszusöhnen, wurde ein Enkel Heinrichs des Löwen, Otto, als Herzog von Braunschweig-Lüneburg in den Reichsfürstenstand erhoben. Dessen Nachkommen haben in Hannover noch bis 1866, in Braunschweig bis 1918 regiert.

Als Konrad IV. mündig geworden war und ebenfalls als Unterkönig in Deutschland zu regieren begann, reichte sein Einfluß kaum noch über das Reichsgut hinaus. Im übrigen Reich herrschten die Fürsten. Auf Vorschlag des Papstes wählte 1246 eine kleine Bischofsversammlung Heinrich Raspe, den Landgrafen von Thüringen, zum Gegenkönig, der aber schon im folgenden Jahr starb. Darauf erhob 1247 eine kleine Fürstengruppe den Grafen Wilhelm von Holland zum Gegenkönig. Dieser konnte sich jedoch zunächst nur im Niederrheingebiet durchsetzen. Als Friedrich II. 1250 starb, eilte Konrad IV. sofort nach Italien, um den Kampf um sein sizilianisches Erbe aufzunehmen. Nach Konrads Tod 1254 wurde Wilhelm von Holland in Deutschland allgemein als König anerkannt. Er kam aber schon 1256 um, erst 28jährig, als er bei einer Schlacht mit seinem Pferd in einem überfrorenen Sumpf einbrach und versank. Konrads noch unmündiger Sohn Konradin konnte sich nicht einmal mehr in seinem schwäbischen Herzogtum durchsetzen. Seine Wahl zum König wurde vom Papst verboten. Auch er zog schließlich nach Italien. Nachdem seine Kämpfe dort unglücklich verlaufen waren, wurde er auf Befehl seiner Gegner auf dem Marktplatz von Neapel enthauptet. Mit Konradin erlosch das Geschlecht der Staufer im Mannesstamm. So wählten 1257 einige Fürsten den Grafen Richard von Cornwall zum römischen König, den mit den Welfen verwandten Bruder des englischen Königs, einige andere danach König Alfons X. von Kastilien zum Gegenkönig, einen Enkel König Philipps. Alfons betrat nie deutschen Boden, Richard hielt sich nur selten in Deutschland auf und besaß nur am Niederrhein etwas Einfluß.

Entscheidungen

Damit waren Mitte des 13. Jahrhunderts zwei wichtige Entscheidungen zuungunsten der Zentralgewalt gefallen. In der diskontinuierlichen Entwicklung der vorangegangenen Jahrzehnte hatte sich das Wahlprinzip gegen das Prinzip der Erblichkeit der Krone durchgesetzt. Das machte das Königtum von den Fürsten abhängig, es verhinderte in den folgenden Jahrhunderten jede Stärkung der Zentralgewalt und ruinierte sie noch weiter. Zum zweiten war der Besitz der Krone an Reichsgut am Ende der Stauferzeit stark zusammengeschmolzen, und sie besaß immer noch keine Zentralbehörden. Die Zentralgewalt hatte den Wettlauf mit den Partikulargewalten um die Staatswerdung verloren. Die tatsächliche Herrschaft lag bei den Territorialfürsten, die alle in heftige Kämpfe gegeneinander verstrickt waren.

Warum scheiterte die Zentralgewalt?

Die Kaisergeschichte des Mittelalters ist reich an jähem Wechsel von Triumph und Katastrophe. Im langen Ringen zwischen Zentralgewalt und Stammesherzogtümern gingen zwar die Stammesherzogtümer unter, doch unterlag die Zentralgewalt den neu entstehenden Territorialfürstentümern. Während in Frankreich das Königtum den Weg von der Schwäche in der Zersplitterung zur politischen Einheit ging, begann das römisch-deutsche Reich mit einer relativ starken Zentralgewalt, die zeitweise noch weiter erstarkte, aber letztlich zerfiel. Warum ist im hohen Mittelalter die Zentralgewalt in Deutschland schließlich gescheitert?

Es lag nicht daran, daß seit Beginn der deutschen Geschichte die Herrschaft über die Deutschen mit jener über das Königreich Italien verbunden war. Im hohen Mittelalter, als die Nationalstaatsidee noch unbekannt war, erwies sich der übernationale Charakter des Reiches als unproblematisch. Auch die Königreiche England und Frankreich waren im Mittelalter keine Nationalstaaten; man denke nur daran, daß die englischen Könige auch nach Wales, Irland, Frankreich und später Schottland ausgriffen und daß Frankreich außer Franzosen auch Bretonen und Okzitanen umfaßte. England und Frankreich wurden erst im Laufe der Jahrhunderte zu Nationalstaaten, indem die Zentralgewalt volklich vereinheitlichend wirkte. Gegen die Italienpolitik der römisch-deutschen Könige erhob sich auch nie eine Opposition unter den Deutschen jener Zeit. Erst das Ausgreifen nach Süditalien im Jahre 1194, das auf einen Zufall zurückging und nicht logisch aus der vorangegangenen Entwicklung folgte, überspannte die Kräfte verhängnisvoll und lenkte von den deutschen Aufgaben ab.

Ebensowenig ging die Zentralgewalt daran zugrunde, daß das Reich sich, gemessen an den damaligen Machtmitteln, als prinzipiell zu groß erwiesen hätte.

Was aber waren dann die Gründe? War das Ringen zwischen Kaiser und Papst das Entscheidende gewesen? Das Papsttum konnte gegen den deutschen König nur im Bund mit den deutschen Partikulargewalten Erfolge verzeichnen und umgekehrt. Der Kampf mit dem Papsttum, zuerst im Investiturstreit, wodurch dem König die Kirche als Hauptstütze entzogen wurde, und noch einmal unter den Staufern erschütterte die Position der Zentralgewalt gegenüber den Fürsten stark, traf sie aber nicht entscheidend.

Entscheidend war etwas anderes. Die lockere, personengebundene Ordnung des Lehenswesens war auf lange Sicht ohne Perspektive. Verschriftlichung, sich ausbreitende Geldwirtschaft und Bevölkerungsverdichtung drängten zwangsläufig dahin, Herrschaft zu intensivieren und zu institutionalisieren. Fragte sich nur, in wessen Hand sich diese Macht sammeln würde. Ein Königtum, das sich in erster Linie auf seine Stellung als oberster Lehensherr stützte, mußte langfristig gegenüber den dezentralen Kräften unrettbar zurückfallen. So erwies sich als ausschlaggebend, daß die Kaiser es im Laufe des hohen Mittelalters nicht schafften, das andere Standbein der Krone auszubauen, also den Bereich unmittelbarer Verfügung über das Hausgut sowie die Hoheitsrechte, daß es ihnen nicht gelang, eine bestimmte Kernlandschaft auf Dauer zu halten und zu vergrößern, die als Machtbasis der Zentralgewalt und als Kristallisationskern für erworbene Territorien hätte dienen können, daß sie nicht vermochten, allgemeine Steuern durchzusetzen und eine Zentralverwaltung aufzubauen sowie Münz- und Befestigungsrecht in der Hand zu behalten. Als zu Beginn des 12. Jahrhunderts Schriftlichkeit und Geldwirtschaft so weit gediehen waren, daß man daran denken konnte, die unzuverlässigen Lehensbeziehungen abzulösen durch allgemeine Steuern und mit ihnen bezahlte Amtsträger und Soldaten, hatte die Zentralgewalt gerade die Kraft verloren, diese neuen Machtmittel im ganzen Reich für sich zu nutzen. So kamen sie, anders als beispielsweise in Frankreich, schließlich den Territorialherren und nicht der Zentralgewalt zugute. Da die Dynastie mehrfach wechselte, befand sich außer dem fränkischen Raum keines der Herzogtümer das ganze Hochmittelalter hindurch in der unmittelbaren Verfügung der Krone. Das kontinuierliche Anwachsen von Reichs- und Hausgut wurde mehrfach durch den Wechsel der Dynastie gestört. Zweimal versuchte die Zentralgewalt, ein Kronterritorium zu schaffen, zuerst unter Heinrich IV. und Heinrich V., dann erneut unter Friedrich I. Der eine Versuch scheiterte an schweren inneren Widerständen und dem gleichzeitigen Kampf mit dem Papst, der andere durch die Thronfolgekämpfe nach der Doppelwahl von 1198. In beiden Fällen erlitt die Krone wesentliche Verluste an Reichsgut und Hoheitsrechten. Damit enthüllt sich der Mangel an Kontinuität als die letzte Ursache dafür, daß die Zentralgewalt schließlich zusammenbrach. Daß Vormundschaftsregierungen, Dynastiewechsel, Wahlrecht und Doppelwahlen so massiert vorkamen, schwächte die Krone und verhinderte, daß die Herrscher Generation für Generation Stein auf Stein die Grundmauern zum festen Haus königlicher Macht legen konnten. Besonders wurde die hochmittelalterliche Kaisergeschichte dadurch belastet, daß ihre Herrscher sich so schnell verschlissen. Von den 16 römisch-deutschen Königen zwischen 936 und 1254 starben 6, ohne einen Sohn oder (außer Otto IV.) wenigstens Bruder zu hinterlassen, und bei weiteren 6 war der älteste Sohn beim Tod des Herrschers noch unmündig. Bei den 12 französischen Königen des gleichen Zeitraumes folgte dagegen außer beim Dynastiewechsel von 987 immer der Sohn auf den Vater. So schlief in Frankreich das Wahlprinzip allmählich ein, während es bei den Deutschen immer neu belebt wurde, so daß um 1200 etwa gleichzeitig endgültig Frankreich und England Erbmonarchien und die römische Krone zur Wahlkrone wurden.

2.6 Der Personenverbandsstaat

Angriffe von außen abzuwehren und Recht und Frieden im Innern zu sichern galt im Mittelalter als Zweck herrschaftlicher Ordnung. Deren Aufgaben waren damit viel beschränkter als in heutiger Zeit: öffentliche Daseinsvorsorge und Förderung materieller Wohlfahrt, Bildung und Wissenschaft gehörten nicht dazu. Sogar selbst diese begrenzten Aufgaben konnte das politische System kaum bewältigen. Wo sind die Ursachen hierfür zu suchen? Betrachten wir die Struktur der Herrschaftsordnung näher. *Staatszweck*

Als rex Francorum und dann rex bzw. imperator Romanorum, also als Herrscher „der Franken" bzw. „der Römer" bezeichneten die mittelalterlichen deutschen Könige und Kaiser sich stets, und sie brachten damit zutreffend zum Ausdruck, daß sie über einen Verband von Personen herrschten. Das politische System bestand nicht aus flächendeckend wirksamen, überpersönlichen Institutionen, sondern aus persönlichen Beziehungen, aus der konkreten Zuordnung eines jeden zu seinem Herrn. Nach personalem Prinzip galt zunächst auch das Recht. Ein Franke beispielsweise konnte also auch dann nach fränkischem Recht Buße zahlen, den Eid leisten oder ein Rechtsgeschäft abwickeln, wenn er sich in Schwaben aufhielt. In der Praxis spielte das allerdings keine große Rolle, da die Menschen kaum ihren Heimatort verließen. Indem sich im Laufe der Zeit die Stammesherzogtümer und mit ihnen die Stammesverbände zersetzten und Territorialfürstentümer entstanden, wurde das Recht dann mehr auf ein bestimmtes Gebiet statt auf eine Person bezogen. Das Stammesrecht wurde zum „Landrecht" weiterentwickelt. *Personenverband*

Es gab kein direktes Gegenüber zwischen dem König und einer Masse einander gleichgestellter Untertanen, sondern ein vielfältig gestuftes Gefüge einander über- und untergeordneter Herrschaftsträger vom König bis herab zum bäuerlichen Hausinsassen. Jeder gewährte seinen Abhängingen Schutz, soweit er konnte, und durfte dafür von ihnen Hilfe beanspruchen. Als Herrschaftsverhältnisse lassen sich Hausherrschaft, Grundherrschaft, Lehensbeziehungen und Gerichtsbann unterscheiden. Hinzu kam noch die Ausübung besonderer Hoheitsrechte wie Befestigungen anzulegen, Zoll- und Münzstätten zu unterhalten, des Forstbanns usw. Die Gewalt des Hausherrn, des bäuerlichen ebenso wie des adligen, erstreckte sich auf Frau, Kinder und eventuelles *Stufung von Herrschaft*

Gesinde in seinem Haushalt. Sie endete an der Dachtraufe. Nicht Individuen, sondern diese Häuser, vertreten durch ihre Hausherren, waren die Bausteine größerer politischer Einheiten. Die Hausväter, soweit sie Hörige waren, standen unter der Gewalt eines Grundherrn, gehörten also zu dessen familia. Die Grundherren wiederum waren für denjenigen Teil ihres Besitzes, den sie nicht als Allod besaßen, Vasallen höherer Herren. Die Lehen, die letztlich alle vom König ausgingen, durften bis zu fünfmal an Untervasallen weitergeliehen werden, so daß komplizierte Ketten entstehen konnten. Manche große Grundherren übten neben ihrer Rolle als Lehensträger ebenso wie der König auch noch einige der genannten besonderen Hoheitsrechte aus.

Mit diesem System von Herrengewalt war die Organisation der Gerichtsbarkeit eng verbunden. Die Gerichtsbarkeit des Hausherrn über die Mitglieder seines Hauses war zwar im Vergleich zur germanischen Zeit eingeschränkt, aber auch weiterhin strafte er bei kleinen Vergehen innerhalb des Hauses und durfte körperlich züchtigen. Im übrigen vertrat der Hausherr jene, die unter seiner Munt lebten, auch vor Gericht. Dann waren an den Herrenhöfen Hofgerichte entstanden, die der Grundherr oder sein Meier nach Hofrecht abhielten. Sie waren zuständig für Streitfälle, welche die Beziehungen der hörigen Bauern zu ihrer Grundherrschaft betrafen (besonders was Höhe, Art und Zeitpunkt von Abgaben und Dienstleistungen anging) sowie Angelegenheiten der bäuerlichen Höfe (z.B. Fragen des Flurzwangs), und manche erfaßten die Hörigen auch in allen Rechtsbeziehungen. Nach Stammes- bzw. Landrecht richteten dann die Niedergerichte und die Grafengerichte. Die Niedergerichte unter Vorsitz eines Zent- oder Gografen urteilten vor allem bei Klage um Schuld und fahrende Habe; für Hörige nur, soweit dies nicht bereits durch die Hofgerichte geschah. Das Grafengericht, das an den Thingstätten nur wenige Male im Jahr abgehalten wurde, war für wichtige Klagefälle zuständig und auch als Berufungsinstanz für die Niedergerichte tätig. Meist wurde der gräfliche Gerichtsbann vom König verliehen. Seit den wirren Zeiten des 9. Jahrhunderts gab es aber auch große Adlige, die diese Hochgerichtsbarkeit in ihrem Machtbereich von sich aus ausübten und oft auch den Grafentitel führten, ohne diese Rechte je verliehen bekommen zu haben. Wo mehrere Grafschaften in einer Hand angehäuft wurden, nahm der Graf den Vorsitz im Gericht nicht mehr persönlich wahr, sondern bestellte Vertreter. Indem Fürstentümer entstanden, gerieten zahlreiche Grafschaften in die Hände der Fürsten, die dann auch zunehmend den Gerichtsbann selbständig weitergaben, so daß der König seit dem 13. Jahrhundert in den meisten Fällen keinen Einfluß mehr auf die Grafschaftsrichter hatte. Ergänzend zum Stammes- bzw. Landrecht entstanden im Laufe des hohen Mittelalters außerdem ein besonderes Lehensrecht und Lehenshöfe, um Lehensbeziehungen zu regeln, sowie ein Dienstrecht, das die Rechtsstellung der Dienstmannen regelte.

Außerhalb dieser Herrschaftsordnung standen Klöster und Pfarrer. Sie waren in eine eigene Hierarchie eingeordnet, die vom Bischof über den Erzbischof zum Papst reichte. Jene päpstlichen Entscheidungen, Konzilsbeschlüsse und Auszüge aus den Werken spätantiker und mittelalterlicher Theologen, die im kirchlichen Bereich als Rechtsnormen galten, faßte um 1140 der Mönch Gratian in einer Sammlung zusammen. Diese wurde dann zur Grundlage des kanonischen Rechts und galt über alle weltlichen Grenzen hinweg einheitlich in ganz Europa. Die Abgrenzung der kirchlichen Gerichtsbarkeit, die beim Bischof lag, gegen die weltliche blieb strittig. Einerseits beanspruchte die Kirche im Sinne des Personalprinzips, daß Geistliche in allen Angelegenheiten ausschließlich den kirchlichen Gerichten unterliegen sollten, ohne daß sie diesen Anspruch je voll durchsetzen konnte, und gleichzeitig beanspruchte sie, auch für Laien gerichtlich zuständig zu sein, wenn es sich um kirchliche Angelegenheiten (z.B. Ehe- und Testamentssachen) oder um Sünden handelte, wozu beispielsweise Ketzerei, Meineid, Wucher und Unzucht zählten.

Außerdem unterlagen die Juden eigenen Gerichten und Gesetzen.

Der hochmittelalterliche Herrschaftsaufbau unterschied sich also grundlegend vom heutigen Staatsaufbau. Wo sich heute der Staatsapparat sachlich vielfältig in Justiz, Militär, Polizei-, Steuer-, Wasserstraßen-, Baubehörden usw. aufgliedert, lag damals „Zwing und Bann", also die Gewalt des Gebietens, Verbietens und Strafens als ungeteilte Gesamtheit in einer Hand, oft auch noch mit Gerichtsgewalt und militärischen Aufgaben vereint. Während heute überall in der BRD dasselbe z.B. Sozialversicherungsgesetz gilt, bestand im Mittelalter eine mit der Zeit immer buntere Fülle örtlicher Verschiedenheiten, deren Geltungsbereich nicht einmal durch eine räumliche Grenzlinie beschrieben werden kann, sondern an Personenverbänden haftete. Jede grundherrliche familia hatte ihr eigenes Hofrecht und Dienstmannenrecht, jeder Lehenshof sein eigenes Lehensrecht. Hinzu kam, daß vielfach bestimmte Berechtigungen als Privilegien an einzelne Grafen, Klöster, Kirchen und Familien verliehen waren, was das Bild erst recht uneinheitlich werden ließ. Wo heute bürokratische Apparate Herrschaft vermitteln, übten damals einzelne Personen Herrschaft direkt aus. Während Bürokratien stabilisierend wirken, hielten Treueverpflichtungen und andere persönliche Rechtsbeziehungen nur so lange, wie die notwendige Macht hinter ihnen stand. Wenn heute Entscheidungen der politischen Zentrale, von Bundesregierung und Bundestag für den Bundesbürger viel wichtiger sind als jene der lokalen Gemeindeverwaltung, war es im Mittelalter umgekehrt. Der König war im wesentlichen damit ausgelastet, seine Machtansprüche im Reich gegen die Großen zu wahren, möglichst auch zu vermehren, und gegen andere Reiche Krieg zu führen. In die Lebenssphäre des kleinen Mannes reichte der König mangels Gesetzgebung, Verwaltung, allgemeiner Steuer- und Kriegsdienstpflicht praktisch nicht hinein. Dort unten an der dörflichen Basis prägten fast ausschließlich autonome Lokalgewalten das tägliche Leben. König und Reich waren weit, weit weg. Der einfache Bauer wird kaum den Namen des jeweils herrschenden Königs gekannt haben.

Heute besteht die Haupttätigkeit einer Regierung darin, Gesetze auszuarbeiten, um damit praktisch alle Lebensbereiche jedes einzelnen durch allgemeine Regelungen zu ordnen. Das hohe Mittelalter verstand dagegen Recht als eine überlieferte Ordnung, die eigentlich schon immer so gewesen sei und in die nicht durch willkürliche Rechtssetzungen eingegriffen werden dürfe. Der König hatte zwar die Banngewalt, also das Recht, in öffentlichen Angelegenheiten bei Strafe zu gebieten und verbieten. Meist gebrauchte er diese aber nur, um konkrete Einzelfälle zu regeln. Gelegentlich erließ der König auch allgemeine Normen, aber da diese nicht allgemein verkündet und damit allen Betroffenen bekannt gemacht wurden, war ihre Bedeutung begrenzt. Erst im 12. Jahrhundert begannen mit der Verkündung von Landfrieden Ansätze einer Reichsgesetzgebung.

Überhaupt war der Gesamtumfang der bestehenden rechtlichen Regelungen klein, gemessen an heutigen Maßstäben. Das lag daran, daß Arbeitsteilung und gesellschaftliche Verflechtung der Menschen erst gering, überhaupt die Lebensverhältnisse wenig komplex waren, und daß damit auch die zu regelnden zwischenmenschlichen Beziehungen weniger umfangreich und nicht so differenziert waren. Auch wo rechtliche

Gesetzgebung und Rechtsordnung

Normen bestanden, handelte es sich mehr um Bestimmungen für konkrete Einzelfälle, nicht so sehr um abstrakte Prinzipien. Und vor allem war vieles überhaupt nicht näher geregelt, entsprechend der personenbezogenen, kaum institutionalisierten Ordnung von Herrschaft und Gesellschaft und dem geringen Bedürfnis nach Genauigkeit. So gab es beispielsweise keine Regelungen, wann und wohin der König Hoftage einzuberufen hatte und bei welchen Problemen er deren Zustimmung brauchte, wer zum Kreis der Großen gehörte, die an Hoftagen und bei der Königswahl teilnehmen durften oder mußten und wie weit die Pflichten gegenüber dem Lehensherrn reichten. Auch für den Fall der Uneinigkeit einer Versammlung gab es keine Regelung; das Auszählen der Mehrheit als Entscheidungskriterium war nicht üblich.

Die germanischen Volksrechte, die im Frankenreich aufgezeichnet worden waren, gerieten um die Jahrtausendwende in Vergessenheit. Es gab auch keine theoretisch ausgebildeten Rechtsgelehrten. Das Recht wurde mündlich weiterüberliefert und war kaum von Gewohnheit und Brauchtum zu unterscheiden. Was im jeweils konkreten Fall Rechtsgewohnheit war, stellte man fest, indem im Gericht die Urteiler befragt wurden. In der Praxis führte das dazu, daß das Recht sich ständig wandelte, ohne daß dies den Menschen bewußt wurde.

Grenzen der Macht Wie wenig der König unumschränkt regierte, wird nicht nur daran deutlich, daß er dem Recht untergeordnet war. Bei allen wesentlichen politischen Entscheidungen besprach sich der König vorher mit den geistlichen und weltlichen Großen, die ihm auf Hoftagen als „Volk" gegenübertraten. Die Pflicht, den König zu beraten, konnte dabei auch in ein Recht auf Gehör und letztlich ein Recht auf Zustimmung hinüberfließen. Insgesamt verfestigte sich das Abhalten von Hoftagen immer mehr zum Rechtsbrauch. Dabei blieb es weitgehend im Belieben des Königs, den Teilnehmerkreis abzugrenzen. Entsprechend den königlichen Hoftagen wurde es auch üblich, daß die Vasallen eines Herrn gelegentlich an dessen Hof zusammenkamen und dort eine vergleichbare Beratungspflicht ausübten. Überhaupt ergab sich aus dem ganzen Lehenswesen ein Element der Machtkontrolle, denn Lehensherr und Vasall waren einander gegenseitig zu Treue verpflichtet. Wenn der Herr das Recht verletzte, bestand für den Vasallen keine Gefolgschaftspflicht, ja sogar das Recht zum Widerstand.

Der König herrschte also nicht alleine, sondern viele Herrschaftsträger herrschten als Gesamtheit. Bis zum Aufstieg der Ministerialen unfreier Herkunft in Herrschaftsfunktionen bestand eine reine Adelsherrschaft. Fast alle Herzogs-, Grafen-,Bischofs- und Domherrenämter wurden aus einem Kreis von einigen hundert Familien besetzt.

Die Masse der Bevölkerung hatte auf die große Politik keinen Einfluß; für sie war viel stärker das herrschaftliche Element bestimmend. Aber auch die einfachen Leute waren durchaus nicht bloßes Objekt von Obrigkeiten. So wie im Königsgericht und in den Lehenshöfen die Adelsgenossen das Gerichtsurteil über ihresgleichen fanden, so waren es im Grafengericht und Niedergericht Schöffen aus dem Kreis der Freien, die das Urteil fällten. In Sachsen urteilte im Niedergericht überhaupt das Thingvolk als Ganzes und wählte auch den Gografen selbst. Sogar in der familia des Grundherrn entstanden Mitwirkungsmöglichkeiten. Die germanischen Gerichtsprinzipien wurden auf das Hofgericht übertragen, so daß hier die hörigen Bauern eines Fronhofs beziehungsweise die Dienstmannen eines Herrn über ihresgleichen das Gerichtsurteil fanden, sei es alle gemeinsam oder durch von ihnen gewählte Schöffen. Darüber hinaus vollzogen zahlreiche Bischöfe und Äbte wichtige Rechtsgeschäfte nur mit Zustimmung ihrer familia.

Daß Schöffen oder auch das ganze Gerichtsvolk im Gericht tätig wurden, stellte aber den einzigen Fall dar, in dem öffentliche Gewalt direkt von unten ausging. Es gab keine „Volkssouveränität" in jenem Sinn, daß alle Gewalt vom Volk abgeleitet gewesen wäre. Trotzdem beruhte die Herrschaftsordnung nicht auf unrechter Gewalt, sondern wurde durchweg von den Betroffenen akzeptiert, war somit legitim. Keine Herrschaft kann auf Dauer bestehen, wenn sie für jeden Befehl Gehorsam erst mit Gewalt erzwingen muß und nicht Autorität besitzt. Dazu bedarf sie aber der Idee, die ihr Sinn gibt und die begründet, warum man ihr gehorchen solle, wobei umgekehrt legitimierende Ideen nur dann allgemein gültig werden können, wenn sie sich mit handfesten Interessen und realer Macht verbinden. Im hohen Mittelalter legitimierte sich die Ausübung von Herrschaft im wesentlichen aus zwei Quellen: zum Teil wurde sie vom König abgeleitet, indem dieser Lehen und Hoheitsrechte vergab, zum Teil wurde sie aus eigenem Recht besessen, ohne sich von König oder Volk herzuleiten. Das zweite galt für die Hausherrschaft und vor allem für die allodiale Grundherrschaft. Wessen Besitz und Ansehen reichte, um anderen Schutz und Schirm zu gewähren, der konnte über diese rechtmäßige Herrschaft ausüben. Der Schwabenspiegel, ein um 1275 in Süddeutschland niedergeschriebenes Rechtsbuch, formulierte treffend: „Wir sullen den herren darumbe dienen, daz si uns beschirmen; unde beschirmen si uns nit, so sind wir in nit dienstes schuldig nach rechte." Insoweit Herrschaft sich vom König ableitete, stellt sich die Frage, wie die Herrschaft des Königs selbst sich legitimierte. Hierüber bestanden keine komplexen Theorien, das hätte den Denkgewohnheiten der Zeit nicht entsprochen. Die bestehenden Vorstellungen lassen sich auch nicht auf ein einziges Prinzip bringen. Die heidnischen Germanen waren anscheinend der Auffassung gewesen, daß die Königssippe mit einem besonderen Königsheil magischen Charakters begabt und dadurch zur Herrschaft berufen sei. Nachdem Pippin im Jahre 751 die Tradition begründet hatte, daß ein Vertreter der Kirche und damit Gottes den König salbte und hierdurch weihte und bestätigte, verdrängte die christliche Vorstellung vom Gottesgnadentum des Königs die Idee der Geblütsheiligkeit. Letztere lebte aber indirekt weiter in der Tatsache, daß im Regelfall der älteste Sohn zum Nachfolger genommen wurde, selbst wenn er ein regierungsunfähiges Kleinkind war, und daß man sogar dann, wenn ein männlicher Nachfolger fehlte und deshalb ein Dynastiewechsel nötig wurde, darauf Wert legte, daß der neue Herrscher mit der alten Königsfamilie verwandt war. Hinzu kam die Legitimierung des neuen Königs durch den Konsens der Großen, der in deren Huldigung seinen formellen Ausdruck fand.

Einerseits wurde die politische Ordnung mit ihrer Legitimierung von niemandem prinzipiell in Frage gestellt, andererseits durchzog zugleich ein Strudel gewaltsamer Machtkämpfe das ganze hohe Mittelalter. Diese eigenartige Erscheinung erklärt sich daraus, daß hinter diesen Kämpfen stets der unreflektierte Machtwille eines einzelnen stand, der mit Widerständen zusammenstieß. Es war das Streben, die eigene Macht zu erweitern, indem man weitere Besitzungen oder mehr Autonomie gegenüber einem übergeordneten Herrn gewann, aber es gab keine Alternativvorstellung für die politische Gesamtordnung. Damit blieben die Kämpfe innerhalb des Rahmens der bestehenden Ordnung. Allerdings konnte es passieren, daß Auseinandersetzungen, die sich über viele Jahrzehnte hinzogen, die politischen Machtverhältnisse so veränderten, daß dies einer Systemveränderung gleichkam, auch wenn niemand das bewußt angestrebt hatte. Wesentliche Veränderungen dieser Art ergaben sich im Verhältnis zwischen Kaiser und Fürsten, wie schon geschildert, und durch die Kommunebewegung.

Legitimierung von Herrschaft

Machtkämpfe

Nach dem Vorbild der Fahrtgenossenschaften der Kaufleute entstanden im 12. Jahrhundert, ausgehend von Flandern, in den Bischofsstädten unter Führung der Kaufleute Eidgenossenschaften. Die Bewohner einer Stadt schlossen sich als gleichberechtigte Genossen zur gemeinsamen Friedenswahrung zusammen und bekräftigten dies durch einen Schwur. Jeder, der in solche Stadtgemeinden neu aufgenommen werden wollte, mußte sich in einem Bürgereid verpflichten, alle Lasten und Pflichten mitzutragen und in der Stadt Frieden zu halten. Die so entstandenen Stadtgemeinden traten ihrem jeweiligen bischöflichen Stadtherrn geschlossen gegenüber und entwanden ihm in jahrzehntelangem, oft wechselvollem, manchmal auch gewaltsamem Ringen nach und nach das Recht, die Stadt zu verteidigen, sie mit einer Stadtmauer zu befestigen, Steuern zu erheben und die Nieder- und dann auch Hochgerichtsbarkeit auszuüben. Die Stadtgemeinden fingen an, ein eigenes Stadtsiegel zu führen zum Zeichen ihrer Rechtsfähigkeit. Ebenso ein Symbol ihrer Selbständigkeit wurde der Bau eines Rathauses, das als Sitz der städtischen Selbstverwaltung diente. Diese gewann gegenüber dem Stadtherrn immer mehr an Gewicht. Jenen Städten, die seit der Mitte des 12. Jahrhunderts als Neugründungen angelegt wurden, verlieh ihr Stadtherr dann meist gleich von Anfang an die persönliche Freiheit der Bürger und ein gewisses Maß an Selbstverwaltung: ein Stadtherr mußte eben etwas bieten, wenn er Kaufleute und Handwerker in eine Neugründung anlocken wollte.

Als Stadtherren hatten die Bischöfe zurückstecken müssen. Aber das war eher untypisch. Insgesamt ging der Trend seit dem Investiturstreit dahin, daß die geistlichen und weltlichen Großen, vor allem die Fürsten, ihre Herrschaft zu intensivieren begannen. Um die Jahrtausendwende waren sie Herren über viel Streubesitz, dessen vereinzelte und oft entlegene Teile sich nur schwer kontrollieren ließen, und viele Grundherrschaften waren an Untervasallen ausgegeben und damit direkter Verfügung entzogen. Die Rodungen des Landesausbaus ließen vereinzelten Besitz zu ausgedehnteren Stücken heranwachsen, und durch Kauf, Tausch und Erbschaft versuchten die Landesherren ihre Grundherrschaften zu größeren Komplexen abzurunden. Nach dem Vorbild des Königs bauten die Landesherren eine wachsende Zahl von Burgen in solche Komplexe hinein, ferner bei Märkten und neuen Städten, an Flußübergängen und Landstraßen. Diese Burgen sollten als Stützpunkte das Umland sichern und beherrschen. Sie wurden nicht als erbliche Lehen an Vasallen vergeben, sondern nur als Dienstlehen an Ministeriale. Die Fürsten hofften so verhindern zu können, daß ihnen ihre Besitzungen entfremdet wurden. Die Macht der Fürsten rückte durch ihre Vertreter näher an die Bauern heran, wurde damit dichter und zugleich flächenbezogener. Die Fürsten wurden von Herren von Personenverbänden zu Landesherren. Dabei kam ihnen ferner zugute, daß sie nach und nach auch die einst nur königlichen Rechte der Geleitgewährung, Münzprägung und Marktgründung in die Hände bekamen. Außerdem starben im Laufe des 12. und 13. Jahrhunderts viele edelfreie Vasallenfamilien aus, deren Besitz die Fürsten teilweise an sich ziehen konnten.

Für die Bauern bedeutete dies alles zunächst einmal neue Lasten. Schließlich waren sie es, welche die Burgen in mühseliger Burgfron erbauen und mit zusätzlichen Abgaben erhalten mußten. Bezeichnenderweise kam es genau dort, wo die Herrschaftsintensivierung plötzlich und am massivsten einsetzte, zum einzigen großen deutschen Volksaufstand des hohen Mittelalters: der Aufstand der Sachsen 1073-75 gegen den Versuch König Heinrichs IV., in Ostsachsen ein Königsterritorium aufzubauen, war nicht nur Sache des Adels, sondern wurde von der Masse der Bauern mitgetragen. Sie forderten, die Burgen abzureißen und zum alten Zustand zurückzukehren. Aber stellte das wirklich eine Alternative dar? War nicht die Intensivierung territorialherrlicher Herrschaft letztlich die notwendige Voraussetzung dafür, langfristig Unsicherheit, Blutrache und Fehdewesen überwinden zu können?

Die Quellen der Macht, auf die König, Herzöge und Grafen, dann auch überhaupt Landesherren sich stützten, bildeten eine Mischung aus persönlichen Dienstleistungen, Naturalabgaben und Geldzahlungen. Die allgemeine Kriegsdienstpflicht aller freien Männer, wie sie in der Karolingerzeit bestanden hatte und letztlich auf das germanische Volksheer zurückging, hatte sich in verschiedene Formen von öffentlicher Dienstpflicht differenziert. Die Reichsvasallen mit ihren Untervasallen bildeten als kriegsdienstleistende Reiterkrieger das Feldheer. Diese Verbindung mit dem Lehensverband der gesellschaftlichen Elite bestimmte Umfang und Struktur des Feldheeres. Die Ritterheere waren relativ klein; im ganzen Mittelalter gab es fast nie ein deutsches Heer mit mehr als 10.000 Kämpfern. Das Feldheer war kein stehendes Heer, sondern wurde erst bei Bedarf aufgeboten. Es stellte dementsprechend auch keinen einheitlichen und geschlossen trainierten Kampfverband dar. Jeder Ritter hatte sich selbst auszurüsten und zu verpflegen. Auch eine Schlacht zerfiel stets in eine Summe von Zweikämpfen, in der die persönliche Tapferkeit des einzelnen kämpfenden Ritters ausschlaggebend war. Aber auch Bauern hatten ihre Waffen, die sich teilweise von denen der Ritter nicht unterschieden, soweit sie sich dies materiell leisten konnten. Denn wenn Feinde ins Land einfielen, konnten alle wehrfähigen Männer zu Fuß als Landwehr aufgeboten werden, und wenn ein Graf Rechts- und Friedensbrecher verfolgen wollte, bot er sie in Gerichtsfolge auf, gewissermaßen als Polizeitruppe (meist auf einen Tag und eine Nacht begrenzt). Außerdem wurden die Bauern auch zu Schanzarbeiten beim Burgenbau herangezogen, eine Dienstpflicht, die sich im Laufe der Zeit zu allgemeinen öffentlichen Fronen erweiterte, z.B. auch zum Brückenbau. Ergänzend zu diesen öffentlichen Dienstleistungen flossen seit dem 12. Jahrhundert in wachsendem Maße öffentliche Geldquellen, vor allem Zölle und Münzgewinn. Die Zölle waren keine Grenzzölle, sondern wurden an Flüssen und Landstraßen an Stellen mit großem Verkehrsaufkommen erhoben. Außerdem verfügten die Fürsten natürlich über Einnahmen aus ihren Grundherrschaften. Diese bestanden weitgehend aus Naturalien. Im 12. Jahrhundert begannen aber alle Landesherren, in ihren Grundherrschaften bei besonderem Bedarf auch Geldabgaben, also Steuern zu erheben.

König, Herzöge und Grafen bzw. Landesherren verwendeten die Machtmittel, die sie für sich mobilisieren konnten, vor allem für militärische Zwecke, was sich zum Teil schon aus ihrer Art ergab, und verbrauchten den Rest weitgehend für ihre Hofhaltung.

Da nicht alle Gewalt in der Hand des Königs konzentriert war, sondern es Herrschaft aus eigenem Recht gab, war auch die gewaltsame Durchsetzung von Rechtsansprüchen kein Monopol des Königs und seiner Beauftragten, sondern durfte in der Tradition der vorstaatlichen germanischen Zeit auch in Selbsthilfe geschehen. Dementsprechend stand die ganze Gesellschaft bewaffnet da. Daß Rechtsverhältnisse oft unklar waren, was zu konkurrierenden Ansprüchen führen konnte, und daß die Deutschen damals allgemein zu impulsiver und ungezügelter Gewalttätigkeit neigten, tat ein übriges, das tägliche Leben mit dem Blut roher Gewalt zu durchtränken und es überall unsicher zu machen. Ertappte der Betroffene einen Verbrecher auf „handhafter", d.h. frischer Tat, so durfte er ihn bei bestimmten Delikten sofort erschlagen. Wenn etwa ein Ehemann nach Hause kam und seine Ehefrau mit einem anderen zusammen im Bett fand und er diesen dann kurzerhand mit dem Beil erschlug, so war das rechtlich einwandfrei. Bei der erlaubten nachträglichen Rache unterschied man seit dem Aufkommen des Ritterstandes zwischen der gewöhnlichen Fehde der Bauern und Bürger, besonders zur Rache von Totschlagsfällen, und der ritterlichen Fehde, die auch zur Durchsetzung anderer Ansprüche praktiziert wurde. In der Lebenswirklichkeit mag die Grenze fließend gewesen sein, genauso wie der Übergang zu unrechter Gewalttat. Betroffen waren die Bauern von den ritterlichen Fehden im übrigen auch, denn üblicherweise zielte die Fehdeführung darauf ab, die Existenzgrundlagen des Gegners zu schädigen, indem man dessen Bauern ausplünderte, ihnen das Vieh wegtrieb, ihre Häuser abbrannte und Ernten verwüstete, ihre Frauen vergewaltigte und sie auch totschlug. So waren Burg- und Stadtbefestigungen von der Not erzwungen. Kaufleute reisten auf der Landstraße meist in Gruppen wie eine Karawane und führten selbstverständlich Schwerter mit, und auf der Landstraße mußte man ständig die Augen offenhalten, nicht um einen Zusammenstoß mit anderen Verkehrsteilnehmern zu vermeiden, denen man kaum begegnete, sondern weil man stets mit einem Überfall zu rechnen hatte. Die Lütticher Chronik stellte für das Jahr 1046 fest: infolge des Romzugs Kaiser Heinrichs III. „gab es bei uns nur wenige Ritter, und der Bauer lebte in Sicherheit".[8] Welch ein vernichtendes Urteil enthält dieser Satz über diejenigen, die doch für den Schutz des Landes sorgen sollten!

Wie es zu gewalttätigen Konfliktregelungen kommen konnte, zeigen die folgenden Beispiele. Nachdem Eberhard von Waldburg 1248 Bischof von Konstanz geworden war, begann er bis dahin ungewohnte Dinge vom Abt von St. Gallen zu erheben, worüber eine offene Fehde ausbrach, in der die Leute beider Geistlichen einander die Dörfer niederbrannten. Als im Jahr 1066 der König nicht den Wunschkandidaten der Trierer Bürger, sondern einen Propst aus Köln zum neuen Erzbischof von Trier machte, waren die Trierer so verärgert, daß sie den heranreisenden neuen Erzbischof überfielen, gefangensetzten und hinrichteten. Und in Würzburg wollten die Geistlichen 1285 nicht länger von ihrem Grundbesitz Abgaben an die Stadtgemeinde zahlen; als die Bürger sich dagegen auflehnten, verhängten die Geistlichen den Bann über die Bürger und verweigerten ihnen den Gottesdienst, worauf die Bürger die Klöster und Wohnungen der Geistlichen plünderten und die Geistlichen aus der Stadt vertrieben.

Der Ritter Ulrich von Hutten klagte noch 1518, daß er außerhalb seiner Burg immer fürchten müsse, von Fehdegegnern überfallen und gefangengenommen zu werden. „Wenn es dann mein Unglück will, geht leicht mein halbes Vermögen als Lösegeld darauf ... Dagegen halten wir uns Pferde und Waffen und umgeben uns mit zahlreichem Gefolge, alles unter großen und spürbaren Kosten. Unterdessen gehen wir nicht einmal im Umkreis von zwei Joch ohne Waffen aus. Kein Dorf können wir unbewaffnet besuchen, auf Jagd und Fischfang nur in Eisen gehen. Außerdem entstehen häufig Streitigkeiten zwischen fremden Meiern und unseren; kein Tag vergeht, an dem uns nicht ein Zank hinterbracht wird, den wir dann möglichst vorsichtig beilegen müssen. Denn sobald ich zu eigensinnig das Meine behaupte oder Unrecht ahnde, gibt es Krieg. Wenn ich aber zu sanftmütig nachgebe oder etwas von Meinem preisgebe, bin ich sofort den Rechtsbrüchen aller anderen ausgeliefert, denn dann will jeder als Beute für sein Unrecht haben, was dem einen zugestanden wurde. Doch unter welchen Menschen geschieht dies? Nicht unter Fremden, mein Freund, nein, zwischen Nachbarn, Verwandten und Angehörigen, ja sogar unter Brüdern."[9]

So ist verständlich, daß die Situation der Fremden besonders ungesichert war, auch

140

angesichts der Tatsache, daß Herrschaft und Recht regional zersplittert waren. Oft, aber nicht immer, wurden Fremde diskriminiert. So durften sie beispielsweise in Städten keinen Grundbesitz erwerben und meist kein Gewerbe ausüben. Am extremsten zeigte sich der mangelnde Schutz für Fremde im Strandrecht: wenn ein fremdes Schiff an der Küste strandete, verfielen Schiff, Ladung und selbst die schiffbrüchige Besatzung (!) dem Eigentum der Strandbewohner.

Auch weiterhin war niemand gezwungen, vor Gericht zu gehen, auch bei Totschlag nicht, und die Gerichte wurden auch nicht von sich aus aktiv. Wo kein Kläger war, da war kein Richter. Dementsprechend wurde die große Mehrheit der Streitfälle von den Betroffenen untereinander ausgetragen, meist mit Gewalt, und die Gerichte tagten recht selten. Wenn ein Verletzter vor Gericht Klage erhob, wurde der Beschuldigte geladen. Wenn er zum Termin nicht erschien, verhängte man nach einiger Zeit die Acht über ihn. Vom Aufgebot der Gerichtsfolge abgesehen, existierte keine Möglichkeit, flüchtiger Täter habhaft zu werden. Ferner bestanden keine ermittelnde Kriminalpolizei und keine Staatsanwaltschaft, und auch das Gericht ergründete nicht von sich aus den Tatbestand, sondern nahm nur zur Kenntnis, was die beiden Parteien vorbrachten. Es wurde sozusagen der Fehdekampf in friedlichen Formen kontrolliert vor Gericht ausgetragen. Der Beklagte konnte mit einem Reinigungseid die Klage abwehren (sofern er nicht auf handhafter Tat ergriffen war), der Kläger seine Klage durch einen Überführungseid erhärten. Beide „Beweise" wurden im Regelfall mit einer bestimmten Zahl von Eideshelfern geschworen. Diese waren keine Tatzeugen, die irgendetwas wahrgenommen hatten, sondern meistens Verwandte, die ihre Prozeßpartei unterstützten, indem sie schworen, daß sie diese für glaubwürdig hielten, sozusagen anstelle der Unterstützung mit der Waffe in der Hand in der offenen Fehde. Konnte so keine Entscheidung erzielt werden, setzte der Richter ein Gottesurteil an. Dieses war in verschiedenen Formen möglich: beim Kesselfang mußte der Angeklagte mit bloßem Arm in kochendes Wasser langen, bei der Eisenprobe mußte er mit bloßen Füßen über weißglühende Pflugscharen gehen oder ein glühendes Eisen tragen, bei der Wasserprobe wurde er gefesselt ins Wasser gelegt, oder es wurde ein gerichtlicher Zweikampf angesetzt. Wenn der Angeklagte weitgehend unverletzt blieb bzw. nicht unterging bzw. siegte, galt seine Unschuld als erwiesen. Man nahm an, daß Gott den Ausgang beeinflussen und damit das Recht zu erkennen geben würde. Der ganze Prozeß fand öffentlich im Freien und in nichtschriftlicher Form statt. Das Urteil sprachen die Schöffen, während die Richter die Verhandlung nur leiteten.

Um das ruinöse Fehdewesen einzudämmen, begann die Kirche nach französischem Vorbild Gottesfrieden zu verkünden. Auf deutschem Boden geschah das zuerst 1083 in Köln. Diese Initiative wurde recht bald von weltlichen Fürsten aufgegriffen als Landfrieden. 1103 verkündete Kaiser Heinrich III. den ersten Landfrieden für das ganze Reich. Durch den Reichslandfrieden von 1152 sollte die Fehde völlig verboten werden, was sich aber als nicht durchsetzbar erwies. In der Folgezeit wurden immer wieder neue Landfrieden erlassen, manche für das ganze Reich, manche regional begrenzt. Sie waren stets auf nur wenige Jahre befristet und mußten wie ein freiwilliger Zusammenschluß von allen beschworen werden, die ihn beachten sollten, konnten vom Kaiser also nicht befohlen werden. Wenn die rechtliche Selbsthilfe sich schon nicht verbieten ließ, versuchte die Friedensbewegung sie wenigstens zu begrenzen und zu kanalisieren. Bestimmte Personen, Orte und Zeiten wurden unter den Schutz eines Sonderfriedens gestellt und sollten von Ritterfehden nicht berührt werden: Geistliche,

Straf-
verfolgung

Land-
friedens-
bewegung

Frauen, reisende Kaufleute und Bauern auf dem Feld; Kirchen und Mühlen; kirchliche Feiertage und die Wochentage von Donnerstag bis Samstag. Die Ritterfehde mußte drei Tage vorher dem Gegner formell angesagt werden. Seit 1235 war im Reich die Ritterfehde nur noch dann erlaubt, wenn man zuvor vor Gericht geklagt und dort kein Recht bekommen hatte. Wer unrechtmäßig Fehde führte, galt nun als Landfriedensbrecher. Den Bauern wurde das Waffentragen innerhalb des Dorfes verboten, und die Städte untersagten zunehmend auf unbegrenzte Dauer jede Fehdehandlung innerhalb ihrer Mauern. In der Praxis halfen die Gottes- und Landfrieden allerdings wenig, weil es an einer kraftvollen Exekutive fehlte.

Peinliche Strafen   Indem die Gottes- und Landfriedensbewegung nach mehr innerer Sicherheit strebte, wandte man immer häufiger „peinliche" (d.h. schmerzhafte) Strafen, also Leibes- und Lebensstrafen an. Anders als bisher geschah dies jetzt auch gegen Freie. Bis dahin waren kaum Todesstrafen vollzogen worden, da man in erster Linie den Betroffenen beziehungsweise dessen Verwandten als geschädigt angesehen hatte, denen dann vom Täter durch eine Bußezahlung ein Ausgleich zu gewähren war, um den alten Zustand wiederherzustellen, ohne daß dies die Allgemeinheit etwas anging. Jetzt setzte sich die Auffassung durch, daß schwere Verbrechen das Interesse aller an innerem Frieden verletzen würden und der Täter deshalb im Namen der Allgemeinheit bestraft werden müsse. Damit verschwand auch endgültig das aus germanischer Zeit stammende Prinzip der Solidarhaftung der Sippe, gegen die als Ganzes sich die Rache der Sippe des Verletzten gerichtet hatte. Die öffentliche Strafe richtete sich nur gegen den Täter selbst. Diese veränderte Bewertung von Rechtsverletzungen war ein wichtiger Fortschritt auf dem Weg zu einem staatlich garantierten inneren Frieden. Es blieb aber noch bei dem vom Bußensystem herrührenden Prinzip, eine Rechtsverletzung primär nach dem Gewicht der Handlungsfolgen zu bewerten und nicht nach den individuellen Motiven des Täters zu fragen.

Bis zum Ende des 13. Jahrhunderts entstand ein Katalog von peinlichen Strafen, der dann bis ins 18. Jahrhundert unverändert blieb. Die Todesstrafe wurde vollzogen vor allem durch Hängen und Enthaupten, ferner auch durch Rädern, wobei dem Verurteilten die Glieder mit einem Rad zerstoßen und er dann aufs Rad geflochten und dieses auf einen Pfahl gesteckt wurde, durch Ertränken, auf dem Scheiterhaufen verbrennen, Sieden in kochendem Wasser oder Öl, lebendig begraben und seit dem 14. Jahrhundert auch durch Vierteilen. Zur Verschärfung wurden manche Verurteilte vorher mit glühenden Zangen gezwickt oder zur Richtstelle geschleift. Am Galgen Hingerichtete und Geräderte ließ man dort verfaulen, bis sie auseinanderfielen. Als Verstümmelungsstrafe wurde vor allem das Abhacken einer Hand, eines Ohres oder einzelner Finger, das Ausreißen der Zunge und das Ausstechen der Augen angewendet. Außerdem gab es Strafen an „Haut und Haar", indem der Verurteilte Rutenschläge auf den nackten Rücken bekam, ihm „die Ehre abgeschnitten" wurde, indem man ihm das Haar schor, oder er „gebrandmarkt" wurde, indem man ihm mit glühenden Eisen an der Stirn, durch die Wangen oder auf den Handrücken Zeichen einbrannte. Alle Strafen wurden demonstrativ in der Öffentlichkeit vollzogen. Freiheitsstrafen blieben weiterhin unbekannt, wenn man davon absieht, daß sich in den Städten für säumige Schuldner seit dem 12. Jahrhundert die Schuldhaft entwickelte, die öffentlich, etwa im Stadtturm, oder auch privat vom Gläubiger in dessen Keller vollzogen werden konnte. Die Anwendung der Strafarten blieb unsystematisch und uneinheitlich. Teilweise hing die Strafart vom Geschlecht ab, so Hängen für Männer und Ertränken für Frauen, teilweise sollte sie als „spiegelnde Strafe" das begangene Verbrechen offenbaren, wenn z.B. einem Meineidigen die Schwurhand abgeschlagen, einem Verleumder die Zunge herausgerissen und ein Brandstifter verbrannt wurde. Zugleich schwankte aber die Strafe für Diebstahl vom Schlitzen des Ohres, was den so gekennzeichneten Dieb als „Schlitzohr" kenntlich machte, bis zum Hängen. Nun waren die Deutschen damals in ihrem Alltag an mehr Gewalttätigkeit und Brutalität gewöhnt und weniger feinfühlig als heute und empfanden diese peinlichen Strafen deshalb als weniger grausam. Trotzdem stellte der Übergang zu den peinlichen Strafen einen furchtbaren Irrweg dar. Da die Effektivität der Strafverfolgung gering blieb, trugen diese Strafen nichts dazu bei, den Umfang der Rechtsverletzungen einzudämmen. Ja, schlimmer noch: da das Verstümmeln und Brandmarken dem so Gekennzeichneten, der dann meist aus dem Territorium abgeschoben wurde, jede Resozialisierung abschnitt, produzierte es geradezu Berufsverbrecher.

Daß eine starke und unkontrollierte Staatsgewalt die Freiheit des einzelnen empfindlich bedrohen kann, ist uns heute nur zu gut bekannt. Aber das war kein Problem des hohen Mittelalters, da es eine solche zentralisierte Staatsgewalt nicht gab. War also in dieser Epoche der Freiheitsraum des einzelnen besonders groß? Im Gegenteil! Gerade weil die legitime Gewaltanwendung nicht an zentraler Stelle monopolisiert, sondern dezentralisiert und nicht von der Gesellschaft getrennt war, gab es auch keine Institutionen, welche die Gesellschaft befriedet hätten, indem sie mit ihrer Macht die einzelnen Mitglieder der Gesellschaft gezwungen hätte, ihre politischen und persönlichen Konflikte in geregelten Bahnen friedlich auszutragen, und die mit ihrer Macht dem Recht auch des Schwächeren zur Wirksamkeit hätten verhelfen können. Denn was nutzt das Recht ohne die Macht, es in der Lebenswirklichkeit durchzusetzen und zu sichern? Daß so viele legitime Gewalt ausübten, bedeutete für den einzelnen ein hohes Maß an Unsicherheit und Bedrohung von Leib und Leben, Freiheit und Besitz. Das galt angesichts eines Denkens, das auf kleinräumige politische Einheiten bezogen war, ganz besonders für Gebietsfremde. Sofern der einzelne nicht stark genug war, sich selbst zu wehren, war er deshalb auf den Schutz durch andere angewiesen, beispielsweise durch einen Grundherrn, was wiederum seine eigene Freiheit zwangsläufig minderte, oder er mußte versuchen, sich im genossenschaftlichen Verband mit anderen zu sichern, in den er sich dann einzuordnen hatte.

Freiheit und Sicherheit

2.7 Das Reich als Vormacht Europas

Politische
Gliederung
Europas
Wie sah das internationale Umfeld aus, in dem das deutsche Volk seine Geschichte begann? Hier ist zwischen mehreren Regionen zu differenzieren, die unterschiedliche Merkmale aufwiesen und zu denen die Deutschen dementsprechend auch nach Art und Intensität verschiedene Beziehungen unterhielten. Der Raum des heutigen Europa zerfiel in der Mitte des 10. Jahrhunderts in zwei große Teile: den christlichen und lateinischen Westen und den noch heidnischen Osten und Norden. Nach Südosten schloß das ebenfalls christliche, aber griechische Reich Byzanz an, und südlich des Mittelmeers erstreckten sich islamische Staaten. Das ostfränkische Reich war im 10. Jahrhundert der östlichste Teil des christlich-lateinischen Europa. Während seine Westgrenze eine Binnengrenze innerhalb des christlichen Kulturraumes darstellte, bildete die deutsche Ostgrenze dessen Außengrenze; während der Verlauf von ersterer einigermaßen genau festgelegt war, verlief letztere recht unbestimmt. Der Gegensatz zwischen Christen und Heiden und zwischen Christen und Muslimen wurde von den Zeitgenossen als viel gewichtiger empfunden als der Unterschied zwischen den einzelnen Staaten und Völkern.

Der christlich-lateinische Kulturraum war in mehreren deutlich voneinander abgegrenzten Staaten organisiert. Hier ist wiederum zu unterscheiden zwischen jenen Völkern, die unter der Herrschaft der Deutschen standen, nämlich vor allem der größte Teil der Italiener, und jenen, die in anderen souveränen Staaten lebten. So gab es neben dem ostfränkisch-deutschen Reich im wesentlichen Frankreich, das Königreich England und die spanischen Kleinkönigreiche.

Das heidnische Europa dagegen war staatlich erst im Werden und noch durchsetzt mit Räumen, deren Menschen erst als Stammesverbände organisiert waren. Die staatliche Formung vollzog sich hier erst im Laufe des hohen Mittelalters und wurde stark von den Deutschen mit beeinflußt. Bei den Nordgermanen hatte sich zu Beginn des 10. Jahrhunderts Dänemark als dauerhaftes Reich konsolidiert, und im Norden sollten sich dann die Königreiche Norwegen und Schweden herausbilden. An der mittleren Donau und Theiß wurden gerade die Ungarn seßhaft, die bis dahin als berittenes Nomadenvolk gelebt hatten. Der Raum zwischen Ostsee und Ungarn war von Slawen besiedelt, die politisch unterschiedlich weit entwickelt waren. Eine Reihe von slawischen Kleinstämmen zwischen Oder, Warthe und Weichsel wurde zu Anfang des 10. Jahrhunderts gerade zu einem Reich zusammengefaßt, das bald Polen hieß. Im böhmischen Raum waren die Stämme schon Ende des 9. Jahrhundert unter einer Herzogsgewalt geeint worden. Das böhmische Herzogtum befand sich seit 950 wieder unter deutscher Oberhoheit und blieb seitdem ununterbrochen vom Reich abhängig. Dabei war zu dieser Zeit zwar die Herrscherfamilie schon christlich geworden, aber noch nicht die Masse der Bevölkerung. Östlich von Böhmen lebten die Mähren in einem eigenen Reich. Die schlesischen Kleinstämme zwischen Böhmen und Polen waren nicht in größeren politischen Einheiten organisiert. Sie waren zu Anfang des 10. Jahrhunderts von Böhmen abhängig geworden. Bei den pommerschen Kleinstämmen, die zwischen Polen und der Ostsee lebten, entstanden erst Mitte des 11. Jahrhunderts größere Herrschaftsgebilde. Die Slawen im mittelelbischen Gebiet, also zwischen der Elbe-Saale-Linie und der Oder, zwischen Ostsee und Erzgebirge, hatten ebenfalls keine Reiche gebildet. Bei ihnen lassen sich im wesentlichen drei große Stammesverbände erkennen, die jeweils in eine Anzahl von Kleinstämmen untergliedert waren: die Abodriten im Nordwesten, die Liutizen, auch Wilzen genannt, in der Mitte und im Süden die Sorben, zu deren Teilstämmen unter anderen die Lusizer und die Milzener gehörten. Während Sorben und Liutizen nie über Stammesverbände hinauskamen, entstand bei den Abodriten im 11. Jahrhundert ein erbliches Fürstentum. Nordöstlich von Polen lebten die Preußen, ein nichtslawischer Volksstamm.

Während in der Mitte des 10. Jahrhunderts Frankreich in etliche miteinander rivalisierende Partikulargewalten zersplittert und sein Königtum machtlos war, besaß das Reich Ottos I. eine im Vergleich dazu starke Königsgewalt. Gegenüber den heidnischen Völkern und Stämmen waren die Deutschen wirtschaftlich, an politischer Organisation und Festigkeit und auch an Volkzahl überlegen. Die Volkzahl der Dänen entsprach der eines deutschen Stammes, die der Polen und vielleicht auch die der Ungarn lag etwas höher, die Böhmens betrug nur knapp die Hälfte davon. Der größte Teil Italiens befand sich ohnehin unter der direkten Herrschaft der Deutschen. So war Otto I. der mächtigste Herrscher Europas. In keiner anderen Epoche der deutschen Geschichte war die politische Machtstellung des Reiches der Deutschen gegenüber den Nachbarvölkern so stark wie gleich am Beginn der deutschen Geschichte, von den kurzzeitigen Gewaltanstrengungen 1915-18 und 1940-44 einmal abgesehen. In den ersten hundert Jahren seines Bestehens stand das Reich auf dem Gipfel seiner äußeren Macht. Nachdem diese in der Zeit des Investiturstreits etwas schwächer geworden war, errang es in den Jahren von etwa 1131-82 noch einmal seine anfängliche Machtstellung, die dann aber seit dem Ende des 12. Jahrhunderts rapide verfiel.

Stellung des Reiches innerhalb der Völker

Die Beziehungen der Deutschen zu anderen Völkern sind also zu unterscheiden nach jenen zu dem direkt beherrschten Teil Italiens, jenen zu den unter deutsche Oberhoheit geratenen Nebenländern des Reiches in Süditalien und vor allem in Osteuropa, jenen zu den anderen souveränen Reichen des christlichen Europa, jenen zu den unabhängigen heidnischen Stämmen und Staaten und jenen zum islamischen Raum.

Im hohen Mittelalter hatte das Reich zu den Herrschaften der islamischen Welt überhaupt keine politischen Kontakte, wenn man von einigen wenigen Zusammenstößen im Rahmen der Kreuzzüge einmal absieht.

Beziehungen zu islamischen Staaten

Die Beziehungen zu den anderen souveränen christlichen Staaten waren weitgehend friedlicher Natur, und bei den seltenen Feldzügen befand sich das römisch-deutsche Reich meist eher in der Rolle des Abwehrenden als der des Angreifers. Von seiner Gründung bis zu seinem Untergang hat das römisch-deutsche Reich nie versucht, das am Anfang bestehende Herrschaftsgebiet durch Eroberungen nach Westen oder Süden zu erweitern, sondern nur nach Osten. Die Kontakte zu den anderen souveränen christlichen Staaten waren also fast nur diplomatischer Art. Da es kaum überregionale wirtschaftliche Verflechtungen gab, war die Intensität der wirtschaftlichen, gesellschaftlichen und kulturellen Beziehungen dieser Staaten zueinander gering, und dementsprechend waren auch ihre diplomatischen Kontakte ausgesprochen spärlich. Ständige diplomatische Beziehungen der Herrscher dieser Staaten bestanden im Mittelalter noch nicht, sondern es gab nur seltene und unregelmäßige Gesandtschaften oder Treffen der Herrscher selbst, und auch solche Kontakte beschränkten sich vom Reich aus im wesentlichen auf den französischen König. Von einem europäischen Staatensystem, in dem die Staaten sich gegenseitig beeinflussen und regelmäßig beobachten, kann man noch nicht sprechen. Mit Frankreich, England und Byzanz verkehrte das römisch-deutsche Reich das ganze Mittelalter über immer als souveräner Staat mit anderen gleichberechtigten Staaten. Wenn es auch im Namen die Tradition des antiken Römischen Reiches aufnahm, so war es doch nicht wie jenes universal, also allumfassend, sondern eines neben mehreren anderen, obgleich das mächtigste von ihnen. Es übte keine Oberherrschaft über diese anderen Reiche aus, und seine Kaiser haben das auch nie angestrebt. Ansprüche auf eine universale Herrschaft des Kaisers über die ganze Christenheit waren nur leeres Getöse höfischer Literaten, außer vielleicht bei Heinrich VI. und Friedrich II. Im hohen Mittelalter besaß der Kaiser gegenüber den Königen der anderen souveränen Staaten nur einen Ehrenvorrang, war primus inter pares, Oberhaupt einer symbolisch aufgefaßten Familie der Könige.

Die römisch-deutschen Könige spielten auch in der Kreuzzugsbewegung nicht die Rolle eines Führers der abendländischen Christenheit, jener Bewegung, die das als „Heiliges Land" angesehene Gebiet des Wirkens von Jesus unter europäische Kontrolle bringen wollte. Bei den sieben von Fürsten organisierten Kreuzzügen, die in Richtung Palästina abgingen, nahmen die französischen Könige an vier teil, die römisch-deutschen Könige an drei, nämlich Konrad III. (1147-49), Friedrich I. (1189-90) und Friedrich II. (1228-29); Heinrich VI. starb 1197 unmittelbar vor Antritt des von ihm vorbereiteten Kreuzzugs. Bei einer gemeinsamen Teilnahme des deutschen und des französischen Königs standen beide im Verhältnis gleichberechtiger Partner. Überhaupt waren die Franzosen insgesamt in der Kreuzzugsbewegung stärker engagiert als die Deutschen.

Überblicken wir kurz, wie sich die Beziehungen des römisch-deutschen Reiches zu Byzanz und Frankreich bis 1182 im einzelnen gestalteten.

Nachdem Otto I. 972 einen militärischen Vorstoß in das zum byzantinischen Reich gehörende Unteritalien unternommen hatte, erkannte der oströmische Kaiser Ottos Kaisertum an. Außer einigen Gesandtschaften im Zusammenhang mit den Kreuzzügen gab es sonst fast keine Kontakte zu Byzanz.

Der französische König versuchte 978 noch einmal, Lothringen zu erobern. Zu diesem Zweck überfiel er Aachen, wo Otto II. sich gerade aufhielt. Daraufhin unternahm Otto 980 einen Vergeltungsfeldzug bis vor die Tore von Paris. Im Frieden von Margut verzichtete der französische König auf Lothringen. Trotzdem stießen die Franzosen

146

985 noch einmal nach Verdun vor, aber ohne Erfolg. Nachdem 987 die Karolinger den französischen Thron geräumt hatten, verblaßten auch die französischen Sehnsüchte nach Lothringen und die französischen Ansprüche auf das Gesamtgebiet des ehemaligen karolingischen Kaiserreiches, wenngleich eine schwache Erinnerung daran bei den französischen Königen immer fortlebte. Von 985 bis 1226 herrschte Frieden zwischen Deutschen und Franzosen, ausgenommen nur das Jahr 1214. Trotz seiner Übermacht griff das römisch-deutsche Reich seinen westlichen Nachbarn nie an und mischte sich auch nicht in dessen innere Streitigkeiten ein. Der Plan des französischen Königs Heinrich I. im Jahre 1046, Lothringen zurückzuerobern, blieb ebenso unausgeführt wie die Absicht Heinrichs V., 1124 einen Feldzug gegen Frankreich zu unternehmen, um den König von England in dessen Krieg gegen den französischen König zu unterstützen. Beide Reiche lebten sozusagen Rücken an Rücken. Die französischen Könige hatten mit ihrem mächtigsten Vasallen zu tun, dem Herzog der Normandie, der ab 1066 auch König von England war, und die römisch-deutschen Kaiser blickten nach Italien und in den Osten.

Ganz anders gestalteten sich im hohen Mittelalter die Beziehungen der Deutschen zu Italien. Die italienische Halbinsel zerfiel Mitte des 10. Jahrhunderts politisch in drei Teile: die Gebiete ganz im Süden wurden von Byzanz beherrscht, daran schlossen nach Norden die Fürstentümer Benevent und Capua an, die unter der Lehenshoheit des römisch-deutschen Kaisers standen, und der Norden und die Mitte wurden als Königreich Italien vom Kaiser direkt beherrscht. *Das Reich und Italien*

Abgesehen von einem gescheiterten Vorstoß Ottos II. 982 versuchten die Kaiser nie, ihre Herrschaft auch auf das byzantinische Süditalien auszudehnen. Dagegen stießen die Kaiser im Laufe der Jahrzehnte mehrfach militärisch über Rom hinaus nach Süden vor, um ihrer Oberhoheit über die Fürsten von Benevent und Capua erneut Anerkennung zu verschaffen, wenn diese sich ihr entzogen hatten. Sie blieb letztlich wenig wirksam. Um 1050 herum gingen dann diese Fürstentümer an die Normannen verloren, die kurz zuvor Unteritalien unter ihre Kontrolle gebracht hatten.

Das Königreich Italien spielte dagegen im Denken und Handeln jedes hochmittelalterlichen deutschen Königs eine zentrale Rolle. Der in Aachen gekrönte König beanspruchte stets sofort die Herrschaft auch in Reichsitalien, wobei es dann oft zu keiner italienischen Krönung mehr kam. Da die Kaiserkrönung nur in Rom zu erlangen war und da der römisch-deutsche König selbst die Aufgaben eines Königs von Italien wahrzunehmen hatte, sah jeder von ihnen sich von neuem zum italienischen Teil des Reiches hingezogen. Für die Zeit seiner Abwesenheit gab es aber nie eine geregelte Regentschaft.

Die Ottonen (951-1024) wandten Italien beträchtliche Aufmerksamkeit zu und verbrachten etwa ein Drittel ihrer Regierungszeit südlich der Alpen. Beflügelt von den Erinnerungen an die Antike wollte Otto III. sogar den Schwerpunkt des Reiches nach Rom verlegen, doch das blieb ein vorübergehendes Traumgebilde. Die Salier und ihre Nachfolger bis 1152 hielten sich dann nur noch etwa ein Siebtel ihrer Regierungszeit in Italien auf. Da die römisch-deutschen Kaiser im Reichsitalien keine eigene Machtbasis in Gestalt von Reichs- oder Familienbesitz hatten, stützten sie sich dort von Otto I. an bis zur Mitte des 11. Jahrhunderts noch stärker als in Deutschland auf die Bischöfe, denen sie beträchtliche weltliche Herrschaftsrechte verliehen, und konnten sich weitgehend auch auf den italienischen Hochadel verlassen. *Italienpolitik der Ottonen und Salier*

Nach dem Tod Ottos III. Im Jahre 1002 erhoben italienische Adlige den Markgrafen

Arduin von Ivrea zum König von Italien, aber Hochadel und Bischöfe Italiens sprachen sich für den neuen deutschen König Heinrich II. aus, der seinen Rivalen dann bald verdrängen konnte. Nach dem Tod Heinrichs II. gab es in Italien noch einmal, zum letzten Mal, Bestrebungen, aus dem Reichsverband auszubrechen: italienische Adlige boten französischen Herrschern die italienische Königskrone an und stellten auch die Kaiserkrone in Aussicht. Sie blieben ohne Erfolg, da die italienischen Bischöfe an der deutschen Herrschaft festhielten.

Während des Investiturstreits zerbröckelte die Macht der königlichen Zentralgewalt in Reichsitalien immer mehr. Mittelitalien geriet faktisch unter die Herrschaft des Papstes. In Oberitalien lösten sich die großen Städte Schritt für Schritt aus der Herrschaft der stets reichstreuen Bischöfe. Mit dem Wormser Konkordat 1122 büßte der König seinen Einfluß auf die Ernennung der Bischöfe in Italien ein. Im Unterschied zu den vorangegangenen hundert Jahren wurden seitdem keine Deutschen mehr als Kirchenfürsten in Oberitalien eingesetzt. Der König verlor die bisherige Hauptstütze seiner Macht in Italien.

Die Staufer in Italien

Der Aufstieg der Städte setzte sich in Oberitalien auch in den Jahrzehnten nach dem Ende des Investiturstreitss fort. Getragen von einem gewaltigen wirtschaftlichen Aufschwung lösten sie sich ganz aus der Gewalt der bischöflichen Stadtherren, bildeten Stadtstaaten, die sich selbst regierten, und dehnten ihre Herrschaft auf das ländliche Umland aus, wobei sie schließlich fast die gesamte Poebene abdeckten. Kaiser Friedrich I. versuchte nun in sechs Italienzügen in den Jahren 1154-84, die königliche Gewalt in Reichsitalien zu neuer Höhe zu erheben. Da es nicht mehr möglich war, an die früheren Stützen kaiserlicher Macht in Italien anzuknüpfen, beschritt Friedrich neue Wege. 1158 begann er in Oberitalien in großem Umfang Reichsgüter und finanziell nutzbare Hoheitsrechte einzuziehen, sogenannte Regalien, von denen unterstellt wurde, daß sie der Krone zugehörten. Außerdem setzte er kaiserliche Dienstmannen ein, zum großen Teil Deutsche, um den eingezogenen Besitz zu verwalten und die Städte zu kontrollieren. Enorme Geldmittel flossen dem Stauferkaiser zu, die seine Einnahmen aus Deutschland um ein Vielfaches übertrafen. Friedrichs gewaltsamer Versuch, eine unmittelbare Reichsherrschaft über das Königreich Italien aufzurichten, provozierte aber Widerstände der italienischen Stadtstaaten, allen voran Mailand. Dabei strebten die oberitalienischen Städte jedoch nicht danach, sich aus dem Reichsverband zu lösen, sondern waren durchaus bereit, dem Kaiser das bißchen zu leisten, was auch seine unmittelbaren Vorgänger erhalten hatten. Einander gegenüber standen nicht etwa ausländische Fremdherrscher und nationales italienisches Empfinden, das es noch gar nicht gab, sondern zentralisierende Monarchie und kommunaler Partikularismus. Nachdem Friedrich I. 1162 die stolze Stadt Mailand zerstört hatte, erlosch unter dem Eindruck dieses Terrors der Widerstand der übrigen lombardischen, also oberitalienischen Städte. Als Friedrichs Wiedererwerbspolitik auch nach Mittelitalien ausgriff, fühlte sich der Papst bedroht und ergriff für die lombardischen Städte Partei. 1159 kam es bei der Papstwahl zu einer Doppelwahl. Der kaiserliche Kandidat konnte sich in Rom nicht durchsetzen und wurde nur in Deutschland anerkannt. Erst 1167 gelang es dem Kaiser, seinen Papstkandidaten mit einem Heer nach Rom zu führen. Friedrich stand im Zenit seiner Macht. Aber da brach in Rom plötzlich eine Malariaepidemie aus und raffte den größten Teil des kaiserlichen Heeres weg. Schlagartig brach die kaiserliche Herrschaft in Oberitalien zusammen. Die Beauftragten des Kaisers wurden aus den Städten verdrängt. Die oberitalienischen Städte schlossen sich zum Lombardenbund zusammen als Gegengewicht zur Kaisermacht. Erst 1174 konnte Friedrich den Kampf um Oberitalien wieder aufnehmen. Einen großen Teil der lombardischen Städte gewann der Staufer bald zurück. Ein Einigungsversuch zwischen beiden Parteien scheiterte jedoch. 1176 erlitten Friedrichs zahlenmäßig unzureichende Truppen bei Legnano gegen die Mailänder eine Niederlage, und der Kaiser verzichtete nun endgültig darauf, die Lombarden zu unterwerfen. Im Frieden von Venedig 1177 und endgültig im Frieden von Konstanz 1183 einigte er sich mit dem Papst und den lombardischen Städten: Friedrich ließ seinen Gegenpapst fallen, erkannte den Lombardenbund an und überließ dessen Mitgliedern die Regalien. Das Programm einer direkten kaiserlichen Herrschaft in Oberitalien war gescheitert, aber die kaiserliche Oberhoheit über die Städte blieb weiter bestehen, vergleichbar dem Verhältnis von Kaiser und Fürsten in Deutschland. In der Toskana, Spoleto und der Romagna wurden hingegen auch weiter weite Bereiche von kaiserlichen Beauftragten verwaltet.

Heinrich VI. festigte nicht nur die Stellung des Kaisers in Mittelitalien noch mehr, sondern es gelang ihm, sich nach dem Erbanfall des Königreichs Sizilien dort 1194 gegen die Opposition durchzusetzen. Als Heinrich aber schon 1197 starb, erhoben sich überall in Mittel- und Süditalien Aufstände gegen die deutschen Vertrauensleute Heinrichs. In den folgenden eineinhalb Jahrzehnten herrschten bürgerkriegsähnliche Zustände, in denen das Kaisertum seine reale Machtbasis in Italien weitgehend verlor. Friedrich II., der sich von 1220 bis zu seinem Tod 1250 fast nur in Italien aufhielt, konnte in Süditalien erneut ein straffes Regiment errichten und versuchte dann, die direkte Herrschaft seines Vaters in Reichsitalien wiederherzustellen. Dabei verstrickte er sich in heftige Kämpfe gegen den erneuerten Lombardenbund und gegen den Papst, der sich von Norden und Süden umklammert sah und seine politische Unabhängigkeit zu verlieren fürchtete. Diese Kämpfe wogten bis zu Friedrichs Tod unentschieden hin und her. Nach seinem Ableben konnte sich in Italien in wenigen Jahren die päpstlich-städtische Partei gegen die staufische durchsetzen. Damit herrschten in Oberitalien die Stadtstaaten und in Mittelitalien der Kirchenstaat des Papstes, über den die Oberhoheit des römisch-deutschen Kaisers, die ohnehin stets nur locker gewesen war, am Anfang des 13. Jahrhunderts endgültig auch formal aufhörte.

Die Beziehungen des römisch-deutschen Reiches zu den Gebieten im Osten, die in der Mitte des 10. Jahrhunderts noch heidnisch waren, unterschieden sich ebenso von seinen spärlichen und überwiegend friedlichen Kontakten zu den anderen souveränen Staaten wie von jenen zu seinen italienischen Reichsteilen, die beide zur christlichen Welt gehörten. Da der Osten anfangs noch nicht staatlich voll durchgeformt war, noch nicht festgelegte Staaten Grenze an Grenze nebeneinanderlagen, wollten jene Völker in diesem Raum, die bereits Reiche gebildet hatten, ihren Herrschaftsbereich ausdehnen in die machtpolitischen Schwächezonen hinein und teilweise auch noch darüber hinaus auf andere Reiche. Die Folge waren eine Fülle von Feldzügen. Die Polen versuchten ihre Herrschaft auch über Pommern, Schlesien, Böhmen, Mähren, die Liutizen und nach Süden auszudehnen, die Böhmen stießen nach Mähren, Schlesien und Polen vor, die Dänen griffen die ganze südliche Ostseeküste entlang, die Ungarn erweiterten ihr Reich nach Süden, und über alle hinweg bemühten die Deutschen sich, ihren Einfluß auszuüben. So war es kein außergewöhnlich aggressives Expansionsstreben, kein spezifisch deutscher „Drang nach Osten", der hier die deutsche Politik beseelte, sondern das allen Reichen dieser Zeit gemeinsame unreflektierte Machtstreben, in nichtstaatlich organisierte und deshalb machtschwache Räume hineinzustoßen,

Beziehungen
zum
heidnischen
Osten

das Bemühen, erst gering entwickelte politische Gebilde, die noch keine friedliche Nachbarn und zuverlässige Partner waren, unter die eigene Kontrolle zu bringen. Siedlungsland wurde dabei indessen nicht gesucht. Zu diesem Gefälle des politischen Entwicklungsstandes trat der Gegensatz zwischen Christen und Heiden. Kriege gegen Heiden wurden in der christlichen Welt mit anderen Augen angesehen als solche innerhalb der Christenheit. Die Heiden galten als weitgehend rechtlos, besonders wenn sie auch noch zivilisatorisch rückständig waren. Es war ein Ziel der deutschen Ostpolitik, den christlichen Glauben bei den Heiden auszubreiten, so daß sie nicht nur reine Machtpolitik war, sondern sich zugleich durch höhere Ziele legitimiert glaubte. Dabei gerieten jedoch die beiden Ziele öfter miteinander in Konflikt, die Missionsidee einerseits und das Streben der Fürsten und Ritter nach Herrschaft über neue Gebiete und nach den Einnahmen daraus andererseits. Beides hemmte einander gegenseitig. Und wenn die Deutschen dabei das Christentum den Stämmen im Osten teilweise mit dem Schwert und unter Androhung der Todesstrafe aufzuzwingen versuchten, ist auch in methodischer Hinsicht das Widersprüchliche nicht zu übersehen, und zwar sowohl theoretisch, weil die christliche Lehre und diese Gewaltsamkeit unvereinbar sind, als auch praktisch, weil mancher Heide wohl bereit gewesen wäre, sich mit Wasser taufen zu lassen, nicht aber mit Feuer und Schwert. Die Epoche ungezügelter Eroberungspolitik ging in jenem Raum, der in Reichweite der Deutschen lag, mit dem Ausgang des 13. Jahrhunderts zuende; in den östlich anschließenden, in der Entwicklung hinterherhinkenden Gebieten von Litauen bis zum Schwarzen Meer vollzog sie sich erst im späten Mittelalter.

Osteuro-
päische
Gebiete unter
deutscher
Oberhoheit

Da die Deutschen ein machtpolitisches Übergewicht besaßen, spielten sie bei dem Geschehen dort eine dominante Rolle. Dabei waren schon im 10. Jahrhundert Böhmen, die mittelelbischen Gebiete und Polen unter deutsche Herrschaft oder Oberhoheit geraten, allesamt zu diesem Zeitpunkt noch heidnisch. In der Folgezeit strebten die deutschen Kaiser stets danach, diese zu wahren beziehungsweise wiederherzustellen. Kurzzeitig erstreckte die Oberhoheit sich auch noch auf Dänemark und Ungarn. Im Unterschied zum Verhältnis des römisch-deutschen Reiches beispielsweise zu Frankreich handelte es sich hier nicht um die Beziehung zu souveränen, gleichberechtigten Reichen, sondern um abhängige, teilweise auch direkt beherrschte Gebiete. Diese Beziehungen waren auch unvergleichlich intensiver als jene zu anderen souveränen Reichen. Die im Osten unter deutsche Herrschaft gekommenen Stämme und Völker wurden entweder von deutschen Markgrafen direkt beherrscht, oder sie besaßen eigene Herrscher. Letztere erkannten eine Oberhoheit des Reiches und Tributpflicht an, oder sie befanden sich in einer Lehensabhängigkeit, wie sie bis 1033 auch für das Königreich Burgund bestand. Für die einheimischen Herrscher bedeuteten beide Formen der Abhängigkeit die Verpflichtung, Frieden zu wahren, und auf entsprechende Anordnung des Kaisers hatten sie auf seinen Hoftagen zu erscheinen. Darüber hinaus mußten die abhängigen Herrscher im Falle der Tributpflicht jährlich bestimmte Zahlungen von Geld oder Naturalien leisten, beispielsweise Ochsen oder Honig, und im Falle der Lehensabhängigkeit waren sie zur Heerfolge verpflichtet, wenn der Kaiser diese forderte. Die abhängigen und von slawischen Völkern bewohnten Gebiete waren keine den deutschen Herzogtümern gleichgeordneten Teile des römisch-deutschen Reiches, waren aber auch nicht souverän. Die deutsche Macht wurde sozusagen vom Kerngebiet der deutschen Stämme über die vorgelagerten Marken zu den Tribut- und Vasallenstaaten nach Osten immer schwächer. Was diese Abhängigkeiten

150

in der Praxis bedeuteten, hing weitgehend von den jeweiligen Machtverhältnissen ab. Dabei war der militärische Kräfteeinsatz der Deutschen im hohen Mittelalter im Osten größer als im Rahmen der kaiserlichen Italienpolitik. Aber die geringe landwirtschaftliche Erschließung des Landes machte es schwer, die Heere bei großen Operationen zu verpflegen, und die weite Verbreitung von Urwald, Mooren und Sümpfen ließ den Kampf teilweise zum Dschungelkrieg werden. So blieb insgesamt gesehen die Durchsetzungsfähigkeit des Kaisers in den Ostgebieten im Hochmittelalter recht begrenzt.

Seit Ende des 9. Jahrhunderts fielen von Osten immer wieder flinke Reiterscharen der Ungarn ins Reich ein und durchstreiften es auf grausamen Beutezügen bis nach Italien und Frankreich hin. Sie plünderten und verwüsteten Bauernhöfe, Klöster und Burgen und verbreiteten überall Angst und Schrecken. Als die Ungarn im Jahr 955 wieder hereinbrachen, konnte Otto I. einen großen Erfolg erzielen. Unter seiner Führung errang auf dem Lechfeld bei Augsburg vom 10. bis 12. August 955 ein Heer aus allen deutschen Stämmen einen überwältigenden Abwehrsieg über die Ungarn. Es war eine Entscheidungsschlacht von europäischer Bedeutung: mit einem Schlag war die Ungarngefahr nicht nur für die Deutschen, sondern auch für die angrenzenden Völker beendet. Die Abwehr der Ungarn galt schon in den Augen der Zeitgenossen als Leistung der Deutschen für ganz Europa. Die Ungarn wurden nach dieser Schlacht ein seßhaftes Volk und öffneten sich christlicher Kultur.

Ostpolitik Ottos I.

In den mittelelbischen Gebieten hatte Otto schon 936/37 Markgrafschaften organisiert, in denen die Deutschen nun nicht mehr eine lose Oberhoheit ausübten, sondern die Gegend von Burgen aus direkt beherrschten. Diese vorgelagerten Marken, die nach Osten ohne feste Grenze waren, sollten das Vorfeld des deutschen Kerngebietes kontrollieren. Nach dem Ungarnsieg errichtete Otto innerhalb des bayerischen Herzogtums die Ostmark neu. 963 fand sich Mieszko von Polen bereit, eine lose deutsche Oberaufsicht anzuerkennen und für einen Teil seines Landes Tribut zu zahlen, und wahrscheinlich erkannte auch der dänische König Harald Blauzahn, der um 960 zum Christentum übergetreten war, eine lockere deutsche Oberhoheit an. Der Anspruch einer Oberhoheit über Polen wurde vom Reich bis Anfang des 13. Jahrhunderts ununterbrochen aufrechterhalten, doch das entfernt liegende Land entzog sich dem in der Praxis oft. Wenn es so auch häufiger zu Kämpfen zwischen dem Reich und Polen kam, so war das Verhältnis zwischen beiden Ländern trotzdem keineswegs von prinzipieller Feindschaft geprägt. Das polnische Herrscherhaus ging zahlreiche Eheverbindungen mit dem deutschen Adel ein, und beide Reiche unterstützten sich gelegentlich gegenseitig militärisch. Der Errichtung einer so weitgespannten deutschen Oberhoheit folgte zunächst keine Durchdringung dieser Länder mit deutschen Siedlern, zumal innerhalb Deutschlands noch genug Land zum Roden frei und dementsprechend kein Bevölkerungsüberschuß vorhanden war. Dies änderte sich erst in der Mitte des 12. Jahrhunderts. Trotzdem beschränkte Ottos Ostpolitik sich nicht auf Machtpolitik. Otto faßte es als Verpflichtung seines christlichen Kaisertums auf, die Heiden systematisch christianisieren zu lassen. 947/48 wurden im mittelelbischen Gebiet und in Dänemark Bistümer gegründet, so daß kirchliche Organisationen entstanden, und deutsche Bischöfe und Priester nahmen die Bekehrung auf. 968 wurde das Erzbistum Magdeburg als Metropolitankirche für die zu christianisierenden slawischen Gebiete eingerichtet, während die dänischen Bistümer dem Erzbistum Hamburg-Bremen unterstellt blieben. Schon zwei Jahre zuvor war Mieszko zum Christentum übergetreten, so daß deutsche Priester jetzt auch bei den Polen zu missionieren begannen. 973 wurde zur Christianisierung Böhmens das Bistum Prag gegründet und dem Erzbistum Mainz unterstellt. Die Regentin des Großfürstentums Kiew, aus dem sich später Rußland entwickelte, erbat von Otto Missionare, worauf dieser 960 einen deutschen Bischof schickte. Dieser fand bei den Russen aber keine Resonanz, da dort die Regierung wechselte. Nach diesem Fehlschlag wurde die Rußlandmission von deutscher Seite aus nicht weiter verfolgt. So entschied sich der Großfürst von Kiew dafür, die Missionierung von Byzanz aus durchführen zu lassen. Eine Entscheidung von weltgeschichtlicher Tragweite war gefallen: Rußland verband sich dem Christentum nicht in seiner westlichen, sondern in seiner östlichen Form.

*Christiani-
sierung und
Kirchen-
organisation*

983 brach ein Teil des außenpolitischen Werks Ottos I. wieder zusammen. Die Dänen schüttelten die deutsche Oberaufsicht ab und wandten sich wieder dem Heidentum zu. Auch die Abodriten und Liutizen befreiten sich in einem großen Aufstand von der deutschen Herrschaft und kehrten ebenfalls zum Heidentum zurück. Dänen und Abodriten fielen in wiederholten Raubzügen in Sachsen ein. Die Sorben erhoben sich indessen nicht gegen die deutsche Herrschaft, und auch Böhmen und Polen standen weiter zum Reich. Mieszko von Polen huldigte 985 Otto III. Seit 983 versuchten die Deutschen immer wieder von neuem, die Abodriten und Liutizen zu unterwerfen. Diese wehrten sich jedoch erbittert. Über die nächsten rund 150 Jahre zog sich ein zäher Kleinkrieg hin mit Überfällen und Gegenschlägen, Verwüstung und Wiederaufbau, den beide Seiten ungemein brutal und grausam führten.

Die Ungarn wurden seit 970 von deutschen Priestern zum Christentum bekehrt, und ihr Herzog ließ sich 996 als Stephan taufen. Bestrebungen, Ungarn von Byzanz aus zu christianisieren, konnten sich nicht durchsetzen. Deutsche Missionsversuche bei den Pommern und Preußen Ende des 10. Jahrhunderts scheiterten dagegen. In Dänemark und Norwegen wurde die Christianisierung ab etwa 1000 außer von deutschen auch von englischen Kräften durchgeführt, so daß die dortigen Bistümer zunehmend dem Einfluß des Hamburger Erzbistums entglitten.

In der zweiten Hälfte des 10. Jahrhunderts war also der lateinisch-christliche Kulturraum weit nach Osten und Norden ausgedehnt worden, und das muß als ein bleibendes Ergebnis der europäischen Geschichte gelten.

Otto III. stellte das Verhältnis zu Polen auf eine neue Grundlage. Im Jahr 1000 errichteten Papst und Kaiser in Gnesen ein eigenes Erzbistum für Polen, und der Kaiser ernannte den Herzog von Polen, Boleslaw Chrobry, zu seinem Stellvertreter in Polen. Die polnische Kirche wurde damit aus dem Zuständigkeitsbereich der deutschen Kirchenorganisation gelöst und als eigene Kirchenprovinz Rom direkt unterstellt. Analog dazu wurde 1001 für Ungarn ein eigenes Erzbistum in Gran errichtet, und überdies erhoben Papst und Kaiser den ungarischen Herzog Stephan gemeinsam zum König. Diese Organisationsfragen waren wichtig für politische Einflußmöglichkeiten, denn in einer analphabetischen und organisationsarmen Welt besaß der Apparat der Kirche große Bedeutung, und die Herrscher beeinflußten im allgemeinen die Einsetzung von Bischöfen in ihrer Kirchenprovinz entscheidend. Otto III. sah hierin wohl keine Minderung des kaiserlichen Einflusses, da ihm vorschwebte, daß Kaiser und Papst das Imperium einvernehmlich von Rom aus beherrschen sollten. Doch mit seinem Tod verflüchtigte sich diese Idee. Das Papsttum entglitt dem Machtbereich des Kaisers, mit der Folge, daß auch Polen aus dem deutschen Einflußbereich geriet. Außerdem wollte Boleslaw von einem friedlichen Zusammenleben im Imperium bald nichts mehr wissen.

Nachdem Boleslaw schon Pommern und Schlesien unterworfen hatte, eroberte er 1003 auch noch Böhmen und Mähren, besetzte die Marken Meißen und Lausitz und griff die Liutizen an. Um die Bildung eines slawischen Großreiches zu verhindern, den Besitz des Reiches zu schützen und die deutsche Oberhoheit zu wahren, unternahm Heinrich II. 1003-18 eine Reihe von Feldzügen gegen Polen, das schließlich bis 1029 alle eroberten Gebiete außer Schlesien verlor und ab 1013 die deutsche Lehenshoheit abermals anerkannte. Als Boleslaws Sohn und Nachfolger Mieszko II. mit seinen Truppen 1028 Ostsachsen verheerte und sich den Königstitel zulegte, zwang Konrad II. ihn in mehreren Gegenfeldzügen, auf diesen Titel zu verzichten und sich der deutschen Lehenshoheit erneut zu unterwerfen. Nach Mieszkos Tod wurde Polen von anarchischen Thronfolgekämpfen zerrüttet, worauf nun 1038 der böhmische Herzog Mähren, Schlesien und Polen eroberte und seinerseits versuchte, ein vom römischen König unabhängiges großslawisches Reich zu gründen. Überdies strebte er an, das Bistum Prag zum Erzbistum erheben zu lassen, um sich vom Reich auch kirchlich zu lösen. Heinrich III. zwang ihn daraufhin durch neue Feldzüge, 1041 Polen wieder aufzugeben, auf den Erzbistumsplan zu verzichten und die Tributpflicht und Lehensabhängigkeit vom Reich erneut anzuerkennen, die Böhmen seitdem auch nie mehr bestritten hat. Die salischen Kaiser stabilisierten nicht nur die Oberhoheit des Reiches über Polen und Böhmen, sondern errichteten sie zeitweilig sogar auch über Ungarn. Nachdem die Ungarn 1042 Bayern angegriffen hatten, kam es zu mehrjährigen Kämpfen zwischen Deutschen und Ungarn. Bei diesen führte Heinrich III. den vertriebenen ungarischen König Peter zu seinem Land zurück, das dadurch 1045 vom Reich tribut- und lehensabhängig wurde. Doch das blieb eine Episode von wenigen Jahren. Da zu diesem Zeitpunkt auch die Liutizen Tribut zahlten, das Königreich Burgund mit der römischen Krone vereint worden war und Heinrich III. mehrere Päpste einsetzte, stellten diese Jahre einen Gipfel äußerer Machtentfaltung des Reiches dar.

Gipfel der Macht unter Heinrich III.

Während der Zeit des Investiturstreits wurden die Kräfte des Königtums so sehr durch die inneren Probleme beansprucht, daß das Reich sich mehrere Jahrzehnte lang nicht um die Ostpolitik kümmern konnte. Die deutsche Machtstellung in Europa wurde schwächer. In Dänemark, Norwegen und Schweden gab es Bestrebungen, Erzbistümer zu schaffen, um vom Erzbistum Hamburg-Bremen unabhängig zu werden. Der seit 1043 amtierende Erzbischof Adalbert war mit der Gründung neuer Erzbistümer einverstanden, vorausgesetzt, daß sein eigenes Erzbistum zum Patriachat für den Norden erhoben würde und damit weiterhin übergeordnet bliebe. Dieser Plan scheiterte jedoch, da das zentralistisch orientierte Papsttum eine Zwischengewalt ablehnte, zumal Adalbert vom Reich nicht unterstützt wurde. 1104 erhob der Papst Lund zum Erzbistum als Metropole für Skandinavien, dessen Kirchenorganisation damit von der Hamburger Suprematie gelöst wurde, mit dem bewußten Ziel, den Einfluß der Deutschen, der Gegner im Investiturstreit, im Norden zu beschränken. Skandinavien öffnete sich daraufhin stärker den kulturellen Einflüssen aus England und Frankreich.

Norden und Osten während des Investiturstreits

Während Böhmen die deutsche Lehenshoheit wahrte, entzog sich Polen, zu dem seit 1054 auch wieder Schlesien gehörte, am Ende des 11. Jahrhunderts der Lehenshoheit des römisch-deutschen Reiches.

Erst nach dem Ende des Investiturstreits lebte eine aktive deutsche Ostpolitik wieder auf. Der Herzog von Polen, der 1121/22 die Pommern gegen deren erbitterten Widerstand unterworfen hatte, mußte 1135 die deutsche Lehenshoheit und seine Tributpflicht erneut anerkennen und Pommern vom Kaiser zum Lehen nehmen, das im

Erneute aktive Ostpolitik

übrigen schon wenige Jahre später seine Unabhängigkeit zurückgewann. Nachdem Kaiser Friedrich I. in Dänemark, das 1131-37 schon einmal wieder vom Reich lehensabhängig gewesen war, in einen Thronstreit schlichtend eingegriffen hatte, stand dieses Land 1152-82 unter der Lehenshoheit des Reiches. Die Polen führten 1138 bei sich den Verfassungsbrauch ein, das Herzogtum unter die Söhne des Herrschergeschlechts der Piasten aufzuteilen. Dabei sollte zwar der Älteste als Oberherzog eine Oberherrschaft behalten, aber in der Praxis zerfiel Polen in der Folgezeit immer mehr in Teilfürstentümer. Friedrich I. griff mehrmals militärisch in Polen ein, mit dem Ergebnis, daß der Oberherzog auch weiterhin die deutsche Lehenshoheit und eine polnische Tributpflicht anerkannte. Außerdem wurde das Teilfürstentum Schlesien 1163 dem römischen Reich tributpflichtig, blieb aber weiter ein Teil Polens.

In den 1140er Jahren begann eine Serie neuer, heftiger Eroberungskämpfe gegen die noch frei und heidnisch gebliebenen Slawen entlang der Ostseeküste, die jetzt aber nicht mehr von der Reichsgewalt, sondern von den mächtigen Territorialfürsten zusammen mit Dänemark vorangetragen wurden. Ab 1168 war keines dieser Gebiete mehr unabhängig, und parallel dazu begann die deutsche Missionsarbeit. Der Sachsenherzog Heinrich der Löwe eroberte das Gebiet der Abodriten, das er dem Sohn des letzten Abodritenfürsten als Mecklenburg zu Lehen gab. Auch der Herzog von Pommern unterwarf sich der Lehenshoheit Heinrichs. Markgraf Albrecht der Bär eroberte von der späteren Altmark aus das Land der Liutizen. Nach jahrzehntelangen Aufständen und Gegenschlägen war es schließlich als Mark Brandenburg im Besitz des Markgrafen. Die Dänen unterwarfen sich Rügen.

Zusammenbruch der Vormachtstellung

Mit Heinrich VI. wurde 1194/95 für wenige Jahre noch einmal ein römischer Kaiser zum unübersehbar mächtigsten Herrscher Europas. Er ließ sich von dem englischen König Richard Löwenherz, der in seine Gefangenschaft geraten war, für England huldigen. In der Tradition sizilianischer Politik griff der Kaiser weit in den Mittelmeerraum aus: er erhob Ansprüche auf Tunis und Tripolis, die vom dortigen Kalifen durch Tributzahlungen anerkannt wurden, ließ sich auch vom byzantinischen Kaiser einen riesigen Tribut versprechen, und die Könige von Kleinarmenien (an der Südküste der heutigen Türkei) und Zypern nahmen ihr Land von ihm zu Lehen. Aber das alles war ohne solide Grundlage und verschwand mit Heinrichs Tod wie ein Spuk.

In Wahrheit hatte inzwischen bereits der rapide Verfall der europäischen Machtstellung des Reiches begonnen. Indem Friedrich I. 1181 das sächsische Herzogtum Heinrichs des Löwen zerschlug, womit Mecklenburg und Pommern direkte Reichslehen wurden, beseitigte er damit zugleich jene Machtkonzentration, die im Nordosten des Reiches nach außen entscheidend gewesen war, ohne daß die kaiserliche Gewalt sie in der Folgezeit ersetzen konnte. Als 1198 der Bürgerkrieg begann und danach die Zentralgewalt verfiel, löste sich die außenpolitische Kraft des Reiches in nichts auf. Schon 1182 kündigte Dänemark die deutsche Lehenshoheit und eroberte in den nächsten Jahren Pommern, Holstein und Mecklenburg. Die Kaiser traten dem nicht etwa entschlossen entgegen, sondern in ihrer Machtlosigkeit bestätigten Otto IV. und Friedrich II. (1214) den Dänen sogar noch ihren Besitz und handelten damit deutschen Interessen direkt zuwider. Seit Anfang des 13. Jahrhunderts machte das Reich auch seinen Oberhoheitsanspruch über Polen nicht mehr geltend. 1214 unternahm ein englisch-welfisches Heer unter Kaiser Otto IV. einen Angriff gegen den französischen König, der Ottos staufische Gegner unterstützte. Er wurde bei Bouvines in Flandern völlig geschlagen. Damit war auch im Westen offenbar, daß das Reich seine europäische

Vormachtstellung verloren hatte und Frankreich, inzwischen durch eine relativ starke Monarchie innerlich geeint, sich zur stärksten Macht entwickelt hatte. Noch deutlicher zeigte sich der Verfall im Jahre 1241. Die Reiterhorden der Mongolen, die 1206-41 ganz Zentralasien, Nordchina, Persien, das Reich der Wolgabulgaren und fast alle russischen Teilreiche erobert hatten, stürmten auf Europa zu. Kaiser Friedrich II. und der Papst, restlos in den Kampf gegeneinander um Italien verstrickt, erließen nur hilflose Aufrufe zum Kampf gegen die asiatische Bedrohung. Ein Versuch Konrads IV., das Reichsheer zu mobilisieren, scheiterte – nicht einmal mehr dazu war die Zentralgewalt in der Lage. Die mongolische Hauptarmee schlug im April das ungarische Heer vernichtend. Gleichzeitig stellte sich Herzog Heinrich II. von Niederschlesien mit einem kleinen deutsch-polnischen Heer bei Liegnitz zur Schlacht gegen eine mongolische Seitenarmee, die durch Polen und Schlesien vorstieß. Es wurde völlig aufgerieben. Europa stand den Mongolen offen, ohne ernsthafte Abwehrkräfte zu besitzen. Doch auf die Nachricht vom plötzlichen Tod ihres Großkhans in Karakorum hin zogen sich die Mongolen nach Osten zurück, da ihre Führer an den Neuwahlen teilnehmen wollten. So kamen die Deutschen und die übrigen Europäer durch reines Glück noch einmal mit dem Schrecken davon, während die Russen die nächsten rund 250 Jahre unter dem Joch der Mongolenherrschaft zu leiden hatten.

Obwohl die Kaisermacht zerfiel, dehnten die Deutschen den von ihnen beherrschten Raum gerade in der ersten Hälfte des 13. Jahrhunderts noch einmal wesentlich nach Osten aus. Dabei war nicht mehr die Zentralgewalt Träger der Außenpolitik, sondern es waren die Territorien. Ein Heer, das die Grafen von Holstein und Schwerin, der Herzog von Sachsen, der Erzbischof von Bremen und die Bürger von Hamburg und Lübeck aufgestellt hatten, schlug 1227 in der Schlacht bei Bornhöved in Holstein den dänischen Erobererkönig entscheidend. Dänemark mußte alle deutschen und slawischen Gebiete außer Rügen aufgeben. Holstein war befreit, und die Eider wurde zur deutsch-dänischen Grenze. In den folgenden Jahrzehnten unterwarfen deutsche Fürsten das von dänischer Herrschaft freigewordene Gebiet der Ostseeslawen.

Ostexpansion der Territorialherren

Um 1200 zog sich nördlich von Polen zwischen der Ostsee und dem orthodox-christlichen Raum bis hinauf nach Finnland ein Gebietsstreifen hin mit der letzten noch heidnischen Bevölkerung Europas. Es handelte sich um die Preußen, Litauer, Letten, Karen, Liven und Esten, alle nichtslawische Völker, die in zahlreiche kleinere Stämme zerfielen. Ihre Christianisierung war jetzt unausweichlich, fraglich nur durch wen und wie. Das Gebiet der Letten, Karen, Liven und Esten erhielt der deutsche Missionsbischof Albert 1207 vom römischen König unter dem Namen Livland als Reichsfürst zu Lehen. Er gründete sich 1202 im Schwertbrüderorden eine Kampftruppe aus deutschen Rittern, mit der er in schweren Kämpfen bis 1230 ganz Livland unterwarf. Die Landesherrschaft in Livland mußte sich Albert aber mit den Ordensrittern und der Stadt Riga teilen. Gegen die Preußen rief der polnische Teilfürst Herzog Konrad von Masowien den Deutschen Orden herbei. Der Deutsche Orden war 1198 vor Akkon in Palästina gegründet worden als eine Vereinigung von Rittern, welche die Kreuzfahrerstaaten militärisch schützen sollte. Mit dem Ausklingen der Kreuzzugszeit verlor er dort seine Aufgaben. Der Herzog von Masowien wollte das Gebiet der Preußen durch den Deutschen Orden für sich erobern und christianisieren lassen und versprach ihm dafür das Kulmer Land. Der Deutsche Orden plante dagegen, über die Preußen seine eigene Herrschaft zu etablieren. Und er sicherte sich gut ab: 1226 ließ sich der Orden von Kaiser Friedrich II. die Schenkung bestätigen und darüber hinaus die volle Landesherrschaft im Gebiet der zu unterwerfenden Preußen verleihen. Seit 1231 wurde dieses Gebiet unter Leitung des Deutschen Ordens erobert, und zwar sowohl mit eigenen Kräften des Ordens als auch durch Kreuzfahrerscharen, deren Kontingente außer vom ganzen Norden des deutschsprachigen Gebiets auch von polnischen Fürsten gestellt wurden. Selbst englische, französische und schottische Ritter beteiligten sich. Wie schon bei den Ostseeslawen gingen auch in Livland und Preußen Eroberung und Christianisierung der unterworfenen Völker Hand in Hand. In Preußen kam es zu einem von beiden Seiten brutal geführten Kleinkrieg, der sich jahrzehntelang hinzog und erst 1290 abgeschlossen war. Der Deutsche Orden konnte einen fast unabhängigen Staat Preußen errichten, der nur eine gewisse Oberhoheit des römischen Imperiums anerkannte, ohne Teil des deutschen Königreiches zu sein und zum Kreis der Reichsfürstentümer zu zählen. Der Schwertbrüderorden in Livland erlitt 1236 im Kampf gegen die Litauer eine schwere Niederlage, worauf er sich mit dem Deutschen Orden vereinigte. Der Versuch des Ordens, auch noch das russische Großfürstentum Nowgorod zu erobern, schlug 1242 in der Schlacht auf dem Eis des Peipus-Sees fehl. Damit kam die Ausdehnungsbewegung deutscher Herrschaft und zugleich des lateinischen und katholischen Kulturraumes überhaupt nach Osten für immer zum Stehen. Versuche des Ordens, in den 1250er Jahren das litauische Samaiten und damit die Landbrücke zwischen Preußen und Livland zu gewinnen, scheiterten ebenfalls. Abgesehen von der späteren Erwerbung Schlesiens ist das Gebiet des römisch-deutschen Reiches seit diesem Zeitpunkt bis zu seinem Untergang im Jahr 1806 nur noch geschrumpft.

Bilanz   Die Staatenwelt, die das Reich der Deutschen umgab, sah in der Mitte des 13. Jahrhunderts ganz anders aus als 300 Jahre zuvor. Die Ostgrenze des deutschen Siedlungsraumes war nicht mehr die Außengrenze des christlichen Kulturraumes, an seiner Ostseite waren an die Stelle heidnischer Stämme christliche Staatsgebilde getreten. Alles Land ehemals vorgeschobener Grenzmarken war jetzt fest ins Reich eingefügt. Von den slawischen Staatsbildungen waren Mecklenburg und Böhmen mit Mähren in das Reich eingegliedert, ebenso Pommern, dessen Herzöge seit 1231 unter der Lehenshoheit der Mark Brandenburg und damit unmittelbar des Reiches standen. Polen dagegen hatte sich aus der deutschen Oberhoheit gelöst, und Schlesien, durch Erbteilungen zunehmend in Teilfürstentümer aufgesplittert, war faktisch unabhängig geworden, da es keinem polnischen Oberherzog mehr unterstand und auch kein Teil des römischdeutschen Reiches war. Warum sind von diesen slawischen Fürstentümern die einen ins Reich der Deutschen hineingewachsen, die anderen dagegen nicht bei ihm geblieben? Die so entstandene Ostgrenze war nicht von der Zentralgewalt geformt worden, sondern von den Territorien. Sie war Reichsgrenze nur insofern, als die Territorien vom Kaiser lehensabhängig waren. Wäre die deutsche Zentralgewalt nicht nach 1198 verfallen, hätte Polen kaum seine völlige Unabhängigkeit gewonnen, Dänemark seine möglicherweise nicht wiedererlangt und Litauen seine vielleicht nicht behalten.

2.8 Erbe

Viele Strukturen und Einrichtungen aus dem hohen Mittelalter bestanden und wirkten bis ins 19. Jahrhundert weiter, aber nur wenige von ihnen haben den großen Umbruch der Auflösung der Ständegesellschaft und der Industrialisierung überdauert. So besitzt das hohe Mittelalter einen Platz als Stufe in der Gesamtentwicklung des deutschen Volks, aber unmittelbar wirken Entscheidungen und Strukturen aus dieser Zeit heute nur noch wenig fort.

Einiges läßt sich immerhin finden. Mit dem Landesausbau ist die unberührte Ur-landschaft weitgehend verschwunden, und ein großer Teil der heute bestehenden Orte ist damals gegründet worden. Seitdem besteht im deutschen Raum eine im wesentlichen offene Landschaft, die von dicht gestreuten Dörfern und wirtschaftlich genutztem Land geprägt wird. Vereinzelt haben Kleinigkeiten eine erstaunliche Beharrungskraft entwickelt. So wurzeln die heutigen Familiennamen in den damals aufgenommenen Zunamen und spiegeln dadurch teilweise unverändert damalige Berufsbezeichnungen oder Eigenschaften wieder, und manche heutige Benimmregel ist an den hochmittel-alterlichen Fürstenhöfen entstanden. Wichtiger erscheint, daß die Kirche im Laufe des hohen Mittelalters im täglichen Leben der Deutschen zunehmend Fuß faßte. Ein Netz von Pfarrkirchen entstand, dessen Aufbau in Westdeutschland um 1300 abgeschlossen war und sich seitdem kaum noch verändert hat, sieht man von dem Ausbau innerhalb großer Städte ab. Nicht nur bestehen Kirche und Gemeinden auch heute noch, son-dern auch da, wo die Entkirchlichungstendenzen späterer Jahrhunderte sie wieder an den Rand gedrängt haben, sind manche Grundpositionen christlicher Lehre weiter ein-flußreich geblieben, so die Vorstellung vom Wert der einzelnen Person, die Idee von Gewissen und moralischer Schuld, ferner auch die Auffassung, daß das Göttliche we-niger in als vielmehr über der Natur zu suchen sei, was diese dem planenden Zugriff des Menschen freigab und ihn erleichtert hat. Überhaupt fällt auf, daß die Kontinui-täten vom hohen Mittelalter bis heute im kirchlichen Bereich ausgeprägter sind als im Bereich politischer Herrschaft oder im Wirtschaftsleben. Dies wird schon äußerlich daran deutlich, daß fast alle Pfarrkirchen des Mittelalters entweder direkt als Bauwerk selbst oder in Gestalt eines Nachfolgerbaus am selben Platz bis heute bestehen (anders bei Klöstern). Die Pfalzen und Burgen dagegen sind meist zu Ruinen verfallen oder ganz verschwunden, einige auch nach 1480 zu Schlössern umgebaut worden, in denen Teile von ihnen bewahrt blieben; in ihrer mittelalterlichen Gestalt hat sich fast keine erhalten. Moderne Staatsverwaltung ist von mittelalterlichen Burgen aus nicht möglich, so daß diese funktionslos geworden sind, und überdies haben sich territoriale Gliederung und Zuordnungen und damit auch die Lage politischer Zentren im Laufe der Jahrhunderte vielfältig gewandelt. Verglichen damit haben sich kirchliche Institutionen und Formen des Kirchenlebens weniger stark verändert, so daß auch mittelalterliche Gebäude und Kultgegenstände unverändert benutzt werden können.

Die Tatsache, daß die Kaiserpfalzen sämtlich untergegangen sind und meist nicht einmal Ruinen hinterlassen haben, verweist auch darauf, daß das römisch-deutsche Reich und seine Institutionen ohne Kontinuität bis heute sind. Im Ringen zwischen kaiserlicher Zentralgewalt und Partikularismus gewann am Ende des hohen Mittelalters letzterer die Oberhand. Gewiß, endgültig war damit noch nichts entschieden, und im 16. Jahrhundert und 1630 taten sich noch einmal Möglichkeiten auf, die Entscheidung wieder zu revidieren, aber der Zerfall des Reiches in Territorialstaaten war vom hohen Mittelalter her doch schon stark präjudiziert und wurde dann auch tatsächlich nicht mehr aufgehalten. Dies Ergebnis der hochmittelalterlichen Kaisergeschichte stellt nun eine zentrale Tatsache der deutschen Geschichte dar, dessen Folgen bis heute spürbar sind und die darüber hinaus von europäischer Bedeutung ist. Hier wurzelt der Partikularismus und Regionalismus der deutschen Geschichte. Deshalb ist die deutsche Geschichte nicht die eines einheitlichen Reiches, sondern hat es stets mit mehreren Ländern zu tun. Das hatte nicht nur zur Folge, daß die Abwehrkraft des Reiches nach außen gering war, daß die zahlreichen Kriege deutscher Fürsten untereinander bis Ende des 18. Jahrhunderts den Deutschen viel Leid einbrachten und daß zeitweise auch die wirtschaftliche Entwicklung gehemmt wurde. Der politische hatte auch einen kulturellen Regionalismus zur Folge; ohne einen Normen setzenden zentralen Hof entwickelten sich Lebensformen, Sprache, Moden usw. im deutschen Raum vielfältiger, war die Vereinheitlichungstendenz geringer als in anderen großen Staaten. Spätere deutsche Staatsgründungen konnten nur den Weg gehen, aus den vorhandenen Einzelstücken wieder zusammenzubauen, und sie haben die regionale Eigenständigkeit dann zwar zunehmend abgeschwächt, aber nicht gänzlich beseitigt: das Deutsche Reich von 1871, die BRD, Österreich und die Schweiz waren bzw. sind alle föderalistisch organisiert, nicht als Einheitsstaaten wie fast alle anderen europäischen Staaten. Und schließlich war die Entscheidung der hochmittelalterlichen Kaisergeschichte gegen die Zentralgewalt auch für die Stellung des Reiches in Europa, für die europäische Staatenordnung überhaupt bedeutsam. Hätte die Zentralgewalt sich gegen die deutschen Fürsten durchgesetzt und kontinuierlich weiterentwickelt und wäre es ihr dabei gelungen, die inneren Kräfte zu bündeln und so gestärkt nach außen aufzutreten, so hätten die Deutschen vielleicht ihre Herrschaft in Oberitalien behauptet und langfristig die osteuropäischen Staaten von Ungarn bis ins Baltikum unter ihre Vorherrschaft gebracht. Dann wäre ein riesiges Reich in der Mitte Europas entstanden, und es ist zweifelhaft, ob in Europa unter dieser Bedingung auch ein System gleichberechtigter Staaten entstanden wäre, die sich machtpolitisch im Gleichgewicht halten, oder ob sich nicht dieses deutsche Reich langfristig zur Hegemonialmacht erhoben und die meisten anderen Staaten in verschiedene Formen der Abhängigkeit gebracht hätte, da es an Bevölkerungszahl und Fläche das weitaus größte gewesen wäre und die anderen an innerer Entwicklung zunächst hinter ihm zurückstanden. Daß das römisch-deutsche Reich, wenn es denn sich als solches auf Dauer gefestigt und vielleicht noch weiter expandiert hätte, ein Vielvölkerreich gewesen wäre, bedeutet nicht, daß es langfristig ohne Perspektive gewesen wäre. Wie ein Blick in die heute bestehende Staatenwelt zeigt, beispielsweise auf die Schweiz, sind übervolkliche Staaten durchaus lebensfähig, sofern sie nur den modernen Gedanken der Gleichberechtigung ihrer Staatsbürger aufnehmen. Jene Form von Nationalstaat, der Volks- und Staatsgebiet zur Deckung bringen will, ist nicht das selbstverständliche Ziel der Geschichte. So zeigt sich schon im hohen Mittelalter, auch wenn dies den damaligen Deutschen natürlich nicht bewußt sein konnte: wie immer das Ringen zwischen Zentral- und Partikulargewalten im römisch-deutschen Reich langfristig auch ausgehen mochte, ein deutscher Nationalstaat, der alle Deutschen in einem Staat vereint, war in keinem Falle das wahrscheinlichste Ergebnis der geschichtlichen Entwicklung.

3.

Die Deutschen im späten Mittelalter: 1250-1470

3.1 Ostsiedlung und Schwarzer Tod

Bis 1300 wuchs das deutsche Volk auf 16 Millionen Köpfe an. Nachdem das östliche *Fürsten* Holstein und das Gebiet der Grenzmarken zwischen Saale und Elbe sich schon im *riefen ...* 12. Jahrhundert weitgehend mit deutscher Bevölkerung aufgefüllt hatte, ergoß sich in der zweiten Hälfte des 12., im 13. und bis Mitte des 14. Jahrhunderts eine kräftige Welle deutscher Siedler nach Osten. Diese Siedlungsbewegung war nichts spezifisch deutsches, kein Ausdruck eines besonderen deutschen „Drangs nach Osten", sondern ein Teil des großen mittelalterlichen Landesausbaus, der ganz Europa von Westen nach Osten erfaßte. Nachdem zuerst in Frankreich eine Siedlungsbewegung von Norden nach Süden vorgetragen worden war, ergriff die deutsche Ostbewegung Osteuropa, und auf sie folgte später eine tschechische Siedlung im Königreich Ungarn und eine polnische in Rußland und vor allem in der Ukraine. Die deutsche Ostsiedlung stellte aber den nach Umfang und Intensität einzigartigen Höhepunkt des mittelalterlichen Landesausbaus dar.

Die Ostsiedlung war keine spontane Massenbewegung, sondern zerfiel in eine schwer überschaubare Fülle unzähliger Einzelaktionen. Die Siedlungswelle wurde nicht zentral gesteuert. Das Reich trat überhaupt nicht lenkend in Erscheinung; war seine Macht doch seit 1198 zu diffusen Schemen verblaßt. Es waren die Fürsten, welche Siedler in ihre Länder riefen: die deutschen Markgrafen von Brandenburg, der Deutsche Orden, die slawischen Herrscher von Mecklenburg, Rügen, Pommern und Böhmen, die unter deutscher Oberhoheit standen, aber auch die Könige von Ungarn und die slawischen Herrscher der schlesischen Teilfürstentümer und des übrigen Polen, die vom Reich unabhängig waren. Für sie alle stellte das Streben nach höheren Steuereinnahmen das Hauptmotiv dar. Wenn die Zahl der arbeitenden Menschen in ihren Ländern stieg, wenn mehr Boden unter den Pflug genommen und mit ertragreicheren Methoden bewirtschaftet wurde, wenn also insgesamt die Wirtschaftskraft wuchs, dann stiegen auch die Steuereinnahmen und damit die Macht der Fürsten. Für die nichtdeutschen Fürsten trat noch ein zweites Motiv hinzu: sie wollten ihren Machtbereich gegen die Nachbarländer sichern. Das Problem der Grenzsicherung ergab sich aus den archaischen Siedlungsverhältnissen. Die Länder Böhmen, Mähren, Ungarn,

Schlesien und Pommern bestanden jeweils aus einem besiedelten Kerngebiet, das von einem Grenzwaldgürtel umgeben und dadurch gegen das nächste Land abgeschlossen war. Diese Grenzwaldgürtel waren Dutzende Kilometer breite Streifen aus menschenleeren Urwald- und Sumpfgebieten, undurchdringlich und noch zusätzlich durch Verhaue in ihrer Abwehrfunktion verstärkt. Als jetzt die Siedlungstätigkeit aus den deutschen Territorien planmäßig rodend an die Grenzen der slawischen Länder und Ungarns heranrückte, verloren die Grenzwaldgürtel ihre Funktion als Landesschutz, und die Gefahr von Gebietsverlusten drohte. Dagegen gab es nur ein Gegenmittel: die nichtdeutschen Fürsten mußten durch Gegensiedlung von ihrer Seite aus den Grenzwald in ein mit Dörfern und Städten erfülltes Gebiet umwandeln, das unter ihrer eigenen Kontrolle stand. Da die Völker im Osten zahlenmäßig schwach und die deutschen Rodungs- und Siedlungstechniken überlegen waren, wurden auch diese Neuansiedlungen im wesentlichen mit Deutschen durchgeführt. Aber auch Slawen wurden an dem großen Werk des Landesausbaus beteiligt. Den deutschen, slawischen und ungarischen Fürsten kam es auf die Volkszugehörigkeit der Siedler gar nicht an. Nationales Denken, das etwa eine Verdeutschung dieser Gebiete beabsichtigt hätte, war den Handelnden völlig fremd, und bis zur Mitte des 14. Jahrhunderts gab es auch keine nationalen Widerstände.

... und Siedler kamen

Die Markgrafen und Fürsten riefen, und die Siedler kamen. Vom 12. bis zum 14. Jahrhundert wanderten rund 500.000 Deutsche nach Osten. Diese Zahl mag für heutige Verhältnisse gering erscheinen, aber angesichts der außerordentlich dünnen Vorbevölkerung und der menschenleeren Waldgebiete bedeutete sie eine Menge. Außerdem vermehrte sich die Siedlerbevölkerung rasch und gab teilweise bald wieder neue Menschen an Gegenden noch weiter östlich ab.

Wer waren diese Siedler? Da kamen nachgeborene Söhne von Bauern und Adligen, die kein ausreichendes Erbe in Aussicht hatten. Bauern suchten einen neuen Anfang, die sich hoch verschuldet hatten und die Zinsen nicht mehr zahlen konnten, und solche, welche die hohen Abgaben an den Grundherrn im Altsiedlungsland nicht mehr zahlen wollten. Hinzu traten Adlige, denen ihr Besitz im Altreich zu klein war. Auch Kaufleute und Handwerker zogen nach Osten, die sich in den neuen Städten gute Verdienstmöglichkeiten erhofften. Außerdem machten sich Bergleute auf, die den Erzreichtum der bis dahin unerschlossenen Gebirge auszubeuten begannen. Sie alle kamen in der Hoffnung, sich eine Existenz erarbeiten zu können, die wirtschaftlich und rechtlich besser war als das, was die alte Heimat ihnen bot. Nicht zuletzt wanderten Mönche nach Osten, vor allem aus dem Zisterzienserorden, die in der Einöde Klöster erbauten und das Land umher fruchtbar und ertragreich machten.

Leistungen der Siedler

Die deutschen Bauernsiedler brachten eine Agrartechnik mit, die weit leistungsfähiger war als die der Vorbevölkerung. Anstelle des hölzernen Hakenpflugs der Slawen, der den Boden nur ritzte, verwendeten sie eiserne Scharpflüge, die den Boden wendeten. Die deutschen Bauern nutzten Pferde (statt Ochsen) und brachten Sensen mit. Sie wußten, wie man in großem Umfang Wälder rodete und Sümpfe trockenlegte. Durch die neuen Methoden der Landwirtschaft und Besiedlung konnte das Land bis zum Fünffachen der bisherigen Bevölkerung tragen. Im einzelnen organisierten Lokatoren die Ansiedlung. Bei ihnen handelte es sich um Siedlungsunternehmer, die meist aus dem Stand der Bürger, des Adels oder der Geistlichen stammten. Sie warben Ansiedlungswillige an, führten diese in die neue Heimat und leiteten die Anlage der Siedlung. Dafür erhielt der Lokator ein größeres Stück Land und besondere Rechte, oft das Erbschulzenamt. Die einwandernden Bauern bekamen im allgemeinen eine günstigere Rechtsstellung, als sie in ihrer alten Heimat üblich war – die Herren im Osten mußten schließlich Anreize bieten, wenn sie Kolonisten anlocken wollten. Da die weitaus meisten Siedler Deutsche waren, wurde dieses Kolonistenrecht „deutsches Recht" genannt. Die Siedler erhielten ein Nutzeigentum am Boden, das frei verkäuflich und vererbbar war, während das Obereigentum am Boden dem Grundherrn verblieb. Die Lasten wurden für ewige Zeiten genau fixiert, und für Rodungssiedlungen waren die ersten Jahre abgabenfrei. Man legte nicht nur zahlreiche Bauerndörfer an, sondern auch Städte. Ein Netz deutschrechtlicher Städte überzog die Lande, in denen es bisher Städte im Rechtssinne überhaupt nicht gegeben hatte. Zwischen Elbe und Dnjepr wurden bis zum Jahr 1500 über 1.000 solcher Städte gegründet. In den zuerst gegründeten Städten waren die Bürger ausschließlich Deutsche. Später entstanden in Polen und weiter östlich Städte zu deutschem Recht auch mit slawischer Bevölkerung.

Um 1400 waren die großen Urwälder im Gebiet der Ostsiedlung weitgehend verschwunden. Die harte Arbeit zahlreicher deutscher Siedler hatte ein großes Werk vollbracht.

Die deutsche Ostsiedlung war keine Kolonialisierung im Wortsinne des 19. und 20. Jahrhunderts. Die Leitung lag nicht beim Mutterland, und von dem erwirtschafteten Nutzen floß nichts durch Ausbeutung in die alte Heimat zurück, sondern dieser kam ausschließlich den neubesiedelten Ländern zugute. Die politische Expansion der deutschen Macht, die schon im letzten Kapitel geschildert wurde, und die Siedlungsbewegung sind deutlich zu trennen. Weder kam es überall, wo deutsche Fürsten ihre Macht ausdehnten, zu bäuerlichen Siedlungen, noch gab es deutsche Siedlungen nur im Bereich der Macht deutscher Fürsten. Bei der Eroberung des Mittelelbegebiets und Preußens ließen viele Menschen in den Kämpfen ihr Leben, während sich die Siedlungsbewegung ausschließlich friedlich vollzog und im Unterschied zur politischen Expansion auf keinerlei Widerstand stieß. Vielmehr wurde sie gerade auch von den slawischen und ungarischen Herrschern gefördert. Die Deutschen rotteten die Slawen und Preußen nicht aus und vertrieben sie auch nicht, sondern sie siedelten sich auf Neuland an und lebten neben der alten Bevölkerung. Als Siedler – nicht als Deutsche – erhielten die deutschen Bauern zunächst eine bessere Rechtsstellung als die Vorbevölkerung. Im Laufe der Zeit glichen die Rechtsstellungen beider sich aneinander an.

Die deutsche Ostsiedlung hatte die Volksverhältnisse im Osten bis zum Ende des 14. Jahrhunderts in den verschiedenen Ländern in recht unterschiedlichem Ausmaß umgeformt. Dabei war keine klare Sprachgrenze entstanden, sondern ein buntes Mosaik verschiedenvolklicher Flecken sowie geschlossene Gebiete mit andersvolklichen Inseln.

Die Gebiete östlich der Elbe-Saale-Linie bis hin nach Pommern und Schlesien waren überall mit deutschen Dörfern und Städten durchsetzt. Der deutsche Anteil an der Bevölkerung dieses Gebiets insgesamt betrug etwa ein Drittel bis die Hälfte. Die Städte waren rein deutsch. In den einzelnen Teilgebieten lagen die Verhältnisse jedoch recht unterschiedlich. Im südwestlichen Mecklenburg und dem daran anschließenden, noch heute so genannten „hannoverschen Wendland", in der Lausitz, auf Rügen und in Hinterpommern war die slawische Besiedlung nur wenig durch zuwandernde Deutsche verändert worden.

Im Gebiet des Deutschen Ordens in Preußen hatte die Siedlung wegen des anhaltenden Widerstands der Preußen erst Ende des 13. Jahrhunderts begonnen, und als der

165

Zustrom der Deutschen nachzulassen begann, siedelte der Orden auch Preußen neu an. Mitte des 14. Jahrhunderts bestanden noch etwa 50 Prozent der Bevölkerung aus Preußen, die vor allem im nördlichen Ordensgebiet lebten. Das Stadtbürgertum und die politische und geistige Führungsschicht im Ordensland setzten sich nur aus Deutschen zusammen. In Pommerellen blieb die deutsche Bauernsiedlung gering; fast nur die Städte waren deutsch. In Livland und Kurland siedelten sich überhaupt keine deutschen Bauern an. Nur deutsche Ritter, Kaufleute und Handwerker sowie Geistliche wanderten ins Baltikum ein. Alle Städte wurden hier von Deutschen gegründet, die in ihnen auch die Mehrheit der Bewohner stellten, am bedeutendsten Riga, Reval und Dorpat. So verbanden sich gerade im Baltikum nationale und soziale Unterschiede in charakteristischer Weise. Die Deutschen, die etwa acht Prozent der Bevölkerung ausmachten, stellten zur Gänze die Oberschicht auf dem Lande und in den Städten und den größten Teil der städtischen Mittelschicht, dagegen waren die Esten, Letten und Liven, also die überwältigende Mehrheit der Bevölkerung, fast ausschließlich Bauern und einfache städtische Arbeiter.

In Böhmen und Mähren war die gesamte Randzone, die zuvor nicht oder nur dünn besiedelt gewesen war, durch Rodung deutscher Bauernkolonisation zu deutschem Siedlungsland geworden, während das altbesiedelte Innere Böhmens tschechisch blieb, von einzelnen deutschen Siedlungsinseln abgesehen. Aber die zahlreichen Städte, die hier in dieser Epoche gegründet worden waren, beherbergten überwiegend Deutsche, auch die Hauptstadt Prag. Herrscherhaus, Hochadel, Großbürgertum und weitgehend das Handwerk waren in Zentralböhmen deutsch oder eingedeutscht, der niedere Adel und die Bauern tschechisch.

Südöstlich der Alpen dauerte der Landesausbau auch im 13. und 14. Jahrhundert fort, und im slowenischen Gebiet wurden eine Reihe deutscher Städte gegründet, so Laibach und Agram. Im Laufe der Zeit entstand dann in dem slowenisch-deutschen Mischgebiet eine Volksgrenze, indem jeweils die Mehrheit die Minderheit assimilierte, ohne daß von einer Seite bewußt darauf hingewirkt worden wäre.

Wie in Böhmen entstanden auch in Ungarn große geschlossene Gebiete mit rein deutschem Charakter nur an den Rändern, um das Herrschaftsgebiet zu sichern: im Westen im heutigen Burgenland gegen Österreich, im Osten in Siebenbürgen gegen etwaige byzantinische Eroberungspläne. Die Deutschen in Siebenbürgen erhielten eine weitgehende Autonomie und besondere Freiheiten. Im Norden wurde die Zips am Südosthang der Hohen Tatra mit deutschen Bauerndörfern und Bergmannsstädten besiedelt, um die Grenze gegen Polen zu sichern und die Bergschätze auszubeuten. Im Inneren Ungarns gab es keine deutsche Bauernsiedlung, doch sah ein großer Teil der ungarischen Städte überwiegend Deutsche innerhalb seiner Mauern, so auch Ofen und Pest (heute zusammen Budapest).

In Polen kam es zu einer geschlossenen deutschen Besiedlung mit Dörfern und Städten nur im Süden als Grenzsicherung gegen Ungarn. Pläne einer deutschen Grenzsiedlung gegen Pommern blieben unausgeführt. Fast alle Städte, die in dieser Epoche in Polen gegründet worden waren, wurden überwiegend von Deutschen bewohnt oder hatten deutsche Führungsschichten. Auch Krakau, Posen, Gnesen, Warschau und Lemberg wiesen eine überwiegend deutsche Einwohnerschaft auf.

Seit dem späten 13. Jahrhundert waren auch in Dänemark und Schweden zahlreiche deutsche Kaufleute und Handwerker eingewandert. Sie spielten bei der Gründung besonders der schwedischen Städte eine bedeutende Rolle. Die Städte waren fast alle zweisprachig. Bis ins 15. Jahrhundert besaßen die Deutschen in Schweden in Handel und Handwerk und in den Stadträten ein Übergewicht. Für alle galt aber einheimisches skandinavisches Recht, und es gab in Skandinavien auch keine deutsche Bauernsiedlung.

Mit dem Ende des Landesausbaus stieß um 1300 das Bevölkerungswachstum im Westen des deutschen Siedlungsraumes an die Tragfähigkeitsgrenze und kam allmählich zum Stillstand, während es sich im dünner besiedelten Osten zunächst noch weiter fortsetzte. Die Grenzen des Wachstums äußerten sich in Krisenerscheinungen: eine Reihe schwerer Mißernten traf in der ersten Hälfte des 14. Jahrhunderts die Menschen. Diese schon stagnierende, physisch geschwächte Bevölkerung wurde dann von der plötzlich hereinbrechenden Pest gepackt und war ihr ein leichtes Opfer. In den Jahren 1348/49 raste die Pest durch die altbesiedelten Länder und wütete fürchterlich. Wer konnte, flüchtete auf die Nachricht von ihrem Nahen – Herren ließen ihren Besitz, Geistliche ihre Gemeinden im Stich. 25 bis 30 Prozent der Einwohner wurden hinweggerafft. Bis Ende des Jahrhunderts brach die Pest wiederholt hier und da noch einmal auf. Die Zahl der Deutschen stagnierte dann bis etwa 1470. Zugleich erstarkten im 14. Jahrhundert die östlichen Nachbarstaaten. Die so entstandenen Menschenverluste im Altsiedelland und das neuentstandene nationale Selbstbewußtsein der östlichen Staaten führten dazu, daß um die Mitte des 14. Jahrhunderts die deutsche Ostsiedlung verebbte.

Nachdem die deutsche Ostbewegung beendet war, wurde das 15. Jahrhundert zu einer Periode des sprachlichen Ausgleichs in den volklich gemischten Gebieten. Dies geschah nicht durch erneute Wanderungen, sondern die Minderheiten wechselten allmählich zur Sprache des Mehrheitsvolkes. Dabei waren im Westen die Deutschen, im Osten die Slawen und Ungarn im Vorteil.

In den Gebieten östlich der Elbe bis nach Pommern und Schlesien gingen die durchaus zahlreichen Slawen relativ rasch im deutschen Volk auf. Dabei betrieb niemand eine bewußte Verdeutschungspolitik, sondern die Assimilierung ergab sich automatisch daraus, daß die Deutschen kulturell, wirtschaftlich und politisch überlegen waren. Die Slawen in diesen Gebieten hatten dem nichts entgegenzusetzen und wurden freiwillig zu Deutschen. Am schnellsten geschah dies bei den slawischen Fürstenhäusern in Mecklenburg, Pommern und Schlesien und ihrem Adel, beschleunigt durch zahlreiche Eheverbindungen mit deutschen Standesgenossen. Die Nachkommen der slawischen Fürsten von Mecklenburg regierten dort als Herzöge noch bis 1918. Bei den slawischen Bauern löste wahrscheinlich auch ihre schlechtere Rechtsstellung den Willen aus, Deutsche zu werden. Im 15. Jahrhundert erlosch der Gebrauch der slawischen Sprache in dem Raum von der Elbe bis nach Pommern und Schlesien praktisch völlig. Ausgenommen waren hiervon nur vier Gebiete mit stärkerer slawischer Vorbevölkerung. Im hannoverschen Wendland zog sich die Eindeutschung der Slawen bis etwa 1700 hin. In der Lausitz konnte sich das Sprachgebiet der Slawen, dort Sorben genannt, im 15. Jahrhundert sogar festigen. Die deutschen Städte in der Lausitz schlossen Sorben von Bürgerrecht und Zunftmitgliedschaft aus, so daß die Sorben fortan eine fast rein bäuerliche Bevölkerung ohne eigene Führungs- und Bildungsschicht darstellten. In Ostpommern und Pommerellen schrumpfte die Zahl der Slawen, die man dort als Kaschuben bezeichnete, in der folgenden Zeit immer weiter ein, aber selbst in Ostpommern blieben kleine Reste der Kaschuben bis ins 19. Jahrhundert erhalten, und in Pommerellen verschwand ihr geschlossenes Siedlungsgebiet nie. Die Städte in

Pommerellen schlossen ebenso wie die in der Lausitz und in der Nachbarschaft des hannoverschen Wendlandes Slawen vom Bürgerrecht aus, um sich auch in der andersvolklichen Umgebung deutsch zu erhalten.

Im Gebiet des Deutschen Ordens in Preußen, wo natürlich ebenfalls das Deutsche alleinige Amtssprache war, starb das Preußische im 17. Jahrhundert aus. Da der Zustrom von Neusiedlern ab der Mitte des 14. Jahrhunderts aufhörte, setzte der Deutsche Orden das Siedlungswerk im 15. Jahrhundert mit Masuren aus dem benachbarten Masowien fort, so daß in Südpreußen ein masurischer Volksteil entstand. Daß die Masuren eine slawische Mundart sprachen, interessierte den rein wirtschaftlich denkenden Orden dabei nicht. Im Baltikum kapselten sich die Deutschen seit dem 15. Jahrhundert gegenüber den baltischen Völkern ab, um sich trotz ihrer Minderzahl als Deutsche zu erhalten. Mischehen wurden verboten, die Angehörigen der baltischen Völker erhielten keinen Zugang zum Kaufmannsberuf und weitgehend auch nicht zu den Zünften. In dieser scharfen ständischen Trennung von führendem und unterworfenem Volk fast ohne jede Assimilierung versteinerten die volklichen Verhältnisse im Baltikum und blieben so bis zum Anfang des 19. Jahrhunderts. Daß ein Volk ein anderes als Herrenvolk überlagerte, kam in der europäischen Geschichte auch an anderer Stelle vor und erst recht im osteuropäischen Raum. Bekannte Beispiele in Europa sind die Staatsbildungen der Normannen in der Normandie, England und Süditalien im 10. und 11. Jahrhundert und die Herrschaft der Engländer in Irland, außerhalb Europas als naheliegender Fall die Eroberung riesiger Länder durch die Araber seit dem 7. Jahrhundert. Aber daß sich im Baltikum über Jahrhunderte hin fast kein Sprachausgleich vollzog, weder in die eine noch in die andere Richtung, ist anscheinend einzigartig.

Die Erfahrungen der Siedlungszeit und ihre Nachwirkungen beeinflußten auch das Selbstverständnis der Völker. Die Tatsache, daß lange Zeit Deutsche mit kulturell und sozial unterlegenen Slawen nebeneinander wohnten und diese schließlich assimilierten, die herrschende Stellung deutscher Ritter und Patrizier bis hin ins Baltikum, die kulturell und wirtschaftliche führende Stellung deutscher Stadtbürger auch außerhalb des Reiches in Polen, Ungarn und Dänemark führten dazu, daß die Deutschen die östlichen Nachbarvölker gering schätzten, besonders die slawischen. Das Bewußtsein ihrer hervorgehobenen Stellung verfestigte sich stark und wurde für viele von ihnen selbstverständlich, und es wirkte lange nach.

Deutsche Minderheiten in Böhmen, Polen und Ungarn im 15. Jahrhundert

In Böhmen, Polen und Ungarn, wo die Deutschen nicht die Herrschaft ausübten, vollzog sich der sprachliche Ausgleich zuungunsten der Deutschen. Die Könige dieser Länder hatten die Deutschen im wohlverstandenen Eigeninteresse ihres Landes gerufen in einer Zeit, die nicht national dachte. So war jene Mischung der Volkszugehörigkeit entstanden, bei der die Deutschen neben einigen Gebieten geschlossener bäuerlicher und städtischer Siedlung überwiegend das Stadtbürgertum der Städte stellten. Im 15. Jahrhundert kam indessen in den östlichen Königreichen ein antideutsches Nationalbewußtsein auf: die Anwesenheit der Deutschen im Lande wurde jetzt als Überfremdung angesehen.

Zunächst zu Böhmen. Als der tschechische Reformator Jan Hus 1415 in Konstanz als Ketzer auf dem Scheiterhaufen verbrannt wurde, entfachte dieses Feuer zugleich die soziale Bewegung der Hussiten, in der sich religiöse, volkliche und soziale Gegensätze zu einer explosiven Mischung verbanden. Sie durchbrach die Schranken der Ständegesellschaft und führte damit zu einer in jener Zeit beispiellosen Auseinandersetzung auch entlang des Volkstumsunterschieds, wobei tschechische Adlige und Bauern gegen die deutschen Ober- und Mittelschichten in den böhmischen Städten standen. Ein Jahrzehnt lang rasten die von Deutschenhaß erfüllten Hussiten verheerend und plündernd durch Böhmen und die Nachbarländer. Die deutschen Stadtbürger in Böhmen wurden zu Tausenden erschlagen und verbrannt, die übrigen vertrieben, ihr Besitz konfisziert. Der deutsche Charakter der böhmischen Städte war damit vernichtet, und auch nach dem Ende der Kämpfe blieb die deutsche Sprache unterdrückt, die bis dahin in Böhmen Umgangs- und Bildungssprache gewesen war, und viele Städte schlossen die Deutschen vom Bürger- und Meisterrecht aus. In den böhmischen Randgebieten hatten die Deutschen sich dagegen in etwa halten können. Somit kam es in Böhmen zu keinem Sprachausgleich. Das Land blieb bis 1945 zweisprachig. Die Kämpfe der Hussitenzeit waren ein sehr frühes Wetterleuchten späterer Katastrophen. Die Tschechen haben den traurigen Ruhm geerntet, als erste unduldsam und gewalttätig jenen Volkstumskampf entfesselt zu haben, der dann im 19. und 20. Jahrhundert noch so viel Leid über die Völker Ost- und Mitteleuropas bringen sollte.

Auch in Polen und Ungarn verloren die Deutschen nach dem Ende der Ostbewegung an Boden, wenn auch nur langsam und nicht schlagartig wie in Böhmen. Dafür gab es mehrere Gründe. Nicht nur griffen die Hussitenkriege auch auf diese Länder über, sondern ab 1421 fielen die Türken immer wieder nach Ungarn ein, verwüsteten das Land und führten die Bevölkerung in die Sklaverei weg. Die deutschen Volksgruppen in Siebenbürgen und der Zips überlebten, aber sie erlitten schwere Verluste, und ihr Siedlungsgebiet schrumpfte stark ein. In den deutsch-polnisch gemischten Siedlungsgebieten im nördlichen Karpatenvorland und in Oberschlesien rechts der Oder ging im 15. und 16. Jahrhundert das deutsche Sprachgebiet durch Polonisierung der Deutschen und durch polnische Unterwanderung bis auf wenige Inseln zurück. Auch die deutschen Städte in Innerungarn und Polen verloren im 15. und 16. Jahrhundert nach und nach sämtlich ihren deutschen Charakter. Mittelalterliche Städte konnten ihre Bevölkerungszahl nicht aus sich selbst heraus erhalten, da ihre Geburtenraten zu gering waren, so daß sie auf ständigen Zuzug aus ihrem Umland angewiesen waren. In einer andersvolklichen Umgebung führte dies zu einer allmählichen Unterwanderung der Städte durch Polen und Ungarn, und Volkstumswechsel mancher Deutscher unterstützte diese Entdeutschung der Städte. Hinzu kam, daß in Polen und Ungarn Ende des 15. Jahrhunderts der Adel die Herrschaft in die Hände bekam, der aus nationalen Gründen antideutsch eingestellt war und überdies für das Stadtbürgertum auch gesellschaftlich keinerlei Verständnis aufbrachte. So wurde in Polen und Ungarn die Stellung des deutschen Bürgertums immer mehr beschnitten, bis es schließlich verschwand. Dem städtischen Wirtschafts- und Kulturleben in Polen und Ungarn bekam der Niedergang der Deutschen und die Adelsvormacht ausgesprochen schlecht.

Auch die Deutschen in Schweden assimilierten sich im 15. Jahrhundert weitgehend an ihre Umgebung.

So führten die sprachlichen Ausgleichsprozesse, die im Anschluß an die Ostsiedlung stattfanden, in den einzelnen Ländern zu unterschiedlichen Ergebnissen. Die Vorbevölkerung wurde nur dort eingedeutscht, wo eine starke bäuerliche Siedlung durch Deutsche stattgefunden hatte. Wo diese fehlte und nur deutsche Städte gegründet worden waren, die Deutschen aber die politische Herrschaft in den Händen hielten, erstarrten die Volksverhältnisse weitgehend. Wo die Deutschen auch die politische

Herrschaft nicht besaßen, sondern ein einheimischer Adel und Klerus sich der Eindeutschung widersetzte, verschwanden auch die Deutschen in den Städten wieder.

Die Volksgrenze im Westen

An der Volksgrenze im Westen änderten sich im Spätmittelalter die Bevölkerungsverhältnisse nicht entfernt so stark wie im Osten. Nachdem sich in Friesland die Macht deutscher Territorialherren durchgesetzt hatte, gab dort nach und nach die Bevölkerung die friesische Sprache zugunsten niederdeutscher Mundarten auf. Aus Friesen wurden Deutschen. Nur in Westfriesland, der heutigen Provinz Friesland in den Niederlanden, erhielt sich ein bis heute friesisch sprechendes Gebiet, abgesehen von unbedeutenden Resten auf den Nordfriesischen Inseln.

In jenen Teilen Flanderns, die zu Frankreich gehörten, drängte die zentralisierende Neigung des französischen Königtums die deutsche Mundart schon im 13. Jahrhundert bewußt und entschieden zugunsten des Französischen zurück. Im französischsprachigen Westsaum des römisch-deutschen Reiches wurde dagegen die französische Sprache viel gebraucht, aber auch die deutsche, ganz pragmatisch je nach Bedürfnis und ohne Zwang.

Einen Sonderfall stellte das Herzogtum Schleswig dar, in das seit dem 14. Jahrhundert deutsche Adlige und Bürger einströmten. Obwohl es der Oberhoheit des dänischen Königs unterstand, wurde hier Deutsch zur Verwaltungssprache, und im Laufe der Jahrhunderte gingen auch die dänischen Bauern mehr und mehr zum Deutschen über.

Juden

Die Stellung der Juden unter den Deutschen veränderte sich im späten Mittelalter drastisch. Im 12. und 13. Jahrhundert drängte man die Juden immer mehr aus dem Handwerk und den meisten Branchen des Warenhandels hinaus und beschränkte sie auf die Geldleihe. Da das Zinsnehmen für Christen durch die Kirche verboten und überhaupt für unsittlich erklärt war, verfestigte sich das Stereotyp vom gierigen Wucherjuden. Der Judenhaß griff von Frankreich auch auf die deutschen Lande über. Hartnäckige Gerüchte verleumdeten seit dem 13. Jahrhundert die Juden. Sie beschuldigten diese beispielsweise, sie würden Hostien schänden und aus rituellen Gründen Kinder ermorden. Das ganze späte Mittelalter hindurch erlitten die Juden immer wieder an diesem oder jenem Ort gewalttätige Verfolgungen. Dabei verbanden sich ebenso eng wie antriebskräftig die von den Geistlichen ausgehende moralische Diskriminierung, das Interesse der Schuldner, ihre Schuldenlast bei den jüdischen Geldverleihern billig loszuwerden, und der Wunsch der Obrigkeiten und auch anderer Bürger, den Besitz der Juden als bequeme Beute unter sich aufzuteilen. Während der großen Pestepidemie von 1348/49 lief es wie ein Lauffeuer durch die Lande: die Juden haben die Brunnen vergiftet! Zu Tausenden wurden die Juden ermordet. Einige Jahrzehnte später kam es zu neuen Verfolgungen. Die Überlebenden wurden aus den meisten deutschen Territorien vertrieben und wandten sich größtenteils nach Osteuropa. Die meisten Judengemeinden gingen in den Verfolgungen des 14. und auch 15. Jahrhunderts unter. Danach lebten nur noch wenige Juden unter den Deutschen. Im späten Mittelalter zwang man den Juden in den deutschen Landen auch allgemein eine absondernde Tracht auf, meist spitze Hüte oder gelbe Stoffflecke an der Kleidung, wie es schon das römische Laterankonzil von 1215 gefordert hatte. Wo man die Juden noch duldete, wurden sie im 15. Jahrhundert endgültig ins Ghetto verwiesen. So sahen sich die Juden im deutschen Raum im späten Mittelalter in eine diskriminierte und gefährdete Randexistenz gedrängt, die ständig der Willkür von Fürsten und Stadtobrigkeiten ausgeliefert war. An dieser Lage hat sich dann bis ins 18. Jahrhundert hinein nichts geändert. In den westeuropäischen Staaten war das Schicksal der Juden im späten Mittelalter allerdings auch nicht besser.

In sprachlicher Hinsicht machte die Einheit des deutschen Volks im späten Mittelalter keine Fortschritte. Während sich in Frankreich aus der Landschaftssprache des politischen Zentrums, der Île de France, kontinuierlich die Einheitssprache ganz Frankreichs herausbildete, war das römisch-deutsche Königtum zu schwach und wechselte mit der Dynastie zu oft den regionalen Schwerpunkt, als daß es eine vergleichbare Rolle hätte spielen können. Der politische Regionalismus im deutschen Raum führte stattdessen dazu, daß verschiedene regionale Schreibdialekte entstanden, die sogar wieder stärker landschaftlich gebunden waren als die Dichtersprache der Stauferzeit. Eine einheitliche Hochsprache gab es nicht. Indem die Handels- und Verkehrsbeziehungen zunahmen, bildeten sich zwar über den Mundarten stehende, einigermaßen einheitliche Verkehrssprachen aus, jedoch deren gleich zwei, anknüpfend an den sprachlichen Unterschied zwischen Norden und Süden, der schon im Frankenreich durch die hochdeutsche Lautverschiebung entstanden war. So kam es zu einer niederdeutschen Verkehrssprache in Norddeutschland und einer hochdeutschen in Oberdeutschland. Zwischen beiden bestand eine sprachliche Übergangszone. Der Unterschied zwischen Niederdeutschen und Oberdeutschen in der Sprache, aber auch in Gebräuchen und Kleidung prägte sich so stark aus, daß er den Zeitgenossen deutlich bewußt wurde. Würde das deutsche Volk, überdies von keiner starken Reichsgewalt zusammengehalten, in zwei Völker auseinanderfallen? Die Möglichkeit bestand durchaus, und sie hätte für die europäische Geschichte bedeutsame Folgen gehabt. Erst im 16. Jahrhundert sollte sich entscheiden, daß nur ein kleiner Teil im Westen des niederdeutschen Raumes den Weg zu einem eigenen Volk weiterging, den Niederländern, während der ganze übrige niederdeutsche und oberdeutsche Sprachraum zu einer gemeinsamen Volksentwicklung zurückfanden.

Spracheinheit

3.2 Aufblühen der Stadtwirtschaft

Langfristiger
Trend

Motor der wirtschaftlichen Entwicklung war im späten Mittelalter nicht mehr wie in den Jahrhunderten zuvor das Bevölkerungswachstum, sondern es waren die Märkte in den Städten. Sie regten zunehmende Arbeitsteilung und Austausch an. Städtisches Gewerbe, Handel und Geldwirtschaft entfalteten sich immer mehr. Vor allem ihr Umfang weitete sich aus, jedoch kaum die Produktivität der Arbeitskraft. Wenn das Städtewesen einen großen Aufschwung nahm, darf dies aber nicht den Blick dafür trüben, daß die Wirtschaft insgesamt weiter vor allem von der Landwirtschaft geprägt war und daß das städtische Gewerbe nur einen kleinen Teilbereich ausmachte.

Von diesen allgemeinen Feststellungen einmal abgesehen, war das späte anders als das hohe Mittelalter nicht durch einen klaren und einheitlich durchlaufenden Entwicklungstrend der Wirtschaft geprägt. Bis Anfang des 14. Jahrhunderts rollte die Welle des hochmittelalterlichen Bevölkerungswachstums und Landesausbaus weiter. Die Pestkatastrophe Mitte des 14. Jahrhunderts setzte dem ein Ende. Sie raffte nicht nur Menschen weg, sondern bedeutete auch für die wirtschaftliche Entwicklung einen tiefen Einschnitt. Da die Bevölkerung in den Städten stärker dezimiert wurde als auf dem Lande, sank die städtische Nachfrage nach dem Grundnahrungsmittel Getreide in größerem Maße als das Angebot, so daß die Getreidepreise fielen und die landwirtschaftlichen Betriebe, die Überschüsse verkauften, sich mit einem geringeren Einkommen begnügen mußten. Dem Lebensstandard der Stadtbewohner kamen die relativ geringen Preise für Agrarerzeugnisse zugute, während für die Landwirtschaft die Expansionsphase vorbei war und bis ins späte 15. Jahrhundert Krisenwolken den Horizont verdunkelten. Inwieweit die Krise allgemein war, ist schwer zu erkennen; während einige Gegenden einen Aufschwung erlebten, wurden andere von Rückgang gezeichnet.

Entwicklungs-
gefälle

Im Laufe der Zeit schwollen Verkehr und Handel an, und die einzelnen deutschen Landschaften begannen sich allmählich untereinander und auch mit dem übrigen Europa zu verflechten. Diese Beziehungen gediehen aber noch nicht so intensiv, daß sich eine allen Landschaften gemeinsame Konjunktur herausgebildet hätte. Durch die häufigeren Kontakte wurde immerhin deutlicher als zuvor, daß es ein Gefälle des wirt-

172

schaftlichen Entwicklungsstandes gab. Oberitalien stand in Europa im Handel und Gewerbe führend da. Auch Frankreich war im 13. Jahrhundert wirtschaftlich weiter entwickelt als der deutschsprachige Raum, aber als es die Wirren des Hundertjährigen Kriegs entkräfteten, überholten die deutschen Lande das westliche Nachbarreich wirtschaftlich. Die nach Norden und Osten an die Deutschen angrenzenden Länder – Schweden, Polen und Ungarn vor allem – waren demgegenüber noch weitgehend unentwickelt. Das verschaffte deutschen Kaufleuten und ihren Waren im späten Mittelalter dort eine führende Stellung und ließ diese Gebiete in gewisser Weise zu einem Teil des deutschen Wirtschaftsraumes werden. Dieses europäische West-Ost-Gefälle des wirtschaftlichen Entwicklungsstandes setzte sich auch innerhalb des deutschen Raumes fort, vom Rheinland, dessen städtische Wurzeln bis in die Römerzeit zurückreichten, bis hin zu dem im 12. bis 14. Jahrhundert neubesiedelten Land im Osten. Die Landschaften um die Rheinmündung herum – Flandern und der Süden der heutigen Niederlande – stellten zusammen mit Oberitalien die beiden städtereichsten Landschaften Europas dar. Je weiter man im deutschen Land vom Rheinland nach Osten kam, desto dünner war das Land besiedelt, desto spärlicher waren die Städte gestreut, desto stärker wurde das Wirtschaftsleben von der Landwirtschaft beherrscht, desto naturnäher sah die Landschaft aus. Dieses Entwicklungsgefälle blieb bis um 1800 bestehen, bis an die Schwelle der Industrialisierung und in abgeschwächter und veränderter Form auch noch darüber hinaus bis zum Zweiten Weltkrieg. Es stellte einen Grundzug der deutschen Geschichte dar.

Mit steigender Bevölkerungsdichte wurde die Landschaft immer stärker vom Menschen geformt, ja waren die natürlichen Grundlagen einem zunehmenden Druck der menschlichen Bedürfnisse ausgesetzt. Dabei ließen die großen Schwankungen der Wirtschaftsentwicklung die Landschaft nicht unberührt. Solange die Menschenzahl noch weiter anschwoll, drängten die Axthiebe rodender Bauern den Wald Stück für Stück zurück. Selbst in den Mittelgebirgen verschwanden die letzten Urwälder. Im westlichen Deutschland wurde der Boden knapp, trotz der Abwanderung nach Osten. Deshalb nahm man immer mehr auch schlechtere Böden unter den Pflug. Wisent und Auerochs verschwanden im 14. Jahrhundert ganz vom deutschen Boden, Wildpferde starben zumindest im westlichen Deutschland aus. Andere Wildtiere behaupteten sich nur noch auf einem kleinen Gebiet, so Steinböcke, Bären und Luchse.

Veränderung der Landschaft

Mit dem großen Peststerben änderte sich das Bild Ende des 14. Jahrhunderts. Da die Zahl der Deutschen abnahm, wurde rund ein Viertel der Siedlungen aufgegeben und zerfiel. An vielen Stellen gab man die Ackernutzung wieder auf, vor allem dort, wo der Boden sich als zu schlecht erwiesen hatte. Diese Flächen fielen zurück in den Zustand buschdurchsetzter, nur wenig genutzter Weide, oder hier wie bei den Ortswüstungen kehrte der Wald zurück. Die heutigen Waldgebiete sind also im allgemeinen keineswegs Rest eines einst weitverbreiteten Urwaldes. Sogar die Wildtiere vermehrten sich wieder.

In Nordwestdeutschland machte sich allerdings anstelle des Waldes immer mehr die Heide breit. Hier trieb man Raubbau in den Laubwäldern, denn der Holzbedarf für Hausbau und Hanseschiffe wollte gedeckt werden, vor allem die Salzsiedereien in Lüneburg verbrauchten ungeheure Mengen Feuerholz, und eine schonungslose Waldweide setzte dem Wald außerdem durch Viehverbiß zu. Dies alles führte dazu, daß sich der Laubwald auf dem hier verbreiteten kargen Sandboden nicht regenerieren konnte. Was heute mancher Großstädter bei seinem Sonntagsausflug in die Lüneburger Heide für den unverdorbenen Rest lieblicher Naturlandschaft hält, ist in Wirklichkeit das Ergebnis vernichtenden Raubbaus an der Natur.

Auch die Seemarschen an der Nordseeküste wurden im Laufe des späten Mittelalters von ihren Bewohnern grundlegend umgewandelt. Ursprünglich überschwemmte bei jeder Sturmflut die salzige See die Felder und Weiden und vernichtete sie, ausgenommen die Bauernhäuser selbst, die auf kleinen Hügeln errichtet waren, den Wurten. Im Laufe des späten Mittelalters haben die Marschbewohner in zäher Gemeinschaftsarbeit nach und nach fast das ganze Marschland durch Deiche gegen Sturmfluten gesichert und es damit zu wirklich dauerhaftem Kulturland gemacht.

Als das Wild knapper wurde, erklärte der höhere Adel die Jagd auf bestimmte Tierarten zu seinem Monopol, die dadurch zu „Hochwild" wurden. Verstöße dagegen verfolgte er jetzt als Wilderei, auf die seit dem 14. Jahrhundert Körperstrafen standen. Außerdem versuchte der hohe Adel zu verhindern, daß weiter Wälder abgeholzt wurden, da er dem Wild genug Lebensraum erhalten wollte. Bis Ende des 15. Jahrhunderts setzte sich bei den Fürsten die Auffassung durch, daß die noch vorhandenen Waldgebiete erhalten werden müßten. Zahlreiche Rodungsverbote zeigen dies. Zwar waren diese Maßnahmen vom Interesse am herrschaftlichen Jagdvergnügen geleitet und stießen oft auf den Widerspruch der Bauern, aber durch sie wurde objektiv der Waldbestand gesichert. So blieb der deutsche Raum dank der fürstlichen Jagdleidenschaft verhältnismäßig waldreich und wurde kein Land verkahlter Gebirgshöhen. Die Nachlebenden wissen dies zu schätzen.

Städtische
Entsorgung

Dort, wo Städte entstanden waren, sahen die Deutschen sich bald mit Umweltproblemen konfrontiert. Auch die Städte behielten nämlich weiter viele ländliche Züge. Fast jeder Haushalt hielt noch eine Kuh oder Ziege oder ein Schwein. Letztere, die frei auf den Straßen herumliefen, dienten bei Bäckern, Brauern und Müllern auch dazu, die Abfälle zu verwerten. Selbst in Berlin wurde die Schweinehaltung erst 1681 verboten, und in kleineren Städten war sie noch im 18. Jahrhundert verbreitet. Bis ins 17. Jahrhundert waren in den Städten Misthaufen vor der Haustür normal, auf denen man auch viele Abfälle ablud. Die Bewohner warfen Kehricht, Kot, Hausmüll und tote Ratten oft einfach durchs Fenster auf die Straße und entleerten auch die Nachttöpfe durchs Fenster. Dieses Verfahren, Abfälle und Fäkalien weitgehend ungeordnet in der Umgebung des Hauses abzulagern oder in ein vorbeifließendes Wasser zu kippen, mochte bei kleinen Dörfern auf dem Lande noch angehen – in Städten, wo viel mehr Menschen nebeneinander wohnten und dieses auch noch dichter, schuf es ernste Probleme. Die Stadtobrigkeiten blieben angesichts dieser Verhältnisse nicht untätig, wurden mit den Problemen aber nicht recht fertig. Zur Entsorgung der Abwässer legte man Abzugsrinnen auf den Straßen an, meist in offener Form, oder baute Sickergruben. Da diese privat finanziert werden mußten, gab es sie nicht überall. Außerdem konnte das Sickerwasser aus den Gruben und Misthaufen das Grundwasser der städtischen Brunnen verunreinigen, und auch die Abzugsrinnen leiteten Abwässer nur in den nächsten Fluß. Einige große Städte richteten seit dem 15. Jahrhundert eine städtische Unratabfuhr und Sickergrubenentleerung ein. In Nürnberg wurde es 1490 als vorbildliche Einrichtung gepriesen, daß ein Knecht jeden Tag wenigstens die toten Schweine, Katzen, Hunde und Hühner von den Straßen aufsammelte und vor dem Stadttor ablud. Aber solche Maßnahmen waren wenig wirksam, und meist blieb es ohnehin bei den im 14. Jahrhundert einsetzenden Versuchen, dem Übel einfach durch Verbote abzuhelfen. So verordnete der Rat in Hamburg 1560, daß jeder Straßenanlieger mindestens jedes Vierteljahr den Unrat und die toten Tiere von dem Straßenstück vor seinem Haus beseitigen sollte. Mit dem Aufblühen des Handwerks traten stellenweise noch weitere Verschmutzungsquellen zum allgemeinen Hausunrat hinzu, besonders durch Gerbereien und Färber. Oft mußten diese beiden Handwerke deshalb an den Stadtrand verlegt werden. Diese Zustände dauerten im Prinzip bis ins 18. Jahrhundert hinein an. Erst im 19. Jahrhundert wurde grundlegende Abhilfe geschaffen.

Zwar fielen in mittelalterlichen Städten entschieden weniger Abfälle und Schadstoffe an als in heutigen, aber da sie nur unzureichend beseitigt wurden, belästigten und gefährdeten sie die Einwohner ernsthaft. Die schmutzigen Straßen bildeten ausgesprochene Bazillenherde. Ratten waren weit verbreitet. Viele Städte hielten einen fest angestellten Rattenfänger. Wasserverunreinigungen konnte man nur feststellen, wenn das Wasser bunt verfärbt war oder stank. Diese Verhältnisse förderten Epidemien, vor allem Pocken, Typhus und Aussatz. So war die Sterblichkeit in den Städten größer als auf dem Lande, wo die Probleme der Hygiene und Entsorgung angesichts der weniger engen, im ganzen luftigeren Siedlungsweise nicht so kritisch waren. Bis um 1800 blieb das Leben in den Städten ungesünder als auf dem Lande. Im späten Mittelalter lag in den Städten die Sterblichkeit sogar höher als die Geburtenrate, das heißt: wenn nicht ständig Menschen vom Land in die Städte zugezogen wären, dann wären diese über kurz oder lang ausgestorben!

Wenn auch im späten Mittelalter insgesamt gesehen das Leben durch Hungersnöte weniger gefährdet war als früher, da ein gewisser Getreidehandel aufkam und man so zwischen Überschuß und Mangel der verschiedenen Gegenden ansatzweise ausgleichen und damit Hungerkatastrophen eindämmen konnte – die Gefährdung durch Krankheiten blieb. Die medizinischen Kenntnisse und Heilmethoden machten keine Fortschritte. Als auf Kaiser Sigmund offenbar ein Giftanschlag verübt worden war, hing sein Arzt ihn mit dem Kopf nach unten auf, damit das Gift aus Mund, Nase, Augen und Ohren ablaufen sollte, und ließ den Kaiser 24 Stunden hängen. Sigmund überlebte sowohl das Gift wie die Behandlung, die als Meisterstück des behandelnden Arztes gepriesen wurde.

Gesundheitswesen

Indessen änderte sich die Organisation des Medizinwesens. Auf dem Lande blieb zwar alles unverändert wie schon im hohen Mittelalter, doch in den Städten entstanden neue Formen der Krankenbetreuung, während die Klöster für die Krankenversorgung bedeutungslos wurden. Mit den Universitäten kam der Typ des Arztes mit Universitätsausbildung auf, dessen Vertreter aber noch recht selten blieben. Meist waren sie an einem Fürstenhof oder in großen Städten als Stadtarzt fest angestellt. An den Universitäten hatten ursprünglich fast nur Geistliche studiert, denen es seit dem 12. Jahrhundert durch Konzilsbeschluß verboten war, blutige chirurgische Eingriffe vorzunehmen; wenn sie dabei den Tod eines Menschen verursacht hätten, und sei es unabsichtlich, wären sie für das Priesteramt untauglich geworden. Dies führte dazu, daß sich die Chirurgie von der gelehrten Medizin abspaltete und dann auf handwerkliche Weise vor allem von Badern, nicht gelehrten Wundärzten und Barbieren betrieben wurde. Letztere kümmerten sich in gleicher Weise um Aderlassen, Zahnziehen, das Verbinden von Wunden, Einrenken von Gliedern und das Frisieren der Haare. Diese nicht gelehrten Heilkundigen wurden die Hauptträger der städtischen Krankenversorgung. Damit war eine unglückliche Trennung des Medizinbetriebs entstanden, die Theorie und praktische Fertigkeiten auseinanderriß, zweifellos zum Schaden beider. Diese Trennung blieb bis Anfang des 19. Jahrhunderts bestehen. Neben diesen beiden ortsfesten und seriösen Gruppen von Krankenpflegern kamen Quacksalber und Kurpfuscher auf, die von Stadt zu Stadt zogen und auf Jahrmärkten auftraten. Es waren oft abgebrochene Studenten, und sie besaßen einen sehr unterschiedlichen Kenntnisstand. Mit groteskem Witz und schauspielerischer Gestik vertrieben sie allerlei Pillen und Pulver, Mittel wie „Skorpionöl" und „Elefantenschmalz", und führten Starstich und Steinschnitt aus. Gelang die Operation, wußten sie mit Erfolg weitere Kunden anzulocken, mißlang sie, waren sie schnell aus dem Ort verschwunden.

In den Städten errichtete man seit etwa 1200 auch Spitäler. Finanziert wurden sie aus Spenden von Privatleuten, durch die Stadtobrigkeit und von der Kirche. Mit heutigen Krankenhäusern hatten diese Spitäler wenig gemeinsam, vielmehr waren es allgemeine Pflegeheime, die Kranke ebenso wie Invalide, Alte, Arme und Geisteskranke pflegten. Eigene Ärzte besaßen die Spitäler nicht. Auch waren sie nur für ärmere Menschen gedacht, während Wohlhabende sich zu Hause pflegen ließen. In großen Städten kamen ferner Apotheken auf.

Energie-versorgung Auch im späten Mittelalter, ja noch bis ins 18. Jahrhundert hinein, beruhte der technische Fortschritt im Handwerk weniger auf der Erfindung neuer Werkzeuge und Verfahrensweisen, sondern vor allem darauf, daß die Handwerker sich zunehmend spezialisierten und auf diese Weise ihre Fertigkeiten anwuchsen. Immerhin erlebte das späte Mittelalter einige wichtige technische Fortschritte, vor allem in der Energiegewinnung. Zumindest in Norddeutschland wurde die Zugkraft des Ochsen weitgehend durch die des Pferds ersetzt, das anspruchsvoller ist, aber die Feldarbeit beschleunigte. Die Deutschen nutzten verstärkt Wind- und Wasserkraft. Seit dem 13. Jahrhundert wurden in Nordwestdeutschland immer mehr Windmühlen gebaut, und auch die Schiffahrt verwendete den Wind als Antriebskraft, indem die muskelbewegten Ruder hinter den Segeln zurücktraten. Überall, wo sich Wasser aufstauen ließ, installierte man Wasserräder, selbst an kleinsten Bächen. Bald machten sich an manchem Bach mehrere Wasserräder das Wasser streitig. Wasserräder bewegten vor allem Mahlsteine zum Getreidemahlen, aber nicht nur diese. Nachdem die Nockenwelle aufgekommen war, welche die Drehbewegung des Antriebsrads in eine Auf- und Abbewegung umsetzt, konnten Wasserräder auch die Hämmer von Hammerwerken, die Schlegel der Tuchwalkereien und die Blasebälge der Eisenschmieden antreiben. Allerdings – Wasser- und Windräder leisteten nur 2 bis 10 PS. So konnte nur ein sehr kleiner Teil des Energiebedarfs durch diese Kraftanlagen gedeckt werden, wenn sie auch die Arbeit durchaus beträchtlich erleichterten.

Bauernhäuser Im Hausbau entstand im 12. und 13. Jahrhundert der Ständerbau, bei dem man die tragenden Holzteile auf Fundamentsteine und Schwellen setzte. Da die Pfosten nun nicht mehr im Boden faulten, hielten die Häuser seitdem wesentlich länger. Zugleich waren jetzt zusätzlich Querstreben nötig, so daß die Fachwerkbauweise entstand. Damit wurde es möglich, mehrgeschossig zu bauen.

Kleine und mittlere Bauern besaßen meist auch weiterhin Wohnhäuser mit nur ein oder zwei Räumen und nur wenigen Nebengebäuden. Dabei blieb es in ärmeren Gegenden teilweise bis ins 18. Jahrhundert hinein. Bei größeren Bauernhöfen kamen hingegen neue Hausformen mit einer differenzierten Raumaufteilung auf, wobei verschiedene Typen entstanden. Im ganzen norddeutschen Tiefland breitete sich im Laufe des 13. Jahrhunderts der Typ des Hallenhauses aus. In ihm wurden Menschen, Vieh und Ernte unter einem Dach zusammengefaßt. Nebengebäude gab es nicht. Im Prinzip bestand ein Großraum, der dann weiter unterteilt war. Durch eine große zweiflügelige

Tür, durch die alles hinein- und hinausging und -fuhr, gelangte man in die geräumige Diele, den beherrschenden Mittelpunkt des Hauses. Hier wurde Korn gedroschen, und hier feierte man auch Familienfeste. Rechts und links von der Diele waren Stallungen und nach hinten der Wohnteil abgeteilt. Die Bewohner schliefen meist in seitlichen Verschlägen der Wohnräume, den Alkoven. Der Raum über der Diele diente als Scheune. Der Herd lag am hinteren Ende der Diele, und von hier aus konnte die Bäuerin Kinder, Gesinde und Vieh im ganzen Haus im Auge behalten. Der Herd war ursprünglich auch die einzige Heizungsanlage im Haus. Im oberdeutschen Raum entstanden im Laufe des späten Mittelalters überwiegend ebenfalls Einhäuser. Dabei handelte es sich aber nicht um Hallenhäuser, sondern innerhalb des Hauses waren die Wohnräume, der Stall und die Scheune deutlich voneinander getrennt, teilweise in zwei Geschossen übereinander. Kein Einfahrtstor, sondern eine Haustür führte zum Wohnteil, in dem zur Küche mit dem Herd im späten Mittelalter eine Stube mit eigenem Ofen hinzutrat. Es gab keinen zentralen Wirtschaftsraum wie die Diele, sondern das Herz des Hauses war die Wohnstube. Nach diesen beiden Grundformen ließ sich bis ins 19. Jahrhundert hinein zwischen einem niederdeutschen und einem oberdeutschen Bauernhaus unterscheiden. Im mitteldeutschen Raum entwickelte sich dagegen das Gehöft, in dem Wohnhaus, Stall und Scheune als getrennte Gebäude ausgebildet waren. Dabei tendierte die Entwicklung dahin, die Einzelgebäude in regelmäßiger Form um einen Hof herumzuordnen, wobei teilweise geschlossene Drei- oder Vierseithöfe entstanden. Von diesen Grundtypen entwickelten sich später noch eine ganze Reihe von Varianten, und in den neubesiedelten Gebieten im Osten kamen auch verschiedene Mischformen auf.

Die Welle der Städtegründungen, die im hohen Mittelalter eingesetzt hatte, lief bis etwa 1350 weiter. Danach blieb die Zahl der Städte weitgehend unverändert; nur die Zahl der Menschen in den Städten stieg weiter an. Im Laufe des späten Mittelalters wuchs der Anteil der Stadtbewohner an der Gesamtbevölkerung von etwa 8 auf etwa 14 Prozent. Am Ende des Mittelalters gab es im deutschsprachigen Raum etwa 3.500 Städte. Die größte davon war Gent mit etwa 60.000 Einwohnern, gefolgt von Antwerpen und Brügge mit 40.000, Köln mit rund 35.000 und Brüssel mit 30.000 Einwohnern. Zwischen 20.000 und 23.000 Einwohnern wiesen damals Danzig, Hamburg, Löwen, Lübeck, Magdeburg, Nürnberg, Straßburg, Ulm und Utrecht auf. Etwa 25 bis 30 Städte besaßen damals zwischen 10.000 und 20.000 Einwohner, die große Masse der Städte dagegen weniger als 1.000 Einwohner, die meisten nicht einmal 500. Eine Stadt mit mehr als 5.000 Einwohnern galt schon als große Stadt. Diese Einwohnerzahlen sowie ihre räumliche Ausdehnung überschritten die deutschen Städte insgesamt gesehen auch in den folgenden drei Jahrhunderten nicht wesentlich. Wie weit sich das Städtewesen ausdehnte, war letztlich begrenzt durch die Fähigkeit der Landwirtschaft, die Stadtbewohner zu ernähren. Wenn wir von städtischem Wirtschaftsleben mit differenziertem Handwerk, Zünften und Fernhandelskaufleuten sprechen, so ist nur von den etwa 10 Prozent größeren Städten die Rede, also einem nur sehr kleinen Teil der Bevölkerung, aber einem für die geschichtliche Entwicklung sehr wichtigen. Die übrigen Städte waren nur Lokalmärkte und oft eigentlich nur befestigte Dörfer, in denen die Landwirtschaft Lebensweise und äußeres Erscheinungsbild bestimmte. Die Bewohner mancher Kleinstädte blieben sogar teilweise unfrei. Umgekehrt wiesen auch Dörfer oft Zaun, Wall und Graben auf. Zwischen Städten und Dörfern waren die Übergänge also recht fließend. Eine ganze Anzahl von Städten erwiesen sich als Fehlgründungen, die

Zahl und Umfang der Städte

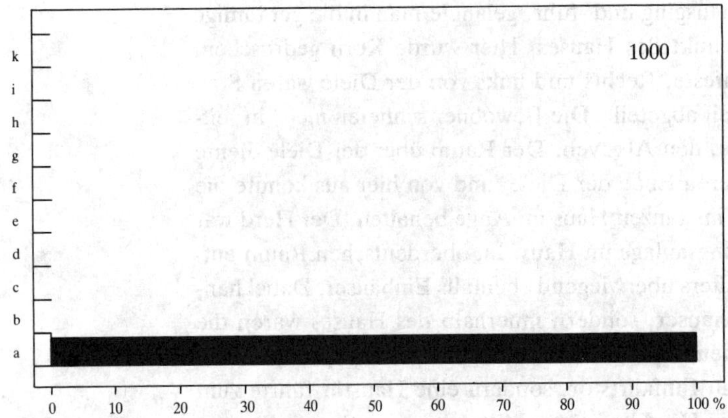

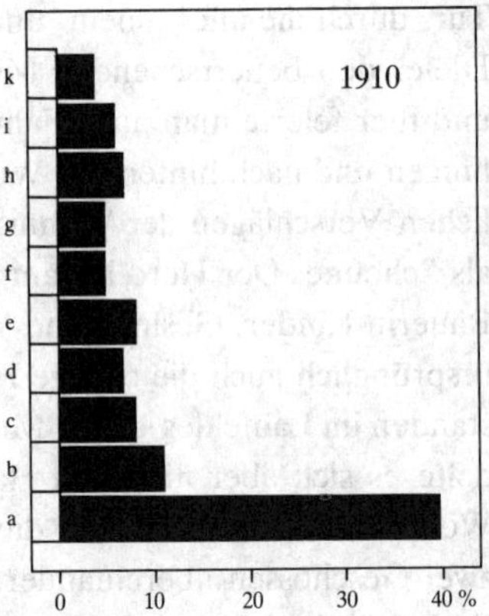

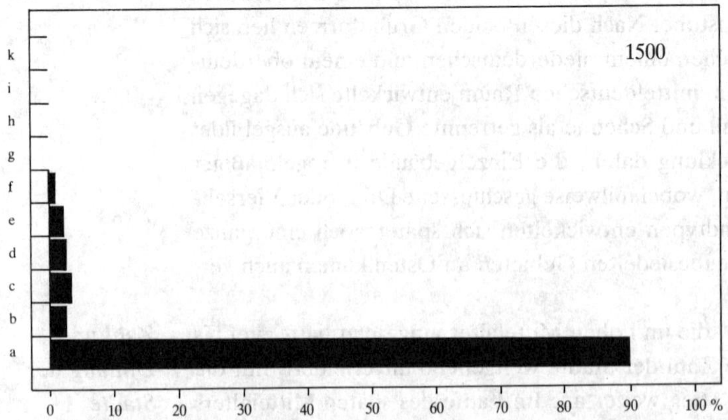

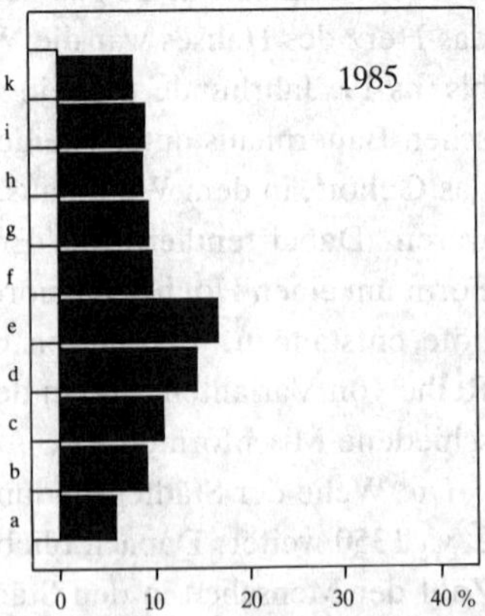

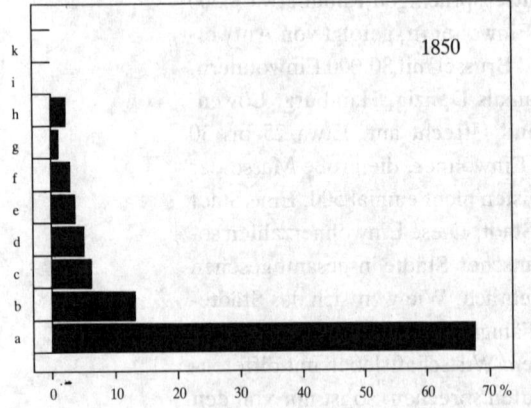

1000

1500

1850

1910

1985

Verstädterung

Anteil der Einwohner in Gemeinden in den Größenklassen:

a = unter 2.000 Einwohner   f = 50.000 - 100.000

b = 2.000 - 5.000   g = 100.000 - 200.000

c = 5.000 - 10.000   h = 200.000 - 500.000

d = 10.000 - 20.000   i = 500.000 - 1.000.000

e = 20.000 - 50.000   k = über 1.000.000

1000 und 1500 deutsches Siedlungsgebiet, 1850 Deutscher Bund,
1910 Deutsches Reich, 1985 BRD

dahinkümmerten oder wieder zu Marktorten absanken. Insgesamt gesehen hatten die Fürsten zu viele Städte gegründet.

Allzu imposant sollte man sich das Erscheinungsbild einer deutschen Stadt im Mit-   *Aussehen* telalter nicht vorstellen, auch nicht bei den größeren. Vieles von dem, was heute in   *der Städte* manchen Städten noch als scheinbar mittelalterliche Altstadtteile erhalten ist, stammt erst aus dem Ausgang des Mittelalters, oft auch aus dem 16. oder auch erst 17. Jahrhundert.

Wichtigstes äußeres Kennzeichen jeder Stadt war zweifellos ihre Befestigung – der Kaufmannsreichtum wäre sonst bald Plünderungen zum Opfer gefallen. Aber noch lange blieb es bei einem Wall mit Palisaden und Graben davor, und erst im Laufe des späten Mittelalters, häufig überhaupt erst im 15. Jahrhundert legten sich zunächst größere, dann auch kleinere Städte Steinmauern mit Türmen und Toren zu. Ihr Bau war aufwendig und zog sich oft über Jahrzehnte hin. Somit entstand nach und nach jene vieltürmige Silhouette, die vielfach als für die mittelalterliche Stadt typisch gilt und auf die manche Städte so stolz waren, daß sie sich die Mauer mit Türmen, Zinnen und Tor zum Wappensymbol wählten. Viele kleinere Städte wurden jedoch nie ummauert.

Zum Stolz der Stadtbürger gerieten auch oft die Rathäuser. Diese kamen seit dem 13. Jahrhundert auf und dienten gleichermaßen für Ratssitzungen wie für Festlichkeiten des Rates und der Patrizier.

Die Bürgerhäuser reihten sich entlang der meist engen Straßen auf. Hinter den Häusern befanden sich Gemüse- und Obstgärten, und erst im Laufe der Jahrhunderte wurden diese Flächen dichtgedrängt vollgebaut. Im späten Mittelalter hatten die Städte noch einen recht ländlichen Charakter. Auch Handwerker und Kaufleute besaßen oft noch ein Feld vor dem Stadttor, und selbst in großen Städten konnte man noch im 14. Jahrhundert nahe des Rathauses das Schlagen des Dreschflegels hören. Die ungepflasterten Straßen waren bei Regen knöcheltief von Schlamm und Kot bedeckt. Die Leute richteten sich darauf ein: so war es in Frankfurt für die Domherren als Entschuldigung zulässig, beim Konvent zu fehlen, wenn der Straßenschmutz zu schlimm war. Nur in größeren Städten begann man schon im Laufe des Mittelalters, wenigstens die Hauptstraßen mit Steinen zu pflastern, so in Lübeck 1310, Straßburg 1322, Nürnberg 1368, Basel 1387, Frankfurt und Bern 1399, Regensburg 1400. Öffentliche Straßenbeleuchtung kannte man nicht. Wer meinte, unbedingt nachts auf die Straße zu sollen, mußte sich eine Fackel mitnehmen. Ebenso war eine zentrale Wasserversorgung mit Wasserleitungen zu den einzelnen Haushalten unbekannt. Stattdessen gab es einzelne Brunnen, aus denen man mit Schöpfeimern oder Handpumpe Wasser holte. Nürnberg besaß Mitte des 15. Jahrhunderts 100 öffentliche Ziehbrunnen. Wo das Grundwasser nicht reichte, begannen größere Städte hölzerne Wasserleitungen anzulegen, um Wasser von außerhalb den öffentlichen Brunnen zuzuführen, so Bern 1393, Augsburg 1412, Zürich 1421/30 und Ulm 1426/58. Teilweise besaßen einzelne Haushalte auf dem Hinterhof auch ihre eigenen Ziehbrunnen.

Die städtischen Wohnhäuser unterschieden sich anfangs nicht von denen auf dem Lande. Ministeriale und Domherren wohnten in steinernen Wohntürmen mit ein bis zwei Geschossen über einem hohen Keller, ähnlich den ländlichen Adelssitzen, und die Masse der Häuser war zunächst den Bauernhäusern gleich. Allmählich entwickelte sich daraus das städtische Wohnhaus als besondere Hausform. Indem die Bebauung sich verdichtete, rückten die Häuser zusammen, so daß das städtische Reihenhaus entstand. Typisch wurde ein schmales, dafür höheres – meist zweigeschossiges – Haus, das tief nach hinten durchreichte. Ställe und Scheunen schrumpften auf Schuppen hinter dem Haus zusammen oder verschwanden ganz. Im Innern wurde das Haus zunehmend weiter unterteilt. Der Raum im Erdgeschoß, von dem im Laufe der Zeit nach hinten oder seitlich die Küche abgeteilt wurde, diente bei Handwerkern als Werkstatt und Laden sowie als Aufenthaltsraum. Der „Laden" der Handwerker bestand oft nur aus einem erweiterten Fenster von der Werkstatt zur Straße, durch das verkauft wurde. Im Obergeschoß befanden sich die Wohnstube und die Kammern für die Familie und, sofern vorhanden, für Gesinde und Lehrjungen. Der Raum unter dem Dach diente als Vorratsraum und bei Kaufleuten als Warenspeicher, ebenso manchmal vorhandene weitere Geschosse. Wie beim Bauernhaus waren auch in der Stadt Arbeitsplatz und Wohnen im Haus meist vereint, von einigen wenigen Berufen wie beispielsweise den Bauhandwerkern oder Fuhrleuten einmal abgesehen. So kannten die Städte keine Trennung in Wohn- und Gewerbegebiete. Neben den Bürgerhäusern sollte aber auch die steigende Zahl der kleinen eingeschossigen Holzbuden, Hinterhofverschläge und Kellerlöcher nicht vergessen werden, in denen die Armen hausten. In einem Haus lebte im allgemeinen nur ein Haushalt. Bürgerhäuser mit mehreren, übereinanderliegenden Einzelwohnungen gab es nicht vor dem 16. Jahrhundert.

Erbaut wurden die Bürgerhäuser anfangs genauso wie Bauernhäuser aus Holz und mit Stroh- oder Schindeldächern. Da die Häuser in der Stadt anders als im Dorf dicht an dicht standen, kam es immer wieder zu verheerenden Brandkatastrophen, denen die Bewohner mit ihren Handlöscheimern ziemlich hilflos gegenüberstanden. So begannen vor allem im 14. Jahrhundert die deutschen Städte zu „versteinern", was die städtischen Obrigkeiten oft durch Verordnungen förderten. In Norddeutschland ging man zur Ziegelbauweise über, in Süddeutschland zur Verwendung von Hausteinen, während man in Mitteldeutschland beim Fachwerk blieb, dessen Zwischenräume aber meist mit Ziegeln ausgefüllt wurden. Ziegeldächer setzten sich erst im Laufe des 16. Jahrhunderts allgemein durch.

Wohn- und Konsumstandard Der Konsumstandard entwickelte sich im Laufe des späten Mittelalters für die verschiedenen sozialen Gruppen recht unterschiedlich. Während im 14. und 15. Jahrhundert die Landwirtschaft und damit auch der Konsumstandard der Bauern offensichtlich stagnierten, stieg der Konsumstandard der Stadtbevölkerung. Das kam ganz handfest im Essen zum Ausdruck. Für die Bauern blieben Suppen und Breie die Hauptnahrung, zusammen mit einfachem Hafer- oder Roggenbrot. In den Städten wuchs der Fleischkonsum bis Ende des 15. Jahrhunderts auf durchschnittlich 50-100 Kilogramm pro Person und Jahr, und daran hatte nicht nur die Oberschicht Anteil. Auch Gesinde und Handwerksgesellen bekamen zwei Fleischgerichte täglich. Dieser Fleischverbrauch war nicht nur im Vergleich auch zu den späteren Jahrhunderten hoch, sondern kann sich selbst nach heutigen Maßstäben sehen lassen (BRD 1982: 88 Kilogramm je Einwohner).

Der Hausrat wurde im ganzen gesehen im Laufe der Jahrhunderte wohl etwas reichlicher. Doch selbst in reichen Kaufmannshaushalten sah es für unsere Begriffe keineswegs üppig aus. Eine Erbteilungsurkunde listete 1469 für einen Patrizierhaushalt folgendes Inventar auf: 4 Betten, 7 Tischlaken, 7 Handtücher, 1 Brunnengelte, 2 große und 7 kleine Zinkschüsseln, 3 Kannen, 2 Messingbecher, 10 Tonschüsseln, 7 Teller, 3 Buchsbaumlöffel, 1 großes Glas, 6 kleine Gläser, 3 Kessel, 4 Töpfe und 2 Pfannen.

Bemerkenswerterweise klagten viele Ritter, daß sie mit dem Aufwand, der von den Reichen in den Städten entfaltet wurde, kaum mithalten konnten. Von den Jahresausgaben des Ritters Hans von Honsperg in Clöden (Sachsen) im Jahre 1474 wissen wir folgendes: 39,4 Prozent davon entfielen auf Löhne für die 21 Personen des ritterlichen Haushalts und Wirtschaftsbetriebs − zu denen unter anderen Vogt, Schreiber, Schirrmeister, Koch, Torhüter, Knechte und Mägde gehörten − und Löhne für Handwerker, 27,8 Prozent wurden für Bekleidung ausgegeben, 24,6 Prozent für Nahrungsmittel, wobei neben anderem auch Brauholz, Hopfen, Honig, Salz, Fische, Rosinen, Feigen und Mandeln eingekauft wurden, und 8,2 Prozent seiner Ausgaben wendete der Ritter für Zaumzeug, Sättel, Eisen und sonstiges Inventar auf.

Burgen gestaltete man im Innern allmählich etwas ansehnlicher aus. In ihren Repräsentationsräumen wurden die Wände zunehmend bemalt oder mit Teppichen verkleidet. Gelegentlich tauchten auf Burgen auch grob gezimmerte, ungefüge Bretterschränke auf, doch das waren seltene Ausnahmen. Vorherrschendes Kastenmöbel blieb die Truhe, die im 14. Jahrhundert auch in bäuerliche Haushalte einzog. So sah die Wohnungseinrichtung weiter recht mager aus, auch in Bürgerhäusern. Geschirr aus Ton verdrängte zunehmend solches aus Holz, und vornehme Bürger besaßen gelegentlich auch etwas Geschirr aus Zinn. In reichen Haushalten kamen Wandspiegel auf, bei denen eine Glasplatte mit Metallfolie hinterlegt war. Die Glasherstellung war aber noch recht wenig entwickelt, weshalb Glasgegenstände einen kostbaren Luxus darstellten. Auf Burgen und in reichen Bürgerhäusern fand im Laufe des späten Mittelalters die Fensterverglasung Eingang. Da man noch keine großen Glasplatten herstellen konnte, wurden mehrere kleine, oft grünliche Glasscheiben mit Bleifassung zusammengefügt, die Butzenscheiben. Insgesamt blieben aber glaslose Fenster mit Fensterläden der Normalfall. Als heizungstechnische Neuerung entstanden Öfen, seit dem 14. Jahrhundert auch in der Gestalt von Kachelöfen. Sie waren im 12. Jahrhundert im Bauernhaus entwickelt worden, wahrscheinlich vom Lehmbackofen her. Im 13. und 14. Jahrhundert breitete sich der Ofen über weite Teile Ober- und Mitteldeutschlands aus, gleichermaßen in Bauernhäusern, Burgen und Bürgerhäusern. In Niederdeutschland zog er erst im 15. Jahrhundert in Bürgerhäuser und im 16. Jahrhundert in größerem Umfang in Bauernhäuser ein, und in letzteren blieb teilweise noch bis ins 18. Jahrhundert das offene Herdfeuer bestehen. Kamine wurden dagegen in deutschen Bürger- und Bauernhäusern nie recht heimisch, da ihre Heizleistung zu gering war. Auch da, wo ein Ofen vorhanden war, ließ sich damit nur ein Raum beheizen, die Stube. Kammern blieben unbeheizt. Wer an einem Wintermorgen aus dem warmen Bett aufstand, mußte oft erst das Eis in der Waschschüssel aufbrechen, bevor er sich waschen konnte.

Naturgemäß wurde der Arbeitsanfall im städtischen Handwerk nicht wie beim Bauernhof vom Jahreszeitenrhythmus von Säen und Ernten bestimmt. So begann die Arbeit im Handwerkerhaushalt morgens praktisch mit Sonnenaufgang und dauerte bis gegen 19 Uhr im Sommer beziehungsweise bis zum Anbruch der Dunkelheit im Winter. Damit ergab sich theoretisch eine tägliche Arbeitszeit von 12 bis zu 16 Stunden. Doch das hört sich erschreckender an als es tatsächlich war. Man arbeitete im allgemeinen gemächlicher als in heutigen Fabriken und schob lange Arbeitspausen ein, bis zu drei Stunden. Urlaub oder Betriebsferien waren genauso wie in der Landwirtschaft unbekannt. Sonntags zu arbeiten war indessen von der Kirche verboten. Oft setzten Handwerksgesellen auch den Montag als arbeitsfreien Tag durch, den sogenannten „blauen Montag". Außerdem wies der Kalender zahlreiche Feiertage auf. In rheinischen Städten gab es um 1400 rund 110 Sonn- und Feiertage, an denen nicht gearbeitet

Arbeitszeit

wurde. Hinzu kamen teilweise noch unfreiwillige Arbeitsruhen, wenn beispielsweise Windmühlen keinen Wind hatten und wenn im Winter der Frost die Wasserräder außer Betrieb setzte sowie auch sonst manche ungeheizte Werkstätte lahmlegte.

Erwerbs-
einstellung

Die Theologen waren der Meinung, jeder solle sich mit seinem standesgemäßen Auskommen begnügen. Sie standen dem Handelsgewinn des Kaufmanns skeptisch gegenüber und lehnten das Geldverleihen gegen Zinsen weiterhin pauschal ab. Doch Theorie und Praxis waren zweierlei. Geld konnte man nicht nur bei Juden leihen, sondern auch Christen gaben zunehmend Kredite, teils direkt entgegen den kirchlichen Verboten, teils indem sie diese umgingen, beispielsweise durch den Rentenkauf. Bei dieser Darlehensform erhielt der Gläubiger bis zur Rückzahlung Erträge aus Grund- oder Hausbesitz. Jedenfalls entwickelte sich ein durchaus lebhafter Kreditmarkt. Die Kirche sah sich immer mehr gezwungen, ihre Lehrmeinung den Gegebenheiten durch allerlei Einschränkungen des Zinsverbots anzupassen. Und es ist auch Legende, daß eine beschaulich-genügsame Lebensauffassung als spezifisch mittelalterliche Wirtschaftsgesinnung nicht nur Forderung der Theologen, sondern auch Realität gewesen sei. Natürlich reichte es bei den meisten Bauern selbst mit harter Arbeit gerade eben nur zum Lebensnotwendigen, und sicher waren viele Handwerker mit ihren Verhältnissen zufrieden und erstrebten nicht mehr. Aber es gab auch zahlreiche Männer, die hohen Gewinn zu erjagen suchten und die dabei sehr wohl Unternehmergeist und Risikobereitschaft an den Tag legten. Sie fanden sich unter reinen Kaufleuten ebenso wie unter Handwerkern und Adligen. Diesen Männern ging es dabei nicht um Geld und Arbeit als Selbstzweck, sondern als Mittel, um die materielle und soziale Existenz zu erhöhen, um sich ein großes Haus, prächtige Kleidung und zahlreiches Gesinde leisten zu können und das damit gewonnene Ansehen zu genießen. Das so Errungene wollten die einmal nach oben Gekommenen verständlicherweise gerne auf Dauer erhalten. So legten viele von ihnen einen großen Teil ihrer Gewinne in Grundbesitz an. Nur bei Fernhandelsgeschäften ließen sich rasch Reichtümer verdienen, aber eben auch rasch wieder verlieren, und nur Grundbesitz lieferte zwar mäßigen, aber dafür auf Dauer sicheren Gewinn. So wurde neugebildetes Kapital immer wieder aus dem Handel abgezogen. Dieses Kapital wurde auch nicht ins Gewerbe investiert, weil dem die zünftischen Beschränkungen entgegenstanden und weil dort beim damaligen Stand der Technik keine großen Gewinne möglich waren. Volkswirtschaftlich hatte das zur Folge, daß die Gesamtmenge des in der Wirtschaft eingesetzten Kapitals nur wenig anstieg und dementsprechend auch das wirtschaftliche Wachstum begrenzt blieb.

Während man neuerworbenen Reichtum ohne weiteres verwendete, um die Lebensführung zu steigern, war umgekehrt die Bereitschaft viel geringer, die als standesgemäß beanspruchte Lebensführung den Einkommensverhältnissen anzupassen, wenn diese hierfür nicht mehr ausreichten. Wenn ein solches Mißverhältnis eintrat, neigten viele Adlige dazu, weiter ihren Ansprüchen gemäß zu leben, wobei die Kluft zur Realität sich mit zunehmender Geldwirtschaft durch Verschuldung überspielen ließ, jedenfalls für einige Zeit. Das konnte dann damit enden, daß der eigene Besitz durch Überschuldung ganz verlorenging.

Eigentums-
und
Wettbewerbs-
ordnung

Freiheit der Gewerbeausübung, des Grundstücksverkehrs, des Handels und der Berufswahl als Ordnungsgrundlagen des Wirtschaftslebens waren dem Mittelalter fremd. Ebensowenig, wie die Sozialordnung die Vorstellung allgemeiner Freiheit und rechtlicher Gleichheit kannte, ging die Wirtschaftsordnung von freien, rechtlich gleichgestellten Wirtschaftssubjekten aus, zwischen denen nur der Markt vermittelt. Vielmehr bestimmten vielfältige Bindungen das Bild.

Das Mittelalter kannte kein freiverfügbares Privateigentum im heutigen Sinne an ländlichem Grund und Boden. Die Rechte an Äckern und Wiesen waren stattdessen aufgespalten in das Obereigentum des Grundherrn und das Untereigentum der Bauern. Überdies wurde das Jagdrecht auf Hochwild auch für das Gebiet der bäuerlichen Felder im allgemeinen zum Vorrecht von Adligen. Im Interesse reicher Jagdbeute hielten diese oft einen übergroßen Bestand an Wild, das dann den Bauern einen Teil ihrer Feldfrüchte wegfraß, ohne daß diese sich dagegen wehren durften. Bei Wäldern konnten das Recht zum Holzeinschlag und dasjenige zum Sammeln von Fallholz in verschiedenen Händen liegen. In den Städten galten dagegen auch Grund und Boden recht bald als freiverfügbares Privateigentum, für dessen Besitz allerdings meist das Bürgerrecht Voraussetzung war.

Jede wirtschaftliche Tätigkeit war in vielfältiger Weise reglementiert und beschränkt. Auf dem Land mußten die einzelnen Bauern sich dem Flurzwang des Dorfes fügen, und sie durften ihr Getreide nur in der von ihrem Grundherrn dazu bestimmten Mühle mahlen, der Bannmühle. Auch in Handel und Gewerbe herrschte kein freier Wettbewerb. Dabei griffen König und Fürsten nur insofern ins Wirtschaftsleben ein, als sie eine wirre Fülle von Sonderrechten an einzelne Städte, Zünfte oder Kaufleute verliehen, beispielsweise ein Aufkaufmonopol für Silber oder eine Befreiung von bestimmten Zöllen. Diese Privilegien widersprachen einander oft. Hauptsächlich regelten die Städte das Wirtschaftsleben innerhalb ihrer Stadtmauern selbst. Das hatte zur Folge, daß es keine landes- oder gar reichseinheitliche, sondern Hunderte verschiedener Handels- und Gewerbepolitiken gab, die überdies alle nur eng begrenzt an das jeweils eigene Wohl dachten. So unterlagen stadtfremde Kaufleute einem diskriminierenden „Gästerecht": sie wurden streng beaufsichtigt und durften allgemein keinen Einzelhandel betreiben, sondern nur an einheimische Kaufleute verkaufen, damit der Gewinn aus dem Einzelhandel den Einheimischen gesichert blieb. Einige große Städte hatten das „Stapelrecht" verliehen bekommen, was bedeutete, daß vorbeifahrende Kaufleute hier ihre Waren ausladen und zum Verkauf anbieten mußten und erst weiterfahren durften, wenn sich nach einer gewissen Zeit kein Käufer gefunden hatte. Die Stadtobrigkeiten versuchten, die Getreideüberschüsse aus dem Umland möglichst auf den eigenen Markt zu lenken, und meist verboten sie innerhalb einer Bannmeile um die Stadt herum jede Handwerkstätigkeit. Bei den Konsumgütern, die auf den städtischen Märkten angeboten wurden, setzten die Stadtmagistrate im allgemeinen für Lebensmittel Höchst- und für Gewerbeartikel Mindestpreise fest. So wurden die städtischen Nahrungsmittelkonsumenten und Gewerbeproduzenten gepflegt, und diese Politik ging zu Lasten der Bauern des Umlandes, die ihre Lebensmittel in der Stadt verkauften, um dafür dort Handwerkswaren zu erwerben.

In der Stadt durfte im Regelfall nur derjenige ein bestimmtes Handwerk ausüben, der Mitglied der entsprechenden Zunft war. Die Zulassung zu den Zünften wurde im Laufe der Zeit immer mehr erschwert. Konkurrenz war den Handwerksmeistern unerwünscht; man durfte den anderen Branchen nicht „ins Handwerk pfuschen". Schließlich wurden Handwerker, die versuchten, ihr Gewerbe außerhalb der betreffenden Zunft zu treiben, von den Zünften als „Störer" oder „Pfuscher" verfolgt, oft schlicht mit vereinten Kräften verprügelt. Da die Zunftzugehörigkeit des Meisters so etwas wie ein Markenzeichen bedeutete, kontrollierten die Zünfte die Qualität der

Waren, die ihre Mitglieder herstellen, damit nicht ein Zunftmitglied durch schlechte Ware auch den Absatz der anderen gefährdete. Bei überregional vertriebenen Spezialerzeugnissen wurde die städtische Herkunftsbezeichnung zum Markenzeichen: Solinger Messer, Nürnberger Tand, Ravensburger Leinen usw. Um zu verhindern, daß ein Meister erfolgreicher war als seine Zunftgenossen und diesen die Aufträge wegnahm, versuchten die Zünfte auch die Konkurrenz ihrer Mitglieder untereinander durch verschiedene Beschränkungen zu unterbinden. Die Zahl der Gesellen und Lehrlinge und auch die der Werkzeuge, die ein Meister haben durfte, wurde begrenzt. Es war verpönt, zu versuchen, einem Zunftgenossen durch Reklame Kunden wegzulocken oder sich gegenseitig Gesellen abzuwerben. Gegenseitiges Preisunterbieten war durch die Mindestpreise ausgeschlossen, die Höchstarbeitszeit wurde geregelt, und teilweise legten die Zünfte auch die Herstellungsart fest. Die Tuchweber normierten beispielsweise oft Tuchbreite, Gang- und Fadenzahl. Zunehmend galt selbst technischer Fortschritt als unlauterer Wettbewerb.

Man sah es damals als selbstverständlich an, daß die Wirtschaftstätigkeit des einzelnen Beschränkungen unterlag. Niemand forderte das allgemeine Recht auf freie wirtschaftliche Betätigung; nur dieselben Sonderrechte, die bestimmte andere besaßen, wünschte mancher wohl auch für sich selbst. Vom gesamtgesellschaftlichen Interesse an wirtschaftlichem Fortschritt her gesehen waren aber nur wenige dieser Bestimmungen günstig, beispielsweise die Qualitätskontrolle. Insgesamt gesehen hemmten sie doch vielfach die Initiative des einzelnen und den Mut zu fortschrittlichen Neuerungen. Zum Teil sind die Regelungen verständlich vor dem Hintergrund einer Gesellschaft, in der Unberechenbarkeiten der Natur und plötzliche Gewalttaten die soziale Existenz des einzelnen stark gefährdeten, in der dementsprechend das Bedürfnis nach Sicherheit recht hoch war und damit auch die Bereitschaft, die Freiheit des einzelnen dem Ganzen unterzuordnen. Vor allem aber sollten die meisten Regelungen dem Eigennutz einzelner Gruppen auf Kosten der anderen dienen.

Dieses im Laufe des Mittelalters entstandene Prinzip, die Nutzung des Eigentums und den Wettbewerb mannigfach zu binden, blieb weitgehend bis zum Beginn des 19. Jahrhunderts bestehen.

Fortschreitende Arbeitsteilung

Indem die Städte aufblühten, entwickelte sich das vom Dorf unabhängige, eigenständige Handwerk. Dessen Umfang sollte allerdings nicht überschätzt werden. Selbst wenn man das dörfliche Handwerk und den Bergbau dazurechnet, gehörten um 1350 nicht mehr als 7 Prozent der Gesamtbevölkerung zum gewerblichen Bereich. Von der gesamten Wertschöpfung entfielen vielleicht 85 Prozent auf die Landwirtschaft und nur 15 Prozent auf Gewerbe und andere Tätigkeiten. An die Stelle fast autarker Fronhofsverbände war nach und nach ein wabenartiges System kleiner Stadt-Umland-Einheiten getreten, jede mit einer kleinen oder mittleren Stadt im Mittelpunkt und einem Radius von höchstens einer Tagesreise zu Fuß. Die Einwohner der Stadt stellten Gewerbeerzeugnisse für den Bedarf dieses Umlands und der Stadt selbst her. Vor allem in kleineren Städten waren viele Bürger bis ins 18. Jahrhundert neben ihrem städtischen Beruf mit Landwirtschaft beschäftigt. Die Bauern aus dem Umland kamen mit ihren Überschüssen an Getreide, Eiern, Butter, Geflügel und Käse in die Stadt, deckten damit den wesentlichen Teil des Nahrungsbedarfs der Stadt und versorgten sich mit jenen Handwerkserzeugnissen, die sie nicht selbst herstellen konnten, wie beispielsweise Tongeschirr, manche Werkzeuge oder feinere Leinwand. Solche Stadt-Umland-Einheiten waren weitgehend autark, fast ohne Wirtschaftsbeziehungen zur übrigen

Welt. Nur bei den wenigen großen Städten sah das anders aus. Ihre wirtschaftliche Existenz wurde getragen von Fernhandel und „Exportgewerbe", d.h. solchen mit überregionalem Absatz. Da große Städte, vor allem in den südlichen Niederlanden, sich nicht mehr aus ihrem unmittelbaren Umland ernähren konnten, beschafften Fernhändler jetzt auch aus anderen Gegenden die nötigen Nahrungsmittel und Rohstoffe für das Gewerbe und setzten dann die Erzeugnisse der Handwerksarbeit weiträumig ab, mit deren Erlös die Einfuhren der Stadt bezahlt werden mußten. Sieht man von Salz ab, waren Fernhandelsgüter aber weiter vor allem Luxusgüter und Waren des gehobenen Bedarfs. Obwohl der Umfang des Fernhandels deutlich wuchs, blieb damit doch der Absatzmarkt und dementsprechend die Zahl der „großen" Städte gering. Im Vergleich zu dem viel kräftigeren Warenaustausch zwischen Stadt und Umland stellten die Fernhandelsbeziehungen weiter nur ein dünnes Netz dar. Weil der Fernhandel damals wie kein anderer Beruf die Bildung großer Vermögen möglich machte, war er jedoch ein dynamisches und deshalb wichtiges Element des Wirtschaftslebens.

Für den einzelnen Haushalt bedeuteten diese Verhältnisse, daß er seinen Bedarf teils aus Eigenproduktion, teils auf dem Markt deckte. Bauernhöfe verbrauchten schätzungsweise 88 Prozent der auf ihnen erzeugten Produkte wieder im eigenen Haushalt, um Menschen und Vieh zu ernähren und Saatgut zurückzulegen, und nur rund 12 Prozent wurden auf dem Markt verkauft und an den Grundherrn abgeliefert. Während also der bäuerliche Haushalt seinen Bedarf noch weitgehend selbst deckte, war der städtische Handwerkerhaushalt stärker vom Markt abhängig. Er konnte nur einen Teil seines Nahrungsmittelbedarfs selbst erzeugen – vor allem Gemüse und Obst, teilweise auch Fleisch vom eigenen Schwein und Huhn. Überdies mußte er sein Rohmaterial kaufen. Auch im Handwerkerhaushalt hat die Hausfrau selbstverständlich selbst Fleisch geräuchert und gepökelt, Obst getrocknet, Kerzen gezogen, meist gesponnen, oft gewebt, geschlachtet und Brot gebacken und teilweise auch geschneidert. Viele Güter stellte man in einfachen Qualitäten selbst her, während mittlere und höhere Qualitäten sich nur auf dem Markt beschaffen ließen. So erzeugten Bauern weiter den größten Teil ihres Textilienbedarfs der einfachen Art selbst, während gefärbte Stoffe nur bei entsprechenden städtischen Handwerkern zu haben waren oder sie zumindest die selbstgewebten Stoffe zum Lohnfärben in die Stadt bringen mußten. Die Bauern schnitten sich ihren Bundschuh selbst zurecht, während der Ritter seine Stiefel beim Handwerker in der Stadt kaufte. Teilweise waren die Übergänge zwischen Hauswirtschaft und Handwerkerarbeit auch fließend: mancher Städter beispielsweise schlachtete ein Schwein im eigenen Haus, brachte die Haut des Tieres zum Gerber, der sie zu Leder verarbeitete, und ließ dann einen Störhandwerker zu sich ins Haus kommen, der ihm daraus Stiefel anfertigte.

Je umfangreicher die Gesamtproduktion des städtischen Handwerks wurde, desto mehr spezialisierten sich einzelne Handwerker auf bestimmte Produkte. Die Zahl der Handwerksberufe stieg entsprechend an. Im Bereich der Metallverarbeitung kannte man schließlich Beckenschläger, Blechschmiede, Büchsenmacher, Drahtzieher, Dreher, Feilenhauer, Glockengießer, Goldschmiede, Grobschmiede, Harnischmacher, Helmschmiede, Hufschmiede, Kannengießer, Kesselflicker, Kesselschmiede, Klempner, Klingenschmiede, Kupferschmiede, Messerschmiede, Münzer, Nadelmacher, Nagelschmiede, Ofentürer, Pfannenschmiede, Pflugschmiede, Rohrgießer, Schellenmacher, Schwertfeger, Silberschmiede, Sporenmacher, Zinngießer und andere. Eine so starke Spezialisierung bestand natürlich nur in wenigen großen Städten. Handwerker spezialisierten sich nicht nur auf verschiedene Endprodukte, sondern teilweise zerlegte man auch einen längeren Herstellungsprozeß in mehrere Stufen, die dann Aufgabe eigener Berufe wurden, so im Textilbereich das Spinnen, Weben, Walken, Färben usw. Wie weit die Spezialisierung ging, hing stark davon ab, wie groß die Stadt war. Mitte des 14. Jahrhunderts gab es in Zwickau nur 11 verschiedene Handwerksberufe, darunter noch nicht einmal einen Maurer. Anscheinend bauten die Bürger ihre Häuser noch mit Nachbarschaftshilfe selbst. Zur selben Zeit gab es in Nürnberg insgesamt 1.217 Meister in 50 Handwerksgruppen, und zwar 81 Schuhmacher, 76 Schneider, 75 Bäcker, 73 Messerer, 71 Fleischer, 60 Lederer, 57 Kürschner, 37 Flickschuster, 35 Weißgerber, 34 Böttcher, 34 Färber, 33 Messingschmiede, Gürtler und Zinngießer, 30 Mantelmacher, 28 Tuchmacher, 24 Schlosser, 23 Spiegelmacher und Glaser, 22 Nadler und Drahtschmiede, 22 Hufschmiede, 22 Taschner, 21 Blechhandschuhmacher, 20 Wagner, 20 Hutner, 20 Fischer, 19 Sporer, 17 Werkzeugmacher, 17 Geldwechsler, 17 Sattler, 16 Goldschmiede, 16 Zimmerleute, 15 Flaschner und Klempner, 14 Kannengießer, 12 Plattner, 12 Bandwerber, 12 Handschuhmacher, 12 Beutler, 11 Glaser, 11 Töpfer, 10 Schreiner, 10 Tuchscherer, 10 Seiler, 9 Flachschmiede, Knopfschmiede und Schleifer, 9 Steinmetzen, 8 Kesselschmiede, 8 Klingenschmiede, 7 Schwertfeger, 6 Haubenschmiede, 6 Nadler, 6 Maler, 5 Pfannenschmiede und 4 Panzerhemdenmacher.

Indem das Handwerk sich von den nebenberuflichen Dorfhandwerkern des hohen Mittelalters zu städtischen Nur-Handwerkern entwickelte, die sich immer mehr spezialisierten, wuchsen durch Übung und Erfahrung die Fertigkeiten und die Fachkenntnisse, und auch die Werkzeuge wurden verbessert. Damit stieg die Qualität der hergestellten Waren ebenso wie die Arbeitsproduktivität. Mit der zunehmenden Arbeitsteilung verflochten sich gleichzeitig die Einzelwirtschaften stärker durch Kauf und Tausch, sowohl im Sinne gegenseitigen Sich-Ergänzens verschiedener Berufe als auch im Sinne der Verknüpfung räumlich auseinanderliegender Wirtschaften. Die Menschen wurden damit auch voneinander abhängig. Das Ausmaß der Arbeitsteilung zwischen Stadt und Land und der Berufsspezialisierung blieb dann auf jenem Stand, den es am Ende des 15. Jahrhunderts erreicht hatte, im wesentlichen bis zum Ende des 18. Jahrhunderts stehen.

Land-
wirtschaft
Die Landwirtschaft wurde stark dadurch beeinflußt, daß die Bevölkerung im 14. Jahrhundert durch die Pestkatastrophe zurückging. Man gab vor allem schlechte Böden als Ackerland auf, wodurch die durchschnittlichen Erträge je Fläche stiegen. Ein Teil der wüstgefallenen Flächen wurde seitdem als Weide genutzt, so daß die Viehhaltung sich ausdehnte. Dadurch konnte der Fleischverzehr steigen. Die Palette der angebauten Nahrungsmittel blieb weitgehend unverändert; nur der Buchweizen wurde um etwa 1400 aus Südeuropa übernommen. In der Nähe wachsender städtischer Märkte nahm der Anbau von Obst und Gemüse stark zu. Angeregt durch das aufblühende Textilgewerbe gingen bestimmte verkehrsgünstig gelegene Landschaften dazu über, in großem Umfang Flachs und die zum Textilfärben benötigten Farbstoffpflanzen Waid und Krapp anzupflanzen, deren Anbau sich im 16. Jahrhundert noch mehr ausweitete.

Gewerbe
Das Textilgewerbe war der mit Abstand umfangreichste Gewerbezweig, gefolgt vom Baugewerbe, und dabei blieb es bis in die Mitte des 19. Jahrhunderts.

Im städtischen Handwerk herrschte anfangs das Lohnwerk vor, bei dem der Handwerker vom Kunden Material geliefert bekam und auf feste Bestellung arbeitete,

186

manchmal auch im Haus des Kunden. Zunehmend breitete sich dann daneben die Arbeitsform des Preiswerks aus, d.h. der Handwerker produzierte auf eigene Rechnung einen Warenvorrat und bot ihn frei zum Verkauf an. Neben dem Dorfhandwerk, das in gewissem Umfang weiterlebte, und dem städtischen Gewerbe breitete sich gegen Ende des späten Mittelalters in Flandern und Südwestdeutschland noch eine weitere Organisationsform des Gewerbes aus: das Verlagswesen. Dies entstand, als sich zeigte, daß es für bestimmte Textilien eine größere kaufkräftige Nachfrage gab auf Messen und in Gegenden, die von der eigenen Stadt weit entfernt waren, unter anderem im Mittelmeerraum. Nun konnte der einzelne Handwerker nicht mit den wenigen Fabrikaten seiner Werkstatt selbst den weiten Weg unternehmen, weil der Zeitaufwand zu groß gewesen wäre und er die entfernten Kundenkreise nicht kannte. So fingen einzelne Kaufleute oder auch Handwerksmeister an, bei verschiedenen Handwerkern eine insgesamt größere Warenmenge in Auftrag zu geben, meistens Textilien, die sie ihnen dann abkauften und als Ganzes in der Ferne absetzten. Durch diese Zusammenfassung verselbständigte sich der Absatz gegenüber den Einzelhandwerkern, denen der sogenannte Verleger oft auch die zu verarbeitenden Rohstoffe vorschoß. Diese Verleger ließen überwiegend nicht städtische Handwerker für sich arbeiten, sondern die ländliche Bevölkerung. Die Zünfte setzten nämlich einer Ausweitung der Produktionsmengen oft Schranken entgegen, während es für viele Bauernfamilien ein willkommener Zusatzverdienst war, wenn sie nebenbei etwas spannen und webten, vor allem in jener Jahreszeit, in der die Landwirtschaft sie nicht voll auslastete. Da sie im Unterschied zum städtischen Handwerker ihren Nahrungsmittelbedarf zum großen Teil selbst deckten und überhaupt die Lebenshaltung auf dem Lande billiger war als in der Stadt, waren diese ländlichen Heimarbeiter auch in der Lage, für billigere Entlohnung zu arbeiten als städtische Handwerker. Das nutzten die Verleger aus. Langfristig gesehen hat die ländliche Heimarbeit damit den technischen Fortschritt im Gewerbe verzögert und war insofern eine unglückliche Entwicklung.

Auch im Bergbau ging die Entwicklung aufwärts. In zahlreichen kleinen Gruben förderte man im deutschen Mittelgebirgsraum und im Osten der Alpen vor allem Eisenerz und Silber. Insgesamt blieb der Umfang aber gering, da die Bergbautechnik noch nicht weit entwickelt war. Meist handelte es sich einfach um offene Gruben, in denen man mit Hammer und Meißel Gesteinsbrocken aus dem Fels herausschlug.

Ebenso wie beim Gewerbe gingen auch beim Handel quantitative Ausweitung und innere Differenzierung Hand in Hand. Der Einzelhandel fand im wesentlichen auf dem städtischen Wochenmarkt statt, je nach Bedarf einmal oder mehrmals die Woche. Hier boten die Handwerker und Bauern ihre Waren im allgemeinen selbst an und verkauften direkt an den Endverbraucher. In großen Städten konnten außer den allgemeinen Wochenmärkten auch noch Spezialmärkte entstehen, z.B. in Hamburg ein Fischmarkt, ein Pferdemarkt und ein Hopfenmarkt. Die Waren auswärtiger Herkunft wurden immer weniger von den Fernhändlern selbst direkt an den Verbraucher verkauft, sondern dieses übernahmen dann reine Einzelhändler, die Krämer. Auf dem platten Lande selbst hatte man bis ins 17. Jahrhundert keinen seßhaften Einzelhandel. Allerdings gab es dort einige wenige Hausierer, welche die Dörfer und Burgen abwanderten. Um den Restbedarf zu decken, fanden ergänzend in großen Städten einmal oder mehrmals jährlich Jahrmärkte statt, zu denen Kunden auch aus der weiteren Umgebung kamen. Diese Jahrmärkte wurden oft an kirchlichen Feiertagen oder anläßlich von Turnieren abgehalten, wo ohnehin viele Menschen zusammenströmten.

*Organisation
des Handels*

Wer von der Landbevölkerung einkaufen wollte, mußte also im allgemeinen in die Stadt gehen.

Die im Fernhandel tätigen Berufskaufleute waren jetzt nicht mehr die oft abenteuerlichen Kaufmannsgestalten des hohen Mittelalters. Seit dem 13. Jahrhundert begleiteten die Kaufleute ihre Warentransporte nicht länger alle persönlich, sondern ließen sie von Fuhrleuten durchführen. Sie selbst wurden in einer Stadt seßhaft und begannen, ihren Handel vom Kontor aus mit geschriebenen Anweisungen zu leiten. Seit dem 13. Jahrhundert fingen Fernhandelskaufleute auch an, über ihre Geschäfte schriftliche Aufzeichnungen zu machen. Diese Aufzeichnungen hatten lange mehr Notizcharakter, waren ohne Ordnung und System und mischten Geschäftliches mit Eintragungen über persönliche Ausgaben, z.B. für Mitgift und Hochzeitsfest. Allmählich ging man dann dazu über, die Aufzeichnungen zu ordnen und zu Konten zusammenzufassen, so daß sie den Charakter einer Buchführung bekamen, aber teilweise hielt sich das alte Durcheinander noch bis weit ins 17. Jahrhundert. An einigen wenigen Orten entwickelten sich Messen, beispielsweise in Frankfurt am Main und in Leipzig, das bis heute Messestadt geblieben ist. Auf Messen kamen Fernhändler ein- bis zweimal jährlich zusammen, um ihre mitgebrachten Waren untereinander zu handeln.

Geld-
wirtschaft
Im späten Mittelalter nahm auch der Umlauf des Geldes zu. Immer mehr Güter wurden gegen Geld verkauft und damit zu Waren. Das galt vor allem für das städtische Wirtschaftsleben. Wo gewerbliche Güter bislang durch Naturaltausch oder per Schenkung weitergegeben worden waren, verkaufte man sie in den Städten zunehmend gegen klingende Münze. Auch größere Bauernwirtschaften, die kleine Überschüsse auf den Markt brachten, bekamen jetzt etwas Geld in die Hand. Die Abgaben der Bauern an ihre Grundherrn wurden in wachsendem Maße auf Geldzahlungen umgestellt. Teilweise blieben sie aber auch noch natural, wie auch sonst in den Städten und noch viel stärker auf den Dörfern weiter Naturaltausch vorkam. Die selbsterzeugten und dann im eigenen Haushalt verbrauchten Güter wurden davon natürlich ohnehin nicht berührt. Über Güter wie Gewürze, Ochsen oder Schuhe hinaus gewannen aber auch andere Dinge Warencharakter: städtische Grundstücke wurden gegen Geld verkauft, die Herren begannen in gleicher Weise einzelne Herrschafts- und Gerichtsrechte an Dörfern, Burgen und Territorien zu verkaufen, und manche Menschen gingen dazu über, auch ihre Arbeitskraft gegen Geldlohn zu verkaufen.

Da die Zentralgewalt im Reich schwach war, gab es keinen im ganzen Reich einheitlichen Münztyp, sondern die verschiedenen Städte und Fürsten prägten eine große Zahl unterschiedlicher Münzen. Das erschwerte ohne Zweifel den Zahlungsverkehr im Fernhandel.

Fernverkehr
Auch der Zustand des Verkehrswesens machte den Fernkaufleuten ihr Geschäft weiter schwer. Man konnte rechnen, daß sich der Preis einer Getreideladung durch die Transportkosten etwa verdoppelte bei rund 350 Kilometern Landweg, 1.750 Kilometer Binnenschiffahrtsweg (im Mittel von Berg- und Talfahrt) und 3.500 Kilometer Seeweg. Kein Wunder also, daß man Waren per Schiff beförderte, wo immer dies möglich war.

Der Personenverkehr zu Land bewegte sich weiter zu Pferd oder zu Fuß; nur für Frauen gab es seit dem 14. Jahrhundert Personenfuhrwerke. Dagegen kam für den Gütertransport der lange, von mehreren Pferden gezogene Frachtwagen auf, bei dem die meist in Fässer verpackten Waren unter einer Leinwandplane festgezurrt wurden. Der Zustand der Überlandrouten blieb oft abenteuerlich schlecht, so daß Achsbrüche in Schlammlöchern häufiger vorkamen und bei plötzlichem Schneefall oder Tauwetter

Durchschnittliche Verkehrsgeschwindigkeiten

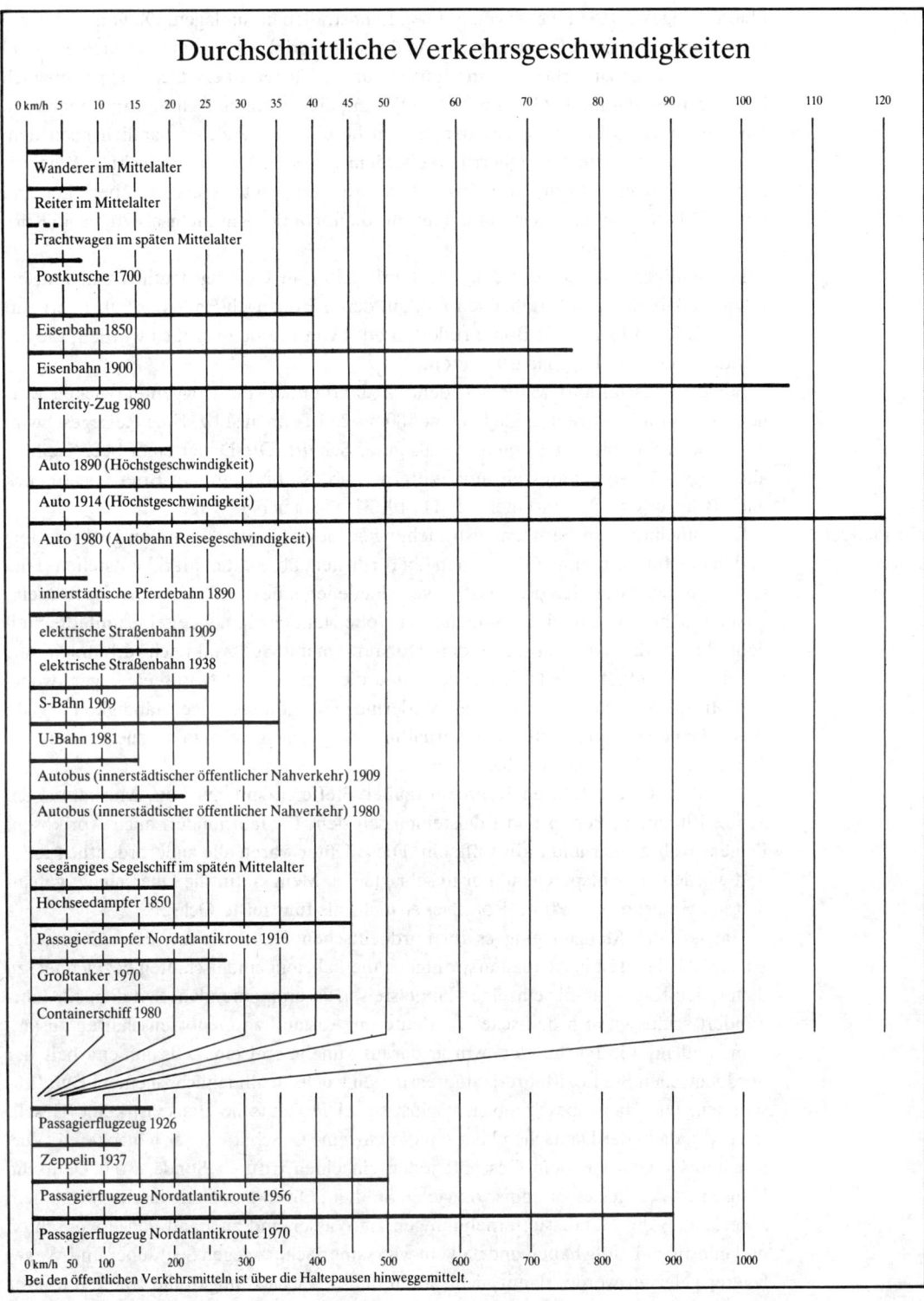

Bei den öffentlichen Verkehrsmitteln ist über die Haltepausen hinweggemittelt.

überall umgestürzte Frachtwagen auf den Landstraßen herumlagen. Obwohl der Fernhandel zunahm, taten Grundherren und örtliche Obrigkeiten wenig, um den Zustand der Landstraßen zu verbessern und Furten durch Brücken zu ersetzen. Sie hatten auch kein Interesse daran, im Gegenteil! Alle Waren, die bei einem Achsenbruch oder beim Umstürzen eines Frachtwagens den Boden berührten, gehörten nämlich nach dem Grundruhrrecht dem Grundherrn. Außerdem erleichterten die schlechten Wege es auch anliegenden Rittern, die Transporte der reichen „Pfeffersäcke" zu überfallen und auszuplündern. So kam man mit einem Pferdefuhrwerk nicht mehr als 20 bis 40 Kilometer pro Tag voran.

Der Flußverkehr, der seit dem 13. Jahrhundert an Umfang deutlich zunahm, erfolgte flußab häufig auf treibenden Flößen, deren Holz nach Ende der Fahrt verkauft wurde, während stromauf Boote ruderten oder von Pferden gezogen wurden, die auf Treidelpfaden am Ufer längstrotteten.

Für die Seeschiffahrt waren seit dem 12. Jahrhundert die Koggen entwickelt worden, deren Ladefähigkeit schließlich auf 80 bis 250 Tonnen stieg. Eine Reisegeschwindigkeit von drei bis vier Knoten galt als guter Schnitt. Die Dauer einer Seereise hing allerdings sehr von Jahreszeit und Witterung ab. So brauchte ein Brief von Lübeck nach Brügge je nach Umständen 3, 11, 19, 31 oder auch 48 Tage.

Fernhandel, *Hanse*

Die zunehmenden Fernhandelsbeziehungen lockerten die kleinräumige Isolierung und ließen für bestimmte Güter einen überörtlichen, abstrakten Markt entstehen. Dieser zeigte sich darin, daß die Preise in verschiedenen Städten sich allmählich etwas einander annäherten. Dabei entstanden zwei große Handelsräume: der eine umfaßte Süddeutschland, das mit Oberitalien, dem Donauraum und Südfrankreich verbunden war, der andere umfaßte Niederdeutschland und die Ostsee- und Nordseeanlieger, wobei das Mittel- und Niederrheingebiet wiederum eine gewisse Eigenständigkeit besaß. Beide Handelsräume hatten nur verhältnismäßig geringe Kontakte zueinander, die fast ausschließlich über den Rhein liefen.

Aus dem Orient führten Kaufleute außer Pfeffer, Zimt, Nelken, Muskatnüssen, Seide, Elfenbein, Perlen und Edelsteinen seit dem 13. Jahrhundert auch Aprikosen, Feigen, Rohrzucker und Farbstoffe ein. Diese Güter waren alle außerordentlich teuer und wurden dementsprechend nur in sehr kleinen Mengen für die Oberschicht gehandelt. 1393 kostete ein Pfund Rohrzucker mehr als fünf feiste Ochsen.

Um größere Mengen ging es im norddeutschen Handelsraum, dem Gebiet der Hanse. Als Hansen hatte man ursprünglich die Fahrtengemeinschaften bezeichnet, zu denen sich Kaufleute für einzelne Handelsreisen zusammenfanden. Seit dem 12. Jahrhundert schlossen sich deutsche Kaufleute im Ausland zu Genossenschaften zusammen, und im 13. Jahrhundert wurde daraus zunehmend eine Zusammenarbeit der norddeutschen Städte. Mehrere Städtegruppen wuchsen allmählich zu einem Bund zusammen. Die Hanse beschrieb sich selbst so: „Die Deutsche Hanse ist keine Gesellschaft, ... da in der Deutschen Hanse jeder einzelne Geschäfte für sich macht und Verlust und Gewinn aus dem Geschäft jeden einzelnen trifft ... Sondern die Deutsche Hanse ist ... ein festes Bündnis von vielen Städten, Orten und Gemeinschaften zu dem Zweck, daß die Handelsunternehmungen zu Wasser und zu Land den erwünschten und günstigen Erfolg haben und daß ein wirksamer Schutz gegen Seeräuber und Wegelagerer geleistet werde, damit nicht durch deren Nachstellungen die Kaufleute ihrer Güter und ihrer Werte beraubt würden ... Auch hat die Deutsche Hanse kein gemeinsames Siegel und keinen gemeinsamen Rat ..., sondern jede einzelne Stadt schickt beauftragte Gesandte, ... sooft man über schwebende Fragen beraten muß."[10] Die Mitgliedstädte verteilten sich über einen riesigen Raum, der sich von Köln über Hamburg und Danzig bis Krakau und Reval erstreckte, lagen aber vornehmlich in Niederdeutschland. Lübeck, am Scharnier zwischen Ost- und Nordsee gelegen, war das Haupt der Hanse. Interessengegensätze zwischen den verschiedenen Städten und Kaufleuten blieben nicht aus. Die Hansekaufleute sicherten ihre Stellung in außerdeutschen Ländern, indem sie sich von deren Königen Privilegien erteilen ließen, welche die Hansekaufleute den dortigen einheimischen Kaufleuten gleichstellten und damit gegenüber anderen fremden Kaufleuten bevorrechtigten. In den wichtigsten nordeuropäischen Handelszentren außerhalb des Hansebereichs richtete die Hanse Kontore ein, so in London, Brügge, Bergen und Nowgorod. Diese Kontore dienten ihren Kaufleuten als Unterkunft und Lagergebäude und besaßen eine eigene Gerichtsbarkeit.

Seit der Mitte des 13. Jahrhunderts lag fast der gesamte Seehandel über Nord- und Ostsee in den Händen der Hansekaufleute. Trotzdem betrug die Tonnage aller Hanseschiffe zusammengenommen um 1500 nur etwa 60-80.000 Tonnen. Die Tätigkeit der Hanse bestand vor allem im Zwischenhandel, wobei sie insbesondere den Handelsaustausch zwischen dem Nordseehinterland von Brügge bis Hamburg einerseits und Skandinavien und dem südlichen Hinterland der Ostsee andererseits organisierte. Das Exportgewerbe spielte demgegenüber in den Hansestädten eine untergeordnete Rolle. Die Hansekaufleute transportierten und handelten besonders Wolle aus England, feine Tuche aus Flandern, Wein, Waffen und Tuche aus dem Rheinland, Salz aus Lüneburg, Bier aus verschiedenen Hansestädten, getrockneten Fisch und Tran aus Norwegen, Kupfer und Eisen aus Schweden, Pelze, Wachs, Honig, Leder und Teer aus Rußland, Bernstein aus (Ost-)Preußen und später auch Getreide und Holz aus Polen und den deutschen Landen östlich der Elbe. Außerdem beherrschte die Hanse den Heringsfang in der westlichen Ostsee. Daß die Hansekaufleute nicht nur Luxusgüter, sondern seit dem 14. Jahrhundert auch mit einigen Massengütern in größeren Mengen handelten, lag an den verhältnismäßig erträglichen Kosten des Seewegs. Insgesamt gesehen kamen also aus dem Westen überwiegend gewerbliche Fertigwaren, aus dem Osten Rohstoffe, Lebensmittel und Halbprodukte. Der Handel von Osten nach Westen und der in die umgekehrte Richtung waren damit in ihrer Struktur sehr ungleich, ebenso wie die beiden Großräume, zwischen denen die Hanse vermittelte. Diese Verhältnisse ähnelten in gewisser Weise dem heutigen Warenaustausch zwischen Industriestaaten und unterentwickelten Ländern. Die Hansekaufleute haben Skandinavien und Nordrußland mit dem technisch und wirtschaftlich weiter entwickelten Westen in Verbindung gebracht, ihre Überlegenheit hemmte aber in diesem Raum auch das Aufblühen von Städten und eine eigenständige gewerbliche Entwicklung.

Wenn die Stadtwirtschaft sich im späten Mittelalter so kräftig entfalten konnte, so verdankte sie dies nicht zuletzt dem politischen Umfeld. Die Zentralgewalt des Reiches war zu schwach, um bis auf die Ebene des Wirtschaftslebens einzelner Städte hineingreifen zu können, und von den einzelnen Territorialfürsten standen viele ihren Städten recht schnell eine weitgehende innere Autonomie zu oder sahen sich von den Städten dazu gezwungen. Die wirtschaftlich und politisch führenden Kreise in den Städten hatten damit den Freiraum, neu auftauchende wirtschaftliche Probleme in ihrem Sinne zu regeln, ohne daß ihnen ein Fürst unverständig dreinredete und dadurch die Entwicklung hemmte.

Bilanz

Im späten Mittelalter blieben die Deutschen zweifellos stark von den Wechselfällen naturhaften Geschehens abhängig, wie gerade an den großen Pestzügen des 14. Jahrhunderts grausam deutlich wurde. Doch insgesamt gesehen stieg die Fähigkeit der Deutschen, in der Auseinandersetzung mit ihrer natürlichen Umwelt ihre materiellen Bedürfnisse zu befriedigen, gegenüber dem hohen Mittelalter, besonders in den Städten. Daß die städtische Lebensweise aufgrund der schlechteren hygienischen Verhältnisse auf Kosten der Gesundheit der Menschen ging, verdunkelt das Bild zwar etwas, kann den Eindruck des Fortschritts aber nicht grundsätzlich entkräften.

3.3 Entstehen des Stadtbürgertums

Im späten Mittelalter war die Gesellschaft vielgliedriger als in den vorangegangenen Jahrhunderten. Die Dreiteilung in Geistliche, Adlige und Bauern galt nicht mehr, denn mit dem Entstehen der Städte kamen im 13. Jahrhundert neue gesellschaftliche Gruppen auf. Gesprengt wurde die feudale Gesellschaft dadurch aber keineswegs, vielmehr waren Städter und ländliche Gesellschaft eng miteinander verbunden. Der Warenaustausch mit dem ländlichen Bereich war für das städtische Gewerbe existenznotwendig, und Städte und einzelne städtische Patrizier traten auch in der Rolle ländlicher Grundherren auf. Die Gesellschaft wurde im 13. Jahrhundert zu einer Ständegesellschaft, die sich aus einer größeren Zahl verschiedener „Stände" zusammensetzte. Unter einem Stand ist eine große Gruppe von Menschen zu verstehen, die sich dadurch deutlich gegen andere abgrenzte, daß bestimmte Rechte und Pflichten und eine bestimmte Erwerbsart miteinander zu einer besonderen Lebensweise verschmolzen, die sich auch in einem eigenen Standesbewußtsein niederschlug und der ein bestimmtes Ansehen zugemessen wurde. Durch ein Mehr an Sonderrechten hoben sich besonders die höheren Stände von den anderen ab, aber auch Städte und Zünfte besaßen ihre Vorrechte. Zu solchen Privilegien konnten so verschiedene Dinge gehören wie beispielsweise ein besonderer Gerichtsstand oder das Recht, ein Familienwappen zu führen, Hochwild jagen oder goldene Ketten tragen zu dürfen. Diese Sonderrechte waren nicht Ausdruck besonderer individueller Leistung und auch aus keinem anderen allgemeinen Prinzip herleitbar, sondern entsprachen dem durchgehend unsystematischen Charakter mittelalterlicher Ordnung, um so mehr, als sie im Laufe des späten Mittelalters zunehmend vielfältiger wurden. Die Mitglieder eines Standes waren zu einer standesgemäßen Lebensführung verpflichtet, die ihre jeweilige Ehre zum Ausdruck brachte und deren konkreter Inhalt sich aus dem Brauch ergab. Diese umfaßte tendenziell alle Lebensbereiche, von Art und Umfang des Konsumaufwands bis zu bestimmten Sitten und der Verwendung bestimmter Symbole und Gesten. Daß jemand zu einem bestimmten Stand gehörte, sagte über seine Einkommens- und Vermögensverhältnisse unmittelbar nichts aus. Zwar waren die Angehörigen der höheren Stände im Durchschnitt reicher als die der niedrigeren, aber innerhalb der einzelnen Stände

Stände-gesellschaft

herrschten beträchtliche Besitzunterschiede, und es konnte vorkommen, daß ein reicher Bauer oder Handwerker besser lebte als ein armer Ritter.

Wenngleich dieses Grundprinzip ständischer Gesellschaftsgliederung auch allgemein galt, ergab sich daraus trotzdem kein einheitliches System. Die Zeitgenossen waren sich durchaus uneinig darüber, wie viele Stände voneinander zu unterscheiden und in welche Rangfolge sie zu bringen waren. Um 1220 untergliederte ein deutscher Kanzelredner in die verhältnismäßig große Zahl von 28 Ständen: 1. den Papst, 2. die Kardinäle, 3. die Patriarchen, 4. die Bischöfe, 5. die Prälaten, 6. die Mönche, 7. die Kreuzfahrer, 8. die Laienbrüder, 9. die Bettelmönche, 10. die Weltgeistlichen, 11. die Juristen und Ärzte, 12. die Studenten, 13. die fahrenden Scholaren, 14. die Nonnen, 15. den Kaiser, 16. die Könige, 17. die Fürsten und Grafen, 18. die Ritter, 19. die Adligen, 20. die Schildknappen, 21. die Bürger, 22. die Kaufleute, 23. die Krämer, 24. die Herolde, 25. die gehorsamen Bauern, 26. die aufrührerischen Bauern, 27. die Frauen und 28. die Predigermönche. Wie immer man im einzelnen auch aufgliedern mochte – das Prinzip des ständischen Aufbaus blieb als solches bis um 1800 maßgeblich. Dabei waren und blieben die Bauern natürlich zahlenmäßig der mit Abstand größte Stand. Die Gesellschaft innerhalb der Städte bot gegenüber dem Land ein gesellschaftlich bunteres Bild.

Das sich ausformende Standesbewußtsein war oft mit Spott über andere Stände verbunden. Welches Ansehen man einem Stand zumaß, hing dabei teilweise auch von der Standeszugehörigkeit des Betrachters ab. Während beispielsweise die Geistlichen auf die Kaufleute wegen deren Raffgier als unmoralische Subjekte herabblickten, sahen sie sich selbst wiederum dem Verdacht der Scheinheiligkeit ausgesetzt. Der Bauer sank in den Augen von Rittern wie gehobenem Bürgertum gleichermaßen immer mehr zum ungehobelten, groben Klotz herab. „Bauern und Weiden muß man oft beschneiden", reimten sie im Sprichwort, und es hieß auch: „Ein Bauer und sein Stier sind zwei grobe Tier." Allerdings läßt sich auch bäuerliches Selbstbewußtsein im Sprichwort wiederfinden: „Wenn die Bauern nicht wären und ihr Gild, wär ein Bettelsack der Edelleut' Schild."

Adel Die Gemeinschaft des Rittertums zerfiel seit dem 13. Jahrhundert zunehmend in zwei Gruppen. Im hohen Mittelalter hatte es zwischen mächtigeren und schwächeren Adligen gleitende Übergänge ohne genaue Abgrenzungen gegeben ebenso wie Auf- und Abstieg. Jetzt begannen sich Herzöge, Pfalz-, Mark- und Landgrafen sowie Grafen als hoher Adel von allen übrigen Adligen abzuheben. Zu diesem Stand gehörten nur einige Dutzend Geschlechter. Die Masse des übrigen Adels wuchs zum niederen Adel zusammen. Dieser bestand vor allem aus ehemaligen Ministerialenfamilien, aber auch aus abhängig gewordenen Edelfreien des alten Adels. Vor allem in größeren Territorien konnten innerhalb des niederen Adels große Reichtumsunterschiede vorkommen. Neben der großen Zahl der Ritter, die über nur wenige Bauern herrschten, gab es auch große Herren, deren Grundherrschaft zusammenhängende Gebiete mit Hunderten, ja Tausenden untertäniger Bauern umfassen konnte.

Rittergeschlechter, die es zu Reichtum gebracht hatten, befestigten seit dem 13. Jahrhundert immer häufiger ihre Wohnsitze zur Burg. Der Regelfall war das aber nicht. Für die Mehrzahl des niederen Adels begann mit Pest und Wüstungen in der Mitte des 14. Jahrhunderts eine Zeit der Krise. Von den wüst gewordenen Höfen gingen keine Abgaben mehr ein, und vielfach fielen die Verkaufserlöse für landwirtschaftliche Produkte, während die Löhne und damit auch die Preise städtischer Gewerbeerzeugnisse stiegen. Die Realeinkommen der adligen Grundherren schrumpften also. Gleichzeitig entwickelten die Kaufleute in den größeren Städten einen Lebensstil, der auf die Ritter nachahmenswert wirkte und bei ihnen neue Konsumbedürfnisse weckte. Die Diskrepanz zwischen Ansprüchen und Einnahmen trieb viele Ritter in die Verschuldung, die sie schließlich oft um ihren Grundbesitz brachte. Manche Ritter siedelten in die Stadt über und gingen dort im Bürgertum auf, einige sanken in den Bauernstand ab, etliche verkamen zu Raubrittern, die unter dem Vorwand der Fehde auf der Landstraße die reichen Wagenkolonnen der beneideten Kaufleute plünderten, und wieder andere suchten durch den Dienst für einen größeren Herrn oder Landesfürsten ihre Einnahmen aufzubessern.

Über die Lage der Bauern im späten Mittelalter läßt sich nur schwer Allgemeingültiges sagen. Es gab große und kleine Höfe, solche mit höheren und solche mit geringeren Abgabenlasten, welche auf besseren und welche auf schlechteren Böden, reiche und arme Landschaften. Wir hören von wohlhabenden Bauern, die ihre Höfe durch die Übernahme von wüst gewordenem Land so erweitern konnten, daß sie zusätzlich zu den eigenen Familienangehörigen Knechte und Mägde beschäftigen mußten, von Bauern, die selbstbewußt auftraten und sich üppige Festessen ebenso wie Samt und Seide leisten konnten. Genauso berichten die Überlieferungen aber auch von Bauern in Armut und Not, die Fleisch bestenfalls sonntags auf dem Tisch sahen. Langfristig scheint das Bevölkerungswachstum und die Verknappung des Landes bis Mitte des 14. Jahrhunderts dazu geführt zu haben, daß sich innerhalb des Bauerntums verstärkt Unterschiede zeigten zwischen reicheren Bauern und einer wachsenden Zahl von Kleinstellenbesitzern. Als die Seuchenzüge viele Bauernstellen leer geräumt hatten, war es dann vorübergehend wieder leichter, an einen Hof zu kommen oder einen kleinen Hof zu vergrößern, so daß sich der Anteil bäuerlicher Kleinstellen wieder verringerte und das mittelbäuerliche Element erneut stärker hervortrat.

Am Verhältnis zwischen Bauern und Grundherren änderte sich das ganze späte Mittelalter hindurch nichts Prinzipielles, aber im einzelnen verbesserte sich vielfach die Lage der Bauern. Wie schon erwähnt, erhielten die Bauern im neubesiedelten Land im Osten im Regelfall eine günstigere Rechtsstellung, als sie im Altsiedelland üblich war. Die Bauern in der Mark Brandenburg gehörten im 14. Jahrhundert zu den wohlhabendsten und am wenigsten unfreien in Europa. Daß es den Bauern möglich war, ins Neusiedelland nach Osten oder in die Stadt zu flüchten, wirkte aber auch auf das Altsiedelland zurück. Mit kleineren Zugeständnissen und Erleichterungen versuchten die Grundherren ihre Bauern zum Bleiben zu bewegen. Als Folge der großen Pest wurde dann für einige Jahrzehnte menschliche Arbeitskraft knapp, was ebenfalls die Stellung der Bauern gegenüber ihren Herren stärkte.

Die Ritterhöfe waren im 13. Jahrhundert meist nur rund zwei- bis dreimal so groß wie ein Bauernhof. Nach der Pestkatastrophe in der Mitte des 14. Jahrhunderts zogen im Osten viele Grundherren wüst gewordenes Land an sich, so daß dort die Ritterhöfe zu größeren Gütern heranzuwachsen begannen. Besonders im Südwesten waren dagegen die grundherrlichen Rechte meist zu sehr in verschiedene Hände zerfasert, als daß die Grundherren ähnlich hätten verfahren können. Hier bahnten sich Unterschiede zwischen der ländlichen Gesellschaft westlich und östlich der Elbe an, die sich in späteren Jahrhunderten zum tiefgreifenden Gegensatz auswachsen sollten.

Wie schon im hohen Mittelalter war die soziale Herkunft der einzelnen Teile der Geistlichkeit sehr unterschiedlich. Die Bischöfe kamen in der Regel aus fürstlichen

Bauern

Geistlichkeit

und reichsritterschaftlichen Familien, und auch in die Domkapitel wurden meist nur Adlige aufgenommen. Die Pfarrer stammten dagegen überwiegend aus bürgerlichen Kreisen. Das Bildungsniveau der Pfarrer sah sehr unterschiedlich aus. Unterhalb der Inhaber von Pfarrstellen entstand noch eine Schicht von Hilfsgeistlichen, die ebenso ungebildet wie schlecht bezahlt waren. Im Mönchswesen waren die Benediktiner, Zisterzienser und Prämonstratenser weiterhin meist adliger Herkunft, wogegen die Mönche der im 13. Jahrhundert entstandenen Bettelorden hauptsächlich aus bäuerlichen und bürgerlichen Kreisen stammten.

Soziale Schichtung in der Stadt

In der Stadt entwickelte sich die berufliche Gliederung, wie sie als Folge der Arbeitsteilung entstanden war, zur ständischen Schichtung. Zur Oberschicht rechneten vor allem die Patrizier. Diese Familien, die zunächst den Stadtrat alleine besetzten und sich stolz gegen die übrigen Stadtbewohner abgrenzten, waren teilweise ehemalige Ministerialengeschlechter, teilweise durch den Fernhandel emporgekommen. Sie standen lange mit dem niederen Adel auf gleicher Stufe, mit dem sie sich auch als ebenbürtig verschwägerten. Die Patrizier besaßen große Vermögen und wiesen sowohl adlige wie bürgerliche Merkmale auf. Sie besaßen ländliche Grundherrschaften, wohnten meist in Steinhäusern, kämpften zu Pferd und führten Wappen, pflegten also viele Formen adliger Lebensweise, übten aber zugleich einen bürgerlichen Beruf als Kaufmann aus. Zur Oberschicht gehörten außerdem noch nichtpatrizische Kaufleute, Stadtschreiber und studierte Ärzte und Juristen. Die Mittelschicht bestand im wesentlichen aus Handwerksmeistern und auch Einzelhändlern. Diese besaßen ein Haus oder eine Bude mit Werkstatt und Wohnung, meist auch einen Garten oder kleinen Acker. In einigen Bereichen löste sich im Laufe des späten Mittelalters die Verbindung von Haushalt und Arbeit, d.h. das Gesinde wurde aus dem Haushalt abgeschichtet, wodurch sich eine Schicht von Lohnarbeitern bildete. Diese boten ihre Arbeitskraft ohne Zunftbindungen frei zum Mieten an. Solche Lohnarbeitsverhältnisse entstanden besonders im Bereich von Transport und Schiffahrt und im Baugewerbe, beispielsweise zum Tragen und Verladen, als Fuhrleute oder für Erdarbeiten, und sie weiteten sich dann in Ansätzen auch auf Bergbau und Hüttenwesen sowie Kriegswesen (Söldner) aus. Ein Teil dieser Lohnarbeiter waren Tagelöhner, die ohne Regelmäßigkeit Arbeit hatten, je nachdem, wie man ihrer bedurfte. Die Lohnarbeiter zählten zur Unterschicht, die im allgemeinen kein Vermögen besaß und nur von der Arbeitsentlohnung lebte. Zur Unterschicht gehörten auch Knechte, Dienstboten und Gehilfen und in gewisser Weise auch Gesellen. Im Unterschied zu allen bisher genannten städtischen Gruppen standen sie keinem eigenen Haushalt vor, sondern lebten im Haushalt ihres Hausherrn, rechneten mit zu deren Familie und mußten darum ledig bleiben. Ihre Existenz galt nicht als Vollstelle, auf der man sich eine Familie hätte leisten können. Materiell war ihre Lage aber zum Teil besser als die der Tagelöhner. Außerdem gab es in den Städten noch Bettler und andere Randgruppen. Zu ihnen gehörten auch viele Alte und Witwen.

Das zahlenmäßige Verhältnis der einzelnen Gruppen sah in den verschiedenen Städten recht unterschiedlich aus. Die Patrizier waren stets von geringer Zahl. In Köln rechneten Mitte des 13. Jahrhunderts etwa 90 Familien dazu, in Lübeck 46, in Regensburg 60, in Zürich 80. Zur Unterschicht mochte rund die Hälfte und mehr der Erwerbstätigen gehören, zu den Handwerkern und Ackerbürgern im Mittel etwa 40 Prozent. Im Fern- und Einzelhandel waren rund 7 bis 8 Prozent der Erwerbstätigen beschäftigt, doch gerade dieser Anteil fiel besonders unterschiedlich aus. In Städten mit bedeutendem Fernhandel konnte er bis 15 Prozent betragen, wogegen Fernhändler in kleineren Städten völlig fehlten.

Da große Vermögen nur durch den Fernhandel zusammenkommen konnten, waren in den einzelnen Städten auch die Reichtumsunterschiede unterschiedlich stark ausgeprägt. In den kleineren, also den meisten Städten überwog der mittlere Besitz. Je größer eine Stadt, je größer die Rolle des Fernhandels war, desto schroffer standen sich wenige große Vermögen und eine breite, verhältnismäßig arme Unterschicht gegenüber. Das wirkte sich auch auf das Handwerk aus. Zwar durften Handwerksmeister wegen der zünftischen Beschränkungen ihre Handwerksbetriebe nicht wesentlich vergrößern, aber sie konnten nebenbei Handel treiben oder sich als Verleger betätigen. Manche Handwerker brachten es dadurch zu größerem Reichtum, ohne nach außen ihre Stellung als Handwerker aufzugeben. So hatten beispielsweise 1429 von den Schmieden in Basel 42 Meister ein Vermögen von weniger als 50 Florin, 86 Meister eines von 50-300, 36 Meister eines von 300-1.000 und 8 Meister ein Vermögen über 1.000 Florin. Aber auch verschiedene Zünfte konnten im Durchschnitt recht unterschiedlich wohlhabend sein.

Die größte gesellschaftliche Gruppe in den mittelalterlichen Städten bildeten die Handwerker. Der durchschnittliche Handwerkerhaushalt dürfte etwa fünf Personen umfaßt haben – den Meister und seine Frau, nicht mehr als zwei Kinder, einen Lehrling oder Gesellen. Dies kann wohl auch als städtischer Normalhaushalt gelten, von dem aber Abweichungen vorkamen. Die Haushalte der städtischen Oberschicht waren durch das Gesinde größer, die der Lohnarbeiter bestanden nur aus der Kernfamilie ohne familienfremde Personen. *Meister, Gesellen, Lehrlinge*

Lehrlinge wurden vom Meister nicht nur ausgebildet, sondern auch erzogen und nicht viel anders als eigene Kinder gehalten, oft auch zu rein privaten Verrichtungen wie Einholen und Kinderwiegen herangezogen. Sie erhielten freie Unterkunft und Beköstigung, aber keinen Geldlohn, im Gegenteil: der Vater des Lehrlings mußte dem Meister bei Beginn der Lehre ein Lehrgeld zahlen. Für die Ernennung des Lehrlings zum Gesellen bildeten sich im Laufe der Zeit Bräuche heraus, bei denen sich die Zunftmitglieder auf Kosten des Lehrlings vergnügten, indem dieser nach bestimmten Regeln verprügelt, mit Wasser oder Wein begossen oder ihm ähnlich rüde zugesetzt wurde.

In der Anfangszeit der Städte war es üblich, daß jeder Handwerker nach dem Ende seiner Lehrzeit bald sein eigener Meister wurde. Erst als dies für manche nicht mehr selbstverständlich war, wurde im 14. Jahrhundert das Gesellesein von einem Übergangszustand zu einem Dauerberuf, einer Art Facharbeiterstand. Im 14. Jahrhundert kam auch der Brauch auf, daß Handwerksgesellen auf Wanderschaft gingen, um in fernen Städten andere Arbeitsweisen kennenzulernen. Im 15. Jahrhundert wurde daraus ein Wanderzwang, geboren aus der Furcht, das Handwerk der Stadt könnte überlaufen sein. Überhaupt machten die etablierten Meister es im Laufe des 14. und 15. Jahrhunderts den Gesellen durch allerlei Forderungen und Bestimmungen immer schwerer und oft unmöglich, in ihren Kreis aufzusteigen. Da deshalb viele auf immer Gesellen bleiben mußten, tat sich in wachsendem Maße ein sozialer Gegensatz zwischen den Meistern und den bewußt in Abhängigkeit gehaltenen Gesellen auf. Deshalb schlossen Handwerksgesellen sich seit dem 14. Jahrhundert zu Bruderschaften zusammen. Diese Gesellenverbände umfaßten genauso wie die Zünfte jeweils nur eine oder einige verwandte Branchen. Sie hielten gemeinsame Festessen und Trinkgelage ab, organisierten gemeinsame religiöse Veranstaltungen, unterstützten in Not geratene Gesellen und vermittelten Gesellen, die aus einer anderen Stadt zuwanderten, Arbeit. Vor allem dienten sie dazu, die Interessen der Gesellen gemeinsam gegenüber den Meistern durchzusetzen. Die Gesellenlöhne wurden meist einseitig von der Zunft oder vom Stadtrat festgelegt, und das hieß vor allem gemäß den Interessen der Meister. Es kam aber auch vor, daß die Gesellen versuchten, durch Streiks höhere Löhne und kürzere Arbeitszeiten durchzusetzen, letzteres besonders in Form des „blauen Montags" als arbeitsfreiem Tag. Ein anderes Kampfmittel bestand darin, einen einzelnen Meister zu „verrufen", d.h. er bekam keine Gesellen und Lehrlinge mehr. Wenn zwischen Meistern und Gesellen die sozialen Konflikte insgesamt begrenzt blieben, lag das daran, daß die Lebensumstände für beide viel gemeinsam hatten. Meister mit nur ein oder zwei Gesellen lebten mit diesen nicht nur unter demselben Dach, sondern sie arbeiteten gemeinsam, aßen am selben Tisch dasselbe Essen, verbrachten auch die Feiertage zum Teil zusammen und schliefen in enger räumlicher Nähe. Der Geselle war dort ganz von der Person seines Meister abhängig – hatte er Glück, wurde er patriarchalisch wohlwollend behandelt, hatte er Pech, wurde er schikaniert. Damit trat der soziale Gegensatz oft hinter den engen persönlichen Bindungen zurück. Bei größeren Meistern mit vielen Gesellen, wo der Meister sich auf die Aufsichtsfunktion zurückzog, war der soziale Unterschied deutlicher.

„Unehrliche Leute"   Unter- und außerhalb der ständischen Ordnung standen alle jene, die von der etablierten städtischen Gesellschaft als „Unehrliche Leute" diskriminiert wurden. Ihnen verweigerte die Gesellschaft im Leben jeden Rechtsschutz und die Kirche nach ihrem Tod ein ehrliches Begräbnis. Zu den Unehrlichen rechneten alle fahrenden Leute. Deren gab es viele Arten: die Landstreicher, die ambulanten Gewerbe wie Hausierer, Scherenschleifer, Kesselflicker und Quacksalber, die Vaganten und die Unterhaltungskünstler wie Spielleute und Artisten.

Zu den Unehrlichen Leuten gehörten auch die Bettler, deren Zahl im späten Mittelalter anscheinend ständig anschwoll, besonders in den Städten. Das wurde nicht zuletzt durch das Almosengeben provoziert, zumal man zwischen Arbeitsunwilligen und Arbeitsunfähigen nicht unterschied. Viele Menschen übten das Betteln als regelmäßigen Beruf aus. Dabei fehlte es nicht an trickreichen und gerissenen Betrügern, die vorgaben, blind oder lahm oder hilflose Opfer von Straßenräubern zu sein oder sich mit Blut beschmierten, um mitleiderregend auszusehen. Im Laufe des späten Mittelalters gerieten zunehmend auch bestimmte seßhafte Berufe in den Geruch der Unehrlichkeit, wobei die Tendenz bestand, diesen Kreis auszuweiten. Dies betraf zunächst und vor allem die Henker, Abdecker und Totengräber. Jeder Umgang mit ihnen galt als ehrenrührig. Der Henker mußte sich sogar auf der Straße, im Wirtshaus und in der Kirche stets abseits halten. Dabei war sein Beruf finanziell durchaus einträglich. In den Ruf der Unehrlichkeit gerieten denn auch Schäfer, Leineweber, Müller, Gerber, Schornsteinfeger und Nachtwächter. Bei ihnen nahm die Diskriminierung indessen nicht so extreme Formen an. Den Angehörigen aller dieser Berufsgruppen wurden zugleich auch magische Kräfte nachgesagt. Daß gerade diese Berufe den Makel der Unehrlichkeit angeheftet bekamen, mag bei einigen daran gelegen haben, daß sie sich mit Leichen beschäftigten, ist weitgehend jedoch nicht erklärbar, zumal es in den einzelnen Städten unterschiedlich war, welche Berufe man zu den Unehrlichen rechnete.

Aufstieg und Abstieg   Auch im späten Mittelalter hing die soziale Stellung fast immer vom Besitz oder Nichtbesitz eines Bauernhofes, Handwerksbetriebs oder Adelsgutes ab. Diesen Besitz erlangte man normalerweise durch Erbschaft. Die Grundherren hatten im hohen Mittelalter meist darauf gedrängt, daß ein Bauernhof ungeteilt an den Nachfolger übertragen wurde, um dessen Leistungsfähigkeit zu erhalten. Im größten Teil der deutschen Lande verfestigte sich dies im Lauf des späten Mittelalters zum Anerbenrecht. In Schwaben entstand dagegen die Erbsitte der Realteilung. Das lag besonders daran, daß sich dort die grundherrlichen Bindungen lockerten, und wurde auch dadurch gefördert, daß die Bevölkerung wuchs und der Anbau intensiviert wurde, sich also eine Familie auch von einer geringeren Fläche ernähren konnte. Das Realteilungsprinzip setzte sich dann in Südwestdeutschland, dem größten Teil der Eidgenossenschaft, dem Rheinland und dem größten Teil Hessens durch. Unvermeidlich führte die Realteilung dazu, daß die Höfe kleiner und überdies die Flurstücke zersplittert wurden. Bei Adelsgütern war es spätestens seit dem 12. Jahrhundert allgemein üblich, daß der Besitz ungeteilt an den ältesten Sohn überging.

Trotz des Erbstellenprinzips waren die sozialen Aufstiegsmöglichkeiten zumindest im 13. und 14. Jahrhundert offensichtlich größer als in den vorangegangenen Jahrhunderten. Dies hatte drei Ursachen: mit der Ostsiedlung wurden viele neue Bauernstellen geschaffen, mit dem Anwachsen des städtischen Gewerbes entstanden neue Stellen im Handwerk, und durch die Pestkatastrophen seit Mitte des 14. Jahrhunderts verloren viele Bauern- und auch Handwerkerstellen ihre Inhaber. Dadurch konnten Menschen eine selbständige Existenz finden, die keine Stelle geerbt hatten. Um 1400 war diese Phase jedoch vorbei, und im 15. Jahrhundert kam stattdessen bei allen gesellschaftlichen Gruppen endgültig die gegenläufige Tendenz zum Durchbruch, den sozialen Aufstieg von unten immer mehr zu erschweren, und zwar durch künstlich aufgerichtete Schranken.

Sicher, es blieb dabei, daß mit der Stadt und der von ihr aus zirkulierenden Geldwirtschaft in der Gesellschaft ein Bereich entstanden war, der seitdem stets eine höhere soziale Mobilität aufweisen sollte als das rein ländliche Umfeld. Da die Geburtenrate in den Städten meist niedriger war als die Sterberate, starben laufend einzelne Familien aus, und vom Lande Neuzugezogene konnten an ihre Stelle rücken. Der Fernhandel mit seinen hohen Gewinnspannen bot als einziger Beruf die Möglichkeit, ein großes Vermögen zusammenzubringen, ohne es geerbt zu haben. Auf diesem Wege konnte es in der Stadt einen sozialen Aufstieg geben, wie er in der ländlichen Gesellschaft undenkbar war. Die unvermeidliche Kehrseite bestand darin, daß bei den stets risikoreichen Handelsgeschäften ein Vermögen auch rasch wieder zum Nichts zusammenschrumpfen konnte, was sozialen Abstieg bedeutete. So wissen wir von neureichen Kaufleuten, die in den Kreis der führenden Geschlechter aufgenommen wurden, oft durch Einheirat, ebenso wie von Patriziern, die in namenloser Dürftigkeit versanken. Daß sich die Geldwirtschaft ausbreitete, erhöhte im übrigen auch im ländlichen Bereich die soziale Mobilität. Wenn grundherrliche Rechte zunehmend an Stadtbürger, andere Adlige oder Spitäler verkauft wurden, so ging dem meist voraus, daß ein Adliger sich soweit überschuldet hatte, bis er seinen Besitz und seine Stellung nicht mehr halten konnte und verkaufen mußte. 1375 waren in der Mark Brandenburg 40 Prozent des ländlichen Grundbesitzes in städtischer Hand.

Daneben bestand aber auch die Tendenz, soziale Grenzlinien zu verstärken. Der Adel schloß sich im Laufe des späten Mittelalters immer stärker gegen Nichtadlige ab. Im 15. Jahrhundert ging er dazu über, die Patrizier nicht mehr als ebenbürtig anzuerkennen. Die einzelnen Patrizierfamilien zogen entweder ganz auf ihre ländlichen Besitzungen und gingen dann im Landadel auf, oder sie wurden rein bürgerlich. Auch bevorzugte der Adel bei seiner Heirat zunehmend Standesgenossen. Am Ende des Mittelalters war die Grenze zwischen Adligen und Nichtadligen fest geworden. Allerdings konnte seit etwa 1350 ein Nichtadliger vom Kaiser durch einen formellen Akt in den Adelsstand erhoben werden, indem er einen Adelsbrief erhielt. Damit entstand neben dem bisherigen, dem Uradel, der sogenannte Briefadel. Dem Abstieg aus dem Adelsstand nach unten stand indessen nichts im Wege. In vielen deutschen Landschaften galt außer der adligen Abstammung auch der Besitz eines festen Hauses mit einer Grundherrschaft oder doch wenigstens eines Teils davon als Voraussetzung dafür, daß man dem Adel zugerechnet wurde. Wer seinen Rittersitz verlor, weil er sich überschuldet hatte, oder wer keinen erben konnte, galt bald nicht mehr als Ritter. Da außerdem rund ein Drittel der Adligen wegen des Zölibats ledig blieben, schrumpfte der Adelsstand im Laufe des späten Mittelalters stark zusammen. Von den 20.000 ritterlichen Geschlechtern, die es um 1200 gab, waren 700 Jahre später nur noch 800 übrig.

In den Städten machte sich im Laufe des späten Mittelalters zunehmend die gleiche Neigung bemerkbar, sich nach unten abzugrenzen. Die Patrizierfamilien einer Stadt heirateten überwiegend untereinander, so daß geschlossene Heiratskreise entstanden. Die Zünfte, denen ursprünglich jeder ohne große Umstände beitreten konnte, erschwerten den Gesellen die Aufnahme immer mehr. So wurde zur Bedingung gemacht, daß der Geselle ein Meisterstück anfertigen mußte, dessen Kosten er selbst zu tragen hatte. Im Laufe der Zeit schraubten die etablierten Meister dann die Anforderungen an das Meisterstück immer höher. Andere Bedingungen kamen hinzu: der Geselle mußte ein Mindestvermögen nachweisen, sich verpflichten, ein eigenes Haus zu erwerben, und für alle Meister der Zunft ein aufwendiges Festmahl mit mehreren Gängen spendieren. Die Meister wollten ihre Stellen möglichst den eigenen Familien bewahren. Dementsprechend war der Sohn oder Schwiegersohn eines Meisters von diesen Auflagen ausgenommen, ebenso wie ein Geselle, der eine – oft viel ältere – Meisterwitwe heiratete (und damit für deren Alterssicherung sorgte).

Die Tendenz der Stände, sich gegeneinander abzuschließen, beschränkte sich nicht darauf, Erwerbsstellen in ihrem Kreis zu monopolisieren, sondern dehnte dieses auch auf Repräsentationsformen aus. Bestimmte Gruppen fingen an, einen Alleinanspruch auf das Tragen bestimmter Kleidungsstücke und Schmuckstücke zu erheben, und Ende des 15. Jahrhunderts setzte sich in den Städten eine feste Zuordnung von Stand und Kleidung durch, die der Stadtrat in Kleiderordnungen festlegte.

Frau und
Familie
Die Machtstellung des Hausherrn wurde im späten Mittelalter zunehmend eingeschränkt. Bisher hatte die hausherrliche Gewalt die übrigen Mitglieder des Hauses weitgehend auf den Binnenbereich des Hauses beschränkt und gegenüber der Außenwelt abgeschnitten, indem diese ohne seine Zustimmung keine Rechtsgeschäfte abschließen durften und sich, wenn sie Delikte gegenüber Dritten begangen hatten, die Bußeforderungen an den Hausherrn wandten. Als nun Körperstrafen aufkamen, richteten sich diese aber direkt gegen den schuldigen Insassen des Hauses, seit dem 14. Jahrhundert auch gegen Kinder. Die öffentliche Strafgerichtsbarkeit griff also ins Haus hinein. Die ausschließlich väterliche Gewalt gegenüber den Kindern verwandelte sich zur elterlichen Gewalt beider Ehegatten. Seit dem 13. Jahrhundert wurden Frauen auch in gewissem Umfang aus der Vormundschaft befreit und damit rechtsfähig, zunächst in der städtischen Oberschicht. In manchen städtischen Berufen konnten sich auch Frauen selbständig betätigen, so als Gastwirtin, im Einzelhandel und als Spinne-

rin und Weberin. Die zünftischen Handwerke außerhalb des Textilbereichs blieben ihnen jedoch verschlossen. Für die Frau eines Handwerksmeisters wurde es jedoch durchaus üblich, beim Verkauf zu helfen. Auch Frauen konnten jetzt die Rolle eines städtischen Haushaltsvorstands übernehmen, vor allem die Witwen von Handwerksmeistern den Betrieb für eine Übergangszeit weiterführen. Insgesamt blieb die gesellschaftliche Stellung der Frauen weiter geringer als die der Männer. Das zeigte sich auch darin, daß Mägde nur den halben Lohn eines Knechts erhielten. Aber immerhin wurde vor allem in den Städten die beherrschende Stellung des Mannes verringert. Als Voraussetzung hierfür kann man wohl ansehen, daß in den Städten der Schutz, der bis dahin in hohem Maße vom Hausherrn wahrgenommen werden mußte, wirksamer auf gemeindlicher Basis organisiert war und damit der Haushaltsvorstand von dieser Aufgabe zunehmend entlastet wurde.

Eine befreiende Lockerung der gesellschaftlichen Abhängigkeiten zeigte sich auch ferner darin, daß seit dem 13. Jahrhundert an die Stelle der Trauung durch den Vormund die Selbsttrauung der Brautleute trat. Diese durften nicht mehr gegen ihren Willen verheiratet werden, wenngleich die Auswahl der Ehegatten weiter weitgehend Sache der Eltern blieb, in bäuerlichen Kreisen bis gegen 1800.

Die gesellschaftlichen Beziehungen der Deutschen untereinander waren neben Familie und Haus sowie Grundherrschaft auch durch die Einbindung des einzelnen in Genossenschaften geprägt, also dadurch, daß Gleichberechtigte sich zu Organisationen zusammenschlossen, die sich nach außen abgrenzten und nach innen fest organisiert waren und ihren Mitgliedern bestimmte Verpflichtungen auferlegten. Vor allem in den Städten spielte dieses genossenschaftliche Element eine wichtige Rolle, und zwar im späten Mittelalter mehr als in jeder anderen Epoche. Die Stadtbürger lebten in der Regel frei von grundherrlichen Bindungen, aber da die öffentlichen Einrichtungen erst schwach entwickelt waren, bestand ein großes Bedürfnis, sich durch Solidaritäten jenseits des Familienverbands abzusichern.

Zünfte und andere Gilden

In den Städten existierten verschiedene Arten genossenschaftlicher Zusammenschlüsse, die sich aber kaum klar gegeneinander abgrenzen lassen und die obendrein in den verschiedenen Städten unterschiedlich bezeichnet wurden. Diesen Gilden, wie man sie zusammenfassend nennen kann, war gemeinsam, daß ihr Mitgliederkreis fast nie über eine Stadt hinausreichte. Der mittelalterliche Lokalpatriotismus verhinderte überörtliche Gilden fast ganz. Während sie in dieser Hinsicht beschränkt blieben, waren sie in anderer Beziehung umfassend. Anders als heutige Berufsverbände oder Sportvereine mit ihrem begrenzten Verbandszweck erfaßten die Gilden ihre Mitglieder in allen Lebensbereichen. Der einzelne stand nicht wie heute in einer größeren Zahl verschiedener, sich überschneidender Rollen. Die Entwicklung ging aber von den ursprünglich verhältnismäßig unspezialisierten Gemeinschaften des hohen Mittelalters zu verschiedenen Formen von Zusammenschlüssen, deren Zielsetzungen ein jeweils unterschiedliches Schwergewicht hatten.

Zusammenschlüsse von Kaufleuten und solche von Handwerkern waren schon im hohen Mittelalter entstanden. Die Handwerkervereinigungen, meist als Zünfte bezeichnet, waren sicher die wichtigsten Gilden der spätmittelalterlichen Städte. Eine Zunft umfaßte die selbständigen Handwerksmeister einer oder mehrerer verwandter Branchen. Indem das Handwerk sich zunehmend spezialisierte, wuchs auch die Zahl der Zünfte in einer Stadt. Die Zahl der Mitglieder einer Zunft lag meist bei ein bis zwei Dutzend. Die Zünfte wurden vom Stadtrat kontrolliert. Ihre Hauptaufgabe bestand darin, gemeinsame Wirtschaftsinteressen ihres Gewerbezweigs wahrzunehmen. Dazu konnte gehören, daß die Mitglieder gemeinsam Rohstoffe einkauften oder zusammen größere Einrichtungen wie Walkmühlen oder Sägewerke betrieben. Es gab Vorschriften, die Arbeitsunfälle verhindern sollten, und wichtig waren besonders alle jene Regelungen von Arbeits-, Herstellungs- und Vertriebsweise, die den Wettbewerb ausschalten sollten, um so den Mitgliedern eine Existenz auf möglichst gleichem Niveau zu sichern. Wirklich erreicht wurde diese Gleichheit allerdings nicht. Über die wirtschaftlichen Aufgaben hinaus war die Zunft auch eine gesellige, kulturelle und soziale Lebensgemeinschaft, die ihren Mitgliedern Maßstäbe für „zünftiges" Verhalten vorgab. Die Zunftgenossen veranstalteten gemeinsame Festessen und Trinkgelage, sie nahmen an der Hochzeit des jungen Meisters teil und sorgten für eine standesgemäße Beerdigung ihrer verstorbenen Mitglieder, bei der sie das Leichengerät stellten und den Sarg zu Grabe trugen. Zünfte stifteten und unterhielten Altäre für die Kirche und traten bei Prozessionen und anderen Umzügen geschlossen in der Öffentlichkeit auf. Soweit es ging unterstützten sie Zunftgenossen, die durch Krankheit oder Unfall bedürftig geworden waren, sowie deren Witwen und Waisen. Auch bei der Abwehr eines Angriffs auf die Stadt standen die Zunftgenossen zusammen; die Verteidigung von Stadtmauern und Stadttoren wies der Rat oft abschnittsweise einzelnen Zünften zu.

Neben den Zünften bestanden mancherorts auch Kaufleutegilden, beispielsweise in Hamburg jene der Englandfahrer. Zünften, Kaufmannsgilden und den dann noch hinzukommenden Gesellenbruderschaften war gemeinsam, daß sie nur Mitglieder einer bestimmten Berufsgruppe umfaßten und sich immer stärker zu berufsständischen Organisationen entwickelten, bei denen die anderen Aufgaben in wachsendem Maße zurücktraten. Nicht zuletzt deshalb entstanden auch noch Bruderschaften mehr religiös-karitativen Charakters, die nicht berufsständisch gebunden waren. Größere Städte sahen innerhalb ihrer Mauern eine ganze Anzahl solcher Vereinigungen. Anders als bei den Zünften war in ihnen die Mitgliedschaft freiwillig. Die Mitglieder nahmen gemeinsam an Prozessionen teil, unterhielten Altäre, pflegten das Totengedächtnis und engagierten sich in anderen christlichen Liebesdiensten. Mitglieder, die sich auf eine Pilgerfahrt begaben, wurden von den anderen Brüdern unterstützt, damit diese auch an den religiösen Verdiensten dieser Pilgerfahrt teilhatten. In großen Städten gab es ferner Patriziergesellschaften, in denen die führenden Geschlechter der Stadt mit gemeinsamen Feiern und Trinkgelagen Geselligkeit pflegten und Entscheidungen der Stadtpolitik auskungelten. Gilden konnten also in ihren Zielen und Statuten sehr verschieden sein. Vielfach waren die Übergänge zu religiösen Bruderschaften und den berufsständischen Verbänden fließend. In Hamburg bestanden Anfang des 16. Jahrhunderts 99 Bruderschaften, die religiöse und gesellschaftliche Zusammenkünfte pflegten.

Soziale Sicherung

Die genossenschaftlichen Zusammenschlüsse spielten auch für die Absicherung der sozialen Existenz des einzelnen eine große Rolle, vor allem in den Städten. Dort hatte die Hilfe durch die Nachbarschaft ein geringeres Gewicht als auf dem Lande, und die mögliche Nothilfe durch einen Grundherrn entfiel ganz, ohne daß die Stadtgemeinde durch obrigkeitliche Fürsorge einsprang. Im dörflichen Kreise unterschieden sich die Verhältnisse dagegen nicht wesentlich von den schon im hohen Mittelalter üblichen. Soziale Problemfälle waren in den Städten vor allem jene Menschen, die wegen Alter, Krankheit oder Invalidität nicht mehr arbeiten konnten, dann die Arbeitswilligen, die keine dauernde Arbeit fanden, und jene, die nicht arbeiten wollten, obwohl sie es hätten können, sondern sich lieber aufs Betteln verlegten. Gerade die beiden letztgenannten Sorten von Armen sammelten sich in den Städten verstärkt an. Die Zünfte und Gesellenbruderschaften unterstützten ein in Not geratenes Mitglied in verschiedener Weise: sie gaben Geld oder Naturalien, gewährten Darlehen, pflegten ein krankes Mitglied selbst oder kauften ihm einen Platz im Spital oder stellten auch für einen arbeitsunfähigen Meister einen Gesellen als Hilfskraft ab. Aber viele wurden durch das soziale Netz der gegenseitigen Hilfe in Zünften, Bruderschaften und anderen Gilden nicht erfaßt. Sie sahen sich auf die Armenunterstützung durch Almosen verwiesen. In den Städten erhielten wohl etwa 10-20 Prozent der ortsansässigen Bevölkerung Almosen, wozu noch eine stark schwankende Zahl nichtansässiger Almosenempfänger kam. Almosen wurden teilweise von der Kirche gegeben, aber auch von Stiftungen, deren Einnahmen diesem Zweck dienten, oder unmittelbar von Mitbürgern oder auch Gilden. Man gab Almosen meist weniger aus Nächstenliebe, sondern sie sollten vor allem dem eigenen Seelenheil nutzen: dem Spender milder Gaben winkte für die gute Tat himmlischer Lohn, so glaubte man, und die Armen hatten als Gegenleistung für die empfangenen Wohltaten bei Gott Fürbitte für den Stifter zu leisten.

So existierten in den Städten für die Fälle, daß die Familie mit sozialen Notlagen nicht fertig wurde, verschiedene Ansätze zur Hilfe, die in ihrem Umfang wohl auch durchaus nicht unbeträchtlich war. Wie schon im hohen Mittelalter blieben sie aber räumlich und sozial begrenzt und waren deshalb nicht immer wirksam. Traten mehrere Notfälle hintereinander auf, so erreichte eine Zunft schnell die Grenzen ihrer Leistungsfähigkeit. Die Idee, daß Menschen, die einander nicht kennen oder gar an verschiedenen Orten wohnen, in eine gemeinsame anonyme Versicherungskasse einzahlen, um einen Risikoausgleich über größere Gemeinschaften hinweg zu ermöglichen, war undenkbar für den Deutschen des Mittelalters, der stets auf einen engen Lebenskreis fixiert blieb.

3.4 Lebenslust und Höllenangst

Grundzüge
der Zeit

Das kulturelle Leben der Deutschen im späten Mittelalter wirkt zumindest auf den ersten Blick als buntes Durcheinander verschiedenster, oft widersprüchlicher Erscheinungen und Tendenzen. Dafür gab es mehrere Gründe.

Zum einen: vor allem die Pestwellen des 14. Jahrhunderts erschütterten Konvention und Gewißheit und riefen entgegengesetzte Reaktionen hervor – groteske Tollheit ebenso wie tieffrommen Ernst, ein unverhülltes Streben nach dem Genuß des Lebens ebenso wie Angst vor Tod und Hölle.

Zum zweiten: es gab im deutschen Raum kein kulturelles Zentrum, das die vielfältigen Bestrebungen integriert hätte, und zwar weder in sozialer noch in regionaler Hinsicht. Dazu trug wesentlich bei, daß das Kaisertum schwach war und somit der Kaiserhof keine allgemein gültigen kulturellen Maßstäbe zu setzen vermochte. Während im hohen Mittelalter die romanische Kunst des kaiserlichen Auftraggebers innerhalb der Elitenkunst für das ganze Reich richtungweisend und damit vereinheitlichend gewirkt hatte, entstanden im späten Mittelalter in der Kunst ausgeprägte regionale Formen. Dabei blieben der Süden und das Rheinland kulturell führende Regionen.

Eindeutig verloren die Klöster und Fürstenburgen, die relativ einsam inmitten von Wäldern, Wiesen und Feldern lagen, ihre Rolle als Zentren der Elitenkultur an die Städte. Seitdem gingen – und gehen bis heute – praktisch alle kulturellen Neuerungen von den Städten aus und wurden von den ländlichen Teilen der Bevölkerung nach längerer oder kürzerer Zeit übernommen und dabei mehr oder weniger abgewandelt. Das ist nicht zufällig. Aufnehmen, Weiterverarbeiten und Austausch von Ideen und Informationen bilden die Grundlage kultureller Veränderungen. In den Städten hatten mehr Menschen miteinander Kontakt als im Dorf, und die Städte besaßen untereinander intensivere Verbindungen als ländliche Siedlungen. Allmählich beschleunigte sich dadurch der kulturelle Wandel. In der Kleidung der Reichen entstanden wechselnde Moden. Noch ein weiteres bedingte die führende Rolle der Städte: zwar war ihr Anteil an der Gesamtbevölkerung klein, aber in den Städten sammelten sich die Eliten: die geistige Elite mit Universitäten, Domstiften und den neuen Mönchsorden, die wirtschaftliche mit Kaufleuten und Patriziern, und zunehmend auch die politische mit den Fürstenhöfen.

Von den drei kulturellen Eliten Kirche, Fürstenhöfe und bürgerliche Führungsschichten war im späten Mittelalter keine dominant. Andererseits blieb es auch nicht bei der säuberlichen Abgrenzung der kirchlichen und dann auch der höfischen Elitenkultur gegenüber der Breitenkultur. Vielmehr strahlten alle drei Bereiche aus, so daß ihre gegenseitige Durchdringung die Epoche kennzeichnete. Die Fürstenhöfe stellten weiter kulturelle Zentren dar. Die dort im 12. und 13. Jahrhundert entstandenen Kulturformen wurden zwar kaum weiterentwickelt, gewannen aber an Breitenwirkung. Die Ritterdichtung, der Minnegesang, die gemessen geschrittenen Tänze, das Turnieren, die zivilisierten Formen des Verhaltens bei Tisch und das Wappentragen wurden von den Patriziern und großen Teilen des niederen Adels im Laufe des späten Mittelalters übernommen. Auch in der Kleidermode blieben die Höfe weiter tonangebend. Die literarischen Stoffe der germanischen Heldensagen lebten nur noch als Spielmannserzählungen vor bäuerlichem Publikum weiter. Dort hielten sie sich in vergröberter Form bis ins frühe 17. Jahrhundert hinein. Die allgemeinen Lebensverhältnisse wurden intensiver von kirchlichen Lehren und Bräuchen durchdrungen als bisher. Schriftlichkeit verbreitete sich auch über den kirchlichen Bereich hinaus in Verwaltung, Rechtswesen und Handel. Immer rascher wuchs die Menge des Geschriebenen an. Das Vervielfältigen von Handschriften wurde zum eigenen Beruf, dann kam der Blockdruck auf und um 1450 der Buchdruck. Dies wurde auch dadurch gefördert, daß man 1390 aus Italien die Papierherstellung einführte und Papier das Pergament ersetzte, welches aus den Häuten junger Schafe und Ziegen hergestellt wurde und viel teurer war. Im Laufe des späten Mittelalters wurde in Urkunden, Rechtsbüchern, Gesetzen und Kaufmannsaufzeichnungen das Lateinische durch das Deutsche verdrängt, und auch eine nennenswerte deutschsprachige Literatur kam auf. Die Masse der Literatur blieb jedoch lateinisch. Erst recht der philosophisch-wissenschaftliche Bereich lag weiter ganz in den Händen der Kirche, die Malerei hatte überwiegend kirchliche Themen zum Gegenstand, ebenso wie auch die deutschsprachige Literatur. Im 14. und 15. Jahrhundert gewann dann vor allem das Bürgertum kulturell an Gewicht. Dies geschah einmal direkt als Auftraggeber und Nachfrager: der Bau von Stadtkirchen ging weitgehend in städtische Hände über, mit Rathäusern und Spitälern entstanden neue bedeutende Bauaufgaben, Bürger stifteten Altarbilder, und das gehobene Bürgertum trat als Leser von Literatur und als Käufer von Druckgrafik in Erscheinung. Letztere kam bald nach 1400 auf. Zum zweiten gewann damit auch die Geisteshaltung des Bürgertums, sein in den Realitäten des Wirtschaftslebens verwurzelter Sinn an Einfluß: durch ihn verlor die Kultur der kirchlichen und höfischen Elite ihren idealen, realitätsentrückten Charakter und wurde wirklichkeitsnäher und weltlicher. Insgesamt war der hervorstechende Zug der Epoche die Verbreitung höherer Kulturformen, nicht so sehr die differenzierende Verfeinerung der Elitenkulturen. Selbst die Führungsschichten blieben relativ derb und grob in Verhalten und Sprache, in ihrer Freude am Bunten, Lärmenden und am großen Aufwand, in ihrer Unbeherrschtheit, Heftigkeit und Lust an grausamer Gewalt.

Unterhalb der genannten kulturellen Bereiche entwickelten die Mittelschichten vor allem der Städte ihrerseits eigene nichtschriftliche kulturelle Formen. Zünfte bildeten eigenes Brauchtum und eigene Feste heraus. Zahlreiche Volkslieder entstanden, wobei man meist verschiedene Liedtexte auf dieselbe Melodie sang. Viele Städte gründeten Stadtpfefereien mit fest angestellten Flötern und Fiedlern, die bei festlichen Anlässen aufspielten. Überhaupt entstanden gerade in den Städten umfangreiche Volksfeste mit üppigem Essen und Trinken, ausgelassenem Tanzen, Liedersingen und Wettkämpfen in Laufen, Springen, Werfen und Steinstoßen. Diese Feste knüpften teilweise an hohe kirchliche Feiertage an (wie Weihnachten, Fastnacht, Ostern und Pfingsten) oder auch an Schützenfeste. Besonders hoben sich die Fastnachtsbräuche hervor mit farbenfrohen Verkleidungen und Masken, Umzügen und seit Anfang des 15. Jahrhunderts auch weltlichen Schauspielaufführungen. Diese boten dann auch Gelegenheit zu oft ätzendem Spott und Kritik an engherzigen Stadtobrigkeiten, scheinheiligen Pfaffen, tölpelhaften Bauern, Pantoffelhelden, wuchernden Juden usw. und waren damit ein Stück städtischer Öffentlichkeit. Die Bauern feierten die kirchlichen Feste weniger, dafür aber andere Feste im Zusammenhang mit der bäuerlichen Arbeit und Gemeinde, z.B. den festlichen Abschluß der Arbeiten in der Gemeindefron oder die Besetzung der Dorfämter. In den Dörfern schlossen sich die ledigen jungen Männer als Burschenschaft zusammen, die das dörfliche Brauchtum dann hauptsächlich trug.

Nicht zuletzt erhielt die Spielleidenschaft neue Nahrung, als zusätzlich zu dem in allen Schichten beliebten Würfeln im 13. Jahrhundert das Kegeln und Mitte des 14. Jahrhunderts in gehobenen Kreisen die Spielkarten aufkamen.

Bildung   Die entscheidende Bildung und Ausbildung empfingen die Deutschen weiterhin, indem sie als Kind und Jugendlicher im Haushalt der Eltern oder eines fremden Herrn aufwuchsen und die alltäglichen Tätigkeiten miterlebten, sei es im Bauernhaus, als Lehrling bei einem Handwerker oder Kaufmann oder als Page an einem Adelshof. Aber es entstand doch das Bedürfnis, ergänzend dazu das Schulwesen auszubauen. Im Laufe des 14. Jahrhunderts wurde es nicht nur für Priester, sondern auch für Patrizier und Kaufleute sowie auch Adlige üblich, lesen und schreiben zu können. Die Analphabeten wurden in diesen Kreisen zur Ausnahme. In den Städten richteten die Stadträte seit dem späten 13. Jahrhundert öffentliche Schulen ein, in denen die Jungen (aber keine Mädchen) der städtischen Oberschichten Lesen, Schreiben und Rechnen sowie Latein lernen konnten, soweit es für kaufmännische Buchführung und Korrespondenz und für städtische Verwaltung erforderlich war. Damit wurde auch das Monopol der Kirche auf literarische Bildung gebrochen, wogegen diese zunächst entschieden Widerstand leistete. Seit Anfang des 15. Jahrhunderts kamen in den Städten auch deutsche Schulen auf für Jungen und auch (wenngleich nur in geringer Zahl) Mädchen, vor allem aus Handwerkerkreisen. In diesen einklassigen Schulen lehrten Schulmeister Lesen und Schreiben, und zwar nur in Deutsch, sowie Anfänge des Rechnens. Diese Elementarschulen waren teilweise städtisch, wurden oft aber als sogenannte Klipp- oder Winkelschulen auch privat von Handwerkern betrieben, vielfach nebenberuflich. Schulpflicht und festgelegte Besuchsdauer gab es für beide Schulformen nicht, und von der Handwerkerschaft besuchte auch nur der kleinere Teil eine Schule. Für die Bauern entstanden noch keine Schulen.

Schulische Bildung erfaßte nicht nur breitere Kreise, sondern wurde auch im Niveau gehoben. Nach französischen und italienischen Vorbildern gründeten deutsche Landesfürsten Universitäten. Bis 1480 entstanden im deutschen Raum 15 Universitäten, als erste 1348 Prag, 1365/84 Wien, 1386 Heidelberg, 1388 Köln und 1392 Erfurt. Der Studienbetrieb verlief so, daß ein Professor einen Stoff aus einem handgeschriebenen Buch vorlas und anschließend mit den Studenten über dessen Deutung und Anwendung disputierte. Das Ganze erfolgte auf Lateinisch. Die Universität gliederte sich in zwei Stufen: die allgemeinbildende Artistenfakultät, an der die sieben Freien Künste gelehrt wurden, und zwar auf einem etwas höheren Niveau als an den Dom- und Klosterschulen, und die darauf aufbauenden berufsbildenden Fakultäten der Theologie, Jura (d.h. zunächst nur Kirchenrecht, später auch römisches Recht) und Medizin (ohne Chirurgie). Für den Zugang zur Universität bestanden bis Ende des 18. Jahrhunderts keine festen Regelungen; nur gewisse Lateinkenntnisse waren nötig. So kamen manche Jugendliche schon mit 13 Jahren, andere erst als Erwachsene an die Universität. 80-90 Prozent der Studenten hielten sich nur einige Zeit in der Artistenfakultät auf und gingen dann ohne akademischen Grad ab, einige erwarben den Licentiaten- oder Magistergrad der Artistenfakultät, und höchstens 3 Prozent brachten es zum Doktor einer höheren Fakultät. Die meisten Studenten waren Geistliche, die von ihrem Orden oder ihrer Domkirche zum Studium geschickt wurden. Studierte Geistliche konnten sich dann Aussicht auf die besseren Pfründen der Kirche ausrechnen. Neben den Universitäten bestanden die Dom- und Klosterschulen weiter, doch verlor deren Artistenfakultät zunehmend an Bedeutung.

Kirchliche Elitenkultur, vor allem in der Kunst, weniger in der Gelehrsamkeit, und weltliche Dichtung öffneten sich beide langsam immer stärker Einflüssen einer realistischen Weltsicht. In der weltlichen Dichtung wurden zwar Ritterepos und hochgespannte Minnelyrik des 12. und 13. Jahrhunderts noch weiter abgeschrieben und gelesen, aber sie blieben ohne neue Impulse. Vielmehr löste man die in Verse gefaßte Ritterdichtung jetzt in Prosaromane auf, und ebenso wie bei neu entstehenden Romanen ging die höfische Geisteshaltung verloren. Stattdessen wurde vielfach Wirklichkeit genauer beobachtet und die Sprache nüchterner und direkter und in Ausdruck und Satzbau einfacher. Schwankhafte Kleinerzählungen kamen auf. In der Gelehrsamkeit fing man allmählich an, die Natur unmittelbar zu beobachten. Das zeigte sich beispielsweise darin, daß die Illustrationen der Pflanzenbücher immer naturalistischer aussahen; die neu aufkommende Alchimie verwendete als Erkenntnisquelle neben den Schriften auch die Methode des Experiments und gewann dabei Kenntnisse über Verfahrensweisen und einzelne Stoffe. Allerdings kamen die Gelehrten über solche schüchternen Ansätze noch nicht hinaus, denn weiterhin wurden Behauptungen von Autoritäten kritiklos übernommen und dabei Spekulationen und Phantastisches mitgeschleppt. Die Universitätsgelehrsamkeit geriet im Laufe des späten Mittelalters zu einer Spielerei scharfsinniger Begriffsunterscheidungen und spitzfindiger Schlußfolgerungen, und sie blieb zugleich formal und wirklichkeitsfern. Mit der Mystik kam im 13. Jahrhundert (vor allem durch Meister Eckhart) in gewissen außeruniversitären Gebildetenkreisen sogar eine Strömung auf, die sich ganz auf inneres, intuitives Erleben verließ und damit von weltlichen Realitäten völlig zurückzog. Die Malerei wandte sich immer mehr vom Ausdruck absoluter Ideen ab und dem Wahrgenommenen zu. Die flächige Darstellungsweise ging zurück, und Figuren und Gegenstände gewannen Körperlichkeit. Pflanzen, Lebewesen und Gegenstände wurden immer realistischer dargestellt, füllten zunehmend das Bild und ließen schließlich im Laufe des 15. Jahrhunderts die einfarbigen Hintergründe ganz verschwinden, so daß natürliche Landschaften oder reale Innenräume entstanden. Ebenso näherte sich das Bauornament der Natur an, so daß auch hier bei pflanzlichen Formen die Pflanzenarten deutlich unterscheidbar wurden. Die Menschendarstellungen in Malerei und Plastik (besonders Grabplatten) zeigten immer stärker die tatsächlichen Gesichtszüge, von kraftvoller Willensstärke bis zu den Spuren des Lebensalters, und wurden damit zu Porträts. Diese genauere Natur-

Öffnung zur Wirklichkeit

beobachtung auch beim Menschenbild sollte aber nicht als erwachender Individualismus überinterpretiert werden, denn die Literatur schilderte Charaktere bezeichnenderweise weiter nur typisierend, z.B. als Raubritter, fleißigen Bäcker, betrogenen Ehemann usw. Kirchenlieder wurden immer mehr verdeutscht. Ja, das bürgerliche Element machte sich im Kirchenleben so stark bemerkbar, daß dies geradezu verweltlichte. In den Gottesdienst drangen weltliche Lieder ein. Die geistlichen Schauspiele, die zunächst das Oster-, dann auch Weihnachts-, Passions- und Heilsgeschehen in den großen Stadtkirchen in Szene setzten, wurden auf die deutsche Sprache umgestellt, gingen von Geistlichen auf bürgerliche Laiendarsteller über, nahmen immer mehr weltliche Szenen oft drastischer Art in sich auf, wanderten vom Kirchenraum hinaus auf den Marktplatz und wuchsen sich dabei zu teilweise mehrtägigen Spielen aus, eine Unterhaltung der ganzen Stadtgemeinde. Das weltliche Element drang sogar so handgreiflich in die Kirche ein, daß es nichts Besonderes war, daß in der Stadtkirche Hunde herumliefen, Händler ihre Waren anboten und Bettler herumlagen.

Verkirch-
lichung

Umgekehrt durchdrangen Kirche und christliche Tradition das gesellschaftliche Leben immer tiefer. Dies war am stärksten in den Städten der Fall und am wenigsten in abseits gelegenen Gegenden wie den Hochalpentälern. Das ganze Hochmittelalter über hatten die Deutschen fast ausschließlich an den alten germanischen Personennamen festgehalten; sie hießen Albrecht, Bruno, Burchardt, Dietrich, Eberhard, Ernst, Hartmut, Heinrich, Hermann, Konrad, Liutfried, Rudolf, Siegfried oder Werner beziehungsweise Adelheid, Bertha, Edeltraud, Emma, Gertrud, Hildegund, Kunigund, Mathilde oder Oda. Im Laufe des späten Mittelalters verdrängten dann weitgehend die Namen von Heiligen jene germanischer Herkunft. Große Beliebtheit gewannen Christian, Georg/Jörg, Jakob, Johannes/Hans, Josef, Maximilian, Michael, Nikolaus/Klaus beziehungsweise Anna, Beata, Christina, Elisabeth, Juliana, Margaretha, Sibylle und Ursula. Auch die Heirat, eine bis dahin rein weltliche Angelegenheit, wurde seit dem 12. Jahrhundert langsam verkirchlicht. Die Kirche setzte zunächst durch, daß die Brautleute sich nach der Eheschließung einsegnen ließen, dann verlegte man die Eheschließung vor die Kirchentür und schließlich ins Innere der Kirche, und letzten Endes erreichte die Kirche am Ausgang des 15. Jahrhunderts, daß die vom Geistlichen durchgeführte Trauung entscheidend wurde und das ursprünglich wichtigere Verlöbnis dagegen an Bedeutung verlor. Auch Sagen nahmen oft christlichen Einfluß auf. Dämonen, Riesen usw. wurden oft zum Teufel umgeformt, und manche didaktische Erzählung aus Predigten und Erbauungsschriften floß in die Erzähltradition der Sagen ein.

Fromme
Praktiken:
Zunahme und
Äußerlichkeit

Fromme Praktiken nahmen an Zahl immer mehr zu: Heiligenverehrung und Reliquienkult blühten enorm auf, Wallfahrten wurden immer häufiger, sei es zum Dank dafür, daß eine Notsituation glimpflich ausgegangen war, sei es zur Buße, und in wachsender Zahl erfolgten Seelgerätestiftungen. Bei einer Seelgerätestiftung stiftete ein reicher Bürger, eine Zunft oder Bruderschaft einer Kirche einen Nebenaltar und eine Pfründe für einen Meßpriester, der dann dort regelmäßig für das Seelenheil des Stifters (und seiner Verwandten) Messen zu lesen und zu beten hatte. Entsprechend dem wachsenden Verehrungsbedürfnis vermehrten sich auch die von der Kirche zur Verehrung angebotenen Personen, Gegenstände und Kultformen. So kamen neue Heilige auf, teilweise ohne daß ihre Verehrung ernsthaft begründet war. Der Kult der 14 Nothelfer als Gemeinschaft spezialisierter Fürbitter wurde Anfang des 14. Jahrhunderts eingeführt. Neue Kirchenfeste entstanden, so ab 1264 das Fronleichnamsfest. Der

Marienkult blühte auf in Gestalt zahlreicher Altarbilder, Plastiken, Legenden, Dramen, Lyrik und Kleinepik. Immer neue Geschichten von Visionen, blutenden Hostien, weinenden Madonnenbildern, Kreuzen am Himmel und anderen Wunderzeichen tauchten auf. Auch die Reliquien wurden entsprechend der wachsenden Nachfrage immer zahlreicher. Zur Reliquiensammlung der Stadt Bern gehörten um 1500 unter anderem Gegenstände, die ausgegeben wurden als Stücke von den Kleidern der Heiligen Othmar, Vinzenz und Petrus, Knochen vom Finger des heiligen Nikolaus, ein Zahn des heiligen Laurenz, Tropfen von der Milch Marias, Stücke vom Holz des Heiligen Kreuzes, Schollen von der Erde, aus welcher Adam gebildet wurde, und Stücke vom Stein, auf welchem der Teufel den Herrn versuchte. Mit dem Verkauf falscher Reliquien verdiente mancher damals das große Geld.

Andererseits standen nicht wenige Deutsche religiösen Dingen durchaus gleichgültig gegenüber. Der Gottesdienstbesuch blieb auch jetzt durchaus unregelmäßig. Das magisch geprägte Weltbild bestand fort, und etliche neue magische Praktiken aus dem kirchlichen Leben nährten es weiter. Aber nicht nur diese Tatsachen mahnen, die Menschen nicht für zu sehr christlich geprägt zu halten. Es fällt auf, daß die genannten Frömmigkeitsformen überwiegend äußerlichen Charakters waren, Ausdruck der Fortdauer jenes Denkens, das am konkreten Ding oder Handlungsvollzug haftete und dem die innere geistige Auseinandersetzung fremd blieb. In der naiven Meinung, viel helfe viel, wurden Meßstiftungen, Prozessionen, Gebete und Reliquienbesitz einfach angehäuft. Bezeichnend für diese Einstellung war auch das im 13. Jahrhundert eingeführte Rosenkranzbeten, bei dem man anhand einer (Holz-)Perlenschnur dasselbe Gebet mechanisch häufig hintereinander hersagte. Aus der Orientierung auf das konkret Sichtbare entstand der Kult der Reliquien und der bildlich vergegenwärtigten Heiligen. Zwar hielten die gebildeten Theologen daran fest, daß Heilige nur Fürbitte leisten könnten, aber im Volksglauben galten die Heiligen selbst als wirkmächtig, was faktisch Polytheismus bedeutete, ja teilweise galten sogar ihre Bilder direkt als Sitz von Wirkungskräften, was zu einer magischen Auffassung überleitete. Auch die Theologen selbst blieben einer dinglichen Frömmigkeitsauffassung verhaftet, indem sie den Brauch, daß Bußen durch Almosenspenden abgelöst werden konnten, seit dem 13. Jahrhundert zur Lehre vom Ablaß fortentwickelten. Demzufolge besaß die Kirche einen unerschöpflichen Schatz aus überschüssigen Verdiensten Christi und aller Heiligen, von dem der Papst in kleinen Portionen gegen entsprechende Geldzahlung abgeben könne, was, die nötige Reue vorausgesetzt, den Erlaß zeitlicher Sündenstrafen bedeute.

Viele Gläubige blieben also einem äußerlichen Christentum verhaftet. Die meisten Dorfpfarrer waren weiter ungebildet. Immer häufiger vereinigten hohe Geistliche adliger Herkunft mehrere Pfründen (Pfarr-, Domherrenstellen usw.) in einer Hand, genossen die Einnahmen als standesgemäße Versorgung und ließen die Amtspflichten durch billig abgefundene Vikare versehen. Manche Geistliche fingierten Wunder und fälschten Reliquien, um den Strom der Wallfahrer in ihre Kirche zu locken und an den Opfergaben zu verdienen. Und doch: nicht nur der Umfang äußerlicher Frömmigkeitspraktiken wuchs, sondern auch die Bereitschaft, sich mit dem Christentum innerlich auseinanderzusetzen. Das zeigte sich daran, daß immer wieder Wanderprediger auftraten, die sich auf das Urchristentum beriefen und von der Kirche als Ketzer verdammt wurden, ebenso die seit dem 13. Jahrhundert auftauchenden Beginen und Begarden, die als Laien in Gemeinschaften nach dem Armutsideal leben wollten. In der geistig regeren Atmosphäre der Städte entstand jetzt auch das Bedürfnis nach geistiger

*Innerliche
Öffnung zum
Christentum*

Belehrung. Da die meisten Pfarrer wegen ihrer geringen Bildung nicht oder kaum predigen konnten, schuf man an großen Stadtkirchen besondere Predigerstellen. Aber vor allem wurde das Bedürfnis nach Predigt von den Bettelmönchen gestillt, die sich seit dem 13. Jahrhundert rasch ausbreiteten. Anders als die alten Mönchsorden zogen sie sich nicht zur Kontemplation in ländliche Einsamkeit zurück, sondern gingen in die Städte und kümmerten sich dort aktiv um Predigt und Seelsorge. Nach wie vor spielte der Ritus aber eine größere Rolle als die Predigt. Nicht nur die Prediger redeten jetzt intensiv von Moral, auch der größte Teil des deutschsprachigen Schrifttums diente dazu, moralisch zu belehren und zu erbauen. Dies geschah in Fabeln, Schwänken, Lehrgedichten, Andachtsbüchern, Gebetbüchern und Legenden ebenso, wie das geistliche Schauspiel Tugend und Laster einzelner Berufe und menschlicher Charaktertypen deutlich darstellte: den Bäcker, der zu kleine Brötchen buk, holte auf der Bühne in drastisch veranschaulichter Weise der Teufel und malträtierte ihn in dem als Hölle gebauten Bühnenteil. Die Moralpredigten der Predigermönche verdammten in gleicher Weise Betrug, Diebstahl, Wucher, Spielkarten und Würfelspiel, modische Kleidung, wildes Tanzen, Fluchen, unehelichen Geschlechtsverkehr, Musikinstrumente und gemeinsames Baden beider Geschlechter. In den Moralpredigten ging es also nicht nur um strafbare Verfehlungen und die kirchliche Wirtschaftsmoral, sondern es wurden auch die im Urchristentum angelegten und zum Teil aus der Situation der Endzeiterwartung heraus, zum Teil durch fremde Einflüsse begründeten Tendenzen zur Weltabgewandtheit umgegossen zu einer auf Dauer gestellten Alltagsmoral, die pauschal jede Genußfreude und allen Spaß als sündhaft abwertete. Auch wenn die Predigermönche ihre Zuhörer im Augenblick oft mitzureißen vermochten – die Diskrepanz ihrer asketischen Moralvorstellungen zur Lebenspraxis war zu groß, um nachhaltige Wirkung zu erzielen. Im übrigen wurden die Geistlichen nur zu oft ihren eigenen Moralforderungen nicht gerecht. Als sich zahlreiche Geistliche 1414/18 zum Konzil in Konstanz versammelten, fanden sich dort auch an die 1.000 Prostituierte ein – die Bedürfnisse der hohen Herren waren eben bekannt.

Erwähnt werden müssen hier noch jene Deutschen, die einen direkten Weg zu Gott suchten, unabhängig von Hierarchie und Heilsmitteln der Kirche, jene, die Gott in intuitivem Erleben zu erfassen und ihre Seele unmittelbar mit Gott zu vereinigen suchten. Diese mystische Strömung, die letztlich in subjektivistischen Gefühlen ertrank, blieb aber auf kleine Kreise begrenzt, die sich vor allem in Klöstern und unter gebildeten Frauen fanden. Darüber hinaus regte die Mystik in breiteren Kreisen eine Frömmigkeitsauffassung an, die stärker empfand und subjektiv war. Diese kam dann auch darin zum Ausdruck, daß im 13. Jahrhundert die Christus- und Mariadarstellungen ihren herrschaftlichen Charakter verloren und stärker menschliche Empfindungen zeigten und daß Andachtsbilder aufkamen, also Plastiken, die dem stillen Einzelgebet außerhalb der Messe dienten. Als Andachtsbilder entstanden um 1300 drei Typen von Plastiken, die für die stärker empfindende Frömmigkeitsrichtung bezeichnend waren: das Vesperbild, bei dem Maria weinend ihren toten Sohn im Schoß hielt, die Schutzmantelmadonna, bei der eine Personengruppe unter dem weit ausgebreiteten Mantel Marias Schutz fand, und die Jesus-Johannes-Gruppe, bei der Johannes seinen Kopf gefühlsselig verträumt an die Brust seines Herrn lehnte.

Nach der Pest: Angst ... Als 1348/49 die Pest Mitteleuropa durchraste, als die Überlebenden mit dem Begraben der Gestorbenen nicht mitkamen und wochenlang aus den herumliegenden Leichen süßlicher Verwesungsgeruch die Straßen durchwehte, als sich in der zweiten Jahrhunderthälfte die Seuchenzüge noch mehrfach wiederholten, bedeutete dies durch die Wucht und Unerklärbarkeit des Geschehens für die hilflosen Menschen eine traumatische Erfahrung. Das seelische Gleichgewicht vieler Deutscher war auf längere Zeit schwer erschüttert. Daß sich in der ersten Hälfte des Jahrhunderts die Hungersnöte häuften, daß in den 1330er Jahren in Schwaben riesige Heuschreckenschwärme einfielen und daß es in den Jahren 1378-1417 zwei, schließlich sogar drei konkurrierende Päpste gab, mag die Verunsicherung verstärkt haben. Dies alles setzte so unterschiedliche Erscheinungen frei wie exaltiertes Verhalten, prinzipielle Ängste, die angesichts der durchgehend religiösen Weltdeutung notwendig religiöse Ausdrucksformen fanden, und Hinwendung zu sinnlicher Lebenslust, Reaktionen, denen bei ihrer Verschiedenheit doch das Unausgeglichene, Extreme und Übersteigerte als Folge des Schocks gemeinsam war.

Direkt im Jahr 1348/49 kam es nicht nur zu Judenpogromen. Gleichzeitig tauchten plötzlich an vielen Stellen Geißler auf, die in Gruppen von Hunderten prozessionsartig durchs Land zogen. Diese faßten die Pest als Strafe Gottes auf und wollten für die Verderbnis der Welt sühnen, indem sie sich zweimal täglich öffentlich ihren bloßen Oberkörper mit Riemen blutig geißelten. Da sie damit das Monopol der Kirche auf Sündenvergebung bedrohten und teilweise auch selbst Beichten abhörten, wurden sie von der Kirche in wenigen Jahren unterdrückt. Seit den 1370er Jahren griff eine Tanzwut um sich, deren Ausläufer bis Anfang des 16. Jahrhunderts reichten: stundenlang gaben Menschen sich in Gruppen schnellem Tanzen hin, lachten und schrien dabei, oft bis sie erschöpft zusammenbrachen, und manche Teilnehmer hatten dabei Visionen. In der zweiten Hälfte des 14. Jahrhunderts und bis in die erste Hälfte des 15. Jahrhunderts hinein erwiesen die Menschen sich als besonders empfindsam für die Leiden Christi. In diesen Jahrzehnten wurde der gekreuzigte Christus und der tote Christus in den Vesperbildern grausig schmerzverzerrt, zerschunden und verrenkt dargestellt. Diese Zeit kannte den Schmerzensmann als selbständiges Motiv von Plastik und Malerei, das aus der Passionsgeschichte herausgelöst worden war: ein nackter und geschlagener Christus mit Dornenkrone und durchbohrten Händen, oft umgeben von den Marterwerkzeugen. Das allgemeine Unsicherheitsgefühl führte dazu, daß in der zweiten Hälfte des 14. Jahrhunderts und darüber hinaus Apokalypsen und Prophezeiungen gesteigerte Resonanz fanden. Seit der Mitte des 15. Jahrhunderts bestand ein furchtgetränktes Interesse am Übergang vom Diesseits ins Jenseits, dessen Ausdrucksformen bis ins frühe 16. Jahrhundert weiterlebten. So kam in der Kunst das Bildmotiv des Totentanzes auf, bei dem der Tod als klapperndes Gerippe Menschen fortführte, und der Tod wurde jetzt auch als Wesen dargestellt, das Menschen mit der Sense niedermähte. Eine Flut von Sterbebüchlein entstand. Oft malten Predigten und Traktate sowie Wandgemälde in den Kirchen die Hölle jetzt drastisch aus als schauderhaften Ort, wo Sünder gebraten und von gemeinen Teufeln arg gezwickt würden. Überhaupt wurde die Vorstellung von Hölle und Teufel erst jetzt Allgemeingut der Bevölkerung.

Dagegen stand das andere Extrem derselben Jahrzehnte: eine Neigung zu Wucherungen, zum Kontrast, zu körperlicher Sinnlichkeit und Lebensgenuß. Im Kirchenbau wuchs sich das schlichte Grat- und Kreuzrippengewölbe zu komplizierten Stern- und Netzgewölben aus, Pflanzenornament und Maßwerk wucherten ins dicht Verschlungene. Um 1350 kamen hohe Altaraufbauten auf, die zu vielgliedrigen, reich bemalten oder geschnitzten Altarwänden wurden. Mitte des 14. Jahrhunderts vollzog sich in der Mode der Wohlhabenden, die sich aufwendige Kleidung leisten konnten, ein Um-

... und Lust

bruch, und dieser neue Stil hielt bis etwa 1480 an. Die Kleidung wurde farbenfroher. Sie liebte grelle Farben und kombinierte mehrere kontrastreiche Farben im selben Gewand, besetzte es zum Teil mit bunten Figuren und wählte oft sogar für die beiden Hosenbeine verschiedene Farben. Extremitäten wucherten grotesk: die Schuhspitzen der Männer verlängerten sich zu langen, spitzen Schnäbeln, bei den Frauen steigerten sich die Hüte zu hohen, spitzen Türmen, und ihre Kleider bekamen lange Schleppen, und bei beiden Geschlechtern hingen die Ärmel an den riesig vergrößerten Öffnungen lang herab. Als extremste Verzierungsform kamen für einige Jahrzehnte als Kleiderbesatz herabhängende Stofflappen (Zaddeln) und sogar Schellen auf. Bei Männern schrumpfte das lange Kleid zum kurzen, eng anliegenden Wams, das so knapp saß, daß es jetzt nicht mehr übergestreift werden konnte, sondern geknöpft werden mußte, und das den Blick auf die hautenge Hose freigab (die Hose entstand gleichzeitig, indem die Strümpfe sich verlängerten und zu einer Art Strumpfhose zusammenwuchsen). Bei den Frauen ließen jetzt hohe Taillenschnürung und enges Mieder die Form der Brüste erkennbar werden und das tiefe Dekolleté meist auch noch mehr. Von demselben Vergnügen am Körperlichen zeugte die Tatsache, daß im späten Mittelalter in zahlreichen Städten öffentliche Badestuben entstanden, die ein unterhaltsamer Treffpunkt wurden (wie vielleicht heute ein Café) und in die man auch Gäste führte. Das Baden im Freien kam aus der Mode. In der Badestube saß man sich nackt in einem Bottich gegenüber, meist zu zweit und ohne Trennung der Geschlechter. Dabei ließ man sich nicht nur vom Bader waschen, massieren und zur Ader lassen, sondern aß und trank bei Musik, und teilweise waren dort auch leichte Mädchen zu haben. Aber auch echte Bordelle entstanden in wohl allen größeren Städten und erhielten ihren festen, obrigkeitlich geregelten Platz. Es kam auch öfter vor, daß man hohen Gästen leichtbekleidete Prostituierte als Begrüßung entgegenschickte. 1434 bedankte sich Kaiser Sigmund schriftlich beim Rat der Stadt Bern dafür, daß dieser ihm und seinem Gefolge bei seinem Besuch das Bordell drei Tage unentgeltlich zur Verfügung gestellt hatte.

Aristoteles-rezeption   Im Laufe des 13. Jahrhunderts gelangten umfangreiche Kenntnisse des Wissens der griechischen Antike, die nicht in Europa, aber im arabischen Raum bewahrt worden waren, zusammen mit arabischen Kommentaren über Spanien und Süditalien nach Europa und wurden so den europäischen Gelehrten bekannt. Damit waren die europäischen Gelehrten an einen geistigen Schatz gekommen, und sie nahmen ihn entschlossen auf. Die Schriften Galens (und des Hippokrates) wurden zur Grundlage des Medizinstudiums. Aus den Schriften des Ptolemäus übernahmen sie das astronomische Weltbild, nach dem die Erde als ruhende Kugel im Zentrum des Weltalls liege, über sich mehrere Kugelschalen mit angehefteten Sternen und dazwischen konzentrische Sphären, auf denen Sonne und Planeten die Erde umkreisen würden. Das wichtigste war, daß die Gelehrten jetzt fast sämtliche Werke des Aristoteles kennenlernten. Albertus Magnus und sein Schüler Thomas von Aquin, der auf ihn aufbaute, verschmolzen den christlichen Glauben und das Wissen des Aristoteles miteinander zu einem enzyklopädischen System des ganzen bekannten Wissens. Die so entstandene Form der Hochscholastik setzte sich um 1300 unter den europäischen Gelehrten weitgehend durch. Von Aristoteles übernahmen die Gelehrten auch die grundlegende Vorstellung, man müsse bei der Erforschung der Natur nach dem Wesen der Dinge fragen, das in den Dingen hinter ihrem äußeren Erscheinungsbild liege. Werden, Geschehen und Bewegung ergäben sich stets daraus, daß die im allgemeinen Wesen angelegte Möglichkeit und Zielbestimmung sich entfalte und verwirkliche. Die Vielfalt der Exemplare derselben Gattung sei darauf zurückzuführen, daß die allgemeine Wesensform sich mit verschiedenen Materien verbinde. Mit den Schriften des Aristoteles und den arabischen Kommentaren übernahmen die Gelehrten auch jene Theorien vom Entstehen und der Umwandlung der Stoffe, welche die Araber als Alchimie bezeichnet hatten, sowie die Vorstellungen von Zusammenhängen zwischen der großen äußeren Welt (Makrokosmos) und der Lebenswelt der Menschen (Mikrokosmos), speziell der Einwirkung der Gestirne auf das Erdgeschehen, d.h. die Astrologie. Entsprechend der Philosophie des Aristoteles ging die Alchimie davon aus, man könne durch Erhitzen oder Destillieren Wesen, Essenz oder Samen mit den Wesensmerkmalen einerseits und die reine, eigenschaftslose Grundmaterie andererseits voneinander trennen und könne dann das so herausdestillierte Wesen mit der reinen Materie eines anderen Körpers vereinigen und auf diese damit die Wesenseigenschaften übertragen. Die Alchimisten glaubten, daß sich so auch Metalle ineinander umwandeln ließen, und hofften z.B. unedlen Metallen die Eigenschaften von Gold verleihen zu können. Sie suchten sogar nach einem geeigneten Katalysator für diese Reaktion, den sogenannten „Stein des Weisen". Mit den zahlreichen antiken und arabischen Schriften wurden im übrigen nicht nur die großen philosophischen Systeme aufgenommen, sondern auch Zauberbücher mit magischen Praktiken. Dazu gehörten beispielsweise Anweisungen, mit Hilfe von Dämonenbeschwörungen die Offenbarung von Schätzen zu erlangen, oder das Verfahren des Bildzaubers, bei dem man ein kleines Wachs- oder Tonbild seines Gegners formte, es auf dessen Namen taufte und dann durchbohrte oder verstümmelte und damit den Gegner zu ermorden oder zu verletzen trachtete.

Die Hochscholastik versuchte, mit Christentum und Aristotelismus zwei grundlegend verschiedene Weltauffassungen zu verschmelzen: den Glauben an das Wirken übernatürlicher Gotteskräfte in der Welt und die Erklärung der Welt aus allgemeinen Prinzipien natürlicher Art. Sie setzte dazu Gott mit dem allgemeinsten Prinzip und der letzten Wirkursache gleich. Wie diese beiden gegensätzlichen Ansätze zu vereinen seien, war bis Anfang des 19. Jahrhunderts ein erstrangiges Thema philosophischen Denkens. Letztlich war diese Verbindung aber unhaltbar, und so kamen schon im Laufe des späten Mittelalters in der Gelehrtenschaft Strömungen auf, die entweder stärker die Vernunft oder einseitig den Glauben betonten (Nominalismus beziehungsweise Mystik).

Nicht zuletzt unter dem Einfluß der antiken Schriften wuchs die Fähigkeit der Gelehrten zu abstraktem, logischem und systematischem Denken. Die Hochscholastik gelangte in ihrem Streben, die Welt zu erfassen, zu genaueren begrifflichen Unterscheidungen und systematischeren Über- und Unterordnungen der Begriffe und Gegenstände. Die Gelehrten fingen an, Tiere und Pflanzen zu klassifizieren, anstatt das darüber vorhandene Wissen nur ungeordnet anzuhäufen. Indem man im 13. Jahrhundert scholastische Autoren ins Deutsche übersetzte und vor allem durch die deutschsprachigen Schriften der Mystiker entstand auch in der deutschen Sprache ein Wortschatz abstrakter Begriffe. Die meisten Begriffe auf -ung, -keit und -heit wurden im 13. und 14. Jahrhundert geprägt, und manche bisher konkret gemeinte Wörter erhielten einen ins Abstrakte übertragenen Wortsinn, z.B. begreifen, bloß (im Sinne von: nur), Eigenschaft, eigentlich, Einfluß, Zufall. Solche abstrakten Begriffe verwendeten zunächst nur Gelehrte, und erst im Laufe von Jahrhunderten breiteten sie sich im Volk aus. Gotische Kirchenräume waren nicht mehr nach einem additiven Schema zusammengesetzt, sondern stellten ein Ganzes dar, dessen Teile durch tragende Säulen, Rip-

Systematik und Genauigkeit

pen und Pfeiler unlösbar miteinander verbunden waren. Burgen bestanden dagegen weiter aus aneinandergeklebten Einzelgebäuden ohne Regelmäßigkeit in Grund- und Aufriß, ausgenommen die Burgen des Deutschen Ordens mit ihrem quadratischen Grundriß.

In den Städten entstand angesichts der engeren Beziehungen der Menschen zueinander, die der gegenseitige Handel und überhaupt das Zusammenleben schufen, das Bedürfnis, mehr und genauer zu messen. Dazu begann man, Maße aus ihrer Gebundenheit an die Natur von Körper und Tageszeiten zu lösen und als abstrakte, für alle einheitliche Norm festzulegen. Die einzelnen Städte normierten seit dem 13. und vor allem im 15. Jahrhundert Längen-, Raum- und Hohlmaße durch öffentlich ausgestellte Muster. Diese waren dementsprechend von Stadt zu Stadt bzw. nach vereinheitlichenden Festlegungen durch die Fürsten im 16. Jahrhundert von Territorium zu Territorium verschieden. So maß im 15. Jahrhundert die Elle in Luzern 49,8 cm, in Frankfurt am Main 54,7 cm, in Basel 60 cm und in Konstanz 68 cm. Im Laufe des 14. Jahrhunderts kamen auch Räderuhren mit Schlagwerk als städtische Kirchturm- oder Rathausuhren auf, die eine gleichmäßige und feste Stundeneinteilung schufen. Eine nähere Unterteilung der Stunden hielt man noch nicht für nötig. Die Privathaushalte begnügten sich damit, das Schlagen der öffentlichen Uhren zu hören. Sie selbst besaßen bestenfalls Sanduhren oder Taschensonnenuhren, und auch nachdem um 1500 P. Henlein in Nürnberg die Taschen(räder)uhr erfunden hatte, blieb diese noch lange ein wenig verbreiteter Luxusgegenstand. In der Musik fing man an, in der Notenschrift nicht nur Tonhöhe, sondern auch die Tondauer festzulegen. Mit dem Geld breitete sich ein abstrakter Wertmaßstab aus, den man an immer mehr verschiedenartige mobile Gegenstände, Grundbesitz und Rechtstitel anlegte und der diese vergleichbar machte. Die damit verbundene Zunahme des Zählens blieb aber weitgehend auf den wirtschaftlichen Bereich beschränkt. Auch städtische Häuser waren nicht nummeriert, sondern erhielten zur Unterscheidung bestenfalls Eigennamen, z.B. „Zum hohen Gewölbe", „Zum goldenen Löwen" oder „Zum heißen Stein", ebenso wie Geschütze (z.B. „Starker Hans" oder „Faule Grete"), Kirchenglocken und Schiffe. Wenn Gelehrte sich mit Naturerscheinungen beschäftigten, betrachteten sie diese ausschließlich qualitativ.

Einflüsse
von außen
Auch im späten Mittelalter blieb es unverändert dabei, daß sich gesamteuropäisch kulturelle Neuerungen überwiegend von Westen und Süden nach Osten und Norden ausbreiteten. Die deutschen Universitäten wurden nach italienischem und französischem Vorbild gegründet, die Mode des Hofes von Burgund war im 15. Jahrhundert tonangebend. Die wichtigste Entlehnung in dieser Epoche bestand darin, daß die Deutschen seit der Mitte des 13. Jahrhunderts den gotischen Baustil aus Frankreich übernahmen. Damit löste eine völlig neue Bauidee die Romanik ab. Das Lastende verwandelte sich in durchscheinende Leichtigkeit. Man reduzierte das statisch tragende Element, das in der Romanik aus massiven Wandteilen und schweren Flachdecken oder Gewölbekappen bestanden hatte, auf ein System von dünnen Pfeilern, Gewölberippen und von außen stützenden Strebepfeilern und -bogen. Dadurch konnten sich die Außenwände zu großen Fensterflächen öffnen, die der neuen Technik der Glasmalerei Platz boten und durch die dann das Licht das Kirchenschiff bunt durchglühte. Zugleich wurde der Charakter des rund Ruhenden durch den des Hochaufstrebenden abgelöst. Man erhöhte die Kirchenschiffe, zog die Fensteröffnungen in die Länge, machte Fenster- und Wandbögen spitzbogig und setzte auf die äußeren Strebepfeiler

Minitürme, die Filialen, auf. Erst recht zogen die Baumeister die Kirchentürme zu nie vorher dagewesener Höhe empor und spitzten sie steil zu. Im deutschen Westen blieb man eng am französischen Muster. In Westfalen entstand dagegen mit der Hallenkirche ein eigener Bautyp. In ihm wurden die Seitenschiffe auf die gleiche Höhe wie das Mittelschiff angehoben und die Säulen weitständiger und schlanker, so daß ein einziger Gesamtraum entstand anstatt einzelner Kirchenschiffe. Die Hallenkirchen breiteten sich dann über den ganzen deutschen Raum aus. In Norddeutschland griff man mangels Naturstein zum Backstein, was zu eigenständigen Formen führte.

Im 13. und 14. Jahrhundert ging von den Deutschen ein intensiver kultureller Einfluß auf Dänen, Schweden, Polen, Tschechen, Ungarn und Slowenen aus wie zu keiner anderen Zeit. Dieser Einfluß unterschied sich in seiner Art wesentlich von den westlichen Einflüssen auf die Deutschen. Während letztere darin bestanden, daß die Deutschen Anregungen geistiger Art aufgriffen und diese vor allem die Elitenkultur betrafen, wurde der deutsche Einfluß auf die genannten Völker von den zahlreichen deutschen Kaufleuten und Handwerkern vermittelt, die durch Ostsiedlung und Handelshandel in die Städte dieser Länder kamen, und er betraf vor allem den Bereich der mehr praktischen Alltagskultur. Eine Fülle von Begriffen in Handwerk, Technik und Verwaltung, die in dieser Zeit als Lehnwörter aus dem Deutschen übernommen wurde, läßt diese Tatsache in den Sprachen dieser Völker noch heute erkennen. Durch die Hanse war das Niederdeutsche im späten Mittelalter Verkehrssprache bis Oslo hinauf und in allen Ländern rund um die Ostsee. Deutsche Stadtrechte wurden in Polen, Böhmen, im nordwestlichen Ungarn und in Slowenien auch für nichtdeutsche Siedlungen übernommen und galten dort teilweise jahrhundertelang weiter. Deutsche Einflüsse auf künstlerischem Gebiet setzten demgegenüber erst spät ein und blieben schwächer, vom deutsch beherrschten Baltikum natürlich abgesehen. Die deutsche Backsteingotik strahlte aber auch auf Polen, Dänemark und Gotland deutlich aus. Mit der Assimilierung der deutschen Stadtbevölkerung im fremdsprachigen Umland ging im 15. Jahrhundert bei Ungarn, Tschechen und Polen auch der kulturelle Einfluß der Deutschen zurück, während er in Dänemark und Schweden noch bis ins 16. Jahrhundert anhielt.

Ausstrahlungen

3.5 Dynastische Hausmachtpolitik und Zerfall des Reiches

Was war das Reich?

Das römisch-deutsche Reich setzte sich in der Mitte des 13. Jahrhunderts aus vier Teilen zusammen: dem Königreich Deutschland, welches auch das Königreich Böhmen mit Mähren und die bischöflichen Territorien in Livland mit einschloß, dem Königreich Italien, das fast nur noch Oberitalien umfaßte, dem Königreich Burgund und dem Gebiet des Deutschen Ordens. Seitdem Kaiser Friedrich II. seine Söhne als Regenten im Königreich Deutschland eingesetzt hatte, wurde die Herrschaft in Deutschland auf der einen Seite und das Kaisertum und damit die Herrschaft auch in den übrigen Reichsteilen auf der anderen Seite gedanklich immer stärker getrennt. In der zweiten Hälfte des 13. und zu Anfang des 14. Jahrhunderts war die Ansicht weit verbreitet, der von den zur Königswahl berechtigten Fürsten, den Kurfürsten, gewählte König herrsche nur im Königreich Deutschland, und erst die Erhebung zum Kaiser gebe ihm die Herrschaftsrechte im ganzen Kaiserreich (Imperium) und damit auch in den Königreichen Italien und Burgund. Der Papst beanspruchte sogar, daß er selbst für den Zeitraum zwischen dem Tod des letzten und der Kaiserkrönung eines neuen Kaisers – die der Papst natürlich hinauszögern konnte – stellvertretend für den Kaiser die Herrschaftsrechte in Italien und Burgund ausüben dürfe und daß er ein Bestätigungsrecht für die deutsche Herrscherwahl habe. Auf diese Weise hoffte der Papst, die Macht der römischen Könige möglichst aus Italien zu verdrängen. Aber nicht nur diese Ansprüche nagten am Kaisertum. Seitdem die Staufer untergegangen waren, fiel es den in Deutschland erhobenen Königen überhaupt sichtbar schwerer, die Kaiserwürde in Rom vom Papst zu erlangen. Von den Herrschern, die zwischen 1250 und 1493 regierten, gelang es nur noch fünf, den Kaisertitel zu erlangen, einem davon nur auf irreguläre Weise, den zehn anderen römischen Königen dagegen nicht, von den Gegenkönigen ganz zu schweigen. Eine effektive Herrschaft über Reichsitalien konnte die geschwächte Zentralgewalt im späten Mittelalter nicht mehr ausüben. Die Reichsidee befand sich also in einer Krise, die das Selbstverständnis des Reiches im Kern berührte. Trotzdem kam keiner der römischen Kaiser und auch kein anderer führender deutscher Politiker dieser Zeit auf die Idee, Italien und das Kaisertum aufzugeben und sich auf ein nationales Königtum zu beschränken. Im Gegenteil. 1338 stellten die Kurfürsten in einem Weistum (Rechtsspruch) in Rhens fest, daß der von ihnen gewählte römische König keiner päpstlichen Bestätigung bedürfe und daß er schon als König die Herrschaftsrechte im ganzen Kaiserreich ausübe, ohne daß hierzu eine Kaiserkrönung durch den Papst erforderlich sei. Ein kaiserliches Gesetz desselben Jahres (licet juris) sprach sogar die Auffassung aus, daß schon die Wahl durch die Kurfürsten den Kaisertitel verleihe, was sich dann allerdings nicht durchsetzen ließ. Auch das ganze späte Mittelalter über blieb es allgemeine Überzeugung, daß die Kaiserwürde nur in Rom durch Krönung vom Papst erlangt werden könne, wenngleich die Königswahl durch die Kurfürsten einen festen Anspruch hierauf verschaffe.

Der römische König und die Kurfürsten hatten die Herrschaftsansprüche des Reiches auf die Königreiche Italien und Burgund damit zwar theoretisch gefestigt, doch zugleich wurden diese in der Praxis bedeutungslos. Die Geschichte des Königreiches Burgund war die seiner Auflösung in Territorialfürstentümer. Der Süden und die Mitte Burgunds gerieten unter französische Herrschaft, was der römische König 1378 auch offiziell anerkannte. Die Grafschaft Savoyen und die nördlich davon gelegenen Teile wurden im 14. Jahrhundert förmlich dem deutschen Königreich als reichsunmittelbare Territorien eingegliedert, um zu verhindern, daß auch sie verloren gingen. Das Königreich Italien blieb dem Namen nach noch weiter bestehen, aber mehr auch nicht. In einem Strudel gegenseitiger Kämpfe bildeten sich dort im Laufe des 13. und 14. Jahrhunderts eine Reihe größerer Territorialstaaten, welche die übrigen Stadtstaaten nach und nach verschluckten. In Oberitalien entstand in der Mitte das Herzogtum Mailand, während der östliche Teil 1406-28 von Venedig erobert wurde, und im Südwesten breitete Genua seine Herrschaft aus. In dem südlich anschließenden Gebiet dominierte die Republik Florenz, die den Großteil der Toskana einnahm. Diese italienischen Staaten wurden nicht zu Reichsfürstentümern, sondern blieben Reichsstände des Königreichs Italien (außer Genua, das sich im Laufe des späten Mittelalters aus der Oberhoheit des Reiches löste). Aber während sich nördlich der Alpen die losen Hoftage später zu Reichstagen institutionalisierten, brach in Italien ebenso wie in Burgund die hochmittelalterliche Tradition gelegentlicher Reichsversammlungen der Stände völlig ab, und das Königreich Italien besaß auch keine anderen Institutionen. Indem sich also das Königreich Burgund formell und das Königreich Italien zumindest weitgehend faktisch auflösten, verlor es auch seinen Sinn, zwischen deutschem Königreich und Römischem Kaiserreich zu unterscheiden. Anfang des 14. Jahrhunderts verschwand die Bezeichnung regnum Teutonicorum fast ganz. Als Folge dieser Entwicklung erschien auch der Hochmeister des Deutschen Ordens seit der Mitte des 14. Jahrhunderts zunehmend wie ein Reichsfürst auf den Reichstagen, und als in der Mitte des 15. Jahrhunderts das Ordensland Preußen dem Reich verlorenging, wurde der Ordensmeister des restlichen Ordensgebiets in Livland auch formell Reichsfürst. So war es letztlich nicht dahin gekommen, daß man das Römische Kaiserreich aufgab und sich auf das deutsche Königreich beschränkte, sondern das deutsche Königtum war weitgehend wieder im Römischen Reich aufgegangen.

Die Territorien im Reich — Die Stammesherzogtümer waren schon im hohen Mittelalter als politisch handlungsfähige Gebilde zersetzt worden und in einzelne Territorien zerfallen. Weiterhin bestanden jedoch Großregionen im Reich, die jeweils mehrere Fürsten, Grafen und Herren umfaßten und ein eigenes Zusammengehörigkeitsgefühl besaßen, wobei die Kleinen faktisch unter der Hegemonie der Großen standen. Teilweise knüpften diese Regionen an die alten Stämme an, teilweise waren sie aber auch neue Bildungen. Es handelte sich um Schwaben, Bayern, Österreich, das Gebiet am Oberrhein, (Ost-)Franken, Rheinfranken, das Gebiet am Mittelrhein, Westfalen, Brabant, Flandern, Seeland, Holland (Nieder-)Sachsen, Meißen (Obersachsen) und Thüringen. Im Königreich Deutschland gab es um 1250 etwa 90 geistliche und 16 weltliche Reichsfürsten, wobei die Zahl der weltlichen bis Ende des 15. Jahrhunderts auf etwa 45 anstieg. Hinzu kamen eine große Anzahl reichsunmittelbarer Grafen und freier Herren.

Große geschlossene Territorien bestanden nur im Osten des Reiches. Dort lagen das ehemals selbständige Königreich Böhmen als größtes und mächtigstes Fürstentum im Reich, die früheren Markgrafschaften Brandenburg, Österreich, Steiermark und Kärnten und außerdem das Herzogtum Bayern, das einzige Territorium, in dem noch der Kern eines alten Stammesherzogtums fortlebte. Während das politische Schwergewicht im Hochmittelalter in Sachsen, Franken und Schwaben gelegen hatte, verlagerte es sich jetzt zu den großen Territorien im Osten des Reiches. Diese blieben dann bis ins 18. Jahrhundert im Reich politisch bestimmend.

Im Gebiet des ehemaligen Herzogtums Sachsen waren eine Reihe kleinerer und mittlerer Territorien entstanden. Die Familie der Welfen hatte im Osten einen beträchtlichen Besitz behauptet, den sie Schritt für Schritt weiter ausdehnte. Dagegen sah der Erbe des Titels eines Herzogs von Sachsen seine Macht bald auf ein relativ kleines Herrschaftsgebiet um Wittenberg an der Elbe herum beschränkt, und 1423 wurde der Titel zusammen mit der Kurwürde auf das Fürstengeschlecht der Wettiner übertragen, an deren Ländern an der Mittelelbe der Name seitdem hängen geblieben ist. Um das ehemalige sächsische Stammesgebiet davon zu unterscheiden, kam für dieses dann der Name Niedersachsen auf.

Die beiden lothringischen Herzogtümer waren in eine Reihe mittelgroßer Territorien zerfallen, darunter vor allem die Herzogtümer Brabant, Luxemburg und Lothringen und die Grafschaften Holland, Flandern und Hennegau. Die Friesen zwischen Zuiderzee und Weser lebten ab 1230 ganz frei vom Reich. Sie wurden aber im Laufe des Spätmittelalters von den umliegenden Territorien unterworfen und damit dem Reich indirekt wieder einverleibt.

Jenes Gebiet, in dem die Staufer versucht hatten, ein Königsterritorium zu errichten, war territorial stärker zersplittert als jede andere deutsche Landschaft. Mit dem Untergang der Staufer war hier das überwölbende Dach staufischer Territorialgewalt geborsten, und die einzelnen Städte, kleinere Herrschaften, Ministeriale und selbst einzelne Talgemeinden und Dörfer wurden reichsunmittelbar. Im übrigen Reich standen Ritter immer unter der Herrschaft eines Landesherrn, und auch die Städte waren stets Landstädte, ausgenommen einige Freistädte, die sich von ihrem bischöflichen Stadtherrn befreien konnten und dadurch reichsunmittelbar wurden. In dem Gebiet mit ehemals intensiver Stauferherrschaft wurden dagegen viele staufische Ministeriale auf Resten des Reichsguts zu freien Reichsrittern und viele Städte zu Reichsstädten, waren also unmittelbar der Reichsgewalt unterstellt. Beide bildeten eine Besonderheit der deutschen Geschichte, die im übrigen Europa keine Parallele fand, von den oberitalienischen Kommunen einmal abgesehen. Die freien Städte und Reichsstädte nahmen sich dieselben Hoheitsrechte wie Territorialherren und dehnten ihre Herrschaft auch auf das Land außerhalb ihrer Stadtmauern aus. Diese Landesherrschaften, die einer Reichsstadt untertänig waren, blieben aber meist sehr klein. Größere Territorien besaßen unter den Reichsstädten nur Nürnberg, Rothenburg, Schwäbisch Hall, Zürich und Bern. Von den im Mittelalter entstandenen reichsunmittelbaren Stadtstaaten bestehen Zürich, Bern, Solothurn, Schaffhausen und Basel als Schweizer Kantone bis heute fort, und auch die westdeutschen Bundesländer Bremen und Hamburg wurden schon im ausgehenden Mittelalter faktisch weitgehend unabhängig. In dem Gebiet ehemals intensiver staufischer Herrschaft vermochten in den wirren Kämpfen, die auf den Untergang der Staufer folgten, nur die Grafen von Württemberg in Innerschwaben und die Grafen von Habsburg ganz im Südwesten einen größeren Territorialbesitz zusammenzubringen. Der Rest blieb weitgehend in zum Teil kleinste Herrschaftspartikel zersplittert.

Die einzelnen Landesherrschaften waren im 13. Jahrhundert noch nicht zu Staaten gefestigt. Die politischen und rechtlichen Bindungen griffen vielfältig hin und her. Erst allmählich entwickelten sich die Territorien zu klar abgegrenzten Staaten, wobei die Kurfürstentümer vorangingen. Das ganze späte Mittelalter hindurch vollzog sich ein ständiges Expandieren und Schrumpfen von Territorien. Einige wuchsen stetig, manche blieben klein, etliche schrumpften wieder zusammen, und viele verschwanden ganz, indem sie von größeren verschluckt wurden. Heirat und Erbschaft, Pfandnahme und Kauf sowie bloße Gewalt waren die Mittel, den Besitz zu vergrößern. Die Landesherren tauschten auch einzelne Gebiete, um ihre Territorien abzurunden. Verpfändungen, die oft später nie mehr eingelöst werden konnten, Erbteilungen und Verkauf waren die Wege zum Verfall der Macht. Die Territorien selbst waren noch keine Gebilde, die ein eigenes Interesse entwickelt oder als Selbstzweck gegolten hätten. Das entscheidende Motiv der Territorialpolitik waren der Nutzen des Herrschers und seiner Dynastie, seine Macht und die Interessen seiner Söhne, die versorgt werden wollten. Durch Erbteilungen entstanden oft mehrere Nebenlinien, die einander unter Umständen später wieder beerbten − oder auch nicht. Überhaupt spielten dynastische Zufälle beim Werden der einzelnen weltlichen Territorien eine große Rolle. Die geistlichen Territorien waren demgegenüber in ihrem Bestand stetiger, da Erbfälle und Erbteilungen bei ihnen nicht möglich waren.

Territorial-politik

Der Untergang der Staufer bedeutete für das römische Königtum nicht einen bloßen Dynastiewechsel, sondern einen tiefen Bruch. Die Aufgabe, das Reich zusammenzuhalten und in seinem Innern den Frieden zu wahren, konnte theoretisch in zweierlei Weise wahrgenommen werden: durch eine starke Zentralgewalt oder durch genossenschaftliche Zusammenschlüsse in Bünden. Wegen der Schwäche der Zentralgewalt bildeten sich tatsächlich im Laufe des späten Mittelalters eine ganze Reihe von Bünden, sei es der Kurfürsten, Fürsten, Städte oder Ritter. Solche Bünde versuchten, in ihrem Bereich Frieden und Recht zu sichern, indem sie sich verpflichteten, Konflikte der Mitglieder untereinander friedlich zu regeln und gemeinsam gegen Friedensstörer vorzugehen. Doch es gelang ihnen nicht, die bestehenden Konflikte zu bändigen. Alle diese Bünde waren regional begrenzt, und die meisten wurden auch nur auf Zeit geschlossen und führten nicht zu dauerhaften Institutionen.

Zentralgewalt oder Bünde?

Somit war es von entscheidender Bedeutung, wieweit sich an der Spitze des Reiches stetige Institutionen bilden und Macht konzentrieren würde. Die Initiative dazu konnte vom König oder vom Hochadel ausgehen.

Reichstag

Schon im hohen Mittelalter hatten weltliche und geistliche Große auf königlichen Hoftagen an wichtigen politischen Entscheidungen des Königs mitgewirkt, besonders bei finanziellen Angelegenheiten des Reiches und Reichsheerfahrten, und sich am Königshof bei der Rechtsprechung persönlich beteiligt. Die Hoftage, im späten Mittelalter oft lateinisch „parlamentum" genannt, entwickelten sich indessen zu keiner tragenden Institution. Weiterhin wechselte nicht nur ihr Tagungsort, sondern auch der Kreis der erscheinenden Fürsten stark, letzteres je nach Thema und Einladung des Königs. Auch die Verfahrensweise der Verhandlungen blieb das ganze späte Mittelalter über ungeregelt. Die deutsche Adelsnation, wie sie vor allem in dieser Versammlung des Hochadels in Erscheinung trat, blieb nur ein loses Gebilde, ja im Laufe des 15. Jahrhunderts zog der Hochadel sich überhaupt von der zentralen politischen Ebene des Reiches weitgehend desinteressiert zurück.

Kurfürsten   Deutlicher fand die Königswahl zu festeren Formen. Ursprünglich war sie Sache aller Fürsten gewesen. Nach der Doppelwahl von 1198 legte ein päpstlicher Schiedsspruch fest, daß die Erzbischöfe von Köln, Mainz und Trier und der rheinische Pfalzgraf für die Königswahl unentbehrlich seien. Der Kreis der übrigen wahlberechtigten Fürsten schrumpfte Mitte des 13. Jahrhunderts auf den Herzog von (Ost-)Sachsen, den Markgrafen von Brandenburg und den König von Böhmen, während das Wahlrecht des Herzogs von Bayern sich nicht durchsetzte, wohl deshalb, weil der Pfalzgraf ebenfalls der Dynastie der Wittelsbacher zugehörte. Damit hoben sich sieben Fürsten aus dem Kreis der übrigen Reichsfürsten heraus. Nach dem damals gebräuchlichen Wort „küren" für „wählen" nannte man sie Kurfürsten. Ihr alleiniges Wahlrecht stellte endgültig 1356 ein Reichsgesetz fest, das nach dem Goldsiegel später als Goldene Bulle bezeichnet wurde. Es regelte auch das Wahlverfahren und machte das Mehrheitsprinzip verbindlich. Darüber hinaus sah die Goldene Bulle vor, den Kurfürstenrat durch regelmäßige Tagungen institutionell auszubauen. Diese fanden aber nie statt. Die Kurfürsten verfolgten ganz überwiegend ihre Einzelinteressen und bemühten sich nicht darum, das Reich gemeinsam zu führen.

Das Reich blieb nun erst recht ein reines Wahlreich, und es liegt in der Natur von Wahlen, daß sie den zu Wählenden von seinen Wählern abhängig machen. Das Prinzip der Wahlmonarchie bot die Chance, unfähige Königssöhne vom Amt fernzuhalten, aber die Kurfürsten mißbrauchten ihr Wahlrecht für Eigeninteressen, indem sie sich von jedem Kandidaten Zugeständnisse machen ließen, die ihre Rechte und ihren Besitz als Landesfürsten stärkten. Überdies wählten die Kurfürsten 1273 bis 1346 nur relativ kleine Fürsten und wechselten dabei mehrfach die Dynastie, damit das Königtum ihren Eigeninteressen nicht gefährlich werden konnte.

Schwäche der   Da das Reich nicht als Fürstengenossenschaft Gestalt gewann, mußte es um so mehr
königlichen   auf die Königsgewalt ankommen. Nun behinderte das Wahlprinzip eine Stärkung der
Zentralgewalt   königlichen Stellung aber entscheidend. Unverändert besaß das Reich kein kontinuierliches örtliches Zentrum, an dem Macht konzentriert und akkumuliert worden wäre. Der König reiste mit seinem ganzen Hof weiter viel herum. Zwar gab es eine Tendenz zu einer festen Residenz, aber das war die seines landesherrlichen Territoriums, und mit der Dynastie wechselte dann auch diese wieder. Das Königtum unternahm im späten Mittelalter keinen ernsthaften Versuch mehr, das Prinzip des lehensrechtlichen Personenverbands mit seinen unbestimmten Treueverpflichtungen abzubauen zugunsten fester Verwaltungsinstitutionen mit dauerhaftem Bestand, besoldeten Amtsträgern und festem Gehorsam. Am Königshof bestanden verschiedene Hofämter, die Hofräte, die Kanzlei mit den Schreibern und seit 1235 ein Hofgericht. Dies alles waren aber mehr Personen als Institutionen. Darüber hinaus waren keine zentralen Verwaltungsorgane des Reiches vorhanden. Am Anfang des 14. Jahrhunderts begann die königliche Kanzlei, Abschriften der ausgestellten Urkunden aufzubewahren,

doch blieb dieses Archiv bei jedem Dynastiewechsel im Privatbesitz der jeweils abtretenden Dynastie und damit ohne Kontinuität.

Seit dem Untergang der Staufer konnte der König endgültig nicht mehr die Wahl von Bischöfen in seinem Sinn beeinflussen und sich nicht mehr auf das Reichskirchengut stützen. Zugleich gingen der Zentralgewalt große Teile des Reichsguts und der wirtschaftlich nutzbaren Münz- und Zollrechte verloren. Territorialherren rissen diese Ressourcen an sich, und Reichsministeriale verselbständigten sich. Versuche des Königtums, das abhanden gekommene Reichsgut in der zweiten Hälfte des 13. Jahrhunderts zurückzugewinnen, brachten keinen durchschlagenden Erfolg. Gerade als im 13. Jahrhundert die Geldwirtschaft zunahm und Soldtruppen und besoldete Amtsträger aufkamen, als dementsprechend seitdem der Geldbedarf für die Herrschaftsausübung stark anstieg, verlor der römische König weitgehend seine materielle Basis. Zölle, Einnahmen aus der Münzprägung und Steuern flossen in die Kisten der Fürsten, kaum in die des Königs. Ohne Zentralverwaltung war der König auch nicht in der Lage, die noch vorhandenen Reichseinkünfte systematisch zu erfassen, einzuziehen und zu verplanen. So verpfändeten die Könige schrittweise die Reste des Reichsguts und andere nutzbare Rechte und konnten das Verpfändete dann fast nie wieder einlösen. Auf diese Weise gingen bis etwa 1400 auch noch der restliche direkte Reichsbesitz und die Steuerzahlungen der Reichsstädte für die Zentralgewalt verloren. Die königliche Finanznot wurde zum Dauerzustand, und Karl IV., Ruprecht und Sigmund verpfändeten zeitweise sogar ihre Krone an reiche Städte, um finanziell wieder liquide zu werden.

Das Reichsheer sollte theoretisch im Bedarfsfall auf der Basis der Reiterdienstpflicht der Lehensträger aufgestellt werden, aber an diese Pflicht mochten die Betroffenen sich kaum noch erinnern. In Deutschland gab es zwar reichlich kampflustigen Adel, aber die Zentralgewalt konnte diesen nicht für sich mobilisieren. Als 1420/21 das Reichsheer gegen die Hussiten aufgeboten wurde, erwies es sich als völlig unbrauchbar. Daraufhin versuchte man zwischen 1422 und 1434, die allgemeine Wehrpflicht wiederzubeleben, doch das Projekt scheiterte. Das gleiche Schicksal erlitten mehrfache Ansätze, mit Hilfe einer allgemeinen Reichssteuer ein Reichsheer aus Söldnern aufzustellen. Dem Königtum fehlte die nötige Verwaltungsorganisation und den Partikulargewalten der Wille zu einem Opfer für den gemeinsamen Nutzen.

Seit dem 13. Jahrhundert erschien der römische König nur noch selten in Reichsitalien und im Nordwesten und Norden Deutschlands und im Gebiet des Deutschen Ordens fast überhaupt nicht, ebensowenig in den großen Territorien der Kurfürsten. Nur noch in den dazwischenliegenden, vor allem oberdeutschen Gebieten konnte der König Herrschaft ausüben, beispielsweise Steuern erheben und Rechtssprüche durchsetzen. Mit dem Verlust des letzten Reichsguts und sonstiger Zoll- und Steuereinnahmequellen verschwand die Königsherrschaft auch hier. Seit etwa 1400 gab es keinen Quadratkilometer Land mehr, wo der König in seiner Eigenschaft als römischer König regiert oder Abgaben eingezogen hätte. Auch die regelmäßige Gerichtsbarkeit lag ganz in den Händen der Landesherren. Die exekutive Gewalt des Königs beschränkte sich auf seine eigenen Territorien. Dessen ungeachtet blieb die lehensrechtliche Oberhoheit des Königs im ganzen Reich erhalten, nur war das eben keine wirkliche Herrschaft. Als Lehensherr spendete der König die Legitimität, indem er Herrschaftsrechte vergab oder bestätigte, und in dieser Hinsicht war er nach wie vor von der Toskana bis ins Baltikum tätig und anerkannt. Aber gemessen an seinen Aufgaben war das Königtum im späten Mittelalter hoffnungslos überfordert.

Da das Reich dem König keine ausreichende materielle Basis zur Verfügung stellte, mußte dieser sich auf sein eigenes Territorium stützen, auf seine Hausmacht. Jeder König wollte seine Macht im Reich ausbauen, indem er versuchte, werdende oder bereits fertige Territorien zusammenzusammeln. Mittel dazu waren dynastische Heirats- und Erbschaftspolitik, vor allem aber die Stellung des Königs als oberster Lehensherr, der Lehen, die durch das Aussterben eines Fürstenhauses heimfielen, einziehen konnte, sofern seine Macht dazu ausreichte. Die Territorien, die zwischen 1230 und 1530 durch das Aussterben der männlichen Lehensträgerlinien einmal zu erledigten Reichslehen wurden, machten zusammen vielleicht die Hälfte der Reichsfläche aus. In einem Wahlbereich deckten die dynastischen Hausinteressen des Königs sich aber nicht notwendig mit den Reichsinteressen. Während die Staufer noch angestrebt hatten, dynastische Erwerbungen in ein Kronterritorium einzugliedern, zogen die spätmittelalterlichen Könige selbst heimgefallene Reichslehen nicht zum Kronbesitz ein, sondern liehen sie wieder aus, meist an Verwandte, um so ihre Hausmacht zu stärken. Die Hausmacht des Königs war also kein Staat und auch rechtlich nicht mit der Krone verbunden, sondern Familienbesitz in mehreren Händen. Als Folge dieses Verfahrens gab es keinen ständig wachsenden Kronbesitz. Und auch die königliche Hausmacht wuchs nicht kontinuierlich an, da die Kurfürsten ihr Wahlrecht nutzten, um mehrfach die Königsdynastie zu wechseln. Die abtretende Dynastie behielt ihre Erwerbungen in den Händen, die neue mußte jedesmal von vorne anfangen. Seit dem späten 14. Jahrhundert wurde die Königsstellung dann zunehmend in den Dienst der Hausmachtpolitik gestellt statt umgekehrt. Überdies verlagerten sich die dynastischen Pläne der Hausmachtpolitik immer stärker auf Gebiete außerhalb des Reiches. Der König als Landesherr und das Reich traten damit in wachsendem Maße auseinander.

Die schwerwiegenden Folgen des Wahlprinzips werden durch den Vergleich mit Frankreich deutlich. Auch dort hatten sich Territorialfürstentümer gebildet, und der französisch-englische Krieg schwächte die französische Krone. Entscheidend für das Folgende war nicht so sehr, daß das französische Königtum schon seit dem 13. Jahrhundert zu einem bürokratischen Ausbau der Zentrale gekommen war – Frankreich wurde nicht dadurch zum Einheitsstaat, daß die königliche Zentralgewalt so stark geworden wäre, daß sie die Territorien unterdrückt hätte. Sondern dank des feststehenden Erbfolgeprinzips gelang es den französischen Königen, bis zur Mitte des 16. Jahrhunderts fast alle Lehensfürstentümer einzuziehen und dann in der Hand zu behalten, so daß die wachsende Krondomäne schließlich die Grenzen ganz Frankreichs ausfüllte.

Da alle Fürsten und ebenso die Reichsstädte nur an ihren Vorteil und kaum an das Gemeinwohl dachten und die Königsmacht verfallen war, breitete sich allgemein Unsicherheit in Deutschland aus. Ständige Kämpfe der Fürsten und anderer Adliger untereinander erschütterten die deutschen Lande, sehr zum Schaden der arbeitenden Menschen. Die einzelnen Territorialherren konnten nach innen und außen nicht genügend Schutz bieten, um die Zentralgewalt zu ersetzen. Seit 1417 veröffentlichten daher verschiedene Personen Reformvorschläge. 1433 forderte der Kardinal Nikolaus von Cues eine Reichsreform, denn sonst „man das Reich in Deutschland suchen wird, ohne es dort zu finden. Dann werden Fremde von unserem Land Besitz ergreifen und uns aufteilen, und so werden wir einer anderen Nation unterworfen werden."[11] Doch obwohl man die Idee einer Reform von Finanz-, Heeres- und Gerichtswesen seit Anfang des 15. Jahrhunderts immer wieder auf den Reichstagen diskutierte, scheiterten alle Bemühungen am Gegensatz von Zentralgewalt und Egoismus der Reichsstände, und letztlich fehlte der entschlossene Wille dazu.

Wie verlief nun im späten Mittelalter das Ringen des Königtums mit den Kurfürsten und konkurrierenden Dynastien um den Aufbau einer Hausmacht und die Wiederbelebung der Zentralgewalt? In der Zeit, als nominell Richard von Cornwall römischer König war, stieg der Böhmenkönig Ottokar II. aus dem Geschlecht der Přemysliden, ein Enkel Philipps von Schwaben, zum mächtigsten Fürsten im Reich auf. Während die Reichsgewalt verfiel, konnte er mit Zustimmung Richards die von Friedrich II. eingezogenen Reichsländer Österreich und Steiermark an sich bringen, gewann dann noch Kärnten und Krain hinzu und wurde von Richard zum Reichsvikar für alles Reichsgut ernannt. Nach dem Tod Richards wählten die Kurfürsten 1273 jedoch nicht den mächtigen Ottokar, sondern den Grafen Rudolf von Habsburg. Die Habsburger, so benannt nach der Habsburg im Aargau, hatten im Südwesten des deutschsprachigen Raumes ein beachtliches Territorium zusammengebracht, das als Hausmacht für einen König jedoch recht schmal war. Ottokar erkannte die Wahl nicht an und ließ es auf eine bewaffnete Kraftprobe ankommen. Wider Erwarten unterlag er; 1276 mußte er Rudolf anerkennen und büßte den neugewonnenen Länderbesitz ein, und bei einer erneuten Auflehnung verlor er in der Schlacht bei Dürnkrut (auf dem Marchfeld) 1278 auch sein Leben. Rudolf beließ Ottokars Sohn Wenzel II., den er zu seinem Schwiegersohn machte, Böhmen und Mähren, während Österreich, Steiermark, Kärnten und Krain seitdem im Besitz der Habsburger blieben. Rudolf belehnte mit diesen Ländern seine beiden eigenen Söhne Albrecht und Rudolf. Wenzel ließ sich überdies vom römischen König Schlesien und später auch noch Polen als Reichslehen übertragen. König Rudolf war ein realistischer und kluger Herrscher. Er bemühte sich, Reichsgut wiederzugewinnen, das die Fürsten in den letzten Jahrzehnten der Krone entfremdet hatten, doch diese leisteten massiven Widerstand, so daß es für den König nicht mehr viel zu holen gab. Immerhin hatte Rudolf die Machtstellung des Hauses Habsburg enorm gestärkt.

Eben deshalb wählten die Kurfürsten nach seinem Tod 1291 nicht seinen alleinigen Erben, den tatkräftigen Herzog Albrecht, sondern den machtlosen Grafen Adolf von Nassau. Adolfs Königtum blieb ohnmächtig. Sein Versuch, Thüringen und Meißen als erledigte Lehen einzuziehen und sich dort eine eigene Hausmacht zu schaffen, scheiterte am Widerstand der Fürsten. Albrecht, der sich mit seiner Nichtwahl insgeheim nicht abgefunden hatte, konnte inzwischen die Kurfürsten auf seine Seite bringen. Er ließ sich von ihnen 1298 anstelle Adolfs zum römischen König wählen und besiegte Adolf noch im selben Jahr in der Schlacht bei Göllheim. Adolf fiel. Albrecht strebte an, das Königtum wieder von den Kurfürsten unabhängig, vielleicht sogar erblich zu machen. Die Opposition der rheinischen Kurfürsten konnte er mit Waffengewalt überwinden. Um eine überlegene habsburgische Hausmacht zu schaffen, bemühte er sich wie schon Adolf, Thüringen und Meißen zu gewinnen. Als 1306 das Haus der Přemysliden in Böhmen und Polen ausstarb, versuchte Albrecht in Böhmen dessen Nachfolge anzutreten, während Polen wieder in Teilherzogtümer zerfiel. Doch noch bevor Albrecht einen endgültigen Erfolg verbuchen konnte, fiel er 1308 einem privaten Racheakt zum Opfer. Damit wurde ein chancenreicher Versuch vereitelt, die Zentralgewalt durch eine solide Hausmacht zu festigen.

Die Kurfürsten nutzten die Gelegenheit, die Albrechts unerwartet früher Tod ihnen

Ständiger Wechsel der Dynastie

223

bot, um wieder einen schwachen König zu kreieren: Heinrich von Luxemburg war diesmal ihr Mann, ein Graf aus dem westlichen Grenzgebiet des Reiches, nach Sprache und Erziehung französisch. Die Tochter des verstorbenen Böhmenkönigs Wenzel II. heiratete seinen Sohn Johann, der damit König von Böhmen wurde und auch den Anspruch seiner böhmischen Vorgänger auf die polnische Krone aufrechterhielt. Das Haus Luxemburg trat damit immerhin in den Kreis der großen Fürsten ein. Anstatt aber konsequent die Möglichkeiten zu nutzen, das Königtum in Deutschland zu stärken, nahm Heinrich VII. die Italienpolitik des hohen Mittelalters wieder auf. So gab es dann zwar nach 62 Jahren wieder einen Kaiser, aber das ansonsten erfolglose Unternehmen zeigte deutlich, daß für eine derartige Politik inzwischen jegliche Grundlage fehlte. Bevor Heinrich auch noch nach Unteritalien marschierte, erlag er 1313 der Malaria.

Wegen des Gegensatzes zwischen Habsburgern und Luxemburgern kam es jetzt zu einer Doppelwahl: die luxemburgische Partei wählte anstelle von Heinrichs noch unmündigem Sohn Johann von Böhmen den Herzog Ludwig von (Ober-)Bayern, die habsburgische Partei Albrechts Sohn, Herzog Friedrich von Österreich. Jahrelang zog das Ringen Ludwigs IV. und Friedrichs III. um die Macht sich hin. 1322 konnte Ludwig dann in der Schlacht bei Mühldorf einen Sieg über seinen Konkurrenten erringen, der sich daraufhin weitgehend zurückzog und 1330 starb. Ludwig vermochte große Erfolge in seiner Hausmachtpolitik zu erzielen: ihm selbst fiel durch das Aussterben einer wittelsbachischen Nebenlinie auch Niederbayern zu, einen Sohn konnte er mit dem an die Krone heimgefallenen Brandenburg belehnen und obendrein Tirol erheiraten lassen, und überdies setzte er für seine Gattin Erbansprüche auf Holland, Seeland, Friesland und Hennegau durch. Diese wittelsbachischen Länder blieben jedoch Familienbesitz in mehreren Händen, räumlich unzusammenhängend und zu keinem Staat zusammengewachsen. Indem Ludwig seine Hausmacht rücksichtslos vergrößerte, schuf er sich Gegner. Auf Betreiben des Papstes, der mit Ludwig verfeindet war, wählten die Kurfürsten 1346 den Luxemburger Karl, den Sohn und Erben Johanns von Böhmen, zum Gegenkönig. Schon im folgenden Jahr verunglückte Ludwig tödlich. Der machtlose thüringische Graf Günther von Schwarzburg, den die wittelsbachische Partei daraufhin zum Gegenkönig gegen Karl erhob, verzichtete nach wenigen Monaten infolge einer schweren Krankheit. So wurde Karl IV. bald allgemein anerkannt. In der Hand der Wittelsbacher blieben nur Bayern und Kurpfalz; die übrigen Erwerbungen gingen dem Haus in den nächsten Jahrzehnten dagegen wieder verloren, als die dort regierenden Nebenlinien ausstarben.

Das Reich unter den Luxemburgern

Karl IV., ein gewiefter Taktiker und kalkulierender Realpolitiker, begann eine weit ausgreifende Hausmachtpolitik. Er raffte jedoch nicht wie Ludwig IV. weit verstreute Länder zusammen, sondern sammelte zielstrebig in der Nähe Böhmens liegende Territorien. Böhmen wurde zum gut verwalteten Kernland seiner Macht. Karl gliederte Schlesien fest der Krone Böhmens ein, wodurch dieses Land mittelbar ein Teil des Römischen Reiches wurde, was es seitdem blieb. Sein Vater Johann hatte sich auch als König Polens betrachtet, doch zugleich hatte dort der Herzog von Kujawien nach und nach alle polnischen Teilherzogtümer vereint außer Schlesien, das zu Johann hielt, und sich zum polnischen König gemacht. 1335 hatten beide Seiten ihre sich überkreuzenden Ansprüche bereinigt: Johann hatte gegen eine Entschädigungszahlung auf die polnische Königskrone verzichtet und behielt nur die Lehenshoheit über Schlesien, auf das der polnische König seinerseits Verzicht leistete. Um die luxemburgische Haus-

macht weiter auszubauen, erheiratete Karl Teile der Oberpfalz und kaufte die Nieder-
lausitz sowie von den Wittelsbachern Brandenburg. Das deutsche Königtum besaß nun
eine breitere territoriale Machtgrundlage als je zuvor. Kein Reichsfürst war entfernt so
mächtig wie Karl. Und Karl bereitete noch weitere Erwerbungen seines Hauses vor.
1364 schloß er einen Erbvertrag mit den Habsburgern, nach dem beim Aussterben des
einen Geschlechts dessen Länderbesitz dem anderen zufallen sollte. Auch Polen versuchte Karl durch dynastische Heiratspolitik wieder zu gewinnen. König Ludwig von
Ungarn, der auch Polen geerbt hatte, besaß als Nachkommen nur drei Töchter. Karl
verlobte seinen zweiten Sohn Sigmund mit Ludwigs zweiter Tochter Maria, die dann
Polen erben sollte, während Ungarn an Ludwigs ältere Tochter fallen sollte. Karl IV.
erreichte sogar, daß noch zu seinen Lebzeiten sein ältester Sohn Wenzel zum römischen König gewählt wurde. Karl schien mit Hausmacht und Sohnesfolge die Grundlage geschaffen zu haben, auf der das römisch-deutsche Königtum allmählich wieder
hätte erstarken können.

Doch nach Karls Tod 1378 verflogen diese Aussichten bald. Noch kurz zuvor hatte
Karl seinen Länderbesitz aufgeteilt: Wenzel erhielt mit Böhmen einschließlich Schlesien den Hauptteil, Sigmund Brandenburg und Karls Neffe Jobst Mähren. Anstatt der
erhofften Einigkeit herrschte bald Zank und Streit zwischen den Erben. Die polnischen Erbhoffnungen zerschlugen sich. Da nämlich die älteste Tochter König Ludwigs
von Ungarn vorzeitig starb, wurde nach ihrem Tod 1382 Maria Königin und damit
einige Jahre später Sigmund König von Ungarn. Weil die Polen nicht länger von Ungarn aus als Nebenland regiert werden wollten, heiratete die jetzt an Stelle Marias zur
Erbin bestimmte dritte Tochter Ludwigs, Hedwig, den Großfürsten von Litauen, Wladislaw Jagiello, und Sigmund mußte auf Polen verzichten. Anstatt daß die von Karl geplante Verbindung deutscher Lande mit Polen zustande kam, in dem gerade zu dieser
Zeit infolge der deutschen Ostsiedlung der deutsche Einfluß groß war und das auch als
Verbindung zwischen den Kerngebieten des Reiches und dem Territorium des Deutschen Ordens gut gepaßt hätte, wurden die Luxemburger damit nach Südosten abgelenkt und Polen auf Dauer mit Litauen verbunden – eine für die deutsche Geschichte
folgenschwere Weichenstellung. Hier begann das Engagement der Luxemburger in
ungarischen Angelegenheiten. Es wurde wenig später von den Habsburgern als ihren
Erben fortgesetzt und sollte zur österreichisch-ungarischen Verbindung führen, die
dann bis 1918 Bestand hatte. Während bisher jahrhundertelang das Schwergewicht des
deutschen Einflusses im Osten immer in Polen gelegen hatte, verlagerte es sich nun
nach Ungarn. Sigmund konnte als König von Ungarn mit Brandenburg nichts mehr anfangen und belehnte deshalb damit 1417 den Burggrafen Friedrich von Nürnberg aus
dem Haus Hohenzollern. Die Hohenzollern sollten dann in Brandenburg noch bis
1918 regieren. Wenzel schließlich stand seinen Aufgaben als deutscher König weitgehend hilflos gegenüber. Er wurde immer untätiger und verfiel zunehmend der Trunksucht. Schließlich setzten ihn die Kurfürsten im Jahr 1400 wegen Faulheit ab. Er leistete dagegen nicht einmal ernsthaften Widerstand.

Ein Teil der Kurfürsten wählte nun den Kurfürsten Ruprecht von der Pfalz zum
neuen König, einen Wittelsbacher; kein kleiner Graf, aber auch kein mächtiger Fürst.
Der rührige Ruprecht bemühte sich redlich, konnte aber in seiner zehnjährigen Regierungszeit das gesunkene Ansehen der Krone nicht heben. Endgültig zeigte sich,
daß die Macht kleiner und mittlerer Fürsten nicht ausreichte, um die Königskrone zu
tragen, sondern allein die der größeren Territorien und Dynastien im Osten. Nach

Ruprechts Tod kam damit als römischer König nur ein Luxemburger in Frage. Über die Person waren die Kurfürsten sich indessen uneinig, und so kam es 1410 zur Doppelwahl von Sigmund und seinem Vetter Jobst von Mähren. Als Jobst schon im nächsten Jahr starb, wurde Sigmund allgemein anerkannt. Nach Wenzels Tod erbte Sigmund auch Böhmen, wo er sich jedoch erbitterte Feinde machte, als er den tschechischen Kirchenreformator Jan Hus als Ketzer hinrichten ließ. Sigmund war während seiner ganzen Regierungszeit weitgehend mit ungarischen und böhmischen Angelegenheiten beschäftigt und hielt sich nur selten in deutschen Landen auf. Seine Bemühungen um eine Reichsreform blieben ohne greifbaren Erfolg.

Die ersten
Habsburger
unter der
Reichskrone

Mit Sigmund starben die Luxemburger in männlicher Linie aus. Seine Erbtochter Elisabeth hatte Sigmund mit dem Habsburger Herzog Albrecht von Österreich vermählt, den Sigmund auch zu seinem Nachfolger in Böhmen und Ungarn bestimmte. Nach Sigmunds Tod 1437 wurde Albrecht dann ohne größeren Widerstand im Reich, in Ungarn und Böhmen zum König gewählt. Doch schon eineinhalb Jahre später starb er an der Ruhr. Sein Sohn Ladislaus wurde ihm erst einige Monate später geboren. Damit wurde Herzog Friedrich von Steiermark das Haupt des Hauses Habsburg, und mangels brauchbarer Alternativen wählten die Kurfürsten ihn zum römischen König. Mit Albrecht II. und Friedrich IV. begann die Reihe der habsburgischen Herrscher im Reich, die dann bis 1806 nur einmal kurz unterbrochen wurde. Das Herzogtum Österreich und die Kronen Böhmens und Ungarns fielen an den kleinen Ladislaus, doch dem blieb nur der leere Titel. In seinen Ländern herrschten Statthalter in recht selbstherrlicher Weise. Als Ladislaus noch vor seiner Volljährigkeit von der Pest hinweggerafft wurde, wählten die Stände in Böhmen und Ungarn nationale Könige, so daß diese Länder den Habsburgern gänzlich verloren gingen. Die Verbindung mit Böhmen und Ungarn, auf die Sigmund die römisch-deutsche Königsmacht hatte gründen wollen, war wieder auseinandergebrochen. Friedrich IV. konnte seine Erbansprüche nicht durchsetzen und nur erreichen, daß der neue Ungarnkönig Matthias Corvinus ihn formell als Mitkönig anerkannte und mit ihm einen gegenseitigen Erbvertrag abschloß, ein Wechsel auf eine vage Zukunft. Das Bemerkenswerteste an Friedrichs Regierungszeit war, daß sie länger dauerte als die jedes anderen römisch-deutschen Königs. Friedrich war eine zwar beharrliche, aber träge und zögernde Natur und beschränkte sich in seinen Aktivitäten fast völlig auf seine Hauspolitik. Währenddessen erschütterten schwere territoriale Auseinandersetzungen der Fürsten das Reich. Die Kurfürsten überlegten lange, ob sie ihm nicht einen Reichsstatthalter zur Seite stellen sollten. Friedrichs Hausmachtbasis war im Vergleich zu der seiner beiden Vorgänger sehr schmal, und selbst in seinen eigenen habsburgischen Erblanden konnte er sich lange Zeit kaum durchsetzen.

Das Reich in
Auflösung

Da die Reichsgewalt völlig verfiel, löste sich das Reich in der ersten Hälfte des 15. Jahrhunderts weitgehend auf. Besonders deutlich wurde dies in den Grenzbereichen, nicht nur in Italien, sondern auch im Westen und Norden. Der französische König hatte 1363 das zum Königreich Frankreich gehörende Herzogtum Burgund an seinen jüngsten Sohn, Philipp den Kühnen, verliehen. Dieser erbte 1384 die Grafschaften Flandern und Artois in Frankreich und die Freigrafschaft Burgund, die den nordwestlichen Teil des ehemaligen Königreiches Burgund darstellte, also zum römisch-deutschen Reich gehörte. Unter seinen Nachfolgern dehnte sich das Herzogtum Burgund weiter aus. 1426-33 usurpierte es im Reichsgebiet die Grafschaften Holland, Seeland und Hennegau, nachdem dort die Wittelsbacher ausgestorben waren. Als 1406 die luxemburgische Linie in Brabant, Limburg und Luxemburg ausstarb, trat der Herzog von Burgund auch hier die Nachfolge an, trotz der heftigen Proteste der luxemburgischen Könige Wenzel und Sigmund. Damit war eine große Ländermasse entstanden, welche die Herzöge von Burgund in den Kreis der reichsten Herrscher Europas aufrücken ließ, vor allem deshalb, weil die gewerblich weit entwickelten Gebiete der Niederlande zu ihrem Reich gehörten. Formell waren die Herzöge von Burgund für die einzelnen Teile ihres Reiches entweder dem französischen oder dem römischen König lehenspflichtig, doch zunehmend strebten sie danach, sich aus dieser Lehensabhängigkeit zu lösen und ihr Reich zu einem selbständigen Königreich zwischen Frankreich und dem römisch-deutschen Reich zu machen. Auch das Herzogtum Lothringen löste sich immer mehr von der Reichsgewalt. Nachdem die Herzöge von Lothringen dem römischen König seit 1361 nicht mehr lehenspflichtig waren, bildete auch das Herzogtum Lothringen faktisch einen selbständigen Staat zwischen dem römisch-deutschen Reich und Frankreich. Ferner hatte die Reichgewalt im Herzogtum Savoyen und in der Schweizer Eidgenossenschaft praktisch keinen Einfluß mehr. Alle Territorien an der Westgrenze des Reiches waren also im 15. Jahrhundert auf dem Wege, sich als selbständige Staaten vom Reich abzulösen.

Im Norden sah der Zusammenhalt kaum fester aus. Die Hanse stand der Zentralgewalt fremd gegenüber. Daß der Herzog von Pommern 1412-39/42 zugleich König von Dänemark, Schweden und Norwegen war, blieb zwar Episode. Aber an der deutschdänischen Grenze verflüchtigte sich die Reichsgrenze zur bloßen Fiktion. 1368 wurde der vom römischen König lehnbare Graf von Holstein zugleich mit dem Herzogtum Schleswig belehnt, das unter dänischer Lehenshoheit stand, und 1460 verstärkte sich die Verbindung dieser beiden Länder zu einer Realunion mit einem gemeinsamen Landtag. Nach dem Willen ihrer Stände sollten Schleswig und Holstein „up ewich ungedeelt" bleiben. Zugleich wurde aber Schleswig-Holstein in Personalunion mit dem dänischen König verbunden. Dies verwickelte Verhältnis blieb dann bis 1863 unverändert bestehen.

Im Laufe des späten Mittelalters war es nicht gelungen, die Bande der Einheit im römisch-deutschen Reich wiederherzustellen – im Gegenteil. Im 15. Jahrhundert löste der wuchernde Partikularismus das Reich weitgehend in selbständige Staaten auf. Verantwortlich waren dafür nicht die Eingriffe fremder Mächte, sondern die Gründe lagen ausschließlich in der inneren Entwicklung. Die Eigenart des Wahlkönigtums führte dazu, daß der Egoismus der Kurfürsten verhindern konnte, daß die Zentralgewalt durch eine kontinuierliche Akkumulation königlicher Hausmacht wieder erstarkte. Aber auch die Kurfürsten selbst, uneinig und ausschließlich an ihren eigenen Territorien interessiert, ergriffen nicht gemeinsam die Macht im Reich. Sie empfanden es nicht als wirklich lebensnotwendig, daß die deutschen Fürsten gemeinsam handelten. Die einzelnen deutschen Landschaften waren wirtschaftlich noch nicht so stark miteinander verflochten, daß von der Wirtschaft her Impulse zur politischen Zusammenarbeit ausgegangen wären. Das Reich sah sich zwar einer Reihe von Angriffen fremder Mächte ausgesetzt, aber diese waren nur für das jeweilige betroffene Gebiet bedeutend und bedrohten nicht das Reich als Ganzes in seiner Existenz, waren also nicht geeignet, durch die Aufgabe gemeinsamer Abwehr zur Zusammenarbeit zu zwingen, so wie dies die englische Bedrohung im Hundertjährigen Krieg in Frankreich tat. Insgesamt war letztlich weder dem König noch den Fürsten mit ganzem Ernst am Reich gelegen und die Reichspolitik zum Schauplatz von Kämpfen um Haus- und Partikularmacht geworden.

Rückblick

3.6 Zwischen herrschaftlichem und genossenschaftlichem Prinzip

Leitende Tendenzen

Im hohen Mittelalter war Herrschaft als Personenverband organisiert gewesen, wobei Lehensbeziehungen, Grundherrschaft und Hausherrschaft ein hierarchisches System vertikaler Bindungen gebildet hatten. Dieses System vertikal weit gestreuter Herrschaftsrechte, insbesondere die tragende Funktion des Lehensprinzips, löste sich im Laufe des späten Mittelalters zunehmend auf. Dabei handelte es sich um einen langwierigen und oft gewundenen Prozeß, von dem einzelne Elemente schon im hohen Mittelalter eingesetzt hatten. Zum einen bestand die Tendenz, Herrschaftsrechte auf einer mittleren Ebene zu konzentrieren, indem die Landesherren sowohl ehemalige Rechte der Reichsspitze an sich zogen wie auch die Macht lokaler, überhaupt unter ihnen stehender Herrschaftsträger in ihrem Raum zu beschneiden suchten und zugleich stärker als andere den Aufbau von Verwaltungsorganisationen vorantrieben. Zum zweiten bestand die Tendenz, das alte Gefüge vertikaler und damit herrschaftlicher Bindungen auch dadurch aufzulösen, daß Gleichgestellte sich miteinander auf einer horizontalen Ebene genossenschaftlich zusammenschlossen, so in Stadt- und Dorfgemeinden, innerhalb der Städte in Gilden und Zünften, weiträumig als Städte- und Ritterbünde, innerhalb eines Territoriums oder auch darüber hinaus als Stände und letztlich auch innerhalb der Kirche als Konzilien. Diese Genossenschaften strebten vor allem nach möglichst weitgehender Autonomie, um ihre Angelegenheiten selbst regeln zu können, teilweise auch nach politischer Mitwirkung bei Entscheidungen höherer Stellen. So wurde der Aufbau fester, staatlicher Formen politischen Zusammenlebens also von zwei Polen her erstrebt: von oben durch die Fürsten und von unten auf genossenschaftlicher Basis, zwei notwendig einander widerstrebenden Prinzipien. Beiden gemeinsam war der Zug weg von räumlich oft weit gestreuten Personenverbänden und hin zu örtlich-räumlich geschlossenen politischen Einheiten, gemeinsam auch die Neigung, überhaupt zu festeren und nachhaltigeren, intensiveren Formen der Herrschaft, Verwaltung und Gerichtsorganisation zu kommen und damit die meist flüssigen, ungenauen Verhältnisse zu überwinden, letztlich Institutionen an die Stelle persönlicher Treuebeziehungen zu setzen.

Das Ganze vollzog sich vor dem Hintergrund sich ausbreitender Geldwirtschaft, durch die nicht nur Kriegsdienstleistung als Ware möglich wurde in Form käuflicher Söldner, sondern jede Art von Herrschaftsrechten konnte in käufliche oder verpfändbare Waren verwandelt werden, nachdem man gelernt hatte, aufgrund der Erträge (z.B. Gerichtsgebühren) eines Herrschaftsrechts seinen Kapitalwert zu berechnen. Diese Kommerzialisierung trug mit dazu bei, das Lehenswesen zu zersetzen, da sie den Zusammenhang von Lehensbesitz und Gegenleistung in Form persönlicher (Kriegs-) Dienste zerriß. In ähnlicher Weise verdünnten sich in manchen Gegenden Grundherrschaften vom Herrschaftsverband zu ökonomischen Rentenverhältnissen, wenn nämlich die Anrechte auf Abgaben und Dienstleistungen verschiedener Art, die ursprünglich zu einer einheitlichen grundherrschaftlichen Gewalt gehört hatten, als lauter Einzelrechte an verschiedene Personen verkauft wurden. Die Verfügung über Geld wurde immer mehr zu einem höchst wichtigen Instrument politischer Macht. Das Eindringen der Geldwirtschaft in die Politik bot Gestaltungschancen, da es hierdurch möglich wurde, militärische und andere Dienste, verschiedene Herrschaftsrechte und Gebiete zu kaufen, dem eigenen Hausbesitz hinzuzufügen und auf diese Weise Macht zu zentralisieren. Zugleich brachte die Geldwirtschaft aber auch dort, wo man sie nicht zielstrebig und langfristig planend zu handhaben wußte, die Gefahren schwerer Verwirrungen mit sich.

Insgesamt wirkten also im späten Mittelalter im politischen Bereich mehrere Tendenzen durcheinander, die oft nicht vereinbar waren und dabei ein Bild von schwer überschaubarer Buntheit schufen. Erst im 16. und 17. Jahrhundert sollte sich zeigen, welche der hier angelegten Strömungen Oberhand gewinnen und die Zukunft für sich entscheiden würde.

Die Mächtigen unter den Herrschaftsträgern lieferten sich im späten Mittelalter ein langes, zähes Ringen, um Landesherrschaft zu gewinnen. Im Idealfall bedeutete diese, eine Fülle von Herrschaftsrechten in einem umgrenzten Raum in einer Hand zu vereinen und damit alle anderen Herrschaftsträger entweder aus diesem Raum zu verdrängen oder sich unterzuordnen und selbst nur noch den Kaiser über sich zu haben. Wem es dabei nicht gelang, selbst Landesherr zu werden, der konnte nicht einfach in seinem alten Status in der Lehenspyramide verharren, sondern sah sich zur Landsässigkeit herabgedrückt. Von welcher Ausgangsposition her der Schritt zur Landesherrschaft gelang, war im einzelnen verschieden. Im Osten des Reiches setzten sich fast im ganzen Raum die (ehemaligen) Markgrafen und die Herzöge der ehemals slawischen Staaten durch, die beide keine konkurrierenden Grafen unter sich hatten, sowie der Herzog von Bayern, der schon im 12. und 13. Jahrhundert viele Grafschaften eingezogen hatte. Diese Fürsten konnten sogar geistliche Reichsfürsten landsässig machen. Im übrigen deutschen Raum gelang es allen Bischöfen, für ein größeres oder kleineres Gebiet eine Landesherrschaft aufzubauen. Ferner vermochten etliche Grafen sich von der herzoglichen Gewalt zu befreien und damit den Weg zur Landesherrschaft einzuschlagen, während die herzoglichen Gewalten sich nur auf einem recht begrenzten Teil ihrer ursprünglichen Gebiete zu Landesherrschaften verdichteten. Vor allem die Hochgerichtsbarkeit verschaffte den Grafen einen Startvorteil gegenüber geringeren Herren. Besonders in Schwaben und Franken gelang aber auch anderen Herren und Städten der Aufbau reichsunmittelbarer Territorien, meist von nur geringem Umfang. Die Kleinstterritorien von Herren und Reichsrittern waren aber zu bescheiden, um jemals staatlichen Charakter gewinnen zu können; sie blieben praktisch reichsunmittel-

Aufbau von Landes-herrschaften

bare Grundherrschaft über eine Handvoll Dörfer. Die meisten Grafen und Herren unterlagen im Kampf um die Landesherrschaft mächtigeren Nachbarn und wurden so zu Landsassen. Dementsprechend gab es in den Territorien auch keinen einheitlichen Untertanenverband, sondern innerhalb der Landesherrschaften bestanden zahlreiche mediatisierte Herrschaften mit unterschiedlichen Rechten. Oft besaßen die Grundherren die Niedergerichtsbarkeit, manchmal aber auch sogar die Hochgerichtsbarkeit. Außerdem war die landesherrliche Gewalt nicht aus einer Wurzel ableitbar, sondern ließ sich nur als allmählich gewachsene Bündelung verschiedenster Herrschaftsrechte verstehen, die in verschiedenen Territorien durchaus unterschiedlich zusammengesetzt sein konnte, weshalb sich sehr oft in einem Ort oder Gebiet die Rechte mehrerer Herren überschnitten. Die Frage, wer in einem bestimmten Gebiet die Landeshoheit ausübte und ob ein bestimmter Herr reichsunmittelbar oder landsässig war, ließ sich deshalb bis ins 15. Jahrhundert oft gar nicht beantworten. Dementsprechend war in der Regel auch die Territoriumsgrenze noch nicht im Gelände markiert. Erst allmählich setzten sich viele Territorien als verfestigte Gebilde schärfer voneinander ab. Zu den Rechten, die zur Landesherrschaft zusammengebündelt wurden, konnten vor allem Hochgerichtsbarkeit, grundherrliche Rechte und das Recht zum Aufgebot der Landfolge gehören sowie die ursprünglich theoretisch vom König herrührenden Rechte, nämlich Zölle zu erheben, Münzen zu prägen, Geleitschutz zu gewähren, Befestigungen anzulegen und den Forstbann auszuüben. In den Jahrzehnten nach der Doppelwahl von 1198 hatten auch zahlreiche Adlige unterhalb der Grafen angefangen, auf eigene Faust Burgen zu bauen. Die Landesherren konnten aber schließlich überall durchsetzen, daß in ihrem Territorium ohne ihre Erlaubnis niemand eine Burg bauen durfte, und für jene Burgen, die ihnen nicht selbst gehörten, erreichten sie meist ein Öffnungsrecht, das ihnen den Zutritt erlaubte. So vielfältig wie die Herrschaftsrechte waren die Wege, sie zu gewinnen: Verleihung durch den König und Usurpation, Erheiraten und Erben, Pfandnahme, Kauf, Tausch unter Abgabe entfernter Außenposten, Einziehen heimfallender Lehen, gelegentlich auch Anknüpfung von Lehensbeziehungen zu kleineren Herren, indem diese ihr Allod dem Landesherren auftrugen und von diesem als Lehen zurückerhielten, und − natürlich − auch blanke Gewaltanwendung.

Intensi-
vierung
öffentlicher
Regelungen

Da sich Schriftlichkeit und Geldwirtschaft ausbreiteten, wurde es möglich, Herrschaft und öffentliche Regelung der Lebensverhältnisse durch neue, festere Formen intensiver und effektiver wahrzunehmen, wobei der Machtwille der Fürsten und das zunehmend verdichtete und arbeitsteilige Zusammenleben der Menschen in den Städten den Antrieb bildeten, diese Möglichkeiten auch zu nutzen. Dabei schritten die großen Städte voran.

Während die Fürsten ihre Aufgaben weiterhin im wesentlichen darin sahen, den Frieden zu sichern und das Recht zu wahren, gingen städtische Obrigkeiten darüber weit hinaus. Das städtische Leben war dichter und verflochtener als das der ländlichen Haushalte und ließ deshalb einen höheren Regelungsbedarf entstehen. So begannen die städtischen Obrigkeiten, sich auch um Marktorganisation, Preise, Maße und Gewichte, Baufluchten und Feuersicherheit der Häuser, Feuerlöschwesen, Schulwesen, Spitäler und den Ablauf von Festen zu kümmern. Hier enstand zum ersten Mal eine umfassende Verwaltungstätigkeit, und diese neuen öffentlichen Aufgaben brachten eine ganze Anzahl von Verordnungen mit sich. Indem Handel und Gewerbe aufblühten, wurde es außerdem erforderlich, auch für diesen neu entstehenden Lebensbereich rechtliche Regelungen zu schaffen. So entstand seit dem 12. Jahrhundert ein Schuldrecht, das u.a. neue Rechtsverhältnisse wie Miete, Kommissionsvertrag, Lohnarbeit, Leibrente und Pacht aufbrachte und auch den Schadenersatz. Insgesamt regelte man die Lebensverhältnisse in immer größerem Umfang und immer genauer, wo es bisher keine oder nur vage Regelungen gegeben hatte, und zunehmend wurde Recht auch bewußt geschaffen, anstatt nur als überlieferte Rechtsgewohnheit zu gelten.

Diese Entwicklung war untrennbar mit der im 13. Jahrhundert beginnenden Verschriftlichung des Rechts verbunden. Da das Königtum als Schrittmacher ausfiel, stellten zunächst Privatleute das Recht eines Gebietes zusammen und zeichneten es auf. Als erstes derartiges Werk entstand zwischen 1220 und 1230 der Sachsenspiegel, der dann das Vorbild für ähnliche Sammlungen abgab und in Norddeutschland bis ins 18. Jahrhundert wie ein Gesetzbuch benutzt wurde. Seit dem 14. Jahrhundert ließen manche Fürsten für ihr Territorium das geltende Recht als Landrecht aufzeichnen. In den Städten entstanden ebenfalls private Rechtssammlungen, die Stadtrechtsbücher, und ferner offizielle Sammlungen der Verordnungen und Urteile. Das so entstandene Stadtrecht ergänzte oder änderte das Landrecht durch Sonderbestimmungen. Viele Städte entwickelten ihr eigenes Stadtrecht. Neugegründete Städte übernahmen es aber auch oft von älteren Städten mit bekanntem Stadtrecht, wie beispielsweise Magdeburg, Lübeck, Wien und Aachen, so daß sich ganze „Stadtrechtsfamilien" bildeten. Die (rechtlich gesehen) Tochterstadt holte sich bei schwierigen Rechtsfragen auch immer wieder Rat beim Gericht der Mutterstadt, das damit zum Oberhof wurde. Wo Dorfgemeinden entstanden, bildeten sich zunächst mündlich überlieferte Rechtsgewohnheiten aus, die das Hofrecht weiterentwickelten und dabei die nachbarschaftlichen und dorfwirtschaftlichen Angelegenheiten der Bauern und ihr Verhältnis zum Grundherrn regelten. Meist im Laufe des späten Mittelalters zeichnete man diese in Form von Dorfweistümern auf, die dann jährlich im Dorfgericht verlesen wurden. Insgesamt blieb das deutsche Recht vielfach zersplittert und auch ohne Systematik und begriffliche Schärfe, da es, anders als das kanonische Recht der Kirche, weder durch einen zentralen Gesetzgeber gesteuert noch an den Universitäten gelehrt wurde.

Während man im hohen Mittelalter die meisten Rechtsakte, auch wenn sie wichtig waren, in symbolischer, nichtschriftlicher Form vollzogen hatte, wurden sie im Laufe des späten Mittelalters zunehmend schriftlich festgehalten, womit die Rechtssymbolik an Bedeutung verlor. Zuerst begannen die großen Städte, Verwaltungs- und Rechtsakte in Stadtbüchern aufzuzeichnen, allmählich nach Sachgesichtspunkten differenziert, und so entstanden nach und nach Kopialbücher für Urkundenabschriften, Zollbücher, Ratsprotokolle, Gerichtsbücher, Baubücher, Kämmereibücher, Neubürgerlisten, Buß- und Wettebücher (zum Verzeichnen von Strafen) und Schuldbücher. Die landesherrlichen Kanzleien zogen nach und legten Register an, die vergebene Lehen und ausgestellte und eingegangene Urkunden notierten. Selbst beim Königtum stieg die Menge des Geschriebenen, obwohl es nur legitimierte und nicht verwaltete, und zwar wuchs die Zahl der durchschnittlich jährlich ausgestellten (überlieferten) Urkunden von etwa 20 unter Konrad III. (1138-52) auf etwa 800 unter Friedrich IV. (1440-93). Kirchliche Gerichte begannen als erste mit Klageschrift, Zeugenprotokoll und Schriftsätzen der Prozeßparteien zu arbeiten. Indem sie die Schriftstücke, die zum selben Prozeß gehörten, zusammenfaßten, entstand das Prinzip der Sachakte als Arbeitsmittel laufender amtlicher Tätigkeit, das sich im 15. Jahrhundert auch in der Verwaltung durchsetzte.

Verschrift-
lichung von
Recht und
Verwaltung

Gleichzeitig entstanden Anfänge von Verwaltungsinstitutionen als von der Gesellschaft geschiedene Funktionen, die ihre Inhaber nicht aus eigenem Recht, sondern als übertragenes Amt ausübten.

In den Städten wurde im 13. Jahrhundert der Stadtrat als oberste Behörde mit meist ein bis zwei Dutzend ehrenamtlichen Ratsherren üblich. Im Laufe der Zeit spezialisierten die einzelnen Ratsherren sich auf bestimmte Sachgebiete, und die Stadt stellte einige besoldete Beamte ein, beispielsweise Stadtschreiber, Ratsboten, Henker, Stadtsöldner, Torhüter, Türmer, Waagmeister, Fleisch-, Brot- und Bierbeschauer.

Die größeren Fürsten, die im hohen Mittelalter genauso wie der König mit ihrem Hof umhergereist waren, gingen im Laufe des späten Mittelalters zu einer festen Residenzburg über. Bei den geistlichen Territorien bildete ohnehin die Domkirche einen festen Mittelpunkt. Der Hof eines Fürsten umfaßte 100-200 Personen und ebensoviele Pferde. Als Verwaltungshilfe für den Fürsten entstanden im 13. Jahrhundert eine Kanzlei mit einem Kanzler als Leiter, die den Schriftverkehr abwickelte, und das Amt des Hofmeisters als Vertreter des Fürsten. Außerdem ernannte der Fürst einzelne Männer zu Räten. Diese lebten teils als „wesentliche Räte" ständig am Hof, teils als „Räte von Haus aus" auf ihren Besitzungen. Der fürstliche Rat als Beraterkreis blieb lange ohne feste Organisation. Hofverwaltung und Zentralverwaltung des Territoriums waren nicht voneinander getrennt; auch Hofmeister, Kanzler und der übrige Rat waren für beides zuständig. Die fürstliche Verwaltung sah sich auch noch nicht in der Lage, die verschiedenen Gebiete, Rechte und Verpflichtungen des Territoriums zu überblicken.

Die territoriale Zentralverwaltung war also im späten Mittelalter erst wenig entwickelt. Wichtiger als diese wurde zunächst die Lokalverwaltung, die man im 13. und 14. Jahrhundert überall flächendeckend aufbaute. Durch sie wurden die Territorien innerlich gefestigt. Die Landesherren überzogen ihre Territorien mit einem Netz von Burgen, um mit ihnen das Land zu beherrschen und auch gegen andere Fürsten zu sichern. Diese Burgen vergaben sie nun nicht mehr als Lehen, sondern in unterschiedlichen Formen als Dienstlehen, Pfand mit Amtseid, durch Sold- und Dienstvertrag, in jedem Falle so, daß ihre Inhaber absetzbar und dem Landesherrn Rechenschaft schuldig waren und damit einer strafferen Kontrolle unterlagen.

Wir haben es mit Übergangsformen zum Beamtentum zu tun. Die Burgvögte waren ritterlich lebende Herren, die an der Burg einen Wirtschaftshof hatten und ihre Aufgabe mit Hilfe einiger Knechte weitgehend selbständig wahrnahmen. Sie bekamen nicht nur das Kommando über die Burg und das Aufgebot zur Landfolge, sondern die Fürsten übertrugen ihnen dann auch die Aufgabe, Abgaben von bäuerlichen Hintersassen des Landesherrn und Steuern einzuziehen, Wege und Brücken zu unterhalten und oft auch Gerichtsbarkeit wahrzunehmen. So bildete sich um die Burg herum ein Verwaltungsbezirk, und der Burgvogt entwickelte sich zum mehr verwaltenden Amtmann. Diese Ämter, die meist ein Gebiet von 100 bis 300 Quadratkilometern umfaßten, blieben dann bis ins 19. Jahrhundert die Grundlage der Lokalverwaltung.

Zum Träger der Blutgerichtsbarkeit über die bäuerliche Bevölkerung wurden im 13. Jahrhundert vor allem die bisherigen Niedergerichte. Die alten Grafengerichte verengten sich währenddessen meist zu Standesgerichten für den Adel, und die Gerichtsbarkeit in dörflichen Bagatellsachen fiel an die Dorfgerichte, die mit den Dorfgemeinden neu entstanden.

Der Tendenz zum Aufbau öffentlicher Verwaltungsorgane entsprach, daß die Obrigkeiten sich im späten Mittelalter auch verstärkt bemühten, rechtliche Selbsthilfe und unberechtigte, also kriminelle Gewalttat einzudämmen, mit öffentlichen Machtmitteln für Sicherheit und Ordnung zu sorgen und damit die Gesellschaft zu befrieden. Dabei gingen die Städte entschieden tatkräftiger vor als die Landesherren und kleineren Gerichtsherren. Dieser Unterschied ist verständlich, denn die in der Stadt dicht zusammenlebenden Menschen und die Kaufleute, die mit wertvollen Waren über Land zogen, empfanden das Problem natürlich schärfer. *Einschrän- kung rechtlicher Selbsthilfe*

Innerhalb der Stadtmauern wurde jede Art von Fehde und rechtlicher Selbsthilfe verboten und immer häufiger auch überhaupt das Waffentragen. Ähnlich dem Stadtfrieden galt innerhalb von Burgen seit dem 13. Jahrhundert der Burgfrieden, der jeden gewaltsamen Streit unter der Burgbesatzung untersagte. An ein Verbot der ritterlichen Fehde auf dem Lande war dagegen nicht zu denken. Sie blieb erlaubt mit jenen Einschränkungen, die im 12. und 13. Jahrhundert aufgekommen waren. Zwar gab es immer wieder neue Versuche mit Landfriedensbünden von Städten und Herren, doch blieben diese stets auf wenige Jahre befristet und galten auch nur für die beigetretenen Mitglieder und deren Hintersassen. Den Bauern wurde Totschlagsfehde und Waffentragen dagegen zunehmend verboten. Das Recht des Opfers, den Täter auf frischer Tat gleich zu erschlagen, schränkten die Obrigkeiten immer weiter ein bis auf den Spezialfall der Notwehr. Die alte Strafgewalt des Hausherrn gegenüber seinen Hausgenossen verschwand praktisch, zumindest in den Städten. Auch das Strandrecht bekämpften König und Fürsten seit dem 13. Jahrhundert und schwächten es allmählich zu einem Bergerecht ab, bei dem der Bergende nur noch Anspruch auf einen kleinen Anteil des Strandguts als Bergelohn hatte.

Parallel zu diesen Bestrebungen, rechtliche Selbsthilfe stärker einzuschränken, versuchten die Obrigkeiten, die öffentliche Strafgewalt zu verstärken. Um mit Leuten, welche die Landstraßen unsicher machten, besser fertig werden zu können, gingen manche Städte seit dem 14. Jahrhundert dazu über, mit ihnen in jedem Fall so zu verfahren, wie man es bisher nur mit einem auf handhafter Tat betroffenen Täter konnte, nämlich sie festzunehmen und vor Gericht von einem Kläger mit sechs Eideshelfern zu überführen und gegebenenfalls hinzurichten, ohne ihnen die Möglichkeit eines Reinigungseides zu gewähren. Dies Verfahren wurde dann teilweise dahingehend erweitert, daß der Beklagte gar nicht mehr einer bestimmten Tat beschuldigt zu werden brauchte, sondern es für das Todesurteil ausreichte, wenn Kläger und Eideshelfer schworen, daß er überhaupt ein übelbeleumundeter und als „landschädlich" bekannter Mensch sei. Ferner begannen städtische Behörden, gegen landschädliche Leute von Amts wegen Klage zu erheben, auch wenn keine private Klage vorlag. Die Auseinandersetzung mit dem Täter galt dann nicht mehr als Privatsache des Verletzten, sondern als Angelegenheit, die im öffentlichen Interesse aller lag. Der Prozeß war damit nicht länger ein Kampf zweier Parteien vor Gericht, sondern der öffentliche Ankläger begann von sich aus nach der „materiellen" Wahrheit zu forschen. Auf diese Weise kamen Eideshelfer, Gottesurteil und gerichtlicher Zweikampf außer Brauch, und stattdessen wurde die Aussage von Tatzeugen, die etwas wahrgenommen hatten, und vor allem das Geständnis des Angeklagten als Beweis entscheidend. So entstand in den Städten ein grundlegend neues Prozeßverfahren, der sogenannte Inquisitionsprozeß (von inquirere = untersuchen). Allmählich wurde dieses Prozeßverfahren dann auch bei Straftaten eingesessener Bürger angewendet. Auf diese Weise begannen sich lang- *Stärkung öffentlicher Strafgewalt* sam die auf Bestrafung und die auf Leistung gerichteten Fälle als Strafprozeß und Zivilprozeß voneinander zu trennen. Parallel zum städtischen Inquisitionsprozeß hatte auch das kanonische Recht seit dem 12. Jahrhundert im Zusammenhang mit der Ketzerverfolgung ein Inquisitionsverfahren entwickelt. Während ländliche Gerichte noch bis ins 16. Jahrhundert nach altem Verfahren öffentlich unter freiem Himmel verhandelten, teils unter einer Linde, teils an einer anders markierten Stelle, die manchmal schon in germanischer Zeit Thingplatz gewesen war, zog sich das städtische Verfahren immer mehr ins Rathaus und hinter geschlossene Türen zurück, zumal das Schwergewicht sich auf die Voruntersuchung verlagerte. Die Justiz entfremdete sich der Bevölkerung. Schlimmer noch: da es vielfach an Tatzeugen fehlte, kam seit dem 13. Jahrhundert die Folter auf, um ein Geständnis zu erzwingen (indessen nicht als Selbstzweck, wie manche Diktatoren des 20. Jahrhunderts es gegenüber politischen Gegnern handhaben). Dabei gingen die Folterknechte zunächst ohne besondere Methode mit Schlägen, Hunger und Dunkelheit vor. Ein furchtbarer Irrweg wurde hier beschritten!

Indem die Strafverfolgung immer mehr von Amts wegen erfolgte, wurden in ständig wachsendem Maße Leib- und Lebensstrafen verhängt, während die Bußen an Bedeutung verloren. Zur Abschreckung vollzog man sie öffentlich. In Lübeck wurden 1371-1460 zusammen 411 Personen hingerichtet, in Nürnberg 1450-1469 insgesamt 213. Seit dem 14. Jahrhundert verhängte man in den Städten gelegentlich auch Freiheitsstrafen. Da diese in einem finstern, kalten Keller vollstreckt wurden, waren sie oft auch kaum angenehmer als Leibesstrafen. Wichtiger als die Freiheitsstrafe waren die Ehrenstrafen, die man in den Städten für kleinere Delikte in großer Zahl entwickelte. Dazu gehörte vor allem, Täter öffentlich an einem Pranger zur Schau zu stellen, aber auch, sie in einer schimpflichen Tracht vorzuführen, auf einem Esel reiten zu lassen oder sie zu verurteilen, einen Hund oder eine Fidel zu tragen und dergleichen mehr. Diese Strafen gaben den Verurteilten dem demütigenden und entehrenden Spott der Menge preis, und das dürfte in der Geschlossenheit einer kleinen Stadt- oder Dorfgemeinde, in der niemand in die Anonymität untertauchen konnte, gegen eingesessene Gemeindemitglieder ein recht empfindliches und darum wirksames Mittel gewesen sein.

Den Stadtfrieden innerhalb der Stadtbefestigung suchten die städtischen Obrigkeiten durch verschiedene Sicherheitsmaßnahmen zu schützen. An den Stadttoren kontrollierten Torwachen den Verkehr. Nachts waren die Stadttore geschlossen, einige Nachtwächter patrouillierten durch die Straßen, und in manchen Städten durften die Bewohner sich nachts überhaupt nicht auf die Straße begeben. Für Kaufmannskonvois über die Landstraßen stellte der Landesherr gegen eine Gebühr ein bewaffnetes Geleit. Oft kassierte er auch nur die Gebühr. Gelegentlich zerstörten Landesherren und größere Städte Burgen einzelner Ritter und Herren, die von dort aus den Landfrieden gebrochen hatte. Außerdem hatten die Stadträte einige Büttel und Ratsdiener, die Burgvögte bei Bedarf einige bewaffnete Knechte zur Verfügung. Mehr war an sicherheitspolizeilichen Organen nicht vorhanden.

Realität der inneren Sicherheit

Welche Erfolge waren nun allen diesen Bestrebungen beschieden, die Gesellschaft zu befrieden? Innerhalb der Städte gelang es in der Tat, eine einigermaßen wirksame öffentliche Justiz einzurichten und diese auch gegen die Selbstjustiz durchzusetzen. Man sollte sich von diesem Stadtfrieden jedoch keine übertriebenen Vorstellungen machen; nach Zahlen für Augsburg und Breslau aus dem 14. Jahrhundert lag die Häufigkeit der Totschläge in diesen Städten, relativ zur Einwohnerzahl, immer noch rund zwanzigmal so hoch wie heute in der BRD. Ein dem Stadtfrieden vergleichbarer Land-

234

frieden ließ sich aber nicht erreichen, vor allem deshalb, weil die nötigen Exekutivorgane fehlten. Ein durchreisender Kardinal stellte 1457 fest: „dauernd wüten Fehden, aus denen Raub, Brandlegung, Mord und tausend andere Übel entspringen."[12] Auf dem Land kam weiter die Totschlagsfehde der einfachen Leute vor, und besonders die Ritter ließen sich ihr Fehderecht nicht nehmen. Oft setzten sie sich dabei auch über die vorgeschriebenen Einschränkungen hinweg, ja gerade der zunehmende Fernhandel auf den Landstraßen verführte manchen Ritter dazu, unter hergesuchten Vorwänden den „Pfeffersäcken" einer reichen Stadt die Fehde zu erklären, um so unter Mißbrauch des Fehderechts bei den Kaufleuten Beute zu machen. Außerdem wurde das offene Land in steigendem Maße durch Straßenräuber niederen Standes gefährdet. Diese wiesen verschiedene Herkunft auf – allerlei fahrende Leute, gebrandmarkte und des Landes verwiesene Verbrecher, entlassene und herrenlose Söldner, die nun auf eigene Faust Beutezüge machten. Oft waren die Richter bestechlich und die Zuständigkeiten der Gerichte unklar. Auch konnte es vorkommen, daß ein Angeklagter vor Gericht mit großem bewaffneten Gefolge auftrat, so daß der Richter das Urteil nicht vollstrecken lassen konnte. Manchmal wurden Hinrichtungen sogar auf die Fürbitte hochgestellter Persönlichkeiten unterlassen. In jenem Freiraum, den die territoriale und erst recht die königliche Justiz und Exekutive nicht bewältigen konnten, wucherten zeitweise die Femegerichte. Diese hatten sich aus den westfälischen Grafengerichten entwickelt. Dabei handelte es sich um nichtöffentliche Schöffengerichte, die bei todeswürdigen Straftaten und Rechtsverweigerungen urteilten und den Prozeß von sich aus begannen. Oft wurden nicht erschienene Angeklagte verfemt, d.h. jeder Freischöffe durfte sie dann hängen, sofern er sie traf. Ihre Mitglieder bildeten einen Geheimbund, der sich seit Mitte des 14. Jahrhunderts über den ganzen deutschen Raum ausbreitete und zeitweise zigtausend Mitglieder umfaßte. Als die Feme zur Willkür entartete, verfiel sie Mitte des 15. Jahrhunderts unter dem Druck der Territorialgewalten.

Während also einerseits sehr viele Straftaten ungesühnt blieben, besonders natürlich jene der Mächtigen, gab es andererseits vielfach willkürlich harte Strafen schon für geringe Verbrechen. So wurden 1401 in Nürnberg einem Gesellen, der seinem Meister 5 Pfennige gestohlen hatte, die Augen ausgestochen. Als Folge der Folter werden auch überhaupt viele Menschen unschuldig verurteilt worden sein. Fast möchte man sagen: die entstehenden Staatsorgane haben die Gefährdungen des einzelnen, die von fremder Gewalt ausgingen, durch ihr eigenes Handeln weniger beseitigt als vielmehr ergänzt.

Das große Problem der inneren Befriedung sollte im übrigen nicht darüber hinwegtäuschen, daß neben der Gewaltkriminalität auch das Problem der Wirtschaftskriminalität bestand und sich entfaltete. Hierbei ging es jetzt nicht mehr nur um urkundenfälschende Mönche. Mit wachsendem Handel berichten die Quellen auch zunehmend von Betrug in vielerlei Gestalt, sei es durch zu kleine Maße und falsche Gewichte, gepanschte Weine, untergewichtiges Brot und mit Zusätzen gestrecktes Mehl, durch gefälschte Reliquien oder gefälschte Urkunden und Siegel. Vom einfachen Diebstahl und betrügerischen Bettlern gar nicht erst zu reden.

Das Militärwesen wies keinen eindeutigen Trend zu festeren Organisationsformen auf. In den Fürstentümern bestand das allgemeine Landesaufgebot zur Regionalverteidigung weiter, zu dem auch die Bauern herangezogen wurden, aber mangels Übung und angemessener Bewaffnung war es militärisch nicht viel wert. Die kriegsdienstpflichtigen Vasallen der Landesherren bemühten sich, ihre Dienstpflicht immer weiter

Militärwesen

235

einzuschränken, so daß die Landesherren neben dem Lehensaufgebot zunehmend für die Zeit eines Feldzugs Soldritter und Söldner zu Fuß anwarben. Um 1200 kam die Armbrust auf. Um mit ihrer steigenden Durchschlagskraft Schritt halten zu können, entwickelte man die Ritterrüstung vom Kettenhemd zum immer schwereren Plattenharnisch weiter. Die Ritter wurden dadurch immer unbeweglicher; gleichzeitig gewannen seit dem 14. Jahrhundert Fußsoldaten wieder an Bedeutung, die jetzt mit Spieß, Bogen und Armbrust ausgerüstet waren. Viele Städte organisierten ihr Militärwesen selbst. Zum Schutz der Stadt erbauten sie unter großen Kosten eine Stadtbefestigung, und außerdem bestand ein Aufgebot aller Bürger nach dem Prinzip der allgemeinen Wehrpflicht. Diese mußten sich selbst ausrüsten, wozu ergänzend schweres Gerät aus dem städtischen Zeughaus trat. Um die Bürger militärisch auszubilden, entstanden Schützengilden, die sich dann in späteren Jahrhunderten in bürgerliche Vergnügungsgesellschaften wandelten und als solche mancherorts noch heute weiterleben. Vor allem für Feldzüge warben dann auch größere Städte Söldner an. Ende des 14. Jahrhunderts wurde an mehreren Orten das Schießpulver erfunden, womit bald die ersten Pulvergeschütze für Belagerungszwecke entstanden. Allerdings erzeugten diese praktisch ein Jahrhundert lang mehr Getöse als Schaden, da sie mit ihrer geringen Zielgenauigkeit den Gegner kaum trafen und zwischen den einzelnen Schüssen lange Pausen zum Abkühlen und Nachladen einlegen mußten.

Einnahmen und Ausgaben
Die steigende Verwendung von Söldnern und auch die vermehrte Hofhaltung der Fürsten, in den Städten der Bau von Stadtmauern und Kirchen sowie ferner der Unterhalt von Schulen und Spitälern, dies alles erforderte deutlich wachsende Geldausgaben. Dabei wurden Spitäler, Universitäten und Lateinschulen aber nur zum kleinen Teil durch laufende Zahlungen der öffentlichen Hand finanziert. Vielmehr stattete man sie bei ihrer Gründung mit eigenem Vermögen aus, vor allem Grundbesitz, von dessen Ertrag sie weitgehend lebten und das im Laufe der Zeit durch Stiftungen wachsen konnte. Ergänzend traten Gebühreneinnahmen hinzu. Anders im militärischen Bereich, zumal dessen Ausgabenbedarf zeitlich rasch und stark schwanken konnte.

Das Eindringen der Geldwirtschaft in das politische Leben schuf nun Probleme, mit denen die Obrigkeiten im späten Mittelalter organisatorisch nicht recht fertig wurden. Im 14. Jahrhundert wurde es in den Territorien allgemein üblich, über Einnahmen schriftlich Rechnung zu legen. Aber die Finanzverwaltung der Territorien blieb dezentralisiert: die Ämter sammelten Abgaben für den Fürsten ein, führten an die Zentrale jedoch nur den Überschuß ab, der nach Abzug des Eigenbedarfs verblieb, ein Teil der Einnahmen war verpfändet, und Gläubiger des Hofes wurden oft nicht zentral befriedigt, sondern an eine bestimmte lokale Einnahmenstelle verwiesen, die aus ihren Einkünften auszahlen sollte. Nur ein Teil der Bruttoeinnahmen erreichte also die Zentrale. Auch erfolgten am Hof die Ausgaben für Söldner und die für die Kleidung des Fürsten noch ungetrennt aus derselben Kasse. So hatte das Rentamt, das neben der fürstlichen Kanzlei entstand, keinen Überblick über die Gesamtfinanzen. Die Städte waren hierin weiter; eine vorausschauende Haushaltsplanung kannten aber auch sie noch nicht.

Sieht man einmal von den persönlichen Dienstleistungspflichten der Bevölkerung ab (außer Waffendienst auch Baufron und das Stellen von Pferden als Vorspann), kamen die Einnahmen des Landesherrn zunächst aus zwei Quellen: in erster Linie den Erträgen der Besitzungen, in denen der Landesherr selbst Grundherr oder Stadtherr war, als Kammergut oder Domäne bezeichnet, wobei diese Erträge noch zum großen Teil naturalwirtschaftlich waren, und außerdem den Einnahmen aus Hoheitsrechten wie Zöllen, Münzprägung, Geleitgebühren, Berg- und Salzregal und Gerichtsgebühren. Die Fürsten – wie auch die Städte – strebten danach, ihre Geldeinnahmen möglichst stark zu steigern. So vermehrten sie die Zollstationen am Rhein von etwa 19 Ende des 12. Jahrhunderts auf über 60 Ende des 15. Jahrhunderts. Seit dem 13. Jahrhundert forderten die Obrigkeiten Geldabgaben als Steuern, in den Städten meist als indirekte Steuer. „Steuer" bedeutete eigentlich „Hilfe" und entsprang der Pflicht der Abhängigen zu Rat und Hilfe gegenüber ihrem Herrn. Im Bereich des Kammerguts konnten Fürsten Steuern relativ leicht durchsetzen, so daß sie dort rasch zu ordentlichen, also regelmäßig gezahlten Abgaben wurden. Gegenüber Adel, Kirche und autonomen Städten blieb es bei außerordentlichen Steuern, die von den Betroffenen von Fall zu Fall bewilligt werden mußten. Da sich gegen direkte Steuern Widerstände erhoben und die Einnahmen stets zu knapp waren, nahmen Fürsten und Städte Anleihen auf, wofür Fürsten meist Burgen, Ämter, Zollstellen, Grundherrschaften oder andere Rechte als Sicherheiten verpfändeten. Ganz allgemein bestand bei den Fürsten die Tendenz, sich zu überschulden. Das konnte Besitz und Macht eines Fürsten langfristig nachhaltig schmälern.

Es zeigte sich eine seltsame Gegenläufigkeit der Enwicklung. Einerseits kamen mit Ratsherren, Amtleuten und städtischen Bediensteten Herrschaftsträger auf, die ihre Herrschaftsfunktion nicht mehr aus eigenem Recht und ungetrennt von ihrer „privaten" gesellschaftlichen Existenz besaßen, sondern als übertragenes Amt, für das sie rechenschaftspflichtig waren. Zunehmender Schriftgebrauch und die Bewertung der Einnahmen in Geld schufen hierfür die Voraussetzungen. Andererseits hatten Herzogtümer, Markgrafschaften und Grafschaften im hohen Mittelalter amtsartigen Charakter gehabt, während die weltlichen Fürsten diese seit dem 13. Jahrhundert wie ihren Privatbesitz an Geld und Schmucksachen unter ihre Söhne aufteilten. Bezeichnenderweise kamen seitdem auch Herzöge und Grafen ohne Amt vor, so daß der Titel sich von einer Amtsbezeichnung zu einem eigennamensartigen Standesrang wandelte. Aus diesem Privatbesitzdenken heraus wurden auch Territorien und sonstige Besitzungen und Herrschaftsrechte verpfändet, verpachtet und verkauft und dann von den Pfandnehmern teilweise wie reine Wirtschaftsobjekte (aus-)genutzt. Eine ähnlich privatrechtliche Auffassung zeigte sich darin, daß manche Grundherrschaften in verkäufliche Einzelrechte aufgelöst wurden, sowie in der Erscheinung des Söldnerwesens, das keine Treuebindung an ein bestimmtes Territorium kannte, sondern Kriegsdienste nach rein wirtschaftlichen Gesichtspunkten an den Meistbietenden verkaufte. Dabei bestand zwischen beiden Entwicklungen ein untergründiger Zusammenhang, denn daß Herrschaftsrechte in Warenform mobilisiert wurden, trug mit dazu bei, daß sie sich tendenziell in relativ wenigen Händen konzentrierten und damit aus der Verbindung mit anderem Besitz lösen konnten, sich langfristig als Staat von der Privatsphäre abtrennten.

Herrschaft – Amt oder Privatbesitz?

Sowohl Möglichkeiten wie auch Ursachen für die Probleme der Herrschaftsorganisation in einem Territorium des späten Mittelalters zeigt ein Blick auf einen bemerkenswerten Sonderfall, den Staat des Deutschen Ordens in Preußen. Zwei wesentliche Voraussetzungen waren hier grundlegend anders. Da keine Lehensordnung vorausging, sondern der Deutsche Orden das Land eroberte und unterwarf, lag von Anfang an alle Hoheitsgewalt beim Orden, und es gab keine konkurrierenden Zwischengewalten zwischen dem Orden als Landesherrn und der Bevölkerung. Der Orden war eine

Deutscher Orden

sich selbst ergänzende Korporation von mehreren hundert Ritterbrüdern, die nach dem Vorbild der Mönchsorden zu absolutem Gehorsam, Ehelosigkeit und Verzicht auf persönlichen Besitz verpflichtet waren, sowie etlichen dienenden, nichtadligen Halbbrüdern. Indem alle Verwaltungsämter mit Ordensmitgliedern besetzt wurden, gab es also eine Beamtenschaft, die gegenüber der Zentrale, dem Hochmeister auf der Marienburg, absolut loyal eingestellt war, die sich jederzeit versetzen ließ und die kein Interesse hatte, sich zu bereichern, weder für sich selbst noch für ihre Nachkommen. Das Land war flächendeckend in Verwaltungsbezirke aufgeteilt, die jeweils von einem Ordenshaus aus verwaltet wurden. Dessen Mitglieder waren verpflichtet, der Zentrale jährlich Rechnung zu legen und wurden außerdem durch Kommissare des Hochmeisters visitiert. Obwohl die Verhältnisse weitgehend naturalwirtschaftlich waren, wurde Preußen im 14. Jahrhundert mit diesem System wohl effizienter als jedes andere Territorium in Europa verwaltet und war fehdefrei. Als mit dem Ende des Kampfes gegen die Heiden die tragende Idee des Deutschen Ordens wegfiel und auch Stände aufkamen, änderte sich im 15. Jahrhundert die politische Struktur des Ordenslandes.

Gemeinden   Die Verwaltungseinrichtungen, welche die Landesherren von oben her aufbauten, griffen nicht überall voll bis unten durch, sondern sie stießen dazwischen auf die Gewalt von Grundherren und anderen kleinen Herren und auf autonome Gemeinden. Letztere bauten von unten her auf genossenschaftlicher Basis öffentliche Organe auf. Nachdem einige Städte schon vor 1200 vorangegangen waren, entstanden im 13. Jahrhundert überall im deutschen Raum Stadtgemeinden. Gleichzeitig bildeten sich ebenfalls im ganzen deutschen Raum Landgemeinden, am ausgeprägtesten in Schwaben, Franken und Tirol, sei es als Dorfgemeinden oder als räumlich umfassendere alpine Talgemeinden. Die Landgemeinden entstanden dort, wo die Grundherrschaft am Ende des hohen Mittelalters zerfiel, indem sie sich in Einzelrechte aufsplitterte, die dann in verschiedene Hände gerieten, beziehungsweise in Tirol, wo ein starkes Landesfürstentum grundherrliche Zwischengewalten zwischen sich selbst und den Bauern weitgehend verhinderte. Beides schuf für die Bauern Handlungsfreiräume für eine genossenschaftliche Eigenorganisation ihrer täglichen Belange. Bei den Bauern war im Laufe des hohen Mittelalters ein Bedarf entstanden, sich über die Haushalte hinaus abzustimmen, weil die Siedlungen sich zu Dörfern verdichtet hatten und das Verfahren der Dreifelderwirtschaft beispielsweise gemeinsame Termine für Saat, Ernte usw. erforderte. In Stadt- wie Landgemeinden besaßen volle Rechte nur die Hausherren; Gesinde, Gesellen und Verwandte dagegen nicht und in den Städten im allgemeinen ebensowenig Tagelöhner.

Zwar innerhalb der Stadtbefestigung, aber rechtlich außerhalb der Bürgergemeinde und ihrer Gerichtsbarkeit lagen inselartig Klöster und Kirchen, die Häuser von Landadligen, die Häuser der Juden und die Burg des Stadtherrn. Wo eine Stadtgemeinde selbst Herrschaft über die bäuerliche Bevölkerung der Umgebung ausübte, stand natürlich auch diese außerhalb des Bürgerverbands.

Das Ausmaß an Autonomie, das die Stadtgemeinden gegenüber ihrem Stadtherrn erringen konnten, war unterschiedlich groß. Nur sehr wenige vermochten seine Herrschaft ganz abzuschütteln und reichsunmittelbar zu werden. Meist konnte die Stadtgemeinde die niedere Gerichtsbarkeit, Befestigungsrecht und Verteidigungsorganisation, die Regelung der Markt- und Gewerbeangelegenheiten und das Recht zur Steuererhebung in eigene Verantwortung bekommen. Der Stadtherr herrschte dann über die Bürgermeinde als Ganzes, nicht über den einzelnen Bürger, der deshalb frei war.

238

Die Autonomie der Dorfgemeinden war im allgemeinen geringer als die der Stadtgemeinden. Sie konnten sich nicht selbst wirksam nach außen schützen, und fast immer waren die meisten Bauern einem Grundherrn untertan. Angelegenheiten der Selbstverwaltung der Dorfgemeinde waren der Flurzwang, Wege und Stege, die Nutzung der Allmende, der Dorfbrunnen und die Friedenswahrung in Dorf und Flur. Dazu erließ die Gemeindeversammlung entsprechende Satzungen, wählte eine Art Gemeinderat und außerdem Gemeindebeamte wie Hirte, Büttel, Wässerer (für Bewässerung) usw., meist auch die Geschworenen des Dorfgerichts. Gemeindeversammlung und Dorfgericht tagten im allgemeinen im Freien unter einer Linde oder auf dem Kirchhof. Geleitet wurden sie üblicherweise von einem Schultheißen oder Bauermeister, den meist die Ortsobrigkeit einsetzte. Die nichtbäuerlichen Dorfbewohner wie Pfarrer, Adlige oder landesherrliche Beamte gehörten nicht zur Dorfgemeinde.

Nicht übersehen werden sollte, daß es innerhalb der Stadtgemeinde in Form der Zünfte, Gilden und Bruderschaften wieder kleinere Genossenschaften gab, die ihrerseits ihre eigenen Angelegenheiten weitgehend selbst regelten und dazu ihr eigenes Recht entwickelten. Und ebenso wie die Kirche waren auch die Universitäten in Verwaltung und Gerichtsbarkeit weitgehend autonom.

Da die Reichsgewalt im 13. Jahrhundert zerfiel und die Territorialfürstentümer erst im Werden und in manchen Regionen noch schwach waren, war es möglich, daß Gemeinden sich zusammenschlossen, um die Wahrung des Landfriedens und ihren eigenen Schutz selbst in die Hand zu nehmen. Auf diese Weise wuchs der Aufbau öffentlicher Gewalten von unten her auf genossenschaftlicher Basis stellenweise über die Gemeindeebene hinaus. *Städtebünde*

1376 entstand ein Schwäbischer, 1381 ein (Ober-)Rheinischer und 1382 ein (Nieder-)Sächsischer Städtebund. Nach militärischen Niederlagen gegen die Fürsten gingen diese Bünde aber 1388/89 unter, zumal sie beim König keinen Rückhalt fanden. Langlebiger waren der 1346 gegründete Oberlausitzer Städtebund und der 1354 entstandene Zusammenschluß von zehn elsässischen Reichsstädten, die beide bei der Friedenssicherung mit dem jeweiligen kaiserlichen Landvogt zusammenarbeiteten und bis Mitte des 16. beziehungsweise bis ins 18. Jahrhundert bestanden. Der mächtigste Städtebund war indessen die Hanse. Nachdem sich norddeutsche Kaufleute in der Fremde zusammengeschlossen hatten, gründeten dann 1358 eine Reihe ihrer Heimatstädte als Antwort auf äußeren Druck den Bund „van der düdeschen hanse". Für ihre wirtschaftlichen Ziele kämpfte die Hanse auch mit politischen und militärischen Mitteln. Die römischen Könige verhielten sich der Hanse gegenüber durchweg gleichgültig, haben sie weder gefördert noch gehemmt. Die Zahl der Mitglieder der Hanse schwankte und war nicht genau abgegrenzt. Sie wuchs bis auf rund 200 Städte, davon 70-80 aktive Mitglieder. Fast alle Hansestädte waren theoretisch einem Landesherrn untertan, doch darum kümmerte man sich in der Hanse wenig. Als gemeinsames Organ gab es Hansetage, die in unregelmäßigen Abständen einberufen wurden. Auf ihnen faßten die Gesandten der Hansestädte gemeinsame Beschlüsse, verhandelten über Krieg und Frieden und ratifizierten Verträge. Im Kriegsfall erhob die Hanse auch Bundessteuern. Genauso wie alle anderen Städtebünde unterhielt sie keine eigenen Streitkräfte, sondern führte Krieg mit den Kontingenten, welche die Mitglieder bei Bedarf stellten.

Da viele Mitglieder nur sporadisch mitarbeiteten und da die einzelnen Städte kein zusammenhängendes Territorium darstellten, war es für die Städtebünde nicht möglich, sich zu wirklichen Staaten weiterzuentwickeln.

In den nordwestlichen Alpen und an der Nordseeküste, beides Gegenden, die abseits der Machtzentren und der Hauptverkehrswege lagen, bildeten sich im 13. Jahrhundert auch von bäuerlicher Wurzel her übergemeindliche Zusammenschlüsse. In den Alpen entstanden im 13. Jahrhundert durch den Zusammenschluß von Dorfgemeinschaften die Alpentalgemeinden Uri, Schwyz, Unterwalden und Glarus, von denen die beiden ersten 1231 und 1240 die Reichsunmittelbarkeit verliehen bekamen. Um ihre Rechte zu wahren, schlossen diese beiden sich mit dem ebenfalls am Vierwaldstätter See liegenden Unterwalden zu einem Ewigen Bund zusammen, der 1291 als Eidgenossenschaft neu festgelegt wurde. Es handelte sich zunächst um eine bündische Einigung wie andere auch; sie hatte nichts zu tun mit einer Auflehnung gegen bestehende Herrschaft und noch weniger mit dem Willen, einen Staat zu gründen. Der Rütlischwur und die Erzählungen von Tells Apfelschuß und Geßlers Hut sind spätere Legenden ohne historischen Kern. Die Eidgenossen strebten die Reichsunmittelbarkeit an, und diese wurde von nichthabsburgischen römischen Königen 1297, 1309, 1316 und 1324 anerkannt. Versuche der Habsburger, die Eidgenossen zu unterwerfen, konnten diese in den Schlachten von Morgarten 1315, Sempach 1386 und Näfels 1388 abschlagen, so daß sie auf Dauer unabhängig blieben. Der Name des anfangs bedeutendsten der Mitglieder, Schwyz, ging dann allmählich als Gesamtbezeichnung auf die ganze Eidgenossenschaft über.

Weniger Erfolg hatte der „Bund op dem See". Nachdem die Appenzeller Bergbauern sich 1401 faktisch aus der Herrschaft des Klosters St. Gallen gelöst hatten, schlossen sie sich 1405 mit anderen Land- und Stadtgemeinden zu einem Bund zusammen, dem nach kurzer Zeit das gesamte Gebiet südlich des Bodensees und in Vorarlberg angehörte. Der schwäbische Adel war über dieses expansive genossenschaftliche Gemeinwesen entsetzt und ging zum Gegenangriff über. 1408 wurde der Bund bei Bregenz besiegt und brach auseinander. Appenzell trat später (1452/1513) als Bauernrepublik ebenfalls in die Schweizer Eidgenossenschaft ein.

An der Nordseeküste schlossen die Menschen sich bei der Besiedlung des sumpfigen Marschlands im 12. Jahrhundert zu Siedlungsverbänden zusammen, die Deichbau und Entwässerung organisierten. Über diese „Geschlechter" hinaus entstanden Kirchengemeinden, und im 13. Jahrhundert schloß man sich zu Ländern zusammen, die jeweils 10-19 Kirchengemeinden umfaßten. Diese Länder waren Stedingen an der Weser unterhalb Bremens, die Länder Wursten, Hadeln und Kehdingen im Dreieck zwischen Weser- und Elbmündung und nördlich der Elbmündung Dithmarschen und Eiderstedt. Stedingen versuchte sich Anfang des 13. Jahrhunderts offenbar aus der Herrschaft des Erzbischofs von Bremen zu befreien. Der Erzbischof und der Graf von Oldenburg konnten 1234 die Stedinger jedoch in der Schlacht von Altenesch vernichtend schlagen, wobei 4.000 Bauern fielen. Die Sieger teilten das Land untereinander auf und beseitigten die Selbstverwaltung weitgehend. In Kehdingen vermochte der Erzbischof seine Landeshoheit in mehreren Feldzügen 1274-1337 durchzusetzen, aber die bäuerliche Selbstverwaltung blieb bestehen. Die Hoheit des Erzbischofs über Wursten und Dithmarschen verflüchtigte sich im 13. Jahrhundert indessen völlig. Wursten gelang es, mehrere Eroberungsversuche des Erzbischofs in siegreichen Schlachten abzuwehren, ebenso wie Dithmarschen 1319 und 1404 solche der Grafen von Holstein. Hadeln und Eiderstedt verwalteten sich selbst unter einer losen Oberhoheit des Herzogs von Sachsen-Lauenburg bzw. des dänischen Königs.

Während es an der Nordseeküste bei isolierten Bauernrepubliken blieb, erweiterte sich der Bund der Schweizer Talgemeinden Mitte des 14. Jahrhunderts durch den Beitritt von Zug und Glarus sowie der Städte Zürich, Luzern und Bern. Die Bundesmitglieder nannte man Orte, seit dem 17./18. Jahrhundert Kantone. Bald beschränkte sich die Eidgenossenschaft auch nicht mehr auf Verteidigung, wie die stets nur defensiven Nordseebauern, und auf freiwillige Beitritte. Seit 1415 griff die Eidgenossenschaft selbst erobernd aus, und auch die einzelnen Orte versuchten jeder für sich andere Gebiete zu unterwerfen und so ein Territorium aufzubauen, besonders die Städte, wobei sie oft in Kämpfen heftig aneinandergerieten. Dadurch wuchs die Schweizer Eidgenossenschaft zu einem großräumigen und damit wesentlich stärkeren Gebilde heran, als die auf sich gestellten Bauernländer an der Nordsee es sein konnten. Zugleich wurden damit aber die genossenschaftlich organisierten Länderorte zunehmend von den Stadtorten in den Schatten gestellt und von Herrschaftsgebieten eingekapselt, deren Bewohner über ihre Untertanenrolle durchaus nicht glücklich waren. Die einzelnen Orte der Schweizer Eidgenossenschaft blieben selbständige Territorien ohne gemeinsame Streitkräfte, Außenpolitik und Zentralbehörden. Als einziges Bundesorgan gab es seit 1421 regelmäßige Tagsatzungen, d.h. Versammlungen der Vertreter der einzelnen Bundesmitglieder, die aber nur einstimmig beschließen konnten. Diese lockere Struktur der Eidgenossenschaft blieb bis Ende des 18. Jahrhunderts unverändert.

In den Länderorten der Schweiz traten alle Hofbesitzer einmal im Jahr als Landsgemeinde zusammen, welche die Beamten wählte, Gesetze erließ und als höchstes Gericht fungierte. Die Bauernrepubliken an der Nordsee hatten dagegen einen zweistufigen Aufbau: die Gemeindeversammlung in den Kirchspielen wählte für diese Gemeindebeamte und Schöffen, und Vertreter aus den Kirchspielen bildeten dann die Landesversammlung. An der Spitze stand in Dithmarschen seit 1448 ein gewählter Rat als Obergericht, der zunehmend zur Landesregierung wurde, ebenso in Hadeln und Eiderstedt. In der Praxis waren sowohl an der Nordsee wie in den eidgenössischen Länderorten auf den Versammlungen einige wenige einflußreiche Familien tonangebend. Unfreiheit und Adel, die es im 13. Jahrhundert sowohl in den Bauernrepubliken in den Alpen wie an der Nordsee gab, verschwanden im Laufe des späten Mittelalters allmählich. Allen Bauernrepubliken war gemeinsam, daß dort viel länger als in sämtlichen anderen deutschen Gebieten Geschlechterverbände bestanden, die legal Blutrache und Eideshilfe übten, nämlich bis weit ins 15. Jahrhundert hinein, in Dithmarschen sogar bis Mitte des 16. Jahrhunderts — notwendige Kehrseite der Tatsache, daß es keine obrigkeitliche Friedenssicherung gab. Freiheit und Frieden gingen nicht zusammen.

Stände

Das politische Leben des späten Mittelalters kannte auch noch andere genossenschaftliche Zusammenschlüsse. Die Herrschaftsträger, die nicht zur Landeshoheit gelangten, schlossen sich innerhalb der Territorien seit dem 13. Jahrhundert zu Ständen zusammen. Diese wurzelten in dem Grundsatz, daß ein Herrscher mit Rat und Hilfe der Großen seines Herrschaftsbereichs zu regieren habe, und zum Teil knüpften sie auch direkt an hochmittelalterliche Hof- oder Lehenstage an. Ihr Hauptziel bestand darin, gemeinsam ihre Rechte gegenüber Ansprüchen des Fürsten zu wahren. In manchen Territorien strebten die landsässigen Adligen sogar danach, von der landesherrlichen Gewalt völlig frei und damit reichsunmittelbar zu werden. Ferner opponierten die Stände gegen Landesteilungen, die Veräußerung von Teilen des Territoriums und gegen Münzverschlechterungen. Vor allem der steigende Geldbedarf der Fürsten erwies sich als Antrieb für das Entstehen der Stände. Durch das Aufkommen von Söldnern wurden die Fürsten zwar weniger vom Lehensaufgebot ihrer Vasallen abhängig, dafür aber von den Steuern der Landeseinwohner. Die Fürsten strebten danach, auch von den landsässigen Herren Steuern zu erheben als eine Form der Hilfe, wofür sie ihrer Zustimmung bedurften, jene wollten am liebsten gar nichts zahlen. Meist einigte man sich in Verhandlungen, daß außerordentliche Steuern in wenigen besonderen Fällen erhoben werden durften wie schwere Landesnot, Kriegsgefangenschaft des Fürsten und Aussteuer für seine Tochter. Seit dem 14. Jahrhundert mußte manchmal ein Fürst beim Regierungsantritt in einem schriftlichen Vertrag den Ständen ihre Rechte garantieren. Hier entstanden Vorformen geschriebener Verfassungen. Letztlich war die Haltung der Stände nicht darauf gerichtet, dauerhaft mitzuregieren und ein Steuerbewilligungsrecht zu erlangen, sondern bloß abwehrend. Die Einungen der Stände brachen auch immer wieder auseinander, und die Fürsten riefen die Stände ihres Landes bis Mitte des 15. Jahrhunderts nur unregelmäßig und möglichst selten zusammen. Obwohl die Landstände also relativ ungeformt blieben, kristallisierten sich immerhin innerhalb der einzelnen Landstände verschiedene Gruppen heraus, nämlich die adligen Grundherren, die geistlichen Grundherren und die Städte. In Böhmen, Schlesien, Österreich, Steiermark und Kärnten bildeten die landsässigen Grafen und Herren einerseits und der niedere Adel andererseits getrennte Stände. In geistlichen Fürstentümern spielte außerdem innerhalb der Stände das Domkapitel eine große Rolle, also das Kollegium der Geistlichen der Bischofskirche. Dieses ergänzte sich selbst und wählte seit dem 13. Jahrhundert den Bischof allein. Das Domkapitel war genauso wie der Bischof ein großer Grundherr.

Bürger-
kämpfe
Der wachsende Finanzbedarf wurde seit Anfang des 14. Jahrhunderts auch in fast allen größeren Städten Quelle innerer Konflikte und Auseinandersetzungen. Anfangs ergänzte der Rat einer Stadt sich meist selbst, wobei er die Mitglieder aus einem kleinen Kreis von Patriziern nahm und auf Lebenszeit ernannte. Wenn Kriege und andere Ausgaben dazu führten, daß der Stadtrat sich hoch verschuldete und Steuern von der Gesamtheit der Stadtbürger forderte, provozierte dies oft Unzufriedenheit und Widerstand der Zünfte gegen die Alleinherrschaft der Patrizier. Diese entlud sich dann in Zusammenläufen, Sturm auf das Rathaus, Petitionen und auch gewaltsamen Aufständen. Teils kam es zu Verhandlungslösungen, manchmal wurden die Anführer der unterlegenen Partei auch hingerichtet. Das Ergebnis dieser Auseinandersetzungen sah in den einzelnen Städten verschieden aus. In einigen Städten blieb die Patrizierherrschaft weitgehend unangefochten, so in Nürnberg, oder konnte sich wieder etablieren, z.B. in Lübeck und Frankfurt a.M.; in einigen Fällen setzten die Zünfte ihre Alleinherrschaft durch, etwa in Köln 1396; meist kam es zu einem gemischten Regiment, sei es mit einer paritätischen Besetzung des Rates wie in Zürich 1336, Konstanz 1370 und Wien 1396, sei es mit anderen Besetzungsschlüsseln, sei es in der Form, daß nebeneinander ein engerer patrizischer und ein weiterer zünftischer Rat bestanden. In manchen Städten wechselte die politische Ordnung auch mehrfach, etwa in Speyer, wo 1304 die Zünfte eine Teilnahme an der Macht erlangten, 1317 die Patrizier die Alleinherrschaft wiedererrangen, 1327 die Zünfte erneut zur Mitregierung und 1349 zur Alleinherrschaft kamen und 1380 der Rat abermals patrizisch wurde. Die Kleinen Leute spielten bei den Bürgerunruhen eine Rolle als Masse, die politischen Druck ausübte, aber angeführt wurde die bürgerliche Opposition im allgemeinen von Kaufmannszünften oder solchen Mitgliedern in Handwerkszünften, die durch Handel reich geworden waren. Da die Ratsämter ehrenamtlich blieben, konnte sie praktisch nur jemand überneh-

men, der aufgrund von Vermögenseinkünften aus der täglichen Berufsarbeit abkömmlich war. So blieben auch nach Bürgerkämpfen, die für die Zünfte erfolgreich verlaufen waren, die politischen Führungsämter in den Händen der städtischen Oberschichten, die aber jetzt auf den Konsens breiterer Kreise angewiesen waren. Die Machtverhältnisse zeigten sich auch in der Verteilung der Steuerlasten. Bei Vermögenssteuern wurden die Reichen meist prozentual geringer besteuert als die Ärmeren, die Verbrauchssteuern auf Massenkonsumgüter belasteten stärker die Unterschichten, da bei ihnen Massenkonsumgüter einen größeren Anteil des Gesamtkonsums ausmachten, und an den Zinsen städtischer Anleihen verdienten nur die Reichen, die entsprechende Geldmittel zur Verfügung stellen konnten.

Weltliche und geistliche Fürstentümer, Ordensstaat, Stadt- und Bauernrepubliken, patrizische und zünftische Stadtverfassungen, halbstaatliche Städtebünde und andere Landfriedensbünde – eine große Vielzahl verschiedener Formen politischer Ordnung keimte im späten Mittelalter im deutschen Raum auf. Auf dem Weg zu festeren Institutionen und mehr Rechtssicherheit kamen die großen Städte am weitesten voran, während hier die Staatsbildungen auf bäuerlich-genossenschaftlicher Basis am weitesten zurückblieben. Unumschränkte Macht eines einzelnen ließ sich im späten Mittelalter nirgends finden; stets waren die mächtigen einzelnen faktisch mehr oder weniger durch andere eingeschränkt. Im hohen Mittelalter hatte es „Mitbestimmung" nur in direkter Form auf Hof- und Lehenstagen und ohne förmliche Regelungen gegeben. Im Laufe des späten Mittelalters wurde zunehmend institutionalisiert, wer wo mitreden durfte, während das Verfahren selbst noch relativ offen blieb. Es gab jetzt nicht nur die direkte Mitbestimmung – so der Hofbesitzer in der Dorfgemeinde oder Landsgemeinde, der weltlichen und geistlichen Grundherren auf der Ständeversammlung und auch der Zunftmitglieder in den Zünften –, sondern es war auch das Repräsentativprinzip entstanden, etwa wenn Zünfte Vertreter in den Stadtrat wählten, die Kirchspiele norddeutscher Bauernrepubliken Vertreter zur Landesversammlung, Städte Vertreter zur Landständeversammlung oder zum Städtetag eines Städtebunds und eidgenössische Orte Vertreter zur Tagsatzung schickten. Die sich selbst verwaltenden genossenschaftlichen Verbände entwickelten verschiedene Formen, um zu verhindern, daß ein einzelner zuviel Macht gewann und diese mißbrauchte. Sie strebten danach, möglichst viel in der Vollversammlung von den Genossen selbst beschließen zu lassen. Amtsträger wurden nur für begrenzte Zeit eingesetzt und waren rechenschaftspflichtig, oft richtete man wichtige Regierungs- und Verwaltungsämter als Kollegialorgane ein, und Delegierte blieben im allgemeinen an Weisungen gebunden. Das alles war keine Demokratie, denn politische Mitwirkungsrechte gründeten nicht in einer naturrechtlichen Gleichheit aller Individuen, sondern darin, daß bestimmte Leute einer bestimmten Genossenschaft angehörten. Sehr viele besaßen deshalb auch gar keine Möglichkeit, politisch mitzuwirken, aber im ganzen gesehen war das genossenschaftliche Element autonomer Selbstbestimmung im späten Mittelalter stärker ausgeprägt als in jeder anderen Epoche der deutschen Geschichte vor Mitte des 19. Jahrhunderts.

Herrschaftliches und genossenschaftliches Prinzip

3.7 Außenpolitik ohne Reich

Stellung des Reiches in Europa Seitdem im hohen Mittelalter in jenen Gegenden, die im Osten und Norden an das römisch-deutsche Reich angrenzten, christliche und souveräne Staaten entstanden waren, lag das Reich nicht mehr am Rand des christlichen Europas, sondern innerhalb desselben zwischen Westen und Osten. Diese Mittellage hat seitdem die deutsche Geschichte nachhaltig beeinflußt. Ein einiges und zentral regiertes römisch-deutsches Reich wäre auch weiterhin die stärkste politische Macht in Europa gewesen, doch da es im Innern zersplittert und seine Zentralgewalt schwach war, blieb es außenpolitisch ohnmächtig. Als mächtigster Herrscher Europas stand im 13. Jahrhundert der französische König da. Die Machtlosigkeit der deutschen Zentralgewalt, die vor allem auch über kein Reichsheer verfügte, führte dazu, daß es eine Außenpolitik des Reiches im späten Mittelalter fast nicht gab. So wurden die Beziehungen der Deutschen zu anderen Reichen weitgehend von den Partikulargewalten getragen und gestaltet, also von den einzelnen Fürsten, dem Deutschen Orden und der Hanse. Diese konnten in der Außenpolitik eine starke Zentralgewalt jedoch nicht ersetzen.

Nachdem die schlesischen Teilfürstentümer sich aus Angst vor einem wiedererstarkten Polen zwischen 1289 und 1335/48 eines nach dem anderen unter die Lehenshoheit Böhmens begeben hatten und Schlesien somit indirekt, aber endgültig zu einem Teil des römisch-deutschen Reiches geworden war, dehnte sich das Gebiet des Reiches nicht mehr weiter aus. Seitdem ist es nur noch geschrumpft.

Auch die Form der außenpolitischen Beziehungen hatte sich gegenüber dem hohen Mittelalter gewandelt. Die Territorialfürsten versuchten, die Kronen von so vielen Ländern wie möglich im Besitz einer Dynastie zu sammeln und griffen dabei mit ihrer dynastischen Erbschaftspolitik unbekümmert über die Reichsgrenzen hinweg, als ob es diese gar nicht gäbe. Das galt sowohl für den Osten, wo auch die Hausmachtpolitik der Luxemburger und Habsburger über die Reichsgrenzen hinauslangte, wie auch für den Westen. Die deutsch-französische Grenze löste sich im 12. und 13. Jahrhundert immer mehr auf, indem Lehensverpflichtungen der Territorialherren hinüber und herüber griffen, viele Herren Gebiete auf beiden Seiten der Grenze besaßen und deshalb beiden Königen huldigten. Die Zugehörigkeit beziehungsweise Nichtzugehörigkeit der so erworbenen Länder zum Reich blieb dabei formal unberührt, weil für diese die lehens-rechtlichen Beziehungen maßgeblich waren. Die Gewinne deutscher Fürsten stellten rein dynastische Erwerbungen dar, die mit dem bisherigen Besitz nur in Personalunion verbunden und nicht dem Reich eingegliedert wurden. Die Reichsgrenze verschob sich also nicht, aber zunehmend verlor der Unterschied zwischen innerhalb und außerhalb des Reiches an Bedeutung.

Während der römisch-deutsche und der französische König sich im hohen Mittelalter wenig umeinander gekümmert hatten, war es mit dieser Ruhe seit dem 13. Jahrhundert vorbei. Das erstarkte französische Königtum versuchte Ende des 13. und Anfang des 14. Jahrhunderts, den Deutschen die Kaiserkrone abzugewinnen. Viermal kandidierte das französische Königshaus bei den Wahlen zum römischen König, wiederholt versuchte es, den Kurfürsten das Recht zur Kaiserwahl abzukaufen. Doch es war vergeblich. *Das Reich und Frankreich*

Größere Erfolge konnte Frankreich dagegen in territorialer Hinsicht verbuchen. Da das Reich zersplittert und sein Königtum weitgehend machtlos war und da sich das Schwergewicht der großen Fürsten und auch des Königtums nach Osten verlegt hatte, trat den französischen Expansionsbestrebungen kein ernsthafter Widerstand entgegen. Frankreich eignete sich im Laufe des späten Mittelalters nicht nur den Süden und die Mitte des Königreiches Burgund an, sondern bis 1300 hatte es seine Grenze auch an die Maas vorgeschoben. Das französische Vordringen vollzog sich nicht mit brutaler Gewalt in offenem Krieg, sondern in vielen kleinen Schritten und möglichst geräuschlos. Es war ein Kleinkrieg, in welchem die französische Seite aufgrund von juristischen Finessen und Erpressungen einzelne Verwaltungsakte auf Reichsgebiet vornahm und diese dann später als Präzedenzfälle französischer Hoheit ausgab. So wurde bald hier, bald dort ein Stück aus dem Reichsgebiet herausgebissen. Frankreich bemäntelte seine Ausdehnungspolitik auch mit der juristischen Fiktion, es sei mit dem karolingischen Frankenreich identisch und würde nur Gebiete zurückgewinnen, die insofern rechtlich früher zu ihm gehört hätten. Das Hauptgewicht der französischen Machtpolitik richtete sich jedoch nicht gegen das römisch-deutsche Reich, sondern gegen den englischen König, der weite Gebiete innerhalb Frankreichs besaß. Als darüber 1339 der Hundertjährige Krieg ausbrach, der sich bis 1453 hinzog, nahm dieser dann die Macht des französischen Königs voll in Anspruch, so daß der französische Druck auf die deutsche Westgrenze nachließ. Der römische König Ludwig IV. griff 1340 in den Kampf ein, aber ohne Erfolg. Das Unternehmen wurde nicht wiederholt. Die römischen Könige versuchten nicht, aus dem französisch-englischen Krieg für sich Nutzen zu ziehen. In einer Pause des Hundertjährigen Kriegs wandte der französische König sich dagegen sofort gegen das römisch-deutsche Reich, indem seine Truppen 1444 in Lothringen und im Elsaß einfielen und er diese Gebiete aufforderte, sich zu unterwerfen. Als diese solches Ansinnen verweigerten, zogen die Franzosen jedoch ergebnislos wieder ab. Bei diesem Vorstoß erhob der französische König zum ersten Mal in einem offiziellen Dokument den Anspruch, alle Gebiete westlich des Rheins seien alter Besitz der französischen Krone, der zurückgewonnen werden müsse. Diese Idee trat danach zwar zunächst wieder in den Hintergrund, lebte in den folgenden Jahrhunderten aber latent weiter.

Im Laufe des 15. Jahrhunderts setzte dann das Herzogtum Burgund unter seinen französisch gesinnten Herrschern den Prozeß der Auflösung der deutsch-französischen Grenze fort, nun aber auf Kosten beider Seiten.

Ebenso wie im Westen trat auch im Norden die Zentralgewalt nicht in Erscheinung. Als der dänische König Erich Menved zu Anfang des 14. Jahrhunderts noch einmal, wenn auch letztlich vergeblich versuchte, die dänische Herrschaft über Holstein und Mecklenburg auszudehnen, veranlaßte der römisch-deutsche König keine Gegenmaßnahmen. Im späten Mittelalter war es die Hanse, die im Ostseeraum dem deutschen Kaufmann jenen Schutz zu geben versuchte, den die Reichsgewalt nicht bot. Als der dänische König die Vorrechte der Hanse in Dänemark nicht mehr anerkennen wollte, kam es 1361 zum Krieg mit den Hansestädten. Zwar wurde 1362 eine Hanseflotte geschlagen, aber 1367-70 ging die Hanse erneut und diesmal erfolgreich gegen Dänemark vor. Im Frieden von Stralsund 1370 mußte der dänische König die Vorrechte der Hanse in Dänemark anerkennen und ihr bei der dänischen Thronfolge ein Zustimmungsrecht einräumen. Aus eigener Kraft und ohne Rückhalt beim römisch-deutschen König, der mit dem Dänenkönig paktiert hatte, war der Städtebund damit zur politischen Vormacht in Nordeuropa geworden. Die Hanse betrieb aber keine ausgreifende Machtpolitik, die auf territoriale Gewinne abgezielt hätte, sondern beschränkte sich darauf, ihre Handelsstellung zu wahren und ihre wirtschaftlichen Vorrechte zu sichern. Das ganze 15. Jahrhundert über mußte die Hanse immer wieder darum kämpfen, ihre Stellung zu behaupten. 1418-43 befand sie sich in einem militärischen Konflikt mit Spanien. Als Dänemark anfing, von jedem durch den Sund fahrenden Schiff Zoll zu erheben und den Handel der Hanse in Dänemark zu beschränken suchte, gab es 1426-35 erneut bewaffnete Kämpfe zwischen der Hanse und Dänemark. Und nachdem die Engländer seit den 1440er Jahren wiederholt gewalttätig gegen den Hansehandel vorgegangen waren, führte die Hanse 1468-74 auch gegen England Krieg. In allen drei Fällen konnte die Hanse ihre wirtschaftlichen Vorrechte in den Friedensschlüssen leidlich behaupten.

Im Nordosten war der Deutsche Orden das führende deutsche Territorium. Als in Pommerellen, ursprünglich der östlichste Teil Pommerns, 1294 die dortige Dynastie ausstarb, kam es um dieses Land zum Streit zwischen Brandenburg und Polen. Letzteres rief den Deutschen Orden zu Hilfe. Der besetzte Pommerellen, fügte es dann aber seinem eigenen Staatsgebiet ein. Damit hatte der Deutsche Orden die Landbrücke zwischen Preußen und dem übrigen Reichsgebiet gewonnen.

Die Ordensritter unternahmen auch ständig neue Vorstöße gegen die heidnischen Litauer, die sie bald mehr als Abenteuer und Sport denn als Krieg betrieben. Zu dauernden Eroberungen führte dies indessen nicht. Der Deutsche Orden gewann aber 1398 mit Samaiten auch noch das Verbindungsstück zwischen dem preußischen und dem livländischen Ordensgebiet und besetzte vorübergehend die Insel Gotland, um so die von dort ausgehende Piraterie zu beenden. Damit erreichten die territoriale Ausdehnung und die Machtstellung des Deutschen Ordens ihren Höhepunkt.

Nachdem 1385 Polen und Litauen eine Union eingegangen waren, veränderte sich die Lage jedoch bald zu Ungunsten des Ordens. Indem Litauen zum christlichen Glauben übertrat, verlor der Orden seine Missionsaufgabe, und das stellte seine Existenzberechtigung überhaupt in Frage. Das nun entstandene polnisch-litauische Großreich drohte den Orden übermächtig zu umklammern. Das Verhältnis zwischen beiden Staaten spitzte sich rasch feindselig zu. Darauf entschloß sich der Deutsche Orden, präventiv gegen Polen loszuschlagen. In der Schlacht bei Tannenberg 1410 erlitt er aber eine vernichtende Niederlage, und in Preußen war der Orden kurz davor, völlig zusammenzubrechen. Als dann Hilfsheere aus dem übrigen Deutschland und aus Livland heranrückten, zogen sich jedoch die Truppen des polnischen Königs zurück. 1411 erreichte der Orden in Thorn einen noch erträglichen Frieden, in dem er nur auf Samaiten verzichtete und ein hohes Lösegeld für die Gefangenen bezahlte, sonst aber kein Gebiet verlor. In der Folgezeit entspannen sich indessen neue Grenzkriege. Überdies begann es im Inneren Preußens zu gären: die Stände forderten Mitspracherecht in dem allein vom Orden regierten Staat. Als es zum offenen Konflikt zwischen dem Hochmeister und den Ständen kam, riefen diese 1454 den polnischen König zu Hilfe und unterstellten sich ihm. Der König ergriff sofort die Gelegenheit beim Schopf, den polnischen Machtbereich auszuweiten. Nationale Motive spielten bei diesem Kampf keine Rolle; die Stände fühlten nicht polnisch, sondern wandten sich einfach an den nächstliegenden möglichen Verbündeten, der sich ihnen im Konflikt mit dem Landesherrn bot. Dreizehn Jahre lang verheerte der Krieg Preußen. Von der schwachen Reichsgewalt wurde der Orden nicht unterstützt. Beim Friedensschluß 1466 fielen Pommerellen, Kulmerland und Ermland als „Preußen königlichen Anteils" an die polnische Krone, behielten aber vom polnischen getrennte Landtage. Für das restliche Preußen mußte der Hochmeister eine Oberhoheit des polnischen Königs anerkennen, ihm einen Treueid leisten und sich zu Heeresfolge verpflichten. Damit schied Preußen aus dem Reichsverband aus.

Durch diese Ereignisse hatte das römisch-deutsche Reich im Laufe des späten Mittelalters eine Reihe von Gebieten verloren. Der Grund für diese ungünstige Entwicklung lag unzweifelhaft in der Schwäche der Reichsgewalt. Die aggressiven Expansionsbestrebungen Frankreichs, die Ende des 13. Jahrhunderts an der Westgrenze des Reichs begonnen hatten, sollten dann, mit wechselnder Intensität, bis ins 19. Jahrhundert hinein die politischen Beziehungen zwischen dem deutschen Hauptstaat und Frankreich wesentlich bestimmen.

Bilanz

3.8 Erbe

Entwicklungen des späten Mittelalters reichen in mehrfacher Form in die heutige Zeit hinein. Dabei handelt es sich bezeichnenderweise nicht um folgenreiche politische Entscheidungen, sondern um weiterwirkende Strukturen. Mit der Ostsiedlung wurde der Lebensraum des deutschen Volkes gewaltig ausgedehnt. Wenn auch die Gebiete östlich von Oder und Neiße und in Böhmen 1945 als deutsches Siedlungsgebiet wieder verloren gingen, so ist doch das Gebiet der späteren DDR und der Ostrand Österreichs bis heute deutsch geblieben. Mit den Städten hat ein neues, höchst wichtiges Element in der deutschen Geschichte Fuß gefaßt. 75 Prozent der heutigen deutschen Städte sind zwischen 1150 und 1450 gegründet worden. Ihr äußeres Erscheinungsbild hat sich indessen völlig gewandelt; wo Touristikwerbung heute Stadtteile als „mittelalterliches Stadtbild" verkauft, handelt es sich durchweg um Bauten erst des 16. Jahrhunderts. Bürgerhäuser aus dem Mittelalter haben sich fast gar nicht erhalten, Stadtmauern selten, dagegen zahlreiche Kirchen und Rathäuser. Auch die Straßenführung in den Innenstädten folgt oft noch dem mittelalterlichen Verlauf, da die Häuser im allgemeinen einzeln durch Neubauten ersetzt wurden, aber nicht für einen ganzen Straßenzug auf einmal. Städtische Tradition äußert sich jedoch nicht nur in baulicher Substanz. Dazu gehören auch der Beginn spezialisierten Gewerbes und marktwirtschaftlicher Produktion, die Rolle der Städte als wirtschaftliche und kulturelle Zentren und die städtische Selbstverwaltung, deren Praxis zwar in späteren Jahrhunderten beschnitten wurde, die als Idee aber bis heute nie verschwunden ist. Die freiheitlichen Ansätze bäuerlicher Gemeinden und Republiken konnten dagegen keine dauerhafte Tradition begründen, ausgenommen in der inneren Schweiz. Die Gründung der Schweizer Eidgenossenschaft stellt überhaupt ein wichtiges Ereignis dieser Epoche dar. Zum Erbe des späten Mittelalters gehört ferner, daß im deutschen Raum Universitäten entstanden. Kontinuität besteht in der Idee der Universität als solcher und in einigen damals gegründeten Universitätsstandorten, während sich die innere Ausgestaltung und Struktur der Universitäten seitdem sehr verändert hat. Weniger auffällig, aber durchaus bedeutsam ist die Entwicklung im Erbrecht: die in dieser Epoche entstandenen Gebiete mit Realteilung und mit Anerbenrecht sind als solche bis ins 20. Jahrhundert bestehen geblieben. Dabei hat die Sitte der Realteilung zu Kleinbetrieben und Flurzersplitterung geführt und damit eine Agrarstruktur geschaffen, die es in diesen Gebieten heute besonders schwer macht, eine moderne, ertragreiche Landwirtschaft zu betreiben. Das bringt für die landwirtschaftlichen Betriebe in diesen Teilen Deutschlands beträchtliche, recht aktuelle Anpassungsprobleme mit sich. Daß die Staatsgewalt begann, Straftaten von sich aus durch einen öffentlichen Ankläger zu verfolgen und zu erforschen, hat ein bis heute praktiziertes Grundprinzip des Prozeßwesens begründet.

Zu diesem direkten Erbe aus dem späten Mittelalter kommen jene Entwicklungen hinzu, die hier einsetzen und als Trend bis heute weiterlaufen, deren spätmittelalterliche Form aber nur die ersten Anfänge darstellt und von deren heutigem Erscheinungsbild noch sehr verschieden ist. Hierzu gehören die steigende Verschriftlichung in Verwaltung und Handel, die Intensivierung öffentlicher Regelungen und die Ansätze, Verwaltung zu institutionalisieren, ebenso die steigende Fähigkeit der Gebildeten, systematisch und abstrakt zu denken. Auch die Rezeption antiker Philosophen muß hier genannt werden, da diese das philosophisch-wissenschaftliche Denken bis ins 20. Jahrhundert nachhaltig beeinflußt haben.

4.

Von der bürgerlichen Frühblüte zum Vernichtungskrieg: 1470-1648

4.1 Volk und Hochsprache

Das 16. Jahrhundert brachte eine Neuerung, die für die Existenz der Einheit des deutschen Volkes höchst bedeutend war: das Entstehen einer deutschen Gemeinsprache. Seit Ende des 15. Jahrhunderts nahmen die Kontakte zwischen den einzelnen deutschen Landschaften geradezu explosionsartig zu. Der Buchdruck machte es möglich, daß ein und derselbe Text vielfach und an verschiedenen Orten verbreitet wurde, und auch die Intensivierung des Fernhandels vervielfachte die Kontakte. Diese steigende Kommunikation förderte die Vereinheitlichung der Schriftsprache. Die Reformation verhalf der Spracheinheit dann endgültig zum Durchbruch. 1522 übersetzte Martin Luther das Neue Testament in der meißnischen Kanzleisprache, einer mitteldeutschen Mundart, und schuf damit ein sprachgewaltiges Vorbild deutscher Sprache. Mit der Reformation breitete sich Luthers mitteldeutsche Sprache immer weiter aus. Die verschiedenen deutschen Schriftsprachen verschwanden im Laufe des 16. Jahrhunderts zunehmend. Parallel dazu setzte sich das Mitteldeutsche nach und nach als Umgangssprache durch, zuerst bei den Gebildeten und der Oberschicht, zuletzt bei der städtischen Unterschicht und der ländlichen Bevölkerung. Um 1600 war das Niederdeutsche als Schriftsprache tot und verlor seitdem auch als Umgangssprache zunehmend an Boden, als welche es aber teilweise selbst in gebildeten Kreisen noch bis ins 19. Jahrhundert vorkam. Im oberdeutschen Raum traf das Lutherdeutsch auf stärkere Widerstände. Dort galt es zunächst als „protestantischer Dialekt", so daß sich lange eine mitteldeutsch-evangelische und eine oberdeutsch-katholische Schriftsprache gegenüberstanden. Letztere hielt sich teilweise noch bis ins 18. Jahrhundert. Anfangs gab es neben diesen beiden auch noch eine schweizerische reformierte Schriftsprache. Ende des 17. Jahrhunderts verzichtete die Schweiz aber auf eine eigene Schriftsprache als zu provinziell und übernahm die werdende deutsche Gemeinsprache. Obwohl die Eidgenossenschaft sich politisch aus dem Reichsverband löste und langfristig eine eigene Staatsnation wurde, entschieden sich die Deutsch-Schweizer damit bewußt dafür, weiter Deutsche zu sein und bezeichneten sich auch selbst als solche. Die Niederländer und Flamen machten das Aufkommen der mitteldeutschen Sprache dagegen nicht mit. Zu stark war hier die Absonderung geworden durch den konfessionellen Gegensatz

Entstehen der deutschen Einheitssprache

253

der überwiegend reformierten Niederländer zu den übrigen Deutschen, durch die politische Verselbständigung vom Reich und durch eine eigene Kulturblüte ab 1500, die anderen Elementen das Eindringen erschwerte. Im Laufe des 16. Jahrhunderts entwickelte man die holländische Mundart zu einer eigenen niederländischen Hochsprache weiter, die sich dann im 17. Jahrhundert im ganzen Staatsgebiet der Niederlande durchsetzte, so daß die politische Grenze auch zur Volksgrenze wurde. Die Eigenbezeichnung „deutsch" fand sich bei den Niederländern im Laufe des 16. Jahrhunderts allmählich durch „nederlandsch" verdrängt. So entstand hier im Unterschied zur Schweiz nicht nur eine eigene Staatsnation, sondern parallel dazu auch ein eigenes Volk, womit die Niederländer aus der weiteren Geschichte des deutschen Volkes ausschieden.

Nachdem die hochdeutsche Gemeinsprache in allen deutschen Landen zur Schriftsprache geworden war, dauerte es aber noch bis zum Beginn des 20. Jahrhunderts, bis sie sich auch bei der Unterschicht als Umgangssprache gegen die Mundarten durchgesetzt hatte.

An den Volksgrenzen

Die Volksverhältnisse an den Grenzen des deutschen Siedlungsraums änderten sich in dieser Epoche nur wenig. In den Städten Polens und Ungarns wurden die Deutschen im 16. Jahrhundert endgültig verdrängt und entnationalisiert, und ebenso wurden die restlichen Preußen weiter eingedeutscht. In Böhmen wurde Ende des 15. Jahrhunderts das Deutsche als Gerichtssprache verboten und nur noch das Tschechische zugelassen. Trotzdem wanderten wieder Deutsche nach Böhmen ein, sowohl in die innerböhmischen Städte als auch in die deutschsprachigen Randgebiete, deren Umfang sich ausdehnte. Schließlich holte der tschechische Adel mit dem böhmischen Sprachgesetz von 1615 zu einem großen Schlag aus, der die Existenz der Deutschen in Böhmen vernichten sollte: wer nicht Tschechisch lernen wollte, sollte binnen eines Jahres das Land verlassen, und Grundbesitz sollte nur noch an Nachkommen vererbt werden, welche die tschechische Sprache beherrschten. Die Niederlage des böhmischen Adels gegen den Kaiser 1620 verhinderte dann jedoch, daß dieses Gesetz durchgeführt wurde. Im deutsch-polnischen Kontaktbereich lebten nach der Pause im 15. Jahrhundert im 16. Jahrhundert noch einmal einige Siedlungsaktivitäten auf. Im östlichen Pommern wurden die Reste des Grenzwaldstreifens gerodet und dieses Gebiet von Deutschen besiedelt. In den Flußniederungen Polens, besonders der Weichsel, deren sumpfiges Land sich nur schwer erschließen ließ, gründeten deutsche Siedler zahlreiche Dörfer. Außerdem ließen sich zigtausend Deutsche, die zu Anfang des 17. Jahrhunderts wegen ihrer Konfession durch die habsburgische Rekatholisierung aus Schlesien vertrieben wurden, im benachbarten Polen nieder, wo damals konfessionelle Toleranz herrschte. Sie gründeten dort deutsche Städte, die vor allem von der Herstellung qualitativer Tuchwaren lebten. Da das Städtewesen in Polen in jener Zeit allgemein verfiel, stellten diese neuen deutschen Städte für Polen einen wichtigen Aktivposten dar.

Im östlichen Niederösterreich entstand im 16. und zu Anfang des 17. Jahrhunderts eine neue volkliche Minderheit. Etwa 100.000 Kroaten, die nach den Einfällen der Türken aus dem Süden geflohen waren, wurden dort angesiedelt. Im 18. und 19. Jahrhundert ließen sie sich weitgehend eindeutschen, doch einige Reste haben sich dort noch bis heute als Minderheit erhalten.

Zigeuner

Die Deutschen lernten in dieser Epoche noch Angehörige eines weiteren Volks als Minderheit unter sich kennen: die Zigeuner. Zu Anfang des 15. Jahrhunderts wanderten Sippen dieses nomadischen Volkes aus Südosteuropa ins römisch-deutsche Reich ein und breiteten sich seitdem dort aus. Die Zigeuner lebten vor allem von Schaustellung, ferner von Handwerk und Bettelei und zumindest der Volksmeinung nach auch von Betrug und Diebstahl. Bald mischten sich auch deutsche Diebe, Mörder, Bettler und anderes Gesindel unter die Zigeuner, um sich dem Zugriff der Obrigkeiten zu entziehen und bei den Zigeunersippen Schutz zu suchen. Ende des 15. Jahrhunderts wurden die Zigeuner dann für vogelfrei erklärt und seitdem verfolgt. Örtliche und regionale Obrigkeiten vertrieben sie immer wieder aus ihren Gebieten, auch deshalb, weil man sie für Spione der gefürchteten Türken hielt oder überhaupt mit diesen verwechselte. Als die Staatsorgane im 17. und 18. Jahrhundert erstarkten und sich ganz allgemein gegen Bettler, Wegelagerer und Gaukler wandten, verfolgten sie auch die Zigeuner intensiver. Diese wurden ständig von einem Territorium ins andere gescheucht und manche auch gebrandmarkt und hingerichtet, was bis Ende des 18. Jahrhunderts andauerte. Da die Zigeuner schriftlose, analphabetische Nomaden ohne regelmäßige Erwerbstätigkeit waren und zunehmend verelendeten, gerieten sie im 19. Jahrhundert in einer Gesellschaft, in der sich bürgerliche Normen und Arbeitsauffassung verbreiteten, in die Rolle verwahrloster Asozialer. Man stellte sie Landstreichern gleich und versuchte, sie mit Arbeitszwang und Zwangserziehung zu einer anderen Lebensweise zu bringen.

Nachdem die Zahl der Deutschen einige Jahrzehnte stagniert hatte, begann sie seit dem späten 15. Jahrhundert wieder zu wachsen. Die Bevölkerungsvermehrung wurde jedoch zum Teil dadurch kompensiert, daß die Niederländer sich vom deutschen Volk trennten. So betrug die Zahl der Deutschen im geschlossenen Siedlungsgebiet um 1600 etwa 19 Millionen gegenüber 13 Millionen um 1470. Insbesondere im dichter besiedelten Südwesten näherte sich die Bevölkerungszahl erneut ernstlich der Tragfähigkeitsgrenze. Angesichts dieser Tatsache breitete sich offenbar im 16. Jahrhundert bei den Obrigkeiten die Neigung aus, nur denjenigen Mann zur Heirat zuzulassen, der eine meist bäuerliche oder handwerkliche Erwerbsstelle besaß und damit eine Familie ernähren konnte. Zugleich versuchten die Obrigkeiten, die „Winkelheiraten" zu unterdrücken, heimliche Heiraten also, die nicht diesen Normen entsprachen. Dieses Prinzip, das die Bevölkerungszahl auf den Umfang der vorhandenen „Nahrungen" abzustimmen versuchte, mag von dem einzelnen als hart empfunden worden sein – gesamtgesellschaftlich gesehen war es sicher vernünftiger als die heute in vielen Entwicklungsländern gängige Praxis, zahlreiche Kinder in die Welt zu setzen ohne Rücksicht auf deren spätere Existenzgrundlage.

Im Unterschied zum späten Mittelalter und auch zu den folgenden Epochen sah das 16. Jahrhundert keine großen Auswanderungen als Ventil für übermäßiges Bevölkerungswachstum. In der inneren Schweiz entstand aber eine Art von soldatischen „Gastarbeitern". Da dieser Alpenraum an dauernder Übervölkerung litt, verdingten sich dort vom 15. Jahrhundert bis zum Ende des 18. Jahrhunderts rund eine Million junger Männer als Soldaten unter fremden Fahnen, vor allem Frankreichs, Spaniens und der Niederlande. Man nannte dieses „Reislaufen". Oft erst im Alter und als Invalide kehrten diese Söldner in ihre Heimat zurück, wenn sie nicht schon zuvor von feindlichen Kugeln oder Seuchen unter die Erde gebracht wurden. Erst mit der französischen Revolution hörte das Reislaufen auf, als dessen letztes Relikt noch heute die pittoreske Schweizergarde des Papstes existiert.

Bevölkerungswachstum

255

4.2 Märkte, Fernhandel und
großes Kapital

Das deutsche Wirtschaftsleben entwickelte sich bruchlos vom späten Mittelalter her
weiter, und um 1500 sahen das bis dahin Erreichte ebenso wie die Zukunftschancen
blendend aus. Die deutschen Städte standen größer und reicher da als je zuvor. Nachdem im deutschen Raum im späten Mittelalter die Städte des flandrisch-niederrheini-
schen Gebiets wirtschaftlich führend gewesen waren, traten im 15. Jahrhundert die
großen oberdeutschen Städte als gleichwertig an ihre Seite, allen voran Nürnberg,
Augsburg und Ulm. Oberdeutschland und die südlichen Niederlande stellten Anfang
des 16. Jahrhunderts zusammen mit Oberitalien die drei wirtschaftlich führenden Regionen Europas dar. Dies waren die Hauptgewerbegebiete, die feine Tuche, Waffen,
Bücher und andere höherwertige Güter für das ganze übrige Europa erzeugten, und
von hier sowie durch die deutsche Hanse wurde der weitaus größte Teil des europäischen Fernhandels gelenkt. Ober- und Mitteldeutschland waren in vielen technischen
Bereichen in Europa am weitesten entwickelt. Im Laufe des 16. Jahrhunderts verdichteten die Fernhandelsbeziehungen sich erheblich. Zwischen dem Wirtschaftsraum der
Hansestädte und dem oberdeutschen Raum entstand ein reger Austausch. Der Seever-
kehr der deutschen Nordseehäfen dehnte sich über den Ärmelkanal hinaus bis nach
Spanien und Portugal aus. Alle Regionen Europas von Spanien bis Polen traten jetzt
durch Fernhandelsbeziehungen miteinander in Verbindung. Die Preisbewegungen an
den verschiedenen Orten lassen den neuentstandenen gesamteuropäischen Zusammenhang erkennen. Mit der Entdeckung des Seewegs nach Indien und Amerika weitete sich der Güteraustausch sogar nach Übersee aus. Die Güterproduktion des deutschen Raumes insgesamt stieg bis um 1620 an, wobei der Lebensstandard des einzelnen sich in den verschiedenen Ständen und Regionen uneinheitlich entwickelte. Für
das Bewußtsein der Zeitgenossen waren überdies natürlich die zahlreichen kurzfristigen Schwankungen viel einprägsamer. Meist wurden diese durch Mißernten ausgelöst,
bei denen der Getreidepreis vorübergehend auf das Drei- bis Vierfache des Normalen
emporschnellen konnte, so daß in den Städten die hungernden Armen bettelnd auf
den Straßen lagen und das Handwerk kaum noch Absatz fand.

Und trotzdem – der spätmittelalterliche Aufschwung des Städtewesens verlangsamte sich stark. Es wurden fast keine neuen Städte mehr gegründet. Dabei bestimmten im 16. Jahrhundert weder allgemeiner Aufstieg noch Niedergang, sondern Verlagerungen das Bild: während Hamburg, Frankfurt am Main, Danzig, Leipzig und Breslau sowie Amsterdam kräftig wuchsen, verloren Straßburg, Lübeck, Ulm und Regensburg Kraft und Glanz, und auch die meisten Städte östlich der Elbe stagnierten oder schrumpften gar. Die Hanse zerfiel. Ihre Handelsflotte, die im 15. Jahrhundert die größte in Ost- und Nordsee gewesen war, wuchs nur noch langsam und wurde im Laufe des Jahrhunderts von der niederländischen weit überflügelt. Gewerbe und Bergbau erlebten vor allem in Ober- und Mitteldeutschland in der ersten Hälfte des 16. Jahrhunderts eine bis dahin unbekannte Blütezeit, doch in der zweiten Jahrhunderthälfte machte sich eher Stagnation breit, und Anfang des 17. Jahrhunderts hatte England Oberdeutschland hinsichtlich des wirtschaftlichen Entwicklungsstands überrundet.

Warum setzte sich der Aufschwung nicht auch über die Mitte des 16. Jahrhunderts hinaus dynamisch fort? Verschiedenes traf hier zusammen. So trennte sich im Laufe des 16. Jahrhunderts mit den Niederlanden einer der beiden wirtschaftlichen Kernräume des Reiches von diesem, und zwar jener, der im späten 16. und in der ersten Hälfte des 17. Jahrhunderts zum führenden Handelszentrum ganz Europas aufstieg. Für die Deutschen bedeutete die Ablösung der Niederlande überdies, daß die Mündung des Rheins, des wichtigsten deutschen Stroms, politisch unter fremde Kontrolle geriet. Aber vor allem zwei Hauptgründe sind zu nennen: erstens, daß die mittelalterlichen Strukturen regionaler und lokaler Zersplitterung und zünftischen Geistes fortdauerten, und zweitens, daß sich eine Schere auftat zwischen landwirtschaftlicher Produktion und Bevölkerungswachstum. *Ursachen der Stagnation*

Das römisch-deutsche Reich war weiter in viele Einzelterritorien zergliedert, seine Zentralgewalt blieb schwach. Im späten Mittelalter hatte dies etlichen deutschen Städten ermöglicht, selbständig zu werden, und damit ihren wirtschaftlichen Aufstieg eher begünstigt. Aber indem der überregionale Warenaustausch anschwoll, wirkte die Vielfalt der Zölle sowie auch der Münzen und Maßeinheiten zunehmend hemmend, und vor allem fehlte dem Handel mit anderen Ländern der Rückhalt eines starken Staates, während in den übrigen europäischen Ländern die Monarchen begannen, den Handel gezielt zu fördern und zu unterstützen. Daß die Deutschen am neuen Überseehandel mit Amerika und Indien keinen direkten Anteil gewannen, war keine selbständige Ursache, sondern wiederum weitgehend Folge der geringen politischen Einheit der Deutschen. Gewiß führte Überseehandel keineswegs automatisch zu wirtschaftlichem Aufschwung, wie das Beispiel der beiden großen Kolonialmächte Spanien und Portugal zeigte, deren Gewerbe nicht einmal mit der Entwicklung des deutschen Schritt halten konnte. Aber er war eine wohl unverzichtbare Voraussetzung dafür. Auch im Innern der deutschen Städte erwies sich das Zunftwesen im Vergleich zu der freiheitlichen Gewerbeverfassung in England und den Niederlanden zunehmend als Hemmnis für die kostengünstige Betriebsweise.

Das zweite, noch tiefer liegende Problem trat langsam, aber gewichtig hinzu. Zwar waren Fernhandel und Städtewesen die eigentlich dynamischen Elemente der wirtschaftlichen Entwicklung, aber in der vorindustriellen Zeit bildete die Landwirtschaft den weitaus größten und letztlich entscheidenden Wirtschaftssektor. Nun nahm im Laufe des 16. Jahrhunderts die Bevölkerungszahl und damit der Bedarf an Nahrungsmitteln stärker zu als die landwirtschaftliche Produktion. Natürlich deckt jeder seinen

Nahrungsbedarf vor allen anderen Bedürfnissen. Die Bevölkerung verwendete also einen steigenden Teil ihres Einkommens auf den Kauf der knapper und darum relativ teurer werdenden Nahrungsmittel, so daß die übrigbleibende Kaufkraft und damit auch die Nachfrage nach gewerblichen Produkten schrumpfte. Da die Menge des als Geld umlaufenden Edelmetalls wuchs, stiegen die Preise allgemein, aber aufgrund dieses Mißverhältnisses nahmen von 1470 bis 1618 schätzungsweise die Preise für Getreide um 260 Prozent und die für tierische Produkte um 180 Prozent, dagegen jene für gewerbliche Waren des täglichen Bedarfs, beispielsweise Textilien, nur um 40 Prozent und die Löhne um 120 Prozent zu. Der Markt für gewerbliche Waren wurde also eingeschnürt und damit auch die Lebensgrundlage der städtischen Wirtschaft. Die drohenden Gewitterwolken einer gefährlichen Strukturkrise, die Gefahren der Überbevölkerung zogen um 1600 deutlich am Wirtschaftshimmel herauf. Doch noch bevor diese Krise voll zum Ausbruch kam, fegte zwischen 1618 und 1648 der Feuersturm des Dreißigjährigen Kriegs über die deutschen Lande hinweg und verzehrte große Teile des Wirtschaftslebens. Dies Gewaltereignis markierte einen tiefen Einschnitt in der wirtschaftlichen Entwicklung.

Der Wald unter Druck   Da Bevölkerung und Gewerbe wuchsen, benötigte man mehr Ackerland zur Nahrungsmittelproduktion und brauchte außerdem mehr Holz für Bauten, den Bergbau und besonders, um Salzsiedereien, Erz- und Glashütten zu befeuern und Pottasche zu gewinnen. Letztere diente vor allem zur Glasherstellung. So gerieten die Wälder unter steigenden Druck. Im späten Mittelalter wüst gewordene und meist erneut bewaldete Flächen wurden teilweise wieder in Ackerland umgewandelt, und darüber hinaus machten sich hauptsächlich in den Mittelgebirgsgegenden holzfressende Betriebe breit. Im 17. Jahrhundert liefen die Rodungen aus; die heutige Verteilung von Wald und Freiland war im wesentlichen erreicht. An der Nordseeküste rang man der See durch Eindeichungen im 16. Jahrhundert neues Land ab; im Niedersächsischen etwa 400 Quadratkilometer, in Schleswig-Holstein 80 Quadratkilometer und in den Niederlanden 710 Quadratkilometer. Moore und Sümpfe wurden dagegen noch kaum kultiviert, da dies sich technisch zu schwierig gestaltete. In Westdeutschland wurde Wald knapp. Seit etwa 1500 begannen die Landesherren deshalb Forstordnungen zu erlassen, die weiteres Roden verboten und die Nutzung des Waldes zu regeln suchten, so in Tirol 1502, Württemberg seit 1514, Ansbach 1531, Hessen 1532 usw. Vielfach strebten Obrigkeiten auch danach, die bäuerlichen Nutzungsrechte am Wald, z.B. die Waldweide der Schweine und das Sammeln von Brennholz und Streu, zu beschränken, die noch bis ins 18. Jahrhundert wichtige Waldnutzungen darstellten. Dabei ging es den Fürsten nicht um Naturschutz, sondern darum, den Holzverkauf, der mit den steigenden Holzpreisen für sie einträglich wurde, und vor allem auch den Wald als Heimat des Wildbestands für ihr Jagdvergnügen zu schützen. Ab 1500 begann auch die Praxis, nach dem Abholzen neuen Wald auszusäen. Dabei verwendete man stärker das anspruchslosere und schneller wachsende Nadelholz. Langfristig gesehen ging damit der Laubholzanteil der deutschen Wälder zurück, doch machte sich dies bis zum Ende des 18. Jahrhunderts noch kaum bemerkbar. Die Zeit, in der es in deutschen Landen Urwälder gab, war endgültig vorbei. Die zunehmend intensivere Nutzung der Wälder und die Jagd ließen manches Großwild gänzlich vom deutschen Boden verschwinden. Wildpferde und Ure verschwanden im 16. Jahrhundert auch aus Ostdeutschland. In Westdeutschland sind im 16. und 17. Jahrhundert die Braunbären fast ganz und die Luchse weitgehend verschwunden, während sie sich in Ostdeutschland noch bis ins

18. Jahrhundert hielten. Auch die Biber wurden im 16. Jahrhundert westlich der Oder durch übermäßige Jagd fast ausgerottet.

Indem die Deutschen die sie umgebende Natur nutzten, veränderte sich nicht nur die ursprünglich vorhandene Tierwelt, sondern ebenso der Pflanzenbestand. Dabei blieben aber auch weiterhin so viele naturnahe Landschaftsstücke vorhanden, daß in dieser Zeit noch kaum eine wild vorhandene Pflanze verschwand. Vielmehr traten immer mehr neue Pflanzen hinzu, so daß die Artenzahl in Mitteleuropa bis ins 19. Jahrhundert hinein anstieg. Aus einheimischen Wildpflanzen heraus wurden im 15. Jahrhundert die Johannisbeere und um etwa 1500 die Stachelbeere gezüchtet. Im Laufe der Neuzeit entstanden durch planmäßige Züchtung auch die verschiedenen Sorten des Kohls. Aber vor allem waren die neuen Pflanzenarten dem zunehmenden Fernverkehr zu verdanken. Aus dem Mittelmeerraum kamen im 16. Jahrhundert der Anbau des Blumenkohls und des Spargels, aus Südosteuropa seit 1576 die Roßkastanie in den deutschen Raum, wo sie sich im 17. Jahrhundert ausbreiteten. Nach der Entdeckung Amerikas wurde von dort im 16. Jahrhundert der Anbau von Tomaten, Kartoffeln und auch Mais eingeführt, blieb aber noch lange nur auf einige Gärten beschränkt. Auch der Zierpflanzenbestand vergrößerte sich. Die Deutschen übernahmen im 16. Jahrhundert aus Südosteuropa Tulpen, Hyazinthen und Narzissen und aus Amerika die Sonnenblume. Außer den absichtlich eingeführten Pflanzen wurden noch andere mit eingeschleppt, oft über die Verkehrswege. Von den rund 170 in der Mitte des 20. Jahrhunderts vorkommenden Ackerunkräutern waren wohl nur 15 im deutschen Raum ursprünglich heimisch, während 40 im Laufe des Mittelalters und 110 vom 16. bis 19. Jahrhundert neu einwanderten. *Pflanzenbestand*

Den Bedarf der wachsenden Bevölkerung nach mehr Nahrungsmitteln versuchte man nicht nur dadurch zu decken, daß man die Anbaufläche ausweitete, sondern vor allem im bereits besonders dicht besiedelten Westen auch in der Weise, daß man den Arbeitsaufwand je Flächeneinheit erhöhte, den Anbau also intensivierte, um so den Ertrag je Fläche zu steigern. Hier und da begannen die Bauern, dem Boden durch Mergeln, Stalldung und in Nordwestdeutschland durch Erdplaggen neue Nährstoffe zuzuführen. In Teilen des Rheinlands schob man Erbsen, Bohnen, Rüben und Kohl zwischen die Getreideanbaujahre und ging damit zu ertragreicheren Fruchtfolgen über oder wandelte auch Äcker in Gartenland um. Im 16. und 17. Jahrhundert betrugen die durchschnittlichen Erträge je Hektar für Weizen 8-9 Doppelzentner, Roggen etwa 7, Gerste gut 6 und Hafer 4 Doppelzentner. *Anbau*

Obwohl die Nahrungsmittelproduktion bis zum Dreißigjährigen Krieg stieg, wurde die Versorgung der wachsenden Bevölkerung seit dem letzten Drittel des 16. Jahrhunderts eng, und es gab eine große und steigende Zahl von Deutschen, die nur knapp ernährt waren und bei Mißernten schnell hungern mußten. Die vor allem in Süddeutschland zunehmend knappere Ernährung führte dazu, daß Mehlspeisen dort an Bedeutung gewannen. Dabei kamen hierfür im späten 16. Jahrhundert auch neue Zubereitungsarten auf, so u.a. als Knödel, Nudeln und Küchel.

Das Ende des 15. und die erste Hälfte des 16. Jahrhunderts erlebten in Europa eine Welle technischer Neuerungen, wie es sie in dieser Häufung bis dahin noch nicht gegeben hatte. Neben Oberitalien waren dabei die deutschen Lande führend. Nürnberg und Augsburg standen in der Instrumentenmacherei vorne an, und da die deutsche Bergbautechnik im 16. Jahrhundert anderen überlegen war, gingen deutsche Bergleute als gesuchte Spezialisten nach Schweden, England und Lateinamerika. *Technik*

Das Entscheidende dieser Neuerungen war weniger die Erfindung neuer Produkte, als vor allem neuer Verfahren zur Energiegewinnung und Produktion. Die Energiequellen blieben ihrer Art nach dieselben wie im späten Mittelalter, also neben menschlicher und tierischer Arbeitskraft vor allem Brennholz und Wasserkraft. Holz wurde im Laufe des 16. Jahrhunderts in Westdeutschland zwar knapper, reichte aber gerade noch aus. In der Gegend um Aachen und Lüttich und im Ruhrgebiet baute man seit dem Mittelalter auch schon Steinkohle ab, jedoch nur in bedeutungslosem Umfang. Die Mittel indessen, um diese Energiequellen zur Herstellung von Gütern zu nutzen, wurden weiterentwickelt. Um 1480 erfand man das Handspinnrad und ergänzte es zu Beginn des 16. Jahrhunderts durch den Fußantrieb, wodurch im 16. Jahrhundert die viel langsamere Handspindel verdrängt wurde. Der Pferdegöpel kam auf. Im Erzbergbau entwässerte man die Schächte nicht mehr per Hand mit Ledereimern, sondern setzte zur Entwässerung Schöpfwerke ein, die von Göpeln und vor allem von großen Wasserrädern über komplizierte Holzgestänge angetrieben wurden. Dadurch konnte man die Schächte bis auf 200 Meter Tiefe vortreiben statt der bis dahin möglichen 10 bis 20 Meter.

Auch an Herstellungsverfahren und Geräten gab es wichtige Fortschritte in der Nutzung der Natur. Eine wirklich bahnbrechende Neuerung war der Buchdruck, den Johann Gensfleich zum Gutenberg in Mainz um 1450 erfand. Schon vorher kannte man Blockdrucke, bei denen für jede Seite eine Druckplatte aus Holz geschnitzt werden mußte. Indem Gutenberg jetzt die einzelnen Buchstaben als bewegliche Lettern aus Blei in Serie goß und dann aus dem großen Vorrat von Einzellettern Texte zusammensetzte, wurde die Buchherstellung wesentlich schneller und billiger. Bislang waren Bücher und andere Texte fast nur durch Abschreiben vervielfältigt worden, was sie entsprechend teuer gemacht und damit den Zugang zu Büchern und ihren Inhalten auf sehr wenige Menschen beschränkt hatte. Während eine handgeschriebene Bibel um 1400 etwa 60 Gulden gekostet hatte, d.h. etwa soviel wie ein Bauerngut, war eine gedruckte um 1500 für 5 Gulden zu haben. Die Buchdruckkunst breitete sich rasch über ganz Europa aus, und mit Recht galt sie schon bald als die bis dahin bedeutendste Erfindung eines Deutschen. Ferner gab es besonders im Hüttenwesen technische Fortschritte. Mit dem Saigerverfahren, das um 1450/60 in Nürnberg erfunden wurde und das sich rasch über Europa verbreitete, konnten silberhaltige Kupfererze rentabler verhüttet werden. Bei der Eisenerzverhüttung trat an die Stelle der direkten Reduktion im offenen Kasten das seit dem 15. Jahrhundert entstandene Hochofenverfahren, mit dem sich vor allem schwer schmelzbare Erze besser nutzen ließen. Seit Mitte des 16. Jahrhunderts kam in Sachsen der Eisenguß auf, der in größerem Umfang aber erst seit dem 17. Jahrhundert angewendet wurde. Dieses Verfahren erleichterte für viele Gebrauchsgegenstände die Herstellung aus Eisen oder machte sie, wie beispielsweise bei Ofenplatten, überhaupt erst möglich. Aus Italien übernahmen die Deutschen die Technik, hochwertiges Glas herzustellen, die bis Mitte des 16. Jahrhunderts in Venedig geheimgehalten worden war, und das Verfahren zur Herstellung von Fayencen. Auch der Schraubstock wurde um 1500 in Nürnberg erfunden. In manchen Gewerbezweigen erhöhten die Neuerungen die Produktivität der menschlichen Arbeit durchaus nennenswert, in den meisten blieb sie dagegen unverändert. Handarbeit und deren Fertigkeit waren weiter für das Gewerbe entscheidend.

Holz war unverändert der wichtigste Werkstoff für Gerätschaften, aber es wurden jetzt doch in steigendem Maße Metalle verwendet. Man hatte Ende des 15. Jahrhunderts entdeckt, daß der deutsche Raum der erzreichste Europas war, und dank der verbesserten Bergbau- und Hüttentechnik begann man dies ab 1470 tatkräftig auszunutzen. Um 1500 wurden in deutschen Landen jährlich etwa 30.000 Tonnen Eisen erzeugt, rund die Hälfte der gesamten europäischen Eisenproduktion. Einen großen Teil der vermehrten Eisen- und Bronzeerzeugung verbrauchte zweifellos das Militär für Geschütze, Handfeuerwaffen und Volleisenkugeln, die an die Stelle der Steinkugeln traten. Doch ging die Entwicklung im zivilen Bereich in dieselbe Richtung: Pflüge wiesen zunehmend Teile aus Eisen auf, ebenso andere Werkzeuge und Kleingerät, und die hölzernen Wagenräder wurden seit Mitte des 16. Jahrhunderts mit Eisenreifen bezogen. Im Unterschied zu Holzgegenständen sind Geräte aus Metall leistungsfähiger, aber anders als Holz wachsen Erze nicht nach, so daß langfristig gesehen damit die Natur vom Menschen nicht benutzt, sondern verbraucht wurde. Das zeigte sich schon bald am Silbererzbergbau im deutschen Mittelgebirgsraum. Ab 1470 war auch dieser enorm ausgeweitet worden, und die deutschen Lande wurden auch hierin in Europa führend. Doch ab etwa 1550 ging der deutsche Silbererzbergbau stark zurück, nicht nur wegen der zunehmenden Konkurrenz durch Silbereinfuhren aus Amerika, sondern auch, wei die nutzbaren Vorkommen weitgehend erschöpft waren.

Ein neuer Rohstoff bereicherte das deutsche Textilgewerbe im 15. Jahrhundert: die Baumwolle. Sie wurde aus dem Mittelmeerraum, dann auch aus Amerika eingeführt und vor allem in Süddeutschland verarbeitet, meist in Mischgeweben, die aber noch Luxuswaren blieben. Es war im übrigen der erste im deutschen Raum verarbeitete Rohstoff, der dort nicht gewonnen werden konnte und deshalb stets aus dem Ausland eingeführt werden mußte.

Auffälligerweise betrafen die genannten Neuerungen fast alle solche Bereiche, die nicht zünftisch organisiert waren. Die Zünfte waren starr ihren bestehenden Leitbildern verhaftet und verhielten sich jetzt eindeutig feindlich gegenüber jeder technischen Neuerung. Damit hemmten sie den wirtschaftlichen Fortschritt offenkundig. In einer Thorner Zunfturkunde von 1523 hieß es: „kein Handwerksmann soll etwas Neues erdenken oder erfinden oder gebrauchen". Der arbeitssparende Bandwebstuhl, mit dem man mehrere Gewebe zugleich herstellen konnte, wurde im 16. und 17. Jahrhundert an verschiedenen Orten und 1685 für das ganze Reich verboten, da er Arbeitsplätze gefährdete.

Die Risiken, die von der physischen Umwelt ausgingen und Leben und Gesundheit der einzelnen Deutschen bedrohten, waren im 16. Jahrhundert kaum geringer als im späten Mittelalter. Zwar ging die Lepra im 15. Jahrhundert stark zurück und verschwand im 17. Jahrhundert fast ganz vom deutschen Boden, wohl vor allem, weil man Erkrankte konsequent isolierte. Dafür trat ab etwa 1500 die Syphilis in Europa als neue Krankheit auf und verbreitete sich rasch. An der mangelnden Hygiene und unzureichenden Abfallbeseitigung vor allem in den Städten änderte sich nichts, und damit auch nicht an der ständigen Bedrohung durch eine ganze Zahl von Seuchen. Im Gesundheitswesen gab es keinen nennenswerten Fortschritt, weder im Umfang des Personals noch im Stand der medizinischen Kenntnisse. Um 1600 hatte Hamburg bei 40.000 Einwohnern nur 6 studierte Ärzte und 3 Apotheker (1976 waren es dagegen 6.890 Ärzte bei 1.700.000 Einwohnern).

Immerhin war es ein Fortschritt, daß große Städte öffentliche Getreidespeicher anlegten, um im Falle schwerer Mißernten Hungertote möglichst zu vermeiden.

Mit dem Aufschwung des Gewerbes, insbesondere von Bergbau und Erzverhüttung, nahmen auch die hiervon ausgehenden Gefährdungen an Umfang zu, zumal man gegen giftige Stoffe noch keine Schutzvorrichtungen für nötig oder möglich hielt. Im Bergbau bestand unter Tage erhöhte Unfallgefahr. Bei der Erzverhüttung entwichen unerwünschte Bestandteile wie Arsenik und Schwefel als giftige Gase. Sie verschlissen nicht nur die Hüttenarbeiter, sondern dieser Hüttenrauch ließ in der Nähe auch den Wald absterben und das Vieh eingehen. Auch Salpetersieder, Blei- und Zinngießer sowie Goldschmiede waren besonders gefährdet. Allerdings traf dies alles nur einen sehr kleinen Teil der Bevölkerung, und die Umweltschäden blieben lokal eng begrenzt.

Wohnbauten   Der adlige Wohnsitz war im Mittelalter dadurch gekennzeichnet gewesen, daß er Wohn- und Wehrbau und Wirtschaftshof miteinander verband. Als jetzt brauchbare Belagerungsgeschütze aufkamen, konnten Burgmauern nicht mehr wirksam schützen, und da im Laufe des 16. Jahrhunderts die alltägliche Bedrohung durch die zahllosen Fehden aufhörte, welche einzelne Ritter und Herren mit ein, zwei Dutzend bewaffneten Knechten gegeneinander geführt hatten, waren sie auch nicht mehr wirklich nötig. So wurden die auf steiler Höhe gelegenen Burgen im 16. Jahrhundert vielfach nutzlos, verlassen und dem Verfall preisgegeben oder auch durch Feldzüge zerstört, und ihre Besitzer bauten sich in den Ebenen neue „feste Häuser". Sie konnten es jetzt wagen, unbefestigte offene Anlagen mit großen Fenstern zu errichten, die geräumiger und repräsentativer, wenn auch noch kaum bequemer waren. Auch Wasserburgen baute man in diesem neuen Geiste um oder ersetzte sie durch Neubauten, wobei die Wassergräben meist noch bis ins 17. Jahrhundert blieben. Landesherren gingen dazu über, in Stadtschlössern zu residieren, die von Verteidigungs- und Wirtschaftsaufgaben ganz entlastet waren. Hier begann zugleich jene Entwicklung, die langfristig dazu führte, daß das wirtschaftliche und politische Leben sich immer mehr in den großen Ebenen, besonders in großen Städten konzentrierte und die Berggegenden immer abgelegener wurden.

Am Erscheinungsbild der Stadthäuser änderte sich nicht viel, wenn man davon absieht, daß sich die Praxis weiter verstärkte, Steine anstatt Holz zu verwenden. Fachwerkhäuser blieben aber im größten Teil der deutschen Lande der Regelfall. In Nordwest- und Süddeutschland, nicht dagegen in Ostdeutschland nahm die Zahl der größeren Bauernhäuser zu, die im Inneren in mehrere Räume unterteilt waren. Ein beträchtlicher Teil der Bauernhäuser wies aber weiter nur einen Raum auf.

Hausrat   Die Wohnungsausstattung wurde bei Adel, Teilen des Bürgertums und auch wohlhabenden Bauern etwas reichhaltiger. In diesen Kreisen waren im 16. Jahrhundert Federbetten üblich, und in den Stuben verbreiteten sich Wand- und Deckenvertäfelungen aus Holz. Ebenso konnten auch Bürger und seit Ende des 16. Jahrhunderts auch reichere Bauern sich jetzt Schränke zulegen. Seit dem späten 15. Jahrhundert wurde Geschirr aus Holz zunehmend durch solches aus Keramik, Zinn oder Glas abgelöst. Wer es sich von den Adligen, Patriziern oder Kaufleuten leisten konnte, prunkte in seiner Wohnung mit Bildern, Silbergeschirr, Uhren und Glasfenstern. Bei den städtischen Unterschichten und einfachen Bauern war dagegen keine Besserung der Wohnungsausstattung zu verzeichnen, und das Gesinde mußte teilweise ganz schlicht im Stall beim Vieh schlafen.

Eine anschauliche Vorstellung, was im Haushalt eines gutsituierten Handwerksmeisters vorhanden war – und auch, was es noch nicht gab! – liefert eine lückenlose Schilderung von Hans Sachs aus dem Jahr 1544: „In der Stube mußt du haben Tisch, Sessel, Stühle und Bänke, Bankpolster, Kissen und ein Faulbett, Kannen und ein Kannenbrett, Handtücher, Tischtücher, Schüsselringe[(a)], Pfannenholz[(b)], Löffel, Teller, Küpferling[(c)], Krausen[(d)], Engster[(e)], ein Bierglas, Kutrolf[(f)], Trichter und Salzfaß, einen Kühlkessel[(g)], Kannen und Flaschen, eine Bürste, um Gläser damit zu waschen, Leuchter, Putzschere[(h)] und viele Kerzen, Schach, Karten, Würfel und ein Brettspiel, eine Sanduhr, Schirm und Spiegel, ein Schreibzeug, Tinte, Papier und Siegel, die Bibel und andere Bücher zur Kurzweil und sittlichen Belehrung.

Für die Küche brauchst du Kessel, Pfannen, Töpfe und Krüge, einen Dreifuß, einen großen und kleinen Bratspieß, einen Rost und einen Bräter, einen Gewürzbehälter und ein Essigfaß, Mörser und Stößel, Wasserfaß und Wasserkrug und zwei Holzbütten, eine Messingspritze für Feuersnot, ein Fischbrett und ein Reibeisen, Schüsselkorb, Deckel, Spicknadel, Strohwisch, ein Hackbrett und dazu ein Hackmesser, Salzfaß, Wärmepfanne und zwei Senftöpfchen, einen Trichter, ein enges Sieb, Schaumlöffel und Kochlöffel in Menge, Spülbecken und dazu einen Panzerfleck[(i)], allerlei Schüsseln und Teller, kleine und große Lappen, Schwefel, Zunder und Feuerzeug, eine Feuerzange, einen Feuerhaken, um Feuerböckchen zum Feuer zu rücken, einen Deckel[(j)], Blasebalg, Ofenrohr, eine Ofengabel, Kienspäne und Holz zum Feuer, einen Besen, Strohwisch und Federwisch...

Wenn du nun in deine Schlafkammer gehst, so muß darin ein Spannbrett stehen mit Strohsack, einem Federbett, Polster, Kissen, Lagen, Deckbett und Decke, Nachttopf, Harnglas und Bettuch, Nachthaube, Pantoffeln und Nachtschuhen und auch ein oder zwei Truhen, worin man Geld, Silbergeschirr und Pokale, Kleinodien, Gürtel, Scheuern[(k)] und Schalen verschließen kann, Dinge, die im Alter wohltun. Auch mußt du einen Schrank haben, in den du Rock, Mantel und Schaube [(l)], Kittel, Pelz, Hosen, Wams und Haube, Hemd, Barett, Hut, Kopftuch und Schürze hängst, und was man sonst für die Kleidung braucht, nämlich Kleiderbürste und Kleiderbesen. Bisam[(m)] ist für alle Fälle gut.

Auch mußt du sonst viel Hausrat in deinem Haus haben, in dem man täglich flicken und ausbessern muß: eine Säge, einen Bohrer und ein Schnitzmesser, Hammer, Nägel, Meißel und Zangen, Hobel, ein Handbeil, eine Leiter. Auch benutzt man gern Schaufel, Hacke und Axt, einen Rechen, Schlägel und eine Laterne. Du brauchst auch mancherlei Vorrat an Werkzeug für deine Werkstatt, den ich dir nicht aufzählen kann. Das wirst du schon selbst wissen. Auch mußt du Knecht und Magd haben, die du legen, tränken, speisen und kleiden mußt, dazu einen Hund und auch eine Katze für die Diebe, Mäuse und Ratten. Auch mußt du für deine Frau ein Spinnrädlein haben, dazu Rocken, Spindel und Haspel, Schere, Nadel, Elle und Fingerhut, schwarzen und weißen Zwirn, einen Marktkorb, Tragkorb, Fischtrog und einen Beutel. Zum Waschen

---

(a) Untersetzer
(b) hölzernes Gestell für eine Bratpfanne
(c) Gefäß aus Kupfer
(d) Krüge
(e) Trinkglas
(f) Trinkglas
(g) zum Kühlen von Getränken
(h) für Kerzendochte
(i) Drahtball zum Scheuern der Töpfe
(j) um die Glut bei Nacht abzudecken
(k) Becher
(l) offener, weiter Überrock
(m) gegen Motten

muß sie haben Lauge, Seife, Holz und Asche, Trog, Waschbock und kleine Zuber, Gefäße, große und kleine Scheffel[a], Waschtisch, Klopfer und Stangen, an denen man die Wäsche aufhängt, Decke, Kissen und Unterhemd, Halshemd, Taschentuch und Goller[b]."[13]

Ausweitung von Markt-beziehungen und Fernhandel

Welches waren nun die allgemeinen Antriebskräfte wirtschaftlichen Fortschritts? Zumindest in den großen Städten spezialisierten sich die städtischen Gewerbe noch etwas weiter. Doch nicht Arbeitsteilung innerhalb einer Stadt, sondern zwischen verschiedenen Regionen wirkte im 16. Jahrhundert als Motor wirtschaftlichen Wandels, wodurch der Fernhandel das eigentlich dynamische Element der Wirtschaftsentwicklung wurde. Im späten Mittelalter hatte der überregionale Handel wie ein dünner Schleier über dem wabenartigen Gefüge fast autarker Einheiten des Stadt-Umland-Handels gelegen und fast nur dazu gedient, die örtliche Produktion durch Luxusgüter zu ergänzen. Im 15. und besonders im 16. Jahrhundert nahm der überregionale Handel dann stark zu, und er beschränkte sich nicht mehr nur auf Luxuswaren, sondern erfaßte auch einige Güter breiteren Bedarfs. Dabei griff er auch über die Reichsgrenzen hinweg, ohne daß diese eine Rolle spielten. Als Käufer traten vor allem Adel, städtisches Bürgertum und wohlhabende Bauern auf. Eine Verflechtung und Arbeitsteilung zwischen den verschiedenen Regionen begann. Dies war ein Fortschritt, denn es verbesserte die Versorgung mit Verbrauchsgütern, da besonders höherwertige Güter oft nur an bestimmten Orten erzeugt werden konnten, sei es wegen besonderer Rohstoffvorkommen oder wegen der klimatischen Bedingungen oder weil nur dort Handwerker mit den nötigen Spezialkenntnissen zu finden waren. Außerdem stellte das Entstehen und Wachsen eines überregionalen Marktes auch deshalb einen Fortschritt dar, weil dieser zu mehr Produktion anregte und damit neue Verdienst- und Existenzmöglichkeiten schuf, sowohl in der Landwirtschaft mancher Gegenden wie anderswo im Handwerk, wo eine solche Produktion über den örtlichen Bedarf hinaus bisher ohne die Möglichkeit des Absatzes in die Ferne nicht sinnvoll gewesen war. Natürlich entstanden damit auch Abhängigkeiten, denn die hier entstehenden Einkommen waren daran gebunden, daß der Fernhandel störungsfrei verlief.

Hauswirtschaft, Stadt-Umland-Austausch und der Fernhandel bildeten also ein dreistufiges System von Austauschbeziehungen. Schätzungsweise 70-80 Prozent der gesamten Erzeugung wurden allerdings noch im eigenen Haushalt verbraucht, nur der Rest ging als Ware auf den Markt. Bei Gutswirtschaften mochte der Marktanteil zwischen 30 und 60 Prozent der erzeugten Güter gelegen haben, bei Großbauern wird er höchstens 30-40 Prozent, bei den meisten Bauernwirtschaften weit weniger betragen haben. Adlige und städtische Haushalte waren stärker als bäuerliche auf den Markt bezogen, doch auch Handwerker ebenso wie Ratsherren gewannen noch einen beachtlichen Teil ihrer Nahrung aus eigenen Gärten und Ställen. Der größte Teil des Handels spielte sich weiterhin zwischen den Bewohnern einer Stadt untereinander sowie zwischen Stadt und Umland ab, teilweise auch zwischen Bauern und Landhandwerkern wie Müllern und Schmieden, und nur vielleicht ein Drittel des Warenaustausches entfiel auf den überregionalen Handel.

Handelsgüter

Welche Güter wurden nun gehandelt? Obst wie Äpfel, Birnen, Pflaumen und Kir-

---

(a) Gefäße
(b) eine Art Kragen

schen, das im späten Mittelalter fast nur für den eigenen Bedarf erzeugt worden war, baute man jetzt in stark wachsendem Maße an und vertrieb es ebenfalls auf dem Markt der nächsten größeren Stadt. Die meisten Gewerbe deckten nur den örtlichen Bedarf, wie beispielsweise Nahrungsmittelhandwerk, Bauhandwerk, Schmiede, Schuster und auch die Herstellung von Stoffen einfacher Qualität, sofern die Verbraucher diese nicht selbst anfertigten. Letzteres war selbst für die Errichtung von Bauernhäusern noch weitgehend die Regel. Feinere Tuchqualitäten stammten im Regelfall aus dem Fernhandel, der sie von den europäischen Gewerbezentren in Süddeutschland, den südlichen Niederlanden und Oberitalien und dann zunehmend auch Südengland bezog. Ähnliches galt für Metallwaren. Aber auch der Fernhandel mit Massengütern wie Getreide, Rindern, Bier und Wein sowie Holz nahm deutlich zu. Hinzu traten jene Waren, die jetzt aus Übersee im Austausch gegen anspruchsvollere Fertigwaren auf den europäischen Markt kamen, vor allem aus Indien Pfeffer und andere Gewürze und aus Amerika Silber und Gold, Zucker und dann auch Baumwolle. Wegen der hohen Transportkosten lohnte der Überseehandel nur für Güter, die sich in Europa überhaupt nicht erzeugen ließen, sowie für Edelmetalle. So machte der Überseehandel im 16. Jahrhundert nur rund zwei Prozent des europäischen Handelsvolumens aus, stellte also nur eine kleine Ergänzung dar, die im übrigen keine wirklich lebenswichtigen Dinge umfaßte.

Der Warenaustauch zwischen verschiedenen Landschaften nahm zu, wodurch sich manche von ihnen auf die Herstellung bestimmter Güter spezialisierten. Damit wurde die bisherige Arbeitsteilung zwischen Stadt und Umland durch eine großräumigere, interregionale Arbeitsteilung überlagert, die an naturgegebene Unterschiede anknüpfte. So verschwand im 16. Jahrhundert der Weinanbau aus Nord- und Nordostdeutschland und konzentrierte sich auf die für ihn klimatisch günstigeren Gegenden vor allem im Südwesten. Dort weitete sich die Anbaufläche aus, und von dort lieferte der Weinhandel in wachsendem Umfang auch in andere Regionen. Die Standorte der Eisen- und Kupferhütten, denen sich die Metallverarbeitung meist in der Nachbarschaft anschloß, waren an die Erzvorkommen und an die Verfügbarkeit von Holzkohle, also an Waldreichtum gebunden. Deshalb konzentrierte sich das Montangewerbe in der Oberpfalz, den östlichen Alpen, dem Harz, Sauer- und Siegerland und im Erz- und Riesengebirge. In der Oberpfalz arbeiteten Ende des 16. Jahrhunderts 180 Erzhämmer.

Nicht an natürlich gegebene Besonderheiten, sondern an die zwischen den verschiedenen Regionen Europas bestehenden Entwicklungsunterschiede knüpfte der Fernaustausch der Grundnahrungsmittel und der meisten Gewerbeprodukte, vor allem von Stoffen, an. Seit dem späten Mittelalter erstreckte sich von Oberitalien über Südwestdeutschland, das Rheinland bis zu den südlichen Niederlanden und seit Ende des 16. Jahrhunderts bis Südengland ein wirtschaftlicher Kernraum, von dem aus nach Osten bis an die Grenze Rußlands und nach Norden bis nach Nordschweden hin Bevölkerungsdichte und wirtschaftlicher Entwicklungsstand immer weiter abfielen. Da man in dem wirtschaftlichen Kernraum Europas mit seiner sich vermehrenden Bevölkerung die Fläche zunehmend mehr für Ackerbau als für Viehwirtschaft nutzte, stiegen dort die Fleischpreise, was einen großräumigen Ochsenhandel anregte. Seit etwa 1400 trieben in wachsendem Maße rauhbeinige Ochsentreiber Ochsenherden aus Jütland, Süd- und Ostpolen und der ungarischen Tiefebene über oft 1.000 Kilometer in die Niederlande, ins Rheingebiet und nach Süddeutschland. Das Fleisch wurde vor allem von den großen Städten, den Fürstenhöfen und von Bergbaugebieten ver-

Interregionale Arbeitsteilung

braucht. Um 1600 führten die deutschen Lande jährlich rund 250.000 Rinder ein. Der Getreidebedarf der wirtschaftlichen Kernräume konnte auch durch den verstärkten Eigenanbau nicht gedeckt werden. Deshalb begann in den deutschen Gebieten östlich der Elbe und in Polen der Landadel ab 1500, über seinen Eigenbedarf hinaus auf bislang wenig genutzten Feldern zusätzlich Getreide anzubauen. Dieses wurde dann vor allem über das verzweigte Stromnetz von Oder und Weichsel an die Ostseeküste transportiert und von dort auf dem billigen Seeweg nach Nordwesteuropa und in den Mittelmeerraum verfrachtet. Dieser Getreide- und Viehfernhandel erreichte im 16. Jahrhundert seinen Höhepunkt, um dann im Laufe des 17. Jahrhunderts zu verfallen. Durch die Erlöse aus diesem Getreide- und Viehfernhandel wurde das ostelbische Deutschland und das außerdeutsche Osteuropa von Polen bis Ungarn zugleich ein kauffähiger Absatzmarkt, den dann die weiter westlich gelegenen Gewerbegebiete mit Gewerbeerzeugnissen bedienten. Dabei gewannen oberdeutsche Kaufleute und Hersteller einen großen Anteil.

Für die deutschen Lande bedeutete diese Entwicklung, daß im Laufe des 16. Jahrhunderts beim Fernhandel die Gegenden östlich der Elbe zu Getreidelieferanten und Westdeutschland zu einem Gewerbeausfuhrgebiet wurden. Die Konkurrenz aus dem Westen und die Tatsache, daß der ostelbische Landadel den Getreidehandel größtenteils selbst durchführte, hemmten Gewerbe und Handel der Städte in dem Gebiet östlich der Elbe, ausgenommen jene in Schlesien. Das Entwicklungsgefälle von West nach Ost, das schon durch den Besiedlungsablauf angelegt war, wurde jetzt durch die gegenseitigen Beziehungen zu einer Arbeitsteilung vertieft und damit für lange Zeit festgeschrieben.

Handels- und Verkehrsorganisation

Daß der Fernhandel intensiver wurde, wirkte auf seine Organisation zurück. Für Kaufleute wurde es jetzt wichtig, sicher Schreiben und Rechnen zu können und Kenntnisse in Buchführung zu besitzen. Lehrbücher für Buchhaltung und für Rechenkunst, am bekanntesten das 1518 von Adam Riese verfaßte, fanden in den großen Handelsstädten rasch steigenden Absatz. Um das Rechnen zu erleichtern, ging man um 1500 von den römischen zu den arabischen Ziffern über. Die ganz großen Kaufleute übernahmen aus Italien das System der doppelten Buchführung. Offenbar blieb die Methode der doppelten Buchführung aber der Mehrheit der Kaufleute bis ins 18. Jahrhundert unbekannt, und bei etlichen von ihnen war überhaupt die Buchführung noch bis ins 18. Jahrhundert recht ungeordnet und fehlerhaft.

Als Hilfsmittel für den Fernverkehr entstanden jetzt Wegekarten und Reiseführer mit Routenbeschreibungen. Auch Herbergen kamen auf. Aus verschiedenen Ansätzen entstanden regelmäßige Nachrichtenverbindungen, die schließlich jedermanns Briefe sammelten und gegen Entgelt transportierten und verteilten und damit zur öffentlichen Post wurden. Ende des 15. Jahrhunderts hatten die Obrigkeiten der großen Handelsstädte und auch bedeutende Handelshäuser regelmäßige Kurierdienste mit Läufern für sich eingerichtet. Der Kaiser schuf um 1500 einen regelmäßigen Botendienst zwischen dem Sitz des österreichischen, niederländischen, spanischen und französischen Hofes. Dann übertrug er der Familie von Taxis das ausschließliche Recht, für das ganze Reich ein Netz von Postlinien aufzubauen. Dabei handelte es sich um eine Reitpost für Briefe. Die Post der Taxis – später Thurn und Taxis – konnte ihren Monopolanspruch aber nicht durchsetzen und blieb im wesentlichen auf das Gebiet im Süden und Westen des Reiches beschränkt, das territorial stark zersplittert war, während die großen Landesfürsten besonders in Norddeutschland und einige

266

Reichsstädte ab 1600 ihre Boteneinrichtungen zu einer eigenen Landespost ausbauten. Mit dem steigenden Nachrichtenaustausch kamen neben dem Briefverkehr Zettel mit „Neuen Zeitungen" auf, aktuellen Informationen vor allem für Kaufleute. Schließlich erschienen solche gedruckte „Zeitungen" dann regelmäßig, zunächst meist ein- oder zweimal die Woche, zuerst 1609 in Straßburg und Wolfenbüttel, 1615 in Frankfurt a.M. und 1617 in Berlin sowie die erste Tageszeitung 1650 in Leipzig.

Indem der Handel wuchs, gebrauchten die Deutschen auch in steigendem Maße Geld. Im 15. und 16. Jahrhundert entstand nicht nur ein erheblicher Geldverkehr, um den Fernhandel zu versorgen, sondern erstmals breitete sich der Umgang mit Geld und ein an Geld, Zinsen, Gewinn und Kredit ausgerichtetes Denken auch weit über den Kreis der Kaufleute hinaus aus. Neben Beziehungen, die in Geld abgewickelt wurden, gab es aber auch noch weiter naturalwirtschaftliche Beziehungen, vor allem auf dem Lande. Die Abgaben an Grundherren bestanden vielfach noch zu einem Teil aus Naturalien; ihre Umstellung auf Geldleistungen zog sich bis ins 18. Jahrhundert hin. Gesinde und Handwerksgesellen wurden nur zu einem kleinen Anteil mit Geld entlohnt, vor allem aber mit Kost, Unterkunft und Kleidung. Für Dorfpfarrer, Verwaltungsbeamte und Dorflehrer sah ein Teil des Verdienstes so aus, daß sie ein naturales Deputat erhielten, z.B. von Holz, und die Bauern ihnen einzelne landwirtschaftliche Produkte lieferten. Selbst Berg- und Heimarbeiter wurden von ihren Arbeitgebern gelegentlich mit Konsumgütern statt mit Geld bezahlt. Auch Tauschhandel kam gelegentlich noch bis ins 18. Jahrhundert vor. Daß insgesamt gesehen zunehmend geldwirtschaftliche Beziehungen an die Stelle von naturalwirtschaftlichen traten, bedeutete langfristig, daß diese Beziehungen sich versachlichten und ihren persönlichen Charakter verloren.

Zunahme des Geldverkehrs

Um den Zahlungsverkehr zu erleichtern, entstand über den Gebrauch von Bargeld hinaus ein bargeldloser Zahlungsverkehr in Form von Girokonten und Wechseln sowie auch der Handel mit Depositenscheinen, die als Quittung für Bankeinlagen ausgegeben wurden. Diese Organisationsformen übernahmen die Deutschen im wesentlichen von italienischen Vorbildern. Die italienische Herkunft vieler Fachausdrücke ist in der deutschen Sprache noch heute unverkennbar, z.B. Bank, Bilanz, Disagio, Giro, Konto und Kredit.

Man darf nicht übersehen, daß sich dem Warenaustausch über größere Entfernungen beträchtliche Hemmnisse entgegenstellten. Der Zustand der Landstraßen war nach wie vor schlecht – und blieb es bis ins 18. Jahrhundert. Schiffbrüche kamen häufig vor. Auch mit Raubüberfällen mußte man auf der Landstraße und auf See rechnen. Die Binnenzölle bestanden weiter. Ebenso blieben die Münzverhältnisse chaotisch. Zwar schuf man Mitte des 16. Jahrhunderts mit dem goldenen Gulden und dem silbernen Taler zwei Haupttypen für das ganze Reich, die bis Anfang des 19. Jahrhunderts bestehen blieben, aber sie standen in keinem festen Kurs zueinander und wurden von jedem Territorialherren selbst geprägt. Diese nutzten dann ihr Prägerecht oft schamlos aus, indem sie den Edelmetallgehalt willkürlich herabsetzten und ihre alten Münzen kurzfristig als ungültig verriefen und so die Bevölkerung betrogen. Auch waren die Marktverhältnisse noch recht unübersichtlich, so daß Kaufleute meist nicht sicher wußten, zu welchem Preis sie ihre Waren am Bestimmungsort würden verkaufen können.

Handelshemmnisse

Die Schwäche der Zentralgewalt des Reiches beeinträchtigte auch den Handel mit den nord- und westeuropäischen Ländern und mit Übersee. Die Hanse hatte im späten Mittelalter praktisch ein Monopol im Handel zwischen Ost- und Nordseeraum besessen, das nicht zuletzt darauf beruht hatte, daß den Hansekaufleuten von den Anrainer-

Niedergang der Hanse

staaten eine Vorzugsstellung eingeräumt worden war. Im Laufe des späten Mittelalters waren Rußland, Polen, Schweden und England dann aber als Staaten erstarkt, und auch in ihnen war ein eigener Kaufmannsstand herangewachsen. So beseitigten die Herrscher dieser Länder Ende des 15. und im 16. Jahrhundert die Privilegien der Hansekaufleute nach und nach: 1494 wurde das Hansekontor in Nowgorod und 1598 jenes in London geschlossen, 1556 und endgültig 1579 verloren die Hansekaufleute ihre Privilegien in England, 1558 in Norwegen. Zugleich zwangen die norddeutschen Fürsten im Laufe des 16. Jahrhunderts vielfach die Hansestädte in ihren Territorien, sich von der Hanse zu lösen. Die Hanse war zu locker organisiert und zu sehr mit inneren Interessengegensätzen belastet, als daß sie in der Lage gewesen wäre, diesen Erschütterungen entgegenzutreten. Kaiser und Reich unterstützten die Hanse nicht, weder gegen den Druck der ausländischen Staaten noch gegen den der deutschen Fürsten. 1570-76 wurde auf den Reichstagen zwar diskutiert, ob man eine Reichsflotte errichten solle, jedoch ergebnislos. Die Niederländer, die sich im 16. Jahrhundert von der Hanse abwandten, und dann auch die Engländer durchbrachen im 15. Jahrhundert das Monopol der Hanse im Nordsee-Ostseehandel. Sie konnten fast den ganzen Zuwachs dieses Handels an sich ziehen, der sich im Laufe des 16. Jahrhunderts versechsfachte. Die Hansekaufleute waren nicht fähig, sich der neuen Konkurrenz flexibel anzupassen. Indem die wirtschaftliche Macht schwand, zerbröckelte auch die Organisation der Hanse. Auf dem Hansetag von 1628 waren nur noch elf Städte vertreten, auf dem letzten Hansetag im Jahre 1669 erschienen nur noch Hamburg, Lübeck, Bremen, Danzig, Köln und Braunschweig. Die Hanse zerfiel, ohne jemals formell aufgelöst zu werden.

Deutschland und Übersee
    Der Verfall der Hanse hatte nichts damit zu tun, daß im 16. Jahrhundert langsam der Handel von Europa nach Übersee begann. Als die Spanier anfingen, Lateinamerika zu erobern, sah es einen Augenblick so aus, als ob sich auch für die Deutschen goldene Perspektiven eröffnen würden. Da der spanische König Karl 1519-1556 zugleich römisch-deutscher Kaiser war, forderte er auch deutsche Kaufleute auf, sich an der wirtschaftlichen Erschließung der neuen Kolonien zu beteiligen. Tatsächlich beteiligten sich die Augsburger Handelshäuser der Fugger und Welser finanziell an Flotten nach Amerika. Außerdem bekamen die Welser 1528 das Gebiet etwa des heutigen Venezuela und die Fugger 1531 das Gebiet ungefähr des heutigen Chile als Lehen übertragen, und zwar als Sicherheit für große Darlehen, die sie dem Kaiser gewährt hatten. Doch diese Kolonialhoffnungen erfüllten sich nicht. Den Fuggern wurde ihr Gebiet schon 1535 wieder ersatzlos abgesprochen. Die Welser beherrschten Venezuela tatsächlich eine zeitlang durch ihre Beauftragten, sahen sich aber 1556 gezwungen, auf diesen Besitz zu verzichten. Nachdem die spanische Krone wieder von der Kaiserkrone getrennt war, machten die Spanier den Handel mit Amerika auch den Deutschen gegenüber genauso zu ihrem Monopol wie die Portugiesen den Überseehandel mit Asien. Die deutschen Kaufleute waren damit aus dem direkten Überseehandel für längere Zeit ausgeschlossen. Sie konnten Kolonialwaren erst in den Häfen der Iberischen Halbinsel erwerben und von da weiterverfrachten.

    Warum gelang es nun den deutschen Kaufleuten nicht ebenso wie den Niederländern und Engländern, sich seit dem Ende des 16. Jahrhunderts in das lukrative Geschäft des direkten Überseehandels mit Indien und Westindien wenn nicht sogar mit Südamerika hineinzudrängen und damit am entstehenden Welthandel teilzuhaben? Unternehmungen dieser Größenordnung ließen sich nicht mehr von einzelnen Kaufleuten ganz auf sich gestellt durchführen. Hier bedurfte es der Rückendeckung durch staatliche Macht. Der spanische und portugiesische Überseehandel wurde völlig staatlich organisiert, der niederländische und englische wurde vor allem zur Sache von großen Handelsgesellschaften, die der jeweilige Staat unterstützte. Schließlich war es nicht zuletzt auch eine Frage der Waffengewalt, wie das Ringen um die Verbindungen nach Übersee ausging. Den deutschen Kaufleuten fehlte dagegen jede Unterstützung durch eine größere staatliche Macht, da die Organisation der Hanse zerfiel, die Zentralorgane des Reiches zu schwach blieben und die Territorien zu klein waren.

Schon im späten Mittelalter hatte sich gezeigt, daß sich in keinem anderen Wirtschaftsbereich Geld so schnell vermehren ließ wie im Fernhandel. Solange nur wenige Menschen Kenntnisse von fremden Waren und Märkten besaßen und der Ferntransport ein beträchtliches Wagnis bedeutete, ließen sich hier große Gewinne erzielen, vorausgesetzt, man hatte das nötige Glück. Ende des 15. und vor allem im 16. Jahrhundert entstanden dann vorwiegend in Süddeutschland, besonders in Augsburg und Nürnberg, einige Kapitalvermögen, deren Größe alles bis dahin Dagewesene übertraf und die damit etwas wesensmäßig Neues darstellten. In den ersten drei Jahrzehnten des 16. Jahrhunderts sahen sie ihre Glanzzeit. Die Familien der Fugger, Welser und Höchstetter waren die drei reichsten dieser Kapitalisten. Jakob Fugger galt Anfang des 16. Jahrhunderts als der reichste Nichtadlige Europas.

Entstehen
großer
Kapitalien

Die Gewinne, aus denen solche Großvermögen angehäuft wurden, stammten aus verschiedenen Geschäftszweigen, die noch ungeschieden in der Hand derselben Männer lagen, nämlich vor allem Fernhandel (besonders Metallhandel) und Verlagswesen, Bankgeschäfte (besonders Großkredite an Fürsten) und Investitionen im Bergbau- und Hüttenwesen. Grundrenten trugen nur wenig dazu bei, diese großen Kapitalien zu bilden. Der Adel verbrauchte im allgemeinen die ihm zufließenden Mittel lieber für Schloßbauten und anderen Konsum und hielt es für nicht standesgemäß, sich im Fernhandel mit Handwerkserzeugnissen zu engagieren. Allerdings beteiligten sich einzelne Fürsten und Landadlige am Getreidehandel und an Berg- und Hüttenwerken, besonders in Norddeutschland. Indem entfernte Märkte wuchsen, konnte sich auch das Verlagswesen an Umfang stark ausweiten. Dies betraf vor allem das Textilgewerbe, aber auch die Metallverarbeitung, z.B. die Herstellung von Nadeln und Messern. Nachdem das Verlagswesen in Flandern und Schwaben schon am Ende des späten Mittelalters entstanden war, breitete es sich im 16. Jahrhundert auch in Westfalen und im sächsischen und schlesischen Mittelgebirgsraum aus. Nicht nur ländliche Heimarbeiter wurden verlegt, sondern auch städtische Zunfthandwerker, wobei die Verleger teilweise mit den Zünften Lieferverträge abschlossen. Die Fugger gaben große Kredite an den Kaiser und andere Herrscher aus dem Haus der Habsburger und ließen sich dafür als Sicherung Nutzungsrechte an Bergwerken und Vorkaufsrechte auf Silber, Kupfer, Eisen und Blei erteilen. Der technische Fortschritt erforderte im Bergbau größere Aufwendungen für Wasserhaltungsanlagen und den Stollenausbau, und da die bisherigen Eigner diese nicht mehr finanzieren konnten, stiegen jetzt im Bergbau Handelshäuser ein.

Die neuentstandenen großen Kapitalien besaßen die Tendenz, sich in gewisser Weise zu verselbständigen sowohl gegenüber der Arbeit wie auch gegenüber der Person des Besitzers. Die Gewinne, die sie ihren Besitzern einbrachten, wuchsen weit über jenes Einkommen hinaus, das man als Entlohnung für die eigene Arbeitsleistung betrachten kann. Den Fernhandel ließen diese Großkaufleute von Faktoren und anderen entlohnten Kräften durchführen, so wie sie auch als Verleger nicht mehr mit eigener Hand produzierten. Der Bergbau war im späten Mittelalter von „Gewerken" finanziert und betrieben worden, in denen sich die Bergarbeiter, die mit eigener Hand im Berg arbeiteten, zu einer Betriebsgesellschaft zusammengeschlossen hatten. Indem die Gewerksanteile, deren Besitz mit der Pflicht zum Nachschießen von Geld bei Betriebsausweitungen verbunden war, seit dem 15. Jahrhundert überwiegend in die Hände fremder Kapitalgeber gelangten, die nicht mehr selbst mitarbeiteten, trennte sich der Besitz am Bergwerk von der Arbeit im Bergwerk. Ähnlich sah es bei Hammerwerken aus. Aber auch gegenüber der Privatperson des Kapitalbesitzers gewann das Kapital durch seine Größe an Eigenrecht. Im späten Mittelalter war es im Fernhandel üblich gewesen, daß die Kaufleute entweder als Einzelkaufleute handelten oder daß sich mehrere Kaufleute nur für ein bestimmtes Geschäft zu einer Gelegenheitsgesellschaft zusammenschlossen, um das nötige Kapital aufzubringen und das Risiko gemeinsam zu tragen. Diese Gelegenheitsgesellschaft löste man nach Abschluß der Geschäfte wieder auf. Im Unterschied zu diesen Gelegenheitsgesellschaften entstanden um 1500 in Süddeutschland ständige Firmen. Deren Kapital lag meist in der Hand einer Familie, wobei Brüder, Vettern und andere Verwandte sich mit beteiligten, aber auch Kapital familienfremder Personen wurde mit aufgenommen, sowohl als Kommanditeinlage mit Gewinn- und Verlustbeteiligung wie als Depositen nur gegen Zinsen. Diese Großkaufleute waren nicht mehr darauf aus, die aus ihrem Besitz fließenden Renten bequem zu genießen, sondern strebten danach, den Gewinn und damit ihr Kapital immer weiter zu steigern.

Kapital und Wirtschaftsmoral

Gegen die großen Kapitalvermögen, die um 1500 entstanden, tobte einige Jahrzehnte lang eine heftige öffentliche Polemik, die erst abflaute, als diese Großvermögen untergingen. Das Verhältnis zwischen Einnahmen und Arbeitsleistung wich zu sehr von dem Gewohnten ab. Es hieß, das Großkapital würde die Preise hochtreiben und durch Wucher die Armen ausbeuten. Mit dem Schlagwort „Monopol" wurde das Kritisierte auf einen Begriff gebracht. In den Augen der Handwerker und Bauern unterschieden sich die „Monopolisten" von Raubrittern eigentlich nur durch intelligentere Methoden. Auch die Theologen unterstützten diese Kritik. Die katholische Kirche beharrte im wesentlichen auf ihren mittelalterlichen Wirtschaftsidealen des gerechten Preises und der auskömmlichen Nahrung und blieb dabei, das Zinsnehmen als Wucher zu verurteilen. Auch der Reformator Martin Luther hielt daran fest, den Geldverleih gegen Zinsen abzulehnen. Die Reformatoren Zwingli und Calvin meinten immerhin, daß ein mäßiger Zins von fünf Prozent für Produktivkredite vertretbar sei. Doch tatsächlich war das alles jetzt nur noch papierne Theorie. Die Verbote waren ohnehin schon lange umgangen und übertreten worden, und jetzt beachtete man sie in der Praxis des Wirtschaftslebens faktisch nicht mehr. Die Kirchen kämpften auch nicht länger konsequent für sie. Die Reichspolizeiordnung von 1530 erlaubte fünf Prozent Zinsen dann auch offiziell. Versuche, die „Monopole" durch den Reichstag verbieten zu lassen, scheiterten am Einspruch Kaiser Karls V., der die Anleihen der großen Handelshäuser nicht missen wollte.

Zeit des „Frühkapitalismus"?

Überblickt man als Ganzes, wie sich das Wirtschaftsleben in deutschen Landen vom Ende des 15. bis zum Anfang des 17. Jahrhunderts entwickelte, so nahmen unverkennbar marktwirtschaftliche und geldwirtschaftliche Austauschformen zu, traten erstmals einzelne große Unternehmenspersönlichkeiten mit gewinnorientiertem Wirtschaftsverhalten auf, bildeten sich im Handel große Kapitalvermögen, deren Kapitalertrag das Arbeitseinkommen ihrer Besitzer weit überstieg, verbunden mit der Trennung von

leitender und ausführender Arbeit, von Kapitalbesitz und unzünftischer, rechtlich
freier Lohnarbeit vor allem im Bergbau. Kann man deshalb von einer Epoche des
Frühkapitalismus sprechen? Wir sollten den Stand der Entwicklung nicht überschätzen! Der Fernhandel war nur ein sehr kleiner Sektor des gesamten Wirtschaftslebens,
und selbst in diesem blieb es im Bereich der Hansestädte bei Einzelkaufleuten und Gelegenheitsgesellschaften. Es gab im 16. Jahrhundert nur außerordentlich wenige Kapitalisten, bei denen sich das Kapital ansatzweise aus den persönlichen Bindungen löste.
Selbst die Fugger trennten begrifflich und buchmäßig noch nicht zwischen ihrem Ge-
schäfts- und Privatvermögen, so daß sie in ihrer Inventur von 1527 ihre Betten und
Kleider genauso mit aufnahmen wie Geschäftsgegenstände. Auch galt nur für kleine
Bereiche der Wirtschaft das Prinzip der Gewerbefreiheit, vor allem für Fernhandel,
Verlagswesen, Berg- und Hüttenwesen, während das städtische Handwerk weiter
zünftisch organisiert und jeder Veränderung abgeneigt war, ganz zu schweigen von
den grundherrschaftlichen Bindungen der Landwirtschaft. Ja, der mittelalterliche Monopolgeist war so lebendig, daß die Großkaufleute ihn auf den Großhandel zu übertragen strebten, um die Gewinnspannen zu vergrößern, so die Fugger auf den Metallhandel, ebenso wie es auch Kartelle im sächsischen Wollhandel, im böhmischen Erzhan-
del, im bayerischen Salzhandel und an vielen anderen Stellen gab. Auch die Wirtschaftspolitik der Obrigkeiten schlug keine andere Richtung ein. Sie bot im übrigen ein
recht verwirrendes Bild mit einer Fülle von Anordnungen, die einander oft widersprachen: die einzelnen Städte erließen wie schon im Mittelalter weiter lokale Wirtschaftsordnungen, die Fürsten fingen an, wirtschaftliche Regelungen zu verkünden, die sich
auf ihr ganzes Territorium richteten, aber noch in den Kinderschuhen steckten, und
über allem beratschlagte der Reichstag wiederholt ergebnislos über eine Reichswirt-
schaftspolitik. Vor allem jedoch darf nicht übersehen werden, daß die großen Kapitalien vornehmlich im Handel eingesetzt wurden, um Waren anzukaufen und zeitweise
zu lagern und Rohstoffe an Heimarbeiter zu liefern, und Handelskapital hatte es auch
schon im späten Mittelalter gegeben. Die großen Kapitalien wurden aber kaum investiert, um den Produktionsapparat so zu erweitern, daß er die menschliche Arbeitskraft produktiver machte. Das konnte angesichts des technischen Entwicklungsstands
der Zeit auch gar nicht anders sein, denn fast nur im Bergbau war die Technik so weit
entwickelt, daß sich größere Kapitalmengen zur Steigerung der Produktivität investieren ließen. Deshalb wies diese Epoche auch nicht die Dynamik einer ständig weiter anschwellenden Produktionsmenge auf. Das wurde erst im 19. Jahrhundert möglich, als
man einen laufend wachsenden Maschinenpark einsetzte, also durch jene Wirtschaftsweise, in der tatsächlich das Kapital ins Zentrum des Wirtschaftslebens rückte und der
man deshalb die Bezeichnung Kapitalismus besser vorbehalten sollte, wenn man sie
denn überhaupt verwenden will. Im 16. Jahrhundert war nicht das Kapital, sondern
unverändert der Boden das entscheidende Produktionsmittel, weshalb die Kennzeichnung als Agrargesellschaft das Wesentliche besser trifft. Überdies gingen die ganz großen oberdeutschen Kapitalvermögen in der zweiten Hälfte des 16. Jahrhunderts entweder durch Staatsbankrotte unter oder wurden zum Ankauf von Grundbesitz verwendet, angeregt von dem sozial höherwertigen Vorbild adliger Lebensweise wie auch
vom Interesse an der Sicherheit des Grundrentenbezugs. Die Fugger verwandelten
sich sogar von Unternehmern in Reichsfürsten. Schließlich warfen die Verwüstungen
des Dreißigjährigen Krieges den Stand der Kapitalbildung auf ein sehr niedriges Niveau zurück.

Das 16. Jahrhundert erlebte also keinen Durchbruch zu einer völlig neuen Wirtschaftsweise, sondern eine schrittweise Weiterentwicklung der vorangegangenen Verhältnisse. Von hier führte kein zwangsläufiger, direkter Weg zum Industrialismus des 19. Jahrhunderts, wenngleich die Veränderungen der Wirtschaftsweise im 16. Jahrhundert eine Stufe darstellten beim allmählichen Entstehen der dafür nötigen Voraussetzungen. Aber selbst die Kontinuität dieser Entwicklung wurde durch den Dreißigjährigen Krieg tief beschädigt.

4.3 Ständische Ordnung

Das ständische Ordnungsprinzip des späten Mittelalters blieb auch im 16. Jahrhundert und darüber hinaus erhalten, jedoch nicht unverändert. Die Tatsache, daß die Bevölkerung etwas schneller wuchs als die vorhandene Nahrungsmenge und deutlich schneller als der verfügbare Boden, und die Zunahme von Marktbeziehungen und Gewinnorientierung waren die beiden Haupttriebkräfte, welche die gesellschaftlichen Verhältnisse umformten, nur langsam zwar, aber stetig durch die ganze Epoche.

Zu Anfang des 16. Jahrhunderts besaß das städtische Bürgertum in der Gesamtgesellschaft Gewicht und Bedeutung wie nie zuvor. Während der Adel im Laufe des späten Mittelalters in eine Krise geraten war, verfügten die städtischen Handwerker dank relativ niedriger Getreidepreise über eine Kaufkraft, die ihnen einen Lebensstandard ermöglichte, den sie wohl erst im 20. Jahrhundert wieder erreichten. Der Aufschwung von Fernhandel und städtischem Gewerbe ließ in den großen Städten Zahl und Umfang der großen Privatvermögen ansteigen. Im Fernhandelszentrum Augsburg erhöhte sich die Zahl der Bürger, die mehr als 500 Gulden zu versteuern hatten, von 15 im Jahre 1471 auf 189 im Jahre 1558. Daß Kaufleute sich jetzt stolz in ihrem Kontor porträtieren ließen, bezeugt dies bürgerliche Selbstbewußtsein in der ersten Hälfte des 16. Jahrhunderts ebenso wie aufwendige Rathausbauten. Ab der Mitte des Jahrhunderts änderten sich dann die Verhältnisse. Da die Nahrungsmittelproduktion mit dem Bevölkerungswachstum nicht ganz mitkam, verschob sich im Laufe des 16. Jahrhunderts das Austauschverhältnis zwischen Agrarprodukten einerseits und Gewerbeerzeugnissen und Löhnen andererseits zugunsten der erstgenannten. Das bedeutete, daß die Grundherren und auch reichere Bauern, die Agrarprodukte verkauften, an Kaufkraft gewannen, wogegen sich die Realeinkommen derjenigen, die vom Gewerbe oder überwiegend von Lohneinkommen lebten, erheblich minderten, während Bauern mit geringer Marktquote weitgehend unberührt blieben. Da zugleich die Expansionskraft der städtischen Wirtschaft nachließ und der Adel im Militär- und Verwaltungsdienst neue Aufgaben und Einnahmen fand, konnte der Adel seine gesellschaftliche Stellung stabilisieren und verbessern, während diejenige der städtischen Ober- und Mittelschichten schwächer wurde – ganz abgesehen von der Sonderentwicklung in den

*Gesell-
schaftliche
Umgewich-
tungen*

Gebieten östlich der Elbe, wo Gutswirtschaften entstanden, die dem Adel erst recht Auftrieb gaben.

Soziale Polarisierung

Im verhältnismäßig städtereichen Sachsen waren 1550 von allen Haushaltsvorständen 0,6 Prozent adlige Grundherren, 0,9 Prozent Geistliche, 26,7 Prozent Bürger, 5,1 Prozent Inwohner in Städten, 49,5 Prozent Bauern, 4,6 Prozent Häusler und Gärtner und 12,6 Prozent Inwohner in Dörfern. Die Anteile sahen in den verschiedenen deutschen Landschaften etwas unterschiedlich aus. In der Eidgenossenschaft fehlte der Adel ganz, da er im späten Mittelalter verdrängt worden oder im städtischen Patriziat aufgegangen war. In allen Gegenden wirkten aber die gleichen Kräfte darauf hin, die Gesellschaftsstruktur allmählich zu verformen, im dichterbesiedelten Westen stärker als im Osten.

Entscheidende Basis, um eine Familie zu ernähren, war im Regelfall der Besitz einer Vollstelle, d.h. eines ausreichend großen Bauernhofes oder Handwerksbetriebs. Zunächst erhöhte sich die Zahl der Vollstellen noch, bedingt durch den Landesausbau und dadurch, daß sich das Gewerbe ausweiten konnte, doch langfristig nahm die Bevölkerungszahl stärker zu. Das hieß, daß vor allem in Westdeutschland eine steigende Anzahl von Menschen keinen Hof abbekam, dessen Fläche ausgereicht hätte, um eine Familie zu ernähren. Damit wuchs auf dem Lande seit Ende des 15. Jahrhunderts wieder eine nennenswerte unterbäuerliche Schicht heran. Zu ihr gehörten Kleinbauern, für die man am Dorfrand von älteren Höfen kleine Stellen abteilte und die darauf angewiesen waren, durch Heimarbeit, ein Handwerk oder Dienst am Herrenhof oder bei Großbauern hinzuzuverdienen, und die als Gärtner, Kätner, Kossäten, Seldner oder ähnlich bezeichnet wurden. Zu dieser unterbäuerlichen Schicht rechneten auch Häusler, die nur sehr geringen Landbesitz hatten, sowie Einlieger, die ohne eigenen Bodenbesitz zur Miete wohnten und darum ganz auf Lohnarbeit angewiesen waren. Die Übergänge innerhalb der bäuerlichen Schicht waren fließend. Seit dem 15. Jahrhundert gab es auch an Bauernhöfen Gesinde. Dabei handelte es sich um Söhne und Töchter von Bauern, die gegen freie Kost und Kleidung und zunehmend gegen Geldlohn bei fremden Bauern dienten, unverheiratet bleiben mußten und keinen eigenen Besitz

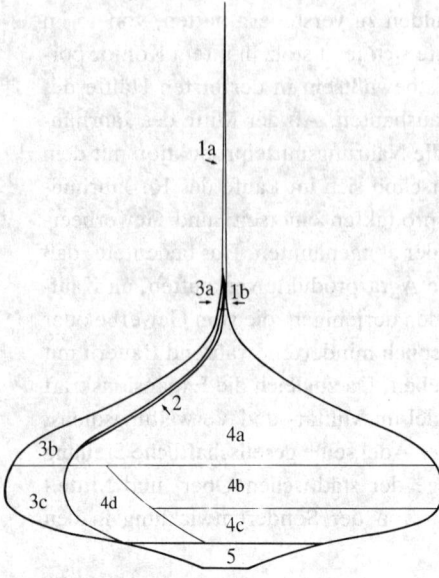

Ständegesellschaft in Deutschland um 1500

1 Adel
  a hoher Adel
  b niederer Adel
2 Geistliche
3 städtische Bevölkerung
  a Patrizier und nichtpatrizische Kaufleute
  b Handwerker, Krämer, städtische Beamte, junge Gesellen
  c städtische Lohnarbeiter, Altgesellen
4 ländliche Bevölkerung
  a Vollbauern
  b Kleinbauern
  c Häusler, Einlieger, ländliche Tagelöhner
  d Gesinde
5 Bettler, Fahrende und andere unehrliche Leute

Die Gliederung orientiert sich am ständischen Rang. (Eine Stufung nach Vermögen würde anders aussehen, da die einzelnen Stände sich in dieser Hinsicht beträchtlich überlappten.)

Das Verhältnis der Feldgrößen entspricht etwa dem Zahlenverhältnis der einzelnen Stände zueinander. Da die soziale Stellung der verheirateten Frauen von der ihres Mannes abhing, sind Familien gezählt, ausgenommen die ledigen Bevölkerungsgruppen, d.h. Geistliche, Bettler, Gesellen und Gesinde. Der Höhenmaßstab des ständischen Rangs ist willkürlich; der soziale Abstand der oberen Stände zueinander und zu den anderen Ständen war vermutlich größer, als es in der Zeichnung zum Ausdruck kommt.

hatten. Das Gesinde war aber selten über 30 Jahre alt, da es mit fortschreitendem Alter oft zum Tagelöhner oder Heimarbeiter wurde oder einheiratete. Es stellte also noch keine echte soziale Gruppe dar, deren gesellschaftliche Position auf Lebenszeit angelegt gewesen wäre. Der ehemals einheitliche Bauernstand, wie er im 12. Jahrhundert entstanden war, hatte sich damit auseinanderentwickelt. Für die ländliche Bevölkerung in zehn verschiedenen Ämtern Württembergs im Jahre 1544 ließ sich ermitteln, daß 5 Prozent Großbauern waren, von denen manche ihre Töchter sogar an städtische Geschlechter und den niederen Adel verheiraten konnten, 25 Prozent gehörten zur bäuerlichen Mittelschicht, 19-25 Prozent zu den Kleinbauern, 15-22 Prozent zu den Seldnern, 13-25 Prozent lebten als vermögenslose Tagelöhner und Handwerker und 10-25 Prozent als Gesinde. Ebenso stieg in den Städten der Anteil der Unterschichten im Laufe des 16. Jahrhunderts an. Gleichzeitig vergrößerte sich anscheinend auch die Zahl jener Menschen, für die es nicht einmal einen Platz als Gesinde gab, und die sich deshalb als Bettler und Landstreicher auf die Straßen geworfen sahen. In einer Verordnung aus Hamburg wurde 1604 angeklagt, daß „kein ehrlicher Mann, der etwas im Hause sowie auf der Straße mit anderen zu reden habe, vor den Bettlern seine Rede ohne Verhinderung zu enden gesichert sei".[14]

So wuchs der Anteil der Unterschichten an der Gesamtbevölkerung im Laufe des 16. Jahrhunderts. Gleichzeitig vergrößerte sich der soziale Abstand zwischen Reichen und Armen. Schon um 1500 hatten sich die Fernhandelskaufleute immer stärker über die Masse der städtischen Bevölkerung hinausgehoben, je mehr ihr Reichtum anschwoll. Außerdem stiegen über die Jahrzehnte hinweg die Getreidepreise, was dazu führte, daß die reichen Grundrentenbezieher immer wohlhabender wurden, die ärmeren Schichten, die auf den Kauf von Lebensmitteln angewiesen waren, dagegen immer elender lebten. So polarisierte sich die Gesellschaft allmählich zwischen einer sehr kleinen Oberschicht, die immer reicher wurde, und einer Unterschicht, die immer zahlreicher und ärmer wurde.

Die Unterschiede und Schranken zwischen den einzelnen Ständen prägten sich im Laufe des 15. und 16. Jahrhunderts zusehends schärfer aus, und zwar nicht nur nach dem Besitz, sondern mehr noch hinsichtlich der Zugangsrechte zu beruflichen Existenzen und der symbolischen Zeichen zugemessener Ehre. Daß Vollstellen knapper wurden, führte in jenen Bereichen der Gesellschaft, wo die beruflichen Existenzen nicht notwendig an ererbte Stellen gebunden waren, dazu, daß die Stelleninhaber sich verstärkt bemühten, diese Stellen für ihre Nachkommen und ihresgleichen zu reservieren und andere daraus fernzuhalten, Fremde ebenso wie soziale Aufsteiger. So bestand im 15. und 16. Jahrhundert die Tendenz, daß sich die verschiedenen Gruppen der Besitzenden immer stärker gegen alle übrigen abschlossen. Dadurch blockierten sie in steigendem Maße die Möglichkeiten zu sozialem Aufstieg, die schon vorher nicht groß gewesen waren, und betonten zugleich immer stärker die eigenen Vorrechte und Unterscheidungsmerkmale gegen andere Gruppen. Solchermaßen verfuhren die Adligen gegenüber den Bürgern und diese wiederum gegenüber den Bauern und alle zusammen gegenüber den Randgruppen der Bettler und unehrlichen Berufe. Auch innerhalb dieser Gruppen prägten sich die Unterschiede zwischen höherem und niederem Adel, zwischen Patriziern und übrigen Bürgern, zwischen Großbauern und sonstigen Dorfbewohnern schärfer aus.

Um reiche Bürger und Briefadlige auszugrenzen, verlangte der Adel Ende des 15. Jahrhunderts, daß zum Turnieren nur Personen mit mindestens vier adligen Ahnen

Monopolisierung von Erwerbsstellen

zugelassen wurden. Die Domkapitel führten jetzt die Ahnenprobe ein, d.h. den urkundlichen Nachweis adliger Vorfahren des Kandidaten, und schraubten dann ihre Anforderungen immer höher; reichte in Paderborn 1567 noch der Nachweis von 8 ritterbürtigen Ahnen, so verlangte man 1580 schon 16. Jesus hätte diesen Anforderungen des geistlichen Kollegiums nicht genügen können. Adlige Güter wurden weitgehend für den Verkauf an Nichtadlige gesperrt. Noch deutlicher ließ sich die Tendenz zur Abschließung im städtischen Bereich beobachten. Ende des 15. und Anfang des 16. Jahrhunderts erschwerten die Städte den Erwerb des Bürgerrechts und ließen den Zuzug vom Lande immer geringer werden. Die Zünfte verlängerten willkürlich die Lehrzeiten und schraubten die Anforderungen an das Meisterstück bis ins Unsinnige und oft praktisch Unerfüllbare hinauf. Im Laufe des 16. Jahrhunderts begrenzten immer mehr Zünfte die Zahl ihrer Mitglieder, so daß ein Geselle nur zum Meister aufrücken konnte, wenn ein Meister starb oder fortzog. Damit war eine Zunft für Gesellen, die nicht Söhne oder Schwiegersöhne von Meistern waren, praktisch geschlossen. Aus demselben Geist heraus wurden nach und nach bis 1650 die Frauen aus dem Handwerk hinausgedrängt. Die Bemühungen dazu gingen von den Meistern und Gesellen aus, denen die Obrigkeiten nach anfänglichem Widerstand dann im 17. Jahrhundert allgemein nachgaben. Im 18. Jahrhundert gab es im städtischen Handwerk fast keine Frauen mehr; selbst die Schneiderei wurde zum Männerberuf. Gewerbliche Frauenarbeit kannte man seitdem nur noch als Heimarbeit für Verleger. Die städtischen Frauen sahen sich stärker auf Hauswirtschaft und Mutterrolle beschränkt, und auch im bäuerlichen Haushalt scheinen die Arbeitsbereiche von Mann und Frau etwas stärker getrennt worden zu sein. Vielleicht wurde diese Entwicklung noch dadurch verstärkt, daß man mit den Schriften der antiken Autoren auch das römische Hausfrauenideal wiederentdeckte. Ebenfalls auf das Streben unter Druck geratener Handwerker, ihre Stellen zu monopolisieren, war es zurückzuführen, wenn im Laufe des 16. Jahrhunderts immer mehr Berufe als „unehrlich" diskriminiert wurden und Zünfte Söhne solcher Eltern dann nicht mehr als Lehrlinge annahmen. Überhaupt sahen sich Bettler, Fahrende Leute und andere unehrliche Berufe im Laufe des 16. Jahrhunderts zunehmend als Gesindel an den Rand der Gesellschaft gedrängt. Vor allem in der zweiten Hälfte des 16. Jahrhunderts verfolgten die Obrigkeiten verstärkt Bettler und Landstreicher und versuchten, diese durch harte Strafandrohungen aus ihrem Gebiet zu verscheuchen.

Sozialer Aufund Abstieg   Dies alles heißt nicht, daß es gar keinen sozialen Aufstieg, und vor allem nicht, daß es keinen sozialen Abstieg mehr gegeben hätte. Dabei waren die Fernhandelskaufleute wohl jene soziale Gruppe mit dem stärksten Zu- und Abgang: mit dem Aufblühen des Fernhandels stießen eine Reihe tatkräftiger Kaufleute in die städtische Oberschicht vor, aber ebenso hielten diese Familien sich dort meist nicht über Generationen hinweg, sofern sie ihr im Handel gewonnenes Vermögen nicht im sicheren Grundbesitz konsolidierten, zumal die Erben oft nicht mehr die überragende kaufmännische Begabung der Gründer besaßen. Theoretisch war auch die Geistlichkeit eine Gruppe, in der ein Aufstieg unabhängig von der sozialen Herkunft möglich war. Für sie brachten die Reformationswirren einen verstärkten Personalaustausch mit sich. Und natürlich konnten Bauern auf die Straße geworfen werden, wenn sie durch schlechte Wirtschaftsführung ihre Existenz verwirtschafteten, oder diese nach schweren Mißernten, Feuerkatastrophen oder Viehseuchen verloren. Außerdem bedeutete die Tatsache, daß die Bevölkerung stärker wuchs als die Zahl der Vollstellen, oft für Teile der bäuerlichen Familien einen sozialen Abstieg: jene Bauernsöhne, die keinen Hof erbten, mußten sich mit einer geringeren Existenz als Kleinstbauer oder Knecht zufrieden geben, oder Höfe wurden unter mehrere Söhne geteilt, womit diese alle zu Kleinbauern herabsanken.

Monopolisierung symbolischer Formen

Es blieb nicht bei den Bestrebungen der Besitzenden, den Zugang zu Erwerbsstellen für ihre Kreise zu monopolisieren. Dieses Monopolisierungsstreben erstreckte sich auch auf andere materielle und ideelle Güter, durch welche die jeweilige ständische Ehre in der Öffentlichkeit zum Ausdruck kam. Das hieß vor allem, daß den unteren Ständen bestimmte Aufwendungen und der Gebrauch bestimmter symbolischer Formen verboten oder beschränkt wurde, damit die höheren Stände durch diese ihren sozialen Abstand demonstrieren konnten. Es sollte verhindert werden, daß z.B. ein reicher Kaufmann sich patrizischen beziehungsweise adligen oder daß ein reicher Bauer sich gutbürgerlichen Lebensstil leisteten und damit den Anschein sozialen Aufstiegs hervorriefen. Hier bot sich ein weites Feld für immer neue und detailliertere Regelungen darüber, welchen Ständen welcher Aufwand gemäß sei. Individuelle Neigungen waren dabei ohnehin ganz dem standesgemäßen Verhalten untergeordnet. So wurden für Feste anläßlich von Hochzeiten, Taufen und Beerdigungen die Zahl der gereichten Gänge des Festessens, der aufspielenden Musikanten und der geladenen Gäste nach oben begrenzt. Ebenso legten die Höhergestellten gesteigerten Wert auf die richtig gestufte Anordnung der Sitze in der Kirche und in weltlichen Räumen und auf die Reihenfolge bei öffentlichen Aufzügen. Vor allem brach gegen 1500 eine Flut von Kleiderordnungen los, die bis Ende des 18. Jahrhunderts immer wieder erneuert wurden. So begrenzte die Reichspolizeiordnung von 1530 den erlaubten Wert der Gürtel für Kaufleute auf 20 Gulden, für Edelleute auf 200 und für Grafen und Herren auf 500 Gulden. Die Frankfurter Kleiderordnung von 1576 schrieb unter anderem für Männer vor, daß Hosen aus Samt und Seide und daß Baretts, Hauben und Hüte aus Samt den Patriziern vorbehalten waren, ebenso wie Wämse und Leibröcke aus Samt, während nichtpatrizische Kaufleute Wämse ebenfalls aus Seide tragen durften. An Samt und Seide zum Verzieren und Unterfüttern der Röcke und Mäntel durften die Patrizier drei Ellen, die nichtpatrizischen Kaufleute höchstens zwei Ellen und die übrigen Männer höchstens eine halbe Elle verwenden. Anderswo reglementierten die Obrigkeiten z.B. auch das Tragen von Ringen, Federn, Ketten und Goldborten. Die Einzelheiten variierten von Stadt zu Stadt. Dabei wurden die Regelungen mit der Zeit immer kleinlicher, die Standesabgrenzungen immer genauer. In Frankfurt am Main beispielsweise unterschied die Kleiderordnung von 1576 in die „Ehrbaren von den Geschlechtern", „andere namhafte Bürger, stattliche Händler und Kaufleute ... und hohe Ratsbeamte" und „alle anderen Männer"; in der Kleiderordnung von 1597 wurde die zweite Gruppe in die höhergestellten Großhändler und die Gelehrten und vornehmen Krämer aufgespalten, und diejenige von 1621 wies schließlich fünf Stände auf, indem man die Tagelöhner und Gesellen als eigenen Stand gegenüber den Handwerkern ausgrenzte.

Ständische Ordnung

Ein kritisches Bild der ständischen Ordnung der Deutschen zeichnete der Prediger Sebastian Frank 1534 in seinem „Weltbuch": „Germania hat jetzung viererlei ... Stände. Zuerst *Geistliche*, Pfaffen und Mönche ... Müßige, ehelose, niemand nütze Leute, die wenig studieren, und ihre Zeit fast mit Spielen, Essen, Trinken und schönen Frauen hinbringen ... Der andere Stand Germaniens ist der *Adel*, die aus Gottes Ordnung recht edel, das ist Väter des Vaterlandes, eine Furcht und Rute der Bösen und ein Schild, Burg und Zuflucht der Frommen sein sollten. Sie, die die Witwen und Waisen mit ihrer Hand beschützen müßten, die schinden und schaben sie selbst, und die doch Hunde vor dem Pferch sein sollten, sind vielmals selber Wölfe ... Und wie sie jedermann fürchtet und hasset, also müssen sie auch fürchten und von jedermann verhaßt sein und nichts denn Ohrenkriecher und Heuchler für wahre Freunde halten ... Sie treiben keine andere Hantierung, denn jagen, beizen, saufen, prassen, spielen ... [Sie] schämen sich auch sehr gemeiniglich, Bürger zu sein und gemeinsames Stadtrecht zu leiden oder irgendwelche Kaufmannschaft und Handwerk zu treiben oder eine Bürgerin zu heiraten. Sie fliehen auch der Bürger Gesellschaft und Hantierung, halten sich zusammen mit Gesellschaft, Heiraten usw. ... Sie halten köstlich haus mit vielerlei Gesinde, Pferden, Hunden und Gepränge; sie haben ein besonders prächtiges Auftreten mit einem Nachtrab ihrer Hörigen, daß man sie alsbald am Gang und der Gebärde erkennt ... Viele ziehen in den Krieg, Fürsten und Herren folgend. Gerät ihnen dann eine Beute, daß sie reich wieder heimkommen, so sind sie erst recht edel, denn Reichtum hat sogar viele Bürger und Bauern zu Edlen und Wappengenossen gemacht ... Der dritte Stand ist die *Bürgerschaft* oder Stadtleute ... Ihr Gewerbe ist mancherlei ... [Es] ist auch in mächtigen Frei- und Reichsstädten zweierlei Volks; gemeine Bürger und Geschlechter, die eine Art Adel sein wollen und auf adlige Manier von ihren Renten und Zinsen leben. Sie leiden keinen gemeinen Bürger in ihrer Gesellschaft, ob er ihnen auch an Reichtum gleicht, heiraten auch ebensowenig als der Adel unter sie, sondern gleich zu gleich ... Das mühselige Volk der *Bauern*, Kübler, Hirten usw. ist der vierte Stand ... Ein sehr arbeitsames Volk, das jedermanns Fußhader ist und mit Fronen, Schwarwerken, Zinsen, Gülten, Steuern, Zöllen hart beschwert und überladen ist."[15]

Adel Die gesellschaftliche Scheidung des Adels in die kleine Gruppe des Hochadels, die nur rund 500 Personen stark war, und den viel zahlreicheren niederen Adel, die sich im späten Mittelalter herausgebildet hatte, wurde seit dem 16. Jahrhundert überlagert von der rechtlichen Trennung in reichsunmittelbaren Adel, der nur den Kaiser über sich wußte, und in den landsässigen Adel innerhalb der einzelnen Territorien. Zum ersteren zählten die Reichsfürsten (Herzöge und Markgrafen, Erzbischöfe und Bischöfe), reichsunmittelbare Grafen und Herren und die besonders in Schwaben, Franken, der Pfalz und Hessen anzutreffenden Reichsritter. Der landsässige Adel reichte von den Herzögen und Fürsten in Schlesien und Böhmen, die von der Krone Böhmens lehensabhängig waren, aber gesellschaftlich reichsunmittelbaren Fürsten gleichgeachtet wurden, bis herab zum einfachen Landadel, der vor allem in den Gebieten östlich der Elbe von seinem kleinen Ritterhof oft kaum besser lebte als der bäuerliche Dorfschulze.

Für den niederen Adel bedeutete das 16. und 17. Jahrhundert eine Epoche der Krise, aber auch der Konsolidierung. Die wirtschaftliche Schwäche vieler Adliger als Folge der spätmittelalterlichen Agrarkrise wirkte noch Anfang des 16. Jahrhunderts weiter. Indem im Heerwesen Soldreiter und Fußsoldaten im 16. Jahrhundert die Lehensritter ersetzten, verlor der niedere Adel seine Aufgabe als ritterlicher Waffenträger. Indem die Fürsten den allgemeinen Landfrieden durchsetzten und bewahrten, ging der landsässige Adel auch seiner Schutzfunktion verlustig. Die Entwicklung der Belagerungsartillerie machte überdies seine Burgen militärisch wertlos. Auch von seinen politischen Aufgaben büßte der Adel manches ein, da die Fürsten immer mehr studierte Juristen bürgerlicher Herkunft als Ratgeber und Richter verwendeten. Zahlreiche verarmte Adelsfamilien, besonders in Süd- und Westdeutschland, sanken im

16. Jahrhundert in den Bürger- und Bauernstand ab. Der alte Adel mußte in seinen Reihen immer mehr Briefadlige aufnehmen, also Bürger, die vom Kaiser in den Adelsstand erhoben worden waren. Im Ausgang des 16. Jahrhunderts zeichnete sich aber ab, daß die wirtschaftliche und damit auch gesellschaftliche Stellung des Adelsstandes sich erneut festigte, wenn auch nicht mehr in der Form des traditionellen Wehr- und Herrschaftsstandes, sondern auf einer neuen Grundlage. In den Gebieten östlich der Elbe wandten viele Adlige sich ganz der Landwirtschaft zu und bauten große, einträgliche Gutswirtschaften auf. Der Anstieg der Preise für landwirtschaftliche Erzeugnisse im Laufe des Jahrhunderts kam überall den großen Grundbesitzern zugute. Viele Mitglieder des landsässigen Adels, der Reichsritter und anderer reichsunmittelbarer Adelsfamilien fanden im Fürstendienst neue Führungsstellungen, und zwar in den neuen Funktionen des Offiziers sowie in der Verwaltung als Amtleute, Vögte, Landrichter, Landräte und Landpfleger. Im späten 16. Jahrhundert fingen einzelne Adlige auch an zu studieren, um höhere Verwaltungsposten zu erlangen.

Beim Bauernstand dürfen über den allgemeinen Trend zu stärkerer Differenzierung *Bauern* nicht die großen regionalen Unterschiede seiner Gliederung übersehen werden. Das Realteilungserbrecht hatte dazu geführt, daß im Gebiet um Oberrhein und Neckar, in der Pfalz, Unterfranken und Hessen bäuerliche Kleinbetriebe vorherrschten, während als Folge des Anerbenrechts in Oberbayern, Westfalen, Niedersachsen und Schleswig-Holstein groß- und mittelbäuerliche Höfe den Ton angaben. Letztere hielten eine wachsende Zahl von Gesinde. Östlich der Elbe setzte sich dagegen jetzt die Gutswirtschaft gegen die bäuerlichen Betriebe durch. Freies Eigentum der Bauern an ihren Höfen überwog nur an der Nordseeküste bis zur Rheinmündung hinunter, in Tirol und der Innerschweiz. Die persönliche Rechtsstellung der Bauern war aber allgemein die von Freien; auch wo es in Süddeutschland noch die Bezeichnung Leibeigene gab, bedeutete dies nur eine bestimmte Abgabenverpflichtung und keine darüber hinausgehende persönliche Abhängigkeit.

Indem sich Mitte des 16. Jahrhunderts Konfessionen bildeten, zerfiel die Geistlich- *Geistlichkeit* keit in eine katholische, eine lutherische und eine reformierte. Die katholische Geistlichkeit blieb weiter scharf gegen die katholischen Laien abgegrenzt, und sie bewahrte auch ihre hierarchische Abstufung vom Erzbischof bis zum letzten Klosterbruder. Dieser Hierarchie entsprach die unterschiedliche soziale Herkunft ihrer Mitglieder. Sie reichte von der meist adligen Abstammung der Bischöfe und Domherren bis zur meist bäuerlichen und auch bürgerlichen Herkunft des niederen Klerus. Dagegen änderten sich Bildungsstand und Lebensführung, als die katholische Kirche sich nach dem Ende des Tridentinischen Konzils (1563) selbst erneuerte. Priesterseminare wurden eingerichtet, welche die Seelsorger nun gründlicher ausbildeten, und damit verschwand die Schicht der ungebildeten Hilfsgeistlichen. Trotzdem blieb der Bildungsstand einfacher Dorfpriester oft recht gering. Die kirchlichen Obrigkeiten ließen die Geistlichen ihres Bezirks jetzt öfter visitieren und sorgten damit dafür, daß diese ihre tatsächliche Lebensführung viel stärker als früher an den hierfür gesetzten Normen ausrichteten. So wurde der Zölibat jetzt auch in der Praxis wirklich durchgesetzt.

Mit den protestantischen Landeskirchen entstand eine völlig neue Geistlichkeit, die sich als soziale Gruppe wesentlich von der katholischen unterschied. Die scharfe Abgrenzung gegen die Laien entfiel, ebenso wie das Mönchswesen, so daß die Geistlichkeit fast nur aus Pfarrern bestand und zu einer Berufsgruppe neben anderen wurde. Da die protestantischen Pfarrer seit den 1530er Jahren überwiegend ein Universitätsstudium absolviert hatten, standen sie in vielem dem gebildeten Bürgertum nahe. Seit Mitte des 16. Jahrhunderts entstammten die protestantischen Pfarrer auch fast nur dem Bürgertum. Weil es, anders als im Katholizismus, kein Gebot der Ehelosigkeit gab, konnte sich dann auch hier die in der ganzen Gesellschaft vorhandene Tendenz sozialer Gruppen ausbreiten, sich weitgehend aus sich selbst zu rekrutieren: bald bestand ein großer Teil der protestantischen Pfarrer seinerseits aus Pfarrerssöhnen.

Bürgertum

„Bürgertum" war kein ganz eindeutiger Begriff. Ursprünglich und bis ins 18. Jahrhundert meinte er jene, die in einer Stadt das Bürgerrecht besaßen. Im Laufe des späten Mittelalters war Bürgertum aber auch zur Bezeichnung eines Standes geworden, der neben Geistlichen, Adel und Bauern stand und hauptsächlich die in Handel und Gewerbe Tätigen umfaßte. Beides überlagerte sich stark, ohne ganz deckungsgleich zu sein. Stadtbewohner waren wesentlich mehr Menschen als das Bürgerrecht besaßen, nämlich auch die Unterschichten der Tagelöhner, Gesellen usw., ferner ein Teil der Geistlichkeit und manche Adlige. Innerhalb des Bürgertums ließen sich, wie schon im späten Mittelalter, mehrere Gruppen unterscheiden, zumindest die Patrizier als politisch und sozial in den Städten führende Schicht, die nichtpatrizischen Großkaufleute und die einfachen Bürger, also vor allem Handwerker und Krämer. Von allen gesellschaftlichen Gruppen war das Bürgertum wohl die uneinheitlichste. Gemeinsam war ihm die durch die Stadt geprägte Lebensweise.

Durch den Aufschwung von Fernhandel, Verlagswesen und Geldwirtschaft entstand Anfang des 16. Jahrhunderts vor allem in Oberdeutschland eine kleine großbürgerliche Unternehmerschicht. Die allgemeine wirtschaftliche Entwicklung führte jedoch dazu, daß diese bis zum Ende des 16. Jahrhunderts weitgehend wieder verschwand. Obendrein zogen sich auch die Patrizierfamilien Ende des 16. Jahrhunderts oft aus Handel und Gewerbe auf Landbesitz zurück und orientierten sich stärker an adliger Lebensführung. Somit erlebte die deutsche Geschichte im 16. Jahrhundert keinen Beginn eines selbstbewußten, die soziale und politische Zukunft prägenden Großbürgertums, wie dies Ende des 16. Jahrhunderts in den Niederlanden und England geschah.

Zukunftsträchtiger waren andere Gruppen, die im Zusammenhang mit dem Bürgertum aufkamen. So entstanden im 16. Jahrhundert Künstler, Architekten und dann auch Ingenieure als eigenständige Berufe, die damals noch eine nicht deutlich voneinander zu trennende Einheit bildeten. Durch bessere Bildung begannen sie sich von den handwerklichen Baumeistern zu unterscheiden und lösten sich aus dem Rahmen des Zunfthandwerks. Sie wurden zu freien Berufen, so daß jetzt auch einzelne Könner zu allgemeiner Bekanntheit aufsteigen konnten. Zahlenmäßig war diese soziale Gruppe sehr klein, aber für die Kulturentwicklung wurde sie höchst wichtig.

Im 16. Jahrhundert keimten auch die ersten Ansätze zu einem von der Kirche unabhängigen Gelehrtentum auf. Dessen Mitglieder waren von Beruf außer Theologen auch Juristen, Ärzte, Schreiber, Universitäts- und Lateinschullehrer und Buchdrucker. Die Lebensweisen dieser Gelehrten blieben aber noch zu verschieden, als daß man schon von einem wirklichen Stand sprechen könnte.

Verstärkte Marktbeziehungen und gesellschaftliche Abhängigkeiten

Die Zunahme von Geldwirtschaft, Austausch über den Markt und Fernhandel wirkte sich auf die gesellschaftlichen Beziehungen in den einzelnen deutschen Gebieten sehr unterschiedlich aus. Während sie im Westen die herkömmlichen, grundherrlichen Abhängigkeiten und Unfreiheiten abbaute, regte sie in den Gebieten östlich der Elbe eine genau umgekehrte Entwicklung an, die dort grundherrschaftliche Abhängigkeiten erneuerte und allmählich bis zu einer zweiten Leibeigenschaft verstärkte.

In Westdeutschland nahmen mit der Geldwirtschaft auch die geldlichen Vertragsbeziehungen zu. Da die Grundherren in Westdeutschland meist nur kleine Eigenwirtschaften besaßen, hatten sie an direkten Frondienstleistungen der Bauern weniger Interesse, doch auch dort gab es diese weiter, außer in der Landwirtschaft auch für Botengänge, für Transportdienste, als Treiber bei der Jagd, Mithilfe beim Schloßbau usw. Wenn die Leistungsverpflichtungen der Bauern in Geldrenten umgewandelt wurden, verblaßte damit der persönliche Charakter der bäuerlichen Abhängigkeit zu einer weitgehend sachlichen Vertragsbeziehung, und das um so stärker, je mehr Herrenrechte an einem Dorf oder Hof in verschiedene Hände fielen.

Wo sich das Verlagswesen ausbreitete, entstand zwischen Verleger und Verlegtem eine rein sachliche Beziehung wie zwischen rechtlich Gleichgestellten, völlig frei von der patriachalischen Unterordnung des Gesellen unter seinen Meister und frei von jeder herrschaftlichen Bindung wie jener des Bauern an seinen Herrn, völlig frei aber auch von jeder Verpflichtung des Verlegers zur Hilfe in Notzeiten. Indem Produktion und Absatz sich voneinander trennten, entstand jedoch zugleich eine neue, ganz anders geartete Abhängigkeit des Heimarbeiters von seinem Verleger, denn der Verlegte konnte seine Erzeugnisse nur selten anders als über seinen Verleger absetzen, war also auf ihn angewiesen. Manche Verleger nutzten ihre Monopolstellung aus, um den Heimarbeitern so wenig wie möglich zu zahlen, sie auszubeuten. Andererseits schuf der Verleger dadurch, daß er ferne Absatzmärkte erschloß, für einen Teil der ländlichen Bevölkerung mit der Heimarbeit eine zusätzliche Verdienstmöglichkeit, die ohne ihn gar nicht vorhanden gewesen wäre. Was von beidem überwog, mag von Fall zu Fall unterschiedlich gewesen sein.

Im Bergbau schließlich wie auch bei der Eisenerzeugung ließen die zunehmend hohen Kosten für die Produktionsanlagen im 16. Jahrhundert eine Lohnarbeiterschaft von einigem Umfang aufkommen. Diese war nicht nur frei von Zunftbindungen, sondern besaß auch ihre Produktionsmittel nicht selbst und lebte vom Wochenlohn. Ihre Arbeit war von den Konjunkturschwankungen und widrigen Naturereignissen abhängig und ihre wirtschaftliche Existenz darum unsicher. Lohnarbeiter hatte es auch in den Städten des Mittelalters schon gegeben; neu war an dieser bergbaulichen Lohnarbeiterschaft, daß sie sich in größerer Zahl an einem bestimmten Ort konzentrierte und von einem bestimmten Arbeitgeber abhängig war. Die Bergwerksherren nutzten diese Abhängigkeit oft aus. Um die Stollen nicht so weit und damit teuer ausbauen zu müssen, wurden kleine Jungen im Alter von 10 bis 16 Jahren als Treckjungen eingesetzt, welche die Wagen mit dem Erz aus der Tiefe herauszogen. Die Knappschaft des Eislebischen Berges klagte 1606: „So mechten Viel leuthe lieber ihre Kinder in die Türkey tragenn vnd verkauffen, alß daß sie eins auf den Berg ziehen.“[16] Solche Arbeitsverhältnisse gab es also schon lange vor der Industrialisierung des 19. Jahrhunderts.

Als sich für den Landadel östlich der Elbe die Chance auftat, Getreide für den Export nach Nordwesteuropa zu produzieren, begann er seine Eigenwirtschaften auszudehnen. Von etwa 1470 bis 1530 zogen die Grundherren dort nach und nach jene Landflächen ein, die in den Jahrzehnten der Pestkatastrophe wüst gefallen waren. Als ungenutztes Land knapp wurde, begannen die Grundherren, das Besitzrecht ihrer Bauern zu verschlechtern, so daß das Erbrecht vom Regelfall zur Ausnahme wurde, und fingen an, Bauern zu legen, d.h. deren Höfe einzuziehen und deren Land ihrer Eigenwirtschaft zuzuschlagen. Die Ritterhöfe, die im 14. Jahrhundert nur rund dreimal so groß gewesen waren wie Bauernhöfe, wuchsen zu Gutsbetrieben von im Durch-

Entstehen der ostelbischen Gutsherrschaft

Landwirtschaftliche Großbetriebe im Deutschen Reich 1925

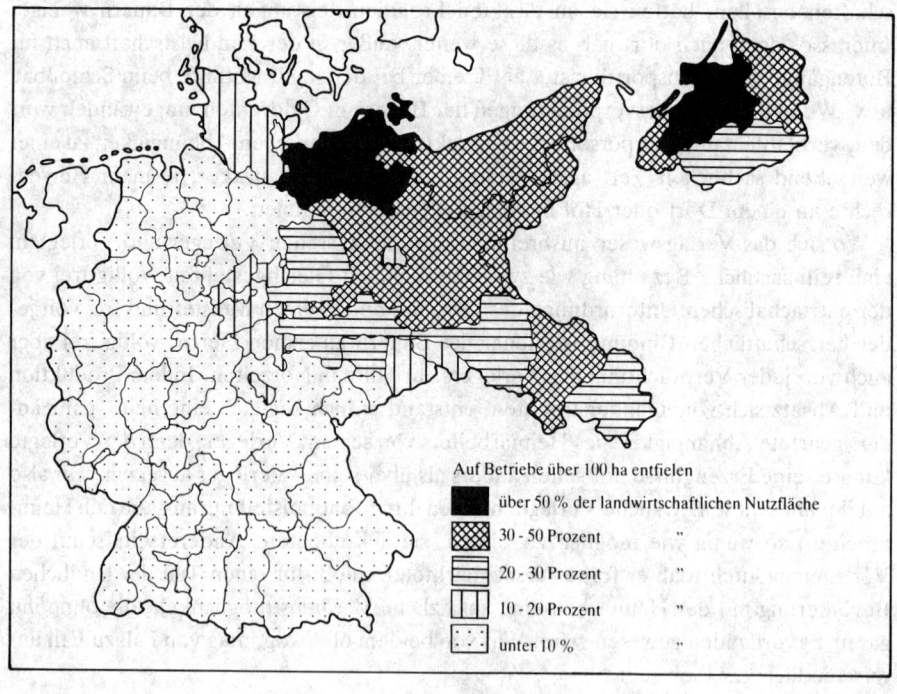

Auf Betriebe über 100 ha entfielen

- ■ über 50 % der landwirtschaftlichen Nutzfläche
- ▨ 30 - 50 Prozent   "
- ☰ 20 - 30 Prozent   "
- ⁞⁞⁞ 10 - 20 Prozent   "
- ⸪ unter 10 %   "

schnitt rund 150 Hektar heran. Für die Mittelmark Brandenburgs wurde errechnet, daß von 4.820 Hufen, die um das Jahr 1800 zu Gutsbetrieben gehörten, 26 Prozent aus der Siedlungszeit vor 1350 stammten, 28 Prozent von im späten Mittelalter wüst gewordenen Bauernhöfen, 19 Prozent von im ausgehenden 16. Jahrhundert gelegten Bauernhöfen, 18 Prozent von durch den Dreißigjährigen Krieg wüst gewordenen Bauernhöfen und 6 Prozent aus im 17. und 18. Jahrhundert gelegten Bauernhöfen (der Rest kam aus Urbarmachung oder ist unerklärbar). Die Gutsherren bewirtschafteten ihre Güter nun nicht mit Lohnarbeitern und besaßen auch nur wenig eigenes Gerät und Zugvieh. Stattdessen zogen sie zum Pflügen, Säen, Ernten, Dreschen im Winter und anderen Arbeiten die Dorfbewohner heran, die daneben ihre eigene Bauernwirtschaft führen mußten. Da ihre Eigenwirtschaft wuchs, erhöhten die Gutsherren dementsprechend die Dienstverpflichtungen ihrer abhängigen Bauern immer weiter. Wo in Mecklenburg um 1500 erst drei bis vier Tage im Jahr Frondienste geleistet werden brauchten, forderten die Grundherren um 1550 bereits einen Tag in der Woche und um 1600 sogar drei Tage in der Woche. Um die Bauern daran zu hindern, angesichts dieser Verschlechterungen in die Städte zu entlaufen, wurden die Bauern „an die Scholle gebunden": sie brauchten die Erlaubnis ihres Grundherrn, wenn sie wegziehen wollten, und ebenso Bauernkinder, wenn sie in einen anderen Beruf überzutreten wünschten, damit

diese nicht Handwerker wurden und in die Städte gingen. Außerdem führten die Gutsherren im 17. Jahrhundert den Gesindezwangsdienst ein: Bauernkinder waren damit
ab dem 12. oder 14. Lebensjahr verpflichtet, einige Jahre lang fast ohne Lohn in den
Dienst der Gutsherrschaft zu treten, wenn diese es verlangte. Die so herabgedrückte
Stellung der Bauern in Ostelbien, die im 14. Jahrhundert noch wohlhabender und
freier gewesen waren als die anderer deutscher Gegenden, wurde seit etwa 1600 als
Erbuntertänigkeit oder Leibeigenschaft bezeichnet, je nach Landschaft. Diese Entwicklung bedeutete keine Rückkehr zum System der Villikationen des hohen Mittelalters, denn anders als jene produzierten die Güter für einen fernen Markt und nicht
zur Selbstversorgung, und eine Gutsherrschaft erstreckte sich auch nicht über weit verstreut liegende einzelne Höfe, sondern bildete einen geschlossenen, räumlich zusammenhängenden Gutsbezirk und war darum straffer und intensiver organisiert.

Das östliche Holstein, Mecklenburg, Pommern, Brandenburg und (Ost-)Preußen
waren die Hauptgebiete der Gutsherrschaft. Diese machte sich also nicht in allen deutschen Ländern breit, und sie blieb auch nicht auf den deutschen Raum beschränkt. In
den im Osten anschließenden Räumen, in Polen und im Baltikum bildete sie sich in
gleicher Weise aus. Das Entstehen von Gutsherrschaften stellte folglich keine deutsche
Sonderentwicklung dar, sondern ein Teil des deutschen Raumes nahm hiermit an einer
allgemeinen Entwicklung Osteuropas teil. Warum setzte die Gutsherrschaft sich nun in
den Gebieten östlich der Elbe durch, während es in den übrigen deutschen Landen zu
keiner vergleichbaren Entwicklung kam? Daß es in Nord- und Ostdeutschland möglich
war, Getreide nach Westeuropa zu exportieren, erklärt dies nur zum Teil. Auch in
Nordwestdeutschland und Kursachsen machte sich in der zweiten Hälfte des 15. und
im 16. Jahrhunderts die Neigung des niederen Adels bemerkbar, seine Höfe durch
Bauernlegen zu vergrößern. Hier waren aber die Fürsten stark genug, um derartiges
abzublocken – im wohlverstandenen eigenen Interesse, damit nicht das steuerpflich-
tige Bauernland zugunsten der steuerfreien Rittergüter abnahm. Im übrigen Westdeutschland waren durch die größere Bevölkerungsdichte die Wüstungen zeitiger wieder aufgefüllt worden. Vor allem besaßen hier häufig mehrere Herren Rechte in einem
Dorf, und oft waren selbst für denselben Hof Grund- und Gerichtsherrschaft in verschiedenen Händen, was den Aufbau geschlossener Gutsbezirke unmöglich machte. In
den Gebieten der entstehenden Gutsherrschaft hatten dagegen schwache Landesfürsten im 15. Jahrhundert gerichtsherrliche und auch andere landesherrliche Rechte in
die Hände der Ritter geraten lassen. Zur Gerichtsherrschaft gehörte auch das Recht,
mit Peitschenschlägen, Stockprügeln, Geldstrafen und einigen Tagen Haft im dunklen
Keller, Schweinestall oder ähnlichen Gefängnisräumen zu strafen. Die Ritter mißbrauchten nun diese Gerichtsherrschaft, um so auch mit Gewalt höhere Frondienste zu
erzwingen oder widerstrebende Bauern von ihrem Besitz zu vertreiben. Die Fürsten
vor allem Mecklenburgs und Brandenburgs ließen es im 16. und 17. Jahrhundert tatenlos geschehen. In Bayern, Ober- und Niederösterreich und der Steiermark machte sich
im 16. und 17. Jahrhundert ebenfalls die Tendenz bemerkbar, die grundherrschaftlichen Eigenwirtschaften zu vergrößern, doch Versuche, diese zu echten Gutsherrschaften weiterzubilden, blieben bald in ersten Ansätzen stecken.

Daß die Unterschiede zwischen Reichen und Armen sich vergrößerten, daß die
höheren und besitzenden Stände und Gruppen sich zunehmend gegen die niedrigeren
abgrenzten, daß sozialer Aufstieg blockiert wurde und daß Abhängigkeiten neu entstanden oder sich verschärften, dies alles ließ überall in der Gesellschaft Spannungen

Soziale
Spannungen

hochwachsen. Sie äußerten sich vor allem in einer Vielzahl alltäglicher, örtlich begrenzter Auseinandersetzungen, weniger in spektakulären landesweiten Erhebungen. Ausnahmen bildeten die große Bauernrevolution des Jahres 1525 und der ober- und niederösterreichische Bauernaufstand von 1595/96, auf die an anderer Stelle noch eingegangen wird (ebenso auf Aufstände für politische Mitsprache und gegen die Rekatholisierungspolitik). Dabei standen durchaus nicht die großen Handelsherren als Spitze des Bürgertums im Gegensatz zum Adel, denn gerade ihre Interessen waren durch Kredite und eigene Grundherrschaften weitgehend denen des Adel angenähert. Die Hauptgegensätze verliefen vielmehr zwischen Reichen und Armen. So entwickelte sich im Bergbau ein immer deutlicherer Gegensatz zwischen Bergherren und Bergknappen. Letztere schlossen sich in gewerkschaftsähnlicher Weise zusammen und griffen auch zum Mittel des Streiks, wenn sie ihre Freizügigkeit bedroht sahen. Verleger und die von ihnen beschäftigten Heimarbeiter rangen immer wieder um einen größeren Anteil am Verdienst: die Verleger, indem sie die Entlohnung der Heimarbeiter zu drücken versuchten, die Heimarbeiter, indem sie einen Teil des vorgeschossenen Rohstoffs veruntreuten, billigere Garnqualitäten unter bessere mogelten oder das abgelieferte Garn, das nach Gewicht bezahlt wurde, durch untergemischten Sand oder Befeuchten im Innern schwerer machten. Auch zwischen Meistern und Gesellen verstärkten sich die sozialen Spannungen, je mehr die Zünfte sich abschlossen und das Gesellesein zu einem Lebensstand wurde. Gesellenunruhen seit dem späten 16. Jahrhundert waren die Folge.

Gesamtgesellschaftlich gesehen wichtiger waren die ländlichen Verhältnisse. Im 15. Jahrhundert begannen die Grundherren ihre Abgaben härter und konsequenter einzutreiben und zu erhöhen. Traditionelle Großzügigkeiten und Rücksichtnahmen auf ihre Bauern verblaßten. Auch die Jagdfrage schuf reichlich Konfliktstoff, der den Bauern bis zum Ende des 18. Jahrhunderts immer wieder neuen Anlaß zur Klage gab. Die Herren hegten massenhaft Wild für ihr Jagdvergnügen, das gerne die Saaten der Bauern auf den Feldern abfraß und zertrat. Das führte zum Kleinkrieg ums Wild: die Bauern erlegten wiederholt welches, besonders, wenn es in die eigenen Felder einbrach, die Herren verboten selbst das und verfolgten es als „Jagdfrevel" mit immer schärferen Strafen, ja selbst mit der Todesstrafe. Außerdem mußten die Bauern oft als Treiber für die adligen Jagdgesellschaften dienen, die dann auch noch rücksichtslos über deren bebaute Felder hinweggaloppierten. Indem in Ostelbien die Bauern in die Erbuntertänigkeit herabgedrückt wurden, verspannte sich dort das Verhältnis zwischen Herrn und Bauer erst recht. Die Bauern reagierten aber fast ausschließlich mit individuellem oder örtlich begrenztem Widerstand, beispielsweise indem sie ihre Frondienste mangelhaft ausführten, dabei bummelten oder unpünktlich erschienen, zu den Frondiensten minderwertiges Gerät und schwächliches Zugvieh schickten, auch einmal bestimmte Frondienste und Abgaben ganz verweigerten oder in vereinzelten Fällen sogar, indem sie wegzogen. Seit der Mitte des 16. Jahrhunderts wurden soziale Konflikte auch zunehmend in Form von Prozessen ausgetragen, wenn die Herren die Forderungen willkürlich erhöhten, da jetzt staatliche Gerichtsinstanzen und Klagemöglichkeiten für die Bauern entstanden. Gegen das System als solches richtete sich einzig die Bauernrevolution von 1525. Diese war nur möglich, weil am Anfang des 16. Jahrhunderts mit der Vorstellung von einer biblisch begründeten Rechtsgleichheit und Freiheit eine Idee entwickelt wurde, die einen festen Bezugspunkt außerhalb der bestehenden Gesellschaftsordnung bot, von dem aus diese als ungerecht angegriffen werden konnte. Nach dem Scheitern der Bauernrevolution versank diese Idee wieder in Vergessenheit, und das Bewußtsein der Bauern fiel zurück auf die Orientierung an traditionellen, althergebrachten Rechtsverhältnissen. Von deren Standpunkt aus ließ sich wohl kritisieren, wenn Grundherren die hergebrachten Verhältnisse zum Nachteil der Bauern zu verändern trachteten, z.B. indem sie Dienst- und Abgabenforderungen erhöhten, aber sie boten keine Perspektive für eine grundsätzliche Neuordnung. Das Prinzip sozialer Ungleichheit selbst erschien als selbstverständlich, und wenn die ungerechte Entstehung einzelner neuer Lasten mit den Jahren in Vergessenheit geriet und sie durch ihre Dauer zur Tradition wurden, gewannen sie damit den Anschein von hergebrachtem Recht.

Soziale Unterstützung

Schwieriger wurde das Leben vielfach auch für jene, die nicht vom Ertrag eigener Hände Arbeit leben wollten oder dies wegen Altersschwäche, Invalidität oder Krankheit nicht konnten und sich bemühten, durch andere unterstützt zu werden. Familie und Nachbarschaft, Gilden, Grundherren und Kirche hatten auch weiterhin Hilfsbedürftige zu unterstützen. Zunehmend drängten aber die städtischen Obrigkeiten die Kirche bei der Armenpflege beiseite und organisierten diese selbst. Dabei faßten sie die Mittel, die aus verschiedenen Stiftungen einliefen, in einer allgemeinen Sozialkasse, dem „Gemeinen Kasten", in ihrer Hand zusammen. In protestantischen Gebieten wurde dieser Sozialfonds aufgestockt durch einen Teil des Kirchenbesitzes, den man bei der Reformation säkularisierte. Allgemein bestand die Tendenz, die Unterstützung sozial Schwacher immer stärker zu reglementieren. Die üblichen Nachbarschaftsrechte und -pflichten wurden seit dem 15. Jahrhundert schriftlich fixiert. Städte erließen Armenordnungen, als erste Augsburg 1522. Dabei regte sich auch ein neuer Geist. Der Straßburger Almosenschaffner stellte 1532 fest, viele Bürger meinten, „man gebe das almusen itel [= nur] unnützen lüten, die ire tag nie nüt gespart, sondern das ir üppig und liederlich verthan haben … und frommer arbeitender lüt vorrat fressen."[17] Während die ungeregelte Mildtätigkeit des Mittelalters nicht überprüft hatte, ob der Almosenempfänger wirklich bedürftig war, begann man jetzt energisch zu unterscheiden zwischen ortsfremden Armen, die periodisch abgeschoben wurden, und den „eigenen" Armen, die man zuließ, und man trennte zunehmend zwischen arbeitsscheuen Bettlern, die zur Arbeit angehalten werden sollten, und arbeitsunfähigen, wirklich Bedürftigen, die von der Allgemeinheit versorgt werden sollten, dies dann aber auch geregelt und nicht nur sporadisch. Diese Unterscheidungen bahnten sich schon im 15. Jahrhundert an, und sie wurden in der Folgezeit in den protestantischen Gegenden tatkräftiger verwirklicht als in den katholischen.

Bewertung

Die durch die Epoche hindurch zunehmende allgemeine Polarisierung zwischen Reich und Arm, in besonderer Weise die Entstehung der Gutsuntertänigkeit in Ostelbien, die Verknöcherung der ständischen Gliederung mit ihrer Abriegelung der einzelnen Gruppen gegen Aufstieg von unten, die Intensivierung sozialer Konflikte, dies alles gehörte zu den Grundzügen des Zeitalters. Diese Entwicklungen bedeuteten letztlich, daß die Gesellschaft ungerechter und unfreier wurde. Ungerechter nicht deshalb, weil Ungleichheit an sich ungerecht wäre, sondern weil die zunehmende Ungleichheit nur zum kleineren Teil durch Leistungsunterschiede begründet war, ungerecht erst recht, wo in Ostelbien ein bereits erreichtes Niveau relativer Freiheit und Selbstverantwortlichkeit der Bauern mit Gewalt wieder rückgängig gemacht wurde, ungerecht, wo die jeweils schwächeren Gruppen sich von den nächsthöheren und -stärkeren verschärft diskriminiert sahen und wo die Schließung der Zünfte sozialen Aufstieg auch in jenen Bereichen beschnitt, in denen er nicht ohnehin schon durch die Erblichkeit von Vollstellen begrenzt war. Entsprungen war dies alles aber nicht aus dem bösen Willen einzelner, sondern es folgte letztlich aus der Tatsache, daß das Bevölkerungswachstum den nutzbaren Boden und die wirtschaftlichen Mittel verknappte, und aus jenen Impulsen, die vom Fernhandel ausgingen.

4.4 Geistiger Aufbruch und Konfessionalisierung

Am Anfang des 16. Jahrhunderts erlebten die Deutschen einen kulturellen Aufbruch, der sowohl das Niveau hob als auch in die Breite wirkte. In der zweiten Hälfte des 16. Jahrhunderts ließen die dynamischen Kräfte dann allerdings nach, und schließlich vernichtete der Dreißigjährige Krieg weithin die materiellen Grundlagen und erschütterte damit auch das kulturelle Leben tief. Während der kulturellen Blütephase brach mit der Reformation zugleich eine kulturrevolutionäre Welle los, welche die Gemüter zutiefst aufwühlte und die schließlich in eine Konfessionalisierung des geistigen und politischen Lebens mündete. *Vorbemerkung*

Die Erfindung des Buchdrucks hatte die Voraussetzung dafür geschaffen, daß Schriften in größerer Stückzahl verbreitet werden und dementsprechend mehr Menschen am Austausch von Ideen teilhaben konnten, und Ideen ließen sich mit dem Druck auch rascher verbreiten als dies bei handschriftlicher Vervielfältigung möglich war. Das bedeutete ganz allgemein, daß häufiger Neuerungen erdacht und verbreitet wurden, daß also insgesamt das Tempo der kulturellen Entwicklung in Europa langsam anstieg. *Öffentlichkeit und Bildung*

Gedruckt konnten Inhalte also eine größere Zahl von Menschen erreichen, der Aufbau staatlicher Verwaltung benötigte qualifiziertes Personal, und der Anstoß der Reformation ließ die Bildungsanforderungen an die Geistlichen steigen. Das löste wichtige Veränderungen aus, die sich in zwei aufeinanderfolgenden Schüben vollzogen: der erste intensivierte die Kommunikation, ließ eine überregionale Öffentlichkeit entstehen und verbreiterte die elementargebildete Schicht, der zweite hob vor allem das geistige Niveau der Elite.

Die Zahl derjenigen, die lesen konnten, stieg in der ersten Hälfte des 16. Jahrhunderts deutlich an, wobei auch die religiösen Auseinandersetzungen das Interesse weckten; danach stagnierte sie und ging seit 1600 leicht zurück. Am Anfang des 16. Jahrhunderts konnten 10-30 Prozent der Städter lesen und schreiben, dagegen noch kaum Bauern. Mit der Reformation kam die Idee auf, Dorfschulen einzurichten, um so auch den Bauern Elementarbildung und damit Kenntnisse der christlichen Lehre zu vermitteln. Dies wurde aber nur in geringem Umfang verwirklicht. Die Menge des Gedruckten schnellte mit der Reformation rasch empor von etwa 40 (um 1500) auf 498 Titel (1523) jährlich. Im 16. Jahrhundert wurden im deutschen Raum insgesamt etwa 200.000 kommerzielle Druckschriftentitel publiziert. Bis dahin hatten nur lokal begrenzte Öffentlichkeiten bestanden, die auf der direkten mündlichen Kommunikation beruhten, sei es von gleich zu gleich im Wirtshaus oder von oben herab durch Pfarrer und städtische Obrigkeiten, und die durch die von herumreisenden Spielleuten weitergetragene Nachrichten nur sehr lose miteinander verknüpft waren. Ferner hatte es den sehr kleinen Kreis der Gelehrten gegeben, die an der Gedankenvermittlung durch abgeschriebene Handschriften teil hatten. Jetzt entstand eine neue Form von Öffentlichkeit, die auf dem Medium der Druckschrift beruhte und deshalb einen Kommunikationszusammenhang herstellte, der überregional war und auch die Grenzen der Gelehrtenkreise überwand, und der zugleich verstärkt national war, weil der Gebrauch der deutschen Sprache gegenüber dem internationalen Lateinischen zunahm. Indem aus Druckschriften vorgelesen oder Vorgelesenes weitererzählt wurde oder indem Prediger Gedanken aus Druckschriften in ihren Predigten aufgriffen, konnte auf diese Weise das eine oder andere auch in die weiterbestehenden, lokal begrenzten, nur mündlichen Öffentlichkeiten einsickern. Insbesondere sogenannte Flugschriften sowie Flugblätter ließen seit Ende des 15. Jahrhunderts auch aktuelles Geschehen zum Gegenstand weiträumiger Kommunikation werden. Flugschriften umfaßten 3 bis 50 Seiten, während man unter Flugblättern Einzelblattdrucke verstand. Diese Medien konnten von einzelnen als Mittel der Kritik genutzt werden, wenn beispielsweise die Reformatoren sich gegen die bestehenden kirchlichen Verhältnisse wandten, sie vermochten der reinen Nachrichtenverbreitung zu dienen, etwa von Neuigkeiten über Kriege, Seuchen, Morde, Himmelszeichen und Feuersbrünste, mit ihnen ließen sich fromm-erbauliche Ideen unter die Leute bringen, und auch Regierungen konnten sie gezielt für politische Propaganda nutzen, wie besonders in den jahrzehntelangen Auseinandersetzungen zwischen den Habsburgern und dem französischen König deutlich wurde oder auch bei der Mobilisierung von Stimmung gegen die türkischen Osmanen. Nicht übersehen werden sollte, daß der Druck auch die Möglichkeit schuf, den fürstlichen Willen in Gestalt von Gesetzen und Verordnungen in einem größeren Territorium allgemein bekannt zu machen.

Seit der Mitte des 16. Jahrhunderts ließen sich verschiedene Bestrebungen beobachten, das Bildungsniveau der Führungsschichten zu steigern. So setzte jetzt eine Welle fürstlicher Universitätsgründungen ein. Waren 1480-1540 nur drei deutsche Universitäten gegründet worden, so waren es 1544-1665 deren 20. Diese Universitäten produzierten vor allem Pfarrer, Juristen und (in der Artistenfakultät) Lehrer für Lateinschulen. Die Zahl der Studenten an deutschen Universitäten stieg im Laufe des 16. Jahrhunderts von ca. 3.000 auf 7.000-8.000, die Zahl der akademisch Gebildeten unter den Deutschen bis 1600 auf etwa 50.000. Auch die Zahl der Lateinschulen, die von den Städten getragen wurden, vermehrte sich deutlich. Dabei nahmen die Lateinschulen zunehmend Stoff aus dem Bereich der Freien Künste mit in ihr Lehrprogramm auf, manche soweit, daß sie eine Art Oberstufe erhielten und damit zur Gelehrtenschule wurden. Aus den Lateinschulen gingen die Schüler ungeregelt aus verschiedenen Klassen und mit unterschiedlichen Berufsabsichten ab. Der katholische Jesuitenorden errichtete seit 1551 in vielen Städten Jesuitenkollegien, die ebenfalls höhere Bildung vermittelten und sowohl Ordensmitglieder wie auch Angehörige der weltlichen Führungsschichten erzogen. Für junge Herren aus dem reichen Adel kam der Brauch auf, die

Bildung durch eine Kavaliersreise nach Italien oder Frankreich zu ergänzen, ebenso wie ein zeitweiliger Universitätsbesuch. In einzelnen Schlössern legten die Hausherren eine kleine Bibliothek an. Alle diese Formen höherer Bildung waren natürlich nur Jungen beziehungsweise Männern zugänglich.

Die soziale Basis der Elitenkultur wurde im Übergang zum 16. Jahrhundert deutlich breiter. Dies lag besonders daran, daß sich Bildung ausbreitete und daß mit dem wirtschaftlichen Aufschwung seit dem Ausgang des 15. Jahrhunderts die bürgerlichen Oberschichten zu Reichtum kamen. Dies war auch am Charakter der Elitenkultur zu spüren. Von gewissen Ansätzen unter Kaiser Maximilian I. abgesehen, fiel der Kaiserhof bis zur Jahrhundertmitte als bedeutendes Kulturzentrum aus, und das Gewicht der Kirche innerhalb der Elitenkultur war im 16. Jahrhundert geringer als zuvor. So kam in der ersten Hälfte des 16. Jahrhunderts dem gehobenen Bürgertum die kulturelle Führungsrolle zu, während im Laufe der zweiten Jahrhunderthälfte die Fürstenhöfe als kulturelle Zentren zunehmend an Gewicht gewannen. War im Mittelalter alle Gelehrsamkeit Sache der gebildeten Geistlichen gewesen, so entstand am Ende des 15. Jahrhunderts mit den Humanisten eine Gruppe weltlicher Gelehrter. Während der Kirchenbau als Bauaufgabe keine große Rolle spielte, wurden etliche Rathäuser und Zunfthäuser gebaut. Reiche Bürger konnten es sich jetzt leisten, an ihren Hausfronten Fachwerk, Türen und Fenster mit Bemalung oder Holzschnitzerei zu verzieren, in ihrem Haushalt Ofenkacheln, Fußbodenfliesen und Gefäße mit bemalter Keramikglasur zu schmücken und Möbelfronten mit geschnitzten Ornamenten zu verschönern. Gegen Ende des Jahrhunderts gewann dann der Schloßbau an Bedeutung. Während man im Mittelalter anspruchsvolle Musik nur in großen Kirchen hatte hören können, begannen im späten 15. Jahrhundert reiche Bürgerfamilien, mit Gesang und Instrumenten (Laute, Geige u.a.) in Gruppen Hausmusik zu spielen, und die großen Fürsten legten sich Hofkapellen zu (in der ersten Jahrhunderthälfte nur an den Höfen des Kaisers und des Herzogs von Bayern, nach der Jahrhundertmitte auch in Sachsen und der Pfalz). Die Hofkapellen musizierten im Rahmen des Gottesdienstes und als Tafelmusik während des fürstlichen Mahls. Zusammen mit dem Aufkommen von Marschmusik für das Militär bedeutete dies auch einen Aufschwung von Instrumentalmusik, die man bis dahin nur als Tanzbegleitung durch einzelne Instrumente gekannt hatte. Die starke Stellung des wirklichkeitsverbundenen höheren Bürgertums im Kulturleben kam auch darin zum Ausdruck, daß neben den traditionellen Motiven, so der kirchlichen Malerei und den höfischen Ritterromanen, neue, bislang nicht als darstellungswürdig geltende Themen auftraten, ohne die alten zu verdrängen. So ließen zahlreiche Bürger jetzt ein Porträt von sich malen. Um 1500 entstanden die ersten reinen Landschaftsdarstellungen in der Kunst, in denen die Landschaft also selbst Gegenstand war und nicht nur den Hintergrund bildete. Sogar die Bauern wurden abbildungswürdig. In der Literatur kam eine Erzählprosa auf, die in bürgerlichem Milieu spielte, so mit den Geschichten von Till Eulenspiegel (1510/11), D. Johannes Faust (1587) und dem Lalebuch (d.h. den Schildbürgern, 1597). Bezeichnend für den Wechsel der kulturellen Gewichte war die Richtung, in der Einflüsse sich ausbreiteten: um 1480 wurde bei den Wohlhabenden in Adel und Bürgertum die bisher an höfischen Mustern orientierte Kleidermode durch eine aus dem gehobenen Bürgertum stammende Mode abgelöst, und die Sitte, in Räumen die Decke mit Holz zu vertäfeln, drang vom bürgerlichen Wohnhaus in Rathäuser und fürstliche Behausungen ein. Im Laufe der zweiten Hälfte des 16. Jahrhunderts fingen dann die Fürstenhöfe an, spanische Kleidermode zu tragen

Träger der
Elitenkultur

und die Decken nach italienischer Manier mit Stuck zu verzieren, und zögernd ahmten dies dann auch reiche Bürger nach.

Breitenkultur   Im Laufe des 16. Jahrhunderts entwickelten sich die finanziellen Möglichkeiten auch mancher Handwerker und wohlhabender Bauern soweit, daß sie sich an Kleidung, Möbeln und dann auch Geschirr ebenfalls bewußte Gestaltung und Ornament leisten konnten. Dabei orientierten sie sich an den Formen der Elitenkultur, doch meist wurden diese nicht unverändert übernommen. Die Arbeiten der Meister, die für die vornehmen Kreise arbeiteten, dürften zu teuer gewesen sein, und die Meister in Kleinstädten und später auch Kirchdörfern, die billiger arbeiteten, vereinfachten den Formenschatz der Elitenkultur und veränderten ihn in geringem Maß auch darüber hinaus. Besonders deutlich wurde dies an Möbeln, bei denen man die Formen des Schnitzwerks oder der Einlegearbeiten der Vorbilder in Süddeutschland in einfachere Malerei umsetzte. Aber auch bei der Kleidermode gab es ähnlich vereinfachende Übernahmen aus der herrschenden Mode. Auf diese Weise entstanden in der zweiten Hälfte des 16. Jahrhunderts die sogenannte „Volkskunst" und „Volkstracht", wenn auch zunächst erst in einigen Landschaften. Außer der Form war im übrigen oft auch das Material gröber.

Eine ähnliche Erscheinung stellten die „Meistersinger" dar, die in der Zeit vom späten 15. bis ins späte 16. Jahrhundert vor allem in süddeutschen Städten zu finden waren. Hierbei handelte es sich um vereinsartige Gruppen von Handwerksmeistern, die dichteten und komponierten. Sie gingen von der Technik des höfischen Minnesangs aus, erstarrten dabei aber in rein handwerklicher Handhabungsweise.

Grobheit   In allen Ständen, vom Bauern bis zum Fürsten, dauerte das hergebrachte grobe, derbsaftige und impulsive Verhalten unverändert an. Bei Festessen schlang man sich den Bauch voll und besoff sich um die Wette. Dabei waren auch Minderjährige einem Rausch keineswegs abgeneigt. Der venezianische Gesandte berichtete über den Reichstag von 1547/48, daß die Fürsten zu ernsten Geschäften nur in den Morgenstunden zu gebrauchen und später nicht mehr nüchtern seien. In höfischen Kreisen wurde es zwar im Laufe des 16. Jahrhunderts üblich, daß jeder einen Teller, einen Löffel und ein Glas für sich bekam, aber das war auch der einzige Fortschritt in den Tischsitten. Noch 1624 hielt man es am Hof in Wien für nötig, jungen Offizieren, die zur erzherzoglichen Tafel geladen wurden, unter anderem zu befehlen, in ordentlicher Kleidung und nicht halb betrunken zu erscheinen, sich nicht in die Tischdecke zu schneuzen und auch nicht in den Teller zu spucken. Aus allen Kreisen berichten die Quellen von impulsiven Raufereien und wüstem Randalieren. Wir hören, daß sich bei einem Treffen des schwäbischen Adels in Ulm die Grafen gegenseitig mit Kirschkernen bespuckten, daß in Ratssitzungen der Patrizier Beschimpfungen und Schlägereien an der Tagesordnung waren, daß bei Adelsfesten die betrunkenen Herren sich mit Tellern und Metallleuchtern bewarfen, daß Studenten nachts in den Straßen rauften und lärmten (woran gelegentlich auch ein Professor beteiligt war) und daß ganze Dörfer, Zünfte, Gesellenbruderschaften und Jungenbanden einzelner Stadtteile zu Schlägereien gegeneinander antraten. Bei einem Festgelage, das der Rat der Stadt Braunschweig 1569 anläßlich der Thronbesteigung des Herzogs gab, kostete der Aufwand für Essen und Trinken 3.085 Gulden und jener für mutwillig zerstörte Gegenstände 2.111 Gulden. Gewaltsamkeit war überall im Verhalten zu finden: der Hausherr prügelte Ehefrau, Kinder, Gesinde und Lehrlinge, die Schullehrer aller Schulen schlugen die Kinder mit Ruten, wobei die Schulordnungen nur vorsahen, daß die Kinder dabei keine *dauerhaften* körperlichen

Schäden davontragen sollten, die Initiationsriten bei der Aufnahme in Gesellenvereinigungen waren oft schmerzhaft und der Strafvollzug strafte bevorzugt blutig am Körper. Entsprechend derb war es auch um die Art der Unterhaltung bestellt. An Fürstenhöfen erheiterte man sich über Hofnarren. Die englischen, dann eingedeutschten Schauspielertruppen, die seit 1586 im deutschen Raum tätig waren, boten vor allem derbe Action-Szenen mit oft zotigem Klamauk, Akrobatik und blutrünstigen Greueltaten. Letztere stellten sie möglichst drastisch dar, indem z.B. dem auf der Bühne „Ermordeten" Blut aus einer verborgenen Schweinsblase das Wams tränkte. Der spaßige Hanswurst spielte auf der Bühne eine große Rolle. Daß nicht Fürstenhöfe, sondern das Bürgertum kulturell den Ton angab, war im übrigen auch nicht gerade dazu angetan, das Verhalten zu verfeinern. Bezeichnenderweise bedeutete der Übergang der Führung in der Kleidungsmode vom Hof an das Bürgertum um 1500, daß alles unbequeme, aber elegante Enge und Spitze verschwand und einem kraftstrotzend behäbigen Stil wich, bei Männern mit breitgerundeten Schuhen („Ochsenmäulern"), wuchtigem Überrock mit breitem Kragen, weiten Kniehosen und extrem vorgewölbtem Hosenlatz.

Vornehme Kreise demonstrierten ihren Reichtum weniger durch einen differenzierten und feineren Lebensstil, sondern schlicht in mengenmäßiger Steigerung. Bei Festessen vermehrte man die Zahl der Gänge, reihte aber die verschiedensten Speisen ungeregelt aneinander, ohne sie vorher aufeinander abzustimmen. So konnten in bunter Reihenfolge beispielsweise gebratene Hechte mit grünem Gemüse, Aale in gelber Brühe, Reis mit Zucker, Ofenfladen, Gans und Salmenrücken aufgetischt werden. Als seit der Entdeckung des Seewegs nach Indien in rasch steigenden Mengen und damit zu sinkenden Preisen Pfeffer und auch Muskat, Zimt und Ingwer auf den deutschen Markt kamen, fingen die Reichen an, alle möglichen Speisen massiv zu würzen, besonders zu pfeffern, ohne Empfinden für Geschmacksnuancen zu zeigen.

Steigerung ohne Verfeinerung

Besonders deutlich wurde diese Einstellung an den Fürstenhöfen, bei denen sich die steigende Finanzkraft seit der Mitte des 16. Jahrhunderts im Drang zu immer größeren Mengen an Speisen und Gästen bei Festmälern, an Gefolge, Pferden, Hunden und Kleinodien und im Hang zum Extremen niederschlug. Kurfürst August von Sachsen erschien 1566 zum Reichstag mit 889 Reit- und 156 Kutschpferden und entsprechendem Gefolge, Herzog Friedrich von Württemberg trug 1605 bei einem Fest in der Kleidung mehr als 600 Diamanten, Kurfürst Georg von Brandenburg schoß in vier Jahren eigenhändig 2.350 Hirsche. Die bei Hof bevorzugten Musikinstrumente waren die lautstärksten: Trompete und Orgel. Die Verwendung von Trompeten und Pauken monopolisierten die Reichsstände seit dem 15. Jahrhundert sogar gänzlich für ihre eigene Repräsentation (und ihre Heere) und verboten sie allen anderen: die Mächtigsten wollten auch die Lautesten sein. Aus Freude daran, zu besitzen, was andere nicht besaßen, begannen viele Fürsten in der zweiten Hälfte des 16. Jahrhunderts außerordentliche und seltene Dinge zu sammeln. In ihren Raritätenkabinetten häuften sich Gemälde, Nashornhörner, Goldschmiedearbeiten, geschnitzte Kirschkerne mit Miniaturbildnissen, Gefäße aus Kristall, Straußeneier, antike Münzen, Versteinerungen, kunstvolle Uhren, Nautilus-Gehäuse, antike Büsten (wobei den Fürsten oft Fälschungen angedreht wurden) und seltsam geformte Mineralien, in ihren Bibliotheken Bücher, in ihren Menagerien fremdländische Tiere und in ihren Orangerien südländische Pflanzen. Erst ab 1600 kam an den Fürstenhöfen ein neuer Verhaltensstil auf, der sich durch zivilisierteren Geschmack von der übrigen Bevölkerung abzusetzen trachtete.

In den Jahrzehnten zwischen 1480 und 1540 häuften sich bedeutende kreative Leistungen in einem Maße, wie es bis dahin in der deutschen Geschichte noch nicht vorgekommen war. Dies geschah nicht nur im technischen Bereich, sondern auf vielen Gebieten: in der Malerei mit Albrecht Dürer, M. Grünewald, A. Altdorfer, H. Holbein d.J., H.B. Grien, L. Cranach d.Ä. und H. Bosch (etwas später noch P. Bruegel d.Ä.), in der Holzbildhauerei mit V. Stoß und T. Riemenschneider, unter den Gelehrten mit Nikolaus Kopernikus, Paracelsus, Erasmus von Rotterdam und A. Vesal(ius), in der Musik mit J. Obrecht, H. Isaak und L. Senfl (schon etwas früher J. Ockeghem), um nur die wichtigsten zu nennen. Im Bereich der Literatur entstanden dagegen keine gleichwertigen Leistungen. Räumlich konzentrierte sich dieser kulturelle Aufbruch sehr stark auf Oberdeutschland und den flämischen Raum.*

In diesen Jahrzehnten waren die Einflüsse aus dem Ausland verhältnismäßig gering. Nur die Maler setzten sich mit den Ideen der italienischen Renaissance auseinander, und die humanistischen Gelehrten ließen sich von der Denkrichtung der italienischen Humanisten anregen, während Baukunst und Bildhauerei noch unverändert weiter bei der Spätgotik blieben. Dagegen strahlten Kunsthandwerk und Malerei Norddeutschlands stark nach Skandinavien aus, jene Oberdeutschlands beeinflußten auch England und Krakau, und der im flämischen Raum aufgekommene Musikstil blieb an europäischen Hofkapellen bis Ende des 16. Jahrhunderts bestimmend. Manche wissenschaftliche Leistung deutscher Gelehrter hatte europäische Bedeutung. Aufs nachhaltigste beeinflußten ganz Europa dann die von Martin Luther ausgelösten reformatorischen Bewegungen – sei es, daß die lutherische Form einer neuen Kirche direkt übernommen wurde wie in Skandinavien und dem Baltikum, daß die reformatorischen Bewegungen den Anstoß zu einer eigenständigen Reformation gaben wie in England und Schottland oder daß sie andere Länder berührten, ohne sich jedoch dort auf Dauer durchsetzen zu können (Ungarn, Frankreich, Polen), sei es, daß die der päpstlichen Obrigkeit verbliebene Kirche sich gezwungen sah, sich selbst zu reformieren, und damit zur katholischen Kirche im heutigen Sinne wurde, was die ganze katholische Welt anging.

Um die Jahrhundertmitte ließ die kulturelle Schöpferkraft der Deutschen deutlich nach, besonders in Oberdeutschland. Im flämischen Raum dauerte sie zumindest auf dem Gebiet der Musik noch fort, was dann aber in die eigenständige niederländische Geschichte mündete. Damit schwächte sich gleichzeitig die Ausstrahlung der deutschen Kultur ins Ausland ab, vor allem nach Polen und Schweden. Eine Ausnahme bildete nur das westliche Ungarn, das nach 1527 unter der Herrschaft der deutschen Habsburger stand, wodurch deutsche Beamte und Fachleute ins Land einströmten und dieses sich immer stärker deutschen Einflüssen öffnete. Stattdessen wirkten im Laufe der zweiten Hälfte des 16. und der ersten Hälfte des 17. Jahrhunderts ausländische Einflüsse in steigendem Maße auf das deutsche Kulturleben ein, bis sie es schließlich in der Mitte des 17. Jahrhunderts weitgehend beherrschten. In Oberdeutschland bestimmte der italienische Stil immer mehr die Hofmusik und die Architektur. Letztere übernahm zunächst nur einzelne Ornamentformen (Rollwerk, Groteske, rustizierende Kanten, Fruchtzapfen, Profilgesims), griff dann gegen Ende des 16. Jahrhunderts auch

---

* Im flämischen Raum hatte der kulturelle Aufschwung auf dem Gebiet der Malerei schon Anfang des 15. Jahrhunderts eingesetzt.

die Grundkonzeption der Renaissancearchitektur auf, und seit Anfang des 17. Jahrhunderts kamen italienische Musiker und Baumeister selbst an die süddeutschen Höfe. Über den Hof der habsburgischen Kaiser, die mit den spanischen Königen eng verwandt waren, fanden auch spanische Einflüsse einen wenn auch begrenzten Einfluß. So übernahm der Kaiserhof das spanische Hofzeremoniell, die höfische Kleidermode orientierte sich an Spanien, und spanische Romane wurden übersetzt. Auch das Tätigwerden des aus Südeuropa stammenden Jesuitenordens bewirkte einen Kultureinfluß aus dem Mittelmeerraum. An den Höfen ganz im Westen des Reiches machte sich seit Ende des 16. Jahrhunderts sowohl in der Sprache wie auch in der Literatur durch die Übersetzung von Romanen schon französischer Einfluß bemerkbar, und im protestantischen Norddeutschland vertieften sich die Beziehungen zu den Niederlanden. Während die intensivere Kommunikation in der ersten Jahrhunderthälfte auch den geistigen Austausch zwischen dem deutschen Norden und Süden gefördert hatte, ebbte dieser Austausch seit dem Ende des Jahrhunderts wieder ab. Das deutsche Kulturleben regionalisierte sich wieder mehr.

Die Öffnung für Einflüsse aus Italien führte auch dazu, daß sich Gebildete verstärkt mit der Antike auseinandersetzten. In Italien hatten um etwa 1400 einzelne Gebildete begonnen, sich intensiver für die Antike zu interessieren. Einige wandten sich den antiken Schriftstellern zu, die später so genannten Humanisten. Mitte des 15. Jahrhunderts entdeckten die Italiener auch das antike Architekturlehrbuch des Vitruvius wieder, an dessen Bauprinzipien nun die italienische Renaissance-Architekten anknüpften. Sie übernahmen die Idee der sichtbaren Symmetrie, der Harmonie durch klare Proportionen der Teile, wozu auch die Verwendung geometrischer Formen und die Gliederung durch vorgesetzte Säulen und Pilaster diente, wie auch bestimmte Ornamentformen. Da sie die Prinzipien selbständig handhaben und auch neue Ornamente erfanden, schufen sie ebensosehr Neues wie sie Antikes wieder aufnahmen. Wohl unter dem Einfluß der antiken Geometrie entwickelten die Italiener im 15. Jahrhundert in der Malerei die Zentralperspektive. Von antiker Musik und Wandmalerei waren dagegen keine Beispiele bekannt, an die man hätte anknüpfen können. Als italienische Komponisten um 1600 versuchten, antike Musik wiederzubeleben, führte das deshalb zu etwas völlig Neuartigem, nämlich der Oper.

Auseinandersetzung mit der Antike

Unter den Deutschen nahmen seit dem Ausgang des 15. Jahrhunderts einige Gebildete die Impulse der italienischen Humanisten auf und bemühten sich nach ihrem Beispiel, anstelle des mittelalterlichen Gebrauchslateins wieder das Latein Ciceros zu pflegen, das dadurch zum „klassischen" Latein wurde, lasen antike Schriftsteller und schrieben auf Lateinisch Gedichte und Dramen nach antiken Vorbildern. Manche latinisierten sogar ihre Namen. Die Idee der Italiener, sich den Ursprüngen zuzuwenden, führten die deutschen Humanisten weiter, indem sie die Bibel, die bis dahin nur in der lateinischen Übersetzung bekannt war, im griechischen und hebräischen Urtext lasen und auch nach den Quellen des deutschen Altertums suchten. Die deutschen Humanisten der ersten Hälfte des 16. Jahrhunderts waren kleine, elitäre Zirkel. An den Universitäten konnten sie sich gegen die Scholastik nicht wirklich durchsetzen, prägten seit dieser Zeit aber nachhaltig die Lateinschulen, die protestantischen wie die katholischen. Dort stellten sie den Latein- und Rhetorikunterricht in den Mittelpunkt, und es wurden Dramen auf Lateinisch geschrieben und aufgeführt (wenn auch mit biblischen Stoffen). Dagegen spielten realistische Stoffe keine große Rolle, und Leibesübungen trieb man gar nicht. Teilweise war den Schülern sogar direkt verboten, miteinander deutsch zu reden. Damit wurde das höhere Schulwesen auf eine weltfremde Bildungsidee festgelegt und die Entfaltung der deutschen Sprache gehemmt. Bezeichnenderweise stieg der Anteil der deutschsprachigen Werke an den Druckschriften zwar am Anfang des 16. Jahrhunderts an, blieb dann aber ab etwa 1530 bis über das Jahrhundertende hinaus bei etwa 30 Prozent stehen; der Rest war weiter lateinisch. Als man im 15. Jahrhundert die Schriften Platons viel umfassender kennenlernte, gab dies besonders der Naturphilosophie deutscher Gelehrter Impulse. Seit der Mitte des 16. Jahrhunderts strömten Themen der römischen Mythologie und Geschichte in Kunst und Literatur ein. So wurde es beliebt, für die bildliche Darstellung von abstrakten Begriffen auf die Personifizierung durch römische Götter zurückzugreifen, so Fortuna, Hercules, Justitia, Mars, Mercur, Venus und Pax für Glück, Stärke, Gerechtigkeit, Krieg, Handel, Liebe und Frieden. Nachdem man in der Architektur schon früher einzelne Ornamente aufgenommen hatte, drangen seit etwa 1600 auch vorgesetzte Säulen und Pilaster in die deutsche Baukunst ein.

Systematisierte Ordnung

Angelehnt an die antike Architektur hatte die italienische Renaissance die Idee entwickelt, die Einzelelemente einer Sache möglichst weitgehend nach einem einheitlichen Prinzip aufeinander zuzuordnen, und diese Idee gewann im Laufe des 16. Jahrhunderts immer größeren Einfluß. In der Malerei wurden die Bildelemente klar in ihrer räumlichen Anordnung erfaßt, sowohl durch das Mittel der Zentralperspektive, die auf einen Fluchtpunkt hinordnet, wie auch durch die Methode, die Raumtiefe dadurch wiederzugeben, daß man die atmosphärische Trübung über größere Distanzen als Farbverblassung wiedergab. In Schauspielen setzten die Humanisten an die Stelle der losen Folge von Episoden die Einteilung in Akte und Szenen mit Prolog und Epilog. Während bei den weltlichen Großbauten des Mittelalters die einzelnen Türme, Erker und Gebäude ohne System additiv zusammengefügt worden waren, setzten sich allmählich eine klare Geschoßgliederung und strengere Achsengliederung der Fassaden und seit Ende des 16. Jahrhunderts auch regelhaft geordnete Grundrisse durch. Ebenso hielten die Ordnungsprinzipien symmetrischer, rechtwinkliger Geometrie in die Fassaden von Schränken und Truhen und die Grundrisse von Schloß- und Patriziergärten Einzug. In Lateinschulen begann man den Unterrichtsstoff zu systematisieren, indem Schulordnungen die Lehrgegenstände nach ihrem Schwierigkeitsgrad in eine gewisse Reihenfolge brachten, und man ging dazu über, die Schüler nach dem Alter in Klassen einzuteilen. Ein ähnlicher Geist machte sich in der Musik bemerkbar. Seit Ende des 14. Jahrhunderts war auch bei den Deutschen eine mehrstimmige Musik aufgekommen, wobei man zunächst einfach mehrere selbständige Einzelstimmen, die verschiedene Texte und Melodien hatten, ohne Zusammenhang nebeneinander sang. Vom späten 15. bis ins 17. Jahrhundert hinein wurden dann die Töne der einzelnen Stimmen immer stärker aufeinander bezogen. So entstand der harmonisch zugeordnete Zusammenklang und die Akkorde, die Mehrtextigkeit verschwand, und schließlich wurden auch Wort und Ton genauer aufeinander abgestimmt.

Realitätsbeobachtung

Jene der Wirklichkeit zugewandte Einstellung des Bürgertums, die schon im späten Mittelalter heraufgedämmert war, leuchtete jetzt, als das Bürgertum wirtschaftlich und gesellschaftlich stark dastand, heller als je zuvor. In ihrem Lichte erkannten und schilderten die Gebildeten etliche Gegenstände klar und deutlich. Malerei, weltliche Erzählprosa und Bildhauerei stellten Figuren und Landschaften realistisch und detailgenau dar. Außer den Malern begannen auch Mediziner die Anatomie des menschlichen Körpers genau zu studieren. A. Vesal(ius) erklärte das Sezieren zur allein zuverlässigen Erkenntnisgrundlage für die Anatomie, die er damit neu begründete. Paracelsus beobachtete und beschrieb einzelne Krankheiten näher. Botanische Gärten wurden angelegt. Man sammelte Tiere, Pflanzen und Gesteine in immer größerer Zahl, beschrieb sie nach der Beobachtung genau und versuchte, sie systematisch zu ordnen. Buchdruck und Holzschnitt oder Kupferstich machten es möglich, solche illustrierten Beschreibungen auch zu verbreiten. Die Entdeckungsfahrten brachten Kenntnisse von Ländern, Pflanzen und Tieren aus Übersee und gaben den Anstoß, den Lauf der Sterne genauer zu beobachten und dadurch die astronomischen Tafeln zum Navigieren zu verbessern (schon im 15. Jahrhundert Regiomontanus). 1492 baute M. Behaim den ersten Globus, und G. Mercator schuf 1569 die erste Weltkarte inMerkatorprojektion. Auf der Basis von systematischer Erkundung, wenn auch noch nicht Vermessung entstanden großmaßstäbliche Karten einzelner Regionen, so als erstes 1538 von der Schweiz, 1563 von Bayern und 1576 von Pommern. Auch in der Alchimie wuchsen die Kenntnisse über die Eigenschaften einzelner Stoffe und über die Verfahren, wie man sie gewinnen kann. Humanisten, die Landesgeschichten verfaßten, zogen dabei nun auch Urkunden und Akten mit als Quellen heran und verwarfen manche Legenden und Fälschungen, ohne indessen über Ansätze der Quellenkritik hinauszukommen.

Daneben wurde jetzt auch das stärker anwendungsorientierte Wissen in einer wachsenden Zahl von Büchern gesammelt, beispielsweise über Bergbau, Waffentechnik, Befestigungswesen, Turnierwesen und Hauswirtschaft adliger Großhaushalte.

Die Gelehrten machten also bedeutende Fortschritte in der Erkenntnis von Einzeltatsachen der Wirklichkeit, doch auf die umfassenden Systeme der Weltdeutung wirkte sich dies noch kaum aus. Die Theologen pflegten weiter eine eng gefaßte christliche Deutung des Geschehens, führten unvorhergesehene Ereignisse wie Mißernten, Viehseuchen und plötzliche Todesfälle sehr konkret auf den strafenden Zorn Gottes zurück, deuteten Antoniusfeuer als Strafe für Unzucht und predigten von Blutregen und anderen Himmelszeichen. In Ingolstadt wurde 1584 eine Predigt gehalten und gedruckt über eine von 12.652 Teufeln besessene Jungfrau und deren Erledigung. Ganz zu schweigen von den Elementen volkstümlich-magischer Weltdeutung, die in weiten Bevölkerungskreisen verbreitet blieben. Nun war mit den Humanisten zwar auch Gelehrsamkeit außerhalb der Kirche entstanden, aber man darf die Tendenz, die ganzheitliche Weltdeutung aufzuspalten in eine weltliche Gelehrsamkeit als Philosophie und eine auf Glaubensdinge begrenzte Theologie, nicht überschätzen. Auch viele Humanisten waren noch stark theologisch geprägt und mit theologischen Problemen befaßt und traten keineswegs für ein säkularisiertes Weltbild ein. Selbst Kepler versuchte Anfang des 17. Jahrhunderts noch, Naturphilosophie und Theologie zu verbinden. Die aristotelische Scholastik blieb in den Grundzügen an den Universitäten bestehen, auch an den protestantischen. Indem sich die neuen protestantischen und katholischen Kirchen etablierten, wurde das Gewicht des kirchlich-theologischen Elements in der Gelehrsamkeit sogar wieder stärker. An den Universitäten in katholischen Territorien übernahmen die Jesuiten einen großen Teil der Lehrstühle. Fast alle wissenschaftlichen und philosophischen Neuerungen im 16. Jahrhundert erfolgten bezeichnenderweise außerhalb der Universitäten.

Dort, wo sich gelehrte Weltdeutungen aus der Autorität kirchlicher Überlieferungen lösten, bedeutete das nun keineswegs automatisch, daß die Gelehrten sich empirischer Erfahrung zuwandten, sondern sie orientierten sich eher an anderen Autoritäten, nämlich den antiken Philosophen, deren Aussagen sie nun ebenso ungeprüft über-

Gelehrte
Weltdeutung

nahmen, oder sie gaben sich der Phantasie und Spekulation hin. Humanistische Geschichtsschreiber scheuten sich nicht, die alten Germanen mit Troja und den antiken Griechen in Verbindung zu bringen, um ihr nationales Minderwertigkeitsgefühl durch eine respektable Ahnengalerie der Nation zu befriedigen. Gesamtdeutungen der Weltgeschichte blieben meist noch bei der Vier-Weltreiche-Lehre. Für die Deutung der Natur gewannen dagegen um die Wende zum 16. Jahrhundert antike Deutungsansätze einen großen Aufschwung, so die Alchimie, dann mit dem Neuplatonismus die Lehren von der Zuordnung der Naturerscheinungen, und zwar als Lehre allgemein von den magischen Wirkungen ähnlicher Dinge·aufeinander (Sympathie/Antipathie) und von den Einwirkungen der natürlichen Umwelt (Makrokosmos) auf den Menschen (Mikrokosmos) beziehungsweise speziell der Gestirne auf das Erdgeschehen (Astrologie), ferner Schriften über Dämonenzwänge und die Kabbala. Die Kabbala war eine jüdische Geheimlehre, die unter anderem ein mystisches System von Zahlen-, Buchstaben- und Wortsymbolik beinhaltete. Alle diese Deutungsansätze und die auf ihrer Basis konstruierten magischen Praktiken und Beschwörungskünste wurden in Druckschriften verbreitet und dadurch in den gebildeten Kreisen weithin bekannt und in vergröberter Form teilweise auch darüber hinaus. Astrologie wurde im 16. Jahrhundert an mehreren Universitäten gelehrt, wobei umstritten war, wie unmittelbar und zwingend die Gestirne einwirken würden. Jedenfalls ließen viele Fürsten sich durch Astrologen Horoskope erstellen. Angesichts stets knapper Kassen versuchten ferner etliche Fürsten, sich durch Alchimisten Gold machen zu lassen, so auch die Kaiser Rudolf II., Ferdinand III. und Leopold I. Die Goldmacherei endete immer wieder mit Enttäuschungen, wobei Betrug und Selbstbetrug sich oft nicht unterscheiden ließen. Besonders die Bemühungen, neue Universalsysteme zu konstruieren, mußten notwendigerweise weitgehend auf Autoritäten oder Spekulationen aufbauen, da für so weitgespannte Vorhaben gar keine hinreichende empirische Basis vorhanden war. Agrippa von Nettesheim versuchte (1509), aristotelische und neuplatonische Philosophie einschließlich Astrologie und Alchimie sowie Kabbala zu einem Gesamtsystem der Naturdeutung zu verschmelzen, bei dem sich aus der Kenntnis der Gesamtzusammenhänge dann als Krone des Wissens die Magie und damit die Fähigkeit zur Beherrschung der Natur ergeben sollte. Auch Paracelsus konstruierte sein umfassendes Deutungssystem vor allem aus Mikrokosmos/Makrokosmos-, Sympathie/Antipathie-Lehren und Alchimie, und zwar mit Blick besonders auf jene Kräfte, die auf den Menschen einwirkten. Unter dem Einfluß der Alchimie kam er zu der neuen Auffassung, den menschlichen Organismus als chemisches System anzusehen, und leitete daraus ab, daß neben den bisher üblichen Heilmitteln pflanzlicher Herkunft auch die chemischen Mittel heilen könnten. Damit begründete er die Jatrochemie. Seine Auffassungen gewannen im Laufe des 16. und 17. Jahrhunderts unter deutschen Apothekern und auch Ärzten großen Einfluß. Noch Anfang des 17. Jahrhunderts versuchte J. Boehme, aus magischer Naturdeutung und mystischer Metaphysik in dunkler Sprache eine Gesamtdeutung der Welt zu konstruieren. Diese Denker wie auch andere Gelehrte stimmten darin überein, daß sie die Welt als großes harmonisches System vielfältiger (magischer) Wechselbeziehungen ansahen. Ihre Deutungen enthielten vereinzelt richtige Beobachtungen, waren aber weitgehend nach dem Ähnlichkeitsprinzip konstruiert; z.B. ordnete Agrippa der gelben, leuchtenden, kraftvollen Sonne von den Metallen das Gold, von den Steinen u.a. Karfunkel, von den Pflanzen u.a. die Sonnenblume und von den Tieren u.a. Löwe und Stier zu, Paracelsus empfahl das Farnkraut mit seinen durchstochenen Blättern als Heilmittel gegen Stichwunden und pries Orchideenknollen, deren Gestalt dem männlichen Geschlechtsteil ähnlich ist, als Mittel gegen Hodenkrankheiten. Überdies gingen etliche deutsche Gelehrte, darunter auch Paracelsus, von einer Allbeseeltheit der Natur aus, wonach allen Substanzen, Mineralen und chemischen Verbindungen ebenso wie Tieren und Pflanzen eine Lebenskraft innewohne, die ihr Wachstum und ihre Gestalt bewirke und sie zu einem autonomen Wesen mache. Hier wirkte noch das Unvermögen des Mittelalters nach, hinreichend zwischen belebter und unbelebter Natur zu unterscheiden.

Nur in der Astronomie gelang ein Durchbruch zu einer neuen Theorie, die sich an empirischer Erfahrung orientierte und deshalb dauernden Bestand hatte. Die Vorstellung von einem harmonischen, regelmäßigen Gesamtsystem der Welt vertraten auch Kopernikus und Kepler. Die genaueren astronomischen Messungen hatten nun dazu geführt, daß man das ptolemäische Weltbild durch immer neue Hilfskreise ergänzen mußte. Hieran störte sich das Harmonieempfinden des Kopernikus. Er griff deshalb auf die Vorstellung anderer antiker Autoren zurück, daß die Sonne im Mittelpunkt des Weltalls stehe und die Erde sich um sich selbst und genauso wie alle anderen Planeten um die Sonne drehe, und er konnte nachweisen, daß sich auf dieser Basis die Planetenbewegung genausogut mit einer geringeren Zahl von Bahnkreisen beschreiben ließ (veröffentlicht 1543). Kopernikus besaß aber keinen Beweis dafür, daß die Sonne tatsächlich im Mittelpunkt steht. Später zeigten noch genauere astronomische Messungen, daß auch das Kreisbahnmodell nicht zu halten war, und Johannes Kepler fand 1609-19, daß sich die Planetenbahnen viel einfacher und dabei genauer als Ellipsen beschreiben lassen. Indem er die Planetenbewegung in drei Gesetzen formulierte, öffnete er den Weg, die Bewegungen des Himmels nach den Prinzipien der irdischen Mechanik zu deuten. Zugleich war damit auch das heliozentrische gegenüber dem geozentrischen Weltbild als richtig erwiesen. Dagegen konnte die Alchimie keine vergleichbaren Erfolge verbuchen, weil sie überwiegend die Veränderung qualitativer Merkmale (z.B. Farbe) beobachtete, aber kaum quantitative Veränderungen (z.B. der Masse) maß.

Jene Welle der Verkirchlichung, die durch das ganze späte Mittelalter hindurch heranrollte, lief bis ins dritte Jahrzehnt des 16. Jahrhunderts weiter auf. Dabei bestimmten eindeutig die äußeren Frömmigkeitsformen das Bild, denen eine tiefere innere Auseinandersetzung abging. Die Heiligenverehrung blühte, die Zahl der Meßstiftungen, der Wallfahrer und der religiösen Bruderschaften stieg, und die Kirchen füllten sich mit gestifteten Nebenaltären. Der steigende bürgerliche Wohlstand machte es möglich. 1483 ließ Graf Werner von Zimmern 1.000 Seelenmessen für sich lesen, 1493 ließ Kaiser Friedrich IV. bei seinem Tod 8.422 Messen für sich lesen, und die Reliquiensammlung des sächsischen Kurfürsten war bis 1509 auf 5.005 Reliquien angewachsen. Die Materialschlacht um das Seelenheil lief auf immer höheren Touren. Gleichzeitig entwickelte das Papsttum die Tendenz, jedes Vergehen finanziell auszunutzen. Vom Verbot der Ämterkumulation erteilte der Papst Dispens, wenn der betreffende geistliche Würdenträger eine entsprechende Gebühr bezahlte, und vor allem ließ Rom Ablaßbriefe verkaufen, die den Käufer berechtigten, sich von jedem Priester Ablaß spenden zu lassen. Diese Ablaßbriefe wurden als Massenartikel von reisenden Vertretern mit vollmundigen Versprechungen vermarktet, ja sie konnten seit 1474 selbst für Verstorbene gekauft werden, obwohl jene die nötige Reue gar nicht mehr zu leisten vermochten. Zugleich drohte die Kirche drastisch mit den Höllenqualen. So

Krise der
Kirche
um 1500

297

heizte die Kirche erst bei den Menschen die Angst um ihr Seelenheil an und kassierte anschließend für die kirchlichen Beruhigungsmittel ab.

Gleichzeitig stieg jedoch auch die Zahl derer, die sich innerlich der christlichen Lehre öffneten. Der Buchdruck trug dazu bei, daß Erbauungsschriften und Bibeln, aber auch Prophezeiungen und Wunderberichte in breiteren Kreisen als zuvor bekannt wurden. Damit stiegen bei den weltlichen Gebildeten die Ansprüche an die seelsorgerische Leistung und die moralische Erscheinung der Kirche. Die Kirche wandelte sich aber nicht entsprechend den wachsenden Erwartungen. Dadurch entstand eine höchst bedenkliche Diskrepanz, welche dann dazu führte, daß vor allem aus dem Kreis der Humanisten zunehmend Kritik daran geübt wurde, daß Ablaß und Reliquienkult nur äußerlich seien, daß der hohe Klerus oft weitgehend weltlich lebe und der Adel in diesen Kreisen dominiere, daß der niedere Klerus weithin ungebildet sei, daß Geistliche Pfründen häuften und dann mindestens eines ihrer Ämter vernachlässigten, daß die Mönche untätig seien, daß die Kirche vieles nur fiskalisch betrachte und daß angeblich das prächtig lebende römische Renaissancepapsttum besonders Deutschland fiskalisch ausbeute. Außer dem fiskalischen Element waren dies alles seit Jahrhunderten übliche Erscheinungen, aber in wachsendem Maße waren Deutsche nun sensibilisiert für das Auseinanderklaffen von christlichem Ideal und tatsächlicher Kircheninstitution. Das führte dazu, daß die Kirche jetzt bei den weltlichen Führungsschichten in den deutschen Landen in eine Vertrauenskrise geriet. Da die Zeitgenossen überzeugt waren, daß Gott die Welt vollkommen erschaffen habe, konnten sie sich die Mißstände nur als Verfallserscheinung erklären, und so erhob sich immer mehr der Ruf nach einer Wiederherstellung und Erneuerung der ursprünglichen Ordnung, nach einer reformatio, zu deutsch Reformation. Hier und da blinkten Reformimpulse auf, blieben aber ohne durchschlagende Wirkung.

Luthers Anstoß zur Reformation   Umwälzende Neuerungen löste dann Martin Luther aus. Dieser Augustinermönch, zugleich Theologieprofessor im kursächsischen Wittenberg, hatte lange mit sich um die durchaus mittelalterliche Frage gerungen: wie bekomme ich einen gnädigen Gott? Dabei gelangte er zu einer Auffassung von der Rechtfertigung des Menschen vor Gott, die von der bestehenden Lehre abwich. Den Stein ins Rollen brachte nun ein Ablaß, aus dessen Ertrag einesteils der neugewählte Mainzer Erzbischof den Dispens für seine Kumulation von drei Bischofsämtern bezahlen wollte, anderenteils der Bau des Petersdoms in Rom mitfinanziert werden sollte. Für Luther gab dieser Ablaß den Anstoß, am 31. Oktober 1517 mit Billigung seines vorgesetzten Bischofs 95 kritische Thesen über Buße und Ablaß zu veröffentlichen, die zur Disputation unter Theologen einluden. In den folgenden drei Jahren griff Luther in neuen Schriften weitere Aspekte der bestehenden Kirche kritisch auf und wandte sich jetzt auch massiv gegen das Papsttum: der Papst sei der Antichrist! Luthers Veröffentlichungen trafen bei den Deutschen auf eine Öffentlichkeit, in der bereits seit längerem kirchenkritische Stimmungen verschiedener Art weit verbreitet waren. Seine Schriften schienen diesen gebündelten Ausdruck zu verleihen. So fanden sie eine ungeheure Resonanz weit über Theologenkreise hinaus und ernteten viel Zustimmung. Bis Anfang 1521 kam auf jeden Deutschen, der lesen konnte, rechnerisch ein Exemplar einer Schrift Luthers! In der gerade erst zündegegangenen Zeit ohne Buchdruck wäre eine derartige Breitenwirkung unmöglich gewesen. Aber auch sowohl die bereits vorhandene Stimmung der Öffentlichkeit wie die Person Luthers mußten zusammenkommen wie Pauke und Schlegel, um jenen Lärm zu erzeugen, der nun in den deutschen Landen erscholl. Das römische Papsttum reagierte routinemäßig: 1518 leitete es einen Ketzerprozeß ein, und da Luther auch auf die Bannandrohung hin nicht einlenkte, trat im Januar 1521 der Kirchenbann in Kraft. Eigentlich hätten jetzt Luthers Schriften verboten und automatisch die weltliche Reichsacht verhängt, ja eigentlich hätte Luther schon 1518 nach Rom ausgeliefert werden müssen. Aber Luthers Landesherr, Kurfürst Friedrich III., hatte die Auslieferung des unbequemen Theologen verhindert, und da Luther überhaupt in den weltlichen Führungsschichten im Reich zahlreiche Sympathien gewonnen hatte, konnte Friedrich durchsetzen, daß der Reichstag in Worms im April 1521 das kirchliche Ketzerurteil prüfen und Luther dazu hören sollte. Hätte Luther nicht von Anfang an diese fürstliche Rückendeckung genossen, hätte er rasch ein ebenso trauriges wie unbedeutendes Ketzerschicksal erlitten. Auf dem Reichstag bekannte Luther sich vor Kaiser und Fürsten zu seinen Lehren und lehnte jeden Widerruf ab, es sei denn, er würde durch die Heilige Schrift oder klaren Vernunftgrund widerlegt. Darauf gab der Kaiser die Ächtung Luthers heraus. Der sächsische Kurfürst brachte Luther in Sicherheit, indem er ihn auf der Rückfahrt zum Schein entführen ließ und dann für einige Zeit auf der Wartburg versteckte.

Luther faßte seine Bibelinterpretation später in drei Grundsätzen zusammen: sola fide – sola gratia – sola scriptura. Allein der Glaube mache selig. Allein die Gnade Gottes rechtfertige den sündigen Menschen. Allein die Heilige Schrift sei gültig. Das aber bedeutete: der Mensch könne sich den Weg ins Himmelreich nicht durch „gute Werke" verdienen; der ganze Aufwand an frommen Stiftungen, Wallfahrten usw. – alles umsonst! Das Schriftprinzip war von noch umstürzenderer Wucht. Da sie nur durch kirchliche Tradition, aber nicht in der Bibel begründet waren, verwarf Luther die Lehrautorität des Papstes, bestritt die Berechtigung eines durch Weihen herausgehobenen besonderen Priesterstandes und lehnte die Heilsvermittlung durch Heilige ab. Um es auch praktisch möglich zu machen, daß nicht nur Priester, sondern auch Laien als „allgemeine Priester" die Bibel selbst lesen und auslegen konnten, übersetzte Luther die Bibel ins Deutsche, und zwar sprachgewaltiger als die bereits bestehenden Übersetzungen es waren. Luthers Auffassung, daß jeder Christ die Bibel selber lesen und verstehen könne und durch seinen Glauben und Gottes Gnade direkt ins Himmelreich gelangen könne, ohne daß er hierzu einen Vermittler brauche, bedeutete in letzter Konsequenz die Auflösung von Kirche überhaupt. Luther war anfangs fest überzeugt, daß nach dem Schriftprinzip jeder zu seiner, Luthers Interpretation der Bibel gelangen müsse. Das sollte sich indessen rasch als naiv erweisen.

Das Wormser Edikt gegen Luther und seine Schriften erwies sich als weitgehend wirkungslos, weil die Obrigkeiten durchweg nicht bereit waren, es durchzuführen, ausgenommen in den Niederlanden, wo der Kaiser selbst Landesherr war. Stattdessen überschwemmte 1521-25 eine Flut von religiösen Flugschriften die Deutschen, zum großen Teil von Luther selbst verfaßt. Überall in deutschen Landen nahmen die Geistlichen mehr oder minder Luthers Ideen auf, und die Zahl der Papstanhänger unter ihnen schmolz wie Schnee in der Sonne. Die reformatorischen Prediger gewannen dann in der Bevölkerung zunächst besonders beim Gemeinen Mann und in den Städten Anhänger für die Auffassung, daß Veränderungen notwendig seien. An den einzelnen Orten vollzog sich das Geschehen in recht unterschiedlichen Formen. Es gab sachliche Diskussionen, Störungen des herkömmlichen Gottesdienstes, Straßenaufläufe und Demonstrationen. Bilderstürmer beschädigten gestiftete Altarbilder, jenen sichtbaren Ausdruck der Werkgerechtigkeit, und andere Kultgegenstände. Viele Klö-

Entfaltung des reformatorischen Aufbruchs

ster verödeten, weil die Mönche fortliefen, manche wurden auch gestürmt. Niemand hatte die Absicht, eine neue Kirche zu gründen, sondern allen ging es darum, die von ihnen für notwendig gehaltenen Reformen der einen bestehenden Kirche, teilweise aber auch der Gesellschaft ins Werk zu setzen und sich dabei stärker auf die ursprüngliche christliche Lehre zurückzuorientieren. Da Religion keine Privatangelegenheit war, sondern jenes umfassende weltanschauliche Deutungssystem, das auch mit dazu diente, politische und gesellschaftliche Ordnungen zu begründen, war es unvermeidlich, daß die Erneuerungsbestrebungen auch auf diese Bereiche durchschlugen. Dies gipfelte dann in der 1525 ausbrechenden Bauernrevolution.

Die einzelnen Geistlichen eigneten sich Luthers Denkanstöße in sehr verschiedener Weise an. Wenige lehnten sie strikt ab, viele nahmen einzelne Elemente davon auf, ohne Luthers Radikalität zu folgen, manche wurden unbedingte Lutheranhänger, einige führten das einmal angestoßene Nachdenken über den richtigen Glauben selbständig weiter. So erblühte in wenigen Jahren eine bunte Fülle immer unterschiedlicherer Glaubensauffassungen. Von den bedeutenden Theologen standen Philipp Melanchthon und Johannes Bugenhagen Luther recht nahe. Der von Zürich aus wirkende Huldrych Zwingli zog aus dem Schriftprinzip, demzufolge jene Traditionen abgeschafft werden sollten, die nicht biblisch begründet waren, noch radikalere Konsequenzen als Luther selbst. Zwingli schränkte auch das Abendmahl stark ein und faßte es nur noch als Symbol auf, und er lehnte z.B. auch Bilder, Orgelspiel und Gemeindegesang in der Kirche ab, wogegen Luther an der Idee der Realpräsenz Christi in Brot und Wein des Abendmahls in gemäßigter Form festhielt und Bilder immerhin als pädagogisches Mittel weiter zuließ. Außerdem strebte Zwingli stärker als Luther an, auch die weltliche Lebensordnung nach christlichen Geboten zu erneuern. Martin Bucer, der von Straßburg aus wirkte, stand theologisch zwischen Luther und Zwingli. Andere entdeckten beim genauen Bibellesen den eschatologischen Grundzug in Jesus' Lehre wieder und bezogen nun dessen Verkündigung, die Menschen sollten ihren Lebenswandel angesichts des unmittelbar bevorstehenden Weltendes ändern, ohne Rücksicht auf die dazwischenliegenden eineinhalb Jahrtausende direkt auf ihre unmittelbare Gegenwart. Thomas Müntzer, der hauptsächlich in Thüringen agierte, glaubte, die Heraufkunft des ewigen Gottesreiches stehe unmittelbar bevor, und aus dieser Erwartung leitete er ab, man müsse alle Personen beseitigen, die dem entgegenstehen würden, auch die Herrschaft der „Gottlosen". Als Führer eines Bundes von „Auserwählten" nahm er deshalb den Kampf auf gegen die bestehende Obrigkeit und Kirchenorganisation und die lutherischen Theologen, um eine christliche Lebensordnung einzuführen und damit den Weg zur anbrechenden Herrschaft Gottes freizumachen — die eschatologische Hoffnung zeitigte eine revolutionäre Praxis. Ein Konzept, wie die politischen und gesellschaftlichen Verhältnisse konkret neugeordnet werden sollten, ergab sich aus diesem Ansatz aber nicht. Vom deutschen Südwesten her breitete sich ab 1525 jene Bewegung aus, deren Anhänger sich als Täufer bezeichneten, weil sie die Säuglingstaufe ablehnten und deshalb Erwachsene tauften. Die Täufer versuchten konsequenter als alle anderen, sich an der ursprünglichen christlichen Lehre zu orientieren. Deshalb spielte auch bei ihnen die endzeitliche Heilserwartung eine große Rolle. Während Luther, erschreckt durch den aufbrechenden Glaubenspluralismus, wieder auf kirchliche Lehrautorität zurückgriff, während Zwingli in Zürich versuchte, seine Vorstellung von christlicher Lebensführung mit obrigkeitlichen Spitzeln und Strafen zu erzwingen, ja sogar einen Bürger wegen Fluchens und Lästerung des

Abendmahls hinrichten ließ, griffen die Täufer auf die institutionslose und hierarchielose Urgemeinde zurück, lehnten jede Institutionalisierung einer neuen Kirchenorganisation radikal ab und wollten die egalitäre „Gemeinde der Heiligen" mit Gütergemeinschaft und allgemeinem Priestertum wieder aufrichten. Bei dem Versuch, das Gewaltlosigkeitsprinzip zu leben, gingen viele der Täufer so weit, auch Kriegsdienste und überhaupt jede Art obrigkeitlicher Zwangsgewalt abzulehnen und deshalb auch den Eid zu verweigern.

In welchen Gebieten sich welche Glaubensüberzeugungen und Kirchenformen durchsetzten, wurde letztlich stets durch die jeweiligen Obrigkeiten entschieden. Deshalb konnten auch nur jene Richtungen auf Dauer bestehen, die den obrigkeitlichen Interessen entsprachen. Die Auffassungen Thomas Müntzers und der Täufer gehörten nicht dazu. Müntzer stellte sich 1525 in Thüringen an die Spitze der revolutionären Bauern; nach deren Niederlage wurde er enthauptet. Die Täufer, die jeden geistlichen und weltlichen Herrschaftsanspruch prinzipiell ablehnten, sahen sich von fast allen Obrigkeiten von Anfang an verfolgt – sie wurden vertrieben, ins Gefängnis geworfen, ertränkt, verbrannt. Allein 1527-33 fanden mindestens 679 Täuferexekutionen statt. Unter dem Eindruck einer Prophezeiung, daß in der Stadt Münster 1534 das Weltende anbrechen werde, gewannen die Täufer in dieser Stadt großen Anhang und gelangten dort am Anfang dieses Jahres durch Wahlen an die Macht. Zuzug Gleichgesinnter aus anderen Gegenden verstärkte sie, und sie verdrängten Andersgesinnte aus der Stadt. Die Täufer führten in Münster Gütergemeinschaft und Polygamie ein, änderten an der Sozialstruktur aber nichts. Die Stadt wurde vom Fürstbischof von Münster über ein Jahr lang belagert. Unter diesem äußeren Druck radikalisierte sich die Täuferherrschaft in der Stadt; ihr Führer entfaltete als König im „neuen Zion" eine prächtig inszenierte Hofhaltung und ging mit Hinrichtungen scharf gegen Widerstrebende vor. Schließlich fiel Münster durch Verrat. In den Augen der Obrigkeiten jedweden Glaubens war das Täufertum durch die Ereignisse von Münster endgültig als umstürzlerisch diskreditiert – über Jahrhunderte hinweg. Das Täufertum wurde jetzt im deutschen Raum völlig unterdrückt. Nur kleine Reste hielten sich noch einige Zeit in der Illegalität.

Nach 1525 flaute der reformatorische Aufbruch von unten ab. Die Initiative ging auf die Obrigkeiten über. 1526 beschloß der Reichstag von Speyer, bis zur Regelung der allseits gewünschten Kirchenreform durch ein Konzil solle jeder Reichsstand in eigener Gewissensverantwortung regieren. Nachdem schon 1523 Zürich und 1524 der Deutsche Orden in Preußen vorangegangen waren, begannen daraufhin etliche deutsche Fürsten, die Kirche ihres Territoriums provisorisch selbst zu reformieren, von den größeren zuerst 1526 Hessen, 1527 Braunschweig-Lüneburg, 1528 Kursachsen, 1534 Pommern und Württemberg. Bis 1535 hatten fast alle Reichsstädte ihr Kirchenwesen reformiert. 1549 waren von den deutschsprachigen Reichsfürsten noch katholisch die beiden Habsburger (Kaiser Karl und Erzherzog Ferdinand von Österreich), die beiden Wittelsbacher in Bayern und Kurpfalz, fast alle geistlichen Fürsten, die Fürsten am Niederrhein und einige kleinere Herren im Südwesten, dagegen alle anderen protestantisch, darunter alle weltlichen in Norddeutschland. In der Schweiz waren die meisten Städtekantone zwinglianisch reformiert, die Kantone der inneren Schweiz dagegen altgläubig geblieben. Bei den bürokratisch von oben organisierten Reformationen übernahmen die Fürsten nur das, was zu ihren Interessen paßte. Danach sahen die entstehenden protestantischen Landeskirchen dann auch aus. Keine Rede war davon, daß die Gemeinden ihren Pfarrer wählen oder daß gar jeder einzelne Gläubige die Heilige Schrift auslegen durfte, sondern es blieb bei einer hierarchischen Kircheninstitution mit von oben eingesetzten Pfarrern und von oben festgelegtem Kultus und Bekenntnis. Unter dem Eindruck des aufbrechenden religiösen Pluralismus setzte auch Luther zunehmend auf die Organisation neuer Amtskirchen: auf seinen Rat hin trat der jeweilige Landesherr selbst an die Spitze der Landeskirche und bekam diese damit gewissermaßen als Minipapst ganz unter seine Kontrolle. Die Aufhebung des Mönchtums war den Fürsten nur recht; gern zogen sie das Klostergut zum fürstlichen Vermögen ein.

Reichspolitik und Glaubenseinheit

Die Initiative in der Kirchenfrage ging nur deshalb an die einzelnen Fürsten über, weil es zu keiner einheitlichen Lösung auf Reichsebene kam. Kaiser und Reichsstände waren seit dem Wormser Reichstag einhellig der Ansicht, daß die allgemein für notwendig gehaltenen Reformen der Kirche durch ein Konzil beschlossen werden sollten. Unter einem rein deutschen Kaiser hätte man das Nötige wahrscheinlich bald durch ein Nationalkonzil geregelt und damit den Weg zur Nationalkirche beschritten. Unglücklicherweise war Karl V. aber zugleich König von Spanien, weshalb er unbedingt die Einheit der römischen Kirche zu wahren wünschte und dementsprechend nur ein allgemeines Konzil der Gesamtkirche zu akzeptieren bereit war. Als die Reichsstände 1524 ein deutsches Nationalkonzil organisieren wollten, verbot Karl dieses. Gegen ein Universalkonzil sperrte sich hingegen der Papst mit allen Tricks, wohl wissend, daß dieses Konzil die selbstherrliche Stellung des Papstes zurückgestutzt hätte. 1527 blitzte vorübergehend eine Zufallschance auf: kaiserliche Truppen hatten eigenmächtig Rom besetzt und den Papst gefangengenommen. Karl wurde von seinen Ratgebern gedrängt, diese Situation zu nutzen, um die Kirchenreform zu erzwingen, aber der Kaiser ließ sie untätig verstreichen. Dies wäre wohl die einzige echte Möglichkeit gewesen, eine konfessionelle Spaltung der Deutschen zu verhindern.

Nachdem mehrere Reichstage sich vergeblich mit der Reformfrage beschäftigt hatten, forderte der Kaiser 1529 vor allen Reichsständen, sich an das Wormser Edikt zu halten. Die reformatorischen Reichsstände protestierten heftig, was ihnen die Bezeichnung Protestanten eintrug. 1530, 1540 und 1541 versuchte man, durch Unionsverhandlungen auf Reichsebene zu einer einheitlichen Kirchenpolitik zu kommen. Ohne Erfolg. Auf dem Augsburger Reichstag von 1530 hatten vier verschiedene Glaubensbekenntnisse vorgelegen: vom lutherisch orientierten Melanchthon (Confessio Augustana), von Bucer im Auftrag von vier oberdeutschen Reichsstädten, von Zwingli und von den Altgläubigen, wogegen die Täufer außen vor blieben. Während Luther und Melanchthon sich mit Bucer 1536 einigen konnten, kam es mit den Zwinglianern zu keinem Kompromiß. Letztere schlossen sich dann 1549 mit den Genfer Calvinisten zu einem gemeinsamen Glaubensbekenntnis zusammen und nahmen die Bezeichung Reformierte an. Vor allem die Kluft zwischen Protestanten und Katholiken wurde erst recht nicht überbrückt.

Nach einem militärischen Sieg über die protestantischen Reichsstände versuchte Kaiser Karl 1547/48 auf dem Augsburger Reichstag, den Ständen das „Augsburger Interim" aufzuzwingen, ein Kompromißbekenntnis katholischer Färbung, um so die Religionsfrage bis zu einem Konzilsergebnis provisorisch zu regeln. Aber Protestanten wie Katholiken lehnten das Interim ab, und angesichts der im Reich bestehenden Machtverhältnisse war es mit kaiserlicher Gewalt nicht durchsetzbar. Als das langerwartete Universalkonzil 1545 begann, hatte man sich bereits soweit auseinandergelebt, daß es zu einer Sache nur der Papstanhänger wurde. Auf dem Augsburger Reichstag von 1555 regelten die Reichsstände dann die Religionsfrage mit einem Kompromiß, dem Augsburger Religionsfrieden. Die römisch-katholische Konfession und die Lutheraner (nach der Confessio Augustana) sollten im Reich gleichermaßen geduldet werden, nicht jedoch die Reformierten und Täufer. In den einzelnen Territorien durfte jeweils der Landesherr das Bekenntnis seiner Untertanen bestimmen. Später wurde dies auf die Formel gebracht: cuius regio, eius religio. Die andersgläubigen Untertanen erhielten aber das Recht, mit ihrem Besitz auszuwandern. In jenen Reichsstädten, die im Jahre 1555 konfessionell gemischt waren, sollte konfessionelle Toleranz herrschen. Im Unterschied zu den weltlichen Fürsten, welche die Konfession frei wechseln durften, galt für die geistlichen Territorien der Vorbehalt, daß ein geistlicher Reichsfürst beim Übertritt zum Protestantismus seine Ämter niederlegen mußte.

Auch der Augsburger Religionsfrieden war von den Reichsständen noch als nur vorübergehendes Provisorium gedacht gewesen. Die breite Bevölkerung verstand von dem Theologenstreit ohnehin kaum etwas. Sie war nur daran interessiert, daß einige konkrete Mißbräuche beseitigt würden, und klagte über die Unfriedfertigkeit der Theologen. Aber die führenden Theologen hatten jetzt in ihrer Verblendung kein Interesse mehr an Gemeinsamkeiten, sondern betonten immer stärker die Unterschiede. Was als Reform der einen Kirche begonnen hatte, führte zu ihrer Spaltung. Dabei grenzten die Lutheraner sich nicht nur gegen die Katholiken, sondern genauso scharf gegen die Reformierten ab. Immer wüster hetzten die Theologen der verschiedensten Richtungen gegeneinander und verteufelten sich gegenseitig als böswillige Heuchler, Ketzer, Satansknechte, Wechselbälge und mit dergleichen Pöbeleien, säten Mißtrauen und Haß untereinander. Der Geist christlicher Duldsamkeit und Nächstenliebe wurde ihnen allen völlig fremd. Um sich auch inhaltlich voneinander abzugrenzen, legte man die Glaubensinhalte, Liturgie- und Organisationsformen viel detaillierter fest als bisher. An die Stelle der einen, relativ offenen, ja fast pluralistischen mittelalterlichen Kirche traten damit drei dogmatisch verengte Konfessionen, die jede unerbittlich beanspruchten, als einzige die reine christliche Wahrheit zu besitzen. Die katholische Theologie und Kirche fand sich erst nach dem Ersten Weltkrieg bereit, zuzugeben, daß die Protestanten doch etwas anderes als schlicht Ketzer sein könnten.

Konfessionalisierung: gegenseitige Abgrenzung

Auf katholischer Seite wurden die Weichen durch das Konzil von Trient gestellt, das 1545-63 tagte und auf dem spanische und italienische Theologen vorherrschend waren. Einige Mißstände wurden beseitigt. Die Kirche schaffte den Ablaß für Geld ab (aber nicht den Ablaß an sich). Die Pfründenhäufung wurde verboten, und die Bischöfe hatten künftig in ihren Diözesen zu residieren. Die Priester sollten alle eine theologische Ausbildung bekommen, was dann meist in einem Priesterseminar erfolgte. Völlig ausgeklammert wurde dagegen das wichtige Problem, welche Stellung dem Papst in der Kirche zukam. Und aufs Ganze dominierte die Haltung trotziger Abwehr: es blieb bei der Tradition als Quelle neben der Heiligen Schrift, beim Interpretationsmonopol der Schrift durch die Kirche, bei der Rechtfertigung durch gute Werke, bei Latein in Liturgie und Bibel und bei einem besonderen Klerikerstand.

Gleichzeitig mit dem Tridentinischen Konzil lieferten sich die lutherischen Theologen heftige Diskussionsschlachten um den richtigen Glauben. Das bunte Spektrum von Glaubensvarianten, das sich mit dem reformatorischen Aufbruch entfaltet hatte, wich jetzt einer dogmatischen lutherischen Orthodoxie, die 1577 in der Konkordienformel festgelegt wurde. Die einst von Luther formulierten Grundsätze führten zu einer Reihe von Folgerungen, welche die lutherischen Kirchen bald auch in der Praxis von der katholischen Kirche unterschieden. Die protestantischen Geistlichen waren gegenüber den Gläubigen weniger herausgehoben, indem man die besonderen Priesterweihen, Zölibat und Mönchtum abschaffte, die Pfarrer schlichte Kleidung trugen, auch die Liturgie auf deutsch gehalten und auch den Laien der Abendmahlkelch gegeben wurde. In den protestantischen Kirchen beseitigte man Heiligen- und Marienverehrung, Reliquienkult, Bildverehrung und dinglich wirkende Sakramente, da diese der direkten Verbindung der Menschen zu Gott im Weg stünden. Abgeschafft wurden auch Prozessionen und äußere Frömmigkeitsformen wie Fasten und Wallfahrten. Man schränkte die Liturgie ein, so daß im Gottesdienst die Predigt und der Gesang der Kirchengemeinde in den Mittelpunkt traten. Dafür wurden eine Fülle neuer Kirchenlieder gedichtet und komponiert.

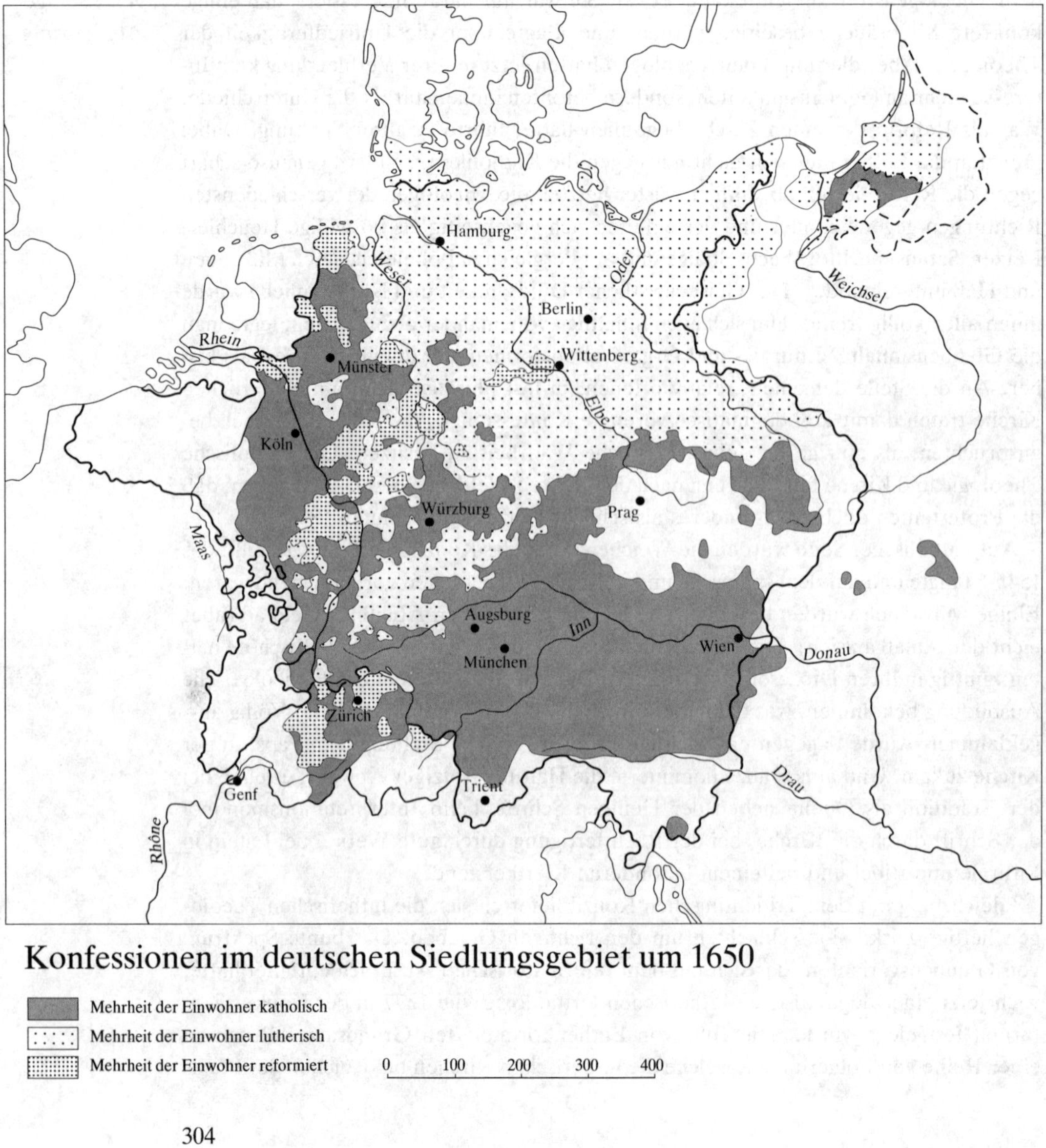

Konfessionen im deutschen Siedlungsgebiet um 1650

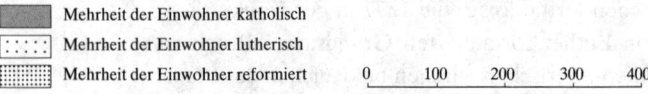

Mehrheit der Einwohner katholisch
Mehrheit der Einwohner lutherisch
Mehrheit der Einwohner reformiert

0   100   200   300   400

Die Verbohrtheit der Abgrenzungstheologen zeigte sich auch, als Papst Gregor XIII. 1582 eine Kalenderreform einführte, bei der zehn Tage übersprungen wurden, da der Julianische Kalender allmählich zu sehr vom astronomischen Jahr abwich. Die Protestanten lehnten das als papistisches Machwerk ab. Nicht einmal mehr im Kalenderdatum stimmten die katholischen und die protestantischen Deutschen überein! Letztere zogen meist erst um 1700 nach.

Während die Spitzentheologen sich in diffizilen Kontroversen ergingen, bot um die Mitte des 16. Jahrhunderts die kirchliche Praxis vor Ort in den Gemeinden noch ein recht diffuses Bild. Die Gemeindemitglieder hatten wenig Kenntnisse in Glaubensdingen. In Ulm registrierten Visitatoren noch 1602 und 1615, daß die Mehrzahl der Visitierten nicht einmal das Vaterunser richtig aufsagen konnte. Die einzelnen liturgischen Elemente, Lieder und Frömmigkeitsformen verschiedener Herkunft fanden sich in bunter Mischung. Auch in Territorien protestantischer Obrigkeiten war noch viel altes Kirchenbrauchtum lebendig. Protestantische Visitationen stellten teilweise noch Ende des 16. Jahrhunderts Wallfahrten, Heiligenfeste, Weihe von Kerzen und Kräutern usw. fest, obwohl die jeweiligen Pfarrer sich im allgemeinen als protestantisch betrachteten. In den Territorien katholischer Obrigkeiten hatten viele Pfarrer mehr oder minder stark protestantische Elemente in ihre Gottesdienstpraxis eingefügt, und etliche Pfarrer betrachteten sich überhaupt als protestantisch, besonders in Österreich. Klöster und Universitäten in diesen Territorien hatten sich weitgehend geleert.

Seit der Mitte des 16. Jahrhunderts gingen die Territorialherren daran, das Kirchenleben in ihren Ländern nach der ihnen genehmen, jetzt klar definierten Konfession einheitlich auszurichten und alle abweichenden Praktiken und Überzeugungen beseitigen zu lassen. Diese Formierung der Gläubigen im konfessionellen Sinn war bis zur Mitte des 17. Jahrhunderts überall abgeschlossen. Wo welche Konfession herrschend wurde, hing ganz von der Überzeugung der jeweils regierenden Fürsten ab. So erzeugte der politische Partikularismus nun auch noch eine buntgescheckte Konfessionskarte, deren Gliederung dann seit 1648 unverändert blieb. Konfessionelle Minderheiten entstanden in verschiedenen europäischen Staaten, aber das römisch-deutsche Reich (und damit auch die aus mehreren Kantonen zusammengesetzte Schweiz) war das einzige Gebiet Europas, in dem man die Konfessionsspaltung regionalisierte. Widerstände von Teilen der Bevölkerung gegen das vom Fürsten gewünschte Bekenntnis wurden fast immer gebrochen. Einmal vor die schwere Entscheidung gestellt wechselten viele Menschen lieber ihre Heimat als ihre Konfession. In der zweiten Hälfte des 16. Jahrhunderts kam es im Bekenntnis der Fürsten noch zu einigen Wechseln. Die Territorien der norddeutschen und baltischen Bistümer gelangten fast alle in die Hände protestantischer Fürsten. 1560, endgültig 1583 trat der Kurfürst von der Pfalz zum reformierten Glauben über, und ebenso 1605 der Landgraf von Hessen-Kassel, ferner einige kleinere westdeutsche Fürsten. Als 1613 auch der Kurfürst von Brandenburg calvinistisch wurde, brauchten die Untertanen den Konfessionswechsel aber nicht mehr mitzumachen. 1582 wechselte der Erzbischof von Köln zum Protestantismus über, aber mit militärischer Gewalt konnte sich ein bayerischer Wittelsbacher als sein Nachfolger durchsetzen, so daß dieser Posten in katholischen Händen blieb.

Um die gewünschte Konfession durchzusetzen, wurden überall nicht nur Kirchenordnungen erlassen, sondern Visitatoren bereisten die Gemeinden, prüften Pfarrer und Kirchenvolk und erstatteten darüber Bericht. Die Obrigkeiten lösten ungeeignete Pfarrer ab und ersetzten sie durch neue, jetzt besser ausgebildete. Während die pro-

Konfessionalisierung: Formierung der Gläubigen

testantischen Kirchen schon Mitte des 16. Jahrhunderts weitgehend eine neue Generation studierter Theologen im Einsatz hatten, faßte die katholische Kirche erst langsam wieder Tritt und selbst das anfangs nur durch massive Hilfe aus Südeuropa, vor allem durch den Jesuitenorden. Dieser neugegründete Orden, der ab 1540 auch im deutschen Raum tätig war, lebte nicht weltabgewandt, sondern kämpfte für den Wiederaufbau der katholischen Kirche, indem er in Predigt und Seelsorge, im höheren Schulwesen und an Universitäten aktiv war und in seinen Seminaren eine neue katholische Priesterschaft heranzog. 1542 begann die Rekatholisierung in Bayern. Sie lief dort besonders unter Herzog Wilhelm V. (1579-97) auf Hochtouren, einem Mann, der täglich mindestens vier Stunden betete, täglich mehrere Messen hörte, mindestens jede Woche beichtete und kommunizierte und sich häufig geißelte. Unter ihm und seinem Nachfolger Maximilian I. bekam Bayern einen durchdringend katholischen Charakter eingebrannt. Für Österreich spielte Kaiser Ferdinand II. die entsprechende Rolle. Als Erzherzog begann dieser seit 1598 mit der Rekatholisierung in Kärnten und Steiermark, und als Kaiser dehnte er diese Politik nach dem militärischen Sieg von 1620 auch auf das übrige Österreich und Böhmen aus, wo der Protestantismus bis 1628 praktisch vernichtet wurde. Da der Protestantismus sich in den habsburgischen Gebieten weit verbreitet hatte, ließ sich die Rekatholisierung dort nur mit massivem staatlichen Zwang erreichen. Kommissionen zogen durchs Land und zerstörten protestantische Kirchen, verbrannten protestantische Bücher, verjagten protestantische Prediger, führten Zwangsbekehrungen durch und vertrieben jene, die ihren Glauben höher stellten als ihr Hab und Gut. 1600-1628 wurden aus dem Erzherzogtum Österreich und Innerösterreich 100.000 Menschen vertrieben. Reste der Protestanten, die sich heimlich in den österreichischen und salzburgischen Alpentälern hatten halten können, wurden dort noch im 18. Jahrhundert aufgespürt und verfolgt.

Im Westfälischen Frieden von 1648 wurde der Augsburger Religionsfrieden noch einmal bestätigt und jetzt auch offiziell auf die Calvinisten ausgedehnt. Den Bekenntnisstand legte man auf die Situation des Jahres 1624 fest, und künftig brauchten die Untertanen es auch nicht mehr mitzuvollziehen, wenn ihr Landesherr die Konfession wechselte.

Die Gesamtbilanz jener Veränderungen, die der reformatorische Aufbruch im Kirchenleben ausgelöst hatte, fällt eher negativ aus. Zwar hatte man einige der als Mißbrauch geltenden Praktiken beseitigt, aber die Reformation führte zur konfessionellen Spaltung der Deutschen, und die Konfessionalisierung bewirkte geistige Verengung und Intoleranz. Mögen bei materiellen Interessengegensätzen noch Kompromisse denkbar sein – wo Ansprüche auf absolute Wahrheiten aufeinanderprallen, ist kein Kompromiß mehr denkbar, dort besteht die Verführung zum Versuch einer Gewaltlösung, und die Humanität bleibt dabei allemal auf der Strecke. Konfessionelle Spaltung und Intoleranz und überhaupt das durch beide verursachte Leid wiegen schwer. Wenn die berechtigte Kritik an den alten Zuständen nicht in das Fahrwasser vernünftiger Reformen geleitet worden war, so lag das vor allem am Papsttum und am Kaiser, indem der eine den universalen, der andere den nationalen Reformweg blockiert hatte.

Hexen-
verfolgungen   In der schwülen Luft des durch konfessionelle Kämpfe überreizten Klimas wucherte auch die Giftpflanze der Hexenverfolgungen. Wie konnte es dazu kommen? Im Laufe des späten Mittelalters hatten Theologen verschiedene Elemente jenes Volksglaubens aufgegriffen, der noch aus vorchristlicher Zeit weiterlebte, nämlich den Glauben an

Schadenszauber, an die Verwandlung von Menschen in Tiere, an die Existenz von Dämonen und den sexuellen Umgang mit ihnen sowie die Vorstellung, daß es Frauen gebe, die durch die Lüfte führen. Letztgenannte Vorstellung ging auf Empfindungen zurück, die Frauen nach dem Einreiben mit einem Rauschmittel haben konnten. Diese Elemente, die im Volksglauben nichts miteinander zu tun hatten, hatten die Theologen dann miteinander verknüpft und sie außerdem mit der Satansvorstellung der Bibel und dem Ketzereivorwurf verbunden. Als Ergebnis entstand im 15. Jahrhundert die theologische Theorie, es sei eine ketzerische Teufelssekte entstanden, bei der Hexen (oder Hexer) das Christentum verleugnen und stattdessen den Teufel verehren würden. Sie schlössen mit dem Teufel einen Pakt und würden dadurch die Kraft zur Ausübung von Schadenszauber erhalten, und sie flögen zum orgiastischen Hexensabbat, wo sie mit dem Teufel Geschlechtsverkehr treiben würden. Weil den Geistlichen durch das Keuschheitsgebot bestimmte Befriedigungen versagt waren, neigten sie dazu, gerade diese mit dem Bösen zu verbinden. Deshalb betonte die Hexentheorie das triebhaft Sinnliche der sexuellen Zügellosigkeit so stark, und deshalb richtete sie sich überwiegend gegen Frauen. Die Theologen meinten sogar genau zu wissen, daß der Penis des Teufels lang und von eisiger Kälte sei. 1484 wurde diese Hexentheorie vom Papst sanktioniert, 1487 im „Hexenhammer" dogmatisch kodifiziert. Da der Vorwurf der Hexerei mit dem der Ketzerei verbunden war, wandten die Obrigkeiten die scharfe Strafe des Verbrennens an. Gelegentlich sprachen sie aber auch mildere Strafen aus.

Die Hexenprozesse begannen in den 1480er Jahren zunächst vereinzelt, ihre Zahl schwoll nach 1560 an, und zwar ebenso in protestantischen wie in katholischen Gebieten, und sie erreichten in den Jahrzehnten von 1590-1630 ihren Höhepunkt, begleitet von einer Fülle theologischer Teufelsschriften. Da man reichlich die Folter gebrauchte, gestanden nicht nur solche Frauen die ihnen im Sinne der Theorie vorgeworfene Verbindung mit dem Satan, die tatsächlich berauschende Hexensalben verwendet und magische Zauberpraktiken auszuüben versucht hatten, sondern auch die ohne solche Gründe verdächtigten, welche die große Mehrzahl darstellten. Die Theologen fühlten sich dann durch die Geständnisse in ihrer Theorie bestätigt. Die weltlichen Obrigkeiten waren anfangs gegenüber der neuen Theorie einer Teufelssekte skeptisch, und die Zeugen sprachen nur vom herkömmlichen Schadenszauber, der nichts Unübliches war, aber die Theologen konnten ihre Auffassung nach und nach verbreiten und auch den Volksglauben in ihrem Sinne umformen. Das durch die Konfessionalisierung ausgelöste Streben, alle ketzerischen und ansonsten abweichenden Glaubensformen im eigenen Machtbereich zu beseitigen, heizte das Verfolgungsstreben der Theologen an. Dementsprechend war West- und Süddeutschland, wo Protestantismus und Katholizismus einander stark durchdrangen, in Europa auch das Gebiet der heftigsten Hexenverfolgungen (während man sie in Südeuropa, das von der Reformation unberührt geblieben war, gar nicht kannte). Ferner förderte wohl auch die Verschärfung der sozialen Gegensätze die Furcht der Etablierten vor dem Neid nicht integrierter Unterschichten und Außenseiter sowie bei manchem der Ohnmächtigen vielleicht auch den rächenden Griff zum Versuch des Schadenszaubers. Dieses steigerte die Anzeigebereitschaft und lenkte die Verfolgung schwerpunktmäßig auf Frauen am Rande der Gesellschaft oder mit körperlichen und psychischen Abnormitäten. Schließlich neigte eine an einem Ort einmal losgetretene Lawine der Hexenverfolgung dazu, sich zu verselbständigen. In Südwestdeutschland wurden 1570-1630 in Hexenprozessen 2.471 Todesurteile gefällt.

Die Hexenverfolgungen waren keine spontanen Pogrome, sondern diese Prozesse wurden von gelehrten Juristen auf der Basis der theologischen Theorie bürokratisch durchgeführt. Es handelte sich nicht um wildgewordenen Volksglauben, sondern es waren die Kirchen, die mit der Verfolgung von Ketzern und Hexen mörderisch wurden. Vom konfessionellen Element als Motiv der Kriege dieser Zeit ganz zu schweigen.

Moralisierung des Alltags

Schon im späten Mittelalter hatten die Predigermönche eine sinnenfeindliche Moral verkündet. Jetzt wurde zunehmend tatsächlich damit ernst gemacht, sie auch in die Wirklichkeit umzusetzen. Ende des 15. Jahrhunderts fingen weltliche Obrigkeiten an, diese Bestrebungen mit entsprechenden weltlichen Verboten zu stützen, und im Jahrhundert der Konfessionalisierung versuchten die Kirchen und Obrigkeiten massiv und unter Einsatz von staatlicher Zwangsgewalt, mit dem rechten Glauben auch die rechte Moral durchzusetzen. Jetzt wurde viel mehr gepredigt, wodurch die Vermittlung von Moral ein wesentlich größeres Gewicht im Kirchenleben gewann. Die katholische Kirche baute das Beichtwesen aus, um das Denken der Gemeindemitglieder in den Griff zu bekommen. In manchen Gebieten wurden Pfarrer sogar verpflichtet, durch regelmäßige Hausvisitationen auf ein moralisches Leben der Gemeindemitglieder hinzuwirken. Man verbannte alles weltliche Treiben aus den Kirchenräumen und von den Friedhöfen. Die Obrigkeiten schlossen die Bordelle und setzten für Prostituierte harte Strafen fest. Die öffentlichen Badehäuser wurden ebenfalls weitgehend dichtgemacht. Man verbot auch außerehelichen Geschlechtsverkehr und belegte ihn mit Strafen, und uneheliche Kinder sahen sich jetzt Prostituiertenkindern gleichgestellt. Fastnachtsbräuche einschließlich der Schauspiele, die Lärmaufzüge Vermummter und die Umläufe wurden von den Obrigkeiten und Geistlichen immer weiter eingeschränkt und im protestantischen Norden schließlich fast völlig beseitigt, während sich im Westen und Süden noch Reste erhalten haben. Immer heftiger predigten die Geistlichen, immer mehr wandten sich städtische Obrigkeiten mit Verboten gegen das übermäßige Saufen, gegen wildes Tanzen der einfachen Leute, insbesondere dagegen, sich dabei zu entblößen und die Mädchen hochzuwerfen (Unterwäsche gab es nicht), gegen das Singen „unzüchtiger" Volkslieder, das Glücksspiel, den Geschlechtsverkehr vor der Trauung, die „Maßlosigkeit" bei Festessen. Große Erfolge wurden allerdings nicht sichtbar. Schließlich wetterten die Kirchen sogar gegen Freß-, Sauf- und Hosenteufel.

Entdeckung der Persönlichkeit?

Bewirkten der geistige Aufbruch um 1500 und die reformatorischen Bewegungen, daß die Menschen ihre eigene Persönlichkeit entdeckten und gegenüber Autoritäten mündiger wurden, daß der Mensch aus einer untergeordneten Rolle in den Mittelpunkt des Weltbilds rückte? Manches kann diesen Anschein erwecken: die Zahl der Porträts nahm zu, die jetzt überdies die individuellen Gesichtszüge wiedergaben, Briefe, bürgerliche Selbstbiographien und persönliche Notizen wurden häufiger, eine weltliche Gelehrsamkeit entstand, und Luther formulierte die Idee, daß der einzelne die Bibel selbst zu deuten vermöge. Doch es wäre ein Mißverständnis, dies als Zeichen eines Umdenkens anzusehen. Vielmehr hatte es auch zuvor selbstbewußte Führungsschichten gegeben, nur daß diese in früheren Zeiten im Schatten nichtschriftlicher und nichtbildlicher Kultur geblieben waren, während sie jetzt aus diesem heraustraten und den uns überlieferten Kulturbereich mit prägten, weil Bildung und Besitz von Gegenständen höherer Kultur sich insgesamt ausbreiteten. Zum Aufkommen weltlicher Gelehrsamkeit trug überdies die Aufnahme antiker Gedanken bei, aber das hieß, sich an einer *anderen* Autorität zu orientieren, war jedoch keine Tendenz, sich von Autoritäten als solchen zu lösen. Die Darstellungsweise von Porträts war Ausdruck einer realistischen Wirklichkeitssicht, die sich auf alle gemalten Gegenstände erstreckte, nicht eines besonderen Empfindens speziell für die Persönlichkeit. Auffallend ist, daß sich nirgendwo Anzeichen erkennen lassen für eine höhere Sensibilität für psychische Erfahrungen, von Reflexionen über das eigene Ich. Luthers Schriftprinzip schließlich bedeutete in der Theorie tatsächlich einen Vorstoß in Richtung größerer geistiger Selbständigkeit und Freiheit, aber es blieb eben eine Theorie; in der Praxis wurde das Prinzip kirchlicher Lehrautorität bis ins 19. Jahrhundert hinein auch in den neuen Kirchen gewahrt. Mehr noch: Konfessionalisierung und Moralisierung des Lebens engten den geistigen Spielraum ein und bedeuteten für die Masse der Bevölkerung keine Verweltlichung und Individualisierung, sondern gerade umgekehrt eine Stärkung des kirchlichen und autoritären Elements im Leben.

4.5 Reichsreform und konfessionelle Kämpfe

Bestand des Um 1470 befand sich das römisch-deutsche Reich in weitgehender Auflösung. Die Zu-
Reiches gehörigkeit Norditaliens zum Reich hatte sich fast völlig zum leeren Anspruch ver-
flüchtigt. Als unübersehbar wurde, daß der kaiserliche Herrschaftsanspruch auf Gebiete südlich der Alpen illusorisch geworden war, verkündete man Gesetze und
Reichsbeschlüsse mit dem einschränkenden Zusatz, sie sollten im Römischen Reich
gelten, soweit es „deutscher Nation" sei. Die Formel „Heiliges Römisches Reich deutscher Nation" wurde seit etwa 1470 allgemein zur Bezeichnung des Reiches gebraucht.
Zwar versuchten die Kaiser Maximilian I. und Karl V. die kaiserliche Gewalt in
Reichsitalien wiederherzustellen, was schließlich auch gelang, aber dies kam nicht
mehr dem Reich zugute. So starben im 17. Jahrhundert die dünn gewordenen Bindungen Italiens an das Reich völlig ab. Demzufolge kam im Dreißigjährigen Krieg dieser
Namenszusatz wieder außer Gebrauch. Mit dem faktischen Verlust Italiens und damit
Roms löste sich auch das Kaisertum endgültig von Rom und dem Papst. Friedrich IV.
war als letzter Kaiser vom Papst in Rom gekrönt worden (1452), sein Sohn und Nachfolger Maximilian I. nahm 1508 den Kaisertitel ohne päpstliche Krönung an, da es ihm
nicht gelingen wollte, durch Oberitalien bis Rom durchzukommen, und seit 1556
führte der von den Kurfürsten zum römischen König Gewählte den Kaisertitel jeweils
unmittelbar seit Regierungsantritt. Königs- und Kaiserkrönung wurden identisch, und
damit hörten auch die Italienzüge der römisch-deutschen Könige auf. Außerdem löste
man sich auch darin von der karolingischen Tradition, daß seit 1562 Wahl und Krönung in Frankfurt statt in Aachen vollzogen wurden.

  Das Reich besaß keine Staatlichkeit, wie sie in Verwaltungsorganen und Heeres-
macht zum Ausdruck kommt, sondern beruhte weiter nur auf dem Lehensrecht. Dabei
gliederte sich das engere Reich (also ohne Italien) in die Gebiete von rund 80 geistlichen und weltlichen Reichsfürsten und von an die 2.200 reichsunmittelbaren Grafen,
Herren, Rittern, Prälaten, Reichsstädten und sogar einzelnen reichsunmittelbaren
Dörfern. Die Reichsritter besaßen zwar höchste Hoheitsrechte, regierten aber keine
Staaten, sondern nur Staatssplitter. Die größeren Territorien dagegen entwickelten
sich im Laufe des 16. Jahrhunderts immer mehr zu Staaten. Alles in allem war das

Reich also ein Konglomerat höchst ungleichartiger Gebilde. Dabei lassen sich kaum genaue Grenzen des Reiches angeben. Im Westen nahmen der Herzog von Burgund mit seinen Ländern und der Herzog von Lothringen eine fast unabhängige Stellung zwischen dem Reich und Frankreich ein, und auch die Eidgenossenschaft hatte sich eine recht selbständige Position erworben, im Nordosten lagen die baltischen Reichsfürstentümer weit vom Kern des Reiches entfernt, und Schlesien und Mähren wurden 1479, Böhmen 1490 mit dem Königreich Ungarn in Personalunion verbunden und damit nach Osten hingezogen. Im Laufe des 16. Jahrhunderts sollte sich klären, welche dieser Randländer beim römisch-deutschen Reich blieben und welche nicht.

So wie sich der politische Zusammenhalt des Reiches im späten Mittelalter geschwächt hatte, waren auch an der deutschen Adelsnation die Kräfte der Zersetzung sichtbar. Ende des 15. Jahrhunderts begann sich dann indessen ein neues Bewußtsein der Zusammengehörigkeit der deutschen Nation zu regen, vor allem bei der kleinen Bildungsschicht der Humanisten und ansatzweise auch bei einem Teil des hohen Adels. Indem die einzelnen Territorien und ihre Landstände sich verfestigten, begann aber dort im landständischen Adel gleichzeitig ein politisches Zusammengehörigkeitsgefühl zu entstehen, das sich auf die Einzelterritorien bezog. Dafür, daß die deutsche Staatsnation sich erneut belebte, gab es mehrere Gründe. Die Intensivierung der Kommunikation, nicht zuletzt durch den Buchdruck, brachte die regionalen Eliten in einen engeren geistigen Austausch. Daß ein Deutscher den Buchdruck erfunden hatte und die wiederentdeckte Beschreibung der Germanen durch Tacitus begründeten bei den Humanisten einen gewissen Stolz auf deutsche Leistung und Vergangenheit. Die außenpolitische Bedrohung des Reiches durch Ungarn und Türken sowie Franzosen, die im späten 15. Jahrhundert einsetzte, führte auch in politischen Kreisen dazu, sich auf die Gemeinsamkeiten zu besinnen. Die deutsche Kritik am fernen und fremden römischen Papsttum um die Wende zum 16. Jahrhundert trug das Ihre dazu bei.

Wenngleich auch in anderen europäischen Staaten nationales Bewußtsein deutlicher wurde, so verstanden sich doch alle Reiche noch weniger als nationalstaatlich, als es im nachhinein scheinen mag. Die französischen Könige versuchten von 1494 bis 1526 immer wieder Eroberungen in Italien zu machen, und König Heinrich VIII. von England träumte zeitweise von der französischen und römischen Krone. Insoweit fiel das römisch-deutsche Reich auch im 16. Jahrhundert mit seinem übervolklichen Charakter durchaus nicht aus dem Rahmen.

Allgemein sah das 16. Jahrhundert bei den Deutschen Bestrebungen, Herrschaft zu intensivieren, zu konzentrieren und durch Institutionen zu verfestigen und damit das lockere Gewebe mittelalterlicher Lehensbeziehungen zu überwinden. Es fragte sich nur, auf welcher Ebene diese Entwicklung das Schwergewicht bilden würde: auf der des Gesamtreiches oder auf jener der Einzelterritorien? Würde es dem Kaiser gelingen, soviel Macht in seiner Hand zu sammeln, daß sich die Zentralgewalt über die einzelnen Fürstentümer erheben und diese unterdrücken könne? Oder würde die Kaisergewalt schrittweise ein Fürstentum nach dem anderen in seine unmittelbare Verfügungsgewalt bringen und damit die Partikulargewalten aufheben können? Oder würden Kaiser und Fürsten sich zusammenfinden, um gemeinsam das Gesamtreich zu regieren, also ein gewissermaßen parlamentarisch durch die Reichsstände gebundenes Kaisertum entstehen? Oder würde der Aufbau institutionalisierter Staatlichkeit vor allem durch die einzelnen Fürsten in ihren jeweiligen Territorien erfolgen und die Zentralgewalt weiter ausgehöhlt werden, also das Reich endgültig in eine Vielzahl unab-

Neubelebung der deutschen Nation

Grundzüge der Epoche

hängiger deutscher Einzelstaaten auseinanderbrechen? So lauteten die Alternativen.

Die Antwort auf diese Fragen ergab sich im Laufe des 16. Jahrhunderts im Spannungsfeld von im wesentlichen drei Handlungssträngen: den dynastischen Erbbemühungen und Erbstreitigkeiten, dem Gegensatz zwischen kaiserlicher Zentralgewalt und Reichsständen und den konfessionellen Auseinandersetzungen. Seit Mitte des 16. Jahrhunderts trat noch ein weiterer Faktor hinzu: in wachsendem Maße begann das Ausland, vor allem Frankreich, in die innerdeutschen Angelegenheiten einzugreifen und die deutschen Fürsten gegen die kaiserliche Zentralgewalt zu unterstützen, um diese im Interesse der eigenen Machtstellung zu schwächen.

Gerade im 16. Jahrhundert bemühten sich die Herrscherhäuser immer wieder, zusätzliche Länder zu erwerben, selbst wenn diese noch so entfernt lagen und sie schon mit der Verwaltung ihres bestehenden Besitzes nicht zurechtkamen. Dynastische Zufälle von Tod, Geburt und Kinderlosigkeit sollten mehrmals weitreichende Folgen haben für Länderbesitz und Machtverhältnisse. Das Ringen zwischen kaiserlichem Machtanspruch und dem Streben der Reichsstände, den Kaiser von den Quellen der inneren Macht abzuschneiden und ihre Freiheiten zu wahren, war um 1490 noch unentschieden, wenngleich die Vorentscheidungen des Mittelalters der Zentralgewalt eine denkbar schlechte Ausgangsposition gaben. Die konfessionellen Auseinandersetzungen, die von den reformatorischen Bewegungen ausgelöst worden waren, mußten dabei unvermeidlich auf die politische Ebene zurückwirken und dort ebenfalls Entzweiungen provozieren, galt es doch allen Zeitgenossen als selbstverständlich, daß die weltliche Gewalt die Kirche unterstützte und religiöse Belange regelte, daß es kein politisches Handeln gab, welches sich nur am Staat und nicht auch wesentlich an der Religion orientiert hätte. Der konfessionelle Gedanke, der fast alle Herrscher seit Mitte des 16. Jahrhunderts beeinflußte, riß innerhalb des Reiches Gräben auf, und zugleich griff er über die deutschen politischen Grenzen hinaus und schuf übergeordnete Gemeinsamkeiten, die für wichtiger genommen wurden als Staatswesen und Reiche. Alle diese Problembereiche verwoben sich im 16. Jahrhundert in komplizierter Weise miteinander und mündeten schließlich in die grausige Katastrophe des Dreißigjährigen Kriegs.

Die
Territorien

Größe und Bedeutung der einzelnen Territorien im Reich waren recht unterschiedlich. Ende des 15. Jahrhunderts galten als die zwanzig mächtigsten Fürsten der Herzog von Burgund und die Erzherzöge von Österreich an der Spitze, die Kurfürsten von Böhmen, Brandenburg, Sachsen, Pfalz, Köln, Trier und Mainz, die Herzöge von Bayern, Württemberg, Lothringen, Jülich und Kleve, Sachsen sowie Pommern, der Landgraf von Hessen, der fränkische Markgraf von Kulmbach, die Erzbischöfe von Magdeburg und Salzburg und der Bischof von Würzburg. Auch die Schweizer Eidgenossenschaft konnte sich an Macht durchaus mit diesen Fürsten messen. Die großen Reichsstädte Köln, Nürnberg, Ulm, Straßburg, Lübeck, Augsburg, Metz und Frankfurt am Main waren an Staatsfinanzen zwar ebenfalls ähnlich potent, doch ihr politischer Einfluß im Reich entsprach dem nicht. Die weltlichen Fürstentümer stellten fast alle rein dynastische Gebilde dar, die aus mehreren Teilstücken nach und nach zusammengebaut worden waren, und Erweiterung durch Erbschaften wie Zersplitterung bei Erbteilungen führten ständig zu Aufstieg und Niedergang. Die Ehegattenwahl erfolgte in den Fürstenhäusern kaum nach Liebe, sondern wurde von den Eltern nach politischen Motiven geplant. Für die geistlichen Fürstentümer kam dies natürlich nicht in Frage; ihr territorialer Bestand war darum stabiler.

Die Welfen blieben in mehrere Linien zerfallen und darum politisch schwach. Am Niederrhein war bis 1521 mit den Herzogtümern und Grafschaften Jülich, Kleve, Berg, Mark und Ravensberg ein größerer Länderkomplex zusammengeheiratet worden, ohne dabei zu einem Staat zusammenzuwachsen. Auch die Landgrafen von Hessen hatten eine beträchtliche Ländermasse gesammelt, deren Erstreckung in etwa das Gebiet des heutigen Bundeslandes Hessen vorzeichnete, doch 1567 schwächte eine Erbteilung ihre Macht wieder. Bayern, im späten Mittelalter in verschiedene Linien geteilt, wurde 1503 wieder in einer Hand vereint, wobei es dann bis heute blieb. Bis zum Dreißigjährigen Krieg gelang es den bayerischen Herzögen jedoch nicht, ihren Besitz zu erweitern. Auch das Herzogtum Württemberg, im späten Mittelalter stetig gewachsen und 1482 für unteilbar erklärt, vergrößerte sich im 16. Jahrhundert nicht weiter. Die pfälzischen Kurfürsten strebten zwar im 16. Jahrhundert nach bedeutendem Machtgewinn, scheiterten damit aber ebenfalls. Die umfangreichen Lande der Wettiner an der mittleren Elbe wurden 1485 in eine „ernestinische" Linie, die auch die sächsische Kurwürde erhielt, und in eine „albertinische" Linie geteilt. Ihr Landbesitz wuchs im 16. Jahrhundert nur geringfügig, aber reiche Silberbergwerke verliehen den beiden sächsischen Fürsten bedeutendes politisches Gewicht. Die Expansion der Schweizer Eidgenossenschaft nach Norden kam mit dem Frieden von Basel 1499 zum Stehen. Die kriegslustigen Eidgenossen wandten sich daraufhin nach Oberitalien und eroberten 1512 das Herzogtum Mailand, das sie 1515 in der Schlacht bei Marignano aber wieder an Frankreich verloren. Nur an der Herrschaft über das Tessin und Veltlin hielten die Eidgenossen fest und schufen damit die Ursache für ihre spätere Mehrsprachigkeit. Marignano markierte dann überhaupt das Ende der eidgenössischen Expansionspolitik, für die der Bund letztlich doch zu locker war. Die Eidgenossen nahmen 1481 Freiburg und Solothurn, 1501 Basel und Schaffhausen und 1513 Appenzell auf und erweiterten sich damit zur Eidgenossenschaft der 13 alten Orte. Seitdem blieb ihr Gebietsstand bis Ende des 18. Jahrhunderts unverändert. Die brandenburgischen Hohenzollern schließlich erwarben zunächst im Laufe des 16. Jahrhunderts eine Reihe kleinerer Gebiete und machten dann Anfang des 17. Jahrhunderts große Gewinne: 1614 erbten die Kurfürsten Kleve, Mark und Ravensberg und 1618 Preußen, das mit der Reformation aus einem Land des Deutschen Ordens in ein Herzogtum verwandelt worden war. Damit erstreckten sich die Lande des Kurfürsten vom äußersten Westen bis zum äußersten Osten des deutschen Sprachgebiets, verstreute Territorien, weit davon entfernt, ein einheitlicher Staat zu sein. Der weitaus steilste Machtanstieg, der alle anderen deutschen Dynastien verblassen ließ, gelang indessen den Habsburgern.

Die Habsburger besaßen um 1470 das Erzherzogtum Österreich, die Herzogtümer Steiermark, Kärnten und Krain, die Grafschaft Tirol und einige kleinere Gebiete am südlichen Oberrhein. Da der Schwerpunkt der Habsburger jetzt im Osten lag, kam seit dem 14. Jahrhundert für die Dynastie auch die Bezeichnung „Haus Österreich" auf, und diese Bezeichnung wurde dann auch auf die Summe ihrer Länder übertragen, die als Ganzheit sonst keinen eigenen Namen hatte.

Habsburgische Heiratspolitik

Der Besitz der Dynastie war zunächst noch auf mehrere Linien aufgeteilt, so daß der habsburgische Kaiser Friedrich IV. nur über einen Teil und damit eine recht schmale Machtbasis verfügte, von der er überdies Anfang der 1480er Jahre noch Teile an den ungarischen König verlor. Der schwunglose, aber hartnäckige Friedrich erreichte jedoch nach fast 14jährigen zähen Bemühungen, für seinen Sohn Maximilian 1476 Maria von Burgund als Gattin versprochen zu erhalten, das einzige Kind des Burgunderherzogs Karls des Kühnen. Dessen Ländermasse löste sich zunehmend vom Reich, und ihre nördlichen Teile begannen in dieser Zeit als „Niederlande" zusammenzuwachsen. Als Karl im folgenden Jahr fiel, erbte Maria den Besitz, und Maximilian gelang es in langwierigen, wechselvollen Kämpfen, sich im größten Teil der Länder durchzusetzen. Überdies erreichte Maximilian, daß sein Vetter 1490 Tirol und die Vorlande an ihn abtrat, und er konnte nach dem Tod des Ungarnkönigs Matthias Corvinus im selben Jahr auch die von diesem besetzten Teile Österreichs zurückgewinnen. Aufgrund der habsburgischen Erbeinung mit dem ohne Söhne verstorbenen Matthias erhob Maximilian auch Erbansprüche auf die ungarische Krone, doch sein Versuch, diese zu realisieren, scheiterte. In Ungarn setzte sich der Böhmenkönig Wladislaw II. als König durch, und Maximilian mußte sich damit begnügen, das Nachfolgerecht zugesichert zu bekommen für den Fall, daß Wladislaw ohne Erben sterben sollte. Mit dem Tod Friedrichs IV. 1493 gelangte auch ganz Österreich in Maximilians Hand.

Maximilian I., zum Nachfolger in der römischen Königswürde gewählt, vereinigte mit den österreichischen und burgundischen Ländern die beiden mit Abstand mächtigsten Territorialkomplexe im Reich in seiner Hand. Die Stellung des Kaisers im Reich schien gestärkt und die Loslösung Burgunds vom Reich verhindert. Allerdings überließ Maximilian Burgund bald seinem Sohn Philipp („dem Schönen"). Vor allem stürzte er sich in wilde Abenteuer. Maximilian war entschlußfreudig, aber sprunghaft und verfolgte seine Ziele ohne Beharrlichkeit. Seine ganze Politik litt an einer immer wieder geradezu grotesken Diskrepanz zwischen seinen oft phantastischen Projekten und der Begrenztheit seiner Mittel. Maximilian war einer der größten Hasardeure, die je auf einem Thron saßen. Für Maximilians ständige Geldnot war bezeichnend, daß er sich das kostbare Tafelgeschirr, mit dem er bei der Hochzeit zweier Enkel vor den anwesenden Königen und Fürsten prunkte, nur für ein paar Tage bei Jakob Fugger geliehen hatte, der es als Pfänder für Darlehen von verschiedenen Leuten verwahrte. Maximilian konzentrierte sich auch nicht auf die Aufgabe, die Position der kaiserlichen Zentralgewalt im Reich zu stärken und das Reich in seinem bestehenden Gebietsumfang zu festigen, sondern er strebte danach, den Länderbesitz des Hauses Habsburg zu vergrößern, wo immer sich in Europa irgendeine Chance dazu bot, auch wenn dies nicht im Interesse des Reiches lag. So verstrickte sich Maximilian in lange und wechselvolle Kämpfe in Italien, die letztlich ergebnislos blieben. 1489/90 versuchte er, die Erbin des fernen Herzogtums Bretagne zu heiraten, was jedoch scheiterte. Zeitweise machte er sich Hoffnungen, daß er die englische und die schwedische Königskrone erben könnte. 1511 spielte Maximilian sogar mit dem Gedanken, Papst zu werden, was immerhin seine Position im Reich gestärkt hätte, denn es hätte ihm zu Einfluß auf die Reichskirche verholfen.

Während es also mit allen diesen Projekten nichts wurde, stellten sich nachhaltige Folgen dort ein, wo sie gar nicht beabsichtigt waren. Maximilians Sohn Philipp heiratete Johanna, die jüngere Tochter König Ferdinands von Aragon und der Königin Isabella von Kastilien (das iberische Doppelreich dieser beiden Herrscher wurde bald auch als Spanien bezeichnet). Da der einzige Sohn des iberischen Herrscherpaares kinderlos starb und ebenso ihre ältere Tochter, die den portugiesischen König geheiratet hatte, erbte unerwartet Habsburg, obwohl Ferdinand alles tat, um dies zu verhindern. Philipps ältester Sohn Karl, nach Philipps Tod schon Herzog von Burgund, folgte seinem Großvater Ferdinand nach dessen Ableben 1516 in der Regierung Spaniens und damit auch in der Herrschaft über die Königreiche Neapel und Sizilien und die neuentdeckten spanischen Kolonien in Übersee. Für die Stellung der deutschen Zentralgewalt und für die Einheit des Reiches erwies sich diese spanische Erbschaft als Katastrophe. Vergleichbar der ebenfalls zufälligen sizilianischen Erbschaft der Staufer im Jahre 1189 verführte sie den künftigen Kaiser dann dazu, sich in ferne Räumen ablenken zu lassen und sich damit seinen Aufgaben im Reich zu entziehen.

Erst nach Maximilians Tod trug noch eine weitere dynastische Verbindung Früchte, die der Kaiser gezielt eingefädelt hatte. Nach zehnjährigen Verhandlungen konnte 1515 eine Doppelhochzeit gefeiert werden: Karls jüngerer Bruder Ferdinand heiratete Anna, die Tochter König Wladislaws von Ungarn und Böhmen, und zugleich heiratete deren Bruder, der ungarische Thronfolger Ludwig, Maximilians Enkelin Maria. Dabei war zunächst offen, wer hier einst wen beerben würde. Schneller als zu erwarten war sollte die Entwicklung dann 1526 zugunsten Ferdinands ausschlagen.

So hatte unter Maximilian das Haus Habsburg einen kometenhaften Aufstieg erlebt. Aber zugleich war die Hausmacht des römisch-deutschen Kaisers durch den Anfall Burgunds und der spanischen Besitzungen, wozu später noch die ungarische Erbschaft kommen sollte, über das Reich hinausgewachsen und zur Weltmacht geworden, so daß die habsburgischen Interessen sich immer weniger mit denen des Reiches deckten.

Zur Zeit Kaiser Friedrichs IV. gab es keine Reichsgesetzgebung, fast keine Reichsverwaltung außer der Person des Königs, kein Reichsgut mehr und keine Reichsfinanzen. Angesichts der Bedrohung durch Ungarn und der im Hintergrund heranwachsenden Türkengefahr forderte der Kaiser von den Reichsständen Unterstützung durch Geld und Truppen. Die Reichsstände konnten nicht leugnen, daß das Reich aufgrund seiner inneren Schwäche gegen äußere Feinde weitgehend wehrlos war und auch ihnen selbst keinen Schutz bieten konnte. Als Gegenleistung für ihre Unterstützung wünschten sie aber innere Reformen. Doch Friedrich verweigerte hartnäckig jedes Zugeständnis. *Der Reichstag*

Trotzdem fanden die Reichsstände zu einer festen Institution zusammen, indem der bisher nicht genau definierte königliche Hoftag sich in den Jahren 1486-95 zum Reichstag wandelte. Damit konnte der Kaiser nicht länger willkürliche Ladungen aussprechen, sondern es entstand ein klar abgegrenzter Kreis von Fürsten, die dann als Reichsstand ein Recht auf Teilnahme besaßen. Seit 1489 wurden auch die Reichsstädte regelmäßig geladen, während die Städte innerhalb eines Territoriums vom Reichstag ausgeschlossen blieben. Auch der niedere Adel gewann keine Vertretung auf dem Reichstag; selbst die Reichsritter bemühten sich trotz ihrer Reichsunmittelbarkeit vergeblich darum. Das Entstehen der Territorien führte also dazu, daß der Reichstag sozial exklusiver blieb als das englische Parlament, in dem auch Vertreter des niederen Adels (ab 1254) und der Städte aus dem ganzen Land (ab 1295) Aufnahme gefunden hatten. Der Reichstag entwickelte bis 1500 feste Organisations- und Verfahrensformen. Er gliederte sich jetzt in die drei Kurien der Kurfürsten, Fürsten und Reichsstädte. Die drei Kurien berieten und stimmten getrennt. Die Beschlüsse des Reichstags, jedesmal als „Reichsabschied" zusammengefaßt, gewannen die Bedeutung allgemein verbindlicher Gesetze, die der Kaiser zu verkünden hatte.

Seit 1486 liefen ernsthafte Bestrebungen, die Organisation des Reiches zu reformieren. An der Spitze der ständischen Reformbewegung stand der Mainzer Kurfürst Berthold von Henneberg. Er forderte eine Reichsregierung als eine vom Kaiser unabhängige, ständige Institution, die für Frieden innerhalb des Reiches zu sorgen hatte. Sie sollte weitgehend von den Kurfürsten bestimmt werden, während Berthold die *Die Reichsreform*

315

Macht des Kaisers stark beschneiden wollte. Maximilian setzte dem den Wunsch nach einer vom Kaiser geführten Reichsregierung entgegen, der die nötigen materiellen Mittel zur Verfügung gestellt werden sollten, um innerhalb Europas eine führende Rolle spielen zu können. Beiden gegenüber stand die Gruppe jener Fürsten, die vor allem an der Eigenständigkeit ihrer Territorien interessiert waren und es deshalb grundsätzlich ablehnten, die Zentralgewalt zu stärken, gleich in welcher Form.

Auf dem Reichstag von Worms 1495 versuchten sowohl Berthold wie der Kaiser vergeblich, ihre Pläne durchzusetzen. Man beschloß nur Ansätze einer Reichsreform, die einen Kompromiß der drei Parteien darstellten. Um dem Wunsch nach Friedenswahrung im Innern entgegenzukommen, verkündete der Reichstag einen allgemeinen und ewigen Landfrieden, womit also Fehde und bewaffnete Selbsthilfe in Zukunft als verboten galten. Stattdessen sollten Rechtsstreitigkeiten friedlich vor Gericht ausgetragen werden. Zu diesem Zweck wurde ein Reichskammergericht eingerichtet, das einen festen Sitz hatte und ständig tagte. Es war die erste vom Hof des Kaisers gelöste Zentralbehörde des Reiches. Maximilian mußte auf die bisher an seinem Hof ausgeübte Gerichtsbarkeit weitgehend zugunsten des Reichskammergerichts verzichten, dessen Mitglieder überwiegend von den Reichsständen ernannt wurden. Dafür ging der Reichstag auf Maximilians Wunsch nach Truppen für seine italienischen Kriege ein. Weil das Lehensaufgebot unbrauchbar geworden war und man seit Ende des 15. Jahrhunderts allgemein mit Soldrittern und Soldknechten kämpfte, stellte auch die Reorganisation des Reichsheeres ein zentrales Problem dar. Dafür gab es drei Möglichkeiten: erstens eine allgemeine direkte Steuer, die jeder Haushalt des Reiches zu zahlen hatte, zweitens eine Geldmatrikel, bei der jeder Reichsstand seinen Anteil an einer vom Reichstag festgelegten Geldsumme zahlte, wobei in beiden Fällen die Reichsregierung dann von diesen Geldern zentral Truppen anwerben sollte, oder drittens eine Truppenmatrikel, bei der jeder Reichsstand selbst ein Truppenkontingent aufstellte und unterhielt und die Einzelkontingente dann zusammen das Reichsheer bildeten. Schon seit 1422 war immer wieder über eine allgemeine Reichssteuer diskutiert worden. Der Reichstag von 1495 bewilligte nun eine solche allgemeine Reichssteuer, den „Gemeinen Pfennig", von dem Truppen geworben und das Reichskammergericht unterhalten werden sollte. Das Steuerprojekt scheiterte aber, da es dem Reich an eigenen Organen fehlte, um die Steuern einzuziehen. Das Kammergericht blieb wenig wirksam, und 1498 errichtete Maximilian in Gestalt des Reichshofrats ein neues, vom Kaiser abhängiges Gericht.

Im Jahr 1500 konnte Berthold dann doch durchsetzen, daß eine Zentralregierung mit festem Sitz geschaffen wurde, das Reichsregiment, das aus den Kurfürsten und einigen Vertretern der übrigen Reichsstände bestand. Aber es fehlte dem Reichsregiment an Ausführungsorganen, um den Landfrieden zu wahren und eine beschlossene Heeresaushebung durchführen zu können. So blieb das Reichsregiment wirkungslos und wurde 1502 von Maximilian aufgelöst.

Die von Berthold von Henneberg vorangetriebene ständische Reichsreform war weitgehend gescheitert. Aber umgekehrt konnte in den folgenden Jahren auch Maximilian seine Forderung, ein vom Kaiser abhängiges Reichsregiment zu schaffen, gegen die Stände nicht durchsetzen. Die Idee einer allgemeinen Reichssteuer gab man 1505 auf und kehrte zur Truppenmatrikel zurück. Der Kaiser erhielt also keine Geldmittel zur freien Verfügung gestellt.

Das Reichskammergericht blieb nicht nur zunächst wenig wirksam, sondern einige

Territorien erkannten seine Zuständigkeit auch überhaupt nicht an, nämlich Böhmen, Lothringen, die Eidgenossenschaft, die baltischen Reichsgebiete und die habsburgischen Länder zu Österreich, Burgund und den Niederlanden, von Italien gar nicht erst zu reden. Maximilian drängte die Eidgenossenschaft, Reichskammergericht und Gemeinen Pfennig mitzutragen. Schon seit den 1480er Jahren hatten die Eidgenossen und die übrigen Schwaben sich zunehmend entfremdet, bedingt durch die Expansion der Eidgenossen nach Norden, wirtschaftliche Konkurrenz und soziale Ressentiments zwischen schweizerischen Bauern und schwäbischen Fürsten und Städten. 1499 kam es zum Krieg zwischen den süddeutschen Fürsten unter Führung Maximilians, die im Schwäbischen Bund vereint waren, und der Eidgenossenschaft. Die Eidgenossen behielten die Oberhand und konnten im Frieden von Basel durchsetzen, daß sie auch weiter vom Reichskammergericht befreit blieben.

Der Versuch, eine Zentralgewalt im Reich zu errichten, war gescheitert. Weder Monarch noch Stände waren stark genug gewesen, das Ringen für sich zu entscheiden. Eine stärkere Institutionalisierung des Reiches hätte sich nur durch das kompromißbereite Zusammenwirken beider Seiten erreichen lassen, indem Kaiser und Stände sich, dem Kräfteverhältnis entsprechend, die Macht in einer ständisch beschränkten Monarchie geteilt hätten. Aber Maximilian hatte zu sehr auf seinen absolutistischen Neigungen beharrt, und die ständische Reichsreformpartei war zu starr antikaiserlich eingestellt gewesen und überdies zu schwach, da die großen Fürsten sie nicht unterstützt, sondern sich an ihren Sonderinteressen orientiert hatten; letztere hatten von einer ständischen Zentralgewalt genausowenig wissen wollen, wie von einer monarchischen. Immerhin − ganz ergebnislos blieben die Reichsreformbestrebungen nicht. Die Tendenz des 15. Jahrhunderts zu völliger Auflösung des Reiches war überwunden. Eine Reintegration des Reiches begann, getragen vor allem durch den Reichstag, der zwar unregelmäßig und an wechselnden Orten, aber durchaus häufiger tagte, und durch das ständige und immer stärker angerufene Reichskammergericht. Dadurch waren Zentralgewalten institutionellen Charakters entstanden, wie es sie bis dahin nicht gegeben hatte.

Nachdem Kaiser Maximilian I. 1519 gestorben war, bewarben sich drei Kandidaten um die römische Kaiserkrone: König Heinrich VIII. von England, König Franz I. von Frankreich und Maximilians 19jähriger Enkel Karl, der bereits Burgund, Spanien und Unteritalien geerbt hatte. Der (hoch-)deutschen Sprache war keiner von ihnen mächtig. Einen deutschen Kandidaten gab es nicht, da keiner der Fürsten eine hierfür genügend große Hausmacht besaß − ausgerechnet jetzt, in einer Zeit mühsamer Einheitsbestrebungen im Reich. Die Kurfürsten hätten am liebsten den Kurfürsten Friedrich von Sachsen zum Kaiser gewählt. Da jener sich jedoch diesem Wunsch versagte, wählten sie mit Karl das geringste Übel. Für die Wahlentscheidung spielte es keine nennenswerte Rolle, daß der Habsburger riesige Wahlgeschenke an die Kurfürsten gezahlt hatte, wofür er sich bei den Fuggern hoch verschuldet hatte, wie auch der französische König mit Geldgeschenken nicht geizig gewesen war. In der berechtigten Sorge, der übermächtige Kaiser aus Spanien könnte das Reich überfremden, nötigten die Kurfürsten ihm in einer „Wahlkapitulation" die Zusagen ab, die hohen Reichsämter nur mit geborenen Deutschen zu besetzen, ohne die Zustimmung der Kurfürsten keine außerdeutschen Truppen ins Reich zu führen und keinen Krieg außerhalb des Reiches anzufangen.

Karl V. verfügte über einen größeren Länderbesitz als je zuvor ein Herrscher in der europäischen Geschichte seit dem Untergang des antiken Römischen Reiches. Doch

Wahl und Ziele Karls V.

das Ganze war kein Staat, sondern eine phantastische Sammlung einzelner Kronen, deren völlig verschiedene Länder sich fremd und räumlich weit voneinander getrennt waren. Sie besaßen keinen gemeinsamen Namen, keine gemeinsame Verwaltungssprache und keine gemeinsamen Behörden, sondern wurden nur von der Person Karls zusammengehalten. Karls Politik orientierte sich letztlich an der dynastischen Idee der Größe des Hauses Habsburg in der europäischen Politik und an einer überdehnten Auffassung vom Kaisertum, dessen Aufgabe er im Schutz der Kirche und des wahren Glaubens in ganz Europa sah. Ja, der Kaisertitel wurde neben anderen Argumenten sogar herangezogen, um die Eroberungen der Spanier in Amerika zu rechtfertigen. Das war etwas anderes als die ebenfalls hochgesteckte Kaiseridee des hohen Mittelalters. Für die hochmittelalterlichen Kaiser hatten die deutschen Lande des Römischen Reiches den Kern ihrer Macht gebildet. Karl dagegen trat die österreichischen Erblande schon 1521/22 an seinen jüngeren Bruder Ferdinand ab und schied damit als Landesherr weitgehend wieder aus dem Reich aus, dessen Oberhaupt er doch war. Deutschland spielte für ihn nur eine Nebenrolle. Während der 37 Jahre seiner Regierungszeit hielt Karl sich überhaupt nur acht Jahre in Deutschland auf, und das deutsche Element war auch an seinem Hof nur schwach vertreten. Kaiser und Reich fielen auseinander. Der ins europäische ausgeweitete Hausbesitz des Kaiserhauses, dessen Schwerpunkt in Spanien lag, diente nicht der kaiserlichen Zentralgewalt im römisch-deutschen Reich, sondern die Kaiserwürde wurde von Karl als Zutat zu seinem Hausbesitz betrachtet und damit dem Reich sozusagen entfremdet. Die Verbindung zwischen Deutschland und Spanien durch Karl V. war bei beiden Völkern gleichermaßen unpopulär, und beide waren froh, als sie am Ende seiner Regierungszeit wieder gelöst wurde.

*Habsbur-
gische
Hausmacht
und
Kaisergewalt*

Als König Ludwig von Ungarn 1526 in der Schlacht von Mohács gegen die Türken fiel, trat Ferdinand von Österreich in Ungarn und Böhmen (einschließlich Mähren und Schlesien) die Nachfolge an, wie die Erbverträge es vorsahen. Die bereits fast hundert Jahre alte Idee einer Verbindung Österreichs mit Ungarn und Böhmen wurde jetzt Realität. Sie sollte bis 1918 dauern. Man gliederte Ungarn aber nicht dem römisch-deutschen Reich ein, obwohl schon Maximilian I. dieses den Kurfürsten einmal vorgeschlagen hatte. Karl, der Burgund und die Niederlande selbst behalten hatte, erwarb 1524-43 zu letzteren Friesland, Utrecht, Overijssel, Groningen und Geldern hinzu, wodurch die im wesentlichen noch heute bestehende Ostgrenze der Niederlande entstand.

Wie kein anderer Kaiser der deutschen Geschichte trug Karl V. bewußt und ohne Not dazu bei, die Zentralgewalt und den territorialen Bestand des Reiches zu schwächen. Dabei boten sich Möglichkeiten, beides zu festigen, wie seit langem nicht mehr. Das Herzogtum Lothringen schloß sich angesichts der französischen Bedrohung wieder fester an das Reich an, indem es das Reichskammergericht jetzt anerkannte und wieder regelmäßig an Reichstagen teilnahm. Die burgundische und die böhmische Erbschaft schien diese Länder, deren Bindungen ans Reich sich schon stark gelockert hatten, erneut an das Reich heranzuführen. Um 1530 konnte Karl die kaiserliche Gewalt in ganz Reichsitalien voll durchsetzen und 1535 das Kernstücks Oberitaliens, das Herzogtum Mailand, als erledigtes Lehen einziehen. Aber die oberitalienischen Fürstentümer wurden nicht als Reichsstände in das Reich integriert, im Gegenteil Mailand verwaltungsmäßig an das spanische Unteritalien angeschlossen. Die österreichischen Erblande und die Niederlande, die schon von der Rechtsprechung des Reichskammergerichts befreit waren, entband Karl darüber hinaus 1530 bzw. 1548 auch von der Geltung der Reichstagsbeschlüsse und löste sie damit noch einen Schritt weiter aus dem Reich heraus. Mehr noch: obwohl ihm inzwischen ein Sohn geboren war, setzte Karl 1531 durch, daß sein Bruder Ferdinand zum römischen König gewählt wurde, wobei Karl selbst Kaiser blieb. Diese Wahl bedeutete, daß der habsburgische Machtbereich mit dem Tode Karls in zwei Linien auseinanderfallen würde, wobei Spanien, Unteritalien, die überseeischen Kolonien, Burgund, die Niederlande und Mailand zusammen an seinen Sohn Philipp fallen sollten. Karl schwankte lange, ob er die dem römisch-deutschen Reich angehörenden Niederlande und Burgund an Philipp vererben sollte oder unter seiner Tochter Maria zu einem selbständigen Reich machen sollte; Ferdinand wollte er sie jedenfalls nicht überlassen. 1551 versuchte Karl dann plötzlich, die Einheit des Familienbesitzes durch eine höchst künstliche Verklammerung der spanischen und der österreichischen Linie doch noch für die Zukunft zu sichern: Ferdinand sollte Kaiser und Philipp römischer König und als Reichsvikar kaiserlicher Statthalter in Reichsitalien, nach Ferdinands Tod dann Philipp Kaiser und Ferdinands Sohn Maximilian römischer König werden. Der deutsche Fürstenaufstand 1552 ließ diesen Plan scheitern. Als Karl V., nach seinen vielen Mißerfolgen ein gebrochener Mann, 1555/56 frustriert abdankte, fielen Burgund und die Niederlande an Philipp von Spanien. Sie sollten, da dieser kurz zuvor Königin Maria von England geheiratet hatte, später zusammen mit England an den aus dieser Ehe erhofften Erben gehen und somit eine dritte habsburgische Linie begründen. Auch dieser Plan zerstob, da Maria sich bald als unfruchtbar erwies.

Indem Karl Burgund und die Niederlande, das wegen seiner Wirtschaftsblüte steuerkräftigste Land des Reiches, an Spanien fallen ließ, obwohl er sie an die österreichische Linie hätte geben können, schwächte er die kaiserliche Hausmacht Ferdinands. Die Verklammerung der Niederlande mit Spanien sollte dann bald dazu führen, daß diese zum größten Teil aus dem römisch-deutschen Reich überhaupt ausschieden. Auch für Reichsitalien stellte Karls Entscheidung endgültig die Weichen in Richtung auf die Ablösung vom Reich. Gewiß, in weiten Bereichen Oberitaliens wurden die Lehenshoheit des Reiches und selbst der Wiener Reichshofrat als oberstes Lehensgericht bis Ende des 18. Jahrhunderts anerkannt, und in Teilen Oberitaliens herrschten die Habsburger auch unverändert direkt, aber der Inhalt dieser Herrschaft war bis 1713/14 ein spanischer, und auch als diese Gebiete dann an die österreichische Linie fielen, wurde Wien dort trotzdem nicht mehr gestaltend tätig. So verdünnten sich die Beziehungen Reichsitaliens zum Reich nach Karl V. bald dermaßen, daß es im Bewußtsein der Deutschen nicht mehr als Bestandteil des Reiches galt.

Auch das Problem der institutionellen Festigung und damit der Einheit oder des Zerfalls des Reiches stand in der Regierungszeit Karls V. weiter auf der Tagesordnung. Dabei überschnitten sich Ausläufer der Reichsreformbestrebungen mit der beginnenden konfessionellen Spaltung.

Ausläufer der Reichsreformbestrebungen

Karl hielt sich nach seiner Wahl zunächst von 1521-1531 nicht im Reich auf. Für diese Zeit wurde als Stellvertretung erneut ein Reichsregiment errichtet. Es unternahm ernsthafte Reformversuche, ohne angesichts des Widerstands der Territorien etwas davon verwirklichen zu können. Und ihm fehlten auch materielle Mittel und Ausführungsorgane, so daß das Reichsregiment in den großen Problemen dieser Zeit nichts ausrichten konnte: die Niederschlagung der Bauernrevolution von 1525 mußte es den Fürsten überlassen, und die Regelung der Religionsfrage mußte es 1526 ebenfalls an die Landesherren preisgeben. Im übrigen bot auch die Bauernrevolution keine große politische Chance, die Reichseinheit zu kräftigen. Zwar wurde in ihrem Verlauf vereinzelt auch gefordert, eine starke kaiserliche Zentralgewalt sowie Münz- und Zolleinheit zu schaffen – das primäre Anliegen der Bauern war dies aber keinesfalls, sondern deren Horizont reichte über das Territorium nicht hinaus. Trotzdem – auch gewisse Fortschritte waren noch zu verzeichnen. 1527 richtete man das Reichskammergericht fest in Speyer ein. Um es zu finanzieren, wurden die Kammerzieler als feste Steuer auf Geldmatrikelbasis eingeführt. Das Kammergericht beeinflußte in der Folgezeit als Berufungsgericht auch das Rechtssystem der einzelnen Territorien. Da die Zentralgewalt keine Ausführungsorgane besaß, wurde die Aufgabe, den Landfrieden zu wahren und für die Vollstreckung von Kammergerichtsurteilen zu sorgen, den zehn Reichskreisen übertragen, in denen 1500/1512 fast alle Territorien zusammengefaßt worden waren. Mit einem Kreishauptmann und zwölf Bewaffneten in jedem Kreis waren ihre Wirkungsmöglichkeiten indessen recht dürftig. Später wurden sie auch für die Mobilisierung des Reichsheeres zuständig. Die Reichstage entwickelten in diesen Jahrzehnten eine recht ausgedehnte Reichsgesetzgebung. Unter anderem wurden 1532 eine Strafrechtsordnung und 1559 eine Reichsmünzordnung erlassen. Über die Pläne, das Reich zu einem einheitlichen Zollgebiet mit Grenzzöllen zusammenzufassen, diskutierten dagegen mehrere Reichstage ebenso ausführlich wie ergebnislos, und genauso scheiterten alle Bestrebungen, Maße und Gewichte zu vereinheitlichen. Für das im Bedarfsfall aufgestellte Reichsheer bestand im Laufe des Jahrhunderts immerhin die Tendenz, die zu stellenden Kontingente zunehmend durch Geldzahlungen abzulösen.

Reformation und Reichseinheit   Der reformatorische Aufbruch pflanzte jedoch einen neuen Spaltpilz in das wacklige Gemäuer des Reiches, machte das Verhältnis von Zentralgewalt und Fürsten und die Einheit der Fürsten untereinander noch schwieriger. Vielleicht hätte ein rein deutscher Kaiser die reformatorische Bewegung sogar nutzen können, um die geistlichen Fürstentümer aufzuheben und Klosterbesitz einzuziehen und damit die Stellung des Kaisers zu stärken, ähnlich den Monarchen in den skandinavischen Königreichen und in England. Aber Karl als Inhaber eines übernationalen Länderkomplexes konnte diese Rolle nicht spielen, sondern mußte vielmehr auf der Einheit der Kirche in Europa bestehen.

1531 schlossen sich die protestantischen Reichsstände unter Führung des Landgrafen Philipp von Hessen und des Kurfürsten von Sachsen in Schmalkalden zu einem formellen Bündnis zusammen, um ihren Glauben zu verteidigen. Damit begannen die Protestanten mit einer partikularistischen Politik, in der sich ständische Interessen und protestantischer Glaube zu einer ideologisch gestärkten Opposition gegen den Kaiser verbanden. Da Karl nicht gewillt war, die alte Religion gewaltsam durchzusetzen und erneut von den Türken Gefahr drohte, einigte man sich 1532 im Nürnberger Religionsfrieden auf einen Waffenstillstand in Glaubenssachen, bis diese durch ein späteres Konzil geregelt würden. Als die erhoffte Einigung in Religionsdingen trotz aller Bemühungen ausblieb, entschloß Karl sich schließlich doch zur gewaltsamen Lösung. 1546 zog er gegen Hessen und Kursachsen zu Felde, und es gelang ihm, den Kurfürsten in der Schlacht bei Mühlberg an der Elbe gefangenzunehmen und Philipp von Hessen zu verhaften. Der Kurfürst mußte abdanken und Teile seiner Länder und die Kurwürde an die albertinische Linie seines Hauses abtreten. Der Schmalkaldische Bund war zerschlagen. Nie seit der Stauferzeit war ein Kaiser im römisch-deutschen Reich so

Geistliche Elite: der Domherr (Dr. Johann Heller,
sing).

7.2 Adlige Führungsschicht: der Ritter (Reichsschenk
Georg I. von Limpurg).

Ständegesellschaft um 1500

Bürgerliche Oberschicht: der Fernhandelskaufmann.

7.4 Masse der Bevölkerung: Bauernpaar.

Klassen im 19. Jahrhundert

8.1 Selbstbewußte Herrenpose im Salon: Prinz August Wilhelm von Preußen, um 1817.

8.2 Drangvolle Enge von Wohnen ι Arbeiten: arme Schuhmacherfam 1845. (rechts)

8.3 Familiäre Innerlichkeit und Bildι Familie eines Baseler Musiklehrers, 1 (rechts unten)

8.4 Offenes Herdfeuer und Alkoven: Osterfelder Bauerndiele, 1864.

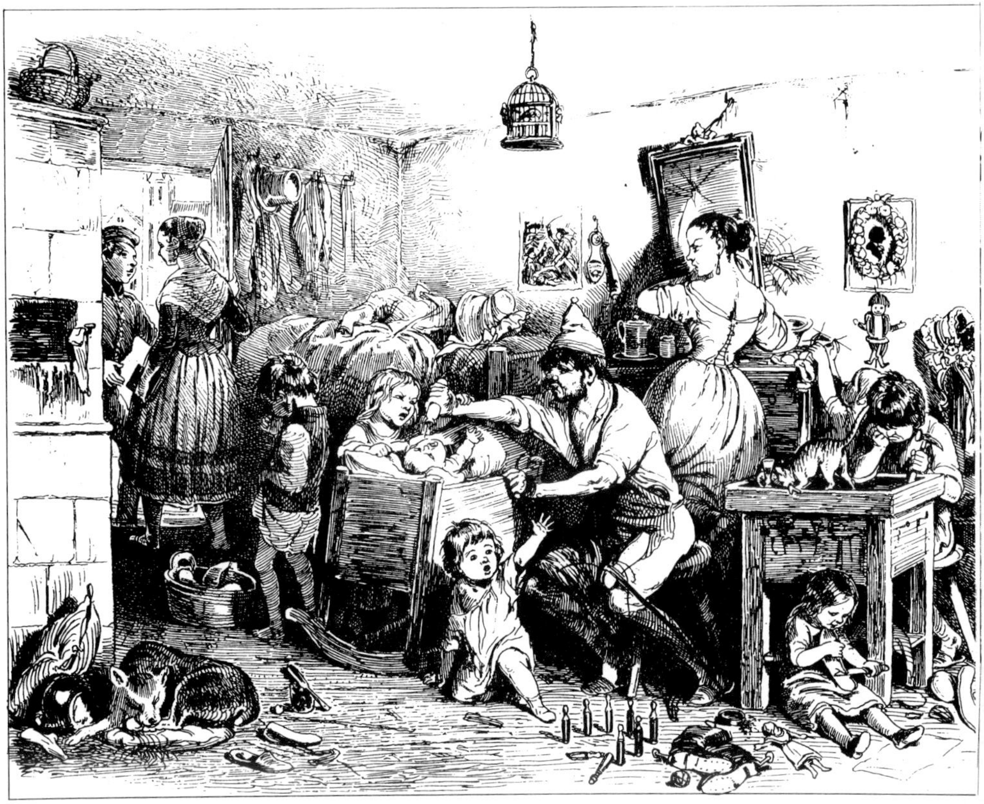

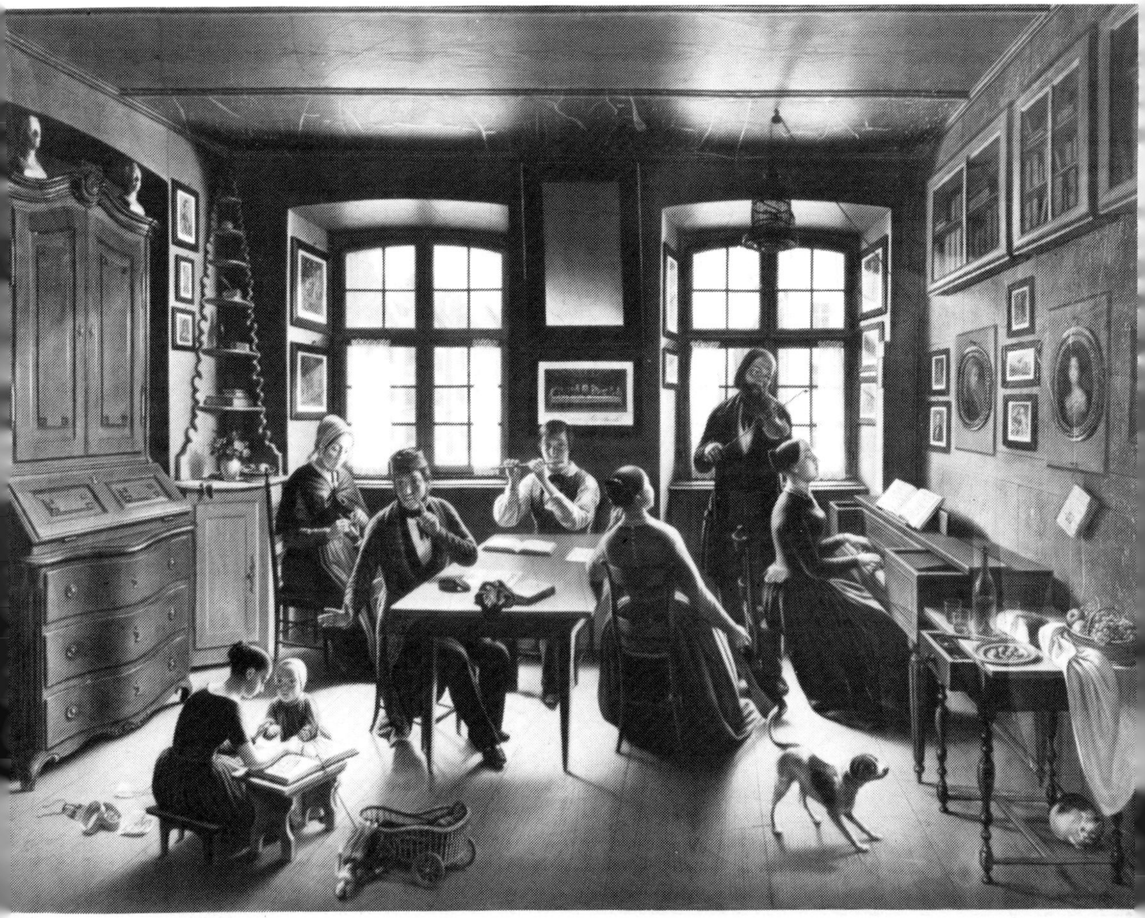

Standesgemäßes Wohnen im 18. Jahrhundert

9.1 Herrenhaus des niederen Adels (Güldenstein, Holstein).

9.2 Patrizierhaus (Goethes Elternhaus, Frankfurt a.M.). (links)

9.3 Handwerkerhäuser (Hildesheim). (rechts)

9.4 Bauernhaus (Hanslerhof, Alpbach in Tirol).

mächtig gewesen. Mit dem Druck militärischer Stärke im Hintergrund versuchte Karl auf dem „geharnischten" Reichstag in Augsburg 1547/48 seinen Sieg in dauerhafte Lösungen umzumünzen. Er plante, einen vom Kaiser geführten Bund der Reichsstände mit einem stehenden Reichsheer einzurichten. Zur vorläufigen Einheit in der Religionsfrage zwang er den Ständen das „Augsburger Interim" auf. Doch Karls Triumph blieb Episode. Sein Reichsreformplan scheiterte am Widerstand der Fürsten, besonders des Herzogs von Bayern. Das Augsburger Interim wurde von Protestanten wie Katholiken abgelehnt und war auch mit Gewalt nicht durchzusetzen. Gegen das Interim und gegen die kaiserlichen Erbfolgepläne machte die reichsständische Opposition unter Führung von Kursachsen mobil. Die aufständischen Fürsten wurden vom französischen König mit Subsidien (Geldzahlungen) unterstützt, wofür sie ihm die Reichsstädte Metz, Toul und Verdun sowie Cambrai auslieferten. Als sie mit ihren Truppen 1552 nach Tirol vorstießen, sah der überraschte Kaiser sich von den übrigen Reichsständen alleingelassen und flüchtete.

Mit dem Augsburger Religionsfrieden 1555 wurde dann die konfessionelle Spaltung stabilisiert. Die Zentralgewalt war nicht in der Lage, eine Konfession verbindlich durchzusetzen und die Minoritäten zu unterdrücken, sondern da das Reich territorial zerteilt war, wurde es auch konfessionell zerteilt, und die konfessionellen Unterschiede verstärkten dann wiederum die politischen Gegensätze. Das Ziel, eine feste Zentralgewalt zu schaffen, war hinfällig geworden: die Friedenswahrung innerhalb des Reiches wurde endgültig in die Hand der Reichskreise gelegt, also in die von Organen ständischer Selbsthilfe, nicht solchen der Zentralgewalt. Besonders die großen norddeutschen Territorien waren durch die Reformation in ihrem staatlichen Selbstbewußtsein erstarkt.

Unter Kaiser Ferdinand I. (1556-64) und seinem Sohn und Nachfolger Maximilian II. (1564-76) gestalteten sich die politischen Verhältnisse im Reich ruhiger. Nach den Erfahrungen der vorangegangenen turbulenten Jahrzehnte waren Fürsten und Kaiser gemeinsam bemüht, das Reich nicht zusammenbrechen zu lassen. Zwischen ihnen herrschte ein leidliches, wenn auch mühseliges Einvernehmen, immer wieder gefährdet durch Klagen und Beschwerden einzelner Territorien über die Kirchenpolitik andersgläubiger Reichsstände. In der zweiten Hälfte des 16. Jahrhunderts bewilligten und zahlten die Reichsstände auch beträchtliche Geldmatrikel für Truppen gegen die Türkengefahr. Einen Plan Maximilians II. im Jahre 1570, das durch die Reichskreise organisierte Reichskriegswesen unter einem ständigen kaiserlichen Oberbefehl zusammenzufassen, lehnte der Reichstag aus Angst um die ständischen Freiheiten jedoch ab. *Stabilisierung auf schwankendem Boden*

An der Wende zum nächsten Jahrhundert trafen dann zwei Konfliktfelder zusammen, die den Weg in die Katastrophe lenkten. Zum einen polarisierten sich katholische und protestantische Reichsstände immer mehr, zum zweiten war es der Gegensatz der Habsburger zu den überwiegend protestantischen Landständen in ihren eigenen Territorien. Letztlich war die entstehende Mehrkonfessionalität weder geistig noch politisch bewältigt und schuf in Verbindung mit der Machtkonkurrenz der Fürstentümer ein latentes Konfliktpotential. Etliche Fürsten waren nicht bereit, den Kompromiß von 1555 als Dauerlösung hinzunehmen. Unter Kaiser Rudolf II., Maximilians Sohn und Nachfolger, verfinsterten sich die Beziehungen der Reichsstände zueinander. Rekatholisierung und Calvinismus wurden zunehmend rühriger, immer mehr Reichsstände wagten, sich über die Bestimmungen des Augsburger Religionsfriedens hinwegzusetzen, und das führte zu ständigem Streit, wie dieser auszulegen sei. Örtlich be- *Der Katastrophe entgegen* grenzte militärische Konflikte häuften sich. Seit 1601 machte der Streit der Konfessionsparteien jede Rechtsprechung des Reichskammergerichts unmöglich. Auf den Reichstagen fiel es den Ständen immer schwerer, sich auf gemeinsame Beschlüsse zu einigen. Als Herzog Maximilian I. von Bayern in kaiserlichem Auftrag 1608 die protestantische Reichsstadt Donauwörth besetzte, ließen die protestantischen Reichsstände den Reichstag platzen, der damit für die nächsten fünf Jahrzehnte ebenfalls ausfiel. Nun entstanden konfessionelle Sonderbünde. Kurpfalz erreichte 1608 den politischen Zusammenschluß mehrerer protestantischer Stände in der „Union", worauf sich im folgenden Jahr mehrere katholische Reichsstände unter Führung Bayerns zur „Liga" vereinten, der außer Österreich und Salzburg fast alle größeren katholischen Stände beitraten. Beide Bünde proklamierten als ihr Ziel, ihre Konfession zu schützen und den Landfrieden zu wahren. Beide schufen sich dazu eine finanzielle und militärische Organisation.

Als sich immer deutlicher abzeichnete, daß der kinderlose Rudolf II. psychisch krank war, erhoben seine habsburgischen Brüder und Vettern 1606 in einer Verschwörung seinen Bruder Matthias zum Chef des Hauses. Matthias marschierte 1608 mit Truppen auf die kaiserliche Residenz Prag, um Rudolf zur Abdankung zu gewinnen. Rudolf trat die Herrschaft in Österreich, Ungarn und Mähren an Matthias ab, behielt jedoch Böhmen. Dafür, daß dessen Stände ihn unterstützt hatten, mußte er im folgenden Jahr in einem „Majestätsbrief" allen Untertanen in Böhmen Gewissensfreiheit einräumen. Zunehmend geistig umnachtet ging Rudolf etwas später mit militärischer Gewalt gegen die böhmischen Stände vor, worauf diese zu Matthias überliefen und Rudolf 1611 zwangen, als böhmischer König abzudanken. Wenige Monate später starb der Kaiser. Matthias trat auch im Kaisertum die Nachfolge seines älteren Bruders an. Er versuchte, den Reichstag wieder zum Leben zu erwecken, doch ohne Erfolg. Da auch Matthias kinderlos war, einigte man sich im Erzhaus, daß sein Vetter Ferdinand ihm in der Hausmacht und im Kaisertum nachfolgen sollte. Es gelang auch, Ferdinand in Böhmen und Ungarn bei den Ständen durchzusetzen und ihn nach Matthias' Tod 1619 zum römischen König wählen zu lassen.

Ferdinand II. war ein eifernder Anhänger der Rekatholisierung. Grundsätzlich vermied er jede Politik, die dem katholischen Bekenntnis hätte schaden können. In Böhmen ließ er rasch die im Majestätsbrief zugesicherten Glaubensfreiheiten verletzen. Darauf stürzten protestantische Adlige 1618 in Prag zwei der kaiserlichen Statthalter aus dem Fenster des Schlosses. Der überwiegend protestantische Adel Böhmens bildete eine Ständeregierung, erklärte Ferdinand als König von Böhmen für abgesetzt und wählte den Kurfürsten Friedrich V. von der Pfalz zum neuen König. Der ließ sich auf dieses Abenteuer ein. Was hier als Adelsrevolte in Böhmen begann, weitete sich dann Schritt für Schritt zum Kampf zwischen protestantischen und katholischen Territorien im römisch-deutschen Reich aus, zwischen Kaiser und Reichsständen, darüber hinaus durch das Eingreifen ausländischer Mächte zu einem Kampf der europäischen Mächte auf deutschem Boden, zu einem großen Krieg um die Macht in Mitteleuropa, den niemand gewollt hatte und der schließlich doch dreißig Jahre wütete.

Dreißigjähriger Krieg: kaiserliche Siege

Während Friedrich von der Union nicht unterstützt wurde, erhielt der Kaiser von Spanien und vom Papst Subsidien. Ein Heer der Liga unter dem bayerischen Feldherrn J.T. Tilly schlug 1620 die böhmischen Truppen in der Schlacht am Weißen Berg vor den Toren Prags vernichtend. Friedrich floh praktisch vom Festbankett weg überstürzt in die Niederlande, die Union löste sich auf. Die Sieger brachen brutal die

Macht der oppositionellen böhmischen Stände, und sie begannen Böhmen gewaltsam zu rekatholisieren. Spanische Truppen besetzten die Pfalz. Herzog Maximilian I. von Bayern erhielt vom Kaiser als Lohn für seine Hilfe die pfälzische Kurwürde und als Pfand für seine Kriegskosten die Oberpfalz übertragen, auf welche die bayerischen Wittelsbacher schon seit langem ein Auge geworfen hatten, der Kurfürst von Sachsen bekam als Dank für sein Stillhalten die schlesische Lausitz geschenkt. Vor allem an den bayerischen Ansprüchen scheiterten alle Friedensversuche, die 1621 von verschiedenen Seiten unternommen wurden. Tilly verfolgte die Anhänger Friedrichs nach Nordwestdeutschland. Dadurch fühlten sich nun die norddeutschen Fürsten in ihrem Besitz bedroht, hatten sie doch in den letzten Jahrzehnten alle Bistümer in Norddeutschland der katholischen Kirche entfremdet und unter den Einfluß ihrer Dynastien gebracht. Die zum Krieg entschlossenen Stände erhielten Subsidien von den protestantischen Niederlanden, deren Krieg gegen das habsburgische Spanien wieder aufgeflammt war, und von England, das seine Handelsinteressen im Nord- und Ostseeraum bedroht glaubte. Kurzum: der Konflikt innerhalb des Reiches geriet schnell in den Zusammenhang europäischer Verstrickungen. An die Spitze der norddeutschen Fürsten trat König Christian IV. von Dänemark, der als Herzog von Holstein ebenfalls Reichsfürst war. Angesichts dieser feindlichen Rüstungen ließ sich der Kaiser neben dem Heer der Liga durch den böhmischen Adligen Albrecht von Wallenstein ein eigenes Heer aufstellen. Tilly und Wallenstein drängten gemeinsam Christian nach Jütland zurück. Wallenstein unterwarf ganz Norddeutschland, ausgenommen Stralsund. Da sein Versuch, eine kaiserliche Kriegsflotte auf der Ostsee aufzustellen, scheiterte, konnte er Dänemark aber nicht vollständig besiegen. So schloß Wallenstein 1629 in Lübeck mit Christian Frieden: der Dänenkönig behielt seine Länder, mußte jedoch künftig darauf verzichten, sich irgendwie in Reichsangelegenheiten einzumischen.

Der Triumph der Waffen hatte Kaiser Ferdinands Machtstellung auf ihren Höhepunkt geführt, höher noch als jene Karls V. nach der Schlacht bei Mühlberg. Zum ersten Mal seit über 400 Jahren beherrschte ein Kaiser auch Norddeutschland. Für Ferdinand, der mit Wallensteins Armee jedermann im Reich seinen Willen aufzwingen konnte, eröffnete sich die Möglichkeit, eine starke absolutistische Zentralgewalt aufzurichten, deren Macht von der Ostsee bis zur Adria gereicht hätte. Wallenstein schwebte vor, die Reichsverfassung entsprechend umzubauen, wobei der Konfessionsstreit um der Einheit und Stärke des Reiches willen durch Toleranz beigelegt werden sollte, wie es mit den Konfessionskämpfen in Frankreich schon 1598 geschehen war. In den Augen des Kaisers genoß dagegen die Sache der Rekatholisierung höchste Priorität, ferner die Idee der Vormacht des Hauses Habsburg; politische Einheit und Stärke des Reiches waren ihm dagegen weniger wichtig. So erließ Ferdinand, der auch die Spanier in ihren Kämpfen in Italien und gegen die abgefallenen Niederlande unterstützte, 1629 das Restitutionsedikt: alle seit 1555 bzw. 1552 säkularisierten geistlichen Fürstentümer und landsässigen geistlichen Güter sollten der katholischen Kirche zurückgegeben werden. Das hätte den Vorstoß der Rekatholisierung nach Norddeutschland und für den Protestantismus einen äußerst schweren Schlag bedeutet. Gegen die auf das Heer gestützte kaiserliche Übermacht schlossen sich jetzt protestantische und katholische Fürsten zusammen, und unter Führung Maximilians von Bayern forderte der Regensburger Kurfürstentag 1630, daß der Kaiser Wallenstein absetzen und sein Heer zahlenmäßig verringern sollte. Ferdinand wich widerstandslos zurück. Damit gab der Kaiser die Grundlage seiner Machtstellung preis und verspielte töricht seinen Sieg:

*Restitutions-
edikt*

323

wenn er das Restitutionsedikt gegen den Widerstand der Protestanten durchführen wollte, hätte er seine militärische Stärke nicht schwächen dürfen, und wenn er mit den Reichsständen Frieden haben wollte, hätte er kein Restitutionsedikt erlassen dürfen.

Eingreifen des Auslands in den Dreißigjährigen Krieg

Während die katholische Restitutionspolitik begann und den deutschen Protestantismus schwer bedrängte, landete 1630 ungerufen König Gustav I. Adolf von Schweden mit einem Heer in Pommern. Propagandistisch schrieb er den Schutz der protestantischen Sache auf seine Fahnen, verfolgte aber vor allem das Ziel, die deutsche Ostseeküste dem schwedischen Länderbesitz hinzuzufügen. Frankreich, stets treibende Kraft im Kampf gegen Habsburg, unterstützte den Schwedenkönig durch Subsidien. Als Tillys Truppen das protestantische Magdeburg erstürmten, restlos zerstörten und fast alle Bürger umbrachten, trieb Tilly damit Kursachsen und Brandenburg, die sich zunächst friedenssüchtig zurückgehalten hatten, in die Arme Gustav Adolfs. Die Schweden konnten 1631 in der Schlacht bei Breitenfeld das kaiserliche Heer unter Tilly vernichtend schlagen. Sie besetzten ganz Süddeutschland, ohne auf große Widerstände zu treffen. Der Kaiser rief Wallenstein zurück und ließ ihn ein neues Heer aufstellen. 1632 kam es bei Lützen zur Schlacht; der Kampf blieb unentschieden, aber Gustav Adolf fiel. Doch die Schweden zogen sich nicht aus dem Krieg zurück. Der Kaiser wiederum hielt weiter am Restitutionsedikt fest, obwohl seine Durchsetzung unerreichbar war. Wallenstein, der im Unterschied zu seinem Herrn realistischer urteilte und frei war von konfessioneller Enge, nahm unterdessen eigenmächtig Friedensverhandlungen mit Sachsen, Schweden und auch Frankreich auf. Am Wiener Hof verdächtigte man ihn nun des Hochverrats und begann, seine militärische Macht zu fürchten, woraufhin der Kaiser Wallenstein 1634 absetzte und ermorden ließ.

Im Herbst 1634 konnte die kaiserliche Armee bei Nördlingen die Schweden und ihre Verbündeten vernichtend schlagen. Die Schweden verloren die Herrschaft über Süddeutschland. Ferdinand schloß 1635 mit Sachsen in Prag einen Frieden der Vernunft, dem sich fast alle protestantischen Reichsstände anschlossen. Der Kaiser setzte das Restitutionsedikt außer Kraft, und dafür verzichteten die Stände auf eigene Rüstungen und Bündnisse. An Militär sollte es nur noch ein stehendes Reichsheer geben, von den Steuerbeiträgen der Stände finanziert und auf den Kaiser vereidigt, und dieses sollte die Schweden aus dem Reich vertreiben. Angesichts der Bedrohung durch den äußeren Feind rückten die deutschen Reichsstände also über ihre Gegensätze hinweg zusammen, die Macht des Kaisers wurde deutlich gestärkt, und noch einmal schien sich die Begründung einer strafferen Reichseinheit abzuzeichnen. Nach dem Abfall seiner deutschen Verbündeten war jetzt auch Schweden friedensbereit. Lag der allgemeine Frieden nicht zum Greifen nahe?

Da trat Frankreich dazwischen. Eben diese sich abzeichnende deutsche Einigung und Einheit wollte Frankreich um jeden Preis verhindern, um Habsburg zu schwächen. Frankreich begann jetzt den offenen Krieg gegen den Kaiser und brachte Schweden in einem neuen Bündnisvertrag durch hohe Subsidien dazu, weiter im Krieg zu bleiben. War es bisher überwiegend ein deutscher Krieg gewesen, so weitete er sich jetzt endgültig zu einem europäischen Krieg auf deutschem Boden aus. In der folgenden zweiten Hälfte des Kriegs ging es nicht mehr um die Interessen der deutschen Reichsstände, sondern Frankreich, Schweden und das Haus Habsburg bestimmten das Geschehen. Zugleich wurde die Kriegführung brutaler, grausamer, zügelloser.

Die Zivilbevölkerung hatte in diesem Dreißigjährigen Krieg ohnehin unsagbar schwer zu leiden. Die Heere ernährten sich von dem, was sie ohne Gegenleistung der Zivilbevölkerung jener Landstriche abpreßten, die sie durchzogen und also „verheerten". Der Krieg ernährte den Krieg. Die Söldner verrohten durch den langen Krieg immer mehr und unterschieden bald kaum noch zwischen Feindesland und Freundesland. Als Soldaten starben in diesem Krieg die wenigsten Menschen; weitaus mehr Zivilisten wurden Opfer der Soldaten, und viele kamen durch Seuchen und Hunger um. Pfarrer Minck in Groß-Bieberau (Hessen) notierte: „Bald fielen die Schweden über Rhein herüber und jagten die Keiserischen aus ihrem Quartier, bald jagten diese hinwieder jene hinaus. Dadurch dan das ganze Land zwischen Meyn und Rhein gar erschöpfet wurde, und dorfte sich kein Mensch ufm Land blicken lassen, ihm wurde nachgejagt wie einem Wild, da er ergriffen, onbarmherzig zerschlagen und umb Verrahtung Geld oder Viehe oder Pferd mehr als aufgehenkt, mit Rauch gedempft, mit Wasser und Pfuel [= Jauche], so sie den Leuten mit Zübern in Hals geschüttet und mit Füssen uf die dicken Bäuche gesprungen, getränket, welche barbarische Tränkung genant worden 'der schwedische Trunk': nicht daß ihn aber die Schwedischen allein gebraucht, sondern viel mehr weil die Keyserische den Gefangenen oder sonst den Schwedischen Zugetanen also einzuschenken pflegten ... Nach deme nun, wie droben berichtet, das ganze Land ausgeplündert, und kein Vieh noch Pferd mehr vorhanden, wurde auch kein Sommerfrucht ausgestellt ... Uf solche Teuerung folgete auch groß Hungersnot ... Es trieb der Hunger die Leute so hart, daß sie die Schindaas wegfrassen, wo sie dieselben auch antreffen konten ... Auch erkaltete zwischen den Ehe- und anderen Leuten die Liebe, dass keines dem andern dienete, ein Ehegatt zog von dem anderen in ein ander Land, Brod zu suchen, Kinder liefen von den Eltern, und deren sahen ein Teil einand nimmermehr wieder."[18] Selbst Fälle von Kannibalismus in höchster Not sind überliefert.

Wenn sie konnten, zahlten die verzweifelten Bauern es den drangsalierenden Soldaten mit gleicher Münze heim. So unerträglich waren die Verhältnisse, daß es im Dreißigjährigen Krieg zu einer Welle größerer Bauernaufstände gegen Besatzungstruppen, ja auch die Obrigkeit überhaupt kam; so 1626 und 1631 im Harz, 1632-34 in Oberbayern, 1633 im Elsaß, um nur wenige zu nennen.

Der Krieg war allen Fürstenhöfen völlig außer Kontrolle geraten, und es fehlte auch an greifbaren Streitobjekten und klaren Kriegszielen. Seit dem Prager Frieden zog sich der Krieg noch lange in wechselvollen Feldzügen durch Deutschland hin und her, ohne daß eine Seite stark genug war, eine Entscheidung zu erzwingen. Dabei begleiteten ständig schleppende Verhandlungen der Höfe das Kampfgeschehen. Bis 1640 war die habsburgische Partei überlegen, danach gewannen die Franzosen und Schweden nach und nach das Übergewicht auf den deutschen Kriegsschauplätzen. Nachdem auf einem Mammutkongreß in Münster und Osnabrück 148 Gesandte vier Jahre lang ständig getagt und mühselig verhandelt hatten, konnte 1648 endlich der langersehnte „Westfälische" Frieden unterzeichnet werden. Der territoriale Besitzstand wurde nach dem Stand von 1618 wiederhergestellt, mit einigen Ausnahmen: Schweden gewann die Stifte Bremen und Verden sowie Pommern westlich der Oder (Vorpommern) und damit die Kontrolle über die Mündungen von Weser, Elbe und Oder. Frankreich erhielt die 1552 besetzten Reichsstädte, die Bistümer Metz, Toul und Verdun und die habsburgischen Besitzrechte im Elsaß. Während Schweden für seine neuen Gebiete Reichsstand wurde, schieden die französisch gewordenen aus dem Reich aus. Sachsen

durfte die Lausitz und Bayern die Oberpfalz und die Kurwürde behalten. Die Rheinpfalz bekam ersatzweise eine neugeschaffene achte Kurwürde. Dem Kurfürsten von
Brandenburg, der 1637 Pommern geerbt hatte, sprach man als Entschädigung für den
Verlust an Schweden die Bistümer Minden, Kammin und Halberstadt und die Anwartschaft auf das Erzbistum Magdeburg zu. Die konfessionelle Spaltung übertrugen die
Stände auf die Reichsorgane: das Reichskammergericht wurde wiederhergestellt und
konfessionell paritätisch besetzt, und im Reichstag sollten die Stände bei der Behandlung von Religionssachen in ein Corpus Evangelicorum und ein Corpus Catholicorum
auseinandertreten, die getrennt berieten und beide zustimmen mußten. Vor allem
wurde die Gewalt des Kaisers zugunsten der Fürsten auf ein Minimum beschränkt, besonders auf das Betreiben Frankreichs, das die „Libertät" der deutschen Reichsstände
als Garantie für seine eigene Sicherheit und seinen Einfluß ansah. Der Kaiser war seitdem in allen Reichsangelegenheiten daran gebunden, daß der Reichstag zustimmte,
auch in Außenpolitik und Heerwesen. Die Reichsstände erhielten die volle Landeshoheit für ihre Territorien einschließlich des Rechts, Gesetze zu erlassen und Truppen zu
unterhalten. Sie bekamen darüber hinaus das Recht, auch mit ausländischen Mächten
Bündnisse zu schließen, sofern diese sich nicht gegen Kaiser und Reich richteten. Damit waren die großen Territorien endgültig zu Staaten geworden, über die das Reich
nur eine lockere lehensrechtliche Oberhoheit besaß. Das Reich hatte sich zu einer Art
Staatenbund verdünnt, wobei es bis zu seiner Auflösung 1806 bleiben sollte.

Ausscheiden   Im Westfälischen Frieden wurde ferner festgestellt, daß die Eidgenossenschaft und
der Eid-   die (nördlichen) Niederlande nicht mehr zum römisch-deutschen Reich gehörten.
genossen-   In der Eidgenossenschaft hatte sich seit Ende des 15. Jahrhunderts ein immer stär
schaft aus   keres Gemeinschaftsbewußtsein geregt, das sich auch im Entstehen der Tellsage
dem Reich   äußerte. Die Stadtkantone hielten aber bis 1648 weiter offiziell an ihrer Stellung als
Reichsstädte und damit als Glieder des Reiches fest. Die Glaubensspaltung schwächte
den Zusammenhalt der Eidgenossenschaft dann bald wieder, und sie zerfiel schnell in
altgläubige und in protestantische Orte. Beide Seiten versuchten, außerhalb des Bundes unter den Reichsständen Verbündete zu finden. Als die katholischen Orte 1529 ein
Bündnis mit König Ferdinand eingingen, kam es zwischen den beiden eidgenössischen
Parteien zum offenen Krieg (Erster Kappeler Krieg). An den Konfessionsverhältnissen in der Eidgenossenschaft änderte dieser jedoch genauso wenig wie der Zweite
Kappeler Krieg 1531. Man mußte sich darauf einigen, jedem Kanton die Regelung der
Konfessionsfrage selbst zu überlassen. Die konfessionelle Spaltung der Eidgenossenschaft ist damit verewigt worden. Immer tiefer tat sich im Laufe des 16. Jahrhunderts
der Graben zwischen den katholischen und den reformierten Orten auf. Häufiger als
Tagsatzungen wurden Sonderbundstage der jeweiligen Konfessionsgruppen abgehalten. Um zu verhindern, daß durch die Verbindung mit auswärtigen Glaubensgenossen
neue innere Konflikte ausgelöst wurden und die stark gelockerte Eidgenossenschaft
darüber ganz auseinanderbrach, zogen die Schweizer sich nach 1531 auf sich selbst zurück und hielten sich seitdem aus den deutschen und europäischen Angelegenheiten
heraus. Auf diese Weise schliefen auch die letzten Bindungen der Eidgenossenschaft
an das römisch-deutsche Reich ein. Zugleich wurde damit der Weg in die bis heute andauernde Neutralitätspolitik beschritten. Während des Dreißigjährigen Kriegs verfolgten die Schweizer die Vorgänge im Reich aufmerksam. Es blieb jedoch beim Abwarten. Ein Bündnisangebot der Schweden lehnten die Eidgenossen nach sehr langem Zögern ab. Im Westfälischen Frieden wurde dann auch völkerrechtlich festgestellt, daß

die Eidgenossenschaft sich zu einem vom römisch-deutschen Reich unabhängigen Staat entwickelt hatte. Damit gab es seitdem zwei souveräne deutsche Staaten, von denen das Reich der weitaus größere, der Hauptstaat, war.

In den Niederlanden beschnitt König Philipp II. von Spanien, Karls V. Sohn und Nachfolger als Herrscher in den Niederlanden, die Rechte der Stände in den einzelnen Provinzen. Das rief eine heftige Opposition hervor, die noch verstärkt wurde durch den konfessionellen Gegensatz zwischen niederländischem Calvinismus und der intoleranten katholischen Politik Philipps. 1567 brach der offene Aufstand aus, an dessen Spitze sich Prinz Wilhelm von Oranien stellte. Aus Solidarität mit dem spanischen Familienzweig unternahm Kaiser Maximilian II. nichts Entscheidendes gegen die brutale Unterdrückungspolitik der Spanier, sondern beschränkte sich auf erfolglose Vermittlungsversuche. *Ausscheiden der Niederlande aus dem Reich*

Nachdem die Habsburger die Verbindungen der Niederlande zum Reich gelockert hatten, betonten die Aufständischen jetzt noch einmal nachdrücklich ihre Reichszugehörigkeit, in der Hoffnung, dort Unterstützung gegen die spanische Herrschaft zu finden. 1578 versuchte Wilhelm von Oranien auf dem Reichstag von Worms die deutschen Fürsten für seine Sache zu gewinnen, aber obwohl es unter ihnen viel Sympathie für den Kampf der Niederländer gab, schlugen Wilhelms Bemühungen fehl. Auch der schwankende Kaiser Rudolf II. konnte sich aus dynastischer Solidarität mit der spanischen Linie seines Hauses letztlich zu keinem Entschluß durchringen.

1579 brachen die Niederlande auseinander: die im Norden liegenden Provinzen Holland, Seeland, Utrecht, Geldern, Groningen, Overijssel und Drenthe schlossen sich unter Führung Wilhelms von Oranien zur Union von Utrecht zusammen, der katholische Süden blieb unter spanischer Kontrolle. Nachdem sie trotz ihrer Hilfeersuchen von den übrigen Deutschen, Ständen wie Kaiser, im Stich gelassen worden waren, sagten die abgefallenen Generalstaaten sich 1581 von Philipp los und wandten sich immer stärker England und Frankreich zu. Während des Kampfes gegen die spanische Herrschaft wuchs in ihnen dann der Wille heran, eine eigene Staatsnation zu sein. 1590 erklärten die Generalstaaten sich für souverän und vom Reich unabhängig, 1596 wurden sie von England und Frankreich als unabhängiger Staat anerkannt. Der Westfälische Frieden bestätigte 1648 die Loslösung der Nordprovinzen, während die südlichen Provinzen unter spanischer Herrschaft formal reichszugehörig blieben. Die Grenze zwischen beiden war in langjährigen Kämpfen als Ergebnis militärischer Kräfteverhältnisse und Zufälle entstanden.

Nachdem so die Eidgenossenschaft und die Niederlande aus dem römisch-deutschen Reich ausgeschieden waren, begann sich im Dreißigjährigen Krieg auch schon ansatzweise die Tendenz abzuzeichnen, die kaiserlich-habsburgischen Lande vom übrigen Reich abzutrennen. 1620 richtete Kaiser Ferdinand II. eine gesonderte österreichische Hofkanzlei ein und beschränkte die Zuständigkeit der Reichskanzlei, zu der das Amt des Kanzlers sich seit dem hohen Mittelalter ausgeweitet hatte, auf das übrige Reich, so daß sie seitdem verkümmerte. Ab 1624 wurde eine gesonderte Post für die österreichischen Erblande aufgebaut und die Reichspost der Thurn und Taxis auf das übrige Reichsgebiet beschränkt. Außerdem mußte 1637 der Reichshofrat, der von Ferdinand I. als oberste kaiserliche Regierungs-, Verwaltungs- und Justizbehörde geschaffen worden war und sich zur kaiserlichen Konkurrenz zum Reichskammergericht entwickelt hatte, die Zuständigkeit für erbländische Angelegenheiten an die österreichische Hofkanzlei abgeben. Es zeigte sich, daß angesichts der Aushöhlung des Reiches *Österreichs beginnende Eigenstaatlichkeit* der Kaiser anfing, den österreichischen Staatsgedanken höher zu stellen als die Reichsidee.

Rückblick Nachdem mit der Wende vom 15. zum 16. Jahrhundert der Zusammenhalt der Reichsteile wieder fester geworden war, endete die Epoche damit, daß der Partikularismus vollständig über die Reichseinheit gesiegt hatte und die Eidgenossenschaft und die nördlichen Niederlande sich vom Reich gelöst hatten, von Reichsitalien gar nicht mehr zu reden. Es war nicht geglückt, das Lehensgefüge des mittelalterlichen Reiches in einen Staat umzuwandeln. Zwar besaß das Reich als Ergebnis der Reichsreformbewegung auch weiterhin gewisse Institutionen, die es im Mittelalter nicht gekannt hatte, doch angesichts der fortschreitenden Staatswerdung der (größeren) Einzelterritorien bedeutete das nicht allzu viel. Das am Anfang des 16. Jahrhunderts aufgeblühte Bewußtsein einer deutschen Staatsnation war in den konfessionellen Kämpfen weitgehend wieder zerrieben worden.

Das 16. und 17. Jahrhundert erlebte in fast allen Staaten Europas die Auseinandersetzung zwischen der ständischen Vertretung und dem nach absoluter Macht strebenden Monarchen. Ob dabei das Königtum siegte wie in Frankreich und Spanien oder ob Krone und Parlament zu einem Kompromiß zusammenfanden wie in England – in jedem Fall blieb die Einheit des Landes gewahrt. Nur im römisch-deutschen Reich siegten die Stände nicht als Ganzheit, sondern in ihrer Zersplitterung als einzelne Fürsten. Die Reichsstände hatten nicht zusammengefunden, um gemeinsam eine genossenschaftliche Reichsspitze, eine parlamentarische Kontrolle einer Reichsregierung zu begründen. Die Inhaber der kaiserlichen Zentralgewalt ihrerseits hatten ihre Position nie soweit stärken können, daß sie sich vollends gegen die Stände hätten durchsetzen können; 1630 hatten sie ihre letzte Chance verspielt.

Gründe für diese Entwicklung gab es mehrere. Erstens war schon im späten Mittelalter das Reich hinsichtlich seines inneren Zusammenhalts gegenüber den beiden westlichen Nachbarstaaten zurückgefallen, und die Reichsstände hatten sich so sehr an ihre „Freiheiten" gewöhnt, daß sie sich kaum mehr einer straffen Zentralgewalt unterordnen mochten. Zweitens verführten die außerdeutschen Erbschaften die habsburgischen Kaiser dazu, die Interessen des Reiches zu vernachlässigen. Drittens wirkten die Kämpfe um die Reformation, die konfessionelle Spaltung und schließlich ihre territoriale Verfestigung ebenfalls der politischen Einheit entgegen. Letztlich verhinderten die Eingriffe äußerer Mächte, besonders des bereits innerlich gefestigten Frankreich, in den inneren Streit der Deutschen deren Einheit vollends.

Dabei wäre es nun völlig falsch, die französische Entwicklung zur staatlichen Einheit als Normalfall und die deutsche als Abweichung anzusehen, die besser dem französischen Beispiel hätte folgen sollen. Vielmehr waren Einheit und Gespaltenheit Deutschlands und Frankreichs in ihrer Entstehung dialektisch miteinander verbunden. Frankreich trug zur Gespaltenheit Deutschlands bei – aber war nicht Deutschlands Gespaltenheit und Schwäche ihrerseits die Voraussetzung für Frankreichs Einheit? Als 1525 der französische König nach einer vernichtenden Niederlage Gefangener Karls V. wurde, drängte der Großkanzler den Kaiser, die Möglichkeiten der Stunde zu nutzen und in Südfrankreich einen selbständigen Satellitenstaat zu errichten und dadurch Frankreich zu zerschlagen. Mit dem Connétable von Bourbon stand für diesen auch ein Führer bereit. Aber Karl lehnte aus monarchischer Solidarität ab. Wenn das römisch-deutsche Reich in der ersten Hälfte des 16. Jahrhunderts zu einer starken politischen Einheit geworden wäre, hätte es vielleicht auch in die französischen

Bürgerkriege in der zweiten Hälfte des 16. Jahrhunderts eingegriffen, genauso wie Frankreich später in die deutschen. Mit einiger Wahrscheinlichkeit hätten solche Eingriffe im Ergebnis eine Aufspaltung Frankreichs herbeigeführt in einen katholischen, mehr germanisch-rechtlichen Nordstaat und einen calvinistischen, römisch-rechtlichen Südstaat, dessen Mundart, die Langue d'Oc, dann vielleicht sogar ein eigenständiges Sprachvolk hätten entstehen lassen, anstatt vom Französischen aufgesogen zu werden.

4.6 Anspruch auf Mitbestimmung und Anfänge des Staatsapparats

Grund-
tendenzen

Zwei große, langfristige Bewegungen bestimmten die Herrschaftsverhältnisse dieser Epoche, die beide im späten Mittelalter wurzelten und mit der Zersetzung des Lehenssystems einhergingen, dessen Zeit als Herrschaftsordnung ablief. Zum einen kam vom späten Mittelalter her ein breiter werdender Strom von Bestrebungen, die darauf abzielten, sich selbst zu verwalten, politisch mitzuwirken und den Staat genossenschaftlich von unten her aufzubauen. Zum zweiten hatten schon im Laufe des späten Mittelalters Fürsten Herrschafts- und Besitzrechte verschiedenster Art zusammengesammelt und in ihrem Hausbesitz vereint, und mit Anbruch des 16. Jahrhunderts begann eine Entwicklung, in der die Fürsten darauf abzielten, weitere Herrschaftsrechte in den Bereich ihres Hauswesens hineinzuziehen, also Macht in ihrer Hand zu konzentrieren und zugleich die Herrschaftsausübung nach unten zu intensivieren. Beide Strömungen überlagerten einander in der ersten Hälfte des 16. Jahrhunderts. In ihrem Spannungsfeld entlud sich die gescheiterte Bauernrevolution von 1525, die größte Massenerhebung der deutschen Geschichte.

„Moderner
Staat"

Die von den Fürsten ausgehende Entwicklung, die aufs Ganze gesehen dominierend wurde und die politische Ordnung immer stärker prägte, ließ in einer vom 16. bis zum frühen 19. Jahrhundert dauernden Phase in den größeren und mittleren Territorien im Endergebnis das entstehen, was man mit einem recht vagen Begriff als „modernen Staat" bezeichnet. Die Landesherren strebten danach, die Anwendung legitimer physischer Gewalt in ihrer Hand zu monopolisieren und keine rechtliche Selbsthilfe und Fehde mehr zu dulden. Sie nutzten Geldwirtschaft und Aktenwesen und verwendeten besoldete Fürstendiener für die Verwaltung sowie Söldner für die Kriegführung, und auf dieser Basis bauten sie nach und nach Institutionen auf, die anders als das auf dem Personenverband beruhende Herrschaftssystem von der gesellschaftlichen Sphäre getrennt und unabhängig waren und dadurch ein verfügbares Instrument in der Hand des Landesherrn darstellten. Außerdem beschränkten die Fürsten sich nicht länger auf Rechts- und Friedenswahrung, sondern versuchten seit der zweiten Hälfte des 16. Jahrhunderts, die Gesellschaft durch allgemeine Gesetze zu steuern. Die verstärkte Aktivität der Landesherren ging einmal darauf zurück, daß mit der zunehmenden wirtschaftlichen Verflechtung auch der Regelungsbedarf in der Gesellschaft wuchs, aber ebenso auf Impulse, die durch die Reformation ausgelöst wurden. Mit bezahlten Amtsträgern und umfassender Verordnungstätigkeit unternahmen die Fürsten in größerem Rahmen, wofür die spätmittelalterlichen Städte bereits Vorbilder geliefert hatten. Unmittelbar herrschte der Fürst nur über jene Bauern und Städte, für die er selbst Grund- bzw. Stadtherr war, über die Personen seines Hofstaats und die Menschen auf den Landstraßen, während zwischen ihm und den übrigen Einwohnern seines Territoriums die grundherrlichen Gewalten von landsässigen Adligen, Klöstern, Stiften und Städten lagen. Aber die Fürsten tendierten dazu, deren autonome Herrschaft einzuschränken und zu durchdringen.

Der Prozeß der Konzentration politischer Macht hin zur Staatlichkeit vollzog sich im 16. Jahrhundert auf zwei Ebenen, jener des Reiches und jener der Territorien. Da er auf der Reichsebene letztlich steckenblieb, waren es die Territorien, die sich zu Staaten entwickelten, sofern sie dafür groß genug waren. In der zweiten Hälfte des 15. Jahrhunderts gewannen die Territorien deutlich an innerer Festigkeit. Die Phase ihrer Entstehung ging zu Ende. Das Kaufen und Verkaufen einzelner Herrschaftsrechte verebbte. Wo sich bisher oft verschiedene Herrschaftsrechte überschnitten hatten, bildete sich eine eindeutige Grenze eines Territoriums nach außen. *Festigung der Territorien*

Die Konsolidierung der Territorien wurde wesentlich dadurch gefördert, daß in diesen Jahrzehnten die Stände eines Territoriums als gemeinsam tagender Landtag fest institutionalisiert wurden. Man grenzte den Kreis der Teilnahmeberechtigten klar ab und führte geregelte Geschäftsordnungsverfahren ein. Meist setzte sich der Landtag aus drei Kurien zusammen, nämlich dem landsässigen Adel als wichtigster Gruppe, der höheren Geistlichkeit, also landsässigen Bischöfen, Äbten und Stiftspröpsten, und den landesherrlichen Städten. In Sachsen z.B. bestanden die Landstände aus 530 Adligen, 77 Städten und 51 Prälaten. Es gab aber auch Territorien, in denen die unmittelbar zum Landesherrn stehenden Bauerngemeinden ebenfalls die Landstandschaft erringen konnten (z.B. Tirol, Erzstift Salzburg [vorübergehend], Ostfriesland, Baden, Vorarlberg, Basel), und solche, in denen der Adel fehlte (z.B. Württemberg, Baden, Vorarlberg). In protestantisch werdenden Territorien wurde der Landstand der Geistlichen meist aufgehoben und teilweise durch Vertreter der Universität ersetzt. In einigen Kleinstterritorien mit rein bäuerlichem Charakter entstand ein nur von Bauern beschickter Landtag (so u.a. im Stift Kempten, Ochsenhausen, Berchtesgaden, Schussenried, Tettnang, Rötteln-Sausenberg, Toggenburg). Während die Landstandschaft der adligen und geistlichen Grundherren eine persönliche war und diese dementsprechend auf den Landtagen im allgemeinen selbst erschienen, kam sie den Städten, Klöstern, Bauerngemeinden bzw. -ämtern und Universitäten als Korporation zu, weshalb diese weisungsgebundene Vertreter schickten, die meist gewählt wurden. Die einzelnen Kurien eines Landtags berieten ebenso wie auf dem Reichstag getrennt und stimmten in sich nach Mehrheitsprinzip ab, ohne daß es ein geregeltes Verfahren gab, die Voten der Einzelkurien zusammenzufassen.

Während im späten Mittelalter ein Fürst die erworbenen Herrschaftsgebiete meist ohne weiteres miteinander verschmelzen konnte, so war dies ab etwa 1500 nicht mehr möglich, da die einmal konstituierten Landstände fast nie bereit waren, sich mit denen eines anderen Territoriums zu vereinen. So existierten die Einzelterritorien seitdem als eigene Länder weiter, auch wenn sie einen gemeinsamen Herrscher bekamen. Dadurch haben sich die ehemaligen Territorien mit ihren Grenzen bis heute unverändert in den österreichischen Bundesländern und den niederländischen Provinzen und weitgehend auch in den eidgenössischen Kantonen erhalten. Festigkeit gewannen die Territorien auch in umgekehrter Hinsicht: waren bislang Erbteilungen verbreitete Sitte gewesen, so setzte sich im Laufe des 16. Jahrhunderts allmählich der Grundsatz durch, oft gegen zähe Widerstände der übrigen Mitglieder der Dynastie, daß nur der älteste Sohn erben und der Landbesitz damit ungeteilt bleiben sollte. Endgültig festgelegt wurde diese Primogeniturerbfolge und Unteilbarkeit in Bayern 1578, Brandenburg 1598, Österreich 1621, im albertinischen Sachsen 1652 und für Hannover sogar erst 1682. Auch weiterhin herrschte bei den Fürsten indessen die patrimoniale Staatsauffassung vor, die Herrschaft als Besitz der Fürsten ansah. Zwar schob sich dann die Idee der Dynastie als Ganzheit vor die Interessen ihrer einzelnen Mitglieder, aber das änderte nichts daran, daß die Herrschaftsrechte weiter als Hausbesitz galten.

Heerwesen   Bevor wir darauf eingehen, wie sich in den so konsolidierten Territorien die Herrschaftsverhältnisse im Wechselspiel von genossenschaftlichen und herrschaftlichen Kräften entwickelten, müssen wir noch den Blick auf jene Folgen richten, die für die politische Ordnung von den Neuerungen im Militärwesen und von der Reformation ausgingen.

Taktik, Technik und Geldwesen wandelten das Heerwesen grundlegend um. Anfang des 15. Jahrhunderts erfanden die Schweizer die Kampfweise des geschlossenen Gevierthaufens von mit Langspießen ausgerüsteten Fußsoldaten, der sich mit seiner geballten Macht den Ritterheeren als überlegen erwies. Analog dazu entstand im Laufe des 16. und 17. Jahrhunderts auch die Kavallerie als Reitertruppe, die im geschlossenen Verband kämpfte. Vorbei war die Zeit der lockeren Ritterhaufen, die ein Gefecht als eine Summe von Zweikämpfen zu schlagen gewohnt waren, in denen es auf die Tapferkeit und Geschicklichkeit des adligen Einzelkämpfers ankam. Ab etwa 1500 gab es brauchbare Handfeuerwafffen, deren Treffgenauigkeit und Zuverlässigkeit sich rasch weiterentwickelten. Diese lösten dann im Laufe des 16. Jahrhunderts bei der Mehrzahl der Fußsoldaten die Langspieße und auch die Armbrust ab, und damit erwies sich gleichzeitig die schwere Panzerung der Reiter als unnütz und verschwand. Seit etwa 1500 existierten auch feldtaugliche Geschütze auf fahrbarer Lafette und gegossene Eisenkugeln als Geschützmunition, womit die Artillerie einen großen Aufschwung nahm. Mit Infanterie, Kavallerie und Artillerie waren jene drei Waffengattungen entstanden, aus denen sich dann die Heere zusammensetzten, bis im 19. Jahrhundert mit der Industrialisierung die Technischen Truppen hinzukamen. Die Artillerie machte im Laufe des 16. Jahrhunderts Stadtmauern und Burgen militärisch wertlos. Gegen sie schützten allein umfangreiche Bastionen aus Erdwällen, die selbst Geschütze und ein Glacis als freies Schußfeld vor den Festungsgräben besaßen. Diese neuen Befestigungen waren aber wesentlich teurer. Von den Tausenden von ummauerten Städten und Burgen erhielten nur wenige Prozent seit dem späten 16. Jahrhundert solche Anlagen, im allgemeinen landesherrliche Residenzen, wenige ausgewählte strategisch wichtige Orte eines Territoriums und große Reichsstädte. Die alten Stadtmauern wurden teilweise schon im 18. Jahrhundert, allgemein im 19. Jahrhundert geschleift, von wenigen Ausnahmen abgesehen.

Lehensaufgebote kamen zwar vereinzelt noch bis in den Dreißigjährigen Krieg hinein vor, aber die Ritter entzogen sich immer mehr ihren Lehenspflichten, so daß sich im Laufe des 16. Jahrhunderts das Söldnertum durchsetzte. Die Söldner wurden wahllos aus allen sozialen Schichten, aus dem In- wie Ausland angeworben, wenn Bedarf bestand, und nach Kriegsende entließ man sie einfach wieder. Die Fürsten schlossen Verträge mit Obersten, die dann selbständig Regimenter anwarben, diese meist selbst mit Waffen ausrüsteten und die Offiziere ernannten und die überhaupt das Regiment wie ein privates Geschäftsunternehmen betrieben. Die Söldner waren nur durch Soldzahlung und Gehorsam und auch nur an den Regimentsinhaber gebunden. Sie kannten keinerlei Treueverpflichtung gegenüber Fürst, Land und Sache, und dementsprechend machte es ihnen wenig aus, rasch zur „Konkurrenz" zu wechseln, besonders wenn der Sold ausblieb. Der in Brandenburg geborene Oberst Hans Georg von Arnim diente im Dreißigjährigen Krieg nacheinander dem König von Schweden, dem König von Polen, dem Grafen Mansfeld, erneut dem König von Schweden, dem Kaiser, dem Kurfürsten von Sachsen, wieder dem Kaiser, und eine Ausnahme war er damit nicht. Mit den Söldnerheeren wuchsen auch die Heeresstärken. Hatte es im ganzen Mittelalter praktisch kein deutsches Heer mit mehr als 10.000 Kämpfern gegeben, so begegnen uns im 16. und 17. Jahrhundert öfters Heere von einigen zigtausend Soldaten, während des Dreißigjährigen Kriegs zeitweise sogar von über 100.000 Mann. Ferner entstanden im Laufe des 16. Jahrhunderts auch militärische Führungsstellungen und Ansätze zu einer militärischen Hierarchie. Dem Lehenswesen war derartiges unbekannt gewesen.

Seit Ende des 15. und bis ins 17. Jahrhundert hinein experimentierten die Fürsten in einigen Territorien damit, das allgemeine Landesaufgebot neu zu beleben und mit diesem neben den Söldnertruppen eine Miliz zu schaffen, die ausschließlich zur Verteidigung innerhalb der Landesgrenzen diente, so wie auch Reichsstädte weiter eine Bürgermiliz besaßen. Meist sollte im Wechsel von ein paar Jahren immer ein bestimmter Teil der Männer regelmäßig an Sonn- und Feiertagen militärisch geübt werden. Diese „Landesdefensionen" versagten aber gegen Söldnertruppen durchweg, da sie im allgemeinen nicht genug trainiert, schlecht ausgerüstet und auch wenig motiviert waren. Eine Ausnahme stellte Tirol dar, wo man nicht nur bis ins 18. Jahrhundert dem Landesaufgebot konsequent große Aufmerksamkeit widmete, sondern wo die Bauern auch frei waren und sich deshalb mit ihrem Land stärker identifizierten. So bestand hier eine militärisch effektive Miliz, die sich 1703 und 1809 auch regulären Truppen gewachsen zeigte.

Die Wandlungen des Heerwesens hatten allgemeinpolitische Folgen. Da Söldner, anders als Lehensritter, die Quellen ihres Lebensunterhaltes nicht direkt besaßen, sondern ihr Herr über diese gebot und die Söldner dann aus den gesammelten Mitteln bezahlte, waren Söldner für ihn ein verfügbares Instrument. Diese beliebige Einsetzbarkeit von Söldnern und auch die waffentechnischen Entwicklungen konzentrierten die Macht in der Hand desjenigen, der die größte Truppe bezahlen konnte. Mit dieser Macht des Landesherrn vermochte bald kein landsässiger Adliger mehr zu konkurrieren, und nur noch der Landesherr konnte sich Festungen moderner Bauweise leisten, die auch künftig Schutz boten. Zugleich ließen die Söldnerheere nun den Geldbedarf der Landesherren ständig steigen, so daß er aus dem Kammergut nicht gedeckt werden konnte. Ferner geriet die Grundherrschaft des landsässigen Adels in eine latente Legitimitätskrise. Indem die Fürsten die physische Gewalt in ihrer Hand monopolisierten und der Adel seine Aufgabe als Waffenträger verlor, wurde die Rechtfertigung seiner Herrschaft durch die Gewährung von Schutz und Schirm endgültig hinfällig. Obwohl der landsässige Adel keine überzeugende Gegenleistung mehr erbrachte, hielt er weiterhin daran fest, Abgaben und Leistungen seiner grundherrlichen Bauern zu beanspruchen. Damit entfremdete er diese sozusagen zu Privateigentum. Die Steuern, welche die Landesherren jetzt forderten, um dafür Söldner als Ersatz für die hinschmelzenden Lehensaufgebote anzuwerben, wurden nicht etwa vom Adel anstelle seiner Kriegsdienstleistung gezahlt, sondern den Bauern zusätzlich aufgebürdet. In diesem Mißverhältnis von Abgaben und Gegenleistung konnte Grundherrschaft als ungerechtfertigtes Privileg, als Ausbeutung erscheinen.

Reformation und Obrigkeit

Auch von der Reformation gingen auf das Herrschaftsgefüge ebenso unbeabsichtigte wie wesentliche Impulse aus. Luther trennte in seiner Lehre scharf zwischen dem geistlichen Reich und dem weltlichen Reich. Das geistliche Reich des Glaubens sei von der unmittelbaren Beziehung jedes einzelnen Christen zu Gott bestimmt und deshalb dem Zugriff weltlicher Obrigkeiten entzogen. Das weltliche Reich der äußeren, irdischen Ordnung werde von den Obrigkeiten bestimmt, die im Auftrag Gottes zu regieren hätten. Der Landesvater sei ebenso wie der Hausvater Gott für die Wohlfahrt und das Seelenheil seiner Untertanen verantwortlich. Da die Obrigkeiten von Gott eingesetzt seien und in seinem Auftrag handelten, gebe es gegen sie kein Widerstandsrecht, sondern die Untertanen hätten selbst einer tyrannischen Obrigkeit zu gehorchen; die Kontrolle der Herrschenden sei Sache ihres Gewissens, mit dem diese sich am Jüngsten Tag vor Gott verantworten müßten. Luthers Lehre war also ambivalent. Einerseits ließ sich aus ihr die geistige Freiheit des einzelnen, der Kirchengemeinde und Kirche überhaupt gegenüber dem Staat ableiten, andererseits ebenso der Anspruch der Obrigkeiten, eine christliche Ordnung der ganzen Lebensverhältnisse durchzusetzen und die Gesellschaft nach ihrem Willen zu formieren bei unbedingtem Gehorsam der Untertanen. Beide entgegengesetzte Impulse wurden wirksam. Daß dabei seit der Mitte des 16. Jahrhunderts der obrigkeitliche den freiheitlichen fast ganz verdrängte und die religiös-patriachalische Auffassung des Fürstentums bis ins späte 17. Jahrhundert hinein stark prägend wirkte, daß die Propagierung des Untertanengehorsams auch noch darüber hinaus eine Rolle spielte, lag weniger an Luthers Lehre selbst, sondern vor allem an den Machtverhältnissen. Das wird auch daran deutlich, daß gleichzeitig im katholischen Bereich eine ähnliche Auffassung von Stellung und Aufgabe der Fürsten vertreten wurde und die katholische Kirche genauso Untertanengehorsam lehrte.

Gehäufte Aufstände

Die Jahrzehnte zwischen 1470 und 1520 sahen eine auflaufende Welle von Unruhen und Aufständen. Die Aufstände in Städten, insgesamt mehrere Dutzend und in allen Teilen des Reiches, wurden meist vom mittleren und niederen Zunftbürgertum getragen, das danach strebte, mehr Einfluß auf das Stadtregiment zu gewinnen. Sie verliefen unterschiedlich erfolgreich. Die Ursachen der Konflikte lagen vor allem darin, daß die Steuerlasten stiegen, daß die herrschenden Geschlechter dazu neigten, sich gegenüber den übrigen Stadtbewohnern als Obrigkeit abzuschließen und daß die Steuerfreiheit der Kirche vielen ungerechtfertigt erschien. Gleichzeitig kam es im Oberrheingebiet, in Oberschwaben, der Schweiz und den österreichischen Alpen – und nur dort – zu einer steigenden Zahl von Bauernrevolten, deren Motive sich nicht auf einen gemeinsamen Nenner bringen lassen. Die städtischen Aufstände wie auch fast alle Bauernunruhen blieben lokal begrenzt und ohne Zusammenhang miteinander. Einige Bewegungen gewannen aber auch regionales Ausmaß. Nachdem sich in Kärnten und der Steiermark bei mehreren Türkeneinfällen der Adel in seine festen Burgen zurückgezogen und die Bevölkerung schutzlos den plündernden Türken preisgegeben hatte, schlossen sich die Bauern und Bergknappen 1478 zu einem Bund mit gemeinsamer

Leitung zusammen, der bald ganz Kärnten ergriff. Nach dem Vorbild der Schweizer sollte eine reichsunmittelbare Bauernrepublik gegründet werden. Die alten Gewalten leisteten keinen Widerstand, aber ein neuer Türkeneinfall zerschlug den Bund. Gegen neue Forderungen der Obrigkeiten kam es 1491 in der Fürstabtei Kempten und 1513-1514 in der ganzen Nordschweiz zu Bauernaufständen, die aber rasch niedergeschlagen wurden. Als in Württemberg die Überschuldung, eine Folge der Verschwendung des Herzogs, durch eine direkte Steuer saniert werden sollte, löste das 1514 den Bauernaufstand des „Armen Konrad" aus, der das ganze Herzogtum umfaßte. Der von der bürgerlichen Oberschicht beherrschte Landtag nutzte die Situation, um sich vom Herzog im Tübinger Vertrag Zugeständnisse machen zu lassen. Die Bauernhaufen lösten sich darauf größtenteils auf, der Rest wurde unterdrückt. Wesentlich weitergehende Zielsetzungen wiesen zwei andere Bewegungen auf. 1476 predigte der Schäfer Hans Böheim, genannt der „Pfeifer von Niklashausen", im fränkischen Taubertal, alle Abgaben sollten aufgehoben und alle Pfaffen erschlagen werden. Zehntausende strömten zusammen, bis der Bischof von Würzburg den revolutionären Prediger verhaften und verbrennen ließ. Der Leibeigene Joß Fritz organisierte im Oberrheingebiet 1502, 1513 und 1517 Verschwörungen, die aber jedesmal vor dem Losschlagen verraten wurden. Ihr Ziel war, alle Abgaben aufzuheben und die Herrschaft von Fürsten, Adel und Klerus völlig zu beseitigen. Als Symbol der geplanten Aufstände diente der Bundschuh, das mit Riemen um Fuß und Wade gebundene Leder der bäuerlichen Fußbekleidung im Unterschied zum ritterlichen Stiefel.

Als im Juni 1524 im südlichen Schwarzwald die Gräfin von Lupfen ihren Bauern mitten in der Erntezeit befahl, Schneckenhäuser zu sammeln, die sie zum Garnwickeln verwenden wollte, löste das den offenen Aufruhr der Bauern aus. Im Frühjahr des folgenden Jahres erfaßte die Erhebung der Bauern bald wie ein Flächenbrand ganz Schwaben, Elsaß, Franken, Thüringen und den deutschen Alpenraum von der Schweiz bis nach Steiermark hin. Er breitete sich aber nicht über den gesamten deutschen Raum aus: die Bauern im Herzogtum Bayern, im ganzen niederdeutsch sprechenden Raum und im übrigen Ostelbien blieben ruhig. Einige kleinere, selbst halbagrarische Städte ließen sich mitreißen. Die führenden Schichten der größeren Städte und besonders die großen Handelsherren verhielten sich dagegen abwartend. Gleichzeitige Aufstände in einigen rheinisch-westfälischen Städten blieben ohne Zusammenhang zur Bewegung der Bauern. Im Aufstandsgebiet selbst arbeiteten die innerstädtische Opposition und die Bergknappen letztlich nicht mit den Bauern zusammen; die wirtschaftlichen Interessengegensätze waren dafür wohl zu groß (eine Ausnahme bildete nur das Erzstift Salzburg). Die Bewegung wurde von bäuerlichen Forderungen geprägt und vor allem von bäuerlichen Hofbesitzern getragen, die versuchten, mit Gewalt die Staatsordnung grundlegend umzuformen. Man kann also mit Fug und Recht von einer Bauernrevolution sprechen.

Zu den Ursachen dieser Revolution gehörte einmal die allgemein gedrückte Lage der Bauern. Nun war das nichts Neues und hatte schon viele lokale Auseinandersetzungen gezeitigt. Entscheidend war, daß sich in den Jahrzehnten vor Ausbruch der Revolution die Lage dadurch verschärft hatte, daß der innere Ausbau, die Intensivierung der Landesherrschaft für die Bauern Neuerungen mit sich brachte, die sie als Verschlechterungen empfanden: es kamen neue Steuerlasten, die Bauern sahen sich mit dem ihnen unverständlichen römischen Recht und mit hohen Prozeßkosten konfrontiert, und die Obrigkeiten griffen in die Autonomie der Dorfgemeinde ein und be-

*Die
gescheiterte
Bauern-
revolution
1525:
Ausbruch*

schnitten den Bauern das Nutzungsrecht an der Allmende (Wald und Weide) sowie ihre Jagd- und Fischereirechte. Hinzu trat die latente Legitimitätskrise der kleinen Herrschaften. Auch waren offenbar im Laufe der vorangegangenen Jahrzehnte die Möglichkeiten für überörtliche Kommunikation und Propaganda gestiegen, beispielsweise durch Flugblätter. Als zündender Funke erwies sich dann Luthers Auftreten. Seine Gedanken wurden nicht nur durch Flugschriften verbreitet, sondern auch anschließend mündlich weitervermittelt und erreichten damit auch den Gemeinen Mann. Die reformatorische Vorstellung, allein das Evangelium selbst sei als Autorität zu akzeptieren, bot einen festen Ausgangspunkt, von dem aus überlieferte Bräuche und Rechtsgewohnheiten sich kritisieren ließen. Während die alte Forderung, Neuerungen wieder aufzuheben, immer im örtlichen oder regionalen Bezugsrahmen des alten Herkommens und damit vereinzelt bleiben mußte, führte das Prinzip des reformatorisch verstandenen Göttlichen Rechts über die örtliche Begrenztheit einzelner Beschwerden hinaus zur großräumigen Revolution. Luthers Lehre von der „Freiheit eines Christenmenschen" in Glaubensdingen wendeten die Bauern jetzt auf die Gestaltung weltlicher Verhältnisse an. Luther selbst fühlte sich hier allerdings mißverstanden und grenzte sich am Ende der Bauernrevolution scharf von dieser ab.

Bauern-
revolution:
Ziele

Was wollten die revolutionären Bauern? Sieht man davon ab, daß ein Teil der thüringischen Bauern von dem irrlichternden Thomas Müntzer verhängnisvoll beeinflußt wurde und daß nach dem Scheitern der Revolution einige Einzelpersonen ihre Ziele radikalisierten, waren die Forderungen der Bauern durchweg pragmatisch und konkret. Wo es Leibeigenschaft gab, sollten die Bauern persönlich frei werden. Es sollte keine neuen Steuern und Abgaben geben. Adel und Geistliche sollten künftig die Steuerlasten mittragen und ihre Herrschaftsfunktion weitgehend verlieren. Deshalb sollte der Adel auch nicht mehr in Burgen wohnen. Dagegen forderten die Bauern nicht, den adligen Grundbesitz zu enteignen. Die sich selbst verwaltenden Dorfgemeinden sollten eine möglichst große Autonomie bekommen: sie sollten selbst ihre Pfarrer wählen, Recht sollte nicht von gelehrten Richtern nach römischem Recht, sondern von den Dorfrichtern nach altem Recht gesprochen werden, die Dorfgemeinde sollte das Recht zurückerhalten, die Allmende zu nutzen, zu jagen und zu fischen, und der Zehnte sollte weitgehend für Gemeindezwecke (Versorgung von Pfarrer und Armen) verwendet werden. Auf der Basis der Dorf- (und Stadt-)Gemeinde sollte der Staat von unten her neu aufgebaut werden, der Gemeine Mann sich vom Untertan zum staatstragenden Element wandeln. Die Bauern wollten die Landesherren nicht absetzen, aber kontrollieren und damit deren Macht stark beschränken. In den größeren Territorien (Tirol, Salzburg, Württemberg, Würzburg und Bamberg) spielte sich die Revolution innerhalb der Territorien ab und knüpfte an die ständischen Landtage an. Hier forderten die Bauern, daß künftig die Gemeinden den Landtag wählen und dieser dann (eventuell durch einen Ausschuß) zusammen mit dem Landesherrn regieren solle. In den Gebieten stärkerer territorialer Zersplitterung ließen sich die Probleme dagegen auf diese Weise nicht lösen, so daß die Revolution dort überterritorialen Charakter annahm. Hier lieferten der bündische Aufbau von Städtebünden und der Schweizer Eidgenossenschaft Vorbilder. In Oberschwaben, Elsaß und ähnlich auch in Franken schlossen sich die Gemeinden zu sogenannten Haufen und diese wiederum zu einem landesweiten Bund zusammen. So entstanden bündisch aufgebaute Gemeinwesen, die durch Wahlen von unten legitimiert waren und die entweder ein Gegengewicht gegen die alten Gewalten oder selbst einen reichsunmittelbaren Staat bilden sollten.

336

In Schwaben, Elsaß, Franken und Thüringen bildeten sich im Februar bis April 1525 bewaffnete Bauernhaufen, die rasch das Land weitgehend kontrollierten. Die Bauern plünderten und zerstörten Hunderte von Adelssitzen und Klöstern, begingen aber fast keine Bluttaten. Da der Kaiser in Spanien und die kaiserlichen Truppen in Italien im Einsatz waren, hielten die überraschten Fürsten die Bauern zunächst mit Versprechungen und Verhandlungen hin. Während die Bauern ehrlich versuchten, mit den Fürsten zu Verhandlungslösungen zu kommen und im Vertrauen auf deren Redlichkeit mit ihnen Verträge abschlossen, rüsteten die im Schwäbischen Bund zusammengeschlossenen südwestdeutschen Fürsten und Reichsstädte. Im April ging der Schwäbische Bund in die militärische Gegenoffensive, und bis zum Juli konnte er alle bewaffneten Bauernhaufen vernichtend schlagen. Die bewaffneten Bauern waren um ein Vielfaches zahlreicher als die Truppen des Schwäbischen Bundes, aber die verschiedenen Haufen besaßen keine gemeinsame Leitung und halfen sich auch nicht gegenseitig, so daß es den Fürsten gelang, einen nach dem anderen zu erledigen. Die Bauern blieben gedanklich zu sehr auf ihre kleinräumige Lebenswelt beschränkt. Die Bauernhaufen waren an Waffenausrüstung und militärischer Übung unterlegen, und es fehlte ihnen an militärisch befähigten und politisch entschlossenen Führungspersönlichkeiten. So gerieten die Schlachten meist zu einem massenhaften Hinmetzeln der Bauern, auch der Fliehenden.

In der Schweiz wurden die Bauernunruhen rasch durch Verhandlungen beigelegt. In Tirol und dem Erzstift Salzburg kam es im Mai 1525 zu Erhebungen. In Tirol fing der Landesherr die Bewegung ab, indem er einen Landtag berief, der über die Beschwerden der Bauern beriet und schließlich zur Verabschiedung der Tiroler Landesordnung im Frühjahr 1526 führte. Diese stellte auch nach ihrer Revision 1532 einen beträchtlichen Teil konkreter Detailbeschwerden ab, natürlich ohne den revolutionären Kern zu übernehmen. In Salzburg ergriffen die Aufständischen praktisch die Herrschaft und konnten sich auch gegen ein Heer des Schwäbischen Bundes behaupten, das im August 1525 eingriff. Darauf beschritt man zögernd den Verhandlungsweg. Im Frühjahr 1526 unternahmen Revolutionäre, die aus allen deutschen Landen nach Salzburg geflohen waren, hier noch einmal einen letzten, verzweifelten Aufstand und konnten auch zunächst die obrigkeitlichen Truppen besiegen, mußten dann im Juli 1526 aber doch aufgeben.

Damit war die deutsche Bauernrevolution endgültig gescheitert. Sie war nicht nur die an Teilnehmerzahl größte Bewegung der älteren deutschen Geschichte, sondern auch die blutigste Erhebung der deutschen Geschichte überhaupt. Nach dem Scheitern der Revolution brach die grausame Rache der Fürsten los. Hunderte wurden geköpft, geviertelt, gerädert oder anders hingerichtet, ungezählte andere verstümmelt und geblendet. Insgesamt sind während der Revolution 70.000-75.000 Revolutionäre gefallen oder hingerichtet worden. Die Masse der überlebenden Teilnehmer wurde zu Schadensersatzzahlungen verurteilt, an denen diese viele Jahre zahlten und mit denen der Adel seine Schlösser wieder aufbaute. Den aufgescheuchten Obrigkeiten wie den Unterlegenen steckte die Erinnerung an das große Ereignis noch jahrzehntelang in den Knochen. Die Stellung der größeren Landesherren war durch ihren militärischen Sieg im Großen und Ganzen gestärkt worden, gegenüber den Bauern wie auch gegenüber den grundherrlichen Zwischengewalten. In manchen Territorien, vor allem im Süden, trugen die Landesherren zugleich auch einzelnen Beschwerden der Bauern Rechnung und waren darauf bedacht, es nicht zu neuen Erhebungen kommen zu lassen.

Chancen und
Grenzen
genossen-
schaftlicher
Staats-
ordnung

Hatten die Bauern überhaupt eine Siegeschance besessen? Die europäische Geschichte kennt viele Bauernerhebungen, aber kein einziges Beispiel eines wirklich erfolgreichen größeren Aufstandes von Bauern. Wo die politische Ordnung in der europäischen Geschichte je mit Erfolg umgestürzt wurde, trugen nie die Bauern diese Bewegung fast allein, sondern stets spielten städtische Kräfte eine entscheidende Rolle. Außerdem wechselten erfolgreiche Umstürze im allgemeinen die Personen der politischen Führung vollständig aus; genau das strebten die Bauern aber gar nicht an, wenn sie eine politische Neuordnung wünschten und gleichzeitig die alten Landesherren beibehalten wollten.

Selbst wenn die deutsche Bauernrevolution von 1525 erfolgreich gewesen wäre – hätte das einen gangbaren Weg zu einer fortschrittlichen, freiheitlicheren Zukunft gewiesen? Bei der Beantwortung dieser Frage kann auch ein Blick auf die wenigen genossenschaftlichen Staatswesen, die tatsächlich bestanden, kleine Hinweise geben. Wenn es breiteren Schichten mehr als bislang möglich gewesen wäre, politisch mitzuwirken, hätte das zweifellos den Vorteil gebracht, daß die Belastungen durch öffentliche Abgaben geringer und auch gerechter verteilt gewesen wären, daß die Justiz sich weniger dem Volk entfremdet hätte, als sie es in der tatsächlichen geschichtlichen Entwicklung tun sollte, und daß die Territorien weniger dynastischen Ehrgeiz entwickelt und sich deshalb gegeneinander wohl friedlicher verhalten hätte. Doch dürfen darüber auch die schweren Probleme eines solchen politischen Systems, wie die Revolutionäre es anstrebten, nicht übersehen werden. Es ist fraglich, ob die gewünschte breitere politische Mitbestimmung auf lange Sicht Bestand gehabt hätte. Seit dem späten 15. Jahrhundert findet sich sowohl in den Bauernrepubliken (eidgenössische Länderorte, Dithmarschen) wie auch in den Stadtrepubliken (Reichsstädte, eidgenössische Stadtorte) eine deutliche Tendenz zur Oligarchisierung, bis schließlich nur noch wenige, oft miteinander verschwägerte Familien faktisch die Macht in Händen hielten und allein entschieden, auch dort, wo formal eine politische Mitbestimmung breiterer Kreise bestehen blieb. In vielen Städten ging der Rat überhaupt dazu über, sich nicht mehr von den Bürgern wählen zu lassen, sondern sich selbst zu kooptieren. In den Stadt- und Länderorten der Innerschweiz wurde Ende des 17. Jahrhunderts sogar der Kreis der Bürgerrechtinhaber geschlossen und seitdem nicht mehr durch Neuaufnahmen ergänzt. Problematisch gewesen wären für mögliche, auf gemeindlicher Grundlage aufgebaute Staaten vor allem, daß der Horizont der Bauern stark auf den lokalen Bereich begrenzt war, so daß sie die Gemeinde als Hauptebene des politischen Lebens ansahen und möglichst wenig an Regelungskompetenzen und Ressourcen nach oben an überörtliche politische Einheiten abgeben wollten, und daß als Folge der Sozialstruktur einseitig agrarische Interessen dominiert hätten. Dies stand im Gegensatz zu dem langfristigen Trend zu verstärkter wirtschaftlicher Verflechtung. Es ist fraglich, ob ein solches politisches System den Erfordernissen von raumübergreifender Handelstätigkeit, Rechtsvereinheitlichung und effektiver Sicherheitspolizei hätte gerecht werden können. Bemerkenswerterweise war die geistige Haltung der bestehenden Bauernrepubliken sehr beharrend und neuerungsfeindlich. Ganz besonders ist zu fragen, ob stark genossenschaftlich strukturierte Staaten ihre Freiheit gegen äußere Gegner hätten behaupten können. Auch bei einem Sieg der Revolution von 1525 ist es eher unwahrscheinlich, daß die nord- und ostdeutschen Länder sich angeschlossen hätten. Wie hätten sich in der Folgezeit die revolutionären und die nichtrevolutionären Regionen zueinander verhalten? Militärpolitisch neigten Bauernrepubliken dazu, ihre Verteidigung auf der Basis des Landesaufgebots zu organisieren und nicht Söldnerheere anzuwerben, obwohl letztere meist militärisch effektiver waren. Der Zug der Zeit ging jedenfalls zur Machtkonzentration und zu größeren Herrschaftsräumen und blies den kleinen genossenschaftlichen Republiken ins Gesicht. Zwar konnten Wursten und Dithmarschen um die Jahrhundertwende noch einmal ihre Freiheit gegen Eroberungsversuche behaupten, Wursten 1498 und Dithmarschen gegen ein weit überlegenes dänisch-holsteinisches Heer in der Schlacht bei Hemmingstedt im Jahr 1500, aber schließlich wurden 1524 Wursten vom Erzbistum Bremen und 1559 Dithmarschen von Holstein erobert, und beide verloren ihre überörtliche Selbstregierung. In den zweihundert Jahren nach 1525 sahen sich auch zwölf Reichsstädte von mächtigeren Nachbarn zu landsässigen Städten herabgedrückt. Wenn sich im römisch-deutschen Reich noch bis ins 18. Jahrhundert auch viele kleine Territorien trotz ihrer Schwäche behaupten konnten, so nicht aus eigener Kraft, sondern durch den Schutz des Kaisers und anderer großer Fürstentümer, zu denen sie dynastische Verbindungen besaßen, die Solidarität schufen. Die Schweiz bildete einen Sonderfall, da dort die Bauernrepubliken mit großen Stadtterritorien zusammengeschlossen waren, in denen die jeweilige Stadt wie ein Fürst herrschte, und wegen ihrer Lage an überregional bedeutenden Alpenpässen.

Die gescheiterte Revolution von 1525 war Gipfel und Scheitelpunkt der Versuche, den Staat von gemeindlicher Grundlage her aufzubauen. Anders als der Gemeine Mann konnten die Stände, und das hieß vor allem der landsässige Adel, im sich festigenden Territorialstaat ihren Einfluß zunächst wahren, ja sogar erweitern. Das lag am steigenden Finanzbedarf der Fürsten. Dieser wiederum wurde vor allem durch das Heerwesen verursacht, indem zunehmend Söldner zum Einsatz kamen, die Heeresgrößen stiegen und man sich aufwendigere Waffenausrüstung anschaffte, und ferner auch dadurch, daß die Hofhaltungen und die Zahl der Beamten wuchsen. Die Möglichkeit, Geldmittel zu mobilisieren, wurde in wachsendem Maße zu einem Kernproblem jedes Staates. Immer weniger reichten die Einnahmen der Fürsten aus ihrem Hauswesen, also ihren Domänen und Hoheitsrechten, die eigentlich die laufenden Ausgaben decken sollten. Der Fehlbedarf ließ sich nur durch Anleihen oder durch Steuern decken. Letztere gab es ursprünglich nur in Ausnahmefällen. Sie wurden jetzt in immer kürzeren Abständen erhoben. Steuern mußten durch die Stände vorher bewilligt werden, und auch wenn der Fürst sich überschuldet hatte, blieb nichts anderes übrig, als daß die Stände ihm die Schulden abnahmen. Die Stände verwalteten Steuern und übernommene Staatsschulden selbst, ja unterhielten teilweise sogar eigene Gesandte und Truppen. So entstanden parallel zur landesherrlichen Verwaltung ständische Organe. Stände und Fürst standen einander als zwei Staatsgewalten gegenüber, die beide aus eigenem Recht existierten und nicht voneinander abgeleitet waren. So wie die Mitglieder der Stände im Bereich ihrer vor allem grundherrlichen Gewalt selbständig herrschten, so tat dies der Fürst für die zu seinem Hausbesitz gehörenden Grundherrschaften und sonstigen Hoheitsrechte. Die Stände beriefen sich auf alte Rechte und Gewohnheiten, die Fürsten nahmen jetzt auch das Gottesgnadentum für sich in Anspruch, das ursprünglich nur den König legitimiert hatte. Das Verhältnis zwischen Fürst und Ständen wurde weiter von der Lehre der gegenseitigen Verpflichtungen zwischen Herrschenden und Untertanen bestimmt, die auf die gegenseitige Treuebindung des mittelalterlichen Lehenswesens zurückging. Aus ihr leiteten die Stände auch ab, ein Widerstandsrecht gegen rechtsbrechende Fürsten zu haben. Am deutlichsten wurde dieser

Ständisch gebundenes Fürstentum

Dualismus der beiden staatstragenden Gewalten, wenn sie, was öfter vorkam, in einem Vertrag ihre gegenseitigen Rechte regelten. Der Tübinger Vertrag für das Herzogtum Württemberg von 1514 und die Tiroler Landesordnungen von 1532 und 1574 bildeten bis Ende des 18. Jahrhunderts die Grundgesetze dieser Territorien.

Das Kräfteverhältnis im Miteinander und Gegeneinander der beiden Staatsgewalten gestaltete sich in den einzelnen Territorien recht verschieden. Aufs Ganze gesehen erwies sich die fürstliche Seite dabei als die stärkere. Die Stände hatten über ihr Recht zur Steuerbewilligung und -verwaltung hinaus das Recht, Beschwerden vorzubringen, sie wurden teilweise auch zu Gesetzesentwürfen gehört, ohne ein Gesetzgebungsrecht zu besitzen, und gelegentlich versuchten sie auf Bündnisse, die Zusammensetzung des fürstlichen Rats und Erbfolgefragen Einfluß zu nehmen. Aber insgesamt begnügten sie sich mehr mit einer abwehrenden Haltung als daß sie danach gedrängt hätten, aktiv mitzuregieren. Die politische Führung und Initiative blieben dagegen allgemein den Fürsten überlassen, insbesondere auch Außenpolitik, militärisches Kommando und Rechtsprechung. Hinzu kam, daß der Fürst den Landtag nur in unregelmäßigen Abständen und ganz nach seinem Belieben einberief und dann auch dessen Tagesordnung bestimmte. Während der Fürst rasch handeln konnte, waren die Stände untereinander oft uneinig, und die Landtage wurden überdies dadurch verzögert, daß die weisungsgebundenen Delegierten wiederholt im Heimatort rückfragen mußten. Zweifellos begrenzten und kontrollierten die Stände jedoch die Machtausübung der Fürsten. Sie handelten dabei im allgemeinen Interesse des Landes, wenn sie gegen Willkürakte des Fürsten und seiner Beamten vorgingen, den Fürsten zur Sparsamkeit drängten und ihn über Probleme im Land informierten sowie das Land vor außenpolitischen Abenteuern bewahrten. Zugleich nutzten die Stände aber ihre Herrenstellung gegenüber ihren Abhängigen aus. Adlige und geistliche Grundherren wälzten die Steuern auf diese ab und zahlten von ihrem selbstbewirtschafteten Gut nichts.

Fürstliche Verwaltung Zukunftsträchtiger als die Stände erwies sich der Aufbau der fürstlichen Verwaltung. Ebenso wie Schloß und Grundherrschaft eines beliebigen landsässigen Adligen bildete auch der fürstliche Besitz ein Hauswesen mit einer hausherrlichen Gewalt an der Spitze, von dem ein Teil in Form des Hofes direkt als Großhaushalt organisiert war und ein Teil in Verfügungsrechten über andere Einzelhaushalte bestand, die als Domänen, Ämter usw. abgeschichtet waren. Die Fürstenhöfe wurden Ende des 15. Jahrhunderts an verkehrsgünstig gelegenen Städten ortsfest. Sie umfaßten das Personal zur Bedienung des Fürsten, z.B. Kammerherren, Pagen, Musiker, Maler, Jagdgefolge usw., und die Hofverwaltung, welche die Organisation und Versorgung des fürstlichen Großhaushalts regelte. Außerdem entstanden am Hof gesonderte Gremien, welche die außerhalb des Hofes liegenden Rechte des Fürsten wahrnahmen, also die Landesverwaltung, die sich dann im Laufe der Zeit zu Zentralbehörden auswuchsen. Der im Spätmittelalter nur lose Beraterkreis des Fürsten wurde am Ende des 15. Jahrhunderts in den mittleren und größeren Territorien als (Hof-)Rat zur Behörde institutionalisiert. Man legte den Mitgliederkreis fest, wobei die Räte von Haus aus allmählich ausschieden, und regelte das Beratungsverfahren durch eine Geschäftsordnung. Der Fürst nahm immer häufiger nicht mehr an den Sitzungen des Rates teil und übertrug ihm das Recht, in Routinesachen selbständig zu entscheiden. Der Rat kam täglich zusammen und entschied über die vorgetragenen Angelegenheiten mit Mehrheitsbeschluß. Neben den Rat trat eine Kanzlei. Zunächst war der Rat für alle Bereiche zuständig. Als die Geschäfte sich vermehrten, wurden in größeren Territorien aus dem Rat besondere Kommissionen abgezweigt, so ein Hofgericht für die Rechtsprechung, das meist später wieder einging, und eine Rentkammer, die den fürstlichen Hausbesitz im engeren Sinne verwaltete, also für die Bewirtschaftung und Rechtsprechung auf dem Kammergut und die Einziehung der Erträge aus Kammergut und landesherrlichen Hoheitsrechten (Zöllen, Münzrechte usw.) zuständig war. Hinzu trat in protestantischen Territorien ein Konsistorium und dann auch in katholischen Ländern ein vergleichbares Gremium, zuständig für die Aufsicht über Kirchenvermögen, Kirchenzucht und Unterrichtswesen und für die Anstellung der Pfarrer. Mittelpunkt der Regierung blieb aber der Fürst, der von seiner Kammer aus alle wesentlichen Angelegenheiten mit einem engeren Beraterkreis selbst erledigte, insbesondere die Außenpolitik. Dieser Kreis wurde in größeren Territorien seit Anfang des 17. Jahrhunderts auch als Geheimer Rat bezeichnet. Bemerkenswerterweise waren alle Zentralbehörden bis gegen 1800 als Kollegialbehörden organisiert, so daß einzelne Beamte nicht eigenmächtig handeln konnten.

Am weitesten entwickelt waren die Zentralbehörden des Hauses Österreich, weshalb viele andere Territorien diese zum Vorbild nahmen. Ferdinand I. richtete 1526 eine Hofkanzlei für die allgemeine Verwaltung, eine Hofkammer für die Finanzen, einen Hofrat vor allem als oberstes Gericht und einen Geheimen Rat besonders für die Außenpolitik ein sowie 1556 einen Hofkriegsrat für Verwaltung und militärische Oberleitung des Heeres. Diese Behörden waren für österreichische Angelegenheiten zuständig, nach dem Anfall Ungarns und Böhmens auch für diese Länder und dann auch für kaiserliche Sachen. Für Ungarn und Böhmen gliederte Ferdinand allerdings 1537 eigene Hofräte und 1556/59 eigene Hofkanzleien aus. Nachdem der Länderbesitz des Hauses Habsburg nach dem Tode Ferdinands I. 1564 auf drei Linien aufgeteilt worden war, entstanden zusätzliche regionale Zentralbehörden, und das System wurde zunehmend unklar.

Allgemein wuchs im Laufe des 16. Jahrhunderts der Umfang der Höfe und der Beamtenschaft. Aber man sollte sich von der Größe des fürstlichen Verwaltungsapparats keine übertriebenen Vorstellungen machen. Für die Mitte des 16. Jahrhunderts kann man bei einem mittelgroßen Territorium mit etwa 1.000 Dörfern durchschnittlich von folgenden Werten ausgehen: von den ungefähr 400 Personen des Hofes gehörte nur ein kleiner Teil zur Landesverwaltung, nämlich bis zwei Dutzend Räte für alle Kollegien zusammen und dazu Sekretäre, Kanzleischreiber und Boten, deren Summe etwa ebenso groß war wie die Zahl der Räte. Mehrere Räte gehörten allen Kollegien an, die Kanzlei war für alle Kollegien gemeinsam, und der Hofrat tagte nur etwa dreimal im Jahr. Auf der Ebene der Lokalverwaltung bestanden rund 40 Ämter, und in jedem gab es meist einen Amtmann für allgemeine Verwaltung und öffentliche Sicherheit mit einigen (bei Bedarf bewaffneten) Knechten und Boten, einen Rentmeister zum Einziehen der Abgaben und einen Richter. Über diesen Personalumfang wuchsen die Ämter dann bis ins 19. Jahrhundert nicht hinaus. Zur Kontrolle der Lokalbeamten durch die Zentrale − über die Rechnungslegung hinaus − kamen im 16. Jahrhundert Visitationen durch Beamte der Zentralbehörden auf.

Die fürstliche Zentrale wurde zweifellos gegenüber der Lokalverwaltung stärker, aber sie war beispielsweise weiterhin nicht in der Lage, die gesamten Finanzen zu überblicken, obwohl sich auch die Finanzverwaltung verbesserte. Es blieb dabei, daß nur ein Teil der Bruttoeinnahmen die Zentrale erreichte. Im übrigen litt die Finanzwirtschaft auch noch unter den geringen Rechenfähigkeiten; in Freiburg i.B. wiesen die städtischen Jahresabrechnungen noch im 17. Jahrhundert auf jeder Seite Rechenfehler auf. Erst recht darf nicht übersehen werden, daß auf der lokalen Ebene eigenständige Grundherrschaften sowie städtische und gemeindliche Selbstverwaltungen bestanden, welche die Reichweite der Amtsverwaltung beschränkten. Ganz besonders galt das für Ostelbien, wo die Amtsbezirke auf das fürstliche Kammergut einschrumpften, nachdem die Ritter für ihre Grundherrschaften auch die Gerichts- und Polizeigewalt in die Hände bekommen hatten. Die Ritter nutzten dort ihre starke Stellung aus, um die dörfliche Selbstverwaltung und das bäuerliche Schöffengericht Zug um Zug zu beseitigen und deren Herrschaftsfunktionen dann als Gutsherr selbst auszuüben.

Anfänge des Beamtentums

Mit der fürstlichen Verwaltung entstand auch der Bedarf an geeignetem Personal. Die Geistlichen, deren sich die Fürsten im Mittelalter für wichtige Angelegenheiten bedient hatten, verschwanden im 15. Jahrhundert aus diesem Bereich, und es wurden auch kaum noch Ämter als Lehen vergeben. Stattdessen verwendeten die Fürsten jetzt besoldete Beamte, die anders als die Lehensinhaber ganz von ihnen abhängig, jederzeit versetzbar und kündbar waren. Als Räte nahmen die Fürsten seit Ende des 15. Jahrhunderts zum großen Teil landfremde Personen in Dienst, die römisches Recht studiert hatten und meist aus der bürgerlichen Oberschicht stammten. Die übrigen Räte und die Amtleute waren meist adlig, die Bediensteten in der Finanzverwaltung durchweg bürgerlicher Herkunft. Seit Ende des 16. Jahrhunderts traten auch vermehrt studierte Adlige in die fürstlichen Behörden ein. Wie die Zentralbehörden selbst wuchs auch deren Personal erst allmählich aus dem Hofgesinde heraus. Für den Hof des Kurfürsten von Brandenburg zeigt die Hofordnung von 1537, daß die Räte und Kanzlisten ihre Amtsräume und persönliche Wohnung mit im Berliner Schloß hatten und als Mitglieder der kurfürstlichen Haushaltung ebenso wie der übrige Hofstaat von der Schloßküche gespeist und ein- bis zweimal im Jahr eingekleidet wurden. Ab 1549 hörten diese Beamten dann nach und nach auf, im kurfürstlichen Schloß zu wohnen, und die naturale Versorgung wurde Stück für Stück durch Geldzahlungen abgelöst. Dadurch geriet die Entlohnung zu einer Mischung aus barem Geldbetrag, Anteil an Gebühreneinnahmen, die mit den Amtshandlungen verbunden waren, wie Gerichtssporteln, Schreibgebühren, Schulgeld usw., und naturalem Deputat z.B. in Form von Dienstwohnung, Lieferung von Getreide, Wein, Pferdefutter, Brennholz und Stroh, wozu je nach Laune des Fürsten auch noch Geschenke kommen konnten. Die Beamtenschaft war im 16. Jahrhundert noch eine recht bunt gemischte Gesellschaft aus Leuten unterschiedlichster sozialer Herkunft, ohne Laufbahnen und ohne geregelte Eingangsvoraussetzungen. Die meisten Fürstendiener hatten Dienstverträge, die auf nur wenige Jahre befristet waren, und empfanden keine darüber hinausgehende Treuebindung an ihren Herrn. Die Besoldung wurde nur unregelmäßig gezahlt und war oft jahrelang im Rückstand. Um so mehr beuteten die Beamten ihre Stellung zu ihrem eigenen Vorteil aus.

Landesherr kontra autonome Verbände

Das Entstehen eines bürokratischen Verwaltungsapparats machte es möglich, die fürstliche Herrschaft zu intensivieren, und so begannen die Landesherren, im 16. und verschärft im 17. Jahrhundert schrittweise in bisher autonome gesellschaftliche Verbände einzudringen, sie obrigkeitlich zu steuern und damit Freiheiten abzubauen. Bei den landsässigen Städten nahm die landesherrliche Verwaltung auf die Besetzung der Ämter Einfluß, begann die Stadtgemeinderechnungen zu kontrollieren und die städtische Gerichtsbarkeit einzuschränken. In den Dörfern ersetzte die Obrigkeit die Rechtsfindung in Gestalt bäuerlicher Weistümer durch landeseinheitliche herrschaftli-

342

che Dorfordnungen, mischte sich in die Wahl der gemeindlichen Organe ein und griff auch nach der Allmende. Die Universitäten sahen ihre eigene Gerichtsbarkeit zur bloßen Disziplinargewalt gestutzt, und die Professoren wurden zunehmend nicht mehr von der Universität kooptiert, sondern vom Fürsten berufen und rückten in eine staatsbeamtenähnliche Stellung. Die Universitäten wandelten sich langfristig zu Staatsanstalten. Gegenüber der Kirche war die fürstliche Gewalt schon im 15. Jahrhundert erstarkt, indem sie die konkurrierende geistliche Gerichtsbarkeit zurückgedrängt und ein Aufsichtsrecht über die Kirche durchgesetzt hatte. Mit der Reformationszeit verlor die Kirche dann stärker als jede andere Korporation ihre Autonomie gegenüber dem Staat, die katholische ebenso wie die neugegründeten protestantischen Kirchen. Nachdem die Landesherren das Recht bekommen hatten, die Konfession der Einwohner ihres Territoriums zu bestimmen, warfen sich die Kirchen in die Arme der Fürsten, da sie sich nur durch ihn in der Konkurrenz gegen andere Glaubensrichtungen behaupten konnten. In protestantischen Territorien griffen die Landesherren jetzt energisch in die Kirche ein, indem sie Kirchenordnungen erließen, die Pfarrer auswählten und einsetzten, Lehre und Personal durch Kirchenbehörden überwachten, der Kirche teilweise das Schulwesen abnahmen und die Pfarrer für staatliche Verwaltungsaufgaben heranzogen. Auch die katholischen Territorien blieben dann nur wenig dahinter zurück.

Überhaupt wandelte sich die Auffassung vom Staatszweck. Bislang hatte der Fürst seine Aufgabe fast ausschließlich darin gesehen, das Land nach außen zu schützen und im Innern für die Wahrung von Frieden und Recht zu sorgen, er hatte sich als Feldherr und auch als Richter verstanden. Während Landesherren bis dahin nur Einzelrechte als Privilegien vergeben hatten, begannen sie jetzt auch allgemeine Normen zu erlassen. Diese wurden gedruckt und dann bekanntgemacht, indem man sie in der Kirche von oder vor der Kanzel verlas oder an der Kirchen- oder Rathaustür anschlug. Seit der zweiten Hälfte des 15. Jahrhunderts erließen die Fürsten Landesordnungen, die das regional und lokal zersplitterte Recht innerhalb eines Territoriums vereinheitlichen, für mehr Rechtsklarheit sorgen und neu entstandene Probleme rechtlich regeln sollten, so in Hessen 1455, Bayern-Landshut 1474, Württemberg 1495, Brandenburg 1527 und Kursachsen 1572.

Mit der zweiten Hälfte des 16. Jahrhunderts brach dann eine Flut landesherrlicher „Polizeiordnungen" los. Dabei stand die landesherrliche Verordnungstätigkeit zunächst noch in Konkurrenz zu jener der Stadträte und des Reichstags. „Polizei" im damaligen Wortverständnis meinte ganz allgemein das Streben der Obrigkeit, für eine „gute Ordnung" der Lebensverhältnisse zu sorgen. Dabei nahmen die Polizeiordnungen das Beispiel spätmittelalterlicher Städte auf, gingen aber weit über jenes Maß an Regelungen hinaus, das durch die Entwicklung des Wirtschaftslebens und die steigende Verflechtung der Haushalte erforderlich war. Mit Reformation und katholischer Reform kam die Idee auf, es gehöre zu den Pflichten eines Herrschers, wie ein Vater umfassend für die Wohlfahrt seiner Untertanen in materieller, sozialer und auch moralischer Hinsicht zu sorgen. Dabei ging der Fürst davon aus, daß er im Zweifelsfall besser als seine Untertanen wisse, was ihrer Wohlfahrt fromme. So kümmerten sich die Polizeiordnungen um richtige Maße und Gewichte, Feuerschutzbestimmungen und Dienstbotenlöhne, um Vorschriften für Apotheken und Hebammen, Armenwesen und Bettelei, um die Trennung der Geschlechter in den Spinnstuben im Winter, um regelmäßigen Gottesdienstbesuch, um Bestimmungen gegen die Verfälschung von Nah-

Staatlicher Totalitätsanspruch

rungsmitteln, gegen zu großen Aufwand und um das richtige Verhalten bei Taufen und Hochzeiten, um Verbote von Kleiderluxus, Völlerei, Trunksucht, Müßiggang, Gotteslästerung, Fluchen, unanständiges Tanzen und vieles mehr. Auch die Übertretung der sittlichen Gebote war mit staatlichen Strafen bedroht.

Um geistige Abweichungen abzuwehren, vor allem glaubensmäßiger, weniger politischer Natur, wurde bald nach dem Aufkommen gedruckter Schriften die Zensur eingeführt. Seit dem Ende des 15. Jahrhunderts begannen einzelne Bischöfe und Landesobrigkeiten damit. 1501 führte die römische Kurie für ganz Deutschland eine Vorzensur für alle den Glauben betreffenden Schriften ein, 1529 schrieb auch ein Reichstagsgesetz eine Vorzensur durch die jeweils zuständigen Obrigkeiten vor. 1559 schuf die katholische Kirche als Nachzensur den Index librorum prohibitorum, einen Katalog von Büchern, die zu lesen oder aufzubewahren allen Kirchenmitgliedern verboten wurde. Wiederholt überarbeitet existierte dieser Index bis 1967 (!) fort.

Offensichtlich erkannten die Obrigkeiten keinen Lebensbereich als privaten, staatsfreien Raum an, kein Recht des einzelnen auf freie Entfaltung und freie Meinung. Das hatten die Fürsten im Mittelalter zwar theoretisch auch nicht getan, aber sie hatten sich eben praktisch um Lebensweise und Denken des einzelnen kaum gekümmert und diese also objektiv fast nicht durch Verordnungen beschränkt.

Auch nachdem mehrere Konfessionen entstanden waren, hielt man im Einklang mit der mittelalterlichen Tradition weiter an der Idee fest, daß es in einem Staat nur eine einzige christliche Kirche geben könne. Fatal wurde dabei, daß nun aber mehrere christliche Richtungen existierten, die jede mit dem Anspruch auf absolute und verbindliche Glaubenswahrheit auftraten, und daß gleichzeitig die Obrigkeiten aufgrund ihres gewandelten Selbstverständnisses Abweichungen vom rechten Glauben energisch als Verbrechen zu verfolgen begannen. Trotzdem wurde konfessionelle Toleranz fast nur von gefährdeten Minderheiten gefordert, wobei der taktische Charakter dieser Forderung offensichtlich ist. Wo man offiziell Toleranz gewährte, blieb das bis Mitte des 17. Jahrhunderts entweder eine vorübergehende Maßnahme oder beschränkte sich auf wenige örtliche Ausnahmefälle. Im Laufe der Jahrzehnte entstanden jedoch in etlichen Territorien immerhin pragmatische Regelungen, indem etwa eine bloße Gewissensüberzeugung, die sich nicht öffentlich äußerte, oder auch private Kultausübung stillschweigend geduldet wurde.

Nun blieb die Realität weit hinter dem totalen Regelungsanspruch des Staates zurück, der deshalb auch keineswegs ein totalitärer Staat war! Da es an fürstlichen Unterbehörden mangelte, um die Verordnungen durchzuführen, dieses also zu einem großen Teil gemeindlichen und grundherrlichen Organen überlassen blieb, bestand ein gewaltiges Vollzugsdefizit. Vieles von den Moralgeboten der Polizeiordnungen dürfte auf dem Papier geblieben sein. Die Durchführung der Zensur wurde den Universitäten und städtischen Magistraten übertragen. Sie begann erst im späten 16. Jahrhundert mehr als nur punktuell zu greifen. Aber es gab seit der zweiten Hälfte des 16. Jahrhunderts auch Visitationen der Gemeinden durch umherreisende Kommissionen, um die geforderte Moral durchzusetzen. Herzog Maximilian von Bayern ordnete 1616 an, daß Kommissare regelmäßig die Buchhändler visitieren und ketzerische Bücher, Lieder und Gemälde beschlagnahmen sollten, und er ließ auch in München von Haus zu Haus vor Ostern die Beichtzettel einsammeln und ferner durch überraschende Kontrollen der Bürgerhäuser überwachen, ob die verschärften Fastengebote befolgt wurden. Seit dem späten 16. Jahrhundert mußten Beamte im allgemeinen der Konfession ihres Fürsten angehören. Außerdem sei an jene erinnert, welche sich von den Obrigkeiten gezwungen sahen, wegen ihres Glaubens auszuwandern, oder die als Ketzer hingerichtet oder als Anhänger einer angeblichen Teufelssekte verbrannt wurden.

Wie sehr die Betroffenen die von oben durchgeführte Rekatholisierung oft als Zwang ansahen, zeigt die Tatsache, daß es hiergegen zu bewaffneten Widerständen kam. Das Zusammentreffen von steigenden grundherrlichen Belastungen und Rekatholisierung führte 1595-96 in Ober- und Niederösterreich zum großen Aufstand der Bauern. Die Obrigkeiten konnten das Bauernheer überreden, die Waffen niederzulegen, und nahmen anschließend blutige Rache. Als Oberösterreich im Dreißigjährigen Krieg an Bayern verpfändet wurde und eine scharfe Rekatholisierungspolitik einsetzte, brach 1626 dagegen erneut ein allgemeiner Bauernaufstand los. Das Bauernheer konnte das Heer des Statthalters vernichten und das Land weitgehend unter seine Kontrolle bringen. Kaiserliche Truppen schlugen den Aufstand dann in vier Schlachten nieder. Mehr als 10.000 Bauern sollen gefallen sein. In den folgenden Jahren gab es noch weitere örtliche Unruhen. Auch in Salzburg kam es 1564/65 und 1601/02 zu umfangreichen Aufständen gegen die Rekatholisierungspolitik.

Es bedeutete eine wesentliche Stärkung der Landesfürsten gegenüber den Landeseinwohnern, daß es den Fürsten gelang, die legitime Anwendung von Gewalt in ihrer Hand zu monopolisieren. 1495 beschloß der Reichstag von Worms den Ewigen Landfrieden, also ein absolutes Fehdeverbot für alle Einwohner des Reiches und für alle Zukunft. Nur noch Staaten untereinander blieb das Fehderecht der Selbsthilfe als Recht, Krieg zu führen; den Einwohnern wurde nur noch das Notwehrrecht zugestanden. Letztere sollten alle Streitfälle künftig vor Gericht regeln. Dazu richtete man als oberstes Gericht das Reichskammergericht ein. Während sich die Fürsten ihr Recht auf bewaffnete Auseinandersetzungen nicht nehmen ließen und dieses schließlich im Westfälischen Frieden faktisch anerkannt bekamen, gelang es innerhalb der Territorien tatsächlich, das Fehdewesen im Laufe des 16. Jahrhunderts allmählich zum Absterben zu bringen. Dazu trugen auch die schon erwähnten Entwicklungen im Militärwesen bei. Nur im Ehrenduell der degentragenden Oberschicht kümmerte noch ein letzter Rest der alten Praxis fort. Das Duell war seit Mitte des 17. Jahrhunderts in fast allen Territorien durch besondere Gesetze streng verboten, verschwand tatsächlich aber erst in der zweiten Hälfte des 19. Jahrhunderts. Raub, Plünderung und Brandstiftung, soweit sie nicht im fürstlichen, also staatlichen Auftrag als Kriegführung geschahen, waren mit der Realisierung des Landfriedens in jedem Falle kriminalisiert und sanken herab zur Methode von asozialen Elementen aus der Unterschicht und von Außenseitern. Wenn Leute von Stand Konflikte zu regeln hatten, prozessierten sie seitdem − und wenn sie sich ungerechtfertigt bereichern wollten, wählten sie anstelle der alten Methode physischer Gewalt jetzt intelligentere Methoden wie Betrug, Fälschung, Unterschlagung und spitzfindige Rechtsverdrehung. Für letztere waren bei Bedarf stets eifrige gelehrte Juristen zu Diensten, und vor Gericht taten entsprechende Bestechungssummen ihr Werk. Noch heute sind in Gewaltdelikten Täter aus der Unterschicht deutlich überrepräsentiert. Das alles heißt natürlich nicht, daß Dorfschlägereien, auch mit Körperverletzung und Totschlag, aus Streit um teilweise nichtige Dinge nicht noch lange übliche Vorkommnisse geblieben wären. Aber unverkennbar wurde seit dem 16. Jahrhundert in steigendem Maße prozessiert, und auch Prozesse der Untertanen vor Reichsgerichten gegen willkürliche Herren kamen durchaus vor.

Daß das Fehdewesen abstarb, war zweifellos ein wichtiger Fortschritt auf dem Weg

Monopoli-
sierung
legitimer
Gewalt

zu mehr innerer Sicherheit. Nur lebte der Gemeine Mann deshalb noch lange nicht in Frieden. Vor allem seit dem späten 16. Jahrhundert häuften sich die Klagen über Raub und Diebstahl und auch Mord und Totschlag auf dem offenen Lande. Ein Gaunertum entstand, das in dieser Weise bis dahin nicht vorhanden gewesen war. Das hatte zwei Gründe. In Zeiten, in denen die soziale Ausgrenzung stärker und die Existenzen knapper werden, wächst die Zahl derjenigen, die ins soziale Abseits fallen und ihren Lebensunterhalt mit illegalen Mitteln zu bestreiten versuchen. Außerdem produzierte der Staat, der eigentlich für Sicherheit sorgen sollte, einen großen Teil der Landstraßenkriminalität überhaupt erst: wenn ein Krieg zuende war, entließ er seine Söldner wieder, die dann, ohne Lust und Möglichkeit zu ehrlichem Erwerb, oft auf eigene Faust plünderten, und viele Straftäter wurden von Obrigkeiten körperlich gekennzeichnet aus ihrer Heimat in die Asozialität verjagt.

Rechtsprechung   Die Strafverfolgung blieb weiter den lokalen Stellen überlassen. Dementsprechend war sie unsystematisch und nur von geringer Wirkung, wenngleich hart. Im 15. und 16. Jahrhundert wurden jährlich mehr Menschen hingerichtet als zu jeder anderen Epoche der deutschen Geschichte (vielleicht ausgenommen den Zweiten Weltkrieg). Von besonders demonstrativer Grausamkeit war man bei Aufrührern: die hingerichteten Führer der Täuferherrschaft in Münster wurden 1536 in Käfigen an einem Kirchturm aufgehängt (die dort noch hängen, inzwischen allerdings leer), nach der Niederschlagung des böhmischen Aufstands wurden 1621 in Prag die Köpfe von zwölf der hingerichteten Führer für zehn Jahre an einen Brückenturm genagelt, und 1627 wurde der Kopf des Kanzlers der aufständischen oberösterreichischen Bauern gegenüber seinem Haus auf eine Säule gespießt.

Im allgemeinen scheinen die Zeitgenossen die Härte des Strafvollzugs durchaus gebilligt zu haben. Ganz anders war ihre Einstellung zur Entwicklung des Prozeßverfahrens. Im 15. Jahrhundert brachten Deutsche, die an oberitalienischen Universitäten das sogenannte römische Recht studiert hatten, dieses mit in die deutschen Lande. Es ging im Kern auf die 528-34 n.Chr. von dem oströmischen Kaiser Justinian veranlaßte Gesetzessammlung zurück, die seitdem im Laufe des Mittelalters in Italien durch Kommentatoren weiterentwickelt worden war. Die gelehrten, d.h. durch ein solches Studium ausgebildeten Juristen wurden nun am Reichskammergericht, an Hofgerichten und dann auch an niedrigeren Gerichten angestellt, und auch die Gesetzgebung ließ sich vom römischen Recht beeinflussen. Auf diese Weise drang das fremde Recht im Laufe des 16., 17. und 18. Jahrhunderts immer weiter in die deutsche Rechtsprechung ein. Dabei kam dem römischen Recht zugute, daß das deutsche Recht nicht an Universitäten gelehrt wurde, sondern nur in der meist mündlich überlieferten und unsicheren Rechtskenntnis der Schöffen lebte, daß es auf viele Probleme keine Antwort wußte und regional und lokal stark zersplittert war. Den nichtgelehrten Deutschen war das neue Recht mit seinen lateinischen Fachbegriffen und seiner deduktiven Denkmethode und eigenen Logik unverständlich. Deshalb sahen sich die Schöffen allmählich aus den Gerichten verdrängt und durch gelehrte Juristen ersetzt, und der Richter, der im Mittelalter nur als Vorsitzender die Verhandlung geleitet hatte, sprach zunehmend selbst Recht, ebenso der Landesherr als oberster Gerichtsherr. Eine Kluft tat sich auf zwischen der Bevölkerung und den Gerichten.

Indem sich im Laufe des 16. Jahrhunderts für Strafsachen das Verfahren des Inquisitionsprozesses mit der Strafverfolgung von Amts wegen allgemein durchsetzte, während es bei anderen Gerichtssachen beim Prinzip des Parteienstreits vor Gericht blieb, trennten sich Straf- und Zivilprozeß voneinander. 1532 erließen Kaiser Karl V. und der Reichstag die Constitutio Criminalis Carolina (CCC), die das Straf- und Prozeßrecht neu ordnete und dann bis ins 18. Jahrhundert allgemein verbreitet war. Die CCC systematisierte die Anwendung der Folter in fünf aufeinanderfolgenden Stufen: 1. die gütliche Befragung; 2. das Zeigen und genaue Erklären der Folterinstrumente; 3. das Anlegen der Daumenschrauben; 4. das „Triezen" des Angeklagten, indem man ihn über die Trieze, eine Leiter, auseinanderzerrte, ihn also „auf die Folter spannte", oder ihn, mit einem Gewicht an den Füßen beschwert, an den Händen über eine Rolle in der Decke hochzog; 5. schließlich das Brennen mit Schwefelhölzern und anderen Methoden. Das Erpressen des Geständnisses durch Foltern und die Gerichtsentscheidung fielen unter Ausschluß der Öffentlichkeit. Verteidiger gab es nicht. Da die ungelehrten Schöffen mit dem neuen Recht nicht zurechtkamen, griff im 16. Jahrhundert der Brauch um sich, daß ein Strafgericht nicht selbst entschied, sondern die Akten an eine der Juristenfakultäten verschickte, die nun an deutschen Universitäten entstanden, oder an einen Oberhof, an dem jetzt ebenfalls die gelehrten Richter Einzug hielten. Diese Gremien richteten dann, ohne den Angeklagten je gesehen zu haben, und schickten die Akten mit dem fertigen Urteilsspruch zurück. Das ganze Verfahren produzierte reihenweise Justizirrtümer. Wäre nicht schon oft bei geringem Verdacht großzügig gefoltert worden, dann wären beispielsweise die ganzen Hexenverurteilungen wohl undenkbar gewesen.

Im Zivilprozeß zog der Brauch ein, nicht mehr mündlich zu verhandeln, sondern in Form bei Gericht eingereichter Schriftsätze. Durch diese Praxis und weil das römische Recht den streitenden Parteien überhaupt fremd war, sahen diese sich jetzt gezwungen, Anwälte zu nehmen. Auf diese Weise entstanden die Anwälte als neuer Berufsstand. Sie zogen die Prozesse vielfach unnötig in die Länge, um mehr daran zu verdienen. Oft erhoben Richter wie Anwälte überhöhte Gebühren. Es war auch üblich, daß Richter sich bestechen ließen und das Recht dann entsprechend hinbogen, teilweise Geschenke geradezu forderten. „Juristen sind böse Christen", klagte der Volksmund im Sprichwort. Wer wenig Geld hatte, schnitt bei dieser Art von Justiz meist schlecht ab.

Zweifellos war es nötig, das Recht zu vereinheitlichen, zu verwissenschaftlichen und weiterzuentwickeln. Dazu hätte man aber nicht des römischen Rechts bedurft, sondern dies war auch auf der Basis der deutschen Rechtstradition möglich. Das wird durch die Tatsache bewiesen, daß die Schweiz, Schleswig-Holstein und gerade der angesichts der Wirtschaftsentwicklung wichtige Bereich des städtischen Handelsrechts die Rezeption des römischen Rechts nicht mitmachten, sondern sich aus eigener Wurzel den Zeitbedürfnissen anpaßten (ebenso wie auch England). Insgesamt verstärkte die Rezeption des römischen Rechts das obrigkeitliche Element, auch darin, daß es nach antiker Tradition dem Herrscher ein alleiniges Gesetzgebungsrecht zusprach.

Schluß

Keine andere Epoche der deutschen Geschichte hat so viele überörtliche Aufstände für mehr Freiheit und Mitwirkung gesehen. Die Territorialisierung des gesamten politischen Lebens zeigte sich aber auch hier; nur die Bauernrevolution von 1525 sprengte die landschaftliche Begrenztheit. Diese Epoche erblickte auch die Anfänge eines fürstlichen Verwaltungsapparats. Die Masse der Bevölkerung nahm von ihm vor allem seine repressive Seite wahr, bemerkte dagegen von positiven Leistungen weniger.

4.7 Das Reich als Opfer fremder Mächte und dynastischer Interessen

Grundzüge

Das römisch-deutsche Reich, wirtschaftlich blühend und bevölkerungsreicher als jedes andere europäische Reich, hätte die stärkste politische Kraft Europas dargestellt, wenn es innerlich ebenso geeint gewesen wäre wie die westeuropäischen Staaten. Doch die Realität sah anders aus: die deutschen Fürsten waren uneinig, und es fehlte ein ertragreiches Reichsfinanzwesen, weshalb mit dem Übergang zu Söldnerheeren auch die militärische Macht nach außen begrenzt blieb. Von einer Reichs-Außenpolitik kann man überhaupt nur mit großer Einschränkung sprechen. Unter Maximilian I. und Karl V. gab es eine europäische Politik des Kaisers, die dieser allein bestimmte. Ihre Kriege waren die des Kaisers, während das Reich als solches meist nicht kriegführend war. Sie wurden dementsprechend zum weitaus größten Teil aus den Einkünften der Erbländer finanziert, fast gar nicht durch Beiträge der Reichsstände. Maximilian I. und Karl V. entfalteten weitgespannte Aktivitäten, doch ihre Ziele waren stark dynastisch bestimmt und entsprachen oft nicht den Interessen des Reiches, während sich umgekehrt der Norden des Reiches mit seinen außenpolitischen Problemen vom Kaiser im Stich gelassen sah, wie schon seit dem 13. Jahrhundert. Die Außenpolitik Maximilians wurde von ständig neuen abenteuerlichen Plänen bestimmt. Vor allem um den Kampf gegen den französischen König und auch um die Wiedergewinnung Reichsitaliens kreisten seine Bemühungen. Bei Karl verschob sich das Schwergewicht seiner Aktivitäten noch stärker in den Mittelmeerraum hinein. Seine Feldzüge führten ihn persönlich an der Spitze seiner Truppen bis vor die Mauern von Tunis und Algier. Maximilians und Karls Außenpolitik lebte von einer überhöhenden Erinnerung an die hochmittelalterliche Kaiserherrlichkeit: sie sahen das Kaiserreich nicht als einen Staat neben anderen Staaten, sondern träumten von der Einheit der christlichen Welt unter Führung und Schutz des universalen Kaisertums. Aus diesem Gedankenkreis heraus planten beide immer wieder, einen Kreuzzug gegen die islamischen Türken anzuführen, doch angesichts der politischen Kämpfe der christlichen Herrscher untereinander konnten sie diesen Traum nie verwirklichen. Die Reichsstände wünschten dagegen keine ausgreifende deutsche Außenpolitik, sondern traten dafür ein, daß sich das

Reich gegenüber dem Ausland nur defensiv und möglichst neutral verhalten solle. Die Fürsten hatten geringe Kosten und Frieden im Auge, nicht den kaiserlichen Ruhm. Nach der Abdankung Karls V., als keine vergleichbar ehrgeizigen Persönlichkeiten mehr die Kaiserkrone trugen, hielten Kaiser und Reich sich in diesem Sinne vorsichtig aus den europäischen Machtkämpfen heraus, bis dann schließlich im Dreißigjährigen Krieg das Ausland seinerseits verheerend ins Reich hineinschlug.

Die größten Mächte im Europa des 16. Jahrhunderts waren Frankreich, Spanien und Österreich-Burgund, danach auch England und ferner Polen-Litauen. In Frankreich war die Macht der Krone hoch über die Stände aufgestiegen und hatte ein stehendes Söldnerheer und allgemeine Steuern zu seiner Finanzierung durchsetzen können. In Spanien besaß die Krone ebenfalls eine starke Stellung und erfreute sich seit Anfang des 16. Jahrhunderts eines stetig anschwellenden Zustroms von Silber und Gold aus seinen amerikanischen Kolonien. Die Stellung Polen-Litauens als einer Großmacht in Osteuropa sank seit der Mitte des 16. Jahrhunderts aufgrund innerer Schwäche dahin. Dahinter erhob sich allmählich Rußland. Das Zarenreich begann in der zweiten Hälfte des 15. Jahrhunderts mit militärischer Gewalt nach Westen vorzudringen, beteiligte sich im 16. Jahrhundert aber noch kaum am Kräftespiel der europäischen Mächte. Die weitaus stärkste Macht der Epoche war allerdings das türkische Reich der islamischen Osmanen, im Innern straff organisiert und im Besitz eines hochentwickelten Kriegswesens. 1453 hatten die Osmanen Konstantinopel erobert, und unaufhörlich expandierten sie weiter.

Während bis dahin die einzelnen europäischen Staaten politische Kontakte zwar zu ihren jeweiligen Nachbarn besessen hatten, aber im allgemeinen nicht zu entfernter

Europäisches Umfeld

Außenpolitische Lage 1500-1555

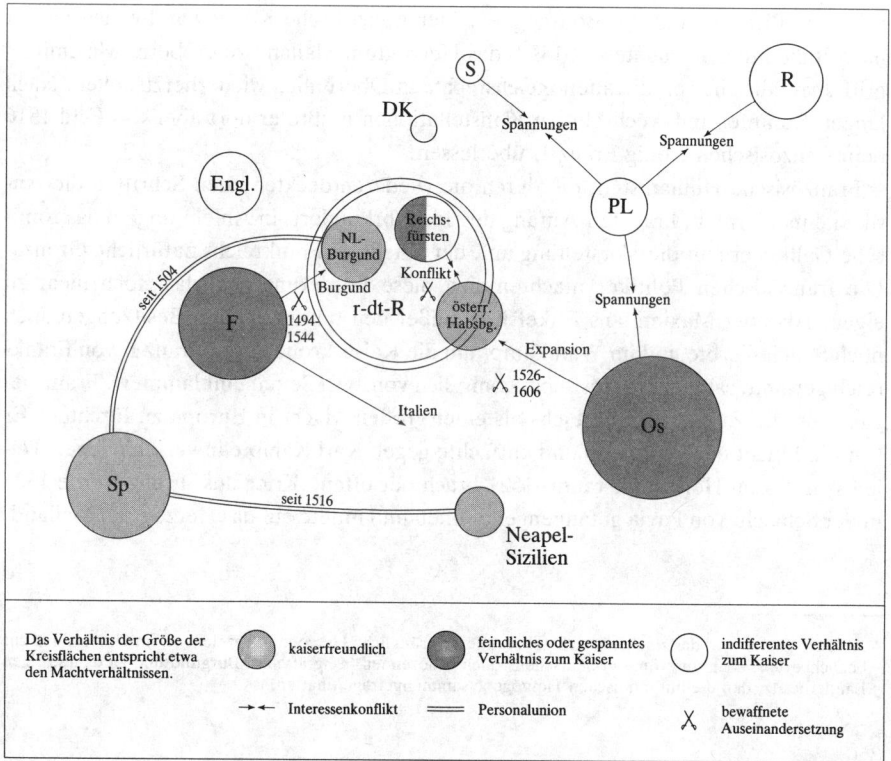

liegenden europäischen Staaten, gerieten im Laufe des 16. Jahrhunderts fast alle Regionen Europas politisch miteinander in Kontakt. Das wurde nicht zuletzt durch die internationalen Verflechtungen der Habsburger verursacht. An Stelle einer Anzahl voneinander unabhängiger bilateraler Beziehungen entstand ein europäisches Staatensystem als Gesamtzusammenhang. Die Höfe fingen an, mit mehreren anderen gleichzeitig und auch in ihren Wechselbeziehungen zu rechnen. Die Beziehungen zwischen den einzelnen europäischen Höfen intensivierten sich im Laufe des 16. Jahrhunderts zu einem regelmäßigen diplomatischen Verkehr. Alle europäischen Staaten richteten bei den wichtigsten übrigen Mächten ständige Gesandtschaften ein. Bis ins 17. Jahrhundert galten die Diplomaten aber noch mehr als bezahlte Spione, die immerhin den Vorteil hatten, daß man sie kannte. Neu war auch das von Frankreich in die Außenpolitik eingeführte Mittel, an andere Fürsten Subsidien zu zahlen, damit diese in seinem Interesse Krieg führen konnten. Diese Methode blieb bis zum Ende des 18. Jahrhunderts verbreitet, verschwand mit dem Zeitalter der Nationalstaaten und lebte in der Mitte des 20. Jahrhunderts wieder auf.

Habsburg gegen Frankreich

Während die deutsch-französischen Beziehungen bis dahin relativ ruhig gewesen waren, begann mit Maximilians burgundischer Erbschaft im Jahre 1477 eine ständige habsburgisch-französische Feindschaft, die ununterbrochen bis 1756 andauern sollte. Dabei ließen die wiederholten Kriege das Verhältnis zwischen Deutschen und Franzosen immer schlechter werden. Während Maximilian das ganze Erbe Karls des Kühnen beanspruchte, wollte der französische König diejenigen Teile, die nominell Lehen der französischen Krone waren, für sich gewinnen. In den langen und wechselvollen Kämpfen um das burgundische Erbe unterstützten die Reichsstände Maximilian nicht, da die strittigen Gebiete nicht zum römisch-deutschen Reich gehörten und ihr Besitz nicht in seinem wirklichen Interesse lag. 1493 wurde das Erbe im Frieden von Senlis geteilt: Maximilian erhielt die deutschen Reichslehen, Flandern und Artois, Frankreich die Picardie und die Bourgogne*. Der französische König wandte sich darauf nach Italien und versuchte seit 1498, das Herzogtum Mailand zu erobern. Maximilian griff ebenfalls ein, um die alten Reichsrechte in Oberitalien wiederherzustellen. Nach langen Kämpfen mit wechselnden Konstellationen mußte er dort aber das Feld 1516 dem französischen König Franz I. überlassen.

Französische Humanisten, die durch die wiederentdeckten alten Schriften die Antike kennenlernten, brachten Anfang des 16. Jahrhunderts in Anlehnung an das römische Gallien erneut die Vorstellung auf, der Rhein sei Frankreichs natürliche Grenze. Die französischen Politiker machten sich diese Forderung zunächst noch nicht zu eigen. Als aber Maximilians Enkel Karl außer den burgundischen Besitzungen auch noch Spanien erbte und im Wahlkampf um die Kaiserkrone gegen Franz I. von Frankreich gewann, sah der französische König sich von zwei Seiten umklammert. Franz begann um die Zukunft Frankreichs als einer großen Macht in Europa zu fürchten. Er trat die Flucht nach vorne an und entfachte gegen Karl Kämpfe in verschiedenen Teilen von dessen Herrschaftsraum. 1521 brach der offene Krieg aus. Franz wurde 1525 in der Schlacht von Pavia gefangengenommen und mußte auf das Herzogtum Mailand,

---

* Als Bourgogne wird das zu Frankreich gehörende ursprüngliche Herzogtum bezeichnet, im Unterschied zur benachbarten, aber zum römisch-deutschen Reich gehörenden Freigrafschaft Burgund und zu dem übrigen Länderbesitz, den die burgundischen Herzöge zusammengetragen hatten.

die Bourgogne und Ansprüche auf das Königreich Neapel verzichten. Dieser Frieden war zu milde, um Frankreich als maßgebliche politische Potenz auszuschalten und eine Hegemonie Karls in Europa zu begründen, und er war zu hart, um für Franz akzeptabel zu sein. Als der französische König sich wieder in Freiheit befand, widerrief er sofort seine Zugeständnisse und nahm den Krieg erneut auf. Karl konnte sich behaupten. Unter dem Eindruck eines türkischen Vorstoßes schlossen beide Herrscher 1529 den Frieden von Cambrai: Karl verzichtete endgültig auf die Bourgogne, Franz auf das Herzogtum Mailand. Der Habsburger hatte sich damit in Italien durchgesetzt, das er in den folgenden Jahren ganz unter seine Kontrolle brachte. Aber Franz ließ nicht locker, ja der „allerchristlichste König" schloß 1536 sogar einen Angriffspakt mit den islamischen Türken gegen den Kaiser! Das französische Heer fiel in Savoyen ein, und nach einem Waffenstillstand erneuerte Franz 1542 den Krieg gegen seinen Widersacher, diesmal vor allem in den Niederlanden. Als der Kaiser mit einem Reichsheer 1544 bis Paris vorgedrungen war, kam es in Crépy zum diesmal endgültigen Friedensschluß: Italien und die Niederlande blieben habsburgisch, die Bourgogne französisch.

Latent existierte der habsburgisch-französische Gegensatz indessen weiter. Als Franz sich 1552 von den oppositionellen Reichsfürsten lothringische Gebiete zusprechen ließ und diese darüber hinaus indirekt gegen den Kaiser unterstützte, begründete er dabei zugleich eine neue Strategie des französischen Königtums gegen das habsburgische Kaiserhaus, die langfristig große Bedeutung gewinnen sollte, nämlich die Zusammenarbeit mit den antikaiserlichen Partikulargewalten innerhalb des Reiches. Indem 1556 die Niederlande und die Freigrafschaft Burgund an Spanien statt an Österreich fielen, blieb für Frankreich das Gefühl bedrohlicher Umklammerung weiter bestehen. In den dadurch gespeisten spanisch-französischen Gegensatz, der überhaupt nicht im deutschen Interesse lag, wurde unvermeidlich auch die österreichische Linie der Habsburger mit hineingezogen. Zunächst war Frankreich aber von 1562 bis 1598 durch Bürgerkriege ganz mit sich selbst beschäftigt. In diese Hugenottenkämpfe mischten sich die Deutschen nicht ein. Als Frankreich seine innere Einheit wiedergewonnen hatte, hielt es sich gegenüber dem römisch-deutschen Reich jedoch nicht in gleicher Weise zurück. Der französische König Heinrich IV. beschloß, das Reich im Jahr 1610 anzugreifen mit dem Ziel, dessen französischsprechende Gebiete zu erobern. Dieser Plan wurde nur deshalb nicht ausgeführt, weil Heinrich in dem Augenblick, als er zum Heer abreisen wollte, einem Attentat zum Opfer fiel. Im Dreißigjährigen Krieg nahm Frankreich dann gegen den Kaiser Partei, aus Furcht, ein starker habsburgischer Kaiser könne mit seiner Macht den Interessen der spanischen Habsburger zu Diensten sein. Dies verband sich mit dem Wunsch, der französische König solle selbst der mächtigste Herrscher Europas werden, und nachdem Frankreich 1635 vom verdeckten zum offenen Kampf übergegangen war, wuchs mit den Waffenerfolgen sein Appetit auf Reichsgebiet. Die französische Führung entwickelte den Grundsatz, daß es im französischen Interesse liege, die deutschen Partikulargewalten auf Kosten der Zentralgewalt zu stärken. Dieses Ziel konnte sie dann zusammen mit ihren Gebietswünschen im Westfälischen Frieden erfolgreich durchsetzen.

Das römisch-deutsche Reich sah sich im 16. Jahrhundert nicht nur im Westen vom französischen Königtum bedroht, sondern auch von Südosten her durch das Osmanische Reich. 1526 stieß eine türkische Armee durch Ungarn vor. Da der ungarische König in der Schlacht von Mohács fiel, beanspruchte Ferdinand von Österreich das Königreich Ungarn kraft Erbrecht. Er wurde auch von einem Teil des ungarischen Adels

Die türkische Bedrohung

351

zum König gewählt, aber ein anderer Teil wählte einen ungarischen Kandidaten zum Gegenkönig. Dieser wandte sich um Hilfe an die Türken. Um ihn zu unterstützen stieß 1529 ein 250.000 Mann starkes türkisches Heer erneut durch Ungarn vor und belagerte im Herbst Wien. Fünfmal versuchte es die Stadt zu stürmen, jedoch vergeblich, und von Seuchen geschwächt zog es sich dann zurück. Wien wurde seitdem zum wichtigsten Bollwerk Europas gegen ein weiteres Vordringen der Türken. Die Bedrohung durch die islamischen Türken war nicht nur eine machtpolitische Frage, sondern bedeutete die Konfrontation mit einer dem christlichen Abendland fremden und feindlichen Kultur. Diese Bedrohung dauerte das ganze 16. Jahrhundert über und löste in Deutschland tiefgehende Ängste aus, die sich teilweise geradezu ins Apokalyptische steigerten. Mit der ungarischen Erbschaft war auch die Hauptlast der Türkenabwehr den Habsburgern zugefallen. Diese Auseinandersetzung stellte aber nicht nur eine Angelegenheit dieser Dynastie dar, sondern des ganzen Reiches. Die Aufgabe, eine militärische Gegenwehr zu organisieren, bildete das ganze 16. und 17. Jahrhundert über eines der Hauptthemen auf den Reichstagen. Da sich angesichts der deutschen Verfassungsverhältnisse nur umständlich ein Reichsheer aufstellen ließ, tat das Reich sich indessen mit Gegenmaßnahmen recht schwer. Für zwei Jahrhunderte blieb die Türkenabwehr Leitmotiv der Politik im Südosten, und der österreichisch-türkische Gegensatz sollte noch bis 1914 andauern.

Durch mehrere Vorstöße der Türken ging schließlich fast ganz Ungarn den Habsburgern verloren. Ab 1533 sah die Lage jahrzehntelang so aus, daß die Habsburger den Norden und Westen Ungarns und Kroatien beherrschten, während die Mitte und der Osten Ungarns von einem nationalen ungarischen König unter türkischer Aufsicht regiert wurde. 1547 kam es zu einem Waffenstillstand, wobei Ferdinand für die von ihm kontrollierten Teile Ungarns jährlich Tribut an den Sultan zahlen mußte. Immerhin hörten damit zunächst die großen Kriegszüge auf. Allerdings herrschte kein Frieden, sondern ein ständiger Kleinkrieg an der Grenze mit wechselnden Vorstößen, wobei Österreich auch von den übrigen Reichsständen militärisch unterstützt wurde. Bei den Grenzbewohnern entstand das Empfinden, Vormauer der Christenheit zu sein. Aber beide Seiten traten nicht mit vollem Kraftaufwand an und verhielten sich insofern eher defensiv. Die Waffenstillstände wurden immer wieder verlängert. Nachdem die Türken ihr Verhältnis zu den Persern bereinigt hatten, nahmen sie indessen 1593 ihre Eroberungspläne im Westen erneut auf. Doch bald erstarrte ihr Angriff zu einem lange hin- und herwogenden Kampf um Grenzfestungen, in dem die Türken nur geringe Geländegewinne erzielten. Um sich auf seine Kämpfe mit Persien konzentrieren zu können, schloß das Osmanische Reich 1606 mit dem Kaiser Frieden. Dieser Frieden beendete die habsburgischen Tributzahlungen an den Sultan. Er blieb dann auch mehr als fünf Jahrzehnte erhalten, da die Osmanen in der Folgezeit zeitweilig durch innere Auseinandersetzungen geschwächt waren und sich im übrigen auf den Mittelmeerraum konzentrierten und da auch die Habsburger voll von anderen Problemen in Anspruch genommen wurden.

Niederlagen im Norden — Während die Reichsgrenze im Südosten gehalten werden konnte, mußte das Reich im Norden und Nordosten schwere Einbußen an äußerer Machtstellung hinnehmen. Nirgendwo zeigte sich seine Schwäche so deutlich wie hier, zumal die Kaiser, traditionell mehr in andere Richtungen orientiert, die betreffenden Territorialgewalten ohne Unterstützung durch das übrige Reich ließen.

Nachdem dem Deutschen Orden in Preußen 1466 die polnische Lehenshoheit aufgezwungen worden war, versuchte er, sich dieser wieder zu entziehen. Auch der Kaiser hielt daran fest, daß der Deutsche Orden zum römisch-deutschen Reich gehöre. Immer wieder warb der Orden bei Kaiser und Reichsfürsten um Waffenhilfe, doch vergebens: die Reichsstände fanden sich nicht bereit, die für eine Militärhilfe an den Orden nötigen Steuern zu bewilligen. Als dessen Sache aussichtslos geworden war, gab Maximilian I. 1515 Preußen an Polen preis, damit dieses die habsburgischen Erbansprüche auf Ungarn anerkannte.

Die Hanse sah ihre Privilegien in Rußland, Dänemark und Norwegen seit Ende des 15. Jahrhunderts immer mehr eingeschränkt. In den habsburgischen Kaisern fand sie keinen Rückhalt. 1534-36 versuchte Lübeck noch einmal, Dänemark durch eine Flottenexpedition einen König aufzuzwingen, doch das Unternehmen scheiterte und markierte den Zusammenbruch von Lübecks Ostseemacht. Dänemark und Schweden wurden die beherrschenden Mächte im Ostseeraum. Seit Mitte des 16. Jahrhunderts war die Hanse nicht mehr in der Lage, ihren Seehandel militärisch zu schützen.

Im Jahr 1558 griff der russische Zar mit überlegenen Streitkräften die deutschen Reichsfürstentümer im Baltikum an. Auf deren dringende Hilferufe hin beschloß der Reichstag eine „eilende Hilfe", die aber nicht in die Tat umgesetzt wurde. Vom Reich ohne Schutz gelassen, brach der deutsche Widerstand 1560 zusammen. Nun hatten Dänemark, Schweden und Polen kein Interesse daran, die Russen bis zur Ostsee vordringen zu lassen. So flüchteten sich die baltischen Reichsfürstentümer vor den grausamen und verwüstenden russischen Truppen weitgehend unter polnische, teilweise auch dänische und schwedische Oberhoheit. Damit schieden sie aus dem römisch-deutschen Reich aus. Nur die Stadt Riga konnte noch bis 1581 eine Art reichsunmittelbare Selbständigkeit bewahren.

Auch in Polen mußten die Deutschen Rückschläge hinnehmen. Nachdem dort das jagiellonische Herrscherhaus ausgestorben war, kandidierte bei den polnischen Königswahlen 1573, 1575 und 1587 auch ein Habsburger, beim zweiten Mal Kaiser Maximilian II. selbst. Diese Bemühungen blieben vergeblich. Bei energischerem Einsatz, vor allem bei den Doppelwahlen, hätten sie vielleicht Erfolg haben können. So wurde nichts aus dem Versuch, durch eine Verbindung mit Polen die Basis für die Abwehr der Türken zu stärken.

Das römisch-deutsche Reich sah sich also im Laufe der Epoche von allen Seiten angegriffen. Dabei hatten die gesamteuropäischen Verbindungen des habsburgischen Herrscherhauses mit dazu beigetragen, dem Reich die französischen Angriffe auf den Hals zu ziehen. Einigkeit der Reichsstände hätte stark gemacht. Die innere Uneinigkeit indessen führte dazu, daß das Reich nicht seine Aufgabe erfüllen konnte, seine Mitglieder zu schützen und seinen territorialen Bestand gegen Angriffe zu wahren.

4.8 Erbe

Etliche Geschehnisse dieser Epoche haben nachhaltige Wirkungen gehabt, die vielfach bis heute reichen. Daß als Folge von Luthers Wirken eine deutsche Gemeinsprache entstanden ist, die sich allmählich im ganzen deutschen Raum durchgesetzt und damit die Einheit des deutschen Volks gefestigt hat, ist eine grundlegende und unverändert gültige Entscheidung der deutschen Geschichte, ebenso wie jene, daß die Niederlande sich als Volk und Staat verselbständigt haben und daß die Schweiz zum souveränen Staat geworden ist und eine Praxis außenpolitischer Neutralitätspolitik begonnen hat, die sie dann später auch zum bewußten Prinzip gemacht hat. Eine Reihe wichtiger Innovationen dieser Epoche beeinflußten die folgende Zeit entscheidend, ja sind heute mehr denn je im Gebrauch: das Entstehen von Post, doppelter Buchführung, bargeldlosem Zahlungsverkehr, Herbergen und Zeitungen hat vor allem das Wirtschaftsleben nachhaltig geprägt; die Erfindung des Buchdrucks ist zu einer tragenden Grundlage des ganzen Kulturlebens geworden, und die Entwicklung brauchbarer Artillerie und Handfeuerwaffen schuf eine Waffentechnologie, die das Militärwesen bis heute weithin bestimmt. Mit dem heliozentrischen Weltbild ist eine unverändert gültige Erkenntnis formuliert worden. Die Aufnahme einzelner Elemente antiker Kultur hat in Architektur, bildender Kunst und Theater bis zum Anfang des 20. Jahrhunderts spürbare Wirkungen gehabt. Daß das Fehdewesen beseitigt und die legitime Anwendung von Gewalt beim Staat monopolisiert worden ist, stellt eine Errungenschaft dar, die nach wie vor zu den entscheidenden Grundlagen staatlicher Ordnung gehört. Von den Einflüssen des römischen Rechts sind zwar manche Elemente im 19. Jahrhundert aus dem deutschen Recht wieder ausgeschieden worden, doch in einer Reihe von Regelungen sind seine Spuren auch im heute gültigen Recht noch unverkennbar. Das Entstehen des Rechtsanwaltsberufs wurzelt ebenso in dieser Zeit wie das „Juristenmonopol" im öffentlichen Verwaltungsdienst, das darauf zurückgeht, daß Fürsten römisch-rechtlich ausgebildete Räte in ihren Dienst genommen haben.

Als folgenschwer für den weiteren Verlauf der deutschen Geschichte erwies sich, daß in den Landschaften östlich der Elbe Gutswirtschaften und Getreideexportwirtschaft dominant wurden, wodurch dieser Raum sich anders als Westdeutschland entwickelte. Grundzüge dieser Struktur bestanden bis 1945. Diese Wirtschafts- und

Sozialstruktur stärkte in Ostelbien die Herrenstellung und das Herrenbewußtsein des Landadels und drückte das Bauerntum herab, und die Arbeitsteilung zwischen ostelbischem Getreideexport und Import gehobener Konsumgüter aus dem Westen ließ in Ostelbien die Städte und damit das Bürgertum relativ schwach bleiben. Das gab der ostelbischen Gesellschaft einen starren, wenig anpassungsfähigen Zug. So blieb sie bis Anfang des 20. Jahrhunderts ein Hort autoritärer und antibürgerlicher Wertvorstellungen. Das Entstehen einer freiheitlichen und demokratischen Ordnung wurde hierdurch gehemmt und gefährdet. Selbst nachdem diese großgrundbesitzende Führungsschicht 1945 ausgeschaltet worden war, ist in der Raumstruktur der Unterschied zwischen dem stärker agrarischen Nordosten und dem städtereicheren, dichter besiedelten übrigen deutschen Raum noch heute sichtbar.

Über das bereits Genannte hinaus erfolgten in dieser Epoche vor allem zwei grundsätzliche Entscheidungen von außerordentlicher Tragweite für die deutsche Geschichte, nämlich der Sieg der partikularistischen Kräfte über die zentralisierenden Bestrebungen und der Ausgang des Dreißigjährigen Kriegs einerseits und die Reformation andererseits. Nachdem schon im Laufe des hohen Mittelalters eine Vorentscheidung gegen die Zentralgewalt und für die Territorialisierung des Reiches gefallen war, wurde diese mit dem Ausgang des Dreißigjährigen Kriegs endgültig bestätigt. Sie mündete schließlich in den völligen Zerfall des Reiches. Nicht vom Reich her, sondern von den größeren und mittleren Territorien aus ist moderne Staatlichkeit entstanden, und diese blieben in beträchtlicher Zahl bis 1866 für den deutschen Raum bestimmend. Nun ist ein Einheitsstaat kein Wert an sich, aber seine Existenz oder Nichtexistenz hatte weitreichende Folgen, die auch das Leben der einzelnen Deutschen berührten, ihre Freiheit, Sicherheit und ihren Wohlstand. Das Reich war in der folgenden Zeit bis zu seinem Untergang 1806 zwar zu schwach, um den Frieden in Europa zu stören und andere europäische Staaten anzugreifen, aber es war eben auch unfähig, Angriffe von außerhalb abzuwehren, den eigenen Gebietsbestand wahren und im Innern für einen friedlichen Ausgleich der Mächtigen sorgen zu können. So verging 1618/48-1815 fast kein Jahr, in dem nicht auf dem Boden des Reiches Krieg geführt wurde, was den Deutschen vielfache Verwüstungen und Leiden bescherte. Eine wirkliche Friedensordnung brachte das Jahr 1648 für die Deutschen also nicht. Seit Frankreich und Schweden in den Dreißigjährigen Krieg eingegriffen haben, ist überdies die Frage deutscher Einheit, überhaupt jeder Ordnung des deutschen Raumes nicht länger etwas, was die Deutschen unter sich ausmachen können, sondern eine europäische Frage, bei der nichtdeutsche Großmächte mitreden und mitwirken. Daran hat sich bis heute nichts geändert.

Als Folge der Schwäche des Reiches und des Ausgangs des Dreißigjährigen Kriegs waren die Deutschen von der Mitte des 16. bis zur Mitte des 19. Jahrhunderts auch vom Überseehandel ausgeschlossen – der Reichtum deutscher Kaufleute war durch den Krieg schwer geschädigt, die Mündungen der deutschen Hauptströme wurden von fremden Mächten kontrolliert, und vor allem erhielten deutsche Kaufleute keine Rükkendeckung durch einen hinreichend großen und starken Staat. Aber gerade in diesen 300 Jahren blühte der europäische Überseehandel kräftig auf und gewann immer größere Bedeutung. Während einige Länder daran kräftig teilhatten, blieb das deutsche Wirtschaftsleben kontinental orientiert. Dem entsprach auch die politische und geistige Ausrichtung; die deutschen Führungsschichten dachten politisch, militärisch und wirtschaftlich in den Kategorien von Landstaaten. Ihr Blick blieb auf Europa oder sogar nur Mitteleuropa beschränkt und ihr Verhalten weniger weltläufig als das etwa der britischen Eliten. Solche Denkstrukturen haben ein zähes Leben. Zwar haben deutsche Unternehmen im 20. Jahrhundert weltweite Handelsbeziehungen aufgebaut, aber im Bewußtsein der breiten Öffentlichkeit der Deutschen ist diese kontinentale Grundeinstellung in gewisser Weise bis heute geblieben. Die Flotten- und Kolonialpolitik Kaiser Wilhelms II. in den zwei Jahrzehnten vor dem Ersten Weltkrieg war äußerlich aufgesetzt und blieb Episode. Gerade die fraglichen drei Jahrhunderte waren im übrigen auch jene Zeit, in der nach den Portugiesen und Spaniern auch Engländer, Niederländer und Franzosen ihren Kolonialbesitz in Amerika, Asien und Australien und im wesentlichen auch in Afrika absteckten. Die Hinterländer, besonders in Afrika, durchdrangen die Kolonialmächte zwar erst im weiteren Verlauf des 19. Jahrhunderts, aber welche Macht wo Anteil haben würde, wurde doch schon in dieser Zeit durch Küstenstützpunkte vorentschieden. Nur noch wenige Lücken blieben übrig, zudem an wirtschaftlich unbedeutenden Stellen, in die sich Ende des 19. Jahrhunderts das Deutsche Reich und einige andere Nachzügler hineinzudrängen versuchten, ohne noch vergleichbare Kolonialreiche aufbauen zu können. Damit hat sich auch entschieden, wo in der Welt bis heute Spanisch, Portugiesisch, Englisch und Französisch zur Verkehrssprache geworden ist, und die gemeinsame Sprache erleichtert dann auch die Verbreitung verschiedenster Kulturgüter. Deutsch dagegen gewann keine über Mitteleuropa hinausgehende Bedeutung, und auch das ist bis heute so geblieben. Selbst der bundesdeutsche Außenhandel konnte bis in jüngste Zeit die Spuren dieses kontinentalen Erbes nicht verleugnen: während die BRD 1992 für alle europäischen Staaten (mit Ausnahme der äußeren Ränder, nämlich Norwegen, Bulgarien und die GUS-Staaten) der wichtigste Handelspartner war, galt dies nur für einen außereuropäischen Staat, nämlich die Türkei, die bemerkenswerterweise direkt angrenzt und in der Richtung der alten habsburgischen Südostexpansion liegt; ansonsten waren außerhalb Europas im Regelfall die ehemaligen Kolonialmächte, die USA oder Japan der jeweils vorrangige Handelspartner.

Die Verwüstungen des Dreißigjährigen Kriegs, der Ausschluß vom Überseehandel und die territoriale Zersplitterung beeinträchtigten im 17. und 18. Jahrhundert massiv das deutsche Wirtschaftsleben. Indem die wirtschaftliche Entwicklung gehemmt wurde, entwickelte sich auch das (Wirtschafts-)Bürgertum nur relativ gering, jedenfalls verglichen mit westeuropäischen Staaten. Das hatte weitreichende Folgen. Mit dem Bürgertum blieben jene Kräfte relativ schwach, die im späten 18. und 19. Jahrhundert in Richtung auf politische Freiheiten und Parlamentarismus drängen sollten, und umgekehrt rückten im 18. Jahrhundert Fürst und Bürokratie in den Vordergrund. Dadurch prägten sich obrigkeitliche Traditionen im politischen und gesellschaftlichen Leben deutlich aus, und dies trug dazu bei, daß sich der Weg zum Parlamentarismus dann im 19. und 20. Jahrhundert für die Deutschen schwierig und hindernisreich gestaltete.

Die territoriale Aufspaltung brachte es auch mit sich, daß die Reformation im deutschen Raum zur konfessionellen Spaltung führte und diese sich dann territorialisierte in einem räumlich abgegrenzten Nebeneinander der Konfessionen. Jene Verteilung katholischer und protestantischer Gebiete, die sich bis 1648 herausgebildet hatte, besteht in dieser Form bis heute. Daran hat sich auch dadurch nichts Entscheidendes geändert, daß die Deutschen im späten 19. und im 20. Jahrhundert räumlich mobiler geworden sind und einander stärker durchmischt haben. In welche Kirche ein Deutscher heute hineingeboren wird, ist im allgemeinen Folge der obrigkeitlichen Religionspolitik der Reformationszeit. Daß die Habsburger und Wittelsbacher sich in der Zeit der Konfessionalisierung als entschieden katholisch verstanden, hat Österreich, Bayern (in seinem damaligen Umfang) und in gewisser Weise auch dem Kölner Raum jene intensiv katholische Prägung gegeben, die dort bis heute spürbar ist und diese Gebiete bis heute von anderen deutschen Regionen unterscheidet. Nicht nur das Luthertum ist damals enstanden, sondern auch die katholische Kirche hat erst in dieser Zeit mit den Beschlüssen des Tridentinischen Konzils ihre heutige Gestalt angenommen. Konfessionelle Spaltung bedeutet aber nicht nur Zugehörigkeit zu verschiedenen Kirchenorganisationen, sondern beide Konfessionen haben das Denken und Verhalten der Deutschen auch weit über den kirchlichen Bereich hinaus geprägt. So war für die Gliederung des Parteiensystems im Deutschen Reich bis 1933 auch der konfessionelle Unterschied ein wichtiger Faktor, und im Wählerverhalten wirkte er auch noch nach dem Zweiten Weltkrieg in der BRD weiter, sich dabei langfristig abschwächend. Die Unterschiede zwischen den Konfessionen haben verschiedene Grundhaltungen entstehen lassen und sind deshalb als Erbe heute sogar selbst dort noch spürbar, wo Menschen gar keine kirchlichen Bindungen mehr besitzen. Während sich die katholische Kirche an der Tradition orientiert, auf Rituale und gute Werke vertraut und den Gläubigen in Institutionen einbindet, hat Luther theoretisch eine personalisierte Glaubensauffassung begründet, bei welcher der einzelne sich unmittelbar auf die Bibel und auf sein eigenes Gewissen stützt und auf diese Weise von verbindlichen Autoritäten befreit, aber auch alleingelassen ist. Nun wurde dieser Grundsatz Luthers unter den Bedingungen landesfürstlicher Kirchen zunächst gleichsam eingekapselt und konnte sich nicht realisieren, aber als Potential blieb er vorhanden, und langfristig wurde er doch wirksam. Dieser Unterschied hat nicht nur dazu geführt, daß in der katholischen Kirche die Wahrheit möglichst zentral verwaltet wird, wogegen dem Protestantismus die latente Neigung innewohnt, in soviele Kirchen zu zerfallen wie er Kirchtürme besitzt. Weit darüber hinaus hat er bewirkt, daß seit dem Ende des 18. Jahrhunderts bis heute der protestantische Volksteil sich den am Individuum orientierten Ideen von Aufklärung und Liberalismus, der traditionskritischen modernen Bildung und kritischem Denken überhaupt stärker geöffnet hat als der katholische, bei dem Traditionen und autoritätsbezogenes Denken sich in höherem Maße bewahrt haben. Er bewirkte ferner, daß der durch Institutionen und Normen im Geist weniger festgelegte protestantische Volksteil sich dem jeweils Modernen, den Strömungen des Zeitgeistes stärker hingegeben hat als der katholische, zugleich aber auch ein größeres Bedürfnis nach Weltanschauungen als Religionsersatz, als Halt in der Verunsicherung gezeigt hat. Diese Unterschiede sind auch heute noch spürbar, zumindest im Vergleich des bayerisch-österreichischen mit dem protestantisch-norddeutschen Raum.

Die Tatsache, daß bei den Deutschen aus den konfessionellen Auseinandersetzungen keine Konfession als alleiniger Sieger hervorging, sondern jede Konfession andere Lehren neben sich sah, die konkurrierend denselben Wahrheitsanspruch erhoben, erzeugte bei den deutschen Theologen des 16. und 17. Jahrhunderts ein besonderes Bedürfnis nach Rechtfertigung und Abgrenzung. Das veranlaßte sie, ihre eigene Position radikal zu Ende zu denken und auch Probleme von eher nebensächlicher Natur kompromißlos vom Grundsätzlichen her zu klären. Nun ist diese Kontroverstheologie des konfessionellen Zeitalters glücklicherweise längst vergangen — aber wurzelt nicht hier eine Neigung zu weltanschaulicher Unbedingtheit und gedanklicher Radikalität, zum unpragmatischen Streit ums Prinzipielle, zur unversöhnlichen Rechthaberei, welche in den Denk- und Umgangsformen vieler deutscher Intellektueller auch jenseits religiöser Bezüge in säkularisierter Form bis heute mehr oder minder weiterwirkt?

5.

Zeitalter
der Fürstenhöfe:
1648-1780

5.1 Deutsches Volk innerhalb und außerhalb des Reiches

In den dreißig schweren Kriegsjahren zwischen 1618 und 1648 erlitt das deutsche Volk furchtbare Verluste. Diese gingen nicht nur auf die direkten Wirkungen der Kriegshandlungen zurück, sondern in hohem Maße auf die indirekten, auf Ernteausfälle, Hungersnöte und Seuchen. Die Kopfzahl des deutschen Volks lag 1650 über ein Viertel niedriger als der Vorkriegsstand. Dabei waren die einzelnen deutschen Landschaften sehr unterschiedlich stark betroffen. Beispielsweise fiel im Herzogtum Württemberg die Bevölkerung von 312.000 im Jahr 1610 auf 100.000 im Jahr 1639, jene der Stadt Frankfurt an der Oder sank zwischen 1618 und 1653 von 13.000 auf 2.366, die Hamburgs dagegen wuchs während des Krieges von 40.000 auf 50.000.

Umfang des deutschen Volks

Nach Kriegsende stieg die Bevölkerung nur langsam wieder an. In der ersten Hälfte des 18. Jahrhunderts wurde der Vorkriegsstand erneut erreicht. Ab Mitte des 18. Jahrhunderts beschleunigte sich das Bevölkerungswachstum dann deutlich. Nun waren inzwischen die wirtschaftlichen Möglichkeiten erweitert worden und dadurch die Tragfähigkeit des deutschen Raumes gegenüber dem 16. Jahrhundert tatsächlich etwas gewachsen, aber die bestehende Agrarverfassung setzte einer Expansion doch enge Grenzen. Nachdem der Dreißigjährige Krieg die Gefahr der Übervölkerung, die sich um 1600 abzuzeichnen begonnen hatte, noch einmal vertagt hatte, trieb nun vor allem der Südwesten in der zweiten Hälfte des 18. Jahrhunderts erneut auf die Übervölkerung zu, diesmal ernster als zuvor. Während sich Fürsten in den Jahrzehnten nach Kriegsende bemühten, ihre Länder volkreich zu machen, damit die Zahl der arbeitenden Hände die Produktion steigere, und es teilweise Sondersteuern für Junggesellen gab, erließen im Laufe des 18. Jahrhunderts vor allem in den west- und süddeutschen Ländern die Obrigkeiten wieder zunehmend schärfere Bestimmungen, welche die Heiratserlaubnis auf jene beschränkten, die „eigenen Rauch" aufgehen lassen konnten, also Erwerbsstelle und Haus besaßen, und welche die Zeugung unehelicher Kinder verboten. In Österreich waren Mitte des 18. Jahrhunderts etwa ein Drittel der Erwachsenen ledig.

Vor allem der dichtbevölkerte Südwesten des deutschen Raumes war es dann auch, der die im 18. Jahrhundert einsetzende Auswanderungsbewegung speiste. Diese ergoß sich in zwei entgegengesetzte Richtungen: nach Ungarn und nach Nordamerika. Der eine Strom nahm die mittelalterliche Ostorientierung wieder auf, der andere richtete sich auf völlig neue Ziele. Beide Auswanderungsströme waren im 18. Jahrhundert zahlenmäßig etwa gleich stark. Hauptmotiv war die zunehmende wirtschaftliche Not des übersetzten Raumes, verstärkt durch die Verwüstungen in den Kriegen Ludwigs XIV., und einige Amerikaauswanderer fühlten sich auch durch konfessionelle Unduldsamkeit fortgetrieben.

Nachdem die Habsburger um die Wende zum 18. Jahrhundert ganz Ungarn der türkischen Herrschaft entrissen hatten, setzten sie den Wiederaufbau des völlig verwüsteten und weitgehend entvölkerten Landes in Gang. Zunächst wurden die großen Städte wie Gran, Ofen, Pest und Fünfkirchen neu bevölkert, vorwiegend durch deutsche Bürger. Dann rekultivierte man das verödete Land durch planmäßig angelegte Bauernsiedlungen. Im Unterschied zur mittelalterlichen Ostsiedlung wurde die neue Südostsiedlung nicht von einheimischen Herrschern und lokalen Stellen organisiert, sondern zentral von Wien aus geplant und gelenkt. Im wesentlichen siedelte man Deutsche an, daneben aber auch Magyaren, Kroaten, Serben, Rumänen und andere, vielfach bunt gemischt und ohne danach zu streben, volklich einheitliche Gebiete zu schaffen. Nur die Steuerleistung interessierte den absolutistischen Staat, nicht die Volkszugehörigkeit. Von 1703 bis 1803 ließ Wien etwa 160.000 Deutsche im Südosten ansiedeln, vor allem im Banat, in der Batschka, in dem Gebiet von Sathmar in Ostungarn und westlich von Buda-Pest. Viele wurden in „Schwabenzügen" über die Donau nach Ungarn verschifft. Die rechtliche und soziale Stellung der Neusiedler in Ungarn war schlechter als die jener Deutschen, die seit dem Mittelalter in Siebenbürgen saßen. Aber in einem Leben voll harter Arbeit haben die Neusiedler riesige versumpfte oder mit Gestrüpp bedeckte Flächen in Kulturland verwandelt. Die angesiedelten Deutschen vermehrten sich bald stark und gründeten selbsttätig über einen langen Zeitraum hin zahlreiche Tochtersiedlungen.

Die deutsche Auswanderung nach Nordamerika begann um 1680, zunächst vor allem nach Pennsylvanien. 1740 erschien die erste deutsche Zeitung in Nordamerika. 1786 lebten bereits etwa 250.000 Deutsche in den nordamerikanischen Kolonien Großbritanniens. Meist wurden die deutschen Auswanderer als vertragsgebundene Arbeitskräfte angeworben, deren Los in Nordamerika zunächst vielfach sklavenähnlich war.

Keine dauernde Auswanderung, aber die Erscheinung des Wanderarbeiters entstand im 17. Jahrhundert in Nordwestdeutschland mit den „Hollandgängern".

Die Angehörigen nichtdeutscher Völker, die im römisch-deutschen Reich lebten, konnten auch weiter ihre Muttersprache verwenden, ohne dabei durch irgendwelche politische Maßnahmen beeinträchtigt zu werden. Trotzdem dehnte sich bei ihnen der Gebrauch der deutschen Sprache aus. In Böhmen wurde im Laufe des 18. Jahrhunderts die ganze Oberschicht in Sprache und Bildung deutsch, und das Tschechische sank zur bloßen Bauernsprache herab. Im Unterschied zu der gewaltsamen antideutschen Sprachpolitik der böhmischen Stände in der Zeit vor dem Dreißigjährigen Krieg war diese Eindeutschung freiwillig und von der Politik nicht beabsichtigt. Von den Kaschuben in Ostpommern und den Sorben gingen seit etwa 1700 immer mehr Menschen zum Gebrauch der deutschen Sprache über. Immerhin ist bemerkenswert, daß es das tschechische Volk noch heute gibt, wogegen in Großbritannien und Frankreich der

Druck der Zentralgewalt dazu führte, daß die Waliser, Schotten, Iren, Bretonen und Okzitanier nach und nach im wesentlichen anglisiert beziehungsweise französisiert wurden und ihre Volkssprachen als Schriftsprachen weitgehend bedeutungslos wurden.

Während im Reich alte volkliche Minderheiten schrumpften, entstand noch einmal eine kleine, aber nicht unwichtige neue Minderheit: die französischen Hugenotten. Als Ludwig XIV. in Frankreich Ende des 17. Jahrhunderts die Hugenotten wegen ihres reformierten Glaubens verfolgen ließ, wanderte ein großer Teil aus Frankreich aus. 30.000 von ihnen wurden in den 1680er und 90er Jahren von deutschen Territorien aufgenommen, besonders von Brandenburg, Hessen und Pfalz. Die Hugenotten waren vor allem Handwerker, Unternehmer und Angehörige der geistigen Berufe, aber auch Bauern. Sie betätigten sich besonders als Gewerbetreibende, ihre späteren Nachkommen wurden zu einem großen Teil Beamte, Offiziere und Angehörige der freien Berufe und spielten als solche vielfach eine bedeutende Rolle. Die Hugenotten brachten aus dem wirtschaftlich fortschrittlicheren Frankreich neue Techniken und Gewerbe mit und wurden vielfach Vorbild und Lehrmeister der Deutschen in Gewerbe und Wissenschaft, bis die Unterschiede um 1750 ausgeglichen waren. Man gestand diesen französischen Einwanderern zu, ein gesellschaftliches Sonderdasein zu führen mit eigenen französischsprachigen Kirchen und Schulen, weitgehender Selbstverwaltung und oft eigenen Gerichten, gab ihnen zahlreiche Vorrechte vor den Deutschen und erzwang keine Eindeutschung.

Fast ebensowenig, wie die Nichtdeutschen in den deutschen Territorien einer Germanisierungspolitik ausgesetzt waren, sahen die Deutschen in anderen Staaten sich entsprechenden Zwängen unterworfen. Obwohl die Baltendeutschen mit dem Zusammenbruch des Ordensstaates im 16. Jahrhundert überwiegend unter polnische, dann 1621/29 fast ganz unter schwedische und 1721 unter russische Oberhoheit geraten waren, behielten der großgrundbesitzende deutsche Adel und die weiterhin im wesentlichen deutschen Ober- und Mittelschichten der Städte unangefochten die politische, geistige und wirtschaftliche Führung in den Händen. Die deutsche Volksgruppe konnte sich erhalten, nicht zuletzt, weil aus dem geschlossenen deutschen Siedlungsgebiet weitere Menschen zuwanderten. Die estischen und livischen Bauern blieben arm und unwissend unter der zunehmend drückenderen Herrschaft der baltendeutschen Gutsherren. Es blieb im Baltikum bis in die Mitte des 19. Jahrhunderts dabei, daß sich die soziale und bildungsmäßige Schichtung mit der volklichen deckte. Besonders aus dem Adel gingen im 18. Jahrhundert viele Baltendeutsche ins Innere Rußlands, indem sie als Offiziere, Beamte, Gelehrte und Fachkräfte in den Dienst des russischen Zaren traten. Da der Staat unabhängig vom Volk gedacht wurde, sah man kein Problem darin, zugleich Angehöriger des deutschen Volks und loyaler Diener des Zaren von Rußland zu sein. Der baltendeutsche Adel besaß bis ins 19. Jahrhundert hinein großen Einfluß am russischen Hof, besetzte einen erheblichen Teil der leitenden Stellungen in Zivilverwaltung und Armee des Zarenreiches und hatte einen beträchtlichen Anteil an der Europäisierung Rußlands, die er gegen die Reaktion des Altrussentums stützte.

Frankreich knabberte vom Dreißigjährigen Krieg bis zur Mitte des 18. Jahrhunderts Stück für Stück von den westlichen Grenzlanden des römisch-deutschen Reiches ab, so daß kaum noch Franzosen innerhalb der Grenzen des Reiches übrig blieben und die Deutschen im Elsaß und in Lothringen unter französische Herrschaft gerieten. Das Französische wurde zur Staatssprache auch dieser Gebiete erklärt und als solche sein

Gebrauch gefördert, aber zu einer energischen Französisierungspolitik kam es nicht. Deutsch blieb in der Praxis auch als Gerichts-, Verwaltungs- und Unterrichtssprache bestehen, ja selbst als Kommandosprache der „deutschen" Regimenter in der französischen Armee.

5.2 Kameralistische Wirtschaftspolitik

Der Dreißigjährige Krieg bedeutete nicht nur für den zahlenmäßigen Bestand des Volkes, sondern auch materiell eine gewaltige Katastrophe. Als man 1648 in Münster den langersehnten Abschluß des Friedens mit einem Freudenfeuerwerk feierte, waren viele deutsche Landstriche schwer verwüstet, wenn auch in sehr unterschiedlichem Ausmaß. Ein Zeitgenosse klagte: „Wie jämmerlich stehen neue große Städte. Da zuvor tausend Gassen gewesen sind, sind nun nicht mehr hundert. Wie elend stehen die kleinen Städte, die offenen Flecken: da liegen sie verbrannt, zerfallen, zerstört, daß weder Dach, Gesparr, Thüren oder Fenster zu sehen ist ... Ach Gott, wie jämmerlich steht's auf den Dörfern. Man wandert bei zehn Meilen und siehet nicht einen Menschen, nicht ein Vieh, nicht einen Sperling, wo nicht an etlichen Orten ein alter Mann und Kind oder zwei alte Frauen zu finden."[19] Und es waren nicht nur ungezählte Menschen umgekommen, Äcker verwildert und Sachvermögen zerstört – in vielen Städten waren ganze Gewerbezweige verschwunden, und das Münzsystem war im Krieg durch die massenhafte Ausgabe minderwertiger Münzen weitgehend in Unordnung geraten. Die überregionalen Austauschbeziehungen zwischen Rohstoff-, Gewerbe- und Absatzgebieten waren durch die Kriegsgefahren vielfach durchtrennt worden, die Außenhandelskontakte völlig abgerissen.

Während das deutsche Wirtschaftsleben sich um mehrere Jahrzehnte zurückgeworfen fand, hatten vor allem die westeuropäischen Staaten ihr gewerbliches Niveau weiterentwickelt. Die Niederlande und England hatten das deutsche Gewerbe schon Ende des 16. Jahrhunderts überflügelt und brachten im 17. und 18. Jahrhundert auch den europäischen Überseehandel in ihre Hände, wodurch Amsterdam und London zu den Zentren des internationalen Fernhandels und Geldverkehrs wurden, und in Frankreich nahm das Gewerbe um die Mitte des 17. Jahrhunderts einen großen Aufschwung. Zwar waren die deutschen Lande immer noch weiter entwickelt als die östlich angrenzenden Gebiete Europas, als Polen, Ungarn und Rußland, was nicht übersehen werden sollte, aber im Vergleich zu Westeuropa war Deutschland zu einem deutlich rückständigen Land geworden. Der Verlust der wirtschaftlichen Vorrangstellung, die der deutsche Westen im 16. Jahrhundert in Europa gehabt hatte, bedeutete nun aber nur äußerlich eine Rückkehr zu jener Mittelstellung des deutschen Raumes in einem gesamteuropäischen Gefälle einer von Süden und Westen nach Osten und Norden abflachenden Höhe wirtschaftlicher Entwicklung, wie sie schon im Mittelalter bestanden hatte. Anders als damals waren jetzt die einzelnen Regionen Europas durch die zunehmenden Kontakte näher aneinandergerückt, die Unterschiede der wirtschaftlichen Leistungsfähigkeit wurden dadurch allgemein bewußt, und die Austauschbeziehungen zwischen ihnen wurden auch in ihrer Art durch diese Unterschiede geprägt. Nicht einfach weniger weit entwickelt, sondern rückständig war die Wirtschaft der deutschen Länder jetzt.

Wo deutsche Herren in den Jahrzehnten nach dem Dreißigjährigen Krieg Schlösser bauten, holten sie Kunsthandwerker aus Italien und den Niederlanden. Als man in Brandenburg am Ende des 17. Jahrhunderts Kanäle anlegte und Sumpfgebiete entwässerte, mußte man Spezialisten aus den Niederlanden heranziehen. Qualitätswaren für die deutsche Oberschicht mußten in dieser Zeit aus dem Ausland eingeführt werden: feine Stoffe aus England und den Niederlanden; Seide, Fächer, Gobelins, Glaswaren, Posamentierarbeiten, Hutfedern, Tabakdosen, feine Schreinerarbeiten und andere Luxusartikel aus Frankreich. Was man damals in Westeuropa allgemein vom deutschen Gewerbe hielt, faßte der Wirtschaftstheoretiker Hörnigk 1684 treffend so zusammen: „Wo wollen aber unsere Teutschen so viel Witz [= Verstand] herholen, einen saubern Zeug oder polite Galanteriewar zu inventieren oder auch nur nachzuahmen? Sie haben nicht Hirns genug dazu."[20] Gewerbe wie das Handschuhmachen, Hutmachen, Strumpfstricken, Seidenverarbeiten und Tapetendrucken und manche andere wurden Ende des 17. Jahrhunderts von französischen Einwanderern in verschiedene deutsche Länder eingeführt, wo sie im Dreißigjährigen Krieg verschwunden oder bis dahin ganz unbekannt gewesen waren. Die deutschen Regierungen klagten allenthalben über den Mangel an qualifizierten Fachkräften.

Die Unter-
entwicklung
bleibt

Auf 1648 folgte kein Wirtschaftswunder. Die Phase des Wiederaufbaus dauerte Jahrzehnte, und danach erlebten die Deutschen das ganze 18. Jahrhundert hindurch weitgehend wirtschaftliche Stagnation. Die Zahl der Gewerbe in München, die zwischen den Jahren 1500 und 1618 von 89 auf 140 angestiegen war, hielt sich in der Zeit von 1649 bis 1802 etwa auf dem gleichbleibenden Niveau von 110-120. Die Zahl der Bücher, die auf den Frühjahrs- und Herbstmessen in Leipzig und Frankfurt a.M. angeboten wurden, war von fast 5.000 Titeln im Jahrzehnt nach 1570 bis auf fast 16.000 Titel im Jahrzehnt nach 1610 gestiegen, worauf sie steil auf einen viel niedrigeren Stand abfiel und erst im 18. Jahrhundert erstmals wieder über 10.000 Titel je Jahrzehnt hinauskam.

Warum war das deutsche Wirtschaftsleben so langfristig geschwächt und erstarrt, warum wurde die Rückständigkeit gegenüber Westeuropa nicht allmählich überwunden? Mehrere Ursachen trafen hier zusammen. Die Konkurrenz qualitativ überlegener ausländischer Waren auf dem deutschen Markt machte dem einheimischen Gewerbe lange schwer zu schaffen, aber das war nicht einmal der wichtigste Grund. Der Handel Europas mit Übersee befand sich fest in der Hand der westeuropäischen Mächte. Damit waren die Deutschen von gerade jenem Bereich europäischen Wirtschaftslebens ausgeschlossen, der die größte Dynamik aufwies. Da hier die Gewinnspanne viel größer war als im übrigen Handel oder Gewerbe oder gar in der Landwirtschaft, bildete der Fernhandel auch die Quelle des wirklich großen Reichtums im Europa dieser Zeit. Ein entscheidendes Grundproblem des deutschen Wirtschaftslebens dieser Epoche stellte die Tatsache dar, daß die Herstellungs- und Transportverfahren sich technisch fast nicht weiterentwickelten, zumindest hinter der technischen Entwicklung vor allem Englands weiter zurückblieben. Das bedeutete nicht nur, daß die Produktivität der Arbeitskraft nicht stieg und daß nur wenig ins Gewerbe investiert wurde, sondern auch, daß im Handel angesammeltes Vermögen weiterhin immer wieder in Grundbesitz angelegt wurde. Die Stagnation auf dem Gebiet der Produktionstechnik hing überdies eng damit zusammen, daß die Zünfte und die traditionelle Agrarverfassung sowie die alte Wirtschaftsgesinnung weiterbestanden. Diese Strukturen hemmten Neuerungen. Daß die einzelnen deutschen Territorien sich zollpolitisch gegeneinander abgrenzten, tat ein übriges. Auch sollte auf keinen Fall übersehen werden, daß für das deutsche Gewerbe nicht nur kein ausgedehnter Auslandsmarkt vorhanden war, sondern daß es auch an einer wachsenden Massenkaufkraft im Inland fehlte. Das setzte der Gewerbeproduktion Grenzen. So waren in Brandenburg-Preußen um 1800 nur knapp 10 Prozent der Erwerbstätigen im Gewerbe beschäftigt. Nur in zwei Bereichen dehnte sich der Markt für gewerbliche Erzeugnisse im Laufe der Epoche deutlich aus, und diese spielten damit die entscheidende Rolle für die begrenzte Entwicklung von Gewerbe und Fernhandel: beim Bedarf der Oberschicht und der Höfe im besonderen nach Luxusgütern und beim Bedarf der Herrscher für ihre wachsenden Armeen nach Geschützen und Handfeuerwaffen, Uniformen und anderer Ausrüstung. Der Bedarf der kleinen Leute blieb fast ganz auf Nahrung, Kleidung und Wohnung beschränkt und wurde weiter von den örtlichen Märkten gedeckt. Diese Struktur der Nachfrage war Ausdruck der sozialen Ungleichheit, und sie wurde im Laufe des 18. Jahrhunderts noch dadurch verstärkt, daß das übermäßige Bevölkerungswachstum die Armut in der Unterschicht ansteigen ließ.

Sehen wir uns die Entwicklungsprobleme im einzelnen etwas näher an.

Die relative Rückständigkeit der deutschen Wirtschaft äußerte sich auch darin, daß die wichtigen Erfindungen des 17. und 18. Jahrhunderts nicht von Deutschen, sondern in Westeuropa gemacht wurden. Dort entwickelte man genau gearbeitete feinmechanische Instrumente, wobei im späten 16. und 17. Jahrhundert Fernrohr, Mikroskop und Pendeluhr in den Niederlanden und das Thermometer in Italien erfunden wurden, und Dampfpumpe und Dampfmaschine wurden im 18. Jahrhundert in England erdacht. Was es im deutschen Raum an technischem Fortschritt gab, kam mehr dadurch zustande, daß die Deutschen das Ausland nachahmten, als daß sie selbst etwas erfanden. So wurden auch das Verfahren des Zeugdrucks, durch das sich Baumwollgewebe mit Platten bedrucken ließ, und der Strumpfwirkstuhl aus dem Ausland übernommen. Experimente mit Dampfpumpen gab es in dieser Zeit auch im deutschen Raum, aber ein entscheidender Durchbruch konnte dabei nicht erreicht werden. Ebenso machte der Ersatz von Holzkohle durch Steinkohle keine wesentlichen Fortschritte, da die Transportkosten für die nur an wenigen Orten geförderte Steinkohle zu hoch waren. Die englischen Erfindungen, welche die Dampfkraft nutzten, übernahmen die Deutschen vor 1780 fast gar nicht. Obwohl Brennholz im Laufe des 18. Jahrhunderts in dichter besiedelten Landschaften knapper und teurer wurde, blieb also bei den Energiequellen alles in den bisherigen Bahnen. Ebenso sah es bei den verwendeten Werkstoffen aus. Trotz einiger kleiner technischer Fortschritte verharrte die Produktionstechnik damit insgesamt auf vorindustriellem Niveau.

Wie im übrigen Europa fing man auch im deutschen Raum seit Mitte des 17. Jahrhunderts an, sich gezielt um neue Erfindungen zu bemühen. In manchen Fällen förder-

Neuerungen
und
Widerstände
dagegen

ten die Fürsten solche Bestrebungen materiell. Bis weit ins 18. Jahrhundert hinein trat dieser Erfindungseifer aber nur im Umfeld der Höfe auf, neigte zu technischen Spielereien und ebenso phantasievollen wie krausen Projekten und blieb damit produktionsfern. So wurde immer wieder versucht, Gold zu machen und perpetuum mobiles zu bauen, und man konstruierte beispielsweise Uhren mit Musik oder Wasserstrahlen, die im fürstlichen Park überraschend den nichtsahnenden Besucher begossen. Ein bedeutendes Ergebnis dieser Versuche gelang als einzigem Johann Friedrich Böttger, als er 1709 in Dresden das europäische Hartporzellan erfand. Schon im folgenden Jahr wurde in Meißen eine Porzellanmanufaktur gegründet. Durch geflüchtete Arbeiter gelangte das Produktionsgeheimnis an andere Orte, und so entstanden rasch auch im übrigen Europa Porzellanmanufakturen. Deutsche Fürsten gründeten solche zunächst in Wien 1717, Höchst 1746, Nymphenburg und Fürstenberg 1747, Berlin 1751 und Frankenthal 1755. Einige der genannten bestehen heute noch.

Handwerker und erst recht Bauern teilten diese Bereitschaft zu technischen Neuerungen in keiner Weise. Da die Textilbranche die größte innerhalb des Gewerbes war, waren Neuerungen dort besonders wichtig. Nun wurden auch in deutschen Städten im 17. und 18. Jahrhundert hier und da mechanische Webstühle entwickelt. Sie fanden aber kaum Verwendung, da die Obrigkeiten diese unter dem Druck der Zunfthandwerker wiederholt verboten. Die Zunfthandwerker glaubten, daß durch diese arbeitssparenden Anlagen ihre Existenzgrundlage gefährdet sei und widersetzten sich deshalb überall starr jeder Neuerung. Aus der Sicht der Bauern lohnten Neuerungen wenig, solange sie befürchten mußten, daß der größte Teil des Nutzens doch dem Grund- oder Gutsherrn zufallen würde. Bäuerlicher Traditionalismus wurde außerdem durch die Tatsache gestützt, daß die Bauern bei den herkömmlichen Anbauverfahren wußten, woran sie waren, während Neuerungen das Risiko von Mißernten mit sich brachten, die sich bei der ohnehin dürftigen Existenzgrundlage vieler Bauern nur schwer verkraften ließen. Und landwirtschaftliche Neuerungen waren auch gar nicht so leicht zu handhaben: als 1746 auf Anordnung des preußischen Königs in Kolberg der Kartoffelanbau eingeführt werden sollte, probierten die einen die gelieferten Saatknollen roh und warfen sie dann als ungenießbar weg, die meisten meinten, sie würden zu Bäumen heranwachsen, und andere schütteten sie alle zu einem erdbedeckten Haufen zusammen, wo sie zu einem dichten Filz ineinanderwuchsen. Noch im 18. Jahrhundert konnte es ein Menschenalter dauern, bis neue Anbaumethoden 50-70 Kilometer von ihrem ursprünglichen Anwendungsort entfernt bekannt und nachgeahmt wurden.

Erhaltung der *Gesundheit* Die Fähigkeit, die Gefahren der Natur zu beherrschen und damit die Gesundheit der Menschen zu erhalten, bot im 17. und 18. Jahrhundert kein wesentlich anderes Bild als ihre Fähigkeit, die Gegebenheiten der Natur zu nutzen. Die durchschnittliche Lebenserwartung lag weiter um 30 Jahre. Für Durlach ist errechnet worden, daß im 18. Jahrhundert 52 Prozent der Lebendgeborenen nicht älter wurden als 5 Jahre. Mit der mangelhaften Hygiene und Entsorgung der Städte und dem geringen Stand der medizinischen Kenntnisse blieben die Ursachen dieser Verhältnisse bestehen. Ein Zeitgenosse stellte für die Mitte des 18. Jahrhunderts fest: „Überhaupt war man für Reinlichkeit im ganzen wenig empfänglich. Baden war so wenig gewöhnlich, daß viele Leute zum ersten Male als Leichen gewaschen wurden."[21] Das Gesundheitswesen war unverändert geteilt in sehr wenige studierte Ärzte in Städten und an Fürstenhöfen, eine große Zahl von handwerklichen Badern und Chirurgen, dann die sich im 18. Jahrhundert stark vergrößernde Gruppe herumreisender Kurpfuscher sowie die Volksmedizin der Schäfer, alten Weiber und Henker. Der Statistiker Süßmilch schrieb 1761: „Der Bauer und der Arme sterben ohne den geringsten Gebrauch einiger Arzeney dahin. An den Arzt wird wol gar nicht einmal gedacht, theils, weil er zu weit, theils weil er dem gemeinen Mann zu kostbar scheinet oder auch ist. ... Bey dem Bauer kann das Gift einer ansteckenden Seuche auch darum desto leichter andern mitgetheilet werden, weil er die Gefahr nicht kennet, und weil er nur eine Stube und ein Bette hat; daher oft die Gesunden noch bey den Kranken liegen, wenn die Krankheit schon bis auf den höchsten Grad gekommen."[22] Noch 1709-11 fielen einer Pestepidemie in Ostpreußen 40 Prozent der Bevölkerung zum Opfer; doch zugleich war dies der letzte große Pestausbruch auf deutschem Boden. Andere Epidemien wie Pocken, Gelbsucht, Flecktyphus und vieles mehr traten auch weiter reichlich auf, aber die Todesfälle wurden dabei seltener. An verbesserter Medizin lag dies nicht, sondern wohl eher an organisatorischen Maßnahmen wie einer schnelleren und konsequenteren Isolierung von Erkrankten, der Absperrung verseuchter Orte, der im 18. Jahrhundert aufkommenden Meldepflicht für ansteckende Krankheiten und anderer gesundheitspolizeilicher Maßnahmen.

Es war kennzeichnend für die weitgehend statischen Wirtschaftsverhältnisse, daß *Markt-* das Ausmaß, in dem die einzelnen Haushalte und Betriebe durch Austauschbeziehun- *wirtschaft* gen miteinander verflochten waren, offensichtlich im 17. und 18. Jahrhundert kaum *und Städte* höher lag als schon im 16. Jahrhundert. Der Anteil des eigenen Verbrauchs, den man nicht über den Markt, sondern durch die eigene Hauswirtschaft deckte, sank nicht nennenswert – für ostpreußische Bauernhöfe im 18. Jahrhundert hat man ihn auf 80 bis 85 Prozent geschätzt. In den Städten war noch im 18. Jahrhundert Selbstgesponnenes der Stolz der Handwerksfrau, wurde noch mehr im eigenen Haus als vom Metzger geschlachtet. Auch der Handelsverkehr zwischen den einzelnen Territorien wuchs im ganzen nicht. Verglichen mit dem 16. Jahrhundert war er vielleicht sogar geringer, da die Landesherren die Grenzzölle stark ausbauten. Immerhin nahmen geldwirtschaftliche Vorgänge weiter auf Kosten der naturalwirtschaftlichen zu. Bei der Entlohnung der Beamten und Pfarrer gewann das feste Geldgehalt zunehmend an Gewicht, aber es bestanden daneben noch weiter naturale Deputate, die erst in der ersten Hälfte des 19. Jahrhunderts verschwanden. Auch Bauern leisteten vielfach weiterhin einen Teil ihrer Abgaben in Naturalien.

Der Umfang des Gewerbes wuchs nur langsam, wobei vor allem das ländliche Heimgewerbe im 18. Jahrhundert zunahm, so daß die Zahl der Stadtbewohner kaum stieg, ihr Anteil an der Gesamtbevölkerung sogar zurückging und damit auch die Bedeutung des Städtewesens für das gesamte Leben sank. Nur einige wenige Städte prosperierten kräftig und wuchsen über ihre alten Mauerringe hinaus. Das galt vor allem für die Residenzstädte der größeren Territorien und für Hamburg als Seehandelszentrum. Die meisten Städte dagegen stagnierten oder schrumpften sogar, darunter gerade auch die ehemals bedeutenden Fernhandelsstädte Lübeck, Nürnberg, Köln, Augsburg und Ulm. Nicht Kaufleute und Handwerker der Städte erwiesen sich also als das dynamische Element, sondern die Fürstenhöfe. Da es mehrere große Höfe gab, entstand im deutschen Raum nicht ein großes Wirtschafts- und Verwaltungszentrum, dessen Bedeutung sich auf das ganze Reich erstreckte, sondern es bildeten sich mehrere regionale Zentren. Bemerkenswert ist ein Blick auf die jeweils acht größten deutschen Städte. Im Jahre 1650 waren dies die Kaiserstadt Wien mit 80.000 Einwohnern und die Handelsstädte Danzig mit 70.000, Hamburg mit 50.000, Breslau mit 40.000, Frankfurt a.M. mit 35.000 und Köln, Augsburg und Lübeck mit je 30.000 Einwohnern; um 1790 dagegen verzeichnete man für Wien 207.000, die preußische Hauptstadt Berlin 150.000 (die im Jahre 1640 nur 6.000 Einwohner aufgewiesen hatte!), Hamburg 100.000, Königsberg 62.000, Breslau 57.000, die kursächsische Residenzstadt Dresden 53.000, die bayerische Residenzstadt München 48.000 und Köln 43.000 Einwohner.

Außenhandel Nachdem im Dreißigjährigen Krieg die Fäden der Außenhandelsverbindungen abgerissen waren, gelang es nur langsam, sie wieder neu zu knüpfen. Erst im 18. Jahrhundert überschritt das deutsche Außenhandelsvolumen das Vorkriegsniveau. Dabei wirkte hemmend, daß die Rheinmündung von den jetzt unabhängigen Niederlanden kontrolliert wurde und die Mündungen von Oder und Weser bis Anfang des 18. Jahrhunderts unter schwedischer Kontrolle standen. Um 1780 erreichte die Ausfuhr etwa 8 Prozent des Sozialprodukts. Nicht mehr die süddeutschen Handels- und Gewerbestädte trugen den Außenhandel, sondern der Handel nach Polen und Rußland wurde weitgehend durch Leipziger vermittelt, der Handel nach Westeuropa durch die Küstenstädte an der Nordsee, vor allem Hamburg. Die Hansestadt an der Elbe, der diese und ihre Nebenflüsse ein bis Sachsen und Schlesien reichendes Hinterland erschlossen, stieg im 18. Jahrhundert zum größten deutschen Hafen auf. Eingeführt wurden vor allem Luxusgüter, besonders aus Frankreich, und Kolonialwaren wie Kaffee, Tabak und Zucker aus Übersee. Als Ausfuhr spielte zunächst in erster Linie Getreide aus Ostelbien eine Rolle, das dann aber wertmäßig von Fertigwaren überrundet wurde, besonders einfacheren Textilien.

Der über den Landweg nach Polen und Rußland laufende Außenhandel nahm mit der allgemeinen Entwicklung Osteuropas einen Aufschwung. Zusammen mit Ungarn war dies jener Raum, in dem der deutsche Export im Vergleich zu anderen Gegenden noch relativ am besten abschnitt. Die Habsburger versuchten, auch den Handel mit dem Osmanischen Reich und der Levante zu vertiefen, erzielten aber nur mäßigen Erfolg; zu stark war dort die Stellung englischer und französischer Kaufleute. Die englischen und niederländischen Kaufleute hatten überdies nicht nur den atlantischen Überseehandel weitgehend in ihre Hände gebracht, sondern beherrschten auch den Ostseehandel. Selbst der deutsche Seehandel in Nord- und Ostsee wurde nur zu einem geringen Teil von deutschen Schiffen und Kaufleuten abgewickelt. Die Handelsflotte der deutschen Staaten war klein und wurde relativ zu den rasch wachsenden Handelsmarinen Englands und Frankreichs immer unbedeutender; 1780 belief sie sich nur noch auf gut 5 Prozent der Tonnage ganz Europas.

Außenhandel: Übersee Weitsichtige Deutsche waren sich des Problems wohl bewußt. So wie die politischen Verhältnisse im Reich lagen, konnten nur von den einzelnen Territorien Bemühungen ausgehen, Rohstoffe und Genußmittel aus Übersee auf eigenen Schiffen und aus eigenen Plantagenkolonien einzuführen und diese auch selbst mit den nötigen Negersklaven aus Afrika zu versorgen. Die Hansestädte besaßen zwar die nötige maritime Erfahrung, waren dazu aber politisch zu schwach. Der Herzog von Kurland errichtete 1651 ein Fort an der Guineaküste und erwarb die westindische Insel Tobago. Kurfürst Friedrich Wilhelm von Brandenburg gründete 1682 eine Afrikanische Handelskompanie, die zwei Forts an der Küste des heutigen Ghana und eines an der Senegalküste anlegte sowie einen Teil der westindischen Insel St. Thomas erwarb. Doch beide Kolonialunternehmungen brachten nur bescheidene Gewinne ein, vor allem wegen der Unkosten, die durch Feindseligkeiten der Niederländer verursacht wurden. 1658 eroberten die Niederländer Tobago, und 1721 mußten auch die brandenburgischen Überseebesitzungen an die Niederländer verkauft werden. Nachdem die österreichischen Habsburger 1713 mit den bis dahin spanischen Niederlanden, dem heutigen Belgien, einen Zugang zur Nordsee gewonnen hatten, gründete der Kaiser 1722 in Ostende eine Handelskompanie. Diese legte in den nächsten Jahren auch Faktoreien in Indien bei Madras, an der Gangesmündung und in China in Kanton an, und ihre Geschäfte entwickelten sich gut. Sie stieß aber auf den heftigen Widerstand der etablierten Kolonialmächte, welche die kaiserlichen Handelsschiffe zum Teil unterwegs kaperten. Auf massiven Druck Englands, Frankreichs und der Niederlande suspendierte der Kaiser schon 1727 die Gesellschaft und löste sie 1731 ganz auf. Außer diesen drei Versuchen im Überseehandel wurden in Brandenburg-Preußen, Österreich und anderen deutschen Staaten im 17. und 18. Jahrhundert noch eine Reihe weiterer Pläne für Überseekompanien geschmiedet, die aber meist schon im Planungsstadium steckenblieben und allesamt keine Bedeutung gewannen. Am Schicksal der drei energischen Anläufe wird auch deutlich, woran sie scheiterten: nicht an der geographischen Lage oder mangelnder seemännischer Erfahrung lag es, sondern am Mangel an politischer Kraft, um sich auch gegen den Druck und letztlich gegen die Waffengewalt der Konkurrenten durchsetzen zu können, eine Folge der Territorialisierung des deutschen Raumes. So blieben die Deutschen vom Welthandel ausgeschlossen.

Anders als im 16. Jahrhundert ließ sich im 17. und 18. Jahrhundert in den deutschen Landen von einem tatkräftigen privaten Unternehmertum nichts entdecken. Die Idee des belebenden freien Wettbewerbs und das ungehemmte Gewinnstreben im Wirtschaftsleben waren Kaufleuten und Handwerkern fremd und zuwider. Der alte Monopolgeist bestand fort, und es galt weiter als unmoralisch, danach zu streben, durch irgendwelche Art von Werbung Kunden anzulocken. Ebenso wurde der Versuch, den Warenumsatz auszuweiten, indem man bei geringeren Gewinnmargen zu niedrigeren Preisen anbot, allgemein verurteilt als unseriöse Verzweiflungstat eines Kaufmanns, der kurz vor seinem Ruin steht. Gewiß, es gab auch manchen Unternehmer. Bürgerliche Gewerbe, also solche, die üblicherweise in den Städten angesiedelt waren und in der Regel die benötigten Rohstoffe zukauften, waren dabei Bürgern vorbehalten und galten wie bisher für Adlige als nicht standesgemäß. Diese hatten sich der Landwirtschaft zu widmen, konnten sich aber ohne Einbuße ihres Ansehens auch im Getreidehandel betätigen sowie jene Fabrikationsanlagen betreiben, welche die auf ihren eigenen Ländereien gewonnenen Rohstoffe unmittelbar verarbeiteten und die üblicherweise auf dem Lande lagen, z.B. Ziegeleien und Sägewerke, Brennereien und Brauereien, Mühlen, teilweise auch Berg- und Hüttenwerke. Insgesamt jedoch wurde nur wenig investiert, um den Kapitalbestand zu erweitern, nicht nur, weil bei der herrschenden Technik die Möglichkeiten dazu gering waren, sondern auch, weil der Adel seine Einkünfte meist lieber für Schlösser, Feste und anderen Prunk konsumierte und reich gewordene Kaufleute und Manufakturunternehmer weiterhin ihr Vermögen lieber in Grundbesitz anlegten, welcher in der adlig geprägten Gesellschaft ein höheres Sozialprestige verschaffte und wirtschaftlich eine langfristige Sicherheit der Geldanlage bot.

Keine Unternehmerinitiative

Weil die meisten deutschen Territorien im Dreißigjährigen Krieg verwüstet worden waren, weil sie rückständig geworden waren gegenüber den Niederlanden, England und Frankreich und weil sich in ihnen kaum private Unternehmerinitiative regte, ergriffen vielfach die Fürsten die Initiative. Eine Flut fürstlicher Erlasse und Verordnungen und höhere Beamte, die diese mit mehr oder weniger Verständnis ausführten, soll-

Kameralismus

ten private Initiative ersetzen. Die Wirtschaftspolitik der städtischen Obrigkeiten trat jetzt zurück hinter der fürstlichen, deren Maßnahmen sich auf ganze Territorien erstreckten. Versuche einer reichseinheitlichen Wirtschaftspolitik blieben bedeutungslos. Die wirtschaftspolitischen Maßnahmen der Fürsten strebten gezielt wirtschaftliches Wachstum an, orientiert am Vorbild der Niederlande und Frankreichs, die man zu kopieren suchte und zu deren Entwicklungsstand man aufschließen wollte. Neu war, daß die wirtschaftlichen Maßnahmen auf Ansätzen zu einer Wirtschaftstheorie fußten, obgleich diese sich noch wenig systematisch gestaltete. Die Zeitgenossen bezeichneten sie als „Kameralismus", abgeleitet von camera, der Kammer, der fürstlichen Schatzkammer und Güterverwaltung.

Ansatzpunkt dieser Theorie war der Wunsch, die Macht von Fürst und Staat zu steigern. Dazu war es nötig, die Staatseinnahmen zu vermehren. Dies sollte nun nicht kurzfristig durch eine Erhöhung der Steuerlast geschehen, sondern langfristig, indem man der Wirtschaft des Landes aufhelfen wollte, wodurch dann die Steuern reichlicher fließen würden. Die hauswirtschaftliche Erkenntnis, daß ein Haushalt reicher wird, wenn er mehr einnimmt als er ausgibt, übertrug man auf den ganzen Staat, und schloß daraus, daß man mehr ausführen als einführen, also eine aktive Handelsbilanz erreichen müsse, damit Geld − und das hieß damals Gold und Silber − ins Land fließe. Von diesem Zustand war man in den deutschen Landen Ende des 17. Jahrhunderts weit entfernt, vor allem wegen der großen Einfuhr von Luxuswaren aus Frankreich. Um dies zu ändern, sollte nun die Einfuhr von Fertigwaren aus anderen Ländern und Territorien durch Einfuhrverbote und hohe Einfuhrzölle möglichst weit gesenkt werden. Um den Bedarf des Binnenmarkts soweit wie möglich mit Waren aus eigener Fertigung bedienen zu können, um durch die Verarbeitung von Rohstoffen zu Fertigwaren im Lande Verdienstmöglichkeiten zu schaffen und um vielleicht selbst Fertigwaren ausführen zu können, sollten die bestehenden Gewerbe gefördert und bisher nicht vorhandene gegründet werden. Dies Bemühen galt besonders dem Aufbau von Gewerben für den Luxusbedarf wie Porzellan, Uhren, Spiegelglas, Seidenstrümpfe, Spitzen, Teppiche, Gobelins, Handschuhe, Kunstmöbel, Kutschen, Manschetten, Seidenblumen usw. und der Herstellung von Heeresbedarf wie Uniformen, Geschütze und Geschosse, Gewehre und Pulver.

Vielfältige Maßnahmen dienten dazu, das Gewerbe zu fördern: der Schutzzoll, der auswärtige Konkurrenzprodukte fernhalten sollte, hohe Ausfuhrzölle und Ausfuhrverbote für einheimische Rohstoffe wie Wolle, Flachs und Rohhäute, damit diese dem einheimischen Gewerbe zur Verfügung standen, die Erleichterung von Betriebsgründungen, indem die Fürsten Privilegien, Monopole und günstige Darlehen gewährten und kostenlos Bauholz oder Gebäude zur Verfügung stellten, und das Anwerben von Facharbeitern aus dem westlichen Ausland und anderen deutschen Territorien, die teilweise von Steuerpflicht und Einquartierungen befreit wurden. Die protestantischen Territorien, allen voran Brandenburg-Preußen, machten sich dabei die Intoleranz mancher katholischer Länder zunutze, besonders des Erzbistums Salzburg, der habsburgischen Länder und Frankreichs, und nahmen gern qualifizierte und arbeitsame Glaubensflüchtlinge auf. Rund eine Million Menschen zogen im 17. und 18. Jahrhundert aus Glaubensgründen von einem deutschen Territorium in ein anderes um.

Die meisten der geförderten, oft überhaupt neu eingeführten Gewerbe wurden in Form von Manufakturen betrieben. Darunter verstand man größere Werkstätten, die mit Lohnarbeitern produzierten, welche vom Arbeitsplatz getrennt wohnten, und deren Fertigungsweise arbeitsteilig organisiert war, aber handwerklich blieb und nicht mechanisiert war. Bei zentralisierten Manufakturen faßte man alle Arbeitsgänge unter einem Dach zusammen, bei dezentralisierten Manufakturen war nur ein Teil der Fertigungsstufen zentralisiert, meist Anfangs- und Endstadium, während andere wie beim Verlagswesen in Heimarbeit ausgeführt wurden.

Auch in anderen europäischen Staaten griffen die Regierungen im 17. und 18. Jahrhundert mehr als je zuvor in das Wirtschaftsleben ein. Da die deutschen Lande rückständiger waren und ihre Wirtschaft weniger Eigendynamik aufwies als jene der westeuropäischen Staaten, nahmen die Fürsten im deutschen Raum nachdrücklicher Einfluß und beschränkten sich in ihrem Modernisierungsstreben auch nicht auf Außenhandel und Gewerbe, sondern faßten darüber hinaus Bildungswesen, Finanzverwaltung und Landwirtschaft mit in den Blick. Freilich wurde das wirtschaftstheoretische Konzept des Kameralismus nur in den größeren der deutschen Territorien angewendet, vor allem in den österreichischen Erblanden und in Brandenburg. In letzterem verlieh das Engagement von drei energischen Herrschern dieser Politik besonderen Nachdruck: Kurfürst Friedrich Wilhelm I. (1640-88), König Friedrich Wilhelm I. (1713-40) und Friedrich II. (1740-86). Aber für die vielen mittleren und kleineren Territorien, vom Bistum Bamberg bis zu den Grafen von Schönborn-Wiesentheid, war der Kameralismus nicht wirklich anwendbar; ihr Binnenmarkt war zu klein, und zu sehr waren sie auf den Handel mit ihren Nachbarn angewiesen. Dasselbe galt für die Reichsstädte, die vom Fernhandel lebten und sich deshalb jetzt durch die Zollpolitik der größeren Territorien meist zu schläfriger Stagnation verurteilt sahen.

Das Zunfthandwerk war weitgehend unfähig, den neuen Anforderungen an das Gewerbe nachzukommen. Egoistisch nur daran interessiert, daß nicht durch größere Tüchtigkeit und Glück einzelner Handwerker die Trägen und Unfähigen unter den Zunftmeistern ihr Brot verloren, versteiften die Zünfte sich gegen jeden Wettbewerb, froren jetzt die Zahl der Meisterstellen fast völlig ein, die überdies praktisch erblich wurden, sperrten sich gegen jede Neuerung und wachten eifersüchtig über ihre Monopolrechte für ihre genau abgegrenzte Aufgabe. Beispielsweise durften vielerorts Brotbäcker keinen Kuchen backen, weil dies den Zuckerbäckern vorbehalten war.

Wirtschafts-ordnung

Wegen dieser Verknöcherungen waren die Fürsten bestrebt, die Zünfte zurückzudrängen. Die Fürsten schränkten deren Befugnisse ein, drückten ihnen Zunftordnungen auf und hoben für manche Fertigungen den Zunftzwang überhaupt auf. Einzelne Handwerker erhielten als sogenannte Freimeister das Recht, außerhalb der Zunftordnung und mit beliebig vielen Gesellen zu arbeiten, wie auch Manufakturen zunftfrei waren. Außerdem gab es noch unzünftige Handwerker, die ihr Gewerbe illegal und heimlich ausübten, sogenannte Störer oder Bönhasen. Zusammen mit dem zunehmenden Verlagswesen wuchs damit ein beträchtlicher Teil des Gewerbes aus der Zunftordnung heraus, vor allem in den Residenzstädten. 1734 waren in Wien von 7.809 Handwerkern nur noch 2.640 Zunftmitglieder.

Das bedeutete nun aber keineswegs den Übergang zur Gewerbefreiheit. Es blieb bei einer gebundenen Wirtschaftsordnung auch im Gewerbe, ganz davon zu schweigen, daß in der Landwirtschaft Flurzwang und Frondienst weiterbestanden. Unternehmer oder Meister, die ein Gewerbe in einem Gebiet neu aufzogen, und Autoren eines neuen Buches erhielten meist für einen bestimmten Zeitraum ein Erzeuger- beziehungsweise Druckmonopol eingeräumt. Diese Monopole hatten teilweise auch den Sinn des heutigen Patent- und Urheberschutzes, den man noch nicht kannte. Für

Manufakturgründungen bestand im allgemeinen ein Konzessionszwang. Auf diese Weise wurde die Privatinitiative beschränkt, und außerdem entstand ein beträchtlicher staatswirtschaftlicher Sektor, in dem die Betriebe entweder direkt vom Staat betrieben oder doch von ihm weitgehend gelenkt und beaufsichtigt wurden. Ganz abgesehen von den landesherrlichen Domänen gehörten dazu überall im deutschen Raum fast alle Bergwerke, Hüttenwerke und Hammerwerke, während im Montanbereich im 16. Jahrhundert das private Unternehmertum vorherrschend gewesen war, und die von Anfang an landesherrliche Post. Beispielsweise wurde in den kursächsischen Blechhammerordnungen von 1660 und 1666 die Zahl und Größe der Blechhämmer, die Länge, Breite, Beschneidung und Verzierung usw. der Bleche genau festgelegt. In Brandenburg-Preußen galt für den Bergbau das Direktionsprinzip, bei dem alle Zechen unter der Direktion der königlichen Bergämter betrieben wurden, welche die Fördermenge, Preise und Löhne festsetzten und die Einstellung von Arbeitern, Betriebserweiterungen usw. genehmigen mußten. Die Manufakturen waren meist Privatbetriebe, die mit staatlicher Unterstützung arbeiteten, teilweise aber auch reine Staatsbetriebe. Auch bei den Seehandelsgesellschaften handelte es sich um Staatsgründungen, bei denen meist staatliches mit privatem Kapital zusammenging.

Am stärksten zeigte sich dieser allgemeine Zug zur staatlichen Wirtschaftslenkung im Preußen Friedrichs II., ausgenommen die westfälischen Territorien. Unter Friedrich II. waren in Preußen auch Holzhandel, Tabak- und Kaffeemonopol staatlich, und die Porzellanmanufaktur wurde nach ihrem Bankrott vom König aufgekauft. Nur das Preußen Friedrichs kannte eine staatliche Getreidehandelspolitik. Friedrichs Vorgänger hatte Getreidemagazine als Kriegsvorräte angelegt. Der Staat benutzte diese Magazine jetzt, um den Getreidepreis auf einem mittleren Niveau zu stabilisieren, indem bei Mißernten im Interesse der Verbraucher aus den staatlichen Vorräten Getreide unter dem eigentlichen Marktpreis abgegeben wurde und bei Ernteüberschüssen die Magazine im Interesse der Getreideproduzenten Getreide aufkauften. Vor allem während der schweren Mißernte von 1771/72 bewährte sich dieses System glänzend.

Das Wirtschaftsleben war also inzwischen den religiös-ethischen Hemmnissen des Mittelalters entwachsen, aber die Beschränkungen im Interesse der Sozialordnung dauerten aus dem Mittelalter fort, und vor allem mußte es sich, seit die Regierungen nach dem Dreißigjährigen Krieg die Initiative übernommen hatten, dem von den Fürsten definierten Staatsinteresse unterordnen.

Arbeits-
haltung

Mit dem Willen der Kameralisten und der von ihnen inspirierten Regierungen zu wirtschaftlichem Fortschritt tauchte im 17. Jahrhundert auch eine neue Einstellung zur Arbeit im deutschen Raum auf. Offenbar beeinflußt von dem calvinistischen Arbeitsethos vor allem in den Niederlanden bildete sich bei den Obrigkeiten die Vorstellung, der Mensch, vor allem die Masse der einfachen Bevölkerung, sei zur Arbeit geschaffen. Dies entsprach nun durchaus nicht den Gewohnheiten der Handwerker. Der Kameralist von Seckendorff klagte durchaus zutreffend über die Deutschen, „daß etliche guten theils so geartet, daß sie lieber bey gewöhnlicher mäßiger arbeit bleiben, als sich um des verdienstes willen grosse mühe geben wollen. Und bey dieser methode bleiben sie, solte man auch gleich etwas dabey darben, oder sich gar aufs betteln legen."[23] Die Kameralisten eiferten gegen „Müßiggang", „Nichtstun" und „Faulheit" besonders der Handwerksgesellen. Um die Arbeitsamkeit zu fördern, schafften vor allem die protestantischen Obrigkeiten nach und nach einen Teil der kirchlichen Feiertage ab und versuchten, den „blauen Montag" der Handwerksgesellen als arbeitsfreien Tag zu besei-

374

tigen, wobei sie auf den erbitterten Widerstand der Handwerker trafen und unterschiedlich erfolgreich waren. Die Obrigkeiten begannen, mit Mahnungen, Maßnahmen und Strafen zur Arbeitsdisziplin zu erziehen. Daß die Oberschicht, vor allem der Adel, viel Muße, also arbeitsfreie Zeit genoß, blieb unangetastet, aber der Müßiggang der Unterschichten galt den Obrigkeiten jetzt als aller Laster Anfang, der unbedingt verhindert werden müsse. Nach diesen Vorstellungen sollten die Kinder der Armen schon mit fünf bis sieben Jahren unbedingt zu regelmäßiger Arbeit angehalten werden, unter anderem durch Spinnschulen, damit sie nicht auf die schiefe Bahn gerieten, und ebenso sollte Unbeschäftigten Arbeit gegeben werden.

Da die Masse der Handwerker und Bauern diese neue Arbeitsauffassung aber im 17. und 18. Jahrhundert noch nicht mittrugen und da es viele gab, die von sich aus gar kein Interesse zeigten an regelmäßigem Erwerb und höherem Verdienst, gründeten die Obrigkeiten „Zucht"- und „Arbeitshäuser". Diese sollten ebenso Armen Arbeitsgelegenheit geben wie bei Gesellen, Dienern und anderen gegebenenfalls Arbeitsamkeit erzwingen. Im deutschen Raum wurden die ersten dieser Anstalten 1609 in Bremen, 1613 in Lübeck, 1620 in Hamburg und 1629 in Danzig errichtet, und ab Ende des 17. Jahrhunderts folgten auch die Fürstentümer, so daß es um 1786 etwa 60 deutsche Zucht- und Arbeitshäuser mit einigen Tausend Insassen gab. Außer auf die Insassen selbst sollten diese Anstalten aber durch Abschreckung auch auf breitere Kreise disziplinierend wirken. Wer alles ungetrennt in diese Arbeitshäuser gesperrt wurde, geht aus der 1622 erlassenen Ordnung für die Hamburger Anstalt hervor: „Zweierlei Personen gehören in das Haus, nämlich die Armen und Notdürftigen, die ihre Kost nicht verdienen können, weil sie keine Mittel noch Wege haben. Item auch etliche, die ihre Kost wohl verdienen können, aber wegen ihres faulen Fleisches und der guten Tage willen solches nicht tun, sondern gehen lieber betteln, nehmen etwas aus dem Gotteskasten oder sein noch Willens, etwas daraus zu nehmen. Auch befinden sich noch viele starke, faule, freche, geile, gottlose, mutwillige und ungehorsame, versoffene Trunkenbolde und Bierbalge sowohl Frauen als Mannspersonen, die in Untugend, Hurerei, Büberei und in allerlei Sünde und Schande erwachsen und sich täglich des Bettelns vor den Thüren und auf den Straßen befleißigen, dieselben gehören alle in dieses Haus."[24]

Die kameralistische Wirtschaftspolitik richtete ihr Hauptaugenmerk auf die Manufakturen. Deren volkswirtschaftliche Bedeutung blieb jedoch gering; weniger als 10 Prozent der im verarbeitenden Gewerbe Beschäftigten entfielen auf die Manufakturen, die große Masse vielmehr auf Zunfthandwerk und Verlagswesen, dessen Produktionswert bis zum Ende des 18. Jahrhunderts etwa den des Handwerks erreicht hatte. Die Manufakturen waren nicht besonders groß; die meisten besaßen 10 bis 50 Arbeitskräfte, und Betriebe mit mehr als 100 Manufakturarbeitern waren selten. Zentralisierte Manufakturen arbeiteten nicht mit Kraftmaschinen (außer Wasserrädern) und damit höherer Arbeitsproduktivität und hatten überdies Mehrkosten, besonders für die Gebäude. Deshalb waren sie gegenüber der Heimarbeit des Verlagswesens nur dann im Vorteil, wenn sie einzelne technisch aufwendigere Produktionsprozesse übernahmen, wie beispielsweise den Zeugdruck, oder Waren fertigten, bei denen es auf besondere Verarbeitungsqualität ankam oder deren Design einem raschen Wechsel der Mode angepaßt werden mußte. Die meisten Manufakturen überlebten die ersten zwei Jahrzehnte nicht.

Für die städtischen Handwerksmeister machte es die verschärfte Konkurrenz durch das Verlagswesen im 18. Jahrhundert immer weniger möglich, Gesellen zu halten, so

Gewerbe

daß die meisten zu Einzelmeistern wurden, also ohne abhängige Arbeitskräfte nur mit ihrer Familie arbeiteten. Außerdem nahm schon seit dem 16. Jahrhundert auch das Landhandwerk zu, das für den örtlichen bäuerlichen Bedarf produzierte. In vier Kirchspielen im nördlichen Angeln (in Holstein) befanden sich 1721 an Landhandwerkern, die zugleich auch etwas Landwirtschaft betrieben, 12 Rademacher, 11 Schneider, 9 Schuster, 2 Holzschuhmacher, 7 Tischler, 6 Zimmerleute, 5 Schmiede, 5 Böttcher, 4 Dachdecker, 4 Färber, 4 Drechsler, 2 Sattler, 1 Knopfmacher, 1 Schlachter und 1 Bäcker, ferner 10 Schankwirte, 1 Lehrer und 1 Spielmann. Indem auf dem Land das Landhandwerk wuchs und sich dort auch das Verlagswesen immer mehr ausbreitete, wurde die Arbeitsteilung zwischen Stadt und Land aufgeweicht. Die staatliche Gewerbepolitik versuchte dies im 18. Jahrhundert vergeblich zu verhindern.

Das Verlagswesen gewann im Laufe des 17. und 18. Jahrhunderts vor allem in jenen Gegenden große Bedeutung, in denen die Landwirtschaft wegen armer Böden wenig ertragreich war und wo eine überschüssige Bevölkerung heranwuchs, die nach zusätzlichen Erwerbsmöglichkeiten greifen mußte. Das betraf vor allem die höhergelegenen Mittelgebirgsgegenden. So entstand eine ausgesprochene Heimgewerbelandschaft, die sich vom Westfälischen Bergland über Frankenwald, Thüringer Wald, Harz und Erzgebirge bis ins Riesengebirge hinzog, und dasselbe galt für den Schwarzwald und die westliche Schweiz. Dabei handelte es sich vor allem um Textilgewerbe, zu dem im 18. Jahrhundert aber auch Spezialisierungen wie Schweizer und Schwarzwälder Uhren und Holzschnitzereien aus dem Erzgebirge hinzukamen. Außer dieser Mittelgebirgszone und ihrem nördlichen Vorland stellte das innerösterreichisch-alpenländische Gebiet eine weitere Landschaft verstärkten Gewerbes dar, ferner Berlin und Wien, die Hauptstädte jener beiden Territorien, die im späten 18. Jahrhundert am wichtigsten waren. Rund ein Drittel der Gewerbeproduktion Preußens war schließlich in Berlin konzentriert. Das steigende gewerbliche Gewicht dieser beiden Zentren war vor allem Folge kameralistischer Politik, die sich aber eben auch stark auf die Hauptstädte konzentrierte.

Post   Ab etwa Mitte des 17. Jahrhunderts begannen die größeren Territorien auch mit staatlicher Verkehrspolitik. Doch dem Ausbau des Verkehrswesen und der Förderung des Handels wandte die kameralistische Politik viel weniger Aufmerksamkeit zu als dem Ausbau des Gewerbes. Am deutlichsten waren die Fortschritte im Postwesen, das in der zweiten Hälfte des 17. Jahrhunderts überall im deutschen Raum aufgebaut wurde und dessen Netz sich im Laufe des 18. Jahrhunderts verdichtete. Im Jahre 1786 gab es in Brandenburg-Preußen 760 Postanstalten. Auch hier machte sich die territoriale Zersplitterung des Reiches deutlich bemerkbar. 1695 waren in dem wichtigen Handelszentrum Hamburg 10 verschiedene Landes- und Stadtpostverwaltungen mit einem eigenen Postamt vertreten. Seit etwa 1680 fing man an, an Stelle der Postreiter, die nur Briefe beförderten, regelmäßige Fahrposten einzurichten, die außer Briefen und Wertsendungen auch Personen beförderten. Die unförmigen Postwagen, die oft bis zu acht Personen fassen konnten, wurden im Laufe des 18. Jahrhunderts zu einem bedeutenden Verkehrsmittel. Für lange Strecken betrug die Reisegeschwindigkeit 7-8 km/h. Man brauchte von Frankfurt aus nach Hamburg 5 1/2 Tage, nach Leipzig 6, nach Wien 7 und nach Berlin 9 Tage.

Verkehr   Seit Ende des 17. Jahrhunderts ließen die Landesherren im norddeutschen Flachland nach französischem Vorbild etliche Kanäle bauen beziehungsweise Flüsse kanalisieren, vor allem die Hohenzollern in der Mark Brandenburg. Im 18. Jahrhundert be-

376

gannen die Staaten auch mit dem Bau von Chausseen, d.h. Landstraßen, die einen festen Unterbau hatten und mit einem Steinbelag befestigt waren, wodurch sie eine verhältnismäßig glatte Oberfläche bekamen und bei Regen nicht verschlammten. Den Anfang machte Hessen 1720; Österreich und Baden fingen den Chausseebau 1740 an, während Brandenburg-Preußen ihn erst Ende des 18. Jahrhunderts aufnahm. Doch Chausseen blieben noch Ausnahmen, und die unbefestigten Sand- oder Lehmpisten mit tief eingegrabenen Wagenspuren und Löchern waren weiter der Regelfall einer Landstraße. Dementsprechend blieb die Binnenschiffahrt im Frachtverkehr wesentlich billiger. Bedingt durch den Verlauf der großen Flüsse entfielen Ende des 18. Jahrhunderts aber nur rund 15 Prozent des Transportvolumens des Güterfernverkehrs auf Binnenschiffe, der Rest auf Landtransport. Außerdem war der Transport auf dem Wasserweg sehr langsam. Auf dem Rhein, dem bedeutendsten deutschen Binnenschifffahrtsweg, brauchten Lastschiffe 1786 für die rund 200 Kilometer lange Strecke zwischen Mainz und Straßburg bei Talfahrt, bei der sie mit der Strömung trieben, drei bis vier Tage. Auf der Donau benötigten sie für die 150 Kilometer lange Strecke von Passau nach Regensburg in Bergfahrt, bei der sie von Pferden bergauf getreidelt werden mußten, neun bis fünfzehn Tage. Auf den Landstraßen kamen neben den Frachtfuhrwerken Kutschen auf. Vereinzelt hatte es gedeckte Reisewagen schon im 16. Jahrhundert gegeben, anfangs ungefedert, seit dem 17. Jahrhundert mit einer Aufhängung des Wagenkastens in Lederriemen, später an Stahlfedern. Uns, die wir an gepolsterte Autos auf glatten Asphaltstraßen gewöhnt sind, würden die ungefederten, über unbefestigte Fahrbahnen holpernden Kutschen recht strapaziös vorkommen. Im 16. Jahrhundert wurde das Kutschenfahren von wackeren Mannsbildern dagegen noch als unmännlich und verweichlichend bekämpft, das bestenfalls für Kranke und Frauen geduldet werden könne. Erst Ende des 17. Jahrhunderts trat das Reisen in der Kutsche als ebenbürtig neben das Reiten zu Pferd und wurde dann zum bevorzugten Reisemittel von vornehmen Standespersonen. Aber auch weiterhin vollzog sich ein großer Teil des Reiseverkehrs zu Fuß, vor allem von wandernden Handwerksgesellen, oder man ritt zu Pferd, sofern man sich dies leisten konnte. Im übrigen kam man mit dem Pferd nach wie vor am schnellsten voran.

Mochten die kameralistischen Bemühungen um das Gewerbe fördernd wirken – der *Handel* Handel wurde durch die Politik hoher Grenzzölle zwischen den verschiedenen deutschen Territorien, durch die weiterbestehenden Binnenzölle an Brücken und Stadttoren, durch Stapelprivilegien und Münzenvielfalt zweifellos behindert. Obwohl also der Handel keinen nennenswerten Aufschwung nahm und obwohl ein großer Teil der Waren nicht über einen hauptberuflichen Händler lief, sondern zwischen dem Konsumenten einerseits und dem örtlichen Handwerker und anderen Produzenten andererseits direkt gehandelt wurde, differenzierte sich das Handelsgewerbe im Laufe des 18. Jahrhunderts weiter. Das Bankwesen löste sich vom Handelsgeschäft und verselbständigte sich zu reinen Banken in Form von Staatsbanken (zuerst Hamburg 1619, Nürnberg 1621, Wien 1716, Berlin 1765), von Privatbanken und schließlich besonderen ständischen Bodenkreditbanken für Gutsbesitzer (zuerst Schlesien 1770). Um Geld- und Wechselgeschäfte abzuwickeln entstand ferner aus dem informellen Treffen von Kaufleuten im Laufe des 16. Jahrhunderts in großen Städten ein börsenartiger Handel, der im 17. Jahrhundert institutionalisiert wurde mit eigenem Börsengebäude, einem begrenzten Kreis zugelassener Teilnehmer sowie Preis- und Kursnotierungen. Warenbörsen blieben dagegen im deutschen Raum bis Mitte des 19. Jahrhunderts noch unbekannt. Bei Fernhandelsgütern trennte sich aber der Großhandel zunehmend vom Einzelhandel und entwickelte sich soweit, daß er nicht mehr auf periodisch stattfindende Messen angewiesen war. Im Bereich der Versorgung der ländlichen Bevölkerung wuchsen die Jahrmärkte und die Zahl der über Land ziehenden Hausierer, die bei den Bauern Bedürfnisse nach modischem Kram wie Glasperlen und ähnlichem oft überhaupt erst weckten. In dem Maße, wie allgemein der Bedarf nach jenen Waren zunahm, die über den Grundbedarf hinausgingen, stieg die Zahl der kleinen Einzelhändler, und es entstanden neben den Hökern mit breitem Warenangebot auch Spezialhändler beispielsweise für Tabak, Glas, Butter oder Musikalien.

Land-
wirtschaft
    Der Landwirtschaft wandten die Kameralisten am wenigsten Aufmerksamkeit zu, obwohl sie nach wie vor den entscheidenden Wirtschaftssektor bildete. Die Entwicklung der Landwirtschaft seit der Mitte des 17. Jahrhunderts stand unter dem zunehmenden Druck, Nahrung zu schaffen für eine wieder wachsende Bevölkerung. Zunächst wurden jene Flächen, die im Laufe des Dreißigjährigen Kriegs in Brache oder Buschland zurückgefallen waren, erneut unter den Pflug genommen. Um etwa 1740 war wieder der Stand von 1618 erreicht. Davon ließ sich jetzt eine etwas größere Menschenzahl ernähren, denn das Verhältnis von Aussaat zu Ertrag war bei den vier Hauptgetreidearten im Mittel von 1:4,2 im 16. und 17. Jahrhundert auf 1:6,4 im 18. Jahrhundert gestiegen, bei starken Unterschieden je nach Jahr und Gegend. Als die Zahl der zu ernährenden Köpfe dann weiter anschwoll, wurde es kritisch.

    Um dieses Problem zu bewältigen, beschritt man verschiedene Wege. Dabei kam es jetzt zu keinem neuen Angriff auf den Waldbestand, um Ackerland zu roden, da die Forstordnungen ihn dagegen schützten. Trotzdem erging es den Wäldern im westlichen Deutschland im 18. Jahrhundert zunehmend schlimmer. Immer mehr Brenn- und Bauholz wurde aus ihnen herausgeschlagen. Als das Verfahren des Kahlschlags aufkam, hatte dies zur Folge, daß auf flachgründigen Böden und an Berghängen kaum wieder neuer Wald nachwuchs. Teilweise wurde der Wald auch zu stark als Waldweide genutzt, wobei dann Tritt und Verbiß das Aufkommen neuer Pflanzen hemmten.

    Da sich auf Kosten der Wälder kein neues Ackerland gewinnen ließ, mußten jetzt auch die großen Sümpfe daran glauben. Sie waren zusammen mit den Mooren und den Gipfelfluren der Hochgebirge die letzten größeren Gebiete im deutschen Raum, die sich noch im wesentlichen im Urzustand befanden. Der Landesausbau der vorangegangenen Jahrhunderte hatte die Sümpfe fast unberührt gelassen, weil es technisch noch zu schwierig gewesen war, sie urbar zu machen. In Brandenburg-Preußen wurden durch die staatlich organisierten Kultivierungsarbeiten unter Friedrich II. 200-250.000 Hektar Neuland erschlossen, besonders bei der Urbarmachung des Oderbruchs 1747-53 und der Warthebrüche 1763-68. Hinzu kamen zahlreiche kleinere Maßnahmen einzelner Grundherren.

    Viel war das nicht. Weil sich also die Gesamterträge kaum noch dadurch steigern ließen, daß man die Anbaufläche ausdehnte, mußte der nutzbare Ertrag je Flächeneinheit erhöht werden. Dies führte einmal dazu, den gewonnenen pflanzlichen Ertrag stärker zu nutzen, indem im Laufe des 18. Jahrhunderts die Viehhaltung, bei der Veredelungsverluste abgehen, gegenüber dem Ackerbau zurücktrat. Sieht man von den graswüchsigen Gegenden in Nordseeküstennähe einmal ab, so setzte damit aber ein verhängnisvoller Kreislauf ein: bei weniger Vieh fiel auch weniger Dung an, was wiederum die Körnerernte und auch den Strohanfall für das ohnehin knappe Viehfutter verringerte. Futterbau war noch unbekannt. Das kleinwüchsige und wenig leistungsfähige Vieh wurde schließlich oft nur noch wie ein notwendiges Übel als Zugkraft und Düngerlieferant gehalten.

Zukunftsweisender war ein anderer Weg, der darauf abzielte, den je Flächeneinheit produzierten Ertrag zu erhöhen, indem man den Anbau intensivierte. Das hieß also an eine Entwicklung anzuknüpfen, die vereinzelt schon vor dem Dreißigjährigen Krieg begonnen hatte, durch ihn aber unterbrochen worden war. Die Produktivität der Arbeitskraft wurde dadurch nicht erhöht, aber daran zu denken konnte man sich gar nicht leisten. Der Weg zu höherer Bodenproduktivität erforderte neue Mittel und Methoden. In der Tat kamen ab etwa 1770 eine Reihe von Neuerungen auf, die sich jedoch erst in den folgenden Jahrzehnten richtig durchsetzten. Man ging dazu über, die Dreifelderwirtschaft zu verbessern, indem man die Brache mit Futterpflanzen bebaute, besonders Klee und Luzerne, und zum Ausgleich für die Aufgabe der Brache gipste und mergelte. Verstärkt wurden Kohl und Rüben angebaut, auch auf Feldern, und der Anbau der Kartoffel, der sich bis dahin nur langsam ausgebreitet hatte, nahm nach der Hungersnot 1771/72 rasch zu. Teilweise ging man zur Fruchtwechselwirtschaft über, also zum abwechselnden Anbau von Blatt- und Halmfrüchten. Einige Landwirte fingen auch an, sich mehr um die gezielte Zucht besserer Tierstämme zu kümmern. Diese Neuerungen wurden von oben in Gang gesetzt, teilweise nach englischen Vorbildern: die staatlichen Domänen führten sie zuerst ein, und Pfarrer versuchten von der Kanzel herab, die Bauern von ihrem Nutzen zu überzeugen. Sie trafen auf Widerstände. Adlige Grundherren waren im allgemeinen noch mehr am Genuß ihrer Einkünfte interessiert als an betriebswirtschaftlichen Belangen. Bei den Bauern wirkten außer der grundsätzlich konservativen Mentalität auch objektive Hemmnisse verzögernd: solange die Felder der einzelnen Bauern im Gemenge lagen und nur im Flurzwang gemeinsam bewirtschaftet werden konnten, solange bestimmte Personen – oft Grundherren – an ihrem Recht festhielten, Vieh auf der Brache der Bauernfelder zu weiden, war nicht daran zu denken, daß die Bauern die Brache besömmerten oder daß einzelne mit Blattfrüchten auf ihren Feldern experimentierten. Damit erwies sich die überkommene Agrarverfassung gegen Ende des 18. Jahrhunderts zunehmend als Hemmschuh für landwirtschaftliche Fortschritte. Das galt auch für das System der Frondienste, mit denen bei den Gutsbetrieben in Ostelbien alle wesentlichen Feldarbeiten erledigt wurden. Für die Herren war es ärgerlich, daß sie nachlässig ausgeführt wurden und damit wenig produktiv waren, und die Bauern fluchten über die Frondienstpflichten, nicht zuletzt deshalb, weil ihnen die oft willkürlichen Dienstforderungen ihrer Herren die Terminplanung für die eigene Wirtschaft durcheinanderwarfen.

Der Kameralismus begrenzte seine Wirtschaftsförderung weitgehend auf das Gewerbe, und die dafür vom Staat eingesetzten finanziellen Mittel waren gering, gemessen am Staatshaushalt und erst recht an der Gesamtwirtschaft. Überdies standen Aufwand und Ertrag oft in einem deutlichen Mißverhältnis zueinander. Die Hälfte aller Manufakturen existierte nicht länger als 20 Jahre. An Kapital fehlte es ebenso wie an kaufmännischen und technischen Kenntnissen der Unternehmer, und oft wurde zuviel oder qualitativ Mangelhaftes produziert, das sich dann nicht absetzen ließ. Viele Manufakturen konnten nur am Leben erhalten werden, indem sie dauernd staatliche Unterstützung erhielten, meist in Form von Subventionen, manchmal auch durch Abnahmezwang für die Händler. Viele Pläne waren von vornherein zum Scheitern verurteilt, wie beispielsweise die jahrelangen Versuche, als Grundlage für eine Seidenindustrie in der Kurmark Maulbeerbäume anzupflanzen, von den Plänen windiger Projektmacher

Erfolg oder Mißerfolg des Kameralismus?

ganz abgesehen. Die Bestrebungen der einzelnen Territorien, jeweils eine aktive Außenhandelsbilanz zu erzielen, dürften sich vielfach gegenseitig neutralisiert haben, führten aber mehrfach zu Handelskriegen und ließen zumindest den Transithandel schrumpfen. Die praktische Durchführung des Angeordneten blieb oft weit hinter der kameralistischen Theorie zurück. Zölle wurden sehr verschieden gehandhabt und oft sprunghaft verändert, wie auch andere Maßnahmen vielfach kurzatmig waren. Die hohen Schutzzölle riefen einen umfangreichen Schmuggel hervor, der den soliden Kaufleuten schadete, und die staatliche Wirtschaftslenkung führte dazu, daß viel Energie aufgewendet wurde, um sie zum privaten Vorteil zu manipulieren, und sei es durch Korruption. Indem die kameralistische Politik die Zünfte bestehen ließ und die Zollschranken innerhalb der Territorien nicht beseitigte, um keine Einnahmen zu verlieren, blieb sie zugleich auf halbem Wege stehen. Lähmten schließlich die Monopole und die staatliche Wirtschaftslenkung nicht die private Initiative? Am Niederrhein und in den großen Hafenstädten an der Nordseeküste entstand im Laufe des 18. Jahrhunderts von selbst eine kleine Unternehmerschicht, obwohl es dort keine landesherrlichen Subventionen und Schutzzölle gab, während von solchen Unternehmern in den Hauptgebieten des Kameralismus nicht viel zu sehen war, also in den Kernräumen von Brandenburg, Österreich, Sachsen und auch Bayern. Aber die kameralistische Politik bedeutete wohl doch weniger, daß vorhandene Privatinitiative zurückgedrängt worden wäre, als vielmehr den Versuch, gerade dort einzuspringen, wo Privatinitiative eben fehlte oder zu schwach war. In Berlin und Wien verhalf die staatliche Förderung dem Gewerbe zweifellos zu einem großen Aufschwung, aber diese Zentren waren für die Wirtschaft als Ganzes nicht typisch, und es ist auch fraglich, ob nicht die Ausweitung der Gewerbetätigkeit an einigen Stellen mit einem Verfall von bestehenden Gewerben in anderen Gegenden erkauft wurde. Die meisten Manufakturen, vor allem in der Textilbranche, gingen, soweit sie dann noch bestanden, später in der Zeit der Industrialisierung ein und entwickelten sich nicht zu Industriebetrieben weiter. So bestand auf längere Sicht gesehen das Bleibende kameralistischer Wirtschaftspolitik nur darin, daß Menschen zunehmend an Qualitätsarbeit geübt und ansatzweise zu einer neuen Arbeitshaltung hingeführt wurden.

Unterschiede im Wohn- und Konsumstandard Daß die Erfolge kameralistischer Wirtschaftspolitik so begrenzt waren, brachte es auch mit sich, daß der Konsumstandard der breiten Bevölkerungsschichten nicht allgemein stieg. Verallgemeinernde Aussagen sind allerdings höchst schwierig, da schon innerhalb eines Standes in unmittelbarer Nachbarschaft große Unterschiede bestehen konnten. So wird für das Ende des 18. Jahrhunderts berichtet, daß die Bauern im Altmühltal sich gut gebaute Häuser, größeren Aufwand an Kleidung und Schmuck sowie sechs bis acht Zugpferde leisten konnten, während die Bauern in den vom Talgrund entfernten Orten armselig in kleinen strohgedeckten Hütten hausten, einfache schwarze Kleidung trugen und als Zugvieh meist nur ein Paar magere Ochsen besaßen. Insgesamt gesehen bestand im späten 17. und im 18. Jahrhundert der Trend, daß sich die Lebenshaltung der Reichen und der Armen immer weiter auseinanderentwickelte, ein Ausdruck der Tatsache, daß die soziale Ungleichheit zunahm. Für die Reichen kamen neue Konsumgüter auf, und die Ausstattung ihrer Haushalte wurde reichhaltiger. Zugleich drangen manche Güter aus Adelskreisen auch in die bürgerliche Mittelschicht vor und verloren damit ihren Luxuscharakter, und gehobener Bedarf wandelte sich zu Massenbedarf. Auf der anderen Seite wurde der Konsumstandard großer Teile der Bevölkerung zunehmend dürftiger.

Mit den Fortschritten in der Glaserzeugung erblickte man seit dem 17. Jahrhundert in den Haushalten der Reichen immer häufiger Spiegel, und in den Fenstern verdrängten flache Klarglasscheiben die kleinen grünen Butzenscheiben. Im Laufe des 17. und 18. Jahrhunderts setzte sich Fensterverglasung auch bei Bauern durch. Ferner fanden Uhren seit dem 17. Jahrhundert in den Häusern der Oberschicht Verbreitung. Das Mobiliar nahm in den Wohnungen der Oberschicht an Zahl und Typenvielfalt zu. Die Kommode, Anfang des 18. Jahrhunderts in Frankreich erfunden, wurde von den höheren Kreisen rasch übernommen. Truhen kamen seit dem 17. Jahrhundert nur noch im ländlichen Bereich vor, und im Laufe des 18. Jahrhunderts setzte sich auch dort der Kleiderschrank weitgehend gegen die Truhe durch. In Schlössern, im 18. Jahrhundert auch schon in reichen Bürgerhäusern, gab es Möbel, die kunstvoll aus verschiedenen exotischen Hölzern gefertigt waren, während die einfachen Leute sich meist mit Möbeln aus schlichtem, gestrichenem Tannenholz begnügen mußten. Auch das Eßgeschirr wurde umfangreicher und änderte sich im Material. Im 17. Jahrhundert führte man in sehr kleinen Mengen Porzellan aus China nach Europa ein. Da es fast unbezahlbar war, verbreitete sich ab 1700 Fayencegeschirr, anfangs nur an Höfen und in großbürgerlichen Haushalten. Seit Anfang des 18. Jahrhunderts kam an den Höfen auch das Porzellan aus europäischer Herstellung hinzu. Fayencen und Porzellan verdrängten in diesen Haushalten immer mehr das Zinngeschirr, welches in bürgerlichen Haushalten aber noch bis in die erste Hälfte des 19. Jahrhunderts verbreitet blieb und sich in bäuerlichen Haushalten noch länger hielt; letztere konnten es überhaupt erst nach der Mitte des 17. Jahrhunderts zu ihrem hölzernen Hausrat hinzuerwerben. Der Besitz einer Kutsche wurde zum Statussymbol der Oberschicht. Holztäfelung kam im 17. Jahrhundert aus der Mode. In den besseren Wohnungen wurden die Decken jetzt teilweise mit Stuck verziert, und für die Wände gab es dort schon seit dem 16. Jahrhundert geprägte Ledertapeten, zu denen später Wachstuchtapeten und ab 1700 die billigeren Papiertapeten hinzutraten, die anfangs bemalt, später bedruckt waren. Für arme Leute blieb es bei geweißten rohen Wänden.

So mochte dann in den Haushalten der Reichen der Luxus steigen und das Gold seinen Glanz verbreiten − bei so elementaren Dingen wie Wärme, Licht und sanitären Anlagen war kein Fortschritt zu verzeichnen. „Es ist itzo eine solche große Kelte hier", schrieb 1669 der brandenburgische Kurfürst Friedrich Wilhelm aus dem Schloß Kleve, daß „Ich mitt handtsken [= Handschuhen] schreiben muß[;] die tinte frirdt Undt Wirdt einem in der Veder zu ruß."[25] Zwar wurden die Lüster in den Schlössern immer prunkvoller, aber die Kerzen bildeten eine ständige Brandgefahr und tropften überdies. Dauerte ein Hoffest die Nacht hindurch, dann mußte man zwischendurch Pausen einlegen, um die Lüster herabzulassen und die Kerzen auszuwechseln.

Die Masse der Bevölkerung konnte sich diesen Fortschritt ohnehin nicht leisten. Die Haushalte von Handwerkern, Krämern und Arbeitern mußten Ende des 18. Jahrhunderts rund 72 Prozent ihres Einkommens für Nahrungsmittel ausgeben und, jedenfalls in den größeren Städten, 15-20 Prozent fürs Wohnen. Dabei wurde die Zusammensetzung der Nahrung im Laufe des 18. Jahrhunderts ohnehin in der Tendenz minderwertiger. Rund 40-50 Prozent des Einkommens wendeten die Haushalte der kleinen Handwerker und Arbeiter für Brot auf (wobei sie sich Weißbrot nicht leisten konnten). Zumindest bei den Bauern spielten auch weiter Brei und Grütze aus Gerste, Hafer und Roggen eine große Rolle. Der durchschnittliche Fleischverbrauch pro Kopf der Bevölkerung ging von 1680 bis 1800 von rund 50 auf etwa 20 Kilogramm zurück.

Da die Reichen hiervon aber wesentlich mehr aßen und sich auch keineswegs einschränkten, hieß das, daß schließlich die meisten Handwerker, Kleinbauern und Arbeiter fast überhaupt kein Fleisch mehr auf ihrem Tisch sahen. Dafür nahm in ihren Küchen notgedrungen der Anteil von Kohl und Hülsenfrüchten zu, mit denen sich der nötige Kalorienbedarf billiger decken ließ als mit Fleisch.

Neue Genußmittel

Erweitert wurden die Konsummöglichkeiten dadurch, daß die Deutschen im Laufe des 17. Jahrhunderts neue Genußmittel kennenlernten, nämlich Kaffee, Tabak, Tee und Schokolade, die sämtlich von weither eingeführt werden mußten, und Branntwein, der bis ins 16. Jahrhundert nur als Medizin verwendet worden war. Der Kaffee kam aus dem Gebiet des Osmanischen Reiches nach Europa. Die ersten deutschen Kaffeehäuser eröffneten 1677 in Hamburg, 1684 in Wien und 1686 in Regensburg und Nürnberg. Tabak wurde aus Amerika eingeführt und meist in Pfeifen geraucht, weniger geschnupft. Der Tee gelangte aus China und die Schokolade aus Mittelamerika nach Deutschland. Anfangs erhob sich gegen Tabak und Kaffee heftiger Widerstand. Sie seien höchst gesundheitschädlich, verkündeten Ärzte, ohne dafür irgendwelche empirischen Anhaltspunkte zu besitzen; ärztliche Autorität ersetzte die Faktenkenntnis, wie so oft bei Ernährungsempfehlungen. Das Tabakrauchen wurde auch als barbarisch und häßlich angeprangert, und Geistliche entrüsteten sich, daß Raucher „den Mund zum Rauchfange Satans" machten. Die Obrigkeiten versuchten in vielen Territorien und Städten den Kaffee- und Tabakgenuß durch Verbote zu unterbinden, teilweise unterstützt durch Geldstrafen, An-den-Pranger-Stellen und Gefängnis. Doch mußten gegen 1700 alle Verbotsversuche als gescheitert angesehen werden. Nur das Tabakrauchen in der Öffentlichkeit blieb auch im 18. Jahrhundert als unsittlich verboten.

Das Teetrinken konnte nur in einigen Landschaften an der Nordseeküste Fuß fassen. Schokolade, Kaffee, Tabak und Branntwein kannten keine regionalen Grenzen, fanden aber in den verschiedenen Ständen sehr unterschiedlichen Zuspruch. Die süße Schokolade, die als Getränk genossen wurde, blieb als galantes Getränk auf die dem süßen Nichtstun ergebenen höfischen Kreise beschränkt. Der Branntwein wurde ganz zur Sache von Soldaten, Tagelöhnern und anderen Menschen, die sich am Boden der sozialen Hierarchie befanden und der Tristheit ihres Daseins zumindest bewußtseinsmäßig zu entfliehen suchten, indem sie sich den Kopf benebelten. Das Kaffeetrinken, das auf Verstand und Konzentrationsfähigkeit anregend wirkt, fand rasch beim wohlhabenden Bürgertum großen Anklang und breitete sich dann auch auf Oberschicht und reiche Bauern aus. Kleinbürger, die sich keinen echten Bohnenkaffee leisten konnten, ahmten diesen seit etwa 1770 mit billigem Ersatzkaffee aus Zichorie nach. Das Tabakrauchen, zunächst bei Matrosen aufgekommen, wurde zu Anfang des 18. Jahrhunderts auch hoffähig und setzte sich im Laufe des Jahrhunderts in der bürgerlichen Gesellschaft durch. Indem der Verbrauch von Kaffee und Tee stieg, verbreitete sich auch Rohrzucker aus Amerika zunehmend in den Städten. Die Masse der Bevölkerung süßte aber weiter mit Honig, wenn überhaupt.

Häuser und Stadtbild

Daß mit den Einkommensverhältnissen der Lebensstandard ungleicher wurde, ließ sich nicht nur am Verbrauch von Konsumgütern und Nahrungsmitteln, sondern auch an den Wohnverhältnissen erkennen. In manchen Gegenden konnten die Großbauern sich immer stattlichere Höfe leisten, aus Stein gebaute Häuser mit aufwendiger Inneneinrichtung, wogegen beispielsweise in Mecklenburg mit dem Erstarken der Gutsherren die Bauernhäuser ärmlicher wurden und wogegen überhaupt Kleinbauern und

Heimarbeiter dürftig in einräumigen Holzhütten lebten und Knechte weiter bestenfalls eine fensterlose Kammer bekamen, meist aber bei den Pferden im Stall schlafen mußten (die immerhin für Wärme sorgten). Ähnlich sah es in den Städten aus: dreigeschossige Bauweise wurde üblich, und zugleich wohnten ärmere Leute zunehmend nicht mehr in eigenen kleinen Häusern, sondern zur Miete in Teilen der größeren Häuser, und erst recht bekam ein Handwerksgeselle nur selten ein eigenes Kämmerchen – in der Regel wurde er mit anderen Gesellen zusammen in ein Bett gesteckt, und für Lehrlinge galt das sowieso.

In den Städten herrschten weiter die Fachwerkhäuser vor, und auch ihr sonstiges Erscheinungsbild wandelte sich wenig. Im Laufe des 18. Jahrhunderts wurden zwar die wichtigsten Straßen in den Städten gepflastert, doch war das Pflaster so holprig und löchrig, daß man sich nachts auf unbeleuchteter Straße leicht Arme und Beine brechen konnte. Nachts blieben die Straßen im Regelfall finster. Zwar fingen große Städte an, eine Straßenbeleuchtung aus Öllampen fest zu installieren, so Hamburg 1673, Berlin 1679, Wien 1687, Hannover 1696, Leipzig 1702, Dresden 1705, Frankfurt a.M. 1707, Stuttgart 1716 und Basel 1721, doch dies beschränkte sich auf wenige Hauptstraßen. Noch Ende des 18. Jahrhunderts wurden die Straßenlaternen in Stuttgart nur angezündet, wenn der Herzog anwesend war, und selbst das große Nürnberg hatte noch gar keine.

5.3 Erstarrung der Gesellschaft

Ständische Erstarrung

Das ständische Ordnungsprinzip blieb für die Gesellschaft auch über den Dreißigjährigen Krieg hinweg bestimmend bis zum Ende des 18. Jahrhunderts. Die Volkszählung in den habsburgischen Erblanden unterschied 1762 zwischen zehn Ständen: 1. Geistlichkeit, 2. Adel, 3. bis 5. Beamte des Landesfürsten, der Landschaft, der Stände und Herrschaft, 6. Partikular-Dienstboten, 7. Bürger, die nicht Handwerker waren, 8. Handwerker, 9. behauste und unbehauste Untertanen (d.h. die Landbevölkerung), 10. Arme in Spitälern und Waisenhäusern. Allein die städtische Bevölkerung Frankfurts wurde in der dortigen Kleiderordnung von 1731 indessen schon in fünf Stände unterteilt: 1. die Angehörigen des Stadtregiments, 2. Großkaufleute, 3. Notare, große Krämer und Künstler, 4. Kleinkrämer, Handelsdiener und Handwerker, 5. Tagelöhner und Dienstboten. Allgemein bestand die Grundtendenz, Vorrechte festzuschreiben und die Unterscheidungen zwischen den verschiedenen Ständen immer weiter zu treiben. Soweit der Einfluß der Fürsten und ihrer Höfe die gesellschaftliche Ordnung prägte, was mehr als je zuvor und jemals später der Fall war, lief jener Trend einer zunehmenden Verkrustung der Gesellschaft verstärkt weiter, der schon im 16. Jahrhundert eingesetzt hatte. Wo die Bevölkerungsentwicklung die Gesellschaftsstruktur beeinflußte, unterbrachen die schweren Bevölkerungsverluste des Dreißigjährigen Kriegs die Entwicklungslinien der vorangegangenen Zeit, doch als die Bevölkerung sich wieder aufgefüllt hatte, stellten sich auch hier die alten Trends und ihre Probleme wieder ein. Erst indem im Laufe des 18. Jahrhunderts neue soziale Gruppen entstanden, die in den Rahmen der Ständegesellschaft nicht mehr recht hineinpaßten, kam ein Element auf, das im Ansatz über diese hinauswies.

Gesellschaftliche Folgen des Dreißigjährigen Kriegs

Im Laufe der dreißig verwüstenden Kriegsjahre sahen viele Bauern ihre Höfe, Adlige ihre Schlösser in rauchende Ruinen zusammensinken, Bürger verarmten durch Plünderungen, viele Deutsche mußten ohne ihren Besitz fliehen − sie alle büßten meist ihre soziale Stellung ein. Umgekehrt gewannen andere: Offiziere errafften durch Plünderungen ein Vermögen und legten es in billig erworbenen Grundbesitz an, Heereslieferanten erwirtschafteten teilweise beträchtlichen Reichtum, und manche Häusler, Gärtner und Knechte konnten am Endes des Krieges, als Menschen rar waren und

384

es überall verödete Höfe gab, billig zu einem Bauernhof kommen und damit sozial aufsteigen. So brachte der große Krieg vorübergehend ein kräftiges Auf und Ab in das starre Gesellschaftsgefüge. Die Folgen reichten noch weiter: da die verwüsteten Städte weniger Getreide vom flachen Land brauchten als zuvor, war der Getreidepreis und damit das Bareinkommen der Bauern und des grundherrlichen Adels in den Jahrzehnten nach dem Krieg gering. Weil die Zahl der Menschen sich deutlich verringert hatte, waren Lohnarbeitskräfte knapp, und Gesinde und Gesellen konnten relativ hohe Löhne durchsetzen.

Dies änderte sich dann im Laufe der Zeit, indem die Bevölkerung wieder anwuchs. Als auch die letzte durch den Krieg freigewordene Vollbauernstelle wieder besetzt war und die Bevölkerung weiter anstieg, während mit dem verfügbaren Boden nun die Zahl der Vollbauernstellen fast unverändert blieb, vermehrten sich erneut vor allem die ländlichen Unterschichten stark, die keine Vollstelle besaßen. Das Wachstum der landwirtschaftlichen Produktion hielt mit dem der Bevölkerung nicht ganz Schritt, so daß die Agrarpreise stiegen und gleichzeitig umgekehrt die Reallöhne auf die Schwelle des Existenzminimums sanken. Damit wurde die Unterschicht zahlreicher und ärmer, während die Einkommen der Grundherren sich verbesserten. Die sozialen Unterschiede prägten sich also im Laufe des 18. Jahrhunderts immer stärker aus.

Von der seßhaften Bevölkerung Sachsens gehörten im Jahre 1750 0,4 Prozent zur Geistlichkeit, 0,5 Prozent zu den Grundherren, 19,7 Prozent zu den Bürgern und 24,6 Prozent zu den Bauern, es waren aber 16,3 Prozent Inwohner in Städten, 30,4 Prozent Gärtner und Häusler und 8,1 Prozent Inwohner in Dörfern. In Schlesien entfielen 1767 von den ländlichen Haushalten sogar nur 24,2 Prozent auf die Bauern, aber 47,8 Prozent auf die Gärtner und 28 Prozent auf die Häusler. Die Vollbauern wurden zur Minderheit im Dorf. Natürlich variierten die Verhältnisse in den einzelnen Regionen. In Nordwestdeutschland war der Anteil der Landarmen und Tagelöhnern an der ländlichen Bevölkerung fast genauso hoch wie in Ostelbien. Anders als in diesen Gebieten mit Anerbenrecht führte in den Realteilungsgebieten in Südwestdeutschland der Bevölkerungsdruck nicht zu einer so starken Aufspaltung der ländlichen Bevölkerung, sondern zu einer mehr allgemeinen Verarmung und starken Zersplitterung des Grundbesitzes. Daß die Familien dabei existieren konnten, lag daran, daß in diesem Raum das ländliche Verlagswesen eine nennenswerte Rolle spielte: dieses schuf zusätzliche Einkommensmöglichkeiten, die einen Landbesitz, der an sich für eine Familienexistenz zu gering war, im nötigen Umfang aufbessern konnten. In manchen Gegenden, so in Westfalen, Württemberg und Oberbayern, hoben sich allmählich einige miteinander verschwägerte Familien, die stets alle dörflichen Ämter besetzten, geradezu als eine Art Bauernpatriziat von der übrigen Dorfbevölkerung ab.

Auf dem Land und in den Städten wuchs, vor allem im Laufe des 18. Jahrhunderts, der Anteil jener Gesellschaftsschicht, die sozial unter den Bauern und Handwerksmeistern stand, ohne doch zu Bettlern und anderem Gesindel zu zählen. Es waren Menschen, die darauf angewiesen waren, für ihre Arbeitskraft Lohn zu bekommen. Sie besaßen kein eigenes Haus und wohnten unverheiratet mit im Hause ihres Herrn oder zur Miete und waren überhaupt weitgehend besitzlos, hatten aber eine geregelte Versorgung. Durch die Schließung der Zünfte blieben vielfach Gesellen seit dem 17. Jahrhundert ihr Leben lang Geselle. Ähnlich wandelte sich das bäuerliche Gesindewesen von einem vorübergehenden Abschnitt im Leben vieler bäuerlicher Jugendlicher zu einer Tätigkeit auf Lebenszeit und das Gesinde damit zu einer eigenen sozialen

Die große
Kluft

385

Schicht. Außer dem ländlichen Gesinde wuchs im Laufe des 18. Jahrhunderts vor allem die Schicht der Bediensteten, welche die höheren Stände sich zu ihrer persönlichen Bequemlichkeit hielten. Sie reichte vom Kammerdiener über Köche, Lakaien und Kutscher bis zum Küchenjungen. Sich eine große Dienerschaft leisten zu können war noch mehr als ein hoher Güterkonsum Statussymbol der sozial Höhergestellten. Ende des 18. Jahrhunderts gehörten rund 10 Prozent der Bevölkerung zu diesen Bediensteten. Bedienstete und Gesinde machten einen größeren Teil der Gesellschaft aus als je zuvor. Die Schicht der Manufakturarbeiter spielte demgegenüber mit kaum mehr als einem Prozent der Erwerbstätigen schon rein zahlenmäßig eine nur geringe Rolle. Sie genossen auch nur wenig Ansehen, da sie sich größtenteils aus unqualifizierten Arbeitern zusammensetzten, die teilweise aus den Insassen von Zucht-, Arbeits- und Waisenhäusern rekrutiert wurden. Handwerksgesellen hielten sich nämlich für zu gut, um in Manufakturen zu arbeiten. Oft mußten die Manufakturarbeiter unter gesundheitsschädlichen Bedingungen arbeiten und erhielten nur sehr geringen Lohn. In der Regel hatten sie keine Möglichkeit, eine Familie zu gründen.

Während der Anteil der Unterschichten an der Gesamtbevölkerung im 18. Jahrhundert stark wuchs, gab es nach dem Dreißigjährigen Krieg ein selbstbewußtes Großbürgertum außer in den Seehandelsstädten nur noch in Resten. Von einem „aufsteigenden Bürgertum" ließ sich bei den Deutschen im 18. Jahrhundert nichts entdecken. Zwar entstand im Laufe des 18. Jahrhunderts in Berlin und Wien allmählich eine kleine Zahl von Unternehmern, doch von einer eigenen Schicht läßt sich hier nicht sprechen. Die wirtschaftliche Basis für ein Großbürgertum fehlte, vor allem, weil die Deutschen vom Überseehandel ausgeschlossen waren und das Gewerbe allgemein schwach war. Hier unterschied die Lage der deutschen Lande sich von jener in Großbritannien und Frankreich, wo mit Überseehandel und Gewerbe im 18. Jahrhundert ein Großbürgertum entstand, dem mit wirtschaftlichem Reichtum auch politisches Gewicht zuwuchs. Verglichen mit Osteuropa, wo es fast kein Bürgertum gab, ähnelte der deutsche Raum mit seinem traditionsreichen Städtewesen allerdings doch mehr westeuropäischen Verhältnissen. Die gesellschaftlich führende Stellung des Adels wurde jedenfalls bis ins späte 18. Jahrhundert unter den Deutschen von niemandem ernsthaft in Frage gestellt.

Geringe
Mobilität

Es ist verständlich, daß die Knappheit ausreichender Existenzen im 18. Jahrhundert dazu führte, daß jeder, der ein ordentliches Auskommen hatte, sich an seiner Stellung festklammerte und versuchte, dieses für seine Erben zu bewahren und Konkurrenten fernzuhalten. Dies Bestreben war so tief verwurzelt, daß es sich nicht nur dort zeigte, wo Stellen an vererbten Besitz gebunden waren, sondern auch die Neigung bestand, es in andere Bereiche zu übertragen, in denen mehr die Ausbildung und weniger oder nicht die Verfügung über Produktionsmittel Grundlage der Berufsausübung darstellte, wo also theoretisch auch das Leistungsprinzip und damit eine größere soziale Mobilität denkbar gewesen wären. Nicht nur die Handwerker verfuhren so, indem sie die Meisterstellen durch die Schließung der Zünfte gewissermaßen zu Erbbesitz gemacht hatten. Auch im höheren und mittleren Beamtentum und im evangelischen Pfarrstand bemühte man sich sehr darum, daß der eigene Sohn oder Schwiegersohn zum Amtsnachfolger ernannt wurde, schon im Interesse der Versorgung der Familie. Auch kam es öfters vor, daß ein Stellenbewerber die Witwe seines Amtsvorgängers heiraten mußte, damit diese versorgt wurde. Viele Familien konnten sich über mehrere Generationen in den einmal erlangten Positionen halten. In Württemberg hatte teilweise dieselbe Familie über 200 Jahre lang ein bestimmtes Pfarramt inne. So bestanden starke Barrieren gegen jeden sozialen Aufstieg. Das soll nicht heißen, die Zeit habe gar keine soziale Mobilität gekannt. Hof- und Verwaltungsdienst boten Karrieremöglichkeiten, oft mehr von Gunst abhängig als von Leistung, und auch im Handel bestanden Chancen, zu Vermögen zu kommen. Stets ging ein Teil der Bauernsöhne ins Handwerk und in den sich ausweitenden Staatsdienst als Soldat oder Unterbeamter, wie auch ein Teil der Handwerkersöhne sich dem Staatsdienst zuwandte und im Handel sein Glück versuchte. Dagegen waren Bauern fast immer ebenfalls Bauernsöhne. Aber diese Bewegungen waren doch sehr gering gegenüber der Zahl derjenigen, die im Stand ihres Vaters blieben, und anscheinend auch weniger bedeutend als jene Bewegung des sozialen Abstiegs, die für viele angesichts der Verknappung der Vollstellen unvermeidlich war und die von keinen Hemmnissen aufgehalten wurde.

In jeder Beziehung wurden die gesellschaftlichen Abgrenzungen stärker betont als je zuvor; die Unterschiede zwischen den einzelnen Ständen, deren höhere sich immer besser dünkten, zwischen den Konfessionen, indem Lutheraner, Katholiken und Calvinisten jeweils die eigene rechte Sitte und der anderen Unsitte betonten, zwischen Fürstenhof, bürgerlicher Stadt und plattem Land, die verstärkt jeweils eigene Lebensweisen ausbildeten, zwischen den einzelnen Territorien, die ein gewisses Eigenbewußtsein entwickelten, zwischen Gebieten mit Grund- und denen mit Gutsherrschaft, deren Gegensatz sich vertiefte. Nicht nur bei den Deutschen erstarrten im 17. und 18. Jahrhundert die gesellschaftlichen Verhältnisse, aber hier geschah es ausgeprägter als in Westeuropa. Das lag daran, daß hier drei Faktoren zusammentrafen: die wirtschaftliche Schwäche, als deren Folge nicht jenes Großbürgertum entstand, das vor allem in England ein dynamisches Element der Gesellschaftsordnung bildete, die gesellschaftlichen Folgen der Überbevölkerung, die sich im 18. Jahrhundert abzeichneten, und auch die politischen Verhältnisse. Je stärker die politische Stellung der Fürsten gegenüber den Ständen im Laufe des 17. Jahrhunderts wurde, desto mehr entwickelten sich die Höfe zum bestimmenden Mittelpunkt der gesellschaftlichen Ordnung. Wer als Adliger im öffentlichen Leben eine Rolle spielen wollte, mußte anstatt auf seinem Landsitz bei Hofe leben, und bürgerliche Unternehmer bemühten sich bei Hofe um Unterstützung für ihre Projekte.

Zum Hof rechneten der Fürst, seine Familie und seine Umgebung, die Inhaber zentraler Staatsämter, jene Personen, die sich mit Ehrentiteln am Hof aufhielten, sowie das ganze Personal, das für den Haushalt, die Bedienung und Bewachung angestellt war. Zum Personal gehörten Kammerdiener verschiedener Art, Hofkapläne und Leibärzte, Hofmaler, Hofdichter, Musiker, Trompeter, Ballettänzerinnen und Hofzwerge, in Küche und Keller Verwalter, Köche, Back- und Bratenmeister, Mundschenke und Küchenjungen und -mägde, in Silberkammer, Kaffeekammer und Wäschekammer jeweils der Verwalter mit seinen Gehilfen, im Stall Stallmeister, Wagen- und Futterknechte, Sattler, Hufschmiede, Kutscher, Vorreiter und Beiläufer, dazu das Jagdgefolge und die Leibgarde. Angesichts der vielen Territorien herrschte im Reich an Fürstenhöfen kein Mangel. An der Spitze stand Wien, der größte und glänzendste deutsche Hof. Während er im 16. Jahrhundert erst etwa 500 Personen gezählt hatte, umfaßte in der ersten Hälfte des 18. Jahrhunderts allein der kaiserliche Hofstaat rund 2.200 Personen, wozu noch die besonderen Hofstaaten der Kaiserin, Erzherzöge und Erzherzoginnen kamen, die nochmals Tausende von Personen zählten. Hinter dem Wiener Kaiserhof folgten die Höfe in Dresden und Berlin, und über zweitrangige Höfe wie den kurpfälzischen in Mannheim, der 1723 um 700 Personen groß war, und die in

München, Mainz, Kassel, Bonn und Trier ging es hin bis zu kleinen Höfen wie jenen des Fürstbischofs von Würzburg, zu dem 1747 immerhin noch 260 Personen gehörten.

An den Fürstenhöfen entwickelte das Hofzeremoniell ein sorgsam ausgetüfteltes System, das unterschiedliche soziale Abstände zum Thron festlegte und für ein entsprechend gestuftes Verhalten bei Hofe sorgte. Die kursächsische Hofrangordnung von 1761 umfaßte 90 Stufen. An den Höfen kam ein Verhalten auf, das stets den sozialen Abstand gegenüber Geringeren betonte, eifersüchtig um Vortritt und Vorrang stritt und sich gegenüber Höherstehenden in Servilität erging. Dieser Geist der Abgrenzung prägte sich aber nicht nur jedem bei Hofe zutiefst ein, sondern durchzog von den Höfen aus auch die ganze übrige Gesellschaft, die Haltung des Adels gegenüber den Bürgern ebenso wie die der Patrizier gegenüber den Handwerkern, der Handwerker gegenüber den Unehrlichen, der Bauern gegenüber den unterbäuerlichen Schichten.

Diese Haltung äußerte sich in vielfältiger Weise, die weit über Kleiderordnungen und Regelungen für den Aufwand bei Festen hinausging. Besonders für den Fall, daß verschiedene Personen zusammentrafen, entwickelte man reichhaltige Formen, die feine Abstufungen an Ehre ausdrückten. Jahrelang wurde gestritten, ob die Kutschen der höheren Gesandten auch dann, wenn sie leer waren, den Vorrang vor denen der niederen Gesandten hätten, wenn diese in persona darin saßen. Im Reichstag bestritten die Gesandten der Fürsten in endlosen Debatten den Gesandten der Kurfürsten das Vorrecht, als einzige ihre Stühle auf den Teppich des Sitzungssaales zu stellen, bis sie schließlich erreichten, wenigstens die vorderen Beine ihrer Stühle auf die Fransen des Teppichs stellen zu dürfen. Auch auf differenzierte Sitzordnungen legte man großen Wert. Im Hoftheater waren die besten Plätze in der Mitte gegenüber der Bühne dem Fürsten und seiner Familie vorbehalten, der zweite Rang darüber für höhere Beamte, der darüber für Kaufleute und andere ehrbare Bürger und oft unter dem Dach der vierte Rang für die niedere Dienerschaft, während das gewöhnliche Publikum mit dem Parkett vorlieb nehmen mußte. In der Dorfkirche saßen meist die Vollbauern vorne, während die Kätner und das Gesinde sich mit den hinteren Plätzen begnügen mußten, und oft setzten sich auch im Wirtshaus Großbauern und Häusler scharf voneinander getrennt. Dies Streben, den sozialen Rang symbolisch zu verdeutlichen, pflanzte sich bei Titeln und Anredeformen fort, auf die man gesteigertes Gewicht legte und die deshalb weiter differenziert wurden. Es kam vor, daß Briefe ungeöffnet zurückgingen, weil in der Adresse einer unter zwanzig anderen Titeln vergessen worden war. Während als Anrede ursprünglich die zweite Person Singular (Du) bei allen Schichten als üblich gegolten hatte, war im Mittelalter in höfischen Kreisen die Steigerung zum Plural (Ihr) aufgekommen, und schließlich wurde im 17. Jahrhundert für Standespersonen die Anrede weiter gesteigert von der zweiten zur dritten Person Plural (Sie). Während die einfache Bevölkerung stets beim schlichten „Du" blieb, war es in der ersten Hälfte des 18. Jahrhunderts in höheren Kreisen üblich, daß sogar die Kinder ihre Eltern mit „Sie" anredeten. Noch weiter wurde dies im Schriftverkehr getrieben, wo ein differenziertes System von Anredefloskeln für die verschiedenen Gruppen genau festgelegt wurde; so waren Ratsherren „wohlweise", Kaufleute „wohlehrenfest", Pastoren „wohlehrwürdig", der einfache Adel „wohlgeboren" und Handwerker „ehrsam und namhaft". Die vollständige schriftliche Anrede Münchener Bürger an ihren Rat hatte im 18. Jahrhundert zu lauten: „Hoch- und wohlgeborene, wohledelgestrenge, großgnädig gebietende Herren."

Auch beim Heiraten achtete man in der ganzen Gesellschaft darauf, nicht unterhalb des eigenen Standes zu ehelichen. Nicht nur eine Verbindung zwischen Adligen und Bürgerlichen galt als unmöglich, sondern es rief auch große Erregung hervor, wenn etwa ein bürgerlicher Doktor die Tochter eines Schusters zur Frau nahm, und Bauernkinder heirateten im allgemeinen keine Häusler, Kätner oder Tagelöhner. Der Stolz des Adels konnte sogar bis zu der Forderung gehen, daß ihre Kinder nicht wie die bürgerlichen Kinder in der Kirche getauft würden, sondern im eigenen Haus, „denn es wäre doch disreputierlich, wenn ein vornehmes Kind mit demselben Wasser getauft würde, mit welchem gemeine Kinder getauft sind."[26] Und ein bayerischer Beamter schrieb 1737 über die Bauern: „Die Bauern sind ein Mittelding zwischen einem unvernünftigen Vieh und Menschen, die da mehr ohne Vernunft, als deren fähig sind, welches diejenigen wissen, die mit ihnen viel zu schaffen hatten."[27]

Hinter dieser Betonung von Unterschieden der Ehre standen natürlich nicht zuletzt auch krasse Unterschiede der Einkommensverhältnisse, wie ein Blick auf Jahreseinkommen aus der zweiten Hälfte des 18. Jahrhunderts zeigt. In Preußen bekam ein Minister 4.000-8.000 Taler, ein Oberst und Regimentschef etwa 5.000, ein Rittmeister und Kompaniechef ca. 2.000, ein Kriegs- oder Regierungsrat im Durchschnitt 700, Richter, Lateinschulmeister, Kanzlisten, Sekretäre und Premierleutnants 200-300 und Torwachen, Aktenhelfer, Polizeireiter und ähliche Unterbeamte 20-70 Taler. Die meisten Rittergüter warfen einen Reinertrag von 1.000-4.000 Talern ab. Das Jahreseinkommen einer Bauernfamilie oder eines Handwerkers betrug meist 70-90 Taler, in Hannover 100-200 Taler. In Hannover schätzte man das durchschnittliche Einkommen eines Großkaufmanns auf 1.000 Taler und das eines Manufakturbesitzers auf 400 Taler. Im Braunschweigischen erhielten ein Großknecht 18 und eine Magd 9 Taler bar, jeweils zuzüglich Kost und Naturalleistungen im Wert von ca. 50 Talern. Es fällt auf, daß die fürstennahen Spitzenpositionen im Staat also relativ hoch angesiedelt waren, worin sich erneut die gesellschaftlich dominante Stellung des absoluten Fürsten zeigt. Überdies erhielten siegreiche Feldherren noch Beuteanteile und teilweise beträchtliche Dotationen in Geld oder Grundbesitz.

In Brandenburg-Preußen kam es über das in deutschen Landen allgemein übliche Maß hinaus zu einer besonders scharfen Trennung der Stände, vor allem in der Regierungszeit König Friedrichs II. Die Gründe hierfür lagen im Militärwesen. Für das übergroße Heer benötigte der König zahlreiche Soldaten und genug loyale Offiziere, und überdies entstand während der Kriege 1740-48 und 1756-63 eine enge Verbundenheit zwischen dem König und seinem adligen Offizierskorps. Deshalb betrieb Friedrich eine Gesellschaftspolitik, die unbedingt den Adelsstand als Reservoir des Offizierskorps zu bewahren und den Bauernstand als Lieferanten von Soldaten zu halten suchte. Der Adel wurde nach den Kriegen durch Kredite gestützt. Der Besitz von Rittergütern sollte dem Adel vorbehalten sein, damit die manchmal zahlungskräftigeren Bürger den Adel nicht auskauften, sondern ihr Geld in Handel und Gewerbe steckten. Dem Adel waren die bürgerlichen Gewerbe verboten, so daß er auf Landwirtschaft und ländliche Nebengewerbe und auf den Staatsdienst beschränkt blieb, wie der König umgekehrt Bürgerliche nicht als Offiziere wünschte und diejenigen, die er in der Not des Siebenjährigen Kriegs eingestellt hatte, nach dessen Ende wieder entließ. Die Bauern wurden nicht aus ihren persönlichen Bindungen befreit, aus Furcht, den Adelsgütern würden zuviele billige Arbeitskräfte und dem Staat zuviele Militärdienstpflichtige weglaufen. Für Schlesien wurde 1765 sogar verfügt, daß die Kinder von Bauern, Gärtnern usw. keine höhere Schule besuchen durften.

Einkommensverhältnisse

Brandenburg-Preußen

Indem die Fürsten eine absolutistische Regierungsweise durchsetzten, nahmen sie dem landsässigen Adel die Möglichkeit, politisch mitzusprechen, aber sie beließen ihm seine sozialen Vorrechte. In etlichen deutschen Landen hob der Landesherr die lehensrechtlichen Bindungen des grundbesitzenden Adels an seine Person auf und übertrug ihm das volle Eigentumsrecht an dessen Gut, ohne daß der Adel dafür eine Gegenleistung erbrachte. Jede Leistungspflicht des Adels als Äquivalent für seine sozialen Vorrechte war verschwunden, wodurch diese zu funktionslosen Privilegien verkommen waren. Trotzdem bestand der Adel energisch auf ihnen: dem eigenen Gerichtsstand vor dem höchsten statt dem örtlichen Gericht, dem Recht, nicht gefoltert zu werden und zahlreiche Strafen mit Geld abzulösen, der weitgehenden Befreiung von Grundsteuern, dem alleinigen Recht auf den Besitz von Rittergütern mit ihrer Patrimonialgerichtsbarkeit und Kirchenpatronat (in Brandenburg-Preußen), dem fast alleinigen Zugang zu den höchsten Staats- und Hofämtern, den besonderen Jagdrechten, dem Recht zum Wappenführen und vielen Kleinigkeiten − bis hin beispielsweise zum Privileg, eine Feder am Hut tragen zu dürfen, und zu dem im kurfürstlich bayerischen Trauerregister von 1775 festgelegten Vorrecht des Adels auf Beerdigungen am Abend, bei deren Fackelschein nämlich der Trauerzug besonders gut zur Geltung kam.

Noch im Ausgang des 17. Jahrhunderts stellte sich der Adel in seiner Gesamtheit als Herrschaftsstand dar, der als Herr über Grund und Boden und die daran gebundenen Menschen lebte oder zumindest als Offizier und höherer Verwaltungsbeamter im Dienst und Auftrag eines Fürsten Herrschaft ausübte. Im Laufe des 18. Jahrhunderts wurde die Geschlossenheit des landsässigen Adels indessen zunehmend aufgeweicht, und vor allem für Teile des ostelbischen Kleinadels nahm die gesellschaftliche Stellung am Ende des Jahrhunderts krisenhafte Züge an. Mehrere Gründe trafen dabei zusammen. Der schloßgesessene Herr auf eigenem Grund blieb zwar das Ideal adliger Lebensführung, aber daneben spielte der Offiziers- und Beamtenadel eine immer größere Rolle, und außerdem entstand in den Residenzstädten auch ein Hofadel. Ferner setzte im 17. Jahrhundert eine Inflation von Erhebungen Bürgerlicher in den Briefadel ein, die den landsässigen Adel von unten ergänzte und zahlenmäßig stark vermehrte. Sie erfolgte teils als Belohnung für geleistete Dienste, teils deshalb, weil man für die Inhaber bestimmter Ämter den Adelsrang als erforderlich ansah. In einigen Territorien zeichnete sich die Tendenz ab, alle höheren Beamten und berühmten Leute, besonders Gelehrte, zu Adligen zu machen. Dabei wurde nicht immer vorausgesetzt, daß der Nobilitierte über Landbesitz verfügte und eine adlige Lebensweise pflegte. Der alte Lehensadel wollte die Nobilitierten zwar nicht als gleichwertig anerkennen, aber das blieb bedeutungslos. Vielmehr vermochten im Laufe des 18. Jahrhunderts viele Adelsfamilien nicht, ihren Güterbesitz über längere Zeit zu behaupten, weil der als standesgemäß geltende Aufwand für Repräsentation und Hofdienst oft die Einnahmen überstieg und die auszuzahlenden Erbansprüche der nachgeborenen Kinder zunahmen, was beides an der Substanz zehrte, zur Überschuldung führte und oft mit dem Verkauf an eine nachrückende neuadlige Familie endete. Außerdem beharrten Adlige jetzt so sehr auf ihrem Bessersein, daß sie nicht mehr, wie es noch im 16. Jahrhundert üblich gewesen war, ihren Adelstitel ablegten, wenn sie ihren Grundbesitz verloren und ihre adlige Lebensführung aufgeben mußten. So besaßen am Ende des 18. Jahrhunderts beträchtliche Teile des niederen Adels keinen Grundbesitz und lebten wie Bürgerliche in der Stadt. Die Adelseigenschaft löste sich damit von der Herrschaftsfunktion und tendierte zum bloßen Rangtitel. Am Ende des 18. Jahrhunderts überstieg in Brandenburg-Preußen die Zahl der rund 20.000 adligen Familien deutlich jene der Rittergüter, und vom kurmärkischen Adel lebten bereits 52 Prozent nicht mehr auf dem Lande.

Die Städte als Ort einer von Kaufleuten und Zunftbürgern geprägten Gesellschaft – diese Vorstellung ist für das 17. und erst recht das 18. Jahrhundert nur noch recht begrenzt gültig. Gewiß gaben in den zahlreichen Kleinstädten die Handwerker und Krämer, vielfach von ackerbürgerlichem Zuschnitt, in ihrer lokalen Geprägtheit den Ton an. Doch indem das Zunfthandwerk wirtschaftlich erstarrte und schwach wurde, sank auch seine gesellschaftliche Bedeutung, und selbstbewußte Kaufmannsfamilien waren praktisch nur in den Seestädten zu finden. Vor allem gewannen seit dem 17. Jahrhundert die Residenzstädte zunehmend an Gewicht, und diese wurden in erster Linie vom Hof, den Verwaltungsbeamten und dem Militär geprägt. Von den 37.840 Einwohnern Münchens im Jahr 1781 besaßen nur 1.500 das volle Bürgerrecht (mit ihren Familienangehörigen und Gesinde handelte es sich um rund 10.000 Personen), während 5.000 Personen zur Hofhaltung, 4.460 zur kurfürstlichen Beamtenschaft und 4.140 zum Militär gehörten und 1.010 Einwohner Geistliche waren.

Bürgertum

Überhaupt verschob sich die Bedeutung des Begriffs „Bürgertum". Ursprünglich hatte man damit jene gemeint, die in einer Stadt das volle Bürgerrecht besaßen, meist als selbständige Handwerker oder Kaufleute. Im 18. Jahrhundert wurden mit diesem Begriff dann aber zunehmend gerade diejenigen bezeichnet, denen dieses Merkmal fehlte, die mittleren und höheren Beamten, die Geistlichen, Ärzte und Gelehrten und auch Bankiers, Manufakturbesitzer und Verleger, also Leute, die sich entweder durch Bildung oder (nichtlandwirtschaftlichen) Besitz von der Masse abhoben. Einen Stand im Sinne einer Gruppe mit besonderen Rechten stellte das so verstandene Bürgertum nicht mehr dar.

Auch die „Dienststände" der Beamten und Soldaten waren keine eigentlichen Stände mehr. Sie bildeten sich mit dem Aufbau geordneter Staatsverwaltung und stehender Heere. Beim Militär stammten die Offiziere weitgehend aus dem Adel, wogegen man die einfachen Soldaten aus dem Bauernstand und aus allerlei Gesindel rekrutierte. Bei der Beamtenschaft wurden die Spitzenstellungen mit Regierungsaufgaben ebenfalls weitgehend von Adligen besetzt. Die höheren und mittleren Beamten, welche die Masse ausmachten, brachten teilweise ein abgeschlossenes Jurastudium mit oder hatte eine Lateinschule oder eine Ausbildung bei einem Notar durchlaufen. Diese Beamten entstammten meist den städtischen Mittelschichten, aber auch dem Adel, im Laufe der Zeit zunehmend ihrerseits wieder Beamtenfamilien. Von der subalternen Beamtenschaft schließlich, wie z.B. Türwächtern, Wildhütern, Boten und Jägern, erwartete man keine besonderen Vorkenntnisse. In Preußen wurde es im 18. Jahrhundert üblich, diese Stellen zu verwenden, um ausgediente Unteroffiziere zu versorgen. Im Laufe des 18. Jahrhunderts fingen die Fürsten an, bei den Kandidaten für höhere Beamtenfunktionen bei Einstellung und Beförderung zunehmend auf Ausbildung und Bewährung zu achten. Staatliche Examensprüfungen für Justizbeamte führten Preußen 1723 und das Kurfürstentum Hannover 1767 ein, für Verwaltungsbeamte Preußen 1770. Damit bahnte sich zugleich eine Trennung an in einen akademisch gebildeten höheren und einen nichtakademischen mittleren Beamtendienst, die sich dann in der ersten Hälfte des 19. Jahrhunderts auch in den anderen deutschen Staaten durchsetzte. Im 18. Jahrhundert war es aber durchaus noch häufig, daß Ämter und

Neue „Dienststände"

Offizierspatente verkauft wurden – mit entsprechenden Folgen für die fachliche Befähigung. Selbst in Preußen, das bei der Entwicklung des Beamtentums voranschritt, kam dies noch bis 1740 vor. Feste Laufbahnen gab es noch nicht. Zwar kamen im 17. Jahrhundert unbefristete Anstellungsvertäge auf, aber da der Beamte als Bediensteter seines Fürsten galt, konnte dieser ihn weiterhin jederzeit entlassen, wenn er mit ihm unzufrieden war. Pensionen wurden nur gelegentlich als Gnadensache gewährt; im Regelfall stellte man einem alt und dienstunfähig gewordenen Beamten einen jüngeren beiseite, der diesem die Amtspflichten ganz oder teilweise abnahm und sich die Einkünfte des Amtes dann mit ihm zu teilen hatte.

Während die Struktur des katholischen Klerus weitgehend unverändert blieb, entwickelte sich die evangelische Geistlichkeit zu einem beamtenähnlichen Berufsstand. Protestantische Pfarrhäuser erwiesen sich dann im Laufe des 18. Jahrhunderts als Elternhäuser vieler Gelehrter und Schriftsteller. Ehe jemand, der ein evangelisches Theologiestudium abgeschlossen hatte, eine freie Pfarrstelle bekam, mußte er aber oft erst eine lange und ärmliche Zeit als Lehrer an einer Lateinschule oder als Hauslehrer bei einer Adelsfamilie verbringen.

Bauer und Grundherr

Nach dem Dreißigjährigen Krieg setzte in Ostelbien ein weiterer Schub der Vergrößerung der Gutsbetriebe ein. Die Junker, wie die Rittergutsbesitzer auch genannt wurden, zogen brachliegendes Land ein und legten darüber hinaus auch Bauernhöfe. Dagegen wurden in Nordwestdeutschland, Bayern und den österreichischen Alpenländern Ansätze zum Bauernlegen von den Fürsten energisch unterdrückt. In den mittleren Provinzen Brandenburg-Preußens duldeten die Kurfürsten das Bauernlegen anfangs. Ab 1701 wandten sie sich dann mit Verboten gegen weiteres Bauernlegen, die aber erst Mitte des 18. Jahrhunderts tatsächlich wirksam waren. Dabei hatte dieser Bauernschutz nicht das Wohl des einzelnen Bauern im Auge, sondern er wollte den Bauernstand als Steuerzahler erhalten. Objektiv nutzte er aber auch dem einzelnen Bauern. In Vorpommern und vor allem in Mecklenburg ging das Bauernlegen allerdings bis gegen 1800 ungehemmt weiter: die Bauern wurden von ihren Höfen vertrieben, die Bauernhäuser niedergerissen. Zwischen 1660 und 1794 schrumpften im Herzogtum Mecklenburg die Zahl der Bauernstellen auf dem Adelsland von 12.000 auf 2.490. Nur auf den fürstlichen Domänen blieben in Mecklenburg Bauern erhalten. Der Freiherr vom Stein äußerte 1802: „Die Wohnung des Mecklenburgischen Edelmanns, der seine Bauern legt, statt ihren Zustand zu verbessern, kommt mir vor wie die Höhle eines Raubtiers, das alles um sich verödet und sich mit der Stille des Grabes umgibt."[28] Im übrigen Ostelbien verschlechterte sich die Rechtsstellung der Bauern nicht ganz so sehr. Aber auch dort ließ sich beobachten, daß die Frondienste häufig auf 4-6 Tage in der Woche stiegen, daß Bauern bei der Fronarbeit mit Prügeln und Lederpeitschen zur Arbeit angetrieben wurden, daß Gutsherren ihre Patrimonialgerichtsbarkeit mißbrauchten, um durch Körperstrafen wie Prügel, Krummschließen oder Reiten auf dem „scharfen Esel" Dienstleistungen oder Vertragsunterschriften zu ihrem eigenen wirtschaftlichen Nutzen zu erzwingen. Gewiß, die Gutsherren gewährten ihren Bauern in Notfällen auch Hilfeleistungen, und in schlechten Zeiten mochte für arme Dorfbewohner das Mittagessen, das als Entgelt für Fronarbeit gegeben wurde, nicht unattraktiv gewesen sein – in den Schatten gestellt wurde dies dadurch, daß die Gutsherren dazu tendierten, Arbeitsbedingungen und Entlohnungen zu verschlechtern, Abgaben weiter zu erhöhen, aber die herrschaftlichen Gegenleistungen zu mindern oder einzustellen, sowie Rechte willkürlich zu beanspruchen, beispielsweise das Hütungsprivileg des

Grundherrn auch auf andere Ländereien auszudehnen, kurzum, die Kluft zwischen der Leistung von Bauern und Gesinde und der Gegenleistung der Gutsherren größer und damit den Ausbeutungscharakter stärker werden zu lassen. Teilweise wurden Erbuntertanen sogar wie echte Leibeigene behandelt, indem ihre Herren sie ohne den Landbesitz verkauften oder tauschten, so in (Ost-)Preußen, Mecklenburg und Hinterpommern. Zwar bedeutete es einen Fortschritt, daß der preußische König 1719/23 für die Domänenbauern in (Ost-)Preußen die Erbuntertänigkeit aufhob und ihnen die Höfe erblich verlieh, doch fand dies Beispiel erst seit dem Ende des 18. Jahrhunderts Nachfolger.

In den Gebieten der Grundherrschaft waren die persönlichen Bindungen der Bauern an ihre Herren lockerer als im Raum der ostelbischen Gutsherrschaft. Dabei herrschte eine chaotische Vielfalt verschiedener bäuerlicher Verpflichtungen, die je nach Ort und Person stark variierten. So fehlte schon den Zeitgenossen die rechte Übersicht. Vielleicht liegt man nicht ganz falsch mit der Vermutung, daß im Mittel je ein Drittel der Produktion für Betriebsaufwand, für Abgaben und für den Verbrauch des bäuerlichen Haushalts verwendet wurden, doch die Abweichungen hiervon waren erheblich. Im Durchschnitt war die prozentuale Belastung der Bauernhöfe mit Abgaben im Westen und im Osten wohl etwa gleich hoch; da die Landwirtschaft im Westen meist ertragreicher war, blieb den Bauern dort trotzdem etwas mehr. Frondienste für die Grundherrschaft bestanden auch im Westen noch, vor allem als Jagdhilfe oder Baufuhren, doch spielten sie eine deutlich geringere Rolle als östlich der Elbe.

Wieweit akzeptierten die Bauern diese Verhältnisse? Treffend beobachtet schrieb der Philosoph Ch. Garve 1786 über die westdeutschen Verhältnisse: „Dieser Bauer erträgt gemeiniglich seine Beschwerden nicht ohne Empfindlichkeit. Man darf nicht befürchten, daß er sich dieselben durch offenbare Gewaltthätigkeit als Rebelle vom Halse zu schaffen suche: aber er führt dagegen einen immerwährenden geheimen Krieg mit seinem Herrn. Dessen Vortheile zu schmälern, seine zu vergrößern, das ist ein Wunsch, den er im Grunde seines Herzens immer mit sich herumträgt, und eine Absicht die er insgeheim so oft es angeht zu verfolgen sucht. Untreue und kleine Diebereyen verübt an den Gütern seines Herrn, hält er für lange nicht so schändlich als wenn er sie sich gegen seines Gleichen erlaubte. Er ist nicht der ganz demüthige Sklave, er ist nicht der fürchterliche Feind seines Herrn: er ist aber auch kein freiwilliger aus gutem Herzen gehorsamer Untertan; er ist das, was man wahrscheinlicher Weise durch das Wort tückisch hat ausdrücken wollen."[29] Auch nach dem Dreißigjährigen Krieg gab es weiter hier und da Bauernunruhen, aber selbst dort, wo sie überörtliches Ausmaß annahmen, blieben sie auf recht kleine Räume beschränkt. In der oberösterreichischen Herrschaft Wildeneck zog ein Bauernaufruhr sich jahrzehntelang hin, bis er 1662 vom Militär blutig unterdrückt wurde, in der Steiermark gab es 1675 und 1683 Bauernaufstände, in der Grafschaft Reuß 1683 Bauernunruhen, ebenso 1714/15 in Thüringen, im Kreis Cottbus wurde 1717 ein Aufstand militärisch niedergeschlagen, in Oberösterreich kam es 1716 zu einem Jagdaufstand, bei dem die über die Jagdleidenschaft des Adels erbosten Bauern über 700 Hirsche abschossen, in Österreichisch-Schlesien ereigneten sich 1767 Unruhen. Viel häufiger waren dagegen individuelle und örtlich begrenzte Widerstandsformen unterhalb der Schwelle zur offenen Gewalt. In stark steigendem Maße beschritten Bauern und Dörfer bei Konflikten mit ihrem Grundherrn auch den Prozeßweg. Alles in allem ist eine grundsätzliche Kritik an der gesellschaftlichen Ordnung als solcher nicht zu entdecken. Der Groll der Bauern ent-

Soziale
Spannungen

zündete sich an einzelnen Mißständen, an der Neueinführung von Verpflichtungen und an der Person einzelner Herren. Bäuerliche Sichtweise spiegeln nicht zuletzt die Sagen wider, in denen immer wieder der Typ des ungerechten Herrn auftaucht, der seine Bauern schindet und ausquetscht.

Auch Manufakturarbeiter hatten allen Grund, mit ihrer sozialen Lage unzufrieden zu sein. Gelegentlich kam es zu örtlich begrenzten Streiks von Manufakturarbeitern, vor allem, wenn die Unternehmer deren Rechte zu verschlechtern suchten. Aufs Ganze gesehen entwickelten die Manufakturarbeiter aber wenig Sinn für gemeinsames Handeln, sondern neigten eher dazu, Probleme für sich individuell zu lösen, indem sie aus der trostlosen Manufaktur flüchteten.

Anders verhielt es sich bei den Handwerksgesellen. Viele Gesellen waren darüber verbittert, daß ihnen durch die Schließung der Zünfte die Aufstiegsmöglichkeit zum selbständigen Meister weitgehend genommen wurde, daß die Zunftmeister, die zunehmend mit dem Konkurrenzdruck der Verleger und Freimeister zu kämpfen hatten, diesen Druck nach unten weiterzugeben versuchten, indem sie die Arbeitszeit der Gesellen verlängerten, die Löhne herabsetzten und den arbeitsfreien „blauen Montag" abzuschaffen strebten. So gab es schon seit Ende des 16. Jahrhunderts in einzelnen Städten wiederholt Gesellenunruhen, und im 17. Jahrhundert bildeten sich Gesellenverbände, die über die Stadtgrenzen hinausreichten und immer mehr Zulauf erhielten. Die Obrigkeiten ergriffen für die Meister Partei. Das Reichszunftgesetz von 1731 verbot Gesellenbruderschaften, bedrohte Streiks und andere Verabredungen der Gesellen gegen die Meister mit schweren Strafen und führte die „Kundschaft" ein, ein Zeugnis, ohne das ein Geselle beim Arbeitsplatzwechsel keine neue Arbeit bekommen konnte. So konnte ein Meister einem unliebsamen Gesellen drohen, ihm die Kundschaft zu verweigern und ihn damit zum strafwürdigen Landstreicher zu deklassieren. Die einzelnen Territorien verwirklichten diese Bestimmungen unterschiedlich konsequent, verfolgten aber alle eine Politik, die in diese Richtung zielte. Anfang des 18. Jahrhunderts verlor die Gesellenbewegung dann an Kraft, nicht zuletzt wegen der scharfen obrigkeitlichen Verfolgung.

Arme und andere Hilfsbedürftige

Indem im Laufe des 18. Jahrhunderts die Unterschichten an Umfang anschwollen, stieg auch die Zahl jener, die in Jahren mit Mißernten und Teuerung oder bei individuellen Unglücksfällen sofort unter das Existenzminimum rutschten und die der Unterstützung bedurften. Unverändert waren vor allem die Familie, die Nachbarschaft, die Gilde- und Zunftgenossen und auch der Grundherr gefordert, wenn Kranke, Alte und Witwen unterstützt werden mußten. Doch je weniger das Problem ein solches einzelner Menschen war, desto weniger reichte diese Hilfe aus. Bei arbeitsunfähigen Inwohnern auf dem Lande behalf man sich, indem diese entweder gnadenhalber auf Dauer in einem Haus aufgenommen oder in der Gemeinde reihum geschickt wurden. Im Bergbau, wo die Gefahr der Invalidität besonders groß war, entstanden im Anschluß an Bruderschaftsladen, in welche die Bergknappen regelmäßig Beiträge zahlten, Knappschaftskassen, die bei Arbeitsunfähigkeit Unterstützungsgelder gewährten. Für Manufakturarbeiter existierte nichts Vergleichbares.

Außer den seßhaften Armen gab es noch die nichtseßhaften Bettler und Landstreicher. Dies fahrende Volk ergänzte sich ständig neu aus entwurzelten Bauern und Bürgern, die durch wirtschaftlichen Ruin oder Kriegskatastrophen als Bettler auf die Straße geworfen worden waren, aus entlassenen und desertierten Soldaten und auch aus Menschen, deren Familien sich schon seit Generationen als Fahrende durchschlugen. Sie lebten von Gelegenheitsdiensten wie Kesselflicken und Scherenschleifen, als Hausierer und Schausteller, vom Betteln und gelegentlichen Diebstahl. Diese Leute bildeten spätestens seit dem 17. Jahrhundert eine eigene soziale Schicht, die bis Ende des 18. Jahrhunderts auf 10 Prozent der Bevölkerung anwuchs, vor allem im Gebiet der Kleinstaaten und der almosenreichen geistlichen Territorien.

Während in katholischen Gegenden die Almosenkassen weiterbestanden, aus denen die wirklich arbeitsunfähigen Armen unterstützt wurden, versiegten in den protestantischen Landen im 17. Jahrhundert die privaten Stiftungen und Schenkungen, aus denen sich diese Kassen speisten. Das lag daran, daß seit dem 17. Jahrhundert eine neue Arbeitsauffassung aufkam. Damit setzte sich von Norddeutschland aus bei den deutschen Obrigkeiten auch eine neue Einstellung zur Armut durch, nämlich daß die eigentlichen Ursachen der Armut in Faulheit, Liederlichkeit und Trunksucht lägen und daß Fahrende potentielle Verbrecher seien. Diese Anschauung fand seit Mitte des 17. Jahrhunderts ihren Ausdruck in einer Flut von Bettelordnungen, die das Betteln immer stärker kriminalisierten und repressive Maßnahmen dagegen vorsahen. So sollten nach dem bayerischen Criminalcodex von 1751 fremde Bettler gebrandmarkt und über die Grenze abgeschoben und im Wiederholungsfalle hingerichtet werden, und inländischen Bettlern drohten Karbatschenhiebe und bei Rückfall Einsperren ins Arbeitshaus mit allwöchentlicher Züchtigung. Gelegentlich veranstalteten die Obrigkeiten tatsächlich Razzien auf Bettler und Landstreicher. Wirklich unterdrückt wurde das Bettelwesen aber selbst in Norddeutschland nicht, zumal die Masse der Bevölkerung und die untere Beamtenschaft die offizielle Armenpolitik der Repression nicht recht mittrugen.

Auch die Waisenfürsorge stand im Zeichen der Arbeitserziehung. Es war typisch, wenn in Pforzheim Waisen-, Irren-, Blinden- und Taubstummenanstalt mit dem Arbeits- und Zuchthaus vereint waren; sie sollten sich finanziell selbst tragen. Die Waisenkinder wurden dabei von kleinauf an vor allem zu Textilarbeiten verwendet, wo sie bei langen Arbeitszeiten, gesundheitsgefährdenden Arbeitsbedingungen, Unterernährung und mangelnder Hygiene in ihrer Entwicklung dahinkümmerten und körperlich verschlissen wurden, noch bevor sie erwachsen waren. Die Sterblichkeit in diesen Anstalten war meist hoch.

Die Epoche absoluter Fürstenherrschaft sah in der Sozialpolitik aber auch konstruktivere Ansätze als die Idee des Arbeitshauses. Hier wäre die Getreidepreispolitik in Preußen unter Friedrich II. zu nennen, die auch in Jahren der Mißernte die Getreidepreise erträglich hielt. Das bedeutete für die städtischen Unterschichten, die ihr Einkommen zum größten Teil für Nahrungsmittel ausgeben mußten, eine wesentliche Absicherung ihrer sozialen Existenz. Doch dieses System fand keine Nachahmung.

In langfristiger Perspektive erwies sich als wichtiger, daß in Gestalt von Versicherungen eine neue Form sozialen Schutzes entstand. Neben den allgemeinen Gilden, deren Mitglieder sich überhaupt gegenseitig unterstützten und gemeinsam Feste feierten, waren seit etwa 1500 zahlreiche Spezialgilden entstanden, vor allem Brandgilden für Hilfe im Feuerschadensfall. Indem bei den Gilden die naturale oder persönliche Hilfe der Mitglieder immer mehr dem Rechtsanspruch auf eine Geldentschädigung wich, nahmen sie in steigendem Maße Versicherungscharakter an. In Hamburg wurden 1591 Brandversicherungen auf Gegenseitigkeit gegründet, und 1676 schlossen sich dort mehrere Brandgilden zur Generalfeuerkasse zusammen, der ältesten Gebäudeversicherung der Welt. Von hier breitete sich die Idee der Gebäudefeuerversicherungen im 18. Jahrhundert auch im übrigen deutschen Raum aus. Es wurde aber erst ein kleiner Teil der Bevölkerung erfaßt. Man gründete auch Schiffsversicherungen gegen das Seerisiko. Von kirchlicher Seite erhoben sich Widerstände gegen das Versicherungswesen: Katastrophen würden von Gott als Strafen geschickt, so argumentierte mancher Geistliche, und man dürfte nicht in Gottes Willen eingreifen. Doch die Obrigkeiten unterstützten im 18. Jahrhundert die Versicherungsidee im allgemeinen. Sie bemühten sich vor allem, überörtliche Landesversicherungsgesellschaften zu gründen, die wegen ihrer größeren Mitgliederzahl leistungsfähiger waren als die einzelnen örtlichen Gilden. Seit Ende des 16. Jahrhunderts entwickelten sich auch einige Bruderschaften zu Sterbekassen beziehungsweise Witwen- und Waisenkassen, die eine bestimmte Summe an die Hinterbliebenen zahlen. Die Zahl dieser meist örtlich begrenzten Kassen stieg bis Mitte des 19. Jahrhunderts ständig an.

Familie   Jene seit dem Mittelalter bestehende Form der kleinsten sozialen Einheit, das „Ganze Haus", bei dem Wohnen und Arbeiten unter einem Dach vereint waren und wo Gesinde und Gesellen mit im Haushalt lebten und ebenso wie Familienangehörige der Gewalt des Hausherrn unterstanden, wurde im 17. und 18. Jahrhundert von verschiedenen Seiten her aufgeweicht. Im Zusammenhang damit entstand auch der Begriff „Familie" im Sinn der aus Eltern und Kindern bestehenden Kleinfamilie, während er bis dahin, wenn überhaupt, als Bezeichnung für die Gemeinschaft aller Haushaltsangehörigen verwendet worden war. Jene, die im Bau- und Transportgewerbe und im Bergbau beschäftigt waren, kannten die Trennung von Arbeitsplatz und Haushalt schon seit langem. Seit dem 16. Jahrhundert schieden ältere Handwerksgesellen allmählich aus der Haushaltsgemeinschaft mit ihrem Meister aus, heirateten und wohnten anderswo zur Miete. Dies blieb aber auf eine Minderheit der Handwerksgesellen begrenzt. Vergleichbar war das Ausscheiden der Beamten aus den fürstlichen Großhaushalten. Anders als Bauern und Handwerksmeister, die verheiratet sein mußten, weil die Mitarbeit der Frau erforderlich war, um die Wirtschaft zu führen, konnten Lohnarbeiter, Gesellen und Beamte mit eigenem Haushalt auf eine Ehe verzichten, da ihre Erwerbstätigkeit von ihrem eigenen Haushalt getrennt war, also nichts mehr mit ihrer Familie zu tun hatte. In den Städten war am Ende des 18. Jahrhunderts das „Ganze Haus" nicht mehr die selbstverständliche Familienform, bei Bauernhöfen und Adelshaushalten blieb sie es dagegen noch lange. Für bäuerliches Gesinde bedeutete dies, daß es von der Familie mitgetragen wurde, aber ledig bleiben mußte und keinen Freiraum für eigene Entfaltung besaß. Für den Hoferben hieß es, daß er so lange in knechtsähnlicher Stellung immer unter den Augen des Vaters blieb, bis er den Hof übernehmen konnte, was unter Umständen erst sehr spät geschah. Die Größe bäuerlicher Haushalte war im übrigen sehr verschieden entsprechend der zu bewirtschaftenden Fläche; Kleinbauernhaushalte bestanden oft nur aus einem Ehepaar mit Kind.

Mit der Heimarbeit der Verleger entstand auch auf dem Lande ein neuer Familientyp. Die bis dahin auf dem Land übliche Arbeitsteilung und der damit verbundene Rollenunterschied zwischen Mann und Frau verschwanden hier, da beide im Haus bei der Heimarbeit die gleiche Tätigkeit ausübten. Da die Existenz auf der Heimarbeit beruhte, war die Gründung einer Familie nicht an ererbten Landbesitz gebunden. Deshalb konnten die mündigen Kinder aus dem Haushalt ausscheiden und eine eigene Familie gründen. Ebenso wie andere unterbäuerliche Familien bestand also die Familie der ländlichen Gewerbetreibenden nur aus Eltern und unmündigen Kindern. Die väterliche Herrschaft im Haus wurde damit tendenziell abgebaut.

Diese Tendenzen im familiären Bereich wiesen aber mehr auf das folgende Jahrhundert voraus, als daß sie schon für die Zeit vor 1780 prägend gewesen wären.

5.4 Im Glanz und Schatten der höfischen Kultur

Fürstenhöfe
als Kultur-
zentren

Vom Ende des Dreißigjährigen Kriegs bis ins späte 18. Jahrhundert bildeten eindeutig die Fürstenhöfe die Zentren der Elitenkultur. Mit der politischen Macht stiegen auch die Finanzmittel in den Händen der Fürsten, und so waren sie die größten Auftraggeber für Großbauten, Malerei, Theater und Musikaufführungen, die ihrer Verherrlichung dienten. Die Stellung der Fürsten im Gesellschaftsgefüge war so stark, daß sie bestimmten, welcher Kunststil, welche Mode und Umgangsformen als fein galten. Damit bildeten die Höfe auch die Zentren kultureller Neuerungen; indem Höfisches als vorbildlich nachgeahmt wurde, breiteten sich einzelne Elemente der Hofkultur auch auf Gruppen außerhalb der Höfe aus. Die Richtung der kulturellen Imitation wurde durch die ausgeprägte ständische Rangstufung vorgezeichnet. Die Kirche stand als Kulturträger hinter den Höfen zurück. Erst recht galt das jetzt für das Bürgertum, nachdem dieses im Dreißigjährigen Krieg seine materielle Basis weitgehend verloren hatte. Erst im Laufe des 18. Jahrhunderts mühte sich eine kleine Gebildetenschicht, eine anspruchsvolle bürgerliche Kultur zu schaffen, doch bis in die 1770er Jahre mit nur sehr begrenztem Erfolg.

In keiner anderen Epoche der deutschen Geschichte entfalteten gesellschaftliche Zentren je eine solche Pracht wie die großen Fürstenhöfe in der Zeit des Absolutismus, aber sie blühten wie seltene Blumen, für welche die Masse der Bevölkerung mit ihrer Arbeit den nährenden Boden darstellte. Dabei konzentrierte sich diese Hofkultur nicht wie in Frankreich an einer einzelnen Stelle, sondern da es eine ganze Reihe deutscher Territorialstaaten gab, entstanden etliche Zentren verschiedener Größe, die miteinander wetteiferten.

Kulturelle
Abgren-
zungen

„In keinem Lande in Europa ist es vielleicht so schwer, im Umgange mit Menschen aus allen Klassen, Gegenden und Ständen, allgemein Beifall einzuerndten", stellte Knigge 1788 fest, „auf den Fürsten wie auf den Edelmann und Bürger, auf den Kaufmann wie auf den Geistlichen, nach Gefallen zu wirken, als in unserm teutschen Vaterlande; denn nirgend vielleicht herrscht zu gleicher Zeit eine so große Mannichfaltigkeit des Conversationstons, der Erziehungsart, der Religions- und anderer Meinungen, eine so große Verschiedenheit der Gegenstände, welche die Aufmerksamkeit der einzelnen Volks-Klassen in den einzelnen Provinzen beschäftigen. ... Dem Teutschen wird es schwer, sich zu einem fremden Gesellschaftston zu erheben oder herabzustimmen; ... kommt er aus der Provinz in die Hauptstadt, so macht ihn die Neuheit der Form verlegen, ängstlich, schüchtern, und also unbeholfen; ist der Fall umgekehrt, so wird er entweder einsylbig, kaltsinnig und verdrießlich, oder er überläßt sich der Spottlust."[30] Zur Trennung trug nicht wenig das Sprachverhalten bei: an den Höfen benutzte man zahlreiche französische Wendungen, amtliche Verlautbarungen tönten auf Hochdeutsch in einem gespreizten Stil mit verschlungenen Satzungetümen, der für die einfachen Leute kaum verständlich war, die Gelehrten bedienten sich in Veröffentlichungen, Vorlesungen und Disputationen weitgehend des Lateinischen, das gehobene Bürgertum sprach mehr oder minder Hochdeutsch, und das einfache Volk redete weitgehend nur regionale Dialekte. In Norddeutschland hatten die plattdeutsch sprechenden Bauern oft Schwierigkeiten, ihre Pfarrer zu verstehen, die seit dem Dreißigjährigen Krieg hochdeutsch predigten.

Entscheidend für die kulturelle Trennung war, daß sich im Laufe des 17. Jahrhunderts die Höfe kulturell von der übrigen Bevölkerung absetzten. Dies geschah einerseits hinsichtlich der Kontakte: während noch im 16. Jahrhundert der Adel an den allgemeinen Volksfesten teilgenommen und auch Dorfgasthäuser besucht hatte, zog er sich im 17. Jahrhundert davon zurück. Während die Ende des 16. Jahrhunderts aufgekommenen reisenden Schauspieltruppen zunächst in Städten wie an Höfen gespielt hatten, richteten die Höfe im 17. Jahrhundert eigene Hofbühnen mit besonderen Schauspieltruppen ein. Auch im Bildungswesen grenzte sich der Adel gegen das Bürgertum ab, indem er sich von den Lateinschulen und Universitäten zurückzog und seine Söhne entweder auf spezielle Ritterakademien schickte, die seit der Mitte des 17. Jahrhunderts gegründet wurden, oder sie durch Hauslehrer erziehen ließ. In der bildenden Kunst verschwanden Bauern und Arbeit als Themen. Höfische Dramen, Romane und Opern behandelten vor allem historische Heldenstoffe, aber bürgerliche und bäuerliche Lebenswelt sucht man in ihnen vergeblich. Selbst zur Natur ging die Hofgesellschaft auf Distanz: in der bildenden Kunst wich die naturgetreue Landschaft einer meist nur noch als Hintergrund dienenden idealisierten Landschaft, Schloßparks wurden höchst künstlich gestaltet, manche bisher im Freien abgehaltenen Formen des Hoflebens zogen sich in geschlossene Räume zurück, indem jetzt Theaterräume, Ballsäle und Reithallen entstanden, und Baden im Freien galt bald als ganz unmöglich. Diese Distanzierung gegenüber dem Natürlichen übertrug man auch auf die natürliche Nacktheit des menschlichen Körpers. So wurde es jetzt in der Oberschicht unüblich, mit anderen Menschen zusammen in einem Bett zu liegen und sich vor anderen auszuziehen, und während man bisher nackt schlief, kam jetzt das Nachthemd auf. Ferner gab die höfische Gesellschaft eine Reihe von Kulturgütern auf, die dann nur noch im einfachen Volk weiterlebten: die schlichten Kulturformen Märchen, Sage und Volkslied, die derbe bürgerliche Literatur des 16. Jahrhunderts und solche körperlichen Übungen, die mit Kraft und schneller Bewegung verbunden waren, wie Ringen, Springen, Stoßen und Laufen. Alle diese Unterhaltungsformen hatten noch am Anfang des 17. Jahrhunderts auch in höchsten Adelskreisen dem Vergnügen der Erwachsenen gedient — Ende des 17. Jahrhunderts galten sie als nicht mehr salonfähig. Sie waren nun in höheren Kreisen nur noch für kleine Kinder erträglich. Das Turnierwesen verschwand völlig. Die Standestrennung zog selbst im höfischen Schauspiel ein: in Tragödien sollten nur Herrscher und Standespersonen vorkommen, in den Komödien nur

Bürger und Bauern – die Hofgesellschaft fand sie einfach lächerlich. Die Hofgesellschaft lehnte alles als „gemein" ab, was von unten kam (natürlich außer Steuern, Abgaben und Frondiensten). Zugleich entwickelte sie eigene Kulturformen, und zwar indem sie ausländische Höfe nachahmte, bestehende Formen quantitativ und qualitativ steigerte und ihre Verhaltensweisen verfeinerte und zügelte.

Hofkultur und Ausland   Nachdem sich die Elitenkultur schon in der zweiten Hälfte des 16. Jahrhunderts und während des Dreißigjährigen Kriegs immer stärker für ausländische Einflüsse geöffnet hatte, sah sie sich in der zweiten Hälfte des 17. Jahrhunderts von ihnen geradezu überwältigt. Dabei wurden nicht nur ausländische Stilformen durch die heimische Produktion nachgeahmt, sondern in großem Maße für den Luxusbedarf die Güter selbst importiert, mehr noch, ausländische Architekten, Musiker, Maler, Tanz- und Sprachlehrer und Köche bevölkerten in großer Zahl die deutschen Höfe. Ab 1700 regten sich dann auch wieder stärker deutsche Kräfte, aber noch lange waren neben ihnen weiter viele Ausländer tätig, besonders Italiener und Franzosen, und auch die deutschen Kulturschaffenden orientierten sich in starkem Maße an ausländischen Stilformen. Die Gründe für diese Entwicklung lagen nicht nur darin, daß die schon vorher erlahmende deutsche Schöpferkraft offenbar durch die Katastrophe des großen Krieges schwer getroffen wurde. Im deutschen Raum gab es auch keinen zentralen Hof, der allgemeines Vorbild hätte sein können. Der Wiener Kaiserhof konnte diese Rolle nicht spielen, da dem Vorbehalte aus einzelstaatlichem Partikularismus entgegenstanden.

Seit Mitte des 17. Jahrhunderts wurde die Hofmusik von italienischem Einfluß beherrscht – nicht nur in Deutschland. Die ersten Opernhäuser nach italienischem Vorbild an deutschen Höfen entstanden in Innsbruck 1650, Wien 1652, München 1657 und Dresden 1667. Die italienischsprachige Oper blieb bis Mitte des 18. Jahrhunderts die große Form der Hofmusik. Mit dem Aufstieg Frankreichs zur wichtigsten Macht, des französischen Hofes zum glanzvollsten Europas, besonders unter König Ludwig XIV., verdrängte seit Mitte des 17. Jahrhunderts der Einfluß Frankreichs jenen Italiens in der bildenden Kunst und Architektur und jenen Spaniens und wurde in weiten Bereichen herrschend. Nur der Wiener Kaiserhof, selbstbewußt und politisch frankreichfeindlich, verschloß sich dem französischen Einfluß bis zur Mitte des 18. Jahrhunderts weitgehend. Im Hofadel wurde es üblich, französisch zu korrespondieren, teilweise auch französisch zu sprechen oder doch zumindest das Deutsche mit vielen französischen Brocken zu durchsetzen. Viele französische Worte sind seit dem späten 18. Jahrhundert wieder ausgeschieden worden, vieles ist aber auch als Lehnwort in der deutschen Sprache geblieben und verrät noch die Gegenstände und Bereiche des Kultureinflusses. So konnte ein *nobler Cavalier, rasiert* und mit *Pomade frisiert,* in einem *Palais* oder *Hotel logieren,* sich dort in den mit einem *Sofa,* anderen *Möbeln* und *Gobelins* eingerichteten *Salon* begeben, in diesem mit einer *Dame Conversation* treiben und ihr dabei *charmant Complimente* machen, vielleicht über ihr *Parfüm,* und sich· mit ihr *amüsieren.* Insbesondere die Pariser Kleidungsmode, die höfischen Umgangsformen und Tänze wurden nachgeahmt – bis hin zur Mätresse, die auch manche deutsche Fürsten nicht entbehren zu können meinten. Mit der französischen Küche hielten Konfitüre, Kompotte, Pasteten, Saucen, Marmeladen und Konditorwaren Einzug. In der ersten Hälfte des 18. Jahrhunderts setzten sich auch die französische Gartenbaukunst, der Dekorationsstil des Rokoko und die französische Komödie an den Höfen weitgehend durch. In Norddeutschland wirkten im späten 17. Jahrhundert ferner niederländische und im 18. Jahrhundert zunehmend englische Einflüsse, doch betraf das mehr bürgerliche, aber nicht höfische Kreise.

Bemerkenswerterweise blieb aber auch deutsche Kultur nicht ohne Ausstrahlung auf andere Völker. Daß im 18. Jahrhundert die englische Hofmusik seit G.F. Händel von deutschen Musikern geprägt wurde und die russische Schulphilosophie weitgehend unter deutschem Einfluß stand, waren dabei untypische Sonderfälle. Der deutsche Kultureinfluß wirkte vor allem dort, wo deutsch-(stämmige) Herrscher regierten: noch am wenigsten in Polen, wo mit den Herrschern aus Sachsen auch der sächsische Rokokostil ins Land kam, massiv dagegen in Dänemark, dessen Herrscher aus dem Hause Oldenburg stammten, sowie in Böhmen und seit etwa 1700 in Ungarn, die von Wien aus regiert wurden. In Dänemark und teilweise auch in dem in Personalunion angeschlossenen Norwegen zogen die Könige in der zweiten Hälfte des 17. und in der ersten Hälfte des 18. Jahrhunderts so viele deutsche Adlige und Fachkräfte ins Land, daß die höheren Beamten, Offiziere, Ärzte und Gelehrte, Musiker und Künstler weitgehend Deutsche waren und man dementsprechend am Hof, in der Zentralverwaltung, im Offizierskorps und im Bildungsbürgertum weitgehend deutsch sprach. In Böhmen und Ungarn wurden Architektur und Malerei überwiegend von deutschen Künstlern geprägt, in Ungarn entwickelte Deutsch sich zur Bildungssprache des magyarischen Adels, und in Böhmen gewann die Oberschicht nach Sprache und Bildung überhaupt deutschen Charakter, was entsprechenden geistigen Einflüssen den Weg bahnte.

Geboren aus dem Streben, die hohe Stellung des Herrschers auszudrücken, war die ganze Hofkultur durch einen Zug zur Größe, Steigerung und Pracht gekennzeichnet. Dies erreichte um 1700 seinen Höhepunkt. Dazu bediente man sich einmal der alten Methode rein quantitativer Steigerung, die einfach Umfang und Menge vergrößerte. Der Umfang der fürstlichen Hofstaaten stieg enorm und war Mitte des 18. Jahrhunderts größer als je zuvor und jemals später. Entsprechend wuchs die Größe der Schlösser durch Anbau oder Neubau. Große Residenzschlösser wie das herzoglich württembergische in Ludwigsburg (Bau ab 1704) und das kurpfälzische in Mannheim (ab 1720) wiesen über 400 Räume auf. Die fürstlichen Gemälde-, Skulpturen- und Münzsammlungen wurden immer umfangreicher, und die Ausgaben dafür erreichten riesige Summen. In der Oper gab es Massenszenen mit manchmal mehreren hundert Personen zu bestaunen. An den Decken und Wänden der Bauwerke und auf Titelblättern von Büchern wurde das Ornament genauso gehäuft, wie die Dichter Metaphern und andere rhetorische Zierstücke häuften und im Operngesang die Koloratur wucherte. Romane gerieten um 1700 zu voluminösen Werken mit einer Vielfalt von Personen. Die Kleidung war bei Männern wie bei Frauen mit Spitzen an Kragen und Manschetten und mit Litzen, Stickereien und Schleifen übersät. Bei Festessen wurden zahlreiche Gänge und riesige Mengen an Speisen aufgefahren. Auch die Hoffeste verschiedener Art waren zahlreich, von Bällen über Oper, Theater und Ballett bis zu Maskeraden, Tierhatzen und Gartenfesten, und die Ausgaben dafür erreichten riesige Summen.

Neben dieser Methode quantitativer Steigerung bemühte man sich auch um qualitative Steigerung durch Intensivierung und Aufhöhung. Für Gemälde, Kleidung (beider Geschlechter) und teilweise auch Stuck wurden leuchtende, kräftige Farben bevorzugt. Noch darüber hinaus ging die Vorliebe für das Leuchtende und Glitzernde. So waren Feuerwerke mit Raketen und Feuerrädern beliebter als zu jeder anderen Zeit, bei Festen wurden öfters Fackeltänze geboten, im Theater sparte man nicht mit Kolo-

Höfische Pracht

phoniumblitzen, und in Festräumen vervielfachten geschliffene Kristallteile im Leuchter und Wandspiegel den Kerzenschein. Die Dichter suchten ausdrucksstarke „Zentnerworte" und schufen Steigerungen wie „hochmächtiggroß", „heiligsüß" und „ewighell-leuchtend". Die Herren trugen große, wallende Perücken, um ihre Würde zu erhöhen. Damen und Herren gingen in kostbaren Stoffen aus Samt, Seide und Brokat. Als Mittel des gesteigerten Ausdrucks kamen in der Musik Angaben über Tempi und Stärkegrade auf, wobei man eine Oper gern im fortissimo enden ließ, während sich in der Dichtung das Ausrufungszeichen durchsetzte und man zahlreiche Großbuchstaben verwendete. An der Festtafel wurde mit Schaugerichten, die nur zum Bewundern dienten, und Tafelaufsätzen aus Figuren und Springbrunnen geprunkt. Die Grabmäler waren um 1700 imposanter als zu jeder anderen Zeit. In Oper und Theater wurden nicht nur üppige Kulissen aufgeboten, sondern auch aufwendige Bühnentricks wie Fluggeräte, über den Bühnenboden gezogene „schwimmende" Schiffe und Geistererscheinungen. Überhaupt drangen Elemente des Theatralischen auch in den zeremoniellen Umgang ein. Bei Porträts wählte man nicht nur mit Vorliebe großformatige Vollfigurbilder, sondern erhöhte den würdigen Eindruck durch stets wiederholte Mittel: in steifer Haltung, den linken Arm mit abgespreiztem Ellenbogen in die Hüfte gestützt und einen Fuß leicht vorgesetzt, blickt der porträtierte Herr den Betrachter etwas über die Schulter durchdringend an und macht mit dem rechten Arm irgendeine befehlsartige Geste, das Ganze in einer künstlich drapierten Umgebung.

Als weiteres Mittel, um Wirkung und Eindruck zu steigern, verwendete man Kontraste. Häufig waren kräftige Farbkontraste, und die Malerei arbeitete teilweise auch mit deutlichen Helligkeitskontrasten. In der Musik stellte man Solisten und Begleitgruppe, Streicher und Bläser, forte und piano scharf gegenüber. In Schauspiel und Roman gab es rasche Wechsel der Leidenschaften und des Schicksals.

Wie sehr der ganze Aufwand der Verherrlichung des großen Menschen diente, wird besonders an der Oper deutlich. Sie war kein feststehendes „Werk", das seinen Sinn in sich getragen hätte und durch eine Aufführung zu interpretieren gewesen wäre, sondern veränderbare Vorlage, die man oft an die jeweils vorhandenen Sänger anpaßte. Oft wurde sie überhaupt als Auftragsarbeit geschrieben, um nur einmal anläßlich einer bestimmten Gelegenheit aufgeführt zu werden, beispielsweise einer fürstlichen Hochzeit.

Verhaltens-formung Die Hofgesellschaft begnügte sich nicht damit, zu steigern, sondern formte jetzt auch nachdrücklich das Verhalten ihrer Mitglieder. Das Spontane und Gewalttätige, das Handeln aus dem Augenblicksimpuls heraus wurden immer weiter abgebaut, die Triebregungen immer mehr gezähmt. Der zunächst von außen herangetragene Zwang durch Erziehung wurde zur Selbstkontrolle verinnerlicht, die bei Verstößen das Gefühl der Peinlichkeit aufkommen ließ. Für diese Verhaltensformung gab es mehrere Gründe. Der Adel in der Umgebung der Herrscher bestand jetzt nicht mehr aus Rittern, die gelegentlich an Kriegszügen teilnahmen oder in Fehden verwickelt waren und dann im Kampf wuchtig mit dem Schwert dreinschlugen, sondern aus Höflingen, die deshalb nicht mehr ihre Körperkraft zu trainieren brauchten. Der absolut gewordene Monarch forderte mehr Respekt gegen sich, und außerdem bestand vor dem Hintergrund einer Verhärtung der Ständegesellschaft auch ein Interesse an Methoden, sich gegenüber sozial Tieferstehenden abzugrenzen. Zu beidem konnte auch die Durchformung des Verhaltens dienen. Und wo an einem Hof viele Menschen dicht zusammenlebten, war es sinnvoll, das Verhalten stärker aufeinander abzustimmen und mehr auf andere Rücksicht zu nehmen. Vor allem in der zweiten Hälfte des 17. Jahrhunderts lernten die deutschen Hofgesellschaften um. Selbstbeherrschung wurde jetzt groß geschrieben. Laufen und Herumfuchteln, schnelle Bewegungen jeder Art wurden verpönt; man hatte beim Tanz wie auch sonst gemessen zu schreiten und die Arme gravitätisch zu bewegen. Bei den Adelsexerzitien des Reitens, Fechtens, Tanzens und Voltigierens (Übungen am Holzpferd) kam es nicht auf Kraft, Schnelligkeit oder Sieg an, sondern auf die galante und gefällige, zierliche und manierliche Körperhaltung. Beim Fechten wurde das kräftige Fechten mit dem Schwert durch das Stoßfechten mit dem zierlichen Kavaliersdegen oder Florett ersetzt. Man hörte auf, seine Notdurft einfach im Zimmer, auf Treppen und vor anderen Leuten zu verrichten, zu rülpsen und „einen fahren zu lassen". Die Höflinge schneuzten sich nicht mehr in die Hand, sondern benutzten dazu jetzt Taschentücher. Statt auf den Boden zu spucken, spuckten sie in einen Spucknapf oder unterließen es ganz. Bei Tisch gab man es auf, Knochen in die Gegend zu werfen und einfach mit den Fingern in die gemeinsame Schüssel zu langen, sondern begann, sich beim Essen einer Gabel zu bedienen. Zum Abwischen fettiger Finger kamen Servietten auf. Völlerei und Sich-Betrinken gingen beim Hofadel im Laufe des 18. Jahrhunderts zurück.

Je mehr die Höflinge lernten, heftige Regungen und laute Gesten zu dämpfen und zurückzuhalten, desto sensibler wurden sie für feine Unterschiede und Differenzierungen, desto mehr verzierlichte sich ihr Verhalten. Bei den Hoftänzen wurden die steifen, schweren Sarabanden und Allemanden zunehmend durch graziöse Menuette und Gavotten abgelöst. Bei Speisen wandte die Aufmerksamkeit sich in wachsendem Maße vom massiven Genuß großer Mengen hin auf die Verfeinerung der Zubereitung. Die Köche erfanden ständig neue Saucen und Zutaten, stimmten die einzelnen Gänge sorgsam aufeinander ab und verlagerten das grobe Geschäft des Zerlegens ganzer oder großer Teile der Tiere von der Festtafel und damit den Augen der Festgesellschaft weg in die Küche. *Sensibilisierung*

Die derbe Scherzfigur des Hofnarren starb aus. Teilweise wurden im Laufe des 18. Jahrhunderts Steigerungen, die um 1700 ihren Höhepunkt erreichten, wieder zurückgenommen. Für die Kunstgeschichte hat man diese Veränderung begrifflich als Wandel vom Barock zum Rokoko zu fassen gesucht. In der Innendekoration, Damenbekleidung und, weniger stark, auch Malerei wichen die kräftigen Farben und Farbkontraste allmählich zartabgestuften, blassen, gebrochenen Farben, die sorgsam aufeinander abgestimmt wurden. Die Herrenperücken wurden kleiner und weißgepudert. Die Pastellmalerei mit ihren weichen Farbtönen gewann Anhänger. Das Stuckornament wandelte sich vom schweren Laub- und Bandwerk zur leichten Rocaille, so wie auch in der Musik verspielte Zierformen aufkamen, z.B. Vorschläge, Triller, Pralltriller und Mordente. Beim Möbelornament schob sich die elegantere Intarsie gegenüber dem kräftigeren Schnitzwerk in den Vordergrund. In der Literatur ging die aufgeblasene Rhetorik wieder zurück, und verspielte Schäfer- und Hirtengedichte fanden zunehmend Anklang. In der Oper trat neben die ernste opera seria die frische, witzige opera buffa. Man gewann Gefallen an kleinen, fein gearbeiteten Porzellanfiguren. Mit dem gesteigerten Differenzierungsvermögen wandelten sich die kunterbunten Raritätenkabinette der Fürsten in getrennte Gemälde-, Skulpturen-, Kupferstich-, Münz- und Naturaliensammlungen, und der bislang weitgehend unspezialisierte Charakter der Schloßräume wich einer stärkeren Differenzierung nach Funktionen.

Mit der zunehmenden Formung ihres Verhaltens legten die Erwachsenen der Oberschicht jene spontanen, impulsiven, verspielten und situationsbezogenen Züge des
Verhaltens ab, die bis dahin auch Erwachsene gewissermaßen kindlich hatten erscheinen lassen. Als Forscher dann im 19. Jahrhundert Schwarzafrika bereisten, kamen ihnen folgerichtig die Neger, die in ihrer Geschichte keinen vergleichbaren Formungs-
prozeß erlebt hatten, kindisch vor. Die Veränderung der Mentalität der Erwachsenen
bedeutete zugleich, daß der Mentalitätsabstand zwischen Kindern und Erwachsenen
sich vergrößerte. Indem sich so der Weg der Charakter- und Verhaltensformung, den
ein Mensch beim Erwachsenwerden zurückzulegen hat, verlängerte, begann man in
der Oberschicht seit dem 17. Jahrhundert allmählich der Erziehung der Kinder mehr
Aufmerksamkeit zu schenken.

Wie man sieht, konzentrierten sich die Formungsbestrebungen der Hofkultur ganz
auf das sinnlich Wahrnehmbare und den menschlichen Körper. Demgegenüber trat die
Schulung des Verstandes weit zurück. Die Sinneskünste Architektur, Malerei und Musik dominierten eindeutig über die Wortkunst Dichtung. In der Adelserziehung an Ritterakademien und durch Hauslehrer lag das Schwergewicht auf der rechten Konduite,
den kultivierten Manieren, während wirkliche Fachkenntnisse als nicht standesgemäß
abgelehnt wurden. Die Tätigkeit des Hofadels erschöpfte sich dann auch weitgehend
in zeitraubendem Zeremoniell, in „Aufwartung machen" und anderen formalen Konventionen, in Muse bei Fest und Spiel, in dem großen Zeitaufwand der Damen fürs
Ankleiden sowie in Konversation, jener Kunst, sich miteinander zu unterhalten, ohne
sich etwas zu sagen zu haben außer banalen Redensarten. Die ernsthafte Arbeit blieb
Bürgern und Bauern überlassen. Auch die höfischen Dichter, Künstler und Musiker
waren fast ausschließlich Bürgerliche. Obwohl die sinnliche Wahrnehmungsfähigkeit
sensibler wurde, kam es nicht zur Entwicklung von mehr Subjektivität und Reflektiert-
heit. Die Romane kannten keine Charakterentwicklung ihrer Helden. In Theater und
Roman verkörperten die Figuren immer nur typisierte Eigenschaften wie Ehrgeiz, Rache, Liebe oder Triumph. Die Dichtung verwendete zahlreiche vorgefertigte Topoi
und Zierstücke, und in der Musik gab es typische musikalische Redefiguren, um bestimmte Gedanken auszudrücken. Lyrik wie Musik verwendeten viel Lautmalerei, indem sie objektiv Gegebenes wie das Heulen des Windes, Vogelgesang oder das Rau-
schen des Wassers mit Tönen beziehungsweise Wortschöpfungen nachzuahmen versuchten, kannten aber kaum den Ausdruck subjektiver Gefühle und Stimmungen.

Nicht übersehen werden sollte, daß die höfischen Künste das ganze 17. und 18. Jahrhundert hindurch stark von antiken Traditionen geprägt wurden. In Gartenplastiken,
Deckenfresken und Opern begegneten oft Gestalten aus der römisch-antiken Mythologie und Geschichte. Die Lyrik griff gerne auf die antiken Formen von Sonett, Ode
und Epigramm zurück und liebte den Alexandriner, und die Schäferdichtung knüpfte
an antike Bukolika und Eklogen an. Antike Triumphbögen wurden Vorbild für Ehren-
pforten, die man siegreichen Fürsten (vorübergehend) errichtete, wie auch für manches Stadttor. In der Architektur galten weiter die von der Renaissance wieder aufgenommenen Konstruktionsprinzipien.

Dagegen blieb die Betonung der Vergänglichkeit alles Irdischen, besonders in Gedichten, Predigten und Grabmälern, eine vorübergehende Erscheinung, gebunden an
die Katastrophenjahre des Dreißigjährigen Kriegs.

Die aus der antiken Architektur herrührende Idee der harmonischen, insbesondere
der symmetrischen Gliederung und Anordnung, die schon in den vorangegangenen

Jahrzehnten nach und nach aufgenommen worden war, und die Verfahrensweise, Dinge analytisch zu zergliedern und gesetzmäßige Zusammenhänge aufzustellen, die durch die Erfolge der physikalischen Mechanik zu Ehren kam, legten die Wurzeln für das Konzept, die Umwelt nach festen Regeln zu ordnen, insbesondere durch geometrische Formen. Der praktische Antrieb, sich dieses Mittels zu bedienen, erwuchs dann aus dem Herrschaftswillen des Absolutismus, der danach strebte, sich Verhältnisse auch über den Bereich der Hofgesellschaft hinaus nach dieser Methode zu unterwerfen, und nachdem es einmal etabliert war, pflanzte sich dieses Ordnungsdenken auch von selbst fort.

In keiner anderen Epoche der deutschen Geschichte herrschte ein so ausgeprägtes Streben nach Ordnung. Dabei zwang der Ordnungswille vielen verschiedenen Einzelelementen geometrische Formen auf. Im Schloßpark schnitt man Bäume, Hecken und Büsche zu Kugeln, Kegeln und Kuben, leitete Wasser in gerade Kanäle und kreisrunde oder rechteckige Bassins und gab Blumenbeeten und Rasenstücken geometrische Formen. Beim Aufmarsch der Soldaten zur Schlacht und der Anlage neuer Straßen hielt man sich an die lange, gerade Linie. Festungsgrundrisse wurden ebenso nach geometrischen Formen konstruiert wie die Anordnung der Eßgeräte bei Tisch. Beim Tanzen und (Hallen-)Reiten bewegten sich die Höflinge entlang geometrischer Figuren auf dem Boden, ritten also beispielsweise Ringe, Karrees, Diagonalen, Sterne und achsensymmetrische Gruppen. Für Tanzen, Fechten und das Exerzieren der Soldaten wurden Fußstellungen, Schritte, Sprünge und Stoßweisen in geometrisch beschriebenen Formen festgelegt, und erst recht das Hofballett entwickelte die geometrischen Formen ins Extreme. Darüber hinaus wurden Einzelelemente nach Möglichkeit in ein größeres Ganzes eingeordnet. Am häufigsten bediente man sich dazu des Prinzips der Symmetrie. So waren die Fassaden von größeren Gebäuden und von Schränken, die Grundrisse von Schlössern und Parks, die Bühnenbilder und oft auch die Abfolge der einzelnen Abschnitte innerhalb eines Musikstückes symmetrisch zur Mitte geordnet. Bei manchen Tänzen sahen sich die Einzelpaare in eine geometrische Gesamtfigur eingegliedert. Im Städtebau wurden − außer dem Schloß − alle Einzelbauwerke, einschließlich der Kirchen, in die geschlossene Straßenfront eingefügt und damit dem Konzept der Straßenachse oder des Platzes untergeordnet. In dem epocheprägenden Kompositionsprinzip der Fuge stellte man eine Zusammenordnung der Elemente dadurch her, daß ein Thema von verschiedenen Stimmen nach einem bestimmten Verfahren nachgeahmt und variiert wurde. Für die Dichtkunst gab es Poetiken, die für die formale Gestaltung genaue Regeln festlegten. Auch das Ordnungsdenken des Hofzeremoniells mag hier noch erwähnt werden, ebenso das Streben, möglichst viele Teile in ein Gesamtkunstwerk zu integrieren, sei es als Schloßanlage (Architektur, Stuck, Freskomalerei, Plastik und Gartenkunst) oder Oper (Wort, Musik, Schauspiel, gemalte und architektonisch gebaute Kulisse).

Das strahlende Vorbild des Hofadels wurde im 17. und 18. Jahrhundert von Patriziern größerer Städte, Landadligen, Kaufleuten und Gelehrten nachgeahmt. Diese übernahmen den Schnitt der Kleidung, die Perücke und das Degentragen, die Tischsitten und überhaupt die Mäßigung der Körperbewegungen und Tafelgenüsse sowie deren Verfeinerung, ebenso die Ornamentformen an Häusern und Einrichtung. Dabei waren ihre Verhaltensformen aber nicht im selben Maße ausgeschliffen, und die finanziellen Grenzen zwangen meist zu entsprechenden Abstrichen an der Qualität des Materials, etwa des Kleidungsstoffes, und der Menge des Zierrates. Zahlreiche Land-

Ausstrahlung
der Hofkultur

adlige wurden dadurch geprägt, daß sie in ihrer Jugend einige Jahre als Page an einem Fürstenhof lebten, aber mancher blieb in seiner Lebensweise auch bäuerlicher Derbheit nahe. Vor allem in Preußen wurden viele Adlige im 18. Jahrhundert durch Kadettenanstalten stark militärisch geformt.

Im Laufe des 17. und 18. Jahrhunderts wurde es für die meisten Deutschen aus dem Kreis der städtischen Mittelschichten und bessergestellten Bauern üblich, jetzt ebenfalls ihren Lebensbereich bewußt mit Form und Farbe zu gestalten, insbesondere ein buntes Festtagsgewand zu besitzen (das dann für das ganze Leben hielt), außerdem mit Malerei oder Schnitzerei geschmückte Möbel, verzierte Gefäße und Gläser, gestickte Tücher und glänzenden Schmuck. Die Unterschichten wie auch die schlechtgestellte Landbevölkerung in Ostelbien hatten hieran praktisch keinen Anteil. Man spricht von „Volkstracht" und „Volkskunst", obwohl sie nicht von den Konsumenten selbst, sondern von Handwerkern hergestellt wurde. Auch hier waren die Kulturformen der höherstehenden Stände Vorbild, aber man paßte sie bei der Übernahme bäuerlichem Bedarf und einfacherem Material an und formte sie stark um. Daß zwar zahlreiche Kontakte in kleinen Räumen, aber nur wenige darüber hinaus bestanden, hatte zwei wichtige Folgen: erstens wandelten sich in dieser Breitenkultur die Formen nur sehr langsam, und man hielt an ihnen jahrzehntelang fest, auch wenn ihre Vorbilder in der Elitenkultur längst „out" waren, und zweitens wies die Breitenkultur eine Fülle kleinräumiger Kulturlandschaften mit unterschiedlichen Formen auf, nicht nur in der materiellen Kultur, sondern auch in Dialekten und im Brauchtum. Hierin stand sie in krassem Gegensatz zur Hofkultur, die einen international-gesamteuropäischen Charakter besaß und rasche Modewechsel erlebte. Das Herabsinken von Kulturgütern ließ sich auch für den literarischen Bereich feststellen. Stoffe aus französischer Kunstdichtung und kirchlichen Erbauungsgeschichten gingen in jenes Erzählgut ein, das die einfache Bevölkerung z.B. in Spinnstuben mündlich weitergab, und wurden dabei zu Märchen vereinfacht. Die derbe Literatur des gehobenen Bürgertums aus dem 16. Jahrhundert, die ursprünglich höfischen Ritterromane nach spanischem Vorbild aus dem frühen 17. Jahrhundert und Teile der gelehrten Magie, besonders der Astrologie, wurden zwar im Laufe des 17. Jahrhunderts von den gebildeten Kreisen aufgegeben, fanden aber nun als billige Drucke (die Magie auch in Bauernkalendern) über Jahrmärkte den Weg zu einem schlichteren Publikum. Von den zunächst in der Hofkultur ausgebildeten Manieren und Verhaltensnormen übernahmen die Mittel- und Unterschichten dagegen bis ins späte 18. Jahrhundert noch nichts.

Kirchen als Erzieher Neben den Fürstenhöfen bildeten die Kirchen das zweite große Zentrum der Kultur. Im Laufe des 17. Jahrhunderts gelang es, den regelmäßigen sonntäglichen Kirchgang allgemein durchzusetzen. Die Pastoren predigten und kontrollierten in Stadt und Land mehr denn je die Moral und scheuten sich nicht, Sünder vor der versammelten Gemeinde beim Namen zu nennen und drastisch mit den Schrecken der Hölle zu drohen. Im 17. und 18. Jahrhundert brachten die Kirchen eine Flut von Erbauungsschriften unter die Leute. Dies und die Schule dürften dazu geführt haben, daß im 18. Jahrhundert die Kenntnisse der Bevölkerung über biblische Geschichten und den Inhalt des Katechismus besser waren als jemals zuvor. Doch blieb das Ergebnis oft weit hinter den kirchlichen Wünschen zurück. Viele Pfarrer mußten zu derben Geschichten, witzigen Sprüchen und theatralischen Auftritten greifen, um ihre Gemeinde vor dem Einschlummern zu bewahren. Es sei „der Gedanke des Bauern: das wesentliche der Religion bestehe einzig und allein im Kirchengehen, beichten und kommuniciren", wurde

1787 in Ansbach geklagt, so „daß die Landleute in dem praktischen der Religion Jesu, in Sitten und gesellschaftlichen Tugenden so sehr zuruck sind, daß Betrug und Bevorteilung im Handel und Wandel, mehr unter ihnen im Gange ist, als daß nicht die bürgerliche Verfassung, in allen ihren Zweigen, darunter leiden solle."[31] Ganz zu schweigen von den Kindern der einfachen Bevölkerung, die sich dorf- und stadtviertelweise Kämpfe lieferten, ohne daß jemand dagegen einschritt, und Gärten und Felder plünderten. Trotz aller kirchlichen und obrigkeitlichen Verbote blieb bei der ländlichen Bevölkerung auch der voreheliche Geschlechtsverkehr der Burschen mit ihrer Freundin weit verbreitet und wurde von der Dorföffentlichkeit gebilligt.

Elementar-schulwesen

Überhaupt das Elementarschulwesen! Auch dieses war praktisch ein verlängerter Arm der Kirche, nicht nur, weil es zumindest auf dem Lande unter der Aufsicht des Pfarrers stand, sondern mehr noch, weil die Bibel das hauptsächliche Lesebuch darstellte und der Lernstoff auf Katechismus und Kirchenlieder begrenzt war. Die Schulordnungen sprachen zwar zunehmend davon, daß dort, wo Schulen waren, auch Schulpflicht bestehe (d.h. ab einem Alter von sechs oder sieben Jahren und halbtags). Aber in der Praxis ließen sich kaum Fortschritte erkennen. Rund 25 Prozent der Kinder besuchten eine Schule, und etwa die Hälfte davon verließ sie wieder, ohne auch nur Lesen und Schreiben gelernt zu haben. Aus Hannover wurde berichtet: „Dienstmägde konnten selten schreiben und hielten in der Kirche die Gesangbücher verkehrt vor die Augen."[32] Schließlich waren selbst viele Kaufleute und Landadlige im Schreiben noch recht schwerfällig. Wenn die Erfolge der Schule so gering waren, lag das einerseits daran, daß Bauern und viele Handwerker (besonders solche, die im Freien arbeiteten) fanden, die Elementarschule vermittele ihren Kindern nichts, was diesen im praktischen Leben von Nutzen sei − womit sie damals Recht hatten! −, und zum zweiten war es darauf zurückzuführen, daß die Bauernkinder im Sommer bei der Feldarbeit und zum Schafehüten gebraucht wurden und deshalb die Schule meist bestenfalls im Winter besuchten. Und die Begrenztheit des Erfolgs lag auch am inneren Zustand der Elementarschulen. Der unsaubere Klassenraum war oft zugleich Wohnung des Lehrers. Der Lehrer wurde von Eltern und Gemeinde so schlecht bezahlt, daß er sich durch Handwerksarbeit zusätzlich Geld verdienen mußte, besaß keine spezielle Vorbildung und verstand oft selbst kaum den Stoff, den er unterrichten sollte. Die Unterrichtsmethode bestand im Buchstabieren, mechanischem Lesen und Hersagenlassen von Auswendiggelerntem, wobei das Verständnis oft auf der Strecke blieb. Diese äußerlichen Kenntnisse wurden den Schülern dann aber im wahrsten Sinne des Wortes „eingebläut". 1779 meinte ein Schullehrer, er habe in seiner 50jährigen Lehrertätigkeit „bei mäßiger Berechnung" 911.527 Stockschläge, 1.115.800 Kopfnüsse, 136.715 Handschmisse und 124.010 Rutenhiebe ausgeteilt.[33]

Unterhaltung der einfachen Leute

Diesen Bildungsverhältnissen entsprachen die geistigen Interessen der Masse der Deutschen. Der Interessen- und Informationshorizont der meisten war weiter auf den örtlichen Bereich beschränkt. Die wenigen Handwerker und Bauern, die lasen, begnügten sich mit Bibel und Katechismus. Hinzu kamen vereinzelt Erbauungsschriften, Bauernkalender, Lieddrucke, illustrierte Blätter und Einblattdrucke. Letztere brachten Nachrichten über Feuersbrünste, Totschläge und dergleichen, während Bauernkalender vor allem Bilder, Bauernregeln, Anekdoten und praktische Ratschläge enthielten. Alle diese Schriften wurden seit dem 17. Jahrhundert in wachsendem Maße vertrieben, und zwar von herumreisenden Hausierern und Bänkelsängern, besonders auf Jahrmärkten. Aber wichtiger als das Gedruckte blieb in diesen Bevölkerungskreisen weiter die mündliche Literatur der Märchen, Sagen und anderer Spinnstubengeschichten. Auch die meisten Landadligen lasen kaum. Sie interessierten sich vor allem für Jagd, Pferde und ihre Wirtschaft. So blieben Bücher und Zeitungen eine Sache von gebildeten Bürgern und Teilen des Adels. Für den größten Teil der Bevölkerung bestand die alltägliche Unterhaltung im Wirthausbesuch bei Kartenspiel und Bier und wurde gelegentlich bereichert durch die kirchlichen Feste an hohen kirchlichen Feiertagen und zur Kirchweih, die mit dem Arbeitsleben verbundenen Feste (Erntedankfest, Zunftfeste usw.), städtischen Schützenfeste, Jahrmärkte und Familienfeiern zu Taufe, Hochzeit und Leichenbegängnis. Musik hörte die einfache Bevölkerung außer in der Kirche nur durch fahrende Bierfiedler, die zum Tanz aufspielten, und Bänkelsänger, von selbstgesungenen Liedern abgesehen. Auf Jahrmärkten traten zur Belustigung auch Seiltänzer, Bärenführer, Feuerschlucker, Gaukler und Schauspieltruppen auf. Diese umherreisenden Schauspieltruppen blieben bis in die 1770er Jahre unverändert dem plumpen Stil der englischen Komödianten verhaftet, und das undisziplinierte Publikum griff während der Aufführung, die bei Tageslicht stattfand, auch durchaus mit Zurufen oder sogar handgreiflich auf der Bühne in das Spielgeschehen ein. Am besten gefielen dem Publikum jene Theaterstücke, in denen am meisten gerast und gemordet wurde, wie ja auch Hinrichtungen stets große Zuschauerzahlen anzogen.

Kirchliche und weltliche Obrigkeiten waren das ganze 17. und 18. Jahrhundert hindurch weiter bestrebt, durch Verbote und Reglementierungen volkstümliche Fest- und Spielbräuche mit ihren „Exzessen" einzuschränken und zu mäßigen. Die Erfolge blieben klar hinter den Zielen zurück. Tatsächlich sind aber etliche Bräuche abgestorben, so weitgehend die Kraftspiele am Rande der Feste (Steinwerfen, Wettlaufen, Ringen usw.), wenngleich einige Relikte noch lange weiterlebten, beispielsweise das bayerische Fingerhakeln. Manches wurde nach obrigkeitlichen Vorstellungen umgeformt, so daß sich im katholischen Raum Prozessionen, Wallfahrten, religiöse Feste und Heiligenverehrung vom eigenwüchsigen Volksbrauch zur von oben geregelten Selbstinszenierung der Kirche wandelte, und Bergmannsfeste nahmen die militärischen Formen uniformierter Paradeaufmärsche an.

Bei alledem verwundert es nicht, daß in der breiten Bevölkerung der Glaube zwar nicht mehr an Dämonen, aber an Geister, Teufel, Kobolde, Irrwische, Hexerei und dergleichen unverändert lebendig war. Katholische wie protestantische Geistliche praktizierten im 18. Jahrhundert Teufelsaustreibungen. Als 1784 bei dem Dorf Sernow, acht Meilen von Berlin, ein Ballon niederging, hielten Bauern ihn für den Teufel und griffen ihn mit Waffen an. Ebenso war eine Fülle magischer Praktiken und Verbote im Schwange, die im Laufe der Jahrhunderte entstanden waren, z.B. das Ausräuchern der Stallung von krankem Vieh durch den Scharfrichter, die Methode, als Heilmittel Zettel mit Segenssprüchen zu essen oder ans Vieh zu verfüttern, das Verbot, über ein Kind zu schreiten, weil es sonst nicht mehr wüchse, oder das Verbot, am Freitag Nägel zu schmieden.

Konfessionelle Spaltung

Die deutsche Kultur war nicht nur nach verschiedenen Ständen gespalten, sondern auch nach den Konfessionen, und auch dieses kam im 17. und 18. Jahrhundert stärker zum Ausdruck als in jeder anderen Epoche. Die Geistlichen schürten bei der Bevölkerung das Mißtrauen gegen die anderen Konfessionen bis weit ins 18. Jahrhundert hinein stets von neuem. Protestanten lasen selten katholische, Katholiken nie protestantische Bücher. Eine Heirat über die Konfessionsgrenzen hinweg war unmöglich. Während der katholische Süden sich nach Italien und Spanien hin orientierte, öffnete

408

sich der protestantische Norden niederländischen und englischen Einflüssen. Die beiden Konfessionen entwickelten sehr unterschiedliche Kulturstile, welche die Mentalitäten der jeweiligen Volksteile nachhaltig prägten.

Für den Katholizismus wurde entscheidend, daß er sich mit dem Tridentinischen Konzil dafür entschieden hatte, an der Tradition festzuhalten, und daß die Rekatholisierungsaktivitäten, die bis ins frühe 18. Jahrhundert fortdauerten, sich in erster Linie an die einfache Bevölkerung wandten. Letzteres führte dazu, daß sich der Katholizismus deren Gewohnheit des sinnlich-konkreten Denkens anpaßte und deshalb alle Arten optischer Demonstrationen und körperlicher Aktivitäten gewaltig förderte. Die Katholiken bauten eine Fülle von Kirchen und Kapellen und dekorierten viele der bestehenden im Innern um, wobei sie die schon erwähnten künstlerischen Stilmittel der Steigerung und Intensivierung energisch einsetzten. Altaraufsätze wuchsen zu theaterkulissenhaften Schauwänden empor, und Kirchen wurden reichlich mit Stuck und Plastiken geschmückt und ausgemalt. Das Schuldrama der Jesuiten, Prozessionen und geistliche Spiele veranschaulichten mit großem Pomp biblische Szenen. In Bayern und Österreich wurde die ganze Landschaft mit Kruzifixen, Heiligenstatuen, Kapellen, Bildstöcken und Kalvarienbergen möbliert. Dem Streben der ungebildeten Bevölkerung nach dem konkret Faßbaren kam die katholische Kirche entgegen mit einer Fülle geweihter Andachtsgegenstände, Heiligen- und Marienbildern, reichhaltiger Liturgie, magischen Ritualen und Reliquien. Aber die Kirche belebte nicht nur die Marien- und Heiligenverehrung, sondern sie förderte auch die Massenexerzitien der Wallfahrten und Prozessionen ungemein und führte überdies neue ein. Dagegen spielte die deutsche Sprache, das Mittel des Denkens, eine nur untergeordnete Rolle. Vielmehr betonte der Katholizismus gerade das nicht mit Vernunft Erfaßbare, nur emotional Erfahrbare. Man pflegte Wunderlegenden, und bevorzugte Themen der Kirchenkunst wurden jetzt Mariae Himmelfahrt, die Auferstehung und Himmelfahrt Jesu, Ekstasen und Visionen, verzückte Mönche und Nonnen, himmlische Glorien, die Dreifaltigkeit und die Schmerzen der Märtyrer. Bau- und Darstellungsweise wurden bewußt so gewählt, daß die Dinge nicht klar und durchschaubar, sondern wie ein großer Zauber wirkten. Alles geriet in unruhige Bewegung: die Kirchenfronten wölbten sich vor, an die Stelle rechtwinkliger Grundrisse traten ovale Formen, Gesimse wurden geschwungen und Säulen gedreht, und an den Heiligengestalten flatterten Bärte und Mäntel in theatralischer Weise. Man konstruierte Kirchengrundrisse kompliziert und aus mehreren sich überschneidenden Formen, überzog die Wände mit Stuck und halb schwebenden Figuren und schuf oft eine illusionistische Lichtführung. Dadurch wurde die Architektur völlig undurchschaubar gemacht. Außerdem sollten illusionistische Deckenfresken den Raum scheinbar in den Himmel erweitern.

In Österreich und Bayern hatten die Jesuiten bis in die 1770er Jahre das höhere Schulwesen ganz und die Universitäten und die Zensur weitgehend in der Hand. Um jedes selbständige, also möglicherweise von der reinen Lehre abweichende Denken zu unterbinden, schlossen sie diese Länder soweit es ging gegen geistige Einflüsse von außen ab. Eifrig wachten sie darüber, daß es im Bildungsbetrieb bei der Erziehung zu strengem Gehorsam, bei scholastischer Philosophie und rein lateinischem Unterrichtsverfahren blieb. In Bayern bekamen Klosterschüler noch Ende des 18. Jahrhunderts Prügel, wenn sie ein deutsches Buch lasen.

Ganz anders im protestantischen deutschen Raum, bei den Reformierten noch mehr als bei den Lutheranern. Die Verehrung konkreter und bildhafter Objekte war schon längst abgeschafft worden, ebenso die Wallfahrten. Man baute kaum noch neue Kirchen. Die künstlerischen Ausdrucksformen waren prunkloser und nüchterner, gradliniger, übersichtlicher und klarer, in der Architektur den antiken, klassizistischen Formideen näher. Nicht die Anschauung, sondern das Wort von der Kanzel stand im Mittelpunkt. Die protestantischen Geistlichen kontrollierten das Kulturleben weniger stark als die Jesuiten, und in den protestantischen Ländern standen die Türen für eigenständige Gedankenwege offener.

Auch zwischen der protestantischen, deutschsprachigen Kirchenmusik, die in Johann Sebastian Bach ihren Höhepunkt fand, und der katholischen Kirchenmusik gab es keinerlei Gemeinsamkeit.

Als Sonderentwicklung innerhalb des Protestantismus entstand Ende des 17. Jahrhunderts der Pietismus, der teils an mystische Traditionen, teils an Luthers Ideen anknüpfte, teils vom englischen Puritanismus beeinflußt war. Vorübergehend gewann er Anfang des 18. Jahrhunderts an der Universität Halle einen gewissen Einfluß und trug auf diesem Wege dazu bei, jenes Dienst- und Arbeitsethos mitzuprägen, das König Friedrich Wilhelm I. von Preußen von seinen Beamten forderte. Eine nachhaltige Breitenwirkung konnte der Pietismus aber nur in ungebildeten kleinbürgerlichen Kreisen in Württemberg entfalten. Dort lasen die Pietisten in kleinen, gegenüber dem Treiben der Welt recht gleichgültigen Zirkeln gemeinsam intensiv die Bibel mit dem Ziel, ihr individuelles privates Leben gottgefällig zu gestalten. In ihrem Streben, das rechte Christentum zu erfassen, bedienten sie sich weniger des Verstandes, sondern gaben sich stark ihrem subjektiven Gefühl hin, das teilweise durch Einflüsse der Empfindsamkeit gesteigert und verfeinert wurde.

Konfessionen und Modernität

Die Unterschiede zwischen dem deutschen Katholizismus und dem Protestantismus führten im 18. Jahrhundert dazu, daß bis in die 1770er Jahre hinein die neuen westeuropäischen Entwicklungen in Philosophie und Wissenschaft fast nur im protestantischen Deutschland aufgenommen wurden und daß die Anfänge einer bürgerlichen Nationalliteratur sich ebenfalls nur dort entwickelten, während im katholischen Süden die Obrigkeiten dieses verhinderten. Auch ist bezeichnend, daß das ganze 18. und 19. Jahrhundert über bei der Ausbreitung von Neuerungen des Alltagslebens Bayern und Österreich dasjenige deutsche Gebiet bildeten, das diese stets zuletzt übernahm. Die Folgen der konfessionsspezifischen Geisteswelten waren langfristig noch viel grundsätzlicher. Für das katholische Geistesleben begann hier jener Weg ins geistige Abseits, bei dem es den Anschluß an die jeweils zukunftsweisenden Strömungen verlor und ihnen dann stets nur mit großer Verzögerung hinterherhinkte. Diesen Weg hat die offizielle katholische Kirche bis heute nicht verlassen. Für das protestantische Geistesleben begann im 18. Jahrhundert mit der Öffnung gegenüber den neuen westeuropäischen Ideen der Weg in den baldigen weitgehenden Zerfall seines christlichen Weltverständnisses in Subjektivismus und vor allem Verweltlichung.

Erneuerung der gelehrten Welt- erfassung: Prinzipien

Im 17. Jahrhundert brachen sich innerhalb der europäischen Gelehrtenschaft wichtige Neuerungen Bahn. Ganz allgemein wurden die Gegebenheiten der Welt in viel stärkerem Maß als früher zum Gegenstand theoretischen Nachdenkens gemacht, das Abstraktionsniveau gebildeten Denkens gesteigert. Dieses Nachdenken ging über die überlieferten Autoritäten hinaus und berief sich gegen sie auf die eigene Vernunft und die empirische Erfahrung. Das gelehrte Denken löste sich dabei aus der scholastischen Gesamtdeutung der Welt ab, deren Rest sich als Theologie zunehmend auf den Ausbau und Unterbau der Glaubenslehre zurückzog und sich in seinem Verbindlichkeitsanspruch schließlich durch die fortschreitende verweltlichte Gelehrsamkeit in Frage gestellt sah. Innerhalb der so entstandenen säkularisierten Welterfassung nahmen theoretisches Denken und empirisch gewonnene Faktenkenntnis stärker aufeinander Bezug, ohne stets ein fruchtbares Verhältnis zueinander zu finden. Einerseits wuchs das Faktenwissen durch Sammeln und auch Experimentieren kräftig an. Immerhin war es noch so begrenzt, daß man weiter ernsthaft wagen konnte, das gesamte Wissen enzyklopädisch zusammenzufassen. Zedlers „Großes vollständiges [!] Universal-Lexicon aller [!] Wissenschaft und Künste" von 1732/54 brauchte dafür 64 Bände. Zugleich strebten die führenden Köpfe aber unverändert danach, das wachsende Wissen systematisierend in ein Gesamtsystem einzufangen. Philosophie und Wissenschaft waren noch ungeschieden, beide Begriffe wurden durcheinander gebraucht, und auch die einzelnen Wissensbereiche setzten sich erst allmählich voneinander ab. Alle bedeutenden Gelehrten waren auf mehreren Wissensgebieten tätig.

Die entscheidenden Neuerungen in der Naturerkenntnis wurden nicht von Deutschen vollzogen. Anfang des 17. Jahrhunderts begründete der Italiener Galilei die methodischen Prinzipien einer naturwissenschaftlichen Mechanik. Er nahm nicht mehr Gesamtheiten in den Blick, sondern zerlegte die komplexe Realität analytisch in einfache Erscheinungen; er fragte nicht mehr nach dem Wesen in den Dingen, sondern begnügte sich damit, die Einzelerscheinungen im Experiment zu isolieren und das „Wie" ihrer Veränderung zu beobachten, und er beschrieb nicht mehr Qualitäten, sondern untersuchte nur die quantifizierbaren Erscheinungen. Zusammenhänge wurden nicht mehr assoziativ gefunden, sondern durch Messungen und dann in der Sprache der Mathematik formuliert. Diese Regelmäßigkeiten deutete Galilei jetzt als unveränderliches Naturgesetz, sah die untersuchten Dinge als tote Körper an und deren Verhalten als gesetzmäßige Folge von Ursache und Wirkung. Dementsprechend waren Zwecksetzungen und Willen irgendwelcher handelnder Subjekte als Erklärungsgrund ausgeschlossen. Diese neue Methode war der Schlüssel zu großen Fortschritten in der Naturerkenntnis und ermöglichte damit den Menschen langfristig, stärker als zuvor planmäßig in die Umwelt einzugreifen und sie zu nutzen.

Mit der neuen Erkenntnismethode konnten in der Mechanik in wenigen Jahrzehnten große Erfolge erzielt werden, mit Abstand auch in der Optik; hingegen kam man in Chemie und Biologie zwar im Beschreiben nennenswert weiter, aber nicht in der Theoriebildung, da es nicht gelangt, die quantitative Methode zu übertragen. Diese Erfolge hatten grundlegende Auswirkungen. Zum einen war in dem solchermaßen aufgeklärten und mit Naturgesetzen gedeuteten Bereich kein Platz mehr für Geister und magische Kräfte (einschließlich astrologischer Wirkungen) – die Welt wurde sozusagen entzaubert. Zugleich bestand damit aber auch kein Raum mehr für das Wirken Gottes. Dies führte nun nicht automatisch zum Atheismus, aber doch zu der Vorstellung, Gott habe die Welt zwar in einem einmaligen Schöpfungsakt als eine große Maschine geschaffen, sich dann aber auf das Betrachten ihres geregelten Laufs zurückgezogen, ohne bei jeder Kleinigkeit einzugreifen, oder Gott verblaßte überhaupt zum abstrakten Inbegriff der mathematischen Naturordnung.

Anknüpfend an die so begründete Mathematik entstanden in den europäischen Ländern im 17. und 18. Jahrhundert bemerkenswert unterschiedliche Ansätze der Naturdeutung. In Großbritannien und den Niederlanden, wo das Großbürgertum in der Gesellschaft eine erhebliche Rolle spielte, orientierte man sich stark an der empirischen Erfahrung und stand theoretischen Gesamtsystemen ablehnend gegenüber, so daß die meisten naturwissenschaftlichen Erkenntnisse dieser Zeit dort gewonnen wurden. In Frankreich, wo die Führungsschicht mehr aristokratisch geprägt war, wurde zwar die mathematisch-mechanistische Methode ebenfalls übernommen, aber man räumte dem reinen Denken den Vorrang vor der Empirie ein und versuchte, philosophische Gesamtsysteme aus wenigen Prinzipien weitgehend deduktiv herzuleiten. Diese wurden dann notwendigerweise doch weitgehend spekulativ, so daß französische Gelehrte zwar in der Mathematik, aber viel weniger in den Naturwissenschaften Fortschritte erzielten. In Südeuropa verhinderte die katholische Kirche praktisch jede Aufnahme der neuen Ideen.

Unter den Deutschen fehlte infolge der wirtschaftlichen und gesellschaftlichen Entwicklung weitgehend jene Schicht wohlhabender Bürger, die in ihrer Muße zum Träger einer empirischen Naturforschung hätten werden können. So kamen vom Ende des Dreißigjährigen Kriegs bis in die 1770er Jahre von den Deutschen keine nennenswerten Beiträge zur empirischen Naturforschung und Medizin. Als einziger bedeutender Philosoph dieser Zeit ist Gottfried Wilhelm Leibniz zu nennen. In spekulativem Denken versuchte Leibniz ein System des Weltganzen zu schaffen, das auch die Theologie einbezog. Dabei wurde er von den neuen Naturerkenntnissen beeinflußt und übernahm das vernunftorientierte, deduktive und an der mathematischen Methode orientierte Verfahren der französischen Philosophie, aber nicht deren mechanistische Denkweise. Unter dem Einfluß der älteren deutschen Vorstellung, sich alle Objekte als beseelt zu denken, nahm Leibniz vielmehr an, daß alles auf der Welt von zahlreichen Monaden als kleinsten Bausteinen erfüllt sei, die er sich als punktförmige beseelte Substanzen und Kraftzentren vorstellte und die nicht mechanistisch aufeinander wirken würden, sondern von Gott aufeinander abgestimmt seien. Zur Wirksamkeit gelangte Leibniz' Philosophie, die an verschiedenen Stellen verstreut war, erst, nachdem Ch. Wolff sie systematisch zusammengefaßt hatte.

Staatswissen-
schaften
Vor allem in der zweiten Hälfte des 17. Jahrhunderts entstand mit den Staatswissenschaften ein neues Feld wissenschaftlicher, aus dem Bereich der Theologie herausgelöster Welterfassung. Infolge der Interessen der absolutistischen Fürsten wurde dieser Bereich von den deutschen Gelehrten stärker gepflegt als die empirischen Naturwissenschaften. Dabei bildeten sich verschiedene Theoriebereiche: zunächst einmal der Kameralismus, der sich mit staatlichem Finanzwesen, Polizei (im Sinne von Verwaltungswissenschaft) und Handels- und Gewerbepolitik (bis hin zu praktischen Problemen von Ackerbau, Handel und Technologie) befaßte; dann das Staatsrecht; ferner wurde die Außenpolitik zum Gegenstand theoretischer Erörterung, und es entstand eine Lehre vom Völkerrecht. Deutlich war das Bestreben, über konkrete Einzeltatsachen hinaus zu allgemeinen Prinzipien vorzudringen, aus denen sich dann ableiten ließ, wie in Einzelfällen zu verfahren sei. So spielte im Kameralismus die Lehre von der Handelsbilanz eine zentrale Rolle, für die Außenpolitik wurden Staatsräson und europäisches Gleichgewicht Leitbegriffe, und im Staatsrecht belebte man den Begriff des Naturrechts neu und löste ihn aus seinem scholastischen Zusammenhang. Die Idee des Naturrechts war der Versuch, die Geltung von Recht dadurch zu legitimieren, daß man sich auf angeblich naturgegebene, höchstrangige Rechtsprinzipien berief, nachdem man die bloße Tradition und die Annahme einer göttlichen Setzung nicht mehr als befriedigend empfand. Ferner entstanden rein beschreibend orientierte Zweige der Staatswissenschaften, nämlich die Staatenkunde („Statistik"), die Informationen über Bevölkerung, Gewerbe, Handel und Bodenschätze zusammentrug, die Staaten- und

Diplomatiegeschichte und die Beschäftigung mit dem historisch gewachsenen deutschen Reichsrecht, letzteres als Grundlage für Rechtsstreitigkeiten zwischen Reichsständen. Ferner ist bemerkenswert, daß die über militärische Fragen, besonders Truppenführung und Festungsbau handelnde Literatur stark anwuchs und ebenfalls deutlich das Bestreben erkennen ließ, ihren Stoff theoretisch und systembildend zu durchdringen.

Die ganze wissenschaftliche Theoriebildung stand noch in der mittelalterlichen Tradition statischen Denkens. Man klassifizierte die Tier- und Pflanzenarten und setzte dabei voraus, daß die Arten unveränderlich seien, die Wirtschaftslehre richtete ihr Augenmerk auf die Zirkulation bestehender Größen statt auf Wachstum, und man nahm an, die Welt sei vom Schöpfungstag an unverändert, das Naturrecht sei überall und zu allen Zeiten gültig und die Planeten würden nach ewigem Gesetz stets die gleichen Bahnen ziehen. Aber ansatzweise entstand die Fähigkeit, über den Zeithorizont einer Generation hinaus auch langfristige zeitliche Unterschiede und Wandlungen zu erkennen. Bis ins 16. Jahrhundert hatten Künstler auf Gemälden mit historischen Themen die Personen stets in der für sie selbst zeitgenössischen Tracht dargestellt, während man im 17. Jahrhundert antike Helden auch auf antik drapierte. Die immer wieder vorgekommene Übertragung der biblischen Endzeiterwartung auf die eigene Gegenwart ohne Rücksicht auf die dazwischenliegende Zeit überlebte kaum das 17. Jahrhundert. Die menschliche Geschichte wurde von der eschatologischen Geschichtsdeutung getrennt, indem man die Gliederung der Weltgeschichte nach den vier Weltreichen seit der zweiten Hälfte des 17. Jahrhunderts ersetzte durch die Einteilung in Altertum, Mittelalter und Neuzeit. In der zweiten Hälfte des 18. Jahrhunderts kam dann bei den Aufklärern die Vorstellung auf, Geschichte als einen langfristigen Fortschrittsprozeß in Richtung auf eine vernünftige, humane und moralische Welt zu sehen.

Zeitbewußtsein

Die neue philosophisch-wissenschaftliche Weltsicht konnte sich unter den Gebildeten nur zögernd durchsetzen. Als ein Zeichen für das schwindende Gewicht der Theologie mag gelten, daß ihr Anteil an den jährlichen Neuerscheinungen des Leipziger Buchmessenkatalogs 1700-1780 von 44 auf 15 Prozent sank. Parallel dazu stieg im übrigen der Anteil der deutschsprachigen Bücher 1651/60 bis 1771/80 von 35 auf 78 Prozent, während jener der französischen von 3 auf 9 Prozent kletterte und jener der lateinischen entsprechend sank. Im Laufe des 18. Jahrhunderts gingen die protestantischen Universitäten allmählich auch zu Deutsch als Vorlesungssprache über. Langsam gewöhnten sich die Gebildeten daran, Erscheinungen nur aus natürlichen Ursachen zu erklären, und schieden die magischen Elemente aus ihrem Denken aus. Die Astrologie verschwand von den Universitäten und galt seit etwa 1700 bei den Gebildeten weitgehend als Aberglaube. Nach heftigen Diskussionen der Gelehrten, ob es wirklich Hexen gäbe, verebbte die Hexenverfolgung Anfang des 18. Jahrhunderts; die letzten Hexenhinrichtungen fanden auf Reichsgebiet 1775 in Kempten, in der Schweiz 1782 in Glarus statt. Noch das Auftreten der großen Kometen von 1664/65 und 1680 hatte auch in gebildeten Kreisen zu Diskussionen über das Nahen des Weltendes Anlaß gegeben, und die österreichischen Pest- und Infectionspatente von z.B. 1679, 1712 und 1713 faßten Seuchen als Strafe Gottes auf und ordneten deshalb als wichtigste Maßnahme Buße für begangene Sünden und eine christliche Lebensführung an. Aber im 18. Jahrhundert verloren solche Deutungen bei den Gebildeten bald ihre Glaubwürdigkeit.

Resonanz der neuen Weltsicht

An den Universitäten, durchschnittlich 300-400 Studenten groß, herrschte meist bis weit ins 18. Jahrhundert hinein ein erstarrter, scholastisch geprägter Lehrbetrieb mit Autoritätsgläubigkeit, praxisfremder und sich verzettelnder Stoffhäufung und vorherrschendem Einfluß der Theologie, ganz zu schweigen von Korruption und Vetternwirtschaft. Als gelehrte Organisationen außerhalb der Universitäten wurden einige Akademien gegründet, die aber für die Wissenschaft keine große Bedeutung gewannen. Erst die Gründung der Universitäten Halle 1694 und Göttingen 1737 brachte dann Neuerungen. Hier richtete man auch Lehrstühle für Geschichte, Geographie, Kameralistik, Staats- und Völkerrecht und experimentelle Naturwissenschaften ein, und in den anschließenden Jahrzehnten folgten einige andere protestantische Universitäten ihrem Beispiel. In den 1730er Jahren wurde die Leibniz-Wolffsche Philosophie an den protestantischen Universitäten herrschend und blieb es bis Ende des Jahrhunderts. Die Lateinschulen verharrten allerdings bis Ende des 18. Jahrhunderts fast ganz beim Wortwissen wirklichkeitsferner Stoffe und nahmen kaum etwas von den neuen Realwissenschaften auf. Als besondere, von vornherein praxisbezogene Ausbildungsanstalten wurden Bergakademien gegründet, zuerst Freiberg/Sachsen 1766, Berlin 1774 und Clausthal 1775, und außerdem in Berlin 1756 die später so genannte Kriegsakademie.

Individua-
lisierung
    Die wachsende Bereitschaft, sich von Tradition und Konvention zu lösen und an eigenem Denken und Erfahrung zu orientieren und damit den Anspruch auf Mündigkeit des einzelnen zu erheben, mußte langfristig auch über das philosophisch-wissenschaftliche Gebiet hinaus im lebenspraktischen, persönlichen Bereich verändernd wirken. Wenn Denken, Empfinden und Handeln weniger strikt durch überlieferte Schemata festgelegt sind, die von außen an den einzelnen herangetragen und ihm durch Erziehung eingepflanzt werden, entsteht ein Spielraum für unterschiedliches Verhalten, für eigenständiges Denken, für eine Innenwelt subjektiven Erlebens, kurz: für Individualität. Langfristig brachte diese Tatsache ambivalente Folgen mit sich. Zum ersten eröffnete sie die Freiheit zu einer bewußt gestalteten Lebensführung, die das eigene Selbst zu verwirklichen strebt, und zu Erkenntnisfortschritten, indem sie von geistigen Zwängen ungeprüfter Überlieferung befreite. Zweitens brachte sie den Verfall allgemein verbindlicher Selbstverständlichkeiten und vieler bisher gewiß geglaubter Überzeugungen und „Wahrheiten" mit sich, und da Wertentscheidungen nicht logisch zwingend begründbar sind, führte dies zur Pluralität von Weltanschauungen und zu einer Vielzahl subjektiver Standpunkte. Drittens bedeutete die Individualisierung die Gefahr, daß schlichtere Gemüter sich verunsichert fühlten und ihre Entscheidungsfähigkeit, besonders in Krisensituationen, überfordert war, sowie daß mancher nicht mehr den nötigen inneren Halt fand. Dies brachte Gefahren nicht nur für den einzelnen, sondern bei massiertem Auftreten auch für das ganze Volk. Im übrigen führte die im Bildungsbürgertum beginnende Individualisierung auch dazu, daß hier Adoleszenz als ein besonderer Reifeabschnitt entstand, verstanden als eine krisenbegleitete Zeit in der Entwicklung jedes einzelnen Menschen, in der dieser sich mit untereinander konkurrierenden Lebensplänen und Wahlmöglichkeiten auseinandersetzt und dabei eine unverwechselbare Persönlichkeit auszubilden strebt.
    Unter jenen deutschen Gebildeten, die im 18. Jahrhundert mehr Individualität und Mündigkeit für sich in Anspruch nahmen, wurden dabei zwei recht unterschiedliche Einstellungen freigesetzt: die einen gingen von ihrer eigenen Vernunft aus, machten diese zum alleinigen Maßstab und verurteilten alle jene Erscheinungen der persönlichen und gesellschaftlichen Lebenspraxis, die ihnen nicht vernunftmäßig begründbar schienen, die anderen gingen von ihrem Gefühl aus und kultivierten dessen Differen-

zierungsvermögen für die Eindrücke der Umwelt und vor allem für die Regungen der eigenen Psyche. Üblicherweise nennt man die eine Richtung Aufklärung, die andere Empfindsamkeit. Beides waren aber zwei Seiten derselben Medaille, nämlich der stärkeren Selbstreflexion, und sie traten auch keineswegs säuberlich getrennt auf. Beide Strömungen setzten gegen 1730 ein, gewannen aber erst allmählich Profil. Die Auskristallisierung dieser Einstellungen bei den deutschen Gebildeten wurde dabei stark von französischen und noch mehr englischen Vorbildern beeinflußt, wo diese Haltungen sich bereits früher ausgeprägt hatten. Das Geistesleben der verschiedenen europäischen Länder befand sich durchaus nicht im Gleichklang. Während die Aufklärung in Frankreich – oder besser: Paris – radikaler war als die später einsetzende deutsche, die außerdem bis in die 1770er Jahre auf protestantische Gebiete begrenzt blieb, berührte die Aufklärung Südeuropa fast gar nicht.

Die deutschen Aufklärer, an ihrer Spitze Gotthold Ephraim Lessing, richteten, anders als die französischen, ihre Kritik an unvernünftigen Traditionen zumindest bis in die 1780er Jahre nicht gegen das politische System des Absolutismus, sondern wandten sich in erster Linie theologischen Fragen zu, wobei sie auch dort ihre Kritik nicht bis zum Atheismus steigerten. Sie forderten religiöse Toleranz und die Respektierung von Menschenrechten und schrieben gegen Folter, Aberglaube und das, was sie als Vorurteile ansahen. Die Aufklärer begannen kritisch über die Vereinbarkeit von Vernunft und religiöser Offenbarung nachzudenken und warfen damit jene Grundfrage auf, mit der Theologen sich bis heute quälen. In ihrem Streben nach einer vernunftgemäßen „natürlichen Religion" versuchten die Aufklärer dies Problem in der Weise zu lösen, daß sie schwer verständliche Glaubensinhalte wie Wunder, Auferstehung, Erbsünde, Ewigkeit der Höllenstrafen, Übernatürlichkeit der Gnade und den Teufel entweder so umdeuteten, daß sie sich innerweltlichen Erklärungen fügten, oder sie ganz strichen. Dabei bestand die Tendenz, daß Religion auf die Vorstellung eines abstrakten, fernen Gottes und auf Moral reduziert wurde. In dieser Richtung war England schon vorangegangen und hatte, ausgehend vom sittenstrengen Puritanismus, eine bürgerliche Moralvorstellung entwickelt, bei der außer Vernunft auch Arbeit und Nützlichkeit sowie Moral und Tugend im Zentrum standen, überhaupt die Zügelung der Begierden bis zur Abneigung gegen sexuelle Lust. Diese Vorstellungen gewannen auch in den Kreisen gebildeter deutscher Bürger Einfluß, und sie schufen zugleich einen Maßstab für Kritik am Hofadel. Die recht großzügige Ehe- und Sexualmoral des Hofadels, die auf das Vorbild des französischen Hofs zurückging, begannen die Gebildeten jetzt als Sittenlosigkeit zu kritisieren. Während die höfische Gesellschaft die Bildung des äußeren Menschen, seiner Verhaltensformen hochgezüchtet hatte, setzten die bürgerlichen Aufklärer dagegen die Idee der inneren Menschenbildung an Geist und Moral. Gegen den vornehmen Müßiggang stellten sie das Leitbild nützlicher Arbeit, gegen den geburtsständischen Status die Stellung nach individueller Leistung für den gesellschaftlichen Nutzen.

Vernunft, Nützlichkeit und Tugend als Leitwerte persönlichen und gesellschaftlichen Handelns suchten dann auch die Moralischen Wochenschriften zu popularisieren, die ab 1713 nach englischen Vorbildern gegründet wurden. Sie priesen bürgerliche Tugenden und erörterten in leicht verständlicher Weise, wie eine vernünftige Unterhaltung, vernünftige Kindererziehung, vernünftige Ausgabenwirtschaft usw. auszusehen habe, nicht ohne hierbei oft in Plattheiten zu verfallen. Die Schriftsteller der Aufklärung glaubten an die Macht des geschriebenen Wortes und meinten, durch vernünftige

Belehrung und Beratung die einzelnen Menschen und damit die Verhältnisse bessern zu können. Im Unterschied zur weitschweifigen und gezierten barocken Schriftsprache entwickelten sie dabei einen nüchternen, klaren und direkten Sprachstil. Hier entstand die moderne deutsche Hochsprache als ein für Wissenschaft, Wirtschaft und Dichtung brauchbares Instrument. Nicht das praktische Handeln stand für die deutschen Aufklärer im Mittelpunkt, sondern Belehrung und Kritik und die gleichberechtigte Diskussion miteinander. Dies alles erfolgte über das Medium von Zeitschriften und Büchern und· auch Briefen, nicht zuletzt deshalb, weil die Aufklärer vereinzelt und über verschiedene Städte verstreut lebten. Dabei waren sie optimistisch, daß die Welt prinzipiell rationaler Aufklärung zugänglich sei. „Vernunft" und „rational" wurden Leitworte, „irrational" ein diffamierendes Schmähwort.

Es bedeutete einen großen Fortschritt in Richtung auf mehr geistige Freiheit und gesicherte Erkenntnis, daß die Aufklärer die rationale Argumentation in den Mittelpunkt rückten und damit unbegründete Autoritäten und Traditionen abwiesen. Allerdings — man sollte Anspruch und Selbstverständnis der Aufklärer, das objektiv Vernünftige zu vertreten, nicht unhinterfragt lassen. Die Annahme, bestimmte Prinzipien wie Freiheit, Gleichheit und Vernünftigkeit seien naturgegeben, war genauso unbeweisbar, stellte genauso eine bloße Setzung dar, bedeutete faktisch genauso das Abschneiden weiterer Diskussionen wie die traditionelle Berufung auf die göttliche Offenbarung. Die Aufklärer unterschätzten auch die emotionalen und unbewußten Triebkräfte menschlichen Handelns. Darüber hinaus liefen sie stets Gefahr, das Vernünftige zu verengen auf das bloß Nützliche, und noch schwerwiegender war die wenig später aufkommende Neigung, es noch weiter auf das kurzfristig ökonomisch Nützliche und Profitable und das technisch Machbare einzuschränken und dabei Folgen langfristiger Art und andere Werte zu übersehen. Eigenartig war im übrigen die Haltung der aufklärerischen bürgerlichen Intellektuellen, Mündigkeit zwar für sich selbst zu beanspruchen in Abwehr obrigkeitlicher Bevormundung, zugleich aber der Masse der Bevölkerung mit einem erzieherischen Anspruch gegenüberzutreten, der dem Autoritätsanspruch der Kirchen kaum nachstand, und gelegentlich äußerten einige sogar, daß Aufklärung wohl nie etwas fürs einfache Volk werden würde.

Empfind-samkeit

Nun zur anderen Seite der Individualisierung, der wachsenden Sensibilität für psychische Vorgänge und Regungen. Diese unterschied sich von der in der Hofkultur herangezogenen Sensibilisierung für Gesten und äußere Wahrnehmungen dadurch, daß sie sich auf die subjektive Innenwelt des Menschen bezog, daß an die Stelle der alten Neigungen zu extremen, spontan wechselnden Stimmungslagen eine durch Selbstreflexion gebrochene Feinfühligkeit trat. Seit der Mitte des 18. Jahrhunderts kam dies in vielen Erscheinungen zum Ausdruck. Die Zahl der Autobiographien schwoll stark an, in manchen Kreisen wurde es Mode, seitenlange Briefe zu schreiben, und das Tagebuchführen breitete sich aus. Dabei wurde jetzt das Bestreben kennzeichnend, die eigene Seele zu analysieren und die inneren Empfindungen breit zu beschreiben. Dies steigerte sich teilweise zu extremen Formen, in denen dann die Affekte wie Rührung, Mitleid, Tränenseligkeit und Wehmut kultiviert wurden, ebenso wie die gefühlsselige Freundschaft und Liebe. In der Literatur gaben Ch.F. Gellert, F.G. Klopstock und Lessing empfindsamen Stimmungen Ausdruck, sowie besonders Goethes Roman „Die Leiden des jungen Werthers" (1774). Neben dem Roman spielte besonders die Naturlyrik eine Rolle, in der jetzt die Dichter ihre inneren Gefühle in die Landschaft hineinprojizierten, womit die Vorstellung der stimmungserfüllten Landschaft entstand. In

416

der Musik wurde das Cembalo mit seinem stets gleichbleibenden Ton verdrängt durch das Clavichord, das eine Bebung seines zarten Tons ermöglichte, und dann auch durch das Hammerklavier, beides Instrumente, auf denen die Tonintensität differenziert werden konnte, während die kräftige Trompete an Bedeutung verlor. Überhaupt empfand man den unterschiedlichen Affektgehalt der verschiedenen Musikinstrumente deutlicher. Um seelische Spannungen auszudrücken, wurde der langsame Stärkenübergang des crescendo und diminuendo erfunden, und zum Ausdruck feiner Gefühlsregungen bediente man sich jetzt gern fein abgewogener Stärkegrade, Taktdehnungen (ritardando), Notendehnungen (Fermaten) und plötzlicher Pausen.

Unverkennbar entstanden also im Laufe des 18. Jahrhunderts zwischen der traditionellen Breitenkultur der Bauern und Handwerker einerseits, die regional und lokal gebunden war, und der Hofkultur andererseits, die sich an gesamteuropäisch wirkenden, besonders französischen Stilvorbildern orientierte, Ansätze einer bürgerlichen Kultur, die überregional und deutschsprachig, also national war. Bei ihr stand die Sprache im Mittelpunkt, nicht wie bei der Hofkultur das sinnlich Wahrnehmbare. Bis in die 1770er Jahre wurde die bürgerliche Nationalkultur aber nur durch eine kleine Schicht meist akademisch gebildeter Bürger getragen, die auch von den Gelehrten nur einen Teil erfaßte. Diese Deutschen lebten meist in den größeren Fernhandels- und Universitätsstädten, vor allem in Hamburg, Leipzig und Zürich, weniger in den Residenzstädten, deren Bürger im Bann der Hofkultur standen, und der katholische Volksteil war an alledem fast ganz unbeteiligt. Man darf die Größe dieses Publikums nicht überschätzen, wie vor allem Fehlschläge zeigen. Zwar wurden immer wieder neue Moralische Wochenschriften gegründet, aber alle gingen nach wenigen Monaten, spätestens nach zwei Jahren, wegen Lesermangels wieder ein. Zaghafte Versuche im 17. Jahrhundert, eine deutschsprachige Oper zu schaffen, scheiterten. Von diesen Unternehmen kam nur dem 1678 in Hamburg begonnenen eine gewisse Bedeutung zu, aber es konnte (auf privatwirtschaftlicher Basis) nur deshalb bis 1738 durchhalten, weil es sein Niveau dem Sensations- und Klamaukbedürfnis des Publikums anpaßte. Der Versuch der Neuberschen Theatertruppe, in den 1740er und 50er Jahren ein anspruchsvolleres Theater ohne den Hanswurst zu machen, scheiterte, weil das Publikum sich verweigerte. Immerhin schuf Lessing 1767 mit „Minna von Barnhelm" und 1772 mit „Emilia Galotti" Muster für ein bürgerliches Lustspiel und ein bürgerliches Trauerspiel, indem er sich von Ständeklausel, Typisierung der Charaktere und einengenden formalen Dichtkunstregeln befreite und zu individueller, psychologisch durchdringender Darstellungsweise fand. Im musikalischen Bereich enstand neben Hof- und Kirchenmusik und repräsentativer Ratsmusik ein öffentliches bürgerliches Konzertwesen in Gestalt der collegia musica. Ausgehend von der Hausmusik schlossen sich Bürger zusammen, um in ihrer Freizeit zur eigenen Freude als collegium musicum zu musizieren. Später gingen diese dann dazu über, regelmäßig gegen Eintritt öffentliche Konzerte zu geben, so in Frankfurt a.M. und Hamburg 1723, Straßburg 1730, Leipzig und Lübeck 1733.

Von einem aufgeklärten Zeitalter wird man für die betrachtete Epoche also noch nicht reden können, sondern nur vom Aufkommen erster Ansätze aufgeklärten Denkens und nationaler bürgerlicher Kultur.

Ansätze
bürgerlicher
National-
kultur

5.5 Zerfall der Adelsnation und Entstehen des österreichisch-preußischen Dualismus

Schwäche der Reichsorgane

Seitdem das römisch-deutsche Reich im Westfälischen Frieden 1648 endgültig zur machtlosen Hülle vertrocknet war, waren die größeren deutschen Territorialstaaten weitgehend selbständig, auch wenn sie nicht als voll souverän galten. Was hielt die deutschen Fürstentümer überhaupt noch weiter zusammen? Kaiser, Reichstag und zwei konkurrierende Justizbehörden in Gestalt des Reichskammergerichts und des Reichshofrats stellten die einzigen Institutionen des Reiches dar. Dem Kaiser, der auch weiter von den Kurfürsten gewählt werden mußte, waren nur noch wenige Befugnisse übriggeblieben: das Recht, Standeserhöhungen vorzunehmen, Privilegien zu verleihen, Begnadigungen auszusprechen und ähnliche politisch relativ unbedeutende Rechte. Der Kaiser herrschte faktisch nur in seinen eigenen Territorien. In die größeren Fürstentümer des Reiches konnte er überhaupt nicht hineinwirken. Bei politischen Konflikten innerhalb von Reichsstädten, kleineren geistlichen Territorien und den Territorien von Grafen und Herren griffen allerdings häufig kaiserliche Kommissionen ein. Der Reichstag lebte nach dem Dreißigjährigen Krieg wieder auf, hatte seit 1663 aber eine neue Form: an die Stelle der in unregelmäßigen Abständen stattfindenden Fürstenversammlungen trat ein ständig tagender Kongreß aus weisungsgebundenen Gesandten. Theoretisch besaß der Reichstag das Recht, in allen Angelegenheiten Gesetze zu erlassen. Die Bedeutung, die ihm im 16. Jahrhundert zugekommen war, erlangte er indessen nicht zurück. Nach 1648 kamen überhaupt nur noch zwei Gesetze zustande, und da der Reichstag auch in den großen politischen Fragen versagte, verfiel sein Ansehen im 18. Jahrhundert schnell. Das ständische Reichskammergericht litt unter zunehmendem Geld- und dementsprechend Personalmangel, so daß es nur schwerfällig arbeitete. Prozesse dauerten oft Jahrzehnte, ja konnten sich bis zu 120 Jahre hinschleppen. Das Kammergericht erledigte jährlich nicht einmal 200 Prozesse, so daß sich bis 1772 16.000 unerledigte Verfahren ansammelten. Der kaiserliche Reichshofrat arbeitete im Vergleich dazu zügiger. Ständige Reichseinnahmen gab es nicht. Ein Reichsheer versuchte man nur bei akuter Not auf Basis der Matrikularbeiträge aufzustellen.

418

Bezeichnend für die Zerfaserung der Macht war auch, daß das Reich keine Hauptstadt aufwies. Zwar waren im Laufe des 16. Jahrhunderts Höfe und Herrschaftsinstitutionen allgemein in Städten ortsfest geworden. Aber nicht nur, daß das Schwergewicht dabei den Residenzstädten der größeren Territorien zukam – das Gegeneinander von Kaiser und Reichsständen führte dazu, daß auch die zentralen Einrichtungen des Reiches noch räumlich auseinanderfielen. Der Kaiser residierte ab 1612 endgültig ständig in Wien, und dort saß auch der Reichshofrat, der Reichstag tagte seit 1663 dauernd in Regensburg, das Reichskammergericht saß seit 1527 in Speyer und ab 1689 in Wetzlar, Kaiserwahl und -krönung fanden seit 1562 in Frankfurt am Main statt, und die Reichskleinodien wurden seit 1424 in Nürnberg aufbewahrt.

Der Westfälische Frieden hatte dem nächsten Reichstag zur Aufgabe gemacht, die Reichsverfassung zu reformieren, doch dazu sah sich dieser nicht in der Lage. 1681 wurde noch einmal versucht, das offensichtlich ineffiziente Reichskriegswesen zu reformieren. Das gesamte Militärwesen sollte dem Kaiser und den größeren Reichsständen, die sich inzwischen stehende Heere zugelegt hatten, genommen und zur Reichssache gemacht werden. Dabei sollten Anwerbung, Ausrüstung und Ausbildung nicht dem Kaiser, sondern den Reichskreisen übertragen werden. Doch fast nur im schwäbischen und fränkischen Kreis wurde dieser Plan auch durchgeführt. Der Kaiser und die großen Reichsstände, deren Territorien sich oft über mehrere Reichskreise erstreckten, waren nicht bereit, ihre Truppen in Kreisheere einzugliedern. In der zweiten Hälfte des 17. Jahrhunderts debattierte man noch eine ganze Reihe von Plänen und Gutachten über Wirtschaftseinheit, Reichsflotte und dergleichen. Sie alle blieben bloße Idee: die meisten Reichsstände wünschten ihre eigene weitgehende Selbständigkeit zu bewahren, die sie als „teutsche Libertät" priesen. Überdies war auch die französische Diplomatie daran interessiert, die bestehenden Zustände im Reich zu erhalten, und schürte Widerstände gegen alle Pläne, die Zentralgewalt zu stärken. Im 18. Jahrhundert gab es dann nicht einmal mehr Reformpläne.

Reformversuche

Das Reich erstarrte immer weiter, durch nichts anderes aufrechterhalten als bloßes Beharrungsvermögen und den Mangel an einer alternativen Idee. Das Gegeneinander von Kaiser und Reichsständen, von protestantischen und katholischen Ständen und den Interessen verschiedener Dynastien ließ kaum gemeinsames und allgemein verbindliches Handeln zustande kommen. Dadurch herrschte im Innern ein latenter und wiederholt auch akuter Krieg, und nach außen konnte das Reich nicht die erforderlichen Abwehrkräfte aufbieten. Das römisch-deutsche Reich war weniger denn je in der Lage, die beiden Elementarfunktionen eines politischen Gemeinwesens zu erfüllen, nämlich die Sicherung des Friedens im Innern und die Verteidigung nach außen. In das Schema gängiger Verfassungstypologien paßte es längst nicht mehr hinein. Der Staatsrechtler Pufendorf flüchtete sich 1667 in die Formulierung, das Reich sei „einem Monstrum ähnlich". Im 18. Jahrhundert ist dann auch treffend gespottet worden, das „Heilige Römische Reich" sei weder heilig noch römisch noch ein Reich. Immerhin verkörperte das Reich den letzten Rest politischer Zusammengehörigkeit der Deutschen, und bis zu seinem Ende hat auch nie ein Reichsstand ernsthaft gefordert, es formell aufzulösen.

Da die zentralen Reichsorgane ihre eigentlichen Aufgaben nicht erfüllen konnten, gab es in den 1650er Jahren eine ganze Reihe von Verteidigungsbündnissen zwischen mehreren Reichsständen. Sie erwiesen sich jedoch als wenig dauerhaft. 1658 schlossen sich eine Anzahl westdeutscher Fürsten zum Rheinbund zusammen, der dann immer-

Zusammenschlüsse als Aushilfe?

hin zehn Jahre lang bestand, aber auch er konnte keine besondere Bedeutung gewinnen. Tragfähiges erwuchs auf dem Weg der freien Verbindungen nicht.

Wichtigere überterritoriale Verbindungen waren für einige Regionen des Reiches die Kreise als gemeinsame Selbstverwaltungseinrichtungen der Reichsstände. Dort, wo es viele Landesherren gab, deren Territorien klein und oft auch zu zerrissen waren, um ebenso wie die großen Fürsten ein eigenes Heer aufzubauen und eigene Gesetzgebung und Wirtschaftspolitik zu entwickeln, und die einander nicht majorisieren konnten, nahmen die Reichskreise bis zum Untergang des Reiches solche Aufgaben einigermaßen erfolgreich wahr. Sie brachten die Matrikularbeiträge und Heereskontingente zur Reichsarmee auf, regelten Wirtschafts- und Währungsprobleme und schlichteten Rechtsstreitigkeiten und konfessionelle Spannungen. Im schwäbischen und fränkischen Kreis funktionierte diese Zusammenarbeit befriedigend, im oberrheinischen schon weniger, im westfälischen Raum und in den übrigen sechs Kreisen fast gar nicht. Der Beschluß des oberrheinischen, schwäbischen, bayerischen, fränkischen, kurrheinischen und westfälischen Kreises im Jahr 1697, ein gemeinsames Heer aufzustellen, hatte begrenzten Erfolg. Die Truppe leistete teilweise gute Dienste, schrumpfte dann aber immer mehr zusammen, und 1742 brach diese Vereinigung über den österreichischen Erbfolgekrieg ganz auseinander und ließ sich auch nicht wieder herstellen.

Zusammensetzung des Reiches

Das römisch-deutsche Reich umfaßte um 1650 die reichsunmittelbaren Territorien von 8 Kurfürsten, 27 geistlichen und 30 weltlichen Fürsten, 38 Prälaten, 75 Grafen und Herren, 53 Reichsstädten und rund 1.500 Reichsrittern. Deren Größe war sehr unterschiedlich. In der Mitte des 18. Jahrhunderts entfielen auf die sieben wichtigsten Herrschaftskomplexe 19,8 Millionen Einwohner, auf alle übrigen weltlichen Fürstentümer und Grafschaften 3,6, auf die geistlichen Fürstentümer 3, auf die Reichsstädte 0,8 und die reichsritterschaftlichen Gebiete 0,5 Millionen Einwohner. Die wenigen großen Territorien lagen im Osten: die Länder des Hauses Österreich, die Kurfürstentümer Bayern, Sachsen und Brandenburg. Dagegen gab es im Westen eine größere Zahl kleinerer und mittlerer Länder, und im Südwesten und Franken herrschte weiterhin ein buntes Durcheinander von Klein- und Kleinstgebilden, wo das Territorium einzelner Freiherren und Reichsritter oft nicht mehr als ein Schloß und ein paar Dörfer umfaßte.

„Reichspatriotismus" und Einzelstaatsbewußtsein

Im Laufe des 16. Jahrhunderts war politisches Gemeinschaftsbewußtsein auf zwei Ebenen entstanden: bei den Reichsständen und auch manchen Schriftstellern mit Bezug auf das Reich als Ganzes, und, wohl stärker, bei den Landständen mit Bezug auf ihr jeweiliges Fürstentum. Nach dem Dreißigjährigen Krieg bildete sich dies in komplizierter Weise um. Die Regierenden der großen Dynastien kümmerten sich immer weniger um das Reich und entwickelten zunehmend ein Eigenbewußtsein, das sich über ihre Reichsfürstenrolle stellte. Mit dem Aufbau stehender Heere und eines Staatsapparates beschritten sie den Weg zur Staatsbildung und verselbständigten damit ihren Länderbesitz zu europäischen Mächten, so daß schließlich in der zweiten Hälfte des 18. Jahrhunderts ihre Beziehungen zu ausländischen Mächten sich nicht mehr von denen zu den übrigen deutschen Fürsten unterschieden. Die Herrscher Brandenburg-Preußens fühlten sich bis zu Friedrich Wilhelm I. (1713-40) noch als Reichsstand; sein Nachfolger Friedrich II. (1740-86) verstand sich als europäischer Monarch, ohne innere Bindungen an Kaiser und Reich zu empfinden. Für die österreichischen Habsburger mußte diese Entwicklung schwieriger sein, waren doch mit der Kaiserkrone besondere Verpflichtungen verbunden. Die Idee der kaiserlichen Führungsmacht im römisch-deutschen Reich und die Staatsidee der europäischen Großmacht Österreich lagen im Widerstreit miteinander. Doch die Entwicklungsrichtung war die gleiche wie bei den anderen großen deutschen Dynastien: unter Kaiser Leopold I. (1658-1705) dominierte noch die Reichsidee, unter Joseph I. (1705-11) hielten sich beide Tendenzen die Waage, unter Karl VI. (1711-40) verkümmerte der römische Kaisergedanke, und die Donaustaatsidee gewann Überhand, auch über zeitweilig noch einmal aufblühende Träume von einem erneuerten österreichisch-spanischen Großreich, und Maria Theresia (1740-80) schließlich verstand Österreich nur noch als europäische Großmacht. Sie betrachtete das Kaisertum als Beigabe zu ihrem habsburgischen Länderbesitz. Trotzdem hielten die habsburgischen Kaiser an der Kaiserkrone fest, da diese nun zunehmend das einigende Band der österreichischen Länder symbolisierte. Der Inhalt des Kaisertums, das eigentlich die Spitze des römisch-deutschen Reiches sein sollte, wurde in wachsendem Maße ein österreichischer. Die österreichischen Länder wandelten sich von der Hausmacht des Kaisers zum Selbstzweck. Es war symptomatisch, daß 1786 auf den kaiserlichen Handelsschiffen an Stelle der Reichsfarben als neue Flagge rot-weiß-rot eingeführt wurde. Die Kaiser klagten zwar seit Ende des Dreißigjährigen Kriegs über den Verfall ihrer Macht im Reich, aber sie haben nicht mehr ernsthaft versucht sie wiederherzustellen.

Ein besonderes Problem ergab sich für die Länderkomplexe der größeren Dynastien daraus, daß sie künstlich entstanden waren. Dynastischer Ehrgeiz hatte Länder zusammengesammelt, deren Verbindung oft zufällig genug war, und die Fürsten faßten diesen Besitz erst im nachhinein in einem Staat zusammen. Dieser rein monarchische Ursprung brachte es mit sich, daß keiner dieser Länderkomplexe Träger einer Staatsidee war, beispielsweise der Vorstellung, nationalstaatlicher Zusammenschluß eines Volks zu sein, eine bestimmte politische Ordnung zu verwirklichen oder weltlicher Arm einer bestimmten Konfession zu sein. Stattdessen wurde dann der Dienst für den Fürsten in Heer, Zentralverwaltung und am Hof zum Kristallisationspunkt, an dem ein preußischer, österreichischer, bayerischer und sächsischer „Nationalgeist" entstanden. Diese keimten im Laufe des 18. Jahrhunderts bei Offizieren und höheren Beamten auf und stellten den Anfang dar auf dem Weg zu eigenständigen Staatsnationen.

Ganz anders als bei den großen Territorien war es um das Staatsbewußtsein der geistlichen Reichsfürsten, die im 18. Jahrhundert zunehmend anachronistisch wirkten, der kleinen Fürsten, Grafen und Herren und der Reichsstädte bestellt. Meist waren sie zu klein, um selbst zu vollwertigen Staaten werden zu können. So hielten sie an Kaiser und Reich fest, da sie auf den Schutz durch einen Mächtigeren angewiesen waren, um ihre Existenz gegenüber größeren Territorien zu behaupten. Für manchen kleineren Reichsstand und süddeutschen Adligen bot der kaiserliche Hof-, Militär- und Verwaltungsdienst auch interessante Karrieremöglichkeiten. Die Reichsidee schrumpfte zum „Reichspatriotismus" der mittleren und kleineren Reichsstände besonders im Westen und Süden des Reiches, die man im 18. Jahrhundert vielfach sogar als „das Reich" bezeichnete im Unterschied zu den übrigen deutschen Staaten. Und selbst hier galt, daß das Reich nur als Hort der Freiheitsrechte der kleinen Reichsstände gegen Übergriffe der größeren Territorien geschätzt wurde.

Im Ergebnis bedeutete diese Entwicklung nichts anderes, als daß die am Beginn der deutschen Geschichte entstandene Adelsnation, die sich Anfang des 16. Jahrhunderts erneut gefestigt und in den Reichstagen ihren Ausdruck gefunden hatte, zerfiel, ohne daß dieser Prozeß bis zum Ende des 18. Jahrhunderts zu einem klaren Ende gefunden hätte.

„Reichspatriotismus" der kleineren Reichsstände, ansatzweise beginnendes eigenstaatliches Staatsnationsbewußtsein der großen deutschen Mächte, Territorialbewußtsein regionaler Führungsschichten, Gefühl der Verbundenheit mit der meist noch kleinräumig aufgefaßten Heimat bei der Masse der Bevölkerung, weltbürgerliches Selbstverständnis der aufgeklärten Intelligenzschicht – ein politisches *deutsches* Nationalbewußtsein ließ sich im 18. Jahrhundert daneben nirgendwo mehr finden.

Möglich-
keiten
späterer
deutscher
Einheit

In dem Maße, in dem die großen Territorien staatliches Selbstbewußtsein gewannen, veränderte sich auch die Art jener Auseinandersetzungen, die für die Frage der politischen Einheit und Spaltung der Deutschen von Belang waren. Es standen sich nicht mehr der Kaiser und die Gesamtheit der Reichsstände gegenüber, und als seit Ende des 17. Jahrhunderts die konfessionellen Gemeinsamkeiten und Gegensätze als politische Faktoren an Bedeutung verloren, verblaßte auch der Konflikt der Konfessionsparteien. Stattdessen traten die Dynastien mit den größeren deutschen Territorien im Laufe des 18. Jahrhunderts zum Kampf gegeneinander an, nicht zum Kampf um die faktisch nicht mehr vorhandene Zentralgewalt, sondern zum Kampf um ihre eigene Größe, um Länderbesitz und Ruhm. Es gab keine geostrategischen Notwendigkeiten, die für das eine oder andere deutsche Territorium als sozusagen natürliche Logik erfordert hätten, sein Gebiet zu erweitern und damit zu wachsen. Motor des Geschehens war nur der Ehrgeiz der großen Dynastien. Die vielen kleinen Territorien pflegten dagegen angesichts ihrer geringen Stärke eine geruhsame Friedfertigkeit, nur darum bemüht, ihre alten Rechte möglichst ungeschmälert zu erhalten.

Seit dem Westfälischen Frieden bestand keine Basis mehr für eine politische Einigung, die von den Resten der Zentralgewalt des Reiches ausging. So hieß die Frage jetzt nicht länger, ob die Zentralgewalt gegenüber den Partikulargewalten erstarken oder das Reich zerfallen würde, sondern sie lautete: würde sich ein Gleichgewicht zwischen mehreren deutschen Teilstaaten ausbilden, das auf Dauer bestehen bliebe, oder würde einer der Teilstaaten so stark werden, daß er einmal als Kristallisationskern für eine später mögliche Einigung weiter deutscher Gebiete dienen könnte? Und wenn letzteres der Fall sein sollte, welcher Staat würde dies dann sein? Nun kann keine Rede davon sein, daß einer der Fürsten bewußt auf eine spätere deutsche Einheit hingearbeitet hätte – sie alle verfolgten nur ihre dynastisch-eigenstaatlichen Ziele. Aber derjenige deutsche Staat, der eine entsprechende Größe erreichte, schuf damit objektiv die Voraussetzung für eine solche Politik.

Die größeren
Territorien

Um 1650 gebot von den deutschen Dynastien das Haus Österreich unzweifelhaft über den Territorienkomplex mit der größten deutschen Bevölkerung, und der habsburgische Kaiser war der mächtigste deutsche Herrscher. Mit großem Abstand folgten danach jene drei Fürstentümer, deren Länderbesitz sich während des Dreißigjährigen Kriegs vergrößert hatte und die nun etwa gleich mächtig dastanden: Sachsen, das im 16. Jahrhundert der Führer der protestantischen Stände gewesen war, Bayern, unter diesen dreien das am straffsten organisierte Territorium, und Brandenburg, dessen Kurfürst überdies außerhalb des Reiches von der polnischen Krone das Herzogtum Preußen zu Lehen besaß. Mit einiger Distanz folgte dahinter die Pfalz und dann bald eine Teillinie der Welfen. Die übrigen Fürsten spielten bei den entscheidenden Machtfragen keine aktive Rolle mehr.

Wie entwickelten sich die großen Fürstentümer nach dem Dreißigjährigen Krieg weiter? Einen Hinweis auf die äußere Macht gibt schon die militärische Stärke. Das österreichische Heer wuchs 1740-83 von 90.000 auf 278.000 Soldaten an. Während die Stärke der Heere Bayerns, Sachsens und des welfischen Hannover von 1700 bis 1780 ohne eindeutigen Trend zwischen jeweils 10.000 und 30.000 Mann pendelte, stieg der Umfang der brandenburgisch-preußischen Armee von 31.000 Mann 1688 über 83.000 Mann 1740 auf 195.000 Mann 1786. Die Entwicklung des Länderbesitzes der einzelnen Dynastien war indessen komplizierter, als es hiernach zunächst erscheinen mag.

Sachsen

Dem sächsischen Kurfürsten August dem Starken (1694-1733) gelang es 1697, sich zum polnischen König wählen zu lassen, was die Sachsenherrscher dann bis 1763 blieben. August hoffte, diese Personalunion in eine Realunion umwandeln und als Landbrücke zwischen beiden Ländern Nordschlesien gewinnen zu können, beides vergeblich. Beide Staaten blieben räumlich voneinander getrennt. Überdies war die polnische Krone nicht erblich, so daß jeder Thronwechsel die Fortdauer der Verbindung mit Sachsen erneut in Frage stellte. Die Kräfte Kursachsens, dessen eigenes Territorium sich in dieser Epoche nicht vergrößerte, wurden durch die Kopplung mit Polen nicht verstärkt, sondern im Gegenteil − das innerlich zunehmend verfallende Polen zehrte nur an ihnen.

Hannover

Einen steilen Aufstieg erlebte ein Zweig der Welfen, die ihr Land seit dem späten Mittelalter in mehrere Linien zersplittert hatten. Die Linie Calenberg konnte sich 1689 das Herzogtum Lauenburg sichern und erhielt 1705 durch das Aussterben einer anderen Welfenlinie das Fürstentum Lüneburg und die Grafschaft Hoya. Während des Nordischen Kriegs besetzte sie das Herzogtum Bremen und das Fürstentum Verden und kaufte diese dann 1719 den Schweden ab. Damit war in Nordwestdeutschland durch einiges Glück ein geschlossenes und relativ großes Territorium entstanden, das nach seiner Hauptstadt jetzt Hannover genannt wurde. Es gelang dem Herzog, 1692 vom Kaiser eine neunte Kurfürstenwürde zu erhalten, wofür Hannover sich bis 1756 kaisertreu verhielt. Noch einen weiteren großen Erfolg konnte die welfische Dynastie verbuchen: 1714 wurde der Kurfürst von Hannover König von Großbritannien, und bis 1837 blieben beide Länder in Personalunion miteinander verbunden. Damit siedelte der Hof jedoch nach London über. Das Kurfürstentum Hannover sank zu einem Nebenland herab, dessen Interessen immer mehr hinter den britischen zurückstehen mußten und von dem keine machtpolitischen Impulse mehr ausgingen. Diese Verbindung ähnelte jener schon länger bestehenden zwischen dem Herzogtum Holstein und dem Königreich Dänemark(-Norwegen).

Bayern

Unter den großen Fürsten verfolgten die in Bayern regierenden Wittelsbacher die ausschweifendsten Pläne. Sie hofften diese bei fast immer antihabsburgischem Kurs und oft im Bund mit Frankreich verwirklichen zu können. Doch die Wittelsbacher waren am erfolglosesten. Kurfürst Maximilian II. Emanuel (1679-1726) wollte unbedingt eine Königskrone ergattern und trieb damit sein Land nur an den Rand des Ruins. 1697 kandidierte er für die polnische Königskrone − vergeblich. Sein sechsjähriger Erbe wurde 1698 vom spanischen König zum spanischen Thronfolger bestimmt, starb aber schon im folgenden Jahr. Im Spanischen Erbfolgekrieg kämpfte Max Emanuel gegen Österreich an der Seite Frankreichs, das ihm dafür die Rheinpfalz und die Königswürde versprach − aber er wurde aus Bayern vertrieben und konnte froh sein, es am Kriegsende überhaupt zurückzuerhalten. Aus Max Emanuels Angebot an den Kaiser, Bayern gegen das Königreich Sizilien zu tauschen, wurde ebensowenig wie aus dem Plan, Bayern gegen die österreichisch gewordenen (spanischen) Niederlande zu tauschen, und sein Vertrag mit dem Kaiser, der die Weitergabe von Sardinien mit dem

Königstitel an den Wittelsbacher vorsah, blieb unausgeführt. Maximilians Nachfolger Karl Albrecht (1726-45) versuchte im Österreichischen Erbfolgekrieg vergeblich, den Besitz der Habsburger zu erben, und sein Griff nach der Kaiserkrone im Jahr 1742 verlief glücklos. So blieb Bayern bis 1777 territorial unverändert und fiel damit hinter den Aufsteigern unter den deutschen Staaten zurück.

Hinzuzufügen ist allerdings, daß Wittelsbacher nicht nur in Bayern regierten, sondern eine andere Linie des Hauses in der Kurpfalz herrschte, wie auch stets eine Reihe von Bischofsstühlen mit wittelsbachischen Prinzen besetzt waren.

Brandenburg-Preußen bis 1740

Anders als die bayerischen Wittelsbacher nahmen die in Brandenburg und Preußen regierenden Hohenzollern in der betrachteten Epoche einen großen Aufschwung. Dabei sahen die Voraussetzungen nicht günstig aus: das Kurfürstentum Brandenburg besaß nur kargen Boden, war arm an Städten und überdies im Dreißigjährigen Krieg schwer verwüstet worden. Aber die Hohenzollern brachten gerade in dieser Epoche mehrere tatkräftige Herrscher hervor, was in jenen Zeiten, in denen das Schicksal des Staats so sehr an der Person des Fürsten hing, von nicht zu unterschätzender Bedeutung war.

Kurfürst Friedrich Wilhelm (1640-88) versuchte bald, entschlossen im Spiel der großen Mächte mitzumischen. 1644 bewarb er sich ernsthaft um eine Heirat mit Königin Christine von Schweden, wie sie schon deren Vater Gustav Adolf gewünscht hatte. Da auch Finnland und der größte Teil des Baltikums schwedisch waren, wäre damit ein deutsch-schwedisches protestantisches Großreich entstanden, das fast die ganze Ostseeküste umspannt und Brandenburg nach Skandinavien hin orientiert hätte. Doch der Plan scheiterte an Christine, die überhaupt eine höchst eigenwillige Person war und dann auf Dauer unverheiratet blieb. Mehrmals bewarb Friedrich Wilhelm sich um die polnische Königskrone, doch auch das blieb vergeblich. Als Schweden 1655 Polen angriff, schlug sich der Kurfürst auf die Seite der Schweden. Weil dies Bündnis ihm nicht die erhofften Erfolge brachte, wechselte er dann während des Kriegs die Partei. Im Frieden von Oliva 1660 ging seine Hoffnung, das schwedische Vorpommern zu gewinnen, nicht in Erfüllung, vor allem, weil Frankreich Schweden nicht zu sehr geschwächt sehen wollte. Friedrich Wilhelm gewann nur die an Hinterpommern angrenzenden polnischen Ämter Lauenburg und Bütow und außerdem die volle Souveränität über das Herzogtum Preußen, das bis dahin von Polen lehensabhängig gewesen war. Damit war neben dem römisch-deutschen Reich und der Schweizer Eidgenossenschaft ein weiterer souveräner deutscher Staat entstanden. Es war im übrigen nicht der einzige, da der Herzog von Schleswig-Holstein-Gottorp für den von ihm regierten Anteil des Herzogtums Schleswig, das bisher unter der Lehnshoheit des Königsreichs Dänemark gestanden hatte, 1658 ebenfalls die volle Souveränität erlangte. Doch da diese 1675 schon wieder erlosch, blieb dies nur eine Episode. Friedrich Wilhelm sah sich durch seine Souveränität in Preußen beträchtlich aufgewertet. Als 1674 die Schweden in Brandenburg einfielen, konnte der Kurfürst sie 1675 in der Schlacht bei Fehrbellin schlagen und damit sein Land wieder befreien. Anschließend gelang es ihm, den größten Teil Vorpommerns zu erobern, das er aber im Frieden von 1679 auf französischen Druck hin wieder herausgeben mußte. Auch in den folgenden Jahren konnte der Hohenzoller sein Ziel, Vorpommern zu gewinnen, nicht erreichen, obwohl er dazu mehrfach die Allianzen wechselte. Ebensowenig gelang es ihm, seine auf Erbverträgen beruhenden Ansprüche auf einige schlesische Fürstentümer gegen den Kaiser durchzusetzen. Immerhin fiel ihm 1680 vertragsgemäß das Herzogtum Magdeburg zu. So war

424

Kurfürst Friedrich Wilhelm fast ständig in Kämpfe verwickelt gewesen und hatte enorme Kraftanstrengungen unternommen, aber aufs Ganze gesehen hatte seine Politik letztlich wenig eingebracht.

Sein Nachfolger, Kurfürst Friedrich III. (1688-1713), nahm 1701 für das Herzogtum Preußen die Königswürde an und erreichte auch, daß der Kaiser dieser Rangerhöhung zustimmte, wofür er ihn militärisch unterstützen mußte. Der Name „Preußen" dehnte sich in der Folgezeit auf alle Länder der brandenburgischen Hohenzollern aus, während das ehemalige Herzogtum Preußen seit 1773 als „Ostpreußen" bezeichnet wurde. Zwischen 1691 und 1713 erwarb Brandenburg-Preußen durch Erbschaft, Vertrag oder Kauf noch eine Reihe kleinerer, weit verstreuter Besitzungen, unter anderem die Grafschaft Lingen in Westfalen, das Fürstentum Neuenburg (Neuchâtel in der Schweiz), Obergeldern an der niederländischen Grenze und die Anwartschaft auf das Fürstentum Ostfriesland, die sich 1744 realisierte.

Friedrichs Nachfolger, König Friedrich Wilhelm I., nahm am Nordischen Krieg teil und konnte dadurch 1720 die Hälfte des schwedischen Vorpommern gewinnen. Damit fiel ihm auch Stettin und die Odermündung zu, so daß Brandenburg endlich einen brauchbaren Ostseezugang erhielt. Sieht man von dieser überdies nur zurückhaltenden kriegerischen Unternehmung am Anfang seiner Regierungszeit ab, dann verfolgte Friedrich Wilhelm während seiner ganzen Regierungszeit eine friedliche Außenpolitik. Er konzentrierte sich darauf, die Finanzeinnahmen und das Heer zu vergrößern und schuf damit die Voraussetzung für die Außenpolitik seines Nachfolgers. Friedrich Wilhelm folgte außenpolitisch meist treu der kaiserlichen Politik, konnte seine Erbansprüche auf die Herzogtümer Jülich und Berg aber trotzdem nicht durchsetzen.

Die österreichischen Habsburger gewannen 1686 bis 1699 ganz Ungarn und 1713/14 die spanischen Niederlande, das Herzogtum Mailand und Unteritalien. Unteritalien ging aber 1735 und das bis 1718 eroberte Gebiet südlich Ungarns im Jahr 1739 wieder verloren. So besaß das Herrschaftsgebiet der österreichischen Habsburger in den Jahren 1718-35 die größte Ausdehnung seiner Geschichte. Dieser Länderkomplex blieb aber ohne Namen für die Gesamtheit, wenngleich oft die Bezeichnung „Österreich" über die Alpenländer hinaus auch auf die anderen Länder ausgedehnt wurde. *Haus Österreich bis 1740*

Die Machtfülle Österreichs ergab sich zum wenigsten als Verdienst der Kaiser an seiner Spitze. Gerade Leopold I. und Karl VI. waren schwerfällig und träge. Verbunden war der Aufstieg Österreichs vielmehr mit der Person des Prinzen Eugen von Savoyen, einem großen Feldherrn wie auch Staatsmann von Format, der 1703 Präsident des Hofkriegsrats wurde und in den nächsten 30 Jahren die österreichische Politik mehr oder minder maßgeblich mitbestimmte. Prinz Eugen ließ sich dabei weder von dynastischen Erwägungen leiten noch von Reichsinteressen. Sein Leitbild war Österreich als übervolkliche, aber deutsch geführte Großmacht in Europa, die zugleich Vormacht im römisch-deutschen Reich sein sollte. Im Interesse einer so verstandenen, rein österreichischen Staatsräson strebte Eugen an, Österreich durch Bayern zu arrondieren und damit die Position Österreichs im Reich zu stärken. 1713 versuchte Österreich, die österreichisch gewordenen Niederlande gegen Bayern zu tauschen. Der bayerische Kurfürst wäre damit auch einverstanden gewesen, aber der Plan scheiterte am Widerspruch Frankreichs, das die Stellung des Kaisers nicht gestärkt sehen wollte.

1713 legte Karl VI. in einem als „Pragmatischer Sanktion" bezeichneten Gesetz für das Haus Habsburg die Erbfolge fest. Der gesamte Länderbesitz sollte ungeteilt vererbt werden. Wenn die Habsburger im Mannesstamm ausstürben, sollten Karls Töchter folgen, wenn auch diese ausfielen, die Töchter seines älteren Bruders Joseph. Da Karl wie Joseph nur Töchter hatte (nach einem früh verstorbenen Sohn), mußte die älteste, Maria Theresia, als Erbin gelten. In langwierigen und zähen Bemühungen erreichte Karl, daß nach und nach die übrigen Mächte diese Regelung anerkannten, wofür er ihnen teilweise beträchtliche Zugeständnisse machen mußte. Prinz Eugen riet dringend, Maria Theresia mit dem bayerischen Kurprinzen zu verheiraten. Doch der Kaiser folgte seinem Rat nicht, sondern ließ Maria Theresia 1736 den Herzog Franz Stephan von Lothringen heiraten, der kurz zuvor sein Herzogtum an Frankreich verloren hatte. Diese Wahl beruhte wohl im wesentlichen auf persönlicher Zuneigung – in einer Zeit, in der eine solche Ehe für das Schicksal der Staaten weitgehende Folgen haben konnte, ungewöhnlich und bedenklich. Wenn Bayern an die habsburgischen Länder angegliedert worden wäre, hätte sich in diesen der Anteil der deutschen Bevölkerung erhöht, wäre dieser Länderkomplex vielleicht so gestärkt worden, daß er die kommenden Angriffe ohne nennenswerte Gebietsverluste hätte überstehen können, wäre Österreich in Süddeutschland, wo es noch bis zum Rheinknie hin verstreute Länder besaß, so fest verwurzelt worden, daß es unwahrscheinlich erscheint, daß es sich im 19. Jahrhundert aus Deutschland hätte hinausdrängen lassen. Kurzum: der Erwerb Bayerns hätte Österreichs Stellung als deutsche Führungsmacht nachhaltig gefestigt.

Reichs-
grenzen und
Wachsen der
Einzelstaaten

Daß die Besitzungen der Habsburger, Hohenzollern, Wettiner (in Sachsen) und Welfen über die Grenzen des römisch-deutschen Reiches hinauswuchsen, mußte unvermeidlich dessen Zusammenhalt lockern, ähnlich wie bei der schon lange bestehenden Verbindung zwischen Dänemark und Holstein. Zwar war das westliche, habsburgisch kontrollierte Ungarn im 17. Jahrhundert vom Kaiser oft so behandelt worden, als ob es Reichsgebiet wäre, und nachdem ganz Ungarn erobert worden war, gab es aufgrund der zahlreichen deutschen Kriegsopfer und der neuen deutschen Siedlungsgebiete sogar Überlegungen, Ungarn als Reichsfürstentum in das römisch-deutsche Reich einzugliedern. Diese wurden dann aber doch nicht verwirklicht.

Öster-
reichischer
Erbfolgekrieg

1740 starb plötzlich Kaiser Karl VI. Einige Monate zuvor war es auch in Brandenburg-Preußen zum Thronwechsel gekommen. Der neue Preußenkönig Friedrich II. nutzte die Gelegenheit, den Besitz des Hauses Hohenzollern zu vergrößern und sich selbst Kriegsruhm zu erwerben. Ohne großes Zögern marschierte er überraschend in Schlesien ein.

Zwar besaß Brandenburg-Preußen nur 2,5 Millionen Einwohner gegenüber etwa 16 Millionen der habsburgischen Gesamtmonarchie, aber in den vorangegangenen Jahrzehnten hatte König Friedrich Wilhelm I. die Herrschaft der Hohenzollern effektiver organisiert und dadurch erstaunliche Kräfte mobilisiert, während in der Habsburgermonarchie nichts dergleichen geschehen war. Die kaiserliche Armee hatte man entgegen allen Warnungen Prinz Eugens verfallen lassen, während die brandenburgisch-preußische zahlenmäßig zu fast gleicher Stärke aufgerückt und dabei besser exerziert war. Der Kaiser plagte sich mit unsicheren Steuereinnahmen und hohen Schulden, während der Preußenkönig sichere Einkünfte besaß und einen Staatsschatz angesammelt hatte. Maria Theresia, erst 23jährig und politisch unerfahren, befand sich in einer schwierigen Lage.

Um seinen Überfall gegenüber den anderen Höfen zu rechtfertigen, schob Friedrich Erbansprüche auf Teile Schlesiens vor. Mit seiner Tat und seinen Motiven stand er in seiner Zeit nicht allein,* eher schon mit dem nur geringen Bemühen, wenigstens den Schein der Rechtmäßigkeit zu wahren. Preußen war auch keineswegs ein zusammenereroberter Staat, wie die Art zeigt, in der es die meisten Territorien in den vorangegangenen Jahrzehnten erworben hatte, wenngleich Schlesien auch sicher einen recht großen Bissen darstellte, und Friedrich hat Preußen auch keinen fortdauernden Geist aggressiver Außenpolitik eingepflanzt, wie der unkriegerische Charakter der nächsten drei Nachfolger auf dem preußischen Thron belegt. Es war denn 1740 auch weniger das überfallene Östereich, sondern vor allem Preußen, das rasch Kumpane fand. Der bayerische Kurfürst Karl Albrecht erhob ebenfalls Ansprüche auf das habsburgische Erbe, weil er von Kaiser Ferdinand I. abstammte und mit einer Tochter Kaiser Josephs I. verheiratet war, und bewarb sich um die Kaiserkrone. Nach dem preußischen Sieg bei Mollwitz 1741 verbündeten sich Preußen, Bayern, Frankreich, das erhebliche Truppen und Subsidien beisteuerte, Sachsen(-Polen), das ebenfalls Erbansprüche erhob, und Spanien gegen die österreichischen Habsburger. Auf deren Seite traten nur Großbritannien-Hannover, das wegen Kolonialrivalitäten im 18. Jahrhundert grundsätzlich gegen Frankreich stand, Rußland und die Niederlande. Der innerdeutsche Konflikt hatte sich zu einem europäischen Krieg auf dem Boden des Reiches ausgewachsen. Bei einem Sieg der antihabsburgischen Koalition wäre Österreich mit großen Schnitten amputiert worden: Preußen sollte Schlesien erhalten, Frankreich die österreichischen Niederlande, Bayern Teile der deutschen Länder Österreichs, Spanien die italienischen Besitzungen der Habsburger, und Sachsen wollte eine Landverbindung nach Polen gewinnen.

1742 wurde der bayerische Kurfürst als Karl VII. zum Kaiser gewählt. Es war ein schwaches, von Preußen und Frankreich abhängiges Kaisertum. Nach dem preußischen Sieg bei Chotusitz 1742 schloß Österreich mit Friedrich II. den Sonderfrieden von Breslau: Preußen erhielt fast ganz Schlesien und schied zufrieden aus dem Krieg aus, und Österreich konzentrierte sich jetzt auf den Wittelsbacher. Bayern brach rasch zusammen und wurde von den habsburgischen Truppen besetzt. Sachsen schlug sich auf die Seite Österreichs, und Großbritannien begann sich 1743 aktiv am Krieg in Deutschland zu beteiligen. Durch diese Entwicklung fühlte sich Friedrich nun seiner schlesischen Beute nicht mehr sicher. So erneuerte er das Bündnis mit Frankreich und Bayern und nahm den Krieg 1744 wieder auf, indem er in Böhmen einmarschierte. Als der glücklose Karl VII. 1745 starb, entsagte dessen Nachfolger allen Ansprüchen auf habsburgische Gebiete und erhielt dafür Bayern zurück. Maria Theresia konnte ihren Gemahl im selben Jahr als Franz I. zum Kaiser wählen lassen. Friedrich II. schloß nach preußischen Siegen bei Hohenfriedberg und Soor 1745 in Dresden ebenfalls Frieden mit Maria Theresia. Dieser bestätigte die Abtretung fast ganz Schlesiens an Preußen. Da Schlesien nur mittelbar als Lehen der böhmischen Krone Teil des römisch-deutschen Reiches geworden war, schied es mit dem Übergang an Preußen aus dem Reich aus. Als Friedrich II. nach Berlin zurückkehrte, wurde er von der Bevölkerung als „der Große" begrüßt; mancherorts hat sich diese Bezeichnung bis heute erhalten. Der Österreichische Erbfolgekrieg hatte in Deutschland seinen Abschluß gefunden, zog

---

* Eroberungen in Europa, die durch keine Rechtsansprüche gestützt werden konnten, unternahmen genauso Gustav Adolf und Karl XII. von Schweden, Peter I. und Katharina II. von Rußland, Ludwig XIV. von Frankreich und manche andere, weniger bekannte Herrscher jener Epoche, ganz zu schweigen von den außereuropäischen Eroberungen Rußlands in Sibirien und Englands in Übersee.

sich aber in Italien und Flandern noch weiter hin und endete erst 1748, als Österreich, Großbritannien, Frankreich und Spanien in Aachen Frieden schlossen. Dabei mußte Österreich Parma an Spanien abtreten.

Österreich blieb auch weiter die stärkste Macht im römisch-deutschen Reich, hatte aber beträchtlich an Kraft verloren, denn mit Preußen war ein oppositioneller Reichsstand von Gewicht entstanden, wie es ihn bisher nicht gegeben hatte. Die Bevölkerung der hohenzollernschen Lande hatte sich durch den Erwerb Schlesiens um die Hälfte vergrößert. Zugleich war der Anteil der Deutschen an der Bevölkerung der habsburgischen Gesamtmonarchie weiter gesunken. Mit dem Besitzwechsel Schlesiens war die Anzahl der Deutschen, die in habsburgischen und die in hohenzollernschen Ländern lebten, etwa gleich groß geworden. Ein spannungsgeladener Dualismus war in Deutschland aufgebrochen, der die deutsche Politik bis 1866 in starkem Maße beherrschen sollte.

Ausbruch des Sieben- jährigen Kriegs Maria Theresia war nicht gewillt, sich mit dem Verlust Schlesiens abzufinden. Friedrich versuchte dagegen nach 1748 Frieden zu wahren, da er richtig erkannte, wie schwach die Grundlagen seines Staats waren. Gewiß, auch Friedrich war weiterem Gebietszuwachs nicht abgeneigt – die Erwerbung von Sachsen und Mecklenburg hielt er für wünschenswert, und er wäre auch bereit gewesen, dafür die isolierten westlichen Teile seines Territorialbesitzes abzustoßen; konkrete Maßnahmen ergriff er aber nicht.

Als die Kolonialstreitigkeiten zwischen Großbritannien und Frankreich wieder auflebten, bemühte sich das Herrscherhaus in London, seinen Festlandsbesitz Hannover zu sichern und nahm Kontakt mit Preußen auf. Friedrich ging darauf ein, in der Hoffnung, so Österreich zu isolieren und dem Druck Rußlands zu entgehen. In der Konvention von Westminster verpflichteten sich London und Berlin, jeden Angriff durch eine fremde Macht in Deutschland gemeinsam abzuwehren. Daraufhin war Frankreich bereit, dem Werben Wiens um eine Annäherung nachzugeben, und schloß im selben Jahr ein Verteidigungsbündnis mit Österreich. Schon einige Monate vorher hatte die Zarin Elisabeth von Rußland sich aus persönlichen Gründen entschlossen, Preußens Macht zu vermindern, und warb in Wien für einen Angriffspakt, wobei sie auf baldige Kriegseröffnung drängte.

Als König Friedrich die sich zusammenbrauenden Wolken des drohenden Kriegsgewitters bemerkte, trat er die Flucht nach vorne an: im Herbst 1756 marschierte er in Kursachsen ein. Er hoffte, durch diesen Präventivschlag die gegnerische Koalition noch vor ihrem Abschluß zu zerschlagen. Das Gegenteil trat ein. Seine Offensive förderte die Vollendung der gegnerischen Koalition. Das österreichisch-französische Bündnis wurde in einen Offensivpakt umgewandelt. Rußland und die Mehrheit der Reichsstände schlossen sich dem an. Auf Preußens Seite stand nur Großbritannien-Hannover. Das Bündnissystem des letzten Kriegs war damit völlig umgekehrt.

So begann der Siebenjährige Krieg. Er wurde nicht nur auf deutschem Boden geführt, sondern auch in Nordamerika und Indien um den französischen Kolonialbesitz, was für die deutsche Geschichte jedoch nicht weiter zu interessieren braucht. Österreichs Kriegsziel bestand darin, Preußen wieder zur Mittelmäßigkeit zurückzustutzen und damit den deutschen Dualismus zu beseitigen. Im Falle eines Sieges der Koalition sollte Schlesien wieder an Österreich, Pommern an Schweden, Ostpreußen an Polen oder Rußland und das Herzogtum Magdeburg an Sachsen fallen.

Preußens Truppen standen gegen eine zahlenmäßig überwältigende Übermacht.
Mehrfach mußte Friedrich Schlachten gegen einen überlegenen Gegner schlagen.
Trotzdem hatte Preußen in den ersten drei Kriegsjahren die Initiative in der Hand.
Nachdem er Sachsen erobert hatte, marschierte Friedrich 1757 in Böhmen ein und errang bei Prag einen Sieg, mußte sich aber nach einer Niederlage bei Kolin einen Monat
später wieder zurückziehen. Jetzt rückten die Franzosen in Kurhannover ein, das sich
daraufhin aus dem Krieg zurückzog, die Russen drangen vorübergehend in (Ost-)
Preußen ein, die Österreicher marschierten in Schlesien und die Schweden in Pommern ein. Doch König Friedrich entkam dieser fast hoffnungslosen Lage durch zwei
glänzende Siege: im November 1757 schlug er die Franzosen und die Reichsarmee bei
Roßbach und kurz darauf die Österreicher bei Leuthen. Danach konnte er Schlesien
zurückerobern. Von jetzt an wurde Preußen finanziell von Großbritannien massiv unterstützt. Eine Schlacht gegen die neuerlich eingedrungenen Russen bei Zorndorf 1758
brachte jedoch keine Entscheidung, und im selben Jahr mußte Friedrich in der
Schlacht bei Hochkirch durch die Österreicher eine Niederlage hinnehmen. Jetzt geriet Preußen ganz in die Defensive. Als Friedrich im August 1759 die russisch-öster-
reichische Armee bei Kunersdorf angriff, wurde das preußische Heer fast völlig vernichtet. Vergeblich suchte der preußische König den Tod in der Schlacht. Er glaubte
seinen Staat verloren. Aber die Sieger waren sich über das weitere Vorgehen uneinig
und nutzten deshalb ihren Sieg nicht aus. Nicht zuletzt dank der britischen Subsidien
konnte Friedrich sich auch im Jahr 1760 noch mühsam behaupten, wenngleich im Oktober russische Truppen Berlin plünderten. Als Großbritannien nach einem Regierungswechsel Ende 1761 die Geldzahlungen einstellte, wurde Preußens Lage verzweifelt. Seine totale Vernichtung schien bevorzustehen. Da half ein unerwarteter Zufall
Friedrich: im Januar 1762 starb die Zarin Elisabeth, und ihr Nachfolger Peter III., ein
Friedrich-Fan, schloß rasch mit Preußen Frieden, wobei er auf Gebietsgewinne verzichtete. Als Frankreich und Großbritannien sich verständigten, mußte auch Österreich 1763 mit Preußen im Schloß Hubertusburg Frieden schließen. Er sah keine territorialen Veränderungen vor.

Während des Siebenjährigen Kriegs schien Preußen mehrfach verloren, entrann
Friedrich selbst wiederholt nur knapp dem Tod auf dem Schlachtfeld. Daß Preußen
den Krieg nicht verlor, war auf Friedrichs Feldherrngeschick und den zähen Durchhal-
tewillen, auf die Qualität der preußischen Soldaten, die Uneinigkeit und Fehler der
Gegner und nicht zuletzt auf eine große Portion Glück zurückzuführen. Wäre Friedrich in einer Schlacht gefallen, hätte sein Nachfolger kaum verhindern können, daß
Preußen wieder auf eine Mittelmacht reduziert worden wäre. Selbst so wäre es eigentlich wahrscheinlicher gewesen, daß Friedrich den Krieg verloren hätte. In diesem Fall
stünde er vor der Nachwelt als ein größenwahnsinniger Fürst, der nach den Sternen
griff und dabei sein Land in den Abgrund stürzte, wäre Preußens Aufstieg eine Episode geblieben, vielleicht auch Ostpreußen an Rußland verloren gegangen. Österreich
wäre wieder zur überragenden deutschen Führungsmacht geworden, einziger möglicher Kristallisationskern der deutschen Einigungsbestrebungen des nächsten Jahrhunderts, die dann sicher nicht zu einer preußisch geführten kleindeutschen, sondern vielleicht zu einer föderalistischen mitteleuropäischen Reichsbildung geführt hätten. Indem Preußen sich im Siebenjährigen Krieg mit riesigen Opfern behauptete, zemen-
tierte Friedrich II. indessen den deutschen Dualismus und legte zugleich unbewußt das
Fundament, auf dem später die kleindeutsche Reichsgründung aufbaute. Seitdem

Rußland im Siebenjährigen Krieg erstmals in Auseinandersetzungen zwischen deutschen Staaten eingegriffen hatte, nahm nicht nur Frankreich, sondern auch das Zarenreich Einfluß auf die deutschen Verhältnisse. Angesichts des Gleichgewichts zwischen Österreich und Preußen gewann Rußland bald eine Art Schiedsrichterrolle zwischen beiden, und es nutzte diese, um den deutschen Dualismus in den nächsten hundert Jahren im eigenen Interesse aufrechtzuerhalten.

Joseph kontra Friedrich

Nach dem Tod Kaiser Franz I. wurde 1765 sein Sohn Joseph II. Nachfolger in der Kaiserwürde und zugleich neben seiner Mutter auch Mitregent in Österreich (nach ihrem Tod 1780 Alleinregent). Er war gewillt, Österreichs Macht auszudehnen und dessen Stellung im römisch-deutschen Reich zu stärken. Um Versäumtes nachzuholen, nahm er Prinz Eugens bayerische Pläne wieder auf. Doch jetzt war es dafür zu spät. Joseph sollte am Widerspruch des inzwischen erstarkten Preußen scheitern. Als 1777 die bayerischen Wittelsbacher ausstarben, beschloß Joseph die Gelegenheit zu nutzen. Er erhob sehr anfechtbare Erbansprüche und zwang dem Erben, dem Kurfürsten Karl Theodor von der Pfalz, einen Vertrag auf, in dem dieser ihm Teile Bayerns abtrat. Gegen diese Übergriffe des Kaisers erhoben sich entschiedene Proteste der Reichsstände, an deren Spitze sich Friedrich II. von Preußen stellte. Um der Opposition Nachdruck zu verleihen, marschierte der preußische König in Böhmen ein. In diesem Bayerischen Erbfolgekrieg kam es allerdings zu keinen militärischen Entscheidungen. Joseph lenkte ein und begnügte sich im Frieden von Teschen 1779 mit dem bayerischen Innviertel, ein Trinkgeld, gemessen an seinem ursprünglichen Ziel.

Kaiser Joseph unternahm noch einen zweiten Anlauf: 1784 verhandelte er mit Kurfürst Karl Theodor über einen Tausch Bayerns gegen die österreichischen Niederlande. Der Bayer war mit diesem Plan einverstanden. Doch erneut erhoben die übrigen Reichsfürsten Einspruch, und dagegen sprachen sich auch die bayerischen Stände aus, die inzwischen ein bayerisches Eigenstaatsbewußtsein entwickelt hatten. Der Preußenkönig organisierte den Widerstand im Jahre 1785 im Deutschen Fürstenbund, dem sich fast alle Reichsfürsten anschlossen. Joseph mußte zurückstecken. Österreich konnte sich im Reich gegen Preußen nicht mehr durchsetzen. Jene Fürsten und Teile der Öffentlichkeit, die gehofft hatten, daß der Fürstenbund noch einmal auf eine Reichsreform drängen würde, sahen sich jedoch enttäuscht. Friedrich verfolgte mit dem Deutschen Fürstenbund nur das negative Ziel, im preußischen Interesse zu verhindern, daß die Macht des Kaisers erstarkte. Er hatte nicht die Absicht, eine dauerhafte Verbindung deutscher Staaten unter preußischer Führung zu schaffen.

Das römisch-deutsche Reich blieb Ruine. Der Streit der deutschen Fürsten, vom Ausland unterstützt, hatte es fast völlig zusammenbrechen lassen. Das deutsche Gemeinschaftsgefühl war soweit erloschen, daß die Deutschen die Kriege zwischen den deutschen Staaten nicht mehr als Bruderkriege empfanden. Mit dem preußisch-österreichischen Dualismus zog die Möglichkeit herauf, daß das Reich sich in zwei Teile aufspalten könnte, einen österreichisch geführten, katholischen im Süden, einen preußisch geführten, protestantischen im Norden. Durch das Eingreifen Napoleons sollte das römisch-deutsche Reich dann 1806 auch formell aufgelöst werden. Die Napoleonischen Kriege sollten die Landkarte der deutschen Staatenwelt mehrfach gründlich verändern. Nach ihrem Ende wurde 1815 mit dem Deutschen Bund ein Ersatz für das untergegangene römisch-deutsche Reich geschaffen. Er stellte dann bis 1866 dasjenige Band dar, das die einzelnen deutschen Staaten (außer der Schweiz) lose zusammenhielt.

5.6 Zeitalter des Absolutismus

Die Herrschaftsstrukturen entwickelten sich in den eineinhalb Jahrhunderten nach dem Ende des Dreißigjährigen Kriegs in den einzelnen europäischen Staaten unterschiedlich. In England konnten die Stände, also das Parlament, ihre Stellung neben dem König behaupten und ausbauen, so daß England den Weg zur parlamentarischen Monarchie beschritt. In Polen gewannen die Stände das Übergewicht über das Königtum und zersetzten die staatliche Autorität überhaupt, was dazu beitrug, daß Polen seinen machthungrigen Nachbarn zum Opfer fiel. In den meisten Staaten, beispielsweise in Frankreich, Spanien und Dänemark, verdrängte das Königtum die Stände, erkannte keine vertragliche Bindung an diese mehr an und regierte mit dem Anspruch, „legibus solutus", nicht an Gesetze gebunden zu sein und das Recht zu haben, sie zu ändern und zu durchbrechen, kurz: absolutistisch.

Absolutismus

Die deutsche Entwicklung entsprach dem gesamteuropäischen Trend. Auch hier wurde nach dem Dreißigjährigen Krieg überall das Fürstentum zur treibenden Kraft der innerstaatlichen Entwicklung, zur bestimmenden Größe für Wirtschaftsleben, Gesellschaftsordnung und Zeitgeist, ohne in jedem Fall seine Herrschaft bis zum Absolutismus steigern zu können, damit vereinzelt auch gründlich scheiterte. Überhaupt gab es reichlich regionale Besonderheiten. Der Dreißigjährige Krieg hatte mit der wirtschaftlichen Grundlage auch die gesellschaftlichen Kräfte erschöpft, und die Aufgabe des Wiederaufbaus bot den Fürsten die Chance zu erwünschter und allseits akzeptierter Initiative. Hinzu kam das europaweit ausstrahlende Vorbild der glanzvollen Stellung König Ludwigs XIV. in Frankreich, das immer mehr deutsche Fürsten zur Nachahmung anregte. Als leitende Tendenzen der Zeit läßt sich vermerken, daß sich die Macht in der fürstlichen Zentrale des Staats konzentrierte, daß die Herrschaftsausübung von oben innerhalb des fürstlichen Machtbereichs intensiviert und deshalb auch bürokratisch wurde und daß sich eine gehorsame Untertanenmentalität ausprägte. Die Fürsten strebten danach, die Macht aller autonomen Herrschaftsträger in ihrem Land zurückzudrängen und sich selbst weit über diese zu erheben, ohne indessen alle Untertanen zu einheitlicher Stellung zu nivellieren. Der fürstliche Verwaltungsapparat wuchs stark an, differenzierte sich im Innern und wurde immer nachhaltiger regierend und verwaltend tätig. Neben dem Verwaltungsapparat entstanden nach den Erfahrungen des Dreißigjährigen Kriegs außerdem stehende Heere, die unabhängig vom Bedarfsfall ständig in Dienst gehalten wurden und unter der Verfügungsgewalt der Fürsten standen. Damit begannen am Kriegsende zuerst Hessen-Kassel, Brandenburg und Österreich, und ein Dutzend weiterer deutscher Fürsten folgten in den nächsten Jahrzehnten deren Beispiel. Die starke Stellung, die absolutistische Herrscher in ihrem Staat erreichten, führte dazu, daß in keiner anderen Epoche der deutschen Geschichte (ausgenommen den NS-Staat) das ganze Geschehen so sehr von dem einen Mann an der Spitze geprägt wurde, von seinen Ideen und Fähigkeiten und seinem Versagen, seinen Neigungen und Marotten. Das verlieh seinen Charakterzügen große Bedeutung. „Männer machen Geschichte" – das ist die später erfolgte unzulässige Verallgemeinerung dieser Tatsache, welche doch in den ganz speziellen Machtstrukturen dieser Epoche gründet.

Den vielen kleinen Territorien, wie es sie besonders im Südwesten des Reiches gab, fehlte für diesen Weg zur Staatlichkeit eine ausreichende territoriale Grundlage. Sie blieben meist in alten Formen stecken.

Fürsten-souveränität oder Volks-souveränität? Parallel zum Entstehen von staatlichen Apparaten in Europa begannen Gelehrte seit dem späten 16. Jahrhundert, umfassender über Aufgabe und Rechtfertigung von Herrschaft nachzudenken und komplexe politische Theorien zu entwickeln. Daß Macht und Gewalt zunehmend an einer Stelle konzentriert wurden, unterhöhlte die bisherige Auffassung, die davon ausging, daß Fürst und Stände zwei Herrschaftsträger aus eigenem Recht und einander gegenseitig verpflichtet seien. Die Vorstellung kam auf, es gebe nur eine einzige, unteilbare höchste Gewalt, die Souveränität, aus der dann jede andere Herrschaftsausübung abzuleiten sei. Doch in wessen Hand lag die Souveränität? Die einen sprachen sie im Anschluß an das 1576 erschienene Hauptwerk des Franzosen Bodin dem Fürsten zu: alle Einwohner im Staat hätten als Untertanen zu gehorchen, die Stände hatten kein Widerstandsrecht gegen den Fürsten, ihre Ansprüche auf Mitwirkung seien bloße Anmaßung. Dagegen regte sich Widerstand. Dieser entwickelte die Auffassung von der Volkssouveränität, von der sich die Herrschaftsgewalt des Monarchen ableite und gegen deren gesetzwidrige Ausübung das Volk ein Widerstandsrecht habe. Ihr bedeutendstes Zeugnis war die 1603 erschienene Schrift „Politica methodice digesta et exemplis sacris et profanis illustrata" des Deutschen Johannes Althusius, der dabei die Stände als Repräsentanten des Volks ansah. Damit wurde die Lehre der Volkssouveränität als Instrument der ständischen Opposition verwendbar. Da die Fürsten zunehmend über die Stände dominierten, setzte sich dann Mitte des 17. Jahrhunderts die Auffassung von der Fürstensouveränität durch.

Indem im Laufe der Zeit unter den Gelehrten die Vorstellung vom göttlichen Ursprung des Rechts verblaßte, wurde ihnen auch die Berufung des Fürsten auf das Gottesgnadentum fraglich. Damit blieb nur noch die Möglichkeit übrig, seine Herrschaft vom Volk her zu rechtfertigen. Die aufgeklärten Anhänger des Absolutismus halfen sich in dieser Lage mit einem gedanklichen Trick. Sie konstruierten die Vorstellung, irgendwann in grauer Vorzeit hätten sich die Menschen, von Natur aus frei und gleich, zusammengeschlossen und in einem einmaligen, unaufhebbaren Gesellschaftsvertrag einen von ihnen zum Herrscher über sie alle gesetzt, in dessen Dynastie die Herrschaft sich seitdem weitervererben würde. Der Herrscher habe als Beauftragter zum Wohle des Volks zu regieren und die noch in Vorurteilen befangenen Untertanen zu vernünftig denkenden, aufgeklärten Bürgern zu erziehen. Langfristig lag es aber eigentlich nahe, dann auch den weitergehenden Schluß zu ziehen, die Stellung des Monarchen als Beauftragten durch Formen der Zustimmung und Kontrolle zum Ausdruck zu bringen, die öfters wiederholt werden. Das hätte nun nichts anderes als das Ende der absoluten Monarchie bedeutet. Ein Absolutismus, der sich durch die aufgeklärte Theorie rechtfertigte, konnte also nur ein Durchgangsstadium sein.

Indem im 17. Jahrhundert die Erbteilungen aufhörten, wurde die Idee der Dynastie *Hausbesitz* als Ganzheit über die Person ihrer einzelnen Mitglieder gestellt. Den Fürsten galt ihr *oder* Länderbesitz als ein großes Erbgut, das sie zum Ruhm ihrer Dynastie erhalten und *abstrakter* möglichst mehren wollten. Erbfolgekriege waren eine zeittypische Erscheinung. *Staat?* Staats- und Hausgut, Staats- und Privatschulden des jeweils regierenden Fürsten wurden im allgemeinen nicht getrennt. Indem der Staatsapparat wuchs, sich aus dem Hof des Fürsten herauslöste und diesen dann auch an Umfang immer mehr in den Schatten stellte, gewann er aber allmählich ein Eigengewicht gegenüber der Person des Fürsten. Der Hausbesitz der Dynastie wurde zum Staat abstrahiert, man sprach von einer eigenen „Staatsräson" dieses Gebildes, und ein aufgeklärter Herrscher wie Friedrich II. von Preußen bezeichnete sich selbst gelegentlich als „erster Diener des Staates". Doch sollte man sich durch diese Formulierungen der Zeitgenossen nicht täuschen lassen: solange der Herrscher als absoluter Monarch den Inhalt der Politik alleine bestimmte, ohne daß Stände, Parlamente oder eine eigenständige Bürokratie am Entscheidungsprozeß beteiligt waren, gab es keine Staatsräson jenseits des Willens des Herrschers, der damit faktisch seinen eigenen Wünschen, also sich selber beziehungsweise seiner Dynastie diente. Absolutistisch regierte Staaten verharrten deshalb stets im Zustand eines dynastischen Hausbesitzes, welcher der freien Verfügung des Herrschers unterlag, ja es war gerade ihr Kennzeichen, danach zu streben, möglichst alle staatlichen Aufgaben in den Bereich ihres Hauswesens und damit ihrer freien Verfügung hineinzuziehen.

Der fürstliche Herrscherwille, gestärkt durch die Lehre von der Fürstensouveräni- *Zentrali-* tät, war immer weniger bereit, innerhalb des Staates andere Autoritäten und Gewalten *sierung* anzuerkennen, die von seiner Gnade unabhängig waren, und er strebte danach, die *der Macht* Macht immer mehr in seiner Hand zu konzentrieren. Schon im 16. Jahrhundert hatten fürstlichen Reglementierungen begonnen, in ursprünglich autonome gesellschaftliche Bereiche einzudringen, und das setzte sich jetzt verstärkt fort. Die Fürsten höhlten die Autonomie der westdeutschen Dorfgemeinden zunehmend aus. Sie reglementierten das Kirchenleben wie auch Verhalten und Bräuche der Bevölkerung. Sie erstickten weitgehend die Selbstverwaltung der landsässigen Städte, deren Stadträte im wesentlichen zu staatlichen Organen wurden, ebenso wie es den Universitäten geschah. Auch das Militärwesen brachten die Fürsten ganz unter ihre Kontrolle. Wo Städte mit Festungswällen versehen wurden, baute der Landesherr sie zum Schutz des Territoriums und nicht mehr, wie bei der mittelalterlichen Stadtmauer, die Bürgerschaft zum Schutz ihrer eigenen Stadt. Das Bürgermilitär wurde durch landesherrliche Stadtwachen und Garnisonen ersetzt. Der Fürst schloß nach dem Dreißigjährigen Krieg nicht mehr Verträge mit Kriegsobersten, die dann als Unternehmer selbst ein Regiment anwarben und organisierten, sondern er ließ Soldaten in seinem eigenen Namen anwerben, ging zunehmend dazu über, die Offiziere selbst zu ernennen und Waffen und Ausrüstung zentral zu beschaffen. Der absolutistische Staat beschränkte oder verbot auch, weiter Prozeßakten an Juristenfakultäten oder Oberhöfe zu senden, da er dies nun als Eingriff in seine Gerichtshoheit ansah.

Der Aufbau stehender Heere und wachsende Hofhaltungen und Beamtenzahlen erforderten immer mehr Finanzmittel. Die Menge der Finanzmittel, die ein Fürst für sich verfügbar machen konnte, war der Kern seiner Macht und Größe. Vielfältige Bemühungen versuchten darum, diese Mittel zu steigern. Das gelang bei den Einnahmen aus Domänen nur in geringem Maße. Manche Fürsten erschlossen neue Finanzquellen, indem sie sich ihren außenpolitischen Kurs von anderen Mächten mit klingender Münze vergelten ließen oder sogar eigene Untertanen als Soldaten an ausländische Herrscher verscherbelten. Etliche deutsche Staaten führten in der zweiten Hälfte des 18. Jahrhunderts die Lotterie ein, um die Staatseinnahmen zu erhöhen (was bis heute ihr Hauptzweck geblieben ist). Doch solche Einnahmen flossen nicht dauernd oder waren nur relativ gering.

Wichtiger war, daß die von den Städten entwickelte Umsatzsteuer, Akzise genannt, jetzt vom Fürsten landesweit eingeführt wurde. Man erhob sie vor allem auf Massenkonsumgüter wie Bier, Wein, Mehl usw. Die kameralistische Wirtschaftspolitik förderte ferner Gewerbe, damit die Steuer- und Zolleinnahmen stiegen. Vor allem versuchten die Fürsten, die bisher außerordentlichen, also nur im Bedarfsfall erhobenen direkten Steuern auf Grundbesitz zu ordentlichen Steuern zu machen. In den größeren Territorien griffen deshalb die Monarchen in der zweiten Hälfte des 17. und Anfang des 18. Jahrhunderts das Steuerbewilligungsrecht der Stände an. Wo die Fürsten sich damit gegen den Widerstand der Stände faktisch durchsetzen konnten, war die Macht der Stände dahin. Manchmal fanden dann noch weiter Ständeversammlungen statt, besonders in kleineren Territorien, die aber zur reinen Formsache verkamen, auch wenn die Stände sich ihre alten Freiheiten formell immer wieder bestätigen ließen. Oft traten an die Stelle der Landtage Ausschüsse, welche die Forderungen des Fürsten dann stets absegneten. In manchen Ländern wurden Ständeversammlungen überhaupt nicht mehr berufen, aber formell beseitigt wurden sie nirgends. Die Übergänge zwischen ständisch gebundenen und absolutistischen Systemen waren gleitend. Oft gab es langwierige und zähe Verhandlungen zwischen beiden Seiten, manchmal auch Prozesse vor Reichsgerichten. Gelegentlich drohte der Fürst sogar mit militärischer Gewalt, ließ den Führer der ständischen Opposition verhaften oder erhob nichtbewilligte Steuern mit Zwangsmaßnahmen, und oft hielt er sich nicht einmal an gegebene Versprechen. Dabei berief er sich dann gern auf Notstand und Gemeinwohl, Phrasen, die geeignet sind, auch rechtswidrige Machtanmaßung zu bemänteln. Wenn der Herrscher erst einmal im Besitz stehender Truppen war, stärkte das seine Macht beträchtlich. Daß die Stände in sich oft uneinig waren, besonders zwischen Adel und Städten Gegensätze bestanden, so daß der Fürst sie gegeneinander ausspielen konnte, tat ein übriges, ihre Stellung zu schwächen, ebenso, daß manche Adlige durch Ämter dem Landesherrn verbunden waren. Nur selten widersetzten sich deutsche Stände ihrem Fürsten mit Waffengewalt.

Langfristig wurde der Adel in das absolutistische System integriert, indem viele seiner Angehörigen hohe Verwaltungs- und Offiziersstellen bekamen. Außerdem drängten die Fürsten meist den politischen Einfluß der landsässigen Herrschaftsträger zwar auf der Ebene des Gesamtterritoriums weitgehend zurück, griffen aber kaum in deren Grundherrschaften ein, besonders im Bereich der ostelbischen Gutsherrschaften nicht. Auf der lokalen Ebene bestanden also weiter Herrschaften aus eigenem Recht in Konkurrenz zur landesherrlichen Gewalt, und insofern blieb der Absolutismus ein nie voll erfüllter Anspruch.

Allgemein war man überzeugt, daß die soziale Stellung auch nach außen an der Lebensführung sichtbar sein müsse. Während die Fürsten sich politisch weit über den übrigen Adel erhoben, entwickelten sie dementsprechend auf Öffentlichkeitswirkung abzielende Repräsentationsweisen, die dies jedem auch sinnfällig vor Augen führen sollten (von dem Sonderfall Preußens nach 1713 sei hier abgesehen). Bauprinzipien sollten ausdrücken, daß der Fürst im Mittelpunkt stand. Wo neue Schlösser errichtet wurden, lagen die Wohn- und Repräsentationsräume des Fürsten im Mitteltrakt, das meist dreiflügelige Schloß wurde hierzu symmetrisch angelegt, und vor dem Mitteltrakt erstreckte sich ein Ehrenhof, der Distanz schuf und es großen Gespannen ermöglichte, repräsentativ vorzufahren. Bei neugebauten Stadtteilen oder Städten machte man das Schloß zum Ziel- und Blickpunkt von Straßenachsen. Hinzu kam die schiere Größe von Schlössern und Hofstaat. Bunte Paraden und der Pomp öffentlicher Feste anläßlich von Geburt, Namenstag, Hochzeit, Krönung und Tod im Herrscherhaus, von Siegen und Friedensschlüssen ergänzten die glanzvolle Außenwirkung. Dabei wurde die Person des Fürsten selbst für die Bevölkerung weitgehend unsichtbar; Schloß und Schloßpark standen nur der Hofgesellschaft offen. Innerhalb des Hofes sorgte das Zeremoniell für Abstand zwischen dem Fürsten und dem Hofadel. Wo das Schloß des 16. Jahrhunderts mit einer engen Wendeltreppe ausgekommen war, finden sich in Barockschlössern weite Treppenhäuser für repräsentative Empfänge, die eine Differenzierung sozialer Distanzen ermöglichten: ein Fürst konnte einen Gast je nach dessen Rang im Audienzzimmer, an der Spitze, in der Mitte oder am Fuße der Treppe oder am Wagen empfangen oder ihm entgegenfahren. Jubelschriften in Fülle priesen in überschwenglichen Lobeshymnen Weisheit, Tugend, Gerechtigkeit und überhaupt die hervorragende Eignung des jeweiligen Landesherrn. Dieser Personenkult fand in der gesamten deutschen Geschichte höchstens bei Hitler Vergleichbares.

Nun wurde zwar immer mehr Macht an der Staatsspitze zentralisiert, aber der so herausgehobene Fürst war in der Praxis oft gar nicht fähig oder willens, die anfallende Koordinierungsfunktion auszufüllen. Absolutismus verlangte fähige und fleißige Herrscher, aber Erbmonarchien sind wenig geeignet, solche in laufender Reihe hervorzubringen. Im 16. und oft auch noch 17. Jahrhundert hatte der Fürst persönlich das Heer im Felde befehligt, zu Gericht gesessen und mit seinen Räten in gemeinsamer Sitzung des Ratskollegiums regiert, aber dieser Führungsstil wurde mit der Zunahme des höfischen Lebens untypisch. Viele Fürsten standen morgens spät auf und füllten dann den größten Teil des Tages mit Audienzen, stundenlangem Essen, Gesellschaftsspielen und Spazierengehen. Manche Herrscher übertrugen dabei formell die Regierungsgeschäfte auf einen Premierminister. Oft taten sie das nicht, was zur Folge hatte, daß am Hof ein Neben- und Gegeneinander von schwerfälligen Kollegialbehörden, Hofcliquen, Günstlingen und Beichtvätern bestand, in dem Entscheidungsprozesse chaotisch verliefen und angesichts vielfältiger Intrigen selbst für Insider am Hof oft kaum durchschaubar waren. In einigen wenigen Fällen regierten die Herrscher tatsächlich energisch selbst, wofür die preußischen Könige Friedrich Wilhelm I. und Friedrich II. die hervorragendsten Beispiele boten. Beide saßen täglich etliche Stunden am Schreibtisch in ihrem Kabinett und entschieden möglichst viel selbst, wobei sie mit den Behörden nur schriftlich verkehrten. Friedrich führte auch die Armee im Krieg persönlich im Feld, was in dieser Zeit fast kein anderer Herrscher mehr tat.

Die Fürsten strebten nicht nur danach, Macht möglichst an der Staatsspitze zusammenzuballen, sondern sie tendierten auch dahin, diese intensiver auszuüben. Die direkten Anweisungen an einzelne Behörden und Beamte mehrten sich, die Zahl der Polizeiordnungen stieg. Obrigkeitliche Strafanzeigen wurden immer häufiger und ebenso Prozesse. Die ausgreifende Verwaltung produzierte wachsende Mengen amtlicher Akten. Bezeichnenderweise kam in der zweiten Hälfte des 17. Jahrhunderts der Schreibtisch auf. Bei alledem nahm die Beamtenschaft an personellem Umfang stark zu, wobei im allgemeinen die staatlichen Spitzenstellungen über das notwendige Maß hinaus vermehrt wurden. Trotzdem waren über die landesherrlichen Schlösser hinaus noch kaum Verwaltungsgebäude nötig. In Kurbayern (ohne Oberpfalz), einem Territorium von etwa 700.000 Einwohnern, gab es um 1700 außer etwa 1.000 Personen des kurfürstlichen Hofes ca. 2.800 kurfürstliche Beamte (davon vielleicht ein zwanzigstel höhere Beamte), dazu (1740) rund 10.000 Soldaten. Hinzu kam die nichtfürstliche Verwaltung kommunaler und ständischer Art. Selbst wenn man sie einrechnet, war die Zivilverwaltung immer noch deutlich kleiner als das Militär, und das galt in anderen Territorien ebenfalls. Die Ausdifferenzierung einzelner Fachgebiete innerhalb der Verwaltung machte indessen insgesamt keine großen Fortschritte, und oft waren auch mehrere Ämter in einer Hand kumuliert. Vor allem blieb die Gerichtsbarkeit auch weiterhin meist mit Verwaltungsfunktionen verbunden und in verschiedene Stränge aufgespalten. Das hergebrachte Recht des Herrschers, selbst als Richter Urteile zu fällen oder gefällte Gerichtsurteile im Bestätigungswege zu ändern, wurde seit der Mitte des 18. Jahrhunderts jedoch zunehmend in Zweifel gezogen.

Die Staatsspitze gewann auch immer mehr Überblick über das Staatswesen. Zunehmend wurde von untergeordneten Dienststellen eine laufende Berichterstattung gefordert. An Stelle vieler voneinander unabhängiger Einzelkassen entstand das Prinzip der Kasseneinheit, das sich aber erst Ende des Jahrhunderts allgemein durchsetzte. Eine besondere Oberbehörde zur Rechnungsprüfung wurde eingerichtet, der Anfang der heutigen Rechnungshöfe, in Preußen 1714 und in Österreich 1760. Seit dem 17. Jahrhundert verfaßten Gelehrte handbuchartige Länderbeschreibungen. Nachdem die Pfarrer im 16. und 17. Jahrhundert allgemein angefangen hatten, fortlaufende Tauf-, Trauungs- und Totenbücher zu führen, zogen im 18. Jahrhundert statistische Methoden in die Staatsverwaltung ein, um auch ein quantitatives Gesamtbild der Bevölkerung und Wirtschaft auf Landesebene zu schaffen als Entscheidungshilfe für planmäßige Wirtschaftspolitik. In Brandenburg-Preußen, das hier voranging, gab es seit 1688 vereinzelt statistische Erhebungen und seit 1746 in regelmäßigen Zeitabständen Zählungen von Bevölkerung, Gebäuden, Gewerbe und Außenhandel, Österreich unternahm 1754 seine erste Volkszählung, und Württemberg führte seit 1757 regelmäßig Volkszählungen durch. Meist behandelte man die Daten als Staatsgeheimnis, um anderen Fürsten nichts über die Stärke der eigenen Macht preiszugeben.

Langfristig gesehen wurde die Staatsverwaltung zunehmend von bürokratischen Verfahrensweisen und immer weniger von den einzelnen Personen geprägt. Die Effizienz der entstehenden Bürokratie war aber noch recht begrenzt. Die Kollegialbehörden arbeiteten umständlich und langsam. Dem Zoll stand ein umfangreicher Schmuggel gegenüber. Die Dienstauffassung der Beamten ließ noch sehr zu wünschen übrig. Vom Minister bis zum einfachen Zolleinnehmer waren sie für Bestechungsgelder ebenso empfänglich wie die Richter, und oft veruntreuten sie Staatsgelder oder bereicherten sich, indem sie unzulässige Gebühren erhoben. Viele höhere Beamte betrachteten ihre Ämter mehr als Pfründe, verquickten Dienstaufgaben mit Privatgeschäften, übten wohlwollende Nachsicht und hielten sich nach Belieben wochenlang auf ihren Gütern auf. In dieser Beziehung ähnelten die Verhältnisse also jenen in manchen der heutigen Entwicklungsländer. Es konnte vorkommen, daß die leitenden Minister die Staatskassen regelrecht ausplünderten, wenn der Herrscher schwach oder oft außer Landes war, so J.K. Wartenberg 1697-1710 in Brandenburg-Preußen und H. Brühl 1746-63 in Sachsen.

Obwohl das absolutistische Fürstentum nicht durch andere Institutionen kontrolliert und beschränkt wurde, war es trotzdem kein Terrorregime. Offensichtlich bestanden für Monarchen Bindungen, die in Tradition und christlicher Moral gründeten. Das zeigt deutlich ihr Umgang mit politischen Gegnern. Es gab Fälle, in denen politische Gegner verhaftet wurden, aber sie blieben im Ganzen vereinzelt. In den deutschen Fürstentümern dieser Epoche trug sich wohl kein einziger Fall zu, daß ein politischer Gegner nur wegen seiner Gesinnung umgebracht worden wäre (die Bestrafung einzelner Personen als Hochverräter, die als Führer mit Waffengewalt einen Umsturz versucht hatten, ist etwas anderes). Damit unterschied sich der Absolutismus deutlich von Methoden der Gewaltherrschaft, wie sie in der Französischen Revolution aufkamen und im 20. Jahrhundert in vielen Staaten der Welt praktiziert wurden und werden. Im übrigen gingen nach dem Dreißigjährigen Krieg auch die Hinrichtungen und sonstigen Verfolgungen wegen Hexerei und abweichender Konfession stark zurück.

Das absolutistische Fürstentum stützte sich im Innern nicht auf offene Gewalt, sondern zunehmend darauf, daß es ihm gelang, die Gemüter der Untertanen zu beherrschen. Seit dem Dreißigjährigen Krieg war die überall bestehende Zensur auch allgemein wirksam. Teilweise wurde sie durch fürstliche Zensurbehörden ausgeübt, teilweise weiter durch Kirche und Universität. Überall galt es als selbstverständlich, daß man die eigene Regierung und Verwaltung und die mit dieser verbündeten Regierungen nicht in Druckschriften kritisieren durfte. In der Praxis schwächte die territoriale Zersplitterung dies ab, denn was man im eigenen Land nicht drucken lassen konnte, war des öfteren im Nachbarterritorium möglich. Besonders engherzig wurde die Zensur in Bayern und Österreich gehandhabt, wo alle nicht gut katholischen und erst recht alle aufklärerischen Schriften verboten waren. In Österreich mußten im 18. Jahrhundert alle importierten Bücher dem staatlichen Zensurkollegium vorgelegt werden, das die nicht genehmigten dann verbrennen ließ, und Visitationskommissionen zogen durchs Land, um selbst in Bauernhäusern lutherische Schriften aufzuspüren. Für den Einfluß auf die analphabetische Mehrheit der Bevölkerung waren die Pfarrer noch wichtiger als die Zensur. Die Pfarrer beider Konfessionen, von landesherrlichen Kirchenbehörden und teilweise auch vom grundherrlichen Kirchenpatronat abhängig, predigten massiv den Gehorsam gegen die Obrigkeit. Gottvater, Landesvater und Hausvater wurden als patriachalische Autoritäten herausgestellt. Über die ostelbischen Gutsbesitzer, die sich kaum um das Elementarschulwesen in ihrem Gutsbezirk kümmerten, bemerkte 1764 ein Geistlicher der Schulbehörde: „Man glaubt, je dümmer ein Untertan ist, desto eher wird er sich alles wie ein Vieh gefallen lassen. Denn wenn der Bauer nicht schreiben kann und ohne des Edelmanns Wissen nicht verreisen darf, so bleibt die in unserem Lande befindliche Barbarei noch am sichersten verborgen."[34]

Erwünscht war Gehorsam gegenüber dem Landesherrn und anderen Obrigkeiten, aber weder politische Eigenständigkeit noch Mitwirkung. Da sich der Adel im Laufe der Jahrzehnte zunehmend mit dem absolutistischen Fürstentum arrangierte und das städtische Bürgertum infolge der wirtschaftlichen Entwicklung schwach war, bestanden keine nennenswerten Gegenkräfte. Auch die bürgerliche Öffentlichkeit mit aufgeklärter Haltung, die im Laufe des 18. Jahrhunderts entstand, erhob bis 1780 keine eigentlich politischen Ansprüche. So kam in der Bevölkerung eine Untertanengesinnung auf, die alle Politik den Obrigkeiten überließ und bestehenden Obrigkeiten gedankenlos gehorchte. Wo es im übrigen Europa mächtige Stände mit einem kräftigen bürgerlichen Element gab, wie in England und den Niederlanden, war ein solcher Untertanengehorsam zumindest der Ober- und oberen Mittelschicht fremd; wo es weder Stände noch nennenswerte Städte gab, wie in Rußland, war er noch ausgeprägter. Die deutschen Staaten lagen dazwischen. Sie waren dabei auch untereinander durchaus verschieden. Ein politisch selbstbewußtes Patriziat hielt sich in wenigen großen Reichsstädten und eidgenössischen Stadtorten, vor allem in Hamburg, Frankfurt a.M. und Bern. Im ostelbischen Raum war umgekehrt das untertänige Element noch ausgeprägter als im übrigen Deutschland. Den Bewohnern Schlesiens war es gleichgültig, ob sie habsburgisch oder preußisch waren. Auch willkürlich regierende Landesherren wurden duldsam ertragen. Zwischen 1653 und 1790 ereignete sich im deutschen Raum nur ein einziger großräumiger Aufstand mit politischem Charakter, nämlich 1705 in Ostbayern, und der ergab sich aus ganz besonderen Umständen. Österreichische Truppen hatten das Land besetzt, drangsalierten es mit Kriegssteuern und Einquartierungen und fingen an, zwangsweise bayerische Bauern für das österreichische Heer zu pressen. Hiergegen erhob sich ein breiter Bauernaufstand. Der Sturm des Bauernheeres auf München wurde zu Weihnachten blutig abgeschlagen, und die schlecht geführten und bewaffneten Bauern wurden danach in mehreren Schlachten niedergeworfen. Insgesamt fielen rund 5.000 Aufständische.

Heerwesen Der Anspruch des Absolutismus, zentral zu lenken und zu ordnen, seine Forderung, daß die Abhängigen gehorchen und ihre Selbständigkeit aufgeben sollten, wurde nirgendwo so extrem durchgeführt wie im Heer. Bis in den Dreißigjährigen Krieg waren Schlachten unübersichtliche Geschehen, die sich nach ihrem Beginn praktisch nicht mehr zentral lenken ließen. Die neue Idee bestand darin, daß Feldherrn auch während einer weiträumigen Schlacht mit Massenheeren diese zentral steuern, ihre einzelnen Abteilungen wie Spielsteine auf dem Schachbrett einsetzen wollten. Die Infanterie, die seit dem späten 17. Jahrhundert nur noch mit Gewehren mit Bajonett ausgerüstet war, ließ man nun in breiter, drei Mann tiefer Frontlinie feuernd vormarschieren, und zwar aufrecht und ohne jede Deckung. Gewiß, die Feuergeschwindigkeit der Gewehre betrug 1750 erst drei Schuß pro Minute, und Feldartillerie kam erst auf. Trotzdem war diese Taktik nur mit Soldaten möglich, die so gedrillt waren, daß sie mechanisch wie willenlose Maschinenteile funktionierten. So begann man seit Anfang des 17. Jahrhunderts das Exerzieren, für das gleichzeitige rasche Salvenfeuer ebenso wie für exakte taktische Figuren. 1698 führte Preußen als erstes Land (seit der Antike) den Gleichschritt ein. Seit Ende des 17. Jahrhunderts wurden die Soldaten einheitlich uniformiert, zunächst regimentsweise, und zwar teilweise bis zur Haar- und Schnurrbarttracht hin. Genaue Ausbildungsvorschriften kamen auf. Eine gestraffte Befehlshierarchie entstand, und um 1700 schied man (Ober-)Offiziere und Unteroffiziere voneinander. Die Soldaten waren im Frieden meist bei Bürgern einquartiert. Im 18. Jahrhundert begann man dann mit dem Bau von Kasernen.

Da aufs Ganze gesehen der Bedarf an Infanteristen größer war als die freiwilligen Meldungen, bedienten sich die Werber oft leerer Versprechungen, machten ihre Opfer betrunken oder wandten andere Listen oder auch reine Gewalt an. Unter den einfachen Soldaten sammelten sich Leichtsinnige, verkrachte Existenzen, entlaufene

Dienstboten, Wüstlinge und erbenlose oder mißratene Söhne. Das Ansehen der einfachen Soldaten war entsprechend schlecht. Angesichts dieser Zusammensetzung und der im Kampf nötigen Disziplin wurden die Soldaten beim Exerzieren reichlich geprügelt und hart gestraft. „Überhaupt muß der gemeine Soldat vor dem Offizier mehr Furcht als vor dem Feinde haben", hieß es in der preußischen Kavallerieinstruktion von 1763.[35] Keine positive Idee oder Treuebeziehung motivierte die einfachen Soldaten. Bei diesen Verhältnissen war es kein Wunder, daß in allen Armeen laufend zahlreiche Soldaten desertierten. So schrieb Friedrich II. von Preußen in einer Lehrschrift für Truppenführer vor, Desertationen dadurch vorzubeugen, „daß man nicht zu nahe an großen Wäldern kampiert ..., daß bei Nacht nur aus zwingenden Gründen marschiert wird ..., daß man neben der Infanterie Husarenpatrouillen herreiten läßt, wenn sie durch den Wald marschiert."[36] Wiedereingefangene Deserteure ließ man Spießrutenlaufen, das heißt, sie wurden mehrfach durch eine Gasse aus rund 200 angetretenen Kameraden geführt, die jeder mit einer Rute auf den entblößten Rücken des Deliquenten schlagen mußten, bis das Fleisch in blutigen Fetzen herunterhing.

Kriminalität und Strafverfolgung

Der Dreißigjährige Krieg und sein Ende führten in vielen Regionen zu einer weitgehenden Verwilderung, und das ließ auch die Kriminalität ansteigen. Aus allerlei Entwurzelten und entlassenen Soldaten entstanden organisierte Diebes- und Räuberbanden von erheblicher Größe, die sich vor allem in Westdeutschland ausbreiteten und die Bevölkerung auf dem flachen Land heimsuchten. Außerdem hatte die Landbevölkerung natürlich auch noch unter den Gelegenheitsdiebstählen zahlreicher fahrender Leute zu leiden. Nun gab es noch keine zentral organisierte Landespolizei, sondern als Exekutivorgane für die innere Sicherheit waren nur örtliche Gerichtsdiener, Nachtwächter und Forstpersonen tätig sowie Patrouillen, die im Auftrag der Amtleute, Landräte, Landgerichte usw. vor allem seit Mitte des 18. Jahrhunderts gelegentlich übers Land ritten und Gesindel aufgriffen. Diese Sicherheitskräfte waren allesamt gering an Zahl. Außerdem schob man gefaßte Verbrecher oft einfach ins Nachbarterritorium ab. So richteten die Obrigkeiten gegen diese überörtlich agierende Kriminalität nicht viel aus, insbesondere nicht in Gebieten territorialer Zersplitterung. Immerhin gingen die größeren Territorien im Laufe der Zeit etwas energischer gegen Räuberbanden vor. Die Landstraßen waren jetzt im allgemeinen einigermaßen sicher, so daß seit dem 17. Jahrhundert nicht mehr Planwagengeleite das Bild bestimmen, sondern einzeln reisende Fahrzeuge.

Im Strafvollzug bestand nach dem Dreißigjährigen Krieg die Tendenz zur Milderung. Zunehmend wurden die verschärften Hinrichtungsarten, überhaupt die Todesstrafe und auch die Verstümmelungsstrafen seltener angewendet und der Staupenschlag auf arbeitsscheues Gesindel beschränkt. Neu kamen dafür Zwangsarbeit und Zuchthausstrafen auf, die der bürgerlichen Forderung nach Nützlichkeit besser entsprachen als die alten Strafen an Leib und Leben. Unter dem Einfluß der Aufklärung ging man auch von der Folter ab, so 1694 in Frankfurt a.M., 1740/54 in Preußen, 1767 in Baden, 1770 in Kursachsen, 1776 in Österreich. Allerdings gab es weiter Prügel als Prozeßordnungsstrafe, z.B. gegen einen vermeintlich frech leugnenden Angeklagten.

Einzelne Staaten

Die bisher geschilderten allgemeinen Tendenzen kamen in den einzelnen deutschen Staaten in vielfältigen Brechungen zum Zuge. Der Herzog von Bayern konnte, wohl als erster deutscher Fürst, den Absolutismus schon zu Anfang des 17. Jahrhunderts durchsetzen. Das hing damit zusammen, daß die Führer der Opposition unter den Landständen meist Protestanten waren, so daß der Sieg der Rekatholisierung auch den politischen Ehrgeiz der Stände brach. Nach 1612 wurde (ausgenommen 1669) in Bayern kein Landtag mehr berufen. In Kursachsen dagegen blieben die Landstände ohne aufregende Kämpfe bis ins frühe 19. Jahrhundert bestehen und übten weiter das Steuerbewilligungsrecht aus, aber ihr tatsächlicher politischer Einfluß schmolz langsam dahin, so daß der Fürst im 18. Jahrhundert im Grunde ohne Einspruch der Stände regieren konnte. In Kurhannover setzte sich in der zweiten Hälfte des 17. Jahrhunderts der Absolutismus durch. Aber nachdem der Hof seit 1714 nicht mehr im Lande, sondern im fernen London saß, gewannen die Stände wieder gewaltig an Einfluß. Praktisch herrschte nun eine begrenzte Gruppe von Adels- und Patrizierfamilien, welche die ständischen Ausschüsse und Regierungsämter besetzten. In Württemberg, Mecklenburg und Ostfriesland, wo die Stände die überlegene politische Kraft geworden waren, setzten am Anfang des 18. Jahrhunderts Versuche der Fürsten ein, ein absolutistisches System durchzudrücken. Das führte zu heftigen, teilweise militärischen Auseinandersetzungen, die sich in Württemberg und Mecklenburg jahrzehntelang hinzogen und die Stände an den Rand des Untergangs brachten. Das Eingreifen des Kaisers und anderer Staaten bewirkte aber schließlich, daß am Ende des Konflikts die landständische Verfassung doch erneuert wurde (Ostfriesland 1727, Mecklenburg 1755, Württemberg 1770). Dabei reduzierte sich dann aber in Württemberg die ständische Mitwirkung immer mehr auf eine kleine Gruppe von Patrizierfamilien, welche die Landtagsausschüsse besetzten und sich hinter verschlossenen Türen mit den herzoglichen Räten arrangierten. In den geistlichen Territorien versuchten die Domkapitel, die Gelegenheit der Wahl eines neuen Bischofs zu nutzen, um sich in einer Wahlkapitulation ihre politischen Mitwirkungsrechte bestätigen zu lassen. Da Papst und Kaiser aber den Bischöfen den Rücken stärkten, konnten diese meist im 18. Jahrhundert doch absolutistische Regierungsformen durchsetzen.

In den Reichsstädten und eidgenössischen Stadtorten setzte sich die Tendenz fort, die Macht in der Hand des (engeren) Rats und weniger Familien zusammenzuballen. Die Räte fühlten sich zunehmend als Obrigkeiten und sahen die Bürger als Untertanen an, und mancherorts kam es zu einer Art Kollektivabsolutismus des Stadtrats, der dann auch das Gottesgnadentum für sich in Anspruch nahm. In den meisten Städten erhob sich dagegen Opposition vor allem bürgerlicher Mittelschichten. Diese Städte erlebten Wirren und Prozesse, die sich teilweise jahrzehntelang hinzogen, sahen Umstürze und die Hinrichtung von Führern der Erhebungen. Im allgemeinen konnte sich in den innerstädtischen Konflikten der Rat auf die Dauer durchsetzen, gelegentlich mit Hilfe der Kreistruppen.

Auch in den eidgenössischen Länderorten konzentrierte sich der tatsächliche politische Einfluß durchweg und geriet in die Hand weniger Großbauernfamilien. Angesichts der Tendenz der eidgenössischen Stadtorte, ihre Untertanenlande immer obrigkeitlicher zu regieren, konnten wirtschaftliche Schwierigkeiten 1653 einen großen bewaffneten Bauernaufstand auslösen, der sich über die ganze nordwestliche Schweiz ausbreitete. Die aufständischen Bauern beschlossen in Huttwil einen neuen Bundesbrief, der darauf hinauslief, die Autonomie der Bauerngemeinden in den Untertanenlanden wesentlich zu stärken. Die städtischen Obrigkeiten warfen den Aufstand mit Gewalt nieder; 35 Anführer wurden hingerichtet. Aufs Ganze gesehen blieb aber auch in der Folgezeit im Gebiet der eidgenössischen Untertanenlande trotz obrigkeitlicher Tendenzen die gemeindliche Selbstverwaltung stärker gewahrt als in anderen deutschen Staaten.

Bleibt festzustellen, daß also selbst dort, wo es keinen fürstlichen Absolutismus gab, der Trend auf eine Konzentration der Macht hinauslief.

Die größeren deutschen Dynastien sahen sich mit dem besonderen Problem konfrontiert, daß ihr Herrschaftsbereich aus mehreren eigenständigen Einzelterritorien zusammengesetzt war. Seitdem um etwa 1500 alle deutschen Territorien zu gefestigten Staatsgebilden geworden waren, konnte man sie, wenn sie durch Erbfall oder auf andere Weise in eine Hand gelangten, nicht mehr einfach miteinander verschmelzen, sondern sie hatten dann in einer monarchischen Union nur den Fürsten gemeinsam, jedenfalls zunächst. *Monarchische Union und Gesamtstaat*

Dies Problem betraf vor allem die Häuser Habsburg, Hohenzollern und Hannover, in geringerem Maße auch Kursachsen und Bayern. Das Gebiet von Kurhannover war um 1730 aus 11 ehemals selbständigen Territorien zusammengesetzt, und es gab 8 regionale Landstände. Auf Gesamtstaatsebene bestanden zwar gemeinsame Zentralbehörden, aber keine Generalstände. Überdies war Hannover seit 1714 noch mit Großbritannien verbunden, aber das blieb stets eine rein monarchische Union. Die brandenburgischen Hohenzollern regierten am Ende des Dreißigjährigen Kriegs eine monarchische Union aus den drei auch räumlich getrennten Territorien Brandenburg, (Ost-)Preußen und Kleve-Mark, die außer dem Fürsten gar nichts gemeinsam hatten, und in den nächsten Jahrzehnten erwarben sie noch eine Reihe weiterer Territorien hinzu. Am kompliziertesten waren die Verhältnisse beim Haus Habsburg. Dessen Besitz setzte sich Ende des 17. Jahrhunderts aus drei Komplexen zusammen, die ihrerseits bereits wieder aus mehreren Territorien mit jeweils eigenen Landtagen zusammengefügt waren: Österreich (zusammengesetzt aus 6 Territorien in drei Gebietsgruppen), Böhmen (aus Böhmen, Mähren und Schlesien), Ungarn (aus Ungarn, Kroatien und Slawonien). Hinzu kamen 1713/14 noch die südlichen Niederlande und italienische Gebiete.

Wenn ein Fürst eine solche lockere monarchische Union zu einem festeren Verband machen wollte, hatte er theoretisch zwei Möglichkeiten: entweder berief er Generalstände, damit die Führungsschichten seiner einzelnen Länder zusammenwuchsen, oder er schaltete die Stände der einzelnen Länder ganz aus und integrierte die Teile dadurch, daß er einen zentralen Behördenapparat aufbaute und die Länder bürokratisch von oben durchdrang. Nun lag das Interesse am Ganzen fast nur bei der Dynastie, während die einzelnen Stände völlig auf ihr jeweiliges Land orientiert waren und die anderen Territorien derselben Dynastie als fremdes Ausland empfanden. Damit schied die erste Möglichkeit praktisch aus.* Bemerkenswerterweise blieb selbst in der Schweiz die Tagsatzung ein machtloser Schatten, der gegenüber den fast souveränen Kantonen keine Integrationskraft entfaltete. So war die Eidgenossenschaft bis 1798 unverändert ein komplexes, aber lockeres Gefüge aus Orten verschiedener Rechtsstellung, die unterschiedlich eng angebunden waren.

Das Problem der Gesamtstaatsbildung war im übrigen keineswegs ein spezifisch deutsches. Auch anderswo hatte dynastischer Ehrgeiz ehemals selbständige Staaten ohne gemeinsamen Oberlehensherrn vereint, so besonders in den Komplexen

---

* Das Zusammenwachsen der Einzelterritorien des burgundisch-niederländischen Reiches zu einer Gesamtheit durch die Einberufung von Generalständen widerlegt das nicht, da sie bereits 1437/64 erfolgte, als die Territorien noch weniger Eigenständigkeit ausgebildet hatten.

England-Schottland-Irland-Kanalinseln(-Hannover),   Dänemark-Norwegen-Schleswig/Holstein-Island,   Kastilien-Aragon-Katalonien-Portugal-Navarra-Neapel-Sizilien. Langfristig sah das Ergebnis dann sehr verschieden aus.*

Brandenburg-Preußen: Absolutismus und Gesamtstaatsbildung

In den hohenzollernschen Ländern drängten Kurfürst Friedrich Wilhelm und König Friedrich Wilhelm I. die Macht der Stände entschieden zurück und integrierten sie in den fürstlichen Verwaltungsapparat. Dabei wurden die Herrscher von dem Willen getrieben, ein starkes stehendes Heer zu besitzen als Basis der Machtstellung ihrer Dynastie gegenüber anderen Mächten. Zwischen 1653 und 1663 setzte der Kurfürst durch, daß ihm die Stände direkte Steuern für ein stehendes Heer bewilligten. In Brandenburg erreichte er dies durch gütlichen Kompromiß, in Kleve-Mark und Preußen griff er zu Listen, drohte mit militärischer Gewalt und verhaftete die Führer der ständischen Opposition, und im Herzogtum Magdeburg wandte er direkt Waffengewalt an. In Brandenburg und Preußen berief der Monarch nach 1653 beziehungsweise 1671 keine Landtage mehr ein und stellte die ständische Steuerverwaltung wenig später unter die Kontrolle von fürstlichen Beamten. Den Geheimen Rat Brandenburgs machte der Kurfürst zu einer Zentralbehörde, die für alle seine Länder zuständig war. Die Domänenverwaltung wurde dem ständischen Einfluß entzogen, und die dafür in den einzelnen Territorien eingerichteten Amtskammern erhielten 1689 mit der Geheimen Hofkammer eine Zentralbehörde (ab 1713 Generalfinanzdirektorium). Um die Steuern für das Heer einzuziehen und zu verwalten, setzte der Kurfürst Kommissare ein, die 1660 im Generalkriegskommissar eine Zentralbehörde bekamen. Diese Kommissariatsverwaltung ergriff dann auch immer mehr Maßnahmen, welche die Wirtschaft der Territorien fördern sollten, um so die Steuereinkünfte zu erhöhen. Wegen Reibereien zwischen der Domänen- und der Kommissariatsverwaltung legte der König 1723 diese beiden Behördenapparate zusammen. An der Spitze stand jetzt ein General-Ober-Finanz-Kriegs- und Domänendirektorium. Die Domänen- und Kommissariatsverwaltung wurde zum Hauptträger der königlichen Verwaltung, wodurch der Geheime Rat an Bedeutung verlor. Außerdem wurde ihm 1728 die Außenpolitik als Departement der auswärtigen Affären ausgegliedert, so daß er mit den ihm verbliebenen Aufgaben zum Departement für Justiz und Geistliche Angelegenheiten schrumpfte. Auch den Regierungen der Einzelterritorien, in denen die ständischen Kräfte beherrschend waren, wurden durch die Domänen- und Kommissariatsverwaltung im Laufe der Jahrzehnte immer mehr Aufgaben entzogen. Sie fanden sich damit schließlich auf reine Rechtsprechungstätigkeit reduziert. König Friedrich Wilhelm beseitigte praktisch auch die städtische Selbstverwaltung und setzte Steuerräte als landesherrliche Aufsichtsbeamte über jeweils 6-12 Städte ein. In seiner gegen die Adelsmacht gerichteten Politik stützte er sich in der höheren Verwaltung stark auf Bürgerliche: 1740 wa-

---

* Schottland wurde 1707 durch eine Realunion mit England integriert, ohne daß sein nationales Eigenständigkeitsbewußtsein bis heute ganz erloschen ist, Irland wurde nie richtig integriert, und der größte Teil dieser Insel fiel 1921 von der englischen Krone ab, die Anbindung der Kanalinseln ist über den Stand einer monarchischen Union bis heute nicht hinausgekommen. Das dänische Reich fiel mit dem Erwachen nationaler Strömungen im 19. Jahrhundert ganz auseinander: 1814 ging Norwegen, 1864 Schleswig-Holstein und 1918/44 Island verloren. Im Bereich der spanischen Monarchie kam es gegen die Zentralisierungspolitik zu Aufständen (Aragon 1591, Katalonien 1640-52, Portugal 1640, Neapel-Sizilien 1647), mit der Folge, daß Portugal unabhängig wurde und die Integration der übrigen Gebiete zunächst steckenblieb. Die italienischen Besitzungen gingen 1713 durch den Eingriff anderer europäischer Mächte verloren. Der verbliebene Rest wurde zentralisiert: Anfang des 18. Jahrhunderts wurde die Autonomie Aragons und Kataloniens und 1841 die Navarras beseitigt. Aber in Katalonien und dem Baskenland (= Navarra) ist der Regionalismus nie erloschen, und 1979 erhielten diese Provinzen ein Autonomiestatut.

Monarchische Union und ständisch gebundenes Fürstentum: hohenzollernsche Lande um 1620

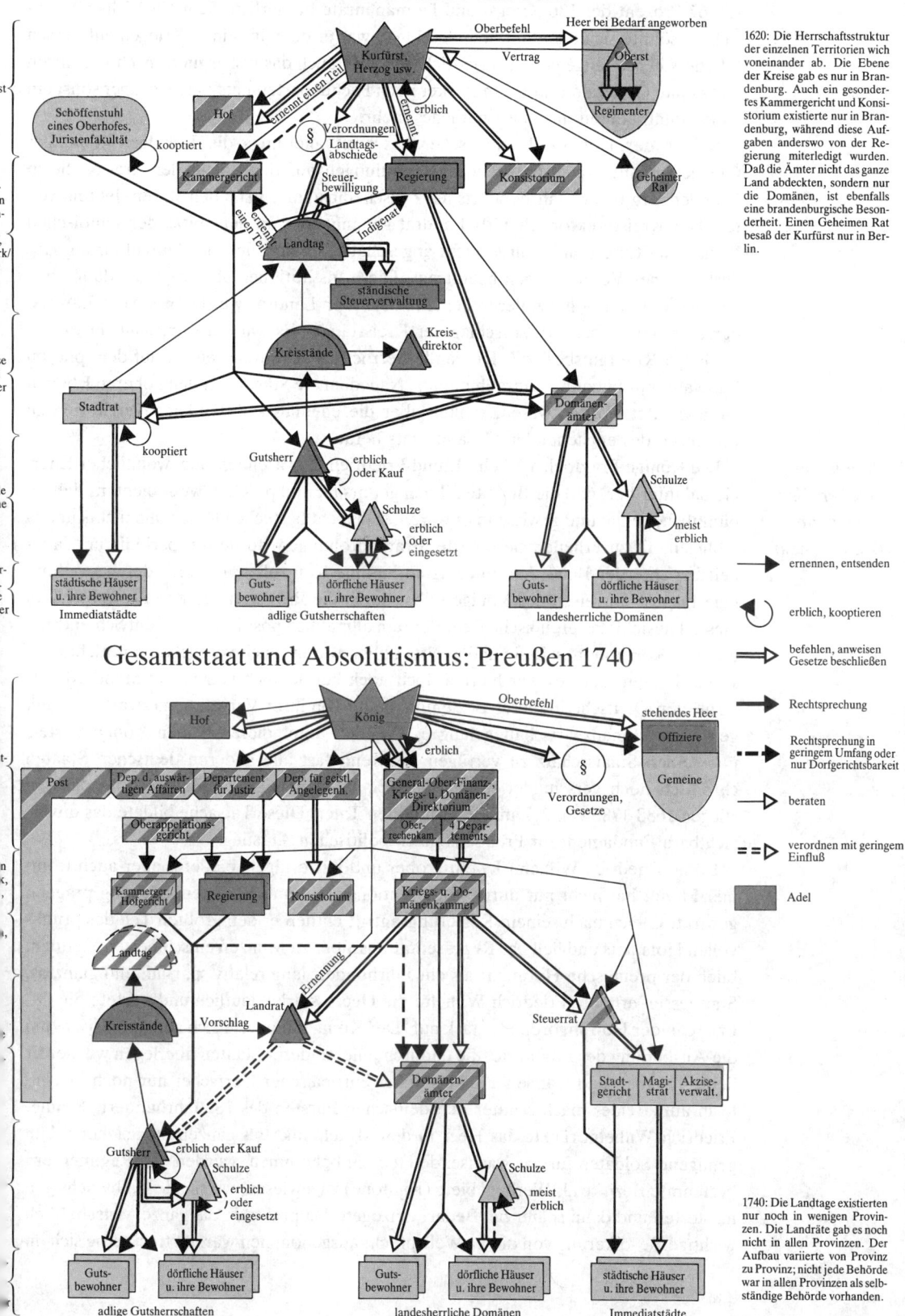

1620: Die Herrschaftsstruktur der einzelnen Territorien wich voneinander ab. Die Ebene der Kreise gab es nur in Brandenburg. Auch ein gesondertes Kammergericht und Konsistorium existierte nur in Brandenburg, während diese Aufgaben anderswo von der Regierung miterledigt wurden. Daß die Ämter nicht das ganze Land abdeckten, sondern nur die Domänen, ist ebenfalls eine brandenburgische Besonderheit. Einen Geheimen Rat besaß der Kurfürst nur in Berlin.

Gesamtstaat und Absolutismus: Preußen 1740

1740: Die Landtage existierten nur noch in wenigen Provinzen. Die Landräte gab es noch nicht in allen Provinzen. Der Aufbau variierte von Provinz zu Provinz; nicht jede Behörde war in allen Provinzen als selbständige Behörde vorhanden.

ren 67 Prozent der 136 Kriegs- und Domänenräte bürgerlich. Sein Nachfolger Friedrich II. söhnte sich dann mit dem Adel aus, war er doch in seinen Kriegen auf dessen Offiziersdienste angewiesen. Friedrich gliederte auch das bisher mehr nach Provinzen eingeteilte Generaldirektorium stärker nach Fachdepartements, änderte aber sonst am Verwaltungsaufbau nichts wesentliches mehr.

Keiner der Hohenzollernherrscher beschnitt allerdings die Lokalgewalt adliger Gutsherrschaft. Auch die Ständeversammlungen auf der Ebene der Kreise, die in Brandenburg im 16. Jahrhunderts als Zwischeninstanz entstanden waren, lebten weiter. Der Kreisdirektor, ab 1701 Landrat genannt, der an der Spitze der ständischen Kreisverwaltung stand, wurde nicht abgeschafft, sondern mit der Durchführung landesherrlicher Verordnungen beauftragt. Diese Institutionen übertrug man dann auch auf die anderen hohenzollernschen Länder. Der Landrat wurde zwar vom Landesherrn ernannt, aber auf Vorschlag der Kreisstände. Es war ein Ehrenamt für örtlich ansässige Rittergutsbesitzer. Die landesherrliche Verwaltung reichte auf dem platten Land also nur bis zum Landrat hinunter. Nachdem die Stände auf den höheren Ebenen ausgeschaltet worden waren, sanken aber die ehemals selbständigen Territorien zu Provinzen des entstehenden Gesamtstaats herab.

Brandenburg-Preußen als Militär- und Beamtenstaat

Die Könige Friedrich Wilhelm I. und Friedrich II. waren mit ungewöhnlicher Energie dahinter her, daß die Beamten ihnen gehorsam und pflichtbewußt dienten, daß sie pünktlich, genau und gewissenhaft waren, sich nicht bestechen ließen und nichts unterschlugen. Dazu erließen sie scharfe Strafandrohungen, forderten periodische Tätigkeitsberichte der Behörden und setzten häufige Kontrollen an, auch durch regelmäßige Inspektionsreisen der Könige selbst durch die Provinzen. In der Tat hob sich in dieser Hinsicht das preußische Beamtentum allmählich positiv ab von dem Schlendrian und der Korruption, wie sie anderwärts üblich waren, auch verglichen mit nichtdeutschen Staaten, aber es war hierbei doch noch beträchtlich von jenem Standard entfernt, den Deutsche in dieser Beziehung heute von ihrer Verwaltung erwarten. Dank geordneter Finanzwirtschaft gelang es Preußen unter diesen beiden Königen, stets über einen Staatsschatz zu verfügen, während fast alle anderen deutschen Staaten chronisch hoch verschuldet waren. Die Einnahmen der preußischen Zentralkassen stiegen 1688-1786 von 2,5 auf 19,7 Millionen Taler. Diese Tatsache bildete das unverzichtbare Fundament für Preußens machtpolitischen Aufstieg.

König Friedrich Wilhelm I., ein grober und jähzorniger, biederer aber auch frommer Mann, hat nicht nur durch Organisationstalent und Beamtenerziehung prägend gewirkt. Gleich nach seinem Regierungsantritt entließ er den größten Teil des prunkvollen Hofstaats und ließ das Repräsentationssilber zu Münzen einschmelzen. Seitdem blieb der preußische Hof mehr als ein Jahrhundert lang relativ sparsam und glanzlos. Stattdessen erhöhte Friedrich Wilhelm die Heeresstärke deutlich und wertete die Offiziere in der Hofrangordnung stark auf. Der König kümmerte sich aufs Intensivste um die Ausbildung der Infanterie, die dadurch jener anderer Staaten überlegen wurde. Er liebte Paraden und trat seit 1725 als erster europäischer Herrscher nur noch in Uniform auf. Beides machte unter den deutschen Fürsten des 18. Jahrhunderts Schule. Friedrich Wilhelm rückte das Heer in den Mittelpunkt des ganzen Staatslebens. Um genügend Soldaten für das wachsende Heer zu bekommen, wurden den Regimentern bestimmte Bezirke als Werbegebiete (Kantone) zugewiesen, wo sie die Halbwüchsigen musterten und dann später bei Bedarf einzogen. Da praktisch die ganze wirtschaftlich wichtige Bevölkerung von dieser Wehrpflicht ausgenommen war, erstreckte sie sich im wesentlichen auf nachgeborene Söhne und Knechte. Das Heer bestand etwa je zur Hälfte aus Söldnern, überwiegend ausländischer Herkunft, und aus Kantonisten. Dabei waren die Kantonisten 9-10 Monate des Jahres von der Truppe beurlaubt und gingen dann ihrem Zivilberuf nach. Im Jahre 1717 gründete Friedrich Wilhelm Kadettenanstalten, in denen er die Söhne des Adels zu Offizieren erziehen ließ. Anfangs ließ er die adligen Jugendlichen manchmal zwangsweise von ihren Elternhäusern abholen. Im Laufe der Zeit gewannen die Offiziere dann ein besonderes Treueverhältnis zum König, sie durften ohne seine Erlaubnis auch nicht heiraten und entwickelten einen besonderen, ordensähnlichen Korpsgeist. Indem der typische preußische Adlige sich zunächst als Offizier in Königsdienst und Kommandieren übte und nach seinem Abschied aus der Armee dann auf seinem ererbten Gut im gleichen Geist herrschte, indem es üblich wurde, daß Pastoren erst eine Zeit Feldprediger wurden und dann erst Gemeindepfarren erhielten, und indem ausgediente Unteroffiziere oft als Elementarschullehrer und Unterbeamte verwendet wurden, durchdrang der Geist militärischen Gehorsams nach und nach immer weitere Teile der Gesellschaft. Das änderte aber nichts daran, daß das Ansehen des einfachen Soldaten niedrig lag, der Offizier bei den Bürgern unbeliebt war und überhaupt die Einstellung der Bevölkerung gegenüber dem ganzen Kriegswesen ablehnend blieb.

Der Aufbau einer geordneten, umfangreichen und zunehmend leistungsfähigen Staatsverwaltung lag im allgemeinen langfristigen Entwicklungtrend der europäischen Staaten. Wenn Preußen dieses im 18. Jahrhundert viel energischer und konsequenter anpackte als andere europäische Staaten, so entwickelte es sich also nicht in eine andere Richtung, sondern war ihnen auf demselben Weg voraus, war mithin moderner und fortschrittlicher und wurde zunehmend auch Vorbild für manche anderen deutschen Staaten. Auch darin, daß es konfessionellen Minderheiten Toleranz gewährte, war Preußen anderen europäischen Staaten voraus und fortschrittlich. Die dominierende Stellung des Heeres im ganzen Staatsleben entsprach dagegen nicht dem allgemeinen Trend, sondern wurde zu einer spezifisch preußischen Eigenart.

Friedrich II. von Preußen war ein widersprüchlicher Mensch, anders als sein Vater intellektuell und musikalisch, aber auch ruhmsüchtig und mit dem Alter zunehmend zynisch. Schon als Kronprinz hatte er die Ideen der Aufklärungsphilosophie in sich aufgenommen, und er konnte sich im Stil der Aufklärungsphilosophie zu Problemen von Politik und Religion äußern. Er glaubte nicht mehr an das Gottesgnadentum (und hielt in der Titulatur in seinen Edikten trotzdem daran fest), lebte ohne großen Prunk und frönte auch nicht jener adligen Jagdleidenschaft, in der die Herkunft des Adels aus einer kampflustigen Kriegerschicht noch spürbar war; zumindest mit letzterem war er vielen heutigen Staatsoberhäuptern weit voraus. Die philosophischen Kreise Europas waren von Friedrichs Person geblendet und feierten ihn als Philosophen auf dem Königsthron, heute würde man sagen: als einen Intellektuellen. Aber setzte Friedrich die Ideen der Aufklärung auch mit Erfolg in praktische Politik um? Aufgeklärte Politik hätte bedeutet, der Bevölkerung mehr Selbstbestimmung zu ermöglichen, indem man sie alphabetisierte, Meinungsfreiheit schuf und die Bauern aus den gutsherrlichen Bindungen befreite, sie hätte geheißen, mehr soziale Gleichheit zu schaffen und dementsprechend die Vorrechte des Adels abzubauen, und sie hätte darauf abgezielt, den Staatsaufbau auf Kosten überlieferter Sonderrechte nach vernünftigen Grundsätzen weiter zu systematisieren. Aber nur dort, wo ihr keine politischen oder finanziellen Interessen entgegenstanden, wurde aufgeklärte Politik realisiert. So wurden Veröffent-

Friedrich II. – ein aufgeklärter Herrscher?

445

lichungen über Religionssachen nicht durch die Zensur beschränkt (ganz anders dagegen solche zur Politik!), Friedrich humanisierte das Strafrecht und regte die Arbeit an einer Rechtskodifikation an, in die dann auch aufgeklärte Gedanken eingingen. Die konfessionelle Toleranz, die in Preußen im Ansatz schon seit 1613 bestand, als der Kurfürst des protestantischen Landes zum Calvinismus übergetreten war, wurde erweitert, da hier Aufklärungsideal und Staatsinteresse zusammenfielen: hinter ihr stand auch das wirtschaftliche Interesse an der Zuwanderung qualifizierter Glaubensflüchtlinge und die politische Notwendigkeit, nachdem mit Schlesien ein weitgehend katholisches Land an die Krone gekommen war. Von einer Rationalisierung des Verwaltungsaufbaus kann dagegen keine Rede sein. Beim Elementarschulwesen fiel Friedrich sogar hinter seinen Vater zurück – hier hätten Verbesserungen Geld für Schulbauten und Lehrer gekostet. Sicher, Friedrich ordnete an, daß bei der Soldatenwerbung die „gewohnten Brutalitäten" aufhören sollten, daß die Rechtsprechung ohne Ansehen der Person geübt werden und daß Bauern nicht mehr geprügelt werden sollten, und er unternahm zaghafte Versuche, in Pommern die Leibeigenschaft aufzuheben, doch das alles blieb auf dem Papier. Nachdem Friedrich 1740 den Weg der Eroberungspolitik beschritten hatte, war er darauf angewiesen, über ein großes Heer zu verfügen und sich auf die Loyalität seiner Offiziere verlassen zu können, die den adligen Interessen verbunden waren. Beides stand im Widerspruch zu den genannten aufklärerischen Wünschen. Dem Machtstaatsinteresse räumte Friedrich deshalb allemal die Priorität ein vor seinen Aufklärungsidealen.

In allen anderen deutschen Staaten gab es vor 1780 erst recht in der Praxis keinen aufgeklärten Absolutismus. Und wenn im Namen der Aufklärung „unnütze" Feiertage beseitigt wurden, war das eine Aufklärung gegen, nicht für die arbeitende Bevölkerung.

Haus Habsburg

Die österreichischen Habsburger waren in der Entwicklung der inneren staatlichen Organisation unter Kaiser Ferdinand I. den anderen deutschen Staaten vorangeschritten, aber nach 1564 verloren sie ihren Vorsprung immer mehr und gerieten in der ersten Hälfte des 18. Jahrhunderts gegenüber Preußen klar ins Hintertreffen, auch wenn die glänzende Fassade des Wiener Hofes das kraftlose Innere des Staatsgebäudes verdeckte. Erst nachdem die Habsburger im Österreichischen Erbfolgekrieg schwere Schläge hatten einstecken müssen, versuchten sie dann ab 1749 an innerer Organisation aufzuholen. Die Gebiete der 1564 entstandenen drei Teillinien waren erst 1665, die für sie geschaffenen regionalen Zentralbehörden sogar erst 1705 alle wieder vereint. Bei den bestehenden Zentralbehörden wurden im Laufe des 17. und der ersten Hälfte des 18. Jahrhunderts mehrfach neue Behörden ausgegliedert und wieder eingegliedert und Kompetenzen verlagert, so daß eine wachsende Zahl schwerfälliger und oft gegeneinander arbeitender Apparate entstand. Bis zum Ende des 17. Jahrhunderts ging der größte Teil der Domäneneinkünfte durch Verkauf oder Verpfändung verloren. Auch das ganze 18. Jahrhundert über gelang es nicht, die Staatsfinanzen zu sanieren. Die österreichische Staatsschuld schwoll 1612-1789 von 30 auf 338 Millionen Gulden an. Diese Misere, die sich von der inneren Kräftigung Preußens so deutlich unterschied, hatte mehrere Gründe. Das Haus Habsburg verfügte über mehr und verschiedenartigere Teile als die brandenburgischen Hohenzollern. Noch wichtiger war, daß mit Leopold I. und Karl VI. fast ein Jahrhundert lang Herrscher an der Spitze standen, die nicht zu einer klaren politischen Führung fähig waren. Außerdem sah sich Österreich in dieser Zeit fast ständig in kräftezehrende Kriege gegen Frankreich und die Türken verwickelt.

446

Auch das Verhältnis der Monarchen zu den Ständen gestaltete sich anders als bei den Hohenzollern. Seit 1518 gab es Ansätze zu einer Gesamtstaatsbildung durch ein Zusammenwachsen der Stände. 1525/26, 1541/42 und 1665 waren Generalstände aller Länder des Hauses Österreich einberufen worden. Eine dauernde Klammer des Länderkomplexes entstand daraus allerdings nicht. Daran hatten die Habsburger dann letztlich auch kein Interesse mehr, nachdem sich 1608 und noch einmal 1619 die Stände Österreichs, Ungarns, Böhmens und Mährens von sich aus zusammengeschlossen hatten, und zwar als Opposition gegen die Dynastie. Vielmehr gewannen jetzt die absolutistischen Neigungen der Habsburger Oberhand und das Streben, ihre Länder bürokratisch von oben zu regieren. Die politische Macht der böhmischen Stände ging 1620 mit dem kaiserlichen Sieg in der Schlacht am Weißen Berg unter. 27 Führer der böhmischen Adelsrebellion wurden hingerichtet, ein großer Teil des böhmischen Adels vertrieben und etwa die Hälfte des Grundbesitzes in Böhmen enteignet und an dem Kaiser ergebene Adlige verteilt. Böhmen wurde 1627 vom Wahlreich in eine Erbmonarchie umgewandelt und seitdem absolutistisch regiert. In der Folgezeit verloren auch die Landstände in den einzelnen österreichischen Erbländern (im Sinne der Alpenländer) ihren politischen Ehrgeiz. Sie blieben aber bestehen und behielten weiter das Steuerbewilligungsrecht und die Steuer- und sogar die Militärverwaltung, wobei die Stände der einzelnen Länder diese Rechte sehr verschieden handhaben. In Ungarn kam es aus Furcht, die Habsburger könnten versuchen, den Absolutismus durchzusetzen, 1671 zu einer Adelsverschwörung. Sie wurde aber schon im Keim erstickt. In den folgenden Jahren entwickelte sich jedoch ein regelrechter Partisanenkrieg ungarischer Nationalisten gegen die Habsburger. Nachdem die Habsburger im Türkenkrieg ab 1683 ganz Ungarn erobert hatten, erklärten sie es 1687 zur Erbmonarchie und versuchten den Absolutismus durchzusetzen. Gegen die drückende Herrschaft der kaiserlichen Beauftragten brach 1703 ein neuer Aufstand ungarischer Nationalisten aus, der immer breiter wurde. Die Aufständischen erklärten die Habsburger als Könige von Ungarn für abgesetzt. Bis 1711 konnte der Kaiser sich in Ungarn zwar militärisch weitgehend wieder durchsetzen, aber er war nicht stark genug, um zu einer absolutistischen Regierungsweise übergehen zu können. So blieben die ungarischen Stände weiter bestehen, waren weiter an der Gesetzgebung beteiligt, behielten ihr Steuerbewilligungsrecht und ein eigenes Heer und kontrollierten weitgehend die Verwaltung des Landes. Damit war eine Entscheidung zugunsten einer selbstbewußten ungarischen Eigenständigkeit gefallen, und diese konnten die Habsburger dann bis zum Ende ihres Reiches 1918 nicht mehr revidieren. Indem so ein Teil der Länder des Hauses Habsburg absolutistisch wurde und ein Teil ständisch blieb, gab es keinen gemeinsamen Nenner, auf dem ein Gesamtstaat hätte zusammenwachsen können.

Als der Wiener Hof 1749 versuchte, seine Herrschaft nach preußischem Vorbild zu zentralisieren, effektiver zu gestalten und nach unten zu intensivieren und so das Versäumte aufzuholen, beschränkte sich diese Staatsreform von vornherein nur auf den böhmischen und den österreichischen Länderkomplex. Die ungarische Hofkanzlei und der spanische Rat (für die 1713/14 von Spanien erworbenen Gebiete) als Zentralbehörden und die inneren Verhältnisse dieser Länder blieben unangetastet. Die österreichische und die böhmische Hofkanzlei und die für diesen Bereich zuständigen Teile der Hofkammern legte man zum Directorium publicis et cameralibus zusammen, wobei die Justizsachen als eigene Zentralbehörde abgetrennt wurden. Der Hofkriegsrat und die für Außenpolitik zuständige Haus-, Hof- und Staatskanzlei als Zentralbehörden der Gesamtmonarchie blieben davon unberührt. Da sich das Directorium bald zu einer Riesenbehörde auswuchs, wurde es in eine Anzahl von Fachbehörden zerlegt. Zur Koordinierung schuf man 1760 einen Staatsrat als beratendes Gremium. Die Landtage blieben weiter bestehen, aber sie verkamen jetzt zur reinen Formalität. Wien übertrug die gesamte Landesverwaltung (außer der Rechtsprechung) an eine neue Behörde, das Gouvernement, und schuf unter dieser Kreisämter. Beides waren Behörden des Landesherrn, aber man besetzte sie nur mit Personen aus dem jeweiligen Land. Die grundherrliche Lokalverwaltung blieb unangetastet. In den folgenden Jahrzehnten fehlte es stets an brauchbaren Beamten, und so wurde das österreichische Verwaltungssystem nicht so effektiv, wie es seit 1749 von seiner Organisationsstruktur her hätte sein können. Immerhin war wenigstens der österreichisch-böhmische Länderkomplex von einer monarchischen Union zu einem Gesamtstaat, waren hier die einzelnen Territorien zu „Ländern" geworden. Mit den Ständen lebte in den Ländern aber auch noch mehr Eigenbewußtsein weiter als in den preußischen Provinzen.

Insgesamt erwies sich zweifellos die staatenbildende Energie, die zentralisiert, staatliche Herrschaft intensiviert und Beamte erzieht, in Österreich als geringer, vergleicht man sie mit den Verhältnissen in Preußen.

Macht-
verhältnisse

Während in den deutschen Territorien im Mittelalter die Herrschaft vor allem in Händen des Adels als ganzem Stand gelegen hatte, kräftigte sich mit dem Entstehen der Bürokratie die Macht des Landesherrn. Die Herrschaftsfunktion des Adels wurde zurückgedrängt. Der Handlungsspielraum des Monarchen wuchs, und er war keineswegs ein Handlanger des Adels. Wenn es darum ging, Kriege zu führen und Bündnisse zu schließen, Verordnungen und Gesetze zu erlassen, Militärwesen und Verwaltung zu gestalten, wirtschaftspolitische und konfessionspolitische Maßnahmen zu ergreifen und einen großen Teil der Finanzmittel für Schloßbau und Hofhaltung zu verwenden, so konnte den absoluten Monarchen dabei niemand hindern oder kontrollieren. Der absolute Herrscher war im Bereich der „großen Politik" autonom. Aber wo es um die unmittelbaren materiellen Interessen des Adels ging, besaß dieser noch Macht genug, um dem landesherrlichen Zugriff Widerstand entgegenzusetzen und zugleich seinerseits auf die schwächeren Stände zu drücken. In den grundherrschaftlichen Bereich vermochten die Landesherren nur recht begrenzt reformierend hineinzuwirken. Anschaulich enthüllt die Verteilung der Steuerlasten die Machtverhältnisse. Der Absolutismus konnte sein Streben, auch den Adel zur direkten Steuer heranzuziehen, nur teilweise durchsetzen. In Österreich war der Adel seit 1748 grundsteuerpflichtig, wurde aber nur etwa halb so hoch besteuert wie die Bauern. In Sachsen betrug 1786 die Belastung der Einkünfte mit öffentlichen und anderen Abgaben bei Rittergutsbesitzern 10 Prozent, aber bei Handwerkern und Kapitalisten 18 Prozent und bei Bauern 31 Prozent (Gesinde, Gesellen und Tagelöhner wurden wegen ihrer Armut allgemein nicht direkt besteuert). In den Ländern der Hohenzollern blieb der Adel in Brandenburg ganz grundsteuerfrei, nicht indessen in (Ost-)Preußen und in den später erworbenen Gebieten Schlesien und Westpreußen. Auch die Umsatzsteuer auf Massenkonsumgüter traf die Reichen weniger hart als die Ärmeren, bei denen diese Waren einen größeren Anteil am Gesamtverbrauch ausmachten.

Die Bedeutung der Bürokratie für die landesherrliche Macht war ambivalent. Als verlängerter Arm des Monarchen erweiterte sie die Reichweite und Durchsetzungsmöglichkeit seiner Anordnungen, aber je umfangreicher sie wurde, desto mehr Aufgaben mußte der Herrscher auch an sie delegieren. Da es keine freie öffentliche Meinung

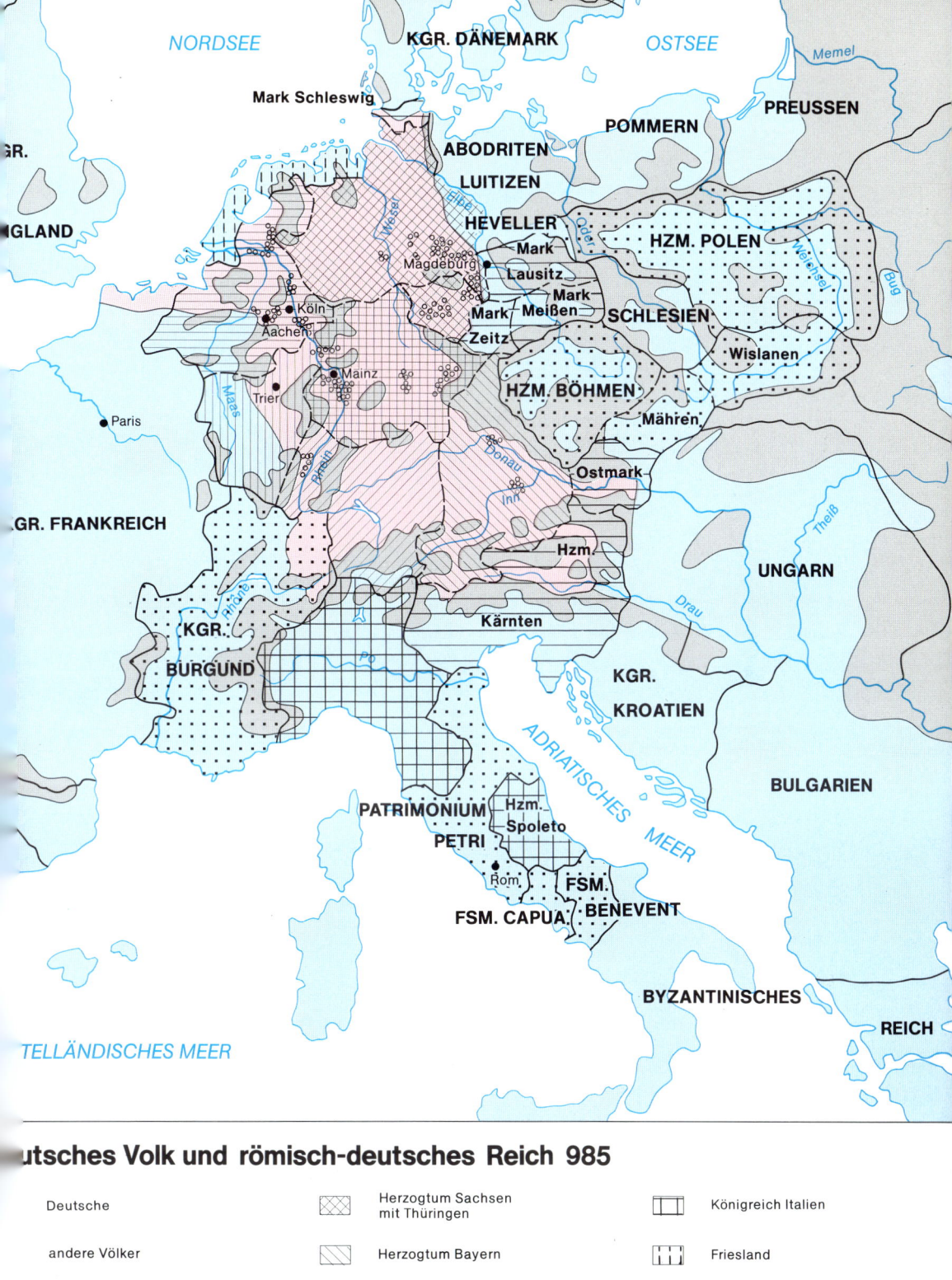

utsches Volk und römisch-deutsches Reich 985

Deutsche		Herzogtum Sachsen mit Thüringen		Königreich Italien	
andere Völker		Herzogtum Bayern		Friesland	
größere vermutlich siedlungsleere Gebiete		Herzogtum Schwaben		Marken und Herzogtum Kärnten	
		Herzogtum Oberlothringen		Länder unter der Oberhoheit des Kaisers	
Herzogtum Franken		Herzogtum Niederlothringen		Schwerpunkte von königlichem Reichs- und Hausgut im Gebiet der deutschen Herzogtümer	

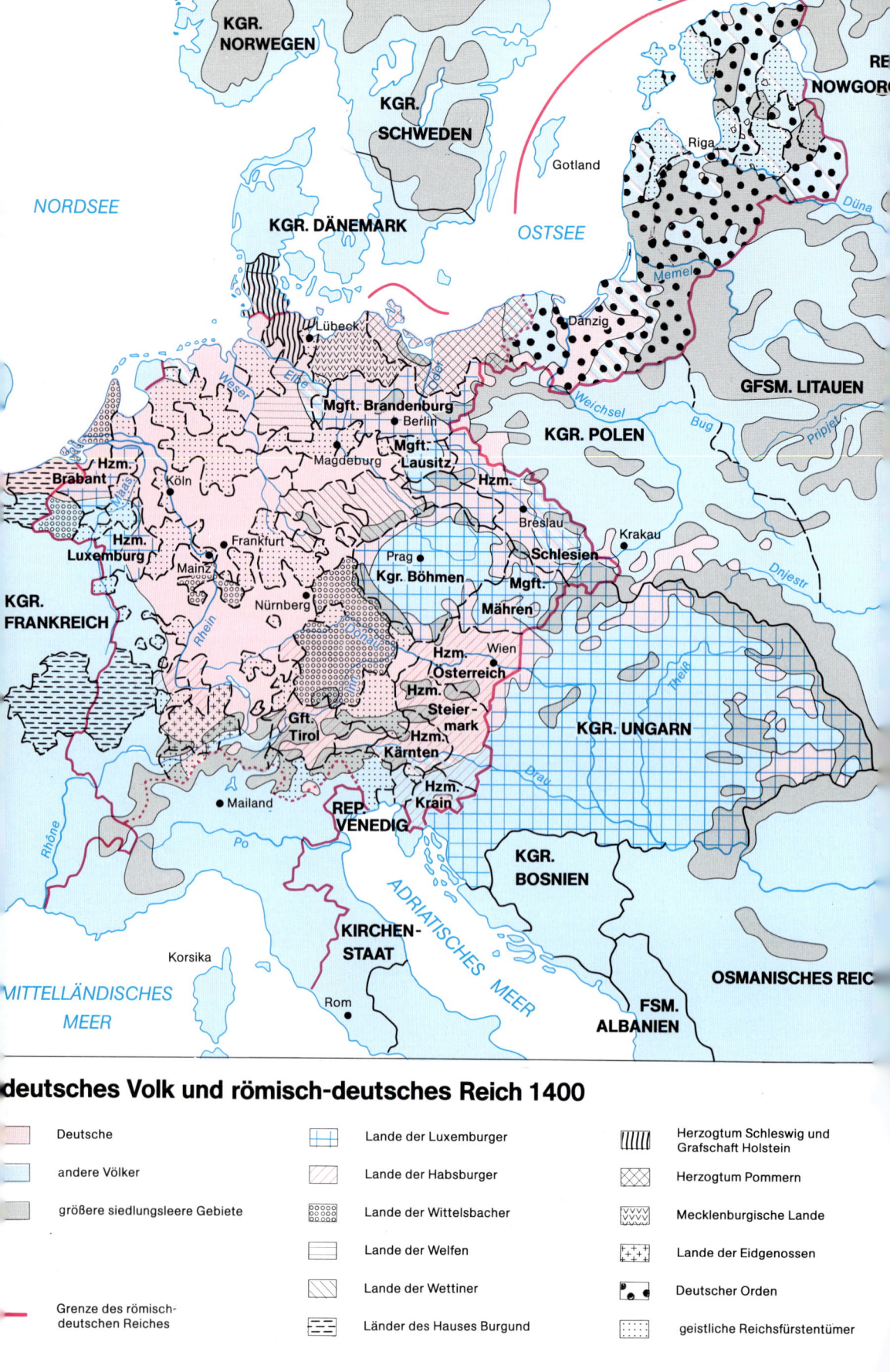

deutsches Volk und römisch-deutsches Reich 1400

Deutsche	Lande der Luxemburger	Herzogtum Schleswig und Grafschaft Holstein
andere Völker	Lande der Habsburger	Herzogtum Pommern
größere siedlungsleere Gebiete	Lande der Wittelsbacher	Mecklenburgische Lande
	Lande der Welfen	Lande der Eidgenossen
	Lande der Wettiner	Deutscher Orden
Grenze des römisch-deutschen Reiches	Länder des Hauses Burgund	geistliche Reichsfürstentümer

Map labels:

KGR. NORWEGEN · KGR. SCHWEDEN · RE NOWGOR · KGR. DÄNEMARK · Gotland · Riga · Düna · NORDSEE · OSTSEE · Memel · GFSM. LITAUEN · Lübeck · Danzig · Weichsel · Bug · Pripjet · Mgft. Brandenburg · Berlin · KGR. POLEN · Magdeburg · Mgft. Lausitz · Hzm. · Krakau · Hzm. Brabant · Köln · Breslau · Schlesien · Dnjestr · Hzm. Luxemburg · Frankfurt · Prag · Kgr. Böhmen · Mgft. Mähren · Mainz · KGR. FRANKREICH · Nürnberg · Rhein · Wien · Theiß · Hzm. Österreich · Hzm. Steiermark · KGR. UNGARN · Gft. Tirol · Kärnten · Mailand · Hzm. Krain · Drau · REP. VENEDIG · Po · KGR. BOSNIEN · Rhône · ADRIATISCHES MEER · Korsika · KIRCHEN-STAAT · OSMANISCHES REIC · MITTELLÄNDISCHES MEER · Rom · FSM. ALBANIEN

tsches Volk und römisch-deutsches Reich 1550

Deutsche		Kurfürstentum Brandenburg und Herzogtum Preußen	Herzogtum Mecklenburg
andere Völker		Kurfürstentum Sachsen	Herzogtümer Schleswig und Holstein
größere siedlungsleere Gebiete		Kurfürstentum Pfalz	Herzogtum Lothringen
Grenze des römisch-deutschen Reiches		Herzogtum Bayern	Landgrafschaft Hessen
		Herzogtum Württemberg	Deutscher Orden
habsburgische Länder, österreich. Linie		Herzogtum Braunschweig (in fünf Teillinien gespalten)	geistliche Reichsfürstentümer
habsburgische Länder, spanische Linie (einschließlich der von Karl. V. 1555 an diese übergebenen Länder)		Herzogtum Pommern (in zwei Teillinien gespalten)	Eidgenossenschaft

Map labels:

NORDSEE · KGR. NORWEGEN · KGR. SCHWEDEN · RUSSLAND · Riga · Düna · OSTSEE · KGR. DÄNEMARK · GFSM. · Hzm. Preußen · Danzig · Memel · LITAUEN · Hamburg · Kfsm. Brandenburg · Berlin · Nieder- · lande · Oder · Weichsel · Bug · Pripjet · rüssel · Köln · Rhein · Elbe · Weser · Breslau · KGR. POLEN · Frankfurt · Prag · Kgr. Böhmen · Mgft. Mähren · Dnjestr · Nürnberg · Österreich · Fsm. Sieben- · bürgen · NKREICH · Donau · Wien · Fgft. Burgund · Tirol · Inn · Steier- · mark · Kärnten · Kgr. Ungarn · Theiß · OSMANISCHES · Mailand · REP. VENEDIG · Krain · Drau · Fsm. Walachei · Rhône · Kroatien · Po · KIRCHEN- · REICH · REP. GENUA · STAAT · ADRIATISCHES MEER · MONTENEGRO · ELLÄNDISCHES MEER · Kgr. · Neapel · Rom

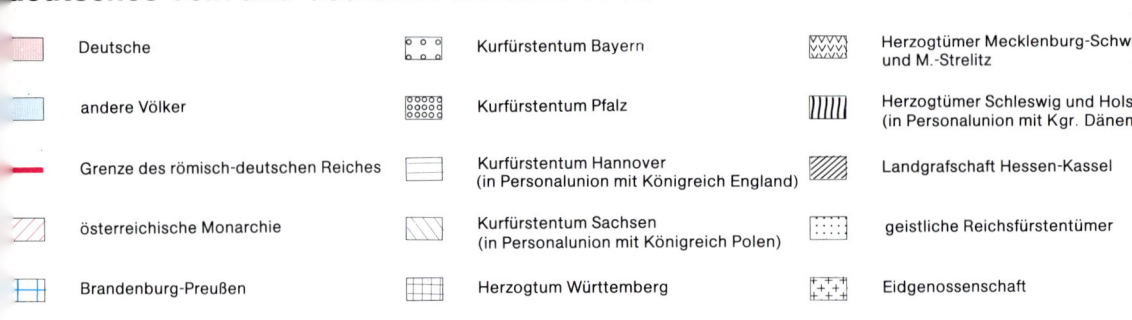

KGR.
NORWEGEN

KGR.
SCHWEDEN

KSI
RUSSLAN

NORDSEE

KGR.
DÄNEMARK

OSTSEE

Riga

Duma

KGR.
PREUSSEN

Danzig

Memel

Pommern

Ravensbg.

Brandenburg

Berlin

Oder

Weichsel

KGR. POLEN

Bug

NIEDER-

Weser

Elbe

Kleve

LANDE

Mark

Frankfurt

Breslau

Schlesien

Prjept

Maas

Prag

Böhmen

Mähren

Dnjestr

KGR.
FRANKREICH

Straßburg

Donau

Inn

Österreich

Wien

Theiß

Rhein

Tirol

Steiermark

Pest

Ofen

KGR. Ungarn

HZM.

Kärnten

Mailand

REP.
VENEDIG

Krain

Drau

SAVOYEN

Po

Belgrad

REP.
GENUA

ADRIATISCHES MEER

OSMANISCHES REICH

GHZM.
TOSKANA

KIRCHEN-
STAAT

MONTENEGRO

MITTELLÄNDISCHES
MEER

Rhône

KGR.
NEAPEL

Rom

deutsches Volk und deutsche Staaten 1740

	Deutsche		Kurfürstentum Bayern		Herzogtümer Mecklenburg-Schw. und M.-Strelitz
	andere Völker		Kurfürstentum Pfalz		Herzogtümer Schleswig und Holst. (in Personalunion mit Kgr. Dänem.
	Grenze des römisch-deutschen Reiches		Kurfürstentum Hannover (in Personalunion mit Königreich England)		Landgrafschaft Hessen-Kassel
	österreichische Monarchie		Kurfürstentum Sachsen (in Personalunion mit Königreich Polen)		geistliche Reichsfürstentümer
	Brandenburg-Preußen		Herzogtum Württemberg		Eidgenossenschaft

tsches Volk und deutsche Staaten 1816

Deutsche		Königreich Bayern	Großherzogtum Luxemburg
andere Völker		Königreich Hannover	Großherzogtum Hessen (-Darmstadt)
Grenze des Deutschen Bundes		Königreich Sachsen	Kurfürstentum Hessen (-Kassel)
		Königreich Württemberg	Herzogtümer Schleswig und Holstein
Königreich Preußen		Großherzogtum Baden	thüringische Staaten
Kaiserreich Österreich		Großherzogtümer Mecklenburg-Schwerin und M.-Strelitz	Schweiz

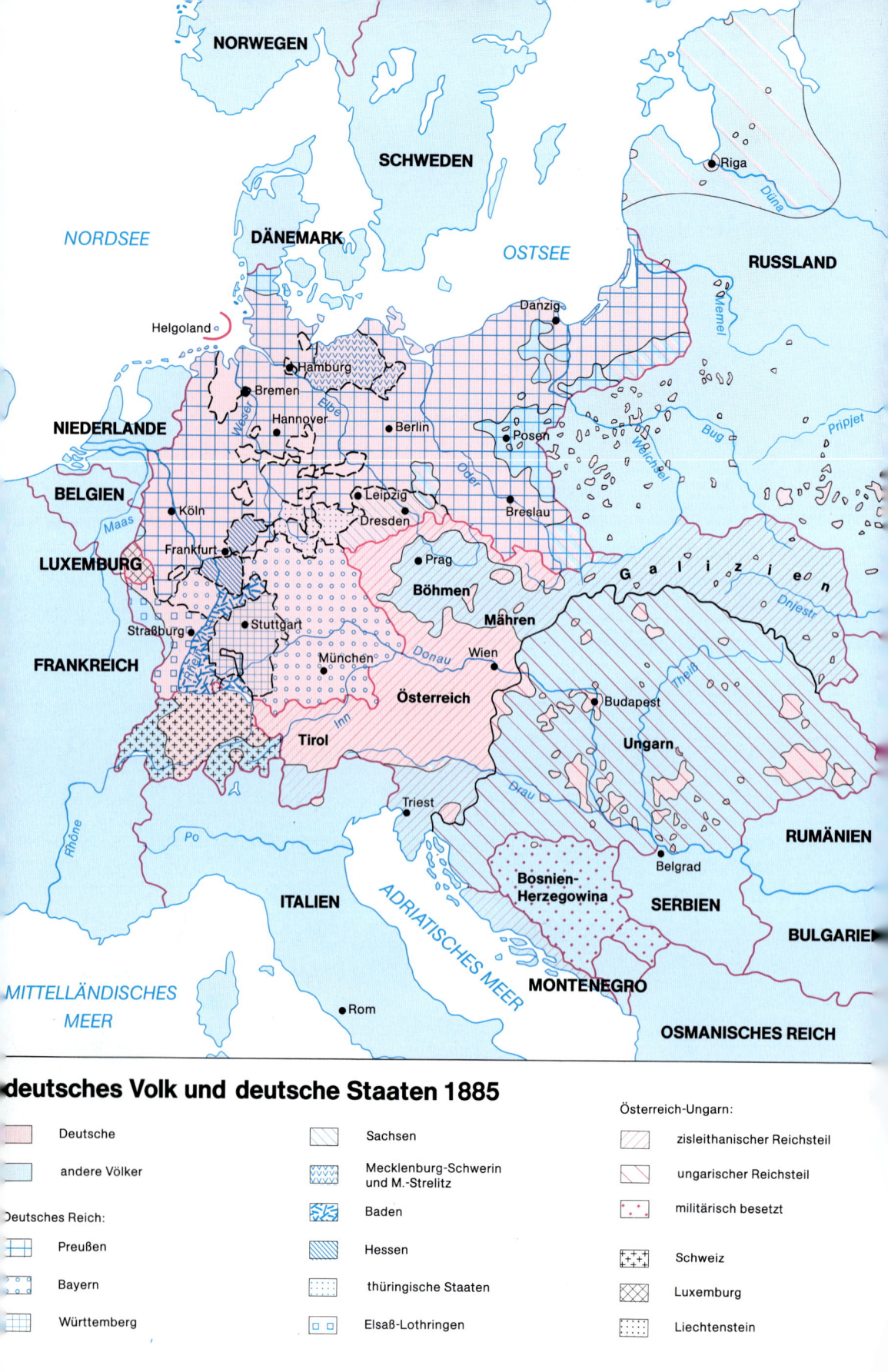

deutsches Volk und deutsche Staaten 1885

Deutsche	Sachsen	**Österreich-Ungarn:**
andere Völker	Mecklenburg-Schwerin und M.-Strelitz	zisleithanischer Reichsteil
Deutsches Reich:	Baden	ungarischer Reichsteil
Preußen	Hessen	militärisch besetzt
Bayern	thüringische Staaten	Schweiz
Württemberg	Elsaß-Lothringen	Luxemburg
		Liechtenstein

NORWEGEN

SCHWEDEN

ESTLAND

NORDSEE

LETTLAND

DÄNEMARK

OSTSEE

LITAUEN

SOWJETUNION

Düna

Memel

Hamburg

Mecklenburg-Schwerin

-Str.

Bremen

Oldenburg

Elbe

Weser

NIEDERLANDE

Hannover

Braun-schweig

Berlin

Oder

Posen

Weichsel

Bug

Pripjet

P

r

e

u

ß

e

n

POLEN

BELGIEN

Köln

Rhein

Anhalt

Leipzig

Breslau

LUXEMBURG

Thüringen

Sachsen

Dresden

Frankfurt

Hessen

Donau

TSCHECHOSLOWAKEI

Dnjestr

FRANKREICH

Baden

Württemberg

Stuttgart

Bayern

München

Wien

Theiß

UNGARN

RUMÄNIEN

Maas

Inn

ITALIEN

Rhône

Po

ADRIATISCHES MEER

Drau

JUGOSLAWIEN

BULGARIEN

MITTELLÄNDISCHES MEER

ALBANIEN

GRIECHENLAND

tsches Volk und deutsche Staaten 1922

Deutsche		Österreich		Freie Stadt Danzig	
andere Völker		Schweiz		Saargebiet	
		Luxemburg		Memelgebiet	
Deutsches Reich		Liechtenstein		von alliierten Truppen besetztes Gebiet des Deutschen Reiches	

deutsches Volk und deutsche Staaten 1960

Deutsche		Deutsche Demokratische Republik			Grenzen zwischen souveränen Staate
andere Völker		Österreich			Staatsgrenze innerhalb des als Geltungsgebiet alliierter Vorbehaltsr fortexistierenden Gesamtdeutschlan
Bundesrepublik Deutschland mit West-Berlin		Schweiz			Grenze des 1945 (unter dem Vorbeh Sanktionierung durch einen spätere Friedensvertrag) an Polen und die Ud übertragenen Gebiets des Deutsche Reiches und der Freien Stadt Danzig
		Liechtenstein			Grenzen zwischen Bundesländern de Bundesrepublik Deutschland

gab, war der Monarch weitgehend auf jene Informationen angewiesen, die er durch die Bürokratie selbst erhielt und konnte sie nur schwer kontrollieren. In der Praxis wurde er von unteren Stellen oft desinformiert.

Es fällt nicht leicht, den Absolutismus angemessen zu beurteilen. Daß nach und nach ein bürokratischer Staatsapparat aufgebaut wurde, war insofern ein Fortschritt, als damit die innere Befriedung wuchs und der geregelte Konfliktaustrag innerhalb der Gesellschaft häufiger wurde, und es war auch die Voraussetzung dafür, daß in späterer Zeit der Staat zunehmend Leistungen für seine Einwohner erbringen konnte. Aber die Konzentration von Macht ist ambivalent, da sie ihrerseits eine neue Quelle der Belastung und Gefährdung bedeuten kann, überhaupt die Möglichkeit des Mißbrauchs birgt, insbesondere, wo sie unkontrolliert ist. Der Absolutismus beschränkte gegen den Willen der Betroffenen Autonomie und Selbstverwaltung und damit Freiheitsräume und suchte das tägliche Leben durch vielfältige Anordnungen zu reglementieren, und zwar auch dort, wo es für ein friedliches und geordnetes Zusammenleben nicht notwendig gewesen wäre. Der deutsche Absolutismus allgemein und der preußische besonders ließen eine unpolitische Untertanengesinnung entstehen. Diese war allerdings, wie der Vergleich mit dem Absolutismus in Frankreich zeigt, nicht einfach eine Folge des Absolutismus an sich, sondern wurde wesentlich dadurch mitbedingt, daß ein wirtschaftskräftiges bürgerliches Element in der deutschen Gesellschaft nicht vorhanden war. Da das absolutistische Fürstentum an keine Kontrolle gebunden war, nutzten viele seiner Vertreter ihre Macht hemmungslos zu ihrem persönlichen Wohl und Vergnügen aus, indem sie riesige Summen für Schloßbauten, Feste, Wertgegenstände und ihren Hofstaat ausgaben. In mittelgroßen Territorien wie Bayern und Kurpfalz entfiel im 18. Jahrhundert rund die Hälfte der Ausgaben der staatlichen Zentralkassen auf die Hofhaltung. Und je kleiner das Fürstentum, desto größer war der Anteil dieser Aufwendungen. Im Fürstentum Anhalt-Bernburg, das nur 460 Quadratkilometer umfaßte, verwendete der Fürst 58 Prozent der Einnahmen für seine Hofhaltung, 34 Prozent für seine Privatausgaben und 8 Prozent für die Entlohnung von 145 Regierungs- und Hofbediensteten. Der Fürst selbst verbrauchte 121.000 Taler jährlich; eine Bürgerfrau, die ihm drei Teller gestohlen hatte, ließ er 1736 hinrichten. Mehrere Fürsten überschuldeten sich soweit, daß sie schließlich einfach die Zinszahlung und Tilgung der Schulden verweigerten, ohne daß die Gläubiger dagegen vorgehen konnten. Es gab viele Fälle, wo Herrscher ihre Macht rein willkürlich ausnutzten. Als beispielsweise August der Starke von Sachsen 1728 in Dresden eine Schlittenfahrt zu Ehren einer seiner Mätressen plante und plötzlich Tauwetter einsetzte, ließ er kurzerhand 300 Bauern aufbieten, die Tausende von Fuhren Schnee auf die Straße schaffen mußten. Mehrere deutsche Fürsten verkauften Untertanen als Kanonenfutter an ausländische Mächte, als wären sie ein Stück Vieh, im 18. Jahrhundert insgesamt über 100.000 Soldaten. Diese wurden dann zum Teil auch noch ausgerechnet in Nordamerika gegen jene Kolonisten eingesetzt, die dort nach 1776 um ihre Unabhängigkeit kämpften. Allerdings haben die Fürsten durch ihre hohen Repräsentationsausgaben als Auftraggeber teilweise hervorragende Kunstwerke finanziert und damit ermöglicht, die sonst nicht entstanden wären und die noch heute als bedeutendes kulturelles Erbe gelten müssen.

Wäre es nun für die Masse der Bevölkerung damals und für die langfristige Entwicklung bis heute besser gewesen, der Absolutismus hätte sich nicht durchgesetzt und stattdessen wäre das System ständisch gebundenen Fürstentums erhalten geblieben?

Absolutismus – eine Notwendigkeit?

Hätte nicht daraus dann vielleicht auf direktem Weg die parlamentarische Demokratie erwachsen können, so wie sie in Großbritannien aus der sich stetig verstärkenden Stellung der Ständevertretung, des Parlaments, entstand? Hier hilft ein Blick auf Württemberg, Ostfriesland und Hannover, wo die Stände (zumindest für längere Zeit) auch noch im 18. Jahrhundert eine starke politische Stellung besaßen. Da es die großen Fürsten und ihr dynastischer Ehrgeiz waren, die auf kraftvolle, expansive Außenpolitik drängten, während Stände wegen der Kosten und der Kriegsgefahr zu bremsen pflegten, waren Staaten mit starken Ständen friedlicher und weniger militärisch. Die Steuerlast lag in ihnen eher niedriger, da die Stände Ausgaben für Militär und Hofhaltung möglichst beschränkt sehen wollten. Das Problem von Korruption in der Verwaltung trat dagegen unzweifelhaft in beiden politischen Systemen auf. Vor allem hing die Politik der Stände stark davon ab, wer in ihnen Mitglied oder vertreten war. Die aristokratischen Kreise in den Ständen von Hannover nutzten ihre Macht einseitig für sich persönlich und für die finanziellen und sozialen Belange ihres Standes. In Mecklenburg, wo die Stände rein ritterschaftlich waren, mißbrauchten die Gutsherren ihre Macht im Staat, um in großem Umfang die Bauern zu legen, zu unterdrücken und die Leibeigenschaft zu verschärfen. In Brandenburg-Preußen, das die gleiche Sozialstruktur aufwies, verhinderte dagegen das absolutistische Königtum weiteres Bauernlegen, zwar um der Steuereinnahmen willen, aber objektiv auch zum Nutzen der Bauern. Auch in der Folgezeit erwuchsen aus der ständischen Verfassung Mecklenburgs keine fortschrittlichen, demokratischen Tendenzen, sondern gerade weil diese Verfassung in Mecklenburg bis 1918 bestehen blieb, wurde dieses Land zum sozial und politisch rückständigsten aller deutscher Staaten. In Württemberg, dessen Stände fast rein bürgerlichen Charakter hatten, wurde dagegen nicht einmal die Autonomie und Selbstverwaltung der Dorfgemeinden beseitigt. Wo in den Ständen auch Vertreter der Bürger und Bauern saßen, wie in Ostfriesland und Tirol, waren die Steuerlasten offenkundig gleichmäßiger und damit gerechter verteilt als anderswo. Die dauernde gegenseitige Kontrolle schloß Mißbräuche von fürstlicher und ständischer Macht zwar nicht aus, brachte sie aber eher ans Licht und sorgte so auch für mehr Rechtssicherheit. In jenen Reichsstädten, in denen die Zünfte entscheidenden Einfluß ausübten und dementsprechend ihre Interessen durchsetzen konnten, wurden wirtschaftliche Neuerungen weitgehend abgelehnt und unternehmerische Initiative bekämpft. Nun stellte auch das Parlament in England die Vertretung einer Oberschicht dar, da nur etwa 1-2 Prozent der Bevölkerung wahlberechtigt waren. Wenn es trotzdem den zukunftsweisenden Weg zu einem freiheitlichen Staat öffnete, dann deshalb, weil in ihm das bürgerliche und überhaupt am Handel interessierte Element stark vertreten war. Dieses sah aber in den deutschen Territorien ganz allgemein schwach aus, so daß von daher die deutschen Stände generell dem englischen Parlament unähnlich waren und sich von ihnen kein vergleichbarer Fortschritt erwarten ließ, auch wenn sie mehr Macht bewahrt hätten.

Ein weiteres sollte nicht übersehen werden. Wenn die Stände in den einzelnen deutschen Territorien als politische Kraft erhalten geblieben wären, hätten aus den Länderkomplexen der großen Dynastien höchstwahrscheinlich keine Gesamtstaaten werden können, sondern diese hätten im Stand monarchischer Unionen verharrt, und ganz allgemein wäre der Aufbau stehender Heere zumindest sehr schwer geworden. Dadurch hätten vor allem die Häuser Habsburg und Hohenzollern auf dem Felde europäischer Großmachtpolitik eine wesentlich geringere Rolle gespielt. Hätte der diesermaßen geschwächten deutschen Kleinstaatenwelt in der Mitte Europas nicht die Gefahr gedroht, im Laufe des 18. Jahrhunderts ebenso wie Polen, wo das Übergewicht der Stände die staatliche Kraft zersetzt hatte, von ihren mächtigeren Nachbarn aufgeteilt und verspeist zu werden? Wären dann nicht vielleicht das Expansionsstreben Frankreichs und das Rußlands schließlich an der Elbe aufeinandergetroffen? Britische Gleichgewichtspolitik hätte dies nicht verhindern können, da Großbritannien selbst keine nennenswerten Landtruppen auf dem Kontinent besaß, sondern sich stets auf das Bündnis mit einer deutschen Großmacht stützte, die es dann aber eben so nicht gegeben hätte.

5.7 Franzosenkriege und Türkensiege

Das
europäische
Umfeld

Seit dem Westfälischen Frieden existierte für 223 Jahre kein deutscher Gesamtstaat mehr, der im Kräftespiel der europäischen Mächte gezählt hätte. Jetzt traten die größeren der deutschen Einzelstaaten als vollgültige Parteien in der europäischen Politik auf, während es eine Außenpolitik des römisch-deutschen Reiches praktisch nicht mehr gab. Das Reich war ohne äußere Macht, nicht nur zum Angriff gegen andere, sondern auch zur Sicherung und Verteidigung des eigenen Bestandes. Nur selten trat das Reich selbst in einen Krieg ein, wobei das Reichsheer stets nur von einem Teil der Stände beschickt wurde und nur als Verstärkung der (österreichisch-)kaiserlichen Truppen diente. Im Kampf gegen die Türken zeigte das Reich sich noch am ehesten als handelnde Gesamtheit.

Wie sah das machtpolitische Umfeld des Reiches in dieser Epoche aus? Das Reich grenzte im Osten an Polen und über das habsburgische Ungarn indirekt ans Osmanische Reich, im Norden an Dänemark und Schweden und im Westen an die Niederlande und Frankreich, während sich südlich von ihm die Schweizer Eidgenossenschaft und die Staatenwelt auf der italienischen Halbinsel erstreckte. Weiter entfernt, aber wichtig waren Großbritannien und Rußland. Die italienische Halbinsel war in mehrere Staaten aufgespalten und deshalb nur Objekt der europäischen Politik und ohne eigene Kraft. Die Eidgenossenschaft hielt sich seit 1674 konsequent aus den internationalen Verwicklungen heraus und zog sich ganz auf sich selbst zurück. Sie verkroch sich in eine windstille Nische europäischer Machtpolitik. Wenn sie dort eineinhalb Jahrhunderte lang ungestört blieb, beruhte dies jedoch nicht auf eigener Stärke, sondern auf der Rivalität und dem Kräftegleichgewicht der europäischen Großmächte, vor allem Frankreichs und Österreichs, die einander nicht die Kontrolle über die eidgenössischen Alpenpässe gegönnt hätten. Polen versackte immer mehr in Adelsanarchie und stellte angesichts seiner Schwäche für die Deutschen keine Bedrohung dar. Schweden versuchte in der zweiten Hälfte des 17. Jahrhunderts vergeblich, seine Vormachtstellung im Ostseeraum wiederherzustellen, und sank allmählich zu einer kleineren Macht herab. Die Republik der Niederlande erlebte im 17. Jahrhundert ihr goldenes Zeitalter und verlor seitdem an Wirtschaftskraft und Macht. Großbritannien kehrte sich vom

Kontinent ab und konzentrierte sich darauf, in Übersee ein Kolonialreich aufzubauen. Mit seinem wachsenden Handel wurde Großbritannien dann im Laufe des 18. Jahrhunderts auch politisch immer stärker. Frankreich war im Dreißigjährigen Krieg zur stärksten Macht des christlichen Europa aufgestiegen. Es war den übrigen europäischen Staaten im 17. Jahrhundert an Zusammenfassung der Macht im Innern überlegen und vor allem darum auch nach außen stärker. Militärisch um 1650 noch mächtiger als Frankreich stand das Osmanische Reich da. Es wurde jedoch wenige Jahrzehnte später an die Peripherie Europas abgedrängt und schied damit aus dem europäischen Mächtesystem weitgehend aus. Da seitdem seine inneren Kräfte stagnierten, zeitweise auch verfielen, büßte das Osmanische Reich in der Folgezeit gegenüber den europäischen Großmächten fortlaufend an Gewicht ein, ein Prozeß, der sich bis zu seinem Ende 1918 fortsetzte. Dafür fing um 1700 Rußland unter Zar Peter I. an, sich aktiv am europäischen Kräftespiel zu beteiligen. Das Zarenreich begann, sich westliche Technik anzueignen, und drängte mit immer stärkerem Gewicht nach Westen, immer neu nach territorialem Gewinn strebend. Damit begann jener zwar zeitweise gehemmte, aber langfristig bis in die 1970er Jahre fortlaufende Aufstieg, der Rußland schließlich mit dem Zweiten Weltkrieg zur mit Abstand stärksten Macht Eurasiens werden ließ.

Indem die verschiedenen Regionen Europas in engere politische Beziehungen zueinander traten, entstand um 1700 das „Konzert" der großen europäischen Mächte. Dieses fand seinen Ausdruck in den Bündnissystemen, die jetzt ganz Europa umspannten, und in den großen Friedenskongressen am Ende der Kriege. Frankreich, Österreich, Großbritannien und Rußland waren die bestimmenden Staaten Europas geworden. Durch seinen Aufstieg im Österreichischen Erbfolgekrieg trat Preußen als fünfte Großmacht hinzu, wenn auch als schwächste. Friedrich II. bezeichnete selbstironisch als angemessenes Staatssymbol „für uns einen Affen; denn wir äffen die Großmächte nach, ohne es zu sein."[37] Damit war jenes Fünfmächtesystem der Großmächte entstanden, das bis zum Ersten Weltkrieg den Rahmen für die Beziehungen zwischen den europäischen Staaten abgab.

Die Deutschen und das europäische Gleichgewicht

Oft wurden die Koalitionen in diesem System von der britischen Gleichgewichtspolitik bestimmt: um bei seiner Überseepolitik den Rücken frei zu haben, suchte London die festländischen Mächte gegeneinander auszuspielen, so daß sie sich einander die Waage hielten. Das europäische Gleichgewicht hing nun eng damit zusammen, daß Mitteleuropa in mehrere Staaten aufgeteilt war. Wenn das römisch-deutsche Reich ein einheitlicher, in sich geschlossener Staat gewesen wäre, vergleichbar Frankreich oder England, dann hätte es den mächtigsten in Europa dargestellt und damit die Bedingungen für Gleichgewichtspolitik zwangsläufig geändert. Eben deshalb waren die nichtdeutschen europäischen Mächte daran interessiert, daß die Aufspaltung des deutschen Raumes bestehen blieb, und handelten entsprechend. Die innerdeutschen Zustände waren gleichsam europäisiert. Aber Gleichgewicht hieß nicht Frieden. Mochten diese Verhältnisse im Interesse der Sicherheit und des Einflusses der anderen europäischen Mächte liegen – im Interesse der Deutschen lagen sie nicht. Dadurch, daß die einzelnen deutschen Staaten in gegensätzliche europäische Koalitionen einbezogen wurden, gab der deutsche Raum im 17. und 18. Jahrhundert das Schlachtfeld Europas ab. Während zwischenstaatliche Kriege dieser Zeit französischen Boden fast gar nicht und englischen überhaupt nicht berührten, zogen sämtliche große europäische Kriege dieser Zeit Teile des römisch-deutschen Reiches in Mitleidenschaft.

Nach dem Aufstieg Frankreichs und des Osmanischen Reiches im 16. Jahrhundert wurde die außenpolitische Lage Deutschlands im 17. Jahrhundert durch die Mittellage zwischen diesen beiden mächtigsten Reichen Europas bestimmt, und dies um so nachhaltiger, als der Druck der aufgestiegenen Randmächte eben auf eine politische Schwächezone in der Mitte traf. Als das Osmanische Reich im Laufe der Epoche abgedrängt wurde, trat dafür Rußland als Großmacht im Osten an seine Stelle, ohne daß die deutsche Lage ihren Charakter als Mittelstellung dabei verlor. Die Deutschen lagen im 18. Jahrhundert außenpolitisch zwischen zwei Großmächten, von denen jede stärker war als jeder einzelne deutsche Staat. Mit dieser Mittellage zwischen Westen und Osten war ein Grundproblem deutscher Außenpolitik entstanden. Dabei handelte es sich nicht um ein bloß geographisches Phänomen. Mit dem Entstehen eines europäischen Staatensystems war das Zusammenwirken der beiden Flügelmächte möglich geworden. Militärisch äußerte sich dies Zusammenwirken für die Deutschen als Zweifrontenkrieg. Zwar hatte es auch früher gelegentlich an mehreren Grenzabschnitten des Reiches gleichzeitig Kriege gegeben, doch waren diese Geschehnisse ohne inneren Zusammenhang gewesen: weder hatten die fremden Mächte sich abgesprochen, noch war der betroffene und handelnde deutsche Territorialstaat derselbe gewesen. In den 1680er Jahren kam es zum ersten Mal zum gleichzeitigen Krieg des Reiches im Westen und Osten, bei dem die Gegner des Reiches untereinander in Kontakt standen. Für die Deutschen brachte eine Zweifrontenkriegssituation das schwerwiegende Problem mit sich, die eigenen Kräfte aufspalten zu müssen, und sie bedeutete letztlich stets eine Überforderung der deutschen Kräfte.

Im 17. und 18. Jahrhundert sahen die deutschen Staaten sich wiederholt in Kriege verwickelt, besonders mit Frankreich und dem Osmanischen Reich, aber auch mit Schweden. Dabei waren die deutschen Fürsten stets die Angegriffenen, ausgenommen ihre Beteiligung an der polnischen Teilung von 1772.

Als die konfessionellen Interessen im 17. Jahrhundert ihren Einfluß auf die Außenpolitik verloren, wurden Bündnisse schneller geschlossen und abrupter gelöst als je zuvor, und zwar oft durchaus persönlich motiviert. Im 18. Jahrhundert bildete sich dann die Idee der Staatsräson heraus. Nicht einfach das persönliche Interesse des einzelnen Fürsten, sondern das des Staates als Gebilde von eigenem Interesse sollte Richtschnur der Außenpolitik sein. Die leitenden Politiker bestimmten diese Staatsinteressen kühl und berechnend, und um sie durchzusetzen, schlossen sie mechanisch Bündnisse und wechselten sie rücksichtslos, wenn es eigenen Vorteil versprach, und ebenso erklärten und beendeten sie Kriege. Formuliert wurde die Außenpolitik nur vom Monarchen und seinen engen Beratern. Dabei war der Absolutismus praktisch die Voraussetzung für diese Art von Kabinettspolitik. Den eigenen Territorialbesitz zu wahren und möglichst zu vergrößern galt den meisten Monarchen als selbstverständliches Ziel. Außenpolitik wurde immer mehr zu einem Geschäft der Diplomaten. Diese schickten jetzt laufend Berichte nach Hause, um ihren Herrscher über die Stärke der Truppen und die Finanzlage anderer Staaten und die Pläne anderer Höfe in Kenntnis zu setzen. Die Höfe wurden zunehmend besser übereinander informiert und lernten dementsprechend, die entscheidenden Kräfte und Interessen der Mitspieler im Konzert der europäischen Mächte realistisch einzuschätzen. Man schloß jetzt eine Fülle von Verträgen und Bündnissen miteinander. Um die angestrebten Ziele zu erreichen, nutzten die Botschafter ihre persönlichen Beziehungen bei Hofe, beteiligten sich an Intrigen und griffen auch zur Bestechung, die Höfe knüpften Verbindungen durch dynastische Heiraten, Herrscher zahlten anderen Fürsten Subsidien und bedienten sich nicht zuletzt auch der militärischen Gewalt. Kriege galten weiter als legitimes Mittel der Außenpolitik. Eroberungskriege waren nichts Unübliches, aber der verstärkt rechtlich denkende Zeitgeist zwang immerhin dazu, sie meist mit mehr oder weniger fiktiven Rechtsansprüchen zu bemänteln. Dazu traf es sich gut, daß Erbschaftsansprüche infolge sich überkreuzender Absprachen oft mehrdeutig waren und findige Juristen ihren Fürsten bei Bedarf längst vergessene Rechtstitel ausgruben. In Osteuropa und erst recht von Seiten der Türken hielt man nicht einmal solche Feigenblätter der Machtgelüste für nötig, sondern bediente sich der nackten Gewalt noch völlig ungeniert.

So wenig die Bevölkerung in dieser Zeit der Kabinettspolitik an der geheimen Diplomatie beteiligt war, so wenig war sie bei diesen Kriegen aktiv engagiert. Ihre Interessen waren es nicht, um welche die Kämpfe gingen, und es versuchte auch niemand, ihnen solches einzureden. Passiv betroffen waren sie allerdings von den Requirierungen durchmarschierender Truppen durchaus. Immerhin begannen die politischen und militärischen Führungen seit dem Ende des Dreißigjährigen Kriegs, die zerstörerische Wucht der Kriegführung zu begrenzen. Man ging dazu über, die Soldaten im Feld möglichst geordnet aus Magazinen zu versorgen, und die Soldaten hörten auf, die Zivilbevölkerung auszuplündern, zu vergewaltigen und zu ermorden. Diese Bändigung strebten die Heerführer auch an, um die Disziplin ihrer Truppe zu wahren. Der Grundsatz kam auf, kämpfende Soldaten und nichtkämpfende Zivilisten im Prinzip zu trennen, und es wurde üblich, Kriegsgefangene zu schonen. Die Zeit mittelalterlich ungehemmter Kampfeslust und konfessioneller Leidenschaften war vorüber, das Zeitalter der Massen, in dem Regierungen die Massen mit nationalen und ideologischen Leidenschaften aufputschen, um sie im Krieg bei der Stange halten zu können, war noch nicht gekommen. Es war die Zeit des höfischen Absolutismus, in der die Offiziere einander gegenseitig als Kavaliere respektierten und die Mannschaften brutal diszipliniert und auf fraglosen Gehorsam abgerichtet waren. Eine Ausnahme stellten allerdings die Türkenkriege dar. Hier entfachte der Gegensatz von Religion und Kultur auf beiden Seiten unglaubliche Flammen von Wut und Haß, die wüste Mordgreuel entzündeten. Hier machte man kaum Kriegsgefangene, vergewaltigte oft die Frauen erstürmter Städte, brachte sie ebenso wie auch Kinder vielfach um und verkaufte die Überlebenden meist in die Sklaverei.

In den Jahrzehnten nach dem Westfälischen Frieden wurden die deutsch-französischen Beziehungen geprägt von dem Versuch König Ludwigs XIV., eine französische Hegemonie über Europa aufzurichten. Reiner Machtwille, Ruhmgier und überspannter Ehrgeiz trieben den französischen König an. Die französische Ausdehnungspolitik wandte sich nicht wie die britische nach Übersee, sondern richtete sich hauptsächlich gegen das römisch-deutsche Reich. Ludwig XIV. schob die Reichsgrenze von der Maas bis an den Oberrhein zurück und fügte dem Reich damit die schwersten Gebietsverluste zu, die es im Westen je erlitt. Ob die Bevölkerung der eroberten Grenzgebiete deutsch- oder französischsprachig war, spielte dabei für Ludwig keine Rolle. Zeitweise strebte Ludwig sogar nach der Kaiserkrone, die seiner Meinung nach ihm gebühre, da er sich als ersten Herrscher der Christenheit empfand. Ludwig setzte nicht nur sein eigenes Heer zu Eroberungsfeldzügen ein, sondern suchte auch Schweden und selbst das Osmanische Reich dazu zu bringen, das Reich im Rücken anzugreifen – mit Erfolg. Außerdem bemühte sich Ludwig, die deutschen Fürsten uneinig zu halten: er ließ reichlich Subsidien an seine Parteigänger unter den Reichsfürsten fließen, damit sie

Ludwig XIV. im Angriff

455

Außenpolitische Lage 1670-1763

Das Verhältnis der Größe der
Kreisflächen entspricht etwa
den Machtverhältnissen.

- kaiserfreundlich
- feindliches oder gespanntes Verhältnis zum Kaiser
- indifferentes Verhältnis zum Kaiser
- →·→ Interessenkonflikt
- ✗ bewaffnete Auseinandersetzung
- ══ Personalunion

1670-1740

S · DK · ✗ 1675-79, 1713-21
Finnland, Baltikum ✗ 1700-21 · R
Vorpommern ✗ 1675-79, 1713-21
GB · seit 1714
NL · 1689-1702
Bremen ✗ 1713-19 · Pr
Ha
r-dt-R · Sa · 1697-1763 · PL
1688-97, 1701-13 Kolonien
✗ 1672-78
Sp/öNL · seit 1714
By · Ö
F
Niederlande, Elsaß, Lothringen ✗ 1667, 1670, 1672-78, 1679-81, 1688-97, 1701-14, 1733-35
CH
Expansion ✗ 1711, 1735-39
Ungarn ✗ 1683-99, 1716-18, 1737-39
Os

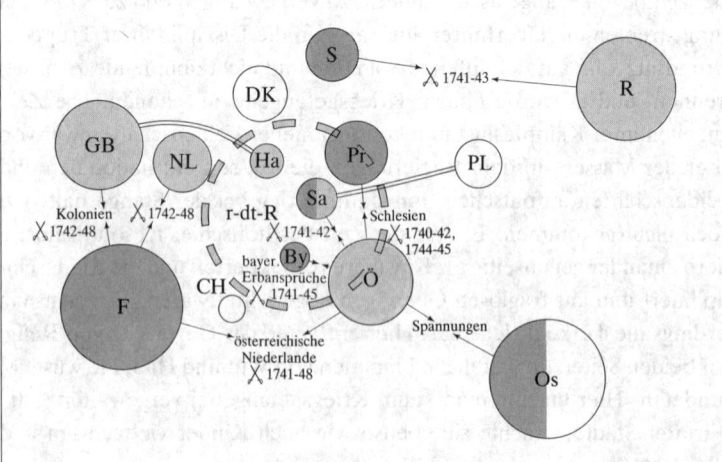

1740-48
(Österreichischer Erbfolgekrieg)

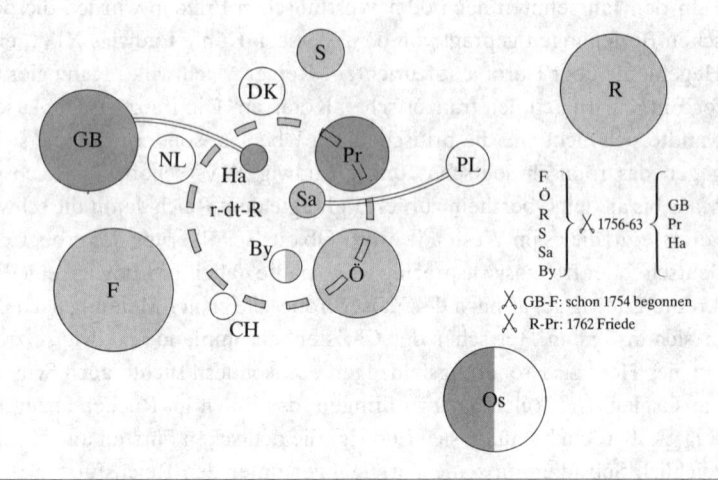

1756-63
(Siebenjähriger Krieg)

456

den Kaiser von kriegerischen Maßnahmen gegen Frankreich abhielten. Nie hat Frankreich sich in Deutschland so unverhohlen, gezielt und erfolgreich eingemischt wie in dieser Epoche (sieht man von der Besatzungszeit 1945-49/55 einmal ab). Wenn die Gebietsverluste des Reiches nicht noch größer waren, so lag dies daran, daß andere europäische Mächte gegen Frankreich Partei ergriffen, um eine Hegemonie in Europa zu verhüten, weniger an der Abwehrkraft des Reiches selbst.

Unter Berufung auf zweifelhafte Erbansprüche ließ Ludwig XIV. seine Truppen 1667 in den spanischen Niederlanden und in der Freigrafschaft Burgund einmarschieren, beides Teile des römisch-deutschen Reiches. Kaiser und Reichsfürsten konnten sich zu keinem Widerstand aufraffen, doch Großbritannien und die Republik der Niederlande stellten sich den Franzosen entgegen. So durfte Frankreich im Frieden von Aachen 1668 nur zwölf Grenzfestungen in den spanischen Niederlanden einstreichen. 1670 besetzten französische Truppen gewaltsam das Herzogtum Lothringen, ohne daß der Herzog von den übrigen Reichsständen Hilfe erhielt. Zwei Jahre später griffen Ludwigs Truppen die Republik der Niederlande an. Angesichts des rücksichtslosen französischen Vorgehens in Lothringen und im Elsaß fanden sich diesmal der Kaiser, die Niederlande, Spanien, Sachsen und Brandenburg zu einem Bündnis zusammen. Aber die Kriegführung der Verbündeten war uneinig und uneinheitlich, so daß im Friedensschluß von Nymwegen 1678/79 die Freigrafschaft Burgund an Frankreich verlorengegeben werden mußte, das auch Lothringen weiter besetzt hielt.

Ludwig XIV. war zum mächtigsten Herrscher Europas aufgestiegen. Aber seine bisherigen Erfolge waren ihm nicht genug. So blieb der Friede nur ein kurzer Waffenstillstand. Um Frankreich im Osten zu arrondieren, richtete Ludwig 1679 sogenannte Reunionskammern ein, Gerichte, die willkürlich französische Rechtsansprüche auf Reichsgebiet konstruierten, wobei sie die vielfachen Rechtsunklarheiten weidlich ausnutzten. Sie sollten der französischen Expansion einen Schein von Legalität geben. Im Laufe von zwei Jahren wurde so Stück für Stück der größte Teil des Elsaß Frankreich einverleibt. Als krönenden Abschluß besetzten im September 1681 französische Truppen ohne jeden Rechtsvorwand die Reichsstadt Straßburg. Die Reunionen stießen bei den Betroffenen auf heftigen Widerstand. Im Reich wallte Empörung über das französische Vorgehen auf. Aber das Reich war uneinig und zu schwach, um Frankreich militärisch entgegentreten zu können. Die Reichsfürsten scheuten einen Krieg mit dem mächtigen Frankreich. Vor allem waren die Kräfte des Kaisers und jener Reichsstände, die zu ihm standen, dadurch gebunden, daß gleichzeitig die Türken Wien angriffen, wozu Ludwig XIV. sie ermuntert hatte. Als der türkische Angriff abgeschlagen worden war, schwankte der Kaiser, ob er den Krieg gegen das Osmanische Reich weiterführen oder einen Feldzug gegen Frankreich unternehmen sollte. Er entschied sich für ersteres. So mußten Kaiser und Reich sich 1684 dazu bequemen, im Regensburger Waffenstillstand die französischen Reunionen provisorisch anzuerkennen.

Trotzdem kehrte im Westen keine Ruhe ein. Im Gegenteil: das französische Vorgehen steigerte sich bald noch weiter. Unter dem Vorwand von Erbansprüchen seiner Schwägerin Elisabeth Charlotte von der Pfalz streckte Ludwig seine Hand nach der linksrheinischen Pfalz aus. Um diesen Ansprüchen Nachdruck zu verleihen, marschierten französische Truppen ins Reichsgebiet ein. Diesmal war der Kaiser entschlossen, das Reich zu verteidigen, und der Reichstag erklärte Frankreich in seltener Einmütigkeit den Krieg. Damit brach 1688 der Pfälzische Erbfolgekrieg aus. Um die französischen Hegemonialbestrebungen zu vereiteln, schlossen sich Kaiser und Reich,

Stück für Stück ...

Pfälzischer Erbfolgekrieg

die Republik der Niederlande, England und Spanien zur Großen Allianz zusammen. Angesichts dieser Lage zogen sich die französischen Truppen zurück. Um dem Gegner das Nachrücken zu erschweren, ließ der französische Kriegsminister Louvois 1689 das gesamte besetzte deutsche Gebiet durch eine Kriegführung der verbrannten Erde systematisch verwüsten. Am Mittelrhein, an der Mosel und in der Rheinpfalz und auch am Oberrhein wurden Städte und Dörfer eingeäschert und dem Erdboden gleichgemacht. Den größten Teil der Rheinburgen verwandelten die Franzosen in jene Ruinen, als die man sie seitdem kennt. Das gleiche widerfuhr dem Heidelberger Schloß. Den Dom von Speyer zerstörten die Franzosen, zerrten in seiner Gruft die Skelette der Kaiser aus ihren Gräbern und beraubten sie ihrer Grabbeigaben. Neben anderen Städten verwandelten die Franzosen auch Mannheim, Heidelberg, Worms und Speyer in traurig rauchende Trümmerhaufen. Dies widersprach entschieden den damals geltenden Anschauungen vom Kriegsrecht, und Verwüstungen von solcher Planmäßigkeit hatte es selbst im ganzen Dreißigjährigen Krieg nicht gegeben. Der militärische Nutzen der Zerstörungen war gering, der politische Schaden riesengroß. Die brutale Art der Kriegführung rief auf deutscher Seite Erbitterung hervor und ließ einen Franzosenhaß entstehen, wie man ihn zuvor nicht gekannt hatte.

Da die Reichstruppen untereinander uneinig und unentschlossen waren und der Kaiser gleichzeitig den Türkenkrieg fortsetzte, sahen die nächsten Jahre am Oberrhein einen unentschiedenen Ermattungskrieg, ohne daß Frankreich entscheidend geschlagen werden konnte. Als England, Spanien und die Niederlande mit Frankreich Sonderfrieden abschlossen, mußte der Kaiser im Frieden von Rijswijk 1697 den Verlust des Elsaß und Straßburgs endgültig anerkennen. Frankreich war immerhin gezwungen, alle Brückenköpfe am rechten Rheinufer zu räumen sowie Lothringen an seinen Herzog zurückzugeben. Zum ersten Mal hatte Ludwigs Expansionsstreben eine Schlappe erlitten.

Spanischer Erbfolgekrieg Im November 1700 starb der spanische König Karl II. kinderlos, und damit starb die spanische Linie der Habsburger aus. Erbansprüche konnten sowohl Ludwig XIV. von Frankreich wie Kaiser Leopold I. erheben, die beide mit einer Schwester des letzten spanischen Königs verheiratet waren. Würden jetzt Spanien und sein reicher Kolonialbesitz mit einem dieser Reiche vereinigt werden zu einer Weltmacht bisher unbekannten Ausmaßes? Großbritannien und die Republik der Niederlande waren entschlossen, dieses zu verhindern. Frankreich hatte erreicht, daß Karl II. in seinem Testament Philipp von Anjou, einen Enkel Ludwigs XIV., zum Erben des gesamten spanischen Länderbesitzes bestimmt hatte. Dieser wurde als Philipp V. in den spanischen Ländern allgemein anerkannt. Leopold war aber zu keinem Verzicht bereit, sondern erhob für seinen zweiten Sohn Karl Anspruch auf das gesamte spanische Erbe. 1701 gingen die Seemächte England und Niederlande, die eine Hegemonie der französischen Dynastie der Bourbonen verhindern wollten, mit dem Kaiser eine neue Große Allianz ein, der sich neben Brandenburg-Preußen und Hannover auch die meisten übrigen Reichsfürsten und das Reich selbst anschlossen. Nur Bayern schlug sich auf die Seite Ludwigs XIV. Leopolds zweiter Sohn wurde als Karl III. zum (Gegen-)König von Spanien proklamiert.

Der Krieg spielte sich in Spanien, Italien, den Niederlanden und auf den Ozeanen und nur zum kleinen Teil auf deutschem Boden ab. Eine französische Armee drang in Süddeutschland ein. Die kaiserliche und die verbündete Armee unter der gemeinsamen Führung des englischen Feldherrn Marlborough und Prinz Eugens konnte das

französisch-bayerische Heer aber 1704 bei Höchstädt (Blindheim) an der Donau vernichtend schlagen. Süddeutschland wurde von französischen Truppen befreit, Bayern
von den Österreichern besetzt. Nach einem weiteren gemeinsamen Sieg Marlboroughs
und Prinz Eugens bei Oudenaarde 1708 schien die Entscheidung zugunsten der Allianz
gefallen zu sein. Ludwig XIV. erklärte sich Anfang 1709 in Verhandlungen bereit, für
die Bourbonen auf die gesamten spanischen Länder zu verzichten und überdies das Elsaß und Straßburg an das Reich zurückzugeben. Während Prinz Eugen dafür plä-
dierte, anzunehmen, scheiterten die Friedensverhandlungen an der überspannten Forderung der Engländer, Ludwig XIV. solle notfalls mit Waffengewalt dazu beitragen,
daß Philipp Spanien aufgab. Damit war für das Reich die letzte Gelegenheit verpaßt,
das Elsaß und Straßburg zurückzugewinnen. Prinz Eugen und Marlborough konnten
1709 bei Malplaquet einen weiteren Sieg erringen, der aber keine Entscheidung lieferte. Die Jahre 1710/11 brachten dann den Umschwung. In Großbritannien wurde
die Regierung gestürzt, und ein friedenswilliges Kabinett trat an ihre Stelle. Kaiser
Joseph I., der nach dem Tod seines Vaters Leopold 1705 die Kaiserkrone erhalten
hatte, starb überraschend 1711 söhnelos. Sein Bruder Karl, der um seine Anerkennung als spanischer König kämpfte, wurde daraufhin als Karl VI. Kaiser. Würde nun
das habsburgische Großreich Karls V. wieder auferstehen? Dafür hatte Großbritannien nicht gekämpft! London zog sich aus dem Krieg zurück. Die Koalition zerfiel.
Großbritannien, die Niederlande und Preußen schlossen 1713 in Utrecht mit Frankreich Frieden, wobei Großbritannien die Friedensbedingungen im Sinne seiner Gleichgewichtspolitik praktisch diktierte. Spanien mit seinen Kolonien kam an Philipp V.,
das Herzogtum Mailand, das Königreich Neapel und Sardinien fielen an die Habsburger, der Kurfürst von Bayern erhielt sein Land zurück, Frankreich behielt das Elsaß
und Straßburg. Der Kaiser mußte sich 1714 im Frieden von Rastatt diesen Vereinbarungen anschließen und erreichte nur, daß ihm auch noch die spanischen Niederlande
zugestanden wurden.

Auch der Tod Ludwigs XIV. im Jahr 1715 gebot dem französischen Expansionswil-
len kaum Einhalt. Als 1733 der französische Kandidat für die polnische Thronfolge
nach seiner Wahl von Rußland, Österreich und Sachsen vertrieben wurde, nahm
Frankreich dies zum Anlaß, im Bunde mit Spanien dem Reich den Krieg zu erklären.
Französische Truppen besetzten Lothringen, spanische Neapel. Die kaiserlichen Truppen kämpften glücklos. Österreich mußte im Frieden 1737 seine unteritalienischen Be-
sitzungen an eine spanische Nebenlinie abtreten, und der als polnischer König geschei-
terte Schwiegervater Ludwigs XIV. erhielt Lothringen, das nach seinem Tod ganz an
Frankreich fallen sollte, was dann 1766 vereinbarungsgemäß geschah. Damit schied
Lothringen aus dem Reich aus, gegen den Willen seiner Bevölkerung. Herzog Franz
Stephan von Lothringen, der künftige Gemahl Maria Theresias, erhielt ersatzweise die
Toskana, deren Herrscherhaus, die Medici, gerade ausgestorben war.

Im Laufe des 18. Jahrhunderts verlagerte Frankreich dann sein Hauptinteresse immer mehr auf seine überseeischen Kolonien, so daß Mitteleuropa für die französische
Politik zweitrangig wurde. Damit schwächte sich der Druck auf die Westgrenze des
Reiches ab. Die österreichischen Niederlande versuchte Frankreich durch sein Eingreifen in den Österreichischen Erbfolgekrieg zu gewinnen, jedoch vergeblich. Am
Ober- und Mittelrhein unternahm Frankreich bis zur Französischen Revolution keine
weiteren Eroberungsversuche. Hier begnügte es sich damit, daß sich die grenznahen
deutschen Fürsten angesichts der latenten Drohung der nahen französischen Militär-

Nachfolger
Ludwigs XIV.

macht und der Ohnmacht des Reiches faktisch wie Satelliten Frankreichs verhielten. Das linksrheinische Reichsgebiet galt in Frankreich als französische Interessensphäre. Überdies erkundeten und kartierten französische Militärs das Auf- und Vormarschgebiet auf deutschem Boden, um für spätere Vorstöße vorbereitet zu sein. In die preußisch-österreichischen Kriege griffen französische Truppen dann kräftig ein, wie schon erwähnt. Seit dem Aufstieg Preußens strebte die französische Politik nicht mehr danach, dem Kaiser eine Reihe kleiner Fürsten gegenüberzustellen, sondern suchte seitdem das Gleichgewicht zwischen Österreich und Preußen aufrecht zu erhalten, um so für seine Überseepolitik den Rücken frei zu haben.

Türkenkriege   Auch im Südosten des Reiches mangelte es in dieser Epoche nicht an Kriegen. Als das Osmanische Reich sich nach einiger Zeit innerer Unruhe wieder gefestigt hatte, erklärte es dem Kaiser den Krieg, vom französischen König dazu ermuntert. Ein großes türkisches Heer drang 1663 in die österreichischen Teile Ungarns ein. 1664 konnte das von Kaiser und Reich aufgestellte Heer an der Reichsgrenze in der Schlacht bei St. Gotthard a.d. Raab einen Abwehrsieg erringen. Trotzdem mußten im Waffenstillstand, der noch im selben Jahr abgeschlossen wurde, kleine Gebiete an die Türken abgetreten werden. 1683 begann erneut ein großangelegter türkischer Angriff auf das Reich. Ein Heer von etwa 170.000 Mann unter Führung des Großwesirs Kara Mustafa wälzte sich durch Ungarn heran. Sein Ziel: die Habsburger Monarchie zu zertrümmern, um dem Islam das Übergewicht in Mittel- und Osteuropa zu verschaffen. Ungarische Adlige, die gegen die Beschränkung ihrer ständischen und konfessionellen Rechte durch die Habsburger opponierten, hatten den Großwesir dazu ermuntert, ebenso wie Ludwig XIV., der den Kaiser im Osten beschäftigt sehen wollte, um im Westen ungestört seine Reunionen durchführen zu können. Die Kaiserstadt Wien wurde von den türkischen Truppen eingeschlossen. Volle zwei Monate lang konnte sie der Belagerung standhalten. Dann kam im letzten Augenblick Hilfe. Ein Ersatzheer von 65.000 Mann griff ein, im Kern kaiserliche Truppen, ergänzt durch Kontingente einer Anzahl deutscher Reichsfürsten und verstärkt durch 14.000 polnische Soldaten. Unter dem nominellen Oberbefehl des polnischen Königs Johann Sobieski errang es am 12. September 1683 am Kahlenberg vor Wien einen überwältigenden Sieg über die türkische Belagerungsarmee. Trotz des französischen Drucks auf die Westgrenze des Reiches entschloß sich der Kaiser, den Sieg auszunutzen, um durch eine anschließende große Operation ganz Ungarn zurückzuerobern. Mit dem Sieg in der Schlacht von Mohács 1687 gewannen die deutschen Truppen fast ganz Ungarn. 1688 wurde Belgrad im Sturm genommen, ging allerdings zwei Jahre später wieder verloren. Nach dem Sieg über die türkische Armee bei Slankamen 1691 trat in den Kämpfen zunächst einmal ein Stillstand ein. Erst als Prinz Eugen 1697 den Oberbefehl über das kaiserliche Heer übernahm, konnte es noch im selben Jahr die Türken bei Zenta vernichtend schlagen. Im Frieden von Karlowitz mußte das Osmanische Reich 1699 die habsburgische Herrschaft über ganz Ungarn (ausgenommen das Banat) anerkennen. Indem das Osmanische Reich so weit nach Südosten zurückgeworfen wurde, war die Bedrohung Mitteleuropas durch die Türken ein für alle Mal beendet. Die Türkenkriege waren ein Unternehmen nicht nur Österreichs, sondern von Truppen aus dem ganzen deutschen Raum, das in weiten Kreisen der Bevölkerung großen Wiederhall fand. Und es war ein Erfolg, der nicht nur Österreich, sondern ganz Mittel- und Osteuropa nutzte.

Im Jahr 1716 griff der Kaiser in den Krieg zwischen dem Osmanischen Reich und Venedig ein. Ein Reichsheer unter Führung Prinz Eugens errang noch im selben Jahr bei Peterwardein einen Sieg über die Türken und konnte 1717 Belgrad stürmen. Im folgenden Jahr mußte das Osmanische Reich im Frieden von Passarowitz Belgrad, das Banat, Nordserbien und die Kleine Walachei an Österreich abtreten. Als Österreich den Kampf noch einmal wieder aufnahm und 1737 in den russisch-türkischen Krieg als Bundesgenosse Rußlands eingriff, verliefen die Operationen jedoch für Österreich unglücklich. So mußte der Kaiser im Frieden von Belgrad 1739 die Gebiete südlich der unteren Donau einschließlich Belgrads wieder abtreten. Die damit zwischen Österreich-Ungarn und dem Osmanischen Reich entstandene Grenzlinie blieb dann bis 1878 unverändert erhalten.

Die deutsch-skandinavischen Beziehungen vom Westfälischen Frieden bis 1721 waren bestimmt durch eine Reihe kriegerischer Auseinandersetzungen bei wechselvoller Bündnispolitik. Dabei lag die Initiative durchweg bei den Schweden, die seit dem Dreißigjährigen Krieg im Ostseeraum die Vorherrschaft ausübten. 1652-54 und erneut 1666 versuchte Schweden, die Stadt Bremen militärisch zu unterwerfen, scheiterte aber am Widerstand der norddeutschen Fürsten. 1686 bemühte sich Dänemark, mit Frankreich im Einvernehmen, Hamburg mit Waffengewalt zu unterwerfen. Dies mißlang in gleicher Weise. Auch der schwedische Angriff auf Brandenburg 1674, dessen Kämpfe sich bis 1678 hinzogen, war von Frankreich inspiriert. Der von Schweden entfesselte Nordische Krieg (1700-21) gegen Dänemark, Rußland und Polen berührte dann das Reichsgebiet nur am Rande. Immerhin konnten Brandenburg und Hannover in der Endphase dieses Kriegs die sich abzeichnende Niederlage Schwedens nutzen, um diese skandinavische Macht fast ganz vom deutschen Boden zu verdrängen. Mit seiner Niederlage im Nordischen Krieg verlor Schweden auch seine Großmachtstellung, und zugleich verging ihm seine Angriffslust, so daß an der Nordflanke des Reiches ruhigere Zeiten einkehrten. Am Siebenjährigen Krieg beteiligte sich Schweden nur noch in unbedeutendem Maße. *Der Norden*

Anders als das Osmanische Reich war Polen infolge seiner zunehmend anarchischen Verfassungszustände nicht Quelle der Furcht und Bedrohung, sondern Objekt der Politik seiner Nachbarn. Nachdem dort im 17. Jahrhundert Schweden vorherrschend gewesen war, wurde seit Anfang des 18. Jahrhunderts der Einfluß des erstarkenden russischen Reiches in Polen immer größer. Zwar war Polen 1697-1763 in Personalunion mit Sachsen verbunden, aber der deutsche Einfluß konnte sich dort nicht behaupten. 1763 wurde ein Günstling der russischen Zarin Katharina II. unter dem Druck russischer Truppen zum polnischen König erhoben. Polen wandelte sich faktisch zu einem russischen Protektorat. Ständig waren russische Truppen in Polen anwesend. Gegen ihren Einfluß erhob sich zunehmend Widerstand, der sich zum offenen Bürgerkrieg ausweitete. Als Rußland dann überdies in einem Krieg gegen die Türkei große Erfolge erzielte und seine Macht damit noch weiter anwuchs, schien es unvermeidlich, daß über die Rivalität Wiens und Petersburgs auf dem Balkan zwischen beiden Reichen ein Krieg ausbrechen würde. Preußen hatte sich 1764 Rußland angeschlossen, denn da Frankreich seit 1756 mit Österreich zusammenging und Großbritannien die Hohenzollern seit 1760 nicht mehr unterstützte, wäre Preußen sonst isoliert gewesen. Seitdem blieb Preußen bis 1878 stets auf der Seite Rußlands, gewissermaßen als dessen Juniorpartner. König Friedrich II. nutzte jetzt die Krisensituation, um sich die preußische Unterstützung der russischen Politik mit polnischem Gebiet bezahlen zu lassen, auf das er schon länger ein Auge geworfen hatte. In Wien war Joseph II. ebenfalls bereit, von Rußland polnisches Gebiet anzunehmen, um sich damit in seiner Verärgerung *Polen* über den russischen Machtgewinn auf dem Balkan besänftigen zu lassen. So kamen die drei Mächte 1772 überein, Polen zu verkleinern, was später als erste polnische Teilung bezeichnet wurde. Polen verlor 27,8 Prozent seines Territoriums: Österreich erhielt das südliche Polen (83.900 Quadratkilometer mit 2,67 Millionen Einwohnern), das seitdem als Königreich Galizien und Lodomerien bezeichnet wurde, Rußland bekam das östliche Polen (84.000 Quadratkilometer mit 1,26 Millionen Einwohnern), und Preußen empfing ein seitdem als Westpreußen bezeichnetes Gebiet (34.900 Quadratkilometer mit 0,36 Millionen Einwohnern), das jene Region umfaßte, die 1466 vom Deutschen Orden an die unmittelbare Herrschaft der polnischen Krone abgetreten worden war, Danzig ausgenommen. Polen war schon so weit heruntergekommen, daß die Abgeordneten des polnischen Reichstags diese Abtretung gegen Zahlung von Bestechungsgeldern billigten. Aus der Bevölkerung der abgetretenen Gebiete erhob sich nirgendwo Widerstand, und das übrige Europa sah der Teilung zu, ohne sie besonders unmoralisch zu finden. Teilungspläne waren im übrigen nichts Neues; schon 1656 hatte Schweden – vergeblich – versucht, Polen mit Waffengewalt völlig aufzuteilen, wie auch im Österreichischen Erbfolgekrieg und im Siebenjährigen Krieg die Aufteilung des habsburgischen Länderkomplexes beziehungsweise Preußens angestrebt worden war. Preußen bekam bei der polnischen Teilung zwar den geringsten Anteil, aber es gewann damit eine Landverbindung zwischen seinen Kernlanden und Ostpreußen. Zugleich schnitt es Polen von der Ostsee ab, so daß Preußen seitdem 80 Prozent des polnischen Außenhandels kontrollierte. Friedrich nutzte letzteres in der Folgezeit durch harte Zollbestimmungen weidlich zu Preußens Vorteil aus. Österreich erhielt zwar den Löwenanteil der verteilten Gebiete, der sich aber an seinen Länderbesitz nur lose als Vorfeld außen anfügte, ohne wirklich zu ihm zu passen. Während die Bevölkerung Westpreußens zu etwa 40 Prozent deutsch war, gewann Österreich nur Polen und Ukrainer hinzu, so daß der Anteil der Deutschen in der habsburgischen Gesamtmonarchie weiter sank. Den Regierungen des 18. Jahrhunderts mochte dies unproblematisch erscheinen, aber einige Jahrzehnte später sollten hieraus schwere Probleme erwachsen.

5.8 Erbe

Die politischen Entscheidungen kriegerischer und diplomatischer Art, die in dieser Epoche fielen, sind alle längst überholt; keine von ihnen hat unverändert bis heute Bestand gehabt. Im Entstehen des österreichisch-preußischen Dualismus kündigte sich aber schon an, daß es im 19. Jahrhundert nicht zu einem alle deutschen Staaten umfassenden Gesamtstaat kommen sollte, sondern Österreich vom (übrigen) Deutschland staatlich getrennt werden würde. Vom 18. Jahrhundert bis heute besteht auch die außenpolitische Mittellage der deutschen Staaten innerhalb des europäischen Staatensystems in der Form, daß sie in der Mitte zwischen Rußland und Frankreich und damit zwischen den beiden stärksten nichtdeutschen Mächten auf dem europäischen Festland liegen. Das gehört seitdem zu den grundlegenden Rahmenbedingungen deutscher Außenpolitik. Die wirtschaftliche Entwicklung der kameralistischen Zeit hat wenig zum bleibenden Erbe beigetragen; Neuerungen wie Porzellan, Landstraßen mit befestigter Fahrbahn oder Papiertapeten betreffen nur Vereinzeltes. Bedeutender erscheint schon das Entstehen des Versicherungswesens.

Nachhaltige Wirkungen haben dagegen vor allem die Veränderungen im Staatsaufbau und im Geistesleben hinterlassen. Der Absolutismus ist inzwischen verschwunden, nicht aber die von ihm in Gang gesetzte Bürokratisierung und die von ihm eingeführte Institution des stehenden Heeres. Uniformierung der Soldaten und straffe Befehlshierarchie sind Wesensmerkmale des Militärs geblieben. Selbst aus dem formalen Exerzieren des 18. Jahrhunderts haben sich etliche Elemente wie Gleichschritt, in Linie Antreten, Strammstehen usw. erhalten; was einst zur Kampftaktik gehörte und als solche seit den Massenheeren der Französischen Revolution überholt ist, lebt nun als weitgehend funktionslos gewordenes Kasernenhofgehabe und für repräsentative Zwecke weiter. Der Absolutismus strebte danach, lokale Autonomien zu zerstören und die Verhältnisse möglichst von oben zentral zu regeln, und er neigte überhaupt dazu, alles und jedes umfassend zu reglementieren. Indem das Jurastudium zur Ausbildung der höheren Verwaltungsbeamten gemacht wurde, ist ein Geist formalistischer Handhabung in die Verwaltungspraxis eingezogen. Daß hier Grundmuster staatlicher Verfahrensweise entstanden sind, die sich bis heute (in der BRD) fortgepflanzt haben, zeigt ein Vergleich mit der Schweiz. Diese erlebte keinen zentralisierenden Absolutismus, und dementsprechend hat sich dort das Streben erhalten, öffentliche Probleme möglichst weit unten, auf kantonaler und lokaler Ebene, zu regeln, was der rechtlichen und politischen Landschaft eine kleingekammerte Buntheit verleiht. In der Schweiz sind im Vergleich zur Bundesrepublik Deutschland Zentralisierung und Bürokratie, ist überhaupt die Intensität staatlicher Eingriffe in Wirtschaft und Gesellschaft geringer. Auch ein Blick auf nichtdeutsche Länder macht deutlich, daß bestimmte Eigenarten der BRD Erbe dieser Zeit sind. Während das im 18. Jahrhundert ebenfalls absolutistische Frankreich auch die Tradition einer starken, zum Formalen neigenden Bürokratie kennt und überdies die Zentralisierung noch wesentlich weiter getrieben hat, als dies im deutschen Raum angesichts der Vielzahl von Territorien möglich war, hat sich in Großbritannien und den USA die mittelalterliche Lokalautonomie in viel stärkerem Maß als im (später reichs-)deutschen Raum erhalten in Gestalt einer Tradition lokaler Selbstverwaltung. Aus der Sicht vieler anderer Länder wirkt heute die Intensität, mit der in der BRD die Lebensverhältnisse durch staatliche Normen geregelt werden, bis hin zu den Ladenöffnungszeiten, der Detailliertheit der Bauvorschriften, der verbindlichen TÜV-Kontrolle für Personenwagen und der Häufigkeit von Straßenverkehrsregelungen durch Verkehrszeichen und Fahrbahnmarkierungen ebenso eigentümlich deutsch wie manche formalistische Praktiken, z.B. jenes ebenso schematische wie komplizierte Verfahren der Studienplatzvergabe, bei dem bundesweit Zeugnisdurchschnitte auf eine Stelle hinter dem Komma ausgerechnet werden.

Der Absolutismus prägte in Österreich und Preußen aber auch in unterschiedlicher Weise. Dabei kommt Preußen eine besondere Bedeutung zu, da es 1866/71 die Führung des neugegründeten Deutschen Reiches übernahm und dessen Charakter dann wesentlich bestimmte und auch die nichtpreußischen Reichsteile beeinflußte. Um 1770 gab Österreich etwa gleich viel wie das deutlich kleinere Preußen für das Heer aus, aber rund zehnmal so viel wie Preußen für die Hofhaltung. Diese Zahlen machen schon wesentliche Unterschiede deutlich. Der riesige Wiener Hof stellte den Gipfel barocker Hofkultur im deutschen Raum dar, er zog Talente auch von außerhalb Österreichs an und verlieh Rang und Ansehen. Während der preußische Hof nach 1713 relativ glanzlos war, ohne Ausstrahlung und Nachwirkung, wirkten die Hoforientierung und dessen barocke Umständlichkeit in Wien noch lange weiter, um so mehr, als die Industrialisierung im 19. Jahrhundert nicht so überzeugende neue Formen hervorbrachte und in Österreich ohnehin eher schwächer war. Gewiß wurde vieles davon bald Erinnerung, aber diese ist lebendiger geblieben als in (Reichs-)Deutschland. Noch lange nach dem Untergang des habsburgischen Kaiserreiches sah sich fast jeder Mann, der respektabel erschien, vom Personal als „Herr Baron" angeredet, manche staatlichen Repräsentationsweisen haben ebenso überlebt wie die Titelsucht, und die österreichische Republik verleiht den Hofratstitel als Ehrentitel noch heute. Preußen hingegen wirkte nicht durch seinen Hof, sondern durch seine intensive Staatlichkeit prägend. Daraus, daß den Hohenzollernherrschern zunächst die Machtstellung ihrer Dynastie, dann abstrakter des preußischen Staats nach außen als politisches Hauptziel galt, bildete sich die Machtstaatsidee, also jenes Streben, alle inneren Kräfte anzuspannen zum Zwecke äußerer Machtentfaltung, das zugleich die Interessen des Staats über die der Gesellschaft und des einzelnen stellte, der sich als Untertan unterzuordnen hatte. Weithin wurde das Staatswesen auf Bedürfnisse des Heeres ausgerichtet. Das Militärische gewann Vorrang vor zivilen Belangen, und der Offizier wurde der eigentliche Stand der Ehre. Der Aufbau der Verwaltung erfolgte in Preußen mit größerer Organisationstüchtigkeit und führte zu höherer Leistungsfähigkeit, wenngleich auf diesem Gebiet wesentliche Fortschritte erst in den Jahren um 1800 herum erfolgten. Im österreichischen Staatsapparat blieben dagegen Organisation, Ordnung und Genauigkeit stets etwas hinter dem preußischen Beispiel zurück, bewahrte sich eine etwas lockerere und großzügigere Haltung. Die überragende Rolle von Militär- und Verwaltungsdienst in Preußen förderte dann bestimmte Verhaltensweisen und Eigenschaften, die manche später als „preußische Tugenden" bezeichneten: Pflichterfüllung und Dienstbereitschaft, Gehorsam und Disziplin, Gründlichkeit, Sachlichkeit und Leistungsbereitschaft. Es waren instrumentale Tugenden, nicht Werte an sich. So kam es sehr darauf an, welchen Zwecken sie dienstbar gemacht wurden. Mit diesen Tugenden ließ sich anständig leben, solange der Staat, dem man diente, anständig war. Im 18. Jahrhundert war dabei unzweifelhaft der König die Bezugsperson, der die Loyalität galt. Werden die Zwecke nicht mitgedacht, können diese Tugenden indessen problematisch werden. Als der Staat 1933-45 verbrecherisch wurde und die preußische Diensttradition seiner Beamten und Soldaten mißbrauchte, wurden sie gefährlich. Auch SS-Leute beriefen sich auf Befehl und Gehorsam.

Was von dem preußischen Erbe wirkt nun noch heute fort? Die Machtstaatsidee läßt sich bis zum Zweiten Weltkrieg verfolgen; die Katastrophe von 1945 hat sie in Deutschland nicht überlebt. Obrigkeitliche Strukturen und Untertanenmentalität sind in der Bundesrepublik Deutschland dagegen inzwischen stark verblaßt, und die starke Stellung des Militärischen in der Gesellschaft ist dort nach dem Ende des Zweiten Weltkriegs gar nicht erst wiedergekehrt, anders als in der DDR, wo beides noch länger lebendig blieb. Tüchtigkeit, Ordnungssinn und Organisationsbegabung leben dagegen in gewissem Umfang bis heute weiter, Eigenschaften, die sich seit der Industrialisierung auch mit wirtschaftlichen Erfordernissen trefflich verbunden haben. Insgesamt gesehen gehören also für die Bundesrepublik Deutschland die spezifisch preußischen Traditionen nicht zum bestimmenden Erbe, sondern sind dort zum großen Teil abgestorben.

Da sich die Herausbildung fester Residenzen und die zentralisierenden Bestrebungen des Absolutismus im römisch-deutschen Reich nicht auf Reichsebene vollzogen, sondern auf der Ebene der einzelnen Territorien, entstand ein Polyzentrismus der Residenzen der größeren und mittleren Territorien und der großen Reichsstädte. Alle diese Regionalzentren des 18. Jahrhunderts sind bis heute Verwaltungs- und Kulturzentren geblieben. Als im 19. Jahrhundert die Industrialisierung auf der Basis dieser Raumstruktur stattfand, wurde auch das deutsche Eisenbahnnetz polyzentrisch angelegt, und oft lagerte sich Industrie an diese Zentren an und führte diese Struktur damit auf neuer Basis fort. Bemerkenswerterweise hat aber keine jener Städte, die erst im 19. Jahrhundert durch die Industrialisierung groß geworden sind, einen vergleichbaren zentralörtlichen Charakter gewinnen können. Seit dem ausgehenden 18. Jahrhundert sind Wien, Berlin und Hamburg die drei größten deutschen Städte, seit damals ist Hamburg der größte deutsche Seehafen. Es entstand also keine Hauptstadt, welche die politischen, kulturellen und wirtschaftlichen Zentralfunktionen für den ganzen deutschen Raum auf sich vereint hätte, vergleichbar Paris für Frankreich oder London für Großbritannien, und dabei ist es geblieben. Zwar begann Berlin sich nach 1871 in diese Richtung zu entwickeln, doch verlor es diesen Funktionsgewinn nach 1945 wieder. Mancher mag bedauern, daß die deutschen Regionalzentren weniger Glanz entwickeln, als dies eine Metropole in einem monozentrisch strukturierten Land könnte. Aber man darf nicht übersehen, daß der einen Weltstadt leicht die provinzielle Tristesse des ganzen restlichen Staatsgebiets korrespondiert, daß die Konzentration der Wirtschaftsführungen an einer Stelle zu fremdgesteuerten und wirtschaftlich rückständigen Peripherien führt. Dagegen bilden im deutschen Raum bedeutende Theater und Opern, große Bibliotheken, Museen und andere hochrangige kulturelle Einrichtungen ein Netz, das dichter ist als in jedem anderen Staat. Der Gesamtraum wird gleichmäßiger mit kulturellen und kommerziellen Leistungen versorgt und weist eine regional ausgewogenere Wirtschaftsstruktur auf, und das kommt heute demokratischer Teilhabe und Chancengleichheit entgegen.

An den ehemaligen Residenzen haben sich auch die fürstlichen Gemälde-, Kupferstich- und Münzsammlungen des 17. und 18. Jahrhunderts erhalten; sie stellen heute einen entscheidenden Grundstock der meisten großen staatlichen Museen dar. Auch in der Oper lebt noch ein Stück barocker Hofkultur fort, nicht in den gespielten Stücken, aber in der Gattung an sich, und sie hat auch ihren Repräsentationscharakter bis heute nicht ganz abgestreift und erst recht nicht ihren Subventionsbedarf. Die in der höfischen Gesellschaft entwickelte Beherrschung der eigenen Triebregungen und die Zähmung spontanen Verhaltens haben Maßstäbe gesetzt. Zwar sind die damaligen Höflichkeits- und Umgangsformen zu einem beträchtlichen Teil später wieder abgebaut worden, aber alles Wesentliche, was heute als gute Manieren gilt, entstammt dieser höfischen Verhaltensformung. Bezeichnenderweise hat die Pflege äußerer Umgangsformen und Haltung als Zeichen, daß man zur gehobenen Gesellschaft gehört, überhaupt die ständische Vorstellung einer besonderen Ehre in jener Berufsgruppe am stärksten und längsten nachgewirkt, bis zum Zweiten Weltkrieg hin, die traditionell durch einen besonders hohen Adelsanteil geprägt war, nämlich im Offizierskorps. Literatur und Oper dieser Zeit sind dagegen heute praktisch völlig tot. Anders steht es um die architektonischen Hinterlassenschaften. Hierzu zählen die meisten der vielen Schlösser auf deutschem Boden, und in Österreich und Bayern wird das Landschaftsbild auch nachhaltig durch die zahlreichen Kirchen aus dieser Zeit geprägt, eine Folge der rekatholisierenden Aktivitäten.

Wesentlich stärker als die Überreste der höfischen Kultur sind zwei andere Erbe dieser Epoche heute präsent, und zwar mehr denn je. Zum einen jenes, daß sich eine weltliche Gelehrsamkeit vom theologischen Denken getrennt und die Prinzipien moderner Erfahrungswissenschaft gefunden hat, den Schlüssel zu der seitdem immer weiter anschwellenden Wissensproduktion. Ebenso folgenschwer für die heutigen Deutschen war, zum anderen, das Entstehen des Individualismus, sowohl als Betonung von Vernunft, Logik und geistiger Disziplin, also die Aufklärung, wie auch als Betonung von subjektivem Gefühl und Willen. Diese haben sich als zwei grundsätzliche Geisteshaltungen erwiesen, wobei sie in der Lebenspraxis natürlich mehr als Schwerpunkte denn in Reinkultur auftreten. War individualistisches Denken zunächst nur bei wenigen Intellektuellen zu finden, so hat es dann im Verlauf des 19. und 20. Jahrhunderts immer breitere Kreise erfaßt, sich dabei allerdings abschwächend, und die traditionellen Denk- und Verhaltensweisen sind immer mehr auf die Unterschichten beschränkt worden. Reste des Unterschieds zwischen dieser neuen und der traditionellen Mentalität ließen sich noch nach dem Zweiten Weltkrieg tendenziell zwischen den Mittelschichten und den Unterschichten nachweisen. Diese Geisteshaltungen haben eine ungeheure Kraft entwickelt und sind grundlegend geworden für die heutige geistige und politische Kultur. Daß die Sensibilisierung für seelische Regungen im späten 18. Jahrhundert mit der Empfindsamkeit zu Übersteigerungen führte, die eine bald vorübergehende Phase bildeten, darf nicht darüber hinwegtäuschen, daß hier der Beginn eines generellen Trends zu suchen ist. Auch wenn es ursprünglich nicht in der Absicht der Aufklärung lag, gab sie doch auch den Anstoß dazu, religiöse Bezüge im Denken und Handeln immer weiter zurückzudrängen, mithin zu jenem Säkularisierungsprozeß des kulturellen und gesellschaftlichen Lebens, der bis heute andauert. In der Traditionskritik der Aufklärung wurzeln alle emanzipatorischen und antiautoritären Strömungen, die sich bis heute in unterschiedlicher Form entfaltet haben. Selbstbestimmung und Mündigkeit sind zu weithin akzeptierten Werten geworden. Sie haben auch der heutigen Verfassungsordnung der westlichen deutschen Staaten den Stempel aufgedrückt.

6.

Aufsteigendes Bürgertum und beharrende Fürstenmacht: 1780-1850

6.1 Auswanderung nach Ost und West

Vom Mittelalter bis in die Mitte des 18. Jahrhunderts hatte sich am Tempo der natürlichen Bevölkerungsvermehrung der Deutschen nichts Grundsätzliches geändert. Nur Kriege und große Seuchenzüge hatten das stetige, langsame Bevölkerungswachstum immer wieder unterbrochen. Im 18. Jahrhundert wurden dann die großen Seuchen allmählich weniger, so daß die Sterblichkeit zurückging. Überdies stiegen zu Beginn des 19. Jahrhunderts die Geburtenzahlen an. Mit der Auflösung der ständischen Ordnung gab man Anfang des 19. Jahrhunderts nach und nach den Gedanken auf, nur demjenigen Heirat und Familiengründung zu erlauben, der eine entsprechend tragfähige wirtschaftliche Existenz als Handwerksmeister oder Bauer besaß. Auch Einlieger, Gesinde und Gesellen gründeten jetzt teilweise Familien und zeugten Kinder. So wuchs die Bevölkerung seit dem Ausgang des 18. Jahrhunderts zunehmend schneller, besonders in Ostdeutschland. Von 1750 bis 1850 schwoll die Zahl der Deutschen im geschlossenen deutschen Siedlungsgebiet von etwa 21 auf 42 Millionen an.

Bevölkerungsvermehrung

Für einen Teil der zusätzlichen Bevölkerung konnten neue Existenzmöglichkeiten geschaffen werden, doch nicht für alle. Vor allem im Südwesten und Westen führte die neue Bevölkerungsweise zu einem Mißverhältnis von Menschenzahl und Tragfähigkeit. Dort gab es nicht mehr für alle in ausreichendem Maße Arbeit und Verdienst, woraufhin die Heiratsbeschränkungen teilweise wieder eingeführt wurden. Diese Gebiete waren zunehmend übervölkert, und allgemeine wirtschaftliche und soziale Not war die Folge. Wiederholte Mißernten verschärften die Probleme. So entstand eine Auswanderungswelle, die ständig weiter anschwoll. Da es in West-, Nord- und Südeuropa keine freien Arbeitsmöglichkeiten gab, kamen als Auswanderungsziele nur Osteuropa und Amerika in Frage.

Auswanderung

Nachdem Österreich durch die erste polnische Teilung neue Gebiete gewonnen hatte, wurde die österreichische Staatskolonisation auch dort tätig. Sie siedelte 1782-90 in Galizien und 1782-88 auch in der Bukowina am Osthang der Karpaten deutsche Bauern an. Hierbei handelte es sich um kleine Mustersiedlungen, die über das ganze Land verstreut waren, da es nur noch wenig freies Land gab. Ebenso wie schon bei der

Auswanderung nach Osten

Kolonisation Ungarns in den vorangegangenen Jahrzehnten war die habsburgische Staatskolonisation dabei nicht vom Ziel der Germanisierung, sondern ausschließlich von wirtschaftlichen Motiven bestimmt. So verwendete sie außer den deutschen auch nichtdeutsche Kolonisten.

Während die Staatskolonisation im Habsburgerreich mit diesen Maßnahmen an ihr Ende gelangte, kam sie in Rußland zu dieser Zeit erst richtig in Gang. Seit 1763 ließ die russische Zarin Katharina II. in Deutschland Siedler anwerben. Diese sollten die riesigen, noch natürlichen Steppengebiete am südlichen Grenzsaum Rußlands kultivieren und den russischen Bauern „als Beispiel dienen", letzteres besonders im Schwarzmeergebiet. Dabei erhielten die Siedler nicht nur wirtschaftliche Starthilfen, sondern ihnen wurde auch versprochen, daß sie ihre Religion frei ausüben und sich weitgehend selbst verwalten dürften und auf ewig vom Militärdienst befreit blieben. So entstanden von 1764-69 an der unteren Wolga und von 1785 bis 1831 im Schwarzmeergebiet zahlreiche deutsche Bauerndörfer, 1817/18 sogar einige im Kaukasus. Die deutschen Bauern hoben sich durch ihre persönliche Freiheit, ihre Privilegien und ihr Schulwesen deutlich von den leibeigenen und analphabetischen russischen Bauern ab. Etwa 80.000 deutsche Kolonisten siedelte die russische Staatskolonisation an. Da sie sehr kinderreich waren, vermehrte sich ihre Zahl bis Ende der 1850er Jahre auf etwa 320.000 Menschen.

Neben der staatlich gelenkten Kolonisation Habsburgs und Rußlands führte auch private Kolonisationstätigkeit Deutsche nach Osten. An zahlreichen Orten im mittleren Polen entstanden deutsche Dörfer, oft auf Betreiben örtlicher Grundherren. Als die neue preußisch-polnische Staats- und Zollgrenze von 1815 die deutschen Tuchmacher in Posen von ihren Absatzgebieten im Osten abschnitt, zog ein großer Teil von ihnen auf Veranlassung polnischer Adliger über die Grenze und gründete eine Anzahl neuer deutscher Tuchmacherstädte, besonders in der Gegend von Lodz, die anfangs rein deutsch waren. Von 1816 an bis weit in die 1860er Jahre hinein wanderten deutsche Bauern auch noch weiter nach Osten nach Wolhynien, wo polnische Gutsbesitzer sie als Pächter und Käufer von Land anwarben. Die Siedler, die meist aus armen Verhältnissen stammten, mußten hier in mühevoller Arbeit Wälder roden und Sumpfland trockenlegen, um sich eine Existenz aufzubauen.

Mitte des 19. Jahrhunderts verebbte der nach Osten gerichtete Strom deutscher Siedler. Seitdem wanderten Deutsche ohne ausreichende Existenz nur noch entweder in die nun neu aufblühenden Industriegebiete im Innern Deutschlands oder nach Übersee. Die deutschen Siedlungen, die im 18. und in der ersten Hälfte des 19. Jahrhunderts östlich des geschlossenen deutschen Siedlungsgebiets entstanden waren, entfalteten aber noch bis Ende des 19. Jahrhunderts eine lebhafte Tochtersiedlungstätigkeit, gespeist durch die rasche Vermehrung der Bevölkerung.

Die Ostgrenze des geschlossenen deutschen Siedlungsgebiets blieb durch die deutsche Ostsiedlung des 18. und frühen 19. Jahrhunderts unverändert. Stattdessen wurden jetzt eine große Zahl zusammenhangloser deutscher Sprachinseln über weite Teile Osteuropas ausgestreut. Nationalstaatliches Denken, das Volks- und Staatsgrenzen zur Deckung zu bringen trachtet, war in diesen Jahrzehnten in Osteuropa noch fremd, wenngleich es sich in Frankreich schon ankündigte. Die Deutschen dachten auch nicht daran, sich den sie umgebenden Slawen und Magyaren anzugleichen, sondern erhielten sich und ihre Nachkommen bewußt als Deutsche. Sie bewahrten in ihren Siedlungsgebieten ihre Sprache und Sitten und heirateten auch fast nur untereinander. Im

Unterschied zur deutschen Ostsiedlung des Mittelalters, an der alle Stände gewesen waren, wiesen die deutschen Siedlungsinseln, die im 18. und 19. Jahrhundert im Osten neu enstanden, alle einen rein bäuerlichen Charakter auf und besaßen keine deutsche Bildungsschicht. Sie lebten in sich abgekapselt und weitgehend ohne Kontakte zum geschlossenen deutschen Siedlungsgebiet, und so vollzogen sie dessen geistige Wandlungen im Laufe des 19. Jahrhunderts nicht mit, sondern erstarrten in ihrem ohnehin eher bedürfnislosen kulturellen Leben. Eine deutsche Bildungsschicht, die am allgemeinen Fortgang der Zeiten Anteil nahm und geistig produktiv war, bestand östlich des geschlossenen deutschen Siedlungsgebiets nur im Baltikum und in Siebenbürgen, und zwar in beiden Fällen schon vom Mittelalter her.

Im 19. Jahrhundert überholte die deutsche Auswanderung nach Amerika im Umfang bald jene nach Osteuropa. Dabei wandte sich der weitaus größte Teil in die USA, ein kleiner Teil auch nach Brasilien. Von 1820 bis 1850 wanderten etwa 600.000 Deutsche in die USA aus. Bei diesen Deutschen handelte es sich ebenso wie bei den zur gleichen Zeit nach Osteuropa ausgewanderten fast nur um einfache Bauern, die Naturland kultivierten und sich darauf eine Existenz gründeten. Die geistige und politische Führungsschicht in den USA war rein angelsächsisch. Die deutschen Auswanderer bewahrten zunächst ihre eigene Sprache und Sitten, ohne sich aber so stark von ihrer Umgebung abzusondern wie diejenigen in Osteuropa. In den 1830er, 40er und 50er Jahren regten sich unter den Deutschen in Nordamerika wiederholt Bestrebungen, auf diesem Kontinent einen eigenen Staat zu gründen, um dort auf Dauer als Deutsche bestehen zu können. Dieses Streben, sich von den angelsächsischen Mitbürgern politisch und gesellschaftlich abzusondern, setzte sich letztlich jedoch nicht durch. Dafür war entscheidend, daß die Deutschen in Nordamerika nicht konzentriert in einigermaßen geschlossenen Gebieten siedelten, ja nicht einmal in Siedlungsinseln wie in Osteuropa lebten, sondern sich als einzelne über ganz Nordamerika verstreuten. So waren die Weichen für die Deutschen in Nordamerika langfristig auf Assimilierung an die angelsächsische Kultur gestellt.

Auswanderung nach Amerika

Durch die polnischen Teilungen von 1772, 1793 und 1795 kamen umfangreiche Gebiete mit polnischer Bevölkerung an Preußen und das Habsburgerreich, die diese teilweise auch nach den Napoleonischen Kriegen weiter behielten. Wenn diese Gebiete auch nicht dem römisch-deutschen Reich beziehungsweise dem Deutschen Bund eingegliedert wurden, so gelangten sie damit doch unter deutsche Herrschaft. Dies trug ihnen indessen keine Germanisierungsversuche ein, sondern die an Preußen und Habsburg gekommenen Polen wurden mit der vornationalen Haltung des aufgeklärten Absolutismus regiert, ebenso wie die übrigen nichtdeutschen Völker, die unter habsburgischer Herrschaft standen. Als Kaiser Joseph II. in allen habsburgischen Ländern 1784 Deutsch als Verwaltungssprache einführte (für Ungarn 1790 wieder aufgehoben zugunsten des Lateinischen), geschah dies um der zentralistischen Vereinheitlichung des Staates willen, aber nicht um der Deutschen willen. In Preußisch-Polen waren nach 1815 Deutsch und Polnisch als Amtssprachen gleichberechtigt. In den Schulen sollte zwar dafür gesorgt werden, daß Deutsch allgemein verstanden werden konnte, weshalb es als Fremdsprache unterrichtet wurde, aber in den Volksschulen war für jedes Kind seine Muttersprache auch Unterrichtssprache.

Polen unter deutscher Herrschaft

Doch im osteuropäischen Raum kündigten sich allmählich auch neue Tendenzen an, die diese vornationalen Verhältnisse im weiteren Verlauf des Jahrhunderts schließlich in Frage stellen sollten. Im Gebiet des Habsburgerreiches kam es bei Tschechen und

Volkliches Erwachen im Osten

etwas später auch bei Kroaten, Slowaken und Slowenen zu einer sprachlichen Erneuerung, nicht zuletzt beeinflußt durch das Erwachen des deutschen Bildungsbürgertums. Während diese Sprachen bisher nur von weitgehend analphabetischen Bauern und Handwerkern im Privatleben benutzt worden waren, entstand jetzt erneut beziehungsweise erstmals eine muttersprachliche Literatur. Tschechen, Polen, Magyaren, Kroaten und Slowenen bildeten ein eigenes Schulwesen und eine eigene Intelligenzschicht aus, und an denjenigen Hochschulen der habsburgischen Länder, die außerhalb des deutschen Siedlungsraumes lagen, wichen das Deutsche und Lateinische der Sprache des jeweils umwohnenden Volks. Außer in Ungarn blieb in den habsburgisch und preußisch beherrschten nichtdeutschen Gebieten im Osten das Deutsche als Amtssprache jedoch bis zur Mitte des Jahrhunderts unangefochten.

Nation-werdung und Volkstums-kampf

Die Auflösung der Ständegesellschaft und das Entstehen des Nationalstaats hatten für das Zusammenleben verschiedener Völker und Volksgruppen in einem Staat weitreichende Folgen. Das wurde zuerst in der Französischen Revolution ab 1789 deutlich. Ihr Ziel war, die Idee der „einen und unteilbaren" Nation zu verwirklichen, in der alle Bürger gleiche Rechte haben sollten. So beseitigte die Revolution in Frankreich die Unterschiede der Geburtsstände, hob die Privilegien von Korporationen auf und ebnete die unterschiedliche Rechtsstellung der einzelnen Regionen und Provinzen innerhalb Frankreichs ein. Man wollte nicht länger Sonderrechte irgendwelcher Gruppen im Staat dulden, und so schien es nur konsequent, daß die Jakobiner auch die volklichen Unterschiede innerhalb Frankreichs zu beseitigen wünschten. Das betraf die Deutschen im Osten Frankreichs ebenso wie die Bretonen, Korsen und Okzitanier. Man war nicht länger bereit, zwischen Volkszugehörigkeit und Staatsangehörigkeit zu unterscheiden, wie es bis dahin in Europa selbstverständlich gewesen war. Die Jakobiner beratschlagten darüber, wie man alle Deutschen aus dem Elsaß vertreiben und durch Franzosen ersetzen könnte. 1794 erließ der Nationalkonvent, also das Parlament, eine Sprachverordnung, nach der alle nichtfranzösischen Sprachen innerhalb Frankreichs bis zur Wurzel ausgerottet werden sollten. Als dann die radikalen Kräfte der Revolution bald darauf an Boden verloren, flauten auch die Angriffe gegen die Volkszugehörigkeit der Deutschen im Elsaß und in Lothringen ab. Für diesmal blieb es noch bei radikalen Worten ohne ernste Taten. Allerdings begann seit der Französischen Revolution im deutschsprachigen Elsaß und Lothringen der Gebrauch der französischen Sprache in Bürokratie und Wissenschaft allmählich vorzudringen.

Gleich-stellung der Hugenotten und Juden

Das Grundproblem blieb. Als überall die ständischen Ungleichheiten und Sonderrechte abgebaut wurden, trat an volkliche Minderheiten die Forderung heran, ihre Sonderstellung aufzugeben und sich an ihre Umwelt anzupassen. Dies konnte Befreiung bedeuten, dort nämlich, wo die Sonderstellung diskriminierend und aufgezwungen war, es konnte als freiwillige Anpassung erfolgen, und diese Idee konnte Unterdrückungsmaßnahmen auslösen.

Von den volklichen Minderheiten unter den Deutschen betraf dies in der ersten Hälfte des 19. Jahrhunderts die französischen Hugenotten in Preußen und die Juden. Die Privilegien der Hugenotten wurden aufgehoben, und sie gaben allmählich ihre französische Sprache und gesellschaftliche Sonderexistenz auf und wurden zu Deutschen. Von den Juden hatten schon im 18. Jahrhundert einige wenige sich aus dem Ghetto gelöst und gesellschaftlich und wirtschaftlich gehobene, aber auch gefährdete Stellungen als Hofjuden der Fürsten erlangt, denen sie vor allem bei der Beschaffung von Krediten und als Pächter von Münzstätten und Manufakturen zu Diensten waren.

474

In der ersten Hälfte des 19. Jahrhunderts wurde dann die rechtliche Sonderstellung der Juden in den einzelnen deutschen Staaten nach und nach aufgehoben. Erste, noch wenig realisierte Ansätze erfolgten 1781 in Österreich, wo die Beschränkungen aber erst 1867 endgültig beseitigt wurden. 1792 erhielten die Juden in den französisch besetzten linksrheinischen Gebieten, 1808 in Baden und 1812 in Preußen die gleichen bürgerlichen Rechte und Pflichten wie die Christen. Manches wurde davon nach 1815 wieder zurückgenommen. Endgültig erfolgte die politische und rechtliche Gleichstellung 1864 im Norddeutschen Bund, und als letzter deutscher Staat gewährte sie 1866/74 auch die Schweiz. Aber auch darüber hinaus blieb in der Praxis der Zugang zu Offiziersstellen und den meisten höheren Staatsämtern in Justiz und Verwaltung den Juden bis 1918 weitgehend verschlossen. Jüdische Intellektuelle hatten schon Ende des 18. Jahrhunderts aus der geistigen Enge des erstarrten Ghettolebens herausgedrängt und am deutschen Kulturleben der Aufklärungszeit teilgenommen, und im Laufe der ersten Hälfte des 19. Jahrhunderts löste sich die nach außen geistig abgeschlossene jüdische Lebensgemeinschaft der Ghettos auf. Je mehr die Kenntnis des Talmuds und der hebräischen Sprache, der Messiasglaube und die Einhaltung der jüdischen Bräuche verfielen, je mehr sich die Juden von diesen Traditionen abwandten und sich in Kleidung, Schrift und Verhaltensweisen ihrer deutschen Umwelt anpaßten, desto grundlegender wandelte sich ihr Selbstverständnis. So kam es vor allem seit der Mitte des 19. Jahrhunderts zu einer raschen Konfessionalisierung des Judeseins. Aus Angehörigen des jüdischen Volks wurden Deutsche jüdischen Glaubens, so wie es auch solche katholischen und protestantischen Glaubens gab. Zunehmend heirateten Juden auch Nichtjuden, und viele ließen sich taufen, um das als Last empfundene Judesein ganz loszuwerden. Als Ende des 19. Jahrhunderts in Rußland der Zionismus aufkam, fand er unter den deutschen Juden keine nennenswerte Resonanz.

6.2 Bahn frei für die freie Konkurrenz

Die Rahmen-
bedingungen

Zwei Grundtatsachen gaben den Rahmen ab für die wirtschaftliche Tätigkeit der Deutschen in dieser Epoche: das sich beschleunigende Wachstum der Bevölkerung und der Rückstand gegenüber dem wirtschaftlichen und technischen Entwicklungsstand Großbritanniens wie auch Teilen Frankreichs und Belgiens.

Die durchschnittliche Bevölkerungsdichte kletterte zwischen 1780 und 1852 von 38 auf 67 Einwohner je Quadratkilometer. Ende des 18. Jahrhunderts kam es zunehmend zu Versorgungsproblemen. Zum dritten Mal in ihrer Geschichte wuchs die Zahl der Deutschen an jene Grenze wirtschaftlicher Tragfähigkeit, jenseits der es nicht mehr möglich ist, allen genug Verdienstmöglichkeiten zu bieten und alle hinreichend zu ernähren. Im 13. Jahrhundert hatte die Ostsiedlung ein Ventil geschaffen, bis die große Pestkatastrophe das Problem ohnehin erledigte, und als um 1600 vor allem in Südwestdeutschland das Gespenst der Übervölkerung wieder aufgetaucht war, hatte der Dreißigjährige Krieg durch seine Millionenopfer das Problem vertagt. Nun, an der Wende zum 19. Jahrhundert, konnten zwar neue Existenzen geschaffen werden, indem vor allem im Nordosten die liberalen Agrarreformen einen Landesausbau möglich machten und indem die Heimarbeit sich ausbreitete, aber doch nur in begrenztem Umfang, und auch der anschwellende Auswandererstrom brachte keine große Entlastung. Damit standen die Deutschen jetzt vor der Alternative, entweder ihre Wirtschaft so zu fördern und umzustrukturieren, daß Erwerbsstellen und Gütererzeugung mit der Bevölkerungszahl mindestens mitwuchsen, oder zu verelenden, sofern sie nicht in Massen auswandern wollten.

Wie schon im 17. und 18. Jahrhundert lagen die deutschen Staaten hinsichtlich ihres wirtschaftlich-technischen Entwicklungsstands ebenso gegenüber Teilen Westeuropas zurück, wie sie sich umgekehrt gegenüber Rußland oder Südeuropa deutlich als weiterentwickelt abhoben. Dadurch, daß Ende des 18. Jahrhunderts in Großbritannien die Industrialisierung begann, erhielt dieser Entwicklungsunterschied jetzt aber eine neue Qualität. Die britische Textilindustrie konnte ihre Erzeugnisse als Folge der neuen Produktionstechnik deutlich billiger anbieten als das deutsche Textilgewerbe, und so zog die Gefahr herauf, daß die britische Konkurrenz das deutsche Textilgewerbe ruinieren würde, insbesondere, als nach dem Ende der Napoleonischen Kriege 1815 die britische Überlegenheit die Märkte des Kontinents mit voller Wucht traf. Zugleich bot der Entwicklungsrückstand für die Deutschen aber auch eine Chance: sie brauchten nicht alles Schritt für Schritt selbst zu erfinden, sondern hatten ein Vorbild vor Auge, von dem man lernen und von dem sich gleich etwas fortgeschrittenere Technologien und Geschäftsmethoden übernehmen ließen. Und der deutsche Rückstand gegenüber der britischen Wirtschaft war nicht so hoffnungslos, daß er nicht einholbar gewesen wäre. Die deutschen Staaten wiesen nicht die Wirtschaftsstruktur jener heutigen Entwicklungsländer auf, deren Wirtschaft zum abhängigen Rohstoffergänzungsraum deformiert ist. In der ersten Hälfte des 19. Jahrhunderts bestand schon gut die Hälfte des deutschen Exports aus Fertigwaren, vor allem Textilien, und erst in zweiter Linie aus Getreide und Wolle aus Ostelbien, während von der Einfuhr 40 Prozent auf Rohstoffe, hauptsächlich zur Versorgung des Textilgewerbes, und etwa 20 Prozent auf Kolonialwaren entfielen.

Schon seit dem Ende des 17. Jahrhunderts waren die Regierungen der größeren deutschen Staaten bestrebt gewesen, den wirtschaftlichen Rückstand zum Westen durch kameralistische Wirtschaftspolitik zu überwinden. Das Ziel blieb bestehen, und es wurde mit verstärkter Energie verfolgt, aber mit neuen Methoden. Auch wirkte zunehmend unternehmerische Privatinitiative in dieselbe Richtung. Mit den wirtschaftlichen Auswirkungen der Eroberungen und Reformen Napoleons im deutschen Raum, der britischen Industrialisierung und liberalen Wirtschaftstheorie brachen kräftige Anstöße von außen herein, welche die Deutschen verarbeiten und denen sie ihre eigenen Wirtschaftsverhältnisse anpassen mußten.

Zielrichtung der Maßnahmen und Grenzen des Erfolgs

Die Wachstumserfolge blieben begrenzt. Die landwirtschaftliche und gewerbliche Produktion je Einwohner gerechnet stieg kaum oder gar nicht. Immerhin gelang es der Produktion damit, mit dem sich beschleunigenden Bevölkerungswachstum Schritt zu halten. Die Industrialisierungsbemühungen kamen bis in die 1840er Jahre hinein über erste Ansätze nicht hinaus, so daß der überwiegend agrarische Charakter der Gesamtwirtschaft bestehen blieb. Um 1780 waren rund 65 Prozent aller Erwerbstätigen in Land- und Forstwirtschaft und nur etwa 19 Prozent im verarbeitenden Gewerbe beschäftigt. Letztgenannter Anteil wuchs, vor allem seit etwa 1830, bis 1850 auf gegen 25 Prozent an. Dies war aber nur zum Teil auf ein echtes Wachstum des Gewerbes zurückzuführen. Immer mehr Menschen fanden in der Landwirtschaft keine Arbeit und drängten deshalb ins Gewerbe. Sie wurden vor allem Weber, Spinner, Schneider und Schuhmacher, weil in diesen Berufen kein großer Kapitaleinsatz und keine anspruchsvolle Vorbildung nötig waren. Die Überzahl der Arbeitskräfte führte nicht so sehr dazu, daß ein Teil der Arbeitswilligen völlig arbeitslos geworden wäre, sondern hatte zur Folge, daß sehr viele unterbeschäftigt waren und sich ihr Verdienst minderte. Die Klagen, das Handwerk sei überfüllt und verarme, summierten sich in den 30er und 40er Jahren zu einem vielstimmigen Chor.

Trotzdem waren die Bemühungen um wirtschaftlichen Fortschritt insgesamt gesehen durchaus nicht vergeblich. Nur mußten sie sich nach Lage der Dinge erst einmal darauf konzentrieren, Hemmnisse zu beseitigen, die einem Übergang vom bisherigen Gewerbe zur Industrieproduktion entgegenstanden. Für diesen Schritt waren eine ganze Reihe von Voraussetzungen erforderlich: die nötigen Rohstoffe wie auch die Geldmittel für die Finanzierung der neuen Fertigungs- und Verkehrsanlagen mußten vorhanden sein, genug und hinreichend qualifizierte Arbeitskräfte mußten zur Verfügung stehen, man benötigte produktivere Fertigungstechniken, erforderlich waren ausreichende Absatzmöglichkeiten in Form eines vereinheitlichten und verkehrsmäßig erschlossenen Binnenmarkts, es mußte experimentierfreudige und risikobereite Menschen geben, die ihre Arbeit auf unternehmerischen Gewinn ausrichteten, und man brauchte einen gesetzlichen Ordnungsrahmen, der Investitionen, die Anwendung neuer Techniken und Unternehmerinitiative möglichst wenig hemmte. Von diesen Voraussetzungen waren Rohstoffvorkommen und Geldmittel weitgehend vorhanden; hier mußte das Vorhandene nur mobilisiert werden. Arbeitskräfte existierten zwar reichlich, aber es fehlte an technischem Fachpersonal und an Fabrikerfahrung der Arbeiter. Die anderen Voraussetzungen mußten erst geschaffen werden, und in diesem Sinne war die erste Hälfte des 19. Jahrhunderts eine Vorbereitungsphase für die Industrialisierung, die dann Ende der 1840er Jahre einsetzte. In diesen Jahrzehnten übernahmen die Deutschen die wesentlichen technischen Neuerungen aus Großbritannien und probierten sie aus, wandten sie aber noch nicht massenhaft an. Eine allmählich um sich greifende Ökonomisierung der Denk- und Arbeitshaltung und die liberalen Reformen der Wirtschafts- und Gesellschaftsordnung, die dem marktwirtschaftlichen Prinzip der freien Konkurrenz die Bahn freimachten, das waren dann vor allem die beiden beherrschenden Entwicklungen, die dem Wirtschaftsgeschehen dieser Epoche den Stempel aufprägten.

Konjunktur   Bei allem Interesse für die übergreifenden wirtschaftlichen Wandlungsprozesse zwischen dem Ausgang des 18. und der Mitte des 19. Jahrhunderts dürfen wir nicht übersehen, daß es auch kürzerfristige Wirtschaftsschwankungen gab, die Konjunkturen. Letztere verliefen in dieser Epoche sehr ungleichmäßig. Das hatte ebenso politische und natürliche Ursachen, während die Industrie noch zu schwach war, um die Gesamtkonjunktur durch ihre Absatzkrisen oder Aufschwünge zu prägen. Die Kriege mit Frankreich 1793-1815 hinterließen tiefe Spuren im Wirtschaftsleben. Die Folgen von Truppendurchmärschen lasteten ebenso wie die Kontributionen an die Hegemonialmacht. 1806-13 schnitt dann Napoleons Wirtschaftspolitik den von ihm beherrschten Kontinent und damit auch die deutschen Länder fast ganz vom Handel mit Großbritannien und Übersee ab. Dadurch fiel die britische Konkurrenz fort, was den Absatz bestimmter deutscher Gewerbe in Mitteleuropa steigerte, aber indem zugleich der britische Absatzmarkt ausfiel, litten andererseits die ostelbische Getreide- und Holzausfuhr und bestimmte andere deutsche Gewerbebranchen. Nach 1815 sah sich dann das deutsche Gewerbe schutzlos der britischen Konkurrenz ausgesetzt, die sich mit Dumpingpreisen durchzuboxen versuchte. Weiterhin traten, wie schon seit Jahrhunderten, wiederholt witterungsbedingte Konjunkturschwankungen auf, bei denen sich gute und schlechte Ernteergebnisse auf die ganze Wirtschaft auswirkten. Vor allem Mißernten führten zu allgemeinen Wirtschaftskrisen, denn wenn der Preis für Grundnahrungsmittel emporschnellte, blieb nur wenig Kaufkraft für gewerbliche Konsumgüter übrig, so daß der Absatz des Gewerbes stockte. 1847 kam es im deutschen Raum zum letzten Mal zu einer Wirtschaftskrise dieses alten Typs. Umgekehrt führten überreiche Ernten in den 1820er Jahren zu einem Preisverfall für Getreide und damit zu einer schweren Krise der Landwirtschaft.

Ökonomisie-   Ende des 18. Jahrhunderts berichtete ein Franzose über den „Hang zum Müßigge-
rung der   hen, zum Schmaussen und zur Betteley, welcher durch ganz Bayern herrscht."[38]
Denk- und   Dieses Bild bot sich damals noch recht allgemein. Auch Kaufleute gönnten sich bei
Arbeits-   einem Arbeitstag von sechs bis neun Stunden noch eine Menge Muße, beispielsweise
haltung   in Form von Besuchen der Kaffeehäuser oder Salons. Für den grundbesitzenden Adel

verkörperte der Adelssitz die Familientradition, und er strebte danach, bei standesgemäßem Aufwand von seinem Grundbesitz bequem zu leben. Wenn die Einkünfte nicht ausreichten, machte der Adel lieber Schulden, als daß er sich in den Ausgaben einschränkte. An den Staatsforsten interessierten die Fürsten vor allem die Jagdmöglichkeiten. Die Handwerksmeister strebten nicht nach Reichtümern, sondern wollten nach standesgemäßem Herkommen leben. Sie arbeiteten nicht mehr als dazu nötig und verbrachten die übrige Zeit lieber mit kräftigem Feiern im Kreis ihrer Standesgenossen. Sie maßen ungenau, hatten kein Interesse an Neuerungen und begnügten sich damit, den Kreis der persönlich bekannten Kunden zufriedenzustellen, wobei es noch als ehrlos galt, einander Kunden abzuwerben.

Um 1850 bot sich ein anderes Bild. Ausgehend von Kaufleuten und Unternehmern in lutherischen und calvinistischen Gegenden drang in den dazwischenliegenden Jahrzehnten langsam eine Denkweise vor, die dem Gelderwerb, dem Ökonomischen überhaupt den absoluten Vorrang vor geselligen, ästhetischen und anderen Belangen einräumte und die den Geldwert zum einheitlichen Maßstab für alle Dinge machte. Den eigenen Reichtum zu mehren wurde oberstes Ziel. Sparsame Lebensführung, die das Schuldenmachen für Konsumausgaben verachtete und stattdessen Erspartes investierte, stetige Arbeit ohne Müßiggang und genaues Berechnen von Aufwand und Ertrag galten als Mittel dazu. Die Arbeitszeit der Kaufleute wurde länger. Während der Arbeitszeit arbeiteten Kaufleute und Handwerker intensiver, indem Spiele, Besuche und Biertrinken verschwanden und die Arbeitspausen verringert wurden. Um 1800 nahm in Ostelbien der Kauf und Verkauf von Landgütern einen bis dahin noch nie dagewesenen Umfang an. Viele Güter wurden nur gekauft mit der Spekulation, sie mit Vorteil wieder zu verkaufen, nicht um sie zum herrschaftlichen Mittelpunkt eines standesgemäßen Lebens zu machen. Bei Ärzten waren Rechnungen bis dahin nicht üblich gewesen, sondern sie hatten zu Neujahr von ihren Patienten ein Honorar nach deren freiem Belieben in einem geschlossenen Umschlag bekommen. In der ersten Hälfte des 19. Jahrhunderts gingen die Ärzte dazu über, für ihre ärztlichen Bemühungen genaue Rechnungen zu schicken. Landgüter wie ärztliche Leistungen wurden damit zu einer Ware, die verkauft wurde. Handwerker und Einzelhändler hatten bisher Preise nach Gewohnheit und ohne Berechnung der Kosten festgesetzt, oft auch für die gleiche Ware je nach Stand des Käufers einen verschieden hohen Preis gefordert und auch gefeilscht; auch dies begann jetzt sachlicher Kalkulation unpersönlicher Preise zu weichen. Die Wälder wurden nach und nach gemäß einer neuen Forstwirtschaftslehre umgestaltet, die ihr alleiniges Ziel in möglichst raschem und hohem Holzertrag sah. Für die Landwirtschaft formulierte der Agrarreformer Albrecht Thaer 1809 programmatisch: „Die Landwirtschaft ist ein Gewerbe, welches zum Zweck hat, durch Produktion ... Gewinn zu erzeugen oder Geld zu erwerben ... Der höchste reine Gewinn ... ist Zweck des Landwirts und muß es sein."[39]

Diese neue, einseitig ökonomisch ausgerichtete, berechnende und kalkulierende Denkweise fand keineswegs allgemeine Zustimmung. Besonders ihre Anwendung auf die Landwirtschaft traf auf heftigen Widerstand. Der konservative Gutsbesitzer August L. von der Marwitz äußerte 1827: „Wir glauben nicht, daß der gegenwärtig auf der Erde, eine kurze Spanne Zeit hindurch lebende, einzelne Mensch berechtigt und berufen sei, nicht nur alles das zu verzehren und zu seinem Nutzen zu verwenden, was er selbst erwirbt, oder was die Natur ihm darreicht, sondern auch das, was seine Väter ihm hinterlassen haben ... Wir glauben vielmehr, daß er verpflichtet ist, für seine

Nachkommen ... ein Erbe zu hinterlassen, so wie er es von jenen empfangen hat. Wir glauben nicht, daß der Grund und Boden denselben Naturgesetzen unterworfen sei, wie der Verkehr der Menschen. Wir glauben vielmehr, daß, so wie letzterer seiner Natur nach beweglich ist, sich täglich erneuert, und also leicht durch Geld repräsentiert wird – ebenso und ganz entgegengesetzter Weise der Grund und Boden seiner Natur nach unbeweglich ist, ... mit demselben Maße nicht gemessen werden kann, wie die Erzeugnisse der Gewerbe oder wie das Geld an und für sich."[40] Und der Schriftsteller Ernst Moritz Arndt mahnte, „wenn Stöcke und Steine und Wälder und Berge aus einer Hand in die andere hin und her gehen wie Federn im Winde, wenn selbst das Festeste beweglich und flüchtig wird, dann bleibt bei den Menschen auch nichts mehr fest, was die Gesetze unerschütterlich machen sollte, wie die ewigen alten Berge Gottes: in der Gesinnung und in der Liebe."[41] Wenn hier auch konservative Abneigung gegen grundsätzlich jede wirtschaftliche und gesellschaftliche Änderung mitschwingen – die Warnung vor kurzfristigem Gewinndenken, das die langfristigen Konsequenzen aus dem Blick verliert, sollte sich im Rückblick als durchaus berechtigt erweisen. Mochten die Neuerer auch das Prinzip rationaler Kalkulation proklamieren und es traditionellem Verhalten entgegenstellen – ein Wirtschaftsverhalten, das sich nicht genug um die Dauerhaftigkeit der Erträge kümmert, läßt sich nicht als rational, als vernünftig anerkennen.

Die vorwiegend am ökonomischen Nutzen ausgerichtete Betrachtungsweise setzte sich bei Kaufleuten und Unternehmern allgemein durch, während sie in der Landwirtschaft und beim Handwerk vor allem ländlicher Gegenden gegen den zähen Widerstand der Traditionsgebundenheit nur bei einigen Anklang fand und erst in der zweiten Jahrhunderthälfte voll zum Durchbruch kam. Dabei scheint die Ökonomisierung der Denk- und Arbeitshaltung den Veränderungen in der Produktionsweise eher fördernd vorausgelaufen zu sein, als daß sie von ihnen erst hervorgerufen worden wäre.

Wirtschafts-liberalismus Mit der Ökonomisierung der Denkweise untrennbar verbunden war das Aufkommen des Wirtschaftsliberalismus, wie er Ende des 18. Jahrhunderts in Großbritannien entwickelt wurde. Die liberalen Wirtschaftstheoretiker gingen von der Annahme aus, daß der Mensch von Natur aus egoistisch seinen eigenen wirtschaftlichen Nutzen zu mehren suche. Um die Antriebskraft, die sich aus diesem Selbstinteresse ergebe, als Motiv des allgemeinen Fortschritts fruchtbar werden zu lassen, müsse dem einzelnen möglichst große Handlungsfreiheit eingeräumt werden. Er müsse über sein Eigentum an Geld, Gütern und Boden und über seine Arbeitskraft frei verfügen können, ganz nach seinem eigenen Belieben. Die freie Konkurrenz der einzelnen untereinander auf dem Markt würde dabei zum Besten der Gesamtheit ausschlagen. Der Wettbewerb sporne nämlich zu mehr Leistung an, deren Ergebnisse allen nutzen würden. Darüber hinaus führe das Zusammenspiel von Anbietern und Nachfragern auf einem Markt mit unbeschränktem Wettbewerb zu einer Preisbildung in der Nähe der Produktionskosten und verhindere überhöhte Preise, und Freihandel führe zur Produktion am jeweils kostengünstigsten Standort, was beides im Interesse des Verbrauchers liege.

Diese Ideen fanden Ende des 18. Jahrhunderts im deutschen Raum bei Wissenschaftlern und vielen höheren Verwaltungsbeamten Anklang. Als Konsequenz aus ihnen ergab sich die Forderung, derartige freie Märkte für Waren, Kapital, Boden und Arbeitskräfte zu schaffen, indem man Hindernisse wie Zunftzwang, Schollengebundenheit der Bauern, Frondienste, Flurzwang, grundherrliche Bindung des bäuerlichen Bodens, hohe Zölle usw. beseitigte. Auch unabhängig von der liberalen Wirtschaftstheorie, vielmehr aufgrund eigener Erfahrungen kamen Praktiker zu der Erkenntnis, daß ein freier Tagelöhner etwa das drei- bis fünffache dessen leistete, was im gleichen Zeitraum von erzwungener, nur widerwillig verrichteter Fronarbeit zu erwarten war, und sie stellten fest, daß der Flurzwang der bisherigen Agrarverfassung es unmöglich machte, daß ein einzelner Bauer neue Methoden ausprobierte, beispielsweise andere als die ortsüblichen Fruchtfolgen oder eine Bebauung der Brache. Entscheidend war dann die Hoffnung der Regierungen, daß die Staatseinnahmen steigen würden, wenn sich durch Wirtschaftsreformen der allgemeine Wohlstand erhöhe. Auch die Zeit der Besetzung durch Truppen des revolutionären Frankreich, das 1789/91 die Prinzipien der liberalen Marktwirtschaft durch einen revolutionären Akt eingeführt hatte, gab in den westdeutschen Staaten einen Anstoß zu Reformen. Diese Quellen speisten dann zusammen eine Welle liberaler Wirtschaftsreformen in den deutschen Staaten. Dabei handelte es sich nicht um einen einmaligen, plötzlichen Umsturz, sondern um eine allmähliche Umgestaltung, die sich in mehreren Schritten über Jahrzehnte hinzog. Infolge der staatlichen Vielfalt des deutschen Raumes bot die Reformgesetzgebung ein recht buntes Bild. Rascher und entschiedener als in den anderen deutschen Staaten wurden die Reformen in Preußen durchgeführt – der klägliche militärische Zusammenbruch 1806 und die Hoffnung, daß durch innere Reformen dem preußischen Staat neue Kräfte zuwachsen würden, lieferten dort einen besonders kräftigen Impuls. Träger der Reformen waren in sämtlichen deutschen Staaten vor allem die höheren Beamten; von unten, aus dem Kreis der Bauern, kam hingegen keine drängende Unzufriedenheit und kein umfassendes Reformverlangen.

Um im landwirtschaftlichen Bereich eine Marktwirtschaft mit freier Konkurrenz durchzusetzen, mußten erstens die unfreien Bauern persönlich frei werden, sie mußten zweitens das volle Eigentum an Boden und Gebäuden bekommen, verbunden mit der Beseitigung der bisherigen Verpflichtungen, und drittens mußten die Allmenden aufgelöst und die Gemengelage beseitigt werden. Denn solange die Bauern persönlich unfrei waren, also ohne Erlaubnis ihres Grundherrn nicht fortziehen und nicht heiraten durften und eventuell zu Gesindezwangsdiensten verpflichtet waren, konnten sie ihre Arbeitskraft nicht frei verwenden. Solange die Bauern am Boden nur ein Untereigentum hatten, das durch das grundherrliche Obereigentum am Boden beschränkt war, aus dem sich dann auch die Verpflichtung ableitete, Frondienste und Geldzahlungen zu leisten, konnten die Bauern sowohl ihr Eigentum wie ihre Arbeitskraft nicht voll nutzen. Und solange jeder einzelne Bauer eine größere Zahl nur kleiner Ackerstücke besaß, die mit anderen eng verschachtelt im Gemenge lagen und deshalb nur gemeinsam bebaut werden konnten, was im Flurzwang festgeschrieben war, und solange die zur Allmende gehörenden Rechte, etwa sein Vieh auf dem gemeinsamen Dauergrünland und auf der Brache zu weiden sowie im gemeinsamen Wald Holz und Streu zu holen und dort seine Schweine zu mästen, den Bauern eines Dorfes als Gesamtheit zustanden, konnte der einzelne seinen Eigentumsanteil nicht frei vom Willen der Nachbarn nach eigenem Gutdünken bearbeiten. Es waren also drei verschiedene Bereiche, in denen die Agrarverhältnisse reformiert werden mußten.

Liberale Agrarreformen

Die persönliche Unfreiheit wurde als erstes für Böhmen 1781, Österreich 1782, in Baden 1783, Schleswig-Holstein 1785/1804, in den von Frankreich besetzten linksrheinischen Gebieten 1794/98, in der Schweiz 1801/03, in Preußen für die Domänenbauern 1777-1807, für die grundherrlichen Bauern mit erblichem Besitzrecht 1807 und die übrigen erbuntertänigen Bauern 1810 aufgehoben. Die anderen deutschen Staaten folgten, als letzte Mecklenburg 1820 und Hohenzollern-Sigmaringen 1833.

Die Verleihung des vollen Grundeigentums an die Bauern war der schwierigste Teil der Agrarreformen. Während man jene Rechte der Herren, die unmittelbar aus der persönlichen Unfreiheit herrührten, als moralisch nicht mehr vertretbar ansah und sie deshalb entschädigungslos aufhob, setzten die Herren die Auffassung durch, daß die übrigen grundherrlichen Rechte und Pflichten privatrechtlicher Natur seien und deshalb abgelöst werden müßten. Erst mußten also die Frondienstpflichten und etwa noch bestehende Naturalleistungen in Geld umgewandelt werden und diese dann zusammen mit den bisherigen Geldleistungen kapitalisiert werden. Indem man die Leistungsverpflichtungen der Herren gegenrechnete, ergab sich dann der Betrag, der von den Bauern abgelöst werden mußte. Dabei war die Zuordnung und Bewertung der einzelnen Verpflichtungen in erheblichem Maße willkürlich. Anders als bei den reinen Rentengrundherrschaften im größten Teil Süd- und Südwestdeutschlands erhob sich in Ostelbien von seiten der Junker heftiger Widerstand gegen die Ablösung der Dienstverpflichtungen, da die Frondienste fester Bestandteil ihrer Gutswirtschaften waren. Abgesehen von Schleswig-Holstein, wo die Ablösungen recht rasch durchgeführt wurden, begann die Durchführung der Ablösungen meist erst einige Jahre, nachdem die persönliche Freiheit verliehen worden war, und sie zog sich lange hin, oft bis zur Jahrhundertmitte. In Österreich und Böhmen und für die grundherrlichen Bauern in Bayern kam sie überhaupt erst 1848 in Gang. Im Ergebnis konnte der bäuerliche Boden wie jede beliebige Ware geteilt, belastet, an jeden verkauft und meist auch nach freiem Ermessen vererbt werden. In jenen Landschaften, in denen bis dahin Anerbenrecht bestanden hatte, hielten die Bauern aber in der Praxis auch weiterhin an der Sitte fest, den Hof ungeteilt zu vererben.

Die Auflösung der Feldgemeinschaft und die Aufteilung der Allmende begann schon 1768 im Kurfürstentum Hannover, 1769 im östlichen Preußen und 1771 in Holstein, aber erst um 1820 setzten die Felderzusammenlegungen in Norddeutschland in großem Stil ein. Sie zogen sich dann über Jahrzehnte hin.

Ringen um Gewerbefreiheit

Für das Gewerbe bedeutete die Idee der freien Konkurrenz, daß jeder Recht haben sollte, jeden Gewerbezweig mit beliebiger Produktionstechnik und in unbegrenztem Umfang zu eröffnen und zu betreiben. Damit sollten auch im Handwerk jene fortschrittlichen Kräfte eine Chance erhalten, die sich bis dahin in den Zünften nicht durchsetzen konnten. Um das Prinzip der freien Konkurrenz im Gewerbe einzuführen, wurden zahlreiche überlieferte Beschränkungen aufgehoben: Gewerbe, die bisher auf die Städte beschränkt waren, durften überall betrieben werden, auch Adlige und Bauern durften sich in bisher bürgerlichen Gewerben betätigen, es wurde keine fachliche Vorbildung in Form von Lehrlings- und Gesellenzeiten mehr gefordert, Monopolrechte, die bestimmte Brauereien, Mühlen, Schmieden usw. für ein bestimmtes Gebiet besaßen, wurden ebenso wie andere Herstellungsprivilegien aufgehoben, desgleichen Verbote ungebräuchlicher Produktionstechniken, und Zünfte durften, sofern man sie überhaupt bestehen ließ, keine Zwangsmitgliedschaft mehr beanspruchen, keine Gewerbeeröffnung mehr untersagen und auch die Beschäftigtenzahl und den Produktionsumfang nicht mehr begrenzen.

Die prinzipielle Gewerbefreiheit wurde zuerst in Österreich 1784 verkündet, aber 1792 wieder aufgehoben. Sie wurde dann nach dem Einmarsch französischer Truppen 1791/95 in den linksrheinischen Gebieten, 1801-03 in der Schweiz und 1808-10 in fast dem ganzen westelbischen Gebiet nördlich der Linie Mainz-Magdeburg eingeführt. Preußen ging im Zuge der inneren Reformpolitik 1810/11 zur völligen Gewerbefreiheit über, die sich in der Praxis aber erst allmählich gegen die Widerstände der Zunfthandwerker durchsetzte. Von der Gewerbefreiheit ausgenommen blieb in Preußen nur der Bergbau, wo bis 1851 das Direktionsprinzip weiterbestand. Preußen hielt auch in den folgenden Jahrzehnten am Prinzip der Gewerbefreiheit fest, wenngleich es dieses durch die Gewerbeordnung von 1845 wieder etwas einschränkte: bei einigen Berufen wurde die Ausübung an eine fachliche Vorbildung gebunden (beispielsweise bei Ärzten, Apothekern und Bauunternehmern), bei einigen an die persönliche Zuverlässigkeit (so etwa bei Schlossern und Gastwirten), und für viele Handwerker wurde der Befähigungsnachweis zur Voraussetzung gemacht. Anders als in Preußen schafften die Regierungen in den nordwestdeutschen Staaten Hannover, Kurhessen und Oldenburg und teilweise auch in der Schweiz nach 1815 die Gewerbefreiheit wieder ab und führten den Zunftzwang erneut ein. In fast allen deutschen Staaten außer Preußen sahen die Jahrzehnte zwischen 1810 und 1860 ein zähes Ringen zwischen den Prinzipien der Gewerbefreiheit und des Handwerksschutzes. Dabei waren es vor allem die Besitzer der Fabriken, die wirtschaftlich Starken also, denen die Gewerbefreiheit nutzte und die sie deshalb forderten, während die Mehrheit der Handwerker den Konkurrenzkampf fürchtete und deshalb dafür eintrat, die althergebrachte Zunftverfassung zu bewahren. Meist wurden die Beschränkungen der freien Konkurrenz nur schrittweise gelockert, manchmal auch einzelne Schritte wieder zurückgenommen, und erst in den 1860er Jahren gingen dann alle deutschen Staaten von Zunftzwang und Konzessionen endgültig zur Gewerbefreiheit über.

Auch unter den Anhängern des Prinzips der Gewerbefreiheit hatte sich noch kein Konsens darüber herausgebildet, wo ihre Grenzen zu ziehen waren. Dies wurde besonders am Problem des Schutzes für technische Erfindungen deutlich. Die radikalen Verfechter der Gewerbefreiheit sahen im Nutzungsvorrecht des Erfinders entsprechend der bisherigen Übung ein Privileg wie andere auch und forderten deshalb, daß es im Sinne freien Wettbewerbs aufgehoben werde. Dagegen wurde allmählich die Vorstellung entwickelt, daß an einer neuen Erfindung ein geistiges Eigentum bestehe, welches ebenso wie anderes Eigentum Schutz verdiene. Dieser wurde dann in Patentgesetzen geregelt. Radikale Verfechter des freien Wettbewerbs lehnten sogar Sicherungen gegen Betrug ab. Um einen freien Arbeitsmarkt zu sichern, bestätigte in Preußen die Gewerbeordnung von 1845 sowohl das Verbot von Zusammenschlüssen und Absprachen der Gesellen und Arbeiter als auch von solchen der Unternehmer, falls sie gegen Arbeiter gerichtet waren. In der Praxis wurde dieses Verbot gegenüber den Unternehmern aber nur lax gehandhabt. Umstritten war auch, ob Ärzte Gewerbetreibende sein sollten, für die dann Niederlassungsfreiheit und freie Konkurrenz der Ärzte zu gelten hatte, oder ob der Regelfall die Stellung des beamteten oder zumindest staatlich oder gemeindlich subventionierten Distriktarztes sein sollte, den eine Beschränkung der Niederlassungsfreiheit vor Konkurrenz schützte, der aber zu unentgeltlicher Armenbehandlung verpflichtet war und sich an staatliche Gebührentaxen halten mußte. 1827 waren in Preußen 48 Prozent der Ärzte öffentlich angestellt oder beamtet. Schließlich sollte sich aber für die Ärzte das Prinzip des freien Berufs allgemein durchsetzen. Ähnlich sah es bei den Rechtsanwälten aus. In Preußen wurden diese 1783 zu Staatsbeamten (Justizkommissare); dann aber 1878 in freiberufliche Rechtsanwälte umgewandelt.

Am Ende des 18. Jahrhunderts stellten sich den Frachtwagen auf den Landstraßen in oft kurzen Abständen immer neue Schlagbäume in den Weg, an denen die Waren ausgepackt, auf der Straße durchsucht und durch Zölle verteuert wurden. Als in den folgenden Jahrzehnten der Handelsverkehr zunahm, ertönte immer lauter die Forderung, diese Handelshemmnisse abzubauen, damit der Absatzmarkt ausgedehnter werde. Als erster Schritt in diese Richtung hoben die Regierungen der deutschen Einzelstaaten ihre Binnenzölle auf, während die Grenzzölle zwischen den deutschen Staaten weiterbestanden. Dies erfolgte zuerst in Bayern 1807, Württemberg 1810, Baden 1811 und Preußen 1818, worauf die anderen rasch folgten. In der Habsburgermonarchie wurden die meisten Zölle der deutschen Länder untereinander und zu Böhmen schon 1775 abgeschafft und an dieses Zollgebiet 1796 auch Galizien und 1825/27 Tirol und das österreichische Oberitalien angeschlossen, während die Zollgrenze zu Ungarn erst 1851 fiel. In der Schweiz wurden die Binnenzölle erst zwischen 1848 und 1874 nach und nach aufgehoben. Da der Deutsche Bund für die Zoll- und Wirtschaftseinheit zwischen den Mitgliedsstaaten nichts tat, ergriffen auch hier die Einzelstaaten die Initiative. Preußens Staatsgebiet bestand seit 1815 aus zwei voneinander getrennten Teilen, und so lag dort der Wunsch nach zollmäßiger Verbindung besonders nahe. 1828 schloß Preußen einen Zollverein mit Hessen-Darmstadt, und im selben Jahr schlossen sich auch Bayern und Württemberg zu einem Zollverein zusammen. Es gelang Preußen, 1831 Hessen-Kassel, 1833 Bayern, Württemberg, Sachsen und die thüringischen Staaten und 1835 Baden zum Zollanschluß zu bewegen. Um die Jahrhundertmitte standen nur Österreich und die nordwestdeutschen Staaten abseits des so entstandenen „Deutschen Zollvereins", ebenso die Schweiz.

Bei der Vereinheitlichung der Maße und Gewichte kam man weniger weit. Zwar vereinheitlichten im Laufe der ersten Hälfte des 19. Jahrhunderts die einzelnen Staaten die überkommenen, teilweise nur örtlich geltenden Maßsysteme innerhalb ihres Territoriums durch Gesetze, aber der Unterschied beispielsweise zwischen einer bayerischen und einer preußischen Elle blieb bestehen. Auch im Münzwesen gab es nur wenige zwischenstaatliche Vereinheitlichungen.

Die Höhe der Zölle wurde am Ende des 18. Jahrhunderts in fast allen deutschen Staaten noch nach den Grundsätzen kameralistischer Schutzzollpolitik gestaltet. In der Zeit zwischen 1806 und 1813 standen sie dann für weite Teile des deutschen Raumes unter dem Diktat der französischen Hegemonialmacht. Österreich schloß sich auch die ganze erste Hälfte des 19. Jahrhunderts hindurch weiter mit hohen Schutzzöllen und Einfuhrquoten gegen die anderen deutschen Staaten ab. Preußen setzte dagegen seine Zölle 1818 auf 10 Prozent des Warenwerts herab, d.h. es ging praktisch zum Freihandel über. Die übrigen Mitglieder des Deutschen Zollvereins mußten diese Zollpolitik dann mitmachen. Die meisten Gewerbetreibenden bekämpften den Freihandel, da er sie der harten Konkurrenz der überlegenen britischen Industrie aussetzte, doch sie konnten sich nicht durchsetzen gegen die Interessen der Großkaufleute und vor allem der getreideexportierenden Gutsbesitzer Ostelbiens. Die preußische Freihandelspolitik war für das Gewerbe riskant, aber letztlich erfolgreich. Um die Jahrhundertmitte stand das preußische Gewerbe kräftiger da als jenes in Österreich.

Wurde Preußen dadurch, daß es Gewerbefreiheit und Freihandel einführte, ein „Nachtwächterstaat", der sich darauf beschränkte, die öffentliche Sicherheit und Ordnung aufrechtzuerhalten, und das Wirtschaftsgeschehen einem zügellosen Unternehmertum überließ? Nur auf den ersten Blick scheint es so. Der preußische Staat besaß weiterhin umfangreiche Domänen und Forsten, Berg- und Hüttenwerke, Salinen, Hammerwerke, die Porzellan- und andere Manufakturen sowie die Post. Er war also unverändert als Unternehmer tätig und lenkte nach dem Direktionsprinzip indirekt überdies die privaten Bergbaubetriebe. Der Staat war wesentlich daran beteiligt, die für die wirtschaftliche Entwicklung nötige Infrastruktur zu schaffen, indem er Gewerbe- und Handelsschulen für Ingenieure und Kaufleute errichtete und sich beim Ausbau des Verkehrsnetzes engagierte. Die Chausseen wurden teils von privaten Firmen gebaut, die dann Straßennutzungsgebühren erhoben, überwiegend aber vom Staat, der schließlich auch die privaten Chausseen aufkaufte. Den Bau von Eisenbahnen ab 1835 trugen zwar zum größten Teil private Gesellschaften, doch der Staat gewährte die Konzession und beeinflußte damit entscheidend die Trassenführung, er garantierte den Anlegern eine Mindestverzinsung und kaufte selbst einen großen Teil der Eisenbahnaktien. Außerdem bemühte sich der Staat, private Gewerbebetriebe direkt zu fördern, indem er selbst Industriespionage in England durchführte, Musterbetriebe errichtete, Maschinen auslieh, ausländische Fachkräfte vermittelte und billige Investitionskredite gab. Es läßt sich nur schwer abschätzen, wie effektiv diese direkte Gewerbeförderung war. Teilweise wirkte die Schwerfälligkeit staatlicher Behörden für die private Eigeninitiative auch eher hemmend.

Überhaupt spielte in den deutschen Staaten in der ersten Hälfte des 19. Jahrhunderts der Staat eine größere Rolle im Wirtschaftsleben als etwa in Großbritannien. Das lag an der bürokratischen Tradition des Absolutismus wie auch daran, daß versucht wurde, angesichts des wirtschaftlichen Entwicklungsrückstands gegenüber Westeuropa mit staatlichen Maßnahmen von oben in Gang zu bringen, was sich in Großbritannien aus privater Eigeninitiative von selbst entwickelt hatte.

Der steigende Nahrungsbedarf der wachsenden Bevölkerung und die liberalen Agrarreformen waren die Hauptbedingungen, welche die Landwirtschaft prägten. Erstere machte es nötig, die Nahrungsmittelerzeugung deutlich zu steigern, letztere machte es möglich. Um dies zu erreichen, wurde ebenso die Anbaufläche ausgeweitet wie der Ertrag je Fläche durch neue Anbaumethoden erhöht. Beides geschah in erster Linie in Ostelbien, wogegen in den Realteilungsgebieten die Landwirtschaft weitgehend stagnierte.

Land-wirtschaft

Daß es noch einmal gelang, in nennenswertem Umfang die Anbaufläche zu vergrößern, lag an der Änderung der Wirtschaftsordnung. Vor allem die Allmenden waren bislang nur sehr extensiv genutzt worden oder bestanden, besonders in Ostelbien, überhaupt nur aus Buschland, Heide und anderem Ödland. Nachdem sie auf die einzelnen Bauern aufgeteilt worden waren, wandelten diese sie oft in Ackerland um.

Die Bestrebungen, den Anbau zu intensivieren, waren vielfältiger. Nach britischen und niederländischen Vorbildern begründete Albrecht Thaer eine wissenschaftlich fundierte Landwirtschaft an Stelle der bisherigen Altvätersitte. Er und andere Pioniere des Landbaus propagierten seit der zweiten Hälfte des 18. Jahrhunderts intensivere Bewirtschaftungsmethoden, die durch zahlreiche Traktate, in Bauernkalendern und durch Predigten vor allem der protestantischen Pfarrer allmählich auch unter den Bauern verbreitet wurden. Der Boden wurde sorgfältiger bearbeitet und das Ackergerät wesentlich verbessert. Vor allem änderte man den Nährstoffhaushalt, um die vorhandene Bodenfläche stärker auszunutzen. Das bis dahin weitgehend übliche System der Dreifelderwirtschaft glich den Nährstoffverlust dadurch aus, daß im Wechsel jeweils ein Drittel des Ackers brach lag. Dies wurde jetzt überflüssig, indem man zur Fruchtwechselwirtschaft überging, bei der Blattfrüchte wie Klee, Kartoffeln, Rüben und Kohl einerseits und Halmfrüchte, also Getreide, andererseits miteinander abwechseln, und zwar so, daß deren unterschiedliche Wirkungen auf den Nährstoffgehalt des Bodens einander ausgleichen. Da nun der Anbau von Klee, Kartoffeln und Rüben stark ausgeweitet wurde, konnte man dazu übergehen, Vieh ganzjährig im Stall zu füttern. Dadurch fiel vermehrt Stallmist an, der als Dung wiederum die Erträge des Ackerbaus verbesserte. In dieser Weise entstand also das System eines Verbunds von Acker- und Viehwirtschaft. Um 1850 war die Dreifelderwirtschaft praktisch verschwunden. Die auf Eicheln und Bucheckern beruhende Schweinemast im Wald wurde durch Kartoffelfütterung im Stall ersetzt. Da sich die Futtergrundlage verbesserte, wuchs der Viehbestand und ganz allmählich auch die Fleisch- und Milchleistung je Tier. Zu letzterem trug ferner bei, daß man seit dem 18. Jahrhundert begann, planmäßig verschiedene Rassen zu kreuzen, um so leistungsfähigere Viehrassen zu züchten. Für die Kartoffel wurde der feldmäßige Anbau zwischen 1770 und 1840 überall üblich. Sie diente nicht nur als Viehfutter, sondern bürgerte sich auch als Nahrung ein, zunächst vor allem bei den Armen. Dies war vor dem Hintergrund der angespannten Ernährungslage dadurch erklärlich, daß eine Kartoffelernte etwa den dreifachen Nährwert liefert wie die Getreideernte einer gleichgroßen Ackerfläche. Der weniger ertragreiche Anbau von Buchweizen fand sich dadurch zurückgedrängt. Auch Runkelrüben wurden vermehrt angebaut, und zwar nicht nur als Viehfutter. Nachdem A.S. Marggraf schon 1747 entdeckt hatte, daß sich aus Runkelrüben Zucker gewinnen ließ, begann 1801 die Gewinnung von Rübenzucker. Gegen die bisherigen Süßstoffe, den aus Übersee importierten und darum teuren Rohrzucker und den heimischen Honig, konnte der Rübenzucker sich aber noch nicht durchsetzen.

Insgesamt wandelte sich die Landwirtschaft in der ersten Hälfte des 19. Jahrhunderts also wesentlich. 1840 kündigte sich dann eine neue Umwälzung des Ackerbaus an. Entgegen der bisherigen Auffassung, daß die Nährstoffe der Pflanzen organischer Natur seien und deshalb zur Düngung nur organische Substanzen, vor allem Tiermist, brauchbar seien, wies Justus von Liebig nach, daß die Pflanzennährstoffe mineralischer Natur sind und folgerte daraus, daß man durch eine Düngung mit Kalk, Kali, Phosphorsäure und Ammoniak den Nährstoffgehalt des Bodens erhöhen und damit die Grenzen der Tragfähigkeit weit hinausschieben konnte. Mit dieser umstürzenden Neuerung konnten sich die Deutschen ein großes Stück vom Sachzwang der Natur befreien. In nennenswertem Umfang sollte sie aber erst in späteren Jahrzehnten angewendet werden.

Angesichts des Bevölkerungsdrucks mußten Maßnahmen, um die Arbeitsproduktivität zu steigern, hinter denen zur Steigerung der Bodenproduktivität zurückstehen. Immerhin begann die Sense die Sichel auch bei der Getreideernte zu ersetzen, was die Arbeitsleistung des einzelnen Schnitters etwa verdreifachte.

Natürliche Umwelt   Gewiß, auch die ganze vorangegangene Geschichte hindurch hatten die Deutschen ihre natürliche Umwelt immer in erster Linie unter dem Gesichtspunkt gesehen, wie sie diese für sich nutzen könnten. Aber mit der Ökonomisierung des Denkens und mit der durch die Agrarreformen gewachsenen Handlungsfreiheit der Land- und Forstwirte verstärkte sich jetzt der Zugriff auf die Natur.

Dies führte einmal dazu, daß das noch bestehende Ödland zum größten Teil verschwand. Die vor allem im weniger dicht besiedelten Ostelbien noch vorhandenen buschdurchsetzten Flächen wurden im Zuge der Agrarreformen bis zur Jahrhundertmitte fast ganz zu Ackerland kultiviert oder aufgeforstet. Dasselbe widerfuhr das ganze Jahrhundert hindurch den weiten Heideflächen, die es in Nordwestdeutschland gab, und die dadurch bis auf wenige Reste, die heutige Lüneburger Heide, verschwanden. Damit wurde nachgeholt, was im übrigen Westdeutschland in den vorangegangenen Jahrhunderten längst geschehen war. Getrieben von dem Bedürfnis nach neuen Bauernstellen für die wachsende Bevölkerung liefen Ende des 18. Jahrhunderts in Nordwestdeutschland und Bayern auch staatliche Kultivierungsarbeiten der Moore an, die das ganze folgende Jahrhundert fortdauerten. Man kultivierte und kolonisierte 1790-93 das Große Donaumoos, ab 1756 Moore in Ostfriesland, ab 1779 in den hannoverschen Landen zwischen Unterelbe und Unterweser und ab 1786 im münsterischen Emsland. Indem so die Heide und auch die Moore zunehmend schrumpften, wurden die Gipfelfluren der Alpen zur einzigen größeren deutschen Landschaft, die eine noch nicht veränderte Urlandschaft darstellte.

Ferner löste, vor allem in Nord- und Mitteldeutschland, die Aufteilung der Allmende und die Auflösung der Gemengelage der Felder eine Flurbereinigungsbewegung aus, die sich ebenfalls das ganze 19. Jahrhundert hinzog. Durch sie wurde die Landschaft regelmäßiger. Wo Wiese und Wald ineinander verzahnt waren, zog man glatte Waldkanten. Waldlichtungen verschwanden, Feldwege, die sich zwischen den Feldern schlängelten, wandelten sich zu schnurgeraden Koppelwegen mit einem Graben an ihrer Seite. Als die Bauern im Zuge der Agrarreformen auch das freie Verfügungsrecht über den bäuerlichen Wald erhielten und die Rodungsverbote und genossenschaftlichen Bindungen aufgehoben wurden, schlugen sie in der ersten Hälfte des 19. Jahrhunderts in kurzfristigem Gewinnstreben übermäßig viel Holz ein; mancherorts verwüsteten sie die Wälder geradezu. Daraufhin wurden für die Nutzung des Privatwalds staatliche Regelungen eingeführt. Langfristig wichtiger war für den Wald indessen etwas anderes. Indem die Nutzungsrechte sich durch die Agrarreformen änderten und indem der Futterbau aufkam, verschwanden landwirtschaftliche Nutzungen wie Schweinemast und Streusammeln aus dem Wald. Dieser wandelte sich damit zu einem Ort ausschließlich der Holzproduktion. Orientiert an dem Ziel möglichst großer Rentabilität wurden jetzt anstelle von Eiche und Buche, die bisher am häufigsten vorkamen, systematisch die schneller wachsenden Fichten und Kiefern gepflanzt, die heute das Bild des deutschen Waldes weithin prägen. Damit traten an die Stelle der bislang vorherrschenden, leicht wilden Laub- und Mischwälder hochstämmige, in Reih und Glied gepflanzte Monokulturen. Kurzfristig bescherte diese neue, jetzt auch wissenschaftlich untermauerte Forstwirtschaft höhere Erträge und Gewinne. Im Laufe der Jahrzehnte sollte sich aber zeigen, daß die Monokulturen gegen Schädlingsbefall und Windbruch viel anfälliger waren als die früheren Wälder und daß langfristig die Fichtenstreu, die sich nur langsam zersetzt, zu einer Versauerung des Waldbodens führte. Gewiß, die Dichter der Romantik entdeckten den Wald als Hort ihrer Träume und als verklärte Gegenwelt zur Realität, aber bei ihnen handelte es sich um eine kleine Gruppe wirtschaftsfremder Intellektueller. Der Masse der Bevölkerung, vor allem denjenigen, die Wälder tatsächlich bewirtschafteten, blieb dergleichen fremd.

Nicht nur das Aussehen der Landschaft änderte sich, auch die darin lebende Tierwelt blieb nicht unberührt. Der Trend, große Wildtiere durch Jagd auszurotten, setzte sich fort. Ende des 18. Jahrhunderts war das Wildschwein aus freier Wildbahn fast verschwunden, und der als gefährliches Raubtier gehaßte Wolf, der ebenso wie das Wildschwein im 17. Jahrhundert noch häufig gewesen war, wurde in Westdeutschland zuletzt 1841 erlegt und war bis 1900 auch in Ostdeutschland beseitigt. Der letzte Bär wurde in Deutschland 1835 erlegt. Auch der Luchs starb im deutschen Raum im 19. Jahrhundert aus. Das Rotwild hatten zwar bisher die Fürsten als Jagdtier im Übermaß gehalten, aber die Bauern hatten es nicht gemocht, da es ihnen die Felder verwüstet hatte. Als jetzt das Jagdrecht freigegeben wurde, schossen die Bauern das Rotwild zunehmend ab, so daß es am Ende des 19. Jahrhunderts kurz vor der Ausrottung stand. Umgekehrt vermehrten sich seit dem 18. Jahrhundert die Rehe und vor allem die Hasen, da mit dem großen Raubwild ihre natürlichen Feinde verschwanden. Insgesamt herrschte der Trend, daß sich die Artenzahl der Tierwelt verminderte. War dies bisher vor allem als Folge der Jagd geschehen, trat jetzt eine weitere Ursache hinzu: indem man das Ödland beseitigte, die Flur bereinigte und die Verfichtung der Wälder begann, mit der das Schutz bietende Unterholz der Laubwälder entfiel, wurden zunehmend die Lebensräume für viele kleine, oft unscheinbare Tiere eingeschränkt oder ganz beseitigt. Diese Tiere wurden dann immer seltener, ohne je gejagt worden zu sein und ohne daß die Zeitgenossen diese Entwicklung bemerkten.

Mit dem Aufkommen von Dampfmaschinen und Industriebetrieben vermehrten sich die gewerblichen Emissionen an Gasen und Abwässern. Auf die bald einsetzenden Proteste von Nachbarn reagierten die Behörden oft mit Auflagen, bestimmte Stoffe nicht oder nur in bestimmten Mengen oder nicht an bestimmten Orten zu produzieren. Angesichts der zögernden Anfänge der Industrialisierung hielt sich dies Problem in der ersten Hälfte des 19. Jahrhunderts aber noch in engen Grenzen.

Energie-
quellen
Vielleicht noch mehr als die Landwirtschaft stand die gewerbliche Produktion im Spannungsfeld zwischen Ressourcen, deren herkömmliche Nutzungsweise angesichts des wachsenden Bedarfs immer weniger ausreichte, und nach und nach aufkommenden, sich nur allzu zögernd ausbreitenden Neuerungen. Jahrhundertelang hatte das Holz als wichtigste Energiequelle und als wichtigster Werkstoff eine Schlüsselrolle für das Wirtschaftsleben der Deutschen gespielt. Dabei wurden noch um 1800 90 Prozent des Holzaufkommens als Brennholz verwendet. Während zumindest in Schlesien noch um 1840 soviel Holz anfiel, daß man Schwierigkeiten hatte, alles zu verwerten, wurde in Teilen Westdeutschlands Holz seit Ende des 18. Jahrhunderts knapp, und sein Preis stieg mancherorts auf ein Mehrfaches. In einigen Gegenden mußten deshalb Eisen- und Glashütten stillgelegt werden oder erhielten Produktionsbeschränkungen. Indem man nun dazu überging, den Wald geordnet und ausschließlich zur Holzerzeugung zu nutzen, ließ sich diese zwar steigern, aber doch nur in begrenztem Ausmaß. In gewissem Umfang wurde Holz als Werkstoff durch Eisen ersetzt: landwirtschaftliche Geräte wurden immer häufiger aus Eisen gefertigt, und 1838 baute man in Deutschland die ersten eisernen Schiffe. Die Eisenerzeugung im Deutschen Bund stieg von etwa 80.000 Tonnen im Jahr 1800 auf ca. 215.000 Tonnen im Jahr 1850, doch auch damit blieb sie immer noch weit hinter dem Nutzholzeinschlag zurück, der im selben Jahr 5,7 Millionen Festmeter betrug. Und da man überdies zum Schmelzen von 1 Tonne Eisenerz durchschnittlich 12 Tonnen Brennholz verbrauchte, wurde der Holzbedarf insgesamt keineswegs entlastet. Würde die gewerbliche Entwicklung also bald an eine unüberschreitbare Grenze stoßen, erzwungen durch die Knappheit des Brennstoffs Holz?

Hierzu kam es nicht, denn es gelang, eine neue Energiequelle zu erschließen: Steinkohle. Steinkohle konnte als Brennstoff verwendet werden, und durch Verkoken ließ sich Leuchtgas gewinnen, das man vor allem zur Straßenbeleuchtung benutzte. Die ersten Gasanstalten im deutschen Raum wurden 1816 in Freiberg, 1825 in Hannover,

1826 in Berlin, 1828 in Dresden und 1829 in Frankfurt a.M. errichtet. Der erste Koks-hochofen zur Eisenerzverhüttung auf dem europäischen Kontinent war zwar schon 1767 in der Sulzbacher Hütte im Saargebiet angeblasen worden, aber die frühen Versuche fanden zunächst wenig Nachahmung, so daß in Preußen noch 1850 75 Prozent aller Hochöfen mit Holzkohle beschickt wurden. Selbst im kohlereichen Ruhrgebiet blies man den ersten Kokshochofen erst 1851 an. Die deutsche Steinkohleförderung schnellte zwischen 1790 und 1850 von 0,2 auf 5 Millionen Tonnen SKE empor. Sie blieb damit jedoch immer noch hinter dem Brennholzverbrauch zurück, der in diesem Zeitraum bei jährlich schätzungsweise 7 Millionen Tonnen SKE lag, und selbst der Energiegehalt des Futterverbrauchs der Arbeitstiere dürfte in diesen Jahrzehnten bei jährlich etwa 4 Millionen Tonnen gelegen haben. Wasserkraft und Wind spielten demgegenüber keine nennenswerte Rolle. Die herkömmlichen Energien dominierten also durchaus noch. Die Ausweitung des Kohleverbrauchs wurde dadurch gehemmt, daß man mit den vorhandenen mechanischen Antriebskräften keine Kohle aus größeren Tiefen fördern konnte und daß es beim damaligen Verkehrswesen zu teuer war, Kohle über größere Entfernungen über Land zu transportieren.

Nicht nur die Energiebasis wurde erweitert, sondern ebenso grundlegend für die weitere Entwicklung war, daß neue Maschinen aufkamen, daß überhaupt die Technik eine größere Rolle zu spielen begann als je zuvor. Im wichtigsten Gewerbezweig, dem Textilgewerbe, setzte mit dem Aufkommen verschiedener Formen von mechanischen Webstühlen und Spinnmaschinen die Mechanisierung ein. Neben der Erfindung dieser Arbeitsmaschinen, die Energie in eine bestimmte Arbeit umsetzten, stand als ganz grundlegende Neuerung die Dampfmaschine, die als Kraftmaschine Wärmeenergie in mechanische Energie umwandelte. Sie konnte in Gewerbebetrieben eingesetzt werden und befreite all jene Gewerbe, die sich bis dahin der Antriebskraft des Wasserrads bedient hatten, aus der Standortbindung an einen Wasserlauf. Sie konnte mehr und größere Arbeitsmaschinen in Verarbeitungsbetrieben und Entwässerungspumpen in Bergwerken antreiben, als menschliche und tierische Arbeitskraft es bisher vermocht hatten. Sie konnte in Schiffen eingebaut werden, und diese Dampfschiffe waren befreit von der Unzuverlässigkeit des Windes. Und die Dampfmaschine konnte, mit Rädern versehen und auf Schienen gesetzt, den Landverkehr als Eisenbahn revolutionieren. Auf den harten und glatten Schienen war der Reibungswiderstand geringer als auf der Landstraße, so daß die Eisenbahn mit demselben Kraftaufwand viel mehr fortziehen konnte und deshalb schneller und bald auch billiger als Pferdefuhrwerke fuhr, und ihre gleichmäßige Bewegung war obendrein bequemer als das Rütteln und Stoßen der Kutsche auf den Schlaglöchern der meist noch ungepflasterten Landstraßen. Doch keine dieser grundlegenden Erfindungen wurde von Deutschen gemacht. Die Deutschen übernahmen alle diese Neuerungen aus Großbritannien, wie überhaupt die ganze technische Entwicklung in Deutschland bis zur Mitte des 19. Jahrhunderts weitgehend davon abhing, englische Beispiele nachzuahmen. Wie schon in der Übernahme landwirtschaftlicher Neuerungen zeigte sich auch hier, daß der Entwicklungsstand der deutschen Wirtschaft hinter jenem der britischen hinterherhinkte.

Mit den neuen englischen Maschinen wurden zwar im deutschen Raum jeweils recht früh einzelne Versuche gemacht, bei den Dampfmaschinen vor allem durch staatliche Initiative angeregt, doch die Neuerungen breiteten sich dann nur sehr langsam aus, langsamer als zuvor in Großbritannien. 1781/84 wurde in Cromford bei Ratingen die erste Baumwollspinnerei auf dem Festland errichtet, die Spinnmaschinen einsetzte.

Übernahme
von
Maschinen
aus England

489

Bis 1850 war der Spinnvorgang im deutschen Baumwollgewerbe vollständig mechanisiert, während dies im Wollgewerbe erst teilweise und bei Flachs noch fast gar nicht der Fall war. Auch die Mechanisierung des Webvorgangs steckte um die Jahrhundertmitte noch in den ersten Anfängen. Dampfmaschinen wurden zuerst im Bergbau verwendet, wo man mit Dampfpumpen auch tiefer gelegene Gruben trockenlegen und damit an ergiebigere Flöze herankommen konnte. Die ersten brauchbaren Dampfmaschinen, die im deutschen Raum arbeiteten, wurden 1753 in Lintorf bei Duisburg, 1779 in Altenweddigen bei Magdeburg, 1783 in Hettstedt bei Mansfeld und 1787 in Tarnowitz/Oberschlesien aufgestellt. Aber erst seit Ende der 1830er Jahre kamen Dampfmaschinen verstärkt zum Einsatz. Die ersten Flußdampfschiffe auf deutschen Gewässern schnauften 1816 auf Rhein und Elbe. Dadurch wurde vor allem die Bergfahrt erleichtert. Nach anfänglichen Hemmnissen gewannen die Flußdampfer rasch an Bedeutung. Bis 1850 war der Gütertransport auf dem Rhein fast ganz auf Dampfschiffahrt umgestellt. In der Seeschiffahrt blieb dagegen das Segelschiff noch lange Zeit billiger und sicherer. Im deutschen Raum wurde die erste längere Pferdeeisenbahnstrecke 1828/32 zwischen Linz und Budweis eröffnet und, weitaus wichtiger, die erste Dampfeisenbahnlinie 1835 auf der Strecke zwischen Nürnberg und Fürth. Die Dampfeisenbahnlinien baute man dann verhältnismäßig rasch zu einem Netz aus, das 1850 im späteren Reichsgebiet schon 5.875 Kilometer lang war und die wichtigsten Städte miteinander verband.

Hemmungen bei der Einführung von Maschinen

Warum setzten sich die technischen Neuerungen nur so zögernd durch? Zweifellos fehlte es an technischem Sachverstand. Die deutschen Mechaniker waren oft nicht einmal in der Lage, englische Maschinen nach einem Muster nachzubauen, ja waren teilweise sogar unfähig, die notwendigen Reparaturen vorzunehmen. Als der Handwerker F. Dinnendahl 1801 an der Ruhr eine Dampfmaschine bauen wollte, stellte er fest, daß „in der hiesigen Gegend nicht einmal ein Schmied war, der imstande gewesen wäre, eine ordentliche Schraube zu machen, geschweige andere, zur Maschine gehörige Schmiedeteile als Steuerung, Zylinderstange und Kesselarbeit pp. hätte verfertigen können oder Bohren und Drechseln verstanden hätte."[42] So wurden Maschinen aus Großbritannien bezogen, anfangs oft illegal herausgeschmuggelt. Seit den 1830er Jahren gründete man dann auch in Deutschland Maschinenfabriken. Von den 245 Lokomotiven, die 1842 in Deutschland liefen, stammten aber erst 38 aus deutscher Fertigung. Mechaniker und Ingenieure waren rar und wurden teilweise aus Großbritannien und Belgien angeworben. Die deutschen Regierungen versuchten, die Ausbreitung technischer Fertigkeiten und Kenntnisse zu fördern. Der preußische Staat finanzierte Studienreisen vor allem nach Großbritannien, damit Techniker dort die neuen Produktionsverfahren kennenlernten, was oft praktisch Industriespionage war. Nach Vorläufern seit dem späten 18. Jahrhundert (Bergakademien usw.) gründeten die größeren deutschen Staaten schließlich Polytechnische Anstalten, um die benötigten Ingenieure heranbilden zu können, so zuerst in Wien 1815 und nach deren Vorbild Berlin 1820, Karlsruhe 1825, Darmstadt 1826, München 1827 und Dresden 1828. Aber natürlich konnten diese Einrichtungen nur langsam Früchte tragen.

Es fehlte nicht nur an technischen Kenntnissen, sondern in der breiten Bevölkerung mangelte es auch an Verständnis für die Notwendigkeit von Maschinen, ja ihnen stemmten sich teilweise heftige Widerstände entgegen. Das ergab sich schon allgemein aus der diffusen Abneigung gegen alles Ungewohnte, die der konservativen Mentalität der breiten Bevölkerung eigen war, konkreter dann aus nicht unberechtigten, aber oft übertriebenen Ängsten vor den Sicherheitsrisiken der zischenden und qualmenden Dampfmaschinen, und erst recht aus der handfesten und realistischen Furcht der jeweils betroffenen Berufsgruppen, durch die Maschinen Arbeit und Einkommen zu verlieren. Über die Aufstellung einer Dampfmaschine bei dem Verleger Cotta 1824 wird berichtet: „Der zweite Redakteur erklärte, lieber künftig unter freiem Himmel zu schreiben als mit der Dampfmaschine unter einem Dache. Der Hausknecht kündigte: sein Leben sei ihm lieber, und er habe für Frau und Kinder zu sorgen. Vorsichtige Leute passierten nicht mehr die Straße."[43] Ähnliche Einwände schollen der Eisenbahn entgegen: der Funkenflug und herausgeschleuderte glühende Kohlestücke würden die Strohdächer der Häuser und die Wälder in Brand setzen, das schrille Pfeifen würde das Vieh rasend machen und Unfälle durch scheuende Pferde verursachen, von den Gefahren platzender Kessel ganz zu schweigen. Energischer war der Widerstand, der aus der Angst der jeweils Betroffenen um ihre Arbeitsplätze erwuchs. Wäre es, wie in einer Demokratie, nach dem Willen der Bevölkerungsmehrheit gegangen, dann wären die Eisenbahnen damals wohl kaum gebaut worden. Versuche, Fabriken mit mechanischen Webstühlen zu gründen, scheiterten an mehreren Orten daran, daß aufgebrachte Heimarbeiter das Haus stürmten und die Webstühle zerschlugen. Die Eisenbahnbauer sahen sich mit einer Opposition aus Fuhrleuten, Inhabern von Wirtshäusern an den Landstraßen, Schmieden, Radmachern und Pferdezüchtern konfrontiert, die alle ihren Niedergang fürchteten. Die ersten Dampfboote wurden teilweise von den Schiffstreidlern angegriffen. So verständlich deren Verbitterung auch war – auf lange Sicht gesehen waren sie im Unrecht, weil es angesichts der einmal entstandenen maschinellen Konkurrenz nur die Alternative gab, mitzuhalten oder beseite gedrängt zu werden, der traditionelle Zustand sich aber in keinem Falle konservieren ließ. So verzögerten die Widerstände der unmittelbaren Opfer die dringend notwendige und unvermeidliche Modernisierung zum Schaden der Allgemeinheit.

Der Eisenbahn wurde auch entgegengehalten, sie sei unrentabel. Das war insoweit richtig, als das Gütervolumen des bestehenden Landverkehrs nicht ausgereicht hätte, um die Bahn auszulasten. Durch die drastische Senkung der Transportkosten mußte sich die Bahn ihr Transportvolumen weitgehend erst selbst schaffen. Der Schritt in großtechnisches Neuland war und ist häufig mit Unsicherheit über die Rentabilität behaftet; trotzdem stellt er sich später oft, wenn auch durchaus nicht immer, als sinnvoll heraus.

Einige Erfindungen wurden in den ersten Jahrzehnten des 19. Jahrhunderts auch im deutschen Raum gemacht. 1796/97 erfand A. Senefelder mit dem Steindruck das erste Flachdruckverfahren, 1812 ersann F. Koenig die Zylinderdruckmaschine, mit der sich wesentlich schneller und billiger drucken ließ, 1827 konstruierte J. Ressel die erste brauchbare Schiffsschraube, die gegenüber den Schaufelrädern deutliche Vorteile bot, 1814/33 baute J. Madersperger die erste Nähmaschine, die mit endlosem Faden arbeitete, 1845 entwickelte F.G. Keller ein Verfahren, Papier aus Holzschliff statt aus den teuren Hadern herzustellen, 1861 erfand Philipp Reis das Telefon und 1864/69 P. Mitterhofer die Schreibmaschine. Basiserfindungen waren dies jedoch alles nicht. Und gerade an ihrem Schicksal wird erneut deutlich, wie wenig die deutsche Gesellschaft für Neuerungen offen, wie wenig sie risikobereit war. Koenig hatte in Deutschland keinen Erfolg, weshalb er nach England ging, wo seine Erfindung dann zuerst verwendet wurde. Ressel fand in seiner österreichischen Heimat nicht genügend Unterstützung, so daß seine Erfindung zuerst in den USA und Großbritannien mit Erfolg angewendet

Deutsche Erfindungen

wurde. Madersperger wußte seine Erfindung nicht zu verwerten, so daß die industrielle Herstellung der Nähmaschine auf eine spätere amerikanische Erfindung zurückging. Die Erfindung von Reis wurde von seiner Umwelt als Spielerei abgetan, so daß die Deutschen das Telefon dann später aus den USA übernahmen. Mitterhofer fehlte das Kapital, um seine Erfindung zu verwerten, so daß nach seinem Vorbild die ersten Schreibmaschinen in den USA auf den Markt kamen. Zahlreiche qualifizierte deutsche Handwerker wanderten in die Schweiz, nach Frankreich, in die USA und nach Großbritannien aus, wo sie größere Chancen hatten, ihre Ideen zu verwirklichen.

So gab es im Laufe der Jahrzehnte im deutschen Raum immer mehr Experimente mit technischen Neuerungen. Bis in die 1840er Jahre blieb dies ohne Breitenwirkung, aber durch sie wurden Lösungen für technische und organisatorische Probleme des Fabrikbetriebs erprobt und gefunden sowie geeignete Fachkräfte herangebildet. Auf diesen Voraussetzungen konnte die Industrialisierung seit der Jahrhundertmitte aufbauen.

Struktur des Gewerbes   Daß Maschinen erst wenig verbreitet waren, spiegelte sich auch in der Struktur des verarbeitenden Gewerbes wider. Dessen branchenmäßige Zusammensetzung änderte sich in der ersten Hälfte des 19. Jahrhunderts kaum. Nach wie vor diente der weitaus größte Teil des Gewerbes dazu, den Grundbedarf an Konsumgütern und Wohnen zu erzeugen. Rund die Hälfte der im Gewerbe Beschäftigten war mit Textil-, Bekleidungs- und Lederherstellung befaßt, gefolgt vom Nahrungsmittelgewerbe mit rund 14 Prozent und dem Baugewerbe sowie der Holz- und Papierverarbeitung mit je rund 10 bis 11 Prozent. In der Metallgewinnung und -verarbeitung setzte erst mit dem Maschinen- und Eisenbahnbau seit den 1830er Jahren eine raschere Entwicklung ein, so daß der Anteil der Beschäftigten in dieser Branche 1850 9,4 Prozent gegenüber 7,6 Prozent ein halbes Jahrhundert früher betrug. Die industrielle Fertigung ergänzte die traditionelle Produktionsweise nur, verdrängte sie aber noch nicht. Der Anteil der Manufakturen, Fabriken und des Bergbaus an den im Gewerbe Beschäftigten stieg zwischen 1780 und 1850 von 4 auf 16 Prozent und wies damit zwar einen hohen Zuwachs auf, aber nach wie vor dominierten Verlagswesen und Handwerk, wobei das letztere ein leichtes Übergewicht besaß.

Räumliche Ordnung   Diese Gewerbestruktur prägte auch die räumliche Ordnung. Dabei lassen sich zwei Trends erkennen, die einander auf den ersten Blick widersprechen. Die krisenhafte Entwicklung des Gewerbes wurde darin deutlich, daß sich die Vergewerblichung des Landes, die schon im 18. Jahrhundert zugenommen hatte, weiter fortsetzte, vor allem in Westdeutschland. Dabei wurde die wirtschaftliche Trennung zwischen Stadt und Land Ende des 18. Jahrhunderts weitgehend abgebaut. Jene wachsende Zahl von Menschen auf dem Lande, die in der Landwirtschaft nicht genug Arbeit fanden, versuchte, sich durch heimgewerbliche Tätigkeit den Lebensunterhalt zu verdienen, oft als Nebengewerbe. Da sie unter dem Konkurrenzdruck der tendenziellen Übervölkerung und angesichts geringerer Lebenshaltungskosten als in den Städten zu relativ billiger Arbeit bereit waren, gingen die Verleger hierauf gerne ein. Auf diese Weise dehnte sich die Heimarbeit auf dem Lande immer weiter aus. Dabei verstärkte das ländliche Verlagswesen durch seine Konkurrenz das Elend des ohnehin übersetzten städtischen Handwerks, hemmte durch seine billigen Gestehungskosten die Ausbreitung der Mechanisierung und bremste das Wachstum der Städte. So blieb der Anteil der Stadtbevölkerung an der Gesamtbevölkerung unverändert (Preußen 1816-50: 28 Prozent). Zu ausgesprochenen Gewerbelandschaften wurden im 18. Jahrhundert das Gebiet am Niederrhein, das Bergische Land und Sauerland, auch Sachsen sowie die westliche Schweiz. Letztere stellte schneller als alle anderen deutschen Landschaften ihr Textilgewerbe auf die neue englische Maschinentechnologie um. Der ostelbische Raum sowie auch Altbayern und Österreich standen demgegenüber deutlich zurück und blieben agrarischer, wirtschaftlich konservativer, ausgenommen die Zentren Berlin und Wien. Auch das in den Dörfern sitzende Handwerk für den ländlichen Grundbedarf nahm merklich zu, z.B. Schuhmacher, Bäcker, Tischler, Fleischer, Schmied usw., so daß die Zahl der Meister im Landhandwerk schließlich der des städtischen Handwerks etwa gleichkam. Während sich hier also Land und Stadt tendenziell einander anglichen, setzte gleichzeitig im Laufe der ersten Hälfte des 19. Jahrhunderts auch die gegenläufige Tendenz ein. Mit dem Entstehen von Industriebetrieben begann das Gewerbe sich ansatzweise an Schwerpunkten zu konzentrieren. Dies waren dann die großen Städte und die Gegenden mit Kohlevorkommen.

Fabrikationsanlagen mit Maschinen zu errichten erforderte zweifellos ein größeres Kapital, als einen Handwerksbetrieb zu gründen. Dies zu finanzieren warf ziemliche Probleme auf, was zweifellos auch mit ein Grund dafür war, daß die Mechanisierung des Textilgewerbes nur so schleppend in Gang kam. Zwar gab es reichlich Geldfonds, aber noch war kein Kapitalmarkt entstanden, der anlagewilliges Kapital in die Industriefinanzierung hätte lenken können. Wer Geld für gewerbliche Investitionen brauchte, sah sich deshalb weitgehend auf die meist begrenzten eigenen Mittel und das Kapital von Verwandten angewiesen, zumal das Schuldenmachen noch als ungewöhnlich, fast als unmoralisch galt.

Kapital-mangel als Entwicklungs-hemmnis?

Die vermögenden Schichten ihrerseits legten ihr Geld lieber sicher in Grundbesitz und Staatsanleihen an oder investierten in risikoreichere, aber ertragreichere kaufmännische Geschäfte, hielten sich dagegen von Industrieprojekten fern, denn in letzteren war das Kapital langfristig gebunden und gleichzeitig mit hohen Risiken belastet, da die Technik noch unausgereift und das Absatzrisiko groß war. Aktiengesellschaften, die Einlagen vieler Kapitalgeber zusammenfaßten und bei begrenztem Risiko für Unternehmer verfügbar machten, wurden erst in den 1840er Jahren durch den Eisenbahnbau wichtig, für den die nötigen Mittel sich anders nicht mehr aufbringen ließen.

Sicher, es gab auch Banken. Da waren die vielen einzelnen Privatbankiers, deren Firma meist aus einem Handelshaus hervorgegangen war. Sie besaßen keine Filialen und meist nur begrenztes Kapital. Ferner bestanden die Kreditanstalten der Landschaften. Diese Banken befaßten sich aber hauptsächlich mit Staatspapieren und Hypothekenkredit sowie Wechselgeschäften. Daneben entstanden auch Sparkassen, meist auf Initiative des städtischen Magistrats. Sie sollten vor allem dazu dienen, daß Handwerker und Dienstboten sich durch kleine Sparbeträge einen Notgroschen schaffen konnten. Als erste wurde 1765 die Fürstliche Leihkasse in Braunschweig gegründet und Sparkassen 1778 in Hamburg, 1787 in Bern, 1792 in Basel, 1796 in Kiel und 1801 in Altona und Göttingen. Insgesamt gesehen spielte das Einlagegeschäft im Bankwesen kaum eine Rolle, ebenso wie die Finanzierung von Investitionen im Gewerbe. Auch Giroverkehr und Kontokorrentgeschäft waren noch fast unbekannt. Selbst in Frankfurt a.M., einem der wichtigsten deutschen Bankplätze, sah man noch in den 1850er Jahren Pferdefuhrwerke und Lastträger mit Säcken voll Silbermünzen. Banknoten waren durch den inflationären Mißbrauch in Frankreich im 18. Jahrhundert in Mißkredit gekommen und wurden nur zögernd ausgegeben. 1854 machte das Staatspapiergeld erst rund 10 Prozent der gesamten Geldmenge aus. So blieben Silber- und Goldmünzen weiter der Kern des Währungssystems.

Verkehrs-verhältnisse
Die Fabrikproduktion benötigte ausgedehntere Absatzmärkte als das Handwerk. Um diese zu schaffen, reichte es nicht aus, die Zollschranken abzubauen. Bis zu welcher Entfernung der Absatz lohnte, hing auch von den Transportkosten und damit vom Verkehrswesen ab. Und hier eröffnete erst der Aufbau des Dampfeisenbahnnetzes ab 1835 völlig neue Möglichkeiten, auch wenn die Züge anfangs nur 30-40 km/h schnell fuhren. Bis dahin war der Transport einfacher Massengüter wie Getreide, Kohle oder Eisen über größere Entfernungen nur auf dem Wasserweg möglich. Aber auch in den Jahrzehnten vor dem Aufkommen der Eisenbahn machte das Verkehrswesen durchaus gewisse Fortschritte. Seit Ende des 18. Jahrhunderts wurden systematisch Chausseen gebaut. In den 1820er Jahren überrundete das Netz befestigter Landstraßen an Länge das Binnenschiffahrtsnetz. Verglichen mit den seit Jahrhunderten üblichen unbefestigten Trassen, auf denen Wagen in tiefen Löchern oder nach dem Regen im Morast steckenblieben oder sogar umkippten, bedeuteten die Chausseen einen von den Zeitgenossen begrüßten Fortschritt. Die Pferdefuhrwerke kamen fast doppelt so schnell voran und ihre Transporte wurden billiger, die Postwagen pünktlicher. Es ist nicht zu verkennen, daß die Intensität von Warenaustausch und Kontakten über den örtlichen Bereich hinaus langsam weiter zunahm. Entsprechend dem steigenden Kommunikationsbedürfnis wurde die Zahl der ständigen Postlinien immer weiter erhöht, auf denen regelmäßig Postwagen verkehrten, die Personen, Briefe und Pakete beförderten. Die 1820er und 30er Jahre waren die große Zeit der Postkutschen, bis ihnen dann die Eisenbahn Konkurrenz machte.

Handel
Wenn sich auch der Umfang der Warenproduktion für überregionale Märkte weiter ausdehnte – die Schwierigkeiten im Verkehrswesen bremsten doch erheblich. So versorgten sich die Deutschen vor allem mit Nahrungsmitteln noch zu einem beträchtlichen Teil aus der eigenen Hauswirtschaft. Die meisten übrigen Lebensmittel und der Grundbedarf an gewerblichen Erzeugnissen stammte weiter aus der örtlichen Erzeugung. Letztere wurden von Handwerkern direkt an den Kunden geliefert und meist noch auf Bestellung gearbeitet, bei Haushaltswäsche, Kleidung und Schuhen vom Handwerker oft auch im Haus des Kunden selbst angefertigt. Im Jahre 1800 arbeiteten in Preußen von den im Gewerbe Beschäftigten 55 Prozent nur für den örtlichen Bedarf. Spezialisierte Einzelhändler befaßten sich überwiegend mit überregional gehandelten Waren wie Kolonialwaren, Glas-, Porzellan- und Steingutwaren, Eisenwaren und Galanteriewaren. Immerhin dehnte sich im Einzelhandel der Konsumgüterverkauf auf Jahrmärkten noch weiter aus auf Kosten der hauswirtschaftlichen Selbstversorgung. Im Großhandel kamen mit der Intensivierung des Handels die Handlungsreisenden auf, die mit einem Musterkoffer die Einzelhändler bereisten. Durch diese Vermarktungsweise wurden die Messen als Warenumschlagplatz zunehmend überflüssig. Einige wandelten sich zu Mustermessen, die meisten wurden bedeutungslos.

Der Warenaustausch intensivierte sich nicht nur, sondern die Handelsbeziehungen weiteten sich auch räumlich nach Übersee aus. Mit der Unabhängigkeit der USA 1783 wurde der nordatlantische Seeweg, den bis dahin Briten, Spanier und Portugiesen weitgehend monopolisiert hatten, auch für deutsche Schiffe frei. Rasch nahmen die deutschen Häfen direkte Schiffahrtsverbindungen an die Ostküste Nordamerikas auf, aber die Napoleonische Kontinentalsperre (1806-1813) richtete diese Verbindungen wieder restlos zugrunde. Nach Napoleons Niederlage wurden sie dann sofort wieder aufgenommen. Nach der Unabhängigkeit der lateinamerikanischen Staaten in den 1820er Jahren knüpften deutsche Kaufleute direkte Handelsbeziehungen auch dorthin an, und die 30er und 40er Jahre sahen die ersten pionierhaften deutschen Handelsfahrten auch zur amerikanischen Westküste, nach Asien, Australien und Afrika. Gewiß, es waren erste feine Fäden, die von deutschen Häfen nach Übersee gesponnen wurden, und der Küstenverkehr und die europäischen Handelsbeziehungen waren noch wesentlich bedeutender. Immerhin reichte es, um im Überseeverkehr in den 1830er Jahren die Linienreederei entstehen zu lassen, zuerst von Hamburg und Bremen aus nach New York. Während bislang die Schiffe gefahren waren, wo und wie sie gerade Ladung fanden, befahren sie beim Linienverkehr eine bestimmte Route in regelmäßigen Zeitabständen. Dadurch verselbständigte sich das Reedereigewerbe gegenüber dem Handel wie gegenüber der Schiffsführung. Vor allem verlagerte sich das Schwergewicht des deutschen Außenhandels immer mehr an die Seestädte, und die Nordseeschiffahrt und mit ihr die Nordseehäfen, vor allem Hamburg und Bremen, begannen weitaus schneller zu wachsen als die Ostseeschiffahrt. Dieser Trend dauerte das ganze 19. Jahrhundert hindurch an, wobei schließlich die Nordseeschiffahrt die Ostseeschiffahrt überflügelte. Die deutschen Kolonialunternehmen des 16. und 17. Jahrhunderts waren nur vereinzelte, folgenlose Versuche gewesen, und bis Ende des 18. Jahrhunderts hatten deutsche Kaufleute überseeische Produkte wie Gewürze und Kaffee immer erst ab Lissabon, Amsterdam oder London, aber nie direkt aus den Kolonien beziehen können, während sich in den westeuropäischen Seestädten die reichen Gewinne aus dem Überseehandel angesammelt hatten und das niederländische und englische Gewerbe durch den Zugang zu den überseeischen Absatzmärkten angeregt worden waren. Jetzt schalteten sich deutsche Kaufleute direkt und auf Dauer in den entstehenden Welthandel ein. Die deutschen Wirtschaftsbeziehungen begannen über den bisherigen begrenzten europäischen Rahmen hinauszuwachsen und sollten sich später bis zu den heutigen weltweiten Verflechtungen intensivieren.

Für die Masse der Bevölkerung waren die Ansätze zu wirtschaftlichem und technischem Fortschritt viel weniger wahrnehmbar als das Gefühl einer schleichend zunehmenden Krise, die sie existenziell betraf. Daß die Bevölkerung tendenziell schneller wuchs als die Zahl der Stellen, drückte den Wert der Arbeitskraft des einzelnen, und so wurden zum Ausgleich die Arbeitszeiten immer länger, bis an die Grenze des physisch Möglichen. Das galt in gleicher Weise für Fabrikarbeiter, Landarbeiter, Heimarbeiter und auch vielfach kleine Handwerker. War der Arbeitstag am Ende des 18. Jahrhunderts selten länger als 12 Stunden, so stieg er nun auf 14 und sogar 16 Stunden. Sonntagsarbeit wurde vielfach üblich. Um 1850 war die wöchentliche Arbeitszeit für diese Gruppen bei über 80 Stunden angelangt. Unter dem Druck der Not wurden auch Kindern im Heimgewerbe und erst recht in Industriebetrieben übermäßige Arbeitslasten aufgebürdet, welche die noch nicht ausgewachsenen Körper krumm und schwächlich werden ließen. Aber auch für Erwachsene war die übermäßige Gewerbearbeit vielfach ungesund, ja führte zu einem physischen Verschleiß der Menschen, wie er zuvor und später in diesem Umfang unbekannt war. Auch Landarbeit war hart, fand aber größtenteils an frischer Luft statt und beanspruchte den Körper in wechselnder Weise. In Fabrikräumen und vielen engen Heimarbeiterstuben mischten sich hingegen Luft voller Schleifstaub und Fusseln, Ausdünstungen, Hitze und Lärm der Maschinen und Feuchtigkeit in je nach Gewerbe verschiedener Weise und schädigten Lunge und Augen. In den Fabriken bestanden an den Maschinen keine Sicherheitsvorkehrungen

Arbeit und Gesundheit

495

gegen Arbeitsunfälle. Daß der Körper der dort Arbeitenden durch Tag für Tag die gleichen Handgriffe einseitig beansprucht wurde, tat sein Übriges.

Hinzu kam, daß die Unterschichten einseitig ernährt und oft unterernährt waren und dadurch gegen Krankheiten weniger Widerstandskraft hatten. Bei der Hungersnot von 1847 starben in Schlesien 16.000 Menschen an Hungertyphus. Bei den Musterungen zum Militärdienst erwies sich ein großer Teil der jungen Männer als untauglich, und zwar vor allem der gewerblichen, weniger der bäuerlichen Bevölkerung. Bergarbeiter mußten mit 45, spätestens 50 Jahren aufhören zu arbeiten, weil ihre Kräfte verbraucht waren. Noch im späten 19. Jahrhundert stellte man fest, daß die mittlere Lebenserwartung bei der Unterschicht 30 Jahre, bei der Oberschicht aber 50 Jahre betrug. Die Krankheiten wurden auch durch die geringe Hygiene gefördert. Noch immer wurden selbst in Großstädten öfters der Inhalt der Nachttöpfe und Kehrricht genauso wie die Abwässer von Schlachtereien und anderen Betrieben auf die Straße geschüttet. Da war es kein Wunder, daß die Sterblichkeit in den viel dichter bevölkerten großen Städten deutlich höher lag als auf dem Lande.

Die medizinische Therapie stand den Problemen der Volksgesundheit ohne praktische Fortschritte gegenüber. Ihr einziger nennenswerter Erfolg lag darin, daß sie die Pocken entscheidend zurückdrängen konnte, nachdem die Pockenschutzimpfung erfunden und von den Regierungen mit Impfzwang gegen die widerstrebende Bevölkerung durchgesetzt worden war (als erstes Bayern 1807, Baden 1815, Württemberg 1818). Dafür hielt seit 1831 allerdings mit der Cholera eine bislang unbekannte Seuche Einzug. Über den Mangel an brauchbaren Therapien sollten aber die organisatorischen Fortschritte der Medizin nicht übersehen werden, die dann eine der Grundlagen für die medizinischen Erfolge der zweiten Jahrhunderthälfte bildeten. Für Ärzte wurde bis zur Mitte des 19. Jahrhunderts einheitlich ein Hochschulstudium als Ausbildung staatlich vorgeschrieben, so daß die Wundärzte und handwerklich ausgebildeten Bader usw., die es bis dahin neben den promovierten Ärzten gegeben hatte, im Laufe der Jahrzehnte verschwanden. Volksmedizin und andere Heiltätigkeiten wurden jetzt als Kurpfuscherei bekämpft und zurückgedrängt. Weiterhin konnte sich jedoch der größte Teil der Bevölkerung im Krankheitsfall keine Arztbehandlung leisten. Auch die Hospitäler wurden reformiert. Bisher waren dort Kranke, Alte, Arme und Gebrechliche zusammen aufgenommen und gepflegt worden, ohne daß es eine eigentliche Heilbehandlung gab. Ende des 18. Jahrhunderts entstanden Hospitäler eines neuen Typs, Krankenhäuser im heutigen Sinn, die keine Dauerpflegefälle aufnahmen, sondern ausschließlich heilbare Kranke, und die deren Krankheiten zu beseitigen versuchten, gegebenenfalls durch Operation. Dabei waren diese Krankenhäuser zunächst nur für Arme gedacht. Vorbild für viele andere wurde das 1784 eingerichtete Allgemeine Krankenhaus in Wien. In Preußen stieg die Zahl der öffentlichen Krankenhäuser bis 1852 auf 567. Zur Pflege der Patienten in den Krankenhäusern wurden in den 30er Jahren Schwesternorden gegründet.

Konsum-
standard

Unter dem Druck der Tendenz zur Übervölkerung sank der Konsumstandard der Unterschichten zweifellos ab, während jener der Bessergestellten sich vermutlich gegenläufig entwickelte. Die Unterschiede lassen sich schon an der Struktur der Ausgaben erkennen: während ein Arbeiterhaushalt im Durchschnitt schätzungsweise 75 Prozent seines Geldes für Lebensmittel ausgeben mußte, verwendete ein großbürgerlicher Haushalt von seinem wesentlich größeren Einkommen nur etwa 45 Prozent darauf, behielt also viel mehr für andere Konsumausgaben übrig. Und dabei war das, was hierfür

496

an Lebensmitteln erstanden werden konnte, höchst unterschiedlich. Der durchschnittliche jährliche Fleischverbrauch pro Kopf erreichte, nachdem er während der Napoleonischen Kriege zurückgegangen war, bis 1850 wieder das schon um 1800 gehabte Niveau von 23 Kilogramm. Aber während wohlhabende Bürger und Bauern mehrmals in der Woche Fleisch auf dem Tisch hatten, konnte rund die Hälfte der Bevölkerung nur wenige Male im Jahr Fleisch essen. Überhaupt reichte dort die Nahrung gerade, um nicht zu verhungern. Dabei änderte sich ihre Zusammensetzung. Die bisher bei der Masse der Bevölkerung vorherrschende Brei- und Musnahrung auf Getreidebasis wurde zunehmend durch Kartoffeln ersetzt, mit denen sich der Kalorienbedarf billiger decken ließ als mit Getreide. Das geschah vor allem in Norddeutschland, während in Süddeutschland Nudeln und Klöße jetzt eine wichtige Rolle in der Ernährung gewannen. Auch die Sitte der (Butter-)Brotmahlzeiten anstelle von Suppen breitete sich aus, zunächst in Nord- und Mitteldeutschland, ebenso wie das Kaffeetrinken, wobei die Armen sich aber weitgehend mit Ersatzkaffee aus Zichorien behalfen.

In den großen Städten nahm mit der wachsenden Bevölkerung und den dadurch steigenden Bodenpreisen die Zahl der Mietwohnungen zu. Eine mittelständische Wohnung bestand aus mehreren Zimmern. In diesen Kreisen wurden in den ersten Jahrzehnten des 19. Jahrhunderts im Wohnraum ein ovaler Tisch und ein Sofa an einer Seite des Zimmers üblich, die sich zum Mittelpunkt des Familienlebens entwickelten. Solide Schränke und eine Vitrine für Porzellan- und Glassachen bezeugten ein geordnetes Auskommen, und Bildung kam in Bücherschrank, einigen wenigen Bildern und oft einem Klavier zum Ausdruck. Teppiche, Parkettfußboden und ein Bad waren dagegen bestenfalls in sehr wohlhabenden Kreisen zu finden. Die Öllampe machte allmählich der Kerze Konkurrenz, deren Docht ständig mit der Lichtschere in Ordnung gehalten werden mußte, und ebenso dem in bäuerlichen Haushalten noch verwendeten Kienspan. *Wohnen*

Die Angehörigen der ländlichen Unterschicht wohnten meist eng zusammengedrängt mit Schwein und Hühnern in dunklen Hütten, die meist nur eine Stube und eine Kammer hatten. Die städtischen Unterschichten lebten in dunklen Keller-, Hinterhof- und Dachwohnungen. Gesinde, Gesellen und Dienstboten mußten weiter mit einem schlichten Schlafplatz hinter einem Holzverschlag im Flur oder Stall oder auf dem Dachboden vorlieb nehmen. In diesen Kreisen waren Möbel kaum vorhanden.

Wenngleich die Zeitgenossen es erst ansatzweise bemerkten, so ist doch nicht zu verkennen, daß die wirtschaftliche, materielle Welt sich am Ende des 18. Jahrhunderts rascher zu wandeln begann, als sie es in den vorangegangenen Jahrhunderten getan hatte, und das sollte erst der Anfang sein. Die Epoche stand zwischen anschwellender Krise und ersten Schritten in Richtung Industrialisierung. Auf der einen Seite drängte das Bevölkerungswachstum gegen die Tragfähigkeitsgrenze, drohte Holzknappheit, verschlechterten sich die Arbeitsbedingungen und die Ernährung der Unterschichten – eine „gute alte Zeit" war das Biedermeier für die meisten Deutschen nicht. Auf der anderen Seite standen die Fortschritte zu einer besseren Beherrschung der Natur in Produktionstechnik und Verkehr, Ackerbau und Gesundheitswesen, wenn auch noch ohne Breitenwirkung. Und auch die liberalen Reformen der Agrarverfassung, von Gewerbeordnung und Zollwesen bedeuteten einen Fortschritt, insofern sie auf dem Weg zur Industriewirtschaft im Prinzip notwendig waren, doch gilt diese positive Bewertung nicht uneingeschränkt, da ihre Folgen auf die Gesellschaft durchaus auch problematische Seiten hatten, wie gleich zu schildern ist. *Eine fortschrittliche Zeit?*

6.3 Auflösung der Ständegesellschaft

Grundzüge

Die gesellschaftlichen Verhältnisse wandelten sich in der ersten Hälfte des 19. Jahrhunderts weit stärker als in den vorangegangenen Jahrhunderten. Dieser Wandel wurde vor allem durch zwei Grundzüge geprägt: zum einen eine zunehmende Individualisierung und Versachlichung der gesellschaftlichen Beziehungen, wodurch die althergebrachte Ständeordnung mit ihren herrschaftlichen, genossenschaftlichen und überhaupt personalen Bindungen sich allmählich auflöste, zum anderen der zur Jahrhundertmitte hin bedrohlich werdende Zug zur Massenverelendung, der Pauperismus. Diese Tendenzen erfaßten die einzelnen Landschaften unterschiedlich stark; intensiver die Gebiete mit Realteilung der Höfe, starker Vergewerblichung des Landes und größerer Städtedichte, also das Rheinland, Hessen, Sachsen, Schwaben und die Schweiz, weniger intensiv Norddeutschland sowie Altbayern und Österreich. Die Triebkräfte für diese Umformungen lagen teils im wirtschaftlichen Bereich, so darin, daß das Mißverhältnis zwischen rasch steigender Bevölkerungszahl und zu langsam wachsender Zahl wirtschaftlicher Existenzmöglichkeiten sich verschärfte, und darin, daß sich allgemein eine Wirtschaftsordnung durchsetzte, die auf dem Prinzip marktwirtschaftlichen Wettbewerbs beruhte, teils lagen sie aber auch im geistigen Bereich, so vor allem, daß sich die Ideale der Gleichheit der Menschen und der freien Entfaltung der individuellen Persönlichkeiten verbreiteten.

Auflösung der Ständegesellschaft

Die Ständeordnung wurde in den deutschen Staaten nicht wie in Frankreich durch einen revolutionären Schwertstreich beseitigt, sondern in einem jahrzehntelangen Prozeß aufgelöst. Das geschah größtenteils gar nicht als beabsichtigte Gesellschaftsreform, sondern als unvermeidliche Folge der liberalen Wirtschaftsreformen. Die Absonderung einzelner sozialer Gruppen, besonders des Adels, durch ständische Privilegien lief aus. Schon mit Ausgang des 18. Jahrhunderts endete die Monopolisierung einzelner Symbole durch bestimmte Stände. Die ständischen Kleiderordnungen hörten auf – die letzte wurde 1786 in Mecklenburg erlassen –, und ebenso verschwanden die übrigen ständischen Aufwandsbegrenzungen. Am Ende des 18. Jahrhunderts bestand in der Kleidung zwischen Adel und gehobenem Bürgertum kein Unterschied mehr. Das differenzierte System schriftlicher Anredefloskeln schrumpfte stark zusammen.

Die bislang den führenden Schichten vorbehaltene Anrede als „Herr" und „Frau" wurde auch vom Bürgertum übernommen und dehnte sich im Laufe des 19. Jahrhunderts allmählich auf jedermann aus. Arbeiter und Dienstboten wurden von ihren Vorgesetzten und Herren aber weitgehend noch bis zum Ersten Weltkrieg geduzt. Mit der Idee der Aufklärung, daß die Menschen von Natur aus gleich seien, begann im letzten Drittel des 18. Jahrhunderts im Bürgertum zunächst vereinzelt Kritik am Adel, dessen privilegierte Stellung auf dem Zufall der Geburt beruhte und nicht durch individuelle Leistung gerechtfertigt war. Indem in Preußen in der Reformzeit das Tor zu freier Wirtschaftstätigkeit aufgestoßen wurde, fielen dabei unvermeidlich die wesentlichen Standesvorrechte des Adels, nämlich sein bisheriges Vorrecht auf den Besitz von Rittergütern (das in der Praxis schon vorher oft umgangen worden war) und auf höhere Staatsstellungen sowie jene Herrenstellung des Adels, die sich aus der Hörigkeit der Bauern ergeben hatte. Adelsprivilegien, die nicht als Hemmnis für die wirtschaftliche Entwicklung angesehen wurden, blieben dagegen in Preußen wie auch anderen norddeutschen Staaten noch bis zur Jahrhundertmitte bestehen, so Grundsteuerfreiheit, örtliche Polizeigewalt, Patrimonialgerichtsbarkeit der Rittergutsbesitzer und ihr Jagdrecht auf Bauernland. In den süddeutschen Staaten wurden auch die Grundsteuerfreiheit des Adels und seine anderen noch bestehenden Vorrechte bis zur Jahrhundertmitte immer weiter abgebaut.

Die von wirtschaftlichen Interessen wie auch aufklärerischem Denken gespeiste Idee, den einzelnen Individuen den Weg freizumachen, um ihre Anlagen und Neigungen frei entfalten zu können, zersetzte mit ihrer Ausbreitung nicht nur die Schranke zwischen Adel und Bürgertum, sondern auch andere gesellschaftliche Bindungen. Die grundherrlichen, hausherrlichen und genossenschaftlichen Bindungen wurden aufgelöst oder abgebaut und die notwendigerweise fortbestehenden Beziehungen immer mehr von personalen auf rein sachen- und schuldrechtliche Grundlagen umgestellt. Dadurch erhielten vor allem die Angehörigen der Unterschichten mehr individuellen Handlungsspielraum. Während die Gesellschaft bisher aus Grundherrschaften, Häusern, Dorfgemeinschaften, Zünften und anderen Verbänden zusammengesetzt gewesen war, hinter denen der einzelne zurücktrat, sofern er sie nicht als deren Spitze nach außen repräsentierte, ging die Tendenz jetzt hin zu einer Gesellschaft, die sich unmittelbar aus rechtlich zunehmend gleichgestellten Individuen zusammensetzte. Die Bauern verloren ihre Fesseln der Erbuntertänigkeit, Schollengebundenheit und des Ehekonsens ebenso wie den Zwang, sich in die Regelungen der Dorfgenossenschaft einzufügen. Wo Insten und andere Landarbeiter weiter in Beziehung zu einem Gutsherrn standen, verlor diese immer mehr ihre patriarchalischen Züge zugunsten einer rein wirtschaftlichen Abhängigkeit. Für die städtischen Handwerker verschwanden mit den Zünften Einrichtungen, die auf standesgemäße Lebensführung gedrängt hatten. Dieser allgemeine Zug, die Stellung des Individuums zu stärken, reichte auch bis in die einzelnen Haushalte hinein. So bestand die Tendenz, die Gewalt des Hausherrn über Frau, Gesinde und Kinder zu beschneiden, und teilweise lösten sich die hausrechtlich Abhängigen auch ganz aus dem Haushalt. Die Vormundschaft des Mannes über die Ehefrau wurde in Baden 1825, Württemberg 1828 und Sachsen 1838 aufgehoben. Auch in handwerklichen und bäuerlichen Kreisen verdünnte sich der Brauch, daß die Eltern die Ehepartner für ihre Kinder bestimmten, zu einem Vorschlagsrecht. Das gemeinsame Gebet der Hausväter und Herrschaften mit den Dienstboten erstarb nach und nach. Handwerksgesellen, die bisher im Regelfall wie ehelose Familienmitglieder im Haushalt des Meisters gelebt hatten bei freier Unterkunft und Kost und einem Taschengeld, wohnten zunehmend nicht mehr im Haus des Meisters, heirateten teilweise auch und wurden dann ausschließlich in Geld entlohnt. Diese Entwicklungen blieben nicht auf die Städte beschränkt, sondern waren bis in Großbauernhaushalte hinein spürbar. Dort wurde der Abstand zwischen Bauern und Gesinde größer. Das Gesinde aß jetzt immer häufiger nicht mehr gemeinsam mit dem Bauern an einem Tisch, sondern in Form der „Leutestube" kam ein eigener Aufenthalts- und Eßraum für das Gesinde auf. Daß personale Beziehungen zugunsten von reinen Sachbeziehungen zurückgingen, wurde besonders auch daran deutlich, daß sich freie Lohnarbeit ausbreitete. Hier beruhte die Beziehung zwischen Arbeiter und Arbeitgeber ausschließlich auf Arbeitsleistung und Lohnzahlung, ohne daß soziale Fürsorgepflicht oder persönliche Loyalität hinzutraten. War ein Knecht oder Dienstbote krank oder altersschwach geworden, wurde er im Hause gepflegt; konnte ein Fabrikarbeiter seine Arbeitsleistung nicht mehr erbringen, wurde er von einem auf den anderen Tag auf die Straße gesetzt.

Entstehen einer bürgerlichen Gesellschaft? Das liberale Bürgertum erstrebte eine Gesellschaft, in der jeder das gleiche Recht haben sollte, frei von rechtlichen Hemmnissen seine Fähigkeiten zu nutzen und so durch Tüchtigkeit emporzukommen. „Freie Bahn dem Tüchtigen" und „Jeder ist seines Glückes Schmied" – so lauteten diese Überzeugungen in schlagwortartiger Verkürzung. Soziale Unterschiede wurden also akzeptiert, soweit sie sich mit unterschiedlicher Leistung begründen ließen und nicht auf Abstammung und Vorrechte zurückgingen.

Die Realität blieb dahinter zurück. Zweifellos legten die liberalen Wirtschaftsreformen die rechtlichen Grundlagen für eine bürgerliche Wettbewerbsgesellschaft. Um im höheren Staatsdienst das Leistungsprinzip gegenüber dem adligen Geburtsvorrecht durchzusetzen, wurden Prüfungen zur Eingangsvoraussetzung gemacht, und das hieß vor allem, daß nun auch fähige Bürgerliche jene führenden Positionen erreichen konnten, die bis dahin dem Adel reserviert worden waren. Dieses Prinzip übertrug man im Laufe der Zeit auch auf viele andere akademische und mittlere Berufe. Die Verbindung von Prüfungen und Berechtigungen entwickelte sich damit zu einem Grundfaktor gesellschaftlicher Gliederung. Zugleich wirkten allerdings auch ständische Merkmale noch bis zur Mitte des 19. Jahrhunderts stark weiter. Der Adel mußte sich zwar jetzt als Landwirt, Offizier und Beamter der bürgerlichen Konkurrenz stellen, doch waren ihm nicht nur einige seiner Privilegien noch verblieben, sondern auch sein traditionelles Prestige. Dieses und seine Rolle als Kern der „hoffähigen" Gesellschaft und damit seine Nähe zum Monarchen, die wirtschaftliche Rolle vieler seiner Mitglieder als Arbeitgeber und als Schrittmacher bei der Einführung von Neuerungen in der Landwirtschaft, sein Vorsprung an Besitz und Bildung und seine Übung im Umgang mit öffentlichen Angelegenheiten hatten zur Folge, daß der Adel auch weiter den Anspruch erhob, gesellschaftlich und auch politisch führend zu sein und mit seiner Lebensform Maßstäbe zu setzen. Dies wurde auch noch weithin akzeptiert, besonders von der Landbevölkerung. Das gesellschaftliche Kontaktverhalten wurde nicht nur beim Adel noch mehr von dem Kriterium des ständischen Rangs als dem des bürgerlichen Vermögensunterschieds bestimmt, die Auswahl des Ehegatten ebenso wie Sitzordnung und Vortritt in der Kirche und bei öffentlichen Veranstaltungen. Eine Gesellschaft, in der das Bürgertum den Ton angab und die dem Ideal bürgerlicher Gleichberechtigung entsprach, eine bürgerliche Gesellschaft in diesem Sinne war in den deutschen Staaten bis zur Mitte des 19. Jahrhunderts erst in Ansätzen, aber nicht in Reinkultur entstanden.

Sie sollte sich auch nie völlig durchsetzen – zu lange wirkten noch ständische Traditionen nach, zu früh wurde das bürgerliche Ideal dann durch die Massengesellschaft überholt, die mit der Industrialisierung heraufkam.

Überdies krankte die bürgerliche Idee einer Gesellschaft freier Individuen von vornherein daran, daß man nicht klar genug das gleiche Recht auf freie Beteiligung am Wirtschaftsleben unterschied von der tatsächlichen Chance, dieses in der Praxis auch zu nutzen. Die einzelnen Menschen traten in die Wettbewerbsgesellschaft mit unterschiedlichen Startvoraussetzungen ein, und indem so in starkem Maße doch wieder die soziale Herkunft über die soziale Stellung entschied, erwies sich die gesellschaftliche Ungleichheit nur zum Teil durch unterschiedliche Leistung begründet. Wenn ferner die Einkommen von Besitzenden und von Lohnarbeitenden immer weiter auseinanderdrifteten, so war auch dieses nicht auf Leistungsunterschiede zurückzuführen, sondern durch die Kräfte des Marktes bewirkt, welche die einfache Lohnarbeitskraft abwerteten, da diese beim Trend zur Übervölkerung überreichlich angeboten wurde. Außerdem zeigte sich, daß diejenigen, die nicht selbst Boden oder Kapital besaßen und deshalb ihre Arbeitskraft gegen Lohn an Fabrikanten oder Gutsbesitzer verkaufen mußten, dadurch auch in Abhängigkeit und in eine gewisse Form von Unfreiheit gerieten, keine persönliche und rechtliche zwar, sondern eine sachliche, durch Vertrag begründete, die aber ebenfalls drückend sein konnte.

Indem sich die Ständeordnung auflöste, in der Lebensführung, Selbstverständnis und Sozialprestige sich deckten und in der die einzelnen Stände durch ihre jeweiligen Vorrechte klar voneinander abgegrenzt waren, wurde die soziale Gliederung weniger leicht faßbar, gestalteten sich die Grenzen zwischen den einzelnen sozialen Gruppen flüssiger. Indem die rechtlichen Unterschiede eingeebnet wurden und die personalen hinter sachlichen, vor allem wirtschaftlichen Beziehungen zurücktraten, bestimmte sich die gesellschaftliche Stellung der Menschen zunehmend von ihrer wirtschaftlichen Lage her, vor allem von ihrer Stellung im arbeitsteiligen Produktionsprozeß und damit auch von Art und Größe ihres Einkommens. Mindestens ebenso wichtig war

Prinzipien sozialer Gliederung

Gesellschaft in Deutschland um 1850

1 Eliten
  a Gutsbesitzer
  b Unternehmer
  c Offiziere, akademische Beamte, Geistliche,
    freiberufliche Akademiker
2 Mittelschicht
  a Handwerksmeister (incl. mithelfende Familienangehörige)
  b übrige bürgerliche Gruppen (mittlere Beamten, Lehrer,
    Einzelhändler, Handlungsgehilfen usw.)
  c Bauern (incl. mithelfende Familienangehörige)
3 Unterschichten
  a Inhaber ländlicher Kleinstellen (incl. mithelfende
    Familienangehörige)
  b Berg- und Fabrikarbeiter
  c Handwerksgesellen und -lehrlinge
  d Tagelöhner
  e Gesinde und Dienstboten

Das Verhältnis der Feldgrößen entspricht etwa dem Zahlenverhältnis der Erwerbstätigen der einzelnen Schichten zueinander. Die Stufung orientiert sich an Prestige und wirtschaftlicher Lage. Der Höhenmaßstab der Stufung ist willkürlich; der soziale Abstand der oberen Schichten zueinander und zu den übrigen Schichten ist größer, als es in der Zeichnung zum Ausdruck kommt.

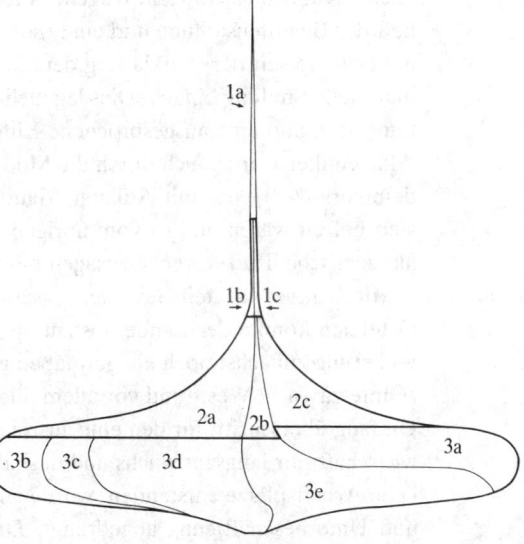

aber auch die Rangfolge nach dem sozialen Prestige und der Lebensführung. Keines von beiden Kriterien bestimmte das gesellschaftliche Verhalten vorherrschend, ein Zeichen des Übergangs von der Stände- zur Klassengesellschaft.

Hinsichtlich der wirtschaftlichen Lage zerfiel die Gesellschaft in drei Großschichten: die Oberschicht, die auf Großgrundbesitz beruhte, die Mittelschichten, die sich durch wirtschaftliche Selbständigkeit oder eine langfristig gesicherte wirtschaftliche Stellung auszeichneten, und die Unterschichten, die weder Besitz noch besondere Bildung besaßen, vom Lohn für ihre Handarbeit leben mußten und somit wirtschaftlich abhängig und ungesichert waren. Innerhalb dieser Großschichten wurde der Gegensatz zwischen Städtern und Landbevölkerung als wesentlich empfunden. Zu den Mittelschichten rechneten die Groß- und Mittelbauern, von den Städtern alle wirtschaftlich Selbständigen, die in sich vom Fabrikanten und Kaufmann bis zum Handwerksmeister differenziert waren. Dazu zählten auch freiberufliche Akademiker wie Ärzte und Anwälte sowie akademische und mittlere Beamte, denen die Beamtenstellung eine gesicherte Existenz bot. Der Besitz von Hof, Werkstatt oder Betrieb oder die höhere Bildung der Akademiker waren Kennzeichen der Mittelschichten. Zu den Unterschichten gehörten eine Vielzahl von Gesellen, Dienstboten, Fabrik- und Manufakturarbeitern sowie auf dem Lande Gesinde und Landarbeiter.

Die Rangordnung des Sozialprestiges entsprach dieser Schichtung aber nur zum geringen Teil. Hier rangierte an der Spitze nach wie vor der Adel, gefolgt von Offizieren und fast gleichauf den Akademikern, und erst mit deutlichem Abstand dahinter folgte das Wirtschaftsbürgertum der Unternehmer und Kaufleute, dann die handarbeitenden Selbständigen und die übrigen Beamten, schließlich die Unterschichten. Das Sozialprestige war also nur zum Teil auf Besitzunterschiede gegründet. Auch die Vornehmheit der Geburt galt weiter als wichtig. Die Hochschätzung der Offiziere spiegelte ihre besondere Treuebindung an den Monarchen und ihre traditionell überwiegend adlige Herkunft wider. Alle Beamten waren wesentlich höher angesehen, als es ihren Einkommensverhältnissen entsprochen hätte, denn als Amtspersonen hatten sie ein Stückchen teil am Glanz der Machtausübung des Monarchen. Dies wurde schon äußerlich dadurch sichtbar, daß seit der Jahrhundertwende in einigen deutschen Staaten auch Zivilbeamte Uniform trugen. Aufwertend wirkte außerdem die relative Sicherheit der Beamtenstellung und ein besonderer Gerichtsstand. Das Prestige der Akademiker hatte seit der Aufklärung deutlich zugenommen und ragte jetzt weit über ihre materielle Stellung hinaus. Dies lag nicht nur daran, daß Akademiker noch relativ selten waren und eine ausgesprochene Elite darstellten, sondern die Hochschätzung der Akademiker wurde auch durch die Monarchen gefördert, indem den beamteten Akademikern die Heirat mit Adligen erlaubt war, sie teilweise von bestimmten Steuerlasten befreit waren und so vom übrigen Bürgertum abgehoben wurden. Examen und akademische Titel waren sozusagen das Adelsprädikat des Bildungsbürgertums.

Pauperismus   Mit dem verstärkten Bevölkerungsanstieg eng verbunden war der Pauperismus. In Ostelbien konnte der Landesausbau nach den Agrarreformen die Steigerung der Bevölkerung zunächst noch einigermaßen auffangen, bis dann auch dort wie schon Jahrzehnte zuvor in West- und vor allem Südwestdeutschland die Bevölkerungszahl jenen Umfang überschritt, für den eine ausreichende Existenz möglich war. Da die Gesamtwirtschaft nur langsam wuchs und deshalb im Gewerbe nur in geringem Maße zusätzliche Arbeitsplätze entstanden, wurde ein Teil der Bevölkerung in Kümmerexistenzen und Unterbeschäftigung abgedrängt. Damit verformte sich die ganze Gesellschaftsstruktur, ein Trend, der sich also vom 18. Jahrhundert her verstärkt fortsetzte. In Preußen nahm von 1800 bis 1850 die Zahl der Bauerngüter nur von etwa 402.000 auf 414.000 zu, während die Zahl der ländlichen Kleinstellen von 348.000 auf 670.000 stieg; in Sachsen blieb zwischen 1750 und 1843 die Zahl der Bauern sogar mit 250.000 konstant, während jene der Gärtner und Häusler von 310.000 auf 800.000 anschwoll! Viele suchten im Heimgewerbe einen Zusatzverdienst. Der Anteil der Dienstboten an der Bevölkerung erreichte in der ersten Hälfte des 19. Jahrhunderts seinen höchsten Stand; für das höhere und große Teile des mittleren Bürgertums war es normal, Hauspersonal zu halten, da dessen Arbeit unter dem Druck der Übervölkerung relativ billig zu haben war. In den Städten ging der Anteil der Hausbesitzer stark zurück.

Die liberalen Wirtschaftsreformen verursachten die Verelendung nicht, aber sie machten sie noch offensichtlicher: nachdem die Gewerbefreiheit eingeführt worden war, versuchten sich zu viele als selbständige Handwerksmeister und nahmen sich dadurch gegenseitig die Aufträge weg; wo man in der Landwirtschaft zum Erbteilungsprinzip überging, sank die durchschnittliche Betriebsgröße und damit die soziale Stellung der Inhaber; als sich die Ständegesellschaft auflöste, fielen die Unterschichten aus jener sozialen Einbindung und Absicherung heraus, die ihnen Grundherrschaft und Ganzes Haus geboten hatten, und traten in ihrer Armut in unmittelbare Beziehung zu den staatlichen Gewalten, sie wurden teilweise als Folge der neugewonnenen Freizügigkeit mobil und begannen in Städte, Gewerbegebiete oder ins Ausland zu wandern, rückten also insgesamt deutlicher ins Blickfeld der Öffentlichkeit. Auch eine Folge der beginnenden Industrialisierung war die Massenverarmung nicht, im Gegenteil: wo seit den 1830er Jahren Industriebetriebe entstanden und Eisenbahnen gebaut wurden, entstanden Verdienstmöglichkeiten, und die Armut ging zurück. Not herrschte dagegen dort, wo Heimarbeiter mit ihren handwerklichen Produktionsmethoden besonders in den 1840er Jahren unter den Konkurrenzdruck vor allem der britischen Industrie gerieten. Die Übervölkerung führte dazu, daß die Entlohnung der Lohn- und Heimarbeiter gedrückt wurde, ihre Arbeitszeit sich verlängerte und daß manche nicht das ganze Jahr hindurch Arbeit und Einkommen fanden. Daß die Nahrungsmittelerzeugung mit dem wachsenden Bedarf nicht ganz mitkam und deshalb die Getreidepreise bis 1820 und nach einem deutlichen Verfall erneut seit 1827 im allgemeinen anstiegen, beschnitt den Lebensstandard vor allem der nichtlandwirtschaftlichen Unterschichten zusätzlich immer weiter.

Dies alles zusammen bewirkte, daß im Laufe der ersten Hälfte des 19. Jahrhunderts der Anteil der gänzlich besitzlosen, lohnabhängigen Menschen und der Kleinststellenbesitzer an der Gesamtbevölkerung immer weiter anwuchs, und daß diese Unterschichten auf dem Lande und in den Städten zunehmend selbst bei angestrengtester Arbeit höchstens ein notdürftiges Auskommen verdienten. Ab 1830 wuchs dieser „Pauperismus", wie ihn die Zeitgenossen nannten, zu einem nicht mehr zu übersehenden Massenphänomen heran, das auf seinen Höhepunkt um die Jahrhundertmitte zutrieb. Bestand nicht die Möglichkeit, daß die anschwellende Flut der Massenverarmung schließlich in offene Unzufriedenheit umschlug und dann die ganze Gesellschaftsordnung umstürzte? Die besitzenden und gebildeten Schichten waren in den 1840er Jahren öffentlich in Sorge vor der drohenden Katastrophe. Ihre Analysen gingen dabei je nach politischem Standort weit auseinander. Liberale, nach deren Meinung es in der Wettbewerbsgesellschaft jeder Tüchtige zu etwas bringen konnte, sahen Armut oft als Folge von Faulheit an und bestenfalls als Mangel an Qualifikation, dem durch mehr Bildung und Fleiß abzuhelfen sei. Konservative Handwerker erblickten dagegen in der Einführung der Gewerbefreiheit die Wurzel des Übels, die es darum rückgängig zu machen gelte. Kirchliche Kreise wiederum vermuteten den Grund für die Verelendung in einem Verfall der Moral und des Glaubens an Gott, der durch erzieherische Maßnahmen überwunden werden müsse.

Größe der sozialen Schichten in Preußen um 1850

Im Laufe der Jahrzehnte hatte sich die Sozialstruktur soweit verändert, daß die Gesellschaft in Preußen sich 1846/49 folgendermaßen zusammensetzte: es gab etwa 15.000 Gutsbesitzer (die Zahl der Rittergüter betrug 12.000 mit einer Durchschnittsgröße von 531 ha), 6.500 Offiziere, etwa 66.500 akademische Beamte, Gymnasiallehrer, Geistliche und freiberufliche Akademiker, etwa 82.000 Unternehmer, 23.000 Rentiers, 611.000 Handwerksmeister, 120.000 Subalternbeamte, -angestellte und Volksschullehrer, 384.000 Bauern, 520.000 Kleinbauern, 326.000 Fabrik- und Bergarbeiter, 500.000 Weber, 139.000 Soldaten, 385.000 Handwerksgesellen, 1.175.000 Knechte, Mägde und Dienstboten, 1.753.000 Tagelöhner sowie 864.000 Bettler, Landstreicher, Arme und sonstige Unterschichtangehörige. Der Anteil des Adels betrug etwa 0,4 Prozent der Bevölkerung; er war vor allem unter den Gutsbesitzern, Offizieren und höheren Beamten vertreten. So zeigt diese Aufstellung: selbst wenn man bei den Mittelschichten noch die mithelfenden Familienangehörigen berücksichtigt, betrug der Anteil der besitzlosen, lohnabhängigen Unterschichten etwas über die Hälfte der Erwerbstätigen, und wenn man die auf nichtlandwirtschaftlichen Zusatzverdienst angewiesenen Kleinbauern dazuzählt, muß man sogar gut zwei Drittel der Bevölkerung zur Unterschicht rechnen!

Titularadel und Gutsbesitzerklasse

Jahrhundertelang hatten Herrschaftsfunktion und Großgrundbesitz als Wesen des Adels gegolten. Nachdem dieser Zusammenhang sich schon im Laufe des 18. Jahrhunderts gelockert hatte, fielen seit dem Ende des 18. Jahrhunderts Adelstitel und herkömmliche Adelsfunktionen immer mehr auseinander, zersetzte der Adelsstand im überlieferten Sinn sich schließlich völlig. Übrig blieb der Adel als Titelträger, mit historischer Erinnerung beladen und von besonderem Prestige umglänzt, und neu entstand in Ostelbien die Klasse der Gutsbesitzer.

Der Adel als Stand wurde um die Jahrhundertwende deutlich geschwächt, wenngleich nicht aufgehoben. Durch die Säkularisierung geistlicher Territorien verlor der katholische Adel seine Posten als geistliche Reichsfürsten und Domherren, und durch die Reformen büßte der Adel grundherrliche Herrschaftsrechte und das Monopol auf die Führungsposten in Staatsverwaltung und Offizierskorps ein. Die Reichsritter und fast alle kleineren reichsunmittelbaren Fürsten, Grafen und Herren verloren 1803/1806 ihre reichsunmittelbare Stellung und sanken zum landsässigen Adel innerhalb eines größeren Territoriums herab. Dabei konnten die etwa 80 ehemals reichsfürstlichen und reichsgräflichen Familien die früheren Domänen zu ihrem Privateigentum machen und zunächst als „Standesherren" noch einige gesellschaftliche Privilegien wahren, von denen sie dann 1848 die meisten verloren.

Seitdem auch die Adelsgüter den Prinzipien liberaler Marktwirtschaft unterworfen waren und beliebig verkauft werden konnten, vermochten viele adlige Gutsbesitzer sich nicht zu halten. Bei ihnen hatten nachlässige Wirtschaft und übergroßer Konsumaufwand in die Überschuldung geführt, aus der nur Verkauf oder Versteigerung retten konnten. Während um 1800 noch 90 Prozent der preußischen Rittergüter adlige Besitzer hatten, waren es 1856 nur noch 57 Prozent. Schon am Ende des 18. Jahrhunderts hatte ein beträchtlicher Teil des Adels kein Land mehr besessen. Der Adel wuchs seitdem noch weiter, teils durch eigenen Nachwuchs, teils durch die immer zahlreicheren Adelsverleihungen, vor allem an höhere Beamte und Offiziere. So war um 1850 der größere Teil des Adels unbegütert, lebte als Beamter und Offizier, aber auch als Gutsangestellter, Postmeister oder in anderen bürgerlichen Berufen, stets im Zwiespalt zwischen dem Anspruch auf Vornehmheit und seiner geringeren materiellen Lage. Als gewerblicher Unternehmer versuchte sich kaum einer von ihnen, so daß der Adel hier keinen Anschluß an die Wirtschaftskräfte der Zukunft fand.

In Ostelbien paßten sich die bürgerlichen Rittergutsbesitzer weitgehend den Lebensformen des Adels an, seiner Ehrauffassung und seiner Herrenhaltung gegenüber den Landarbeitern. Die adligen Gutsbesitzer ihrerseits ließen sich bei der Nutzung ihrer Güter zunehmend vom Wirtschaftsdenken bürgerlicher Herkunft leiten, das von rein ökonomischen Gesichtspunkten ausging und hinter dem alle patriarchalischen Traditionen im Verhältnis zu den Leuten langfristig restlos verschwanden. Zwar lehnten die adligen Gutsbesitzer noch bis 1848 die bürgerlichen als gesellschaftlich nicht gleichwertig ab und mieden sie im gesellschaftlichen Verkehr, aber die Entwicklung lief offenkundig dahin, daß beide bald nach der Mitte des Jahrhunderts zu einer landwirtschaftlichen Unternehmerschicht zusammenwuchsen, für deren soziales und politisches Verhalten ihre gemeinsamen Interessen als Großagrarier maßgeblich wurden. Der adlige Erbstand der ostelbischen Gutsherren wandelte sich damit allmählich in eine durch Gutsbesitz begründete Klasse. So, wie die Auflösung der Ständegesellschaft sich in den deutschen Staaten vollzog, durch liberale Reformen und nicht durch einen revolutionären Umsturz von unten, bewirkte sie also keineswegs, daß es fortan keine auf Großgrundbesitz gegründete Oberschicht mehr gab: im Gegenteil. Nachdem in den Jahren 1820-26 landwirtschaftliche Überproduktion und demzufolge Preisverfall viele Güter in den Konkurs getrieben und den Übergang von adligen in bürgerliche Hände beschleunigt hatten, stiegen die Getreidepreise danach bis über die Jahrhundertmitte hinaus deutlich an, so daß die Klasse der ostelbischen Großagrarier wirtschaftlich auf kräftiger und sicherer Basis stand.

Die liberalen Agrarreformen brachten für die ländliche Bevölkerung einen großen sozialen Fortschritt mit sich, indem sie deren persönliche Unfreiheit aufhoben. Darüber hinaus veränderten sie überhaupt die Besitzverhältnisse und damit die soziale Struktur der Landbevölkerung, vor allem im ostelbischen Preußen. Das lag an den Bedingungen, unter denen die Aufspaltung in grundherrliches Ober- und bäuerliches Untereigentum aufgehoben und durch (bäuerliches) Privateigentum ersetzt wurde. In Frankreich hatten die Bauern 1789 die grundherrlichen Schlösser gestürmt und damit das Ende der feudalen Abhängigkeiten erzwungen; dementsprechend mußte der französische Adel beträchtliche Einkommenseinbußen hinnehmen. In den deutschen Staaten wurden die Agrarreformen von der Bürokratie in Gang gesetzt, ohne daß die Stellung des Adels durch einen Druck von unten gefährdet war, so daß dieser seine Entschädigungsziele erfolgreich durchsetzen konnte. Bei der Ablösung der grundherrlichen Einnahmen büßten die Herren in Preußen, Bayern und Sachsen nur 10 bis 20 Prozent des Werts der alten Berechtigungen ein.

Für die Bauern gestaltete sich die Ablösung unterschiedlich. Im Bereich der Rentengrundherrschaften lösten die Bauern die grundherrlichen Rechte ratenweise durch Geldzahlungen ab. Diese Ablösungszahlungen belasteten die Höfe dann oft über Jahrzehnte hin. Teilweise wurden sie später vom Staat übernommen. Anders in Preußen. Da der ostelbische Gutsadel im Unterschied zu den süd- und westdeutschen Renten-

Soziale Folgen der Agrarreformen für die Landbevölkerung

505

grundherren zusätzliches Land wirtschaftlich nutzen konnte, entwickelte er jetzt einen großen Appetit auf solches. In Preußen konnten die Junker durchsetzen, daß zwar das die Bauern schützende Verbot aufgehoben wurde, ihren Hof durch den Grundherrn aufzukaufen, daß aber die nichtspannfähigen Bauern ihre Leistungsverpflichtungen an die Grundherren nicht ablösen durften, und außerdem erreichten die Junker, daß die spannfähigen Bauern ihre Verpflichtungen statt durch Geldzahlungen auch durch Landabtretung ablösen durften. Als Folge dieser Regelungen konnten die Gutsbesitzer die nichtspannfähigen Bauernhöfe nach und nach weitgehend aufkaufen und einziehen, so daß von ihnen praktisch keine mehr übrig waren, als diese 1850 ebenfalls das Recht erhielten, ihre Verpflichtungen abzulösen. Aus den Aufkäufen und den Landabtretungen wuchs die Landfläche der preußischen Rittergüter um etwa 18 Prozent. So wurden die Rittergüter für Ostelbien noch prägender, während die großen und mittleren Bauern sich als soziale Schicht knapp behaupten konnten. Die von den Bauern individuell bewirtschaftete Hoffläche schrumpfte nur um 8 Prozent, da die Allmenden aufgeteilt wurden und die Bauern daraus ihren Landverlust an die Grundherren teilweise kompensieren konnten. Der Verfall der Agrarpreise in den 1820er Jahren trieb in Verbindung mit hohen Ablösungsverpflichtungen viele Bauernhöfe in den Konkurs und führte zum Wechsel des Besitzers. Zur Jahrhundertmitte hin konnten dann aber auch die Großbauern von der Agrarkonjunktur profitieren.

Die mittleren und großen Bauern einerseits und die ländliche Unterschicht andererseits hoben sich als Folge der Agrarreformen noch schärfer voneinander ab. Die Landarmen, für welche die Nutzung der Allmende, beispielsweise zum Holzsammeln oder als Gemeindewiese, wirtschaftlich besonders wichtig gewesen war, wurden in allen deutschen Staaten wesentlich geschwächt, da die Allmende aufgeteilt wurde und bestimmte Nutzungsrechte in herrschaftlichen Wäldern wegfielen. In der ländlichen Unterschicht traten zu den Häuslern, Einliegern und dem Gesinde die Insten hinzu, die mit den Agrarreformen als neue Gruppe entstanden. Da die ostelbischen Gutsbesitzer nun die Frondienstleistungen verloren, mit denen sie ihre Güter bis dahin überwiegend bewirtschaftet hatten, gaben sie landlosen Familien ein kleines Stück Land und Naturalien, wofür diese als Gegenleistung täglich ohne Barlohn auf dem Gutshof arbeiten mußten. Die soziale Stellung dieser ländlichen Unterschichten war recht eingeengt. Die für Landarbeiter und Gesinde geltende preußische Gesindeordnung von 1810, die bis 1918 in Kraft blieb, schrieb unter anderem vor: „Die Befehle der Herrschaft und ihre Verweise muß das Gesinde mit Ehrerbietung und Bescheidenheit annehmen. Ohne Vorwissen und Genehmigung der Herrschaft darf es sich auch in eigenen Angelegenheiten vom Haus nicht entfernen. Außer dem Falle, wo das Leben oder die Gesundheit des Dienstboten durch Mißhandlungen der Herrschaft in gegenwärtige und unvermeidliche Gefahr gerät, darf es sich der Herrschaft nicht tätlich widersetzen." Immerhin: „Offenbar der Gesundheit nachteilige und ekelhafte Speisen kann das Gesinde anzunehmen nicht gezwungen werden."[44]

Bürgertum   Der Begriff des „Bürgertums" war schillernd, nicht nur, weil Anfang des 19. Jahrhunderts auch seine Ausweitung zum alle umfassenden „Staatsbürger" aufkam. Ein einheitliches Bürgertum gab es nicht. Jene Deutschen, die man in Abgrenzung gegen Adel, Bauern und die wirtschaftlich unmittelbar abhängigen Unterschichten als „bürgerlich" bezeichnete, zerfielen vielmehr in mindestens drei Gruppen: das Bildungsbürgertum der Akademiker, das Besitzbürgertum vor allem der Unternehmer sowie das Kleinbürgertum insbesondere der Handwerksmeister und auch der nichtakademischen

Beamten. Diese drei Gruppen unterschieden sich in Mentalität und Lebensführung stark und hielten auf deutliche Distanz zueinander. Wo verallgemeinernd von „dem" Bürgertum gesprochen wird, ist meist nur eine dieser Gruppen gemeint.

Von der Jahrhundertwende bis in die 1840er Jahre stellte das Bildungsbürgertum den führenden, tonangebenden Teil des Bürgertums dar. Seine Rolle in der Gesamtgesellschaft war in diesen Jahrzehnten gewichtiger als je zuvor und später. Anders als in Großbritannien oder Frankreich war das Wirtschaftsbürgertum der Unternehmer demgegenüber zweitrangig, ein Ausdruck des geringeren wirtschaftlichen Entwicklungsstands. Das Bildungsbürgertum entstand als deutlich abgegrenzte soziale Schicht, indem am Anfang des 19. Jahrhunderts für höhere Verwaltungsbeamte ein abgeschlossenes Jurastudium Voraussetzung wurde, die nichtakademischen Ärzte und Advokaten verschwanden und für Gymnasiallehrer, bis dahin meist Theologen ohne Pfarrstelle, ein wissenschaftliches Studium mit Examen vorgeschrieben wurde. Dadurch stieg das Ansehen dieser Berufe. Sie wurden aufgrund ihrer staatlichen Normierung zu vollakademischen Berufen und bildeten nun zusammen mit den Pfarrern eine durch die Gemeinsamkeit von Studium und Examen geprägte soziale Schicht. Das Hochschulstudium wurde zum Faktor gesellschaftlicher Gliederung. Dabei stand der größte Teil dieses Bildungsbürgertums im Staatsdienst (einschließlich Kirche).

Im Staatsdienst wurden eine Prüfung als Eingangsvoraussetzung, wurden Unkündbarkeit, eine Alters- und Hinterbliebenenversorgung und geregelte Laufbahnen eingeführt. Damit entstand zugleich das Beamtentum in seiner heutigen Gestalt. Dieser Beamtenstatus wurde zunächst für die höhere Beamtenschaft mit hoheitlichen Aufgaben entwickelt, dann in der ersten Hälfte des 19. Jahrhunderts schrittweise auch auf staatliche Subalternbeamte und schließlich in den folgenden Jahrzehnten auch auf andere Staatsbedienstete im Bildungswesen, bei Post, Eisenbahn und Kommunalverwaltung übertragen.

Neben das alte, vor allem in großen Städten bestehende Patriziat mit seiner bürgerlich-aristokratischen Lebensform sowie die Kaufleute, Verleger und Bankiers trat die Gruppe der Fabrikanten. Sie entstand in den 1830er und 40er Jahren mit der wirtschaftlichen Entwicklung neu und war zunächst noch klein und unbedeutend. Die meisten der Fabrikanten ragten wirtschaftlich nur wenig über die Handwerksmeister hinaus (es gab selbst 1858 in Preußen erst knapp 2.000 Betriebe mit mehr als 50 Beschäftigten). Aber während Handwerksmeister den ganzen Tag zusammen mit ihren Gesellen in der Werkstatt arbeiteten, waren Fabrikanten nicht mehr selbst in der Fertigung tätig, sondern gaben Anordnungen, kauften Material, führten die Bücher, widmeten sich dem Verkehr mit der Kundschaft und kleideten sich wie die gehobenen Schichten. Rund die Hälfte der rheinisch-westfälischen Unternehmer hatte nicht mehr als Volksschulbildung. Die Lebensweise war vielfach einfach, bei schnell zu Reichtum gekommenen aber auch von demonstrativer Protzigkeit großer, luxuriöser Villen und mehrspänniger Fuhrwerke. Dies unternehmerisch tätige Bürgertum entwickelte jenes bürgerliche Selbstbewußtsein, das die auf Fähigkeiten beruhende eigene Leistung und den neuerworbenen Besitz stolz der Geburtsstellung und dem alten Erbe des Adels entgegenstellte, die rastlose Arbeit dem adligen Müßiggang, die Sparsamkeit und Investition der adligen Verschwendung.

Das Unternehmertum war ein soziales Element der Bewegung, das auf technische Neuerungen und Mehrung des Gewinns aus war, und auch darin unterschied es sich vom Kleinbürgertum der Handwerksmeister, Einzelhändler, Gastwirte usw. Diese ließen es im Bewußtsein bürgerlicher Standesehre meist mit dem hergebrachten Standard auskömmlicher Nahrung genug sein. Dadurch, daß die Zünfte aufgehoben wurden, daß im Übermaß Arbeitskräfte ins Handwerk strömten und daß die billigere Industrieproduktion anfing, sahen sich die Handwerksmeister aber zur Jahrhundertmitte hin einem verstärkten Konkurrenzdruck ausgesetzt, der ihre soziale Stellung zu untergraben drohte und ihren Lebensstandard oft unter das kleinbürgerliche Niveau herabdrückte.

Nichtland-
wirtschaft-
liche Unter-
schichten

Noch weniger als das Bürgertum stellten die anschwellenden Unterschichten eine Einheit dar, selbst wenn man von jenen im landwirtschaftlichen Bereich absieht. Da gab es Handwerksgesellen mit dem stolzen Bewußtsein zünftischer Handwerkstradition, Bergleute mit noch ständischen Sonderrechten, Transportarbeiter, Manufaktur- und Fabrikarbeiter, Dienstboten wie Köchinnen, Kutscher, Gärtner, Ammen usw., heimatlose Wanderarbeiter, die an den Großbaustellen der Chausseen und Eisenbahnen vorübergehend zusammenströmten, Heimarbeiter, die nur äußerlich selbständig waren und praktisch von ihrem Verleger abhingen, letztlich auch nichtarbeitende Arme, die von der Fürsorge lebten, und Bettler. Innerhalb der Unterschichten waren die Handwerksgesellen relativ am angesehensten, während die Fabrikarbeit, der noch der dumpfe Zwangscharakter des Arbeitshauses anhing, geringer geschätzt wurde als selbst die Heimarbeit. Die Fabrikarbeiterschaft entstand mit der Maschinentechnik erst allmählich. Noch um die Jahrhundertmitte war sie aus Menschen höchst verschiedener Herkunft zusammengewürfelt. Zwischen handwerklich ausgebildeten und ungelernten Arbeitern bestanden große Unterschiede, und besonders für letztere war die Fabrik oft nur eine vorübergehende Gelegenheitsarbeit. Die Fabrikarbeiterschaft war also noch keine fest abgegrenzte soziale Gruppe und in sich höchst uneinheitlich. Letzteres wurde auch in großen Unterschieden in der Lohnhöhe deutlich. 1863 betrug der Wochenverdienst eines Arbeiters in der sächsischen Textilindustrie 1 bis 2 1/2 Taler, während ein Buchdrucker in Sachsen 6 bis 7 Taler und ein Maschinenbauer in Berlin im Akkord 12 bis 13 Taler verdiente. Und sogar innerhalb ein und desselben Betriebs waren die Verdienstspannen enorm. In Oberbaden betrug 1848 bei Fabrikarbeit der Tagelohn für Kinder 13 bis 22 Kreuzer, erwachsene Arbeiterinnen 20 bis 35, ungelernte Arbeiter 30 bis 45, gelernte Fabrikarbeiter mit handwerklicher Ausbildung 50 bis 80 (was der Mehrzahl der Handwerksgesellen entsprach) und Spezialarbeiter, Mechaniker und Fabrikmeister 120 bis 180 Kreuzer. Ebenso wirkten auch ständische Unterschiede des Berufsprestiges fort. Diese schwächten sich aber mit der Auflösung der Ständegesellschaft ab, und dabei verlor sich auch die bisherige Praxis, einige Berufsgruppen als „Unehrliche" zu diskriminieren.

Es liegt auf der Hand, daß angesichts dieser Vielfalt von einem gemeinsamen Klassenbewußtsein der Unterschichten oder auch nur der Fabrikarbeiter keine Rede sein konnte. Gemeinsam war ihnen jedoch allen, daß sie fühlbar abhängig waren, vom Lohn für ihre Arbeit leben mußten, kein Vermögen besaßen und durchweg so arm waren, daß sie auch kaum Ersparnisse bilden konnten. Dies war um so wichtiger, als die meisten Arbeiter ständig dem Risiko ausgesetzt waren, kurzfristig auf die Straße gesetzt zu werden, wenn die Auftragslage schlecht war oder wenn sie selbst durch Krankheit oder Unfall arbeitsunfähig geworden waren. Damit war ihre ganze soziale Existenz von einer Unsicherheit bedroht, wie sie Bauern und Handwerksmeister nicht kannten. Gewiß wurden auch diese von Mißernten und Konjunktur betroffen, doch nicht derart radikal. Im krassen Gegensatz zum Bauern, der mit seiner Vorratswirtschaft bis zur nächsten Ernte vorausplanen mußte, war dort, wo nur Wochen- oder Tagelohn gezahlt wurde und Beschäftigung und Einkommen nicht durchgehend sicher waren, kein vorausschauendes Wirtschaften möglich, fehlten die Voraussetzungen für (bürgerliche) Solidität und Stetigkeit. Besorgt beobachteten aufmerksame Zeitgenossen, daß dementsprechend große Teile der Arbeiterschaft undiszipliniert in den Tag hineinlebten und sich ihr Geld nicht einzuteilen wußten. Häufig ließen Arbeiter beim Einzelhändler anschreiben. Wo es an Hoffnung und innerem Halt fehlte, breitete sich der Branntweinsuff aus.

Unter dem Druck der knapper werdenden Existenzmöglichkeiten pflanzte sich das schon im 18. Jahrhundert bestehende Problem fort, daß immer mehr Menschen keinen Platz in der Gesellschaft fanden und sich als Landstreicher, Bettler und Gauner an ihrem Rand einrichteten. Beeinflußt von der bürgerlichen Arbeitsmoral, in deren Augen Betteln und Landstreicherei kriminell waren, gingen die Behörden gegen diese Randgruppen mit genauso scharfer Unterdrückung und dabei konsequenter vor als im 18. Jahrhundert. Die aufgegriffenen Personen wurden manchmal als Verbrecher hingerichtet, meist jedoch zur Umerziehung in Zucht- und Arbeitshäuser gesperrt, die durch ihre schlechten hygienischen Verhältnisse und eine entsprechend hohe Sterblichkeit auch indirekten Vernichtungscharakter hatten. Mit dem Fortschreiten des 19. Jahrhunderts verschwanden dann nach und nach die Scharen der Umherziehenden von den Straßen, eine Folge der Unterdrückungspolitik und vor allem der Tatsache, daß sich nach der Jahrhundertmitte die Arbeitsplatzsituation besserte.

Die Zwänge und Verschiebungen der sozialen Verhältnisse ließen Ende des 18. Jahrhunderts eine ständige soziale Gärung entstehen. Durch die aufgeklärte Kritik, das Beispiel der Französischen Revolution und die Ankündigung der Agrarreformen stiegen Erwartungen und Ansprüche. So waren die Zeiten gespannter, unruhiger als die vorangegangenen Jahrzehnte, ohne jedoch in wirklich große Ausbrüche sozialer Unzufriedenheit einzumünden. Ob es in diesen Jahrzehnten gegen Gutsherren, Verleger oder Meister ging – durchweg blieben die Klagen, Forderungen und Aktionen konkret und auf lokale Mißstände und gegen einzelne Personen gerichtet, wurden nicht prinzipiell. Selbst als 1848 die Revolution ausbrach, hatte die soziale Komponente nur anfangs Gewicht.

Soziale Konflikte im ländlichen Bereich

Ende des 18. Jahrhunderts kam es an verschiedenen Stellen des deutschen Raumes zu Bauernunruhen. In Schlesien, wo die Bauern härter behandelt und rücksichtsloser ausgenutzt wurden als in den meisten Teilen Ostelbiens, flackerten 1787, 1788 und 1790 vereinzelte Streiks und Unruhen auf. Sie wurden von Truppen niedergeschlagen, ebenso wie weitergehende Aufstände gegen die Gutsherren 1792/93. Auch als dort 1811 noch einmal ein größerer Bauernaufstand gegen die Gutsherren losbrach, wurde er von Militär unterdrückt. In Sachsen erhoben sich im Herbst 1790 zahlreiche Bauern, getrieben von akuter Not nach einer Mißernte und auch unter dem Einfluß der Ideen der Französischen Revolution von 1789. Die Aufständischen brachten zwar große Teile des Landes in ihre Hand, doch konnte regierungstreues Militär die schlecht bewaffnete Bewegung dann schrittweise ohne großen Widerstand niederwerfen. Insgesamt fanden die sozialen Umwälzungen der großen Französischen Revolution bei den deutschen Bauern nur wenig Widerhall, am ehesten noch in den kleinen westdeutschen Territorien. Als 1848 die deutsche Revolution ausbrach, wurden die meisten Bauern nicht nachhaltig aktiv. In jenen Gebieten, in denen noch immer grundherrliche

Lasten bestanden, erhoben sie sich und gaben damit den Anstoß, die Reformen rasch abzuschließen, worauf sie sich dann schnell beruhigten.

Die ländlichen Unterschichten hatten durchaus weiter Grund zur Klage, denn gerade sie schnitten bei den Reformen verhältnismäßig schlecht ab. Aber ihre Reaktion war nicht politisch, sondern individuell. Da die Unterschichten das hergebrachte Recht verloren hatten, im herrschaftlichen Wald oder auf der jetzt aufgeteilten Allmende Brennholz aufzulesen, aber auch zu arm waren, sich das nötige Brennholz jetzt zu kaufen, wurde der Holzdiebstahl im Wald allgemein üblich. Dies galt bei den Unterschichten nicht als Verbrechen, sondern als Fortführung alten Gewohnheitsrechts. Ebenso war es sehr verbreitet, daß Landarbeiter beim Gutsherrn Kartoffeln, Viehfutter und Holz stahlen wie etwas, was ihnen zu Unrecht vorenthalten worden wäre.

Soziale Konflikte im gewerblichen Bereich

Mit der Grundherrschaft wurde im Laufe der ersten Hälfte des 19. Jahrhunderts auch der traditionelle Konflikt zwischen Bauern und Grundherren aufgelöst, und damit verlagerten sich die Hauptquellen sozialer Spannungen vom bäuerlichen in den gewerblichen Bereich. Zugleich begannen sie ihre Natur zu verändern. Bauer und Grundherr hatten einander direkt gegenübergestanden und einander persönlich gekannt; dort aber, wo Arbeitskräfte und Güter als Waren verkauft wurden, vermittelten anonyme Marktbeziehungen die Gegensätze und Abhängigkeiten teilweise nur indirekt. Das machte die Beziehungen schwerer greifbar, komplizierter und erzeugte den Eindruck, sie träten den einzelnen als etwas Äußeres und Selbständiges gegenüber. An die Stelle der isolierten Vereinzelung des Dorfbewohners begann langfristig die Zusammenballung der Fabrikarbeiter zu treten, was Bewußtsein und Methoden der Auseinandersetzungen beeinflussen sollte. Die Regierungen verzichteten im Geiste des Wirtschaftsliberalismus darauf, in die Arbeitsverhältnisse gestaltend einzugreifen. Als die soziale Unruhe, die in den 1830er und vor allem 40er Jahren deutlicher zunahm, mit einzelnen Aktionen bestimmte Grenzen überschritt, reagierten die Obrigkeiten dann mit Militär und Justiz.

Sozialistische Klassenkampfideen blieben vor 1850 auf einige wenige Intellektuelle beschränkt und fanden bei den Arbeitern keinen Widerhall, beunruhigten aber um die Jahrhundertmitte schon das Besitzbürgertum. Die Handwerksgesellen, die durch die Tradition des Wanderns Kontakte untereinander hatten, entwickelten noch am ehesten ein Bewußtsein ihrer sozialen Lage. Angesichts geringer Aufstiegschancen und überlanger Arbeitszeiten, gefördert auch dadurch, daß die patriachalische Hausgemeinschaft mit dem Meister zurückging, entwickelten sich die Handwerksgesellen zunehmend zu einem Unruheelement. Für die Heimarbeiter galt das nicht in gleicher Weise. Immerhin kam es 1844 in einigen schlesischen Dörfern dazu, daß rund 300 heimarbeitende Weber in einem Ausbruch ratloser Verzweiflung das Haus eines Verlegers stürmten und verwüsteten. Der doppelte Druck durch billigere, vor allem englische Industrieware und durch die Konkurrenz eines Überangebots an Arbeitskräften hatte die schlesischen Weber in die Verelendung sinkender Entlohnung bei steigender Arbeitszeit getrieben. Ihr ohnmächtiger Protest richtete sich aber ausschließlich gegen einen besonders rücksichtslosen Verleger, nicht gegen Verleger und Fabrikanten oder das System generell. Militär warf den Aufruf blutig nieder. Er war an sich ein nur lokales Ereignis, das aber in der gesamten bürgerlichen Öffentlichkeit einen tiefen Eindruck hinterließ als warnendes Zeichen der Not und drohenden Gefahren.

Langfristig wichtiger als die kritische Situation der Heimarbeiter sollte das Verhältnis zwischen Unternehmern und Fabrikarbeitern werden. Daß die ständischen Bin-

510

dungen durch die Individualisierung und Ökonomisierung der zwischenmenschlichen Beziehungen aufgelöst wurden, zeitigte dort die krassesten, erschreckendsten Folgen. Das Interesse der Fabrikanten an ihren Arbeitern reduzierte sich auf deren Arbeitskraft, die sie wie eine Ware auf dem Arbeitsmarkt kauften und wie einen Werkstoff dem Produktionsprozeß zusetzten, wogegen ihnen der Arbeiter als Mensch uninteressant wurde. Da die Obrigkeiten sich in die Arbeitsbeziehungen nicht einmischten, da die Arbeiter sich durch ihre Überzahl gegenseitig Konkurrenz machten und da Arbeiterzusammenschlüsse verboten waren, besaßen die Unternehmer eine starke Position. Getrieben von dem Zwang, konkurrenzfähig zu sein, nutzten die Unternehmer diese Lage kräftig aus. Sie diktierten Löhne und überlange Arbeitszeiten, erließen Fabrikordnungen nach Gutdünken, ohne daß Arbeiter ein Mitspracherecht hatten, sie drückten die Löhne willkürlich durch hohe Strafabzüge für Verspätungen und Beschädigungen, und sie konnten vor allem auch Arbeiter von einem Tag auf den anderen entlassen. Besonders verhaßt war den Arbeitern das von manchen Unternehmern praktizierte Trucksystem, bei dem die Arbeiter Konsumgüter beim Unternehmer zu überhöhten Preisen kaufen mußten oder direkt mit überteuert berechneten Waren entlohnt wurden. 1849 wurde das Trucksystem dann in Preußen und Sachsen verboten. Konflikte zwischen Arbeitern und ihren Fabrikanten liefen spontan und unorganisiert ab und blieben auf den einzelnen Betrieb beschränkt. Überhaupt wirkten im Bewußtsein der Fabrikanten und Arbeiter noch vielfach zünftische Einstellungen nach, wie die Notizen des Gerbergesellen Dewald von 1837 zeigen: „War mir aber doch neu und bisher nit unterlaufen, daß ich nit beim Meister ... wohnen sollte. Ist überhaupt eine Fabrik ... anders als in einem meisterlichen Hause und kein Zusammenhalt nit unter den Gesellen. Läuft jeder seinen Weg und dreht sich nit viel nach dem anderen ... Zudem gefällt mir das Arbeiten nit, dieweil jeder den langen Tag die gleiche Arbeit verrichten muß und dabei das Ganze aus dem Auge verliert. Muß wohl in einer Fabrik solcherweise geschehen, kann mich aber nit darein schicken und mein immer, ich triebe mein Gewerb nur halb ... Wegen meiner Arbeit, die ich mit allem Fleiß tat, verlachten mich meine Mitgesellen und redeten einher, als wär es gerad recht, soviel wie möglich zu faulenzen. Der Pollak sei ein Reicher und zahle schlecht genug."[45]

Verbesserten sich die Chancen für sozialen Aufstieg dadurch, daß die ständischen Schranken fielen? Zunächst muß festgehalten werden, daß der Anteil der Unterschichten an der Gesamtbevölkerung wuchs, und dahinter verbarg sich der soziale Abstieg vieler nichterbender Söhne, ruinierter Handwerksmeister und Bauern und anderer. Zeitweise geschah dies forciert, beispielsweise in den 1820er Jahren als Folge der Agrarkrise, in der zahlreiche Bauern (und Adlige) ihre soziale Stellung nicht halten konnten. Auch weiterhin blieben viele Positionen an Besitz gebunden, so daß es für Nichterben sehr schwer war, sie zu erlangen, etwa bei Bauernhöfen, Unternehmen mit dem erforderlichen Kapital, in geringerem Maße auch bei bestimmten Handwerksbetrieben. Indem man den Zugang zu einigen Berufen an einen Studienabschluß knüpfte, wurde er theoretisch von Erbe und Geburtsstand gelöst und verallgemeinert. Doch die Unterhaltskosten während der Gymnasialzeit und des Studiums einschließlich Schulgeld und Studiengebühren sowie Unterbringung (wegen der räumlichen Entfernung der städtischen Gymnasien und Universitäten zur Landbevölkerung), bei höheren Beamten auch in den ersten Amtsjahren, in denen sie noch kein Einkommen erhielten, ferner das buchferne geistige Klima der Elternhäuser der Masse der Bevölkerung, die obendrein meist mehr Dialekt sprach, dies alles stellte für die meisten Kinder

Auf- und Abstieg

511

eine unüberwindliche Schranke dar. Darüber hinaus war sozialer Aufstieg nicht nur eine Frage materieller Möglichkeiten, sondern auch des Wollens, und hier wirkten noch in starkem Maße ständische Denkgewohnheiten nach, durch entsprechende Erziehung stets erneuert, nach denen der Hoferbe wieder Bayer, der Bäckersohn wieder Bäcker wurde und die Töchter innerhalb sozial gleichgestellter Kreise heirateten. Selbstverwirklichung des Individuums als Ziel und Wert, dementsprechend Berufswahl nach individueller Neigung und Aufstiegsorientierung kamen erst allmählich im gehobenen Bürgertum, dann auch bei Handwerkern auf. Diese Neigung zur sozial isolierenden Selbstbezogenheit fand auch im Heiratsverhalten ihren Ausdruck. So heirateten Bauern fast ausschließlich, Unternehmer zu rund 80 Prozent und bei akademischen Beamten rund die Hälfte innerhalb der eigenen sozialen Gruppe. Deshalb verwundert es nicht, daß Bauern und ländliche Tagelöhner fast völlig und Handwerksmeister weitgehend aus der jeweils eigenen gesellschaftlichen Gruppe stammten. Die neu entstandene Fabrikarbeiterschaft bildete dagegen eine recht bunte Mischung aus Menschen, die aus den verschiedensten Gruppen stammten, vorwiegend aus der Unterschicht, von ehemaligen Gesellen und Knechten, Bergarbeitern und Tagelöhnern bis zu ruinierten Bauern und Handwerksmeistern. Das ebenfalls neu entstehende Unternehmertum wuchs dagegen vorwiegend aus Familien heraus, die bereits dem Besitzbürgertum zugehörten, verstärkt durch Aufsteiger vor allem aus Handwerker- und Beamtenkreisen, aber praktisch nie aus der Unterschicht. Der soziale Herkunftskreis

Zu der gegenüberliegenden Bildseite, Bild 10.1 und 10.2

Mittelalterliches Kaiserreich

10.1 Die mittelalterliche Kaiserkrone. Die aus acht Goldplatten bestehende Krone ist wahrscheinlich um 1000 geschaffen, der Bügel um 1025 hinzugefügt worden. Die Gestaltung der Krone soll den sakralen Charakter des Königtums und seine göttliche Legitimation erweisen: Die 12 Edelsteine auf der Stirnplatte entsprechen den 12 Aposteln, und die auf der Abbildung sichtbare Goldemailleplatte mit dem Bild von Christus zwischen zwei Seraphim stellt einen Bezug zu Gott her: „per me reges regnant – durch mich regieren die Könige".

10.2 Dom zu Speyer (1030-61). Als seinerzeit größtes deutsches Bauwerk soll er die Macht des kaiserlichen Bauherrn bezeugen. Zugleich dient er für acht römisch-deutsche Kaiser und Könige als Grablege. Der romanische Baustil knüpft an antik-römische Traditionen an, auf die das römisch-deutsche Kaisertum auch seine Kaiserwürde zurückgeführt hat.

10.1

10.2

11.1

FONSPATRŪ DUCTAS BOS AGNIS ELICIT UNDAS

11.2

ALEXANDER·M·DARIVM·VIT·SVPERAT
CÆSIS·IN·ACIE·PERSAR·PEDIT·ᴄᴍ·EQVIT
VERO·X·M·INTERFECTIS·MATRE·QVOQVE
CONIVGE·LIBERIS·DARII·REGVM·M·HAVD
AMPLIVS·EQVITIB·FVGA·DILAPSI·CAPTIS·

11.4

11.5

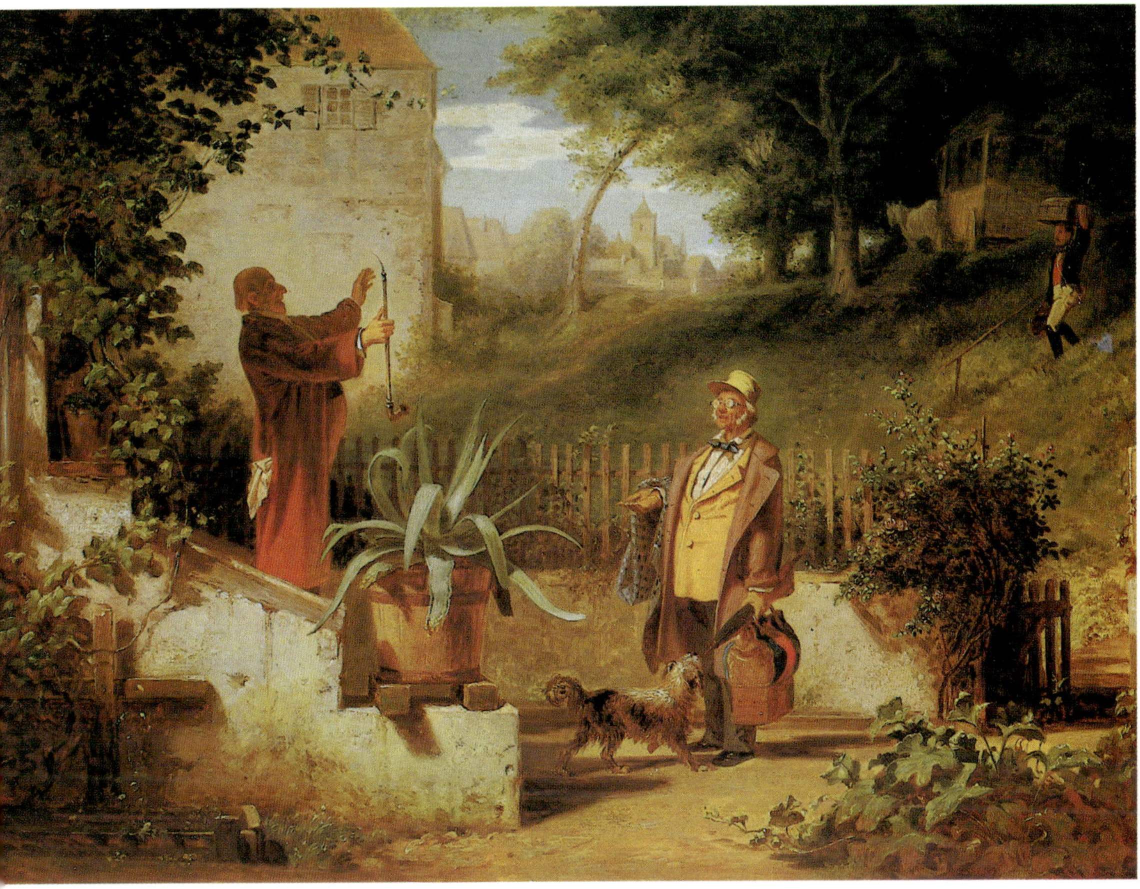

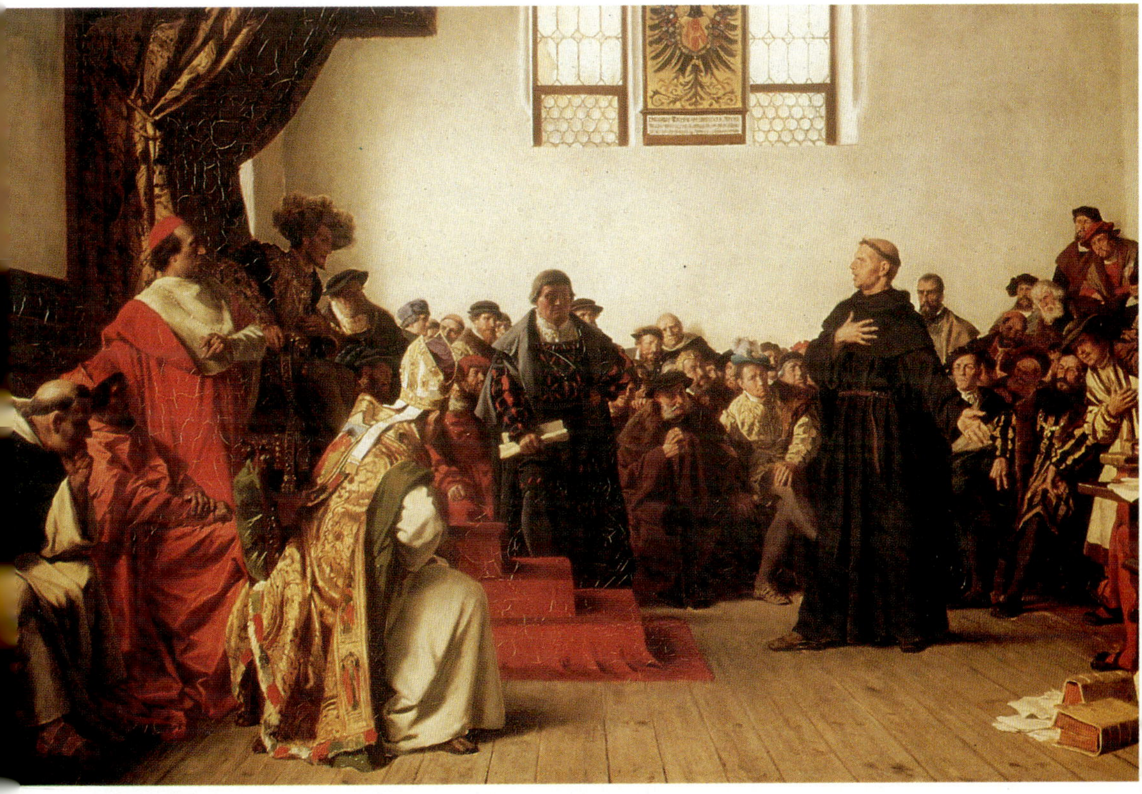

6

11.8

11.9

11.11

9

11.12

11.13

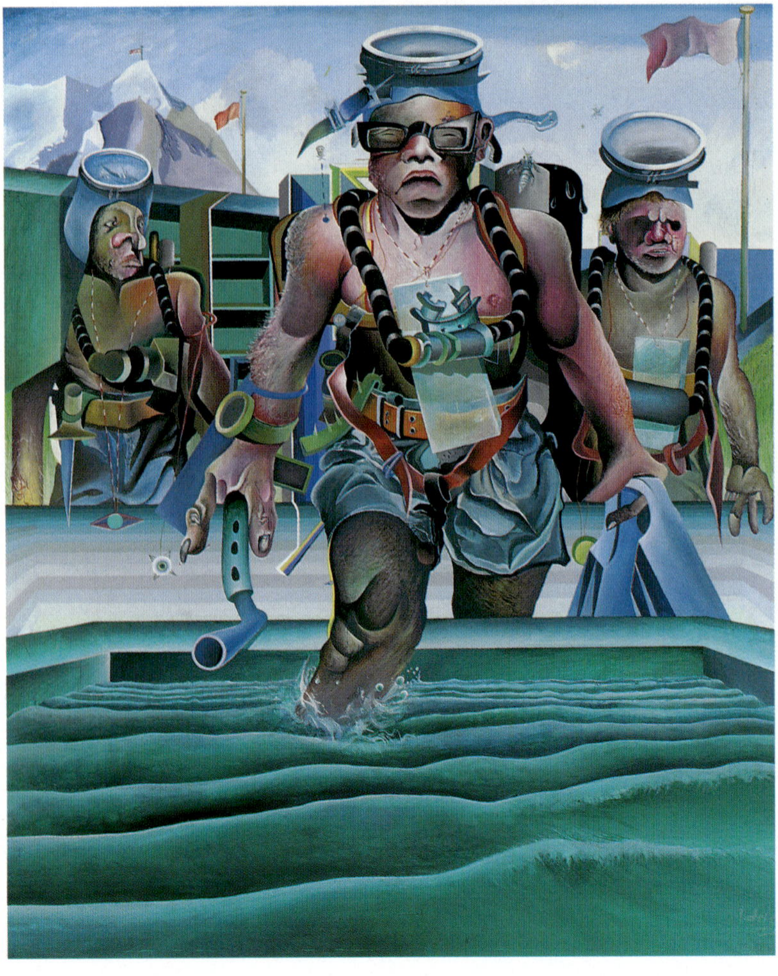

11.14

Bildende Kunst als Ausdruck des Zeitgeistes

11.1   Evangeliar Kaiser Ottos III.: der Evangelist Lukas, um 1000. Der geistlichen Elite ging es im hohen Mittelalter weder um Realitätsbeobachtung noch um subjektive Sicht, sondern um von Autoritäten überlieferte Wahrheiten. So soll das Bild, das im Kloster Reichenau als Auftragsarbeit für den Kaiserhof geschaffen worden ist, eine theologische Idee darstellen. Zum Ausdruck kommt das im Fehlen eines realen Hintergrunds, in der wirklichkeitsfernen Farbgebung wie in der Symbolsprache: Lukas (durch den Stier als solcher gekennzeichnet) trägt die Wolke prophetischer Verheißung (mit alttestamentlichen Propheten und Engeln) und ist dem Baum vergleichbar, an dessen Fuß Hirsche die lebendigen Wasser des Evangeliums trinken.

11.2   Hans Memling: Malerei auf einem Reiseretabel, 2. Hälfte 15. Jahrhundert. Das schroffe Nebeneinander von sinnenfrohem Lebensgenuß und Todesangst ist ein Grundzug des Lebensgefühls im 14. und 15. Jahrhundert.

11.3   Albrecht Altdorfer: Alexanderschlacht, 1529. Bürgerlicher Wirklichkeitssinn führt zu einer bis ins Detail und in die Raumtiefe der Landschaft genauen Darstellung. Das neuerwachte Interesse an der Antike greift thematisch auf die griechische Geschichte zurück: das Bild zeigt den Augenblick, in dem der Perserkönig Darios sich vor dem Makedonenkönig Alexander zur Flucht wendet. Es besteht aber noch kein Bewußtsein für den qualitativen Wandel im Zeitverlauf: die Gestalten tragen keine antike, sondern die zeitgenössische Kleidung christlicher Ritter und islamischer Türken, antikes Geschehen und die im 16. Jahrhundert aktuelle Türkenbedrohung fließen ineinander.

11.4   Kaisersaal der fürstbischöflichen Residenz in Würzburg, 1720-52. Barocker Prunk will die Größe der fürstlichen Existenz anschaulich machen. So ist der Raum fast vollständig ausgeschmückt, Spiegel an Wänden und Decke und Kristallgehänge an den Leuchtern vervielfachen das Kerzenlicht, und die Raumgestaltung bedient sich kräftiger Farben. Architektur, Stuck und Freskomalerei sind zu einem einheitlichen Gesamtkunstwerk verschmolzen, wobei die Übergänge verfließen. Das Deckengemälde in diesem zentralen Repräsentationsraum ist nicht nur Schmuck, sondern politische Aussage: es stellt die Belehnung von Bischof Herold mit dem Herzogtum Franken durch Kaiser Friedrich Barbarossa dar, die Basis der reichsfürstlichen Stellung der Würzburger Bischöfe.

11.5   Caspar David Friedrich: Abtei im Eichenwald, 1809/10. Gegen ihre eigene Zeit wendet die Romantik sich der deutschen Vergangenheit zu, die sie besonders durch germanische Eichen und gotische Kirchen des Mittelalters symbolisiert sieht. Die Tatsache, daß die Kirche verfallen und die Bäume kahl und abgestorben sind, sowie die Friedhofsumgebung zeugen von einem zukunftsabgewandten Empfinden für den Zauber des Vergänglichen, der ebenso wie die dämmrige Beleuchtung die Landschaft zum subjektiven Erlebnis macht.

11.6   Carl Spitzweg: Der Jugendfreund, um 1855. Die biedermeierliche Haltung wendet sich den alltäglichen Themen des bürgerlichen Privatlebens zu, die detailrealistisch und mit einem leicht idyllisierenden Zug dargestellt werden.

11.7   Anton von Werner: Luther auf dem Reichstag zu Worms 1521, 1870. Themen aus der vaterländischen Geschichte dienen dem gehobenen Bürgertum dazu, sich selbst und dem deutschen Volk und Reich eine eigene Identität zu schaffen. Die Darstellungsweise bedient sich weiter realistischer Ausdrucksmittel, hat aber einen Zug ins Pathetische.

11.8   Gustav Klimt: Bildnis Adele Bloch-Bauer, 1907. Elitäre Ablehnung des heraufziehenden Massenzeitalters kultiviert in einer ästhetizistischen Haltung mit überfeinerter Sensibilität das sinnlich Schöne und den ornamentalen Schmuck.

11.9   Ludwig Meidner: Die brennende Stadt, 1913. Der expressionistische Künstler will nicht Wirklichkeit abbilden, sondern das leidenschaftliche innere Erleben der eigenen Seele wiedergeben. Diese extrem subjektivistische Sicht läßt in den verzerrten Formen und in den grellen, verschobenen Farben ihre tiefe Abneigung gegen die großstädtische Moderne zum Ausdruck kommen.

11.10   Otto Dix: Großstadt, 1927/28. Ein Teil der Intellektuellen überschüttet die Weimarer Republik mit ätzender Kritik, die von ihr nur Kriegskrüppel, Prostitution und andere negative Erscheinungen wahrnimmt.

11.11   Josef Albers: Nr. 38. Entschiedene Bejahung der Moderne nimmt deren unpersönliche Rationalität zum Stilprinzip und baut konstruktivistisch aus klaren und streng geordneten geometrischen Formen auf.

11.12   Arno Breker: Der Rächer, 1941. Monumentalisierende Figuren, die kämpferische Stärke demonstrieren und die keine individuelle Persönlichkeit besitzen, sondern Abstraktes personifizieren, sind für die offizielle Kunst des Nationalisozialismus charakteristisch und spiegeln dessen Geringschätzung des Individuums und Brutalität wieder.

11.13   Theodor Werner: In Bewegung, 1957. Das westdeutsche Kulturleben der 1950er Jahre ist stark von der Neigung geprägt, auf Distanz zur Wirklichkeit zu gehen. Die abstrakte Malerei will nicht Wirklichkeit abbilden, sondern versucht, durch freie Formen und Farbgefüge die subjektive Innenwelt des Künstlers unmittelbar auszudrücken.

11.14   Wolfgang Petrick, Touristen, 1970. Mit den Aufbrüchen der 1960er Jahre ist auch eine realitätszugewandte Strömung aufgekommen, die gesellschaftskritisch die bestehenden Verhältnisse, besonders eine geistlose Konsumhaltung aufs Korn nimmt.

der Studenten wurde sogar exklusiver und elitärer, denn nachdem die Akademikerschaft feste Formen angenommen hatte, stellte sie auch wiederum rund die Hälfte der Studenten. Die anderen Studenten stammten vorwiegend aus dem Besitzbürgertum, für das mit dem Berechtigungswesen ein Studium zunehmend interessanter wurde, und aus Handwerkerkreisen. Insgesamt blieben also die gesellschaftlichen Barrieren stark und wurden nur in einigen Teilbereichen etwas durchlässiger.

Entstehung der bürgerlichen Familie

Im bäuerlichen und handwerklichen Bereich blieb die hergebrachte Familienform bis zur Jahrhundertmitte weitgehend unverändert bestehen, jener Typ, bei dem Haus- und Erwerbsarbeit eine Einheit bildeten und von Mann, Ehefrau, mithelfenden Kindern und (gegebenenfalls) Gesinde, Gesellen und Dienstboten gemeinsam geleistet wurden und in dem die Ehe primär auf die gemeinsame Arbeit der Eheleute, auf die wirtschaftliche Notwendigkeit und weniger auf gegenseitige Zuneigung und Liebe gegründet war. Im gebildeten Bürgertum und in der Arbeiterschaft entstanden dagegen seit Ende des 18. Jahrhunderts zwei neue, wesentlich andere Familienformen.

Im Bildungsbürgertum trennten sich der Arbeitsplatz des Mannes und die Wohnung räumlich voneinander, und die Konsumgüter wurden immer weniger im eigenen Haushalt selbst erstellt und dafür in steigendem Maße als fertige Ware auf dem Markt gekauft. Die wirtschaftliche Tätigkeit im Haus beschränkte sich also immer stärker aufs Zubereiten. Haushalt und Familie waren hier nicht mehr Grundlage der Arbeitsorganisation und Produktion. Ehefrau und auch Kinder schieden damit aus der Produktion aus, und der Mann wurde zum Ernährer der Familie. Eine bis dahin unbekannte Trennung entstand zwischen berufstätigem Ehemann und Hausfrau, die jetzt als „nicht berufstätig" galt, weil sie auf Zubereiten, Saubermachen und Kinderbeaufsichtigen beschränkt war. Diese wirtschaftliche Entlastung des Haushalts führte zusammen mit der Idee der individuellen Persönlichkeit, ihres Rechts auf freie Entfaltung und Glück dazu, daß die Familie sich als Privatsphäre der Umwelt gegenüber abschloß und ihre Innenbeziehungen emotional auffüllte. Während man Taufen, Hochzeiten und Beerdigungen früher unter Teilnahme des ganzen Dorfes gefeiert hatte, wurden sie jetzt familiärer. Es war kein Zufall, daß mit der Pflege des Gemüts nun der Begriff „gemütlich" aufkam. Zum Fest familiärer Innerlichkeit entwickelte sich vor allem das Weihnachtsfest mit seinem milden Lichterglanz, mit gemeinsamem Kirchgang, Mahl und Gesang. Mitte des 19. Jahrhunderts wurde dann der Weihnachtsmann als Gabenbringer erfunden. Die Vorstellung kam auf, daß die Ehe nicht nach wirtschaftlicher Vernunft und dem Willen der Eltern geschlossen werden solle, sondern daß die Ehepartner sich selbst aufgrund gefühlsmäßiger Bindungen der Liebe füreinander entscheiden sollten, um miteinander glücklich zu sein. Die größere Herzlichkeit innerhalb der Familie drückte sich auch darin aus, daß sich die Anrede der Ehepartner untereinander und der Eltern durch ihre Kinder vom distanzierten Ihr oder Sie zum vertraulicheren Du wandelte. Umgekehrt entstand ein größerer Abstand zu den Dienstboten, die nicht länger als familienzugehörig angesehen wurden. Daß die Ehen jetzt weniger auf eine dauernde, existenzsichernde Wirtschaftsgemeinschaft gründeten als auf persönliche Gefühle, die möglicherweise vorübergingen, machte sie natürlich auch zerbrechlicher. Die Individualisierung innerhalb der Familie führte dazu, daß das Innere von Wohnungen anders organisiert wurde: man grenzte einen intimen Schlafbereich vom Wohnbereich ab, ferner wurden, soweit möglich, neben den Gemeinschaftsräumen besondere private Räume für die einzelnen Familienmitglieder üblich, vereinzelt auch schon ein Spielzimmer für die Kinder eingerichtet, und um nicht mehr wie bisher durch andere Räume hindurchgehen zu müssen, kamen Korridore auf. Damit die so entstandene Privatsphäre gegen unberufene Blicke von draußen abgeschirmt war, entstand Anfang des 19. Jahrhunderts der Brauch, Fenster mit dünnem, weißem Stoff zu verhängen, den Gardinen, während Fenster bis dahin stets unverhüllt gewesen waren.

Im Unterschied zur Landbevölkerung, wo die Ehegatten einander aufgrund der gemeinsamen Arbeit auch in Verhalten und Gesichtszügen ähnelten, entstanden mit der bürgerlichen Familie sauber getrennte Wirkungssphären und damit unterschiedliche Rollen für Mann und Frau. Diese wurden im Laufe des 19. Jahrhunderts zur Lehre vom naturgegebenen Charakterunterschied der beiden Geschlechter gesteigert, welche dann durch die Erziehung ihrerseits auf die Realität zurückwirkte. Nach dieser Auffassung galt der Mann als Ernährer der Familie durch außerhäuslichen Gelderwerb, geschaffen für das öffentliche Leben, wo er sich mit der ihm eigenen Energie und Härte, Vernunft und Intelligenz zu behaupten habe. Die Frau dagegen sei schwach, sanft, naiv und nervös. Deshalb habe sie sich dem Willen ihres Mannes unterzuordnen und dürfe nichts tun, was als Arbeit erscheint. Vielmehr solle sie die traute Häuslichkeit gestalten, mit Gemüt, Gefühl und Empfindsamkeit das Familienleben erfüllen und sich um die Erziehung der Kinder kümmern. Für bürgerliche Frauen wurde es „unschicklich", an öffentlichen Orten wie Promenade und Theater ohne Begleitung zu erscheinen. Mit der Normierung der Leistungsanforderungen der staatlichen Schulen verschwand im 19. Jahrhundert die Erziehung durch Hauslehrer, aber Gymnasien und Universitäten blieben weiter den Jungen vorbehalten. Die Erziehung und Ausbildung der Mädchen des gehobenen Bürgertums erfolgte dagegen unverändert überwiegend im Elternhaus. Außerdem entstanden für sie seit Anfang des 19. Jahrhunderts auf privater Basis mittlere und höhere Töchterschulen, die aber zu keinen Berechtigungen oder Berufsqualifikationen führten. In ihrem Unterricht standen Klavierspielen, Konversation in Französisch sowie eine oberflächliche Literaturkenntnis im Mittelpunkt. Ernsthafte Dinge, Politik und Wirtschaft beispielsweise, waren für Frauen dagegen verpönt. Mädchen durften nicht wie Jungen draußen herumtollen, sondern hatten sich in Bescheidenheit, zierlichen (und unnützen) Handarbeiten und Arrangements zu üben sowie darin, dem Mann zu gefallen. So kam es zu dem erstaunlichen Ergebnis, daß die Stellung des Mannes gegenüber der Frau in der Ehe sich verstärkte, obwohl der traditionelle Grund für die bevorrechtigte Stellung des Mannes, seine Rolle als Beschützer, längst überflüssig geworden war, und obwohl die Tendenz, die Individuen aus traditionellen Bindungen freizusetzen, es gerade umgekehrt nahegelegt hätte, die Position der Frau gegenüber dem Mann zu kräftigen. Doch die letztgenannte Tendenz erwies sich im Bereich der Ehe als nicht durchschlagkräftig genug.

Positiv wirkte sich das Entstehen des neuen Familientyps auf die Kinder aus. Mit ihm entstand „Kindheit" als ein besonderer, dem „Ernst des Lebens" vorgelagerter Schonraum. Auch die Beziehungen zwischen Eltern und Kindern wurden von der neuen familiären Emotionalität und Wärme erfaßt. Eltern kümmerten sich bewußter um die Erziehung der Kinder, unter anderem beim gemeinsamen Spiel, Musizieren und Spazierengehen. Auch die Menge des Spielzeugs stieg im Laufe des Jahrhunderts drastisch an. Indem die berufliche Position beim Bildungsbürgertum von ständischer Zuweisung und Erbe unabhängig wurde, sondern erst durch Leistung erworben werden mußte, gewannen Erziehung und Ausbildung für die Söhne zwangsläufig an Gewicht. Während die Familie die Produktionsfunktion verlor, gewann sie also im Bereich der Erziehung an Aufgaben hinzu.

Die so im Bildungsbürgertum entstandene Familienform wurde auch von Besitzbürgertum und Adel übernommen, nicht dagegen von Kleinbürgertum und Bauern.

Die Arbeiter-
familie

In der gewerblichen Unterschicht entwickelten sich die Familienverhältnisse völlig anders. Seit dem Mittelalter ließ sich unterscheiden zwischen Vollstellen, auf denen eine Familie existieren konnte, und den Hilfsstellen der Unterschicht, die keine Familie trugen und deren Inhaber deshalb im allgemeinen ledig bleiben mußten. Letzteres war für Knechte und Mägde sowie männliche und weibliche Dienstboten üblich gewesen und blieb es auch weiterhin. Gewerbliche Arbeiter galten gewissermaßen als ein aus dem Haushalt abgeschichtetes Gesinde und erhielten deshalb meist einen Lohn, von dem man keine Familie ernähren konnte. Deshalb blieben sie in der Mehrzahl ebenfalls ledig. Die Heiratsverbote fielen zwar weitgehend weg, aber der Druck der tendenziellen Übervölkerung hielt die Entlohnung weiter auf dem Niveau von Individuallöhnen. So waren noch 1871 von der gesamten Bevölkerung über 15 Jahre 45 Prozent ledig. Wenn Arbeiter heirateten, mußten Frau und Kinder also im Regelfall hinzuverdienen. Auch das setzte an sich bisherige Gewohnheiten bruchlos fort, denn auf Bauernhöfen und bei Heimarbeitern war es selbstverständlich gewesen, daß die Ehefrau mitarbeitete und die Kinder mithalfen. Und doch bestand etwas wesentlich Neues darin, daß diese Arbeit jetzt an einem Arbeitsplatz außerhalb des Hauses geschehen mußte, weil es hier keine Produktionsgemeinschaft des Ganzen Hauses mehr gab. Arbeitende Frauen konnten sich dadurch nur schlecht um Haushalt und Kinder kümmern und vernachlässigten oft beides. Deshalb nahmen offenbar meist Mädchen Lohnarbeit an, gaben diese aber nach der Heirat und der Geburt eines Kindes häufig auf und nahmen sie vor allem in Notzeiten kurzfristig wieder auf. Mütterarbeit war vielfach unregelmäßig. Die Jugendlichen wurden so früh wie möglich aus der Familie in die Selbständigkeit entlassen.

Für Kinder bedeutete außerhäusliche Erwerbsarbeit, daß sie dabei der Aufsicht und

Obhut der Eltern entzogen waren. Wenn schon Heimarbeiterkinder von ihren Eltern unter dem Druck der Not vielfach überlastet wurden, dann waren die noch unfertigen Körper der Kinder in Fabriken erst recht rücksichtsloser Überanstrengung ausgeliefert, die sie bleich, schwächlich und verkrümmt werden ließ. Da die verhaltensprägende Rolle des Elternhauses geschwächt war, ließ sich oft auch eine gewisse Verwilderung und Verrohung der Kinder feststellen. Im Vergleich zur Zahl jener Kinder, die in der Landwirtschaft und auch im Heimgewerbe mitarbeiteten, blieb die Zahl der in Fabriken beschäftigten Kinder aber stets gering und überstieg selbst auf ihrem Höhepunkt in den 40er Jahren nicht 1,5 Prozent der betreffenden Altersgruppe. Die extremen Verhältnisse der Kinderarbeit in Fabriken erweckten jedoch in der Öffentlichkeit besondere Aufmerksamkeit. In Zürich wurde schon 1815 Fabrikarbeit für Kinder unter 9 Jahre verboten. Besorgt, daß die Tauglichkeit der Rekruten abnahm, verbot 1839 auch Preußen für Kinder unter 9 Jahre jede Fabrikarbeit und beschränkte sie für Jugendliche zwischen 9 und 16 Jahre auf höchstens 10 Stunden täglich. Ähnliche Gesetze folgten 1840 in Bayern und 1842 in Österreich. Weil die Eltern nicht auf den Zusatzverdienst der Kinder und die Unternehmer nicht auf die billige Kinderarbeit verzichten wollten und da die Einhaltung der Gesetze nicht überwacht wurde, blieben sie aber praktisch auf dem Papier.

In solchen Arbeiterfamilien war es nicht möglich, Intimität und individualisierte Gefühlskultur auszubilden und sich dem Kind verstärkt zuzuwenden, denn da die Familienmitglieder bei überlangen Arbeitszeiten außerhalb des Hauses beschäftigt waren, kamen sie relativ wenig zu Hause zusammen, die Sorge um die täglichen Lebensnotwendigkeiten ließ kaum Platz für anderes, und überdies lebten alle Familienmitglieder in meist nur einem Raum eng beieinander, ja schliefen überhaupt zu mehreren im selben Bett. In krassem Gegensatz zum gehobenen Bürgertum waren für die Unterschichten also Familienlosigkeit oder Kümmerformen von Familie kennzeichnend.

Viele Deutsche sahen im Laufe der Jahrzehnte ihre soziale Existenz stärker gefährdet als zuvor, sowohl durch die zunehmende wirtschaftliche Enge wie auch durch die gesellschaftlichen Veränderungen. Mit dem Ende der Hörigkeit fiel für die Bauern jene Hilfe fort, welche die Grundherren im Schadensfall mit Saatgut, Vieh oder Bauholz zu leisten verpflichtet gewesen waren. Dadurch, daß die Allmende aufgeteilt wurde, verloren die Dorfarmen einen wichtigen Rückhalt. Mit der zunehmenden Individualisierung ging die Unterstützung durch die Nachbarschaften in steigendem Maße verloren, und mit der Gewerbefreiheit schwand vielfach die Hilfe der Zünfte und Gesellenbruderschaften. Am extremsten war die soziale Unsicherheit bei den Lohnarbeitern. Bei akuten Notlagen organisierten die Regierungen gelegentlich Notstandsarbeiten und Getreidespenden, und in Preußen wurden seit den 1830er Jahren technische Überwachungsvereine gegründet, um der Gefährdung durch explodierende Dampfmaschinenkessel zu begegnen – insgesamt war das aber nur ein Tropfen auf den heißen Stein. Die Regierungen waren den Überzeugungen liberaler Wirtschaftstheorie verhaftet und fanden sich nicht bereit, vor den gesellschaftlichen Fehlentwicklungen der entstehenden liberalen Marktwirtschaft zu schützen. So blieb die Fürsorge der Wohngemeinden, die prinzipiell dann zuständig waren, wenn der in Not Geratene sich nicht selbst helfen konnte und ihm nicht von anderen Menschen geholfen wurde. Die Gemeinden aber waren den Problemen immer weniger gewachsen, da die Not sich ausweitete und örtlich massierte.

Gefährdungen und Sicherungen der Existenz

Wo die alten Sozialbeziehungen nicht mehr hielten und Staat und Gemeinde nicht halfen, mußte Hilfe vom privaten einzelnen selbst ausgehen. Als individualistische Form sozialer Sicherung, die auch dem Geist zunehmender Berechnung entsprach, blühte jetzt das private Versicherungswesen auf. Zwar wetterten konservative Geistliche noch bis in die 1840er Jahre dagegen, weil Versicherungen ein Versuch seien, Gott ins Handwerk zu pfuschen. Aber der Gedanke der Feuerversicherung setzte sich zunehmend durch, so daß es schließlich geradezu als fahrlässig galt, sich nicht gegen das Feuerrisiko zu versichern. Auch Hagel- und Viehversicherungen entstanden jetzt, und aus den Sterbekassen wurde die Lebensversicherung entwickelt. Letztgenannte Versicherungsarten fanden aber erst geringe Verbreitung. Die Kranken- und Sterbekassen der Zünfte ließ man auf freiwilliger Basis meist weiterbestehen, aber der von ihnen erfaßte Personenkreis schrumpfte zunehmend. Nach ihrem Vorbild begannen dann Facharbeiter, Krankenkassen zu gründen. Ebenso wie betriebliche Hilfskassen, die von Unternehmern seit den 1830er Jahren ins Leben gerufen wurden, erfaßten diese allerdings nur einen äußerst kleinen Teil der Arbeiterschaft, und ihre Leistungen waren oft sehr gering. Genauso beschränkt war die Wirksamkeit privater Wohltätigkeitsvereine, die besonders seit den 1830er Jahren entstanden. In bäuerlichen Kreisen nahm der Brauch stark zu, eine geregelte Altersversorung in Form von Altenteilen zu schaffen, während im Gewerbe weiter bis zum Tod durchgearbeitet wurde. Die günstigste Entwicklung wies das Beamtentum auf. Im Laufe der ersten Hälfte des 19. Jahrhunderts setzte sich der Grundsatz durch, daß Beamte nicht einseitig entlassen werden können. Darüber hinaus führte Österreich 1781 für dienstunfähige Beamte den Rechtsanspruch auf eine Pension ein, was die übrigen deutschen Staaten Anfang des 19. Jahrhunderts nachahmten. Preußen beschritt allerdings zunächst einen etwas anderen Weg, indem es stattdessen 1825 eine Zwangsversicherung für Beamte schuf. Für Beamtenwitwen wurde nach und nach eine weitgehend versicherungsrechtliche Versorgung eingeführt (Österreich ab 1748, Preußen 1775), bei der dann teilweise später die Beitragzahlung durch die Beamten entfiel.

Bilanz   In den gesellschaftlichen Wandlungen zwischen dem Ende des 18. und der Mitte des 19. Jahrhunderts waren Zuwachs und Abbau von Gerechtigkeit eng miteinander verwoben wie selten. Dabei überwog letzteres, nicht zuletzt unter dem Druck der schwierigen wirtschaftlichen Bedingungen. Die breite Verelendungstendenz ist nicht zu übersehen. Die Auflösung der ständischen Bindungen, Verpflichtungen und Zwänge, die allgemeine Tendenz zur Individualisierung und zur Versachlichung der zwischenmenschlichen Beziehungen haben hingegen die Freiheitsräume für den einzelnen erweitert, zumindest prinzipiell und in langfristiger Sicht. Wie man die Art und Weise bewertet, in der die liberalen Agrarreformen durchgeführt wurden, vor allem ob man die Ablösungsverpflichtungen der Bauern als eine gerechte Entschädigung für das alte herrschaftliche Obereigentum am Boden mit seinen daraus fließenden Rechten ansieht, hängt weitgehend davon ab, wie hoch man die einzelnen Leistungsverpflichtungen der hörigen Bauern und die gegenzurechnenden Verpflichtungen der Grundherrn zur Nothilfe und die jetzt für den Grundherrn ebenfalls entfallenden Unkosten für örtliche Verwaltungsaufgaben jeweils bewertet. Hier gelangten schon die Zeitgenossen je nach Interessenlage zu durchaus unterschiedlichen Ergebnissen. Fest steht, daß die Bauern in Preußen ungünstiger wegkamen als in Österreich und vielen anderen deutschen Staaten. Daß die Rechtstitel der Grundherren in früheren Jahrhunderten teilweise durch unrechten Zwang erlangt worden waren, spricht dabei nicht dagegen, daß sie sich nicht inzwischen, längst in anderer Hand, durch Gewohnheit zu allgemein anerkanntem Recht gewandelt hätten. In den ersten Jahrzehnten des 19. Jahrhunderts zeigte sich dann, daß auch in einer marktwirtschaftlichen Wettbewerbsgesellschaft das Verhältnis von Leistung und Gegenleistung oft nicht gerechter war als in der alten Gesellschaftsordnung. Die Ausgangsbedingungen, unter denen die einzelnen in den Wirtschaftsprozeß eintraten, waren zu ungleich. Vor allem viele Fabrik- und Heimarbeiter wurden für ihre Arbeit mit einem Minimum entlohnt, das auch in den Augen wohlmeinender Zeitgenossen nicht als gerecht angesehen werden konnte. Und schließlich: daß die Obrigkeiten in jenen Jahrzehnten nicht gesellschaftspolitisch intervenierten, die zwischen der Auflösung der hergebrachten Absicherung der sozialen Existenz durch Zünfte, Dorfgenossen usw. einerseits und dem Beginn staatlicher Sozialpolitik am Ausgang des 19. Jahrhunderts andererseits lagen, führte zu einer liberalen Talsohle ausgleichender Gerechtigkeit für unschuldig in Not Geratene, die tiefer war, als sie bei einer anderen Politik hätte sein können. Obendrein wurde diese Situation dadurch verschärft, daß sich gerade in der Jahrhundertmitte die Spannung zwischen Bevölkerungswachstum und Tragfähigkeit des deutschen Raumes kritisch zuspitzte.

6.4 Zeitalter der bürgerlichen Kultur

Grundzüge

In den 1770er Jahren setzte bei den Deutschen ein gewaltiger kultureller Aufbruch ein, der das ganze 19. Jahrhundert prägte. Vor allem drei Erscheinungen kennzeichneten ihn: die deutsche Elitenkultur entwickelte durch eine recht plötzlich einsetzende Fülle schöpferischer Leistungen ein hohes Niveau, das den Vergleich mit Westeuropa nicht mehr zu scheuen brauchte, und überwand damit zugleich ihre Abhängigkeit von ausländischen Vorbildern; die Elitenkultur wandelte sich von einer höfischen zu einer bürgerlichen; und bei immer breiteren Bevölkerungskreisen traten die traditionsgebundenen, örtlich oder kleinräumig begrenzten Kulturformen zurück, und stattdessen sahen diese Menschen sich eingebunden in eine überregionale, in erster Linie bürgerlich geprägte Nationalkultur.

Alphabetisierung

Die Alphabetisierung des ganzen Volkes war eine der wichtigsten Voraussetzungen dafür, daß langfristig auch außerhalb der Elite der einzelne über den engen Raum der an mündliche Vermittlung gebundenen Überlieferung hinausblicken konnte und zu den Elementen der überregionalen Kultur Kontakt zu finden vermochte. Nur auf der Grundlage des Lesens war es für ihn möglich, sich aus überlieferten geistigen Abhängigkeiten zu lösen und sich dadurch, daß er unterschiedliche Informationen aufnahm, ein selbständiges Urteilsvermögen anzueignen. Auf lange Sicht gesehen bedeutete dies einen Fortschritt zu mehr geistiger Freiheit. Überdies nutzte die Alphabetisierung auch der wirtschaftlichen Entwicklung und damit dem Wohlstand.

Um die Modernisierung zu fördern und um legale Untertanen zu erziehen, machten die Regierungen Ende des 18. Jahrhunderts die allgemeine Schulpflicht in fast allen deutschen Staaten formal verbindlich und setzten sie im Laufe der ersten Hälfte des 19. Jahrhunderts weitgehend auch effektiv durch. Die Schulpflicht dauerte vom 6. bis zum 14. Lebensjahr. In Preußen stieg der Anteil der Kinder, die tatsächlich die Schule besuchten, von unter der Hälfte am Ende des 18. Jahrhunderts auf etwa 90 Prozent der Schulpflichtigen im Jahr 1850. Ähnlich sah es in den meisten anderen deutschen Staaten einschließlich der Schweiz aus, während Österreich dahinter deutlich zurückblieb. Die allgemeine Schulpflicht stieß auf erhebliche Widerstände unterschiedlicher Art, so von seiten der Gutsherren, die fürchteten, daß ihre dann nicht mehr ganz so be-

520

schränkten Abhängigen sich weniger willfährig verhalten würden, bei Fabrikbesitzern, die an billiger Kinderarbeit interessiert waren, und bei manchen Handwerkern und vor allem Bauern, die ihre Kinder für Feld- und Heimarbeit einsetzen wollten und überhaupt Lesen für unnütz hielten, ja oft ihre Kinder vor dem Bücherlesen warnten, da es den Charakter verderbe und zur Arbeit untüchtig mache. Es wurde kein Recht auf Schulbildung von unten erkämpft, sondern die Obrigkeiten führten eine Schulpflicht ein und setzten diese teilweise mit Haft- und Geldstrafen durch.

Die Zahl der Schulen und der Lehrer mußte mit der Ausweitung des Schulbesuchs beträchtlich erhöht werden. Seit dem späten 18. Jahrhundert wurden Lehrerseminare errichtet, und die dort ausgebildeten Elementarschullehrer lösten allmählich den Typ des Lehrers ohne besondere Vorbildung ab. Trotzdem blieb die Leistungsfähigkeit der Elementarschule noch gering. Mit 80 bis 90 Kindern je Lehrkraft waren sie recht voll, oft fehlte es dort an Lernmaterial, und der vermittelte Stoff war begrenzt. Über die Erfahrungen in einer badischen Dorfschule um 1856 hören wir: „Es wurde Rechnen, Zeichnen und Schreiben geübt, Katechismus und Bibelerzählungen, Bibelerzählungen und Katechismus. Auch ein bißchen Geographie und sogar Geschichte; Hermann der Cherusker und die Kreuzzüge. Das war alles. Was sich sonst im Laufe der Jahrhunderte ereignete, blieb uns dunkel. Von unserem Vaterländchen wußten wir nicht viel mehr als Größe und Namen. Wer es beherrschte war uns auch nicht klar, wir Kinder zankten uns oft handgreiflich darüber, wer der Höhere wäre, der Bischof in Freiburg oder der Großherzog in Karlsruhe."[46] Etliche Deutsche verlernten in späteren Jahren das Lesen und vor allem das Schreiben wieder, da sie es im täglichen Leben nicht anwendeten. Über diese Unzulänglichkeiten darf hingegen nicht übersehen werden, daß in der Volksbildung die meisten deutschen Staaten zusammen mit den skandinavischen Ländern in der ganzen Welt am fortschrittlichsten waren. In Preußen konnten 1850 nur 5 Prozent der Wehrpflichtigen nicht lesen, ein Wert, den Frankreich und Großbritannien erst um 1900 erreichten.*

Erwachen des Bürgertums

Der Kreis derjenigen, die tatsächlich öfter Bücher und Zeitschriften lasen, war wesentlich kleiner als die Zahl der Alphabeten. Aber unverkennbar begann die Zahl der Leser und der Umfang des Lesens sich seit den 1770er Jahren geradezu explosionsartig auszuweiten. Das läßt schon die Zahl der jährlichen Neuerscheinungen der über den deutschen Buchhandel vertriebenen Bücher erkennen: sie schwoll 1786 bis 1843 von 2.076 auf 14.059 Titel an! Daneben wuchs eine Heftchen-Literatur heran. Auch die Zahl der Zeitungen und Zeitschriften stieg. Dieses geistige Erwachen erstreckte sich nicht nur auf den literarischen Bereich, wie man daraus sieht, daß gleichzeitig auch die Zahl der öffentlichen Konzerte stark zunahm, selbstgespielte Hausmusik häufiger wurde und Gesangvereine aufkamen.

Als Folge des verstärkten Bildungsbedürfnisses entstanden für Gebildete Konversationslexika, als erstes 1809 der Brockhaus. Leser der sich mehrenden Literatur waren zunächst vor allem Gebildete – höhere Beamte, Pfarrer, Ärzte usw. Sie gründeten am Ende des 18. Jahrhunderts in den Städten Lesegesellschaften, die gehobene Literatur und Zeitschriften zur gemeinsamen Lektüre und Diskussion der Mitglieder beschaff-

---

* Zum Vergleich: 1850 konnten von den Rekruten nicht lesen: Niederlande 23 Prozent, England 35 Prozent (Brautleute), Frankreich 40 Prozent, Belgien 45 Prozent, Italien ca. 75 Prozent, Spanien ca. 75 Prozent, Rußland ca. 90 Prozent.

ten. Bis zur Mitte des 19. Jahrhunderts wurde diese Organisationsform dann verdrängt durch den neuen Typ der privaten kommerziellen Leihbibliotheken, die vor allem Unterhaltungsliteratur führten und diese einem breiteren Publikum zugänglich machten. Ländliche Gegenden wurden von Hausierern mit Büchern, Heften und Einblattdrukken bereist.

Auf diese Weise fingen auch Teile der Kaufleute und Handwerker, Handwerksgesellen und städtische Dienstboten an zu lesen, vereinzelt auch Bauern und Angehörige anderer Unterschichten. Indem mehr gelesen wurde, nahm zugleich die überörtliche Kommunikation zu, entstand zwischen den einzelnen deutschen Regionen ein stärkerer geistiger Zusammenhalt. Die Horizonterweiterung breiterer Kreise sollte für diese Jahrzehnte jedoch nicht überschätzt werden. Wenn man von der oft vorhandenen, aber wenig gelesenen Bibel einmal absieht, beschränkte sich die Lektüre der nicht zum Bildungsbürgertum gehörenden Leser fast ausschließlich auf religiöse Erbauungsschriften und Unterhaltungsromane sowie in gewissem Umfang die Zeitung. Letztere drang vor der Mitte des 19. Jahrhunderts aber ebenfalls kaum in ländliche Kreise und zu den Unterschichten vor. Bebel stellte noch 1858 über Handwerksgesellen fest: „Im Kreise der Fachgenossen, in dem ich verkehrte, war ... keiner, der höhere geistige Bedürfnisse hatte. Wer am meisten trank, war der Gefeiertste."[47]

Breitenkultur Materielle Kulturgüter breiteten sich im allgemeinen leichter aus als geistig anspruchsvolle. So ahmte das Kleinbürgertum in der Kleidung weitgehend das Vorbild des gehobenen Bürgertums nach, und seit dem Ende des 18. Jahrhunderts hielt in kleinbürgerlichen und bäuerlichen Haushalten auch Bildschmuck Einzug in Form von Bilddrucken mit Andachtsbildern, Fürstenporträts und stereotypen Lebenssituationen. Aber auch auf dieser Ebene überwog das Beharrende; besonders das Hofbauerntum hielt weitgehend an Trachten fest, die bürgerliche Neuerungen nur verzögert und vergröbert aufnahmen, ebenso an traditionellen Formen von Volkskunst, Hausbau und Brauchtum.

Aufgegeben wurden traditionelle Brauchtumsformen in breiten Bevölkerungskreisen dort, wo jene sozialen Gemeinschaften sich auflösten, an die sie gebunden gewesen waren. So endeten mit den Zünften auch die Zunftbräuche. Wo pauperisiertes Kleinbauerntum und ländliche Unterschichten gesellschaftlich an den Rand gedrückt und durch die Aufnahme gewerblicher Nebentätigkeit aus dem bäuerlichen Gefüge herausgelöst wurden, verloren Sitten und traditionelle Kleidungsweise ihre Verpflichtung. So stieg beispielsweise die Zahl der unehelichen Geburten stark an (1841/50 in Bayern 20 Prozent aller Geborenen), da in der Unterschicht die Sitte verfiel, die bei dem (auch bisher verbreiteten) vorehelichen Geschlechtsverkehr Geschwängerte dann auch zu heiraten. Zumindest im protestantischen Raum begannen die Unterschichten sich teilweise auch aus kirchlichen Bindungen zu lösen.

Aber nicht nur verfielen alte Formen, sondern zugleich entstanden neue Formen von Breitenkultur. Diese waren dann entsprechend der allgemeinen Entwicklung der Gesellschaft nicht mehr gruppengebunden, sondern auf die freiwillige Teilnahme des freien Individuums abgestellt. Neue Feste entstanden; z.B. wurde 1810 das Münchener Oktoberfest gestiftet. Bürgerliche Vereine reorganisierten 1823 den Kölner Karneval und 1837/38 die Mainzer Fastnacht und gaben ihnen damit ihre heutige Form. In den größeren Städten kamen mit öffentlichen Tanzlokalen neue Vergnügungsformen auf.

522

Die gesteigerte literarische Kommunikation bot eine Basis dafür, daß jener Zug zum eigenständigen Denken und Fühlen, zur Individualisierung der Lebensführung, der im 18. Jahrhundert zunächst in den kleinen Zirkeln eines Teils des Bildungsbürgertums entstanden war, seit den 1770er Jahren über diese hinausgriff auf fast das ganze Bildungsbürgertum. Mitte des 19. Jahrhunderts stellte ein scharfsichtiger Beobachter treffend fest: „In der gebildeten Welt hat der Einzelne seinen Styl, und der Styl soll den Mann zeichnen. Bei dem Bauersmann hat der Stamm, der Gau, das Land seinen Styl, nämlich seinen Dialekt, seine Redewendungen, seine Sprüche, seine Lieder, und dieser Styl zeichnet die großen Volksgruppen."[48] Bei dem sich ausbreitenden Individualismus traten deutlich die beiden parallel gehenden Strömungen zu Tage: jene, die sich auf die eigene Vernunft berief und in ihrem Namen traditionelle Überzeugungen und Bräuche in Zweifel zog, also die Aufklärung, und jene zweite, die vom Gefühl ausging und für differenziertere Empfindungen empfänglich machte. *Individualisierung der Lebensführung*

Zunächst die Aufklärung. Sie erwuchs bei den Deutschen erst in dieser Epoche zu einer Strömung von einiger Breite. Dabei bestanden erhebliche Unterschiede zwischen dem protestantischen und dem katholischen Volksteil. Im protestantischen Raum wurde im späten 18. Jahrhundert aufgeklärtes Vernunftdenken unter Gelehrten, höheren Beamten, Pfarrern und Gymnasiallehrern allgemein vorherrschend. Der typische protestantische Pfarrer dieser Zeit hielt nichts mehr von Wundern und der Sündhaftigkeit der Menschennatur, sondern versuchte seine Gemeinde zu gesitteten und gehorsamen Untertanen zu erziehen, predigte über nützliche Dinge wie den Anbau von Kartoffeln und Klee, die Vorteile der Stallfütterung und die Bereitung von Sauerkraut, er verkündete von der Kanzel Nachrichten über entlaufenes Vieh und Getreidepreise und war weitgehend Verwaltungsbeamter, welcher der Obrigkeit den Ausbruch von Seuchen meldete, für sie Rekrutenlisten anlegte und Volkszählungen durchführte. Gebildeten wurde die Religion gleichgültig, und sie besuchten kaum noch den Gottesdienst. Werke, die vom Standpunkt der Aufklärung her urteilten, wie z.B. die Weltgeschichte F.C. Schlossers, waren bei den Gebildeten bis zur Jahrhundertmitte verbreitet. *Aufklärung und Kirche: der protestantische Volksteil*

In den 1820er Jahren lebte dann im Protestantismus der Pietismus in Gestalt der Erweckungsbewegung wieder auf. Diese wandte sich gegen das Vernunftdenken. Sie nahm stattdessen ganz naiv die biblischen Erzählungen wörtlich als unbezweifelbare Wahrheiten und entfaltete eine auf inniges Gefühl, Sünden- und Bekehrungserlebnis gestützte Frömmigkeit. Die Erweckungsbewegung fand ihre Anhänger vor allem in ostelbischen Adelskreisen, die durch die aufgeklärte Traditionskritik ihre Vorrangstellung bedroht sahen, und in kleinbürgerlichen und bäuerlichen Schichten der alten pietistischen Zentren, deren beschränkter Verstand durch das Vernunftdenken überfordert war. In den 1830er Jahren verschmolz diese Erweckungsbewegung mit den noch fortbestehenden Resten kirchlicher Orthodoxie. Im Schulterschluß mit den Obrigkeiten, die um 1819 vom aufgeklärten Reformkurs zur Reaktion umschwenkten, setzte sich diese konservative Richtung in den 1830er und 40er Jahren in den protestantischen Kirchenleitungen durch und prägte dann zunehmend das Bild der offiziellen Kirche. Sie fand auch im Kleinbürgertum und vor allem bei Bauern Anklang, die unverändert kirchlich geblieben waren. Das protestantische Bildungsbürgertum entfremdete sich dagegen der Kirche immer weiter, eine liberale Theologie, die Vernunft und Offenbarung zu vereinen suchte, zerfaserte in immer mehr Richtungen, und vereinzelt tauchten auch schon atheistische Tendenzen auf.

Ganz unberührt vom kritischen Denken der Aufklärung blieben im übrigen auch die ungebildeten Bevölkerungsschichten nicht mehr. Durch aufgeklärte Pfarrer, manche der seminaristisch ausgebildeten Elementarschullehrer und Winkeladvokaten sickerte traditionskritisches Denken tröpfchenweise immer weiter in die Masse der Bevölkerung ein. Unverkennbar ging auch dort die mythische und magische Weltsicht zurück. Der Glaube an Gespenster und viele andere Formen alten Aberglaubens verschwand im Laufe der ersten Hälfte des 19. Jahrhunderts in den Städten weitgehend und zog sich aufs Land zurück. Seit dem späten 18. Jahrhundert entstanden keine neuen Sagen mehr, und der Glaube an Sagen und Märchen erstarb in der ersten Hälfte des 19. Jahrhunderts auch unter der Landbevölkerung schon weitgehend und bis zum Ende des Jahrhunderts völlig. Sagen und Märchen wurden zur ausschließlichen Sache derjenigen, deren Denkweise zwangsläufig weiter naiv blieb: der Kinder.

Aufklärung und Kirche: der katholische Volksteil

Im katholischen Volksteil vermochte von der Aufklärung angeregtes Denken viel weniger Wurzeln zu schlagen als im protestantischen. Erst nachdem der Papst 1773 den Jesuitenorden aufgelöst hatte, konnten sich die Universitäten und Gymnasien in Österreich und Bayern der geistigen Zwangsjacke der Jesuiten entwinden und langsam den neuen Zeitströmungen öffnen. Seit etwa 1780 begannen sich Obrigkeiten in katholischen deutschen Fürstentümern an Grundsätzen der Aufklärung zu orientieren. So suchten sie die üppige Heiligenverehrung, den intensiven Wunderglauben und die zahlreichen kirchlichen Riten zu beschränken, weil diese gegen die Vernunft seien, und sie hoben etliche kirchliche Feiertage und Wallfahrten auf, weil diese keinen Nutzen brächten. Am entschiedensten ging Joseph II. in Österreich vor, der nur noch solche Klöster gelten lassen wollte, die sich durch Unterricht, Krankenpflege und Seelsorge bürgerlich nützlich machten, nicht aber die nur kontemplativen, und der deshalb fast 800 Klöster aufhob. Diese Maßnahmen, die von Regierungskanzleien und gelehrten Theologen initiiert wurden, trafen vor allem bei Landbevölkerung und Pfarrklerus auf völliges Unverständnis und zähes Widerstreben – schließlich war das katholische Kirchenvolk seit der Rekatholisierung jahrzehntelang in entgegengesetzte Richtung geformt worden.

Das geistige Leben der katholischen Kirche erlitt dann 1803 einen lähmenden Schlag, als sämtliche geistlichen Reichsstände (außer Mainz) und die meisten Klöster säkularisiert wurden. Die weltliche Herrschaft katholischer Kirchenfürsten war vom aufgeklärten Denken inzwischen ohnehin als vernunftwidrig angezweifelt worden. Als Folge der Säkularisierung wurden die Klosterbibliotheken verschleudert, die nicht mehr benötigten Klosterkirchen vielfach abgerissen, zahlreiche von den Klöstern getragene höhere Schulen und 18 katholische Universitäten aufgehoben.

1817-24 wurde die katholische Kirche dann institutionell reorganisiert. Schon bald darauf schlug sie immer stärker wieder jenen Kurs ein, mit dem sie schon seinerzeit auf die Reformation reagiert hatte: sie griff die Bedürfnisse der ungebildeten Masse nach konkreter Anschauung auf, nutzte deren Leichtgläubigkeit und wandte sich gegen das selbständige Denken der Gebildeten. Da die Frömmigkeit der weitaus meisten Katholiken noch ungebrochen war, blieb damit die Aufklärung hier ein Zwischenspiel ohne tiefergehende Folgen, und der katholische Volksteil driftete jetzt erst recht ins geistige Abseits. Alles aufgeklärte Denken fand sich aus der katholischen Kirche wieder ausgesondert. Stattdessen wurde das Kloster- und Ordenswesen neu aufgebaut, darunter auch der 1814 wiedergegründete Jesuitenorden, wurden die alten Frömmigkeitsformen, der Wunderglaube, Wallfahrten, Bußaktionen und Heiligenverehrung gezielt neu belebt. Um ihre Gläubigen besser erfassen und geistig ausrichten zu können, baute die katholische Kirche in den 1830er und 40er Jahren außerdem ein umfangreiches kirchliches Pressewesen auf mit Zeitungen, Volkskalendern und periodischen Traktaten sowie seit etwa 1840 ein Netz katholischer Vereine. 1844 mobilisierte die Kirche zur Ausstellung des „Heiligen Rocks" in Trier über eine halbe Million Wallfahrer – die größte deutsche Volksbewegung der Jahrzehnte vor 1848. Zugleich wurde die katholische Kirche im Innern streng hierarchisch durchorganisiert. Alle individuellen Abweichungen sahen sich diszipliniert. Überdies wurde die katholische Kirche seit den 1840er Jahren in einem noch nie dagewesenen Ausmaß auf den Papst in Rom hin orientiert, also „ultramontan" ausgerichtet.

Wie sich schon in den vorangegangenen Jahrzehnten Aufklärung und Empfindsamkeit als zwei Seiten derselben Medaille erwiesen hatten, so kam es auch seit dem späten 18. Jahrhundert im Bürgertum parallel zum Aufschwung der Aufklärung zu einer Entfaltung psychischer Eindrucksfähigkeit. Die hochgesteigerten Formen der literarischen Empfindsamkeit der 1770er Jahre waren eine vorübergehende Erscheinung, aber insgesamt gewann die seelische Sensibilisierung an Tiefe und Breite. In der ersten Hälfte des 19. Jahrhunderts dominierten auf der Theaterbühne und im Unterhaltungsroman Familien- und Liebesstoffe und Ritter-, Räuber- und Schauerstücke, bei denen die Autoren gerade die Stimmungen der Rührung, der Angst und Beklemmung und des Schaurigen bewußt pflegten. Indem man die inneren Regungen der Menschen intensiver beobachtete, entstand bezeichnenderweise am Ende des 18. Jahrhunderts auch die Psychologie als Wissenschaft. Die schon in der Empfindsamkeit der vorangegangenen Zeit anklingende Neigung, die eigenen Gemütszustände in die umgebende Landschaft hineinzuspiegeln und so zum subjektiven Naturerlebnis zu kommen, nahm bedeutend zu und wurde besonders von den Dichtern des Sturm und Drang und der Romantik kultiviert. In der Natur selbst sind „romantische" Anmutungsqualitäten natürlich nicht vorhanden; sie können bei einer anderen psychischen Disposition genauso ganz anders empfunden werden.

Sensibilisierung der Psyche

Indem die Gebildeten sensibler wurden, geriet bei ihnen die körperliche Züchtigung der Abhängigen in Verruf. In diesen Kreisen hörte man allmählich auf, die Kinder im Elternhaus und auf dem Gymnasium mit Stock oder Rute zu strafen wie auch die Ehefrau zu schlagen. Die körperliche Züchtigung des Gesindes durch den Gutsherrn, von Tätern durch die Polizei und von Soldaten durch ihre Vorgesetzten ging im Laufe der ersten Hälfte des 19. Jahrhunderts langsam zurück und erstarb um die Jahrhundertmitte. Beim Militär kamen physische Schikanen, auch wenn sie verboten waren, tatsächlich aber noch das ganze Kaiserreich hindurch häufiger vor, ebenso in Gefängnissen. In Volksschulen war der Rohrstock auch offiziell bis Anfang des 20. Jahrhunderts weiter üblich und geriet erst in der Zeit zwischen den Weltkriegen weitgehend außer Gebrauch, und dasselbe galt für das Prügeln von Lehrlingen und angehenden Bauernknechten. Überhaupt blieb das Verhalten der Bauern, Arbeiter und anderer einfacher Leute untereinander unverändert grob und oft gewalttätig. Keller bemerkte noch 1851 über die Schweizer Bauern: „Es ist der Stolz der Väter, wenn sie nach einem Volksfest einige hundert Taler an die von ihren Söhnen Verwundeten auszahlen müssen."[49] Der steigenden Sensibilität im Bürgertum wurde allmählich auch allzu rohe Behandlung von Tieren als Tierquälerei verächtlich. So entstanden ab 1832 Tierschutzgesetze und ab 1837 Tierschutzvereine. Wo man in der Kindererziehung in Elternhaus und Schule nicht mehr körperlich strafte, richtete sich die Erziehung verstärkt an Psyche und

Geist: zur Strafe dienten Blamieren und Liebesentzug, die Drohung mit dem „bösen Mann", Rübezahl oder dem Kinderfresser und der verbale Tadel, und daneben traten Lob und Belohnung für Verhalten und Leistungen. Vergleichbares spielte sich im Strafvollzug ab: die Körperstrafen verschwanden und wurden durch die Haft ersetzt, in welcher der Täter durch Einwirkung auf sein Gemüt zur Besserung erzogen werden sollte (daß die Erziehungswirkung im Regelfall Theorie blieb, steht auf einem anderen Blatt).

Überhaupt entdeckten die Gebildeten am Ende des 18. Jahrhunderts, daß die Psyche von Kindern anders geartet ist als jene von Erwachsenen. Plötzlich kamen etliche theoretische Schriften zur Kindererziehung auf, die auf dieser Erkenntnis aufbauten und versuchten, spezielle kindgemäße Erziehungsmethoden zu entwickeln. Besonders J.H. Pestalozzi ist hier zu nennen. Seit dem Ende des 18. Jahrhunderts entstand für die Kinder des gehobenen Bürgertums mit Fibeln, Lesebüchern und Jugendbüchern eine besondere Kinderliteratur, die ihre eigenen Stoffe und Darstellungsweisen hatte. 1837 gründete F. Fröbel den ersten Kindergarten. Daß Kinder als Wesen eigener Art erkannt wurden, kam auch äußerlich darin zum Ausdruck, daß sie nicht länger wie kleine Erwachsene gekleidet wurden, sondern für sie eine besondere, spielfreundlichere Kleidung üblich wurde.

Von der höfischen zur bürgerlichen Elitenkultur

Sieht man von der Kirche einmal ab, so war die Elitenkultur des 17. und 18. Jahrhunderts im Kern eine höfische Kultur gewesen, die der Repräsentation des Fürsten und dem Schmuck höfischer Geselligkeit gedient hatte. Am Ende des 18. Jahrhunderts fand nun ein Umbruch statt. An die Stelle der Hofgesellschaft als Träger der Elitenkultur trat das inzwischen zu Selbstbewußtsein erwachte gehobene Bürgertum, und zwar in Gestalt des zahlenden Publikums oder der anonymen Käuferschaft. So wurden Ende des 18. Jahrhunderts die höfischen Opern und Theater gegen Eintrittskarten für Bürger geöffnet, ebenso die fürstlichen Kunstsammlungen, und auch die Hofgärten machte man der Allgemeinheit zugänglich (Prater und Augarten in Wien 1766, Hofgarten in München 1790). Daß sich die fürstlichen Kunstsammlungen aus dem Zusammenhang fürstlicher Repräsentation herauslösten, kam sinnfällig auch darin zum Ausdruck, daß sie räumlich aus dem Schloß ausgegliedert wurden und eigene Museumsbauten erhielten, als erste Kassel 1769-99, München Glyptothek 1816-30 und Alte Pinakothek 1826-36, Darmstadt 1820-34 und Berlin Altes Museum 1825-28. Neben den ehemals höfischen und jetzt geöffneten Kultureinrichtungen entstanden weitere Institutionen aus bürgerlicher Wurzel. So gab es 1850 23 Hofopern und etwa 100 städtische Theater mit Opernaufführungen. Aus den collegia musica erblühte ein umfangreiches öffentliches Konzertwesen, das von Gesellschaften und Vereinen getragen wurde. Hierfür errichtete man spezielle öffentliche Konzertsäle, so in Hamburg 1761, Leipzig 1781, Berlin 1801 und München 1828. Als weitere Träger bürgerlicher Musikkultur kamen in der ersten Hälfte des 19. Jahrhunderts Männergesangvereine auf. Ferner spielte der anonyme Markt mit dem einzelnen Bürger als Käufer eine wachsende Rolle für die Produktion von Büchern, Musikalien und Tafelbildern. Die Kirche trat dagegen im Kulturleben immer weiter in den Hintergrund.

Verbürgerlichung der Elitenkultur

Daß die Elitenkultur verbürgerlichte, war nicht nur eine Frage ihres organisatorischen Trägers, sondern damit änderte sich zugleich ihre inhaltliche Ausrichtung. Das gehobene Bürgertum wurde bei der Geschmackbildung vorherrschend.

Viel häufiger als zuvor traten jetzt in Romanen bürgerliche Gestalten als Helden auf. Verbürgerlichung bedeutete auch eine Verdeutschung der Elitenkultur. Die italienische Oper wurde in der zweiten Hälfte des 18. Jahrhunderts weitgehend aufgegeben und stattdessen im späten 18. Jahrhundert die Form des deutschen Singspiels entwikkelt. Das erste bedeutende war 1782 Mozarts „Entführung aus dem Serail". An den Hoftheatern lösten deutsche Schauspieltruppen, die aus dem Kreis der bis dahin umherfahrenden deutschen Schauspieltruppen kamen, die französischen Schauspieler ab. Das Theater wurde damit zum Nationaltheater, zuerst in Wien 1776, Mannheim 1779, Berlin 1786, Mainz 1788 und München 1799. In der deutschen Buchproduktion verschwanden französisch- und lateinsprachige Werke jetzt fast ganz. Das Französische verlor allmählich seine Rolle als Sprache der Konversation der vornehmen Kreise, und in der deutschen Sprache wurden Fremdwörter zurückgedrängt. Überhaupt gab es im deutschen Bildungsbürgertum dieser Epoche einen gewissen antifranzösischen Affekt. Das lag daran, daß das Bürgertum gegen die stark französisch geprägte Hofkultur hochkam, und dann führte außerdem der Kampf gegen die französischen Besatzungstruppen Napoleons 1813-15 zu einer Welle antifranzösischer Kriegspublizistik. Letztere war aber eine vorübergehende Erscheinung und sollte in ihrer Bedeutung nicht überschätzt werden. Hier lassen sich auch bemerkenswerte Unterschiede zur französischen und zur englischen Entwicklung erkennen: während in Frankreich das gehobene Bürgertum schon vor der Revolution über die Salons den Anschluß an die höfische Kultur gefunden und sich viele ihrer Formen angeeignet hatte und deshalb die aristokratische Wertschätzung von Höflichkeit, Umgangsformen und Artikuliertheit des Sprechens weiter bewahrte, während in England mit der revolutionslosen Kontinuität der Oberschicht auch der Brauch erhalten blieb, die Zugehörigkeit zur Oberschicht durch exquisite Aussprache zu demonstrieren, war das im 18. Jahrhundert ständisch abgesonderte deutsche Bildungsbürgertum mittelständisch geprägt geblieben. Seitdem das deutsche Bildungsbürgertum zur kulturellen Führung aufgestiegen war, gab es deshalb bei den Deutschen keine vergleichbare Oberschichtsprache mehr, sondern hier fiel eher der Intelligenz die tonangebende Rolle zu.

Die Wertvorstellungen des Bildungsbürgertums unterschieden sich nun deutlich von denen der Hofgesellschaft wie auch jenen der Ungebildeten, der Kleinbürger, Bauern und Unterschichten. Das Bildungsbürgertum betonte Bildung, individuelle Persönlichkeit und die Tiefe des Geistes und Gefühls im Gegensatz zur Oberflächlichkeit der nur auf äußere Verhaltensformen, feine Manieren und Etikette abgerichteten Höflinge, aber auch im Unterschied zur Derbheit und geistigen Begrenztheit der von schwerer körperlicher Arbeit geprägten Masse des Volkes. Das Bildungsbürgertum setzte die (deutsche) wirkliche Bildung und Kultur gegen die (französisch geprägte) bloß äußere Zivilisation, berief sich auf individuelle Leistung anstatt auf adligen Ahnenstolz, setzte (deutsche) Treue und Ehrlichkeit gegen die Geschmeidigkeit höfischer Intrige, moralisches Familienleben gegen die „Sittenlosigkeit" der Höfe. Die wirtschaftlich tätigen Kräfte des Bürgertums betonten den bürgerlichen Fleiß im Unterschied zum adligen Müßiggang, die Sparsamkeit gegen die adlige Verschwendung. Dies hatte zur Folge, daß jetzt die bisherigen höfischen Kulturformen nicht nur nicht weiterentwickelt, sondern zu einem großen Teil aufgegeben wurden. Nur jene Formen, die auf die Beherrschung der inneren Triebe abzielten, wie z.B. die Tischsitten, bewahrte das Bürgertum weiter, wogegen es jene, die aus dem Geist geometrischer Ordnung, äußerer Repräsentation und höfischer Absonderung erwachsen waren, weitgehend aufgab und sich dem Natürlicheren zuwandte. Der geometrisch geordnete Park wich der Parkanlage nach englischem Vorbild. Diese sollte den Eindruck ungekünstelter Natur schaffen, indem die Bäume in locker hingestreuten Gruppen statt in Reihe standen, die Wege sich schlängelten statt schnurgerade zu verlaufen, Gehölze frei wuchsen und nicht mehr geschnitten wurden und auch Bäche und Teiche freie Formen zeigten (erstes deutsches Beispiel Wörlitz ab 1771). Die künstliche Herrenperücke verschwand am Ende des 18. Jahrhunderts zugunsten des ungepuderten Naturhaars. Um die Wende vom 18. zum 19. Jahrhundert gab man Figurenreiten, Ballhausspiel, Fechten und Voltigieren auf, die in geschlossenen Räumen stattgefunden hatten und auf zierliche, meist geometrisch geregelte Formen gerichtet gewesen waren; als einziges Relikt davon ist die Wiener Hofreitschule bis heute übriggeblieben. Dafür fand das Spazierengehen in freier Natur verstärkt Anklang. F. Jahn propagierte ab 1811 das Turnen im Freien und erfand dazu mit Barren, Reck und Schaukelgeräten Hilfsmittel, deren Übungen auf Schwung und Kraft abzielten. Einige Deutsche begannen, im Freien zu baden, sowohl in Binnengewässern wie an der See (als erste deutsche Seebäder 1793 Heiligendamm, 1797 Norderney und 1802 Travemünde). Das Freibaden fand aber bis zur Jahrhundertmitte noch keinen größeren Anklang, und die Obrigkeiten verboten die rasch wachsende Turnbewegung 1820 (bis 1842), da sie mit dem nationalen Gedanken verbunden war. Die höfischen Tänze wurden seit den 1770er Jahren in den gehobenen Kreisen durch den Wiener Walzer verdrängt, dem Galopp und Polka (ab 1830) folgten. Damit kam im Tanz die freie Bewegung gleichgestellter Einzelpaare auf, so daß die Tänzer nicht länger in Gesamtfigurationen eingebunden waren, und schnelle, wirbelnde Bewegungen fegten die gemessen getanzten, genau geregelten Fußstellungen fort. Selbst im Festungsbau wich das geometrisch konstruierte Bastionssystem einfacheren Formen. Reste des formalen Ordnungsdenkens hielten sich noch bis zum Ersten Weltkrieg bezeichnenderweise dort, wo sie obrigkeitliche Befehle und Planung ausdrückten, nämlich in der militärischen Formalausbildung und teilweise bei der Planung räumlicher Ordnungen. So verwendete man für die Straßennetze in den wachsenden Großstädten gelegentlich gerade Achsen und Gitternetze, wie man auch Waldränder, Bäche und Felder begradigte. Im übrigen kam auch ein neues Ordnungsmuster auf, das dem rechnenden Geist von Technik und ökonomischem Denken angemessen war: die Numerierung. Anfang des 19. Jahrhunderts wechselten die preußischen Regimenter ihre Eigennamen in Regimentsnummern um, das System individueller Hausnamen geriet außer Gebrauch, und die Hausnummer kam auf. Im Laufe des Jahrhunderts führte das Nummerndenken zu geschäftlichen Fabrikations- und Modellnummern, Kontonummern, Postamtsnummern usw. und erfaßte damit immer weitere Bereiche. Auch die typisierten Repräsentationsformen wichen dem neuen bürgerlichen Geist: auf Porträts wurde die theatralisch steife Positur aufgegeben zugunsten einer natürlichen Haltung und dem Bemühen, den individuellen Charakter psychologisch zu erfassen, und Grabmäler wandelten sich von Ruhmeszeichen zum gefühlsseligen Mal der Trauer. Das gehobene Bürgertum entwickelte am Anfang des 19. Jahrhunderts einen eigenen unrepräsentativen, soliden und bequemen Einrichtungsstil: das Biedermeier. Mit der Wendung gegen den süßen Müßiggang wurden süße Schokolade (die es bald auch in fester Form gab) und buntfarbige Kleidung, beides bislang ein höfisches Statussymbol der Erwachsenen beider Geschlechter, zur Sache derer, die nicht arbeiteten: der bürgerlichen Frauen und Kinder. Die bürgerlichen Männer, die arbeitsam und ernsthaft zu sein hatten, gingen dagegen schon Ende des 18. Jahrhunderts nach englischem Vorbild zu einer einfacheren, unverzierten und praktischeren Kleidung im Frackschnitt über. Anfang des 19. Jahrhunderts wurden dabei lange Hosen anstelle der Kniehosen und der Zylinder üblich. Diesen Anzug übernahm dann auch der Adel. Überdies wurden im Laufe der Jahrzehnte die Farben der Herrenkleidung immer ruhiger, verdunkelten zu flaschengrün, tabakbraun und pflaumenblau, bis in der Mitte des 19. Jahrhunderts praktisch nur noch schwarz und grau übrig blieben. In dieser phantasielosen, uniformen Tristheit hat der Herrenanzug dann bis weit ins 20. Jahrhundert hinein verharrt. Dagegen konnten sich bei der Kleidung der nicht arbeitenden Frauen Bestrebungen zum Einfachen nicht durchsetzen; der repräsentative Aufwand kehrte wieder.

Während die Zwänge äußerer Formen also allgemein gelockert, teilweise ganz beseitigt wurden, zielte die Entwicklung umso nachdrücklicher auf die Beherrschung der eigenen Triebe, auf innere Zwänge. Insbesondere die bürgerliche Sexualmoral gestaltete sich in der ersten Hälfte des 19. Jahrhunderts immer enger. Außereheliche Beziehungen wurden allmählich verpönt, Ehebruch zum Skandal. Sexualität fand sich zum Gemeinen abgewertet – eine „anständige" Frau hatte beim Geschlechtsverkehr kein Vergnügen zu empfinden, und Ärzte und Erzieher begannen, die Onanie der Jungen als „Laster" mit schrecklichsten Folgen zu bekämpfen. Selbst das Sprechen über sexuelle Dinge wurde weitgehend tabuisiert. Die sexuelle Aufklärung der Kinder erstarb, weshalb man jetzt als Ausflucht das Gerede vom Klapperstorch als Kinderbringer erfand.

Dadurch, daß die Ständegesellschaft sich auflöste, der Bedarf an Literatur, Musik und Kunst sich stark ausweitete sowie die Neigung zur Reflexion zunahm, kam es zu einem wesentlichen Umbruch in der Struktur des Kulturlebens. In den vorangegangenen Jahrhunderten war der künstlerisch Schaffende relativ eng an die Person des Auftraggebers oder Konsumenten gebunden gewesen, die ihm direkt gegenübergetreten war, und daraus hatte sich auch die Sinnbestimmung seines Tuns ergeben. Die künstlerisch Schaffenden der Elitenkultur waren meist als Hofmaler, Hofmusiker, Architekt oder Organist fest bei Höfen oder Kirchen angestellt gewesen und hatten bis Ende des 18. Jahrhunderts fast ausschließlich in Auftragsarbeit gearbeitet; nur die Schriftsteller hatten schon eher aus eigener Initiative geschrieben. Durch den Auftrag waren Zweck und Inhalt ihres Schaffens vorgegeben gewesen: es hatte als künstlerische Gestaltung von Schlössern, Festen und Tabaksdosen, als Theateraufführungen, Tafel- und Tanzmusik der Repräsentation und dem Vergnügen des Hofes zu dienen gehabt oder als Kirchenmusik und Kirchenkunst den Glauben verkünden und die Seele reinigen sollen. Daneben hatte es jene gegeben, die als Gaukler, Bierfiedler, Schauspieler und Bänkelsänger herumzogen und ihre Aufführungen möglichst weitgehend den Erwartungen des um sie herumstehenden Publikums anpassen mußten, um von ihm ein Entgelt zu bekommen. Die Bewertung der einzelnen Künste hatte sich aus ihrer ständischen Zuordnung abgeleitet: die Hof- und Kirchenkultur hatte sich selbst als Norm gesetzt und die Breitenkultur keines Blicks gewürdigt, das repräsentative Porträt war höherwertiger als das Landschaftsbild gewesen. Daß auch im Bereich der Elitenkultur ein großer Teil der Kulturproduktion im wenig anspruchsvollen Anwenden von Standardformeln bestanden hatte, daß ein großer Teil dieser Kulturproduktion schlicht der Unterhaltung gedient und keinen höheren geistigen Anspruch erhoben hatte, daß viele unter den Kulturkonsumenten der führenden Stände nicht das Verständnis besessen hatten, um die genossenen schöpferischen Leistungen auch wirklich würdigen und verstehen zu können, dies alles hatte keine Rolle gespielt, sondern entscheidend war nur gewesen, daß die als verbindlich geltenden formalen und inhaltlichen Normen erfüllt gewesen waren.

Autonome Kunst und Trivialität

529

Während Architektur und Großplastik auch weiterhin weitgehend auftragsgebunden und die Kirchenkunst zumindest eng zweckgebunden blieben, entstand für Literatur, Gemälde und Musikalien, Theater- und Musikaufführungen ein anonymer Markt. Dieser befreite den Kulturschaffenden aus der persönlichen Abhängigkeit vom Auftraggeber, setzte ihn aber dafür dem Vermarktungserfolg oder -mißerfolg aus. Dementsprechend blieb die Idee des „freien" Künstlers oder Schriftstellers, die jetzt zum Wunsch- und Leitbild wurde, unvermeidlich eine Halbwahrheit. Mit zunehmender Individualisierung verfielen die ständischen Kulturnormen, und bei vielen Kulturschaffenden kam der Wille zur Individualität auf. Die Kulturschaffenden reagierten auf diese Situation unterschiedlich. Die einen lehnten es nun ab, ihr Schaffen an irgendwelche von außen gesetzten Zwecke zu binden, und erhoben den Anspruch, ein autonomes, einmaliges künstlerisches Werk von bleibendem Wert zu schaffen, Gesetzgeber einer Welt eigener Normen zu sein. Sie waren zunehmend bestrebt, in ihrem Schaffen ihre ganz persönliche Inspiration, Seelentiefe und Weltsicht zum Ausdruck zu bringen und bis ins Philosophische hineinreichende Probleme darzustellen. Sie schilderten Personen, Situationen und Gefühle immer feinfühliger und differenzierter und steigerten die Kompliziertheit der Ausdrucksmittel. Die anderen Kulturschaffenden orientierten sich daran, daß die Masse der Kulturkonsumenten ein Bedürfnis nach erbaulicher und spannender Unterhaltung besaß und von nur begrenzter Verständnisfähigkeit war. Diese Kulturschaffenden erhoben keinen Anspruch auf Originalität. Sie boten im Literarischen konkrete Handlung statt abstrakter Reflexion, Bestätigung des Gewünschten statt Problematisierung. Sie bedienten sich in Literatur, Kunst und Musik leicht verständlicher Ausdrucksmittel: sie gestalteten ihre Darstellung nicht kompliziert und individualisiert, sondern hielten die Struktur einfach und durch das Reihen kurzer Teile überschaubar, sie bedienten sich bei der Wahl der Worte, musikalischen und bildnerischen Formen und bei Situations- und Personenschilderungen vorgeformter, typisierter Mittel, um Dinge zu verdeutlichen, und sie begegneten der begrenzten Konzentrationsfähigkeit des Konsumenten mit Wiederholungen. So fielen ab etwa 1800 die „ernste", „anspruchsvolle" und die „unterhaltende", „triviale" Form auseinander, und der Abstand zwischen beiden Bereichen vergrößerte sich bis zum Ersten Weltkrieg immer weiter. Dabei waren die Ausdrucksmittel der Trivialkultur nicht neu, sondern bis ins 18. Jahrhundert auch in der Elitenkultur oft verwendet und als legitim angesehen worden, von der Breitenkultur ganz zu schweigen, und die Kirchenkunst, die sich breiten Kreisen verständlich machen mußte, bediente sich ihrer auch weiterhin.

Der Unterschied zwischen anspruchsvoller und trivialer Kultur war keiner der sozialen Schicht der Konsumenten; Angehörige der gehobenen sozialen Schichten konsumierten Kulturerzeugnisse der einen wie der anderen Form. Die Wurzel dieser kulturellen Spaltung, die bis heute unverändert fortbesteht, lag darin, daß ein Teil der Kulturschaffenden und mit ihnen auch die in dieser Zeit entstehende Kunst-, Literatur- und Musikkritik jetzt den intellektuellen Gehalt und vor allem die Originalität zum entscheidenden Maßstab machten, nach dem künstlerische Leistungen beurteilt werden sollten, und zugleich die übrigen Kulturprodukte als trivial verdammten, ja sie überhaupt ignorierten. Damit standen sie in nichts jenem Hochmut nach, mit dem die höfische Elite der ständischen Zeit die Breitenkultur verachtet hatte. Um 1800 herum begannen pädagogisch motivierte Aufklärer auch mit Versuchen, der breiten Leserschaft ihren „schlechten", „sittengefährdenden" Lesestoff, später „Schund" genannt, auszutreiben und sie mit „guter", „vernünftiger" Literatur zu beglücken, Bemühungen, die gebildete Kreise bis nach dem Zweiten Weltkrieg fortsetzten, die aber nichtsdestoweniger fruchtlos blieben. Die Kritik an trivialer Literatur, Kunst und Musik bestand allerdings dort nicht ganz zu Unrecht, wo diese versuchte, romantische Gefühlstiefe wiederzugeben, wobei dann der innere Widerspruch zwischen dem Anspruch auf individuelle Gefühlsaussage und den schematisierten Mitteln zwangsläufig zur Unwahrhaftigkeit und Hohlheit führte, d.h. schlicht zu Kitsch. Das betraf aber nur einen Teil der Trivialkultur, dagegen genauso Teile von Kirchenkunst und -lied des 19. Jahrhunderts.

Indem der Anspruch auf Individualität und Originalität stieg, zerfiel langfristig der Vorrat gemeinsamer Ausdrucksformen und Symbole. Dementsprechend verflüchtigte sich die Einheitlichkeit von Geschmack und Zeitstil, die bis dahin durch die Autorität ständischer Führungsschichten gehalten worden war. Zugleich wurden die verschiedenen Gattungen gleichwertig.

Noch wichtiger war eine andere Folge. Indem Künstler, Musiker und Schriftsteller die Kompliziertheit und Subjektivität ihrer Werke steigerten, schrumpfte das Publikum, das hierfür Verständnis und Interesse aufbrachte, drastisch zusammen, und es entstand jener Typ des einsamen Künstlers, der sich mißverstanden fühlte, der das Massenpublikum wegen dessen Niveaulosigkeit verachtete und doch zugleich jammerte, daß es sein Genie verkenne. Diejenigen unter den Dichtern und Malern der Romantik, die heute als bedeutend gelten, fanden unter ihren Zeitgenossen meist keine große Beachtung. Der Dichter Kleist flüchtete angesichts der fehlenden Resonanz seiner Werke in den Selbstmord. Goethe und Schiller waren zwar im kleinen Kreis der Intellektuellen anerkannt, blieben aber ohne breitere Wirkung. Am Dresdner Theater entfielen von den 1.471 Aufführungen der Jahre 1789-1813 nur insgesamt 58 auf die Werke von Lessing, Goethe und Schiller, dagegen 477 auf die Trivialstücke von A. von Kotzebue und A.W. Iffland. Auch Goethe mußte als Leiter des Weimarer Theaters Feuerschlucker und dressierte Pudel auftreten lassen, um von Zeit zu Zeit die Kassen zu füllen. Die Unterhaltungsliteratur machte ein Vielfaches der anspruchsvollen Literatur aus. Der Anspruch Schillers und Goethes, durch die Theaterkunst die Menschen sittlich zu verbessern und zur Humanität zu erziehen, war von grotesker Wirklichkeitsfremdheit.

Die Spaltung in unterhaltende und anspruchsvolle Kulturformen schlug um die Mitte des 19. Jahrhunderts auch auf die Organisationsform der Veranstaltungen durch, vor allem im Konzertwesen, weniger extrem im Theaterwesen. Ursprünglich waren im Konzert Stücke verschiedenster Art in bunter Mischung gespielt worden, dabei von „großen" Werken oft nur einige Sätze. Jetzt schied man bei einigen Konzerten die „nur unterhaltenden" Teile aus und erhob die werktreue Wiedergabe zur Norm, womit das „ernste" Symphoniekonzert entstand, in dem dann wegen der steigenden Schwierigkeit der Stücke der musizierende Dilettant dem Berufsmusiker weichen mußte. Parallel dazu entwickelte sich das anspruchslose Garten- und Promenadenkonzert. Die Spaltung in Nationaltheater und Volkstheater in Wien stellte eine vergleichbare Erscheinung dar. Die anspruchsvollen Künste wurden in eine weihevolle, höhere Sphäre gerückt und bekamen erbaulichen Charakter. Theater, Konzerthallen und Museen wurden zu Musentempeln. Dementsprechend wandelte sich auch das Verhalten des Theater- und Konzertpublikums: während im 18. Jahrhundert das Publikum in Konzerten redete, rauchte, aß und trank, von dem Verhalten bei Aufführungen fahrender Schauspieltruppen ganz zu schweigen, kehrte jetzt allmählich andächtige, aufmerksame Stille ein. In gewisser Weise übernahmen Literatur, Theater und Musik, die unterhaltende wie die ernste, mit der Entkirchlichung des (zunächst vor allem protestantischen) Bürgertums jene Aufgabe innerer Erbauung, die bis dahin Kirche und Erbauungsschriften zugefallen war.

Kant

Wenden wir uns jenen zu, die in den Jahrzehnten zwischen 1780 und 1830 den Ruf der Deutschen begründeten, ein Volk der Dichter und Denker zu sein. Auch wenn die großen Dichter und Denker tatsächlich nur wie einige Fettaugen auf der dünnen Suppe der schlichten Breitenkultur schwammen, ist ihre Bedeutung doch weitreichend.

Zu nennen ist als erster Immanuel Kant, der größte deutsche Philosoph. In der „Kritik der reinen Vernunft" (1781) analysierte er die Möglichkeiten und Grenzen menschlicher Erkenntnis, in der „Kritik der praktischen Vernunft" (1788) zog er daraus Folgerungen für die Ethik, und in der „Kritik der Urteilskraft" (1790) legte er Grundlagen für eine Ästhetik. Kant wandte sich gegen die Philosophie seiner Zeit, und zwar sowohl gegen die in Deutschland und Frankreich vorherrschende, die spekulativ war und nur von der menschlichen Vernunft ausging, wie auch gegen die englische, die sich rein auf empirische Wahrnehmungen beschränkte. Kant erkannte klar, daß sichere Erkenntnis nur dadurch zustande kommen kann, daß Erfahrung, d.h. die sinnliche Wahrnehmung der Erscheinungswelt der Dinge, und der menschliche Verstand miteinander verbunden werden. Reine Sinneswahrnehmung ergibt nur ein Gewühl von Eindrücken; erst durch das Hinzutreten von Kategorien, die aus dem reinen Denken entspringen, wie z.B. Ursache, Raum, Zeit, geometrische Formen usw., die der Mensch also a priori zur Erkenntnis mitbringt, entstehen klare Vorstellungen. Und umgekehrt: durch reines Nachdenken sind nur inhaltsleere Begriffskonstruktionen möglich, aber keine Aussagen über die Wirklichkeit; die Grenzen der möglichen Erkenntnis befinden sich also dort, wo die Grenzen der Erfahrung liegen. Über das Ding an sich, das jenseits der Welt der Erscheinungen liegt und das die Sinneseindrücke erst hervorruft, ist keine Aussage möglich. Jede Metaphysik bleibt also notwendig reine Spekulation und damit sinnlos. Zugleich schloß Kant auch richtig, daß die Existenz Gottes weder beweisbar noch widerlegbar, sondern eine reine Glaubensfrage ist. Kants Nachweis, daß keine Metaphysik möglich ist, bedeutete einen großen Fortschritt in der europäischen Philosophie und ist ebenso unwiderruflich wie folgenreich. Für die Ethik folgerte Kant: wenn kein metaphysisches Wesen erkennbar ist, können moralische Formen auch nicht von einem solchen hergeleitet werden. Sie müssen also durch den menschlichen Verstand begründet werden. Hierzu formulierte Kant als allgemeingültiges sittliches Prinzip den kategorischen Imperativ: „Handle so, daß du jederzeit wollen kannst, die Maxime deines Handelns solle allgemeines Gesetz werden." Tatsächlich ist es allerdings nicht möglich, aus dem Prinzip des kategorischen Imperativs detaillierte Rechte und Pflichten zwingend herzuleiten. Im übrigen zeigte sich später, daß auch dieses Prinzip an bestimmte zeitbedingte Grundüberzeugungen gebunden und nicht so voraussetzungslos allgemeingültig ist, wie Kant meinte.

„Deutscher Geist"

Kants Philosophie wies den Weg zu einer Weltsicht, die an klarer Vernunft und empirischer Wirklichkeitserfahrung orientiert ist. Doch dies fand zunächst unter den deutschen Intellektuellen wenig Widerhall. Die führenden Köpfe glaubten vielmehr, strenge Rationalität und die Realität „überwinden" zu müssen. An dem Schaffen der deutschen Intellektuellen der Jahrzehnte von 1780-1830 fällt als erstes auf, daß die Prägungen, die im 17. und 18. Jahrhundert durch die Unterschiedlichkeit der Konfessionen erfolgt waren, auch jetzt noch deutlich spürbar blieben, obwohl konfessionelle Bindungen im eigentlichen Sinne kaum noch bestanden. Die aufs Wort gerichteten Leistungen der Literatur und Philosophie erblühten fast nur im protestantischen Volksteil, während die von den Sinnen ausgehende Musik sich im katholischen Raum am höchsten entwickelte, vor allem in Wien. Die im protestantischen Deutschland entstandene Philosophie und Literatur wurden in den katholischen Gebieten jahrzehntelang weitgehend abgelehnt. Sie erschienen dem katholisch geprägten und stärker an einer vorgegebenen Ordnung orientierten Denken als zu subjektiv und spekulativ, teilweise auch zu wenig christlich. Auf den Gebieten der Kunst, Architektur und Plastik blieben die deutschen Leistungen in dieser Zeit im Ganzen schwächer.

Die Literatur, Philosophie und Kunst, die im protestantischen Volksteil entstanden, wiesen trotz etlicher Unterschiede in der Tat gemeinsame Grundhaltungen auf, die man gelegentlich als Eigenart eines besonderen deutschen Geistes bezeichnet hat und die zumindest bis zum Zweiten Weltkrieg weiterwirkten. Diese Grundhaltungen wurden stark durch die Existenzweise der Intellektuellen bestimmt. Es gab kein geistiges Zentrum, an dem diese sich konzentriert hätten, so daß ihnen kein enger, direkter Austausch miteinander möglich war, sondern sie lebten weit verstreut: wichtige Philosophen in Königsberg, Berlin und Jena, die beiden großen klassischen Dichter hauptsächlich in Weimar, literarische Romantiker vor allem in Jena, Heidelberg und Berlin, die bald wichtiger werdenden Wissenschaftler vielfach in Berlin, außerdem die bedeutendsten Komponisten in Wien. Die Zerstreuung förderte den Individualismus und den Eigensinn der einzelnen Dichter und Denker. Noch wichtiger als die räumliche war eine gewisse soziale und lebensweltliche Isoliertheit. Die Vertreter dieses „deutschen Geistes" lebten weitgehend als Professoren, Pfarrer und Hauslehrer und waren auch von ihrer sozialen Herkunft her meist schon bildungsbürgerlich geprägt. Handel und Gewerbe und noch mehr Technik und Naturwissenschaft waren ihnen fast immer fremd, zumal die vorindustriellen Verhältnisse eben noch gar kein respektables Wirtschaftsbürgertum und keine achtunggebietenden technischen Leistungen hervorgebracht hatten, aber auch die Schaltstellen politischer Macht lagen meist außerhalb ihres Lebenskreises.

Entsprechend dieser Lebensweise neigten die Intellektuellen dazu, sich in ihrer Weltsicht am rein Geistigen zu orientieren, so daß diese von einer eigentümlichen Weltfremdheit und Realitätsferne durchzogen war. Sie sahen Bildung und Kunst als das wirklich Wertvolle an und blickten meist auf Wirtschaft, Politik und Technik herab. Der individualistische, allseitig entfaltete und schöpferische, besonders geistig tätige Mensch war ihr Ideal, ein Menschenbild, das zweifellos von der Idee des Intellektuellen abgeleitet war. Die idealistischen Philosophen faßten sogar die ganze Welt als Erscheinungen des Geistes auf. Die Grenzen menschlicher Erkenntnismöglichkeit, die bereits Kant aufgewiesen hatte, wollten sie nicht wahrhaben. Während in Westeuropa die exakten Naturwissenschaften bedeutende Erfolge erzielten, standen die deutschen Philosophen der empirischen Forschung ablehnend gegenüber und versuchten weiter, ein hinter der Erscheinungswelt verborgenes Wesen der Dinge spekulativ zu erfassen. Das beruhte zwar jetzt auf umfangreicherer Faktenkenntnis als in früheren Jahrhunderten, führte aber zu Konstruktionen, deren Begriffe oft unklar waren und deren Aussagen um des Gedankensystems willen vielfach in Gegensatz zu den damals bekannten Faktenkenntnissen gerieten. *Methodisch* waren diese Versuche, die Wirklichkeit zu erfassen, also eigentlich nicht mehr zeitgemäß. Die neuhumanistische

Bildungsidee schätzte das beruflich und überhaupt praktisch nützliche Wissen gering ein und wollte stattdessen den Menschen um seiner selbst willen bilden, weniger bloße Kenntnisse vermitteln als vor allem selbständiges Urteilsvermögen und Geschmack heranziehen. Auch an der Universität sollte Wissenschaft vor allem als zweckfreie Forschung nach der Wahrheit betrieben werden ohne Blick auf ihren praktischen Nutzen. Deshalb hätten Realien am Gymnasium wenig und die technischen Fächer an der Universität nichts zu suchen. Dichter und Künstler der Klassik und Romantik wollten die Wirklichkeit in ihren Werken nicht realitätsgetreu abbilden, sondern im Sinne klassischer, zeitloser Ideale stilisieren oder mit romantischer Phantasie verzaubern. Auch ihre Themen waren meist lebensfern, oft der Vergangenheit entnommen. Die Abneigung gegen das Praktische schloß überdies eine distanzierte Haltung zu politischem Handeln, politischer Bildung und meist auch politischen Gegenständen als Themen der Künste ein. Die Praxisferne führte zu der Neigung, Dinge auf einer recht abstrakten Ebene zu betrachten und sich auch sprachlich abstrakter und schwerer verständlich auszudrücken, als es von der Sache her erforderlich gewesen wäre. Die Entwicklung von einer konkreten und gegenständlichen zu einer abstrakteren Denk- und Sprechweise, die sich über Jahrhunderte hingezogen hatte, dürfte bei Hegel ihren Gipfel erreicht haben. Aber auch die geistesaristokratische Haltung der neuhumanistischen Bildungsanforderungen und der ideenbefrachteten Dichtung der Klassik sowie das hochgesteigerte Niveau der Musik eines Beethoven setzten sich deutlich von den Verständnismöglichkeiten der Masse ab. Während in Großbritannien die politische Mitverantwortung von Teilen des Bürgertums dazu beitrug, pragmatisches Problemlösungsverhalten und Kompromißbereitschaft einzuüben, leistete sich die deutsche Philosophie, die keine Verantwortung für ihre Folgen in der Praxis zu tragen hatte, jene Radikalität des Denkens, die ergründen will, „was die Welt im Innersten zusammenhält", und die zu Unbedingtheit und Kompromißlosigkeit neigte, weil sie Probleme nicht als pragmatisch zu handhabende Einzelfälle behandelte, sondern auf der Ebene des Grundsätzlichen.

Kennzeichnend für die Denkhaltung des „deutschen Geistes" war ferner sein Zug zum Ganzheitlichen. In der Erziehung sollte die ganze Persönlichkeit allseitig ausgebildet werden. Die Geschichtsbetrachtung ging nicht vom Einzelmenschen und seinen Handlungen aus, sondern von Volk und Staat als ganzheitlichen Wesen eigener Art. Die philosophische Erkenntnismethode lehnte das analytische und mechanistische Denken ab und versuchte stattdessen, einen hinter der Erscheinungsebene vermuteten Gesamtzusammenhang von einem einheitlichen Prinzip her intuitiv als System zu erfassen, und die Philosophie strebte überhaupt danach, möglichst viele Wissensbereiche (Natur, Geschichte, Recht, Ästhetik, Pädagogik) zu einem geschlossenen Gesamtsystem zu vereinen.

Richtungen und Namen

Die Polarisierung von Vernunft und Gefühl spaltete den literarisch-künstlerischen Bereich in zwei Richtungen, die gleichzeitig nebeneinander bestanden. Die einen gingen von der menschlichen Vernunft aus und verbanden sie mit einer neu belebten Idealvorstellung der Antike, und zwar jetzt der griechischen, die ihnen das echte, reine Menschentum und die vollendete Schönheit, das „Wahre, Gute und Schöne" zu verkörpern schien. Das waren die literarische Klassik, der Klassizismus in der Kunst, der Neuhumanismus als Bildungsbestrebung. Die anderen wandten sich gegen Vernunft, Nützlichkeit und Ordnung, hierin dann auch bestärkt durch Exzesse der Französischen Revolution, die im Namen der Vernunft verübt worden waren. Sie suchten die Welt mehr vom Gefühl her zu erfassen, und zugleich belebten sie die Erinnerung an ein verklärtes deutsches Mittelalter. Hierzu rechnen der sogenannte „Sturm und Drang" in der Literatur und die Romantik in Schrift, Bild und Musik.

Unter den Schriftstellern sind besonders zu nennen für den Sturm und Drang Johann Wolfgang Goethe, Friedrich Schiller, J.M.R. Lenz und M. Klinger, die als Twens diese relativ kurzlebige Bewegung trugen, um sich, nachdem sie sich beruflich etabliert hatten, einer ausgeglicheneren Einstellung zuzuwenden; für die Klassik Goethe und Schiller, für die Romantik vor allem L. Tieck, Novalis, C. Brentano, E.T.A. Hoffmann, J. von Eichendorff, A.W. Schlegel und F. Schlegel, während Heinrich von Kleist, J.C.F. Hölderlin und Jean Paul zwischen Klassik und Romantik standen. Bedeutende Romantiker waren unter den Malern Caspar David Friedrich und P.O. Runge, unter den Musikern Franz Schubert, Carl Maria von Weber und Robert Schumann. Für den Neuhumanismus steht vor allem der Name Wilhelm von Humboldt. Die Musiker der Wiener Klassik nahmen eine gewisse Sonderstellung ein, da mangels antiker Vorbilder eine Klassik im engeren Sinne in der Musik nicht möglich war. Joseph Haydn ging den Weg vom Rokoko zur Klassik, Wolfgang Amadeus Mozarts Werke waren noch von Rokoko und Empfindsamkeit geprägt, Ludwig van Beethoven verkörperte vor allem die Klassik, nicht ohne mit seinem genialischen Ungestüm romantische Züge zu besitzen. Schließlich sind die drei großen idealistischen Philosophen zu nennen. Diese knüpften an die Vernunft an, formten sie aber nicht zuletzt durch ihr theologisches Erbe um (sie hatten alle als Theologen begonnen): J.G. Fichte, F.W.J. Schelling und Georg Wilhelm Friedrich Hegel.

Der Bezug der literarischen Klassik und des Klassizismus zur griechischen Antike drückte sich zunächst einmal darin aus, daß Formen direkt übernommen wurden. Dies zeigte sich in der Architektur in Säulenportikus, Dreiecksgiebeln und Säulenreihung, in Plastik und Malerei in hellenistischer Kostümierung und im Drama in der (vermeintlich) antiken Lehre der Einheit von Handlung, Zeit und Ort. Weitaus wichtiger war hingegen die Orientierung an einem Ideal, das man aus der griechischen Antike herausdestillierte und dem nun zeitlose Gültigkeit zugesprochen wurde: man war für Ordnung, Klarheit, harmonische Ausgewogenheit und Humanität und wandte sich gegen alles Unruhige, Extreme und Jenseitige. So waren Drama und Lyrik metrisch gebunden und klar gegliedert, die Bauten symmetrisch und aus strengen geometrischen Formen aufgebaut, wobei die Horizontale und die Vertikale betont wurden, und der Bildinhalt auf Gemälden war übersichtlich geordnet. Der Eindruck von Klarheit und Übersichtlichkeit stellte sich ein, indem die Dramen eine beschränkte Personenzahl und eine einheitliche Handlung hatten, die Bauwerke glatte Flächen aufwiesen und sparsam im Ornament waren, wie auch Plastik und Malerei große, klare Linien bevorzugten. Die Architektur wirkte nicht zuletzt durch die Beachtung der Proportionen ausgewogen, die Dramen neigten zur Farblosigkeit, und Plastik und Malerei strahlten eine ins Leblose gehende Ruhe aus.

Für literarische Klassik und Neuhumanismus waren Bildung und Humanität höchste Werte, die bei der entkirchlichten protestantischen Intelligenz an die Stelle christlicher Werte rückten. Aus der Idee der allgemeinen Menschenbildung für alle ergab sich für den Neuhumanismus der Wunsch nach einer Einheitsschule, wobei Elementarschule, Gymnasium und Universität als drei Stufen aufeinander aufbauen sollten. Für das Gymnasium bedeutete die Orientierung am idealisierten Griechentum, daß Dichtung, Kunst und Philosophie der alten Griechen im Zentrum stehen sollten, um an deren

Vernunft und griechisches Ideal

Vorbild die eigenen ästhetischen und moralischen Kräfte zu bilden. Die Schüler sollten vor allem Altgriechisch und Latein lernen, nicht als noch lebende Umgangssprachen der Wissenschaft, sondern als tote Sprachen und Mittel, um in die Denkweise der Alten einzudringen. In der Organisation des Universitätsbetriebs sollte das Prinzip der Einheit von Forschung und Lehre herrschen, damit die Studierenden durch die Teilnahme an den Forschungsarbeiten ihres Lehrers zu selbständigem Denken angeregt würden. Außerdem sollte an der Universität das Prinzip der akademischen Freiheit bestehen. Nach diesem konnten Studenten ihre Veranstaltungen relativ frei wählen, die Professoren als einzelne ihren Lehrstoff relativ frei bestimmen und beide gemeinsam die internen Angelegenheiten der Universität selbst verwalten.

Geschichts- und Natur- philosophie

Die Philosophie Fichtes, Schellings und Hegels war ein Idealismus, weil sie ihre Welterfassung vom Geiste her konstruierte, obschon sie den Anspruch erhob, Wirklichkeit zu erkennen und zu begreifen. Fichte faßte als erster die Methode philosophischen Denkens als einen dialektischen Dreischritt auf: eine vorhandene These (Aussage) rufe eine Antithese (Widerspruch) hervor, und beide würden dann durch eine höhere Synthese aufgehoben. Die Weltgeschichte sah er als einen Stufengang an, in welchem sich die Vernunft in einer aufsteigenden Entwicklung immer weiter von den Bindungen an Instinkt und Autoritäten befreie. An beides knüpfte Hegel an, dessen Philosophie vor allem Geschichtsphilosophie war. Er faßte die Weltgeschichte als dialektische Selbstentfaltung des Weltgeistes auf, den er letztlich mit Gott gleichsetzte, und hielt deshalb die Dialektik nicht nur für eine Denkmethode, sondern auch für das Bewegungsprinzip der Wirklichkeit selbst. Gegenstand der Logik sei der Weltgeist in seinem reinen Zustand, Gegenstand der Naturphilosophie seine Selbstentäußerung in der materiellen Welt, und Gegenstand der Philosophie des Geistes sei sein Erwachen zum Bewußtsein seiner selbst, das in Staat, Kunst, Wissenschaft, Religion, Familie usw. als objektivem Geist zum Ausdruck komme. Die Weltgeschichte sei ein Prozeß, der stufenweise zu mehr Freiheit fortschreite und bei dem die einzelnen Epochen, Staaten und Völker jeweils ihre bestimmte, vorübergehende Aufgabe zu erfüllen hätten.

Die Naturphilosophie wurde vor allem von Schelling entwickelt, dem hierin auch Hegel weitgehend folgte. Hier wurde die gesamte Natur als vom Geist beseelt aufgefaßt, was auch der vorherrschenden deutschen Tradition entsprach (Paracelsus, Leibniz). Noch unter dem Einfluß des althergebrachten Analogiedenkens ordnete Schelling viele Naturerscheinungen und wirkende Kräfte einander als Polaritäten zu. Zugleich betrachtete er alle Naturerscheinungen als Ergebnis der dialektisch aufsteigenden Entwicklung des absoluten Geistes zu immer höheren Gestaltungen.

Die Philosophen des deutschen Idealismus versuchten auf diese Weise also noch einmal, die Welterkenntnis als systematischen Zusammenhang darzustellen. Im Unterschied zu Philosophen früherer Jahrhunderte legten sie aber nicht mehr die Vorstellung von statischen Substanzen zugrunde, die nur Modifikationen ihres letztlich geschichtslosen Wesens hervorbrächten, sondern unter dem Einfluß der Erfahrung zunehmender Veränderung faßten sie die Erscheinungen der Welt jetzt primär als Entwicklungsprozeß auf. Dies war zweifellos ein fruchtbarer Gedanke, so sehr auch sonst die idealistische Philosophie die Wirklichkeit an vielen Stellen verfehlte, ja bereits bekannte Fakten vergewaltigte.

Gefühl und Mittelalter

Es ist richtig, daß der Sturm und Drang eine relativ kurze (1768-84), nur literarische Bewegung darstellte, während die Romantik von den 1790er bis in die 1830er Jahre reiche und auch in anderen Bereichen zum Ausdruck kam, und daß zwischen beiden auch keine direkte Verbindung bestand, aber doch gab es wesentliche Gemeinsamkeiten in den Grundhaltungen, die dann von der Romantik oft noch gesteigert ausgeprägt und weitergeführt wurden. Gemeinsam war das Ausgehen vom subjektiven Gefühl, das keine objektiven Ordnungen anerkannte und zu einem extremen Individualismus führte. Das äußerte sich im Kult des eigenen schöpferischen und originellen Genies und in teilweise exzentrischem Verhalten. Der Anspruch, ein ganz individuelles, persönliches Erleben zum Ausdruck bringen zu wollen, führte dazu, daß Vorbilder, Regeln und klare Formen abgelehnt wurden. Die Dramen das Sturm und Drang gaben die gebundene Sprache und alle Regeln für den geschlossenen Aufbau auf. Die romantischen Schriftsteller lösten darüber hinaus die einzelnen Gattungsformen auf und vermischten sie miteinander, ja blieben teilweise überhaupt im Fragmentarischen stekken. Ähnlich wandten sich die romantischen Musiker von festen Gattungsformen (z.B. Sonate) und Regeln ab und neigten zur freien, offenen, improvisierten Form, die sich nach dem jeweiligen Inhalt richtete. Ebenso besaßen die Maler keinen festen Formenkanon. So ist auch verständlich, daß die Romantik kaum Plastiken schuf, da diese ihrer Natur nach primär eine Auseinandersetzung mit der Form bedeuten, und daß es aus demselben Grund keine eigentlich romantische Architektur gab, sofern man nicht die Neugotik als solche ansieht. Umso mehr fühlten die Romantiker sich zur Musik hingezogen, da diese künstlerische Ausdrucksform besser als jede andere Gefühle wiedergeben kann und weniger als andere zu folgerichtigem Denken in begrifflicher Präzision zwingt. Das Aufkommen der Neugotik verweist auf eine Hinwendung zur Vergangenheit, die sich aber nicht an der Antike orientierte, sondern das deutsche Mittelalter wiederentdeckte. Schon in den 1770er Jahren hatten Goethe am Straßburger Münster die Gotik und J.G. Herder die mittelalterliche Kultur überhaupt als positive Werte entdeckt. Die Romantiker führten dies in gesteigertem Maße fort; ihnen waren herrliche Dome, redliches Zunfthandwerk, edle und treue Ritter, Ruhm des Heiligen Römischen Reiches und innige Frömmigkeit des Mittelalters Zeichen verlorener Innerlichkeit und Größe, Symbole einer heilen Welt, die sie in der Gegenwart vermißten und so verklärend in die Vergangenheit hineinprojizierten. Das 17. und das 18. Jahrhundert, die geometrisch geordnet und ans Modische und Nützliche gedacht hatten, hatten Burgruinen als gefährliche Orte angesehen und als Steinbrüche genutzt, und sie hatten die verwinkelten Gassen alter Stadtbilder als unmodern empfunden — jetzt entdeckten die Romantiker an ihnen den „romantischen" Zauber des Unregelmäßigen, Ungeplanten, historisch Gewachsenen. Maler wandten sich mittelalterlichen Themen zu, und in Schloßparks entstanden kleine „romantische" Burgen, die mittelalterliche Formen zu imitieren versuchten.

Die Gemeinsamkeiten zwischen Sturm und Drang und Romantikern hatten indessen Grenzen. Die Autoren des Sturm und Drang neigten zu jugendlicher Kraftmeierei, ihre Dramenhelden begehrten rebellisch gegen die Verhältnisse auf — und scheiterten dabei meist, sei es als Raubritter oder Räuberhauptmann. Während schon dieser Sturm im literarischen Wasserglas ohne politische Taten der Autoren blieb, flüchteten die Romantiker erst recht aus der Wirklichkeit mit ihren kleinlichen Alltagsproblemen ins hehre Reich der Künste. Ein Blick auf die Persönlichkeit der Romantiker zeigt Verräterisches: viele unter ihnen konnten beruflich nicht fest Fuß fassen, waren psychisch labil und teilweise auch gesundheitlich in schlechter Verfassung. So lagen sie dann quer zur ganzen Welt, insbesondere jener der bürgerlichen Leistung, Wirtschaft,

Technik und Vernunft, pflegten das Gefühl diffusen Leidens an allem als „Weltschmerz", ohne zu gedanklich klarer Analyse der Realitäten fähig zu sein, und waren erfüllt von einer unklaren, ziellosen Sehnsucht nach Wunderbarem und Unendlichkeit, nach der nie zu erreichenden „blauen Blume". Manche warfen sich, von der eigenen inneren Haltlosigkeit entnervt, schließlich der engstirnigsten geistigen Autorität in die Arme, indem sie zum Katholizismus konvertierten. Alle Romantiker berauschten sich an den Einbildungen ihrer Phantasie, und einige halfen dabei auch mit Alkohol und Opium nach. Außer in ein verklärtes Mittelalter flüchteten ihre Gedanken aus der ihnen unbegreiflich scheinenden Gegenwart auch ins Jenseitsbezogene, in die menschenleere Natur, ins urzeitlich Frühe und Naive und ins Reich von Phantasie, Traum und Zauber. Die als Nazarener bezeichnete Malergruppe belebte religiöse Themen neu, und in den Werken der Schriftsteller herrschte eine oft unbestimmte Religiösität. Die Reisenden des 17. und 18. Jahrhunderts hatten sich für ertragreichen Bergbau, künstlich gestaltete Parks und moderne Repräsentationsbauten und ihre Bewohner interessiert, wogegen ihnen Hochgebirge, Waldestiefe, Küsten und Moore als wild und unkultiviert, schrecklich, nutzlos und öde gegolten hatten. Die Romantiker, welche die bürgerliche, klar geordnete Welt ablehnten, werteten jetzt besonders deren extreme Gegenbilder auf, die wilde Größe der felsigen Alpengipfel und vor allem die dunkle Waldeinsamkeit. Als ein Mittel, subjektives Landschaftserlebnis auszudrükken, pflegten die Romantiker besonders die Lyrik. C.D. Friedrich malte in seinen Gemälden immer wieder das Geheimnisvolle von Dämmerung, Mondschein und Nebel, die in der Ruine symbolisierte Vergänglichkeit, die Einsamkeit am Meer und im Gebirge und die Unendlichkeit des Gipfelblicks. Waldszenen tauchten außer in der Malerei auch in Literatur und Oper häufig auf. Die Suche nach dem Ursprünglichen und Naiven führte zum Interesse an Volksliedern, Märchen und Sagen. Man sammelte Volkslieder (als erster Herder 1778/79, dann Arnim/Brentano 1806/08: „Des Knaben Wunderhorn"), die Romantiker schrieben neue Kunstmärchen, entlehnten Opernstoffe aus Sagen und Märchen und komponierten eine Fülle von Kunstliedern im Volksliedton. Noch einen Schritt weiter ging das Interesse an den „Nachtseiten" von Natur und menschlicher Psyche, an dunklen, dämonischen Mächten, an Gespenstern und Wunderglauben, am Traum und überhaupt dem Unterbewußtsein, Dingen, die in romantischer Literatur und Musik überall begegnen.

Vom Geist zur Realität
In den 1830er Jahren vollzog sich dann ein Umbruch im Denken der deutschen Geisteselite. Die Romantik in Literatur und Kunst versiegte allmählich, nachdem die Klassik schon früher ausgelaufen war, der Klassizismus verschwand als Ausdruck einer Geisteshaltung, und die herrschende Philosophie des Idealismus brach angesichts der sich etablierenden Wissenschaften rasch zusammen. Dieser Umbruch bedeutete zweierlei: die Intellektuellen wandten sich von einer geistbezogenen Wirklichkeitsdeutung hin zur Realität, zum Tatsächlichen und Konkreten, und außerdem zerfielen ganzheitliche Deutungen in unzusammenhängende Einzelgebiete.

Literatur und Malerei gaben im Inhalt die erhabenen Themen und großen Ideen, die romantischen Phantasien und die antike Mythologie auf und richteten den Blick auf die unverhüllte Wirklichkeit. Sie streiften in der Form die klassischen Idealisierungen und romantischen Sentimentalisierungen ab und schilderten zunehmend detailreich, ja photographisch genau. In der Philosophie verkündete L. Feuerbach 1841/45 an Stelle der idealistischen Weltauffassung eine materialistische, die nur das Materielle als wirklich gelten lassen wollte und dementsprechend auch Gott für eine Erfindung der Menschen erklärte. Für die Erfahrungswissenschaften wurden jetzt endgültig empirieorientierte, methodische Erkenntnisweisen selbstverständlich und damit Spekulationen, Konstruktionen aus Begriffen heraus und Vermutungen über das Metaphysische abgelehnt. Zugleich verlagerten sich die Arbeitsgebiete, auf welche sich die bedeutenden schöpferischen Kräfte warfen und wo die bedeutendsten kulturellen Leistungen erbracht wurden: waren es in den vorangegangenen Jahrzehnten Philosophie, Literatur, Musik und auch Kunst gewesen, so waren es in den folgenden Jahrzehnten die Wissenschaften.

Nun zum anderen Umbruch, dem Zerfall ganzheitlichen Denkens. Zwar hatten sich schon früher eine nichtreligiöse Weltdeutung und die Theologie voneinander gelöst, aber erstere hatte doch weiterhin versucht und beansprucht, als Philosophie eine Gesamterkenntnis der verschiedenen Gegenstandsbereiche, von Sein und Sinn zu erbringen; zwar hatten die Künste schon länger einen demgegenüber relativ abgesetzten Bereich gebildet, aber auch Klassik und Romantik waren noch Ausdruck allgemeiner, übergreifender Geisteshaltungen. Jetzt zerbrachen die bestehenden Ganzheiten in eine Reihe verschiedener und voneinander unabhängiger Bereiche: den der Erfahrungswissenschaften, die Aussagen über die Wirklichkeit mit empirieorientierten und intersubjektiv nachprüfbaren Methoden gewinnen und deren Aussagen deshalb objektiv sind; die Mathematik, ein schon in sich logisch wahres System, das z.T. auf die Wirklichkeit anwendbar ist; den Bereich der Normen, insbesondere Ethik, Ästhetik und Recht; Erkenntnistheorie und Logik als Nachdenken über die Voraussetzungen der Welterkenntnis; schließlich den Bereich subjektiver Deutungen der Wirklichkeit ohne Allgemeinverbindlichkeit, wie er durch Literatur und Künste erfolgt. Indem die Vorstellung eines alles durchwirkenden Weltgeistes dahinsank, zergliederten sich die Erfahrungswissenschaften ihrerseits in den Bereich der Naturwissenschaften, die ihre Gegenstände als tote oder lebendige Naturobjekte betrachteten, und den der Geisteswissenschaften, die ihre Gegenstände als Erzeugnisse menschlichen Geistes ansahen. Natur- und Geisteswissenschaften zerfielen ihrerseits in eine größere Zahl von Spezialgebieten, die sich seitdem immer weiter erhöhte. Der Philosophie, die bis dahin mit dem Anspruch auf ein Gesamtwissen aufgetreten war, blieben jetzt als ernsthafte Arbeitsgebiete nur noch die Normen und die Erkenntnisgrundlagen. Das hatte bereits Kant klargelegt, und jetzt ließ es sich nicht mehr übersehen. Die Folge war, daß seitdem von wissenschaftlich ernstzunehmender Seite keine Deutung der Wirklichkeit als systematischem Gesamtzusammenhang mehr existiert, keine metaphysische Aussage und kein Wissen über Sinn und Ziel von Welt und Geschichte. Diese Tatsache haben im Laufe der Zeit viele Deutsche als unbefriedigend empfunden. So gab es seitdem immer wieder Versuche, mit einer „philosophischen", d.h. nicht streng durch die empirische Erfahrung kontrollierten Methode etwas über das Sein und die Wirklichkeit auszusagen. Aber während die Erfahrungswissenschaften ihre Anforderungen an methodische und begriffliche Genauigkeit steigerten und immer größere Erkenntnisfortschritte erzielten, blieben diese philosophischen Versuche im endlosen Streit unterschiedlicher und gegensätzlicher Meinungen stecken und traten auf der Stelle. Da sie sich nicht an der intersubjektiven Erfahrung orientierten, besaßen sie kein Kriterium, um zwischen Phantasieprodukten und echten Erkenntnissen unterscheiden zu können.

In den 1830er Jahren vollzogen also Literatur und Bildkunst eine deutliche Wende hin zum Abbilden der Realität, allerdings nicht Musik und Architektur. Die Musik konnte nicht die *Realität* abbilden, da sie ihrem Wesen nach mehr geeignet ist, das in-

*Realismus in
Literatur
und Kunst*

nere Empfinden wiederzugeben, die Architektur konnte die Realität nicht *abbilden,* da sie diese ihrem Wesen nach vielmehr konstruiert. Deshalb blieb die Musik noch weiter bei der romantischen Haltung. In der Architektur trat an die Stelle eines weltanschaulich gebundenen einheitlichen Baustils das „Abbilden", d.h. Verwenden von Elementen der Baustile aller bekannten und zunehmend wissenschaftlich genau erforschten europäischen Stilepochen, die man jetzt als zur beliebigen Auswahl stehend ansah. Dieses unverbindliche Durcheinander verschiedener historischer Stilelemente wird meist Historismus genannt.

Die Wendung zur Realität brachte nebeneinander zwei verschiedene Sichtweisen in Literatur und Kunst hervor, eine engagierte, kritische und eine unpolitische, beschauliche. Zu ersterer gehörten vor allem die Schriftsteller Heinrich Heine und G. Büchner, ferner die Autoren des sogenannten „Jungen Deutschlands" K. Gutzkow und H. Laube sowie die politische Lyrik von F. Freiligrath und G. Herwegh. In einer leicht eingängigen, oft bissigen oder witzigen Schreibweise, wie es sie in dieser journalistenmäßigen Art im Deutschen bis dahin nicht gegeben hatte, traten sie für mehr Freiheit ein und wandten sich mit entlarvender Deutlichkeit gegen bevormundende Obrigkeiten und engherzige Moralgebote. Deshalb hatten sie alle mit der Zensur zu kämpfen, und manche mußten ins Exil gehen. Daneben stand die andere, auch als Biedermeier bezeichnete Strömung, zu der unter den Schriftstellern vor allem E. Mörike, A. von Droste-Hülshoff, J. Gotthelf, A. Stifter und F. Rückert, unter den Malern besonders M. von Schwind, F.G. Waldmüller, K. Spitzweg, L. Richter und F. Krüger zählten. Sie wählten ihre Themen vor allem aus dem Bereich des Alltäglichen, des häuslichen, bürgerlichen Familienlebens, der Kleinstadt und der vertrauten Heimatumgebung. Ein Zug zur Beruhigung und Ordnung war ihnen zu eigen, manchmal auch idyllisierend, gelegentlich resignierend.

Wissen-
schaften:
Gründerzeit
Die erste Hälfte des 19. Jahrhunderts war eine Gründerzeit der Wissenschaften. Das lag wesentlich daran, daß die Philosophie Anstöße gab, neue Problemstellungen zu bearbeiten, und daß diese ebenso wie Dinge, die bis dahin oft von Amateuren mehr dilettantisch betrieben worden waren, jetzt zur Sache von Fachgelehrtenkreisen wurden, die sie mit exakter wissenschaftlicher Methode anpackten. Auf diese Weise konsolidierten sich mehrere Gegenstandsbereiche als Einzelwissenschaften. Dabei gab es bemerkenswerte Unterschiede zwischen Westeuropa und dem deutschen Kulturraum. In Großbritannien, dem wirtschaftlich fortschrittlichsten Land, wurde die klassische Nationalökonomie entwickelt, und in Westeuropa allgemein mit seiner empirischen und mechanistischen Tradition entstanden neue Zweige der Wissenschaften von der anorganischen Natur: dort wurde die Wärmelehre begründet, und indem man konsequent die quantifizierende Methode anwandte, konstituierten sich Elektrizitätslehre und anorganische Chemie als Wissenschaften. Die Alchimie verschwand danach rasch, wobei die Umbenennung in Chemie dazu diente, die mit quantifizierenden Methoden arbeitenden chemischen Untersuchungen von der in Verruf gekommenen Goldmacherei abzusetzen. Im deutschen Raum mit seiner Denktradition, die auf das Verstehen von Geistigem und überhaupt auf Lebendiges orientiert war, entstand dagegen ein ganzes Gefüge von Geisteswissenschaften, die das sinnvoll orientierte Verhalten des Menschen und dessen Erzeugnisse zu ihrem Gegenstand machten, aber weniger naturwissenschaftliche Zweige, letztere überdies fast alle um Probleme des Organischen. Während die für Westeuropa genannten neuen naturwissenschaftlichen Disziplinen schon Ende des 18. Jahrhunderts konstituiert wurden, behinderte bei den deutschen Gelehr-

ten die Herrschaft der Naturphilosophie zunächst Fortschritte in den empirischen Naturwissenschaften. Diese setzten hier erst gegen 1830 ein, um dann bis zur Jahrhundertmitte rasch den Anschluß an das westeuropäische Niveau zu erreichen. Eine bedeutende Ausnahme war Alexander von Humboldt, der auf seinen Lateinamerikareisen 1799-1804 zahlreiche biologische, geologische und naturgeographische Dinge genau beobachtete, maß und sammelte, um Kausalzusammenhänge zu erkennen, und mit den umfangreichen Veröffentlichungen dieser Ergebnisse etliche wichtige Anstöße gab.

Entscheidend für das Entstehen der Geisteswissenschaften war die Erfindung der philologisch-quellenkritischen Methode, die jetzt ausschließlich Quellen im Sinne von Urkunden, Archivakten, Sprachdenkmälern und anderen authentischen Überresten zur Grundlage ihrer Erkenntnis machte und diese kritisch auf ihre Echtheit und Glaubwürdigkeit hin prüfte. Auf dieser Basis gründeten F.K. von Savigny die historische Rechtswissenschaft hinsichtlich der römisch-rechtlichen Tradition (entscheidende Werke ab 1803) und K.F. Eichhorn hinsichtlich der germanischrechtlichen (1808), F. Bopp die vergleichende Sprachwissenschaft (1816), A. Böckh die klassische Altertumswissenschaft (1817), B.G. Niebuhr die Alte Geschichte (1811/32), die Brüder J. und W. Grimm die Germanistik (1819), die Herausgeber der Monumenta Germaniae Historica, einer Quellensammlung deutscher mittelalterlicher Geschichtsquellen, die Mittelalterforschung (ab 1819), L. von Ranke die Neuere Geschichte (1824), K. Schnaase die Kunstgeschichte (1834) und D.F. Strauß die Leben-Jesu-Forschung (1835). Letzterer rief in der Öffentlichkeit große Erregung hervor, da er zahlreiche Widersprüche der Evangelien in sich und untereinander aufwies und erkannte, daß das Neue Testament stark von der verklärenden Erinnerung des entstehenden Gemeindebewußtseins geprägt ist. K.E. von Baer begründete die Embryologie (1827). M.J. Schleiden und T. Schwann erkannten, daß der Körper als eine Kolonie von Zellen angesehen werden kann, die alle aus einer Eizelle entstanden, und begründeten damit die Zelltheorie (1839). F. Wöhler stellte 1828 mit dem Harnstoff erstmals ein Produkt des organischen Lebens synthetisch aus mineralischen Stoffen her und begründete damit die organische Chemie (zusammen mit J. von Liebig, der 1825 das erste chemische Labor einrichtete). A.G. Werner erstellte ein theoretisches Lehrgebäude der Geologie und erhob diese damit zur Wissenschaft (ab 1781). Als J.R. Mayer 1842 den Energieerhaltungssatz entdeckte, stellte er mit der Erkenntnis, daß Wärme, Arbeit und elektrische Energie ineinander umgewandelt werden können, auch die Verbindung zwischen den drei bis dahin getrennten Zweigen der Physik her. Die Methode exakter Beobachtung wurde darüber hinaus noch auf weitere Gebiete übertragen. Man begann, das Land trigonometrisch zu vermessen und Meßtischblätter zu erstellen (Kurhannover 1764-86, Österreich ab 1806, Preußen ab 1816). J.F. Herbart übertrug experimentelle Forschungsmethode und mechanistisch-kausale Erklärungsweise auf das menschliche Bewußtsein und begründete damit die Psychologie als eigene Wissenschaft (1816). In der Medizin begannen Ärzte einzelne Krankheitsverläufe genau zu beobachten und zu beschreiben (als neue Methoden dazu Blutdruckmessen, Abhorchen des Körpers usw.). Außerdem entstand die pathologische Anatomie, die an Krankheit Gestorbene sezierte und dabei nach krankhaften Veränderungen der Organe forschte, um so den Ursachen der Krankheiten auf die Spur zu kommen, und zwar sowohl der physischen wie der psychischen (Gehirnpsychatrie). Diese empirische Medizin, die vom Materiellen ausging, setzte sich in Wien schon seit Ende des

18. Jahrhunderts durch, in Norddeutschland dagegen erst mit Verzögerung, da dort eine Zeitlang die romantische Naturphilosophie herrschte.

Während so etliche Wissenschaftszweige neu entstanden oder bestehende Gebiete (wie Geschichte und Gesteinskunde) auf ein neues Niveau gehoben wurden, zerfiel die bisherige Kameral- und Polizeiwissenschaft, zumal der Übergang zum Wirtschaftsliberalismus einer Lehre umfassender Staatstätigkeit die Grundlage entzog. Ihre staatsbetonte Volkswirtschaftslehre wurde zugunsten der „klassischen" Nationalökonomie aus England ganz aufgegeben, die technisch-betriebswirtschaftlichen Elemente verselbständigten sich und gingen von den Universitäten an Polytechnika und Gewerbeschulen über, und die verbliebene Verwaltungswissenschaft verband sich meist mit der Rechtswissenschaft, deren Studium ja auch zur Ausbildung für höhere Verwaltungsbeamte wurde.

Neben alledem sollte nicht übersehen werden, daß nicht nur die Aufnahme neuer Fragestellungen, sondern auch die Weiterarbeit auf traditionellen Gebieten dazu beitrug, daß der Umfang des Wissens anfing, in völlig neuem Tempo zu wachsen. So stieg z.B. von 1767 bis 1859 die Zahl der bekannten Tierarten von 6.000 auf 130.000.

Wissen-
schaften:
Verhältnis zur
Philosophie

Die deutschen Natur- und Geisteswissenschaftler setzten sich scharf gegen die idealistische Geschichts- und Naturphilosophie ab, gegen deren spekulative Methode, Systemkonstruktion und Auffassung von Ziel und Zweck von Entwicklung und Naturerscheinungen.

Trotzdem blieb der Einfluß der idealistischen Philosophie noch spürbar. Das naturphilosophische Evolutionsdenken wirkte anregend auf Embryologie und vergleichende Morphologie. Die Idee Herders, an Stelle von Einzelmenschen vom Volk auszugehen und dessen Kultur als spezifischen und einheitlichen Ausdruck seines Volksgeistes aufzufassen, und Hegels Vorstellung vom objektiven Geist waren überhaupt die Grundlagen für die Konzeption von „Geisteswissenschaften". Besonders deutlich wird das bei den Brüdern Grimm, die deutsche Märchen, Sagen und Mythologie als Ausdruck des deutschen Volksgeistes sammelten. Auch die Tatsache, daß die Weichen der (allgemeinen) Geschichte in Richtung auf die Untersuchung von Politik und Kirche, nicht aber von Wirtschaft und Gesellschaft gestellt wurden und daß die Historiker Veränderungen gerne aus Ideen erklärten, läßt unschwer Grundhaltungen des „deutschen Geistes" durchscheinen. Der Einfluß der Romantik belebte überdies das Interesse an Mittelalter und Vorzeit.

Zweifellos war es richtig, wenn die Wissenschaftler sich von spekulativen Methoden abwandten. Aber indem sie überspannte Systemkonstruktionen verwarfen, begannen sie sich stark auf Details zu konzentrieren. Dort konnten sie zweifellos in den folgenden Jahrzehnten große Erfolge erzielen, verloren darüber jedoch weitgehend übergeordnete Zusammenhänge aus dem Blick, nach denen das ganzheitliche Denken der idealistischen Philosophie durchaus gefragt hatte. Die (allgemeine) Geschichtswissenschaft verabsolutierte das Individuelle und Einmalige und wollte von allgemeineren Strukturen nichts wissen. Die Naturwissenschaften wurden durch die weitgehend analytische Betrachtungsweise dazu verführt, Fern- und Nebenwirkungen weitgehend außer Acht zu lassen, nicht nur solche ökologischer Art. In der Medizin setzte sich im 19. Jahrhundert eine Auffassung durch, die sich ganz auf den lokalen organischen Defekt konzentrierte und den menschlichen Körper als nur mechanisch-chemischen Gegenstand ansah, der wie eine Maschine zu reparieren sei. Aus dieser Grundhaltung heraus entwickelte sie dann entsprechende, d.h. weitgehend technische Behandlungsmethoden. Nicht weiterverfolgt wurden darüber die bereits von den ganzheitlich denkenden Naturphilosophen aufgeworfenen Fragen nach den psychischen Ursachen organischer Krankheiten (C.G. Carus), nach der Bedeutung der Konstitution des Kranken und nach nichtorganischen Ursachen von seelischen Störungen. Das erwies sich dann als eine höchst folgenreiche Weichenstellung, die bis heute nachwirkt.

Nicht nur in der Philosophie, sondern auch in sehr weiten Bereichen der Wissenschaften vollzog sich um die Jahrhundertwende ein tiefreichender Wechsel von einem statischen zu einem historisch gerichteten Denken. Nicht nur die (allgemeine) Geschichtswissenschaft war historisch. Hatte man bisher eine feste Grammatik gekannt, so fragte die vergleichende Sprachwissenschaft nun danach, wie die verschiedenen Sprachen aus einer Ursprache entstanden seien, und die Germanistik interessierte sich dafür, wie die deutsche Sprache sich im Laufe der Jahrhunderte verändert hatte. Die klassische Altertumswissenschaft löste die Vorstellung von der Antike als absoluter ästhetischer und ethischer Norm kritisch auf. Die historischen Schulen der Rechtswissenschaft gaben die Idee eines unveränderlichen, allgemeingültigen Naturrechts auf und erforschten stattdessen, wie das Recht sich historisch entwickelt hatte. In Geologie und Biologie, die im 18. Jahrhundert nur klassifiziert hatten, kam, gestützt auf Fossilienfunde, die Idee auf, daß Gebirge und Gesteine sowie Tier- und Pflanzenarten nicht Ergebnis eines einmaligen göttlichen Schöpfungsaktes seien, sondern einer langen Entwicklung (eine Ansicht, die sich in der Biologie aber mangels ausreichender Belege erst nach der Jahrhundertmitte durchsetzte).

Wissenschaften: Historisierung

Je weiter die historische Forschung im Laufe der Jahrzehnte fortschritt, desto unbezweifelbarer fand sie bestätigt, daß Wertvorstellungen, politische und gesellschaftliche Institutionen und Lebensformen sich im Laufe historischer Zeiten außerordentlich gewandelt und auch in verschiedenen Regionen durchaus andere Entwicklungen genommen hatten, daß es also keine von der Natur objektiv vorgegebenen, zeitlosen Wertvorstellungen gibt. Dies brachte die deutschen Geisteswissenschaftler im 19. Jahrhundert dazu, die Einmaligkeit und Unübertragbarkeit historischer Erscheinungen zu betonen und zu versuchen, sie aus ihren jeweils eigenen Voraussetzungen zu verstehen und sie an ihnen innewohnenden, nicht jedoch an allgemeingültigen Maßstäben zu messen. Man hat diese Positionen als Historismus bezeichnet. Anders in Frankreich und den USA. Zwar kam es auch dort zur Historisierung von Teilen der Wissenschaften, aber der Historismus gewann dort im allgemeinen Denken keine vergleichbare Bedeutung. In diesen beiden Ländern waren am Ende des 18. Jahrhunderts, also noch vor dem Aufkommen des Historismus, durch Unabhängigkeit und Revolution Verfassungen entstanden, die im Sinne der damaligen Naturrechtslehre politische Werte festschrieben, wodurch die naturrechtlichen Vorstellungen dort lebendig blieben. Das hatte weitreichende politische Folgen. Aus dem Anspruch der Naturrechtsidee, für die ganze Menschheit allgemein gültig zu sein, ergab sich in Frankreich und den USA ein Sendungsbewußtsein, das die eigenen Werte auch anderen Völkern zu vermitteln strebte. In Frankreich war es erfüllt von dem Anspruch, mit den revolutionären Ideen von Freiheit, Gleichheit und Brüderlichkeit Allgemeingültiges geschaffen zu haben, und wurde unterstützt von der Idee, die französische Kultur sei anderen überlegen, besonders hinsichtlich Sprache und Literatur, in den USA war (und ist) es gespeist von der Idee der Menschenrechte und dem amerikanischen Demokratieverständnis. Dieses Sendungsbewußtsein zeigte sich besonders im Zeitalter des Imperialismus, in der Kriegspropaganda beider Weltkriege, in der Idee zu Völkerbund und Vereinten Nationen und auch in der Entwicklungshilfepolitik nach dem Zweiten Weltkrieg, ging (und geht) letztere doch (zumindest unbewußt) davon aus, die eigenen politischen, wirtschaftlichen und kulturellen Verhältnisse seien das selbstverständliche und allgemein verbindliche Ziel, so daß die anderen Länder sich möglichst dem eigenen Vorbild angleichen müßten. Die deutschen Geisteswissenschaftler neigten hingegen im Kaiserreich dazu, aus dem Fehlen absoluter Werte den Schluß zu ziehen, daß die bestehenden Mächte durch die Tradition auch sittlich gerechtfertigt seien, aber dieser Schluß entsprang nur ihrem konservativen Naturell und war keine notwendige Folge des Historismus. Entsprechend der großen Rolle historischen Denkens unter den Gebildeten besaß das Deutsche Reich auch im Zeitalter des Imperialismus nie ein vergleichbares Sendungsbewußtsein mit eigenen Ideen von Allgemeinheitsanspruch.* Und die in der deutschen Tradition entstandene historistische Denkweise ist keineswegs überholt, im Gegenteil: gerade in einer Welt, in der Teile mit sehr unterschiedlichen Traditionen immer näher zusammenrücken, ist sie hilfreich für den verstehenden Umgang mit anderen Weltgegenden und damit für den Frieden zwischen ihnen.

Höhere Bildung zwischen Humanismus und Realismus

Als am Anfang des 19. Jahrhunderts, angestoßen nicht zuletzt durch die preußischen Niederlagen gegen Frankreich, eine Reform des höheren Bildungswesens in Gang kam, standen sich zwei verschiedene Konzepte gegenüber, die dann bis zum Ende des Jahrhunderts miteinander ringen sollten. Einerseits gab es die neuhumanistische Bildungsidee, die von Intellektuellen aus der vorindustriellen Haltung des „deutschen Geistes" heraus konzipiert war und sich am realitätsabgehobenen Ideal reinen Menschentums orientierte, andererseits die realistische, hinter der die nüchternen Interessen der Kaufleute, Unternehmer und Ingenieure standen und die auf das praktische bürgerliche Erwerbsleben ausgerichtet war. Zum einen wurden mit den Polytechnischen Anstalten höhere Fachschulen eines realistischen Typs geschaffen, die wissenschaftliche Techniklehre und praktische Ausbildung verbanden. Aber gleichzeitig konnte in Preußen Wilhelm von Humboldt, der 1809/10 Leiter der Sektion für Kultus und Unterricht war, die Weichen in Richtung auf neuhumanistische Reformen stellen. In Berlin und Bonn wurden 1810 beziehungsweise 1818 neue Universitäten gegründet und im Sinne der neuhumanistischen Reformidee organisiert. Zugleich schuf die preußische Kultusverwaltung den neuen Schultyp des humanistischen Gymnasiums. Dieser unterschied sich in mehreren Punkten von den bisherigen Lateinschulen: die Artistenfakultät wurde von der Universität ans Gymnasium verlegt und bildete dort eine Oberstufe, so daß man jetzt im Regelfall mit 18/19 statt mit 16 Jahren an die Universität überging, 1812 wurde ein Abschlußprüfung eingeführt, das Abitur, das alleine zum Hochschulzugang berechtigte, während der Zugang zur Universität bis dahin ungeregelt gewesen war, und in den Lehrstoff wurden etwas mehr Mathematik und Realien, vor allem aber in großem Umfang Altgriechisch aufgenommen. Die an der Universität an Stelle der Artistenfakultät neuentstandene Philosophische Fakultät, welche die

---

* Natürlich war damals auch im Deutschen Reich das in dieser Zeit allen europäischen Ländern gemeinsame Überlegenheitsbewußtsein vor allem gegenüber Schwarzafrikanern verbreitet, das sich einfach aus dem Unterschied im materiellen Entwicklungsstand ergab. Vereinzelte Stimmen wie das gelegentlich zitierte Wort E. Geibels, am deutschen Wesen solle noch die Welt genesen, täuschen – es erhielt nirgendwo eine inhaltliche Ausfüllung durch entsprechende Werte und stellte auch nicht die unter Gebildeten herrschende Meinung dar. Im Gegenteil wurde in der späten Kaiserzeit und in der Kriegspropaganda des Ersten Weltkriegs gerade umgekehrt die Auffassung vertreten, die deutsche Geschichte stelle eine eigenständige Sonderentwicklung dar und die deutschen Verhältnisse seien einmalig.

Geistes- und später auch noch Naturwissenschaften umfaßte, stand jetzt gleichgeordnet neben der theologischen, der juristischen und der medizinischen Fakultät. Das preußische Modell machte Schule. Auch die anderen deutschen Staaten reformierten Universitäten und Lateinschulen bis Anfang der 1830er Jahre nach dem preußischen Muster, nach langem Zögern als letztes dann 1849/50 auch Österreich.

Trotzdem scheiterte die neuhumanistische Bildungsidee im Kern rasch, und zwar an den gesellschaftlichen Realitäten und an der Entwicklung der Wissenschaften. Die Einheitsschulidee erwies sich als undurchführbar. Das Elementarschulwesen wurde nicht als erste Stufe einbezogen, weil die für einen entsprechenden Ausbau nötigen Finanzmittel nicht mobilisierbar waren und weil die Gymnasien sich ihre eigenen (dreijährigen) Vorschulen zulegten. Parallel zu den höheren Schulen blieben die Kadettenanstalten auf Betreiben der Militärs bis 1919 weiter bestehen. Vor allem kam es zu massivem Widerstand der Anhänger der realistischen Bildungsidee, so daß sich das höhere Bildungswesen in einen humanistischen und einen realistischen Teil spaltete. Auf der oberen Ebene äußerte sich dies im Nebeneinander von Universitäten, die nur reine Wissenschaften betrieben, und Polytechnischen Anstalten der angewandten Ingenieurwissenschaften. Auf der Ebene darunter wurde nur ein begrenzter Teil der Lateinschulen nach und nach in Gymnasien umgewandelt, während die übrigen sich in unterschiedliche Richtungen entwickelten. Sie wurden teilweise zu Progymnasien, die im Stoff dem Gymnasium ähnelten, aber nur siebenjährig waren (Gymnasium 9 Jahre), teils wandelten sie sich seit 1830 zu Höheren Bürgerschulen oder Realschulen, welche die nützlichen Realien betonten und ebenfalls über das Elementarniveau hinausgingen.

Ebenso wie das Einheitsschulkonzept erwies sich aber auch bald die Idee der allgemeinen Menschenbildung als wirklichkeitsfremd. Das lag einmal an den Interessen der Schüler und Studenten. Die meisten Studenten betrieben ein „Brotstudium" als Berufsausbildung, nicht um sich durch reine Wissenschaft selbst zu vervollkommnen; die philosophische Fakultät betrieb faktisch bald weitgehend Berufsausbildung für Gymnasiallehrer. Auf den Gymnasien strebte die Mehrzahl der Schüler von vornherein kein Abitur an, sondern ging vorher ab, meist mit dem Einjährigen. Da es keine brauchbare realistische höhere Bildung gab und das Einjährige nur auf dem Gymnasium zu erwerben war, quälten sich diese Schüler durch den Altsprachenunterricht der Mittelstufe hindurch, ohne je zur Lektüre antiker Schriftsteller in der Oberstufe zu kommen, durch die dieser ganze Aufwand doch erst einen Sinn erhielt. Das „Einjährige" war in Preußen als zweiter Schulabschluß eingeführt worden und berechtigte dazu, einen auf ein Jahr verkürzten Wehrdienst zu leisten sowie dann auch zum Eintritt in die mittlere Beamtenlaufbahn. Nach mehrmaligen Schwankungen wurde es 1868 auf die Höhe des Abschlusses der Untersekunda (d.h. 6. Gymnasialklasse) festgelegt und seitdem als mittlere Reife bezeichnet. Und schließlich: die Altertumswissenschaft verwissenschaftlichte ihren Stoff und zersetzte damit die ursprüngliche Vorstellung, das Studium des antiken Griechentums als Schulung an einer ästhetischen und sittlichen Norm zu betreiben, und mit den rasch aufblühenden Einzelwissenschaften zerfiel die alles umfassende und darum allgemeinbildende Philosophie in spezialisierte Fachgelehrsamkeit ohne gemeinsames Band. Die so ausgebildeten Gymnasiallehrer brachten diesen fachwissenschaftlichen Geist dann auch auf das Gymnasium mit. Diese Entwicklung trug das Ihre dazu bei, der neuhumanistischen Bildungsidee bis zur Jahrhundertmitte den Boden zu entziehen.

Die Neuorganisation der Universitäten und die neue Praxis, bei der Berufung von Professoren nur nach deren Forschungsleistung auszuwählen, hat die Wissenschaften enorm gefördert. Daß ein guter Forscher auch ein guter Lehrer sei, ist allerdings ein Vorurteil, wenngleich es sich an deutschen Universitäten weitgehend bis heute gehalten hat.

Deutsche Kultur und das Ausland

Am Ende des 18. Jahrhunderts setzte in Europa allgemein eine Nationalisierung des Kulturlebens ein. Während es bis dahin in der europäischen Kultur starke Ströme kultureller Ausstrahlung und Aufnahme gegeben hatte, die mehrere Kulturbereiche umfaßten und in eine Richtung verliefen, ging diese Erscheinung jetzt deutlich zurück. Das eigenständige nationale Kulturleben wurde in den traditionellen Aufnahmeländern stärker, und die bestehenden Austauschbeziehungen nahmen mehr wechselseitige Gestalt an, wobei auch zwischen den einzelnen Kulturbereichen immer größere Unterschiede entstanden. Im deutschen Raum ging der ausländische Einfluß besonders stark zurück, da die Eigenblüte des Geisteslebens für ausländische Einflüsse wenig zugänglich machte. Umgekehrt lösten sich seit Ende des 18. Jahrhunderts auch Dänemark, weniger entschieden Ungarn und dann allmählich auch die slawischen Völker der Donaumonarchie aus dem starken deutschen Kultureinfluß, wie er im 18. Jahrhundert bestanden hatte. Ein Ausnahmefall war Griechenland. Dieses Land erhielt nach seiner Unabhängigkeit einen König aus dem Haus der bayerischen Wittelsbacher, mit dem 1833 ein Schwarm deutscher Beamter, Offiziere und Gelehrter ins Land kam, die dort bei dem Aufbau von Verwaltung, Rechtswesen und Wissenschaftsleben nachhaltig prägend wirkten. Wenn sonst deutsche Kulturleistungen im Ausland aufgenommen wurden, dann jene, die sich in sozusagen freier Konkurrenz als überlegen erwiesen. Dabei hatten die 1780-1830 geschaffenen deutschen Leistungen eine größere Auslandswirkung als die jeder früheren Epoche deutscher Kultur. Die deutsche Philosophie, insbesondere jene Kants und Hegels, beeinflußte stark das ganze 19. Jahrhundert über das Philosophieren in allen europäischen Ländern und in der zweiten Jahrhunderthälfte dann auch in Japan und den USA. Die auf die philologisch-quellenkritische Methode gegründeten Geisteswissenschaften haben Maßstäbe gesetzt, die überall (am wenigsten in Frankreich) übernommen worden sind. Teile der Musik der Wiener Klassik, insbesondere die Beethovens, haben gesamteuropäische Bedeutung gewonnen. Die deutsche Literatur fand demgegenüber im Ausland geringere Aufmerksamkeit und die Kunst praktisch gar keine. Die Organisation der deutschen Universitäten mit ihrem Prinzip der Verbindung von Forschung und Lehre regte im Laufe des 19. Jahrhunderts in vielen Ländern Universitätsreformen an und diente besonders in Japan und den USA in der zweiten Jahrhunderthälfte als Vorbild für die Organisation der eigenen Universitäten.

6.5 Untergang des alten Reiches und Entstehen einer bürgerlichen Staatsnation ohne Nationalstaat

Schon im Laufe des 18. Jahrhunderts waren die größeren Territorien des römisch-deutschen Reiches faktisch zu Mitspielern auf dem Felde europäischer Politik geworden und die Frage deutscher Einheit und Teilung zu einem in hohem Maße europäischen Problem. Indem das verfallende Reich 1806 erlosch und der Deutsche Bund, der 1815 als Ersatz gegründet wurde, nur ein höchst loses Band darstellte, wurden die einzelnen deutschen Teilstaaten auch formell voll souverän. Zugleich griffen die nichtdeutschen Großmächte in dieser Epoche mehr als je zuvor in die mitteleuropäischen Angelegenheiten ein, so daß die Frage der staatlichen Organisation des deutschen Raumes noch weniger als zuvor eine Frage war, welche die Deutschen unter sich hätten ausmachen können. Das Problem der Einheit und Teilung Deutschlands und die Beziehungen der deutschen zu den übrigen europäischen Mächten waren also in dieser Epoche unauflöslich miteinander verknüpft. Beides soll darum hier zusammen behandelt werden.

Deutsche Frage und auswärtige Beziehungen

Anders als das 17. und 18. Jahrhundert war die Epoche, die bis zur Mitte des 19. Jahrhunderts folgte, nicht durch eine ständige Abfolge einzelner Kriege der deutschen Staaten untereinander und mit dem Ausland geprägt. An ihrem Beginn standen die lärmenden, von 1792 bis 1815 dauernden Kämpfe gegen das revolutionäre und das Napoleonische Frankreich, dem größten Krieg seit dem Dreißigjährigen Krieg; darauf folgten 33 Jahre stillen Friedens der deutschen Staaten untereinander und mit ihrer nichtdeutschen Umwelt.

Die deutschen Staaten im europäischen Umfeld

Wie sahen nun die europäischen Kräfteverhältnisse in dieser Zeit aus? Weiterhin waren es die fünf Großmächte, welche die Weichen der europäischen Politik stellten: Großbritannien, Frankreich, Rußland und die beiden deutschen Großmächte, also Österreich und Preußen. Die kleineren Staaten spielten keine nennenswerte Rolle, ebensowenig das einst gefürchtete Osmanische Reich, das jetzt, auf sich selbst zurückgezogen, still vor sich hinträumte. Großbritannien, das die Handelsbeziehungen nach

547

Übersee weitgehend beherrschte, wuchsen durch seine beginnende Industrialisierung ungeahnte wirtschaftliche Kräfte zu und damit auch neue Macht. Indem der Versuch Napoleons, eine französische Hegemonie über ganz Europa zu errichten, an den vereinten Abwehrkräften der übrigen Mächte scheiterte, verlor Frankreich seine Stellung als stärkste Macht des europäischen Festlands an Rußland. Preußen, die schwächste der fünf Großmächte, verringerte im Verlauf der ersten Hälfte des 19. Jahrhunderts seinen Abstand zu Österreich. Jede der beiden deutschen Großmächte blieb schwächer als die übrigen.

Mitteleuropa war und blieb durch seine staatliche Zersplitterung machtpolitisch eine Schwächezone. So war es kein Zufall, daß es zum Hauptschlachtfeld für die Kriege Napoleons geriet. Zwar wurden in den Jahren 1803-15 die meisten der deutschen Klein- und Kleinststaaten beseitigt, aber dies änderte nichts daran, daß der deutsche Raum weiter in eine größere Zahl von Staaten gespalten blieb. Gleichgewichtspolitik bedeutete nicht nur, daß vor allem Großbritannien danach strebte, ein Gleichgewicht der Mächte auf dem europäischen Kontinent zu erhalten, was sich jetzt vor allem gegen Napoleons Griff nach der Hegemonie richtete, sondern alle nichtdeutschen Großmächte waren in ihrem eigenen Interesse auch darauf bedacht, daß die deutschen Staaten einander die Waage hielten und sich damit gegenseitig machtpolitisch neutralisierten. Und je mehr die übrigen Mächte daran interessiert waren, daß mehrere deutsche Staaten existierten, desto unwahrscheinlicher wurde eine staatliche Einheit der Deutschen.

Indem die beiden Flügelmächte Europas sich immer weiter in die angrenzenden Räume hinein ausdehnten, Großbritannien über die Weltmeere hinweg in Indien Fuß faßte und Rußland über Europa hinaus Sibirien und Zentralasien erschloß, wurden sie nach der Niederlage Frankreichs zu den beiden Hauptmächten. Zugleich begann damit das europäische Staatensystem seinen rein europäischen Charakter zu verlieren. Die deutschen Staaten waren dagegen in der Mitte Europas durch die umliegenden Großmächte begrenzt und besaßen keine vergleichbaren Möglichkeiten, sich in angrenzende politische Schwächeräume auszudehnen. Dies galt umso mehr, als mit der Aufteilung Polens unter seine Nachbarn 1793/95 die Pufferzone zwischen Deutschland und Rußland verschwand, so daß seitdem Preußen und Österreich einerseits und Rußland andererseits direkt aneinandergrenzten. Lange hatten die Königreiche Polen und Ungarn eine Zwischenzone dargestellt, die wechselnden Machteinflüssen unterworfen war. Polen hatte im hohen Mittelalter unter deutschem und im 17. und 18. Jahrhundert vorübergehend unter sächsischem Einfluß gestanden, war nach 1763 zunehmend unter russischen Einfluß geraten und war nun letztlich zwischen den drei benachbarten Großmächten aufgeteilt worden. Ungarn war seit dem 16./17. Jahrhundert fest mit Österreich verbunden und blieb es. Damit hatte der von deutschen Fürsten beherrschte Raum auch nach Osten feste Konturen gewonnen, jener Raum, der im 19. Jahrhundert und darüber hinaus als „Mitteleuropa" in verschiedenen wirtschaftlichen und politischen Plänen wiederholt auftauchen sollte. Jeder Machtgewinn der nichtdeutschen europäischen Großmächte bedeutete zugleich, daß die deutschen Staaten relativ an politischem Gewicht verloren. Oft lehnten sich die beiden deutschen Großmächte an andere Großmächte an; Preußen meist wie seit 1763 an Rußland.

Stil zwischenstaatlicher Beziehungen

Dynastische Interessen spielten in den Beziehungen zwischen den Staaten im 19. Jahrhundert keine Rolle mehr, sondern den Maßstab der Staatsräson gaben jetzt eindeutig die Staaten selbst ab als von der Person des Fürsten gelöste Gebilde mit eigenem Lebensrecht. Dementsprechend sah die zwischenstaatliche Politik auch kaum noch solche persönlichen Mittel wie dynastische Heiraten und Bestechung. Die Bestrebungen der Staaten, mehr Macht zu gewinnen und ihr Gebiet zu erweitern, waren indessen weiter immer wiederkehrende Ziele außenpolitischen Handelns. Außer der Diplomatie blieben auch Kriege übliche Mittel, um diese Ziele zu erreichen, ohne daß man ein großes Bedürfnis empfand, diese juristisch oder moralisch zu rechtfertigen. Allerdings war nach den erschöpfenden Napoleonischen Kriegen der Wille zu dauerhaftem Frieden auch bei den Regierungen deutlicher ausgeprägt als in den Jahrzehnten zuvor. Mit der Französischen Revolution kamen neue Elemente in die zwischenstaatlichen Beziehungen: die Idee der Nation und die Unterschiede der Verfassungs- und Gesellschaftsordnung. Die Diplomatie des 18. Jahrhunderts war davon ausgegangen, daß die christlichen europäischen Staaten in ihrem Wesen gleich und nur an Stärke verschieden seien. Jetzt aber standen sich in Europa erstmals Staaten unterschiedlicher gesellschaftlicher und innenpolitischer Ordnung gegenüber. Auch die Methoden der Außenpolitik wurden von der Revolution beeinflußt: seit nicht mehr nur geworbene Söldnerheere für Fürsten in den Krieg zogen, sondern die Regierungen auch Volksheere zum Kampf fürs Vaterland aufboten, konnte Diplomatie nicht mehr ausschließlich als Angelegenheit nur der fürstlichen Kabinette betrieben werden. Zwar trafen in den deutschen Staaten auch in dieser Epoche allein die Fürsten und ihre Minister die politischen Entscheidungen, ohne daß andere Gruppen beteiligt wurden, doch entstand immerhin eine bürgerliche öffentliche Meinung, die am Geschehen geistig Anteil nahm und politische Forderungen stellte.

1789 brach in Frankreich die Revolution aus. Sie fegte die feudalen Sonderrechte des Adels weg, beseitigte den Absolutismus und entmachtete den König weitgehend. Französische Emigranten sammelten sich rechts des Rheins auf deutschem Boden und schmiedeten dort vielfältige Pläne für die Konterrevolution. Österreich und Preußen verhielten sich jedoch zurückhaltend; sie dachten nicht daran, in Frankreich für König Ludwig XVI., den Schwager Kaiser Leopolds II., die Kastanien aus dem Feuer zu holen. Wenn sie 1791 die Deklaration von Pillnitz unterzeichneten, in der eine Interventionsdrohung ausgesprochen wurde, so waren dies nur leere Worte, weil die dafür genannten Voraussetzungen offensichtlich nicht gegeben waren, und einen Monat später erklärte Leopold sie obendrein ausdrücklich für erledigt. Vielmehr richteten die Höfe in Wien und Berlin ihre Aufmerksamkeit nach Osten. Dort versuchte Rußland neue Gebiete zu erobern. 1787-92 führte es im Bunde mit Österreich einen Eroberungskrieg gegen das Osmanische Reich. Auch eine weitere Verkleinerung Polens schien möglich. Preußen beobachtete das Geschehen mißtrauisch, entschlossen, bei Landgewinnen Rußlands und Österreichs nicht seinerseits ohne eigenen Gebietserwerb auf Kosten Polens zu bleiben, hätte sich doch sonst das Kräfteverhältnis zwischen den drei Ostmächten verschoben.

Es war das revolutionäre Frankreich, das sich im Westen zum Angriff hinreißen ließ. Am 20. April 1792 erklärte die französische Nationalversammlung fast einstimmig dem Habsburger Franz II., der gerade die Nachfolge Kaiser Leopolds antrat, den Krieg. Die französischen Revolutionäre wollten ihre eigenen demokratischen Grundsätze auch in anderen europäischen Staaten durchsetzen, den Feudalismus dort beseitigen und die Monarchien stürzen − ein Kreuzzug für die Freiheit Europas −; aber zum Missionsgeist gesellte sich ein kräftiger Appetit: der französische Konvent billigte auch das Ziel, den Rhein zur „natürlichen Grenze" Frankreichs zu machen − ein Eroberungs-

Das revolutionäre Frankreich beginnt den Kampf gegen die deutschen Staaten

krieg. Zugleich hoffte die französische Königsfamilie auf eine Niederlage Frankreichs, welche die Herrschaft der Revolutionäre mit hinabreißen und die königliche Macht im Innern neu befestigen würde. Wirklich klare und bestimmte Ziele bestanden kaum. Das französische Volk jedenfalls begann den Krieg mit nationalistischer Begeisterung.

Auf beiden Seiten rechnete man mit einem raschen Sieg. Es wurde ein 23jähriger Weltkrieg, der vor allem den deutschen Raum tief veränderte. Ein geeintes Deutschland hätte vielleicht den Angriffen selbst des revolutionären Frankreich widerstehen können. Doch der Gegensatz zwischen Österreich und Preußen, der Mangel an gemeinsamem Handeln machte die deutschen Staaten unfähig zu erfolgreicher Gegenwehr und ließ sie schließlich zu französischen Satelliten herabsinken.

Wechselndes Kriegsgeschehen 1792-1801

Österreich und Preußen vereinbarten eine gemeinsame Kriegführung – zum ersten Mal seit langer Zeit. Der Beschluß war nicht von langer Dauer. Nachdem ein französischer Vorstoß in die österreichischen Niederlande gescheitert war, trat eine preußisch-österreichische Invasionsarmee zum Gegenvorstoß nach Paris ein. Nach einem ergebnislosen Artilleriegefecht im September 1792 bei Valmy in der Champagne brach sie die Offensive aber wegen Nachschubschwierigkeiten ab. Wenige Wochen später eroberten die Franzosen im Gegenzug die österreichischen Niederlande, für die jetzt auch die Bezeichnung Belgien aufkam, und die linksrheinische Pfalz.

Gleichzeitig mit diesen Ereignissen marschierten russische Truppen in Polen ein. Während Rußland sich im Osten Polens ein großes Stück des polnischen Staatsgebietes absäbelte, sprach es Preußen Gebiete im Westen Polens zu, damit der Berliner Hof den russischen Gebietsgewinn hinnahm. Polen verlor so 1793 rund 60 Prozent seines Staatsgebiets. Nachdem auf diese Weise Preußen im Osten eine beträchtliche Beute eingestrichen hatte, war es nicht länger bereit, sich im Westen nachhaltig militärisch zu engagieren.

Aufgeschreckt durch die Hinrichtung König Ludwigs XVI. im Jahr 1793, traten auch Großbritannien und einige andere europäische Staaten in den Krieg gegen Frankreich ein. Im selben Jahr eroberten österreichische Truppen ganz Belgien und die linksrheinische Pfalz zurück und stießen nach Frankreich hinein vor. Die französische Republik antwortete mit der totalen Mobilmachung. Auf der Grundlage allgemeiner Wehrpflicht und freiwilliger Meldungen stellte sie ein Volksheer auf, das den mechanisch gedrillten Fürstenheeren an Motivation der Soldaten und an Beweglichkeit im Feld überlegen war. Mit ihm besetzten die Franzosen bis 1794 Belgien erneut sowie das gesamte linksrheinische Gebiet. Dabei blieb es nun 20 Jahre lang.

Des erfolglosen Kriegs müde, der seine eigenen vitalen Interessen nicht berührte, schied Preußen im April 1795 aus dem Krieg aus und schloß mit Frankreich einen Sonderfrieden. Danach sollte ganz Norddeutschland bei weiteren Kriegshandlungen neutral sein, und Preußen erklärte, keine Einwände zu haben, wenn Frankreich später die linksrheinischen Gebiete annektieren würde. Österreich und Großbritannien dagegen setzten den Krieg fort.

Ebenfalls 1795 erzwang der Zar die dritte Teilung Polens. Rußland, Österreich und Preußen teilten das noch verbliebene polnische Staatsgebiet restlos unter sich auf, wobei Rußland wieder das größte Stück einsackte. Es gab keinen unabhängigen polnischen Staat mehr – bis 1918. Während sich Rußland in den drei polnischen Teilungen Gebiete mit Litauisch, Weißrussisch und Ukrainisch sprechender Bevölkerung angeeignet hatte, waren die polnischsprachigen Gebiete fast ganz unter preußische und österreichische Herrschaft gefallen. Für beide deutsche Großmächte stellten sie Gewinne von zweifelhaftem Wert dar. Diese Gebiete wirklich zu integrieren sollte ihnen nie gelingen.

In Oberitalien wurden die Österreicher 1796/97 von französischen Truppen unter dem General Napoleon Bonaparte vernichtend geschlagen. Als dieser dann bis weit in die österreichischen Erblande hinein vorstieß, bequemte sich der Wiener Hof dazu, 1797 in Campo Formio mit Frankreich Frieden zu schließen. Österreich verzichtete auf Belgien und die Lombardei und auf Einwände gegen den französischen Besitz der linksrheinischen Gebiete. Als Entschädigung erhielt es das Festlandsgebiet der Republik Venedig. Ebenso wie zwei Jahre zuvor Preußen ließ jetzt Österreich die übrigen Reichsfürsten eigennützig im Stich.

Die Franzosen nutzen die Friedenspause, um sich gegen die Schweizer Eidgenossenschaft zu werfen. Diese brach beim französischen Einmarsch 1798 in kürzester Zeit fast ohne Widerstand zusammen. Es zeigte sich, daß die Neutralität der Eidgenossenschaft nicht durch eigene Anstrengungen zu sichern war, sondern vor allem auf dem Gleichgewicht oder dem guten Willen der europäischen Großmächte beruht hatte. Einige westliche Grenzgebiete der Schweiz annektierte Frankreich. Auf dem verkleinerten Gebiet wurde der Staat als Helvetische Republik neu gegründet, die gleich ein Militärbündnis mit Frankreich schließen mußte.

1799 nahm Österreich im Bunde mit Rußland den Kampf gegen Frankreich wieder auf. Österreichische und russische Truppen errangen in Süddeutschland und Oberitalien beachtliche Erfolge. Doch Ende des Jahres zog der Zar sämtliche russischen Truppen wieder ab. Im folgenden Jahr bestätigten österreichische Niederlagen bei Marengo in Oberitalien und Hohenlinden in Süddeutschland erneut die militärische Überlegenheit der Franzosen. Im Februar 1801 schlossen Österreich und das römisch-deutsche Reich mit Frankreich den Frieden von Lunéville. Belgien und das linke Rheinufer wurden offiziell an Frankreich abgetreten, das diese faktisch bereits 1797 annektiert hatte. Die Bevölkerung der Rheinlande war gegen diese Annexion, nahm sie aber ohne ernsthaften Widerstand gleichgültig hin. Einzelne Intellektuelle hatten die Franzosen als Freiheitsbringer begrüßt, fanden damit aber bei der großen Mehrheit der linksrheinischen Bevölkerung keine Resonanz.

Frankreich konnte 1801 mit Rußland und 1802 mit Großbritannien ebenfalls Frieden schließen, und danach sah es seine Machtstellung nicht länger angefochten. Die früheren linksrheinischen deutschen Fürsten sollten im Reich entschädigt werden. Ein Reichstagsausschuß erstellte einen Neuordnungsplan, der 1803 als Reichsdeputationshauptschluß in Kraft gesetzt wurde. Dabei war der Inhalt weitgehend durch französische Weisungen vorgegeben, die wiederum in Absprache mit Rußland erfolgten. Als Hauptgewinner konnten sich deshalb nicht Österreich und Preußen, sondern vor allem die mittleren westlichen Fürsten preisen, die weit mehr erhielten, als sie zuvor linksrheinisch verloren hatten. Diese Umverteilung erfolgte auf Kosten Unschuldiger: sämtliche geistliche Fürsten (außer Kurmainz) und Reichsabteien und fast alle Reichsstädte, insgesamt 112 Reichsstände, verloren ihre Reichsunmittelbarkeit. Ihre Gebiete wurden an die übrigen deutschen Fürsten verschachert, und die deutschen Fürsten antichambrierten unterwürfig bei Bonaparte, um jeder einen möglichst großen Brocken aus der Liquidationsmasse an sich zu reißen. Auf eigene Faust drückten die größeren deutschen Staaten dann bald auch die Reichsritter zu Untertanen herab (Mediatisierung). In Schwaben und Franken waren es Bayern, Württemberg und Baden, welche die zur Verteilung kommenden Kleinterritorien aufsogen, wobei sie ihre bisher teil-

Reichs-deputations-hauptschluß

weise zerstreute Ländermasse gezielt zu räumlich geschlossenen Mittelstaaten abrundeten.

Mit dem Reich ging es dem Ende zu. Als Napoleon Bonaparte sich 1804 zum Kaiser der Franzosen proklamierte, nahm Kaiser Franz II. für seine habsburgischen Besitzungen den Titel eines Kaisers von Österreich an. Zugleich war dies auch die Konsequenz einer Entwicklung, in deren Verlauf das römische Kaisertum immer mehr zum leeren Titel und der habsburgische Länderbesitz zum alleinigen Bereich der kaiserlichen Herrschaft geworden war. Napoleon verfolgte das Ziel, das römisch-deutsche Reich ganz aufzulösen, Österreich und Preußen sich gegenseitig neutralisieren zu lassen und das Gebiet der deutschen Mittelstaaten zu einer Pufferzone zu machen, stark genug als Gegengewicht gegen Österreich, zu schwach, um eine von Frankreich unabhängige Politik zu treiben. Im Zuge dieser Politik bot Napoleon Preußen an, das Kurfürstentum Hannover und einen norddeutschen Kaisertitel zu bekommen. Hannover gehörte zwar dem englischen König, war aber nach dem Wiederausbruch des Kriegs zwischen Frankreich und Großbritannien 1803 von französischen Truppen besetzt worden. Doch der preußische König Friedrich Wilhelm III. lehnte ab; zwischen den Fronten lavierend wollte er an seiner Neutralitätspolitik festhalten und nicht zum Kaiser von Frankreichs Gnaden werden.

Gegen Frankreich schloß Großbritannien 1805 ein Kriegsbündnis mit Rußland, dem auch Österreich beitrat, während Preußen weiter neutral blieb. Die süddeutschen Fürsten zwang Napoleon hingegen auf seine Seite. Der französische Plan, mit einer Armee nach England überzusetzen, scheiterte am britischen Seesieg bei Trafalgar, aber gleichzeitig konnte Napoleon in einem raschen Feldzug die österreichische Armee bei Ulm zur Kapitulation zwingen und im Dezember 1805 bei Austerlitz über ein russisch-österreichisches Heer einen glänzenden Sieg erringen. Österreich schloß sofort Frieden, wobei es die vorderösterreichischen Lande an Württemberg, Tirol an Bayern und Venetien an das napoleonische Königreich Italien abtreten mußte. In einer neuen Welle der territorialen Flurbereinigung wurden jetzt in Deutschland auch die meisten der kleineren Fürsten, Grafen und Herren durch die größeren Fürsten mediatisiert. An Stelle der riesigen Zahl kleiner und kleinster Territorien war damit 1803-06 eine überschaubare Zahl von Mittelstaaten entstanden, ein „drittes Deutschland" neben den beiden deutschen Großmächten Österreich und Preußen. Das Reich, das ohnehin schon lange kein lebensfähiger Körper mehr war, existierte nur noch dem Namen nach. Unter den Druck Napoleons erklärte Kaiser Franz II. das Heilige Römische Reich am 6. August 1806 für erloschen. Damit verglomm das flackernde Licht der übervölklichen Reichstradition endgültig. Gut tausend Jahre nach der Begründung der römischen Kaiserwürde ging das letzte Symbol deutscher Einheit unter. Französisches Machtstreben, der österreichisch-preußische Dualismus und das Streben deutscher Fürsten nach Souveränität hatten gemeinsam das Reich zerstört.

Das Ende des Reiches wurde in Norddeutschland gleichgültig, in Süddeutschland von einigen wenigen mit leichter Trauer hingenommen. Kein Wunder — hatte es doch schon seit längerem danach ausgesehen, daß das römisch-deutsche Reich in eine Reihe unabhängiger Einzelstaaten zerfallen würde. Die literarische Intelligenz fühlte weltbürgerlich, die Kleinbürger und Bauern waren in den engen Kreisen ihrer unmittelbaren Lebensumwelt befangen, und Orientierungspunkt für den politisch führenden Adel bildete die Tradition der dynastischen deutschen Einzelstaaten. Der Dichter Wieland hatte schon 1792 festgestellt: „Wer das deutsche Reich aufmerksam durchwandert, lernt zwar nach und nach Österreicher, Brandenburger, Sachsen, Pfälzer, Baiern, Hessen, Württemberger usw. mit etlichen hundert kleineren ... Völkerschaften, aber keine Deutschen kennen ... Jeder von dieser ungeheurn Menge Staaten im Staat hat seinen eigenen kleinen Gemeingeist ...; was Wunder also, wenn Gleichgiltigkeit und Kälte gegen allgemeines Nationalinteresse ... den Fremden als ein Charakterzug der Deutschen auffällt."[50]

Zusammenbruch Preußens

Preußen war isoliert und geriet immer stärker in Abhängigkeit von Frankreich. Als der preußische König sich von Napoleon hintergangen fühlte, entschloß er sich im Herbst 1806 überstürzt zum Krieg. Die preußische Armee war bestenfalls auf dem Entwicklungsstand der Zeit Friedrichs II. stehengeblieben und stand obendrein unter unfähiger Führung. Im Oktober wurde sie bei Jena und Auerstedt von Napoleons Truppen vernichtend geschlagen. Gänzlich auf sich allein gestellt brach Preußen völlig zusammen. In kürzester Zeit konnten die französischen Truppen den größten Teil des Landes besetzen; fast alle Festungen kapitulierten widerstandslos. Der im Juli 1807 zwischen Frankreich, Preußen und Rußland geschlossene Frieden war für Preußen bitter: es verlor alle Erwerbungen aus der zweiten und dritten polnischen Teilung, die als Großherzogtum Warschau verselbständigt wurden, sowie alle linksrheinischen Gebiete. Das preußische Heer wurde auf 42.000 Mann beschränkt, und eine französische Besatzungsarmee blieb bis zur Zahlung hoher Kontributionen im Land. Nur dank der Fürsprache des Zaren entging Preußen dem Schicksal, völlig aufgelöst zu werden. Der Hohenzollernstaat konnte nicht länger als Großmacht gelten. Aus dem Kurfürstentum Hannover, Preußens linkselbischen Verlusten und hessischem Gebiet zimmerte Napoleon einen Marionettenstaat Westfalen, der seinen Bruder Jérôme als König vorgesetzt bekam.

Der Rheinbund

Das Ende des römisch-deutschen Reiches setzte den Schlußpunkt unter eine lange Entwicklung, in der die größeren Territorialstaaten auf Kosten des Gesamtreiches zu voller Souveränität aufgestiegen waren. Aber schon im Juli 1806 schlossen sich unter dem Druck Napoleons 16 deutsche Fürsten zum Rheinbund zusammen. Bis 1808 traten außer Österreich, Preußen, dem von Dänemark annektierten Holstein und der Helvetischen Republik alle deutschen Staaten dem Rheinbund bei, insgesamt 39 Einzelstaaten. Damit lebten 1808 von den Menschen des geschlossenen deutschen Siedlungsgebiets 48 Prozent in Rheinbundstaaten, 17 Prozent in Preußen, 16 Prozent in Österreich, 12 Prozent im französischen Kaiserreich, 5 Prozent in der Helvetischen Republik und 2 Prozent in Holstein. Der Rheinbund war ein Staatenbund unter dem Protektorat des französischen Kaisers. Der Erzbischof von Mainz, Karl Theodor von Dalberg, wurde mit dem Titel eines Fürstprimas von Deutschland geschäftsführendes Bundesorgan. Die Rheinbundstaaten mußten ein Militärbündnis mit Frankreich eingehen, das sie verpflichtete, für dessen europäische Kriege Truppenkontingente zur Verfügung zu stellen. Für eine selbständige Außenpolitik besaßen sie faktisch keinen Handlungsspielraum. Da die beiden deutschen Großmächte, die sich durch ihre nichtdeutschen Erwerbungen im Osten nach und nach vom eigentlichen Deutschland abgelöst hatten, ausgeschlossen blieben, war im Rheinbund eine Verbindung gleichberechtigter und rein deutscher Staaten entstanden. Hätte das nicht eine zukünftige Form der staatlichen Gliederung der Deutschen sein können? Es sollte nicht so kommen. Die Entwicklung von Gemeinschaftsgefühl und einheitlichem politischen Willen blieb in ersten Ansätzen stecken. Der Bundestag, der als oberstes Bundesorgan vorgesehen war, trat nie zusammen. Dalberg und ursprünglich auch Napoleon hatten beabsichtigt, den Bund in politischer, rechtlicher und wirtschaftlicher Beziehung auszubauen und ihm zentrale Institutionen und eine Verfassung zu geben, doch nach ersten Anläufen wurden diese Pläne auf die Zeit nach dem allgemeinen Frieden vertagt – und die sollte der Rheinbund nicht erleben. Bayern und Württemberg, ebenso wie Sachsen von Napoleon zu Königreichen erklärt, sperrten sich entschieden dagegen, daß ihre neue Souveränität durch gemeinsame Bundesorgane beschränkt werden sollte, und Napoleon kam es vor allem auf die Truppenhilfe an. So blieb der Rheinbund in der Realität ein reines Militärbündnis mit dem Zweck, Napoleon Soldaten zuzuliefern. Deutsche Soldaten wurden als billiges Kanonenfutter in Spanien, gegen Österreich 1809 und in den Weiten Rußlands verheizt, ohne daß sie deutschen Interessen dienten. Kriegssteuern, Kontributionen, Requisitionen und Truppenaushebungen lasteten immer schwerer auf der deutschen Bevölkerung. Napoleon bekannte ungeniert: „Ein Mann wie ich schert sich wenig um das Leben einer Million Menschen ... Die Franzosen können sich nicht über mich beklagen; um sie zu schonen, habe ich die Deutschen und die Polen geopfert."[51]

Ganz Mitteleuropa, Italien und Spanien standen unter französischer Hegemonie. Doch getrieben von Ehrgeiz und Ruhmsucht ließ Napoleon sich zu immer neuen Feldzügen hinreißen, ohne festen Plan, ohne Maß. Der Franzosenkaiser war nicht friedensfähig, sondern verließ sich auf Macht und nackte Gewaltsamkeit. Um die französische Hegemonie zu sichern, legte er den Zwangsverbündeten und Satelliten vielfach Bedingungen auf, mit denen diese sich nicht versöhnen konnten. Preußen war dafür das deutlichste Beispiel. Auch der Rheinbund sah sich von seinem „Protektor" rücksichtslos vergewaltigt. 1810 wurden alle an der Nordseeküste liegenden deutschen Länder bis nach Hamburg zugleich mit Holland dem französischen Kaiserreich einverleibt, um den Kontinent besser gegen britischen Schmuggelhandel abriegeln zu können. Mehrfach änderte Napoleon Staatsgrenzen in Deutschland willkürlich. Aber dadurch, daß Napoleon keine konstruktive Friedensordnung schuf, weckte er die Widerstände gegen die französische Fremdherrschaft.

Erste Erhebung gegen die Fremdherrschaft

Unter dem Druck der Napoleonischen Fremdherrschaft keimte in den Jahren 1806-13 ein politisches Bewußtsein unter den Deutschen auf, dem die überterritoriale deutsche Gemeinsamkeit und die Erkenntnis des gemeinsamen Gegners zugrunde lag und das damit etwas in seiner Art völlig Neues war. Nach 1806 stand zunächst Österreich im Mittelpunkt der Hoffnungen, national-deutscher wie vaterländisch-österreichischer. Die Ausstrahlungskraft der nationalen Propaganda, die von der österreichischen Regierung gefördert wurde, blieb indessen gering. Als Österreich im April 1809 den Kampf gegen Napoleon wieder aufnahm und ein flammendes Manifest an die „deutschen Völker" richtete, erwies sich die Hoffnung auf einen Volksaufstand als Illusion. Auch der preußische König verharrte in vorsichtigem Abwarten. In Norddeutschland kam es nur zu vereinzelten Aktionen. Ein Putschversuch in Westfalen scheiterte. Der preußische Major F. von Schill, der mit einem Freikorps auf eigene Faust voreilig losschlug, konnte angesichts der Übermacht nur sinnlos untergehen. Nur in dem an Bayern verschobenen Tirol kam es zu einer echten Volkserhebung. Dort war dies möglich, weil in Tirol die Tradition des allgemeinen Landesaufgebots fortbestand. Der Tiroler Aufstand war aber nicht von dem neuen nationalen Antrieb beseelt, sondern wurde von traditionellem Tiroler Landespatriotismus getragen. Die Tiroler Bauern konnten unter Führung des Gastwirts Andreas Hofer die bayerischen und französischen Truppen in mehreren Kämpfen schlagen. Nachdem Wien Frieden geschlossen hatte und die Tiroler preisgab, vermochten diese sich allerdings trotz einiger Erfolge auf Dauer nicht gegen die französische Übermacht zu behaupten. Hofer wurde gefangengenommen und erschossen. Für die Nachwelt wurde er zur Symbolfigur des Tiroler Freiheitskampfes gegen die Fremdherrschaft.

Die österreichischen Truppen konnten Napoleon zwar in der Schlacht bei Aspern seine erste Niederlage zufügen, erwiesen sich dem großen Korsen aber letztlich militärisch als unterlegen. Im Frieden von Schönbrunn im Oktober 1809 verlor Österreich erneut Tirol und außerdem Salzburg an Bayern, Westgalizien an das Großherzogtum Warschau und die Illyrischen Provinzen an Frankreich. Dadurch schrumpfte Österreich zum Binnenland. Außerdem wurde Österreich eine hohe Kriegsentschädigung auferlegt und sein Heer auf 150.000 Mann begrenzt. Der neue österreichische Außenminister Graf (später Fürst) Clemens Metternich, ein glänzender Diplomat, setzte die Politik der nationalen Erhebung nicht fort. Im Gegenteil: deutsches Volk und deutsche Nation bedeuteten ihm nichts, sondern seine Richtschnur war einzig die Staatsräson Österreichs als europäischer Großmacht. So sollte sich die Idee einer nationalen Erhebung nicht mit Österreich verbinden, sondern mit Preußen.

Da Napoleon Großbritannien zur See nicht schlagen konnte, plante er es in die Knie zu zwingen, indem er versuchte, den Kontinent gegen britische Kolonialwaren abzusperren und die Getreideexporte nach dem Inselreich zu unterbinden. Dies konnte nur Erfolg haben, wenn alle Staaten Kontinentaleuropas sich an dieser Handelssperre beteiligten. Als sich Rußland 1810 aus dem Bündnis mit Frankreich löste, drohte Napoleons Plan zu scheitern, sein Kampf gegen die britische Seemacht verlorenzugehen. Im Juli 1812 marschierte Napoleon mit 600.000 Mann in Rußland ein. Ein beträchtlicher Teil der Soldaten wurde zwangsweise von den Rheinbundstaaten, Österreich und Preußen gestellt. Immer tiefer sah sich die „Grande Armée" in die russischen Weiten hineingezogen, ohne daß es zur Entscheidungsschlacht kam. Die Kälte des russischen Winters, Hunger und Krankheiten führten zur Katastrophe: Ende 1812 wankten die geschlagenen, erschöpften Reste von Napoleons Armee über die russische Grenze zurück. Am 30. Dezember schloß der Befehlshaber des preußischen Hilfskorps, General Yorck, in einer Mühle bei Tauroggen eigenmächtig eine Konvention mit dem ihm gegenüberstehenden russischen General, in der er sein Korps vorläufig für neutral erklärte.

Die Nachricht von der Katastrophe in Rußland und der Konvention von Tauroggen gab das Signal zur deutschen Erhebung. Vor allem bei den Gebildeten schäumte eine Welle nationaler Begeisterung, von Leidenschaften und Haß auf die Franzosen empor. Zahlreiche patriotische Reden und Gedichte bildeten ihre Schaumkrone. Begeisterte Patrioten drängten den preußischen König, den Kampf gegen Napoleon wieder aufzunehmen. Friedrich Wilhelm III. zauderte lange. Schließlich, von dem zunehmend erregten Drängen aus der Bevölkerung praktisch gezwungen, ging er mit Rußland ein Bündnis ein und erklärte im März 1813 Frankreich den Krieg. Im Februar wurde in Preußen die allgemeine Wehrpflicht eingeführt und die allgemeine Mobilmachung angeordnet. Für die Dauer der Befreiungskriege stiftete der König als Orden das Eiserne Kreuz. Seit 1816 wurde das Eiserne Kreuz auch auf der Kriegsflagge als staatliches Symbol verwendet. Das spätere Deutsche Reich hat es übernommen, und die Bundeswehr benutzt es noch heute als nationales Erkennungszeichen. Für Freiwillige, die aus dem übrigen Deutschland herbeiströmten, gründete man Freikorps. Das bekannteste wurde das Freikorps des Majors A. von Lützow, dem sich vor allem Studenten einreih-

Die Befreiungskriege

ten. Der Befreiungskrieg von 1813/14 gewann einen anderen Charakter als die bisherigen Kabinettskriege. Nicht, daß blinde Volkswut in grausamem Guerillakrieg losgebrochen wäre wie in Spanien – die Kriegsleitung blieb in der Hand der deutschen Fürsten und ihrer Generäle. Aber die preußische Armee hatte sich gewandelt. Die preußische Bevölkerung war nicht mehr passiver Zuschauer von Fürstenkriegen, die mit unwilligen Kantonspflichtigen und oft gepreßten Söldnern geführt wurden, sondern als Wehrpflichtige und Freiwillige setzte sie sich selbst ein, um das Land von der französischen Fremdherrschaft zu befreien. Wie das französische Heer 1794 wurde das preußische 1813 zum Volksheer. Die deutsche Erhebung blieb allerdings im wesentlichen auf Preußen begrenzt; darüber hinaus regten sich in Nordwestdeutschland und Hessen einige Widerstände gegen Napoleon, während sich der Süden einschließlich Österreichs weitgehend ruhig verhielt und die Bevölkerung der Schweiz in dumpfer Resignation verharrte. Und die Kluft zwischen Bevölkerung und Fürsten bestand weiter: der preußische König war gegen seinen Willen in den Krieg hineingezogen worden, und die übrigen deutschen Fürsten standen der Bewegung distanziert oder ablehnend gegenüber. Sie fürchteten, eine Welle allgemeiner Erhebung könnte die Fundamente der absoluten Monarchie untergraben.

Da die anfangs verhältnismäßig schwachen preußischen und russischen Truppen nach Napoleons Rußlandfiasko nicht rasch vorstießen, erschien Napoleon mit einem neuen Heer in Deutschland. Metternich versuchte zu vermitteln; erfolglos. Darauf ließ er Österreich den Krieg gegen Frankreich im August wieder aufnehmen, ohne nationale Leidenschaft, nur aus kühl berechnender österreichischer Staatsräson heraus. Anfang August 1813 zählten auf deutschem Boden die russischen, preußischen und schwedischen Armeen zusammen etwa 510.000 Mann, die französischen und rheinbündischen Truppen rund 450.000 Mann. Wenig später wechselte der König von Bayern unter dem Druck der öffentlichen Meinung die Seite. Napoleon gelang es nicht, die Heere der Koalition getrennt zu schlagen. Nach einigen militärischen Teilerfolgen wurden seine Truppen bei Leipzig von den vereinigten Armeen der Koalition eingeschlossen. Am 16. Oktober begann die Entscheidungsschlacht des Befreiungskriegs. In dieser dreitägigen „Völkerschlacht" errang die Koalition einen glänzenden Sieg. Napoleon zog sich über den Rhein zurück. Die Rheinbundfürsten wechselten ins Lager der stärkeren Bataillone, um ihre Kronen zu retten; der Rheinbund löste sich auf. Ende 1813 war das rechtsrheinische Deutschland bis auf einige Festungen von der französischen Herrschaft befreit. Die Verbündeten boten dem Franzosenkaiser Frieden an auf der Basis der Rheingrenze – Napoleon lehnte ab. Mit drei getrennt operierenden Armeen marschierten die Verbündeten in Frankreich ein, wobei die preußischen Truppen unter Führung des Feldmarschalls G.L. Blücher standen. Nach wechselnden Kämpfen zogen die Verbündeten Ende März 1814 in Paris ein. Napoleon dankte ab.

Der (erste) Pariser Friede fiel für Frankreich sehr milde aus: über seinen Bestand von 1792 hinaus erhielt es noch Gebiete an der Saar. In Wien trat ein Diplomatenkongreß zusammen, der darüber zu beraten begann, wie Europa von Norwegen bis Sizilien, vor allem aber Mitteleuropa neu geordnet werden sollte. Im März 1815 kehrte Napoleon überraschend noch einmal nach Frankreich zurück und ergriff dort erneut die Macht. Vergeblich versuchte er, die in Belgien stehende englische Armee unter Wellington und die über den Rhein heranrückende preußische Armee unter Blücher getrennt zu schlagen. Gerade noch rechtzeitig vereinigte sich Blücher mit den Briten, um Napoleon bei Waterloo eine vernichtende Niederlage beizubringen (Juni 1815). Napoleon dankte endgültig ab. Der zweite Pariser Friede vom November fiel dann für Frankreich eine Spur härter aus: es mußte kleine Gebiete an der Saar und überdies um Landau abtreten und wurde außerdem zu einer bescheidenen Kriegsentschädigung verpflichtet.

National gesinnte Intellektuelle begannen, nach den Befreiungskriegen eine politische Einheit Deutschlands zu fordern. Doch das waren nur einzelne Stimmen, die kein politisches Gewicht besaßen und auf dem Wiener Kongreß ohnehin nicht vertreten waren. Auf dem Kongreß, der von Herbst 1814 bis Juni 1815 tagte, trafen sich vielmehr die Diplomaten des vorrevolutionären Europa mit ihrem Mißtrauen gegen nationale und freiheitliche Bewegungen. Sie vergnügten sich mit Bällen, Festessen und Feuerwerk und feilschten zugleich um die Neuordnung. Dabei nahm Metternich zweifellos mehr Einfluß als jeder andere. Allgemeines Ziel war eine stabile Ordnung von Dauer, kein Frieden der Rache. Die Neuorganisation Mitteleuropas überließen Großbritannien, Rußland und Frankreich weniger denn je den Deutschen selbst, sondern nahmen dabei zugunsten ihrer eigenen Interessen kräftigen Einfluß.

Wiener Kongreß

Metternich erstrebte ein Mitteleuropa unter österreichischer Führung, das hinreichend gegen die europäischen Flügelmächte gesichert sein sollte. Preußen, durch K.A. von Hardenberg und Wilhelm von Humboldt vertreten, trat dagegen für eine engere Zusammenfassung der deutschen Staaten ein. Für Großbritannien kam es vor allem darauf an, für ein Gleichgewicht der Mächte auf dem Kontinent zu sorgen.

Erneut wechselten weite Gebiete den Herrn, wobei die Diplomaten mechanisch Quadratmeilen und Köpfe zählten und gegeneinander aufrechneten. Niemand fragte die Bevölkerung nach ihren Wünschen, und die nahm den Wechsel dann meist gleichgültig hin. Im übrigen war dies die letzte territoriale Neuordnung in Mitteleuropa, bei der die Politiker sich über die Volkszugehörigkeit der betroffenen Gebiete keinerlei Gedanken machten. Die Säkularisierung der geistlichen Territorien und die Mediatisierung der Grafen, Reichsritter und Reichsstädte wurde in fast keinem Falle rückgängig gemacht. Das gesamte Deutschland westlich der Elbe und nördlich des Mains teilte der Kongreß dagegen völlig neu auf. Vor allem Hannover wurde wiederhergestellt, vergrößert und zum Königreich erhoben. Die süddeutschen Staaten blieben im wesentlichen unverändert. Daß Bayern, Württemberg und Baden in den Jahren 1803-15 zu gefestigten und abgerundeten Mittelstaaten herangewachsen waren, stellte einen Fortschritt dar gegenüber der kleinstaatlichen Zersplitterung Südwestdeutschlands und Frankens in der vornapoleonischen Zeit, denn es war die Voraussetzung für den Aufbau einer leistungsfähigen Staatsverwaltung. Der Gebietsstand dieser Länder hatte damit jene Form erreicht, die – vom späteren Verlust der bayerischen Rheinpfalz abgesehen – fast unverändert in den heutigen Bundesländern Baden-Württemberg und Bayern fortlebt, wie auch Hannover jetzt bereits weitgehend die Konturen des heutigen Bundeslandes Niedersachsen aufwies. Um Frankreich zu schwächen, gaben die Alliierten auf dem Wiener Kongreß das Wallis, Genf und Neuenburg an die Schweiz zurück, die sie nur widerwillig als neue Kantone aufnahm, außerdem das Fürstbistum Basel. Damit erhielt auch die Schweiz jene Grenzen, in denen sie bis heute existiert.

Die Auseinandersetzungen über die Frage, wie Preußens neue Grenzen aussehen sollten, führten bis hart an die Grenze eines Kriegs zwischen den Siegermächten. Rußland beanspruchte alle 1793 und 1795 an Preußen gefallenen Teile Polens für sich,

Preußen wünschte dafür als Ersatz ganz Sachsen zu bekommen, dessen König bis zum Schluß in Napoleons Lager gestanden hatte, und eventuell auch Mecklenburg zu gewinnen. Für den sächsischen König sollte ersatzweise aus rheinischen Gebieten ein neues Königreich geschneidert werden. Hätte man diese Pläne realisiert, wäre Preußen zu einem fast rein deutschen und protestantischen, durchgehend junkerlich geprägten Staat geworden, zugleich territorial in sich geschlossen und darum nicht notwendig auf weitere Gebietsgewinne erpicht. Aber Großbritannien und auch Österreich und Frankreich erhoben heftigen Widerspruch gegen dieses Vordringen Rußlands. Schließlich einigte man sich auf einen Kompromiß: Preußen behielt vom polnischsprachigen Gebiet die Westecke um Posen, Sachsen wurde geteilt, wobei Preußen die nördliche Hälfte bekam, und außerdem erhielt Preußen umfangreiche Gebiete am Rhein und in Westfalen, die mit ihrer katholischen und bürgerlichen Prägung nicht recht zum übrigen Preußen passen wollten. Es war Großbritanniens Wunsch, daß Preußen am Mittelrhein ein Bollwerk gegen mögliche französische Eroberungsversuche bilden sollte, während Preußen nur widerwillig die Rolle der „Wacht am Rhein” übernahm. Ebenfalls auf britischen Wunsch kam Belgien an die Niederlande und nicht, wie die Belgier es wünschten, wieder an Österreich, das dies Land nicht wieder übernehmen wollte. Da Kaiser Franz vor allem daran gelegen war, daß Österreich ein geschlossenes Staatsgebiet bekam, erhielt das Habsburgerreich auch am Oberrhein keine Besitzungen zurück, obwohl Metternich dies gewünscht hatte. Österreich gewann vielmehr Tirol und Salzburg sowie Illyrien zurück und erhielt außerdem die Lombardei und Venetien. Ferner wurden in Toskana, Parma und Modena habsburgische Sekundogenituren eingesetzt, womit man Österreichs beherrschende Stellung in Ober- und Mittelitalien wiederherstellte.

Durch diese Gebietsänderungen hatte sich das russische Staatsgebiet weiter als jemals früher nach Westen vorgeschoben. Das polnischsprachige Gebiet war jetzt unter Rußland, Preußen und Österreich aufgeteilt, wobei es bis 1918 blieb. Keiner der Beteiligten sollte mit dieser Lösung froh werden. Preußen war durch seine Westverschiebung nach Deutschland hineingewachsen und erstreckte sich vom westlichsten bis zum östlichsten Punkt des geschlossenen deutschen Siedlungsgebiets, Österreich hatte sich aus Westdeutschland zurückgezogen. Während die deutsche Bevölkerung in Preußen und Österreich Ende des 18. Jahrhunderts etwa gleich groß gewesen war, zählte jene in Preußen jetzt eineinhalbmal so viele Köpfe wie jene in Österreich, wogegen die Gesamtbevölkerung Österreichs zweieinhalbmal so umfangreich war wie diejenige Preußens. Indem Preußen aus zwei nicht zusammenhängenden Landesblöcken bestand, war ihm der Trieb eingepflanzt, Verbindungen zu schaffen und dabei die übrigen norddeutschen Staaten einzubeziehen. Österreich war dagegen territorial weniger als vor 1792 mit Südwestdeutschland verklammert, sein Einfluß auf die anderen deutschen Staaten geschwächt. Von den beiden deutschen Großmächten war Preußen also zu der deutscheren und der tiefer in deutsche Angelegenheiten verwickelten geworden — eine wichtige Vorentscheidung für das zukünftige Ringen um die Vorherrschaft in Deutschland.

Obwohl das römisch-deutsche Reich angegriffen worden war und die deutschen Staaten formal auf der Seite der Sieger standen, sah die Friedensordnung aus, als wäre die Bedrohung des europäischen Staatensystems nicht von Frankreich, sondern von den deutschen Staaten ausgegangen, die deshalb machtpolitisch niedergehalten werden müßten, und als hätten diese den Krieg verloren. Das äußerte sich nicht nur darin, daß die nichtdeutschen Großmächte jeden festeren Zusammenschluß der deutschen Staaten ablehnten. Vergleicht man den deutschen Gebietsstand von 1815 mit jenem von 1792, standen dem Gewinn Schwedisch-Vorpommerns der Verlust Belgiens, der Exklaven in Lothringen und der Insel Helgoland gegenüber. Von letzterer aus kontrollierte jetzt Großbritannien den Zugang zum größten deutschen Hafen. Außerdem hatte das Vordringen Rußlands nach Westen die Machtverhältnisse zuungunsten der deutschen Staaten verschoben. Selbst die von Napoleon aus Deutschland geraubten Kunstschätze wurden nur zum Teil zurückgegeben. Es fehlte nicht viel, und die Niederlande hätten das Gebiet bis Köln erhalten. Die von Preußen und anderen erhobene Forderung, das von Ludwig XIV. eroberte Elsaß zurückzugewinnen, scheiterte am Widerspruch Großbritanniens, das die innere Stabilität Frankreichs nicht durch einen härteren Frieden belasten wollte. Hier entsprach die Entscheidung allerdings einmal dem Willen der Betroffenen, denn das Bürgertum im Elsaß fühlte sich seit der Französischen Revolution als Teil der französischen Staatsnation und wollte nicht mehr zu Deutschland zurück.

Das alte Kaiserreich, in dem die Reichsbischöfe, Reichsabteien und Reichsstädte die treuesten Anhänger der Reichsidee dargestellt hatten, war unwiederbringlich untergegangen. Das Zusammengehörigkeitsgefühl hatten indessen gerade die Befreiungskriege in Teilen der Bevölkerung neu entfacht, und so schien eine gemeinsame politische Organisation der deutschen Staaten erstrebenswert. Die national eingestellten Publizisten forderten vielfach eine Neuauflage von Kaiser und Reich, wie dies auch viele der deutschen Kleinstaaten wünschten. Preußen trat für eine starke Zentralgewalt eines deutschen Staatenbundes ein, dessen Direktorium zwischen Preußen und Österreich wechseln sollte. *Der Deutsche Bund*

Die Mittelstaaten unter Führung Bayerns waren im Interesse ihrer eben erst gewonnenen Souveränität gegen jede straffe Einheit, desgleichen Österreich, letzteres aus Furcht, jede national orientierte Einrichtung in Deutschland oder Italien könne den Vielvölkerstaat Österreich gefährden. Und außerdem traten auch Großbritannien und Rußland gegen alles auf, was eine feste Macht in Mitteleuropa hätte begründen können. Vielfältige Verfassungspläne wurden geschmiedet, einer unrealistischer als der andere. Als kleinsten gemeinsamen Nenner schlossen die deutschen Fürsten im Mai 1815 einen unauflöslichen Bund, dessen Verfassung dann bis 1821 näher ausgebaut wurde. Nationale Publizisten und auch preußische Politiker traten anfangs dafür ein, auch die Schweiz in den Deutschen Bund aufzunehmen, fanden damit aber bei den Schweizern und den außerdeutschen Großmächten keine positive Resonanz. Vielmehr erkannten die Großmächte die „immerwährende Neutralität" der Schweiz an und garantierten sie, vor allem, weil Frankreich und die deutschen Großmächte einander die strategisch wichtigen Alpenpässe nicht gönnten. Alle übrigen deutschen Staaten wurden Mitglieder des Deutschen Bundes, anfangs 41, darunter vier Stadtrepubliken.

Der Bund knüpfte direkt weder an den Rheinbund noch an das alte Reich an. Er stellte eine nur lockere Staatenverbindung dar. Einziges Bundesorgan war der Bundestag mit Sitz in Frankfurt am Main, der ehemaligen Krönungsstadt der römisch-deutschen Kaiser. Er hatte die Gestalt eines ständigen Kongresses weisungsgebundener Gesandter unter österreichischem Vorsitz. Es gab kein gemeinsames Staatsoberhaupt, keine Bundesexekutive und keine Bundesfinanzen. Die Errichtung eines Bundesgerichts, wie es im alten Reich vorhanden gewesen war, scheiterte am Einspruch

Bayerns. Im Kriegsfall sollte aus den Kontingenten der Teilstaaten ein Bundesheer gebildet werden, für das aber nie die Bewährungsprobe kam. Bei der Beurteilung des Bundes ist deutlich zu trennen zwischen dem, was er nach dem Wortlaut der Bundesakte hätte sein können, und dem, was er in der Realität wurde. Die Bundesakte bot dem Bund durchaus Möglichkeiten, umfassend tätig zu werden. Der Bund hätte durch eine Wirtschafts-, Verkehrs-, Zoll- und Währungsgesetzgebung für Einheit und Einheitlichkeit sorgen können, er hätte eine eigene Außenpolitik betreiben und eine gemeinsame militärische Organisation schon in Friedenszeiten schaffen können. Aber nichts von alledem packte der Bund in den nächsten Jahrzehnten an (Ansätze von Währungspolitik kamen schließlich 1857 zustande). Auch das aktive Gesandtschaftsrecht, das dem Bund zustand, übte er nur 1864 einmal aus. Aktiv wurde der Bund einzig dann, wenn es darum ging, die liberale und nationale Bewegung zu unterdrücken. Damit versagte er vor den Aufgaben der Zeit. Da die Grenzen des Deutschen Bundes sich unglücklicherweise an die historischen Grenzen des alten Reiches anlehnten, gehörten ihm auch der englische König für das Königreich Hannover (bis 1837), der dänische für Holstein und der niederländische für das zum Großherzogtum erhobene Luxemburg an, während Österreich und Preußen jeder nur mit einem Teil ihres Staatsgebiets Mitglied waren, wie schon im Reich vor 1806. Daß auf diese Weise einige Monarchen sozusagen mit einem Bein im und mit einem außerhalb des Bundes standen, mußte für jede Vereinheitlichung und Zentralisierung innerhalb des Bundes äußerst hemmend wirken.

Das Hauptproblem stellte jedoch der Dualismus zwischen Österreich und Preußen dar. Der Bund konnte nur solange funktionieren, wie die beiden deutschen Großmächte sich im Einverständnis befanden. Im Regelfall verständigten beide sich im Vorwege, und der Bundestag entschied dann entsprechend, ohne aus sich heraus Gewicht zu haben. Faktisch bestand eine österreichisch-preußische Doppelhegemonie über die anderen Bundesmitglieder. Versuche der Mittelstaaten, durch engere Zusammenarbeit untereinander ein Gegengewicht eines „Dritten Deutschland" gegen die beiden Großmächte zu bilden, blieben ohne nachhaltigen Erfolg.

Man hat den Deutschen Bund gelegentlich als friedenserhaltend gepriesen – zu Unrecht. Zu einer aktiven Friedenswahrung war er nicht imstande. Zwar war er zu locker und damit zu schwach, um seine Nachbarn bedrohen zu können, aber er war eben auch zu schwach, um Deutschland gegen Angriffe und Eingriffe von außen sichern zu können. Wenn die Verhältnisse sich innerhalb des Bundes friedlicher gestalteten, als sie es im 18. Jahrhundert im Reich gewesen waren, so war das kein Verdienst des Bundes, sondern lag daran, daß jetzt Österreich und Preußen einigermaßen zusammenarbeiteten. Als diese Gemeinsamkeit der beiden deutschen Großmächte 1866 endete, konnte der Bund den Krieg nicht nur nicht verhindern, sondern wurde durch ihn gleich ganz auseinandergesprengt.

Nach dem Wiener Kongreß begann für Europa eine lange Friedenszeit. Von den nach 1815 in Europa bestehenden Grenzen wurden bis 1914 nur die in Deutschland und Italien durch Kriege verschoben (wenn man davon absieht, daß das Osmanische Reich aus Europa hinausgedrängt wurde). Daß es gerade Mitteleuropa betraf, zeigt, daß eben hier die entscheidenden Schwächen der Neuordnung lagen, daß eine nur scheinbare Ruhe geschaffen worden war. Die nationalen Kräfte waren zurückgedrängt worden, aber die nationalen Probleme hatten keine zukunftsweisende Lösung gefunden.

Während im Laufe des 18. Jahrhunderts die deutsche Adelsnation zerfallen war, hatten sich in den größeren deutschen Territorien Ansätze zu eigenstaatlichem Bewußtsein gezeigt. Würde diese Entwicklung sich fortsetzen, würde eine größere Zahl von Staatsnationen im deutschen Volk entstehen? Oder würde das in den Befreiungskriegen sichtbar gewordene neue gesamtdeutsche Gemeinschaftsgefühl Keim kommender Ordnungen werden? Die Situation war zunächst durchaus offen.

Gesamtdeutsche oder einzelstaatliche Nationswerdung?

Jene Studenten, die als Freiwillige in die Befreiungskriege gezogen waren, und jene Publizisten, die eine politische deutsche Einheit gefordert hatten, empfanden die Ergebnisse von 1815 als tief enttäuschend. Aber sie waren nur eine kleine Gruppe. Studentische Kreise blieben nach 1815 zunächst das Zentrum des nationalen Denkens. Ein Teil von ihnen organisierte sich in Burschenschaften, die von einem allgemeinen nationalen Idealismus beseelt waren. Es erregte Aufsehen, als sich etwa 500 Burschenschaftler im Oktober 1817 zum Gedenken an Reformation und Befreiungskriege auf der Wartburg trafen und zu Einheit und Freiheit Deutschlands aufriefen. Vor allem auf Betreiben Metternichs, der in allen nationalen Bewegungen tödliche Gefahren für das Vielvölkerreich Österreich erblickte, wurden 1819 die Burschenschaften vom Deutschen Bund verboten und die gesamte nationale Bewegung mit polizeistaatlichen Mitteln weitgehend erstickt.

Die deutschen Fürsten und ihre Regierungen hielten an der Gliederung Deutschlands in viele Einzelstaaten fest und lehnten jeden engeren Zusammenschluß ab. Die deutschen Einzelstaaten waren aus den Napoleonischen Kriegen innerlich gefestigt hervorgegangen und besaßen nach außen in den sechs Jahrzehnten nach 1806 eine größere Eigenständigkeit als je zuvor und nachher. Die Reformen, die in der Zeit der Napoleonischen Herrschaft in den deutschen Mittelstaaten erfolgt waren, hatten durchaus auch dazu beigetragen, die Loyalitätsbindung der Untertanen an ihr Fürstentum zu festigen und einzelstaatliche Nationsbildungen zu nähren. Überdies bemühten sich manche Fürsten in den folgenden Jahrzehnten bewußt, die Liebe ihrer Untertanen zur Dynastie zu fördern, und versuchten, ein bayerisches, sächsisches, württembergisches usw. Nationalbewußtsein zu erzeugen, nicht zuletzt durch den Schulunterricht. Tatsächlich entstand vielfach ein volkstümliches Landesbewußtsein, während die gesamtnationale Idee in den 1820er Jahren in der Bevölkerung wenig bedeutete. Andererseits führte die Tatsache, daß die Regierungen liberale Ideen ablehnten, dazu, daß das zunehmend liberal gesinnte Bürgertum sich langfristig gesamtnational orientierte.

Ohne Zweifel nahm im Laufe der Jahrzehnte die Kommunikation zwischen den einzelnen deutschen Landschaften zu. Daraus entstanden im vorpolitischen Raum erste gesamtdeutsche Veranstaltungen, so 1822 die erste Versammlung des Vereins deutscher Naturforscher und Ärzte, ab 1825 der Börsenverein des deutschen Buchhandels, ab 1838 der Verein Deutscher Philologen, 1845 in Würzburg das erste überregionale „Deutsche Sängerfest" und 1846 der erste Germanistentag in Lübeck. Das so heranwachsende Bewußtsein zunächst kulturell-volklicher Zusammengehörigkeit war nicht zwangsläufig mit der Idee politischer Einheit verbunden, nahm dann aber allmählich auch den Charakter politischer Forderungen nach einem nationalen deutschen Gesamtstaat an. Seit Anfang der 1830er Jahre begann das gesamtnationale Bewußtsein wieder an Kraft zu gewinnen. War es zunächst nur von wenigen Intellektuellen getragen worden, gewann es nun unter dem gebildeten Bürgertum immer mehr Anhang, ergriff 1840 auch das Besitzbürgertum und faßte dann im Laufe der 40er Jahre rasch in immer breiteren bürgerlichen Kreisen Fuß, so daß es zur bürgerlichen Massenbewe-

Heranwachsen der bürgerlichen deutschen Nation

gung heranwuchs. Demgegenüber hing der Adel weitgehend den Einzelstaaten an, und die Landbevölkerung blieb unpolitisch in ihrem eng begrenzten lokalen Horizont befangen.

Als sich 1830 Belgien von den Niederlanden löste und ein Tauziehen der Mächte um das Schicksal Belgiens und Luxemburgs begann, war das Echo in Deutschland noch beschränkt. Luxemburg wurde schließlich 1839 geteilt, gegen den Willen seiner Bevölkerung: der wallonische Teil kam an Belgien, der deutsche blieb unter der niederländischen Krone im Deutschen Bund. Es war das erste Mal, daß man eine Grenze nach völkischen Gesichtspunkten zog. Im Mai 1832 versammelten sich fast 30.000 Menschen zu einer Kundgebung auf dem Hambacher Schloß (in der Pfalz), der ersten politischen Massenveranstaltung der neueren deutschen Geschichte, und forderten einen republikanischen deutschen Einheitsstaat. Vor allem 1840 gewann die entstehende bürgerliche deutsche Staatsnation dann starken Auftrieb. Die französische Öffentlichkeit hielt auch nach 1815 weiter an der Idee des Rheins als „natürlicher Grenze" Frankreichs fest und verfolgte sie nur nicht aktiv, da sich keine Realisierungschancen boten. Als Großbritannien, Rußland, Österreich und Preußen 1840 bei einem Krieg zwischen dem Osmanischen Reich und dem Vizekönig von Ägypten eine gemeinsame Position bezogen, empfand das übergangene Frankreich dies als eine diplomatische Niederlage. Um hiervon abzulenken, forderte Frankreich, seine Diplomatie wie fast seine ganze bürgerliche Presse, die Abtretung des Rheinlandes. Frankreich rüstete zum Krieg gegen Deutschland. Hier löste nun die französische Forderung eine ungeheure Erregung aus. Unter deren Eindruck bereiteten Österreich und Preußen einen gemeinsamen Operationsplan für den drohenden Krieg vor. Zum Krieg kam es dann doch nicht. Nachhaltig wirkte indessen vor allem, wie der französische Gesandte in München feststellte, ein „Nationalismus, der sich ausdehnt, der jeden Tag stärker wird und Deutschland, das einst zerstückelt und uneins war, auf ganz neue Wege zu werfen scheint."[52]

Symbole der National-bewegung

Das aufbrechende Nationalbewußtsein äußerte sich in einer Flut nationaler Dichtungen und Lieder. 1840 entstanden die politischen Rheinlieder „Sie sollen ihn nicht haben, den freien deutschen Rhein" und die „Wacht am Rhein", die recht populär wurden und die antifranzösische Stimmung lange weiterleben ließen. Im folgenden Jahr dichtete Hoffmann von Fallersleben das Deutschlandlied. „Deutschland, Deutschland über alles, über alles in der Welt, wenn es stets zum Schutz und Trutze brüderlich zusammenhält." – Dieser Beginn der ersten Strophe wurde später im Ausland oft als Ausdruck imperialistischen Machtstrebens mißverstanden, obwohl er sich tatsächlich gegen einzelstaatliche Zerstückelung und ausländische Bedrohung richtete. 1922 wurde dieses dreistrophige Lied zur deutschen Nationalhymne erklärt. Seine dritte Strophe ist 1952 in der Bundesrepublik Deutschland erneut Nationalhymne geworden. In ihr kommt vor allem die enge Verbindung zum Ausdruck, in der die Forderungen nach nationaler Einheit und innerer Freiheit in den 1840er Jahren standen: „Einigkeit und Recht und Freiheit für das deutsche Vaterland! Danach laßt uns alle streben brüderlich mit Herz und Hand!" Außer dem nationalen Lied schuf das anwachsende Nationalbewußtsein sich noch weitere Symbole als seinen sichtbaren Ausdruck. Schon seit dem Hambacher Fest war es allgemeine Überzeugung, daß schwarz-rot-gold die Farben der nationalen und freiheitlichen Bewegung seien. Ursprünglich waren dies die Uniformfarben des Lützower Freikorps 1813 gewesen und dann von der Burschenschaft beim Wartburgfest verwendet worden, dabei irrtümlich als Farben des alten Reiches gedeutet. Von 1918-33 galten sie dann als Farben des Deutschen Reiches, und nach 1948/49 wurden sie sowohl von der Bundesrepublik Deutschland wie von der DDR wieder als deutsche Farben geführt. Ferner begannen Bürger jetzt, monumentale Nationaldenkmäler zu bauen. Diese sollten nicht das Andenken an einen Herrscher verewigen, sondern dem Volk als Ganzem erinnernde Identität verleihen. 1830 wurde die Walhalla bei Regensburg als „Tempel deutscher Ehre" angefangen, 1838 das Hermannsdenkmal im Teutoburger Wald zum Gedenken an Arminius und die Befreiungsschlacht gegen die Römer begonnen und 1842 der Grundstein für die Befreiungshalle bei Kelheim gelegt zur Erinnerung an 1813. Außerdem nahm man 1842 den Weiterbau des Kölner Doms als Nationaldenkmal wieder auf, der im Mittelalter unvollendet geblieben war. Vielfach wurde auch auf das Symbol der deutschen Eiche zurückgegriffen, verstanden als Bezug auf germanische Tradition und kraftvolle Urtümlichkeit.

Die heranwachsende deutsche Staatsnation setzte nicht die frühere Adelsnation fort, sondern war aus eigenen Wurzeln neu entstanden. Sie unterschied sich von den früheren Verhältnissen auch dadurch, daß jetzt das Bürgertum Träger des Nationalbewußtseins war. Welches waren nun diese Wurzeln? Im Laufe des 18. Jahrhunderts begann die überregionale Kommunikation vor allem im neuentstandenen Bildungsbürgertum immer weiter zuzunehmen, wie sich an der wachsenden Zahl und Auflage von Zeitschriften und Zeitungen und reger Korrespondenz zeigte, sie intensivierte sich im Laufe des 19. Jahrhunderts in wachsendem Maße und bezog dabei immer breitere Bevölkerungskreise ein, nicht zuletzt als Folge der voranschreitenden Alphabetisierung der Bevölkerung. Auch die Verbesserungen im Verkehrswesen (Postkutsche, Eisenbahn) förderten die Kommunikation. Zugleich wurden mit der Auflösung der Ständegesellschaft die traditionellen, meist personen- und ortsbezogenen Bindungen abgebaut. Ebenso schwächte die Auflösung und Annexion zahlreicher Fürstentümer in den Jahren 1792-1815 viele alte Loyalitäten. So wuchs die Kenntnis übergreifender Zusammenhänge und Gemeinsamkeiten, und zugleich entstand mit der Freisetzung des Individuums das Bedürfnis, einen neuen, weiter gespannten Orientierungsrahmen zu finden.

Vor diesem Hintergrund wurde zuerst deutschen Schriftstellern seit Ende des 18. Jahrhunderts ihre Gemeinsamkeit von Sprache und Kultur, die Gemeinsamkeit des deutschen Volks als einer größeren Heimat bewußt. Dies Zusammengehörigkeitsgefühl sah sich dadurch gestärkt, daß am Ende des 18. Jahrhunderts die deutsche Literatur und Philosophie aufblühte und man jetzt verstärkt die deutsche Vergangenheit erforschte, gerade auch die Volksüberlieferung. Dies zunächst nur auf Volk und Kultur bezogene Bewußtsein erhielt durch die Übergriffe der Franzosen und die Abwehr gegen sie eine Wendung ins Politische, zunächst in den Befreiungskriegen gegen die Napoleonische Unterdrückung und Ausbeutung 1813/15 und dann erneut 1840. Dadurch wurde das deutsche Nationalbewußtsein von Anfang an mit einem Schuß Franzosenfeindschaft vergällt, der ihm mehr oder minder intensiv bis zum Zweiten Weltkrieg zu eigen blieb. Die so erwachsende Forderung nach einem deutschen Gesamtstaat fand sich dann allmählich auch noch von wirtschaftlichen Motiven gestützt, indem Kaufleute und Unternehmer einen größeren und einheitlichen Markt zu wünschen begannen. Und nicht zuletzt wurde das Entstehen der deutschen Nation davon beeinflußt, daß in der Französischen Revolution 1789 die Auffassung zum Durchbruch gelangt war, daß nicht Monarch und Adel den Staat ausmachten, sondern die Gesamt-

Wurzeln und Charakter der deutschen Nation

heit seiner Einwohner als Nation die Quelle der Souveränität im Staate sei, die diese durch Wahlen ausübten. Wenn sich die Gesamtheit der Bevölkerung eines Staates als politische Willensgemeinschaft zur Nation zusammenschließt, dann ließ sich daraus ableiten, daß auch Volksgruppen das Recht haben, sich von einem Staat zu lösen und sich als eigene Nation staatlich zu konstituieren oder sich mit der Bevölkerung anderer Staaten zu einer Nation und einem Staat zusammenzuschließen. Das war ein völlig neues Prinzip, waren doch bisher Staaten und Staatenverbindungen nur durch Eroberungen und dynastische Verbindungen entstanden.

Eine das ganze Volk umspannende Staatsnation in einem gemeinsamen Staat zu verwirklichen, mußte für die Deutschen schwieriger sein als für die Franzosen, da dies sich nicht einfach im Gehäuse eines bereits bestehenden Staates vollziehen konnte, sondern mehrere bestehende Staaten übergreifen mußte. Wo waren ihre Grenzen zu ziehen? Sollte hierfür der Deutsche Bund als Maßstab genommen werden? Oder sollte das ehemalige Heilige Römische Reich mit allen einst von ihm abgefallenen Teilen den Umfang des zu schaffenden Nationalstaats angeben? Mancher Publizist dachte so. Einflußreich wurde eine andere Idee: da das Nationalbewußtsein sich zunächst an der Gemeinsamkeit von Sprache, Literatur und volkstümlicher Überlieferung festgemacht hatte, ging man vom Volk aus: alle Menschen, die aufgrund ihrer gemeinsamen Sprache ein Volk sind, sollten auch eine Nation bilden und demselben Staat angehören; jedes Volk habe das Recht auf einen eigenen Staat. Über die räumliche Abgrenzung der deutschen Staatsnation herrschten demzufolge recht unterschiedliche Vorstellungen, sofern es überhaupt konkrete Gedanken über die Organisation nationaler Einheit gab. Viele Publizisten bezogen die Schweiz, das Elsaß, selbst die Niederlande mit ein. Erst recht schwierig war es im Osten, wo sich doch gerade bei den Deutschen Siedlungsraum und Staatsgebiet nur in geringem Ausmaß deckten, und noch komplizierter wurde es, als in der ersten Hälfte des 19. Jahrhunderts auch die östlich der Deutschen lebenden Völker allmählich ein neues Selbstbewußtsein entwickelten.

Sei es ausgehend von der in Frankreich entstandenen Vorstellung, daß die gesellschaftlichen Unterschiede bis hin zur Sprache abgebaut werden müßten, sei es ausgehend von der bei den Deutschen entstandenen Vorstellung, einen Staat passend zum Volk schaffen zu wollen – in jedem Fall wurden Volk, Staatsnation und Staat immer mehr zusammengerückt. Wenn sie nicht deckungsgleich waren, erschien dies im Laufe des 19. Jahrhunderts in steigendem Maße als Anomalie. Staaten sollten Nationalstaaten sein. Diese Idee hatte für die deutsche Geschichte außerordentlich schwerwiegende Folgen. Über sie sollte sich seit der Mitte des 19. Jahrhunderts ein Jahrhundert lang eine Kette von Unruhen und Kämpfen entladen. Daß Menschen, die zum selben Volk gehören, unter einer gemeinsamen Regierung leben sollen, ist indessen durchaus nicht zwangsläufig und nicht objektiv beweisbar, ebensowenig wie sich die Richtigkeit der im 16. und 17. Jahrhundert verbreiteten Idee beweisen läßt, daß in einem Staat nur eine Konfession bestehen dürfe, oder daß es angemessen war, in Dynastien einen Grund dafür zu sehen, verschiedene Staaten zusammenzufügen. Indem aber diese Prinzipien Anhänger gewannen, ja als selbstverständlich galten, wurden sie geschichtlich wirksam und beeinflußten die Frage der deutschen Einheit und Spaltung jede in ihrer Weise.

Nationen-werdung im Habsburger-reich   Innerhalb der Habsburgermonarchie erlebte die aufkeimende Nationalidee vielfältige Brechungen. Der Prozeß der Entstehung eines gesamtdeutschen Nationalbewußtseins erfaßte auch Teile des deutschen Bildungsbürgertums in Österreich. Zugleich bestanden jedoch andere Loyalitäten. So wirkte ein Patriotismus weiter, der sich auf die einzelnen historischen Länder wie Tirol, Steiermark, Kärnten usw. bezog, da diese ihre eigenen Stände behalten hatten, ja dieses Landesbewußtsein erwachte zu neuem Leben und drang in breitere Schichten ein. Daneben gab es das auf den österreichischen Gesamtstaat bezogene Bewußtsein, das aber nur von der Zentralbürokratie und dem Heer, zunehmend dann auch einem Teil des deutschen Bildungsbürgertums im Reich getragen wurde. Das Wortverständnis von Deutschland und Österreich als zwei sich räumlich nicht überlagernden Begriffen kam auf. Die ideelle Basis dieses österreichischen Gesamtstaatsbewußtseins blieb allerdings schwach, und es läßt sich nicht ernsthaft davon sprechen, daß eine österreichische Staatsnation entstanden wäre.

Noch komplizierter wurden die Verhältnisse in der Habsburgermonarchie dadurch, daß in diesen Jahrzehnten auch deren nichtdeutsche Völker geistig erwachten und daß teilweise Ansätze einer Nation bei ihnen aufkeimten. Unter den Italienern war in der Napoleonischen Zeit die Idee der nationalen Einheit entstanden. Diese lebte nach 1815 in Geheimbünden fort, ständig von der österreichischen Polizei verfolgt. Die österreichische Herrschaft wurde in Oberitalien als drückende Fremdherrschaft angesehen. Bei der magyarischen Führungsschicht in Ungarn verstärkte sich das nationale Selbstbewußtsein. Bei Tschechen und etwas später auch bei Kroaten, Slowaken und Slowenen entwickelte sich mit der sprachlichen Erneuerung bei Adel und gehobenem Bürgertum ein eigenständiges Volksbewußtsein, das nach und nach auch politische Züge annahm. Die weitaus meisten Deutschen hielten Österreich für einen im Wesen deutschen Staat, schließlich waren Dynastie, Hauptstadt, hohe Bürokratie und Offizierskorps deutsch, die Behörden bedienten sich von der Zentralverwaltung bis zur Bezirksebene (außer in Ungarn) der deutschen Sprache, und die Deutschen standen auch bildungsmäßig und wirtschaftlich an der Spitze. Jedoch allmählich enthüllte sich, daß der deutsche Staatscharakter Österreichs nur eine dünne Tünche darstellte, daß das Kaiserreich in Wirklichkeit eine europäische Großmacht von übervolklichem Charakter war. Während Italiener, Magyaren und Polen als Nationen mit historischer Tradition gelten konnten, sahen die Deutschen die Tschechen, Slowenen, Kroaten und Slowaken bis 1848 als Volksstämme an, bei denen eigene staatsnationale Bestrebungen undenkbar schienen. Wenn aber die gemeinsame Dynastie als Rechtfertigung für die staatliche Zusammengehörigkeit nicht mehr ausreichte und als Ersatz keine übervolkliche österreichische Staatsnation entstand, sondern die einzelnen Völker zu eigenen Staatsnationen zu werden begannen, dann war die Donaumonarchie in ihrer Existenz bedroht.

Die politische Führung in Wien stand den heraufziehenden Problemen hilflos gegenüber. Kaiser Franz (1792-1835) war ein engstirniger, kleinlicher und entscheidungsscheuer Herr von begrenztem Verstand, sein Nachfolger Ferdinand (1835-48) ein schwachsinniger Epileptiker, der nur mit Mühe seinen Namen schreiben konnte, und Metternich, seit 1821 Staatskanzler und der eigentliche Lenker der politischen Geschäfte, klammerte sich ideenarm und starr am Bestehenden fest.

Metternichs Beharren auf dem status quo führte dazu, daß in der Frage nationaler Einheit weder von Österreich noch vom Deutschen Bund Impulse ausgingen. Damit fiel die Initiative an Preußen. Es bedeutete einen wichtigen Erfolg für Preußen, daß es ihm in zähen Verhandlungen gelang, zwischen 1828 und 1835 alle deutschen Bundesstaaten mit Ausnahme der nordwestdeutschen und Österreichs im Deutschen Zollverein unter seiner Führung zusammenzubringen. Der geistige Vater dieses Zusammenschlusses, der preußische Finanzminister Friedrich von Motz, verband damit von

Österreich oder Preußen als künftige Führungsmacht?

vornherein die geheime Nebenabsicht, über die wirtschaftliche zur politischen Verbindung vorzustoßen. Metternich erkannte, daß es langfristig auch politische Folgen haben mußte, wenn Österreich vom übrigen Deutschland ausgeschlossen wurde, doch unternahm Wien gegen den Zollverein nichts Ernsthaftes. Das einzig mögliche Gegenmittel hätte darin bestanden, das gesamte Bundesgebiet unter Einschluß Österreichs zu einem Zollgebiet zusammenzufassen. Tatsächlich schlug Metternich dies im Kreis der österreichischen Staatsführung vor, konnte sich dort aber damit gegen die allgemeine Neuerungsfeindlichkeit nicht durchsetzen. Während sich so die Verbindungen Preußens mit den meisten übrigen deutschen Staaten immer mehr kräftigten, stand Österreich zunehmend außerhalb. In der Frage, welche der beiden deutschen Großmächte einmal die Führung übernehmen würde, fiel damit eine Vorentscheidung, die Österreich nicht mehr rückgängig machen konnte.

Entstehung der Schweizer Nation

Die Deutschen in der Schweiz hatten an der entstehenden bürgerlichen deutschen Nation keinen Anteil. Vor 1798 hatte nur in wenigen Schweizern das Bewußtsein einer politischen Zusammengehörigkeit der ganzen Schweiz gelebt; die Loyalität hatte primär dem einzelnen, weitgehend souveränen Kanton gegolten. In der ersten Hälfte des 19. Jahrhunderts bildete sich dann parallel zum deutschen nach und nach ein Schweizer Nationalbewußtsein, das sich auf den Gesamtstaat bezog. Es fußte auf der gemeinsamen politischen Ordnung, ungeachtet der verschiedenen Volkszugehörigkeit. Indem die Bewohner der Schweiz und die Deutschen außerhalb der Schweiz jeweils zu eigenen Staatsnationen heranwuchsen, trennten sich ihre staatlichen Wege endgültig.

1848: revolutionärer Anlauf zur deutschen Einheit

Der Ausbruch der Revolution in Paris im Februar 1848 löste in Deutschland im März eine Welle von Demonstrationen und Petitionen aus. Innerhalb weniger Wochen beriefen die erschreckten Fürsten in allen deutschen Staaten liberale Regierungen. Die bürgerlichen Wortführer der revolutionären Bewegung von 1848 verfolgten in Deutschland zwei Hauptziele: liberale Verfassungen in Bund und Einzelstaaten zu schaffen und die nationale Einheit herzustellen. Zugleich brach in Österreich der Nationalismus der nichtdeutschen Völker zum ersten Mal offen durch. Im Rahmen dieses Kapitels soll nur das Problem der nationalen Einheit interessieren.

Am 31. März traten in Frankfurt, dem Sitz des Bundestags, etwa 500 Mitglieder gesetzgebender Körperschaften aus fast allen deutschen Staaten als „Vorparlament" zusammen und beschlossen, daß eine verfassunggebende Nationalversammlung gewählt werden solle. Dem stimmte auch der Bundestag zu. Für die Zeit bis zum Zusammentritt der Nationalversammlung schuf das Vorparlament einen 50er-Ausschuß, der den Bundestag überwachen sollte.

Im März erhoben sich die Italiener in Oberitalien gegen die österreichische Herrschaft. Der König von Piemont kam ihnen in ihrem Befreiungskampf militärisch zu Hilfe, die österreichischen Truppen mußten sich zurückziehen. Im April erzwangen die Ungarn, daß die Verbindung Ungarns mit den übrigen Teilen der Habsburgermonarchie zur reinen Personalunion verdünnt wurde. Tschechen und Kroaten forderten, daß Gesamtösterreich vom Deutschen Bund getrennt werden und daß sie selbst innerhalb Österreichs mit den Deutschen und Magyaren gleichberechtigt werden sollten.

Am 18. Mai 1848 wurde die deutsche Nationalversammlung in der Frankfurter Paulskirche eröffnet. Sie setzte sich zum Ziel, den Deutschen Bund in ein Deutsches Reich umzuformen. Dabei sollten die historisch gewachsenen Einzelstaaten erhalten bleiben, aber darüber eine kräftige Zentralgewalt geschaffen werden. Zum Parlamentspräsidenten wählte die Nationalversammlung den hessischen Minister Heinrich von Gagern. Im Juni schuf sie eine provisorische Zentralgewalt, indem sie den österreichischen Erzherzog Johann, einen Onkel des Kaisers, zum Reichsverweser wählte als Platzhalter für einen konstitutionellen Monarchen. Der Bundestag räumte ihm das Feld. Reichsministerien wurden gebildet.

Frankfurt, Berlin und Wien waren jene drei Aktionszentren, von denen die Entwicklung der deutschen Frage abhing. Dasjenige, das in der Zeit zwischen März und Juni 1848 das Gesetz des Handelns an sich riß, hatte gute Chancen, eine staatliche Einheit der Deutschen in einer ihm genehmen Form durchzusetzen, zumal Frankreich, ein möglicher Gegner deutscher Einheit, durch seine eigene Revolution außenpolitisch handlungsunfähig war. Erstaunlicherweise ergriff aber keines die Initiative. Wien war dadurch behindert, daß das Kaiserreich auseinanderzufallen schien, der Kaiser war schwachsinnig, und vom Rücktritt Metternichs im März bis zur Ernennung Fürst Felix Schwarzenbergs zum Ministerpräsidenten im November befand sich keine entschiedene Persönlichkeit an Österreichs Spitze. So stand die Wiener Regierung ziemlich hilflos da. Der preußische König Friedrich Wilhelm IV. war merkwürdig wenig von preußischem Staatsegoismus beseelt, schwärmte vielmehr von der Erneuerung der deutschen Einheit, aber unter einem habsburgischen Kaiser mit dem preußischen König als Reichserzfeldherrn, durch legitime Fürsten, nicht durch Revolutionäre ins Werk gesetzt. Und vor allem − Friedrich Wilhelm schwankte unsicher und war kein Mann entschiedener Tat. Die Nationalversammlung trat erst spät zusammen und befaßte sich dann bis zum Oktober damit, über die Grundrechte zu beraten. Sie kümmerte sich sozusagen um die Inneneinrichtung, wo es doch das Haus dafür noch gar nicht gab. Hätte im Frühjahr 1848 der preußische König sich an die Spitze einer die nichtösterreichischen Bundesstaaten umfassenden Einheitsbewegung gestellt; hätte man in Wien den Kaiser durch ein fähigeres Mitglied der Dynastie ersetzt und dieses dann versucht, den Deutschen Bund zum Bundesstaat umzuformen, und dabei in Kauf genommen, daß sich die Verbindung zu Ungarn und Oberitalien zur Personalunion lockerte; hätten Vorparlament oder Nationalversammlung wirklich nach der Macht gegriffen − mit dem vorübergehend aufbrausenden nationalen Wind im Rücken hätte jeder der drei ernsthafte Erfolgsaussichten gehabt, ohne daß sich im nachhinein sagen läßt, wie weit eine staatliche Einheit dabei tatsächlich hätte hergestellt werden können. So jedenfalls verstrich die Gelegenheit ungenutzt.

Im Juli 1848 zersprengten österreichische Truppen einen nationalslawischen Kongreß in Prag und eroberten Oberitalien zurück (Sieg J. Radetzkys in der Schlacht bei Custozza). Die Frankfurter Nationalversammlung begann den Wettlauf mit der Wiederherstellung der Staatsmacht in Österreich und Preußen zu verlieren. Als der Reichskriegsminister im Juli 1848 die Huldigung der einzelstaatlichen Truppen an den Reichsverweser anordnete, wurde diese von Preußen, Österreich, Bayern und Hannover verweigert. Wenn es darum ging, Aufstände der Radikalen niederzuschlagen, stellten die Einzelstaaten dem Reichskriegsminister zwar von Fall zu Fall die gewünschten Truppenkontingente zur Verfügung − schließlich lag die Unterdrückung dieser Aufstände auch im Interesse der alten Gewalten, und um so besser für diese, wenn sich die Frankfurter die Finger dabei mit schmutzig machten. Beim Bundeskrieg gegen Dänemark mußte die Reichsregierung dann aber ebenso wütend wie ohnmächtig hinnehmen, daß Preußen eigenmächtig Waffenstillstand schloß. Von einer Matrikularumlage zur Finanzierung der Reichsausgaben ging kaum etwas ein. Die Frankfurter Reichsregierung blieb ohne wirklich disponible Truppen, ohne Geld und ohne Verwaltungs-

*Machtlosig-
keit der
National-
versammlung*

unterbau. Ihre Macht endete praktisch an der Tür ihres Sitzungszimmers. Von Frankreich, Großbritannien und erst recht Rußland wurde sie diplomatisch nicht anerkannt. Die nichtdeutschen Großmächte hegten für die deutschen Einigungsbestrebungen keine Sympathie, da eine engere Zusammenfassung Mitteleuropas ihren Einfluß geschmälert hätte. Über die wahre Macht verfügten unverändert weiter die preußische und die österreichische Staatsführung. Im September 1848 mußte sogar die Nationalversammlung selbst gegen einen Aufstand der radikalen Linken in Frankfurt durch preußische und österreichische Truppen geschützt werden. Während im Laufe des Sommers 1848 der revolutionäre Schwung in der Bevölkerung verebbte und damit der Rückhalt der Nationalversammlung hinschmolz, war in Preußen und Österreich die Revolution Ende des Jahres praktisch abgeschlossen und die Handlungsfähigkeit der Regierungen voll wiederhergestellt; nur der Kampf um Ungarn stand noch bevor. Als die Nationalversammlung im Herbst 1848 begann, über den Umfang des Deutschen Reiches zu beraten, waren ihre Chancen bereits stark zusammengeschrumpft.

Probleme der Grenzziehung des Reiches

Wo sollten nun die Grenzen des künftigen Deutschen Reiches verlaufen? Und wie sollte das Verhältnis des Reiches zu den Einzelstaaten, besonders zu Österreich aussehen? Äußerst schwer lösbare, in dieser Klarheit bisher von niemandem gesehene Probleme tauchten dadurch auf, daß zwei Vorstellungen von Deutschland miteinander rangen: die eine ging von den historisch gewordenen Ländern und Grenzen aus, die andere von der durch die Sprache ausgewiesenen Volkszugehörigkeit.

Die Nationalversammlung knüpfte zunächst im Sinne des historischen Prinzips an die Grenzen des Deutschen Bundes an, wie auch aus allen Ländern des Deutschen Bundes Abgeordnete in der Paulskirche erschienen. Doch rasch wurden die nichtdeutschen Teile innerhalb der Bundesgrenzen zum Problem. Die Tschechen und die Italiener aus Südtirol und Triest hatten sich an der Wahl zur deutschen Nationalversammlung nicht beteiligt und verlangten, aus dem künftigen Deutschen Reich auszuscheiden. Die Nationalversammlung hielt ihnen gegenüber aber an den historischen Grenzen und damit am deutschen Führungsanspruch fest. Umgekehrt verwendete sie das Prinzip der Volkszugehörigkeit auch nicht, um von sich aus über die Bundesgrenzen hinausgehend Gebiete zu beanspruchen. Die Idee, daß das Elsaß und die Schweiz aufgrund ihrer deutschsprachigen Bevölkerung ins Deutsche Reich gehören würden, fand weder in der Paulskirche noch in den betroffenen Gebieten Resonanz.

Anders stand es mit jenen Gebieten, die sich selbst zur deutschen Staatsnation bekannten und von sich aus beantragten, ins Reich aufgenommen zu werden. So wurden Ost- und Westpreußen noch im April in den Deutschen Bund aufgenommen, während man in Posen keine befriedigende Grenzlinie finden konnte zwischen dem aufzunehmenden deutschen und dem polnischen Teil; zu durchmischt wohnten hier beide Völker zusammen, und jede Seite forderte einen möglichst großen Teil Posens für sich. Noch schwieriger stand es mit dem Herzogtum Schleswig, das bislang in Realunion mit Holstein verbunden war, die wiederum in Personalunion mit Dänemark verknüpft war. Im März 1848 verkündete nun der dänische König, daß Schleswig in den dänischen Staat einverleibt werde. Dagegen erhoben sich die Deutschen im Herzogtum, die an der Realunion mit Holstein festhalten wollten, und forderten, daß auch das Herzogtum Schleswig in den Deutschen Bund aufgenommen werde, und zwar einschließlich des von Dänen bewohnten Nordschleswig. Im Auftrag des Deutschen Bundes und dann der Frankfurter Nationalversammlung kamen preußische Truppen den aufständischen Deutschen zu Hilfe und stießen dann bis weit nach Jütland hinauf vor.

568

Großbritannien und Rußland nahmen den Vorstoß deutscher Truppen in Richtung Ostseeausgänge indessen übel auf und zwangen Preußen, die Herzogtümer zu räumen (Waffenstillstand von Malmö im August 1848). Die Frankfurter Nationalversammlung, die sich übergangen fühlte, protestierte lauthals und trotzig und ohne Blick für die außenpolitischen Machtverhältnisse, um schließlich doch klein beigeben zu müssen.

Das Kardinalproblem der deutschen Reichsgründung stellten jedoch die deutschen Länder Österreichs dar. Die Deutschen in Österreich fühlten sich zwischen deutscher Nationalstaatsidee und österreichischer Gesamtstaatsidee hin- und hergerissen. Sie wollten sich mit Gesamtdeutschland vereinigen und gleichzeitig Gesamtösterreich möglichst erhalten – ein kaum lösbares Problem. Nach langer Diskussion beschloß die Paulskirchenversammlung, daß die Mitgliedstaaten des Deutschen Reiches mit fremden Staaten nur in Personalunion, aber nicht staatsrechtlich verbunden sein dürften. Das hieß, entweder die deutsch-österreichischen Länder bleiben bei Deutschland, die sogenannte großdeutsche Lösung, und die nichtdeutschen Teile Österreichs werden abgetrennt, was den Staat Österreich aufgelöst und als Großmacht vernichtet hätte, oder der österreichische Gesamtstaat bleibt erhalten und nur aus den übrigen deutschen Staaten wird ein „kleindeutsches" Reich unter Führung der preußischen Dynastie gebildet, die dafür dann als einzige in Frage gekommen wäre. In den ersten Revolutionsmonaten, als Österreich auseinanderzufallen schien, mochte das großdeutsche Konzept denkbar erscheinen. Inzwischen hatte Österreich sich aber soweit wieder gefestigt, daß die österreichische Regierung den Beschluß der Nationalversammlung im Oktober 1848 sofort mit der Feststellung beantwortete, daß Österreich als Ganzes erhalten bleiben solle. Ohnehin war die großdeutsche Lösung weniger überzeugend, als ihre Anhänger meinten; sie hätte in Südosteuropa leicht ein Machtvakuum entstehen lassen können, in das Rußland eingedrungen wäre, und sie hätte dazu führen können, daß der Donauraum der deutschen Wirtschaft und dem deutschen Einfluß verloren gegangen und die dortigen deutschen Siedlungsinseln einer fraglichen Zukunft entgegengegangen wären. Es ist nicht zu verkennen, daß durch die geschichtliche Entwicklung in Mitteleuropa Gegebenheiten erwachsen waren, auf welche die reine Nationalstaatsidee nur schlecht paßte und die nach modifizierten Lösungen verlangten.

Gagern schlug jetzt als Kompromiß vor, ein engeres deutsches Reich unter preußischer Führung mit Gesamtösterreich in einem weiteren Bund dauerhaft zu einem Zwillingsreich zusammenzufassen, ein Konzept, das einen Weg an den genannten Schwierigkeiten vorbei wies. Friedrich Wilhelm IV. war im Prinzip einverstanden, Schwarzenberg aber lehnte ab: „Aus Deutschland hinauswerfen lassen wir uns nicht."

Parallel zu den Beratungen der Frankfurter Nationalversammlung beriet seit Anfang 1849 der österreichische Reichstag in Kremsier über eine Verfassung für Österreich. Außer dem lombardo-venezianischen Königreich und Ungarn nahmen alle Teile der Monarchie teil. Während anfangs vor allem die Deutschen dagegen waren, setzte sich dann bei allen der Wille durch, Gesamtösterreich zu erhalten. Die in Kremsier entworfene Verfassung sah vor, daß alle Volksgruppen gleichberechtigt sein sollten, und schloß einen Kompromiß zwischen Nationalitätenprinzip und historischen Ländern: die Kronländer sollten bestehen bleiben, aber in völkisch einheitliche Kreise unterteilt werden. Alle im Reichstag vertretenen Volksgruppen und Parteirichtungen stimmten dem Entwurf zu. Doch kurz vor der formellen Annahme des Entwurfs löste Schwarzenberg den Reichstag von Kremsier im März 1849 durch Militär auf. Das war eine folgenschwere Entscheidung: in Kremsier war die Gelegenheit, das Nationalitätenproblem in der Donaumonarchie einigermaßen zu lösen, günstiger als jemals später bis zu deren Ende 1918, und bis 1918 blieb dieser Verfassungsentwurf der einzige große Reformplan.

Scheitern des Frankfurter Reichsgründungsversuchs 1849

Schwarzenberg fehlte jedes Verständnis für die nationalstaatlichen Bestrebungen seiner Zeit; für ihn gab es nur Gesamtösterreich. Er war ein Mann von Entschlossenheit und Willensstärke und zugleich ein Hasardeur. Im März 1849 forderte er offiziell, ganz Österreich in den Deutschen Bund aufzunehmen. Damit hätte ein Drittel der Bevölkerung des Bundes aus Nichtdeutschen bestanden. Für die Frankfurter Nationalversammlung blieb damit nur die kleindeutsche Lösung. Noch im selben Monat wählte sie den preußischen König zum deutschen Kaiser. In Berlin war in den politischen Führungskreisen ein Teil gegen die Annahme, ein Teil, darunter die Mehrheit der Minister und der Thronfolger, dafür. Doch Friedrich Wilhelm lehnte die angebotene Krone ab, dieses „Diadem, aus Dreck und Letten der Revolution, des Treubruchs und des Hochverrats geknetet"[53] – eine Kaiserwahl durch ein Parlament widersprach seiner Auffassung von Legitimität. Damit war der Versuch der Frankfurter Nationalversammlung, ein Deutsches Reich zu schaffen, gescheitert. Die preußischen und österreichischen Abgeordneten wurden abberufen, die Versammlung löste sich auf. Bedeutete die Ablehnung durch den preußischen König eine verpaßte Chance für die nationale Freiheit? Wohl kaum – hätte er die Kaiserwahl angenommen, wäre er zwar von den meisten deutschen Staaten anerkannt worden, aber Rußland und Österreich hätten auf ein kleindeutsches Reich wahrscheinlich mit Krieg geantwortet und dabei dann wohl gesiegt. Eine kleindeutsche Reichsgründung gleichzeitig mit Front gegen Rußland und Österreich wäre machtpolitisch wahrscheinlich nicht realisierbar gewesen.

Union oder 70-Millionenreich?

König Friedrich Wilhelm verfolgte jetzt den Plan, durch Absprache mit den anderen deutschen Fürsten zu einer nationalen Einigung zu gelangen. Zunächst strebte er an, auf diese Weise an die Stelle des Reichsverwesers zu treten, was aber an Österreichs Widerspruch scheiterte. Daraufhin setzte Friedrich Wilhelm unter dem Einfluß seines Beraters J.M. von Radowitz auf das Gagernsche Konzept eines engeren und eines weiteren Bundes, während Schwarzenberg unverändert seiner Idee eines Beitritts Gesamtösterreichs zum Deutschen Bund nachhing. Beide strebten danach, das gesamte Mitteleuropa, das im hohen Mittelalter unter deutscher Führung gestanden hatte, das in den folgenden Jahrhunderten immer mehr in Einzelstaaten auseinandergefallen war und eben durch diese Aufspaltung zunehmend in die machtpolitische Abhängigkeit der nichtdeutschen Großmächte geraten war, staatlich wieder zusammenzufassen. Ein solcher deutsch gelenkter Staatenverband hätte mit (1850) 70 Millionen genausoviele Einwohner wie Rußland gehabt und wäre hierin unter allen Reichen der Welt nur von China übertroffen worden.* Radowitz wie Schwarzenberg sahen vor, daß Außen-, Handels- und Zollpolitik Sache des mitteleuropäischen Gesamtverbandes sein sollten. Die Machtverteilung innerhalb Mitteleuropas dachten beide aber ganz verschieden. Preußen wollte ein engeres Deutsches Reich unter preußischer Hegemonie, das dann auf der Basis der Gleichberechtigung zusammen mit Gesamtösterreich die Deutsche Union bilden sollte. Schwarzenberg erstrebte die direkte Mitgliedschaft aller deutschen Staaten im Deutschen Bund, wobei Österreich als Hegemonialmacht dasselbe

---

* Wenn man von dem britischen Kolonialreich absieht, das auch fast ganz Indien einschloß.

Stimmengewicht hätte haben sollen wie alle übrigen Mitgliedsstaaten zusammen. Damit wäre Preußen zu einer mittleren Macht herabgedrückt worden. Von allen Einigungskonzepten dieser Zeit war der Plan eines Zwillingsreiches zweifellos derjenige, der den historisch gewachsenen Verhältnissen am besten gerecht wurde, da er deutsche Nationalstaatsidee, österreichische Gesamtstaatsidee und die Vorstellung eines deutsch geführten Mitteleuropa miteinander verschmolz. Ein staatlich zusammengefaßtes Mitteleuropa hätte durch seine zentralen Organe auf Dauer für Frieden zwischen den mitteleuropäischen Staaten sorgen können, an dem es in den letzten zweihundert Jahren so sehr gefehlt hatte, es wäre stark genug gewesen, um den Frieden auch nach außen aktiv wahren zu können, und hätte als Großwirtschaftsraum die wirtschaftliche Entwicklung der Beteiligten gefördert.

Während die Wiener Regierung noch von Ungarn in Anspruch genommen wurde, das sich im April 1849 endgültig von der Habsburgerdynastie losgesagt hatte, gewann Friedrich Wilhelm die Monarchen von Sachsen, Hannover und der meisten anderen deutschen Staaten für seine Pläne. Als Österreich aber Ungarn bis August 1849 mit Hilfe russischer Truppen wieder ganz unter seine Herrschaft gebracht hatte und entschiedenen Einspruch gegen Preußens Pläne erhob, sprangen die meisten Fürsten ab. So wurde der Reichstag der Union in Erfurt im März 1850 mangels Rückhalt ein Schlag ins Wasser. Mit russischer Rückendeckung ging Schwarzenberg jetzt zur Offensive über. Im Mai 1850 berief er den Bundestag wieder ein, und über das Durchmarschrecht in Kurhessen ließ er es zum offenen Konflikt zwischen Union und Rumpfbund kommen. Die erste Gefechtsbegegnung hatte schon stattgefunden, da gab Preußen unter russischem Druck nach und willigte im November im Vertrag von Olmütz ein, daß im Sommer 1851 der Deutsche Bund mit seinen alten Grenzen und seiner alten Verfassung wiederhergestellt wurde. Ebenfalls unter russischem Druck hatte Preußen schon vorher Schleswig-Holstein, wo Dänemark den Krieg im Februar 1849 erfolglos erneuert hatte, endgültig aufgeben müssen. Umgekehrt scheiterte in den folgenden Monaten auch Schwarzenbergs wiederholter Versuch, die Aufnahme Gesamtösterreichs in den Deutschen Bund durchzusetzen, so daß er diesen Plan 1851 seinerseits fallen lassen mußte.

Waren die nationalen Einigungsbestrebungen in Deutschland in den Jahren 1848 bis 1850 von vornherein zum Scheitern verurteilt? Die britische Regierung hätte eine deutsche Einigung in den Grenzen von 1815 geduldet, lehnte darüber hinausgehende Vorstellungen (Schleswig, Mitteleuropa) aber ab, weil sie dadurch das europäische Gleichgewicht gefährdet glaubte. Frankreich hielt sich anfangs zurück, war dann aber aus französischem Machtinteresse dafür, daß die deutsche Mehrstaatlichkeit aufrechterhalten blieb. Rußland war gegen jede revolutionäre Verwirklichung nationalstaatlicher Ideen, die in Polen seinen eigenen Gebietsbestand gefährden mußten, und stand Schwarzenbergs Mitteleuropaplan abwartend gegenüber. In Schleswig-Holstein, Ungarn und Olmütz war deutlich sichtbar geworden, daß die deutsche Frage mit der internationalen Politik verknüpft war. Wenn die ausländischen Mächte in diesen Jahren nicht noch massiver in die deutschen Angelegenheiten eingriffen, so deshalb, weil die Einigungsbewegung schon an innerdeutschen Widerständen steckenblieb. Die Frankfurter Nationalversammlung besaß nicht genug revolutionäre Schubkraft, um den Partikularismus und die alten Gewalten zu überwinden: die Akademiker, Kaufleute und Unternehmer hatten für ihre Vision nationaler Einigung die Volksmassen nicht hinter sich. Eine Einigung durch Absprache der Fürsten scheiterte am Dualismus

Ursache des Scheiterns der Einigungsversuche 1848-50

von Preußen und Österreich, die sich wechselseitig blockierten, und vor allem an Schwarzenbergs unrealistischen Zielen. Im Frühjahr 1848 wäre eine nationale Einigung mit dem Schwung des ersten Aufbruchs vielleicht zu erreichen gewesen; später nicht ohne Krieg gegen Rußland, in dem nur bei Zusammenarbeit zwischen Preußen und Österreich eine Erfolgschance bestanden hätte. Letztlich spielten auch taktische Fehler der Nationalversammlung und die Haltung einzelner Personen eine wichtige Rolle, so die Friedrich Wilhelms IV. und die der österreichischen Staatsführung, besonders Schwarzenbergs.

Ergebnis der Epoche

Wie stand es nun in der Jahrhundertmitte um die deutsche Frage? Obwohl die deutsche Adelsnation im 18. Jahrhundert zerfallen und das Heilige Römische Reich 1806 endgültig untergegangen war, hatte sich der Trend zur Auflösung Mitteleuropas in eine Anzahl völlig selbständiger deutscher Einzelstaaten in den folgenden Jahrzehnten letztlich nicht durchgesetzt. Nur die Verselbständigung der Schweiz zu einem überwiegend deutschen Staat mit eigener Staatsnation hatte sich bestätigt. Davon abgesehen galt im Gegenteil: in dieser Epoche war die bürgerliche deutsche Nation entstanden. Zwar waren die nationalen Bestrebungen 1848/49 gescheitert, aber zugleich hatten diese Ereignisse die gesamtnationale Kommunikation und Bewußtseinsbildung in einem Maße intensiviert, daß in der Mitte des 19. Jahrhunderts der Gedanke nationaler Zusammengehörigkeit in weiteren Kreisen des deutschen Volkes verwurzelt war als je zuvor in der deutschen Geschichte. Der im 18. Jahrhundert entstandene Dualismus zwischen Österreich und Preußen hatte sich also nicht in den allgemeinen europäischen Gegensätzen aufgelöst, sondern war als ein deutsches Problem erhalten geblieben. Nach dem Zerfall des alten Reiches hatte man weder 1815 noch 1848-50 eine dauerhafte Lösung des Problems gefunden, wie Mitteleuropa staatlich zu ordnen sei. Das lag an den Machtinteressen der nichtdeutschen Großmächte ebenso wie am Partikularismus der deutschen Einzelstaaten, insbesondere am preußisch-österreichischen Dualismus. Beide deutschen Großmächte waren längst viel zu weit zu eigenstaatlichem Selbstbewußtsein gelangt, als daß sie bereit gewesen wären, sich einer gesamtdeutschen Nationalregierung unterzuordnen. Aber so zäh Habsburg an seinem Vorrang vor den anderen deutschen Herrscherhäusern festhielt und sich weigerte, Preußen als gleichberechtigt anzuerkennen, so undenkbar war es jetzt, daß Preußen sich österreichischer Führung unterordnen könnte. In den Diskussionen von 1848/49 wurden immerhin die Probleme der deutschen Einheit wie auch das damit untrennbar verbundene Nationalitätenproblem Österreichs scharf herausgearbeitet. Zugleich markiert das Jahr 1849 für die deutsche nationale Bewegung einen wichtigen Einschnitt: bis dahin waren nationale und liberale Bewegung eng miteinander verbunden gewesen, jetzt fielen sie auseinander. Die nationale Idee wurde nicht mehr auf revolutionärem Weg weiterverfolgt und konnte es nach den gemachten Erfahrungen auch nicht mehr. Stattdessen begann sich jetzt der Staat Preußen ihrer zu bedienen. Der bisher friedliche Dualismus zwischen den beiden deutschen Großmächten wich einer kämpferischen Rivalität um die Führung in Deutschland. Diese konnte schließlich Preußen im kleindeutschen Sinn für sich entscheiden, indem es 1866/67 den Norddeutschen Bund gründete und diesen 1871 zum Deutschen Reich erweiterte. Der österreichische Gesamtstaat und natürlich auch die Schweiz blieben außerhalb dieses Deutschen Reiches.

6.6 Reform – Reaktion – Revolution

Die innerstaatlichen Machtverhältnisse zwischen dem Ende des 18. und der Mitte des 19. Jahrhunderts wurden durch einander teils ergänzende, teils widerstreitende Tendenzen geprägt. Zum einen setzte sich vom 17. und 18. Jahrhundert her der vor allem von fürstlichem Machtwillen gespeiste Trend fort, den Staatsapparat weiter nach unten auszubauen, einen direkteren Zugriff der Staatsgewalt auf den einzelnen Einwohner möglich zu machen, ihn stärker zu erfassen und dem entgegenstehende autonome Zwischengewalten grundherrlicher oder anderer Art abzubauen und letztlich zu beseitigen. Diesen trieben nun die Führungen der einzelnen deutschen Staaten um die Jahrhundertwende energischer als je zuvor voran. Das führte im Prinzip dahin, daß dem Staatsapparat nicht länger Korporationen und Herrschaftsträger eigenen Rechtes vielfältiger Art gegenüberstanden, sondern unmittelbar die einzelnen, einander rechtlich gleichgestellten Individuen als Staatsbürger, wenngleich dieser Zustand auch noch nicht überall voll verwirklicht wurde. Das Ergebnis war nun aber keineswegs ein totalitäres System, denn gleichzeitig drängte eine immer mächtiger werdende Bewegung darauf, Freiheitsräume des einzelnen Bürgers zu bestimmen, die als gesicherte Privatsphäre dem Eingriff der stark gewordenen Staatsgewalt entzogen sein sollten, und überhaupt die Ausübung von staatlicher Macht durch Rechtsnormen und eine geschriebene Verfassung zu binden und sie zu kontrollieren. Während der Absolutismus um die Mitte des 18. Jahrhunderts das Staatswesen und den Besitz der Herrscherdynastie praktisch nicht voneinander getrennt hatte, gewann die Staatsgewalt jetzt gegenüber dem Monarchen eine eigenständige und übergeordnete Existenz. Bis zur Mitte des 19. Jahrhunderts wandelten sich fast alle deutschen Staaten zum Verfassungsstaat. Ausbau der Staatsgewalt und Abgrenzung individueller Freiheitsräume bewirkten zusammen noch ein Weiteres. Seit dem Mittelalter waren in der Stellung des Grundherrn Herrschaftsausübung, Besitz und soziale Stellung vereint gewesen, im Königtum Macht und religiöse Legitimation, in Zünften Wirtschaftstätigkeit und Monopolrecht und ebenso in vielen anderen Fällen wirtschaftliche, rechtliche, herrschaftliche und religiöse Funktionen miteinander verknüpft gewesen. Diese Verbindungen wurden jetzt nach und nach gelöst und die einzelnen Funktionen entweder der Staatsgewalt oder

Leitende Tendenzen

dem privaten Freiheitsraum des einzelnen zugewiesen, beispielsweise Rechtsprechung und Gewaltanwendung dem einen und Eigentum, Betriebsführung, Warenverkehr und religiöse Überzeugung dem anderen. Damit traten schrittweise zwei Bereiche als Staat und Gesellschaft auseinander. Wo die Grenzlinie zwischen der Freiheit des einzelnen und der staatlichen Gewalt verlaufen sollte, wurde dabei unweigerlich zum Streitgegenstand zwischen Regierungen und Bürgern.

Die genannten Tendenzen setzten sich nicht kontinuierlich und gleichförmig durch, sondern regional unterschiedlich und im Wechsel von Phasen verstärkten Wandels und solchen der Beharrung. Drei Zeitabschnitte lassen sich im wesentlichen unterscheiden: von etwa 1780 bis etwa 1800 versuchten Monarchen in einigen deutschen Staaten, Reformen im Geiste der Aufklärung einzuleiten, von 1800 bis 1819/20 erfaßte eine allgemeine Reformwelle fast alle deutschen Staaten, worauf 1819/20 eine Phase des Stillstands einsetzte, während der sich nach und nach jene Unzufriedenheit aufstaute, die sich 1848 in der Revolution entlud. Der Einfluß der Französischen Revolution und die Folgen der Eroberungskriege Napoleons waren ambivalent. Einerseits gaben sie den bereits vorhandenen Reformkräften gewaltigen Auftrieb und vermittelten damit jenen Anstoß von außen, ohne den die Reformzeit nicht denkbar gewesen wäre. Zugleich riefen sie aber bei den Etablierten auch jene Furcht vor dem Umsturz hervor, die nach 1819 den Reformwillen lähmte. Während Initiative und Fortschrittswille in den ersten beiden Zeitabschnitten bei den Staatsspitzen lagen, die sich mit ihren Reformvorstellungen gegen vielfältige Widerstände wirtschaftlicher und gesellschaftlicher Interessengruppen und von Teilen der Bürokratie abmühten, erlosch der Veränderungswille der Regierungen und höheren Beamten um 1820. Damit verloren sie ihre Vorreiterrolle, und die Rolle des bewegenden Elements wurde in der Folgezeit immer mehr von Teilen des Bürgertums aufgenommen, also von unten, welche nun zunehmend gegen die Beharrungskräfte der Regierung angingen. Die meisten wesentlichen Fortschritte der Gesamtepoche fallen in die Jahre der Reformzeit, die geradezu eine „Revolution von oben" darstellte. Es ist bedeutsam, daß alle Reformen nicht von einer breiten Massenbewegung erkämpft wurden, ja überhaupt vor 1820 jeder Druck von unten fehlte, sondern sie vielmehr von oben verordnet und erlassen, teilweise sogar aufgezwungen wurden. Mehr noch: die Fortschritte der Reformzeit waren überhaupt nur unter der Voraussetzung möglich, daß unpopuläre Maßnahmen mit der absolutistischen Gewalt der Monarchen mindestens teilweise durchgesetzt werden konnten. In jedem politischen System, das breiteren Kreisen eine Mitsprache eingeräumt hätte, wären Reformen dieses Ausmaßes nicht realisierbar gewesen, da sie meist die Mehrzahl der Interessengruppen – aus im einzelnen verschiedensten Motiven – gegen sich hatten.

Aufgeklärter
Absolutismus
In den letzten beiden Jahrzehnten des 18. Jahrhunderts leiteten in einigen deutschen Staaten – keineswegs in allen! – Fürsten unter dem Einfluß der Aufklärung Reformen ein. Zu nennen sind vor allem Markgraf Karl Friedrich von Baden und der Bischof von Würzburg Franz Ludwig von Erthal. Diese Reformen betrafen vor allem das Justiz- und Schulwesen. Über Einzelmaßnahmen kamen sie aber nicht hinaus, und der Erfolg entsprach aufs Ganze gesehen fast nirgends dem Aufwand an gutem Willen. In Preußen gab es in den letzten Jahren Friedrichs II. Ansätze, das Justizwesen zu verbessern, aber sein Nachfolger Friedrich Wilhelm II. war anderen Geistes und begann 1788 eine Politik der Repression gegen aufgeklärte Prediger und Schriften. Entschiedener als jeder andere europäische Monarch versuchte Kaiser Joseph II. in den Jahren

1780-90 Österreich im Sinne eines aufgeklärten Absolutismus umzugestalten und dadurch die „Glückseligkeit" seiner Untertanen zu erzwingen. Er nahm die Aufklärungsprinzipien der Gleichheit, Nützlichkeit und Vernunft und – nur sehr begrenzt! – der Mündigkeit auf und wollte nach diesen abstrakten Prinzipien die Verhältnisse im habsburgischen Länderverband neu ordnen. Rücksichtslos setzte er sich dabei über alle hergebrachten Sonderrechte einzelner Personengruppen hinweg. Überall, von Ungarn bis in die österreichischen Niederlande, sollten die gleichen Gesetze und die gleiche Amtssprache (Deutsch) gelten. Alle Einwohner sollten vor dem Gesetz und in der Steuerbelastung gleichgestellt sein. Joseph wollte den Einfluß der Kirche zurückschrauben, als „unvernünftig" und „unnütz" geltende Gebräuche abschaffen und die Menschen aus Unwissenheit und gesellschaftlichen Abhängigkeiten befreien. Der Kaiser scheiterte kläglich. Er wollte seine Ziele rasch und mit einer Sturzflut von Verordnungen erreichen, anstatt auf mühsame Überzeugungsarbeit zu setzen, wo doch der Anspruch auf Gehorsam ohne Einsicht der Aufklärungsidee vom Gebrauch der eigenen Vernunft schon im Ansatz widerstrebte. Obendrein widersprachen seine Verordnungen einander teilweise. Und das Wichtigste: von allen Seiten erhoben sich massive Widerstände. Der Adel wollte sich seine Privilegien nicht nehmen lassen. Die einfache Bevölkerung wollte sich die Beerdigung in Särgen (nach Josephs Meinung täten es Säcke ja auch!), ihre Wallfahrten und Weihnachtskrippenspiele nicht als unnütz und deshalb vernunftwidrig verbieten lassen. Die österreichischen Niederlande und fast auch Ungarn reagierten auf die Zentralisierungspolitik mit offenem Aufruhr. Josephs Nachfolger Leopold II. (1790-92) mußte einen großen Teil der Reformen zurücknehmen. Er starb, bevor er sie mit besserem Augenmaß erneuern konnte.

Die Französische Revolution löste im deutschen Raum einige Unruhen aus, vor allem am Mittel- und Niederrhein. Diese blieben jedoch auf lokale Probleme fixiert und dementsprechend örtlich begrenzt und konnten leicht unterdrückt oder beigelegt werden. Für eine Revolution fehlten in den deutschen Staaten die Voraussetzungen: es bestand keine große Staatskrise, wie sie in Frankreich durch die Überschuldung gegeben war, nichts war von einem aufstrebenden Wirtschaftsbürgertum in Sicht, das Ansprüche angemeldet hätte, die Gegensätze zwischen Grundherren und Bauern waren in Westdeutschland weniger groß als in Frankreich, ferner standen Adel und Bildungsbürgertum zu einem großen Teil im Staatsdienst, und aufgrund der Bestrebungen des aufgeklärten Absolutismus herrschte bei den Gebildeten die Ansicht, daß man Fortschritt auch *mit* den Regierungen einleiten könne und ihn nicht *gegen* sie erzwingen müsse. Als die Franzosen 1792 das linksrheinische Gebiet besetzten und sich daran machten, dort die Neuerungen der Französischen Revolution einzuführen, wollte die Mehrheit der Bevölkerung davon nichts wissen. Der Versuch einiger deutscher Intellektueller, im März 1793 in Mainz eine mittelrheinische Republik zu gründen, fand bei der Bevölkerung keine Resonanz. So wurden ihre Führer faktisch zu Marionetten der französischen Besatzungsmacht, und das Unternehmen fand nach zwei Wochen sein Ende. Nachdem die Franzosen die Schweiz besetzt hatten, gründeten sie dort mit Hilfe einiger eidgenössischer Intellektueller die Helvetische Republik, einen zentralistischen Einheitsstaat mit einer Verfassung nach französischem Vorbild. Aber die französische Befreiungsrhetorik entlarvte sich bald als bloße Tünche: die Helvetische Republik war nur ein Satellitenstaat, der von den französischen Besatzungstruppen materiell ausgesogen wurde und bei seiner Bevölkerung auf zunehmenden Widerstand stieß. Nach dem Abzug der französischen Truppen 1802 brach er fast kampflos in sich zusammen.

Französische Revolution

Napoleon gab der Schweiz daraufhin 1803 eine neue Verfassung, die sie wieder zu einem Staatenbund umwandelte. Dabei traten aber die bisherigen Untertanenlande und zugewandten Orte als sechs neue Kantone gleichberechtigt zu den dreizehn alten hinzu. Unter dieser neuen „Mediatverfassung" saßen rasch wieder die alten Magistrate fest im Sattel.

Reformzeit Die Jahre der Reformzeit verliefen in den einzelnen deutschen Staaten unterschiedlich. In Preußen hatte die vernichtende Niederlage 1806/07 dem König drastisch vor Augen geführt, daß die bisherige Staatsordnung sich überlebt hatte. Die Katastrophe spülte eine Gruppe von Reformern nach oben, denen der König für einige Jahre, wenn auch schwankend, Rückendeckung gab. Geführt wurden die Reformer vom Reichsfreiherrn H.F. Karl vom und zum Stein, der von Juli 1807 bis November 1808 faktisch leitender Minister war und die entscheidenden Weichen stellte, und von Karl August von Hardenberg, der sie als Staatskanzler (1810-22) fortsetzte. Ein Bündel von Reformgesetzen erfaßte fast alle Bereiche des preußischen Staats: ab 1807 die Gesetze zur liberalen Agrarreform, 1808 das Organisationsgesetz über die Reform der Staatsverwaltung und die Städteordnung, 1810/11 die Einführung der Gewerbefreiheit, ab 1810 Gesetze zur Steuer- und Finanzreform, 1812 die Judenemanzipation, ferner die Militärreformen durch Gerhard Scharnhorst und Neidhardt von Gneisenau und die Bildungsreform Wilhelm von Humboldts. Die Ideen der Französischen Revolution, das Vorbild der Selbstverwaltung in Großbritannien, die Philosophie Kants und auch noch die Tradition des aufgeklärten Absolutismus lieferten, mit im Einzelfall unterschiedlichem Gewicht, den geistigen Wurzelboden der preußischen Reformer. Ihr Hauptziel war, durch Reformen dem preußischen Staat neue Kräfte zuwachsen zu lassen und damit die Voraussetzung zu schaffen für den Befreiungskampf gegen Napoleon. Dabei ließen die Reformer sich von einem neuen Menschenbild leiten: der einzelne sollte aus seinen gesellschaftlichen und wirtschaftlichen Bindungen und aus seiner Rolle als passiver Untertan befreit und zur eigenverantwortlich handelnden Persönlichkeit werden, um seine bislang stilliegenden Kräfte voll entfalten zu können. Dies sollte ihm selbst nutzen, und es sollte vor allem auch den Staat stärken. Die Reformer hofften, daß dadurch Wirtschaft und Steuereinnahmen wüchsen und daß die zu freien Staatsbürgern gemachten Einwohner nicht mehr wie bevormundete Untertanen uninteressiert abseits stehen, sondern sich mit diesem Staat identifizieren und sich für ihn engagieren würden.

Im Unterschied zu den preußischen Reformen knüpften die Reformen in den Rheinbundstaaten enger an das französische Vorbild an, verfolgten nicht das Fernziel antifranzösischer Befreiungspolitik und waren weniger umfassend. Sie formten die Verwaltung tiefgreifender um als die preußischen, berührten hingegen Wirtschaft, Bildungs- und Heerwesen in geringerem Maße. Mit dem Königreich Westfalen und dem Großherzogtum Berg errichtete Napoleon 1806 neue deutsche Staatsgebilde, in die er seine Verwandten als Herrscher einsetzte. Diese Staaten sollten die politische und gesellschaftliche Ordnung Frankreichs weitgehend unverändert übernehmen und dadurch eng an Frankreich gebunden werden, und sie sollten auch als Modellstaaten für die anderen deutschen Staaten dienen. In Bayern, Württemberg und Baden und auch in Hessen-Darmstadt und Nassau trafen der französische Impuls von außen, die Reformvorstellungen von Beamten, die in der Tradition des aufgeklärten Absolutismus standen, und neue politische Notwendigkeiten zusammen. Indem diese Staaten 1803 und 1806 eine Fülle mediatisierter Reichsstädte und Grafschaften sowie ehemals reichsritterlicher und geistlicher Gebiete zugesprochen bekamen, die integriert werden sollten, mußte nämlich zwangsläufig die Verwaltung umorganisiert werden. Dafür boten die allgemeinen Prinzipien des französischen Systems ein brauchbares Mittel. Motor der Reformen war in Bayern M.J. Montgelas, der von 1799-1817 das Außenministerium, zeitweise auch noch weitere Ministerien bekleidete, in Württemberg König Friedrich I. (1797-1816) selbst und in Baden S. Freiherr von Reitzenstein 1809-10 und 1813-18 als Staats- und Kabinettsminister.

In den Gebieten links des Rheins, die seit 1792 französisch waren, wurden französische Gesetze unmittelbar geltendes Recht. In Sachsen, Mecklenburg und vor allem Österreich kam es zu keinen Reformen. Hier gab es weder den Anstoß durch eine katastrophale Niederlage noch durch territorialen Zuwachs, und in Österreich hatten überdies die ungeschickten Reformen Josephs II. starke reformfeindliche Gegenkräfte geweckt.

Nach dem Abschluß der Napoleonischen Kriege neigte sich auch die Reformzeit ihrem Ende zu. In den linksrheinischen Gebieten hatten französische Gesetze und Verwaltungsordnung so lange bestanden, daß sie in der Bevölkerung fest eingewurzelt waren und auf deren Drängen auch nach 1815 nicht wieder beseitigt wurden. Sie galten bis weit in die zweite Jahrhunderthälfte hinein. In dem Gebiet der 1815 wieder aufgelösten Napoleonischen Modellstaaten und der Schweiz wurden nach 1815 die meisten Neuerungen wieder aufgehoben. Der Kurfürst von Hessen-Kassel führte für Soldaten und Beamte sogar den Zopf wieder ein. Da die Franzosen ihr System durch hohe Steuerforderungen und Soldatenaushebungen als ausbeuterisch diskreditiert hatten, erhob sich gegen diese Restauration zunächst kein Widerstand. In den süddeutschen Staaten wurden die Reformen bis 1820 zu einem gewissen Abschluß gebracht. In Preußen gewannen ab 1815 die beharrenden Kräfte wieder Auftrieb, so daß die Reformpolitik 1819/20 weitgehend steckenblieb. Sie wurde nicht zu Ende geführt, aber das Erreichte auch nicht wieder zurückgedreht.

Wende

Österreich hatte nicht nur die Reformzeit nicht mitgemacht, sondern fiel unter Kaiser Franz in einen winterschlafähnlichen Stillstand. Dort waren bis zur Jahrhundertmitte alle Anstrengungen der Regierung nur darauf gerichtet, jede Veränderung grundsätzlich zu verhindern. Im Vergleich zu dem unreformierten und erstarrten Habsburgerreich wirkte Preußen in den Jahrzehnten nach 1815 zweifellos fortschrittlicher.

Politik war in den absolutistischen Staaten des 18. Jahrhunderts eine Sache der Regierungen und kleiner Kreise an den Höfen gewesen. 1810 stellte eine französische Beobachterin über die gebildeten Deutschen fest, „daß sie die größte Gedankenkühnheit mit dem untertänigsten Charakter vereinen ... Die Gebildeten Deutschlands machen einander mit größter Lebhaftigkeit das Gebiet der Theorien streitig und dulden in diesem Zweck keine Fessel, ziemlich gern aber überlassen sie dafür den irdischen Machthabern die ganze Wirklichkeit des Lebens. Diese Wirklichkeit, die sie so gering schätzen, findet jedoch Besitzer, die dann Störung und Zwang selbst im Reich der Phantasie verbreiten. Der Geist der Deutschen und ihr Charakter scheinen keine Verbindung miteinander zu haben: der eine duldet keine Schranken, der andere fügt sich jedem Joch."[54] Seit dem Ende des 18. Jahrhunderts entstand dann langsam politisches Interesse und Bewußtsein auch außerhalb der Höfe bei einer wachsenden Zahl von Deutschen. Zunächst war es eine kleine Schicht von Intellektuellen, die sich in Debattierklubs, Geheimgesellschaften und Zeitungen artikulierten. Allmählich gewann das

Bevölkerung und Politik

Bildungsbürgertum das Selbstbewußtsein, auch politische Dinge zu erörtern und zu beurteilen und sich darüber zunehmend öffentlich zu äußern, und es brachte dabei nicht mehr jene Duldsamkeit auf, mit der man im 18. Jahrhundert die Willkür und Marotten absolutistischer Fürsten ertragen hatte. In den 1830er und 40er Jahren breitete sich politisches Bewußtsein auch in Kreisen von Handel und Gewerbe aus. Dagegen blieben Bauern und Unterschichten vor der Mitte des 19. Jahrhunderts unpolitisch und in ihrer Gedankenwelt noch weitgehend auf ihr Dorf und konkrete Einzelinteressen beschränkt. Das Ausmaß des politischen Verständnisses beziehungsweise vielmehr auch Unverständnisses breiter Bevölkerungsschichten wurde während der revolutionären Ereignisse von 1848 offenbar. So faßte man vielfach beispielsweise die „Preßfreiheit" auf als Freiheit, nicht mehr „gepreßt" zu werden, d.h. keine Steuern mehr zahlen zu müssen, oder als Möglichkeit, jetzt Zeitungsanzeigen gebührenfrei drucken lassen zu dürfen, die Schlagworte „Gleichheit" und „Republik" konnten verstanden werden als Aufforderung, denen zu nehmen, die mehr besaßen, und dann zum Sturm auf die Häuser der Juden führen, und eine Welle von Flugschriften mit Weissagungen und Orakeln fand in diesen Monaten plötzlich reißenden Absatz.

Das Entstehen einer kritischen Öffentlichkeit und die Politisierung von Teilen der Gesellschaft bedeuteten den Anfang einer Entwicklung, welche die Formen der Machtausübung langfristig grundlegend ändern mußte. Die Meinung der politisch erwachenden Bevölkerungskreise konnte von den Herrschenden je länger desto weniger unberücksichtigt bleiben.

Mit der Politisierung des Bildungsbürgertums wuchs nicht nur der Umfang politischer Nachrichten und Gedanken in Zeitschriften und Büchern, es entfalteten sich auch politische Theorien und Richtungen, ohne daß sich vor der Jahrhundertmitte bereits organisierte Parteien bildeten. Dies geschah in engem Zusammenhang mit entsprechenden Strömungen in Frankreich und England, die in mancher Weise aufgenommen und mit eigenem verbunden wurden. Dabei erwies es sich als bedeutsam, daß im deutschen Raum politisches Bewußtsein zunächst im Bildungsbürgertum aufblühte, also in einer Schicht, die dem Wirtschaftsleben fremd gegenüberstand und größtenteils auch nicht direkte politische Verantwortung trug. Dies führte dazu, daß die geistigen Auseinandersetzungen zwischen politischen Richtungen in Broschüren und Zeitungen weniger von konkreten wirtschaftlichen und sozialen Interessen geprägt wurden als vielmehr von weltanschaulichen Grundpositionen und ideellen Prinzipien und daß sie öfters einem Gelehrtenstreit ähnelten.

Politische Ideen zwischen Bewegung und Beharrung — Das Denken der deutschen Aufklärer im späten 18. Jahrhundert war zwar insofern nicht politisch, als diese kaum über konkrete politische Maßnahmen nachdachten, aber seine Leitideen wurden grundlegend für das politische Denken der folgenden Zeit. Die Aufklärung hatte mit jener alten Auffassung gebrochen, die von einer vorgegebenen, gottgewollten Ordnung mit allen ihren Sitten und Traditionen ausgegangen war, in die der Mensch hineingeboren werde und in die er sich einzufügen habe. Die Aufklärung setzte dem die Vorstellung entgegen, daß die Menschen als freie Wesen und mit unveräußerlichen Rechten geboren und als solche schon *vor* dem Staat dagewesen seien und daß sie diesen erst durch ihren freiwilligen Zusammenschluß in einem „Gesellschaftsvertrag" begründet hätten. Daraus leiteten die Aufklärer ab, daß der Staat dem Glück der einzelnen Menschen zu dienen habe und von dorther seine Sinnbestimmung erfahre. Jene Rechtsverhältnisse und religiösen wie anderen Traditionen sollten beseitigt werden, die ihnen nicht vernünftig begründet erschienen und welche die Freiheit des einzelnen einschränkten. Dabei setzten die deutschen Aufklärer ihre Hoffnungen darauf, daß Fürsten und höhere Beamte sich dafür gewinnen ließen, die kritisierten Traditionen kraft ihrer absoluten Gewalt abzuschaffen und die Einwohner zu vernünftigen Menschen zu erziehen. Aber das Bündnis des Absolutismus mit der Aufklärung gegen die traditionellen Zwischengewalten und für mehr Gleichheit konnte nur vorübergehend sein: wo die Monarchen letztlich gehorsame und leistungsfähige Untertanen sehen wollten, dachten die Aufklärer an die Selbstbestimmung mündiger Individuen.

Die 1790er Jahre bedeuteten dann einen entscheidenden Einschnitt im politischen Denken. Die Französische Revolution wurde von der deutschen Intelligenzschicht zunächst fast einhellig begrüßt. Als die Revolution jedoch bald zu Fanatismus, Terror und Diktatur entartete und damit die Ideale verriet, unter denen sie angetreten war, wandten die meisten ihrer deutschen Anhänger sich enttäuscht von ihr ab. Aus diesem Weg der Französischen Revolution resultierte eine ablehnende Haltung gegen revolutionäre Methoden, die in den nächsten Jahrzehnten weit verbreitet blieb. Jene Deutschen, welche die Entwicklung der Französischen Revolution gedanklich mitvollzogen und auch in Deutschland den revolutionären Umsturz und die Republik propagierten, blieben ein verlorenes Häuflein ohne Resonanz und eine bloß vorübergehende Erscheinung der 90er Jahre. Ein Verfassungsentwurf für eine Süddeutsche Republik, 1799 aus dem Kreis dieser sogenannten deutschen „Jakobiner" veröffentlicht, rechnete realistischerweise damit, daß die Mehrheit der Bevölkerung ihn nicht akzeptieren werde. Deshalb sah er vor, daß die Gegner dieser Verfassung nicht mehr zum deutschen Volk gehören sollten, so daß ihr Votum unbeachtet bleiben könne. Demokratische Traditionen wird man daran schwerlich anknüpfen können.

Die Ideen der Aufklärung und die Ereignisse der Französischen Revolution hatten die bisherige Staatsordnung so nachhaltig in Frage gestellt, daß keine Staatsordnung länger als unhinterfragte Selbstverständlichkeit gelten konnte, sondern jetzt zu ihrer Legitimierung der reflektierenden Begründung bedurfte. In geistiger Auseinandersetzung mit Aufklärung und Französischer Revolution entwickelten sich zwei verschiedene Richtungen politischer Theorie. Die eine führte die Idee der Aufklärung von freien, eigenverantwortlichen Individuen als Zielvorstellung im politischen Bereich fort. Sie lehnte den Anspruch des Staats ab, das Leben seiner Einwohner im Interesse von deren Glückseligkeit und Wohlfahrt umfassend zu regeln, sei es im Sinne der älteren „Polizei" oder des Erziehungsanspruchs des aufgeklärten Absolutismus. Vielmehr sollten selbständige Bürger ihre Angelegenheiten eigenständig und durch privatwirtschaftliche Verträge untereinander regeln. So begann diese Richtung danach zu fragen, wo die Grenzen der Staatstätigkeit zu ziehen seien, und wollte diese möglichst beschränken auf die allgemeine Gefahrenabwehr und darauf, Sicherheit und Schutz von Personen und Eigentum zu gewährleisten. Langfristig schrumpfte dann der Polizeibegriff überhaupt auf diese engere Aufgabenstellung ein. Die andere Richtung orientierte sich nicht an einem in der Zukunft zu verwirklichenden Ideal, sondern an den aus der Vergangenheit überlieferten Ordnungsformen, die es zu bewahren galt. Das Gegenüber dieser zwei politischen Wertsysteme, dem der Bewegung und dem der Beharrung, des Fortschritts und der Ordnung bestimmte auf Jahrzehnte hinaus fast alle innenpolitischen Konflikte. Um 1815 kamen für diese Strömungen die Bezeichnungen Liberalismus und Konservativismus auf.

　　Der Liberalismus entwickelte konkrete Vorstellungen, wie der Staat so zu organisieren sei, daß ein möglichst großer Freiheitsraum des einzelnen Staatsbürgers abgesichert ist gegen eine zu weit reichende Tätigkeit des Staates. Die Ausübung der Staatsgewalt solle an Recht und Gesetz gebunden sein, damit die Handlungen des Staats für den Bürger berechenbar sind, und die Gerichte sollten von der Verwaltung unabhängig sein, der Staat also zum Rechtsstaat werden. Der Freiheitsraum des einzelnen solle in Bürger- oder Grundrechten festgeschrieben werden: dem Recht auf freie Meinungsäußerung, insbesondere auf Pressefreiheit, da der oft selbst publizierenden Intelligenz die öffentliche Debatte sehr wichtig war, dem Recht auf Glaubensfreiheit, der Versammlungsfreiheit, der Vereinigungsfreiheit, dem Recht auf freien Gebrauch des Privateigentums, der Freizügigkeit und der Unverletzlichkeit der Person. Die Staatsgewalt solle aufgeteilt werden zwischen dem Monarchen und einer gewählten Volksvertretung, deren Zustimmung bei der Gesetzgebung erforderlich sein solle. Indessen gehörte es nicht zu den Vorstellungen der weitaus meisten deutschen Liberalen, daß die Souveränität ausschließlich beim Volk liege und deshalb die Regierung vom Vertrauen des Parlaments abhängig sein müsse. Ähnlich den Verhältnissen ständisch gebundener Monarchien sollte das Parlament die Regierung zwar kontrollieren, aber nicht beherrschen. Den Liberalen ging es nicht um die Eroberung der Macht, sondern um die abwehrende Sicherung der Freiheit. Im übrigen war vor 1831 auch in keinem anderen europäischen Land die Regierung vom Vertrauen des Parlaments abhängig. Schließlich sollte eine geschriebene Verfassung die freiheitliche Staatsordnung fixieren. Ferner wandten sich die Liberalen zunehmend gegen das bisherige Strafprozeßverfahren, bei dem Ermittlung und Verurteilung in der Hand des Richters lagen und sich im Geheimen vollzogen. Stattdessen forderten sie, daß vor Gericht öffentlich und mündlich verhandelt werde und daß bei schweren Verbrechen die Bevölkerung an der Rechtsprechung beteiligt werden solle, und zwar in Form von Laienrichtern in Geschworenengerichten. Bemerkenswerterweise fielen politischer und wirtschaftlicher Liberalismus meist nicht zusammen. Den meist mittelständischen Anhängern des politischen Liberalismus schwebte eine Gesellschaft aus Staatsbürgern mit kleinem Besitz und mittlerer Lebenslage vor, weshalb sie sich oft gegen freien Wettbewerb und Industrie wandten. Umgekehrt waren in der ersten Hälfte des 19. Jahrhunderts ostelbische Gutsbesitzer an Freihandel interessiert, aber politisch meist keineswegs liberal.

　　Freiheit und Gleichheit sind seit dem Aufkommen des Liberalismus zentrale Begriffe des politischen Lebens. In ihrer Allgemeinheit erwiesen sie sich jedoch im Laufe der Zeit als höchst anfällig dafür, mit unterschiedlichen Inhalten aufgeladen zu werden und als politische Schlagworte Verwirrung zu stiften. Es gibt aber nicht Freiheit und Gleichheit schlechthin, und tatsächlich waren sie immer nur partiell gemeint. Freiheitsrechte verstand der frühe Liberalismus stets in erster Linie als Abwehr von Staatsmaßnahmen gegen das autonome Individuum. Dabei geriet aus dem Blick, daß der einzelne nicht isoliert von der Gesellschaft existiert, sondern geprägt wird durch die ihm vermittelten Überzeugungen und Traditionen und sich nur im arbeitsteiligen Zusammenleben entfalten kann. Die Liberalen übersahen auch, daß unter Umständen erst durch staatliche Eingriffe die Voraussetzungen dafür geschaffen werden müssen, daß jeder seine Freiheitsrechte nutzen und sich frei entfalten kann. Das Gleichheitsprinzip ist angesichts der Verschiedenheit der einzelnen Menschen an Intelligenz, Lebensalter, Reichtum, Geschlecht usw. nur deshalb nicht offenkundig unsinnig, weil es so gedeutet wird, daß nur die mit Bezug auf ein bestimmtes Problem gleichartigen

Lebenssachverhalte als gleich zu behandeln sind, ungleiche aber entsprechend ungleich. Damit ist das Gleichheitsprinzip tatsächlich höchst unbestimmt und in sehr verschiedener Weise ausdeutbar. Die Diskussion darum, was wieweit gleich sei, ist seitdem bis heute nicht verstummt, wie sich in jüngster Zeit an dem Problem zeigt, den Grundsatz der Gleichberechtigung von Mann und Frau konkret auszugestalten. Der frühe Liberalismus forderte Gleichheit vor dem Gesetz, gleichen Zugang zu jedem öffentlichen Amt (d.h. abhängig nur von Befähigung und Leistung, nicht aber von adliger Geburt) und gleiche Besteuerung (in dem Sinne, daß alle Einkommen – auch die des Adels – mit dem gleichen Prozentsatz belastet werden sollten), richtete sich mit seiner Gleichheitsforderung also vor allem gegen Privilegien des Adels. Dagegen sollte das Wahlrecht ein Vorrecht der Haushaltsvorstände mit Besitz und Bildung sein, da die Liberalen die Masse der Bevölkerung als ungebildet und die Unselbständigen als abhängig ansahen, weshalb beide zu keinem vernünftigen Urteil fähig seien, erst recht billigten sie der Frau keine dem Mann gleichberechtigte Stellung zu, und noch weniger erkannten sie das Problem der Chancengleichheit im Bildungswesen. Konservative Kritiker hatten nicht unrecht, wenn sie den Anspruch der Liberalen bestritten, die Allgemeinheit zu vertreten, und ihnen vorwarfen, daß unter ihrer Flagge nur das (männliche) Bildungs- und Besitzbürgertum selbst an die Macht wolle. Allerdings war die tatsächliche soziale Basis des Liberalismus durchaus breiter und reichte auch in kleinbürgerliche und kleinbäuerliche Schichten hinein.

Als die Politisierung schließlich in Ansätzen auch Schichten unterhalb des gehobenen Bürgertums erfaßte, wurde der Allgemeinheitsanspruch des Liberalismus problematisch. In den 1830er Jahren entstand bei den Kräften der Bewegung ein radikaler Flügel, der sich von den Liberalen „links" abspaltete und für volle Volkssouveränität, allgemeines und gleiches Wahlrecht und oft auch Republik eintrat. Die radikalen Demokraten gewannen vor dem Hintergrund des wachsenden Pauperismus stellenweise bei den kleinen Leuten Anhänger, am stärksten in Baden. Als Folge eines entstehenden Akademikerüberschusses wandte sich ihnen auch viel akademisches Proletariat zu, das keine Aussicht auf Ämter und standesgemäßes Auskommen hatte. Einige wenige deutsche Intellektuelle, zum großen Teil in der Emigration, nahmen in den 40er Jahren auch sozialistische Ideen auf. Sie blieben aber zunächst noch bedeutungslos. *Demokraten und Sozialisten*

Gegenüber diesen Kräften der Bewegung trat der Konservativismus für Autorität und Ordnung, Gehorsam und Ehrfurcht ein. Er berief sich auf das Überlieferte und das historisch Gewordene, das eben darum berechtigt und wertvoll sei und das es zu bewahren gelte. Der Konservativismus wandte sich dagegen, politische Verhältnisse nach abstrakten Prinzipien konstruieren zu wollen. Er mißtraute der Einsichtsfähigkeit des autonomen Individuums und der Vernunft von Mehrheitsentscheidungen und fürchtete, daß mehr Freiheit letztlich in Chaos und Tyrannei enden werde. Lieber hielt er sich an die umfassende Sinngebung durch Religion und Kirche und trat oft dafür ein, ständische Gliederungen zu bewahren. Anhänger des Konservativismus waren der größere Teil des Adels, der seine Privilegien erhalten wollte, Offiziere und Teile der Beamtenschaft, die staatliche Autorität vertraten, und die Frommen, die sich vor den weltlichen Tendenzen des Liberalismus fürchteten. *Konservativismus*

Während die Konservativen den Liberalen und Demokraten vorwarfen, die Bevölkerung zu verführen und aufzuhetzen, hielten diese dagegen, die etablierten Mächte, besonders die Geistlichkeit, würden die Bevölkerung in unaufgeklärter Dummheit halten. Dieses Argumentationsmuster ist seitdem nicht mehr aus dem politischen Mei- *Gegensatz von Rechten und Linken* nungskampf verschwunden, ebensowenig die Besetzung der politischen Rechten und der extremen Linken. Während die Etablierten und die mit ihrem Leben Zufriedenen zum politischen Konservativismus neigten, wandten sich der extremen Linken bevorzugt die Frustrierten zu, die aufgrund der allgemeinen Verhältnisse oder ihres persönlichen Schicksals unzufrieden waren und nach grundsätzlichen Systemveränderungen zu ihren Gunsten riefen, wofür sie dann von den Etablierten oft den Vorwurf des Neides einstecken mußten.

Monarch und Staat

Der Staatsapparat gewann immer mehr an Gewicht, und zwar sowohl gegenüber dem Monarchen an seiner Spitze als auch nach unten gegenüber den Untertanen. Hatten die Monarchen den Staat bislang als Besitz ihrer Dynastie angesehen, so kehrte sich das Verhältnis jetzt allmählich um, nicht zuletzt unter dem Einfluß der Aufklärung. Die Bürokratie entzog sich der willkürlichen Verfügung des Monarchen und verselbständigte sich als abstrakter Staat. Dies kam in verschiedenen, vordergründig eher unscheinbaren Sachverhalten zum Ausdruck. In Preußen setzten die Minister 1808 durch, daß vom König erlassene Gesetze und Verordnungen erst dadurch Rechtskraft bekamen, daß der zuständige Minister sie gegenzeichnete, wodurch sie von den Handlungen des Königs als Privatmann und Familienoberhaupt unterschieden wurden. Nur militärische Kommandosachen blieben davon ausgenommen. Die Domänen wurden in Preußen im Allgemeinen Landrecht 1794 zu Staatsbesitz erklärt, das Privateigentum der Königsdynastie vom öffentlichen Staatsvermögen getrennt. Bayern, Baden und Hessen folgten schon während der Reformzeit dem preußischen Beispiel, dann auch die anderen deutschen Staaten, wenngleich teilweise mit Verzögerung. In Österreich lebte allerdings die persönlich-dynastische Staatsauffassung nach Joseph II. wieder auf und hielt sich noch bis in die zweite Hälfte des 19. Jahrhunderts. Indem der Staat entpersonalisiert wurde, sank der Monarch vom Eigentümer zum Organ des Staats, zu seinem ersten Diener herab. Damit war es seitdem auch nicht mehr möglich, durch dynastische Erbschaften Länderkomplexe zusammenzufügen. Bezeichnenderweise baute sich nach 1800 auch kein deutscher Fürst mehr ein großes Residenzschloß, die Hofstaaten schrumpften, und der Aufwand für fürstliche und höfische Repräsentation ging im Ganzen deutlich zurück. Im Zuge dieser Entwicklung änderte sich auch die Stellung der Beamten. Sie wurden von „königlichen Bedienten", die vom Monarchen nach seinem Belieben jederzeit entlassen werden konnten, zu „Staatsdienern", deren Stellung durch ein Beamtengesetz geregelt war (zuerst in Bayern 1805), und die nur bei nachgewiesener grober Pflichtverletzung entlassen werden durften. Noch ein Jahrhundert später sollte dann die monarchische Spitze abgeworfen und durch einen gewählten Präsidenten ersetzt werden, womit der Staatsbildungsprozeß letztendlich seinen Begründer verschlang.

Trennung von Staat und Gesellschaft

Der aufgeklärte Absolutismus und die Reformzeit strebten danach, autonome Zwischengewalten zwischen Staat und Staatsbürger sowie die Vorrechte einzelner und die regionalen Rechtsunterschiede innerhalb des Staates zu beseitigen und einen einheitlichen, stets unmittelbaren Untertanenverband zu schaffen. Das führte im einzelnen unterschiedlich weit. Am energischsten gingen die süddeutschen Staaten vor, die ihre vielen neuerworbenen Gebiete integrieren mußten. Sie beseitigten rücksichtslos alle Sondergewalten und -rechte und gaben ihrer Verwaltung einen gleichförmigen und stark zentralistischen Charakter. Dieser ist dort noch heute spürbar, besonders in Bayern. Aber überall behielten die 1803/06 mediatisierten Standesherren für ihren Hausbesitz auch über 1815 hinaus etliche Herrschaftsrechte, gewissermaßen eine Art

Unterlandesherrschaft. In allen deutschen Staaten wurde der Grundsatz der Gleichheit vor dem Gesetz verkündet (zuerst Österreich 1781, Preußen 1791), das Monopol des Adels auf höhere Beamten- und auf Offiziersstellen beseitigt und auch die Diskriminierung Stadtfremder, wie sie in einem besonderen Fremden- und Gastrecht bestanden hatte, abgebaut. Die Praxis blieb hinter diesen Prinzipien zurück. Dem Adel, Offizieren und höheren Beamten wurden auch weiter einige Sonderrechte zugestanden, und zumindest in Preußen bevorzugte nach 1820 die Personalpolitik für höhere Staatsstellen faktisch doch wieder Adlige. In den Rheinbundstaaten hoben die Regierungen die Befreiung des Adels von der Grundsteuer auf (wobei die Steuergleichheit in der Praxis zunächst mangels Katastergrundlagen nur schwer durchsetzbar war), während sich Joseph II. und die preußischen Reformer mit entsprechenden Versuchen gegen den Widerstand des Adels nicht durchsetzen konnten. Allerdings wurde in Preußen 1820 eine direkte Personalsteuer für alle sozialen Gruppen eingeführt. Auch kamen vor Gericht in der Praxis sozial Höhergestellte im allgemeinen weiterhin besser davon als Angehörige der Unterschichten. Deutlich wurde überall die Kirche aus ihren Herrschaftspositionen verdrängt, nachdem die Aufklärung die verbindliche Kraft einer kirchlichen Gesamtkultur und die Berechtigung geistlicher Herrschaft in Zweifel gezogen hatte. Nachdem mit der konfessionellen Toleranz Preußen schon längst den Anfang gemacht hatte, führte 1781 Joseph II. in Österreich eine begrenzte konfessionelle Toleranz ein (voll erst 1861), und dann setzte sich bis 1815 in allen deutschen Staaten die staatsbürgerliche Gleichberechtigung der drei christlichen Konfessionen durch. Die katholische Kirche hielt zwar noch bis zum Zweiten Vatikanischen Konzil (1962-65) daran fest, daß nur sie das wahre Christentum vertrete und es deshalb kein Recht auf Religionsfreiheit geben dürfte, mußte die Entwicklung aber schließlich notgedrungen hinnehmen. Der Kirchenbesitz wurde in Österreich von Joseph II. und dann in den anderen katholischen Staaten nach 1803 allgemein säkularisiert. Damit verschwanden die umfangreichen Herrschaften und Gerichtsimmunitäten der Abteien, Klöster und Stifte, und das bis dahin weitgehend kirchliche Bildungs- und Wohlfahrtswesen kam unter die Kontrolle des Staates. Die liberalen Agrarreformen bauten die grundherrlichen Gewalten ab. In Baden wurde 1813 auch schon die grundherrliche Patrimonialgerichtsbarkeit aufgehoben, während ein entsprechender Vorstoß der Reformer in Preußen scheiterte.

Der staatliche Wille, autonome Herrschaftsgewalten zu beseitigen, akzeptierte auch die hausherrschaftliche Gewalt über Familie und Betrieb nicht mehr. Hier erwies sich die Trennung von Staat und Gesellschaft allerdings als schwierig. Die bürgerlichen Hausherren reklamierten nämlich Familie und Betrieb als ihre Privatsphäre, die den Eingriffen staatlicher Gewalt zu entziehen sei und in welcher der Gleichheitsgrundsatz (und erst recht der Anspruch auf Mitsprache) nicht gelte. Hier lägen keine Herrschaftsverhältnisse vor, sondern zwischen Unternehmer und Beschäftigten bestehe nur eine sachliche Beziehung, die auf einem freiwilligen Arbeitsvertrag gleichberechtigter Partner gründe, und die elterliche und eheliche Gewalt seien eigener Art. Dem stand die Neigung der Staatsgewalt gegenüber, auch in diese Bereiche einzudringen, den einzelnen auch dort als staatsunmittelbares Individuum freizusetzen und zu erfassen. In diesem Sinne entstand nach und nach die Arbeitsschutzgesetzgebung, wurde teilweise die Vormundschaft des Mannes über die Ehefrau aufgehoben, schuf schon das Preußische Allgemeine Landrecht Eingriffsmöglichkeiten von Vormundschaftsgerichten in die familiäre Erziehung. Im zweiten Drittel des 19. Jahrhunderts verstärkte sich dann indessen die Auffassung, die Familie sei ein staatsfreier Raum, und damit die rechtliche Stellung des Ehemanns gegenüber Frau und Kindern. So wurden beispielsweise auch die Eingriffsmöglichkeiten der Vormundschaftsgerichte wieder zurückgeschnitten und erst 1921/22 im Deutschen Reich deutlich verstärkt.

Reform des Regierungs- und Verwaltungs- apparats

Indem der einzelne aus den bisherigen lokalen herrschaftlichen und genossenschaftlichen Schutz- und Zwangsverhältnissen freigesetzt wurde, bedurfte er gleichzeitig stärker als zuvor der regelnden und schützenden Tätigkeit des Staatsapparats, dessen Reichweite unverkennbar wuchs. Dabei stieg die Zahl der Verwaltungsbeamten in der Reformzeit an, nahm dann aber 1815-48 praktisch nicht weiter zu, zumindest in Preußen, da nach Kriegsende die Staatsfinanzen konsolidiert werden mußten, weshalb dann auch die Staatsausgaben pro Kopf weitgehend unverändert blieben. Dies war anscheinend dadurch möglich, daß große Leistungsreserven freigesetzt wurden, indem man um die Jahrhundertwende die Staatsapparate nach dem Leitgedanken höherer Effizienz und einheitlicher Ordnung energisch reformierte. Dabei gewann die Bürokratie nicht nur gegenüber dem Monarchen an Eigengewicht, sondern auch gegenüber dem einzelnen Beamten, der bis dahin oft seinen privaten Nutzen in seine Beamtenaufgaben gemischt hatte. Sie wurde ein zunehmend genauer geregeltes formales System und trat den Beamten als solches abstrakt gegenüber. In fast allen deutschen Staaten wurde in der Reformzeit das oft nur mangelhaft koordinierte Nebeneinander verschiedener Zentralbehörden und Hofstellen mit einander überschneidenden Kompetenzen beseitigt. Man schuf Fachministerien, deren Ressorts klar gegeneinander abgegrenzt waren: meist zunächst für Äußeres, Krieg, Finanzen, Justiz und für alles übrige ein Innenministerium (Preußen und Württemberg 1808, nur Österreich erst 1848). Aus letzterem spalteten sich später im Laufe der Zeit weitere selbständige Ministerien ab. Ferner wurde in den Zentralbehörden und teilweise nach und nach auch in den Provinz- und Kreisbehörden das Kollegialsystem mit seiner umständlichen Beratung und Beschlußfassung abgeschafft. Man ersetzte es durch das Bürosystem, bei dem nach dem Vorbild des Militärs ein einzelner Beamter für ein bestimmtes Sachgebiet persönlich verantwortlich war und alleine entschied, so daß die anderen Beamten seiner Abteilung nur noch Hilfsorgane waren. Die einzelnen Behörden wurden in sich klar gegliedert und dabei die Zuständigkeiten und die Vorgesetzten- und Unterordnungsverhältnisse und Dienstwege eindeutig geregelt.

Der aufgeklärte Absolutismus und die leitenden Minister der Reformzeit gingen mit Nachdruck daran, Faulheit, Desinteresse und Korruption aus den Amtsstuben auszutreiben. Verkauf und Verpachtung von Beamtenstellen hörten Ende des 18. Jahrhunderts auf, und auch Vetternwirtschaft sollte bei der Anstellung ausgeschlossen werden. So wurden Fachprüfungen allgemein zur Einstellungsvoraussetzung gemacht und Laufbahn und Rechtsstellung einheitlich geregelt. Als Einstellungsvoraussetzung für den höheren Verwaltungsdienst setzte sich das juristische Staatsexamen durch, nachdem hier Preußen 1770 vorangegangen war (Österreich 1800). Österreich und Preußen führten 1783 bzw. 1800 Konduitenlisten für höhere Zivilbeamte ein, für die jeder Vorgesetzte jährlich über Leistung und Persönlichkeit seiner Untergebenen schriftlich berichten mußte. Die Beamtenschaft entwickelte im 19. Jahrhundert ein Dienstethos, das weit über dem früherer und wohl auch über dem späterer Zeiten lag.

Heeresreform

Unumgänglich wurden Reformen im Heerwesen. In den Armeen des revolutionären Frankreich verliehen Patriotismus und die Ideen der Revolution den Soldaten einen neuen Kampfgeist. Deshalb konnten sie eine neue Kampftaktik einführen, bei der die

Soldaten in Kolonnen und in aufgelockerten Schwärmen in freier Bewegung kämpften und dabei auch das Gelände ausnutzten. Dem waren die Armeen des Absolutismus mit ihrer starren Lineartaktik, ihren zum Teil nur durch Prügel zusammengehaltenen Soldaten und ihren völlig unselbständigen Unterführern nicht gewachsen. Die preußischen Niederlagen im Jahr 1806 brachten das unübersehbar ans Licht. Hieraus versuchten die preußischen Heeresreformer die Konsequenzen zu ziehen. 1808 wurde das Spießrutenlaufen beseitigt und die Prügelstrafe fast ganz (1848 völlig) abgeschafft. Die Ausländerwerbung hörte auf. 1813 führte Preußen die allgemeine dreijährige Wehrpflicht ein (1837 faktisch auf 2 Jahre reduziert), und zwar ohne daß ein Tauglicher freigestellt wurde oder sich entziehen konnte. Neben das stehende Heer trat eine Landwehr aus Reservisten als Miliz. So sollten Heer und Staatsbürger miteinander verklammert werden, der Heeresdienst seinen niedrigen Charakter verlieren und als patriotische Aufgabe des freien Staatsbürgers empfunden werden. Doch diese Idee wurde nur unvollständig verwirklicht. Als sich nach 1820 die konservativen Kräfte wieder durchsetzten, sorgten sie dafür, daß die Wehrpflicht die Armee nicht mit dem Geist eines Bürgerheeres erfüllte, sondern daß es auch als Machtinstrument der alten Eliten für den Einsatz im Inneren brauchbar blieb, und ließen die stärker von Bürgerlichen geprägte Landwehr verkümmern.

Österreich und die deutschen Mittel- und Kleinstaaten folgten nicht dem preußischen Modell des „Volks in Waffen". Sie gingen 1805-12 zu einem Wehrpflichtsystem mit etwa zehnjähriger Dienstzeit über, bei dem dann nur ein geringer Teil der Jahrgänge eingezogen wurde und man sich einen Stellvertreter kaufen konnte. So leistete das Bildungs- und Besitzbürgertum faktisch keinen Militärdienst. Dieses blieb ganz allgemein bei seiner Abneigung gegen das Soldatentum. Die Liberalen hätten ohnehin viel lieber eine Miliz gesehen, wie sie in der Schweiz auch realisiert wurde und bis heute besteht.

Daß die Reichweite der Staatstätigkeit stieg, daß der Staatsapparat stärker als früher gewillt und fähig war, nach unten durchzugreifen, zeigte sich in verschiedenen Bereichen. Wo die Steuerverwaltung bisher an Privatleute verpachtet gewesen war, wurde sie in staatliche Regie überführt. Die Reichspost, welche die Thurn und Taxis als Privatmonopol betrieben hatten, ging 1806-67 schrittweise in den Besitz der einzelnen Staaten über. Auch entscheidende Teile des Bildungswesens wurden verstaatlicht. Das Bildungswesen war bis dahin korporativ (Universitäten), privat (besonders städtische Elementarschulen), gemeindlich (größter Teil des Schulwesens) und kirchlich (besonders im katholischen Raum) organisiert gewesen. Durch die Reformen Josephs II. in Österreich und die Humboldtschen Bildungsreformen in Preußen, denen die anderen Staaten folgten, änderte sich dies grundlegend. Die Universitäten gaben ihren Stiftungsbesitz und damit ihre autonome materielle Grundlage an den Staat ab und wurden seitdem ganz aus dem Staatshaushalt finanziert, die Professoren ab jetzt wie Staatsbeamte behandelt. Die Gymnasien wurden unter staatliche Kontrolle gebracht, indem man ein Abitur mit einheitlichen Anforderungen einführte (Preußen 1812), ebenso einheitliche Lehrpläne (Preußen 1837), von Staatswegen Examensanforderungen für Lehrer festsetzte (Preußen ab 1810) sowie eine beaufsichtigende Schulbürokratie aufbaute. Im Elementarschulbereich wurden die Privatschulen fast ganz verdrängt und für die kommunal getragenen Schulen eine staatliche Schulaufsicht eingeführt, deren Durchführung die Regierungen aber zunächst noch weitgehend Geistlichen übertrugen. Die Festsetzung von Lehrplänen und Prüfungen durch die Schulbehörden er-

Gesteigerte Reichweite der Staatstätigkeit

faßte dann in der zweiten Hälfte des 19. Jahrhunderts alle Zweige des Schulwesens.

Auch im Sicherheitsbereich griff der Staatsapparat stärker nach unten durch. Seit Anfang des 19. Jahrhunderts bauten die Staaten dann ergänzend zu den Nachtwächtern, Feldhütern und anderen lokalen Sicherheitskräften, den Verwaltungsbehörden sowie zum Militär eine besondere Sicherheitspolizei auf. Zunächst wurde nach französischem Vorbild eine (zunächst noch kleine) Gendarmerie aufgestellt, d.h. eine militärisch organisierte und zentral geführte Polizeitruppe, deren Streifen auf den Landstraßen patrouillierten (Westfalen/Hannover 1808, Preußen 1812, Württemberg 1823). Die Behörden begannen, systematisch Fahndungslisten zu publizieren. So konnten in den 1820er Jahren die organisierten Diebes- und Räuberbanden weitgehend zerschlagen werden. Die Sicherheit vor Gewaltkriminalität erreichte ein Niveau, das höher lag als je zuvor, höher auch als in Staaten mit schwächerer staatlicher Exekutivgewalt und größeren gesellschaftlichen Freiräumen wie beispielsweise Großbritannien. Neben der Landgendarmerie wurde ferner im Laufe des 19. Jahrhunderts in den großen Städten eine eigene Kriminalpolizei gebildet (Berlin 1811, in den anderen Städten erst in der zweiten Jahrhunderthälfte, so Wiesbaden 1850, Bremen 1876, Bayern 1896). Als weitere Polizei kam dann in den Städten die uniformierte Schutzpolizei hinzu (Berlin 1848).

Um Vaganten und verdächtige Individuen besser kontrollieren zu können, machten die Behörden es im Laufe der Zeit auch nach und nach zur Vorschrift, daß Gastwirte übernachtende Gäste in Fremdenbücher eintragen oder der Ortspolizeibehörde melden mußten und daß man sich beim Wohnungswechsel an- und abzumelden hatte (Kurhannover 1789/92, Preußen 1842). Damit entstand das noch heute vorhandene polizeiliche Meldewesen. Dem besseren Informationsstand der Staatsorgane diente auch die Einrichtung Statistischer Büros, der späteren Statistischen Landesämter, zuerst in Preußen 1805, Bayern 1808 und Württemberg 1820.

Rechtswesen   Auch die Sicherung des Rechts und der Freiheit der Bürger machte Fortschritte, wenn auch weniger stark als der Ausbau des Staatsapparates. Dabei konnte der bürokratische Ordnungs- und Vereinheitlichungswille den bürgerlichen Interessen durchaus gleichgerichtet verlaufen, z.B. im Falle der Kodifikationen. Unter dem Einfluß der Aufklärung begann im späten 18. Jahrhundert in den größeren deutschen Staaten die jahrzehntelange Arbeit an großen Gesetzeskodifikationen. Diese sollten die unüberschaubare Fülle von Reichs- und Landesgesetzen vereinfachen und systematisieren, um das bestehende Recht für die Bürger überschaubar zu machen und die Richter an das Gesetz zu binden. Für Preußen trat 1794 das Allgemeine Landrecht in Kraft, das fast das gesamte Gesetzesrecht in 19.000 Paragraphen aus je einem Satz zusammenfaßte. In Österreich erschienen das Strafgesetzbuch 1787 und das Allgemeine Bürgerliche Gesetzbuch, das mit Änderungen noch heute gilt, im ersten Teil 1786 und vollständig 1811. Indem man Ende des 18. Jahrhunderts amtliche Gesetzblätter einführte, fand auch das Verfahren der Verkündung von Rechtsvorschriften eine einheitliche und damit klare Form. Ende des 18. Jahrhunderts hörten die Fürsten überdies allmählich auf, durch Machtsprüche in Prozesse einzugreifen. Unter dem aufgeklärten Absolutismus und in der Reformzeit trennte man dann zumindest auch auf der mittleren Behördenebene Justiz und Verwaltung voneinander. Bis 1848 wurden Richter jedoch immer wieder von oben gemaßregelt, wurde der Grundsatz ihrer Unabhängigkeit also nicht anerkannt, blieben die Forderungen unerfüllt, die Polizei auf Gefahrenabwehr zu beschränken (unter Verzicht auf Polizeigerichtsbarkeit und Verordnungstätigkeit) und Geschworenengerichte einzuführen.

Nicht übersehen werden sollten die Fortschritte im Strafvollzug. Die Häufigkeit der Todesstrafe ging Ende des 18. Jahrhunderts stark zurück. 1817-66 gab es in ganz Preußen jährlich nur noch durchschnittlich neun Hinrichtungen. Die verschärften Hinrichtungsarten gab man auf. In der Mitte des 19. Jahrhunderts, früher als in den meisten anderen europäischen Ländern, trat die nichtöffentliche Vollstreckung an die Stelle des öffentlichen Hinrichtungsschauspiels. Die letzte öffentliche Hinrichtung auf deutschem Boden fand 1868 in Wien statt. Auch die Verstümmelungsstrafen und andere Körperstrafen sowie der Pranger verschwanden im Laufe der ersten Hälfte des 19. Jahrhunderts. Stattdessen wurde um die Jahrhundertwende die Zuchthausstrafe zur Hauptstrafart. Dieser Wandel war darauf zurückzuführen, daß die Gebildeten zunehmend sensibler wurden und daß die Strafverfolgung an Effektivität gewann, womit die Zeit demonstrativ öffentlicher, weil exemplarischer Bestrafung nur selten gefaßter Täter überholt war.

Indem die Herrschafts- und Abhängigkeitsverhältnisse der Ständeordnung zersetzt wurden und die zwischenmenschlichen Beziehungen in einen öffentlichen und einen privaten Bereich auseinanderfielen, stellte sich die Frage, in welchem Maß der einzelne in seinen Freiheitsrechten geschützt und ihm Mitbestimmungsrechte eingeräumt werden sollten, in zweierlei Weise, nämlich einmal im öffentlichen Bereich als Verhältnis des Bürgers zum Staat und zum anderen innerhalb von nichtöffentlichen Organisationen, d.h. als Familienmitglied innerhalb der Familie, als Arbeiter innerhalb des Betriebs, als Beamter und Soldat innerhalb des Staatsdienstes, als Schüler innerhalb der Schule und als Glaubender innerhalb der Kirchen. Die Forderungen der Liberalen in der ersten Hälfte des 19. Jahrhunderts konzentrierten sich ganz auf den ersten Bereich. Innerhalb des zweiten blieben dagegen weitgehend unangefochten autoritäre Ordnungsprinzipien bestehen, die keine Mitspracherechte der Mitglieder kannten und welche die Stellung der Mitglieder auch kaum durch rechtliche Regelungen schützten. Für die Beziehungen innerhalb des Staatsapparats kam die Lehre vom „besonderen Gewaltverhältnis" auf. Eine Ausnahme bildeten die evangelischen Landeskirchen: dort wurden ab 1816 Kreis- und Provinzialsynoden mit beratender Funktion neben den landesherrlichen Kirchenbehörden eingerichtet. Sie bestanden zuerst nur aus Pastoren, dann auch aus Laien und stellten eine gewählte Vertretung der Kirchenmitglieder dar, gewissermaßen eine Art innerkirchlicher Parlamente. Das Problem politischer Mitbestimmung im öffentlichen Bereich gestaltete sich nun auf den Ebenen der Gemeinde und des Staates unterschiedlich.

Mitbestimmung und Freiheitsrechte

In letzter Zuspitzung des absolutistischen Machtwillens, der alle autonomen Zwischengewalten zwischen dem Monarchen und den einzelnen Untertanen ausschalten wollte, hoben Joseph II. in Österreich und die Reformer der Rheinbundstaaten die Reste landständischer und kommunaler Selbstverwaltung auf. Anders in Preußen. Um den Gemeinsinn der Bürger zu beleben und Staat und Bevölkerung enger zu verbinden, wollte Freiherr vom Stein in allen Gemeinden, Kreisen und Provinzen das Prinzip der Selbstverwaltung einführen. Für die Städte geschah dies durch die Städteordnung im Jahre 1808. Der Plan, die Selbstverwaltung auf das platte Land auszudehnen, scheiterte dagegen für Ostelbien 1820 am Widerstand der Gutsherren. Die wahlberechtigten Bürger in den Städten wählten eine Stadtverordnetenversammlung und diese wiederum den Magistrat. Das Wahlrecht war an den Besitz des Bürgerrechts und an einen Zensus gebunden, so daß in Großstädten etwa sechs bis acht Prozent der Bevölkerung, d.h. ein Drittel der Haushaltsvorstände wahlberechtigt war. Die Verwaltungsaufgaben

Kommunale Selbstverwaltung

wurden weitgehend von gewählten Kommissionen aus ehrenamtlich tätigen Bürgern wahrgenommen, neben denen es nur wenige hauptberufliche Subalternbeamte gab. Die Bürger der ostelbischen Kleinstädte standen ihrer von oben befohlenen Freiheit zunächst recht hilflos gegenüber. Einige Städte fühlten sich völlig überfordert und baten, sie mit der Selbstverwaltung zu verschonen. Tatsächlich waren viele kleine Städte zu einer geordneten Haushaltsführung zunächst nicht fähig. Außer der kommunalen Selbstverwaltung wurden in Preußen auch in den Kreisen und 1823 für die acht Provinzen Vertretungen gebildet. Sie gingen aus einem ständischen und stark beschränkten Wahlrecht hervor. Die Provinziallandtage hatten nur beratende Funktion. Die übrigen deutschen Staaten (außer Österreich) führten nach 1818 die Selbstverwaltung für die städtischen und ländlichen Gemeinden meist wieder ein. Dabei gewährten sie überwiegend begrenztere Befugnisse als die preußische Städteordnung.

Verfassungs-
frage
    Auf Gesamtstaatsebene gestaltete sich das Problem politischer Mitbestimmung schwieriger. 1815 waren sich die deutschen Fürsten auf dem Wiener Kongreß einig, daß der Absolutismus überholt sei, und so legte der Artikel 13 der deutschen Bundesakte fest: „In allen Bundesstaaten wird eine landständische Verfassung stattfinden." Unter einer „Verfassung" verstand man seit der Französischen Revolution ein geschriebenes Gesetz, das die Rechtsbeziehungen der einzelnen Staatsorgane zueinander systematisch zusammenstellt. Verfassungsrechtliche Bestimmungen in Gestalt mehr unsystematischer, inhaltlich begrenzterer Regelungen hatten zur Zeit des ständisch gebundenen Fürstentums natürlich auch die Herrschaftsverträge und Wahlkapitulationen enthalten. Auf der Basis dieser Vorschrift der Bundesakte entstand rasch sehr Unterschiedliches. In den süddeutschen Staaten erließen die Monarchen Repräsentativverfassungen, und zwar Nassau 1814, Bayern und Baden 1818, Württemberg 1819 und Hessen-Darmstadt 1820. Die Regierungen dieser Staaten hofften, daß eine gemeinsame Repräsentation den Zusammenhalt ihrer erst kürzlich erweiterten Territorien festigen werden und die nötige Sicherheit biete, um Staatsschulden aufzunehmen. In den übrigen Mittel- und Kleinstaaten des Deutschen Bundes wurden meist entweder Verfassungen nach altständischem Prinzip erlassen (so u.a. Hannover und Hessen-Kassel) oder einfach die altständischen Ordnungen des 18. Jahrhunderts fast unverändert wieder eingeführt. Einige kleinere Staaten blieben absolutistisch. Ebenso wandelte sich die Schweiz wieder in einen losen Staatenbund, und in ihren ehemals patrizischen Kantonen wurde die oligarchische Verfassung wiederhergestellt. In Preußen enthielt zwar das Allgemeine Landrecht auch verfassungsrechtliche Bestimmungen, aber das in den Jahren 1810 bis 1820 vom König mehrfach gegebene Versprechen, eine Verfassung mit einer gesamtstaatlichen Repräsentation zu schaffen, wurde angesichts der Widerstände konservativer Kräfte nicht eingelöst. Allerdings hätte den Reformpolitikern eine preußische Nationalrepräsentation auch nichts genutzt, da die Reformpolitik dort nicht mehrheitsfähig gewesen wäre. In Österreich wurden die Landstände der einzelnen Länder nach 1790 in alter Zusammensetzung wiederhergestellt, aber mit nur sehr begrenzten Kompetenzen. Kaiser Franz und Metternich lehnten Verfassung und gesamtstaatliche Repräsentation strikt ab. Beiden fehlte jedes Verständnis für die liberalen und nationalen Tendenzen der Zeit. Sie fürchteten nicht zu Unrecht, daß das nationale Selbstbewußtsein der einzelnen Völker der Donaumonarchie, das langsam aufkam, in einer gesamtstaatlichen Repräsentation desintegrierend wirken würde.

    Fast alle Verfassungen, die in deutschen Staaten zwischen 1814 und 1850 in Kraft traten, wurden von den Monarchen aus eigener Souveränität erlassen, ohne daß andere Gremien zustimmten.

Wodurch unterschieden sich nun Repräsentativverfassungen von altständischen Verfassungen? Der altständische Landtag bestand aus mehreren Gruppen – Adel, Bürger, manchmal Geistliche und seit 1815 in einigen Staaten auch Bauern –, in denen die Angehörigen der einzelnen Stände entweder persönlich oder durch instruierte Delegierte aus ihrer Mitte vertreten waren. Dagegen setzten sich die süddeutschen Landtage aus zwei Kammern zusammen: in der ersten Kammer saßen kraft Erbrecht oder landesherrlicher Ernennung im wesentlichen Prinzen, Landesherren und andere Adlige, während die zweite Kammer aus gewählten Abgeordneten bestand. Letztere waren nicht an spezielle Wähleraufträge gebunden, sollten theoretisch die Bevölkerung als Ganzes repräsentieren und stimmten nach Köpfen ab. In der Praxis wiesen aber auch die Wahlverfahren zu den zweiten Kammern ständische Elemente und einen teilweise hohen Zensus auf. Da als Abgeordneter nur in Frage kam, wer wirtschaftlich abkömmlich war und die nötige Bildung besaß, mangelte es hier ebenso wie in der kommunalen Selbstverwaltung meist an geeigneten Kandidaten. Überwiegend saßen in den Volksvertretungen bürgerliche Honoratioren, also örtlich bekannte Anwälte, Lehrer, Geistliche, Professoren oder Fabrikanten sowie auch Adlige. Viele der Abgeordneten waren Beamte. Während altständische Landtage hinter verschlossenen Türen tagten, verhandelten die Kammern öffentlich. Bei dem konstitutionellen Regierungssystem der süddeutschen Staaten war zwar der Monarch an die Verfassung gebunden, die auch Grundrechte enthielt, bildete im Gegenüber von Krone und Kammer aber den entschieden gewichtigeren Teil. Gesetze, neue Steuern, Anleihen und die Gesamtsumme des Etats bedurften der Zustimmung beider Kammern. Deshalb begann man jetzt begrifflich zu unterscheiden zwischen Gesetzen, die zustimmungsbedürftig waren, und Verordnungen, welche die Regierung aus eigenem Recht erlassen konnte. Die Landtage hatten aber kein Recht, selbst Gesetze einzubringen, sie konnten die vom Monarchen ernannten Minister nicht zum Rücktritt zwingen, und sie besaßen keinen Einfluß auf Verwaltung, Armee und Außenpolitik, die ganz vom Monarchen abhingen. Teilweise sahen sich die Kammern überhaupt nur in mehrjährigem Abstand einberufen. Die eigentliche Entscheidungsmacht im Staat lag also auch hier weiter bei der Krone, beziehungsweise, da die Staatsapparate mehr Eigengewicht gewannen und viele Monarchen dieser Jahrzehnte nicht führungsstark waren, bei der höheren Beamtenschaft. In gewisser Weise ähnelten die Machtverhältnisse also wieder denen zur Zeit des ständisch gebundenen Fürstentums im 16. und 17. Jahrhundert.

Während in den drei Jahrzehnten nach 1815 Preußen zwar in der Wirtschaft auf dem Weg zur liberalen Wettbewerbsgesellschaft war, dort aber gleichzeitig in der Politik das obrigkeitliche Element dominierte, wurden die süddeutschen Kammern zu Brennpunkten politischer Diskussion und Zentren des Liberalismus, jedoch in wirtschaftlich weitgehend konservativen Ländern. In Österreich schließlich herrschte politische Friedhofsruhe, vollends, als unter Kaiser Ferdinand ab 1835 die Regierung in völliger Immobilität versank. Es wurde nur noch verwaltet. Aufs Ganze gesehen entsprachen in der Zeit zwischen 1815 und 1848 die Verfassungsverhältnisse der deutschen Staaten ihrer Mittellage in jenem europäischen Entwicklungsgefälle, das von den west- und nordeuropäischen Staaten, die Verfassungen mit hohem Zensus oder ständisch zusammengesetzten Parlamenten hatten, zu den absolutistischen Verhältnissen der italienischen Staaten und Rußlands reichte.

Metternich war seit 1815 konsequent darauf aus, alle Kräfte der Bewegung zu unterdrücken, um die bestehende monarchische Ordnung zu bewahren. Er wünschte, auch die übrigen deutschen Regierungen auf diesen Kurs zu bringen, zunächst ohne Erfolg. Als dann aber am 23. März 1819 ein fanatischer Student den Schriftsteller A. von Kotzebue ermordete, dessen Agententätigkeit für den Zaren bekanntgeworden war, und als wenig später ein gescheitertes Attentat auf den nassauischen Staatsrat K. von Ibell verübt wurde, lieferte dies Metternich den hocherwünschten Vorwand, um zuzuschlagen. Wo nur beharrliche Arbeit Fortschritt hätte bringen können, provozierte ein selbstgefälliger Terrorist leichtfertig jene Reaktion, die dann mit der Wende 1819/20 auch die Reformkräfte endgültig zu Fall brachte, die bis auf weiteres jeden Fortschritt verhinderte und viele Menschen ins Unglück stürzte. Noch im selben Jahr einigten sich die Minister der zehn wichtigsten Bundesstaaten in den Karlsbader Beschlüssen, die vom Bundestag übernommen werden mußten, auf scharfe Repressionsmaßnahmen. Die studentischen Burschenschaften wurden verboten, als staatsfeindlich angesehene Professoren sollten entlassen werden und die Universitäten einer direkten, strengen Staatsaufsicht unterworfen werden. Die Vorzensur, die in der Reformzeit in einigen deutschen Staaten bereits aufgehoben worden war, wurde jetzt für den ganzen Deutschen Bund verbindlich, auf alle Druckschriften unter 320 Seiten ausgedehnt und zu bis dahin noch unbekannter Intensität gesteigert. In Mainz richtete der Deutsche Bund eine „Central-Untersuchungs-Commission" ein, um „revolutionäre Umtriebe und demagogische Verbindungen" aufzuspüren. 1820 legte der Deutsche Bund sich auf das „monarchische Prinzip" fest: in allen deutschen Bundesstaaten sollte die „gesamte Staatsmacht" beim Monarchen liegen, und Landtage sollten nur an der „Ausübung bestimmter Rechte" mitwirken. Damit hofften die Regierungen zu verhindern, daß einzelne Bundesstaaten ihre Verfassungen im liberalen Sinne weiterentwickelten.

In diesem Geist konservativer Obrigkeit belehrte der preußische Innenminister 1837 Elbinger Bürger: „Dem Untertanen ziemt es nicht, an die Handlungen des Staatsoberhauptes den Maßstab seiner beschränkten Einsicht anzulegen und sich in dünkelhaftem Übermute ein öffentliches Urteil über die Rechtmäßigkeit derselben anzumaßen."[55] Die Karlsbader Beschlüsse blieben bis 1848 in Kraft. Durch sie verloren Hunderte ihre Beamtenstellung, wurden aufgrund rechtswidriger Gerichtsurteile ins Gefängnis gesteckt oder flüchteten ins Ausland. Spitzelwesen und Denunziantentum breiteten sich aus. Die Polizeibehörden waren oft kleinlich, kämpften selbst gegen so „staatsgefährliche" Freiheitssymbole wie bestimmte Hut- und Bartformen, verboten das Turnen und zensierten sogar Grabsteininschriften. So sehr das alles nach den Maßstäben der betroffenen Liberalen Despotismus war — totalitärer Vernichtungswille lag jenseits des Zeithorizonts. Manche Gerichte widersprachen auch staatlichen Maßnahmen, Zensoren waren oft verschiedener Meinung, und vor allem handhabten die einzelnen Bundesstaaten die Zensur durchaus unterschiedlich und ließen damit Nischen bestehen.

Insgesamt herrschte in dem Jahrzehnt zwischen 1819 und 1830 in der Öffentlichkeit weitgehend politische Ruhe, zumal die oppositionelle Gesinnung noch auf recht kleine Gruppen beschränkt war, die in der breiten Bevölkerung keine Resonanz fanden. Aber Metternichs Politik erschöpfte sich in dem starren und unfruchtbaren Versuch, noch für eine Weile aufzuhalten, was er selbst pessimistisch für das Unvermeidliche hielt, ohne eine konstruktive Alternative aufzuweisen. So staute sie den Zug der Zeit zu mehr Freiheit zwar zurück, war langfristig aber ohne Zukunft. Im Gegenteil; starre

Reaktionspolitik bewirkt langfristig, daß das, was sie bewahren will, schließlich nur um so kräftiger zerstört wird.

Mit der französischen Julirevolution 1830 endete die politische Ruhe im deutschen Raum. Die Nachricht von dieser Revolution löste in einigen deutschen Mittelstaaten örtliche Unruhen der einfachen Bevölkerung aus. In diesen Bevölkerungskreisen hatten Teuerung, hohe Steuern, niedrige Löhne und willkürliche Polizeimaßnahmen Unzufriedenheit geschaffen, ohne daß diese sich mit klaren politischen Zielen verband. In einigen wenigen Staaten nutzten die liberalen Kräfte des Bürgertums den Druck von der Straße, um ihre eigenen Forderungen nach politischen Reformen gegen absolutistische Monarchen durchzusetzen. In Braunschweig mußte der Herzog flüchten und abdanken, in Hessen-Kassel und Sachsen mußten die Monarchen einen Mitregenten ernennen und sich von den Regierungsgeschäften zurückziehen. 1831-33 erhielten auch Sachsen, Hessen-Kassel, Braunschweig und Hannover Verfassungen repräsentativen Typs. In der Schweiz wurde 1830/31 in 11 der wichtigsten Kantone nach Unruhen die oligarchische Herrschaft gestürzt und das Prinzip der Volkssouveränität durchgesetzt, indem der Große Rat als Repräsentativorgan nach allgemeinem Männerwahlrecht, zum Teil mit Zensus, gewählt wurde. In weiten Teilen des Deutschen Bundes artikulierte sich in den Jahren 1831 und 1832 die politische Opposition immer offener auf zahlreichen Festen und Empfängen. Ihren Höhepunkt fanden sie im Hambacher Fest im Mai 1832. Im April 1833 stürmten etwa 50 meist studentische Heißsporne in Frankfurt, dem Sitz des Deutschen Bundes, die Hauptwache, um einen allgemeinen Umsturz auszulösen. Das dilettantische Unterfangen scheiterte allerdings kläglich, da es von der Bevölkerung nicht unterstützt wurde. Auf dieses ganze Aufschäumen politischer Bewegung reagierte der Deutsche Bund damit, daß er 1832 die Zensur verschärfte und öffentliche politische Reden verbot und daß erneut zahlreiche Führer der Opposition aus Staatsämtern entlassen und verfolgt wurden.

Aber es war nicht mehr zu verhindern, daß politisches Bewußtsein sich ausbreitete, die Konflikte sich häuften und sich eine diffuse, aber wachsende Unzufriedenheit aufstaute. Indem das Gewerbe sich entwickelte, stiegen Bedeutung und Selbstbewußtsein des gehobenen Bürgertums, und dieses erhob jetzt zunehmend Anspruch auch auf politische Mündigkeit. Es forderte mehr Einfluß für die Kammern in den Mittelstaaten und eine Verfassung in Preußen, aber die Regierenden lehnten strikt ab. Als 1837 der König von Hannover in einem Staatsstreich die Verfassung aufhob, wagten sieben namhafte Göttinger Professoren den öffentlichen Protest (alle übrigen Beamten muckten nicht). Das kostete die sieben ihre Ämter, aber ihr couragiertes Handeln fand breites Echo und förderte das Entstehen einer kritischen öffentlichen Meinung, und 1840 mußte der König eine neue Verfassung erlassen. Breitere Kreise empfanden es zunehmend als ärgerliche Bevormundung, daß das öffentliche Leben polizeilich überwacht wurde und die Bürokratie einen obrigkeitlichen Umgangsstil pflegte und die Menschen durch zahlreiche Vorschriften gängelte, die beispielsweise in Berlin und München selbst das Tabakrauchen in der Öffentlichkeit verboten. Hinzu kam, daß in den 40er Jahren das Handwerk durch Gewerbefreiheit, Überfüllung und aufkommende Fabriken unter dem Druck sich verschärfender Konkurrenz geriet und sich damit in diesen Kreisen die Stimmung verschlechterte. Kurzum, im Laufe der 40er Jahre empfanden viele Deutsche die bestehenden Verhältnisse als immer weniger akzeptabel. Auch die meisten Regierungen fingen an, daran zu zweifeln, ob die Verhältnisse sich noch lange halten ließen. Verschärft wurde die Lage, als 1845-47 Mißern-

Unzufriedenheit und Repression

ten die Nahrungsmittelpreise hochtrieben, aber ab Herbst 1847 besserte sich die Wirtschaftslage wieder.

Früher als im Deutschen Bund gerieten die Dinge in der Schweiz in Bewegung. Gegen die Angriffe von liberal-demokratischer Seite auf die Privilegien der katholischen Kirche schlossen sich 1845 sieben katholische, konservatische Kantone zu einem Sonderbund zusammen. Die liberale Mehrheit der Kantone forderte die Auflösung des Sonderbunds und warf diesen dann 1847 in einem dreiwöchigen Krieg nieder. Damit war der Weg frei, um die Schweiz mit der neuen Verfassung von 1848 im Sinne der liberalen Vorstellungen zu gestalten. Durch sie wurde die Schweiz vom Staatenbund zu einem Bundesstaat mit handlungsfähigen Zentralorganen. Die Bundesversammlung besteht aus zwei Kammern: einem Nationalrat, der alle drei Jahre nach allgemeinem Wahlrecht gewählt wird (damals: Männerwahlrecht), und einem Ständerat, in den jeder Kanton zwei und jeder Halbkanton einen Vertreter entsendet. Die Bundesversammlung wählt den Bundesrat, der als Kollegialorgan Staatsoberhaupt und Bundesregierung darstellt. Die Schweiz führte damit als erster europäischer Staat auf Dauer ein System ein, bei dem die Regierung aus allgemeinem (Männer-)Wahlrecht hervorging. Auf der Ebene der 25 einzelnen Kantone hatten, nachdem 1848 auch Zug und Schwyz zum Repräsentativsystem übergegangen waren, nur noch sechs kleine Kantone Landsgemeindedemokratien. Die direkten Mitwirkungsmöglichkeiten wurden aber bald wieder gestärkt, indem Bauern und Handwerker gegen das dominierende liberale Bürgertum in den meisten Kantonen und mit der Verfassungsrevision von 1874 auch auf Bundesebene das fakultative Referendum durchsetzten; danach müssen Gesetze einer Volksabstimmung unterworfen werden, wenn eine bestimmte Zahl von Bürgern es verlangen. Praktisch bedeutet das eine Art Vetorecht der Bürger.

In den Staaten des Deutschen Bundes lieferte die Nachricht von der Februarrevolution in Paris 1848 den Funken, der den angesammelten Zündstoff zur Explosion brachte. Schlagartig politisierten sich große Teile der Bevölkerung. Zahl und Auflage der Zeitungen schnellten in die Höhe. Eine Welle von Versammlungen rollte durchs Land. Man verfaßte eine Flut von Petitionen, alleine 17.000 an die Nationalversammlung in Frankfurt und 13.451 an die Berliner Versammlung. Das Bildungs- und Besitzbürgertum erhob die klassischen liberalen Forderungen: Pressefreiheit, Geschworenengerichte, Versammlungs- und Vereinsfreiheit, Volksmiliz, in Preußen und Österreich auch nach Verfassung. Die Bauern forderten dagegen in den meisten Gebieten konkrete materielle Befreiungen: Steuern, Marktstandsgelder, Feuerversicherungsbeiträge, Hebammen- und Schullehrergehälter und dergleichen sollten aufgehoben oder herabgesetzt werden, und vor allem wollten sie die grundherrlichen Abgaben und Dienste loswerden, wo solche noch bestanden. Nur im Nordosten blieb die Landbevölkerung völlig ruhig. In den südwestdeutschen Standesherrschaften, wo also praktisch eine doppelte Obrigkeit und Abgabenlast bestand, und in Oberschlesien, wo die Ablösung der grundherrlichen Rechte verschleppt worden war, kam es zu Unruhen, bei denen teilweise die bewaffneten Bauern die grundherrlichen Schlösser stürmten und die Urkunden verbrannten, welche die bäuerlichen Lasten nachwiesen. Handwerker forderten die Wiederherstellung der Zünfte. Vereinzelt zerstörten Handwerker, Heimarbeiter und Lohnarbeiter auch die verhaßten Maschinen, Eisenbahnen und Dampfschiffe, von denen sie meinten, daß sie ihnen das Brot wegnähmen. Landarbeiter und Gesinde hingegen blieben bei alledem unbeteiligt.

Die Obrigkeiten, ohnehin meist längst unsicher geworden, gaben durchweg rasch nach. Die bäuerliche Forderung, die letzten grundherrlichen Rechte zu beseitigen, wurde in Süddeutschland von Grundherren und Regierungen umgehend erfüllt, in Oberschlesien nach einigem Zögern im Oktober ebenfalls, wobei während dieser Verzögerung die Demokraten unter den Bauern zunehmend Anhänger gewannen, und für Österreich im September auch. Die Bundesversammlung hob im März die Vorzensur und im April alle seit 1819 erlassenen Ausnahme- und Unterdrückungsgesetze auf. In den Mittel- und Kleinstaaten beriefen die Fürsten meist im März schnell liberale Ministerien. Nur in Berlin und Wien kam es zum Blutvergießen. In Berlin fand am 18. März eine Dankeskundgebung für die liberalen Zugeständnisse König Friedrich Wilhelms IV. statt. Als sich dabei aus der Truppe zwei Schüsse lösten, schlug die Stimmung der Menge um, und bis in die Nacht hinein tobten Straßen- und Barrikadenkämpfe. Sie blieben unentschieden. Am nächsten Tag zog der König die Truppen aus Berlin ab und versuchte, sich in unklarer Weise an die Spitze der Bewegung zu stellen. Ende März berief er ein liberales Ministerium, und im Mai trat eine verfassungsgebende preußische Nationalversammlung zusammen, die nach allgemeinem und gleichem Männerwahlrecht gewählt war. In Wien setzte die Regierung im März gegen die Demonstranten zunächst Militär ein, gab dann aber doch nach. Metternich, das Symbol der Repression, wurde entlassen und floh. Da aber kein wirklich liberales Ministerium ernannt wurde, radikalisierte sich die Bewegung in Wien. Im Mai kam es zu einem zweiten Aufstand. Darauf berief die Krone einen verfassungsgebenden Reichstag ein, der dann im Juni in Wien eröffnet wurde.

In Frankfurt am Main trat am 18. Mai die deutsche verfassungsgebende Nationalversammlung zusammen. Sie war das erste gesamtdeutsche Parlament der deutschen Geschichte. 80-90 Prozent der erwachsenen Männer waren bei gleichem Wahlrecht wahlberechtigt gewesen. Da sich auch in diesen politisch aufgewühlten Wochen die Unterschichten weitgehend unbeteiligt abseits hielten, lag die Wahlbeteiligung zwischen 40 und 75 Prozent. Die Abgeordneten der Paulskirchenversammlung waren meist örtlich bekannte bildungsbürgerliche Honoratioren: mindestens 75 Prozent von ihnen hatten eine Universität besucht, 60 Prozent hatten Jura studiert, 54 Prozent waren Beamte (davon 12 Prozent Universitäts- oder Gymnasialprofessoren), dagegen nur 7 Prozent Kaufleute und Unternehmer, 0,5 Prozent Handwerker, 0,4 Prozent Bauern und keiner Arbeiter.

Da sich in der Bevölkerung zwar Unzufriedenheit, aber kein Haß gegen die Monarchen angesammelt hatte, und da die Monarchen rasch die wichtigsten Forderungen erfüllten, radikalisierte sich die Bewegung zunächst fast nirgends, und die Bereitschaft zur Gewalt blieb gering. Kein Schloß eines regierenden Fürsten wurde zerstört. In der Bevölkerung herrschte die Hoffnung, auf der Basis der Märzerrungenschaften einvernehmlich mit den Fürsten zusammenarbeiten zu können.

Die Liberalen schienen im Frühjahr fast kampflos zur Herrschaft gekommen zu sein. Aber es war ein Scheinsieg. Überall bestanden die regulären Truppen weiter und blieben gehorsam unter dem Kommando der Monarchen und Generäle. Und seit April 1848 zerfiel die revolutionäre Bewegung rasch. Als die Bauern durch die Regelung der Frage grundherrlicher Lasten zufriedengestellt waren, schieden sie als revolutionäres Element aus und zogen sich ins Private zurück. In Österreich gingen viele bäuerliche Abgeordnete einfach in ihre Dörfer zurück, nachdem der Reichstag die Lastenablösung endgültig beschlossen hatte. Die allgemeinpolitischen Forderungen der Liberalen bedeuteten ihnen nichts; wer keine Zeitung las, dem konnte Pressefreiheit

1848/49: Verlauf und Ende der Revolution

gleichgültig sein. Die Bildungs- und Besitzbürger, die in den Märzministerien und der deutschen Nationalversammlung saßen, hatten auch mit der Mehrzahl der städtischen Bevölkerung nur begrenzte Interessen gemeinsam: die gegen Gewerbefreiheit und Industrie gerichteten Wünsche der Kleinbürger wollten sie nicht erfüllen, und wo es bei Unruhen zu Übergriffen auf das Eigentum kam, schritten die Märzministerien energisch dagegen ein. Innerhalb der Kräfte der Bewegung trat rasch die Spaltung in gemäßigte, reformerische Liberale einerseits und radikale Anhänger von Volkssouveränität und Republik andererseits offen hervor. Erstere hatten unter den Abgeordneten der Nationalversammlung und unter den Anhängern in der Bevölkerung das Übergewicht. Die Radikalen stellten immer neue Forderungen, ohne die politische Macht hinter sich zu haben, sie durchzusetzen. Sie beriefen sich ständig auf Demokratie und den Volkswillen, aber wenn die Mehrheit mit ihnen nicht übereinstimmte, taten sie diese als unaufgeklärt ab und scheuten sich dann nicht, den angeblich objektiven Mehrheitswillen auch diktatorisch gegen die reale Mehrheit durchzusetzen. Im April 1848 rief Friedrich Hecker in Konstanz die deutsche Republik aus, doch seine Aufstandsbewegung brach nach wenigen Tagen mangels Zulauf kläglich zusammen. Im September 1848 unternahmen die Demokraten in Frankfurt einen Aufstand gegen die Nationalversammlung, und in Lörrach rief Gustav Struve erneut die deutsche Republik aus. Beides blieb ohne nennenswerten Zulauf und scheiterte genauso kümmerlich. Solcher aussichtslose Aktionismus mußte Gegenschläge der Reaktion provozieren und behinderte damit objektiv die Durchsetzung von Freiheit und Demokratie. Unterdessen erholten sich die Konservativen von ihrem lähmenden Schreck der Märzwochen. In der Frankfurter Nationalversammlung waren sie nicht vertreten, aber draußen im Lande begannen sie sich inzwischen als Kraft gegen die Revolution zu formieren.

In Wien kam es durch Studenten und Arbeiter zu einer Radikalisierung. Die radikale Minderheit brachte Anfang Oktober 1848 in Straßenschlachten Wien in ihre Gewalt. Im übrigen Land fand sie aber keinerlei Anhang und war damit von vornherein isoliert und in aussichtsloser Lage. Nach drei Wochen eroberten kaiserliche Truppen Wien in heftigen Kämpfen zurück. Die Regierung verlegte den Reichstag in das mährische Provinzstädtchen Kremsier und löste ihn schließlich im März 1849 auf. Dezember 1848 wurde auch die Schwäche an der Spitze des Hauses Habsburg beseitigt, indem Kaiser Ferdinand abdankte und durch seinen 18jährigen Neffen Franz Joseph ersetzt wurde.

In Berlin wurden innerhalb der preußischen verfassungsgebenden Versammlung die radikalen Tendenzen immer stärker, welche die monarchische Autorität entscheidend zu schwächen suchten. Als die konservativen Kräfte sich genügend gesammelt hatten und sich schließlich stark genug fühlten, holte der König Anfang November 1848 zum Gegenschlag aus: er ernannte ein konservatives Ministerium, ordnete die Verlegung der Nationalversammlung in die Stadt Brandenburg an und ließ eine überwältigende Truppenmacht von 40.000 Mann in Berlin einmarschieren, so daß die Machtverhältnisse von vornherein klar waren. Ein Aufruf der Nationalversammlung zum Steuerstreik blieb ohne Resonanz. Anfang Dezember wurde sie aufgelöst.

Unterdessen erarbeitete die Frankfurter Nationalversammlung in monatelanger Beratung einen detaillierten Katalog von Grundrechten und verabschiedete schließlich im März 1849 eine Reichsverfassung. Indem der preußische König die Kaiserkrone ablehnte, wurde diese Arbeit hinfällig. Die österreichischen und erbkaiserlichen Abgeordneten verließen nun die deutsche Nationalversammlung, die dadurch ganz unter den Einfluß der Radikalen geriet. Das machtlose Rumpfparlament verlegte seinen Sitz nach Stuttgart und rief zur revolutionären Erhebung auf. In Baden, der Pfalz und Dresden kam es daraufhin im Mai 1849 zu bewaffneten Aufständen. Sie wurden von weit überlegenen preußischen Truppen rasch niedergeworfen. Als letzte kapitulierten die Aufständischen in der Festung Rastatt. Hochverratsprozesse und Erschießungen folgten. Die meisten deutschen Regionen hatten sich an diesem chancenlosen Epilog gar nicht erst beteiligt.

Insgesamt gab es 1848/49 im Gebiet des Deutschen Bundes auf seiten der Revolutionäre etwa 2.000-3.000 Tote. Die Kritik der Waffen hatte über die Waffen der Kritik gesiegt, und überall saßen die alten Kräfte wieder fest im Sattel. Außer in der Schweiz machten in allen deutschen Staaten die Regierungen nach 1849 einen Teil der revolutionären Errungenschaften wieder rückgängig. Dennoch war es kein völliges Scheitern – manche Errungenschaften sind auf der einzelstaatlichen Ebene auch durchaus erhalten geblieben. Die Befreiung der Bauern von grundherrlichen Lasten war auch in den süddeutschen Staaten und Österreich durchgesetzt worden. Das Großbürgertum konnte als Erfolg verbuchen, daß in Preußen bisherige Hemmnisse für die Gründung von Aktiengesellschaften ab 1848 weitgehend entfielen. In fast allen deutschen Staaten, darunter auch Preußen, aber nur zum Teil in Österreich, blieben das System der Vorzensur, die Patrimonialgerichtsbarkeit und das grundherrliche Jagdrecht auf fremdem Boden abgeschafft, erhalten blieb das 1849 verbindlich eingeführte Verfahren des mündlichen und öffentlichen Strafprozesses mit Geschworenengerichten und das ebenfalls durchgesetzte Prinzip der Unabsetzbarkeit der Richter, das ihre Unabhängigkeit sichern sollte, und ferner wurde auch die Beseitigung mancher kleinlicher Polizeiverbote nicht widerrufen (z.B. Tabakrauchen in der Öffentlichkeit).

Österreich kehrte 1851 wieder zum Absolutismus zurück, während Preußen Verfassungsstaat wurde. Der preußische König erließ die Verfassung 1849 aus freien Stücken (revidiert 1850). Sie galt bis 1918. Die Verfassung enthielt einen Grundrechtekatalog, und die Stellung des Parlaments war stärker als bei jeder bisherigen Verfassung eines deutschen Bundesstaates. Es mußte mindestens einmal jährlich berufen werden und besaß das volle Budgetrecht. Dieses und die Gesetzgebung wurden von beiden Kammern und dem König gemeinsam ausgeübt. Die militärische Kommandogewalt blieb in der ausschließlichen Verfügung der Krone, die Minister konnten vom Parlament nicht gestürzt werden. Die erste Kammer war seit 1854 ein Herrenhaus nach dem Vorbild des britischen Oberhauses und bestand aus erblichen Mitgliedern altadliger Familien und vom König ernannten Mitgliedern. Die zweite Kammer, der Landtag, wurde nach allgemeinem Männerwahlrecht gewählt. Dabei wurde die Wählerschaft nicht mehr ständisch, sondern in den einzelnen Wahlkreisen nach der Höhe ihres Steueraufkommens in drei Klassen von jeweils insgesamt gleich hohem Steueraufkommen gegliedert, und jede Klasse wählte die gleiche Zahl von Wahlmännern, die dann den Wahlkreisabgeordneten wählten. 1849 entfielen auf die erste Klasse 4,7 Prozent der Wahlberechtigten, auf die zweite 12,6 und auf die dritte 82,7 Prozent. Als Kompromiß zwischen liberalen und konservativen Vorstellungen wurde diese Verfassung und auch das Dreiklassenwahlrecht von einem großen Teil der Liberalen begrüßt. In ihr standen Krone und Parlament einander gegenüber, ohne daß einem von beiden ein klarer Vorrang eingeräumt worden wäre. Das Verhältnis zwischen Regierung und Parlament blieb offen. Es schien für das Bürgertum durchaus denkbar, auf der Basis dieser Verfassung die Praxis der Ministerverantwortlichkeit gegenüber dem Parlament zu entwickeln.

Ergebnis der Revolution

War es zwangsläufig, daß die Revolution von 1848/49 für die liberalen Kräfte nicht günstiger ausging? Indem die versuchte Reichsgründung an der Problematik der nationalen Frage und an der Beharrungskraft der einzelstaatlichen Dynastien völlig scheiterte, war natürlich auch die Reichsverfassung erledigt, aber ein Scheitern der Reichsgründung schloß keineswegs liberale Erfolge auf einzelstaatlicher Ebene aus. Wenn die liberalen Kräfte in den Einzelstaaten nicht erfolgreicher waren, so deshalb, weil es ihnen an der nötigen revolutionären Schubkraft fehlte, um ihre Ziele zu erzwingen. Ein revolutionärer Durchbruch kann stets nur gelingen, wenn die Masse der Bevölkerung an den wesentlichen Zielen der Revolution vital interessiert ist und sich aktiv dafür einsetzt und wenn dadurch den revolutionären Kräften auch starke eigene bewaffnete Kräfte zuwachsen. Diese Voraussetzungen waren 1848/49 jedoch nicht gegeben. Da in einem Agrarstaat die Bauern die weitaus größte Bevölkerungsgruppe ausmachen, mußte deren Haltung entscheidend sein. Die Bauern waren nun schnell beruhigt, und die Streitkräfte, die hauptsächlich aus Bauernsöhnen bestanden, blieben stets ein zuverlässiges Instrument in der Hand der Monarchen (außer in Baden). Der militärische Wert zeitweiliger örtlicher Bürgermilizen war nur gering. Bei allen großen Revolutionen wie Frankreich 1789, Mexiko 1912, Rußland 1917 und China (1928/45 bis 1949) wäre der Erfolg undenkbar gewesen ohne die revolutionäre Bewegung breiter Bauernmassen und den teilweisen Zerfall der alten Armeen. Warum aber fehlte es im deutschen Raum 1848/49 an revolutionärer Schubkraft? Ein Vergleich mit der Französischen Revolution von 1789 zeigt es schnell: von jenen Errungenschaften der Französischen Revolution, die auch über Napoleon und die Restauration hinweg dauerhaft blieben* und die während der Revolution erst gesichert waren, nachdem der hinhaltende Widerstand der alten Kräfte bereits die Radikalisierung der Revolution provoziert hatte, wurde der größte Teil in den meisten deutschen Staaten während der Reformzeit durch Reformen von oben eingeführt und der verbleibende Rest im Frühjahr 1848 weitgehend ohne Zögern bewilligt. 1848 bestand im deutschen Raum auch keine große Wirtschaftskrise oder äußere Bedrohung, die Massenverzweiflung erzeugt und damit den Nährboden für eine politische Radikalisierung bereitet hätte. Insofern fehlt auch die Basis für die Auffassung, die Revolution sei daran gescheitert, daß das liberale Bürgertum versagt und aus Furcht vor der „roten Gefahr" der städtischen Unterschichten vorzeitig die Revolution abgebrochen hätte. Noch weniger kann davon die Rede sein, daß die Deutschen aufgrund einer spezifisch deutschen Untertanengesinnung überhaupt zu Revolutionen unfähig seien. Wo die traditionell Herrschenden jene Umstrukturierungen, die langfristig unvermeidlich sind, rechtzeitig von oben durchführen, können sie in weit stärkerem Maße Anteil an der Macht behalten als im anderen Falle. Das zeigt auch das Beispiel der lang andauernden politischen Führungsstellung der englischen Aristokratie. Insofern trug gerade die Große Revolution in Frankreich als Lehrstück für Obrigkeiten dazu bei, daß es in den deutschen Staaten eben nicht zu einem vergleichbaren Ausbruch kam. Gerade weil Frankreich eine erfolgreiche Revolution gehabt hatte, erlebten die deutschen Staaten keine. Die Spaltung der deutschen Revolutionäre in Liberale und radikale Demokraten war für den

---

* Dauerhafte Errungenschaften der Französischen Revolution waren vor allem die Aufhebung grundherrlicher und sonstiger ständischer Rechte und Privilegien, die Säkularisierung des Kirchenbesitzes, die Freiheit von Zunft- und Flurzwang und die Beseitigung der kleinräumigen Rechtszersplitterung in Frankreich.

Ausgang der Revolution zweitrangig und nur insofern von Belang, als sie das Klima für eine Reformpolitik auf der Basis von Vereinbarungen zwischen Liberalen und alten Gewalten zerstörte und die Aktionen der Radikalen der Gegenrevolution Auftrieb gaben. In einer solchen kooperierenden Reformpolitik hätte angesichts der gegebenen politischen Kräfteverhältnisse 1848 die einzige Chance gelegen, weitergehende liberale Forderungen durchzusetzen, wenn es sie überhaupt gab.

Fehlende „bürgerliche Revolution"?

Hat nun die Tatsache, daß sich das Besitz- und Bildungsbürgertum 1848 den Besitz der politischen Macht nicht revolutionär erkämpfen konnte, die Entwicklung freiheitlicher und demokratischer politischer Ordnungsformen langfristig entscheidend beeinträchtigt? Dieser häufig gestellten Frage liegt die Vorstellung einer „bürgerlichen Revolution" zugrunde, in der das Wirtschaftsbürgertum durch einen revolutionären Akt den Adel von der politischen Macht verdrängt und in der die nötigen Rahmenbedingungen für Kapitalismus und Industrialisierung geschaffen werden, eine Umbruchphase, durch die deshalb jedes Land auf dem Weg zur demokratischen und industriellen Moderne hindurch müsse – so wie jeder Mensch durch die Pubertät. Tatsächlich war es aber bei den beiden angeblichen Paradebeispielen England 1640/88 und Frankreich 1789 durchaus nicht so, daß die politische Macht vom Adel auf das Bürgertum übergegangen wäre, wie die Zusammensetzung der politischen Führungsschichten in den Jahrzehnten nach diesen Jahren deutlich zeigt. Beide Länder standen auch nicht am unmittelbaren Beginn der Industrialisierung; der politische Einschnitt brachte also keinen Durchbruch zur wirtschaftlichen Umwälzung mit sich, und er war auch nicht für die Durchsetzung einer gewinnorientierten Wirtschaftshaltung verantwortlich. Umgekehrt haben Dänemark, Schweden und Norwegen sich ohne jeden revolutionären Bruch durch schrittweise Reformen zu stabilen Demokratien entwickelt. Und schließlich sind in den meisten deutschen Staaten jene Strukturveränderungen, die für die Industrialisierung notwendige Voraussetzung darstellen, von oben geschaffen worden, nämlich durch die Reformzeit und durch die Gesetzgebung des Deutschen Reiches in den 1870er Jahren, ohne daß dabei die politischen Mitbestimmungsmöglichkeiten erweitert worden wären. Es zeigt sich also: weder für eine Demokratisierung des Staates noch für die Industrialisierung ist eine bürgerliche Revolution im genannten Begriffsverständnis eine notwendige Voraussetzung, noch bewirkte sie tatsächlich, was ihr oft zugeschrieben wird. Überhaupt vollziehen sich grundlegende Veränderungen eben weniger in kurzzeitigen Eruptionen großer Revolutionen als vielmehr in einer langen Abfolge kleiner Schritte, in langfristigen Prozessen.

6.7 Erbe

In der ersten Hälfte des 19. Jahrhunderts erlebten die Deutschen vor allem auf dem Feld rechtlicher und organisatorischer Strukturen und geistiger Leitbilder wesentliche Neuerungen, die bis heute gültig und wirksam geblieben sind. In dieser Zeit sind entscheidende Voraussetzungen dafür geschaffen worden, daß die Deutschen sich als Individuen zunehmend freier entfalten konnten, und zwar in gesellschaftlicher Hinsicht, indem der einzelne aus den persönlichen Bindungen der Ständegesellschaft freigesetzt wurde, in politischer Hinsicht, indem die politischen Freiheitsrechte programmatisch entwickelt wurden, und in geistiger Hinsicht, indem die allgemeine Schulpflicht weitgehend durchgesetzt wurde, denn ohne Alphabetisierung ist geistige Mündigkeit in einer komplexer werdenden Welt nicht denkbar. Die Beseitigung grundherrlicher Zwischengewalten, die Aufhebung von Fronpflichten und Schollenbindung, Zunftzwang und Flurzwang, der Abbau adliger Privilegien und die Lockerung hausherrschaftlicher Gewalt stellten einen Fortschritt an persönlicher Freiheit dar, der seitdem nicht wieder zurückgenommen worden ist. Die damit gleichzeitig entstandenen freien Märkte für Waren, Boden und Arbeitskraft bestehen bis heute (in der DDR vorübergehend aufgehoben). Im politischen Raum konnten Freiheitsrechte in dieser Epoche allerdings erst in geringem Maße realisiert werden. Die Schweiz erhielt 1848 ihre (mit der Revision von 1874) bis heute geltende Verfassung, aber für Deutschland im engeren Sinne begründete das Jahr 1848 keine Tradition einer erfolgreichen Revolution. Die Erinnerung an das Geschehen dieses Jahres war nie mit Gefühlen der Befriedigung und des Stolzes verbunden, sondern mit dem Empfinden der Vergeblichkeit und des Scheiterns. Doch sollte das in dieser Epoche Erreichte auch in politischer Hinsicht nicht unterschätzt werden. Mit den Parlamenten in den einzelnen Bundesstaaten hat die Tradition des Parlamentarismus in Deutschland eingesetzt. Im Liberalismus formierte sich das auf mehr individuelle Freiheit und politische Teilhabe gerichtete Denken zur politischen Bewegung. Der Glaubenszwang hat ein Ende gefunden. Die liberale Rechtsstaatsidee ist bis Mitte des 19. Jahrhunderts in den meisten deutschen Staaten weitgehend durchgesetzt worden. In der Reichsverfassung von 1849 wurden die Grundrechte zum ersten Mal in Deutschland klar und zusammenhängend formuliert. Dieser Grundrechtekatalog trat zwar nicht in Kraft, aber er hat später die

Weimarer Reichsverfassung von 1919 und damit auch das Grundgesetz von 1949 beeinflußt. Die Verfassungsprinzipien des Liberalismus trafen in den folgenden Jahrzehnten noch auf manche Widerstände, sind aber heute in der Bundesrepublik Deutschland und Österreich und auch in der Schweiz verwirklicht und von einer Parteimeinung zum allgemein anerkannten Traditionsbestand geworden. Indem sich zugleich mit dem Liberalismus konservative Gegenpositionen formierten, ist überdies jenes Schema von „rechts" und „links" entstanden (nach der Sitzordnung im Parlament benannt), in das politische Richtungen bis heute eingeordnet werden.

Eng verbunden mit dem Liberalismus entstand in der ersten Hälfte des 19. Jahrhunderts auch die neue deutsche Staatsnation, einschließlich ihrer noch heute verwendeten Symbole. Dies war eine entscheidende Voraussetzung dafür, daß Bayern, Sachsen, Preußen und fast alle anderen Bundesstaaten nicht auf Dauer souveräne Staaten geblieben und zu eigenen Staatsnationen geworden sind, sondern daß die meisten Deutschen sich im weiteren Verlauf ihrer Geschichte wieder in einem gemeinsamen staatlichen Rahmen zusammenfanden. Diese (reichs-)deutsche Staatsnation besteht bis in die Gegenwart, obgleich sie in der Zeit der Trennung von BRD und DDR brüchig geworden war.

Die Reformzeit hat nicht nur die Freisetzung des Individuums gebracht, sondern auch Effizienz und Reichweite staatlicher Verwaltung enorm gestärkt. Hier beginnt eigentlich die Bürokratie im heutigen Sinne mit formalen Regelungen der Amtsgeschäfte und klarer Hierarchie, fachlich vorgebildetem Personal und formalen Einstellungsvoraussetzungen. Seitdem hat sich die staatliche Bürokratie immer weiter ausgedehnt, und ihre Organisationsprinzipien haben Vorbildcharakter auch für Unternehmensverwaltungen und andere Bereiche gewonnen. Mit der Einführung von Abitur und Staatsexamen ist das Berechtigungswesen ins Leben getreten, das den Zugang zu bestimmten Stellen an formale Bildungsqualifikationen knüpft, die durch staatliche Prüfungen erworben werden, und das seitdem auf immer mehr Berufe ausgedehnt worden ist. Zusammen mit einer gewissen Privilegierung der Akademiker hat das dazu geführt, daß akademische Titel auch zu einem wichtigen Statussymbol geworden sind. Auch die preußische Idee der allgemeinen Wehrpflicht ist seit der Reformzeit nicht mehr verschwunden.

Im Laufe dieser Epoche ist bemerkenswerterweise nicht nur der Staatsapparat wirksamer geworden, sondern zugleich in Reformpolitik und Repressionspolitik auch die mögliche Doppelgesichtigkeit eines starken Staates offenkundig geworden: einerseits war er die Voraussetzung dafür, daß der einzelne aus den Zwängen von korporativen und genossenschaftlichen Zwischengewalten befreit und der Fortschritt gegen Partikularinteressen durchgesetzt werden konnte, zugleich erwies er sich, weil unkontrolliert, nach 1819 seinerseits als Quelle neuer Gefährdungen für die Freiheiten des einzelnen.

Für die deutsche Geschichte war es bedeutsam, daß die Neuerungen um die Jahrhundertwende nicht von unten erkämpft, sondern als Reformen von oben durchgeführt wurden. Das stärkte die schon im Absolutismus angelegte Tradition eines starken Staats. Es schuf Vertrauen in die Leistungsfähigkeit des Staats ebenso wie die Erwartungshaltung, daß Probleme durch staatliche Regelungen gelöst werden sollten. Anknüpfend an die Erfahrungen der Reformzeit idealisierte Hegel den Staat zur Wirklichkeit der sittlichen Idee, zur überparteilichen Verkörperung des Gemeinwohls, als welcher er Vorrang beanspruchen dürfe vor den bürgerlichen Individuen, deren Interessen nur darauf gerichtet seien, ihre eigenen Bedürfnisse zu befriedigen. Dieses

Staatsverständnis trug in der Folgezeit dazu bei, obrigkeitlichen und illiberalen Kräften den Rücken zu stärken und die Demokratisierung zu verzögern. Nach dem schrecklichen Mißbrauch der Staatsgewalt in der NS-Zeit ist in der Bundesrepublik Deutschland dieses Vertrauen in die staatliche Macht stark geschrumpft; die Erwartungshaltung an die ordnende Leistung des Staats lebt dagegen durchaus weiter.

Daß der Weg in die verwaltete Welt in den meisten deutschen Staaten besonders effektiv und konsequent beschritten worden ist und daß dies bis heute prägend nachwirkt, zeigt ein vergleichender Blick aufs Ausland. In Italien und Rußland, die ebenfalls Absolutismus, aber keinen vergleichbaren Reformschub erlebten, blieb der Staatsapparat bis zum Ersten Weltkrieg in korrupter Ineffizienz stecken, und die Masse der Bevölkerung nahm ihn kaum anders denn als Instrument der Repression wahr. Das wirkt bis heute nach. So verlassen sich Italiener oft lieber auf die Familie und gute Beziehungen als auf die staatliche Verwaltung, neigen weniger zu Ordnungsdenken als Deutsche, und öffentliche Vorschriften und Regelungen werden in Italien vielfach als weniger verbindlich angesehen und erweisen sich dann als nur mäßig wirksam. In Großbritannien und den USA dagegen griff die Staatsmacht nie so weit regelnd nach unten durch wie in den deutschen Staaten seit der Reformzeit; in Großbritannien standen Interessen und Macht der im Parlament vertretenen Kreise dem entgegen, in den USA waren überhaupt, bedingt durch die Besiedlungsgeschichte, in gewisser Weise die Individuen und die Gesellschaft vor dem Aufbau staatlicher Bürokratie da und begründeten eine starke Tradition lokaler Autonomie. Es ist symptomatisch, daß diese beiden angelsächsischen Staaten bis heute keine polizeiliche Meldepflicht (und auch keinen Personalausweis) kennen und daß auch das Bildungswesen dort weniger verstaatlicht ist. Vor allem in den USA ist ein großer Teil der Colleges und Universitäten privat; in Ermangelung vereinheitlichender zentraler Regelungen gibt es eine große Streubreite von Eliteanstalten bis zu provinziellen Hochschulen mit geringem Ruf, während die preußisch-deutsche Praxis zentraler Normierung vereinheitlichend gewirkt hat, und auch das mittelalterliche System, daß solche Bildungsanstalten sich autonom aus Stifungsbesitz finanzieren, hat sich in den USA noch in gewissem Umfang erhalten. Die vor allem in Deutschland entstandene Verkoppelung von formaler Bildung und Berufsberechtigung ist zwar später auch in die USA eingedrungen, hat dort aber in der Personalpolitik nie ein vergleichbares Gewicht gewonnen.

Außer rechtlichen und organisatorischen Strukturen sind in der behandelten Epoche auch manche Denkweisen und Leitbilder entstanden, die bis heute wirksam sind. Jene Ökonomisierung des Denkens, die alle Dinge rechnerisch kalkulierend als Waren ansieht, hat im Laufe des 19. Jahrhunderts alle Bereiche von Wirtschaft und Arbeitsleben erfaßt und sich bis heute fortlaufend verstärkt und ausgedehnt. Diese Dominanz ökonomischer Sichtweise traf selbst für die DDR zu, obwohl deren Wirtschaftsordnung nicht an privatem Gewinn orientiert war. Allerdings ist diese Ökonomisierung aller Lebensbereiche bei den Deutschen nie so weit vorgedrungen wie in den USA, wo die Gegenkräfte aus der Tradition ständischer Rangvorstellungen und bildungsbürgerlich-idealistischer Herkunft schwächer waren als in Deutschland. Ebenso hat die bürgerliche Arbeitsgesinnung sich im Laufe des 19. Jahrhunderts in immer weiteren Teilen des deutschen Volks durchgesetzt, und zwar so stark, daß sie Ausländern (zumindest bis in die 1970er Jahre) als typisch deutsch galt. Der neuentstandene Typ der bürgerlichen Familie hat mit seinem Rollenverständnis von Mann und Frau, seiner Intimisierung und Emotionalisierung der innerfamiliären Beziehungen und der bewußteren Kindererziehung ein Leitbild geschaffen, das sich in der Folgezeit auch in anderen Gesellschaftsschichten ausgebreitet hat und bis heute wirkt, wenngleich das Rollenverständnis der Geschlechter sich in letzter Zeit zu verändern begonnen hat. Das gleiche gilt für die neu aufgekommene Erziehungsidee, die nicht mehr so sehr auf Gehorsam und Anpassung hin und mittels körperlicher Strafen, sondern auf Selbstentfaltung hin und mit verbalem Tadel und psychischen Strafen erzieht. Auch sie ist vom Bildungsbürgertum aus in immer breitere Kreise eingedrungen, wobei sich der Unterschied zu der alten Gewohnheit in Resten tendenziell noch heute als Unterschied zwischen Mittel- und Unterschicht aufweisen läßt. Das Menschenbild des deutschen Idealismus und die Idee der allgemeinen Persönlichkeitsbildung haben sich inzwischen zweifellos längst aus den Bezügen zur antiken Überlieferung und aus der Abneigung gegen die Realien gelöst, mit gewissen Brechungen spielen sie aber heute durchaus noch eine gewisse Rolle, beispielsweise bei der allgemeinen Zielformulierung der Gymnasialbildung oder als Leitbild von Literatur- und Fernsehkritikern.

Schließlich sollen die bedeutenden Nachwirkungen der romantischen Geisteshaltung nicht übersehen werden. Die Romantik hat die Idee eines kulturellen Erbes erfunden. Sie hat Wälder und Hochgebirgslandschaften, Burgruinen und winklige alte Stadtbilder psychologisiert und als „romantisch" aufgewertet. Hier wurzelt das bis heute bei den Deutschen verbreitete emotionale Verhältnis zum Wald, das besonders Ausländern aus romanischen Ländern vielfach als etwas Besonderes auffällt, und ohne diese romantische Natursicht wäre ein großer Teil des heutigen Tourismus nicht denkbar. Darüber hinaus begann mit der Romantik auch generell jene antimoderne Grundhaltung, die sich gegen allgemeine Vernunft, vereinheitlichende Ordnung und Fortschritt wandte und sich demgegenüber bewußt dem Emotionalen, Partikularen und Vergangenen zuwandte, eine Haltung, die seitdem mal stärker und mal schwächer ausgeprägt war, aber die raschen Veränderungen des 19. und 20. Jahrhunderts stets begleitete und bis heute nie ganz verschwunden ist, sondern gerade in jüngster Zeit wieder aufgelebt ist.

Bemerkenswerterweise wirken nicht nur Geisteshaltungen jener Epoche bis heute weiter, sondern auch bedeutende geistige Werke selbst sind noch heute präsent. Musikwerke und Theaterstücke der Klassiker werden auch jetzt noch in beträchtlichem Umfang gespielt. Die Philosophie vor allem Kants wird bis heute immer wieder gelesen und ist in wesentlichen Erkenntnissen gültig geblieben. Damit ist die Geisteskultur der Jahrhundertwende in viel stärkerem Maße präsent geblieben als die aller früheren Epochen der deutschen Geschichte.

Abschließend sei noch darauf hingewiesen, daß es noch eine Reihe weiterer Neuerungen gibt, die in der ersten Hälfte des 19. Jahrhunderts ans Licht traten und bis heute bedeutend geblieben sind, sei es im Wirtschaftsleben, wie z.B. die Erfindung des Prinzips der Mineraldüngung oder das Entstehen der modernen Forstwirtschaft, mehr aber noch im Kulturleben, z.B. die tiefgreifende Spaltung des Kulturlebens in einen „hohen" Bereich und in triviale Formen, das Entstehen des bis heute leitbildhaften Universitätstyps, der Forschung und Lehre verbindet, die Verwissenschaftlichung vieler Wissensgebiete, indem diese von einer Sache von Dilettanten zum Gegenstand von Berufswissenschaftlern geworden sind und sich überdies aus der Philosophie gelöst und als Einzelwissenschaften konstituiert haben, ganz abgesehen von gültig gebliebenen einzelnen wissenschaftlichen Erkenntnissen, das Entstehen eines öffentlichen Kulturbetriebs für ein allgemeines (zunächst bürgerliches) Publikum, indem die höfischen Theater, Museen und Parks diesem geöffnet wurden, und nicht zuletzt das Entstehen von Krankenhäusern im heutigen Sinn.

7.

Industrialisierung und kleindeutscher Obrigkeitsstaat: 1850-1918

7.1 Überseewanderung und Nationalitätenkampf

Das kräftige Wachstum der Volkszahl der Deutschen, das schon Ende des 18. Jahrhunderts begonnen hatte, hielt bis zum Ersten Weltkrieg ununterbrochen an, ja beschleunigte sich sogar noch zunehmend. Die Zahl der Deutschen im geschlossenen Siedlungsgebiet stieg bis 1910 auf 73 Millionen, davon 61 Millionen innerhalb des Deutschen Reiches. Die Bevölkerungsdichte verdoppelte sich zwischen 1850 und 1914 im Reichsgebiet von 63 auf 125 Einwohner je Quadratkilometer. Die Bevölkerungszahl des Deutschen Reiches wuchs 1871 bis 1914 von 41,1 auf 67,8 Millionen an. Nach dem chinesischen, dem indischen und dem russischen Kaiserreich war damit das Deutsche Reich zum Zeitpunkt seiner Gründung 1871 auf der Welt der Staat mit der viertgrößten Einwohnerzahl (ohne Kolonien gerechnet). Ende der 70er Jahre wurde es hierin von den USA überholt und stand seitdem auf dem fünften Platz der bevölkerungsreichsten Staaten, bis es sich dort in den 1930er Jahren von Japan abgelöst sah. Die demographischen Gewichte in Europa verschoben sich in der Kaiserzeit erheblich. Während der Anteil des Deutschen Reiches an der europäischen Bevölkerung leicht anstieg, blieb jener Großbritanniens etwa konstant und der Frankreichs sank stark ab.

In keiner anderen Epoche der deutschen Geschichte vermehrten sich die Deutschen so rasch. Das Bevölkerungswachstum war dabei ausschließlich auf Geburtenüberschüsse zurückzuführen. Die Sterbezahl lag vor 1880 bei jährlich 26-27 Gestorbene je 1.000 Einwohner und fiel von da an bis zum Beginn des Ersten Weltkriegs auf 15 ab. Die Geburtenzahl stieg dagegen von 35 um 1850 auf über 40 in den 1870er Jahren an und ging dann zunächst sehr langsam, seit der Jahrhundertwende rascher zurück bis auf 26 Geburten je 1.000 Einwohner kurz vor dem Krieg. Geburten- und Sterbeziffern klafften also vorübergehend auseinander und näherten sich erst später wieder an. Daß beide Kurven verstärkt auseinandertraten, löste die Welle der Bevölkerungsvermehrung aus.

Es gab mehrere Gründe, warum die Sterblichkeit zurückging. Fortschritte der Medizin konnten die verheerenden Seuchen entscheidend eindämmen. Die Hygiene verbesserte sich. Regionale Mißernten führten nach 1850 nicht länger zu Hungerkatastrophen, weil der Fehlbedarf an Getreide jetzt mit der Eisenbahn und dann auch aus

Bevölkerungs-vermehrung

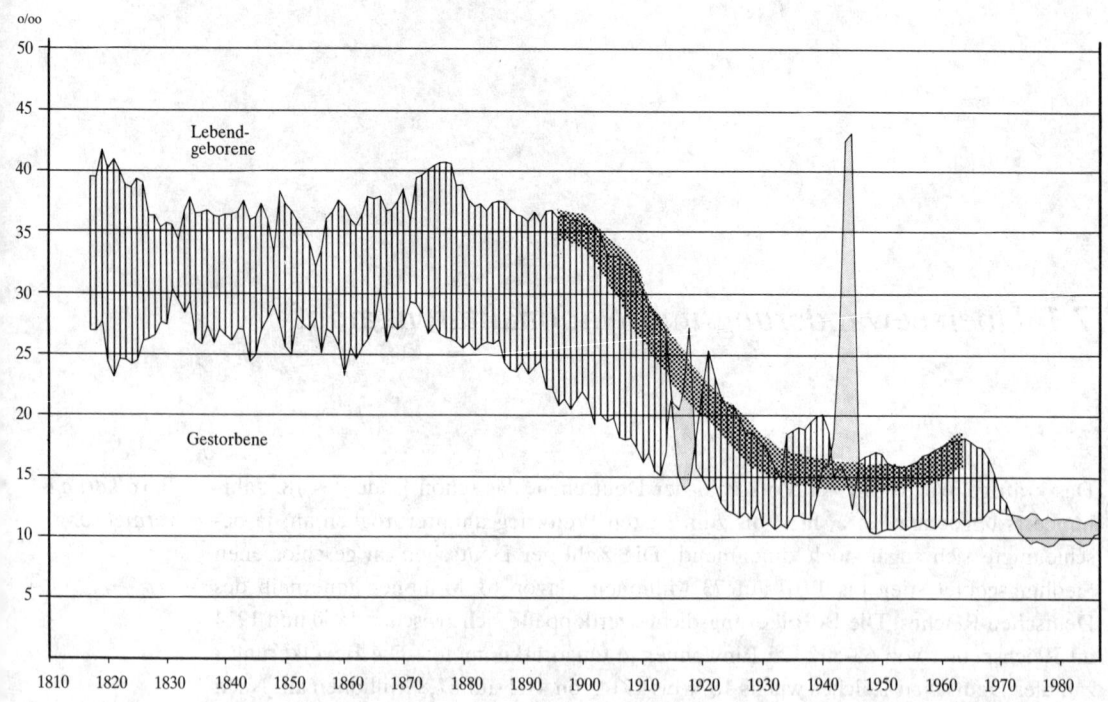

Lebendgeborene und Gestorbene (ohne Totgeburten) je 1.000 Einwohner

1817-1918 Gebiet des Deutschen Reiches in den Grenzen von 1913, 1919-45 Deutsches Reich in den Grenzen von 1937, ab 1946 BRD

Geburtenüberschuß	
Gestorbenenüberschuß	
	Die gedeckte Linie einer „normalen" Entwicklung der Geborenenrate läßt als Abweichung den Geburtenausfall in beiden Weltkriegen und die anschließend nachgeholten Geburten, den Geburtenausfall in der Weltwirtschaftskrise und die Auswirkung der nationalsozialistischen Bevölkerungspoltik erkennen.

Übersee überall zu akzeptablen Kosten herangeschafft werden konnte. Wenn dann später auch die Geburtenzahlen zurückgingen, war dies darauf zurückzuführen, daß zunehmend empfängnisverhütende Mittel angewendet wurden und daß Abtreibung sich zu einem Massenphänomen auswuchs. Aber warum veränderten die Deutschen ihr Verhalten in dieser Weise? Die Antwort ist nicht ganz einfach. Daß mit sinkender Kindersterblichkeit die Wahrscheinlichkeit wuchs, daß Kinder auch erwachsen wurden, mag die Neigung gefördert haben, nicht mehr so viele in die Welt zu setzen. Nachdem die ständischen Ordnungen verfallen waren, richtete man sich immer weniger nach den hergebrachten, standesüblichen Konsumnormen, sondern orientierte sich zunehmend an Höhergestellten. Dabei stieg der als angemessen erachtete Konsumaufwand schneller als die Möglichkeiten, ihn zu realisieren, und so wurde er wohl auf Kosten der Kinderzahl verwirklicht. Dieses Verhalten ließ sich zuerst bei der aufstiegsorientierten neuen Mittelschicht beobachten, also den Beamten und Angestellten. Hier kam hinzu, daß in diesen sozialen Kreisen kein Firmenbesitz oder Bauernhof vererbt wurde, die gesellschaftliche Position der Söhne also zunehmend von ihrer Bildung und Ausbildung abhing; Kinder waren keine nützlichen Arbeitskräfte wie im Bauernhaushalt, sondern ihre Aufzucht und Ausbildung verursachte Kosten. So neigte man in der neuen Mittelschicht dazu, weniger Kinder zu haben, um den Söhnen dann eine höhere Bildung zu ermöglichen, wofür bei mehr Kindern das Geld nicht gereicht hätte. Nach den Angestellten und Beamten machten die geringeren Geburtenzahlen sich auch bei Kaufleuten und Handwerkern, dann bei städtischen Arbeitern, später bei Bauern und als letztes bei landwirtschaftlichen Arbeitern und Tagelöhnern bemerkbar. Die neue Einstellung zur Kinderzahl trat zuerst in den Großstädten auf und breitete sich dann auch in ländliche Gebiete aus, bei denen sich die Übernahme der neuen demographischen Verhaltensweise bis in die 30er Jahre des 20. Jahrhunderts hinzog.

Die Zahl der Deutschen wuchs in der zweiten Hälfte des 19. Jahrhunderts so stark, daß die Heimat nicht allen eine hinreichende Existenz bieten konnte. Die Zeichen standen auf Übervölkerung. Der Strom der Auswanderer, der schon zu Beginn des Jahrhunderts eingesetzt hatte, schwoll seit den 1840er Jahren gewaltig an. Nach 1850 ergoß er sich ausschließlich nach Übersee. Die wirtschaftliche und soziale Not in der übervölkerten Heimat, die Hoffnung, sich jenseits des Ozeans aus eigener Kraft eine bessere Existenz aufbauen zu können, die lockenden Schilderungen des neuen Kontinents in der Auswandererwerbung und zeitweise auch Unzufriedenheit mit den politischen Verhältnissen zu Hause bildeten den Antrieb, der viele Deutsche den Weg über den Ozean antreten ließ. Indem dann die Industrialisierung zügig in Gang kam, entstanden aber auch im alten deutschen Siedlungsraum zahlreiche neue Arbeitsplätze. Als deren Zahl so weit gestiegen war, daß sie die aufgestaute Welle überschüssiger Bevölkerung aufsaugen konnte, verebbte der Strom deutscher Auswanderer in den 1890er Jahren fast völlig. Der Übergang zur industriellen Wirtschaftsweise verschob die Grenzen der Tragfähigkeit des deutschen Raumes weit nach oben und löste damit das Problem der Übervölkerung.

Von 1850 bis 1914 wanderten aus dem geschlossenen deutschen Siedlungsgebiet (einschließlich der zu Österreich und zur Schweiz gehörenden Teile) etwa 5,3 Millionen Deutsche aus. Davon wandten sich 90 Prozent in die USA, auf die mit großem Abstand Brasilien und Kanada mit jeweils etwa 2 Prozent und Australien und Argentinien mit jeweils etwa 1 Prozent der deutschen Auswanderer folgten. Der Rest ver-

Auswanderung

607

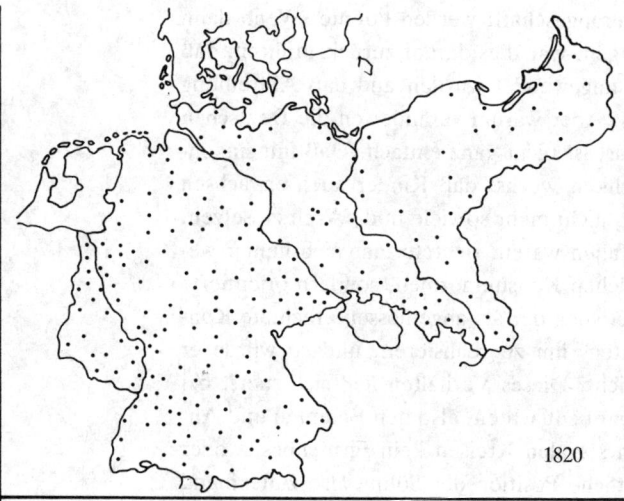

Bevölkerungsverteilung

1820 Gebiet des Deutschen Bundes einschließlich des übrigen Preußen und ohne Österreich

1895 Deutsches Reich

1980 BRD und DDR

Ein Punkt entspricht 100.000 Einwohnern

1820

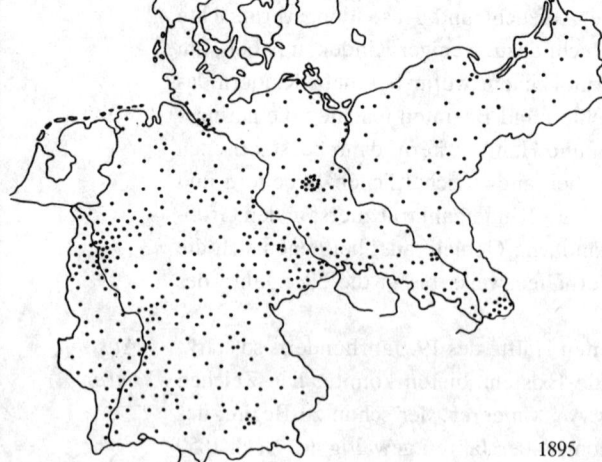

1895

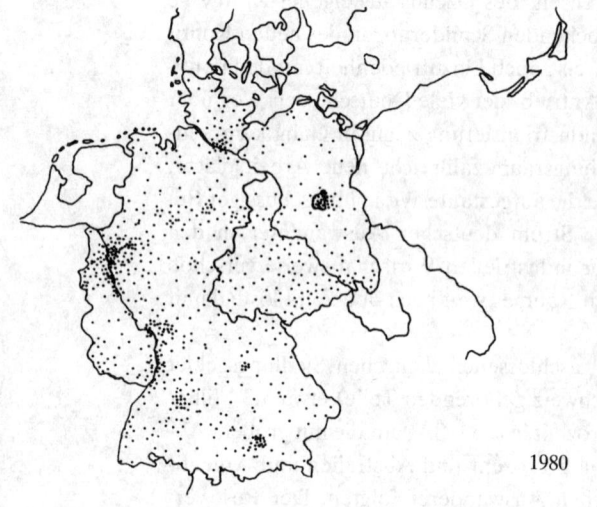

1980

streute sich hauptsächlich über die übrigen lateinamerikanischen Staaten. Auf die reichsdeutschen Kolonien entfielen keine nennenswerten Anteile.

So lange wie in den USA die Pionierfront immer weiter nach Westen vorrückte und eine freie Landnahme möglich war, wurden die Deutschen in Nordamerika fast ausschließlich bäuerliche Siedler. Erst jene Deutschen, die nach dem Ende der Pionierzeit auswanderten, wandten sich der Industriearbeit zu. Die deutschen Auswanderer und ihre Nachkommen in den USA richteten sich insgesamt in ausgesprochen mittelständischen Lebensverhältnissen ein, vor allem als fleißige, solide und geduldige Bauern, Handwerker und Einzelhändler. In den Führungsschichten von Wirtschaft, Politik und Geistesleben spielten die Deutschen bis auf wenige Ausnahmen keine bemerkenswerte Rolle. In Südamerika lagen die Verhältnisse im Ganzen ähnlich, nur war dort die Bedeutung der Deutschen vor allem in Wissenschaft und Erziehungswesen größer.

Durch die Überseewanderung stieg die Zahl der Deutschen jenseits des Atlantiks gewaltig an, um so mehr, da sie durch die Kinder der Auswanderer weiter wuchs. So entstand in Amerika ein umfangreiches deutsches Kulturleben mit zahlreichen deutschen Publikationen, Vereinen, Schulen und Kirchen. Schon gegen Ende des 19. Jahrhunderts setzte jedoch ein gegenläufiger Trend ein. Zahlreiche Deutsche lernten nicht nur Englisch beziehungsweise Portugiesisch und Spanisch, sondern gaben auch allmählich ihre deutsche Sprache und ihre deutschen Bräuche und Gewohnheiten zugunsten jenes Lebensstils auf, der in ihrer neuen Heimat herrschte. Sie bekannten sich dann nicht nur zur Staatsnation jener Staaten, in denen sie nun lebten, was von vornherein selbstverständlich war, sondern indem sie sich assimilierten, gaben sie es auch auf, dem deutschen Volk anzugehören. Dieser Wechsel in ein anderes Volk war nichts Unnatürliches. Menschen, die z.B. aus Italien oder Norwegen in die Neue Welt ausgewandert waren, durchlebten ihn dort vielfach genauso. Umgekehrt hatte in der Vergangenheit auch das deutsche Volk Angehörige fremder Völker in sich aufgesogen, beispielsweise die Slawen Ostdeutschlands. Bis zum Ersten Weltkrieg vollzog sich dieser Assimilationsprozeß der Deutschen in Übersee, soweit er stattfand, freiwillig und ohne Zwang.

In Nordamerika lehnten immer mehr Deutsche es bewußt ab, ihre Kinder als Deutsche zu erziehen, sondern ließen sie ganz in der angelsächsischen Lebens- und Denkweise aufwachsen. In der zweiten und dritten Generation verschwanden die Beherrschung der deutschen Sprache und deutsches Empfinden rasch. Deutschsprachige Zeitungen wurden in Nordamerika fast nur von der Einwanderergeneration selbst gelesen. Als die deutsche Auswanderung seit 1890 abebbte, begann deshalb in den USA die Zahl der Deutschen allmählich zurückzugehen. Der Umfang der deutschsprachigen Publikationen in den USA läßt diese Trendwende um 1890 deutlich erkennen. Immerhin gaben noch 1910 8,7 Millionen US-Amerikaner Deutsch als ihre Muttersprache an. Für 1920 wird für die USA geschätzt, daß etwa 3 Millionen Einwohner ausschließlich Deutsch sprachen, weiter 5 Millionen zu Hause und im täglichen Umgang überwiegend Deutsch sprachen und weitere etwa 10 Millionen es noch gut verstanden. In Kanada und Australien entwickelten sich die Volksverhältnisse der deutschen Auswanderer weitgehend ebenso wie in den USA. Im Unterschied hierzu war bei den Deutschen in Südamerika, besonders in Südbrasilien, die Entdeutschung deutlich geringer. Hierfür gab es zwei Gründe. Ebenso wie in Rußland sahen sich die Deutschen in Lateinamerika das ganze 19. Jahrhundert hindurch einer überwiegend analphabetischen Umwelt gegenüber. Assimilierung hätte hier vielfach bedeutet, sich an ein niedrigeres Kulturniveau anzugleichen. So gründeten die deutschen Auswanderer hier aus eigener Initiative deutsche Schulen, die zusammen mit deutschen Kirchengemeinden und Vereinen entscheidend dazu beitrugen, daß viele deutsche Auswanderer und ihre Nachkommen ihre Identität als Deutsche wahrten. In den USA, Kanada und Australien waren dagegen die deutschen Auswanderer ihrer Umwelt kulturell nicht überlegen. Vielmehr waren in diesen Ländern gerade die geistigen Führungsschichten rein angelsächsisch. Das zweite Moment, welches das Ausmaß der Entdeutschung der Auswanderer bestimmte, war deren Siedlungsweise. Im südlichen Brasilien siedelten die Deutschen in geschlossenen Kolonistenzentren, so daß vielfach kleine deutsche Volksinseln entstanden. Dort behielten auch die folgenden Generationen noch den deutschen Charakter bei. Im gesamten übrigen überseeischen Raum verstreuten sich die deutschen Auswanderer hingegen völlig, so daß keine vergleichbaren kulturellen Mittelpunkte entstanden. In der Vereinzelung wurde dann der deutsche Charakter in den folgenden Generationen nicht gewahrt.

Gastarbeiter   Durch die Industrialisierung wurde im Deutschen Reich das Problem der Übervölkerung so gründlich beseitigt, daß seit den 1890er Jahren zunehmend Ausländer ins Reich einwanderten, um hier Arbeit zu suchen. Zeitweilig war die Einwanderung sogar größer als die Auswanderung. Diese Einwanderer strebten keine bäuerliche Landnahme an, sondern Arbeit als Arbeiter, vor allem in den aufblühenden Industriegebieten. Zum ersten Mal in der deutschen Geschichte trat damit der Typ des fremden Gastarbeiters auf. Von 1871 bis 1910 stieg die Zahl der im Deutschen Reich wohnenden Ausländer von 0,21 auf 1,26 Millionen (weitgehend ohne Saisonarbeiter). Von diesen stammten 53 Prozent aus Österreich-Ungarn, und als weitere Herkunftsländer folgten vor allem die Niederlande, Russisch-Polen und Italien. Zu jenen Ausländern, die fest im Deutschen Reich wohnten, kamen ausländische Saisonarbeiter vor allem polnischer Volkszugehörigkeit aus Rußland und Österreich-Ungarn hinzu, deren Zahl nach der Jahrhundertwende rasch anstieg. 1913 gab es im Deutschen Reich 850.000 Saisonarbeiter aus Rußland und 150.000 aus Italien. Um zu verhindern, daß diese Saisonarbeiter als Einwanderer seßhaft wurden und das polnische Element im Osten des Reiches verstärkten, wurde durch staatliche Verordnungen dafür gesorgt, daß sie jedes Frühjahr neu angeworben wurden, ohne Familienanhang kamen und im Spätherbst wieder in ihre Heimat zurückkehrten. Die Saisonarbeiter wurden vor allem als Landarbeiter auf den Gütern Ostelbiens beschäftigt. Andere ausländische Arbeiter setzte man auch als Bauarbeiter, Straßenarbeiter und in der Industrie ein. Allgemein engagierten die Gutsbesitzer und Unternehmer Ausländer zum großen Teil als „billige und willige" Arbeitskräfte für Jobs, die sie gering bezahlten, bei denen die Arbeitsbedingungen schlecht waren und die Schutzbestimmungen mißachtet wurden, weshalb für diese nicht mehr genug deutsche Arbeiter zu bekommen waren.

Nationalstaat   In der zweiten Hälfte des 19. Jahrhunderts gewann die Idee des Nationalstaats in
und volkliche   Europa mächtig an Bedeutung und bestimmte zunehmend das Selbstverständnis der
Minderheiten   Staaten. Alle Bewohner desselben Staats sollten auch demselben Volk angehören. Da die historisch gewordenen Territorien der Staaten sich aber mit den Siedlungsgebieten der Völker nicht deckten, konnten Konflikte nicht ausbleiben. Während die Auswanderer in Amerika sich dort freiwillig assimilierten, verführte jetzt in Europa die Idee des Nationalstaats die Regierungen zu dem Versuch, ihre Minderheiten zwangsweise an das Mehrheitsvolk zu assimilieren, um damit die Unterschiede von Volkszugehörigkeit und Staatsangehörigkeit aus der Welt zu schaffen. Ein Zeitalter unversöhnlicher

610

Nationalitätenkämpfe brach an, die vor allem um die Muttersprache als Ausdruck der Volkszugehörigkeit geführt wurden. Dabei kam naturgemäß dem Schulunterricht eine entscheidende Rolle zu. Zur letzten Steigerung dieser Auseinandersetzungen, der Vertreibung von Volksgruppen, kam es vor dem Ersten Weltkrieg jedoch noch nicht.

Frankreich war das erste Land, das den Unterschied zwischen Staatsnation und Volkszugehörigkeit rücksichtslos zum offenen Konflikt steigerte. Im deutschsprachigen Elsaß wurde schon seit den 1830er Jahren das Deutsche als Verwaltungssprache verdrängt und durch Französisch ersetzt. Mitte des 19. Jahrhunderts wurde Deutsch als Unterrichtssprache überall im Elsaß unterdrückt und nur noch Unterricht auf Französisch zugelassen. Frankreich versuchte mit Nachdruck, seine deutschen Bürger zu französisieren. Die Kenntnis der französischen Sprache breitete sich unter diesen allmählich aus, und das gebildete und besitzende Bürgertum ging zum großen Teil dazu über, sich ausschließlich des Französischen zu bedienen und sich in Lebensformen und Denken den Franzosen anzupassen. Die Masse der Bevölkerung leistete dagegen den Französisierungsbestrebungen Widerstand. Als 1871 das Gebiet Elsaß-Lothringen an das neugegründete Deutsche Reich kam, beherrschten von den 1,5 Millionen Einwohnern immer noch 78,4 Prozent nur die deutsche Sprache, 11,6 Prozent konnten neben der deutschen Muttersprache auch Französisch sprechen und nur 10,0 Prozent sprachen nur Französisch. Letztere wohnten dabei fast ausschließlich in dem lothringischen Teil außerhalb des geschlossenen deutschen Siedlungsgebiets. Mit dem Übergang ans Deutsche Reich brach die Französisierungspolitik im Elsaß ab. Ein großer Teil der französischen Führungsschicht wanderte freiwillig nach Frankreich aus.

Deutsche im Elsaß

Im Herzogtum Schleswig machten die Dänen nicht nur im dänischsprachigen Nordteil das Dänische zur Schul- und Gerichtssprache, sondern begannen 1851 auch in dem vorwiegend deutschsprachigen mittleren Schleswig mit einer energischen Dänisierungspolitik. Sie zwangen dort Dänisch als Schulsprache auf und gingen mit Schikanen gegen das deutsche Pressewesen vor. Als Schleswig und Holstein 1866 von Preußen annektiert wurden, fanden diese Bestrebungen ihr Ende.

Deutsche in Schleswig

Auch die Deutschen in Rußland bekamen die Idee des Nationalstaats übel zu spüren. Jene Deutschen, die im 18. und frühen 19. Jahrhundert als Bauern nach Rußland ausgewandert waren, hatten sich dort gewaltig vermehrt. Vor 1918 lag die durchschnittliche Kinderzahl dieser Rußlanddeutschen bei 8 Kindern. Bis 1914 wuchs die Zahl der Rußlanddeutschen (d.h. die im Zarenreich lebenden Deutschen, mit Ausnahme der Baltendeutschen und der Deutschen in Russisch-Polen) auf 1,7 Millionen an. Da die Rußlanddeutschen Bauern bleiben wollten, gründeten sie immer neue Tochterkolonien und erwarben ständig neues Land, zunächst in Südrußland, dann ab 1880 auch im Uralgebiet, in Westsibirien und Kasachstan. 1914 besaßen die Rußlanddeutschen insgesamt 95.000 Quadratkilometer Boden. Davon ging weniger als ein Viertel auf Schenkungen der russischen Regierung zurück, während das übrige später erworben worden war, meist durch Kauf (zum Vergleich: die gesamte Ackerfläche der BRD im Jahre 1985 betrug 82.600 Quadratkilometer). In Sprache und Lebensweise erhielten die Rußlanddeutschen sich bewußt deutsch, wobei ein eigenes deutsches Kirchen-, Schul- und Pressewesen half, und nur wenige in den Städten russifizierten sich.

Deutsche in Rußland

In der zweiten Hälfte des 19. Jahrhunderts wandelte sich allmählich das Selbstverständnis des russischen Reiches von einem übervolklichen Imperium zu einem großrussischen Nationalstaat. Das löste Russifizierungsbestrebungen aus, die sich besonders gegen die Deutschen in Rußland richteten. Diese sahen sich jetzt zunehmend verdächtigt, Vorposten reichsdeutscher Machtausweitung nach Osten zu sein, und das, obwohl es das Deutsche Reich strikt ablehnte, den Baltendeutschen irgendeine Rückendeckung gegen die Russifizierung zu geben und obwohl die Rußlanddeutschen, die doch auf Einladung russischer Herrscher ins Land gekommen waren, überhaupt keine Kontakte mehr zu Deutschland hatten. In den 1870er Jahren wurden die Selbstverwaltung, die meisten Sonderrechte und die Militärdienstbefreiung der Rußlanddeutschen aufgehoben, was diese als Bruch der einstigen Versprechungen der Zaren empfanden. Ein Teil antwortete darauf, indem er nach Amerika auswanderte. Die Sonderstellung der bis dahin weitgehend autonomen baltischen Provinzen, in denen der deutsche Adel die politische Führung in der Hand hatte, wurde beseitigt. In den 1880er Jahren setzte eine konsequente Russifizierungspolitik ein. Russisch wurde als Verwaltungs-, Gerichts- und Unterrichtssprache überall obligatorisch. Im Baltikum wurden deutsche Beamte, Lehrer und Pfarrer weitgehend ihrer Ämter enthoben. Trotzdem hielten die Deutschen weiter an Deutsch als Mutter- und Umgangssprache fest. Bei Ausbruch des Ersten Weltkriegs beherrschten sie immerhin in der Regel das Russische als Fremdsprache. Die Baltendeutschen stemmten sich gegen die Russifizierung und verteidigten die hergebrachte Form des politischen Lebens, aber sie schwammen damit gegen den Strom der Zeit, wenn auch zäh, so doch hoffnungslos. Dabei gerieten sie zunehmend in die Isolation zwischen zwei Fronten: einerseits sahen sie sich der Russifizierungspolitik durch die Russen ausgesetzt, und gleichzeitig erwachten die Letten und Esten zu nationalem Eigenbewußtsein, die im Baltikum die Mehrheit der Bevölkerung darstellten. Ihnen gegenüber hatten die Deutschen im übrigen nie Germanisierungsversuche unternommen.

Gerade die baltendeutsche Oberschicht sah sich besonders stark antideutschen Antipathien des sich entwickelnden russischen Bürgertums ausgesetzt. Die neue, besonders von bürgerlichen Kreisen propagierte Idee des russischen Nationalstaats kollidierte mit der aristokratischen Vorstellung des Dienstes für den Herrscher eines übervolklichen Reiches. Außerdem drang die anwachsende bürgerliche russische Bildungsschicht zunehmend in die Spitzenstellungen der Verwaltung des Zarenreiches vor und geriet dabei in Konkurrenz zur baltendeutschen Oberschicht, die dort traditionell stark vertreten war. Aus dem uneingestandenen Bedürfnis heraus, eigene Minderwertigkeitsgefühle zu kompensieren, wurde im erwachenden slawischen Selbstbewußtsein auch die Geschichte antideutsch eingefärbt. Es entstand die Legende von den brutalen, herrschsüchtigen und eroberungslustigen Deutschen, die in einem ewigen deutschen „Drang nach Osten" auf Länderraub ausgewesen wären und die friedlichen Slawen ständig unterdrückt hätten. Ende des 19. Jahrhunderts beeinflußten die antideutschen Ressentiments auch die Deutschlandpolitik Rußlands. Die antideutsche Geschichtslegende wirkt in Osteuropa noch heute nach.

Deutsche Minderheiten in der Donaumonarchie

Mit der Gründung des Deutschen Reiches, bei der die habsburgischen Länder ausgeschlossen wurden, verlagerten sich die innenpolitischen Gewichte in der Donaumonarchie. Dabei wurde die Stellung der Deutschen schwächer. Eine „Entgermanisierung" Österreich-Ungarns begann. Für jene Deutschen in der Habsburgermonarchie, die außerhalb des geschlossenen deutschen Siedlungsgebiets lebten und deren Zahl bis 1910 auf etwa 2,7 Millionen wuchs, brachen schwierige Zeiten an. Die Wiener Führung suchte die Zusammenarbeit mit der magyarischen, polnischen und zeitweise auch tschechischen Oberschicht in der Hoffnung, so das Reich zusammenhalten zu können. Dafür gab sie deren Umvolkungsbestrebungen jene Deutschen preis, die inselartig verstreut in deren Reichsteilen wohnten. In Böhmen erfüllte ein erbittertes Ringen der Tschechen und Deutschen um Sprachverordnungen die ganzen 1880er und 90er Jahre. Die politische Selbstverwaltung der Deutschen in Siebenbürgen und in der Zips wurde von den Magyaren aufgehoben. In Galizien und in Kroatien-Slawonien sah sich das Deutsche als Amtssprache verdrängt, in Ungarn auch als zweite Gerichtssprache. In allen zur ungarischen Krone gehörenden Ländern (außer in Siebenbürgen), in Galizien und in dem slowenisch besiedelten Gebiet wurde an den Schulen der deutschen Minderheiten nach und nach das Deutsche als Unterrichtssprache beseitigt. Die Deutschen sahen sich in diesen Ländern vielfach diskriminiert. In Ungarn suchten die herrschenden Magyaren deutsche Theater und das deutsche Zeitungswesen möglichst auszuschalten und magyarisierten deutsche Ortsnamen. In Innerungarn ließen die in den Städten lebenden Deutschen sich weitgehend magyarisieren, während die bäuerlichen deutschen Siedlungen im wesentlichen an ihrem deutschen Charakter festhielten. Da aber in letzteren kein deutscher Schulunterricht mehr gewährt wurde, verfiel dort der Bildungsstand, und geistige Lähmung machte sich breit. Nur in der volklich stark gemischten Bukowina gab es keine Umvolkungsversuche, und die Deutschen konnten dort ihr eigenes Kulturleben wahren.

In besonderer Weise entwickelten sich die Sprach- und Kulturverhältnisse in Luxemburg. Seit 1830 waren hier Französisch und Deutsch gleichermaßen Amtssprache. Wie im Elsaß wurde auch hier Französisch nur von der bürgerlichen Oberschicht gesprochen, während die Masse der Bevölkerung Letzeburger Mundart redete. In der zweiten Hälfte des 19. Jahrhunderts setzte sich dann, anders als in den übrigen Teilen des geschlossenen deutschen Sprachgebiets, das Hochdeutsche nur wenig durch. Stattdessen breitete sich das Französische im öffentlichen Leben immer stärker aus, und die als Umgangssprache gebrauchte Letzeburger Mundart verselbständigte sich zunehmend. *Luxemburg*

Bis 1871 war es allgemein selbstverständlich, daß die Oberösterreicher, Baltendeutschen und Luxemburger genauso Deutsche waren wie die Bayern, Rheinländer und Mecklenburger. Mit der Gründung des Deutschen Reiches, das sich als der deutsche Nationalstaat verstand, bekam das Wort „deutsch" dann einen doppelten Sinn. Zum einen bezeichnete es jetzt Staatsangehörige des Deutschen Reiches, auch wenn diese vielleicht polnischer oder dänischer Volkszugehörigkeit waren, zum anderen meinte es deutsche Volkszugehörige, auch wenn diese nicht die reichsdeutsche Staatsangehörigkeit besaßen. Für jene Deutschen, die nicht mit unter den Begriff „Reichsdeutsche" fielen, entstand jetzt die Bezeichnung „Auslandsdeutsche", später „Volksdeutsche". Im Laufe der Zeit bestand aber im Reich die Tendenz, die Bezeichnung „Deutsche" für die Bewohner des Deutschen Reiches in Beschlag zu nehmen und auf diese einzuengen. Je mehr aber deutsches Volk und reichsdeutsche Staatsangehörige miteinander identifiziert wurden, desto mehr mußte besonders den Schweizerdeutschen und Österreichern ihre Zugehörigkeit zum deutschen Volk zum Problem werden. Der Sprach- und Kulturgemeinschaft des deutschen Volks wollten sie auch weiterhin angehören, was sich in zahlreichen und engen geistigen Verbindungen ausdrückte, doch wollten sie natürlich nicht deutsch im Sinne von reichsdeutsch sein. Während des 19. Jahrhunderts erwuchsen aus diesem Zwiespalt noch keine ernsthaften Probleme. Im Deutschen Reich sah man im Hochgefühl über den endlich erreichten Nationalstaat die hier entstehenden Schwierigkeiten des Selbstverständnisses nicht. Die Reichsdeutschen hatten auch kein Verständnis für die Probleme der Aus- *Was ist „deutsch"?*

landsdeutschen jenseits der Reichsgrenzen, verloren diese vielmehr weitgehend aus dem Blick.

Volkliche Minderheiten im Deutschen Reich

Stattdessen bekam man im Deutschen Reich recht bald jene Probleme zu spüren, die aus dem Konflikt von Nationalstaat und Minderheiten anderer Volkszugehörigkeit im Reich selbst entstanden. Preußen hatte sich bis zur Reichsgründung im Sinne einer vornationalen, übervolklichen Staatsordnung definiert, in der auch nichtdeutsche Volksangehörige ihren gleichberechtigten Platz gehabt und sich loyal zum Staat verhalten hatten. Dagegen wollte das neue Deutsche Reich als deutscher Nationalstaat gelten und innerhalb seiner Grenzen nur noch „deutsches Volk" anerkennen, sah Bürger anderer Volkszugehörigkeit nur noch als Störelemente an. 1876 wurde Deutsch alleinige Amtssprache. Die nichtdeutschen Einwohner des Reiches sahen sich mit einer neuen Situation konfrontiert.

Von jenen Volksgruppen, die keine Volksangehörigen außerhalb des Deutschen Reiches hatten, den Sorben, Masuren und weitgehend auch den Kaschuben und den Wasserpolen in Oberschlesien, beherrschten ohnehin fast alle das Deutsche als zweite Sprache, und da nun die alte Unterscheidung von Volk und Staatsnation nicht länger gelten sollte, gingen von ihnen immer mehr freiwillig ganz im deutschen Volk auf.

Die Angehörigen jener Völker dagegen, deren hauptsächliches Siedlungsgebiet jenseits der Reichsgrenzen lag, waren dazu nicht bereit, voran die Polen, deren Zahl 1910 in Posen und Westpreußen 1,8 Millionen betrug, aber ebensowenig die wesentlich kleinere dänische Minderheit in Nordschleswig, die etwa 200.000 Köpfe zählte. Die Deutschen versuchten, die kulturelle Kraft dieser Volksgruppen zurückzudrängen. 1873 wurde in Posen und Westpreußen an den Schulen das Polnische als Unterrichtssprache durch das Deutsche ersetzt. Aber die Polen wehrten sich entschieden. Da die polnische Bevölkerungszahl im Osten steigende Tendenz aufwies, wurde 1886 ein Gesetz zur Ansiedlung Deutscher in Posen und Westpreußen beschlossen, um dort den deutschen Bevölkerungsanteil zu stärken. Verschuldeter polnischer Großgrundbesitz sollte aufgekauft und darauf deutsche Bauern angesiedelt werden. Doch das Gesetz wurde nur in geringem Umfang durchgeführt und brachte keinen nennenswerten Erfolg. Ein zusätzliches Gesetz von 1908, nach dem Land für Siedlungszwecke auch enteignet werden konnte, wurde überhaupt nur in vier Fällen angewendet. Vielmehr bauten die Polen eigene nationale Organisationen auf und betrieben ihrerseits in Posen eine gezielte Siedlungspolitik, die ihren Grundbesitzanteil vergrößerte. So führte die Germanisierungspolitik nur zu einer Konfrontation zwischen Polen und Deutschen, die sich emotional immer weiter aufheizte und bei der sich die Polen in immer schärfere Opposition zum Reich stellten. Ein Teil der Polen aus den östlichen Teilen Preußens wanderte auch im Zuge der allgemeinen Ost-West-Binnenwanderung in die aufstrebenden Industriegebiete, nach Oberschlesien und vor allem ins Ruhrgebiet. Bis 1910 stieg die Zahl der „Ruhrpolen" auf 300.000. Aber auch diese Polen suchten ihre Volkseigenart zu bewahren, und nur die wenigsten unter ihnen konnten auch Deutsch sprechen.

Gegen die kleine dänische Minderheit gingen die reichsdeutschen Behörden nach 1871 zunächst nicht vor. Doch als die dänischen Bestrebungen, Nordschleswig für Dänemark zu gewinnen, immer weiter zunahmen, wurde 1888 das Dänische als Unterrichts- und Predigtsprache durch das Deutsche ersetzt und damit auch dort eine Eindeutschungspolitik begonnen. Sie erwies sich als Fehlschlag. Vielmehr festigte sich das Selbstbewußtsein der dänischen Minderheit. Den französischsprachigen Gemeinden in

Elsaß-Lothringen wurde dagegen bis zum Weltkrieg hin das Französische als Unterrichts- und Verwaltungssprache zugestanden.

Die Eindeutschungspolitik war unter den Reichsdeutschen selbst sehr umstritten. Doch gab es denn eine Alternative? Autonomie und Sonderrechte für volkliche Minderheiten hätten der Idee des reinen deutschen Nationalstaats widersprochen, der allen immer selbstverständlicher wurde, eine freiwillige Abtretung der Gebiete mit volklichen Minderheiten war in einer Zeit nationalistischer Machtrivalitäten unvorstellbar und wäre auch auf Widerstände der Vielvölkerreiche Rußland und Österreich-Ungarn gestoßen. Derselbe Zeitgeist, der bis 1871 den Deutschen im Elsaß das Leben sauer machte und ebenso in der zweiten Hälfte des 19. Jahrhunderts jenen Deutschen, die in Osteuropa in zerstreuten Siedlungsgebieten lebten, verführte nach 1871 auch die Reichsdeutschen dazu, die volklichen Minderheiten in ihrem eigenen Reich zu diskriminieren.

7.2 Im Zeichen von Kohle und Eisen: die Industrialisierung

Wachstum als Epochenmerkmal

Sollte man den Grundzug und das zugleich Neue im Wirtschaftsleben dieser Epoche in einem Schlüsselbegriff zusammenfassen, so ist es „Wachstum". Seit der Jahrhundertmitte wuchs die Produktion um ein Vielfaches rascher als je zuvor. Ein Prozeß tiefgreifenden Wandels begann, der immer weitere Lebensbereiche erfaßte. Wirtschaftswachstum und Wandel wurden zu entscheidenden Merkmalen der Zeit, und sie sind es bis heute geblieben. Das Nettosozialprodukt pro Kopf stieg im Deutschen Reich 1850 bis 1914 auf das 2,7fache, also mit einer durchschnittlichen jährlichen Wachstumsrate von 1,4 Prozent. Das mag vor dem Hintergrund der Erfahrungen seit dem Zweiten Weltkrieg nicht viel erscheinen, aber so große Wachstumsraten hatten die Deutschen nie zuvor erlebt. Gewiß, im historischen Rückblick auf mehrere Jahrhunderte hinweg sind auch für die vorindustrielle Zeit Wachstum und Entwicklung feststellbar, doch vollzogen sich diese so langsam, daß sie den mitlebenden Deutschen nicht oder kaum bewußt wurden. Diese registrierten nur die kurzfristigen Schwankungen, hervorgerufen durch Ernteausfälle, Kriege und dergleichen mehr. Was bisher wie eine statische Struktur erschien, begann sich mit der Industrialisierung in einem Tempo und Ausmaß zu verändern, daß die Zeitgenossen es bewußt miterlebten. „Fortschritt" wurde zu einem der gängigsten Begriffe.

Industrialisierung – Kapitalismus

Industrialisierung bedeutete den Übergang von einer vornehmlich handorientierten zu einer primär maschinenorientierten Produktionsweise. Mit neuerschlossenen Energiequellen konnten mehr Maschinen betrieben werden, und indem die arbeitenden Menschen mit immer mehr Maschinen ausgestattet waren, erhöhte sich die Produktivität ihrer Arbeit und damit das Sozialprodukt pro Kopf. Dieser Zusammenhang ist der Kern der Industrialisierung. Bisher hatte stets der Ackerfrüchte hervorbringende Boden die zentrale Rolle im Wirtschaftsleben gespielt und auch für die Gesellschaftsordnung, in der die Verfügung über Boden die soziale Stellung entscheidend prägte; jetzt verlor er sie an das Kapital, das in Maschinen und den dazugehörigen Einrichtungen angelegt war. Insofern kann man davon sprechen, daß der Kapitalismus herrschend geworden sei. Zugleich setzte sich auf breiter Front die Ökonomisierung des

Lebens durch, auch im Handwerk und schließlich selbst in der Landwirtschaft, jener Geist genau rechnender Wirtschaftsführung, der Gütererzeugung und -verteilung, Arbeitsverhältnisse wie auch Städtebau ausschließlich unter dem ökonomischen Blickwinkel sah, hohen Gewinn zu erzielen. Diese Ökonomisierung des Denkens und Wirtschaftsverhaltens und der Aufstieg des Kapitals als Produktionsfaktor waren aber keineswegs identische Prozesse, da erstere auch die Betriebsweise der Landwirtschaft oder Dienstleistungen betraf, ohne dort automatisch mit deutlich steigendem Kapitaleinsatz verbunden zu sein. Der Begriff Kapitalismus ist nun im allgemeinen mit Privateigentum an Produktionsmitteln, Lohnarbeit und Marktwirtschaft verknüpft und setzt die in dieser Weise organisierten Volkswirtschaften den sozialistischen entgegen. Tatsächlich ist der Unterschied zwischen den wie auch immer organisierten Industriewirtschaften und den Agrarstaaten aber wesentlich tiefreichender und folgenreicher, als es die Unterschiede in der Eigentumsordnung sind. Deshalb sollte man besser von Industrialismus sprechen. An Stelle der Landwirtschaft begann jetzt die Industrie das Wirtschaftsleben zu bestimmen, seine Schwankungen ebenso wie die Zusammenballung der Bevölkerung in industriellen Zentren und die Auswirkungen auf die Umwelt.

Mit der Industrialisierung verschoben sich die wirtschaftlichen Gewichte in Europa und der Welt. Um 1850 war Großbritannien die führende Wirtschaftsmacht der Erde, gefolgt von Frankreich; im deutschen Raum bestanden erst Ansätze der Industrialisierung, und deutsche Waren galten im Ausland als billig und schlecht; Ost- und Südeuropa lagen selbst dahinter wirtschaftlich noch weit zurück. In den Jahrzehnten bis 1913 wuchs dann die britische Industrieproduktion um 260 Prozent und die französische um 200 Prozent, die des Deutschen Reiches aber um 810 Prozent! Das Deutsche Reich überrundete damit die beiden westeuropäischen Großmächte und stieg zur stärksten Industriemacht in Europa auf. Im Weltmaßstab stand es 1913 hinsichtlich der Größe der Industrieproduktion (16 Prozent der Weltproduktion) und des Außenhandels an zweiter Stelle hinter den USA. Die reichsdeutsche Handelsflotte war die zweitgrößte nach der britischen geworden, und in der noch relativ jungen und kleinen Chemiebranche nahm die reichsdeutsche Industrie am Vorabend des Ersten Weltkriegs den ersten Platz in der Welt ein; bei synthetischen Farbstoffen sogar mit einem Marktanteil von 85 Prozent. Die USA hatten im selben Zeitraum durch ein noch rascheres Wachstum ihrer Industrie Großbritannien von seinem Spitzenplatz abgelöst, was aber die europäischen Zeitgenossen noch kaum registrierten. In Österreich-Ungarn vollzog sich die Industrialisierung gleichzeitig mit der des Deutschen Reiches, aber doch weit langsamer, so daß die Donaumonarchie hinter diesem an Wirtschaftskraft immer weiter zurückfiel. Lag die industrielle Produktion im (späteren) Reichsgebiet um die Jahrhundertmitte nur wenig höher als im Habsburgerreich, so betrug sie 1913 mehr als das Dreifache. In Rußland und Italien entstanden ab 1890 einige wenige industrielle Zentren, während die meisten Gebiete ebenso wie das übrige Südeuropa in vorindustriellen Verhältnissen verharrten.

Hinsichtlich des Sozialprodukts pro Kopf konnte das Deutsche Reich, hierin dicht gefolgt von der Schweiz und Österreich-Ungarn, Großbritannien und Frankreich vor dem Ersten Weltkrieg dagegen noch nicht einholen. Trotzdem wurde der seit langem bestehende Rückstand des gewerblichen und technischen Niveaus der Deutschen gegenüber Westeuropa überwunden, während sich die deutsche Überlegenheit gegenüber Osteuropa noch schärfer ausprägte. Bis zur Jahrhundertmitte hatte die technische

Weltwirtschaftliche Gewichtungen

Wirtschaftsmächte

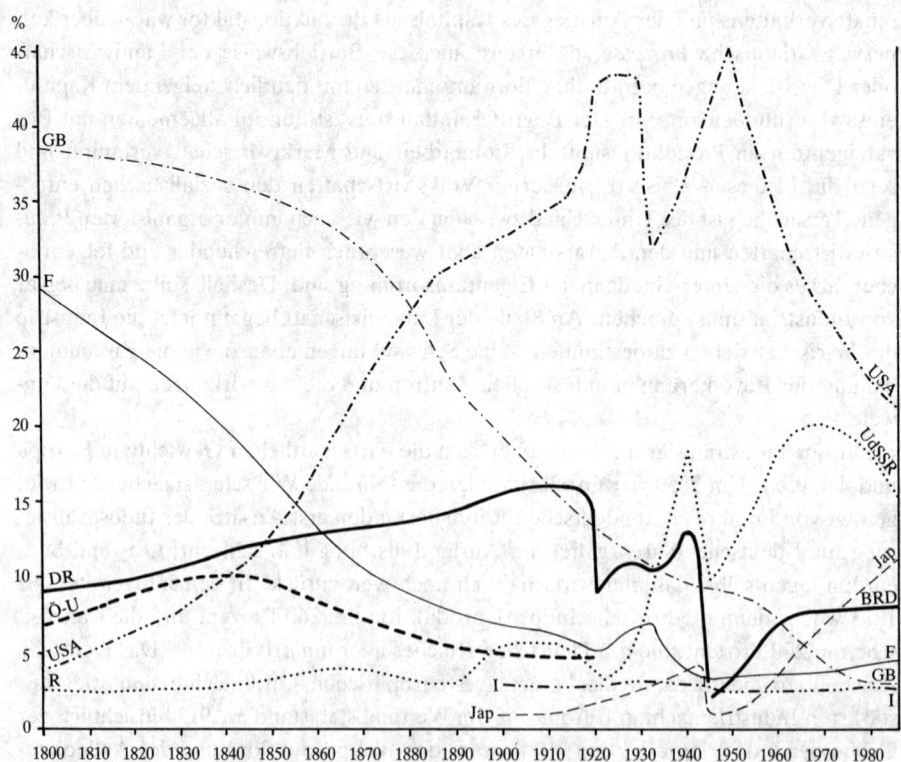

Anteile der größten Wirtschaftsmächte an der Weltindustrieproduktion

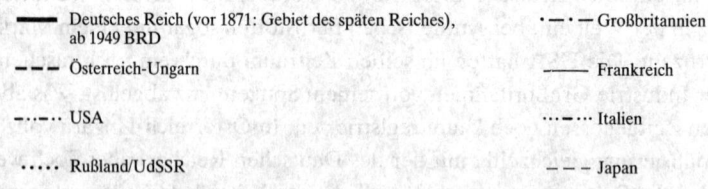

Entwicklung der Deutschen meist darauf beruht, daß westeuropäische Vorbilder übernommen oder nachgeahmt worden waren; seitdem gab es immer mehr eigene deutsche
Erfindungen, und die Deutschen traten mindestens gleichrangig neben Briten und
Franzosen an die Spitze des technischen Fortschritts, ja übernahmen in einigen Bereichen eindeutig die Führung, z.B. bei chemischen und elektrotechnischen Erzeugnissen. Die deutsche Industrie konnte zunehmend den heimischen Bedarf selbst decken
und wurde international konkurrenzfähig. Während 1857 der deutsche Bedarf an

618

Eisen- und Stahlwaren nur zu 50 Prozent aus der eigenen Produktion gedeckt werden konnte, exportierte das Deutsche Reich um 1905 40-50 Prozent seiner Eisen- und Stahlerzeugung. Um den wachsenden Export deutscher Waren nach Großbritannien zu bremsen, schrieb London 1887 für reichsdeutsche Waren das Kennzeichen „Made in Germany" gesetzlich vor. Es sollte die reichsdeutschen Waren als minderwertig brandmarken und die britischen Kunden davon abhalten, sie zu kaufen. Diese Maßnahme wurde ein grotesker Fehlschlag: das Zeichen entwickelte sich in kurzer Zeit zum Nachweis für Qualitätsarbeit. Dieser Ruf ist ihm bis heute geblieben.

Warum wuchs die Industrie des Deutschen Reiches soviel rascher als die britische und französische? Die Ursache ist darin zu suchen, daß die reichsdeutschen Unternehmer einen größeren Teil des Sozialprodukts investierten, um den Kapitalbestand zu erweitern. In Frankreich waren die kapitalbesitzenden Schichten weniger zu unternehmerischem Risiko bereit, und auch der Mangel an Steinkohlevorkommen wirkte hemmend. Britische Unternehmer waren weniger als deutsche offen für neuerfundene Herstellungsverfahren und Produkte und die dafür nötigen Investitionen. Sie kannten nicht jene enge Verbindung von Industrie und wissenschaftlicher Forschung sowohl in eigenen Forschungslaboratorien wie an den Universitäten, welche die deutsche Chemieindustrie in der Welt führend machte, sondern verließen sich mehr auf die Tradition besonders erfahrener Praktiker.

Wie es im deutschen Raum zur Industrialisierung kam, läßt sich nicht erklären, indem man eine einzige Ursache benennt oder einige voneinander unabhängige Ursachen auflistet. Vielmehr war Industrialisierung ein Prozeß, in dem eine Vielzahl von Variablen aufeinander einwirkten, in dem Rückkopplungen vorkamen und der dadurch, einmal in Gang gekommen, sich selbst verstärkte.

Der Industrialisierungsprozeß

In den vorangegangenen Jahrzehnten waren wesentliche Voraussetzungen für die Industrialisierung geschaffen worden, indem man die liberalen Wirtschaftsreformen durchgeführt, die Zollschranken aufgehoben und das Bildungswesen ausgebaut hatte, besonders für technisches und wissenschaftliches Fachpersonal.

Ende der 1840er Jahre erhöhten sich dann die Kapitalinvestitionen in Fabriken, Eisenbahnen und anderer Produktionsmittel drastisch: die Industrialisierung begann. Im Gebiet des Deutschen Reiches stieg die Nettoinvestitionsrate um 1850 deutlich an auf 8 Prozent des Nettosozialprodukts und wuchs bis Anfang des 20. Jahrhunderts weiter auf 15 Prozent. Während der Bestand des Produktivkapitals pro Kopf in den Jahrzehnten vor 1850 etwa konstant geblieben war, stieg er dann bis 1913 um 230 Prozent. In dieser Kapitalakkumulation waren zwei theoretisch sehr verschiedene Prozesse miteinander verschränkt: der Bestand an Produktionsmitteln wurde erweitert, indem man weitere Anlagen der gleichen Art einrichtete, und zugleich wurde er auch vertieft, indem man neuartige Anlagen einführte, beispielsweise wenn ein Dampfhammer ein wassergetriebenes Hammerwerk ersetzte. Die Erfindung und Einführung leistungsfähigerer Herstellungsverfahren und neuer Produkte war also wesentlicher Bestandteil des Industrialisierungsprozesses. Da Maschinen Energie verbrauchen, steigerte die Akkumulation von Kapital den Verbrauch von Energieträgern in immer größere Höhen.

Kapitalvertiefung bedeutete meist, daß ein Teil menschlicher Arbeitskraft durch Maschinen ersetzt wurde, die ihre Kraft aus Kohle und anderen Energieträgern bezogen. Trotzdem wurden insgesamt gesehen im Laufe der Industrialisierung viel mehr neue Arbeitsplätze geschaffen als verloren gingen. Wie war das möglich? Hierfür gab

Industrialisierung in Deutschland
Gründe für ihre Durchsetzung in modellhafter Zusammenfassung

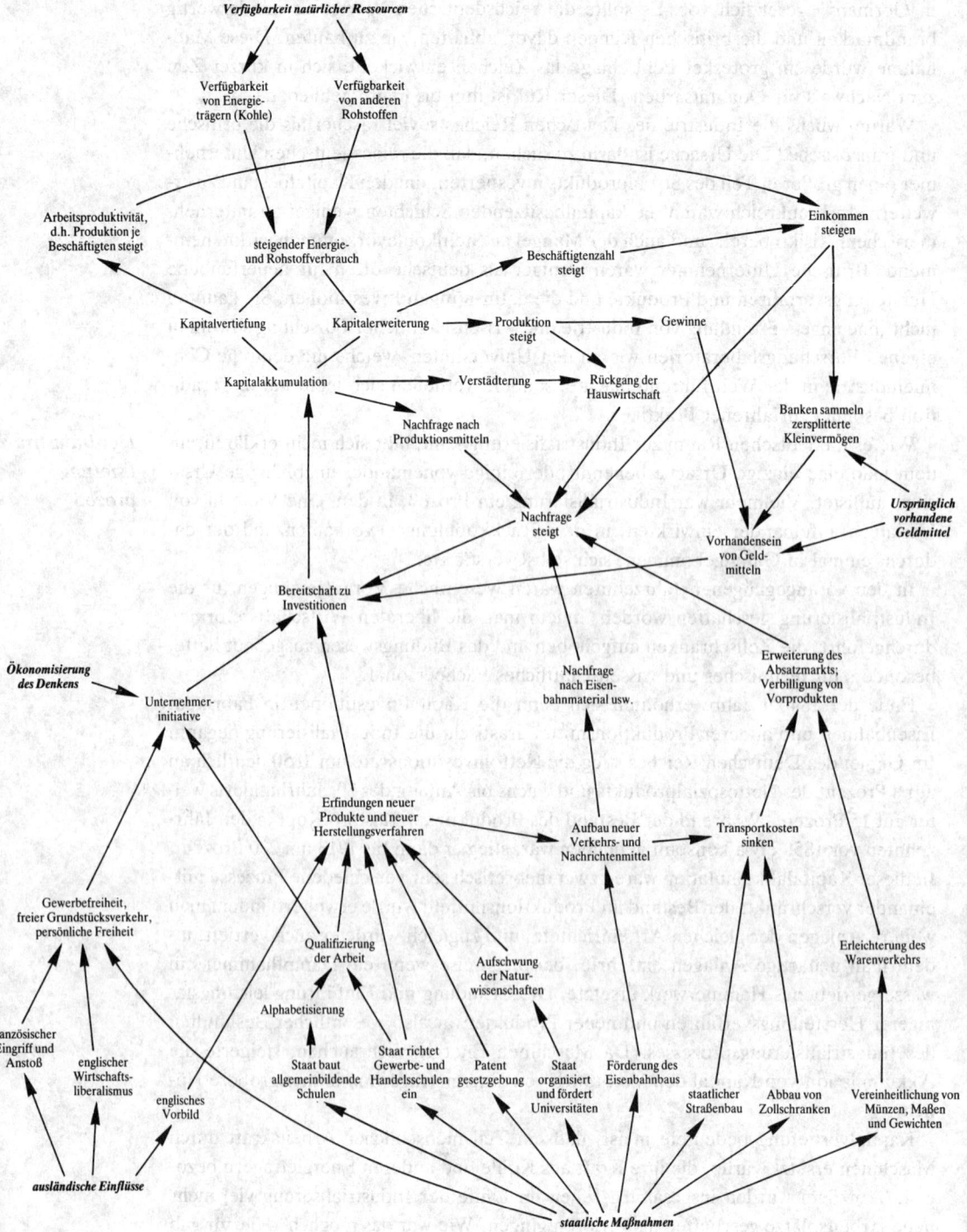

es im wesentlichen drei Gründe. Erstens entstanden mit der Fülle der Produkterfindungen auch neue Bedürfnisse nach diesen Produkten, die dann eine vermehrte Produktion anregten. Zweitens führte die durch den Maschineneinsatz bewirkte Erhöhung der Arbeitsproduktivität dazu, daß industrielle Produkte billiger wurden und die Einkommen stiegen, so daß manche Konsumgüter jetzt auch von Käuferschichten nachgefragt wurden, die sie sich bisher nicht oder nicht in dieser Menge hatten leisten können. Drittens hatten industrielle Investitionen einen sogenannten „doppelten Stellenwert": Aufträge beispielsweise für Eisenbahnmaterial schufen nicht nur in der betreffenden Maschinenbaufabrik neue Arbeitsplätze, sondern als Folge davon entstanden Aufträge an Zulieferfirmen, und außerdem stellten die ausgezahlten Löhne und Gewinne in den Händen ihrer Empfänger Einkommen dar, die wiederum Nachfrage für die Konsumgüterindustrie schufen, so daß sekundär auch in diesen Bereichen neue Arbeitsplätze entstanden, ebenso im Bereich des erforderlich werdenden Transports und Handels.

Ferner war von großer Bedeutung, daß der technische Fortschritt sich nicht nur auf den Bereich der Produktion erstreckte, sondern auch auf den des Verkehrs von Gütern, Personen und Nachrichten. Indem dadurch die Transportkosten drastisch sanken, wurden überhaupt erst die Rohstoffzufuhr und jener Absatz über große Entfernungen möglich, der die Produktionssteigerungen der Industrie lohnend machte.

Kräftiges Wachstum der Gesamtproduktion einer Volkswirtschaft ist nicht möglich, ohne daß sich deren Struktur dabei ändert. Da die einzelnen Wirtschaftsbereiche unterschiedlich stark wuchsen, verschoben sich ihre Anteile an der Gesamtwirtschaft deutlich. Zwischen 1850 und 1914 stieg im Gebiet des Deutschen Reiches der Anteil der in Industrie, Handwerk und Bergbau Beschäftigten von 24 auf 38 Prozent, der in Handel, Banken, Versicherungen und Gaststätten Beschäftigten von 5 auf 11 Prozent und der im Verkehrswesen Beschäftigten sogar von 1 auf 4 Prozent aller Beschäftigten; dagegen sank der Anteil der in der Landwirtschaft Beschäftigten von 55 auf 34 Prozent und der in häuslichen Diensten Tätigen von 10 auf 5 Prozent. Die übrigen Dienstleistungen nahmen von 5 auf 8 Prozent zu. Um 1890 überrundete das verarbeitende Gewerbe (mit Bergbau) die Landwirtschaft hinsichtlich Wertschöpfung und Kapitalbestand, um 1905 auch in der Beschäftigtenzahl: das Deutsche Reich wandelte sich vom Agrarstaat zum Industriestaat.

Struktur-
wandel

Einen derartig raschen, tiefgreifenden Strukturwandel hatte es bis dahin noch nie gegeben. Doch wie ist er zu erklären? Mit steigendem Einkommen nahm die Nachfrage der Verbraucher nach Nahrungsmitteln weniger stark zu als die nach anderen Gütern und nach Dienstleistungen. Jemand, dessen Einkommen sich verdoppelte, aß im Regelfall nicht doppelt so viel Brot und Kartoffeln, sondern war ab einem gewissen Maß gesättigt und konnte weitere Einkommenszuwächse für andere Dinge verwenden. Deshalb sank der Anteil der Landwirtschaft an der Gesamtwirtschaft, und jener des verarbeitenden Gewerbes stieg. Letzteres wurde auch noch dadurch verstärkt, daß mit dem steigenden Einsatz von Maschinen die Nachfrage nach Kapitalgütern ganz besonders anwuchs und daß man dazu überging, manche Konsumgüter, die man bisher im Haushalt selbst erstellt hatte, nun fertig zu kaufen. Da sich in Industrie und Bergbau außerdem die Arbeitsproduktivität außerordentlich erhöhte, weil zahlreiche Erfindungen angewendet wurden, stieg der Anteil des verarbeitenden Gewerbes (mit Bergbau) an der Gesamtwertschöpfung noch stärker als an den Beschäftigten: er schnellte im betrachteten Zeitraum sogar von 20,7 auf 44,9 Prozentpunkte empor!

Strukturwandel der Wirtschaft

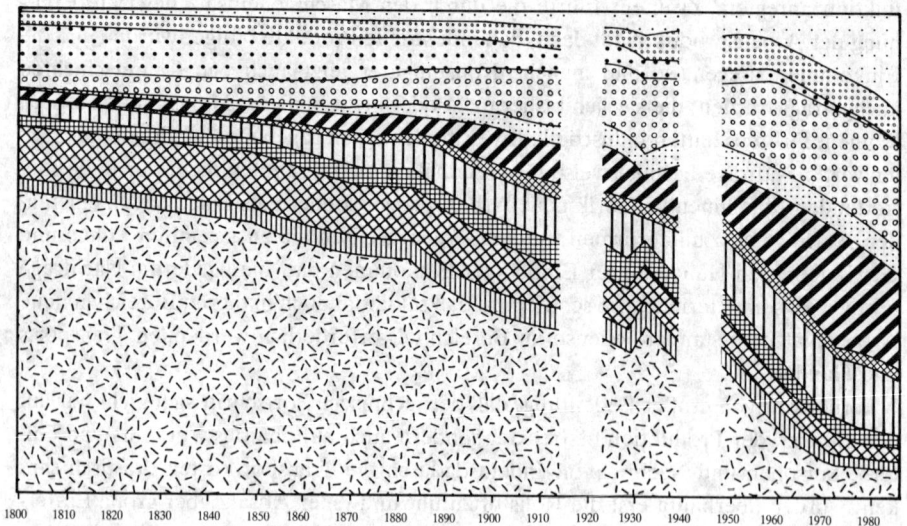

1800　1810　1820　1830　1840　1850　1860　1870　1880　1890　1900　1910　1920　1930　1940　1950　1960　1970　1980

Anteil der einzelnen Sektoren und Branchen an den Beschäftigten des jeweiligen deutschen Hauptstaats

Primärer Sektor:

Sekundärer Sektor:

Nahrungs- und Genußmittelherstellung

Textil-, Bekleidungs- und Ledergewerbe

Holz, Druck, Papier, Spielwaren

Bau, Steine u. Erden, Chemie, Glas

Bergbau u. Energieversorgung

Metallerzeugung u. -verarbeitung

Tertiärer Sektor:

Verkehrswesen

Handel, Banken, Versicherungen, Gaststätten

häusliche Dienste

öffentl. Verwaltung, Rechtswesen, Verteidigung

sonstige Dienstleistungen

Indem Produktion und Konsum von Gütern wuchsen und die arbeitsteilige Spezialisierung sich verstärkte, nahm der Austausch und damit der Transportbedarf gewaltig zu. Dadurch wuchs das Verkehrswesen schneller als jeder andere Wirtschaftsbereich. Derselbe Grund trug auch dazu bei, daß die Beschäftigtenzahl im Handel kräftig wuchs, vor allem aber die Tatsache, daß dort wie auch in den persönlichen Dienstleistungen die Arbeitsproduktivität kaum stieg, die Erhöhung der Nachfrage sich also fast ganz in eine Steigerung der Arbeitsplätze umsetzte.

Auch innerhalb des verarbeitenden Gewerbes verschoben sich die Gewichtungen. Bisher hatte stets das Konsumgütergewerbe eindeutig dominiert. Mit der Industrialisierung wurde dann der Weg vom Rohstoff bis zum Konsumenten immer komplexer und länger, und ein rasch wachsender Teil der Industrie war damit beschäftigt, erst einmal die dafür benötigten Maschinen und Transportmittel herzustellen. Damit nahm der Anteil der Investitionsgüterindustrien zu auf Kosten der meisten Konsumgüterindustrien. So stieg 1850 bis 1913 im Reichsgebiet unter den im Gewerbe Beschäftigten der Anteil der Metallbranche von 9,4 auf 20,1 Prozent und des Bergbaus von 2,7 auf

7,4 Prozent; dagegen sank das Gewicht der Textil- und Bekleidungsbranche von 46,1 auf 23,3 Prozent, womit sie aber immer noch die Gewerbebranche mit der größten Beschäftigtenzahl blieb.

Wie schon früher unterlag die wirtschaftliche Aktivität auch weiter Schwankungen. In vorindustrieller Zeit wurden gesamtwirtschaftliche Konjunkturschwankungen durch die Landwirtschaft verursacht. Wenn aufgrund der Witterung oder auch von Kriegen eine schwere Mißernte eintrat, schnellten die Preise für Nahrungsmittel empor. Damit schrumpfte der Umfang der Geldmittel, der zum Kauf gewerblicher Waren übrigblieb, und als Folge davon erfaßte die Krise auch Beschäftigung und Einkommen des gewerblichen Sektors. Mit der Industrialisierung wurde diese Erscheinung abgelöst durch eine neue Art von Konjunkturschwankungen, die jetzt von der Industrieproduktion verursacht wurden. Diese erklären sich daraus, daß die Geschehnisse in verschiedenen Branchen einander beeinflussen, was aber mit einem Zeitverzug geschieht, da eine gewisse Zeitspanne zwischen Investitionsentscheidung und der darauf folgenden Angebotsausweitung liegt und wegen der Dauer des Produktionsprozesses überhaupt. So werden die Entscheidungen der verschiedenen Unternehmen und Haushalte durch den Markt nur unvollständig aufeinander abgestimmt. Es besteht die Tendenz, in einer Aufschwungphase durch Neuinvestitionen die Produktionskapazität übermäßig auszuweiten, bis es zur Überproduktion kommt. Außerdem können durch einen Aufschwung in der Produktionsgüterindustrie schon Einkommen entstehen, denen noch keine entsprechende Steigerung der Verbrauchsgüterproduktion gegenübersteht. 1845/47 erlebte der deutsche Raum die letzte Konjunkturkrise agrarischen Typs, in den 1850er und 60er Jahren überlagerten sich agrare und industrielle Konjunkturschwankungen, dann hatte der neue Typ sich durchgesetzt. An die Stelle der Abhängigkeit von zwar nicht beeinflußbaren, aber durchschaubaren natürlichen Faktoren trat damit die Bedrohung der wirtschaftlichen und sozialen Existenz durch das Walten anonymer Wirtschaftskräfte, die nur schwer erklärbar waren. Da die Verkehrsbeziehungen stark zunahmen, wirkten diese Konjunkturen überdies im ganzen deutschen Raum, ja dann in fast ganz Europa einheitlich. Sie verursachten damit Krisen, die zwar nicht unbedingt stärker, aber viel umfassender waren als die früheren agrarischen Krisen.

Von der agrarischen zur industriellen Konjunktur

Es prägten sich ziemlich regelmäßige Wechsel von Prosperität mit gewinnträchtigem Geschäftsgang einerseits sowie Depression mit Konkursen und verstärkter Arbeitslosigkeit andererseits aus. Ein solcher Zyklus dauerte 5 bis 10 Jahre. Diese Konjunkturzyklen wurden außerdem von langfristigen Schwankungen überlagert. 1850-73 waren die Prosperitätsphasen durchweg länger und kräftiger als die Depressionsphasen, so daß insgesamt eine große Aufschwungsphase entstand. Sie wurde vor allem vom Eisenbahnbau getragen. Der Kriegsbedarf der Jahre 1870/71, die französischen Reparationszahlungen danach und übersteigerte Erwartungen führten 1870-73 im Deutschen Reich und Österreich zu einer Konjunkturüberhitzung. Da sich in diesen Jahren die Zahl der neugegründeten Aktiengesellschaften explosionsartig vermehrte, bezeichneten die Zeitgenossen sie als „Gründerzeit". Mit dem Konkurs vieler unsolider, bloß leichtsinnig spekulativer und teilweise betrügerischer Gründungen und starkem Kursverfall aller Aktien brach sie 1873 spektakulär zusammen. Dieser Gründerkrach bedeutete aber mehr psychologisch einen Einschnitt als im tatsächlichen Wirtschaftswachstum. Es folgte eine bis 1880 anhaltende Stagnationsphase, die gelegentlich stark dramatisierend als „Große Depression" bezeichnet wird. In den 1890er Jahren ging sie

Konjunktur-zyklen

dann in einen neuen Aufschwung über, den jetzt Chemie- und Elektroindustrie und Maschinenbau anführten.

Technischer Fortschritt

Durch eine Fülle von Erfindungen steigerte sich wie nie zuvor die Möglichkeit, die Natur zu beherrschen. Auch verbreitete sich der technische Fortschritt rascher als früher, wurde schneller in industrielle Fertigung umgesetzt. An die Stelle einzelner genialer Erfinder trat eine große Zahl von Ingenieuren und Technikern, die miteinander kommunizierten, nicht zuletzt durch Fachzeitschriften. Ende des Jahrhunderts ging dann die Chemieindustrie dazu über, Erfindungen zu organisieren in Form von Laboratorien mit angestellten Wissenschaftlern, die gezielt nach neuen Verbindungen suchten. Hier begannen sich Wissenschaft und Produktion miteinander zu verbinden, die bis dahin weitgehend voneinander getrennt bestanden hatten.

Energiequellen

Als Basiserfindungen müssen jene gelten, durch welche die Kräfte der Deutschen sich vervielfachten. Das Energieproblem der vorhergehenden Jahrzehnte, das in der Brennholzknappheit bestand, wurde Anfang der 1850er Jahre rasch gelöst, indem man zur Steinkohle überging, da diese jetzt mit der Eisenbahn billig überall hin transportiert werden konnte. Auch die Wasserräder wurden in den 50er und 60er Jahren von der Dampfmaschine verdrängt. Im Gebiet des Deutschen Reiches stieg zwischen 1850

Primärenergieverbrauch

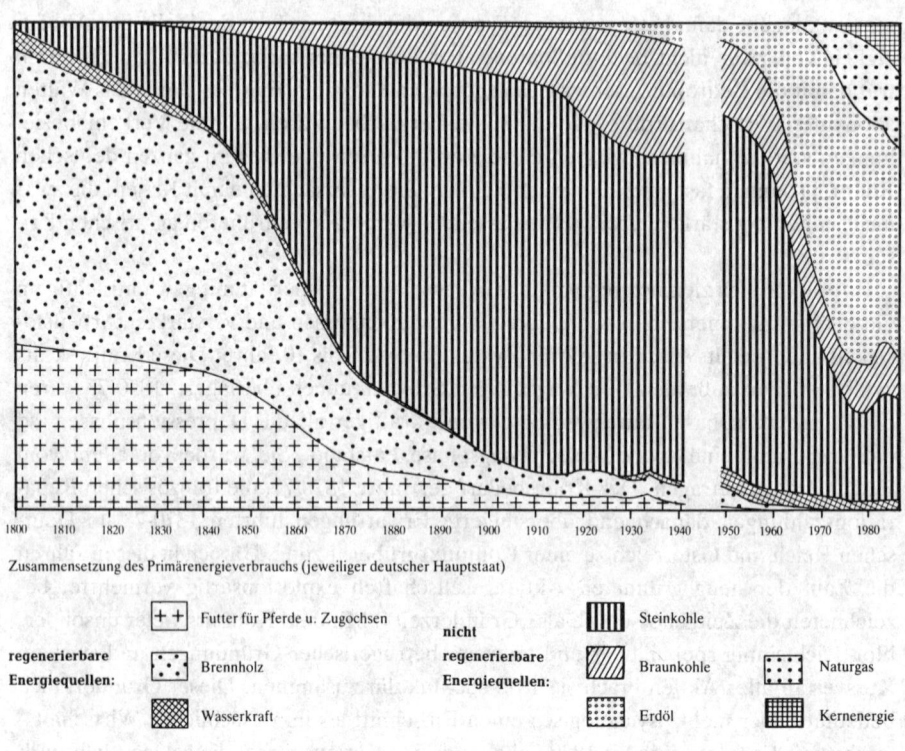

Zusammensetzung des Primärenergieverbrauchs (jeweiliger deutscher Hauptstaat)

	++ Futter für Pferde u. Zugochsen			▓ Steinkohle
regenerierbare Energiequellen:			nicht regenerierbare Energiequellen:	
	⋮ Brennholz			▨ Braunkohle	⋮ Naturgas
	▨ Wasserkraft			▦ Erdöl	▦ Kernenergie

und 1913 der Brennholzverbrauch von etwa 7 auf etwa 9 Millionen Tonnen SKE langsam an und ebenso der Verbrauch an Futter, das von der trotz Mechanisierung steigenden Pferdezahl in Arbeit umgesetzt wurde, von ca. 4 auf ca. 6 Millionen Tonnen SKE; dagegen schnellte der Steinkohleverbrauch von 5 auf 156 Millionen Tonnen SKE empor und der Braunkohleverbrauch von 0,5 auf 24 Millionen Tonnen SKE. In Preußen wurden 1850 noch 75 Prozent des Eisens mit Holzkohle erschmolzen, schon 1862 aber nur noch 12 Prozent. Kohleenergie wurde genutzt, um Wärme zu gewinnen, und sie konnte vor allem mit der Dampfmaschine auch in Bewegungsenergie umgesetzt werden, um Arbeitsmaschinen anzutreiben. Außerdem ließ sich das beim Verkoken und beim Hochofenbetrieb anfallende Gas ableiten und als sekundärer Energieträger ebenfalls nutzen. Für das Deutsche Reich erwies es sich als günstig, daß es mit dem Ruhrgebiet, Oberschlesien und dem Saarland über die ertragreichsten Steinkohlevorkommen des europäischen Festlands verfügte. Hinzu kam seit den 1860er Jahren als neue Energiequelle Erdöl. Der Ölverbrauch stieg zwar rasch, spielte aber 1913 mit 1,6 Millionen Tonnen SKE noch keine große Rolle. Öl wurde als Brennstoff vor allem für Schiffsdampfmaschinen und auch zur Beleuchtung verwendet. Während der jährliche Pro-Kopf-Verbrauch an Primärenergie in den Jahrzehnten vor 1850 bei ca. 500 Kilogramm SKE konstant geblieben war, schnellte er bis 1913 auf 2.940 Kilogramm empor. Das war eine gewaltige, geradezu revolutionäre Steigerung der Kräfte, die den Deutschen zur Verfügung standen. Sie verhalfen ihnen zu einer Menge an Gütern, Wärme, Licht und Ortsveränderung und damit zu einer Erhöhung des Lebensstandards, die mit den herkömmlichen Energiequellen niemals möglich gewesen wäre. Brennholz sowie Nahrung und Futter für menschliche und tierische Arbeitskraft brauchen zum Wachsen Forst- bzw. Ackerfläche und hätten sich deshalb nicht in diesem Maß vermehren lassen. Aber sie wachsen bei angemessener Nutzung jahrhundertelang immer wieder nach, ein vom Sonnenlicht ständig erneuertes Energiepotential, während der Übergang zu Kohle und Öl bedeutete, begrenzte Lagerstätten abzubauen, die bei weiterer Ausbeutung langfristig irgendwann aufgebraucht sein werden. Dieser Übergang von sich regenerierenden zu fossilen Energiequellen stellte einen der wichtigsten Einschnitte in der Auseinandersetzung der Menschen mit ihrer physischen Umwelt dar.

Die Umwandlung der chemischen Energie in Bewegungsenergie war ursprünglich nur durch Kolbendampfmaschinen möglich. Als weiterer Dampfmaschinentyp wurde 1884 in Großbritannien die Dampfturbine erfunden. Neue Möglichkeiten schuf dann die Erfindung der Verbrennungsmotoren. 1863 entwickelte Nikolaus Otto den ersten brauchbaren Gasmotor, der mit Leuchtgas betrieben wurde und deshalb stationär war. 1876 erfand Otto den ersten brauchbaren Viertaktmotor, und als dieser dann auch mit flüssigem Brennstoff betrieben werden konnte, war ein relativ kleiner, mobiler Motor entstanden. 1897 erfand Rudolf Diesel den Dieselmotor. Dieser war im Treibstoffverbrauch sparsamer als der Ottomotor, nahm sich aber besonders anfangs recht groß und schwer aus. Der Elektromotor war im Prinzip schon seit 1834 bekannt, aber praktisch nicht verwendbar, solange man Elektrizität nur mit Batterien erzeugen konnte. Erst als Werner von Siemens 1866 den Generator erfand, der mechanische Energie in elektrische Energie umwandelte, ließ sich elektrischer Strom billig in großen Mengen erzeugen.

Mit diesen Kraftmaschinen konnten Verkehrswesen und Produktion revolutioniert werden. Im Landverkehr brachte schon die Dampfmaschine als Eisenbahn die erste

Kraftmaschinen

… und ihre Anwendung

Umwälzung. 1879 baute Werner von Siemens dann die erste elektrische Lokomotive, und im Jahr 1900 verkehrte der erste Dieseltriebwagen bei der Württembergischen Staatsbahn. Im Straßenverkehr brachten die Versuche mit Dampf- und Elektroautos keine brauchbaren Ergebnisse, da bei ersteren das Masse-Leistungs-Verhältnis der Maschine zu ungünstig und bei letzteren die Akkukapazität zu klein war. Der Durchbruch kam erst, als man den Ottomotor im Straßenverkehr anwendete. Auf dieser Basis erfand Gottlieb Daimler 1885 das Motorrad und Karl Benz 1886 den Kraftwagen. Nachdem in der Schiffahrt schon früh die Kolbendampfmaschine eingeführt worden war, kam hier Ende des 19. Jahrhunderts bei großen Schiffen auch die leistungsfähigere Dampfturbine zum Einsatz und kurz vor dem Ersten Weltkrieg ferner der Dieselmotor. Luftfahrt war überhaupt erst möglich, nachdem schnellaufende Benzinmotoren entwickelt worden waren. Als erster gelangte dabei Graf Ferdinand von Zeppelin zu brauchbaren Ergebnissen. Er baute im Jahre 1900 das erste brauchbare lenkbare Luftschiff. Die Entwicklung des Flugzeugs kam erst kurz vor dem Ersten Weltkrieg zum Ziel und verblieb noch im Bereich von Amateurspielerei und militärischen Versuchen.

Ebenso wie das Verkehrswesen änderte sich auch die Produktionsweise durch die Anwendung der Kraftmaschinen. Dabei wurden nur zum Teil Arbeitskräfte ersetzt, vielfach dagegen jetzt Abläufe überhaupt erst möglich gemacht, an die man zuvor gar nicht hatte denken können, weil die Kräfte zu gering gewesen waren. Nachdem die neuen Kraftmaschinen verfügbar geworden waren, wurde in relativ kurzer Zeit eine große Zahl von Arbeitsmaschinen erfunden, die sich dazu kombinieren ließen. Die Kraftmaschinen trieben Spinn- und Webmaschinen an, ebenso Pumpen, Aufzüge und Fördermaschinen und vor allem eine Vielzahl von Werkzeugmaschinen zum Schleifen, Bohren, Sägen, Fräsen, Spanen, Polieren, Hobeln, Stanzen, Einpacken usw. Fabriken mit Dampfantrieb waren um eine große zentrale Dampfmaschine herum angelegt, von der aus ein aufwendiges Gewirr von Treibriemen und Gestänge die Kraft auf die einzelnen Arbeitsmaschinen übertrug. Die Gasmotoren fanden nur wenig Verbreitung, am ehesten noch in kleinen Betrieben. Mit der Elektrizität konnten die energiefressenden und unfallträchtigen mechanischen Kraftübertragungen in den Fabriken entfallen: die Kraftzuleitung ließ sich durch Kabel an jede Stelle des Raumes übertragen, und die Energie war unbegrenzt teilbar. Die Elektromotoren breiteten sich rasch aus und lösten eine allgemeine Elektrifizierungswelle aus, beispielsweise im Bergbau unter Tage, wo eine Mechanisierung wegen der Kraftübertragungsschwierigkeiten der Dampfmaschinen bis dahin nicht möglich gewesen war. Durch Dampfmaschinen und Elektromotoren konnten in der Produktion ortsfeste und im Transportwesen nur der schienengebundene Verkehr mechanisiert werden. Das führte dazu, daß sich die Arbeitsproduktivität 1873 bis 1913 in den einzelnen Branchen sehr verschieden entwickelte. Während sie in der Metallbranche um 270 Prozent stieg und in der sich nur langsam, aber doch vollständig mechanisierenden Textilindustrie um 115 Prozent, machte ihr Anstieg im Bergbau 67 Prozent und in der Bauwirtschaft nur 20 Prozent aus. Letztere verharrte unverändert bei Schaufel und Schubkarre. Auch in der Landwirtschaft kam die Mechanisierung nicht über Ansätze hinaus, da es an einer geeigneten Antriebskraft fehlte. Zwar setzten sich viele neuerfundene Landmaschinen zum Dreschen, Säen, Futterschneiden, Drillen, Heuwenden usw. durch, aber man blieb hierbei im wesentlichen noch auf Zugtiere als Antriebskräfte angewiesen. Dampfpflüge und Dampfdreschmaschinen konnten sich wegen der hohen Kosten nur Großbetriebe leisten. 1907 wurde im Deutschen Reich nur 1 Prozent der Ackerfläche mit Dampfpflügen bestellt. Vor dem Ersten Weltkrieg erfand man noch keine brauchbaren Kombinationen von Verbrennungsmotor und Ackerbearbeitungsgeräten. Nur die bäuerliche Innenwirtschaft konnte seit 1900 in ersten Ansätzen mit Häckselmaschinen, Milchzentrifugen, Rübenschneidern, Jauchepumpen usw. mechanisiert werden, die von Elektromotoren (soweit schon Stromanschluß bestand) oder Verbrennungsmotoren angetrieben wurden.

Elektrizitätswerke baute man in den 1880er Jahren zunächst für einzelne Betriebe und Häuserblocks, dann für Stadtbezirke, seit den 90er Jahren für ganze Städte. 1891 gelang es zum ersten Mal in der Welt, hochgespannten Strom über größere Entfernung zu übertragen (179 Kilometer von Lauffen nach Frankfurt a.M.). Damit war die technische Voraussetzung gegeben, um Überlandnetze aufzubauen, die es dann nach und nach möglich machten, auch ländliche Gebiete mit Elektrizität zu versorgen. Als Kraftwerke dienten meist Dampfturbinen, und noch vor dem Ersten Weltkrieg erlebte durch Wasserturbinen auch die bereits totgeglaubte Wasserkraft ein Comeback.

Durch die Elektrizität begann Energie allgegenwärtig zu werden, beliebig nutzbar als Wärme, Kraft oder Licht. Sie wurde nicht nur für Elektromotoren angewendet, sondern sie veränderte auch die Nachrichtentechnik (1847 Erfindung des elektrischen Zeigertelegraphen durch Werner von Siemens; ab 1897 Entwicklung der drahtlosen Funk-Telegraphie, zunächst für die Schiffahrt), das Beleuchtungswesen (ab 1879 brauchbare elektrische Glühbirnen) und machte neue Produktionsverfahren möglich, so die Galvanotechnik und elektrolytische Kupferreinigungs- und Metallgewinnungsverfahren. Eine ganz neue, rasch wachsende Industriebranche trat mit den elektrotechnischen Erfindungen ins Leben. Bei der Stahlherstellung sank durch verschiedene Neuerungen die für die Herstellung derselben Menge benötigte Zeit von drei Wochen mit dem altherkömmlichen Frischen auf 24 Stunden mit dem Puddelverfahren (in Deutschland ab 1795 verwendet) und 20 Minuten mit dem Bessemerverfahren (in Großbritannien 1855 erfunden). Indem man die Vorgänge im Hochofen genauer erforschte, steigerte sich die Spitzenleistung je deutschen Hochofen von 2.000 Tonnen Roheisen 1835 auf 30.000 Tonnen 1913. Durch diese Entwicklungen fiel der Stahlpreis 1860 bis 1913 um 80-90 Prozent. Damit konnte dieser Werkstoff zum Massenprodukt werden. Nachdem Carl von Linde 1876 die künstliche Eiserzeugung erfunden und damit die Kältetechnik begründet hatte, ließen sich auch verderbliche Fleisch- und Gartenbauerzeugnisse weltweit transportieren. Jetzt war frischer Seefisch auch tief im Binnenland zu haben, und jetzt konnte der deutsche Verbraucher beispielsweise Fleisch aus Argentinien und seit Anfang des Jahrhunderts Bananen aus Mittelamerika kaufen. Fritz Haber und Carl Bosch entwickelten 1910-13 ein großtechnisch brauchbares Verfahren, um mit Ammoniak einen der wichtigsten Grundstoffe der Chemieindustrie aus Luftstickstoff und Kokereigas synthetisch zu gewinnen. Erwähnt sei noch die Entwicklung des luftbereiften Fahrrads (1890), die Erfindung der Kathodenstrahlröhre durch Karl Ferdinand Braun (1897), welche die Grundlage für Fernsehen, Oszillographen und andere Bildschirmgeräte schuf, und die Entwicklung der Photographie in Frankreich um 1840, als deren Folge dann Photofilm und Kino aufkamen (erste öffentliche Filmvorführung 1895 in Berlin).

Und natürlich wurden nicht nur Produktion und Verkehrswesen, sondern auch das Kriegswesen mechanisiert. Kaliber, Reichweite und Schußgeschwindigkeit der Geschütze steigerten sich laufend. Die Erfindung der Granate Mitte des 19. Jahrhunderts vergrößerte die Zerstörungswirkung der Artillerie am Ort des Einschlags, verglichen

Weitere Erfindungen

mit den bisherigen Vollgeschossen, und die Erfindung des Maschinengewehrs Ende des 19. Jahrhunderts schuf eine Infanteriewaffe mit enorm gesteigerter Schußgeschwindigkeit. Damit verlor die Schlachtkavallerie jeden militärischen Wert. Im Seekriegswesen entstand Mitte des 19. Jahrhunderts als Antwort auf die Granate das Panzerschiff, dessen Größe bis zum Ersten Weltkrieg ständig wuchs. Als spezielle Marinewaffen wurden der Torpedo und kurz vor dem Weltkrieg auch noch das Unterseeboot erfunden.

Werkstoffe Da der Wärmeenergiebedarf jetzt weitgehend aus Kohle anstatt aus Brennholz gedeckt wurde, konnte der Anteil des Nutzholzes am gesamten reichsdeutschen Holzeinschlag 1850 bis 1912 von 20 auf 50 Prozent steigen. Nun hätten sich aber die meisten Erfindungen mit Holz, dem seit alters her wichtigsten Werkstoff, gar nicht verwirklichen lassen. Eisen und Stahl traten vielfach an die Stelle von Holz. Eisen eignete sich mit seiner Härte und Formbarkeit besonders für Maschinen und ersetzte Holz außerdem im Schiffbau und als tragendes Teil am Bau. Mit Stahl, der Härte mit Elastizität vereint, wurden Großkonstruktionen wie weitschwingende Brücken und riesige Ozeandampfer überhaupt erst möglich. Die Roheisenproduktion im deutschen Reichsgebiet kletterte 1850 bis 1913 von 0,2 auf 19 Millionen Tonnen. Gleichzeitig wuchs aber auch der Holzverbrauch, beispielsweise für Eisenbahnschwellen und den steigenden Papierbedarf. Der reichsdeutsche Nutzholzverbrauch vergrößerte sich im selben Zeitraum von 6 auf 42 Millionen Festmeter und blieb damit (gewichtsmäßig) immer noch größer als der Verbrauch von Eisen und Stahl. Als Baustoff bekamen Holz sowie Ziegel und Stein nicht nur durch Eisen und Stahl Konkurrenz, sondern auch durch den in Großbritannien erfundenen Zement. Dessen reichsdeutsche Produktion begann 1855 und stieg bis 1900 auf 2,5 Millionen Tonnen. Er gewann große Bedeutung vor allem für Brücken, Tunnels und alle Bauwerke am oder im Wasser, und ab 1885 verbaute man ihn in Deutschland auch zusammen mit Stahl als Stahlbeton. Auch andere bisher nicht genutzte Materialien wurden jetzt als industrielle Rohstoffe verwendet. Aus Steinsalz anstatt aus der knapp werdenden Pottasche erzeugte man chemisch Soda (für Glas- und Seifenherstellung und für Hilfsprozesse beim Textilgewerbe) und Chlor (vor allem zum Textilbleichen). Seit etwa 1850 konnte Naturkautschuk verarbeitet werden beispielsweise zu Gummihandschuhen, Dichtungen, Schläuchen, Vollgummi- und Luftreifen. 1907 stellte A. Wilm die erste brauchbare Aluminiumlegierung her, doch spielte Aluminium vor dem Weltkrieg noch keine Rolle.

Ja, die Menschen lösten sich jetzt so weit von der Natur, daß sie neue Werkstoffe erfanden, die in der Natur gar nicht vorkamen, die durch chemische Umwandlungen erzeugten Kunststoffe. Die ersten künstlichen Werkstoffe stellten chemische Veränderungen von Zellulose dar, so als erstes Zelluloid, das nach britischem Vorbild ab 1878 auch in Deutschland hergestellt und bald vielfältig für Filme, Spielsachen, Dosen und andere Gebrauchsgegenstände verwendet wurde, seit 1884 Kunstseide und ab 1908 die in Deutschland erfundene durchsichtige Folie Zellophan. Mit Bakelit wurde 1907 in den USA der erste synthetische Kunststoff erfunden (verwendet vor allem für elektrische Isolierungen und für Gehäuseteile von Haushaltsgeräten). 1909 gelang den Farbwerken Bayer die Herstellung von synthetischem (Methyl-)Kautschuk, aber zunächst nur in unbedeutenden Mengen. Aus dem Steinkohlenteer, der beim Verkoken von Kohle abfiel, destillierte man ab 1856 künstliche Farbstoffe und schuf dabei eine Vielzahl völlig neuer Farbtöne. Bei den Farbwerken Höchst stieg die Zahl der Farbstofftypen 1888-1913 von 1.700 auf 11.000. Die alten pflanzlichen Farbstoffe wie Waid und Krapp verschwanden dagegen Ende des 19. Jahrhunderts völlig von der Bildfläche.

Der Einsatz von Maschinen in der Industrie und Teilen des Verkehrswesens veränderte nachhaltig die Arbeitsbedingungen der dort tätigen Menschen. Dabei wurden diese Menschen aufs Ganze gesehen keineswegs von physischer Beanspruchung entlastet. Auch in den Fabriken gab es weiterhin viele anstrengende nicht maschinelle Arbeiten, und auch dort, wo Maschinen Tätigkeiten übernahmen, fielen mit ihrer Beschickung und Bedienung neue und oft belastende Arbeitsvorgänge an. Vielfach entstand mit den Maschinen ein bis dahin nicht gekannter Lärm am Arbeitsplatz, und etliche Arbeiter waren bei ihrer Arbeit starker Hitzestrahlung ausgesetzt. Vermehrt gab es Produktionsverfahren, bei denen Arbeiter durch giftige Substanzen gefährdet und geschädigt werden konnten. In einigen Bereichen kam Schichtarbeit auf, meist als 12stündiger Zweischichtbetrieb, sei es aus technologischen Zwängen heraus (z.B. bei Hochöfen) oder um Maschinen rentabel auszulasten. Manche bürgerliche Intellektuelle, die sich am Leitbild des schöpferischen, allseits entfalteten Menschen orientierten, verurteilten die Industrialisierung, weil sie die Arbeitenden auf eine monotone und geistlose, einseitige und bloß ausführende Arbeit reduziert und zu Anhängseln der Maschinen degradiert hätte. Doch diese Sicht trog. Sie beruhte auf einer Verklärung der vorangegangenen Zeit. Auch in der vorindustriellen Arbeitswelt waren viele Tätigkeiten monoton gewesen und ohne Chance zur kreativen Gestaltung − seien es z.B. die von Spinnern, Landarbeitern oder einfachen Bauarbeitern. Umgekehrt waren auch zur Bedienung vieler Maschinen weiterhin Geschicklichkeit und Materialkenntnis erforderlich. In einigen Bereichen wurde den Arbeitern jetzt ihr Arbeitsrhythmus von den Maschinen vorgegeben, aber vielfach behielten auch industrielle Arbeitsvollzüge noch einen durchaus handwerklichen Charakter ohne eine Arbeitszerlegung, die über kleine Arbeitsgruppen hinausging, z.B. als Hauer unter Tage, beim Tiegelstahlgießen oder als Dreher an der Drehbank, und auch in den Fabriken gab es weiter viel einfach zu Tragen, zu Heben usw.

In jener langfristigen Entwicklung, die den Stoffwechsel mit der Natur in immer differenzierteren und komplexeren Formen organisierte, brachte die Industrialisierung einen gewaltigen Schub. Mit der wachsenden Fülle von Erfindungen vermehrte sich die Zahl der Gewerbezweige, und die Palette der Spezialprodukte wurde immer bunter. Indem die Produktionsketten länger und die Betriebe größer wurden, differenzierten sich die Funktionen innerhalb eines Betriebes. 1907 gab es bei der Firma Krupp in Essen 239 verschiedene Kategorien von Arbeitern und Angestellten. Indem der Handel anwuchs, spezialisierte er sich in verschiedene Richtungen. Dies alles führte dazu, daß sich die Anzahl unterschiedlicher Berufstätigkeiten vervielfachte.

Da die verschiedenen Elemente und Funktionen sich ergänzend aufeinander bezogen, stieg mit der wachsenden Differenzierung auch die Komplexität ihrer Integration. Differenzierung und komplexere Verflechtung gehörten zusammen, und beide waren untrennbar mit der wirtschaftlichen Leistungssteigerung verbunden. Die Integration erfolgte in verschiedenen Formen: die Menschen arbeiteten in immer größeren Betrieben arbeitsteilig zusammen, Haushalte und Betriebe wurden über den Markt verstärkt miteinander verflochten, und sie schlossen sich an die öffentlichen Versorgungsnetze an, die in den Großstädten entstanden.

Als sich in den 1840er und 50er Jahren das Verkehrswesen umstürzend zu wandeln begann, stieg die Zirkulation von Gütern, Menschen, Nachrichten und auch Geld sprunghaft an, sowohl an räumlicher Ausdehnung wie an Intensität. Das war Voraussetzung wie Folge der Industrialisierung: die verbesserten Transportmöglichkeiten boten neue Marktchancen, und der so ermöglichte gewaltige Produktionszuwachs mußte wiederum verfrachtet und dirigiert werden. Im Binnenland stieg die Eisenbahn zum entscheidenden Transportmittel auf. Das Eisenbahnnetz im Deutschen Reich wurde 1850 bis 1913 von 5.875 auf 63.000 Kilometer ausgebaut, so daß schließlich fast alle Orte nicht mehr als wenige Stunden Fußmarsch von einer Eisenbahnstation entfernt lagen. Die Geschwindigkeit der Bahn stieg in dieser Zeit etwa auf das Doppelte. Ihr durchschnittlicher Transportkostenpreis sank 1848 bis 1880 von 17 auf 5 Pfennig je Tonnenkilometer. Da sich der Landtransport so drastisch verbilligte, wurde es nun möglich, auch Massengüter wie Kohle, Rohstoffe und Nahrungsmittel über große Landentfernungen zu befördern. Personenkraftwagen blieben wegen der hohen Kosten bis zum Ersten Weltkrieg ein Luxus der Oberschicht. Der Güterverkehr auf der Straße wurde weiter fast nur von Pferdefuhrwerken durchgeführt, die für die Bahn keine Konkurrenz bedeuteten. Der Transport eines Dampfkessels von Aachen nach Warschau brauchte Anfang der 50er Jahre über Landstraßen mit 24 Pferden Vorspann mehr als zwei Monate, wenig später auf der Bahn aber nicht einmal 30 Stunden. Der Bahntransport war aber nicht nur schneller, er war auch pünktlicher, und vor allem kostete er je Tonnenkilometer nur 10 Prozent des Frachtpreises auf fester Straße. Das Netz chaussierter, also fester Straßen wurde im Deutschen Reich zwar 1835 bis 1913 von 25.000 auf über 300.000 Kilometer ausgebaut, so daß schließlich fast alle Dörfer Straßenanschluß hatten, aber der Fernverkehr verlagerte sich weitgehend auf die Bahn. Die Straßen wurden mehr zu Zubringern zu den Bahnhöfen.

Mit der Dampfschiffahrt stieg auch der Binnenschiffsverkehr kräftig an. Das Netz der Kanäle und kanalisierten Flußstrecken wurde etwa verdoppelt. Mit dem 1890-99 gebauten Dortmund-Ems-Kanal erhielt das Ruhrgebiet einen rein deutschen Anschluß an die Nordsee und mit dem 1906-16 gebauten Mittellandkanal bis Hannover. Die Binnenschiffe waren zwar billiger, aber langsamer als die Bahn und konnten mit ihr auch aufgrund der Lage ihrer Verkehrswege nicht mithalten. Die Schiffahrt auf den zahlreichen kleinen Flüssen erlag fast ganz der Konkurrenz von Bahn und Straße, und der Binnenschifftransport konzentrierte sich zunehmend auf einige wenige Massengüter. 1850 bis 1913 stieg im Reichsgebiet die jährliche Transportleistung der Binnenschiffe von 0,9 auf 17,9 Milliarden Tonnenkilometer, die der Bahn aber von 0,2 auf 67,7 Milliarden. Der Personenverkehr der Bahn schnellte in dieser Zeit von 0,6 auf 41,4 Milliarden Personenkilometer empor.

In der Hochseeschiffahrt setzte sich die Dampfmaschine bis zum Weltkrieg allmählich gegenüber dem Segel durch; 1890 war der Tonnageanteil beider an der reichsdeutschen Handelsflotte etwa gleich. So wurden die Schiffe von den Launen des Windes unabhängig, schneller und immer größer. Die Frachtraten stürzten 1820 bis 1913 um durchschnittlich 85 Prozent. Dadurch begann sich jetzt auch der Transport billiger Massenware über die Ozeane zu lohnen. So wurden seit den 1870er Jahren von den deutschen Nordseehäfen aus zahlreiche kombinierte Fracht-, Fahrgast- und Postlinien sowie reine Frachtlinien nach allen Übersegegenden aufgebaut. Die reichsdeutsche Handelsflotte wuchs 1850 bis 1913 von 0,5 auf 3,3 Millionen NRT. In Hamburg und den bremischen Häfen baggerte man riesige Hafenbecken ins Sumpfland.

Noch sprunghafter als der Güter- und Personenverkehr intensivierte sich der Nachrichtenaustausch. Durch die Eisenbahn wurde die Postbeförderung schneller, 1849 begann mit der Strecke Berlin-Aachen der Aufbau eines elektromagnetischen Telegraphennetzes, das besonders für den Börsenverkehr wichtig wurde, 1881 fing die Post an, das reichsdeutsche Telefonnetz aufzubauen. Das Telegraphennetz wurde durch Unterseekabel und ab 1897 auch durch Funktelegraphie nach Übersee verlängert. Die Zahl der Briefe, Postkarten und Drucksachen, welche die Post jährlich im Gebiet des Deutschen Reiches beförderte, schnellte 1850 bis 1913 von 86 Millionen auf 7.024 Millionen empor, die Zahl der Telegramme wuchs auf 52 Millionen und die der Telefongespräche auf 2.518 Millionen. Während es 1814 noch neun Tage gedauert hatte, bis die Einnahme von Paris in Berlin bekannt geworden war, brauchte um 1900 ein Telegramm in die USA nur Sekunden.

Mit dem steigenden Austausch wuchs auch der Geld- und Kreditbedarf. Dieser konnte nicht zuletzt dadurch befriedigt werden, daß der Anteil der Banknoten am gesamten Geldumlauf 1850-90 von 8 auf 47 Prozent stieg. Dabei verloren Banknoten erst allmählich den zweifelhaften Ruf des Unseriösen und galten lange nur als Münzersatz; erst 1910 wurden sie gesetzliche Zahlungsmittel, so daß ihre Annahme nicht mehr verweigert werden durfte. Die ausgegebenen Banknoten mußten zu einem Drittel durch Gold und zu zwei Dritteln durch Handelswechsel gedeckt sein, um inflationärem Mißbrauch der Notenemission vorzubeugen. Zur Ausgabe von Banknoten entstanden in den 1850er Jahren in den deutschen Staaten außerhalb Preußens über 30 Notenbanken. Nachdem 1875 die Preußische Bank in Berlin in die Deutsche Reichsbank umgewandelt worden war, stellten die übrigen Notenbanken innerhalb des Deutschen Reiches ihre Banknotenausgabe nach und nach ein. Auch der Giroverkehr weitete sich aus, wenngleich er auch erst wenig genutzt wurde und man zur bargeldlosen Zahlung noch den altbekannten Wechsel bevorzugte.

Mit dem gewaltigen Aufschwung der Zirkulation von Gütern, Personen, Nachrichten und Geld traten die einzelnen Haushalte, die verschiedenen deutschen Regionen in einem völlig neuen Ausmaß miteinander in Beziehung und wurden immer enger miteinander verflochten. Produktion und Austausch von Gütern hatten sich bislang auf drei verschiedenen Ebenen abgespielt: der Selbstversorgung durch die eigene Hauswirtschaft, des lokalen Austausches der Bewohner einer Stadt direkt miteinander und mit der ländlichen Bevölkerung ihres unmittelbaren Umlands von höchstens einer Tagesreise Radius, sowie des überlokalen Austausches, bei dem sich zwischen regional begrenzten und gesamteuropäischen Handelsbeziehungen unterscheiden läßt. Zwar hatten sich im Laufe der Jahrhunderte die Gewichtungen ganz allmählich in Richtung auf die letztgenannte Ebene verlagert, aber auch noch 1850 machten vom Umfang her die Hauswirtschaft den größten und die überlokal gehandelten Güter den kleinsten Anteil an der Gesamtgüterproduktion aus. Dies änderte sich durch die Industrialisierung grundlegend, indem die einzelnen Haushalte immer stärker in den Markt integriert und die örtlichen Märkte immer mehr in großräumige Märkte eingeschmolzen wurden. Im Laufe der zweiten Hälfte des 19. Jahrhunderts hörte in den Städten die Selbstversorgung auf, wie sie bislang aus nebenbei betriebenem Garten, Stall und Ackerstück, durch Spinnen, Weben, Schneidern, Backen usw. erfolgt war. Die städtischen Haushalte beschränkten sich wirtschaftlich auf den Konsum von Waren, die sie kauften. Deshalb löste ihre Wirtschaftsweise sich auch vom Jahreszeitenrhythmus und der umfangreichen Vorratshaltung und stellte auf wöchentlichen Einkauf um. Die landwirtschaftlichen Haushalte blieben in der Regel noch bis ins 20. Jahrhundert dabei, ihren Eigenbedarf an Nahrungsmitteln aus eigenem Anbau und eigener Vieh-

Steigende Markt- verflechtung

haltung zu gewinnen, meist auch selbst zu schlachten und das Brot selbst zu backen. Aber auch sie sahen sich stärker in den Markt integriert. Die Selbstversorgung verlor den bisherigen Vorrang in ihrer Wirtschaft. Die verbesserte Verkehrsanbindung bot einen Anreiz, mehr zu produzieren, einen stark steigenden Anteil davon für den städtischen Verbraucher zu verkaufen und dafür über den Markt in zunehmendem Maße Landmaschinen, industriell hergestellte Düngemittel, Brennstoffe und Konsumgüter zu beziehen. Die kleinräumig begrenzten Märkte für lang- und mittelfristige Verbrauchsgüter wie Kleidung, Hausrat und Schuhe, die von den ortsansässigen Handwerkern hergestellt wurden, brachen zusammen unter der Konkurrenz der billigeren Massenware der fernen oder auch nahen Industriebetriebe. Der überregionale Austausch gewann die Oberhand. Jetzt wurde Kohle aus dem Ruhrgebiet auch nach Bayern, Schiffbaumaterial aus dem Ruhrgebiet und Oberschlesien zu Werften in Hamburg und Stettin und Getreide aus Ostdeutschland ins Rheinland geliefert. Die Massenproduktion der Industrie fand den nötigen weiten Absatzmarkt. An die Stelle der bisherigen örtlichen und regionalen Selbstgenügsamkeit trat ein allseitiger Verkehr, ein arbeitsteiliges Sich-Ergänzen, eine gegenseitige Abhängigkeit voneinander.

Indem die Transportkosten stark sanken und die Telegraphie neue Möglichkeiten schuf, Preise und Angebote entfernter Orte schnell miteinander zu vergleichen, glichen sich die Warenpreise und Zinssätze in den verschiedenen Orten und Regionen des Deutschen Reiches einander an, die bisher sehr unterschiedlich gewesen waren, und begannen sich ab etwa 1870 im Gleichtakt zu bewegen. Die einzelnen Regionen innerhalb des (späteren) Deutschen Reiches wuchsen zu einem einheitlichen Markt für Waren und Kapital zusammen. Die (reichsdeutsche) Volkswirtschaft entstand.

Politische Maßnahmen zur Vereinheitlichung begleiteten und förderten diesen Prozeß. 1868 führte man für den Norddeutschen Bund mit Meter und Kilogramm als Grundgrößen eine einheitliche Maß- und Gewichtsordnung ein, die 1872 von den hinzutretenden Bundesstaaten übernommen wurde. 1857 einigten sich alle Staaten des Deutschen Bundes auf eine gewisse Vereinheitlichung ihrer Währungen, und 1871 schuf man dann für das Deutsche Reich endgültig eine einheitliche Währung, die Mark. In der Folgezeit wurde auch das Wirtschaftsrecht innerhalb des Deutschen Reiches vereinheitlicht.

Als Folge von Eisenbahn und Zollverein orientierten sich im Laufe der 1840er, 50er und 60er Jahre in Mitteleuropa die Handelsströme um. Eng ineinander verflochtene Handels- und Gewerberäume waren zuvor Württemberg, Baden, Schweiz und Elsaß einerseits, Bayern und Österreich zum zweiten, die preußischen Rheinprovinzen und der nordfranzösisch-belgische Raum ihrerseits sowie Schlesien, Sachsen und Nordböhmen gewesen. Jetzt intensivierten sich die Austauschbeziehungen Bayerns, Württembergs und Badens nach Norden, die bis dahin schwächer gewesen waren, und auch jene der verschiedenen Teile Preußens untereinander, und zugleich traten die Grenzen des Zollvereinsgebiets nach außen deutlicher hervor. Die Gebiete der entstehenden (klein-)deutschen Volkswirtschaft, Österreichs und der Schweiz setzten sich damit als drei Wirtschaftsräume voneinander ab.

Auch zum übrigen Europa, ja nach Übersee, wurden die Wirtschaftsbeziehungen wesentlich intensiver. Der Anteil des Exports am Nettoinlandsprodukt, der bis in die 1840er Jahre 9-10 Prozent betragen hatte, stieg im Deutschen Reich bis 1910/13 auf 19 Prozent an. Die gesteigerte Kommunikation machte es auch schon nötig, daß die staatlichen Verwaltungen über ihre nationalen Bereiche hinaus kooperierten. So entstanden die ersten internationalen Verwaltungsunionen, vor allem 1865 der Welttelegraphenverein, 1874/78 der Weltpostverein und 1906 der Weltfunkverein. In den 1890er Jahren begann man von Weltwirtschaft zu sprechen. Die entscheidende Ebene des Wirtschaftsgeschehens dieser Epoche war aber die nationalstaatliche Volkswirtschaft.

Mit dem verstärkten Warenaustausch nahm der Handel nicht nur an Beschäftigtenzahl stark zu, auch seine Organisation änderte sich. Den Warenaustausch im Großen bewerkstelligten zum Teil die Herstellerfirmen selbst durch Absatzsysteme der Firmen oder der Kartellorganisationen, zum Teil Großhändler, die sich in wachsendem Maße spezialisierten, und Speditionsfirmen. Im Einzelhandel wuchs das Volumen so stark, daß es viel mehr feste Ladengeschäfte tragen konnte. Diese wurden zur vorherrschenden Form des Einzelhandels, zumindest für alle besseren Waren. Die Wochenmärkte boten zunehmend nur noch gewöhnliche Lebensmittel, minderwertige Textilien und billige Haushaltswaren an, und die Jahrmärkte wandelten sich zu reinen Vergnügungsstätten mit Karussels und Süßigkeiten. Die Bedeutung der Hausierer ging Ende des Jahrhunderts rapide zurück. Seit der Jahrhundertmitte kamen Einzelhandelsgeschäfte auch für Kleidung, Schuhe, Wäsche und Möbel auf, die ihre Lagervorräte von Fabriken oder Heimarbeitern bezogen und damit die Handwerker verdrängten, sowie für gewöhnliche Lebensmittel. Hatte man bisher seine Bekleidung selbst geschneidert und gestrickt oder einen Maßschneider ins Haus kommen lassen, so breitete sich Ende des 19. Jahrhunderts die Konfektionskleidung rasch aus. Immer mehr Spezialgeschäfte entstanden. Dabei trat an die Stelle des Prinzips des gleichen Rohstoffs oder Ursprungs das Prinzip des gleichen Gebrauchszwecks; der Kolonialwarenladen beispielsweise mit exotischen Lebensmitteln, Spezereien, Farbstoffen, Perlen usw. wandelte sich zum Lebensmittelladen für alle Nahrungsmittel. Dort wurden fast sämtliche Lebensmittel weiter lose verkauft: Milch und Bier nahm man in mitgebrachten Kannen bzw. Krügen mit, Mehl, Zucker, Nudeln usw. erhielt der Kunde in Papiertüten abgewogen. Nur beim Bier kam der abgepackte Verkauf auf, indem sich Ende des 19. Jahrhunderts das neuerfundene Flaschenbier durchsetzte. Die auf Gewinnerzielung ausgerichtete Wirtschaftshaltung wurde im Einzelhandel allgemein, die Konkurrenz wurde schärfer, und dementsprechend begnügten sich die Ladeninhaber nicht mehr damit, den persönlich bekannten Kundenkreis zufriedenzustellen. Sie begannen um Kunden zu werben, was bis dahin verpönt gewesen war. In den Großstädten entstanden breite Schaufenster mit lockenden Auslagen, 1854 kamen in Berlin Litfaßsäulen auf, an denen große Geschäfte warben, die Zeitungen füllten sich mit Inseraten, und Firmen begannen Reklame durch die Post zu versenden. Die Werbung erhielt erst recht Nahrung, als Ende des 19. Jahrhunderts in den Großstädten die ersten Warenhäuser aufmachten, die ein breit sortiertes Angebot billiger Waren unter einem Dach vereinten. Da die Verkäufer dort nur Angestellte waren, führten die Warenhäuser feste Preise ein, um die nicht mehr gefeilscht werden konnte. Weil sie es mit einer anonymen Massenkundschaft zu tun hatten, schrieben sie auch nicht mehr an, sondern bestanden auf Barzahlung. Als weitere Vertriebsform kamen die Konsumgenossenschaften auf, deren Mitgliederzahl bis 1910 auf 1,3 Millionen stieg. Der Anteil der Kaufhäuser am gesamten Einzelhandelsumsatz betrug 1913 aber erst 2 Prozent, jener der Konsumgenossenschaften etwa 3-4 Prozent.

Der Außenhandel stieg seit der Jahrhundertmitte nicht nur sprunghaft an, sondern veränderte zugleich seine Struktur. Der Anteil der industriellen Halb- und Fertigwaren an der Einfuhr des Deutschen Reiches ging seit den 1870er Jahren bis zum Ersten

Organisation des Handels

Struktur des Außenhandels

Weltkrieg von 34 auf 24 Prozent zurück, ihr Anteil an der Ausfuhr stieg im selben Zeitraum von 51 auf 74 Prozent. Zugleich entwickelten sich die Anteile der Nahrungsmittel und Rohstoffe, die zunehmend im eigenen Land verbraucht wurden, umgekehrt. Bis 1890 war der Außenhandel des Deutschen Reiches eindeutig auf Europa konzentriert (1890: 76 Prozent der Einfuhr und 78 Prozent der Ausfuhr). Während sich hieran in der Folgezeit bei der Ausfuhr nichts änderte, ging bei der Einfuhr bis 1913 der aus Europa stammende Teil auf 55 Prozent zurück, wobei vor allem die USA und auch Lateinamerika als Lieferanten immer wichtiger wurden. Im Ganzen blieb der reichsdeutsche Außenhandel also auch, nachdem eine Weltwirtschaft entstanden war, auf Europa konzentriert. Darin kam zum Ausdruck, daß die Deutschen sich im internationalen Handel bei bestenfalls freier Konkurrenz durchsetzen mußten. Während die Briten über ein großes Kolonialreich verfügten, das vor allem einen beträchtlichen Absatzmarkt für die britische Industrie bot, und auch sonst seit langem geknüpfte Kontakte nach Übersee hatten, so daß ihr Außenhandel mehr nach Übersee als auf Europa ausgerichtet war, besaßen die Deutschen kein nennenswertes Gebiet, daß sie in vergleichbarer Weise wirtschaftlich dominiert hätten. Der Handel mit den reichsdeutschen Kolonien, die vor allem 1884/85 in Afrika erworben wurden, erreichte nie mehr als 0,5 Prozent des reichsdeutschen Außenhandelsumsatzes. Schon wichtiger waren die Bestrebungen seit Ende des 19. Jahrhunderts, durch Bankfilialen zur Finanzierung des Handels, durch Investitionen in den Eisenbahnbau und Staatsanleihen den wirtschaftlichen Einfluß in die herkömmliche südosteuropäische Richtung zu intensivieren. Reichsdeutsches Kapital durchdrang immer stärker Österreich-Ungarn und dehnte seine Aktivitäten dann auch auf Rumänien und das Osmanische Reich aus.

Grenzen der natürlichen Ressourcen

Vor der Industrialisierung hatten die Deutschen ihren Bedarf an Rohstoffen und Nahrungsmitteln per Saldo fast ganz aus den eigenen Ressourcen decken können, von Produkten tropischer Herkunft einmal abgesehen. Mit der Industrialisierung unterwarfen sie die eigenen Ressourcen einer enorm verschärften Ausbeutung. Aber der Bedarf der Menschen und der Industrie stieg noch rascher, so daß die deutschen Ressourcen ihn zunehmend nicht mehr decken konnten und die Deutschen sich für den Restbedarf auf steigende Importe angewiesen sahen. Bei allem Glanz der aufstrebenden Industriemacht − solche Ressourcen an Bodenschätzen und Ackerbauflächen, wie sie die weiten Räume der USA und Rußlands darstellten, gab es im Deutschen Reich nicht, ebensowenig in Österreich-Ungarn und erst recht nicht in der Schweiz. Kohle war im Deutschen Reich mehr als ausreichend vorhanden, ebenso Zement und Stein. Bei Eisenerz war es aufgrund des 1879 in England erfundenen Thomasverfahrens möglich, auch die bis dahin für wertlos gehaltenen phosphathaltigen Eisenerze Lothringens zu nutzen, die dann rasch den größten Teil der reichsdeutschen Förderung ausmachten. So konnte das Deutsche Reich bis in die 1890er Jahre per Saldo Eisenerz ausführen, doch bis 1913 hatte sich dies in einen Nettoimport von 35 Prozent des Verbrauchs gewandelt, besonders aus Schweden und Spanien. Für Holz wurde das Deutsche Reich um 1870 Importland, und bis 1912 stieg der Nettoimport auf 32 Prozent des Nutzholzbedarfs, vor allem aus Skandinavien und Osteuropa. Bis in die 70er Jahre war das Deutsche Reich auch noch Nettoexporteur von Getreide, während 1913 per Saldo 20 Prozent des Getreidebedarfs und 43 Prozent des Bedarfs an tierischen Nahrungsmitteln eingeführt werden mußten. Das Getreide kam in erster Linie aus Rußland und den USA. Auch die kleinen Lagerstätten der Buntmetallerze, die über die Mittelgebirge verstreut waren, erwiesen sich als ungenügend, als sie jetzt stärker beansprucht wurden. Bei Kupfer entsprach der Nettoimport des Reiches im Jahr 1900 etwa 75 Prozent des Bedarfs. Baumwolle, die zum wichtigsten Textilrohstoff wurde, an Stelle der einheimischen Wolle und Flachsfasern, mußte sowieso vollständig eingeführt werden. So wurden also die mineralischen und landwirtschaftlichen Ressourcen im Verhältnis zum sich rasch ausweitenden Bedarf knapp, und damit begann ein grundlegendes Problem deutscher Existenz, das allerdings von den Zeitgenossen noch wenig bemerkt wurde.

Mit der Industrialisierung entstand ein kräftiger Trend weg von personengebundenen, örtlichen und überschaubaren Einheiten und hin zu überindividuellen Großsystemen. Dabei gingen technischer Fortschritt, steigende Marktverflechtung, Bürokratisierung und Verstädterung Hand in Hand. Die technischen Anlagen nahmen immer größere Ausmaße an, die Maschinen ebenso wie die Schiffe, die Fabrikhallen genauso wie die Bahnhöfe. In der Schiffahrt wurden besonders die schnellen Passagierdampfer auf der Nordatlantikroute immer imposanter; waren sie 1870 erst durchschnittlich 5.000 BRT groß, erreichten sie mit der 1913 vom Stapel gelaufenen „Vaterland" eine Größe von 55.115 BRT − von den Zeitgenossen bewundert als ein stolzes Symbol des zur See- und Weltmacht aufstrebenden Deutschen Reiches. Im Ruhrbergbau entstanden mit dem Übergang zum Tiefbau Zechenanlagen mit einem immer gewaltigeren System unterirdischer Strebe, so daß dort von 1850 bis 1913 die durchschnittliche Beschäftigtenzahl je Zeche von 64 auf 2.569 Mann anstieg. Fabrikanlagen dehnten sich über immer weitere Flächen aus, und selbst in der Landwirtschaft machte die Flurbereinigung aus kleinteiliger Feldergliederung größere Schläge. Mit der steigenden Marktverflechtung wurden die halbautonome Hauswirtschaft und der örtliche Markt zugunsten weitgespannter, anonymer und schwer überschaubarer Marktbeziehungen zurückgedrängt. Indem sich die Menschen in größeren Städten zusammenballten, wuchs deren Gesamtumfang, und im Innern der großen Städte wurden auch die Häuser höher, die Baublöcke größer und die Hauptstraßen breiter als je zuvor. Gemessen an den immer zahlreicher aufkommenden Großsystemen wirkten die einzelnen Menschen zunehmend kleiner. Dies war der schon sinnlich wahrnehmbare Ausdruck der Tatsache, daß mit der effektiveren Beherrschung der Natur die dazu benötigten Mittel zu einem immer aufwendigeren institutionellen und technischen Apparat heranwuchsen, der sich zwischen Menschen und Natur schob, der nun seinerseits gegenüber den Menschen an Gewicht gewann und auch neue Abhängigkeiten erzeugte, aber eben nicht naturgegebener oder persönlicher, sondern sachlicher Art.

Die relative Verselbständigung der Mittel wurde besonders daran deutlich, daß Kapitalgesellschaften aufkamen. Bislang war die Firma von der Person (oder Familie) des Kaufmanns, Bankiers oder Manufakturbesitzers nicht zu trennen gewesen. Nur wenige Ausnahmen hatte man schon früher kennengelernt. Im Bergbau gab es seit dem 16. Jahrhundert Gesellschaften, in denen Kapitalanteile von Fremden gehalten wurden, die nicht im Betrieb arbeiteten, und für die bergbauliche Saigerhandelsgesellschaft setzten sich auch bestimmte Haftungsbeschränkungen durch. Im 18. Jahrhundert entstanden dann mit den beiden Überseehandelsgesellschaften Österreichs und Preußens, mit öffentlichen Banken und einigen Versicherungsanstalten tatsächlich Kapitalgesellschaften, die auf einem Gesellschaftsvertrag beruhten, ein rechtlich selbständiges Vermögen darstellten und deren Geschäfte von der Person der Kapitalbesitzer völlig losgelöst waren. Aber dies waren wenige Ausnahmefälle, und überdies lehnten sie sich alle durch staatliche Privilegierung oder Staatsbesitz an den Staat an.

Aufkommen von Großsystemen

Kapitalgesellschaften und Finanzierung der Industrialisierung

Der ungeheure Investitionsbedarf in Industrie und Eisenbahnbau erforderte dann neue Wege, um das Geld zu ihrer Finanzierung aufzubringen. Immer mehr fremdes Kapital von stillen Teilhabern, Kreditinstituten und Aktionären floß in die Produktion, das dort nur Verzinsung erwartete und deren Besitzer nicht mehr selbst leitend tätig waren. Dabei war der Import von ausländischem Kapital unbedeutend. Bei bestehenden Unternehmen spielte auch weiterhin die Selbstfinanzierung aus den eigenen Gewinnen eine große Rolle. Zur Firmengründung von Eisenbahnen, Hüttenanlagen, großen Bergbauzechen und Großreedereien der Hochseeschiffahrt reichten Familienmittel indessen nicht mehr aus. Hier griff man seit der Jahrhundertmitte zur Form der Aktiengesellschaft. Nachdem diese anfangs als unsolide Spekulation und Kreditschwindel angegriffen worden war, entwickelte sie sich zur häufigsten Gesellschaftsform für Großunternehmen. Durch die Aktiengesellschaft konnten kleine und mittlere Vermögen zusammengeführt und dem Industrialisierungsprozeß nutzbar gemacht werden.

Der Aufgabe der Industriefinanzierung nahmen sich überdies auch Banken an. Früher hatten die Banken nur kurzfristige Handelskredite vergeben. Nach französischem Vorbild begannen Banken dann in den 1850er Jahren, ihre Kundschaft auch auf kleine Besitzer und Anleger zu erweitern und die so zusammengekommenen kurzfristigen Spareinlagen als langfristige Investitionskredite an Industrieunternehmen auszugeben. Das galt besonders für jene Banken, die jetzt ihrerseits als Aktiengesellschaften entstanden, da die Privatbankiers der neuen Größenordnung vieler Geschäfte nicht mehr gewachsen waren. Durch diese Finanzierung entstand eine enge Verbindung zwischen Industrieunternehmen und Banken, enger als in anderen Staaten: die Banken organisierten bei der Gründung die Aktienemission, versorgten die von ihnen betreuten Unternehmen über viele Jahre mit Krediten und nahmen bei Aktiengesellschaften durch Sitz und Stimme im Aufsichtsrat auch Einfluß auf die Unternehmenspolitik.

Die Verselbständigung größerer Betriebe wurde im übrigen auch in räumlicher Hinsicht erkennbar. Anders als im Handwerk, beim herkömmlichen Kaufmann oder auf dem Bauernhof, wo Werkstatt, Kontor und Ställe mit der Wohnung des Betriebsinhabers und der abhängigen Beschäftigten in einem Haushalt zusammengefügt waren, trennten sich in Großbetrieben der Arbeitsplatz einerseits und die Wohnungen der Arbeiter wie des Besitzers andererseits räumlich voneinander. Damit schied sich auch die Arbeitszeit am Arbeitsplatz von der arbeitsfreien Zeit, der „Freizeit".

Zentralisierung und Konzentration

Der Trend zu Großsystemen brachte einen Zug zur Konzentration und Zentralisierung mit sich. Das Nebeneinander einer Vielzahl kleinerer Einheiten wurde mit dem Aufkommen einiger großer zurückgedrängt, die immer größere Anteile auf sich konzentrierten. Zugleich zentralisierten sich innerhalb der Großsysteme Funktionen und Kompetenzen an der Spitze, die dann den übrigen Teilen und Bereichen dominierend gegenübertraten. So wurde im Laufe der Industrialisierung nicht nur immer mehr Kapital akkumuliert, sondern es konzentrierte sich auch immer stärker. Innerhalb der Großbetriebe und Konzerne entstanden dabei hierarchische Organisationsstrukturen. Auch regional verteilte sich das Gewerbe zunehmend ungleicher, da sich die Industrie in wachsendem Maße an bestimmten Orten konzentrierte. Unter den Städten verstärkte sich die hierarchische Stufung in kleine, mittlere und große Zentren, wobei die Hauptzentren an Gewicht gewannen. Und innerhalb der Städte ging schließlich die Versorgung der Haushalte mit Beleuchtung, Heizung und Wasser von der dezentralen Selbstorganisation durch die einzelnen Haushalte auf größere Systeme der Elektrizitäts-, Gas- und Wasserwerke über, an deren Leitungen die Haushalte angeschlossen und die als Ganzes gesteuert wurden. Diese Entwicklung war zum Teil durch technische Notwendigkeiten bedingt, zum Teil aber ebenso durch Besitzverhältnisse und politische Machtstrukturen.

Kapitalkonzentration

Die Konzentration des Kapitals war zum großen Teil schon an den Betriebsgrößen zu erkennen. Zwischen 1882 und 1908 sank von den im Deutschen Reich in Industrie und Handwerk Beschäftigten der Anteil derjenigen, die in Betrieben mit bis zu 5 Beschäftigten tätig waren, von 59,8 auf 31,2 Prozent; gleichzeitig stieg der Anteil der in Betrieben mit 51-200 Leuten Beschäftigten von 11,8 auf 20,8 Prozent und der in Betrieben über 200 Arbeitnehmern Tätigen von 11 auf 21,6 Prozent. Dabei bestand der Zug zum Großbetrieb aber keineswegs in allen Branchen gleicherweise. 1907 arbeiteten im Bergbau und Hüttenwesen 86 Prozent der Beschäftigten in Betrieben mit mehr als 200 Beschäftigten, im Maschinenbau 49 Prozent, in der Chemieindustrie 45 Prozent und immerhin in der Textilindustrie noch 38 Prozent und in der Metallverarbeitung 33 Prozent; dagegen waren es in der Bauindustrie nur 14 Prozent, in der Nahrungsmittelindustrie 7 Prozent und in der Bekleidungsindustrie 4 Prozent.

Die Konzentration des Kapitalbesitzes drängte aber noch über das Entstehen von Großbetrieben hinaus, indem seit den 90er Jahren mehrere Betriebe und Unternehmen zu einem Konzern zusammengefaßt wurden. So entstanden im Ruhrgebiet als größte Bergbaukonzerne die Gelsenkirchener Bergwerks-AG, die Harpener Bergbau AG und die Hibernia AG. Die meisten großen Konzerne wurden von den Unternehmern der Metallerzeugung aufgebaut, die ihren Hüttenwerken gerne vorgeschaltete Zechen und Kokereien und nachgeschaltete Walzwerke und Maschinenfabriken usw. angliederten, um so möglichst viele Produktionsstufen in einer Hand zu vereinen. Die größten dieser Konzerne der Schwerindustrie waren mit Schwerpunkt im Ruhrgebiet die Gutehoffnungshütte (gegründet 1810 von Haniel in Oberhausen), Krupp (1811 in Essen) und Thyssen (1871 in Duisburg), an der Saar Stumm (1715) und Röchling (1822) und in Oberschlesien Henckel-Donnersmarck. Große Konzerne entstanden ferner in der Elektroindustrie mit Siemens (1847 in Berlin) und der Allgemeinen Elektricitäts-Gesellschaft (AEG, 1883 in Berlin) sowie in der chemischen Industrie mit den Farbwerken Bayer (1863 in Wuppertal-Barmen, später Leverkusen), den Farbwerken Hoechst (1863 in Höchst bei Frankfurt a.M.) und der Badischen Anilin- & Soda-Fabrik (BASF, 1865 in Ludwigshafen). Vergleichbare Großunternehmen bildeten sich auch außerhalb der Industrie, und zwar in Hochseeschiffahrt und Bankwesen. Dagegen blieben andere Wirtschaftsbereiche wie beispielsweise Einzelhandel oder Landwirtschaft in ihrer Betriebs- und Besitzgrößenstruktur unverändert (vom Aufkommen einzelner Warenhäuser einmal abgesehen). In der Schiffahrt verfügten die HAPAG (gegründet 1847 in Hamburg) und der Norddeutsche Lloyd (1857 in Bremen) 1907 zusammen über 40 Prozent der reichsdeutschen Dampfertonnage. Von den Einlagen aller reichsdeutschen Kreditinstitute mit mindestens einer Million Mark Aktienkapital entfielen 1910 48,3 Prozent auf die fünf in Berlin ansässigen Großbanken, nämlich den Schaaffhausen'schen Bankverein (gegründet 1848 in Köln), die Darmstädter Bank (1853), die Diskonto-Gesellschaft (1851/56 in Berlin), die Deutsche Bank (1870 in Berlin) und die Dresdner Bank (1872). Während die früher bedeutenden Privatbanken nur an einem Ort ansässig waren, bauten diese großen Aktienbanken jede ein Netz von Filialen auf, welches das ganze Deutsche Reich überspannte. Dabei gliederten sie sich teilweise auch Provinzbanken als Ganzes ein.

Bedeutete dieser verbreitete Zug zu Großbetrieben nun, daß die kleinen Handwerksbetriebe durch den Industrialismus langfristig zum Untergang verurteilt waren? So fragten sich immer mehr Zeitgenossen. Die Zukunft des Handwerks sah lange Zeit düster aus. Fabriken, die Dampfmaschinen zur Massenproduktion einsetzen konnten, und Handwerksbetriebe, die sich an die hergebrachte, bedächtige Einzelanfertigung klammerten, standen einander schroff gegenüber. Als der Elektromotor aufkam, bot sich dann aber auch für Handwerksbetriebe die Möglichkeit, mit passenden Kleinmaschinen zu mechanisieren. Das trug entscheidend dazu bei, daß das Handwerk fortbestand. Letztlich hat es sich doch halten können: während von 1850 bis 1913 im Gebiet des Deutschen Reiches die Zahl der bei Manufaktur, Industrie und Bergbau Beschäftigten von 0,6 auf 7,2 Millionen anstieg und das Verlagswesen durch die industrielle Produktion weitgehend verdrängt wurde (Rückgang von 1,5 auf 0,5 Millionen Beschäftigte), wuchs die Zahl der im Handwerk Beschäftigten immerhin von 1,7 auf 4,0 Millionen an. Damit blieb ihr Anteil an der Gesamtheit der Erwerbstätigen etwa gleich. Zugleich wandelte sich das Handwerk allerdings tiefgreifend. Mit dem Rückgang der Selbstversorgung konnten vor allem auf dem Lande manche Handwerke sich sogar noch ausdehnen. In Branchen wie Bau und Nahrungsmittel, die von der Industrialisierung noch nicht erfaßt wurden, sah sich das Handwerk ebenfalls nicht gefährdet. In vielen Branchen wurde es aber allmählich durch die Konkurrenz der Industrie aus der Produktion verdrängt. Wo eine serienweise und darum billigere Fertigung durch die Industrie möglich war, hatte das Handwerk auf Dauer keine Chance. Anders sah es dort aus, wo es sich darauf ausrichten konnte, Spezialprodukte herzustellen, auch als Zulieferer zur Industrie. Und vor allem: das Handwerk gewann auch neue Aufgaben in Gestalt des Einzelhandels sowie von Installation, Wartung und Reparatur von Industrieprodukten.

Die Organisationsform großer Unternehmen brachte Sachzwänge mit sich, denen sich die Beschäftigten zu fügen hatten. Die gesteigerte Beherrschung der Natur erforderte umfangreiche und komplexe Produktionsprozesse, die von außen gesteuert wurden, und das brachte zugleich die Kontrolle der Betriebsleitung über die in diese Prozesse eingegliederten Arbeiter mit sich. Eine Fabrik war darauf angelegt, daß viele Menschen arbeitsteilig zusammenarbeiteten. Das bedeutete für den einzelnen Arbeiter, daß er Beginn und Ende seiner Arbeitszeit nicht selbst bestimmen konnte, ebensowenig Zeitpunkt und Länge der Arbeitspausen, und daß er auch nicht nach eigenem Bedürfnis einfach einen freien Tag nehmen durfte. Er mußte sich unter eine feste Arbeitszeitordnung und eine ununterbrochene Folge von Arbeitstagen unterordnen. In der Fabrik war es meist auch nicht mehr wie im Handwerk möglich, während der Arbeitszeit herumzugehen und sich mit den Kollegen zu unterhalten.

Wo Betriebe zu großen Unternehmen heranwuchsen und der Unternehmer als Einzelperson nicht mehr alles selbst überblicken und entscheiden konnte, entstand zunehmend eine hierarchische Organisationsstruktur, die vom Unternehmer über verschiedene Angestelltenfunktionen, Werkstattleiter, Werkmeister und Vorarbeiter bis zu gelernten und ungelernten Arbeitern hinunterreichte. Die staatliche Bürokratie lieferte dafür das Vorbild. Das bedeutete, daß die Großstruktur an Eigengewicht gegenüber den in ihr beschäftigten Personen gewann: die direkte Leitung durch eine schöpferische Unternehmerpersönlichkeit schwand zugunsten der bürokratischen Organisation, in der die Kompetenzen und Verantwortlichkeiten der einzelnen Angestellten immer mehr durch Arbeitsordnungen und Stellenbeschreibungen schriftlich festgelegt wurden. Es bedeutete zugleich, daß die Entscheidungen und Weisungen gegenüber Abhängigen zentralisiert wurden. Dem kam bei Großunternehmen auch zugute, daß die Kommunikationsmöglichkeiten wie Telegraph und Telefon rasch besser wurden: mit diesen Mitteln ließen sich Handelsagenten und Filialen in anderen Städten von der Zentrale aus straffer führen als je zuvor. Schließlich reichten die hierarchischen Strukturen, die durch die Konzentration der Unternehmen hervorgerufen wurden, sogar über diese hinaus, indem auch zuliefernde Kleinbetriebe in das Abhängigkeitsfeld von Großunternehmen gerieten. Diese ganze Entwicklung ähnelte in manchem jenem schon früher abgelaufenen Prozeß, bei dem sich eine wachsende Staatsverwaltung aus dem Hof des Fürsten herausgelöst hatte und die staatliche Zentralgewalt gegenüber Teilterritorien und autonomen Zwischengewalten immer stärker geworden war.

Auch im räumlichen Gefüge kam es unter dem Einfluß der Industrialisierung zu Konzentrationserscheinungen. In vorindustrieller Zeit waren wegen der hohen Transportkosten und der verhältnismäßig geringen regionalen Produktionskostenunterschiede die Standorte der meisten Gewerbezweige breit gestreut gewesen, gerade auch des umfangreichen Textilgewerbes. Ausnahmen bildeten die Eisenerzeugung und Hammerwerke, die auf Holzkohle und Wasserräder angewiesen und deshalb in den waldigen, gefällreichen Mittelgebirgen massiert waren. Für die Industrie wurden andere Faktoren standortentscheidend. Die Schwerindustrie konzentrierte sich an den Steinkohle- und Eisenerzlagerstätten, um Transportkosten zu sparen, da ihre Rohstoffe bei der Verarbeitung stark an Gewicht verloren und deshalb der Transport der fertigen Produkte billiger war als jener der dafür erforderlichen Rohstoffe. Die Zementherstellung siedelte sich am Ort der Kalksteinvorkommen an. Teilweise, so besonders im Textilgewerbe, knüpfte die Industrie an vorhandene qualifizierte Arbeitskräfte und Absatzmärkte an und damit an vorindustriell vorhandene Gewerbegebiete. Die meisten Industriebranchen konzentrierten sich jetzt an verkehrsgünstig gelegenen Orten, von wo aus die Zufuhr der Vorprodukte und der Absatz der Erzeugnisse günstig zu bewerkstelligen waren, und die Konzentration von Industrie und Menschen in bestimmten städtischen Ballungen zog die Anlagerung weiterer Industrien nach sich, für welche diese als Absatzmarkt und Arbeitskräftepotential standortbestimmend wurden. So entstanden Schwerindustrieviere auf Kohlebasis im Ruhrgebiet, in Oberschlesien und im Saarland und auf Eisenerzvorkommen im Siegerland (und auf Basis von beidem in Böhmen). Die günstige Verkehrslage bot die Grundlage für die Entwicklung der Seehafenstädte Hamburg, Bremen und auch Stettin und Danzig sowie für Binnenhafenstädte wie Duisburg, Ludwigshafen und Magdeburg und erst recht natürlich für die Eisenbahnknotenpunkte. Nun entstanden die Grundzüge des Eisenbahnnetzes noch bevor die meisten deutschen Staaten im Deutschen Reich zusammengefaßt wurden, und deshalb wurde das Netz nicht wie in Frankreich zentral auf einen Großraum hin angelegt. Nur in Brandenburg und Pommern sowie in den zentralen Teilen Österreich-Ungarns richtete man es sternförmig auf Berlin beziehungsweise auf Wien aus, während es in Westdeutschland die wichtigeren Residenzen und großen Handelszentren miteinander verband und dadurch den Staatenpluralismus widerspiegelte.

Indem die Industrie sich auf bestimmte Zentren konzentrierte, entmischte sich die bis dahin vielfach verbreitete Durchdringung von gewerblicher und landwirtschaftlicher Tätigkeit, und Industrie- und Agrargebiete hoben sich immer schärfer voneinander ab. Herkömmliche Gewerbe in eisenbahnfernen Gegenden verfielen, so daß roh-

<aside>*Industrielle Standorte*</aside>

639

stoffarme Mittelgebirgslandschaften wie Eifel, Hunsrück, Westerwald, Spessart, Rhön und Thüringer Wald nun verödeten. Eine Ausnahme machte dabei die Schweiz, deren Textilgewerbe schon frühzeitig mechanisiert worden war, was aber ebenso wie die dort wichtige Uhrenindustrie an der dezentralen Standortstruktur nichts geändert hatte. Ähnliches gilt für Württemberg. In jenen ohnehin agrarischen Gebieten, wo weder große Städte noch Bodenschätze einen Anknüpfungspunkt für die Industrie boten, verstärkte sich der agrarische, vorindustrielle Charakter, so in großen Teilen Norddeutschlands, in Ostelbien, dem Hochalpenraum und dem ganzen Osten und Süden der Donaumonarchie. Dem standen im Deutschen Reich das Rheinland, Westfalen und Sachsen und in Österreich-Ungarn Böhmen als die am stärksten industrialisierten Gebiete gegenüber. So ist die Bezeichnung Industriestaat für das Deutsche Reich vor dem Ersten Weltkrieg in gewisser Weise irreführend, weil es einen scharfen Gegensatz von höchstindustrialisierten Gebieten und fast reinen Agrargebieten in sich barg. Umgekehrt blieb Österreich-Ungarn nicht als Ganzes gegenüber dem Deutschen Reich wirtschaftlich zurück, sondern der Entwicklungsstand Deutsch-Österreichs entsprach dem Durchschnitt des Deutschen Reiches.

Verstädterung   Da die Arbeitsplätze, die mit der aufblühenden Industrie neu entstanden, sich punktuell konzentrierten, also nicht unbedingt dort lagen, wo die unterbeschäftigten oder arbeitslosen Menschen waren, setzte in den 1850er Jahren eine gewaltige Binnenwanderung in die aufstrebenden Zentren ein. Die Zahl der Menschen, die in Gemeinden mit weniger als 2.000 Einwohnern lebten, blieb im Deutschen Reich 1870-1910 mit 26 Millionen unverändert. Die Städte und Industriegemeinden absorbierten also das gesamte Bevölkerungswachstum und schwollen dabei entsprechend an, rascher als je zuvor und später. Einigen Städten brachte außer der Industrie auch ihre Hauptstadtfunktion weiteren Bevölkerungszuwachs, indem sie Verwaltung, Militär und Dienstleistungen anzogen, so Berlin, Wien, München, Dresden und Stuttgart. Von den Einwohnern, die 1910 in reichsdeutschen Großstädten lebten, waren 57 Prozent Zuzügler. Die einzelnen Städte wurden von der Verstädterungswelle sehr ungleich erfaßt, je nach ihren Standortbedingungen. Viele kleine blieben weitgehend unberührt und stagnierten, die großen Städte wuchsen fast alle kräftig an, und in Rohstoffgebieten schossen manche Orte auch aus kleinen, ja dörflichen Anfängen rasch zu großen Städten empor, so im Ruhrgebiet. Dessen Einwohnerzahl schnellte 1850 bis 1913 von 0,36 auf 3,5 Millionen herauf, womit es zur größten Verstädterungszone Europas wurde. Essen beispielsweise wuchs in dieser Zeit von 9.000 auf 295.000 Einwohner. Bei diesem Ausleseprozeß der Verstädterung stiegen einige wenige Städte über die Ebene der zahlreichen Mittelstädte deutlich hinaus und zu Großzentren auf, die wirtschaftliche und kulturelle Aufgaben für ein großes Umland wahrnahmen. Über diese wiederum erhob sich jetzt Berlin. Es wurde Regierungssitz für das ganze Deutsche Reich, Verkehrsknotenpunkt und Mittelpunkt des mitteleuropäischen Bankwesens und Großhandels. Damit entstand erstmals in der deutschen Geschichte eine Hauptstadt für fast den ganzen deutschsprachigen Raum. In eine vergleichbare Rolle für die Donaumonarchie war Wien schon im 18. Jahrhundert hineingewachsen.

Von den neun größten deutschen Städten wuchsen 1850 bis 1910 Wien von 444.000 auf 2.030.000 Einwohner, Berlin von 419.000 auf 2.071.000, Hamburg von 132.000 auf 932.000, Breslau von 114.000 auf 512.000, München von 110.000 auf 595.000, Dresden von 97.000 auf 547.000 und Köln von 97.000 auf 516.000 Einwohner; Straßburg vergrößerte sich nur von 76.000 auf 179.000 und Königsberg von 73.000 auf 246.000 Einwohner, womit beide weit hinter andere Städte zurückfielen, während sich Leipzig mit einem Anstieg von 63.000 auf 588.000 und Frankfurt von 65.000 auf 415.000 Einwohner in diese Spitzengruppe hineinschoben. Gab es 1850 im Gebiet des Deutschen Reiches also nur 4 Großstädte (mehr als 100.000 Einwohner), in denen 2,6 Prozent der Bevölkerung lebten, so stieg ihre Zahl bis 1910 auf 48 Großstädte an, die 21,3 Prozent der Bevölkerung beherbergten. Der Anteil derjenigen, die in Landgemeinden wohnten (weniger als 2.000 Einwohner), nahm gleichzeitig von 67,3 Prozent auf 40,0 Prozent ab. Auch im Verstädterungsgrad wurde das starke West-Ost-Gefälle im Deutschen Reich sichtbar. 1910 lebten in der Rheinprovinz 67,5 Prozent der Menschen in Städten, und dieser Wert fiel nach Osten bis Ostpreußen auf nur 26,8 Prozent.

Mit dem Aufkommen der Industrie und der raschen Menschenzusammenballung änderten die Großstädte ihr Aussehen grundlegend. In der Stadtsilhouette bekamen die bisher dominierenden Kirchtürme oft durch qualmende Fabrikschornsteine Konkurrenz. Wo die Menschenzahl in großen Städten ständig weiter anschwoll, dehnten sich diese sich in die Breite aus. Angrenzende Dörfer sahen ihre Wiesen und Äcker immer mehr mit Häusern städtischen Charakters und mit Fabriken bebaut, beherbergten bald mehr Arbeiter und Bürger als landwirtschaftlich Tätige, wandelten sich zu Vororten und wurden schließlich oft eingemeindet. Die Magistrate hoben die nächtliche Torsperre auf, und man begann jetzt an Stelle des Rings der alten Mauern, der Befestigungswälle und -gräben Grünanlagen oder öffentliche Gebäude anzulegen. Die Entfestung der Städte setzte teilweise schon Ende des 18. Jahrhunderts ein, zog sich aber bis weit ins 19. Jahrhundert hin. So begann sie in Hannover 1780, München 1792, Frankfurt und Hamburg 1804, dagegen in Wien 1857 und Köln erst 1881. Der teure Boden mußte intensiver genutzt werden, und so wurde die Bebauung im Innern der Städte dichter und verdrängte das Gartengrün, und sie wurde höher, so daß fünf Stockwerke in geschlossener Straßenfront bald nicht mehr ungewöhnlich waren. Seit den 1890er Jahren begannen die Stadtverwaltungen hier zu bremsen: sie wiesen Bauzonen aus und legten für deren Bebauung Mindestabstände der Häuser und Obergrenzen für die Geschoßzahl fest, und sie begannen mit Volksparks für Erholung und Vergnügen ein Gegengewicht gegen die Versteinerung der Großstädte zu planen. In den neuen Stadtteilen wurden die Straßenzüge gerader und breiter angelegt als die oft noch aus dem Mittelalter stammenden Gassen. In den Großstädten begann man vereinzelt Straßen zu asphaltieren, so in Wien 1846, Berlin 1878 und Hamburg 1923. Reine Mietshäuser waren schon vor der Wende zum 19. Jahrhundert entstanden, und seit den 1860er Jahren baute man sie auch für bürgerliche Schichten. Allmählich fingen die verschiedenen Klassen an, sich auch nach Wohnvierteln voneinander zu trennen. Großbürgerliche, locker bebaute Villenviertel mit viel Gartengrün begannen sich abzusetzen von mittelständischen Wohnvierteln und von dicht bebauten, meist mit lärmenden und qualmenden Industriebetrieben durchsetzten Arbeitervierteln. Bei hohen Bodenpreisen und geringen Einkommen der Arbeiter entstand für diese ab 1870 in Berlin ein neuer Haustyp, der dann auch in anderen Großstädten Mittel- und Norddeutschlands nachgeahmt wurde: die Mietskaserne. Das waren geschlossene, vier- bis sechsstöckige Gebäudekomplexe, bei denen auf tiefen Grundstücken ein Vorderhaus und nach hinten anschließend Seitenflügel und Hinterhaus einen kaminartig engen Hinterhof umschlossen. Dieser hatte teilweise nur 28 Quadratmeter Grundfläche und brachte so nur wenig Licht und Frischluft in die zahlreichen Kleinwohnungen, deren Bewohner sich auch mit Gemeinschaftstoiletten auf dem Hof oder im Flur des Zwischenstocks begnügen mußten.

Gesichtswandel der Großstädte

Anders sah es in jenen Ballungsgebieten aus, die nicht durch das Auswachsen eines bestehenden Stadtkerns, sondern weitgehend auf grüner Wiese entstanden, wie das Ruhrgebiet. Dort war die Bebauung lockerer und niedriger, und Fabrikanten bauten Arbeitersiedlungen in Reihenhäusern mit kleinen Gärten, in denen die Arbeiter etwas Gemüse anbauen oder eine Ziege und ein paar Hühner halten konnten. Dabei wucherten dann Zechen, Hütten, andere Industriebetriebe, Eisenbahngleise und Wohnsiedlungen völlig ungeplant zu einer kleinräumig gemischten Bebauung durcheinander, die oft auch noch mit Bauernhöfen durchsetzt war.

Städtische Ver- und Entsorgung

Die explosionsartig wachsenden Großstädte konnten nicht mehr so funktionieren wie herkömmliche Mittel- und Kleinstädte. Mehrere Cholera- und Typhusepidemien seit 1831 ließen bei den Verantwortlichen langsam das Bewußtsein reifen, daß man nicht länger die Abwässer offenen Straßenrinnen und Sickergruben überantworten und aus dem dadurch teilweise verseuchten Grund- und Trinkwasser unbedacht Trinkwasser entnehmen konnte. In einigen Städten begann in den 1850er und 60er Jahren der Aufbau einer Schwemmkanalisation, bei der die Abwässer in offenen Straßengräben durch einen ständigen Wasserstrom in den nächsten Fluß fortgespült werden sollten. Doch das war nur eine Übergangslösung. Vielmehr setzte sich das System der Mischkanalisation durch, also ein unterirdisches Kanalisationssystem, das Haushaltsabwässer einschließlich Fäkalien und auch Regenwasser einer Stadt sammelte und zusammen geschlossen abführte. 1842 begann Hamburg als erste deutsche Stadt mit dem Bau einer solchen Vollkanalisation, andere folgten, so Frankfurt a.M. 1867 und Berlin 1873. 1907 gab es in 66,5 Prozent aller preußischen Städte mit mehr als 2.000 Einwohnern eine Kanalisation. Die aus der Stadt abgeführten Kanalisationsabwässer wurden meist ungeklärt in den nächsten großen Fluß geleitet. Wo keiner in der Nähe war, leitete man sie auf Rieselfelder, ausgedehnte Flächen, wo sie der natürlichen bakteriellen Zersetzung überlassen blieben. Vereinzelt wurden auch Kläranlagen gebaut, als erstes in Frankfurt a.M. 1887. Ferner ersetzten die Stadtverwaltungen die zahlreichen Einzelbrunnen, von denen man bisher das Wasser mit Eimern geholt hatte, durch eine zentrale Wasserversorgung, die Wasser durch Leitungen direkt in die einzelnen Haushalte führte. Mit dem Aufbau eines solchen Wasserleitungsnetzes begannen Wien schon 1804, Hamburg 1848 und Berlin 1852. 1895 hatten in Preußen 81 Prozent der Städte über 10.000 Einwohner und 42 Prozent aller Gemeinden über 2.000 Einwohner eine zentrale Wasserversorgung. Das so zugeführte Wasser sollte Trinkwasserqualität haben, doch war es damit teilweise nicht weit her. So kamen in Hamburg noch in den 1890er Jahren mit dem ungefilterten Elbwasser häufig auch Tiere aus den Wasserleitungen, besonders Aale. Seit der Jahrhundertmitte begann auch die regelmäßige Abfuhr von Müll in Tonnen. Das Schlachten wurde für Privathaushalte zunehmend eingeschränkt und auf städtische Schlachthöfe konzentriert. Deren Zahl stieg in Preußen 1880 bis 1908 von 10 auf 500. Im Jahr 1875 führte Preußen auch die systematische Fleischbeschau auf Trichinen ein.

Als mit dem Wachsen der Städte der Platz auf den Friedhöfen knapp wurde, kam gegen heftigen kirchlichen und juristischen Widerstand die Feuerbestattung auf. Die ersten deutschen Krematorien entstanden 1878 in Gotha, 1891 in Heidelberg und 1892 in Hamburg.

Mit der Glühbirne hielt die elektrische Straßenbeleuchtung Einzug, zuerst in Berlin und Hamburg 1882. Um die einzelnen Wohnungen zu versorgen, baute man öffentliche Stromverteilungsnetze auf. Die Abhängigkeit der Deutschen vom naturgegebenen Eintritt des Nachtdunkels wurde damit kräftig zurückgedrängt, die nächtlich erleuchteten Straßen veränderten Stadtbild, Stadtatmosphäre und Lebensrhythmus der Menschen. 1891 gab es im Deutschen Reich 9 Elektrizitätswerke, im Jahr 1900 waren es 94. Aber selbst in Berlin waren 1918 erst 6,6 Prozent der Wohnungen elektrifiziert.

So begann man in den großen Städten also ein unterirdisches Netz von Wasserrohren, Gasrohren, Abwasserröhren, Elektrizitätsleitungen und Telefonkabeln aufzubauen. Großstädte erhielten einen komplizierten Organismus öffentlicher Ver- und Entsorgungseinrichtungen, wie ihn sich noch wenige Jahrzehnte früher niemand hätte vorstellen können. Dabei bedurfte es eines jahrzehntelangen, bis weit ins 20. Jahrhundert hineinreichenden Auf- und Ausbaus, bis alle Einwohner der Großstädte und auch der mittleren und kleineren Städte angeschlossen waren.

In der ersten Hälfte des 19. Jahrhunderts hatte man selbst in großen Städten noch *Inner-* jede Stelle innerhalb von zwanzig Minuten zu Fuß erreichen können, und für viele wa- *städtischer* ren Wohnung und Arbeitsplatz noch unter einem Dach vereint gewesen. Indem sich *Verkehr* die Städte immer mehr in die Breite ausdehnten und damit ihre inneren Entfernungen größer wurden, indem sich ferner die Wohnung von Fabrik und Kontor trennte, entstand innerhalb der Großstädte ein bis dahin nie dagewesener Verkehr, vor allem seit Ende des 19. Jahrhunderts. Konnten Fußgänger früher ungehindert mitten auf der Straße flanieren, sahen sie sich im Zentrum der Großstädte schließlich durch den anschwellenden Verkehr an den Straßenrand, auf den Bürgersteig abgedrängt (in Berlin erster Bürgersteig 1825). Mit dem steigenden Verkehrsbedürfnis entstand der öffentliche Personennahverkehr innerhalb der Großstädte. Zunächst wurden Pferdeomnibusse verwendet, in Hamburg ab 1835, Dresden ab 1838 und Berlin ab 1847. Da sie wegen der Holprigkeit der Straßen wenig attraktiv waren, setzte man sie auf Schienen, so daß die Pferdestraßenbahn entstand (Berlin 1865, Hamburg 1866, Wien und Stuttgart 1868). Versuche mit Dampfstraßenbahnen fanden wegen der Rauchbelästigung wenig Anklang. Dagegen erwies sich die elektrische Straßenbahn als geeignetes und schnelleres Verkehrsmittel (zuerst Berlin 1881, Hamburg 1894). Die Pferdestraßenbahnen wurden dann überall bald auf elektrischen Betrieb umgestellt, und 1913 besaßen im Deutschen Reich mehr als 100 Städte elektrische Straßenbahnen. Als das Stadtgebiet der Millionenstädte sich so weit ausdehnte, daß Nahverkehrsmittel mit einer Geschwindigkeit interessant wurden, die im Straßenverkehr nicht mehr erreichbar war, begannen sie, S-Bahnen (Hamburg 1906 als einzige deutsche Stadt vor dem Ersten Weltkrieg) und U-Bahnen (zuerst Berlin 1902, Hamburg 1912) anzulegen. Auch die ersten Kraftomnibuslinien wurden schon vor dem Weltkrieg eingerichtet (Berlin 1905, München 1906), spielten aber noch keine Rolle. Der Individualverkehr mit Pferdekutschen und Kraftwagen trat demgegenüber aus Kostengründen zurück. Zum Individualverkehrsmittel der kleinen Leute wurde vielmehr das Fahrrad, das sich seit den 1890er Jahren rasch ausbreitete.

So entstand unter dem Einfluß der Industrialisierung mit den Großstädten ein völlig neues Lebensumfeld, naturferner als das herkömmliche, zugleich mit deutlich besseren Versorgungseinrichtungen.

Die erweiterten technischen Möglichkeiten und die Durchsetzung einer ganz auf *Umwelt-* wirtschaftliches Wachstum ausgerichteten Denkweise hinterließen Spuren auch in der *schäden* Umwelt, stärker und vor allem anders als früher. In Preußen wurde die Moorkolonisation fortgesetzt und dabei 1850-1911 573.000 Hektar Moore landwirtschaftlich nutzbar gemacht. 1817-74 begradigte und regulierte man den Oberrhein und gewann damit in der versumpften Talaue, die bislang von einem sich stark verzweigenden Wildfluß durchzogen und oft überschwemmt gewesen war, neues Ackerland. Überhaupt wurden seit dem Ende des 19. Jahrhunderts durch zunehmende Flußbegradigungen die feuchten Lebensräume verschiedener Tier- und Pflanzenarten verengt.

Das wirtschaftlich Nutzbarmachen von Naturlandschaften war allerdings längst nicht mehr der wesentliche Eingriff, da es solche kaum noch gab, sondern jetzt wurde immer mehr die ländliche Kulturlandschaft durch die Industrialisierung überprägt. Überall war spürbar, daß ein schnurgerader, oft aufgeschütteter oder eingeschnittener Bahndamm mit lärmend vorbeirasenden, gefährlichen Zügen die Landschaft viel stärker zerschnitt als die alten sandigen, dem Geländeverlauf angepaßten Landstraßen mit ihren Pferdefuhrwerken. Vor allem waren es jedoch die Ballungsgebiete, in denen neuartige Umweltbelastungen auftraten, während sich in den ländlichen Gebieten, beispielsweise in Ostelbien, kaum etwas änderte. Städtische Siedlungen und Straßen, die Fabriken, Bergbauhalden und Hafenanlagen verbrauchten mit dem Entstehen der Ballungsgebiete viel mehr Fläche als je zuvor. Da die Bebauung in den Großstädten sich verdichtete, verschwanden aus diesen auch eine große Zahl von Pflanzen- und Tierarten, während sich die restlichen dann teilweise weiter ausbreiteten.

Am wesentlichsten war, daß mit der Industrialisierung die anfallende Abfallmenge stark zunahm, und es entstanden auch in bis dahin unbekanntem Umfang giftige Abfälle und Abwässer. Gewiß hatten Eisenhütten oder Gerbereien schon immer giftige Abwässer und Abgase erzeugt, doch war deren Schadwirkung stets lokal begrenzt gewesen, räumlich vereinzelt und mengenmäßig gering. Zwar bedeutete es sicher einen Fortschritt, daß Müll und Haushaltsabwässer innerhalb der großen Städte zunehmend geregelt beseitigt wurden, doch geschah das nur, um sie dann anschließend auf eine Deponie zu kippen oder sie in die Flüsse zu leiten, die man meist als bequeme Abwasserableitungen mißbrauchte. Das Problem wurde also nur abgeschoben und verlagert. Bei den steigenden Mengen wurde die Selbstreinigungskraft der Gewässer stellenweise schon überfordert. Die Chloridführung des Rheins an der deutsch-niederländischen Grenze stieg 1880-1915 von 40 auf 130 kg/sec. Der Lachsfang im Rhein ging 1885 bis 1930 von 130.000 auf 10.000 Stück zurück. Der Rheinabschnitt unterhalb des Ruhrgebiets war schon um 1900 fischleer. Industrieabgase wurden bedenkenlos in die Luft geblasen, und so entstanden in Industriegebieten, besonders im Ruhrgebiet und Sachsen, Rauchschäden an der Pflanzenwelt der Umgebung, vor allem an Nadelbäumen. Die einzige bekannte Abhilfemaßnahme bestand darin, die Abgase durch höhere Schornsteine stärker zu verteilen. Im ganzen blieben diese Schäden aber noch örtlich begrenzt. Über den Ballungsgebieten entstanden durch die Emission von Abgasen und Staub mehrere hundert Meter hohe Dunstglocken, was die Nebelbildung fördert und die Sonneneinstrahlung mindert. Zusammen mit der Wärmeabstrahlung durch Industrie und Hausbrand hat das dazu geführt, daß die Jahresmitteltemperatur in Ballungsgebieten seitdem um 0,5-2,0 °C höher liegt als im Umland.

Allmählich wurde auch für aufmerksame Zeitgenossen die heraufziehende Belastung, zum Teil Vergiftung der Umwelt zum Diskussionsgegenstand, besonders die Verunreinigungen der Binnengewässer. Ende des 19. Jahrhunderts begannen ansatzweise wissenschaftliche und technische Bemühungen um Wasser- und Luftreinhaltung, und Behörden erließen verstärkt Verwaltungsauflagen. Aber der Blick der Zeit war doch vornehmlich auf den materiellen Fortschritt gerichtet, das Umweltbewußtsein blieb noch begrenzt und vor allem der Druck von unten gering. Im allgemeinen setzten sich die Interessen der Industrie gegen die der geschädigten Fischer und Waldbesitzer durch.

Wenngleich sich die Beeinträchtigung der Umwelt vergrößerte – die Risiken für das *Gesundheit* menschliche Leben wurden deutlich geringer. 1850 betrug die durchschnittliche Lebenserwartung im Deutschen Reich erst etwa 34 Jahre, also kaum mehr als in den Jahrhunderten zuvor, bis 1910 stieg sie dann auf 49 Jahre an. Der Anstieg der Lebenserwartung ergab sich zum großen Teil daraus, daß die Kindersterblichkeit sank: starben 1870 noch 40 Prozent der Bevölkerung vor dem 15. Lebensjahr, so ging diese Rate bis 1901/10 auf ca. 25 Prozent zurück. Der gesundheitliche Fortschritt ließ sich vor allem dadurch erreichen, daß man die Infektionskrankheiten eindämmen konnte. Von 1877 bis 1913 fiel im Deutschen Reich die Zahl der Todesfälle pro 10.000 Einwohner beispielsweise durch Lungentuberkulose von 37,2 auf 15,6, durch Diphterie und Krupp von 10,4 auf 2,2, durch Scharlach von 6,1 auf 1,0. Gegen die degenerativen und chronischen Erkrankungen gab es dagegen keine durchschlagenden Erfolge, weshalb die Lebenserwartung alter Menschen kaum stieg. Die sich ausbreitende Industrie vermehrte die Unfallgefahren, da Arbeiter den Umgang mit Maschinen zunächst nicht gewohnt waren, durch überlange Arbeitszeiten übermüdet waren und die Maschinen keine Schutzvorrichtungen aufwiesen. Auch neue Berufskrankheiten kamen auf. Diesen neuen Risiken stand ein laufend verbesserter Arbeitsschutz entgegen. Aufs Ganze gesehen scheint sich beides etwa die Waage gehalten zu haben. Jedenfalls lag die Gesamtzahl der tödlichen Unfälle 1877 bis 1913 im Deutschen Reich etwa gleichbleibend bei 3,5 je 10.000 Einwohner.

Es gab mehrere Gründe dafür, daß sich die Lebensrisiken verringerten: die Hygiene nahm zu, man baute die medizinischen Versorgungseinrichtungen aus, die medizinischen Kenntnisse schritten voran, und die Ernährung der Unterschichten verbesserte sich, was die Widerstandsfähigkeit gegen Krankheiten erhöhte. Mit der geregelten Abwässer- und Abfallbeseitigung in den Großstädten wurden gefährliche Krankheitsherde ausgeräumt; die zentrale Wasserversorgung lieferte Trinkwasser besserer Qualität und machte es jetzt möglich, sich häufiger zu waschen. Der Gebrauch von Seife nahm zu. Um die Jahrhundertmitte kamen fest installierte Badewannen auf, aber noch 1910 verfügten selbst in Berlin erst 13,7 Prozent aller Wohnungen über Bäder. Zu regelmäßiger Körperhygiene, regelmäßigem Lüften, Beseitigen von Kehricht und Müll aus den Wohnräumen und sorgsamer Säuglingspflege mußte ein Großteil der Bevölkerung aber erst einmal erzogen werden, was unter anderem durch Schule und Militärdienst geschah. Auch das Tragen von Unterwäsche, das sich in den Oberschichten schon etwa im 17. Jahrhundert durchgesetzt hatte, wurde bei Bauern und Arbeitern erst in der zweiten Hälfte des 19. Jahrhunderts üblich. Die medizinische Diagnose hatte bisher stets nur Krankheitssymptome beobachtet; Robert Koch konnte mit den Milzbrand-Bakterien 1876, den Tuberkel-Bakterien 1882 und den Cholera-Bakterien 1883 zum ersten Mal in der Geschichte Krankheitserreger selbst entdecken. Immer weitere folgten. Damit ließen sich jetzt die Ursachen von Infektionskrankheiten unmittelbar bekämpfen. Emil von Behring stellte 1893 als erster ein Serum gegen Diphterie her und begründete die Serumheilkunde. Es gelang auch, die Gefahr der Wundinfektion bei Operationen weitgehend in den Griff zu bekommen. Dazu übernahm man in den 1860er Jahren aus Großbritannien die Methode der antiseptischen Wundbehandlung, bei der Infektionen durch chemische Mittel bekämpft wurden, und 1885

Sterblichkeit

jährliche Sterbefälle je 100.000 Einwohner, jeweiliger deutscher Hauptstaat

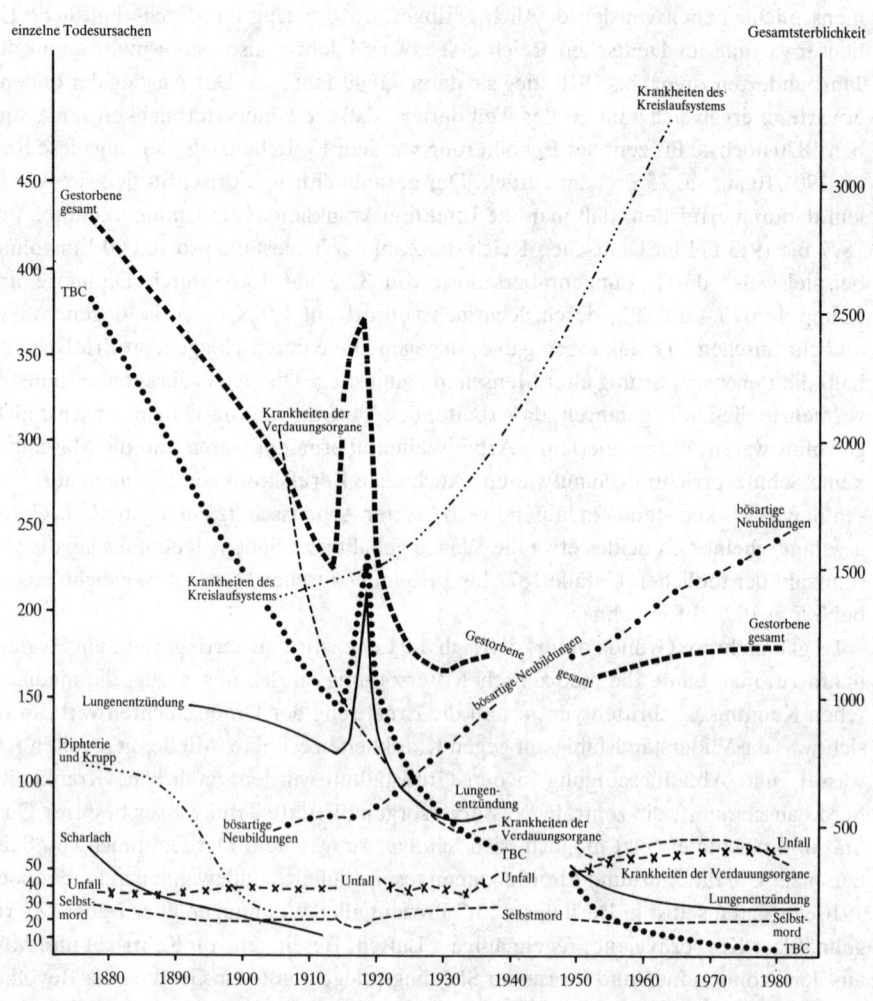

einzelne Todesursachen

Gestorbene gesamt

TBC

Krankheiten der Verdauungsorgane

Krankheiten des Kreislaufsystems

Lungenentzündung

Diphterie und Krupp

Scharlach

bösartige Neubildungen

Unfall

Selbstmord

Gesamtsterblichkeit

Krankheiten des Kreislaufsystems

bösartige Neubildungen

Gestorbene gesamt

Gestorbene gesamt

bösartige Neubildungen

Lungen-entzündung

Krankheiten der Verdauungsorgane

TBC

Unfall

Selbstmord

Unfall

Krankheiten der Verdauungsorgane

Lungenentzündung

Selbstmord

TBC

1880   1890   1900   1910   1920   1930   1940   1950   1960   1970   1980

entwickelte dann Ernst von Bergmann die aseptische Wundbehandlung, bei der die Behandlungsgeräte keimfrei gemacht wurden. Auch die Anästhesie machte Fortschritte. Auf dieser Basis konnte die Chirurgie erfolgreich in Bezirke des menschlichen Körpers vordringen, die sie bisher nicht anzurühren gewagt hatte. Wer sich um 1850 einer Blinddarmoperation unterziehen mußte, machte angesichts ihrer außerordentlichen Gefährlichkeit vorher sein Testament; wer es um 1900 tat, rechnete damit, in wenigen Wochen wieder arbeitsfähig zu sein. Indem die Kenntnisse der Medizin gewaltig zunahmen, begannen einzelne Ärzte sich auf bestimmte Organe oder Organgruppen zu spezialisieren. Damit entstand der Facharzt. Auf der Basis dieser medizinischen Fortschritte entwickelten sich auch die Krankenhäuser weiter. Sie verloren dabei den Ruf einer Arme-Leute-Einrichtung und wurden für alle Schichten akzeptabel. Die Zahl der Krankenhausbetten je 10.000 Einwohner stieg im Deutschen Reich 1877-1913 von 24,6 auf 69,0. Die Einführung der Pflichtkrankenversicherung machte es auch für die Unterschichten möglich, ärztliche Hilfe in Anspruch zu nehmen. Dieser ganze Fortschritt in Hygiene und ärztlicher Versorgung begann bei den städtischen Oberschichten, erreichte dann auch die übrigen Stadtbewohner, erfaßte die ländlichen Gegenden weniger stark und kam bei den Landarbeitern bis zum Weltkrieg überhaupt noch nicht an. War bisher jahrhundertelang die Sterblichkeit in den Städten größer gewesen als auf dem Lande, so sank sie im Laufe der zweiten Jahrhunderthälfte unter die ländliche Sterblichkeit.

Bemerkenswerterweise setzten um die Mitte des 19. Jahrhunderts auch körperliche Veränderungen ein, die sich dann bis heute fortlaufend verstärkt haben. Der Zeitpunkt der Geschlechtsreife bei Jugendlichen trat durchschnittlich immer früher ein. Lag der Zeitpunkt der ersten Monatsregel bei Frauen im späten 19. Jahrhundert noch ebenso wie in früheren Jahrhunderten bei gut 16 Jahren, so fiel er bis 1972 auf gut 12 Jahre. Das Körperwachstum in der Pubertät begann und endete früher und erfolgte zugleich rascher, so daß die Deutschen durchschnittlich immer größer wurden (Wehrpflichtige 1900-89 von 168 auf 181 Zentimeter). Dabei trat auch diese Erscheinung zunächst in der Oberschicht und der Stadtbevölkerung auf und erfaßte dann erst die Landbevölkerung. Die Ursachen für das stärkere Wachstum lagen wahrscheinlich darin, daß mit der Nahrung verstärkt hochwertiges Eiweiß aufgenommen wurde, Mangelernährung aufhörte und die körperlich anstrengende Kinderarbeit zurückging.

Mit dem Aufstieg der Industrie ging zwar die Bedeutung der Landwirtschaft für die Volkswirtschaft zurück, aber sie blieb nach wie vor ein wichtiger Wirtschaftssektor. Und wenn die landwirtschaftlichen Verhältnisse nicht die Dynamik der Industrie aufwiesen, so verharrten sie doch keineswegs im Dornröschenschlaf. Dabei bestimmte weniger Mechanisierung das Bild, sondern weiterhin vor allem Intensivierung. Die Zahl der in der Landwirtschaft Beschäftigten stieg sogar leicht an. Hier wurden also fast keine Arbeitskräfte durch Mechanisierung freigesetzt, aber das hieß zugleich, daß die Wertschöpfung je Beschäftigten und damit die Löhne in der Landwirtschaft langsamer stiegen als in der Industrie. Wenn die Wertschöpfung je Fläche und Arbeitskraft sich erhöhte, lag das vor allem daran, daß man in steigendem Maß Mineraldünger einsetzte, bei der Tier- und Pflanzenzucht voranschritt und vermehrt ertragreichere Fruchtarten anbaute, beispielsweise Hackfrüchte statt Getreide. Nachdem es Ende des 19. Jahrhunderts möglich geworden war, Mineraldünger großtechnisch herzustellen, stieg der reichsdeutsche Mineraldüngerverbrauch zwischen 1878/80 und 1913 von 1,7 auf 20,1 Doppelzentner je Hektar landwirtschaftliche Nutzfläche. Fruchtwechsel und auch Stallmistdüngung blieben aber noch weiter die wichtigere Form des Nährstoffausgleichs. Von 1850 bis 1913 stiegen im Deutschen Reich die Durchschnittserträge bei Weizen von etwa 12,0 auf 23,5 Doppelzentner je Hektar, bei Roggen von 10 auf 19,1 und bei Kartoffeln von 66,6 auf 158,6 Doppelzentner je Hektar. Die durchschnittliche Milchleistung der Kühe erhöhte sich im selben Zeitraum von etwa 1.200 auf 2.400 Liter pro Jahr, das Schlachtgewicht der Rinder von 163 auf 254 Kilogramm und jenes der

Landwirtschaft

Schweine von 36 auf 84 Kilogramm. Diese Steigerungen der Produktivität waren deutlich größer als in jeder vorangegangenen Epoche. Sie trugen das ihre dazu bei, die Tragfähigkeit des deutschen Raumes deutlich zu erweitern.

Zugleich blieben diese Erfolge aber zurück hinter jenem Maß des Fortschritts, das technisch möglich gewesen wäre, und auch hinter der Entwicklung in Großbritannien, Dänemark und den Niederlanden. Der Trend zu langfristig steigenden Getreidepreisen, der in den 1820er Jahren begonnen hatte, setzte sich bis etwa Mitte der 1870er Jahre fort. Dann begann sich die Konkurrenz des entstehenden Weltmarkts bemerkbar zu machen. Das hatte nicht nur zur Folge, daß der deutsche Anbau von Flachs und Hanf und die Wollschafhaltung unter dem Druck überseeischer Konkurrenz weitgehend aufgegeben wurden. Wichtiger war, daß die deutschen Getreideproduzenten ihre bisherigen Exportmärkte weitgehend einbüßten und sich obendrein auf dem Binnenmarkt der Konkurrenz durch billigeres Getreide ausgesetzt sahen, und zwar aus Rußland mit dem niedrigen Lebensstandard seiner bäuerlichen Bevölkerung und aus den USA mit ihren billigen Böden, da die Frachtraten für Getreide über den Atlantik 1873-94 um 80 Prozent sanken. Wie sollte man auf den internationalen Preisrückgang bei Getreide reagieren? Großbritannien schränkte die unrentabel werdende landwirtschaftliche Produktion weitgehend ein, und Dänemark und die Niederlande wandten sich verstärkt der Erzeugung tierischer Produkte und gartenbaulicher Früchte zu, deren Preisentwicklung günstiger war. Das Deutsche Reich hingegen ging (ebenso wie Frankreich) 1879 zum Schutzzoll über, wobei die Differenz des innerdeutschen Getreidepreises zum Weltmarktpreis mit der Zeit immer größer wurde. Mit diesem Schritt zum Protektionismus der Landwirtschaft schlug man einen gesamtwirtschaftlich bedenklichen Weg ein, denn zusammen mit der zunehmenden Verwendung billiger ausländischer Saisonarbeiter seit den 1890er Jahren minderte der Zollschutz den Zwang, die Produktionsmethoden in der Landwirtschaft effektiver zu gestalten.

Zwischen freier Konkurrenz und Regulierung des Marktes

Während die deutsche Wirtschaft den Rückstand gegenüber Großbritannien aufholte, gab die staatliche Bürokratie seit der Jahrhundertmitte ihre bisherige Rolle als antreibende Kraft auf und überließ die wirtschaftliche Initiative den Unternehmern. Damit fand in den 1860er Jahren die jahrzehntelange Entwicklung in Richtung auf eine liberale Wirtschaftsordnung der freien Konkurrenz ihren Höhepunkt. In der zweiten Hälfte der 1870er Jahre setzte dann eine Gegenbewegung ein, die zu einer zunehmenden Regulierung des marktwirtschaftlichen Geschehens führte, sowohl durch staatliche Eingriffe wie aus der Wirtschaft selbst heraus. Es wäre aber übertrieben, hierin einen grundsätzlichen Systemwechsel vom „Nachtwächterstaat" zum „Interventionsstaat" oder „organisierten Kapitalismus" sehen zu wollen; es war mehr ein Wechsel der Entwicklungstendenz. Der Staat beschränkte sich um die Jahrhundertmitte keineswegs darauf, als „Nachtwächterstaat" nur für Sicherheit und Ordnung zu sorgen, und andererseits blieben bis zum Ersten Weltkrieg die Grundprinzipien liberaler Marktwirtschaft gewahrt, also die freie Verfügung über das Eigentum und damit der Privatbesitz an Produktionsmitteln, das Recht auf freie Wahl des Berufes und des Arbeitsplatzes sowie die Gewerbefreiheit.

Wirtschaftsliberalismus – Gipfel und Umschwung

In den 1860er Jahren setzten sich Freihandel und Gewerbefreiheit endgültig durch. 1860-65 wurden durch eine Reihe von Verträgen die Zölle zwischen dem Deutschen Zollverein, Österreich, Frankreich, Großbritannien und Italien im wesentlichen beseitigt. Nachdem in Preußen schon seit langem Gewerbefreiheit geherrscht hatte, gingen 1859 auch Österreich und in den 1860er Jahren auch die anderen deutschen Staaten endgültig zur Gewerbefreiheit über, als letzter 1868 Bayern. Die Gewerbeordnung des Norddeutschen Bundes von 1869 hob überdies die in Preußen bis dahin bestehenden Teilbeschränkungen auf und strebte eine praktisch schrankenlose Gewerbefreiheit an, wobei sie ebenso den Industriearbeitern Koalitionsfreiheit gewährte. Auf derselben Linie wirtschaftsliberalen Denkens lag es, daß Preußen 1851/60 im Kohlebergbau das Direktionsprinzip aufgab und damit die betriebswirtschaftlichen Entscheidungen allein den Eigentümern überließ, daß es 1865 für die meisten Bodenschätze auf das Bergregal, also den staatlichen Eigentumsanspruch, zugunsten des Entdeckers verzichtete und 1870 für die Gründung von Aktiengesellschaften die staatliche Konzession entbehrlich machte. 1869 wurde im Norddeutschen Bund auch die Approbationspflicht für Ärzte aufgehoben und damit die Ausübung der Heiltätigkeit freigegeben. Überdies bestand in den 50er und 60er Jahren eine starke Bewegung, die im Sinne der freien Konkurrenz forderte, auch den Patentschutz für Erfindungen abzuschaffen.

Die Theorie des Wirtschaftsliberalismus war davon ausgegangen, daß es eine große Zahl kleiner und mittlerer Unternehmen gebe, d.h. also im Grunde von vorindustriellen Verhältnissen, und daß zwischen diesen freier Wettbewerb herrsche, und sie hatte versprochen, daß der sich selbst regulierende Marktmechanismus dann zur allgemeinen Interessenharmonie führen werde. Beides erwies sich unter dem Einfluß der Industrialisierung als Illusion. Die große Krise am Ende der Gründerzeit 1873 erschütterte in einer breiten Öffentlichkeit den Glauben an die Selbstheilungskräfte des Marktes und den Wirtschaftsliberalismus überhaupt nachhaltig. Infolge des Preisverfalls für Eisen nach 1873 erhob die Eisenindustrie die Forderung nach Schutzzöllen, und unter dem Druck der aufkommenden Konkurrenz durch amerikanisches und russisches Getreide schwenkten auch die ostelbischen Großagrarier, die als Getreidehändler jahrzehntelang freihändlerisch eingestellt gewesen waren, in wenigen Jahren auf die Schutzzollforderung ein. Durch diese Interessenkoalition von „Roggen" und „Stahl" verlor der Freihandel im Deutschen Reich seine politische Basis. Mittelfristig wurde auch deutlich, daß als Folge der Industrialisierung bei freiem Wettbewerb die wirtschaftlich Starken noch stärker und die Schwachen schwächer wurden, daß sich mit dem Entstehen von Großunternehmen Kapital und wirtschaftliche Macht konzentrierten und den Wettbewerb zu beeinträchtigen drohten und daß andererseits viele Menschen keine vergleichbaren Chancen im Wettbewerb hatten und als Besitzlose zu einem immer drängenderen Problem wurden.

So kam es zu Bestrebungen, das Marktgeschehen zu regulieren. Dies geschah einerseits durch gezielte Maßnahmen des Staates, um damit politisch relevante Interessengruppen zu befriedigen, die sich durch die Folgen des freien Wettbewerbs geschädigt fühlten, andererseits auch dadurch, daß die Interessenten sich selbst organisierten. Anders als im 18. und in der ersten Hälfte des 19. Jahrhunderts ging es dem Staat jetzt aber nicht darum, durch öffentliche Gewerbeförderung Wirtschaftswachstum mühsam in Gang zu bringen, sondern er versuchte, bei bestehendem Wachstum die durch den Produktionsprozeß hervorgerufenen Probleme zu lösen. Das Deutsche Reich ging 1879 zu Schutzzöllen für Getreide sowie Roheisen und Eisenwaren über, Österreich begann die Schutzzollpolitik 1878, die Schweiz 1884. Diese Schwenkung zum Protektionismus war keine spezifisch deutsche Erscheinung, sondern wurde in diesen Jahren von fast allen europäischen Staaten vollzogen; nur Großbritannien, die Niederlande und Dänemark blieben dem Freihandel treu. Die Eisenbahnen befanden sich im Deutschen Reich bis dahin etwa je zur Hälfte in privatem und in staatlichem Besitz. Inzwi-

Staatliche Eingriffe ins Marktgeschehen

schen hatte sich das privatwirtschaftliche System als Mangel erwiesen. Privatbahnge-sellschaften beschränkten sich auf die rentablen Linien, so daß das Bahnnetz in industrieferneren Gebieten ungenügend ausgebaut wurde, und das Nebeneinander verschiedener Privatbahnen führte zu Uneinheitlichkeiten im Betriebswesen, welche die großräumige militärische Nutzung beeinträchtigten. Da Eisenbahnen damals außerdem gewinnbringend waren, begannen die deutschen Bundesstaaten 1879, die Privatbahnen aufzukaufen. 1913 gab es im Deutschen Reich nur noch wenige und unwichtige private Bahnlinien. Österreich, das 1858 seine staatlichen Bahnlinien privatisiert hatte, begann diese 1881 wieder zu verstaatlichen. Die Schweiz verstaatlichte 1898 ihre größten Eisenbahngesellschaften. Unter dem Einfluß des heraufziehenden Protektionismus brach die patentfeindliche Bewegung zusammen. Mit dem Patentgesetz von 1877 entstand im Deutschen Reich ein wirksamer Patentschutz. Auch das Handwerk blieb nicht unberührt. Im Deutschen Reich wurden 1871 Handwerksinnungen auf freiwilliger Basis zugelassen. Sie übernahmen die wirtschaftlichen Aufgaben der früheren Zünfte, indem sie Fachschulen gründeten, Preise festsetzten usw., allerdings ohne deren religiöse und gesellschaftliche Funktion zu besitzen. Ab 1897 konnte für alle Handwerker eines Bezirks die Mitgliedschaft verpflichtend werden, wenn die Mehrheit von ihnen einen solchen Zwangscharakter der Innung wünschte. Die seit den 40er Jahren vom Handwerk erhobene Forderung, die Gewerbefreiheit und damit den Konkurrenzdruck einzuschränken, fand vor allem in Österreich Gehör, wo die Gewerbefreiheit ab 1880 zunehmend begrenzt wurde, weniger im Deutschen Reich. In Österreich war es ab 1883 nur noch mit dem Befähigungsnachweis einer bestandenen Meisterprüfung erlaubt, einen selbständigen Handwerksbetrieb zu führen und Lehrlinge auszubilden. Letzteres wurde 1908 auch im Deutschen Reich verbindlich. Die öffentlichen Hände gingen in ihrem Bemühen, regulierend in das Marktgeschehen einzugreifen, noch weiter, indem sie bestimmte Bereiche der Versorgung und Daseinsvorsorge gar nicht erst der privaten Marktwirtschaft überließen. Das galt vor allem dort, wo Leitungsnetze technisch eine Monopolstellung in einem Gebiet begründeten. Die neuaufkommenden Telegraphen- und Telefonnetze zog man von vornherein als Staatsmonopol auf. Die Gas-, Wasser- und der größte Teil der Elektrizitätsversorgungsunternehmen sowie die Straßenbahnen wurden meist als Privatfirmen gegründet, dann aber nach und nach von den Gemeinden aufgekauft und von ihnen ebenso wie die Schlachthäuser in eigener Regie betrieben oder als gemischtwirtschaftliche Unternehmen von öffentlicher Hand und Privatbesitzern gemeinsam geführt. Manche Zeitgenossen sprachen vom „Gemeindesozialismus". Darüber hinaus baute das Deutsche Reich seit 1883 gegen den harten Widerstand privater Versicherungsgesellschaften die öffentliche Sozialversicherung auf. Österreich-Ungarn ahmte hierin das reichsdeutsche Muster rasch nach. Die Schweiz blieb wesentlich länger bei einer liberalen Wettbewerbsordnung und begann erst mit der Weltwirtschaftskrise 1929 staatliche Interventionen von größerem Umfang.

Kartelle   Neben der punktuellen Intervention des Staates wuchsen auch aus dem Wirtschaftsleben selbst Kräfte heran, die das Marktgeschehen zu regulieren strebten. Seit den 1880er Jahren nahmen die Zusammenschlüsse von Unternehmen zu Kartellen geradezu explosionsartig zu. Indem sie in Kartellen Vereinbarungen über Preise, Produktionsquoten und Absatzgebiete trafen oder Syndikate als gemeinsame Verkaufsorganisationen gründeten, versuchten Unternehmer, den Wettbewerb einzuschränken und sich damit gegen Preisverfall in der Konjunkturkrise abzusichern – auf Kosten der

Käufer natürlich. Bedeutend wurden die Kartelle in den Grundstoffindustrien, wo verschiedene Firmen relativ gleichartige Waren produzierten, weniger dort, wo beim Weiterverarbeiten eine vielfältige Produktpalette entstand. Der Kartellanteil am Bruttoproduktionswert einzelner Branchen betrug 1907 im Deutschen Reich beim Bergbau 74 Prozent, bei Papiererzeugung und -verarbeitung 89 Prozent und in der Zementindustrie 48 Prozent, dagegen in der Elektroindustrie 9 Prozent, bei den Metallhütten und Halbzeugwerken 10 Prozent, im Fahrzeug- und Schiffbau 7 Prozent und im Maschinen- und Apparatebau 2 Prozent. Die wichtigsten Kartelle waren das 1881 gegründete deutsche Kalikartell, das fast ein Weltmonopol besaß, und das 1893 gegründete Rheinisch-Westfälische Kohlensyndikat, in dem sich fast der ganze Ruhrbergbau zusammengeschlossen hatte. Gesetzlich waren Kartelle in allen deutschen Staaten zulässig. Mit dem Aufkommen von Gewerkschaften und Arbeitgeberverbänden wurde auch auf dem Arbeitsmarkt das individuelle Konkurrenzprinzip durch Absprachen von kollektiven Organisationen zurückgedrängt.

Unverkennbar bestand die Tendenz, sich von der selbstregulierenden Marktwirtschaft abzuwenden, aber ihre Reichweite sollte nicht überschätzt werden. Der Urbanisierungsprozeß und die Durchsetzung neuer Technologien verliefen ungesteuert. Die staatliche Wirtschaftspolitik versuchte auch nicht, Konjunkturwellen gezielt zu glätten. Die staatlichen und kommunalen Betriebe wurden weitgehend nach dem privatwirtschaftlichen Gewinnprinzip geführt. Das galt ebenso für die Reichsbank, für die entsprechend dem damaligen Stand der Wirtschaftstheorie der Gedanke fern lag, durch eine bewußte Steuerung der Geldmenge die Konjunktur beeinflussen zu wollen. Auch Staatsaufträge, etwa für Rüstungsgüter, spielten für die Konjunktur keine entscheidende Rolle. Nur in wenigen Fällen wurden einzelne Unternehmen direkt subventioniert. Die meisten Kartelle waren lose und kurzlebige Verbindungen, die nur einen Teil des Marktes kontrollierten. Sie entstanden meist als „Kinder der Not" in einer Phase der Wirtschaftsdepression und fielen oft nach einigen Jahren wieder auseinander. Bei den weitaus meisten Kartellen ist nicht erkennbar, daß sie es geschafft hätten, ihre Absatzverhältnisse gegen Konjunkturschwankungen zu stabilisieren. Das Ausmaß, in dem Kartelle die Wettbewerbsverhältnisse veränderten, sollte auch insofern nicht überschätzt werden, als in früheren Jahrzehnten, in denen die Verbilligung des Ferntransports die lokale und regionale Begrenztheit vieler Märkte noch nicht aufgebrochen hatte, vielfach lokale und regionale Monopolstellungen oder wenige Produzenten ohne Wettbewerbsstreben bestanden hatten.

Ausmaß und Grenzen der Marktregulierung

Hielt sich der Trend zur Regulierung der Märkte also durchaus in Grenzen, so ging er im Deutschen Reich doch andererseits deutlich weiter als in vielen anderen Staaten. Extremes Gegenbeispiel waren die USA, in denen die Idee individueller Freiheit und Selbstverantwortlichkeit ihre deutlichste Ausprägung erfuhr, wo der Staat selbst Eisenbahn und Telefon privaten Firmen überließ (so daß in den 1880er Jahren auf der Hauptstrecke sieben private Eisenbahngesellschaften auf unabhängigen Streckennetzen miteinander konkurrierten), wo er auch von zwangsweiser Sozialversicherung nichts wissen wollte und wo er das an sich vorindustrielle Leitbild der freien Konkurrenz einer Vielzahl kleiner Produzenten zu verteidigen suchte, indem er Kartellabsprachen für strafbar erklärte. In Großbritannien und Frankreich ging man nicht ganz so weit. In Preußen, Österreich und den meisten anderen deutschen Staaten, viel weniger in der Schweiz, hatte es dagegen vom 18. Jahrhundert her Tradition, daß der Staat Wirtschaft und Gesellschaft regulierte, wogegen die liberale Idee der Autonomie gegenüber dem Staat weniger tiefe Wurzeln geschlagen hatte. Auf diesem Nährboden erwuchs am Ende des 19. Jahrhunderts die Praxis staatlicher Intervention, die sich dann auch in anderen Staaten als zukunftsträchtig erweisen sollte.

Konsum-
standard
insgesamt

Nicht bittere Armut und verzehrende Arbeitsbedingungen der Unterschichten, nicht ihre fortschreitende Verelendung stellten sich als die Folge der Industrialisierung ein – dieser Pauperismus war vielmehr das Ergebnis der vorindustriellen Zeit, als das Volk an die Grenzen der Tragfähigkeit des deutschen Raumes stieß. Im Gegenteil! Seit die Industrialisierung in voller Breite in Gang gekommen war, etwa ab 1870, stiegen die durchschnittlichen Realeinkommen langfristig an. Dabei wuchs der Konsumstandard nicht nur in bürgerlichen Kreisen, sondern auch die breiten Massen der Bevölkerung hatten daran Anteil. Aber obwohl für die Industriearbeiter durchaus positiv spürbar war, daß ihre Reallöhne stiegen und ihre Arbeitszeit sank – sie lebten weiter weitgehend von der Hand in den Mund, konnten keine Ersparnisse bilden und hatten am immer reichlicher fließenden Strom der Güter weniger Anteil als bürgerliche Kreise. So brachte das allgemeine Steigen des Konsumstandards keine allgemeine Zufriedenheit mit sich. Die traditionellen Normen standesgemäßer Lebensführung lösten sich allmählich auf, die Ansprüche wuchsen, die Unterschichten maßen ihren Konsumstandard weniger daran, wie er für sie einige Jahrzehnte früher ausgesehen hatte, als an den Konsummöglichkeiten der Mittelschicht.

Im Laufe der Epoche veränderte sich die Zusammensetzung des privaten Verbrauchs. Bei steigendem Einkommen reichte ein geringerer Anteil aus, um die Ernährungsbedürfnisse zu befriedigen. Dementsprechend sank der Anteil der Ausgaben für Nahrungs- und Genußmittel 1850/54 bis 1910/13 von 60 auf 52 Prozent der durchschnittlichen Haushaltsausgaben, wobei die Werte bei großstädtischen Arbeiterfamilien etwa 5 Prozentpunkte höher und bei Mittelschichtfamilien etwa 5 Prozentpunkte niedriger gelegen haben dürften. Dagegen stiegen die Ausgaben für die Wohnung (ohne Heizung usw.) von 12 auf 16 Prozent und für Verkehr von 0,2 auf 3 Prozent, eine Folge der Verstädterung mit ihren emporschnellenden Bodenpreisen und wachsenden Entfernungen innerhalb einer Stadt. Daß es möglich wurde, einen steigenden Anteil der Haushaltsmittel für Möbel, Bildung, Körper- und Gesundheitspflege und Kleidung auszugeben, macht unmittelbar deutlich, daß der Konsumstandard jetzt wuchs.

Ernährung

Obwohl der für Nahrungsmittel ausgegebene Anteil des Haushaltsgelds zurückging, konnten die Deutschen hiervon eine zunehmend bessere Ernährung erwerben. Der durchschnittliche jährliche Kalorienverbrauch an Nahrungs- und Genußmitteln je Einwohner stieg im Reichsgebiet 1850 bis 1913 von 780.000 auf 1.240.000 Kilokalorien. Und die Ernährungslage verbesserte sich nicht nur mengenmäßig, sondern auch in der Qualität. Angaben über die Zunahme des jährlichen Verbrauchs je Einwohner im Deutschen Reich 1850 bis 1913 zeigen dies deutlich. Bei groben Nahrungsmitteln war die Zunahme relativ gering: bei Roggenmehl und -brot von 56 auf 65 Kilogramm und bei Kartoffeln von 138 auf 203 Kilogramm. Dagegen stieg der Verbrauch von Weizenmehl und -brot von 26 auf 66 Kilogramm, bei Fleisch von 23 auf 43 Kilogramm und an Eiern von 45 auf 106 Stück. Der Verzehr von frischem Obst und Gemüse erhöhte sich deutlich, und im späten 19. Jahrhundert wurden auch für die Unterschichten viele Sorten erschwinglich, die sie sich zuvor nicht hatten leisten können. Der durchschnittliche Pro-Kopf-Verbrauch von Südfrüchten stieg sogar von 0,25 auf 3,6 Kilogramm, doch blieben diese weiter Luxusgüter. Der Verbrauch von Zucker kletterte von 2 auf 20 Kilogramm. Letzteres war möglich, da die Züchtung den Zuckergehalt der Rüben 1836-1914 verdreifacht hatte und deshalb die Preise für deutschen Rübenzucker im Laufe des 19. Jahrhunderts deutlich fielen, so daß dieses Luxusgut um die Jahrhundertwende auch für Arbeiter erreichbar wurde. Der Verbrauch an Tabak erhöhte sich von 1,1 auf 1,6 Kilogramm und jener an Kaffee von 0,8 auf 2,0 Kilogramm. Auch der Verbrauch von Kakao, der Ende des 18. Jahrhunderts noch ein Luxusgetränk gewesen war, nahm im 19. Jahrhundert rasch zu, nachdem schweizerische Firmen ihn als feste Schokolade auf den Markt gebracht hatten. Dieser Trend zu abwechslungsreicherer, feinerer Nahrung setzte in der Oberschicht und in den Städten früher ein und erreichte die ländliche Bevölkerung erst mit einiger Verzögerung. Um 1850 waren die Unterschichten besorgt, ob die Buchweizengrütze und die Pellkartoffeln reichen würden, und selbst im mittleren Bürgertum war es normal, trockenes Brot zu essen. Um 1900 hatten Brot und Kaffee sich als Frühstück endgültig gegen Breie und Suppen durchgesetzt, waren Brotaufstrich und Brotbelag selbstverständlich geworden, und die Arbeiter klagten, wenn sie sich mit Margarine und Pferdefleisch begnügen mußten.

Indem die städtische Bevölkerung ihren Lebensmittelbedarf in immer größerem Umfang kaufte, entstand die industrielle Lebensmittelproduktion. Damit wuchs nicht nur die Zahl der angebotenen Sorten, beispielsweise bei Wurst, sondern sie schuf auch ganz neue Lebensmittel. So wurde 1869 die Margarine erfunden, und in den 1880er Jahren begann man alkoholfreie Obstsäfte und ähnliche Getränke zu produzieren. Neue Möglichkeiten entstanden außerdem durch neue Konservierungstechniken. Nachdem man schon um 1800 das Verfahren gefunden hatte, unter Luftabschluß bis zur Keimfreiheit zu erhitzen, kamen auf dessen Basis seit der Jahrhundertmitte die Konservendosen auf. Die Gefrier- und Kühltechnik hielt Einzug, und man begann antiseptische Konservierungsmittel zu verwenden (Spiritus, Essig, Benzoesäuren u.a.). Ferner wurden auch die bekannten Zubereitungen vielfältiger. Während man Fleisch bisher einfach gekocht oder gebraten hatte, kamen jetzt die Zubereitung als (Wiener) Schnitzel, (ungarisches) Gulasch, (englisches) Beefsteak, Roastbeef, Rumpsteak und Kotelett neu auf.

Die Wohnverhältnisse wiesen eine große Spannbreite auf – von der großbürgerlichen, repräsentativen Stadtvilla über jene Etagenwohnungen, welche die Idee herrschaftlichen Wohnens mit einer differenzierten Zimmerfolge von repräsentativem Salon, Eßzimmer, Wintergarten und „privaten", Intimität ermöglichenden Schlaf- und Kinderzimmern auf einer Etage zu entfalten versuchten, bis hin zur drängenden Enge der Behausungen der Unterschicht. *Wohnen*

Für Kätner, Insten und Kleinmeister war um die Mitte des 19. Jahrhunderts die übliche Wohnform ein kleines Haus mit meist einer engen Stube und einer nicht heizbaren Kammer, manchmal nur durch ein Gitter vom Stallanbau abgetrennt. Bei dem wenigen Platz konnten Wohnen und Schlafen, Eltern und Kinder räumlich nicht getrennt werden. Hier war auch weiter selbstverständlich, daß es nicht für jeden eine eigene Bettstelle gab, so daß mehrere Personen zusammen in einem Bett schlafen mußten. Lehrlinge lebten oft noch mit im Haushalt des Meisters, teilweise auch noch Gesellen. Für bäuerliches Gesinde war es noch weitgehend üblich, im Stall, auf Gängen und offenen Böden zu schlafen. Diese Verhältnisse blieben im ländlichen Bereich bis zum Ersten Weltkrieg praktisch unverändert. Auf manchen ostelbischen Gütern waren die Schweineställe in besserem Zustand als die Landarbeiterhäuser.

Als die Menschen in den Städten zusammenströmten, setzte sich dieser beengte

Wohnungsstandard dort bei den Unterschichten ungebrochen fort. In den 1880er Jahren hatten in Frankfurt am Main 23 Prozent der Wohnungen nur ein Zimmer, in Hamburg waren es 28 Prozent, in Dresden 55 und in Berlin sogar 62 Prozent. Im Jahre 1900 besaßen in Berlin 43 Prozent aller Haushaltungen nur einen und 28 Prozent zwei Räume (Küche mitgezählt). So bestand also die Wohnung einer großstädtischen Arbeiterfamilie auch um 1900 aus einer beheizbaren Stube und meist einer Kammer und Küche. Häufig bildete auch eine Wohnküche den zentralen Raum. Das mußte dann für vier, fünf oder auch sechs Personen reichen. Bei dieser räumlichen Enge und auch wegen der Anschaffungskosten eines Betts wundert es nicht, daß 1905 in Bremen nur etwa ein Drittel der Arbeiterbevölkerung in einem Bett für sich alleine schlafen konnte. Anderswo sah es ähnlich aus. Handwerksgesellen, die nicht mehr bei ihrem Meister leben wollten oder konnten, und dann auch junge, unverheiratete Arbeiter nahmen sich oft keine eigene Wohnung, sondern wohnten bei einer Arbeiterfamilie zur Untermiete, wo sie Bett und meist Frühstück erhielten, teilweise auch als Schlafgänger dasselbe Bett benutzten, und im übrigen tagsüber außerhalb des Hauses waren. Angesichts der hohen Mieten in den Großstädten wollten sie sich keine eigene Wohnung leisten, und manche Arbeiterfamilien versuchten, durch die Aufnahme von Untermietern und Schlafgängern ihre finanzielle Situation etwas aufzubessern. Das Dienstmädchen in herrschaftlichen Haushalten schlief – ähnlich wie herkömmlicherweise Gesinde im Bauernhaushalt – in dunklen Kammern oder im Keller, teilweise in engen, verschlagartigen Hängeböden in den hohen Küchen oder Badezimmern, in die man nur über eine Leiter gelangte.

Die großstädtischen Wohnverhältnisse der Unterschichten waren in der Zeit der Industrialisierung also nicht schlechter, als es die Wohnverhältnisse dieser sozialen Schicht früher gewesen waren. Aber sie wurden zunehmend kritisiert. Beobachter aus bürgerlichen Kreisen, in denen die um 1800 aufgekommene Intimität und Gemütlichkeit bürgerlichen Familienlebens selbstverständlich geworden war, sahen in der Beengtheit proletarischer Wohnverhältnisse, die keinen Intimbereich der einzelnen Familienmitglieder möglich machte und die Kinder auch das Geschlechtsleben ihrer Eltern miterleben ließ, die Quelle eines Verfalls von Sitte und Moral, den sie meist irrtümlicherweise für eine Folge des Industrialismus hielten. Bei den Arbeitern selbst wuchsen die Ansprüche und damit die Unzufriedenheit. Darüber sollte aber auch nicht übersehen werden, daß die Wohnverhältnisse sich seit dem Ausgang des 19. Jahrhunderts langsam besserten. In Wien stieg 1857 bis 1910 der Anteil der Wohnbevölkerung, der an einer eigenen Wohnung teilhatte, von 55 auf 82 Prozent, während der Anteil derjenigen, die beim Arbeitgeber wohnten, von 26 auf 6 Prozent sank und der Anteil der Untermieter von 19 auf 9 Prozent zurückging.

Die Ausstattung der Wohnungen verbesserte sich im Zuge der Industrialisierung allgemein, in gehobenen Kreisen in stärkerem Maß als bei Arbeitern. Bei letzteren waren um die Jahrhundertwende immerhin ein Tisch, ein Sofa, ein Spiegel, mehrere Stühle, ein grober Kleiderschrank und eine Kommode, mehrere Betten und einige Bilder üblich. In großbürgerlichen Haushalten machte sich ein bis dahin unbekannter Luxus breit, der die Wohnungen zunehmend anfüllte mit verschnörkelten Polstermöbeln und dickem Plüsch, schweren Decken und Vorhängen, Orientteppichen und Vorlegern, Spiegeln, großformatigen Ölbildern in Goldrahmen, großen Bücherschränken mit Goldschnitteinbänden, nippesgefüllten Vitrinen und ähnlichem Zierrat wie Zinnhumpen, aus denen nie getrunken wurde, oder Kunstblumenbuketts, das Ganze in dunklen, schweren Farben gehalten. Das Streben vor allem der Mittelschicht, am Luxus des Großbürgertums wenigstens in einigen Details äußerlich teilzuhaben, ließ die Materialnachahmung entstehen: es gab gepreßte und vergoldete Steinpappe und falsche Perlen, Gips täuschte schimmernden Alabaster vor, wertvoller Onyx wurde aus Glas imitiert, bemaltes Blech und Pappe gaben sich als Marmor aus. Die Reichen mochten darüber spotten — dabei hatte doch schon der katholische Kirchenbarock um 1700 oft Marmor durch polierten Stuck vorgetäuscht. Und der zunehmende Wohlstand war nicht nur Imitation. Durch die Mechanisierung der Teppichweberei wurden Teppiche seit der Jahrhundertwende für bürgerliche Haushalte erschwinglich und üblich. In der zweiten Hälfte des 19. Jahrhunderts verdrängte das Porzellangeschirr die Fayencen und das in Bauernhaushalten noch übliche Holz- und Tongeschirr und wurde damit in allen Schichten üblich. Bald nach der Jahrhundertmitte verbreitete sich rasch der eiserne Herd, während man bis dahin noch weitgehend auf offenem Feuer gekocht hatte. Seit der Jahrhundertmitte kamen auch Zentralheizungen auf, zuerst für öffentliche Gebäude, blieben aber bis weit ins 20. Jahrhundert eine Ausnahme; üblich blieb die Heizung durch das Herdfeuer und durch Einzelöfen. Als Zimmerbeleuchtung setzte sich um die Jahrhundertmitte die Öllampe gegen die Kerze durch, zuerst mit Rüböl, seit den 1860er Jahren als Petroleumlampe. Konkurrenz bekam sie dann durch das Gas (für Licht und Herd) und schließlich durch die Elektrizität, blieb aber noch vorherrschend. 1910 besaßen in Breslau 19 Prozent der Wohnungen Gas in Küche und Wohnräumen, 1 Prozent Gas nur in den Wohnräumen und ganze 2 Prozent elektrisches Licht. Um 1870 wurde aus Großbritannien das Wasserklosett übernommen. Der Anteil der Wohnungen mit eigenem Wasserklosett stieg in Berlin bis 1910 auf 52 Prozent.

Am Vorabend des Ersten Weltkriegs hatte das Deutsche Reich wirtschaftlich das Ansehen eines kraftstrotzenden Jünglings, der sich aufmacht, seinen Anteil an der Welt zu gewinnen. Nie zuvor und niemals seitdem (bis heute) war der Anteil des deutschen Hauptstaates an der Weltproduktion so groß. Die Industrialisierung hatte ungeahnte Kräfte geweckt, und unter ihrem Einfluß hatten sich auch die Strukturen wesentlich rascher gewandelt als früher. In gewisser Hinsicht war die Dynamik im Deutschen Reich stärker als in anderen europäischen Ländern, stärker auch als in der Schweiz und erst recht im Vergleich zu Österreich-Ungarn. Die jährliche Wachstumsrate des Bruttosozialprodukts je Einwohner lag zwar nur wenig über jener der meisten anderen Staaten, aber infolge des hohen Bevölkerungswachstums wuchsen damit die Wirtschaftskräfte insgesamt rascher als in West- und auch Süd- und Nordeuropa. Im Vergleich zu manchen Ländern stieg der Anteil der Industriebeschäftigten schneller, vor allem jedoch schwoll deren absolute Zahl rascher an, bildete die Großindustrie sich noch schärfer heraus als anderswo, und die Verstädterung verlief erheblich stürmischer.* Damit

Industrialisierung — Fortschritt oder Irrweg?

---

* Für den Anstieg des Anteils der Beschäftigten im verarbeitenden Gewerbe von 24 auf 33 Prozent der Gesamtbeschäftigten, der sich im Gebiet des Deutschen Reiches in der Industrialisierungsphase (1850-1913) vollzog, brauchten Großbritannien, Frankreich und Italien etwa genauso lange wie das Reich, während sich dieses in den Niederlanden und Dänemark über einen deutlich längeren Zeitraum hinzog. Wegen des stärkeren Bevölkerungswachstums bedeutete das aber zugleich, daß die absolute Anzahl der im verarbeitenden Gewerbe Beschäftigten im Deutschen Reich rascher wuchs als in den genannten anderen Staaten. 1850-1913, also in 63 Jahren, stieg der Anteil der Einwohner in Orten mit mehr als 20.000 Einwohnern im Gebiet des Deutschen Reiches von 8,5 auf 36,5 Prozent. Für dieselbe Verschiebung brauchte es in Frankreich 127 Jahre (1835-1962), in Großbritannien etwa 150 Jahre (ca. 1700-1853), in Italien 190 Jahre (ca. 1745-1936), in Spanien 104 Jahre (ca. 1842-1946), in den Niederlanden etwa 300 Jahre (vor 1650 bis 1917) und in der Schweiz über 111 Jahre (von 1876 an; 1987 immer noch nicht erreicht, wohl allerdings, wenn man die Agglomerationen rechnet). Auch in Dänemark und Belgien vollzog sich die Verstädterung erheblich langsamer als im Deutschen Reich.

vollzog sich auch der Wandel der Lebensumstände für die einzelnen Deutschen schneller, mit dem die vertraute, überschaubare ländlich-handwerkliche Welt verschwand und das Neue, Ungewohnte, für manche Beängstigende der großstädtisch-industriellen Welt heraufzog.

Bedeuteten diese Veränderungen zusammengenommen nun einen großen Sprung nach vorne auf der Straße des Fortschritts oder ist hier ein zukunftsloser Irrweg eingeschlagen worden?

Während die Deutschen vom 16. bis zum 18. Jahrhundert in der Beherrschung der Natur nur sehr langsam Fortschritte erzielten, brachte die Industrialisierung hierbei einen großen Schritt, den größten Einschnitt im Verhältnis zwischen den Deutschen und ihrer natürlichen Umwelt überhaupt. Sie fingen an, sich in einem Maß wie nie zuvor die Energiequellen und Rohstoffe der Erde zunutze zu machen und sich damit von vielen Zwängen der natürlichen Gegebenheiten zu befreien, und als Folge dieser Befreiung begannen sie zugleich auch ihre natürliche Umwelt mit einer bis dahin unbekannten Intensität zu verändern.

Die Zeitgenossen hatten guten Grund, im stolzen Bewußtsein gewaltiger Fortschritte zu leben. Man war von der Willkür der Witterung und Windkräfte sehr viel unabhängiger geworden. Mißernten führten nicht mehr zu Hungersnöten. Die Gefahr, schon in jungen Jahren sterben zu müssen, war deutlich zurückgegangen, die Lebenserwartung klar gestiegen. Wenn auch nicht bei allen sozialen Gruppen im gleichen Maß, war doch der materielle Lebensstandard insgesamt gewachsen, und zwar sowohl hinsichtlich der Menge der konsumierbaren Güter als auch deren Art: mit den neuen Verkehrsmitteln ließ sich schneller und angenehmer reisen, ebenso wie die Verbesserung der künstlichen Beleuchtung, die neuen Nachrichtenmittel und vieles mehr das Leben bequemer machten. Das alles waren Fortschritte, von denen viele Generationen nur hatten träumen können! Durch die Industrie entstanden neue Arbeitsplätze, welche die um die Jahrhundertmitte bestehende Unterbeschäftigung beseitigten und die es nach und nach auch unnötig machten, daß ein Teil des Bevölkerungszuwachses auswandern mußte. Wieviele Menschen der deutsche Raum tragen konnte, war nicht länger eine Frage primär der Nahrungsmittelerzeugung, sondern hatte sich von der agrarischen Grundlage gelöst und war zu einer Frage der Arbeitsplätze geworden, deren Zahl und Sicherheit nun zunehmend von Industrie, Absatzmöglichkeiten und Verfügbarkeit der Rohstoffe abhing.

Aber der Industrialismus brachte auch Nachteile mit sich. In der vorindustriellen Zeit waren als Rohstoffe und Energieträger meist Holz und andere Pflanzen eingesetzt worden und nur wenig nichtregenerierbare mineralische Rohstoffe, und die Abfälle waren weitgehend organischer Natur gewesen, so daß sie verrotteten. Da fast alle Haushalte mit der Landwirtschaft in Verbindung gestanden hatten, sei es als Bauer oder Ackerbürger, hatte man den größten Teil des Abfalls über den Misthaufen der Natur wieder zuführen können. Dieser, wenn auch nie vollständige, so doch weitgehend geschlossene Kreislauf zerbrach durch die Industrialisierung und Verstädterung. Immer mehr Abfälle aus Produktion und Haushalt konnten nicht mehr schadlos in die Natur zurückgeführt werden, sondern nahmen den Charakter von ungenutztem Müll und vergiftenden Schadstoffen an. Und auf der anderen Seite begann man, immer stärker mineralische Rohstoffe und Energieträger zu nutzen wie Kohle und Erze, also Lagerstätten abzubauen, die sich im Unterschied zu Holz und anderen pflanzlichen Rohstoffen nicht regenerieren, d.h. prinzipiell begrenzt sind. Diese Wirtschaftsweise ist deshalb nicht auf unbegrenzte Dauer möglich. Was den Freiheitsraum der Deutschen gegenüber den Zwängen der Natur zunächst erweiterte, hat Probleme für spätere Generationen geschaffen. Ferner brachte die zunehmende industrielle Arbeitsteilung und Verflechtung für die einzelnen Deutschen neue Abhängigkeiten mit sich. Das tägliche Leben des einzelnen wurde allmählich davon abhängig, daß Großsysteme wie beispielsweise die Elektrizitätsversorgung und städtische Wasserversorgung ununterbrochen funktionierten, daß Lebensmittel und Brennstoff zu kaufen waren. Seine wirtschaftliche Existenz hing immer mehr davon ab, daß die Lieferung von Rohstoffen, Vorprodukten und Ersatzteilen und der Absatz der Produkte reibungslos verliefen, daß also die Verkehrsmittel und andere Teile des gesamten Wirtschaftsorganismus zuverlässig arbeiteten. Dessen Störungen erlebte der einzelne als Konjunkturschwankungen, bewirkt von anonymen Marktkräften, die ihm als etwas Verselbständigtes gegenübertraten, das sich außerhalb seiner Kontrollmöglichkeit vollzog. Auch die Einbindung in die Organisation der neu entstehenden Großbetriebe mit ihrer Über- und Unterordnung und ihren innerbetrieblichen Reglementierungen brachte für den einzelnen eine Art von Abhängigkeit mit sich, welche die halbautonomen kleinen Wirtschaftseinheiten der vorindustriellen Zeit noch nicht gekannt hatten. Der mit dem Wirtschaftswachstum untrennbar verbundene Strukturwandel verlangte von den Deutschen, sich anzupassen und umzulernen. Das ging nicht ohne Opfer ab. Doch ohne das Entstehen komplexer technischer und organisatorischer Großsysteme und ohne Strukturwandel war die Steigerung des Lebensstandards nicht zu haben. Die Welt weitgehend isolierter, kleinräumiger und leicht überschaubarer Wirtschafts- und Lebenseinheiten und die Fortschritte des Industrialismus waren – und sind – unvereinbar. Schließlich soll nicht übersehen werden, daß mit der Industrialisierung auch die Zerstörungskraft der Kriegstechnik in neue Dimensionen hineinwuchs, wie die Deutschen dann im 20. Jahrhundert schmerzlich erfahren sollten.

Dem Außenhandel wuchs mit der Industrialisierung allmählich schicksalhafte Bedeutung zu. Für die stark steigende Bevölkerung mußten immer mehr Arbeitsplätze geschaffen werden, die außerhalb der Landwirtschaft lagen, also im wesentlichen direkt oder indirekt vom verarbeitenden Sektor getragen wurden. Um die wachsende Bevölkerung zu versorgen, reichte schließlich die heimische Nahrungsmittelerzeugung nicht mehr aus, und den rasch steigenden Bedarf der aufblühenden Industrie an Rohstoffen konnten die sich zunehmend erschöpfenden Vorräte des deutschen Raumes allmählich nicht mehr voll decken. Die Einfuhr des Fehlbedarfs an Lebensmitteln und Rohstoffen aus anderen Regionen wurde zur Notwendigkeit, und damit gleichzeitig die Ausfuhr von Fertigwaren, um sie hierdurch im Austausch bezahlen zu können. Daß im Außenhandel zum Teil Waren unterschiedlichen Verarbeitungsgrades gegeneinander getauscht wurden, war an sich nichts Neues; schon im späten Mittelalter hatte der Handelsverkehr der Deutschen mit Skandinavien und Osteuropa diese Struktur aufgewiesen. Aber während der Fernhandel damals im Wirtschaftsleben nur ein Randphänomen dargestellt hatte, gewann dieser Warenaustausch über die Grenzen des deutschen Raumes hinaus seit Ende des 19. Jahrhunderts zentrale Bedeutung. Da die Verarbeitung die Grundlage der Einkommen von Beschäftigten ebenso wie Unternehmern bildete und da die Größe dieses exportorientierten Teils der Bevölkerung dann im Laufe des 20. Jahrhunderts immer mehr wuchs, wurde dieser Teil des Außenhandels, der vom Austausch von Rohstoffen gegen Fertigwaren bestimmt war, zu einer Lebensnotwendigkeit des deutschen Volkes, unabhängig von der jeweiligen Gesellschafts- und Wirtschaftsordnung, und dies galt und gilt im Prinzip für jeden der deutschen Staaten. Angesichts dieser Tatsachen lauteten die Alternativen: entweder den Pauperismus der Mitte des 19. Jahrhunderts sich zur allgemeinen Verelendung auswachsen zu lassen, vergleichbar der Lage in manchen heutigen unterentwickelten Ländern, oder die überschüssigen, d.h. keinen Arbeitsplatz besitzenden Deutschen zu „exportieren” in Form einer gewaltigen Auswanderung, oder aber zusätzliche Existenzmöglichkeiten zu schaffen, und zwar vor allem durch industrielle Arbeitsplätze, wobei diese Existenzen zu einem wesentlichen Teil von der Zufuhr von Rohstoffen und Lebensmitteln und der Ausfuhr von Fertigwaren abhängig waren. An diesen Alternativen hat sich bis heute prinzipiell nichts geändert. Während des deutschen Kaiserreichs bemühte man sich, die erste Möglichkeit zu vermeiden und die zweite zunehmend zu überwinden. Das bedeutete, sich für die dritte Möglichkeit zu entscheiden. Für diese stand dem Deutschen Reich (und erst recht den anderen deutschen Staaten) kein eigenes Kolonialgebiet zur Verfügung, das geeignet gewesen wäre, als wirtschaftliches Ergänzungsgebiet zu dienen, so sehr viele auch in der Wilhelminischen Zeit davon träumen mochten, ein solches irgendwie unter fernen tropischen Palmen zu gewinnen. Dadurch sahen sich die Deutschen gezwungen, den nötigen Warenaustausch auf dem freien Weltmarkt durchzusetzen im Kampf gegen die internationale Konkurrenz. Dementsprechend stammten auch die Rohstoffbezüge zum großen Teil aus anderen europäischen Staaten, d.h. also auch aus Ländern mit vergleichbarem Lohnniveau, weniger aus überseeischen Kolonien, in denen die Europäer Eingeborene als relativ billige Arbeitskräfte ausnutzten.

Wägt man Nutzen und Probleme der Industrialisierung gegeneinander ab und bedenkt man dabei auch, welches die Alternativen zur Industrialisierung gewesen wären, so wird das Gesamturteil ohne Zweifel positiv ausfallen.

7.3 Klassengesellschaft und Soziale Frage

Als Folge der Industrialisierung, vor allem durch die rasche Verstädterung und das Entstehen von Betrieben mit Hunderten und Tausenden von Beschäftigten, veränderten sich nicht nur die wirtschaftlichen, sondern auch die gesellschaftlichen Verhältnisse mit einer Geschwindigkeit und in einem Ausmaß wie nie zuvor in der deutschen Geschichte. Dieser tiefgreifende gesellschaftliche Wandel verminderte soziale Abhängigkeiten, schuf neue Chancen für soziale Gerechtigkeit und Aufstieg, aber auch neue Probleme und Anpassungsschwierigkeiten, er löste Hoffnungen wie Befürchtungen aus. Da jedoch die Industrialisierung die einzelnen deutschen Landschaften sehr ungleichmäßig durchdrang, wurden diese auch von dem gesellschaftlichen Strukturwandel in höchst ungleichem Maß erfaßt. Es bestanden große Unterschiede zwischen den gesellschaftlichen Verhältnissen in den großstädtischen Industriegebieten wie Berlin und Sachsen, jenen in ländlichen Gegenden, besonders im weiter von den Gütern geprägten Ostelbien, und jenen in kleinbäuerlich-kleinbürgerlichen Landschaften mit einer starken Mischung agrarischer und gewerblicher Berufstätigkeit und weitgehend kleinbetrieblicher Gewerbestruktur, z.B. im Südwesten des Deutschen Reiches und in der Schweiz, und diese Unterschiede steigerten sich, gerade weil die verschiedenen Strukturen räumlich klar voneinander getrennt und darum unvermischt bestanden und deshalb ihr jeweils eigenes soziales Milieu ausbilden konnten. *Vorbemerkung*

In der ersten Hälfte des 19. Jahrhunderts war der einzelne zunehmend aus der Einbindung in Grundherrschaft, Zünfte, Dorfgenossenschaft und Ganzes Haus gelöst worden, und dieser Zug zur Individualisierung setzte sich in den folgenden Jahrzehnten fort, besonders in den sich an Zahl und Umfang mehrenden Großstädten. Bisher hatte in Kleinstädten und erst recht in Dörfern jeder unter den kontrollierenden Blicken des Nachbarn und des Pfarrers gelebt, die neugierig die Haushaltsführung und das Betragen beobachteten, nicht nur in der Öffentlichkeit, sondern möglichst auch in den inneren häuslichen Verhältnissen, und so hatte jeder zu vermeiden gesucht, was seiner Ehre hätte schaden können. Großstädte waren demgegenüber unüberschaubar und anonym, und eine solche soziale Kontrolle durch die Nachbarschaft war in ihnen nicht mehr vorhanden. Noch enger war jene unmittelbare Kontrolle gewesen, unter der *Individualisierung und Verstädterung*

Gesinde im Haushalt ihres Bauern oder Gutsherrn und Gesellen in dem ihres Meisters gestanden hatten. Damit verglichen war die Lohnabhängigkeit des Lohnarbeiters in der Industrie eine weniger kurz gehaltene Leine. Für den einzelnen bedeutete diese Entwicklung mehr Freiheit und eine größere Chance für Privatheit. Sie konnte aber auch bedeuten, daß er isoliert war und sich alleingelassen sah, wo er Hilfe gebraucht hätte. Manche, die vom Lande in die Großstadt zogen, empfanden dies als Entwurzelung oder Orientierungslosigkeit.

Zerbröckelte also die städtische Gesellschaft zu einer formlosen Masse vereinzelter Individuen? Durchaus nicht. Zumindest ein Teil der Menschen baute sich neue gesellschaftliche Bindungen auf als Ersatz für die nicht mehr vorhandenen lokalen Gemeinschaften. Nach Anfängen in den voraufgegangenen Jahrzehnten brach kurz vor der Jahrhundertmitte eine Flut von Vereinsgründungen los: Gesang-, Turn-, Museums-, Kegel-, Schützen-, Radsport-, Fußball-, Wohltätigkeits-, Kaninchenzüchter-, Arbeiterbildungs-, Wandervereine, wissenschaftliche Vereine, berufliche und wirtschaftliche Verbände der Bauern, Ärzte, Rechtsanwälte, Handwerker und Kaufleute, letztlich auch Gewerkschaften. Das Vereinswesen breitete sich von den großen Städten auch auf die ländlichen Gegenden aus. Die Kaiserzeit wurde zur Blütezeit des Vereinswesens. Bei fast allen Vereinen waren Frauen ausgeschlossen. Die meisten Vereine waren in ihrer Zusammensetzung sozial einseitig bestimmt, sei es vom gehobenen Bildungsbürgertum (z.B. Museumsvereine), dem Kleinbürgertum der Handwerksmeister und Einzelhändler (viele Männergesangvereine) oder der Arbeiterschaft (z.B. Kaninchenzüchtervereine). Oft boten die Vereine auch einen Rahmen für Geselligkeit und Feste. Den Gemeinschaften der Ständegesellschaft hatte man kraft Geburt und Stand angehört, sie hatten meist das Leben des einzelnen als Ganzes erfaßt und waren oft hierarchisch strukturiert gewesen; die neuentstandenen Verbindungen dagegen waren freiwillige Zusammenschlüsse, in die jeder nach Belieben eintreten konnte, die sich auf besondere Zwecke konzentrierten und damit den einzelnen nur in einer bestimmten Rolle erfaßten, nicht in seiner ganzen Persönlichkeit, und für deren innere Ordnung das Prinzip der Gleichheit der Mitglieder galt.

Als gegen Ende des 19. Jahrhunderts die Massengesellschaft heraufzog, wuchsen dann manche Vereinigungen zu Großstrukturen heran, die zunehmend bürokratisch organisiert werden mußten und damit dem einzelnen Mitglied gegenüber an Eigengewicht gewannen, so bei Parteien und Gewerkschaften. Wie diese dienten auch andere bürokratische Großstrukturen, z.B. die sich ausdehnende staatliche Verwaltung und die neu entstehenden Sozialversicherungen, dazu, in einem weiteren Rahmen zu integrieren, was durch die Schwächung traditioneller primärer Gruppen entbunden worden war.

Soziale
Gliederung
    Um die Jahrhundertmitte beschlich vorausschauende Beobachter allgemein die Furcht, mit fortschreitender Industrialisierung werde die Gesellschaft immer mehr auseinanderfallen in eine hauchdünne Schicht extrem reicher Kapitalisten, der dann ohne Zwischenschichten eine Masse verelendeter und ausgebeuteter Proletarier drohend gegenüberstehen werde. Um die Jahrhundertwende ließ sich dann deutlich erkennen, daß es nicht dazu gekommen war. Die Anteile der Unter- und der Mittelschichten an der Gesamtbevölkerung veränderten sich vielmehr während des ganzen Industrialisierungsprozesses bis zum Ersten Weltkrieg im Deutschen Reich fast überhaupt nicht! Der Anteil der Unterschichten an den Erwerbstätigen lag, wenn man die Arbeiter aller Art rechnet, durchgehend um die 55 Prozent herum, wenn man die pro-

Stellung im Beruf

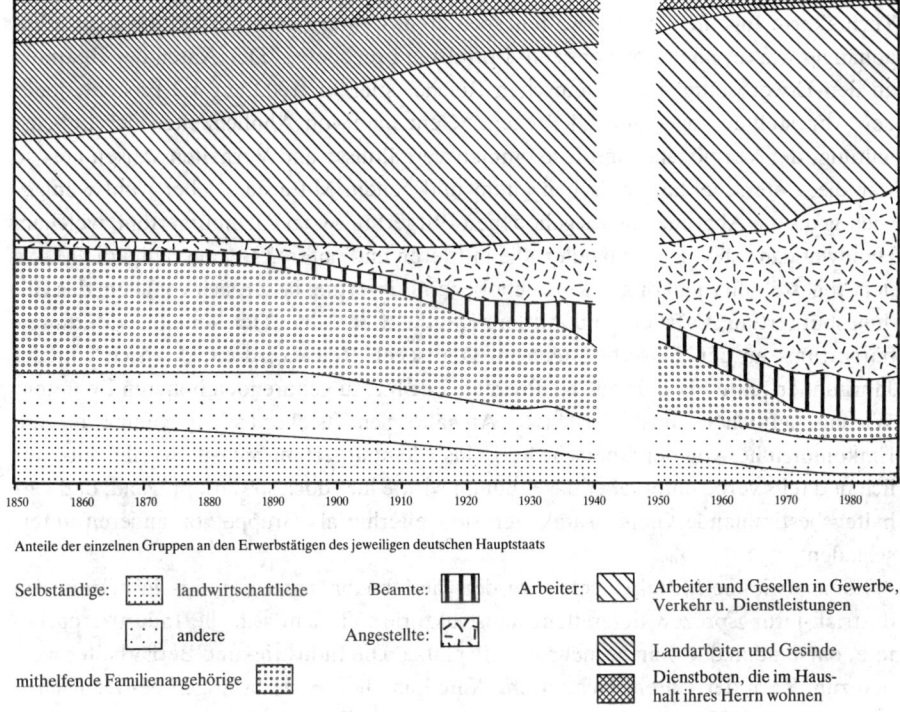

Anteile der einzelnen Gruppen an den Erwerbstätigen des jeweiligen deutschen Hauptstaats

Selbständige: landwirtschaftliche

andere

mithelfende Familienangehörige

Beamte:

Angestellte:

Arbeiter: Arbeiter und Gesellen in Gewerbe, Verkehr u. Dienstleistungen

Landarbeiter und Gesinde

Dienstboten, die im Haushalt ihres Herrn wohnen

letarierähnlich lebenden Kleinstbauern hinzurechnet, unverändert bei gut zwei Dritteln der Erwerbstätigen. Aber sowohl Mittel- wie Unterschichten wurden in sich umstrukturiert.

Die Schicht der Fabrikbesitzer, Bankiers und Großkaufleute legte mit der Industrialisierung an Zahl und Reichtum zu und wurde gewichtiger und bestimmender als das Bildungsbürgertum, das innerhalb der bürgerlichen Schichten noch zur Jahrhundertmitte führend gewesen war. Sie entwuchs der mittleren Soziallage und wurde damit zum Großbürgertum. Deshalb rechnete sie zunehmend mit zur Oberschicht, zusammen mit der zahlenmäßig etwa unveränderten Großgrundbesitzerklasse. Innerhalb des Wirtschaftsbürgertums rückten mit der Industrialisierung die gewerblichen Unternehmer in den Vordergrund, während zuvor Großkaufleute und Bankiers den bedeutenderen Teil ausgemacht hatten.

Bei den Mittelschichten verschob sich mit der Industrialisierung der Anteil von Bauern und bürgerlichen Mittelschichten zugunsten der letzteren. Aber was heißt bürgerlich? Ein einheitliches Bürgertum hatte es ohnehin nie gegeben, und jetzt wurde es heterogener als je zuvor. Mit recht unterschiedlichem Inhalt verwendet wurde der Begriff Bürgertum vollends unbrauchbar, um Wirklichkeit zu beschreiben, und war damit nur noch zum Zwecke ideologischer Auseinandersetzung oder Selbsteinordnung verwendbar. Der alte städtische Mittelstand der kleinen Selbständigen schrumpfte anteilmäßig. Gleichzeitig brachte das Wachsen des Staatsapparates und besonders der Wirtschaftsunternehmen eine rasch steigende Zahl von kaufmännischen Angestellten, Technikern, Ingenieuren, Verwaltungsbeamten, Lehrern usw. hervor, die zwar lohnabhängig waren, aber trotzdem zum Mittelstand rechneten. Der Anteil der Beamten an den Erwerbstätigen des Deutschen Reiches stieg bis 1907 auf 4,3 Prozent, jener der Angestellten sogar auf 7,4 Prozent. Geht man von Ähnlichkeiten der Lebenshaltung, der Vermögens- und Einkommensverhältnisse und Verhaltensweisen aus, so war die Unterscheidung zwischen altem und neuem Mittelstand aber wohl weniger wichtig als die Abgrenzung des gehobenen Bürgertums vom Kleinbürgertum, welchem Handwerksmeister, Einzelhändler, die mittleren und unteren Beamten und die Masse der Angestellten zugehörten. Zum gehobenen Bürgertum lassen sich vor allem das Bildungsbürgertum, Offiziere und mittlere Kaufleute rechnen. Der Anteil des Bildungsbürgertums an den Erwerbstätigen im Deutschen Reich verdreifachte sich von der Jahrhundertmitte bis 1907 auf 1,1 Prozent. Die hierzu gehörenden höheren Beamten, Wissenschaftlicher, Geistliche, Ärzte, Anwälte, Schriftsteller usw. reichten zwar vom Einkommen her von der Oberschicht bis ins Kleinbürgertum, sie waren teils freiberuflich und teils verbeamtet, aber das Studium wirkte hier doch so stark prägend, daß verhaltensbestimmende Gemeinsamkeiten sie weiterhin als Gruppe von anderen unterschieden.

Ebenso wie die Mittelschichten wurden die lohnabhängigen Unterschichten im Industrialisierungsprozeß tiefgreifend umstrukturiert. Indem sich die Industrie entfaltete, entstanden dort immer mehr Arbeitsplätze. Die Industrie- und Bergarbeiter wurden zum Kern der Unterschichten; ihr Anteil an allen Erwerbstätigen des Deutschen Reiches stieg 1850 bis 1913 von 4 auf 19 Prozent an. Gleichzeitig schrumpften jene besonders ärmlichen, elenden Unterschichten, die in den vorangegangenen Jahrzehnten unter dem Übervölkerungsdruck aufgeschwemmt worden waren. Die einst breite Schicht der Landstreicher und Bettler schmolz fast ganz weg. Die Tagelöhner, die ohne festen Arbeitsplatz sich mal hier, mal dort Arbeit suchen mußten und um 1850 noch fast ein Viertel der Erwerbstätigen ausgemacht hatten, verschwanden im Laufe der Industrialisierung ebenfalls fast völlig. Das Elend des Pauperismus der 1840er und 50er Jahre ging allmählich zurück. So dürftig die Existenz eines Industriearbeiters uns aus heutiger Sicht erscheinen mag – für häusliche Dienstboten und Gesinde, deren Arbeitszeit keine begrenzenden Regelungen und die damit keine feste Freizeit kannten, die stets unter der Aufsicht ihrer Herren lebten und nicht heiraten durften, war sie oft durchaus attraktiv. So schrumpfte der Anteil der Dienstboten an den Erwerbstätigen im Deutschen Reich 1850 bis 1913 von 10 auf 5 Prozent zusammen. Der Umfang des Gesindes verkleinerte sich durch Abwanderungen in die Stadt, und dasselbe galt für Landarbeiter. Damit wurden in Westdeutschland auf dem Lande die unterbäuerlichen Schichten deutlich geringer, und das Hofbauerntum gewann wieder stärker an Gewicht. In Ostelbien versuchten die Gutsbesitzer die zunehmende Knappheit an Landarbeitern dadurch auszugleichen, daß sie seit dem Ende des 19. Jahrhunderts immer stärker für die Erntezeit Kolonnen von Wanderarbeitern anwarben, größtenteils aus dem östlichen Ausland.

Einkommens-
verteilung
Steigerte die Industrialisierung nun die Ungleichheit der Einkommensverteilung? Die Antwort läßt sich nicht auf eine einfache Formel bringen, denn die einzelnen sozialen Schichten verschoben sich uneinheitlich gegeneinander. Jener Teil des Volks-

662

einkommens, der als Arbeitseinkommen zu betrachten ist, blieb im Gebiet des Deutschen Reiches 1850 bis gegen 1875 konstant bei etwa 77 Prozent und fiel dann bis 1913 auf 70 Prozent. Der Anteil der bestgestellten 5 Prozent der steuerpflichtigen Personen stieg in Preußen zwischen 1854 und der Jahrhundertwende von 21 auf 30 Prozent des Gesamteinkommens und blieb danach bis zum Ersten Weltkrieg etwa unverändert (damit war die Einkommensverteilung aber immer noch gleichmäßiger als in Großbritannien, wo 1880 die reichsten 5 Prozent der Einkommensbezieher 48 Prozent des Volkseinkommens an sich zogen!). Tatsächlich dehnten dabei nur die oberen 1 Prozent der Einkommensbezieher, größtenteils Unternehmer, ihren Anteil am Volkseinkommen aus. Das entspricht der Beobachtung, daß sich offenbar in allen marktwirtschaftlich organisierten Staaten während der Industrialisierungsphase die Spitzeneinkommen von allen übrigen stärker absetzen. Da der Kapitalbestand rasch wuchs, stiegen auch die daraus fließenden Einkommen kräftig, und mit der Urbanisierung kletterten die Einkommen aus bebauten Grundstücken mächtig; weil beides sich in der Hand einer begrenzten Personenzahl befand, wurde die Einkommensverteilung damit ungleicher. Diese Zahlen drücken also vor allem aus, daß eine Unternehmerklasse entstand, deren Einkommen weit überdurchschnittlich wuchsen. Diese Klasse setzte sich damit an die Spitze der Einkommenspyramide und überholte bei weitem die Großgrundbesitzer und Spitzenbeamten, die noch um die Jahrhundertmitte die Spitzenverdiener gewesen waren.

Während Unternehmer und städtische Grundbesitzer nach oben kamen, indem sie die Marktkräfte ausnutzten, wurden die Beamtengehälter einseitig vom Staat bestimmt, der in diesem Bereich sozusagen ein Nachfragemonopol besaß. So sahen sich leitende Beamte in den 70er und 80er Jahren einkommensmäßig auch von der neu entstehenden Gruppe der leitenden Angestellten überrundet. Innerhalb der Beamtenschaft wurde die Einkommensspanne verringert. In Preußen stiegen 1850-1910 die Einkommen der politischen Beamten um 32 Prozent und die der höheren Beamten um 110 Prozent, dagegen die der unteren Beamten um 154 Prozent. Am unteren Ende der Einkommensskala konnten Fabrikarbeiter, insbesondere Facharbeiter, im Laufe der Industrialisierung ihre Reallöhne deutlich steigern und ihre Einkommensposition relativ zu Beamten und Angestellten verbessern. Landarbeiter und Gesinde vermochten dagegen mit dieser Entwicklung der Industriearbeitereinkommen nicht mitzuhalten. Dieser Unterschied innerhalb der Unterschicht erklärt sich daraus, daß Fabrikarbeiter zu solidarischem Handeln gegenüber den Arbeitgebern gelangten.

Um 1900 betrug im Deutschen Reich der Jahresverdienst eines Ministers 36.000 Mark, eines Regierungsrats oder Gymnasiallehrers 5.000-7.000, eines durchschnittlichen Anwalts um 5.000, eines Schutzmanns 1.600-2.000, der meisten kaufmännischen Angestellten 1.200-2.000 (Durchschnitt 1.700), eines Verkäufers meist 1.300-1.500, der meisten Industriearbeiter zwischen 1.000 und 1.600, bei Facharbeitern eher 2.000, eines Landarbeiters etwa 1.000, einer Weberin oder Spinnerin 500 Mark und eines Dienstmädchens 150-200 Mark zuzüglich Kost und Logis.

Die Gesellschaft wurde zunehmend bürgerlicher. Jene in der ersten Hälfte des 19. Jahrhunderts im Wirtschaftsbürgertum aufgekommenen Denk- und Verhaltensweisen, die dann als spezifisch bürgerlich galten, wurden nicht nur für Unternehmer typisch, sondern breiteten sich auch in den städtischen Mittelschichten immer weiter aus, im protestantischen Bereich stärker als im katholischen: rastlose Arbeit als Lebenserfüllung, der Stolz auf die eigene Leistung, die Bereitschaft zu Risiko und Neuerungen, das rücksichtslose Streben nach Erfolg und Gewinn, wobei nach den Mitteln

Bürgerliche Elemente zwischen aristokratischer Tradition und Massengesellschaft

immer weniger gefragt wurde. Der gesellschaftliche Führungsanspruch des Adels, der noch in der ersten Hälfte des 19. Jahrhunderts unbezweifelt gewesen war, wurde zunehmend begraben. Von den 3.074 Steuerzahlern, die in Preußen kurz vor dem Ersten Weltkrieg ein Vermögen von mehr als 2 Millionen Mark versteuerten, waren nur noch 856 Adlige. In Offizierskorps und Verwaltung ging der Anteil des Adels zurück. Wissenschaft, Technik, Bildungswesen, Künste und Presse wurden fast ausschließlich vom Bildungsbürgertum getragen. Die Stellung der im weitesten Sinne bürgerlichen Schichten in der Gesellschaft erstarkte also mit der Industrialisierung immer weiter. Die gesellschaftliche Stellung des einzelnen hing mehr als je zuvor ab von seiner Arbeitsleistung, seiner Rolle im Produktionsprozeß, von Vermögen und Einkommen. Damit formte sich die Gesellschaft in wachsendem Maße zur Klassengesellschaft.

Aber Besitz und Einkommen wurden nicht zum alleinigen gesellschaftlichen Wertmaßstab, die wirtschaftsbürgerliche Mentalität nicht allgemeinverbindlich. Die gesellschaftlichen Wertvorstellungen erwiesen sich als zäher als das Wirtschaftsleben, das sich im flotten Tempo der Industrialisierung umwälzte. Jene vorindustriellen Rangvorstellungen, die letztlich von Krone und Hof ausgingen und gestützt wurden, wirkten auch in der entstehenden Industriegesellschaft lebensmächtig weiter, um so mehr, als die Krone auch politisch eine führende Stellung wahren konnte. Nun hatten schon die Aufklärer Ende des 18. Jahrhunderts den Adel zu kritisieren begonnen, und diese Haltung hatte sich bis zur Jahrhundertmitte in bürgerlichen Kreisen deutlich verbreitet, aber sie wurde in der zweiten Hälfte des 19. Jahrhunderts eben doch nicht allgemein, sondern eher zu einer Sache der politischen Linken, die sie verschärft fortsetzte. Weithin blieben aristokratische Lebensformen und Titel höherwertig als Geld. Lange Zeit vom Adel als Neureiche abgelehnt, ahmten reichgewordene Unternehmer im Streben nach gesellschaftlicher Anerkennung seit den 1870er Jahren den aristokratischen Lebensstil nach und fanden dann um 1880 auch Zugang in die führenden Kreise, die vornehme „Gesellschaft", deren Mittelpunkt und Spitze bis zum Ersten Weltkrieg der Hof blieb. Heiratsschranken zwischen Adel und Großbürgertum fielen zunehmend. Wohnten Fabrikanten in den 1850er Jahren meist in einem kleinen Haus neben ihrer Fabrik bei eher handwerklich-bescheidener Lebensführung, so wurde später eine städtische Villa üblich, die mit großem, freistehendem Wohnhaus, Auffahrt, parkartigem Garten und repräsentativen Salons den adligen Landsitz auf begrenzter Grundstücksfläche nachahmte und natürlich auch Personal benötigte, und schließlich legte mancher Unternehmer sich sogar einen ländlichen Herrensitz zu. Man gewöhnte sich das Herrenreiten an, wurde stolz auf Orden und den Titel eines „Geheimrats" oder „Kommerzienrats" und hoffte auf Nobilitierung. Im übrigen gewannen auch die städtischen Mittelschichten in den 1870er Jahren eine positive Einstellung zu Titel und Adel, wenngleich das Bildungsbürgertum dem Adel gegenüber im ganzen reservierter blieb als das Großbürgertum. Im Großbürgertum und auch darüber hinaus in der oberen Mittelschicht machte sich ein gesellschaftliches Repräsentationsverhalten adliger Herkunft breit. Man demonstrierte, daß man auch zur „guten Gesellschaft" gehörte, indem man z.B. ein Dienstmädchen und Kindermädchen hielt, auf eine angemessene Mitgift der Tochter als Voraussetzung für eine „standesgemäße" Heirat Wert legte, eine repräsentative Geselligkeit mit förmlichem gegenseitigem „Besuche machen" pflegte und dafür einen Salon mit aufwendiger Einrichtung benötigte – auch wenn das in der oberen Mittelschicht auf Kosten des eigentlichen „privaten" Wohnteils der

Wohnung ging, wenn beim Empfang teilweise das Geschirr geliehen und der Diener nur für einen Tag gemietet war.

Obwohl der Adel also weder ein Stand mit besonderen Rechten noch eine Klasse mit einer besonderen Stellung im Wirtschaftsprozeß war und obendrein durch eine Fülle von Nobilitierungen ständig weiter aufgebläht wurde, blieb das Prestige eines Adelstitels für die gesellschaftliche Rangordnung wichtig. Im Ansehen und Selbstbewußtsein des Auftretens höher als andere Berufe mit vergleichbarem Einkommen standen auch weiterhin Beamte, eine Folge der bürokratischen und obrigkeitlichen Tradition. Noch viel mehr galt das für Offiziere, die „des Königs Rock" trugen und deren Ansehen durch die glänzenden Siege von 1866 und 1870/71 neue Nahrung bekommen hatte. Das führte dazu, daß Offiziere und höhere Beamte sich seit Ende des 19. Jahrhunderts aufgrund ihres relativ hohen Sozialprestiges genötigt sahen, für gesellschaftliche Verpflichtungen und eine „standesgemäße" Ausstattung auch der Frauen und Kinder mehr aufzuwenden als die Gehälter eigentlich zuließen. Hier mußte oft auf Vermögenseinkünfte und Zuschüsse der Verwandten zurückgegriffen werden. Die hohe gesellschaftliche Geltung des Offiziers kam auch darin zum Ausdruck, daß nach 1880 die Söhne des Großbürgertums und ebenso des Bildungsbürgertums zunehmend den Rang eines Reserveoffiziers erstrebten. Auch die zu Anfang des 19. Jahrhunderts entstandene Hochschätzung des Akademikers lebte weiter, ganz besonders der Professoren. Dies wurde zusätzlich dadurch gestützt, daß die Wissenschaften in der zweiten Jahrhunderthälfte große Erfolge erzielten.

Daß das bürgerliche Element in der Gesellschaft des Deutschen Reiches nicht voll zum Durchbruch kam, lag nicht nur am Fortwirken aristokratischer Traditionen, sondern auch daran, daß sich am Ende des Jahrhunderts das Entstehen der industriellen Massengesellschaft abzeichnete, zumindest in Westdeutschland, während in Ostelbien alte agrargesellschaftliche, herrschaftliche Traditionen noch weitaus kräftiger weiterlebten. Breite Volksschichten erlangten in steigendem Maß Lebensmöglichkeiten, die bis dahin nur den Eliten vorbehalten gewesen waren. Mit der Eisenbahn reiste ein Handwerker genauso schnell wie ein Graf oder Kaufmann, während früher das rasche Reisen faktisch nur gehobenen Schichten möglich gewesen war − einfache Leute hatten zu Fuß gehen müssen. Nachdem Schulbildung allgemein geworden war, nahm eine ständig wachsende Zahl von Deutschen am öffentlichen Leben geistig und dann auch politisch Anteil. Viele Angehörige der Unterschicht waren immer weniger bereit, ihre Stellung als selbstverständlich hinzunehmen und sich widerspruchslos unterzuordnen, sondern wünschten mehr Rechte und soziale Anerkennung. Die herausgehobene gesellschaftliche Stellung des gehobenen Bürgertums und sein Einfluß wurden damit langfristig in Frage gestellt. Auch hierdurch fühlten sich die bürgerlichen Schichten an die Seite der etablierten Mächte gedrängt und waren darum bereit, die bestehenden aristokratischen, bürokratischen und militärischen Traditionen zu akzeptieren.

Was bislang über das Gewicht des Bürgertums in der Gesellschaft gesagt wurde, bezieht sich in erster Linie auf das Deutsche Reich. In Österreich, in dem die Industrialisierung weniger dynamisch verlief, blieb die Geltung aristokratischer Traditionen im ganzen noch etwas stärker erhalten. Völlig anders in der Schweiz. Hier gab es schon seit dem späten Mittelalter keinen Adel mehr, und die aristokratische Lebensart pflegenden Patrizierfamilien waren ihm nicht vergleichbar, zumal sie keinen Rückhalt an einem Monarchen hatten. Zugleich blieb auch im Industrialisierungsprozeß die gewerbliche Mittelschicht stärker und der Zug zur urbanen Massengesellschaft geringer.

Die Folge davon war, daß im Laufe des 19. Jahrhunderts in der Schweiz bürgerliche Wertvorstellungen von Arbeit, Sauberkeit und Ordnung nach und nach alle Gesellschaftsschichten durchtränkten und eine Dominanz erlangten wie wohl in keinem anderen europäischen Land. Das läßt sich noch heute spüren.

Nun ist es nicht so, daß die begrenzte Durchschlagskraft des Bürgerlichen im Deutschen Reich eine große Ausnahme dargestellt hätte. Auch in Großbritannien behielt der Adel bis Ende des 19. Jahrhunderts seine gesellschaftlich führende Stellung, und das Großbürgertum paßte sich aristokratischem Lebensstil an. Wenn im englischen Gentleman-Ideal der bürgerliche Einschlag etwas stärker war als in den Verhaltensweisen der deutschen Oberschicht, lag das möglicherweise einfach daran, daß der englische Adel zahlenmäßig relativ klein und damit seine Integrationskraft geringer war. In Frankreich, wo die Revolution von 1789 den Adel schwer erschüttert hatte, wurde um 1830 das Großbürgertum die gesellschaftlich tonangebende Schicht, doch selbst dort ahmte es aristokratische Lebensformen durchaus nach. Noch viel weniger als im Deutschen Reich nahmen die Gesellschaften Italiens und erst recht Spaniens und Rußlands bürgerliche Züge an. Dort blieben bürgerliche Gruppen zwischen Großgrundbesitzerklasse und ärmlichem Bauerntum beziehungsweise Landarbeiterproletariat zahlenmäßig schwach und gesellschaftlich nachrangig.

Junker Unter den Großgrundbesitzern im Deutschen Reich spielten die ostelbischen Junker eine besondere Rolle. Diese Gutsbesitzerklasse sollte nicht mit dem Adel verwechselt werden; nur ein kleiner Teil der Adligen gehörte zu den ostelbischen Gutsbesitzern, und umgekehrt war von diesen Rittergutsbesitzern nur ein kleiner Teil adlig (1880 nur noch 36 Prozent, bei weiter fallender Tendenz). Die Junker stellten vielmehr eine Klasse dar, die auf dem Besitz der rund 12.000 preußischen Rittergüter gründete. Die adligen Großgrundbesitzer waren auch Heiraten mit gutsituierten Bürgertöchtern keineswegs abgeneigt.

In den 1850er Jahren war der Großgrundbesitz angesichts hoher Getreidepreise wirtschaftlich ertragreich und stellte für die Junker eine solide Basis dar. Dies änderte sich, als die Gutsbetriebe wirtschaftlich nur ungenügend modernisierten und seit den 1870er Jahren unter den Konkurrenzdruck des inzwischen billigeren ausländischen Getreides gerieten. Hinzu kam, daß die Lebenshaltung des Großbürgertums mit der Industrialisierung deutlich anstieg, die Masse der Rittergutsbesitzer mit den dadurch gesteigerten Normen „standesgemäßer" Lebensweise aber nicht mithalten konnte. Ihre Lebenshaltung konnte den Charakter des „Herrschaftlichen" zunehmend kaum oder gar nicht mehr aufrecht erhalten. Da Junker sich darauf beschränkten, ihre Güter zu bewirtschaften, und sich, von wenigen Ausnahmen abgesehen, nicht an Industrieunternehmen beteiligten, wuchsen ihnen auch von dort keine neuen wirtschaftlichen Kräfte zu. An Bildung wiederum konnten sich die meisten Junker mit dem Bildungsbürgertum nicht messen. Die Rittergutsbesitzer empfanden sich selbst zunehmend als „notleidende Landwirte". Damit geriet ihre gesellschaftliche Stellung als aristokratische Elite ins Wanken. Gleichwohl hielten die Junker zäh an ihrem Eliteanspruch fest, aber weil die Basis dem nicht mehr entsprach, verkam er zum bloßen Dünkel. Die vielfachen Versuche, durch Haltung und „zackiges" Auftreten die zu dünn gewordenen Grundlagen zu überdecken, wurden seit dem späten 19. Jahrhundert vielbelachter Gegenstand der oppositionellen Karikatur. Die ostelbischen Junker ließen sich also nicht mit den englischen Lords vergleichen, die höchstens ein Zehntel so zahlreich und dafür im Durchschnitt deutlich vermögender waren, und denen es auch von daher leichter fiel, am industriellen Aufschwung teilzuhaben und sich den wandelnden Verhältnissen anzupassen.

Indem Handelsgeschäfte und vor allem Produktionsbetriebe größer wurden als aus vorindustrieller Zeit gewohnt, vervielfachten sich die Leitungs- und Dispositionsaufgaben, so daß sie nicht mehr von einem einzelnen Firmeninhaber wahrgenommen werden konnten. Ein Teil mußte an Gehilfen delegiert werden. Zugleich wurden den Arbeitern zunehmend arbeitsvorbereitende und aufbewahrende Funktionen abgenommen. Aus beidem entstand eine neue soziale Gruppe: die Angestellten. Je weiter die Industrialisierung voranschritt, desto größer wurde der Bedarf an Buchhaltern, Prokuristen, Kassierern, Ingenieuren, Schreibkräften, Zeichnern, Werkführern usw. Mit dem Entstehen von Großunternehmen kam schließlich noch vor dem Ersten Weltkrieg neben den Unternehmern, die ihren Betrieb als Besitzer leiteten, als neuer Unternehmertyp der angestellte Direktor auf. In geringer Zahl hatte es Handlungsgehilfen in Handelsfirmen schon vor der Industrialisierung gegeben. Bis zur Jahrhundertwende wurden die Angestellten dann aber zu einer Massenerscheinung, und sie gewannen auch das Bewußtsein, eine eigene gesellschaftliche Gruppe zu sein.

Obwohl Angestellte ebenso wie Arbeiter lohnabhängig waren, grenzten sie sich in ihrem Selbstverständnis scharf gegen die Arbeiterschaft ab und rechneten sich selbst zur bürgerlichen Mitte – als „neuer Mittelstand". Sie orientierten sich am Beamten als gesellschaftlichem Leitbild, am Beamtenethos der Pflichterfüllung, Treue zum Dienstherrn und uneigennütziger Arbeit. Anfangs war auch die Bezeichnung „Privatbeamte" üblich, bis sich dann die Bezeichnung „Angestellte" durchsetzte. Im Unterschied zu Arbeitern besaßen Angestellte durchweg eine höhere Allgemeinbildung. Sie arbeiteten im sauberen Anzug mit weißem Kragen im Büro, was traditionell höher angesehen war, als sich in Werkhallen oder im Freien schmutzig zu machen. Angestellte hatten eher Kontakt zum Chef. Sie bekamen vertrauensvolle Aufgaben wie Buchhaltung und den Umgang mit fremdem Geld übertragen, und teilweise hatten sie als verlängerter Arm des Chefs den Arbeitern gegenüber Weisungsbefugnis. Während ein Angestellter die Chance besaß, im Laufe seines Lebens mehrere Karrierestufen zu durchlaufen und sein Einkommen im Alter schlimmstenfalls stagnierte, verdiente ein Arbeiter in jungen Jahren relativ gut, aber nach etwa dem 40. Lebensjahr, wenn er physisch verbraucht war, ging sein Einkommen zurück. Die Arbeit der Angestellten war stärker mit Gesprächen und Pausen durchsetzt und wurde weniger stark kontrolliert als die der Arbeiter. Da die Angestelltenarbeit kein kurzfristig meßbares Ergebnis erzeugte, erhielten diese ein Monatsgehalt und nicht wie Arbeiter Wochen-, Stunden- oder Tagelohn. Während Arbeiter, die untereinander austauschbar waren, bei schlechter Konjunkturlage rasch entlassen wurden, war die Stellung der Angestellten sicherer, da sie oft auf eine bestimmte Funktion spezialisiert waren, die in der Firma nur einmal vertreten war. Die Unternehmer waren an der Loyalität ihrer Angestellten interessiert, und deshalb verstärkten sie den Unterschied zur Arbeiterschaft noch weiter, indem sie Angestellten eine kürzere Arbeitszeit und einen im Durchschnitt höheren Verdienst gewährten und für Angestellte schließlich auch Urlaub einführten. Wenn die Angestellten sich als mittelständisch entschieden gegen die Arbeiter abgrenzten, war das also durchaus kein falsches Bewußtsein, sondern in den tatsächlichen Arbeits- und Lebensverhältnissen begründet, darüber hinaus meist auch in ihrer sozialen Herkunft.

Seit dem Ausgang des 19. Jahrhunderts entstanden nun große Industrieverwaltungen, und damit wurde das Selbstverständnis der Angestellten langfristig in Frage ge-

Angestellte

667

stellt. Indem die Büros anwuchsen, kam es in ihnen zu einer zunehmenden Arbeitsteilung und Spezialisierung. Dadurch wurde die Angestelltenschaft uneinheitlich und reichte letztlich vom leitenden Angestellten, der nach Einkommen und Lebensstil Anschluß ans Großbürgertum fand, bis zum bloßen Sachbearbeiter, der nur Routinearbeiten ausführte, der ohne persönliche Beziehung zum Chef, ohne Autoritätsstellung und Aufstiegschancen war, und dessen Gehalt sich dementsprechend auch nicht von dem eines Facharbeiters unterschied. Nach dem Vorbild der Beamtenhierarchie entstand eine innerbetriebliche Hierarchie, in der Qualifikationsanforderungen und Verdienst für die einzelnen Angestelltenposten schematisch festgelegt wurden. Trotzdem hielten auch die unteren Angestellten an dem Bewußtsein fest, gesellschaftlich über den Arbeitern zu stehen. Zugleich entwickelte sich unter den Angestellten aber stärker ein Arbeitnehmerbewußtsein. Das fand auch darin seinen Ausdruck, daß 1893 als gewerkschaftliche Organisation der Angestellten der Deutschnationale Handlungsgehilfenverband gegründet wurde, dessen Mitgliederzahl bis 1914 auf 160.500 anstieg. Streiks von Angestellten gab es aber vor dem Ersten Weltkrieg fast nicht.

Alter Mittelstand   Obwohl sich Handwerk und Kleinhandel auch angesichts der Herausforderungen durch die Industrialisierung an Umfang durchaus halten konnten, erschütterte die Industrialisierung den „alten Mittelstand" in seiner hergebrachten Selbstsicherheit und Selbstzufriedenheit. Ganz allgemein empfand er die schärfere Konkurrenz der freien Wettbewerbsgesellschaft als gefährlich. Handwerker fühlten sich insbesondere durch die Konkurrenz der großen Industrie bedroht, kleine Einzelhändler durch die Warenhäuser, letztere noch kaum zu Recht. Das Ansehen der kleinen Selbständigen sank. Für Handwerkersöhne war es nicht mehr selbstverständlich, dem Vater im Beruf nachzufolgen, sondern viele strebten zu Tätigkeiten mit weißem Kragen und Manschetten, zu Angestellten- oder Beamtenstellungen. Der Unterschied zwischen Handwerkern und Arbeitern wurde unschärfer, so nachdrücklich sich der alte Mittelstand in seinem Selbstverständnis auch gegen die Arbeiter abgrenzte. Das Gewicht des alten Mittelstands in der Gesellschaft ging zurück, indem auf der einen Seite das Großkapital, auf der anderen die Industriearbeiterschaft stand, und zwischen diesen beiden neuen Kräften fühlte er sich zunehmend eingeklemmt.

Um den alten Mittelstand zu stützen und ihn vor der Gefahr zu bewahren, proletarisiert zu werden, besann man sich auf den alten Gedanken genossenschaftlicher Selbsthilfe. 1847 begann Friedrich Wilhelm Raiffeisen landwirtschaftliche Genossenschaften zu gründen, und 1850 rief Hermann Schulze-Delitzsch gewerbliche Genossenschaften ins Leben. Bauern und Handwerker, die bei Banken als nicht kreditwürdig galten und deshalb nur schwer Kredit bekamen, meist nur zu Wucherzinsen, sollten durch die Genossenschaften mit billigem Kredit versorgt werden. Überdies organisierten die Genossenschaften auch gemeinsamen Einkauf und Absatz, besonders im Handwerk. Später wurden auch Einzelhandelsgenossenschaften gegründet, um gegen die Warenhäuser bestehen zu können. Ferner gab es Versuche, Produktionsgenossenschaften aufzubauen, vor allem in den 1860er Jahren. Sie scheiterten fast durchweg. Die fördernden Genossenschaften gewannen aber große Bedeutung, besonders für die Landwirtschaft. Bis 1914 stieg die Zahl der Genossenschaften im Deutschen Reich auf etwa 35.000 mit 5,5 Millionen Mitgliedern.

Industriearbeiter   Die Industriearbeiterschaft, die in den 1860er Jahren als neue Gesellschaftsklasse entstand, unterschied sich in der Industrialisierungsepoche wesentlich von der heutigen Arbeiterschaft wie auch von den damaligen Mittelschichten. Vor allem in den ersten Jahrzehnten strömten viele Menschen in die Fabriken und den Bergbau, für die sich dort eine völlig neue, ungewohnte Arbeitswelt auftat, die als ehemalige Knechte oder Landarbeiter noch nie eine Maschine gesehen hatten und sich im Umgang mit der Technik schwer taten. Sie waren in Handwerkswerkstatt, Bauernwirtschaft oder Heimarbeit auch an eine ungleichmäßige, von ihnen selbst mit beeinflußte Einteilung der Arbeitszeit gewöhnt gewesen, bei der sich Arbeit und Nichtarbeit mischten. In der Fabrik sollten die Arbeiter eine regelmäßige Arbeitszeit einhalten und während dieser auch ausschließlich arbeiten; der Fabrikant wollte sie schließlich nicht umsonst bezahlen. So hatten diese in die Fabrik gegangenen Arbeiter Anpassungsschwierigkeiten, und das äußerte sich in häufigem Zuspätkommen, willkürlichen Pausen und eigenmächtigen Feiertagen. Die Fabrikbesitzer versuchten im Gegenzug, ihre Arbeiter durch Fabrikordnungen zu disziplinieren, die für Eigenmächtigkeit harte Geldstrafen vorsahen. Die Arbeiter empfanden das verständlicherweise als Unterdrückung, gleichwohl es in der Zielrichtung notwendig war. Mit diesen Umstellungsschwierigkeiten hing auch eine eigentümliche, geradezu nomadenhafte Unstetigkeit und Unruhe zusammen, welche einen großen Teil der Industriearbeiter der Industrialisierungsepoche kennzeichnete, insbesondere unverheiratete, jüngere und ungelernte. Von letzteren wurden viele ihr ganzes Leben lang an keinem Betrieb und keiner Stadt fest, und etliche pendelten dabei auch zwischen Landwirtschaft und Fabrik hin und her. Insgesamt stieg im Laufe der Industrialisierung die Verweildauer der Industriearbeiter. Aber auch um die Jahrhundertwende war es für Betriebe der Montanindustrie im Ruhrgebiet durchaus normal, daß die Hälfte aller Arbeiter, die in den Betrieb eintraten, diesen innerhalb eines Jahres wieder verließ. Zugleich gab es jedoch einen relativ stabilen Stamm oft qualifizierter Arbeiter, für den seine innige Kenntnis der Produktionsabläufe und die Fähigkeit, diese zu beherrschen, auch eine Quelle des Stolzes war. So wie der Betrieb stellte für viele auch die Wohnung keinen Ort fester Verwurzelung dar. Beispielsweise wurde in Essen im Jahr 1900 festgestellt, daß die Hälfte der Haushalte in den letzten zwei Jahren umgezogen war, sei es in der Hoffnung auf eine billigere oder eine bessere Wohnung oder um näher an einem neuen Arbeitsplatz zu wohnen. Instabil war die Arbeiterexistenz auch, insofern sie ungesichert war. Bei ihrem schmalen Verdienst lebten die meisten Arbeiter weitgehend von der Hand in den Mund und konnten keine oder nur geringe Ersparnisse für Notzeiten bilden. Arbeitslosigkeit oder Krankheit bedeuteten sogleich ernste finanzielle Probleme.

Seit Ende des 19. Jahrhunderts verringerte sich langsam die anfangs sehr große Kluft zwischen den ungelernten Arbeitern, die oft aus dem agrarischen Bereich stammten, und den handwerklich ausgebildeten Facharbeitern, und zwar sowohl hinsichtlich der Verhaltensweisen wie der Löhne. Dazu trug auch bei, daß angelernte Arbeiterberufe entstanden. Der Anteil der qualifizierten Arbeiter stieg offenbar im Laufe der Industrialisierung. Als Meister, Vorarbeiter und Facharbeiter hatten sie auch in Wirtschaftskrisen eine sichere Stellung.

Die Fabrikarbeiterschaft war recht jung, meist zur Hälfte unter 30 Jahre alt. Die Arbeiter nahmen die Arbeit als Jugendliche auf, standen von Mitte 20 bis etwa 40 Jahre auf dem Höhepunkt ihrer physischen Leistungsfähigkeit und ihres Einkommens, fielen dann in schlechter bezahlte Stellungen zurück und wurden schließlich, wenn sie nicht mehr genug leisteten, entlassen. Kaum ein Fabrikarbeiter war älter als 50 Jahre. Auch im Lebensrhythmus unterschieden sich Industriearbeiter also deutlich von kleinen Selbständigen, die im Alter unverändert weiterarbeiteten und weiterverdienten, und von Angestellten und Beamten, die mit 40 oft gerade erst den Höhepunkt ihrer Laufbahn erreichten. Kleinbürgerliches Dasein blieb trotzdem die soziale Wunschvorstellung der meisten Industriearbeiter; ein selbständiger Handwerksbetrieb, eine ordentlich möblierte Wohnung, ein kleines Haus – aber es blieb fast immer unerreichbar.

Indem wirtschaftliche Verflechtung und Komplexität stiegen, wurden auch die Beziehungen und damit die Interessengegensätze zwischen den einzelnen gesellschaftlichen Gruppen vielfältiger. Teilweise waren sie durch ein Arbeitsverhältnis begründet, so bei Industriearbeitern und Unternehmern, Landarbeitern und Gutsbesitzern, Gesinde bzw. Dienstboten und Herrschaft, teilweise über den Markt vermittelt, etwa bei Handwerk und Großindustrie, Kleinhandel und Warenhäusern, Importgetreide konsumierenden Unterschichten und schutzzöllnerischen Großlandwirten.

Die einzelnen Interessengegensätze bestimmten das gesellschaftliche Geschehen in sehr unterschiedlichem Maß. Arbeiter in gleicher Lage bekamen, indem sie sich in Großstädten und großen Betrieben zusammenballten, untereinander mehr Kontakte und wurden sich damit ihrer gemeinsamen Interessen und ihrer gesellschaftlichen Situation bewußter. Daß manche Arbeiter auch anfingen, Zeitung zu lesen, tat ein übriges. Die ständischen Unterscheidungen zwischen gelernten und ungelernten Arbeitern und zwischen den einzelnen Branchen verblaßten hinter dem aufkommenden Gemeinschaftsbewußtsein als Industriearbeiter. Ähnliches galt für viele Handwerksgesellen. Indem die patriarchalischen Verhältnisse im Handwerk verfielen, bezeichneten sich auch die Gesellen zunehmend als Arbeiter. Dieses gesteigerte Selbstbewußtsein der Industriearbeiter äußerte sich in gemeinsamen Streikaktionen und Gewerkschaftsgründungen. Während früher Unterschichten ihre ärmliche Lage und soziale Unterordnung als unabänderliches Schicksal und als ihrem Stand entsprechend stumpf hingenommen hatten, waren die Arbeiter dazu jetzt immer weniger bereit. Sie erhoben Forderungen, nicht weil sie schlechter gelebt hätten als Unterschichten in vorangegangenen Jahrzehnten und Jahrhunderten, sondern weil sich ihr Bewußtsein änderte.

Anders sah es dort aus, wo Unterschichtangehörige vom Beruf her isoliert waren, wie Landarbeiter, Gesinde und Heimarbeiter, oder wo sie im engen persönlichen Kontakt mit ihrem Arbeitgeber lebten und dadurch unter einem gewissen Einfluß seiner Anschauungen blieben, so bei Gesinde und Hausangestellten, teilweise auch Handwerksgesellen. Dort hielten sich die alten Einstellungen viel zäher, und gewerkschaftliche Organisationen konnten fast überhaupt nicht Fuß fassen. Dementsprechend blieben die Lohn- und Arbeitsbedingungen dieser Gruppen hinter denen der Industriearbeiter zurück. Für Landarbeiter und Gesinde bestand in Preußen die Gesindeordnung von 1810 bis 1918 weiter, welche die Vorrechte der Arbeitgeber konservierte. Für Landarbeiter, Gesinde und Dienstboten waren in Preußen bis 1908 gewerkschaftliche Zusammenschlüsse und Streiks verboten. Da es in Ostelbien nur wenige Städte und kaum Industrie gab, von denen die Ideen sozialer Gleichheit und Befreiung hätten ausstrahlen können, gelang es dort den Gutsbesitzern, unterstützt durch Pfarrer, Lehrer und Polizei, die Landarbeiterschaft, die auch keine eigene Zeitung las, weitgehend gegen den Geist der Zeit abzuschirmen. So verharrte diese im gewohnten Geist duldender Ergebenheit gegen den „gnädigen Herrn". Unzufriedenheit äußerte sich dort nicht in solidarischer Organisation und Streiks, sondern in Abwanderung in die Städte. Daß Unzufriedene gingen, stärkte dann das herrschaftliche Element eher noch. Die Wanderarbeiter, die seit Ende des 19. Jahrhunderts in Ostelbien jene Lücken stopfen sollten, welche die Landflucht gerissen hatte, waren noch bedürfnisloser und ließen sich mit geringeren Löhnen als einheimische Arbeiter abspeisen. Das machte es den Gutsbesitzern möglich, insgesamt die Arbeitsverhältnisse auf geringem Niveau zu halten.

In Industrie, Bergbau und Handwerk stiegen nicht nur die Löhne stärker als für die übrigen Arbeiter, sondern auch die Arbeitszeiten entwickelten sich günstiger: von durchschnittlich 85 Stunden in der Woche um 1850, einem Höchststand, der unter dem Druck der Übervölkerung die Grenze des physisch Möglichen erreicht hatte und sich nicht weiter steigern ließ, sanken sie langsam bis 1910/14 auf durchschnittlich 57 Wochenstunden. 1891 wurde für das Gewerbe im Deutschen Reich allgemein die Sonn- und Feiertagsarbeit verboten. An einen arbeitsfreien Sonnabend dachte allerdings noch niemand. Allgemeiner Erholungsurlaub wurde zuerst 1873 bei der Reichspost eingeführt und dann bis zur Jahrhundertwende bei Angestellten und Beamten allgemein üblich. Für Arbeiter begannen Unternehmer erst nach der Jahrhundertwende und auch keineswegs überall, einige Tage Jahresurlaub zu gewähren. In Landwirtschaft und Heimarbeit blieben die Arbeitszeiten dagegen weitgehend unverändert; die allmählich auch vom Gesinde erhobene Forderung nach einem freien Sonntag wurde noch wenig verwirklicht.

Arbeitszeiten

Es sollte nicht übersehen werden, daß eine unabdingbare Voraussetzung für die bei den Industriearbeitern erreichten Verbesserungen darin bestand, daß die Industrialisierung so viele neue Arbeitsplätze schuf, daß jener Druck des Arbeitskräfteüberschusses der Zeit des Pauperismus schwand, der den Wert der Arbeitskraft unvermeidlich heruntergedrückt hatte, und daß das Verhältnis von Arbeitsplätzen und Arbeitenden sich etwas ausglich. Zwischen 1880 und 1914 war die Arbeitslosigkeit der Industriearbeiter im Deutschen Reich mit im Mittel 2-3 Prozent gering. Wäre der Arbeitsmarkt zu Ungunsten der Arbeiter unausgeglichen geblieben, hätte auch das solidarische und organisierte Handeln der Industriearbeiter nicht viel ausrichten können.

*Arbeits-
marktlage*

Da sich die Industriearbeiter mit der Industrialisierung zum Kern der Unterschichten entwickelten und die übrigen Unterschichten weitgehend sprachlos blieben, wurden die Probleme der Lage der Industriearbeiter im öffentlichen Bewußtsein zur „sozialen Frage" schlechthin. Wenn Firmen klein anfingen, bestand meist ein persönliches, patriarchalisches Verhältnis zwischen den Arbeitern und ihrem Unternehmer, aber je größer Betriebe wurden, desto mehr geriet das Verhältnis distanzierter, kälter und anonymer, wandelte sich in eine reine Sachbeziehung von Arbeitsleistung und Bezahlung und wurde durch bürokratische, formalisierte Fabrikordnungen geregelt. Indem der Arbeiter vom ständigen Verkauf seiner Arbeitskraft lebte und kein eigenes Vermögen besaß, umgekehrt das Einkommen des Unternehmers ab einer gewissen Größe mehr als Gewinn aus seinem Vermögen floß, als daß es eine Entlohnung seiner eigenen Arbeit darstellte, entstand das Bewußtsein eines tiefen Gegensatzes zwischen Arbeit und Kapital. Armut der Arbeiter und Wohlstand, dann Reichtum der Unternehmer klafften immer weiter auseinander. Im Unterschied zum alten Großgrundbesitz war der bislang ungewohnte Unternehmerreichtum auch nicht durch Tradition gerechtfertigt. Ohnehin wurde unter dem Einfluß der Gleichheitsidee seit der Französischen Revolution soziale Ungleichheit zunehmend weniger als selbstverständlich hingenommen. Alles in allem entstand unter den Arbeitern das Gefühl, in einer ungerechten Gesellschaftsordnung zu leben und ausgebeutet zu werden. Die Unternehmer dagegen empfanden ihren Gewinn als durchaus gerechten Lohn für Tüchtigkeit, Leistung und Risikobereitschaft und klagten umgekehrt über die „Begehrlichkeit der Massen".

Soziale Frage

In den voraufgegangenen Jahrhunderten war als Ursache für soziale Mißstände meist die Person des jeweiligen Herrn, seine Launen und sein Charakter angesehen worden, und Forderungen hatten sich dementsprechend gegen ihn persönlich gerichtet. Mit der zunehmenden Erzeugung von Waren für den Markt verallgemeinerten sich die sozialen Beziehungen und traten dem einzelnen als anonymes System gegenüber, und damit wurde Kritik an gesellschaftlichen Mißständen zur Systemkritik an der Gesellschaftsordnung. In der seit den 1840er Jahren geführten Diskussion, was gegen die Probleme der „sozialen Frage" zu tun sei, gingen die Meinungen dann je nach weltanschaulichem Standort weit auseinander. Liberale, Kirchen, Unternehmer, Sozialreformer, die auf den Staat hofften, und Sozialisten fanden gegensätzliche Antworten.

Versuche
einer Antwort

Prinzipientreue Liberale gingen vom Grundsatz der autonomen Persönlichkeit aus. In ihren Augen war das System der freien Marktwirtschaft für das Elend nicht verantwortlich, weshalb sie staatliche Eingriffe in die Wirtschafts- und Gesellschaftsordnung ablehnten. Stattdessen setzten sie auf Selbsthilfe der Arbeiter durch Bildungs-, Versicherungs- und Unterstützungsvereine. Es war ein letztlich weitgehend folgenloser Ansatz.

Die Kirchen als Ganzes erkannten die Bedeutung der gesellschaftlichen Probleme kaum. Anstöße kamen nur von einzelnen. 1848 gründete Johann Heinrich Wichern von evangelischer Seite die Innere Mission als Hilfe für Arme, Kranke, Gefangene, Prostituierte, Trinker usw. 1846 begann der katholische Pater Adolf Kolping damit, christliche Gesellenvereine und Gesellenhäuser einzurichten. 1897 wurde der Caritasverband ins Leben gerufen, der die Anstalten und anderen sozialen Fürsorgeeinrichtungen der reichsdeutschen katholischen Kirche zusammenfaßte. Die um die soziale Frage bemühten Vertreter der katholischen und evangelischen Kirchen orientierten sich stark am Leitbild der vorindustriellen, autoritären Sozialordnung. So lehnten sie (zumindest anfangs) die liberale Wettbewerbsgesellschaft mit ihrem Wirtschaftsegoismus ab, waren aber auch gegen gesellschaftliche Reformen und ganz besonders gegen sozialistische Ideen. Sie hielten weitgehend weiter den Verfall von Religion, Moral und Sitte für die Wurzeln des Übels und die soziale Not für die daraus erwachsende Folge. Deshalb setzten diese Geistlichen lange darauf, den sozialen Problemen des Industrialismus dadurch zu begegnen, daß sie beim einzelnen Arbeiter den Glauben wiederherzustellen versuchten. Insgesamt blieb der Einfluß der christlichen Sozialhilfe auf die Industriearbeiter gering, weil sie auf deren wirkliche Probleme nicht ernsthaft einging.

Einzelne Unternehmer versuchten, den sozialen Problemen mit Maßnahmen auf innerbetrieblicher Ebene zu begegnen. Teilweise wirkten hier bei den Unternehmern noch traditionelle patriarchalische Einstellungen und christliches Verantwortungsgefühl nach, teilweise stand dahinter auch die neue, berechnende Überlegung, sich durch betriebliche Sozialleistungen einen festen Stamm von zuverlässigen und treuen Arbeitern zu sichern. 1876 bestanden in Preußen in 4.850 Betrieben Sozialeinrichtungen, die im einzelnen sehr verschieden aussahen. Am häufigsten waren Gesundheitsfürsorge, Werkswohnungen, Kantinen und Pensionskassen; nur selten gab es eine Gewinnbeteiligung der Arbeiter.

Ein Teil der gebildeten Zeitgenossen kam zu der Auffassung, eine frei laufende Marktwirtschaft führe zwangsläufig zu Unverträglichkeiten, weshalb ihr Zügel angelegt werden müßten. Zum Teil anknüpfend an die preußische Tradition einer Reformpolitik von oben, entwickelten verschiedene Kreise die Idee, der Staat müsse durch

Spätmittelalterlicher Handwerksbetrieb. Pro-
tion und Verkauf liegen ungetrennt zusammen.
Kunde kann durch das Verkaufsfenster in die
kstatt blicken.

rbeitsteilung und Handel

Kleiner Krämerladen um 1900. Der Einzelhan-
at sich gegenüber der Produktion verselbständigt.

Supermarkt 1989.
ngröße und Breite
rtiments sind stark
chsen, die Rationa-
ng hat zur Selbst-
nung geführt.

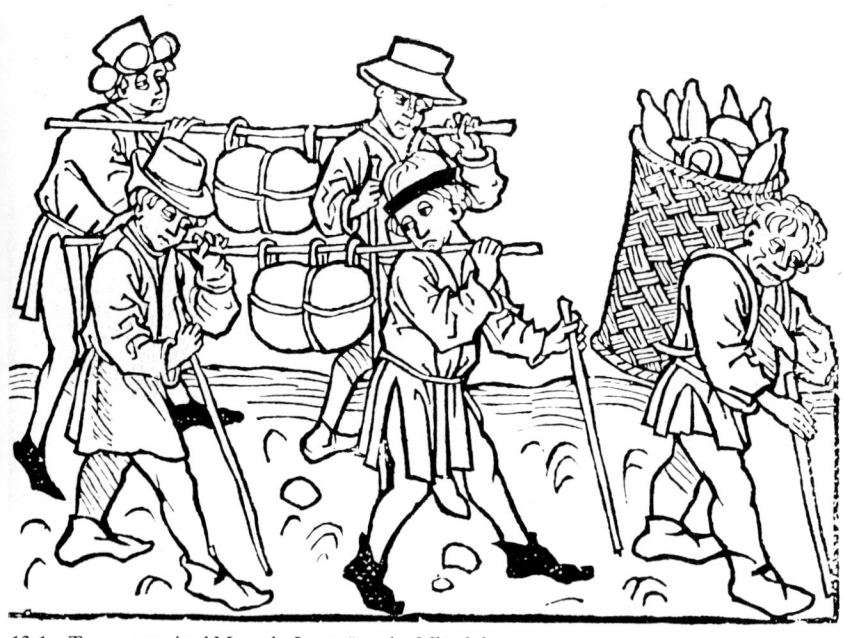

13.1 *Transportmittel Mensch: Lastträger im Mittelalter.*

Überland-verkehr

13.3 *Die Eisenbahn verbilligt und beschleunigt den Transport drastisch, dessen Umfang damit steil ansteigt. Zugleich wird die La schaft von den neuen Verkehrslinien stärker zerschnitten als von den alten.*

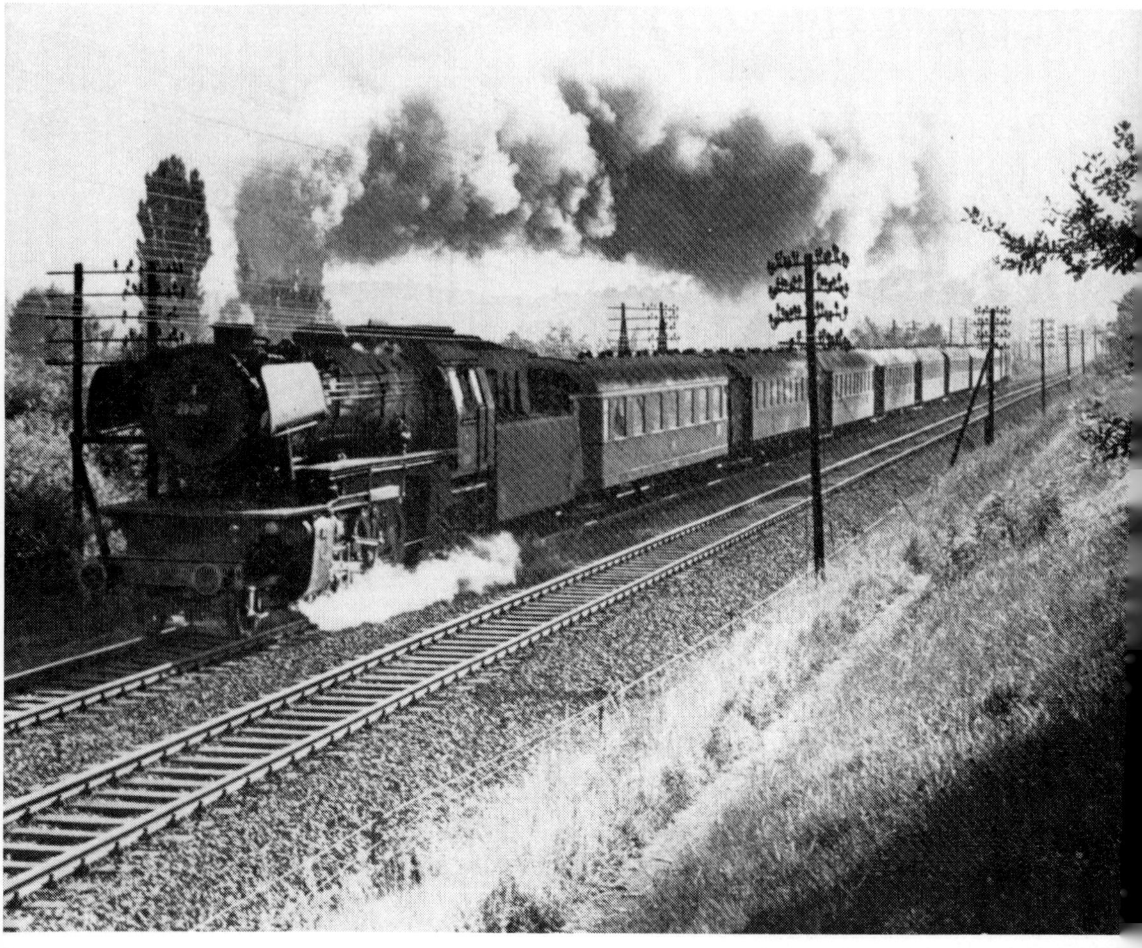

2 *Landstraße mit Planwagen. Landstraßen waren bis ins 18. Jahrhundert unbefestigte Pisten, auf denen sich nur wenig Verkehr* te.

4 *Mit der Motorisierung ist in Gestalt der Autobahnen in unserem Jahrhundert ein neuer Typ flächenfressender Verkehrsanlagen* derlich geworden.

14.1 Unverständlichkeit ur Unbeeinflußbarkeit der Kran. heitsursachen – Bedürfn nach göttlicher Hilfe: Wei. gaben am Grab des heilige Wolfgang als Bitte um od Dank für Heilung, um 1480.

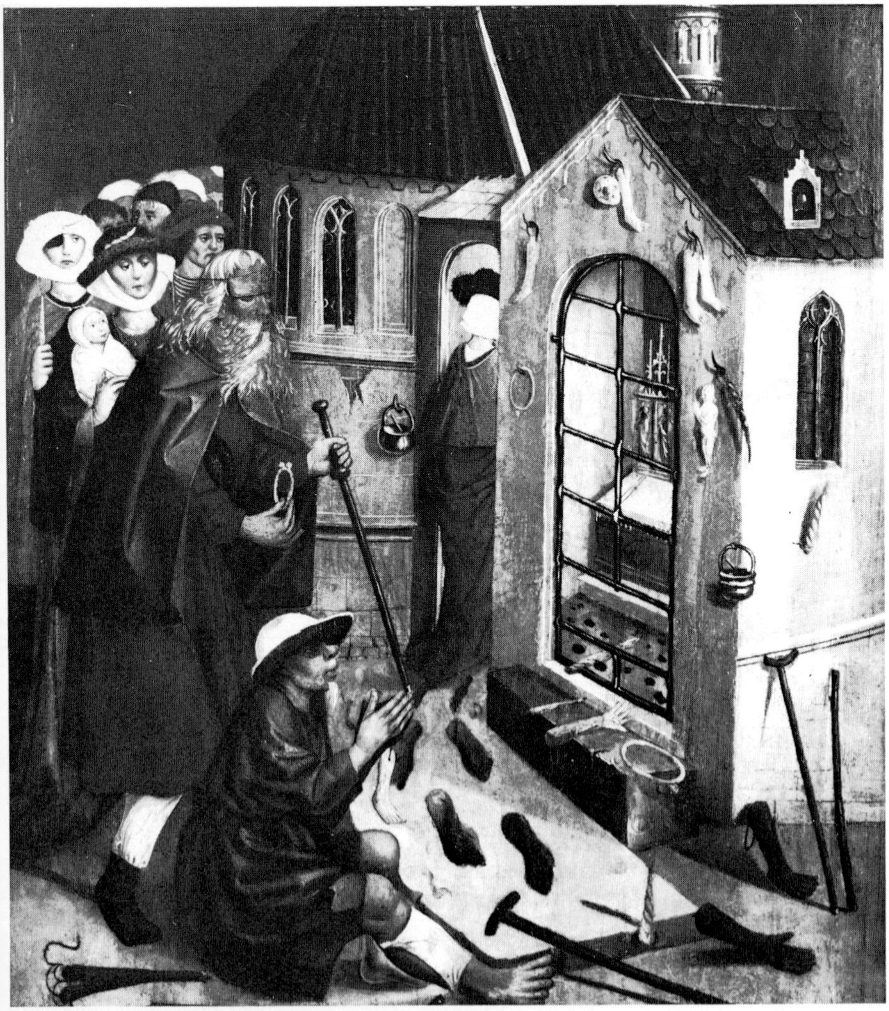

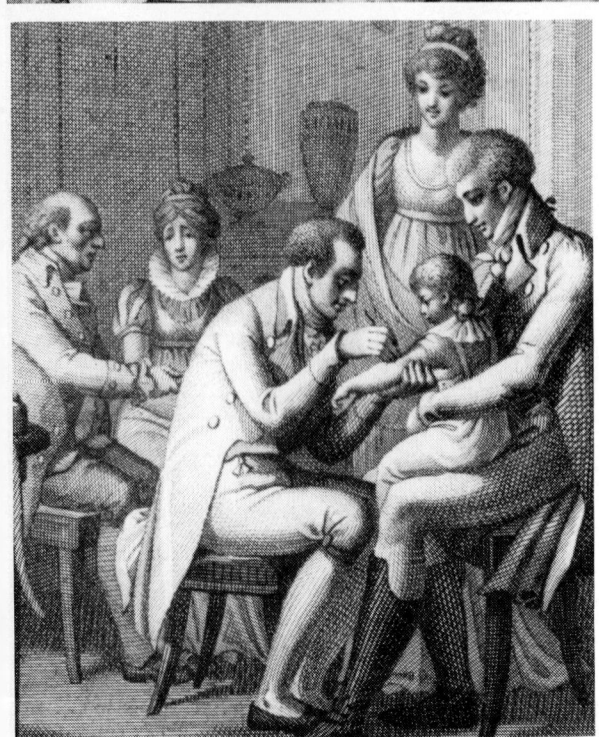

Der Umgang mit der Krankheit

14.4 Anfänge des Feldzugs gegen die Infektionskrankheiten: Impfung, um 1800.

Einfache Diagnosemethode: Arzt bei der Harnschau, 1512.

Serratura.

14.3 Einfache Behandlungsmethode: Beinamputation ohne Narkose, 1528.

Technisierung der Medizin: Intensivstation.

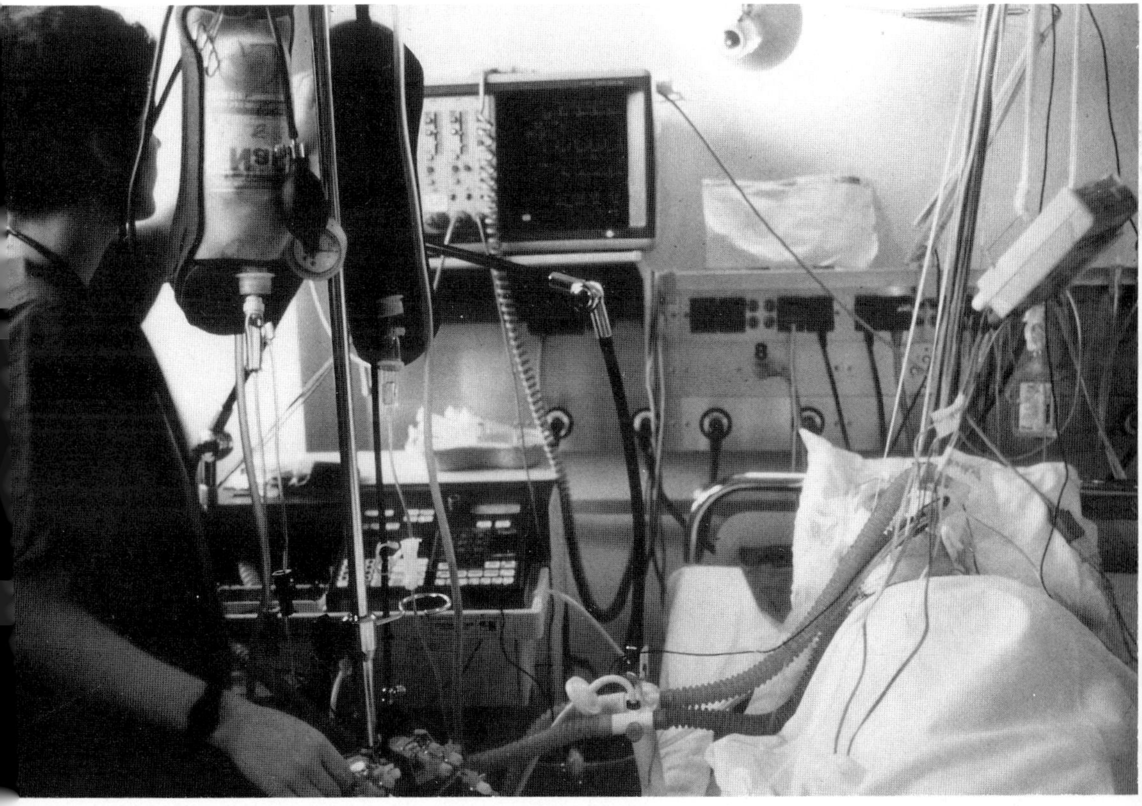

15.1 *Belehnung im 12. Jahrhundert. In einer fast ganz anal-phabetischen Gesellschaft erfolgt Kommunikation im wesentlichen mündlich, und Rechtsakte erhalten meist durch sichtbare symbolische Handlungen ihre Gültigkeit (hier: Überreichung einer Fahnenlanze).*

15.2 *Buchführender Kaufmann, 1585. Mit dem Aufkomm von Schriftlichkeit erweitert sich die Möglichkeit, zu erinne zu verwalten und Geschäfte aus der Ferne zu steuern.*

Information

und

Schriftlichke

15.4 *Zeitungsstand, 1989. Die falt der Presseerzeugnisse, erg durch Rundfunk und Fernse macht jedem eine Fülle von aktu Nachrichten zugänglich und ist Voraussetzung für eine demo sche Staatsordnung.*

3   Der Pfarrer liest aus der Zeitung vor, 1830. Die Zahl der Zeitungsexemplare und damit derjenigen, die über ihren lokalen Hori-
t hinausblicken können, ist noch recht begrenzt. Dabei stellt in einer noch halbanalphabetischen Gesellschaft auch das Vorlesen
* Geschriebenem eine wichtige Informationsmethode dar.

5   Die explosionsartig wachsende Menge von Daten kann in vielen Bereichen nur noch mit elektronischen Rechenmaschinen ver-
*eitet werden. Dabei hat die Möglichkeit, daß Datenbanken Informationen ohne Wissen der Betroffenen technisch leicht austau-
*en können, Befürchtungen vor einem „gläsernen Menschen" geweckt.

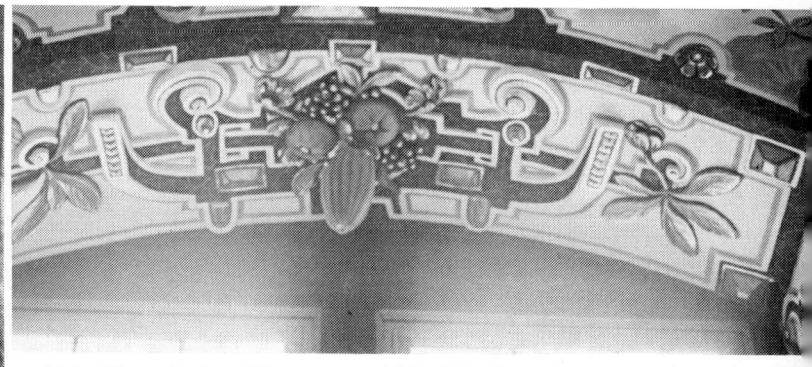

16.1 Klosterkirche Wien-
hausen, um 1335. Das Ornament ist wenig naturgetreu
und gibt mehr eine Idee von
Pflanzlichem wieder. (links)

16.2 Schloß Weikersheim, 1603. Genaue Natu
beobachtung gestaltet lebensechte Stuckformen

Zeitgeist im Wandel –
sein Niederschlag
… in pflanzlichem Wandornamer

16.3 Klosterkirche Ober-
marchtal, um 1700. Herr-
schaftlicher Repräsenta-
tionswille häuft schwere
wuchtige Zierformen; Ba-
rock. (links unten)

16.4 Schloß Bruchsal, Mitte 18. Jahrhunde
Mit der Verfeinerung der höfischen Gesellsch
werden die Ornamentformen zierlich, leicht u
verspielt; Rokoko. (unten)

16.5 Landhaus Jenisch (Hamburg), 1834. St
ben nach Klarheit paßt das Ornament in e
übersichtliche Ordnung ein; Klassizismus. (ga
unten)

17.1 Derbheit der mittel-
alterlichen Elite: Bretter-
schrank, um 1300. (links)

17.2 Prunken durch ge-
häuftes Ornament: aufwen-
diger Barockschrank, An-
fang 18. Jahrhundert.
(rechts)

... und in der Möbelgestaltung

3 Zeitlich verzögerte und vergröbernde Nachahmung
Elitenkultur durch die einfache Bevölkerung: Bauern-
rank, um 1813.

17.4 Der bürgerliche Mittelstand findet zur schlichten, oft nüchternen Form: Schrank des Biedermeier, um
1830.

18.1 Reformatorische Erneuerung: Martin Luther (1483-1546).

18.2 Aufgeklärte Kritik und Beginn neuerer deutscher Litera tur: Gotthold Ephraim Lessing (1729-1781).

Dichter und Denke

18.5 Klassische Dichtung: Friedrich von Schiller (1759-1805).

18.6 Intellektualisierung der Musik: Ludwig van Beetho (1770-1827).

3 Größter deutscher Philosoph: Immanuel Kant
'24-1804).

18.4 Klassische Dichtung: Johann Wolfgang von Goethe
(1749-1832).

18.8 Umsturz im Weltbild der Physik: Albert Einstein
(1879-1955).

7 Politische Utopie: Karl Marx (1818-1883).

9.1 *Fürstensitz des Mittelalters: die Wartburg, Thüringen. Die Wartburg gilt im 13. Jahrhundert als eine der aufwendigsten* ⸺ *:chen Residenzen, aber da es keine Verwaltung und keine große Hofhaltung gibt, ist selbst ihre Größe recht begrenzt. Weil kein* ⸺ *iches Gewaltmonopol besteht, ist der Fürstensitz zur Burg befestigt und liegt isoliert in Schutzlage auf einem Berg.*

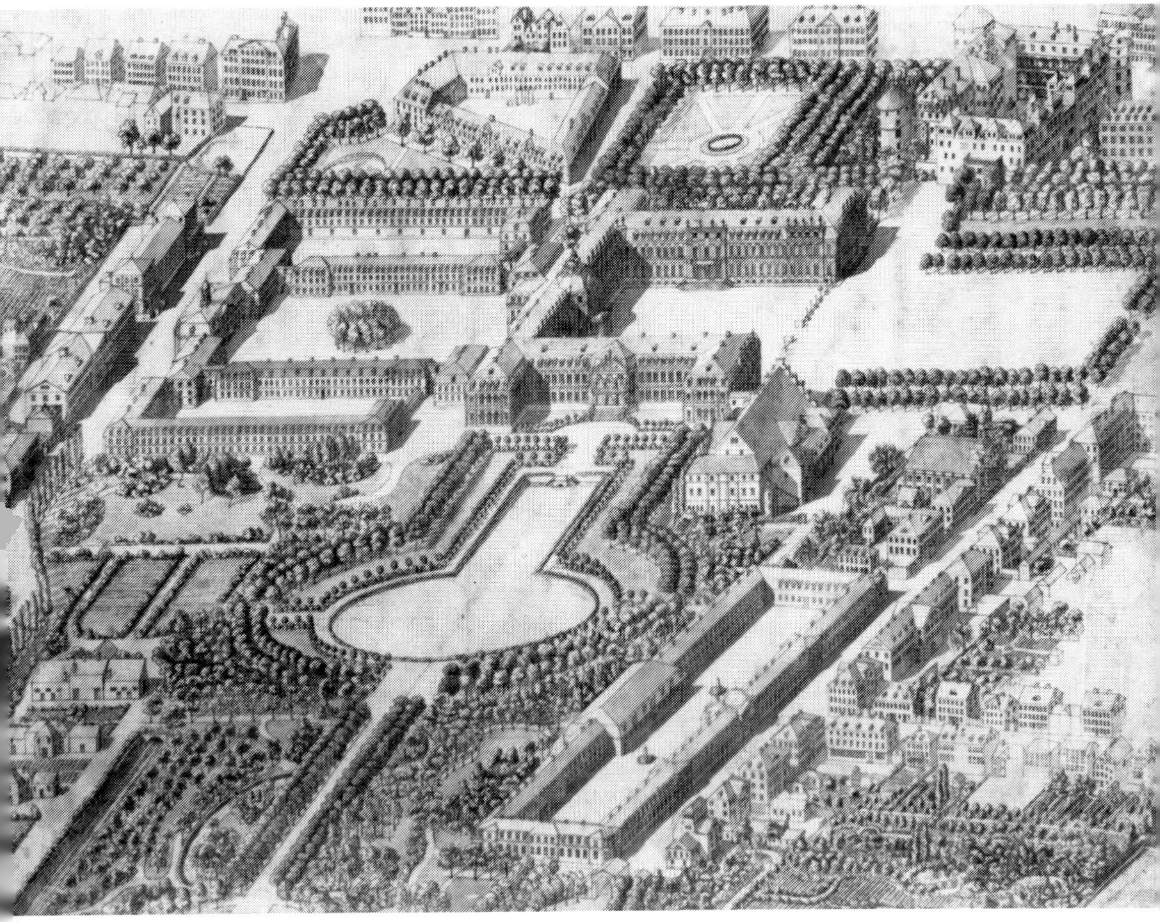

19.2 Fürstliches Residenzschloß des Absolutismus: Stuttgart (erbaut Mitte 18. Jahrhundert). Die Größe des Hofstaats und der Zentralverwaltung und das Repräsentationsbedürfnis des absoluten Fürsten erfordern im 18. Jahrhundert ein großes Haus. Außer dem Personal des fürstlichen Haushalts und der Herrscherfamilie wohnen z.T. auch die Beamten der Zentralverwaltung noch mit im Schloß. Der absolute Fürst steht im Mittelpunkt, weshalb auch Parkanlagen und Straßen in der Umgebung auf das Schloß ausgerichtet sind. Der Park ist nur der Hofgesellschaft zugänglich, die sich von der bürgerlich-bäuerlichen Welt abgrenzt. Da das Land befriedet ist und Burgmauern gegen die neue Artillerie auch keinen Schutz mehr bieten, ist die Anlage unbefestigt. Als Verwaltungsmittelpunkt liegt sie verkehrsgünstig dicht neben einer größeren Stadt in der Mitte des Territoriums.

Machtzentren

19.3 Bürokratische Machtausübung: Bundestagshochhaus, Bonn (erbaut 1966-69). Mit steigender Bürokratisierung haben politische Zentrale und Zentralverwaltung einen solchen Umfang angenommen, daß sie sich nicht mehr im entferntesten in einem Gebäude unterbringen lassen; das Bundestagshochhaus beherbergt mit den Büros der Abgeordneten nur einen kleinen Teil davon. Nicht mehr fürstliche Repräsentationsbedürfnisse bestimmen das Erscheinungsbild, sondern die funktionalen Erfordernisse von Bürotätigkeiten.

20.1　Mittelalterliche Lehensaufgebote adliger Reiterkrieger kämpfen in lockeren Haufen ohne überlegte Taktik. Die Schlacht z
fällt in eine Vielzahl von Einzelkämpfen, in denen die Ritter sich im kraftvollen Draufhauen ungezügelt ihren Kampfesleidenschaf
hingeben (Schlacht bei Mühldorf 1322).

Militärische Taktik unter dem Einflu
von Technik und politischer Ordnun

20.3　An geometrischen Formen orientiertes Denken und absolutistischer Ordnungswille machen die gemeinen Soldaten durch
chanischen Drill zu willenlosen Werkzeugen: uniformiert und in Reih und Glied werden sie aufrecht von ihren Offizieren in
Schlacht geführt. Nur brutale Disziplin hält die oft zwangsrekrutierten Soldaten zusammen (Schlacht bei Leuthen 1757).

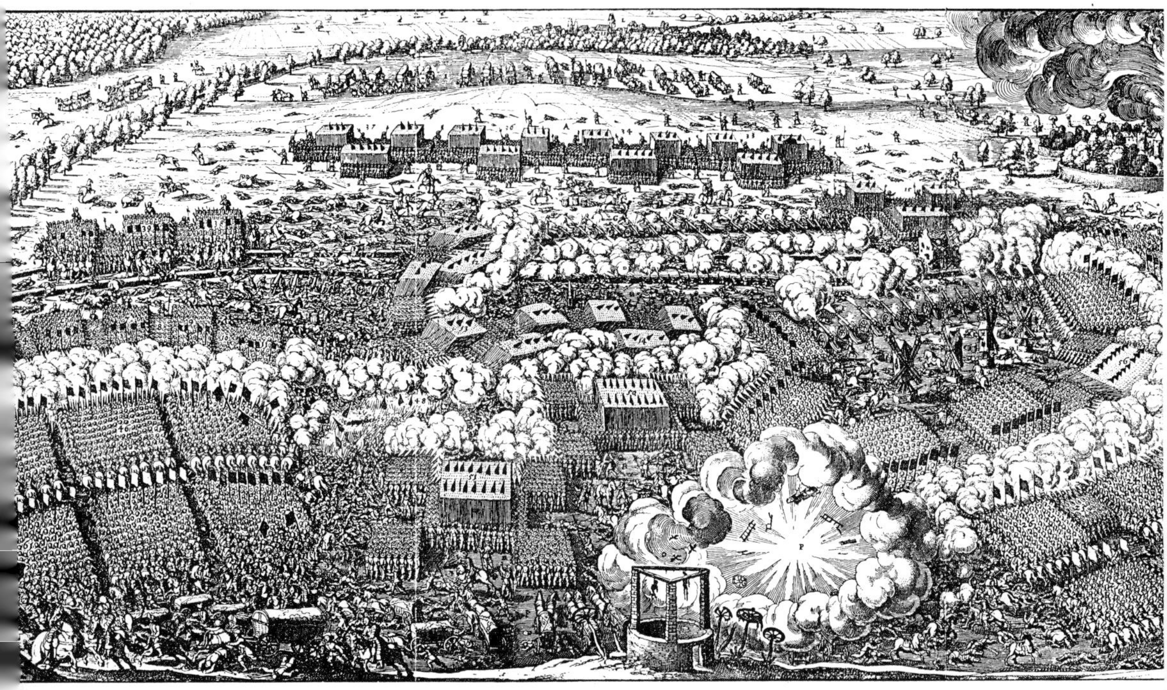

2   Heere aus besoldeten Landsknechten meist einfacher Herkunft haben die adligen Ritter abgelöst. Ansatzweise versuchen die ~~ihre~~ sie zu geschlossenen Verbänden zu ordnen, die als Masse eingesetzt werden und mit ihren Langspießen einzelnen Reitern über~~legen~~ sind. Mit dem Aufkommen der Handfeuerwaffen sind die Rüstungen verschwunden (Schlacht bei Lützen 1632).

Mit der Industrialisierung der Kriegsfüh-
~~rung~~ sind Kriegsmaschinen wie Panzer und Flug-
~~zeuge~~ aufgekommen. Ein Teil der Kämpfenden
~~bedie~~nt nur Kriegsmaschinen, viele bekommen
~~bei~~ den gewachsenen Kampfentfernungen ihre
~~Gegne~~r gar nicht mehr zu Gesicht (Luftangriff auf
~~War~~schau 1939).

Der Weg zum Großbetrieb
das Beispiel Kru

Ansichten der Stahlfabrik Krupp in

21.1   *1819 (4 Beschäftigte)*

21.2   *1852 (ca. 300 Beschäftigt*

21.3   *1912 (37 000 Beschäftigte)*

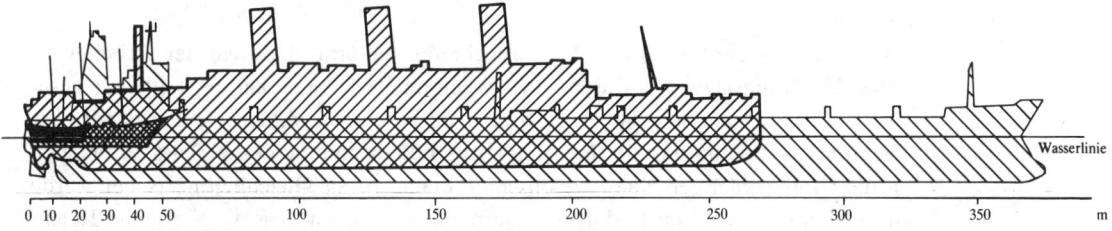

Hansekogge 14. Jahrhundert
   Hochseesegler um 1850
      Passagierdampfer „Imperator" 1913
         Tanker „Esso Deutschland" 1976

Wachstum
der
Dimensionen

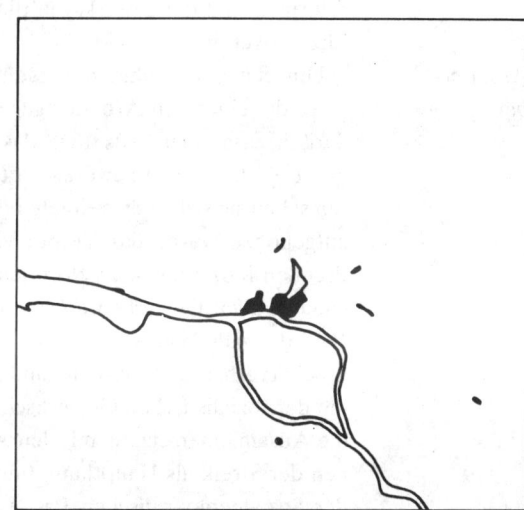

Hamburg
Siedlungsgebiet 1862 – 1914 – 1980

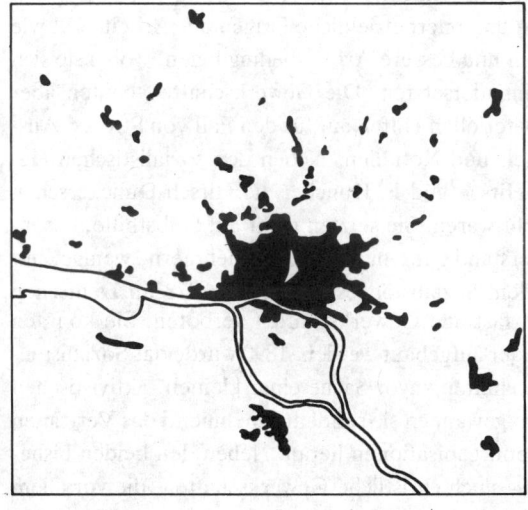

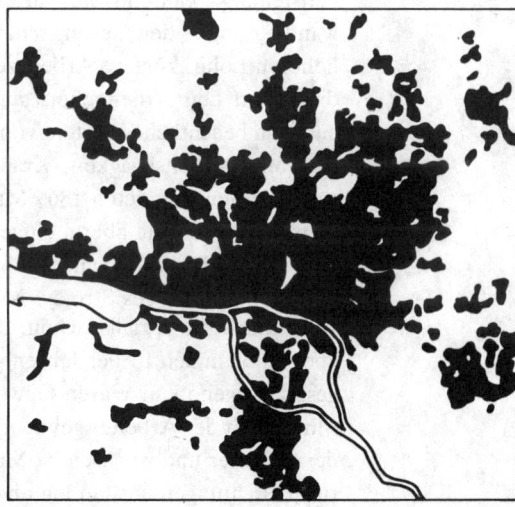

Reformgesetze von sich aus den Kampf gegen die gesellschaftlichen Mißstände aufnehmen.

Ganz anders die Sozialisten. Sie betrachteten die ärmliche Lage der Arbeiter als Folge des Gegensatzes von Kapital und Arbeit und leiteten daraus als radikale Konsequenz die Forderung ab, das ganze System zu beseitigen, d.h. vor allem das Privateigentum an Produktionsmitteln völlig abzuschaffen, um damit die Bahn zu brechen für die Utopie einer gerechten Gesellschaft, in der soziale Gleichheit herrschen werde und alle ihre materiellen Bedürfnisse befriedigen könnten. Seit die Kritik am Reichtum der Fugger am Anfang des 16. Jahrhunderts verklungen war, hatte es eine nennenswerte, vergleichbar prinzipielle Eigentumskritik im deutschen Volk nicht mehr gegeben. Solidarische Selbsthilfe der Arbeiter durch Gewerkschaften sollte bessere Lohn- und Arbeitsbedingungen erkämpfen und letztendlich schrittweise zum Sozialismus führen.

Von diesen Antworten auf die soziale Frage sollten sich die Politik staatlicher Sozialreformen und die gewerkschaftliche Arbeiterbewegung als die wirkungsvollsten Ansätze erweisen.

Arbeiter-
bewegung
Um den Unternehmen gegenüber stärker zu werden und um zu verhindern, daß diese die einzelnen Arbeiter gegeneinander ausspielten, schlossen sich Arbeiter solidarisch zusammen. Als 1848 das Koalitionsverbot vorübergehend fiel, wurden eine ganze Reihe solcher gewerkschaftlicher Organisationen gegründet. In den 1850er Jahren sahen sie sich aber weitgehend wieder von den Obrigkeiten unterdrückt. Endgültig aufgehoben wurde das Verbot von Koalitionen und Streiks dann in Sachsen 1861, Preußen 1867, im ganzen Norddeutschen Bund 1869 und in Österreich 1870. Damit begann in allen Gewerbebranchen der Aufbau von Gewerkschaften. Die ersten waren 1865 der Allgemeine Deutsche Zigarrenmacherverein und 1866 der Deutsche Buchdruckerverband. Rasch entstanden zwei Richtungen. Die weitaus bedeutendere war die der sozialistischen Gewerkschaften (ab 1890: Freie Gewerkschaften). Diese sahen die Auseinandersetzung mit den Arbeitgebern als einen Klassenkampf an, bei dem ihnen der Streik als Hauptkampfmittel galt. Die Freien Gewerkschaften waren eng mit der Sozialdemokratischen Partei verbunden. Zwischen beiden kam es zu einer Arbeitsteilung: während die Partei sich im allgemeinpolitischen Kampf an den Staat wandte, ging es den Gewerkschaften um innerbetriebliche Fragen der Arbeitswelt wie höheren Lohn, kürzere Arbeitszeiten und bessere Arbeitsbedingungen, wobei sie sich direkt mit den Arbeitgebern auseinandersetzten. Die Gewerkschaften bauten aber auch ein beachtliches System von materiellen Hilfen auf für den Fall von Streiks, Aussperrung, Arbeitslosigkeit, Krankheit und Notfällen. Neben den sozialistischen Gewerkschaften gründeten 1869 Max Hirsch und F. Duncker die Hirsch-Dunckerschen Gewerkvereine, die liberal eingestellt waren. Sie setzten mehr auf Selbsthilfe, besonders durch Hilfskassen, und auf Verständigung mit den Unternehmern, weniger auf das Kampfmittel des Streiks. Mit dem Sozialistengesetz wurden 1878 im Deutschen Reich auch die sozialistischen, d.h. fast alle Gewerkschaften verboten. Sie konnten aber schon in den 1880er Jahren wieder aufgebaut werden. 1890 wurde das Sozialistengesetz aufgehoben. Waren Gewerkschaften zuvor Sache einer kleinen, aktivistischen Minderheit der Arbeiter gewesen, so gewannen sie seitdem zunehmend das Vertrauen der Arbeiter und wuchsen zu Massenorganisationen heran. Neben den beiden bisherigen Richtungen entstanden ab 1894 auch christliche Gewerkschaften, die vor allem von katholischen Arbeitern getragen wurden und sich an die Zentrumspartei anlehn-

ten. Sie waren dagegen, die bestehende Gesellschaftsordnung klassenkämpferisch zu überwinden, bejahten aber den Streik als berechtigtes Druckmittel der Gewerkschaften. Bis 1913 stieg im Deutschen Reich die Mitgliederzahl der Freien Gewerkschaften auf 2.525.000 und die der christlichen Gewerkschaften auf 342.000, während die Hirsch-Dunckerschen auf nur 107.000 Mitglieder kamen. Weitere 319.000 Arbeiter waren in unabhängigen Gewerkschaften organisiert. Die Gewerkschaften im Deutschen Reich standen damit mitgliederstärker da als die jedes anderen Staats. Die Freien Gewerkschaften waren auch stärker zentralisiert als jene in anderen Staaten. Schon 1890 wurde eine Generalkommission unter Vorsitz von Carl Legien als Dachverband gegründet. Indem die Gewerkschaften größer und organisatorisch perfekter wurden, gewannen sie an Schlagkraft, wurden zugleich aber auch bürokratischer. Während Gewerkschaften anfangs nur von dem unmittelbaren Handeln ihrer Mitglieder geprägt waren, entstand allmählich eine Gruppe von berufsmäßigen Gewerkschaftsfunktionären, die sich von der Basis abhoben, wodurch diese mehr zum Objekt geriet.

Auf das Entstehen der Gewerkschaften reagierten die Unternehmer, indem sie Arbeitgeberverbände gründeten. Sie legten schwarze Listen an mit Namen aktiver Sozialisten und versuchten, diese aus ihren Belegschaften fernzuhalten. Nach der Jahrhundertwende reagierten die Unternehmer auf Streiks verstärkt mit großangelegten Aussperrungen, um die Gewerkschaften finanziell in die Knie zu zwingen, und förderten die „gelben" Arbeitervereine, die Klassenkampf und Streik ablehnten und eine friedliche Werksgemeinschaft zwischen Arbeitern und Unternehmern anstrebten. *Arbeits-kämpfe*

Dadurch, daß die Arbeiter sich organisierten, veränderten sich die Formen sozialer Auseinandersetzungen. Unzufriedenheit äußerte sich um die Jahrhundertmitte in der Öffentlichkeit mit unorganisierten Volksaufläufen und Demonstrationen, in Betrieben im spontanen, lokalen und meist eintägigen Streiks mit ungewissem Ausgang. Die Gewerkschaften lenkten die diffusen Proteste seit den 1890er Jahren in geregelte Bahnen. Streiks wurden großflächiger und dauerten jetzt durchschnittlich drei bis fünf Wochen, wurden aber kalkulierbarer und disziplinierter, die Interessenkonflikte insgesamt aushandelbar. 1899-1913 gingen im Deutschen Reich je abhängig Beschäftigten jährlich 0,45 Arbeitstage verloren (zum Vergleich: BRD 1949-86: 0,04). Seit der Jahrhundertwende bemühten sich die Freien Gewerkschaften, durch Verhandlungen mit den Arbeitgebern kollektive Tarifverträge abzuschließen, nachdem bei ihnen lange umstritten gewesen war, ob dies nicht ein Verrat am Klassenkampf sei. Zu solchen Vereinbarungen kam es vor allem in kleinen und mittleren Betrieben mit handwerklicher Tradition und qualifizierten Arbeitskräften. Dagegen war in Kleinbetrieben mit einem hohen Anteil von ungelernten und weiblichen Arbeitskräften der Organisationsgrad der Arbeiter zu gering, und die Großindustrie versuchte bis 1914, Gewerkschaften schon im Entstehen zu verhindern oder zu unterdrücken, und änderte ihre Haltung erst während des Ersten Weltkriegs. Immerhin bestanden 1912 im Deutschen Reich 12.437 Tarifverträge, die 2 Millionen Beschäftigte betrafen.

Die Obrigkeiten im Deutschen Reich verhielten sich zu den Gewerkschaften ambivalent. Einerseits griff man zur Repression: 1878 wurde mit dem Sozialistengesetz versucht, die Arbeiterbewegung zu unterdrücken, bei den großen Ruhrbergarbeiterstreiks 1889 und 1912 setzten die Obrigkeiten Militär ein, und die Justiz ging gelegentlich mit Strafurteilen gegen einzelne Arbeiter vor, die Streikbrecher mit körperlicher Gewalt oder Drohungen an ihrem Tun hindern wollten. Selbst ein „Pfui"-Ruf beim

Anblick von Streikbrechern konnte unter Umständen bis zu 10 Tage Gefängnis wegen „Ehrverletzung" eintragen. Andererseits wurden 1905 in den preußischen Bergwerken Arbeiterausschüsse eingeführt und damit die Vertretung von Arbeitnehmerinteressen im Betrieb fest institutionalisiert.

Arbeiter-
bewegung
in Österreich
und der
Schweiz

Auch in Österreich-Ungarn und in der Schweiz entstanden verschiedene Richtungsgewerkschaften. In Österreich spielten die christlichen Gewerkschaften eine größere Rolle als im Deutschen Reich, wogegen die sozialistische Gewerkschaftsbewegung sich in verschiedene nationale Verbände aufspaltete. In der Schweiz blieben die Gewerkschaften zersplittert und schwach, da sich die Industrialisierung stark dezentralisiert durchsetzte und keine in Großstädten zusammengeballten Arbeitermassen entstehen ließ, vielmehr der Typ des Arbeiterbauern verbreitet war. Dies führte dazu, daß in der Schweiz der Konflikt zwischen Arbeit und Kapital weniger heftig war, je geradezu eingefroren wurde.

Sozialver-
sicherungen

Soziale Frage bedeutete nicht nur die schwierigen Arbeitsbedingungen und geringen Löhne der beschäftigten Arbeiter, sondern wesentlich auch die drückenden Probleme der wegen Krankheit, Unfall oder Arbeitslosigkeit nicht Beschäftigten. Hier waren um die Jahrhundertmitte die Hilfen durch betriebliche Hilfskassen, private Wohltätigkeitsvereine und die Selbsthilfe mittels privater Versicherungen noch gering, und die Armenfürsorge der Ortsgemeinden fand sich nach der Auflösung der Zünfte und angesichts der wachsenden regionalen Mobilität und der Menschenballung an bestimmten Gewerbestandorten vielfach zunehmend überfordert. In Preußen durften seit Mitte der 1850er Jahre die Gemeinden örtliche Krankenversicherungen einrichten, die für das ortsansässige Gewerbe obligatorisch waren. Viele Gemeinden machten davon Gebrauch, um ihre Armenfürsorge zu entlasten. Mit der Industrialisierung wurden technische Fehlleistungen als Unfallursache zu einer steigenden Gefährdung. Dies führte dazu, die Haftung durch Verschulden durch die Gefährdungshaftung zu ergänzen. In Preußen waren schon 1838 die Eisenbahngesellschaften für alle Personenschäden durch Eisenbahnunfälle haftpflichtig gemacht worden, auch wenn die Betriebsführung kein Verschulden traf. 1871 wurde dieses Prinzip auf alle Fabriken und Bergwerke im ganzen Deutschen Reich ausgedehnt. Unfälle, die auf das Verschulden der Arbeiter zurückgingen, wurden hiervon aber nicht erfaßt, so daß bei 80 Prozent aller Betriebsunfälle die Arbeiter leer ausgingen. Um sich gegen plötzliche hohe Schadenersatzansprüche abzusichern, schlossen Unternehmer private Haftpflichtversicherungen ab, die indirekt auch die Ansprüche der Geschädigten sicherten. Überhaupt entwickelte das private Versicherungswesen bis zum Ersten Weltkrieg eine Reihe neuer Spezialversicherungen, beispielsweise gegen Diebstahl, Glasbruch und Kraftfahrzeughaftpflicht.

Damit bahnte sich ein System freiwilliger privater Versicherungen an, wie es sich später vor allem in den USA voll entfalten sollte. Im Deutschen Reich wurde dieses Prinzip dann aber doch nicht zum tragenden Pfeiler der sozialen Sicherheit, weil sich auf Initiative von Reichskanzler Bismarck der Staat sozialpolitisch zu engagieren begann. Dahinter standen bei Bismarck christliches Verantwortungsgefühl und auch die Tradition obrigkeitlicher Fürsorge. Vor allem aber beabsichtigte Bismarck, auf diese Weise die Arbeiterschaft der Sozialdemokratie abspenstig zu machen und sie für die bestehende Staatsordnung zu gewinnen. Er sprach das selbst deutlich aus: „Wer eine Pension hat für sein Alter, der ist viel zufriedener und leichter zu behandeln, als wenn er keine Aussicht hat. Sehen sie den Unterschied zwischen einem Privatdiener und einem Kanzleidiener oder Hofbeamten an; der letztere wird sich weit mehr bieten lassen, viel mehr Anhänglichkeit an seinen Dienst haben als jener; denn er hat Pension zu erwarten."[56] Bismarck plante ein staatliches Sicherungssystem, das vom Reich und den Unternehmern finanziert werden sollte, aber ohne Beiträge der Arbeiter. Diese staatssozialistischen Pläne scheiterten jedoch am Widerstand der Liberalen im Reichstag, die an der Idee der Selbstvorsorge festhielten und deshalb nicht jene Steuererhöhungen bewilligten, die zur Finanzierung nötig gewesen wären. In mehrjährigen parlamentarischen Kämpfen setzte Bismarck dann als Kompromiß Sozialversicherungen durch, und zwar 1883 die Krankenversicherung, 1884 die Unfallversicherung und 1889 die Alters- und Invalidenversicherung. Diese sollten im Falle der Erwerbsunfähigkeit mit Geldzahlungen helfen. Es handelte sich um öffentlich-rechtliche Zwangsversicherungen, die nach dem Selbstverwaltungsprinzip organisiert waren. Jetzt bestand ein Rechtsanspruch auf Leistungen, wodurch die lokale Armenfürsorge zunehmend entlastet und zugleich mit ihrer Orientierung an der Bedürftigkeit als demütigend abgewertet wurde. Mit den Sozialversicherungen traten Organisationen auf nationaler Ebene an die Stelle lokaler, teils persönlicher Hilfe. Dadurch wurde erstmals ein deutlich besserer Risikoausgleich möglich, was die Leistungsfähigkeit des Systems der sozialen Sicherung deutlich erhöhte; zugleich begannen damit aber auch die großen bürgerfernen Apparate der Sozialbürokratie zu entstehen. Wägt man beides gegeneinander ab, überwiegt indessen eindeutig der Nutzen. Die Krankenversicherung wurde zu zwei Dritteln von den Arbeitnehmern, zu einem Drittel von den Arbeitgebern finanziert. Die Allgemeinen Ortskrankenkassen, die neben den weiterbestehenden Betriebskrankenkassen eingerichtet wurden, steigerten ihren Anteil an den Versicherten bis 1914 auf 60 Prozent. Die Unfallversicherung ersetzte die bisherige individuelle private durch eine berufsgenossenschaftliche kollektive Haftpflicht der Unternehmer und wurde daher von diesen alleine finanziert. Die Mittel für die Alters- und Invaliditätsversicherung wurden je zur Hälfte von Arbeitgebern und Arbeitnehmern aufgebracht. Die Anspruchsgrenze für die Altersrente lag mit 70 Jahren relativ hoch. Die meisten Arbeiter wurden schon vorher arbeitsunfähig, weshalb im letzten Jahrzehnt vor dem Ersten Weltkrieg von den Neurenten nur 10 Prozent Altersrenten, aber 90 Prozent Invaliditätsrenten waren.

Die Leistungen der Sozialversicherungen waren anfangs gering, stiegen aber mit den Jahren deutlich an. Sie blieben jedoch vor dem Ersten Weltkrieg stets nur ein Zubrot und konnten das Problem der Armut bei Notfällen und Alter nur lindern, aber nicht beseitigen. Bismarcks Hoffnung, durch die Wohltaten der Sozialversicherungen den Einfluß der Sozialdemokraten eindämmen zu können, enthüllte sich zwar rasch als Illusion, aber das Prinzip erwies sich doch als so sinnvoll, daß man es in der Folgezeit weiter ausbaute. Während die Sozialversicherungen ursprünglich auf die politisch bedrohlichen Armen, also auf die Industriearbeiter begrenzt waren, wurden 1887, 1900, 1903 und 1911 schrittweise weitere Gruppen einbezogen, so daß sie schließlich alle unselbständigen Erwerbstätigen erfaßten (aber nicht deren Familienangehörige). Die Angestellten erhielten 1911/13 eine eigene Rentenversicherung. 1913 waren ca. 25 Prozent der Bevölkerung Mitglieder der gesetzlichen Krankenversicherung. Von den Arbeitnehmern wurden nur die Beamten nicht in die Sozialversicherungen einbezogen. Bei den Beamten fiel aber für die bereits bestehenden Pensionsansprüche auch in Preußen die Beitragspflicht weg (1867 bei der Alters- und 1888 bei der Witwenpension). Eine Arbeitslosenversicherung als Sozialversicherung kam nicht zustande, trotz mancher Bemühungen darum. Die Unterstützung der Arbeitslosen blieb damit weiter im wesentlichen an den Gemeinden hängen, ergänzt durch gewerkschaftliche Hilfen.

Für Bismarcks Sozialversicherungen gab es keine Vorläufer vergleichbarer Größe, auch im Ausland nicht, und das Deutsche Reich war damit auf diesem Gebiet unter allen Staaten uneingeschränkt führend. Die reichsdeutschen Sozialversicherungen wurden für andere zum Vorbild. Österreich-Ungarn folgte wenig später mit einer Kranken- und Unfallversicherung 1888/89 und einer Angestelltenrentenversicherung 1906. Andere europäische Industriestaaten ahmten das Beispiel dann meist mit einiger Verzögerung nach. In der Schweiz wurden vor dem Ersten Weltkrieg keine zwangsweisen staatlichen Sozialversicherungen eingerichtet, sondern man beließ es bei freiwilligen privaten, gewerkschaftlichen oder kantonalen Versicherungen.

Übrige Sozialpolitik

Der Schwerpunkt staatlicher Sozialpolitik lag im Deutschen Reich eindeutig auf der Sozialversicherung, wogegen der Staat in die innerbetrieblichen Arbeitsverhältnisse kaum eingriff. Dabei wäre er auch auf massiven Widerstand der Unternehmer gestoßen. Hier gab es fast nur hinsichtlich der Kinderarbeit wesentliche Fortschritte. In Preußen wurde 1853 die Fabrikarbeit für Kinder unter 12 Jahren verboten, was ab 1871 für das ganze Deutsche Reich galt, und 1891 und 1903 wurde der Arbeitsschutz nochmals erweitert. 1853 führte man in Preußen die fakultative und 1878 im Deutschen Reich die obligatorische Fabrikinspektion ein, also Beamte, welche die Betriebsstätten besuchten und kontrollierten, ob die Arbeitsschutzbestimmungen auch eingehalten wurden. Daraufhin ging die Kinderarbeit in Fabriken im letzten Viertel des 19. Jahrhunderts deutlich zurück und wurde bis zum Kriegsausbruch weitgehend bedeutungslos. Dagegen gewannen dann Botendienste, Zeitungs- und Brötchenaustragen als Kinderbeschäftigung an Gewicht. Die dauernde oder zeitweise Mitarbeit von Kindern in der Landwirtschaft, im Heimgewerbe und im Handel blieb von den Beschränkungen unberührt und weiter selbstverständlich.

Schutzvorschriften über Unfallverhütung begann man in der Schweiz 1877, im Deutschen Reich 1878 und in Österreich 1885 in die Gewerbeordnungen einzufügen.

Staat und Klassenkampf

Im Deutschen Reich überließ der Staat die sozialen Verhältnisse also nicht sich selbst, sondern griff im Vergleich zu anderen Staaten früh und intensiv regelnd ein. Das war die Folge einer im Vergleich zu westeuropäischen Staaten weniger liberalen und stärker obrigkeitlich geprägten Ordnung sowie einer besonderen Tradition obrigkeitlicher Reformpolitik. Das staatliche Eingreifen geschah einerseits repressiv (Sozialistengesetz usw.), vor allem aber konstruktiv durch die Sozialgesetzgebung, so daß die Industriearbeiter in vieler Hinsicht mehr sozialen Schutz und mehr Rechte genossen als in den meisten anderen Industriestaaten. Deutlich ist der Unterschied zu Großbritannien und noch mehr zur Schweiz und zu den USA, wo die herrschende liberale, individualistische Gesellschaftsauffassung in staatlichen Regelungen primär Freiheitsbeschränkungen sah, Armut für persönliches Versagen hielt und dementsprechend eine Sozialgesetzgebung ablehnte: diese würde nur die Unfähigen und Leichtsinnigen begünstigen und die Tüchtigen behindern. Gerade dort, wo der liberale Charakter stark ausgeprägt war, setzte die Sozialgesetzgebung am spätesten ein.* Andererseits hielt sich der Staat auch in Großbritannien, Frankreich und den USA keineswegs so kon-

---

* Die Einführung der Krankenversicherung/Unfallversicherung/Alters- und Invalidenversicherung erfolgte im Deutschen Reich 1883/1884/1889, dagegen in Frankreich 1928/1898/1885, in Großbritannien 1911/1897/1908, in der Schweiz ansatzweise und nur auf freiwilliger Basis 1911/1911/1916 und in den USA 1965/1908/1935.

sequent aus sozialen Konflikten heraus, daß er nicht bei Streiks Soldaten gegen Arbeiter eingesetzt hätte,* und auch Großbritannien kannte in den 1870er und 80er Jahren Antigewerkschaftsgesetze. Die reichsdeutsche Gesellschaft wurde am Anfang des 20. Jahrhunderts durchaus nicht in höherem Maß als andere von Klassenkämpfen zerrissen, im Gegenteil: während die reichsdeutschen Gewerkschaften sich zunehmend auf den Staat orientierten, wurden Großbritannien, Frankreich, Belgien und die USA stärker als das Deutsche Reich von Streiks und sozialen Spannungen geprägt, ganz zu schweigen von Rußland, das auf einer Woge von Streiks, Bauernaufständen und sozialrevolutionären Attentaten der revolutionären Katastrophe entgegentrieb.

Die Landflucht und das rasche Anschwellen der Industriearbeiterschaft und der Angestelltenschaft brachten es mit sich, daß mehr Männer als je zuvor einen anderen Beruf ergriffen als den ihres Vaters. Aber bedeutete diese gesteigerte Mobilität auch mehr soziale Chancengleichheit? Das Bild ist nicht ganz einheitlich. Indem die Angestellten- und Beamtenschaft sich kräftig mehrte, entstand eine wachsende Zahl gehobener Stellen, die nicht an das Erbe eines Hofes oder Betriebs gebunden waren, sondern nach Qualifikationen vergeben wurden. Damit verlor der Besitz von Produktionsmitteln für den sozialen Auf- und Abstieg an Gewicht, und das Ausbildungssystem begann zur Verteilungsstelle für künftige Lebenschancen zu werden. Das bedeutete größere Mobilitätschancen. Die alte Übung, daß der Sohn in die Fußstapfen des Vaters trat, machte hier einer neuen Einstellung Platz, die aufstiegsorientiert war und sich deshalb für bessere Schulbildung interessierte, damit „die Kinder es später besser haben". Die Angestellten und unteren und mittleren Beamten kamen größtenteils aus den anderen Gruppen der Mittelschicht, aber immerhin zu rund 20 Prozent aus Arbeiterfamilien. Auch die Akademikerschaft wurde in ihrer sozialen Herkunft etwas offener. Da sie stärker wuchs als die Gesamtbevölkerung, sank der Anteil derjenigen, die aus akademischen Elternhäusern stammten, von knapp der Hälfte auf etwa ein Viertel. Diese waren damit aber ebenso wie Unternehmerkinder noch deutlich überrepräsentiert. Die Öffnung kam vor allem den nichtakademischen städtischen Mittelschichten zugute, während weiterhin Bauernkinder und erst recht Arbeitersöhne fast nie studierten. 1887 stammten nur 0,7 Prozent der preußischen Studenten aus der Unterschicht. Hier wirkten die bisherigen Hemmnisse ungebrochen weiter, sowohl materieller wie mentaler Art. Wo Stellen mit Besitz von Produktionsmitteln verbunden waren, wie bei Unternehmern, Bauern und Handwerkern, blieb der Herkunftskreis geschlossener. Vor allem bei Bauern existierte auch die Mentalität der Berufsvererbung praktisch ungebrochen weiter. Mehr als die Hälfte der Unternehmer stammte aus Unternehmerfamilien, zunehmend als Firmenerbe, die anderen meist aus den gewerblichen Mittelschichten und dem höheren Beamtentum, fast nie aus der Unterschicht und landwirtschaftlichen Familien. Gerade hier standen im übrigen neben sozialen Aufstiegen auch deutliche soziale Abstiege, wo eine Firma den jahrzehntelangen Konkurrenzkampf nicht überlebte. In die Industriearbeiterschaft strömten am Beginn der Industrialisierung Leute aus den verschiedensten Unterschichten. Als die Industrialisierung fortschritt, ergänzte sich die Industriearbeiterschaft dann immer mehr aus sich selbst.

Soziale Mobilität

---

* So beispielsweise in Großbritannien 1911/12, in Frankreich beim Eisenbahnerstreik 1910, auch in den USA mehrfach.

Dabei besaßen die Söhne von Facharbeitern eine größere Chance, in die Mittelschicht aufzusteigen, als die Kinder von Landarbeitern.

Insgesamt waren die Grenzen zwischen den einzelnen nichtlandwirtschaftlichen Mittelschichten leichter zu überwinden als jene Barriere, welche die Unterschichten und, nicht ganz so stark, auch die landwirtschaftlichen Familien von diesen Gruppen abtrennte. Verglichen mit den vorangegangenen Jahrzehnten erhöhte sich die Auf- und Abstiegsmobilität geringfügig. Im übrigen war sie zur gleichen Zeit in Großbritannien, Frankreich und möglicherweise selbst den USA auch nicht größer als im Deutschen Reich.

Frau und Familie

Mit dem Anteil der Selbständigen in der Gesellschaft ging auch die traditionelle Familienform der Produktionsgemeinschaft zurück, sowohl zugunsten des Typs der bürgerlichen Familie wie auch von Arbeiterfamilien. Gleichzeitig breitete sich das Ideal der bürgerlichen Familie, wie es seit 1800 im Bildungsbürgertum entstanden war, auch auf die übrige Mittelschicht und die besser gestellten Teile der Arbeiterschaft aus und wurde zum allgemein akzeptierten und angestrebten Wunschbild selbst da, wo es nicht oder kaum erreicht werden konnte. Es war jenes Leitbild, das auf heimische Gemütlichkeit Wert legte, die Kinder ordentlich erzogen haben wollte und nach dem der Mann die Familie durch außerhäusliche Erwerbsarbeit ernähren sollte, während die Frau im Unterschied dazu für Haushalt und Mutterrolle bestimmt sei, entsprechend dem unterschiedlichen Charakter der Geschlechter. Daß Frauen aus dem politischen Leben ausgeschlossen waren, galt lange als so selbstverständlich, daß es in der Wahlrechtsdiskussion niemand einer ausdrücklichen Feststellung für nötig fand, daß das „allgemeine" Wahlrecht nur ein Männerwahlrecht meinte. Erst seit Ende des 19. Jahrhunderts erhob sich zaghaft die Forderung nach dem Wahlrecht auch für Frauen. Für Frauen blieb bis 1908 bei Strafe verboten, sich an politischen Vereinen und Versammlungen zu beteiligen, und auch die meisten Berufsverbände duldeten keine weiblichen Mitglieder. Daß eine Frau gar rauchen könnte, galt bis zum Ersten Weltkrieg praktisch allgemein als unmöglich (sofern sie nicht Prostituierte oder Schauspielerin war). Und auch für die Frauenbewegung und die Arbeiterfrau war nicht vorstellbar, daß eine Mutter freiwillig außerhäusliche Erwerbsarbeit übernehmen könne. Immerhin wurde den Ehefrauen mit dem Bürgerlichen Gesetzbuch die volle Geschäftsfähigkeit zugestanden, während der Ehemann in Ehe- und Erziehungsfragen weiter bevorrechtigt blieb.

Die strikte Regel, daß jede außerhäusliche Erwerbstätigkeit für eine bürgerliche Frau unschicklich sei, begann man seit der Jahrhundertmitte für noch nicht verheiratete oder auf Dauer ehelose Frauen als nicht sinnvolle Einschränkung zu empfinden. An Berufen, die für bürgerliche Mädchen als annehmbar galten, entstanden nach und nach die der Kindergärtnerin, Lehrerin, Krankenschwester und Gesellschafterin. Offenkundig standen diese Berufe der Mutter- und Hausfrauenrolle nahe. Zahlenmäßig blieben sie ein schmales Feld, und es galt außerdem als selbstverständlich, daß sie bei einer Heirat aufgegeben wurden. Um dieser Einengung abzuhelfen, entstanden seit den 1860er Jahren Frauenverbände, die meist bürgerlich geprägt waren. Diese blieben aber bis zum Ersten Weltkrieg stets schwächliche Pflanzen und einflußlos. Überdies wurde die Frauenbewegung auch durch die unterschiedliche Lage bürgerlicher und proletarischer Frauen geschwächt, deren Interessen in der Dienstbotenfrage sogar direkt gegensätzlich waren. Ende des 19. Jahrhunderts entstanden neue Berufsmöglichkeiten für Frauen auch als Angestellte in Büro und Verkauf. Die Forderung, auch

Frauen Gymnasialbildung zu vermitteln und sie zum Universitätsstudium zuzulassen, stieß in der Männerwelt lange auf massive und ziemlich einhellige Ablehnung. Entsprechend der Vorstellung von verschiedenen Geschlechtscharakteren galten Frauen dafür als geistig und gemütsmäßig nicht geeignet. Das höhere Mädchenschulwesen wurde bis zur Jahrhundertwende ziemlich vernachlässigt und führte nicht zu einem berufsqualifizierenden Abschluß, sondern bereitete auf die Rolle der Frau in einer standesgemäßen Ehe vor. Erst 1896 wurde in Preußen das Abitur für Frauen möglich, und zwischen 1900 (Baden) und 1909 (Mecklenburg) gaben die Bundesstaaten des Deutschen Reiches auch das Universitätsstudium für Frauen frei. Letzteres war in der Schweiz schon 1867 geschehen.

Für die Angehörigen der Unterschicht sahen Familienprobleme völlig anders aus. Viele blieben wegen der weiter geringen Löhne überhaupt familienlos und ohne eigenen Haushalt. Ihr Anteil ging zwar seit etwa 1860 deutlich zurück, da der Facharbeiterlohn zunehmend als Familienlohn angesehen wurde, aber noch 1907 waren 56,7 Prozent der männlichen Industriearbeiter im Deutschen Reich ledig, und 1869 hatten in Wien 55 Prozent der Arbeiter keine eigene Wohnung. Die Löhne der Frauen waren geringer und stiegen auch weniger als die Männerlöhne. Sie wurden erst recht nicht als Familienlöhne gewertet: die Frau verdiene entweder als alleinstehende nur für sich selbst oder aber als Ehefrau nur zur Ergänzung des Familieneinkommens. Der Hauptverdienst des Mannes spielte bei Arbeiterhaushalten eindeutig die entscheidende Rolle: im Deutschen Reich machte er 1909 bei gelernten Arbeitern 82 Prozent, bei ungelernten 75 Prozent des Haushaltseinkommens aus, der Rest waren Einnahmen der Frau, der Kinder, durch Untervermietung und Nebenerwerb. Die außerhalb des Hauses arbeitende Ehefrau und Mutter war auch in den Unterschichten nicht typisch, häufig dagegen die ledige Lohnarbeiterin. Weiterhin gaben Arbeiterinnen mit der Heirat und der Geburt der Kinder ihre außerhäusliche Erwerbstätigkeit meist auf. Viele nahmen sie auch später nicht wieder auf, eher schon einen Zusatzverdienst durch Heimarbeit, beispielsweise mit Nähen, oder durch gelegentliche Dienstleistungen in bürgerlichen Haushalten, z.B. Putzen, Waschen, Bügeln usw. Diejenigen Berufsfelder, die mit der Industrialisierung neu entstanden, wurden vorwiegend von Männern besetzt, während die Frauen in den traditionellen Bereichen zurückblieben. Sieht man von der Landwirtschaft ab, konzentrierten sich Arbeiterinnen stark im Textil- und Bekleidungsgewerbe, und die Dienstbotentätigkeit wandelte sich im Laufe des 19. Jahrhunderts zu einem reinen Frauenberuf. Selbst in den Industrien mit hohem Frauenanteil verrichteten Frauen die weniger qualifizierten Arbeiten, während die aufseherischen, dispositiven und überhaupt besser bezahlten Tätigkeiten meist Männern übertragen wurden. Während die Jugendarbeit als Magd oder Dienstmädchen auf die spätere Erwachsenenrolle als Bäuerin oder Hausfrau vorbereitete, war die industrielle Lohnarbeit für die Frauen eine Sackgasse, da das dort Gelernte nach der Familiengründung bedeutungslos war. Deshalb verzichtete man auch lange auf geregelte Ausbildungsformen für weibliche Industriearbeiter.

Überhaupt wurde die ganze moderne Welt der Industrie, Technik und Konkurrenz von Männern heraufgeführt, und Frauen konnten in ihr keinen gesellschaftlich gleichwertigen Platz finden. Während in der Wirtschaftsorganisation innerhalb des Ganzen Hauses Männer und Frauen gleichwertig gewesen waren (wenngleich es in der Gesellschaft auch keine rechtliche und politische Gleichberechtigung gegeben hatte), sah dies jetzt anders aus. Erwerbsarbeit und Haushalt waren voneinander getrennt, und für Haushaltsführung sowie Geburt und Erziehung der Kinder blieben alleine die Frauen zuständig; aus beidem zusammen folgte dann, daß die Frauen in das moderne Wirtschaftsleben entweder gar nicht eingegliedert wurden, wie im Bürgertum, oder aber, da ihre Arbeitskraft zeitlich bloß begrenzt verfügbar war, nur auf den untersten Stufen als Arbeitskräfte zweiter Klasse, wie in der Arbeiterschaft. Insgesamt waren 1907 im Deutschen Reich 30 Prozent der weiblichen, aber 61 Prozent der männlichen Bevölkerung erwerbstätig. Von diesen Frauen arbeiteten 33,5 Prozent als mithelfende Familienangehörige und 12,6 Prozent als Selbständige, dagegen 16,1 Prozent als (stets ledige) Dienstboten, 15,3 Prozent als Industriearbeiterinnen (von denen nur 21 Prozent verheiratet waren), 14,9 Prozent als Landarbeiterinnen, 5,5 Prozent als andere Lohnarbeiterinnen und 2,0 Prozent als (fast stets ledige) Angestellte.

Kinder Das Leben der Kinder verlief angesichts der sehr unterschiedlichen Familienverhältnisse höchst verschieden. Zwar verschwand allmählich die Kinderarbeit in Fabriken, aber auch wo es keine Kinderarbeit gab, war für Arbeiterkinder 14 oder 15 Jahre das übliche Alter für den Eintritt ins Berufsleben. An ein besonderes Kinderzimmer, wie es sich im gehobenen Bürgertum bis zur Jahrhundertwende allgemein durchsetzte, war bei Kleinbürgertum und Arbeitern nicht zu denken. Ein eigener Raum für jedes einzelne Kind wurde selbst im Großbürgertum erst im 20. Jahrhundert geschaffen. Immerhin, indem die materiellen Lebensverhältnisse der Facharbeiter sich allmählich besserten, begannen sich auch dort seit der Jahrhundertwende nach dem Vorbild des bürgerlichen Familienideals die Gefühlsbindungen innerhalb der Familie und damit auch zu den Kindern zu verstärken.

Rückblick Mit der Industrialisierung begannen die gesellschaftlichen Verhältnisse sich ständig und verhältnismäßig rasch zu wandeln. Das brachte Unruhe und Verunsicherung mit sich. Der Weg zur Verwirklichung von mehr sozialer Freiheit für den einzelnen, der zu Anfang des 19. Jahrhunderts begonnen hatte, setzte sich fort. Die Urbanisierung und die Versachlichung vieler zwischenmenschlicher Beziehungen baute jene persönlichen Abhängigkeiten ab, welche kleine und überschaubare Gemeinschaften erfüllten. In den städtischen Unterschichten entstand ein eigenständiges Bewußtsein mit dem Willen zur Selbstbestimmung, das diesen bis dahin unbekannt gewesen war. Die sozialen Barrieren begannen sich langsam zu lockern und eröffneten die Aussicht auf mehr Chancengleichheit. Das waren Fortschritte. Nicht übersehen werden sollte aber auch, daß andererseits neue, abstrakte Abhängigkeiten von anonymen Marktkräften und bürokratischen Großorganisationen entstanden. Diese bildeten für den einzelnen einen neuen Rahmen, der aber im ganzen weiter gesteckt war und darum weniger einengte. Wo einige gesellschaftliche Gruppen neue Ansprüche stellten, die etablierten Schichten aber dazu neigten, ihre Besitzstände hartnäckig zu verteidigen und sich nicht bereit fanden, die Ansprüche der Massen anzuerkennen, war es unvermeidlich, daß die sozialen Spannungen sich steigerten. Gewiß, Ergebnis und Nutzen des gemeinsamen Wirtschaftens waren auch in früheren Jahrhunderten stets ungleich verteilt gewesen. Aber die ständischen Ordnungsvorstellungen, die dies damals gerechtfertigt hatten, gingen jetzt unter, und wenn das wirtschaftsbürgerliche Selbstverständnis behauptete, die Einkommen entsprächen den Leistungen, überzeugte das nur teilweise. So empfanden viele Deutsche die gesellschaftlichen Verhältnisse zunehmend als ausbeuterisch und ungerecht. Allerdings wurde mit der Sozialversicherung auch ein neues System ausgleichender Gerechtigkeit geschaffen, das leistungsfähiger war als die bisherigen Formen sozialer Hilfe und das einen zukunftsweisenden Fortschritt bedeutete.

7.4 Bürgerliche Kultur, Massenkultur und Kulturpessimismus

Die Industrialisierung und ihre Auswirkungen wurden auch für die Veränderungen des Kulturlebens zur wichtigsten Triebkraft. Vor ihrem Hintergrund vollzog sich das Erwachen immer breiterer Gesellschaftsschichten auch als kultureller Prozeß, als Wunsch nach Teilhabe an mehr und höheren Kulturgütern und als Entwicklung in Richtung auf eine neuartige Massenkultur. Steigende Kommunikation und auch neue Produktionsweisen bauten die kulturellen Unterschiede zwischen den einzelnen deutschen Landschaften und deren Sonderformen ab, – einschließlich der deutschen Teile Österreichs und der Schweiz.

Grundzüge

Da das Ausmaß gesamteuropäischer kultureller Gemeinsamkeiten aber in diesen Jahrzehnten nicht zunahm, gewann die nationale Ebene für das Kulturleben ein größeres Gewicht als je zuvor. Schon äußerlich wurde das darin deutlich, daß die einzelnen Wissenschaften, Sängervereine und Sportvereine nach und nach Fachverbände, Tagungen und Wettbewerbe auf nationaler Ebene organisierten. Dabei blieb das deutsche Kulturleben polyzentrisch, jedoch hoben sich immer mehr Berlin, München und Wien als die drei überragenden deutschen Kulturzentren heraus.

Die vielfältigen wirtschaftlichen und gesellschaftlichen Folgen der Industrialisierung und die Erkenntnisfortschritte der Wissenschaften lieferten die Basis, auf der sich die weltanschaulichen Auseinandersetzungen vor allem der späten Kaiserzeit abspielten. Das gehobene Bürgertum bildete innerhalb der Gesellschaft jenes kulturelle Zentrum, das kulturell Maßstäbe setzte und Neuerungen begann. Aber es schuf kulturelle Muster nicht mehr mit der gleichen verbindlichen Kraft wie einst die Fürstenhöfe in der Ständegesellschaft; dazu war es zu zahlreich und in sich zu heterogen. Vielmehr entstanden im Laufe der Jahrzehnte eine ganze Reihe unterschiedlicher, konkurrierender, ja einander auch befehdender Gedankenrichtungen und Ausdrucksformen, meist, zumindest zunächst, als Sache kleiner Intellektuellengruppen. Im Ergebnis war das Kulturleben schließlich in den Jahren vor dem Ersten Weltkrieg von einem Pluralismus der Richtungen gekennzeichnet, wie es ihn zuvor noch nie gegeben hatte.

Großbritannien und Frankreich exportierten seit der Zeit des Imperialismus ihre Sprache und kulturellen Muster in ihre Kolonien, prägten diese damit nachhaltig und schufen kulturelle Bindungen, die meist bis heute andauern. Vom Deutschen Reich ging keine vergleichbare Wirkung aus. In den wenigen deutschen Kolonien war die Zeit, die zwischen der endgültigen Durchsetzung der deutschen Kolonialherrschaft und ihrem Verlust lag, zu kurz, um nachhaltige Spuren zu hinterlassen. Sie blieb Episode. Einflüsse des deutschen Kulturlebens auf andere Länder waren in dieser Epoche nur da möglich, wo sich die deutschen Leistungen im gegenseitigen Austausch als überlegen erwiesen. Der literarische und künstlerische Bereich des deutschen Kulturlebens wirkte kaum auf andere Länder ein, nahm aber von dort auch kaum Anregungen auf. In der Musik herrschte ein stärkeres gegenseitiges Geben und Nehmen, obgleich auch der Musikbetrieb stärker national geprägt war als in den vorangegangenen Jahrhunderten.

Vielleicht noch enger gestalteten sich die Verbindungen in den Wissenschaften. Auf wissenschaftlichem Gebiet waren die Deutschen in der zweiten Hälfte des 19. Jahrhunderts in der Welt führend, und die deutschen Universitäten besaßen international eine entsprechende Ausstrahlung. Von den Empfängern der 1901-32 verliehenen naturwissenschaftlichen Nobelpreise waren 38,1 Prozent deutsche Wissenschaftler aus dem Deutschen Reich, Österreich und der Schweiz (16,5 Prozent Briten, 13,4 Prozent Franzosen und 5,1 Prozent US-Amerikaner). Als Folge der internationalen Bedeutung, welche die deutsche Wissenschaft und Wirtschaft gewannen, trat die deutsche Sprache jetzt auch außerhalb Ost- und Nordeuropas in den Wettbewerb mit Englisch und Französisch als internationale Kultursprache und wurde dort zunehmend als Fremdsprache gelehrt.

Das Bildungsniveau der Deutschen stieg langsam an. Das Interesse an höherer Bildung wuchs. Die Zahl der Oberprimaner je 10.000 Einwohner kletterte 1846-1911 in Preußen von 1,5 auf 4,3, so daß 1911 2,2 Prozent eines Jahrgangs das Abitur erreichten. Die Zahl der Studenten wuchs entsprechend im Deutschen Reich 1869-1912 von 18.000 auf 72.000. Die Bedeutung der mittleren Reife lag hinter der des Abiturs zurück. Aber alle Formen höherer Schulen blieben elitär, denn durchgehend etwa 92 Prozent der Deutschen besuchten nur die Volksschule. Immerhin verbesserte sich langsam deren Niveau. Die Lehrer-Schüler-Relation an den preußischen Volksschulen sank 1871-1911 von 1:83 auf 1:51. Volksschulen mit nur einer Klasse verschwanden weitgehend, und es wurde üblich, in eine zunehmende Zahl von Klassen zu differenzieren. Stärker ausgebaut wurden sie vor allem in den Städten, weniger auf dem dünn besiedelten Lande, wo auch 1921 59 Prozent der Volksschüler Schulen mit nur 1-3 Klassen besuchten. Allmählich führten die Behörden auch an den Volksschulen etwas mehr Geschichte, Erdkunde und Naturkunde ein, aber die Religion behielt neben den Elementarfertigkeiten weiter den hervorragenden Platz im Stoffkanon. Die Unterrichtsmethode war stark aufs Auswendiglernen und Abfragen abgestellt, wobei vieles für die Schüler leere Worte ohne konkrete Vorstellung blieben. Immerhin verschwanden die Reste des Analphabetentums, und bis Anfang des 20. Jahrhunderts konnte fast jeder Erwachsene einigermaßen lesen und schreiben. Ergänzend wurde schließlich die Berufsschule eingeführt (Preußen 1911), um die Lücke zwischen Volksschule und Wehrdienst zu füllen und auch in dieser Zeit erzieherisch gegen die „verderblichen Einflüsse" von Sozialdemokratie, Alkohol und Kino wirken zu können.

Im Laufe der Industrialisierung verschärfte sich der Widerspruch zwischen einer realistischen Bildung, wie sie Wirtschaftsbürgertum und Militärs forderten, und der vorindustriellen Bildungsidee des humanistischen Gymnasiums. Die neuen Erfordernisse führten im Deutschen Reich dazu, daß zum einen das Gymnasium allmählich auch stärker realistische Stoffe aufnahm und damit vom Sprachengymnasium zur 15-Fächer-Schule wurde, und daß zum anderen jene zwischen Gymnasium und Volksschule angesiedelten städtischen Schulen verstärkt ausgebaut wurden, die ein schwerpunktmäßig realistisches Programm anboten. Diese eiferten allerdings dem Gymnasium nach und wurden schrittweise zu verschiedenen Typen genormt mit und ohne Latein und mit 9, 7 und 6 Schuljahren. Dabei errangen sie nach und nach auch das Recht, Berechtigungen zu erteilen. Schließlich wurden in Preußen im Jahr 1900 die beiden 9jährigen Formen dem humanistischen Gymnasium im Erteilen der Abiturberechtigung gleichgestellt, und mit dem Abschluß einzig der mittleren Reife blieb nur noch eine 6jährige Realschule zurück. Parallel dazu vollzog sich der Aufstieg des realistischen Bereichs im Hochschulwesen. An den Universitäten wuchs das Gewicht der Naturwissenschaften, die sich als eigene Fakultät aus der philosophischen abspalteten. Die Polytechnischen Anstalten wurden nach und nach in Technische Hochschulen umgewandelt und entwickelten sich zu ebenbürtigen Stätten von Forschung und Lehre. Indem sie schließlich auch das Recht erhielten, Promotionen abzunehmen (Preußen 1898), wurden sie den Universitäten auch formal gleichgestellt. Sowohl das Gymnasium wie die Universität leisteten beide von ihrem bildungselitären humanistischen Denken her heftigen Widerstand gegen den Aufstieg dieser Konkurrenz des „gemeinen Nützlichkeitsdenkens".

Es blieb nicht beim bloßen Lesenkönnen, sondern immer breitere Schichten entwickelten ein Interesse an Information und Bildung. Während 1850 erst etwa ein Viertel der Bevölkerung von Zeitungen erreicht wurde, breitete sich Zeitungslektüre in den folgenden Jahrzehnten auch aufs Land und in die Unterschichten aus und erreichte bis zum Ersten Weltkrieg fast alle Haushalte. Die Druckauflage der Tageszeitungen erreichte 1908 12,6 Millionen Exemplare (bei 14 Millionen Privathaushalten). Dabei entwickelte sich das Zeitungswesen von einer dürren Nachrichtenpresse, die bis zur Jahrhundertmitte unter der Fuchtel der Zensur gestanden hatte, zur massenhaft verbreiteten Geschäftspresse, die auf wirtschaftlichen Erfolg am Markt ausging, und zur Meinungspresse, die von Parteien oder Interessenverbänden abhängig war. Gleichzeitig entfaltete sich das Zeitschriftenwesen und breitete sich über das gehobene bürgerliche Publikum hinaus aus. Die Zahl der deutschen Zeitschriften wuchs 1858 bis 1903 von 845 auf 5.717. Neben den bisherigen politisch-literarischen Zeitschriften entstanden auch Fachzeitschriften, für breitere Kreise kamen allgemeine Kulturzeitschriften auf (z.B. 1856 Westermanns Monatshefte) und mit noch größeren, bis dahin völlig unbekannten Auflagenhöhen auch Unterhaltungszeitschriften (als erste 1853 Die Gartenlaube). Auch die Buchproduktion stieg. Nach einem Rückschlag in der Jahrhundertmitte wuchs die Zahl der jährlichen Neuerscheinungen 1850 bis 1910 von 9.053 auf 30.317 Titel. Parallel dazu vermehrten sich die Volksbüchereien für die einfache Bevölkerung. Damit dehnte sich auch die Buchlektüre aus, aber weniger stark als Zeitungslektüre; Bücherlesen verbreitete sich im Kleinbürgertum und wurde auch von manchem unter den bessergestellten Arbeitern aufgenommen, hingegen kaum von der Landbevölkerung und der Masse der Arbeiterschaft. Die sozialdemokratischen Büchereien wurden nur von ca. 10-20 Prozent der SPD- und Gewerkschaftsmitglieder genutzt.

Humanistische oder realistische Bildung?

Erwachen der Massen

Zum Wort trat das Bild hinzu. Nachdem Bilder bislang eine Seltenheit gewesen waren, war am Ende des 19. Jahrhunderts die Reproduktionstechnik so weit entwickelt, daß seitdem eine Fülle immer besserer und billigerer Abbildungen verbreitet wurde. Mit den Illustrierten kam ein neuer Zeitschriftentyp auf, der aktuelle Bildberichterstattung bot. Immer häufiger wurden auch Bücher bebildert. Dadurch konnten Medien Eindrücke und Informationen über Fernliegendes in einer bis dahin unbekannten Anschaulichkeit und Intensität vermitteln.

Nun waren zweifellos bürgerliche Provinzzeitungen und Familienzeitschriften nicht gerade von kritischem Geist getrieben und wirken aus heutiger Sicht recht betulich, aber gemessen an der Tatsache, daß dieselben sozialen Schichten wenige Jahrzehnte zuvor noch gar nichts lasen und ihr geistiger Horizont auf das kleinräumige Feld mündlicher Kommunikation und unmittelbarer Anschauung begrenzt gewesen war, bedeutete der zunehmende Gebrauch von Medien doch, daß sich ihr Vorstellungsbereich und Informationsstand erweiterte und damit die Möglichkeit wuchs, sich aus den Zwängen unhinterfragter Bräuche und traditioneller Autoritäten zu befreien. Zugleich löste sich die einst scharfe Trennung zwischen der höheren Bildung der wenigen und der geistigen Stumpfheit der Masse langsam auf, und immer größere Bevölkerungsteile rückten in ein Übergangsfeld auf, das Gebildete damals oft abschätzig als „Halbbildung" bezeichneten.

Normung

Indem die Produktion ins Massenhafte wuchs und der Austausch untereinander emporschnellte, wurde es immer wichtiger, daß Dinge verschiedener Herkunft zueinander paßten und miteinander vergleichbar waren. Dies führte zur Normung, die an die Stelle einer bunten Fülle von Individuen eine begrenzte Anzahl von Typen setzte. Ansätze dazu hatte es bei militärischer Ausrüstung schon im 18. Jahrhundert gegeben. Als die Industrialisierung fortschritt, breitete sich der Geist der Normung vor allem im technisch-industriellen Bereich immer weiter aus. Die ersten deutschen Normen entstanden 1869 für Walzeisen und 1877 für die Güte von Portlandzement. Seit dem späten 19. Jahrhundert wurden in bis heute immer weiter wachsender Fülle Formate, Gewinde, Prüfverfahren, Sorten, Stoffe, Bezeichnungen usw. genormt. Um die Normung durchzuführen, gründete die Wirtschaft 1917 den Normalienausschuß für den Maschinenbau (seit 1926 Deutscher Normenausschuß). Dieser Hang zur Normung erfaßte aber auch andere Lebensbereiche. In der Schule waren Schülerleistungen in der ersten Hälfte des 19. Jahrhunderts noch in einem frei formulierten, individuellen Text beurteilt worden. Im Laufe der zweiten Jahrhunderthälfte setzten sich hier Standardformulierungen und dann die Zensur mit den Zahlen 1 bis 6 durch. Ähnliches ließ sich für die Rechtschreibung beobachten. In der ersten Jahrhunderthälfte hatte noch jede Druckerei ihre Hausorthographie gehabt, und selbst die Lehrer an derselben Schule hatten oft nach ihrer persönlichen und entsprechend unterschiedlichen Orthographie korrigiert, bis 1879 in Bayern und 1880 in Preußen die Kultusminister eine verbindliche Orthographie vorschrieben. Nach deren Regeln veröffentlichte dann 1880 K. Duden sein Rechtschreibwörterbuch. 1898 wurde mit der Deutschen Bühnenaussprache für das Hochdeutsche auch eine einheitliche Aussprache festgelegt.

Ordnung und Genauigkeit

Im Laufe der Epoche erfaßte auch ein Zug zu Ordnung, Disziplin, Genauigkeit, Pünktlichkeit und Regelmäßigkeit immer größere Teile der Bevölkerung. Er speiste sich offenbar aus zwei unterschiedlichen Quellen: dem Ordnungsdenken der bürokratischen und militärischen Tradition Preußens einerseits und andererseits den Erfordernissen des Industrialismus, der die Arbeit in Großorganisationen immer weiter zerlegte und deshalb danach verlangte, sie dort genau zu koordinieren, ebenso wie das darüber hinausgehende arbeitsteilige Zusammenwirken. Diese Kräfte wirkten im Süden des Deutschen Reiches und erst recht in Österreich weniger stark als im Norden, wo der Einfluß Preußens größer und die Industrialisierung intensiver war. Offensichtlich waren hier bestimmte, vor allem im vorindustriellen Preußen wurzelnde Traditionen für die Industrialisierung förderlich. Diese Einstellungen breiteten sich auf die Masse der Bevölkerung nicht naturwüchsig aus, sondern sie wurden gezielt gefördert. Während in Volksschulen am Anfang des 19. Jahrhunderts noch meist ein ziemliches Durcheinander herrschte und Schülergruppen sich frei im Unterrichtsraum bewegten, bestand seit der Jahrhundertmitte bald die Ordnung fester Schulbankreihen, und man legte Wert auf gerade Sitzhaltung, Ruhe im Unterricht, Gehorsam und Regelmäßigkeit in der Erfüllung schulischer Pflichten. Der Wehrdienst übte ebenfalls formale Disziplin und Ordnung ein, und schließlich wirkten oft auch Unternehmer mit Fabrikordnungen und Geldstrafen in diesem Sinne auf ihre Arbeitnehmer ein. Der Trend zu einer bis dahin ungewohnten Pünktlichkeit im städtischen Leben wurde schon äußerlich daran kenntlich, daß Uhren, die bislang ein Luxusgegenstand gewesen waren, sich als notwendiger Gebrauchsgegenstand ausbreiteten. Sie tauchten jetzt auf öffentlichen Plätzen, an Bahnhöfen und Werkstoren, in Fabrikhallen, Büros und Schulen auf und in den privaten Wohnungen sowie als Taschenuhren des einzelnen, dagegen noch kaum im bäuerlichen Bereich. Nach altem Herkommen hatten weithin Gelassenheit und Geduld geherrscht, der Zeitrhythmus in der Landwirtschaft war von natürlicher Tageszeit und Witterung geprägt gewesen, im Handwerk hatte man sich die Zeit frei eingeteilt, und der Postkutschenbetrieb war ungenau gewesen. Jetzt gingen die Deutschen dazu über, sich an abstrakten Zeitordnungen zu orientieren. Die Arbeitszeit in Büros und Fabriken wurde genau gemessen und danach bezahlt, man führte Zeitsignale am Arbeitsplatz und in den Schulen ein, Eisenbahn und Straßenbahn fuhren pünktlich, und es wurde üblich, Termine sorgfältig einzuhalten.

Die Zeit wurde nicht nur genauer gemessen, sondern die Veränderungen der Lebensverhältnisse, die mit der Industrialisierung verbunden waren, brachten es auch mit sich, daß sich Geschehnisabläufe beschleunigten und Reize sich häuften. Das formte nun die Wahrnehmungs- und Reaktionsweisen der Deutschen nachhaltig um. Zunächst und am stärksten war diese Erscheinung in den Großstädten spürbar, von wo sie sich bis zur Mitte des 20. Jahrhunderts nach und nach auf das ganze Volk ausbreitete. Manche gewöhnten sich nur schwer um und klagten über Hektik, Hast und Nervosität der modernen Zeit. Verursacht wurden diese Veränderungen einmal dadurch, daß sich die Kommunikation durch Bahn, Telegraph und Telefon beschleunigte, wodurch sich die Zeitabstände verkürzten, die zwischen Aussenden, Empfangen auf der anderen Seite und dann wieder Empfangen der Reaktion darauf lagen, bei Informationen genauso wie bei Gütern. Dadurch beschleunigten sich Geschehnisabläufe, und zwar in gleicher Weise in Handel, Politik und Moden. Zum zweiten führte die raschere Kommunikation zusammen mit der Tatsache, daß es eine steigende Zahl von Wissenschaftlern und Ingenieuren gab, zu immer mehr und damit rascher aufeinander folgenden Neuerungen. Diese wiederum beschleunigten den Wandel der allgemeinen Lebensverhältnisse und des Wissensstandes. Zukunft war nicht mehr einfach als Fortdauer statischer Verhältnisse denkbar, die man schon aus der Vergangenheit gewohnt war. Man mußte zunehmend umlernen. Und zum dritten beanspruchte das moderne Großstadtleben die Sinnesorgane und psychomotorischen Bewegungsabläufe in einer

Beschleunigung und Reizhäufung

viel stärkeren Weise als die beschaulich ruhigen Verhältnisse früherer Zeiten, weil die Reize weitaus zahlreicher waren und dichter aufeinander folgten und weil die Situationen rascher wechselten. Dazu trug die Fülle der aufkommenden Plakate, Reklame, Schaufensterauslagen und Zeichen bei, ihre zunehmende Farbigkeit und Bewegtheit, die Verwendung künstlicher Lichter und der Verkehr, der sich mit Straßenbahn und Auto beschleunigte und insgesamt dichter wurde. Die Arbeit an schnellaufenden Maschinen wirkte auf die Betroffenen ähnlich.

Diesen Veränderungen paßten die Deutschen ihr Verhalten an, indem es beweglicher, schneller und flüchtiger wurde. Am ehesten waren die geänderten Verhaltensweisen bei jenen Jugendlichen festzustellen, die von Anfang an unter dem Einfluß der modernen Großstadtbedingungen aufwuchsen. Während die Menschen in vorindustrieller Zeit geistig (und die meisten auch in ihren körperlichen Reaktionen) schwerfällig und langsam waren und Probleme umständlich angingen, wurden sie jetzt reaktionsschneller, geistig beweglicher und wacher und gewannen eine raschere Auffassungsgabe. Darüber hinaus beschleunigten sich Verhaltensabläufe ganz allgemein, auch losgelöst von konkreten Situationen und Reaktionen. Beim Rauchen war im 18. Jahrhundert die Pfeife vorherrschend gewesen, die mit umständlichen Rauchutensilien gehandhabt wurde, Anfang des 19. Jahrhunderts hatte sie durch die einfachere Zigarre Konkurrenz bekommen, und schließlich wurden beide durch die seit der Jahrhundertmitte aufkommende schnelle Zigarette weitgehend verdrängt. Während Bürger sich um 1800 in seitenlangen Briefen ergingen, kam jetzt die rasch geschriebene Postkarte auf (1870 im Deutschen Reich eingeführt). An die Stelle der bedächtigen, oft ungelenken Sprechweise trat eine Beschleunigung des Sprechtempos. Außerdem wurde die Wahrnehmungsweise flüchtiger und oberflächlicher. Hatte der Reisende, der sich mit der Kutsche oder zu Pferd fortbewegte, in vorindustrieller Zeit jede Einzelheit der durchreisten Landschaft intensiv wahrgenommen, so registrierte der Eisenbahnreisende nur noch das Gesamtpanorama und wenige markante Stellen; hatten viele früher dasselbe Buch (oft die Bibel) immer wieder erneut gelesen und es sich intensiv angeeignet, lasen sie jetzt Gedrucktes nur in Teilen und diagonal, und das nicht nur bei der Zeitung; über vieles, das Dorfbewohner früher mit offenem Mund bestaunt hatten, wenn sie es zufälligerweise einmal zu sehen bekommen hatten, ging der daran gewöhnte Städter unachtsam hinweg. Diese Flüchtigkeit war − und ist − ein gesunder Schutzmechanismus, der wie ein Filter aus der übergroßen Fülle von Außenreizen nur einen kleinen Teil der Reize ans Bewußtsein durchließ, um das verarbeitende Bewußtsein vor Überlastung zu schützen. Zugleich bedeutete das aber auch, gegen Einzelheiten und sich Wiederholendes abzustumpfen.

Andere
Anpassungen
Außer dem Geschilderten vollzog sich noch eine andere Verhaltensänderung. Zunehmend wuchsen die Deutschen mit Maschinen und Apparaten verschiedenster Art auf und gingen damit täglich um, und dabei wuchs eine Sicherheit und Selbstverständlichkeit im Umgang mit diesen Dingen heran, natürlich je nach beruflichem Bereich in sehr unterschiedlichem Maß, die es zuvor nicht gegeben hatte. Gleichzeitig wurden den Städtern die Eigenheiten von Pflanzen und Tieren und anderer Naturerscheinungen zunehmend fremder.

Indem die Zahl jener Städter sich immer mehr vergrößerte, die ihre Berufsarbeit nicht bei Wind und Wetter im Freien und nicht durch körperliche Kraftanstrengungen verrichteten, sondern überwiegend in geschlossenen Räumen, und die dabei stärker ihren Verstand benötigten, stieg im Volk auch der Anteil der Menschen mit feinerer

Physiognomie, intelligenterem Aussehen und schlankerem Wuchs, während jener vierschrötiger und derber Typen zurückging.

Zwar erst für die letzten Jahrzehnte nachweisbar, aber wohl schon im 19. Jahrhundert beginnend stieg langsam auch die durchschnittliche Intelligenz, wie sie entsprechende Tests messen. Dazu mag mancherlei beigetragen haben – die Verbesserungen der schulischen Bildung sowie der verstärkte Gebrauch von Informationsmedien, eine allgemein aufmerksamere Erziehung und ebenso die abwechslungsreicher, geistig anregender werdende Umgebung.

Auch die Einstellung der Deutschen zu physischen Unbequemlichkeiten begann sich zu ändern. Das Leben wurden bequemer: beispielsweise saß man bei Reisen nicht mehr stundenlang auf dem Pferderücken oder in der holpernden Kutsche, sondern fuhr auf den gepolsterten Sitzen der Bahn über glatte Schienen, immer mehr Deutsche lebten überwiegend in geschlossenen Räumen, die überdies im Winter vernünftig geheizt waren, und sahen sich weniger den Unbilden des Wetters im Freien ausgesetzt, die Narkose nahm den Operationsschmerz, und eine steigende Zahl von Medikamenten machte es im Laufe der Zeit möglich, die verschiedensten Schmerzen immer mehr zu unterdrücken. Indem die Deutschen in wachsendem Maße in den Genuß dieser und ähnlicher Entwicklungen kamen und sich daran gewöhnten, nahm langfristig ihre Übung und Bereitschaft ab, physische Unbequemlichkeiten zu ertragen und auszuhalten.

Die beherrschende Rolle im Kulturleben spielte jener Kulturbereich, der durch das gehobene Bürgertum getragen wurde, sei es als einzelner privater Bauherr, Käufer am Markt von Kunst und Kunstgewerblichem sowie Theaterbesucher und Veranstalter von Festlichkeiten, gemeinsam als bürgerlicher Verein oder durch den Staat, der im Interesse dieser Schicht eine Fülle von Theatern, Museen, Opernhäusern, Hochschulen und Gymnasien errichtete, außer den zahlreich werdenden großen öffentlichen Verwaltungsgebäuden, Kasernen, Postämtern und Bahnhöfen. Mit der Industrialisierung wuchsen Umfang und Reichtum der Oberschichten ebenso wie Staatshaushalte und öffentliche Bau- und Kulturtätigkeit, und dadurch gewann die bürgerliche Repräsentativkultur rein quantitativ ein Ausmaß, das alle bisherigen Elitenkulturen übertraf. Dabei blieb sie stark der traditionellen Idee verhaftet, Kultur mit repräsentativer Absicht zu verwenden. Ebenso hielt man an der Ansicht fest, wie sie vor allem die Klassik formuliert hatte, Kunst habe dem Wahren, Guten und Schönen zu dienen. Dementsprechend kamen in Literatur und Malerei die Welt von Industrie und Technik, der Unterschichten, überhaupt des Häßlichen nicht vor. Als seit Ende des 19. Jahrhunderts in Literatur und Kunst Richtungen entstanden, die sich nicht mehr der Idee des Schönen verpflichtet fühlten, wurden diese von der überwältigenden Mehrheit des gehobenen Bürgertums heftig abgelehnt – ein Ausdruck der Tatsache, daß die bürgerliche Repräsentativkunst nicht selbstgenügsames Spiel einzelner Künstler war, sondern gesellschaftliche Bedeutung besaß und von der Mehrheit des gehobenen Bürgertums als Ausdruck ihres Selbstverständnisses und Mittel der Selbstvergewisserung empfunden wurde.

Bürgerliche Repräsentativkultur

Bezeichnend für die bürgerliche Repräsentativkultur war ihr ausgeprägter Hang, im Laufe der zweiten Hälfte des 19. Jahrhunderts Menge und Größe zu steigern, vor allem seit der Reichsgründung 1867/71. Der Umfang der Orchester wuchs. Die Nationaldenkmäler wurden immer gewaltiger und gewannen bis dahin nie gekannte Ausmaße, wobei sie ihren Höhepunkt im 1913 vollendeten Völkerschlachtdenkmal in Leipzig erreichten, und Denkmäler entstanden in einer Fülle wie in keiner anderen Epoche vorher und nachher. Öffentliche Festveranstaltungen und Umzüge inszenierte das Bürgertum ebenso häufig wie aufwendig, und die Repräsentationsräume großbürgerlicher Wohnungen wurden von ihren Besitzern mit Einrichtungsgegenständen im Übermaß vollgestopft. Öffentliche Gebäude waren oft überdimensioniert ausgelegt. Die Mode vornehmer Damen geriet zumindest in der zweiten Hälfte des 19. Jahrhunderts ausgesprochen aufwendig. Überall wucherte das Ornament und füllte bald jede freie Fläche – an Gebäudefassaden als Fensterverdachung, Konsolen, Risalite und Stuckfelder, an Straßenlaternen, in großbürgerlichen Wohnungen als Deckenstuck, Holzvertäfelung, Schnitzornament auf Möbeln ebenso wie in vielfältiger Form auf allen Gebrauchsgegenständen. Auch Wirtschaftsbauten wie Wassertürme, Bahnhöfe und manche Fabrikgebäude wurden mit ornamentalen Fassaden verkleidet. Der Repräsentationscharakter des Ornaments kam deutlich darin zum Ausdruck, daß bei Wohnhäusern gehobenen Standards zwar die Straßenfassade reich geschmückt war, die Rückseite aber nackt blieb. In ähnlicher Weise kontrastierten bei öffentlichen Gebäuden oft die voluminösen und stuckierten Treppenhausanlagen, die der barocken Schloßarchitektur entlehnt waren, mit den meist eher schlichten Amtsräumen. Der Hang zur Steigerung führte zum Pathetischen, so vor allem im Sprachstil der Festreden, in denen es von hoch und edel, hehr und schön sowie Unmengen grammatischer Superlative wimmelte, in der Tonsprache besonders der Opern Richard Wagners, im Stil der öffentlichen Festakte zum Sedanstag und Kaisergeburtstag, bei Kaiserbesuchen, Denkmalsenthüllungen und dergleichen mit ihrem Fahnenmeer, ihren Hurra- und Hochrufen.

In der Art der verwendeten Formensprache blieb es im wesentlichen bei der Situation, wie sie in den 1830er Jahren eingetreten war. Literatur und Malerei bedienten sich überwiegend realistischer Ausdrucksmittel mit einer deutlich idealisierenden Tendenz. Auch Theaterinszenierungen und Denkmäler stellten historische Personen „realistisch", d.h. möglichst historisch echt und detailgenau dar. Die Architektur und das Design von Gebrauchsgegenständen benutzten Ornamentformen aus allen bekannten Stilen der europäischen Kunstgeschichte in bunter Mischung, ohne damit einen besonderen Ideengehalt zu verbinden. Um sie zu unterstützen wurden als Mustersammlungen Kunstgewerbemuseen gegründet (als erstes Wien 1863). Die Musik blieb bei einer in gewisser Weise romantischen Grundhaltung, aber indem sie pathetisch und ihre Mittel immer komplizierter und differenzierter wurden, entfernte sie sich von der Tonsprache der ursprünglichen Romantik. Am Rande liefen zeitweise klassizistische Strömungen nebenher, so im Drama bei E. Geibel und P. Heyse, in der Malerei bei A. Feuerbach und in der Musik bei J. Brahms, und in der Architekturplastik verwendete man weiter Figuren der antiken Mythologie.

Den Inhalt der Literatur, der Malerei, die jetzt auch die monumentale Wandfreskomalerei an öffentlichen Gebäuden wiederbelebte, der Opern, der Festumzüge und vieler Denkmäler nahm man vor allem aus der vaterländischen Geschichte. Dabei lag der Schwerpunkt auf dem Mittelalter bis ins 16. Jahrhundert hin. Hier wurde besonders die Erinnerung an die Kaiserherrlichkeit und Ritterzeit des alten Reiches und an das mittelalterliche Zunftbürgertum wiederbelebt. Daneben griff man auch auf die germanischen Ursprünge der Deutschen zurück und auf die preußische Geschichte als einer Vorgeschichte des neuen Reiches. Auf diese Weise versuchte das Bürgertum, dem 1867/71 gegründeten neuen Reich, sich selbst als Bürgertum und dem deutschen Volk als Ganzem eine historische Identität zu schaffen. Für diese Inhalte sind unter den Malern besonders A. Werner, K. Piloty, W. Kaulbach und A. Menzel zu nennen, unter den Schriftstellern G. Freytag, F. Dahn, V. Scheffel und auch C.F. Meyer.

Neben die erinnerte vaterländische Geschichte strömte die bildungsbürgerliche Tradition in die bürgerliche Repräsentativkultur ein. Jetzt befand man nicht nur Herrscher, sondern auch Dichter und Künstler für würdig, ihnen Denkmäler zu errichten und Straßen und Plätze nach ihnen zu benennen. Als erste hatten 1837 Dürer in Nürnberg und 1839 Schiller in Stuttgart Denkmäler erhalten.

Aber wirklich gepflegt wurde nur ein begrenztes geistiges Erbe. Seit Mitte des 19. Jahrhunderts kanonisierte man einige ausgewählte Schriftsteller und Komponisten immer mehr zu „Klassikern": Goethe, Schiller und Beethoven vor allem, daneben Lessing, Haydn und Mozart. Demgegenüber wurde die engagierte, kritische Literatur der 1830er und 40er Jahre völlig verdrängt. Während man in den vorangegangenen Jahrhunderten die jeweils zeitgenössischen Theater- und Musikstücke aufgeführt hatte und ältere der Vergessenheit anheimgefallen waren, nahmen seit Mitte des 19. Jahrhunderts klassische Stücke auf der Theaterbühne und im Konzert bzw. in der Oper einen ständig steigenden Raum ein. Das Repertoire entstand. Die literarischen Klassiker dominierten auch im Lektürekanon der Gymnasien. Die als Geisteshelden verehrten literarischen und musikalischen Klassiker wurden aus ihrem geschichtlichen Umfeld abgelöst und zu zeitlosen Meistern stilisiert. Ähnliches widerfuhr jenen älteren Gemälden, Altären und Plastiken, die aus ihrem ursprünglichen repräsentativen oder religiösen Sinnzusammenhang entfernt und dann in Museen funktionslos isoliert als „Kunstschatz" zur feiertäglichen Bewunderung aufbewahrt wurden. Eine wirklich geistig prägende Kraft ging von dem so behandelten geistigen Erbe kaum aus. Sie dienten dem gehobenen Bürgertum mehr als Zierrat. Theater-, Konzert- und Museumsbesuch und Klassikerzitate hatten oft einen eher repräsentativen Charakter. Genauso diente die humanistische Gymnasialbildung dem Sozialprestige, weshalb nach ihrem materiellen Aufstieg im Laufe der zweiten Hälfte des 19. Jahrhunderts auch Unternehmer weitgehend dazu übergingen, ihre Söhne aufs humanistische Gymnasium zu schicken.

Zwar kamen seit etwa 1890 neben der bürgerlichen Repräsentativkultur andere Strömungen auf, aber sie blieb doch bis 1918 vorherrschend. Von diesen neuen Richtungen und von Kritikern in deren Nachfolge wurden die Formen der bürgerlichen Repräsentativkultur oft als hohle Protzerei ohne echten geistigen Gehalt kritisiert. Nimmt man die Originalität als Qualitätsmaßstab, so besteht das Urteil nicht ganz zu Unrecht, doch gilt dieser Urteilsmaßstab überhaupt? Man sollte nicht übersehen, daß er erst in der ersten Hälfte des 19. Jahrhunderts von der Intelligenz erfunden wurde. Er verdeckt, daß die bürgerliche Repräsentativkultur nicht schlechter dastand als die Elitenkultur vorangegangener Jahrhunderte. Man vergleiche beispielsweise mit dem Aufblühen der Hofkultur im 17. Jahrhundert: in beiden Fällen war nicht eine intellektuelle Bewegung, sondern ein materieller Aufstieg die Basis, auf der sich eine Repräsentativkultur entfaltete, die des Fürstenhofs im einen, des Großbürgertums im anderen Fall. So waren auch die Mittel ähnlich: die Steigerung von Menge und Größe, der Hang zum Theatralischen und Repräsentativen. Wenn man die Erinnerung ans Mittelalter aufwärmte, war dies nicht falscher als das Anknüpfen an die antik-römischen Traditionen durch die Kaiser seit Karl dem Großen, im Künstlerischen auch wieder verstärkt im 17. Jahrhundert.

Aus dem Biedermeier herausgewachsen, weitgehend vor dem mächtigen Einsetzen der bürgerlichen Repräsentativkultur, dann in ihrem Schatten in den 1880er Jahren auslaufend, gab es in Literatur und Malerei auch einen bürgerlichen Realismus, der im Unterschied zu den bisher Genannten nicht pathetisch und repräsentativ war und zum neuen Großbürgertum auf kritische Distanz hielt. Die Dinge in ihrer Individualität objektiv und genau zu schildern war sein Programm, wenngleich seine Praxis nicht ohne harmonisierende Züge blieb. Diese Autoren und Maler gingen vom Erfahrungshorizont, den privaten und beruflichen Problemen und Wertmaßstäben des mittelständischen Bürgertums aus. Bevorzugte Themen in der Malerei waren genau wiedergegebene Landschaften und das Alltagsleben der Bauern und Kleinbürger, und in der Literatur stellten beamtete und handwerkliche Bürger sowie Bauern die Träger der Handlung, die vielfach eng an einen bestimmten Landschaftsraum gebunden war. Unter den Schriftstellern ragten vor allem T. Storm, W. Raabe und G. Keller heraus, unter den Malern W. Leibl.

Parallel zum Repräsentationsaufwand verstärkte sich im gehobenen Bürgertum und Adel auch die körperfeindliche Einstellung, die im Prinzip schon zuvor vorhanden gewesen war, und zugleich griff eine Betonung von Haltung und äußeren Formen um sich. Um die Jahrhundertwende erreichten diese Tendenzen ihren Höhepunkt; danach begannen sie sich in Ansätzen wieder zu lockern.

Über Sexualität zu reden war in Öffentlichkeit, Schule und Familie tabuisiert. Das galt besonders für Mädchen, die bis zur Hochzeit völlig „rein" bleiben sollten, d.h. nicht nur jungfräulich unberührt, sondern auch ohne Kenntnisse über Sexualität. Überhaupt wurden sie als lebensfremde, hilflose Treibhauspflanzen aufgezogen, und wenn sie ausgingen, mußte oft sogar eine Anstandsdame zur Kontrolle mit. Da man bei jungen Männern sexuelle Bedürfnisse nun aber nicht übersehen konnte und da einerseits Freude am Erotischen auch in der Ehe als bedenklich galt, andererseits aber vorehelicher und außerehelicher Geschlechtsverkehr verpönt waren, ließ die enge Moral hinter der nach außen blitzsauberen Fassade einen trüben Sumpf von Bordellen, flüchtigen Begegnungen in Stundenhotels und Beziehungen im Heimlichen um so üppiger blühen. Damit erwies sie sich als Doppelmoral.

Die gleiche Einstellung, die gegen Körperlichkeit und Natürliches gerichtet und auf Haltung bedacht war, zeigte sich in der zweiten Hälfte des 19. Jahrhunderts auch in Kleidung und Bewegungsverhalten. Bei den Damen waren enggeschnürte Korsetts üblich, und bei den Herren kamen steife Stehkragen auf. Zwar verbreiteten sich seit der Jahrhundertmitte Turnen und Schwimmen (ab 1844 Schulturnen), aber diese Formen körperlicher Bewegung blieben künstlich eingezwängt: sie fanden weniger im Freien statt als in den seit der Jahrhundertmitte gebauten Schulturnhallen und Hallenschwimmbädern. Das Seebad sah man mehr unter medizinischem Aspekt. Die Badekleidung bedeckte den ganzen Körper und ließ nur Teile von Armen und Beinen frei, und Damen trugen am Strand einen Sonnenschirm, um nur ja die vornehme Blässe ihrer Haut zu wahren. Und im Turnen herrschte ein auf exakte, vorgeschriebene Körperhaltungen bedachter Formalismus. Man betrieb vor allem Geräteturnen und im Freien insbesondere Übungen, die auf Kommando im Gleichtakt ausgeführt wurden, vor der Jahrhundertwende jedoch kaum Leichtathletik. Auf Familienfotos präsentierten sich bürgerliche Familien meist hierarchisch geordnet mit steifer Körperhaltung, womit sie sich deutlich von den viel lockereren Familiengemälden der Biedermeierzeit unterschieden.

Auch die gesellschaftlichen Umgangsformen der gehobenen Kreise, die Wahl der Kleidung für verschiedene Gelegenheiten und der Ablauf von Empfängen und anderen gesellschaftlichen Veranstaltungen waren von steifen Regeln geprägt. Selbst im Gymnasialunterricht machte sich ein formalistischer Geist bemerkbar. Beispielsweise wurden die antiken Schriftsteller vor allem mißbraucht, um daran verzwickte Grammatikregeln zu üben, beim Unterricht moderner Fremdsprachen standen abstrakte Grammatikregeln und Übersetzungen von Texten im Mittelpunkt, ohne daß die Hör- und Sprechfähigkeit geübt wurde, in Mathematik hatten Logarithmentafeln und Geometrie ein großes Gewicht, ohne auf die Naturwissenschaften angewendet zu werden, der Physikunterricht erfolgte nur theoretisch und fast ohne Experimente, und im Kunstunterricht mußten die Schüler vor allem vorgegebene Ornamente, stereometrische Körper und dergleichen abzeichnen.

Noch stärker als die bürgerliche Repräsentativkultur nahm die Breitenkultur an Umfang zu, an Menge und Vielfalt des Gelesenen, des Schmucks, der Vergnügungsmöglichkeiten. Vor allem in den Städten wurde das Leben für breite Bevölkerungskreise bunter und abwechslungsreicher als je zuvor. Die allgemein steigenden materiellen Möglichkeiten und das geistige Erwachen und damit Interesse der Massen boten hierfür die Grundlage. Gleichzeitig veränderte sich die Struktur dieses Kulturbereichs tiefgreifend. Sie wandelte sich von den Formen traditioneller Breitenkultur in Richtung auf eine industriezeitliche Massenkultur.

Massenkultur

Sieht man von der individuellen Beschäftigung mit kulturellen Dingen ab (z.B. Lesen und häusliches Selbstmusizieren), standen drei verschiedene organisatorische Formen der Breitenkultur nebeneinander: die traditionellen Gemeinschaften von Dörfern und Berufsverbänden als Träger des hergebrachten Brauchtums, die Vereine und der marktwirtschaftliche Bereich. Indem die alten gesellschaftlichen Bindungen sich auflösten und die Produktionsverhältnisse sich wandelten, verfielen auch die an sie geknüpften Brauchformen bis zum Ersten Weltkrieg zum größten Teil. Das bedeutete indessen keine kulturelle Verarmung, denn gleichzeitig gewannen die Vereine um so mehr an Bedeutung, und daneben dann zunehmend auch die vermarkteten Kulturgüter. Von den Vereinen rechnete sich aber nur ein Teil zum vorherrschenden bürgerlichen Typ. Daneben standen in organisatorischer Hinsicht zwei Subkulturen, die jede ihr eigenes Netz von Vereinen, Volksbüchereien, Zeitungen, Vortragsabenden, Broschüren und Flugblättern aufbauten: die katholische und die sozialdemokratische. Erstere sprach vor allem katholische Kleinbürger und Bauern an, letztere besonders Industriearbeiter. Die Organisationen der katholischen Subkultur, seit den 1840er Jahren aufgebaut, wurden meist von Geistlichen gelenkt. Inhaltlich zielten sie auf eine Lebensweise aus katholischer Weltsicht ab, womit sie sich deutlich gegen den im übrigen Kulturleben herrschenden Geist stellten. Die seit den 1870er Jahren aufgebaute sozialdemokratische Subkultur führte zwar organisatorisch ein Eigenleben, war dagegen aber inhaltlich nicht auf eine proletarische Alternative gerichtet, weder in Literatur noch in künstlerischen oder sportlichen Formen. Die Arbeiterbildungsvereine strebten vielmehr danach, an die bürgerliche Allgemeinbildung Anschluß zu gewinnen. Von den in sämtlichen sozialistischen Büchereien Österreichs entliehenen Büchern machte die eigentlich sozialistische Literatur nur 2-3 Prozent aus.

Vor allem drei Kräfte waren es, welche die Breitenkultur tiefgreifend umformten. Als erstes nahm die Kommunikation stark zu, sowohl als Austausch zwischen verschiedenen deutschen Regionen durch Verkehr, Medien und Binnenwanderung wie auch

Verbürger-lichung

als Vermittlung von bürgerlichen Werten und Geschmacksmustern an mittlere und untere Bevölkerungsschichten, vor allem durch Zeitschriften und Schule. Als zweites wirkte sich aus, daß mit der zunehmenden Industrialisierung jene ständisch gebundene Selbstverständlichkeit verfiel, mit der Handwerker und Bauern ihre eigenen Bräuche, Kleidungsweise und Sprechweise gelebt hatten, worauf sie sich zunehmend am Vorbild der äußeren Lebensformen des gehobenen Bürgertums orientierten und an diesen teilzuhaben versuchten. Schließlich spielte als dritter Faktor eine Rolle, daß die Herstellung von Konsumgütern von handwerklichen Verfahren mit eng begrenztem Absatzgebiet zur industriellen Fertigung überging. Diese Kräfte führten zu dem Ergebnis, daß die Unterschiede in den Kulturformen abgebaut wurden, und zwar regional, indem die kulturellen Formen in den verschiedenen deutschen Landschaften sich deutlich einander anglichen, und ebenso sozial, indem bürgerliche Kulturformen ihren Weg auch zu städtischen Unterschichten fanden, mit einiger Verzögerung auch zur Landbevölkerung, als letztes im 20. Jahrhundert auch in den Alpenraum. Da die Großstädte vorangingen, verstärkte sich vorübergehend der Stadt-Land-Unterschied in den Lebensformen. Nun war es an sich nichts Neues, daß die Stilformen der Oberschichten von den darunterstehenden sozialen Schichten nachgeahmt wurden – auch Volkstrachten und Volkskunst hatten dem ihre Entstehung verdankt. Aber während dabei früher durch Vergröberung, Umformung und zeitlichen Verzug eben doch beträchtliche Unterschiede entstanden waren, wurde der Zusammenhang jetzt viel direkter, die Ähnlichkeit größer.

Hatten um die Jahrhundertmitte nur die Oberschichten Hochdeutsch gesprochen, ging nun der Gebrauch der regionalen Dialekte in der Masse der Bevölkerung stark zurück. Sie wichen entweder ganz der Hochsprache oder wandelten sich unter ihrem Einfluß zu halbmundartlichen Umgangssprachen. Während bislang im größten Teil der Bevölkerung Eintopfgerichte häufig gewesen waren, breiteten sich nun nach dem Vorbild der Oberschichten verfeinerte und differenzierte Formen der Speisenzubereitung immer weiter aus, in der ersten Jahrhunderthälfte in der städtischen Mittelschicht und in der zweiten auch bei Unterschichten und Bauern. Landschaftliche Besonderheiten im Baustil städtischer Häuser verloren sich weitgehend, und bei Bauernhäusern verschwanden im Laufe der zweiten Jahrhunderthälfte die regional gebundenen Bauernhaustypen zugunsten einer am Stadthaus orientierten Bauweise. Möbel und Gebrauchsgegenstände kleinbürgerlichen Zuschnitts und aus industrieller Serienfertigung, die sich ihrerseits an den Formen der gehobenen Kreise orientierten, wurden immer mehr auch von den (besserbezahlten) Arbeitern und Bauern übernommen. Damit starb die ländlich hergestellte Volkskunst weitgehend aus. Der Typ des bürgerlichen Wohnzimmers mit Sofa, Sesseln und Tisch gewann im Laufe der Zeit weithin stilbildende Geltung. Ähnlich übernahmen erst Handwerker und dann auch ein großer Teil der Arbeiter und Bauern bis zum Ersten Weltkrieg die bürgerliche Kleidung als Sonntagskleidung, selbst wenn die Arbeiter sich diese direkt vom Munde absparen mußten. Die bäuerlichen Volkstrachten gerieten im Laufe der zweiten Hälfte des 19. Jahrhunderts fast ganz außer Gebrauch. Unterschichten und Landbevölkerung paßten sich im wesentlichen im Laufe dieser Jahrhunderthälfte auch an die Tischsitten der gehobenen Kreise mit Einzelteller für jeden und Gabel an und gaben es auf, mit Löffeln aus der gemeinsamen Schüssel zu essen. Das Empfinden für Gemütlichkeit und Sentimentalität strahlte vom gehobenen Bürgertum auf das Kleinbürgertum und teilweise auch darüber hinaus aus. Das zeigte sich darin, daß sich in kleinbürgerlichen Familienzeitschriften (Gartenlaube), Liedertafeln und Kneipengesang Dichtung und Lieder verbreiteten mit Mondschein- und Waldeinsamkeitsstimmung, Waldvögelein und silbernplätscherndem Wiesenbächlein, Altheidelbergromantik und Morgenrotbegeisterung, und dies äußerte sich ebenso darin, daß um 1880 im katholischen Raum süßlich-sentimentale religiöse Bilder aufkamen und daß man niedliche Gartenzwerge erfand, um damit Gärten idyllisierend zu möblieren. Seit dem späten 19. Jahrhundert übernahmen Arbeiter auch zunehmend die bürgerlichen Gewohnheiten, am Sonntag spazierenzugeben und mit der Familie aus der Großstadt per Bahn oder Fahrrad „ins Grüne" zu fahren.

Bedeutete dies alles nun, daß das Kulturleben seine bunte Fülle verlor, daß es nivelliert und uniform wurde? Aus abgehobener Sicht gab es in der Tat eine Vereinheitlichungstendenz, welche die Unterschiede zwischen den verschiedenen Regionen immer weiter ausglich. Aus der Perspektive des einzelnen Deutschen stellte sich die Entwicklung aber ganz anders dar. Während für den größten Teil der Bevölkerung traditionell Sitte, Brauch und Tracht an einem Ort und für eine Einwohnergruppe relativ einheitlich gewesen waren und dem einzelnen sein Verhalten weitgehend vorgeschrieben hatten, gewann er jetzt zunehmend Auswahlmöglichkeiten, die ihm bis dahin unbekannt gewesen waren, da jetzt am selben Ort das Angebot kultureller Formen immer reichhaltiger wurde und auch die zwingende Kraft des Selbstverständlichen verfiel. Es gibt keinen Grund, diesen Gewinn an Wahlfreiheit zu beklagen. *Nivellierung?*

Der Vereinheitlichung der kulturellen Formen der verschiedenen sozialen Schichten waren Grenzen gesetzt, da diese Schichten sich an Geld, Bildungsstand und Arbeitsweise unterschieden. Diese Unterschiede blieben durchaus beträchtlich. Anders als bei den Gebildeten lebte in den Unterschichten noch die alte Denkweise weiter, welche die Dinge mehr vom Konkreten und der Anschauung her erfaßte und wenig abstrakt dachte, die Zusammenhänge mehr assoziativ als kausal herstellte und über historische Zeiten und ferne Gegenden jenseits des eigenen unmittelbaren Erlebnisbereichs nur unklare Vorstellungen besaß, die auf Schlagworte und Anekdotenhaftes reduziert waren. Das Branntweintrinken ging zwar seit Ende des 19. Jahrhunderts in der Arbeiterschaft zurück, aber dort blieben auch weiterhin freudige Ereignisse und Nachrichten genauso wie Beerdigungen allemal ein Anlaß, sich gemeinsam zu betrinken, wogegen das sensibel gewordene Bürgertum bei Beerdigungen intensive Gefühle stiller Trauer zu kultivieren pflegte. Auch der Hang zu physischer Gewaltsamkeit, das Auftrumpfen mit körperlicher Stärke blieb in den Unterschichten weithin üblich. Die Enge bürgerlicher Sexualmoral übernahm man dort nicht. Nach einer Untersuchung in Preußen 1895 waren von den Frauen der Meister und Angestellten 31 Prozent und von denen der Arbeiter und Gesellen 49 Prozent vorehelich schwanger gewesen.

Angesichts solcher Mentalitätsunterschiede verwundert es nicht, daß die anspruchsvollen Kulturformen der Gebildeten nur wenig sozial absanken, sondern daß mit der expandierenden Massenkultur in erster Linie die trivialen Kulturformen zunahmen, die dem geistigen Niveau breiter Kreise angemessen waren. Diese wiesen wiederum durchaus unterschiedliche Niveaustufen auf, da ihre Konsumenten von Teilen der Oberschicht bis zur Arbeiterschaft reichten. An Gebrauchsgegenständen wurden bei der Massenproduktion Ornamentformen trivialisiert und Surrogate verwendet. Bei Wandbildern gab es seit dem späten 19. Jahrhundert Reproduktionen, durch die Bildschmuck zum Gemeingut breiter Kreise wurde. In der Unterhaltungsliteratur trat neben den gehobenen Unterhaltungsroman seit der Jahrhundertmitte der Fortsetzungs- *Triviali-sierung* roman in Familienzeitschriften und schließlich der Heftroman in Serien. Karl May, Ludwig Ganghofer, E. Marlitt und dann auch H. Courths-Mahler waren die meistgelesenen Schriftsteller.

Die Trivialformen in Literatur, Kunst und Hausmusik dienten vor allem zur Erbauung und Entspannung, befriedigten also durchaus legitime Bedürfnisse, die bis dahin zum großen Teil durch die Religion gestillt worden waren. Je mehr die rechnende Nüchternheit der Technik, Industrie und des Marktes sich entfaltete, desto größer wurde offenbar zugleich das Bedürfnis nach Kompensation. Im übrigen wurzelte hierin auch der Tourismus an die Küste, ins Hochgebirge und in die Mittelgebirge, der in den Oberschichten allmählich aufkam. Aus dieser Erwartenshaltung der Konsumenten folgte zwangsläufig, daß die künstlerischen Trivialformen keinen kritischen Blick auf die Wirklichkeit richteten, sondern diese harmonisierten und daß sie auf vorhandene Wünsche bestätigend eingingen. Die profane Alltagswirklichkeit von Arbeit, Daseinsmühen und Industrie fehlte als Gegenstand völlig. Sieht man von religiösen Themen ab, die im katholischen Bereich in Wandbildern und Traktaten noch weiterlebten, entstanden seit der Jahrhundertmitte thematisch einige wenige Grundtypen. Da war zum einen die schöne Welt kultivierter Menschen, der Salons, die in Salonromanen und -malerei ebenso vertreten war wie in Musikstücken, die es auf einen brillanten, eleganten Luxuseindruck anlegten. Dann gab es die Welt exotisch fremder Gegenden, so im Reise- und Abenteuerroman, in Bildthemen wie Harem, Wüste und anderen orientalischen Szenen, und in Musikstücken, die von der Sonne Italiens, dem Golf von Neapel und Capri träumten. Einen weiteren Bereich bildete die idyllisierte bäuerlich-kleinstädtische Welt, so in den Dorf- und Heimatromanen und in der Genremalerei mit ihren Scharen von weinseligen Klosterbrüdern, damit verwandt die sentimentalisierte Darstellung deutscher Naturlandschaften in Gemälden mit Alpenglühen, röhrenden Hirschen und Heidelandschaften. Im Trivialroman trat ferner noch der Typ des spannenden Kriminalromans hinzu, der den Typ des Räuberromans modernisiert fortsetzte.

Kommerzielle Unterhaltungskultur

In den Großstädten entfaltete sich eine Unterhaltungskultur auf kommerzieller Basis, also außerhalb der Vereine in offenen, anonymen Formen. Sie wurde immer reichhaltiger und für die Freizeitgestaltung der Deutschen zunehmend wichtiger. Während die staatlichen Bühnen mit ihren Klassikeraufführungen und Opern subventioniert werden mußten, entstand eine Fülle kleiner, meist privater Bühnen, die Lustspiele, Rührstücke und Operetten boten und dabei teilweise beträchtliche Gewinne erzielten. Seit der Jahrhundertmitte wurde die Wiener-Walzer-Operette populär, nicht zuletzt durch Johann Strauß d.J. Als neue Schaudarbietung entstanden Varietés, die ein gemischtes Programm mit artistischer Kleinkunst boten, sowie Zirkusse, die Tierdressuren, Dressurreiten und Eingeborene aus Übersee vorführten. In Großstädten wurden zoologische Gärten gegründet, nach dem Wiener, der aus der kaiserlichen Menagerie hervorging, zuerst in Berlin 1844, Frankfurt a.M. 1858 und Dresden 1861. Große Panoramen (Rundgemälde) waren zu besichtigen. Schließlich kam der Film. Er blieb bis zum Ersten Weltkrieg ein naiver Ulk für Jahrmärkte. Die großstädtischen Tanz- und Vergnügungslokale vermehrten sich stark. Manche Operettenmelodien, die man als „zündend" empfand, wurden durch Tanzkapellen, Sänger und Notenverkauf gesondert aufgegriffen und populär gemacht. Der entstehende musikalische Vergnügungsbetrieb griff auch zahlreiche Gassenhauer, Volkslieder, Ständelieder und Tanzbodengesänge auf. Für besonders populäre Melodien kam ab 1880 die Bezeichnung „Schlager" auf. 1887 erfand E. Berliner mit dem Grammophon (Plattenspieler) ein Mittel, Musik auch technisch zu reproduzieren. Bänkelsänger, fahrende Gaukler usw. wurden durch die neuen Unterhaltungsformen verdrängt. Zwar starben zahlreiche Brauchtumsfeste ab, die an traditionelle soziale und lokale Gemeinschaften gebunden waren, aber zugleich wurden in vielen Städten, teilweise an Brauchtumsreste anknüpfend, Volksfeste neu geschaffen, die allen offen standen. Manche dieser Volksfeste wuchsen zu Großfesten mit überregionaler Bedeutung heran. Als wichtiger Ort der Unterhaltung und Zerstreuung bei Gespräch und Kartenspiel und von Vereinssitzungen nicht zu vergessen ist die Kneipe, insbesondere für (männliche) Arbeiter. Dagegen blieben Cafés eine Angelegenheit des Bürgertums.

Die sich in den großen Städten entfaltende Vergnügungskultur wirkte seit Ende des 19. Jahrhunderts auch über diese Städte hinaus anziehend. Primitive Ableger in Form beispielsweise von Wanderkinos drangen auch in Kleinstädte und bis auf die Dörfer vor. Insgesamt blieben die Unterhaltungsmöglichkeiten im ländlichen Raum weit hinter denen der großen Städte zurück. So berichtet der Landarbeitersohn Hölz über seine Jugend um die Jahrhundertwende: „Bis zu meinem vierzehnten Lebensjahr habe ich insgesamt an drei Kinderbelustigungen teilgenommen, einmal an einem Schulausflug nach einer Klosterruine, ein anderes Mal wohnte ich einer Vorstellung im Puppentheater bei, ... und das dritte Mal ... besuchte ich in der nahen Stadt auf einem Schützenfest ein Panoptikum."[57] Das war alles.

Sport

Seit etwa 1880 entfaltete sich rasch eine weitere Form der Freizeitnutzung in Gestalt der Sportbewegung, welche die Deutschen aus England übernahmen. Sie war weitgehend in Vereinen organisiert, bot aber zugleich auch das Schauspiel öffentlicher Wettkämpfe. Während Tennis, Golf, Segeln und Reiten weitgehend Sache der Oberschichten wurden, fanden vor allem Fußball und Radfahren in viel größeren Kreisen Anklang. Als weitere Sportarten kamen Rudern, Schwimmen, Leichtathletik und Ski auf, dann auch Autorennen, noch wenig Ringen und Boxen.

Wissenschaften allgemein

Produktion und Bevölkerung wuchsen in dieser Epoche stark, aber noch viel stärker wuchs das Wissen. Eine kräftig steigende Zahl von Wissenschaftlern sammelte in gezielter, systematischer Forschung einen sich rasant vermehrenden Vorrat an Kenntnissen an und entschleierte dabei ein Stück des Daseins nach dem anderen. Auf traditionellen Feldern arbeitete man weiter, und vor allem wurden bisher völlig fremde Gegenstandsbereiche in Arbeit genommen, zugleich aber auch Bereiche praktischen Handelns verwissenschaftlicht. Letzteres zeigte sich, indem die Ansprüche an die Ingenieur- und Technikerausbildung immer weiter wuchsen und mit ihnen die Technischen Hochschulen aufstiegen, indem die Betriebswirtschaft, zunächst Praxislehre im Kontor und schulmäßige Lehre an Handelsschulen, sich ab der Jahrhundertwende als Wissenschaft an Universitäten etablierte und indem die Volksschullehrerausbildung ab 1920 von Seminaren an Pädagogische Akademien oder Universitäten verlegt wurde. Allgemein wuchs Wissenschaft in die Rolle einer lebensgestaltenden Macht hinein. Je größer das Gesamtwissen wurde, desto kleiner geriet jener Bereich, den der einzelne Wissenschaftler genau übersehen und bearbeiten konnte, und desto mehr spaltete sich die Wissenschaft in Teildisziplinen und Spezialgebiete auf. 1850-1914 wurden im Deutschen Reich 1.036 wissenschaftliche Vereinigungen und Fachorganisationen gegründet, die sich meist auch ihre eigenen Publikationsorgane schufen. Dabei wurden die beiden Großbereiche Natur- und Humanwissenschaften einander immer fremder. Während der erstere nur als Teil einer gesamteuropäischen Forschung zu verstehen war, wies der letztere deutlicher nationale Besonderheiten auf.

Die naturwissenschaftliche Forschung erfolgte fast ganz an Universitätsinstituten, noch kaum in der Industrie (außer in der Chemie). Weil der für Geräte nötige Aufwand wuchs, gründete der Staat jedoch zunehmend außeruniversitäre Wissenschaftseinrichtungen. So entstanden besondere astronomische, geowissenschaftliche, medizinische, hygienische, landwirtschaftliche und technische Institute. Schließlich wurde 1911 die Kaiser-Wilhelm-Gesellschaft gegründet (seit 1948 in der BRD unter dem Namen Max-Planck-Gesellschaft), die sich aus staatlichen Mitteln und durch Stiftungsgelder der Industrie finanzierte und als Träger außeruniversitärer Institute für Grundlagenforschung auftrat. Damit begannen Forschung und Lehre sich voneinander zu trennen.

In der Biologie sah sich die herrschende materialistische Grundhaltung immer mehr bestätigt. Dagegen gerichtete Versuche, die Existenz eines immateriellen Lebensprinzips zu beweisen (H. Driesch ab 1909), scheiterten. Seit den 1860er Jahren setzte sich in heftigen Diskussionen die evolutionistische Auffassung durch, nachdem der Engländer Darwin die Evolution der Arten aus der natürlichen Zuchtwahl erklärt hatte. Bis zur Jahrhundertwende blieben Morphologie, Anatomie und Physiologie die Hauptforschungsgebiete der Biologie. Dann traten weitere wesentliche Bereiche hinzu. G. Mendel hatte schon 1856-65 die Gesetze der dominanten und rezessiven Vererbung entdeckt. Als man diese zunächst unbeachteten Erkenntnisse um 1900 wiederfand, begann sich die Vererbungslehre zu entwickeln. Ebenfalls um die Jahrhundertwende fing man an, bestimmte biologische Phänomene als Ergebnis von im Organismus ablaufenden chemischen Reaktionen zu verstehen und als solche näher zu analysieren. 1897 konnte E. Buchner das erste Enzym isolieren (einen organischen Katalysator bei biochemischen Reaktionen) und stieß damit das Tor zur Biochemie auf. Noch vor dem Ersten Weltkrieg entdeckte man ferner die ersten Vitamine und Hormone. So hielt auch in der Biologie planmäßiges Experimentieren mit quantitativen Verfahren Einzug. Seit Ende des 19. Jahrhunderts konnte dank besserer mikroskopischer Techniken überdies die Zellkernstruktur genauer aufgeklärt werden.

In der Chemie stellte J.L. Meyer gleichzeitig mit dem Russen Mendelejew 1868-71 das periodische System der Elemente auf, und bis zum Ersten Weltkrieg wurden die meisten chemischen Elemente entdeckt und eingeordnet. A. Kekulé entwickelte ein neues Ordnungsprinzip mit der Vorstellung, daß Moleküle als räumliche Anordnung von Atomen dargestellt werden können, wie er zuerst mit der Ringstruktur des Benzols 1865 aufwies. In der Physik gelang es H. Hertz 1887/88, elektromagnetische Wellen zu erzeugen und nachzuweisen, und 1895/96 entdeckte W.C. Röntgen die Röntgen-Strahlen. Um die Jahrhundertwende kam es zu einem Umsturz im Weltbild der Physik. Man erkannte, daß die Atome nicht die angenommenen kleinsten, unteilbaren Bausteine der Materie sind, und begann das Innere der Atome zu erforschen. Dafür wurde auch die im Jahr 1900 von Max Planck als Quantentheorie formulierte Erkenntnis wichtig, daß die Strahlungsenergie eines Atoms nicht kontinuierlich, sondern nur in bestimmten Quanten abgegeben werden kann. Gleichzeitig wurde die theoretische Physik durch Albert Einstein revolutioniert, der 1905 die Spezielle Relativitätstheorie formulierte, daraus die Äquivalenz von Masse und Energie ableitete und 1916 die Allgemeine Relativitätstheorie aufstellte. Die dem zugrundeliegende Erkenntnis, daß die Größe räumlicher und zeitlicher Abstände kein absoluter Wert ist, wie man bisher angenommen hatte und wie es dem Alltagsverständnis entspricht, sondern daß sie vom

Bewegungszustand des Betrachters abhängig ist, veränderte grundlegend die physikalischen Auffassungen von Raum und Zeit und führte zu wichtigen Schlußfolgerungen. Geographie und Geologie blieben dagegen noch weitgehend auf der Ebene von Beschreibung und Faktensammeln, wofür Forschungsreisen in Afrika, Innerasien usw. reichlich neues Material erbrachten. Erst als mit der Geomorphologie die Lehre von den Formen der Erdoberfläche entstand, kam es ab 1880 zu einer nennenswerten geographischen Theoriebildung. 1912 formulierte A. Wegener die Theorie der Kontinentalverschiebung. Indem man den Zusammenhang zwischen Wind und Luftdruck erkannte, entstand die Meteorologie als eigene Wissenschaft, und seit Ende des 19. Jahrhunderts wurde der internationale Wetterdienst mit zahlreichen Beobachtungsstationen aufgebaut.

Innerhalb der Humanwissenschaften, die weitgehend als Geisteswissenschaften verstanden wurden, war die Geschichtswissenschaft in der zweiten Hälfte des 19. Jahrhunderts die führende geistige Macht, da sie der Nationalbewegung und dem Nationalstaat die historische Tiefe ihrer Identität besorgte. Unter dem Einfluß der historischen Denkweise entstand in der Jahrhundertmitte auch in der deutschen Volkswirtschaft eine historische Schule, welche die deduktiv gewonnenen, zeitlosen Gesetze der klassischen Nationalökonomie ablehnte und stattdessen empirische Wirtschaftsgeschichte betrieb (W. Roscher, B. Hildebrand). Drei neue Zweige erweiterten das Untersuchungsfeld der Geisteswissenschaften. Ab 1851 begründete W.H. Riehl die Volkskunde, welche die Kulturgüter der vorindustriellen bäuerlichen Welt zu ihrem Gegenstand machte. Sie faßte diese als weitgehend unwandelbare Tradition auf, nicht ohne sie polemisch der industriezeitlichen Massenkultur entgegenzusetzen. Mit der zunehmenden Kenntnis außereuropäischer Länder entstand die Völkerkunde, welche die Kultur nichteuropäischer Völker („Eingeborener") untersuchte (erstes deutsches Völkerkundemuseum 1868 in Berlin). Seit 1882 begründete F. Ratzel die Anthropogeographie, die danach fragte, wie der Mensch und seine Kultur durch die physische Umwelt und wie der Raum durch den Menschen geprägt wird. Die Geschichtswissenschaft verengte ihren Blick stark auf die Geschichte von Staat und Außenpolitik. Versuche, eine Kulturgeschichtsschreibung zu begründen, konnten dagegen nicht durchdringen (alltagsbezogen: G. Freytag, kunstorientiert: J. Burckhardt).

Die ganzen Humanwissenschaften wurden in der zweiten Hälfte des 19. Jahrhunderts von einem Geist positivistischer Detailforschung beherrscht, der in methodisch strenger Arbeit riesige Stoffmengen anhäufte. Während Völkerkunde und anfangs auch die historische Schule der Volkswirtschaftslehre immerhin noch die Idee von Entwicklungsstufen als Ordnungsprinzip vertraten, wurde in Geschichts-, Literatur- und Altertumswissenschaft jede Theorie scharf abgelehnt und betont, daß Menschen und Ereignisse einmalig seien. Demzufolge gerieten übergreifende Zusammenhänge, Perspektiven und Strukturen der historisch-gesellschaftlichen Welt völlig aus dem Blick. Ähnliches konnte man in der Psychologie beobachten. Dort setzte sich um die Jahrhundertmitte eine Forschungsrichtung durch, die sich auf einzelne Empfindungen, Geschmack und Reaktionen konzentrierte und infolge dieser zergliedernden Betrachtungsweise über die Seele als Ganzes nichts auszusagen wußte. Im Unterschied zu den Geisteswissenschaften ging sie aber von experimentellen Methoden und naturwissenschaftlich-mechanistischen Erklärungen aus (G.T. Fechner, W. Wundt). Dieser Ansatz, der an naturwissenschaftlichem Denken orientiert war, blieb jedoch innerhalb der deutschen Humanwissenschaften isoliert. Vielmehr wirkten in den Geisteswissen-

Humanwissenschaften

schaften bestimmte Eigenarten des „deutschen Geistes" übermächtig weiter, wie er sich am Anfang des Jahrhunderts formiert hatte: die Abneigung gegen Mechanisches, Materielles und Wirtschaft sowie die Auffassung, daß kulturelle und soziale Erscheinungen Ausdruck eines sinnstiftenden Geistes seien. So formulierte W. Dilthey am Ende des 19. Jahrhunderts das Gegenprogramm einer Psychologie, die beschreibt und nicht kausal erklärt, die intuitiv Äußerungen und Werke jeder Art als sinnhaft versteht und nicht experimentell vorgeht. Die deutsche Geschichtswissenschaft lehnte es strikt ab, durch materielle und natürliche Faktoren zu erklären, statistische Methoden anzuwenden und nach Gesetzmäßigkeiten zu suchen, sehr im Unterschied zur englischen und französischen Gesellschaftswissenschaft und zu den Marxisten. Die neukantianische Philosophie steigerte den Gegensatz zwischen Geistes- und Naturwissenschaften ins Prinzipielle: die einen hätten Einmaliges als Ergebnis sinnvollen Handelns zu verstehen und zu beschreiben, die anderen Natur mit Hilfe allgemeiner Gesetzmäßigkeiten zu erklären.

Seit den 1890er Jahren regten sich in den Humanwissenschaften eine Reihe von Ansätzen, die versuchten, die positivistische Verzettelung ins Detail zu überwinden und stärker Zusammenhänge, Ganzheiten, Strukturen und Typisches in den Blick zu rücken. Auch sie waren aber alle mehr oder minder von den besonderen Traditionen des „deutschen Geistes" beeinflußt. Die Kunstgeschichte bemühte sich, überindividuelle Stile und Formstrukturen herauszupräparieren (H. Wölfflin, A. Riegl), und in der Geographie kam das Konzept der „Landschaft" als Integrationsprinzip, als intuitiv zu erfassende Ganzheit auf. In der Wirtschaftswissenschaft wurde in Reaktion auf die stark wirtschaftsgeschichtliche Betrachtungsweise die reine Theorie wiederbelebt. Dies geschah durch die Grenznutzenschule, die bestrebt war, aus (letztlich willkürlich) gesetzten Annahmen deduktiv Gesetzmäßigkeiten abzuleiten, wobei sie gegen die klassische Arbeitswertlehre eine subjektive Wertlehre setzte (C. Menger). E. Husserl versuchte die philosophische Ontologie als Lehre von den allgemeinen Strukturen der Wirklichkeit wiederzubeleben; da er aber die zur Wirklichkeitserfassung alleine geeignete empirische Methode ablehnte und stattdessen in seiner intuitiven „Wesensschau" tatsächlich nur das analysierte, was er sich im Bewußtsein vorstellte, war dieser Ansatz von vornherein zum Scheitern verurteilt. Jene Psychologie, die sich auf Einzelelemente beschränkte, wollten verschiedene Ansätze überwinden. Vor allem W. Wundt nahm nachdrücklich den Versuch wieder auf, anstelle der Individuen die „Volksseele" von ganzen Völkern zum Gegenstand einer Völkerpsychologie zu machen. Diese setzte mit der Analyse von Sprache, Kunst, Mythos und Brauch an, blieb aber stark mit spekulativen Zügen behaftet. M. Wertheimer begründete 1912 die Gestaltpsychologie, die davon ausging, daß Geschehnisse und Formen nicht in ihren Einzelelementen, sondern als ganzheitliche Gestalten wahrgenommen würden. Am folgenreichsten wurden die Arbeiten Sigmund Freuds, der anfing, das Unbewußte des Menschen wissenschaftlich zu untersuchen. Mit seiner Psychoanalyse konstruierte Freud eine Theorie, nach der es außer der bewußten Persönlichkeit (dem „Ich") auch das „Es" der verdrängten Triebe gebe; diese seien durch die als „Über-Ich" verinnerlichten gesellschaftlichen Normen im Unterbewußtsein eingeschlossen und würden dadurch zur Quelle seelischer Konflikte. Freud führte Neurosen weitgehend auf die Unterdrückung sexueller Triebe zurück und maß dabei den frühkindlichen Erlebnissen große Bedeutung bei. Er versuchte psychische Krankheiten dadurch zu heilen, daß er im psychotherapeutischen Gespräch anstrebte, die ins Unterbewußte verdrängten Komplexe bewußt zu machen. Daß damals die bürgerliche Sexualmoral besonders eng war und dementsprechend relativ häufig Hysterie und Zwangsneurosen verursachte, verleitete Freud dazu, die Bedeutung sexueller Triebkräfte zweifellos zu überschätzen. Die von ihm angenommenen Gebilde Ich, Es, Über-Ich und die Triebe sind überdies nicht direkt empirisch erfaßbar, so daß der größte Teil seiner Theorie zwangsläufig rein spekulativ geblieben ist. Trotzdem gewann die Psychoanalyse nach dem Ersten Weltkrieg vielfältigen Einfluß. In der Geschichtswissenschaft kam es von verschiedenen Seiten her zu Versuchen, Geschichte und Gesellschaft generalisierend zu erfassen, denn die stark auf die politischen Ereignisse fixierte Geschichtswissenschaft trug nichts dazu bei, jene massenhaften gesellschaftlichen Wandlungen zu begreifen, die mit der Industrialisierung sichtbar wurden. K. Lamprecht versuchte Geschichte als Abfolge von sozialpsychologischen Entwicklungsstufen zu schildern; W. Sombart verband Geschichte und Wirtschaftstheorie zur Analyse der Entstehung des europäischen Kapitalismus; Max Weber befaßte sich mit den Ursachen der Entstehung der modernen europäischen Rationalität, wie sie in Kapitalismus, Bürokratie und Wissenschaft zum Ausdruck komme, und verglich dazu auch mit den Denkweisen anderer Hochreligionen; G. Simmel begründete eine formale Soziologie als allgemeine, unhistorische Beziehungslehre. Auffallenderweise gingen auch die letztgenannten Versuche alle sinnverstehend vor und wählten einen sehr weitgespannten, oft stark theoretischen Zugriff, worin auch sie sich durchaus als deutscher Denktradition verpflichtet erwiesen. Auf diesem Gebiet blieb es bis zum Ersten Weltkrieg aber bei großen Einzelvorstößen. Sie alle trafen bei Geschichtswissenschaft und Philosophie auf heftige Ablehnung. Nur die von F. Meinecke begonnene Ideengeschichte, die das Denken großer Männer untersuchte, konnte sich neben der politischen Geschichte etablieren.

Die tiefgreifenden Veränderungen der Epoche, die gesellschaftlichen Umgewichtungen und der Aufstieg der Wissenschaften forderten dazu heraus, sich auf grundsätzlicher Ebene mit der heraufziehenden modernen Welt auseinanderzusetzen. Indem wissenschaftliche Erkenntnis und technisches Können Triumphe feierten, schmolz das Gefühl dahin, von übernatürlichen Mächten, von Gott wie von magischen Kräften abhängig zu sein. Damit verloren jene Deutungen und Praktiken an Boden, die sich nicht auf rational gewonnene und empirisch gesicherte Erkenntnis beriefen, sondern wie die Religion auf göttliche Offenbarung, wie Sitte und Brauch auf unreflektierte Tradition oder wie Aberglaube auf überholte Annahmen. In dieselbe Richtung wirkten die gesellschaftlichen Veränderungen: wo traditionelle Gemeinschaften sich auflösten, zerfielen auch die an diese geknüpften Bräuche, und wo die Unterschichten sich in ihren Ansprüchen und Bedürfnissen von den etablierten, mit den konservativen Kräften der Gesellschaft verbundenen Kirchen nicht ernstgenommen sahen, sondern mit billigen Trostsprüchen abgespeist fanden, liefen sie ihnen davon. So verloren die traditionellen Formen von Deutung, Sinnstiftung und innerem Halt auf breiter Front an Einfluß, in städtisch-gewerblich geprägten Gebieten wesentlich stärker als in ländlich-agrarischen. Das alles bedeutete, sich zu befreien von geistigen Zwängen, Gefühlen der Abhängigkeit und den daraus erwachsenden Ängsten, aber es brachte auch den Bedarf nach neuen Orientierungen mit sich.

Das Religiöse verlor in der Gesamtkultur deutlich an Gewicht. Kirche wurde zu einem Bereich neben vielen anderen in einer differenzierten Gesellschaft. Der Anteil der Theologen unter den Studenten im Deutschen Reich fiel 1831/40 bis 1910/11 von 32 auf 8 Prozent. Kirche und Religion boten für Kunst, Literatur und Musik keine füh-

Rückgang von Religion und Aberglaube

701

rende Aufgabe und kein erstrangiges Thema mehr. Die Berufung auf religiöse Legitimierung wurde für politisches Handeln unbedeutend. Vor allem das gebildete Bürgertum und die Unterschichten, besonders die städtischen, wandten sich zunehmend von
den Kirchen ab, wenngleich es auch kaum formelle Kirchenaustritte gab. Diesen beiden Schichten galt um die Jahrhundertwende Kirche weitgehend als überholter Rest
einer versunkenen Welt, zumindest im protestantischen Bereich, während die katholische Kirche noch ein größeres Maß an Anhänglichkeit für sich wahren konnte. Bei
den Protestanten ging in der Rheinprovinz die Zahl der Abendmahlteilnehmer 1866-
1910 von 41 auf 21 Prozent zurück, und der Besuch protestantischer Gottesdienste im
Königreich Sachsen betrug um die Jahrhundertwende in bäuerlichen Gegenden 20-40
Prozent, in Industriezentren 2-8 Prozent und in den neuen Vorstädten höchstens 1 Prozent. Dagegen blieben Taufe bei der Geburt, kirchliche Trauung und kirchliches Begräbnis noch fast vollständig Brauch. Auch die traditionellen Formen des Aberglaubens aus heidnischer oder christlicher Wurzel (weniger jene gelehrter Herkunft wie
Astrologie), des Glaubens an Spuk, Zwerge und Hexerei, der magischen Praktiken
und der Anrufung von Heiligen gegen Krankheiten gingen stark zurück, wenngleich
sich in rückständigen Gebieten noch manches Relikt hielt. Noch 1930 glaubten in den
ländlichen Gegenden Ostelbiens und Bayerns über dreiviertel der Bevölkerung an
Schadenszauber durch Hexen, während dieser Glaube bei den übrigen Reichsdeutschen bereits fast ganz ausgestorben war.

Orientie-
rungs-
bedürfnis und
neue Art der
Antworten

Aber nur zum Teil traten wissenschaftliche Erkenntnisse an den Platz der alten
Weltdeutungen. Das hatte zwei Gründe. Zum einen: zwar besitzt der Wissenschaftler
in seiner wissenschaftlichen Methode ein Instrument, um prüfend begründete von unbegründeten Aussagen zu trennen, aber der Normalbürger findet die von ihm gewuß-
ten Aussagen über die Welt nicht selbst, sondern übernimmt sie von gelehrten Autoritäten, denen er glaubt, meist ohne aufgrund eigener methodischer Prüfung Begrün-
detes von Unbegründetem trennen zu können. Zum anderen: Wissenschaft vermag jenes Bedürfnis nicht zu befriedigen, das sich auf ein Netz seelischer Sicherheiten richtet, wie es sich aus einer zusammenhängenden Gesamtdeutung der Welt ergeben
kann, und das Sinnstiftung auch bei Zufällen und Nöten verlangt. Indem wissenschaftliche Forschung an vielen Stellen in die Tiefe drang, lichteten sich dort zwar für die jeweiligen Fachgelehrten die mythischen Nebel der Unkenntnis und Spekulation, aber
da die Fülle des Gesamtwissens nicht strukturell zusammenhing und für einen einzelnen immer unüberschaubarer wurde, da ferner Verhaltensnormen nicht durch Wissenschaft, sondern nur durch Konsens begründet werden können, entstand keine neue zusammenhängende, sinnstiftende Gesamtdeutung. So wurde in der Weltsicht breiter
Teile des Volkes Glaube nicht durch vernünftige Einsicht ersetzt. Vielmehr wurden
vielfach traditionelle Glaubensinhalte gegen neue ausgetauscht, die sich, dem wissenschaftlichen Zeitgeist entsprechend, alle in das moderne Gewand vorgeblicher Wissen-
schaftlichkeit hüllten, tatsächlich aber dem wissenschaftlichen Kenntnisstand ihrer
Zeit nicht standhielten (was nicht ausschloß, daß sie etliche richtige Einzelfeststellun-
gen enthalten konnten). Solche neuen Glaubenslehren entstanden wie die alten auf
unterschiedlichem Niveau. In schlichten Formen traten sie als moderner Aberglaube
auf, z.B. als unbegründete Auffassungen über Ursachen und Wirkungen von Strahlen
und Wellen aller Art und des Magnetismus, nach dem Zweiten Weltkrieg mit dem
Vordringen in den Luftraum als Glaube an fliegende Untertassen und an den Besuch
von Außerirdischen und mit dem Umweltbewußtsein als übertriebene Vorstellungen

702

von Wert und Schaden bestimmter Speisen und Umweltverhältnisse. In anspruchsvollerer Form gaben sie sich als Weltanschauungen. Weltanschauungen waren Gedankensysteme, die den (unhaltbaren) Anspruch erhoben, eine umfassende, wissenschaftlich begründete Gesamtdeutung zu geben, oft in kognitiver und zugleich normativer Hinsicht. Den Eindruck von Ganzheitlichkeit und Überschaubarkeit erreichten sie dadurch, daß sie sich darauf beschränkten, einen einzigen Grundgedanken auszudeuten und zu variieren und damit die komplexe Wirklichkeit gewaltig vereinfachten. Auf diese Weise befriedigten sie jedoch das Bedürfnis vieler nach Orientierung, Sinn und geistiger Sicherheit. Hier und da mochten auch die Arbeit Lebenssinn stiften oder klassische Bildung und Kunst dem inneren Halt und der geistigen Orientierung dienen.

Besondere Folgen mußte dieser Wandel der Denkweisen für Deutung und Verhalten in Zeiten umfassender Krisen haben. Indem Wissenschaft und Technik allgemein die Vorstellung von der Machbarkeit der Dinge förderten, bestand der Trend, in solchen Situationen weniger auf religiöse und magische Kräfte zu setzen als die Erwartung erfolgreicher Krisenbewältigung an die handelnden Politiker zu richten, folglich anstatt in religiöse Ansprüche in politischen Radikalismus zu verfallen. Bei Krisen im 20. Jahrhundert sollte sich dies dann zeigen.

Die Einstellung zu den modernen Zeittendenzen sah bei verschiedenen gesellschaftlichen Gruppen, Konfessionen und Regionen unterschiedlich aus, und sie veränderte sich auch im Laufe der Jahrzehnte. Die Bevölkerung der großen Städte stand der Modernität allgemein näher als jene auf dem Lande. Die Rolle der Religionen zeigten Unterschiede in der Hinwendung zu höherer Bildung und Wissenschaft. 1880/81 waren von den Schülern sämtlicher höherer Schulen Preußens 71 Prozent protestantisch, 20 Prozent katholisch und 7 Prozent jüdisch, während das Religionsverhältnis in der Bevölkerung 64:34:1,1 betrug. 1896 betrug in Bayern das Verhältnis von Nichtkatholiken zu Katholiken unter den Professoren 57,3:42,7, aber in der Bevölkerung 29:71 Prozent. Bei den naturwissenschaftlich-technischen Wissenschaften äußerte sich der Unterschied noch ausgeprägter, und auch Unternehmer und leitende Angestellte waren ganz überwiegend protestantisch (und jüdisch). So nimmt es nicht wunder, daß auch Weltanschauungen zunächst bei protestantischen und jüdischen Großstädtern Wurzeln schlugen.

Auch ob man durch den Wandel der Zeiten gewann oder verlor, beeinflußte verständlicherweise die Einstellung ihm gegenüber. Bei denen, welche die neue Zeit mit heraufführten, dem Wirtschaftsbürgertum und den leitenden Angestellten, den Ingenieuren und Naturwissenschaftlern, war sie meist positiv. Distanzierter oder auch ablehnend sahen es dagegen zum Teil jene, die bei den Umwälzungen der Zeit eher verloren: die Kirchen, deren Bedeutung schwand und die ihre Überzeugungen durch die Wissenschaften und den Liberalismus bedrängt sahen, die Großagrarier, die ihre gesellschaftliche Führungsstellung mit dem Aufstieg der Unternehmer allmählich verloren, Teile des alten Mittelstands, denen die heftigere Konkurrenz im Industrialismus zu schaffen machte, und Teile des Bildungsbürgertums und der literarisch-künstlerischen Intelligenz, die um die Jahrhundertmitte noch die führende Kraft im Bürgertum waren und diese Rolle dann an das aufsteigende Wirtschaftsbürgertum abgeben mußten und die ihr humanistisches Bildungsideal, das sich am Edlen und Schönen orientierte, bedrängt sahen durch die auf materiellen Gewinn und Technik gerichtete Haltung der Unternehmer und Ingenieure.

Es bestanden regionale Unterschiede. Der gewaltige wirtschaftliche Aufschwung in

Nähe und Einstellung zur Moderne: Grundzüge

den Wirtschaftszentren des Deutschen Reiches bot dort reichlich Anlaß zu tatkräfti-
gem, laut genießendem Zukunftsoptimismus, wenngleich daneben Tempo und Radikalität des Wandels auch solchen für Ängste lieferten. In Österreich gab die viel
schwächere Wirtschaftsentwicklung weniger Grund zu darauf gegründetem Stolz.
Stattdessen zogen dort angesichts der Tatsache, daß die slawischen Völker innerhalb
der Donaumonarchie erwachten und ihr politisches System zunehmend in eine Strukturkrise geriet, beim deutschen Volksteil seit den 1890er Jahren immer deutlicher
Überfremdungsängste herauf, und in der deutschen Führungsschicht breitete sich hinter der fröhlich glänzenden Fassade der Wiener Gesellschaft schleichend Müdigkeit
und Endzeitstimmung aus, stärker als irgendwo sonst. In der Schweiz wiederum war
das Element des Bürgerlichen so gefestigt und dominant und auch weniger durch den
Zug zur industriellen Massengesellschaft in Frage gestellt, daß es in behäbiger Selbstzufriedenheit ruhte und pessimistische Kulturkritik ihm weitgehend fremd blieb.

Auseinander-
setzung mit
der Moderne:
Entwicklung

Diese Unterschiede boten den Nährboden für verschiedene Weltanschauungen, literarische Deutungen und künstlerische Ausdrucksweisen. In den 1860er, 70er und 80er
Jahren herrschte in der Öffentlichkeit (außerhalb der Kirchen) ganz eindeutig ein fort-
schrittsgewisser Optimismus, der sich auf dem Weg zur besten aller Zeiten wähnte.
Kritische Stimmen wie Friedrich Nietzsche und P. de Lagarde empfanden sich selbst
als unzeitgemäß und blieben in dieser Zeit ohne nennenswerte Resonanz. Ab 1890 änderte sich das Bild etwas. Neben dem Fortschrittsglauben und der Repräsentativkultur
der tonangebenden Kreise, die zweifellos weiter dominant blieben, entfaltete sich eine
Fülle von Neuansätzen in Kunst, Musik, Weltanschauung und Lebensform, und vor
dem Hintergrund fortschreitender Industrialisierung und dem deutlicheren Erwachen
der Massen fanden kulturkritische Stimmen zunehmend Gehör. Da sie von den offiziellen Kulturinstitutionen meist nicht akzeptiert wurden, spalteten sich die Vertreter
der künstlerischen und teilweise auch literarischen Neuansätze als Sezessionen organisatorisch aus dem Kulturbetrieb der Staatstheater und Kunstakademien ab. So entstanden 1889 die Berliner Freie Bühne der Naturalisten, 1892 die Münchner und 1897
die Wiener Sezession von Künstlern, 1905 die freie Künstlervereinigung „Brücke" in
Dresden und 1911 die des „Blauen Reiters" in München. In einer bis dahin völlig unbekannten Vielzahl sprossen im Kulturleben Richtungen und Einzelgänger empor,
teilweise mit fließenden Übergängen und Wechseln der Künstler und Schriftsteller von
einer zur anderen Richtung. Aber fast alle blieben Minderheitenströmungen und waren oft nur kurzlebig. Sie waren isoliert von der Mehrheit des Bürgertums und erst
recht von der Masse des Volkes, zumal auch die Organe der Arbeiterbewegung ihnen
eher ablehnend gegenüberstanden, sie repräsentierten keine politischen und gesellschaftlichen Kräfte mehr und verfielen dadurch der Funktionslosigkeit intellektuellen
Außenseitertums, das quer zu seiner Zeit lag.

Bejahung
der Moderne

Während die Aufklärung sich Fortschritt als wachsende Humanisierung der Menschheit gedacht hatte, wandelte die Fortschrittsvorstellung des Bürgertums sich in der
Jahrhundertmitte ins Materielle. Das wirtschaftliche Wachstum, die technischen Erfindungen und wissenschaftlichen Fortschritte, die Überwindung der Hungersnöte und
die hygienischen Verbesserungen gaben die Grundlage dafür ab. Sie ließen Fortschritt
zum gängigen Schlagwort werden. Mit den großen Erfolgen der Naturwissenschaften
wurden jetzt Orientierungsleistungen zunehmend von diesen erwartet, und so schien
es nur folgerichtig, daß einige sie zur umfassenden Weltanschauung ausbauten. Dieser
bürgerliche Materialismus sah in der Welt nur materielles Sein und lehnte die Existenz

704

eines Gottes ab. Er betrachtete den Menschen als ein höherentwickeltes Tier und verstand auch das Denken selbst als unmittelbaren materiellen Prozeß. Einflußreiche Vertreter waren in den 1850er Jahren L. Büchner („Kraft und Stoff", 1855), J. Moleschott und K. Vogt, dann in den 90er Jahren W. Ostwald, der Energie als Grundlage allen Geschehens auffaßte, und E. Haeckel („Welträtsel", 1899), der den Darwinismus zu einer Erklärung der ganzen Naturgeschichte ausdehnte und dessen Lehre sogar als „monistische Religion" organisiert wurde. Diese materialistische Weltanschauung war zwar nie alleinherrschend, fand aber im ganzen Bürgertum und später auch in der Arbeiterschaft große Resonanz.

Doch es ist bemerkenswert, wie wenig diese Bejahung der technisch-industriellen Welt vor dem Ersten Weltkrieg in den einzelnen Kulturbereichen formgebend wirkte. Die Sportbewegung stellte praktisch die einzige Ausnahme dar. Indem sie sich dem Wettkampf verschrieb, Leistung trainierte, sich ins immer Schnellere, Höhere, Weitere und Stärkere steigern wollte und körperliche Leistung jetzt auf Zentimeter, Gramm und Sekunde genau maß, hatte die Sportbewegung jenen Geist in sich aufgenommen, der in Wirtschaft und Technik herrschte. Aber eben gerade wegen ihres Individualismus und Konkurrenzdenkens wurde sie von der Turnerschaft heftig abgelehnt, was dazu führte, daß sich beide Ausrichtungen von Leibesübungen in Deutschland ein halbes Jahrhundert befehdeten.

In den Werken der literarischen und künstlerischen Intelligenz ist fast nichts davon zu finden, daß Großstadt und Technik bejaht worden wären. In der Architektur entstand zwar im Eisenbau von Brücken, Bahnhöfen und Hallen eine Tradition technischen Bauens, die ornamentlose, klare und zweckmäßige Formen und damit eine dem Industrialismus angemessene Formensprache fand, aber diese Bauten wurden bezeichnenderweise von Ingenieuren geschaffen, während Architekten dergleichen als unter ihrer Würde ansahen. Erst im Jahrzehnt vor dem Weltkrieg setzten Bestrebungen ein, mit Unterstützung von künstlerischer Seite für industriell hergestellte Gebrauchsgegenstände ein funktionsgerechtes Design mit schlichter Form und glatten Flächen zu entwickeln und die historistische Ornamentfülle zu überwinden sowie auch beim Fabrikbau zu funktionalen Formen zu kommen. Diese Versuche, einen neuen Stil der technischen Rationalität selbst zu entnehmen, kamen vor dem Ersten Weltkrieg allerdings über Einzelfälle nicht hinaus.

In der Malerei griff die Freiluftmalerei, die seit den 1880er Jahren an den französischen Impressionismus anknüpfte, allmählich auch den großstädtischen Alltag und arbeitende Menschen als Themen auf und stellte sie naturnah dar, ohne zu idealisieren oder anzuklagen. Mit dieser unvoreingenommenen Haltung gegenüber den Erscheinungen der Moderne stand sie im künstlerisch-literarischen Bereich aber ziemlich allein. Diese vor allem von M. Liebermann repräsentierte Richtung fand dann auch keine breite Resonanz.

Eine zwiespältige Haltung gegenüber den modernen Zeittendenzen nahm jene *Karl Marx* Weltanschauung ein, die Karl Marx unter Mitarbeit von Friedrich Engels entwickelte. Hier gingen gleichermaßen das Harmoniedenken des deutschen Idealismus und die konservative Kritik an der Abstraktheit der Moderne wie der liberal-bürgerliche Fortschrittsoptimismus ein. Einerseits wurden die negativen Folgen des Kapitalismus radikal kritisiert, andererseits erkannte Marx den gewaltigen wirtschaftlichen, technischen und wissenschaftlichen Fortschritt als solchen an und sah in ihm eine notwendige Stufe eines welthistorischen Fortschrittsprozesses. Die Alternative zu den Übeln des Indu-

strialisierungsprozesses suchte Marx nicht darin, zu vergangenen Ordnungen zurückzukehren, sondern er wollte über den Kapitalismus hinausschreiten und entwarf die
Utopie einer künftigen Gesellschaft, die diese Probleme wie schmutzige Eierschalen
abstreifen würde. Dieses unterschied das Marxsche Denken wesentlich von anderen
Weltanschauungen. Marx beschrieb und erklärte die Entstehung des Kapitalismus genauer als andere vor ihm, aber seine Lehre überschritt die Grenzen des wissenschaftlich Vertretbaren weit ins Weltanschauliche hinein und wollte auch politisch wirksam
werden, und gerade die weltanschauliche Reduzierung der Wirklichkeit auf einfache
Schlüsselprinzipien und die scheinbar wissenschaftlich begründete Hoffnung waren
entscheidend dafür, daß sie eine so bedeutende Wirkung erzielen konnte.

Marx übernahm von Hegel die Idee, ein geschichtsphilosophisches Gesamtsystem zu
konstruieren, sowie die Vorstellung, ein sich selbstbewegendes Wesen führe zu einer
dialektischen Entwicklung der Weltgeschichte, deren Stufenfolge auf die Verwirklichung von Freiheit ziele. Marx stellte aber Hegel vom Kopf auf die Füße, indem er das
treibende Wesen nicht im Geist, sondern im Materiellen annahm. Die materielle Basis
einer Gesellschaft seien die Produktivkräfte und die Produktionsverhältnisse, d.h.
Werkzeuge, Maschinen, Rohstoffe und arbeitende Menschen einerseits und die sich
aus der Art der Produktivkräfte ergebenden gesellschaftlichen Beziehungen der Menschen zueinander andererseits. Diese materielle Basis bestimme letztlich die Art des
sich darüber erhebenden Überbaus, d.h. die Denkweisen, die Rechtsordnung, das politische System, die Religion und die Künste. Durch den Unterschied von Produktions-
mittelbesitzern und -nichtbesitzern zerfalle die Gesellschaft in Klassen. Die ganze Geschichte sei eine Geschichte von Klassenkämpfen. Der Staat sei nur ein Instrument der
besitzenden Klasse, um die anderen Klassen zu unterdrücken. Religion sei als ideologischer Ausdruck bestimmter Produktions- und Herrschaftsverhältnisse aufzufassen
und diene nur dazu, diese durch die Verdummung der Massen zu sichern. Indem die
Produktivkräfte sich entfalteten, würden sie ab einem bestimmten Entwicklungsstand
in einen dialektischen Widerspruch geraten zu den bestehenden Produktionsverhält-
nissen, d.h. der Gesellschaftsordnung. Das führe dann dazu, daß diese Gesellschaftsordnung durch eine Revolution beseitigt und eine höhere Stufe geschichtlicher Entwicklung erreicht werde. Auf diese Weise würden nach der klassenlosen Urgesell-
schaft die Gesellschaftsformationen der Sklavenhaltergesellschaft, des Feudalismus,
Kapitalismus und Sozialismus beziehungsweise Kommunismus aufeinander folgen. Im
Kapitalismus führe die fortschreitende Arbeitszerlegung und Kapitalakkumulation zu
einer ungeheuren Dynamik wirtschaftlichen Wachstums, zeitige aber zugleich höchst
negative Folgen. Marx kritisierte die Arbeitszerlegung in Fabriken, bei der Leitungs-
funktionen und Handarbeit voneinander getrennt und die einzelnen Arbeiter auf Teil-
funktionen beschränkt waren. Indem Marx von dem Leitbild der allseits entwickelten
Persönlichkeit ausging, das aus dem deutschen Idealismus stammte, und indem er die
vorindustriellen Arbeitsverhältnisse verklärte, meinte er, durch diese Arbeitszerlegung seien die Arbeiter den Ergebnissen ihrer Arbeit entfremdet worden, und wegen
ihr sei ihre Persönlichkeit nur einseitig entwickelt. Ferner ging Marx willkürlich davon
aus, daß nur Arbeit Werte schaffe, nicht aber Kapital und Boden. Daraus folgerte er,
daß im Kapitalismus die Unternehmer als Kapitalbesitzer ihre Arbeiter ausbeuten
würden, da das, was sie nach Zahlung der Löhne (und nach Abzug der Unkosten) als
Mehrwert für sich behielten, rechtmäßig den Arbeitern zustehe. Aufgrund seiner
Beobachtungen aus der Mitte des 19. Jahrhunderts stellte Marx eine Prognose der

künftigen Entwicklung auf. Im scharfen Konkurrenzkampf würden die kleinen Selbständigen untergehen, und die ganze Gesellschaft werde in zwei sich schroff gegenüberstehende Klassen auseinanderfallen, die Kapitalisten und das Proletariat. Daraus, daß in der Jahrhundertmitte ein Bevölkerungsüberschuß bestand und daß die Mechanisierung immer mehr Arbeiter arbeitslos mache, folgerte Marx, daß es zu einer fortschreitenden Verelendung der Proletarier kommen werde. Da das Marktgeschehen anarchisch sei, werde es zu immer größeren Wirtschaftskrisen kommen. Zusammen mit dem sich verschärfenden Klassenkampf würden diese schließlich zu einer proletarischen Revolution führen, die den Kapitalismus beiseite fegen und zum Kommunismus überleiten werde. Im Kommunismus seien die Menschen dann von Ausbeutung, Unterdrückung, Entfremdung und Armut befreit und könnten ihre Persönlichkeit allseitig frei entwickeln. Da das Privateigentum an Produktionsmitteln abgeschafft sei, entfalle auch die Trennung der Gesellschaft in verschiedene Klassen und die Ausbeutung. Die Produktionsmittel sollten genossenschaftlich (nicht staatlich) besessen werden. Da es keine Klassengegensätze mehr gebe, sei auch kein Staat als Unterdrückungsinstrument einer herrschenden Klasse mehr nötig, so daß der Staat absterbe (und natürlich wäre dann auch kein Platz für eine führende Partei). Ebenso werde die Religion als ideologisches Herrschaftsinstrument überflüssig. Die Arbeitsteilung werde aufgehoben, und jeder könne kurzfristig zwischen verschiedenen Arbeitstätigkeiten wechseln, so daß es keine Entfremdung mehr gebe. Die Wirtschaft werde gesamtheitlich geplant, weshalb es auch nicht mehr zu Wirtschaftskrisen komme. Die Produktion werde einen sehr hohen Stand erreichen. Da Marx annahm, daß Art und Umfang der Bedürfnisse in etwa feststünden, folgerte er, daß dann alle Bedürfnisse befriedigt und deshalb die Güter unentgeltlich verteilt werden könnten. Dies solle dann nicht nach der Leistung, sondern nach den Bedürfnissen des einzelnen erfolgen. Dieses Verteilungsprinzip werde der Arbeitsleistung des Menschen keinen Abbruch tun, da ihm nach der Aufhebung der Entfremdung die Arbeit von einer Last zur Lust werde.

Die Marxsche Utopie des Kommunismus ist bis heute nirgendwo verwirklicht worden. Das liegt nicht nur daran, daß seine Lehre später verfälscht wurde, sondern ergibt sich schon zwangsläufig aus jenen Irrtümern, die in ihr selbst angelegt waren. Seine Vorstellung des weltgeschichtlichen Ablaufs war schief, weil sie zu schematisch war und das Eigengewicht politischer und geistiger Kräfte unterschätzte. Aber nicht nur das. Die Idee des Kommunismus war offenkundig in sich widersprüchlich. Wenn die industrielle Arbeitsteilung zu den wesentlichen Kennzeichen jener industriellen Produktionsweise gehörte, die Wohlstand schuf, wie sollte sie dann im Kommunismus aufgehoben werden können? Wie sollten die genossenschaftliche Organisation der Wirtschaft und die Freiheit des einzelnen zur planmäßigen Lenkung der Gesamtwirtschaft passen? Und die Marxsche Lehre enthielt entscheidende Fehleinschätzungen. Marx übersah, daß mit der Industrialisierung mehr neue Arbeitsplätze geschaffen als bestehende vernichtet wurden; so kam es nicht zur fortschreitenden Verelendung, und die vorausgesagte Polarisierung der Gesellschaftsstruktur blieb aus. Aus diesen beiden Gründen ist es gerade in den hochentwickelten Industriestaaten nicht zum Zusammenbruch des kapitalistischen Systems und zur proletarischen Revolution gekommen. Marx sah nicht voraus, daß mit der Produktion auch die Bedürfnisse enorm stiegen, so daß es trotz Wirtschaftswachstum Illusion bleiben mußte, alle Bedürfnisse befriedigen zu wollen. Er verkannte, daß staatliche Herrschaft auch Funktionen wahrnimmt, die nichts mit Unterdrückung zu tun haben, und bemerkte nicht, daß wesentliche gesellschaftliche Unterschiede nicht nur auf die unterschiedliche Stellung zu den Produktionsmitteln zurückgehen.

Auf einer viel weniger reflektierten Ebene als der Marxismus stand jene Reaktion auf die Moderne, mit der sich seit den 1870er Jahren die traditionellen Vorbehalte gegen Juden zu einer neuen Art des Antisemitismus wandelten. Dieser war nicht mehr christlich, aber − von kleinen Zirkeln abgesehen − auch noch nicht rassisch begründet, sondern sozial und kulturell. Die Juden wurden mit kapitalistischer Raffgier und finsteren Börsenmanipulationen identifiziert und galten als zersetzende und wurzellose Zerstörer geheiligter Werte, kurzum als Verkörperung fast aller negativer Seiten der mit Verstädterung und Großkapital heraufziehenden neuen Zeit. Resonanz fand dieser Antisemitismus vor allem im alten Mittelstand, dessen latente Verunsicherung und Unbehagen gegen die anonymen, schwer durchschaubaren Prozesse von Industrialisierung und Großkapital sich hier ein Symbol als Scheinerklärung griff. Mit dem schockierenden Gründerkrach von 1873 gewann dieser Antisemitismus zeitweise breiten Anklang. Als sich die Wirtschaftslage dann wieder besserte, ging er an Breite zurück. Die antisemitischen Organisationen blieben bis zum Ersten Weltkrieg bedeutungslos, auch gab es fast keine antisemitischen Gewalttätigkeiten, ganz im Unterschied zu den schlimmen Pogromen in Rußland, und nichts, was der Affäre Dreyfus in Frankreich vergleichbar wäre. Aber es ist nicht zu verkennen, daß latente antisemitische Vorstellungen sich auch im neuen Mittelstand, im Bildungsbürgertum, in konservativen Kreisen sachte einschlichen, teilweise sogar von oben ermutigt wurden, um so ein Ventil für soziale Unzufriedenheit des Mittelstands zu schaffen. Dabei fand der Antisemitismus in Österreich größere Resonanz als im Deutschen Reich.

Warum mußten nun gerade die Juden als Sündenböcke herhalten für die Anpassungsschwierigkeiten an die neue Zeit? Hier spielten die traditionellen Vorbehalte gegen Juden eine Rolle, aber vor allem lag dies daran, daß die Juden tatsächlich eine besondere Nähe zu Kapitalismus, Großstadt und traditionskritischer Intelligenz besaßen. In den Jahrhunderten ihrer Diskriminierung waren die Juden im Wirtschaftsleben fast völlig in den Handel und Geldgeschäfte abgedrängt worden. Als den Juden nach ihrer bürgerlichen Gleichberechtigung auch andere Berufe offenstanden, übten Landwirtschaft und Handwerk allgemein keine Anziehungskraft mehr aus. Im (höheren) Staatsdienst konnten Juden auch weiterhin nur schwer unterkommen. Deshalb betätigten sie sich stark im kapitalistischen Wirtschaftsleben, und entsprechend begabte Juden wandten sich jetzt außerdem auch besonders den freien Berufen zu. So konzentrierten sie sich sehr stark in den Großstädten und in bestimmten Berufen. Während 1880 in ganz Großbritannien 46.000 und in ganz Frankreich 51.000 Juden lebten, gab es 1910 allein in Berlin 106.000 und in Wien etwa 170.000. Während der Anteil der Juden an der Bevölkerung des Deutschen Reiches 1880 nur 1,1 Prozent ausmachte, betrug 1882 ihr Anteil an den im Kreditwesen Beschäftigten 22 Prozent und an den Studenten 9,6 Prozent, 1887/88 an den Medizinstudenten in Preußen 18,5 Prozent, im Reichsgebiet 1895 an allen im Handel Tätigen 10,5 Prozent, 1907 an allen Anwälten und Notaren 14,7 Prozent und an den Schriftstellern und Journalisten 8,1 Prozent. In der traditionsverwurzelten Landwirtschaft waren dagegen fast keine Juden zu finden. Da die Juden durch das Aufkommen liberaler Ideen aus jahrhundertelanger Diskriminierung befreit worden waren, ist es auch nicht verwunderlich, daß viele Juden vom liberalen oder auch sozialistischen Standpunkt aus alte Traditionen kritisierten.

Die orthodoxen Kräfte der protestantischen Kirchen, die dort die Mehrheit bildeten, und die katholische Kirche standen den gesamten modernen Zeittendenzen völlig verständnislos gegenüber und fühlten sich von ihnen bedroht. So machten sie deutlich Front gegen Materialismus, „Mammonsgeist", Verstädterung, „Vermassung", „Sittenverderbnis" (z.B. durch den „Schund" der Trivialliteratur), Liberalismus, Säkularisierung und Frauenemanzipation und hielten am traditionellen Leitbild einer ständisch geordneten, autoritären Gesellschaft fest.

Auf protestantischer Seite gab es in den Kirchen neben den vorherrschenden orthodoxen Kräften aber auch Einflüsse des Liberalismus und des deutschen Idealismus, es bestand keine zentrale Autorität, und letztlich blieben die protestantischen Kirchen weitgehend hilflos und tatenlos.

Anders die katholische Kirche. Diese wurde straff von oben geführt und im Sinne des Ultramontanismus auf Gehorsam gegenüber dem Papst ausgerichtet. Sie erfaßte und sammelte beträchtliche Teile der deutschen Katholiken, nicht zuletzt durch ihr immer weiter ausgebautes Netz von Nebenorganisationen, und trat seit der Jahrhundertmitte offensiv zum Kampf gegen den Fortschritt an. 1854 verkündete der Papst das neuerfundene Dogma der „Unbefleckten Empfängnis" Marias. Ab 1879 wurde die längst überholte mittelalterliche Scholastik als offizielle Theologie neu belebt und durchgesetzt. Die Kirche förderte den Kult Josephs und der Heiligen Familie, um damit das Leitbild einer auf patriarchalische Autorität und Gehorsam sowie geschlechtsspezifische Arbeitsteilung gegründeten bäuerlich-handwerklichen Familie zu verbreiten als Abwehrmittel gegen sozialistische Bestrebungen. Im späten 19. Jahrhundert begann eine intensive Propagierung des Herz-Jesu-Kults, verschiedener anderer sentimentaler Frömmigkeitsformen, sentimentaler Kirchenlieder und eine Flutwelle primitiven, süßlichen religiösen Kitsches. 1864 verurteilte der Papst im Syllabus errorum 80 „Irrtümer der Zeit", darunter Religions-, Meinungs- und Wissenschaftsfreiheit, Liberalismus, Demokratie, allgemeines Stimmrecht, Sozialismus, Kapitalismus und Staatsschule. Diese geballte Kampfansage gegen den Fortschritt wurde in den folgenden Jahrzehnten inhaltlich mehrfach bestätigt, so z.B. 1907 in der Enzyklika Pascendi dominici gregis. 1870 erklärte das Vatikanische Konzil den Papst für unfehlbar. Diesem geistigen Katastrophenkurs des Papsttums folgte die katholische Kirche im Deutschen Reich, anders als die einiger anderer europäischer Länder, mit überwältigender Mehrheit. Das liberale, protestantische Bildungsbürgertum verachtete den Katholizismus, weil er die Menschen verdumme, und die katholische Kirche hielt Teile der katholischen Bevölkerung bewußt von fortschrittlicher Bildung und Wissenschaft fern, damit diese nicht den Glauben verlören.

In den 1890er Jahren trat mit dem Naturalismus für ein Jahrzehnt eine literarische Strömung auf, vor allem im Drama, die ihren Blick kritisch auf die Schattenseiten der Moderne richtete. Statt Helden und Geschichte wurde das Alltägliche der Unterschichten und des Kneipenmilieus, das soziale Elend der Prostitution, Alkoholiker und Geisteskranken zum Thema gemacht, das bis dahin als nicht darstellungswürdig gegolten hatte. Die Darstellungsweise vermied jede Idealisierung und bemühte sich, photographisch naturgetreu und detailliert abzubilden. Sie gab selbst Dialekt und Jargons wieder. Einen Namen machten sich mit diesem Ansatz vor allem Gerhart Hauptmann und H. Sudermann. Die bürgerliche Öffentlichkeit, die am Kunstideal des Erhebenden und Schönen orientiert blieb, sah diesen sozialkritischen Stil, der keine positive Perspektive aufwies, als ein Zeichen moralischen Verfalls und lehnte ihn scharf ab. Die bildende Kunst nahm die naturalistische Sichtweise nur selten auf, so bei K. Kollwitz.

Der einseitig negative Naturalismus stellte eine vorübergehende Erscheinung dar. Gleichzeitig erwuchs aber aus dem bürgerlichen Realismus eine Literatur mit wirklichkeitszugewandter und gesellschaftskritischer, teilweise ironischer Sicht des Bürgertums. Es handelte sich um wenige, aber bedeutende Autoren, so im späten 19. Jahrhundert Theodor Fontane und dann ganz am Ende der Kaiserzeit in schärferem, satirischem, ja karikierendem Ton Heinrich Mann und C. Sternheim. In ebenfalls betont realistischer Sicht setzte sich in den Jahren vor dem Ersten Weltkrieg auch Thomas Mann mit seiner Zeit auseinander, aber sein Thema war nicht eigentlich Gesellschaftskritik, sondern die Spannung zwischen Künstlernatur und bürgerlicher Gesellschaft.

Kultur-
pessimismus

Seit etwa 1890 ertönten in immer zahlreicheren Schriften kulturpessimistische und zivilisationskritische Stimmen, unter denen jene von Friedrich Nietzsche, P. de Lagarde und J. Langbehn nur die bekanntesten waren. Die kulturpessimistischen Autoren unterschieden sich in Deutlichkeit, Differenziertheit und Akzentuierung ihrer Schriften, äußerten aber im Prinzip stets die gleichen Vorwürfe und Argumente, weshalb deren Grundzüge hier zusammengefaßt werden. Der Kulturpessimismus war eine Angelegenheit von Teilen des städtischen Bildungsbürgertums, insbesondere der künstlerisch-literarischen Intelligenz. Ihren Ausgangspunkt und Maßstab bildete die Denktradition des „deutschen Geistes", sein Menschenideal des schöpferisch und geistig tätigen Menschen, der seine Individualität entfaltet. Bestimmend war für diese Autoren ferner, daß sie dem Wirtschaftsleben, der Naturwissenschaft und Technik geistig distanziert gegenüberstanden. Dabei förderte das oft weltfremde humanistische Gymnasium, das Wirtschaft und Technik gering schätzte, zweifellos das Fortbestehen solcher Denkhaltungen und verhalf nicht dazu, die Gegenwartsprobleme realistisch analysieren zu können. Die Kritik dieser Autoren richtete sich gegen die mit der industriell-technischen Zeit heraufziehende Moderne allgemein und gegen die Großstadt ganz besonders. An die Stelle organischer Gemeinschaften mit festen Wertordnungen trete dort ihrer Meinung nach eine atomisierte Gesellschaft, das bloß mechanische Nebeneinander isolierter und vereinsamter Menschen, die wurzellos und haltlos und einander entfremdet seien. Die bewußte Persönlichkeit gehe in der Vermassung unter, und die Individualität werde durch den Zug zur Uniformität zerstört. Die Kultur verfalle angesichts allgemeiner Nivellierung und werde flach, banal und oberflächlich. Es herrsche ein vereinseitigtes, geistig und seelisch verarmtes Menschentum, dessen niedriges Niveau von Halbbildung und Schundliteratur gekennzeichnet sei. Hohe idealistische Gesinnung müsse einem platten Materialismus und schnöder Genußsucht weichen. Die nüchtern kalkulierende Rationalität der Technik und des Kapitalismus und die analytisch sezierende Vernunft der Naturwissenschaften würden dazu führen, daß das Gemüt verarme und die Welt entseelt werde. Die Großstädte seien häßliche und ungesunde Steinwüsten, voll von billigem Amüsement, Bordellen und Modefaxen, die Industriewaren seien Ramsch und Kitsch. Die Ruhe und harmonische Schönheit der Naturlandschaft würden durch Flurbereinigung, Flußbegradigung und touristische Erschließung zerstört. Dagegen war die soziale Frage diesen Kritikern kein Thema.

Diesem Kulturpessimismus stand auf die Stirn geschrieben, daß er Ausdruck der Desorientierung einer intellektuellen Elite war, die sich erst vom Wirtschaftsbürgertum beiseite gedrängt und dann durch das Erwachen der Massen und durch deren gesellschaftliche und kulturelle Teilhabeansprüche in ihrem Elitenstatus bedroht sah.

Inhaltlich war an seinen Thesen so ziemlich alles falsch. Die Vorstellungen von Wirtschaft und Technik waren mangels konkreter Erfahrungen klischeehaft. Die Moderne hat die Welt nicht entseelt − vielmehr waren Rationalität und seelische Sensibilität in der traditionellen Welt beide nur relativ wenig vorhanden gewesen und sind mit der heraufziehenden Moderne parallel herangewachsen. Dabei fiel beides aber anscheinend stark in verschiedene soziale Gruppen auseinander, und jene, die in ihrer Haltung einseitig auf Sensibilität, Subjektivität und Ästhetik ausgerichtet waren, eben besonders die Künstler und Schriftsteller, stießen sich nun an dem anderen Pol derselben Moderne. Die stark ästhetische Beurteilung der Landschaftserscheinungen war für diese Einseitigkeit der kulturpessimistischen Kritiker ebenso bezeichnend wie ihre Unfähigkeit, systematisch und exakt zu denken, und der stark emotionale Einschlag in ihrer Kritik. Vor allem waren die Beziehungspunkte des Vergleichs falsch gewählt: einmal wurde die bildungsbürgerliche Elitenkultur des frühen 19. Jahrhunderts zum Ausgangspunkt genommen, worüber die damals noch in weitgehend nichtschriftlichen Kulturformen, in geistig eng begrenzter Traditions- und Lokalgebundenheit verharrende Masse der damaligen Bevölkerung völlig aus dem Blick geriet, und zum anderen, nachdem immer breitere Bevölkerungsschichten in das Scheinwerferlicht der Schriftkultur und anderer höherer Kulturformen geraten waren, wurde fast das ganze Volk betrachtet. Dadurch erschien fälschlich als Verfall (der Elitenkultur), was doch tatsächlich ein Aufsteigen der Massen zu mehr Bildung, Individualität und kultureller Teilhabe darstellte. Nicht unbeträchtliche Teile der deutschen Intellektuellen haben sich von diesem prinzipiellen Denkfehler im übrigen bis heute nicht gelöst.

Diese kulturpessimistischen Grundprinzipien boten keine Basis, um die Probleme der Moderne vernünftig und konstruktiv zu bewältigen. Vielmehr führten sie, ausgehend von bildungsbürgerlichen Kreisen, zu Fluchtreaktionen aus der Gegenwart, die nun Alternativen in den verschiedensten Richtungen suchten, zur Flucht in idyllisierte Heimatlichkeit, germanischen Mythos, heroische Haltung, biologistische Gesellschaftslehren, Gläubigkeit, ins Natürliche, in Ästhetizismus und Seelentiefe.

Eine Strömung des deutschen Kulturlebens machte seit den 1890er Jahren das Heimatliche zum Programm. Ihre bildnerischen und sprachlichen Darstellungsmittel waren schlicht, ungekünstelt und traditionell und darum für jeden leicht verständlich. Bauerntum und Naturlandschaft waren ihre Themen in Literatur und Malerei. Diese Themen hatten zwar auch Biedermeier und bürgerlicher Realismus schon gepflegt, aber neu war jetzt, daß sie polemisch der großstädtischen Moderne entgegengesetzt und zugleich idyllisch verklärt wurden. Als heile Welt und gesund pries man nun die harmonische Naturverbundenheit und das einfache Leben, die Überschaubarkeit und Ganzheitlichkeit vorindustrieller dörflicher Lebensverhältnisse, die Bindungen an Vergangenheit und Vorfahren, an die stabile, festgefügte dörfliche Ordnung und das Ganze Haus, an Sitte und Glaube. An den bodenständigen, unverdorbenen Kräften von Volkstum und Stammesart sollte das Volk gesunden. Die sozialen und wirtschaftlichen Probleme der vorindustriellen ländlichen Gesellschaft, die Lasten durch mühselige Arbeit, Krankheit und abergläubische Angst wurden dagegen ignoriert. Da die Heimatliteratur und -kunst unter den Reaktionen gegen die Moderne die gemäßigtste und zugleich in Form und Inhalt verständlichste war, erlebte sie im Unterschied zu den anderen Reaktionen eine breite Resonanz. Eine Flut von Romanen und Bildern mit heimatlichen Themen erschien, die breit in die Trivialliteratur hineinreichte. Heimatromane lagen seit der Jahrhundertwende über Jahrzehnte hinweg im Spitzenfeld der

Verkaufserfolge. Hier seien nur die Schriftstellernamen G. Frenssen, L. Ganghofer, H. Löns und P. Rosegger genannt.

Die Hinwendung zum Heimatlichen zeigte sich auch in anderen Bereichen, wenngleich mit viel geringerer Breitenwirkung. In der Architektur entstand ein Heimatstil, der auf traditionelle Bauweisen mit Fachwerk und überhaupt Holzbau, mit Ziegel und Werkstein zurückgriff. Er stellte schlichte Ornamente der repräsentativen Fülle entgegen und übertrug den Landhausstil auf Stadtvillen. Zahlreiche Heimat- und Volkskundemuseen wurden gegründet, um bäuerliche Volkskunst, Bauernmöbel, Trachten und Gebrauchsgegenstände zu sammeln. Die Jugendbewegung belebte Volkstänze und Volkslieder neu (1908 Liederbuch „Zupfgeigenhansl"), und auch Gesangvereine nahmen Volkslieder auf. Vor allem in Österreich und Bayern griffen, nachdem die Herrscherhäuser hierin schon länger vorangegangen waren, städtische Vereine die bäuerlichen Trachten mit Lederhose, Janker und Dirndlkleid auf und verbreiteten sie neu. Im Alpenraum wurden Trachten und Brauchtum dann im 20. Jahrhundert überdies zunehmend neu belebt oder neu geschaffen, um großstädtischen Touristen vor der Kulisse malerisch herausgeputzter Dörfer als Folklore vorgespielt zu werden, ein reines Schaugewerbe, kein Ausdruck eigener Bedürfnisse und Lebensweise. In den Volksschulen führte man Heimatkunde ein (Preußen 1908). Eine Naturschutzbewegung entstand, die das Landschaftsbild allgemein, seltene Tierarten und einzelne Naturdenkmäler (besondere Bäume, Altwasser, Endmoränen- und Heidestücke) schützen wollte. Ihre Erfolge waren gering. Immerhin wurde 1908 das Reichsvogelschutzgesetz erlassen und 1911 mit dem „Naturschutzpark Lüneburger Heide" der erste Naturpark geschaffen.

Die Hinwendung zum Heimatlichen war eine Sache städtischer Bürger, denen die ländlichen Verhältnisse fremd waren. An deren Idyllisierung hofften sie sich erbauen zu können, und ihre ästhetische Sensibilität, die sich am städtischen Leben wundgestoßen hatte, wollten sie heilen, indem sie durch ein von ihnen als harmonisch empfundenes Landschaftsbild spazierten (arbeiten sollten dort natürlich die anderen). Der Landbevölkerung war dies alles fremd und unverständlich. Landarbeiter und Knechte wanderten in die Städte ab und fanden das Leben dort interessanter, und die Bauern gaben ihre traditionellen Kulturformen zugunsten der städtisch-bürgerlichen auf und hatten für Naturschönheiten keinen Sinn.

Mythos   Nicht auf das idealisierte Bild der nächstliegenden Vergangenheit, sondern wesentlich weiter zurück griffen jene, die an das Germanische, an den Mythos mit seinen dunkel waltenden Schicksalsmächten anknüpften. Damit setzten sie sich von der modernen Zeit und von rationalem Denken überhaupt noch entschiedener ab. Richard Wagners Opern und die Balladen A. Miegels waren Beispiele für diese Wiederaufnahme alter Mythologien. Seit dem Ende des Jahrhunderts verbreiteten sich germanisierende Findlinge als Form gemeindlicher Kriegerdenkmäler, und germanische und nordische Themen, die bis dahin höchst selten gewesen waren, tauchten in der Trivialliteratur immer häufiger auf.

Heroische   Noch radikaler war die Gegenwartsverneinung, wo sie sich zur heroischen Haltung
Haltung   steigerte. Diese lehnte einerseits den Zug zu Gleichheit und Massengesellschaft ab und beharrte auf der vorindustriellen Tradition von Herrentum und aristokratischer Führung. Andererseits lehnte sie auch die Repräsentativkultur ihrer Zeit ebenso wie die ständische Vergangenheit als überholt ab und suchte nach kraftvollen Zukunftsformen. So versuchte sie der Gegenwart durch einen eigenartigen Doppelzugriff auf das urzeitlich Archaische und eine utopische Zukunft zu entkommen.

Diese Haltung lag der Kulturkritik Nietzsches zugrunde, die radikal wie keine andere war. In ihr mischte sich in bunter Folge Scharfsinniges und Unsinniges. Mit einem gewaltigen, maßlosen Rundumschlag verurteilte Nietzsche nicht nur die Moderne, sondern alle Gleichheitstendenzen. So machte er auch die christliche Moral der Gerechtigkeit, Friedfertigkeit und Nächstenliebe als Ressentiment der Schlechtweggekommenen, des Pöbels, als Sklavenmoral verächtlich. Er verwarf jede Art ewiger Wahrheiten und Werte und sagte überdies überhaupt klarem Vernunftdenken ab. Dagegen setzte Nietzsche, sich an die Herrschaft frühgeschichtlicher adliger Helden erinnernd, in prophetischem Stil die Idee einer aristokratischen Herrenschicht aus Übermenschen, die jeder allgemeinen moralischen Bindung ledig jenseits von Gut und Böse stehe und die sich kraft des Rechts des Stärkeren mit brutaler Hand über die Herdenmenschen erhebe. Diese Herrenschicht solle ebenso durch wahre Bildung und Kultur wie durch Kraft, Härte und einen triebhaften Willen zur Macht gekennzeichnet sein. Mochte dieser Traum Nietzsches auch als Kompensation aus seinem kränkelnden, einsamen Leben heraus geboren sein, das schließlich im Wahnsinn verdämmerte – die inhumane Verantwortungslosigkeit seines Denkens ist erschreckend.

Mit Betonung aufs Geistige wurde die Idee einer neuen Elite auch von J. Langbehn propagiert.

Ganz ins Ästhetische gewendet, aber doch verwandt in ihrem herrschsüchtigen Priestergehabe mit dem Anspruch, neue Werte zu künden, war die Dichtung Stefan Georges. Seine feierlichen, ins Erlesene stilisierten Verse fanden nur in kleinen Zirkeln Gehör.

Nach der Jahrhundertwende tauchte die heroische Geste hier und da auch in der Herrschaftsarchitektur großer öffentlicher Bauten und Denkmäler auf. Sie kehrte zum Archaischen und Elementaren zurück, indem sie ihre Objekte auf Grundformen reduzierte, auf Ornament weitgehend verzichtete, Säulen oft sogar ohne Kapitell verwendete und stets strenge Symmetrie beachtete. Zugleich trat sie mit massigen, blockhaften Formen großer Dimension und kolossalen dorischen Säulenreihen und Pilastern dem Einzelmenschen herrisch gegenüber.

Seit dem späten 19. Jahrhundert kam ein ebenfalls herrisch geprägtes weltanschauliches Denken auf, das einfache Erklärungen für die Probleme der Moderne zu gewinnen suchte, indem es auf die Biologie zurückgriff. Darwins Lehre von der natürlichen Zuchtwahl im „Kampf ums Dasein", bei dem sich die Tüchtigsten durchsetzen und die Lebensuntüchtigen zugrunde gehen würden, wurde von der Naturgeschichte auf die Gesellschaft übertragen und damit zum Sozialdarwinismus gemacht. Dies bedeutete nicht nur eine Absage an die Idee von Gleichheit und Toleranz, sondern hieraus wurde dann auch die inhumane Schlußfolgerung gezogen, daß Hygiene, Medizin und Sozialpolitik schädlich seien, da sie dazu führen würden, daß auch Untüchtige in steigender Zahl überlebten und damit die natürliche Zuchtwahl außer Kraft gesetzt würde. Außerdem wurde aus der Tatsache, daß die städtischen Oberschichten, die städtischen Unterschichten und die Landbevölkerung verschieden hohe Geburtenraten aufwiesen, mit im einzelnen unterschiedlicher Argumentation der Schluß gezogen, daß hier ein Prozeß ständiger negativer Auslese stattfinde. Stellenweise kam auch die Idee auf, man müsse umfassende Ausleseprozesse einleiten, z.B. indem man Erbkranken und Verbrechern die Ehe verbiete und das Bauerntum fördere. Das sozialdarwinistische Denken wurde aber auch auf den Kampf von Völkern gegeneinander übertragen. Dem ganzen Sozialdarwinismus lag ein eklatanter Denkfehler zugrunde. Seine Anhän-

Biologistische
Gesellschafts-
lehren

ger übersahen, daß zwar bei Tieren die Höherentwicklung als Höherzüchtung erfolgt, indem die positiven Veränderungen des Erbguts weitergegeben werden, daß aber ganz im Unterschied dazu die kulturelle und soziale Entwicklung der Menschen gar kein biologischer Prozeß ist. Sie beruht vielmehr auf neuen Ideen, die dann durch Erziehung und Lehre als geistiges Erbe weitergegeben werden. Grundlage kultureller Höherentwicklung ist also nicht der Kampf, sondern die arbeitsteilige Zusammenarbeit und der Gedankenaustausch.

Oft, aber keineswegs notwendig war der Sozialdarwinismus mit Rassentheorien verbunden. Deren Ursprünge kamen aus Frankreich. Die Rassentheorien gingen von drei Grundannahmen aus: daß nicht nur das körperliche Erscheinungsbild verschiedener Menschenrassen, sondern auch deren geistige und seelische Eigenheiten durch das Erbgut bedingt seien, daß es höhere und niedere, also verschiedenwertige Menschenrassen gebe, und daß Rassenkreuzung zum Verfall führe. Alle drei Annahmen entbehren jeder Tatsachengrundlage. Im einzelnen wurden dann auf diesen Annahmen unterschiedliche und einander widersprechende Theorieansätze aufgebaut. Besonders war dabei die Auffassung verbreitet, daß es eine arische Rasse gebe (tatsächlich ist Arier indessen ein sprachwissenschaftlicher Begriff), die als einzige kulturschöpferisch sei, und zwar ganz besonders die ihnen zuzurechnenden Germanen. Vereinzelt wurden Rassentheorien auch schon mit Antisemitismus verknüpft, die Juden also als Rasse und nicht als Religionsgemeinschaft aufgefaßt, so bei dem Wahldeutschen H.S. Chamberlain.

Sozialdarwinistische und rassistische Weltanschauungen traten auch in anderen europäischen Ländern auf. Im deutschen Volk blieben sie bis zum Weltkrieg insgesamt auf sektiererische Kreise beschränkt. Vor dem Hintergrund der Auseinandersetzungen zwischen den Völkern in Österreich-Ungarn waren diese dabei in Wien stärker vertreten als im Deutschen Reich.

Gläubigkeit

Um die Jahrhundertwende entstanden auch viele sektiererische Gruppierungen, die eine Alternative zur wissenschaftlich-technischen Rationalität suchten, indem sie sich mit Okkultismus, Spiritismus, Parapsychologie und Theosophie beschäftigten. Ausgehend vom Okkultismus, dem er verschiedene andere Ideenansätze beimischte, entwickelte Rudolf Steiner die Anthroposophie als eine spekulative Weltanschauung. Diese beanspruchte, in Ablehnung des materialistischen und kausalen Denkens durch eine Wesensschau des Geistigen alle Lebensbereiche ganzheitlich zu erfassen. Auf dieser Grundlage begründete Steiner dann 1919 die Pädagogik der Waldorfschulen und die biologisch-dynamische Wirtschaftsweise der Landwirtschaft.

Wendung zum Natürlichen

Seit den 1890er Jahren entstanden auch Bestrebungen, die sich in unterschiedlicher Weise der Natur und dem Natürlichen zuwandten. Sie richteten sich in gleicher Weise gegen die Moderne wie gegen die als hohl und einengend empfundene Repräsentativkultur und den Formalismus des gehobenen Bürgertums. 1896 begannen Jugendliche in ihrer Freizeit in Gruppen durch Wälder und Fluren zu wandern. 1901 gründeten sie den Verein „Wandervogel", und bis 1911 wuchs die Jugendbewegung auf etwa 35.000 Mitglieder an. Im wesentlichen handelte es sich um großstädtische Gymnasiasten und Studenten. Die Jugendlichen suchten in der von ihnen sentimentalisierten „freien Natur" das Erlebnis des Natürlichen und Unverfälschten. Mit kurzen Hosen und lockerem Kragen bei den Jungen und taillenlosen Kleidern der Mädchen demonstrierten sie die Befreiung von konventionellen Einzwängungen. Mit Rucksack und Übernachtung in Zelt oder Scheune pflegten sie den Kult des einfachen Lebens und ergingen sich im

714

emotionalen Erlebnis von Gemeinschaft, Lagerfeuerromantik, Singen und Klampfe. Theorie und Nachdenken lagen ihnen fern. Die Wanderbewegung gab auch den Anstoß, Jugendherbergen einzurichten (als erste 1909 Altena).

Auf wesentlich kleinere Zirkel beschränkt blieben die jetzt aufkommenden Versuche, zu einer natürlicheren Lebensweise zu gelangen, wie die Freikörperkulturbewegung, die in Licht-Luft-Bädern eine neue Einheit von Mensch und Natur und ein unbefangenes Verhältnis zum Körper erreichen wollte, der Vegetarismus, der vegetarische Ernährung für natürlicher und gesünder hielt, die Antialkoholikerbewegung, die Reformhäuser, die eine gesunde Ernährungsweise fördern und Zivilisationsschäden ausschalten wollten, und der Rückzug in ländliche Gemeinschaftssiedlungen, um der verderblichen Stadt zu entfliehen. Die in England aufgekommene Gartenstadtidee, die statt Großstädten selbständige Kleinstädte mit einer Verbindung von Natur, Wohnen, Arbeiten und Landwirtschaft wünschte, wurde vereinzelt in abgeschwächter Form aufgegriffen als durchgrünte Vorstadtsiedlung einer Großstadt.

Größere Verbreitung fanden jene Bestrebungen nach mehr Natürlichkeit, die keine direkt kulturpessimistischen Wurzeln hatten. So nahm der Tourismus mit Wandern, Bergsteigen und Badeurlaub einen beträchtlichen Aufschwung. Um die Jahrhundertwende ging man von Hallenbädern zur Anlage von Freibädern über. Bei Herren verdrängten das lockere Sakko und der weiche Filzhut im Alltag Frack, Gehrock und steifen Zylinder und beschränkten diese auf offizielle Anlässe. Dagegen konnte sich bei den Damen das korsettlose, frei herabfallende Reformkleid nur begrenzt durchsetzen. Zugleich kamen in der Sportbewegung mit Pullover und Damenbluse Kleidungsstücke auf, die von unnatürlichen Einengungen befreiten.

Ästhetizismus

Ein aristokratisch gedachter Gegenentwurf zur ungeliebten Moderne bestand darin, das sinnlich Schöne zu kultivieren, das elitär Erlesene und die hochgesteigerte Sensibilität. Aus dieser Haltung heraus versuchte der Jugendstil einen neuen Kunststil zu schaffen. Ausgehend von pflanzlichen Formen entwickelte er eine schwingende, bewegte, linienhafte Ornamentik. Dieser etwa 1895-1910 existierende Stil wurde im wesentlichen zur reichhaltigen ornamentalen Dekoration verwendet, und zwar in Kunstgewerbe, Inneneinrichtung und Buchgestaltung, an Hausfassaden und für Plakate. Entgegen seiner elitär-handwerklichen Absicht fand er sich dann auch für Industrieerzeugnisse gebraucht.

Auch manche Schriftsteller gaben sich einer solchen überfeinerten ästhetizistischen Haltung hin, oft verbunden mit Wirklichkeitsflucht in traumhafte Welten, z.B. H. von Hofmannsthal, A. Schnitzler, R.M. Rilke und S. George. Aufgrund ihrer betont elitären Haltung blieben ihre Werke zwangsläufig auf kleine Kreise beschränkt.

Verwandt und in der verständnislosen Wirklichkeitsverfremdung noch gesteigert waren die Versuche, Rätselhaftes und Übernatürliches, überhaupt in Symbolik gefaßtes Gefährdungsgefühl malerisch darzustellen – Sphinx und Pest, Furien und Sünde (F. Stuck, A. Kubin).

Seelen-ausdruck und Abstraktion

1905 begannen einige Künstler und Schriftsteller mit dem Expressionismus eine Richtung, die sich aus tiefem Krisenempfinden, aus Endzeitgefühl und Verzweiflungsstimmung heraus radikal gegen die großstädtische Moderne wandte, die ihre Umwelt weder abbilden wollte noch fähig war, sie klaren Gedankens zu begreifen, sondern stattdessen in die verwirrten Gefühle der eigenen Seele flüchtete. Führend hierbei waren als Künstler E. Nolde, E.L. Kirchner, E. Heckel, K. Schmidt-Rottluff und M. Pechstein und als Schriftsteller G. Benn, G. Heym, G. Trakl und F. Werfel. Um das leidenschaftliche innere Erleben zum Ausdruck zu bringen, wurden im Bild die Naturformen deformiert und die Perspektive aufgegeben und dafür die Farbwirkung durch leuchtende, reine Farben und grelle Kontraste intensiviert, und die Sprache zerstörte teilweise die Syntax, steigerte sich ungebändigt in groteske Wortzusammenstellungen und erging sich im Reden von Sturm, Bewegung, Aktion, Schrei. Der pathetisch verkündete „neue Mensch" blieb aber nebelhafte Phrase. In der Öffentlichkeit stieß das extrem subjektivistische und ekstatische Gehabe der Expressionisten auf fast einhellige massive Ablehnung.

Es war ein konsequentes Weiterschreiten auf dem Weg zur Kunst als Ausdruck inneren Seelenlebens, wenn kurz vor dem Ersten Weltkrieg einige Maler die Bindung an Formen der sichtbaren Umgebung völlig abstreiften und damit bei der rein abstrakten Malerei landeten, so als erste W. Kandinsky 1910 und F. Marc 1914.

Einen ähnlichen Weg ging in der Musik A. Schönberg und gelangte dabei 1907 zur freien Atonalität. Er verwarf die bisher in der europäischen Musik als unangreifbar geltenden Hierarchien in den Beziehungen der Töne zueinander, Werte und Regeln und schuf eine völlig regellose Musik. Auf diese Weise versuchte er die subjektive Ausdrucksintensität zu steigern.

Avantgarde?   In späteren Jahrzehnten wurden diese neuen Ausdrucksformen oft als Beginn und Teil einer künstlerischen Avantgarde aufgefaßt, doch ist dieser Begriff wenig sinnvoll. Ihm liegt die Vorstellung zugrunde, es gebe im künstlerischen Bereich einen stetigen Fortschritt, als dessen jeweilige Spitze die neuen Richtungen dann angesehen werden. Diese Auffassung erweist sich indessen als nicht haltbar, nicht zuletzt deshalb, weil es kein brauchbares, allgemein akzeptiertes Kriterium gibt, um den einen künstlerischen Ansatz gegenüber einem anderen als fortschrittlicher einzustufen, ganz im Unterschied beispielsweise zum wissenschaftlichen oder technischen Fortschritt.

Kultur-
pessimismus
im Vergleich   Kulturpessimismus, Kulturkritik und Antimodernismus traten auch in anderen Ländern als Begleiterscheinung der Industrialisierung auf, aber diese Reaktion war im deutschen Raum stärker als in Frankreich und Großbritannien und erst recht als in den USA. Das hatte im wesentlichen zwei Gründe. Der durch die Industrialisierung ausgelöste Wandel, ganz besonders der Verstädterungsprozeß, der am deutlichsten die neuen Lebensformen heraufbrachte und ja auch im Zentrum der Zivilisationskritik stand, verlief im Deutschen Reich rascher als in den westeuropäischen Ländern. Zum zweiten gab es bei den deutschen Intellektuellen eine stärkere Tradition wirklichkeitsfremder Geistigkeit und Innerlichkeit, die sich besonders schwer tat, die neuen Gegebenheiten zu verstehen, und die zugleich dazu neigte, praktische Probleme ins Weltanschauliche zu überhöhen. So wurde der Bruch mit der Vergangenheit hier stärker und schmerzhafter empfunden, und die Fluchtreaktionen waren entsprechend deutlicher. In den USA erfolgte der wirtschaftliche und gesellschaftliche Wandel zwar mindestens genauso rasch, aber dort fehlte fast ganz die Tradition einer sich geistesaristokratisch und elitär gebenden Intelligenz. Die Neigung, auf eine verwirrende, identitätsgefährdende Modernität mit einem Rückgriff auf die Vergangenheit zu reagieren, wie sie in der Wendung zum Heimatlichen und germanischen Mythos und in gewisser Weise auch in der Haltung der Kirchen zum Ausdruck kam, besitzt im übrigen durchaus Parallelen in anderen Ländern, z.B. in der Haltung der Slawophilen in Rußland im späten 19. Jahrhundert ebenso wie im islamischen Fundamentalismus in nahöstlichen Staaten seit den 1970er Jahren.

7.5 Die kleindeutsche Lösung der nationalen Frage

In der Zeit zwischen der gescheiterten Revolution von 1848 und dem Ersten Weltkrieg stand die deutsche Frage ganz im Zeichen der Idee des Nationalstaats. Je mehr die Staaten ihren Charakter als dynastische Fürstenstaaten verloren, je mehr sich breite Volksschichten am Staatsleben beteiligten, desto weiter verfielen übernationale Reichsideen, desto stärker drängten nationale Kräfte dazu, die Staaten nach nationalen Kriterien neu zusammenzufassen und aufzutrennen. Mitteleuropa wurde in zwei Etappen umorganisiert. In der ersten Etappe zerfiel der Deutsche Bund, und fast alle seine Teile wurden bis 1871 nach kleindeutschem Prinzip im Deutschen Reich zusammengefaßt und aufgesogen, wobei daneben Gesamtösterreich weiterexistierte. Von den meisten Zeitgenossen als endgültige Lösung der nationalen Frage in Deutschland gefeiert, war sie es doch nur zum Teil. In der zweiten Etappe wuchs der nationale Gedanke im Habsburgerreich weiter, bis er es am Ende des Ersten Weltkriegs zersprengte. Das stellte auch die Entscheidungen von 1866/71 wieder in Frage, denn das Deutsche Reich war nicht zuletzt deshalb ein kleindeutsches, damit Gesamtösterreich bestehen bleiben konnte, und andererseits förderte die in seinem kleindeutschen Charakter liegende Tatsache, daß die Deutschösterreicher aus dem übrigen Deutschland politisch ausgeschlossen waren, den Zerfall Österreichs. Auch weiterhin bestanden dafür, wie die deutsche Frage gelöst werden könne, keine anderen Alternativen als die bereits 1848/49 diskutierten: die großdeutsche Lösung, bei der das Habsburgerreich durch eine nationalrevolutionäre Bewegung zu sprengen gewesen wäre, die von Preußen herbeizuführende kleindeutsche Lösung unter Erhaltung Gesamtösterreichs und eine mitteleuropäische Lösung, letztere entweder unter österreichischer Hegemonie oder auf der Basis der Gleichberechtigung von Preußen und Österreich. Ob eine dieser Lösungen verwirklicht werden konnte und welche, hing nicht zuletzt von den übrigen europäischen Mächten ab, war doch seit dreihundert Jahren die staatliche Ordnung Mitteleuropas eng mit dem europäischen Mächtesystem verwoben, seine Mehrstaatlichkeit ein dauerndes Interesse der nichtdeutschen Staaten.

Nachdem die große und doch vergebliche Anstrengung von 1848 gescheitert war, fand sich das national gesinnte deutsche Bürgertum durch die eigene Machtlosigkeit

717

ernüchtert. Es wandte sich ab von „idealistischer" Politik im Paulskirchenstil und begann einer Politik der realitätsorientierten Macht zu huldigen, der „Realpolitik". So erfolgte die Reichsgründung von 1867/71 nicht als Frucht einer breiten Volksbewegung von unten, sondern wurde durch die Regierung Preußens mit militärischen und diplomatischen Mitteln von oben herbeigeführt. Die deutsche Nationalbewegung war nach 1850 vorübergehend gelähmt und schwoll dann seit 1859 erneut stark an. Sie wurde gespeist von dem Wunsch nach nationaler Geltung und dem Bedürfnis nach wirtschaftlicher Einheit, das durch die Umwälzung des Verkehrswesens und das wirtschaftliche Zusammenwachsen der einzelnen deutschen Regionen kräftig Nahrung erhielt. Getragen wurde sie vor allem vom gehobenen gewerblichen Bürgertum und von der Akademikerschaft, ohne über diese Kreise weit hinauszureichen. Nachdem Preußen sich im 18. Jahrhundert neben und gegen Österreich zur Großmacht emporgekämpft hatte und dann zwischen 1815 und 1848 die beiden deutschen Großmächte weitgehend zusammengearbeitet hatten, wurden ihre Beziehungen zwischen 1849 und 1870 von dem schroffen und offenen Konflikt bestimmt, wer von beiden über die deutschen Mittelstaaten herrschen sollte. Dabei gewann das bisher unterlegene Preußen zunehmend an Boden. Die Führungsschichten Österreichs hielten nach 1850 zwar weiter an der Idee eines deutsch geführten Gesamtösterreich fest, aber die zunehmenden Autonomieforderungen seiner Völker ließen immer deutlicher werden, wie wenig es eine deutsche Macht war. Dagegen konnte Preußen in den 1850er und 60er Jahren den Wind der nationalen Bewegung in den Segeln seines staatlichen Machtegoismus einfangen. Während Österreichs Wirtschaft stagnierte, ließen die Wirkungen des Deutschen Zollvereins und die in Preußen anlaufende Industrialisierung Preußen neue wirtschaftliche Kräfte zuwachsen. Preußen wurde in dieser Zeit wirtschaftlich stärker als jeder andere deutsche Staat. Indem die Handelsverflechtungen der Mitglieder des Zollvereins untereinander zunahmen, sahen die mittel- und süddeutschen Staaten sich wirtschaftlich immer stärker auf Preußen verwiesen. Politisch herrschten in Süddeutschland allerdings Sympathien für Österreich und eine starke Abneigung gegen jede politische Einigung mit Preußen. Unverkennbar hatte Preußen aber den aktivsten Teil der deutschen Akademikerschaft und die Handelswelt hinter sich.

Da die drei nichtdeutschen Großmächte dagegen waren, daß sich die deutsche Staatenwelt zu einer nennenswerten Macht zusammenballte, bildete es außerdem eine entscheidende Voraussetzung für die kleindeutsche Reichsgründung, daß es der preußischen Staatsführung unter Bismarck gelang, die Großmächte gegeneinander auszuspielen und jene vorübergehende günstige Konstellation zu schaffen, die Preußen die erforderliche Bewegungsfreiheit gab. Nach einer langen friedlichen Phase erlebte Mitteleuropa dabei in dichter Folge drei Kriege, die mit leichter Hand inszeniert wurden: 1864, 1866, 1870/71. In der neuzeitlichen Geschichte der großen europäischen Mächte stehen sie einzigartig da, insofern sie duellartig kurz und praktisch auf jeweils nur zwei Mächte beschränkt blieben. Daß sie sich nicht zu großen, allgemeinen europäischen Kriegen auswuchsen, wie es deren schon reichlich gegeben hatte, lag nicht zuletzt auch daran, daß Preußens schrittweises Vorgehen das europäische Gleichgewicht nicht so ernst bedrohte, daß es notwendigerweise ein Eingreifen der übrigen großen Mächte provoziert hätte.

Weichen-
stellungen
1851-63

Österreich ließ Schwarzenbergs Projekt eines von Österreich geführten, politisch enger zusammengefaßten Mitteleuropa 1851 fallen, aber auch 1851-53 versuchte es weiterhin, wenigstens eine mitteleuropäische Zollunion durchzusetzen. Preußen dagegen wollte an einem Deutschen Zollverein ohne Österreich festhalten, den es unter seiner Kontrolle behalten konnte. Die süddeutschen Zollvereinsmitglieder lavierten zwischen Berlin und Wien, waren aber wirtschaftlich doch schon zu weit in den Zollverein integriert, um sich daraus lösen zu können. Auch als Österreich ab 1859 den Eintritt in den Zollverein erneut betrieb, scheiterte es an Preußens Ablehnung, endgültig 1865. Preußen konnte seine wirtschaftliche Vormachtstellung in „Kleindeutschland" gegen die österreichischen Zollunionspläne verteidigen und überdies den Zollverein 1854 um das Königreich Hannover und das Großherzogtum Oldenburg erweitern.

Als Rußland 1853 das Osmanische Reich angriff, traten Großbritannien und Frankreich auf Seiten der Türken in den Krieg ein und griffen Rußland auf der Krim an. Österreich schlug sich entgegen seiner bisherigen außenpolitischen Tradition auf die Seite der Westmächte, Preußen blieb vorsichtig neutral. Als der Krimkrieg 1856 mit einer Niederlage Rußlands endete, war die europäische Mächtekonstellation verschoben. Der auf Mitteleuropa lastende Druck des Zarenreiches, das 1849 in Ungarn interveniert und 1850 den Schiedsrichter zwischen Berlin und Wien gespielt hatte, schwächte sich ab. Österreich hatte sich die Freundschaft Rußlands für lange Zeit verscherzt, während sich Preußens gute Beziehungen zu Rußland verbesserten. Großbritannien zog sich nun von kontinentalen Angelegenheiten etwas zurück, sah aber weiter in Rußland seinen Hauptgegner und beargwöhnte Frankreich, dessen ehrgeiziger Kaiser (seit 1852) Napoleon III. eine unstete Prestigepolitik verfolgte. 1863 konnte der Berliner Hof seine Freundschaft mit dem Petersburger Hof weiter festigen, indem es dem Zaren versprach, bei der Niederwerfung eines Aufstands in Russisch-Polen behilflich zu sein.

Österreichs Stellung wurde 1859 weiter geschwächt. Beflügelt vom Traum eines italienischen Nationalstaats, provozierte Piemont einen Krieg mit Österreich, um die Habsburger mit militärischer Unterstützung Frankreichs aus Italien zu vertreiben. Das Versagen der österreichischen Heeresführung führte zu Niederlagen bei Magenta und Solferino. Österreich mußte die Lombardei an Piemont abtreten, behielt aber noch Venetien.

Ab 1859 wurde die deutsche Frage in der deutschen Öffentlichkeit und bei den Regierungen der deutschen Staaten wieder Hauptthema. In zahlreichen Diskussionen setzte sich bei allen deutschen Regierungen die Erkenntnis durch, daß es nötig sei, den Deutschen Bund zu reformieren, indem man seine bundesstaatlichen Elemente ausbaue. Dabei war insbesondere daran gedacht, den Bund in der Sicherheitspolitik zu stärken, das Recht zu vereinheitlichen sowie eine kräftigere Bundesexekutive und ein Bundesparlament zu schaffen. Hierzu waren Anfang der 60er Jahre alle deutschen Regierungen bereit. Doch sämtliche Pläne scheiterten letzlich an der Rivalität zwischen Berlin und Wien. Österreich wollte an seiner führenden Stellung im Deutschen Bund festhalten, Preußen schwebte eine dualistische Hegemonie im Bund vor, verbunden mit einer alleinigen Vorherrschaft Preußens im Norden. 1863 erfolgte zum letzten Mal ein Anlauf zur Bundesreform. Österreichs Plan sah vor, die Bundesorgane zu stärken, ein fünfköpfiges Fürstendirektorium als Exekutive und ein beratendes Delegiertenparlament zu schaffen. Dabei ging man allgemein davon aus, daß die Fürsten und Delegierten der Mittelstaaten das Habsburgerreich unterstützen und ihm damit ein Übergewicht über Preußen geben würden. Ein Fürstentag in Frankfurt sollte nach österreichischem Wunsch den Reformplan beschließen. Doch der preußische König

Wilhelm I. nahm gar nicht erst teil. Preußen lehnte den Plan ab, womit die Sache gescheitert war.

Bismarck

Wilhelms Entscheidung ging wesentlich auf das Drängen Otto von Bismarcks zurück, den er 1862 zum preußischen Ministerpräsidenten und Außenminister berufen hatte. Obwohl äußerlich robust, war Bismarck doch von nervöser und sensibler Natur. Die europäischen Machtverhältnisse vermochte er realistisch einzuschätzen. Als adliger Gutsbesitzer und Diplomat gehörte er der traditionellen Führungsschicht Preußens an, doch unterschied er sich von der Mehrzahl seiner Standesgenossen nicht nur durch seine überragende Intelligenz. Anders als die meisten von ihnen war er trotz seiner prinzipiell konservativen Zielvorstellungen nicht auf eine engstirnig konservative Politik festgelegt, sondern griff unbekümmert und rücksichtslos auch zu umstürzenden Methoden, wenn sie ihm für seine Ziele nützlich zu sein schienen. „Nicht auf Preußens Liberalismus sieht Deutschland, sondern auf seine Macht", stellte er 1862 unverblümt fest. „Nicht durch Reden und Majoritätsbeschlüsse werden die großen Fragen der Zeit entschieden – das ist der große Fehler von 1848 und 1849 gewesen – sondern durch Eisen und Blut."[58] Bismarcks Ziele richteten sich ausschließlich nach dem preußischen Staatsinteresse. Seine Bündnispolitik orientierte sich nicht an den Prinzipien liberaler oder konservativer Verfassung, sondern rechnete nur mit dem Staatsegoismus der Mächte. Als Konservativer ging er von den historisch gewachsenen Staaten aus. Bismarck war kein Anhänger der nationalen Bewegung, aber er hatte sich entschlossen, sie für seine Ziele einzuspannen und zu benutzen, um Preußen die politische Vorherrschaft in „Kleindeutschland" zu verschaffen.

Deutsch-dänischer Krieg 1864

In der Schleswig-Holstein-Frage gelang Bismarck, was die Paulskirchenversammlung vergeblich versucht hatte. Um die damalige Auseinandersetzung um Schleswig-Holstein beizulegen, hatten die Großmächte und Dänemark 1852 im Londoner Protokoll festgelegt, daß Schleswig-Holstein bei der dänischen Krone bleiben, aber seine Sonderstellung behalten sollte, und daß beim zu erwartenden Aussterben der männlichen Linie des dänischen Königshauses auch in Schleswig-Holstein nicht die dort dann eigentlich erbberechtigte Augustenburger, sondern die in Dänemark erbberechtigte Glücksburger Linie der Dynastie die Nachfolge antreten sollte. Aber die Stellung Schleswig-Holsteins zwischen Dänemark und dem Deutschen Bund, die aus den Lehensverhältnissen des 15. Jahrhunderts herrührte, empfanden jetzt weder die Deutschen noch die Dänen länger als zeitgemäß. 1863 ging dann der dänische Thron an die Glücksburger Linie über. Zur gleichen Zeit wurde durch Beschluß des dänischen Parlaments Schleswig ins Königreich Dänemark als Provinz eingegliedert. Das verletzte nun das Londoner Protokoll, auf dem doch die Erbfolge des Glücksburgers auch in Schleswig-Holstein beruhte. In Schleswig-Holstein kam es zu einer spontanen Erhebung für ein unabhängiges Fürstentum Schleswig-Holstein unter dem Augustenburger Erbprinzen. Sie wurde von der deutschen Nationalbewegung leidenschaftlich unterstützt. Im Januar 1864 forderten Preußen und Österreich gemeinsam, daß Dänemark die Verfassungsänderung aufheben solle. Als Dänemark ablehnte, besetzten preußische und österreichische Truppen bis zum Herbst ganz Jütland. Weil Bismarck zunächst betonte, nur das gebrochene Londoner Protokoll wiederherstellen zu wollen, konnte er die übrigen Großmächte neutral halten. Da die Großmächte sich dann aber nicht darauf verständigen konnten, das Londoner Protokoll wiederherzustellen, und da der Augustenburger seine Herzogskandidatur unter Bismarcks Druck zurückzog, trat Dänemark im Friedensschluß die Herzogtümer Schleswig,

Holstein und Lauenburg an Österreich und Preußen ab, die sie nun gemeinsam verwalteten.

Preußen wünschte die Vorherrschaft mindestens über Norddeutschland; ob in einer einvernehmlichen Teilung der Einflußsphären oder durch Krieg gegen Österreich, blieb eine Zeitlang in der Schwebe. Nun gab es wiederholt Reibungen zwischen Österreich und Preußen, die sich vor allem an Schleswig-Holstein entzündeten: Preußen wollte das Land annektieren, Österreich drängte darauf, es zu einem selbständigen deutschen Fürstentum unter dem Augustenburger zu machen. Im Februar 1866 beschloß der preußische Kronrat, den Krieg gegen Österreich ruhig und methodisch vorzubereiten. Die internationale Konstellation war in den 60er Jahren für Preußen einmalig günstig, und Bismarck verstand sie überdies geschickt zu nutzen. Das 1860/61 entstandene Königreich Italien strebte danach, Österreich auch noch Venetien zu entreißen und damit das Einsammeln italienischer Gebiete der Vollendung näherzubringen. Im April 1866 verpflichtete Italien sich in einem Abkommen mit Bismarck, Preußen in einen Krieg gegen Österreich zu folgen. Großbritannien war mit inneren Reformen und transozeanischen Belangen beschäftigt und an kontinentalen Angelegenheiten wenig interessiert. Außerdem hatte es gegen eine gewisse Stärkung Preußens als Gegengewicht gegen Frankreich nichts einzuwenden. Rußland war noch durch die Niederlage im Krimkrieg militärisch geschwächt und überdies auf seine Agrarreformen konzentriert. Außerdem war es seit dem Krimkrieg Österreichs Gegner auf dem Balkan. So lautete das eigentliche Problem, ob Frankreich neutral bleiben würde. Frankreich galt in dieser Zeit als die stärkste Macht und beanspruchte für sich eine Vorrangstellung in Europa. Napoleon III. sah einen Krieg zwischen Preußen und Österreich und eine Vergrößerung Preußens bis zum Main durchaus nicht ungern. Er erwartete, daß es zwischen den beiden deutschen Großmächten zu einem Patt kommen würde, und beabsichtigte, dann als Schiedsrichter aufzutreten und dafür territoriale Gewinne einstreichen zu können. Vor allem spekulierte Napoleon darauf, daß es zu einer Dreiteilung Mitteleuropas kommen würde in Österreich, Preußen und die – wie er wünschte – zu einem Bund zusammengefaßten süddeutschen Staaten, und daß sich auf dieser Basis eine französische Hegemonie über Mitteleuropa etablieren ließe.

Die Frage, wie das künftige Schicksal Schleswig-Holsteins aussehen sollte, lieferte im Juni 1866 den Anlaß zum Krieg zwischen Preußen und Österreich. Preußen besetzte das von Österreich verwaltete Holstein, worauf der Deutsche Bund am 14. Juni auf Antrag Wiens die nichtpreußischen Truppen mobilisierte. Berlin erklärte darauf den Deutschen Bund für gebrochen und erloschen. Das Ende des Bundes zeigte noch einmal, daß es ganz von der Zusammenarbeit der beiden Großmächte abhing, ob er funktionierte; ihr Antagonismus sprengte ihn. Auf Preußens Seite standen nur einige meist kleinere norddeutsche Fürsten, während neben anderen die drei süddeutschen und die drei hessischen Staaten, Sachsen und Hannover auf Österreichs Seite standen. Es wurde der letzte Krieg deutscher Staaten gegeneinander. Angesichts des deutschen Nationalbewußtseins, das in den letzten Jahrzehnten entstanden war, erlebte die deutsche Öffentlichkeit diesen Krieg mit Entsetzen als einen Bruderkrieg.

Auf dem deutschen Kriegsschauplatz waren die Österreicher und ihre Verbündeten den Preußen mit 475.000 gegen 302.000 Mann zahlenmäßig deutlich überlegen. Bismarck plante für den Fall, daß der Krieg für Preußen ungünstig verlaufen sollte, die Magyaren, Italiener, Tschechen und Südslawen in der Donaumonarchie zu Aufständen anzustacheln, um Wien zum Nachgeben zu zwingen. Auf preußischer Seite legte der Generalstabschef Helmuth von Moltke die Operationen nach einem systematisch durchdachten Plan an. Zum ersten Mal in der Geschichte wurden die Truppenbewegungen nicht mehr vom jeweiligen Feldherrn persönlich vor Ort geführt, sondern der Generalstab lenkte alle Armeen vom Schreibtisch aus durch telegraphische Anweisungen zentral. Ebenfalls zum ersten Mal setzten beide Seiten in größerem Umfang die Eisenbahn ein, um die Truppen aufmarschieren zu lassen und rasch zu verlegen. Das ermöglichte eine bis dahin undenkbare Beweglichkeit der Heere.

Außer den besseren Waffen der preußischen Armee gab vor allem deren überlegene Führung den Ausschlag. Auf der Seite des Bundes war keine größere strategische Konzeption vorhanden, und so wurden die hannoverschen und süddeutschen Truppen, die von den Österreichern getrennt operierten, einzeln geschlagen. Die Preußen marschierten in drei getrennten Säulen in Böhmen ein. Es gelang ihnen, diese Kolonnen vor und während der Schlacht gegen die Österreicher bei Königgrätz am 3. Juli zu vereinen und auf diese Weise einen entscheidenden Sieg zu erringen. Die Österreicher besiegten zwar die Italiener, die verabredungsgemäß an Preußens Seite in den Krieg eingetreten waren, zu Land bei Custozza und in der Adria bei Lissa, aber es waren nutzlose Siege. Sofort nach der Niederlage bei Königgrätz fand sich Wien bereit, Frieden zu schließen. Bismarck ging darauf ein. Er strebte nicht nach einem Totalsieg, aus Furcht, Rußland könnte gegen ein zu einflußreiches Preußen intervenieren. Noch im Juli wurde in Nikolsburg ein Vorfrieden, im folgenden Monat in Prag der endgültige Frieden geschlossen.

Durch den schnellen preußischen Sieg sah sich Napoleon um die von ihm erhoffte Schiedsrichterrolle gebracht. Vergeblich forderte er die bayerische Pfalz, Rheinhessen, Luxemburg und Belgien als „Kompensationen" für Frankreich; Bismarck konnte es sich leisten, abzulehnen. Österreich mußte akzeptieren, daß der Deutsche Bund untergegangen war. Preußen annektierte das Königreich Hannover, Kurhessen, Nassau, Frankfurt und Schleswig-Holstein und gewann auf diese Weise ein geschlossenes Territorium. Die betroffene Bevölkerung lehnte diese Neuordnung teilweise ab, besonders in Hannover. Indem Bismarck durch die Annexionen drei Fürsten entthronte, erwies er sich als noch revolutionärer als die Revolution von 1848. Mit allen restlichen deutschen Staaten nördlich der Mainlinie, ausgenommen das Großherzogtum Luxemburg, das mit der niederländischen Krone in Personalunion vereint war, schloß sich Preußen im August 1866 im Norddeutschen Bund zusammen. Dieser stellte einen Bundesstaat dar mit echter Zentralgewalt, nämlich einem Bundespräsidenten (dem preußischen König), Bundeskanzler (Bismarck), Reichstag als Parlament und Bundesrat als Kammer der Regierungsvertreter der Mitgliedstaaten. Die süddeutschen Staaten blieben unangetastet, da Bismarck fürchtete, bei einem weiteren Ausgreifen Preußens könnte Frankreich dazwischentreten. Österreich kam territorial glimpflich davon, da es nur Venetien an Italien verlor.

Halt am Main? War die Beschränkung der preußischen Macht auf Norddeutschland nur eine Zwischenstufe? Die Nationalstaatsidee jedenfalls drängte darüber hinaus. Dabei mußte es keineswegs zwangsläufig zu einem kriegerischen Zusammenstoß mit Frankreich kommen. Es gab eine friedliche Alternative. Im Herbst 1866 einigten sich Napoleon und Bismarck im Prinzip, daß Frankreich eine Ausweitung des preußischen Machtbereichs auf Süddeutschland dulden werde, wenn es als „Kompensation" für den preußischen Machtgewinn gleichzeitig Luxemburg und den französischsprachigen Teil Belgiens erwerben könne. Napoleon nahm Verhandlungen mit dem niederländischen König auf, um Luxemburg anzukaufen. Durch die Übervorsichtigkeit des Königs wurde die Angelegenheit vorzeitig bekannt, woraufhin in der deutschen Öffentlichkeit eine leidenschaftliche nationale Protestwelle aufbrauste und Bismarck sich gezwungen sah, gegen die französischen Absichten Position zu beziehen. Um die Krise beizulegen, vereinbarten die Großmächte auf einer internationalen Konferenz, gemeinsam die Unabhängigkeit und Neutralität Luxemburgs zu garantieren. 1868 verankerte Luxemburg seine Neutralität dann auch in seiner Verfassung, wobei es bis 1948 blieb. Die wohl einzige Chance, die deutsche Einigung im Einvernehmen mit Frankreich zu vollenden, war vertan. Die französische Regierung richtete sich auf den Krieg gegen Preußen ein. Napoleon versuchte, mit Österreich und Italien eine Koalition gegen Preußen zustandezubringen, doch vergeblich. In der österreichischen Führung waren diejenigen, die eine Revanche für 1866 wünschten, nicht ausschlaggebend.

Unter dem Eindruck französischer Gebietsforderungen hatten Bayern, Württemberg, Baden und Hessen(-Darmstadt) noch im Herbst 1866 mit Preußen geheime Militärbündnisse abgeschlossen, nach denen sie im Verteidigungsfall ihre gesamten Streitkräfte dem preußischen Oberbefehl unterstellen sollten. Berlin setzte auch durch, daß der Deutsche Zollverein 1867 einige staatsähnliche Institutionen erhielt: einen Zollbundesrat und ein Zollparlament mit dem Recht, Zollgesetze zu erlassen und Handels- und Schiffahrtsverträge abzuschließen. In gewissem Umfang überschritt Preußen also bereits die Mainlinie. Doch die Wahlen zum Zollparlament 1868 zeigten, daß in Bayern und Württemberg der nationale Gedanke abflaute und der Partikularismus Oberhand gewann, der den protestantischen preußischen Militärstaat ablehnte. Bismarcks Hoffnung, daß das Zollparlament zur politischen Einheit drängen würde, trog. Zolleinheit führt nicht notwendig zur politischen Einheit, wie seit den 1970er Jahren auch die Entwicklung der EG erwies. Es sah so aus, als würde die nationale Einigung der Deutschen steckenbleiben. Als dann aber 1870 Napoleon III. den Krieg erklärte, verhalf die dadurch mobilisierte Bedrohungsangst und nationale Solidarisierung dem Willen zur nationalen Einheit dann doch zum Durchbruch.

Ebenso wie Napoleon III. nahm die französische Öffentlichkeit eine Vorrangstellung Frankreichs in Europa in Anspruch und war der Ansicht, daß diese sich nicht mehr aufrechterhalten ließe, wenn es einen deutschen Nationalstaat gäbe. Vor diesem Hintergrund lieferte ein an sich beliebiger Zufall den Anlaß zum Kriegsausbruch. Die Spanier boten dem Erbprinzen Leopold aus der schwäbischen Linie des Hauses Hohenzollern die vakant gewordene spanische Königskrone an. Bismarck unterstützte den Plan und verfolgte damit insgeheim die Absicht, Frankreich zu einem Angriff zu provozieren und damit die Stagnation seiner nationalen Politik zu überwinden. Als die Kandidatur am 2. Juli 1870 vorzeitig bekannt wurde, wollte Paris dies nutzen, um Berlin eine diplomatische Schlappe zu verpassen, da es den Ausgang der Ereignisse von 1866 als französischen Prestigeverlust empfunden hatte. Die französische Regierung nahm eine drohende Haltung ein, worauf Leopold von der Kandidatur zurücktrat. Doch dieser diplomatische Erfolg reichte Frankreich noch nicht. In einer Unterredung mit König Wilhelm an dessen Kurort Bad Ems forderte der französische Botschafter Benedetti eine öffentliche Garantie, daß die Hohenzollern auch in aller Zukunft auf den spanischen Königsthron verzichten würden. Wilhelm lehnte dies ab. Das über diese Unterredung nach Berlin geschickte Telegramm ließ Bismarck veröffentlichen, und zwar leicht gekürzt, wodurch es wie eine Abfuhr einer beleidigenden Zumutung

Kriegs-
ausbruch 1870

wirkte. Jetzt stand Napoleon in der Öffentlichkeit als der Düpierte da. Getrieben von einer prestigesüchtigen französischen Öffentlichkeit, glaubte Napoleon dies nicht hinnehmen zu können, sondern trat die Flucht nach vorne an. Frankreich erklärte am 19. Juli Preußen den Krieg, obwohl es keinen eigentlichen Kriegsgrund hatte. Durch die deutschen Staaten rauschte eine Welle der Empörung. Die süddeutschen Staaten schlugen sich auf Preußens Seite, sehr zur Überraschung Napoleons. Die übrigen größeren Staaten blieben neutral: in britischen Augen stand eindeutig Napoleon als der Angreifer da, die österreichische Führung, in der die Revanchepolitiker sich nicht durchsetzen konnten, verhielt sich abwartend, nicht zuletzt deshalb, weil der Zar Truppen an der Grenze zu Österreich aufmarschieren ließ und Preußen damit indirekt unterstützte, und die Italiener nutzten die Gelegenheit, um den von Frankreich geschützten Kirchenstaat zu besetzen.

Deutsch-französischer Krieg 1870/71

Bei gleichwertiger Ausrüstung waren die deutschen Truppen den französischen mit 475.000 zu 280.000 Mann zahlenmäßig überlegen, und überdies wurden sie strategisch besser geführt. Ihre Leitung lag wieder in Händen von Generalstabschef Moltke. Da die Deutschen viel schneller mobilisierten, besaßen sie von Anfang an die Initiative. In den ersten Wochen verliefen mehrere Grenzschlachten erfolgreich für die deutschen Truppen, doch konnten die beiden französischen Armeen der von Moltke angestrebten Entscheidungsschlacht zunächst ausweichen. Eine der französischen Armeen zog sich auf Metz zurück, wo sie eingeschlossen wurde und dann im Oktober kapitulieren mußte. Während der Belagerung eilte die andere französische Armee zum Entsatz von Metz heran, wurde aber bei Sedan eingeschlossen. Nach der Schlacht von Sedan am 1. September mußte sie die Waffen strecken, wobei auch Napoleon selbst in Gefangenschaft geriet. In Paris wurde die Republik ausgerufen. Die französische Regierung wäre bereit gewesen, die Ausdehnung des Norddeutschen Bundes über Süddeutschland zu akzeptieren und Frieden zu schließen. Doch in der deutschen Öffentlichkeit erhob sich fast einhellig die Forderung, Frankreich müsse das Elsaß abtreten. Begründet wurde dies damit, daß die Elsässer deutscher Volkszugehörigkeit waren und daß das Elsaß bis zur Eroberung durch Ludwig XIV. zum römisch-deutschen Reich gehört hatte. In der nationalen deutschen Öffentlichkeit wollte man nicht wahrhaben, daß die Bewohner des Elsaß viel lieber französische Staatsbürger zu bleiben wünschten. Bismarck griff die Forderung nach dem Elsaß auf, wenn auch aus anderen Gründen. Er ging davon aus, daß Frankreich auf Dauer Deutschlands Gegner sein werde, und war deshalb aus strategischen Gründen für eine Annexion, um Deutschland gegen einen französischen Revanchekrieg zu sichern. Der Verteidigungskrieg wandelte sich also zum Eroberungskrieg. Die deutschen Truppen marschierten auf Paris. Neuaufgestellte französische Heere konnten den Kriegsverlauf nicht wenden. Nach viermonatiger Belagerung kapitulierte Paris am 28. Januar 1871, und es kam zu einem allgemeinen Waffenstillstand. Im Mai folgte in Frankfurt der Frieden. Frankreich mußte das Elsaß und angrenzende Teile Lothringens abtreten und 5 Milliarden Francs Kriegsentschädigung zahlen. Diese Annexion erwies sich als fataler Schritt, der das deutsch-französische Verhältnis bis zum Ersten Weltkrieg schwer belastete.

„Reichs-gründung" 1871

Nach den ersten gemeinsamen Siegen führte Bismarck im Herbst 1870 mit den Höfen in München, Stuttgart und Karlsruhe zähe, geheime diplomatische Verhandlungen über den Beitritt ihrer Länder zum Norddeutschen Bund. Dabei setzten Bayern und Württemberg, in denen das Eigenstaatsbewußtsein starke Wurzeln gefaßt hatte, Sonderrechte für sich durch. Am 1. Januar 1871 traten die Beitrittsverträge in Kraft. Der

Bund umschloß jetzt auch Bayern, Württemberg und Baden und verschmolz mit dem Zollbund zu einer Einheit (sieht man von Luxemburg ab). Nicht durch das revolutionäre Aufbrausen einer elementaren Volksbewegung und den politischen Willensakt der ganzen Nation war der neue deutsche Staat gegründet worden, wie es das Bürgertum 1848 vergeblich versucht hatte, sondern durch kompromißbefrachtete Vereinbarungen der Fürsten von oben. Allerdings kann nicht übersehen werden, daß auch dieses undenkbar gewesen wäre, wenn es nicht die Nationalbewegung und ihren latenten Druck gegeben hätte. Anders als bei der italienischen Einigung etwa zur gleichen Zeit war wegen der Beteiligung der Fürsten kein Einheitsstaat entstanden, sondern die einzelnen Staaten blieben als Bundesstaaten bestehen. Um die Umgründung attraktiver zu machen, wechselte man die Etiketten. Der Bund wurde in „Deutsches Reich" umgetauft, und während der Belagerung von Paris wurde im deutschen Hauptquartier, das seinen Sitz im Schloß von Versailles genommen hatte, in Anwesenheit der Bundesfürsten und hoher Militärs der preußische König als Inhaber des Bundespräsidiums zum deutschen Kaiser erklärt. Die eigentliche Gründungsentscheidung war indessen schon 1866/67 gefallen, und die Erweiterung des Norddeutschen Bundes und der Bezeichnungswechsel bedeuteten für die deutsche Einheit nicht mehr als für die EWG deren Erweiterung im Jahre 1972 und ihre Umbenennung in EG. Trotzdem ist die rein dekorative Kaiserproklamation im Bewußtsein des deutschen Volkes zum eigentlichen Reichsgründungsakt geworden.

In weiten Teilen Deutschlands wurde der Abschluß der Reichsgründung jubelnd begrüßt als glanzvolle Erfüllung der nationalen Sehnsucht zweier Generationen, vor allem im protestantischen Bildungsbürgertum und in Industriekreisen. Dagegen bedauerten viele Konservative in Preußen, vor allem unter dem ländlichen Adel, daß die preußische Staatstradition jetzt hinter der deutschen Idee zurücktrat. In katholischen Kreisen Süddeutschlands, in denen habsburgische und großdeutsche Neigungen noch lebendig waren, gab es starke Vorbehalte gegen das kleindeutsche Reich unter Führung der protestantischen Hohenzollern mit ihrem autoritären Militärstaat Preußen. Im bayerischen Landtag erreichte der Beitrittsvertrag nur knapp die erforderliche Zweidrittelmehrheit der Stimmen. Doch die Würfel waren gefallen, und die Ergebnisse der ersten Reichstagswahlen zeigten, daß die Tatsache der Reichsgründung auch parlamentarisch von einer großen Mehrheit getragen wurde.

Fast alle deutschen Staaten, die beim Zerplatzen des Deutschen Bundes 1866 völlig souverän geworden waren, hatte Preußen jetzt also in seinem Deutschen Reich wieder eingesammelt, soweit sie von ihm nicht ohnehin annektiert worden waren. Ausgenommen blieben nur Österreich, das jetzt endgültig seine Verankerung im übrigen deutschen Raum verlor, sowie Luxemburg und Liechtenstein. Rechnet man die Schweiz mit ein, so gab es also seit 1871 fünf ganz oder mehrheitlich deutsche oder deutschgeführte Staaten. Dabei wohnten 1871 80 Prozent der Bevölkerung des geschlossenen deutschen Siedlungsgebiets im Deutschen Reich, das damit eindeutig der deutsche Hauptstaat war. Mit Liechtenstein, für das schon aufgrund seiner geographischen Lage der Anschluß an das Deutsche Reich nicht in Frage kam, sah sich ab 1866 ausgerechnet der bevölkerungsschwächste der deutschen Teilstaaten gezwungen, fortan als souveräner Staat weiterzuexistieren. Wegen der engen persönlichen Verbindungen seines Fürsten zu Österreich lehnte es sich in der Folgezeit eng an dieses an, so daß es bald beinahe wie ein Glied der Donaumonarchie erschien. Hinsichtlich Luxemburgs erwog Bismarck 1871 auf französische Anregung hin zeitweilig, statt des französischsprachigen Metz das deutschsprachige Luxemburg ins Reich einzugliedern. Aus militärstrategischen Gründen fiel die Entscheidung dann aber auf Metz. Luxemburg blieb souverän, und dies entsprach auch dem Willen seiner Einwohner. 1866 war die Mehrheit der Luxemburger gegen einen Beitritt zum Norddeutschen Bund und sprach sich 1871 auch deutlich gegen Annexionswünsche der (reichs-)deutschen Öffentlichkeit aus. Nachdem die Luxemburger 1848 beim Einigungsversuch der Paulskirche noch mitgewirkt hatten, entstand in den folgenden Jahrzehnten ein eigenes Luxemburger Nationalbewußtsein, und das Gefühl der Zusammengehörigkeit zum übrigen Deutschland flaute ab. Bei der Unabhängigkeit blieb es auch, als 1890 die Personalunion des Großherzogtums mit den Niederlanden endete und es einen eigenen Herrscher erhielt. Obwohl Luxemburg sehr auf seine politische Eigenständigkeit gegenüber dem Deutschen Reich bedacht war, blieb es mit diesem aus wirtschaftlichen Gründen hingegen bis 1918 weiter im Zollverein verbunden.

Gab es Alternativen zu dieser Reichsgründung?   Wenn Franzosen, Italiener, Schweden und andere Völker das Recht für sich in Anspruch nahmen, in einem Nationalstaat organisiert zu sein, warum sollten es dann nicht auch die Deutschen haben? Daß die Deutschen zahlreicher waren als manches andere Volk ist kein Gegenargument – sonst hätte man dem Aufstieg Rußlands erst recht Einhalt gebieten müssen. Das heißt aber nicht, daß ein deutscher Nationalstaat eine historisch notwendige Erscheinung war. Gewiß, die fortschreitende Industrialisierung drängte darauf, Zölle, Münze und Wirtschaftsrecht in größeren Räumen zu vereinheitlichen. Doch das sollte nicht überschätzt werden: kleine Staaten wie die Schweiz und die Niederlande sind durchaus nicht aufgrund ihrer Kleinheit wirtschaftlich zurückgeblieben. Wünschenswert für die Deutschen war sicher auch eine Möglichkeit zu effektiver Verteidigung, um sich in Europas Mitte unabhängig behaupten zu können. Aber das bedeutete nicht zwangsläufig eine politisch-staatliche Einheit, sondern wäre auch durch Bündnisse unterhalb der Staatsbildung zu leisten gewesen, wie EG und NATO nach dem Zweiten Weltkrieg gezeigt haben. Die Idee war auch keineswegs anachronistisch, besaßen doch gerade die Deutschen mit dem römisch-deutschen Reich und dem Deutschen Bund eine Tradition bündischer Organisationsformen, die prinzipiell in sehr unterschiedlicher Weise ausgestaltbar waren. Ohne das Entstehen der bürgerlichen deutschen Nation und das Streben der preußischen Führung nach Machterweiterung wäre es nicht zum kleindeutschen Reich gekommen.

Bismarck hatte das Deutsche Reich mit kriegerischer Gewalttätigkeit zusammengefügt. Mit gutem Grund kann man sich hieran stören – aber gab es denn eine friedliche Alternative auf dem Weg zum kleindeutschen Nationalstaat? Wie die Entscheidung zwischen Österreich und Preußen über die Vorherrschaft im übrigen Deutschland anders hätte herbeigeführt werden können, ist nicht zu sehen. Der Versuch, sich mit Frankreich in friedlicher Übereinkunft zu einigen, war 1867 unternommen worden, aber gescheitert. Im übrigen besteht kein Grund zu der Annahme, daß durch kriegerische Methoden bei einer Staatsgründung notwendig auch für die Zukunft eine gewalttätige Politik vorherbestimmt sei, ganz abgesehen davon, daß sie so unüblich nicht waren: hatten doch ebenfalls in den 1860er Jahren Italien und die USA ihre nationale Einheit mit Waffengewalt geschaffen beziehungsweise wiederhergestellt.

Wenn nun schon ein deutsches Reich sein sollte: mußte die kleindeutsche Lösung von oben die Antwort auf die nationale Frage sein? Gab es zu ihr in diesen Jahrzehnten Alternativen hinsichtlich des Weges und des Umfangs des Reiches? Wäre es vielleicht denkbar gewesen, durch eine Volkserhebung das nationalstaatliche Prinzip kon-

726

sequent in einem großdeutschen Reich zu verwirklichen? Ganz davon abgesehen, daß sich die Massen für dieses Ziel nicht hätten mobilisieren lassen und dem Bürgertum dieser Weg auch zu gefährlich gewesen wäre — einer solchen Machtballung wären Frankreich und Rußland entgegengetreten, um ihr eigenes machtpolitisches Gewicht zu wahren, der Zar überdies auch aus prinzipieller Abneigung gegen jede nationalrevolutionäre Bewegung und aus Furcht vor jenen Folgen, welche die Verwirklichung des Nationalstaatsprinzips auf das geteilte Polen haben mußte. Außerdem wäre dann wieder die Frage aufgetaucht, wie Wiens Verhältnis zu den nichtdeutschen Teilen des Habsburgerreiches hätte gestaltet werden sollen. Oder wäre nicht vielleicht eine Reform des Deutschen Bundes ein gangbarer Weg gewesen? Dieser Weg hätte den Vorteil gehabt, daß man auf seiner Basis zentrale Institutionen und einheitliche Rechtsverhältnisse schrittweise hätte schaffen können, wobei eine einmal begonnene Bundesreform vielleicht auch eine gewisse weiterreichende Eigendynamik entwickelt hätte. Auf diese Weise hätte sich der Widerstand der übrigen Großmächte möglicherweise unterlaufen lassen. Nur war dieser Weg eben durch die Rivalität von zwei deutschen Großmächten versperrt. Oder wäre eine mitteleuropäische Lösung, die viele Deutsche damals wünschten, eine Alternative gewesen? Abgesehen von der Frage, ob eine gemeinsame Führung durch die beiden deutschen Großmächte nicht durch dieselben Rivalitäten gelähmt worden wäre und ob eine österreichische Führung nicht doch nur eine lockere Verbindung zustandegebracht hätte — ein staatlich geeintes Mitteleuropa hätte die Kräfteverhältnisse in Europa völlig verschoben und dadurch den Widerstand zumindest Rußlands und Frankreichs herausgefordert, aber wohl ohne stark genug zu sein, sich gegen die vereinten Flügelmächte behaupten zu können. So bleibt nur das Fazit, daß Bismarcks Reichsgründung in dieser Zeit das Äußerste war, was sich ohne einen allgemeinen europäischen Krieg mit fraglichem Ausgang erreichen ließ, gerade weil sie obrigkeitlich kontrolliert und kleindeutsch beschränkt blieb. Ferner war selbst diese kleindeutsche Reichsgründung nur in einer vorübergehenden günstigen internationalen Konstellation möglich, in der Rußland und die beiden westeuropäischen Großmächte nach dem Krimkrieg weit auseinanderrückten und damit in Mitteleuropa Spielräume freigaben.

Vor allem aber darf nicht übersehen werden: Bismarck wollte von sich aus gar kein anderes Reich. Für Bismarck, der die nationalstaatliche Idee immer gering schätzte, war Preußen nicht das Mittel zur Verwirklichung eines deutschen Nationalstaats, sondern umgekehrt: er benutzte die nationale Bewegung, um Preußens Macht zu stärken. So legte Bismarck nach 1871 die nationalrevolutionären Methoden beiseite und betonte, daß das Deutsche Reich gesättigt sei. Dabei dachte selbst ein Mann wie Moltke zeitweilig daran, in einem vierten Einigungskrieg das Habsburger Vielvölkerreich durch Krieg und nationale Revolution zu zerstören, dessen deutsche Teile an das Deutsche Reich anzugliedern und dieses damit zu Großdeutschland zu vollenden. Bismarck jedoch wandte sich gegen alle großdeutschen Wünsche. Er empfahl den Deutschen im Habsburgerreich, gute Österreicher zu werden, und lehnte alle Bitten ab, zugunsten bedrängter deutscher Volksgruppen beispielsweise im Baltikum oder Ungarn zu intervenieren. Auch die ihm folgenden Kanzler des Kaiserreiches hielten an dieser Politik konsequent fest. Zu diesem Kurs bewog Bismarck nicht nur die Sorge um die Haltung der übrigen europäischen Großmächte, sondern auch die Überlegung, daß bei einer großdeutschen Erweiterung die klare Vorherrschaft Preußens und der Protestanten im Deutschen Reich verloren ginge.

Mit dem Ende des Deutschen Bundes und dem Abschluß der Reichsgründung verloren die Beziehungen des Deutschen Reiches zu Österreich die letzten Reste von innerdeutschem Charakter und gingen endgültig im allgemeinen europäischen Rahmen auf. Nur einmal schien Bismarck über das 1871 Erreichte hinausgehen zu wollen, 1879 nämlich, als er der Donaumonarchie das Angebot unterbreitete, daß beide Reiche sich durch ein von den Parlamenten zu besiegelndes Militärbündnis und eine Zollunion möglichst eng aneinander binden sollten. Es war noch einmal ein letzter, stark verdünnter Aufguß der Idee eines engeren kleindeutschen und weiteren mitteleuropäischen Bundes, wie Gagern und Radowitz sie verfolgt hatten. Doch Österreich lehnte ab: da die Wirtschaft Kleindeutschlands in den vorangegangenen dreißig Jahren viel rascher gewachsen war als jene des Habsburgerreiches, hätte letzteres sich jetzt mit der Rolle des Juniorpartners begnügen müssen. So kam es nur zu einem gewöhnlichen Verteidigungsbündnis.

Das Deutsche Reich – eine „verspätete Nation"? Mit Blick auf die westeuropäischen Staaten hat man das 1867/71 gegründete Deutsche Reich als eine „verspätete Nation" bezeichnet. Doch zu Unrecht, denn der Vergleichsmaßstab überzeugt keineswegs. Die europäischen Nationalstaaten entstanden in einem längeren Zeitraum auf verschiedene Weise und in mehreren Phasen. Am frühesten und leichtesten wurden jene Länder zu Nationalstaaten, in denen seit langem ein Gesamtstaat bestand und wo deshalb nur der Kreis der politisch teilnehmenden Schichten nach unten ausgeweitet zu werden brauchte (z.B. Frankreich, Großbritannien, Niederlande). In einer zweiten Phase gelangten jene beiden Völker zur Bildung eines Nationalstaats, die dazu erst mehrere selbständige Staaten zusammenschließen mußten, nämlich die Deutschen und die Italiener. Meist noch später errangen dann die meisten osteuropäischen Völker ihren Nationalstaat, die sich dazu erst aus übervölkischen Reichen herauslösen mußten, um einen eigenen Staat gründen zu können.* Die Gründung des Deutschen Reiches nahm also zeitlich einen mittleren Platz ein, der im übrigen auch seiner geographischen Mittellage entsprach.

Selbstverständnis des Deutschen Reiches Welchen Charakter, welches Selbstverständnis hatte nun das 1867/71 gegründete Deutsche Reich? Schon die Zeitgenossen selbst waren sich hierüber oft nicht recht klar. Mit der Übernahme der Bezeichnungen „Reich", „Kaiser" und „Kanzler" und des Adlers als Wappentier knüpfte man an die Tradition des Heiligen Römischen Reiches an, doch lag darin keine echte Kontinuität, denn das alte Reich war ein übervölkliches, vornationales Reich unter katholischer Führung gewesen, kein nationalstaatliches mit einem protestantischen Monarchen. Das Bürgertum sah im neuen Reich den deutschen Nationalstaat, den es so lange erstrebt hatte. Doch das Reich war auch dies nur unvollkommen. Weder umfaßte es das gesamte geschlossene deutsche Siedlungsgebiet, da Österreicher, deutsche Schweizer und Luxemburger außerhalb blieben, noch lebten ausschließlich Deutsche im Reich: 1871 waren 5,2 Prozent der Reichsangehörigen polnischer Volkszugehörigkeit, und hinzu kamen mit Dänen, Masuren, Litauern, Kaschuben, Franzosen und Sorben einige kleinere nichtdeutsche Volksgruppen. Auch eine Staatsnation war das Deutsche Reich nur begrenzt: Polen, deutsche und französische Elsaß-Lothringer und Dänen wollten ihm nicht angehören. Bismarck hatte das Reich als ein großpreußisches schaffen wollen, als Rahmen und Instrument

---

* 1830/(1881)/(1913) Griechenland, 1878 Rumänien und Serbien, 1908 Bulgarien, 1913 Albanien, 1917 Finnland, 1918 Polen, Tschechoslowakei, Litauen, Lettland, Estland und Island, 1922 Irland.

für die Führung und Herrschaft Preußens in großen Teilen des deutschen Raumes, und vieles sprach dafür, daß es dies auch tatsächlich war. Das Reich bildete keinen Zusammenschluß gleichberechtigter Bundesstaaten, entsprach also nicht den Grundsätzen des Föderalismus. Preußen machte zwei Drittel der Fläche und der Bevölkerung des Deutschen Reiches aus. Preußen besaß im Bundesrat bei wichtigen Dingen ein Vetorecht, der preußische König war zugleich deutscher Kaiser, und die preußischen Ministerpräsidenten hatten in der Praxis, von kurzen Unterbrechungen im Jahr 1873 und 1892-94 abgesehen, zugleich das Amt des Reichskanzlers inne. Das Reichsheer setzte sich aus den Kontingenten der Gliedstaaten zusammen, die außer denen von Bayern, Württemberg und Sachsen bis 1886 alle ins preußische Heer eingegliedert wurden. Der preußische Generalstab hatte im Krieg auch die operative Oberleitung (einen Reichsgeneralstab gab es nicht). Hauptstadt des neuen Reiches wurde nicht Frankfurt, das am ehesten eine Tradition als gesamtdeutsche Hauptstadt aufzuweisen hatte, sondern die preußische Hauptstadt Berlin. Besaß Preußen also eine Hegemonie innerhalb des Reiches? Zunächst sah es so aus, doch im Laufe der Zeit kehrte sich das Verhältnis zwischen Preußen und Reich zunehmend um. Während in den ersten zwei Jahrzehnten das Reich von Preußen aus geführt wurde und beispielsweise die wichtigsten Reichsgesetzentwürfe in den preußischen Ministerien ausgearbeitet wurden, übernahmen in den 1890er Jahren die Reichsministerien die Führung der Politik. Es wurde üblich, die Staatssekretäre der Reichsressorts automatisch auch zu preußischen Ministern zu ernennen, so daß nun faktisch Preußen vom Reich geleitet wurde. Während Wilhelm I. sich immer in erster Linie als preußischer König fühlte, ja überhaupt den Kaisertitel nur ungern angenommen hatte, da dieser sein preußisches Königtum in den Schatten zu stellen drohte, betrachtete sich Wilhelm II. (1888-1918) vor allem als deutscher Kaiser.

Bleibt festzuhalten, daß die Idee, das alte Reich wiederaufleben zu lassen, schnell bedeutungslos wurde. Die Vorstellung vom Deutschen Reich als dem deutschen Nationalstaat setzte sich durch, wobei die Realität stets mit einem beträchtlichen Schuß großpreußischen Charakters versetzt blieb. Bezeichnenderweise schrumpfte der Begriff „Deutschland", der bis dahin den deutschen Sprachraum oder den Deutschen Bund bezeichnet hatte, rasch auf das Gebiet des Deutschen Reiches ein und wurde mit ihm identifiziert.

Ende des 19. Jahrhunderts begann sich das nationale Selbstverständnis dann in neuer Weise vom Nationalstaat hinweg zu entwickeln. Mit Kolonialerwerb und verschwommenen Vorstellungen von Weltpolitik kamen imperiale Reichsvorstellungen auf, die anderen Dimensionen angehörten. Aber anders als beim britischen Weltreich wurden solche Träume in den verstreuten deutschen Kolonialfragmenten letztlich nicht Wirklichkeit, ebensowenig wie Großreichsideen während des Ersten Weltkriegs.

Nationalbewußtsein war um die Jahrhundertmitte im wesentlichen eine Sache des Bürgertums. Indem im Laufe der nächsten Jahrzehnte mit der Industrialisierung wirtschaftliche Verflechtung und Mobilität stiegen und das vermehrte Lesen den Horizont erweiterte, brachen die kleinräumig begrenzten Einheiten und Gruppen auf, mit denen sich die Masse der Bevölkerung bis dahin identifiziert hatte, so daß ihr Blick sich auf umfassendere Einheiten richtete. Zugleich wurde die nationale Einheit und Gemeinsamkeit von den Etablierten auch bewußt beschworen, um innere Konflikte im Zaum zu halten. So erfaßte der Nationalgedanke nach und nach bis zum Ende des Jahrhunderts fast alle sozialen Gruppen und wurde damit zur Massenerscheinung.

Nationalisierung der Massen

Man stilisierte den Nationalstaat zum höchsten Wert empor, der über Konfession und Klassenzugehörigkeit stehe, und das Nationalgefühl wurde in bis dahin unbekannter Weise gesteigert und verherrlicht. Dies war keine deutsche Eigenart, sondern geschah in allen vergleichbaren Staaten im Prinzip in ähnlicher Weise. Vaterländischer Geschichtsunterricht in der Schule trug wesentlich dazu bei, den Nationalismus zu verbreiten. Seinen sichtbarsten Ausdruck fand er in Feiern an nationalen Gedenktagen, in der Freude an nationalen Symbolen wie Fahnen und Wappen und in den sich mehrenden Nationaldenkmälern. Letztere nahmen immer größere Dimensionen an, am bekanntesten das Niederwalddenkmal am Rhein (eingeweiht 1883), das Kyffhäuserdenkmal in Thüringen (1897) und das Völkerschlachtdenkmal bei Leipzig (1913). Genauso wie die schon in früheren Jahrzehnten entstandenen großen Nationaldenkmäler standen und stehen sie ebenso großartig wie funktionslos in der Landschaft herum. An keinem von ihnen entwickelte sich eine dauernde politische Liturgie, etwa anläßlich von Staatsbesuchen und historischen Gedenktagen. Dazu liegen sie zu abgelegen von den politischen Zentren, und es sind ihrer auch zu viele.

Innere Widerstände gegen die Staatsnation   Mit der äußeren Zusammenfassung in der Reichsgründung ging die innere Übereinstimmung im Willen zur selben Staatsnation nur teilweise einher. Bismarck selbst fürchtete nach 1871 wiederholt, das Reich könnte wieder auseinanderbrechen. Tatsächlich wuchs es aber rasch zu einer festen Einheit zusammen. Die Nationswerdung erfaßte die Bevölkerung jedoch ungleichmäßig. Am raschesten paßten sich die Besiegten von 1866 an. Großdeutsche Wünsche waren schon 1871 von der Entwicklung überholt und als politische Kraft praktisch tot. Partikularistisches Eigenstaatsbewußtsein, stark besonders in Bayern und Hannover, verblaßte hinter der Gemeinsamkeit von Kaiser und Reich. Der Katholizismus hatte es schwerer, sich in das Reich hineinzuleben, zumal er sich in den 70er Jahren in die Stellung eines „Reichsfeindes" gedrängt sah. Aber seit den 80er Jahren begannen auch in katholischen Gegenden das Bildungsbürgertum und danach die unteren Schichten ihre Ressentiments gegen das großpreußische Reich zu verlieren. Zu einem viel schwierigeren Problem wurde die Haltung der Sozialdemokratie. Ihre Ideologie betonte stark die internationale Solidarität der Arbeiterklasse, und ihre Anhänger fanden sich die ganze Kaiserzeit über als „vaterlandslose Gesellen" verketzert.

Potentiell umfaßte das Nationale alle Bevölkerungsschichten. Tatsächlich ging es ursprünglich vom liberalen Bürgertum aus und wurde von den Konservativen, die sich an den Einzelstaaten orientierten, abgelehnt, um dann seit dem Ende der 1870er Jahre vom konservativen Bürgertum und Adel im Kampf gegen Linksliberale und Sozialdemokraten für sich in Anspruch genommen, ja monopolisiert zu werden. Damit verschob sich „national" auf „rechts" und wurde verengt. Zwar gab es auch unter den Anhängern der Sozialdemokratie eine latente nationale Strömung, doch wurde diese durch die Propaganda ihrer Führung eher verdeckt. Jene Gemeinsamkeit im Bekenntnis zu nationaler Tradition und Größe, die in Frankreich alle Parteien von der Rechten bis zur Linken einigend zusammenschließt, war und blieb den Reichsdeutschen jedenfalls fremd.

Masuren, Kaschuben, Litauer und Sorben machten den Schritt von der Loyalität zum übervolklichen Preußen zur deutschen Staatsnation ohne Zögern mit. Indessen protestierten Polen in Posen, Elsaß-Lothringer und Nordschleswiger Dänen nach 1867/71 entschieden gegen die ihnen zugemutete Mitgliedschaft in einem deutschen Nationalstaat. Bei Wahlen stimmten sie weitgehend nicht für die deutschen Parteien,

730

sondern für eigene Abgeordnete. Elsaß-Lothringen bekam nicht den Status eines gleichberechtigten Bundesstaates, sondern wurde als Reichsland direkt vom Reich verwaltet. Dieser Minderstatus und auch vielfache Ungeschicklichkeiten der von Berlin entsandten Verwaltung wirkten alles andere als gewinnend. Zwischen 1871 und 1895 wanderten 60.000 junge Männer nach Frankreich aus, um nicht zum preußischen Militär eingezogen zu werden. Trotzdem erstarb in Elsaß-Lothringen die Protesthaltung allmählich, und die Mehrheit der Einwohner fand sich mit der Zugehörigkeit zum Deutschen Reich ab, ohne daß bis zum Ersten Weltkrieg dieser Integrationsprozeß zum Abschluß gekommen und die Unzufriedenheit verschwunden wäre. Bei Polen und Dänen bestand die ablehnende Haltung dagegen 1914 praktisch noch genauso stark wie 1867/71. Für Nordschleswig sah der Prager Frieden von 1866 auf Napoleons Wunsch hin vor, daß die Nordschleswiger in einer Volksabstimmung entscheiden sollten, ob sie Deutschland oder Dänemark zugeschlagen werden. Preußisch-dänische Verhandlungen über die Durchführung scheiterten jedoch. 1878 hoben das Deutsche Reich und Österreich dann diese Klausel auf, da beide mit Blick auf ihre übrigen Nationalitätenprobleme an einem solchen Präzedenzfall nicht interessiert waren. Das polnische Problem war zweifellos noch gewichtiger. In den 1840er und 50er Jahren begann in der kleinen bildungsbürgerlichen Schicht Bewußtsein und Wille einer polnischen Staatsnation zu entstehen. Die Masse der polnischen Bevölkerung war aber noch zur Zeit der Reichsgründung national unentschieden. Unter dem Einfluß polnischer Vereine, die für eine polnische Staatsnation warben und sich für kulturelle Eigenständigkeit einsetzten, und unter dem Eindruck der germanisierenden Politik der reichsdeutschen Behörden wuchs dann in immer breiteren Kreisen ein polnisches Nationalbewußtsein heran, das deutlich antideutsch eingefärbt war. Zusätzlich erschwert wurde eine Lösung des polnischen Problems noch dadurch, daß das polnische Siedlungsgebiet auf drei Reiche aufgeteilt war. Russen und Reichsdeutsche hielten gemeinsam den Deckel auf den Topf der zunehmend aufkochenden polnischen Nationalbewegung.

Eine Geschichte des deutschen Volkes darf nicht den Fehler machen, sich für die Zeit nach 1871 zur Geschichte des Deutschen Reiches zu verengen. Während Kleindeutschland staatlich zusammenwuchs, lockerte sich gleichzeitig das staatliche Gefüge Österreichs. Indem die Habsburgermonarchie sich aus Deutschland herausgedrängt sah, ohne aufgelöst zu werden, wurde sie noch wesentlich stärker als das Deutsche Reich von Nationalitätenproblemen belastet und durch sie in eine latente Krise gestürzt, die Bismarck in seinem an Staaten orientierten Denken nicht vorhergesehen hatte.

Im Habsburgerreich hatten die Deutschen sich auch nach 1850 als das eigentliche Staatsvolk gefühlt und an der deutschen Führung der Monarchie festgehalten. Dies traf auf zunehmenden Widerstand vor allem der Magyaren. Die Niederlage von 1866 nahm den Deutschen dann den Rückhalt an Gesamtdeutschland und zwang sie im Innern zu Zugeständnissen. 1867 wurde der Gesamtstaat durch einen Ausgleich mit den Magyaren zur Doppelmonarchie Österreich-Ungarn umgebildet. Diese war seitdem nur noch eine Realunion zweier selbständiger Staaten, nämlich Ungarn, das aus dem Königreich Ungarn und Kroatien bestand, und dem anderen Reichsteil, der alle übrigen Kronländer von Vorarlberg an der Grenze zur Schweiz bis zur Bukowina jenseits der Karpaten umfaßte und der keinen eigenen Namen hatte. Inoffiziell wurde er meist Zisleithanien genannt. Jeder der beiden Reichsteile besaß einen eigenen Minister-

Auswirkungen der Reichsgründung auf Österreich

731

präsidenten, eigene Ressortminister und ein eigenes Parlament. Nur der Monarch und die Ministerien für Äußeres, Kriegswesen und Reichsfinanzen waren gemeinsam. Im westlichen Reichsteil sollten die Deutschen, im östlichen die Magyaren die Vorherrschaft ausüben. Während in Ungarn Adel und Großbürgertum der Magyaren ihre Stellung in der Folgezeit festigen konnten, sahen die Deutschen im westlichen Reichsteil ihre Führungsrolle schnell durch Ansprüche der Polen und Tschechen bedrängt. 1869 wurde Galizien innerhalb Zisleithaniens praktisch autonom, seine Verwaltung dem polnischen Adel überlassen. Nachdem die Abschließung Österreichs aus dem übrigen Deutschland 1871 endgültig geworden war, fand sich die Regierung auch bereit, der Forderung der Tschechen nachzugeben, den Ländern der böhmischen Krone ebenfalls Eigenstaatlichkeit zu gewähren. Hiergegen erhob sich nun lautstarker Widerspruch: die starke deutsche Minderheit in Böhmen wollte nicht in einem tschechisch geführten Böhmen leben. Auch kamen Befürchtungen auf, daß die Deutschen durch die damit einsetzende Slawisierung Zisleithaniens dort ihre Vorherrschaft verlieren und sich als Rettung dem Deutschen Reich zuwenden würden, was die völlige Auflösung der Monarchie einleiten könnte. Berlin ließ allerdings wissen, daß es solche Anschlußbestrebungen ungern sehen würde. Der Plan einer böhmischen Eigenstaatlichkeit wurde fallengelassen.

Die Polen in Galizien arbeiteten nach 1869 im wesentlichen konstruktiv im österreichischen Staat mit, doch ihre Loyalität war nur eine provisorische, gültig bis zu jenem Zeitpunkt, an dem sich ihr Traum erfüllen würde, daß aus den polnischen Teilen Rußlands, Österreichs und Preußens ein neuer polnischer Staat entstehen möge. Immerhin wußten sie, daß sie bis dahin unter österreichischer Herrschaft günstiger als unter russischer oder preußischer leben konnten, und so blieben die Verhältnisse in Galizien weitgehend ruhig.

Die Italiener in Südtirol (Trentino) und um Triest wünschten am liebsten einen Anschluß an den italienischen Staat. Sie waren aber eine zahlenmäßig relativ kleine Volksgruppe von nur geringem politischen Gewicht.

Am meisten Schlagzeilen machten in den Jahrzehnten bis zum Weltkrieg die Tschechen. Sie wollten zwar im habsburgischen Staatsverband verbleiben, forderten aber ein tschechisch beherrschtes Böhmen. Dabei konzentrierte sich die deutsch-tschechische Auseinandersetzung hauptsächlich auf die Sprachenfrage. Im Reichsrat, dem Parlament des zisleithanischen Reichsteils, war bis 1879 das liberale deutsche Bürgertum die tragende Kraft, während die Tschechen den Reichsrat boykottierten. Danach begann Ministerpräsident E. Taaffe mit einer Koalition aus Polen, Tschechen und deutschen Konservativen und Klerikalen gegen eine deutschliberale Opposition zu regieren. Seine Bemühungen, die nationalen Probleme zu lösen, blieben erfolglos. Stattdessen radikalisierte sich der böhmische Nationalitätenstreit in den 80er Jahren zunehmend. Ministerpräsident K.F. Badeni versuchte, Deutsche und Tschechen gleichermaßen gerecht zu werden, indem er 1897 für Böhmen und Mähren Sprachverordnungen erließ, nach denen alle Beamten zweisprachig sein sollten. Da zwar alle gebildeten Tschechen auch die Reichssprache Deutsch, aber kaum ein Deutscher die Regionalsprache Tschechisch beherrschte, hätte dies eine Slawisierung der böhmischen Beamtenschaft bedeutet. Dementsprechend erhoben die Deutschen wütenden Protest. Sie lähmten die Arbeit des Reichsrats durch Lärm- und Radauszenen, und monatelang gab es Demonstrationen und blutige Straßenunruhen. Am Jahresende wurde Badeni entlassen. Die Entfremdung beider Volksgruppen verschärfte sich daraufhin aber nur noch weiter. Als die Sprachverordnungen 1899 aufgehoben wurden, konnte sich die Regierung zwar endlich mit den Deutschen verständigen, aber stattdessen sorgten jetzt die Tschechen für blutige Unruhen in böhmischen Städten und legten die parlamentarische Arbeit des Reichsrates weitgehend lahm. Durch die Einführung der Obstruktion als politisches Kampfmittel versank das zisleithanische Parlament in lärmender Untätigkeit. Bis in den Weltkrieg hinein sollte sich die Situation nicht mehr entspannen. Die Regierung mußte immer öfter mit Notverordnungen regieren, endgültig ab 1909. Es gab eine große Zahl von Reformprogrammen zur Lösung der Nationalitätenfrage – auf dem Papier. Neue entscheidende Vorstöße in der Praxis wagte aber keine Regierung mehr. So blieb es beim konzeptionslosen „Weiterwursteln".

Die Nationalitätenkonflikte in Ungarn vollzogen sich weniger lautstark als in Böhmen, aber sie wurden letztlich für den Bestand der Donaumonarchie nicht weniger gefährlich. Indem die Magyaren die anderen Volksgruppen uneinsichtig unterdrückten, riefen sie bei diesen allmählich Gegenkräfte hervor, die zunehmend nicht mehr nach Gleichberechtigung *im* Reich, sondern nach Lösung *vom* Reich strebten. Als erstes wurde der serbische Nationalismus seit der Jahrhundertwende zunehmend antiösterreichisch und separatistisch und fing an, einem Anschluß an das unabhängige Königreich Serbien zuzuneigen. Kurz vor dem Ersten Weltkrieg begannen auch der Nationalismus der Rumänen und jener der Ruthenen (d.h. Ukrainer), die von den Russen umworben wurden, separatistische Färbung anzunehmen.

Während des Weltkriegs konnte zwar die alliierte Propaganda, die sich gegen das Vielvölkerreich richtete, bis zuletzt keine Aufstände der „unterdrückten Völker" gegen Habsburg entzünden, aber der Zusammenbruch 1918 ließ das Reich dann doch endgültig auseinanderfallen.

War es zwangsläufig, daß die Entwicklung schließlich zum Zerfall des Habsburgerreiches führte? Stellte eine übervolkliche Reichsidee im Zeitalter der Nationalstaaten einen nicht lebensfähigen Anachronismus dar? Hinsichtlich der Frage, ob die Monarchie wieder gesunden könnte, breiteten sich nach 1866 in der politischen, wirtschaftlichen und kulturellen Führungsschicht Österreichs langsam, aber stetig Skepsis und Pessimismus aus. Auch Kaiser Franz Joseph selbst war im Innersten von einer latenten Untergangsstimmung beseelt, die ihn sein Amt fatalistisch mit resignierender Pflichterfüllung wahrnehmen ließ (gestorben 1916). Als den Deutschen in Österreich nach 1866 bewußt wurde, daß sie eine Minderheit in einem Vielvölkerstaat waren, entstand unter Führung des Gutsbesitzers Georg von Schönerer eine deutschnationale Bewegung, die nicht an eine Zukunft der Deutschen im Habsburgerreich glaubte und deshalb langfristig deren deutsche Teile herauslösen und an das Deutsche Reich anfügen wollte. Die Deutschnationalen erlangten zwar im Reichsrat nie großen Einfluß, ihre Ideen gewannen aber unter den jüngeren deutschen Akademikern beträchtliche Verbreitung.

Wo lagen nun die tieferen Ursachen für die nationalen Probleme des Habsburgerreiches? Die Donaumonarchie war von deutschen Kernländern aus und durch eine deutsche Dynastie entstanden. Noch in der ersten Hälfte des 19. Jahrhunderts mochte es unproblematisch erscheinen, daß nur der deutsche Adel und das deutsche Bürgertum in Österreich herrschten und verwalteten. Im Laufe des 19. Jahrhunderts entstand dann aber bei einer Volksgruppe nach der anderen eine Intelligenzschicht mit eigener Literatur und eigenem Wirtschaftsbürgertum, die für sich politische Teilhabe forderten. Außerdem drangen demokratische Ideen vor, und zunehmend beteiligten sich

Österreichs Zerfall – unabwendbares Schicksal?

breitere Bevölkerungsschichten an der Politik, wie auch darin zum Ausdruck kam, daß der Kreis der Wahlberechtigten mehrfach ausgedehnt wurde. Damit erhielt die größere Zahl der Masse der Bevölkerung immer mehr Gewicht, und auf diese Weise gingen Bedeutung und Einfluß der Deutschen in Zisleithanien von 1867 bis 1914 unaufhaltsam zurück. Die Deutschen machten 1910 im Gesamtstaat nur 23,9 Prozent (Magyaren 20,2 Prozent), in Zisleithanien 35,6 Prozent der Bevölkerung aus. Immerhin erbrachten die Deutschen noch 1907 in Zisleithanien 63,4 Prozent der direkten Steuerleistung und stellten 1914 in den beiden Reichsteilen gemeinsamen Ministerien 56 Prozent und in den Zentralbehörden Zisleithaniens 81 Prozent der Beamten.

Es war nicht das Nationalitätenprinzip an sich, das Österreich-Ungarn zerstörte. Der Nationalstaat ist nicht das letzte Wort der Geschichte, und auch übervolkliche Staatsbildungen können dauerhaft funktionsfähig sein. Nur bedarf es dazu zweier Voraussetzungen: im Zeitalter der Massen müssen übervolkliche Staaten auf der Basis wenigstens formaler Gleichberechtigung aller Bürger beruhen, und es bedarf einer Idee, die Inhalt des zusammenhaltenden Nationalbewußtseins werden kann. Deutlich zeigt das ein Blick auf die Schweiz. Nachdem nach Frankreich auch mit Italien und dem Deutschen Reich Nationalstaaten entstanden waren, galt die Schweiz mit ihrer übervolklichen Struktur ebenso wie Österreich-Ungarn vielen als eigentlich unmodern. Trotzdem wurde die Schweiz nicht von den Nachbarstaaten aufgesogen und erlebte keine inneren Nationalitätenkämpfe. Die aus Italien ertönenden Ansprüche auf die italienischsprachige Schweiz blieben dort ohne Echo. In der Schweiz, wo die meisten romanischen Gebiete jahrhundertelang als Untertanenlande von Deutschen beherrscht worden waren, hatte man schon 1803 auch Französisch und Italienisch formal als gleichberechtigt anerkannt, was sich am Ausgang des 19. Jahrhunderts auch faktisch durchsetzte, und der föderalistische Aufbau der Schweiz ermöglichte ein gleichberechtigtes Miteinander. Da außerdem die Deutschen über zwei Drittel der Gesamtbevölkerung ausmachten, liefen sie auch nicht Gefahr, von den romanischen Teilen majorisiert zu werden und ihre Führungsrolle zu verlieren. Zugleich besaß die Schweiz mit dem (wenn auch historisch irrigen) Bewußtsein, altgermanische Volksfreiheit zu bewahren, einen Kern für ein eigenständiges und kräftiges Nationalbewußtsein.

Anders in Österreich-Ungarn. Ein Nationalbewußtsein, das sich auf den österreichischen Gesamtstaat bezog, entwickelte sich außerhalb von Offizierskorps und höherer Verwaltung nur schwach. Es konnte weder an eine gemeinsame Volkszugehörigkeit noch an eine besondere politische Idee anknüpfen, und so blieb es auf die Dynastie orientiert. Dementsprechend lebte das Eigenbewußtsein der einzelnen historischen Länder (Tirol, Kärnten usw.) weiter, und daneben gewann das Bewußtsein der jeweiligen Volkszugehörigkeit zunehmend an Gewicht. Noch wichtiger war, daß Bürgertum und Adel der Deutschen (und Magyaren) ihre politische, gesellschaftliche und wirtschaftliche Führungsstellung zäh festzuhalten versuchten, aber eben damit die allmähliche Abwendung der anderen vom gemeinsamen Reich förderten. Wäre das Reich nach föderalistischem Prinzip umgebaut und den Angehörigen aller Volksgruppen Gleichberechtigung eingeräumt worden, hätten sich danach die Deutschen und Magyaren der Donaumonarchie von den Slawen majorisiert gesehen. In einem in solcher Weise strukturierten Habsburgerreich zu leben wäre den Deutschen dann aber wohl recht unattraktiv erschienen, mit der Folge, daß die Idee eines Anschlusses der deutschen Länder an das Deutsche Reich starken Auftrieb bekommen hätte. Das hätte unweigerlich die Zerstörung des Gesamtstaats bedeutet, wie im anderen Falle seine Zerstörung von den minderberechtigten Völkern zu erwarten war. Dieses Dilemma war nicht lösbar. Wenn der Weltkrieg nicht ausgebrochen wäre, hätte Österreich-Ungarn sicher noch eine ganze Weile weiter existieren können, aber der grundsätzliche und zunehmend explosive Strukturfehler des Reiches wäre dabei nicht verschwunden.

Keine der übervolklichen Reichsbildungen hat sich der Alternative entziehen können, entweder den beherrschten Völkern eine wenigstens formal gleichberechtigte Stellung zu gewähren, um weiterbestehen zu können, oder auseinanderzufallen. Ersteres geschah nur in solchen Fällen, wo das ehemalige Herrenvolk weiter eine gesicherte Mehrheit besaß, wie in China, letzteres passierte 1918 dem Osmanischen Reich und dann nach dem Zweiten Weltkrieg dem britischen Weltreich und dem französischen Kolonialreich.

7.6 Mit dem Obrigkeitsstaat ins Zeitalter der Massen

Grundlagen

Die Folgen der Industrialisierung bestimmten weitgehend auch die Rahmenbedingungen und Grundprobleme der politischen Ordnung. Wachsende wirtschaftliche Verflechtungen erforderten mehr staatliche Regelungen und Leistungen, besonders auf zentraler Ebene. Vor allem gewann mit dem Wachsen von Gewerbe und Industrie das gehobene Bürgertum wirtschaftlich an Gewicht relativ zu den alten, stark großagrarisch gebundenen Führungsschichten, und indem mit dem Übergang zur Massengesellschaft die Unterschichten immer stärker zu politischem Bewußtsein erwachten, wurden auch sie zu einem politischen Faktor. Diesem Wandel der gesellschaftlichen Kräfteverhältnisse mußte die politische Ordnung sich anpassen. Wieviel Anteil die alten Führungsschichten an der Macht im Staat behalten sollten, in welcher Weise die Unterschichten in das politische System integriert werden sollten, das wurden durch die Jahrzehnte hindurch bis zum Ersten Weltkrieg die zentralen Probleme. Diese äußerten sich dann im Streit um die Ausgestaltung der Verfassung, insbesondere hinsichtlich des Verhältnisses zwischen Regierung und Parlament und des Wahlrechts, und um Sondergesetze. Hier prallten das Streben der alten Eliten, Macht und Einfluß möglichst zu bewahren, und die wachsenden Ansprüche und Forderungen der aufsteigenden gesellschaftlichen Kräfte im politischen Raum immer wieder hart aufeinander.

Wachsen des Staatsapparates

Umfang und Aktivitäten des Staatsapparats wuchsen in der Zeit der Industrialisierung stärker als je zuvor. Im Gebiet des Deutschen Reiches stieg 1850-1913 die Zahl der in der öffentlichen Verwaltung und Rechtspflege Beschäftigten von 160.000 auf 460.000 an, der Umfang der Streitkräfte von 300.000 auf 642.000 Mann und die Zahl der im Bildungswesen Tätigen von 69.000 auf 253.000 Personen. Am stärksten vermehrten sich die bei Post und Bahnen Arbeitenden (1875-1912 von 205.000 auf 1.061.000). Die bisherigen Sitze der öffentlichen Verwaltung, meist alte Schlösser und ehemalige Klöster, wurden dabei zu klein, weshalb man eine Fülle von Gerichts-, Regierungs-, Finanzamts- und Postgebäuden errichtete. Daß der Staat auch stärker regelnd tätig wurde, zeigte sich schon äußerlich am Anschwellen des Reichsgesetzblatts des Deutschen Reiches: dessen jährlicher Umfang stieg 1871/75 bis 1909/13 von 377 auf

782 Seiten. Nachdem der Anteil der Staatsausgaben am Sozialprodukt in der ersten Jahrhunderthälfte etwa unverändert geblieben war, zog der Staat seit den 1860er Jahren einen immer größeren Teil des Sozialprodukts an sich: der Anteil der öffentlichen Ausgaben (einschließlich Sozialversicherungen) am Volkseinkommen erhöhte sich im Gebiet des Deutschen Reiches 1860 bis 1910/13 von etwa 7 auf 14,5 Prozent. Da die eigenen Einnahmen aus Domänen, Forsten und Gewerbebetrieben nicht im selben Maße wuchsen wie der Geldbedarf von Reich, Staaten und Gemeinden, finanzierten sich die öffentlichen Haushalte immer mehr über Steuern, Abgaben und Zölle; deren Anteil stieg 1850-1913 von gut der Hälfte auf 84 Prozent der Einnahmen. Dabei verlagerte sich das Schwergewicht zunehmend von den indirekten auf die direkten Steuern.

Da die traditionellen direkten Steuern (vor allem Grund-, Gebäude- und Gewerbesteuer) nach Katastermerkmalen pauschaliert erhoben wurden, waren sie eigentlich auf die statischen Verhältnisse vorindustriellen Wirtschaftslebens ausgerichtet. Als Steuer, die sich dem wachsenden Sozialprodukt anpaßte, führte man deshalb die Einkommensteuer ein (Preußen 1891/94).

Indem die Verwaltung wuchs, gliederte sie sich auf allen Ebenen in eine immer größere Zahl von Fachministerien, speziellen Ämtern und Fachdezernaten mit verschiedenen Zuständigkeiten auf, und der massenhafte Anteil ähnlicher Vorgänge förderte schematische Arbeitsweisen. Hierdurch wurde die Verwaltung unpersönlicher und trat dem einzelnen Bürger stärker als anonyme Großstruktur entgegen. Zwar mußten Landratsämter auch weiterhin mit höchstens einem halben Dutzend Mann Personal auskommen, aber in den Städten waren die Veränderungen um so deutlicher. Um die Jahrhundertmitte wurden die städtischen Verwaltungen noch weitgehend von einer größeren Zahl ehrenamtlicher Honoratioren erledigt. Mit zunehmender Industrialisierung reichte deren Sachkenntnis für die komplizierter werdenden Materien immer weniger aus, und die härtere Konkurrenz im Wirtschaftsleben erforderte dort mehr berufliches Engagement und ließ die Bereitschaft erlahmen, an der ehrenamtlichen Selbstverwaltung teilzunehmen. So fiel sie dann weitgehend der Bürokratisierung zum Opfer. Nach der Jahrhundertwende konnte der größte Teil der sich anhäufenden Arbeit nur noch von hauptamtlichen Beschäftigten bewältigt werden. Beispielsweise stieg die Zahl der Bediensteten der Stadt Mannheim 1870-1906 von 48 auf 1.127.

Die staatliche Aktivität nahm im Deutschen Reich vor allem auf der lokalen und der gesamtstaatlichen Ebene zu, viel weniger dagegen auf jener der Gliedstaaten. So fiel der Anteil der Gliedstaaten an den öffentlichen Ausgaben (einschließlich Sozialversicherung) 1881 bis 1913 von 40 auf 26 Prozent, während jener des Reiches von 33 auf 41 Prozent anschwoll. Auf Reichsebene gab es nach der Reichsgründung als Behörden zunächst nur das Kanzleramt und das Auswärtige Amt. In rascher Folge entstanden dann in den 1870er Jahren etliche Reichsämter (Admiralität, Reichseisenbahnamt, Generalpostmeister, Reichsjustizamt, Reichsschatzamt, Reichsamt des Inneren, außerdem 1890 Reichskolonialamt) und oberste Behörden und Gerichte (z.B. Rechnungshof, Statistisches Amt, Patentamt, Reichsgericht) sowie in den 1880er Jahren die Sozialversicherungen.

Durch eine Reihe von Reichsgesetzen wurde die Wirtschafts- und Rechtseinheit hergestellt, vor allem im Handels- und Wechselrecht 1869, durch das Strafgesetzbuch 1871 und das Bürgerliche Gesetzbuch im Jahr 1900.

Zentralisierung

Ursachen für
Ausweitung
und Zen-
tralisierung
der Staats-
tätigkeit

Dieser Trend zur Bürokratisierung, zur Zentralisierung der Entscheidungen und zur Verdichtung staatlicher Regelungen hatte mehrere Ursachen. Die Dynamik ging nicht von jenen Aufgabenbereichen aus, die bis dahin stets den Kern der Staatsfunktionen gebildet hatten, also der äußeren und inneren Sicherheit. Die Verteidigungsausgaben des Deutschen Reiches blieben die Jahrzehnte hindurch unverändert bei 3-4 Prozent des Nettosozialprodukts. Vielmehr übernahmen die öffentlichen Hände neue Aufgaben. Die Ausgaben für das Bildungswesen stiegen überproportional an, und in den (städtischen) Gemeinden entstand eine Leistungsverwaltung, die Gas-, Wasser- und Elektrizitätsversorgung, Müllabfuhr und Abwässerbeseitigung, Straßenbahn und Straßenbau organisierte und damit Daseinsvorsorge betrieb.

Indem die wirtschaftlichen Verflechtungen sich intensivierten, weiträumigere Zusammenhänge entstanden und die Lebensverhältnisse komplexer wurden, waren umfangreichere staatliche Regelungen erforderlich, und um alle Betroffenen zu erfassen, mußten diese auf höherer Ebene erfolgen. Die gesellschaftlichen Veränderungen beschworen Konflikte herauf, die den Staat zu neuen Maßnahmen veranlaßten. Hier griff der Staat zum einen gestaltend ein, beispielsweise durch Arbeitsschutzgesetze, und zum anderen, indem er mit Sozialversicherung und auch Schutzzoll den neuen Weg zur staatlich gesteuerten Umverteilung einschlug. Ferner strebte die Staatsgewalt danach, ihren Machtbereich auch auf kulturpolitischem Gebiet auszuweiten, insbesondere indem sie die staatliche Volksschulaufsicht und die obligatorische Zivilehe, also die standesamtliche Trauung, einführte (Preußen 1872 bzw. 1874). Auch das Führen der Geburts- und Sterberegister wurde von der Kirche auf staatliche Standesämter übertragen. Diese kulturpolitischen Schritte stießen jedoch auf den heftigen Widerstand der katholischen Kirche. Da die katholische Kirche ohnehin Front gegen die ganze Moderne machte, eskalierte der Konflikt zum Prinzipienstreit, zum „Kulturkampf" zwischen staatlichem Machtanspruch und der aufklärerisch-antiklerikalen Tradition des Liberalismus auf der einen Seite und der katholischen Kirche auf der anderen. Seinen Höhepunkt erreichte er in Preußen, Baden und Hessen 1871-76, in der Schweiz 1873-84 und, etwas gemäßigter, in Österreich 1867-74. Im übrigen war der Kulturkampf keine deutsche Besonderheit.* Daß die katholische Kirche in den Jahren des Kulturkampfes bedrückt und diffamiert wurde, hinterließ im Deutschen Reich und in der Schweiz bei der katholischen Minderheit lange nachwirkende Antipathien gegen die im Staat herrschenden Kräfte.

Die Schweiz hatte mit dem Deutschen Reich nicht nur den Kulturkampf gemeinsam, sondern ebenso die Tendenz, das Recht zu vereinheitlichen und die Verwaltung zu zentralisieren. Aber dieses Bestreben war in der Schweiz schwächer ausgeprägt, und unverkennbar bemühte man sich dort, öffentliche Aufgaben so weit wie möglich basisnah durch Kantone und Gemeinden wahrnehmen zu lassen. Die Schweiz leistet sich beispielsweise bis heute 25 verschiedene kantonale Zivil- und Strafprozeßordnungen. Dies zeigt, daß es im Deutschen Reich nicht alleine an den neuen wirtschaftlichen Erfordernissen lag, wenn die zentrale Staatsgewalt erstarkte, sondern auch an einem eigenständigen obrigkeitlichen Machtwillen absolutistischer, vor allem preußischer Herkunft, der das Streben begründete, die Lebensverhältnisse stärker und genauer durch staatliche Regelungen zu normieren, als dies in vielen anderen europäischen Ländern geschah.

---

* So erlebten den Kulturkampf Italien seit 1871 jahrzehntelang, Belgien ab 1879 und Frankreich ab 1882.

In der ersten Hälfte des 19. Jahrhunderts hatte die Politisierung der Bürger eingesetzt, und in der zweiten Jahrhunderthälfte erfaßte diese auch die breite Masse. Indem
die lokale Begrenztheit des Denkhorizonts durch mehr Bildung und Zeitungslektüre,
stärkere regionale Mobilität und überörtlichen Wirtschaftsaustausch aufgebrochen
wurde, entstanden auch in der Mittel- und Unterschicht ein politisches Bewußtsein,
das sich auf die gesamtstaatliche Ebene orientierte, und der Wille, an politischen Entscheidungsprozessen teilzuhaben. Die Wahlbeteiligung betrug 1849 bei der preußischen Landtagswahl 31,9 Prozent und stieg bei den Reichstagswahlen von 50,7 Prozent
1871 bis 1912 auf 84,5 Prozent. Der aus Tradition fraglos gehorchende Untertan wurde
seltener, und deshalb mußte jede politische Führung sich zunehmend um die Zustimmung der Massen aktiv bemühen und sie immer wieder neu erringen. Damit zogen
neue Methoden in die Politik ein. Diese waren dadurch bestimmt, daß sie viel breitere
Kreise als je zuvor anzusprechen suchten und sich zugleich in der Art ihrer Aussagen
an deren geistiges Niveau anpaßten. Interessierte Kreise gründeten Agitationsverbände, so im Deutschen Reich 1882 den Kolonialverein, 1891 den Alldeutschen Verband, 1898 den Flottenverein und 1912 den Wehrverein. Wahlen wurden zu Wahlkämpfen. Die Kandidaten mußten dabei immer mehr Wahlreden halten, und seit 1906
gab es bei Wahlen Plakataktionen. Während Politiker um die Jahrhundertmitte einen
weitgehend gewissermaßen akademischen Diskussionsstil pflegten, mußte dort, wo ein
Massenpublikum überzeugt werden sollte, leichter faßlich und weniger differenziert
argumentiert werden. Zunehmend bestimmten die Wiederholung einfacher Grundaus-
sagen und der Appell an die Gefühle, an Ängste vor Umsturz, wirtschaftlicher Krise
und nationalistischem Überschwang, an Unzufriedenheit und Mißgunst die politische
Öffentlichkeit. Bismarck war im Deutschen Reich der erste, der diese neuen Methoden entschieden anwandte, andere folgten, und sie waren nicht Sache einer bestimmten politischen Richtung, sondern wurden seitdem allgemein üblich.

Zweifellos ist es eine Fiktion, anzunehmen, alle Staatsbürger wären hinreichend in-
telligent und gut genug informiert, politische Zusammenhänge und ihre eigenen Interessen klar erkennen und danach politisch sinnvoll entscheiden zu können, aber der
Eintritt der Massen in die Politik und ihr Anspruch auf gleichberechtigte Teilhabe beraubten alle Abstufungen politischer Rechte allmählich ihrer Legitimität. So wurde es
langfristig unumgänglich, das allgemeine und gleiche Stimmrecht einzuführen. Die politische Mobilisierung der Massen war eine notwendige Folge der Industrialisierung.
Sie führt aber keineswegs zwangsläufig zur Demokratie, wie das Beispiel des Nationalsozialismus und der meisten der sich industrialisierenden Dritte-Welt-Länder zeigt.
Die Massen können auch in jener Form in die Politik einbezogen werden, daß eine
diktatorische Führung versucht, deren Bedürfnis nach Teilhabe mit außerparlamenta-
rischen plebiszitären Akten wie Volksabstimmungen abzuspeisen oder sie an einen
charismatischen Führer zu binden.

Mit der Politisierung entstanden die Parteien. Zunächst schlossen sich in den 1850er
Jahren in den einzelstaatlichen Landtagen gleichgesinnte Abgeordnete zu Fraktionen
zusammen. Dabei kristallisierten sich im Gebiet des Deutschen Reiches drei Haupt-
richtungen heraus: die liberale mit dem Anspruch, die Kräfte des Fortschritts zu
vertreten, und in Auseinandersetzung mit ihr die konservative und die katholische.
1861-76 wurden auf dieser Basis in den einzelnen deutschen Staaten Parteien gegründet, die dann auch auf Reichsebene zusammenwuchsen. Als erste deutsche Partei entstand 1861 in Preußen die Deutsche Fortschrittspartei als Sammelbecken der liberalen

Opposition. Die Frage, wie sie sich zu Bismarcks Politik des Antiparlamentarismus, des Kriegs gegen Österreich und der Gründung des Norddeutschen Bundes stellen sollten, führte dazu, daß sich 1866 (in Preußen, dann aufs Reich übertragen) sowohl die Liberalen wie die Konservativen spalteten. Der rechte Flügel der Liberalen war nach dem Erfolg in der nationalen Frage für einen Ausgleich mit Bismarck und organisierte sich 1867 als Nationalliberale Partei. Der linke Flügel der Liberalen beharrte dagegen darauf, Bismarcks Innenpolitik abzulehnen. Er blieb in 2-3 Parteien gespalten, die sich erst 1910 endgültig zur Fortschrittlichen Volkspartei vereinten. Unter den Konservativen organisierten sich jene, die Bismarck folgten, 1866/67 als Freikonservative Partei (seit 1871 Deutsche Reichspartei). Der größere Teil der preußischen Konservativen lehnte dagegen Bismarcks Paktieren mit der Nationalbewegung und das allgemeine Wahlrecht zunächst ab. Diese Konservativen schlossen sich 1876 zur Deutschkonservativen Partei zusammen, die sich dann aber auch auf die Realitäten einstellte. Der politische Katholizismus formierte sich 1870 als Zentrumspartei. Ebenfalls schon in den 60er Jahren, früher als in anderen europäischen Ländern, löste sich die Arbeiterbewegung mit dauerhaften eigenen Parteien vom Linksliberalismus ab. 1863 gründete der Publizist Ferdinand Lasalle den Allgemeinen deutschen Arbeiterverein. Er selbst kam aber schon im nächsten Jahr im Duell um. 1869 gründeten der Drechslermeister August Bebel und der Journalist Wilhelm Liebknecht die Sozialdemokratische Arbeiterpartei Deutschlands. Beide sozialistische Parteien vereinigten sich 1875 zur Sozialistischen Arbeiterpartei Deutschlands, die dann 1890 in Sozialdemokratische Partei Deutschlands (SPD) umbenannt wurde. Ferner gab es ab 1867/71 einige Abgeordnete der Welfen, welche die Annexion des Königreiches Hannover durch Preußen 1866 nicht akzeptierten, sowie der Polen, Dänen und Elsaß-Lothringer, die ihre Heimatgebiete nicht ins Deutsche Reich einbezogen sehen wollten. Dieses Parteiensystem blieb dann bis zum Ersten Weltkrieg unverändert.

Partei-programme Wesentliche Ziele der Liberalen waren mit der Reichsgründung, der Verfassung und der Wirtschaftsgesetzgebung der 1870er Jahre im Deutschen Reich erreicht worden. Die Idee einer Gesellschaft selbständiger bürgerlicher Existenzen, die hinter dem Allgemeinheitsanspruch der weltanschaulichen Prinzipien des Liberalismus stand, erwies sich im Zuge der Industrialisierung als illusorisch, und damit schrumpfte der Liberalismus zunehmend zur Vertretung vor allem mittelständischer Interessen. Die Linksliberalen, für welche die Freiheit des Individuums im Mittelpunkt stand, blieben gegenüber der Staatsmacht prinzipiell mißtrauisch. Sie lehnten hohe Militärausgaben und Kolonialpolitik ebenso ab wie staatliche Reglementierung durch Schutzzölle und Sozialversicherung und traten dafür ein, zur parlamentarischen Monarchie überzugehen. Die Nationalliberalen dagegen stellten sich nach 1878 weitgehend auf die bestehende politische Ordnung mit dem Erreichten ein, ohne weiterhin eine Parlamentarisierung anzustreben. Sie bejahten zunehmend einen starken Staat mit großem Heer und Sozialversicherung und schließlich auch Kolonien.

Bei den Deutschkonservativen verlor die konservative Weltanschauung stark an prägender Kraft. Stattdessen bestimmten seit den 1890er Jahren weitgehend agrarische Interessen die Ziele der Partei, besonders jene der ostelbischen Großagrarier. Die Deutschkonservativen verteidigten starr und hartnäckig Adelsvorrechte und preußisches Dreiklassenwahlrecht, die starke Stellung der Monarchie und preußisches Traditionsbewußtsein. Sie bezogen gegen die Industrialisierung und die heraufziehende Massengesellschaft eine abwehrende Haltung und verachteten das Parlament als lästige „Quasselbude". Die Freikonservativen, die Bismarck bedingungslos unterstützten, waren im Vergleich dazu etwas flexibler und standen mit ihren Auffassungen zwischen Deutschkonservativen und Nationalliberalen.

Das Zentrum verstand sich als politische Vertretung des ganzen katholischen Bevölkerungsteils im protestantisch geführten Staat. Es war entschieden föderalistisch eingestellt. Besonders verteidigte das Zentrum den Einfluß der katholischen Kirche und die traditionellen Moralvorstellungen und kämpfte energisch für die Konfessionsschule. Dem Trend zur Industrialisierung und Verstädterung und der liberalen Idee eines selbstdenkenden Individuums stand das Zentrum ablehnend gegenüber. In wirtschaftlichen und sozialen Fragen war es dagegen wenig festgelegt.

In der Sozialdemokratie gingen anfangs radikaldemokratische, staatssozialistische, marxistische und anarchistische Gedanken durcheinander. In der Zeit des Sozialistengesetzes setzte sich dann die Marxsche Lehre durch und wurde im Erfurter Programm 1891 zur ideologischen Grundlage der Partei. Die Sozialdemokratie verstand sich als Partei der Arbeiterklasse, d.h. vor allem der gewerblichen Arbeiter. Sie strebte an, gesellschaftliche Ungleichheiten in allen Lebensbereichen möglichst weit abzubauen, um den Arbeitern eine gleichberechtigte Stellung in Staat und Gesellschaft zu verschaffen und sie aus ihrer untergeordneten Stellung zu befreien. Deshalb forderte sie als näherliegende Schritte vor allem allgemeines und gleiches Wahlrecht bei allen Wahlen, kostenlose Schulbildung, um mehr Chancengleichheit zu verwirklichen, und Arbeitsschutzgesetze, trat ein für geringere Unterschiede der Einkommen und Wohnverhältnisse und versuchte, auch Arbeitern Teilhabe an den Gütern bürgerlicher Elitenkultur zu verschaffen. Die Freiheitsrechte des Individuums wurden im Prinzip bejaht, doch erklärte die SPD, daß erst durch mehr Gleichheit die materiellen Bedingungen dafür geschaffen werden müßten, daß die Masse sich mit der Freiheit auch bedienen könne und Freiheitsrechte für sie nicht nur leere Rechtstitel blieben. Entgegen den sonst dominierenden nationalistischen Strömungen betonte die SPD die internationale Solidarität der Arbeiterklasse. Sie war überwiegend atheistisch eingestellt und kritisierte auch immer wieder heftig das Militärwesen. Die parlamentarische Demokratie im bürgerlichen Staat war für die SPD nicht das eigentliche Ziel, sondern nur ein Übergangszustand. Als großes Fernziel leuchtete ihr die Vision vor Augen, die bestehende Gesellschaft durch eine klassenlose Gesellschaft zu ersetzen, in der das Privateigentum an Produktionsmitteln abgeschafft und natürlich auch für die Monarchie kein Platz mehr sein würde. Aus der marxistischen Lehre nahm die SPD die naive Gewißheit, daß die Geschichte sich mit naturgesetzlicher Notwendigkeit über die proletarische Revolution auf diesen Endzustand hinentwickeln werde. Bebel, der die Partei bis zu seinem Tode 1913 unangefochten führte, erklärte 1891: „Die bürgerliche Gesellschaft arbeitet so kräftig auf ihren eigenen Untergang los, daß wir nur noch den Moment abwarten brauchen, in dem wir die ihren Händen entfallende Gewalt aufzunehmen haben ... Ja, ich bin überzeugt, die Verwirklichung unserer Ziele ist so nahe, daß nur wenige in diesem Saale sind, die diesen Tag nicht erleben werden."[59]

Da die bürgerlichen Parteien aus Parlamentsfraktionen heraus entstanden, besaßen sie zunächst keinen Parteiapparat außerhalb des Parlaments. Dort draußen existierten die Parteien nur in Form örtlicher Wahlkommitees, in denen sich eine kleine Zahl gleichgesinnter Honoratioren zusammentat. Deren Tätigkeit beschränkte sich darauf, einen Kandidaten für die Parlamentswahl aufzustellen, der im übrigen programmatisch recht unabhängig und finanziell auf sich selbst angewiesen war. Anders sah es bei

Von der Honoratiorenpolitik zur Massenorganisation

den Sozialdemokraten aus. An ihrem Anfang stand von vornherein die vereinsmäßige Mitgliedschaft. 1876 hatte die Partei 38.000 Mitglieder, und nach 1890 schwoll sie zur Massenpartei an, die bis 1914 auf 1.086.000 Mitglieder kam. Mit wachsender Größe entstand eine hauptberufliche Parteibürokratie, die von den Mitgliedsbeiträgen bezahlt wurde. Vor Kriegsausbruch besaß die SPD 4.100 bezahlte Funktionäre und 11.000 Parteiangestellte. Außerdem war die SPD eng mit den Freien Gewerkschaften verzahnt. Als die Massen zunehmend politisch wurden und der Aufwand bei Wahlkämpfen stieg, sahen sich auch die bürgerlichen Parteien gezwungen, Mitglieder zu werben und Finanzmittel zu mobilisieren. Seit den 1890er Jahren stellten sie ebenfalls einzelne festbezahlte Funktionäre an, vor allem in den Großstädten. Aber sie gewannen weder eine Massenmitgliedschaft, noch entstanden bei ihnen auch nur entfernt so große bürokratische Organisationen wie die der SPD. Die Aktivität der meisten Mitglieder beschränkte sich auf die Wahlen und das Beitragszahlen. Um die erforderlich werdenden Finanzmittel zu bekommen, waren die bürgerlichen Parteien außerdem in steigendem Maße auf Spender angewiesen. Die Deutschkonservativen und das Zentrum wurden immerhin indirekt Massenparteien. Das Zentrum ruhte von Anfang an auf einem Netz örtlicher katholischer Bauern-, Handwerker- und Gesellenvereine, zu denen später noch die christlichen Gewerkschaften kamen, und es hatte die Organisation der katholischen Kirche im Rücken. 1890 wurde der Volksverein für das katholische Deutschland gegründet, der Massenorganisation und Agitation für das Zentrum übernahm und bis 1914 auf 805.000 Mitglieder anwuchs. Die Deutschkonservativen verbanden sich eng mit dem 1893 gegründeten Bund der Landwirte, dessen Mitgliederzahl bis zum Weltkrieg auf 300.000 stieg. Dieser beeinflußte vielfach die Kandidatenaufstellung der Partei und mobilisierte bäuerliche Kreise für die Deutschkonservativen, wobei er mit rücksichtsloser Agitation Zollschutz und Steuervorteile für die Landwirtschaft forderte. Die Liberalen und Freikonservativen besaßen dagegen keine enge Bindung an eine bestimmte Massenorganisation. Dabei organisierten sich auch bürgerliche Wirtschaftsinteressen in Unternehmerverbänden, Handelskammern und Handwerkerinnungen. Als Dachorganisationen entstanden 1861 der Deutsche Handelstag, 1876 der Centralverband Deutscher Industrieller (CDI), in dem seit den 1890er Jahren die Schwerindustrie den Ton angab, und 1883 der Allgemeine Deutsche Handwerkerbund. Teile der Industrie, die mit dem stark schutzzollorientierten Kurs der Schwerindustrie nicht einverstanden waren, traten 1895 aus dem CDI aus und gründeten den Bund der Industriellen (BdI). Mit dem Hansabund entstand 1909 eine weitere Dachorganisation nichtlandwirtschaftlicher Wirtschaftsverbände, die aber auch nur einen Teil zusammenfassen konnte. Die wirtschaftlichen Interessenverbände versuchten jeweils auf mehrere der bürgerlichen Parteien Einfluß zu nehmen (wie auch direkt auf die staatliche Verwaltung), was mit beträchtlichen Interessengegensätzen innerhalb der Parteien einherging. CDI und BdI wandten sich vor allem an Freikonservative und Nationalliberale.

Die Parteien unterschieden sich auch in ihrer innerparteilichen Entscheidungsstruktur und in der sozialen Herkunft ihres politischen Führungspersonals. Deutschkonservative und Zentrum wurden bald straff von oben geführt, wogegen bei den Sozialdemokraten und besonders bei den Linksliberalen die innerparteiliche Demokratie stärker ausgeprägt war. Für die einzelnen Parteien charakteristische Typen waren bei den Konservativen ostelbische Gutsbesitzer und andere Adlige, teilweise mit besonderen Verbindungen zum Hof, bei den Sozialdemokraten Handwerksmeister und Gewerkschaftssekretäre aus handarbeitendem Milieu, für das Zentrum katholische Pfarrer und akademische Beamte und für die Nationalliberalen beamtete und freiberufliche Akademiker sowie Unternehmer.

Der Liberalismus der ersten Hälfte des 19. Jahrhunderts war davon ausgegangen, daß unabhängige Persönlichkeiten als Abgeordnete im Parlament in freier Diskussion das jeweils für das Gemeinwohl Beste herausfinden würden. Mit dem Übergang zur Massengesellschaft wurde Politik nun immer mehr zu einem Zusammen- und Gegeneinanderspiel zahlreicher organisierter Interessen. Dabei bedeutete das Entstehen politischer Massenorganisationen in jedem Fall, daß sich an ihrer Spitze hauptberufliche politische Führungsgruppen bildeten, die gegenüber ihrer Basis eine gewisse Selbständigkeit besaßen, und daß politische Entscheidungen damit einen oligarchischen Anstrich hatten. Dies bedeutete aber nicht, daß bislang politisch selbständige und einflußreiche Staatsbürger entmündigt worden wären, sondern es handelte sich vielmehr darum, daß erst durch das Verbindungsstück von Großorganisationen die bis dahin unpolitisch abseits stehenden Massen in das politische Geschehen des Großstaats eingebunden werden konnten, und zwar nur durch diese. Je größer die Zahl der Teilnehmer am politischen Prozeß, desto indirekter wurde unvermeidlich ihre Mitwirkung. Anders als in den Zwergkantonen der Innerschweiz war und ist im Großstaat die Identität von Regierten und Regierenden nicht möglich, und je komplexer die wirtschaftlichen und politischen Verhältnisse wurden, je mehr Fachkompetenz für Entscheidungen erforderlich wurde, desto weniger.

Da die Industrialisierung die einzelnen Regionen des Deutschen Reiches sehr ungleich erfaßte, so daß sich regional recht verschiedene Wirtschafts- und Gesellschaftsstrukturen ausbildeten, und da der konfessionelle Unterschied weiterbestand, formierten sich in den einzelnen deutschen Regionen sehr unterschiedliche politische Milieus. In ihnen konnten dann zwar jeweils bestimmte Parteien eine beherrschende Stellung gewinnen, aber aus der Gegensätzlichkeit der Regionen ergab sich, daß im Reichstag trotz Mehrheitswahlrecht keine Partei eine Mehrheit besaß, sondern die Parteienlandschaft stark gegliedert war. Das Zentrum vermochte in den 1870er Jahren etwa 80 Prozent der katholischen Wähler für sich zu mobilisieren, und es blieb in den nichtgroßstädtischen Teilen Bayerns, Oberschlesiens, Westfalens und des Rheinlands das ganze Kaiserreich hindurch Mehrheitspartei. Dadurch fanden sich die Konservativen und weitgehend auch die Nationalliberalen wider Willen auf die protestantischen Gebiete beschränkt. Die Konservativen besaßen in den deutschsprachigen ländlichen Teilen Ostelbiens durchweg die Mehrheit, wo sie trotz ihrer Orientierung an großagrarischen Interessen auch Bauern und Landarbeiter für sich mobilisieren konnten. Polen und Dänen waren in ihren Gebieten ebenfalls Mehrheitsparteien. Außerhalb der hier genannten Räume hatten alle erwähnten Parteien aber fast keinen Anhang.

Als sich immer breitere Bevölkerungsschichten an den Wahlen beteiligten, verschob sich das Kräfteverhältnis zwischen den Parteien, da es den Parteien unterschiedlich gut gelang, die neuen Wählerschichten für sich zu mobilisieren. Die Wählerzahl des Zentrums wuchs ständig weiter, aber die Konservativen und Liberalen konnten ab 1887 keine neuen Wählergruppen mehr erschließen. Während so im Reichstag der Anteil des Zentrums 1874-1912 ziemlich konstant bei 25 Prozent der Mandate lag und die beiden konservativen Parteien, deren zunehmende Schwäche durch eine begünstigende Wahlkreiseinteilung weitgehend ausgeglichen wurde, zusammen meist zwischen 19 und 30 Prozent der Mandate pendelten, verlor der Liberalismus an Boden. In den

Anhänger und Stärke der Parteien

743

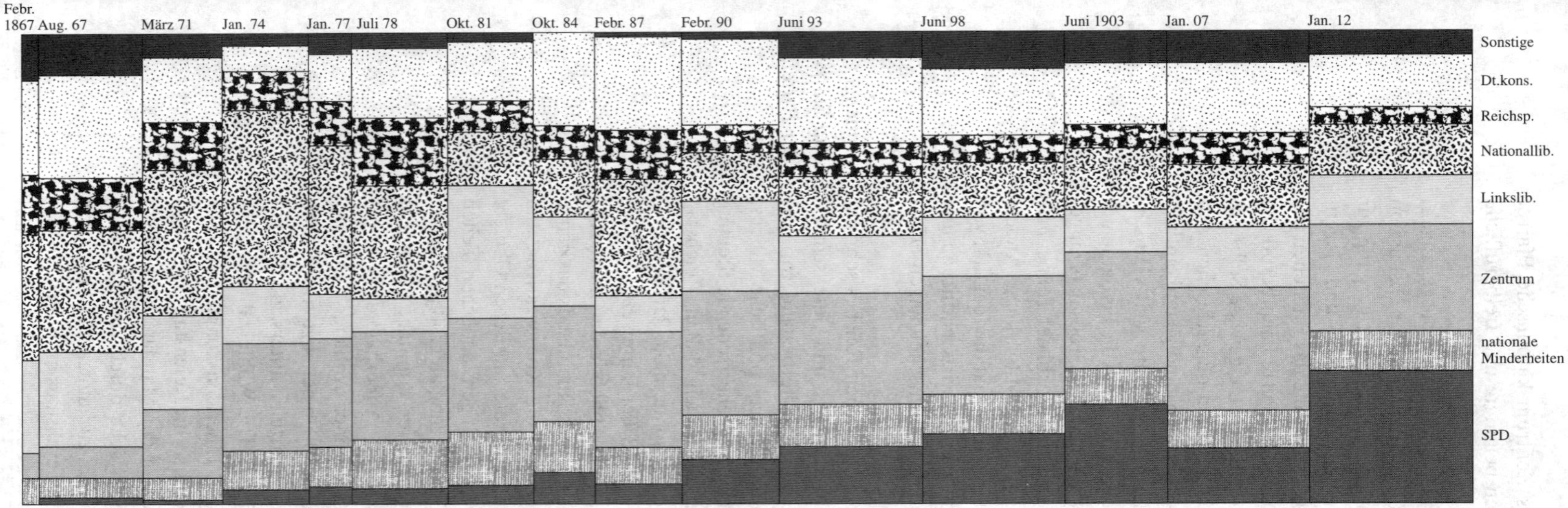

Parteien und Wahlen

Sitzverteilung im nationalen Parlament
des jeweiligen deutschen Hauptstaats

oben: Kaiserreich
links: Weimarer Republik
Unten: BRD

Sitzanteile zu Beginn der Legislaturperiode. Abspaltungen und Fusionen ganzer Parteien während der Legislaturperiode in wichtigen Fällen eingezeichnet; Parteiwechsel einzelner Abgeordneter während der Legislaturperiode bleiben unberücksichtigt.
Bundestag: ohne Berliner Abgeordnete
Parteien der jeweiligen Regierungskoalition: Schraffur

ganz unten: Entwicklung des Parteiensystems
im jeweiligen deutschen Hauptstaat

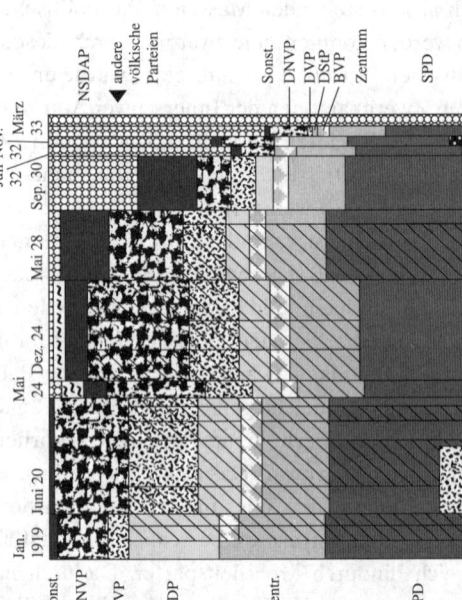

Oberes Diagramm (Kaiserreich):
Sonstige · Dt.kons. · Reichsp. · Nationallib. · Linkslib. · Zentrum · nationale Minderheiten · SPD

Febr. 1867 Aug. 67 · März 71 · Jan. 74 · Jan. 77 Juli 78 · Okt. 81 · Okt. 84 · Febr. 87 · Febr. 90 · Juni 93 · Juni 98 · Juni 1903 · Jan. 07 · Jan. 12

Unteres Diagramm (Weimarer Republik):
NSDAP · andere völkische Parteien
Sonst. · DNVP · DVP · DStP · BVP · Zentrum · SPD · KPD
Sonst. · DNVP · DVP · DDP · Zentr. · SPD · USPD

Jan. 1919 · Juni 20 · Mai 24 · Dez. 24 · Mai 28 · Sep. 30 · Juli 32 · Nov. 32 · März 33

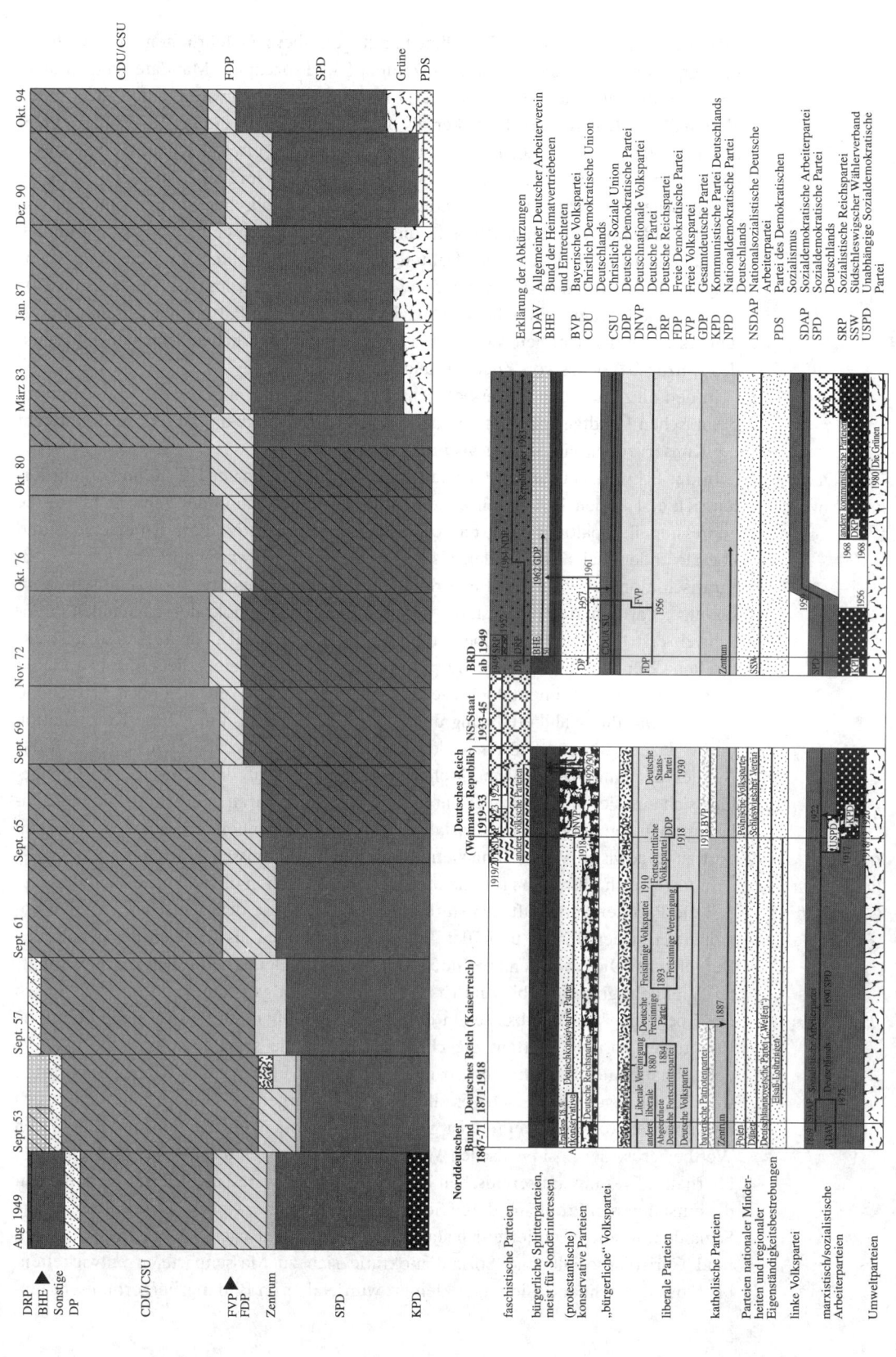

Erklärung der Abkürzungen

ADAV   Allgemeiner Deutscher Arbeiterverein
BHE   Bund der Heimatvertriebenen
         und Entrechteten
BVP   Bayerische Volkspartei
CDU   Christlich Demokratische Union
         Deutschlands
CSU   Christlich Soziale Union
DDP   Deutsche Demokratische Partei
DNVP   Deutschnationale Volkspartei
DP   Deutsche Partei
DRP   Deutsche Reichspartei
FDP   Freie Demokratische Partei
FVP   Freie Volkspartei
GDP   Gesamtdeutsche Partei
KPD   Kommunistische Partei Deutschlands
NPD   Nationaldemokratische Partei
         Deutschlands
NSDAP   Nationalsozialistische Deutsche
         Arbeiterpartei
PDS   Partei des Demokratischen
         Sozialismus
SDAP   Sozialdemokratische Arbeiterpartei
SPD   Sozialdemokratische Partei
         Deutschlands
SRP   Sozialistische Reichspartei
SSW   Südschleswigscher Wählerverband
USPD   Unabhängige Sozialdemokratische
         Partei

1860er Jahren bestanden in fast allen Landtagen liberale Mehrheiten. Im Reichstag verfügten alle Liberalen zusammen 1871 über 53,2 Prozent der Mandate, sanken dann aber fast kontinuierlich bis 1912 auf 21,9 Prozent ab. Dabei waren in den 1870ern die Nationalliberalen wesentlich stärker als die Linksliberalen, die bis 1878/80 auseinanderfielen, und seit 1893 lagen beide liberale Richtungen etwa gleichauf. Die Stimmen der neu entstehenden städtischen Arbeiterschaft wurden im Laufe der Zeit in den protestantischen Gebieten fast vollständig und in den katholischen Städten zum Teil von den Sozialdemokraten eingesammelt, die aber in ländlichen Gegenden fast gar keinen Anhang gewannen. Der Mandatsanteil der Sozialdemokraten im Reichstag wuchs 1871-1912 fast kontinuierlich von 0,5 auf 27,7 Prozent an, womit sie zur stärksten Partei aufstiegen. Damit blieb die Wählerschaft der liberalen Parteien beschränkt vor allem auf die in sich sehr heterogenen bürgerlichen und bäuerlichen Schichten außerhalb des Einzugsbereiches von Zentrum und Konservativen.

In den einzelnen Landtagen bot sich ein teilweise ganz anderes Bild. So waren im preußischen Landtag vor allem seit den 1880er Jahren durch das Dreiklassenwahlrecht die Konservativen viel stärker als im Reichstag.

Parteien in der Schweiz
In der Schweiz entstanden Parteien zunächst auf kantonaler Ebene und organisierten sich erst in den 1890er Jahren auf Bundesebene. Auch in der Schweiz führte die konfessionelle Spaltung dazu, daß es katholisch-konservative Parteien einerseits und liberale andererseits gab. Anders als im Deutschen Reich waren dort aber keine großagrarisch-monarchischen Kräfte vorhanden, die eine gesonderte protestantische konservative Partei hätten organisieren können. Die Sozialdemokraten entstanden in der Schweiz erst 1888 und blieben bedeutungslos. Das lag einmal an denselben sozialstrukturellen Gründen, die auch die Gewerkschaften schwach bleiben ließen, zum anderen daran, daß die Fundamentalpolitisierung vor dem Ersten Weltkrieg noch weitgehend ausblieb und die Wahlbeteiligung dementsprechend gering war. Diese Konstellation führte dazu, daß von 1848 bis in den Ersten Weltkrieg die liberalen Parteien in der Bundesversammlung reichliche Mehrheiten besaßen. Daß das Schweizer Parteiengefüge sich aus diesen Faktoren erklären läßt, wird auch daran deutlich, daß im benachbarten Württemberg ähnliche sozialstrukturelle Gegebenheiten bestanden und dann dort zu in gewisser Weise ähnlichen politischen Verhältnissen führten.

Parteien in Österreich
In Österreich führte im zisleithanischen Reichsrat schon die volkliche Vielfalt dazu, daß die Parteienlandschaft sich stark aufsplitterte. Unter den deutschen Parteien dominierten in den 1860er und 70er Jahren die Liberalen als Parteien des gehobenen Bürgertums. Diese wurden aber noch weniger als im Deutschen Reich zur Massenpartei. Vielmehr gingen sie bis zum Ersten Weltkrieg fast ganz unter, nachdem sich nach der Lockerung des Wahlzensus in den 1880er und 90er Jahren drei neue politische Richtungen formiert hatten: die christlichsoziale, die sozialdemokratische und die deutschnationale. Die Christlichsoziale Partei unter Führung des Wiener Bürgermeisters Karl Lueger stützte sich vor allem auf Kleinbürger und Bauern. Sie wandte sich in katholisch-konservativem Geist gegen die moderne Welt der Industrie, des freien Wettbewerbs, der positivistischen Wissenschaft und gegen das liberale Menschenbild überhaupt, was mit antisemitischen Zügen verbunden war. Zugleich trat sie dafür ein, die entstandenen Probleme durch Sozialreformen zu überwinden. Die österreichische Sozialdemokratie orientierte sich stark an der reichsdeutschen Schwesterpartei. Während Christlichsoziale und Sozialdemokratie sich zu Massenparteien entwickelten, blieb das deutschnationale Lager kleiner, wurde aber im Bildungsbürgertum sehr ein-

flußreich. Hier führte man in gewissem Umfang liberales Gedankengut fort, das sich aber mit radikalen nationalistisch-großdeutschen Ideen verband.

Wenden wir uns etwas mehr dem Ereignisablauf zu. In dem Jahrzehnt nach der Revolution von 1848/49 versuchten die Regierungen in allen Staaten des Deutschen Bundes, durch eine autoritäre Regierungsweise, die sich auf Bürokratie, Heer, Polizei und Kirche stützte, den Liberalismus zurückzudrängen. Die Beteiligung breiterer Schichten an der Revolution ließ den Obrigkeiten zu ihrem Entsetzen bewußt werden, daß die Alphabetisierung auch politisierend gewirkt hatte, ja sie sahen vielfach in der Volksschulbildung die Wurzel der Revolution. Um den liberalen Geist abzuwehren, sollte jetzt überall der Volksschulunterricht und die Lehrerausbildung darauf verpflichtet werden, christlichen Glauben und Anpassung an das Bestehende einzuüben. Dazu erließ Preußen 1854 die Stiehlschen Regulative, und in Österreich erhielt 1855 die katholische Kirche die Aufsicht über das Volksschulwesen und die Zensur zurück. Überall wurden liberale Verwaltungsbeamte zunehmend durch konservative ersetzt und die Pressefreiheit durch indirekte Maßnahmen eingeschränkt, beispielsweise durch Zuverlässigkeitsprüfungen für Buchhändler. In Preußen schuf die Regierung 1852 für bestimmte Funktionen die Rechtsstellung des „politischen Beamten", der jederzeit in den Ruhestand versetzt werden kann. Die Verfassung wurde in Preußen durch Wahlmanipulationen und andere Praktiken umgangen, blieb aber formell bestehen. In Österreich regierte man zunächst sogar wieder ganz ohne Verfassung. Nach der Niederlage von 1859 wurde 1861 erneut eine österreichische Verfassung erlassen. Da aber die Ungarn und dann auch die Tschechen die Mitarbeit an dem vorgesehenen Reichsrat verweigerten, wurde sie 1865 wieder weitgehend suspendiert. Nach der neuen Niederlage von 1866 erhielt die zisleithanische Reichshälfte dann endgültig eine Verfassung. Dabei waren zunächst nur ca. 6 Prozent der männlichen Bevölkerung berechtigt, an den Wahlen zum Abgeordnetenhaus des Reichsrats teilzunehmen. Nur zögernd und über die Zwischenstufen der Wahlrechtserweiterungen von 1882 und 1896 wurde erst 1906 das allgemeine und gleiche Männerwahlrecht eingeführt, da man die nationale Desintegration fürchtete – zu Recht.

Nach dem Scheitern der Anstrengungen von 1848/49 packte das liberale Bürgertum zunächst eine Woge der Frustration. Aber als die Reaktionszeit am Ausgang der 1850er Jahre endete, stellten sich in den Landtagen wieder liberale Mehrheiten ein. Das liberale Bürgertum hatte sich keineswegs auf Dauer von der Politik abgewendet, sondern im Vertrauen auf sein wachsendes Gewicht beanspruchte es bald erneut, politisch mitzuwirken. Das sollte sich im preußischen Verfassungskonflikt rasch zeigen.

In Preußen übernahm 1858 Kronprinz Wilhelm die Regentschaft für seinen geisteskrank gewordenen Bruder Friedrich Wilhelm IV. und wurde nach dessen Tod 1861 König. Wilhelm war von gradlinigem, biederem und nüchternem Charakter, wobei er stark soldatisch empfand.

1860 brachte der preußische Kriegsminister im Landtag eine Vorlage ein, die vorsah, die Heeresstärke dadurch zu verdoppeln, daß man die jährliche Rekrutenaushebung von 40.000 auf 63.000 Mann erhöhte und die Dienstzeit von 2 auf 3 Jahre verlängerte, und die außerdem die Landwehr zugunsten der Linientruppen schwächen wollte. Grund für diesen Plan war einmal die Tatsache, daß in den vorangegangenen 50 Jahren die Zahl der jährlich ausgehobenen Rekruten unverändert geblieben war, obwohl sich die Einwohnerzahl Preußens fast verdoppelt hatte. Zugleich sollte damit aber auch die innenpolitische Macht der Krone gestärkt werden, da die Linientruppen stärker vom monarchischen Adel geprägt waren als die mehr bürgerliche Landwehr und da die längere Dienstzeit es ermöglicht hätte, verstärkt Gehorsam und Loyalität einzuüben. Der Landtag war zwar trotz der Kosten damit einverstanden, die Heeresstärke zu erhöhen, lehnte die dreijährige Dienstzeit aber wegen der damit verbundenen innenpolitischen Nebenabsichten der Regierung ab. Beide Seiten waren zu keinem Kompromiß bereit. Als der Landtag daraufhin im September 1862 die gesamten Ausgaben für die Neuorganisation des Heeres aus dem Etat strich, spitzte sich der Konflikt um die Heeresreform zur Auseinandersetzung ums Prinzip, zum Kampf um die Macht zu: gehörte die Heeresorganisation zum parlamentsunabhängigen Ermessensbereich des Königs, oder konnte das Parlament die Regierung zwingen, nach seinem Willen zu regieren, was den Übergang vom konstitutionellen zum parlamentarischen System bedeutet hätte? In dieser Situation war König Wilhelm schon entschlossen abzudanken. Da rief der Kriegsminister den Gesandten Otto von Bismarck nach Berlin, der den König dafür gewann, durchzuhalten, und der sich bereit erklärte, als Ministerpräsident auch ohne Etat zu regieren. Die Zusammenarbeit Bismarcks und Wilhelms sollte 26 Jahre dauern, wobei Bismarck vom ersten Moment an den Kurs bestimmte.

Bismarcks innenpolitisches Ziel war und blieb es, die Machtstellung von Krone und Militär zu stabilisieren, mit welchen Mitteln auch immer. Bismarck hatte als Ministerpräsident die überwältigende Mehrheit des Parlaments und der Öffentlichkeit gegen sich und stand auf anscheinend aussichtslosem Posten. Aber er konnte sich auf die Macht von Heer und Verwaltung stützen, während die liberale Opposition nur über das Mittel des Wortes verfügte. Auf einen Aufruf zur revolutionären Mobilisierung der Massen gegen die Regierung wollte sie sich nicht einlassen, und er hätte auch nicht die nötige Resonanz gefunden. Nach einiger Zeit schlug die Stimmung um: nach dem Sieg im preußisch-österreichischen Krieg brachten die Landtagswahlen 1866 einen Erdrutsch zugunsten der Konservativen. Bismarck ersuchte jetzt im Abgeordnetenhaus um Indemnität und erhielt sie, das hieß: Bismarck erkannte offiziell an, daß sein Regieren ohne ordnungsgemäß bewilligten Haushalt nicht verfassungsmäßig gewesen war, und die Landtagsmehrheit verzieh ihm. Diese Mehrheit ergab sich, da ein Teil der Liberalen sich entschloß, künftig mit Bismarck zusammenzuarbeiten. Das war von den Nationalliberalen nur realistisch gedacht, da es fruchtlos bleiben mußte, weiter in der Opposition zu verharren, wenn man nicht den Willen und die Möglichkeit zum revolutionären Widerstand besaß. Und dieser Schritt der Nationalliberalen bedeutete durchaus nicht, die freiheitlichen Ziele dem Ziel der nationalen Einheit zu opfern, wie die Erfolge der liberalen Wirtschaftsgesetzgebung der nächsten Zeit zeigten. Überhaupt schien den Liberalen die Machtfrage nur vertagt zu sein.

Als Ergebnis des Verfassungskonflikts blieb es in Preußen beim bisherigen Dualismus von Krone und Parlament. Diese Machtkonstellation übernahm Bismarck auch in die 1867 entworfene Verfassung des Norddeutschen Bundes, die dann mit nur unwesentlichen Veränderungen ab 1871 als Verfassung des Deutschen Reiches galt. Im nachhinein sollte sich zeigen, daß die Entscheidung des preußischen Verfassungskonflikts damit doch bis 1918 bestehen blieb.

Reichs-
verfassung   Die Verfassung des Deutschen Reiches wurde vom Reichstag und den Parlamenten der Einzelstaaten beschlossen, also nicht mehr vom Fürsten aus eigener souveräner Machtvollkommenheit erlassen wie fast alle deutschen Verfassungen zuvor. Das Deutsche Reich war ein Bundesstaat mit 25 Gliedstaaten. Das Reich war für Außenpolitik,

748

Konstitutionelle Monarchie: Deutsches Reich um 1890

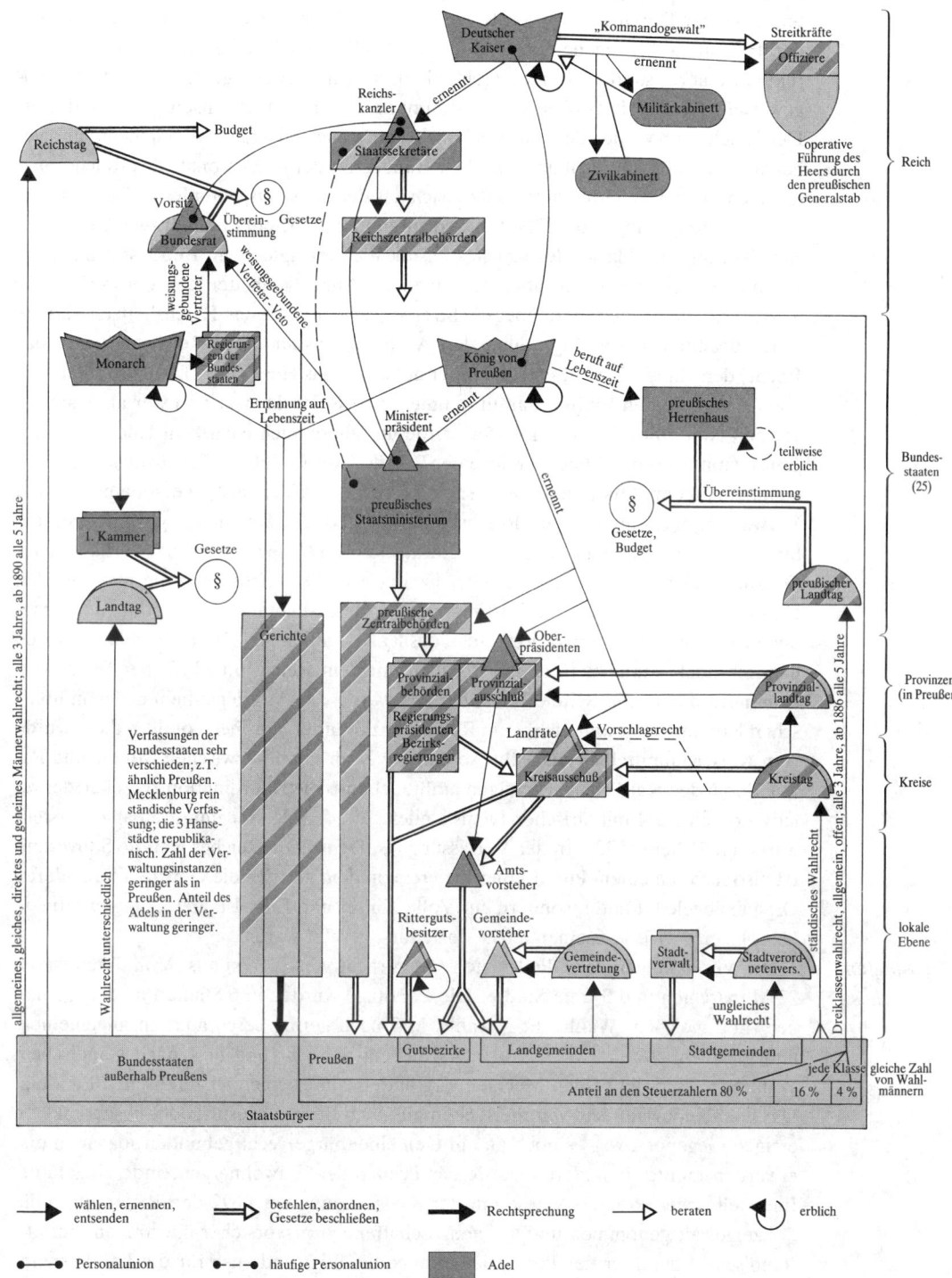

Verteidigung und Postwesen zuständig sowie für weite Bereiche der Gesetzgebung, besonders die gesamte Wirtschaftsgesetzgebung und das Straf- und Zivilrecht. Die Gliedstaaten blieben zuständig für Erziehung, Kultus, Eisenbahn und Gerichtswesen. Ebenso blieb die allgemeine Verwaltung fast ausschließlich in der Hand der Gliedstaaten, auch zur Durchführung von Reichsgesetzen. Bayern und Württemberg behielten darüber hinaus ihre eigene Postverwaltung. Das Reich bekam keinen Anteil an den direkten Steuern, sondern war weitgehend auf Matrikularbeiträge der Gliedstaaten angewiesen. Gesetze bedurften der Zustimmung sowohl von Reichstag wie Bundesrat. Der Reichtstag wurde alle 3, ab 1893 alle 5 Jahre nach allgemeinem, gleichem und geheimem Männerwahlrecht gewählt. Der Bundesrat, der unter Vorsitz des Reichskanzlers nichtöffentlich verhandelte, setzte sich aus den weisungsgebundenen Bevollmächtigten der Regierungen der Gliedstaaten zusammen. Obwohl Preußen zwei Drittel der Bevölkerung und Fläche des Reiches ausmachte, verfügte es im Bundesrat nur über 17 von 58 Stimmen, besaß aber bei wichtigen Angelegenheiten ein Vetorecht. Der Kaiser hatte den Oberbefehl über die Streitkräfte, ernannte den Reichskanzler und die Reichsbeamten und verfügte über den Ausnahmezustand. Der Reichstag besaß das Recht, den Haushalt zu beschließen, der außer für das Heer jährlich aufzustellen war, konnte aber keinen Einfluß darauf nehmen, wer Reichskanzler und wer als Staatssekretär Leiter eines der Reichsämter wurde und diese auch nicht zum Rücktritt zwingen. Damit waren wichtige Bereiche der Politik dem Einfluß des Reichstags entzogen, nämlich Außenpolitik (ausgenommen völkerrechtliche Verträge), Personalpolitik und Verwaltungsmaßnahmen der Reichsbehörden und die Kommandogewalt über die Streitkräfte, zu der außer Fragen des Einsatzes auch solche der Personalpolitik und der Organisation gerechnet wurden. Gleichzeitig war die Reichsregierung aber für den Haushalt und Gesetze auf die Zustimmung des Reichstags angewiesen, der Kanzler jedoch wiederum absolut vom Vertrauen des Kaisers abhängig. Dieses Verhältnis wurde dadurch noch komplizierter, daß Preußen mit dem Reich in mehrfacher Weise verklammert war (siehe Seite 729). Überdies waren die Angelegenheiten der militärischen Kommandogewalt nicht dem Reichskanzler untergeordnet, sondern diese wurde vom Kaiser unmittelbar ausgeübt, so daß die Koordination zwischen Militär und Politik durch den Kaiser selbst erfolgen mußte, ebenso die Koordination zwischen der relativ großen Zahl militärischer Dienststellen, die dem Kaiser unmittelbar unterstellt waren (1871 bereits 23). In der Verfassung des Deutschen Reiches war die Souveränität also nicht an einem Punkt konzentriert, von dem her sich die Gewalt aller anderen Organe abgeleitet hätte, sondern auf Volk, Kaiser und Einzelstaaten aufgeteilt, die in komplizierter Weise zueinander in Beziehung gesetzt waren.

Gliedstaaten des Reiches   Die Verfassungen der Gliedstaaten sahen recht verschieden aus. Von ihnen waren 22 Monarchien und 3 freie Städte. Die Landtage wurden in 6 Staaten nach allgemeinem und gleichem Wahlrecht gewählt, in 2 nach gering beschränktem allgemeinem und gleichem Wahlrecht, in 11 nach Klassenwahlrecht und in 4 nach ständischem Wahlrecht, und die beiden Mecklenburg hatten weiter einen altständischen Landtag. Das Gemeindewahlrecht war meist ebenfalls nach Besitz abgestuft oder beschränkt. In einigen Gegenden war es noch an ein Gemeindebürgerrecht gebunden, das man erst erwerben mußte, in anderen wurde das Prinzip der Einwohnergemeinde eingeführt. Im ostelbischen Preußen wurde mit der Kreisordnung von 1872 den Rittergütern die Polizeigewalt genommen und auf neugeschaffene Amtsvorsteher übertragen, der altständische Charakter der Provinziallandtage beseitigt und auch für die Landgemein-

den die Selbstverwaltung eingeführt, indem die bis dahin erblichen oder vom Gutsherrn ernannten Gemeindevorsteher seitdem von der Gemeinde gewählt wurden. Als
Verwaltungsbehörde bestanden die Gutsbezirke aber noch bis 1927 weiter.

Zu dem formalen Verfassungsgehäuse müssen die Kräfte gesehen werden, die es bewohnten. Die alte politische Führungsschicht in Preußen bestand im Kern aus den ostelbischen Junkern und, an sie sozusagen angelagert, dem nichtagrarischen Adel und
den bürgerlichen höheren Beamten. Diese Kräfte stellten die Führung der beiden konservativen Parteien, sie besetzten in Preußen die politischen Beamtenstellen, dominierten ab 1879 auch im preußischen Landtag und füllten fast das ganze preußische
Herrenhaus aus, und sie besaßen traditionell enge Verbindungen zum Berliner Hof.
So hatte diese Schicht die politische Macht im ostelbischen Preußen völlig in der Hand,
in Preußen als Ganzem weitgehend ebenfalls, und übte darüber hinaus auch auf
Reichsebene starken Einfluß aus. Nun wurde im Zuge der Industrialisierung die gesellschaftliche und wirtschaftliche Stellung dieser altpreußischen Führungsschicht laufend
schwächer. Dies wird einmal am Anteil des Adels in öffentlichen Ämtern deutlich, der
nicht zuletzt infolge der Expansion des Staatsapparats seit der Jahrhundertmitte ständig zurückging. Die Monarchie versuchte dem entgegenzusteuern, indem sie seit 1878
immer stärker Adlige und Bürgerliche mit erwiesener konservativer Einstellung für
politische Beamtenstellungen, für das höhere Offizierskorps des Heeres (anders bei
der Marine) und für die Diplomatie bevorzugte. Während 1867-90 von allen Vortra-
genden Räten und Direktoren in den Reichsämtern (ohne Auswärtiges Amt) nur
11 Prozent adlig waren und von den preußischen Richtern schon 1872 nur noch 6 Prozent, sank in Preußen der Adelsanteil bei den Offizieren 1849 bis 1913 von 69 auf
30 Prozent, dagegen bei den Generälen 1842-1911 erst von 98 auf 67 Prozent, und bei
den Landräten 1849-1910 von 72 auf 58 Prozent. Wie einseitig die politische Führung
ausgewählt wurde, zeigte sich auch daran, daß 1888-1914 unter den 90 Reichskanzlern,
Reichsstaatssekretären und preußischen Ministern nur 8 Katholiken waren. Sozialdemokraten hatten ohnehin keine Chance, höhere Beamte zu werden, und zumindest
in Preußen auch keine oppositionellen Linksliberalen. Mit der Krise der Landwirtschaft seit den 1870er Jahren wurde die wirtschaftliche Basis gerade der Junker so
schwach, daß diese, die eigentlich die Stütze der Krone sein sollten, nun selber immer
mehr Unterstützung forderten und ihre Machtposition für ihre Klasseninteressen mißbrauchten. In ihrer wirtschaftlichen Schwäche lag der Grund, daß die von den Junkern
bestimmten Deutschkonservativen immer starrer und verkrampfter an zunehmend
überholten Herrschaftspositionen festhielten und nicht den Handlungsspielraum besaßen, sich auf die sich wandelnden Zeiten politisch flexibler einzustellen. Da sie aber
großen politischen Einfluß besaßen, erwuchs daraus dem Deutschen Reich in steigendem Maß ein innenpolitisches Problem.

Als Folge der Machtverhältnisse im Reich konnten sich bei der Zoll- und Steuerge-
setzgebung insgesamt die Interessen agrarischer und industrieller und in geringerem
Maß auch mittelständischer Produzenten stärker durchsetzen als Konsumenteninteres-
sen. Immerhin wurde 1861 die Grundsteuerfreiheit der Rittergüter in Preußen aufgehoben. Ferner wurde gegen heftigen Widerstand der Konservativen eine progressive
Einkommensteuer eingeführt, zuerst 1878 in Sachsen und 1891 auch in Preußen. Dabei
begann in Preußen der Steuersatz bei 0,6 Prozent und stieg auf 4 Prozent des Jahres-
einkommens. Viel war das nicht, zumal in Preußen zugleich die Besteuerungsmodali-
täten für Rittergutsbesitzer wieder sehr zu deren Gunsten umgestaltet wurden, aber es

*Altpreußische
Führungs-
schichten*

Steuern

war doch ein Einstieg in ein neues Prinzip. Der historische Weg der direkten Steuer von der steuerlichen Bevorzugung der Oberschichten in den Jahrhunderten vor 1800 über die frühliberale Idee der proportional gleichmäßigen Besteuerung zur progressiv stärkeren Belastung der Reicheren spiegelt wesentliche Veränderungen der Machtverhältnisse wider. Er zeigt ebenso wie die beginnende Sozialgesetzgebung, daß die politisch erwachenden Massen zunehmend berücksichtigt werden mußten.

Stellung des Reichstags

In Preußen wurde die Stellung der Konservativen außer im Herrenhaus in den 80er Jahren auch im Landtag so stark, daß die preußische Regierung die Geschäfte praktisch nach deren Wünschen führen mußte und damit faktisch ein halbparlamentarisches Regierungssystem entstand. Auf Reichsebene sah es anders aus. In die Reichsregierungen wurden stets nur Beamte berufen, keine Politiker aus dem Parlament, das man dabei auch nicht vorher konsultierte. Die Interessenverbände, die seit der Schutzzolldiskussion vor 1879 immer stärker auf die Gesetzgebung einzuwirken versuchten, wandten sich wohl mehr noch als an die Parteien direkt an Regierung und Verwaltung. Bismarck versuchte den Einfluß des Reichstags möglichst zurückzudrängen, indem er 1874 forderte, der Reichstag solle die Friedensstärke des Heeres und die sich daraus ergebenden Ausgaben auf unbegrenzte Dauer festlegen. Damit wären 80 Prozent des Reichshaushalts der jährlichen Beschlußfassung durch den Reichstag entzogen worden. Nach heftigem Streit schloß man den Kompromiß, den Heeresetat jeweils auf sieben Jahre als Septennat festzulegen, und 1893 ging man zu Fünfjahresperioden über. 1881 plante Bismarck, durch einen deutschen Volkswirtschaftsrat aus Vertretern der Interessenverbände eine Art Nebenparlament und Gegengewicht zum Reichstag zu schaffen, was aber vom Reichstag abgeblockt wurde. Der Reichstag konnte sich also einigermaßen behaupten. Allmählich wuchs sein Gewicht, und die Führer der großen Parteien und die Ausschußexperten wurden zunehmend in den politischen Entscheidungsprozeß eingebunden. Bei diesem stillen Verfassungswandel wurde gleichzeitig der Bundesrat, den Bismarck ursprünglich als das eigentliche politische Führungsorgan und als Instrument der preußischen Hegemonie konzipiert hatte, zunehmend bedeutungslos. Die Stellung des Reichstags war stärker als die der deutschen Parlamente in den konstitutionellen Monarchien in der ersten Hälfte des 19. Jahrhunderts, aber der Schritt zur parlamentarischen Regierungsweise, bei der die Regierung aus dem Parlament hervorgeht und an sein Vertrauen gebunden ist, erfolgte vor 1918 nicht.

Stellung der SPD im Kaiserreich

Das gleiche Reichstagswahlrecht war von Bismarck nicht aus Fortschrittsliebe eingeführt und schon gar nicht von unten erkämpft worden. Vielmehr hatte Bismarck es als Kampfmittel gegen die Liberalen gedacht: „In einem Lande mit monarchischen Traditionen und loyaler Gesinnung wird das allgemeine Stimmrecht, indem es die Einflüsse der liberalen Bourgeoisieklassen beseitigt, auch zu monarchischen Wahlen führen."[60] Diese Hoffnung erwies sich als gewaltige Fehlkalkulation. Dieses Wahlrecht machte es möglich, daß die Sozialdemokratie im Reichstag fast Wahl um Wahl weiter zulegte. Die marxistische Revolutionsrhetorik, der programmatische Gegensatz zu Grundwerten der bürgerlichen Ordnung ließen die SPD in den Augen der Bürger als Partei der zersetzenden Elemente, des Umsturzes und Untergangs jeder Kultur erscheinen. Es konnte wie eine Drohung mit der Revolution klingen, wenn Bebel 1871 im Reichstag über die Pariser Kommune erklärte, „daß der Kampf in Paris nur ein kleines Vorpostengefecht ist, daß die Hauptsache in Europa uns noch bevorsteht, und daß, ehe wenige Jahrzehnte vergehen, der Schlachtruf des Pariser Proletariats: 'Krieg den Palästen, Friede den Hütten, Tod der Noth und dem Müßiggang!' der Schlachtruf des gesamten europäischen Proletariats werden wird."[61] Zwar stellte in der SPD E. Bernstein seit 1899 die Marxsche Verelendungs-, Konzentrations- und Katastrophentheorie in Frage und zog daraus den Schluß, daß eine sozialistische Revolution nicht notwendig sei, sondern sich sozialer Fortschritt auch über das Parlament erreichen lasse, aber diese Auffassung wurde auf den SPD-Parteitagen 1899, 1901 und 1903 als Revisionismus offiziell verdammt. Bebel legte die Partei konsequent auf Obstruktionspolitik fest. Die SPD lehnte im Reichstag bis 1894 jede Regierungsvorlage überhaupt, bis 1913 jedes Steuergesetz ab: „Diesem System keinen Mann und keinen Groschen" hieß die Parole der Verweigerungspolitik. Indem die SPD ihre Anhänger in einer Fülle von Parteiorganisationen vom Arbeiterkindergarten über Sportvereine und Büchereien bis hin zum sozialdemokratischen Feuerbestattungsverein möglichst umfassend zu organisieren suchte, kapselte sie sich zugleich von der bürgerlichen Gesellschaft ab. Bei alledem bestand ein eigentümlicher Zwiespalt zwischen verbalradikalem Erscheinungsbild und biederem Kern. Die marxistische Ideologie wurde von der Masse der Anhänger tatsächlich kaum aufgenommen, und wenn die Parteiführung ernstlich zum revolutionären Kampf aufgerufen hätte, wäre ihr die Basis nicht gefolgt. Indem die SPD-Führung aber weder revolutionäre Mittel anwenden wollte und konnte noch zur parlamentarischen Zusammenarbeit bereit war, sondern sich auf den Aufbau ihrer inneren Organisation beschränkte, und indem sie außerdem über Fragen der Sozialpolitik und des Wahlrechts hinaus auch gar keine konkreten politischen Vorstellungen entwickelte und im übrigen im Vertrauen auf die historische Zwangsläufigkeit einfach auf den „großen Kladderadatsch" wartete, blieb sie politisch ohnmächtig und erreichte in der Praxis für die Interessen ihrer Anhänger nichts. Eine Politik, die versucht hätte, das Stimmengewicht der SPD in den politischen Entscheidungsprozeß einzubringen, hätte wahrscheinlich wesentlich mehr an sozialpolitischen Fortschritten erzielen können.

Ferner führte das äußere Erscheinungsbild der SPD dazu, daß sich seit etwa 1880 in bürgerlichen Kreisen immer mehr die Furcht vor der tödlichen Gefahr der roten Welle ausbreitete, was zwangsläufig Nationalliberale und Zentrum an die Seite der Konservativen und der Regierung drängte. Über alle Interessengegensätze hinweg waren sich sämtliche bürgerliche Parteien und Interessenverbände darüber einig, daß man sich dagegen zur Wehr setzen müsse. Schon 1878 drückte Bismarck im Reichstag das Sozialistengesetz durch, das alle Vereinigungen, Versammlungen und Veröffentlichungen unter Strafe stellte, die „durch sozialdemokratische, sozialistische oder kommunistische Bestrebungen den Umsturz der bestehenden Staats- oder Gesellschaftsordnung bezwecken." Bis 1890 wurde es mehrfach verlängert. Die Gerichte verurteilten in diesen Jahren etwa 1.500 Sozialdemokraten zu Gefängnisstrafen. Verständlicherweise verbitterte das Sozialistengesetz die Betroffenen. Dieser Versuch, Repression in halbwegs rechtsstaatlicher Form durchzuführen, ließ indessen tatsächlich viele Schlupflöcher und führte – aus der Sicht der Erfahrungen des 20. Jahrhunderts – zu erstaunlichen Halbheiten. So wurden zwar Parteiorganisationen und sozialistische Gewerkschaften aufgelöst und die Parteipresse verboten, aber nicht nur, daß sie faktisch illegal fortbestanden – sozialdemokratische Politiker durften sich weiter in den Reichstag wählen lassen, und ihre dort gehaltenen Reden durften in der Presse abgedruckt werden.

Die Befürchtung, der Einfluß der Sozialdemokratie würde noch weiter wachsen, bestimmte auch die Wahlrechtspolitik. Für die Reichstagswahlen blieb es stets unverändert bei der Wahlkreiseinteilung von 1869, obwohl Binnenwanderung und Verstädterung die Einwohnerzahlen in den einzelnen Wahlkreisen immer ungleicher werden ließen. Dadurch brauchten schließlich bei den Reichstagswahlen von 1907 die Deutschkonservativen für einen Sitz durchschnittlich 18.000, die SPD aber 76.000 Stimmen. Am zähen Widerstand der Konservativen scheiterten auch alle Versuche, das Dreiklassenwahlrecht zur preußischen Landtagswahl abzuschaffen. Es war nicht nur bis 1903 nicht geheim, was Manipulationen ermöglichte, sondern führte auch zu immer abenteuerlicheren Ergebnissen. Bei der Wahl von 1908 gewannen die beiden konservativen Parteien mit 16,4 Prozent der Stimmen 47,8 Prozent der Sitze und die SPD mit 23,9 Prozent der Stimmen nur 1,6 Prozent der Sitze. Bei der Landtagswahl 1903 wählte Reichskanzler Bülow in der Klasse drei, während in demselben Bezirk in der Klasse eins ein Wurstfabrikant die Wahlmänner alleine bestimmte und man gleichzeitig in ärmeren Vororten Berlins schon bei nur 12 Mark jährlicher Steuerleistung in der ersten Klasse wählen konnte. Als sich in Sachsen und Hamburg abzeichnete, daß die SPD demnächst die Mehrheit der Stimmen erringen würde, verschärften die Etablierten kurz zuvor das Klassenwahlrecht zum Landesparlament (1896 bzw. 1906). Mit diesem Trick konnten sie eine rote Mehrheit unter den Abgeordneten verhindern und ihre eigene Macht noch einmal konservieren. Im letzten Jahrzehnt des 19. Jahrhunderts wurden in Kreisen der politischen Führung des Reiches sogar mehrfach Überlegungen erörtert, durch einen Staatsstreich das gleiche Reichstagswahlrecht wieder zu beseitigen und durch ein Klassenwahlrecht zu ersetzen. Aber hier blieb es bei Überlegungen.

Die Wechselwirkung von Revolutionsgerede und Verweigerung auf der einen und Unterdrückungsmaßnahmen und strikter Ausgrenzung durch die andere Seite riß in der politischen Landschaft eine tiefe Kluft auf zwischen den Sozialdemokraten und den im Staat etablierten Kräften. Nun waren zwar die sozialistischen Gewerkschaften pragmatischer eingestellt als die SPD, und indem nach der Jahrhundertwende eine in der Gewerkschaftsarbeit groß gewordene Führungsgeneration in die Parteispitze nachrückte, bekam die tägliche Parteiarbeit einen reformistischen Einschlag. In den süddeutschen Staaten gab die Partei stellenweise auch ihre Verweigerungshaltung auf. Das Gesamtbild der SPD bestimmten diese Entkrampfungen vor Ausbruch des Ersten Weltkriegs aber noch nicht.

Regierungs-   Bismarck war zeit seiner Kanzlerschaft in der reichsdeutschen Innenpolitik die alles
zeit   überragende und dominierende Persönlichkeit. Dazu trug sein Ansehen als Reichs-
Bismarcks   gründer bei und auch die Tatsache, daß Wilhelm I. eine schwächere Persönlichkeit darstellte. Von 1867 bis 1878 stützte sich Bismarck im Reich und in Preußen durchgehend auf eine faktische Koalition von Nationalliberalen und Freikonservativen. Mit ihnen setzte er die liberale Wirtschaftsgesetzgebung ins Werk. Als nach der Reichsgründung im Reichstag das damals wenig preußenfreundliche Zentrum mit den Polen, den Welfen und der partikularistischen bayerischen Patriotenpartei zusammenging, die alle der Reichsgründung ablehnend gegenüberstanden, fürchtete Bismarck, daß das noch ungefestigte Reich von dieser Seite gefährdet werden könnte. Unterstützt von den Liberalen, deren weltanschauliche Motive ihn dabei nicht interessierten, begann Bismarck deshalb 1871 den Kulturkampf gegen die katholische Kirche, um dem Zentrum damit den Rückhalt zu entziehen. Der Streit eskalierte, und schließlich waren in Preußen 1876 alle katholischen Bischöfe verhaftet oder ausgewiesen und fast ein Viertel der katholischen Pfarreien vakant, weil der preußische Staat Einspruch gegen ihre Besetzung erhoben hatte. Aber die katholische Bevölkerung übte passiven Widerstand

und hielt zu den vertriebenen oder verhafteten Pfarrern, und das Zentrum gewann an Wählerstimmen. Der Kulturkampf erwies sich als Fehlschlag, weshalb Bismarck ihn ab 1876 stagnieren ließ und die Kampfgesetze 1882-87 schrittweise abbaute.

1878/79 vollzog Bismarck mit dem Übergang zu Schutzzöllen und zum Sozialistengesetz innenpolitisch eine Wende nach rechts. In der Schutzzolldiskussion fanden Schwerindustrie und Großagrarier zusammen, während sich die Nationalliberale Partei darüber spaltete und seitdem nicht mehr die Handschrift der Regierung prägte. Die Sozialdemokratie hatte der Kanzler schon früh als kommende Gefahr für die bestehende Ordnung angesehen. Als 1878 zwei Attentate auf Kaiser Wilhelm I. verübt wurden und dieser dabei schwere Verletzungen erlitt, nutzte Bismarck die empörte Stimmung der Öffentlichkeit zu einem Präventivschlag gegen die noch kleine Sozialdemokratie. Er setzte im Reichstag das Sozialistengesetz durch, obwohl sich später keine Verbindungen der Attentäter zur Sozialdemokratie nachweisen ließen. Parallel zum Sozialistengesetz begann Bismarck 1881 mit der Sozialgesetzgebung, welche die Arbeiter gewinnen und der Sozialdemokratie abspenstig machen sollte. Es war eine Politik mit Zuckerbrot und Peitsche. Sie schlug fehl. Die Wählerstimmen der Sozialdemokraten wuchsen weiter. Eine neue stabile Mehrheit im Reichstag stellte sich nach dem Kurswechsel nicht ein. In den Jahren 1878 bis 1890 regierte Bismarck im Reich mit wechselnden Mehrheiten, indem er vor allem die beiden konservativen Parteien, jenen Teil der Nationalliberalen, der seinen Kurswechsel mitgemacht hatte, und das Zentrum gegeneinander ausspielte, und 1881-87 stand in allen wichtigen Fragen die Mehrheit des Reichstags überhaupt gegen Bismarck. Seine Innenpolitik verkam zu einer Abfolge kurzatmiger Aushilfen, so daß er schließlich mit seinem Latein am Ende war. Indem Bismarck eine Partei nach der anderen brüskierte, schwand sein Ansehen dahin. Der Tod Wilhelms I. 1888 bedeutete nicht sofort einen Einschnitt, da sein Sohn Friedrich III. bereits todkrank auf den Thron kam und schon 99 Tage später an Kehlkopfkrebs starb. Dessen Sohn und Nachfolger Wilhelm II. geriet dann im Anspruch um die politische Führung bald mit Bismarck aneinander, und sachliche Differenzen verschärften den persönlichen Gegensatz. Als er Bismarck 1890 entließ, herrschte allgemeine Erleichterung.

Wilhelm II. war prunkliebend und sprunghaft und hat mit seinem forschen und theatralischen Auftreten, mit seinen unreifen und kraftmeierischen Reden dem Ansehen der Monarchie nachhaltig geschadet. Er erhob den Anspruch, die Richtlinien der Politik persönlich zu bestimmen, aber tatsächlich fehlte ihm dazu die nötige Stetigkeit und Sachkenntnis. So blieb es bei unzusammenhängenden Eingriffen ins Regierungsgeschehen. Keiner von Bismarcks Nachfolgern im Kanzleramt besaß eine so starke Stellung wie der Reichsgründer. Stattdessen nahm der Einfluß zu, den hohe Militärs und Hofkreise über den Kaiser auf die Politik ausübten. Im Reichstag gab es zur Zeit Wilhelms II. keine durchgehenden festen Mehrheiten, weder als Zusammenschluß der konservativen Kräfte noch in anderen Kombinationen. Daß die parlamentarischen Mehrheitsverhältnisse im Reich und in Preußen verschieden waren, machte das Regieren noch komplizierter. Insgesamt fehlte es immer mehr an klarer Führung und Koordination zwischen den konkurrierenden Interessen.

Regierungen unter Wilhelm II.

Bismarcks Nachfolger, der preußische General Leo von Caprivi, war ein nüchterner und klarer Kopf. Er versuchte, das Mißtrauen zwischen Reichstag und Regierung abzubauen und steuerte einen mittleren Kurs des Ausgleichs. Als die preußischen Konservativen dagegen immer stärkeren Widerstand erhoben und Caprivi sich der kaiserlichen Idee eines neuen Sozialistengesetzes und Staatsstreichplänen widersetzte, wurde er 1894 entlassen. Sein Nachfolger Chlodwig Fürst zu Hohenlohe war schon bei Amtsantritt 75jährig und altersmüde. Er stützte sich vor allem auf die konservativen Kräfte. Mit dem „kleinen Sozialistengesetz" 1897 in Preußen und mit der Umsturzvorlage 1894 und der Zuchthausvorlage 1899 im Reich wollte er die Presse-, Vereins- und Versammlungsfreiheit sowie das Streikrecht einschränken und damit den Kampf gegen die Sozialdemokratie wieder aktivieren. Er scheiterte aber in den Parlamenten mit allen diesen Vorlagen. Der im Jahre 1900 zum neuen Kanzler ernannte Bernhard von Bülow jonglierte zunächst wieder mit wechselnden Mehrheiten, um sich dann 1905 an einen festen Block aus Konservativen und National- und Linksliberalen zu binden. Als dieser 1909 an inneren Gegensätzen zerbrach, trat Bülow zurück. Der jetzt zum Kanzler ernannte Theobald von Bethmann-Hollweg, ein skeptisch-nachdenklicher Bürokrat, versuchte sich in einer ausgleichenden Politik mit wechselnden Mehrheiten gegen die Widerstände von links und rechts durchzuwursteln. Dabei erstarrte das Regieren immer mehr in bloßer Verwaltung ohne klare politische Ziele.

Mit dem Ausbruch des Ersten Weltkriegs durchbrandete dann eine Woge nationaler Solidarisierung das Deutsche Reich, und dem „Burgfrieden" der Parteien konnten selbst die Sozialdemokraten sich nicht entziehen. Der Reichstag bewilligte die Kriegskredite einstimmig. Die Parteien dankten weitgehend zugunsten der Exekutive ab. Deren Spitze, der Kaiser, versagte dann aber vor der Aufgabe, die verschiedenen militärischen Instanzen sowie militärische und zivile Belange miteinander zu koordinieren. Die tatsächliche Führung lag beim preußischen Generalstab, der seit 1914 Oberste Heeresleitung (OHL) genannt wurde. Die OHL griff immer stärker auch in die Politik ein, und spätestens seit dem Sturz Bethmann-Hollwegs im Sommer 1917 bestand faktisch eine Militärdiktatur der OHL unter Generalfeldmarschall Paul von Hindenburg, in welcher die eigentlich dominierende Figur der Generalquartiermeister Erich Ludendorff war.

Recht und Sicherheit Das Verbot sozialdemokratischer Organisationen und Schriften ebenso wie das Verbot des Jesuitenordens 1872 verstießen gleicherweise inhaltlich gegen rechtsstaatliche Prinzipien, obwohl sie formal rechtmäßig zustandegekommen waren. Die ausführende Verwaltung war im Deutschen Reich an Recht und Gesetz gebunden, und diese Bindung wurde aufs Ganze gesehen strikter gehandhabt als je zuvor. So setzte beispielsweise das preußische Oberverwaltungsgericht den Schikanen der Behörden im Nationalitätenkampf lange verfassungskonforme Grenzen. Die Gerichte handhaben die Strafgerichtsbarkeit zunehmend gleichmäßiger, wenn auch nicht völlig gleich. Übergriffe von Arbeitern bei Streiks wurden beispielsweise härter bestraft als Übergriffe von Offizieren. Auch das Maß an persönlicher Freiheit von obrigkeitlichen Beschränkungen war im Deutschen Reich größer als in früheren Epochen der deutschen Geschichte. Die Pressefreiheit war seit 1874 gesetzlich endgültig festgelegt, nur für das Theater gab es bis 1918 durch die extensive Auslegung von Verwaltungsbestimmungen faktisch eine Vorzensur, die vor allem Sitte und Moral bewahren sollte.

Jene traditionelle soziale Kontrolle, die auf dem gegenseitigen Beobachten durch die Dorföffentlichkeit, auf dem Einfluß der Kirche und überhaupt auf Sitte und Konvention beruhte, ging mit der Mobilisierung der Menschen durch Binnenwanderung und Verstädterung und mit der Verweltlichung der Anschauungen zurück, besonders in der anonymen Großstadt. Trotzdem bestand ein hohes Maß an innerer Sicherheit, weit entfernt nicht nur von den Verhältnissen etwa in den USA, wo die großen Freiheitsräume gegenüber der relativ schwachen Staatsgewalt mit einer Explosion des Verbrechens in den Großstädten, der Neigung zur Selbsthilfe mit dem eigenen Colt und der Lynchjustiz in den Südstaaten einhergingen.* Im Deutschen Reich war die Gewaltkriminalität eher rückläufig. Diese Situation dürfte wesentlich darauf zurückzuführen sein, daß eine umfangreiche Polizei aufgebaut wurde, die auf Straßen und Plätzen deutlich präsent war. Die soziale Kontrolle verlagerte sich also von informellen Kanälen stärker auf Institutionen.

Die Strafjustiz begann zu milderen Strafen überzugehen. Bei Freiheitsstrafen bestand der Trend zu kürzeren Strafen, und vor allem wurde die Freiheitsstrafe zunehmend durch die Geldstrafe ersetzt. Der Anteil der Geldstrafen an allen für Verbrechen und Vergehen verhängten Strafen stieg 1882-1911 von 25 auf 50 Prozent (1928: 69 Prozent; nach einer Verschärfung der Strafpraxis in der NS-Zeit dann in der BRD 1975: 84 Prozent); der Rest waren Freiheitsstrafen. Deportation war als Strafe unbekannt.**
Insgesamt waren Recht, persönliche Freiheit und innere Sicherheit in der Kaiserzeit im Deutschen Reich nicht optimal gewährleistet, aber im Vergleich zu früheren Epochen der deutschen Geschichte, zu manchen gleichzeitigen Staaten und erst recht zu den meisten heutigen Staaten der Dritten Welt stand es hierum durchaus gut.

Stellte die politische Entwicklung des Deutschen Reiches der Kaiserzeit einen spezifisch deutschen Sonderweg dar, insofern das liberale Bürgertum versagte und nicht an die Macht kam, sondern sich vorindustrielle Führungsschichten übermäßig lange an der politischen Macht behaupten konnten, indem dadurch das politische System gegenüber der gesellschaftlichen Entwicklung unangemessen und rückständig blieb und den normalen Weg zur Demokratie verfehlte, da die Nation im Innern übermäßig zerklüftet und damit unvollendet blieb und weil sich auf diese Weise autoritäre Traditionen und Untertanengeist verfestigten, die dann später den Weg in den Nationalsozialismus erleichterten? Waren die Reichsdeutschen also der mißratene böse Bube in der ansonsten wohlerzogenen europäischen Völkerfamilie, der schließlich auch noch die anderen mit seinen Streichen blutig ärgerte? Diese Problemstellung mißt die reichsdeutsche Entwicklung an einem Idealbild „Westeuropas", das aus einzelnen Elementen der britischen und französischen Geschichte zusammengeklaubt ist. In Wirklichkeit hingegen bestehen tiefgreifende Unterschiede zwischen dem zentralistischen politischen System Frankreichs, wo der Absolutismus die Eigenmacht der intermediären Gewalten vernichtete und wo alle wichtigen Weisungen und Personalentscheidungen autoritär von der Zentrale ausgehen (auch wenn in dieser unter schlimmen Geburtswehen die Demokratie Einzug hielt) und dem englischen System, wo die starke Eigenständigkeit lokaler Gremien von der Gentry als ihr unmittelbarer Machtbereich gegen die Krone gewahrt werden konnte (und über die Demokratisierung hinweg weiter bewahrt blieb) und wo die staatliche Bürokratie vergleichsweise schwach blieb. Nicht nur, daß bei diesem Bild von „Westeuropa" die Unterschiede zwischen beiden Ländern übersehen werden – es gibt auch keinen Grund, die Entwicklungsetappen eines Landes als verbindliche Norm hinzustellen, die alle anderen Staaten hätten genauso durchlaufen sollen. Vielmehr sind die europäischen Länder verschiedene Entwicklungswege gegangen. Wenn es aber keine feste Verkoppelung jeweils bestimmter wirt-

Deutscher Sonderweg?

---

* 1882-1920 fielen in den USA 4.398 Personen der Lynchjustiz zum Opfer.
** Frankreich deportierte bis 1939 Sträflinge zur Zwangsarbeit in die schwülen Tropen, Rußland bis 1989 ins frostige Sibirien.

schaftlicher Gegebenheiten, gesellschaftlicher Erscheinungen und Verfassungsverhältnisse gibt, kann eine bestimmte Kombination derselben auch nicht als unangemessene gleichzeitige Verbindung von eigentlich Ungleichzeitigem angesehen werden. Maßstab muß vielmehr sein, inwieweit der jeweilige historische Weg Freiheit, Gerechtigkeit, Sicherheit, Wohlstand und Frieden ermöglicht und gewährleistet hat.

Schon ein grober Überblick über Europa zeigt sehr wesentliche Unterschiede der politischen Entwicklung. Die west- und nordeuropäischen Staaten sind im Laufe des 19. Jahrhunderts zum System der parlamentarischen Demokratie übergegangen, das sich dort als so stabil erwies, daß es seitdem bis heute in ihnen allen unangefochten überdauert hat. Die südeuropäischen Länder und Rußland fanden im 19. Jahrhundert nicht den Weg zu einer parlamentarischen Demokratie und gingen nach dem Ersten Weltkrieg alle zu Diktaturen über, entweder zur kommunistischen (Rußland) oder zu mehr oder weniger faschistischen Formen (Italien, Portugal, Spanien), und zwar noch vor der Weltwirtschaftskrise, folglich also nicht erst durch diese verursacht.* Die Entwicklung des Deutschen Reiches nahm eine Zwischenstellung ein, indem es zwar nicht vor dem Ersten Weltkrieg, jedoch mit seinem Ende 1918 eine parlamentarische Demokratie erhielt, die dann in der Weltwirtschaftskrise zusammenbrach. Der Weg Österreichs ähnelte in manchem dem des Deutschen Reiches, wobei aber in der Kaiserzeit der Nationalitätenkonflikt alles andere überschattete und Probleme besonderer Art schuf.

Großbritannien, die Schweiz, Belgien und die Niederlande gingen als erste europäische Staaten zum parlamentarischen System über, und zwar lange vor der Industrialisierung und Massenmobilisierung, als Politik noch Sache adlig-großbürgerlicher Führungsschichten war. Diese frühe Parlamentarisierung war wohl darauf zurückzuführen, daß diese Staaten keinen Absolutismus oder gar keine Monarchie gekannt hatten, sondern eine starke Tradition ständischer (England: parlamentarischer) Organe besaßen. Der Übergang zum allgemeinen Wahlrecht erfolgte erst viel später. In Großbritannien herrschte in der politischen Führungsschicht mindestens bis zur Jahrhundertwende weiter der Typ des grundbesitzenden Aristokraten vor, und bis 1911 hatte das Oberhaus noch ein Vetorecht gegen Gesetze. Verglichen damit lag das Besondere der politischen Rolle der ostelbischen Junker nicht darin, daß sie sich lange in Schlüsselstellungen der politischen Macht hielten, sondern daß sie starrer und weniger flexibel als die britische Aristokratie auf die Herausforderungen durch die Industrialisierung reagierten, wohl nicht zuletzt deshalb, weil sie im Durchschnitt ärmer waren. In der Schweiz brachte das Fehlen eines Adels dagegen eine rein bürgerliche Herrschaft mit sich. Den genannten vier westeuropäischen Ländern war ferner gemeinsam, daß sich jener Strukturwandel, den die Industrialisierung auslöste, relativ langsam und gleichmäßig vollzog und daß ernste politische Unruhen hier fremd blieben.**

---

* Kommunistische Diktatur in Rußland ab 1917 (bzw. 1920 Ende des Bürgerkriegs) bis heute, faschistische Diktatur in Italien 1922-44, Diktatur in Portugal 1926-74. In Spanien kam es 1923 zur Diktatur, die 1931 noch einmal durch eine demokratische Republik abgelöst wurde, welche aber rasch zerfiel und 1936 in einen offenen Bürgerkrieg überging, an dessen Ende die faschistische Diktatur (1939-75) stand.
** Übergang zum parlamentarischen System in Großbritannien 1832-35, Schweiz 1830/31 in vielen Kantonen und 1848 im Bund, Belgien 1831, Niederlande 1868. Der Anteil der Wahlberechtigten an der Gesamtbevölkerung betrug zu diesem Zeitpunkt in Großbritannien 3,3 Prozent, Belgien 1,1 Prozent, Niederlande 2,8 Prozent. In der Schweiz war die Parlamentarisierung zwar mit dem allgemeinen Männerwahlrecht verbunden, aber die Wahlbeteiligung war noch sehr gering. – Übergang zum allgemeinen Männerwahlrecht in Großbritannien und den Niederlanden schrittweise bis 1918, in Belgien in einem Schritt 1894 (aber noch mit Pluralwahlrecht, gleiches Wahlrecht erst 1919). – Zum Strukturwandel siehe Anmerkung S. 655.

Diese letzten beiden Merkmale haben mit ihnen die skandinavischen Staaten gemeinsam. Daß es auch hier zu einer kontinuierlichen politischen Entwicklung kam, wurde noch dadurch begünstigt, daß ihre Sozialstrukturen relativ homogen waren. Die Parlamentarisierung erfolgte hier aber erst später, wohl deshalb, weil die Krone eine stärkere Stellung besaß und die Industrialisierung sich später durchsetzte, und sie geschah bei bereits etwas höherem, aber noch nicht sehr hohem Politisierungsgrad.*

In Frankreich hatte es nach der großen Revolution Umbrüche gehagelt: 1791-1870 wechselte das politische System zehnmal. Danach bestand (bis 1940) eine demokratische Republik mit allgemeinem Wahlrecht (zunächst nur Männer). Sie sah sich anfangs von breiten Kreisen abgelehnt und entging 1889 nur knapp einem Putsch, wurde als solche danach aber nicht weiter angefochten. Die Regierungen und Mehrheitsverhältnisse waren jedoch höchst instabil. Mehrfach erschütterten schwere Krisen das politische System, und die Dreyfus-Affäre führte zu einer tiefen innenpolitischen Spaltung. Dabei sahen die sozialen Gegebenheiten für eine bürgerliche liberale Herrschaft günstig und eher stabilitätsfördernd aus: der Adel war durch die Revolution von 1789 politisch schon geschwächt, und da die Industrialisierung sich relativ langsam vollzog, Binnenwanderung und Großstadtbildung begrenzt blieben und vor allem große anonyme Fabriken erst spät entstanden, herrschte ein kleinbäuerlich-kleinbürgerlicher Charakter vor, der traditionelle Werte bewahrte, und die Arbeiterbewegung blieb zunächst schwach. Trotz der sehr hohen Wahlbeteiligung blieben die Parteien bis zum Ersten Weltkrieg ohne feste Organisation und im Zustand bürgerlicher Honoratiorenpolitik stecken.

Gegenüber den bisher genannten Staaten hatten Rußland, Italien, Spanien und Portugal mehreres gemeinsam. In ihnen blieb Politik bis zum Ersten Weltkrieg eine Sache der Oberschichten, welche die Masse der Bevölkerung nicht einbezogen. Die strukturellen Gegensätze im Innern waren größer als im übrigen Europa: zwischen absentistischen Latifundienbesitzern und einem großen ländlichen Proletariat, zwischen punktuell schon entstehenden Industriezentren mit einer teilweise beträchtlichen und sich radikalisierenden Industriearbeiterschaft einerseits und dem von Modernität unberührten weiten ländlichen Raum mit einer weitgehend noch analphabetischen Bevölkerung andererseits, zwischen liberalen Intellektuellen und Anarchisten zum einen und der starr an den alten Herrschaftsverhältnissen festhaltenden Monarchie zum anderen. Das Bürgertum war dabei stets nur schwach entwickelt. In Italien und Spanien kamen regionale Gegensätze hinzu (Mezzogiorno, Katalonien), und in Italien auch der massive Gegensatz zwischen den herrschenden liberalen Kreisen und der katholischen Kirche. In diesen Staaten war es unmöglich, alle sozialen Gruppen in das starre politische System zu integrieren. Das hatte zur Folge, daß sich die Linke radikalisierte, daß ein gewalttätiger sozialrevolutionärer Aktivismus und überhaupt politische Unruhen aufbrachen. Das Zarenreich blieb bis zu seinem Ende faktisch eine Autokratie. Seit Ende des 19. Jahrhunderts kam es dort zu immer mehr Streikwellen und Bauernrevolten, 1905 auch zu einer gescheiterten Revolution, und dagegen stand eine gewalt-

---

* Übergang zum parlamentarischen System in Norwegen 1884, Dänemark 1901 und Schweden 1917. Das allgemeine Männerwahlrecht wurde in Norwegen 1900, Dänemark 1849 und Schweden 1909 eingeführt, aber bei den beiden letztgenannten zunächst nicht voll ausgenutzt, so daß zum Zeitpunkt der Parlamentarisierung der Anteil der tatsächlich Wählenden an der erwachsenen Bevölkerung (über 20 Jahre) in Norwegen 14,8 Prozent, Dänemark 14,5 Prozent und Schweden 18,6 Prozent betrug.

same Unterdrückung durch Militär und Polizei. Rußland trieb schließlich anscheinend unaufhaltsam auf die Revolution von 1917 zu. In Italien, Spanien und Portugal gab es zwar in der zweiten Hälfte des 19. Jahrhunderts Verfassungen, Parlamente (mit sehr eingeschränktem Wahlrecht) und Parteien, aber das waren nur Fassaden. Hinter ihnen stand die oligarchische Herrschaft relativ kleiner Politikercliquen und persönlicher Gefolgschaften, die nicht in breiteren Kreisen verankert waren. In Spanien und Portugal führten diese Verhältnisse dazu, daß die Regierungen rasch wechselten, und in allen drei südeuropäischen Ländern flackerten immer wieder politische Unruhen auf, durchzuckten anarchistische Anschläge das Land.*

Blickt man schließlich auf die heutigen unterentwickelten Länder, so sind in den meisten von ihnen die inneren Gegensätze zwischen alten und modernen Elementen und oft auch zwischen verschiedenen Regionen des Landes noch größer, und dementsprechend lassen sich dort nur selten demokratische Ordnungen finden.

Dieser Überblick zeigt, daß liberale Demokratien also keine selbstverständliche Entwicklungsstufe sind, sondern ob sie zustandekommen und funktionieren, hängt davon ab, ob bestimmte strukturelle Voraussetzungen vorhanden sind, und die waren zunächst nur in wenigen Ländern gegeben.

Und das Deutsche Reich? Wie der Blick auf den Weg der anderen europäischen Länder deutlich macht, setzt der Übergang zum parlamentarischen Regierungssystem voraus, daß es eine bürgerliche oder aristokratische Führungsschicht gibt, die genügend selbstbewußt ist und den Willen zu einer parlamentarischen Regierungsweise hat und die im Parlament eine klare, geschlossene Mehrheit besitzt (sofern er nicht als Folge einer Kriegsniederlage eintritt). Diese Konstellation war in Preußen und dem Deutschen Reich nur in den 1860er und 70er Jahren annähernd gegeben, als die Liberalen eine so starke Stellung besaßen, daß die Parlamentarisierung nur noch eine Frage der Zeit zu sein schien. In den vorangegangenen Jahren war für deutsche Parlamente an den Griff zur Macht nicht zu denken, denn infolge des relativ geringen wirtschaftlichen Entwicklungsstandes war das Bürgertum noch zu schwach und infolge der absolutistischen Tradition die Krone noch zu stark. Ende der 1870er Jahre verloren die Nationalliberalen aber das Interesse an einer Parlamentarisierung. Seitdem war stets eine Mehrheit der Reichstagsfraktionen (Konservative, Zentrum, Nationalliberale) an einer Parlamentarisierung nicht (mehr) interessiert. Der Reichstag hätte sie wahrscheinlich erzwingen können, beispielsweise als sich 1908 Kaiser und Kanzler in der Daily Telegraph-Affäre stark kompromittiert hatten oder überhaupt, indem er sein Budgetrecht dafür ausnutzte, aber er unternahm eben nie einen ernsthaften Versuch dazu. Der Grund für dieses Verhalten lag darin, daß keine Partei eine Mehrheit besaß und deshalb jede fürchten mußte, von einer Koalition der anderen ins Abseits der Opposition gedrängt zu werden. Diese Spaltungen der politischen Landschaft machten es

---

* In Portugal zerfiel die Staatsgewalt nach der Abschaffung der Monarchie völlig: 1911-26 gab es 20 Revolutionen und Staatsstreiche. — Sowohl in Portugal wie in Spanien gab es immer wieder chaotische Unruhen, die hier nicht im einzelnen aufgezählt werden können. In Spanien kam es 1909 in Katalonien zu einer großen Aufstandsbewegung, die niedergeschlagen wurde. In Italien wurde 1898 eine revolutionäre Aufstandsbewegung militärisch niedergeschlagen, 1904 ein Generalstreik durch Truppeneinsatz beendet, und auch 1914 gab es eine Welle anarchistischer Unruhen. — Ein gewisser Nachklang dieser inneren Unruhen ist in den südeuropäischen Staaten auch noch zu finden, seit nach dem Zweiten Weltkrieg Demokratien eingerichtet wurden: in Italien und Portugal erwiesen sich die Regierungen als sehr kurzlebig; Spanien erlebte 1981 einen gescheiterten Putschversuch und im Laufe der Jahre überhaupt zahlreiche Ermordungen und Entführungen von Offizieren und Polizisten.

also möglich, daß Krone und Regierung gegenüber dem Parlament ihre relativ unabhängige Stellung wahren konnten, auch indem sie die Parteien gegeneinander ausspielten. Diese Spaltungen hatten im wesentlichen zwei Gründe: die konfessionelle Spaltung in katholische und andere Kräfte, die in dieser Weise in Europa sonst nur noch in der Schweiz vorkam, und das Auftreten der Sozialisten. Nun hat sich die Arbeiterbewegung in allen Ländern von der bürgerlich-liberalen Bewegung abgespalten, aber die Sozialisten erschienen im Reichstag wesentlich früher und zahlreicher als in den Parlamenten aller anderen Staaten, und obendrein waren die deutschen Sozialisten marxistischer ausgerichtet und damit einer Zusammenarbeit abgeneigter als ihre westlichen Schwesterparteien.* Daß im Deutschen Reich die politische Arbeiterbewegung so früh erstarkte, lag daran, daß hier relativ früh das allgemeine Männerwahlrecht gewährt worden war und daß die Politisierung der Unterschichten und deren Eintritt ins Wahlgeschehen rascher erfolgte als in den meisten west- und nordeuropäischen Staaten.** Wenn sich im Deutschen Reich die Politisierung im allgemeinen und das Anwachsen der Arbeiterbewegung im besonderen rascher vollzogen, war das wohl eine Folge der schnelleren Industrialisierung und vor allem der stärker und rascher als in West- und Nordeuropa erfolgenden Binnenwanderung und Verstädterung, durch die immer mehr Menschen aus ihren alten sozialen Bindungen herausgelöst und auf diese Weise auch politisch mobilisiert wurden. Bezeichnenderweise waren gerade in Württemberg die Arbeiter länger in die liberalen Parteien integriert als im übrigen deutschen Raum (außer in der Schweiz). Gefördert wurde die Verselbständigung der deutschen Arbeiterbewegung wohl auch dadurch, daß von Marx, Engels und Lassalle her eigene Ideologien zur Verfügung standen und zur politischen Tat drängten, unabhängig davon, ob es für sie überhaupt schon ein soziales Trägerpotential gab. Gerade diese Entwicklungen zeigen, daß die politischen Strukturen des Deutschen Reiches gegenüber Westeuropa eben nicht einfach rückständig waren, sondern das Kennzeichnende vielmehr darin bestand, daß die einzelnen Entwicklungsschritte zeitlich enger zusammengeschoben wurden und in teilweise anderer Reihenfolge abliefen, was zusammen mit den konfessionellen und regionalen Unterschieden größere innere Gegensätze bewirkte.

Jene für den Übergang zu einem parlamentarischen System günstige Phase, in der die liberal-bürgerlichen Elemente dominierten, bestand, verglichen mit den west- und nordeuropäischen Staaten, also im Deutschen Reich nur relativ kurze Zeit. Das machte diesen Übergang unwahrscheinlicher, aber nicht unmöglich. Es war nicht zwangsläufig, daß die Parlamentarisierung noch nicht erfolgt war, als sich die politische Landschaft schon wieder zerspaltete. Vielmehr erscheint an dieser Stelle die Person Bismarcks als historischer Faktor: er war es, der im preußischen Verfassungskonflikt und auch danach allen liberalen Machtansprüchen rücksichtslos entgegentrat. Dagegen stand Kaiser Friedrich III. der politischen Vorstellungswelt des Liberalismus sehr nahe. Wäre ihm eine längere Regierungszeit beschieden gewesen, hätte er Bis-

---

* Abgeordnete von Arbeiterparteien im Parlament gab es im Deutschen Reich seit 1871, dagegen in Dänemark erst seit 1883, Belgien 1892, Frankreich 1893, Schweiz 1893, Schweden 1896, Österreich 1896, Großbritannien 1900. Außer den französischen Sozialisten waren alle sozialistischen Parteien in ihren Parlamenten schwächer vertreten als die reichsdeutsche; von den französischen war aber der größte Teil reformistisch orientiert.
** Bei den 1893-96 abgehaltenen Parlamentswahlen betrug der Anteil der tatsächlichen Wähler an der erwachsenen Bevölkerung (über 20 Jahre) im Deutschen Reich 27,5 Prozent, in Belgien 35,1 Prozent, Frankreich 29,6 Prozent, Schweiz 19,9 Prozent, Dänemark 17,8 Prozent, Großbritannien 16,5 Prozent, Norwegen 14,8 Prozent, Italien 7,0 Prozent, Niederlande 6,2 Prozent und Schweden 4,9 Prozent.

marck entlassen, und die Liberalen hätten gute Chancen gehabt, zur Regierungsverantwortung zu kommen. Die Liberalen hofften während des Kaisertums Wilhelms I. sehr konkret auf einen früheren Thronwechsel von Wilhelm zu Friedrich. Das war keineswegs irreal: immerhin war Wilhelm I. bei der Kaiserproklamation schon 73 Jahre alt, er hatte schon 1862 kurz vor dem Rücktritt gestanden, und die beiden Attentate im Jahre 1878 hätten genausogut tödlich ausgehen können. Auch wenn Preußen 1866 den Krieg verloren hätte, wäre Bismarck höchstwahrscheinlich gestürzt und die Regierung parlamentarisiert worden. Hier spielten also auch Zufälle eine wichtige Rolle.

Verglichen mit vielen west- und nordeuropäischen Staaten waren im Deutschen Reich die innenpolitischen Gegensätze größer, die „innere Reichsgründung" unvollendet. Allerdings sollte nicht übersehen werden, daß auch in der Schweiz die Katholiken bis in die 1890er Jahre und dann die Sozialdemokraten im politischen Abseits standen, und daß Großbritannien die diskriminierten Iren schließlich bis an den Rand des Bürgerkriegs trieb. Außerdem war das Deutsche Reich nicht im entferntesten so desintegriert wie die südeuropäischen Staaten und Rußland. Aufstände und Revolutionen waren ihm völlig fremd. Seit 1880 galt die konstitutionelle Monarchie auch in weiten Teilen des liberalen Bürgertums als grundsätzlich angemessene Lösung. Später wuchsen dann Katholiken und auch sozialistische Arbeiter ebenfalls zunehmend in den Staat hinein. Die revolutionäre Bewegung 1918/19 war erst ein Ergebnis des Kriegsausgangs. Daß die Reichsregierungen in den Jahren vor Kriegsausbruch zunehmend manövrierunfähig wurden, war vor allem ein Problem des Parteiensystems und der dahinterstehenden gesellschaftlichen Kräfte, nicht der Verfassung, und dieses Problem setzte sich dementsprechend über den Verfassungswechsel von 1918/19 hinaus verschärft fort. Zweifellos versuchten die Herrschenden, mit Schulunterricht, Wehrdienst, (protestantischer) Predigt und der Verbreitung nationalistischen Gedankenguts die Loyalität der Bevölkerung gegenüber dem politischen System gezielt zu fördern, aber das war keine reichsdeutsche Besonderheit, und das vorhandene Ausmaß an Konsens kann nicht durch Manipulation erklärt werden. Indem das Denken verweltlichte, mußte im übrigen auch die alte Idee des Gottesgnadentums zur leeren Hülle ohne wirklich legitimierende Kraft verkümmern. Die politische Loyalität der Massen hing immer mehr von den tatsächlichen Leistungen des politischen Systems ab, und an diese wurden in wirtschaftlicher und sozialer Hinsicht steigende Ansprüche gestellt. Hier hatten nun am Anfang des 20. Jahrhunderts auch die Arbeiter bei aller Kritik am Kaiserreich zunehmend das Gefühl, daß die wirtschaftliche und soziale Lage der Arbeiter besser geworden war und daß es eine positive Zukunftsperspektive gab.

Die Folgen des reichsdeutschen Weges

Wäre es nun im Interesse von mehr Freiheit, Gerechtigkeit, Sicherheit und Frieden überhaupt wünschenswert gewesen, daß im deutschen Kaiserreich die Regierung unter der Führung des liberalen Bürgertums parlamentarisiert worden wäre? Angesichts des Parteienpluralismus nach 1880 ist es sehr fraglich, ob dies zu stabilen Regierungsmehrheiten geführt hätte. Die Regierungen wären wahrscheinlich noch unstabiler als in Frankreich gewesen und hätten sich auf keinen Fall mit denen im britischen Zweiparteiensystem vergleichen lassen. Dabei war die geringe Kompromißfähigkeit der reichsdeutschen Parteien nur in zweiter Linie Folge eines Mangels an Verantwortung und parlamentarischer Übung, sondern sie war vor allem Ausdruck strukturbedingter Interessengegensätze. Außerdem wäre es bei einer bürgerlich-liberalen Regierung des Deutschen Reiches zweifellos erst wesentlich später zur Sozialversicherung gekommen; bezeichnenderweise führten gerade diejenigen Staaten, in denen der bürgerliche

Charakter am stärksten ausgeprägt war, die Sozialversicherung am spätesten ein (siehe Anmerkung S. 678). Daß die Außenpolitik ruhiger ausgefallen wäre, muß sehr bezweifelt werden: nationale Ambitionen, die über das kleindeutsche Reich hinausgingen, Kolonialpolitik und Flottenpolitik wurden eben gerade nicht von der altpreußischen, agrarisch orientierten Führungsschicht getragen, sondern vom Wirtschafts- und Bildungsbürgertum. Während Bismarcks Außenpolitik nach 1871 das Erreichte behutsam zu sichern suchte, hätten liberale Regierungen möglicherweise eine dynamischere, expansivere Außenpolitik geführt, was die Sicherheit des Deutschen Reiches und den europäischen Frieden hätte gefährden können. Zum Kulturkampf wäre es wohl auch bei liberalen Regierungen gekommen, wie der Blick auf andere Staaten vermuten läßt. Die Wirtschaftspolitik erfüllte auch so, wie sie erfolgte, die bürgerlichen Wünsche und hätte unter liberalen Regierungen kaum wesentlich anders ausgesehen. Und schließlich: eine Parlamentarisierung nur der Reichsregierung hätte das preußische Heer und das preußische Beamtentum nicht berührt, da diese Sache der preußischen Regierung waren, also gerade jene Bereiche, in denen bei einer parlamentarischen Kontrolle durch eine liberale Regierung wesentliche Änderungen im positiven Sinne denkbar gewesen wären. Hier hätte nämlich der Liberalismus durch eine entsprechende Personalpolitik das liberale Element auf Kosten des konservativen stärken und die Sonderstellung des Militärs im Staat abbauen können.

Die Tatsache, daß das gehobene Bürgertum im Vorhof der Macht gehalten wurde, führte dazu, daß seit den 1880er Jahren große Teile dieser Schicht den Willen zur politischen Mitbestimmung und die kritisch-distanzierte Haltung zur Obrigkeit verloren, die in ihm um die Jahrhundermitte verbreitet gewesen waren. Je länger desto mehr erschien ihm dann eine nüchterne, sachliche Verwaltung durch die Bürokratie positiver zu sein als die Tätigkeit der Parteien, die ja auch tatsächlich wenig fruchtbar wirkten, nachdem eine pluralistische Parteienlandschaft mit oft weltanschaulich überspitzten Gegensätzen entstanden war. Die Tatsache, daß die Reformen des frühen 19. Jahrhunderts, die Reichsgründung und die Einführung der Sozialversicherung jeweils von oben erfolgt waren, war darüber hinaus geeignet, die Auffassung zu stützen, daß ein starker Staat als überparteiliche Ordnungsmacht sinnvoll sei. Diese Entwicklung des gehobenen Bürgertums darf nun aber nicht verallgemeinert werden. In breiten Kreisen der Bevölkerung bestand eine umgekehrte Tendenz. Am Anfang des 19. Jahrhunderts, im Ausgang der absolutistischen Zeit, war eine unpolitische Einstellung allgemein selbstverständlich gewesen, die traditionelle Autoritäten hinnahm und nicht hinterfragte, die also die Führung durch die reichen Bauern und den Pfarrer im Bauerndorf, durch den Gutsherrn im Gutsbezirk, durch den Patrizier in den größeren Städten und durch Adel und Bürokratie im Staat ohne Widerspruch akzeptierte. Mit der Fundamentalpolitisierung wurde diese Untertanengesinnung aber zunehmend aufgebrochen, vor allem in den großen Städten, während in den rein ländlichen Gegenden die alten Autoritätsstrukturen noch bis in die 1920er Jahre bestehen blieben und erst durch den Druck des Nationalsozialismus abgebaut wurden. Der allgemeine Trend ging unzweifelhaft dahin, daß in der Gesamtbevölkerung die Bereitschaft wuchs, eigene Rechte, Interessen und Freiheiten wahrzunehmen, sei es über den Stimmzettel, in Gewerkschaften und anderen Interessenvertretungen oder durch Kundgebungen. Es gab nicht *den* unpolitischen und obrigkeitsgläubigen Deutschen, sondern recht unterschiedliche politische Teilkulturen – es gab den oberbayerischen Handwerker, der zwar dem Militärdienst und erst recht allem Preußischen negativ gegenüberstand, sich aber danach richtete, wenn der katholische Pfarrer eine Schrift oder den Besuch einer Veranstaltung als unmoralisch verurteilte, genauso wie den sozialdemokratischen Arbeiter in Leipzig, der für seine Rechte im Klassenstaat demonstrierte und den Adel für überholt hielt, es gab den fraglos gehorchenden pommerschen Landarbeiter, der sich bei Wahlen vom Gutsinspektor den „richtigen", d.h. konservativen Stimmzettel in die Hand drücken und dafür anschließend mit Freibier bezahlen ließ, ebenso wie den liberalen Handwerksmeister in Baden, der darauf stolz war, daß sein Land eine liberalere Tradition als Preußen besaß.

Sicher kann kein Zweifel daran bestehen, daß sich dem Streben nach politischer und geistiger Mündigkeit, das am deutlichsten im Liberalismus vertreten wurde, energisch Kräfte entgegenstemmten, die traditionelle Autoritäten zu bewahren suchten, Gehorsam forderten und Kritik verabscheuten, und die dabei durchaus einflußreich waren. Solche konservativen Bemühungen gingen von vor allem zwei Seiten aus, nämlich von denen, die im Besitz von Herrschaftspositionen waren, am massivsten von Junkern und (höheren) Militärs, und von denen, die sich im Besitz der Wahrheit wähnten, vor allem der katholischen und Teilen der protestantischen Kirche. Beide waren dafür verantwortlich, daß autoritäre Gesinnungen weiterbestanden.

Nun gehörte es zu den Eigentümlichkeiten des Deutschen Reiches der Kaiserzeit, daß immer stärker militärische Merkmale die zivile Gesellschaft durchdrangen. Dies war nur möglich, weil die Exekutive eine relativ unabhängige Stellung besaß. In der ersten Hälfte des 19. Jahrhunderts war die Armee im Bürgertum noch durchweg unpopulär gewesen. Das änderte sich nach den Siegen von 1866 und 1870/71. Dieser Wandel wurde auch dadurch gefördert, daß man als Folge der Heeresvermehrung in den 1880er und 90er Jahren das Reserveoffizierswesen ausbaute. Nicht nur das hohe Sozialprestige des Offiziers blieb erhalten, sondern im Bürgertum entstand eine Art Unterlegenheitsgefühl. Das führte dazu, daß in den Oberschichten vor allem in Norddeutschland mancher Mann das „forsche Auftreten", die „stramme Haltung", die „eingefrorenen Gesichtszüge" und die „schnarrende Stimme" kopierte. Viele im gehobenen Bürgertum strebten nun nach dem Reserveoffizierstitel und hielten ihn auf Visitenkarten und in Heiratsanzeigen neben ihrem bürgerlichen Beruf für erwähnenswert, und höhere Zivilbeamte traten bei verschiedenen öffentlichen Anlässen oft in Militäruniform auf. Manche Unternehmer organisierten ihren Betrieb nach dem Vorbild militärischer Disziplin und Hierarchie. Der Streich des Schusters W. Voigt als Hauptmann von Köpenick 1906 stellte die verbreitete Uniformgläubigkeit allgemein bloß. Die „Militärfrömmigkeit" durchdrang allmählich alle Gesellschaftsschichten, gefördert durch die Kriegervereine, die mehrere Millionen Mitglieder zählten. Respekt vor Uniformen und Popularität der Militärmusik waren auch bei einfachen Leuten verbreitet. Selbst Arbeiter leisteten ihren Wehrdienst meist nicht ungern. Dabei war ein Großteil des militärischen Gehabes eigentümlich funktionslos. Die so offen zur Schau gestellte militärische Macht wurde bei inneren Konflikten nur sehr wenig und nach außen in Europa bis 1914 gar nicht eingesetzt. Der formale Drill auf dem Kasernenhof, der im 18. Jahrhundert eine Einübung in die Kampftaktik dargestellt hatte, die großen Paraden und die schneidigen Kavallerieattacken der Kaisermanöver waren militärisch wertlos geworden und verschwanden dementsprechend 1914 im Kriegseinsatz auch sofort.

Die politische Ordnung des Deutschen Reiches war also mit einigen Problemen belastet, die sich auch der Zeit nach dem Ersten Weltkrieg vererbten. Aber die Zukunft war durchaus offen.

7.7 Auf dem Weg zur vierten Weltmacht

Zum ersten Mal seit langer Zeit war der größte Teil des deutschen Gebiets seit 1871 wieder in einem Reich zusammengefaßt, das auch außenpolitisch handlungsfähig war. Seit 1648 war die territoriale Zerteilung Mitteleuropas im Interesse Frankreichs und anderer Mächte festgeschrieben worden. Jetzt hatte die Europäisierung der innerdeutschen Verhältnisse ihr – vorläufiges – Ende gefunden. Das neue Deutsche Reich stand vor der nicht leichten Aufgabe, im System der Mächte einen allgemein akzeptierten Platz zu finden, auf daß es mit seinen Nachbarn in Frieden leben konnte. Immerhin, von 1871 bis 1914, also 43 Jahre lang, befand sich das Deutsche Reich mit keinem anderen Staat im Krieg, und damit herrschte länger Frieden als je zuvor in der deutschen Geschichte. Aber es war ein labiler, stets durch Spannungen gefährdeter Frieden.

Stellung der deutschen Staaten im Machtgefüge

Das europäische Staatensystem der fünf Großmächte bestand weiterhin, nur daß die bislang schwächste unter ihnen, Preußen, sich zum Deutschen Reich ausgewachsen hatte. Als größere Macht kam Italien neu hinzu, das aber nicht als richtige Großmacht galt. Gegen Ende des Jahrhunderts wurden auch die USA und Japan allgemein als neue Großmächte anerkannt, doch spielten sie im Bewußtsein der europäischen Zeitgenossen zunächst keine große Rolle und traten erst im Ersten Weltkrieg in die europäische Geschichte ein. Mit dem Entstehen der Großstaaten Deutsches Reich und Italien war die dazwischenliegende Schweiz relativ noch kleiner geworden und hielt sich nun erst recht neutral abseits, was praktisch hieß, daß schweizerische Außenpolitik fast nicht stattfand. An Heeresstärke lag das Deutsche Reich mit Frankreich etwa gleichauf und wurde nur von Rußland übertroffen. Doch immer mehr bestimmte nicht nur die Soldatenzahl das Machtpotential eines Staates, sondern auch die darunterliegende Basis. Hier verschoben sich nun im Laufe der Zeit die Relationen zwischen den Großmächten, was unbeabsichtigte Veränderungen des politischen Kräfteverhältnisses zur Folge hatte. Indem Bevölkerung und Wirtschaft des Deutschen Reiches rascher wuchsen als die Frankreichs, entwickelte sich das Deutsche Reich zur stärksten Macht in Europa. Vor allem Frankreich und Großbritannien sanken relativ ab, und auch das außenpolitische Gewicht Österreich-Ungarns wurde wegen der geringeren wirtschaftlichen Dynamik und der zunehmenden innenpolitischen Blockierung der Donaumonarchie relativ geringer. Seit den 1870er Jahren lehnte sich das Habsburgerreich immer mehr an das Deutsche Reich an und sank im Verlauf des Ersten Weltkriegs praktisch zu seinem Satelliten herab. Das reichsdeutsche Wachstumstempo an Bevölkerung und Wirtschaft wurde allerdings noch von den USA und Rußland übertroffen. Dabei machte der technische Fortschritt das russische Potential, das bislang durch die Weite des Raumes gehemmt gewesen war, allmählich machtpolitisch realisierbar, so daß in unmittelbarer Nachbarschaft des Deutschen Reiches eine Machtballung heranwuchs, die in langfristiger Perspektive irgendwann überlegen sein würde.

Parallel zu diesen Gewichtsverlagerungen aufgrund der inneren Entwicklung begannen Ende des Jahrhunderts einige der Mächte über ihre europäische Großmachtrolle hinaus zu Weltmächten emporzuwachsen. Dies war eine neue Größenklasse, die gekennzeichnet wurde durch weiträumige Territorien mit großer Bevölkerungszahl, organisiert als Großwirtschaftsraum mit leistungsfähigem industrialisiertem Kern und kolonialen Ergänzungsräumen, und durch die Fähigkeit, weltweit militärisch präsent zu sein. Im Zeitalter des Imperialismus begannen die Großmächte ab 1880 einen Wettlauf um die letzten noch „freien" Gebiete in Übersee und fingen an, staatlich verwaltete Kolonialterritorien aufzubauen. Diese allgemein-europäische Erscheinung hatte vielfältige Gründe. Wichtig war dabei vor allem die – oft unrealistische – Hoffnung auf Rohstoffquellen und Absatzmärkte und ein übersteigerter, expansiver Nationalismus besonders der bürgerlichen Mittelschichten, der das Geltungsbedürfnis befriedigen und helfen sollte, innere Gegensätze zu überbrücken. Insbesondere das britische Weltreich, Rußland und die USA stellten riesige Territorien dar, so daß diese als die drei Weltmächte, als die zukünftig entscheidenden Mächte galten. Allerdings waren diese Territorien mehr Basis kommender Möglichkeiten, denn vor 1914 wurden sie als Machtpotential noch nicht in nennenswertem Umfang erschlossen. Österreich-Ungarn nahm als einzige Großmacht an der imperialistischen Kolonialpolitik nicht teil. Schon seine inneren Auseinandersetzungen ließen hierfür keine Kräfte übrig, und es fehlte ihm auch an einem geeigneten Zugang zum offenen Meer. Die Aufmerksamkeit der österreichischen Außenpolitik richtete sich vor allem auf die Probleme auf dem Balkan. Für das Deutsche Reich stellte sich das Problem anders. Würde Deutschland die gewonnene Gleichrangigkeit mit den anderen europäischen Großmächten nicht wieder verlieren, wenn diese zu Weltmächten aufstiegen und es selbst weiter auf Mitteleuropa beschränkt bliebe? So versuchte schließlich auch das Deutsche Reich den Weg zur Weltmacht einzuschlagen. Doch ihm mußte dieser Aufstieg besonders schwierig geraten. Die beiden europäischen Flügelmächte Rußland und Großbritannien konnten sich weitgehend ungestört in an sie angrenzende, aber Europa abgewandte und machtpolitisch „leere" Räume ausbreiten, nach Zentralasien und Fernost beziehungsweise nach Übersee, ähnlich Frankreich über das Mittelmeer hinweg nach Nordafrika und die USA in den Westteil Nordamerikas und den Pazifik. Das Deutsche Reich dagegen lag in Mitteleuropa zwischen Frankreich und Rußland und hatte von seinem Nordseewinkel aus keinen vergleichbar freien Zugang zu überseeischen Gebieten. Anders als die drei Weltmächte mußten die Deutschen bei einer imperialistischen Expansion sehr schnell an die Machtsphären anderer Großmächte stoßen.

Nimmt man alles zusammen, wohnte den internationalen Kräfteverhältnissen und Interessen also eine ungeheure Dynamik inne. Jeden Versuch, das System der Mächte in einem bestimmten Zustand festzuhalten, wurde damit unvermeidlich der Boden entzogen.

Die Industrialisierung und der Anbruch des Zeitalters der Massen beeinflußten nach und nach auch die Formen der Außenpolitik. Bismarck war der letzte große Vertreter der Kabinettspolitik, jener klassischen Diplomatie, die nur von der weitgehend aristokratischen Welt von Hof und Fürst gestaltet wurde, betont unabhängig von öffentlicher Meinung, Parlamentsmehrheiten und Einflüssen einzelner Interessenverbände, und die sich nur der Idee der Staatsräson verpflichtet glaubte. Bezeichnenderweise stellten Bismarcks Bündnisse fast alle geheime Regierungsvereinbarungen dar. Als die wirtschaftliche Verflechtung zwischen den Staaten zunahm, sah sich auch die reichsdeutsche Regierung immer mehr damit konfrontiert, daß industrielle, landwirtschaftliche und andere Interessengruppen bestimmte außenpolitische Maßnahmen forderten, sei es politische Rückendeckung bei Handelsaktivitäten außerhalb der Reichsgrenzen oder in Zollfragen. Indem die Mittelschichten sich politisierten und eine Massenpresse entstand, mußten die Regierungen in außenpolitischen Fragen auch die öffentliche Meinung in wachsendem Maße berücksichtigen. Das hatte beispielsweise zur Folge, daß nun Bündnisse, die dauerhaft sein sollten, von der öffentlichen Meinung der betreffenden Staaten mitgetragen werden mußten.

Formen der Außenpolitik

Bemerkenswerterweise führte dieser Wandel aber keineswegs dazu, daß der Krieg und erst recht die Drohung mit Gewalt nicht mehr allgemein als legitimes Mittel zwischenstaatlicher Politik angesehen worden wären. So unbekümmert um die Volksmeinung wie im 18. Jahrhundert durfte jetzt allerdings keine Regierung mehr einen Krieg in Europa vom Zaun zu brechen wagen; er mußte für die öffentliche Meinung des eigenen Landes als gerechtfertigt erscheinen, am besten als Verteidigungskrieg. Immerhin gelangten die europäischen Staaten zu einer Reihe multilateraler Abkommen, welche die vernichtende Gewalt des Kriegs eindämmen sollten, indem sie insbesondere die Stellung von Kriegsgefangenen, Verwundeten, der Zivilbevölkerung besetzter Gebiete und ihres Eigentums und von Neutralen regelten (Genfer Konvention 1864, Haager Landkriegsordnung 1899/1907, mehrere andere Haager Abkommen 1907, Londoner Seerechtsdeklaration 1909).

Mit der Nationalisierung der Massen wurde nationalistisches Prestigedenken zu einer bestimmenden Kraft der Außenpolitik aller europäischen Großmächte und blieb es bis in die Mitte des 20. Jahrhunderts. Nationale Kraftentfaltung nach außen galt als Maßstab erfolgreicher Politik. Gewiß, der Nationalismus wurde zum Teil von den Regierungen bewußt geschürt, aber nachdem er einmal entstanden war, setzten die hochgespannten Erwartungen der Öffentlichkeit oft umgekehrt die Regierungen unter Druck. Dagegen spielten Unterschiede im politischen System für die Bündnispolitik der europäischen Mächte in den Jahrzehnten vor dem Ersten Weltkrieg praktisch keine Rolle.

Der Verfassung nach lag die Außenpolitik im Deutschen Reich wie auch in Österreich-Ungarn letztlich in den Händen des Kaisers. In Deutschland wurde dagegen bis 1890 auch die Außenpolitik faktisch von Bismarck geleitet. Nach 1890 fehlte eine einheitliche Leitung. Stattdessen mischten in der reichsdeutschen Außenpolitik in vielfachem Gegeneinander Kaiser Wilhelm II., der jeweilige Kanzler, der jeweilige Staatssekretär im Auswärtigen Amt, bis 1906 auch noch der vortragende Rat im Außenministerium und ab 1897 der Staatssekretär im Reichsmarineamt mit, weshalb sie jeder klaren Linie entbehrte.

Der außenpolitische Handlungsspielraum des Deutschen Reiches und Österreichs wurde wesentlich davon bestimmt, welche Interessen und Interessenkonflikte zwischen den Großmächten bestanden. Während Konflikte um überseeische Interessen meist vorübergehender Natur waren, gab es in Europa eine Reihe von Interessenkonflikten, die sich als Konstanten durch die ganze Epoche hindurchzogen.

Großbritannien wollte vor allem seine überseeischen Interessen pflegen. Als Voraussetzung für seine Handlungsfreiheit in Übersee sah London an, daß die Kontinentalmächte einander im Gleichgewicht hielten und es selbst eine hinreichend starke Flotte besaß. Dabei war Großbritannien bis 1898 nicht bereit, sich auf Bündnisse einzulassen.

Regierung und öffentliche Meinung Frankreichs hielten unverändert an dem latenten Ziel fest, Elsaß-Lothringen wiederzugewinnen. Somit stellte der reichsdeutsch-französische Gegensatz eine feste Größe der europäischen Politik dar. Der objektive Interessenkonflikt wurde dabei noch ideologisch überhöht, indem beide Seiten nach 1871 die Vorstellung einer deutsch-französischen „Erbfeindschaft" entwickelten, derzufolge seit Jahrhunderten nur Rivalitäten die Beziehungen beider Völker geprägt hätten, eine These, die noch bis Anfang der 1950er Jahre weiterwirkte. Dieser deutsch-französische Gegensatz schränkte den Handlungsspielraum der reichsdeutschen Außenpolitik beträchtlich ein.

Das österreichisch-italienische Verhältnis war ebenfalls nicht spannungsfrei. Italien sah die italienischsprachigen Gegenden Südtirols und Istriens als „Irredenta", als „unerlöste Gebiete" an und strebte langfristig danach, diese für sich zu gewinnen.

Rußlands Fernziel, einmal die Meerengen vom Schwarzen Meer ins Mittelmeer unter seine Kontrolle zu bringen, machte Großbritannien besorgt, dessen Seeweg nach Indien durch das östliche Mittelmeer lief. Vor allem das Verhältnis Deutschlands und Österreich-Ungarns zu Rußland war ebenso wichtig wie schwierig. Rußland befand sich am Beginn seiner Industrialisierung, für die es Kapitalgüter importieren mußte. Diese mußten mit Auslandsanleihen und den Erlösen russischer Getreideexporte finanziert werden. Rußlands Verhältnis zu Deutschland war zwiespältig. Wie schon in den vorangegangenen Jahrzehnten waren die Beziehungen des Petersburger Hofs zum Berliner Hof die meiste Zeit freundschaftlich. Aber hinter dem Zarenhof breitete sich seit den 1870er Jahren die Bewegung des Panslawismus aus, der vor allem vom russischen Bürgertum getragen wurde und scharf antideutsch eingestellt war. Ihr gegenüber verlor der Zar immer mehr an Gewicht. Für die antideutsche Ausrichtung spielte eine Rolle, daß das russische Bürgertum bei seinem Aufstieg in staatliche Spitzenstellungen teilweise in Konkurrenz zum baltendeutschen Adel geriet. Noch mehr galt das deutsch geführte Österreich-Ungarn den Panslawisten als „Erzfeind" des Slawentums. Die Panslawisten träumten davon, alle Slawen unter russischer Führung zu vereinigen, auch jene in der Donaumonarchie. In diesem Sinne unterstützte Rußland die kleineren slawischen Völker auf der Balkanhalbinsel. Die Balkanvölker unter der kraftlos gewordenen Herrschaft des Osmanischen Reiches befreiten sich in zwei Schüben 1878 und 1912/13 von dieser und gründeten eigene, sehr labile Staaten. Österreich-Ungarn, das ohnehin zunehmend an innerer Zersetzung litt, wünschte dagegen auf dem Balkan möglichst den status quo ante zu erhalten. Wien fühlte sich durch den Nationalismus der Balkanstaaten bedroht, besonders als seit Anfang des 20. Jahrhunderts Serbien anstrebte, alle Südslawen zu vereinen (einschließlich jener unter österreichischer Herrschaft). Außerdem sah Österreich durch die russischen Einflußansprüche auf dem Balkan dort seinen eigenen wirtschaftlichen und politischen Einfluß gefährdet.

Bismarck war sich bewußt, daß die anderen Mächte die deutsche Reichsgründung mit mißtrauischen Blicken verfolgt hatten. Nach 1871 war es deshalb die Leitidee seiner Außenpolitik, sich mit dem Erreichten zu begnügen und dieses friedlich zu sichern. Bis 1890 lag dem folgender Gedanke zugrunde: da Großbritannien sich von kontinentalen Belangen fernhielt und zu Frankreich ein unabänderlich feindseliges Verhältnis bestand, mußte Deutschland versuchen, mit Rußland *und* Österreich-Ungarn auf gutem Fuße zu stehen, um zu verhindern, daß eine dieser Mächte mit Frankreich eine Koalition gegen Deutschland einging. Hierauf baute Bismarck ein kompliziertes und in sich widersprüchliches Bündnissystem auf. *Bismarcks Bündnis- politik*

1873 brachte Bismarck ein Dreikaiserabkommen zwischen Deutschland, Rußland und Österreich-Ungarn zustande, das vorsah, sich bei einem Angriff durch eine vierte Macht gegenseitig zu verständigen. Wegen der Gegensätze zwischen Österreich und Rußland war dieses Abkommen aber bald Makulatur. Als 1875 unzutreffende Gerüchte über reichsdeutsche Präventivkriegspläne gegen Frankreich in der Presse für Schlagzeilen sorgten, intervenierten Rußland und Großbritannien in Berlin zugunsten des scheinbar bedrohten Frankreich. Damit wurde schnell deutlich, wie leicht reichsdeutsche Unbedachtsamkeiten eine antideutsche Koalition heraufbeschwören konnten.

Als Rußland 1877 einen Aufstand der Bosniaken und Herzegowiner gegen die Türken militärisch unterstützte, erregte dies in Wien und London Mißfallen. Auch hier verfolgte Bismarck eine friedenswahrende Politik. Auf einem Kongreß der Großmächte in Berlin 1878 bemühte er sich, als „ehrlicher Makler" einen Kompromiß für die Neuordnung des Balkans zu vermitteln. Österreich-Ungarn durfte Bosnien und Herzegowina besetzen. Obwohl auch das Zarenreich nicht leer ausging, war es mit dem Ergebnis unzufrieden und suchte die Schuld dafür bei Bismarck. Rußland war über Deutschland verstimmt, um so mehr, als die 1879 eingeführten deutschen Schutzzölle die russischen Getreideexporte schwer trafen. Angesichts der zunehmenden russisch-österreichischen Spannungen sah sich Bismarck jetzt gezwungen, für eine der beiden Großmächte zu optieren. So ging er im Herbst 1879 auf die österreichischen Wünsche nach einem Bündnis ein, das für den Fall eines russischen Angriffs gegenseitige Waffenhilfe und für den Fall eines Angriffs von anderer Seite mindestens wohlwollende Neutralität vorsah. Für Österreich gab es kaum eine Alternative zur Zusammenarbeit mit dem Deutschen Reich, denn gegen eine Bindung vor allem an Rußland sprachen die bestehenden Interessengegensätze ohnehin, und eine Kooperation mit Großbritannien und Frankreich hätte für einen Ernstfall im Osten wenig Hilfe gebracht. Bismarck war – zu recht – der Ansicht, daß ein Bündnis mit Österreich bei der Bevölkerung in Deutschland mehr Rückhalt finden und deshalb stabiler sein werde als ein solches mit Rußland. Außerdem fürchtete er, daß bei einem reichsdeutsch-russischen Bündnis das Deutsche Reich langfristig in die Rolle des Juniorpartners geraten würde. In der Tat sollte dieser Zweibund bis zum Ersten Weltkrieg der Kern der reichsdeutschen und österreichischen Außenpolitik bleiben. Auf diese Weise waren seitdem Rußland und Großbritannien die eigentlichen beweglichen Größen der reichsdeutschen Außenpolitik.

Bismarck versuchte, auch Rußland wieder näher an Deutschland heranzuziehen. 1881 gelang der Abschluß des Dreikaiservertrags, in dem die Ostmächte sich für den

Außenpolitische Lage 1871-1914

Das Verhältnis der Größe der
Kreisflächen entspricht etwa
den Machtverhältnissen.

 gegenüber dem
Deutschen Reich
freundlich gesonnen

 feindliches oder
gespanntes Verhältnis
zum Deutschen Reich

 indifferentes
Verhältnis zum
Deutschen Reich

 Interessenkonflikt

 bewaffnete
Auseinandersetzung

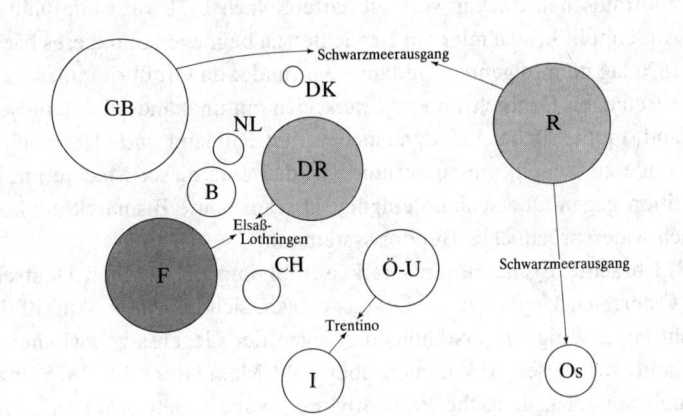

um 1871

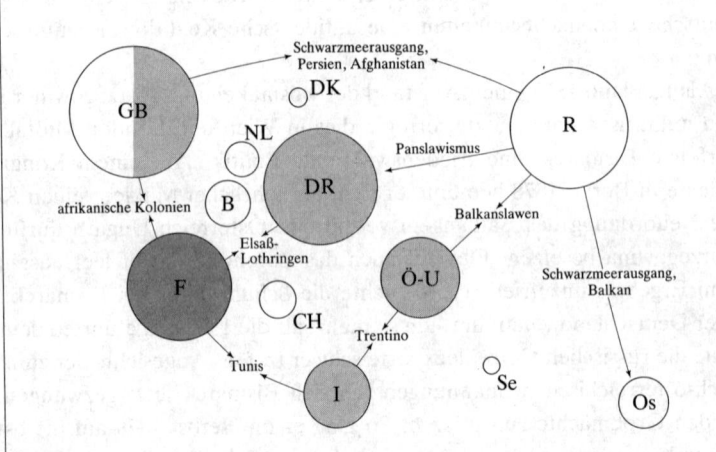

um 1890

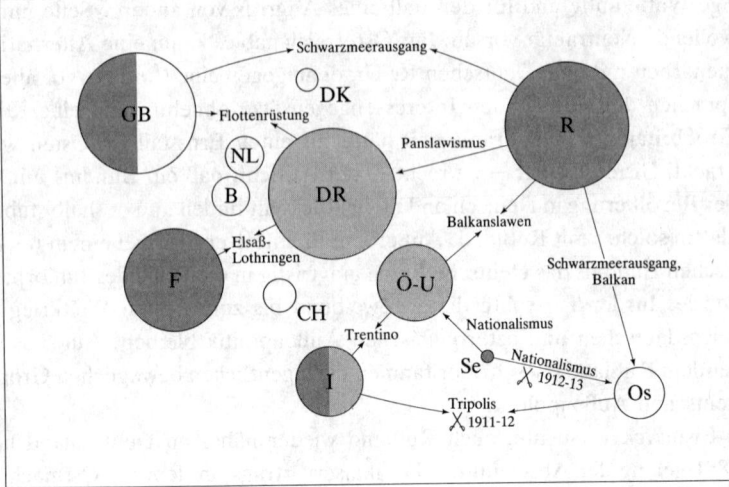

um 1913

770

Fall eines Angriffs von einer vierten Großmacht wohlwollende Neutralität zusicherten. Einen weiteren Erfolg konnte der Reichskanzler verbuchen, als 1882 Italien, das sich mit Frankreich um den Besitz von Tunesien stritt, mit Deutschland und Österreich-Ungarn den Dreibund abschloß. Dieser sah unter bestimmten Bedingungen gegenseitige Hilfeleistung vor. Die fortdauernden Gegensätze Österreichs zu Rußland und Italien minderten allerdings den Wert dieser beiden Pakte.

Anfang der 1880er Jahre begannen die europäischen Kolonialmächte plötzlich, in Afrika und Asien verstärkt aktiv zu werden, und schienen die Welt unter sich aufzuteilen. In dieser Situation ließ jetzt auch Bismarck, der bisher Überseehandel als Sache der Kaufleute betrachtet hatte, 1884 und 1885 einige Gebiete, in denen sich deutsche private Handelsgesellschaften eingenistet hatten, unter die Hoheit des Reiches stellen: in Westafrika Togo und Kamerun, Gebiete in Südwestafrika und Ostafrika sowie Nord-Neuguinea. Auf der Kongokonferenz in Berlin 1884/85 steckten die europäischen Kolonialmächte ihre Interessengebiete in Afrika gegeneinander ab. Dabei unterstützte Bismarck Frankreich gegen Großbritannien, um zu einem Ausgleich mit den Franzosen zu kommen. Als sich diese Hoffnung durch einen Regierungswechsel in Paris nach 1885 zerschlug, stellte der Kanzler die koloniale Erwerbspolitik sofort ein, um die Spannungen zu Großbritannien nicht zu vergrößern. Dem Kolonialpolitiker und Afrikareisenden E. Wolf machte er seine kontinentale Orientierung unmißverständlich klar: „Ihre Karte von Afrika ist ja sehr schön, aber meine Karte von Afrika liegt in Europa. Hier liegt Rußland und hier liegt Frankreich und wir sind in der Mitte; das ist meine Karte von Afrika."[62]

Bismarcks Bündnissystem sollte schon bald schwer erschüttert werden. Als Österreich-Ungarn 1885 im bulgarisch-serbischen Krieg intervenierte, zerstritten sich Petersburg und Wien endgültig, so daß der Dreikaiservertrag damit erledigt war. Um den Faden nach Rußland nicht abreißen zu lassen, schloß Bismarck im Juni 1887 einen auf drei Jahre befristeten „Rückversicherungsvertrag" mit dem Zarenreich, der vorsah, daß die Vertragspartner bei einem Angriff von dritter Seite neutral bleiben sollten, und in einem streng geheimen Zusatzprotokoll versprach Deutschland, Rußlands Streben nach Konstantinopel zu unterstützen. Als die reichsdeutschen Agrarschutzzölle 1885 und 1887 angehoben wurden, traf das den russischen Getreideexport schwer, und die russische Regierung griff zu Repressionen gegen Grundbesitz von Reichsdeutschen in Rußland. Schon nach wenigen Wochen war der Rückversicherungsvertrag praktisch wertlos. Die traditionelle preußisch-reichsdeutsche Rußlandpolitik war 1887 praktisch tot und besaß in der deutschen öffentlichen Meinung keine Basis mehr. Um die Russen zu einem umfassenden Abkommen zu zwingen, ließ Bismarck 1887 den reichsdeutschen Kapitalmarkt für russische Wertpapiere sperren. Aber statt nachzugeben, deckten die Russen seit 1888 ihren Geldbedarf auf dem französischen Kapitalmarkt.

In Frankreich gewann 1885 die Idee eines Revanchekriegs gegen Deutschland starken Einfluß. Zum ersten Mal zeichnete sich damit die Gefahr eines Zweifrontenkriegs des Deutschen Reiches gegen Rußland und Frankreich ab. Angesichts dieser Situation befürworteten starke Kräfte in der Berliner und Wiener Führung 1887 einen Präventivkrieg gegen das Zarenreich, um die deutsche Position in Mitteleuropa auf lange Zeit zu festigen. Doch Bismarck lehnte dies als zu riskant ab. Angesichts eines drohenden Zweifrontenkriegs wäre der Reichskanzler bereit gewesen, im äußersten Fall die Neutralität Rußlands dadurch zu erkaufen, daß er Österreich fallen gelassen und den Russen den Orient preisgegeben hätte. Deutschland wäre dabei langfristig in die Abhängigkeit eines Südosteuropa beherrschenden Rußland geraten.

Um Großbritannien näher an den Dreibund heranzuziehen, förderte Bismarck das Zustandekommen eines Abkommens zwischen Großbritannien, Italien und Österreich-Ungarn, in dem diese sich 1887 darauf einigten, den status quo ante im Mittelmeerraum aufrechtzuerhalten. Angesichts der wachsenden Gefahr einer französisch-russischen Allianz sondierte Bismarck jetzt auch die Möglichkeit, sich an Großbritannien anzulehnen. Auf sein Bündnisangebot im Jahr 1889 ging London aber nicht ein.

Bismarck hatte mit seiner vorsichtigen Außenpolitik der Jahre 1871 bis 1890 versucht, den Frieden zwischen den europäischen Großmächten zu erhalten, weil das Deutsche Reich hieran aufgrund seiner stets gefährdeten Mittellage ein vitales Interesse hatte, und er hatte dies durch eine komplizierte Bündnispolitik auch erreicht. Aber seine Politik war europazentrisch und strebte danach, die bestehenden Verhältnisse in Europa zu stabilisieren. Indem jedoch einige Großmächte zu Weltmächten aufstiegen, im Deutschen Reich eine nicht vorhergesehene industrielle Dynamik aufkam und sich überhaupt im System der fünf europäischen Großmächte das Gewicht der einzelnen Kugel seines Spiels veränderte, zerbröckelte auf lange Sicht die Grundlage, auf der Bismarcks Außenpolitik beruhte. Außerdem wurden schon unter Bismarck auch die Weichen in Richtung auf eine Entfremdung von Rußland gestellt.

Der Weg in die Isolierung Nach Bismarcks Entlassung 1890 kam nicht nur in der öffentlichen Meinung, sondern auch an den Schalthebeln der Macht in Berlin eine jüngere Generation zum Zuge, der ihr Wissen um Wirtschafts- und Bevölkerungswachstum und ein zunehmend überbordender Nationalismus ein Kraftgefühl verliehen, das Bismarcks bewahrende Außenpolitik als muffige Enge empfand und hinausstrebte in die Weite der Weltpolitik, ja das mit den etablierten Weltmächten gleichziehen wollte.

Staatssekretär von Bülow erklärte 1897 im Reichstag: „Die Zeiten, wo der Deutsche dem einen seiner Nachbarn die Erde überließ, dem anderen das Meer und sich selbst den Himmel reservierte, wo die reine Doktrin thront, diese Zeiten sind vorüber ... Wir wollen niemand in den Schatten stellen, aber wir verlangen auch unseren Platz an der Sonne."[63] Das Bündnis mit Österreich und die damit gewonnene mitteleuropäische Position blieben auch für Bismarcks Nachfolger bis zum Weltkrieg der Kern der Außenpolitik. Sie sahen jedoch weniger deutlich als Bismarck, daß Deutschland durch seine Lage zwischen den Mächten strategisch gefährdeter war als andere.

Den 1890 abgelaufenen Rückversicherungsvertrag ließ die Berliner Regierung nicht verlängern. Später ist dies oft kritisiert worden; aber hätte es denn für das reichsdeutsch-russische Bündnis auf Dauer eine tragfähige Basis gegeben? Tatsächlich war dies höchst fraglich, solange das Deutsche Reich an Österreich-Ungarn festhielt. Nun kam es endgültig zur Annäherung zwischen Frankreich und Rußland. Eine Militärkonvention von 1894 sah für den Fall eines reichsdeutschen Angriffs auf Frankreich russische Hilfe vor, und jetzt finanzierte französisches Kapital die russische Industrialisierung. Nicht mehr Frankreich war isoliert, sondern die Mittelmächte saßen nun in der Zange zwischen Rußland und Frankreich.

Die reichsdeutsche Führung war nach 1890 überzeugt, daß ein Krieg zwischen den Mittelmächten einerseits und Rußland und Frankreich andererseits auf die Dauer unvermeidlich sei. Um diesen durchstehen zu können, war die Freundschaft zu Großbritannien für Deutschland von größter Bedeutung. Doch die reichsdeutsche Außenpolitik der nächsten 15 Jahre pendelte mehrfach zwischen dem Versuch, nach der

Abwendung von Rußland ein Bündnis mit Großbritannien zu erreichen, und dem Gedanken eines Kontinentalbundes der Mittelmächte mit Rußland und auch Frankreich. Für letzteres, was 1893-95 und 1902-05 mehrfach im Gespräch war, fehlte angesichts der unüberbrückbaren Interessengegensätze der fraglichen Mächte indessen jede Grundlage. Wegen seiner Rivalitäten mit Frankreich im Sudan und in Westafrika entschloß sich Großbritannien 1898, seine selbstgewählte Isolierung aufzugeben und sich nach Partnern auf dem Kontinent umzusehen. Deutsch-britische Bündnisgespräche im Jahre 1898 führten zu keinem Ergebnis. Erneute Gespräche im Jahr 1901 blieben genauso erfolglos. Letztlich waren auf beiden Seiten die leitenden Minister nicht zu einem Bündnis bereit. Die reichsdeutsche Regierung fürchtete, angesichts des Gegensatzes zwischen Rußland und Großbritannien in eine Frontstellung gegen Rußland getrieben zu werden. Außerdem gab man sich der Illusion hin, daß die Londoner Regierung letztlich keine andere Alternative hätte, als sich den Mittelmächten anzuschließen, so daß Deutschland nur abzuwarten bräuchte – eine verhängnisvolle Überschätzung der reichsdeutschen Position. So war in den 90er Jahren der Faden zu Rußland abgerissen, ohne daß das Deutsche Reich eine Verbindung zu Großbritannien knüpfen konnte.

Entgegen den unbegründeten Hoffnungen der Regierung in Berlin wurde das Verhältnis zwischen Deutschland und Großbritannien seit Mitte der 90er Jahre zunehmend gereizter. Dies lag nicht zuletzt daran, daß die reichsdeutsche Politik ihre bisherige, rein kontinentaleuropäische Orientierung aufgab und 1897 begann, „Weltpolitik" zu treiben. Weltpolitik bedeutete den Anspruch, ebenso wie das insgeheim bewunderte Beispiel Großbritannien überseeische Kolonien und eine starke Kriegsflotte zu besitzen sowie weltweit aufzutreten und mitzureden. Nicht nur bei den Deutschen, sondern allgemein entstand im Zeitalter des Imperialismus die Auffassung, daß Kolonialbesitz und eine starke Flotte Statussymbole einer Weltmacht seien. Diese Auffassung hatte vor dem Hintergrund der entstehenden Weltwirtschaft durchaus eine gewisse Logik. Im Deutschen Reich rührten Agitationsverbände wie der Flottenverein, die Deutsche Kolonialgesellschaft und der Alldeutsche Verband für diese Politik kräftig die publizistische Trommel. Getragen wurden Flotten- und Kolonialpolitik vor allem von Großindustrie und Bildungsbürgertum, kaum dagegen von den ostelbischen Junkern, denen ohnehin der ganze Zug zur modernen Industriegesellschaft zuwider war, da er ihre gesellschaftliche Position nur schwächte.

In der Realität blieb die reichsdeutsche Kolonialpolitik ein systemloser Aktionismus ohne klares Konzept. Hinter ihren einzelnen Schritten standen keine konkreten wirtschaftlichen Interessen, sondern sie sollte vor allem Prestigeerfolge erringen, die auch über die innenpolitischen Gegensätze hinweg versöhnen sollten. So versuchte die reichsdeutsche Politik jetzt an den verschiedensten Ecken des Erdballs koloniale Happen zu ergattern. Dabei geriet sie dann immer wieder mit den etablierten Kolonialmächten aneinander. Vor allem kam das Deutsche Reich zu spät. Es begann seine großsprecherische Weltpolitik, als die Welt kolonialpolitisch bereits weitgehend aufgeteilt war, und der Rest blieb dann größtenteils von europäischer Kolonialherrschaft überhaupt frei. Zwischen 1896 und 1914 kamen nur noch Marokko, Libyen, die Philippinen, Kuba, Puerto Rico, Korea, einzelne Stützpunkte in China und verschiedene kleine Pazifikinseln zur kolonialen Verteilung, und selbst dabei ging das Deutsche Reich fast leer aus. Es konnte Kiautschou in China pachten und mit den Karolinen, Marianen, Marshall-Inseln und Teilen Samoas einen Schwarm verstreuter kleiner

„Weltpolitik"

Pazifikinseln erhaschen (1897/98). Die Fläche des deutschen Kolonialreiches wuchs dadurch nur noch um 0,1 Prozent. Das Deutsche Reich wurde nie zu einer Weltmacht wie Großbritannien.

Deutsche Kolonial- herrschaft

Die überschwengliche Kolonialpropaganda nährte Hoffnungen auf Rohstoffquellen, Absatzmärkte für deutsche Industrieprodukte und Siedlungsland als Alternative zur Auswanderung nach Amerika, aber alles das blieben leere Träume. Das Kolonialgebiet des Deutschen Reiches umfaßte 1913 3 Millionen Quadratkilometer mit 12,5 Millionen Einwohnern, unter denen aber nur 19.400 Deutsche waren. Der größte Teil der Kolonien war durch feuchttropisches oder Wüstenklima für europäische Besiedlung ungeeignet. Die Verwaltung der Kolonien bedurfte ständiger Zuschüsse aus dem Reichshaushalt, wozu noch indirekte Subventionen kamen (vor allem für die Schiffahrtslinien). Zwar machten die privaten Kolonialgesellschaften teilweise beträchtliche Gewinne, aber insgesamt lag der Bruttowert des reichsdeutschen Handels mit den eigenen Kolonien unter den Kosten des Reiches in den Kolonien.

Zunächst übernahmen private Handelsgesellschaften die Verwaltung der zu Kolonien erklärten Küstenstriche, doch erwies sich dies nach einigen Jahren als Fehlschlag. So mußte das Reich die Verwaltung selbst übernehmen. In den Jahren 1890-1906 setzte das Reich dann mit einer Reihe von militärischen Operationen die deutsche Herrschaft überhaupt erst im ganzen von ihm beanspruchten afrikanischen Kolonialgebiet durch. Dabei schlugen deutsche Truppen vor allem in Südwest- und Ostafrika mehrere größere Eingeborenenaufstände nieder. Erst danach konnte die Phase eigentlicher Aufbauarbeit beginnen. In weiten Teilen Deutsch-Neuguineas entstand überhaupt nie eine deutsche Kontrolle. Schon 1914-17 fand die deutsche Herrschaft dann in allen Kolonien durch den Weltkrieg ein Ende, was 1919 definitiv besiegelt wurde. Das deutsche Kolonialreich war also ausgesprochen kurzlebig. Indem die Deutschen Schulen errichteten, Teile der Kolonialgebiete an den Weltmarkt anschlossen und Eisenbahnen bauten, legten sie aber den Grundstein für die spätere Entwicklung dieser Gebiete.

In den Kolonien standen nur die Deutschen direkt unter kaiserlicher Verwaltung und deutschem Recht, während die Afrikaner weitgehend von eigenen Häuptlingen und nach eigenem Recht verwaltet wurden unter der Aufsicht deutscher Beamter. Während einige Eingeborenenstämme zunächst bewaffneten Widerstand leisteten, arbeiteten manche afrikanische Häuptlinge von Anfang an mit den Deutschen zusammen, weil sie sich davon eine Stabilisierung ihrer Herrschaft versprachen. Alles in allem verwalteten die Deutschen ihre Kolonien nicht besser und nicht schlechter, als andere Kolonialmächte es mit den ihren auch taten.

Bagdadbahn

Anders als das Scheinweltreich aus wirtschaftlich wertlosen Pazifikinseln und afrikanischen Negerstämmen war das seit 1899 betriebene Projekt, die Bahnlinie Berlin-Wien-Konstantinopel bis Bagdad und an den Persischen Golf zu verlängern, von echten Wirtschaftsinteressen getragen. Dieses Projekt lag in der Stoßrichtung der Expansion reichsdeutscher Kapitalinteressen nach Österreich-Ungarn hinein und darüber hinaus Richtung Südosten nach Anatolien und Mesopotamien, also in den schmalen Zwischenraum zwischen russischem Einflußgebiet im Norden und britischem im Süden und Osten. Dort konnten Interessenkollisionen dann nicht ausbleiben, und tatsächlich traf das Bagdadbahn-Projekt auf den Widerstand britischer und russischer Interessen am Golf. Auch im Südosten entstand kein von deutschen Firmen dominierter Großraum, da in der Türkei auch britisches und französisches Kapital engagiert war.

Wer Weltmacht werden wollte, brauchte auch eine nennenswerte Kriegsflotte. So *Flottenbau* starteten in den 1890er Jahren Großbritannien, Frankreich, die USA, Rußland und als letztes 1897 auch das Deutsche Reich großangelegte Flottenbauprogramme. 1890 war die reichsdeutsche Flotte fast so stark wie die russische und die italienische und stand damit in der Welt an fünfter Stelle, woran sich bis 1905 nichts änderte, nur daß die US-amerikanische an die Stelle der italienischen trat. Die jetzt in einer breiten Öffentlichkeit aufkommende Flottenbegeisterung ging sogar so weit, daß der Kieler Matrosenanzug für kleine Jungen zur modischen Bekleidung wurde (ab 1894). Die reichsdeutsche Flotte sollte Zeichen des Weltmachtanspruchs sein, die allen Schichten gemeinsame nationale Einheit symbolisieren und den wirtschaftlichen und damit auch machtpolitischen Aufstieg des Deutschen Reiches militärisch absichern. Vor allem sollte sie Großbritannien zwingen, die Machtverschiebung zu Deutschlands Gunsten hinzunehmen, und es von dem Versuch abschrecken, diese durch einen militärischen Angriff aufzuhalten. Der Staatssekretär im Reichsmarineamt, Alfred von Tirpitz, die treibende Kraft des deutschen Flottenbaus, stellte dazu im Jahr 1900 die Doktrin der Risikostrategie auf: die reichsdeutsche Flotte sollte so stark werden, daß selbst für die britische Marine ein Angriff auf die reichsdeutsche Flotte in der Nordsee mit dem Risiko einer Niederlage verbunden wäre. Tirpitz meinte, daß dazu ein Stärkeverhältnis von 2:3 ausreiche, wenn die reichsdeutsche Flotte besseres Material und bessere Ausbildung aufweise. Doch die Risikostrategie litt an dem Fehler, daß sie die Flotten Frankreichs und Rußlands nicht berücksichtigte und von der irrigen Annahme ausging, Großbritannien würde ein solches Kräfteverhältnis akzeptieren müssen.

Die reichsdeutsche Regierung glaubte, daß die kolonialpolitischen Interessengegensätze zwischen London und Petersburg und auch zwischen London und Paris unüberwindlich seien, so daß Berlin für eine zeitweise Unterstützung der einen oder anderen Seite jeweils stattliche koloniale Trinkgelder einstreichen könne. Stattdessen begannen jedoch die anderen Mächte, sich in ihren kolonialen Streitpunkten unter Ausschluß des Deutschen Reiches miteinander zu arrangieren. 1902 einigten sich Italien und Frankreich über ihre Interessen in Nordafrika, womit Italien sich vom Dreibund abzuwenden begann. 1904 verständigten sich Großbritannien und Frankreich über ihre Interessen in Marokko und Ägypten und begründeten damit die Entente cordiale (das „herzliche Einvernehmen") zwischen beiden Staaten. Berlin versuchte diese britisch-französische Entente zu sprengen, indem es 1905 mit einem demonstrativen Besuch Wilhelms II. beim Sultan von Marokko gegen die französische Durchdringung dieses Landes protestierte. Doch auf der daraufhin einberufenen internationalen Marokkokonferenz in Algeciras stand das Deutsche Reich allein. Um 1905 herum bremsten Frankreich, Rußland und die USA aus unterschiedlichen Motiven die Verwirklichung ihrer Flottenbauprogramme, während Großbritannien dazu überging, an Stelle der bisherigen Linienschiffe und Panzerkreuzer jetzt Großkampfschiffe zu bauen. Nur das Deutsche Reich baute in unverändertem, zeitweise sogar beschleunigtem Tempo weiter. Während die reichsdeutsche Flotte aus Londoner Sicht bisher keine Bedrohung dargestellt hatte, begann jetzt ein deutsch-britisches Flottenwettrüsten, bei dem die reichsdeutsche Flotte bis 1913 zur zweitstärksten der Welt aufrückte nach der britischen. Von jetzt an wurde das Deutsche Reich in Großbritannien als Hauptgegner angesehen. Daraufhin verständigten sich 1907 London und Petersburg über ihre Interessengegensätze in Persien, Afghanistan und Tibet, wodurch die Entente sich zur Triple-Entente erweiterte. Deutschland konnte sich nun nur noch auf Österreich-Ungarn

„Auskreisung" des Deutschen Reiches

stützen, während die anderen europäischen Großmächte zusammenzurücken begannen.

Dem Krieg entgegen

In den folgenden Jahren vertiefte sich der Gegensatz zwischen Zweibund und Triple-Entente, und in Berlin, Paris und Petersburg kam allmählich das Gefühl auf, daß auf Dauer ein Krieg unvermeidlich sein würde. Die reichsdeutsche Regierung verfolgte zwar das hektische Streben nach Kolonialgewinn nicht weiter, setzte aber das Flottenwettrüsten mit Großbritannien fort, obwohl die Risikotheorie mit der britisch-französischen Entente praktisch gescheitert war und das 2:3 Ziel unerreichbar blieb. Verhandlungen zwischen Berlin und London in den Jahren 1909-1912 über eine Begrenzung der Flotten blieben ergebnislos. Die britische Regierung war nicht bereit, sich als Preis für eine reichsdeutsche Flottenbegrenzung zu verpflichten, im Falle eines kontinentalen Kriegs neutral zu bleiben, und der Reichskanzler war nicht in der Lage, gegen den Widerstand von Tirpitz und des von diesem beeinflußten Kaisers durchzusetzen, daß der reichsdeutsche Flottenbau nennenswert reduziert wurde. Daß das Deutsche Reich isoliert war, wurde auch in der zweiten Marokkokrise 1911 deutlich. Als Frankreich seinen Einfluß in Marokko entgegen den Abmachungen von Algeciras weiter ausdehnte, schickte Berlin demonstrativ das Kanonenboot Panther nach Agadir. Damit wollte die Reichsregierung erzwingen, daß sie von Frankreich Gegenleistungen erhielt, wenn sie den französischen Marokkowünschen zustimmte. Doch der demonstrative Schritt hatte keinen nennenswerten Erfolg.

Hauptkrisenherd war indessen der Balkan. 1908 annektierte Österreich-Ungarn Bosnien und Herzegowina mit deutscher Rückendeckung auch formell. Darüber war Rußland sehr verärgert und begann nun, auf dem Balkan die antiösterreichischen Bestrebungen der südslawischen Völker verstärkt zu fördern. Als 1912 Serbien, Bulgarien und Griechenland das Osmanische Reich überfielen und ihm den restlichen europäischen Besitz fast ganz entrissen, wandte sich Österreich-Ungarn gegen jede territoriale Vergrößerung des ihm feindlich gesinnten, aber von Rußland unterstützten Serbien. Das Deutsche Reich und Großbritannien konnten gerade noch verhindern, daß der Streit sich zu einem russisch-österreichischen Krieg ausweitete.

Immerhin vermochte Deutschland sich 1911 mit Rußland und im Juli 1914 mit Großbritannien über das umstrittene Bagdadbahn-Unternehmen zu verständigen. Andererseits vereinbarten der französische und der britische Generalstab 1911 einen Aufmarschplan für ein britisches Expeditionskorps in Frankreich im Falle eines Kriegs mit Deutschland, und 1912 kam es zu Absprachen des französischen mit dem russischen und dem britischen Admiralstab. Damit begann der Ring um die beiden Mittelmächte Gestalt anzunehmen. Da die Lage auf dem Balkan weiter krisenhaft war, erhöhten 1913 Frankreich, Rußland, Deutschland und Österreich-Ungarn ihre Heeresstärken.

Das Deutsche Reich kriegs-lüsternd?

Seit etwa 1900 brauten sich in der öffentlichen Meinung aller europäischen Großmächte zunehmend diffuse Bedrohungsängste zusammen. Diese schufen jenes psychologische Klima, in dem es zum eskalierenden Wettrüsten kam. Bei den Regierungen der Großmächte wuchs die Neigung, schon bei kleinen Konflikten mit Krieg zu reagieren, und die Öffentlichkeit gewöhnte sich an diesen Gedanken, von den einen als Götterdämmerung gefürchtet, von den anderen als befreiender Schlag erhofft. In Deutschland wähnte man sich eingekreist von dem perfiden England, das überall den eigenen berechtigten Ansprüchen auf Weltgeltung hindernd entgegenträte, und dem barbarischen, halbasiatischen Zarismus, der mit seinen unheimlichen slawischen Menschenmassen die germanische Welt zu überrollen drohen würde. In Rußland sah man in den

Germanen, die schon immer einen Drang nach Osten gehabt hätten, den Erzfeind des Slawentums. In Großbritannien, Frankreich und den USA wurde das Deutsche Reich ab 1900 zunehmend unbeliebt, und dort formte sich die Vorstellung von einem militaristischen, kriegslüsternen und autokratischen Deutschland. Die Karikatur des schnarrenden, arroganten deutschen Offiziers wurde bis 1945 in den Unterhaltungsblättern eines der verläßlichsten Schreckgespenster. Im Frühjahr 1914 erlebte ein Deutscher in einem französischen Kino in Tours während der Wochenschau folgendes: „In diesem Augenblick, da Kaiser Wilhelm im Bilde erschien, begann ganz spontan in dem dunklen Raume ein wildes Pfeifen und Trampeln. Alles schrie und pfiff, Frauen, Männer, Kinder höhnten, als ob man sie persönlich beleidigt hätte ... ich spürte, wie weit die Vergiftung durch die seit Jahren und Jahren geführte Haßpropaganda fortgeschritten sein mußte, wenn sogar hier, in einer kleinen Provinzstadt, die arglosen Bürger und Soldaten bereits dermaßen gegen den Kaiser, gegen Deutschland aufgestachelt worden waren, daß selbst ein flüchtiges Bild auf der Leinwand sie schon zu einem solchen Ausbruch verleiten konnte."[64]

Entsprach das Bild eines aggressiven Deutschland nun der Realität? Das Deutsche Reich und Österreich-Ungarn waren unter den acht größten Mächten die einzigen, die 1871-1914 keinen Angriffskrieg gegen ein anderes anerkanntes Mitglied der internationalen Staatengemeinschaft führten.* Die Präventivkriegswünsche führender reichsdeutscher Militärs 1887 und 1912 und österreichischer 1908 und 1912 wurden von den verantwortlichen Politikern ebensowenig erhört wie in London die Vorschläge des britischen Ersten Seelords 1904 und 1908 zu einem Präventivangriff auf die wachsende reichsdeutsche Kriegsflotte. Das Deutsche Reich wies im Vergleich zu den anderen Großmächten auch keine überhöhte Rüstung auf: der Anteil der Militärausgaben an den gesamten Staatsausgaben war in Großbritannien größer und in Frankreich und Rußland etwa gleich groß, der Anteil der Soldaten an der Bevölkerung in Frankreich deutlich höher.** Andere Großmächte hatten keine geringeren Expansionswünsche und bekamen oft mehr. Warum wurde das Deutsche Reich vom westlichen Ausland trotzdem so mißtrauisch als kriegerisch beargwöhnt? Die Ursache lag nicht in seinem tatsächlichen Charakter, sondern in seinem äußerlichen Stil. Die Deutschen schossen nicht, aber sie rasselten reichlich mit dem Säbel. Da waren die martialischen Auftritte Kaiser Wilhelms II., der in ungeschickten Reden scheinbar drohend von Schwertern und schimmernder Wehr bramabarsierte, ebenso wie die unstete und lautstarke Prestigepolitik und ihre Pressionsdiplomatie. Dazu kam Ungeschick, beispielsweise als die reichsdeutsche Diplomatie auf den Haager Abrüstungskonferenzen 1899 und 1907 mit ihrer Ablehnung des obligatorischen Schiedsgerichtsverfahrens für internationale Streitfälle und der Rüstungsbegrenzungen laut vorpreschte und dann öffentlich als deren Hauptgegner dastand, obgleich auch die anderen Mächte kaum für diese Vorschläge zu gewinnen gewesen wären.

---

* Angriffskriege gegen andere Staaten (ohne Kämpfe gegen nicht staatlich organisierte „Eingeborene" in Afrika und Asien) unternahmen Rußland 1877/78 gegen das Osmanische Reich, Frankreich 1883-86 gegen China, Großbritannien 1899-1902 gegen die Burenrepubliken, Italien 1911/12 gegen das Osmanische Reich, die USA 1898 gegen Spanien, Japan 1894/95 gegen China und 1904/05 gegen Rußland.
** Im Durchschnitt 1900-13 entfielen im Deutschen Reich 36 Prozent, in Großbritannien 49 Prozent, in Frankreich 37 Prozent und in Rußland 36 Prozent der Staatsausgaben auf Heer und Flotte. Die Verteidigungsausgaben pro Kopf der Bevölkerung betrugen 1912 im Deutschen Reich 21,80 Goldmark, in Großbritannien 32,97 und in Frankreich 25,60 Goldmark. 1911 standen im Deutschen Reich 0,99 Prozent der Bevölkerung in der Armee, in Frankreich 1,53 Prozent.

Anscheinend hielt die russische Führung seit dem Frühjahr 1914 einen großen Krieg gegen das Deutsche Reich und Österreich-Ungarn für unvermeidlich und fing an, sich darauf vorzubereiten. Sie wünschte ihn aber noch drei bis vier Jahre hinauszuschieben, bis die russischen Rüstungen abgeschlossen waren. Gleichzeitig begann in Deutschland die militärische Führung ernsthaft an einen Präventivkrieg gegen Rußland und Frankreich zu denken, solange die russischen Rüstungen noch nicht fertig waren, was Reichskanzler Bethmann-Hollweg aber entschieden ablehnte.

In dieser labilen Situation wurde am 28. Juni 1914 der österreichische Thronfolger Erzherzog Franz Ferdinand in Sarajewo von einem nationalistischen bosnischen Studenten ermordet, der dabei von serbischen Dienststellen unterstützt worden war. Der Gegensatz zwischen der übernationalen österreichischen Reichsidee und dem großserbischen Nationalismus, der den Anschluß Bosniens an Serbien erstrebte, hatte sich damit gefährlich zugespitzt. Wenn Wien das Attentat reaktionslos hinnähme, würde dies einen entscheidenden Schritt vorwärts bedeuten auf dem Weg zum Auseinanderbrechen Österreich-Ungarns, so fürchtete man in Wien. Die Wiener Regierung entschloß sich, die psychologisch günstige Gelegenheit zu einer militärischen Strafaktion gegen Serbien zu nutzen, um den dortigen Rückhalt der großserbischen Bewegung zu zerschlagen und dadurch die Position der schwankenden Donaumonarchie zu festigen, in der leichtfertigen Hoffnung, daß Rußland dabei neutral bleiben würde. Die Regierung in Petersburg war dagegen auf keinen Fall bereit, eine militärische Niederlage ihres Schützlings Serbien hinzunehmen. Sie fürchtete, eine solche diplomatische Schlappe könnte eine Revolution gegen das labile Zarenregime auslösen, wogegen Teile der russischen Führungsschicht sich von einem Krieg erhofften, daß die Massen von den sozialen Problemen abgelenkt und damit die Herrschaft der alten Eliten gefestigt würde. Die reichsdeutsche Führung wiederum versprach Wien am 6. Juli Rückendeckung für einen lokal begrenzten Krieg gegen Serbien. Da Österreich-Ungarn Deutschlands einziger Bundesgenosse war, hätte eine Gefährdung seines Zusammenhalts auch die Machtstellung des Deutsches Reiches in Europa geschwächt. Ausschlaggebend für Berlin war aber die Furcht, Deutschland würde sich angesichts der ständig wachsenden militärischen Macht Rußlands in wenigen Jahren dessen Expansionsansprüchen und einem möglichen russischen Angriff nicht mehr erwehren können, während der preußische Generalstabschef meinte, daß ein Krieg sich jetzt noch siegreich durchstehen ließe. Bethmann-Hollweg wünschte keineswegs, daß sich der lokale Krieg mit Serbien zum großen europäischen Krieg ausweitete, vielmehr hoffte er, daß Rußland von Frankreich nicht unterstützt und die Zusammenarbeit dieser beiden Mächte dadurch erschüttert würde, was die Stellung der umklammerten Mittelmächte gestärkt und ihnen wieder mehr politische Bewegungsfreiheit gegeben hätte. Sollte durch das Eingreifen Petersburgs aber doch ein allgemeiner europäischer Krieg ausgelöst werden, so sah die reichsdeutsche Führung ihn lieber jetzt als später. Die Staatsführung Frankreichs, durch das Bündnis mit Rußland aus der Isolierung befreit, hätte ihrerseits schon eine diplomatische Niederlage Rußlands als untragbare Schwächung der eigenen Bündnisgruppe angesehen und war eher bereit, in den Krieg zu ziehen als das eigene Bündnis aufs Spiel zu setzen. Großbritannien verhielt sich schwankend und abwartend. Alles in allem war eine verhängnisvolle Konstellation entstanden, deren Steuerung den Verantwortlichen rasch entglitt.

Nach langem Zögern richtete Österreich-Ungarn am 23. Juli ein Ultimatum an Serbien, in dem es Genugtuung für das Attentat verlangte. Serbien nahm die Forderungen zwei Tage später weitgehend an. Das bedeutete einen moralischen Erfolg der Österreicher und für alle Großmächte eine Chance, die Krise ohne Gesichtsverlust beizulegen. Doch diese Chance wurde vertan. In Wien war man nicht bereit, sich zufriedenzugeben, ordnete die Teilmobilisierung an und erklärte Serbien am 28. Juli 1914 den Krieg.

Zu spät und vergeblich hatte Berlin versucht, Wien von diesem Schritt abzuhalten. Jetzt verloren die Politiker das Gesetz des Handelns an die Militärs. Der große Krieg wurde unvermeidlich. Auf die österreichische Kriegserklärung an Serbien folgte schon am 29. Juli die russische Teilmobilmachung, eigentlich als Druckmittel gegen Österreich gedacht, und am 30. die russische Generalmobilmachung. Diese wiederum führte am 31. zur österreichischen Gesamtmobilmachung und am 1. August zur Gesamtmobilmachung des Deutschen Reiches. Der seit langem fertige Operationsplan des preußischen Generalstabs sah nun vor, bei einem Zweifrontenkrieg die Franzosen im Westen zu schlagen, noch bevor die langsamere russische Mobilmachung abgeschlossen war. Deshalb ergriff Berlin jetzt die Initiative: noch am 1. August erfolgte die reichsdeutsche Kriegserklärung an Rußland und am 3. August an Frankreich, und schon am selben Tag setzten sich die reichsdeutschen Armeen durch die neutralen Länder Belgien und Luxemburg hindurch nach Frankreich hinein in Bewegung. Die Verletzung der belgischen Neutralität beseitigte in Großbritannien die letzten Hemmungen gegen einen raschen Kriegseintritt. Am 4. August erklärte London den Krieg. Mittelfristig wäre Großbritannien aber wahrscheinlich auch dann gegen die Mittelmächte in den Krieg eingetreten, wenn diese die belgische Neutralität nicht verletzt hätten. Selbst wenn das Deutsche Reich Frankreich nicht den Krieg erklärt, sondern sich zuerst gegen Rußland gewendet hätte, ist kaum anzunehmen, daß Frankreich und Großbritannien tatenlos zugesehen hätten, während deutsche Truppen ganz Westrußland eroberten. Damit befanden sich jetzt das Deutsche Reich und Österreich-Ungarn mit Rußland, Frankreich, Großbritannien und Serbien im Krieg. Italien blieb neutral, trotz des Dreibunds, aus dem sich eine Beistandspflicht für den vorliegenden Fall aber auch nicht zwingend ergab. Dagegen trat im November das Osmanische Reich auf Seiten der Mittelmächte in den Krieg ein, obwohl es vor der Julikrise keine Bündnisbindungen an die Mittelmächte besessen hatte. Die Schweiz blieb politisch neutral, aber die wirtschaftlichen Folgen des Kriegs ließen auch sie nicht unberührt.

So war über einen an sich geringen Konflikt der Erste Weltkrieg ausgebrochen. Es kann keine Rede davon sein, daß die Führung des Deutschen Reiches langfristig auf einen Eroberungskrieg hingearbeitet hätte, um so zur Weltmachtstellung durchzubrechen, und bei dem Versuch, diese zu verwirklichen, den Weltkrieg ausgelöst hätte. Die Kriegsursache lag vielmehr in einer Politik, die subjektiv danach strebte, sich machtpolitisch zu behaupten. Keine Regierung hatte den großen Krieg planmäßig herbeigeführt. Aber die reichsdeutsche, die österreichische und die russische Regierung handelten zweifellos leichtfertig. Sie gingen bewußt ein Kriegsrisiko ein, ohne den Krieg zu wollen, und sie waren nicht bereit, den Frieden um den Preis einer schweren diplomatischen Schlappe zu wahren. Der Ausbruch des Ersten Weltkriegs ist ein Beispiel dafür, wie es in einem labilen Mächtesystem, das von ständigen Konfrontationen gezeichnet ist und in dem sich eine Krise an die andere reiht, plötzlich zur großen kriegerischen Entladung kommen kann, ohne daß irgend jemand diese vorsätzlich in Szene setzt, ein Beispiel für gescheitertes Krisenmanagement, traurig und mahnend zugleich.

Im Deutschen Reich wie in Frankreich glaubten die Menschen unter dem Einfluß der von ihren Regierungen gesteuerten Propaganda, ihr Land wäre unschuldig überfallen worden. Ein nationaler Rausch erfaßte in diesen Augusttagen die Deutschen. Durch jahrelange nationalistische Erziehung und Publizistik blind geworden, zogen die Menschen in Deutschland mit Begeisterung in den Krieg — zum ersten und zum letzten Mal. In ihrem Idealismus meldeten sich junge Männer in Scharen freiwillig zum Kriegsdienst.

Nachdem die Heere mobilisiert waren, standen 3,8 Millionen Soldaten auf Seiten der beiden Mittelmächte (davon 2,3 Millionen Reichsdeutsche) gegen 5,8 Millionen Russen, Franzosen, Briten und Serben (davon 3,4 Millionen Russen). Die Mittelmächte waren also an Stärke der bewaffneten Macht von vornherein unterlegen, und bei langer Kriegsdauer mußte auch ihre Unterlegenheit an Bevölkerungszahl und Wirtschaftspotential zum Tragen kommen. In Erinnerung an die duellartig begrenzten Kriege von 1864, 1866 und 1870/71 wurde aber allgemein mit einem kurzen Krieg gerechnet. Einen langen Krieg unter den Bedingungen des Industrialismus konnte man sich einfach nicht vorstellen.

Der reichsdeutsche Operationsplan, der schon vor Jahren von dem damaligen Generalstabschef A. Graf von Schlieffen ausgearbeitet worden war, versuchte dem Dilemma der gegnerischen Überlegenheit im Zweifrontenkrieg dadurch zu entgehen, daß er Franzosen und Russen in zwei raschen Feldzügen nacheinander schlagen wollte. Er ging von der Annahme aus, daß die russische Kriegsmaschinerie aufgrund der Weite des Raumes und der Unzulänglichkeit des Eisenbahnnetzes nur langsam auf Touren kommen würde. Deshalb sollten im Osten zunächst nur geringe Kräfte belassen und innerhalb von zwei Monaten im Westen die französische Armee vernichtet werden, um sich dann anschließend mit denselben Kräften gegen Rußland zu wenden. Für den Westfeldzug plante der Generalstab, daß der starke rechte deutsche Flügel die französischen Grenzfestungen umgehen, in einer raschen, großangelegten Zangenbewegung durch Belgien hindurch vorstoßen und so die französische Armee umfassen sollte. Doch dieser Plan wies verheerende Fehler auf: die vorhandenen reichsdeutschen Kräfte reichten nicht, um ihn durchzuführen, er setzte den höchst unwahrscheinlichen Fall voraus, daß bis in Einzelheiten hinein nichts Unplanmäßiges dazwischenkam, und es blieb offen, was mit Großbritannien nach dessen zu erwartendem Kriegseintritt geschehen sollte. Sein Scheitern war weitgehend vorprogrammiert. So geschah es dann auch. Während die französische Offensive nach Lothringen fehlschlug, stieß der rechte deutsche Flügel zunächst planmäßig vor und stand Anfang September nur 40 Kilometer vor Paris. Inzwischen hatten sich die deutschen Kräfte aber soweit abgenutzt, daß die große Umfassung nicht zu verwirklichen war. Angesichts der französischen Gegenoffensive in der Marneschlacht vom 6.-9. September wichen die Deutschen zurück. Um nicht überflügelt zu werden, dehnten beide Seiten ihre Front rasch bis an die Küste des Ärmelkanals aus. Nun gruben sich die Truppen beider Seiten ein. Es stellte sich heraus, daß ein System hintereinander gestaffelter Schützengräben, mit MG's bestückt und durch Stacheldrahtverhaue gesichert, von anstürmender Infanterie kaum zu überwinden war. So erstarrte im Oktober 1914 die gesamte Westfront.

Im Osten mußte Ostpreußen vor den einmarschierenden Russen geräumt werden. Der verstärkten reichsdeutschen Ostarmee unter Hindenburg und seinem Stabschef Ludendorff gelang es dann aber, zwei zahlenmäßig überlegene russische Armeen in den Schlachten von Tannenberg am 26.-30. August und den Masurischen Seen am

6.-15. September 1914 dank besserer Führung zu schlagen. Diese Siege ließen den Namen Hindenburg zu einem Mythos werden. Ostpreußen wurde von den Russen wieder geräumt. Die österreichisch-ungarische Armee mußte dagegen im September vor den russischen Angriffen auf die Karpaten zurückweichen, und ihre Offensive gegen das kleine Serbien scheiterte.

Auf See blieb der erwartete Vorstoß der britischen Flotte in die Deutsche Bucht und damit die erhoffte Seeschlacht aus. Die britische Marine beschränkte sich darauf, die Nordseeausgänge am Kanal und bei den Färöer-Inseln zu sperren und die Mittelmächte so durch eine Fernblockade vom Zugang zu überseeischen Rohstoffen und Nahrungsmitteln abzuriegeln. Überdies erklärte Großbritannien im November 1914 die Nordsee zum Kriegsgebiet und begann, alle neutralen Schiffe in der Nordsee auf für Deutschland bestimmte Waren hin zu kontrollieren. In Übersee wurde die deutsche Handelsflotte durch die britischen Seestreitkräfte von den Ozeanen gefegt. Das in Übersee stationierte Kreuzergeschwader der kaiserlicher Marine wurde von den Briten im Dezember bei den Falklandinseln vernichtet. Die deutschen Kolonien konnten von den geringen Schutztruppen nicht gehalten werden und mußten eine nach der anderen kapitulieren.

Ende 1914 mußte die reichsdeutsche Führung sich eingestehen, daß die erhoffte rasche Entscheidung ausgeblieben und damit ihr Kriegsplan gescheitert war. Ratlosigkeit breitete sich unter den reichsdeutschen Politikern und Militärs aus.

In den Kriegsjahren 1915 und 1916 vermochte keine der beiden Seiten einen kriegsentscheidenden Sieg zu erzwingen. Auf dem westlichen Kriegsschauplatz waren Franzosen und Briten zahlenmäßig überlegen; ihre Versuche, die deutsche Westfront zu durchbrechen, blieben 1915 jedoch trotzdem vergeblich. Im Frühjahr 1916 ließ der Chef der Obersten Heeresleitung die reichsdeutschen Truppen vier Monate lang gegen das erbittert verteidigte Festungssystem von Verdun anrennen, ein Akt strategischer Hilflosigkeit, der auf der vagen Hoffnung beruhte, die französischen Streitkräfte würden sich dabei stärker verbluten als die deutschen. Das erwies sich als Fehlkalkulation: bei den verlustreichen Kämpfen verloren beide Seiten etwa gleich viele Soldaten. Aber auch der britisch-französische Durchbruchsversuch an der Somme scheiterte im November 1916 nach fünfmonatigem verlustreichen Ringen.

An der Ostfront gelang es den reichsdeutsch-österreichischen Truppen, nach ihrem Sieg in der Schlacht von Tarnów und Gorlice im Mai 1915 Galizien und bis September auch Russisch-Polen und Kurland zu gewinnen. Eine große russische Offensive im Juni und August 1916 konnte aber erst nach beträchtlichen Geländeverlusten zum Stehen gebracht werden.

Beide Seiten versuchten ihre Lage zu verbessern, indem sie um Bundesgenossen warben. Im Mai 1915 trat Italien auf Seiten der Alliierten in den Krieg ein. Die Italiener bemühten sich 1915 und 1916 in mehreren Schlachten aber vergeblich, die österreichische Abwehrfront am Isonzo zu durchbrechen. Als die Mittelmächte 1915 Serbien eroberten und Bulgarien auf ihrer Seite in den Krieg eintrat, gewannen sie eine Landverbindung zur Türkei.

Auf See blieb die einzige große Seeschlacht der reichsdeutschen gegen die britische Hochseeflotte, die am 31.5./1.6. 1916 vor dem Skagerrak stattfand, strategisch folgenlos. Dafür erwies sich bald nach Kriegsausbruch, daß die kleinen, häßlichen U-Boote, die eigentlich nur als Hilfswaffe gegen Kriegsschiffe gedacht gewesen waren, sich ausgezeichnet zum Einsatz gegen Handelsschiffe eigneten. Als Antwort auf die britische

Hungerblockade begann Deutschland im Februar 1915 in den Gewässern um Großbritannien den Handelskrieg mit U-Booten. Deren Zahl war aber viel zu gering, um die Importe der Britischen Inseln entscheidend zu treffen. Außerdem erwies sich die Einsatzweise als politisches Problem. Da die U-Boote sehr verletzlich waren, war es militärisch am sinnvollsten, wenn sie getaucht ohne Vorwarnung angriffen und nicht erst auftauchten, um Handelsschiffe anzuhalten und zu durchsuchen. Dabei wurde aber auch das Leben von Bürgern neutraler Länder an Bord von Schiffen kriegführender Staaten gefährdet. Das löste heftige Proteste neutraler Staaten aus, vor allem der mächtigen USA. Unter ihrem Druck schwankte die Reichsführung im Laufe der Jahre 1915 und 1916 mehrfach ohne klaren Kurs zwischen dem militärisch Sinnvollen und der politisch erforderlichen Milderung der U-Bootkriegsführung.

Erscheinungs-
bild des
Kriegs
Als Folge von Industrialisierung und Massenzeitalter unterschied sich das Erscheinungsbild des Weltkriegs von allen vorangegangenen Kriegen. Menschen und Material wurden in einem noch nie dagewesenen Ausmaß mobilisiert. Im Deutschen Reich standen schließlich 1918 von den 16,7 Millionen Männern zwischen 15 und 60 Jahren etwa 8 Millionen im Kriegsdienst, und insgesamt wurden im Kriegsverlauf etwa 13 Millionen eingezogen. Während sich bisher stets einzelne Armeen in der Weite des Raumes hin- und herbewegt hatten, entstand jetzt zum ersten Mal eine zusammenhängende Frontlinie.

Die Begeisterung des August 1914 wich an der Front bald der Ernüchterung, die Hoffnung auf einen raschen Sieg erwies sich als eitle Illusion. Um die Bevölkerung trotz der immer längeren Dauer des Kriegs bei der Stange zu halten und zum Weiterkämpfen motivieren zu können, entfachten die Staatsführungen eine intensive Rechtfertigungspropaganda, welche die nationalen Leidenschaften aufputschte und den Gegner verteufelte. In den Westmächten wurde der Krieg zum Kampf für die westliche Demokratie und Zivilisation überhöht und Deutschland als militaristisch, barbarisch und autokratisch gebrandmarkt (daß man selbst mit dem halbabsolutistischen Zarenreich im Bunde stand, verdrängte man dabei vorsichtshalber). Als Gegenreaktion begannen in Deutschland Publizisten die Eigenart des deutschen Denkens und der reichsdeutschen Verfassungsverhältnisse zu verteidigen und als überlegen hinzustellen, den Krieg als Kampf für deutsche Kultur gegen westliche oberflächliche Zivilisation auszugeben, für deutsche Seelentiefe und deutschen Idealismus gegen westlichen flachen Rationalismus und Krämergeist, für den sozialen deutschen Beamtenstaat gegen den undeutschen Parlamentarismus der westeuropäischen Plutokratien (womit man Werte verleugnete, für die das liberale Bürgertum in den deutschen Staaten in der Mitte des 19. Jahrhunderts noch gekämpft hatte). Anknüpfend an idealistische Traditionen und kulturpessimistische Argumente wurden hier Unterschiede, die in gewissem Umfang sicherlich bestanden, zu einem scharfen Gegensatz zwischen Westeuropa und deutschem Wesen stilisiert. Beides, die antideutsche Propaganda im Westen und die deutschen Antipathien gegen westeuropäische Verfassungsprinzpien, sollten noch über den Krieg hinaus jahrelang ihre vergiftende Wirkung ausüben.

Der Industrialismus führte dazu, daß der Krieg stärker technisiert wurde. Flugzeuge, U-Boote, ab 1915 Giftgas und ab 1916 gepanzerte Kettenfahrzeuge kamen als neue Kampfmittel zum ersten Mal zum Einsatz. Noch wichtiger war, daß der Umfang des Materialeinsatzes sich deutlich steigerte. An der Westfront wurde Munition in einer Menge eingesetzt, die man bis dahin nicht für möglich gehalten hätte. Während im deutsch-französischen Krieg 1870/71 etwa 12-15 Prozent der Kriegsausgaben für technische Kampfmittel erfolgt waren, entfielen hierauf im Ersten Weltkrieg etwa 60 Prozent. Die Zeit der bunten Uniformen und schneidigen Kavallerieattacken war gleich bei Kriegsbeginn vorbei und machte tristem Feldgrau und an der Westfront einem zermürbenden Stellungskrieg in schlammigen Schützengräben Platz. Um dort einen Angriff vorzubereiten, wurde das gegnerische Schützengrabensystem mit einem mehrstündigen, pausenlosen Trommelfeuer schwerer Artillerie belegt, deren Granathagel die gegnerischen Soldaten in den Schützengräben und Unterständen mit dem deprimierenden Gefühl hilfloser Ohnmacht ausgesetzt waren. Der anschließende Sturmangriff blieb aber meist im Maschinengewehrfeuer stecken. „Ihr könnt euch gar nicht ausmalen, wie so ein Schlachtfeld aussieht", schrieb ein deutscher Soldat nach Hause. „Schritt für Schritt muß erstritten werden, alle hundert Meter ein neuer Schützengraben, und überall *Tote, reihenweise!* Alle Bäume zerschossen, die ganze Erde metertief zerwühlt von schwersten Geschossen, und dann wieder Tierleichen und zerschossene Häuser und Kirchen, nichts auch nur annähernd brauchbar! Und jede Truppe, die zur Unterstützung vorgeht, muß kilometerweit durch dieses Chaos hindurch, durch Leichengestank und durch das riesige Massengrab."[65] Indem der Materialeinsatz gegenüber den kämpfenden Menschen an Gewicht gewann, bekam auch die Produktion von Kriegsmaterial während des Krieges große Bedeutung. Der größte Teil der Wirtschaft wurde in den Dienst der Kriegsproduktion gestellt. Damit sah sich auch die Zivilbevölkerung in neuer Weise in den Krieg einbezogen, sei es als Arbeiter in der Rüstungsindustrie, sei es als Angriffsobjekt der Hungerblockade. So wurde der Krieg materiell, personell und psychologisch entgrenzt, und eben deshalb erwiesen sich schließlich beide Seiten als unfähig, ihn abzubrechen und mit einem Kompromiß zu beenden, sondern führten ihn so lange fort, bis eine Seite völlig zusammenbrach.

Bald nach Kriegsausbruch begannen in allen beteiligten Staaten die Führungskreise über mögliche Friedensbedingungen nachzudenken. In Frankreich herrschte Konsens, daß Elsaß-Lothringen zurückkehren müsse. Die französische Regierung strebte außerdem die Annexion des Saargebiets an und wünschte, daß die linksrheinischen Gebiete vom Deutschen Reich abgetrennt und irgendwie autonom würden. Rußland strebte nach der Kontrolle über die Schwarzmeerausgänge. Die britische Regierung beanspruchte den größten Teil der deutschen Kolonien und wünschte, daß Belgien wiederhergestellt und die reichsdeutsche Flotte zerstört würde. Italien ließ sich von der Entente die Brennergrenze und Triest zusichern. Belgien erstrebte die Annexion von Luxemburg und des reichsdeutschen Ardennen- und Eifelgebiets. Alle Regierungen der Ententemächte verfolgten das Ziel, Österreich-Ungarn nach dem Nationalitätenprinzip aufzulösen. Einige Kreise in Rußland und Frankreich spielten auch mit dem Gedanken, das Deutsche Reich in Teilstaaten zu zerschlagen – in Frankreich ein alter Traum. In den reichsdeutschen Führungsschichten schossen seit den ersten militärischen Erfolgen weitausgreifende Expansionswünsche ins Kraut. Die Regierung selbst legte sich nicht auf ein klares Kriegszielprogramm fest, sondern vertrat je nach Kriegslage wechselnde Wünsche. Als unabdingbar galt ihr dabei jedoch, daß Österreich-Ungarn erhalten und der Gebietsstand des Deutschen Reiches bewahrt würden und daß Belgien und Russisch-Polen unter militärische und wirtschaftliche Kontrolle Deutschlands kommen sollten. Neben der Regierung diskutierten und wünschten in Deutschland die verschiedensten Gruppen und Personen aus Industrie, Publizistik, Militär und Politik noch vielfältige andere Kriegsziele, insbesondere territoriale Gewinne an der West- und Ostgrenze in unterschiedlichem Ausmaß, Kolonialgewinne in Mittelafrika

Kriegsziele

und die Kontrolle über das Baltikum. Die österreichische Führung strebte nach Gebietserweiterungen auf dem Balkan. Die reichsdeutschen Kriegsziele richteten sich darauf, die Bedrohung durch eine russisch-französische Umklammerung zu beseitigen, und hätten zur Folge gehabt, daß das Deutsche Reich zur Hegemonialmacht in Kontinentaleuropa geworden wäre; jene der Alliierten hätten bedeutet, daß zumindest die reichsdeutsche Machtstellung in Mitteleuropa, wahrscheinlich die Großmachtstellung Deutschlands, vielleicht auch das Deutsche Reich überhaupt vernichtet worden wäre.

1917 als Entscheidungsjahr

Im Winter 1916/17 war abzusehen, daß sich das Kräfteverhältnis immer mehr zu ungunsten der Mittelmächte verschieben wird je länger der Krieg dauerte. Selbst wenn die Mittelmächte sich noch lange in der Defensive behauptet hätten, wäre die Niederlage damit letztlich unvermeidlich gewesen. Großbritannien und Frankreich wurden von den formell neutralen USA unterstützt, indem diese Anleihen gewährte und Kriegsmaterial lieferte. Bei den Mittelmächten machte sich dagegen die britische Fernblockade zunehmend bemerkbar. Wäre es an den Fronten jahrelang bei einem militärischen Unentschieden geblieben, hätte sie den Ausschlag gegeben. Die Behörden mußten die Lebensmittel rationieren. Im Hungerwinter 1916/17 sank in Deutschland die zugeteilte tägliche Nahrungsmenge auf 1.000 kcal ab, und vielfach mußten Brot und Kartoffeln durch Steckrüben ersetzt werden. Die Stimmung unter den Massen in der Heimat wurde dementsprechend immer schlechter. In Österreich-Ungarn fiel mit dem Tod Kaiser Franz Josephs 1916 überdies eine wichtige Integrationsfigur fort. Wurde damit nicht das Auseinanderbrechen der Donaumonarchie zunehmend wahrscheinlicher?

Für einen Kompromißfrieden bestand keine Chance. Im Dezember 1916 wurde ein reichsdeutscher Vorschlag zu Friedensverhandlungen von Frankreich und Großbritannien abgelehnt. Die Reaktionen auf eine etwa gleichzeitige Friedensinitiative des amerikanischen Präsidenten Wilson machten deutlich, daß keine der beiden Kriegsparteien zu einem Frieden auf der Grundlage des status quo ante bereit war.

Da weder ein Kompromißfrieden möglich war noch das Deutsche Reich die militärische Kraft besaß, an der Westfront den Krieg zu seinen Gunsten zu entscheiden, schien Berlin praktisch vor der Alternative zu stehen, entweder klein beizugeben oder zu versuchen, durch den U-Bootkrieg einen kriegsentscheidenden Erfolg gegen Großbritannien zu erzielen. Für einen Entscheidungsschlag durch U-Boote fehlten nun aber die Voraussetzungen. Man hätte 1915 mit einem gewaltigen U-Bootbauprogramm beginnen müssen, um jetzt jene Anzahl einsatzfähiger U-Boote zur Verfügung zu haben, mit der sich vielleicht tatsächlich die Britischen Inseln hätten aushungern lassen. Doch das war infolge des zögerlichen Hin und Her nicht geschehen. Trotzdem wurde im Februar 1917 unter dem Druck der Militärs der uneingeschränkte U-Bootkrieg wieder aufgenommen. Die Folge war, daß am 6. April die USA gegen das Deutsche Reich offen in den Krieg eintraten. Die reichsdeutsche Marineführung meinte, Großbritannien in sechs Monaten in die Knie zwingen zu können. Das erwies sich als groteske Illusion. Einige Monate lang konnten die U-Boote hohe Versenkungserfolge erzielen, was die Briten in eine höchst kritische Lage drängte. Doch dann organisierte die britische Marine die U-Bootabwehr neu und überwand damit im Spätsommer die Gefahr. Der uneingeschränkte U-Bootkrieg hatte sein Ziel verfehlt, London zum Frieden zu zwingen, und obendrein die USA endgültig in den Krieg geführt. Bemühungen um einen Verständigungsfrieden im Westen, die im Laufe des Jahres 1917 vor allem vom österreichischen Kaiser und vom Papst ausgingen, blieben erfolglos, letztlich deshalb, weil die Westmächte nicht bereit waren, die territoriale Unversehrtheit des Deutschen Reiches und Österreich-Ungarns zuzugestehen. Die Weichen waren für die Mittelmächte endgültig auf Niederlage gestellt.

Für den oberflächlichen Betrachter mochte die wahre Lage dadurch verschleiert sein, daß die Dinge zu Land noch einmal für die Mittelmächte relativ günstig zu verlaufen schienen. Während des Jahres 1917 gelang es ihnen, die Westfront gegen schwere Durchbruchsversuche der Franzosen und Briten zu behaupten. Auch die russische Sommeroffensive 1917 konnte abgewehrt werden, und an der italienischen Front wurden sogar Geländegewinne erzielt. Als in Rußland im November 1917 die Bolschewisten durch einen Putsch an die Macht gekommen waren, wurde es möglich, für die Ostfront am 15. Dezember einen Waffenstillstand zu schließen und Friedensverhandlungen aufzunehmen. Diese blieben aber angesichts der überzogenen reichsdeutschen Forderungen zunächst ohne Ergebnis. Daraufhin nahmen die deutschen Truppen im Osten im Februar 1918 den Vormarsch wieder auf. Indem das Streben der nichtrussischen Völker, sich von der russischen und erst recht von der bolschewistischen Herrschaft zu lösen, und das Interesse der reichsdeutschen Führung an Ausbeutungsgebieten zusammentrafen, zerfielen die westlichen Randgebiete des russischen Reiches 1917/18 in eine Kette neuer selbständiger Staaten unter reichsdeutschem Einfluß, die von Finnland über Kurland, Litauen und Polen bis zur Ukraine reichte. Am 3. März 1918 mußten die Bolschewisten diese Tatsache im Frieden von Brest-Litowsk anerkennen. Damit war in Osteuropa für kurze Zeit ein Großraum unter deutscher Kontrolle entstanden, für den es in der deutschen Geschichte keinerlei gedankliche Vorläufer gab. Doch dieses Ostreich war nur ein kurzzeitiges Trugbild. Der Zusammenbruch Rußlands entlastete die Mittelmächte nicht entscheidend, und auf den deutschen Sieg im Osten folgte kein deutscher Sieg im Westen.

Die reichsdeutsche Führung mochte sich die Niederlage indessen noch nicht eingestehen. 1918 versuchte sie deshalb noch einmal, durch eine letzte Offensive an der Westfront eine militärische Entscheidung zu erzwingen. Trotz gewisser Anfangserfolge bestand hier aber von vornherein keine echte Erfolgschance. Während die Kampfstärken an der Westfront bei Beginn der Offensive im März 1918 auf beiden Seiten etwa gleich waren, verlor das deutsche Westheer bis Oktober etwa eine Million Mann, während gleichzeitig durch ununterbrochene Truppentransporte über den Atlantik die Zahl der amerikanischen Soldaten auf französischem Boden von 0,3 auf 1,8 Millionen anschwoll. Als sich an der Westfront, in Österreich-Ungarn und bei den südöstlichen Verbündeten der Zusammenbruch abzeichnete, gab die Oberste Heeresleitung das Spiel verloren und forderte Ende September den Reichskanzler überstürzt auf, den Krieg schnellstens zu beenden. Am 4. Oktober 1918 bot die Reichsregierung Waffenstillstand an. Ende Oktober brachen die Türkei und Bulgarien zusammen, und das österreich-ungarische Heer begann sich aufzulösen. Am 3. November schloß Österreich, am 11. das Deutsche Reich Waffenstillstand – wenige Tage nach dem Sturz ihrer Monarchien. Damit Deutschland den Kampf nicht wieder aufnehmen konnte, mußte es die besetzten Gebiete räumen und Hochseeflotte, U-Boote und das schwere Kriegsmaterial ausliefern. Die britische Hungerblockade blieb dagegen bestehen.

Durch den Friedensvertrag von Versailles im folgenden Jahr verlor das Deutsche Reich vor allem Elsaß-Lothringen an Frankreich und umfangreiche Gebiete im Osten

Letzte Erfolge im Landkrieg

Zusammenbruch der Mittelmächte

an Polen, das 1918 als unabhängiger Staat neu entstand. Die militärische Macht des Deutschen Reiches wurde stark reduziert. Seine Großmachtstellung hatte es bis auf weiteres eingebüßt, blieb aber weiter als großer Staat bestehen. Die Großmacht Österreich-Ungarn löste sich hingegen in eine Anzahl von Einzelstaaten auf. Als einer dieser Trümmer entstand eine deutsch-österreichische Alpenrepublik.

Betrachtung   Nachdem im Zentrum Europas über zwei Jahrhunderte lang eine machtpolitische Schwächezone bestanden hatte, stieg das 1867/71 entstandene Deutsche Reich bis zu den Jahren vor Kriegsausbruch wirtschaftlich zur zweitstärksten Macht und militärisch zu einer der beiden stärksten Mächte der Welt auf. Es erreichte damit im System der europäischen Mächte und in der Welt eine höhere machtpolitische Stellung, als sie je zuvor und jemals später in der Geschichte ein deutscher Staat in Friedenszeiten besessen hatte. Doch das Deutsche Reich war in das europäische Staatensystem nicht so eingefügt, daß seine Stellung allgemein anerkannt und dadurch sicher und dauerhaft gewesen wäre. So führte der Weg in die außenpolitische Isolierung der Mittelmächte und dann in den Weltkrieg.

Mußte es zwangsläufig zur Kriegskatastrophe kommen? Unter den einzelnen wirtschaftlichen und kolonialen Gegensätzen zu anderen Staaten war keiner, bei dem es nicht denkbar gewesen wäre, ihn durch Kompromisse beizulegen. Zweifellos verscherzte der auftrumpfende Stil der reichsdeutschen Diplomatie der Wilhelminischen Zeit dem Reich im Ausland unnötig Sympathien. Sicher führte die Fehleinschätzung der internationalen Lage um die Jahrhundertwende dazu, daß die Regierung in Berlin sich nicht nachhaltig genug darum bemühte, das Verhältnis zu Großbritannien zu verbessern. Ohne Frage belastete das Flottenwettrüsten ab 1906 das Verhältnis zur größten Seemacht ernsthaft. Aber das eigentliche Problem lag tiefer. Subjektiv nahm das Deutsche Reich für sich nur genau dasselbe in Anspruch wie die anderen Großmächte für sich auch, nämlich eine seiner wirtschaftlichen und demographischen Stärke entsprechende Großmachtrolle und Stellung in der Welt. Und doch war dies etwas anderes. Erstens führte die Lage des Reiches in der Mitte zwischen den anderen Großmächten dazu, daß bei einer dynamischen Außenpolitik leichter Spannungen mit anderen Mächten entstanden und daß das Reich zugleich verletzbarer war, weshalb latente Bedrohungsängste die reichsdeutsche Führung beschlichen. Zweitens wurde schon das bloße Wachsen des wirtschaftlichen, militärischen und demographischen Gewichts des Deutschen Reiches und sein Wunsch, ebenfalls Weltmacht zu werden, von den beiden etablierten westeuropäischen Großmächten als offensiv, ja aggressiv empfunden. Doch diese Begriffe geben weniger die Realitäten wieder, als daß sie etwas über die psychologische Befindlichkeit der Handelnden aussagen. Sie sind daran gebunden, daß eine bestimmte Machtverteilung als richtig, die eigene Stellung darin als mit gutem Recht zu bewahrender Besitz angesehen wird. Eben diese geriet nun aber durch die unterschiedliche innere Dynamik der Mächte ins Rutschen, ohne daß einzelne Politiker dies beabsichtigt hätten. Es ist verständlich, daß Großbritannien und Frankreich ihren langfristigen relativen Abstieg krampfhaft zu verhindern suchten, und daß ebenso Berlin den russischen Aufstieg in den Jahren vor dem Ersten Weltkrieg als Bedrohung empfand. Darin, daß die einen ihren relativen Aufstieg als ihr Recht ansahen und die anderen ihren relativen Abstieg nicht hinzunehmen bereit waren, lag auch die Wurzel des Wettrüstens. Großbritannien versuchte seine Stellung als führende Seemacht zu halten, indem es 1889 das Prinzip des two-power-standard formulierte, nach dem die britische Kriegsflotte stärker sein sollte als die beiden nächstgrößeren Flotten der Welt zusammen. Aber es war ein langfristig aussichtsloser Versuch, und die Frage war nicht, ob, sondern an wem dieses Prinzip scheitern würde. Im Ersten Weltkrieg brach dieser britische Überlegenheitsanspruch dann zusammen, und 1922 mußte London die Gleichrangigkeit der US-Marine offiziell anerkennen. Dem Deutschen Reich ließ sich sein innerer Kraftgewinn nicht ernsthaft bestreiten. Das industrielle Wachstum schuf Arbeitsplätze und Wohlstand – es zu verlangsamen hätte bestehende innenpolitische Spannungen verschärft, und im übrigen hätte wohl auch keine Regierung das Wachstumstempo gezielt steuern können, selbst wenn sie es gewollt hätte. An den Forderungen, Stimmungen und Leidenschaften der erwachenden Massen ließ sich je länger desto weniger vorbeiregieren. Eine Politik, die den wirtschaftlichen Interessen genügt hätte, indem sie auf offene Weltmärkte gesetzt hätte statt auf Kolonialbesitz, hätte vielleicht bei anderen Mächten weniger Anstoß erregt – dem Geist der Zeit entsprochen hätte sie nicht. Über dies alles geriet das Gleichgewicht der europäischen Mächte letztlich ins Wanken. Seit der Mitte des 20. Jahrhunderts sollte die Idee eines europäischen Gleichgewichts sich dann endgültig als überholt erweisen, aber es war dann nicht Deutschland, sondern Rußland, das deren Rahmen definitiv sprengte.

Am Anfang stand die kleindeutsche Reichsgründung. Sie schuf den staatlichen Rahmen für den Aufstieg des Deutschen Reiches, und sie trug indirekt auch dazu bei, daß die inneren Verhältnisse Österreich-Ungarns zunehmend unhaltbar wurden. Beides zusammen führte wesentlich mit zu jener labilen, krisengeschwängerten Lage, die sich dann im Ersten Weltkrieg unheilvoll entlud. Beides spielte für den Ablauf der Ereignisse im Spätsommer 1914 eine wichtige Rolle, indem nämlich der Nationalitätenkonflikt in Österreich-Ungarn die Wiener Führung aus Angst vor dem Tod in den indirekten Selbstmord trieb und indem die Mittellage des Deutschen Reiches dieses angesichts des Zweifrontenproblems dazu verleitete, vorzupreschen. So wie der Ausgang des Ersten Weltkriegs für das Deutsche Reich und Österreich aussah, stellte er dann die Gültigkeit der nationalen Entscheidung von 1866/71 ernsthaft wieder in Frage.

7.8 Erbe

Gerade die großen politischen Entscheidungen der Epoche haben sich überwiegend als wenig dauerhaft erwiesen. Von den Verfassungsverhältnissen, der Monarchie und ihrer starken Stellung, der Macht der alten Eliten und des Militärs, hat gerade das für diese Epoche Kennzeichnende ihr Ende 1918 nicht überlebt, im Deutschen Reich wie in Österreich-Ungarn. Komplizierter ist es mit der staatlichen Gliederung des deutschen Raumes. Das 1867/71 gegründete Deutsche Reich faßte einen größeren Teil der Deutschen fester zusammen als je zuvor seit der Stauferzeit und galt vielen Deutschen damals als Erfüllung der deutschen Geschichte. Aber nach einem Dreiviertel-jahrhundert hat es als politisch handlungsfähiges Gebilde wieder geendet, und Öster-reich-Ungarn ist schon 1918 zerfallen. Insofern ist die Entscheidung von 1866/71 also wieder revidiert worden. Immerhin hat die Trennung Österreichs vom (übrigen) Deutschland sich, trotz des Zwischenspiels von 1938-45, als letztlich dauerhafte Ent-scheidung erwiesen, während die Trennung in Bundesrepublik Deutschland und DDR nach 41 Jahren schließlich überwunden worden ist. Zweifelhaft ist die heutige BRD von anderer Gestalt als das Deutsche Reich, aber wenn in ihr historisch so verschie-dene Gebiete wie Schleswig-Holstein, Bayern und Westfalen staatlich vereint sind, so lebt darin schon indirekt noch ein Stück Erbe der Einigung durch die Reichsgründung weiter.

Viel unmittelbarer führen zwei andere politische Entwicklungen dieser Epoche in die Gegenwart: der Bürokratisierungsschub und das Erwachen der Massen, das sich auch in ihrer Politisierung äußerte und zu dem Anspruch fast der ganzen Bevölkerung führte, an der Politik teilzuhaben. Vor diesem Hintergrund sind im Laufe der zweiten Hälfte des 19. Jahrhunderts mit politischen Parteien, Gewerkschaften, Unternehmer-verbänden und anderen Interessenverbänden Formen gesellschaftlich-politischer Machtorganisation entstanden, die bis heute an Bedeutung noch weiter gewonnen ha-ben. Von den im Deutschen Reich entstandenen Organisationen sind es die Organisa-tionstypen als solche, die weiterbestehen, während die Gliederung des Parteiengefü-ges, das Nebeneinander verschiedener Richtungsgewerkschaften und die Landschaft der Interessenverbände seitdem noch beträchtlich umorganisiert worden sind. Von den Parteien des deutschen Kaiserreiches besteht nur die SPD kontinuierlich bis heute weiter. Programmatisch und strukturell hat sich auch sie inzwischen stark verändert, indem sie den Marxismus mittlerweile aufgegeben und ihren Charakter als Klassenpartei verloren hat, aber geblieben ist den Sozialdemokraten nicht nur das Eintreten für die kleinen Leute, sondern auch das gebrochene Verhältnis zum Militär und zum Nationalen, worin die Stellung dieser Partei im Kaiserreich in Resten nachwirkt, ihre verkrampfte Oppositionshaltung wie ihre Verketzerung durch die Etablierten vor dem Ersten Weltkrieg, und geblieben ist der SPD auch ihr Bedürfnis nach (teilweise realitätsfernen) Visionen und Langzeitperspektiven, auch wenn diese nicht mehr marxistisch sind. Dies unterscheidet sie bis heute von „bürgerlichen" Parteien in konservativer Tradition, die sich eher theorielos auf das Tagesgeschäft beschränken. In Österreich und der Schweiz ist die Kontinuität des Parteiengefüges stärker; die dort heute wesentlichen Parteien sind als solche schon in den Jahrzehnten vor dem Ersten Weltkrieg entstanden.

Überdauert haben auch grundlegende ordnungspolitische Entscheidungen. Mit den Sozialversicherungen wurde ein System eingeführt, das seitdem immer weiter ausgebaut worden ist, ohne im Grundprinzip verändert zu werden. Der mit dem Schutzzoll eingeschlagene Weg des Protektionismus in der Landwirtschaft ist bis heute ununterbrochen fortgesetzt worden, und die Schutzmaßnahmen haben immer neue Höhen erreicht. Auch die Entscheidungen dieser Zeit, bestimmte Bereiche des Wirtschaftslebens in staatlicher oder kommunaler Regie zu betreiben, haben in dieser Form (in der BRD) Bestand. Erwähnt werden sollte auch, daß nicht nur das damals eingeführte System der Maße und Gewichte und die Markwährung weiter bestehen, sondern ebenso Bürgerliches Gesetzbuch, Strafgesetzbuch und Handelsrecht des Kaiserreichs auch in der Bundesrepublik Deutschland gültig geblieben sind, natürlich mit entsprechenden Anpassungen an den Lauf der Zeit.

Einen außerordentlich wichtigen Einschnitt in die deutsche Geschichte bedeutete die Industrialisierung. Sie beseitigte viele alte Strukturen, hat aber zugleich neue entstehen lassen, die unverändert andauern und das heutige Leben entscheidend prägen. Mit ihr sind eine Reihe grundlegender Tendenzen und Erscheinungen aufgetreten, die sich in zahlreichen Lebensbereichen bemerkbar machen, so die Erfahrung und Erwartung wirtschaftlichen Wachstums, der Trend zu Großsystemen und die steigende Kapitalakkumulation, der Abbau lokaler und regionaler Eigenständigkeit und die Eingliederung in vielfältige Austauschbeziehungen sowie die damit einhergehenden Abhängigkeiten, überhaupt das Entstehen weltweiter Wirtschaftsverflechtungen und die existentielle Bedeutung, die der Außenhandel gewonnen hat, die industriellen Konjunkturzyklen, der ständige Strukturwandel, der das Gewicht einzelner Wirtschaftszweige dauernd verändert, insbesondere die Bedeutung der Landwirtschaft stetig schrumpfen läßt, nicht zuletzt die vermehrte Umweltbelastung durch die Emission von Schadstoffen wie ihre verschärfte Ausbeutung, seitdem man von der Nutzung schwerpunktmäßig regenerativer zu jener im wesentlichen nicht regenerierbarer Rohstoffe und Energieträger übergegangen ist. Das Erbe aus dieser Zeit erschöpft sich aber nicht in so allgemeinen Zügen, sondern zu ihm gehört auch eine Fülle einzelner Innovationen, die noch heute bestehen, seien es technische Erfindungen, man denke nur an Elektromotor und Verbrennungsmotor und ihre vielfältigen Anwendungen, an Auto, elektrische Beleuchtung und Telefon, an Zement und künstliche Farbstoffe, um nur wenige herauszugreifen, die ganz alltäglich geworden sind, seien es Verfahrensfortschritte in der Medizin, und ebenso gehören auch organisatorische Neuerungen dazu, z.B. Warenhäuser, Werbung und die Unternehmensform der Kapitalgesellschaften. Von diesen Innovationen sollen hier nicht noch einmal wiederholt werden, was an entsprechender Stelle schon genannt worden ist.

Ein recht umfangreiches Erbe hat uns die Epoche der Industrialisierung auch sehr konkret im Bereich der Infrastruktur hinterlassen. Wie sich Ballungsgebiete und weniger dicht besiedelte Gebiete im deutschen Raum verteilen, hat sich damals entschieden. Wo die bestehenden Ballungsgebiete nicht an bereits bestehende größere Städte anknüpften, sind sie in jener Epoche auf Acker und Weide völlig neu entstanden, so das Ruhrgebiet. Der größte Teil des heutigen Eisenbahnnetzes ist in seiner Streckenführung vor dem Ersten Weltkrieg angelegt worden; seitdem sind zwar manche Strecken stillgelegt, aber nur wenige ergänzend hinzugebaut worden. Der ganze Typ der modernen Großstadt mit seinem Netz aus Strom- und Wasserversorgungsleitungen, Kanalisation und Telefonleitungen, U- und S-Bahn hat in jener Epoche Gestalt gewonnen, und nicht nur das System als solches, sondern auch ein Teil der heute vorhandenen Anlagen stammt noch aus der Kaiserzeit. Sehr konkret ist ein beträchtlicher Teil des Straßennetzes der inneren Bezirke deutscher Städte in dieser Zeit angelegt worden, und wo damals Villenviertel, Gewerbegebiete und Arbeiterwohnviertel entstanden sind, liegen sie im allgemeinen heute noch. Ein sehr großer Teil der heute benutzten Rathäuser, Museumsbauten, Theater, Gerichtsgebäude und Gefängnisse ist in der späten Kaiserzeit errichtet worden. Aus keiner anderen Epoche der deutschen Geschichte vor 1949 hat sich so viel Bausubstanz erhalten wie aus dieser, keine ist damit im heutigen Stadtbild noch so deutlich präsent.

Auch manches der heute bedeutenden deutschen Unternehmen ist in der Kaiserzeit gegründet worden. Das ist insofern bemerkenswert, als es fast überhaupt keine Unternehmen beziehungsweise Betriebe gibt, die aus vorindustrieller Zeit kontinuierlich bis heute Bestand haben, sieht man einmal von landwirtschaftlichen Betrieben und auch der Buchverlagsbranche ab. Die technologische Umwälzung durch die Industrialisierung war so groß, daß sie auch für Firmentraditionen im gewerblichen Bereich einen tiefen Schnitt und vielfachen Neuanfang bedeutete.

Im geistigen Bereich fallen vor allem drei Tendenzen auf, die in der zweiten Hälfte des 19. Jahrhunderts mit Macht eingesetzt haben und im Ergebnis für die heutige Zeit prägend sind: Säkularisierung, Verwissenschaftlichung und Verbürgerlichung. Die Kirchen haben seitdem immer mehr an gesellschaftlichem Gewicht, religiöse Überzeugungen an lebensprägender Kraft eingebüßt. Parallel dazu kamen die verschiedensten Weltanschauungen auf, vor allem aber ist Wissenschaft zu einer Macht aufgestiegen, welche die Denkweisen und zunehmend auch die Produktion bestimmt. Die Gewohnheiten, Stile und Mentalitäten verschiedener Regionen und Klassen sind in wachsendem Maß vereinheitlichend überformt worden, ausgehend von jenen kulturellen Kräften, die man grob als bürgerlich bezeichnen kann. Alle drei Tendenzen haben sich auch über den Ersten und Zweiten Weltkrieg hinaus fortgesetzt. Auf die zahlreichen kulturellen Neuerungen soll hier nicht im einzelnen eingegangen werden. Einige Werke aus Literatur und Musik finden auch heute noch ihr Publikum, und viele wissenschaftliche Erkenntnisse sind gültig geblieben. Aber auch das Aufkommen der Sportbewegung und die Erfindung, Musik reproduzieren zu können, haben für unsere heutige Zeit große Bedeutung gewonnen. Die wohl mächtigsten, weit über die Deutschen hinausreichenden Wirkungen einer geistigen Neuerung gingen von den Lehren von Karl Marx aus. Sie haben weniger als Wissenschaft gewirkt denn als Botschaft politisch-sozialen Charakters. Die Geschlossenheit ihres scheinbar wissenschaftlichen Weltbilds, ihr humanitärer Schwung und ihre Utopie haben immer wieder Menschen fasziniert, die über die Unvollkommenheit der bestehenden Verhältnisse empört waren, und zugleich bei ihnen oft falsche Hoffnungen geweckt. In jener Form, zu der Lenin sie verbog, wurde Marx' Lehre überdies 1917-89 in der UdSSR und in den von ihr abhängigen Staaten von den herrschenden Funktionären mißbraucht, um ihre Diktatur zu legitimieren, und in China auch noch darüber hinaus. Die zwei Jahrzehnte vor Beginn des Ersten Weltkriegs schließlich erwiesen sich rückblickend als Beginn des 20. Jahrhunderts nicht nur in chronologischer, sondern auch in geistiger Hinsicht. In diesen Jahren sind zumindest im Ansatz und Prinzip alle geistigen Strömungen entstanden, soweit sie nicht schon vorhanden waren, die dann im 20. Jahrhundert eine Rolle spielen sollten; eine wirklich grundlegend neue Richtung ist seitdem nicht aufgetaucht.

Vielleicht am wenigsten bewußt sind den Deutschen jene Nachwirkungen des Kaiserreiches, die in seiner Außenwirkung bestanden. Der Eindruck, den das Deutsche Reich der späten Kaiserzeit auf ausländische Beobachter machte, war ein zwiespältiger. Einerseits brachte es sein politischer Stil in den Ruf eines militärischen Charakters und aggressiver Außenpolitik, was die Weltkriegspropaganda noch kräftig verstärkte, andererseits formte der industrielle und wissenschaftliche Aufstieg das Bild von Fleiß und Qualitätsarbeit, wirtschaftlicher und wissenschaftlicher Leistung. Beide Images hatte es zuvor in dieser Weise nicht gegeben. Verschiedene Entwicklungen und Ereignisse seit dem Ersten Weltkrieg haben dazu beigetragen, diesem Bild der Deutschen im Ausland neue Nahrung zu geben. Solche Fremdbilder wandeln sich langsamer als die Wirklichkeit. So wirkte das Bild eines aggressiven Deutschland bei der Intelligenzschicht westlicher Länder bis weit über den Zweiten Weltkrieg hinaus nach, in osteuropäischen Ländern vielleicht noch heute, und noch mehr dürfte die andere Seite des Bildes an vielen Stellen in gewissem Umfang noch vorhanden sein.

8.

Umstrittener Pluralismus und Nationalsozialismus: 1918-1945

8.1 Das Elend der Volkstumspolitik

Der Erste Weltkrieg schlug dem deutschen Volk schwere Wunden. 1,9 Millionen Soldaten starben für das Deutsche Reich, und die Mehrsterblichkeit der Zivilbevölkerung infolge Unterernährung betrug 300.000 Menschen. Auf das Gebiet der späteren Republik Österreich kamen etwa 190.000 Gefallene. Die Bevölkerungsentwicklung der Zwischenkriegszeit setzte nach der Unterbrechung durch die Kriegsjahre jenen Trend fort, der schon vor dem Ersten Weltkrieg bestanden hatte. Die Sterbezahlen sanken langsam weiter ab. Nachdem nach Kriegsende die während des Kriegs zurückgestellten Geburten nachgeholt worden waren, ging die Geburtenzahl immer weiter zurück. Dies lag nicht zuletzt daran, daß die Zahl der Abtreibungen stark anstieg; diese waren zwar verboten, wurden jedoch in der juristischen Praxis der 20er Jahre im Deutschen Reich kaum strafrechtlich verfolgt. Nachdem schon die Regierungen der Weimarer Republik über den Geburtenrückgang sorgenvoll geredet hatten, wurde nach der nationalsozialistischen Revolution 1933 auch gehandelt. Dabei erstrebten die Nationalsozialisten eine möglichst große Bevölkerungszahl besonders nachdrücklich, da sie von der sozialdarwinistischen Auffassung ausgingen, die Geschichte sei ein Ringen der Völker und Rassen, bei dem die stärksten sich durchsetzen würden. Deshalb wurde die Strafverfolgung der Abtreibungen in Gesetz und Praxis wesentlich verschärft und der Zugang zu Verhütungsmitteln erschwert, und der Staat begann Familiengründung und Mutterschaft finanziell und propagandistisch zu fördern. Tatsächlich stieg die Zahl der Eheschließungen und dadurch die Geburtenrate ab 1935 im Deutschen Reich etwas an, während sie in Österreich und der Schweiz in den 30er Jahren weiter sank.

Die Auswanderung nach Übersee belebte sich in den 20er Jahren noch einmal. Von 1921 bis 1930 wanderten 869.000 Menschen aus dem Deutschen Reich nach Übersee aus, wieder meist in die Vereinigten Staaten. Mit der großen Weltwirtschaftskrise verblaßte dann der Glanz Amerikas, und die Auswanderung ging stark zurück. In der NS-Zeit war die Auswanderung trotz der politischen Verfolgungen geringer als in den 20er Jahren. 1933-39 wanderten 400.000 Menschen aus dem Deutschen Reich aus. Von diesen waren 330.000 Juden, während nur ein relativ kleiner Teil ausschließlich wegen seiner politischen Gesinnung emigrierte.

Bevölkerungsentwicklung

Auswanderung

795

*Die
Deutschen
in der
Zerstreuung
im Ersten
Weltkrieg*

Daß im Ersten Weltkrieg die Intensität der Kriegführung größer war als je zuvor, daß dabei Massenleidenschaften gezielt propagandistisch angeheizt wurden, dies wirkte nachhaltig auch auf die Deutschen in den nichtdeutschen Staaten zurück. Mochte manche deutsche Volksgruppe im Ausland in den vorangegangenen Jahrzehnten auch ihre eigenen Wege gegangen sein, ohne politische Beziehungen zu den Deutschen im Reich gehabt zu haben – jetzt erwies sich, daß die Deutschen im geschlossenen Siedlungsgebiet und jene in der Zerstreuung weiterhin – oder wieder neu – schicksalsmäßig verbunden waren, wenngleich in tragischer Weise. Die Deutschen in der Zerstreuung mußten diese Verbindung vor allem als der passive Teil leidend erleben. Im Deutschen Reich nahm man diese Rückwirkungen des Ersten Weltkriegs auf die Volksdeutschen in Übersee und im Zarenreich kaum wahr, doch für die deutschen Volksgruppen dort waren sie von existenzieller Bedeutung.

Auf die Deutschen im Zarenreich schlug der Erste Weltkrieg zuerst zurück. Bei Kriegsausbruch erklärte der russische Ministerpräsident Goremykin: „Wir führen Krieg nicht nur gegen das Deutsche Reich, sondern gegen das Deutschtum überhaupt, auch gegen die Deutschen im Innern unseres Reiches."[66] Eine Welle der Deutschenfeindlichkeit schlug über den Volksdeutschen im Zarenreich zusammen; an etlichen Orten kam es zu antideutschen Pogromen. Obwohl sich die Deutschen in Rußland eindeutig loyal zum Zarenreich verhielten, wurden sie wegen ihrer deutschen Volkszugehörigkeit pauschal als politisch unzuverlässig verdächtigt. Während die Söhne im russischen Heer an der Front gegen die Mittelmächte ihre Pflicht taten, verboten in der russischen Heimat die Behörden 1914 in den deutschen Schulen den deutschsprachigen Unterricht, verboten die deutschen Zeitungen und Vereine, ja untersagten sogar, in der Öffentlichkeit Deutsch zu sprechen. Viele Deutsche wurden verhaftet und verbannt. 1915/16 beschloß die Regierung, die in Rußland lebenden deutschen Bauern weitgehend zu enteignen. Diese Beschlüsse führte man aber nur bei den Wolhyniendeutschen durch, die unter hohen Verlusten zwangsweise nach Osten umgesiedelt wurden. Daß 1917 die Russische Revolution ausbrach, verhinderte weitere Verbannungen.

Auch für Millionen deutscher Volkszugehöriger in Übersee war der Erste Weltkrieg eine schwere Zeit. Die Deutschamerikaner hatten lange offen und heftig zu verhindern gesucht, daß die USA gegen das Deutsche Reich in den Krieg eintraten. Als der Kriegseintritt dann 1917 doch erfolgte, schlug ihnen eine Welle des Hasses entgegen. Monatelang wurden die Deutschamerikaner öffentlich verleumdet, ihre Geschäfte boykottiert und teilweise verwüstet, deutschstämmige Lehrer und Schüler von den Schulen vertrieben und einzelne Deutschamerikaner sogar geteert und gefedert. Deutsche Musik und deutschsprachige Theaterstücke verschwanden aus Konzertsälen und Theatern, deutscher Sprachunterricht an den Schulen wurde in zahlreichen Bundesstaaten offiziell verboten. Daß die USA sich als Rechtsstaat mit verfassungsrechtlich garantierten Bürgerrechten verstanden, zählte bei diesen antideutschen Pogromen nicht. Die Deutschamerikaner fanden sich durch den Kriegseintritt der USA in einen verheerenden psychologischen Konflikt gestoßen: auf der einen Seite standen die Sympathien für die alte Heimat Deutschland, zu der noch vielfach enge verwandtschaftliche Beziehungen bestanden, auf der anderen Seite stand die Loyalität zur amerikanischen Nation. Innerhalb kurzer Zeit mußten sie sich für immer entscheiden. Fast alle entschieden sich für die USA. Die Deutschamerikaner leisteten ihren Kriegsdienst in der US-Armee als loyale Bürger. In der Zeit des amerikanischen Kriegseintritts anglisierten viele Familien und Vereine, selbst Gemeinden und Städte ihre deutschen Namen, in der Hoffnung, so Benachteiligungen aus dem Weg gehen zu können. In Kanada und Australien, die zum britischen Empire gehörten und dadurch ebenso wie Großbritannien gegen das Deutsche Reich in den Krieg eintraten, erging es den Volksdeutschen ähnlich wie in den USA. Auch dort wurde alles, was deutsch erschien, im Kulturleben unterdrückt und aus dem öffentlichen Leben entfernt. In den lateinamerikanischen Staaten, die sich weitgehend aus dem Weltkrieg heraushielten, blieb dagegen den Volksdeutschen und der deutschen Sprache und Kultur die Verfolgung erspart.

Volkliche Minderheiten unter den Deutschen

Infolge der Gebietsabtretungen gab es nach 1919 im Deutschen Reich nur noch geringe Minderheiten mit deutscher Staatsangehörigkeit, aber nichtdeutscher Volkszugehörigkeit. Es handelte sich um die Sorben und die wenigen im Reichsgebiet verbliebenen Polen und Dänen, wobei die 1918/19 im Reich anwesenden Polen im Ruhrgebiet und in Oberschlesien bis 1925 weitgehend nach Polen und Frankreich abwanderten. Diesen Minderheiten wurde in den 1920er Jahren weitgehend kulturelle Selbständigkeit zugestanden, auch im Schulwesen.

Deutsche Minderheiten nach dem Weltkrieg allgemein

Die Lage der Volksdeutschen, die als Minderheiten in nichtdeutschen Staaten lebten, sah dagegen in der Zwischenkriegszeit meist schlechter aus. Daß die Deutschen den Krieg verloren hatten, wirkte sich auch hier in unübersehbarer Weise negativ aus. Dabei war die Zahl der Volksdeutschen im nichtdeutschen Ausland durch die Grenzregelungen des Versailler Vertrags stark gestiegen: mit jenen Gebieten, die das Deutsche Reich aufgrund des Versailler Vertrags abtreten mußte, kamen 3,17 Millionen Menschen, die Deutsch als einzige Muttersprache sprachen, an fremde Staaten, im wesentlichen an Frankreich und Polen, und indem Österreich-Ungarn sich auflöste, gerieten überdies auch dort alle Deutschen, die nicht innerhalb der neuen Republik Österreich lebten, an nichtdeutsche Staaten.

Die Deutschen in Übersee

Daß die Deutschamerikaner im Ersten Weltkrieg heftig diffamiert wurden, erschütterte ihr Selbstbewußtsein schwer und stürzte sie in eine tiefe Identitätskrise, unter der sie noch lange litten. Die Identifizierung mit der deutschen Herkunft ließ sich nur noch vereinzelt wiederherstellen. Die übergroße Mehrheit wollte sich jetzt gründlich amerikanisieren und gab ihr Deutschsein auf. Ihr Selbstverständnis wandelte sich von US-Bürgern, die sich mit der deutschen Kulturgemeinschaft und dadurch mit dem deutschen Volk verbunden fühlten, zu nur noch deutschstämmigen Amerikanern. In Kanada und Australien verlief die Entwicklung ähnlich. Auch in diesen Staaten löste die Diskriminierung alles Deutschen im Ersten Weltkrieg bei den dorthin ausgewanderten Deutschen einen Assimilierungsschub aus, und deutsche Traditionen wurden weitgehend aufgegeben. So ging die Zahl der Deutschen in Übersee in den angelsächsischen Ländern seit dem Ersten Weltkrieg durch die bewußte Anglisierung rasch zurück.

Für die Deutschen in Lateinamerika brachte der Erste Weltkrieg keine vergleichbaren Folgen. Für die Deutschen in Brasilien kam allerdings Bedrohliches wenig später aus einer anderen Quelle. In den 1930er Jahren bestimmte in Brasilien ein unduldsamer brasilianischer Nationalismus die politische Landschaft, der alle nichtportugiesischstämmigen Volksgruppen nicht als vollwertige Brasilianer ansah und sie zu assimilieren suchte. Die deutschen Vereine und das deutsche Schulwesen in Brasilien wurden zerschlagen und auch in der Kirche jedes deutsche Wort verboten.

Die Baltendeutschen und die Rußlanddeutschen sahen sich in der Zeit zwischen den Weltkriegen nur in geringem Maße dem Druck von Assimilierungsforderungen ausgesetzt, doch war ihr Los trotzdem nicht leicht. Hier trieben vor allem erbitterte Klassenkämpfe die deutschen Volksgruppen zunehmend in den Ruin. Im Baltikum ging 1918/19 die Macht auf die Esten und Letten über, die zwei selbständige, von Rußland unabhängige Staaten bildeten. Nachdem schon durch die Russische Revolution und den Bürgerkrieg zahlreiche Baltendeutsche umgekommen waren, wurde 1919 und 1920 der deutsche Großgrundbesitz in Lettland und Estland entschädigungslos enteignet und damit dem baltendeutschen Adel die Basis seiner wirtschaftlichen und politischen Stellung genommen. Die Baltendeutschen verloren ihre Führungsstellung und wurden zur bloßen volklichen Minderheit, eine Entwicklung, die langfristig gesehen zweifellos unvermeidlich war. Zehntausende von ihnen wanderten daraufhin ins Deutsche Reich ab. Immerhin gewährten Lettland 1919 und Estland 1925 den verbleibenden Deutschen kulturelle Autonomie, die in Estland auch zufriedenstellend funktionierte.

Für die Rußlanddeutschen endete mit der Russischen Revolution zwar zunächst die Russifizierungspolitik, doch da sie es zu relativem Wohlstand gebracht hatten, sahen sie sich jetzt von den Kommunisten aus Klassenhaß verfolgt. In der Zeit der Revolution und des Bürgerkriegs 1917-23 kamen Hunderttausende der Rußlanddeutschen um, sei es bei der gewaltsamen Enteignung ihres Landbesitzes, durch Deportationen, Verhaftungen und Hinrichtungen, durch Angriffe plündernder Bauern oder die große Hungerkatastrophe von 1921/22, die durch die Zerrüttung des Wirtschaftslebens verursacht wurde. 1924 gründete man dann die „Autonome Sozialistische Republik der Wolgadeutschen", die eine eigene Verwaltung besaß mit Deutsch als Amtssprache. Ihre Fläche entsprach mit 27.400 Quadratkilometern ungefähr der Größe Belgiens. Doch in ihr lebte nur ein Teil der Rußlanddeutschen, und sie besserte die Lebensumstände der Rußlanddeutschen nicht auf Dauer. Mit der rücksichtslosen Zwangskollektivierung verloren die Bauern ab 1928 Land und Vieh. Tausende von ihnen wurden verhaftet und verschleppt. In den Terrorjahren 1933-38 wurde dann fast die gesamte deutsche Intelligenz in Rußland vernichtet.

Die Lage der volksdeutschen Minderheiten in Europa (außerhalb der UdSSR) gestaltete sich in der Zeit zwischen den Weltkriegen sehr unterschiedlich. Nur in wenigen Fällen konnten die Deutschen weiter unbeeinträchtigt in ihren kulturellen Traditionen als Deutsche leben. Beherrschend war in dieser Zeit vielmehr jene Vorstellung von Nationalstaat, die möglichst keine fremden Volksgruppen innerhalb seiner Grenzen dulden wollte. In vielen Staaten versuchte die Führung dieses Ziel dadurch zu erreichen, daß sie Minderheiten unter Druck assimilierte oder verdrängte. So tobte zwischen den Weltkriegen in Europa ein Volkstumskampf, der sich immer weniger um Rechtsgrundsätze kümmerte und alles übertraf, was sich in dieser Hinsicht bis dahin abgespielt hatte. Um Minderheitenprobleme zu lösen, griffen Regierungen jetzt auch zu den Methoden der Ausweisung und der erzwungenen Abwanderung, die dem 19. Jahrhundert noch fremd gewesen waren. Dieser Volkstumskampf richtete sich gegen alle Minderheiten, doch er betraf besonders die Deutschen. Das lag zum einen daran, daß die Zahl der Deutschen, die als Minderheiten in fremden Staaten lebten, wegen der zahlreichen verstreuten deutschen Siedlungsinseln in Osteuropa und wegen der Gebietsabtretungen aufgrund des Versailler Vertrages außerordentlich groß war, und es geschah zum anderen deshalb, weil das Deutsche Reich nach dem verlorenen

Weltkrieg politisch geschwächt dastand. Da sich nicht übersehen ließ, daß die 1919/20 neu gezogenen Staatsgrenzen in Osteuropa nicht den Siedlungsgebieten der verschiedenen Völker entsprachen, hatten die hauptsächlichen Siegermächte des Ersten Weltkriegs 1919 mit Polen, der Tschechoslowakei, Jugoslawien, Ungarn und Rumänien Verträge abgeschlossen, in denen diese sich zum Schutz ihrer nationalen Minderheiten verpflichten mußten. Doch in der Praxis hielten die meisten dieser Staaten sich kaum an die Minderheitenschutzverträge, und der Völkerbund, der für Beschwerden gegen Vertragsverletzungen zuständig war, blieb ohnmächtig. Unter dem unnachgiebigen Druck bröckelten die deutschen Minderheiten in den nichtdeutschen europäischen Staaten seit 1920 immer weiter ab. 1919-25 gaben über eine Million Deutsche hier ihre Heimat auf und wanderten mehr oder minder gezwungenermaßen ins Deutsche Reich, und weitere folgten in den nächsten Jahren.

Die kleinen deutschen Minderheiten, die 1920 mit Nordschleswig und Eupen-Malmedy an Dänemark beziehungsweise an Belgien gerieten, sahen sich in den folgenden Jahren keinen offenen und gewalttätigen Pressionen gegen ihren deutschen Charakter ausgesetzt. *Nordschleswig und Eupen-Malmedy*

In krassem Gegensatz dazu sahen sich die Deutschen in Elsaß-Lothringen und in Südtirol nach dem Weltkrieg mit einer scharfen und kompromißlosen Entdeutschungspolitik konfrontiert, die sie mit Druck zu Franzosen beziehungsweise Italienern assimilieren wollte. Aus Elsaß-Lothringen wurden von den Franzosen 1918/19 rund 130.000 Deutsche ausgewiesen und vertrieben, vor allem die deutsche Führungsschicht. Die Franzosen betrachteten die Elsässer als Romanen, die eine Zeitlang einer Germanisierung ausgesetzt worden seien, und sie wollten nicht wahrhaben, daß die Elsässer sprachlich-kulturell dem deutschen Volk zugehörten. Obwohl von den 1,7 Millionen Deutschen in Elsaß-Lothringen, die 89 Prozent der dortigen Bevölkerung ausmachten, weniger als 10 Prozent Französisch als Fremdsprache beherrschten, erklärten die französischen Behörden gegen den Widerstand der Bevölkerung 1918/19 das Französische zur ausschließlichen Amts-, Gerichts- und Unterrichtssprache, französisierten die Ortsnamen und im Amtsverkehr sogar die Familiennamen, und zeitweise wurden auch deutschsprachige Theateraufführungen und das öffentliche Deutschsprechen überhaupt unter Strafandrohung verboten. Nur eines blieb zweisprachig – die Steuerbescheide! Die Elsaß-Lothringer wünschten sich eine echte deutsch-französische Zweisprachigkeit, und viele träumten von einer Doppelkultur des Ausgleichs und der Vermittlung zwischen Deutschland und Frankreich. Doch die französische Regierung und Verwaltung strebte an, das Land rasch und vollständig zu französisieren. Die Kenntnis der französischen Sprache machte dann in der Zwischenkriegszeit auch starke Fortschritte: 1930 beherrschten etwa die Hälfte der deutschsprachigen Elsaß-Lothringer das Französische als Fremdsprache. Trotzdem blieb der Wille der deutschen Bevölkerung bestehen, ihre deutsche Sprache zu erhalten. So war das Zeitungswesen im Elsaß bis zum Zweiten Weltkrieg fast rein deutsch. *Elsaß und Südtirol*

Die 270.000 Deutschen in Südtirol südlich des Brenners, das mit dem Ende des Ersten Weltkriegs an Italien kam, waren seitdem noch rigoroseren Entdeutschungsmaßnahmen ausgesetzt als die Elsässer. Obwohl die Bevölkerung des deutschen Teils Südtirols rein deutsch war und im allgemeinen kein Italienisch sprach, wurde ihr das Italienische als alleinige Verwaltungs-, Gerichts- und Unterrichtssprache aufgezwungen. Die Behörden verboten deutschsprachige Zeitungen, entfernten die Deutschen aus den öffentlichen Stellungen und italienisierten die Orts- und Familiennamen zwangsweise. Selbst auf den Grabkreuzen mußte die Schreibweise der Familiennamen geändert werden. Auch Verfolgungen und Mißhandlungen kamen vor. Die meisten Deutschen Südtirols lernten im Laufe der Zeit Italienisch als Fremdsprache, aber ihr Selbstverständnis als deutsche Volkszugehörige blieb unerschüttert.

Deutsche in
Osteuropa

Von den zahlreichen Deutschen, die als Minderheiten in Osteuropa lebten, erging es nach 1919 jenen Deutschen am besten, deren Siedlungsgebiete bei Kriegsende an Rumänien gefallen waren. Ihr Kulturleben konnte sich einigermaßen frei entfalten, einschließlich eines deutschen Schulwesens. Ungarn setzte im Unterschied dazu gegenüber den Deutschen, die in seinem geschrumpften Staatsgebiet verblieben waren, die Politik der Diskriminierung und Magyarisierung fort. In Jugoslawien wurden die Deutschen in den 20er Jahren in Slowenien unterdrückt, deutsche Schulen weitgehend geschlossen und deutscher Besitz zum Teil enteignet, während man die Deutschen in dem an Jugoslawien gekommenen Teil des Banats milder behandelte.

In Polen war die Zahl der Deutschen mit 2 Millionen im Jahr 1918 deutlich größer als in den eben genannten Staaten. Die öffentliche Meinung in Polen stand diesen Deutschen latent feindlich gegenüber. Bis zum Zweiten Weltkrieg hin sahen sich die Deutschen in den meisten Gebieten Polens offen diskriminiert und als Bürger zweiter Klasse behandelt. Die polnische Politik arbeitete gezielt darauf hin, die Deutschen zu verdrängen, vor allem in den westlichen Gebieten, wie auch sie zu polonisieren, so besonders in Mittel- und Ostpolen. Dahinter stand die Meinung, nur so die neugewonnenen Gebiete langfristig behaupten zu können.

Umgekehrt unterstützte in den 20er Jahren das Deutsche Reich die deutsche Minderheit materiell und trat auf der internationalen Bühne als ihr Anwalt auf, um den Anspruch auf eine Revision der Grenze zu Polen aufrechterhalten zu können. Bedrückungsmaßnahmen gegen deutsche Minderheiten fanden auch in der deutschen Presse großen Widerhall. Tatsächlich sank bis 1921 die Zahl der Deutschen in Polen auf 1,1 Millionen. Die meisten verstanden kein Polnisch. Manche Deutsche sahen sich entschädigungslos enteignet und ausgewiesen. Eine Bodenreform, bei welcher der Großgrundbesitz enteignet wurde, setzten die Polen gezielt als Werkzeug der Entdeutschung ein, indem das Land weitgehend Deutschen genommen und fast nur an Polen ausgegeben wurde. Im Zuge einer stetigen Polonisierungspolitik wurden nach und nach auch immer mehr deutsche Schulen geschlossen und ein wachsender Teil deutscher Kinder gezwungen, polnischsprachige Schulen zu besuchen.

Die deutsche Volksgruppe in der Tschechoslowakei, die 1921 mit 3,1 Millionen Menschen 23,4 Prozent der Gesamtbevölkerung des tschechischen Staats ausmachte, war in der Zwischenkriegszeit die größte deutsche Minderheit in Europa, umfangreicher selbst als die Zahl der Schweizerdeutschen. Man faßte sie jetzt unter der Bezeichnung Sudetendeutsche zusammen. Anders als die Deutschen in Polen, die vielfach in kleinen Volksinseln verstreut lebten, gehörten die Deutschen in der Tschechoslowakei zum geschlossenen deutschen Siedlungsgebiet. Angesichts ihrer Zahl und der Stärke auch ihrer wirtschaftlichen und kulturellen Position gab es gegen die Sudetendeutschen keine brutale Unterdrückungspolitik. Gleichwohl waren die Tschechen nicht bereit, die Deutschen als gleichberechtigt zu akzeptieren. Vor allem wurden aus der staatlichen und kommunalen Verwaltung gezielt deutsche Beamte verdrängt. Hunderttausende der Sudetendeutschen wanderten in der Zwischenkriegszeit ins Deutsche Reich ab.

800

Nachdem die Nationalsozialisten im Deutschen Reich an die Macht gekommen waren, begann dort eine neue Volkspolitik. Für das Deutsche Volk hatte sie höchst nachhaltige Folgen, die sich auf seine Substanz verheerend auswirkten. Jetzt gewann jene Vorstellung von einem deutschen Nationalstaat mächtig an Einfluß, die keine nichtdeutschen Minderheiten mehr innerhalb des Deutschen Reiches dulden sowie möglichst das gesamte geschlossene Siedlungsgebiet der Deutschen im Deutschen Reich zusammenfassen wollte. Das eigenständige Kulturleben der sorbischen Minderheit im Reich wurde ab 1937 unterdrückt, der Gebrauch der sorbischen Sprache im Schulunterricht, in Zeitschriften und in der Öffentlichkeit überhaupt verboten und eine forcierte Eindeutschungspolitik begonnen. Im Weltkrieg setzten Planungen ein, Teile der Sorben überhaupt aus dem Deutschen Reich auszusiedeln, wurden aber nicht mehr ausgeführt. Dagegen deportierte man die im Deutschen Reich lebenden Zigeuner seit 1940 nach Polen. Die Zigeuner waren nach 1933 zunächst wie schon in den vorangegangenen Jahrzehnten aus sozialen und kriminalpräventiven Gründen verfolgt worden, wurden dann aber ab 1938 zunehmend als „minderwertige" fremde Rasse verfolgt. Nachdem sie schon ab 1939 in Sammellager gebracht worden waren, wurden sie seit Anfang 1943 systematisch durch Erschießungskommandos und in Vernichtungslagern ermordet.

Nachdem sich das Deutsche Reich 1940 Elsaß-Lothringen wieder angeeignet hatte, begann die deutsche Verwaltung dort, rigoros Verwaltungsbetrieb, Ortsnamen und Bräuche wieder zu verdeutschen, um die „welsche Tünche" zu beseitigen, auf daß die Elsässer wieder rein deutschen Charakters würden. Wer sich nicht zum deutschen Volkstum bekennen wollte, wurde ausgewiesen. Die Elsässer selbst waren über die ihnen aufgezwungenen Wechselbäder von Französisierungs- und Verdeutschungspolitik alles andere als erfreut.

Selbst die Schweizerdeutschen blieben von den Rückwirkungen der nationalsozialistischen Volkspolitik nicht verschont. Solange man deutlich zwischen reichsdeutscher Staatsangehörigkeit und deutscher Volkszugehörigkeit unterschied, war für die Schweizerdeutschen die sprachlich-kulturelle Zugehörigkeit zum deutschen Volk ohne weiteres möglich. Angesichts der nationalsozialistischen Forderung, alle Deutschen in einem Großdeutschen Reich zusammenzuschließen, die eben diesen wichtigen Unterschied verwischte, wollten die Schweizerdeutschen nun aber nicht mehr länger Deutsche sein. Aus dem Gefühl heraus, daß die staatliche Eigenständigkeit der Schweiz durch ihr Deutschsein bedroht sein könnte, griff in der Schweiz eine zunehmende Deutschenfeindschaft um sich. Sympathien für alles Deutsche, soweit es sich nicht offen gegen das NS-Reich richtete, gerieten in der Schweiz mehr und mehr in den Geruch der landesverräterischen und staatsgefährdenden Tendenzen. Im Zweiten Weltkrieg kapselten sich die Schweizer in einer Art Belagerungsmentalität von der Außenwelt ab und betonten immer mehr die vermeintliche Schweizer Sonderart. Die Abgrenzungsbemühungen der Schweizerdeutschen gingen bis zu Bestrebungen, das Schwyzerdütsch zur Schrift- und Hochsprache zu entwickeln und an die Stelle des Hochdeutschen zu setzen, um möglichen reichsdeutschen Expansionsbestrebungen den Boden zu entziehen, die sich auf eine gemeinsame Volkszugehörigkeit beriefen. Die Schweizerdeutschen wären dann ebenso wie die Niederländer aus dem deutschen Volk ausgeschieden. Doch diese Bestrebungen konnten sich letztlich nicht durchsetzen. Unverkennbar wandelte sich allerdings der Sprachgebrauch. Während in der zweiten Hälfte des 19. Jahrhunderts in der Schweiz genauso wie im übrigen deutschen

Sprachraum die Mundart durch das Hochdeutsche stark zurückgedrängt wurde, so daß um 1900 ihr Aussterben unvermeidlich schien, wandte man sich in der Schweiz zwischen 1933 und 1948 wieder stärker dem Gebrauch der schweizerdeutschen Mundart zu, auch in den gebildeten Schichten. Die traumatischen Erfahrungen dieser Zeit ließen bei den Schweizerdeutschen nach 1945 hinsichtlich ihres Deutschseins eine Identitätskrise zurück, die zwar inzwischen weitgehend verdrängt, aber letztlich unausgetragen ist.

Auch die deutschen Minderheiten in den nichtdeutschen Staaten sahen sich vom NS-Staat für seine Zwecke eingespannt. Nationalsozialisten traten als Führer der dortigen deutschen Volksgruppen auf und betonten in ihrem Namen lauthals die Verbundenheit zum Deutschen Reich. Dies geschah vor allem in Osteuropa und Lateinamerika, während in Nordamerika nationalsozialistische Bestrebungen, die Deutschamerikaner für ihre Ideen zu mobilisieren, keinen Widerhall fanden. Den deutschen Minderheiten bekamen diese nationalsozialistischen Aktivitäten nicht gut: sie riefen Mißtrauen unter der Mehrheitsbevölkerung hervor und brachten die deutschen Volksgruppen in den schlimmen Verdacht, die trojanischen Pferde reichsdeutscher Expansionspolitik zu sein. Beim Ausbruch des Zweiten Weltkriegs entlud sich dann in Polen die antideutsche Stimmung in leidenschaftlichen, durch die polnische Propaganda entfachten Pogromen gegen die deutsche Volksgruppe, bei denen fast 6.000 Deutsche von Polen umgebracht wurden.

Das nationalsozialistische Reich gab den deutschen Volksgruppen in Osteuropa in ihrem Ringen um Minderheitenrechte und Selbstbehauptung an ihrem angestammten Ort keine Unterstützung. Vielmehr bemühte sich die Reichsregierung ab 1939, möglichst alle Volksdeutschen, die in verstreuten Volksinseln lebten, dazu zu bringen, ihre Heimat aufzugeben und ins Deutsche Reich umzusiedeln. Aus Südtirol, Polen, dem Baltikum, Bessarabien, der Bukowina, Wolhynien, dem Schwarzmeergebiet und einigen anderen Gegenden Osteuropas wurden von 1939 bis 1944 etwa 950.000 Deutsche ins Deutsche Reich umgesiedelt, die meisten in die westlichen Teile Polens, die nach dem Polenfeldzug als Reichsgaue Wartheland und Westpreußen dem Reich einverleibt worden waren. Diese Umsiedlungen erfolgten aber nicht um der deutschen Minderheiten willen, nicht um dem einzelnen zu helfen, seine deutsche Lebensweise zu bewahren, sondern sie sollten dazu dienen, das geschlossene deutsche Siedlungsgebiet zu vergrößern und damit letztlich die Basis für deutsche Machtpolitik zu stärken. Die NS-Führung interessierte sich nicht wirklich für die Belange der deutschen Minderheiten, sondern mißbrauchte sie als Instrumente für ihre Machtpolitik.

Die Nationalsozialisten griffen nicht nur radikaler in die Volks- und Siedlungsverhältnisse Europas ein als alle anderen Regierungen vor ihnen, sie steuerten auch zunehmend qualitativ anderen Zielen zu. An Stelle des deutschen Volkes, dessen Einheit durch die sprachlich-kulturellen Gemeinsamkeiten begründet ist, trat im Denken der NS-Führung während des Kriegs mehr und mehr die germanische Rasse, gekennzeichnet durch angebliche biologische Gemeinsamkeiten. Die rassisch orientierte Politik verdrängte die auf der Idee des Sprachvolks beruhende Politik aber nie völlig, und sie war in sich nicht stimmig und blieb in der Anwendung willkürlich. Tatsächlich begann die NS-Führung aber, angeblich „fremdrassige" Menschen aus dem deutschen Volk auszuscheiden, so die Juden und Zigeuner. Als ob das deutsche Volk, in dem im Laufe seiner langen Geschichte so viele Menschen aus anderen Völkern aufgegangen sind, „reinrassig" gewesen wäre! Nur im Sprachlich-Kulturellen lag und liegt die Einheit des

Vom deutschen Volk zur germanischen Rasse

deutschen Volkes begründet, nicht in der Rasse. Doch die nationalsozialistische Volkspolitik kümmerte sich in ihrer ideologischen Blindheit nicht um diese wissenschaftlichen Tatsachen. Hinter der Idee des Großdeutschen Reiches, das als Verwirklichung alldeutscher Wünsche vorangegangener Jahrzehnte erscheinen konnte, tauchten im Krieg Träume von einem Großgermanischen Reich auf Rassenbasis auf. Alle germanischen Völker sollten zu einem gesamtgermanischen Rasseblock zusammenschmelzen. Bei den Ansiedlungen im ehemaligen Polen während des Krieges wurden außer deutschen Bauern auch solche aus anderen germanischen Völkern eingesetzt, vor allem aus den Niederlanden. Die kleineren Nachbarvölker der Deutschen, die Niederländer, Flamen und Dänen und auch Norweger sahen mit wachsendem Entsetzen, daß die Propagierung der germanischen Rassengemeinschaft die Grenze zu dem großen Nachbarvolk verwischte, daß ihre eigene Identität sich im Gemeingermanischen zu verlieren drohte.

Aber am Ende der wüsten Jahre nationalsozialistischer Herrschaft stand weder die Vereinigung des gesamten geschlossenen deutschen Siedlungsgebiets in einem Deutschen Reich noch ein gesamtgermanischer Rasseblock, sondern ein gewaltiger Verlust an deutschen Menschenleben und an deutschem Siedlungsraum und damit eine der größten Katastrophen in der Geschichte des deutschen Volkes.

8.2 Wirtschaft im Wechselbad von Krisen und Scheinblüten

Stellung in der Welt

Im Ersten Weltkrieg hatten die USA an wirtschaftlicher Stärke enorm gewonnen und ihren Vorsprung vor den übrigen Großmächten stark vergrößert. In der Zwischenkriegszeit waren sie in der Welt wirtschaftlich und technisch eindeutig führend. New York hatte London als Finanzzentrum der Weltwirtschaft abgelöst. Das Deutsche Reich war demgegenüber zurückgefallen; sein Anteil an der Weltindustrieproduktion betrug in der Zwischenkriegszeit dadurch um 11 Prozent, während er vor dem Ersten Weltkrieg noch bei 16 Prozent gelegen hatte. Immerhin stand das Deutsche Reich damit weiter knapp vor Großbritannien und Frankreich, hatte also trotz der Niederlage von 1918 seine Großmachtstellung in wirtschaftlicher Hinsicht durchaus bewahrt. Seine Position als zweitstärkste Industriemacht der Welt verlor das Deutsche Reich dann um 1930 an die sich rasch industrialisierende Sowjetunion, womit sich eine langfristig bedeutende Verschiebung der internationalen Gewichte abzuzeichnen begann.

Epoche relativer Stagnation

Trotzdem war die wirtschaftliche Lage der Deutschen in diesen Jahrzehnten höchst unbefriedigend. Das Pro-Kopf-Einkommen wuchs im Deutschen Reich zwischen 1913 und 1950 im Durchschnitt jährlich real nur um 0,4 Prozent. Verglichen mit durchschnittlich 1,8 Prozent in der Zeit von 1870-1913 und sogar 5,6 Prozent in der Bundesrepublik Deutschland 1950-70 bedeutete das fast Stagnation, die sich deutlich von der vorangegangenen und der folgenden Wachstumsphase abhob. Das Pro-Kopf-Einkommen lag 1950 (BRD) also nicht weit über dem Niveau von 1913. Wäre es in der Zwischenkriegszeit mit der durchschnittlichen Rate der Kaiserzeit weiter gewachsen, hätte es 1950 fast um die Hälfte größer sein müssen als es tatsächlich war. In Österreich betrug der durchschnittliche jährliche reale Anstieg des Pro-Kopf-Einkommens 1913-50 sogar nur 0,1 Prozent. Dagegen setzte sich in der Schweiz mit 1,6 Prozent das Wachstum nur wenig gedämpft fort. Diese relative Stagnation ging einher mit Arbeitslosenquoten, welche die meiste Zeit wesentlich höher lagen als vor dem Ersten Weltkrieg. Teilweise als Folge der verlorenen Dynamik erlebte die Zwischenkriegszeit auch die Tendenz, daß der Staat immer stärker in das Wirtschaftsgeschehen intervenierte und daß sich die Kartellbildung ausweitete, so daß das marktwirtschaftliche Prinzip zunehmend zurückgedrängt wurde.

Die Gründe für diese Wachstumshemmung sind ganz allgemein vor allem in den beiden Weltkriegen zu suchen. Die wirtschaftlich entscheidenden Folgen des Ersten Weltkriegs lagen nicht darin, daß das Deutsche Reich einen Teil seines Territoriums, fast die ganze Handelsflotte und das ganze Auslandsvermögen verlor, und der Erste Weltkrieg brachte erst recht fast keine Zerstörungen auf deutschem Boden mit sich. Entscheidend waren vielmehr die Verzerrung der Produktionsstruktur und die mehr indirekten, aber lange nachwirkenden Folgen: die Inflation, die unter anderem die Kaufkraft der Massen für Konsumgüter schwächte, die Reparationen und der engstirnige, ja letztlich aggressive Nationalismus, der den vor dem Ersten Weltkrieg liberalen und wachstumsfördernden Welthandel zunehmend verzerrte und schließlich zersetzte. Am Ende der Epoche kamen dann die Zerstörungen im Laufe des Zweiten Weltkriegs hinzu.

Die Mittelwerte der Gesamtepoche verschleiern indessen, daß sie in sich höchst uneinheitlich war. In den Jahrzehnten vor 1914 und in denen nach 1948 prägte ein langfristiger Trend des Wachstums und Strukturwandels das Bild, leicht modifiziert durch

Konjunkturverlauf: Überblick

Arbeitslosigkeit

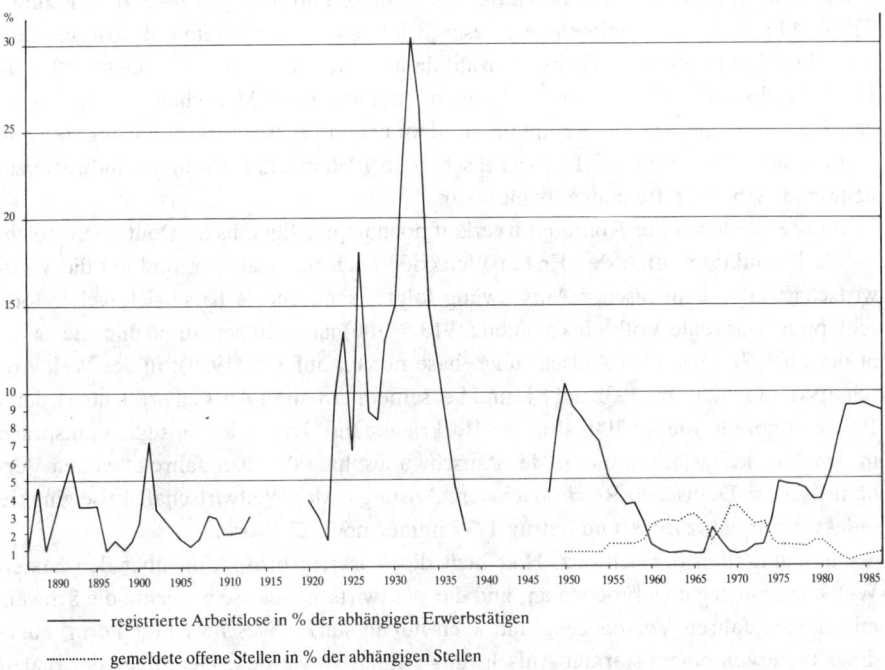

——— registrierte Arbeitslose in % der abhängigen Erwerbstätigen

·············· gemeldete offene Stellen in % der abhängigen Stellen

jeweiliger deutscher Hauptstaat

regelmäßige kurzfristige Konjunkturzyklen, die sich aus dem Wirtschaftssystem selbst heraus ergaben. In der dazwischen liegenden Epoche gab es dagegen keinen durchgehenden Trend, sondern extreme Konjunkturlagen lösten sich regellos und in kurzfristigem Wechsel ab, und die steuernden Kräfte dieser Schwankungen sind weniger in der Wirtschaft selbst als im politischen Bereich zu suchen. Die Entwicklung führte im Deutschen Reich von der Kriegswirtschaft des Ersten Weltkrieges über die Inflationszeit, ein kurzes Zwischenhoch, die Weltwirtschaftskrise und die Rüstungskonjunktur der NS-Zeit in die erneute Kriegswirtschaft des Zweiten Weltkrieges.

Im Deutschen Reich sank das reale Sozialprodukt während des Ersten Weltkrieges deutlich ab, und sein Index betrug 1919 vielleicht nur noch 50 (1913 = 100 gesetzt, identisches Gebiet). In der bis 1923 reichenden Nachkriegsphase blieb es klar unter dem Vorkriegsstand (1920-22 etwa 80), stieg dann in der anschließenden Aufschwungsphase 1924-29 auf 120, worauf es während der folgenden Weltwirtschaftskrise bis 1932 rasch wieder auf 101 fiel; in der zweiten Aufschwungsphase kletterte es dann rasant (1938: 169) und stieg auch während des Zweiten Weltkriegs zunächst noch weiter, um dann mit dem militärischen Zusammenbruch 1944/45 ebenfalls zusammenzubrechen. Der nationalsozialistische Wirtschaftsaufschwung war keine Propagandaerfindung, sondern eindeutige Realität: das durchschnittliche jährliche Wachstum des Sozialprodukts pro Kopf entsprach 1933-38 mit 10,4 Prozent den Jahren des bundesdeutschen „Wirtschaftswunders" nach dem Zweiten Weltkrieg. Die Arbeitslosigkeit glich 1920-22 mit im Durchschnitt unter 3 Prozent dem Vollbeschäftigungsstand der Vorkriegszeit, schnellte dann im Herbst 1923 empor und betrug 1924-29 durchschnittlich 11,4 Prozent der Arbeitnehmer, wesentlich mehr als je zuvor im Industriezeitalter. Seit Mitte 1930 stieg die Arbeitslosenzahl dann weiter stark an und erreichte 1932 im Jahresdurchschnitt 30,8 Prozent − das waren 5,6 Millionen Menschen! In den folgenden Jahren fiel die Arbeitslosenquote mit dem neuen Wirtschaftsaufschwung stetig ab und betrug 1938 nur noch 2,1 Prozent; schon ab 1936 machte sich in der Industrie zunehmend Arbeitskräftemangel bemerkbar.

In Österreich war der Konjunkturverlauf noch ungünstiger als im Deutschen Reich, da die Produktion durch den Ersten Weltkrieg noch tiefer absank und auf die Weltwirtschaftskrise kein rascher Aufschwung folgte, sondern die Krise sich weiter fortschleppte. Das reale Volkseinkommen (1913 = 100) lag 1920 bei nur 66 und stieg auch in der ab 1922 folgenden Aufschwungsphase nur bis auf 105 (1929); in der Weltwirtschaftskrise sank es bis 1932 auf 84, und bei seinem erneuten Anstieg erreichte es dann 1938 erst gerade wieder 100, also den Vorkriegsstand. Die Arbeitslosigkeit entsprach in den Nachkriegsjahren und in der Aufschwungsphase der 20er Jahre etwa den Verhältnissen im Deutschen Reich; nach dem Anstieg in der Weltwirtschaftskrise ging sie indessen nur zäh zurück und betrug 1937 immer noch 22 Prozent.

Ganz anders in der Schweiz. Hier hielt die Vorkriegsprosperität über den Ersten Weltkrieg hinweg ungebrochen an, und die Weltwirtschaftskrise erreichte die Schweiz mit einigen Jahren Verzögerung und auch nur in stark abgeschwächter Form, allerdings ohne von einem starken Aufschwung gefolgt zu werden. Der Index des realen Sozialprodukts (1913 = 100) kletterte bei andauernder Vollbeschäftigung bis 1929 auf 154, wich bis 1932 auf 142 zurück und lag dann 1938 bei 163. Die durch die Weltwirtschaftskrise angestiegene Arbeitslosenquote betrug 1932-38 durchgehend 9-11 Prozent, ging aber auch auf ihrem Höchststand 1936 nicht über 13 Prozent hinaus.

Im internationalen Vergleich zeigt sich, daß die Wachstumsverzögerung für die Zeit bis 1929 im Deutschen Reich und Österreich stärker war als in fast allen anderen vergleichbaren Staaten,[a] und da außerdem der relative Produktionsrückgang in der Weltwirtschaftskrise größer war als bei den meisten anderen Staaten,[b] waren das Deutsche Reich und Österreich in der Produktion, gemessen am Stand von 1913, auf dem Tiefpunkt der Weltwirtschaftskrise weiter zurückgefallen als jeder andere vergleichbare Staat.[c] Gleichzeitig war im Deutschen Reich obendrein die Arbeitslosenquote höher als in fast allen anderen Staaten.[d] Kurzum: das Deutsche Reich und Österreich wurden von der Weltwirtschaftskrise schwerer getroffen als alle anderen vergleichbaren Staaten. Während des anschließenden Wiederaufschwungs ging dagegen im Deutschen Reich die Arbeitslosenquote in einem Tempo zurück, von dem die meisten anderen Staaten nur träumen konnten.[e]

Was waren nun die Gründe für diesen Konjunkturverlauf im Deutschen Reich?

1914-23:
Inflation

Während des Ersten Weltkriegs schrumpfte im Deutschen Reich die Produktion, weil die Millionen von Männern, die zum Kriegsdienst einberufen waren, als Arbeitskräfte nur zum kleinen Teil durch Frauen ersetzt werden konnten und weil es außerdem infolge der alliierten Seeblockade an Rohstoffen mangelte. Mit dem Übergang von der Kriegs- zur Friedensproduktion brach dann 1919 das Produktions- und Verteilungssystem fast völlig zusammen. Daß gleichzeitig die Masse der entlassenen Soldaten auf den Arbeitsmarkt drängte, verschärfte den Ernst der wirtschaftlichen Lage dramatisch. Wenn die Beschäftigungslage sich dann relativ schnell normalisierte, war das darauf zurückzuführen, daß die Inflation die Kreditfinanzierung von Investitionen faktisch verbilligte und damit auf die Produktion zunächst anregend wirkte.

Überhaupt wurde die Inflation zur prägenden wirtschaftlichen Erfahrung der Jahre bis 1923. Sie setzte schon während des Weltkriegs ein und lief nach seinem Ende beschleunigt weiter, um sich ab Ende 1922 zu einer galoppierenden Hyperinflation zu steigern. Ein Kilogramm Roggenbrot kostete in Berlin im Januar 1917 0,34 Mark, im Dezember 1920 2,37 Mark und im Dezember 1922 schon 163,15 Mark; dann schnellten die Preise raketenartig in die Höhe, und man mußte im Januar 1923 1.428,– Mark und schließlich im November 1923 201 Milliarden Mark dafür zahlen. Die Währungsreform im November 1923 setzte diesem spukhaften Zahlenwirbel schließlich ein Ende. Wenn jemand 1914 ein Vermögen von 50.000 Mark besessen hatte, was damals zur Altersversorgung durchaus ausgereicht hatte, so war dessen realer Wert bis Sommer 1922 auf rund 400 Mark geschrumpft, d.h. er hatte es praktisch verloren. Die weitere Entwertung durch die Hyperinflation bedeutete demgegenüber nicht mehr viel, aber vor allem sie hat sich mit ihren oft grotesken Erscheinungen im Bewußtsein der Deutschen festgesetzt. Immer neue Geldscheine mit immer höheren Nennbeträgen mußten gedruckt werden. Zuletzt waren im Auftrag der Reichsbank 133 Druckereien

(a) Eine ähnliche deutliche Schwäche wies nur Großbritannien auf, sonst kein vergleichbarer Staat. Index des realen Sozialprodukts (1913 = 100) 1929: Großbritannien 112, Frankreich 131, USA 165, Schweden 143, Dänemark 134, Niederlande 166.

(b) Rückgang der industriellen Produktion 1929-32: Deutsches Reich 42 Prozent, Österreich 39 Prozent, Großbritannien 17 Prozent, Frankreich 31 Prozent, USA 46 Prozent, Schweden 11 Prozent, Dänemark 9 Prozent, Norwegen 7 Prozent, Niederlande 38 Prozent, Belgien 31 Prozent.

(c) Index des realen Sozialprodukts (1913 = 100) 1932: Großbritannien 106, Frankreich 115, USA 120, Schweden 131, Dänemark 140, Niederlande 157.

(d) Großbritannien 22,5 Prozent, Frankreich 15,4 Prozent, USA 34,0 Prozent, Schweden 22,4 Prozent, Dänemark 31,7 Prozent, Niederlande 25,3 Prozent, Belgien 23,5 Prozent.

(e) Arbeitslosenquote 1938: Großbritannien 13,3 Prozent, USA 18,8 Prozent, Dänemark 21,3 Prozent, Niederlande 25,0 Prozent, Belgien 18,4 Prozent.

Tag und Nacht mit dem Drucken von Reichsbanknoten beschäftigt, und 300 angespannt arbeitende Papierfabriken wurden für die Papierzulieferung benötigt. Da selbst dies nicht reichte, fingen verschiedene öffentliche und private Stellen an, Notgeld auszugeben. Zahlstellen hantierten mit Wäschekörben voll Banknoten. Angesichts des rasant sinkenden Geldwerts ging man schließlich zur täglichen Lohn- und Gehaltszahlung über, und nach der Auszahlung eilte jeder so schnell wie möglich in die Läden, um für das Papiergeld wertbeständige Waren zu erstehen, bevor es wertlos wurde. Vor allem Landwirte weigerten sich schließlich, Bargeld anzunehmen. Das Geld verlor seine vertraute Rolle als Wertmaßstab und Austauschmittel.

Wie konnte es zu dieser Inflation kommen? Die kaiserliche Regierung traute sich im Krieg nicht, die Steuern drastisch zu erhöhen, um aus den Mehreinnahmen die Kriegsausgaben zu bestreiten. Stattdessen versuchte sie den Krieg über Anleihen zu finanzieren, in der Hoffnung, diese nach einem deutschen Sieg aus Reparationsleistungen der besiegten Staaten zurückzahlen zu können. Bei Kriegsausbruch wurde der Reichsbank erlaubt, Reichsschatzwechsel und Schatzanweisungen zu diskontieren und dafür Banknoten auszugeben. Ab 1916 gelang es nicht mehr, diese Kredite, die das Reich bei der Reichsbank zur Vorfinanzierung der Anleihen aufgenommen hatte, mit den Einnahmen der Anleihen einzulösen, so daß sich die umlaufende Geldmenge erhöhte, ohne daß ihr ein entsprechendes Warenangebot für den zivilen Bedarf gegenüberstand. Von den rund 164 Milliarden Mark, die das Deutsche Reich insgesamt für die Kriegführung ausgab, wurden nur rund 10 Milliarden durch zusätzliche Steuern aufgebracht, dagegen 97 Milliarden durch Kriegsanleihen und 57 Milliarden durch kurzfristige Schuldtitel, die nicht in Anleihen umgewandelt wurden. Die Lücke zwischen Geldmenge und Warenangebot setzte die Inflation in Gang. Diese wurde wegen der Preiskontrolle bis 1918 nur noch nicht voll sichtbar, sondern ließ einen schwarzen Markt und Warenhamsterei entstehen. Nach Kriegsende wollten die Besitzer von Geldvermögen und Anleihen dafür Waren sehen, doch ihren Anspruchstiteln stand keine Gütermenge entgegen. Das mit ihren Geldern beschaffte Kriegsmaterial war verpulvert worden, das Deutsche Reich konnte keine Reparationszahlungen von anderen Staaten einstreichen, sondern mußte stattdessen ab jetzt selbst welche leisten, und obendrein kamen zusätzlich große Ausgaben für die Versorgung der entlassenen Soldaten, der Invaliden und Hinterbliebenen auf das Reich zu, während gleichzeitig 1919 mit dem wirtschaftlichen Zusammenbruch und der alliierten Besetzung des Rheinlandes die Steuer- und Zolleinnahmen drastisch sanken. Was sollte die Reichsregierung tun? Sollte sie die Steuern so drastisch erhöhen und die Ausgaben kürzen, daß sie daraus die Schulden nach und nach tilgen konnte? Oder sollte sie offen den Staatsbankrott erklären und alle Schulden des Reiches für ungültig erklären? Durch eine Finanzreform wurden zwar 1919 die direkten Steuern beträchtlich erhöht, doch reichte das nicht im entferntesten, um die Schulden abzubauen. Eine Steuererhöhung in der dazu nötigen Größenordnung hätte sofort einen sehr großen Teil der Bevölkerung entschieden gegen die Regierung aufgebracht; der Staatsbankrott hätte es ebenso. Die republikanische Regierung, die sich ohnehin nur mühsam an der Macht halten konnte, wäre wohl in beiden Fällen weggefegt worden. So ließ man die Dinge treiben und finanzierte weiterhin das Defizit im Staatshaushalt über Darlehen der Reichsbank, d.h. letztlich über die Notenpresse. Die auf diese Weise weiter angeheizte Inflation bedeutete zwar im Endeffekt faktisch ebenfalls die Enteignung der Geldvermögensbesitzer, aber so erfolgte sie indirekt, und das Verfahren hatte überdies den Vorteil, daß man die Schuld propagandistisch auf die Reparationsforderungen der Siegermächte abschieben konnte. Außerdem förderte die Inflation die Produktion, da die Inflationsrate höher lag als der Zinssatz und Unternehmen damit fast kostenlose Kredite erhielten, wogegen eine Währungsstabilisierung zu hoher Arbeitslosigkeit geführt und damit die revolutionäre Unzufriedenheit gefährlich verstärkt hätte. Trotzdem war die Inflation keine von den Nutznießern, von Regierung, Großunternehmern und Gewerkschaftsführung kalt kalkulierte Strategie. Die wirtschaftswissenschaftliche Theorie war noch so wenig entwickelt, daß die Verantwortlichen sich nicht darüber im klaren waren, was sie anrichteten. Während einige zutreffend die Vermehrung des Kredits und der Zahlungsmittel für die Ursache der Inflation hielten, sahen die entscheidenden Männer in der Reichsbank und der Regierung die Ursache in dem durch die Reparationszahlungen verursachten Zahlungsbilanzdefizit: dieses führe zum Verfall des Außenwertes der Währung, der dann im Innern in der Inflation zum Ausdruck komme.

Im Laufe des Jahres 1923 geriet die Währung dann völlig außer Kontrolle. Als die Inflation schließlich in der gesamten Wirtschaft nur noch Schaden anrichtete, wurde eine Währungsstabilisierung durchsetzbar. Der Tauschkurs betrug 1 Billion alte Mark gegen eine neue Rentenmark. Die nur als Übergangswährung geschaffene Rentenmark wurde dann 1924 durch die Reichsmark abgelöst. Da nach der Währungsreform auch keine Schatzanweisungen mehr von der Reichsbank diskontiert werden durften, war die wichtigste Quelle der Geldvermehrung verstopft, und die neue Währung blieb stabil.

Hyperinflation und Währungsstabilisierung führten 1923 zu einer vorübergehenden Wirtschaftskrise, und im Zuge der Konsolidierung der öffentlichen Haushalte wurden Ende 1922 bis April 1924 rund 750.000 Beschäftigte aus dem öffentlichen Dienst entlassen. Anschließend sahen die Jahre bis 1929 einen wirtschaftlichen Aufschwung, der allerdings auf tönernen Füßen stand, und zwar aus folgenden Gründen. Als man Ende 1923 zu festen Wechselkursen zurückkehrte, wurde die Vorkriegsparität zum Dollar wiederhergestellt. Da die Produktivität in den USA und im Deutschen Reich sich aber inzwischen unterschiedlich entwickelt hatte, war die Mark damit überbewertet. Die reichsdeutsche Wirtschaft war gegen das Ausland wenig konkurrenzfähig, so daß in diesen Jahren ein riesiges Außenhandelsdefizit bestand. Weil außerdem noch durch die Reparationszahlungen Gelder ins Ausland abflossen, lockte die Reichsbank zum Ausgleich einen enormen Strom ausländischen Kapitals ins Deutsche Reich, vor allem aus den USA, indem sie die Zinsen relativ hoch hielt. Diese überwiegend kurzfristigen Kredite wurden bedenkenlos für langfristige Investitionen verwendet. Die reichsdeutschen Lohnkosten waren zwar niedriger als vor dem Ersten Weltkrieg, aber trotzdem im Vergleich zum Ausland zu hoch, und sie stiegen auch noch stärker als die Produktivität (vor allem gleich 1924/25), so daß die Unternehmereinkünfte deutlich geringer waren als vor dem Weltkrieg. Obendrein machten die hohen Zinsen die Kredite teurer. Beides zusammen bewirkte, daß relativ wenig investiert wurde. Die Nettoinvestitionsquote betrug 1925-29 durchschnittlich nur 11 Prozent (1910-13: 15 Prozent). Das Wirtschaftswachstum blieb dementsprechend verhältnismäßig schwach. Die mangelnde internationale Konkurrenzfähigkeit zwang dazu, stark zu rationalisieren. Dies führte dann zusammen mit dem geringen Wirtschaftswachstum zu hoher Arbeitslosigkeit. Auch die Zahl der Konkurse blieb relativ hoch.

Die tiefe Krise der reichsdeutschen Wirtschaft Anfang der 30er Jahre hatte sowohl innere wie äußere Ursachen. Schon 1928 ließ im Deutschen Reich der Nachfrageanstieg und damit die Wachstumskraft nach. In dieser Situation einer Stagnationstendenz

1924-29:
Verzerrter
Aufschwung

1930-33:
Weltwirt-
schaftskrise

griff dann die in den USA ausgebrochene Weltwirtschaftskrise auf das Deutsche Reich über. Der spektakuläre Kurssturz der New Yorker Börse am 25. Oktober 1929 am Ende einer überhitzten Börsenspekulation stellte ein grell leuchtendes Zeichen in der Anfangsphase der amerikanischen Krise dar. Weil dann in den USA Liquiditätsengpässe eintraten und weil die Erfolge der NSDAP bei den Reichstagswahlen 1930 das Vertrauen des Auslands in die politische Stabilität des Deutschen Reiches erschütterten, wurden immer mehr US-amerikanische und dann auch französische Kredite aus dem Deutschen Reich abgezogen. Diese kurzfristigen Auslandskredite hatten die Banken nun aber in den vorangegangenen Jahren als langfristige Kredite weitergegeben, und überdies war ihre Eigenkapitaldecke durchweg dünn, da sie ihr Kapital in der Inflation weitgehend verloren hatten. So geriet das deutsche Bankensystem ins Wanken. Im Mai 1931 brach mit der Creditanstalt die größte österreichische Bank zusammen, im Juli 1931 die Darmstädter- und Nationalbank. Das Publikum geriet in Panik und stürmte die Bankschalter. Für mehrere Tage mußten die Banken schließen und konnten nur dadurch vor dem Zusammenbruch bewahrt werden, daß der Staat stützend eingriff. Während bis in den Winter 1930/31 im Deutschen Reich noch nicht das Bewußtsein herrschte, sich in einer im Vergleich zu den auch schon schwierigen Vorjahren deutlich veränderten Konjunkturlage zu befinden, machten die spektakulären Bankenzusammenbrüche im Frühjahr und Sommer 1931 allgemein klar, daß man in eine schwere Wirtschaftskrise geraten war.

Nun führten sinkende Investitionen zu steigender Arbeitslosigkeit und schrumpfenden Arbeits- und Kapitaleinkommen, wodurch dann die Nachfrage zurückging, worauf wiederum die Investitionstätigkeit noch geringer wurde. 1931 betrugen die Nettoinvestitionen nur noch -3,1 Prozent des Nettosozialprodukts, d.h. man zehrte von der Substanz, indem Vorräte aufgebraucht und Industrieanlagen ersatzlos verschlissen wurden. Auf dieser Abwärtsspirale multiplizierten die negativen Wirkungen einander zu einer immer stärker anschwellenden Welle von Konkursen und Zwangsversteigerungen und steigender Arbeitslosigkeit bei schrumpfender Produktion. Da die Kartellierung und Konzentration der Industrie und die Lohnpolitik der Tarifparteien die volkswirtschaftlichen Mechanismen für Preise und Löhne stark geschwächt hatten, neigte der industrielle Bereich dazu, sich an die sinkende Nachfrage weniger in der Weise anzupassen, daß er die Preise und Löhne senkte, als dadurch, daß er die Produktion einschränkte und damit Leute entließ. In der nicht kartellierten Landwirtschaft verfielen dagegen Preise und Einkommen drastisch. Niemand hatte eine so umfassende Wirtschaftskrise für möglich gehalten. In der Geschäftswelt breitete sich eine Stimmung der Hoffnungslosigkeit aus. Das lähmte die Initiative und verschärfte damit die Krise weiter.

Da es sich um eine weltweite Wirtschaftskrise handelte, bot auch der Export keinen Ausgleich für die schrumpfende Binnennachfrage, mehr noch: da die meisten Staaten ihre Binnenmärkte durch Schutzzölle zu sichern versuchten, schrumpfte der internationale Handelsaustausch noch stärker als die Produktion der einzelnen Volkswirtschaften.

Auch die Politik der Deflation und Haushaltseinsparungen, die Reichskanzler Brüning im Sommer 1930 begann, verschärfte die Krise weiter. Sie hatte indessen respektable Gründe. Viele Staaten werteten nämlich ihre Währung ab, um ihren Export zu stärken. Das Deutsche Reich wagte dagegen nicht, die Mark ebenfalls abzuwerten, weil die Reparationsgläubiger dies wohl nicht geduldet hätten. Um trotzdem international wettbewerbsfähig zu bleiben, drückte die Reichsregierung Preise, Mieten und Löhne durch eine Reihe von Notverordnungen immer weiter herunter. Außerdem flossen als Folge des Wirtschaftsabschwungs auch die Steuern spärlicher, weshalb der Staatshaushalt aus dem Gleichgewicht zu geraten drohte. Um Einnahmen und Ausgaben im Gleichgewicht zu halten, erhöhte Brüning die Steuersätze und senkte gleichzeitig die Ausgaben des Reiches, indem er Beamtengehälter und -pensionen sowie Sozialleistungen für Arbeitslose und Kriegsopfer kürzte und alle öffentlichen Bauprojekte einstellen ließ. Durch diese Haushaltspolitik wurde die Nachfrage indessen weiter geschwächt. Hätte eine andere Finanz- und Wirtschaftspolitik die Krise vermeiden können? Eine neue Wirtschaftspolitik wäre frühestens zu dem Zeitpunkt plausibel gewesen, als die Tatsache einer schweren Wirtschaftskrise für jeden offensichtlich war, und sie hätte dann noch einige Zeit gebraucht, bis sie gegriffen hätte. Vor Frühjahr 1932 wären also keine positiven Auswirkungen zu erwarten gewesen. Vor allem jedoch gab es in den Jahren 1930 und 1931 gar kein überzeugendes Alternativkonzept zu der betriebenen Wirtschaftspolitik. Die Idee einer antizyklischen Wirtschaftspolitik, bei welcher der Staat in der Krise durch große kreditfinanzierte Staatsausgaben zusätzliche Nachfrage schafft und damit die Wirtschaft belebt, war noch nicht geboren. Und selbst wenn es sie schon gegeben hätte, wäre sie nicht praktikabel gewesen – die damit verbundene Geldschöpfung wäre auf den heftigen Widerstand der deutschen Öffentlichkeit gestoßen, die seit 1923 von einer traumatischen Angst vor Inflation geplagt wurde, und ebenso auf jenen der Siegermächte, die ihre Reparationsansprüche nicht durch eine Entwertung der Mark gefährdet sehen wollten. Auch hier wurden also wieder die langen Schatten des verlorenen Kriegs düster sichtbar. Erst als die Wirtschaftskrise im Sommer 1932 ihren Tiefpunkt bereits erreicht hatte, tauchten seit der Jahreswende 1931/32 bei Gewerkschaftlern und Nationalsozialisten immer mehr Vorschläge zu staatlichen Arbeitsbeschaffungsmaßnahmen auf. Die Regierungen Papen und Schleicher versuchten ab September 1932 vor allem durch die Ausgabe von Steuergutscheinen die Wirtschaft wieder zu beleben, aber der Umfang dieser Maßnahmen blieb bis zum Januar 1933 gering und das Ganze entsprechend wirkungslos.

Die Lasten der Wirtschaftskrise wurden ungleich verteilt. Wer einen Bauernhof oder einen kleinen Betrieb hatte, erlitt meist deutliche Einkommenseinbußen, die durch das Sinken der Lebenshaltungskosten bei weitem nicht ausgeglichen wurden, und außerdem fürchtete er den Konkurs. Bei Künstlern, Schriftstellern und anderen Kulturschaffenden gingen die Einkommen besonders stark zurück – auf den „Luxus" Kultur verzichten die Menschen als erstes, wenn das Geld knapp wird. Wer Arbeit hatte, fürchtete, vielleicht entlassen zu werden, und die Lohn- und Gehaltssenkungen verärgerten – aber da die Preise fast in demselben Maße gesenkt wurden, gingen die Reallöhne der beschäftigten Arbeitnehmer nur wenig oder gar nicht zurück! Anders sah es bei denjenigen aus, die arbeitslos wurden oder nach Schule oder Studium keinen Arbeitsplatz fanden. Unter ihnen breitete sich immer mehr materielle Not aus, die in geflickter, abgetragener Kleidung und hageren Gesichtern auch zunehmend äußerlich erkennbar wurde und die allmählich die Individualität der besonderen Berufe und Erfahrungen im eintönigen Grau des Fürsorgealltags versinken ließ. Einzelne stellten sich sogar auf die Straße mit einem Schild um den Hals: „Nehme jede Arbeit an". Neben die materielle Not trat bei den Massen der Arbeitslosen die psychische. Mit der Arbeit fehlte vielen nicht nur die Quelle des Unterhalts, sondern auch der Sinn ihres Lebens, der sie ausgefüllt und trotz aller Anstrengung auch befriedigt hatte. Langandauerndes Anstehen vor öffentlichen Notküchen und Arbeitsämtern, Herumlungern an Straßenecken und in verödeten Kneipen – ein Gefühl innerer Leere beschlich viele Arbeitslose. Großen Teilen der Jugend fehlte mit der Arbeit die Lebensperspektive, die geregelte Ordnung und die festen Maßstäbe.

1933-38: Rüstungs- konjunktur

Warum schaffte Hitler ab 1933 jenen Wirtschaftsaufschwung, der den Kanzlern der vorangegangenen Jahre versagt geblieben war? Mehreres kam hier zusammen. Der Tiefpunkt der Wirtschaftskrise war bereits gerade durchschritten und die belastende Reparationsfrage 1932 erledigt worden. Mit dem Machtantritt Hitlers breitete sich in der Bevölkerung, besonders bei der Unternehmerschaft, allgemein wirtschaftlicher Optimismus aus, der von der nationalsozialistischen Propaganda obendrein nachhaltig gefördert wurde. Nach der lebhaften öffentlichen Diskussion der vorangegangenen Monate über wirtschaftsfördernde Maßnahmen lag es jetzt sozusagen in der Luft, die Deflationspolitik aufzugeben und eine kreditfinanzierte staatliche Arbeitsbeschaf- fungspolitik zu beginnen. Dies packte die NS-Regierung nun energischer und in viel größerem Umfang an, als alle bisherigen Pläne es vorsahen und auch als es im Ausland erfolgte. Die bereits vorhandenen Pläne, ein Autobahnnetz zu bauen, wurden in gro- ßem Maßstab umgesetzt und propagandistisch so wirkungsvoll „verkauft", daß Hitler sich damit im Bewußtsein der Deutschen geradezu ein Denkmal gesetzt hat. Die Re- gierung begann eine Vielzahl von Arbeitsbeschaffungsmaßnahmen. Unter anderem wurden Straßen gebaut, Moore entwässert, Bewässerungskanäle angelegt, forstwirt- schaftliche Arbeiten durchgeführt und öffentliche Gebäude errichtet. Doch diese zivi- len Staatsaufträge waren nicht das Entscheidende; während die Reichsregierung hier- für bis Frühjahr 1939 etwa 7 Milliarden Reichsmark aufwendete, gab sie schätzungs- weise gut 50 Milliarden Reichsmark für die Aufrüstung aus. Der nationalsozialistische Wirtschaftsaufschwung war also nicht nur eine Staatskonjunktur, sondern in seinem Kern eine Rüstungskonjunktur. Auch daß die Wehrmacht rasch vergrößert wurde, trug dazu bei, die Arbeitslosigkeit abzubauen. An dem Versprechen, wieder für „Ar- beit und Brot" zu sorgen, wurde Hitler von der Bevölkerung gemessen. Daß er dieses Versprechen in wenigen Jahren erfüllte und diese Leistung dann auch propagandi- stisch groß herausstellte, war politisch notwendig, um dem NS-System die Massenbasis zu sichern, aber trotzdem für Hitler zweitrangig gegenüber der wirtschaftlichen Vorbe- reitung auf den von ihm geplanten Krieg.

Die national- sozialistische zurück- gestaute Inflation

Die Regierung finanzierte die großen Staatsausgaben, welche die Wirtschaft wieder belebten, durch jene Steuereinnahmen, die als Folge des Wirtschaftsaufschwungs zu- sätzlich entstanden, und noch mehr durch Neuverschuldung. Um die inflationsscheue Bevölkerung nicht zu beunruhigen, wurde die Staatsverschuldung durch einen Trick verschleiert: der Staat beschaffte sich das Geld bei der Reichsbank nicht direkt durch Reichsschatzwechsel, sondern über einen Umweg. Er gründete eine von ihm garan- tierte Scheinfirma namens Metallurgische Forschungs-GmbH, auf die Rüstungsfir- men, die Ansprüche auf Zahlungen für Staatsaufträge hatten, Wechsel zogen, welche dann von der Reichsbank diskontiert wurden, so als ob es normale Handelswechsel wären. Diese Mefo-Wechsel waren ursprünglich nur als Vorfinanzierung gedacht. Als sie 1939 zur Einlösung anstanden, wurde diese aber von der Reichsregierung verwei- gert, um die Aufrüstung nicht bremsen zu müssen. Stattdessen gab die Regierung Reichsschuldverschreibungen aus. Während des Zweiten Weltkriegs schossen dann die Staatsschulden explosionsartig in die Höhe: von den 685 Milliarden Reichsmark, die das Reich während des Weltkriegs insgesamt ausgab, konnten nur 335 durch Steu-

812

ern und andere Einnahmen gedeckt werden. Der Rest wurde durch neue Schulden finanziert, die man nach dem Endsieg auf die Besiegten abzuladen hoffte. Die Regierung rief die Bevölkerung zum Sparen auf und zwang dann die Banken, Sparkassen und Versicherungen, heimlich die Schuldtitel des Reiches zu kaufen. Indem der Staat so indirekt und für die Öffentlichkeit unbemerkt den größten Teil der Ersparnisse der Bevölkerung aufsaugte und in den Krieg steckte, konnte ein Teil der vermehrten Kaufkraft wieder abgeschöpft werden. Vor allem in den letzten beiden Kriegsjahren konnte ein Teil der Schuldtitel dann nicht mehr untergebracht werden und erzeugte einen inflatorischen Kaufkraftüberhang. Nun hatte die Regierung 1936 einen allgemeinen Preisstopp erlassen, und im Krieg ließ sie die Konsumgüter bewirtschaften und bekämpfte die Schwarzmärkte. Auf diese Weise gelang es tatsächlich, die Preise bis 1944 weitgehend stabil zu halten. Erst mit Kriegsende wurde der Bevölkerung klar, daß sie erneut Papiergeld in Händen hielt, hinter dem keine ausreichenden Güterwerte mehr standen.

Konjunktur-verlauf in Österreich

Während die Schweiz ebenso wie andere im Ersten Weltkrieg neutrale Staaten von einer Inflation verschont blieb, kam es in Österreich genauso wie im Deutschen Reich nach dem Ersten Weltkrieg zu einer Hyperinflation. Im Oktober 1922 stabilisierte man dann die Währung mit einer internationalen Anleihe und führte 1924 mit dem Schilling eine neue Währung ein. Die österreichische Wirtschaft wurde durch das Kriegsende noch schwerer getroffen als die reichsdeutsche, da die Zollgrenzen der neuentstandenen Staaten den Großwirtschaftsraum des untergegangenen Österreich-Ungarn zerteilten und damit die eingespielten Wirtschaftsverflechtungen zerrissen wurden. Ein schwieriger Prozeß der Umstrukturierung begann, der nur allmählich voranschritt. Zusätzlich wurde die Konjunktur dadurch gedämpft, daß die österreichische Regierung sich im Zusammenhang mit der Anleihe von 1922 verpflichten mußte, den Staatshaushalt im Gleichgewicht zu halten. Dies führte zu einer Spar- und Deflationspolitik, die auch während der Weltwirtschaftskrise und in den 30er Jahren beibehalten wurde. So blieb zwar die Währung stabil, aber die österreichische Konjunktur stach immer düsterer gegen die des wirtschaftlich aufblühenden NS-Deutschland ab.

„Kriegs-sozialismus" und Sozialisierungspläne

Angesichts der Knappheiten, welche die britische Seeblockade im Ersten Weltkrieg verursachte, und der neuen Anforderungen einer Kriegswirtschaft im Industriezeitalter wurden im Deutschen Reich ab 1914 Produktion und Verbrauch schrittweise immer stärker staatlich reglementiert. 1914 schuf die Reichsregierung eine Kriegsrohstoffabteilung zur Bewirtschaftung der Industrierohstoffe und setzte für Lebensmittel Höchstpreise fest, und ab 1915 rationierten die Behörden Lebensmittel und führten dazu Lebensmittelkarten ein. 1916 wurde eine Dienstpflicht für alle Männer zwischen 17 und 60 Jahren erlassen, so daß Zivilisten als Arbeitskräfte von den Behörden an bestimmte Arbeitsplätze verpflichtet werden konnten. Auch die Mieten wurden amtlich festgesetzt. Ein voll durchgeplantes Wirtschaftssystem stellte das alles nicht dar. Aber es war wohl kein Zufall, sondern Folge der deutschen Tradition starker Obrigkeiten, daß das Deutsche Reich früher als die anderen kriegführenden Mächte ein funktionierendes Bewirtschaftungssystem aufbaute, das zudem wahrscheinlich, verglichen mit dem in anderen kriegführenden Ländern, auch das effektivste war. Zum ersten Mal wurde eine Industriewirtschaft in so starkem Maße gelenkt. Seitdem blieb die Idee der Planwirtschaft als Alternative zur Marktwirtschaft stets präsent und fand nicht nur bei Sozialisten, sondern auch in konservativen, an einem „starken Staat" orientierten Kreisen durchaus Sympathien.

Nach dem Zusammenbruch schien es 1919 zunächst, als würde die staatliche Wirtschaftsregulierung des gelegentlich so genannten „Kriegssozialismus" noch weiter ausgebaut werden. Teile der Arbeiterschaft forderten, Bergbau, Eisen- und Stahlindustrie und Kraftwerke zu sozialisieren. Im März 1919 wurde ein Sozialisierungsgesetz verkündet. Als erster Schritt zu seiner Verwirklichung gründete man für den Steinkohle- und den Kalibergbau je ein Zwangskartell, dessen Preispolitik die Regierung kontrollierte. Doch dabei blieb es; alle weiterführenden Pläne verliefen im Sande. Stattdessen wurde bis 1922/23 die ganze Zwangsbewirtschaftung abgeschafft, ausgenommen den Mietenstopp. Damit war man theoretisch zum Prinzip der Marktwirtschaft zurückgekehrt.

Rückkehr zur Marktwirtschaft? Die Praxis sah indessen in den 20er Jahren um einiges anders aus. Nicht nur, daß die öffentliche Hand schon vor dem Ersten Weltkrieg durch den Besitz von öffentlichen Versorgungs- und Nahverkehrsbetrieben sowie Bahn und Post als Unternehmer eine wichtige Rolle spielte. Wo es noch Gas-, Wasser- und Elektrizitätswerke und Nahverkehrsbetriebe in privater Hand gab, gingen diese mit wenigen Ausnahmen ganz oder teilweise in öffentlichen Besitz über. Die Mieten blieben weiter staatlich geregelt. Damit die Mieten für Neubauten nicht deutlich höher lagen, begann der Staat den Wohnungsbau in großem Umfang zu fördern, besonders den Bau von Kleinwohnungen. Von den 1924-29 errichteten Wohnungen wurden 10 Prozent direkt von Staat und Gemeinden und 40 Prozent von gemeinnützigen, mit öffentlichen Geldern begünstigten Wohnungsunternehmen gebaut. Ab 1928 erhielt die Landwirtschaft ergänzend zum Zollschutz massive Subventionen in Gestalt der „Osthilfe". Da sich die kollektiven Tarifverträge allgemein durchsetzten und der Staat durch die Zwangsschlichtung in die Lohngestaltung eingriff, galten auf dem Arbeitsmarkt endgültig keine marktwirtschaftlichen Prinzipien mehr.

Die Theorie des klassischen Wirtschaftsliberalismus war davon ausgegangen, daß es viele kleine, voneinander unabhängige Wirtschaftseinheiten gebe, aus deren Wechselspiel sich die Preise nach Angebot und Nachfrage flexibel bilden würden. Diese Voraussetzung war in weiten Teilen der Industrie aber zunehmend weniger erfüllt. Viele Industrielle lehnten das Prinzip der freien Konkurrenz überhaupt als überholt ab. Die Kartellierung, die schon vor dem Weltkrieg in der Grundstoffindustrie bedeutend gewesen war, schritt allgemein weiter fort. Der Kartellanteil am Bruttoproduktionswert betrug 1925/28 (bzw. 1935/37) im Bergbau 83 (95) Prozent, in der Chemieindustrie 70 (75) Prozent, bei papiererzeugender- und -verarbeitender Industrie 70 (85) Prozent, Glasindustrie 66 (100) Prozent und bei Metallhütten und Halbzeugwerken 31 (80) Prozent, dagegen im Maschinen- und Apparatebau 15 (25) Prozent, der Elektroindustrie 14 (20) Prozent − wobei allerdings die beiden Großkonzerne Siemens und AEG den Markt weitgehend beherrschten −, im Fahrzeug- und Schiffbau 11 (15) Prozent und in der Textil- und Bekleidungsindustrie 10 (15) Prozent. So stellte die Wirtschaftsordnung des Deutschen Reiches in den 20er Jahren also in der Praxis eine Mischung dar aus freiem Wettbewerb (vor allem bei Mittel- und Kleinbetrieben), privater und öffentlicher Wirtschaftsregulierung. Zwar schuf die Regierung 1923 eine Kartellaufsichtsbehörde, die Mißbräuche der Kartellmacht verhindern sollte, aber ein Kartellverbot wurde nicht ernsthaft erwogen. Die politische Rechte war wegen ihrer Verbindung zur Großindustrie nicht daran interessiert, und die Sozialdemokraten begrüßten teilweise die Kartellierung, weil sie meinten, dann später um so leichter die sozialistische Planwirtschaft einführen zu können, da sie dann nur noch die Kommandostellen einer bereits zentralisierten Wirtschaft zu besetzen bräuchten. Die Rückwendung zur Marktwirtschaft nach dem Ersten Weltkrieg war in den Augen der Sozialdemokraten keine endgültige Entscheidung, sondern sie hielten am Fernziel einer sozialistischen Wirtschaftsordnung fest.

Mit der Weltwirtschaftskrise griff im Deutschen Reich der Staat 1931/32 schlagartig viel intensiver in das Wirtschaftsgeschehen ein. Staatliche Notverordnungen setzten Löhne, Preise und Mieten fest. Bei den zusammengebrochenen Banken trat an die Stelle des verlorengegangenen privaten Kapitals staatliches. Vom Kapital der fünf übriggebliebenen Großbanken war Ende 1932 unmittelbar oder mittelbar 64 Prozent staatlich. Das ganze Kreditwesen wurde einer staatlichen Aufsichtsbehörde unterstellt und der Wettbewerb mit Zinsen und Geschäftsbedingungen beschränkt. 1931 führte man für Devisen die Zwangsbewirtschaftung ein. Um den Interessen des selbständigen Mittelstands zu dienen, erließ die Reichsregierung 1931 die erste Agrarmarktordnung, und zwar für Milch, und beschränkte 1932 die Errichtung von Warenhäusern. Der Wirtschaftsliberalismus mit seinem Glauben an die Selbstheilungskräfte des Marktes wurde durch die Weltwirtschaftskrise gründlich diskreditiert und fand 1933 kaum noch Anhänger. Allgemein hielt man es jetzt für erforderlich, daß der Staat das Wirtschaftsleben umfassend ordnete.

Marktregulierter Industrialismus der 30er Jahre

Hierauf bauten die Nationalsozialisten seit 1933 auf. Schrittweise entwickelten sie eine neue Wirtschaftsordnung, die in kein Lehrbuchschema paßte. Den freien Wettbewerb lehnten sie als individualistisch ab. Wenn sie ihre Wirtschaftsordnung als sozialistisch bezeichneten, so faßten sie dieses nicht als Verteilungs-, sondern als Machtfrage auf. Die Wirtschaft hatte sich dem von der Regierung formulierten Gemeinwohl und damit der politischen Kontrolle und Zielsetzung der Regierung unterzuordnen, während das Privateigentum an den Produktionsmitteln äußerlich bestehen blieb. Pläne, die Versicherungen zu verstaatlichen, wurden nicht ausgeführt, wie es auch sonst keine Verstaatlichungen gab, und die Großbanken wurden 1936 sogar still reprivatisiert. 1937 gründete das Reich dann mit dem Volkswagenwerk in Wolfsburg und den Reichswerken Hermann Göring in Salzgitter (Stahlerzeugung) zwei große Staatsunternehmen. Dies bedeutete jedoch keine grundsätzliche ordnungspolitische Entscheidung, sondern war Folge der Tatsache, daß die Privatwirtschaft sich aus Rentabilitätsgründen zierte, diese aus politischen Motiven gewünschten Werke zu gründen. Das Privateigentum an Produktionsmitteln wurde indessen insofern faktisch ausgehöhlt, als staatliche Anordnungen die unternehmerische Entscheidungsfreiheit stark begrenzten. Auf die Gewinnmöglichkeiten mußte sich das jedoch keineswegs negativ auswirken.

Die nationalsozialistische Marktlenkung verfolgte zwei Ziele: sie sollte die Bauern, Handwerker und Einzelhändler vor den Risiken der „ruinösen" freien Konkurrenz bewahren, wie es nicht zuletzt als Folge der Weltwirtschaftskrise große Teile des alten Mittelstands wünschten, und sie sollte die Wirtschaft auf die Erfordernisse der Aufrüstung und Kriegsvorbereitung ausrichten. Am weitesten ging die staatliche Marktregulierung in der Ernährungswirtschaft. Für diese wurde 1933 der Reichsnährstand gegründet, eine Art hierarchisch aufgebautes Zwangskartell, das alle landwirtschaftlichen Erzeuger, die Verarbeitungsbetriebe und den Handel mit Agrarprodukten vollständig erfaßte und umfassende Agrarmarktordnungen erließ. Der Reichsnährstand setzte für sämtliche wichtigen Marktfrüchte Festpreise und Handelsspannen und für einen Teil der landwirtschaftlichen Produkte Ablieferungs-, Verarbeitungs- und Verteilerkontingente fest. Gleichzeitig machte das Reichserbhofgesetz Erbhöfe unverkäuflich und beschnitt so den Grundstücksmarkt. Im Handwerk wurden 1934 Pflichtinnungen eingeführt und 1935 der Große Befähigungsnachweis, welcher die Meisterprüfung zur Voraussetzung machte für jene, die einen Handwerksbetrieb eröffnen wollten. Die Schließung unrentabler Handwerksbetriebe überließ man nicht den anonymen Kräften des Marktes, sondern diese führten die Berufsstandsorganisationen planmäßig durch. Um den Einzelhandel vom Konkurrenzdruck zu entlasten, war ab 1933 für die Errichtung von Einzelhandelsbetrieben eine Genehmigung erforderlich, die von der Befähigung und Zuverlässigkeit des Inhabers und vom Bedarf abhing. Außerdem diskriminierte der Staat bestimmte Konkurrenten: Warenhäuser wurden zwar nicht geschlossen, aber sie durften ab 1933 nicht neu gegründet oder erweitert werden, sahen sich vom Verkauf bestimmter Waren ausgeschlossen und mit Sondersteuern belegt, ein Teil der Konsumgenossenschaften wurde nach und nach aufgelöst, der Hausierhandel zunehmend beschränkt und ab 1938 ein großer Teil der jüdischen Geschäfte geschlossen. Auf dem Arbeitsmarkt wurden die Löhne staatlich festgesetzt. Die Regierung schränkte die Freiheit der Arbeitsplatzwahl allmählich ein und führte schließlich 1938/39 die Möglichkeit zur Dienstverpflichtung wieder ein. Im Außenhandel verschärfte man die Devisenbewirtschaftung und schloß nach und nach mit allen wichtigen Handelspartnern (außer Großbritannien und den USA) zweiseitige Verwaltungsabkommen über einen zweiseitigen devisenlosen Verrechnungsverkehr ab. Um ein Außenhandelsdefizit zu vermeiden, wurde die Einfuhr nach staatlich festgelegten Dringlichkeitsstufen kontingentiert und genehmigungspflichtig. Die Regierung ließ die Interessenverbände der Industrie und die Kartelle in staatlich kontrollierte Zwangseinrichtungen umwandeln. Die ganze nicht-ernährungswirtschaftliche Wirtschaft wurde in Fachverbände eingeteilt, neben denen die Wirtschaftskammern als Zusammenschluß der Industrie-, Handels- und Handwerksorganisationen in einer Region bestehen blieben. Diese ganzen Wirtschaftsverbände sollten der NS-Führung als Instrument dienen, die Produktion nach Art, Umfang, Materialverwendung und Preisen von oben zu lenken, ohne daß eine große staatliche Wirtschaftsbürokratie aufgebaut werden mußte. Dabei mischte staatliche Auftragsverwaltung sich untrennbar mit der Selbstverwaltung der Wirtschaft, und indem das Regime sich auf Manager aus der Großindustrie stützte und einige von ihnen auch in die Entscheidungsgremien des Vierjahresplans berief, räumte es bestimmten Großunternehmen beträchtlichen Einfluß ein, insbesondere der I.G. Farbenindustrie.

Im NS-Staat herrschte keine Marktwirtschaft mehr, aber es bestand andererseits keine volle Planwirtschaft, da auch der Vierjahresplan 1936 nur allgemeine Ziele aufstellte. Man arbeitete mit Teilplänen und improvisierte viel. Obwohl vor allem das Nebeneinander von Wirtschaftsministerium, Finanzministerium, Kriegswirtschaftsabteilung der Wehrmacht und Vierjahresplanverwaltung an der Spitze zu gewissen Konfusionen führte, erwies sich die nationalsozialistische Wirtschaftsordnung als relativ effizient und beweglich. Im Zweiten Weltkrieg wurden Lebensmittel und Konsumgüter wieder mittels Bezugsscheinen zugewiesen, aber erst ab Anfang 1942 begann die Reichsregierung, die Wirtschaft wesentlich intensiver zentral zu planen.

Wenn sich das Deutsche Reich als Reaktion auf die Weltwirtschaftskrise vom Prinzip der freien Konkurrenz deutlich abwandte, stand es damit nicht alleine, obgleich der NS-Staat auf diesem Weg weiter ging als andere, nicht zuletzt im Interesse der wirtschaftlichen Kriegsvorbereitung. Auch in Österreich wurde 1934 und 1937 die Gewerbefreiheit weiter eingeschränkt. Selbst in der bis dahin extrem wirtschaftsliberal eingestellten Schweiz kam es im Interesse des alten Mittelstands zu einer Welle von staatlichen Marktregulierungen: die Neugründung und Erweiterung von Warenhäusern, Hotels, Schuhreparaturbetrieben und Uhrenfabriken wurde genehmigungspflichtig, die Einfuhr wurde kontingentiert, und für einen Teil der landwirtschaftlichen Produkte regulierte der Staat Preis und Absatz. Während des Zweiten Weltkriegs ging auch die neutrale Schweiz dazu über, alle wichtigen Rohstoffe und Lebensmittel zwangszubewirtschaften.

Während des Ersten Weltkriegs hatte die britische Seeblockade einen großen Teil des Außenhandels des Deutschen Reiches gekappt. Auf diese Weise bekamen die Deutschen drastisch vorgeführt, wie sehr sie im Laufe der vorangegangenen Jahrzehnte immer mehr von der Einfuhr von Rohstoffen und Nahrungsmitteln abhängig geworden waren. Diese Abhängigkeit wurde noch weiter verschärft, indem das Deutsche Reich durch den Versailler Vertrag 75 Prozent der Eisenerz-, 68 Prozent der Zinkerz- und 28 Prozent der Steinkohleförderung sowie 15 Prozent der landwirtschaftlich anbaubaren Fläche verlor. Die eigene Eisenerzförderung deckte 1928 nur noch rund 10 Prozent des Bedarfs. Im übrigen war die noch viel rohstoffärmere, an Ackerland relativ noch knappere Schweiz in noch höherem Maße auf den Warenaustausch mit anderen Ländern angewiesen, und auch Österreich stand nicht wesentlich günstiger da.

Außenwirtschaft

Es war ein Grundproblem der Existenz der deutschen Staaten, daß sie den fehlenden Teil an Nahrungsmitteln und Rohstoffen importieren und zu deren Bezahlung Fertigwaren ins Ausland verkaufen mußten, und daß für den größeren Teil der Bevölkerung, für den es in der Landwirtschaft keine Arbeitsplätze mehr gab, diese im verarbeitenden Gewerbe oder im Tertiären Sektor bereitgestellt werden mußten. Die nötigen Absatzmärkte und Bezugsquellen ließen sich für das Deutsche Reich theoretisch in zweierlei Weise finden: entweder in einem von ihm selbst mehr oder minder kontrollierten wirtschaftlichen Ergänzungsraum, oder indem es sich in den Welthandel integrierte und sie dort in freier Konkurrenz zu erringen suchte.

Nachdem schon das deutsche Kaiserreich den zweiten Weg eingeschlagen hatte, blieb angesichts der internationalen Machtverhältnisse nach dem verlorenen Krieg erst recht nichts anderes mehr übrig. So war es nur logisch, daß die reichsdeutschen Kaufleute und Unternehmer ab 1919 versuchten, ihre abgerissenen weltwirtschaftlichen Beziehungen neu zu knüpfen. Langsam wurden im Laufe der 20er Jahre die verlorenen ausländischen Absatzmärkte wiedergewonnen.

In der Zwischenkriegszeit entfielen bei den Importen des Deutschen Reiches durchgehend drei Viertel des Wertes auf Nahrungs- und Genußmittel und Rohstoffe, wie schon vor dem Ersten Weltkrieg, während sich beim Export der Strukturwandel der Vorkriegszeit nach dem Weltkrieg stetig fortsetzte: der Anteil der Fertigwaren stieg bis 1935/38 auf 68 Prozent (1910/13: 53 Prozent), der Anteil der Nahrungs- und Genußmittel fiel gleichzeitig auf 1,4 Prozent (1910/13: 10,2 Prozent), jener der Rohstoffe auf 11,4 Prozent (1910/13: 15,5 Prozent).

Die Intensität der weltwirtschaftlichen Verflechtung des Deutschen Reiches, gemessen an der Exportquote, konnte aber in den 20er Jahren nicht wieder das Niveau der Vorkriegszeit erreichen, denn im gesamten Welthandel war das recht liberale Klima der Vorkriegszeit einschnürenden protektionistischen Tendenzen gewichen. Als dann in der Weltwirtschaftskrise der internationale Warenaustausch durch den Zugriff nationaler Schutzpolitik erst recht stranguliert wurde, begannen die Großmächte verstärkt, eigene Großwirtschaftsräume aufzubauen, innerhalb deren die Restriktionen gering waren, so die USA in Lateinamerika, Großbritannien im Commonwealth und Japan in Ostasien. Dabei war die Idee von Großwirtschaftsräumen an sich nicht neu, sondern ging schon auf die Kolonialreiche der Vorkriegszeit zurück. Die Weltwirtschaft zerfiel damit in den 30er Jahren in mehrere Wirtschaftsblöcke. Auch im Deutschen Reich keimte ab 1931 bei Großindustriellen und Politikern das Streben, sich einen Großwirtschaftsraum zu schaffen, und zwar indem man Ost- und Südosteuropa enger an das Reich binden wollte. Diese Idee nahm die Expansionsrichtung der reichsdeutschen Wirtschaft der Wilhelminischen Zeit wieder auf. Hitler verfolgte diese Bemühungen, die also schon vor seinem Regierungsantritt einsetzten, konsequent weiter. Der reichsdeutsche Außenhandel wurde generell von den Industrieländern zu wirtschaftlich schwächeren Regionen hin umorientiert. Der Anteil von Südosteuropa, Nahost, Lateinamerika und Nordeuropa am reichsdeutschen Export stieg 1932-38 von 18 auf 40 Prozent.

Langfristig strebte Hitler indessen einen viel radikaleren wirtschaftspolitischen Kurswechsel an. Er lehnte die exportorientierte Industriewirtschaft prinzipiell ab und plante stattdessen, in Osteuropa neuen „Lebensraum" zu erobern. Als Vorbereitung auf den beabsichtigten Eroberungskrieg und die zu erwartende Handelsblockade sollte aber zunächst einmal das Deutsche Reich möglichst weitgehend vom Welthandel abgekoppelt und bei der Versorgung mit Nahrungsmitteln und Rohstoffen autark werden. Als Folge dieser Politik schrumpfte der reichsdeutsche Außenhandel noch schneller als der Welthandel. Der Anteil des Exports am Volkseinkommen sank von ca. 15 Prozent 1925/29 (1913 noch 20 Prozent) auf nur noch 6 Prozent in den Jahren 1935/38. Selbstversorgung mit Rohstoffen wurde auch da angestrebt, wo der Import in betriebswirtschaftlicher Hinsicht wesentlich kostengünstiger gewesen wäre. Dabei nutzte man eine Reihe neuer Technologien, die im Laufe der 20er Jahre entwickelt worden und jetzt verfügbar waren. Ab 1934 gab es ein Verhüttungsverfahren, das es ermöglichte, auch die gehaltsarmen Eisenerze bei Salzgitter zu verwerten. F. Bergius und M. Pier hatten 1911/24 ein Hydrierverfahren und F. Fischer und H. Tropsch 1923-25 ein Syntheseverfahren entwickelt, um aus Kohle Benzin zu erzeugen. Seit 1926 hatten die Forschungslabors der I.G. Farbenindustrie eine Reihe künstlicher Kautschukarten erfunden, die teilweise den Naturkautschuk an Haltbarkeit übertrafen. So wurden große Hydrierwerke aufgebaut, 1933 begann die industrielle Großherstellung von Buna, dem wichtigsten synthetischen Kautschuk, und ab 1937 wurden die Eisenerze bei Salzgitter erschlossen. Die inländische Erdölförderung steigerte man 1933-39 auf das Vierfache. Um die Textilindustrie mit Fasern zu versorgen, wurde die Schafhaltung ausgedehnt, der fast verschwundene Flachsanbau neu belebt und verstärkt Ersatzstoffe verwendet, die sich durch Umwandlung von Zellulose künstlich erzeugen ließen, beispielsweise Zellwolle, Kunstseide und Acetatfasern. Außerdem entwickelte P. Schlack den synthetischen Kunststoff Polyamid, der zu Fasern versponnen 1938 zum Perlon führte, dem ersten synthetischen Gewebe. Trotz dieser Bemühungen ließ sich eine Autarkie im Rohstoff- und Ernährungsbereich nicht erreichen. Bei Kriegsbeginn 1939 konnte im Deutschen Reich zwar der Bedarf an Kohle und Kalisalzen voll aus der eigenen Produktion gedeckt werden, dagegen bei Nahrungsmitteln nur zu 83 Prozent (gegenüber 68 Prozent im Jahr 1928), Nutzholz 60 Prozent, Textilrohstoffen ca. 50 Prozent, Mineralöl ca. 40 Prozent, Eisenerz ca. 30 Prozent, Kautschuk

20 Prozent (bis 1944 auf 98 Prozent gesteigert), Kupfererz 20 Prozent und Nickel 5 Prozent, und Bauxit, Mangan, Wolfram und Chrom mußten fast vollständig importiert werden.

Da sich das Wirtschaftswachstum der Jahrzehnte vor 1914 in der Zwischenkriegszeit nicht im selben Maße fortsetzte, verlangsamte sich auch der Strukturwandel der Wirtschaft, wurde durch die Weltwirtschaftskrise sogar vorübergehend angehalten, um sich danach wieder zu beschleunigen. Die Bedeutung der Landwirtschaft ging weiter zurück. Nicht nur ihr Anteil an den Beschäftigten sank weiter (1925-39 von 31 auf 25 Prozent), sondern seit dem Ersten Weltkrieg schrumpfte jetzt auch die absolute Zahl der dort Beschäftigten. Vor allem Landarbeiter, Gesinde und Kleinbauern wanderten in die Städte ab, da sich ihnen dort zunehmend bessere Einkommens- und Arbeitsbedingungen eröffneten, zumindest in den Jahren 1924-29 und ab 1936. Der Anteil des produzierenden Gewerbes an den Erwerbstätigen stieg dagegen nicht weiter, sondern blieb in der Zwischenkriegszeit bei 41 Prozent konstant. Vor allem wuchs der Anteil der Beschäftigten in Staats-, Sozialversicherungs- und Parteibürokratie, mehr noch jener in Handel und Verkehr. *Wirtschafts-struktur*

Die Entwicklung der Wirtschaftsstruktur in der Schweiz entsprach der des Deutschen Reiches. In Österreich ließ ab 1919 die Unterbrechung vieler bisheriger Wirtschaftsbeziehungen den Anteil von Industrie und Handel am Sozialprodukt sogar deutlich schrumpfen, womit Österreichs Weg zum Industrieland unterbrochen wurde.

Innerhalb der Industrie setzte sich im Deutschen Reich langfristig der Trend fort, daß die Produktionsgüterindustrie gegenüber der Konsumgüterindustrie an Gewicht gewann, weil die Produktionsprozesse komplizierter und aufwendiger wurden. Insbesondere die Chemieindustrie legte an Bedeutung zu, indem sie, ausgehend von Kokereigas und Kohlenteer, eine an Menge und Vielfalt steigende Produktion erzeugte. Deutlicher ausgeprägt als der langfristige Trend waren aber die Verzerrungen durch das kurzfristige Geschehen. Der Kriegsbedarf des Ersten Weltkriegs, der nationalsozialistischen Aufrüstung und des Zweiten Weltkriegs förderten jeweils besonders die Schwerindustrie zu Lasten der Konsumgüterindustrie, während in der Weltwirtschaftskrise umgekehrt gerade die Schwerindustrie überdurchschnittliche Einbrüche erlitt.

In der Industrie lief auch der Trend zur Konzentration aufs Ganze gesehen weiter, vollzog sich aber in ähnlicher Weise ungleichmäßig. Während die Inflation ihn verstärkte, da Großunternehmen mit billigen Krediten kleine Firmen aufkaufen konnten, wirkte die Weltwirtschaftskrise umgekehrt: die großen Unternehmen schrumpften übermäßig, da sie vor allem im besonders stark betroffenen Grundstoff- und Produktionsgüterbereich tätig waren, während sich die Zahl der Kleinstbetriebe vermehrte, weil zahlreiche Deutsche den Weg aus ihrer Arbeitslosigkeit im Schritt in die Selbständigkeit suchten. In der NS-Zeit nahm die Konzentration wieder deutlich zu, weil die Großunternehmen von der Aufrüstung stärker profitierten, bedingt sowohl durch ihre Branchenzugehörigkeit wie durch Kontaktvorteile innerhalb des Steuerungsapparates der Bürokratie und Verbände. Zeichen der Konzentration, die in einer weiteren Öffentlichkeit Beachtung fanden, waren die Fusion der größten reichsdeutschen Chemiefirmen (Bayer, Hoechst, BASF, Agfa und vier weitere) zur I.G. Farbenindustrie 1925 und die Fusion der fünf größten reichsdeutschen Stahlwerke zu den Vereinigten Stahlwerken 1926. Letztere erzeugten 47 Prozent des reichsdeutschen Rohstahls. Im Einzelhandel waren die Konzentrationstendenzen viel schwächer als in der Industrie. Warenhäuser und Einheitspreisgeschäfte gewannen zwar in den 20er Jahren an Boden, doch *Konzen-tration* machte ihr Anteil am gesamten Einzelhandelsumsatz 1929 erst 5 Prozent aus und war in der NS-Zeit wieder rückläufig. Erst recht verschoben sich in der Landwirtschaft die Größenverhältnisse nicht nennenswert; der Anteil der Großbetriebe ging dort sogar zurück.

Je größer die großen Konzerne wurden, desto mehr verselbständigten sie sich als eigengesetzliche, selbstzweckhafte Apparate gegenüber ihren Trägern. Die Verwaltung wurde gegenüber dem Produktionsbereich ständig größer, ihre inneren Strukturen immer komplexer. Wo früher einzelne Buchhalter und Ingenieure gewesen waren, sah man jetzt zunehmend ganze Einkaufsabteilungen, Rechnungsabteilungen, Vertriebsabteilungen, Konstruktionsbüros und Laboratorien mit einer Fülle genau abgegrenzter Funktionsbereiche und Stellen, die deren Inhaber nur auszufüllen hatten. Und an der Spitze der Großkonzerne trat weitgehend das Direktorium angestellter Manager an die Stelle des persönlichen Unternehmertums des Kapitalbesitzers, womit das Unternehmen auch gegenüber den Kapitaleignern eigenständiger wurde. 1925 waren im Deutschen Reich 22 Prozent aller Beschäftigten in Aktiengesellschaften tätig, aber noch 47 Prozent in Betrieben, die einen Einzelinhaber hatten.

Arbeitszeit   Für Industriearbeiter wurde 1918 im Deutschen Reich wie 1919 auch in Österreich und der Schweiz der Achtstundentag eingeführt, d.h. also die 48-Stundenwoche. Ab Herbst 1923 durfte die Arbeitszeit im Deutschen Reich aber wieder erhöht werden. Sie lag 1924-28 um 50 Wochenstunden, und nach einem deutlichen Abfall in der Weltwirtschaftskrise stieg sie dann während der Rüstungskonjunktur bis 1939 wieder auf durchschnittlich 48,5 Stunden. Hier gab es also keinen stetigen Fortschritt, aber immerhin hatte sich die Arbeitszeit der Industriearbeiter damit jener der Kaufleute und Unternehmer angepaßt und war deutlich geringer geworden als in der Landwirtschaft. Für Bauern, Gesinde und Landarbeiter dauerte der Arbeitstag im Sommer weiter bis zu 14 und auch 16 Stunden, besonders in Kleinbetrieben. Während Ende der 30er Jahre die jährliche Arbeitszeit der Industriearbeiter bei ca. 2.400 Stunden lag, wurden für mittlere Bauernhöfe 2.800-2.900 Stunden und auf kleineren Höfen für Bauern 3.300-3.500 und Bäuerinnen 3.600-4.000 Stunden festgestellt.

Während es vor dem Ersten Weltkrieg bezahlten Urlaub fast nur für Angestellte gegeben hatte, wurde dieser in den 20er Jahren auch für Industriearbeiter allgemein üblich. 1926 betrug der Jahresurlaub für Angestellte meist 12-18 Tage, für Arbeiter meist 3-6 Tage. In der NS-Zeit wurde der Mindesturlaub für Industriearbeiter von 3 auf 6 Tage erhöht. Urlaubsreisen blieben bis 1933 durch ihre Kosten praktisch der Oberschicht und dem gehobenen Bürgertum vorbehalten. 1934 hatten von den Berliner Siemens-Arbeitern 68 Prozent noch nie Urlaub außerhalb des Berliner Raumes verbracht. In der NS-Zeit nahm der Tourismus dann stark zu, rückte auch in den Horizont der unteren Mittelschichten und mit den von „Kraft durch Freude" (KdF) organisierten und subventionierten Reisen auch in den von Arbeitern. Die Teilnehmerzahl an diesen organisierten Urlaubsfahrten stieg von 2,3 Millionen 1934 auf 10,3 Millionen 1938. Aber auch dies darf nicht überschätzt werden; der weitaus größte Teil der KdF-Reisen waren ein- oder zweitägig.

Energie   Hauptenergiequelle blieb weiter die Steinkohle, wenngleich ihr Anteil bis 1938 auf 67 Prozent zurückging, und zwar zugunsten eines zunehmenden Einsatzes von Braunkohle (Anstieg auf 23 Prozent). Mit dem Kraftfahrzeugverkehr stieg der Verbrauch von Erdöl stark an, doch machte er auch 1938 im Deutschen Reich erst 3,8 Prozent des Primärenergieverbrauchs aus. Mit Wasserturbinen zur Stromerzeugung kamen auch

820

die Wasserkräfte wieder zu Ehren und wurden stark ausgebaut, trugen aber im Deutschen Reich mit 0,4 Prozent insgesamt erst wenig zum Energieverbrauch bei. Im Alpenraum spielte der Ausbau der Wasserkräfte dagegen eine größere Rolle. Eine wichtigere Veränderung bestand darin, daß ein rasch steigender Teil der Energie nicht mehr direkt verbraucht, sondern in Sekundärenergie in Form von Elektrizität umgewandelt wurde, die sich in beliebigen Portionen, sauber und weitgestreut verteilen ließ. Die Leistung der Kraftwerke steigerte sich enorm, und man baute ein überregionales Netz von Hochspannungsleitungen auf, das die einzelnen Kraftwerke miteinander verband und Elektrizität auch in ländliche Gebiete hinein verteilte. Während die Elektrifizierung vor dem Ersten Weltkrieg erst in Ansätzen erfolgt war, wurde sie vor allem in den 20er Jahren stark vorangetrieben. Bis 1933 waren 76 Prozent der reichsdeutschen Haushalte an die Stromversorgung angeschlossen, bis zum Zweiten Weltkrieg fast alle. Damit waren praktisch überall (zusätzlich zur eigenen Arbeitskraft) große Mengen an Energie für stationäre Nutzung leicht verfügbar.

Viele Unternehmen versuchten in der Zwischenkriegszeit, die Arbeitsproduktivität in der industriellen Produktion durch technische und organisatorische Maßnahmen zu steigern. Die Jahre 1924-30 erlebten eine deutliche Welle dieser Rationalisierungsmaßnahmen, und zwar als einen Versuch, die gemessen am bestehenden Produktivitätsniveau und Wechselkurs hohen Arbeitskosten zu mindern. Die einzelnen Branchen wurden davon unterschiedlich stark erfaßt. Während die Produktivität je Arbeitsstunde 1926-30 im Bergbau um 18 Prozent und in der Metallverarbeitung sogar um 25 Prozent stieg, waren es beispielsweise in der Textilindustrie nur 9 Prozent, und das Baugewerbe verharrte weiter völlig im Hergebrachten. *Industrielle Arbeitsverhältnisse*

Die Rationalisierungsbemühungen bedienten sich verschiedener Methoden. Nach dem Vorbild des Amerikaners F.W. Taylor versuchten in den 20er Jahren einige große Konzerne, die Arbeitsproduktivität zu erhöhen, indem sie die Arbeit intensivierten. Dazu wurden durch genaue Arbeitsplatz-, Zeit- und Bewegungsablaufstudien am einzelnen Arbeitsplatz effizientere Geräteanordnungen und Arbeitsabläufe ermittelt und genau gemessene Normalarbeitszeiten zur Grundlage von Akkordentlohnung gemacht. Weitverbreitete Anwendung fand diese Methode aber nicht.

Zugleich gab es Fortschritte in der Mechanisierung der Produktion. Im Steinkohlebergbau, wo der Abbau vor Ort 1913 noch fast ausschließlich durch Handarbeit oder Sprengen erfolgt war, wurde die Kohle 1930 fast nur noch mit Preßlufthämmern abgebaut. Die Schichtleistung im Ruhrkohlebergbau stieg 1913-38 von 1.161 auf 1.970 Kilogramm je Mann unter Tage.

Ferner kam die Fließfertigung auf. In weiten Bereichen der Industrie verwendete man zwar seit Jahrzehnten Maschinen, setzte diese aber isoliert für Teiltätigkeiten ein. Sie wurden entweder wie Werkzeuge bedient oder als größere Maschinen gesteuert, so daß die Ausbildung und Erfahrung des Arbeiters wichtig geblieben und ein gewisser eigener Entscheidungsspielraum weiter erhalten geblieben war, die Arbeitsweise also doch noch oft handwerksnahen Charakter bewahrt hatte. Hier bedeutete der Übergang zur Fließfertigung einen beträchtlichen Sprung. Bei der Bearbeitung und Montage von festen Teilen erfolgte dies, indem man das Fließband einführte. Nach amerikanischem Vorbild wurde im Deutschen Reich das erste Fließband 1924 in den Autowerken von Opel in Rüsselsheim installiert. Das Fließband sparte die Wegzeiten, integrierte aber gleichzeitig die Arbeiter wie ein Zubehörteil in die Maschine, wo sie eine noch nicht mechanisierbare Lücke auszufüllen hatten. Die Arbeiter fanden sich in ihren eigenen Bewegungen fremdbestimmt vom vorgegebenen Arbeitstakt des Bandes, das sie ohne Störung des Gesamtablaufs nicht verlassen konnten. Sie sahen ihre Arbeit auf das ständige, eintönige Wiederholen gleichbleibender, einfacher Handgriffe reduziert, die ihnen in Fleisch und Blut übergingen und die Muskulatur höchst einseitig belasteten. Dabei waren die Arbeiter voneinander isoliert, ohne eigenen Dispositionsspielraum, ohne irgendwie an Geist und Qualifikation gefordert zu werden. Verständlicherweise schuf diese entpersönlichte Fließbandarbeit bei ihnen Unzufriedenheit. Eine Fließbandarbeiterin klagte schon 1926, daß „jeder Arbeiter während der ganzen Arbeitszeit stumm, lautlos, ohne jegliche überflüssige oder auch nur lässige Bewegung dasteht, stets aufmerksam das ‚Band' oder seine Arbeitsstücke beobachtet. Und da kann niemand sich ein freundliches Wort, eine Aufmunterung zurufen, bei der Arbeit ein wenig pfeifen oder singen. Dazu ist keine Zeit und Lust mehr … Das Tempo des Fließbandes treibt jeden gleichmäßig zur Arbeit an, hält alle in Atem. Acht Stunden am Fließband – das ist anstrengender als neun bis zehn Stunden an der einzelnen Werkbank. Denn hier kann man verschiedene Bewegungen machen, bisweilen einige Minuten aussetzen. Jede Steigerung des Tempos des Fließbandes muß aber automatisch die Schnelligkeit der Arbeitsbewegung steigern, somit mehr Kraft aus unseren Knochen ziehen. Diese Fließbandarbeit und dieses Tempo ist dasselbe, als wenn man die Arbeitszeit ohne Bezahlung der Überstunden verlängert hätte."[67] Das Fließband wurde vor dem Zweiten Weltkrieg aber erst in relativ wenigen Fällen eingeführt, denn es lohnt nur bei großen Serien, für die damals meist der Markt noch nicht vorhanden war. Dagegen ging die Chemieindustrie seit dem Ersten Weltkrieg als erste Branche schon zur automatischen Fließfertigung über, weil dies bei Flüssigkeiten und Gasen leichter möglich und wegen der Giftigkeit vieler chemischer Stoffe auch nötiger ist. Man integrierte die verschiedenen Prozeßfunktionen in hintereinandergeschalteten Stufen zu einem komplexen System, wobei alle wichtigen Prozeßgrößen automatisch gemessen und über Regler geführt wurden. Dabei fielen einfache Transport-, Beschickungs- und Entnahmearbeiten zunehmend weg, und als Arbeit blieben Inspektion, Instandhaltung, Regulierung und Kontrolle des Gesamtablaufs übrig.

Nach dem Ersten Weltkrieg bekämpfte man die Unfallgefahren in der Industrie stärker als zuvor und widmete auch den Berufskrankheiten mehr Aufmerksamkeit. Zugleich traten an die Stelle der bisherigen mechanischen Gefahren immer mehr chemische, sowohl in der wachsenden Chemieindustrie selbst wie in den verschiedensten Branchen durch die Verwendung chemischer Stoffe wie Farben, Reinigungs- und Lösungsmittel. Die Gefahren neuer chemischer Stoffe waren anfangs oft unbekannt, zumal schädliche Langzeitwirkungen erst mit Verzögerung auffielen.

Landwirtschaft Die reichsdeutsche Landwirtschaft geriet im Ersten Weltkrieg in eine dauernde Strukturkrise und konnte sich erst kurz vor dem Zweiten Weltkrieg wieder leidlich stabilisieren. An sich hätte es angestanden, die Bodenproduktivität durch Intensivierung weiter zu steigern. Tatsächlich wurden Pflanzen- und Tierzucht weitergetrieben. Bei Rindern ging man vielfach von einer allgemeinen Höherzüchtung ab und strebte danach, die Tiere speziell auf Milch oder Fleisch zu züchten. Besonders in der NS-Zeit wurde die Intensivierung der Landwirtschaft im Interesse der Autarkiepolitik gefördert. Jetzt setzte man vor allem verstärkt Mineraldünger ein, der den Fruchtwechsel als Hauptmittel der Nährstofferneuerung abzulösen begann. Aber während des Ersten Weltkriegs waren die Hektarerträge stark abgefallen: da die Futtermittelimporte ausgeblieben waren, war der Bestand an dungproduzierendem Vieh deutlich zurückgegangen, und weil viele Männer und Pferde zum Kriegsdienst eingezogen worden waren, war der Boden schlechter bearbeitet worden, so daß die Bodenfruchtbarkeit verfallen war. Letztere ließ sich in der Folgezeit nur langsam wiederherstellen. Auch in den 20er Jahren lagen die Hektarerträge im Durchschnitt unter dem Vorkriegsniveau, das sie erst Mitte der 30er Jahre wieder erreichten.

Da seit dem Ersten Weltkrieg die billigen ausländischen Saisonarbeiter ausblieben und zumindest phasenweise Landarbeiter und mithelfende Familienangehörige in die Industrie abwanderten, mußten die landwirtschaftlichen Löhne angehoben werden, um dieser Verknappung der Arbeitskräfte zu begegnen. Damit wurde es nötig, in der Landwirtschaft zu mechanisieren, um die Arbeitsproduktivität zu steigern. In der bäuerlichen Innenwirtschaft breiteten sich elektrisch angetriebene Arbeitsmaschinen weiter aus. 1923 baute die Firma Lanz als erste in Europa einen brauchbaren, mit einem Verbrennungsmotor angetriebenen Ackerschlepper, der an Stelle der Pferde die Ackergeräte und Transportwagen ziehen konnte und der den bisherigen Dampf- und Motorpflügen deutlich überlegen war. 1927 wurde im Deutschen Reich der erste Mähdrescher eingesetzt, ein Import aus den USA. Diese Fortschritte machten es technisch möglich, auch die bäuerliche Außenwirtschaft zu mechanisieren. Aber selbst 1939 betrug im Deutschen Reich der Bestand an Motorschleppern erst 60.000, während es noch 3.023.000 Pferde gab, und Mähdrescher wurden vor dem Zweiten Weltkrieg fast noch gar nicht eingesetzt. Die Mechanisierung der Außenwirtschaft kam also nur schleppend in Gang. Das lag daran, daß rund 90 Prozent der Höfe weniger als 20 Hektar besaßen, so daß eine Motorisierung der Ackerbearbeitung kaum lohnte, zumal diese Fläche oft noch in Kleinparzellen zersplittert war, und daß die Bauern technisch unerfahren waren. Außerdem verfielen seit der Währungsstabilisierung unter dem Druck weltweiter Überproduktion die Preise für Agrarprodukte, so daß die marktorientierten Großbetriebe nicht über die finanziellen Mittel für eine durchgreifende Mechanisierung verfügten. Wie schwer sich die Landwirtschaft mit der Anpassung ans Industriezeitalter tat, mag auch daraus deutlich werden, daß noch in den 30er Jahren Buchführung bei Bauern weitgehend unbekannt war und rund zwei Drittel der Lebensmittel, welche die landwirtschaftliche Bevölkerung verbrauchte, aus dem eigenen Betrieb stammten.

Im Verkehrswesen konnte sich die Motorisierung zwar stärker, aber ebenfalls noch nicht massenhaft durchsetzen. Die Eisenbahn hatte mit dem Ersten Weltkrieg ihre größte Zeit hinter sich. Ihr Streckennetz wurde zwischen den Kriegen fast nicht mehr erweitert. Im Ferngüterverkehr konnte sie aber immer noch einen Anteil von über drei Viertel der Transportleistung behaupten. Auch das Binnenschiffsnetz wurde nur noch geringfügig ausgebaut. Hier stellte man vor allem den Mittellandkanal bis 1938 fertig und begann 1922 den Bau des Rhein-Main-Donau-Großschiffahrtsweges, an dem die Bauarbeiten bis heute andauern. Indem sich das Kraftfahrzeug verbreitete, gewann der Straßenverkehr wieder an Gewicht. Im Frachtverkehr wurden die Pferdefuhrwerke zwischen den Kriegen fast völlig durch den zugkräftigeren Lkw verdrängt. Bestand das Fuhrpersonal der reichsdeutschen Wirtschaft 1908 aus 195.100 Kutschern und 5.500 Kraftwagenführern, änderte sich dieses Verhältnis bis 1933 auf 109.000 zu 204.900. Der Anteil des Lkw am Ferngüterverkehr wuchs bis 1938 auf 5,8 Prozent der Transportleistung. Das Omnibusnetz wurde nach 1924 stark ausgebaut, vor allem auch in ländlichen Gegenden. Die Zahl der Pkws im Deutschen Reich stieg 1921-38 von 60.000 auf 1.272.000. Obwohl die Automobilisierung von der NS-Regierung deutlich

Verkehr und Kommunikation

gefördert wurde, war sie damit geringer als in Frankreich und Großbritannien und erst recht als in den USA. Das Personenauto blieb vor allem deshalb ein Luxusgut, weil die Massenkaufkraft des deutschen Marktes infolge der allgemeinen Wirtschaftsentwicklung relativ gering war. Das in der NS-Zeit angelegte Autobahnnetz war für den damaligen Bedarf überdimensioniert. Bis 1942 wurden 3.860 Kilometer Autobahn im Deutschen Reich (Grenzen von 1937) gebaut. Militärische Überlegungen spielten für diesen Autobahnbau im übrigen keine nennenswerte Rolle; darauf war die Streckenführung nicht ausgerichtet, und Truppentransporte erfolgten weiter überwiegend mit der Eisenbahn. Die erste Straße dieses neuen Typs, der kreuzungsfrei ist und ausschließlich Kraftwagen dient, war 1921 in Berlin als Rennstrecke eröffnet worden, die Avus; 1932 folgte die Autobahn Köln-Bonn. Mit dem Auto kam auch das Verlangen nach Fahrbahnen auf, die glatter waren als die üblichen Kopfsteinpflasterstraßen. Die Betonfahrdecken der Autobahnen kamen dem nach, und in Städten wurde zunehmend asphaltiert. In Hamburg stieg der Anteil asphaltierter Straßen 1923-45 von 0 auf 46 Prozent.

Die Flugzeuge, die bis in den Ersten Weltkrieg nur für militärische Zwecke verwendet worden waren, wurden in den 20er und 30er Jahren zu brauchbaren Zivilverkehrsmaschinen weiterentwickelt. 1915 konstruierte H. Junkers das erste Ganzmetallflugzeug. Nach 1919 bauten zahlreiche private Luftverkehrsgesellschaften rasch ein Netz regelmäßig beflogener Fluglinienedienste für Personen, Post und auch Fracht innerhalb Deutschlands und Europas auf. Es gab einen mörderischen Konkurrenzkampf. Die überlebenden reichsdeutschen Linienflugunternehmen schlossen sich 1926 zur Deutschen Lufthansa zusammen, die seitdem als Einheitsfluggesellschaft besteht. Obwohl die Flugzeuge der Bahn und dem Auto an Schnelligkeit überlegen waren, blieb der Luftverkehr bis zum Zweiten Weltkrieg relativ gering. Personenverkehr auf der langen Nordatlantikroute war mit Flugzeugen bis 1939 noch nicht möglich. Stattdessen wurde der erste regelmäßige Passagierluftverkehr auf dieser Strecke 1933 mit zwei deutschen Zeppelinen aufgenommen. Als aber 1937 das Luftschiff LZ 129 auf dem Flugplatz Lakehurst in Flammen aufging, brach man ihn ab und beendete damit die Zeit der Zeppeline überhaupt.

Auch auf die weitere Zunahme des postalischen Nachrichtenverkehrs wirkte die Konjunkturentwicklung der Zwischenkriegszeit nicht sehr fördernd. Immerhin setzte sich beim Telefon im Ortsverkehr in den 30er Jahren die automatische Vermittlung durch (die erste war schon 1909 eingerichtet worden), und ab 1933 wurde ergänzend ein Fernschreibnetz (Telex) aufgebaut.

Stadt und Landschaft
Die große Binnenwanderung von Osten nach Westen, die in der Industrialisierungsphase stattgefunden hatte, setzte sich nach dem Ersten Weltkrieg kaum fort. Die regionalen Unterschiede verschärften sich nicht weiter, sondern begannen sich eher etwas auszugleichen, indem Württemberg und Bayern durch eine verstärkte Vergewerblichung aufholten. Indem die Bedeutung der Landwirtschaft weiter zurückging zugunsten der in den Städten konzentrierten Industrie, Verwaltung und Dienstleistungen, setzte sich auch der Verstädterungsprozeß fort. Der Anteil der Bevölkerung in Gemeinden unter 2.000 Einwohnern ging im Deutschen Reich 1910-39 von 40 auf 30 Prozent zurück, der in den Großstädten (über 100.000 Einwohner) stieg gleichzeitig von 21 auf 32 Prozent an, wobei der Zuwachs in erster Linie jenen über 200.000 Einwohnern zufloß.

In den Großstädten wandte man sich von der steinernen Massierung der Mietskasernen ab und strebte danach, neue Wohnhäuser aufgelockerter zu bauen, so daß mehr Sonnenlicht und frische Luft in die Wohnungen gelangen konnte. Wo Architekten weiter Wohnungsblöcke konzipierten, legten sie die Innenhöfe jetzt relativ groß an. Seit 1925 ging man vielfach überhaupt von geschlossenen Wohnblöcken mit Straßenfront und Innenhöfen ab und baute stattdessen parallel angeordnete mehrgeschossige Häuserzeilen, die ohne Querblöcke schräg oder rechtwinklig zur Straße gestellt wurden, so daß sie möglichst günstig zur Sonne standen. Hier waren alle Wohnungen in gleicher Weise zur Sonne ausgerichtet. Noch weiter ging die Auflockerung in den nach dem Ersten Weltkrieg gebauten Gartenstädten, als Ganzes geplanten Siedlungen, die aus einzelstehenden oder als Reihenhaus gebauten Einfamilienhäusern mit Garten bestanden. Ins Stadtfeindliche steigerten sich diese Auflockerungsbestrebungen bei der 1931 einsetzenden Landsiedlungsbewegung, die dann das Lieblingsthema des nationalsozialistischen Wohnungsbaus wurde. Hier setzte man das Leitbild „gesunder", ortsfester Familien polemisch gegen die Vorstellung der „Vermassung" in den „Asphaltwüsten" moderner Großstadtballungen. Auf dem flachen Land oder am Stadtrand sollten Siedlungen gleichartiger, freistehender Einfamilienhäuser entstehen mit einem Stück Land zur teilweisen Selbsternährung, um zu einem bodenverwurzelten Leben zurückzuführen. Insoweit die Landsiedlung als ein Leitbild gedacht war, das in großem Umfang umgesetzt werden sollte, blieb sie Utopie und mußte es bleiben, da die mit der Industriewirtschaft verbundenen Arbeitsplätze zur Konzentration drängen und ein Ausstieg aus der Industriewirtschaft utopisch war und ist.

Der Kern der größten Städte verwandelte sich in der Zwischenkriegszeit durch die Citybildung, ein Vorgang, der in Hamburg, Berlin, München und Wien schon um die Jahrhundertwende eingesetzt hatte. Einrichtungen, die auf starken Kundenverkehr angewiesen waren, drängten in die Stadtkerne, da sie sich dort bei dem inzwischen bestehenden Verkehrsnetz am besten erreichen ließen. So machten sich neben den Kirchen und Rathäusern die Warenhäuser, Geschäfte, Banken und Unternehmensverwaltungen breit und verdrängten die Wohnbevölkerung aus dem Kerngebiet, da sie eher als diese die mit der Nachfrage steigenden Bodenpreise zahlen konnten. Die Zahl der im Stadtkern Beschäftigten wurde größer als die Zahl der dort Wohnenden. Um den immer teurer werdenden Platz in zentraler Spitzenlage gut zu nutzen, drängte die Bebauung in die Höhe, und unten entstanden entlang der Straße durchgehende Schaufensterfronten.

Gleichzeitig uferten die Großstädte an ihren Rändern immer weiter aus. Verwaltungsorganisatorisch hoffte man dies in den 20er und 30er Jahren dadurch in den Griff zu bekommen, daß man viele verstädterte Vororte eingemeindete. Die Ausdehnung der Großstädte und auch der Bau von Autobahnen und militärischen Einrichtungen verbrauchten ständig neue Flächen. Die von Bebauung, Verkehrsflächen, Sportplätzen und Parks, Flugplätzen und Militärübungsplätzen sowie Gewässern beanspruchte Fläche stieg im Deutschen Reich 1927-39 von 6,0 auf 8,3 Prozent des Staatsgebiets. Gleichzeitig sank der Anteil der Moor- und Ödlandflächen weiter von 4,0 auf 3,4 Prozent, vor allem deshalb, weil im Zuge der nationalsozialistischen Autarkiepolitik praktisch auch noch die letzten kultivierbaren Flächen in landwirtschaftliche Nutzung genommen wurden.

Das Ausmaß der Belastung durch Emissionen und Abwässer schwankte in der Zwischenkriegszeit entsprechend der allgemeinen Konjunkturentwicklung. Bei den Maßnahmen gegen Umweltbelastungen gab es aufs Ganze gesehen kaum Fortschritte. Der

Erste Weltkrieg und seine Folgen hatten diese Probleme völlig in den Hintergrund gedrängt. Angesichts der Arbeitslosenprobleme galt der rauchende Schornstein als Zeichen für Arbeitsplätze und Einkommen.

Wohn- und Konsumstandard

Der Vorkriegstrend eines allmählich steigenden Lebensstandards erlitt in der Zwischenkriegszeit starke Unterbrechungen und setzte sich deshalb aufs Ganze gesehen nur gedämpft fort. Neben Nahrung, Wohnung und Kleidung begannen langsam technische Haushaltsgeräte zu einer weiteren Bestimmungsgröße für den Lebensstandard zu werden, aber da für sie die Massenkaufkraft fehlte, wurden sie noch nicht allgemein üblich. Indem man Elektrizität für Haushaltsprobleme nutzbar machte, wurden in den 20er Jahren elektrische Bügeleisen, Wasserkocher, Kochplatten, Tauchsieder, Staubsauger und Trommelwaschmaschinen entwickelt, doch vor allem die beiden letztgenannten fanden nur wenig Verbreitung. Vom Elektroherd, dem verbreitetsten elektrischen Haushaltsgerät, gab es 1939 im Deutschen Reich 800.000 Stück. Dabei breiteten sich Radios und andere neue technische Konsumgüter in den Städten immer noch rascher aus als auf dem Lande. Noch 1939 waren rund 60 Prozent der reichsdeutschen Bauernhöfe auch noch nicht an eine Wasserleitung angeschlossen.

Vor allem schlugen sich die Konjunkturschwankungen im Konsumstandard der einzelnen Haushalte klar spürbar nieder. Im Ersten Weltkrieg setzte eine deutliche Verarmung breiter Bevölkerungsschichten ein, die bis 1923 anhielt. Der durchschnittliche Fleischverbrauch pro Kopf betrug 1923 im Deutschen Reich nur noch gut die Hälfte des Wertes von 1913.

Bei den Unterschichten war Unterernährung verbreitet und der Speiseplan weitgehend auf Kartoffeln, Schmalzbrote und trockenes Brot reduziert. Ihre Kleidung zerlumpte zunehmend. 1921 ergab eine Umfrage unter Volksschulkindern in Hamburg, daß nur 30 Prozent der Schüler ein zweites Paar Schuhe und nur 44 Prozent ein zweites Hemd zum Wechseln besaßen. Manche Eltern schickten ihre Kinder ohne Schuhe zur Schule oder hielten sie sogar aus Mangel an ordentlicher Kleidung ganz zu Hause. Da Wohnungen in den Städten zunehmend knapper wurden, mußten teilweise sogar solche Keller und Dachräume wieder zu Wohnungen umgewandelt werden, die vor dem Ersten Weltkrieg als hierfür ungeeignet geschlossen worden waren. Nach 1924 verbesserte sich dann die Versorgung mit Lebensmitteln und Kleidung bei den Unterschichten wieder deutlich und überholte bis 1929 den Vorkriegsstand. Zugleich setzte sich auch der Trend der Vorkriegszeit wieder durch, daß der Verbrauch an Fleisch sowie von Obst, Zucker, Kaffee und Tabak zunahm und jener von Roggen und Kartoffeln zurückging. In der Weltwirtschaftskrise sahen die Familien der Arbeitslosen ihren Konsumstandard erneut auf ein niedriges Niveau wie am Anfang der 20er Jahre heruntergedrückt. Mit dem Aufschwung der 30er Jahre stieg dann für die weitaus meisten der Lebensstandard wieder spürbar an. Da die Rüstungsausgaben noch rascher wuchsen, blieb die Verbesserung des Konsumstandards aber hinter dem Anstieg des Volkseinkommens zurück. Die NS-Regierung wollte lieber „Kanonen statt Butter", wie Göring 1938 drastisch formulierte.

Gesundheit

Die Schwankungen des Konsumstandards schlugen selbst auf die Gesundheit durch. Anfang der 20er Jahre und während der Weltwirtschaftskrise verschlechterte sich der Gesundheitszustand der Bevölkerung deutlich – kein Wunder, denn erneut waren einseitige und Unterernährung verbreitet, mit der Verarmung stumpften die Menschen ab und vernachlässigten die Sauberkeit, und aus Fahrgeldmangel suchten manche oft erst sehr spät einen Arzt auf. Mangelkrankheiten wie Rachitis und sogar Skorbut spielten

826

jetzt wieder eine Rolle, besonders bei kleinen Kindern, und Infektionskrankheiten verliefen viel häufiger tödlich.

Im Gesundheitswesen ging aber langfristig auch deutlich der Fortschritt der vorangegangenen Jahrzehnte weiter. Man baute das Gesundheitswesen weiter aus. Die Erkenntnis setzte sich durch, daß Vitaminmangel als Ursache für bestimmte Krankheitsbilder anzusehen ist. Ein neuer Weg wurde mit der Einführung chemischer Heilmittel beschritten, nachdem P. Ehrlich 1909 die Wirkung von Salvarsan gegen Syphilis und G. Domagk 1933 die Heilwirkung der Sulfonamide entdeckt hatten. Langfristig ging die Sterblichkeit weiter zurück. Die Kleinkindersterblichkeit verlor ihre besondere Bedeutung. Während die Sterblichkeit an Infektionskrankheiten weiter sank, wurde dies in gewissem Umfang dadurch ausgeglichen, daß andere Todesursachen in steigendem Maße auftraten, nämlich mit dem gestiegenen Durchschnittsalter der Bevölkerung jene an degenerativen Erkrankungen, die fast nur in mittlerem und besonders höherem Alter auftreten, sowie außerdem an jenen Krankheiten, die durch die Lebensweise in der Industriegesellschaft bedingt sind. Sie lösten die Infektionskrankheiten als wichtigste Todesursache ab. 1913-38 fielen im Deutschen Reich die Sterbefälle an TBC von 14,3 auf 6,2 je 10.000 Einwohner, aber gleichzeitig nahmen die an bösartigen Neubildungen von 8,2 auf 14,7 und die an Krankheiten des Herz- und Kreislaufsystems von 22,1 auf 31,0 zu.

Indem die Lebenserwartung langfristig immer weiter anstieg und die Zahl der Kinder je Familie abnahm, änderte sich auch der Lebensablauf. Jene Zeit des Ehelebens, welche die Frauen noch nach der Erreichung des 20. Lebensjahres durch das jüngste Kind verbrachten, stieg von durchschnittlich 1,1 Jahren 1870/99 auf 12,2 Jahre 1930/49 (und weiter auf 20 Jahre 1972/74). Damit entstand die nachelterliche Gefährtenschaft als neuer Lebensabschnitt.

Eine Epoche des Fortschritts an materiellem Wohlstand war die Zwischenkriegszeit aufs Ganze gesehen im Deutschen Reich und in Österreich nicht. Zweifellos war jene Zeit endgültig vorbei, in der das Leben der Deutschen von übermächtigen Naturereignissen wie Mißernten und Seuchen wesentlich abhängig war und geprägt wurde, aber dafür wurde erschreckend deutlich, daß jeder einzelne mehr denn je in ein komplexes System von arbeitsteiliger Produktion und weltweitem Austausch eingebunden war und in seiner materiellen Existenz davon abhing, daß dieses funktionierte. Dessen Entwicklung entzog sich nicht nur dem Einfluß des einzelnen, sondern das System entwickelte eine Eigendynamik, die in der Inflation nach dem Ersten Weltkrieg und vor allem in der Weltwirtschaftskrise überhaupt völlig außer Kontrolle geriet. Das alte Problem, wie die Nutzung der natürlichen Gegebenheiten zum menschlichen Wohl effizient und sinnvoll orientiert werden könne, hatte mit der Industrialisierung sein Gesicht gewandelt; wirklich befriedigend gelöst war es nicht.

Rückblick

8.3 Klassenkampf und erzwungene „Volksgemeinschaft"

Überblick

Die Ereignisse Ende 1918 führten im Deutschen Reich und in Österreich nicht zu einer revolutionären Neuordnung der Gesellschaft. Trotzdem veränderten sich die gesellschaftlichen Verhältnisse in den folgenden Jahren. Die hauptsächlichen Triebkräfte hierbei waren die wirtschaftlichen Folgen des verlorenen Weltkriegs, die Tatsache, daß mit dem Ersten Weltkrieg die Stellung der Arbeiterschaft und ihrer Organisationen deutlich stärker geworden war, und der erneute politische Wechsel 1933 (in Österreich 1934). Hinzu kamen die Folgen des langfristigen wirtschaftlichen Strukturwandels.

Die 20er Jahre wurden im Deutschen Reich und Österreich von erbitterten Verteilungskämpfen zwischen den einzelnen gesellschaftlichen Gruppen geprägt, die viel schärfer waren als vor dem Ersten Weltkrieg und auch als nach dem Zweiten Weltkrieg. Das soziale Klima wurde also stürmisch, und das war eine Folge des Ersten Weltkriegs. Die Erwartungen der Ober- und Mittelschichten knüpften an die wirtschaftlich stetig voranschreitende Entwicklung der Kaiserzeit an und schrieben diese fort, und die Industriearbeiterschaft erwartete nach 1918, daß sich ihre Lebenssituation deutlich verbessern würde. In der Realität fanden sich die Deutschen aber am Ende des Ersten Weltkriegs hinter den Vorkriegsstand der Wirtschaftsproduktion zurückgeworfen und obendrein belastet mit dem nur aufgeschobenen Problem der Kriegskostenfinanzierung und mit alliierten Reparationsforderungen, und auch die ganzen 20er Jahre hindurch blieb die wirtschaftliche Entwicklung unbefriedigend. Die Erwartungen waren also nicht realisierbar. Nicht Produktionszuwächse, sondern gewaltige Verluste standen zur gesellschaftlichen Verteilung an. Hätte sich der wirtschaftliche Aufschwung der Vorkriegszeit in einem kräftigen Wirtschaftswachstum fortgesetzt, so wäre damit Spielraum entstanden, um die sozialen Ansprüche einigermaßen zu befriedigen. So aber trug die Gesellschaft im Deutschen Reich und mindestens genauso in Österreich von Anfang an den Keim der sozialen Desintegration in sich. 1933/34 wurde die offene Austragung des Klassenkampfes dann von oben mit politischer Gewalt stillgelegt. Diese Entwicklung stach deutlich ab gegen jene in der

Schweiz, wo die sozialen Spannungen sich nach 1918 nur geringfügig verschärften, wo aber eben auch die wirtschaftliche Entwicklung in den 20er Jahren ungleich günstiger verlief und kein Kriegskosten- und Reparationsproblem bestand.

Die gesellschaftliche Stellung des einzelnen wurde einerseits durch die wirtschaftliche Realität von Einkommen, Vermögen und Stellung im Produktionsprozeß bestimmt, andererseits aber auch von sozialen Wertschätzungen, Selbstverständnis und Lebenshaltung. Für die Zwischenkriegszeit war nun charakteristisch, daß sich für die einzelnen sozialen Schichten beides durchaus nicht gleichsinnig veränderte. Das hatte teilweise verwirrende Diskrepanzen zur Folge, die Verhaltensunsicherheiten und Unzufriedenheit auslösten.

Während die Verteilung von Einkommen und Vermögen sich uneinheitlich veränderte, lassen sich auf der Ebene der gesellschaftlichen Wertvorstellungen in der Zwischenkriegszeit zwei Haupttendenzen erkennen. Die eine war aus der Entwicklung zur Massengesellschaft geboren und zielte darauf ab, mehr soziale Gleichheit herzustellen und alte gesellschaftliche Autoritäten abzubauen. Sie richtete sich damit gleichermaßen gegen die sozial herausgehobene Stellung adliger und bürgerlicher Oberschichten, wie sie auch die soziale Stellung der Unterschichten anzuheben suchte. Die andere, wirkungsschwächere Tendenz war eine Reaktion auf jene Probleme, welche die Industrialisierung beschert hatte, und wandte sich gegen Großstädte, Großkapital und Emanzipationsbestrebungen, beispielsweise jene der Frauen; sie hielt stattdessen die Agrargesellschaft für sozial höherwertig. Beide Tendenzen waren schon in den 20er Jahren spürbar, obgleich erst im Ansatz und zögernd. Im Nationalsozialismus verschmolzen sie dann miteinander und wurden damit nach 1933 im Deutschen Reich Teil der offiziellen Ideologie.

Die gesellschaftliche Entwicklung der NS-Zeit läßt sich nicht verstehen ohne Blick auf die gesellschaftliche Utopie, die der nationalsozialistischen Führung, allen voran Hitler selbst als Fernziel vorschwebte. Diese Utopie wurde zwar nie als Ganzes Wirklichkeit und konnte es auch nicht, weil sie in sich widersprüchlich war und das NS-System nur zwölf Jahre dauerte. Aber sie beeinflußte die Gesellschaftspolitik durchaus nachhaltig. Das Unbehagen an der Industriegesellschaft wurde in der NS-Ideologie zur Feindschaft radikalisiert. Sie war in der Auseinandersetzung zwischen Kapitalismus und Sozialismus weder für das eine noch das andere, sondern wollte letztlich die ganze Industriegesellschaft und damit beides überwinden, indem sie sich auf agrargesellschaftliche Lebensformen zurückorientierte. Letztendlich sollte die großstädtische Lebensweise zurückgedrängt, Großindustrie und Finanzkapital genauso wie Gewerkschaften abgeschafft, die Klassenspaltung in Arbeiter und Bürger und ebenso ständegesellschaftliche Reste überwunden werden.

Betrachtet man die soziale Gliederung der Erwerbstätigen im Deutschen Reich, wie sie 1925 tatsächlich aussah, bietet sich das folgende Bild. An der Spitze standen rund 120.000 Großunternehmer und 32.000 Großagrarier, die zusammen mit der noch kleineren Zahl der Generaldirektoren nur 0,5 Prozent der Erwerbstätigen ausmachten. Am anderen Ende der Gesellschaftspyramide standen die Arbeiter mit 50 Prozent der Erwerbstätigen. Von ihnen waren 1,1 Millionen Gesinde, das mit im bäuerlichen Haushalt lebte, 1,3 Millionen Dienstboten, 1,5 Millionen Landarbeiter und 11,8 Millionen andere Arbeiter, vor allem Industriearbeiter, die noch klarer als zuvor den Kern der Unterschicht ausmachten. Die dazwischenliegenden Mittelschichten gliederten sich zu je etwa einem Drittel in den „alten Mittelstand" der Selbständigen, den

Soziale Gliederung: quantitative Verhältnisse

„neuen Mittelstand" der Angestellten und Beamten sowie in die Gruppe der mithelfenden Familienangehörigen, die fast ausschließlich in der Landwirtschaft beschäftigt waren. Während noch 1907 der „alte Mittelstand" doppelt so zahlreich wie der „neue" gewesen war, hatte inzwischen der „neue Mittelstand" den „alten" überrundet, vor allem weil sich die Angestelltenschaft sprunghaft vermehrte. Rund ein Drittel der 2,1 Millionen Bauern und fast die Hälfte der 2,8 Millionen selbständigen Handwerker, Händler und Heimarbeiter und auch ein beträchtlicher Teil der Angestellten zählte aber nur von der Stellung im Arbeitsprozeß und vom Selbstverständnis her zur Mittelschicht, während ihre Einkommensverhältnisse denen der Unterschicht entsprachen. Die im Kaiserreich recht deutliche Trennung zwischen dem Kleinbürgertum der Handwerker und Kleinhändler und dem gehobenen Bürgertum von Bildung und Besitz war nach dem Ersten Weltkrieg in der alten Weise nicht mehr vorhanden. Vor allem das Bildungsbürgertum hatte sich als eigene gesellschaftliche Gruppe mit dem Weltkrieg weitgehend aufgelöst. Zur Zeit der Reichsgründung waren die Akademiker eine kleine, geschlossene Elite gewesen. Schon vor dem Ersten Weltkrieg hatte dann ein Wachstumsschub der Akademikerzahl begonnen, der sich auch in den 20er Jahren fortsetzte, und da er auf einen Arbeitsmarkt traf, der infolge der schwachen Konjunktur wenig aufnahmefähig war, mußten viele Jungakademiker zunehmend ursprünglich nichtakademische Berufe ergreifen. Damit zerfiel die Einheitlichkeit ihrer Lebensführung und Anschauungen.

Weil sich auf die Zwischenkriegszeit als Ganzes gesehen das Wirtschaftswachstum und damit der wirtschaftliche Strukturwandel im Deutschen Reich langsamer vollzogen hatte als in der Zeit vor dem Ersten Weltkrieg, wurde auch der Wandel der Sozialstruktur gehemmt. Der Anteil der Arbeiter blieb unverändert. Der Anteil der Angestellten und Beamten stieg weiter, in den 20er Jahren vor allem, da die Sozialversicherung und die großen Verbände anwuchsen und da mit dem Zug zum Großbetrieb mehr Industrieverwaltung benötigt wurde, in den 30er Jahren insbesondere, weil der Partei-

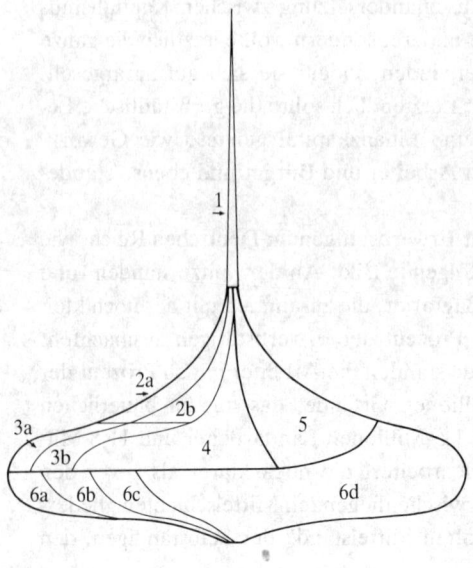

Gesellschaft im Deutschen Reich 1925

1 Oberschicht: Unternehmer, Generaldirektoren, Großgrundbesitzer
2 alter Mittelstand
  a mittlere und größere Bauern
  b selbständige Handwerker, Händler usw.
3 Selbständige in proletariatsähnlicher Lage
  a Kleinbauern
  b Heimarbeiter, Handwerker und Händler ohne Beschäftigte
4 mithelfende Familienangehörige
5 neuer Mittelstand: Angestellte und Beamte
6 Arbeiter
  a Gesinde
  b Dienstboten
  c Landarbeiter (im engeren Sinn)
  d andere Arbeiter

Das Verhältnis der Feldgrößen entspricht dem Zahlenverhältnis der Erwerbstätigen der einzelnen Klassen zueinander. Die Stufung orientiert sich an wirtschaftlicher Lage und Prestige. Der Höhenmaßstab der Stufung ist willkürlich; der soziale Abstand der Oberschicht zu den übrigen Klassen ist größer, als es in der Zeichnung zum Ausdruck kommt.

und Herrschaftsapparat anschwoll. Der seit der Industrialisierung bestehende Trend, daß der Anteil der Selbständigen zurückging, setzte sich im Prinzip zwar weiter fort, war aber stark gehemmt und phasenweise sogar ins Gegenteil verkehrt.

Nach dem Ersten Weltkrieg stieg die Zahl der Einzelhandelsgeschäfte und Handwerksbetriebe durch etliche Neugründungen an, und zwar deutlich über den Bedarf hinaus. Deshalb gab es viele Alleinbetriebsinhaber, die sich keine Angestellten leisten konnten und deren Einkommen teilweise nicht einmal das eines Industriearbeiters erreichte. Anstatt die Ursache für ihre magere Lage in der Übersetzung zu suchen, gaben die Inhaber dieser Zwergbetriebe die Schuld der Konkurrenz durch die Warenhäuser und die Industrie. Während der Weltwirtschaftskrise versuchten manche, aus der Arbeitslosigkeit zu entkommen, indem sie sich selbständig machten. Das führte zu einer Schwemme proletaroider Kleinstexistenzen. In der NS-Zeit wurde dieser Auswuchs dann nach und nach wieder beseitigt, indem in Handel und Handwerk gezielt unrentable Kleinbetriebe und jüdische Betriebe geschlossen wurden. So war die Zahl der Handwerksbetriebe 1939 praktisch wieder genauso groß wie unmittelbar vor der Weltwirtschaftskrise, und ähnlich sah es im Einzelhandel aus.

Nach 1919 wurden in Deutschland von verschiedenen Seiten bäuerliche Kleinsiedlungen gefordert. Dabei trafen verschiedene Motive zusammen: der Anteil der Deutschen in ländlichen Lebensverhältnissen sollte erhöht werden, die viele im Vergleich zu den städtischen höher werteten, die Sozialstruktur in Ostelbien sollte ausgeglichener gestaltet und die Arbeitslosigkeit bekämpft werden. Nachdem die landwirtschaftliche Siedlungspolitik in der Kaiserzeit gegen den Widerstand der Großgrundbesitzer kaum vorangekommen war, konnte sie in den 20er Jahren deutlich verstärkt werden, da infolge der schlechten Wirtschaftslage der Landwirtschaft viele Großgrundbesitzer in Geldnöte gerieten und sich deshalb reichlich Siedlungsland aufkaufen ließ. Nach 1934 wurde dies wieder in dem Maß anders, wie die Landwirtschaft sich wirtschaftlich erneut konsolidierte. 1919-32 schuf man 60.000 Siedlerstellen mit 660.000 Hektar Land und 1933-41 22.000 Siedlerstellen mit 380.000 Hektar Land, vor allem auf ehemaligem Gutsland in Ostelbien. Langfristig gesehen erwies sich diese Siedlungspolitik als unsinnig. Mehr als die Hälfte der neugeschaffenen Stellen waren ohnehin nur Nebenerwerbsbetriebe. Zukunft hatten aber ausschließlich Betriebe, die groß genug waren, um mechanisieren und damit die Arbeitsproduktivität steigern zu können. So war es nur konsequent, daß in der NS-Zeit Kleinbauern teilweise ihren Betrieb aufgaben oder von Haupt- auf Nebenerwerbsbetrieb herabstuften und daß nach 1936 die Landflucht stark wiederauflebte, als mit dem Aufschwung in der Industrie das Lebenshaltungsgefälle zwischen Stadt und Land erneut wuchs. Eine Reagrarisierung war auf dem begrenzten Boden des Deutschen Reiches eben nur um den Preis der Verelendung möglich. Deshalb erstrebte die NS-Führung ja auch, Lebensraum im Osten zu erobern, weil sich das bäuerliche Element in der Gesellschaft nur bei der Gewinnung von neuem Land stärken ließ. Die für den geplanten Eroberungskrieg nötige Aufrüstung aber setzte auf die moderne Technik von Panzern, Flugzeugen und Kraftfahrzeugen, und mit ihrer Produktion stärkte sie das gesellschaftliche Gewicht von Industrie und Großstädten. So entstand die paradoxe Situation, daß in der nationalsozialistischen Utopie letztlich die Industriegesellschaft überwunden werden sollte, daß aber die Mittel, die zu ihrer Realisierung angewendet wurden, diesem Ziel direkt entgegenwirkten.

Auch die Schweiz kannte in der Zwischenkriegszeit die ideologische Hochschätzung der ländlichen Lebensweise, und deshalb wollte man den Anteil der landwirtschaft-

Ausbau oder Schrumpfung des bäuerlichen Elements?

lichen Bevölkerung auf dem Stand von 1920, d.h. bei einem Viertel halten. Dies erwies sich angesichts der fortschreitenden Industrialisierung ebenfalls als unmöglich.

Verringerung psycho- sozialer Schranken

Stärker als die gesellschaftliche Gliederung wandelte sich in der Zwischenkriegszeit das gesellschaftliche Bewußtsein. Mit dem Sturz der Monarchie im Deutschen Reich und Österreich 1918 fiel die Hofgesellschaft als tonangebende Spitze der offiziellen gesellschaftlichen Rangskala fort und damit auch die Nähe zum Thron als Quelle gesellschaftlichen Ansehens. Der Adel wurde 1919 abgeschafft. Im Deutschen Reich durften Adelsbezeichnungen nur noch als Bestandteile des Namens weitergeführt werden, und in Österreich wurde selbst dies bei Strafe verboten, doch sah man bald davon ab, auf die Einhaltung des Verbots zu achten. Adliger Lebensstil verlor seine Ausstrahlungskraft. So hörten Großindustrielle mit dem Ersten Weltkrieg praktisch auf, ihn im Bau von repräsentativen Landschlössern und schloßähnlichen städtischen Großvillen nachzuahmen. Der Sturz der Monarchien und die militärische Niederlage beschädigten nachhaltig auch das Prestige des Offiziers, der seine Elitestellung verlor und nicht länger Vorbild für Verhalten und Umgangsformen auch im zivilen Bürgertum war. Die Zeit des erstrebten Reserveoffiziersrangs, der glänzenden Kaisermanöver und bunten Gardeuniformen war vorbei. Auch das Ansehen vor allem des höheren Beamtentums begann mit dem Ende des Obrigkeitsstaats zu sinken. Indem das Prestige dieser alten Eliten verblaßte, rückten die Großunternehmer nun auch vom Prestige her aus deren Schatten an die Spitze der Gesellschaft, wo sie gemessen am Reichtum schon länger standen. Am anderen Ende der Gesellschaftshierarchie waren in den 20er Jahren gewisse Tendenzen zur Aufwertung zu beobachten. Ein Beispiel: die Trennung in Hauseingänge für „Herrschaften" und für Dienstboten und Lieferanten, wie sie in der Kaiserzeit bei großbürgerlichen Wohnhäusern üblich gewesen war, und die finsteren und feuchten Dienstbotenwohnungen im Keller kamen bei Neubauten nach dem Ersten Weltkrieg nicht mehr vor. Insgesamt wurden aber in den 20er Jahren die hergebrachten gesellschaftlichen Wertmaßstäbe nicht grundlegend revidiert, vor allem nicht im kleinstädtischen und ländlichen Bereich.

Nach 1933 änderte sich dann das sozialpsychologische Klima im Deutschen Reich unter dem Einfluß des Nationalsozialismus deutlicher. Der Nationalsozialismus strebte danach, Schranken zwischen den einzelnen gesellschaftlichen Schichten abzubauen, die im Bewußtsein und Verhalten der Menschen bestanden. Ausgehend vom Leitbild einer „Volksgemeinschaft" statusgleicher „Volksgenossen" wetterte er gegen „Standesdünkel" und „Klassenhaß" und dagegen, daß man weithin die Handarbeit gegenüber der Kopfarbeit geringer bewertete. Am einen Ende wurde die manuelle Arbeit propagandistisch gezielt aufgewertet. Die Partei stellte die Arbeiter zusammen mit Bauern und den − jetzt wieder hochgeschätzten − Soldaten als soziale Leitgruppen heraus. „Arbeit adelt". Dementsprechend beging man den Erntedanktag und den „Tag der nationalen Arbeit" (1. Mai) jedes Jahr mit großem propagandistischem Aufwand. Unternehmer konnten es sich nicht mehr leisten, ihre (deutschen) Arbeiter und Angestellten mit ehrenrührigen Schimpfworten oder gar Fußtritten zu bedenken. Am anderen Ende der gesellschaftlichen Hierarchie richtete sich der Nationalsozialismus gegen den Vorranganspruch der bisherigen Eliten, gegen Großkapital, Adel und Akademiker. Die Nationalsozialisten gebrauchten die Bezeichnungen Kapitalist, Bürger und Intellektueller allgemein abschätzig, und der Adel wurde in der Propaganda als reaktionär und degeneriert abgetan. Dieser egalitäre Zug kam selbst im Alltäglichen zum Ausdruck. Dazu gehörte die Uniformierung von Hitlerjugend (HJ), Reichsarbeitsdienst und Partei. Der Typ bürgerlicher Honoratioren mit Zylinder, schwarzem Rock und eventuell gar noch Monokel, der in früheren Jahrzehnten neben dem Offizier das Erscheinungsbild offizieller Veranstaltungen geprägt hatte, verschwand, ebenso die Schülermützen, durch welche die Gymnasiasten sich von den anderen Jugendlichen als etwas „Besseres" abgehoben hatten. Der Führer des Arbeitsdienstes, K. Hierl, erklärte: „Es gibt kein besseres Mittel, die soziale Zerklüftung, den Klassenhaß und Klassenhochmut zu überwinden, als wenn der Sohn des Fabrikdirektors und der junge Fabrikarbeiter, der junge Akademiker und der Bauernknecht im gleichen Rock bei gleicher Kost den gleichen Dienst tun als Ehrendienst für das ihnen allein gemeinsame Volk und Vaterland."[68] Hitlerjugend, Reichsarbeitsdienst und Wehrdienst sollten gezielt Standes- und Klassenbewußtsein abschleifen. Die Aufforderung, an einem bestimmten Sonntag im Monat im ganzen Reich Eintopf zu essen und die Aufrufe zu vielen Spenden- und Sammelaktionen sollten demonstrieren, daß alle gesellschaftlichen Schichten in der Volksgemeinschaft verbunden seien. KdF brachte „einfache Volksgenossen" in Theater- und Konzertvorstellungen und organisierte verbilligte Reisen, um gezielt die Exklusivität bürgerlicher Freizeitkultur aufzubrechen.

Das in der NS-Zeit in der Bevölkerung tatsächlich vorhandene gesellschaftliche Bewußtsein blieb hinter der Propagandaveröffentlichung zurück. Entgegen den laut propagierten neuen Bewertungen wirkten die bisherigen sozialen Rangvorstellungen weiter, und das verwirrte teilweise den sozialen Status. Wie beispielsweise war der gesellschaftliche Rang von Akademikern einzuschätzen, wenn einerseits intellektuelle Bildung propagandistisch abgewertet wurde, andererseits für viele gehobene Positionen weiter das abgeschlossene Studium Voraussetzung blieb? Immerhin haben sich tatsächlich Bewußtseinsstrukturen verändert. Es gingen Leute miteinander um, die zuvor aus Standesbewußtsein nur zueinander hinab- bzw. hinaufgesehen hatten. Früher wäre es keinem Angehörigen der „gehobenen Stände" eingefallen, sich mit einem Arbeiter oder Handwerker an einen Tisch zu setzten; jetzt mußten sich auch der Direktor und der „Herr Rat" beim Betriebsausflug des Betriebs oder Amtes mitten unter das „Fußvolk" der Arbeiter und Tippfräulein begeben. Die Massenmobilisierung und Gleichschaltung aller Verbände untergrub auch die Autoritätsstellung von bürgerlichen Honoratioren, Geistlichen, Lehrern und Familienvätern, beispielsweise, wenn die HJ die Stellung der Jugendlichen gegenüber Lehrern und Eltern stärkte oder in katholischen Gegenden der Dorfschullehrer von der Partei unterstützt wurde in seinem Streben, sich aus der herkömmlichen Bevormundung durch den Pfarrer zu lösen.

Schlug sich diese Egalisierungstendenz, die im Bewußtsein von der gesellschaftlichen Ordnung vorhanden war, auch in der Verteilung von Vermögen und Einkommen im Deutschen Reich nieder? Und wer hatte recht, wenn in den 20er Jahren sowohl Mittelschichten wie Arbeiter wie Unternehmer das Gefühl hatten, die Wirtschaftspolitik ginge vor allem zu ihren Lasten?

Vermögensverteilung

Der Umbruch 1918/19 führte nicht zur Enteignung von Industrie- und Großgrundbesitz, und die nationalsozialistische Revolution 1933/34 tat es ebenfalls nicht. Trotzdem erfolgte mit dem Ende des Ersten Weltkriegs eine gewaltige Vermögensumverteilung – durch die Inflation. Die Schuldner gewannen durch die Geldentwertung, die Gläubiger verloren. Die Arbeiterschaft wurde davon kaum betroffen, da sie nur geringe Ersparnisse besaß. Die Unternehmer schnitten meist eher günstig ab, da ihr Produktivvermögen ungeschoren blieb und sie per Saldo meist mehr Schuldner als Gläubiger waren. Vor allem Großunternehmer und auch einzelne Spekulanten konnten mit fast geschenkten Krediten in großem Umfang Sachwerte und Beteiligungen zusammenraffen und so große Vermögen auf- oder noch weiter ausbauen. Diejenigen allerdings, deren Vermögensverhältnisse vor allem durch den Besitz von Sparguthaben, öffentlichen Anleihen und anderen Geldvermögenstiteln bestimmt wurden, verloren ihr Vermögen fast ganz. Das waren vor allem Angestellte und Beamte der gehobenen Gehaltsstufen, dann sogenannte Rentiers, die überwiegend vom Kapitaleinkommen lebten, sowie Freiberufler und manche kleine Selbständige, die solche Vermögenstitel zur Sicherung im Alter und bei Notfällen erworben hatten, ferner in geringerem Maß auch mittlere und kleinere Angestellte und Beamte. Die meisten Bauern und viele Hausbesitzer waren dagegen Nettoschuldner und erlitten so durch die Inflation keine Vermögensverluste. Auch die meisten Kleingewerbetreibenden, Kleinhändler und Handwerker mußten als Sachwertbesitzer keine nennenswerten Vermögensverluste hinnehmen. Die Inflation führte also zu einer Vermögensumverteilung innerhalb der Besitzenden. Der Abstand vor allem der oberen Mittelschicht zum Großbürgertum wurde dadurch deutlich vergrößert, jener zur Masse der Bevölkerung verringert. Die Kriegskosten wurden damit einseitig auf einen Teil der Mittelschicht abgewälzt.

Einkommens-
verteilung

Auch die Einkommensverteilung im Deutschen Reich veränderte sich unter dem Einfluß der Konjunkturschwankungen und mit dem Wandel der gesellschaftlichen Kräfteverhältnisse. In der Inflations- und Demobilmachungszeit 1919-23 wirkten sich das Fortbestehen der Preisbindung für Lebensmittel und Mieten und die Zwangsabgabepflicht für Bauern real zugunsten der Arbeitseinkommen und zuungunsten der Bauern und Einzelhändler aus. In der Stabilisierungsphase der 20er Jahre war der Anteil der oberen 10 Prozent der Einkommensbezieher an der Gesamtheit der personellen Einkommen geringer als vor dem Ersten Weltkrieg und sank in der Weltwirtschaftskrise drastisch weiter ab, um dann bis 1939 wieder auf das Vorkriegsniveau anzusteigen. Umgekehrt stieg der Anteil der unteren 50 Prozent der Einkommensbezieher in der zweiten Hälfte der 20er Jahre und nochmals in der Weltwirtschaftskrise an. Nach 1933 ging er dann deutlich zurück (1928-36 von 25 auf 18 Prozent), bemerkenswerterweise zugunsten vor allem der mittleren Einkommensbezieher (1928-36 Anstieg des Anteils der zwischen den oberen 10 Prozent und den unteren 50 Prozent liegenden Einkommensbezieher am Gesamteinkommen von 38 auf 43 Prozent). In der zweiten Hälfte der 20er Jahre schnitten also vor allem die Unterschichten zu Lasten der besserverdienenden Selbständigen bei der Einkommensverteilung ungewöhnlich günstig ab. Das ist auch an der funktionalen Einkommensverteilung erkennbar. Der Anteil der Arbeitseinkommen am Volkseinkommen lag 1900-14 bei 72 Prozent und hielt sich auch nach 1950 in der Bundesrepublik Deutschland wieder auf diesem Niveau. Zwischen 1925 und 1930 lag er aber bei durchschnittlich 88 Prozent und stieg bis 1932 sogar auf 119 Prozent − d.h. die Kapitaleinkommen bestanden zusammengenommen aus Verlusten! In der NS-Zeit ging der Anteil der Arbeitseinkommen dann bis 1938 wieder auf 74 Prozent zurück, normalisierte sich also wieder.

Insgesamt zeigte sich damit, daß die Verteilungssituation in den 20er Jahren und erst recht in der Weltwirtschaftskrise unnormal war, wobei die lohnabhängigen Unterschichten besser abschnitten als vorher und nachher. Verursacht wurde dies vor allem durch die Tatsache, daß durch Arbeitsvertrag festgelegte Einkommen auf Konjunkturschwankungen weniger stark reagieren als Unternehmereinkommen, die sich aus dem nach Abzug der Unkosten verbleibenden Rest ergeben, so daß also grundsätzlich bei kräftigem Wirtschaftswachstum Oberschichten und Selbständige, bei Konjunkturabschwächung Lohnabhängige günstiger abschneiden. Die Entwicklung der Verteilungssituation hatte dagegen nur begrenzt damit zu tun, daß die Gewerkschaften 1919-29 stark, 1930-33 schwach und ab 1933 ausgeschaltet waren.

Der Rüstungsboom der 30er Jahre steigerte dann vor allem die Gewinne der am Rüstungsgeschäft beteiligten Großkonzerne, was sich in der personellen Einkommensverteilung nur teilweise niederschlug, da besonders die unverteilten und wieder investierten Gewinne wuchsen. Überhaupt stärkte der NS-Staat zwar die Stellung der Manager als Betriebsführer gegenüber der Belegschaft, hielt aber an seiner ablehnenden Einstellung gegen das „anonyme Finanzkapital" unverändert fest. So wurden bei Aktiengesellschaften auch die Aktionärsversammlungen weitgehend zugunsten der Vorstände entmachtet, die Dividenden auf 6 Prozent begrenzt und die Aufsichtsratstantiemen beschnitten. Die Körperschaftssteuer wurde 1934-39 stufenweise von 20 auf 40 Prozent des Gewinns angehoben, und Tausende kleiner Kapitalgesellschaften mußten in Personengesellschaften umgewandelt werden. Nach der Reduzierung der Zahl der Aktiengesellschaften hat bemerkenswerterweise die Aktie in der BRD bis heute nicht wieder jene volkswirtschaftliche Bedeutung zurückgewonnen, wie sie diese etwa in den USA und Großbritannien besitzt. Im übrigen setzte die NS-Regierung auch den Spitzensteuersatz der Einkommenssteuer von 40 Prozent auf (1934) 50 Prozent und dann (1939) 55 Prozent herauf.

Vergleicht man die Einkommensentwicklung von Arbeitern, Angestellten, Beamten und Bauern miteinander, so kamen 1920-29 zweifellos durchgehend die Arbeiter besser (bzw. weniger schlecht) davon als die anderen drei Gruppen. Nach 1933 schnitten die Beamten am schlechtesten ab, da ihre Gehälter auf dem niedrigen Stand von 1932 praktisch eingefroren blieben, während die anderen Gruppen die Einkommenseinbußen, die sie während der Weltwirtschaftskrise hinnehmen mußten, bis zum Kriegsausbruch mehr oder weniger wieder wettmachen konnten. Dabei mußten die Arbeiter in der Krise größere Einbußen hinnehmen als die Angestellten und blieben auch beim Wiederanstieg der Einkommen nach 1933 hinter diesen zurück.* Die Einkommen der Bauern entwickelten sich in den 20er Jahren schlechter als die Durchschnittseinkommen der Bevölkerung: hatten sie 1913 um 22 Prozent darunter gelegen, betrug diese Differenz 1928 44 Prozent. Nachdem es nach der Währungsreform 1923 zu einer raschen Neuverschuldung der Bauern gekommen war, wurden sie 1932-34 forciert entschuldet, wobei der Staat einen Teil der Kosten übernahm, diese also bewußt auf andere Teile der Bevölkerung abwälzte. Die bäuerlichen Einkommen entwickelten sich in der NS-Zeit zumindest in den ersten Jahren günstiger als die der Lohnabhängigen.

Über diesen Vergleich von Durchschnittseinkommen großer Gruppen darf aber die unterschiedliche Entwicklung innerhalb dieser Gruppen nicht übersehen werden. Während der Inflationszeit wurden innerhalb der Arbeiterschaft die höheren Löhne stärker herabgedrückt als die niedrigen, denn hätte man letztere im selben Maße gesenkt, wären wohl Hungerunruhen ausgebrochen. So ebneten sich die Lohnunterschiede zwischen gelernten und ungelernten, jugendlichen und erwachsenen, männlichen und weiblichen Arbeitern deutlich ein. 1913 verdiente ein gelernter Metallarbeiter 57 Prozent mehr als ein ungelernter, 1923 nur noch 9 Prozent, und bei den Bauar

---

* Auch bei Arbeitern blieben die tariflichen Stundenlöhne weitgehend auf dem Niveau von 1932, aber mit der Vollbeschäftigung wurde die Arbeitszeit wieder länger, und es wurden wieder Zulagen gezahlt, so daß die Gesamteinkommen der Arbeiter wuchsen.

beitern schrumpfte der Unterschied von 28 auf 6 Prozent. Nach der Währungsstabilisierung stellte man die alten Differenzen dann nur zum Teil, aber nicht voll wieder her. In der NS-Zeit entwickelten sich die Arbeiterlöhne je nach Branche recht unterschiedlich. Während auf der einen Seite die Arbeiter in der Rüstungswirtschaft ihre Verdienste erheblich steigern konnten, fielen auf der anderen Seite die Landarbeiter gegenüber den städtischen Arbeitern weiter zurück. Auch bei Beamten- und Angestelltengehältern brachte die Inflation einen Nivellierungsschub, und bei den Beamtengehältern setzte sich die Nivellierungstendenz danach bis zum Zweiten Weltkrieg ganz leicht fort. Verdiente 1913 ein Vortragender Rat monatlich 1.140 Mark, ein Regierungsrat 525 und ein Bahnschaffner 156 Mark, so betrugen 1938 deren Monatsgehälter 950 bzw. 458 bzw. 267 Mark.

Aufs Ganze gesehen entwickelte sich die Einkommens- und Vermögensverteilung also in der Zwischenkriegszeit im Deutschen Reich in einer Weise, die sich nicht auf eine einfache Formel bringen läßt. Dabei wurde sie mehr als in der Kaiserzeit nicht nur vom marktwirtschaftlichen Geschehen, sondern auch von den gesellschaftlichen und politischen Machtverhältnissen bestimmt.

Soziale Mobilität

Die Aufstiegsmobilität nahm in der Zwischenkriegszeit in recht geringem Maße weiter zu, blieb aber im großen und ganzen auf dem Niveau, das am Ende der Kaiserzeit erreicht war. Hieran änderten auch die politischen Umbrüche von 1918 und 1933 nichts, allen Versprechungen zum Trotz. Nun wurden zweifellos nach 1918 politische Spitzenstellungen für Nichtadlige leichter erreichbar, nach 1933 boten die zahlreichen NS-Organisationen politische Karrieremöglichkeiten, und dieselbe Folge hatte der rasche Ausbau der Wehrmacht nach 1933, wie schon daran erkennbar ist, daß der Anteil des Adels an den Generalen 1920-39 von 61 auf 27 Prozent sank. Doch diese Aufstiegsmöglichkeiten betrafen nur kleine Bereiche. Ihnen standen drei kräftige Schübe sozialen Abstiegs gegenüber. Die Inflationszeit, die Weltwirtschaftskrise und dann nach 1933 die Entlassung von Beamten und Angestellten als politisch unzuverlässig oder von Juden und die Emigration brachten zahlreiche Schicksale sozialen Abstiegs mit sich.

Mittelstand in der Krise

Zeitgenössische Beobachter sprachen in den 20er Jahren vielfach von einem „Ende des bürgerlichen Zeitalters". Die Angehörigen der städtischen Mittelschichten, die sich in der Kaiserzeit allgemein als bürgerlich verstanden hatten, fanden sich in den 20er Jahren in eine tiefe Bewußtseinskrise gestürzt. Diese entstand aus der Diskrepanz zwischen ihrem gesellschaftlichen Selbstverständnis und Prestige und ihren Erwartungen einerseits und ihrer tatsächlichen wirtschaftlichen und sozialen Lage andererseits. Der „alte Mittelstand" fühlte sich in seiner wirtschaftlichen Existenz durch das Großkapital noch stärker bedroht als zuvor, und er betrachtete auch die gewerkschaftlich organisierte Arbeiterschaft als Bedrohung, da die jetzt von den Gewerkschaften ausgehandelten Löhne auf die Kleinbetriebe keine Rücksicht nahmen, welche sie meist schlechter verkraften konnten als die Großindustrie. In der oberen Mittelschicht spürte man, daß der Abstand zur Oberschicht größer geworden war. Gerade in diesen Kreisen sah man sich auch durch die Inflation um die Arbeit langer Jahre betrogen und schwer erschüttert im Glauben an die bürgerlichen Werte der Ehrlichkeit, Sparsamkeit und Zukunftsvorsorge, um so mehr, als der plötzliche Reichtum einiger weniger Kriegs- und Inflationsgewinnler weithin als aufreizend ungerecht empfunden wurde. Vor allem ängstigte es den Mittelstand, daß der Einkommensunterschied zur Arbeiterschaft mit dem Ersten Weltkrieg geschrumpft, für viele kleine Handwerker und Händler ganz verschwunden war. Das Bildungs- und Besitzbürgertum fürchtete den „Aufstand der Massen", sah seine gepflegten, dezenten bürgerlichen Salons und bürgerlichen Kulturgüter durch die Industriearbeitermassen aus der schmutzigen, lärmenden Fabrikwelt bedroht. Für solche diffusen Ängste boten ihm das blutige Chaos von Revolution und Bürgerkrieg in Rußland 1917-20 und die Maschinengewehre auf deutschen Straßen 1918-20 den anschaulichen Hintergrund. Das Kleinbürgertum fürchtete, proletarisiert zu werden, genau das also, was die Marxisten ihm seit langem prophezeiten. Um so krampfhafter hielten die Mittelschichten an ihren bürgerlichen Werten fest und suchten ihr Prestige und ihre wirtschaftliche Lage zu verteidigen. Die verlorene feste gesellschaftliche Abstufung wurde von vielen in Form einer „berufsständischen" Gesellschaftsordnung zurückerträumt.

Handwerk und Einzelhandel fanden in den Jahren 1933-35 im Deutschen Reich dann einen Teil ihrer mittelstandspolitischen Forderungen erfüllt, wenngleich keineswegs alle, und ein Teil des alten Mittelstands konnte seine gesellschaftliche Stellung in der NS-Zeit auch materiell deutlich festigen. Außerdem wertete der Nationalsozialismus das gesellschaftliche Ansehen des Handwerks in der Öffentlichkeit massiv auf, weit über dessen wirtschaftliche Stellung hinaus, und stellte es als eine tragende Säule der Gesellschaft heraus.

Die Angestellten sahen sich in den 20er Jahren nicht nur mit der Tatsache konfrontiert, daß sich der Unterschied des durchschnittlichen Einkommens zu den Arbeitern verringert hatte und sich Gehälter und Löhne überhaupt in einem weiten Bereich überschnitten. Die gesellschaftliche Stellung der Masse der Angestellten wurde auch dadurch ausgehöhlt, daß sich seit etwa der Jahrhundertwende die Angestelltenschaft langfristig immer weiter differenzierte. Dabei engten sich Planungs- und Führungsaufgaben und Karrieremöglichkeiten auf eine kleine Gruppe leitender Angestellter ein, während sich die Masse der Angestellten zunehmend darauf beschränkt sah, eintönige Routineaufgaben unselbständig auszuführen, wobei diese Angestelltentätigkeiten auch in steigendem Umfang einer ins einzelne gehenden Kontrolle unterworfen wurden. Während Angestellte sich im 19. Jahrhundert im Vergleich zu Arbeitern auch einer höheren Arbeitsplatzsicherheit erfreut hatten, wurden sie durch ihre Massenhaftigkeit immer auswechselbarer. Damit war ihre soziale Existenz auch verstärkt den Konjunkturschwankungen ausgesetzt. Insgesamt verwischte sich also der Unterschied zwischen Arbeitern und Angestellten zunehmend. Dies verunsicherte die Angestellten hinsichtlich ihrer sozialen Stellung und führte zu einer uneinheitlichen Mentalität. Die einen hielten an ihrem Selbstverständnis fest, ein Teil des bürgerlichen Mittelstands zu sein, und versuchten ihren Statusvorsprung gegenüber den Arbeitern gegen eine Entwicklung zu verteidigen, die sie als Proletarisierung empfanden; die anderen lösten sich von der Orientierung am Kleinunternehmer und entwickelten zunehmend Arbeitnehmerbewußtsein. Letzteres kam unter anderem darin zum Ausdruck, daß Angestellte sich in den 20er Jahren verstärkt gewerkschaftlich organisierten.

Die soziale Stellung der Bauern im Deutschen Reich wurde stärker als die der anderen Gruppen der Mittelschicht vom politischen Wechsel beeinflußt. Für die meisten Betriebe war die ganze Zwischenkriegszeit hindurch die Ertragslage recht unbefriedigend und die Arbeitszeit relativ lang. Nach 1933 erfreuten sich die Bauern aber einer öffentlichen Aufmerksamkeit wie nie zuvor in neuerer Zeit. Ausgehend vom Leitbild eines gesicherten Familienbetriebes erklärte die NS-Regierung 1933 alle Bauernhöfe zwischen 7,5 und 125 Hektar Nutzfläche zu Erbhöfen. Das betraf 685.000 Höfe, die etwa 37 Prozent der gesamten land- und forstwirtschaftlichen Betriebsfläche ausmachten. Die Erbhöfe durften nicht verkauft, mit Hypotheken belastet oder geteilt werden und mußten stets an den ältesten Sohn vererbt werden. Das bot den Bauern mehr soziale Sicherheit, beschnitt sie aber in ihrer Entscheidungsfreiheit. Diese Politik erfolgte vor allem aus gesellschaftspolitischen Motiven: die Bauernfamilien sollten in ihrer kontinuierlichen Geschlechterfolge geschützt werden, da sie dem Nationalsozialismus als Kraftquell der Nation und Grundlage der kommenden Gesellschaft galten. Bei der großen Feier des jährlichen Erntedanktages und bei zahlreichen anderen Gelegenheiten wurde das Bauerntum im NS-Staat verklärt wie nie zuvor. Seine tatsächliche wirtschaftliche Stellung im Industriestaat entsprach diesem künstlich aufgebauten Sozialprestige indessen nicht.

Stellung der Gewerkschaften in den 20er Jahren

Die gesellschaftliche Stellung der Industriearbeiterschaft und die Macht ihrer Gewerkschaftsorganisationen nahm mit dem Ende des Ersten Weltkriegs einen gewaltigen Aufschwung und erreichte in den 20er Jahren eine bis dahin noch nicht dagewesene Höhe, um dann in der Weltwirtschaftskrise wieder zu verfallen. Schon während des Ersten Weltkriegs machte es die Mobilisierung aller verfügbaren Kräfte im Deutschen Reich nötig, die Gewerkschaften aus ihrer Abseitsstellung herauszuholen. 1916 konnten diese durchsetzen, daß in allen Betrieben mit mehr als 50 Arbeitern von diesen ein Arbeiterausschuß als Interessenvertretung zu wählen war und daß Schlichtungsausschüsse gebildet wurden, von Arbeitgebern und Arbeitnehmern paritätisch besetzt. Als die Monarchie zusammenbrach, schlossen im Deutschen Reich die wichtigsten Unternehmerverbände unter Führung des Ruhrindustriellen H. Stinnes und die Gewerkschaften unter Führung von C. Legien am 15. November 1918 ein Abkommen, das die Beziehungen von Industriellen und Industriearbeitern grundlegend regelte. Die Unternehmer waren zu Zugeständnissen bereit, in der Hoffnung, dadurch der von weiten Teilen der politischen Linken geforderten Sozialisierung zu entgehen, und die Gewerkschaften gingen darauf ein, um das für sie Erreichbare zu sichern. In dem Abkommen erkannten die Arbeitgeber die drei Richtungsgewerkschaften endgültig als alleinige Vertreter der Arbeiterschaft an und ließen ihre hausinternen Werkvereine fallen. Koalitionsfreiheit, Arbeiterausschüsse und Schlichtungsausschüsse wurden festgeschrieben. Lohn- und Arbeitsbedingungen sollten nach dem Prinzip des Kollektivvertrags geregelt werden, und der Arbeitsnachweis sollte von Arbeitgebern und -nehmern paritätisch verwaltet werden. Man einigte sich darauf, den Achtstundentag einzuführen, und vereinbarte, daß künftig Arbeitgeber und Gewerkschaften auf Reichsebene in einer Zentralarbeitsgemeinschaft zusammenarbeiten sollten. Der Rat der Volksbeauftragten, also die provisorische Regierung, erklärte diese Vereinbarungen nachträglich zu Reichsrecht. Dabei wurden Koalitionsfreiheit und Streikrecht 1918 dann auch für die Landarbeiter eingeführt. Das Betriebsrätegesetz führte 1920 die Arbeiterausschüsse fort, indem es für alle Betriebe mit mehr als 20 Beschäftigten Betriebsräte vorschrieb. Die Zahl der von kollektiven Tarifverträgen erfaßten Arbeitnehmer stieg 1912-22 von 1,57 auf 14,26 Millionen (von 20,18 Millionen Arbeitnehmern). Mit diesen Vereinbarungen von 1918 hatte der Weg der Arbeitnehmerorganisationen zu gleichberechtigten Partnern der Kapitalbesitzer seinen vorläufigen Abschluß gefunden.

Ähnliches galt für Österreich. Dort wurden Betriebsräte und das Prinzip der Kollektivverträge 1919 von der Nationalversammlung beschlossen und 1920 Arbeiterkammern eingerichtet analog zu den Handels- und Gewerbekammern.

Wie sich die Macht der Gewerkschaften wandelte, kam auch in ihren Mitgliedszahlen zum Ausdruck. Diese schnellten bei den Gewerkschaften im Deutschen Reich nach Kriegsende bis 1920 auf 9,19 Millionen empor (davon 7,89 in den Freien Gewerkschaften), das Dreifache ihres Bestands von 1913. 1924 ging die Mitgliederzahl wieder stark zurück und pendelte dann bis 1931 um die 5 Millionen. Die Gewerkschaften blieben weiter in die drei Richtungen der sozialistischen Freien Gewerkschaften, der Christlichen Gewerkschaften und der liberalen Hirsch-Dunckerschen Gewerkvereine gespalten. Ab 1929 entstanden mit der Revolutionären Gewerkschaftsopposition außerdem noch eigene kommunistische Gewerkschaften, die aber nur geringe Erfolge hatten. Nach dem Ersten Weltkrieg organisierten sich auch die kaufmännischen Angestellten und die im öffentlichen Dienst Beschäftigten in großem Umfang in Interessenverbänden, und ihre Standesvertretungen schlossen sich den großen Gewerkschaften an. Im Unterschied zu den Industriearbeitern wandten sie sich mehr den christlich (-deutschnationalen) und liberalen Richtungsgewerkschaften zu. Bei Landarbeitern, Gesinde, Dienstboten und in weiten Teilen des Dienstleistungsbereichs gelang es den Gewerkschaften aber auch in den 20er Jahren kaum, Fuß zu fassen.

Letzteres zeigt, wie uneinheitlich die Arbeiterschaft in sich war. Landarbeiter und Gesinde standen in den 20er Jahren noch stark unter dem Einfluß ihrer Herrschaft beziehungsweise des Bauern. Auch Handwerksgesellen fühlten sich meist nicht als Proletarier. Bei einem Teil der Fabrikarbeiter nahm die Lebensweise kleinbürgerliche Züge an. Das häufige Umziehen ging nach dem Ersten Weltkrieg deutlich zurück, eine geordnete Budgetierung hielt Einzug, und der soziale Wohnungsbau in Wien und in der Weimarer Republik machte Privatheit und ein gefestigteres Familienleben möglich.

Da Macht und Ansprüche der Arbeiterschaft stark gewachsen waren, das zur Verteilung anstehende Sozialprodukt aber relativ gering war, erlebten das Deutsche Reich und Österreich in den 20er Jahren Verteilungskämpfe, die an Heftigkeit alle Klassenkämpfe zwischen Arbeitern und Unternehmern in der vorangegangenen und späteren deutschen Geschichte übertrafen. Mit Abstrichen gilt dies selbst für die Schweiz. 1919-23 waren im Deutschen Reich jährlich 9 Prozent der Beschäftigten an Arbeitskämpfen beteiligt (ohne politische Streiks), verglichen mit 1,4 Prozent 1899-1913 und 0,7 Prozent in der BRD 1949-86. Da wundert es nicht, daß die Zentralarbeitsgemeinschaft 1924 zerbrach. Einige Großkonzerne strebten danach, ihre Arbeiter aus der Klassenkampffront der organisierten Arbeiterschaft herauszulösen und in die Werksgemeinschaft des Betriebs einzubinden, indem sie diese durch innerbetriebliche Tarifverträge, betriebliche Aufenthaltsräume und Erholungsheime, verbilligtes Essen im Betrieb, Betriebsfeste und dergleichen zu befriedigen versuchten. 1919/23 wurde die Möglichkeit geschaffen, schwierige Tarifkonflikte durch den Staat zu schlichten und den Schiedsspruch zwangsweise für verbindlich zu erklären. Was ursprünglich als Ausnahme gedacht war, kam angesichts der geringen Einigungsfähigkeit der Tarifparteien bald immer häufiger vor, so daß schließlich 1928 über die Hälfte der Arbeiter von einem staatlichen Schlichtungsverfahren betroffen waren. Die Zahl der Arbeitskämpfe ging dadurch zurück; 1924-28 waren jährlich 3,6 Prozent der Beschäftigten beteiligt. Die Tarifautonomie wurde hingegen auf diese Weise ausgehöhlt. Da die meisten Schiedssprüche eher arbeiter- als unternehmerfreundlich ausfielen, griffen Teile der Unternehmerschaft ab 1928 das System der staatlichen Zwangsschlichtung als solches an. Unter dem Druck der Weltwirtschaftskrise verschärfte sich dann der Interessen-

Industrieller Klassenkampf in den 20er Jahren

Intensität sozialer Konflikte

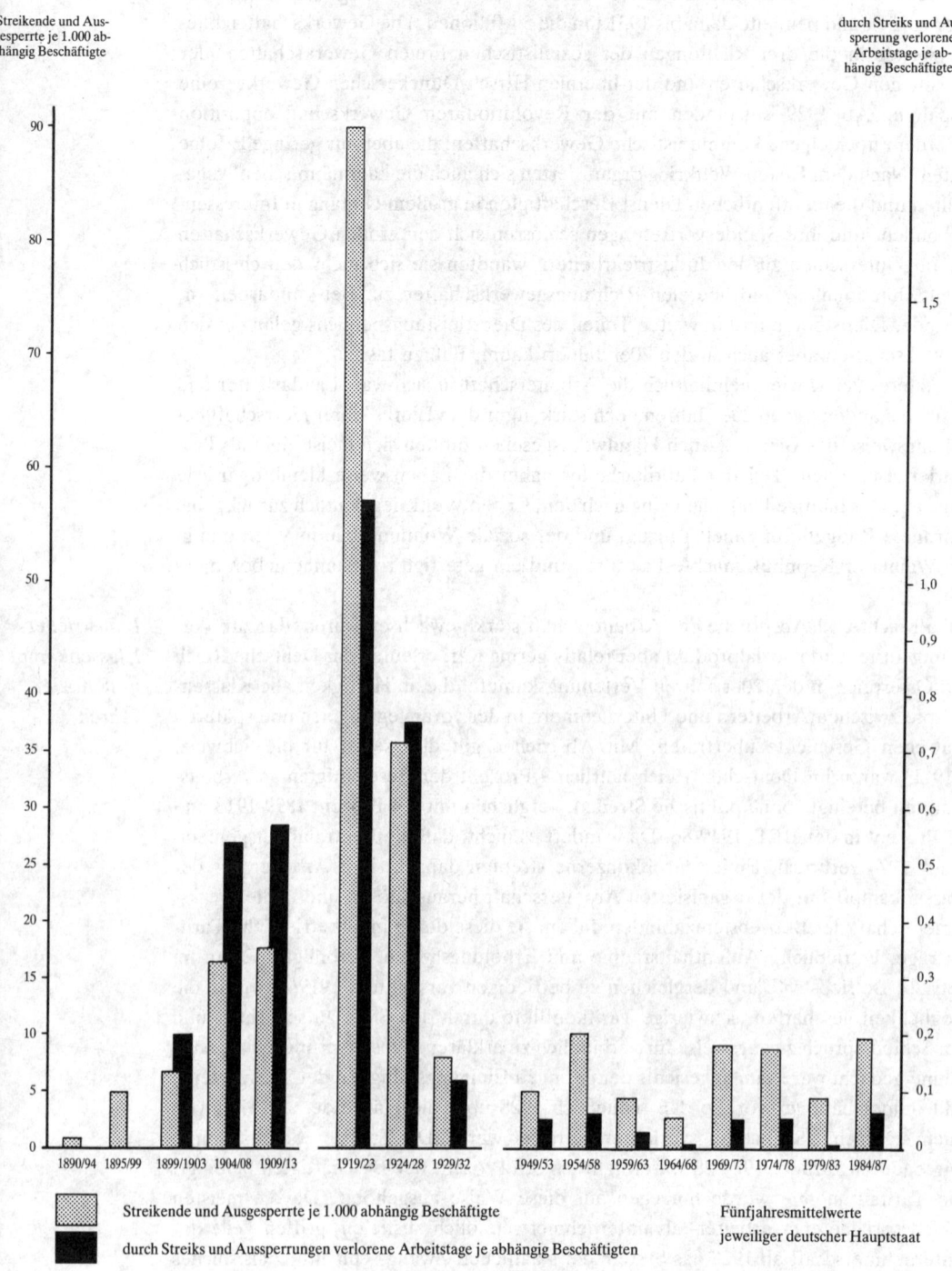

Streikende und Aus-
gesperrte je 1.000 ab-
hängig Beschäftigte

durch Streiks und Aus-
sperrung verlorene
Arbeitstage je ab-
hängig Beschäftigten

Streikende und Ausgesperrte je 1.000 abhängig Beschäftigte

durch Streiks und Aussperrungen verlorene Arbeitstage je abhängig Beschäftigten

Fünfjahresmittelwerte
jeweiliger deutscher Hauptstaat

gegensatz der Tarifparteien so weit, daß sie sich ab 1930 fast überhaupt nicht mehr einigen konnten. Die Tarifautonomie war gescheitert. An ihre Stelle trat eine staatlich verordnete Lohnpolitik. Die Massenarbeitslosigkeit ließ die Streikwaffe der Gewerkschaften stumpf werden, denn keiner wollte seinen kostbaren Arbeitsplatz riskieren, und es hätte reichlich Streikbrecher gegeben. Die Mitglieder liefen den Gewerkschaften scharenweise weg, weil diese Lohnhöhe und Arbeitsplatz nicht sichern konnten. Während die Gewerkschaften zahnlos wurden, forderten große Teile der Unternehmer zunehmend, überhaupt Zwangsschlichtung, kollektive Tarifverträge, Betriebsräte und Gewerkschaften abzuschaffen und die Sozialpolitik abzubauen, da sie nur noch so die Chance für einen Wiederaufstieg aus den roten Zahlen sahen.

Im NS-Staat gingen diese Unternehmerwünsche rasch in Erfüllung. Innerhalb eines Jahres wurden die Arbeitsbeziehungen völlig neu geordnet. Die NS-Regierung erklärte den 1. Mai, seit 1899 Kampftag der internationalen Arbeiterbewegung, zum „Feiertag der nationalen Arbeit" und beging ihn am 1. Mai 1933 mit großem Aufwand erstmals als gesetzlichen Feiertag. Indem die NS-Regierung auf diese Weise ein Symbol der sozialistischen Arbeiterbewegung aufgriff, spiegelte sie einen arbeiterfreundlichen Anschein vor und verwirrte auf diese Weise ihre Gegner. Einen Tag später besetzten SA und SS überall im Deutschen Reich die sozialistischen Gewerkschaftshäuser, beschlagnahmten das Gewerkschaftsvermögen und verhafteten führende Gewerkschaftler. Die Gewerkschaften, schon durch die Weltwirtschaftskrise geschwächt und bereits im März 1933 um Anpassung an das neue System bemüht, leisteten keinerlei Widerstand. Die NS-Regierung löste alle Gewerkschaften auf. Stattdessen wurde die Deutsche Arbeitsfront (DAF) gegründet, keine gewerkschaftliche Interessenvertretung der Arbeitnehmer, sondern eine gemeinsame Organisation der Arbeitnehmer und Arbeitgeber. Koalitions- und Streikrecht bestanden nicht mehr. Der kollektive Tarifvertrag wurde endgültig beseitigt. Stattdessen ernannte der Staat „Treuhänder der Arbeit" mit weitreichenden Befugnissen. Diese Reichsbeamten erließen Tarifordnungen und konnten auch bei Interessenkonflikten in die Betriebe eingreifen. Für autonome Interessenvertretungen der Arbeitnehmer und Arbeitgeber war im NS-Staat kein Platz mehr. Vielmehr erklärte der Nationalsozialismus den Klassenkampf für überholt und rühmte sich, ihn durch die „Volksgemeinschaft" überwunden zu haben. Nach dem „Gesetz zur Ordnung der nationalen Arbeit" vom Januar 1934 galten die Arbeitsbeziehungen als Betriebsgemeinschaft zwischen Betriebsführer und Gefolgschaft, deren Verhältnis durch Fürsorge und Treue geprägt sei. Der Betriebsrat wurde zum Vertrauensrat mit nur noch beratenden Funktionen, dessen Kandidatenliste vom Betriebsführer und DAF-Obmann aufzustellen war. Eine Soziale Ehrengerichtsbarkeit sollte gegen Unternehmer vorgehen, die ihre Arbeitnehmer böswillig ausnutzten.

Wie sah nun die Realität in den folgenden Jahren aus? Bei den Betriebsratswahlen im März 1933 erhielten die nationalsozialistischen und deutschnationalen Listen nur 25 Prozent der Stimmen. Der Vertrauensratswahl 1934 blieben etwa 60 Prozent der Wahlberechtigten fern, und ihre Ergebnisse wurden nie veröffentlicht. Nach der obskuren Vertrauensratswahl 1935 fanden dann keine weiteren Vertrauensratswahlen mehr statt, sondern die Amtszeit der bestehenden Räte wurde einfach immer weiter verlängert. Die DAF, der praktisch alle Arbeitnehmer in der Industrie beitreten mußten, erreichte 1935 einen Stand von 16 Millionen Mitgliedern. Sie entfaltete bald ein von Regierung und Industrie nicht erwartetes Selbstbewußtsein und Machtstreben und versuchte auch gewerkschaftliche Interessen wahrzunehmen, aber ihre tatsächlichen

Erzwungene Volksgemeinschaft

Befugnisse blieben gering. Innerhalb der einzelnen Betriebe waren die Unternehmer in höherem Maße Herr im eigenen Haus als in den 20er Jahren, und die Lohnpolitik wurde von den eher arbeitgeberfreundlichen Treuhändern der Arbeit gemacht. Die DAF fand sich auf die Aufgabe beschränkt, die Arbeiter vom Klassenkampf abzuhalten, zu höheren Leistungen zu motivieren und für den NS-Staat zu gewinnen. Das Amt „Schönheit der Arbeit", eine Unterorganisation der DAF, knüpfte an die Werksgemeinschaftsidee an und kümmerte sich darum, Beleuchtung und Belüftung der Arbeitsplätze zu verbessern und Kantinen, Duschräume und Grünanlagen auf dem Betriebsgelände einzurichten und auszubessern. Die DAF-Organisation „Kraft durch Freude" organisierte gemeinsame Freizeitgestaltungen, von Betriebssport und Vorträgen über Theater- und Konzertabende bis zu Urlaubsreisen sogar bis nach Madeira. Robert Ley, der Leiter der DAF, äußerte 1940 über den Zweck dieser Aktivitäten: „Wir schickten unsere Arbeiter nicht auf eigenen Schiffen auf Urlaub oder bauten ihnen gewaltige Seebäder, weil uns das Spaß machte oder zumindest dem einzelnen, der von diesen Einrichtungen Gebrauch machen kann. Wir taten das nur, um die Arbeitskraft des einzelnen zu erhalten und um ihn gestärkt und neu ausgerichtet an seinen Arbeitsplatz zurückkehren zu lassen. KdF überholt gewissermaßen jede Arbeitskraft von Zeit zu Zeit, genauso wie man den Motor eines Kraftwagens nach einer gewissen gelaufenen Kilometerzahl überholen muß."[69]

Diese Bemühungen und auch die propagandistische Aufwertung des Arbeiters und die Verkündung eines „Deutschen Sozialismus" vermochten nichts daran zu ändern, daß die gesellschaftlichen Interessengegensätze auch weiterhin bestanden. Sie konnten aber nicht mehr offen in Tarifverhandlungen und Streiks ausgetragen werden, sondern waren hinter der Fassade der „Volksgemeinschaft" weniger transparent. Nachdem die Weltwirtschaftskrise die Erwartungshaltung der Menschen heruntergeschraubt hatte, wirkte zunächst auf das soziale Klima vor allem die Tatsache beruhigend, daß bestehende Arbeitsplätze wieder sicher wurden und neue entstanden. Mit der Vollbeschäftigung stärkte sich dann aber die Position der Industriearbeiter wieder, und unter ihnen entstand zunehmend Unmut, der sich am Arbeitsplatz in Bummeleien, Krankfeiern und Disziplinlosigkeit äußerte.

Die Idee, den als zersetzend empfundenen Individualismus, den offenen Klassenkampf und den Trend zur Massengesellschaft durch eine ständestaatliche Neuordnung der Gesellschaft zu überwinden, kam nach 1933 im Deutschen Reich also nicht zum Zuge. Anders sah es in Österreich aus. 1934 wurden dort die Betriebsräte ebenfalls praktisch ausgeschaltet und damit begonnen, eine ständestaatliche Ordnung aufzubauen. Von den sieben vorgesehenen Berufsständen waren bis 1938 aber erst zwei eingerichtet, als diese Entwicklung durch den Anschluß ans Deutsche Reich abgebrochen wurde. Ein überzeugendes Gegenmodell zur liberalen, durch den Gruppenpluralismus geprägten Gesellschaft wie auch zur durch die NSDAP formierten Gesellschaft einer erzwungenen „Volksgemeinschaft" kam in Österreich also nicht zustande.

Soziale Sicherung

Auch das Bestreben, durch Sozialversicherungen die soziale Existenz gegen die Wechselfälle des Lebens abzusichern, entwickelte sich nicht kontinuierlich weiter, vielmehr gerieten diese in eine praktisch permanente Krise. Die Rentenversicherung brach mit Kriegsende faktisch zusammen, da sie durch die Inflation ihre Kapitalreserven verlor und gleichzeitig zahlreiche Witwen und Waisen von Kriegsopfern zusätzlich zu versorgen hatte. Sie mußte bis zu ihrem Wiederaufbau nach der Währungsstabilisierung weitgehend durch Sozialfürsorge ersetzt werden. Der Umfang der Sozialleistungen stieg dann nach der Währungsreform deutlich an, wurde aber in der Weltwirtschaftskrise schrittweise gekürzt, meist stärker als die Senkung der Lebenshaltungskosten. In der NS-Zeit konnten die Sozialversicherungen dann konsolidiert werden, wobei das gedrosselte Leistungsniveau nur langsam wieder angehoben wurde und man das dadurch angesammelte Kapital teilweise für andere Zwecke verwendete, zunächst zur Arbeitsbeschaffung und dann zur Rüstungsfinanzierung.

Als 1918 die Massen kriegsentlassener Soldaten auf den Arbeitsmarkt strömten, wurde auch die Arbeitslosigkeit zum Gegenstand sozialstaatlicher Maßnahmen. Im Deutschen Reich schuf man 1919 die Erwerbslosenfürsorge, die Reich, Länder und Gemeinden zunächst gemeinsam trugen. Sie wurde dann 1927 durch die Arbeitslosenversicherung abgelöst, je zur Hälfte von Arbeitgebern und -nehmern finanziert und bei Bedarf mit staatlichen Zuschüssen unterstützt. An die Stelle des Bedürfnisprinzips trat damit der Rechtsanspruch auf Arbeitslosenunterstützung für ein halbes Jahr. Österreich führte die Arbeitslosenversicherung 1920 ein, die Schweiz auf freiwilliger Basis 1924. Noch ehe die Arbeitslosenversicherung größere Fonds ansammeln konnte, brach sie im Deutschen Reich unter der Last der Weltwirtschaftskrise zusammen, da mit den stark steigenden Arbeitslosenzahlen die Versicherungsbeiträge sanken, die Ausgaben aber wuchsen. Am 1. März 1932 wurden im Deutschen Reich nur noch 30 Prozent der registrierten Arbeitslosen von der Arbeitslosenversicherung unterstützt, während 57 Prozent sich nach der Aussteuerung auf Fürsorge verwiesen sahen und 13 Prozent überhaupt keine Unterstützung bekamen. Das soziale Netz hielt nicht, was es versprochen hatte. Allerdings sah die Lage in Deutschland immer noch besser aus als in den USA, wo es gar keine Arbeitslosenversicherung gab, eine Folge des dort stark ausgeprägten Wirtschaftsliberalismus.

Weiter ausgebaut wurde das Sozialversicherungssystem im Deutschen Reich auch dahingehend, daß die Tendenz bestand, es von einer Versicherung für Arbeiter und Angestellte zu einem die gesamte Bevölkerung umfassenden System zu erweitern. So ging man in den 20er Jahren vom Prinzip der Individual- zur Familienversicherung über und dehnte in den 30er Jahren die Sozialversicherungen auch auf einige bis dahin nicht erfaßte Berufsgruppen aus. Unter anderem wurde 1938 die Altersvorsorge auch für Handwerker zur Pflicht, wahlweise durch die Angestelltenversicherung oder eine Lebensversicherung, bestimmte Gruppen von Selbständigen wurden in die Krankenversicherung einbezogen, und alle nichtversicherten Bürger unter 40 Jahren erhielten das Recht, freiwillig in die Rentenversicherung einzutreten.

In der Rentenversicherung wurde 1916 die Altersgrenze von 70 auf 65 Jahre gesenkt. Im Zusammenhang mit der weiter steigenden Lebenserwartung führte dies dazu, daß es üblich wurde, daß auch alle noch weiter arbeitsfähigen Arbeitnehmer in einem bestimmten Lebensalter aus dem Arbeitsprozeß ausschieden. Damit entstand das nichtberufstätige Alter als eine neue Lebensphase.

Als Konsequenz aus der steigenden Motorisierung machte man 1937 auch die Kfz-Haftpflicht zur Pflichtversicherung, ließ sie aber weiter privatwirtschaftlich organisiert. Die Alters- und Invalidenversicherung für Arbeiter wurde 1927 auch in Österreich eingeführt.

Die soziale Stellung der Frauen befand sich im Deutschen Reich in der Zwischenkriegszeit in einem Spannungsfeld, das von wechselnden politischen Willen und wirtschaftlichen Zwängen gebildet wurde. In der Weimarer Republik zielte die Politik darauf ab, auch für Frauen des gehobenen Bürgertums angemessene außerhäusliche Be-

*Frauen:
Rollenvor-
stellungen*

rufsfelder zu eröffnen, womit sie Bemühungen der Kaiserzeit fortsetzte. In der Verfassung wurde 1919 der Grundsatz der Gleichberechtigung von Mann und Frau ausgesprochen und den Frauen das Wahlrecht verliehen, ab 1920 durften Frauen auch Hochschullehrer und seit 1922 Richter und Anwälte werden. Modernistische Kreise propagierten in den 20er Jahren als Leitbild nicht mehr die Dame, sondern die schlanke, jugendliche Frau, die mit Kostüm und im Haarschnitt (Bubikopf) emanzipierend die Männer nachahmte. Gleichzeitig versuchten konservative Kreise seit 1922 mit der Einführung des Muttertags in die entgegengesetzte Richtung zu wirken. In der Weltwirtschaftskrise setzten dann Bestrebungen ein, Frauen aus den besser bezahlten Tätigkeiten zu verdrängen, um für arbeitslose Familienväter Platz zu machen, und die NS-Regierung führte dies ab 1933 massiv fort. Dabei verband sich im Nationalsozialismus die traditionelle Auffassung von der Hausfrauen- und Mutterrolle als Bestimmung der Frau, wie sie auch von der katholischen Kirche und weiten Kreisen des Bürgertums geteilt wurde, mit biologistischem Denken. „Nicht im ehrbaren Spießbürger oder der tugendsamen alten Jungfer sieht [der völkische Staat] sein Menschheitsideal, sondern in der trotzigen Verkörperung männlicher Kraft und in Weibern, die wieder Männer zur Welt zu bringen vermögen", schrieb Hitler.[70] „Das Ziel der weiblichen Erziehung hat unverrückbar die kommende Mutter zu sein."[71] Die Frau sollte wieder aus der Politik und auch dem übrigen öffentlichen Leben verdrängt und auf die Rolle der Hausfrau, Mutter und Ehefrau sowie auf „typisch weibliche" Berufe wie Dienstmädchen, Bäuerin und Erzieherin zurückgeführt werden. Die patriarchalische, bäuerlich-ständische Familie galt dem Nationalsozialismus als Ideal. Dieses erklärte sich einerseits aus der allgemeinen Abneigung des Nationalsozialismus gegen jene industrielle Gesellschaft, welche auch die außerhäusliche Erwerbstätigkeit der Frauen mit sich gebracht hatte, zugleich aber auch aus dem spezifisch nationalsozialistischen Streben nach einer großen Geburtenzahl, das machtpolitisch motiviert war. Die NS-Propaganda betonte wieder stark die Charakterunterschiede zwischen den beiden Geschlechtern und die geschlechtsspezifische Arbeitsteilung. Der Staat versuchte dieses Verhalten auch durch materielle Anreize zu fördern und gewährte dazu ab 1933 Ehestandsdarlehen, 1934 Steuervergünstigungen und 1936 Kindergeld. Außerdem verlieh er ab 1938 die Auszeichnung mit dem Ehrenkreuz der Deutschen Mutter (in Bronze ab 4, in Silber ab 6 und in Gold ab 8 Kindern). Manche NS-Propagandisten drängten ferner darauf, daß deutsche Frauen auch deutsche Tracht tragen und auf eitlen „modischen Firlefanz" wie Lippenstift, Schminke, Nagellack und hohe Absätze verzichten sollten.

Frauen: Realität   Aber entsprach den politischen Zielen auch die gesellschaftliche Wirklichkeit? Hier fallen die Konstanten viel mehr ins Auge als die Folgen der politischen Wechsel. Weder das Gleichberechtigungsversprechen der Weimarer Verfassung noch das nationalsozialistische Frauenbild wurde tatsächlich realisiert. In den 20er Jahren paßte man die zivilrechtlichen Bestimmungen dem Gleichberechtigungsprinzip nicht an, es blieb in der Praxis dabei, daß Beamtinnen bei der Heirat aus dem Dienst ausscheiden mußten, und als es darauf ankam, stimmte nicht einmal die SPD für den gleichen Lohn bei gleicher Arbeit oder für gleiche Arbeitsbedingungen. Der Anteil der Frauen unter den Studenten stieg von 7,9 Prozent (1925) auf 15,8 Prozent (1932) und wurde dann bis 1939 wieder auf 11,2 Prozent gedrückt. Letzteres lag aber immer noch höher als in den meisten Jahren der Weimarer Zeit, und während des Zweiten Weltkriegs ließ man Frauen auch wieder verstärkt zum Studium zu. In den 20er Jahren fand eine kleine Zahl von Frauen Zugang zu akademischen Berufen. Im NS-Staat wurden dann im öffentlichen Dienst Frauen aus den Funktionen als Richter, Staatsanwälte und Ärzte und aus leitenden Positionen weitgehend wieder entfernt. Außerhalb des akademischen Bereichs blieb die soziale Stellung der Frauen von den politischen Einflüssen jedoch unberührt. 1925 ebenso wie 1939 waren 36 Prozent der weiblichen Bevölkerung erwerbstätig. Dies war mehr als vor dem Krieg (1907: 30 Prozent). In dieser Tatsache kam aber keine fortschreitende Frauenemanzipation zum Ausdruck, sondern sie war dadurch verursacht, daß die Erwerbsquote der Gesamtbevölkerung in der Zwischenkriegszeit deutlich höher lag als vor dem Ersten Weltkrieg und als nach dem Zweiten Weltkrieg in der Bundesrepublik Deutschland. Der Anteil der Frauen an den Erwerbstätigen blieb nämlich praktisch unverändert (1907 34 Prozent; dann 1925, 1933 und 1939 jeweils 36 Prozent). Während des Zweiten Weltkriegs wurde die Frauenarbeit nur wenig ausgeweitet (Mai 1939 bis September 1944 von 14,6 auf 14,9 Millionen), da der zusätzliche Arbeitskräftebedarf weitgehend mit Zwangsarbeitern aus den besetzten Gebieten gedeckt werden konnte.

Im Ersten Weltkrieg verschob sich die Berufsstruktur erwerbstätiger Frauen, indem diese verstärkt bisher Männern vorbehaltene Arbeitsplätze übernahmen, um dort zum Militär eingezogene Arbeitskräfte zu ersetzen. Vor allem in den 20er Jahren drangen Frauen dann unter den Büro- und Ladenangestellten stark vor. Die einfachen, oft monotonen Bürotätigkeiten, besonders die Schreibarbeiten, entwickelten sich zunehmend zur Frauenarbeit, während die anspruchsvollen Angestelltentätigkeiten in Männerhand blieben. Dies wurde dadurch gefördert, daß zunehmend Schreibmaschinen eingeführt wurden und die Männer das „Tippsen" als ihnen unwürdig den Frauen überließen, war aber nicht zuletzt auch darauf zurückzuführen, daß es sich für die weiblichen Angestellten fast immer nur um eine vorübergehende Beruftätigkeit bis zum Ehebeginn handelte und sie deshalb keine Karriere anstrebten. Hier wurde das Vordringen von Frauen in bisher männliche Berufsfelder auch von den Nationalsozialisten nicht rückgängig gemacht. Insgesamt nahm die Erwerbstätigkeit unter verheirateten Frauen in den 20er Jahren zu (1907-25 von 26 auf 29 Prozent der Ehefrauen) und stieg − entgegen allen Wünschen der politischen Führung! − auch in den 30er Jahren noch weiter an (1939: 34 Prozent). Berücksichtigt man aber, daß davon ein beträchtlicher Teil auf mithelfende Familienangehörige entfiel, so galt weiter, daß die außerhäusliche Erwerbsarbeit der Ehefrau und erst recht der Mutter untypisch und allgemein gesellschaftlich nicht akzeptiert war. Im Gegenteil: das Leitbild der bürgerlichen Familie wurde in der Zwischenkriegszeit auch von der Unterschicht immer mehr als Norm angenommen.

Zwar büßten in den 20er Jahren einige Verhaltensbeschränkungen für Frauen an Macht ein, und vereinzelt wagten Frauen sogar, in der Öffentlichkeit zu rauchen. Aber insgesamt blieb vom äußeren Erscheinungsbild her der Typ der emanzipierten Frau in den 20er Jahren eine Ausnahme, wie umgekehrt die nationalsozialistischen Modetraditionalisten am hartnäckigen Widerstand der Bevölkerung scheiterten.

Fragt man danach, ob in der Zwischenkriegszeit die gesellschaftlichen Verhältnisse *Rückblick* gerechter wurden, so ist die Antwort höchst widersprüchlich. Hinsichtlich der Sicherung der sozialen Existenz gegen unvorhergesehene Gefährdungen stellte der Ausbau der Leistungen der Sozialversicherungen einen Fortschritt dar, dem aber mit der Weltwirtschaftskrise ein schwerer Rückschlag folgte wie seit langem nicht. Die Vermögensumverteilung der Inflationszeit, bei der viele verloren, was sie oft sauer erarbeitet hatten, und einige wenige Spekulanten ohne große Leistungen zu raschem Reichtum gelangten, wurde weithin als ungerecht empfunden. Insgesamt gesehen setzte sich die in der Kaiserzeit beginnende Entwicklung fort, daß die Übereinstimmung darüber, was als gerechte Verteilung der gesellschaftlichen Gesamtleistung anzusehen sei, immer weiter zerfiel. Seinen Ausdruck fand dies in dem heftigen Klassenkampf zwischen Arbeitnehmern und Unternehmern in den 20er Jahren wie auch in dem verkrampften Verhältnis zwischen Arbeitern und Mittelschichten.

8.4 Zwischen „Avantgarde" und „artgemäßer" Kultur

Das deutsche Kulturleben der Zwischenkriegszeit wurde durch vielfältige, einander oft widerstrebende Strömungen bestimmt. Die Massenkultur gewann rasch weiter an Gewicht. Indem die Oberschichten ihre kulturell tonangebende Rolle 1918 einbüßten und langsam anfingen, sich nach unten anzupassen, und da gleichzeitig die Verbürgerlichung der Unterschichten und der Landbevölkerung weiterging, setzte ein Trend ein, der langfristig die Unterschiede der Stilformen zwischen den verschiedenen sozialen Schichten verringerte und in Richtung auf eine untere Mitte hin annäherte. Die Kriegsniederlage, die plötzlich und darum unerklärlich hereingebrochen schien, die revolutionären Unruhen 1918/19 und das Gespenst des Bolschewismus, der Untergang der Monarchien und die Inflation erschütterten aufs schwerste Fortschrittsglauben und Selbstsicherheit, die bis dahin im Bürgertum vorgeherrscht hatten, brachten überhaupt soziokulturelle Selbstverständlichkeiten und traditionelle Wertvorstellungen ins Wanken. Die Reaktionen waren höchst unterschiedlich, so daß ein Spektrum von Denkmustern und Ausdrucksformen entstand, deren Vielzahl und entschiedene Gegensätzlichkeit zuvor unbekannt gewesen waren. Dabei handelte es sich nur zum Teil um neu aufgekommene Strömungen; den größeren Teil machten Richtungen aus, die im späten Kaiserreich als kleine, oft sektiererische Randströmungen entstanden waren und jetzt in wesentlich größerer Breite und oft auch Radikalität auftraten. Doch Originalität und Kreativität bedeuten keine Werte an sich; nimmt man Vernünftigkeit zum Maßstab, waren die 20er Jahre kulturell alles andere als „goldene Zwanziger". Unmittelbar nach Kriegsende kam es zu einem explosionsartigen Ausbruch radikaler Reaktionen, die in ihrer Verwirrtheit und ihrer Mischung von Untergangsstimmung und Exaltiertheit, Realitätsflucht und Genußsucht in der deutschen Geschichte nur noch in den Reaktionen auf den traumatischen Schock der großen Pest von 1348/49 Vergleichbares findet. Nach der Währungsstabilisierung Ende 1923 beruhigte sich das geistige Klima etwas, blieb aber unverändert extrem pluralistisch und zerrissen. Mit der Weltwirtschaftskrise trat allgemein das Gefühl der Verunsicherung und damit auch das Bedürfnis nach festem Halt und metaphysischer Bindung stärker hervor, und die zahlreichen Experimente verloren an Resonanz. Nach der nationalsozialistischen Revolution

1933/34 wurde schließlich im Deutschen Reich der kulturelle Pluralismus zurückgestutzt. Alle „avantgardistischen” und linkskritischen Richtungen, die ohnehin stets
eine Sache von intellektuellen Minderheiten gewesen waren, fielen den Maßnahmen
der Nazis zum Opfer.

Unter den deutschen Kulturzentren hob sich in der Zwischenkriegszeit Berlin deutlich gegenüber Wien und München und erst recht allen anderen Orten als eindeutig
führend heraus; dort vor allem waren die kulturellen Neigungen zu Hause, und dorthin
zog es die Talente.

*Massen-
unterhaltung*
Nach dem Ersten Weltkrieg nahm die an ein breites Publikum gerichtete Massenkultur einen gewaltigen Aufschwung, und zwar vor allem durch Medien und Sport. Die
Zahl der Kinos vermehrte sich stark. 1929-32 wurde die Filmproduktion völlig von
Stumm- auf Tonfilme umgestellte. 1941 entstand der erste deutsche Farbfilm. 1920 begannen im Deutschen Reich öffentliche Rundfunksendungen, und 1923 nahm der Un-
terhaltungsrundfunk in Berlin offiziell seine Arbeit auf. Der Bestand an Tonrundfunk-
genehmigungen im Deutschen Reich schnellte bis 1937 auf 10,3 Millionen empor.
Nachdem in den 20er Jahren der Schwarz-Weiß-Fernseher entwickelt worden war,
wurde ab 1935 in Berlin das erste regelmäßige Fernsehprogramm der Welt ausge-
strahlt, aber die Verbreitung von Fernsehgeräten wurde, kaum daß sie begonnen
hatte, vom Weltkrieg stark gehemmt. In enger Bindung an den Hörfunk nahm auch
die Schallplattenindustrie einen großen Aufschwung. Ferner wurde Sportbegeisterung
in den 20er Jahren zu einem Massenphänomen. Das drückte sich einerseits in rasch
wachsenden Mitgliederzahlen der Turn- und Sportvereine aus, andererseits in dem
neuen Phänomen des Schausports vor einer großen, lärmenden Zuschauermenge. Dafür baute man seit 1924 Großstadien. Vor allem Fußball, Boxen, Radrennen und
Automobilrennen fanden als Schausport die Aufmerksamkeit der Massen. Indem Musik nicht mehr nur durch Kapellen, Sänger und Notenverkauf, sondern durch Radio
und Schallplatten verbreitet wurde, fand jetzt auch ernste Musik den Weg zu breiten
Kreisen, die zuvor nie in ein Konzert gegangen waren, und zugleich erreichten Schlager eine stark gesteigerte Popularität. Schallplatten entwickelten sich vornehmlich zum
Träger von Unterhaltungsmusik; der Anteil der E-Musik an den im Deutschen Reich
produzierten Platten fiel 1907-29 von 63 auf 25 Prozent. Durch Spielfilm, Wochenschau im Kino und Radioreportagen wurden einzelne Filmschauspieler und Spitzen-
sportler zu im ganzen Land bekannten Figuren – es entstanden der Star und der Kult
um ihn. Die Operette blühte weiter, und neben ihr kam nach dem Ersten Weltkrieg
die aus dem Ausland übernommene Revue auf, die vor allem in der zweiten Hälfte der
20er Jahre Furore machte. Sie bot eine lockere Reihung von kurzen theatralischen
Szenen, Ballett, Solonummern und Musik.

Die organisatorischen Subkulturstrukturen der Arbeiterschaft, die sich wie die Partei in sozialistische und kommunistische Vereine spalteten, und die des katholischen
Milieus wie auch bürgerliche Vereine bestanden in den 20er Jahren weiter, aber sie bezogen Rundfunk, Film und Schallplatte nicht mehr ein, da sie eigene Sender und Pro-
duktionen nicht finanzieren konnten. So entstand mit den neuen Medien eine Unter-
haltungsindustrie, die ebenso wie der Schausport rein kommerziell ausgerichtet war
und die Vereinsstrukturen und damit die Subkulturen zurückdrängte. Als der Nationalsozialismus jenes Vereinswesen, das weltanschaulich oppositionell gefärbt war, vernichtete, wurde damit erst recht die Bahn für die kommerzielle Unterhaltungskultur
frei.

Der Film hob sich nach dem Ersten Weltkrieg über das Niveau des bloßen Jahrmarktklamauks hinaus, aber da er sich infolge seiner kommerziellen Natur dem Geschmack des Massenpublikums anpassen mußte, blieben anspruchsvolle und politische Filme trotzdem Ausnahmen. Vorherrschend waren Operettenfilme, historische Ausstattungsfilme, Lustspiele und Krimis trivialer Art, die der Unterhaltung dienten und keine Auseinandersetzung mit der Gegenwart boten. In dieser Hinsicht bestand zwischen den 20er und 30er Jahren kein Unterschied. Das Unterhaltungsbedürfnis und Niveau der breiten Massen prägten der Massenkultur entscheidende Merkmale auf: Unterhaltungsfilm, Revue und Schausport waren ganz auf das optisch Sichtbare abgestellt, nicht aufs Mitdenken; die Revue und die populären Schausportarten wurden von Tempo, raschen Bewegungen und schnell wechselnden Szenen bestimmt; sportlicher Wettkampf, sportliche Rekordjagd und Kriminalfilm sorgten für Nervenkitzel und Spannung, während die Sportarten ohne Wettkampfcharakter bezeichnenderweise keine vergleichbare Publikumsgunst errangen. Diesem Stil entsprach auch der Typ der Boulevardzeitung, der nach dem Ersten Weltkrieg aufkam und der sich im Unterschied zu den bisherigen Abonnementszeitungen seine Käufer im Straßenverkauf durch Bilder und sensationelle Aufmachung zu fangen suchte.

Nicht unerwähnt bleiben sollten die Versuche der 20er Jahre, für Schule, Jugendgruppen, Gemeindearbeit und Vereine eine nicht auf elitäre Kreise beschränkte, aber trotzdem nicht triviale Kunst zu schaffen, und diese sollte zugleich nicht passiv konsumiert, sondern selbst gespielt werden. Dies äußerte sich in der Laienspielbewegung, den zahlreichen Kompositionen der sogenannten A(=Allgemein)-Musik, zu der C. Orff und P. Hindemith Wesentliches beitrugen, wie überhaupt in der Jugendmusikbewegung, die auf den Wandervogel zurückging.

Die Veränderung der gesellschaftlichen und politischen Kräfteverhältnisse war auch in der Alltagskultur zu spüren. Im gehobenen Bürgertum wich der repräsentative, körperfeindliche, steife Lebensstil einer Anpassung in Richtung auf die einfacheren, lokkereren Formen sozial niedrigerer Schichten. Der historistische, ornamentreiche Repräsentationsstil in der Architektur, im Design der Gebrauchsgegenstände und in den Theaterinszenierungen war mit dem Ende des Kaiserreiches schlagartig tot. In der Wohnhausarchitektur verschwand der Unterschied zwischen repräsentativer Schaufassade zur Straßenseite und grauer Hofseite; alle Gebäudeseiten wurden jetzt gleich behandelt. In Architektur und Design entstand eine glattere, nüchternere, elegante Formensprache, die mit Ornament sparsam umging, es aber nicht aufgab. Im Design kam teilweise eine eckige Formgebung in Mode, welche die Vertikale und Horizontale betonte, und in den 30er und 40er Jahren bevorzugte man vor allem die dynamisch geschwungene Stromlinienform. Schnitt und Stoffe der Tageskleidung wurden einfacher und bequemer, da die Mode Einflüsse der Sportbewegung aufnahm und sich auch stärker daran orientierte, was im Berufsleben praktisch war. In der Damenmode verlor die Haute Couture ihre stilbildende Rolle. Das einzwängende Korsett, die unpraktischen bodenlangen Röcke und gewaltigen Hutkreationen verschwanden endgültig aus dem Straßenbild. Die Regeln, welche Kleidungsstücke zu welchen gesellschaftlichen Anlässen zu tragen waren, lockerten sich. Aus dem Sport stammende Kleidungsstücke wie Pullover, Blazer und Strickjacke erfreuten sich bei beiden Geschlechtern zunehmender Beliebtheit. Auch die körperfeindliche Einstellung der gehobenen Kreise schwächte sich ab. Galt bis dahin die bleiche Hautfarbe als vornehm, so gewann jetzt die „sportlich" gebräunte Hautfarbe an Ansehen. In den 20er Jahren wurde öffentlich

Anpassung nach unten

849

über die bisherigen Tabuthemen Sexualität und Geburtenregelung geredet, wenngleich auch breite Kreise dagegen weiter massive Vorbehalte hatten, bei der bürgerlichen Jugend lockerten sich die Verkrampfungen gegenüber der Sexualität zunehmend, und in den 30er Jahren wagten weibliche Badekostüme mehr Körper zu zeigen als vor dem Ersten Weltkrieg denkbar gewesen wäre. Während im 19. Jahrhundert für die gebildeten Schichten die Ausdrucksformen Goethes und Schillers als vorbildlich gegolten hatten, hob jetzt langsam auch die Tendenz an, die Schriftsprache in Satzbau und Wortwahl in Richtung auf die Umgangssprache zu vereinfachen, besonders in der NS-Zeit, was sich nach dem Zweiten Weltkrieg dann verstärkt fortsetzte.

Verbürger-lichung

Während also die Kulturformen des gehobenen Bürgertums in mancher Hinsicht ihre elitären Züge abbauten, lief gleichzeitig der Prozeß der Verbürgerlichung der Arbeiter und Bauern weiter. Diese übernahmen immer mehr bürgerliche Bräuche (z.B. die weihnachtliche Geschenksitte), bürgerliche Formen der Wohnungseinrichtung mit Nippes und Sofa, das Streben nach Sauberkeit und Ordnung in Wohnung und Kleidung sowie das Interesse an Bildung für die Kinder. Indem durch Rundfunk und Kinofilm die gesprochene Hochsprache regelmäßig auch solche Menschen erreichte, die bis dahin kaum aus ihrer mundartlichen Umgebung herausgetreten waren, wurden landschaftlich gebundene Sprachsitten stark zurückgedrängt.

Naturwissen-schaften

Auf dem Gebiet der internationalen Naturwissenschaften trug die deutsche Forschung weiter wesentlich zum Erkenntnisfortschritt bei, wenngleich sie ihre internationale Führungsstellung an die rasch aufblühende Forschung in den USA verlor. Zwischen Naturwissenschaften und Industrie wuchsen zunehmend engere Verbindungen heran. Innerhalb der Großfächer Chemie, Physik und Biologie entstanden immer mehr Spezialgebiete, und zugleich verwischten sich ihre Grenzen, so im Bereich der Biochemie und mit der Entdeckung der elektrischen Natur von Nervensignalen und Gehirnströmen. In der Physik trugen W. Heisenberg (Neue Quantentheorie 1925) und E. Schrödinger (Wellenmechanik 1926) wesentlich zur Umgestaltung und Durchsetzung der Quantentheorie bei. Der Aufbau des Atomkerns wurde näher erforscht. Dabei gelang Otto Hahn 1938 die erste Spaltung des Urankerns, womit er ein Prinzip entdeckte, mit dem sich gewaltige Energiemengen freisetzen lassen. Die Biologie drang einerseits immer tiefer in kleine Bereiche vor, analysierte z.B. Vitamine, Hormone, Fermente und Pflanzenwuchsstoffe und begann, die Viren zu erforschen. Zugleich wandte sie sich dem Organismus als Ganzem zu, wie in der von K. Lorenz und anderen begründeten Verhaltensforschung des angeborenen Tierverhaltens, sowie den noch umfassenderen Systemzusammenhängen, indem sie begann, ökologische Probleme der wechselseitigen Verflechtungen von Tieren, Pflanzen und Bakterien zu untersuchen.

Human-wissen-schaften

Anders als die Naturwissenschaften gerieten weite Teile der deutschen Humanwissenschaften in eine krisenhafte Stagnationsphase, weil sie an den wissenschaftlichen Grundpositionen der späten Kaiserzeit festhielten. Die Geschichtswissenschaft blieb überwiegend bei Politik- und Ideengeschichte in individualisierender Perspektive und befaßte sich kaum mit Wirtschafts-, Sozial- und allgemeiner Kulturgeschichte. Die Volkswirtschaftslehre versuchte nicht, Theorie und Empirie miteinander zu verbinden. Die Soziologie konnte sich zwar nach dem Ersten Weltkrieg an den Universitäten etablieren, kam aber trotz lebhafter Diskussionen der verschiedenen Richtungen nicht prinzipiell über die grundlegenden Werke der Vorkriegszeit hinaus. Vielmehr erschöpfte sie sich in den 20er Jahren weitgehend in abstrakten Kategorienlehren formaler Art und philosophisch-theoretisierenden Gesamtentwürfen, die beide nur geringen empirischen Gehalt besaßen. In Germanistik, Kunstgeschichte, Soziologie und auch Psychologie und (Anthropo-)Geographie herrschte in der ganzen Zwischenkriegszeit die Neigung, klar analysierendes Denken zu meiden und stattdessen nach überindividuellen Wesenheiten und Ganzheiten zu fragen, wobei die Methode aber weitgehend intuitiv blieb. Germanistik und Kunstgeschichte sträubten sich, das gesellschaftliche Umfeld in die Interpretation mit einzubeziehen und verharrten im rein Geistesgeschichtlichen, wobei dann das ewige deutsche Wesen (in Abgrenzung gegen westliche Traditionen) schon in den 20er Jahren als Erklärungsansatz eine zunehmende Rolle spielte. In diese Ausrichtung paßte auch, wenn L. Klages 1917 die Graphologie begründete, welche die Handschrift intuitiv als Ausdruck des menschlichen Charakters auffaßte und deren Aussagen oft weit über das empirisch Absicherbare hinausgreifen. Es waren die schon in den 20er Jahren vorhandene Empirieferne und Gesellschaftsferne und nicht erst die Auswirkungen des Nationalsozialismus, die dazu führen, daß weite Bereiche der deutschen Humanwissenschaften hinter die gleichzeitigen US-amerikanischen und französischen Entwicklungen zurückfielen. Das wirkte dann nach bis in die 1960er Jahre hinein (in der BRD).

In den 20er Jahren gab es einen starken Andrang auf die höheren Schulen und Universitäten, so daß deren Schüler- und Studentenzahlen rasch stiegen. Darüber hinaus bestanden Bestrebungen, auch durch organisatorische Neuerungen breitere Kreise an mehr Bildung heranzuführen. Zu diesem Zweck wurden nach 1918 im Deutschen Reich zahlreiche Volkshochschulen gegründet, meist in Gestalt von Abendkursen. Sie erreichten 1929 aber nur etwa 1 Prozent der Bevölkerung in den Volkshochschulorten und blieben damit weit hinter den Erwartungen zurück. 1920 führte man im Deutschen Reich die vierjährige, für alle Kinder gemeinsame Grundschule ein, um mehr Chancengleichheit zu verwirklichen. Da die bisherigen Vorschulen der höheren Schulen nur dreijährig gewesen waren, erhöhte sich damit die Zeit bis zur mittleren Reife und zum Abitur um je ein Jahr auf 10 bzw. 13 Schuljahre. Die Vielfalt der Formen höherer Schulen und Mittelschulen blieb hingegen unverändert erhalten, bei den höheren Schulen waren Mädchen- und Jungenschulen weiter meist getrennt, und unverändert blieben etwa 80 Prozent der Volksschulen konfessionell gebunden. In der Unterrichtsmethode wurden etliche reformpädagogische Ansätze diskutiert und in Ansätzen eingeführt, die vor allem auf mehr Selbständigkeit der Schüler abzielten. Man begann damit, die Schüler im Kunstunterricht nach der Natur oder aus dem Gedächtnis zeichnen und sie im Musikunterricht auch selbst musizieren und singen zu lassen. In der Grundschule wurde Malen, Basteln und Formen mehr betont. In der höheren Schule gab es mehr naturwissenschaftliche Demonstrationsexperimente, Anfänge von frei geführtem Unterrichtsgespräch und Versuche, mit Geschichtsquellen zu arbeiten.

Die Jugendbewegung lebte nach dem Ersten Weltkrieg fort in zahlreichen Jugendbünden verschiedener politischer und weltanschaulicher Ausrichtung und auch neutraler Art. Diese erhielten steigenden Zulauf. Etwa 1-2 Prozent eines Altersjahrgangs gehörten ihnen an.

Das allgemeine geistige Klima der Jahre 1918 bis 1923 war in weiten Kreisen stark durch das Gefühl von Sinnkrise und Orientierungsverlust geprägt, von dem Empfinden, auf schwankendem Boden zu stehen. Die Reaktionen, die 1918/19 plötzlich losbrachen, nahmen dabei je nach vorhandenen Denkgewohnheiten und geistigem Niveau höchst verschiedene Formen an.

Bildungswesen in den 20er Jahren

Sinnkrise und geistiger Aufruhr: 1918-23

Manche Deutsche flüchteten sich in den Aberglauben, so daß spiritistisches Tischerücken, Zahlenmystik, Astrologie und anderer Okkultismus großen Zulauf verzeichneten. Ebenso gewannen Lebensreformbewegungen Auftrieb wie der Vegetarismus, die Abstinenzler und die Landkommunebewegung. Letztere führte zu einer Gründungswelle von rund 100 meist kurzlebiger ländlicher Gemeinschaftssiedlungen. Auch der Antisemitismus breitete sich aus, der mit der Vorstellung jüdischer Drahtzieher ein schlichtes Erklärungsmuster für schwer Begreifbares bot.

Wieder andere reagierten aus einer religiösen Weltdeutung heraus. Mitten in den Großstädten traten etliche Wanderprediger auf, welche die totale geistige Wende und das Kommen eines Neuen Reiches prophezeiten und auch ihre ergebene Anhängerschar fanden. Während im Mittelalter die Kirche solche Konkurrenten meist als Ketzer verbrannt hatte, steckte die religiös nicht mehr gebundene Gesellschaft des 20. Jahrhunderts diese Messiasimitationen in die Psychiatrie oder ins Gefängnis. Eine religiöse Reaktion auf geistig wesentlich höherem Niveau stellte die protestantische „Theologie der Krise" dar, die K. Barth seit 1919 verbreitete. Er fiel hinter die historisch-kritische Bibelexegese wieder zurück in eine fundamentalistische Auslegung. Barth erklärte, daß die Offenbarung nicht durch Vernunft zu begreifen sei, stellte das apokalyptische Element des Christentums heraus und betonte, daß Gottes Zorn und Gnade den Menschen blitzartig treffe. Vom „Entsetzenerregenden" von Gottes Herrschaft, der die Menschen anheimgegeben seien, war bei ihm die Rede. In gebildeten Kreisen, deren Weltsicht nicht mehr religiös war, fand O. Spenglers Buch „Der Untergang des Abendlandes" (1918-22) großen Widerhall. Es bot eine oberflächliche Gesamtschau der Weltgeschichte, in der Kulturen als Wesen aufgefaßt wurden, die wie Lebewesen entstünden, aufblühten und abstürben, und in Anknüpfung an die Zivilisationskritik Nietzsches wähnte es die abendländische Kultur im Verfallsstadium und vor dem sicheren Untergang.

In der literarisch-künstlerischen Intelligenz reagierten „avantgardistische" Kreise mit massiven Angriffen auf die bürgerliche Repräsentationskunst, auf die bürgerliche Gesellschaft, preußischen Militarismus und industriellen Kapitalismus überhaupt. In einer Fülle von Manifesten wurde lauthals ein neuer -ismus nach dem anderen als Kunststil proklamiert.

Die Bewegung des Dadaismus, die schnell wieder zerfiel, trat mit wirren und lärmenden Klamaukaktionen, Bildern, die aus Papierausschnitten zusammengeklebt waren (Collagen) und Gedichten ohne Sinn an die Öffentlichkeit und versuchte, diese kräftig zu schockieren und zu verulken. Der Dadaismus forderte, die Kunst überhaupt abzuschaffen; irgendeine positive Alternative oder Zielsetzung besaß er hingegen nicht.

Unter den Kunstrichtungen gewann vor allem der Expressionismus plötzlich an Breite und weiter Resonanz. Dabei bestimmte jetzt der Hang zum Ekstatischen und Mystischen, zu Protest und Maßlosigkeit den Expressionismus. Oh-Mensch-Pathos, die christliche Idee von brüderlicher Liebe und Erlösung und die kommunistische Utopie flossen in den expressionistischen Programmen wirr ineinander, die sich in schwärmerischen Utopien von absoluter Freiheit und Visionen von Welterlösung und neuen Ordnungen ergingen und meinten, die Welt lasse sich von der Kunst her verändern. Im Expressionismus dieser Jahre herrschten hochgespannter Subjektivismus und Glaube, und die Kultivierung des Gefühlsrausches steigerte sich ins Grenzenlose. Hier war man weit entfernt von jeder vernunftgesteuerten Wirklichkeitserfassung und vom Verständnis für gesellschaftliche Realitäten. Riesenhafte Architekturphantasien in gewalt-tätig-willkürlichen Formen wurden zu Papier gebracht – und natürlich nie verwirklicht. Auf den Bühnen wurden expressionistische Theaterstücke um Vatermord, Inzest, Brutalität und Abgründe der menschlichen Seele aufgeführt. Einige expressionistische Intellektuellenfilme entstanden, die von Wahnsinn, Schicksalsmächten und magischen Verwandlungen handelten („Der Golem", „Dr. Caligari", „Dr. Mabuse"-Filme). In expressionistischen Gemälden herrschten schreiende Farbigkeit und grobe Deformierungen. Von wenigen Ausnahmen abgesehen, die sich aus ihren idealistischen Luftschlössern in die Politik der Münchener Räterepublik von 1919 wagten und dort dann schnell lächerlich machten, blieben die Expressionisten Rufer und als solche weitgehend unverstanden.

Genauso subjektiv in ihrer Weltsicht, aber von ganz anderen Ausdrucksmitteln bestimmt war die gleichzeitige Malerei des Verismus (besonders O. Dix und G. Grosz). Diese Maler übten ätzende Gesellschaftskritik, indem sie mit zynischem Blick Bordelle, Schieber, Kriegskrüppel, das Entsetzen des Schützengrabens, aggressive Offiziere und soziales Elend krass, ja bis ins Karikaturhafte gesteigert darstellten. Dem malerischen Verismus entsprach die Publizistik einiger linker Intellektueller, als deren wichtigste Stimmen K. Tucholsky und C. von Ossietzky anzusehen sind. Ebenso wie der Verismus waren sie geprägt von der tiefen Enttäuschung, daß 1918/19 ihre Blütenträume nicht gereift waren, und reagierten diese Frustration in maßloser, ätzender Kritik am Erscheinungsbild der Weimarer Republik ab, ohne etwas Positives zu bieten. Sie sahen dort nur reaktionäre Richter, heuchelnde Spießer, militaristische Offiziere, peinliche Mittelmäßigkeit und borniert Nationalisten und fanden, daß an der ganzen Republik nichts zu retten sei, während sie dem Kommunismus freundlich gegenüberstanden. Indem diese linksintellektuelle Kritik in der Tradition der radikalen, unpragmatischen Haltung der Unbedingtheit der Idee stand, begriff sie nie, daß in der politischen Praxis die Alternative zur Unterdrückung der anderen Interessen nur der mühselige Kompromiß verschiedener Interessen sein kann. Damit erwies sie sich als im Kern undemokratisch.

Gleichzeitig, aber diametral entgegengesetzt war jene Reaktion auf den Krieg, die diesen nicht als Ort des Grauens betrachtete, sondern jetzt das Fronterlebnis als Durchbruch zum Elementaren verklärte, in der Solidarität der Schützengrabenkameradschaft die Quelle einer neuen Volksgemeinschaft sah und den Vorzug von raschen Entscheidungen und Gehorsam pries. So am konsequentesten der Schriftsteller E. Jünger. Diese Haltung stand den Prinzipien demokratischer Willensbildung und kühler Vernunftentscheidung erst recht ablehnend gegenüber.

In den Kriegs- und ersten Nachkriegsjahren entstand auch das (damals kaum zur Kenntnis genommene) schriftstellerische Werk F. Kafkas. Schwere persönliche Konflikte und auch die unsicher gewordene Stellung als Deutscher und Jude in Prag zeichneten den Charakter dieses Mannes, dessen Werk in schrecklichen Bildern und verfremdeten Wirklichkeiten das Gefühl der Isoliertheit und Bedrohtheit des verlorenen einzelnen, der Fremdheit und Rätselhaftigkeit der Welt ausdrückte.

Bei anderen Deutschen richteten sich Krisenbewußtsein und Utopiehoffnung nicht auf das Feld von Weltanschauung, Religion und Kunst und auf eine Kritik, die zwar inhaltlich politisch war, aber eben doch Papier blieb, sondern sie richteten sich auf das Feld der Praxis, der Politik. Dort erhielten jetzt Kommunismus und völkischer Rechtsradikalismus kräftig Zulauf. Wieder andere suchten hemmungslos den Genuß. Vor allem in Berlin schossen Etablissements mit Nacktdarbietungen aus dem Boden, eine Welle von Pornoliteratur entstand, und in manchen Kreisen wurde der Genuß von Kokain schick.

Mit der wirtschaftlichen und politischen Stabilisierung Anfang 1924 verloren alle diese Strömungen rasch an Resonanz und Anhängern und lebten nur noch in Resten fort. Sicher, manche Künstler hielten noch an einem sich mäßigenden Expressionismus fest, und vereinzelt entstanden sogar expressionistische Bauwerke, aber die meisten wandten sich von dieser Haltung ab. Die weiterbestehende linksintellektuelle Kritik und der sich abschwächende Verismus blieben auf kleine Kreise begrenzt.

Zwischen Modernität und Tradition: 1924-28

Dabei wurde die kulturelle Landschaft aber keineswegs einheitlich. Vieles lief noch aus der späten Kaiserzeit weiter, die Freiluftmalerei ebenso wie philosophische Ansätze, damals wichtige Schriftsteller schrieben weiter, und auch ihre Vorkriegswerke wurden in großem Umfang weiter gelesen, und natürlich spielte im Theater- und noch mehr im Musikleben die Pflege der Klassiker unverändert eine große Rolle. Außerdem wiesen die Neuansätze in ganz verschiedene Richtungen. Die Zeitgenossen hatten selbst das Gefühl, daß es im Geistesleben mehr denn je an klaren Konturen und Gemeinsamkeiten fehlte.

Linksorientierte Stimmen brachen mit bisherigen Tabus und forderten öffentlich die Freigabe von Abtreibung, Homosexualität, Ehebruch und Verhütungsmitteln. Von kommunistischer Seite gab es Versuche, eigenständige proletarische Kulturformen und -inhalte zu entwickeln. Diese kamen aber auf der Bühne über Agitprop-Theatergruppen mit schematischer Schwarz-Weiß-Zeichnung der Charaktere und primitiver Darstellungsweise kaum hinaus, und die wenigen Versuche einer proletarisch-revolutionären Arbeiterliteratur fanden auch bei Arbeitern keine nennenswerte Resonanz. E. Piscator probierte einen klassenkämpferischen Theaterinszenierungsstil, fand dafür aber bestenfalls ein bürgerliches Publikum.

Kennzeichnender für die Jahre ab 1924 war dagegen eher, daß weite Kreise sich einer nüchterneren Haltung zuwandten und gegenüber der Moderne aufgeschlossener wurden.

In der Malerei fand ab 1924 ein sachlicher Stil zahlreiche Vertreter. Dieser Stil wählte nicht nur Landschaften und Porträts zum Thema, sondern auch das tägliche Leben in Großstädten, Technik und Fabriken. Er bemühte sich, Wirklichkeit illusionslos und genau abzubilden, ohne anzuklagen, zu idyllisieren oder große Gesten anzunehmen. Untergründig ließ er oft eine kühle und distanzierte Haltung spüren. Meist waren die Farben kalt und gedämpft, manches Thema wurde leicht verfremdend stilisiert. In der Literatur blühte die Reportage auf.

In der Populärkultur strömte ab 1924 kräftig US-Amerikanisches ein. Hollywoodfilme überfluteten die deutschen Kinos, amerikanische Schlager verbreiteten sich rasch, der Jazz wurde durch Schallplatten und US-Bands bekannt, amerikanische Tänze wie Foxtrott, Charleston und Shimmy fanden besonders bei Teilen der bürgerlichen Großstadtjugend Anklang, englische Sprachbrocken gingen nicht nur in Schlager verstärkt ein, und ab 1929 gab es im Deutschen Reich auch Coca Cola. Verglichen mit Gesellschaftstänzen und Unterhaltungsmusik traditioneller europäischer Art waren die neuen Modetänze und der Jazz rhythmisch bewegter, ja wilder und körperlicher. Es war nicht zufällig, daß gerade die Populärkultur der USA im Laufe des 20. Jahrhunderts international eine immer größere Ausstrahlung gewann. Wo sich in Europa traditionell Elitenkultur und Breitenkultur deutlich getrennt gegenübergestanden hatten und besonders bei den Deutschen alles, was nicht gedanklich tiefsinnig war, als flach und banal galt, war das US-amerikanische Kulturleben von seinen Anfängen um 1800 her stärker auf die breiten Mittelschichten hin orientiert und weniger von der viel schwächeren geistigen Elite geprägt gewesen. Von dieser Basis aus ließen sich offenbar leichter Kulturformen entwickeln, die dem Geschmack des industriezeitlichen Massenpublikums entsprachen. Auch ein Teil der deutschen Intelligenz verließ jetzt den schöngeistigen Elfenbeinturm und bewertete, zusammen mit anderen Teilen des Bürgertums, Technik, Massenkonsum, Arbeit, Großstadt, den industriellen Großbetrieb und die rational kalkulierenden Organisationsweisen positiv. Amerika als mächtigster, technisch fortschrittlichster Industriestaat der Welt mit seiner Weite, seiner Dynamik und seinen Wolkenkratzern wurde ihnen zum kulturellen, gesellschaftlichen und politischen Vorbild. Viele Amerikabücher und technisch-utopische Romane erschienen.

Auf die Spitze getrieben wurde die Hinwendung zur Moderne im Konstruktivismus, der vor allem mit der Kunsthochschule „Bauhaus" verbunden war und ab 1923/24 entstand. Der Konstruktivismus erhob die technische Rationalität und Funktionalität selbst zum Stilprinzip; Gefühl, Subjektivität und Repräsentation lehnte er ab. Konstruktivistische Architekturentwürfe wollten Städte zu reibungslos funktionierenden Wohnmaschinen machen mit riesigen Hochhäusern aus Stahl, Beton und Glas und mit Hochstraßen. Kennzeichnend für die in diesem Geist erbauten Wohnhäuser waren ornamentlose, weißgetünchte Fassaden und Innenwände sowie große Fensterflächen, die oft in durchgehenden horizontalen Bändern angeordnet wurden (besonders W. Gropius und L. Mies van der Rohe). Die Wohnungseinrichtung sollte karg sein, ohne Bildschmuck an den Wänden und mit ornamentlosen Möbeln aus weißem Schleiflack und verchromten Stahlrohren, die ebenso wie andere Gebrauchsgegenstände auf einfache geometrische Formen reduziert waren. Die konstruktivistische Malerei komponierte abstrakte Bilder aus einfachen geometrischen Formen, die sie streng und klar anordnete, und bediente sich vornehmlich der Primärfarben (vor allem J. Albers). In der Musik entwickelte Schönberg das Verfahren der Zwölftonmusik, die das Komponieren an strenge Regeln band und gewissermaßen zur Lösung einer mathematischen Aufgabe machte, wobei Harmonien im alten Sinn nur noch zufällig entstanden. Dabei wurde eine einzige „Reihe" als Ausgangspunkt genommen, in der die 12 Töne des Tonsystems ohne Ausnahme und ohne Wiederholung angeordnet werden mußten und aus der die ganze Komposition abzuleiten war. Die konstruktivistische Art von Design und Architektur wurde von der Bevölkerung meist abgelehnt, da der Konstruktivismus sich nur an einer abstrakten Vernunft orientierte und ihm die berechtigten emotionalen und sozialen Bedürfnisse der Menschen gleichgültig blieben, und insofern war zumindest seine Anwendung auf den Wohnbereich inhuman. Nur wenige kleinere konstruktivistische Bauten und Konsumgüterproduktionen wurden verwirklicht, und die Zwölftonmusik wurde nur in kleinen Zirkeln aufgeführt.

Neben den genannten Strömungen gab es etliche Künstler, die im Spannungsfeld zwischen neusachlichem Realismus, abstraktem Konstruktivismus und Expressionismus als einzelne eigene neue Wege suchten, sei es mehr in Richtung auf phantastische Zeichen (P. Klee), subjektive Wirklichkeitsdeutung (M. Beckmann) oder Formenexperimente (L. Feininger und W. Baumeister). Im Theater ging Bert Brecht einen eigenen, zum Marxismus hinführenden Weg. Unter den Prosaschriftstellern gestaltete der vielgelesene Hermann Hesse das Gefühl der Entfremdung des bürgerlichen Intel-

lektuellen gegenüber der modernen Welt, wobei er sich ohne Bezug auf gesellschaftliche Zusammenhänge ganz ins Private, Individuelle und Innerliche zurückzog und am
humanistischen Kulturerbe zu orientieren suchte.

Zweifellos fanden die „avantgardistischen" kulturellen Bestrebungen nach 1918
mehr Aufmerksamkeit als vor dem Weltkrieg, und ihre Vertreter konnten sich in Museen, Kunstakademien, Theatern und Kritik etablieren und dort tonangebend werden.
Aber ihr Abstand zu den Erfahrungen, Bedürfnissen und Verständnisfähigkeiten der
breiten Bevölkerungsschichten war noch größer als im späten Kaiserreich. Sie blieben
eine Angelegenheit überwiegend intellektueller, großstädtischer Minderheiten und
wurden vom größten Teil des Bürgertums, besonders dem der Provinz, und auch der
Arbeiterschaft nicht mitgetragen.

Spiegelbildlich zu den modernistischen Strömungen und dem Eindringen amerikanischer Einflüsse gewann auch die kulturpessimistische Zivilisationskritik an Breite und
Intensität. Nietzsche und auch andere ältere zivilisationskritische Autoren wirkten
nachhaltig weiter. Die neuen Kritiker nahmen nicht nur das ganze Repertoire des kaiserzeitlichen Kulturpessimismus wieder auf, sondern polemisierten darüber hinaus gegen die aktuellen modernistischen Erscheinungen. Sie richteten sich gegen den „Wahnsinn" der modernen Kunst, Architektur und Musik, gegen den „Verfall der Sitten"
durch die Aufweichung sexualmoralischer Tabus und die „Schamlosigkeit" in Theater
und Vergnügungsleben, durch Sensationslust und Frauenemanzipation, gegen die
durch all dies hervorgerufene „Verwahrlosung der Jugend" im „Sumpf der Großstädte", gegen die „Verflachung" und Primitivierung durch Kino und sinnlose Jagd nach
Sportrekorden vor einem Massenpublikum, gegen die Amerikanisierung mit ihren Re-
klametricks, seelenlosen Fließbändern, unzüchtigen Tänzen und ihrer „Negermusik".

Neben der Suche nach Neuem gab es in den 20er Jahren ebenso das Bedürfnis nach
geistigem Halt. Hier machte der ordnungsbetonte Katholizismus klare Angebote, deren Verhältnis zur Moderne allgemein, zu Liberalismus und Industrialismus und auch
zur Demokratie weiterhin zumindest sehr distanziert war. Er konnte seinen Einfluß
gut behaupten, ja eher stärken. Dagegen bot der Protestantismus, der seit langem
durch den Einfluß von Liberalismus und deutschem Idealismus zerfallen war, ein viel
unsichereres Bild. Dementsprechend war der protestantische Volksteil aufs Ganze gesehen anfälliger für radikale weltanschauliche Richtungen.

Fragt man, welche Literatur und Kunst in den 20er Jahren am verbreitetsten war, so
dominierte mit großem Übergewicht jene konservativer Ausrichtung. So wurde die in
Stoff und Form stark traditionsgebundene Literatur viel gelesen (H. Carossa, R. Bin-
ding, I. Seidel), ebenso (meist ältere) Heimatliteratur. Eine große Zahl meist regional
gebundener Maler und Bildhauer pflegte einen realistischen und traditionsgebundenen
Stil mit gleitenden Übergängen zum Heimatstil.

Wende zu
Deutschtum
und Bindung:
1928-33

Die genannten verschiedenen kulturellen Strömungen bestanden auch an der
Wende vom zweiten zum dritten Jahrzehnt fort. Und doch wendete sich der Zeitgeist
spürbar. Angesichts der Weltwirtschaftskrise verblaßte der Glanz des amerikanischen
Leitbilds, und die vielfältigen Experimente der vergangenen Jahre wirkten zunehmend
erschöpft. Zugleich gewannen Zivilisationskritik und Großstadtfeindschaft eine nie gekannte Schärfe. Jetzt kamen für die modernen Experimente die diffamierenden
Schimpfworte „Asphaltliteratur" und „Kulturbolschewismus" auf. In dem immer höher steigenden Krisenbewußtsein wurzelnd breitete sich ein starkes Streben nach festen Ordnungen und metaphysischen Bezügen aus.

856

Ab 1928 erschien eine Welle von Romanen, die sich mit zeitgeschichtlichen Fragen auseinandersetzten, was bis dahin eher selten gewesen war. Die Österreicher R. Musil und H. Broch thematisierten vor dem Erfahrungshintergrund des Untergangs der Donaumonarchie Zerfall und Auflösung bürgerlicher Ordnungen und Werte, an deren Ende nichts Sicheres mehr sei. Ihre Werke blieben aber weitgehend unbeachtet. Etliche Schriftsteller schilderten in nüchternem, verständlichem Stil und in desillusionierter, kritischer Sicht das Weltkriegsgeschehen (vor allem E.M. Remarque, A. Zweig) und die Zeit der Weimarer Republik (u.a. H. Fallada, L. Feuchtwanger, im Stil experimentierend auch A. Döblin). Viel zahlreicher und erfolgreicher als die kritischen waren dagegen die nationalistischen, kriegsbejahenden Autoren (besonders W. Beumelburg, E. Dwinger, F. Schauwecker). Letzteren zur Seite entstanden etliche Geschichtsromane, besonders um germanische, mittelalterliche und preußische Themen (stark beachtet E.G. Kolbenheyer) und Bauernromane aus verwandtem nationalem, völkischem Geist heraus. Diese völkische Kriegs-, Geschichts- und Bauernliteratur war dadurch gekennzeichnet, daß sie das Überindividuelle betonte, an das der einzelne gebunden sei. So erschien der Krieg wie ein Naturereignis. Traditionsbindungen wurden zur Sache des Blutes biologisiert. „Volk", „Reich", Deutschtum" und „Deutschland" wurden mit einer besonderen Aura umgeben, und es bestand die Neigung, sie weniger als historisch gewordene und sich stets verändernde Dinge anzusehen, sondern als ewige Wesenheiten und so die Zeit gleichsam anzuhalten. Die völkische Literatur achtete den Handlungsspielraum des einzelnen gering und betonte demgegenüber die Rolle der heroischen, begnadeten Führergestalt und die dienende Gefolgschaft der anderen. Letzte Ursachen suchte sie im Metaphysischen, im „Schicksal" und der „reif gewordenen Zeit". Nicht kritische gedankliche Durchdringung, sondern Identifikation und diffuse Gläubigkeit waren gefragt, nicht Vernunft, sondern das Emotionale.

Gleichzeitig entstanden einige erfolgreiche militaristische Filme. Parallel zur völkischen Literatur blühte eine als „jungkonservativ" oder „konservative Revolution" bezeichnete Publizistik auf, die an Nietzsche und S. George anknüpfte. Wie jene wandten sich diese jungkonservativen Intellektuellen der Rechten sowohl gegen den modernen Trend zur Emanzipation des Individuums und zur Massengesellschaft wie auch gegen die Hohlheit der Kaiserzeit und gegen humanistische Traditionen, wie jene versuchten sie, hergebrachte Eliteidee und Zeitgemäßheit miteinander zu verbinden. Zugleich waren sie von Jugendbewegung und Kriegserlebnis geprägt und stark nationalistisch eingestellt. In einem seltsamen Widerspruch zwischen der Entschiedenheit des Wollens und der Unklarheit des Ziels suchten sie einen neuen, betont deutschen Weg jenseits von Reaktion, Kapitalismus und Sozialismus, der aber nebelhaft verschleiert blieb, wobei Autorität und Gemeinschaft, entschlossenes Handeln und das emotionale Moment betont wurden.

Bei der Suche nach haltenden Gewißheiten wandten sich gleichzeitig einige andere Schriftsteller verstärkt christlichen Werten zu, so R. Schneider, W. Bergengruen und G. Le Fort. Ein Teil der neusachlichen Maler begann sich auf Stilleben und Landschaften zurückzuziehen.

In der Philosophie boten diese Jahre der Krise ein ähnliches Bild der Abwendung von klaren Vernunftgedanken und der Hinwendung zum Gefühl. Sicher, es gab auch andere. Eine Gruppe Wiener Philosophen, vor allem R. Carnap und dann später Karl Popper, entwickelte seit den späten 20er Jahren eine positivistische Philosophie, welche die Voraussetzungen gesicherter Erkenntnis analysierte. Sie urteilte scharf, daß Sätze über die Realität ohne Sinn seien, die nicht intersubjektiv, also von jedem im Prinzip empirisch überprüft werden könnten. Deshalb lehnten diese Philosophen jede Art metaphysischer Fragen nach Sinn und Wesen der Dinge als Gegenstand von Wissenschaft und Philosophie ab. Ausgehend vom Problem der Überprüfbarkeit widmeten sie jetzt auch der präzisen Begriffsbildung besondere Aufmerksamkeit. Mit Blick auf die Physik standen allgemeine Gesetzmäßigkeiten im Mittelpunkt ihrer Vorstellung, wie wissenschaftliche Aussagen beschaffen sein sollten. Aus dem Problem, daß die Richtigkeit von allgemeingültigen Aussagen über die Wirklichkeit nicht verifiziert werden kann, da die Zahl der durchzuprüfenden Anwendungsfälle unendlich groß ist, fand schließlich Popper einen Ausweg, indem er an die Stelle der Verifikation die Falsifikation setzte: eine Hypothese ist durch eine einzige Beobachtung, die ihr widerspricht, falsifiziert, also widerlegt, und wenn eine Hypothese etlichen Falsifizierungsversuchen immer wieder standhält, kann sie als gut bestätigt gelten.

Aber diese gedanklich klare und logisch argumentierende Philosophie fand im deutschen Raum wenig Resonanz. Charakteristisch war vielmehr jenes philosophische Denken, das der Vernunft eine Absage erteilte. L. Klages wiederholte in seiner Schrift mit dem bezeichnenden Titel „Der Geist als Widersacher der Seele" nicht nur die kulturpessimistische Klage über die Intellektualisierung und Technisierung der Welt, sondern verurteilte überhaupt die kritische, analysierende, messende und zweckorientierte Vernunft als etwas Fremdes, das von außen ins Leben eindringe, die Einheit von Leib und lebendigem Fühlen trenne und Leben und Natur zerstöre. Den weitaus größten Einfluß unter den Intellektuellen gewann die jetzt aufkommende Existenzphilosophie, formuliert von K. Jaspers und vor allem Martin Heidegger. Diese Philosophie war Ausdruck der Unfähigkeit vieler deutscher Intellektueller, sich in der industriellen Massengesellschaft zurechtzufinden, und ihrer Unwilligkeit, diese mit empirisch-wissenschaftlichen Methoden zu analysieren und den gesellschaftlichen und kulturellen Aufstieg der Massen zu akzeptieren, und sie radikalisierte dieses zur Verzweiflungsstimmung, verallgemeinerte es zum Eindruck allgemeiner Sinnlosigkeit, Rätselhaftigkeit und Haltlosigkeit von Welt und Dasein überhaupt. Bei Heidegger waren die „Geworfenheit" des menschlichen Daseins in die ihm unverfügbare Umgebung, die „Angst" vor dem Tod, die „Sorge" um die Zukunft Grundhaltungen des Denkens. Jaspers philosophierte über das „Scheitern" in „Grenzsituationen" von Tod, Leiden und Schuld. Die Existenzphilosophie lehnte Wissenschaft und Vernunftdenken als Methode zur Welterfassung ab und setzte stattdessen auf das stimmungsbetonte Erleben. Besonders Heidegger erging sich bei dem aussichtslosen Versuch, durch empirieferne Wesensschau zum verborgenen Kern des Seins vorzudringen, in Nebelschwaden gedanklich und begrifflich ungenauen Redens, das stellenweise überhaupt zu sinnleerer Wortmalerei verkam.

Kehren mit eisernem Besen

Die nationalsozialistische Revolution 1933/34 war im Deutschen Reich auch für das Kulturleben höchst folgenreich. Zahlreiche Wissenschaftler, Schriftsteller und Künstler hießen das neue System willkommen und sagten ihm seine Unterstützung zu. Zum Teil geschah das aus der gleichen politischen Naivität heraus, mit der manche linke Intellektuelle in den vergangenen Jahren in der kommunistischen Sowjetunion ein Vorbild für Gerechtigkeit und Humanität gesehen und die Blutspur des Terrors nicht wahrgenommen hatten, teils deshalb, weil sie sich durch die Kräfte, die in den 20er Jahren in der Kulturszene geherrscht hatten, zurückgesetzt glaubten und nun auf mehr

Verständnis und Erfolg hofften. Einige verwandte Geister, welche die Nationalsozialisten gerne für sich gewonnen hätten, wie Spengler oder George, verweigerten sich – sie hatten sich die von ihnen herbeigewünschte neue Zeit weniger pöbelhaft vorgestellt. Zugleich gingen die neuen Herren energisch daran, jene Bestrebungen aus dem Kulturleben auszuschalten, die sie als „entartet", „zersetzend" und „dekadent" ansahen. 1933-38 wurden etwa ein Drittel der hauptamtlichen Hochschullehrer entlassen. Die mißliebigen Schriftsteller, Künstler und Musiker erhielten Schreib-, Mal- und Auftrittsverbot. Etliche emigrierten. Über 5.000 Deutsche wurden bis 1938 ausgebürgert. Die Nationalsozialisten erstellten Schwarze Listen, nach denen tonnenweise Bücher aus den öffentlichen Bibliotheken entfernt und teilweise vernichtet wurden. Die Buchhändler waren hiervon allerdings nur begrenzt, private Bücherbestände gar nicht betroffen. In einem demonstrativen Akt wurden am 10. Mai 1933 in verschiedenen Universitätsstädten symbolisch öffentlich Bücher verbrannt. Originell war dieser Akt nicht; hatten doch schon 1520 Luther die päpstliche Bannandrohung und Schriften seiner kirchlichen Gegner und 1817 Burschenschaftler auf der Wartburg ihnen politisch unliebsame Schriften öffentlich verbrannt. Ein Zeichen der Intoleranz ist er allemal. Aus den reichsdeutschen Museen wurden etwa 16.000 Kunstwerke aus der Zeit von 1900 bis 1935 als „entartet" entfernt. Ein Teil kam 1939 in der Schweiz zur Versteigerung, und 4.829 Gemälde und Graphiken ließen die Nazis im März 1939 in Berlin verbrennen.

Die 1933/34 weitgehend ausgeschalteten Teile des Kulturlebens gliederten sich im wesentlichen in drei große Gruppen. Erstens wurde alles Jüdische eliminiert. Die große Mehrzahl der emigrierten Intellektuellen waren Juden, und mit der Psychoanalyse wurde ein Wissenschaftszweig als jüdisch fast ganz unterdrückt. Zweitens beseitigten die neuen Herren alles, was systemkritisch wirken konnte. Das betraf alle Schriftsteller mit marxistischer, radikaldemokratischer oder pazifistischer Tendenz, die Malerei des Verismus und pazifistischer Themen und einen großen Teil der Soziologie, und deshalb wurden auch Astrologie und Wahrsagerei verfolgt. Drittens wurden alle jene künstlerischen Richtungen unterdrückt, deren Ausdrucksweise für die Masse der Bevölkerung nicht verständlich oder gezielt unschön war, also die sogenannte „Avantgarde". Hierunter fielen die atonale Musik und die Zwölftonmusik, konstruktivistische Architektur, jede abstrakte Malerei, der Dadaismus und schließlich nach längerem Streit unter den Nationalsozialisten 1937 auch der Expressionismus, der mit seinen irrationalen und hemmungslosen Zügen ja durchaus dem Nationalsozialismus verwandte Elemente besaß. Bestehen blieben die traditions- und landschaftsgebundenen und die metaphysischen Kräfte des deutschen Kulturlebens.

Für das deutsche Kulturleben bedeutete die Emigration so vieler Wissenschaftler und anderer Kulturschaffender, darunter gerade auch führender Köpfe und von hoffnungsvollem Nachwuchs, einen schweren Verlust, um so mehr, als nach 1945 nur ein kleiner Teil von ihnen wieder zurückkehrte. Während die Wissenschaftler meist in die USA emigrierten, gingen viele Schriftsteller zunächst in andere europäische Länder.

Deutsche Kultur in der Emigration

Schicksale und Wirkungen der Emigranten waren unterschiedlich. Den emigrierten Schriftstellern entschwand das geringe restliche Publikum, als sich das Deutsche Reich ab 1938 über das übrige Mitteleuropa ausbreitete und die deutschen Emigranten in Übersee sich in ihrer neuen Heimat akkulturierten. So wurde von den im Exil geschriebenen Werken der größte Teil vor 1945 nicht gedruckt und von den Theaterstücken nichts aufgeführt, und die im Exil gegründeten deutschen Zeitschriften gingen eine nach der anderen ein. Dagegen haben die emigrierten Psychoanalytiker wesentlich dazu beigetragen, daß die Psychoanalyse in den USA von breiten Kreisen aufgenommen wurde. Die konstruktivistischen Architekten gelangten in den USA zu großer Wirkung. Ihre Ideen wurden die wichtigsten Wurzeln des dann weltweit verbreiteten „Internationalen Stils". Dieser Erfolg erklärte sich daraus, daß die konstruktivistischen Architekturideen von Unternehmerinteressen in Dienst genommen wurden: der karge Stil ermöglichte es den Bauherren, die Kosten für Ornament und ähnliche Aufwendungen zu sparen und dabei auch noch ein gutes Gewissen zu haben. Die positivistische Philosophie der Vertreter des Wiener Kreises, die meist 1938 ebenfalls emigrierten, gelangte in Nordamerika und Großbritannien zur Vorherrschaft. Auch die nordamerikanische E-Musik und Soziologie wurden von deutschen Emigranten beeinflußt. So führte also, nachdem mit dem Ersten Weltkrieg das Interesse an deutscher Kultur und Sprache im Ausland deutlich zurückgegangen war, ausgerechnet die Engstirnigkeit des Nationalsozialismus zu einer Welle kultureller Ausstrahlung.

Was war Nationalsozialismus? Was Nationalsozialismus nicht war, ergibt sich zu einem großen Teil daraus, welche kulturellen Richtungen er unterdrückte. Was dagegen machte den Inhalt des Nationalsozialismus selbst aus? Eine ganze Reihe von Ansätzen, die in den vorangegangenen Jahrzehnten entstanden waren, strömten in ihm zusammen: die Rassentheorien und damit die Vorstellung von der Höherwertigkeit von Ariern beziehungsweise Germanen beziehungsweise Deutschen, der Sozialdarwinismus mit seiner kämpferischen Haltung, der Antisemitismus, ein hochgesteigerter Nationalismus, der Kulturpessimismus mit seiner Ablehnung von Industrie, Vermassung, anonymem Kapital, Großstadt, Technisierung und Frauenemanzipation, die Hinwendung zur idyllisierten Heimatlichkeit, Bauernverklärung und Naturschutzbestrebungen, der Rückgriff auf germanische Mythen, die an Nietzsche anknüpfende heroische Haltung mit der Idee einer Herrenmenschenelite und der Betonung von Glaube, Wille, Tat und Gemüt im Gegensatz zum Verstand sowie deren architektonische Ausformungen, die bürgerliche Angst vor Sozialismus und Bolschewismus, die völkische Betonung des Deutschtums, von Autorität, Ordnung und überindividuellen Bindungen, die Sympathie für militärische Ordnungsformen und die Idee eines tiefen Gegensatzes der deutschen Tradition zum Westen. Hinzu kam als etwas Neues Hitlers Ziel imperialistischer Lebensraumeroberung im Osten, die Hitler aber wiederum aus Kulturpessimismus, Sozialdarwinismus und Herrenmenschenidee ableitete.

So bündelte der Nationalsozialismus als Sammlungsbewegung vieles, ohne daraus eine geschlossene Theorie zu machen. Selbst die führenden Politiker des Nationalsozialismus gewichteten die einzelnen Elemente recht unterschiedlich, und erst recht galt das für die vielen, die sich ihm anschlossen und oft Eigenes in ihm wiedererkannten, ohne sein Ganzes zu begreifen und zu durchschauen. Bemerkenswerterweise fanden sich jene kulturellen Strömungen, die vor 1933 von breiten Mehrheiten der Bevölkerung getragen worden waren, weitgehend im Nationalsozialismus wieder, und die ab 1933 beseitigten Richtungen des Kulturlebens waren Sache von begrenzten Minderheiten gewesen. Dieses Faktum und die Tatsache, daß fast alle Einzelelemente des Nationalsozialismus in der vorangegangenen deutschen Geschichte verwurzelt waren, ließen die Übergänge von Nationalsozialismus zu Nicht-Nationalsozialismus außerordentlich fließend werden. Dies machte nach 1945 zwei Argumentationen möglich, die jede in ihrer Weise schief waren: einmal jene, die für die eigene Person einen Zusammenhang mit dem Nationalsozialismus bestritt, weil doch die eigenen Denkpositionen gar nicht spezifisch nationalsozialistisch seien, sondern alle auch in anderen geschichtlichen Zusammenhängen aufgetreten waren, die den Nationalsozialisten auf extremen Antisemitismus und Rassismus reduzierte und ihn deshalb für ein eigentlich nur zufällig in die deutsche Geschichte hereingeschneites Randphänomen hielt, dem die überwältigende Mehrheit des deutschen Volkes nie ernsthaft verfallen gewesen sei; und zum anderen jene Position, die politische Gegner billig zu diffamieren liebt, indem sie diese zumindest in die Nähe des Nationalsozialismus rückt unter Hinweis darauf, daß er einzelne Positionen vertritt, die auch mit Bestandteil nationalsozialistischen Denkens gewesen waren, und die überhaupt die ganze deutsche Geschichte unrettbar von unzähligen Vorläufern und Wegbereitern des braunen Terrors durchseucht sieht, dessen Ideologie eigentlich auch nach 1945 in der Bundesrepublik Deutschland nie richtig verschwunden sei.

Aber der Nationalsozialismus war nicht einfach die bruchlose Fortsetzung der Mehrheitsmeinungen. Er radikalisierte ins Äußerste, was bis dahin bei vielen oft mehr beiläufig vorhanden gewesen war. Noch wichtiger: in ihm rückten Elemente zum Kern der Weltanschauung auf, die bis dahin eine mehr randliche oder gar nur sektenhafte Außenseiterrolle gespielt hatten: vor allem die Rassentheorien, der Antisemitismus und der Sozialdarwinismus. Und schließlich und ganz entscheidend: zwar besaß die rücksichtslose Radikalität des Gedankens durchaus eine deutsche Tradition, aber während alle zivilisationskritischen Intellektuellen ihr Leiden an der Welt und ihre Phantasien nur am Schreibtisch ausgetobt hatten, betrat mit Hitler der seltene Fall die politische Bühne, der außerordentlich radikales Denken mit politischem Machtgespür verband und tatsächlich versuchte, seine Phantasien buchstäblich in die Wirklichkeit umzusetzen.

Der Nationalsozialismus war an eine bestimmte historische Situation gebunden und damit auch in seiner Art einzig, aber ähnliche Situationen führten auch in anderen Ländern und zu anderen Zeiten zu partiell ähnlichen geistigen Reaktionen. Die − falsche − Auffassung einer sich nur aus ihrem eigenen Wesen heraus entfaltenden deutschen Kultur, die nicht wahrhaben wollte, wie stark das deutsche Kulturleben im Laufe der Jahrhunderte immer wieder ausländische Ideen aufgenommen hatte, die Irritation über die sozialen und psychologischen Begleiterscheinungen der Modernität, die man als Überfremdung des eigenen Wesens erlebte, um so mehr, als sie mit westlichen, in jüngster Zeit vor allem US-amerikanischen Einflüssen verbunden waren, demgegenüber der Rückgriff auf Heimisches und die eigene Vergangenheit und der Anspruch, durch Beseitigung des „Undeutschen" wieder „zu sich selbst" gefunden zu haben − das alles findet Verwandtes in den Authentizitätsideen und Retraditionalisierungsbestrebungen, die seit den 1970er Jahren in vielen unterentwickelten Ländern aufkeimten und die um so kräftiger sprossen, je rascher und mächtiger die westliche Moderne in sie hereinbrach.

Die nationalsozialistische Weltanschauung war aus jenen Ängsten und Irritationen geboren, welche die heraufziehende Modernität ausgelöst hatte, und sie beinhaltete den Willen, ihr praktisch entgegenzutreten. Die Radikalität der Alternative war bei den einzelnen führenden Nationalsozialisten unterschiedlich stark ausgeprägt. Sie war am geringsten bei jenen, denen es im wesentlichen darum ging, die Arbeiterbewegung zu beseitigen und die Großmachtstellung der Wilhelminischen Zeit wiederherzustellen, die aber den Industrialismus selbst kaum antasten wollten (so Hermann Göring und Joseph Goebbels). Weiter ging der sogenannte „linke Flügel", der sich an mittelalterlichen und frühneuzeitlichen Verhältnissen von Zunftwesen und bäuerlicher Gemeinschaft orientierte und mehr oder minder vom Industrialismus dorthin zurückkehren wollte. Aus dieser Haltung heraus schlug er konkrete antikapitalistisch (deshalb „sozialistisch"), mittelstandspolitisch ausgerichtete Heilmittel vor (vor allem die Brüder G. und O. Strasser). Langfristig wesentlich radikaler war Hitler selbst (sowie Heinrich Himmler und W. Darré), wenngleich der wahre Inhalt seines Denkens von den weitaus meisten Zeitgenossen überhaupt nicht richtig erkannt wurde. Letztlich bestimmte Hitler den Kurs, ideologisch wie machtpolitisch. So muß diese Richtung als der eigentliche Nationalsozialismus gelten. Hier wurde dem Industrialismus, überhaupt der ganzen Moderne eine Utopie entgegengestellt, die radikal von jenen Entfremdungsgefühlen erlösen sollte, die durch den zivilisatorischen Prozeß bewirkt worden waren. Sie suchte Leitvorstellungen in archaischen, frühgeschichtlichen Zeiten und war doch zugleich mit dem Wissen um die Wirkungen der Moderne behaftet und im Besitz ihrer Mittel. Nebelhaft tauchte am Horizont die Vorstellung auf von einem Volk von Landbesitzern, das als Ganzes die Rolle einer Herrenschicht über andere Völker spielen sollte, eines Herrenvolkes von rasssereinem Blut, das in festen Ordnungen lebt, von den Werten kriegerischen Heldentums erfüllt ist und mit trotziger Willensstärke alle äußeren Widerstände überwindet, dabei mehr instinktgetrieben als vernunftbestimmt. War der Nationalsozialismus damit reaktionär oder modern? War er ein Sozialismus oder eine Form bürgerlicher Herrschaft? Diese Begriffe greifen einfach nicht. Mit ihrer eigentümlichen Verschmelzung von Agrarisch-Archaischem mit jenen egalitären Tendenzen, die zum Zeitalter der Massen gehörten und auch die Reste vorindustrieller Ständegesellschaft überwinden wollten, mit der Absage an die wirtschaftlichen, gesellschaftlichen und großstädtischen Strukturen des Industrialismus ohne den gleichzeitigen völligen Verzicht auf seine Mittel, ja im Gegenteil bei ausgesprochener Faszination durch die moderne Waffentechnik der Panzer und Flugzeuge und die neuen Massenkommunikationsmittel Radio und Film, mit diesem Ineinander von Erneuerungs-, ja Erlösungswillen und Reaktion spottete die nationalsozialistische Utopie jeder Vorstellung einer linearen Entwicklung der Geschichte und gängigen Begrifflichkeiten, lag gleichsam quer dazu – und jenseits aller Vernunft.

Nazifizierung des Kultur-lebens? 1933-39/45: Wissenschaft und Erziehung

Inwieweit durchdrang der Nationalsozialismus nun tatsächlich das reichsdeutsche Kulturleben? Die nationalsozialistische Führung forderte, daß die Wissenschaften nicht länger voraussetzungslos und volksfremd seien, sondern im Geiste der nationalsozialistischen Weltanschauung betrieben werden sollten. Bei Neuberufungen wurde auch auf die politische Gesinnung geachtet. Aber Bestrebungen, die Fachliteratur grundlegend umzuschreiben, blieben weitgehend ergebnislos, was ebenso an der Beharrungskraft der Wissenschaftler lag wie an der Unklarheit darüber, was eigentlich die nationalsozialistische Weltanschauung ausmachte. Dabei öffneten sich die einzelnen Wissenschaften nationalsozialistischem Denken in unterschiedlich starkem Maß; Germanistik und Volkskunde am weitesten, Chemie und Physik am wenigsten. Der Versuch, eine „deutsche Physik" ohne „jüdische" Relativitätstheorie zu begründen, scheiterte rasch. Bestrebungen, die Rassenlehre wissenschaftlich zu fundieren, blieben erfolglos. Aber Mediziner nutzten die Gelegenheit zu Menschenversuchen und wirkten bei der Durchführung der Euthanasie mit, und natürlich wurden die Ergebnisse der Ingenieur- und Naturwissenschaften für die Rüstung in Dienst genommen. Im Schulunterricht wuchs der nationalsozialistische Einfluß auf die Inhalte stärker als in der Wissenschaft, besonders in Deutsch, Geschichte, Biologie und Erdkunde. Der

Nationalsozialismus wirkte sich in Schule und Wissenschaft vor allem darin aus, daß jene Themen mehr betont wurden, die sich auf Germanen (Frühgeschichte, Völkerwanderung) bezogen, daß gelegentlich von „nordisch" und „rassisch" geredet wurde, was aber meist aufgesetzte Phrasen blieben, und daß jene autoritären Werte, jene Betonung eines besonderen Deutschtums und jene Ablehnung pluralistischer und aufgeklärter westlicher Traditionen, die schon zuvor vorhanden gewesen waren, noch kräftiger hervortraten. Lehrer und Wissenschaftler waren zwar im Regelfall national, aber zunächst kaum nationalsozialistisch eingestellt. Erst allmählich faßten dann bei jüngeren Lehrern und auch dem wissenschaftlichen Nachwuchs vor allem in den Geisteswissenschaften nationalsozialistische Anschauungen stärker Fuß.

Der Nationalsozialismus war stark antiintellektuell eingestellt. So wurde die Zahl der Studenten 1931-39 von 134.800 auf 56.500 gesenkt, das 13. Schuljahr gestrichen und das Volkshochschulwesen zerschlagen. Zu den Erziehungsinhalten äußerte Hitler: „Der völkische Staat hat ... seine gesamte Erziehungsarbeit in erster Linie nicht auf das Einpumpen bloßen Wissens einzustellen, sondern auf das Heranzüchten kerngesunder Körper. Erst in zweiter Linie kommt dann die Ausbildung der geistigen Fähigkeiten. Hier aber wieder an der Spitze die Entwicklung des Charakters, besonders die Förderung der Willens- und Entschlußkraft, verbunden mit der Erziehung zur Verantwortungsfreudigkeit, und erst als Letztes die wissenschaftliche Schulung."[72] So räumte man dem Sport im Schulunterricht wesentlich größeres Gewicht ein, und er wurde auch bei der Hitlerjugend stark gepflegt. Mehr Förderung als zu irgendeiner anderen Zeit erhielt im NS-Staat das Boxen, das in seiner brutalen Primitivität in besonderem Maß zum Nationalsozialismus paßte. Indem die Hitlerjugend die Schüler in der außerschulischen Zeit auf Kosten der Hausaufgaben beanspruchte und in verschiedensten Formen in das Schulleben eingriff, trug sie auf ihre Weise wesentlich dazu bei, daß das Niveau der höheren Schulen sank. Das schlug dann auch auf die Universitäten durch. Noch deutlicher wurden diese Tendenzen bei den Versuchen, neben dem traditionellen Bildungswesen besondere internatsförmige Bildungseinrichtungen für die künftige Elite zu schaffen, nämlich den staatlichen Nationalpolitischen Erziehungsanstalten (Napolas) als Oberschulen, den von der HJ geführten Adolf-Hitler-Schulen speziell für künftige Parteifunktionäre und, auf beiden aufbauend, drei Ordensburgen als eine Art Parteihochschule. Bei ihnen, besonders bei den beiden zuletzt genannten, rückte die physische Ausbildung stark in den Vordergrund, und Erziehung zu Glauben und Gehorsam drängten Wissenserwerb und Denkschulung zurück. So erwiesen sich die Absolventen den Anforderungen der Gesellschaft wenig gewachsen. Der Zulauf zu diesen Schulen blieb gering und ihr Anteil am gesamten Bildungswesen relativ unbedeutend.

Im künstlerischen Bereich unterschieden sich deutlich die Formen und Inhalte öffentlicher Repräsentation von denen privater Verwendung. Während die Weimarer Republik keinen öffentlichen Repräsentationsstil besessen hatte, erstand mit dem allgemeinen Führungsanspruch des nationalsozialistischen Staats ein solcher neu, diesmal in neoklassizistischem Gewand. Der Stil öffentlicher Bauten gab dem übermächtigen Herrschafts- und Ordnungswillen staatlicher Apparate gegenüber dem Individuum deutlich Ausdruck: überdimensionierte Baumassen; große, kahle Flächen; detaillose, monumentalisierende Formen; riesige Portale und hohe Sockel. Der monumentalisierende Zug führte dabei ebenso die entsprechenden Ansätze der späten Kaiserzeit fort, wie die neoklassizistische Formensprache gleichzeitig auch in Italien,

1933-39/45: übriges Kulturleben

863

Frankreich, den USA und Skandinavien für öffentliche Bauten verbreitet war. Im Zusammenhang mit den öffentlichen Repräsentationsbauten wurden auch Wandrelief und Freskomalerei wiederbelebt. Die öffentlichen Plastiken bevorzugten pathetische Tarzantypen, die mit angespannten Muskeln Kraft und Stärke demonstrierten und nicht individuelle Persönlichkeiten, sondern Personifizierungen darstellten von Soldat, Partei, Bereitschaft usw.

Zugleich lebte im künstlerisch-literarischen Bereich der breite Strom traditioneller Kräfte unverändert weiter, der schon bisher die Masse der Produktion ausgemacht hatte: die Malerei in realistischem, allgemein verständlichem Stil, oft regional gebunden, die vor allem Landschaften sowie Stilleben, Genreszenen und Tiere darstellte, sich dagegen nur selten industriellen und großstädtischen Szenen zuwandte, die Heimatliteratur und der realistische historische Roman, in der Musik Neukompositionen spätestromantischer Gesinnung und die Pflege von Klassikern. Von offizieller Seite besonders gefördert wurden die völkischen Bauern-, Geschichts- und Kriegsromane, deren wichtigsten Werke aber bereits vor 1933 erschienen waren, sowie eine Malerei, die vorindustrielle, mittelbäuerliche Verhältnisse mit Pflug und Sämann thematisierte und dabei ewige bäuerliche Werte darzustellen versuchte, jenseits von Großgütern, Traktor und Getreidepreis. Jene Literatur und Kunst, die im engeren Sinn nationalsozialistisch waren, gelangten aber nicht zur Vorherrschaft. Versuche, nationalsozialistische Theaterstücke zu schreiben, erlitten weitgehend Schiffbruch.

Neben dem Genannten existierte ein Teil der neusachlichen Malerei ungestört weiter, ebenso in der Literatur jene schon in den Jahren vor 1933 einsetzende Richtung, die sich zurückzog ins unpolitische Reich des Religiösen und der abstrakten Geistigkeit, auf innerliche Naturlyrik und historische Themen. Nach dem Zweiten Weltkrieg stilisierten diese Schriftsteller sich selbst dann zur „Inneren Emigration" hoch (außer den schon Genannten u.a. auch O. Loerke und J. Klepper). Auch ausländische Schriftsteller wurden bis zum Kriegsbeginn weiter ins Deutsche übersetzt.

So gab es im künstlerisch-literarischen Bereich kaum originelle und subjektivistische Werke, sondern eine Ausrichtung, die den Ansprüchen der breiten Bevölkerungsmehrheit nach Verständlichkeit und Erbauung entsprach und bei ihr nicht auf das gleiche Gespött stieß wie die jetzt verfemten „avantgardistischen" Experimente.

In der Breitenkultur strebten Teile der NS-Führung danach, Amerikanismen zurückzudrängen und stattdessen volkstümliche und sogar germanische Traditionen wiederzubeleben. Tatsächlich fanden indessen deutscher Rund- und Reihentanz, Volkstracht, artgemäße Volksmusik und Sonnenwendfeier nur recht mäßige Resonanz in der Bevölkerung, und amerikanische Filme und (trotz Verbotsversuchen und Behinderungen) Musik wurden bis zum Kriegsbeginn weiter gespielt und blieben populär. Und mit germanischen Tonscherben und Schnurbandkeramikern war erst recht keine Begeisterung zu wecken – das kulturelle Niveau der seligen Ahnen war einfach zu schlicht gewesen. Im deutschen Unterhaltungsfilm traten erst während des Kriegs politische Tendenzen sichtbarer hervor und blieben selbst dann eher Ausnahmen, wobei hinter dem Versuch, durch unpolitische Unterhaltung für gute Stimmung der Bevölkerung zu sorgen, durchaus politische Absicht steckte.

Zu den traditionalistischen Elementen des Nationalsozialismus gehörte auch der Rückgriff auf engere bürgerliche Moralvorstellungen. So schränkten die Staatsorgane die Prostitution stark ein und steckten Zuhälter ins KZ, und sie erließen schärfere Verordnungen gegen pornographische Schriften und Abbildungen. Homosexualität wurde

ichsparteitag in Nürnberg 1933

Die Militarisierung im NS-Staat bestimmt auch die Ordnungsformen des Parteitags. Indem der einzelne uniformiert und in den *retenen Block eingereiht wird, findet er sich restlos dem Ganzen untergeordnet. Die Schlichtheit von Hitlers Parteiuniform soll* *ührer als volksnah erweisen; doch zugleich bringt die räumliche Distanz zwischen Führer und Parteigefolgschaft und die Ausrich-* *es ganzen Geschehens auf seine Person Hitlers absolute Machtstellung sinnfällig zum Ausdruck.*

23.1 Nationale Gedenkveranstaltung im Kaiserreich: bunte Uniformen, bürgerliche Honoratioren mit Zylinder und Fahnen best- men das Bild. Die staatstragenden Kräfte sind unter sich. (Einweihung des Denkmals für Kaiser Wilhelm I. in Berlin 1897)

Nie wieder Faschismus
Nie wieder Krieg!
Keine neuen
Atomraketen

2 Politische Konfrontation und Militarisierung: ...schärfte politische Gegensätze und Klassenkämpfe ...reißen die Weimarer Republik und kommen auf ...Straße unverhüllt zum Ausdruck. Im Auftreten ...formierter Parteiverbände zeigt sich ein kämpferi-...r Stil politischer Auseinandersetzungen. (Stahl-...n-Angehörige fahren an einer Kolonne des ...chsbanners vorbei; beide beschimpfen einander) ...en)

...litik auf der Straße

...Demonstrationszug in der BRD: die Demon-...ionen, meist friedlich verlaufend, richten sich fast ...r gegen die politisch Verantwortlichen. Sie sind ...Mittel von aktivistischen Minderheiten, die ihre ...chten im politischen Entscheidungsprozeß nicht ...reichend vertreten glauben; wer einen guten Draht ...n politischen Entscheidungsträgern hat, braucht ...auf die Straße zu gehen, um sich Gehör zu ver-...fen. Die Demonstrationen sind ebenso Ausdruck ...esellschaftlichen Pluralismus wie der gewährten ...eiten. (Friedendemonstration 1983) (links)

...Massenaufmarsch in der DDR: Uniformierung ...Gleichschritt spiegeln die Militarisierung in der ...wieder. Der Aufmarsch ist von den Herrschen-...rganisiert und soll den Eindruck erwecken, die ...n stünden hinter dem politischen System und ...Führung; oppositionelle Demonstrationen sind ...89 unmöglich und werden von der Polizei stets ...im Ansatz erstickt. (Aufmarsch von Betriebs-...gruppen, Ost-Berlin 1982) (rechts)

24.1 Reichstag des römisch-deutschen Reiches, frühes 16. Jahrhundert. Die Versammlung der deutschen Fürsten unter Vorsitz Kaisers tagte im 16. Jahrhundert häufiger als je zuvor, doch ihr Wille zu gemeinsamem Handeln blieb begrenzt, und auf dem Weg modernen Staatlichkeit geriet das Reich gegenüber den einzelnen Fürsten ins Hintertreffen.

Deutsche zentrale Parlamente

24.3 Reichstag des Deutschen Reiches, 1928. Erst 1918 erlangte der Reichstag über Gesetzgebung und Staatshaushalt hinaus a Einfluß auf die Regierungsbildung, doch blieb er durch seine inneren Spaltungen geschwächt.

2 Nationalversammlung in der Frankfurter Paulskirche, 1848/49. Die erste aus gesamtdeutschen Wahlen hervorgegangene Re-
isentation erarbeitete eine deutsche Verfassung mit einem ausführlichen Grundrechtekatalog, doch dieser blieb auf dem Papier, da
Gründung des Reiches scheiterte.

4 Bundestag der Bundesrepublik Deutschland, 1979. Trotz der starken Stellung der Bürokratie im politischen Entscheidungspro-
hat der aus allgemeinen, freien und gleichen Wahlen hervorgegangene Bundestag eine einflußreichere Stellung als je ein deutsches
lament vor ihm.

25.1 Kaiser Karl V., 1548. Der Herrscher ist in erster Linie Heerführer, der in ritterlicher Form selbst mit seinen Truppen in die Schlacht zieht.

Präsentation der Herrschenden in der Öffentlichkeit − Spiegel ihres Selbstverständniss

(siehe auch Abbildung Nr. 22)

25.3 Deutsche Bundesfürsten, 1863. *Uniform als gängige Kleidung der Monarch bringt ihre besondere Verbundenheit mit d Offizierskorps zum Ausdruck. Mit der Ma der Monarchen ist auch die theatralische F gegenüber der Öffentlichkeit geschwunde*

25.2 Kaiser Karl VI. (reg. 1711-40). Pathetische Körperhaltung, fest aufgestützter rechter und selbstbewußt abgestützter linker Arm, verschwenderische Fülle von Perücke und Umhang, Drapierungen im Hintergrund sowie die Krone als Herrschaftssymbol sollen die Macht des absoluten Herrschers verdeutlichen und Distanz zwischen ihm und den Untertanen signalisieren.

.4 Bundeskanzler Kiesinger, 1967. Als Zivilist unterscheidet der Kanzler sich äußerlich nicht von anderen Bürgern. Abhängig von Wahlergebnissen muß der Kanzler den Kontakt mit der Öffentlichkeit suchen, sich ihren Fragen stellen und sich bemühen, vor ihr im rechten Licht zu erscheinen. Dabei schrumpft die Distanz zwischen Machtträgern und Beherrschten gelegentlich auch physisch.

26.1   *Abwehrsieg gegen die Ungarn: Schlacht auf dem Lechfeld 955 (Gemälde von 1826-31).*

Verteidigung gegen Angriffe aus Ost und West

26.3   *Gescheiterte Abwehr gegen Ludwig XIV. von Frankreich: Zerstörung Heidelbergs durch die Franzosen 1689.*

2   *Abwehrsieg gegen die Türken: Schlacht am Kahlenberg vor Wien 1683.*

26.4   *Befreiung von französischer Fremdherrschaft: nationale Erhebung im Befreiungskrieg 1813.*

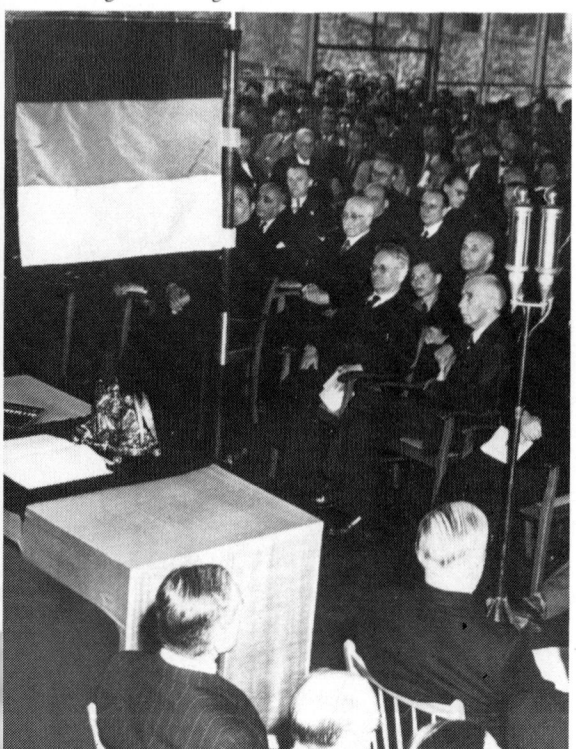

27.1 *Gegen grundherrschaftliche und fürstliche Unterdrückung: aufständische Bauern 1525.*

27.4 Freiheitlichste Verfassung der deutschen Geschichte: Verkündung des Grundgesetzes 1949.

27.5 *Erfolglos gegen die kommunistische Diktatur in der DI Arbeiteraufstand am 17. Juni 1953.*

27.2 *Für eine liberale Verfassungsordnung: Revolution 1848.*

27.3 *Gescheiterter Tyrannenmord: Claus Graf Schenk von Stauffenberg, der am 20. Juli 1944 vergeblich Hitler umzubringen versuchte.*

insatz für Freiheit und Recht

27.6 *Sturz der kommunistischen Diktatur in der DDR: gewaltlose Revolution 1989.*

28.1 Vereinigung aller westgermanischen Völker auf dem Festland: Karl I. der Große (König der Franken 768-814, Kaiser 800-814).

28.2 Gestaltung des römisch-deutschen Reiches und Abwe̶sieg über die Ungarn: Otto I. der Große (König 936-73, Ka̶ 962-73).

Herrscher und Politike̶

28.5 Gründung des kleindeutschen Reiches und anschließende Sicherung des europäischen Friedens: Otto von Bismarck (preußischer Ministerpräsident 1862-90, Reichskanzler 1871-90).

28.6 Außenpolitik des Augenmaßes und der Verständig̶ Gustav Stresemann (Reichsaußenminister 1923-29).

28.3 Begründung der preußischen Großmachtstellung auf Kosten des römisch-deutschen Reiches: Friedrich II. (König von
Preußen 1740-86).

28.4 Initiator der preußischen Reformen: Karl Freiherr von
und zum Stein (in Preußen faktisch leitender Minister 1807-08).

28.7 Zerstörung des Deutschen Reiches und der Freiheit der
Deutschen: Adolf Hitler (Reichskanzler und Führer 1933-45).

28.8 Weststaatsgründung und Westintegration: Konrad
Adenauer (Bundeskanzler 1949-63).

29.1 *Vernichtung der Freiheit: Bücherverbrennung 10. Mai 1933.*

Katastrophen des Nationalsozialismus

29.3 *Vernichtung deutscher Städte: das luftkriegszerstörte Berlin.*

2 Vernichtung der Juden: Berge ausgemergelter Leichen bei der Öffnung der Konzentrationslager 1945.

4 Vernichtung deutscher Heimat: Flüchtlingstreck aus den Ostgebieten 1945.

30.1 Anfang des kleindeutsch[en]
Kaiserreiches: Kaiserproklamat[ion]
im Spiegelsaal von Schloß Versai[lles]
1871. Nicht zivile Bürger, sond[ern]
Fürsten und Offiziere bestimmen [das]
Bild, als der Norddeutsche Bund [im]
preußischen Militärhauptquar[tier]
zum Deutschen Reich wird, A[us-]
druck der Tatsache, daß die Rei[chs-]
gründung von oben erfolgt (w[enn]
auch mit Zustimmung der Bevö[lke-]
rungsmehrheit).

Deutsches Reich

30.2 Deutsche Teilung: Ber[liner]
Mauer. Nachdem das Deu[tsche]
Reich nach dem Ende des Zw[eiten]
Weltkriegs als handlungsfähiges [Ge-]
bilde geendet hatte, wird seine [Tei-]
lung mit dem Bau einer Mauer [mitten]
durch die ehemalige Reichsha[upt-]
stadt Berlin 1961 förmlich ze[men-]
tiert.

verstärkt bekämpft und in erweitertem Umfang bestraft. Im Krieg richtete die Wehrmacht dann aber zur Truppenbetreuung wieder etliche Bordelle neu ein.

Die Vorliebe für das Heimatliche und Natürliche ging ansatzweise auch in umweltpolitische Maßnahmen ein. Der NS-Staat weitete die Tierschutzgesetzgebung stark aus, und Autobahnen wurden möglichst in Schwingungen in die Landschaft eingepaßt und nicht schnurgerade angelegt. Gleichzeitig verbrauchten die forcierte Industrialisierung und Kriegsvorbereitung dagegen immer mehr Landfläche.

Insgesamt bot das Kulturleben der NS-Zeit also ein recht uneinheitliches Bild. Während manche Elemente nationalsozialistischer Weltanschauung rascher oder oft auch nur allmählich das Kulturleben durchdrangen, konnten andere sich nicht durchsetzen, und es blieben (zumindest bis zum Krieg) auch etliche Freiräume für Nicht-Nationalsozialistisches. Während des Kriegs wurden dann diese Freiräume geringer und vor allem ausländische Kulturelemente energisch zurückgedrängt.

Das österreichische Kulturleben der 20er Jahre war mit dem des Deutschen Reiches untrennbar zu einer Einheit verschmolzen, wobei die neuen Strömungen eher schwächer ausgeprägt waren. Bemerkenswert ist nun, daß gerade diese Charakterzüge auch in Österreich die Weltwirtschaftskrise nicht überdauerten. Nach 1933 wurde in Österreich in der Literatur vielmehr eine betont heimatverbundene Richtung bevorzugt. Diese beschwor eine idyllische Dörflichkeit, Bindungen und Zeitlosigkeit und wandte sich sowohl gegen die „jüdisch-marxistische Zersetzung" des Geistes und die großstädtische Zivilisation wie auch gegen den Nationalsozialismus, dem sie zwar deutlich näherstand, von dem sie sich aber dadurch abzugrenzen trachtete, daß sie sich noch regionalgebunder und heimattreuer gab. Nach dem Anschluß 1938 erlebte das österreichische Kulturleben dann eine ähnliche Emigrationswelle wie schon zuvor das reichsdeutsche.

Österreich

Aufgrund des Zusammenbruchs von 1918 mit seinen ganzen Folgen waren jene Kulturerscheinungen, die auf dem Boden von Verunsicherung, Krisenbewußtsein und auch Neuerungswillen sprossen, im Deutschen Reich und auch in Österreich viel ausgeprägter als in anderen europäischen Industrieländern. Die Schweiz hatte solche Erfahrungen nicht machen müssen, und so blieb das geistige Klima dort im ganzen ruhiger. Um so bemerkenswerter ist, daß es trotzdem Ähnlichkeiten gab. Nach dem Ersten Weltkrieg machte sich auch in der Schweiz im Bürgertum der bis dahin weitgehend unbekannte Kulturpessimismus immer mehr breit mit seinen Klagen über Großstadt, Materialismus, Säkularisierung, Vermassung, jüdisches Literatentum usw. Die „avantgardistischen" Tendenzen hatten es demgegenüber in den 20er Jahren schwer. Die konservativen Strömungen mündeten ab 1934 in die offizielle „Geistige Landesverteidigung". Diese sollte eine Abwehrideologie gegen den Nationalsozialismus sein, aber gerade sie hatte eben auch einige Merkmale mit ihm gemeinsam. Obwohl die Schweiz längst kein Agrarland mehr war, wurde der überschaubare Lebensbereich des bäuerlichen „Dörfli" idyllisierend zum Kern der Schweizer Identität stilisiert. Auf derselben Linie lag es, wenn das Volks- und Heimattheater und vor allem der Heimat- und Bergfilm sich jetzt starker Förderung erfreuen konnten. Man betonte die Einzigartigkeit des „Schweizerischen" und war entsprechend unduldsam gegen Fremdes und Modernes. Im Unterschied zum Nationalsozialismus war diese Heimattümelei jedoch ganz rückwärtsgewandt auf patriarchalische, kleinbürgerliche und christliche Ordnungen orientiert, und sie besaß nicht dessen sowohl archaische wie moderne, vor allem nicht dessen radikale Elemente.

Schweiz

8.5 Zwischen Separatismus und großdeutscher Lösung

Nationales
Einheits-
problem
in der
Zwischen-
kriegszeit?

Das 1867/71 gegründete Deutsche Reich hatte über den Ersten Weltkrieg hinaus Bestand. Trotz des Wechsels zur Republik behielt man den Namen „Deutsches Reich" als Symbol der nationalen Einheit, und dabei blieb es bis 1945. Andere Bezeichnungen wie „Weimarer Republik", „Drittes Reich" und „Großdeutschland" waren nie offizielle Staatsnamen.

Die Epoche zwischen den Weltkriegen erlebte weder das Ringen einer deutschen Zentralgewalt mit Partikulargewalten noch den Dualismus zweier deutscher Großmächte. War die staatliche Einheit der Deutschen also kein Problem? Man sollte sich nicht dadurch täuschen lassen, daß die Gestalt des Problems sich verwandelt hatte. jetzt ging es vor allem darum, daß 1919/21 vom Deutschen Reich Gebiete abgetrennt wurden, die sich seitdem gerne (wieder) an den deutschen Hauptstaat angeschlossen hätten, von den ehemaligen Siegermächten jedoch lange Zeit nicht gelassen wurden. Das wichtigste war dabei das Österreich-Problem. Nicht zuletzt, da die deutschen Dynastien 1918 verschwunden waren, gab es seitdem keine Eigenständigkeitsbestrebungen einzelner deutscher Staaten mehr, an welche die Spaltungswünsche fremder Großmächte hätten anknüpfen können, und die einzelnen Teile Deutschlands und Österreichs unterschieden sich (bis 1933) auch in ihrer politischen und gesellschaftlichen Ordnung nicht. Um so künstlicher und willkürlicher wirkten Abtrennungen. Einerseits galt das nationale Selbstbestimmungsrecht seit Kriegsende allgemein als legitim, andererseits hielt vor allem Frankreich daran fest, daß bestimmte Gebiete gegen ihren Willen vom Reich getrennt bleiben sollten. Zwischen beiden bestand ein Spannungsverhältnis, und dies bestimmte die Frage der deutschen Einheit in der Zwischenkriegszeit und machte sie zugleich zu einem brisanten europäischen Problem.

Versailler
Vertrag

Die Siegermächte handelten 1919 die Friedensregelung von Versailles untereinander aus, ohne daß die Deutschen daran beteiligt wurden. Die Reichsregierung erhielt diese dann aufdiktiert mit der Drohung, im Falle der Ablehnung würden die Kriegshandlungen wieder aufgenommen. Im Kreis der Siegermächte hatte die französische Regierung die Annexion Elsaß-Lothringens sowie umfangreicher angrenzender preußischer Gebiete gefordert und außerdem verlangt, das linksrheinische Gebiet als einen oder mehrere unabhängige deutsche Staaten vom Deutschen Reich abzutrennen, um Deutschland so weit wie möglich zu schwächen und Frankreich auf diese Weise die Vorherrschaft auf dem Kontinent zu schaffen. Polen hatte die Provinzen Westpreußen und Posen, das südliche Ostpreußen, ganz Oberschlesien und Teile Niederschlesiens und Pommerns beansprucht. Der amerikanische Präsident Wilson hatte dagegen während des Ersten Weltkriegs unter anderem das Prinzip der nationalen Selbstbestimmung als Verhandlungsgrundlage proklamiert, und der britische Premierminister trat für eine wirklich dauerhafte Friedensordnung ein. Die Bestimmungen des Friedensvertrags stellten dann einen Kompromiß dieser Wünsche dar.

Elsaß-Lothringen mußte an Frankreich abgetreten werden. Das geschah ohne Abstimmung, entsprach aber zweifellos dem Wunsch der großen Mehrheit seiner Einwohner. Ebenfalls ohne Abstimmung fielen Posen und fast ganz Westpreußen an Polen. Hier wäre eine Abstimmung in Posen weitgehend auch zugunsten Polens ausgefallen, hätte im größten Teil Westpreußens indessen wohl eine deutsche Mehrheit ergeben. Trotzdem gaben die Sieger Westpreußen an Polen, damit dieses einen Zugang zum Meer erhielt. Das Staatsgebiet des Deutschen Reiches wurde durch diesen Korridor in zwei Teile zerrissen. Das kleine Gebiet um Eupen und Malmedy eignete sich Belgien nach einer Scheinabstimmung 1920 an, gegen den Willen der betroffenen Bevölkerung. Auch für Oberschlesien, das südliche Ostpreußen und Nordschleswig wurden Volksabstimmungen angesetzt. Im südlichen Ostpreußen entschieden sich 1920 97,8 Prozent der Abstimmenden dafür, bei Deutschland zu bleiben. Den Dänen war von den Siegern alles Land nördlich der Eider angeboten worden. Doch anders als die Polen, Tschechen und Italiener waren die Dänen klug und anständig genug, sich auf die mehrheitlich dänisch besiedelten Gebiete zu beschränken. Bei der Volksabstimmung in Nordschleswig 1920 fiel die nördliche, dänische Zone an Dänemark, die südliche, deutsch besiedelte blieb beim Reich. Das war eine in etwa gerechte Lösung, und die so entstandene Grenze ist seitdem bis heute von keiner Seite mehr angetastet worden und konfliktfrei. In Oberschlesien versuchten die Polen vergeblich, durch einen Aufstand vollendete Tatsachen zu schaffen. Die Volksabstimmung wurde dort im März 1921 durchgeführt und ergab 59,6 Prozent der Stimmen für Deutschland. Darauf versuchte die polnische Seite erneut, Oberschlesien mit Waffengewalt zu erobern. Die Gegenwehr deutscher Freiwilligenverbände führte zu einem brutalen Bürgerkrieg. Obwohl die deutschen Verbände siegten, wurde Oberschlesien im Oktober 1921 durch einen Schiedsspruch des Völkerbunds geteilt, und zwar ohne Rücksicht auf völkliche Grenzen. Dabei fiel der Süden mit dem größten Teil der Kohlebergwerke und der Schwerindustrie an Polen.

Drei Gebiete wollten die Siegermächte weder beim Deutschen Reich belassen noch einem anderen Staat zuschlagen. So wurden sie ohne Abstimmung und gegen den Willen ihrer Bewohner, die ausschließlich Deutsche waren, vom Deutschen Reich abgetrennt und unter der Hoheit des Völkerbunds politisch verselbständigt. Das Saargebiet, an dessen Kohlegruben Frankreich interessiert war, überließen die Sieger Frankreich für 15 Jahre zur wirtschaftlichen Ausbeutung. Nach Ablauf dieser Zeit sollte die Bevölkerung durch eine Abstimmung über ihr weiteres Schicksal entscheiden. Danzig, als Hafen an der Weichselmündung für die polnische Wirtschaft wichtig, wurde zum Freistaat erklärt, wobei Polen weitgehende Sonderrechte in Danzig erhielt. Das im Norden Ostpreußens gelegene Gebiet um Memel, das als Hafen für den neuentstandenen Staat Litauen wichtig war, verselbständigten die Siegermächte ebenfalls.

867

Als die Vertragsbestimmungen den Deutschen bekanntgegeben wurden, lösten sie bei diesen Entsetzen aus, nicht zuletzt deshalb, weil sie das Selbstbestimmungsrecht nur teilweise berücksichtigten. Erst nach harten innenpolitischen Auseinandersetzungen kam es am 23. Juni 1919 zur reichsdeutschen Unterschrift, für die niemand so recht die Verantwortung übernehmen mochte. Immerhin waren vom bisherigen Bestand des Deutschen Reiches nicht noch größere Teile abgespalten worden. Der französische Versuch, im Juni 1919 durch Handlanger doch noch eine separatistische Rheinische Republik gründen zu lassen, brach nach wenigen Tagen kläglich zusammen. Und wenn die Reichsregierung den Friedensvertrag abgelehnt hätte? Unweigerlich wäre das Reich militärisch besetzt worden, und die französische Regierung hätte diese Chance genutzt, um ihre Abspaltungspläne doch noch mit Waffengewalt durchzusetzen, wenn nicht sogar die süddeutschen Länder vom Norden abzutrennen.

Entstehung Deutsch-Österreichs

Im Oktober und November 1918 wandten die nichtdeutschen Völker Österreich-Ungarns Wien den Rücken und gründeten eigene Staaten. Am 21. Oktober konstituierten die Reichsratsabgeordneten der deutschsprachigen Siedlungsgebiete sich als „Provisorische Nationalversammlung des selbständigen deutschösterreichischen Staates". Dessen Grenzen und Existenz waren indessen zunächst ziemlich unsicher.

Die deutsch besiedelten Teile Böhmens konstituierten sich ebenfalls im Oktober 1918 als zwei Länder mit eigenen Landesregierungen und erklärten ihren Beitritt zum Staat Deutsch-Österreich. Aber im Dezember 1918 besetzten die Tschechen, die sich eben erst unter Berufung auf das Selbstbestimmungsrecht aus der Donaumonarchie gelöst hatten, unter Verweigerung desselben Rechts diese Länder mit Waffengewalt und beseitigten die deutschen Landesregierungen. Trotz ihrer Proteste wurden die Sudetendeutschen gegen ihren Willen als eroberte Gegner in die neuentstandene Tschechoslowakische Republik hineingezwungen. Pro-österreichische Kundgebungen im März 1919 wurden vom tschechischen Militär blutig unterdrückt. Die Versailler Konferenz lehnte, vor allem auf Frankreichs Drängen hin, eine Volksabstimmung der Sudetendeutschen ab und schrieb diese Regelung auch im Friedensvertrag von St. Germain mit Österreich fest.

An der Westspitze Österreichs, in Vorarlberg, verliefen die Dinge fast umgekehrt herum. Nach der Katastrophe der Donaumonarchie am Ende des Weltkriegs wollte Vorarlberg zur sicheren Schweiz überwechseln. Eine Volksabstimmung in Vorarlberg ergab im Mai 1919 80,6 Prozent für einen Anschluß an die Schweiz. Aber die Schweizer Regierung verhielt sich abwartend, und Wien und die Siegermächte sprachen sich dagegen aus. Obwohl die Vorarlberger Behörden sich noch bis 1921 fast verzweifelt um einen Anschluß an die Schweiz bemühten, verlief die Sache damit im Sande.

Dagegen beschlossen die Alliierten, daß die deutschsprachigen Gebiete Westungarns entsprechend dem Wunsch ihrer Bevölkerung als „Burgenland" an Österreich kommen sollten und setzten auch durch, daß diese Übergabe tatsächlich erfolgte. Von Tirol gaben die Sieger hingegen nicht nur das italienischsprachige Trentino an Italien, sondern auch den deutschsprachigen Teil südlich des Brenners, ganz entgegen dem Willen der deutschen Südtiroler. Der neuentstandene Staat Jugoslawien ließ gleich nach dem Zusammenbruch der Donaumonarchie Truppen in Südsteiermark und Südkärnten einmarschieren, um diese Gebiete zu annektieren. Daraufhin organisierten die Einwohner in Kärnten sich zu erbitterter Gegenwehr mit den Waffen. Die Alliierten entschieden, daß die überwiegend slowenische Südsteiermark ohne Abstimmung an Jugoslawien fiel, ordneten für Südkärnten aber eine Volksabstimmung an. Als sich dort im Oktober 1920 von den Abstimmenden 59 Prozent für einen Verbleib bei Österreich entschieden, setzten die Alliierten dieses auch gegen einen erneuten Angriff der Jugoslawen durch.

Das Hauptproblem war jedoch das Verhältnis Österreichs zum Deutschen Reich. Schon am 12. November 1918 hatte die österreichische Provisorische Nationalversammlung Deutsch-Österreich einstimmig zu einem „Bestandteil der Deutschen Republik" erklärt. Indem die staatliche Verbindung der Österrreicher mit nichtdeutschen Völkern verschwand und die eigene Dynastie abdankte, fielen die beiden wichtigsten Gründe dafür fort, daß Österreich im 19. Jahrhundert in den Prozeß der nationalen Einigung der Deutschen nicht mit einbezogen worden war. Die reichsdeutsche und die österreichische Regierung vereinbarten 1919 entsprechend dem österreichischen Wunsch in einem Geheimvertrag, beide Länder zu einem Reich zusammenzuschließen. Großbritannien und die USA waren anfangs nicht bereit, sich dem Anschlußwunsch zu widersetzen, aber schließlich setzte Frankreich seine ablehnende Haltung im Kreis der Alliierten durch. Im Versailler Vertrag mit Deutschland und im Vertrag von St. Germain wurde beiden Staaten der Zusammenschluß verboten. Auf den Druck der Alliierten hin mußte die Republik Österreich sogar das Wort „Deutsch" aus ihrem Namen streichen. Österreich wurde von den Siegermächten nicht nur ebenso wie das Deutsche Reich mit hohen Reparationsforderungen und Beschränkungen der Heeresstärke belastet, sondern es war ein Staat, dem überhaupt seine Existenz, sein Name und seine Grenzen von den Siegern diktiert wurden.

Auch Wilson selbst betrachtete es als Verletzung des von ihm proklamierten Selbstbestimmungsrechts, daß die Siegermächte den österreichischen Anschluß verboten. Wenn das Prinzip der nationalen Selbstbestimmung auf die deutschsprachigen Gebiete der untergegangenen Donaumonarchie nur so wenig angewendet wurde, lag dies vor allem an Frankreichs Interessen. Um die eigene Überlegenheit zu wahren, wandte sich Frankreich entschieden gegen jeden Gebietszuwachs des Deutschen Reiches, und zugleich hoffte es nach dem Zerfall Österreich-Ungarns Südosteuropa in seinen eigenen wirtschaftlichen Einflußbereich ziehen zu können. Es lag nicht in seinem Interesse, daß in Mitteleuropa eine Großmacht entstand, die das Reich Wilhelms II. noch übertraf. Nun war es sicher verständlich, daß die Alliierten nicht unter großen Opfern ihren Sieg über die Mittelmächte erkämpft hatten, damit aus Kleindeutschland endlich Großdeutschland werde, aber klug war das Verbot auf die Dauer nicht. Unweigerlich mußte es Revisionsforderungen und damit internationale Spannungen und Unruhe hervorrufen, wenn Frankreich den Deutschen nicht ließ, was es für sich selbst in Anspruch nahm, daß nämlich alle Gebiete, die sich derselben Staatsnation zugehörig fühlten, auch in einem Staat zusammen lebten.

In der Anschlußfrage war die österreichische Seite der drängende, die reichsdeutsche der zurückhaltende Teil. Als Folge des Zusammenbruchs ergriff in Österreich der Wunsch nach dem Anschluß an das Deutsche Reich die überwältigende Mehrheit des Bildungs- und Besitzbürgertums. Der übrigen österreichischen Bevölkerung war diese Frage eher gleichgültig, erst recht der reichsdeutschen. Die Anschlußidee war wohl mehrheitsfähig, aber keine Sache nationaler Aufbruchstimmung. Wichtiger als volkliche Motive war für die Österreicher die Tatsache, daß seit dem Zerfall des Großwirtschaftsraumes der Donaumonarchie die österreichische Wirtschaftslage schlecht aussah, und die Hoffnung, dem durch einen Anschluß an den reichsdeutschen Wirtschaftsraum abhelfen zu können. Das Bürgertum sah seine Ordnung durch bolschewistische Strömungen bedroht. Der Untergang des Kaiserstaates löste einen allgemeinen Pessimismus aus. So verbreitete sich bei den Österreichern die Auffassung, ein Kleinösterreich sei gar nicht lebensfähig. Nachdem der Anschlußversuch Gesamtösterreichs gescheitert war, versuchten einzelne Bundesländer einen Anschluß auf eigene Faust. Im Frühjahr 1921 stimmten bei Volksabstimmungen in Tirol 98,8 Prozent und in Salzburg 99,2 Prozent für einen Anschluß an das Deutsche Reich. Die Alliierten erkannten diese Länderabstimmungen jedoch nicht an, und weitere mußten auf ihre Drohungen hin abgesagt werden.

Luxemburg und Liechtenstein

Die Niederlage der beiden deutschen Großmächte berührte auch die beiden kleinsten deutschen Staaten, Luxemburg und Liechtenstein. Beide hatten sich bis dahin an diese angelehnt, waren im Weltkrieg aber neutral geblieben. In beiden erhielt der Wille zur staatlichen Selbständigkeit durch den Kriegsausgang starken Auftrieb. Luxemburg kündigte 1918 den Zollverein mit dem Deutschen Reich, da dieses 1914 die luxemburgische Neutralität verletzt hatte. Belgischen Annexionswünschen konnte es entgehen, mußte aber unter französischem Druck 1921 eine Zollverbindung mit Belgien eingehen. Liechtenstein war wegen seiner Kleinheit seit dem Untergang des Deutschen Bundes 1866 wie ein Waisenkind, das einen Vormund braucht, der es beschützt und seine Interessen vertritt. Jetzt löste es sich von seinem bisherigen Partner Österreich und wandte sich der Schweiz zu. Durch einen Zollanschluß wurde Liechtenstein 1923 in das Wirtschaftsleben der Schweiz eingegliedert, die auch die außenpolitische Vertretung des Fürstentums übernahm. Wenngleich die Liechtensteiner auch auf die Souveränität ihres Ländchens Wert legten, so hat dieses sich in der Praxis von Wirtschaft, Gesetzgebung, Verwaltung und Rechtsprechung seitdem doch immer mehr wie ein Kanton der Schweiz verhalten.

Das deutsche Einheitsproblem 1921-38

Nach der Neuordnung von 1918-21 gab es also eine Reihe von Staaten oder selbständigen, unter Oberhoheit des Völkerbundes stehenden Gebieten, die ganz oder überwiegend deutsch waren. Während die Schweiz, Luxemburg und Liechtenstein mehr denn je den Willen zur eigenen Staatsnation besaßen, wünschten die Mehrheit der Bevölkerung in Österreich, die Stadt Danzig, das Saargebiet und das Memelgebiet sowie auch Südtirol und Eupen-Malmedy, sich mit dem Deutschen Reich zu vereinigen. Während die Schweiz im Laufe der Jahrhunderte eine besondere Verfassungsordnung entwickelt und mit ihrer Neutralität gute Erfahrungen gemacht hatte, während Luxemburg durch den Durchmarsch der reichsdeutschen Truppen im Ersten Weltkrieg dem Deutschen Reich entfremdet war und ebenso wie Liechtenstein einen eigenen Monarchen besaß, gab es für die anderen kleinen deutschen Staaten beziehungsweise selbständigen Gebiete keine vergleichbaren Gründe für eine staatliche Selbständigkeit. Die Vorteile eines größeren Wirtschaftsraumes, die Zugehörigkeit zum selben Volk und die sicherheitspolitische Ohnmacht von Kleinstaaten sprachen vielmehr für das Gegenteil.

Im Unterschied zu den genannten Gebieten verfolgte von den Sudetendeutschen nach 1920 nur ein kleiner Teil die Idee eines Anschlusses an das Deutsche Reich weiter, während sich die Mehrheit für eine Mitarbeit im tschechischen Staat entschied und hoffte, ihre Lage durch Reformen der Tschechoslowakei verbessern zu können. Noch weniger an einer durchgreifenden Änderung interessiert waren die Deutschen in Elsaß-Lothringen. Diese stritten zwar gegen den französischen Zentralismus und für kulturelle Autonomie, aber innerhalb Frankreichs. Diejenigen, die nach dem Vorbild der Schweiz und Luxemburgs ein unabhängiges, neutrales Elsaß zwischen Deutschland und Frankreich wünschten, erlangten nie wirkliche Breitenwirkung. Erfolglos blieb dies ohnehin alles.

Anders als vor dem Ersten Weltkrieg war jetzt auch den Reichsdeutschen bewußt, daß das Deutsche Reich der deutsche Hauptstaat, aber nicht der einzige deutsche Staat war. Aber allen Bemühungen, die Spaltung der deutschen Staatsnation zu beseitigen entsprechend dem Prinzip der nationalen Selbstbestimmung, stellte sich in den nächsten Jahren immer wieder Frankreich entschieden entgegen. Mehr als alle anderen Staaten war es darauf aus, das Deutsche Reich zu schwächen. Erst in den dreißiger Jahren wurde das internationale europäische Klima den deutschen Revisionswünschen gegenüber freundlicher.

1923 versuchte Frankreich nachzuholen, was ihm 1919 mißglückt war. Als die Reparationsstreitigkeiten zwischen Paris und Berlin ihren Höhepunkt erreichten, ließ Frankreich im Oktober/November 1923 in den preußischen und bayerischen Teilen des Rheinlands, in denen seit 1919 alliierte Truppen standen, eine „Rheinische Republik" und eine Republik der „Autonomen Pfalz" ausrufen, an deren Spitze Marionettenregierungen traten. Separatisten, die vorwiegend aus gescheiterten Existenzen und Opportunisten bestanden, entrissen durch bewaffnete Handstreiche den deutschen Behörden die Zügel. Doch die überwältigende Mehrheit der Bevölkerung lehnte sie entschieden ab. Die Separatisten konnten sich nur da halten, wo sie von französischen Bajonetten gestützt wurden. Die Regierung in Berlin sah ohnmächtig zu. Ende 1923 mußte Frankreich die Separatisten auf britischen Druck hin fallenlassen, worauf deren Bewegung rasch zusammenbrach.

Separatismus 1923

Auch die Hoffnung der französischen Regierung, das Saargebiet für immer behalten zu können, erwies sich als Illusion. Die Franzosen, denen die Verwaltung vom Völkerbund übertragen worden war, regierten das Saarland faktisch wie eine französische Kolonie. Obwohl die Saarbevölkerung sich stets gegen einen dauernden Verbleib bei Frankreich wandte, ließ die französische Regierung Verhandlungen mit dem Deutschen Reich über eine vorzeitige Rückgabe der Saar scheitern. So fand nach Ablauf von 15 Jahren 1935 die vorgesehene Volksabstimmung statt, und in ihr sprachen sich 90,4 Prozent für eine Rückkehr zum Reich aus, die dann auch erfolgte.

Die Saarfrage

Als Belgien 1924-26 von sich aus mit dem Deutschen Reich über eine Rückgabe Eupen-Malmedys verhandelte, scheiterte auch dies am Einspruch Frankreichs.

Eupen-Malmedy

Im Osten erfuhren Danzig und das Memelland ein unterschiedliches Schicksal. Das Memelland wurde 1923 von Litauen militärisch besetzt und annektiert, ohne daß die Alliierten etwas dagegen unternahmen. Polen nutzte in der Zwischenkriegszeit die wirtschaftliche Abhängigkeit Danzigs von dem polnischen Umland, um die wirtschaftliche Existenzbasis der deutschen Stadt auszutrocknen, in der Hoffnung, daß Danzig ihm langfristig wie eine überreife Frucht in den Schoß fallen würde. Erreichen konnten die Polen dieses Ziel indessen nicht.

Danzig und Memelland

Das wichtigste Problem deutscher Teilung war in der Zwischenkriegszeit die künstliche Abspaltung Österreichs. Obwohl die Anschlußbestrebungen von 1919-21 gescheitert waren, blieb Österreich auch in den 20er Jahren ein Staat, in dem fast der ganzen Bevölkerung der Wille zu einer eigenen österreichischen Staatsnation fehlte, der aber von den Alliierten zum Leben verurteilt war. Als Österreich 1922 gezwungen war, eine britisch-französisch-italienisch-tschechische Anleihe aufzunehmen, mußte es sich verpflichten, zwanzig Jahre lang seine Unabhängigkeit nicht aufzugeben. Die reichsdeutsche und die österreichische Regierung redeten in den 20er Jahren nicht

Österreich und die Anschluß-frage

mehr laut vom politischen Anschluß, da er international nicht durchzusetzen war, aber ab 1925 verfolgten beide Regierungen das Fernziel des Anschlusses unter der Hand weiter. Sie bereiteten die rechtliche, verwaltungsmäßige und wirtschaftliche Angleichung der Strukturen vor, die Uniformen des österreichischen Heeres wurden denen der Reichswehr angeglichen, und die österreichische Regierung stimmte auch ihre Außenpolitik mit den reichsdeutschen Interessen ab. Angesichts der Weltwirtschaftskrise, unter welcher der internationale Warenaustausch schwer litt, vereinbarten der österreichische und der reichsdeutsche Außenminister im März 1931 eine Zollunion beider Länder. In Washington und auch in London fand der Plan kein ungünstiges Echo, aber Paris, das in ihm die Vorstufe zu einem politischen Anschluß argwöhnte, erzwang durch wirtschaftlichen Druck und ein Urteil des Haager Schiedsgerichtshofes die Aufgabe des Projekts.

Mit der nationalsozialistischen Revolution im Deutschen Reich 1933 änderte sich das Verhältnis zwischen diesem und Österreich gründlich. Während bis dahin der Anschlußgedanke vor allem in Österreich lebendig gewesen war und das Deutsche Reich sich eher zurückgehalten hatte, ging jetzt Österreich auf Distanz, während Berlin nun eine direkte und aggressive Anschlußpolitik aufnahm. Nachdem sich das nationalsozialistische Gewaltregime im Deutschen Reich etabliert hatte, gaben die beiden führenden österreichischen Parteien, Sozialdemokraten und Christlichsoziale, die Anschlußidee auf. Alle, die in Österreich weiter für den Anschluß eintraten, sammelten sich jetzt in den Reihen der österreichischen Nationalsozialisten. Die Wiener Regierung unter E. Dollfuß war für ein deutsches, aber unabhängiges Österreich. Sie versuchte, altösterreichische Traditionen aufzuwerten und die bis dahin vorherrschende großdeutsche Idee durch einen betont katholisch gefärbten österreichischen Staatspatriotismus zu überwinden. Außenpolitisch rückte sie vom Deutschen Reich ab und lehnte sich an Italien an. Hitler, von jeher Verfechter eines österreichischen Anschlusses, bemühte sich 1933 vergeblich, die österreichische Regierung durch wirtschaftlichen und diplomatischen Druck zu zwingen, vor dem Nationalsozialismus zu kapitulieren. Auch der Versuch österreichischer Nationalsozialisten, am 25. Juli 1934 durch einen Putsch in Wien die Macht zu ergreifen, schlug fehl.

Nachdem dieser Putsch gescheitert war, setzte Hitler darauf, Österreich durch die Nationalsozialisten still zu unterwandern. Dabei kam ihm zugute, daß der österreichische Ständestaat in der Bevölkerung nur begrenzten Rückhalt gewinnen konnte. Außerdem arbeiteten Berlin und Rom in den folgenden Jahren immer enger zusammen, so daß Österreich seinen Rückhalt an Italien verlor. Im Juli 1936 mußte sich der österreichische Kanzler K. Schuschnigg in einem Abkommen mit Berlin verpflichten, die österreichische Außenpolitik im großdeutschen Sinne zu führen, wofür die Reichsregierung die österreichische Eigenstaatlichkeit anerkannte. Wenige Monate später war Österreich außenpolitisch völlig isoliert: die italienische Regierung hatte gegen einen Anschluß nichts mehr einzuwenden, und die Westmächte hatten Österreich bereits abgeschrieben, während die Reichsregierung in Berlin zunehmend entschlossen war, die Österreichfrage „so oder so" zu lösen.

Der Anschluß *Österreichs*   Am 12. Februar 1938 mußte Schuschnigg bei einer Begegnung mit Hitler auf dem Obersalzberg ein Abkommen unterzeichnen, das über die Abmachungen von 1936 hinausging: er mußte zugestehen, daß die Nationalsozialisten sich in Österreich legal betätigen durften und er zwei von ihnen in die Regierung aufnehmen werde. Zunehmend bedrängt ergriff der österreichische Kanzler die Flucht nach vorn. Am 9. März

1938 kündigte er überraschend eine Volksbefragung über ein unabhängiges Österreich an. Diese sollte schon vier Tage später und mit offener Stimmabgabe stattfinden, und da sich der Nationalsozialismus unter den Jüngeren großer Beliebtheit erfreute, sollten nur Bürger über 24 Jahre zur Abstimmung zugelassen werden. Vermutlich hätte es wohl eine Mehrheit für die Unabhängigkeit gegeben. Um dies auf alle Fälle zu verhindern, erzwang Hitler am 11. März unter Drohung mit dem militärischen Einmarsch, daß Schuschnigg die Volksabstimmung absetzte und vom Amt zurücktrat. Noch am selben Tag erhoben sich überall im Land die österreichischen Nationalsozialisten und hatten nach kurzer Zeit alle wichtigen Ämter in der Hand. Nach einigem Zögern ernannte der österreichische Bundespräsident entsprechend der Aufforderung aus Berlin den Nationalsozialisten A. Seyß-Inquart zum Kanzler. Trotzdem marschierten am Morgen des 12. März reichsdeutsche Truppen in das Alpenland ein, eine völlig überflüssige Maßnahme, die aber zugleich die Gewalttätigkeit der nationalsozialistischen Anschlußpolitik offenlegte. Weder den österreichischen Nationalsozialisten noch der reichsdeutschen Wehrmacht stellte sich Widerstand entgegen. Stattdessen wurden die einmarschierenden Truppen von laut jubelnden Menschenmengen mit Blumen empfangen, und die österreichischen Soldaten verbrüderten sich fast überall spontan mit den Kameraden aus dem Reich und legten zwei Tage später den Treueid auf Hitler ab. Die Verzweiflung und Erbitterung derjenigen, die jetzt rasch Massenverhaftungen der SS zum Opfer fielen, blieb weitgehend lautlos und unsichtbar. Der triumphale Empfang bewog Hitler, gleich am 13. März die Vereinigung Österreichs mit dem Deutschen Reich vollziehen zu lassen. Innerhalb weniger Tage war die Stimmung vieler Österreicher völlig umgeschlagen. In der Volksabstimmung vom 10. April wurde der Anschluß offiziell von 99,73 Prozent der in Österreich abgegebenen Stimmen gebilligt. Zwar war die Geheimhaltung nicht überall gesichert, aber selbst wenn die Abstimmung völlig korrekt durchgeführt worden wäre, hätte sie eine deutliche, wenn auch nicht ganz so hohe Mehrheit für den Anschluß ergeben. Österreich war im Deutschen Reich aufgegangen. Das wurde auch international (bis 1943) faktisch allgemein anerkannt. Es entstand auch keine österreichische Exilregierung.*

War jetzt nicht verwirklicht, was 1848 und 1919 vergeblich erhofft, was der demokratischen Republik nicht vergönnt gewesen war? Bei flüchtigem Blick konnte es so scheinen. Aber im Unterschied zu den demokratischen Einheitsbestrebungen ging Hitlers Anschluß mit Gewaltherrschaft einher. Und vor allem: Hitler war es gar nicht in erster Linie darum zu tun, den deutschen Nationalstaat großdeutsch zu vollenden. Vielmehr war der Anschluß für ihn nur eine Etappe auf dem Weg zu einem wirtschaftlich autarken Großraum unter deutscher Herrschaft, der Osteuropa einschließen sollte. Das nationale Selbstbestimmungsrecht benutzte Hitler als bloßes Mittel. Im Gewinn Österreichs sah er vor allem eine Stärkung des reichsdeutschen Wehrwirtschafts- und Soldatenpotentials sowie den Gewinn des Tores nach Südosteuropa.

Noch im selben Jahr 1938 griff Hitler auch nach dem Sudetenland. Dort hatte sich die Lage der Deutschen in den 20er Jahren nicht wirklich konsolidiert. Seit der Welt-

Die Sudetenfrage

---

* Die Annexion Österreichs 1938 unterschied sich also deutlich von der deutschen Besetzung Norwegens, der Niederlande und Belgiens 1940, wo es zu bewaffnetem Widerstand und zur Bildung einer Exilregierung kam und wo die Besetzung nie von der Mehrheit der Bevölkerung in irgendeiner Weise gebilligt wurde, so daß dort der Staat trotz der Besetzung völkerrechtlich fortbestand, während Österreich als Völkerrechtssubjekt unterging.

wirtschaftskrise, die in der Tschechoslowakei die Deutschen besonders traf, radikalisierten die Sudetendeutschen sich dann zunehmend. Es kam zu einer politischen Sammlungsbewegung fast aller politisch aktiven Sudetendeutschen in der Sudetendeutschen Partei (SdP), die für die Sudetendeutschen Autonomie innerhalb der Tschechoslowakei forderte. Die tschechische Regierung war jedoch zu keinerlei Entgegenkommen bereit, so daß sich die SdP immer stärker auf das Deutsche Reich verwiesen sah. 1935/36 wurde sie von den Nationalsozialisten unterwandert und sank zu einem Werkzeug Berlins herab. Hitler strebte von vornherein an, die Tschechoslowakei zu zerschlagen. So ließ er die Diskriminierung der Sudetendeutschen propagandistisch hochspielen, um eine Rechtfertigung für sein geplantes Eingreifen zu bekommen. Nach dem Anschluß Österreichs wies Hitler den Führer der Sudetendeutschen Partei an, stets höhere Forderungen zu stellen, als die Tschechen erfüllen wollten. Hitler befahl, eine militärische Eroberung der Tschechoslowakei vorzubereiten. Doch dann griffen London und Paris ein. Sie meinten, daß die deutschen Forderungen nach dem Sudetenland durch das nationale Selbstbestimmungsrecht gerechtfertigt seien, nicht jedoch bezüglich der übrigen Tschechei. Die Westmächte setzten durch, daß das Deutsche Reich das Sudetengebiet ohne Blutvergießen übertragen erhielt. Im Münchener Abkommen vom 29. September 1938 wurden die Einzelheiten festgelegt.

In der Sudetenkrise ging noch deutlicher als beim Anschluß Österreichs die Initiative einseitig vom Deutschen Reich aus. Hier gab es keine Volksabstimmung, um den Willen der Sudetendeutschen zu erfragen; die Großmächte waren allerdings der Ansicht, daß sie für das Deutsche Reich stimmen würden. Die Tschechoslowakei verlor ihre deutschsprachigen Gebiete so, wie sie diese 1918/19 gewonnen hatte: durch Gewalt. Es waren Gebiete, die weder unter dem Gesichtspunkt der politischen Moral noch unter dem der politischen Klugheit hätten zu ihr gehören dürfen.

Abrundung Großdeutschlands im Weltkrieg

Bis hierher schien die nationalsozialistische Außenpolitik eine nationale Sammlungspolitik zu sein, der nationalstaatlichen Tradition und dem Prinzip des Selbstbestimmungsrechts verpflichtet. Mit der Besetzung der Resttschechei geschah im März 1939 für jedermann sichtbar der Schritt zur Unterwerfung anderer Völker. Dieser Weg mündete dann in den Zweiten Weltkrieg.

Auch 1939 und 1940 wurden noch weitere deutschsprachige Gebiete (wieder) mit dem Deutschen Reich vereint. Im März 1939 erzwang Hitler von Litauen die Rückgabe des Memelgebiets, im September wurde Danzig eingegliedert. Nach dem Westfeldzug wurde 1940 überdies auch das Gebiet von Eupen-Malmedy an das Reich zurückgeführt, was dem Wunsch seiner Einwohner entsprach, und faktisch auch Luxemburg sowie Elsaß-Lothringen annektiert. Die Bevölkerung Luxemburgs war damit gar nicht einverstanden. Die Deutschen Elsaß-Lothringens hatten das Schicksal, nach jeder Kriegsentscheidung zwischen Deutschland und Frankreich die Staatsangehörigkeit wechseln zu müssen – 1871, 1919, 1940 und noch einmal 1945. Jedesmal bekamen sie dabei zu hören, jetzt seien sie ja wieder zu Hause. Nur danach, was sie selbst gerne gewollt hätten, wurden sie nie gefragt. Manche hätten am liebsten ihr Heimatland eingepackt und an einer ruhigeren Ecke der Welt wieder aufgebaut.

Nach diesen Angliederungen waren ab 1940 alle Teile des geschlossenen deutschen Siedlungsgebiets im großdeutschen Reich vereinigt, ausgenommen nur die Schweiz, Südtirol und Liechtenstein. Südtirol blieb mit Rücksicht auf den Bündnispartner Italien verschont und wurde erst 1943, als Italien die Fronten gewechselt hatte, faktisch annektiert. Ein nationalsozialistischer Putschversuch 1939 in Liechtenstein, der auch

zum Anschluß an das Deutsche Reich führen sollte, scheiterte. Die Idee eines reichsdeutschen Angriffs auf die Schweiz kam auch während des Zweiten Weltkriegs über
unverbindliche Vorstudien nicht hinaus. Für die Dauer des Kriegs war eine „neutrale"
Schweiz für das Deutsche Reich auch nützlicher, zumal sie sich wirtschaftlich immer
stärker auf das Reich orientierte. Die Schweizer Banken dienten den Nazis als „Wasch-
anlage", um das in den besetzten Ländern geraubte Gold in „saubere" Devisen zu verwandeln, und die Schweizer Rüstungsindustrie produzierte zu 60 Prozent für die
reichsdeutsche Wehrmacht (mit der kommunistischen UdSSR nahm die Schweiz dagegen erst 1946 diplomatische Beziehungen auf). Hätte das Deutsche Reich den Krieg
gewonnen, hätte sich die Schweiz langfristig zumindest in ihrer inneren Struktur NS-
Deutschland angleichen müssen. Ihre militärischen Abwehrvorbereitungen hätten der
Schweiz nichts genutzt, denn schließlich war sie ganz vom reichsdeutschen Herrschaftsbereich umschlossen und von diesem durch vielfältigen Warenaustausch abhängig. Das Deutsche Reich hätte die Schweiz durch eine Wirtschaftsblockade in die Knie
zwingen können, ohne einen Schuß abzufeuern. Mit der Schweiz wäre natürlich auch
Liechtenstein gefallen.

Indem die Tschechei und Teile Polens als Nebenländer an das Deutsche Reich angelagert wurden, ging ihm der Charakter als deutscher Nationalstaat verloren. Der
Plan, ein Großreich zu schaffen, wandte sich dann von der Nationalstaatsidee gänzlich
ab.

Aber nicht nur durch die maßlose Expansion und die Rassenidee wurde der deutsche Nationalstaat zersetzt, sondern ungewollt auch von innen heraus. Ein Endsieg der
Deutschen im Weltkrieg hätte die Zugehörigkeit der Österreicher zur deutschen
Staatsnation wohl befestigt, aber indem die Ereignisse eine andere Richtung einschlu-
gen, kam es unter den Österreichern im Kriegsverlauf zu einer wachsenden Abneigung
gegen alles Reichsdeutsche. Als die Niederlage sich abzuzeichnen begann, gewann die
Idee, einen eigenen österreichischen Staat wiederherzustellen, mächtig an Boden. Was
die französische Spaltungspolitik nicht vermocht hatte, schafften die Ungeschicklichkeiten der NS-Herrschaft und vor allem die Niederlage: unter den Österreichern den
Willen zu einer eigenen Staatsnation entstehen zu lassen. Auch unter den Deutschen
Elsaß-Lothringens, die anfangs gegenüber ihrer neuen Mitgliedschaft im Deutschen
Reich eine nicht unfreundliche Einstellung eingenommen hatten, führten die Grob-
schlächtigkeiten der reichsdeutschen „Entwelschungsaktionen" und der Kriegsverlauf
schließlich zu einer ablehnenden Haltung.

Schließlich war es die Überspanntheit von Hitlers Eroberungsprogramm, welche die
übrige Welt zu jener gewaltigen Welle antideutscher Solidarität zusammenführte, die
1945 das Deutsche Reich überrollte und es zerschlug.

So hatte Hitler das einst von Bismarck gegründete kleindeutsche Reich zwar zum
großdeutschen Reich erweitert, aber das erwies sich als nur kurzes Durchgangsstadium. Von demselben Hitler wurde der deutsche Nationalstaat gleich in dreifacher
Weise wieder zerstört − erstens programmatisch durch die Idee eines Imperiums auf
Rassenbasis, zweitens hinsichtlich des inneren Wollens seiner Einwohner und drittens
dadurch, daß er von ihm in jene Kriegsniederlage geführt wurde, an deren Ende die
Teilung durch die Besatzungsmächte stand.

Auflösung
und
Untergang
des groß-
deutschen
Nationalstaats

8.6 Demokratische Republik, autoritäres System und nationalsozialistische Führerdiktatur

Instabilität
und Kampf

Instabilität und Brüche kennzeichneten mehr als alles andere die innenpolitischen Verhältnisse der Zeit zwischen den Weltkriegen. Im Deutschen Reich lösten einander drei völlig verschiedene politische Systeme in rascher Folge ab: 11 Jahre parlamentarische Demokratie der „Weimarer Republik" (1919-30), 3 Jahre autoritäre Präsidialdiktatur (1930-33) und 12 Jahre nationalsozialistische Führerdiktatur (1933-45). Dabei war jedes der drei Systeme in sich wieder mehrgesichtig. Österreich erlebte 1919-32 eine parlamentarische Demokratie und 1933-38 eine autoritäre Diktatur. Alles zusammen umfaßte die ganze Epoche nur 26 Jahre, genausoviel wie die Regierungszeit Bismarcks und deutlich weniger als die 47 Jahre des Kaiserreiches und die immerhin (1989) auch schon 40 Jahre der Bundesrepublik Deutschland.

Nur wenig war den Jahren zwischen den Weltkriegen in der Innenpolitik durchgehend gemeinsam. Gefördert durch den Ersten Weltkrieg erreichte die politische Mobilisierung und Aktivierung der Massen ein bis dahin unbekanntes Ausmaß. Politik mußte mehr als je zuvor mit Massenstimmungen rechnen, mußte versuchen, diese zu befriedigen oder zu steuern. Das politische Geschäft wurde lauter, emotionaler und fanatischer, wozu auch die allgemeine geistige Verunsicherung das Ihre beitrug. In Großkundgebungen und Aufmärschen traten die Massen in einem bisher unbekannten Maß auch physisch sichtbar in Erscheinung, und dabei war man jetzt nicht mehr an die Reichweite des gesprochenen Wortes gebunden, sondern dank des Fortschritts der Lautsprechertechnik konnten große Massen auch von einem Punkt aus beschallt werden. Vor allem fällt eines auf, das diese Epoche zugleich von allen anderen der neueren deutschen Geschichte unterschied: jenes ganz ungewöhnliche Maß an Gewaltsamkeit der inneren Auseinandersetzungen und die Militarisierung des politischen Stils, im Deutschen Reich noch mehr als in Österreich. Marschierende Kolonnen, Uniformierung und Führeridee überwucherten von den extremen Rändern her die ganze politische Szene, bis sie im Nationalsozialismus zum offiziellen Stil wurden. Hier setzte sich nicht einfach der Gesinnungsmilitarismus der Kaiserzeit bruchlos fort, sondern es war das Fronterlebnis des Ersten Weltkriegs, das eine Generation so nachhaltig prägte,

876

daß viele, die ihr zugehörten, die kämpferische und kriegerische Haltung anschließend auch ins Zivilleben hineintrugen, die sich im Nationalsozialismus bis zum rücksichtslosen Vernichtungswillen steigerte. So brachen eine plumpe Rohheit und geifernde Leidenschaften in die Politik ein. Vor dem Hintergrund der Tatsache, daß im 18. und 19. Jahrhundert der langfristige Trend auf eine zunehmende Verrechtlichung, Humanisierung und Zähmung der Gewaltausübung gerichtet gewesen war, mutete dies wie ein Rückfall in unzivilisierte Zeiten an.

Demokratisierung Oktober 1918

Je länger der Erste Weltkrieg sich ohne Entscheidungssieg hinquälte, je stärker in der Heimat der Hunger den grauen Alltag bestimmte, desto mehr wich die nationale Gemeinsamkeit des August 1914 der Unzufriedenheit weiter Bevölkerungsschichten. 1917 spaltete sich der linke Flügel der SPD als Unabhängige SPD (USPD) ab, da er nicht für weitere Kriegskredite stimmen mochte. Den österreichischen Sozialdemokraten blieb diese Zerreißprobe erspart, da in Wien mit Notverordnungen regiert wurde. Im Januar 1918 kam es in etlichen reichsdeutschen und österreichischen Großstädten zu Streiks für „Frieden, Freiheit und Brot". Die Berliner Reichstagsfraktionen von Zentrum, SPD und Fortschrittspartei fanden sich im Juli 1917 zu einer Art Mehrheitskoalition zusammen, die in Richtung parlamentarische Regierungsweise strebte, konnten aber keinen nennenswerten Einfluß auf die Reichsleitung gewinnen.

Am 29. September 1918 gestand die OHL die Kriegsniederlage ein. Jetzt wurden die Parteien der Mehrheitskoalition zur Machtübernahme befohlen, um das unangenehme Geschäft der Friedensvertragsverhandlungen zu erledigen. Da sie nicht einmal einen eigenen Kanzlerkandidaten hatten, griffen sie auf den badischen Thronfolger Max zurück. Dieser bildete am 3. Oktober als Reichskanzler eine Regierung aus Vertretern der Mehrheitskoalition, die erste auf parlamentarischer Grundlage. Die Parteien hatten sich die Macht nicht erkämpft, sondern mußten in die Bresche springen. Am 28. Oktober änderte man auch formell die Reichsverfassung dahingehend, daß die Regierung vom Vertrauen des Parlaments abhängig wurde und daß auch der bisherige Reservatbereich militärischer Kommandogewalt dem parlamentarisch verantwortlichen Minister unterstellt wurde. Damit leiteten sich alle wesentlichen Machtpositionen direkt oder indirekt über die Reichstagswahl von den Staatsbürgern her, war das Deutsche Reich also im Prinzip demokratisch geworden. Die konstitutionelle Monarchie, bei der sich Monarch und Bevölkerung als zwei unabhängige Gewalten gegenüberstanden, hat sich damit als bloßer Übergangszustand erwiesen. Auch das Dreiklassenwahlrecht in Preußen wurde aufgehoben.

Schon am 4. Oktober hatte die Reichsregierung ein Waffenstillstandsangebot an die Alliierten geschickt. Ein ernüchternder Schock durchzuckte die deutsche Bevölkerung. Die allgemein verbreiteten Illusionen über die Lage, von der Führung bis zuletzt mit volltönenden Siegesparolen genährt, zerstoben. Daß das Deutsche Reich zur Demokratie geworden war, wirkte sich auf die Versorgungslage und den Krieg dagegen nicht spürbar aus, ja wurde von der Bevölkerung kaum wahrgenommen. Lawinenartig griff jetzt der eine Gedanke um sich: Frieden, so schnell wie möglich Frieden! Die Auffasung breitete sich aus, daß die Person Wilhelms II. einem erträglichen Friedensschluß im Wege stehe. Aber der Kaiser weigerte sich hartnäckig, abzudanken. Stattdessen dankte sozusagen der Reichstag ab: ihm, der durch allgemeine und gleiche Wahlen legitimierten Volksvertretung, fiel in dieser Situation nichts Besseres ein, als nach Hause zu gehen. Anstatt die den alten Obrigkeiten entfallenden Zügel in die Hand zu nehmen, überließ er die Dinge sich selbst. Anders in Österreich: als sich im

Angesicht der Niederlage im Oktober die nichtdeutschen Teile von Österreich-Ungarn ablösten und das Heer auseinanderfiel, traten die deutschsprachigen Abgeordneten des österreichischen Reichsrats am 21. Oktober als Provisorische Nationalversammlung zusammen und wählten aus den drei großen Parteien eine provisorische Regierung.

Ende der
Monarchien
November
1918

Am 30. Oktober wollten die reichsdeutschen Admirale eigenmächtig mit der Hochseeflotte auslaufen, um der „Ehre" halber eine letzte, militärisch sinnlose Seeschlacht zu schlagen. Aber die Matrosen wollten vom heroischen Untergang nichts wissen. Es kam zur Meuterei. Am 4. November 1918 ergriffen die Matrosen in Kiel die Macht, und innerhalb weniger Tage breitete sich die Bewegung über das ganze Deutsche Reich aus. In allen größeren Städten entstanden spontan Arbeiter- und Soldatenräte, ebenso in Österreich. Am 7. November wurde in München die bayerische Republik ausgerufen. Am 9. November übertrug Max von Baden sein Kanzleramt eigenmächtig an den Führer der Sozialdemokraten, Friedrich Ebert. Am Mittag desselben Tages rief der SPD-Abgeordnete Ph. Scheidemann von einem Fenster des Berliner Reichstagsgebäudes am Ende einer Rede spontan die „Deutsche Republik" aus, zwei Stunden später proklamierte Karl Liebknecht, der Führer des linken Flügels der USPD, vom Berliner Stadtschloß aus die „freie sozialistische Republik Deutschland". Der Sog der Ereignisse riß auch den anderen deutschen Bundesfürsten die Kronen von den Häuptern. Am 12. November erklärte in Wien die Provisorische Nationalversammlung Österreich zur Republik. Von den deutschen Staaten blieben nur Liechtenstein und Luxemburg, die sich im Krieg neutral gehalten hatten, weiterhin Monarchien. Am 10. November bildete Ebert aus Mitgliedern der SPD und USPD einen „Rat der Volksbeauftragten" als politisches Führungsorgan. Unter ihm blieben die bisherigen Staatssekretäre (also die Reichsregierung) weitgehend im Amt. In Preußen, Bayern und Sachsen wurden sozialistische Regierungen gebildet, in Württemberg und Baden sozialistisch-bürgerliche Koalitionsregierungen, vergleichbar der österreichischen.

Die ganzen Novemberereignisse verliefen fast völlig unblutig. Alle Monarchen verschwanden von der Bühne ohne den leisesten Versuch der Gegenwehr, keine Behörde setzte der Volksbewegung Widerstand entgegen. Umgekehrt sah sich auch kein Vertreter der alten Ordnung mit Lebensgefahr oder Haft bedroht. Die OHL stellte sich mit dem Heer noch am Abend des 10. November der Regierung Ebert telefonisch zur Verfügung, um sie bei der Aufrechterhaltung der inneren Ordnung zu unterstützen. Die örtlichen Arbeiter- und Soldatenräte gingen zwar als Idee auf sowjetrussisches Vorbild zurück, aber es war durchaus nicht ihr Ziel, eine Rätediktatur zu errichten oder den Staat nach bolschewistischem Vorbild zu revolutionieren. Sie beschränkten sich darauf, die Tätigkeit der unverändert weiterarbeitenden Behörden für die Übergangszeit lose zu kontrollieren und arbeiteten meist mit den Regierungen loyal zusammen. In ländlichen Gemeinden blieb es ohnehin weitgehend ruhig. Der Rat der Volksbeauftragten in Berlin und die österreichische Provisorische Regierung fühlten sich nur als Statthalter und traten dafür ein, bald Wahlen zu verfassunggebenden Nationalversammlungen abzuhalten. Dafür sprach sich im Deutschen Reich auch der Mitte Dezember tagende Reichskongreß der Arbeiter- und Soldatenräte mit überwältigender Mehrheit aus, und das entsprach auch den Wünschen von Bürgertum und Gewerkschaften. Nur eine kleine, allerdings lautstarke Gruppe Linksradikaler forderte die Rätediktatur.

Eine Revolution waren die Novemberereignisse nicht, eher eine generalstreikartige

Erhebung für den Frieden, die zugleich die bereits im Oktober erfolgte Demokratisierung absicherte. Zwar gab es eine Massenbewegung von unten, aber es wurde nichts gewaltsam erkämpft, und vor allem gab es keine brausende Aufbruchstimmung, die darauf abgezielt hätte, das politische und gesellschaftliche System zu revolutionieren. Hätte Kaiser Wilhelm II. rechtzeitig zugunsten eines seiner Enkel abgedankt und hätten die Admirale nicht die törichte Idee einer sinnlosen Seeschlacht gehabt, wäre es wohl überhaupt bei der parlamentarischen Monarchie geblieben. Die entscheidenden Veränderungen waren im Deutschen Reich und Österreich schon im Oktober erreicht worden; im November kamen nur noch die republikanische Spitze und das allgemeine und gleiche Wahlrecht auch in allen übrigen Ländern und Gemeinden hinzu sowie das Frauenstimmrecht und die Ersetzung des Mehrheits- durch das Verhältniswahlrecht, außerdem die Anerkennung der Gewerkschaften als gleichberechtigte Tarifpartner. Dagegen blieben die Gliedstaaten des Deutschen Reiches und die österreichischen Kronländer als Bundesländer unverändert erhalten, ebenso wie die Beamtenschaft, die Generalität, die Struktur des Parteiensystems und die Eigentumsverhältnisse.

Im Februar 1919 traten in Weimar bzw. Wien die reichsdeutsche und die österreichische Nationalversammlung zusammen. Im Deutschen Reich wurde Ebert zum Reichspräsidenten gewählt.

Da beide kaiserlichen Heere sich praktisch völlig auflösten und außerdem an den noch unsicheren Grenzen zu den slawischen Nachbarstaaten Auseinandersetzungen bevorstanden, sprossen seit Dezember 1918 überall privat organisierte Freiwilligenverbände, vor allem aus ehemaligen Berufssoldaten, und örtliche Einwohnerwehren aus dem Boden. Sie wurden im Deutschen Reich als Freikorps, in Österreich als Heimwehren bezeichnet. Diese Verbände waren durchweg antisozialistisch eingestellt.

Seit der Jahreswende 1918/19 radikalisierte sich die Einstellung erheblicher Teile der Arbeiterschaft, wodurch jetzt ein revolutionäres Potential mit sozialistischer Stoßrichtung entstand. Viele Arbeiter waren von den neuen Regierungen tief enttäuscht. Sie hatten erwartet, nicht zuletzt aufgrund der sozialistischen Propaganda der Vorkriegszeit, daß sich jetzt ihre materiellen Lebensverhältnisse rasch grundlegend verbessern würden. Stattdessen dauerte die alliierte Fernblockade und damit der Hunger fort, die demobilisierten Soldaten schufen ein großes Arbeitslosproblem, und die Unternehmer blieben unverändert an ihren Direktorenschreibtischen. Von der USPD spalteten sich linksradikale Elemente ab und gründeten am 30. Dezember 1918 unter Führung von Liebknecht und Rosa Luxemburg die Kommunistische Partei Deutschlands (KPD). Diese versuchte, sich teilweise an die Spitze der Bewegung zu setzen, konnte sie aber nicht steuern. Anfang Januar unternahm die radikale Linke in Berlin einen schlecht organisierten Aufstand. Da die Regierung über keine anderen Truppen verfügte, setzte sie dagegen Freikorps ein, die den Aufstand niederschlugen. Dabei wurden Liebknecht und Luxemburg verhaftet und anschließend ermordet. Zwischen Januar und April 1919 kam es in einzelnen Städten zur Ausrufung von Räterepubliken und der Diktatur des Proletariats, unter anderem in Hamburg, Bremen, Braunschweig und München. Diese städtischen Räterepubliken blieben aber alle ohne jeden Anhang im Umland und wurden, sofern sie nicht schon weitgehend an ihrer eigenen Unfähigkeit scheiterten, jeweils nach wenigen Wochen von Freikorps mit Gewalt beseitigt. Im März und April entstanden in Berlin, Sachsen und Thüringen massenhafte Streikbewegungen, die in ihren Zielen diffus blieben. Gegen sie setzte die Regierung ebenfalls Militär ein. Nachdem im März 1919 im Deutschen Reich auch Stadtverordnetenver-

Demokratie zwischen sozialistischer Revolution und monarchistischer Reaktion 1919/20

sammlungen auf der Grundlage allgemeinen und gleichen Wahlrechts gewählt worden waren, wurden die meisten Arbeiter- und Soldatenräte ohne Widerstand aufgelöst.

Seit Herbst 1919 faßte dann die extreme Rechte wieder Tritt und schmiedete Pläne für einen monarchistischen Umsturz. Da die neu zu bildende Reichswehr nach den Bestimmungen des Versailler Vertrags nur recht klein sein durfte, konnten viele Freikorpstruppen nicht übernommen werden, sondern mußten aufgelöst werden. Dies nahm General W. Lüttwitz, der Oberbefehlshaber über fast alle nord- und ostdeutschen Truppen, zum Anlaß, am 13. März 1920 mit der Brigade Ehrhardt in Berlin einzumarschieren. Lüttwitz und der Politiker W. Kapp erklärten die Reichsregierung für abgesetzt und sich selbst zur neuen provisorischen Regierung. Die legale Reichsregierung stellte überrascht fest, daß die Mehrheit der Truppenbefehlshaber im Berliner Raum sich weigerte, den Putschisten mit Waffengewalt entgegenzutreten. Sie flüchtete nach Stuttgart. Die Putschisten ihrerseits hatten damit gerechnet, daß die Beamten, die übrigen Truppen und das Bürgertum sich auf ihre Seite schlagen würden. Aber die Berliner Ministerialbürokratie verweigerte der illegalen Regierung den Gehorsam, und die meisten Truppenbefehlshaber und der größte Teil des Bürgertums verhielten sich abwartend. Obendrein riefen die Gewerkschaften den Generalstreik aus. Nach vier Tagen gaben die Putschisten auf. Aus dem Abwehrstreik entwickelte sich nun im Ruhrgebiet und Sachsen eine Aufstandsbewegung der Arbeiter. Eine bewaffnete „Rote Ruhrarmee" brachte weite Teile des Ruhrgebiets unter ihre Kontrolle, aber sie hatte keine einheitliche Führung und nur unklare antikapitalistische Zielvorstellungen. Diese Erhebung ließ die Reichsregierung mit Truppen niederschlagen.

Damit waren alle Umsturzversuche gegen die parlamentarische Demokratie fürs erste gescheitert, die sozialistischen Revolutionsbestrebungen ebenso wie die monarchistische Reaktion. Die Ordnungskräfte waren bei der Niederschlagung der Gefährdungen von links gewaltsamer vorgegangen als nötig gewesen wäre. So waren die Opfer unter den Linken beträchtlich; sie betrugen beim Märzstreik in Berlin 1919 mindestens 1.200 Tote, bei der Münchener Räterepublik etwa 600 und bei den Ruhrkämpfen im Frühjahr 1920 ca. 1.000 Tote, wozu einige aus den anderen Kämpfen kamen. Die Regierungstruppen hatten dagegen insgesamt nur etwas über 400 Tote.

In Österreich war die revolutionäre Welle schwächer, vielleicht deshalb, weil es weniger große Industrie gab. Erst im April und Juni 1919 kam es zu kommunistischen Putschversuchen, die aber mit leichter Hand abgewehrt werden konnten.

1918/19: Verpaßte Chancen für Demokratisierung und Sozialismus? Haben die Sozialdemokraten 1918/19 in Deutschland und Österreich Chancen verspielt, die Demokratie solider zu fundieren, vielleicht sogar den Sozialismus einzuführen? Hier muß zunächst gesehen werden, daß die schwierige Ernährungslage, die Demobilisierung des Heeres und die Wiedereingliederung der Entlassenen in den Arbeitsprozeß höchst schwierige Probleme schufen, daß überhaupt in einem Industriestaat die städtische Bevölkerung ein vitales Interesse daran hat, daß Transportwesen und Verwaltung und damit die Versorgung der Städte funktionieren. Rußland und China waren zum Zeitpunkt ihrer Revolution noch weitgehend Agrarstaaten, in denen ein zeitweiser Stillstand der Industrie durch übereilte Sozialisierungen sich verkraften ließ, aber bis heute hat nirgendwo eine sozialistische Revolution unter den Bedingungen des Industrialismus stattgefunden. So gab es für risikoreiche Experimente keinen Spielraum. Die Räte sahen sich selbst meist nur als Übergangserscheinung an, nicht als dauernden Ersatz für die bestehenden Verwaltungsorgane. Schließlich war die Demokratisierung schon so weit fortgeschritten, daß eine Phase einer revolutionären Diktatur einen Rückschritt bedeutet hätte, und nachdem die Sozialdemokraten bisher stets Demokratisierung und Parlamentarisierung gefordert hatten, wären sie unglaubwürdig geworden, wenn sie davon abgerückt wären. Im Deutschen Reich war es auch insofern unmöglich, die konservativ gesinnte Beamtenschaft abzulösen, weil kein hinreichend qualifizierter Ersatz mit demokratischer Gesinnung verfügbar war. Die tatsächlichen Versäumnisse in der reichsdeutschen Beamtenpersonalpolitik erfolgten erst später. In der Entstehungszeit der Weimarer Republik bot sich die Chance zu einer gezielten demokratischen Personalpolitik nur im Offizierskorps, da dieses 1919/20 drastisch verringert werden mußte und man dabei entsprechend hätte auswählen können. Diese Chance nicht begriffen und genutzt zu haben, war allerdings ein schwerer Fehler der Parteipolitiker. Hinsichtlich der Sozialisierungsfrage enthüllte sich 1919, daß die Sozialdemokraten zwar jahrzehntelang den Sozialismus als Propagandaschlagwort hoch aufgepflanzt vor sich hergetragen hatten, daß unter ihnen aber niemand sicher zu sagen wußte, was denn eigentlich konkret damit gemeint war, als viele ihrer Anhänger ihn nun einforderten. Vor allem aber gab es in beiden Nationalversammlungen eindeutig keine Mehrheit für eine allgemeine Sozialisierung. Ein Versuch, den Sozialismus mit Gewalt durchzusetzen, hätte unweigerlich zum offenen Bürgerkrieg geführt, in dem sich dann die Rechten wohl als stärker erwiesen hätten. Außerdem hoffte Frankreich nur darauf, solche inneren Unruhen im Deutschen Reich als Hebel benutzen zu können, um das Rheinland abzuspalten. Die Aufstände der extremen Linken waren also von vornherein ohne jede Erfolgschance. Daß die Reichsregierung in Berlin zunächst nicht von der Rechten, sondern von der extremen Linken akut bedroht wurde, trieb die Regierung in die Arme der alten Gewalten und stärkte damit letztere – zum Schaden der Demokratie.

Die am 31. Juli 1919 in Weimar beschlossene Reichsverfassung und die neuen Länderverfassungen waren von liberalem Geist geprägt. Mit Republik, allgemeinem und gleichem Wahlrecht für alle Wahlen in Reich, Ländern und Gemeinden, mit Frauenstimmrecht, Verhältniswahlrecht und Abhängigkeit der Reichsregierung und der Landesregierungen vom Vertrauen der Parlamente nahm sie die Verfassungsänderungen vom Oktober und November 1918 auf. An die Stelle des Kaisers trat ein Reichspräsident. Die Bundesfürsten wurden ersatzlos gestrichen. Die Personalunionen zwischen dem Reich und Preußen entfielen. Preußen blieb jedoch erhalten und wurde nicht aufgeteilt, obwohl die Idee einer preußischen Hegemonie im Reich völlig überholt war.

Verfassungsstruktur der Weimarer Republik

Verglichen mit Präsidenten anderer Republiken jener Zeit besaß der Reichspräsident nach Wortlaut und Geist der Verfassung keine überdurchschnittlich starke Stellung. Daß später zeitweilig die Verfassungspraxis anders aussah und dieses von der herrschenden verfassungsrechtlichen Lehre gedeckt wurde, steht auf einem anderen Blatt. Der Reichspräsident hatte den Oberbefehl über die Reichswehr, aber praktisch nur formal, denn die Kommandogewalt war an den Reichswehrminister delegiert. Die vom Reichspräsidenten ernannten Regierungsmitglieder bedurften des Vertrauens des Parlaments, und Reichsbeamte konnte er nur im Zusammenwirken mit dem jeweiligen Reichsminister ernennen. Der Ausnahmezustand wurde in Artikel 48 folgendermaßen geregelt: „Der Reichspräsident kann, wenn im Deutschen Reich die öffentliche Sicherheit und Ordnung erheblich gestört oder gefährdet wird, die zur Wiederherstellung der öffentlichen Sicherheit und Ordnung nötigen Maßnahmen treffen, erforderlichenfalls mit Hilfe der bewaffneten Macht einschreiten." Um einen Mißbrauch zu verhindern,

Parlamentarische Demokratie: Weimarer Republik

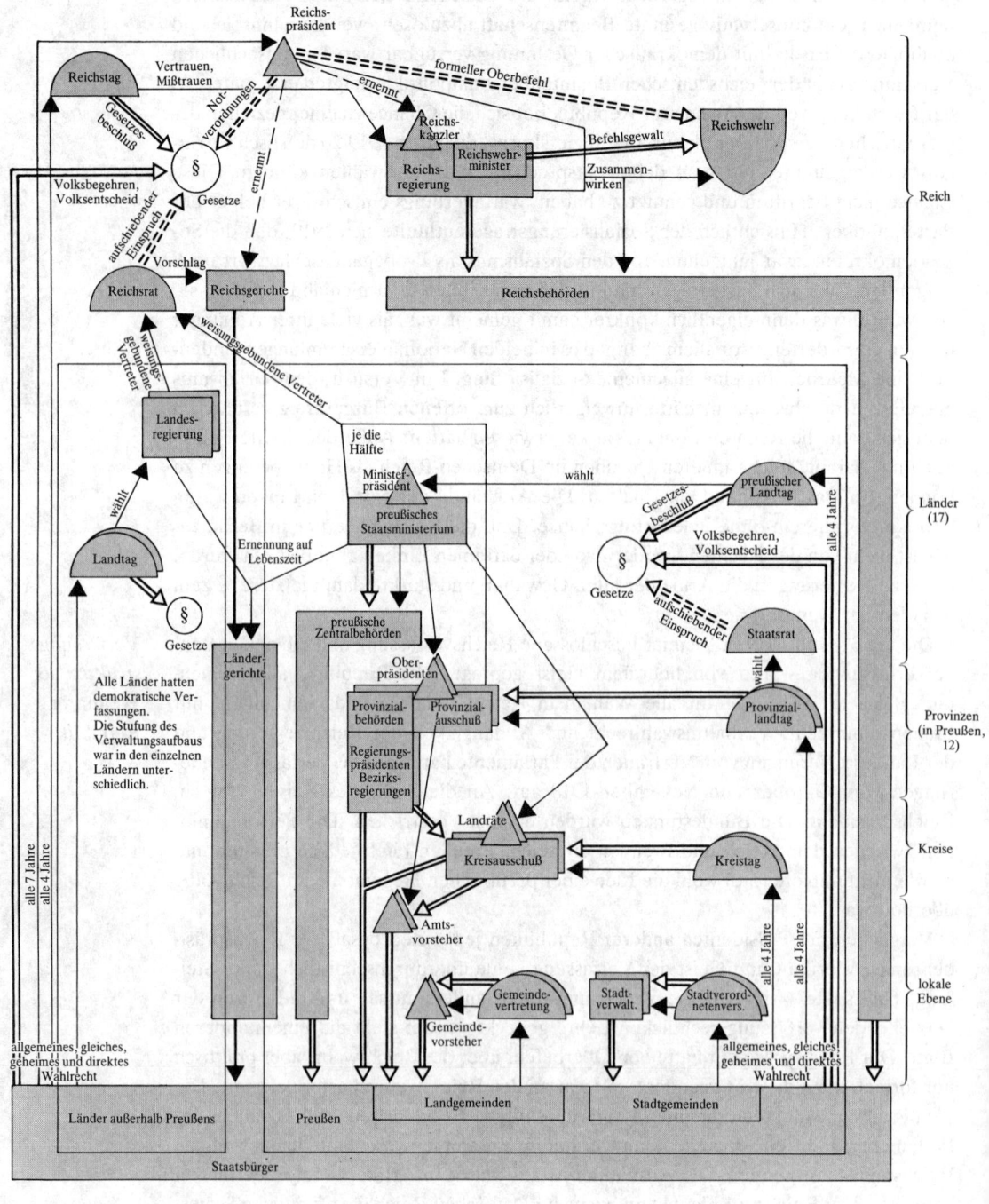

hieß es weiter: „Die Maßnahmen sind auf Verlangen des Reichstags außer Kraft zu setzen."

Die neue politische Ordnung war im Vergleich zum Kaiserreich zentralistischer. Man strich die Reservatrechte der Bundesstaaten, jetzt Länder genannt, und die Eisenbahn, die Aufstellung der Landstreitkräfte und der Einzug der wichtigsten Steuern wurden Reichssache. Die Mitwirkung des Reichsrats (früher Bundesrat) bei Gesetzen wurde auf ein aufschiebendes Einspruchsrecht beschränkt. Zugleich war die neue politische Ordnung auch demokratischer. Die Staatsbürger wählten nicht nur Parlamente und Kommunalvertretungen nach gleichem und geheimem Wahlrecht, sondern sie wählten auch den Reichspräsidenten direkt (alle 7 Jahre), konnten mit einem Volksbegehren einen Gesetzesantrag stellen und mit einem Volksentscheid ein Gesetz direkt beschließen. Die Demokratisierung reichte im übrigen auch über den politischen Bereich hinaus. In den evangelischen Kirchen wurden die gewählten Synoden zum obersten Organ, nachdem die Monarchen als Summepiskopi verschwunden waren, wogegen die katholische Kirche unverändert ihre autoritären Strukturen beibehielt, und in größeren Betrieben wurden Betriebsräte eingeführt.

Die Weimarer Verfassung hielt noch an der frühliberalen Idee des autonomen, nur seinem Gewissen verantwortlichen Abgeordneten fest. Tatsächlich bestand jetzt aber bei Abstimmungen im Parlament durchweg ein straff gehandhabter Fraktionszwang. *Parteien*

Das Parteienspektrum im Deutschen Reich bot vor allem an den Flügeln Neues und war dadurch weitgespannter als zuvor.

Das Zentrum blieb eine rein katholische Partei, wobei sich 1918 ihr bayerischer Teil als Bayerische Volkspartei (BVP) verselbständigte. Der Versuch, 1918 in der Deutschen Demokratischen Partei (DDP) alle Liberalen zusammenzufassen und eine liberale Volkspartei mit Massenbasis zu schaffen, scheiterte. Ein Teil der Nationalliberalen unter Führung Gustav Stresemanns gründete 1918 die Deutsche Volkspartei (DVP), auf die industrielle Interessen einen großen Einfluß hatten, und die DDP kam nie über den Charakter einer kleinen Honoratiorenpartei hinaus. Die beiden konservativen Parteien und andere rechte Gruppierungen schlossen sich 1918 zur Deutsch-Nationalen Volkspartei (DNVP) zusammen, die jetzt auch über Ostelbien hinaus im protestantischen Westdeutschland und in den städtischen Mittel- und Oberschichten Anhang fand.

Mit dem Kriegsende war der Grund, der zur Gründung der USPD geführt hatte, erledigt, und folgerichtig brach die Partei auseinander über die Frage, wie sie sich zur parlamentarischen Demokratie stellen sollte. Ihr linker Flügel vereinigte sich 1920 mit der KPD, die dadurch zur Massenpartei anschwoll, fast der ganze Rest verschmolz 1922 wieder mit der SPD. SPD wie KPD verstanden sich weiterhin als Parteien der Arbeiterklasse und machten keinerlei Versuche, in den Mittelschichten Anhänger zu gewinnen. In der Realität wählten große Teile der Lohnarbeiterschaft weiterhin nicht die Arbeiterparteien, vor allem Arbeiter in ländlichen Gemeinden, Kleinbetrieben und Staatsbetrieben, während die SPD zunehmend auch kleinbürgerliche Wählerstimmen bekam. Gegenüber dem Militär hielt die SPD weiter an ihrer prinzipiell ablehnenden Haltung fest. Die KPD warf der SPD vor, die Arbeiterklasse 1918/19 verraten zu haben, ja bekämpfte sie als „Sozialfaschisten", während sie selbst die UdSSR als „Vaterland" aller Kommunisten pries und seit 1925 unter dem Vorsitzenden E. Thälmann blindlings allen Weisungen Moskaus folgte.

Rechtsaußen entstand mit der völkischen Bewegung ein neues Phänomen. Diese verband Antisemitismus, extremen Nationalismus und autoritäre Ordnungsvorstellungen miteinander. Die Anfänge dieser Bewegung entstanden um die Jahrhundertwende in Böhmen und Wien, gespeist von den Ängsten deutscher Kleinbürger vor der Konkurrenz und Überfremdung durch Slawen und Juden. Die Völkischen wählten das Hakenkreuz als ihr Symbol. Im August 1918 wurde in Wien die erste Deutsche Nationalsozialistische Arbeiterpartei gegründet. Mit dem Ende des Ersten Weltkriegs gewann die völkische Bewegung an Auftrieb und kam auch im Deutschen Reich auf, vor allem in Bayern. Unter den Deutschen in Österreich, im Deutschen Reich und in der Tschechoslowakei entstand eine ganze Anzahl kleiner völkischer Gruppen, die auch zusammenarbeiteten. Eine dieser Gruppen war die kleine Deutsche Arbeiterpartei in München, 1920 in Nationalsozialistische Deutsche Arbeiterpartei (NSDAP) umbenannt. Nachdem Adolf Hitler 1921 ihren Vorsitz übernommen hatte, gewann sie im Münchener Raum eine größere Aufmerksamkeit, wurde aber nach einem mißglückten Putsch 1923 auch dort verboten wie schon zuvor im größten Teil des Reiches. Hitler war in kleinbürgerlichen Verhältnissen in Oberösterreich aufgewachsen und war erst in der Realschule und dann als Kunstmaler gescheitert. In den Jahren vor dem Ersten Weltkrieg glitt er ziellos am Rand der Asozialität entlang. Nach dem Kriegsdienst versuchte er dann ab 1919 sein Glück in der Politik. Aber Hitler besaß außergewöhnliche rhetorische und propagandistische Fähigkeiten, und diese stellten sein politisches Kapital dar. Sein Denken war von radikaler Konsequenz und äußerster Maßlosigkeit, zugleich losgelöst von allen moralischen Normen. Nachdem Hitler die NSDAP 1925 neu gegründet hatte, konnte sie rasch alle anderen völkischen Gruppen im Deutschen Reich und Österreich aufsaugen und ein Netz von Ortsgruppen aufbauen, das beide Staaten ganz erfaßte. Dabei wurde die Partei immer mehr auf die Person Hitlers ausgerichtet. 1929 setzte sich in ihr sogar die Grußformel „Heil Hitler" durch.

Gegner und Anhänger der Weimarer Republik

Wie die Parteienlandschaft zeigt, hatte der Kriegsausgang auf das politische Meinungsspektrum polarisierend gewirkt. Der politische Grundkonsens im Deutschen Reich war geringer als vor dem Ersten Weltkrieg. Die einen hatten sich eine richtige sozialistische Revolution gewünscht, die anderen, in deren Augen die konstitutionelle Monarchie eine angemessene Ordnung gewesen war, hatten überhaupt keine Veränderung gewollt. Nur wenige mochten sich mit dem politischen Zustand von 1919 identifizieren. Vielen galt er bloß als Übergangserscheinung. Es war eine Demokratie fast ohne Demokraten. Von den Parteien bejahte nur die DDP die Verfassung als Ziel ihrer Wünsche. Die SPD trat zwar dafür ein, die demokratische Verfassung zu erhalten, sah sie aber doch nur als Sprungbrett zu anderem an; ihr Fernziel blieb die klassenlose Gesellschaft des Sozialismus. DNVP, DVP und Teile von Zentrum und BVP waren monarchistisch gesinnt und strebten mehr oder minder energisch zu Vorkriegsverhältnissen zurück. Die KPD lehnte den Parlamentarismus grundsätzlich ab und wünschte die Diktatur des Proletariats. Im politischen Alltagsgeschäft stellten sich außer der DDP auch Zentrum und SPD auf den Boden der Verfassung, zunehmend dann auch die DVP. Die DNVP war hin- und hergerissen zwischen der Rolle einer Oppositionspartei innerhalb des Systems und der Opposition gegen das System als solches (mit legalen Mitteln). Die KPD, die zunächst von der baldigen Weltrevolution träumte, und die NSDAP setzten bis 1923 darauf, die Demokratie mit Gewalt zu stürzen. Danach schwenkten sie auf legale Kampfformen ein, blieben aber bei einer prinzipiell ablehnenden Verweigerungshaltung. Die Tatsache, daß an kommunistischen Aktionen beteiligte Arbeiter subjektiv von dem Streben nach einer gerechteren Ordnung getragen worden sein mögen und daß die Kommunisten 1933 die ersten Opfer der NS-Diktatur wurden, kann nicht darüber hinwegtäuschen, daß die Kommunisten offensiv die Demokratie bekämpften und ihrem Wesen nach undemokratisch waren. Ihr Anspruch, aufgrund einer „wissenschaftlichen" Lehre den notwendigen Gang der Geschichte und die angeblich „objektiv richtigen" Interessen der Massen zu kennen, und der daraus folgende Wille, diese gegebenenfalls auch gegen deren subjektives Bewußtsein mit Gewalt durchzusetzen, war unvereinbar mit der demokratischen Grundauffassung, daß der subjektive Wille der Mehrheit der Staatsbürger für den politischen Kurs entscheidend sein soll.

Die über 1918/19 hinaus in ihren Dienststellungen gebliebenen höheren Beamten, Richter, Professoren und Pfarrer waren vor dem Krieg fast alle für die Monarchie und gegen die Demokratie gewesen, und sie blieben in der Mehrzahl auch weiterhin antirepublikanisch. Daß gerade diese Kreise durch die Vermögensumverteilung und Einkommensnivellierung der Inflationszeit mehr als andere betroffen waren, war auch nicht gerade geeignet, daran etwas zu ändern. Diese Einstellung führte dazu, daß Gerichte bei politischen Straftaten Täter der politischen Rechten viel milder behandelten als solche der Linken. Von den 705 im Zusammenhang mit dem Kapp-Putsch bekanntgewordenen Straftätern wurde nur 1 verurteilt; gegen die 52 Mitglieder und Mitarbeiter der Münchener Räteregierung wurden dagegen 1 Todesurteil und 135 Jahre Freiheitsstrafe ausgesprochen. Auch das Offizierskorps stand der demokratischen Staatsform weitgehend ablehnend gegenüber. Daß die politisch Verantwortlichen für die Interessen des Militärs wenig Verständnis aufbrachten, trug das Seine dazu bei.

Große Teile des Bürgertums trauerten der Kaiserzeit nach, als man noch mit 10- und 20-Markstücken aus Gold bezahlt hatte statt mit inflationärem Papiergeld, als Hochseeflotte und Kolonien von nationaler Größe und deutscher Weltgeltung gekündet hatten, während jetzt ein feldgraues Kleinheer mit Panzerattrappen aus Holz übte und Reparationen an die Sieger gezahlt werden mußten, als noch „Ruhe und Ordnung" geherrscht hatten und man noch keine blutigen Straßenschlachten gekannt hatte, als es bunte Uniformen und eindrucksvolle Paraden gegeben hatte, während die nüchterne Republik sogar die Orden abschaffte und sich bei Staatsbesuchen dann gequält mit der Verleihung der Rot-Kreuz-Medaille behalf.

Prinzipiell zur Republik standen vor allem linksliberale Intellektuelle und Presseorgane.

Angesichts dieser Bedingungen wundert es nicht, daß in der innenpolitischen Szene der 20er Jahre die politischen Gegensätze polemisch aufeinanderklirrten. Dies war um so mehr der Fall, als die Neigung bestand, Unzulänglichkeiten „dem System" als solchem anzulasten, auch wo es dafür objektiv nichts konnte. In der politischen Theorie legitimiert eine Demokratie sich aus der Volkssouveränität, aber in der politischen Praxis gewinnt ein politisches System im 20. Jahrhundert in den Augen des weitaus größten Teils der Bevölkerung Legitimität nur durch ausreichende Leistungen. Mit der zunehmenden staatlichen Intervention in Wirtschaftsleben und Sozialordnung stiegen dabei die Erwartungen an den Staat. Daß der Staat hier angesichts des zunächst geschrumpften Sozialprodukts und seiner Überschuldung nicht leisten konnte, was viele sich erhofften, wurde dann dem System als solchem als Versagen angerechnet.

Die politische Rechte hetzte gegen die „Novemberverbrecher", die dem „im Felde unbesiegten" Heer mit ihrer Revolution einen „Dolchstoß in den Rücken" versetzt und erst dadurch die unerwartete Kriegsniederlage verschuldet hätten. Sie verketzerten die demokratischen Politiker, die das „Schanddiktat von Versailles" unterschrieben hatten und sich zum Erfüllungsgehilfen ausländischer Reparationsforderungen machten, und sie wetterten gegen die „Schieberrepublik" der Inflationszeit. Indem die deutsche Kriegspropaganda die Besonderheit der politischen Ordnung des Kaiserreiches, des deutschen Wesens überhaupt gegen die westlichen Demokratien verteidigt hatte, waren gerade jene geistigen Waffen heiß geschmiedet worden, die dann prompt gegen das neue „Weimarer System" gerichtet wurden. So diffamierte die Rechte die parlamentarische Demokratie als „Herrschaft der Minderwertigen" und Unfähigen, als vom Westen importierte Staatsform, die „deutschem Wesen" fremd sei. Korruptionsaffären wurden groß aufgebauscht. Jetzt begann auch der Antisemitismus, vor dem Ersten Weltkrieg im Deutschen Reich politisch chancenlos, bei der politischen Rechten zu grassieren, nicht ohne gezielt von jenen gefördert zu werden, die vom Versagen der alten Eliten ablenken wollten. Er präsentierte den Frustrierten einen bequemen Sündenbock. Zugleich gewann er eine neue Qualität, indem er jetzt nicht mehr vom religiösen Unterschied ausging, sondern eine rassische Minderwertigkeit der Juden behauptete.

Der mühsame, unheroische Kompromiß zwischen Koalitionsparteien galt allgemein als faul, bei den Rechten wie den Linken.

Regierungs-
bildungen
1919-30

Wie sahen nun die politischen Kräfteverhältnisse im Reichstag aus? Der Anteil der Arbeiterparteien setzte den Wachstumstrend der SPD aus der Vorkriegszeit nicht weiter fort. Der Stimmenanteil der Arbeiterparteien zusammen pendelte stattdessen 1920-32 um jenen Stand, den die SPD schon 1912 erreicht hatte. Eine sozialistische Mehrheit besaßen die Arbeiterparteien im Reichstag nie. Außerdem war ihr Anteil jetzt auf zwei Parteien aufgeteilt, denn nachdem die SPD die Sozialisierungshoffnungen enttäuscht, den Einsatz von Truppen gegen Arbeiter verantwortet und sich überhaupt auf das Bündnis mit den Bürgerlichen eingelassen hatte, waren ihr 1919/20 viele Arbeiter erst zur USPD und dann zur KPD davongelaufen. Der Schrumpfungstrend der liberalen Parteien lief auch über den Ersten Weltkrieg hinaus weiter. Die Völkischen blieben bis zur Kommunalwahl 1929 ziemlich unbedeutend.

Die sogenannte „Weimarer Koalition" aus SPD, DDP und Zentrum bekam 1919 für die Nationalversammlung 76,2 Prozent der Stimmen, aber bei den folgenden Reichstagswahlen (1920, 1924 I, 1924 II und 1928) gewann sie keine Mehrheit mehr. Da die KPD für jede ernsthafte Arbeit ausfiel, gab es im Reichstag 1920-30 nur zwei mögliche Mehrheiten: entweder eine „Große Koalition" aus SPD, DDP, Zentrum und DVP oder eine Mitte-Rechts-Koalition aus Zentrum, DVP, BVP und DNVP. Aber die Gegensätze zwischen den Parteien waren so groß, daß solche Koalitionen wenig lebensfähig waren und überhaupt nur für die Hälfte dieser Zeit zustandekamen. Ansonsten existierten Minderheitsregierungen der Weimarer Koalition oder von DDP/Zentrum/DVP, die dann für Abstimmungen immer noch einen sozusagen stillen Teilhaber mit beschränkter Haftung brauchten, der mindestens nicht dagegenstimmte. Diese Rolle spielte oft die SPD, die sich innerlich aus ihrer Oppositionstradition nicht recht lösen konnte. So waren die Reichsregierungen durchweg instabil und deshalb kurzlebig. In den nur 11 Jahren von Februar 1919 bis Juni 1930 gab es 16 Reichskabinette mit 9 verschiedenen Kanzlern. Die durchschnittliche Kabinettsdauer betrug nur 236 Tage. Der geringe Konsens und die mangelnde Kompromißfähigkeit rührten nicht so sehr daher, daß die Parteien in der Kaiserzeit nicht in politische Verantwortung eingeübt worden waren, sondern sie waren vor allem Ausdruck der in der Bevölkerung tatsächlich vorhandenen tiefgreifenden Interessengegensätze wirtschaftlicher und ideologischer Art, überhaupt der überscharfen Klassenkämpfe. Durch Zoll- und Steuerpolitik, Zwangsschlichtung und Arbeitslosenversicherung wurde die Reichsregierung in die Verteilungskämpfe unweigerlich mit hineingezogen. Die Instabilität auf der politischen Ebene war nur das Symptom der Krankheit. SPD, DVP und DNVP fürchteten mit Recht, für politische Mitverantwortung bei der nächsten Wahl mit Stimmverlusten an die jeweilige extremere Konkurrenz büßen zu müssen. An ein tatkräftiges Angehen schwieriger innen- und außenpolitischer Aufgaben (Reichsreform, Inflationsbekämpfung, Militärpolitik, Reparationsfrage) war unter diesen Bedingungen nicht zu denken, so daß wichtige Probleme liegen blieben.

Auf der Ebene der Länder war die politische Stabilität in den 20er Jahren etwas größer. Das lag nicht zuletzt daran, daß man dort nicht mit den konfliktträchtigen außenpolitischen sowie wirtschafts- und sozialpolitischen Grundsatzentscheidungen belastet war. Oft waren auch die Wahlergebnisse für eine Mehrheitsbildung günstiger, weil jener Teil politischer Zerspaltenheit, der auf regionale Strukturunterschiede zurückging, auf der Ebene der räumlich begrenzteren Länder weniger stark durchschlug. So bestand in Preußen 1918-32 mit nur kurzen Unterbrechungen eine Weimarer Koalition unter Otto Braun (SPD), die auch durchgehend über eine Mehrheit im Landtag verfügte.

Die politischen Machtverhältnisse im Deutschen Reich in den 20er Jahren unterschieden sich von denen der Kaiserzeit. Das wird ansatzweise schon an der politischen Elite im Reich und in Preußen deutlich. Sie war nicht mehr so einseitig durch ostelbische und protestantische Herkunft und Oberschichtzugehörigkeit geprägt, sondern die Mehrzahl der führenden Politiker stammte jetzt aus der Mittelschicht, und ein deutlich stärkerer Teil von ihnen war katholisch und kam aus anderen Regionen. Die Arbeiterbewegung war aus ihrer diskriminierten Abseitsstellung herausgekommen und mit staatstragend geworden. Doch man muß noch tiefer blicken. Da die Minister häufig wechselten, hatte die kontinuierlich arbeitende Ministerialbürokratie eine relativ starke Stellung. Die Reichswehr konnte sich der Kontrolle durch Minister und Parlament weitgehend entziehen. Die Personalpolitik hinsichtlich der höheren Beamtenschaft und Justiz zielte nur in geringem Maß auf Demokratisierung ab, da es von sozialdemokratischer Seite an fachlich geeigneten Kräften fehlte, die SPD nirgends allein regierte und die bürgerlichen Parteien sich nicht für eine Demokratisierung engagierten. In Preußen waren 1930 noch zwei Drittel der aktiven Beamten aus der Vorkriegszeit im Dienst.

Stärker als je zuvor nahmen die Interessenverbände Einfluß auf die Politik. Die Freien Gewerkschaften sahen die SPD als ihren politischen Arm an. Die Unternehmerschaft wirkte auf die bürgerlichen Parteien ein und unterstützte diese mit Parteispenden, wandte sich direkt an die Ministerialbürokratie und versuchte auch auf die Presse Einfluß zu nehmen, indem sie sich am Kapital der Zeitungsverlage beteiligte und Informationen durch Pressestellen verbreitete. Bei den bürgerlichen Parteien stand der Einfluß der Unternehmer aber in Konkurrenz zu den Interessen der mittelständischen Wählerschaft und konnte sich deshalb nicht voll durchsetzen, und sich ernsthaft in der Presse zu etablieren gelang nur Alfred Hugenberg zeitweise, einem scharfen Gegner der parlamentarischen Demokratie. Fast alle Regierungsmehrheiten im Reich und in Preußen beruhten darauf, daß die SPD (als Koalitionspartner oder stiller Teilhaber) und einige bürgerliche Parteien zusammenwirkten, und dementspre-

Basiskompromiß und Wohlfahrtsstaat

chend bildete die Zusammenarbeit und der ständig neu auszuhandelnde Interessenkompromiß der dahinterstehenden Kräfte, von Arbeit und Kapital, die politische Basis der Weimarer Republik.

Um die Interessen zu befriedigen, mit denen der Staat sich konfrontiert sah, zog er in bis dahin noch nie dagewesenem Ausmaß Mittel an sich, um sie dann zum großen Teil gesellschaftlich umzuverteilen. Der Anteil der öffentlichen Ausgaben (inklusive Sozialversicherungen) am Volkseinkommen, der 1913 erst 15 Prozent betragen hatte, stieg 1925-29 von 25 auf 31 Prozent. Von diesen Mitteln ging ein Teil als Subventionen an die Industrie, aber vor allem kamen sie den Unterschichten zugute. Der Anteil der öffentlichen Ausgaben für soziale Sicherung (ohne Sozialversicherung), sozialen Wohnungsbau, Bildung und Gesundheitswesen am Volkseinkommen betrug 1925-29 11 Prozent gegenüber 3,6 Prozent im Jahr 1913, der Anteil der Sozialversicherungsausgaben am Volkseinkommen stieg von 1,8 Prozent (1913) über 3,9 (1925) bis 1929 auf 7,1 Prozent. Dagegen wurden 1925-29 nur noch 3,0 Prozent des Volkseinkommens für Militär, Justiz und Polizei ausgegeben, verglichen mit 4,7 Prozent 1913. Zusammengenommen mit den verstärkten sozialpolitischen Aktivitäten bedeutete dies, daß der Staat jetzt weit über seine ursprüngliche Aufgabe hinauswuchs, die innere und äußere Sicherheit zu gewährleisten, ja geradezu eine neue Qualität erhielt. Er beschritt den Weg zum Wohlfahrtsstaat. Wie die Verwendung der Mittel enthüllt auch ihre Aufbringung, daß sich die Machtverhältnisse 1918/19 geändert hatten. Um die gestiegenen Ausgaben finanzieren zu können, wurden die direkten Steuern auf Einkommen, Vermögen und Erbschaften stark angehoben und damit die Reicheren stärker belastet. Der Tarif der 1920 eingeführten Reichseinkommensteuer betrug ab 1925 10-40 Prozent des steuerpflichtigen Einkommens (preußische Einkommensteuer 1913: 0,6-5 Prozent).

Die agrarischen Interessen und besonders die Mittelschichten besaßen weniger Einfluß auf die Politik als in der Kaiserzeit und auch weniger als Großindustrie und Gewerkschaften. So wurden die Kriegsschulden in der Inflation zu Lasten von vor allem Teilen der Mittelschichten liquidiert, und den Verbänden von Handwerk und Kleinhandel gelang es nicht, ihre Forderungen nach Schutz gegen freien Wettbewerb und nach berufsständischen Organisationen durchzusetzen.

Innere Kämpfe und erster Zusammenbruch: 1920-23

Auch über ihren stürmischen Beginn hinaus sah sich die Demokratie von Weimar von rechts und links mit Gewalt bedroht. Die KPD rief im März 1921 zum Generalstreik und Sturz der Regierung auf, aber außer einigen abenteuerlichen Gewaltakten in Thüringen blieb dies wirkungslos. Auf der extremen Rechten bildeten sich seit 1920 zahlreiche „vaterländische" Verbände und Geheimbünde, teilweise in Nachfolge der aufgelösten Freikorps. Diese Organisationen wurden vor allem in Bayern von der Regierung geduldet. Von einigen ging 1921/22 eine Welle politischer Morde und Sprengstoffanschläge aus. Prominenteste Mordopfer waren der ehemalige Finanzminister M. Erzberger und der Außenminister W. Rathenau. Parallel zur politischen Unruhe vermehrte sich in den Jahren 1920-24 die Eigentumskriminalität explosionsartig mit Höhepunkt im Jahre 1923; danach fiel sie wieder auf das Vorkriegsniveau zurück.

Mit Hochinflation und Ruhrkampf schwoll im Laufe des Jahres 1923 die Unzufriedenheit in der Bevölkerung gewaltig an. Im Juli und August häuften sich Massenstreiks und Hungerunruhen. Die extreme Rechte wie die extreme Linke witterten erneut Chancen für einen Umsturz. Am 26. September rief die bayerische Regierung den Ausnahmezustand aus und setzte G. von Kahr als Generalstaatskommissar ein.

Dieser beabsichtigte, gestützt auf die nationalistischen Verbände, Bayern zu einer Keimzelle für eine rechte Diktatur im Reich zu machen. Am 1. Oktober unternahmen Teile der illegalen Reservetruppen der Reichswehr in Küstrin einen Putschversuch, der jedoch scheiterte. Einige Tage später trat die KPD in die SPD-Regierungen von Sachsen und Thüringen ein. Diese begannen, bewaffnete „Proletarische Hundertschaften" aufzustellen. Mit ihnen planten die Kommunisten auf Weisung aus Moskau, eine kommunistische Revolution im Deutschen Reich durchzukämpfen. Aber die Reichsregierung kam ihnen zuvor. Sie ließ die Reichswehr in Sachsen und Thüringen einmarschieren, die Volksfrontregierungen absetzen und die Proletarischen Hundertschaften auflösen. Die KPD sagte die Revolution ab. Nur in Hamburg kam es am 23. Oktober zum Aufstand der Kommunisten, der dann kläglich scheiterte. Der Chef der Heeresleitung, General H. von Seeckt, weigerte sich, die Reichswehr gegen die aus Bayern drohende Gefahr aufmarschieren zu lassen und spielte vielmehr mit dem Gedanken einer eigenen Diktatur. Da versuchte Hitler den zögernden Kahr mitzureißen: am Abend des 8. November überrumpelte er ihn und seine Mitarbeiter auf einer Versammlung im Münchener Bürgerbräukeller mit Waffengewalt und zwang sie, sich seinem Putschversuch anzuschließen. Wieder in Freiheit, wandte Kahr sich rasch von diesem Plan ab. Um das Blatt doch noch zu wenden, marschierte Hitler am nächsten Morgen in München zusammen mit Ludendorff an der Spitze eines Demonstrationszugs auf die Feldherrnhalle. Aber die Landespolizei zersprengte den Demonstrationszug mit wenigen Schüssen. Hitler wurde verhaftet und zu 5 Jahren Haft verurteilt, jedoch schon 1925 entlassen.

Damit war die Zeit gewaltsamer Umsturzversuche vorüber. Aber wie stand es um die Republik? Von September 1923 bis Februar 1924 herrschte im ganzen Reich der Ausnahmezustand, und die vollziehende Gewalt lag bei der Reichswehr. Der Reichstag fühlte sich nicht fähig, die anstehenden Probleme der Beendigung des Ruhrkampfes, der Währungsstabilisierung, des Abbaus der Beamtenzahl und der Neuordnung der Reichsfinanzen durch Mehrheitsbeschlüsse zu bewältigen. Deshalb verwendete Ebert sein Notverordnungsrecht nach Artikel 48 (er erließ 1919 bis Januar 1925 insgesamt 135 Notverordnungen!) nicht nur im Sinne des polizeilichen Notstands, sondern von August bis Oktober 1923 benutzte er es auch, um wirtschaftliche und finanzielle Probleme zu regeln, und ging damit wahrscheinlich über das verfassungsrechtlich Zulässige hinaus. Schließlich dankte der Reichstag faktisch ab, indem er im Oktober und erneut im Dezember 1923 der Regierung durch zwei Ermächtigungsgesetze eine Blankovollmacht erteilte. Die Regierung erledigte die anstehenden Probleme dann auf dieser Basis durch über 70 gesetzesvertretende Verordnungen und führte dabei über die aktuellen Probleme hinaus auch eine Reihe grundlegender und dauerhafter Reformen ein. Das Verfassungsprinzip der Gewaltenteilung war also aufgehoben; praktisch bestand eine Diktatur. Und hätte man im Herbst 1923 Wahlen abgehalten, wäre keine Mehrheit für die demokratischen Parteien zustandegekommen. Mit anderen Worten: die parlamentarische Demokratie war bereits vier Jahre nach ihrer Geburt zusammengebrochen.

Als die wirtschaftliche und außenpolitische Krise abflaute, erstand der Parlamentarismus im Frühjahr 1924 noch einmal aus dem Grabe auf. Aber die nächsten Jahre brachten eine nur scheinbare Stabilisierung.

Auf den Straßen marschierten und prügelten sich die Privatarmeen der großen Parteien. Sie waren militärisch organisiert und uniformiert, aber nicht mit Schußwaffen

Scheinbare Stabilisierung 1924-30

bewaffnet. Sie umfaßten jeweils mehrere zigtausend Mann. Die NSDAP hatte schon 1921 die Sturmabteilungen (SA) gegründet und als Teil davon 1925 die Schutzstaffeln (SS) als Parteipolizei, die KPD rief 1924 den Roten Frontkämpferbund ins Leben, und die Parteien der Weimarer Koalition organisierten als Gegengewicht 1924 das „Reichsbanner Schwarz-Rot-Gold" mit der Schutzformation als Parteiarmee. Zu nennen ist auch noch der 1918 gegründete Stahlhelm, anfangs eine Kriegsteilnehmerorganisation, die dann die Aufgabe einer Schutztruppe der DNVP übernahm.

Drei wichtige gesellschaftliche Gruppen lösten sich schon in den Jahren vor Ausbruch der Weltwirtschaftskrise immer mehr vom Weimarer System ab. Die jüngere Generation, von Fronterlebnis und Umsturz geprägt und mit dem Bedürfnis nach klarer Führung und Ordnung, wandte sich überproportional der KPD und rechtsextremen Parteien zu, während die Mitglieder der SPD und der bisherigen bürgerlichen Parteien zunehmend überalterten. Ein wachsender Teil mittelständischer Wähler fühlte sich von den bürgerlichen Parteien nicht mehr angemessen vertreten und lief Protest- und Spezialinteressenparteien zu. Auf diese Splitterparteien, die dem Weimarer System mißtrauisch gegenüberstanden, entfielen bei den Reichstagswahlen 1920 0,8 Prozent, 1924 II 6,6 Prozent und 1928 13,3 Prozent der Stimmen (ohne BVP, Völkische und Deutsch-Hannoversche Partei). Das war eine Folge der Tatsache, daß etliche Angehörige der Mittelschichten fanden, ihre Ansprüche weniger erfolgreich durchsetzen zu können als Großindustrie und Gewerkschaften, ein durchaus zutreffender Eindruck, wie die Entwicklung der Vermögens- und Einkommensverteilung zeigt. Als die Agrarkrise und die Tatsache, daß die Steuerbelastung nicht den sinkenden bäuerlichen Einkommen angepaßt wurde, 1928/29 zahlreiche Bauernhöfe in die Zwangsversteigerung trieb, kam es in Nordwestdeutschland zu bäuerlichen Massenprotesten, ja selbst zu Bombenanschlägen auf Finanz- und Landratsämtern. Als dritte Gruppe war die Großindustrie in der zweiten Hälfte der 20er Jahre zunehmend unzufrieden, insbesondere die wachstumsschwache Schwerindustrie, da die Einkommensverteilung objektiv für sie ungünstig war. Die Unternehmer sahen die Ursache dafür in der starken Stellung der Gewerkschaften und in der Zwangsschlichtung. So begann die Unternehmerschaft 1928, Zwangsschlichtung und Sozialstaat anzugreifen.

Ganz allgemein gewann die undemokratische Rechte an Boden. Nach dem Tod Eberts wurde 1925 der 77jährige Hindenburg zum Reichspräsidenten gewählt, der inzwischen zum Mythos popularisierte Sieger von Tannenberg, ein Symbol des vergangenen Glanzes der Kaiserzeit. Als überzeugter Monarchist hatte er für seine Kandidatur zum Amt des Präsidenten der Republik zuvor die Erlaubnis des ehemaligen Kaisers eingeholt. Ab 1925 wurden in der Zentrumspartei autoritäre Tendenzen stärker, und 1928 setzte sich in der DNVP mit der Wahl Hugenbergs zum Parteivorsitzenden der kompromißlose reaktionäre Flügel durch. Schon vor 1930 wuchs im Bürgertum die Überzeugung heran, der Parteienstaat mit seinem ständigen Tauziehen um neue Regierungsbildungen und dauerndem „Kuhhandel" hätte abgewirtschaftet und verantwortungsbewußte, energische Führung täte not.

Das Ende der Weimarer Republik 1930 Die 1928 im Reich gebildete Große Koalition stand bei jedem wichtigen Problem kurz vor dem Zusammenbruch. Indem die Konjunktur im Winter 1929/30 nachließ, nahm die Kompromißfähigkeit zwischen den gewerkschaftsorientierten Sozialdemokraten und dem Unternehmerflügel der DVP noch weiter ab. Als die Arbeitslosenversicherung wegen der unerwartet hohen Arbeitslosigkeit mit ihren Mitteln nicht auskam, war die SPD für die Erhöhung der Beiträge (die zur Hälfte von den Arbeitgebern zu zahlen waren) und die DVP für eine Senkung der Leistungen (was nur die Arbeits-losen getroffen hätte). Es kam zu keiner Einigung, worauf die Koalition im März 1930 auseinanderbrach. Der Basiskompromiß zwischen Kapital und Arbeit war geplatzt. Daß es dabei die SPD war, die dem letzten Kompromißvorschlag wegen eines Achtel-Prozents nicht zustimmte, ist letztlich belanglos, denn angesichts der sich weiter ver-schärfenden Wirtschaftslage wäre die Koalition über kurz oder lang so oder so ausein-andergebrochen. Dies zeigt sich auch daran, daß die Tarifautonomie 1930 ebenfalls an mangelnder Kompromißfähigkeit zugrunde ging. Da Kommunisten und Nationalso-zialisten grundsätzlich gegen alles stimmten, gab es nach dem Ende der Großen Koa-lition im Reichstag keine parlamentarischen Mehrheiten mehr. Die parlamentarische Demokratie war an Selbstauflösung zugrunde gegangen. Von jetzt ab bis 1933 amtier-ten nicht mehr Kanzler, die sich auf das Vertrauen einer Parlamentsmehrheit stützten, wie die Verfassung es vorsah, sondern solche, die unter Bruch der Verfassung bewußt parlamentsunabhängig regierten und gezielt darauf hinstrebten, die Verfassungsord-nung autoritär umzuformen. Deshalb bedeutete 1930 das Ende der Weimarer Repu-blik. Wiedererstanden ist die parlamentarische Demokratie in Westdeutschland erst ab 1946, in Ostdeutschland sogar erst 1990.

Die freiheitliche Ordnung von Weimar hatte sich rasch mit der Frage konfrontiert gesehen, ob sie die politischen Freiheiten auch denen gewähren sollte, die eben diese Freiheiten zerstören wollten. NSDAP-Reichspropagandaleiter Goebbels erklärte 1928 unmißverständlich: „Wir werden Reichstagsabgeordnete, um die Weimarer Demokra-tie mit ihrer eigenen Unterstützung lahmzulegen. Wenn die Demokratie so dumm ist, uns für diesen Bärendienst Freifahrkarten und Diäten zu geben, so ist das ihre Sache … Wir kommen als Feinde! Wie der Wolf in die Schafherde einbricht, so kommen wir."[73] Nun enthielt die Weimarer Verfassung keine verpflichtenden Grundwerte. Trotzdem war es durchaus möglich, Gegner der Demokratie zu bekämpfen, und zwar aufgrund des Republikschutzgesetzes von 1922 (verlängert bis 1929), nach dem staats-feindliche Vereinigungen wie auch Presseorgane, Versammlungen und Demonstratio-nen durch die Länder verboten werden konnten. Davon machten vor allem Preußen, Sachsen und Hamburg energisch Gebrauch, und zwar besonders gegen die extreme Rechte. Auch die NSDAP war in Preußen und vielen anderen Ländern 1922-25 verbo-ten. Die KPD wurde dagegen nie verboten, obwohl die Voraussetzungen dafür erfüllt gewesen wären, da sie zu mächtig schien, um ein Verbot wirklich durchführen zu kön-nen. Wenn der Erfolg der Maßnahmen trotzdem begrenzt blieb, so deshalb, weil ein-mal manchen Länderregierungen und vielen Richtern der Wille fehlte, es konsequent anzuwenden und durchzuführen, und weil die Gegnerschaft zur Republik wohl auch zu breit war, als daß sie sich auf dem Verordnungsweg hätte beseitigen lassen.

Freiheit für die Feinde der Freiheit?

In Österreich schuf die Verfassung von 1920 ebenso wie die reichsdeutsche eine par-lamentarische Demokratie auf föderalistischer Grundlage. Dabei kam dem Bundesrat als Länderkammer gegenüber dem nach allgemeinem und gleichem Wahlrecht gewähl-ten Nationalrat nur ein aufschiebendes Vetorecht zu. Auch in Österreich wurden Re-publik und Parlamentarismus von den Bürgerlichen nicht voll bejaht. Die Parteien-landschaft war in der Alpenrepublik weniger gespalten als im Deutschen Reich. Die österreichischen Sozialdemokraten hatten sich 1919 nicht mit Truppeneinsätzen gegen Arbeiter belasten müssen, setzten sich nach 1920 nicht dem Kompromißzwang von Koalitionsregierungen aus und stellten marxistische Klassenkampfparolen stärker her-aus als die SPD. Deshalb verloren sie keine Anhänger nach links, und damit blieben

Demokratie in Österreich 1919-32

die Kommunisten bedeutungslos. Da es keine konfessionelle Spaltung gab, war auch das bürgerliche Lager weniger gespalten. Hier dominierte die Massenpartei der Christlich-Sozialen; daneben gab es die Großdeutsche Volkspartei, zu der sich 1920 die deutschnationalen Gruppierungen zusammengeschlossen hatten, und außerdem ab 1920 eine Bauernpartei.

Im Unterschied zum Deutschen Reich (aber ähnlich den Verhältnissen in Bayern) wurde Österreich 1920-32 durchgehend rein bürgerlich regiert durch die Christlich-Sozialen, meist in Koalition mit den Großdeutschen. Damit waren die Verhältnisse etwas stabiler als im Deutschen Reich. Aber auch Österreich verschliß in 12 Jahren 9 verschiedene Kanzler. Vor allem wurde die Kluft zwischen bürgerlichem Lager und Sozialdemokraten immer größer, die innenpolitischen Gegensätze zwischen den beiden Lagern ständig schärfer. Auch hier wuchsen in Form des sozialdemokratischen Republikanischen Schutzbunds und der bürgerlichen Heimwehren Privatarmeen der Parteien heran. Sie lieferten sich in steigendem Maß Auseinandersetzungen mit Toten und Verwundeten. Christlich-Soziale und vor allem Großdeutsche hatten schon stets antisemitische und autoritäre Züge aufgewiesen, und seit 1929 der Druck der Weltwirtschaftskrise einsetzte, verstärkten sich im bürgerlichen Lager die antidemokratischen Tendenzen und wuchsen sich zur prinzipiellen Kritik am parlamentarischen System aus. Die Heimwehren erklärten sich 1930 ausdrücklich gegen den Parlamentarismus. Die Kompromißfähigkeit auch der bürgerlichen Parteien untereinander nahm ab. Die Anhänger der Großdeutschen und teilweise auch christlich-soziale Wähler liefen immer zahlreicher zu den Nationalsozialisten über, die bei den Landtags- und Gemeindewahlen 1932 gewaltige Stimmenzuwächse errangen. Im Herbst 1932 verlor die Regierung endgültig die Mehrheit im Parlament. Keine der bürgerlichen Parteien wollte eine Mehrheit durch Beteiligung der Sozialdemokraten bilden, und dies wäre angesichts der tiefgreifenden Interessengegensätze wohl auch aussichtslos gewesen. Neuwahlen hätten höchstwahrscheinlich eine große Zahl von Nationalsozialisten ins Parlament gebracht und den bürgerlichen Parteien erhebliche Verluste zugefügt, so daß es danach erst recht keine parlamentarische Mehrheit mehr gegeben hätte. Deshalb regierte der christlich-soziale Bundeskanzler Dollfuß jetzt mit Notverordnungen, wobei er sich in fragwürdiger Weise auf das Kriegswirtschaftliche Ermächtigungsgesetz von 1917 berief. Da für solche Notverordnungen spätestens nach einem Vierteljahr die Zustimmung des Nationalrats eingeholt werden mußte, wollte er das Parlament ganz ausschalten. Als wegen einer Lappalie im März 1933 alle drei Nationalratspräsidenten zurücktraten, so daß das Parlament plötzlich ohne Leitung dastand, die es zu Sitzungen hätte einberufen können, nutzte Dollfuß die unerwartete Gelegenheit: er ließ alle Versuche, die Arbeit des Parlaments wiederaufzunehmen, durch die Polizei verhindern. Damit war auch in Österreich die parlamentarische Demokratie zugrunde gegangen und eine verfassungswidrige autoritäre Diktatur entstanden.

Autoritäre Präsidialdiktatur im Deutschen Reich 1930-33: Machtverhältnisse

Im Deutschen Reich bildete im März 1930 im Auftrag Hindenburgs der Zentrumspolitiker Heinrich Brüning eine neue Reichsregierung. Brüning und noch mehr sein Nachfolger Franz von Papen strebten danach, den Einfluß des Parlaments zurückzudrängen zugunsten einer starken Staatsführung. Dies bedeutete zugleich, der Arbeiterbewegung ihren 1918 errungenen Einfluß im Staat wieder zu nehmen, denn während SPD und Gewerkschaften nur über das Parlament Zugang zur Staatsmacht besaßen, verfügten die alten Eliten über Kontakte zum Reichspräsidenten und zur Ministerialbürokratie und konnten auf den Gleichklang mit höheren Beamten, Justiz und

Offizieren bauen. Insgeheim strebten Brüning und Papen an, in absehbarer Zeit die Monarchie wieder einzuführen. Jetzt wurden in immer stärkerem Maß Gesetze, für die sich im Reichstag keine Mehrheit fand, als Notverordnung nach Artikel 48 in Kraft gesetzt. Da dieser Verfassungsartikel sich eindeutig auf den Fall innerer Unruhen und Aufstände, eventuell auch auf akute wirtschaftliche Notstandssituationen bezog und zu deren Beseitigung konkrete, befristete Einzelmaßnahmen ermöglichte, wo schnelles Handeln erforderlich war, stellte es eindeutig einen verfassungswidrigen Mißbrauch dar, ihn für normale Gesetzgebungsmaterien zu verwenden. Erst recht war es gegen den Willen der Verfassung, daß Brüning im Juli 1930 das Kontrollrecht des Reichstags, eine Notverordnung des Reichspräsidenten aufzuheben, dadurch ausschaltete, daß er ihn auflösen und Neuwahlen ansetzen ließ. Trotzdem stimmte nach diesen Neuwahlen während Brünings Amtszeit eine Mehrheit des Parlaments darin überein, die Notverordnungspraxis zu tolerieren, indem sie Aufhebungsbeschlüsse unterließ. Wachsende Teile der bürgerlichen Parteien, hierin im Einklang mit einflußreichen Wirtschaftskreisen, der Reichswehr, großen Teilen der Rechtswissenschaft und der bürgerlichen Publizistik, waren mit dem Weg in den autoritären Staat einverstanden, der SPD fiel keine echte Alternative ein, den Nazis war die Zerstörung des Parlamentarismus sowieso nur recht, und die Kommunisten sahen zwischen beiden Regierungsweisen keinen nennenswerten Unterschied, sondern hielten sie für gleichermaßen zu beseitigende Formen bürgerlicher Herrschaft. Ende 1932 standen dann überhaupt nur noch Sozialdemokraten und Linksliberale zur Idee der parlamentarischen Demokratie, während alle anderen Parteien und ihre Wähler, also die große Mehrheit der Bevölkerung, übereinstimmend der Auffassung waren, daß der Parlamentarismus abgewirtschaftet habe.

Während der Präsidialdiktatur verfiel die Macht des Reichstags zusehends. 1930 hatte er noch 94 Sitzungstage abgehalten, 1931 waren es nur noch 41 und 1932 ganze 13. Die Zahl der vom Parlament beschlossenen Gesetze verglichen mit jener der Notverordnungen betrug 1930 98 zu 5, 1931 34 zu 44 und 1932 5 zu 66. Mit dem Machtverfall des Parlaments stieg die Macht der Exekutive, vor allem des Reichspräsidenten, von dem der Kanzler jetzt ganz abhing, und damit auch der ratgebenden Personen in der Umgebung Hindenburgs, die der ostelbischen Herrenschicht nahestanden. Ferner gewann die Reichswehrführung an Gewicht, besonders General Kurt von Schleicher als Chef des Ministeramtes im Reichswehrministerium, und überhaupt die Ministerialbürokratie. Diese Machtverschiebungen ließen sich den politischen Entscheidungen ansehen: seit 1930 wurden die Schutzzölle für Getreide angehoben; um ostelbische Landwirtschaftsbetriebe zu unterstützen, setzte die Regierung mit der Osthilfe relativ großzügig Mittel ein, die vor allem den Großagrariern zugute kamen, und der Anteil der Reichswehrausgaben am Reichshaushalt erhöhte sich 1929-32 um ein Drittel. 1931 und 1932 kam es zunehmend zu befristeten Verboten kommunistischer und pazifistischer Zeitungen und Zeitschriften, und dem Pazifisten Carl von Ossietzky, der die geheime Aufrüstung der Reichswehr aufgedeckt hatte, wurde 1931 wegen Landesverrats der Prozeß gemacht.

Währenddessen gerieten die Wählermassen bei den Reichstagswahlen 1930, im Juli 1932 und November 1932 erdrutschartig in Bewegung. Vom Wahlergebnis von 1928 bis zur zweiten Wahl 1932 stieg der Stimmenanteil der KPD von 10,6 auf 16,8 Prozent, während die SPD von 28,7 auf 20,4 Prozent absackte. Die Zentrumspartei in der Mitte blieb stabil. Aber Rechtsaußen schnellte der Stimmenanteil der NSDAP von 2,6 auf

1930-33: Radikalisierung der Wähler

893

37,2 (1932 I) bzw. 33,0 Prozent (1932 II) empor, während die beiden liberalen Parteien zusammen von 13,6 auf 2,6 Prozent, die bürgerlichen Interessenparteien von 13,9 auf 3,5 Prozent und die DNVP von 14,2 auf 7,2 Prozent verfielen (jeweils bis 1932 II). Gleichzeitig bestimmten vor allem in den Großstädten immer mehr Aufmärsche von SA und Kommunisten, politische Straßenschlägereien und Saalschlachten mit Stuhlbeinen, Bierkrügen, Messern und vereinzelt auch Schußwaffen das Bild. Dabei gab es Hunderte von Toten. Selbst in den Parlamenten kam es zu Schlägereien der extremistischen Abgeordneten.

Wie ist nun dieser Wählerzulauf zu Nationalsozialisten und Kommunisten zu erklären? Unter dem Druck der Weltwirtschaftskrise breitete sich wie ein Ölfleck auf dem Wasser das Gefühl aus, jeden wirtschaftlichen und gesellschaftlichen Halt zu verlieren, ging die Glaubwürdigkeit der wirkungslosen alten Parteien völlig in die Brüche, entstand das Bedürfnis nach einfachen Erklärungen für die ganze Misere und vor allem der Ruf nach durchgreifenden, radikalen Lösungen. So kann es doch nicht immer weitergehen! Wenn die Regierungen nur endlich energisch handeln würden! Nur zwei Wählerpotentiale blieben ihren Parteien fast geschlossen treu: einmal die in den Freien Gewerkschaften und sozialdemokratischen Vereinen organisierten Arbeiter der SPD und zum zweiten die fest in das Milieu der katholischen Kirchengemeinden und Vereine eingebundenen Wähler von Zentrum und BVP. Hier stiftete offenbar die feste institutionelle Gemeinschaftsbindung äußeren Halt, gab die ausgeprägte Weltanschauung auch in verunsicherten Zeiten Sinndeutung und damit inneren Halt. Praktisch alle anderen Bevölkerungsschichten entwurzelten weitgehend aus dem politischen System. Das waren vor allem die arbeitslosen Arbeiter ohne feste organisatorische Bindungen, dazu gehörten die protestantischen Mittelschichten, denen die lockere Honoratiorenstruktur der bürgerlichen Parteien wenig Halt bot und denen ein vernünftig argumentierender Liberalismus ebensowenig wie konservative Traditionen die gewünschten einfachen Antworten auf die drängenden Fragen der Zeit zu liefern vermochten, und es entwurzelte die jüngere Generation, die noch nirgends fest Fuß gefaßt hatte, deren Ehrgeiz und Bewährungswille ins Leere liefen und die ohnehin altersbedingt stärker zu unabgewogenen, grundsätzlichen, auch radikalen Lösungen und zum aktiven Zupacken neigt. Dabei wanderte der größere Teil der politisch entwurzelten Arbeiter zur KPD, ein kleinerer Teil zur NSDAP. Letzteres waren vor allem solche Arbeiter, die auch bisher nicht Arbeiterparteien gewählt hatten. Manche arbeitslose Arbeiter wechselten auch von einer Extrempartei zur anderen. Die politisch heimatlos gewordenen Mittelschichten (und Oberschichtangehörige) liefen fast völlig zur NSDAP, denn die Kommunisten mit ihrer Idee, daß alle Bürger gleichermaßen in der grauen Masse eigentumsloser Proletarier aufgehen würden und sollten, stellte keine Alternative dar für jene, die doch gerade den sozialen Abstieg, die Proletarisierung fürchteten. Außerdem profitierte die NSDAP mehr als andere Parteien davon, daß auch bisherige Nichtwähler mobilisiert wurden. Obwohl die protestantischen Mittelschichten unter den Anhängern der NSDAP überrepräsentiert waren, besaß sie doch mehr Volksparteicharakter als jede andere Partei. Die nationalsozialistische Propaganda blieb bewußt vage und versprach vielen vieles: dem selbständigen Mittelstand die Erfüllung seiner protektionistischen Forderungen, Entschuldungsmaßnahmen und Befreiung von Gewerkschaftsdruck, den Arbeitslosen Arbeit, den national Gesinnten Aufrüstung, die Beseitigung des Versailler Diktats und nationalen Wiederaufstieg, den Jugendlichen eine Zukunft und allen ein energisches Anpacken der Probleme, handfeste Taten statt

894

bloßer Papiere und Reden. Die Nationalsozialisten führten permanent Wahlkampf. Mit einer Fülle von Massenveranstaltungen und Aufmärschen beherrschten sie immer mehr die öffentliche Szene. Dabei konnten sie eine große Zahl von Parteirednern einsetzen, die sie in Rednerschulen ausgebildet hatten. In dieser Öffentlichkeitsarbeit war die NSDAP den bürgerlichen Konkurrenzparteien deutlich überlegen. Der Kern ihres Erfolgs war jedoch die Person Adolf Hitlers, wie die NSDAP teilweise überhaupt als „Hitlerbewegung" firmierte. Hitler besaß ein einzigartiges Talent, jene oft mehr unbewußten Ängste, Unmutsgefühle und Wünsche der Massen in seinen Reden auszusprechen, so daß viele sich instinktiv mitgerissen fühlten. Hitlers Fanatismus und Vernichtungswille verkannte man dagegen allgemein. Die extremen Elemente der nationalsozialistischen Ideologie wurden weithin nicht wörtlich genommen – war es denn nicht eine bekannte Erfahrung, daß Politiker vor der Wahl anders reden als sie hinterher in der Verantwortung und unter dem Druck von Sachzwängen handeln? Die deutsche Industrie trug zum Aufstieg der NSDAP nichts Wesentliches bei. Zwar unterstützten einige wenige Industrielle diese Partei finanziell, aber diese Mittel machten nur einen kleinen Teil der Gesamteinnahmen der NSDAP aus. Die Partei finanzierte sich vor allem selbst aus Mitgliedsbeiträgen und Verkaufserlösen sowie Eintrittsgeldern. Von den gesamten Parteispenden der Industrie ging in den Jahren vor 1933 der weitaus größte Teil an DNVP und DVP, und die große Mehrheit der Großunternehmer wünschte die demagogisch lärmenden, mittelständisch-antikapitalistischen Nazis auch nicht an der Macht.

Als die Amtszeit Hindenburgs im Frühjahr 1932 ablief, kandidierte auch Hitler für das Amt des Reichspräsidenten. Die SPD und die Parteien der bürgerlichen Mitte meinten, Hitlers Präsidentschaft nur dadurch verhindern zu können, daß sie Hindenburgs Wiederwahl unterstützten. Dabei war Hindenburg bereits 84 Jahre alt, seine geistigen Kräfte verfielen schon sichtbar, ja teilweise erkannte er selbst ihm gut bekannte Personen nicht mehr wieder. Im zweiten Wahlgang wurde Hindenburg wiedergewählt. Kurz darauf entließ Hindenburg Brüning auf Betreiben der Großagrarier und Schleichers. Brüning hatte nach rechts regieren sollen, war aber weiter von der Tolerierung durch die SPD abhängig. Als der Kanzler die SA verbot und hoffnungslos überschuldeten Großgrundbesitz aufkaufen wollte, um ihn für Kleinsiedlungen zu parzellieren, lieferte das den Anlaß zu seinem Sturz. Auf Betreiben Schleichers ernannte Hindenburg jetzt den bislang farblosen, weit rechts stehenden Papen zum Reichskanzler. Diesen Kanzler und sein Kabinett, das zu zwei Dritteln aus Baronen bestand und mit dem noch einmal die altpreußischen Führungsschichten nach der Macht griffen, waren SPD und Zentrum jetzt nicht mehr zu tolerieren bereit. Aber Schleicher hatte vorher mit der NSDAP ausgehandelt, daß sie ein Kabinett Papen tolerieren werde, wofür Papen als vereinbarte Gegenleistung sofort das SA-Verbot aufhob und Neuwahlen zum Reichstag ausschrieb. Noch vor den Neuwahlen setzte Papen mit einem Staatsstreich die nur noch geschäftsführende preußische Regierung ab. Als Reichskommissar übernahm er in Preußen selbst die Regierungsgeschäfte und damit die Kontrolle über die preußische Polizei und Verwaltung. In den folgenden Wochen wurden in Preußen fast alle sozialdemokratischen und demokratischen Regierungs- und Polizeipräsidenten und Landräte amtsenthoben und durch konservative ersetzt. Nach dem großen nationalsozialistischen Stimmengewinn bei der Juliwahl 1932 war Hitler aber zu keiner Tolerierungspolitik mehr bereit, sondern forderte die Kanzlerschaft für sich selbst. Das lehnte Hindenburg entschieden ab. Papen konnte sich jetzt praktisch nur auf die

1930-33: Regierungsbildungen

DNVP und den Stahlhelm stützen. So löste Papen den neugewählten Reichstag bei seinem ersten Zusammentreten im September sofort wieder auf und setzte für November erneut Neuwahlen an, deren Ergebnis aber an der Konstellation nichts Grundlegendes änderte.

Welche Alternativen gab es 1932 überhaupt? Die parlamentarische Demokratie stand nicht mehr zur Diskussion. Man hätte, anstatt Brüning zu stürzen, diesen mit seiner Tolerierungsmehrheit fortfahren lassen können, in der Hoffnung, daß sich bis zur 1934 fälligen nächsten Reichstagswahl die Wirtschaftslage entspannen und damit die politische Radikalisierung wieder abklingen würde. Daß dies in so einer relativ kurzen Zeit erfolgt wäre, ist aber sehr zweifelhaft. Die Arbeiterparteien waren völlig machtlos geworden – sie besaßen weiterhin auch zusammen keine Mehrheit, bekämpften sich obendrein gegenseitig aufs heftigste, die Waffe eines politischen Generalstreiks war angesichts der hohen Arbeitslosigkeit stumpf, und zu gewaltsamem Widerstand reichten ihre Kräfte erst recht nicht. Die KPD war von der marxistischen Theorie eines geschichtsnotwendigen Sieges des Sozialismus dermaßen benebelt, daß sie sogar gegen eine NS-Herrschaft gar nichts einzuwenden hatte: „Wir müssen daher so taktieren, daß zunächst einmal die Rechte zur Macht kommt ... Die Herrschaft der Nazis wird nicht lange dauern. Sie wird bald zusammenbrechen, und die Erben, die sind wir!"[74]

Die NSDAP konnte nicht alleine über Wahlen zur Macht kommen, da sie ebenfalls im Reichstag keine Mehrheit besaß, und sie hatte auch keine Chance, sich gegen den Widerstand der Reichswehr mit Gewalt die Macht zu erobern, was Hitler sehr genau bewußt war. So blieben jetzt nur zwei Möglichkeiten. Die erste bestand darin, daß die Spitzen der Exekutive das Parlament ganz ausschalteten und damit den Weg in die unverschleierte Diktatur gingen, wie Dollfuß es in Österreich tat und wie es seit Winter 1931/32 faktisch auch die preußische Regierung Braun tat, indem sie gestützt auf das *Reichs*notverordnungsrecht regierte, da ihr Notverordnungen nach dem *preußischen* Notverordnungsrecht vom Landtag aufgehoben worden wären. Die zweite Möglichkeit war, daß sie die NSDAP zur Regierungsbeteiligung heranzogen, sei es in Form einer Koalition mit parlamentarischer Mehrheit, wie sie 1932 in Thüringen und Mecklenburg-Strelitz entstand, sei es zur Verbreiterung der gesellschaftlichen Basis einer Präsidialregierung ohne parlamentarische Mehrheit. Zwar hatten schon im Oktober 1931 auf einer Tagung in Bad Harzburg NSDAP, DNVP und vaterländische Verbände erklärt, zur gemeinsamen Übernahme der Regierungsverantwortung bereit zu sein, aber die „Harzburger Front" hatte damals weder eine Reichstagsmehrheit noch ein gemeinsames politisches Konzept besessen und war praktisch schon im Frühjahr 1932 über die Frage des Kandidaten für das Amt des Reichspräsidenten wieder zerbrochen. Im August und September 1932 fanden dann ernstzunehmende Verhandlungen über die Bildung einer Mehrheitskoalition im Reich aus Zentrum, BVP und NSDAP statt, ohne jedoch zu einem endgültigen Ergebnis zu führen. Also die offene Diktatur? Auf Bajonetten kann man im Zeitalter politisch mobilisierter Massen zwar vorübergehend, aber nicht auf Dauer sitzen. Die Erfolgschancen einer offenen Diktatur hätten davon abgehangen, ob es ihr gelungen wäre, im Laufe der Zeit Massenloyalität zu gewinnen, und das hieß, ob sie die dringenden Erwartungen der Bevölkerung erfüllte hätte. Nun wäre jeder Reichsregierung, die ein „Wirtschaftswunder" und außenpolitische Erfolge zustandegebracht hätte, Legitimität zugewachsen, und unter diesen Bedingungen hätte auch eine Restauration der Monarchie, die sich in zeitgemäße Formen kleidete, lebensfähig werden können.* Aber vor allem hätte es zur autoritären Diktatur des entschlossenen Diktators bedurft, und eben den mochte der müde gewordene Hindenburg auf seine alten Tage nicht mehr abgeben.

Als Papen, ohne Tolerierungsmehrheit im Reichstag, diesen durch einen Staatsstreich ganz ausschalten wollte, lehnte Hindenburg ab. Darauf wurde im Dezember 1932 Schleicher zum Kanzler berufen. Dieser versuchte jetzt eine breitere Basis zu finden, indem er Kontakte zu den Gewerkschaften anknüpfte und den antikapitalistischen Flügel der NSDAP unter G. Strasser von dieser abspalten wollte. Aber die sozialistischen Gewerkschaften verweigerten sich, und die NSDAP erlebte zwar eine kurze Führungskrise, blieb dann aber doch intakt. Damit war Schleicher schon nach wenigen Wochen gescheitert, und als er jetzt seinerseits auf die Idee einer offenen Diktatur zurückgriff, schlug Hindenburg dies auch ihm ab. Unterdessen hatte Papen mit Hitler über ein gemeinsames Kabinett verhandelt. Hindenburg weigerte sich immer wieder, Hitler zum Kanzler zu ernennen, aber als schließlich seine ganze Umgebung dafür war, gab der greise Feldmarschall zuletzt nach. Am 30. Januar 1933 ernannte er ein Kabinett aus NSDAP, DNVP und Stahlhelm, das als ein Präsidialkabinett mit Notverordnungen regieren sollte, ohne eine Mehrheit im Reichstag zu haben. Die konservativen Führungskreise hofften, so eine Massenbasis gewonnen und doch gleichzeitig die Macht in den Händen behalten zu haben. Nationalsozialisten waren im neuen Kabinett nur mit Hitler als Kanzler, W. Frick als Innenminister und Göring als Reichsminister ohne Geschäftsbereich und preußischer Innenminister vertreten, während die Konservativen Papen als Vizekanzler und Reichskommissar für Preußen, Hugenberg als Wirtschafts- und Ernährungsminister, den Stahlhelm-Führer F. Seldte und sechs weitere Minister stellten und außerdem auf ihren Rückhalt in Hindenburg und Reichswehr rechneten. „Wir haben ihn uns engagiert"[75], frohlockte Papen; „in zwei Monaten haben wir Hitler in die Ecke gedrückt, daß er quietscht."[76]

In Österreich wagte Dollfuß den Weg der autoritären Diktatur. Er verbot 1933/34 den Republikanischen Schutzbund, die Nationalsozialisten und die Sozialdemokraten. Stattdessen gründete Dollfuß 1933 die Vaterländische Front, in der die bürgerlichen Parteien aufgingen, und stützte sich auf die Heimwehren. Die Freiheitsrechte wurden eingeschränkt, politische Gegner in Anhaltelagern, also Konzentrationslagern, inhaftiert und die Presse zensiert. 1934 erließ die Regierung eine neue Verfassung. Das Parlament wurde durch eine berufsständische Vertretung mit nur beratender Funktion ersetzt. Die Rechtssetzung erfolgte durch Regierungsverordnungen aufgrund eines Ermächtigungsgesetzes von 1934. Als sich im Februar 1934 der bereits illegale Republikanische Schutzbund erhob, wurde er von Heer und Heimwehren niedergekämpft. Bei den erbitterten Kämpfen, in denen gegen Wiener Arbeitersiedlungen auch Artillerie eingesetzt wurde, gab es insgesamt über 300 Tote. Im Verlauf eines Putschversuchs der Nazis im Juli 1934 wurde zwar Dollfuß erschossen, aber der Putsch scheiterte. Dollfuß' Nachfolger Schuschnigg setzte denselben Kurs fort. Die Heimwehren gingen bis 1936 in der Vaterländischen Front auf. Das autoritäre System übernahm vom italienischen Faschismus einige äußerliche Merkmale, blieb aber weit entfernt von der radikalen, menschenverachtenden Dynamik des NS-Staats. Zwar war die Diktatur in Österreich

Autoritäre Diktatur in Österreich 1933-38

---

* Daß auch eine zunächst weitgehend abgelehnte Monarchie Legitimität gewinnen kann, zeigt das Beispiel Spaniens, wo 1975 die Restauration der Monarchie sogar nach 44jähriger Unterbrechung gelang.

auch autoritär, antiparlamentarisch, antiliberal und antimarxistisch, aber sie war im Unterschied zu Nationalsozialismus katholisch geprägt und ohne Rassenideologie. Das autoritäre System wurde im wesentlichen von Unternehmern sowie bäuerlichen und bürgerlichen Kreisen getragen und konnte sich auf die Bürokratie, das Heer und die katholische Kirche stützen. Seine soziale Basis war wohl breiter als die der Papen-Regierung im Deutschen Reich 1932, aber es gab keinen wirklichen Massenanhang. Das System konnte weder die Sozialdemokraten noch die Nationalsozialisten für sich gewinnen und auch nicht deren Organisationen vernichten, die im Untergrund weiterlebten. Anscheinend besaß keine der drei Richtungen in der Bevölkerung eine Mehrheit. Da die Wirtschaftslage in Österreich unbefriedigend blieb und damit immer mehr negativ gegen den reichsdeutschen Wirtschaftsaufschwung abstach, vermochte das Regime auch nicht an Loyalität zu gewinnen.

National-
sozialistische
Revolution
im Deutschen
Reich
1933/34:
Verlauf

Nachdem Hitler Kanzler des Deutschen Reiches geworden war, brach eine drei bis vier Monate dauernde Sturmwelle los, die das Gesicht des Staats grundlegend veränderte. Dabei griffen zwei Kräfte ineinander. Die nationalsozialistischen Regierungsmitglieder nutzten ihre Position, um von oben mit den Mitteln von Gesetzen und Verordnungen ihre Macht zu erweitern. Mit Vorbedacht hatten die Nationalsozialisten sich die Innenministerien im Reich und in Preußen und damit die Kontrolle über die Polizei gesichert. Gleichzeitig entfesselten die einfachen Nationalsozialisten von unten eine revolutionäre Bewegung, die mit spontanen Gewaltaktionen ihre Ziele durchsetzen wollte.

Entgegen der ursprünglichen Koalitionsvereinbarung setzte die Regierung für den 5. März 1933 Neuwahlen zum Reichstag an. Wenige Tage zuvor, am Abend des 27. Februar, wurde der Reichstag von dem Kommunisten van der Lubbe in Brand gesteckt und dadurch größtenteils zerstört. Hitler nutzte die Gelegenheit rasch aus: obwohl der Täter ohne Kontaktaufnahme zur KPD gehandelt hatte, behauptete Hitler, vielleicht durchaus in ehrlicher Überzeugung, der Brand solle das Signal für einen kommunistischen Aufstand setzen. Hitler sorgte dafür, daß Hindenburg schon am 28. eine Notverordnung „zum Schutz von Volk und Staat" erließ, welche die wichtigsten Grundrechte aufhob. Bei den Wahlen erhielten die NSDAP 43,9 Prozent und die DNVP 8,0 Prozent der Stimmen. Hitler war zwar nicht ins Amt gewählt worden, aber als Führer der Regierungskoalition beider Parteien wurde er jetzt durch die Hälfte der Wähler in einer noch einigermaßen freien Wahl im Amt bestätigt. In der Reichstagssitzung vom 23. März stand ein Ermächtigungsgesetz zur Abstimmung, das der Reichsregierung für vier Jahre das Recht gab, Gesetze ohne Mitwirkung des Reichstags zu erlassen, auch solche verfassungsändernden Charakters. Das bedeutete die Selbstausschaltung des Reichstags. Nur die SPD lehnte ab, während die bürgerlichen Parteien trotz Bedenken zustimmten. Ein Widerspruch auch der bürgerlichen Oppositionsparteien hätte eine sichtbare Geste des Einspruchs bedeutet, aber die Revolution nicht aufgehalten. Über die erforderliche Zweidrittelmehrheit der *anwesenden* Abgeordneten hätten Nazis und nationale Rechte außerdem auch alleine verfügt, da sie die KPD- und einige SPD-Abgeordnete bereits verhaftet hatten. Außer dem Reichstag wurden auch oppositionelle Landtage und Landesregierungen ausgeschaltet. Vom 5. bis 9. März setzte die Reichsregierung Reichskommissare in allen noch nicht nationalsozialistisch regierten Ländern ein. Am 31. März ordnete sie an, daß in allen Ländern die Landtage nach den Ergebnissen der Reichstagswahl neu zusammengesetzt werden sollten. Am 7. April erging die Weisung der Reichsregierung, daß in allen Ländern Reichsstatthalter dafür sorgen sollten, daß die Amtsführung im Sinne der Reichsregierung erfolgt. Am selben Tag erließ die Reichsregierung auch das „Gesetz zur Wiederherstellung des Berufsbeamtentums", das es erlaubte, jüdische und politisch unerwünschte Beamte zu entlassen. 1933-36 wurden alle politischen Beamten, 10 Prozent der höheren Beamten, aber fast keine unteren Beamten abgelöst. Juden und Sozialdemokraten hatten keine Chancen, ihre Ämter zu behalten.

Dieses Beamtengesetz sollten die längst von unten angelaufenen willkürlichen Aktionen kanalisieren. Nachdem Göring am 22. Februar 40.000 SA- und SS-Männer in Preußen zu Hilfspolizisten ernannt hatte, setzte eine revolutionäre Welle ein, die im März das ganze Reich erfaßte. SA und SS verhafteten sofort zahlreiche kommunistische und auch etliche sozialdemokratische Parteifunktionäre, Gewerkschaftsfunktionäre und andere politische Gegner. Um sie gefangenzuhalten, richtete die SA an zahlreichen Orten Konzentrationslager ein. Oft wurden die Insassen mißhandelt, viele von ihnen ermordet. SA-Trupps besetzten in etlichen Ländern die Regierungsgebäude und zahlreiche Rathäuser und zwangen auf diese Weise nichtnationalsozialistische Landesregierungen, Bürgermeister und Stadträte zum Rücktritt, sie besetzten Gewerkschaftshäuser und Zeitungsredaktionen, erzwangen Absetzung oder Rücktritt zahlreicher Amtspersonen, terrorisierten einzelne Juden und organisierten Boykottaktionen gegen Warenhäuser. Während der Abstimmung über das Ermächtigungsgesetz waren auch vor und im Reichstag lautstark drohende SA-Männer anwesend. Örtliche NS-Gliederungen entsandten vielfach politische Kommissare in staatliche und kommunale Behörden, ihre Leute setzten sich an die Stelle von Gewerkschaftsfunktionären und entlassenen Beamten, und sie versuchten, auch in Industrieunternehmen Kommissare einzusetzen und eine Aufnahme in Unternehmensvorstände zu erzwingen. NSDAP-Mitglieder organisierten Ende März überall im Land Boykottaktionen gegen jüdische Geschäfte, was in eine von oben sanktionierte Aktion am 1. April einmündete. Nationalsozialistische Studenten gingen gegen unliebsame Professoren vor, oft gewaltsam, und forderten deren Entlassung. Örtliche Parteistellen begannen selbständig, Büchereien und Museen zu „säubern", schon bevor am 10. Mai 1933 zentral von oben öffentliche Bücherverbrennungen inszeniert wurden. Parallel zu diesen Aktionen kam es zu einer Welle von Parteieintritten, besonders von Beamten, die auf diese Weise ihre Stellung zu sichern versuchten.

Die von der Basis heraufbrandenden, zügellosen Aktionen der örtlichen NS-Anhänger entzogen sich weitgehend einer zentralen Lenkung und Kontrolle. Im Sommer 1933 gelang es der Parteiführung dann, die revolutionäre Welle zu stoppen. Die meisten Konzentrationslager wurden aufgelöst, die Hilfspolizeiverbände verabschiedet. In den folgenden Monaten vollzog sich der weitere Ausbau der Macht der Nationalsozialisten in geordneten Formen. Vom 22. Juni bis 5. Juli wurden alle Parteien außer der NSDAP aufgelöst oder lösten sich selbst auf, nachdem sie schon durch Massenaustritte zerfallen waren. Am 14. Juli 1933 wurde die Gründung neuer Parteien gesetzlich verboten. Alle Interessenverbände und Vereine wurden gleichgeschaltet: man schloß Juden, Sozialisten und Linksliberale aus, und Nationalsozialisten oder ihnen nahestehende Personen traten an ihre Spitze. Dies erfolgte teilweise auf mehr oder minder starken Druck von außen hin, aber oft paßten die Organisationen sich freiwillig an die neue Zeit an. Die alten Kräfte biederten sich an oder resignierten; ernsthaften Widerstand gab es nicht. Von den politischen Leitern der NSDAP Ende 1934 waren fast 80 Prozent erst seit 1933 der Partei beigetreten. Im September 1933 wurde mit der

Reichskulturkammer eine Zwangskorporation aller „geistig Schaffenden" gegründet, im Oktober das Schriftleitergesetz zur Disziplinierung der Presse erlassen. Die Kirchen nahmen eine Sonderstellung ein. Für die reichsdeutsche katholische Kirche schloß der Vatikan im Juli 1933 mit der Reichsregierung ein Konkordat ab, das ihr freie Religionsausübung und innere Autonomie zusicherte. Innerhalb der evangelischen Kirche hatte sich schon vor 1933 die nationalsozialistische Glaubensbewegung der Deutschen Christen gebildet. Als 1933 die evangelischen Landeskirchen zu einer Reichskirche zusammengeschlossen wurden, versuchten die Deutschen Christen, in ihr zur führenden Kraft zu werden und die Kirche nationalsozialistisch gleichzuschalten. Dagegen erhob sich indessen Widerstand. Im September 1933 gründete Pfarrer Martin Niemöller den Pfarrer-Notbund, dem Anfang 1934 22 Prozent der evangelischen Pfarrer angehörten. Wenig später entstand aus ihm die Bekennende Kirche. Damit fiel die evangelische Kirche auseinander.

Jene konservativen Politiker, die sich mit der NSDAP die ihnen fehlende Massenbasis hatten engagieren, die die Nazis hatten „zähmen" wollen, fühlten sich rasch in die Rolle des Zauberlehrlings gedrängt, der die Geister, die er gerufen hatte, nicht wieder los wurde. Dabei hätten diese Politiker auch im Frühjahr 1933 immer noch die Notbremse ziehen und Hitler in die Schranken weisen können, denn Hitler war darauf angewiesen, daß die konservativen Minister den Kabinettsbeschlüssen zustimmten, daß die Reichswehr sich loyal verhielt und daß Hindenburg ihm erlaubte, den Artikel 48 anzuwenden. Aber es fehlte den Konservativen am Willen zum entschlossenen Handeln – wegen eben dieser inneren Schwäche hatten sie ja überhaupt gemeint, sich Hitler engagieren zu müssen. Papen und Hugenberg waren politisch blind, Reichswehrminister W. von Blomberg charakterlich völlig haltlos, und Hindenburg stand schon mit einem Bein im Grab. So zersplitterte die „Einrahmung" rasch: die konservativen Minister ließen sich im Kabinett bald mehrfach überspielen, ab April 1933 wurde der Stahlhelm in die SA eingegliedert, Papen trat im April 1933 als Reichskommissar für Preußen und im Juli 1934 auch als Vizekanzler zurück, und Hugenberg wurde im Juni 1933 entlassen. Hindenburg starb im August 1934, worauf Hitler Präsidentenamt und Kanzleramt zur Stellung des „Führers" vereinte. Die Reichswehr hielt sich während des SA-Terrors abseits und wurde dafür mit dem Versprechen bezahlt, daß bald wiederaufgerüstet und die außenpolitische Machtstellung der Vorkriegszeit zurückgewonnen werde. Getragen von der Stimmungswoge nationalen Aufbruchs sahen auch Justiz, hohe Beamte, Professoren und Geistliche fast alle über die zahlreichen rechtswidrigen Übergriffe der Nationalsozialisten hinweg, obgleich öffentlicher Protest noch möglich gewesen wäre und Zeichen gesetzt hätte.

National-sozialistische Revolution: Grenzen

Diese Erfolge der Nationalsozialisten bedeuteten aber nicht, daß die nationalsozialistische Bewegung den ganzen Staat überflutet hätte. Während die konservativen Eliten genüßlich zusahen, wie die Arbeiterparteien und Gewerkschaften zerschlagen wurden, und während sie die Übergriffe auf Juden widerspruchslos hinnahmen, bewahrten sie ihre eigenen Interessenfelder durchaus. Die Anpassung der Interessenverbände von Handwerk und Handel und erst recht der Industrie blieb mehr äußerlich. Auf eine Intervention der Unternehmer hin ließ Hitler die Eingriffe nationalsozialistischer Organisationen in Industriebetriebe und die Aktionen gegen Warenhäuser schon im Frühjahr abbrechen. Auch die Reichswehr verbat sich mit Erfolg jede nationalsozialistische Einmischung in ihre inneren Angelegenheiten.

Damit war es aber noch nicht getan. Die SA schwoll im Laufe des Jahres 1933 von

300.000 auf 1.000.000 Mitglieder der aktiven Wehrverbände an, und in ihren Reihen ging seit Anfang 1934 das Wort von einer „zweiten Revolution" um. Die leer ausgegangenen „Alten Kämpfer" beanspruchten Posten für sich, und SA-Stabschef Ernst Röhm forderte, SA und Reichswehr zu einem Milizheer unter seiner Führung zu verschmelzen. Parallel dazu agitierte in den Betrieben innerhalb der DAF die Nationalsozialistische Betriebszellenorganisation (NSBO) wild für höhere Löhne und bessere Arbeitsbedingungen. Hitler mußte sich zwischen den alten Eliten und dem revolutionären, antikapitalistischen Flügel der NS-Bewegung entscheiden. Und er entschied sich zwangsläufig für Generale und Großunternehmer, weil diese stärker waren und weil er sie für die geplante Aufrüstung und militärische Expansion brauchte. Unter dem Vorwand, die SA plane einen Putsch, ließ Hitler vom 30. Juni bis 2. Juli 1934 Röhm und andere höhere SA-Führer durch die SS ermorden. Bei dieser Gelegenheit erledigte die SS gleich noch einige konservative Gegner mit. Bald darauf wurden die führenden Vertreter der NSBO in der DAF ausgebootet und die Aufgaben der DAF eng begrenzt. Auch ständestaatliche Neuordnungsvorstellungen mittelständischer Kreise verschwanden jetzt auf Betreiben der Industrie endgültig von der Bildfläche. Damit war die nationalsozialistische Revolution endgültig abgeschlossen. Große Teile des Bürgertums und die Reichswehrführung waren froh, die unverschämte SA losgeworden zu sein; ein paar Dutzend Leichen nahm man dafür in Kauf.

1933/34 hatte sich die politische Struktur des Deutschen Reiches tiefgreifend gewandelt. Die Gewaltenteilung von Exekutive und Legislative, jede Form demokratischer Mitwirkungsmöglichkeiten, die politische Selbständigkeit der Länder und damit der Föderalismus, die Garantie von Grundrechten, der Parteienpluralismus, die organisierte Arbeiterbewegung, die Autonomie von Verbänden, anderen Interessenvertretungen und Medien und das Präsidentenamt, dies alles war beseitigt worden. Die Inhaber politischer Führungsstellungen waren weitgehend ausgewechselt worden. Eine Emigrationswelle setzte ein. Die neue nationalsozialistische Machtelite unterschied sich wesentlich von der bisherigen: sie war deutlich jünger, ihre soziale Herkunft deutlich nach unten zum Kleinbürgertum hin verschoben und ihr Bildungsstand im Ganzen geringer. Nach der regionalen Herkunft waren Preußen sehr stark unterrepräsentiert, dagegen Bayern, Österreicher und Auslandsdeutsche weit überrepräsentiert. Eine breite, von unten kommende Bewegung hatte mit Gewalt in relativ kurzer Zeit das politische System wesentlich verändert, kurzum: anders als 1918/19 war es hier offensichtlich zu einem revolutionären Bruch gekommen. Daß dies keinen Fortschritt in Richtung auf mehr Freiheit bedeutete, spricht nicht dagegen, daß es sich um eine Revolution handelte.* Es war die einzige einigermaßen erfolgreiche Revolution, welche die deutsche Geschichte auf nationaler Ebene erlebt hat. Allerdings war auch sie keine vollendete, sondern eine abgebremste, immerhin teilweise gezähmte Revolution. Reichswehr, Industrie und der außenpolitische Apparat blieben unangetastet, in den Ministerien behielt die Masse der konservativen Fachbeamten ihren Platz, da für sie kein hinreichend qualifizierter nationalsozialistischer Ersatz bereit stand, und die Kirchen konnten ihre Stellung zunächst teilweise halten. Legal war die Revolution zwar mit Blick auf die Ernennung Hitlers, aber die terroristischen Gewaltakte und willkür-

*National-
sozialistische
Revolution:
Ergebnis*

---

* Auch die russische Revolution 1917 wird man angesichts der mehreren Millionen Terroropfer der Lenin- und Stalindiktatur nicht ernstlich als Fortschritt zu mehr Freiheit bezeichnen können.

lichen Verhaftungen durch die SA brachen die Legalität vielmals. Der Schein der Legalität reichte genau so weit, wie es nötig war, damit die Reichswehr und die Masse der Bevölkerung ihr Gewissen beruhigen konnten und die Ereignisse duldeten.

Der völkische Staat

Volk und Rasse zu erhalten waren für Hitler die grundlegenden Ziele eines Staates, wie er ihn erstrebte. Nicht das Wohlergehen des Individuums oder des Herrschers, sondern das Volk als Ganzes stand im Mittelpunkt. Daraus ergab sich der Anspruch, daß sich der einzelne dem Ganzen völlig unterzuordnen habe. „Du bist nichts, dein Volk ist alles" lautete eine Parole der HJ. Nachdem im 19. Jahrhundert, ausgehend vom Vorrang des Individuums, in liberalem Geist Freiheitsräume autonomer Gestaltung gegen die Staatsgewalt abgesteckt und durch Grundrechte gesichert worden waren und sich dadurch Staat und Gesellschaft voneinander getrennt hatten, wurde dies jetzt wieder umgekehrt: die Volksgemeinschaft beanspruchte, den einzelnen total zu

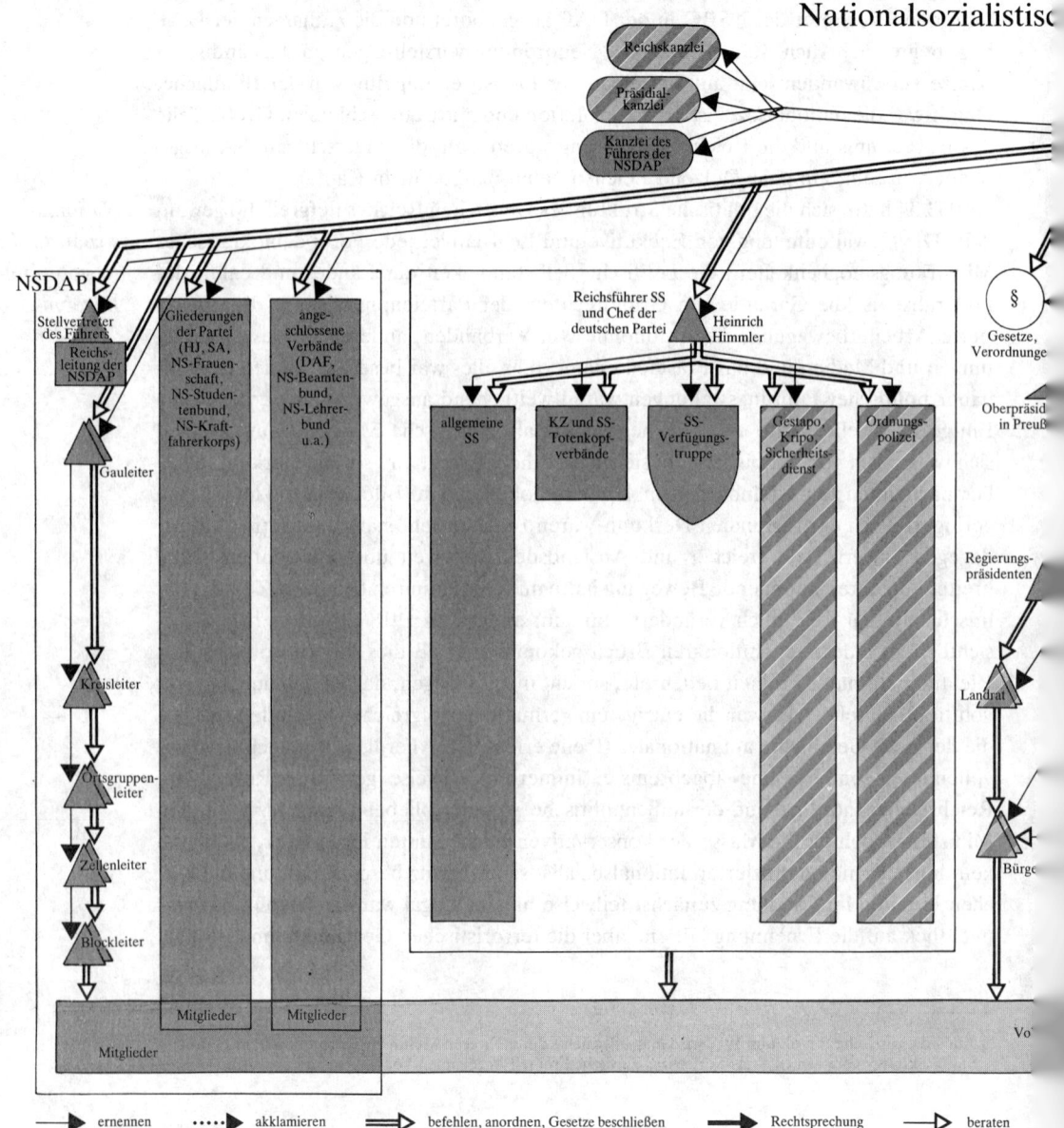

Nationalsozialistisc

erfassen und damit die Trennung von Staat und Gesellschaft wieder aufzuheben. Für Schutz- und Freiheitsräume des einzelnen war hier kein Platz mehr. Nun hatten zwar in gewisser Weise auch schon Obrigkeiten im 16. und 17. Jahrhundert Totalitätsansprüche formuliert, aber jetzt handelte es sich um etwas qualitativ anderes, denn jetzt war der Staatsapparat mächtig genug, sie auch effektiv durchzusetzen, und es stand ein Wille dahinter, der keine moralischen Bindungen mehr kannte. Hitler war der Ansicht, daß die germanische bzw. deutsche Rasse höherwertig sei als andere, weshalb der Staat auch die Reinheit der Rasse bewahren und fördern müsse. Das bedeutete, ihre Vermischung mit als minderwertig eingeschätzten Elementen zu verhindern, letztere aus der Volksgemeinschaft auszuschließen und eine biologische Höherzüchtung der Deutschen anzustreben. Die Vorstellung, daß Menschen aufgrund ihres Blutes (Erbguts) verschieden wertvoll seien, wandte Hitler nicht nur auf die Rasse als Gan-

hrerdiktatur: Deutsches Reich 1937

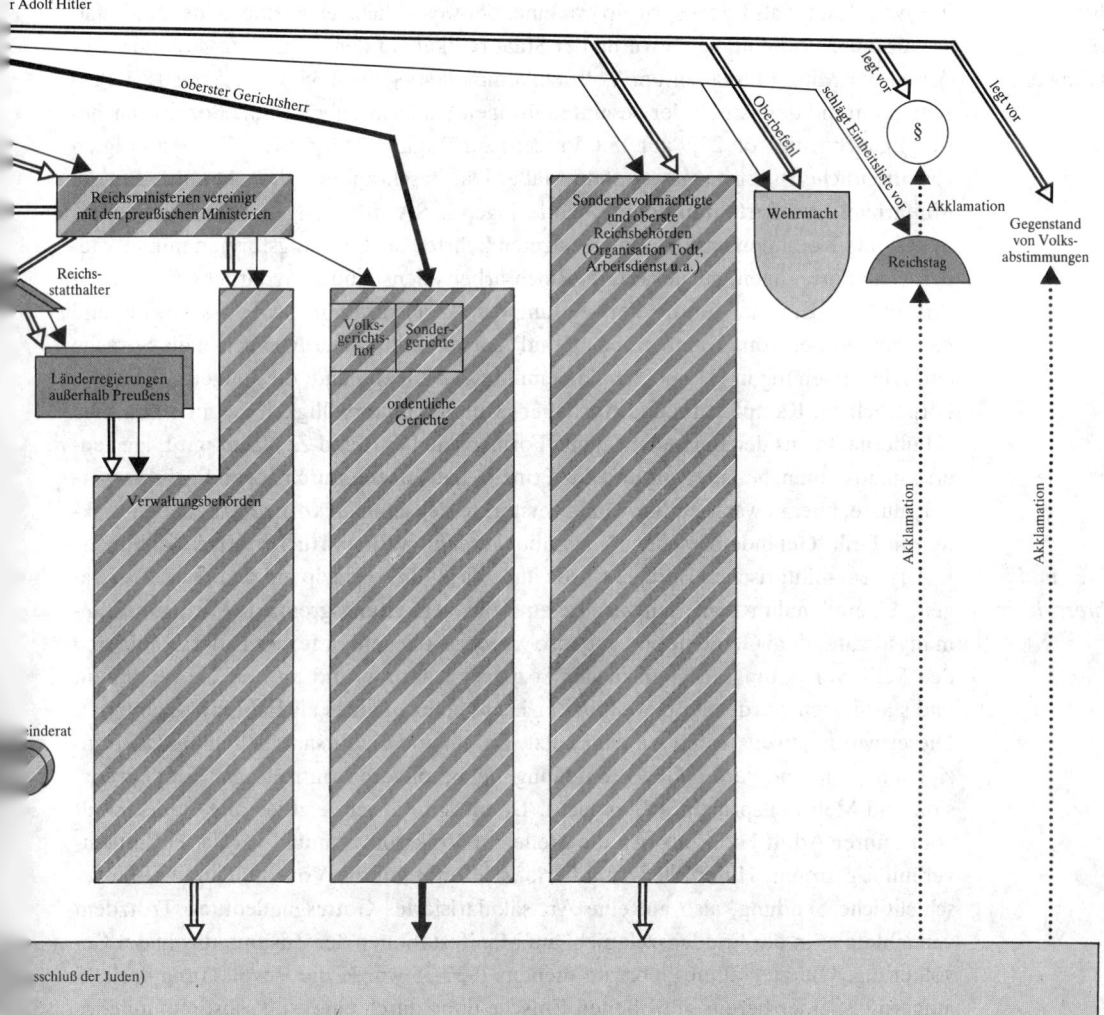

r der NSDAP und ihrer Organisationen   Partei- und Staatsapparat waren vielfältig durch Personalunion verflochten.

zes, sondern auch auf die einzelnen Menschen innerhalb des Volkes an. Damit war dem Prinzip der Gleichberechtigung aller Staatsbürger der Kampf angesagt. Daraus folgte auch, daß Hitler die demokratische Herrschaftsordnung ablehnte, die auf dem Prinzip der Mehrheitsentscheidung von einander gleichberechtigten Bürgern beruht, und stattdessen für eine autoritäre Staatsführung eintrat. Die Idee der Menschenwürde wurde vom nationalsozialistischen Standpunkt aus als „Humanitätsduselei" verächtlich gemacht.

In den folgenden Jahren versuchte Hitler Schritt für Schritt, diese Vorstellungen in die Wirklichkeit umzusetzen. Es waren *seine* Vorstellungen, nicht der Ausdruck von Interessen irgendwelcher gesellschaftlicher Gruppen. Vielmehr setzte der Diktator sich immer rücksichtsloser über wirtschaftliche und gesellschaftliche Interessen hinweg ebenso wie über alle moralischen Normen. Angesichts dieser Zielbestimmungen bedeutete Hitlers Idee eines völkischen Staates ihrem Wesen nach eine existentielle Gefährdung sowohl von Freiheit und Leben seiner Einwohner wie anderer Völker. So standen am Ende ungeheure Verwüstungen.

Kampf als Lebensprinzip des Staates

Der Wille zur militärischen Expansion, überhaupt die sozialdarwinistische Vorstellung vom Kampf als Lebensprinzip war eines der wesentlichsten Elemente des Nationalsozialismus. Von Anfang an wurde der Staat radikal auf den Kampf ausgerichtet. Der Anteil der Militärausgaben am Volkseinkommen stieg 1932-38 von 1,5 auf 18,1 Prozent, während der Anteil der gesamten übrigen Staatsausgaben (ohne Sozialversicherung) gleichzeitig von 25,9 auf 18,0 Prozent zurückging. Militärische Formen prägten das öffentliche Bild in ungewohntem Maße. Das beschränkte sich nicht auf häufigere Militärparaden. Parteifunktionäre, Hitlerjugend, SA usw. trugen Uniformen, marschierende Kolonnen und In-Linie-Antreten kehrten als Ordnungsformen immer wieder – auf Parteitagen, bei der HJ, im Reichsarbeitsdienst und auch darüber hinaus. Mit Worten wie „Einsatz" für die Verwendung von Arbeitskräften, „Arbeitsschlacht" und häufigem Reden von „Kampf" und „Feind" zog die Militarisierung auch in die Sprache ein. Die Erziehung in HJ und Schule bemühte sich zunehmend, die Jungen geistig und körperlich auf Kämpfertum und Ausdauer, Mut und Opferwilligkeit auszurichten. Die HJ übernahm aus der Jugendbewegung Formen wie Fahrt und Zeltlager mit Lagerfeuerromantik, manches Liedgut und das Prinzip, daß Jugend durch Jugend geführt werden müsse, aber in wachsendem Maße verstärkte sich dann ihr vormilitärischer Charakter mit Drill, Geländemärschen, Nachtübungen und wehrsportlichen Ertüchtigungen.

Führer und Führerprinzip

Aus dem militärischen Bereich wurde auch das Führerprinzip auf den Staat übertragen. Überall nahm man den bisherigen Selbstverwaltungsgremien ihre Mitbestimmungsrechte, dem Gemeinderat genauso wie der Kollegenkonferenz in der Schule und den Selbstverwaltungsgremien in der Sozialversicherung und an den Universitäten, und stattdessen wurde alle Gewalt in der Hand eines Mannes als Führer konzentriert. Dieser wurde jeweils von oben eingesetzt. Befehl und Gehorsam hießen die Leitprinzipien in Staat und Partei. Gewaltenteilung und besondere Kontrollorgane mit Diskussion und Mehrheitsprinzip gab es nicht. Damit leitete sich letztlich alle Staatsgewalt vom Führer Adolf Hitler ab. An die Stelle der Volkssouveränität war die Führersouveränität getreten. Hitler wiederum berief sich öfter auf die Vorsehung und seine geschichtliche Sendung, also auf eine Art säkularisiertes Gottesgnadentum. Trotzdem verzichtete er in der Friedenszeit nicht auf Manifestationen der Zustimmung in der Bevölkerung. Hierzu sollten Plebiszite dienen: 1933-38 wurde die Bevölkerung dreimal aufgerufen, einer bereits getroffenen Entscheidung durch eine Volksabstimmung ihre

Zustimmung auszusprechen, und dreimal dazu, die Einheitsliste der NSDAP für den Reichstag zu bestätigen. Als Ergebnis wurden meist über 90 Prozent Ja-Stimmen verkündet. Der Reichstag seinerseits war ebenfalls zum einflußlosen Akklamationsorgan geworden. Er hielt von März 1933 bis 1942 jährlich durchschnittlich nur zwei Sitzungen ab und verabschiedete bis zum Kriegsbeginn insgesamt nur 9 Gesetze. Der absolutistische Führer im Massenzeitalter konnte nicht wie der absolutistische Monarch des 18. Jahrhunderts ohne Beziehung zur Bevölkerung bleiben, sondern mußte versuchen, den Eindruck des Gleichklangs zu erwecken. Ein besonderer Personenkult hob Hitler immer weiter von den übrigen Volksgenossen ab und sollte zugleich eine emotionale Bindung an den Führer aufbauen. Hitlers Stellvertreter R. Heß formulierte in typischer Weise: „Jeder fühlt und weiß: Er hat immer recht, und er wird immer recht haben. In kritikloser Treue, in der Hingabe an den Führer, die nach dem Warum im Einzelfall nicht fragt, in der stillschweigenden Ausführung seiner Befehle liegt unser aller Nationalsozialismus verankert."[77] Bis zum Kriegsausbruch redete Hitler immer wieder vor Massenversammlungen, und die neuen Mittel Kinowochenschau und Radio machten es möglich, Bild und Stimme des Führers bis in kleinere Provinzorte zu übertragen und damit einen direkteren Kontakt zwischen Regierendem und Regierten herzustellen, als er je zuvor bestanden hatte.

Einordnung in die Volksgemeinschaft und Gehorsam gegenüber dem Führer ergaben sich nicht von selbst. Zwei verschiedene Methoden sollten sie erzeugen: einerseits sollte die Bevölkerung gezielt beeinflußt und damit innerlich für das System gewonnen, ja begeistert werden, andererseits sollten die Ablehnenden durch Einschüchterung, Druck und Terror gefügig gemacht oder in Schach gehalten werden. Verführung und Gewalt ergänzten einander.

Massenpropaganda: Lenkungssystem

„Wir leben nun einmal in dem Zeitalter, wo Massen hinter einer Politik stehen müssen", stellte Goebbels fest. „Es genügt nicht, die Menschen mit unserem Regiment mehr oder weniger auszusöhnen, sie zu bewegen, uns neutral gegenüberzustehen, sondern wir wollen die Menschen so lange bearbeiten, bis sie uns verfallen sind."[78] Schon im März 1933 wurde ein „Ministerium für Volksaufklärung und Propaganda" unter Führung von Goebbels eingerichtet und damit etwas völlig Neues geschaffen. Die NS-Führung kombinierte verschiedene Methoden, um die öffentliche Meinung zu lenken. Im Kulturleben durfte als Schriftsteller, Journalist, Schauspieler, Musiker und Künstler nur tätig sein, wer Mitglied der Reichskulturkammer war, als Schriftleiter einer Zeitung nur, wer in einer entsprechenden Berufsliste eingetragen war. Die Drohung mit Ausschluß oder Streichung, also Berufsverbot, beschnitt den geistigen Freiraum wirksam. Außerdem kaufte der NS-Zentralverlag Eher den größten Teil der Zeitungen und viele Verlage nach und nach auf. Der Rundfunk war schon 1932 verstaatlicht worden, die deutschen Nachrichtenagenturen wurden 1933 und die Filmindustrie schrittweise 1936-42 verstaatlicht. Das Propagandaministerium gab regelmäßig Weisungen und Sprachregelungen heraus, in denen es bestimmte Themen und Formulierungen vorschrieb oder verbot. Prüfämter sonderten unerwünschte Bücher aus. Angesichts dieses Instrumentariums wurde auf eine Vorzensur für Druckschriften verzichtet. Nur bei Kinofilmen bestand die schon 1920 eingeführte Vorzensur weiter. Goebbels nutzte gezielt die neuen Medien Radio und Film, um die Bevölkerung für das System zu gewinnen. Besonderes Augenmerk richtete die NS-Führung darauf, die kommende Generation im nationalsozialistischen Sinne zu erziehen, was vor allem durch HJ und Schule erfolgen sollte.

Hitler stellte fest: „Die Aufnahmefähigkeit der großen Masse ist nur sehr beschränkt, das Verständnis klein, dafür jedoch die Vergeßlichkeit groß. Aus diesen Tatsachen heraus hat sich jede wirkungsvolle Propaganda auf nur sehr wenige Punkte zu beschränken und diese schlagwortartig so lange zu verwerten, bis auch bestimmt der Letzte unter einem solchen Wort das Gewollte sich vorzustellen vermag ... Die breite Masse eines Volkes besteht weder aus Professoren noch aus Diplomaten. Das geringe abstrakte Wissen, das sie besitzt, weist ihre Empfindungen mehr in die Welt des Gefühls ... Ihre gefühlsmäßige Einstellung aber bedingt zugleich ihre außerordentliche Stabilität. Der Glaube ist schwerer zu erschüttern als das Wissen.''[79] Was Hitler hier drastisch aussprach, ist Grundsatz jedes Werbefachmannes für Massenkonsumgüter, und daß sich schließlich auch die politische Werbung hieran orientierte, lag im Zug der Zeit und ist inzwischen auch in westlichen Demokratien weithin üblich geworden. Die Nationalsozialisten setzten diese Grundsätze allerdings früher und weitaus radikaler und konsequenter in die politische Praxis um als alle anderen, und sie entwickelten dabei einen politischen Stil, demgegenüber die Honoratiorenpolitiker vorangegangener Jahrzehnte verstaubt wirkten. Nie zuvor hatte es in Deutschland Massenfeiern solchen Ausmaßes gegeben. Eine Fülle von Kundgebungen, Paraden, Weihestunden und Aufmärschen fand statt, deren kultischer Höhepunkt der jährliche Reichsparteitag in Nürnberg bildete. Alle diese Veranstaltungen wurden theatermäßig inszeniert. Sie übernahmen die Ordnungsformen militärischer Organisation und entlehnten die Feierlichkeit religiösen Kultformen. Die Nationalsozialisten setzten nicht auf die Ansprache des Verstands durch die gedruckte Schrift und das logische Argument, sondern sie setzten auf die Ansprache von Gefühl und Glaube durch die mitreißende, pathetische Rede, durch das Leuchten von Fackeln, Scheinwerfern und Lagerfeuern vor abendlicher und nächtlicher Kulisse, durch den ergreifenden Rhythmus von Marschmusik und gemeinsames Singen, durch Aufzüge wehender Fahnen und überhaupt durch das Gemeinschaftserlebnis der Teilnahme an Massenveranstaltungen.

Wer nicht ein Mindestmaß an Konformität zeigte, lernte die repressive Seite des Systems kennen. Blockwarte der Partei kontrollierten das Verhalten der Hausbewohner, sorgten beispielsweise dafür, daß diese Flaggen heraushängten, wenn es angeordnet war, und drängten sie zum Eintritt in NS-Gliederungen. Spitzel und übereifrige Nazis meldeten weiter, wenn jemand vor ihren Ohren Regimekritisches verlauten ließ.

Wichtiger als die kleinen Formen des Drucks war die Beseitigung rechtsstaatlicher Sicherungen. Indem Hitler sich 1934 zum obersten Gerichtsherrn ernannte und beanspruchte, jeden Richter entlassen zu können, war die Unabhängigkeit der Justiz von der Exekutive aufgehoben. 1935 wurde in das Strafgesetzbuch die Norm eingefügt, daß man auch für eine Handlung bestraft werden konnte, die gegen kein Gesetz verstieß, sondern nur „nach gesundem Volksempfinden Bestrafung verdient'' (§ 2 RStGB). Damit waren willkürlichen Urteilen die Tore geöffnet. Überhaupt ging im Strafprozeß der Trend dahin, die Rechte der Angeklagten und Verteidiger immer weiter einzuschränken und das Strafmaß zu erhöhen. Verwaltungsakte wurden zunehmend der richterlichen Überprüfung entzogen. 1933 wurden Sondergerichte bei den Oberlandesgerichten gebildet und 1934 der von Hitler direkt ernannte Volksgerichtshof für Hoch- und Landesverratssachen. Rechtsverschärfung und Unrechtsurteile waren aber nicht nur eine Folge neuer nationalsozialistischer Rechtsbestimmungen, sondern auch der Art, wie Richter mit dem Recht umgingen. Sie wandten nicht nur das neue NS-Recht an, sondern nutzten oft auch jenen Spielraum, der in den Gesetzen durch Generalklauseln und den jeweiligen Strafrahmen gegeben ist, intensiv im nationalsozialistischen Sinne aus, ohne dazu gezwungen gewesen zu sein, ja sie gingen teilweise sogar unter Rechtsbeugung strafverschärfend über bestehendes NS-Recht hinaus. Die vielen Todesurteile wegen Wehrkraftzersetzung, Rassenschande usw. waren durch die nationalsozialistischen Strafbestimmungen durchaus nicht zwangsläufig geboten gewesen.

Die Repression reichte nun noch weit über die Tätigkeit des Justizapparats hinaus. Während im Bereich des Zivilrechts die auf Rechtsnormen beruhende Ordnung weitgehend bestehen blieb (ausgenommen die Stellung der Juden) und man in diesen Angelegenheiten selbst gegen die NSDAP prozessieren konnte, entstand im Bereich des Strafrechts ein völlig rechtsfreier, unkontrollierter Raum, in dem die Geheime Staatspolizei und die SS ihren Terror ausübten. Basis für diesen rechtsfreien Raum war die Reichstagsbrandverordnung, welche die Grundrechte außer Kraft setzte und die bis 1945 gültig blieb. Die Gestapo verhaftete willkürlich verdächtige Personen, führte bei ihren Vernehmungen die Folter wieder ein und steckte mißliebige Bürger als „Schutzhäftlinge" auf unbestimmte Zeit in Konzentrationslager, ohne daß dabei ein Gericht tätig wurde. Abfällige Bemerkungen über den Führer, das Hören des Moskauer Senders oder ein Streik für höhere Löhne konnten als Grund ausreichen, um jemanden zeitweilig in „Schutzhaft" zu nehmen.

Die Konzentrationslager (KZs) wurden 1934 von der SS übernommen. In den Lagern waren die Häftlinge völlig rechtlos. Man unterwarf sie dort militärischem Formaldrill und schwerer körperlicher Arbeit und mißhandelte sie in verschiedenster Weise. Die Ernährung war unzureichend, und medizinische Versorgung fehlte weitgehend. Die Sterblichkeit war dementsprechend beträchtlich. Zunächst dienten die Lager nur dazu, bestimmte Personen zu verwahren und im übrigen allgemein eine einschüchternde Wirkung auf politisch Andersdenkende auszuüben. Seit 1939 wurden die Konzentrationslager dann auch als Vernichtungsort benutzt, indem man bestimmte unerwünschte Personen ohne Gerichtsverfahren in die Lager überstellte und dort sofort nach ihrer Ankunft ermordete. Außerdem wurden im Krieg Häftlinge auch für medizinische Experimente mißbraucht und besonders seit 1942 als Rüstungsarbeiter eingesetzt.

Konzentrationslager

Zunächst inhaftierten die Nazis in den Lagern nur politische Gegner. Ab etwa 1937 trat eine zweite Aufgabe hinzu, nämlich aus der Volksgemeinschaft jene Elemente herauszuhalten, die den bürgerlichen Moralvorstellungen nicht entsprachen. Jetzt wurden Personen, die mehrfach vorbestraft waren, vorbeugend als „Berufsverbrecher" in die KZs eingeliefert, ohne daß eine neue strafbare Handlung vorlag, und ebenso steckte man Bettler, Landstreicher, Prostituierte, Alkoholiker, Raufbolde, säumige Alimentenzahler, Homosexuelle und Arbeitsscheue sowie Zigeuner als „Volksschädlinge" in die Lager. Die Stoßrichtung dieser Maßnahmen erinnert an Erlasse des 17. und 18. Jahrhunderts und die damaligen Arbeitshäuser. Im Krieg erhielten einige besondere Konzentrationslager dann noch weitere Aufgaben im Zuge der Rassenpolitik.

Die konservativen Eliten von Reichswehr, Wirtschaft und Verwaltung hatten die nationalsozialistische Revolution 1934 abgestoppt. In den folgenden Jahren nahm der Nationalsozialismus zunächst in kleinen Schritten, ab 1938 mit neuer Dynamik sein Streben wieder auf, Staat und Gesellschaft seinen Charakter aufzuprägen, seinen Totalitätsanspruch bis in den letzten Winkel der Gesellschaft durchzusetzen und die kon-

Verselbständigung des Herrschaftsapparats

servativen Eliten auszuschalten. 1933/34 wurde kein neuer, dauernder Verfassungszu-stand etabliert, sondern der NS-Staat unterlag einem ständigen Veränderungsprozeß. Noch bevor er seinen utopischen Endzustand eines Imperiums auf rassischer Grund-lage erreichte, zertrümmerten ihn dann die Schläge seiner Gegner. Zu einem voll ent-wickelten Nationalsozialismus ist es also nie gekommen. Die Dauer des Umgestal-tungsprozesses ist eigentlich nicht erstaunlich; auch in der SBZ/DDR brauchte es über ein Dutzend Jahre, bis die Gesellschaftsordnung umgestaltet und eine neue Führungs-schicht herangezogen war.

In der NS-Zeit wurde die Gesellschaft nach und nach mit einem Netz von Parteiglie-derungen überzogen. Die Zahl der NSDAP-Mitglieder stieg von Januar 1933 bis 1943 von 0,85 auf 6,5 Millionen. Dazu kamen die Parteigliederungen (SA, SS, HJ, NS-Frau-enschaft, NS-Kraftfahrerkorps usw.) und die angeschlossenen Verbände (DAF, NS-Ärztebund, NS-Lehrerbund usw.). Alle Jugendverbände außer der HJ wurden bis 1936 aufgelöst und die HJ-Mitgliedschaft 1939 Pflicht. Der Anteil der 10-18jährigen, der in der HJ war, stieg von 30 Prozent (1933) über 77 Prozent (1938) auf 98 Prozent (1939). Bei Prüfungen und Beförderungen spielten HJ- und Parteimitgliedschaft zu-nehmend eine größere Rolle. Trotz des Konkordats ließ die Regierung lokale NS-Stel-len in einem Kleinkrieg gegen die katholische Kirche deren Einfluß immer weiter zu-rückdrängen. Katholische Zeitungen wurden verboten, die konfessionellen Vereine ausgetrocknet, die Gläubigen zum Austritt aus der Kirche gedrängt, die katholischen Jugendverbände verboten und die Bekenntnisschulen 1935-39 schrittweise aufgelöst. Gegen die evangelische Bekennende Kirche ging das Regime vor allem seit 1937 mit Verhaftungen und anderen Druckmitteln vor und legte sie weitgehend lahm, zumal sie in verschiedene Richtungen zerfiel. Seit dem Vierjahresplan 1936 verstärkte sich auch der Einfluß der Politik auf die Industrie.

Gegenüber Militär und Bürokratie wandte Hitler eine Doppelstrategie an: ihre kon-servative personelle Spitze, die Parteieinflüsse auf ihren Bereich abzuwehren suchte, wurde bei passender Gelegenheit ausgewechselt, und außerdem bekamen sie Konkur-renzorganisationen zur Seite gestellt. Ende 1937 trat H. Schacht als Wirtschaftsmini-ster zurück. Im Januar 1938 machte Kriegsminister Blomberg sich durch eine Heirats-affäre unmöglich und mußte zurücktreten. Im folgenden Monat wurde Heeresoberbe-fehlshaber W. von Fritsch abgelöst, der in den falschen Verdacht der Homosexualität geraten war, und außerdem Außenminister K. von Neurath entlassen. Den Oberbe-fehl über die Wehrmacht übernahm Hitler selbst und schuf sich dafür als Ausführungs-organ ein Oberkommando mit willfährigen Generalen. Neuer Außenminister wurde der NS-Politiker J. von Ribbentrop. Die SS unter Himmler durfte jetzt ihre eigene Kampftruppe in Gestalt der Waffen-SS rasch erweitern. Diese wuchs von 1938 bis zum Kriegsende von 14.000 auf 950.000 Mann an und beanspruchte schließlich, Kern des künftigen Heeres zu sein. 1942 wurden die Gauleiter der NSDAP zu Reichsverteidi-gungskommissaren ernannt, 1943 bekamen alle Einheiten bis zum Bataillon herab NS-Führungsoffiziere als Propagandisten und Überwacher beigeordnet, und am 21. Juli 1944 übernahm Hitler das Kommando über das Ersatzheer. Indem das Offi-zierskorps sich durch die Aufrüstung und den Krieg vervielfachte und die jüngeren Of-fiziere zunehmend nationalsozialistisch geformt waren, verlor es auch seinen inneren Zusammenhalt. Die Ministerien sahen ihre Kompetenzen dadurch ausgehöhlt, daß im-mer neue ministeriumsähnliche Apparate geschaffen wurden, die Hitler direkt unter-standen (u.a. Reichsarbeitsdienst, Organisation Todt, Göring als Beauftragter für den

Vierjahresplan, Himmler als „Reichskommissar für die Festigung des deutschen Volkstums" zur Durchführung der Rassenpolitik), daß außerdem mit den Zwangskartellen (z.B. Reichsnährstand, Reichskulturkammer) herrschaftsähnliche Apparate hinzutraten und daß manche Parteidienststellen mit den Ministerien um dieselben Aufgaben zu konkurrieren begannen. Ein besonderes Phänomen stellte die SS dar. Sie unterstand ab 1934 Hitler direkt. Ihr Führer, Himmler, war seit 1936 zugleich Chef der deutschen Polizei. Indem er immer mehr die Polizei aus dem Staat und die SS aus der Partei herauslöste und beides miteinander verschmolz, verselbständigte sich der innenpolitische Gewaltapparat, der zugleich ständig weiter wucherte.

Nachdem die mittelständische Wählerschaft der Jahre 1932/33 schon 1934 politisch einflußlos geworden war, verselbständigten sich die NS-Führung und ihr Apparat also auch gegenüber den konservativen Eliten. Wie sehr die politischen und ideologischen Ziele Hitlers schließlich dominierten, wurde deutlich, als im Kriege gegen die Einwände des Heeres ein beträchtlicher Teil der knappen Eisenbahnmittel verwendet wurde, um Juden in die Vernichtungslager zu transportieren, und als die SS gegen die Interessen der Industrie auch jüdische Facharbeiter vergaste. Während des Kriegs konnten die Nazis auf den Sachverstand der alten Eliten noch nicht verzichten und keine unnötige Unruhe brauchen, aber nach dem Endsieg hätte das Regime mit den Kirchen, dem Adel, den konservativen Professoren, Offizieren, höheren Beamten und Unternehmern endgültig abgerechnet. Es hätte sich eine neue nationalsozialistische Elite geschaffen und die christliche Religion als mit dem Nationalsozialismus konkurrierende Weltanschauung völlig unterdrückt. Was das Beseitigen der alten Führungsschichten anging, erwiesen sich dann nach 1945 in der SBZ die Kommunisten objektiv als Testamentsvollstrecker des NS-Regimes.

Im Laufe der Jahre entstand ein immer komplizierteres Neben- und Gegeneinander sich vervielfachender und wuchernder Machtapparate, deren Kompetenzen einander oft überschnitten. Das Reichskabinett als Integrationsorgan tagte immer seltener und seit Februar 1938 gar nicht mehr. Die Partei wurde vielfältig mit dem Staatsapparat verzahnt, aber die Parteikanzlei unter R. Heß, der seit 1933 formal Hitlers Stellvertreter als Parteiführer war, nahm keine wirkliche politische Führungsrolle wahr. Daß 1934 die Hoheitsrechte der Länder und der Reichsrat aufgehoben wurden, bedeutete zwar eine Zentralisierung der Macht, aber weiter blieben die Gauleiter, die oft zugleich Reichsstatthalter oder Oberpräsidenten waren, mächtige Regionalgewalten. Hitlers Wille war stets letztlich entscheidend, doch der Führer füllte die nötige Koordinierungsaufgabe immer weniger aus. Seine Weisungen waren oft nur allgemein und widersprüchlich. Dieser immer stärkere Kompetenzenwirrwarr ergab sich letztlich daraus, daß das sozialdarwinistische Prinzip auf die Verwaltung übertragen wurde, indem Hitler einzelne Führer mit einem Auftrag einsetzte und diese dann zusehen konnten, wie sie sich in Rivalität gegen andere Institutionen durchsetzten.

Koordinierungsprobleme

Das Streben des Nationalsozialismus, die Gesellschaft total zu erfassen, stieß unvermeidlich auf Widerstände. Dabei gab es im Deutschen Reich nicht *den* Widerstand im Sinne einer einheitlich geführten Widerstandsorganisation, vergleichbar der Résistance in Frankreich. Deutlich zu trennen ist bei den Widerständen auch zwischen der Haltung der Verweigerung, die bestimmte Dinge nicht mitmachte und sich damit dem Totalitätsanspruch des Regimes zu entziehen suchte im Interesse einer gewissen eigenen Autonomie und des eigenen Gewissens, ohne damit das NS-System als solches in

Verweigerungen

Frage zu stellen, und dem tatsächlichen politischen Widerstand, der darauf abzielte, das NS-System als Ganzes wesentlich zu ändern oder umzustürzen.

Verweigerungen, welche die eigene Autonomie und die überlieferten Lebensformen bewahren wollten, konnten ebenso von Institutionen ausgehen wie individuell erfolgen. Als Institutionen traten die Kirchen dafür ein, die freie Glaubensverkündung und ihre Organisation zu erhalten, und versuchten ebenso wie Wehrmacht und Ministerien, Eingriffe nationalsozialistischer Organisationen abzuwehren. Die vielgestaltigen individuellen Verweigerungen erfolgten meist aus der Bindung an bestimmte Milieus heraus. Beispielsweise gingen manche ländliche Gemeinden unbeirrt weiter zur Kirche und hielten unverändert ihre Prozessionen ab, Zeugen Jehovas verweigerten Eid und Wehrdienst, Geisteswissenschaftler ließen in ihre Forschungen keine NS-Ideologie einfließen, und manche Jugendliche versuchten sich der HJ und ihrem Konformitätsdruck zu entziehen und anders zu leben. Letzteres galt sowohl für die Swingjugend, die vor allem aus dem gehobenen Hamburger Bürgertum stammte und Jazzmusik, lässige Haltung und modische Kleidung bevorzugte, wie auch für Jugendliche vor allem aus der städtischen Unterschicht, meist als Edelweißpiraten bezeichnet, die in Cliquen ihre eigenen Fahrten machten, Schlägereien mit HJ-Angehörigen suchten und verschiedenen Halbstarkenunfug trieben. Außerdem gab es jene, die sich aus moralischen Gründen manchen Zumutungen verweigerten, beispielsweise Menschen, die ihre Beziehungen zu Juden beibehielten sowie bedrängten und verfolgten Mitmenschen halfen, Schauspieler, die es ablehnten, an antisemitischen Filmen (z.B. „Jud Süß") mitzuwirken, Offiziere, die im Krieg den Kommissarbefehl nicht durchführen ließen, der eine sofortige Erschießung gefangengenommener sowjetischer Kommissare anordnete, Richter, deren Urteile entgegen den von oben ausgesprochenen Wünschen im unteren Bereich des Strafrahmens blieben, Offiziere, die bei Kriegsende Zerstörungsbefehle nicht ausführten. Alle diese Verweigerungsformen richteten sich nicht gegen das System als solches – der Pfarrer, der das Kirchenleben bewahrt wissen wollte, stimmte oft mit dem NS-Staat im Nationalismus, Antibolschewismus, der Ablehnung der Demokratie und der Bejahung autoritärer Ordnungsformen überein, und etliche jugendliche Edelweißpiraten meldeten sich später freiwillig als Offiziere.

Im übrigen hatte es Verweigerungshaltungen auch in der Weimarer Republik zahlreich gegeben, und sie waren dort oft eher grundsätzlich gegen das System gerichtet gewesen, z.B. wenn in Offizierskasinos statt Eberts Bild das des Kaisers hing, wenn Beamte und Professoren sich weigerten, an Veranstaltungen zum Verfassungsfeiertag teilzunehmen, und wenn viele Bürger demonstrativ das kaiserliche Schwarz-Weiß-Rot statt des republikanischen Schwarz-Rot-Gold flaggten, von der Systemkritik durch die Publizistik ganz zu schweigen. Im Unterschied zum liberalen Staat war ein Staat mit Totalitätsanspruch aber weniger duldsam und reagierte viel früher mit Repressionsmaßnahmen (wenn auch keineswegs bei allen Formen und Fällen von Verweigerungen!). Umfang und Schärfe der Repressionsmaßnahmen dürfen aber nicht dazu verleiten, die Reichweite der Motive der Opfer zu überschätzen. Schließlich wurden auch viele zu Opfern, die sich nicht einmal verweigert, geschweige denn politischen Widerstand geleistet hatten, sondern bloß einfach anders waren, wie z.B. Juden und Homosexuelle.

Frühe politische Widerstände

Wie stand es nun um die politische Haltung zum NS-System als solchem, der Zustimmung wie der Ablehnung? Nach dem Verbot von KPD und SPD 1933 wurde ein Teil ihrer Anhänger sofort im Untergrund gegen das NS-Regime aktiv. Sie setzten eine

illegale Massenpropaganda mit Flugblättern, Broschüren, Mauerparolen und Flüster-
propaganda in Gang, griffen aber zu keinen Gewaltmitteln. Diese Widerstandsgrup-
pen wurden bis 1935/36 zerschlagen, so daß der Widerstand der Linken auf wenige isolierte Grüppchen zusammenschmolz.

Stattdessen wuchs bis 1938 die Zustimmung zum NS-Regime, das auch beträchtliche *Loyalität*
Teile der Arbeiter für sich gewinnen konnte. Vor allem der Wirtschaftsaufschwung,
der Arbeitslosen Arbeit und Unternehmern und anderen Selbständigen größere Verdienste bescherte, und auch die außenpolitischen Erfolge sah man als vorzeigbare Leistungen an. Daß die Wehrmacht und damit die Zahl gehobener Planstellen rasch
wuchs, verschaffte Offizieren und Unteroffizieren steile Karrieren. Viele Jugendliche
fanden die gemeinsamen Fahrradtouren und Wanderungen, sportlichen Wettkämpfe
und Veranstaltungen in der HJ attraktiv. Die psychologische Egalisierung und die Kritik am „Standesdünkel" der alten Eliten, Verbesserungen am Arbeitsplatz und KdF-
Reisen ließen zahlreiche Deutsche den Nationalsozialismus als Träger sozialer Modernisierung erleben, und der suggestive politische Stil tat das Seine dazu. Jene konservativen Kräfte, welche die Demokratie innerlich nie akzeptiert hatten, waren durch die
autoritären Züge des Regimes befriedigt. Das Ausmisten der „entarteten Kunst", der
„kurze Prozeß" gegen Verbrecher aller Art, das scharfe Vorgehen gegen Zigeuner und
Asoziale, das Verächtlichmachen des „Formalismus" der Bürokratie und der „Nörgelei" der Intellektuellen, überhaupt die Berufung auf das „gesunde Volksempfinden"
fanden in breiten Kreisen Zustimmung, denn das Regime setzte hier nichts anderes in
die praktische Politik um, als das, was ohnehin Überzeugung zahlreicher deutscher
Stammtischrunden war. Kritik konzentrierte sich oft auf einzelne Maßnahmen unterer
Staats- und Parteiorgane, die dann als „Auswüchse" angesehen wurden, nicht auf das
Gesamtsystem. Hätte Hitler sich in den Jahren 1936-38 freien Wahlen gestellt, hätte er
wohl eine reichliche Mehrheit bekommen, von der jeder Politiker in der Weimarer Re-
publik nur hätte träumen können. Mit der Konsolidierung des Regimes ging auch die
Zahl der KZ-Häftlinge von etwa 27.000 im Juli 1933 auf unter 10.000 1935/37 zurück.

Das alles heißt nicht, daß die Mehrheit der Bevölkerung aus glühenden Nationalsozialisten bestanden hätte. Viele traten in die NSDAP ein, ähnlich wie später viele in
der DDR in die SED und in Bayern in die CSU eintraten, schlicht im Interesse ihrer
Karriere und ohne sich über die Ziele der Partei weiter viele Gedanken zu machen.
Die meisten Menschen gingen wie gewohnt ihrer Arbeit nach und verdrängten unangenehme Wahrnehmungen. Und wer mitarbeitete, stützte damit objektiv den NS-
Staat und machte sein Funktionieren erst möglich, der Arbeiter in der Rüstungsindustrie genauso wie der Pfarrer, der aus den Kirchenbüchern die Nachweise für die
Ahnenpässe bescheinigte, die dann dabei halfen, Menschen teilweise jüdischer Abstammung auszusortieren, oder der Lokführer und der Beamte in der Reichsbahnver-
waltung, welche die Judentransporte in die Vernichtungslager abwickelten und durch-
führten. Viele Offiziere und Beamte handelten in traditionellem Gehorsam, auch da,
wo während des Kriegs die moralischen Grenzen sichtbar überschritten wurden. Der
Situation, daß das Staatsoberhaupt verbrecherisch sein konnte, waren sie einfach nicht
gewachsen. Wo Männern mit der Ermordung von Juden direkt Verbrechen befohlen
wurden, weigerten sich manche, ohne daß ein einziger Fall bekannt ist, wo dies
Schlimmeres als Versetzung oder Beförderungssperre zur Folge gehabt hätte, aber
eine genügend große Anzahl gehorchte auch hier.

Die ersten siegreichen Feldzüge steigerten dann Hitlers Popularität bei den Deutschen noch weiter. Als sich allerdings seit Anfang 1943 die Niederlagen und Todesanzeigen häuften und der Luftkrieg deutsche Städte verwüstete, verlor das Regime immer mehr an Rückhalt in der Bevölkerung. Der NS-Staat reagierte mit verschärfter Repression. Seit 1939 durchwucherten die Konzentrationslager mit ihren Neben- und Arbeitslagern wie ein Krebsgeschwür das Reich, und die Zahl ihrer Insassen schwoll drastisch an. Die Hinrichtungen wurden massenhaft, ganz besonders 1943-45. Aufgrund von zivilen Strafjustizurteilen wurden 1933-39 598, aber 1940-44 11.336 Personen hingerichtet, aufgrund der militärischen Kriegsgerichte 1939-45 weitere etwa 30.000, wozu noch die zahlreichen willkürlichen Exekutionen durch Gestapo und SS kamen. Nach Kriegsende stellten viele Deutsche angesichts der verrußten Trümmer und der erschütternden Nachrichten über die Verbrechen an den Juden kopfschüttelnd fest: „Das haben wir nicht gewollt". Die Zustimmung vieler Deutscher zu Hitler beruhte eben stets auf einem gewissen Mißverständnis, indem sie sich über dessen eigentliche Ziele und damit über deren kriminellen Charakter nicht im klaren waren. Und Hitler förderte diese Unklarheit bewußt. In den Jahren 1930-33 stellte er Rassismus und Lebensraumidee nicht in den Mittelpunkt seiner Wahlreden. 1933 gab er sich betont seriös, was darin gipfelte, daß die Reichstageröffnung am 21. März 1933 in der Potsdamer Garnisonskirche stattfand, der Grabkirche der preußischen Könige Friedrich Wilhelm I. und Friedrich II., und damit demonstrativ auf altpreußische Traditionen Bezug nahm. In den Jahren 1933-38 betonte Hitler in der Öffentlichkeit immer wieder seinen Friedenswillen. So wurde noch 1948 in Westdeutschland bei einer Meinungsumfrage die These, der Nationalsozialismus sei eine gute Sache gewesen, die schlecht durchgeführt worden sei, von 57 Prozent der Befragten bejaht und nur von 28 Prozent verneint.

Politische Widerstände 1938-44
Mit Widerstand, der von fast der ganzen Bevölkerung einschließlich Militär und Verwaltung einhellig getragen wird, kann auch ein entschlossener Diktator nicht fertig werden. Aber das war nicht die Situation in der NS-Zeit. Für einen politischen Widerstand gab es keinen breiten Rückhalt in der Bevölkerung, und einzelnen Personen oder kleinen Gruppen war es wegen der Wachsamkeit des staatlichen Unterdrückungsapparats unmöglich, öffentlich zu opponieren. So waren für die vorhandenen Regimegegner die Möglichkeiten zu erfolgreichem politischem Widerstand sehr gering. Unterfangen wie die Flugblattaktion der Studentengruppe „Weiße Rose" 1942/43 zeugen zwar von politischer Moral und Verantwortungsbewußtsein, mußten aber zwangsläufig ein katastrophales Ende nehmen. Wer als höherer Beamter oder General ernsthafte Gegenvorstellungen erhob – was etliche taten! – wurde umgehend von seinem Posten abgelöst und durch eine gefügigere Person ersetzt. An letzteren herrschte kein Mangel. Erfolgschancen für einen politischen Umsturz konnte nur ein Militärputsch haben.

Als sich 1938 die unmittelbare Kriegsvorbereitung abzeichnete, löste dies bei einigen führenden Generalen, Diplomaten und höheren Beamten grundsätzliche Widerstände aus. Heeresgeneralstabschef Ludwig Beck strebte einen kollektiven Protestschritt der Generale an. Doch die anderen Generale zogen nicht mit, worauf Beck zurücktrat. Im folgenden wurde er zum Kristallisationskern einer Verschwörung: wenn Hitler den Befehl zum Angriff auf die Tschechoslowakei gab, sollte er vor dessen Ausführung verhaftet werden. Aber indem der britische Premierminister eine friedliche Einigung auf einer Konferenz anbot, kam er damit dem Angriffsbefehl um wenige Stunden zuvor und entzog auf diese Weise dem Putsch den Boden. Die Bitte der Verschwörer, unnachgiebig zu bleiben und damit die putschauslösende Situation entstehen zu lassen, hatte die britische Regierung abgelehnt, da ihr die Angelegenheit doch zu dubios erschien. Wäre es zu einem erfolgreichen Putsch gekommen, wäre damit das NS-Regime nicht direkt beseitigt, aber die Stellung der konservativen Eliten im Machtapparat gestärkt und damit wohl der Schritt ins Kriegsabenteuer und die spätere verbrecherische Radikalisierung des NS-Staats verhindert worden. Die Putschpläne wurden in den folgenden Monaten noch weiterverfolgt, ohne aber zur Durchführung zu kommen.

Erwähnt werden muß hier auch der Attentatsversuch eines Einzelgängers, des Schreinergesellen G. Elser. Anläßlich einer Parteiveranstaltung im Münchener Bürgerbräukeller am 8. November 1939 ließ er eine Bombe explodieren, der Hitler nur dadurch knapp entging, daß er die Feier vorzeitig verließ. Wichtig war dieser Attentatsversuch, weil sein Gelingen auch einen politischen Kurswechsel ausgelöst hätte: Göring wäre Hitlers Nachfolger geworden, unter ihm wäre der bereits begonnene Krieg höchstwahrscheinlich nach dem Polenfeldzug durch einen Kompromißfrieden abgebrochen worden, da Göring zu einem Friedensschluß mit Zugeständnissen hinsichtlich Polens bereit war und die Westmächte offensichtlich einem solchen Frieden mit einem Deutschland unter Göring zugestimmt hätten, und unter Göring wären innenpolitisch wahrscheinlich die konservativen Eliten aus Großindustrie und Militär dominant geworden, so daß der NS-Staat seine ins immer Radikalere treibende Dynamik wohl verloren hätte.

Solange in den ersten Kriegsjahren Sieg auf Sieg folgte, gab es für einen Putsch keine Chance; er hätte weder bei Generalen noch in der Bevölkerung Rückhalt gefunden. Erst nach der Kriegswende im Winter 1942/43 verstärkte die konservative Opposition wieder ihre Aktivitäten. Diese Oppositionskreise bestanden vor allem aus Offizieren, hohen Beamten und anderen Angehörigen der alten Eliten um den früheren Leipziger Oberbürgermeister Carl Goerdeler und Beck. Vertreter der Industrie fehlten im Widerstand dagegen fast völlig. Im Laufe des Jahres 1943 planten verschiedene Offiziere mehrere Attentate, die alle schon vor der Ausführung scheiterten. Am 20. Juli 1944 zündete dann Oberst Claus Graf Schenk von Stauffenberg im Führerhauptquartier in Ostpreußen eine Bombe, um Hitler zu töten und dadurch den Militärputsch auszulösen. Hitler überlebte, und der Versuch einer Gruppe von Stabsoffizieren, in Berlin vom Kommando des Ersatzheeres aus trotzdem den geplanten Putsch in Gang zu setzen, schlug fehl. Etwa 200 beteiligte Offiziere und Zivilisten wurden anschließend hingerichtet. Und wenn das Attentat geglückt wäre? Es ist nicht unwahrscheinlich, daß es dann zum Bürgerkrieg zwischen Teilen des Heeres und der SS gekommen wäre, dessen Ausgang durchaus offen gewesen wäre. Und selbst wenn die Putschisten im Deutschen Reich die Regierungsgewalt errungen hätten, wäre der Krieg damit noch keineswegs zu Ende gewesen. Die Verschwörer hielten an der Vorstellung einer einflußreichen Großmachtstellung des Deutschen Reiches fest. Ihre Idee, im Westen Waffenstillstand zu schließen und im Osten gegen den Bolschewismus weiter abwehrbereit zu bleiben, hätten die Westmächte zweifellos abgelehnt. Selbst wenn die Westmächte sich nach einigem Zögern vielleicht doch bereitgefunden hätten, von ihrer Forderung nach bedingungsloser Kapitulation des Deutschen Reiches abzurücken und in Waffenstillstandsverhandlungen einzuwilligen — wäre es dann nicht über die westlichen Bedingungen zu schweren Auseinandersetzungen unter den führenden deutschen Offizieren gekommen, über die der Krieg seinen Fortgang genommen hätte? Hätte das nicht vielleicht einem inneren Zusammenbruch und damit einer neuen Dolchstoßlegende den Weg bereitet? Der Putschversuch vom 20. Juli war ein sichtbares Symbol dafür, daß es eine deutsche Widerstandsbewegung gab – eine echte politische Chance beinhaltete er nicht.

Aktiver politischer Widerstand gegen den NS-Staat war nicht ohne weiteres gleichbedeutend mit einem Eintreten für Freiheit und Demokratie. Die Idee einer parlamentarischen Demokratie war nach den Erfahrungen der 20er Jahre, ihren Massenleidenschaften und ihrer Parteienzerrissenheit, mit dem Ende der Weimarer Republik untergegangen. Der konservative Widerstand griff bei seinen innenpolitischen Neuordnungsvorstellungen auf ältere Modelle zurück, teils obrigkeitlich-autoritärer Prägung, teils an die Selbstverwaltungs- und Genossenschaftsidee anknüpfend. Inwieweit seine Vorstellungen in der Bevölkerung konsensfähig gewesen wären, inwieweit sie den Erfordernissen der Zeit entsprochen hätten oder anderenfalls aus sich selbst heraus wandlungsfähig gewesen wären, ist eine offene Frage. Unzweifelhaft aber ist, daß der konservative Widerstand Rechtsstaatlichkeit und religiöse Toleranz wiederherstellen wollte und die Massenmorde an den Juden ablehnte. Hierin unterschied er sich elementar von der NS-Diktatur mit ihrem Terror und Rassenwahn und trat für ein besseres Deutschland ein. Der kommunistische Widerstand dagegen wollte eine andere Form von Diktatur mit Totalitätsanspruch errichten; er stand gegen den Nationalsozialismus, aber nicht für Freiheit, Recht und Demokratie.

Rassenpolitik: Zuchtidee und Euthanasie

Um Hitlers Utopie einer reinen germanischen Herrenrasse näherzukommen, schlugen die Nazis zwei Wege ein: die biologische Höherzüchtung einerseits und die Aussonderung und Vernichtung von Menschen, welche sie als „minderwertig" ansahen.

1935 gründete Himmler den Verein Lebensborn, dessen Entbindungsheime zunächst kinderreichen und unehelichen Müttern helfen und damit die Geburtenrate erhöhen sollten. Später entstand die Idee, in diesen Heimen auch gezielt mit SS-Angehörigen Nachwuchs zu züchten, aber diese Absicht kam über das Planungsstadium nicht hinaus.

Weit energischer wurde der andere Weg verfolgt. Ebenso wie bei der Unterdrückung politischer Gegner radikalisierte sich auch hier das Regime in fortschreitendem Maße, vor allem seit Kriegsausbruch. Um das Erbgut des Volkes zu „verbessern", war ab 1935 für „arische" Deutsche die Heirat mit Negern und Zigeunern verboten, und teilweise wurden Negermischlinge zwangssterilisiert. Aus demselben Grund wurden 1933-39 etwa 360.000 Geisteskranke, Epileptiker, Taube, Blinde, schwere Alkoholiker und Asoziale zwangsweise sterilisiert. 1939 begann man, heimlich Geisteskranke, mit Mißbildungen Behaftete und Erbkranke, die in Heil- und Pflegeanstalten lebten, als „lebensunwertes Leben" zu ermorden (Euthanasie). Dabei wurden etwa 100.000 Menschen umgebracht. Aufgrund heftiger öffentlicher Proteste der Kirchen wurde die Aktion 1941 nach außen hin eingestellt, tatsächlich aber mit verstärkter Geheimhaltung weitergeführt.

Die Auffassung, daß die genannten Abweichungen von der Normalität durch das Erbgut bedingt seien, ist zwar weitgehend falsch, war aber schon in den 20er Jahren in der ernsthaften Wissenschaft durchaus verbreitet, auch außerhalb Deutschlands, und wurde nicht erst durch die Nationalsozialisten erfunden; aber während andere von eugenischen Maßnahmen nur redeten, machten die Nationalsozialisten damit Ernst.

914

Hauptobjekt nationalsozialistischer Rassenpolitik wurden die Juden. In ihnen sah Hitler die Verkörperung aller als bedrohlich empfundenen Elemente der Moderne, die international verschworenen Drahtzieher hinter Börsenkapital, Bolschewismus, Marxismus, Pazifismus, „zersetzender" liberaler Presse und „entarteter" Kunst. Dabei betrachtete der Nationalsozialismus das Judentum – fälschlicherweise – nicht als Religionsgemeinschaft, sondern als Rasse. Diese sei „minderwertig" und versuche, die „hochwertigen" Arier zu verderben. Deshalb richtete sich die Judenpolitik nicht nur gegen Glaubensjuden, sondern auch gegen solche, die selbst oder deren Eltern vom Judentum zum Christentum übergetreten waren.

Rassen-politik: Juden-verfolgung und -vernichtung

Es gab keinen von vornherein festgelegten Fahrplan der Judenpolitik, sondern sie entfaltete, einmal in Gang gekommen, ihre eigene weitertreibende Dynamik. Zunächst drängte man die als Juden definierten Mitbürger durch eine Fülle von Einzelmaßnahmen schrittweise immer weiter aus der Gemeinschaft der deutschen Staatsbürger hinaus. 1933 wurden jüdische Beamte entlassen und jüdische Künstler, Musiker und Dichter und ihre Werke aus dem öffentlichen Leben verbannt. Die Nürnberger Rassegesetze verboten 1935 die Eheschließung und den außerehelichen Geschlechtsverkehr zwischen Deutschen und Juden und aberkannten den Juden die Reichsbürgerschaft. 1937-39 mußten jüdische Selbständige und Angestellte ihren Beruf weitgehend aufgeben. Die Firmen und Geschäfte von Juden gingen dabei oft weit unter Wert in die Hände nichtjüdischer Kaufleute über, welche die günstige Gelegenheit gerne ausnutzten. Als 1938 ein Jude einen Beamten der reichsdeutschen Botschaft in Paris erschoß, nahm die NS-Führung dies zum Anlaß, am 9. November durch Parteigliederungen ein von oben gelenktes Pogrom durchführen zu lassen. In spöttischer Anspielung auf die scherbenübersäten Straßen nannten sie es „Reichskristallnacht". In dieser Nacht wurden jüdische Geschäfte und Wohnhäuser verwüstet, 191 Synagogen niedergebrannt, mindestens 91 Juden ermordet und etwa 26.000 von ihnen in Konzentrationslager gebracht. Bei der deutschen Bevölkerung fand dieses Pogrom keine nennenswerte Zustimmung. Zwar bestanden vielfach Vorbehalte gegen Juden, aber solche Radikalität war ihnen fremd, wie auch viele Leute die offiziellen Boykottaufrufe jüdischer Läden mißachteten. 1938 wurde Juden auch der Zutritt zu öffentlichen kulturellen Veranstaltungen, der Besitz von Waffen und Edelmetallen und der Besuch nichtjüdischer Schulen verboten. Ab 1941 mußten Juden einen gelben Stern auf der Kleidung tragen. 1942 kamen zahlreiche weitere Einschränkungen hinzu; sie reichten bis zum Verbot, Grünanlagen zu betreten, Motorräder zu besitzen und Haustiere zu halten. Personen, die nur zwei bzw. einen Juden in der Großelterngeneration aufwiesen (sogenannte Mischlinge 1. und 2. Grades), wurden in geringerem Maße diskriminiert.

Zur Politik der sozialen und rechtlichen Aussonderung trat eine Politik der territorialen Aussonderung. Die Hoffnungen der Nazis, die Juden würden auswandern und sich zerstreuen, erfüllten sich aber nur zum Teil, nicht zuletzt deshalb, weil die meisten anderen Länder wenig aufnahmewillig waren. Von den 562.000 reichsdeutschen Juden wanderten in der NS-Zeit 330.000 aus. Als mit den Eroberungen 1939/40 immer mehr Juden unter deutsche Hoheitsgewalt gerieten, war Auswanderung erst recht keine denkbare Lösung mehr. Nach der Eroberung Polens wurden die polnischen Juden in Ghettos konzentriert. Ab Herbst 1941 deportierte man auch die verbliebenen deutschen Juden in die Ghettos in Polen. Es gab Pläne, alle Juden nach Madagaskar auszusiedeln oder in Südostpolen in einem Judenreservat zu konzentrieren.

Mit dem Beginn des Rußlandfeldzugs radikalisierte sich die nationalsozialistische Judenpolitik noch weiter und tat den Schritt von der territorialen zur physischen Aussonderung, d.h. zur Ermordung der Juden. Im Juni 1941 begannen mobile Einsatzgruppen des Sicherheitsdienstes des Reichsführers SS, im eroberten Gebiet der UdSSR die dortigen Juden mit Massenerschießungen auf freiem Feld und mit mobilen Gaswagen systematisch zu ermorden. Ab Dezember 1941 baute die SS im Osten spezielle Vernichtungslager, und jetzt begann man systematisch eine „Endlösung" der Judenfrage zu betreiben. Aus dem ganzen deutschen Machtbereich wurden die Juden mit der Eisenbahn in diese Lager transportiert, dort gleich nach ihrer Ankunft vergast und ihre Leichen verbrannt. Die Vernichtungslager waren Chelmno, Belzec, Sobibor und Treblinka sowie in Kombination mit üblichen Konzentrationslagern Auschwitz und Majdanek.

Der Kommandant von Auschwitz, in dem mehr Juden als in jedem anderen KZ ermordet wurden, berichtete:

„Die zur Vernichtung bestimmten Juden wurden möglichst ruhig – Männer und Frauen getrennt – zu den Krematorien geführt. Im Auskleideraum wurde ihnen durch die dort beschäftigten Häftlinge des Sonderkommandos in ihrer Sprache gesagt, daß sie hier zum Baden und zur Entlausung kämen, daß sie ihre Kleider ordentlich zusammenlegen sollten und vor allem den Platz zu merken hätten, damit sie nach der Entlausung ihre Sachen schnell wiederfinden könnten ... Nach der Entkleidung gingen die Juden in die Gaskammer, die mit Brausen und Wasserleitungsröhren versehen, völlig den Eindruck eines Baderaumes machte ... Die Tür wurde nun schnell zugeschraubt und das Gas sofort durch die bereitstehenden Desinfektoren in die Einwurfluken durch die Decke der Gaskammer in einen Luftschacht bis zum Boden geworfen. Dies bewirkte die sofortige Entwicklung des Gases. Durch das Beobachtungsloch in der Tür konnte man sehen, daß die dem Einwurfschacht am nächsten Stehenden sofort tot umfielen ... Die anderen fingen an zu taumeln, zu schreien und nach Luft zu ringen. Das Schreien ging aber bald in Röcheln über, und in wenigen Minuten lagen alle. Nach spätestens 20 Minuten regte sich keiner mehr ... Eine halbe Stunde nach dem Einwurf des Gases wurde die Tür geöffnet und die Entlüftungsanlage eingeschaltet. Es wurde sofort mit dem Herausziehen der Leichen begonnen ... Den Leichen wurden nun durch das Sonderkommando die Goldzähne entfernt und den Frauen die Haare abgeschnitten.* Hiernach wurden sie durch den Aufzug nach oben gebracht vor die inzwischen angeheizten Öfen. Je nach Körperbeschaffenheit wurden bis zu drei Leichen in eine Ofenkammer gebracht ... Es dauerte im Durchschnitt 20 Minuten."[80]

Insgesamt wurden durch die Vernichtungslager und die Einsatzgruppen 4-6 Millionen Juden ermordet, davon etwa die Hälfte polnischer Herkunft. Der Völkermord an den Juden war also ein Verbrechen riesigen Ausmaßes. Innerhalb der deutschen Geschichte steht er in jeder Hinsicht einzigartig dar. Weltgeschichtlich gesehen war er zwar weder der Massenmord mit der größten Opferzahl** noch der einzige von einer Regierung planmäßig ins Werk gesetzte Mord an einem anderen

---

* Da das Ausdehnungsverhalten von Menschenhaar von der Luftfeuchtigkeit unabhängig ist, wurden die Haare häufig für den Auslösemechanismus von Zeitzünderbomben verwendet (Anmerkung des Verfassers).
** In der UdSSR wurden durch die Gewaltherrschaft Stalins 7-9 Millionen Menschen ermordet.

Volk,* aber diese Feststellung nimmt ihm nichts von seinem Entsetzlichen, und viel an Ähnlichem läßt sich auch nicht finden, schon gar nicht in der westeuropäischen Geschichte. Überdies war die Art seiner Durchführung, der bürokratisch routinierte und gewissermaßen fabrikmäßige Charakter dieses Massenmords tatsächlich welthistorisch beispiellos, die Gründlichkeit seiner Organisation nicht ohne deutsche Eigenart. Während andere Massenmorde meist im Zusammenhang mit dem Streben nach Machterhalt oder der Ausnutzung durch Zwangsarbeit standen, gab es hinter der Vernichtung der Juden keine realen Interessen, sondern sie war Ausgeburt einer fixen Idee. Insofern ist die Bezeichnung als „Holocaust", also Brandopfer, irreführend: ein Opfer wird hingegeben, um etwas zu erreichen, und bekommt dadurch einen Sinn. Die Vernichtung der Juden hatte dagegen keinen Sinn außer ihrer selbst, war nicht Mittel zum Zweck, sondern selbst Ziel.

Was wußten nun die Deutschen damals von diesen Untaten? Für jeden war sichtbar, daß die Juden diskriminiert wurden, daß es bei dem Judenpogrom vom November 1938 zu Ausschreitungen kam und daß Juden abgeholt wurden. Die meisten Menschen billigten das nicht, aber sie verteidigten und schützten ihre jüdischen Mitbürger auch nicht (wozu es angesichts des Repressionsapparates für den einzelnen auch nur geringe Möglichkeiten gab). Sie sahen möglichst weg, schwiegen, verdrängten das Gesehene. Anders als gegen die Euthanasie erhoben die Kirchen hier ihre Stimme nicht, aber schließlich war es ja auch die Kirche gewesen, die im Mittelalter den Antisemitismus im Abendland eingeführt hat. Die Erschießungen durch die Einsatzgruppen wurden vielen Soldaten bekannt, besonders solchen in der Etappe, und manches davon wurde auch auf Heimaturlaub und in Briefen weitererzählt. Was in den Vernichtungslagern selbst vorging, schirmte die SS nach außen möglichst ab. Die NS-Führung verheimlichte den Massenmord in den KZs und ließ ihn nur wenigen Eingeweihten bekannt werden, weil sie genau wußte, daß die Deutschen ihn nicht billigen würden. Selbst wo Gerüchte über dieses Geschehen herumwehten − das tatsächliche Geschehen überstieg in seinem Umfang und seiner Systematik einfach die Vorstellungskraft der Menschen.

In der Schweiz verlief die Zwischenkriegszeit ruhiger und kontinuierlicher als im Deutschen Reich und in Österreich. Der rechte Flügel der Freisinnigen Partei verselbständigte sich 1918 und wurde zur Bauern-, Gewerbe- und Bürgerpartei (BGB, seit 1971 Schweizerische Volkspartei). Die von den Sozialdemokraten abgespalteten Kommunisten blieben bedeutungslos. 1918 wurde für die Nationalratswahlen das Mehrheits- durch das Verhältniswahlrecht ersetzt, nachdem die meisten Kantone hierin schon vorangegangen waren. Dadurch verlor der liberale Freisinn seine bisherige Mehrheit und ist seitdem auf Koalitionspartner angewiesen. Nachdem schon 1891 die Katholisch-Konservativen einen der sieben Bundesratssitze abbekommen hatten, erhielten sie 1919 einen zweiten, und 1929 bekam auch die BGB einen Sitz. Die Sozialdemokraten wurden dagegen bis 1943 von der Regierung ferngehalten, so daß die Macht fest in bürgerlichen Händen blieb, die eine schroff antisozialistische Politik verfolgten. Bei Nationalratswahlen von 1935 bis 1987 errangen stets die Katholisch-Kon-

Schweiz 1918-45

---

* Die türkische Regierung versuchte 1915/16 das Volk der Armenier in einer umfassenden Aktion planmäßig auszurotten, wobei 0,6-1,5 Millionen Armenier ermordet wurden. 1972 ermordeten die Tutsi planmäßig und systematisch fast alle Lese- und Schreibkundigen Hutu (mindestens 100.000 Ermordete), um als Herrenvolk weiter über die unterworfenen Hutu herrschen zu können.

servativen 20-22 Prozent der Stimmen, die BGB 10-12 Prozent, der Freisinn 22-24 Prozent und die Sozialdemokraten (außer 1987) 23-28 Prozent; der Rest entfiel auf Splitterparteien weitgehend bürgerlicher Ausrichtung. Dermaßen konstante Wahlergebnisse und eine so schwache Stellung der politischen Arbeiterbewegung kennt kein anderes europäisches Land.

Während der Weltwirtschaftskrise kam auch in der Schweiz eine antiparlamentarische, autoritäre Bewegung hoch in Gestalt der Fronten. Diese blieben aber ohne Massenanhang und zerfielen 1935 wieder. Trotzdem nahmen Demokratie und Liberalität beträchtlichen Schaden. Als Folge der Weltwirtschaftskrise glaubte man in der Schweiz, straffer von oben führen zu müssen. Seit 1933 wurde die umständliche Referendumsdemokratie teilweise suspendiert, indem der Bundesrat mit Dringlichkeitsbeschlüssen des Parlaments regierte. Im Zweiten Weltkrieg blieb die Schweiz neutral, aber trotzdem wurde für die Kriegszeit eine strenge Pressezensur eingeführt, und der Bundesrat regierte wie schon im Ersten Weltkrieg wieder zum großen Teil durch Vollmachtenbeschlüsse, also gewissermaßen diktatorisch. In dem Streben, die freiheitlich-demokratischen Traditionen vor einer möglichen Bedrohung von außen zu bewahren, amputierte man eben diese Traditionen. Darüber hinaus entstand ein politischer Konformitätsdruck, der abweichenden politischen Meinungen enge Grenzen setzte und bis in die 1970er Jahre anhielt. Nach dem Ersten Weltkrieg wurde die Fremdenpolizei systematisch ausgebaut, um eine Überfremdung zu verhindern. Sie wandte sich besonders gegen Juden. Als nach 1933 zahlreiche reichsdeutsche Juden in die Schweiz emigrieren wollten, wiesen die Schweizer Behörden viele an der Grenze zurück. Unter dem Begriff der Nation versuchte man in den 30er Jahren in der Schweiz eine von bürgerlichen Werten bestimmte, antisozialistische Volksgemeinschaft zu schaffen.

Ursachen der deutschen Katastrophe

Auf dem Weg zu mehr Freiheit und Gerechtigkeit stellte der Einbruch des Nationalsozialismus einen furchtbaren Rückschlag dar, den niemand zuvor für möglich gehalten hätte. Wie konnte das deutsche Volk solchen Verbrechern in die Hände fallen? Unvermeidlich drängt sich diese Frage auf. Sie kann nicht damit beantwortet werden, daß der Nationalsozialismus beziehungsweise Faschismus zum allgemeinen Epochenphänomen oder zum höchsten und letzten Entwicklungsstadium des Kapitalismus erklärt wird, denn damit bleibt offen, warum andere Staaten in derselben Epoche beziehungsweise andere, erst recht teilweise weiterentwickelte Industriestaaten von dieser Erscheinung verschont blieben und warum der deutsche Nationalsozialismus sich wesentlich vom italienischen Faschismus unterschied. Der Nationalsozialismus läßt sich auch nicht auf eine angeblich spezifisch deutsche, tief in der Geschichte verwurzelte Tradition autoritärer Gesinnung zurückführen. Bisher hat niemand durch eine systematisch vergleichende Untersuchung der Einstellung der breiten Bevölkerung in Deutschland mit derjenigen in anderen Staaten eine solche überdurchschnittlich autoritäre Gesinnung der Deutschen nachgewiesen. Man darf zweifeln, ob z.B. die Franzosen weniger autoritär eingestellt waren, und es ist bemerkenswert, daß auch in Frankreich 1851, 1940 und 1958 in Krisenzeiten das parlamentarische System unterging und das Bürgertum sich einem „starken Mann" anvertraute. Im übrigen scheint das Ausmaß autoritärer Einstellungen breiter Bevölkerungskreise in der Schweiz in der Zwischenkriegszeit auch nicht geringer gewesen zu sein als im Deutschen Reich. Ebenso ist zweifelhaft, ob Nationalismus und Antisemitismus im Deutschen Reich stärker als in anderen europäischen Staaten ausgeprägt waren. Andererseits war der Übergang von der parlamentarischen Demokratie zum Nationalsozialismus auch nicht einfach ein zufälliger Unglücksfall, der sich anderswo und jederzeit wiederholen könnte, sondern er war an bestimmte strukturelle Voraussetzungen geknüpft.

Sucht man nach einer Erklärung für das Geschehene, muß man drei verschiedene Probleme klar voneinander trennen: (1.) Warum ging die parlamentarische Demokratie im Deutschen Reich 1930 unter (und ebenso in Österreich 1933, nicht jedoch in der Schweiz und ebensowenig in den west- und nordeuropäischen Staaten)? (2.) Warum kam es im Deutschen Reich (und Österreich) zwischen 1930 und 1933 zu einer Nazifizierung breiter Bevölkerungskreise? (3.) Warum wurde Hitler das Kanzleramt übertragen (während in Österreich der Nationalsozialismus nicht zur Macht gelangte)?

Der Zusammenbruch der Weimarer Republik 1930 erklärt sich aus der Überlagerung von drei Belastungsschüben, die in ihrer Kumulation einen Druck erzeugten, dem das politische System nicht gewachsen war.

Die erste Belastung bildeten die langfristig im Kaiserreich angelegten Strukturprobleme. Die im Vergleich zu den west- und nordeuropäischen Staaten raschere Urbanisierung und Industrialisierung führte zusammen mit der Besonderheit der konfessionellen Spaltung zu stärkeren innergesellschaftlichen Gegensätzen, als deren Ausdruck ein fragmentiertes und wenig kompromißfähiges Parteiensystem entstand. Da es vor 1918 keine parlamentarische Demokratie gegeben hatte, war diese nach 1918 auch nicht bereits durch einen Gewöhnungseffekt abgestützt, sondern sah sich vielmehr mit einer Tradition obrigkeitsstaatlicher und autoritärer Denk- und Verhaltensweisen konfrontiert.

Der zweite Belastungsschub ergab sich aus den Folgen des verlorenen Kriegs. Er brachte eine unmittelbare innenpolitische Belastung, da der Wechsel der Verfassungsordnung den politischen Konsens über die politische Ordnung von vornherein schrumpfen ließ. Er trug der Republik außenpolitisch eine Diskriminierung durch andere Staaten und außenpolitische Kämpfe ein. Er bedeutete eine psychologische Belastung der Republik, weil die unerwartete Niederlage, der Verlust der Großmachtstellung, die Gebietsabtretungen von 1919/21, die Reparationsverpflichtungen, die Rüstungsbeschränkungen und der Kriegsschuldparagraph den Nationalstolz verletzten, weil die Unterzeichnung des Versailler Vertrags der neuen Republik angelastet wurde und weil die Dolchstoßlegende ihr auch noch die Schuld an der Kriegsniederlage zuschob. Noch folgenschwerer als das psychologische Moment war, daß der verlorene Krieg schwere wirtschaftliche und soziale Belastungen verursachte. Da mußte die Kriegsverschuldung beglichen werden, was über die Inflation geschah, welche die Vermögens- und Einkommensverteilung auf Kosten bestimmter Gruppen veränderte. Die Kriegsfolgen führten allgemein und im Deutschen Reich aufgrund der Niederlage stärker als in fast allen anderen vergleichbaren Staaten dazu, daß die Konjunktur einbrach und in den folgenden Jahren das Wirtschaftswachstum gehemmt war. Das wiederum verschob die Einkommensverteilung zu Lasten der Unternehmer und anderer Selbständiger und verschärfte die Verteilungskonflikte, ließ es an ausreichenden Möglichkeiten fehlen, um die Frontgeneration gesellschaftlich wieder einzugliedern, führte zu hoher Arbeitslosigkeit, bewirkte eine Übersetzung des selbständigen Mittelstands und verschärfte die Übersetzung der Akademikerschaft und damit auch das Problem düsterer Berufsperspektiven für Studenten. Der Zusammenhang der hier betroffenen Gruppen zu den Gegnern der Republik und allgemein zur geringen Kompromißfähigkeit des Parlaments ist offensichtlich. Außerdem machte die Kriegsniederlage durch das Problem des Reparationstransfers und der damit verbundenen Auslandsverschuldung die Wirtschaft störanfälliger gegen ausländische Stöße.

Dagegen enthielt die Weimarer Verfassung keine Mängel, die der Republik ernsthaft geschadet hätten. Daß der Reichspräsident ab 1930 seine Kompetenzen mißbrauchte, kann nicht der Verfassung angelastet werden; außerdem muß dabei bedacht werden, welche Handlungsalternativen in dieser Situation überhaupt noch offen standen. Das Verhältniswahlrecht förderte die Aufspaltung der Parteienlandschaft nicht wesentlich: am Ende des Kaiserreiches hatte es bei Mehrheitswahlrecht im Reichstag genauso viele Parteien und ebenso 5-6 mittelgroße bis große Parteien gegeben wie in den 20er Jahren. Auch eine 5-Prozent-Klausel nach Art des Grundgesetzes der Bundesrepublik Deutschland hätte den Parlamentarismus nicht nennenswert stabilisiert, denn die meisten der zahlreichen in der Weimarer Republik kandidierenden Parteien errangen ohnehin nie einen Parlamentssitz, und die im Reichstag tatsächlich vertretenen Splitterparteien machten zusammen nur einen sehr kleinen Teil der Abgeordneten aus. Nicht das Vorhandensein einiger Splitterparteien beeinträchtigte die Funktionsfähigkeit des Reichstags, sondern die Spaltung in mehrere mittelgroße Fraktionen, die so gegensätzlich waren, daß sie nur schwer oder gar nicht miteinander koalieren konnten. Die direkte Gesetzgebung durch das Volk blieb bedeutungslos, da von den sieben beantragten Volksbegehren vier schon im Vorverfahren, eines im Volksbegehren und die anderen beiden im Volksentscheid scheiterten.

Der dritte Belastungsschub für das politische System der Weimarer Republik kam in Gestalt der Weltwirtschaftskrise. Daß diese das Deutsche Reich stärker traf als die meisten anderen Staaten, spielte für den Zusammenbruch der parlamentarischen Demokratie schon gar keine Rolle mehr. 1930 wurde keine blühende Pflanze der Demokratie von heimtückischen Kräften arglistig gebrochen, sondern die Weimarer Republik wandelte von Anfang an am Rande des Abgrunds, war 1923 bereits einmal ausgeglitten und schon vor der Weltwirtschaftskrise erneut ins Straucheln gekommen. So mußte die Erschütterung durch die Weltwirtschaftskrise sofort zum tödlichen Sturz führen. Demokratie ist nur möglich, wenn in der Bevölkerung ein ausreichend großer Grundkonsens über die politische Ordnung und eine ausreichende Kompromißfähigkeit besteht. Durch die Kumulation dieser drei Belastungsschübe reichte beides letztlich am Ende der 20er Jahre im Deutschen Reich nicht mehr aus.

Ohne hier auf Österreich im einzelnen einzugehen, läßt sich sagen, daß die Kumulation von drei Belastungsschüben dort in ähnlicher Weise erfolgte. Das genaue Gegenbild bot die Schweiz. Dort hatte sich schon vor dem Ersten Weltkrieg eine stabile und handlungsfähige Demokratie etabliert, es gab keinen verlorenen Weltkrieg, und das Wirtschaftswachstum setzte sich über den Weltkrieg hinweg fast ungebrochen fort. Außerdem war hier die Regierung unangefochten bürgerlich und berücksichtigte hinreichend die wirtschafts- und gesellschaftspolitischen Wünsche der bäuerlichen und bürgerlichen Mittelschichten, so daß diese sich nicht politisch isoliert fühlten. Eine so stabile politische Struktur konnte auch die Belastung der Weltwirtschaftskrise mit nur unwesentlichen Blessuren verkraften.

Der Nationalsozialismus hatte mit dem Untergang der Weimarer Republik 1930 nichts zu tun, da er damals noch bedeutungslos war. Erst danach kam es zur Nazifizierung von Teilen der Wählerschaft. Dabei sind zwei Dinge ins Auge zu fassen. Zum einen: daß gerade nationalistisch-kulturpessimistisches Gedankengut breite Resonanz fand, verweist erneut auf die langfristigen Folgen der Verwerfungen des Urbanisie-

920

rungs- und Industrialisierungsprozesses. Dieser hatte durch sein Tempo Verhaltensunsicherheiten erzeugt und die ideologischen Versatzstücke des Nationalsozialismus entstehen lassen, und er hatte zugleich eine latente Aufnahmebereitschaft auch insofern geschaffen, als mit ihm religiöser Glaube und kirchliche Bindung zurückgegangen waren und damit den Raum für Ideologien freigegeben hatten. Zum zweiten: erst durch Hitler und seine propagandistischen Fähigkeiten wurden die vorhandenen vielfältigen Ängste, Interessen und Gefühle politisch mobilisiert, ausgerichtet und zu einer politischen Bewegung mit erheblicher Stoßkraft gebündelt. Ohne Hitler wäre dieses undenkbar gewesen. Er persönlich war es auch, der diese Zeitströmungen zum Nationalsozialismus radikalisierte und dabei dann mit Träumen von einem Großreich auf rassischer Grundlage verband, die aber in Bezug auf die Wurzeln seines Erfolgs zufällig waren. Hitlers Person erwies sich also als erstrangiger historischer Faktor.

Hitler kam nicht durch Wahlen ins Kanzleramt, und dafür hätte es offenbar auch bei weiterem Zuwarten nicht gereicht. Vielmehr kam er durch ein Bündnis mit den alten Eliten an die Macht. Diese meinten nun aber nur deshalb, einem solchen Bündnis nicht ausweichen zu sollen, weil der Nationalsozialismus durch Wahlen bereits zu einem Machtfaktor geworden war. Die nationalsozialistische Massenbewegung wurde nicht von Industriellen „gemacht", sondern erst nachdem sie aus eigener Kraft zu einem gewichtigen politischen Faktor herangewachsen war, wurde sie für die politischen Führungskreise interessant. Daß man Hitler schließlich an die Schalthebel der Macht heranließ, hing von sehr wenigen Personen ab, von Hindenburg, Papen, Schleicher und einigen anderen, von ihren individuellen Unzulänglichkeiten und Fehleinschätzungen. Daß der Parlamentarismus im Deutschen Reich in der Weltwirtschaftskrise an den inneren Gegensätzen zusammenbrach, war zwangsläufig. Daß drei Jahre später Hitler an die Macht kam und der Weg zur autoritären Diktatur zugunsten des NS-Staats aufgegeben wurde, war nicht zwangsläufig. Hier hätten die Entscheidungen einzelner die Weichen auch anders stellen können.

Ist es möglich, daß die Demokratie bei den Deutschen noch einmal untergeht und sich erneut nationalsozialistische Herrschaft etabliert? Die heutige Situation unterscheidet sich wesentlich von jener der 20er Jahre. Die parlamentarische Demokratie hat in Westdeutschland und Österreich inzwischen tiefe Wurzeln geschlagen, und ein breiter demokratischer Grundkonsens ist entstanden. Die politische Struktur ist homogener geworden. Das Ende des Zweiten Weltkriegs liegt allmählich lange zurück, so daß man sich nicht mehr im Bannbereich eines verlorenen Kriegs mit seinen vielfältigen belastenden Folgeerscheinungen befindet. Die außenpolitische Lage ist stabiler. Kurzum, die Belastungsschübe eins und zwei sind nicht mehr gegeben. Sie waren an eine besondere historische Situation gebunden. Die heutige Lage ist eher vergleichbar jenen westeuropäischen Staaten der Zwischenkriegszeit, deren politische Ordnung die Weltwirtschaftskrise unbeschadet überstand. Nun ist es aber auch in Zukunft immer möglich, daß eine intensive Krisenstimmung auftritt, sei es infolge einer neuen großen Wirtschaftskrise oder aus anderen Ursachen, daß in ihr politische Utopien ihren Nährboden finden und Massenemotionen zu politischer Bewegung mobilisiert werden. Die Anfälligkeit für Krisenideologien ist sogar insofern größer geworden, als sie es Ende der 20er Jahre war, weil die kulturelle Kraft von Traditionen und festen Weltanschauungen, wie sie damals besonders im katholischen und sozialdemokratischen Milieu bestand, inzwischen noch weiter abgebaut worden ist, nicht zuletzt durch die NS-Diktatur selbst. Aber Hitler hat keine überdauernde Idee hinterlassen. Sein katastrophales

Kann sich die NS-Herrschaft wiederholen?

Ende hat ihn vielmehr diskreditiert, die nationalsozialistischen Traditionen sind verbraucht, Rassismus und Sozialdarwinismus sind tot, die unter den Deutschen noch vorhandenen Reste der Juden sind zu klein, als daß sie noch einmal die Sündenbockrolle spielen könnten, das außenpolitische Revisionsproblem ist nicht mehr vorhanden, der damals von Krisenbewußtsein gepackte Mittelstand ist inzwischen stark geschrumpft und stellt kein vergleichbares politisches Potential mehr da, der neue Mittelstand kämpft nicht mehr um die Abgrenzung zum Proletariat, und an imperialistische Bestrebungen von Deutschland aus kann angesichts der internationalen Machtverhältnisse nach dem Zweiten Weltkrieg nicht mehr im entferntesten gedacht werden. Es ist vorstellbar, daß eine neue krisengenährte Massenbewegung entsteht und in undemokratische Richtung orientiert wird, nur nationalsozialistisch kann diese Richtung nie mehr werden, sondern sie würde etwas qualitativ anderes werden. Ein Versuch, aus der Geschichte zu lernen, indem man starr auf die kümmerlichen Neonazis blickt, geht eben gerade an der eigentlichen Lehre vorbei.

8.7 Von der Revisionspolitik zum gescheiterten Hegemonieversuch

Für die Außenpolitik des Deutschen Reiches in der Zeit zwischen den Weltkriegen war grundlegend, daß das Reich den Ersten Weltkrieg verloren hatte und 1919 die Bestimmungen des Versailler Vertrags annehmen mußte. Durch diesen Friedensvertrag verlor das Deutsche Reich in Europa 13 Prozent seines Staatsgebiets und damit 75 Prozent seiner jährlichen Eisenerzförderung, 28 Prozent seiner Steinkohleförderung und 40 Prozent seiner Produktionskapazität für Eisen. Außerdem mußten die Deutschen alle Kolonien abtreten. Letzteres empfanden sie damals vielfach schmerzlich als Verlust des Symbols nationaler Größe und Weltgeltung, aber es hatte auch die unbeabsichtigte Folge, daß die Deutschen nach dem Zweiten Weltkrieg von den Problemen der Entkolonialisierung verschont blieben. In Artikel 231 des Versailler Vertrags behaupteten die Siegermächte, daß das Deutsche Reich allein am Ausbruch des Weltkriegs schuld sei, obgleich die Deutschen dem entrüstet und einmütig widersprachen. Diese These diente den Siegermächten dazu, ihre Forderung nach umfangreichen Wiedergutmachungsleistungen zu rechtfertigen. Deutschland mußte fast seine ganze Handelsflotte ausliefern und umfangreiche Sachlieferungen leisten, die von Kohle und Holz über Lokomotiven bis zu Zuchtsäuen reichten, das Eigentum der Reichsdeutschen im Ausland wurde enteignet, und außerdem verpflichteten die Sieger das Reich zu Reparationszahlungen, deren Höhe noch offen blieb. Die Souveränität des Deutschen Reiches wurde in mehrfacher Hinsicht beschränkt. Der Vertrag begrenzte das Heer auf 100.000 Mann und die Marine auf 15.000 Mann und verbot Panzerkampfwagen, Flugzeuge, U-Boote und Kriegsschiffe mit mehr als 10.000 ts. Die allgemeine Wehrpflicht mit ihrer Reservistenausbildung mußte abgeschafft werden. Die Streitkräfte sollten gerade stark genug sein, um Aufstände im Innern niederzuschlagen, aber zu schwach, um auch nur einen Angriff Polens oder der Tschechoslowakei abwehren zu können. Eine Alliierte Kontrollkommission sollte überwachen, ob das Reich die Rüstungsbeschränkungen auch einhielt. Das linksrheinische Gebiet und ein 50 Kilometer breiter Streifen auf dem rechten Rheinufer wurden „entmilitarisiert", d.h. die Stationierung deutscher Truppen dort verboten, während alliierte Soldaten die links-

Versailler Vertrag

923

rheinischen Gebiete und außerdem Brückenköpfe bei Köln, Koblenz und Mainz besetzten. Diese Gebiete sollten zonenweise nach 5,10 und 15 Jahren geräumt werden.

Verglichen mit der Behandlung Frankreichs 1871 und erst recht 1815 war dieser Frieden ungleich härter; daß die Berliner Regierung, wenn sie Sieger gewesen wäre, einen wesentlich milderen Frieden gewährt hätte, ist allerdings nicht anzunehmen, wie ihr Verhalten 1918 in Brest-Litowsk gegenüber Rußland zeigte. Nachdem alle Regierungen vier Jahre lang ihre Völker in noch nie dagewesenem Maße mobilisiert und aufgepeitscht hatten, bestand für ruhig und vernünftig erwogene Regelungen kein Spielraum mehr. Unvernünftig war der Frieden in der Tat. Hätten die Sieger das Deutsche Reich endgültig als Großmacht ausschalten wollen, hätten die Bestimmungen noch viel härter ausfallen müssen; hätte man eine dauerhafte Friedensordnung gewollt, hätten die Sieger vor allem den selbst formulierten Grundsatz des nationalen Selbstbestimmungsrechts beachten müssen. So verlor das Deutsche Reich zwar seine Großmachtstellung, aber nicht die Hoffnung, sie wiedergewinnen zu können. Der Vertrag trug den Charakter von Fesseln eines an sich weitaus stärkeren, und dadurch waren Verbitterung und das Streben nach einer Revision der Bestimmungen bei den Deutschen von vornherein vorprogrammiert.

Mit dem Kriegseintritt der USA 1917 hatte sich das europäische Staatensystem endgültig zum Weltstaatensystem erweitert. Aber jener Trend der internationalen Kräfteverhältnisse, der im späten 19. und durch das 20. Jahrhundert hindurch langfristig wirkte, nämlich der Aufstieg der beiden Flügelmächte USA und Rußland zu Supermächten, der relative Abstieg der europäischen Großmächte und der zunehmende Einfluß der beiden Flügelmächte auf Mittel- und Westeuropa, war in der Zwischenkriegszeit unterbrochen und seltsam verformt und brach erst im Laufe des Zweiten Weltkriegs wieder voll durch. Die USA, die eigentliche Siegermacht des Ersten Weltkriegs, zogen sich 1920 vom machtpolitischen Engagement in Europa zurück. Sie waren allerdings die mit Abstand größte Wirtschaftsmacht der Welt, was sich nicht zuletzt in der Vergabe von Krediten und an beginnenden Investitionen in Deutschland ausdrückte, und sie waren die Hauptgläubiger der Kriegsschulden der Entente; dementsprechend besaßen die USA trotzdem weiterhin eine beträchtliche indirekte Macht und blieben an den mitteleuropäischen Dingen interessiert. Noch mehr fiel die andere große Flügelmacht des europäischen Mächtesystems, Rußland, als Figur der europäischen Politik aus, fast zwei Jahrzehnte lang. Als seit 1917 erstes und einziges kommunistisches Land auf der Welt sah sie sich innerhalb der kapitalistischen Staaten isoliert. Durch Bürgerkrieg und Kollektivierungswirren war Sowjetrußland außerdem zunächst ganz mit sich selbst beschäftigt und geschwächt. Daß die UdSSR dann im Laufe der 30er Jahre die Industrialisierung rasch vorantrieb und seit 1929 gewaltig aufrüstete, so daß sie in diesen Jahren zur wirtschaftlich und militärisch stärksten Macht in Europa wurde, übersah man in den europäischen Hauptstädten weitgehend.

Dadurch, daß die USA und die UdSSR beiseite standen, erschien jetzt unerwartet Frankreich, eben knapp der Niederlage entronnen, als Hauptsieger und versuchte noch ein letztes Mal, sich als Hegemonialmacht in Europa aufzuspielen. Aber die französische Regierung wußte, daß das Deutsche Reich zwar durch seine Niederlage machtpolitisch geschwächt war, aber an Wirtschafts- und Bevölkerungspotential weiter seinem westlichen Nachbarn überlegen blieb. So bemühte sich Paris nun krampfhaft, die vorübergehende Schwäche und Unterlegenheit des Deutschen Reiches auf Dauer zu stellen und dessen unvermeidliche Erholung zu verhindern; deshalb die

Allgemeine internationale Lage in der Zwischenkriegszeit

924

Außenpolitische Lage in den 1920er Jahren

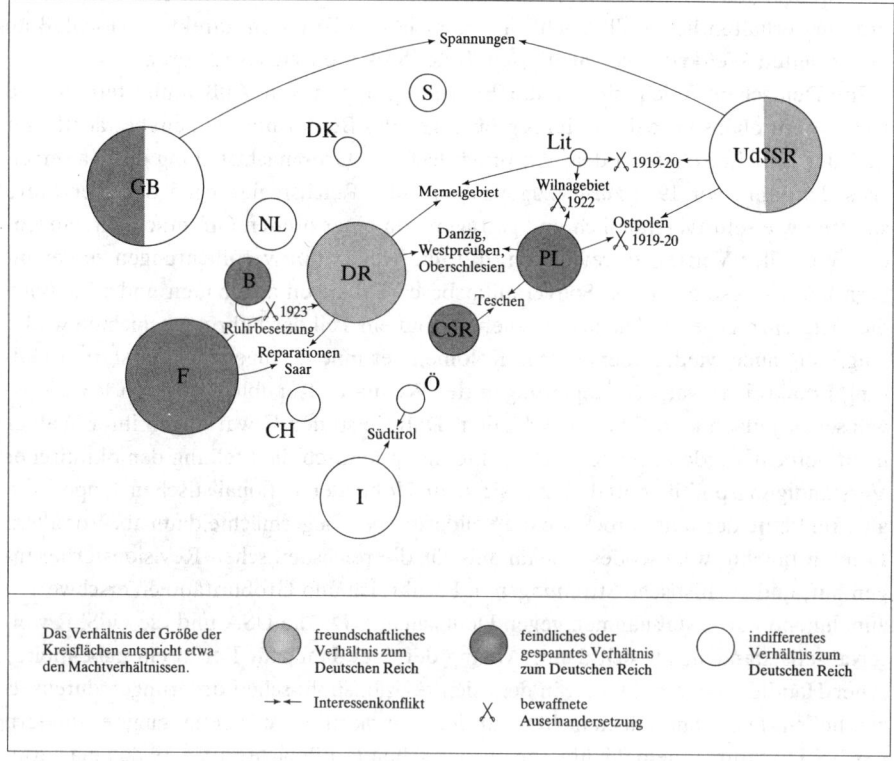

Das Verhältnis der Größe der Kreisflächen entspricht etwa den Machtverhältnissen.

○ freundschaftliches Verhältnis zum Deutschen Reich

● feindliches oder gespanntes Verhältnis zum Deutschen Reich

○ indifferentes Verhältnis zum Deutschen Reich

→← Interessenkonflikt

✕ bewaffnete Auseinandersetzung

Härte der Friedensbedingungen, und deshalb wollte Paris in den 20er Jahren starr und unerbittlich an ihnen festhalten, ja bis 1924 wirkte die französische Politik wie die Fortsetzung des Kriegs mit anderen Mitteln. Dem sollte auch die französische Bündnispolitik dienen. Das Deutsche Reich durch ein französisch-russisches Bündnis zu umklammern, der deutsche Alptraum der Wilhelminischen Zeit, war wegen des tiefgreifenden ideologischen Gegensatzes dieser beiden Mächte nicht mehr denkbar. Ersatzweise schloß Frankreich in den 20er Jahren eine Reihe von Militärbündnissen mit Polen, der Tschechoslowakei und den Balkanstaaten. Zusammen mit Großbritannien verdrängte es auch den deutschen Wirtschaftseinfluß gezielt aus diesem Raum. Durch den Zusammenbruch der drei Kaiserreiche 1918 war in Osteuropa eine von Finnland bis Jugoslawien reichende Zwischenzone mittlerer und kleinerer Staaten entstanden, allesamt antikommunistisch ausgerichtet. Ihnen voran stand Polen, doch Polens Stärke beruhte nur auf der vorübergehenden Schwäche seiner beiden großen Nachbarn.

Die britische Regierung hätte ein stärkeres Deutsches Reich als Gegengewicht gegen eine französische Vormachtstellung und als bürgerliches Bollwerk gegen die bolschewistische UdSSR nicht ungern gesehen. London registrierte mit Sorge, daß sein Weltreich zunehmend vor Spannungen knisterte und Risse bekam. Großbritannien zielte deshalb in seiner Europapolitik darauf ab, Konflikte einzudämmen und Frieden zu bewahren, da sich nur so der Bestand seines Empire und die britische Gesellschaftsordnung erhalten ließen. Tatsächlich gingen ja den Briten im direkten Anschluß an den Zweiten Weltkrieg die wichtigsten Teile ihres Weltreiches verloren.

Stellung des Deutschen Reiches

Im Deutschen Reich hielten die Führungsgruppen von Außenministerium und Reichswehr ebenso wie der weitaus größte Teil des Bürgertums und ein beträchtlicher Teil der Arbeiterschaft an dem Anspruch fest, die Großmachtstellung des Kaiserreiches der Jahre vor 1914 zurückzugewinnen. Alle Reichsregierungen der 20er Jahre strebten wie selbstverständlich und getragen von einer breiten Öffentlichkeit danach, den Versailler Vertrag zu revidieren, d.h. die Reparationsverpflichtungen zu verringern und zu beseitigen, die Souveränitätsbeschränkungen abzubauen und schließlich die Ostgrenze gegen Polen zu verschieben, und ein Teil der Führungsschichten wollte langfristig auch wieder überseeische Kolonien gewinnen. Angesichts der starren Haltung Frankreichs war den Regierungen der Weimarer Republik bei ihren Revisionswünschen jedoch kein Erfolg beschieden. Daß sie so den Erwartungen ihrer Wähler nicht gerecht werden konnten, schwächte innenpolitisch die Stellung demokratischer Verständigungspolitiker und setzte sie dem Hohn der nationalistischen Opposition aus. Im Laufe der Jahre bröckelte die Solidarität der Siegermächte dann ab. Vor allem London brachte wachsendes Verständnis für die reichsdeutschen Revisionsforderungen auf, und pazifistische Strömungen in Frankreich und Großbritannien erschwerten zunehmend harte Maßnahmen gegen Deutschland. Da die USA und die UdSSR weiter abseits standen, tat sich damit Anfang der 30er Jahre für Berlin ein außenpolitischer Handlungsspielraum auf, in dem sich revisionspolitische Forderungen durchsetzen ließen. Dies kam jedoch nicht mehr der Demokratie von Weimar zugute, sondern der NS-Diktatur. Indem die übrigen europäischen Großmächte 1933-39 den machtpolitischen Aufstieg NS-Deutschlands geschehen ließen, trugen sie indirekt auch zu dessen innenpolitischer Festigung bei. Es war bezeichnend für den Wandel der internationalen Stellung des Deutschen Reiches, daß die Siegermächte die reichsdeutschen Sportler 1920 und 1924 von den Olympischen Spielen ausschlossen, diese 1936 aber in Berlin ausgetragen wurden. Doch dann zeigte sich, daß Hitler sich nicht damit zufriedengab, die alte Großmachtstellung wiederherzustellen, sondern weit darüber hinausreichende Ziele verfolgte und damit schließlich den Zweiten Weltkrieg auslöste.

Methoden der Außenpolitik

Nicht nur in den Zielen, auch in den Methoden der reichsdeutschen Außenpolitik unterschieden sich die 20er Jahre und die NS-Zeit. An die Stelle einer friedlichen Politik, die auf Verhandlungen baute, trat in den 30er Jahren eine Politik der Androhung und Anwendung von Gewalt.

Überhaupt wiesen die Methoden internationaler Beziehungen allgemein in der Zeit zwischen den Weltkriegen eine seltsame Zwiespältigkeit auf. Einerseits hatten die Schrecken des Ersten Weltkriegs in allen europäischen Ländern pazifistischen Strömungen starken Auftrieb gegeben, jener Haltung, die Militär und Gewaltanwendung prinzipiell ablehnt und darum auf die Bedrohung durch eine fremde Aggression keine andere Antwort weiß als sich zu unterwerfen. Zum ersten Mal wurde größeren Teilen der Öffentlichkeit fraglich, ob Krieg noch als legitimes Mittel der Politik gelten könne, vor allem bei der politischen Linken. 1920 gründete die Mehrheit der souveränen Staaten den Völkerbund, um Konflikte untereinander in Zukunft friedlich schlichten zu können. Er sollte sich indessen weitgehend als Fehlschlag erweisen, zumal ihm die UdSSR bis 1934 und die USA völlig fernblieben. Auch die Ächtung des Angriffskrieges durch den Briand-Kellog-Pakt 1928 blieb letztlich wirkungslos. Die 1919/20 den besiegten Mächten auferlegten einseitigen Rüstungsbeschränkungen sollten ursprünglich ein erster Schritt zu einer allgemeinen Abrüstung sein, aber alle Bestrebungen, auch den zweiten Schritt in Gang zu bringen (vor allem auf der Genfer Abrüstungskonferenz 1932-34) blieben ergebnislos. Vielmehr setzte im Laufe der 30er Jahre erneut eine allgemeine Aufrüstung der Großmächte ein. Auf der anderen Seite war auch der Nationalismus während des Ersten Weltkriegs verstärkt entfacht worden und erschwerte in den folgenden Jahren die internationale Zusammenarbeit. Konservative Führungsschichten hielten weiter daran fest, daß militärische Gewalt ein legitimes Mittel der Politik sei, nicht nur in Deutschland. Darüber hinaus gebar das „Stahlgewitter" des Ersten Weltkriegs sogar eine neue, verantwortungslose Verherrlichung des Kämpferischen und Kriegerischen, die dann im Nationalsozialismus gipfelte.

Außen- und Innenpolitik verschränkten sich mehr als zuvor. So wurden jetzt wirtschaftliche Abhängigkeiten, beispielsweise der Kreditbedarf einer Volkswirtschaft, in viel stärkerem Maße als früher zu einer machtpolitischen Angelegenheit. Neu war in den internationalen Beziehungen, daß ein Staat eine ideologisch verwandte Partei in einem anderen Land anleitete und damit in dessen innere Verhältnisse eingriff, wie dies die Sowjetunion über die kommunistischen Parteien versuchte.

Das Verhältnis des Deutschen Reiches zu Polen war in den 20er Jahren durchgehend schlecht, da sich Berlin hier mit der Grenzziehung des Versailler Vertrags nicht abfinden wollte. Die Stellung zur Sowjetunion war komplizierter. Nach ihrer Wirtschafts-, Gesellschafts- und Verfassungsordnung gehörte die Weimarer Republik zu den westeuropäischen Staaten, hingegen besaß sie Gemeinsamkeiten mit der Sowjetunion als Verlierer des Ersten Weltkriegs und in der Gegnerschaft zu Polen, das sich 1919-21 nicht nur nach Westen, sondern auch nach Osten über seine volklichen Grenzen hinaus ausgedehnt hatte. In den 20er Jahren setzte sich in der reichsdeutschen Außenpolitik weder die Richtung einer einseitigen West- noch einer ausgesprochenen Ostorientierung durch. Das Deutsche Reich versuchte eine Option zu vermeiden, was ihm aber eher Mißtrauen eintrug. 1921 begannen Reichswehr und Rote Armee, sich insgeheim gegenseitig bei der Aufrüstung zu helfen. Die Reichswehr produzierte verbotene Waffen in der UdSSR und übte dort auch mit ihnen. 1922 schlossen beide Staaten in Rapallo ein Abkommen, in welchem sie gegenseitig auf Kriegsentschädigung verzichteten und ihrem Handelsverkehr gegenseitig die Meistbegünstigungsklausel einräumten. Der Vertrag konnte aber weder die Position Berlins gegenüber den Westmächten stärken, noch wurden die Beziehungen zur UdSSR wesentlich intensiver oder gar freundschaftlich, da Moskau jahrelang Deutschland als den Schlüssel für den Erfolg des Kommunismus im gesamten Europa ansah und zumindest bis 1923 über die Komintern darauf hinarbeitete, das Deutsche Reich zu revolutionieren. Damit die einige Jahre später verbesserten Beziehungen Deutschlands zu den Westmächten keinen antisowjetischen Charakter annahmen, schlossen Berlin und Moskau 1926 auf Wunsch der Russen noch den Berliner Vertrag. Die sowjetische Regierung hatte ursprünglich ein Offensivbündnis gegen Polen vorgeschlagen, doch auf Betreiben des reichsdeutschen Außenministers Stresemann wurde nur vereinbart, daß in den nächsten fünf Jahren im Falle eines Angriffs durch eine dritte Macht der Vertragspartner neutral bleiben sollte.

Viel mehr Aufmerksamkeit als die Ostpolitik beanspruchten in den 20er Jahren die Beziehungen des Deutschen Reiches zu den Westmächten. Hier kreiste alles um die

Ostpolitik der Weimarer Zeit

Reparationen

Reparationsforderungen des Versailler Vertrags mit ihrer unbestimmten Höhe. Sie führten zu 13jährigen Wirren und Kämpfen. Die beiden Hauptprobleme bestanden im Streit darum, wie hoch die Zahlungen sein sollten und auf welche Weise sie zu transferieren waren. Frankreich wollte die Reparationspolitik gezielt nutzen, um den reichsdeutschen Kräftezuwachs ständig abzuschöpfen, und so verhindern, daß die Deutschen wieder Mittel in die Aufrüstung stecken konnten. In Deutschland waren dagegen weite Kreise überhaupt nicht willens, Niederlage und Kriegsschuld anzuerkennen, und glaubten Reparationen weder zahlen zu müssen noch zu sollen. Die Alliierten einigten sich 1921 untereinander, daß das Deutsche Reich bis 1963 insgesamt 269 Milliarden Goldmark zahlen sollte. Als Berlin die Zustimmung verweigerte, besetzten die Alliierten Düsseldorf, Duisburg und Ruhrort militärisch. Einer auf 132 Milliarden ermäßigten Forderung stimmte die Reichsregierung unter starkem Druck im Mai 1921 zu. Auch diese Summe lag weit über dem, was die Wirtschaftsexperten für machbar hielten. Aber selbst bei geringeren Leistungen bestand das Problem, diese in die Siegerländer zu transferieren. Da den Alliierten mit Eisenbahnwaggons voll Papiergeld nicht gedient war, mußte es einen entsprechenden Warenstrom geben. Das war möglich entweder als Naturallieferungen oder als reichsdeutscher Exportüberschuß, der die nötigen Devisen für Reparationszahlungen einbrachte. Nun schützten die Reparationsgläubiger aber ihre Märkte gegen deutsche Waren, um die heimische Beschäftigung zu sichern. Die Alliierten wollten also den Kuchen essen, ohne ihn anzunehmen.

Die Reichsregierung setzte 1921/22 darauf, zu versuchen, die Reparationsforderungen so weit wie möglich zu erfüllen, um eben dadurch zu beweisen, daß dies selbst bei gutem Willen nicht machbar sei, und so zu erreichen, daß die Forderungen herabgesetzt werden. Doch schon Ende 1922 mußte sie diese „Erfüllungspolitik" als gescheitert betrachten und gab sie auf.

Ruhrkampf   Da Paris den Eindruck hatte, die Reichsdeutschen würden sich ihren Reparationsverpflichtungen entziehen, besetzten im Januar 1923 französische Truppen, unterstützt von belgischen Einheiten, das Ruhrgebiet, um das Reich definitiv in die Knie zu zwingen. Als Vorwand für diese Aktion diente die Behauptung, das Deutsche Reich sei mit Holz- und Kohlelieferungen geringfügig im Rückstand. Faktisch bedeutete das eine Wiederaufnahme des Kriegs, nur war das Deutsche Reich zu schwach, um an eine militärische Gegenwehr auch nur denken zu können. Deshalb nahm der Konflikt andere Formen an. Die Reichsregierung stellte sämtliche Reparationslieferungen ein und rief die Ruhrbevölkerung zum passiven Widerstand gegen alle Anordnungen der französischen Besatzungsmacht auf: Gruben, Fabriken und Bahnen, die Frankreich nutzen wollte, wurden weitgehend stillgelegt, und die Reichsregierung unterstützte die streikenden Arbeiter finanziell. Die Franzosen gingen rücksichtslos gegen Beamte und Angestellte, die sich widersetzten, und deren Familien vor: etwa 145.000 Menschen wurden ausgewiesen, zahlreiche Haft- und Geldstrafen verhängt. Deutsche Freikorpsangehörige entfesselten mit Sabotageakten und Überfällen einen Kleinkrieg gegen die Besatzungstruppen. Es gab 132 Tote. Die Industrieproduktion kam im besetzten Gebiet weitgehend zum Erliegen. Großbritannien und die USA standen abwartend beiseite. Im September 1923 mußte die Reichsregierung den passiven Widerstand erfolglos abbrechen, da er finanziell nicht weiter durchgehalten werden konnte. Der Ruhrkampf zeigte deutlich, wie wenig Formen passiven Widerstands bei einem entschlossenen Gegner tauglich sind, im Ernstfall starke Verteidigungsstreitkräfte zu ersetzen. Aber ebenso hatte Frankreich materiell letztlich nicht viel erreicht.

Vom Herbst 1923 bis zu seinem Tod 1929 prägte Stresemann als Außenminister die reichsdeutsche Außenpolitik. Auch er verfolgte das Ziel, die Großmachtstellung des Deutschen Reiches wiederherzustellen. Dabei war er entschieden gegen jede militärische Gewaltpolitik, sondern versuchte die Revision des Versailler Vertrags schrittweise durch gegenseitige Verständigung zu erreichen. Das Reich sollte in Europa einflußreich, aber nicht beherrschend sein, und es sollte sich friedlich in das europäische Mächtesystem eingliedern. Stresemanns Außenpolitik unterschied sich damit erfreulich ebenso vom Säbelgerassel Wilhelms II. wie von Hitlers Gewaltpolitik.

Nachdem im Ruhrkampf sowohl Deutsche wie Franzosen gescheitert waren, war die Zeit reif für eine Vernunftlösung der Reparationsfrage unter Vermittlung Washingtons, die sich an der Leistungsfähigkeit der reichsdeutschen Wirtschaft orientierte. Paris, London und Berlin mußten dem zustimmen. Die USA gingen davon aus, daß sie nur dann hoffen konnten, die an Großbritannien und Frankreich ausgeliehenen Kriegskredite zurückzubekommen, wenn die Reichsdeutschen wirtschaftlich in der Lage und willens waren, Reparationen an diese Mächte zu leisten. Ein Sachverständigenausschuß unter Vorsitz des amerikanischen Bankiers Dawes erarbeitete Anfang 1924 einen Plan, der vorsah, daß das Reich nach einer Anlaufzeit jährlich 2,5 Milliarden Mark zahlen sollte, wobei die Laufzeit und damit die Gesamthöhe der Zahlungen offen blieben. Zugleich wurden Reichsbahn und Reichsbank unter internationale Aufsicht gestellt, und das Reich erhielt für den Anfang einen US-Kredit von 800 Millionen Goldmark. Obwohl der Dawes-Plan also die reichsdeutsche Souveränität weiter einschränkte und die politische Rechte ihn deshalb heftig bekämpfte, setzte Stresemann seine Annahme innenpolitisch durch. Im Gegenzug konnte Stresemann erreichen, daß das Ruhrgebiet bis Ende Juli 1925 geräumt wurde. In den nächsten Jahren liefen die Reparationen nach dem Dawes-Plan, aber das Transferproblem war nicht wirklich gelöst. Die für die Reparationszahlungen nötigen Devisen wurden nicht durch reichsdeutschen Warenexport, sondern weitgehend durch das Hereinströmen US-amerikanischer Kredite aufgebracht. Es fand also gewissermaßen eine Umschuldung statt: die öffentlich-rechtliche Reparationsschuld des Reiches wandelte sich in privatrechtliche Schulden der Wirtschaft und der öffentlichen Hände.

Um das französische Mißtrauen auszuräumen, schlug Stresemann den Westmächten gegenseitige Grenzgarantien und Gewaltverzichtserklärungen vor. Im Oktober 1925 schlossen das Deutsche Reich, Frankreich, Belgien, Großbritannien und Italien in dem Schweizer Kurort Locarno ein Abkommen, in dem die deutsch-französische und die deutsch-belgische Grenze als verbindlich anerkannt und für Streitigkeiten zwischen diesen drei Staaten ein Gewaltverzicht vereinbart wurde. Das bedeutete, daß das Deutsche Reich endgültig auf Elsaß-Lothringen verzichtete und Frankreich definitiv seine Rheinlandpläne aufgab. Dem französischen Wunsch, die Grenzgarantie auch auf die reichsdeutschen Grenzen zu Polen und zur Tschechoslowakei auszudehnen, mochte Stresemann dagegen nicht entsprechen. Mit diesen beiden Staaten ging er nur Gewaltverzichtserklärungen ein, hielt aber am Fernziel einer friedlichen Grenzrevision im Osten fest. Die politische Rechte in Deutschland lehnte die Locarno-Verträge scharf ab, weil sie die Ohnmacht des Reiches besiegeln würden. Tatsächlich bedeuteten sie aber, daß das Reich aus seiner Stellung als moralisch geächteter Diktatempfänger herauskam und von den Siegern wieder als Vertragspartner anerkannt wurde. Als weiteren Vertrauensgewinn erreichte Stresemann, daß das Reich 1926 in den Völkerbund aufgenommen wurde. In den folgenden Jahren konnte Stresemann aber keine weiteren Erfolge verbuchen. Weder eine vorzeitige Räumung des Rheinlands war zu erreichen noch eine Verringerung der Reparationslasten noch, trotz wirtschaftlicher Pressionen auf Polen, eine Grenzrevision im Osten. Nur die alliierte Militärkommission, welche die reichsdeutsche Abrüstung kontrollierte, wurde 1927 aufgehoben. Daß weitere Erfolge ausblieben, verschaffte innenpolitisch der Rechtsopposition Zulauf, die nichts von Verhandlungen hielt, sondern darauf setzte, die Ketten von Versailles zu zerbrechen.

International gewann das Deutsche Reich dagegen durch Stresemanns Außenpolitik, die 1926 mit dem Friedensnobelpreis gewürdigt wurde, wieder Vertrauen und Achtung. Die Tatsache, daß es sich in ein System kollektiver Sicherheit einordnete, und Stresemanns ausgleichende Rolle im Völkerbund wirkten dem Ruf deutscher Aggressivität entgegen.

Gleichbe-
rechtigung
als
Großmacht

Die Jahre 1930-32 bedeuteten in der Außenpolitik des Deutschen Reiches den Übergang von der Liquidation der Folgen des einen zur Vorbereitung des nächsten Kriegs. Die Reichsregierung schlug bei ihren Revisionsbestrebungen in der Reparations- und Rüstungsfrage eine härtere Gangart ein. Brüning, der gerne mit außenpolitischen Erfolgen seine innenpolitische Stellung gestützt hätte, versuchte die durch die Weltwirtschaftskrise verursachte Zahlungsunfähigkeit Deutschlands zu nutzen, um die Reparationszahlungen endgültig zu beenden, und die Reichswehrführung drängte auf eine militärische Gleichberechtigung des Reiches.

1930 wurde der Dawes-Plan durch den Young-Plan ersetzt. Er verminderte die jährlichen Raten und legte eine zeitliche Grenze fest: bis 1988 sollte das Reich insgesamt 34,5 Milliarden Goldmark zahlen. Außerdem entfiel die internationale Kontrolle über Reichsbank und Reichsbahn, und die Siegermächte gestanden zu, das Rheinland schon 1930 zu räumen, also fünf Jahre früher als vorgesehen. Die politische Rechte lief Sturm gegen diese „Schuldknechtschaft der Enkel". Die erreichten Zugeständnisse der Sieger erkannte die reichsdeutsche Öffentlichkeit kaum mehr an. Als dann unvorhergesehen die Weltwirtschaftskrise die beteiligten Länder ergriff, wurde der Plan schnell Makulatur. Um das Deutschland der Weimarer Republik zu stützen, an dem die USA wegen ihrer umfangreichen Kreditvergaben Interesse hatten, fand 1931/32 auf Vorschlag des US-Präsidenten Hoover ein einjähriges Moratorium statt für alle Zahlungen, die mit reichsdeutschen Reparationen und französischen und britischen Kriegsschulden bei den USA zusammenhingen. Die Zahlungen wurden nie wieder aufgenommen. Das bedeutete faktisch das Ende der Reparationen. Auf der Lausanner Reparationskonferenz vereinbarte man im Juli 1932, daß die reichsdeutschen Reparationsleistungen durch eine Abschlagszahlung von drei Milliarden Mark beendet werden sollten, doch selbst die wurden nicht mehr bezahlt.

Auf der Genfer Abrüstungskonferenz, die im Februar 1932 begann, forderte die Reichsregierung, daß das Deutsche Reich auch hinsichtlich der Rüstung mit den anderen Großmächten gleichberechtigt werden sollte. Im Dezember 1932 wurde dies von den anderen Mächten im Prinzip zugestanden. Damit war das Deutsche Reich wieder als gleichberechtigte Großmacht anerkannt, aber dieser Erfolg kam der demokratischen Republik nicht mehr zugute.

Hitlers Ziele

Als Hitler 1933 an die Macht kam, besaß er ein festes außenpolitisches Programm. Wenn er auch in der taktischen Durchsetzung beweglich war − an seinen außenpolitischen Grundlinien hielt der Führer stets starr und unverändert fest. Ausgehend von den Erfahrungen der Kaiserzeit nahm er an, daß sich das deutsche Volk weiter rasch vergrößern werde. Und Hitler fand ein kräftiges Wachsen der Zahlenstärke auch wünschenswert: er ging von der sozialdarwinistischen Vorstellung aus, daß die Weltgeschichte ein ewiger Kampf der Völker bzw. Rassen gegeneinander sei, bei dem die stärkeren sich durchsetzen würden, so daß nur ein großes Volk sich im Völkerringen behaupten könne. Deshalb war er strikt dagegen, daß Deutsche wie im 19. Jahrhundert ins Ausland auswanderten, und ebenso gegen eine Geburtenkontrolle. Die wachsende Volkszahl würde nach Hitlers Ansicht aber immer schwerer zu ernähren sein, vor allem, da die Ertragsfähigkeit der deutschen Böden sich nur begrenzt steigern lasse. Daraus folgerte Hitler, Deutschland müsse entweder Land erobern, um die überschüssigen Millionen Deutschen dort als Bauern anzusiedeln, oder sich noch stärker auf die Industrie verlegen, um gegen den Export von Industriegütern die nötigen Nahrungsmitteleinfuhren einzutauschen. Hitler zog das erstere vor. 1928 erklärte er in einer Rede: „Typisch bürgerlich ist der Gedanke, durch Steigerung der Wirtschaft das Volk ernähren und durch den Erlös der exportierten Waren Nahrungsmittel und Rohstoffe einzuführen. Es ist die feige, pazifistische Auffassung, die hofft, damit Kriege zu umgehen ... Eine nationalsozialistische Raumpolitik blendet das Volk nicht, denn es weiß, hast du kein Brot, dann jammere nicht, da muß das gesamte Volk zur Erringung von Raum eingesetzt werden."[81] Ebenso wie viele andere glaubte Hitler, daß die internationalen Absatzmärkte mit der Industrialisierung der unterentwickelten Weltregionen langfristig schrumpfen würden. Vor allem jedoch stand dahinter Hitlers Utopie, die das „gesunde" bäuerliche Leben dem gesellschaftlichen, moralischen und körperlichen „Verfall" in der großstädtischen Industriewelt vorzog und von einem wieder mehr agrarisch lebenden Herrenvolk träumte. Dieser „neue Lebensraum" sollte im Osten auf Kosten Polens und durch die Zerschlagung der Sowjetunion erobert werden. Dies bot zugleich die Möglichkeit, den verhaßten Bolschewismus zu vernichten, in dem Hitler eine von Juden angezettelte Weltgefahr sah, und paßte auch von daher gut zur weltanschaulichen Grundeinstellung des Nationalsozialismus, zu seinem antisemitischen und ebenso wie zu seinem antibolschewistischen Element.

Hitler wollte Schritt für Schritt erst das ganze geschlossene deutsche Siedlungsgebiet in einem großdeutschen Reich vereinen, diesem dann die Vorherrschaft in Mittel- und Osteuropa verschaffen und schließlich Rußland bis zum Ural erobern, womit ein von Deutschen beherrschtes europäisches Kontinentalreich entstehen sollte, ebenbürtig den beiden übrigen Weltmächten, dem britischen Empire und den USA. So wie die Briten als Herrenvolk in ihrem Empire über Hunderte Millionen Farbiger herrschten, so sollten die Germanen über die slawischen Völker herrschen. Für die weit entfernte Zukunft dachte Hitler vielleicht auch daran, daß dieses Imperium in der Lage sein sollte, ebenso wie die USA und Großbritannien auch als Seemacht mit Überseestützpunkten überall auf der Welt auftreten zu können.

Hitler plante von vornherein, Frankreich militärisch auszuschalten, um bei dem Krieg im Osten den Rücken frei zu haben, und seine Pläne im Bündnis mit Italien und Großbritannien durchzusetzen. Aus den Erfahrungen der Wilhelminischen Weltpolitik mit ihren Kolonial- und Flottenaktivitäten und dem Verlauf des Ersten Weltkriegs, daraus, daß die reichsdeutsche Weltmachtpolitik damals letztlich am Widerstand Großbritanniens gescheitert war, zog Hitler die Konsequenz, einen Konflikt mit den Briten auf alle Fälle vermeiden zu müssen und sich deshalb auf Kontinentaleuropa zu konzentrieren. Ihm schwebte vor, die Welt in Einflußsphären aufzuteilen und dadurch Reibungspunkte zwischen beiden Mächten auszuschalten: das Deutsche Reich werde die Briten in Übersee unbehelligt lassen, und dafür sollten die Deutschen auf dem Kontinent freie Hand bekommen, vor allem im Osten. Hitler meinte (zu Recht), angesichts der Ausweitung des europäischen Staatensystems zum Weltstaatensystem sei die traditionelle britische Idee eines Gleichgewichts der europäischen Mächte überholt und nur noch ein Gleichgewicht im Weltmaßstab sinnvoll. In London teilte man diese Ansicht jedoch nicht und war entgegen Hitlers Hoffnungen nie bereit, den Deutschen in Kontinentaleuropa freie Hand zu geben. Die von Hitler als ideal entworfene Bündniskonstellation sollte sich als nicht erreichbar erweisen.

Hitler war sich auch von Anfang an darüber klar, daß er seine Ziele nur mit Krieg durchsetzen konnte. Der Diktator teilte nicht die moralischen Skrupel seiner an friedlichen Mitteln orientierten Vorgänger, mehr noch: für ihn war der Krieg die normale Form zwischenstaatlicher Beziehungen. Hier brach das sozialdarwinistische Element im Nationalsozialismus durch. Nur auf Stärke komme es an; Vertragstreue sei eine Erfindung der Schwachen und Feigen. Sozialdarwinismus, kulturpessimistische Gesellschaftsutopie und Herrenvolkidee, ergänzt durch den Antibolschewismus, waren Hitlers gedankliche Grundelemente, und aus ihnen leiteten sich seine außenpolitischen Ziele ab; die kurz- und mittelfristige Innenpolitik diente dann weitgehend dazu, Bevölkerung und Wirtschaft auf den Krieg vorzubereiten.

Zur Einordnung von Hitlers Zielen

Mit seiner spätimperialistischen Machtpolitik reihte sich das Deutsche Reich bei den „Habenichtsen" Japan und Italien ein, die bei der Aufteilung der Welt vor dem Ersten Weltkrieg weitgehend zu spät gekommen waren und in den 30er Jahren noch einmal versuchten, in großem Stil Kolonialreiche zu erobern. Dabei reichten die deutschen Ziele zweifellos am weitesten. Aber während die öffentliche Meinung Europas die Unterwerfung farbiger „Eingeborener" in Übersee Ende des 19. Jahrhunderts als selbstverständlich und berechtigt angesehen hatte, sah sich schon die Herrenstellung der Briten in Indien in der Zwischenkriegszeit einer anschwellenden Opposition der Beherrschten gegenüber, und die überseeische Kolonialpolitik Italiens und Japans in den 30er Jahren rief in Europa Empörung hervor. So war erst recht der deutsche Versuch, mitten im 20. Jahrhundert die osteuropäischen Völker zu unterwerfen und zu versklaven, also Völker, die bereits die Ideen der nationalen Selbstbestimmung, des Liberalismus und der demokratischen Gleichheit in sich aufgesogen hatten, ein verbrecherischer Anachronismus. Weltgeschichtlich gesehen stellte er den letzten Versuch dar, ein Großreich mit direkter Herrschaft eines Herrenvolks über unterworfene Völker aufzurichten. Nach dem Zweiten Weltkrieg und der Entkolonialisierung sah die Welt Herrschaft über Völker außerhalb des eigenen Staatsgebiets nur noch in der Form hegemonialer Bündnissysteme und indirekter wirtschaftlicher Abhängigkeitsverhältnisse.

Auch im Rahmen der deutschen Geschichte nimmt sich Hitlers Außenpolitik merkwürdig fremd aus. Ein mächtiges Deutsches Reich hatten auch Bismarck und Stresemann angestrebt, aber sie hatten es friedlich in das bestehende europäische Staatensystem integrieren wollen – Hitler wollte dieses System zerstören. Zweifellos gab es Überschneidungen zu den bisher in der Außenpolitik verfolgten Zielen. Mit der nationalen Revisionspolitik setzte Hitler die Politik der Weimarer Zeit fort. Die Idee, Deutschland sei zur mitteleuropäischen Führungsmacht berufen, war schon in den Kriegszielen während des Ersten Weltkriegs aufgetaucht und besaß auch noch weiter zurückreichende Wurzeln. Doch dies waren für Hitler von Anfang an nur Durchgangsstationen. Sein Endziel, die weitausgreifende Lebensraumpolitik auf der Grundlage einer rassenideologischen Neuordnung der Völker, sein sozialdarwinistischer Vernichtungswille mit dem Ziel der Zerstörung des Weltbolschewismus stellten dagegen etwas qualitativ völlig Neues dar, ohne jedes Vorbild in der deutschen Geschichte. Es war ein einmaliger, aber folgenschwerer Wahn.

Hitlers Ziele entsprachen auch nicht den realen Interessen der deutschen Gesellschaft und ihrer Führungsschichten. Deutsche Industrielle und Banken waren daran interessiert, durch Handelsbeziehungen und Kapitalanlagen eine starke wirtschaftliche Stellung in Südosteuropa zu gewinnen, aber das war etwas anderes als militärische Eroberung und gewaltsame Unterdrückung; die Großunternehmer sahen darüber hinaus den Weltmarkt als ihr Betätigungsfeld an, und manche wünschten auch neue Überseekolonien, aber in den Weiten Rußlands lagen ihre Interessen nicht. Auch in der Bevölkerung bestand kein Interesse, im Osten zu siedeln; als während des Krieges dafür geworben wurde, blieb die Resonanz gering. Zweifellos nutzte die deutsche Großwirtschaft kräftig und ohne Skrupel die Verdienstchancen, die Aufrüstung und Raubkrieg ihr boten, aber sie tat es als Trittbrettfahrer, nicht als Auftraggeber des Kriegs. Hitler hatte sich sein Programm bereits in den 20er Jahren zurechtgelegt, zu einer Zeit, als er noch keine Kontakte zu Wirtschaftsvertretern besaß, die ihn dabei hätten beeinflussen können, und auch später wurde seine Außenpolitik von Initiativen der Industrie nicht nennenswert bestimmt. Anders als in der Zeit der Weimarer Republik und des Kaiserreichs verselbständigte sich die NS-Führung gegenüber gesellschaftlichen Interessengruppen so weit, daß die außenpolitische Initiative in der Tat stets bei der politischen Führung, letztlich bei Hitler persönlich lag. Er war es, der die Gesamtpolitik auf Lebensraumkurs hielt und sich davon auch durch Risiken und Schwierigkeiten nicht abbringen ließ. Dabei sahen sich die konservativen Führungskreise in Diplomatie und Wehrmacht immer weiter zurückgedrängt. 1938 wurden sie mit der Entlassung von Außenminister, Oberbefehlshaber des Heeres und Kriegsminister endgültig beiseite geschoben.

Mit der Machtübernahme Hitlers begann eine Außenpolitik der Überraschungscoups, Vertragsbrüche und Drohungen. Das von Stresemann angesammelte Vertrauenskapital zerrann rasch. Als Vorbereitung für die geplanten Eroberungen lief sofort eine hastige Aufrüstung an. Von 1933 bis Herbst 1939 schnellte die Heeresstärke von 108.000 auf 706.000 Mann hoch. Als die Genfer Abrüstungskonferenz vom Prinzip der Gleichberechtigung des Deutschen Reiches wieder abging, benutzte Hitler dies als Vorwand, um sie im Oktober 1933 zu verlassen. Gleichzeitig kündigte er den Austritt aus dem Völkerbund an. Im März 1935 erklärte die reichsdeutsche Regierung die militärischen Bestimmungen des Versailler Vertrags einseitig für aufgehoben, führte die allgemeine Wehrpflicht wieder ein und gab bekannt, daß sie auch zur Luft aufrüste. Die Westmächte beließen es bei papiernen Protesten gegen diesen Vertragsbruch, die ebenso ohnmächtig wie folgenlos waren.

Um nicht einen Präventivkrieg der anderen Staaten gegen das militärisch noch schwache Deutschland zu provozieren, verleugnete Hitler nach der Machtübernahme seine wahren außenpolitischen Ziele und betonte immer wieder öffentlich seinen Friedenswillen. Damit fand er gerne Glauben. Nach außen hin verharmloste Hitler seine Außenpolitik als einfache Fortsetzung der bisherigen deutschen Revisionspolitik; in Geheimbesprechungen im engsten Führungskreis ließ er aber keinen Zweifel daran, daß dies nur taktisch als Absicherung der Aufrüstungsphase gemeint war und er unverändert an seinen Fernzielen festhielt.

Von Triumph zu Triumph

933

Tatsächlich hatte die polnische Regierung nach dem Machtwechsel in Deutschland der Regierung in Paris 1933 vorgeschlagen, gemeinsam durch einen Präventivkrieg gegen das Deutsche Reich die NS-Herrschaft zu stürzen. Doch die französische Regierung zog nicht mit. Die Erinnerung an die politisch letztlich erfolglose Ruhrbesetzung 1923 schreckte die Verantwortlichen in Paris. Um während der Aufrüstungszeit nicht gestört zu werden, ließ Hitler das Verhältnis zur Sowjetunion abkühlen und schloß dafür im Januar 1934 überraschend einen Nichtangriffspakt mit Polen. Das bedeutete eine Abkehr von der Außenpolitik der 20er Jahre und entsprach zugleich Hitlers antibolschewistischer Einstellung. Dieser Vertrag brach den wichtigsten Stein aus Frankreichs osteuropäischem Bündnissystem heraus, das die Deutschen in Schach halten sollte.

Das Schlüsselproblem für die Verwirklichung von Hitlers Plänen lag indessen im Verhältnis zu Großbritannien. Im Jahr 1935 gelang es Berlin, mit London vertraglich zu vereinbaren, daß die reichsdeutsche Kriegsmarine bis zu 35 Prozent, bei U-Booten bis 45 Prozent des Bestands der britischen Seestreitkräfte aufrüsten durfte, womit die britische Regierung die reichsdeutsche Wiederaufrüstung vertraglich anerkannte. In den folgenden Jahren warb Berlin immer wieder in London um das geplante Bündnis auf der Basis einer Aufteilung der Interessensphären – doch erfolglos. Die britische Regierung war jetzt zwar bereit, die Ziele der nationalen Revisionspolitik des Deutschen Reiches und eine friedliche, vor allem wirtschaftliche Vormachtstellung des Reiches in Mittel- und Südosteuropa zu akzeptieren, aber sie wollte kein Bündnis eingehen und war auch nicht willens, den Deutschen „freie Hand" im Osten zum Eroberungskrieg gegen die Sowjetunion zu geben. Hitler hielt indessen starr an seiner Idee eines Ostimperiums fest. Da sein Werben erfolglos blieb, keimte in ihm dann der Gedanke, seine Ziele auch an Großbritannien „vorbei" erreichen zu können. Dabei näherten sich die expansionistisch gesinnten Großmächte einander an. Im November 1936 gründeten Hitler und der italienische Führer Mussolini die „Achse Berlin – Rom", die aber mehr propagandistischer Natur war und keine konkreten Bündnisverpflichtungen enthielt. Im selben Monat schloß das Deutsche Reich mit Japan den Antikominternpakt ab, der für den Fall eines Kriegs mit der UdSSR wohlwollende Neutralität vorsah. Doch einen echten Ersatz für ein Arrangement mit Großbritannien konnte dies nicht bieten.

Nichtsdestoweniger war die reichsdeutsche Außenpolitik in der Lage, prestigeträchtige Erfolge vorzuweisen. 1935 kehrte das Saargebiet zum Deutschen Reich zurück, im März 1936 ließ Hitler die entmilitarisierte Zone des Rheinlands von deutschen Truppen besetzen, im März 1938 erfolgte der Anschluß Österreichs. Jedesmal nahmen Frankreich und Großbritannien die Aktionen hin. In London und Paris wurden allerlei Überlegungen über Reaktionen angestellt, aber die beiden Regierungen konnten sich nie zu einer gemeinsamen militärischen Gegenreaktion entschließen. Letztlich waren sie nicht bereit, die inzwischen auch von ihnen als revisionsbedürftig angesehene Versailler Ordnung zu verteidigen.

Sudetenkrise   Im Sommer 1938 schürte Hitler planmäßig die Krise um die Sudetengebiete mit dem Ziel, die Tschechoslowakei militärisch zu zerschlagen. Sie verlief anders als die bisherigen: diesmal griffen die Westmächte ein. Ihnen ging es jedoch nicht darum, die Tschechoslowakei unversehrt zu erhalten. Die Briten wollten Frieden in Europa und engagierten sich in der Sudetenkrise nur, um der Verwirklichung jener reichsdeutschen Ansprüche, die sie für gerechtfertigt hielten, eine friedliche Form aufzuzwingen.

934

In der Hoffnung, es wäre Hitlers letzte Forderung, schlugen London und Paris der Regierung in Prag vor, das Sudetengebiet abzutreten, worauf diese am 21. September widerstrebend einging. So konnte der britische Premier Chamberlain dem überraschten Führer am folgenden Tag bei einem Treffen in Bad Godesberg das Sudetengebiet als friedlich zu übertragendes Geschenk präsentieren. Hitler war wenig erfreut, da er die ganze Tschechei besetzen wollte und ihm jetzt der Vorwand hierfür entglitt. Er bestand auf einem Truppeneinmarsch. Die Westmächte drohten dem Deutschen Reich mit Krieg, wenn es auf eigene Faust handeln würde. Kurze Zeit sah es nach einem Waffengang aus. Doch die britische Regierung gab weiter nach. Am 29. September regelten die Regierungschefs des Deutschen Reiches, Großbritanniens, Frankreichs und Italiens auf einer Konferenz in München noch die Einzelheiten der bereits vereinbarten Übertragung des Sudetengebiets an das Deutsche Reich. Zugleich garantierten die Großmächte die Existenz des tschechischen Reststaats.

Das Deutsche Reich hatte im Laufe der 30er Jahre machtpolitisch stark an Gewicht gewonnen und stellte Frankreich jetzt wieder in den Schatten. Die Mittel- und Kleinstaaten in Mittel- und Osteuropa hatten sich nach und nach von Frankreich abgewandt und an das erstarkende Deutsche Reich angelehnt. Doch Hitler schritt zügig über diesen Höhepunkt seiner Popularität hinaus, hinein in den Weltkrieg und damit in den Untergang. Starr hielt er an seinem Plan eines Eroberungskriegs gegen die Sowjetunion fest. Da beide Länder durch Polen getrennt waren, verhandelte die deutsche Regierung seit Oktober 1938 monatelang in Warschau um ein Bündnis: Polen sollte dem Reich Danzig und einen Korridor dorthin zugestehen, sich als Juniorpartner und Komplize an dem geplanten Krieg gegen die Sowjetunion beteiligen und dann auf deren Kosten reichlich entschädigt werden. Aber die polnische Regierung lehnte im März 1939 endgültig ab. Polen wollte nicht zum Satelliten des Deutschen Reiches herabsinken, ja in größenwahnsinniger Überschätzung der eigenen Kräfte träumte die polnische Führung von einem Aufstieg Polens zur Großmacht, strebte die Annexion Danzigs an und hegte Ambitionen auf Ostpreußen, Schlesien und Pommern.

Auslösung des Zweiten Weltkriegs

Das Ende der geschrumpften Tschechoslowakei kam schnell. Am 15. März 1939 eroberten reichsdeutsche Truppen die Tschechei und erklärten sie zum „Protektorat Böhmen und Mähren" unter reichsdeutscher Oberherrschaft, während sich die Slowakei als selbständiger Staat abspaltete. Diese unverhüllte Aggression, die jetzt mit dem Schritt über die Volksgrenze die Maske der Revisionspolitik fallenließ, stieß international auf scharfe Ablehnung. Zwar kamen die Westmächte den Tschechen nicht zu Hilfe, aber London gab seine Beschwichtigungspolitik jetzt auf und garantierte Ende März Polens Unabhängigkeit, um Hitler von weiteren aggressiven Schritten abzuhalten.

Der deutsche Diktator blieb unbeeindruckt und ließ seit Mai den Krieg gegen Polen als Vorstufe zum großen Lebensraumkrieg gegen die UdSSR vorbereiten. Am 23. August 1939 schloß die NS-Regierung zur großen Überraschung der Weltöffentlichkeit einen Nichtangriffspakt mit der bolschewistischen Sowjetunion, ihrem ideologischen Hauptgegner. Dieser Vertrag isolierte Polen, schloß aus, daß das Deutsche Reich zwischen der UdSSR und den westlichen Großmächten in die Zange geriet und nährte bei Hitler die Hoffnung, die Westmächte würden bei einem deutschen Angriff auf Polen untätig bleiben. In einem geheimen Zusatzprotokoll teilten Hitler und der sowjetische Diktator Stalin Osteuropa auf: Finnland, Estland, Lettland, Ostpolen und Bessarabien sollten sowjetisches, Litauen und Westpolen deutsches „Einflußgebiet" werden.

Warum ließ Stalin sich auf diesen Pakt ein, der es Hitler ermöglichte, den Zweiten Weltkrieg auszulösen? Dahinter stand einmal Stalins Wunsch, die 1917/21 den Russen verlorengegangenen Gebiete weitgehend zurückzugewinnen, und dann seine Furcht, der NS-Staat könnte sich mit Rückendeckung der kapitalistischen Westmächte gegen die kommunistische Sowjetunion wenden. Hinzu kam wohl seine Hoffnung, daß die Sowjetunion für ihren rasch voranschreitenden militärischen und wirtschaftlichen Aufbau weitere Zeit gewinnen könnte, um sich schließlich in der Rolle des lachenden Dritten als Hegemonialmacht über die durch gegenseitige Kämpfe geschwächten westeuropäischen Großmächte zu erheben.

In der Morgenfrühe des 1. September 1939 begann der deutsche Überfall auf Polen. Die Regierungen in London und Paris waren inzwischen zu der Überzeugung gekommen, daß sie eine weitere Machtausdehnung des Deutschen Reiches nicht hinnehmen könnten, und antworteten am 3. September mit der Kriegserklärung. Hitlers leichtfertige Hoffnungen, Briten und Franzosen würden entgegen ihrer vorherigen Erklärung doch neutral bleiben, so daß der Krieg begrenzt bliebe, zerplatzten wie Seifenblasen. 25 Jahre nach dem Ausbruch des Ersten Weltkriegs fand Europa sich schon wieder am Beginn eines gewaltigen Kriegs. Diesmal ließ die Kriegsschuldfrage sich einfach beantworten: einzig und allein Hitlers Eroberungspolitik und sein Kriegswille waren es, die den Krieg ausgelöst hatten. Andere, vor allem die UdSSR und Großbritannien, hatten Hitler die Kriegsauslösung durch ihr Verhalten erleichtert und hätten sie vielleicht durch eine andere Politik verhindern können, aber positiv Krieg gewollt hatte nur Hitler, und das von Anfang an. Zwei Monate nach Kriegsausbruch erklärte Hitler gegenüber hohen Generalen: „Grundsätzlich habe ich die Wehrmacht nicht aufgestellt, um nicht zu schlagen. Der Entschluß zum Schlagen war immer in mir."[82] Ja, mit dem Krieg fand der Nationalsozialismus zu seinem sozialdarwinistischen Grundelement von Kampf und Vernichtung und damit sozusagen zu sich selbst.

Gewiß, *diesen* Krieg hatte Hitler *so* nicht gewollt. Seine Idee hatte darin bestanden, angesichts der Begrenztheit des deutschen Wirtschaftspotentials einen neuen langen Weltkrieg gegen alle zugleich zu vermeiden und stattdessen seine Opfer zu isolieren und mehrere begrenzte Kriege nacheinander zu führen, damit Deutschland so schrittweise zur Weltmacht emporsteigt. Der große Krieg im Osten war ursprünglich erst für etwa 1943/44 geplant gewesen, nach Abschluß der Aufrüstung der Wehrmacht und außerdem bei Neutralität Großbritanniens. Warum hatte Hitler dann aber schon 1939 den Krieg ausgelöst, obwohl weder die gewünschte politische Voraussetzung gegeben noch die reichsdeutsche Aufrüstung abgeschlossen war? Der Grund lag darin, daß die reichsdeutsche Hochrüstung wirtschaftlich nicht mehr lange über 1939 hinaus durchgehalten werden konnte und außerdem inzwischen, nicht zuletzt als Reaktion auf die reichsdeutsche Expansionspolitik, auch Frankreich, Großbritannien und die Sowjetunion begonnen hatten, ihrerseits aufzurüsten. Das Deutsche Reich besaß also einen Rüstungsvorsprung, der mittelfristig verschwinden würde. So hieß es für Hitler: jetzt oder nie losschlagen. Auf diese Weise begann der Zweite Weltkrieg mit einer von Hitler als „verkehrt". empfundenen Frontstellung des Deutschen Reiches: gegen den Wunschpartner Großbritannien sowie gegen Frankreich bei abwartender Neutralität des ideologischen und machtpolitischen Hauptgegners UdSSR.

Anders als im August 1914 herrschte im Herbst 1939 unter den Reichsdeutschen keine Kriegsbegeisterung, sondern man sehnte sich nach Frieden, und dies trotz der jahrelangen psychologischen Kriegsvorbereitung durch die nationalsozialistische Propaganda und Erziehung. Aber die Reichsdeutschen zogen gehorsam in den Krieg, und teils unter dem Einfluß der Durchhaltepropaganda, die alle Zweifel am Sieg unterdrückte, teils aus Furcht vor der latenten Terrordrohung der SS gegen jeden „Verräter", teils aus Furcht vor der Rache der Russen hielten sie alle bis zum bitteren Ende durch, die eingezogenen Männer als Soldaten ebenso wie die Arbeiter. Die Zahl der Deserteure blieb verschwindend gering (und sie sahen sich in Westdeutschland auch nach dem Ende des Zweiten Weltkriegs allgemeiner Verachtung ausgesetzt), und es gab im Kriegsverlauf keine Streiks und Meutereien wie 1917/18.

Da der Krieg verfrüht ausgebrochen war, fand sich das Deutsche Reich rüstungswirtschaftlich für höchstens neun bis zwölf Monate vorbereitet, und überdies war es bei vielen strategisch wichtigen Gütern wie Mineralöl, Eisenerz und Kautschuk überwiegend von Einfuhren abhängig. Um einem länger andauernden Material- und Abnutzungskrieg zu entgehen, plante die Wehrmachtsführung, den Krieg als Reihe aufeinanderfolgender kurzer und räumlich begrenzter Blitzfeldzüge zu führen. Dieses Blitzkriegskonzept steigerte im Grunde die Grundidee des Schlieffenplans noch weiter. Anders als 1914 ermöglichten indessen jetzt die technischen und organisatorischen Neuerungen der Wehrmacht tatsächlich eine Blitzkriegsstrategie, wie es sie noch nie zuvor gegeben hatte. Die ersten beiden Kriegsjahre standen ganz in ihrem Zeichen. Während man im Ersten Weltkrieg die noch wenig entwickelten Flugzeuge und Panzer nur zur taktischen Unterstützung der Infanterie eingesetzt hatte, wurden die deutschen Angriffe jetzt getragen von strategisch selbständigen Stoßkeilen aus schnellen Panzereinheiten und motorisierter Infanterie, deren Vorstöße von Kampfflugzeugen massiv Feuerunterstützung erhielten und denen dann die Masse des Heeres als Infanterie zu Fuß folgte.

Die deutsche Wehrmacht war den Polen an Panzern und Flugzeugen weit überlegen und wurde besser geführt. So gelang ihr ein überraschend schneller Sieg: innerhalb von fünf Wochen war Polen praktisch erobert bei nur 10.600 Mann deutschen Verlusten. Die Sowjetunion besetzte Ostpolen. Der polnische Staat wurde aufgelöst. Paris hatte den Polen versprochen, eine Entlastungsoffensive gegen die nur schwach gesicherte deutsche Westfront zu unternehmen, aber unter dem Druck einer kriegsunwilligen öffentlichen Meinung unterließ die französische Regierung diese Offensive, die zur raschen Niederlage des Deutschen Reiches und damit zum Kriegsende geführt hätte.

Polenfeldzug, Skandinavienfeldzug, Westfeldzug

Nach dem Polenfeldzug bot Hitler Großbritannien Frieden an auf der Grundlage der neuen Verhältnisse im Osten. London lehnte einen Friedensschluß mit Hitler ab, aber die Westmächte begannen auch keine große militärische Offensive. Sie wiegten sich in der Illusion, Hitler würde keinen Angriff auf Frankreich wagen und warteten ab in der Hoffnung, Hitler würde einlenken oder durch kompromißbereitere Kräfte innerhalb der reichsdeutschen Führung entmachtet werden. Aber Hitler hielt starr an seinen politischen Zielvorstellungen fest und handelte entsprechend. Da unsicher war, wie lange die UdSSR weiter neutral bleiben würde, plante Hitler, möglichst schnell Frankreich niederzuwerfen, Großbritanniens Partner auf dem Kontinent, um so London zu einem Ausgleich zu zwingen und damit den Rücken für den Eroberungsfeldzug im Osten frei zu bekommen. Der Angriffstermin für den Frankreichfeldzug wurde dann aus verschiedenen Gründen mehrmals verschoben. So begann noch vorher, am 9. April 1940, die militärische Besetzung der neutralen Länder Dänemark und Norwegen durch deutsche Truppen. Ihr Zweck war, die für die deutsche Rüstungswirtschaft lebenswichtigen Eisenerzgruben in Nordschweden vor einem möglichen britischen Zugriff zu sichern und außerdem für die deutsche Handelskriegführung im Atlantik günstiger gelegene Basen zu gewinnen. Tatsächlich kamen die deutschen Truppen einer gleichzeitig und unabhängig geplanten alliierten Aktion nur um wenige Stunden zuvor.

Am 10. Mai 1940 begann der deutsche Angriff im Westen. Die deutsche Führung versuchte, die französisch-britischen Truppen durch einen schnellen Vorstoß von Süden her zu umfassen und dann in Flandern eine rasche Entscheidung zu erzwingen, weshalb die deutschen Truppen zugleich auch durch die neutralen Länder Niederlande, Belgien und Luxemburg hindurch vordrangen. An Zahl der Soldaten, Panzer und Flugzeuge waren beide Seiten etwa gleich stark. Aber die französischen Truppen waren schlechter organisiert, wurden schlechter geführt und hatten eine geringere Kampfmoral, so daß der deutsche Plan weitgehend gelang. Infolge der hohen Verluste fand sich die französische Regierung am 22. Juni 1940 zum Waffenstillstand bereit. Verglichen mit der Behandlung Polens sahen die Bedingungen sehr gemäßigt aus. Frankreich blieb als Staat mit eigener Regierung, Militär und Kolonien erhalten. Nordfrankreich und die Atlantikküste wurden von deutschen Truppen militärisch besetzt. Die französische Regierung, nach Vichy im unbesetzten Teil Frankreichs übergesiedelt, schwankte seitdem zwischen Abwarten und Zusammenarbeit mit den Deutschen.

Weichenstellungen: Sommer 1940 bis Sommer 1941

Zwar war jetzt Frankreich besiegt und Italien im Juni an der Seite Deutschlands in den Krieg eingetreten, aber eine Kriegsentscheidung war nicht in Sicht. Wie schon im Ersten Weltkrieg hatten gleich bei Kriegsbeginn Großbritannien mit seinen Seestreitkräften die reichsdeutschen Einfuhren aus Übersee unterbunden und die deutsche Kriegsmarine mit U-Booten und Überwasserschiffen die Bekämpfung der Einfuhren der Britischen Inseln aufgenommen. Aber diesmal glich die Sowjetunion die Blockade aus, indem sie kriegswichtige Rohstoffe an das Deutsche Reich lieferte. Die deutsche Seekriegsleitung verfügte ihrerseits über viel zu wenig U-Boote, um die britischen Zufuhren entscheidend treffen zu können, da der Handelskrieg mit U-Booten nach seinem Scheitern im Ersten Weltkrieg als überholt gegolten hatte und auch nach Kriegsbeginn kein großes U-Boot-Bauprogramm begonnen wurde. Nachdem die Londoner Regierung Hitlers Friedensangebot im Juli 1940, das den unerwünschten Krieg mit Großbritannien beenden sollte, abgelehnt hatte, ließ Hitler eine Invasion der Britischen Inseln vorbereiten und eine Luftkriegsoffensive gegen Großbritannien beginnen. Doch die Luftwaffe konnte die für eine Invasion erforderliche Luftherrschaft nicht erringen, sondern mußte die Luftschlacht über England mit hohen Verlusten abbrechen.

Das Deutsche Reich und Großbritannien konnten einander also nicht in die Knie zwingen. Trotzdem kam es zu keinem Kompromiß. Hitler beharrte auf der Vorstellung einer deutschen Hegemonie auf dem Kontinent, die den Briten zwar ihr Weltreich, aber langfristig nur die Rolle eines Juniorpartners gelassen hätte. In London, wo ein Teil der britischen Führung dazu neigte, auf Hitlers Angebot einzugehen, setzte sich die harte Linie Premierminister Churchills durch, der Großbritanniens Weltmachtstellung in vollem Umfang erhalten und das Gleichgewicht auf dem europäischen Kontinent wiederherstellen wollte. Grundlegend für diese unnachsichtige Haltung Großbritanniens war die Rückendeckung durch die USA. Der amerikanische Präsident Roosevelt führte die Vereinigten Staaten seit 1939 gezielt in den Krieg hinein, dabei zunächst noch durch die isolationistischen Kräfte im eigenen Land gehemmt. Im Juni 1940 ließ er ein großes Aufrüstungsprogramm anlaufen und begann wenige Wochen später, Großbritannien in wachsendem Maße materiell zu unterstützen. Die Konkurrenz des deutschen Exports und der ideologische Gegensatz zum Nationalsozialismus hatten schon in den 30er Jahren in den USA eine zunehmende Abneigung gegen den NS-Staat heranwachsen lassen. Außerdem sollte die Ausweitung des US-amerikanischen Außenhandels der Wirtschaftskrise in den USA abhelfen, die dort noch anhielt. Roosevelts langfristiges Ziel war deshalb, überall in der Welt das Prinzip des Freihandels durchzusetzen. Das hätte die USA als konkurrenzfähigste Volkswirtschaft zur führenden Weltmacht erhoben, stand aber im Gegensatz zum reichsdeutschen Ziel eines eigenen autarken Großwirtschaftsraumes.

Hitler war bestrebt, jede Provokation Washingtons zu vermeiden. Aber da die USA sich trotzdem zunehmend auf Seiten der Briten engagierten, war abzusehen, daß die Zeit gegen das Deutsche Reich arbeitete. Hitler war der Auffassung, Deutschland müsse noch bevor die Nordamerikaner 1941 rüstungsmäßig kriegsbereit werden würden, also sobald wie möglich, einen riesigen autarken Kontinentalblock in Europa bilden, um für die beiden angelsächsischen Seemächte unangreifbar zu werden. Dies konnte im Bunde mit der UdSSR oder auf ihren Trümmern geschehen. Die Idee eines Kontinentalbunds erwies sich im Herbst 1940 als nicht realisierbar: Frankreich und Spanien waren nicht bereit, an der Seite von Deutschland und Italien in den Krieg einzutreten, und erst recht nicht die Sowjetunion. Moskaus Ansprüche auf Gebiete westlich der russischen Grenzen überkreuzten sich mit deutschen Wünschen. So beschloß Hitler im Dezember 1940 endgültig, die Sowjetunion in einem weiteren Blitzfeldzug zu zerschlagen. Damit wollte er zugleich sein Programm des Lebensraumes für deutsche Siedler verwirklichen, den Bolschewismus und seine angeblich jüdischen Träger ausrotten und einen in seinem Rohstoffpotential autarken Großraum zur Abwehr der angelsächsischen Mächte schaffen. Es war die Wiederaufnahme des großen Traums, mit dem Hitler von Anfang an angetreten war. Der deutsche Entschluß zum Angriff war aus eigenem Antrieb erwachsen, war also keine Reaktion, um etwaigen sowjetischen Plänen zuvorzukommen.

Zuvor mußte die Wehrmacht aber noch den Italienern helfend unter die Arme greifen, die in Nordafrika und bei einem dilettantisch ausgeführten Überfall auf Griechenland Niederlagen erlitten hatten. Deutsche Truppen unter General E. Rommel wurden nach Nordafrika entsandt, um die Italiener dort zu unterstützen. Um eine alliierte Front in Südosteuropa zu verhindern, wurden Ungarn, Rumänien, die Slowakei und Bulgarien veranlaßt, dem deutsch-italienischen Bündnis beizutreten, und ferner griff die Wehrmacht im April 1941 Jugoslawien und Griechenland an und eroberte sie in eineinhalb beziehungsweise acht Wochen.

Am 22. Juni 1941 begann der deutsche Überfall auf die Sowjetunion. Die Wehrmacht trat im Osten mit 3,05 Millionen Mann gegen 4,7 Millionen sowjetische Soldaten an, und auch an Panzern und Flugzeugen war die Rote Armee zahlenmäßig weit überlegen. Trotzdem glaubte der reichsdeutsche Generalstab, die Sowjetunion innerhalb weniger Wochen besiegen zu können — was übrigens auch der britische und der US-amerikanische Generalstab für möglich hielten. Geplant war, die Rote Armee in Grenzschlachten zu vernichten, bevor sie ihre Reserven mobilisieren konnte, und dann das Land bis zum Ural zu erobern. Obwohl die sowjetischen Truppen zahlenmäßig überlegen waren und obwohl der bevorstehende deutsche Angriff der sowjetischen Führung aus verschiedenen Quellen lange vorher bekannt geworden war, gelangen der Wehrmacht große Anfangserfolge, da die Rote Armee in Ausbildung, Organisation und Führung anfangs erhebliche Mängel aufwies. Mitte Juli hielt Hitler den Feldzug bereits für gewonnen und ließ schon die anschließende Kriegführung gegen Großbritannien vorbereiten. Doch im November blieb die deutsche Offensive nach Einbruch des Winters in Schnee und Eis vor Moskau stecken. Zwar hatte die Wehrmacht bis zum 1. Dezember 1941 im Osten 3,5 Millionen Gefangene gemacht, aber im selben Zeitraum 768.000 Tote, Vermißte und Verwundete verloren, und da die Rote Armee durch immer neue Reserven aufgefüllt wurde, blieb ihre zahlenmäßige Überlegenheit erhalten.

Gleichzeitig traten die USA schrittweise in den Krieg ein. Nach einem Zwischenfall im U-Boot-Krieg erteilte Roosevelt am 11. September den Befehl, auf Schiffe der Achsenmächte im Westatlantik zu schießen, so daß seit Oktober zwischen den USA und dem Deutschen Reich faktisch Kriegszustand herrschte. Die größte demokratische und kapitalistische Industriemacht sowie Großbritannien fanden sich mit der kommunistischen Sowjetunion zu einer höchst unnatürlichen Koalition gegen Hitlers Eroberungspolitik zusammen. Vier Tage nach der japanischen Kriegseröffnung gegen die USA ließ Hitler am 11. Dezember 1941 den bereits im Gang befindlichen Krieg mit Nordamerika auch offiziell erklären.

Scheitern der Strategie der Blitzfeldzüge Im November 1941 wurde deutlich, daß die Zeit der deutschen Blitzfeldzüge vorbei war. Das Konzept, durch eine Abfolge begrenzter Feldzüge zur Weltmacht zu werden, war gescheitert. Erst jetzt, seit Februar 1942, wurde die reichsdeutsche Rüstungsproduktion systematisch so weit wie möglich gesteigert. Auch die Zahl der U-Boote für den Krieg gegen die britischen Zufuhren begann sich erst ab Ende 1941 deutlich zu erhöhen, nachdem bis Mitte 1941 durchschnittlich nicht mehr als zwei Dutzend Frontboote zur Verfügung gestanden hatten. Der Kampf gegen die Sowjetunion, Großbritannien und die USA wurde zu einem zähen Ringen, bei dem letztlich die größeren Reserven an Menschen und Material entscheiden mußten, wie schon im Ersten Weltkrieg. Aber bereits im Winter 1941/42 wurde Hitler im Prinzip deutlich, daß kein deutscher Sieg mehr errungen werden konnte. Er erkannte, daß die Deutschen die UdSSR nicht vernichten konnten, und wie sie mit Erfolg gegen die USA Krieg führen sollten, war völlig unklar. So war die deutsche Strategie seitdem letztlich rat- und konzeptionslos. Der weitere Kampf hatte für die Deutschen Sinn nur noch mit der Hoffnung, sich zäh und so lange zu behaupten, bis die unnatürliche Anti-Hitler-Koalition an ihren inneren Gegensätzen zerbrach und die Westmächte mit dem Deutschen Reich einen Sonderfrieden schließen würden. Im weiteren Kriegsverlauf verschloß sich Hitler dann im wachsendem Maß einem ungeschönten Bild der Kriegslage und schwankte immer wieder zwischen irrealen Endsieghoffnungen und düsteren Untergangsbefürchtungen.

Im Sommer 1942 errang die Wehrmacht noch einmal beträchtliche Erfolge: die Versenkungsziffern im U-Boot-Krieg stiegen stark an, die deutsch-italienischen Truppen in Nordafrika stießen nach Ägypten hinein vor, und an der Ostfront drangen deutsche Truppen bis an die Wolga (Stalingrad) und in den Kaukasus vor. Nie zuvor in der europäischen Geschichte hatte ein Staat einen so großen Teil Europas kontrolliert. Aber die Verluste der Truppe konnten nur zur Hälfte ersetzt werden, und der Krieg schlug nach Deutschland zurück: im März 1942 begann die britische Luftwaffe mit Großangriffen auf deutsche Städte. Anstatt sich auf ausgesuchte rüstungswirtschaftlich entscheidende Ziele wie Kraftwerke und die Kugellagerwerke zu konzentrieren, nach deren Zerstörung die deutsche Kriegführung in wenigen Monaten zusammengebrochen wäre, versuchten die Briten, durch flächendeckende Bombenangriffe auf Wohngebiete der Großstädte, den Widerstandswillen der Deutschen zu brechen. Dieser Bombenterror gegen die Zivilbevölkerung war nicht nur völkerrechtswidrig, sondern erreichte trotz gewaltiger Zerstörungen nicht sein Ziel und erwies sich strategisch als völliger Fehlschlag.

Unter der deutschen Besatzungsherrschaft begann eine tiefgreifende Umgestaltung der staatlichen Ordnung Europas. Außer Polen wurde auch Jugoslawien als Staat aufgelöst, ebenso die sowjetische Staatsgewalt in den ihr abgenommenen Gebieten. Dem Deutschen Reich wurde Westpreußen ebenso wie die annektierten deutschsprachigen Gebiete unmittelbar eingegliedert, und darüber hinaus erhielt es zwei Nebenländer ohne eigene Staatlichkeit angegliedert, nämlich das „Protektorat Böhmen und Mähren" und Restpolen unter dem Namen „Generalgouvernement". In Norwegen, den Niederlanden und ab 1943 auch in Dänemark setzte Berlin deutsche zivile Reichskommissare ein, welche die Nazifizierung dieser Gebiete fördern sollten. Frankreich, das seine Großmachtstellung verloren hatte, stand erst im Norden, dann ebenso wie Belgien, Griechenland und Serbien ganz unter deutscher Militärverwaltung. Die übrigen Balkanstaaten waren formell souveräne Verbündete des Deutschen Reiches, durch ihre politische und wirtschaftliche Abhängigkeit aber faktisch Vasallenstaaten. Selbst das neutrale Schweden konnte sich dem reichsdeutschen Einfluß nicht entziehen und mußte beispielsweise deutsche Truppendurchmärsche gestatten.

Die deutsche Besatzungsherrschaft über Europa

Die Deutschen behandelten die unterworfenen Völker sehr unterschiedlich. Während in Skandinavien und Westeuropa die wirtschaftliche Ausbeutung vorherrschte und die deutschen Besatzungskräfte sich weitgehend um ein korrektes Verhalten bemühten, zeigte sich in Osteuropa voll die verbrecherische Brutalität des NS-Staates. Dabei ging es den Tschechen noch relativ erträglich. Die völlige Zerstörung der Dörfer Lidice in Böhmen und Oradur in Frankreich und die Ermordung fast aller Einwohner als Vergeltung für Partisanenanschläge sind später zu Symbolen der Brutalität des Nationalsozialismus stilisiert worden, waren aber für die Besatzungspolitik in diesen Ländern untypische Sonderfälle. Ganz anders im Osten. Dort gab es Zerstörungen und Massenerschießungen in einer derartigen Fülle, daß das einzelne Ereignis im Meer des Grauens namenlos wurde. Im Unterschied zu den „normalen" Kriegen im Westen war der Krieg im Osten für die Nationalsozialisten ein Vernichtungskampf gegen „Untermenschen", in dem die Regeln des Kriegsvölkerrechts nicht galten. Hier wurde aus der Wahnidee von „minderwertigen Rassen" grausame Handlungsanleitung. Die kriegsgefangenen Sowjetsoldaten wurden so schlecht ernährt, daß sie sich in ihrem Hunger selbst um hingeworfene Rübenstücke balgten. Von den etwa 5,7 Millionen Sowjetmenschen, die in deutsche Kriegsgefangenschaft gerieten, kamen ca. 60 Prozent darin um, von den britischen und französischen Kriegsgefangenen in Deutschland nur 4 Prozent. Von den 3,15 Millionen Deutschen in sowjetischer Kriegsgefangenschaft kehrten 58 Prozent nicht zurück. Die besetzten Ostgebiete wurden nicht nur als Lieferanten von Rohstoffen und Lebensmitteln wirtschaftlich ausgebeutet, es wurden nicht nur viele ihrer Bewohner ins Reich verschleppt und unter oft erbärmlichen Bedingungen als rechtlose Arbeitssklaven eingesetzt, wobei sich an beidem ein großer Teil der deutschen Industrie in wachsendem Maße beteiligte. Im ehemals sowjetischen Gebiet brachte man die bolschewistischen Kommissare und die kommunistische Intelligenz systematisch um. Die deutschen Besatzer beraubten die Polen der bürgerlichen Rechte. Innerhalb weniger Wochen wurde fast die ganze polnische Führungsschicht in Lager zusammengetrieben, gleichermaßen Ärzte, Lehrer, Gutsbesitzer, Kaufleute,

Beamte und Geistliche, von denen ein großer Teil darin umgebracht wurde. Die Polen sollten als Volk mit eigener Kultur untergehen. Das annektierte Westpolen sollte völlig entpolonisiert und eingedeutscht werden, weshalb die dort ansässigen Polen weitgehend entweder als „nicht eindeutschungsfähig" ins Generalgouvernement deportiert beziehungsweise umgebracht oder als „eindeutschungsfähig" zum „Umvolken" vorgesehen wurden. Die Verschleppungs- und Ausrottungsaktionen führte weitgehend die SS durch, wobei das Heer aber insofern einbezogen war, als die höheren Truppenführer von den Verbrechen wußten und sie ohne nennenswerte Proteste duldeten und das Heer der SS technische Unterstützung gewährte und den völkerrechtswidrigen Befehl, alle bolschewistischen Kommissare nach der Gefangennahme sofort zu erschießen, auch selbst ausführte.

Himmler stellte in einer Denkschrift fest: „Für die nichtdeutsche Bevölkerung des Ostens darf es keine höhere Schule geben als die vierklassige Volksschule. Das Ziel dieser Volksschule hat lediglich zu sein: Einfaches Rechnen bis höchstens 500, Schreiben des Namens, eine Lehre, daß es ein göttliches Gebot ist, den Deutschen gehorsam zu sein und ehrlich, fleißig und brav zu sein. Lesen halte ich nicht für erforderlich. Außer dieser Schule darf es im Osten überhaupt keine Schule geben ... Diese Bevölkerung wird als führerloses Arbeitsvolk zur Verfügung stehen und Deutschland jährlich Wanderarbeiter und Arbeiter für besondere Arbeitsvorkommen (Straßen, Steinbrüche, Bauten) stellen."[83] Bei anderer Gelegenheit äußerte Himmler in einer Rede: „Wie es den Russen geht, wie es den Tschechen geht, ist mir total gleichgültig. Das, was in den Völkern an gutem Blut unserer Art vorhanden ist, werden wir uns holen, indem wir ihnen, wenn notwendig, die Kinder rauben und sie bei uns großziehen. Ob die anderen Völker im Wohlstand leben oder ob sie verrecken vor Hunger, das interessiert mich nur soweit, als wir sie als Sklaven für unsere Kultur brauchen, anders interessiert mich das nicht. Ob bei dem Bau eines Panzergrabens 10.000 russische Weiber an Entkräftung umfallen oder nicht, interessiert mich nur insoweit, als der Panzergraben für Deutschland fertig wird."[84]

Pläne für ein künftiges Europa

Wie hätte Europa ausgesehen, wenn die Ziele der NS-Führung voll verwirklicht worden wären? Dänemark, Norwegen, Schweden, die Niederlande und Belgien hätten ihre staatliche Souveränität verloren und wären faktisch zu Provinzen eines „Großgermanischen Reiches" geworden, in dem die Deutschen als Herrenvolk herrschen sollten. Frankreich, Italien, Spanien, Portugal, Griechenland und Finnland hätten wohl ihre Eigenstaatlichkeit behalten, sollten aber langfristig zu Satelliten des Reiches herabsinken. Für Osteuropa sah die SS-Führung im „Generalplan Ost" von 1942 vor, das Generalgouvernement, Böhmen und die als Reichskommissariate Ostland und Ukraine neuorganisierten westlichen Teile der UdSSR im Laufe der nächsten Jahrzehnte stufenweise völlig einzudeutschen und zu Reichsgebiet werden zu lassen. 85 Prozent der Polen, 50 Prozent der Tschechen, 75 Prozent der Weißrussen und 65 Prozent der Ukrainer sollten weiter nach Osten ausgesiedelt oder dezimiert und der Rest germanisiert werden, und zugleich sollten diese von „rassisch minderwertigen" Völkern geräumten Gebiete durch etwa fünf Millionen Deutsche und andere Germanen neu besiedelt werden. Die Ausführung dieser Pläne wurde aber fast nicht mehr in Angriff genommen, ebensowenig wie die Bildung eines Reichskommissariats Moskowien für das russische Kernland bis zum Ural, das jeglichen russischen Widerstand niederhalten sollte.

Die geplante Neuordnung Europas beruhte also nicht auf gleichberechtigter Partnerschaft, sondern teils auf Hegemonie, teils auf direkter Beherrschung, letztlich auf reiner Gewalt.

In den eroberten Gebieten konnte die nationalsozialistische Propaganda einer Verteidigung des Abendlandes gegen den Bolschewismus anfangs durchaus Resonanz verzeichnen. Im Westen fand man sich rasch ohne Widerstand mit der deutschen Besatzung ab. Die nationalen Verwaltungs- und Polizeiapparate arbeiteten durchweg mit den Deutschen zusammen; ohne deren Hilfe hätten sich die ganzen im Westen eroberten Gebiete mit den dort eingesetzten deutschen Kräften überhaupt nicht kontrollieren lassen. In der Ukraine begrüßte die Bevölkerung die einrückenden Deutschen anfangs als Befreier vom stalinistischen Joch. Doch in ihrem Rassenwahn nutzte die reichsdeutsche Führung dies nicht aus. Immerhin traten im Laufe des Kriegs fast eine Million Sowjetbürger freiwillig in den Dienst der deutschen Wehrmacht, meist als Hilfskräfte. Nachdem die Bevölkerung der besetzten Gebiete in den verschiedenen Ländern aber gemerkt hatte, daß es den Deutschen in Wahrheit darum ging, ihre Fremdherrschaft zu errichten, gerieten die Kollaborateure immer mehr in die Isolierung, und zunehmend wuchs organisierter Widerstand heran. Partisanen unternahmen Überfälle auf deutsche Dienststellen und Sabotageakte, ohne allerdings den Kriegsverlauf bedeutend zu beeinflussen. Je schärfer Ausbeutung, Terror und Verfolgung waren, desto stärker war die entfachte Reaktion. In der Sowjetunion, Jugoslawien und ab 1943 auch in Frankreich war die Partisanentätigkeit am umfangreichsten, in Böhmen, Dänemark und den Niederlanden am geringsten.

Reaktionen auf die Besatzungsherrschaft

Warum verlor das Deutsche Reich den Zweiten Weltkrieg? Und wäre er für die Deutschen zu gewinnen gewesen? Nachdem die Blitzkriegstrategie in Rußland im Winter 1941/42 gescheitert war, sah das Deutsche Reich sich in einen Abnutzungskrieg verstrickt, bei dem das Menschen- und vor allem Rüstungspotential den Ausschlag geben mußte. Nun verfügten die Deutschen auch über das Rohstoff- und Arbeitskräftepotential der besetzten Gebiete. Als Ersatz für die zur Wehrmacht eingezogenen deutschen Arbeitskräfte wurden Kriegsgefangene und ausländische Zivilisten, meist zwangsweise, aus allen besetzten Gebieten für die Kriegswirtschaft in Deutschland herangezogen. Im September 1944 standen schließlich 9,1 Millionen Deutsche in der Wehrmacht, während sich die Arbeitskräfte im Reich aus 13,5 Millionen deutschen Männern, 14,9 Millionen deutschen Frauen und 7,9 Millionen Ausländern zusammensetzten. Aufgrund der Kriegsvorbereitung und der Ausbeutung der besetzten Länder war auch – anders als im Ersten Weltkrieg – fast bis zum Kriegsende für die deutsche Bevölkerung die Ernährung ausreichend. Trotzdem war das Deutsche Reich an Kriegspotential seinen Gegnern hoffnungslos unterlegen. Von 1939 bis 1943 stieg die reichsdeutsche Rüstungsproduktion von 3,3 auf 13,8 Milliarden Dollar, die der USA, der UdSSR und Großbritanniens zusammen aber von 4,9 auf 62,5 Milliarden Dollar (in Preisen von 1944). Als die Besatzungsgebiete im Osten verlorengingen, mangelte es ab Mitte 1944 der reichsdeutschen Kriegswirtschaft zunehmend an Rohstoffen, insbesondere an Treibstoff. Innerhalb eines errechenbaren Zeitraumes mußte die deutsche Kriegsmaschinerie hierdurch zum Stillstand kommen.

Kriegswirtschaft und Siegeschancen

Aber selbst wenn die Wehrmacht die äußeren Gegner auf lange Dauer hätte abwehren können – die deutsche Terrorherrschaft hätte bei den unterworfenen Völkern eine immer mächtiger werdende Widerstandsbewegung entfacht, die zu einem kaum überwindbaren Dauerkriegszustand innerhalb des deutschen Herrschaftsbereichs geführt hätte. Angesichts der Tatsache, daß nach dem Zweiten Weltkrieg alle Fälle direkter

Kolonialherrschaft durch Weiße schließlich der Entkolonialisierung zum Opfer fielen, ist nicht vorstellbar, daß eine solche Kolonialherrschaft in Europa sich auf Dauer hätte behaupten können.

Sicher, es gab einzelne Fehlentscheidungen der reichsdeutschen Führung; beispielsweise wurde die Entwicklung von Radar, Düsenjäger und Flugabwehrraketen zu wenig gefördert, und immer wieder befahl das Führerhauptquartier, unhaltbare Rückzugsstellungen zu halten, was nur hohe Verluste bescherte. Aber solche Fehlentscheidungen verkürzten den Krieg nur, entschieden ihn jedoch nicht. Ob die UdSSR hätte besiegt werden können, wenn die Befreiungshoffnungen vieler Russen ernst genommen worden wären, muß dahingestellt bleiben — die lebensraum- und rassenpolitischen Zielsetzungen des Rußlandfeldzugs verbauten diesen Weg von vornherein. Im übrigen unterliefen auch den Alliierten strategische Fehler, die wiederum den Deutschen zugute kamen.

Blickt man auf das Kräfteverhältnis, besonders zu Beginn des Frankreich- und Rußlandfeldzugs, so erstaunt nicht die Tatsache, daß das Deutsche Reich den Krieg verlor, sondern daß der deutsche Herrschaftsbereich überhaupt so weit ausgedehnt werden konnte. Und hätte das Deutsche Reich 1945 noch einige Monate länger standgehalten, wäre seine Niederlage nur noch katastrophaler ausgefallen: dann nämlich hätten die USA ihre Atomwaffen einsatzbereit gehabt und diese auch angewendet, wie die Abwürfe über Japan zeigen, und die Briten hätten von den bereits in Produktion gegangenen Milzbrandbomben die für einen geplanten Großangriff auf deutsche Städte erforderliche Anzahl besessen. Damit bombardierte Städte wären wohl noch heute unbewohnbar.

Und letztlich: wäre ein deutscher Sieg überhaupt wünschenswert gewesen? Für die unterworfenen Völker natürlich nicht. Und für die Deutschen selbst? Im Grunde ebenfalls nicht. Die Aussichten auf eine Unterdrückungsherrschaft durch eine neue SS-Elite, auf arische Menschenzüchtung und die Versklavung der Ostvölker sind zu grausig und beklemmend. Ja, hätte nicht eine lang andauernde NS-Herrschaft selbst die wirtschaftlichen Zukunftsperspektiven des deutschen Volkes schwer geschädigt? Die antiintellektuelle Grundeinstellung des Nationalsozialismus und der Niveauverfall des Bildungswesens waren langfristig mit den Erfordernissen eines Industriestaats kaum vereinbar. Die Idee, Heere halbanalphabetischer, dumpfer Zwangsarbeiter aus dem Osten auszubeuten, widersprach dem allgemeinen Trend der wirtschaftlich-technischen Entwicklung zur Mechanisierung und zu höheren Qualifikationsansprüchen an die Arbeitskräfte und hätte den Anforderungen des Elektronikzeitalters nicht genügen können. Die Utopie, durch eine neue Hinwendung zum Archaisch-Agrarischen den Leiden des Industrialismus entrinnen zu können, lag ohnehin jenseits des Realisierbaren. So war der Nationalsozialismus auch innerlich perspektivlos.

Friedens-möglich-keiten?

Die totale Niederlage des Deutschen Reiches hätte sich also nur vermeiden lassen, wenn der Zweite Weltkrieg schon vorher durch einen Verhandlungsfrieden beendet worden wäre. Warum kam es nicht dazu? Den ganzen Krieg über gab es durchaus eine Reihe inoffizieller Sondierungen über Friedensmöglichkeiten zwischen dem Deutschen Reich und den Westmächten. Hätte Hitler zwischen 1939 und Sommer 1941 den Krieg, den er in dieser Konstellation ohnehin nicht gewollt hatte, abgebrochen und sich mit einem Großdeutschland begnügt, wären die Westmächte zum Frieden bereit gewesen. Doch dies hätte bedeutet, die Idee von Lebensraum, hegemonialem Rasseblock und Kämpfertum aufgeben, hätte zur Folge gehabt, daß der NS-Staat seine sozialdarwinistische Dynamik verloren hätte und zu einem autoritären Staat erstarrt wäre, wie es deren auch andere gab, beispielsweise das Spanien Francos. Zu diesem politischen Offenbarungseid war Hitler nicht bereit. Auch zur Sowjetunion bestanden Kontakte über geheime Kanäle. In der ersten Jahreshälfte 1943 wäre Stalin wahrscheinlich zu einem Separatfrieden mit Deutschland bereit gewesen. Dies hätte aber wohl nur das Ziel gehabt, die UdSSR wieder in die bequemere Position des abwartenden Dritten zurückzuführen, der zusieht, wie die beiden Westmächte und das Deutsche Reich einander im gegenseitigen Ringen verschleißen, um dann zum Schluß das ungeschmälerte Gewicht der UdSSR zur Geltung zu bringen. Vor allem erwies sich Moskaus Interesse, zumindest das sowjetische Staatsgebiet wiederherzustellen, als unvereinbar mit dem Willen der reichsdeutschen Führung, an der Idee der Lebensraumeroberung gegen die Sowjetunion festzuhalten.

Seit an einen deutschen militärischen Endsieg nicht mehr zu denken war, klammerte sich Hitler immer mehr an die Hoffnung, daß die in der Tat „unnatürliche Koalition" der kapitalistischen und demokratischen Westmächte und der kommunistischen UdSSR an ihren machtpolitischen und ideologischen Gegensätzen zerbrechen würde, und zwar so rechtzeitig, daß das Deutsche Reich dann einen Separatfrieden mit den Angloamerikanern schließen könnte, die dem Deutschen Reich von der Gesellschaftsordnung her näher standen und ja eben gar nicht der gesuchte Gegner gewesen waren. Diese Vorstellung war auch unter deutschen Wirtschafts- und Militärführern vorhanden, und die Überlegung, den deutschen Nationalstaat durch ein solches Arrangement mit den Westmächten bei Frontstellung gegen die Sowjetunion retten zu können, verbreitete sich zunehmend, je näher die Niederlage rückte. Noch in den letzten Kriegswochen spukte in den Köpfen hoher Militärs die Idee einer Teilkapitulation im Westen bei Ausharren im Osten herum. Doch diese Hoffnung blieb irreal, da Hitler an der Idee einer deutschen Hegemonie auf dem Kontinent festhielt und er selbst als Verhandlungspartner durch seine rassenpolitischen Untaten immer mehr diskreditiert war, und sie war erst recht irreal, seitdem Roosevelt und Churchill sich im Januar 1943 auf die Forderung der „bedingungslosen Kapitulation" des NS-Reiches als Hort der Aggression und des Militarismus geeinigt hatten. Gleichwohl befürchtete die mißtrauische sowjetische Führung einen solchen Separatfrieden bis in die letzten Kriegstage. Aber die Umorientierung der Westmächte von der UdSSR auf (Rumpf-)Deutschland erfolgte erst nach dem Ende des Zweiten Weltkriegs – zu stark waren sie auf die Bedrohung durch die deutsche Aggression fixiert, zu stark ihre öffentliche Meinung durch die Kriegspropaganda auf die totale Vernichtung des Nationalsozialismus eingeschworen worden, und schließlich erfolgte der Bruch zwischen den Westmächten und der Sowjetunion auch nicht über die unterschiedliche Wirtschafts- und Gesellschaftsordnung, sondern über den Gegensatz von Demokratie und Diktatur, und hier war der Unterschied des Westens zum NS-Staat genauso groß wie zur UdSSR.

Der Winter 1942/43 markierte auf allen Kriegsschauplätzen deutlich sichtbar die *Kriegswende* Kriegswende. Unter dem Ansturm der Roten Armee brach der Südabschnitt der Ostfront zusammen, wobei die 6. Armee im Raum von Stalingrad eingeschlossen und bis Ende Januar fast völlig aufgerieben wurde. Etwa 190.000 Deutsche gingen bei den Kämpfen um Stalingrad durch Tod oder Gefangenschaft verloren. Seit Jahresende 1942 konnten die Angloamerikaner mehr Handelsschiffsraum neu bauen, als sie durch deutsche U-Boote verloren, und infolge technischer Verbesserungen der alliierten U-Bootabwehr stiegen die U-Bootverluste so steil an, daß die deutsche Kriegsmarine im Mai 1943 die Bekämpfung der Geleitzüge im Atlantik abbrach. Im November 1942 landeten die Amerikaner und Briten in Nordwestafrika, und im Mai 1943 mußten die letzten deutschen und italienischen Truppen in Nordafrika kapitulieren. Anfang 1942 gingen die Alliierten im Luftkrieg dazu über, am hellichten Tag deutsche Großstädte durch Großverbände von Hunderten von Maschinen anzugreifen, welche die deutsche Luftabwehr nicht fernhalten konnte.

Die Zeit der deutschen Siege war vorbei. Ab jetzt erlebten die deutschen Truppen nur noch Niederlagen und Rückzug. Hierbei hinterließen sie im Osten die rauchenden Trümmer verbrannter Erde. Währenddessen sanken weite Teile der deutschen Großstädte unter den Bombenteppichen alliierter Luftangriffe in Schutt und Asche. Dabei wurden Zigtausende Zivilisten erschlagen oder verbrannten oder erstickten durch die sauerstoffzehrenden Feuerstürme. Während im Ersten Weltkrieg das heimatliche Hinterland des Deutschen Reiches von feindlichen Soldaten und Waffen unberührt geblieben war, verwischte diese neue Form des strategischen Luftkriegs gegen Ziele weit hinter der Front die Grenze zwischen kämpfenden Soldaten an der Front und Zivilisten in der Heimat endgültig.

Rückzug

Die letzte deutsche Offensive an der Ostfront, im Juli 1943 bei Kursk, scheiterte nach wenigen Tagen. Im selben Monat landeten die Westalliierten auf Sizilien, woraufhin Italien die Fronten wechselte. Im Juni 1944 landeten die Amerikaner und Briten in der Normandie, was die deutschen Truppen wegen der alliierten Luftherrschaft nicht verhindern konnten. Angesichts der sich anbahnenden Niederlage schlossen Rumänien, Finnland und Bulgarien im Herbst 1944 mit der Sowjetunion Waffenstillstand. Die letzte große deutsche Offensive, im Dezember 1944 in den Ardennen, kam nach vier Tagen zum Stehen. Im September 1944 erreichten die Westalliierten von Westen und die Rote Armee von Osten die deutschen Reichsgrenzen. In den folgenden Monaten eroberten die Sowjets Ostdeutschland, die Briten Nordwestdeutschland und die Amerikaner und Franzosen Süddeutschland. Bis zum Schluß mochte die deutsche Führung ihre Niederlage nicht eingestehen, ja in den letzten Kriegsmonaten ließ Hitler sogar noch Jugendliche, Wehruntaugliche und alte Männer als „Volkssturm" mobilisieren und ohne ernsthafte Ausbildung in den Kampf schicken. Hitler selbst kehrte sein sozialdarwinistisches Denken zuletzt gegen sein eigenes Volk: „Es ist nicht notwendig, auf die Grundlagen, die das deutsche Volk zu seinem primitivsten Weiterleben braucht, Rücksicht zu nehmen. Im Gegenteil ist es besser, selbst diese Dinge zu zerstören ... Was nach diesem Kampf übrigbleibt, sind ohnehin nur die Minderwertigen, denn die Guten sind gefallen!"[85] Hitler befahl, die Industrieanlagen und Brücken zu sprengen, Bergwerke unter Wasser zu setzen, Archive und Akten zu vernichten. Diese Befehle wurden zum großen Teil nicht mehr ausgeführt. Die Katastrophe der Deutschen war ohnedies groß genug.

*Deutschland-
pläne der
Alliierten*

Bei ihren Überlegungen, wie Mitteleuropa nach dem Krieg neu geordnet werden sollte, gingen die alliierten Großmächte auf ihren Konferenzen während des Kriegs stets davon aus, daß Polen, die Tschechoslowakei einschließlich des Sudetenlandes sowie Luxemburg als Staaten wiederhergestellt und Elsaß-Lothringen zu Frankreich zurückkehren sollte. Der Wunsch, auf Dauer vor einem neuen deutschen Angriff sicher zu sein, gebar verschiedene Pläne, das Deutsche Reich selbst zu zerstückeln. Doch im Konkreten herrschte wenig Einigkeit. Stalin schlug im Dezember 1941 vor, das Rheinland, Bayern und Österreich als selbständige Staaten vom Deutschen Reich abzutrennen und Ostpreußen an Polen zu geben. Churchill trat im Frühjahr 1943 dafür ein,

Süddeutschland von Preußen zu trennen und Österreich und eventuell Bayern in eine Donauföderation einzubeziehen. Roosevelt sprach sich im Herbst 1943 dafür aus, Ostpreußen abzutrennen und das Deutsche Reich in sechs selbständige Staaten (Österreich, Süddeutschland, Hessen, Sachsen, Nordwestdeutschland und ein Rumpfpreußen) zu zerlegen. Definitiv beschlossen die Alliierten bis Kriegsende nur, Österreich als souveränen Staat wiederherzustellen und Polen nach Westen zu verschieben, indem es im Osten Gebiete an die UdSSR abtreten und dafür im Westen auf Kosten Deutschlands „entschädigt" werden sollte, wobei die Abgrenzung dieser deutschen Gebietsabtretungen offen blieb. Eigentlich gab es für eine solche „Entschädigung" keinen Grund, da Polen an die Sowjetunion nur jene überwiegend russisch besiedelten Gebiete zurückgeben sollte, die es 1919/20 jenseits der damals von der alliierten Friedenskonferenz in Paris empfohlenen Grenzlinie erobert hatte. Außerdem vereinbarten die Alliierten, das Deutsche Reich und Österreich zunächst in Besatzungszonen aufzuteilen.

Am 25. April 1945 trafen die Spitzen amerikanischer und sowjetischer Truppen in *Kriegsende* Torgau an der Elbe zusammen. Während in den Ruinen Berlins Straßenkämpfe tobten, beging Hitler dort am 30. April in seinem Bunker Selbstmord. Seine Leiche wurde vor dem Bunker verbrannt, die Überreste in einen Granattrichter gestampft. Zuvor hatte Hitler den Großadmiral Karl Dönitz zu seinem Nachfolger als Staatsoberhaupt ernannt, der als solcher auch allgemein anerkannt wurde. Durch hinhaltendes Taktieren gelang es Dönitz, in der ersten Maiwoche noch etwa 2,5-3 Millionen Soldaten und Flüchtlingen den Übertritt aus dem Einflußbereich der Sowjets in den der Westalliierten zu ermöglichen. Am 7. Mai 1945 wurde die bedingungslose Kapitulation der gesamten Wehrmacht im amerikanischen Hauptquartier in Reims unterzeichnet, zwei Tage später dies im sowjetischen Hauptquartier in Berlin-Karlshorst wiederholt.

Gleich nach Kriegsende trennten die Siegermächte jene Gebiete, die das Deutsche *Grenz-* Reich nach 1937 erworben hatte, wieder ab. Entsprechend dem Wunsch der Mehrheit *regelungen* der jeweiligen Bevölkerung wurde Luxemburg als selbständiger Staat wiedererrichtet und Elsaß-Lothringen an Frankreich zurückgegeben. Auch Österreich erhielt seine Eigenstaatlichkeit zurück. Gegen den Wunsch ihrer Bevölkerung mußten Eupen-Malmedy zu Belgien und Südtirol zu Italien zurückkehren. Der Versuch Jugoslawiens, Südkärnten zu annektieren, wurde von den Briten abgewiesen. Als 1947 die Niederlande beantragten, ihre Grenze auf deutsche Kosten verschieben zu dürfen, hatten sie ebenfalls keinen Erfolg.

Für Österreich setzten die Russen im April 1945 in Wien eine provisorische Regie- *Einrichtung* rung ein, die im Oktober auch von den Westalliierten anerkannt wurde, nachdem sie *der* durch westösterreichische Politiker verbreitert worden war. Österreich wurde in vier *Besatzungs-* Besatzungszonen (für die UdSSR, USA, Großbritannien und Frankreich) und das ge- *herrschaft* meinsam verwaltete Wien aufgeteilt. Als Inhaber der höchsten Gewalt richteten die vier Mächte einen Alliierten Kontrollrat für Österreich über der provisorischen Regierung ein. Anders im Deutschen Reich. Die Regierung Dönitz wurde am 23. Mai 1945 von den Briten abgesetzt und verhaftet. Mit der Begründung, daß es nunmehr keine zentrale reichsdeutsche Regierung mehr gebe, erklärten die Oberbefehlshaber der amerikanischen, sowjetischen, britischen und französischen Besatzungstruppen am 5. Juni in Berlin, daß sie selbst die oberste Regierungsgewalt im Deutschen Reich übernähmen. Diese sollte gemeinsam für Deutschland als Ganzes ausgeübt werden, wozu sie sich am 30. Juli in Berlin als Alliierter Kontrollrat für Deutschland konstituierten. Außerdem verwaltete jeder seine Besatzungszone: die sowjetische im Osten, die britische im Nordwesten, die amerikanische im Süden und die französische im Südwesten. Groß-Berlin erhielt zur gemeinsamen Verwaltung eine Alliierte Kommandantur und wurde in vier Sektoren gegliedert. Das Deutsche Reich wurde also weder annektiert noch aufgelöst, sondern bestand als Staat fort, war jedoch gewissermaßen für begrenzte Zeit unter alliierte Vormundschaft gestellt.

Potsdamer Konferenz

Im Juli 1945 trafen sich Stalin, Churchill und der neue US-Präsident Truman in Potsdam zur letzten Kriegskonferenz. Von der Idee, das Deutsche Reich zu zerstückeln, waren alle drei abgekommen. Sie vereinbarten, es als wirtschaftliche Einheit zu behandeln und unterhalb des Kontrollrats deutsche zentrale Verwaltungen mit Staatssekretären an der Spitze einzurichten. Doch diese Einheit war von vornherein dadurch gefährdet, daß die Siegermächte in vielem nicht übereinstimmten. Um Deutschlands Fähigkeit und Willen zu neuen Angriffskriegen ein für alle Mal zu zerbrechen, kamen die Sieger überein, das Land zu entwaffnen, zu entnazifizieren, durch die Dezentralisierung der Wirtschaft (d.h. die Auflösung von Konzernen und Kartellen) und der Verwaltung zu schwächen sowie durch die Demokratisierung von Gesinnung und Institutionen Friedfertigkeit zu erzeugen. Außerdem sollten Reparationen die reichsdeutsche Wirtschaft schwächen und gleichzeitig für eigene Kriegsverluste entschädigen. Ganz davon abgesehen, daß es nicht ohne Ironie war, daß die UdSSR, in der Millionen von Menschen durch den Terror der Stalin-Diktatur umgekommen waren, Großbritannien, das gerade als Kolonialmacht in Indien mit Militäreinsatz und Massenverhaftungen gegen die Unabhängigkeitsbewegung vorging, und die USA, die ihre schwarzen Bürger als Menschen zweiter Klasse behandelten und ihnen teilweise selbst das Wahlrecht vorenthielten, jetzt als Missionare für Demokratie auftraten – vor allem sahen ihre Demokratievorstellungen höchst unterschiedlich aus, und das war keine gute Voraussetzung für eine gemeinsame Herrschaft über Deutschland. Über die Gesamthöhe der Reparationen konnte man sich nicht einmal verbal einigen: während die schwer verwüstete Sowjetunion möglichst hohe Reparationen forderte, traten die Angelsachsen eingedenk der schlechten Erfahrungen nach dem Ersten Weltkrieg für mäßige Reparationen ein. So beschloß man, daß sich jeder weitgehend aus seiner eigenen Zone bedienen sollte, was aber kaum zum Prinzip der Wirtschaftseinheit paßte.

Im Osten hatte Stalin territorial vollendete Tatsachen geschaffen, indem er die Gebiete östlich von Oder und Neiße schon im Februar 1945 dem wiedererstandenen polnischen Staat zur Verwaltung übergeben und das nördliche Ostpreußen in den eigenen Staat einbezogen hatte. Die Westmächte protestierten gegen den Umfang dieser Abgliederungen und setzten auf der Potsdamer Konferenz die Formel durch, daß die endgültige Grenzregelung erst auf einer späteren Friedenskonferenz erfolgen könne. Die drei Siegermächte blieben sich aber darin einig, *daß* Deutschland umfangreiche Gebiete abtreten sollte. So sprach das Konferenzprotokoll vom „Territorium im Norden und Westen ..., das Polen erhalten soll", bestimmte, daß die deutsche Bevölkerung der an polnische und russische Verwaltung gefallenen Ostgebiete (und des Sudetenlands) ausgesiedelt werden sollte, und bezeichnete diese Gebiete als „*früher* deutsche Gebiete" und die Vertreibungen als Ausweisungen „aus Polen ... nach Deutschland". Die Führer der drei Siegermächte kamen überein, daß diese Ostgebiete außerhalb der Viermächteverwaltung des Alliierten Kontrollrats lagen und damit außerhalb jenes Gebiets, das im Potsdamer Protokoll gemeint war, wenn es von der künftigen Behandlung „Deutschlands" sprach. Das Deutsche Reich schrumpfte also; es verlor gegenüber dem Bestand von 1937 ein Gebiet von 114.000 Quadratkilometern, das entsprach 24 Prozent seiner damaligen Fläche oder der Hälfte der Fläche Großbritanniens. Der Vorbehalt der friedensvertraglichen Regelung war rein formaler Natur.

Der Zweite Weltkrieg war der verlustreichste Krieg der Menschheitsgeschichte. Für diejenigen Deutschen, für die sich an seinem Ende die KZ-Tore öffneten und die jetzt aus Verstecken wieder auftauchen konnten, bedeutete das Kriegsende die Befreiung. Aber das waren relativ wenige. Die übergroße Mehrzahl empfand das Kriegsende als katastrophale Niederlage − 12 Millionen deutsche Soldaten befanden sich in Kriegsgefangenschaft, und eine etwa ebenso zahlreiche Welle von Flüchtlingen und Vertriebenen spülte aus dem Osten heran. Die Städte lagen in Trümmern, und viele Deutsche standen auch vor den Trümmern ihrer Illusionen und Wertvorstellungen. So sahen es auch die feiernden Sieger. Sie waren die neuen Herren und machten Beute. Unmißverständlich hieß es in der Direktive JCS 1067 an die amerikanischen Besatzungsoffiziere: „Deutschland wird nicht besetzt zum Zwecke seiner Befreiung, sondern als besiegter Feindstaat."[86] Das racheerfüllte Plündern und Morden der einmarschierenden Roten Armee ließ erst recht keine andere Auffassung aufkommen.

1945: Katastrophe oder Befreiung?

Die langfristigen Folgen waren zwiespältig. Das Deutsche Reich wurde zerteilt. Während das Kriegsende für seinen Westen und für Österreich den Weg in eine demokratische und freiheitliche Zukunft freigemacht hat, entstand in der sowjetischen Besatzungszone eine neue Diktatur.

Großbritannien war 1939 in den Krieg eingetreten, um das Mächtegleichgewicht auf dem europäischen Kontinent wiederherzustellen und so seine Weltmachtstellung abzusichern. Roosevelt hatte 1941 das Ziel einer globalen Pax Americana anvisiert mit Großbritannien als Juniorpartner. Im Laufe des Jahres 1943 mußten beide Regierungschefs zunehmend erkennen, daß die Sowjetunion nicht zusammenbrechen wird, sondern daß die beiden angelsächsischen Mächte mit der deutschen Niederlage nur die Herrschaft NS-Deutschlands über fast ganz Europa gegen die sowjetische Hegemonie über den größten Teil Europas eintauschen würden. Roosevelt war bereit, dies hinzunehmen, und strebte nun an, auf der Basis einer Aufteilung der Welt in Interessenzonen der vier Großmächte USA, UdSSR, Großbritannien und China und eines globalen Gleichgewichts zwischen diesen auch über den Krieg hinaus mit der UdSSR freundschaftlich zusammenzuarbeiten. Churchill widerstrebte dem; er drängte in den letzten Kriegsmonaten, die Truppen der Westalliierten sollten in Europa so weit wie möglich nach Osten vorstoßen, um Faustpfänder zu gewinnen und damit eine Sowjetisierung Osteuropas zu verhindern. Doch die amerikanische Führung lehnte ab, um Moskau nicht zu verärgern. Sie setzte gegen Churchill darüber hinaus auch durch, daß sich die angloamerikanischen Truppen Anfang Juli 1945 aus jenem Gebiet Mitteldeutschlands zurückzogen, das als sowjetische Besatzungszone vorgesehen war, wofür sie in die ihnen zugedachten Teile Berlins einrücken konnte. Das waren folgenschwere Entscheidungen. Denn wenige Monate später begannen in der Anti-Hitler-Koalition die Gegensätze immer deutlicher zu werden, jenem Bündnis, das von vornherein nur auf dem jetzt beseitigten Zwang der deutschen Bedrohung beruht hatte, aber nicht auf Vertrauen, Neigung und gemeinsamen Werten. Sie wuchsen sich zum Bruch zwischen den Westmächten und der UdSSR aus, als dessen Folge dann das gemeinsam zu verwaltende Deutsche Reich auseinandergerissen wurde: aus der sowjetischen Besatzungszone entstand die kommunistische Deutsche Demokratische Republik (DDR),

Spaltung

aus den Westzonen die demokratische Bundesrepublik Deutschland (BRD). Wären die Angloamerikaner in den am Tag der Kapitulation erreichten Stellungen stehen geblieben, wäre das Gebiet der späteren DDR nur halb so groß gewesen, hätte aber ganz Berlin eingeschlossen; wären sie entsprechend Churchills Wunsch vor Kriegsende so weit wie möglich nach Osten vorgestoßen, hätte wahrscheinlich das ganze Gebiet der späteren DDR von vornherein zum Westen gehört.

So gab es ab 1949 wieder eine größere Zahl deutscher Staaten: die BRD, in der (1972) 66 Prozent der Bevölkerung des geschlossenen deutschen Siedlungsgebiets lebten und die damit der deutsche Hauptstaat war, die DDR, Österreich und Liechtenstein, ferner die Schweiz als mehrheitlich deutscher Staat, außerdem West-Berlin als besonderes Gebilde, das weder Teil der BRD noch selbständiger Staat war. Zunächst wäre auch noch Luxemburg hinzuzurechnen, das seinen deutschen Charakter aber im Laufe der Zeit verlor und seitdem nicht mehr zu den deutschen Staaten gezählt werden kann.

Bilanz Zwischen der deutschen Niederlage im Ersten und der im Zweiten Weltkrieg lagen nur 27 Jahre. In dieser Zeit ging das Deutsche Reich außenpolitisch den weiten Weg vom isolierten und gefesselten Verlierer des Ersten Weltkriegs über den langsamen Wiederaufstieg, die Stellung als gleichberechtigte Großmacht bis zu einem Hegemonialversuch, der mit einem katastrophalen Absturz endete. Die zweite Niederlage wog ungleich schwerer als die erste: nach dem Ersten Weltkrieg war das Deutsche Reich angeschlagen, nach dem Zweiten war es zerstört. Eine ihm angemessene und dauerhafte Stellung innerhalb des europäischen Staatensystems hat das Reich auf diesem Weg verfehlt.

Es war nur natürlich, daß das Deutsche Reich nicht auf Dauer in dem Zustand beschnittener Macht gehalten werden konnte, wie ihn der Versailler Vertrag vorsah, und jede Reichsregierung hätte in den 30er Jahren die revisionspolitischen Ziele weiterverfolgt und auch friedlich weitgehend durchsetzen können. Kurzfristig stand Deutschland zwar nach 1919 unter dem Diktat der Siegermächte, aber mittelfristig sahen seine Perspektiven günstiger aus als vor 1914. Dadurch, daß 1918 Rußland nach Osten abgedrängt worden war und sich ein Gürtel osteuropäischer Staaten gebildet hatte, und durch den neuen ideologischen Gegensatz zwischen der UdSSR und den beiden westeuropäischen Großmächten war der Handlungsspielraum für das Deutsche Reich größer, die Gefahr einer Umklammerung geringer geworden. Die wirtschaftlich weniger entwickelten Klein- und Mittelstaaten Ost- und Südeuropas hätten sich wirtschaftlich zunehmend nach Deutschland als nächstgelegener Industriemacht orientiert, so daß das Deutsche Reich eine Führungsstellung in Mitteleuropa und Südosteuropa hätte gewinnen können. Ob dies eine auf Dauer friedliche europäische Ordnung geworden wäre, läßt sich schwer abschätzen. Es hätte nicht zuletzt von der Bereitschaft Großbritanniens und Frankreichs abgehangen, diese Rolle des Deutschen Reiches zu akzeptieren. Bei einem informellen Einfluß der Deutschen im Osten, der auf wirtschaftlicher Fortschrittlichkeit beruht hätte, also auf friedlicher Arbeit und nicht auf Gewaltherrschaft und Unterdrückung, hätte dies langfristig durchaus der Fall sein können. Andernfalls wäre es denkbar gewesen, daß sich die Mittellage der Deutschen zwischen Frankreich und Großbritannien im Westen und der Sowjetunion im Osten, die Möglichkeit eines umkreisenden Zusammenschlusses gegen ein demgegenüber schwächeres Deutsches Reich erneut zu einem Problem für dessen Stellung in Europa entwickelt haben würde. In langfristiger Perspektive darf aber nicht übersehen werden, daß die UdSSR auch ohne den Zweiten Weltkrieg aufgrund ihres wirtschaftlichen und demographischen Potentials mit fortschreitender Industrialisierung zur überragenden Macht in Europa aufgestiegen wäre. Dabei wären wohl Rivalitäten zwischen Moskau und Berlin über Einflußsphären in Osteuropa nicht ausgeblieben. Die Möglichkeit oder Gefahr einer deutschen Hegemonie über ganz Europa hätte also in keinem Falle bestanden, sondern die Idee eines europäischen Gleichgewichts wäre vielmehr durch die aufsteigende UdSSR allmählich ausgehebelt worden. Welche Folgen das für die europäische Bündnispolitik gehabt hätte, läßt sich nicht sagen, zumal sie aufgrund des ideologischen Gegensatzes der UdSSR zu den übrigen Mächten anderen Prinzipien gehorcht hätte als in den Jahrzehnten vor dem Ersten Weltkrieg.

Wie auch immer – Hitlers Versuch, das Deutsche Reich durch Krieg über die Stellung einer europäischen Großmacht hinaus zu einer den USA ebenbürtigen Weltmacht emporzuheben, mußte notgedrungen an den unzureichenden Kräften scheitern. Die für eine Weltmachtrolle erforderliche kontinentale Weiträumigkeit ließ sich im 20. Jahrhundert nicht mehr nachträglich erzwingen. Das Deutsche Reich griff vergeblich nach etwas, was es nie sein konnte, und verspielte damit seine realen Chancen.

8.8 Erbe

Haben die Geschehnisse der Jahre 1918-45 Folgen gezeitigt, die bis heute andauern? Hält man in unserer Gegenwart Ausschau nach Innovationen, Institutionen, politischen Strukturen und Traditionen aus jener Zeit, so fällt rasch auf, wie wenig positiv geblieben ist. Gewiß, viele wissenschaftliche Erkenntnisse haben ihren Wert behalten, damals entstanden das Radio, der Schausport für ein Massenpublikum und die Autobahn, und in Österreich ist die Verfassung von 1920 nach dem Zweiten Weltkrieg erneut in Kraft getreten und gilt weiterhin. Trotzdem — viel kommt aufs Ganze gesehen nicht zusammen, und es betrifft erst recht nicht die zentralen Bereiche des Lebens. Obwohl diese Epoche der heutigen Zeit näher liegt als jede frühere, überwiegt der Eindruck der Diskontinuität. Die politische Ordnung der Weimarer Republik wurde durch die NS-Diktatur beseitigt; was in ihr an Neuem erreicht worden war, wie die Parlamentarisierung der Regierungsgewalt, das Frauenwahlrecht oder die endgültige Anerkennung der Gewerkschaften als Partner durch die Arbeitgeber, wurde dadurch wieder aufgehoben. Zwar sind die Grundideen der politischen Ordnung von Weimar auch in der BRD wieder akzeptiert, und somit steht sie in der Traditionslinie demokratischer Ordnung in Deutschland, aber in der Erinnerung verbindet sich mit ihr weniger die Begründung demokratischer Traditionen, sondern vor allem Nichtfunktionieren und Scheitern der Demokratie. „Weimarer Verhältnisse" sind in der BRD eine abwertende Bezeichnung für Zustände, die sich möglichst nicht wiederholen sollen. Ebenso wurde ein wesentlicher Teil des Kulturlebens der Weimarer Zeit von den Nationalsozialisten unterdrückt, nachdem ihm eigentlich schon zuvor die schöpferische Kraft ausgegangen war. Nach dem Zweiten Weltkrieg sah er sich dann rehabilitiert, aber ohne daß seine Kunst über die Museumssäle hinaus neue Ausstrahlung gewann, ohne daß seine Literatur viel gelesen wurde, ausgenommen die Weltwirkung des funktionalistischen Architekturstils. Der Nationalsozialismus hat noch weniger fortdauernde Traditionen begründet. Seine politische Ordnung ging unter, und die Deutschen wünschen sie nicht zurück. Sein Kulturleben ist weitgehend tabuisiert; in keinem deutschen Museum hängt ein Werk der NS-Zeit, NS-Literatur ist nirgends im Handel, Kunst- und Literaturgeschichten ignorieren diese Jahre weitgehend. Der Nationalsozialismus hat keine bleibende Idee hinterlassen, keine Utopie einer besseren Ordnung. Wo Hitler danach strebte, Emanzipation und Modernität aufzuhalten und Deutschland zu überragender Machtstellung zu verhelfen, ist er gescheitert. Bemerkenswerterweise ist die ganze Epoche heute selbst im Siedlungsbild wenig präsent; die durch den Zweiten Weltkrieg verlorene Bausubstanz ist um ein Vielfaches größer als die in der Zwischenkriegszeit gebaute.

Und doch sind große Wirkungen vorhanden, noch heute spürbar, aus den 30er Jahren noch mehr als aus den 20ern. Mit nichts kann man einem politischen Gegner heute im deutschen Raum mehr schaden, als wenn es gelingt, ihn in die Nähe des Nationalsozialismus zu rücken. Die Epoche hat keine Tradition begründet, aber doch ein Erbe hinterlassen. Sie wirkt kaum dadurch, daß sie positiv Neues geschaffen hätte, sondern eher, indem sie eine Art Leere schuf, Bestehendes beseitigte und Traditionen abschnitt, durch die verursachten Verluste in materieller, menschlicher, territorialer und moralischer Hinsicht.

Zunächst sind die direkten physischen und individuellen Folgen zu nennen. Noch leben Menschen, die kriegsversehrt sind, noch zahlreicher solche, die Verfolgung und Vertreibung erlitten und denen sich das Schreckliche tief in die Erinnerung eingeprägt hat, noch immer werden Jahr für Jahr Tausende von Granaten und Bomben des Zweiten Weltkriegs aus deutschem Boden geborgen. Umfangreiche Kulturschätze sind im Zweiten Weltkrieg unwiederbringlich verloren gegangen.

Viel grundsätzlicher sind die Folgen des Zweiten Weltkriegs für die politische Landkarte. Dabei widersprachen die Ergebnisse von Hitlers Wirken weitgehend seinen Zielen. Er hatte von Deutschland als Weltmacht geträumt, aber am Ende seiner Herrschaft ging das Deutsche Reich als souveräne Großmacht unter. Die schwindende Stellung Europas hatte Hitler noch einmal gegen die heraufziehenden außereuropäischen Kräfte festigen wollen, doch stattdessen verschwand die Autonomie des europäischen Staatensystems. Die Deutschen, die auszogen, um Lebensraum zu erobern, sahen sich am Schluß jener wüsten Jahre in ihrem Lebensraum stärker eingeschränkt, als sich vor 1939 irgendjemand hätte denken können: die Gebiete östlich von Oder und Neiße und das Sudetenland gingen den Deutschen verloren, als Staatsgebiet wie als Siedlungsraum. Österreich, nach dem Ersten Weltkrieg zwangsweise als Alpenrepublik entstanden, ist endgültig zu einem selbständigen Staat, zu einer eigenen Staatsnation geworden. Der Rest des Deutschen Reiches entwickelte sich lange Zeit als BRD und DDR auseinander, und viele der hier entstandenen Unterschiede sind auch mit der Wiedervereinigung nicht gleich verschwunden, sondern prägen noch die politische Gegenwart.

Die Zwischenkriegszeit und der Ausgang beider Weltkriege ließen in Deutschland manche Tradition verwelken. Teils wurde dies von der politischen Führung bewußt und zielgerichtet ins Werk gesetzt, teils geschah es gegen ihren Willen. Mit dem Zusammenbruch 1918 fiel die Monarchie. Die vorindustriellen Führungsschichten Preußens verloren 1918/19 schon deutlich an Macht in Politik, Militär und Verwaltung, wurden von den Nationalsozialisten erst recht beiseitegedrängt und gingen durch den Zweiten Weltkrieg gänzlich unter, teilweise physisch, indem viele ihrer Angehörigen als Offiziere fielen oder von SS und Roter Armee umgebracht wurden, der Rest sozial durch die Maßnahmen der Russen nach ihrem Einmarsch 1945. Überhaupt sind die ganzen Strukturen der ostelbischen Gutswirtschaft durch die Kriegsniederlage 1945 mit in den Untergang gerissen worden. Die sozialdemokratische und die katholische

Subkultur mit ihren eigenen Vereinen und Publikationsorganen wurden durch die Nationalsozialisten unterdrückt und sind in der alten Weise nach 1945 nicht wiedererstanden, die feste Bindung an deren Weltanschauungen ist zerbröckelt. Beginnend in den 20er Jahren und verstärkt in den 30er Jahren wurden zwischen den einzelnen gesellschaftlichen Schichten psychologische Schranken abgebaut und Verhaltensweisen einander angenähert, der Klassencharakter der Gesellschaft abgeschwächt. Flucht und Vertreibung am Ende des Zweiten Weltkriegs haben die Bevölkerung durchmischt und dadurch ebenfalls dazu beigetragen, alte Unterschiede zu mindern. Indem die Nationalsozialisten Nation und Vaterland, Autorität und Ordnung, soldatische Traditionen und Heldentum gewaltig überanstrengten und pervertierten, haben sie diese Begriffe verschlissen und diskreditiert. Daß das Deutsche Reich zerbrach, tat ein übriges, Nationalismus und Machtstaatsdenken den Boden zu entziehen. So ist der Nationalstolz in der BRD (und in Österreich) deutlich weniger ausgeprägt als in anderen Industriestaaten. Die Nähe des Nationalsozialismus zum Militärischen und der Einsatz der Wehrmacht für moralisch nicht vertretbare Ziele machen es heute der Bundeswehr unmöglich, sich so wie die Armeen anderer Länder unbekümmert auf die Heldentaten der Älteren zu berufen. Der Wunsch der politischen und gesellschaftlichen Führungsschichten nach außenpolitischer Machtentfaltung, erst recht unter Einsatz militärischer Mittel, ist durch die Kriegsniederlage zerstört worden – ihr Interesse konzentriert sich seitdem ganz darauf, wirtschaftliches Wohlergehen und Bürgerfreiheit außenpolitisch abzusichern.

Auch das Judentum als eine im deutschen Kulturleben des 19. und 20. Jahrhunderts bedeutende Gruppe hat den Zweiten Weltkrieg nicht überlebt. Die Zahl der Juden, die seitdem wieder in die BRD einwanderten, ist unbedeutend, und die Aussonderungsmaßnahmen der Nationalsozialisten haben die Assimilierung des deutschen Judentums an das deutsche Volk, ihr Selbstverständnis als Deutsche jüdischen Glaubens zerstört. Viele der heute in der BRD und Österreich lebenden Juden empfinden in sich einen Zwiespalt zwischen ihrer Identität als Jude und als Deutscher, zwischen der Loyalität zur BRD beziehungsweise zu Österreich und zu Israel.

Die Folgen dieses umfassenden Traditionsverlusts sind ambivalent. Die Gesellschaft der BRD wirkt dadurch in mancher Hinsicht moderner, sehr deutlich etwa im Vergleich zur britischen. Daß der NS-Staat die organisierte Arbeiterbewegung zerschlug und ihre Tradition abriß, hat vielleicht auch mit dazu beigetragen, daß das Verhältnis zwischen Arbeitern und Arbeitgebern in der BRD weniger von Klassenkampfvorstellungen geprägt ist als z.B. in Frankreich oder Großbritannien, wo die gesellschaftlichen Frontstellungen des späten 19. Jahrhunderts sich stärker erhalten haben. Der Fortfall der vorindustriellen Führungsschichten, die Schwächung des Militärs, die Diskreditierung autoritärer Ordnungsvorstellungen haben die Demokratie von Hypotheken befreit, so daß sie es insofern nach 1945 leichter hatte als nach 1918. Auf der anderen Seite bedeutet die Schwächung von traditionellen Bindungen für Westdeutschland auch, daß die Selbstverständlichkeiten, Gewißheiten und klaren Orientierungen weniger geworden sind. Dadurch ist die öffentliche Meinung mobiler und labiler; sie öffnet sich leichter neuen Ideenströmungen, doch zugleich ist sie anfällig für Verunsicherungen und neigt in Problemsituationen zu Überreaktionen.

Wenn die Geschehnisse der Zwischenkriegszeit auch fast keine andauernden Traditionen begründet haben, so haben sie doch eine Reihe von Erfahrungen hinterlassen, die den heute politisch Handelnden als warnende Beispiele gelten, die sich nicht wiederholen sollen. Insofern beeinflussen sie auch heutige Politik. Das Erlebnis der Inflation nach dem Ersten Weltkrieg trägt dazu bei, daß Geldwertstabilität als politisches Ziel in der BRD höher eingestuft wird als in vielen anderen westlichen Industriestaaten. Politische Instabilität und Ende der Weimarer Republik führten zu dem Versuch, im Grundgesetz der BRD daraus Lehren zu ziehen, ebenso die Unterdrückungsmaßnahmen und der übermäßige Gebrauch der Todesstrafe im NS-Staat. Die in der westdeutschen Öffentlichkeit allgemein geteilte Überzeugung: „nie wieder Nationalsozialismus" vermag als Motivation für durchaus unterschiedliche politische Folgerungen dienen. Diese Erinnerung kann ebenso im Zusammenhang mit antisemitischen Äußerungen wie mit Ausländerfeindlichkeit auftauchen, sie erzeugt gewisse Berührungsängste gegenüber der Idee, mit bevölkerungspolitischen Maßnahmen dem Schrumpfen der Bevölkerung entgegenzuwirken, und sie führt zu einer besonderen Sensibilität beträchtlicher Bevölkerungsteile gegenüber tatsächlichen oder vermeintlichen Freiheitsbeschränkungen und gegenüber zuviel Staatsmacht. Ob stets die richtigen Lehren gezogen worden sind, steht dabei auf einem anderen Blatt. Oft ist die Öffentlichkeit dabei zu eng auf die Nichtwiederkehr des genau Gleichen fixiert, das in dieser historischen Konstellation ohnehin einmalig war.

Erinnerungen bestehen auch im Ausland, kaum an die farblose Republik von Weimar, dafür um so mehr an den brutalen Kraftausbruch des NS-Staates. Diese Erinnerung daran, daß Deutschland den Zweiten Weltkrieg durch seine Eroberungsabsichten entfesselte, wie Deutsche sich als Besatzer verhielten und daß Deutsche einen Massenmord an den Juden verübten, hat den deutschen Namen im Ausland nachhaltig beschädigt und tiefsitzende Vorbehalte erzeugt, insbesondere in West- und noch mehr in Osteuropa und der Sowjetunion, auch in den USA und ganz besonders in Israel. Die Idee eines Staates Israel entstand nicht erst durch die Judenverfolgung im NS-Staat, sondern war einige Jahrzehnte älter; ihre Verwirklichung wurde dadurch allerdings zweifellos gefördert. Überhaupt bezieht der Staat Israel sein Selbstverständnis ganz wesentlich aus der Erinnerung an den „Holocaust" und aus dem Willen, ähnliches für alle Zukunft zu verhindern.

Jene, die nach 1945 geboren oder erwachsen wurden, machen inzwischen den überwiegenden Teil der heutigen Deutschen aus, und ihr Anteil wird naturgemäß immer größer. Sie tragen keine Schuld und Verantwortung für Dinge, die vor ihrer Zeit geschahen, und niemand sollte von ihnen verlangen, im Büßerhemd herumzulaufen. Aber ebenso falsch wäre es, unter Hinweis auf die „Gnade der späten Geburt" alle Betroffenheit abstreifen zu wollen und die Forderung nach „Normalität" zu erheben. Zum einen deshalb, weil es keinen Normalfall gibt; jedes Volk, jeder Staat hat seine eigene Geschichte, und nur unzureichende Kenntnis nimmt deren Unterschiede nicht wahr. Vor allem aber läßt sich das historische Erbe nicht einfach ausschlagen; das gilt für den Nationalsozialismus nicht anders als für andere Epochen der deutschen Geschichte. Gefordert ist eine unverkrampfte Haltung, die nicht verdrängt oder vergißt, sondern um die Geschehnisse weiß, eine Haltung, welche die eigene Gegenwart als Folgen dieser Ereignisse erkennen kann, wo sie es ist, und die beim eigenen Handeln diese Folgen und die Erinnerung der anderen in Rechnung stellt. Gefordert ist, die Erinnerung an die Gefährdung der Freiheit, an die Verführbarkeit vieler Menschen, daran, wie viele sich durch gewohnheitsmäßiges Handeln ohne ausreichendes Verantwortungsbewußtsein ungewollt in Schuld verstrickt haben, nicht zuletzt als Mahnung ernst zu nehmen.

9.

Fortgeschrittener Industrialismus und gegensätzliche Ordnungssysteme: 1945-1989

9.1 Schrumpfen des Siedlungsraumes und neue Minderheiten

Der Zweite Weltkrieg hatte dem deutschen Volk riesige Menschenverluste zugefügt. Die Deutschen im Altreich, die Österreicher und die Volksdeutschen verloren zusammen etwa 4,3 Millionen Soldaten als Gefallene, an ihren Verwundungen Gestorbene und Vermißte und etwa 500.000 Zivilisten durch den Luftkrieg. *Kriegstote*

Doch damit sollte es noch nicht genug sein. Die nationalsozialistische Eroberungspolitik und Willkürherrschaft in Osteuropa mit ihren Verbrechen hatte dort einen Haß gesät, dessen bittere, blutige Früchte das deutsche Volk jetzt erntete. Die Verbrechen der einen Seite machen jene der anderen erklärlich; sie rechtfertigen sie indessen nicht.

Als die sowjetischen Truppen in Osteuropa und dann in das Deutsche Reich einmarschierten, floh die deutsche Zivilbevölkerung in Massen nach Westen, um den Schrecken des Kriegsgeschehens auszuweichen. Meist evakuierten die Behörden zu spät, vielfach wurden Flüchtlingstrecks von den sowjetischen Truppen überrollt. Für die deutschen Zivilisten, die in den sowjetischen Machtbereich geraten waren, begann eine Schreckenszeit. Wilder Rachedurst, durch die offizielle sowjetische Propaganda planmäßig angeheizt, entlud sich in vielfachen brutalen Mißhandlungen, massenhaften Morden, ungezählten Räubereien und Plünderungen. Auch die höheren sowjetischen Truppenführer vermochten diesen zügellosen Ausschreitungen kaum Einhalt zu gebieten. Massenhaft kam es zu Vergewaltigungen deutscher Frauen, wobei offenbar noch jene ältere Vorstellung nachwirkte, Frauen seien eine dem Sieger zustehende Beute, besonders bei sowjetischen Soldaten asiatischer Herkunft. Die sowjetischen Soldaten verhielten sich damit völlig anders als die einmarschierenden britischen, amerikanischen und französischen Truppen. Im Westen gab es keine Massenvergewaltigungen, wenn man von den französischen Kolonialtruppen absieht, und kein massenhaftes Morden der Zivilbevölkerung. Aus einem Erlebnisbericht über den Einmarsch der Russen: „Als die ersten russischen Panzer mit Infanterie ankamen, waren wir sofort Uhren, Ringe und andere Sachen los. Kurz darauf kam die Infanterie an, und da war der Teufel los. Sofort wurden die ersten Frauen vergewaltigt, von Kindern von 12 Jah- *Die Flucht* ren an bis zur Greisin über 80 Jahre … Die jungen Mädchen und Frauen lagen meistens die Nächte im Garten unter den Sträuchern. Setzte sich ein Mann für sie ein, wurde er erschossen oder erschlagen … Es gab fast keine Frau, die nicht geschändet wurde … Aus dem Dorf Jeschen wurden fast restlos alle männlichen Personen verschleppt und sind verschollen … Sämtliches Inventar wurde demoliert … Sämtliche kirchliche Sachen lagen verstreut im Park und Dorf im Dreck. Viele Gebäude angezündet. Die toten Deutschen lagen, ebenso wie Vieh, bis zur Ernte herum."[87] Zwar gab es auch Beispiele der Menschlichkeit von russischen Soldaten, doch insgesamt war der Eindruck verheerend.

Entrechtung und Vertreibung Östlich der Oder-Neiße-Linie, im Sudetenland und in Jugoslawien gab es keine Zukunft mehr für die Millionen von Deutschen, die dort verblieben waren, sowie für jene, die nach der Kapitulation dorthin, in ihre Heimat, zurückströmten. Unter den Polen, Tschechen und Jugoslawen kam es zu einer ungehemmten Explosion grausamer Rache, und für die Deutschen in ihrem Machtbereich begann eine Zeit völliger Rechtlosigkeit. Sie alle wurden restlos enteignet, und viele wurden erschlagen, erschossen, zerfleischt. Wie die Nationalsozialisten sich bei ihrer Gewaltpolitik im Osten pauschal gegen die dortigen Völker gewendet hatten, so richteten sich jetzt die Übergriffe der Tschechen, Polen und Jugoslawen unterschiedslos gegen alle Deutschen, nur weil sie Deutsche waren. Doch während die nationalsozialistische Unterdrückungs- und Ausrottungspolitik von oben bürokratisch organisiert und von den zuständigen Stellen nach dem Prinzip von Befehl und Gehorsam ausgeführt worden war, entstanden die antideutschen Pogrome 1944/45 weitgehend spontan von unten, und weite Bevölkerungskreise engagierten sich dabei. In Polen, der Tschechoslowakei und Jugoslawien wurden zahlreiche deutsche Zivilisten in Lager gebracht, wobei man vielfach die KZs der NS-Zeit weiterbenutzte. Zigtausende von Deutschen kamen durch Hunger, Mißhandlung und Mord in diesen Lagern um. Die Jugoslawen griffen auch zu Massenerschießungen, um die Deutschen systematisch auszurotten.

Ferner verschleppten die Russen über 500.000 Deutsche zu mehrjähriger Zwangsarbeit in die UdSSR, von denen dort ebenfalls viele umkamen.

Mit dem Ende der deutschen Herrschaft begannen die Polen und Tschechen mit sowjetischer Zustimmung sofort, alle Deutschen östlich der Oder-Neiße-Linie und im Sudetengebiet in brutaler und ungeregelter Weise auszutreiben. Diese gewaltige Bevölkerungsverschiebung war schon während des Kriegs von der tschechischen und der polnischen Exilregierung gefordert und von den Alliierten akzeptiert worden. Ihr Sinn lag darin, Polen und die Tschechoslowakei in ihren neuen Grenzen zu volklich einheitlichen Staaten zu machen, frei von volklichen Minderheiten. Nach den Erfahrungen der Jahre vor dem Zweiten Weltkrieg glaubten sie, ihre Grenzen nur so gegen Revisionsansprüche sichern zu können. Auf der Potsdamer Konferenz bemühten sich die Westalliierten, die bereits angelaufenen wilden Austreibungen in geordnete und humane Bahnen zu lenken, was dann für die Jahre 1946 und 1947 immerhin einigermaßen erreicht wurde. Ende 1947 waren die Vertreibungen im wesentlichen abgeschlossen. 1950 befanden sich 11,73 Millionen deutsche Flüchtlinge und Vertriebene in der BRD, der DDR und Österreich. 2,11 Millionen deutsche Zivilisten waren bei Flucht und Vertreibung ums Leben gekommen, besonders die weniger Widerstandsfähigen, die Kinder, Alten und Frauen. Doch nicht nur Hunger, Strapazen und Seuchen sowie Kriegshandlungen forderten ihre Opfer, sondern der Tod von etwa 600.000 deutschen Zivilisten war auf Verbrechen der Russen, Polen, Tschechen und Jugoslawen zurückzuführen. In den Ostgebieten des Deutschen Reiches, die unter polnische Herrschaft gekommen waren, blieben 1,1 Millionen Deutsche zurück, weitgehend zweisprachig oder nicht rein deutschstämmig, welche die Polen als „Autochthone" bezeichneten und umgehend assimilieren wollten. Die meisten hatten sich für die polnische Staatsangehörigkeit entschieden oder waren dazu gezwungen worden, ein kleiner Teil wurde als wertvolle Arbeitskräfte zurückbehalten. In der Tschechoslowakei blieben nur rund 200.000 Deutsche zurück, welche die Tschechen bald zu assimilieren hofften. In Jugoslawien gab es nur noch geringe Reste der Deutschen, die in den 50er Jahren fast ganz in die BRD umgesiedelt wurden. In Osteuropa kam es allein in Ungarn und Rumänien nicht zu brutalen Haßausbrüchen gegen die Deutschen. Für die in Ungarn lebenden Volksdeutschen wurde eine Umsiedlung erst von den Alliierten im Potsdamer Abkommen angeordnet. Sie vollzog sich ohne Ausschreitungen und wurde auch nur etwa zur Hälfte durchgeführt, während die übrigen Deutschen in Ungarn bleiben konnten. In Rumänien wurden überhaupt keine Vertreibungen durchgeführt. Die rund 380.000 Deutschen, die nach der von Hitler veranlaßten Umsiedlung, nach Evakuierung, Flucht und sowjetischen Deportationen noch im Land waren, durften bleiben. Doch auch sie wurden enteignet und in eine diskriminierte Stellung herabgedrückt.

Flucht und Vertreibung der Deutschen 1944-47 stellten die größte durch Gewalt veranlaßte Bevölkerungsverschiebung der europäischen Geschichte dar. Ihr Ausmaß übertraf bei weitem den Umfang jener Aussiedlungen, die Hitler in Osteuropa durchgeführt hatte. Einzigartig in der europäischen Geschichte war auch, daß von der Vertreibung nicht nur verstreute Volksinseln und volklich gemischte Gebiete betroffen waren, sondern in großem Stil selbst solche Landschaften von den Angehörigen eines Volkes leergeräumt wurden, die einen Teil des geschlossenen Siedlungsgebiets dieses Volkes bildeten. Dabei handelte es sich obendrein um Gebiete, die über mehrere Jahrhunderte hin nur von Deutschen besiedelt gewesen und die in ihrer ganzen Kulturlandschaft rein deutsch geprägt waren. Die Vertreibungen stellten den schrecklichen Gipfel des europäischen Volkstumskampfes dar, der aus der Idee des Nationalstaats erwachsen war, die von der alten Unterscheidung zwischen Volkszuhörigkeit und Staatsangehörigkeit nichts mehr wissen wollte. Ihn hatten als erste in der neueren Geschichte die Franzosen in der Französischen Revolution programmatisch begründet und radikal zuende gedacht, er hatte seit 1848 immer mehr die Stellung der deutschen Minderheiten in Osteuropa gefährdet und nach dem Ersten Weltkrieg wesentlich dazu beigetragen, das politische Klima in Osteuropa zu vergiften. Nachdem die Nationalsozialisten die deutschen Minderheiten in Osteuropa benutzt hatten, um Polen und die Tschechoslowakei unter Druck zu setzen, war nicht nur die Idee des volklichen Minderheitenschutzes diskreditiert, sondern der Volkstumskampf gipfelte in verbrecherischen Radikallösungen. Während es bis dahin stets darum gegangen war, die Einheit von Volk und Staat dadurch herzustellen, daß man die Staatsgrenze dem Siedlungsgebiet des Volkes in etwa anzupassen und vor allem verstreute volkliche Minderheiten zu assimilieren versuchte, so wurde das Prinzip von Hitler und vor allem den Siegern des Zweiten Weltkriegs umgedreht: an ein willkürlich abgestecktes Staatsgebiet sollten jetzt die Siedlungsgebiete der Völker angepaßt werden, indem man Menschen um ihrer Volkszugehörigkeit willen wie Vieh von einer Weide auf die andere trieb und sie dabei oft sogar schlechter behandelte, als man es Vieh zumuten würde, ja teilweise überhaupt physisch ausrottete. Daß die Vertreibung der Deutschen von den Groß-

Bilanz

mächten auf der Potsdamer Konferenz gebilligt wurde, nahm ihr nicht den Unrechts-
charakter.

Deutsche in
Rußland und
Übersee und
der Weltkrieg

Die Überspanntheit der nationalsozialistischen Expansionspolitik und ihre Folgen
haben nicht nur den deutschen Nationalstaat zerstört und dem deutschen Volk riesige
Verluste an Menschenleben und Siedlungsraum zugefügt, sondern sie haben auch die
deutschen Volksgruppen in Rußland und Übersee schwer in Mitleidenschaft gezogen.
Als 1941 der Krieg zwischen dem Deutschen Reich und der Sowjetunion ausbrach,
verdächtigte die sowjetische Führung die Volksdeutschen in der UdSSR pauschal, als
Spione und Saboteure für NS-Deutschland tätig zu sein. Ihnen wurden die zivilen
Rechte aberkannt, und alle Volksdeutschen der Wolgarepublik und ein großer Teil der
Deutschen aus den übrigen deutschen Siedlungsgebieten in der UdSSR wurden nach
Sibirien, Zentralasien und in die Wälder des europäischen Nordrußland verbannt. Die
Wolgadeutsche Republik wurde aufgehoben, alle deutschen Kultureinrichtungen wur-
den unterdrückt. Dabei nahm man diesen Deutschen allen Besitz, und bewußt trenn-
ten die Russen viele Männer von ihren Familien und verbannten sie in andere Gegen-
den. Es war das Ende der geschlossenen deutschen Siedlungsgebiete in Rußland.

Die Deutschamerikaner in den USA erlebten im Zweiten Weltkrieg keinen Ausbruch antideutscher Gefühle der amerikanischen Öffentlichkeit gegen sie, wie dies
1917 der Fall gewesen war, und sie selbst brachten für NS-Deutschland auch nicht
mehr jene Sympathien auf wie einst für das deutsche Kaiserreich. Als nach dem Zweiten Weltkrieg die Untaten des Nationalsozialismus allgemein bekannt wurden, mochte
mancher seine deutsche Herkunft eher verleugnen. Der Zweite Weltkrieg verstärkte
und besiegelte damit endgültig die Auswirkungen, die im wesentlichen schon das Jahr
1917 für die Deutschamerikaner gehabt hatte. So bildeten die deutschstämmigen US-
Bürger unter allen Einwanderergruppen schließlich diejenige Gruppe, die sich dem
nationalen Konsens und dem dominanten angelsächsischen Wesen stärker angeglichen
hatte als alle anderen. Sie gab ihre eigenen deutschen Traditionen fast völlig auf und
vermischte sich mehr als die anderen durch Heirat mit den übrigen US-Amerikanern.
1969 stellte man fest, daß 5,83 Millionen US-Bürger Deutsch als Kindheitssprache gesprochen hatten, aber nur noch 0,25 Millionen Deutsch noch als tägliche Sprache innerhalb der Familie gebrauchten. So gab es schließlich keine Deutschamerikaner mehr
als volkliche Gruppe, sondern bestenfalls noch deutschstämmige US-Bürger.

Den Deutschen in Lateinamerika versetzte der Zweite Weltkrieg jenen Schlag, den
für die deutschen Traditionen in angelsächsischen Überseestaaten schon der Erste
Weltkrieg gebracht hatte. Im Zweiten Weltkrieg traten auf Drängen der USA auch
Brasilien und Argentinien in den Krieg gegen das Deutsche Reich ein. Das deutsche
Schulwesen und Kulturleben in diesen Staaten wurde praktisch beseitigt und entstand
nach 1945 nur teilweise wieder neu. Über diese Diskriminierung hinaus trug auch der
Nationalsozialismus mit seinen Taten dazu bei, die Deutschen in Lateinamerika in eine
tiefe psychologische Krise zu stürzen. Während bei ihnen in den 1930er Jahren noch
das Gefühl lebendig gewesen war, der sprachlich-kulturellen Gemeinschaft des deutschen Volkes zuzugehören, wollten sie seit 1945 nicht mehr bewußt deutsch sein.
Zweiter Weltkrieg und Nationalsozialismus verstärkten die Assimilationsbereitschaft
der Volksdeutschen in Lateinamerika nachhaltig. Sie wurden zu einer zweisprachigen
Bevölkerungsgruppe, bei der sich in der Generation der nach dem Krieg Geborenen
das Verhältnis immer mehr zur Landessprache hin verschob.

Als Fazit bleibt, daß es gerade die vom Deutschen Reich selbst im 20. Jahrhundert ausgelösten politischen Ereignisse waren, die dazu führten, daß die zahlreichen im 19. Jahrhundert nach Übersee ausgewanderten Deutschen und ihre Nachkommen sich dort weitgehend assimilierten und ihr Deutschsein fast gänzlich aufgaben.

Seit dem Ende des Zweiten Weltkriegs sind große Gebiete, in denen es noch wenige Jahrzehnte zuvor fast keine anderen Menschen als Deutsche gegeben hatte, ohne einen einzigen deutschen Bewohner. Von den zahlreichen deutschen Volksinseln in Osteuropa existierten nur noch Siebenbürgen und zunächst auch noch das rumänische Banat, aber auch diese waren schwer erschüttert. Darüber hinaus lebten eine größere Zahl von Deutschen in der UdSSR, Polen, der Tschechoslowakei und Ungarn, jedoch als vereinzelte Menschen oder kleine Gruppen ohne größeren Zusammenhang.

Deutsche in Osteuropa und der UdSSR nach 1947

Die in Ungarn verbliebenen Deutschen wachten nicht mehr aus der kulturellen Lethargie auf, in die sie der Zusammenbruch gestürzt hatte. Eigenes Kulturleben wurde den Deutschen in Ungarn zwar im Laufe der 50er und 60er Jahre wieder erlaubt, doch dieses erstarb zunehmend. Die Magyarisierung der restlichen Deutschen machte rasche Fortschritte, und diese legten auch nur geringen Wert darauf, ihre volkliche Identität zu erhalten.

In Rumänien wurde den Deutschen bald wieder ein eigenes Kulturleben und Schulwesen zugestanden. Doch auch hier blieben die längerfristigen Perspektiven der deutschen Volksgruppe unsicher, was zusammen mit dem massiven innenpolitischen Druck und der schlechten Wirtschaftslage dazu führte, daß seit Ende der 60er Jahre eine wachsende Zahl von Volksdeutschen in die BRD auswandern wollten. Die rumänische Führung suchte diese Auswanderungsbestrebungen durch bürokratische und berufliche Pressionen zu hemmen und ließ sich seit spätestens 1972 für jeden Volksdeutschen, dem sie die Ausreise erlaubte, von der Bundesregierung eine Kopfprämie zahlen. Indem die Zahl der Rumäniendeutschen durch Ausreisen immer weiter schrumpfte, trocknete das deutsche Kulturleben auch dort aus.

In Polen wurde in den ersten Nachkriegsjahren vielfach der öffentliche Gebrauch der deutschen Sprache als staatsfeindlich verfolgt, und selbst deutsche Grabinschriften machte man in der Regel unkenntlich. Die „Autochthonen" galten in Polen ab 1951 als gleichberechtigte Staatsbürger. Nur 250.000 Personen wurden als deutsche Minderheit anerkannt, und für diese ließ man im Laufe der 50er Jahre ein bescheidenes deutsches Kulturleben wieder zu. Nachdem die meisten dieser anerkannten Deutschen in den späten 50er Jahren ausgesiedelt waren, wurde 1958 das deutsche Kulturleben in Polen praktisch eingestellt. Seitdem bestritten offizielle Stellen Polens genauso wie seit 1950 die der Tschechoslowakei, daß in ihren Staaten noch länger Menschen deutscher Volkszugehörigkeit lebten. In beiden Ländern wurden Minderheitenrechte konsequent verwehrt, und es gab dort keine deutschsprachigen Schulen und praktisch kein deutschsprachiges Kulturleben. Die Volksdeutschen in Polen und der Tschechoslowakei sahen sich in der Zwangslage, ihre volkliche Eigenart aufzugeben oder in ein deutsches Land auszuwandern. In Polen schwoll daher in den 60er Jahren die Zahl der Ausreiseanträge an. Dabei ließen die polnische und tschechische Regierung ausreisewillige Volksdeutsche nur in geringer Zahl gehen, um die Assimilierung der Deutschen zu erzwingen. Ausreisewillige Deutsche mußten jahrelang auf Erlaubnis warten, wurden schikaniert und konnten das Land nur bei faktisch völliger entschädigungsloser Enteignung verlassen. Bei den bundesdeutsch-polnischen Verhandlungen 1970 waren die Polen zu ernsthaften Zusagen hinsichtlich der Volksdeutschen in Polen nicht bereit. Erst 1975 konnte die BRD mit 2,3 Milliarden DM Wirtschaftshilfe an Polen Ausreisegenehmigungen für weitere 125.000 Volksdeutsche in den nächsten vier Jahren erkaufen. Die kulturelle Stellung der Deutschen in Polen blieb allerdings weiter ungesichert, und bei den nach 1945 Geborenen waren immer deutlicher Assimilierungserscheinungen zu erkennen.

Die Rußlanddeutschen wurden 1955 teilweise rehabilitiert, indem man ihre Verbannung aufhob, doch durften sie nicht wieder in ihre alten Siedlungsgebiete zurückkehren und erhielten ebenso ihr Vermögen nicht zurück. 1964 wurden sie darüber hinaus politisch rehabilitiert: die sowjetische Führung gab offiziell zu, daß der Vorwurf unbegründet war, die Rußlanddeutschen seien „Helfeshelfer des Faschismus" gewesen. Ab 1972 durften die Deutschen auch wieder in ihre alten Siedlungsgebiete zurückkehren, aber während alle anderen 1941/43 deportierten Minderheiten in der Sowjetunion ihre autonomen Gebiete oder Republiken zurückerhielten, unterdrückte Moskau stets entsprechende rußlanddeutsche Initiativen. Seit 1957 wurde auch ein eigenes deutsches Kulturleben wieder zugelassen, aber nur in geringem Umfang. Außerdem lebten die Rußlanddeutschen weitgehend zerstreut, und so ging der Gebrauch von Deutsch als Muttersprache deutlich zurück. 1970 sprachen noch 1,25 Millionen Sowjetbürger Deutsch als Muttersprache. Da die Hoffnungen immer geringer wurden, daß ein autonomes deutsches Gebiet wiederhergestellt werden könnte, entstand in den 70er Jahren bei einem Teil der Rußlanddeutschen der Wunsch, in die „historische Heimat Deutschland" überzusiedeln, da sie nur noch so ihre Eigenart als Deutsche wahren konnten. Die sowjetischen Behörden waren dagegen bis 1986 nicht bereit, die Deutschen in größerer Zahl ausreisen zu lassen, und gingen mit administrativen Schikanen und teilweise Haftstrafen gegen die deutsche Ausreisebewegung vor.

Von 1950-86 siedelten aus den Ostblockstaaten (ohne DDR) 1.342.000 Volksdeutsche (davon 813.000 aus Polen) in die BRD um, welche von fast allen Umsiedlern wie selbstverständlich der DDR vorgezogen wurde. Während das Deutsche Reich sich in den 1920er Jahren als Schirmherr für die deutschen Minderheiten eingesetzt und in den 30er Jahren deren Bedrückung propagandistisch lauthals ausgeschlachtet hatte, auch mit Blick auf eine angestrebte Revision der Ostgrenzen, womit es ihnen eher geschadet hatte, kümmerte sich die BRD nie besonders um die Volksdeutschen in Osteuropa, und die DDR tat es schon gar nicht. Zweifellos befand sich die BRD dazu machtpolitisch und angesichts der Verbrechen der Nazis im Zweiten Weltkrieg auch moralisch in einer schlechten Position. Nachdem die Volksidee in der NS-Zeit überstrapaziert worden war, wollte überdies auch die öffentliche Meinung in der BRD von deutschen Minderheiten lange nichts mehr wissen und empfand es eher als peinlich, daß es in Osteuropa immer noch Deutsche gab.

Deutsche Minderheiten in Westeuropa

Im Elsaß, in Eupen-Malmedy und Nordschleswig kam es 1944/45 zu einer Verhaftungswelle und auch zu Todesurteilen, da die Sieger vielen deutschsprachigen Bewohnern ihr Verhalten während der NS-Zeit als „Kollaboration" auslegten. Die deutsche Führungsschicht wurde ausgeschaltet. Die kleine deutsche Volksgruppe im dänischen Nordschleswig bekam dann in den 50er Jahren die Möglichkeit, wieder ein eigenes Kulturleben aufzubauen. In Belgien wurde nach einer Phase verstärkter Französisierungspolitik die Diskriminierung der deutschen Volksgruppe in den 1960er Jahren abgebaut. 1970 gewährte man dem deutschsprachigen Teil Belgiens eine begrenzte kulturelle Autonomie und ließ Deutsch unter bestimmten Bedingungen als dritte Amtssprache zu, und 1984 erhielt dieses Gebiet im Zuge der Föderalisierung Belgiens auch eine eigene Regionalregierung und ein eigenes Parlament. So konnte sich in Eupen-

Malmedy ein überwiegend deutsches Kulturleben festigen. Im Elsaß entfernten die französischen Behörden nach 1945 Deutsch völlig an den Schulen, machten Französisch wieder zur alleinigen Amtssprache, verboten den Druck deutschsprachiger Zeitungen und verbannten die deutsche Sprache auch sonst aus dem öffentlichen Leben. Sie begannen eine entschlossene Französisierungspolitik, die das elsässische Problem ein für alle Mal im französischen Sinne lösen sollte und die nach den Zwängen der NS-Zeit auch auf eine weitgehende Assimilierungsbereitschaft traf. In den 60er Jahren wurden dann die Sprachbeschränkungen abgebaut und teilweise in der Schule Deutsch als Fremdsprache eingeführt. Angesichts eines lebhaften Grenzverkehrs von Personen und Medien im bundesdeutsch-französisch-schweizerischen Grenzraum entspannte sich die Lage seitdem deutlich. Das Ziel der Französisierung wurde von offizieller französischer Seite aber nie aufgegeben und wurde weitgehend erreicht. Während 1946 von den 1,55 Millionen Deutschen im Elsaß und in Lothringen erst 68 Prozent Französisch als Fremdsprache beherrschten, stieg ihr Anteil bis 1980 praktisch auf 100 Prozent. Zugleich war infolge der Schulpolitik die Beherrschung des Deutschen seit Ende des Zweiten Weltkriegs rückläufig, besonders die des Hochdeutschen, weniger die der Mundart. Die oberen und mittleren Schichten gingen zunehmend ganz zum Gebrauch des Französischen über, das bald in der Öffentlichkeit eindeutig dominierte.

Südtirol Südtirol gaben die Sieger zwar wieder an Italien, aber immerhin erlegten sie Italien 1947 im Friedensvertrag die Verpflichtung auf, den deutschen Südtirolern ein eigenes Kulturleben zu ermöglichen, sie rechtlich mit den Italienern gleichzustellen und außerdem der Provinz Bozen politische Autonomie zu gewähren. Italien erfüllte diese Verpflichtungen indessen nur mangelhaft, indem es 1948 die politische Autonomie nicht der (deutschbesiedelten) Provinz Bozen gewährte, sondern der Region Trentino-Alto Adige als Ganzes, in der die deutsche Volksgruppe in der Minderheit war, und der darin enthaltenen Provinz Bozen nur minimale eigene Kompetenzen zugestand und außerdem die Durchführungsbestimmungen verschleppte. Die Südtiroler forderten dagegen, die Provinz Bozen von der Provinz Trentino zu trennen – erfolglos. Von 1956 bis 1970 führte Österreich, das sich als Schutzmacht der deutschen Südtiroler verstand, über die Autonomiefrage mit Italien langwierige Verhandlungen. Angesichts der Intransigenz der Italiener griffen radikale Südtiroler seit 1961 zu Sprengstoffanschlägen gegen öffentliche Einrichtungen. Erst 1972 wurde die Südtirolfrage im wesentlichen gelöst, indem die Provinz Bozen ihre zäh erkämpfte Autonomie erhielt. Die deutsche Sprache wurde dem Italienischen in Südtirol fast gleichgestellt, und obgleich die Italiener die Durchführung erneut zu verschleppen suchten, hörte der Assimilierungsdruck im wesentlichen auf. Zugleich war die deutsche Volksgruppe in Südtirol sehr auf ihre Eigenständigkeit bedacht und lehnte jede Assimilierung ab.

Luxemburger, Schweizer, Österreicher Die Luxemburger können allerdings seit dem Zweiten Weltkrieg nicht mehr als Teil des deutschen Volkes gelten. Nachdem sie sich schon vor dem und durch die Besetzung im Ersten Weltkrieg den Reichsdeutschen entfremdet hatten, wandten sich die Luxemburger nach der deutschen Okkupation im Zweiten Weltkrieg endgültig von der deutschen Kulturgemeinschaft ab. So herrscht seitdem in Luxemburg eine Dreisprachigkeit, die bewußt als Merkmal der Eigenständigkeit gegenüber Deutschen unnd Franzosen aufgefaßt wird: im Gespräch wird letzeburgische Mundart verwendet, die sich fast zur eigenen Hochsprache entwickelt hat, in Massenkultur und Privatkorrespondenz überwiegend Deutsch und in Wissenschaft, Verwaltung und Geschäftskorrespondenz überwiegend Französisch, wobei es vielfache Überschneidungen gibt.

Dagegen befanden sich die Schweizerdeutschen seit dem Zweiten Weltkrieg hinsichtlich ihres Deutschseins in einer unausgetragenen Identitätskrise. Sie konnten sich weder dazu entschließen, sich als Teil des deutschen Volkes zu betrachten, noch dazu, sich konsequent zu einem eigenständigen Volk im sprachlich-kulturellen Sinne zu entwickeln. Als Schrift- und Unterrichtssprache und vielfach in der öffentlichen Rede verwendeten sie das Hochdeutsche, als Umgangssprache und teilweise auch im öffentlichen Leben die Mundart. Dabei drängte das Hochdeutsche die Mundarten nicht zurück, sondern die Entwicklung lief umgekehrt, wobei aber die Mundarten in einem langsamen Austauschprozeß zunehmend zu einer Einheitsmundart verschmolzen.

Anders die Österreicher; obwohl sie zu einer eigenen Staatsnation geworden waren, empfanden sie sich auch weiter als Teil des deutschen Volkes im Sinne einer sprachlich-kulturellen Einheit, am deutlichsten in jenen Landesteilen, die an fremde Sprachräume grenzten oder fremdsprachige Minderheiten aufwiesen. Wenn es in Österreich für einige Dinge des täglichen Lebens eigene Worte gab, so ging dies nicht nennenswert über die sprachlichen Eigenarten verschiedener Regionen innerhalb Westdeutschlands hinaus. Überhaupt festigte die intensive überregionale Kommunikation seit dem Zweiten Weltkrieg, nicht zuletzt durch die Massenmedien, die gesamtdeutsche Kulturgemeinschaft.

Alte Minderheiten unter den Deutschen

Von den alten volklichen Minderheiten innerhalb des geschlossenen deutschen Siedlungsgebietes war nach dem Zweiten Weltkrieg kaum noch etwas übriggeblieben. Der stark geschrumpften sorbischen Minderheit in der DDR wurde 1948 wieder ein sorbisches Schulwesen und eigenes Kulturleben zugestanden. Auf Betreiben der Russen unterstützte die Führung der DDR die Sorben ganz besonders, um den Eindeutschungsprozeß zu hemmen. Die kleine dänische Minderheit in Schleswig-Holstein erhielt dieselben kulturellen Autonomierechte wie die deutsche Minderheit in Nordschleswig. Die Reste der Zigeuner, die der Vernichtung durch die Nationalsozialisten entrannen, gingen nach 1945 zunehmend zur Seßhaftigkeit über und assimilierten sich immer weiter, da in der NS-Zeit die Sippenverbände, welche die Volkstradition bewahrt hatten, zerschlagen worden waren und da die allgemeine wirtschaftliche und technische Entwicklung die ambulanten traditionellen Gewerbe der Zigeuner überflüssig gemacht hatte. Die Reste der Kroaten und Slowenen in Kärnten und im Burgenland erlebten eine rapide fortschreitende Assimilierung.

Gastarbeiter

Damit verschwanden volkliche Minderheitenprobleme aber keineswegs aus Mitteleuropa, sondern in ganz anderer Form tauchten sie in den 60er Jahren neu auf. Während 1946-55 noch 500.000 Menschen aus Westdeutschland auswanderten, führte das kräftige Wirtschaftswachstum der BRD bald zu Arbeitskräfteknappheit, so daß die Bundesanstalt für Arbeit ab 1955 Arbeitskräfte im Ausland anwarb. Anfangs lag das Schwergewicht bei Italienern, später stellten Türken und Jugoslawen die größten Kontingente. Gleichzeitig erlebte auch die Schweiz und in geringerem Maße Österreich einen Zustrom an Gastarbeitern. 1973 erreichte die Zahl dieser sogenannten Gastarbeiter in allen drei Ländern ihren Höhepunkt mit 2,37 Millionen (entsprechend 11,6 Prozent der Arbeitnehmer) in der BRD, fast 900.000 in der Schweiz (über ein Drittel der Arbeitnehmer) und 226.000 (8,7 Prozent) in Österreich. Infolge der sich verschlechternden Wirtschaftslage stellte die BRD Ende 1973 die Anwerbung ein und ließ weitere Gastarbeiter aus Nicht-EG-Ländern seitdem auch kaum noch herein, während Angehörige anderer EG-Länder seit 1970 nach EG-Recht ein unbefristetes Aufenthaltsrecht besitzen. In der Schweiz, wo die Gastarbeiterquote höher lag als in

966

jedem anderen europäischen Land, hatte dies in großen Teilen der Bevölkerung Überfremdungsängste ausgelöst und schon früher zu Versuchen geführt, sie nicht weiter steigen zu lassen, und 1974 faktisch einen Zulassungsstopp gebracht, und auch Österreich ging zu einer restriktiven Gastarbeiterpolitik über. Seit 1973 schrumpfte die Zahl der Gastarbeiter dann in allen drei Ländern; sie betrug 1984 in der BRD 1,55 Millionen, in der Schweiz 540.000 und in Österreich 140.000.

Da die Gastarbeiter meist nur geringe Schulbildung und minimale berufliche Qualifikationen besaßen, wurden sie überwiegend als angelernte oder ungelernte Arbeiter beschäftigt. Besonders die körperlich belastenden oder schmutzigen Arbeiten fielen ihnen zu. So konzentrierten sich die Gastarbeiter stark auf den Bausektor, in der Eisen- und Stahlerzeugung, bei Fließbandarbeit, Straßen- und Gebäudereinigung.

Die rein ökonomisch ausgerichtete Politik der Arbeitskräfteanwerbung führte bald zu volklichen und sozialen Problemen, die man nicht vorhergesehen hatte. Zunächst herrschte zwischen den Verantwortlichen in der BRD, in den Entsendeländern und den Gastarbeitern selbst Übereinstimmung, daß die Gastarbeiter jeweils nach wenigen Jahren in ihre Heimat zurückkehren würden. Deshalb kamen anfangs auch ausschließlich Männer in die BRD, die hier nur arbeiten und Geld verdienen wollten und deshalb ihre Familien in der Heimat ließen und sich in der BRD mit schlichten Gemeinschaftsunterkünften in Lagern und Wohnheimen begnügten. Dann aber veränderte sich die Situation, besonders ab 1973. Die durchschnittliche Aufenthaltsdauer wurde immer länger. Immer mehr Gastarbeiter holten ihre Familien nach und zogen in Mietwohnungen (1980: 80 Prozent der Gastarbeiter). Durch den Familiennachzug stieg die Zahl der Ausländer in der BRD noch bis 1982 weiter an auf 4,7 Millionen (davon 26 Prozent aus EG-Ländern und 33,9 Prozent Türken). Ein wachsender Teil der Ausländer wollte für immer in der BRD bleiben, ein großer Teil schwankte unentschlossen zwischen Bleiben und Rückkehr ins Herkunftsland. Damit entstand eine neue Situation.

Die einzelnen Gastarbeitergruppen verhielten sich unterschiedlich. Diejenigen aus anderen EG-Ländern (außer Griechenland) und (mit Abstrichen) Jugoslawien paßten sich allmählich weitgehend den deutschen Lebensverhältnissen an, und der Schulerfolg ihrer Kinder erreichte nach einiger Zeit denjenigen deutscher Kinder vergleichbarer sozialer Schicht. Bei den türkischen Arbeitnehmern war die innere Distanz zwischen Herkunfts- und Aufenthaltsland dagegen wesentlich größer, was zurückzuführen war auf die dreifache Kluft zwischen der im islamischen Glauben wurzelnden Tradition und der aufgeklärt-säkularisierten Kultur, zwischen patriachalischem Familiensystem und demokratisch-individualistischer Gesellschaft, zwischen der Herkunft aus einem meist vorindustriell-ländlichen Milieu und der hochtechnisierten, industrialisierten Großstadtwelt. So sperrten sich die Türken weitgehend gegen eine Assimilierung, sondern versuchten, ihre volkliche Eigenart zu bewahren. Sie hielten nach Möglichkeit an ihren Gewohnheiten und Gebräuchen fest, bauten auch eine Subkultur mit eigenen Läden und Vereinen auf und konzentrierten sich in einigen Großstädten in bestimmten Vierteln. Koranschulen entstanden, deren Lehrinhalte oft in wesentlichen Punkten mit den Wertvorstellungen des Grundgesetzes nicht übereinstimmten. Aufgrund des durchweg geringen Bildungsstandes der Elternhäuser und ihrer Sprachschwierigkeiten erreichten die türkischen Kinder nur zum kleinen Teil überhaupt einen Schulabschluß, und viele kamen nicht einmal der Schulpflicht nach.

Die bundesdeutschen Politiker verzichteten nach 1973 darauf, das Rotationsprinzip durch einen Rückkehrzwang für Gastarbeiter aus Nicht-EG-Ländern aufrechtzuerhalten, lehnten aber auch eine auf endgültige Einwanderung und Assimilierung ausgerichtete Politik ab. Sie taktierten unschlüssig und widersprüchlich und versuchten sich seit 1974 mit einer Politik sogenannter „Integration auf Zeit" durchzumogeln, die den ausländischen Arbeitnehmern einerseits die volkliche Eigenart mit Blick auf eine spätere Rückkehr bewahren, aber zugleich deren gesellschaftliche Eingliederung erreichen sollte. Diese unklare und unrealistische Politik hatte unglückliche Folgen. Aus der ursprünglich rein ökonomischen Gastarbeiteranwerbung entstanden durch sie ernste volkliche, soziale und auch politische Probleme. Die in der BRD aufgewachsenen Kinder der ausländischen Arbeitnehmer wurden meist vom Elternhaus im Sinne heimischer Tradition und zugleich von der Schule und der deutschen Umwelt durch deutsche Leitbilder geprägt, so daß sie sich ihrem Herkunftsland entfremdeten, ohne wirklich Deutsche zu werden. Wenn beide Einflüsse sich ihrem Inhalt nach stark unterschieden, wie vor allem bei den Türken, kam es zu innerlichen Spannungen und schwierigen Normen- und Rollenkonflikten. Infolge ihrer mangelhaften Schulbildung und Sprachschwierigkeiten waren sie stärker als andere von Arbeitslosigkeit bedroht. Diese Belastung durch volkliche und soziale Probleme war ein Nährboden für Unzufriedenheit, und hier wurzelte auch die Tatsache, daß ausländische, besonders türkische Jugendliche bald eine wesentlich höhere Kriminalitätsrate aufwiesen als deutsche.

Die Schweiz hielt im Unterschied zur BRD am Rotationsprinzip fest, und zugleich war die Struktur der Volkszugehörigkeit ihrer ausländischen Arbeitnehmer unproblematischer, da insbesondere die Türken keine nennenswerte Rolle spielten.

Trickreiche Einwanderungsversuche

Daß nach der Entkolonialisierung die Situation vieler unterentwickelter Länder mit Armut, Arbeitslosigkeit, Hunger, Bürgerkrieg und Diktatur extrem negativ gegen die Verhältnisse der westlichen Industrieländer ganz allgemein abstach und wenig Hoffnung auf baldige Besserung bot, setzte zunehmend Wanderungsbestrebungen in Gang. Seit Mitte der 70er Jahre versuchten Menschen aus Asien und Afrika und dann auch aus Polen unter Mißbrauch des überaus großzügig gestalteten, für politisch Verfolgte gedachten Asylrechts der BRD in diese einzuwandern, um etwas von Wohlstand, Sozialleistungen und Sicherheit der Deutschen abzubekommen. Vielfach lockten Schlepperorganisationen, die damit Gewinne machen, diese Menschen mit falschen Versprechungen an und schleusten sie ein. Dabei gelang es den bundesdeutschen Behörden nur begrenzt, zu verhindern, daß unerwünschte unechte Asylbewerber und illegale Einwanderer eindrangen. Prozesse um Asylanträge zogen sich in der BRD übermäßig lange hin, und obwohl die Mehrzahl der Anträge schließlich nicht anerkannt wurde, schoben die Behörden die abgelehnten Bewerber nur zu einem geringen Teil ab.

Die Schweiz sah sich mit einem ähnlichen Zustrom von Asylbewerbern konfrontiert.

Verfall der Geburtenrate

Im Unterschied zur DDR schwoll die Bevölkerung auf dem Gebiet der BRD 1944-50 durch Flüchtlinge, Vertriebene und Zuwanderungen aus dem kommunistischen Bereich stark an, so daß auf diese Gruppen 1950 28 Prozent der westdeutschen Arbeitnehmer entfielen. Während die Bevölkerung der DDR von 18,5 Millionen 1946 ständig schrumpfte bis auf 16,4 Millionen 1989, nicht zuletzt durch laufende Abwanderung, stieg die Einwohnerzahl der BRD zunächst noch weiter an bis auf 62,1 Millionen im Jahr 1974. So betrug 1978 die Bevölkerungsdichte im Gebiet der BRD 247 Einwohner je Quadratkilometer im Vergleich zu 173 im Jahr 1939, während diejenige im Gebiet der DDR mit 155 wieder dem Vorkriegsstand entsprach. 1972 erreichte das deutsche Volk mit 88,1 Millionen im geschlossenen Siedlungsraum den höchsten Stand in seiner Geschichte (davon 58,1 Millionen in der BRD). Danach nahm die Zahl der Deutschen in der BRD und der Umfang des deutschen Volkes als Ganzes dann langsam ab. Während die BRD unter den bevölkerungsreichsten Staaten der Erde 1950 noch den achten Platz einnahm, fiel sie angesichts der Bevölkerungsexplosion in Übersee bis 1976 auf die zwölfte Stelle zurück.

Wachsen und Schrumpfen des deutschen Volkes ergab sich nach dem Zweiten Weltkrieg aus den Schwankungen der Geburtenrate, während die Sterberate weitgehend konstant blieb. In der BRD stabilisierte sich die Geburtenrate nach dem Krieg in etwa wieder auf jenem Niveau, das schon Ende der 20er Jahre erreicht worden war. 1965-75 rutschte die Geburtenrate dann aber rasch von etwa 18 auf 10 Geborene je 1.000 Einwohner, wobei sie 1972 die Zahl der Sterberate unterschritt, und stabilisierte sich danach auf dem neuen, niedrigeren Niveau. Die Geburtenraten der anderen deutschen Staaten entwickelten sich sehr ähnlich, sackten aber nicht ganz so stark ab. So stellte sich in Österreich nach einigen Jahren wieder ein minimaler Geburtenüberschuß ein, und in der Schweiz blieb er stets bestehen. Die DDR ergriff 1974/76 entschiedene finanzielle und propagandistische Maßnahmen zur Geburtenförderung und konnte die Geburtenrate damit tatsächlich wieder leicht erhöhen und die Lage bei einem geringen Geburtenüberschuß stabilisieren. Mit dem starken Rückgang ihrer Geburtenrate vollzogen die deutschen Staaten eine Entwicklung mit, die gleichzeitig in allen westlichen Industrieländern stattfand, aber zugleich war an ihr doch etwas Besonderes, denn die Geburtenrate verfiel in den deutschen Staaten stärker als in den anderen Industrieländern. So wiesen die deutschen Staaten 1976 die niedrigsten Geburtenraten der Welt auf, am extremsten die BRD.

Ein derartig starker und rascher Rückgang der Geburtenrate, der nicht in Krieg, Hunger- oder Seuchenkatastrophe eine offensichtliche Ursache hat, ist anscheinend in der europäischen Geschichte einmalig. Wo lagen seine Gründe? Mehreres traf hier zusammen. Jene Beschränkung der Kinderzahl, die im Kaiserreich in der gehobenen Mittelschicht begonnen hatte, erfaßte nach dem Zweiten Weltkrieg auch voll die Arbeiter und Bauern, so daß der Unterschied der Kinderzahlen verschiedener sozialer Schichten verschwand. Indem man die Sozialversicherung stark ausbaute, ging das Bewußtsein für den Generationenvertrag verloren. Im 19. Jahrhundert war es selbstverständlich gewesen, daß die Kinder die Altenteiler miternährten, aber jetzt verschleierte das anonyme Umlagesystem für viele, daß die jeweiligen Beitragszahler die gleichzeitigen Rentner unterhalten, ihre eigene Rente aber aus den Beiträgen der kommenden Generation finanziert wird, daß sie also nicht nur Beiträge zahlen, sondern auch die nötigen Kinder zeugen und erziehen müssen. Von Bedeutung war auch das Konstruktionsprinzip des bestehenden Systems der Sozialpolitik, denn indem es die familiäre Tätigkeit und Kindererziehung nur wenig berücksichtigte (z.B. bei der Berechnung der Altersversorgung), ließ es bei Kinderlosigkeit den betreffenden einzelnen die Kostenersparnis der Kinderaufzucht weiter deutlich spüren, wogegen es ihn deren Auswirkungen auf die Alterssicherung und den allgemeinen gesellschaftlichen Nutzen nicht ebenso unmittelbar wahrnehmen ließ. Die Empfängnisverhütungspille, deren Gebrauch sich seit Mitte der 60er Jahre ausbreitete, ließ die Zahl der ungewollten Kinder geringer werden. Doch entscheidend dafür, daß gerade in dem fraglichen Zeitraum die Geburtenrate so stark zurückging, daß dies nicht schon eher erfolgte und sich nicht darüber hinaus fortsetzte und daß dieser Rückgang sich in der BRD stärker ausprägte als in anderen Staaten, war der in jenen Jahren vorherrschende Zeitgeist, der einen neuen Individualisierungsschub brachte und dabei die Selbstverwirklichung des einzelnen und die Befriedigung der persönlichen Wünsche als Verhaltensziele aufwertete. Der gesteigerte Wunsch nach hohem Konsumstandard und abwechslungsreicher Freizeitgestaltung kollidierte zunehmend mit jenem Aufwand an Geld und Zeit, der für Kinder nötig ist. Das Gleiche galt für die verstärkte außerhäusliche Berufstätigkeit der Frauen, die gerade bei Berufen mit Karriereperspektive nur schwer mit dem Aufziehen von Kindern zu vereinbaren ist. Hinzu kam, daß die Mutterrolle gesellschaftlich abgewertet wurde und für Frauen Ausbildung und Freizeit an Wert gewannen gegenüber Kindererziehung und Familie. Zugleich stieg der Aufwand, der für Kinder erforderlich galt, sowohl in materieller Hinsicht (eigenes Zimmer usw.) wie an erzieherischer Aufmerksamkeit, wozu auch der verstärkte Drang zu höheren Bildungsabschlüssen beitrug.

9.2 Zeitalter des Massenkonsums

In den Jahren 1945-48 war das tägliche Leben in Deutschland und Österreich von ebenso drückenden wie chaotischen Verhältnissen geprägt. Die meisten Deutschen waren ganz von dem Problem des unmittelbaren Überlebens in Anspruch genommen, und Kartoffeln und Kohlen rückten in den Mittelpunkt ihres Denkens. In den größeren Städten wurden viele Straßenzüge nur noch von rauchgeschwärzten Trümmern gesäumt. 20 Prozent des gesamten Wohnraums in den Westzonen waren zerstört, und zu den Ausgebombten kamen Millionen von Flüchtlingen und Vertriebenen hinzu. Viele Deutsche hausten in halben Ruinen, die nur notdürftig geflickt waren, in Baracken und dunklen Kellern, viele wurden als Untermieter in noch bestehende Wohnungen zwangseingewiesen. 1950 wohnten 36 Prozent der Haushalte zur Untermiete. Die landwirtschaftliche Produktion fiel stark ab, und die Lieferungen aus den agrarischen Ostgebieten fehlten jetzt. Die im Krieg eingeführte Bewirtschaftung der Lebensmittel und Konsumgüter mit Bezugsscheinen blieb. Jetzt erhielten die Deutschen nur noch zwischen 700 und 1.500 Kilokalorien täglich zugeteilt. Der Hunger war allgemein. Unter den Unterernährten grassierten Infektionskrankheiten. Städter fuhren massenhaft aufs Land, um bei den Bauern etwas Eßbares zu organisieren. Wenn nicht die USA ab 1946 Nahrungsmittel geliefert hätten, wäre es wohl zu einem Massensterben gekommen. Die Industrieproduktion war mit Kriegsende praktisch zum Stillstand gekommen und lief nur langsam wieder an. Das lag weniger an den Zerstörungen der Produktionsanlagen als an den schweren Zerstörungen des Verkehrswesens, so daß nicht genügend Vorprodukte und Kohle zugeliefert werden konnten. Brücken waren eingestürzt, Wasserwege von gesunkenen Schiffen blockiert. Kohle wurde im extrem kalten Winter 1946/47 so knapp, daß Menschen aus allen Bevölkerungsschichten die Kohlezüge plünderten und man teilweise die Bäume aus öffentlichen Parkanlagen verheizte. Die Geldpolitik der Behörden war ebenso unsinnig wie erfolglos: sie ließen den ungeheuren Geldüberhang, der im Krieg entstanden war, zunächst bestehen, hielten aber gleichzeitig am Preisstopp fest. So verschwanden logischerweise die Waren zum großen Teil vom offiziellen Markt, da die Warenbesitzer wenig Neigung hatten, sie für einen unangemessen niedrigen Preis herzugeben. Dafür wucherten dann die illegalen

Last der Niederlage

Tauschgeschäfte auf dem Schwarzmarkt mit 20-100mal höheren Preisen. Angesichts der allgemeinen Knappheit kam es zu einer Welle von Diebstählen und Raubüberfällen, und selbst seriöse Bürger scheuten sich nicht, weggeworfene Zigarettenkippen zu sammeln, um daraus neue Zigaretten zusammenzusetzen.

Die Siegermächte enteigneten entschädigungslos das reichsdeutsche Auslandsvermögen, die gesamte Handelsflotte und 70.000 Patente. Um das reichsdeutsche Wirtschaftspotential zu schwächen und Ersatz für eigene Kriegsschäden zu gewinnen, ließen die Siegermächte Teile der Industrie in ihren Besatzungszonen demontieren und auch aus der laufenden Produktion Reparationen in Gestalt von Sachwerten (z.B. Kohle) liefern. In der sowjetisch besetzten Zone (SBZ) bauten die Russen sogar fast überall das zweite Eisenbahngleis ab. Tatsächlich bedeutete die Demontage meist Vernichtung, da die demontierten Anlagen unsachgemäß abgebaut oder transportiert wurden oder die Fachleute für den Wiederaufbau fehlten.

Neuer Anfang Alle vier Besatzungsmächte rückten seit Anfang 1947 von ihrem Plan ab, nur ein begrenztes deutsches Wirtschaftspotential zuzulassen. Ein Wiederaufschwung der Wirtschaftsproduktion begann. Damit dieser sich wirklich entfalten konnte, mußte allerdings der Geldüberhang beseitigt werden. In Österreich wurde 1947 eine Währungsreform durchgeführt. Für Deutschland konnten die Besatzungsmächte sich auf kein gemeinsames Vorgehen verständigen. Auf Betreiben der USA erfolgte am 20. Juni 1948 in den drei Westzonen eine Währungsreform. Eine Kopfquote von 60 Mark wurde 1:1 in die neue Deutsche Mark umgetauscht, Altgeldguthaben 100:6,5 und private Reichsmarkverbindlichkeiten 10:1. Die Inlandsschulden des Reiches wurden ersatzlos gestrichen. Die SBZ zog zwei Tage später nach. Damit gab es im Bereich des Kontrollrats für Deutschland zwei verschiedene Währungsgebiete. In den Westzonen hob der Wirtschaftsdirektor der Bizone (d.h. amerikanische und britische Zone), Ludwig Erhard, gleichzeitig mit der Währungsreform für den größten Teil der Konsumgüter die Preisbindung und Bewirtschaftung auf. Schlagartig füllten die gehorteten Konsumgüter die Schaufenster, und der Schwarzmarkt verschwand. Zugleich drängten zahlreiche Menschen neu auf den Arbeitsmarkt, die bisher irgendwo untergekrochen waren oder die aus dem Osten oder der Gefangenschaft kamen. So schnellte die Arbeitslosenquote bis Anfang 1950 auf 12,2 Prozent der Arbeitnehmer hoch. Trotzdem war die Währungsreform der Startschuß zum „Wirtschaftswunder". In der SBZ blieb dagegen das System staatlicher Bewirtschaftung und damit auch der Schwarzmarkt bestehen.

Um die Nahrungsmittellieferungen für Westdeutschland und Österreich nicht zum teuren Dauerzustand werden zu lassen, führten die USA stattdessen 1948-52 den Marshallplan durch. Dabei wurden an Westdeutschland nicht nur Lebensmittel, sondern zur Hälfte auch Rohstoffe für die Industrie geliefert, und im Rahmen dieses Programms gingen Lieferungen nicht nur an die beiden von den Westmächten besetzten deutschen Staaten, sondern an alle westeuropäischen Länder. Der Marshallplan sollte den wirtschaftlichen Wiederaufbau ganz Westeuropas fördern, um dort die Armut zu beseitigen und es auf diese Weise gegen kommunistische Ideen und damit sowjetischen Einfluß zu immunisieren und um es zu einem für die US-Wirtschaft interessanten Handelspartner zu machen. Für Westdeutschland war der Marshallplan als politisches Signal bedeutend und vorübergehend als Devisenquelle wichtig, aber für den wirtschaftlichen Wiederaufschwung war er nicht entscheidend. Die Marshallplanmittel waren nicht umfangreicher als die in den Vorjahren geleistete Lebensmittelhilfe und machten 1949-52 nur gut 5 Prozent der Bruttoinvestitionen aus, ja die BRD erhielt mit 1,56 Milliarden Dollar im Vergleich zu Österreich (0,7), Großbritannien (3,4) und Frankreich (2,8) eher wenig Mittel, zumal sie gleichzeitig noch Besatzungs- und Reparationskosten zahlen mußte.

Die Startbedingungen der DDR waren schlechter als die der BRD. Die UdSSR, selbst schwer verwüstet, preßte aus ihren Zonen in Deutschland und Österreich ungleich mehr an Reparationen heraus als die Westmächte aus den ihrigen, sowohl durch Demontage wie aus der laufenden Produktion. Die Demontageverluste betrugen in der SBZ ca. 45 Prozent der Produktionskapazität von 1945, in den Westzonen dagegen nur etwa 8 Prozent. In den Westzonen war das Anlagevermögen 1948 immer noch größer als 1936. Die DDR erhielt von der UdSSR keine der Marshallplan-Hilfe vergleichbaren Mittel, und außerdem verlor sie zahlreiche Fachkräfte durch die Flucht in den Westen.

Alle deutschen Staaten erlebten nach dem Zweiten Weltkrieg ein Wirtschaftswachstum von bis dahin ungekanntem Ausmaß. In der BRD stieg das Bruttosozialprodukt je Kopf 1950-89 real auf 496 Prozent! Dabei verlor das Wachstum nach einem gewaltigen Boom der Anfangszeit langfristig immer mehr an Dynamik. Die durchschnittlichen jährlichen realen Zuwachsraten des Sozialprodukts betrugen 1950/60 8,6 Prozent, 1960/70 4,9 Prozent, 1970/80 2,7 Prozent und 1980/89 2,0 Prozent. Die schon aus der Kaiserzeit gewohnten regelmäßigen Konjunkturzyklen von vier bis fünf Jahren stellten sich ab 1950 wieder ein. Zunächst waren es nur weithin unbemerkte Schwankungen der Höhe des Zuwachses. 1967 berührte der Tiefpunkt eines Zyklus erstmals die Nullmarke, wobei die Arbeitslosenzahl leicht anstieg, was aber rasch überwunden wurde. 1975 und 1981/82 schrumpfte die Wirtschaftsleistung dann sogar vorübergehend.

Im Laufe der 50er Jahre wurden in der BRD rund fünf Millionen neue Arbeitsplätze geschaffen. Dadurch konnte die hohe Arbeitslosigkeit der Anfangszeit bis 1960 auf 1 Prozent abgebaut, also Vollbeschäftigung erreicht werden, obwohl in den 50er Jahren massenhaft Flüchtlinge aus der DDR und Osteuropa zuströmten. 1960-73 herrschte Vollbeschäftigung. Die Zahl der Arbeitsplätze vermehrte sich nur noch geringfügig, aber da altersstrukturbedingt und vor allem durch die Kürzung der Lebensarbeitszeit das inländische Erwerbspersonenpotential schrumpfte und nach dem Mauerbau 1961 keine Arbeitskräfte mehr aus der DDR zuwanderten, begann die BRD Gastarbeiter anzuwerben. Wäre die Verkürzung der Jahresarbeitszeit nur etwas geringer ausgefallen, hätte man sich im übrigen die Anwerbung von Gastarbeitern und die damit langfristig verbundenen Probleme ersparen können. Mit den beiden Konjunktureinbrüchen schnellte die Arbeitslosenquote dann in zwei Sprüngen 1973/75 und 1981/83 von 1,2 auf 4,7 und dann auf 9,1 Prozent der Arbeitnehmer empor und stagnierte danach jeweils auf diesem hohen Niveau. Nach 1973 wurde nämlich unverändert weiter rationalisiert, wogegen das schwächere Wirtschaftswachstum parallel dazu weniger neue Arbeitsplätze entstehen ließ, so daß die Zahl der vorhandenen Arbeitsplätze in den folgenden eineinhalb Jahrzehnten etwas unterhalb des Standes von 1973 pendelte. Entscheidend war, daß 1973-85 das Erwerbspersonenpotential der bundesdeutschen Bevölkerung um 2,1 Millionen stieg, vor allem durch die geburtenstarken Jahrgänge, während das der Ausländer in der BRD nur um 0,4 Millionen abgebaut wurde. Dieses erhöhte Arbeitskräfteangebot wurde nicht durch eine verstärkte Arbeitszeitverkürzung kompensiert, da diese, sofern kostenneutral gehandhabt, Reallohnminderungen bedeutet hätte. So kam es zur Massenarbeitslosigkeit, d.h. die Strukturprobleme wurden auf eine Minderheit abgewälzt. Den Gipfel erreichte die

Konjunktur:
BRD:
Verlauf von
Wachstum
und
Beschäftigung

973

Wirtschaftswachstum

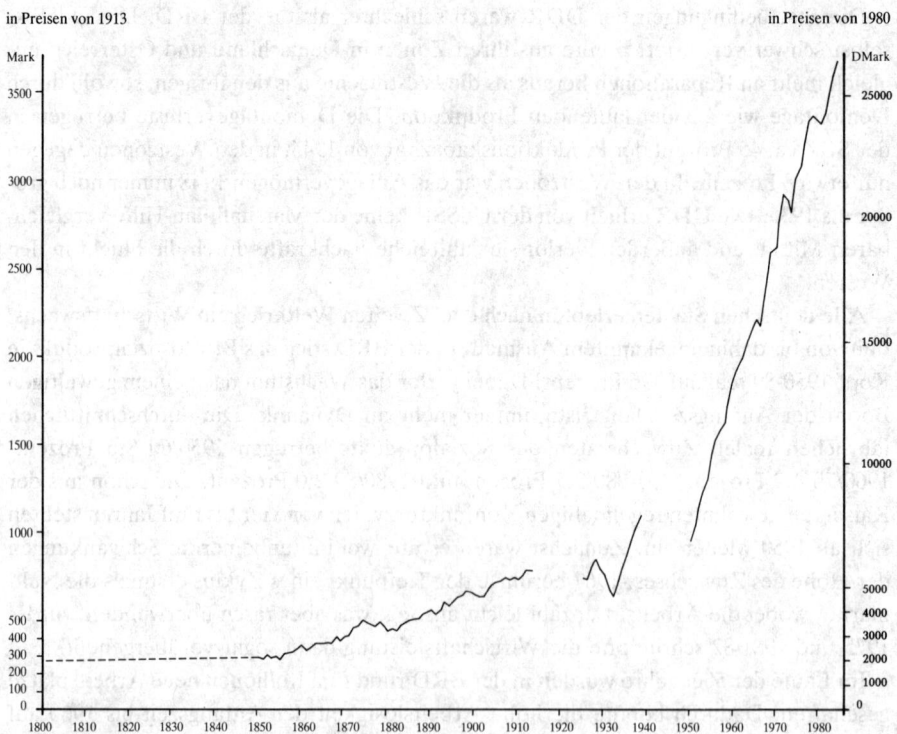

Nettosozialprodukt zu Marktpreisen in konstanten Preisen je Einwohner des jeweiligen deutschen Hauptstaats

Zahl der registrierten Arbeitslosen in der BRD 1985 mit 2,3 Millionen, wobei eine stille Reserve von 1,2 Millionen hinzuzurechnen war. Damit lag die Arbeitslosigkeit allerdings immer noch weit unter jener der Weltwirtschaftskrise, und mit einigen Einschnitten hielt das soziale Netz einigermaßen (was nicht ausschloß, daß einzelne durch seine Maschen fielen).

Die Veränderungen der gesamtwirtschaftlichen Lage beeinflußten nachhaltig das öffentliche Bewußtsein. Das unerwartet kräftige und im Lebensalltag deutlich spürbare Wirtschaftswachstum der 50er Jahre erschien den Bundesdeutschen als „Wirtschaftswunder". Erst war man fasziniert, bald galt es als selbstverständlich. So löste dann schon die leichte Rezession von 1966/67 einen psychologischen Schock aus, der weit über ihre reale wirtschaftliche Bedeutung hinausging. Als die Wirtschaftslandschaft dann seit Mitte der 70er Jahre dauerhaft schlechter als gewohnt aussah, breitete sich vielfach Pessimismus aus.

Konjunktur:
BRD:
Ursachen

Wo lagen die Ursachen dafür, daß die Wirtschaftsdynamik in der BRD sich langfristig deutlich abschwächte? Am Ende des Zweiten Weltkriegs war zwar die Produktion zusammengebrochen, aber umfangreiche materielle Produktionskapazitäten und qualifizierte Arbeitskräfte waren weiterhin vorhanden. Bis Mitte der 50er Jahre wuchs die

Wirtschaft weitgehend in die bestehenden freien Kapazitäten hinein, die mit relativ begrenztem Aufwand wieder in Gang gesetzt werden konnten. Der Ersatzbedarf für zerstörte Konsumgüter sowie die Auslandsnachfrage, die der 1950 ausgebrochene Koreakrieg auslöste, sogen die rasch ausgeweitete Produktion auf. Außerdem schuf die Wirtschaftspolitik wachstumsfördernde Rahmenbedingungen. In den Jahren 1955-72 sorgten dann hohe Bruttoinvestitionsraten von 26-28 Prozent des Bruttosozialprodukts für ein kräftiges Wachstum. Dabei half, daß weiterhin ein großer Nachholbedarf an kurz- und langlebigen Konsumgütern bestand und daß die D-Mark gegenüber anderen Währungen zunehmend unterbewertet war, was den Export förderte. 1974-89 lag die Investitionsrate dann nur noch um 20 Prozent, und das Wirtschaftswachstum fiel entsprechend geringer aus. Dabei kamen mehrere Ursachen zusammen. Indem das OPEC-Kartell der erdölexportierenden Länder in zwei Schüben 1973/74 und 1979/80 den Rohölpreis von 3 auf 34 Dollar je Barrel hinaufschraubte, löste es zwei weltweite Konjunktureinbrüche aus, die auch die BRD trafen. Wichtiger waren indessen wohl strukturelle Ursachen. Die Freigabe der Wechselkurse 1973 beseitigte endgültig die Unterbewertung der Mark. In einigen Branchen, besonders Stahlerzeugung, Schiffbau und Textilindustrie, entstanden in den 70er Jahren große Produktionskapazitäten in außereuropäischen Ländern, die eine neue Konkurrenz bedeuteten und zum Verlust von Weltmarktanteilen führten. Die Zahl der Arbeitsplätze im öffentlichen Dienst stieg wegen der knapper werdenden Haushaltskassen kaum noch. Überdies dämpften zeitweise weltweit hohe Zinsen die Investitionsneigung. Außerdem griffen etliche Unternehmen nicht rasch genug neue Technologien auf und paßten sich nicht flexibel genug an veränderte Nachfragestrukturen an, so z.B. als in den 70er Jahren bei vielen herkömmlichen Konsumgütern Sättigungsgrenzen erreicht wurden und neue Produkte der Unterhaltungselektronik entstanden.

Im Unterschied zum Wachstum der Kaiserzeit, das sich bei fast völliger Preisstabilität vollzog, gab es 1955-69 eine Geldentwertung von jährlich 2 bis 3 Prozent. Diese inflationären Kräfte drangen weitgehend aus dem Ausland ein, was die Bundesbank angesichts fester Wechselkurse nicht verhindern konnte. In den meisten ausländischen Staaten führten Verteilungskämpfe zwischen den Tarifpartnern nämlich zu deutlich höheren Inflationsraten. In den Jahren 1969-74 stieg die Inflationsrate in der BRD dann bis auf 6,7 Prozent an. Das lag vor allem daran, daß die USA ein riesiges Zahlungsbilanzdefizit besaßen und dieses durch eine weltweite Dollarschwemme finanzierten, womit sie praktisch einen Teil ihrer Kosten des Vietnamkriegs bei ihren Partnern abluden. Nachdem 1973 die Wechselkurse freigegeben worden waren und so die Bundesbank nicht länger durch Dollaraufkäufe das heimische Geldvolumen aufzublähen brauchte, konnte die BRD ihre Inflation allmählich wieder abbauen, was seit 1983 auch durch den Verfall der Rohstoffpreise auf dem Weltmarkt begünstigt wurde. Da die Inflationsrate in der BRD niedriger war als in fast allen anderen Staaten, stieg der Außenwert der DM 1972-86 gegenüber dem Mittel der 14 wichtigsten Industrieländer schrittweise um insgesamt 66 Prozent.

In den 50er Jahren wuchs die bundesdeutsche Wirtschaft wesentlich schneller als der Durchschnitt der übrigen westeuropäischen Industriestaaten, danach aber nur noch annähernd gleich schnell. Bei zwei der großen Industriestaaten fiel das Ausmaß des Wirtschaftswachstums seit dem Zweiten Weltkrieg durchgehend aus dem Rahmen: in Großbritannien war es deutlich niedriger, in Japan deutlich höher als bei allen anderen. Diese Tatsachen führten dazu, daß die durch die Kriegsniederlage zurückgeworfene BRD 1949 Frankreich und 1961 Großbritannien an Wirtschaftskraft überholte und damit wieder auf den dritten Platz hinter den USA und der UdSSR gelangte, aber dann schon 1968 seinerseits von Japan überrundet wurde, das Mitte der 80er Jahre außerdem die UdSSR einholte. Die Wirtschaftsstärke der USA war auch im Zweiten Weltkrieg wie schon im Ersten absolut und relativ zur übrigen Welt enorm gewachsen, verlor dann aber im Laufe der folgenden Jahrzehnte relativ zu den übrigen Staaten wieder deutlich an Gewicht.

Konjunktur: Österreich und Schweiz Die Grundzüge der Konjunkturverläufe in Österreich und der Schweiz ähnelten stark der Entwicklung in der BRD. Auffallendster Unterschied war, daß Österreich und erst recht die nicht kriegszerstörte Schweiz in den 50er Jahren keinen vergleichbaren Boom erlebten. Die Arbeitslosigkeit seit Mitte der 70er Jahre ist in Österreich geringer und in der Schweiz fast gar nicht vorhanden; letztere exportierte ihre Arbeitslosigkeit teilweise, indem sie Gastarbeiter heimschickte, und ihrer Wettbewerbsfähigkeit kam zugute, daß angesichts der Schwäche der Gewerkschaften die Löhne auch nach unten flexibel waren. Hinsichtlich des Sozialprodukts je Kopf behielt die Schweiz ihren Vorsprung vor der BRD, während Österreich hierin stets unter dem Niveau seines großen Nachbarn blieb. Der Schweizer Franken erwies sich langfristig als stabilste Währung der Welt.

Konjunktur: DDR Der Sozialismus mit seiner Zentralverwaltungswirtschaft war nach der marxistischen Ideologie der kapitalistischen Marktwirtschaft überlegen, was im Fehlen von Krisen und in größerem Wirtschaftswachstum zum Ausdruck kommen sollte. Entsprach dem die Realität der DDR?

Die Konjunkturschwankungen waren in der DDR in der Tat ein bißchen geringer als in der BRD. Mit etwas Verspätung griffen Ende der 70er Jahre die weltweiten Schwierigkeiten aber auch auf die DDR über, einerseits wegen ihrer Verflechtungen mit der Weltwirtschaft, vor allem jedoch, weil die UdSSR für ihre Rohstofflieferungen die Preissteigerungen des Weltmarktes nachvollzog.

Die DDR errang bald das höchste Pro-Kopf-Einkommen im Ostblock, d.h. die jahrhundertealte wirtschaftliche Überlegenheit der Deutschen gegenüber ihren östlichen Nachbarn wurde wiederhergestellt. Im Vergleich zur BRD war das Wirtschaftswachstum der DDR in den 50er Jahren aufgrund der ungünstigen Ausgangslage schwächer. 1959 verkündete die SED-Führung, den Vorsprung der BRD im Sozialprodukt pro Kopf in wenigen Jahren einholen und diese überholen zu wollen. Doch diese Träume zerrannen rasch. In den folgenden Jahrzehnten vergrößerte sich der Rückstand zur BRD bei Arbeitsproduktivität und privatem Verbrauch immer mehr; beides war Ende der 80er Jahre kaum mehr halb so hoch wie in Westdeutschland. Das lag an der geringeren Effizienz des Systems der Zentralverwaltungswirtschaft, und es war zugleich auch Folge der Politik Honeckers, die in den 70er und 80er Jahren die Machtverhältnisse im Innern zu stabilisieren versuchte, indem sie Konsumangebot und Sozialleistungen über die tatsächlichen Möglichkeiten hinaus erweiterte. Das ging dann auf Kosten von Investitionen in Infrastruktur und Produktionsanlagen, die so immer mehr veralteten und verschlissen wurden, es trug dazu bei, daß in den 80er Jahren auch die internationale Wettbewerbsfähigkeit der DDR sank, und es führte zur Explosion der Verschuldung gegenüber dem westlichen Ausland. Die 80er Jahre konnte die DDR sich nicht zuletzt dank westdeutscher Finanzhilfe noch durchlavieren; dann war der Offenbarungseid unvermeidlich.

Die Arbeitskräftesituation entwickelte sich in der DDR völlig anders als in der

BRD. Da bald massenhaft Menschen aus der DDR flüchteten und da Arbeitskräfte oft mit mangelhafter Effizienz eingesetzt wurden, wandelte sich die Arbeitslosigkeit schon in den 50er Jahren zur Arbeitskräfteknappheit. So mußten in hohem Maße Frauen und auch Alte als Arbeitskräfte mobilisiert werden. Als Beweis für die Überlegenheit des sozialistischen Systems konnte man das so bedingte Fehlen von Arbeitslosigkeit allerdings nicht werten. 1980 begann dann auch die DDR Gastarbeiter anzuwerben, vor allem aus Vietnam, Moçambique und Angola. Offiziell gab es in der DDR auch keine Inflation. Tatsächlich wurde aber in der DDR tendenziell stets eine zu große Lohnsumme ausgezahlt, um die Bevölkerung ruhig zu halten. Deren inflatorische Wirkung trat nur nicht offen zutage, sondern führte zu Verkrampfungen verschiedener Art: die Regierung mußte ständig steigende Mittel aufwenden, um die Niedrigpreise des Grundbedarfs zu subventionieren, teilweise erfolgten versteckte Preiserhöhungen, indem Waren mit geringen Änderungen als „neue Produkte" teurer verkauft wurden oder aus dem allgemeinen Angebot in die wesentlich teureren Exquisit- und Delikatläden (seit 1976 bzw. 1962) verlegt wurden, die Sparguthaben wuchsen übermäßig, und für manche Güter bestanden lange Wartezeiten.

In allen drei deutschen Staaten, die nach 1945 auf dem Boden des Großdeutschen Reiches entstanden, tauchte wie schon am Ende des Ersten Weltkriegs auch 1945 das Problem der Sozialisierung von Produktionsmitteln erneut als Thema auf, wenn auch in unterschiedlicher Weise. *Sozialisierungsfrage im Westen*

In Österreich verstaatlichte die Regierung 1946/47 die Eisen- und Stahlindustrie, die Elektrizitätswirtschaft und die drei größten Banken. Der Grund war die Befürchtung, die Siegermächte könnten ihre Hand auf diese Unternehmen legen, da sie meist aus früherem „deutschen Eigentum" stammten. Ein Instrument staatlicher Wirtschaftsplanung wurde aus den verstaatlichten Unternehmen nicht gemacht, sondern sie arbeiteten nach marktwirtschaftlichen Prinzipien.

In den Westzonen Deutschlands forderten Gewerkschaften und SPD nach Kriegsende, die Schlüsselindustrien zu verstaatlichen und eine staatliche Planwirtschaft einzuführen. Dahinter stand die Annahme, der allgemeinen Zerrüttung des Wirtschaftslebens wäre mit marktwirtschaftlichen Methoden nicht beizukommen, und vor allem die – irrtümliche – Vorstellung, die Großunternehmer hätten Hitler als ihre Marionette an die Macht gebracht und ihn zum Raubkrieg angestiftet, woraus viele die Schlußfolgerung zogen, eine gesicherte Demokratie wäre nur mit Sozialismus möglich. Auch Teile der Christdemokraten sprachen sich aus der Haltung eines mittelständischen Antimonopolismus heraus, wie es ihn auch in der NS-Bewegung gegeben hatte, dafür aus, monopolartige Unternehmen zu vergesellschaften und gleichzeitig Klein- und Mittelbetriebe zu fördern. In der hessischen Verfassung (1946) sah der Artikel 41 vor, Montanindustrie und Energiewirtschaft zu verstaatlichen, und 1948 beschloß der Landtag von Nordrhein-Westfalen, den Kohlebergbau zu sozialisieren. Ersteres wurde von den USA suspendiert, letzteres von den Briten annulliert. Aber auch diese beiden Siegermächte verschlossen sich nicht dem Problem, daß aus der Konzentration wirtschaftlicher Macht undemokratischer Einfluß erwachsen kann. Die USA setzten die mildere Lösung der Entflechtung durch: drei Großbanken, die I.G. Farbenindustrie und die zwölf größten Montankonzerne wurden in Einzelunternehmen zerschlagen. Die Briten verfügten darüber hinaus als Ersatz für die Sozialisierung die paritätische Mitbestimmung der Arbeitnehmer in den Aufsichtsräten der Montanindustrie. Die Eigentumsverhältnisse blieben jedoch unangetastet.

Wurde also den Westdeutschen der Kapitalismus aufgezwungen? Die von ihnen erhobenen Sozialisierungsforderungen erstreckten sich nur auf Teilbereiche, vergleichbar den Sozialisierungen in Österreich 1946/47, Frankreich 1944/46 und Großbritannien 1945/51, und deren Bedeutung für das Gesamtsystem sollte nicht überschätzt werden. Meist war keine Rede davon, den Sozialismus als prinzipielles Ordnungsmodell einführen zu wollen. Das 1949 verabschiedete Grundgesetz ließ die Frage der Wirtschaftsordnung weitgehend offen: die Eigentumsgarantie schloß eine Zentralverwaltungswirtschaft, das Sozialstaatsprinzip eine völlig freie Marktwirtschaft aus, und der Artikel 15 machte Sozialisierungen möglich. Mehr war im Grundgesetz nicht festgelegt worden, sondern es wurde der einfachen Gesetzgebung überlassen, das Wirtschaftssystem der BRD zu gestalten, wobei im Parlamentarischen Rat sowohl Sozialdemokraten wie Bürgerliche hofften, bei den kommenden Parlamentswahlen die dafür nötige Mehrheit zu erringen. Hätten die Bundesdeutschen nach 1949 die Wirtschaftsordnung durchgreifend ändern wollen, wären sie von den Alliierten hieran nicht gehindert worden. Aber es gab eben von vornherein gar kein sozialrevolutionäres Potential, das in diese Richtung gedrängt hätte. Auch für die Arbeiter stand die Besserung der materiellen Lage im Vordergrund, und angesichts des „Wirtschaftswunders" verschwanden dann alle Sozialisierungsideen in der Mottenkiste. Nur in Hessen führte man die Sozialisierung Mitte der 50er Jahre tatsächlich in begrenztem Umfang gegen Entschädigungen durch. Der Artikel 15 des Grundgesetzes ist bis heute nie angewendet worden.

Die Entflechtungen wurden Anfang der 50er Jahre bei Banken und Montanindustrie durch Fusionen und Rückverflechtungen rückgängig gemacht. Die von den westlichen Besatzungsmächten 1946/47 angeordnete Landabgabe des Großgrundbesitzes blieb weitgehend auf dem Papier. Dabei spielte diese Frage in Westdeutschland aber ohnehin keine große Rolle, da der Anteil des Großgrundbesitzes hier viel geringer war als in der SBZ.

Sozialisierungen in der SBZ/DDR

In der SBZ leiteten die Russen schon 1945 einen Sozialisierungsprozeß ein, der dann zielstrebig bis in die 60er Jahre fortgeführt wurde. Sozialisierung bedeutete hier, daß das sowjetische Vorbild auf die SBZ übertragen wurde, und sie diente auch dazu, den Führungsanspruch der Parteispitze gegenüber der Wirtschaft zu realisieren. Die Kommunisten rechtfertigten die Sozialisierung in den 40er Jahren weitgehend als Maßnahme, um Naziverbrecher, Kriegsaktivisten und überhaupt die Schuldigen an der NS-Herrschaft zu bestrafen, während sie später offen die „bürgerlichen" Eigentumsvorstellungen als solche bekämpften. Schon 1945 wurden alle Banken und Versicherungen, die Großindustrie und der Gutsbesitz über 100 Hektar entschädigungslos enteignet. In Sachsen ließen die Kommunisten sich die Enteignung der Großindustrie 1946 unter der Parole „Enteignung der Kriegsverbrecher" durch einen Volksentscheid absegnen. Außerdem benutzte man auch Entnazifizierungsprozesse und die Währungsreform, um Großvermögen einzuziehen. Industriebetriebe und Banken wurden verstaatlicht, dagegen der Großgrundbesitz aus Gründen der politischen Taktik zunächst weitgehend parzelliert und an Kleinbauern, Vertriebene und Landarbeiter verteilt. Dies war von der kommunistischen Führung aber insgeheim von vornherein als Übergangslösung gedacht, und so sahen sich die Bauern dann später schrittweise faktisch wieder enteignet. 1952 begann man, die einzelnen Bauernhöfe zu Landwirtschaftlichen Produktionsgenossenschaften (LPG) zusammenzufassen, und 1960 wurde diese Kollektivierung unter massivem staatlichem Druck abgeschlossen. Dabei gab es drei verschiedene Typen von LPGs, die sich im Ausmaß der Vergesellschaftung unterschieden. Die LPG III stellte nur formal eine Genossenschaft dar, denn Boden und Betriebsmittel waren völlig ins Kollektiv eingebracht, das die betriebswirtschaftlichen Entscheidungen traf, der Mitgliederversammlung war durch übergeordnete Pläne und Organe die Entscheidungsmöglichkeit weitgehend genommen, und die Vergütung erfolgte fast nur noch nach geleisteter Arbeit und kaum noch nach eingebrachten Besitzanteilen. Im Laufe der 60er Jahre ist dann die LPG III als fast allein herrschender Typ von oben durchgesetzt worden. 1948 gründete die Wirtschaftsverwaltung die staatliche Handelsorganisation HO, deren Läden den Einzelhandel zunehmend zurückdrängten, ab 1952 wurden die Handwerker unter Druck gesetzt, sich zu Genossenschaften zusammenzuschließen, und kleinere private Industriebetriebe mußten ab 1956 eine staatliche Beteiligung aufnehmen, bis auch sie 1972 ganz verstaatlicht wurden. 1950-62 fiel der Anteil der privaten Betriebe am Nettoprodukt von 43,2 auf 7,9 Prozent, während jener der volkseigenen von 50,5 auf 72 Prozent und jener der genossenschaftlichen von 6,3 auf 13 Prozent stieg, wozu 6,6 Prozent der halbstaatlichen kamen.

In Westdeutschland war es vor allem Ludwig Erhard, der als Wirtschaftsdirektor der Bizone im Zusammenhang mit der Währungsreform und dann als Bundeswirtschaftsminister (1949-63) stark marktwirtschaftlich orientierte Ordnungsvorstellungen durchsetzte. Dabei sah er sich in den ersten Jahren scharfer Kritik von Gewerkschaften, SPD und Besatzungsmächten ausgesetzt. Der Erfolg des „Wirtschaftswunders" ließ diese Kritiker dann verstummen. Erhard bezeichnete sein Ordnungskonzept als „soziale Marktwirtschaft". Der Wettbewerb autonom entscheidender privater Unternehmer sollte die Firmen zu Leistung anspornen. Die Preise sollten sich auf freiem Markt durch Angebot und Nachfrage bilden und dadurch die vorhandenen Produktionsfaktoren ihrer jeweils effizientesten Verwendung zuführen. Sozial sollte dieses Ordnungsmodell sein, indem erstens wirtschaftliches Wachstum mehr Wohlstand für die Masse der Bevölkerung bringen sollte und indem zweitens der Staat sozial unerwünschte Folgen durch Sozialpolitik korrigieren sowie die Versorgung in jenen Bereichen übernehmen sollte, in denen kein Wettbewerb möglich ist. Im Unterschied zum klassischen Wirtschaftsliberalismus sollte der Staat jetzt auch aktiv den Wettbewerb sichern. So wurde mit der deutschen Kartelltradition gebrochen, nicht zuletzt unter dem Einfluß der USA: ab 1947 bestand ein Kartellverbot, das 1957 im Gesetz gegen Wettbewerbsbeschränkungen neu gefaßt wurde, wobei aber auf Druck der Industrie etliche Ausnahmen zugelassen blieben.

Soziale Marktwirtschaft

In den 50er Jahren konzentrierte sich die bundesdeutsche Wirtschaftspolitik ganz darauf, marktwirtschaftliche Verhältnisse herzustellen und zu sichern und verzichtete weitgehend darauf, von Staats wegen in die Wirtschaft einzugreifen. Die meisten Konsumgüterpreise und Löhne wurden schon 1948 freigegeben, die Devisenbewirtschaftung 1958 aufgehoben und die Wohnraumbewirtschaftung 1960-63 abgebaut, wobei man zum Ausgleich Mietbeihilfen für geringverdienende Mieter einführte. Weite Bereiche des Wirtschaftslebens blieben aber auch weiterhin von der Marktwirtschaft ausgenommen. Bahn, Post, Öffentliche Nahverkehrsmittel und Elektrizitäts-, Gas- und Wasserversorgungsbetriebe blieben Monopolbetriebe in öffentlichem (Mehrheits-)Besitz und hatten von der öffentlichen Hand genehmigte Tarife. Für den Güterfernverkehr mit Lkws bestand das 1931 eingeführte Zwangskartell mit staatlichen Konzessionen und Tarifgenehmigungen weiter, seit 1968 bestand mit der Ruhrkohle AG ein Syndikat, das den Kohlepreis festlegte, und auch die Versicherungstarife wurden staatlich genehmigt. Wesentliche Teile der Landwirtschaft wurden durch umfangreiche Agrarmarktordnungen staatlich geregelt, zwischenstaatliche Absprachen reglementierten den europäischen Linienflugverkehr in starkem Maße, die EG-Behörde setzte 1980-88 Quoten und Preise für den Stahlmarkt fest, und durch den staatlich subventionierten Wohnungsbau beeinflußt die öffentliche Hand den Wohnungsmarkt. Bilaterale Monopole bestanden auf dem Arbeitsmarkt, wo die Löhne zwischen Gewerkschaften und Arbeitgebern ausgehandelt wurden, und in weiten Teilen des Gesundheitswesens, wo die Gebührenordnung für Ärzte zwischen Krankenkassen und den 1931 eingerichteten kassenärztlichen Vereinigungen ausgehandelt wurde.

Österreich übernahm Anfang der 50er Jahre das Konzept der sozialen Marktwirtschaft. Die Schweiz baute 1945-52 die Marktregulierungsmaßnahmen der 30er Jahre und des Kriegs weitgehend ab. Der verbleibende Staatsinterventionismus war in der Schweiz noch um einiges geringer als in der BRD und erst recht als in Österreich. Für die Landwirtschaft führten aber auch die beiden Alpenländer ab 1950 bzw. 1951 ein umfangreiches Marktordnungssystem ein.

Alternative Unternehmensformen

Die wiederbelebte, am privaten Gewinn orientierte Wirtschaftsordnung war so erfolgreich, daß jene Organisationsformen, die mit dem Anspruch einer humaneren Alternative antraten, in der BRD praktisch verkümmerten. Die Genossenschaften der Landwirte, Lebensmittelhändler und Konsumenten mußten immer mehr rationalisieren und zentralisieren, um wettbewerbsfähig zu bleiben, und wandelten sich dadurch praktisch zu managergeführten großen Konzernen, die mit der ursprünglichen Genossenschaftsidee einer Selbstverwaltung durch die Mitglieder nichts mehr gemeinsam haben. Die in Gewerkschaftsbesitz befindlichen Unternehmen konnten ihrem Anspruch, als „Gemeinwirtschaft" eine gesellschaftspolitisch bessere Alternative zu den gewinnorientierten Privatunternehmen zu bieten, nicht gerecht werden. Sie wiesen weder bessere Wirtschaftsleistungen noch mehr Mitbestimmung auf. Nachdem sie erhebliche Mißwirtschaft in die Krise geführt hatte, verkauften die Gewerkschaften 1985-88 den größten Teil ihrer Unternehmen. Auch in Österreich geriet die Gemeinwirtschaftsidee in die Krise, als die staatlichen Unternehmen ab 1975 zunehmend unrentabel wirtschafteten, so daß 1987 ihre teilweise Privatisierung begann. Seit Mitte der 70er Jahre entstanden dann aus der Alternativbewegung heraus auch Projekte im Produktionsbereich, die Selbstverwaltung und Freiheit von Leistungsdruck zu verwirklichen suchten. Sie gewannen jedoch keine nennenswerte wirtschaftliche Bedeutung. Die meisten alternativen Betriebe erwiesen sich als zu schwach, um aus sich heraus lebensfähige Existenzgrundlagen darstellen zu können, und waren durch geringe Löhne und geringe Sozialversicherungsanwartschaften gekennzeichnet.

Wettbewerb und Konzentration

Aber entsprach die Realität in der BRD dem Ideal der sozialen Marktwirtschaft? Dessen Leitbild war der Wettbewerb vieler mittelständischer Unternehmen. Dies war schon 1948 reichlich anachronistisch, und die Wirklichkeit entfernte sich angesichts fortlaufender Unternehmenskonzentration davon immer weiter. Die Stückkostenvorteile der Großserienproduktion, die Vorteile großer Vertriebsnetze und die in manchen Branchen stark steigenden Aufwendungen für Forschung und Entwicklung trieben zur Größe, noch mehr aber das Streben, reichliche Gewinne in einer Erweiterung des Unternehmens oder Konzerns anzulegen. In den Großunternehmen standen an Stelle der Initiative des mit seinem Kapitalbesitz haftenden Eigentümerunternehmers weitgehend bürokratische Industrieverwaltungen mit angestellten Managern, deren Risiko in einer zunehmenden Zahl von Fällen wegen ihrer Größe als Arbeitgeber durch staatliche Bürgschaften und Subventionen abgefedert wurde. Aufgrund ihrer schwerfälligen Entscheidungsstrukturen reagierten Großunternehmen auf Neuerungen oft weniger flexibel als kleinere Unternehmen. Der durchschnittliche Umsatzanteil der jeweils zehn größten Unternehmen an ihren jeweiligen Branchen stieg in der BRD 1954-80 von 31 auf 44 Prozent. Dabei bestanden weiterhin beträchtliche Unterschiede zwischen den einzelnen Branchen. So betrugen die Werte 1975 beispielsweise für den Luftfahrzeugbau 90,8 Prozent, den Bergbau 78,6 Prozent und den Fahrzeugbau 68,0 Prozent, dagegen für Elektrotechnik 41,9 Prozent und Chemieindustrie 38,8 Prozent und für Maschinenbau nur 13,6 Prozent und Textilindustrie 6,6 Prozent. Während die Konzentration sich bis Mitte der 60er Jahre vor allem durch rascheres internes Wachstum der großen Unternehmen vollzogen hatte, erfolgte sie danach besonders durch den Aufkauf von bis dahin selbständigen Unternehmen. Die Zahl der meldepflichtigen jährlichen Unternehmenszusammenschlüsse stieg in der BRD 1965-89 von 50 auf 1.415. Außerdem bestanden Abhängigkeiten kleinerer Zulieferbetriebe von großen Firmen, und Großbanken übten kraft ihrer Beteiligungen und Depotstimmen sowie als Kreditgeber beträchtlichen Einfluß auf große Publikumsgesellschaften aus. 1976/77 verfügten die Banken in den Hauptversammlungen der hundert größten Aktiengesellschaften in 30 Fällen über mehr als 50 Prozent, in 11 Fällen über 25-50 Prozent und in 15 Fällen über 5-25 Prozent der stimmberechtigten Aktien.

Vernichtete also eine Vermachtung der Märkte den Wettbewerb? Es gibt keine einheitliche Antwort. Während in manchen Bereichen die Hersteller einen hohen Konzentrationsgrad für überhöhte Preise nutzten (z.B. Pharmaindustrie), belebte anderswo der Zug zur Konzentration deutlich den Wettbewerb (z.B. Lebensmitteleinzelhandel, insbesondere nachdem die Preisbindung der zweiten Hand 1973 ganz abgebaut worden war); während in einigen Bereichen der eingefahrene Brauch trotz einer Vielzahl von Anbietern Wettbewerb fehlen ließ und zu überhöhten Preisen führte (z.B. Optiker bis Mitte der 70er Jahre), sahen sich anderswo auch Großunternehmen verstärktem Wettbewerb ausgesetzt, weil mit der Liberalisierung des Welthandels Markt und Wettbewerb international wurden (z.B. Großschiffbau, Elektronik). Daneben wurde der Wettbewerb auch dadurch beeinflußt, daß die Unternehmen die Warenpalette immer weiter differenzierten und so vielfach die Auswahl zwischen verschiedenen Spezialprodukten an die Stelle des Preiswettbewerbs gleichartiger Waren trat.

Unter dem Eindruck der Rezession von 1966/67 rückte man in der BRD von der bisherigen konjunkturellen Enthaltsamkeit des Staates ab und verabschiedete 1967 das Stabilitätsgesetz, das die staatliche Wirtschaftspolitik verpflichtete, Preisstabilität, angemessenes Wirtschaftswachstum, außenwirtschaftliches Gleichgewicht und hohen Beschäftigungsstand zu gewährleisten. Dem lag das Konzept einer Globalsteuerung zugrunde, das Wirtschaftsminister K. Schiller aufbauend auf die Lehren von J.M. Keynes entwickelt hatte. Da als Ursachen von Konjunkturschwankungen vor allem Nachfrageschwankungen angesehen wurden, sollte nun der Staat die Konjunktur glätten, vor allem indem er bei einer Konjunkturschwäche mit Krediten finanzierte Mehrausgaben tätigen und bei Hochkonjunktur einen Teil der Staatseinnahmen stillegen sollte, um so die Gesamtnachfrage zu beeinflussen. Hinzu sollten kreditpolitische Maßnahmen der Bundesbank kommen. Daß die Rezession von 1967 rasch überwunden wurde, erweckte den irrtümlichen Eindruck, dies wäre der neuen Globalsteuerung zuzuschreiben. In den 70er Jahren versagte die Globalsteuerung dann bald. Sie konnte nicht verhindern, daß die Inflationsrate anstieg, und vor allem brachten die umfangreichen Konjunkturprogramme der Bundesregierung seit dem Konjunktureinbruch 1974

Konjunktur-politik

nicht den gewünschten Erfolg, sondern ließen vielmehr die Staatsschulden in die Höhe schießen. Die Krise war eben weniger durch einen Mangel an Nachfrage bedingt als durch Strukturprobleme, und außerdem bestand zwischen Preisstabilität einerseits und Wirtschaftswachstum und Vollbeschäftigung andererseits ein Zielkonflikt, was zu widersprüchlichen Maßnahmen der Zins- und Haushaltspolitik führte. Hinzu kam, daß staatliche Konjunkturmaßnahmen oft erst mit einem gewissen Zeitverzug ergriffen und wirksam wurden und dadurch nicht hinreichend treffsicher waren. So wandte man sich Ende der 70er Jahre wieder von der Politik der Globalsteuerung ab und setzte erneut zunehmend darauf, daß der Markt sich selbst besser steuern könne. Die Bundesbank strebte nun ein möglichst stetiges Wachstum der Geldmenge an, und die Bundesregierung unterließ weitere Konjunkturprogramme. Stattdessen versuchte die Regierung seit 1982, vor allem durch Steuererleichterungen die Ertragskraft der Unternehmen zu stärken, um so deren Investitionsbereitschaft zu fördern. Obwohl sich die Gewinnsituation der Unternehmen in den 80er Jahren verbesserte, blieb das Wirtschaftswachstum jedoch zumindest bis 1987 mäßig und die Arbeitslosigkeit hoch.

Struktur-
politik

Seit Ende der 60er Jahre wurde in der BRD in immer größerem Umfang Strukturpolitik betrieben, und zwar regionale wie sektorale. Die regionale Strukturpolitik seit dem Raumordnungsgesetz von 1965 wollte entwickelte und zurückgebliebene Regionen einander angleichen, indem sie in letzteren durch öffentliche Investitionshilfen und Infrastrukturvorleistungen Industrieansiedlung zu fördern versuchte. Ihre Wirkung war gering, da das Fördergebiet schon 1971 fast 60 Prozent des Bundesgebiets betrug und seitdem noch weiter anwuchs, anstatt daß man Schwerpunkte bildete, und da Raumordnungspläne der Länder oft von Bauleitplanungen der Kommunen konterkariert wurden. Vor allem unter dem Druck der Konjunkturschwäche seit den 70er Jahren entarteten Fördermaßnahmen zur Industrieansiedlung immer mehr zu einem Subventionswettlauf der einzelnen Bundesländer und Gemeinden gegeneinander, bei dem die kassierenden Unternehmen die lachenden Dritten waren.

Die sektorale Strukturpolitik sollte Produktinnovationen fördern (z.B. Subventionierung von Kernkraft und Großflugzeugbau), und sie sollte solche nicht wettbewerbsfähigen Branchen unterstützen, die man wegen ihrer sicherheitspolitischen oder regionalen Bedeutung erhalten wollte. So wurde außer der Landwirtschaft z.B. ab 1958 der Steinkohlebergbau mit seinen relativ aufwendigen Abbauverhältnissen massiv unterstützt, seit den 70er Jahren der Schiffbau verstärkt gefördert und ab 1980 auch die Stahlindustrie subventioniert. In der Praxis erwies sich dies als eine verhängnisvolle Politik. Da die vorhandenen, jedoch unrentablen Arbeitsplätze einen größeren politischen Druck erzeugten als die erst noch zu schaffenden, aber rentablen Arbeitsplätze, wurde unter dem Druck der 1974/75 einsetzenden Wirtschaftskrise kaum die Anpassung an den notwendigen Strukturwandel gefördert, sondern vor allem versucht, die bestehenden Strukturen zu erhalten. Das war eine längerfristig prinzipiell aussichtslose Politik, die Probleme nur aufschob und verzerrte, sie aber nicht löste. So wurden die Staatseingriffe dann auch zunehmend kurzatmiger und planloser. Diese Politik konnte das Schrumpfen der Problembranchen nicht aufhalten, verbrauchte für diese aber umfangreiche Mittel, die bei der Förderung zukunftsträchtiger Industrien sinnvoller eingesetzt gewesen wären. Wirtschaftswachstum und Strukturwandel sind untrennbar miteinander verbunden, und eine strukturkonservierende Politik hemmt Wirtschaftswachstum.

Letztlich waren die Fehler der regionalen und der konservierenden sektoralen

Strukturpolitik eine Folge des politischen Systems: es war der Druck durch Kommunalpolitiker, Gewerkschaftler und Unternehmer, der die um ihre Wiederwahl besorgten Politiker dazu brachte, Mittel in Bereiche fließen zu lassen, wo sie wirkungslos verpulvert wurden.

Den erschreckendsten Fall stellte die Landwirtschaftspolitik dar. Ab 1950 wurden in der BRD für die meisten Agrarprodukte Marktordnungen eingeführt, in denen Schutzzölle gegen die billigeren Auslandsimporte abschirmten und staatliche Vorratsstellen durch Interventionen am Markt die Preise stabilisierten. Ab 1962 führte man dieses System auf EG-Ebene fort. Dabei bestanden für die bundesdeutsche Landwirtschaft Wettbewerbsnachteile im Vergleich zur französischen (und niederländischen) Landwirtschaft, bedingt durch ihre kleinbetriebliche Struktur und durch naturgeographische Gegebenheiten, weshalb bei freiem Wettbewerb in der EG vor allem die Zahl der bundesdeutschen Bauern stark geschrumpft wäre. Um das zu verhindern, wurde das Preisniveau der EG-Agrarmarktordnungen stets zu hoch angesetzt. Das konnte auf Dauer nicht gutgehen. Die überhöhten Preise regten vor allem die französischen Landwirte zu starken Produktionssteigerungen an, und gleichzeitig hielt die Bundesregierung daran fest, möglichst viele Bauern (und damit eine treue Wählerschaft der CDU-geführten Regierungen) zu erhalten und unterstützte diese deshalb durch immer neue Subventionen. So wuchs die landwirtschaftliche Produktion in der EG schneller als der Bedarf, und während die EG ursprünglich auf Nahrungsmittelimporte angewiesen war, kam es seit den 70er Jahren zu einer wachsenden Überproduktion. Diese wurde von den EG-Behörden aufgekauft, mit hohen Kosten gelagert und dann zu Schleuderpreisen auf dem Weltmarkt verkauft. Letzteres verdrängte dort Entwicklungsländer aus einigen ihrer Absatzmärkte und führte zu Handelsrivalitäten mit dem Agrarexportland USA, und es bedeutete faktisch, daß Abnehmerländer wie die UdSSR von der EG subventioniert wurden. Überdies verteuerte das System der Mindestpreise die Agrarprodukte für die Konsumenten, während zugleich der weitaus größte Teil der aufgewendeten Subventionen für Lagerung und Vernichtung verbraucht wurde und gar nicht in die Taschen der Landwirte floß. Die ständig steigenden Agrarsubventionen trieben die EG Anfang der 80er Jahre an den Rand der Zahlungsunfähigkeit. Seit Anfang der 80er Jahre waren die für die bundesdeutsche Landwirtschaft aufgewendeten Subventionen größer als der Wert ihrer Produktion! Das „Ministerium für Ernährung und Landwirtschaft" war zu einem Ministerium für die Ernährung der Landwirtschaft geworden. Der Ausweg, die Agrarpreise den Kräften von Angebot und Nachfrage zu überlassen und die Einkommen kleinerer Landwirte durch direkte Unterstützungszahlungen zu sichern, wurde nicht beschritten, nutzte doch das Mindestpreissystem mehr den großen Bauern, aus deren Kreis überwiegend auch die Funktionäre der Bauernverbände stammten, während direkte Einkommensbeihilfen mehr den kleineren Bauern zugute gekommen wären, und es hätte dann auch nicht mehr verschleiert, daß faktisch ein ganzer Berufsstand zu Sozialhilfeempfängern herabgesunken war. Stattdessen begann die EG 1984/88, die Preisgarantie für Milch und Getreide auf bestimmte Mengen zu beschränken.

Im Unterschied zu den westlichen deutschen Staaten ging die DDR nach 1948 nicht zu einer marktwirtschaftlichen Ordnung über. Die Lebensmittelrationierung dauerte noch bis 1958. Das aus der NS-Zeit überkommene Bewirtschaftungssystem wurde zu einer Zentralverwaltungswirtschaft nach sowjetischem Muster ausgebaut. Die Zentralverwaltungswirtschaft war von der UdSSR in den 30er Jahren entwickelt worden als

DDR:
Zentral-
verwaltungs-
wirtschaft

Lenkungssystem für ein rückständiges Land, das forciert industrialisiert werden sollte, was dort und damals durchaus Sinn hatte, und sie war auch Ausdruck eines politischen Systems, in dem die Führung ihre Herrschaft durch Kommandieren und Kontrollieren der ganzen Gesellschaft sichern wollte. Dieses System indessen auf die viel weiter entwickelte DDR zu übertragen, bedeutete einen Anachronismus. Je weiter eine Volkswirtschaft sich entwickelt, desto komplexer wird sie, desto vielfältiger sind ihre Beziehungen und desto größer die Fülle der benötigten Informationen, desto mehr werden in zahlreichen Funktionen selbständig und flexibel handelnde Menschen, Freiräume für Eigeninitiative und ein freier Informationsfluß gebraucht. Mit zunehmendem wirtschaftlichen und technischen Entwicklungsstand wurde die Zentralverwaltungswirtschaft deshalb immer mehr zu einem Hemmnis.

Während die Wirtschaftsplanung in der DDR in den 50er Jahren mit unzureichend qualifizierten Funktionären erfolgte, entstand im Laufe der 60er und 70er Jahre ein komplizierter Planungsapparat. Damit wurde die Zentralverwaltung in der DDR immerhin effizienter als die in jedem anderen Ostblockland.

Wo lagen die Mängel der Zentralverwaltungswirtschaft nun im einzelnen? Da ein Plan möglichst umfassend sein sollte und dementsprechend viele aufeinander bezogene Teilpläne miteinander abgestimmt werden mußten, erforderte es einen großen Verwaltungsaufwand und viel Zeit, ihn zu erstellen (bei einem Fünfjahresplan, dem seit 1951 meist üblichen Rahmen, neun Monate). Dementsprechend waren auch Plankorrekturen aufwendig und schwierig. So war das System wenig flexibel, und das führte dazu, daß Neuerungen langsamer eingeführt wurden als in der Marktwirtschaft, um möglichst zu vermeiden, laufende Pläne umstellen zu müssen. Da die geringe Flexibilität des planwirtschaftlichen Systems nun ständig Engpässe auftreten ließ, existierte ein außerplanmäßiges Netz von persönlichen Beziehungen, informellem Naturaltausch und auch Bestechung, um die fehlenden Güter zu „organisieren". Entgegen seinem Anspruch mußte der Plan während seiner Laufzeit ständig korrigiert werden. Der zentrale Plan war also tatsächlich nur eine globale Skizze der erwarteten Wirtschaftsabläufe, und am Ende einer Planperiode standen stets erhebliche Nicht- oder Übererfüllungen. Das Streben der Zentrale, die Zahl der Planungseinheiten überschaubar zu halten, führte dazu, daß die Zahl der Betriebe ständig zurückging und die durchschnittliche Betriebsgröße stieg. Die Konzentration auf Großbetriebe war stärker als in der BRD. Aus demselben Grund war das Warensortiment kleiner, während in der BRD der Wettbewerb die Produktdifferenzierung und überhaupt die Innovationen förderte. Die Preise ergaben sich in der DDR nicht aus dem Marktgeschehen, sondern wurden von oben für längere Zeit festgesetzt. Dadurch spiegelten sie nicht die realen Kosten und die Knappheiten der einzelnen Güter wieder, und es gelang auch nicht, ein klares Bewertungsprinzip als Alternative zur Marktpreisbildung zu entwickeln. Das hatte Folgen: es ließ sich nicht beurteilen, welches die effektivste Verwendungsmöglichkeit der vorhandenen Mittel war, und dementsprechend wurden beträchtliche Mittel fehlgeleitet und damit vergeudet. Für die Betriebsleitungen war die Zielgröße ihres Wirtschaftens nicht der am Markt erzielte Gewinn, also die Differenz zwischen Ertrag und Aufwand, sondern die Erfüllung des von oben vorgegebenen Plansolls. Ob sich die produzierten Güter auch verkaufen ließen und die Konsumenten zufrieden waren, war deshalb für die Betriebe sekundär. Das führte dazu, daß die Konsumentenwünsche wenig auf die Produktionsgestaltung zurückwirkten. Warenqualität, Ersatzteil- und Zubehörlieferung und Service ließen deshalb ständig zu wünschen übrig. Durch die Zentralisierung der Entscheidungen, die Verflüchtigung des Eigentums und die Entkoppelung der Arbeitsleistung von ihren Folgen schwand überhaupt das Verantwortungsgefühl des einzelnen, so daß eine Haltung nachlässigen Treibenlassens aufkam. Weil obendrein die Planung auch den Konsumentenbedarf nur unzulänglich erfaßte und zum Teil auch offensichtliche Bedürfnisse der Bevölkerung langfristig ignorierte, waren für die Konsumenten oft gewünschte Waren nicht erhältlich. Das bedeutete für die DDR-Bürger, viel Zeit aufwenden zu müssen, um Kleinigkeiten wie Ersatzteile für Reparaturen zu ergattern, und lange Lieferzeiten hinnehmen zu müssen, die z.B. selbst bei einem normalen Schnapprollo für ein Schlafzimmer zwei Jahre betragen konnten. Da die Kunden hinter der Ware herlaufen mußten und nicht umgekehrt, war der Aufwand der Hersteller und des Handels für Werbung viel geringer als in den westlichen deutschen Staaten.

In den 50er Jahren erfolgten die Planvorgaben nach Gewicht und Menge; ersteres führte zu schweren, materialaufwendigen Stücken, letzteres zu leichteren, kleineren Formaten. Ab 1963 wurde ein „Neues Ökonomisches System der Planung und Leitung" eingeführt. Dieses dezentralisierte Entscheidungen in gewissem Umfang, setzte die Preise kostengerechter fest und gab außer Menge und Gewicht auch finanzielle Kennziffern vor, damit die Betriebe sich stärker marktorientiert verhielten. Außerdem wurde für das Kapital, das bisher kostenlos zur Verfügung gestellt und daher verschwendet worden war, 1965 ein Preis eingeführt, nämlich Zinszahlungen an den Staatshaushalt (diese durften nur nicht so heißen, da Marx Zinsen als Ausbeutung verdammt hatte, und wurden deshalb verschämt Produktionsfondsabgabe genannt). Obwohl diese Reformen wirtschaftlich einen Fortschritt darstellten, wurden sie 1970 auf Forderung Moskaus hin beseitigt.

Nachdem im Zweiten Weltkrieg der Versuch gescheitert war, einen autarken deutschen Großwirtschaftsraum kolonialen Charakters zu schaffen, sahen sich die Deutschen wieder darauf verwiesen, sich in die Weltwirtschaft zu integrieren. Diese fiel nun aber Ende der 40er Jahre in zwei Teile auseinander: die Weltwirtschaft im engeren Sinne unter Führung der USA und das Wirtschaftsgebiet der Ostblockstaaten unter Führung der UdSSR. Die USA als wettbewerbsfähigste Wirtschaftsmacht der Welt strebten eine Weltwirtschaftsordnung an, die sich auf Freihandel gründet, die UdSSR als wirtschaftlich rückständiges Land verfolgte das alte Konzept eines Großwirtschaftsraumes, der sich nach außen abgrenzt. Die westliche Weltwirtschaft erhielt mehrere Institutionen als Rahmen: 1944 wurde in Bretton Woods ein neues Weltwährungssystem beschlossen mit festen Wechselkursen, voller Konvertibilität der Währungen, dem Dollar als Leitwährung und dem Weltwährungsfonds IWF als Hilfsinstrument, und 1948 gründeten die USA und die westeuropäischen Staaten (einschließlich der deutschen) die „Organisation für europäische wirtschaftliche Zusammenarbeit" (OEEC) zur Verteilung der Marshallplangelder. Die UdSSR rief im Gegenzug 1949 mit ihren osteuropäischen Satelliten den „Rat für gegenseitige Wirtschaftshilfe" (RGW) ins Leben, dem 1950 auch die DDR beitrat.

Besonders für die deutschen Staaten veränderte sich die Situation durch all dies tiefgreifend. Die BRD und Österreich sahen ihre traditionellen Handelsbeziehungen nach Ost- und Südosteuropa stark reduziert. Der Anteil des Ostblocks am Export der BRD sank bis Anfang der 50er Jahre auf 1-2 Prozent und blieb auch in der Folgezeit fast stets unter 7 Prozent. Umgekehrt sah es für die DDR aus, deren Handelsausrichtung 1947-50 völlig umgepolt wurde. Ihr Gebiet lieferte 1936 43 Prozent seiner Produktion

Außen-wirtschaft

ins übrige Reichsgebiet, dagegen in den 60er Jahren nur noch 2 Prozent in die BRD. Seit 1950 wickelte die DDR stets mindestens 72 Prozent ihres Außenhandels mit den übrigen Ostblockstaaten ab, was in den 70er Jahren auf 67 Prozent zurückging. Dabei war die UdSSR ihr Haupthandelspartner. Einem stärkeren Westhandel der DDR stand vor allem entgegen, daß viele ihrer Produkte auf dem Weltmarkt nur begrenzt konkurrenzfähig waren. Die Entwicklungsländer blieben mit nie mehr als 6 Prozent an ihrem Außenhandel für die DDR bedeutungslos.

Die USA setzten durch, daß im Laufe der 50er Jahre für den Handel mit gewerblichen Produkten zwischen den westlichen Staaten Zug um Zug die Zölle wesentlich gesenkt und Kontingentierungen abgebaut wurden. Indem die Kolonialreiche bis Mitte der 60er Jahre fast ganz zerfielen, schwächte sich die wirtschaftliche Vorherrschaft der (ehemaligen) Kolonialmächte in den jeweiligen überseeischen Räumen ab. Obendrein schirmten die USA die Welthandelsbeziehungen weltweit militärisch ab. Damit wurden die Rahmenbedingungen für die Außenwirtschaft der BRD, deren „made in Germany" bald wieder international gefragt war, besser als je zuvor für deutsche Staaten seit dem 16. Jahrhundert. Die Westdeutschen nutzten es für gute Geschäfte. Außerdem gründeten die BRD und fünf andere westeuropäische Staaten 1957 die Europäische (Wirtschafts-)Gemeinschaft EG, die bis 1986 auf zwölf Mitglieder anwuchs. Innerhalb der EG wurden 1960-68 die zwischenstaatlichen Zölle restlos abgebaut und ein gemeinsamer Außenzoll eingeführt. Weitere Koordinierungsmaßnahmen kamen hinzu. Die Wirkung war an der regionalen Ausrichtung des bundesdeutschen Exports klar erkennbar. Während in der ersten Hälfte der 50er Jahre vor allem die wiederaufgenommenen Handelsbeziehungen nach Übersee überdurchschnittlich wuchsen, stieg 1955-73 der Anteil der EG am Export der BRD von 29 auf 47 Prozent; seitdem verharrte er etwa auf diesem Niveau, da der Impuls des Zollabbaus offenbar aufgebraucht war. Der Export der BRD in Entwicklungsländer war dagegen weitaus weniger wichtig (1961-87 schwankend zwischen 10-18 Prozent).

Die Wirtschaft Österreichs, obgleich kein EG-Mitglied, richtete sich immer stärker auf die EG, besonders auf die BRD aus. Der Anteil der BRD am Import Österreichs stieg 1952-79 von 21,6 auf 42,3 Prozent, und bundesdeutsche Touristen spielten für die österreichische Wirtschaft eine immer größere Rolle. Österreich ging zunehmend dazu über, einen Teil der EG-Normen autonom zu übernehmen, und 1979 koppelte es den Wechselkurs seines Schillings fest an den der D-Mark.

Anfang der 70er Jahre änderte sich die Szene der weltwirtschaftlichen Rahmenbedingungen. Das System fester Wechselkurse mußte 1973 aufgegeben werden, da es angesichts der Dollarschwemme und unterschiedlicher Inflationsraten nicht zu halten war. Seitdem stellte der ständig schwankende Dollarkurs ein internationales Problem dar und behinderte den bundesdeutschen Außenhandel. Immerhin konnten sich die meisten EG-Staaten 1979 mit dem Europäischen Währungssystem EWS einen Ersatz schaffen. Das EWS begrenzte die Wechselkursschwankungen der Mitglieder gegeneinander auf +/− 2,25 Prozent und besaß mit dem ECU eine gemeinsame Verrechnungseinheit. Seit der internationalen Wirtschaftskrise 1974/75 griffen immer mehr Staaten zu nichttarifären Handelshemmnissen (z.B. technische Vorschriften, komplizierte Einfuhrbestimmungen und Selbstbeschränkungsabkommen), um ihre heimische Wirtschaft zu schützen. Als das OPEC-Kartell 1973/74 den Rohölpreis drastisch heraufsetzte, leitete es ein Jahrzehnt internationaler Verteilungskämpfe ein. Durch das Vorbild der OPEC angespornt, forderten nun die Entwicklungsländer von 1974-81 auf internationalen Konferenzen lautstark eine neue Weltwirtschaftsordnung. Internationale Rohstoff-Fonds sollten die Rohstoffpreise stabilisieren und gleichzeitig über das durchschnittliche Marktpreisniveau hinaus anheben. Angesichts der Hinhaltetaktik der westlichen Industrieländer kamen diese Bemühungen aber über eine massenhafte Produktion von Papieren und Erklärungen kaum hinaus und sackten schließlich in sich zusammen, als Anfang der 80er Jahre ein Überangebot von Rohstoffen deren Preise wieder drückte und damit die Verhandlungsposition der unterentwickelten Länder verschlechterte. Die BRD trat allen diesen dirigistischen und protektionistischen Bestrebungen stets als Verfechter von Freihandel und marktwirtschaftlichen Ordnungen entgegen, da sie als wettbewerbsstarkes Land bei der bestehenden Ordnung mehr zu gewinnen hatte.

Die Liberalisierung des Waren- und Geldverkehrs in der Welt und erst recht innerhalb der EG trug entscheidend dazu bei, daß die außenwirtschaftlichen Verflechtungen sich in einem ungeahnten Maß intensivierten, das alles bislang Dagewesene überstieg. Der Export der BRD kletterte 1950-85 von 8,5 auf 29,1 Prozent des Bruttosozialprodukts. In den kleineren Ländern erreichte die Exportquote 1977 sogar 34,6 Prozent in Österreich und 33 Prozent in der Schweiz. Dabei wurden jetzt nicht nur Einzelgüter, sondern auch ganze Industrieanlagen schlüsselfertig exportiert, z.B. Walzwerke, besonders in Entwicklungsländer. In der BRD stieg 1950-89 der Anteil der Fertigerzeugnisse nicht nur bei der Ausfuhr von 64,9 auf 87,9 Prozent, sondern auch bei der Einfuhr von 12,6 auf 68,5 Prozent, während der Anteil der Ernährungswirtschaft und der Rohstoffe an der Einfuhr von 73,7 auf 17,5 Prozent fiel. Der Austausch von importierten Rohstoffen und Nahrungsmitteln gegen Fertigwaren trat also immer mehr zurück hinter dem Austausch von Fertigwaren gegen Fertigwaren zwischen den westlichen Industrieländern. Diese sich intensivierenden Verflechtungen mit Auslandsmärkten machten es möglich, in eine kostengünstige Großserienproduktion hineinzuwachsen und das Warensortiment zu verbreitern, und sie führten durch gesteigerten Wettbewerb auch zu Qualitätsverbesserungen. Zugleich brachten sie es allerdings mit sich, daß die Konjunkturverläufe der westeuropäischen Staaten einander ähnlicher wurden und daß es für die Regierungen zunehmend weniger möglich wurde, ihre jeweiligen Volkswirtschaften zu kontrollieren. Das wurde noch durch die Kapitalverflechtungen verstärkt. Die bundesdeutschen Großbanken bauten seit den 70er Jahren ein weltweites Netz von Auslandsfilialen auf. Während der Kapitalexport bis zum Zweiten Weltkrieg fast nur als Gewährung von Anleihen stattgefunden hatte, begannen Unternehmen jetzt auch im Ausland direkt zu investieren, um sich durch Produktionsstätten im Ausland die dortigen Absatzmärkte zu sichern. Damit entstanden multinationale Konzerne. Die jährlichen Direktinvestitionen von Ausländern in die BRD stiegen bis Mitte der 60er Jahre und pendelten dann um 3 Milliarden DM; die jährlichen bundesdeutschen Direktinvestitionen ins Ausland wuchsen fast stetig an (1989: 20,1 Milliarden DM) und übertrafen seit 1974 den entgegengesetzten Kapitalstrom. Im wesentlichen handelte es sich um eine gegenseitige Verflechtung mit den anderen westeuropäischen und nordamerikanischen Staaten, während Investitionen in Entwicklungsländer demgegenüber viel geringeres Gewicht besaßen.

Die DDR hatte das Pech, mit ihrer Einbindung in den RGW auf Partner verwiesen zu werden, die ihr gegenüber alle rückständig waren. So empfing sie von dort wenig Impulse. Anfangs war der RGW überhaupt nur Fassade. Seit 1954 kam es dann zu einer wachsenden Integration, deren Intensität aber hinter jener der EG zurückblieb.

Deshalb verschob sich die Zusammensetzung des Außenhandels der DDR auch weniger stark zu Fertigwaren hin als jene der BRD. Die Integration wurde dadurch gehemmt, daß der Außenhandel der RGW-Staaten fast ausschließlich durch staatliche Außenhandelsfirmen erfolgte und die Währungen der RGW-Staaten nicht frei konvertierbar waren. Anders als in der EG und in der übrigen westlichen Weltwirtschaft war es im RGW auch nicht möglich, durch den Abbau von Zöllen und die Harmonisierung von Rahmenbedingungen einen eigendynamischen Integrationsprozeß auszulösen, da es sich um Zentralverwaltungswirtschaften handelte. Die einzelstaatlichen Wirtschaftspläne wurden nur bilateral koordiniert, wobei die Planung der UdSSR und die Abstimmung mit ihr vorranging.

Konvergenz der Systeme?

Die DDR und die westlichen deutschen Staaten hatten zwei verschiedene Wirtschaftssysteme, die sich in der Methode der Wirtschaftslenkung und in der Form des Eigentums an Produktionsmitteln unterschieden, und sie waren auch nur noch wenig miteinander verflochten. Mindestens ebenso sehr wurde ihre wirtschaftliche Entwicklung seit dem Zweiten Weltkrieg jedoch durch die Gemeinsamkeiten geprägt, die sich aus der gemeinsamen Vergangenheit und aus der geographischen Lage ergaben, vor allem aber aus Rohstoffarmut und hochentwickeltem Industrialismus. Leistungsorientierung und Wirtschaftswachstum, der Weg zum Massenkonsum, Strukturwandel, rascher technischer Wandel und Rationalisierung der Produktionsmethoden, der Zug zur Großtechnologie, die Folgen dieser Veränderungen am Arbeitsplatz und für die Umwelt waren ihnen gemeinsam. Das bedeutete nicht, daß die Verhältnisse sich einander angenähert hätten, sondern es handelte sich um gleichartige Probleme, die aus paralleler Entwicklung bei unterschiedlicher Wirtschaftsform entstand. Deshalb wird die Wirtschaft der deutschen Staaten im Folgenden auch gemeinsam behandelt.

Struktur-wandel

Das kräftige Wirtschaftswachstum in der BRD in den 50er und 60er Jahren war mit raschem Strukturwandel verbunden, der sich dann unter dem Einfluß der schwächeren Konjunktur seit den späten 70er Jahren verlangsamte. In der Landwirtschaft führte die Technisierung zu einer starken Produktivitätssteigerung, die den Anstieg der Nachfrage weit übertraf, so daß die Landwirtschaft für immer weniger Menschen als Erwerb dienen konnte. 1950-89 fiel der Anteil der Landwirtschaft an den Beschäftigten von 23,3 auf 3,8 Prozent, ihr Beitrag zum Bruttoinlandsprodukt sogar von 10,2 auf 1,7 Prozent. Der Anteil des produzierenden Gewerbes an der Gesamtwirtschaft wuchs in den 50er Jahren erneut an und stagnierte dann in den 60ern bei 48 Prozent der Erwerbstätigen (etwa 54 Prozent des Bruttoinlandsprodukts). Die günstigen Wettbewerbsbedingungen im Außenhandel führten anscheinend zu einer gewissen Überindustrialisierung. Anfang der 70er Jahre änderte sich das Bild. Die Konjunktureinbrüche und vor allem die Strukturprobleme brachten es dann mit sich, daß seitdem der Absatz nur langsam wuchs oder stagnierte, während weiter starke Produktivitätsfortschritte stattfinden, so daß im industriellen Bereich Arbeitskräfte freigesetzt wurden und sein Anteil an der Gesamtwirtschaft sank (1989: 38,7 Prozent der Erwerbstätigen).

Innerhalb der gewerblichen Produktion kam es zu bedeutenden Verschiebungen. Der schon seit langem bestehende Trend, daß die alten Konsumgüterbranchen Textilien, Bekleidung und Nahrungsmittel sowie die Holzindustrie immer mehr an Bedeutung verloren, setzte sich weiter fort. Durch die Konkurrenz billiger ausländischer Kohle und des Öls geriet 1957 der Steinkohlebergbau in eine Strukturkrise und schrumpfte seitdem absolut. Die eisen- und stahlerzeugende Industrie und die Werftindustrie erlebten in den 50er Jahren noch einmal einen großen Aufschwung. Mitte der 70er begannen beide dann an Produktion und Beschäftigtenzahl deutlich zu schrumpfen. Verursacht war diese Strukturkrise dadurch, daß der Aufbau neuer Stahl- und Werftindustrien vor allem in Fernost und der konjunkturbedingte Rückgang der Nachfrage zu weltweiten Überkapazitäten geführt hatten; da aber kaum ein Land auf seine eigene Industrie verzichten wollte, sondern diese durch Subventionen unterstützt wurden, brach ein Subventionswettlauf der EG-Staaten aus, bei dem die Bundesregierung nicht im gleichen Maße mithielt, so daß bundesdeutsche Firmen nun partiell gegen ausländische Staatshaushalte konkurrieren mußten. Demgegenüber konnten die Branchen Kfz-Bau, Elektrotechnik, Elektronik, Kunststoffverarbeitung und Chemiefaserherstellung deutlich an Bedeutung gewinnen und den Montanbereich aus seiner einstigen industriellen Führungsrolle verdrängen. Insbesondere drangen forschungsintensive Industriezweige immer weiter vor.

Der Anteil des Tertiären Sektors an der Gesamtwirtschaft stieg stetig weiter an. Dabei gab es auch hier innere Verschiebungen. Sein Wachstum wurde vor allem von den privaten Dienstleistungen getragen. Der Anteil von Staat und Sozialversicherungen stieg besonders von 1960 bis Mitte der 70er Jahre an und stagniert seitdem angesichts der Sparpolitik der öffentlichen Hände. Der Anteil von Handel und Verkehr am Bruttoinlandsprodukt war sogar durchgehend rückläufig, während er an den Erwerbstätigen seit 1960 nur stagnierte.

Der Entwicklungstrend der Anteile der drei Wirtschaftssektoren und der Industriebranchen zueinander glich auch in den anderen deutschen Staaten jenem der BRD. Die DDR wich insofern ab, als sie keine Stahlindustrie geerbt hatte und diese dann nach dem Krieg zunächst schwerpunktmäßig aufbaute. Außerdem verkümmerte durch die Sozialisierungspolitik das einst vielfältige Angebot an Läden, Gaststätten und anderen Dienstleistungen, so daß der Tertiäre Sektor in der DDR einen kleineren Teil an der Gesamtwirtschaft ausmachte als in Westdeutschland. Umgekehrt war in Österreich der Anteil des Tertiären Sektors, besonders wegen des Fremdenverkehrs, zu Lasten der Industrie stärker als in der BRD.

Das Ausmaß wirtschaftlichen Wachstums und Wandels hängt wesentlich von dem Tempo ab, mit dem neue Technologien entwickelt und angewendet werden. Dies beschleunigte sich seit dem Zweiten Weltkrieg erneut, und zugleich war jetzt am Entstehen neuer Techniken in immer stärkerem Maße wissenschaftliche Forschung beteiligt.

Technologien

Noch im Zweiten Weltkrieg waren im Deutschen Reich wichtige Erfindungen gemacht worden: 1939 baute E. Heinkel das erste Düsenflugzeug, 1941 konstruierte K. Zuse den ersten brauchbaren Computer, und 1942 startete die erste Fernrakete, entwickelt unter Leitung von W. von Braun. Mit Kriegsniederlage und Besatzungszeit brachen diese Entwicklungen ab. Die Amerikaner führten die Fernraketen- und Düsenflugzeugentwicklung dann nach dem Krieg direkt mit Teilen der deutschen Entwicklungsteams bei sich weiter. Die USA etablierten sich nach Kriegsende in Computertechnik, Großflugzeugbau und weitgehend auch Raumfahrt als weltweit führende Nation. Der BRD gelang es, sich in den 60er Jahren unter den westeuropäischen Staaten technologisch wieder an die Spitze zu schieben und im Laufe der 70er Jahre weitgehend mit dem technologischen Niveau der USA gleichzuziehen, aber in den genannten Bereichen gewann sie keinen Anschluß an die USA. Auch bei der Gentechnologie, die Ende der 70er Jahre neu aufkam, stand sie hinter den USA zurück, da dieser Bereich in Westdeutschland nur zögernd aufgenommen wurde. Überdies sah sich die BRD Ende der 60er Jahre im technologischen Entwicklungsstand von Japan überholt, das dann bald neben den USA zur zweiten technologischen Führungsmacht der Welt wurde. Die BRD richtete sich also im internationalen Vergleich auf dem dritten Platz ein. Die DDR stand hinter der BRD technologisch stets zurück, mindestens in der konkreten Anwendung neuer Technologien, und durch den innovationshemmenden Charakter der Zentralverwaltungswirtschaft wurde dieser Abstand ständig größer.

Gerade die amerikanische Computerentwicklung wurde zur Basisinnovation, die zahlreiche Lebensbereiche nachhaltig veränderte. Die erste Computergeneration war mit Röhren gebaut. Die zweite Computergeneration ab 1958 basierte stattdessen auf Transistoren. Die dritte Computergeneration ab 1964 verwendete dann integrierte Halbleiterschaltungen. Seit 1970 wurden Computer mit Mikroprozessoren (Chips) gebaut. Dabei stieg die Speicherfähigkeit eines Chips 1968-89 von 70 auf 4.000.000 Bit. Diese Entwicklung bedeutete, daß Rechner vom raumfüllenden Format in den 40er Jahren auf Fingernagelgröße Ende der 60er schrumpften, dabei rapide billiger wurden und daß sich obendrein die Rechenvorgänge enorm beschleunigten. Im Laufe der 70er Jahre hielten mikroelektronische Bausteine in den verschiedensten Lebensbereichen Einzug, z.B. in Gestalt von Tischrechnern, Quarzuhren, Personalcomputern, Rechnern zur Steuerung von Produktionsabläufen, zur automatischen Auswertung und Darstellung von Meßreihen und medizinischen Diagnosen, bei technischen Entwurfsarbeiten am Bildschirm statt am Zeichenbrett, als Lichtsatz im Verlagswesen an Stelle des Gutenbergschen Bleisatzes und in militärischen Waffensystemen, wo sich die Zielgenauigkeit enorm steigerte.

Eine ebenfalls tiefgreifende Innovation entwickelte sich seit Anfang der 80er Jahre in Gestalt der Gentechnologie, die gezielt die Erbanlagen von Mikroorganismen, Pflanzen und Tieren veränderte, um ihnen neue, dem Menschen nutzbringende Eigenschaften zu verleihen. Gerade an ihr entzündete sich aber auch die Diskussion darüber, inwieweit das technisch Machbare auch wünschenswert ist und erlaubt sein soll.

Werkstoffe Wesentliche Neuerungen gab es auch bei den verwendeten Werkstoffen. Die Anfänge von Kunststoffen auf Polymerisationsbasis und damit der ersten wirklichen Kunststoffe reichten in die NS-Zeit zurück. 1935 begann die I.G. Farben mit der großtechnischen Herstellung von Polyvinylchlorid (PVC), und 1938 entwickelte P. Schlack die künstliche Textilfaser aus Polyamiden (Perlon), die aber bis 1945 nicht mehr produktionsreif wurde. Nach dem Zweiten Weltkrieg entstand dann eine Fülle verschiedenster Kunststoffe und Kunstfasern. Kunststoffe fanden besonders für Konsumgüter und Verpackungen, als Baustoffe und im Maschinenbau Verwendung und verdrängten teilweise herkömmliche Werkstoffe. Während in der BRD die Rohstahlproduktion 1951-70 von 16,1 auf 45,0 Millionen Tonnen stieg und dann bis 1987 auf 36,2 Millionen Tonnen zurückging, wuchs die Kunststoffproduktion 1950-89 von 0,1 auf 9,2 Millionen Tonnen.

In den 80er Jahren wurde eine Reihe weiterer neuer Werkstoffe entwickelt, insbesondere neuartige Keramik, Supralegierungen und Verbundmaterialen wie Glasfasern und Kohlenstoffasern. Durch sie wurden teilweise Stahl und Leichtmetall ersetzt.

Energie Der Anstieg des Wohlstands war untrennbar mit einem Wachsen des Energieverbrauchs verbunden. Allerdings erhöhte sich letzterer in nicht ganz so starkem Maße, da aufgrund technischer Verbesserungen die verbrauchten Energiemengen zunehmend besser ausgenutzt wurden. Der Primärenergieverbrauch der BRD stieg 1950-73 von 137,5 auf 378,7 Millionen Tonnen SKE. Die beiden Ölpreiserhöhungen 1973/74 und 1979/80 und die dadurch ausgelösten Konjunktureinbrüche und Energiesparmaßnahmen ließen dann den Energieverbrauch zweimal vorübergehend schrumpfen, worauf dessen Wachstum jeweils wieder neu einsetzte. Die Zusammensetzung des Energieverbrauchs veränderte sich stark. 1950-73 ging in der BRD der Anteil der Steinkohle am Primärenergieverbrauch von 71,8 auf 22,2 Prozent zurück, während jener des Erdöls von 4,6 auf 55,2 Prozent stieg. Das lag nicht nur am steigenden Autoverkehr, sondern da das Öl sauberer anzuwenden, leichter zu transportieren und vor allem billiger war, verdrängte es die Kohle weitgehend aus dem Hausbrand und teilweise auch aus anderen Anwendungsbereichen. So rüstete die Bundesbahn ganz auf Diesel- und elektrischen Betrieb um; 1977 stellte sie ihre letzte Dampflokomotive außer Dienst. Als Reaktion auf die Ölpreiserhöhungen setzte sich dieser Trend nach 1973 nicht fort, sondern Stein- und Braunkohle erfreuten sich wieder größerer Aufmerksamkeit und halten seitdem ihren Anteil etwa, während jener des Erdöls langsam schrumpft. Neben diesen Energieträgern gewann seit den 60er Jahren Erdgas eine ständig steigende Bedeutung. Nachdem sich Energie so stark verteuert hatte und da sich außerdem die Erkenntnis ausbreitete, daß die fossilen Energievorräte der Welt begrenzt sind, begann man auch nach alternativen Energiequellen zu forschen, ohne daß sich durchschlagende Ergebnisse einstellten.

Da die deutschen Alpenstaaten keine nennenswerten eigenen Steinkohlevorkommen besitzen, verlagerten sie das Schwergewicht ihrer Energieversorgung noch viel stärker als die BRD von der Kohle zum Öl hin. Die DDR stieg dagegen in geringerem Maße auf Öl um. Sie stützte sich vor allem auf die zwar wenig ergiebige, aber dafür wenigstens heimische Braunkohle.

Als besonderes Problem erwies sich die Nutzung der Kernspaltung zur Energieversorgung. Im Laufe der 50er Jahre entstand in der deutschen Öffentlichkeit der Eindruck, Kernreaktoren wären eine Spitzentechnologie, an der eine führende Industrienation teilhaben müßte. Die Bundesregierung begann, die Kerntechnologie in großem Umfang zu fördern. Bald sah man in der Kernenergie eine im Vergleich zur Kohle saubere, billige und obendrein unerschöpfliche Energiequelle. Die ersten deutschen Kernkraftwerke gingen in der BRD 1961, in der DDR 1966 und in der Schweiz 1969 in Betrieb. Der Anteil der Kernkraft am Primärenergieverbrauch der BRD stieg bis 1989 auf 12,6 Prozent. Die ursprünglich weitgesteckten Hoffnungen erfüllten sich nicht. Weil seit Mitte der 70er Jahre konjunkturbedingt der Energieverbrauch viel weniger anwuchs als ursprünglich angenommen und da die immer weiter verschärften Sicherheitsauflagen die Anlagen verteuerten, wurde in der BRD ein großer Teil der geplanten Kernkraftwerke nicht mehr realisiert. Im Laufe der 80er Jahre wurde der weitere Ausbau der Kernkraft dann faktisch eingestellt. Österreich ließ sein erstes Kernkraftwerk nach einer Volksabstimmung 1978 gar nicht mehr ans Netz gehen. Das erste bundesdeutsche Schiff mit Kernantrieb (Jungfernfahrt 1968) erwies sich als unwirtschaftlich und wurde nach elf Jahren außer Dienst gestellt; es ist das einzige geblieben. 1973 wurde in Kalkar der Bau eines Kernkraftwerks vom Typ Schneller Brüter begonnen, der mehr Kernbrennstoff erzeugen als verbrauchen, also eine unerschöpfliche Energiequelle darstellen und billigen Strom liefern sollte. Doch diese Hoffnungen erwiesen sich nach und nach als haltlos, und der Reaktor nahm nie den Betrieb auf. Vor allem entstand seit 1975 in den westlichen deutschen Staaten eine Massenbewegung gegen die Kernenergie, die sich in immer massiveren Protesten entlud; erst recht, als 1986 die Ausläufer einer radioaktiven Wolke, die bei einem Unfall aus dem sowjetischen Kernkraftwerk Tschernobyl ausgetreten war, auch deutsches Gebiet berührten. Zugleich stellte sich aber auch heraus, daß man beim Einstieg in die Kerntechnologie keine hinreichend konkreten Vorstellungen für die Entsorgung besessen hatte und es nicht gelang, ein befriedigendes Entsorgungssystem aufzubauen, obwohl der anfallende radioaktive Abfall auf Generationen hinaus seine gefährliche Giftigkeit behält. Es zeigte sich, daß die Kernenergiefachleute die Öffentlichkeit lange Zeit nur unzureichend über die mit dieser Technologie verbundenen Risiken unterrichtet hatten. Zum Hauptstreitpunkt in der öffentlichen Diskussion wurde dann immer mehr die Einschätzung des Risikos von Störfällen beim Betrieb von Kernkraftwerken. Große Kernkraftwerksunglücke haben zwar nur eine geringe Eintrittswahrscheinlichkeit, wenngleich sie sich nie restlos ausschließen lassen, können aber andererseits außerordentlich weitreichende Folgen haben. Das unterscheidet diese Art von Risiko grundlegend von jenen Unfällen, die in anderen Lebensbereichen zwar häufig vorkommen, aber in ihren Konsequenzen überschaubar bleiben, und das macht ihre Bewertung so schwierig. Nicht zuletzt unter dem Druck der kritischer werdenden Öffentlichkeit wurde der technische Sicherheitsstandard der bundesdeutschen Kernkraftwerke ständig weiter verbessert, ohne daß damit menschliche Fehler ausgeschlossen werden können. Anders in der DDR. Dort ließen die Herrschenden keine kernkraftkritische Diskussion zu. So betrieben sie die Kernkraftwerke mit deutlich geringerem technischen Sicherheitsstandard als in der BRD und setzten auch bis zum Ende der DDR weiter auf Kernkraft.

Arbeit   Durch neue Technologien und Organisationsformen erhöhte sich die Arbeitsproduktivität seit dem Zweiten Weltkrieg rascher als je zuvor. Dieser Anstieg wurde zum größeren Teil verwendet, um mehr Güter je Arbeitskraft zu erzeugen, daraus höhere Löhne zu zahlen und damit den Weg zum Massenkonsum einzuschlagen, zum geringeren Teil für Arbeitszeitverkürzungen verbraucht. Für Arbeitnehmer wurde in der BRD als Normalarbeitszeit ab 1956 schrittweise die Fünftagewoche mit freiem Sonnabend, ab 1967 die 40-Stunden-Woche und ab 1985 die 38,5-Stunden-Woche eingeführt. Die Arbeitszeit der Selbständigen lag dagegen höher und ging nicht im gleichen Maß zurück (1980: durchschnittlich 55,9 Wochenstunden). Noch deutlicher als der Gewinn an wöchentlicher Freizeit war der Zuwachs an Jahresurlaub. Der durchschnittliche tarifvertragliche Urlaub je Arbeitnehmer stieg in der BRD 1950-87 von 12 auf 31 Arbeitstage. So verringerte sich die Jahresarbeitszeit je Erwerbstätigen in der BRD 1950-84 von 2.470 auf 1.700 Stunden. In Österreich und erst recht in der Schweiz wurde die Arbeitszeit weniger stark reduziert. In der DDR blieb die Arbeitszeit formal länger als in der BRD, tatsächlich war sie aber kürzer, da zahlreiche Pausen gemacht wurden, z.B. weil eine Maschine ausfiel oder der Materialnachschub ausblieb.

Die starke Steigerung der Arbeitsproduktivität war unvermeidlich damit verbunden, daß sich die Produktionsmethoden und damit die Arbeitswelt änderten. Die einzelnen Wirtschaftsbereiche waren dabei sehr unterschiedlich betroffen. Für viele Arbeitnehmer bedeuteten diese Umstellungen, umlernen und den Beruf wechseln zu müssen. Das konnte sowohl sozialen Auf- wie Abstieg mit sich bringen.

Zu den negativen Folgen des Wandels gehörte, daß sich in allen deutschen Staaten die Schichtarbeit ausbreitete. In der BRD stieg die Zahl der Schichtarbeitenden 1960-80 von 2,2 auf 5 Millionen (davon 2,4 Millionen mit Nachtschicht). In manchen Bereichen ist ein Betrieb rund um die Uhr produktionstechnisch (z.B. Hochöfen, chemische Anlagen) oder gesellschaftlich (z.B. öffentliche Verkehrsmittel, Krankenhaus) notwendig. Daß die Schichtarbeit zunahm, war indessen dadurch motiviert, daß die eigentlichen Produktionsanlagen, Computer usw. immer teurer wurden und die Betriebe es sich deshalb zunehmend weniger leisten konnten, sie einen großen Teil der Woche ungenutzt stillstehen zu lassen. Unzweifelhaft belastet Schichtarbeit die Gesundheit, da sie vom biologischen Rhythmus abweicht. Ebenso stört sie das Familienleben und beeinträchtigt die Teilnahme am kulturellen und gesellschaftlichen Leben.

In welchem Ausmaß der Einsatz von Maschinen die Wirtschaftsweise bestimmte, zeigte sich auch an der Art der Arbeitstätigkeiten. 1976 waren in der BRD nur noch 28,4 Prozent der Erwerbstätigen direkt mit Herstellen und 6,6 Prozent mit Transportieren beschäftigt, dagegen 3,6 Prozent mit dem Steuern und Warten von Maschinen und 5,8 Prozent mit Reparieren sowie 9,4 Prozent mit Handeltreiben, 1,5 Prozent mit Kontrollieren, 23,4 Prozent mit Verrichten von Dienstleistungen (Reinigen, Pflegen, Erziehen, künstlerisch arbeiten), 12,0 Prozent mit Bürotätigkeit, 4,2 Prozent mit Planen und Konstruieren und 5,2 Prozent mit Leiten.

Seit dem Zweiten Weltkrieg zogen in der Landwirtschaft industrielle Produktionsmethoden ein und gestalteten diese völlig um. Dabei wurde angestrebt, sowohl die Arbeitsproduktivität zu erhöhen, damit die Einkommenszuwächse der Landwirte mit jenen der Industriearbeiter mithalten können, als auch die Bodenproduktivität zu steigern, um die Ernährung der Bevölkerung zu sichern. Beidem diente die Zucht ertragreicherer Tier- und Pflanzenrassen. Indem sich diese gegen bisherige, oft nur regional verbreitete Rassen durchsetzten, ging die Zahl der in Mitteleuropa verwendeten Rassen zurück. Beispielsweise stieg in der BRD der Milchertrag je Kuh 1950-83 von 2.474 auf 4.824 Liter jährlich und die jährliche Legeleistung von Hennen 1950/51-85 von durchschnittlich 120 auf 257 Eier. Die Arbeitsproduktivität wurde aber vor allem durch die Mechanisierung erhöht. 1949-69 nahm in der BRD die Zahl der Pferde von 1.615.000 auf 254.000 ab, während die der Traktoren von 75.000 auf 1.340.000 und die der Mähdrescher von 150 auf 160.000 stieg. Im bundesdeutschen Zuckerrübenanbau betrug der Arbeitsaufwand je Hektar 1945 mindestens 500 Stunden, dagegen 1976 bei vollmechanisiertem Anbau nur noch 55-60 Stunden. Auch die Stallarbeit wurde zunehmend mechanisiert, und der freie Auslauf der Tiere wich verstärkt einer dauernden Stallhaltung. Einsatz und Auslastung der teuren Maschinen verlangten nun ausgedehnte Anbauflächen derselben Kulturart und große Tierbestände. Deshalb gab man die herkömmliche Verbundwirtschaft von Acker- und Viehwirtschaft weitgehend auf, die durch einen internen Kreislauf von selbstangebauten Futtermitteln und Düngung durch tierische Exkremente sowie durch die Nährstofferneuerung mittels Fruchtwechsel gekennzeichnet gewesen war. Die Spezialisierung hatte dann zur Folge, daß die Landwirte immer mehr Futter zukauften und den Nährstoffausgleich auf mineralische Düngung verlagerten. Letztere konnte überdies mehr Nährstoffe zur Verfügung stellen als das bisherige Verfahren. So stiegen die Flächenerträge, z.B. der Getreideertrag in der BRD 1950-89 von 23,2 auf 56,3 Doppelzentner je Hektar. Der Düngerverbrauch an Stickstoff, Phosphat und Kali wurde 1950/51-80/81 von zusammen 101,9 auf 288,4 Kilogramm je Hektar erhöht. 1939 hatte P. Müller das Insektengift DDT synthetisiert, und in der Folgezeit wurden eine beträchtliche Zahl von Giften gegen verschiedene Schädlinge, Pilze und Unkräuter entwickelt (Biozide). Um bei der Unkrautbekämpfung Arbeit zu sparen, und da Schädlinge sich mit dem Trend in Richtung Monokultur stark vermehrten, wurden Biozide in wachsenden Mengen eingesetzt. Diese Industrialisierung der Landwirtschaft ließ selbst ihren Wesensgehalt nicht unberührt. Während die Funktion der Landwirtschaft früher darin bestanden hatte, Sonnenener-

Rationalisierung: Landwirtschaft

gie durch Photosynthese in Nahrungsenergie umzuwandeln und damit für Mensch und Tier Energie zu gewinnen, wurde jetzt immer mehr fossile Energie aufgewendet, um Mineraldünger, Biozide und landwirtschaftliche Maschinen zu erzeugen sowie den für diese nötigen Treibstoff zu liefern, ja der Aufwand an fossiler Energie wurde größer als der Ertrag an Nahrungskalorien und überstieg ihn schließlich um ein Mehrfaches. Seit Ende der 70er Jahre wurde es dann einer allmählich wachsenden Zahl von Landwirtschaftsexperten fraglich, ob der eingeschlagene Weg tatsächlich die Erträge dauerhaft erhöhte und nicht Raubbau an der Bodenfruchtbarkeit trieb. Seit 1980 stagnierte oder fiel der Verbrauch von Bioziden und Mineraldünger in der BRD. Experimente mit biologischem Landbau fanden verstärktes Interesse, machten in der BRD 1986 aber erst 0,23 Prozent der landwirtschaftlich genutzten Fläche aus.

Diese Grundtendenzen zu einer Industrialisierung der Landwirtschaft prägten die Landwirtschaft aller deutschen Staaten seit dem Zweiten Weltkrieg gleichermaßen. Die unterschiedlichen Gesellschaftssysteme führten aber auch zu einigen Besonderheiten. In den westlichen deutschen Staaten hielt man am Leitbild des bäuerlichen Familienbetriebs fest, wie schon in den 30er Jahren. Aber es war unmöglich, sie alle zu erhalten. Mit der wachsenden Arbeitsproduktivität wurde immer mehr Fläche gebraucht, um eine Arbeitskraft auszulasten, und deshalb verloren immer mehr Betriebe die Fähigkeit, eine Familie zu ernähren. Viele Vollerwerbsbetriebe wurden zu Nebenerwerbsbetrieben, zahlreiche kleine Betriebe gaben auf, andere stockten aus den aufgegebenen Flächen auf. So sank in der BRD 1950-89 die Zahl der Landwirtschaftsbetriebe von 1.978.000 auf 649.000, während ihre durchschnittliche Größe von 6,8 auf 18,2 Hektar stieg. Die bäuerlichen Haushalte gaben die Selbstversorgung mit Lebensmitteln in den 50er Jahren fast ganz auf. Die Bauweise vieler Gehöfte und die Parzellenzersplitterung waren für die größer werdenden Maschinen und Anlagen immer weniger geeignet. Deshalb entstanden neben den Wohnhäusern der Landwirte fabrikhallenähnliche Spezialgebäude, und durch die Flurbereinigung wurden Parzellen zu größeren Flächen zusammengelegt und Feldwege ausgebaut. In einigen Fällen entstanden seit den 60er Jahren auch Massentierhaltungen von Hühnern, Schweinen und Rindern fast ohne eigenen Boden, die weitgehend Importfutter verwerteten. Dabei konzentrierten sich bis zu 250.000 Legehennen in einem Betrieb. Industrielle Betriebsmittellieferanten und spezialisierte Vermarktungsorganisationen gewannen einen immer größeren Anteil an der agrarischen Wertschöpfung.

In der DDR ging man dagegen von dem marxistischen Grundsatz aus, daß industrielle Großbetriebe einer kleinbetrieblichen Organisation grundsätzlich überlegen seien. Mit den LPGs entstanden dann große Betriebseinheiten. Dabei schuf man riesige Großschläge mit Monokulturen und baute die Orte um, so daß das Erscheinungsbild des ländlichen Raumes noch weitaus tiefgreifender umgestaltet wurde, als dies in der BRD geschah. Hinsichtlich Freizeit- und Urlaubsmöglichkeiten bedeutete die Kollektivierung gegenüber dem kleinbäuerlichen Betrieb sicher einen Fortschritt. Ab 1967 ging man über diesen Entwicklungsstand noch hinaus und begann, noch größere Betriebseinheiten zu bilden, die entweder auf pflanzliche oder auf tierische Produktion spezialisiert waren und jeweils mehrere tausend Hektar Acker oder Stück Vieh aufwiesen. Hier sollte endgültig der Weg in die industriemäßige Landwirtschaft eingeschlagen werden. Da sich aber Bodenflächen nicht konzentrieren lassen, stieg der innerbetriebliche Transportaufwand, und die ökologischen Schäden und seuchenprophylaktischen Probleme wuchsen dermaßen an, daß man ab 1978 schrittweise den Rückzug antrat.

Auch in der industriellen Fertigung spielten die Bestrebungen, die Arbeitsproduktivität zu steigern, eine große Rolle. Dazu wurde in den 50er und 60er Jahren das Konzept des Taylorismus weiterentwickelt. Vor allem dehnte sich seit dem Zweiten Weltkrieg die Mechanisierung auf immer weitere Bereiche aus, und schließlich gingen die Betriebe verstärkt zur Automatisierung über. Letztere gewann besonders seit den 70er Jahren stark an Bedeutung, da die Mikroprozessoren neue Bereiche rentabel automatisierbar werden ließen. Der Entwicklungsstand der Rationalisierung blieb aber weiterhin in den verschiedenen Branchen sehr unterschiedlich. In der Großchemie kam die Automatisierung in den 60er Jahren weitgehend zum Abschluß. Dabei wurde es üblich, alle Signal-, Meß- und Bedienungseinrichtungen in einem Raum zu konzentrieren, der Meßwarte. Der dort Tätige war vom eigentlichen Produktionsprozeß völlig abgetrennt und kontrollierte nur noch Armaturen. Dagegen erlebte der Hochbau im Laufe vor allem der 60er Jahre überhaupt erst den Übergang von einer weitgehend handwerklichen Fertigungsweise zu einer gewissen Mechanisierung (Einsatz von Kränen) und zur Serienproduktion. Im Ruhrbergbau wurde ab 1954 die vollmechanische Gewinnung vor Ort eingeführt, deren Anteil bis 1970 auf 92 Prozent der Förderung stieg. Die Schichtleistung unter Tage wuchs damit 1950-73 von 1.401 auf 4.068 Kilogramm je Arbeiter. In der Automobilindustrie setzte sich in den 50er und 60er Jahren mit der Großserienproduktion in der Montage das Fließband durch, und der stoffverformende Bereich (z.B. Preßwerk) wurde durch den verstärkten Einsatz und die wachsende Verkettung von Einzweckmaschinen mechanisiert. Das Karosserieschweißen am Fließband übernahmen dann Roboter, nachdem 1972 Daimler-Benz in der BRD als erste Firma solche eingesetzt hatte. Im Druckereiwesen ging Klett 1975 als erster in der BRD zum Lichtsatzverfahren über. Bei Werkzeugmaschinen wurden in den 60er Jahren die NC-Maschinen eingeführt, die ihre Information als Lochstreifen oder Magnetband eingegeben erhielten, und ab 1974 die computergesteuerten und frei programmierbaren NC-Maschinen mit eigenen Mikroprozessoren.

So existierten in der Produktion nebeneinander Arbeitsformen mit sehr unterschiedlichem Maß von Selbständigkeit, Bindung an eine Maschine und Qualifikation. Es gab schließlich reine Handarbeit mit relativ wenig Autonomie, die Bedienung von Aggregaten durch Beschicken und Entladen, die Fließbandarbeit mit ihrer engen Bindung an den Ort und Takt der Maschine, das Steuern und Führen von Maschinen und Anlagen (z.B. Kränen und Walzstraßen), welches mehr Unabhängigkeit von der Maschine verlieh und ein gewisses Maß an Sensibilität im Umgang mit ihr erforderte, die Automatenkontrolle, bei der eine Vielzahl von automatisch arbeitenden Einzelaggregaten (z.B. ein Saal mit automatischen Webstühlen) auf störungsfreien Ablauf überwacht wurden, was zwar nicht körperlich, aber psychisch anstrengend war, die Meßwartentätigkeit an automatischen Großanlagen und außerdem Instandhaltungsarbeiten, sei es als Störfallbehebung, die technisches Wissen erfordert, oder als einfache Wartungsarbeit. Ihre Anteile waren in den einzelnen Branchen sehr unterschiedlich. Auch weiterhin gab es viel Handarbeit. Am Fließband waren in der BRD selbst 1973 nur 5 Prozent aller Arbeiter beschäftigt, meist in der Automobilindustrie. In dem Maße, in dem Roboter die Lücken in der Fließfertigung ausfüllen konnten, die bisher menschlichen Handgriffen vorbehalten blieben, ging die Fließbandarbeit dann eher zurück. Die Zahl der in der BRD installierten Industrieroboter stieg bis 1989 auf 20.000, vor allem bei der Automobilmontage, in der Metallverarbeitung und der Elektroindustrie. Da Automatisierung den Arbeiter fast ganz aus der Produktion herausnahm, ist es klar,

Rationalisierung: industrielle Produktion

daß Automatenkontrolle und Meßwartentätigkeit recht seltene Arbeitsplätze blieben. Der Umfang der Instandhaltungs- und Reparaturarbeiten nahm mit wachsender Mechanisierung zu. Die Gesamtentwicklung lief ohne Frage in die Richtung, daß kraftaufwendige Arbeit durch die Weiterentwicklung der Produktionstechnik immer mehr zurückging, ebenso die Belastung durch Hitze, Lärm, Staub und Gase. Damit und durch verschärfte Schutzauflagen reduzierten sich seit Anfang der 60er Jahre auch die tödlichen Arbeitsunfälle in der BRD stark (1962-87 von 5.110 auf 1.691).

Auch im Handwerk wurden immer mehr Maschinen verwendet. Dabei setzte sich der Trend fort, daß das Handwerk sich aus der eigentlichen Produktion zurückzog und auf Instandhaltung, Montage und Reparatur und auch auf Dienstleistungen verlagerte.

Rationalisierung: Tertiärer Sektor

Im Tertiären Sektor kam es im Verkehrs- und Nachrichtenwesen zur Automatisierung durch entsprechende technische Einrichtungen; beispielsweise wurde beim Telefon auch die Vermittlung von Ferngesprächen automatisiert, bei der Bahn führte man verschiedene neue Signaltechniken ein, Verkehrsampeln ersetzten Verkehrspolizisten auf den Kreuzungen, und auch an Fernseh- und Satellitenübertragungen ist zu denken. Die übrigen Bereiche des Tertiären Sektors erwiesen sich dagegen lange als nicht oder kaum rationalisierbar. Das führte dazu, daß bei steigendem Lohnniveau viele einfache Kunden- und Dienstleistungen ersatzlos wegfielen, weil sie zu teuer wurden und der Kunde sie auch selbst verrichten kann. So hielt die Selbstbedienung im Supermarkt und an der Tankstelle Einzug, die Kofferträger entfielen auf den Bahnhöfen und die Platzanweiser im Kino, und auch die Dienstmädchen im Haushalt verschwanden fast ganz. Nur selten wurden diese Leistungen durch Automaten ersetzt (z.B. Warenautomaten, Fahrkartenautomaten und -entwerter, seit den 70er Jahren Geldausgabeautomaten). Der Übergang zur Selbstbedienung führte im Lebensmitteleinzelhandel auch dazu, daß es sich für alle Lebensmittel (außer Fleisch, Aufschnitt und Käse) einbürgerte, sie nicht mehr lose zu verkaufen, sondern fast nur noch fertig abgepackt. Da im Einzelhandel außer durch die Einführung der Selbstbedienung auch durch billigeren Einkauf von Großmengen und Massenabsatz Rationalisierungseffekte erzielt werden konnten, kam es hier zu einer fortlaufenden Konzentration. Dabei mußten vor allem die kleinen Lebensmittelhändler, die sogenannten „Tante-Emma-Läden", mehr und mehr aufgeben, während der spezialisierte Fachhandel davon kaum berührt wurde. Dagegen konnten 1966-78 in der BRD die Verbrauchermärkte ihren Anteil am Einzelhandelsumsatz von 0,9 auf 13,1 Prozent vergrößern und die Filialunternehmen von 11,0 auf 18,0 Prozent, die Warenhäuser von 9,8 auf 11,0 Prozent und der Versandhandel nur von 4,5 auf 4,9 Prozent. In der Bürotätigkeit begann man erst mit dem Aufkommen billiger Computer, einfache Formular- und Aktenarbeit durch die zeitsparende Arbeit an Geräten zu ersetzen. Das betraf besonders das Sammeln, Verarbeiten und Übertragen standardisierter Daten bei Lagerhaltung, Buchhaltung, Versicherungswesen, Kontoführung bei Banken und Reisebuchungen. Neben alledem standen aber auch Berufe, die weiter wie seit über hundert Jahren ausgeübt wurden und von jeder Rationalisierung unberührt blieben, z.B. Lehrer, Richter und Pfarrer.

Verkehr und Kommunikation

Umfang und Geschwindigkeit der räumlichen Mobilität und Kommunikation wuchsen enorm an. Seit Ende des Weltkriegs gab es regelmäßige Flugverbindungen über den Atlantik. Ende der 50er Jahre verdrängte hier das Düsenflugzeug die Propellermaschine, und in wenigen Jahren kam die Passagierschiffahrt über den Atlantik völlig zum Erliegen: um 1960 brauchte man nach New York nur noch acht Stunden mit dem Düsenflugzeug statt vier bis fünf Tage mit dem Passagierdampfer. Im Güterverkehr über See wuchsen die Schiffsgrößen bis Mitte der 70er Jahre immer weiter an; bei Tankern erreichten sie schließlich 250.000 Tonnen. Im Laufe der 70er Jahre wurde auf den Schiffsrouten nach den USA und Ostasien der Stückgutverkehr fast ganz auf den Containertransport umgestellt, der durch kürzere Hafenliegezeiten und schnellere Schiffe Zeit spart. Im Landverkehr sah sich die Bahn immer stärker der Konkurrenz durch Kraftfahrzeuge ausgesetzt. Seit Mitte der 60er Jahre begann man in den westlichen deutschen Staaten verkehrsschwache Eisenbahnstrecken stillzulegen. Da man aber in der BRD aus politischen Gründen an vielen unrentablen Strecken auch weiter festhielt, mußte die Bahn mit immer größeren Beträgen aus dem Bundeshaushalt unterstützt werden. Für den stark anschwellenden Autoverkehr wurde das Straßennetz stark ausgebaut. Die Länge der bundesdeutschen Autobahnen wuchs 1950-89 von 2.116 auf 8.721 Kilometer. Auf fast allen bundesdeutschen Straßen außer- und innerhalb von Orten war bis Ende der 60er Jahre das Steinpflaster dem Asphalt gewichen, der dann auch zunehmend sandige Feldwege überzog. Zahlreiche Straßen wurden verbreitert. Beim Gütertransport in der BRD ging 1950-89 der Anteil der Bahn von 66,9 auf 26,2 Prozent zurück, während der des Lkw von 9,9 auf 46,7 Prozent stieg. Noch stärker verlor die Bahn im Personenverkehr an Bedeutung. Der Bestand an Pkw in der BRD stieg 1950-89 von 0,5 auf 29,8 Millionen an. Der Individualverkehr im eigenen Pkw wurde rasch auch gegenüber dem Güterverkehr zum beherrschenden Element auf den Straßen. Der eigene Wagen verlieh immer mehr Menschen eine neue räumliche Beweglichkeit, die in unterschiedlicher Weise genutzt wurde, sei es zum Wochenendeinkauf im Supermarkt, bei der Urlaubsreise oder für den Wochenendausflug in Naherholungsgebiete, die damit als solche entstanden.

In der BRD stieg 1950-89 die Zahl der jährlich versandten Briefe von 4,0 auf 13,8 Milliarden und die der schnelleren Telefongespräche sogar von 2,0 auf 31,7 Milliarden. In der transatlantischen Kommunikation wurden außer Kabel und Funk seit 1962 Nachrichtensatelliten eingesetzt, um Telefon- und Fernschreibverbindungen und Fernsehsendungen zu übertragen.

Ähnlich wie in der Kommunikation war auch bei den zirkulierenden Zahlungsmitteln zu beobachten, daß nicht nur die Menge wuchs, sondern sich das Gewicht stärker zu den nichtmateriellen Formen verschob. Damit setzte sich jene Entstofflichung der Zahlungsmittel fort, die schon früher mit der Verlagerung von der vollwertigen Münze zum Papiergeld begonnen hatte. Der bargeldlose Zahlungsverkehr spielte eine immer größere Rolle. Girokonten wurden für immer breitere Kreise üblich, und außerdem kamen ab 1958 Scheckkarten auf. Während in der BRD 1960-1989 der Bargeldumlauf von 22 auf 162 Milliarden Mark stieg, wuchs der Wert aller Überweisungen, Lastschriften und Scheckverrechnungen von 1.300 auf 23.300 Milliarden Mark.

Die Automobilisierung veränderte auch das Gesicht der Städte und die räumliche Ordnung tiefgreifend, zumindest in den westlichen deutschen Staaten. Um der Verkehrsflut Herr zu werden, reichten die verkehrsregelnden Polizisten bald nicht mehr aus. Deshalb breitete sich eine Fülle von Ampeln, Verkehrsschildern und Fahrbahnmarkierungen aus, vor allem innerorts. Die Zahl der Ampeln in Hamburg stieg 1940-74 von 10 auf 1.147. Mit der wachsenden Menge der Autos wandelten sich in den westlichen deutschen Staaten bis Ende der 60er Jahre die städtischen Plätze weitgehend in Parkplätze, oder sie wurden durch den autogerechten Ausbau der Durchgangsstraßen zerschnitten. Parkraum entwickelte sich im Laufe der 50er und 60er Jahre zur Mangelware. In den Hauptverkehrszeiten stellten sich immer häufiger Staus ein. Durchgangs-

Städte

straßen wurden durch den immer dichteren Autoverkehr auch gefährlicher, so daß sie nicht länger als Ort für Kinderspiele dienen konnten und man teilweise auch eigene Radwege anlegte. Um der Überlastung der Innenbereiche der Großstädte durch Autos entgegenzusteuern, begannen die Stadtverwaltungen seit Ende der 60er Jahre, verstärkt den öffentlichen Personennahverkehr zu fördern, und erklärten seit 1970 einzelne Einkaufsstraßen in den Innenstädten zu Fußgängerzonen. Der öffentliche Personennahverkehr mit Wartezeiten, Umsteigen, Zulaufwegen und Überfüllung blieb aber gegenüber dem bequemeren eigenen Wagen nur begrenzt konkurrenzfähig.

Nachdem in den 50er Jahren die Innenstädte wieder aufgebaut worden waren, differenzierten sich seit den 60er Jahren die Städte im Innern in steigendem Maße. In immer mehr großen Städten kam es zur Citybildung. An den Rändern flossen die Städte zunehmend in lockerer, flächenaufwendiger Bebauung ins Umland aus, da das eigene Auto es ermöglichte, auch über größere Strecken zu pendeln. Während also ein Teil der Stadtbevölkerung in die durchgrünten Eigenheimgebiete am Stadtrand abzog, blieben in schlechter ausgestatteten Altbaugebieten ärmere und oft auch ältere Menschen zurück, und dort konzentrierten sich auch Ausländer.

Räumliche Ordnung So war es unausweichlich, daß ein immer größerer Teil der Fläche der BRD für Verkehrsflächen, Wohnbebauung und Gewerbe benötigt wurde. Deren Anteil stieg 1951-89 von 7,6 auf 12,8 Prozent, während gleichzeitig der Anteil naturnaher Flächen (Moor, Gewässer und Ödland) von 6,5 auf 3,1 Prozent schrumpfte.

Die räumliche Verteilung der Arbeitsplätze wurde in der BRD ungleicher. In ländlichen Gebieten ging die Zahl der landwirtschaftlichen Arbeitsplätze stark zurück. Industrielle Arbeitsplätze entstanden zwar stärker als zuvor auch in ländlichen Räumen, aber doch in wesentlich stärkerem Maße in den größeren Städten, wo die Infrastruktur und das Angebot qualifizierter Arbeitskräfte besser war, und die stark expandierenden Arbeitsplätze des Tertiären Sektors konzentrierten sich erst recht verstärkt auf wenige Großzentren. So zogen die Ballungsgebiete einen wachsenden Anteil der Wohnbevölkerung auf sich. Relativ abgelegene Gebiete, vor allem im Mittelgebirgsraum, begannen sich schließlich auch zu entleeren. Wenn diese Landflucht nicht noch wesentlich stärker ausfiel, so deshalb, weil das Auto es für viele möglich machte, mit täglichem Pendeln über große Entfernungen einen städtischen Arbeitsplatz wahrzunehmen und trotzdem auf dem Lande wohnen zu bleiben.

Aufs Ganze betrachtet besaß die BRD aber eine ausgeglichenere Raumstruktur als das Deutsche Reich und auch als jeder andere Industriestaat vergleichbarer Größe. Dies hatte den Vorteil, daß so die Möglichkeiten zur Teilhabe am kulturellen und gesellschaftlichen Leben gleichmäßiger verteilt waren. Das rückständige Ostelbien war verlorengegangen, und der süddeutsche Raum holte seit Anfang der 60er Jahre seinen Rückstand gegenüber den stärker industrialisierten Regionen im Norden auf. Berlin übte wegen seiner Abseitslage für die BRD keine Hauptstadtfunktion mehr aus, ohne daß Bonn diese Rolle voll übernommen hätte. Selbst ein großer Teil der obersten Bundesbehörden saß nicht in Bonn, sondern war auf verschiedene Großstädte verteilt. Stattdessen entstand ein System von fünf Teilhauptstädten. Dazu gehörten Bonn als Regierungssitz, Frankfurt als Finanz- und Verkehrszentrum, München als Kulturmetropole, Hamburg als Außenhandelszentrum und Düsseldorf als Sitz vieler Wirtschaftsverbände. Zu diesen Verlagerungen trug auch bei, daß die industriellen Wachstumsbranchen anders als die Montanindustrie, die ehemalige Führungsbranche, bei ihrer Standortwahl nicht mehr an Rohstoffvorkommen gebunden sind. Dies minderte

998

umgekehrt die Bedeutung des Ruhrgebiets. Während Ost-Berlin in die Funktion einer Hauptstadt der DDR hineinwuchs, verfiel West-Berlin spätestens seit seiner Abschnürung durch den Mauerbau 1961 fortschreitender Auszehrung. Auch massive Subventionen des Bundes (1951-89 insgesamt 349 Milliarden Mark!) konnten dies nur abschwächen, aber nicht verhindern.

Die Entwicklung der DDR wich von jener in den westlichen deutschen Staaten insofern ab, als die Automobilisierung und erst recht der Ausbau des Straßennetzes geringer blieben. Die Eisenbahn war weiter das Rückgrat des Verkehrssystems, und der öffentliche Personennahverkehr spielte eine relativ größere Rolle. Die Wirtschaftsplanung ließ keine vergleichbare Zersiedelung der Stadtrandgebiete zu. Da das Gewerbe stärker in großen Betrieben konzentriert war, durchsetzte es auch die ländlichen Gegenden weniger. Das führte ebenso wie das oft vorhanden gebliebene Kopfsteinpflaster und die geringere Autodichte dazu, daß das äußere Erscheinungsbild dieser Gegenden im Vergleich zur BRD zunehmend unmoderner und eintöniger wirkte.

Die natürlichen Ressourcen der BRD reichten immer weniger aus, um den wachsenden Bedarf zu befriedigen. Da mit dem Ausgang des Kriegs die agrarischen Überschußgebiete Ostelbiens verlorengingen und die Bevölkerung auf dem Gebiet der BRD weiter stieg, mußte ein größerer Teil von Nahrungsmitteln importiert werden als zuvor. Um 1970 deckte die Inlandsproduktion 75 Prozent des Nahrungsmittelverbrauchs; zieht man davon jenen Teil der Fleischerzeugung ab, der auf Futtermittelimporten basierte, waren es nur noch 60 Prozent, und berücksichtigt man die in der landwirtschaftlichen Produktion verwendete importierte Energie, kommt man auf noch viel weniger. Der steigende Wasserverbrauch zwang zu höheren Aufwendungen für die Wassergewinnung, wobei den Ballungsgebieten das Wasser aus zunehmend größerer Entfernung zugeleitet werden mußte. Indem die Art der verbrauchten Energie sich von der heimischen Kohle zum fast gänzlich importierten Erdöl und zum größtenteils ebenfalls importierten Erdgas verlagerte, sank 1950-78 die Selbstversorgung von 93 auf 29,6 Prozent des Gesamtenergieverbrauchs. Ähnliches gilt für die Rohstoffe der Chemieindustrie, die in den 60er Jahren weitgehend von Kohle auf Erdöl als Hauptrohstoff umstellte. Von dem 1978 in der BRD verbrauchten Holz stammte noch gut die Hälfte aus eigenen Wäldern. Der Bedarf an Baumwolle und anderen Pflanzenfasern ist vollständig auf Importe angewiesen. Die vorhandenen Lagerstätten mineralischer Rohstoffe wurden nach und nach weitgehend geschlossen, weil sie erschöpft oder angesichts billigerer Importe nicht mehr wettbewerbsfähig waren. Aus eigener Bergwerksproduktion stammte 1983 bei Zinkerz noch 28 Prozent, Bleierz 9 Prozent und Eisenerz nur noch 2 Prozent des Bedarfs und bei allen übrigen mineralischen Rohstoffen (fast) nichts mehr. Dabei verlagerte sich die Herkunft der importierten mineralischen Rohstoffe immer stärker von europäischen auf überseeische Lieferanten. Deren politische Berechenbarkeit war teilweise zweifelhaft. Es darf aber nicht übersehen werden, daß in steigendem Maß Altmaterial wiederverwendet wurde. Der Anteil von Altmaterial an dem im Produktionsprozeß eingesetzten Rohmaterial betrug 1980 in der BRD bei Blei 45 Prozent, bei Stahl, Kupfer und Zinn etwa 40 Prozent, bei Aluminium 30 Prozent und Zink 25 Prozent sowie bei Papier 43 Prozent (1913 hatte Schrott erst 13 Prozent des Ausgangsmaterials für die Stahlerzeugung ausgemacht), und in der DDR lag die Wiederverwertungsquote noch höher. Die Wiederverwertung von Altmaterial wurde also als Rohstoffquelle bedeutender als die eigenen natürlichen Vorkommen.

Natürliche Ressourcen und Versorgungssicherheit

In den übrigen deutschen Staaten waren die natürlichen Ressourcen im Ganzen gesehen mindestens ebenso begrenzt wie in der BRD.

*Umwelt und
Entsorgung:
Belastungen*

Der enorme Anstieg von Produktion und Konsum seit dem Zweiten Weltkrieg, die Veränderungen der Produktionsmethoden und die Eigenschaften etlicher der neu erfundenen Produkte führten dazu, daß die natürliche Umwelt und auch die Menschen immer stärker belastet wurden. Indem die Wirtschaft kräftig wuchs, stieg in der BRD die gewerbliche Produktion je Flächeneinheit auf höhere Werte an als in jedem anderen Staat (von Stadtstaaten einmal abgesehen).* Deshalb stellte sich hier auch das Problem der Umweltbelastung eher und schärfer als anderswo.

Industrie und Kraftwerke gaben immer mehr teilweise giftige Abwässer und Abgase sowie Abwärme an Gewässer und Luft ab und ließen außerdem feste Abfälle entstehen. Die stark wachsende Chemieindustrie brachte eine steigende Flut neuer chemischer Verbindungen in den Handel. Als immer mehr Autos die Straßen füllten und Düsenflugzeuge aufkamen, entstand an Hauptverkehrsstraßen und in der Nähe von Flughäfen ein beträchtlicher Verkehrslärm. Außerdem wuchsen die Abgase, die von diesen Verkehrsmitteln ausgestoßen wurden, zu beträchtlichem Umfang an. In den Haushalten führte der Weg zum Massenkonsum auch zu massenhaftem Abfall. Dazu trug nicht zuletzt bei, daß die Verpackungen aufwendiger wurden. Die Menge des Hausmülls in der BRD stieg 1952-80 von 25 auf 135 Millionen Kubikmeter. Die Landwirtschaft griff vor allem mit Bioziden und Flurbereinigung nachhaltiger als je zuvor in die Umwelt ein.

Die in die Gewässer eingeleiteten Schadstoffe und Abwärme (Kühlwasser) überforderten vielfach zunehmend die Selbstreinigungskraft des Wassers. So starb an immer mehr Stellen eine Wassertierart nach der anderen aus, das Baden in den Gewässern mußte vielerorts als gesundheitsschädlich aufgegeben werden, manche Flüsse verkamen überhaupt zu biologisch toten Abwassergräben. Von den zahlreichen neuen chemischen Verbindungen war meist zunächst nicht hinlänglich bekannt, ob sie auf den menschlichen Körper und die Umwelt schädlich wirkten. Die Wirkungsforschung hatte keinen Überblick über die Vielfalt und erst recht nicht darüber, bei welchen Wechselwirkungen verschiedener Substanzen sich deren Wirkungen potenzierten. Überdies sind viele chemische Verbindungen recht stabil, so daß sie als Rückstände lange in der Umwelt erhalten bleiben. Beim Hausmüll stieg nicht nur die Menge, sondern es nahm auch der Anteil nicht verrottender Stoffe (besonders Kunststoffe) zu auf Kosten der leichter zu beseitigenden organischen Stoffe. Hinzu kam die wachsende Menge schwer zu beseitigender giftiger Sonderabfälle. Die in die Luft abgegebenen Schadstoffe lagern sich nun irgendwann irgendwo wieder ab. Aggressive Substanzen aus der Luft fraßen zunehmend Gebäudeoberflächen an und waren anscheinend auch die Hauptverantwortlichen dafür, daß sich seit Ende der 70er Jahre großflächige Waldschäden rasch ausbreiteten. Daß sich stabile Schadstoffe auf dem Boden ablagerten und dort akkumulierten, war langfristig insofern problematisch, weil Boden im Unterschied zu Luft und Wasser nicht entgiftet werden konnte. Der Einsatz von Bioziden vernichtete nicht nur Schädlinge, sondern auch andere, oft nützliche Tiere oder deren Futtergrundlage, und da manche Biozide nicht in angemessener Zeit zerfielen, konn-

---

* Der Wert der Produktion des verarbeitenden Gewerbes je Staatsfläche betrug 1977 in der BRD 1,8 Millionen DM/Quadratkilometer; zum Vergleich: in Belgien 1,6, den Niederlanden 1,5, Japan 1,2, Großbritannien 0,6, Frankreich 0,4 und USA 0,1.

ten diese als Rückstände an Nahrungsmitteln haften und sich im Boden und Grundwasser anreichern. Diese wie andere in den Boden gelangende Gifte konnten durch Pflanzen aufgenommen werden und sich dann im Laufe von Nahrungsketten im Körper von Tieren und Menschen anreichern. Die Flurbereinigung, die viele Hecken beseitigte, um maschinengerechte Großflächen zu schaffen, die Feuchtflächen drainierte und Flüsse begradigte, zerstörte Lebensräume für manche Tier- und Pflanzenart und führte damit zusammen mit den Bioziden dazu, daß die Artenfülle abnahm. Von den 28 Arten von Säugetieren und Vögeln, die bis 1985 in Deutschland restlos ausstarben, geschah dies bei 7 in den ganzen Jahrhunderten vor 1800 und bei 5 im 19. Jahrhundert, aber bei 16 in den Jahren 1900-85.

Nachdem man sich nach dem Zweiten Weltkrieg zunächst ganz darauf konzentriert hatte, wieder aufzubauen und die Bevölkerung besser zu versorgen, entstand seit Ende der 60er Jahre in den westlichen deutschen Staaten durch die Medien ein öffentliches Problembewußtsein für Umweltfragen, und 1970 begann in der BRD eine gezielte Umweltpolitik. Teilweise wurde noch einmal die alte Methode weitergetrieben, Schadstoffe einfach nur weiter weg zu verlagern: einige besonders giftige Stoffe leitete man nun nicht mehr in Flüsse, sondern direkt in die Nordsee ein, und Hochschornsteine sollten die Abgase weiträumiger verteilen. Aber angesichts der anfallenden Mengen war dieses Verhalten endgültig zum Scheitern verurteilt; es trug nur dazu bei, daß jetzt auch in der Nordsee und in industriefernen Waldgebieten Schäden auftraten. Konstruktiver waren andere Wege. Seit 1970 ergingen in der BRD eine Fülle von Gesetzen, Verordnungen und Vorschriften zur Umweltpolitik, vielleicht mehr als in jedem anderen Staat. Diese verboten bestimmte Stoffe und Verfahren (z.B. 1972 DDT, 1988 verbleites Normalbenzin), führten für Emissionen finanzielle Belastungen ein (Abwasserabgabengesetz 1976) und setzten vor allem immer mehr Grenzwerte fest für Schadstoffe in Abwässern, Abgasen und Lebensmitteln sowie Lärm (u.a. Fluglärmgesetz 1971, Immissionsschutzgesetz 1974, Chemikaliengesetz 1980). Die Behörden richteten zahlreiche Meßstellen zur Luft- und Wasserüberwachung ein. Indem man maß, wo dies früher nicht geschehen war, und außerdem die technischen Nachweismöglichkeiten ständig verfeinert wurden, entdeckte man immer häufiger Giftstoffe. Dabei mißdeutete die Öffentlichkeit das Entdecken des bereits länger Vorhandenen oft als Neuauftreten. Während es 1971 in der BRD etwa 50.000 Abfalldeponien gab, die fast alle ungeordnet und ohne besondere Sicherheitsvorkehrungen waren, ganz zu schweigen von zahlreichen wilden Müllkippen irgendwo in der Landschaft, wurden die meisten von ihnen im Laufe der 70er Jahre geschlossen. Stattdessen legten die Kommunen und Kreise geordnete Zentraldeponien an. Kanalisation und Kläranlagen wurden weiter ausgebaut, so daß 1957-79 der Anteil der Privathaushalte, die nicht an Kanalisation und Kläranlage angeschlossen waren, von 40 auf 11 Prozent fiel, während der Anteil derjenigen, deren Abwässer vollbiologisch behandelt wurden, von 10 auf 53 Prozent stieg.

In manchen Bereichen wurden durch die Umweltpolitik spürbare Erfolge erzielt, in anderen nicht. Der Trend zunehmender Gewässerverschmutzung konnte in den 70er Jahren bei vielen Flüssen bei den leicht abbaubaren Stoffen umgekehrt werden, während bei den schwer abbaubaren noch keine Trendwende eintrat. Die jährlich an die Luft abgegebene Menge von Kohlenmonoxid sank in der BRD 1970-86 von 14,0 auf 8,9 Megatonnen und die von Staub 1966-86 von 1,8 auf 0,55, während die Emission von Stickstoffoxiden 1966-80 von 2,0 auf 3,1 Megatonnen/Jahr anstieg.

Es blieben Probleme genug. Manche wünschenswerten Verbote kamen gegen poli-

Umwelt-
politik in
der BRD

tische Widerstände nicht zustande, sei es, daß Industriefirmen meinten, auf bestimmte giftige Stoffe nicht verzichten zu können, sei es bei einem Gegenstand wie der Zigarette, die man angesichts ihrer hohen Schädlichkeit natürlich sofort verboten hätte, wenn sie erst jetzt erfunden worden wäre. Bei vielen Umweltgesetzen bestand ein beträchtliches Vollzugsdefizit. Auch wenn die Neuemissionen zurückgingen, änderte dies noch nichts am Problem der Altlasten in Form alter, z.T. undichter Deponien und bereits im Boden und in der Nahrungskette angereicherter Giftstoffe. Auch Kläranlagen, Müllverbrennungsanlagen und Abgasfilter bringen Schadstoffe nicht zum Verschwinden, sondern sammeln sie nur in Klärschlamm, Rückständen und Schlacke, die ihrerseits entsorgt werden müssen. Dem steigenden Bedarf an Deponieraum standen letztlich nur begrenzte Flächen gegenüber. Ständig neu geschaffene Stoffe riefen neue Probleme hervor. Schließlich ließen sich viele Probleme durch eine rein nationale Umweltpolitik auch überhaupt nicht in den Griff bekommen, so die über die Staatsgrenzen hinweggetragenen Luftschadstoffe, von den weiter flußaufwärts befindlichen Anliegern an Rhein und Elbe belastetes Wasser, Schadstoffe in importierten Lebensmitteln und erst recht die Verunreinigung der internationalen Nordsee. Dabei sah die BRD sich in den 80er Jahren bei ihren Versuchen, die Umweltschutzgesetzgebung auf EG-Ebene voranzutreiben, mehrfach durch einige andere EG-Länder gehindert, besonders durch Großbritannien.

Umwelt-
probleme
in der DDR
In der DDR waren zwar Bevölkerungsdichte und Produktionsmenge je Einwohner geringer, aber trotzdem erreichten dort die Umweltschäden ein wesentlich höheres Ausmaß als in der BRD. Die Schadstoffemission pro Kopf der Bevölkerung betrug in der DDR (1988) im Vergleich zur BRD (1989) bei Schwefeldioxid 314 bzw. 17 Kilogramm, bei Staub 132 bzw. 9 Kilogramm und bei Kohlenmonoxid 172 bzw. 138 Kilogramm. Kanalisation und Kläranlagen sowie hinreichend gesicherte Deponien erfaßten in der DDR einen geringeren Anteil des Abwässer- und Müllanfalls, und außerdem rief auch die stärker industrialisierte Betriebsweise der Landwirtschaft größere ökologische Schäden hervor. Lange leugnete die Führung der SED, daß es im Sozialismus überhaupt Umweltprobleme gebe, und erklärte diese stattdessen für eine Folge kapitalistischen Profitstrebens. Aber ob Gewinnmaximierung oder Planerfüllung das betriebswirtschaftliche Ziel darstellten − zusätzliche Kosten für Umweltschutzmaßnahmen waren den Betriebsleitern in beiden Fällen zuwider. Im Wettlauf mit der wirtschaftlich überlegenen BRD erhielt nun Wachstum in der DDR eine eindeutigere Priorität vor Umweltschutz. Auch das höhere Alter der Produktionsanlagen trug dazu bei, daß mehr Schadstoffe an die Umwelt abgegeben wurden. Da eine öffentliche Diskussion über Umweltfragen in der DDR von der Führung verhindert wurde, blieb außerdem das Umweltbewußtsein dort auch schwächer und erzeugte keinen politischen Druck.

Gesundheit
In der westlichen Medizin entstanden seit dem Zweiten Weltkrieg eine Vielfalt neuer technischer Geräte für Diagnose und Therapie, die in immer größerer Zahl in die ärztlichen Praxen einzogen, und eine unüberschaubare Fülle chemischer Medikamente, deren Verbrauch sich vervielfachte. Die herrschende Medizin ging mehr denn je von einem naturwissenschaftlichen Krankheitsverständnis aus, während die psychosomatischen Aspekte des Krankheitsgeschehens weitgehend vernachlässigt und oft nicht angemessen behandelt wurden. Die technisch-chemische Verfahrensweise erfaßte selbst die Geburt: bis Ende der 70er Jahre verdrängte der Kreissaal die Hausgeburt völlig, und zunehmend wurde die programmierte Geburt eingeführt, bei welcher

der Zeitpunkt der Entbindung durch Hormonabgaben manipuliert wird. Die Kosten für das Gesundheitswesen stiegen in der BRD stark an. Das lag daran, daß der teure Apparatepark wuchs, den seine Besitzer dann auch auslasten wollten, daß sich eine Haltung der Bürger ausbreitete, die auch bei unbedeutenden Beschwerden das Gesundheitswesen unmäßig in Anspruch nahm, daß Medikamente in mißbräuchlichem Umfang verbraucht wurden und daß vor allem im Gesundheitswesen überhaupt ein kostendämpfender Wettbewerb fehlte.

Die Erhöhung des Aufwands führte aber zu keiner entsprechenden Steigerung des Nutzens. Gewiß konnten viele Schäden zunehmend chirurgisch dauerhaft repariert werden. Aber bei der Bekämpfung von Krebs, Herz-Kreislauf-Krankheiten und chronischen Erkrankungen wurden keine Durchbrüche erzielt. Das subjektive Gesundheitsbefinden wurde nicht besser, und seit den 50er Jahren stieg die Lebenserwartung Erwachsener nur noch gering. Es starben seit den 50er Jahren kaum noch Deutsche vor dem sechsten Lebensjahrzehnt, so daß der Tod zur Alterserscheinung wurde, aber dann kam er massenhaft, und hier konnte die Lebensgrenze kaum weiter vorgeschoben werden. Die Reste von Todesfällen aufgrund von Infektionskrankheiten wurden weitgehend beseitigt; dafür stieg in der BRD 1949-88 der Anteil des Krebses an den Todesursachen von 15,5 auf 24,6 Prozent und jener der Krankheiten des Herz-Kreislauf-Systems von 29,0 auf 49,7 Prozent. Dagegen blieb die Selbstmordrate in der BRD ziemlich konstant, und zwar auf jenem Niveau, das schon im Kaiserreich bestanden hatte. Zunehmende Bedeutung gewannen selbstverschuldete Gesundheitsgefährdungen: Rauchen, übermäßiger Alkoholkonsum und übermäßige Ernährung.

Der fast ausschließlich staatliche Medizinbetrieb der DDR machte die Arzneimittelschwemme und den Weg in die übertriebene Apparatemedizin nicht mit, sondern blieb eher karg ausgestattet. Zugleich widmete er der Vorsorge mehr Aufmerksamkeit.

Anders als im Gesundheitsstand wurden die Fortschritte für die Deutschen im Konsum deutlich spürbar. Nach der Not der ersten Nachkriegsjahre kam es in der BRD Anfang der 50er Jahre zunächst zu einer Welle des Sich-Satt-Essens. Darauf folgten in weiteren Wellen das Streben nach neuer Kleidung sowie Haushaltsgerät und Einrichtung und schließlich das Streben nach Auto und Reisen. Im Laufe der 50er und 60er Jahre konnten Arbeiterkreise die proletarische Enge und Dürftigkeit weitgehend überwinden. Erstmals in der deutschen Geschichte wurde ein über die Grundbedürfnisse hinausgehender Konsum zur Massenerscheinung. Viele Deutsche, die in den späten 40er Jahren gegen den Hunger gekämpft hatten, kämpften ein, zwei Jahrzehnte später gegen ihr Übergewicht. In den 50er Jahren stellten das liebevoll gepflegte eigene Auto und die Urlaubsreise ins Ausland für viele ein Statussymbol dar, in den 70er Jahren waren sie gewöhnlich geworden.

Indem der Konsum wuchs, änderte sich dessen Struktur. Zur Befriedigung des Bedarfs an Nahrungs- und Genußmitteln sowie an Kleidung und Schuhen reichte ein immer geringerer Anteil des Einkommens. Bei einem durchschnittlichen Vier-Personen-Arbeitnehmerhaushalt fiel er 1950-89 von 43,0 auf 23,8 Prozent bzw. von 15,4 auf 8,0 Prozent. Dagegen stieg vor allem der Anteil der Ausgaben für Wohnungsmiete (7,2 auf 26,3 Prozent), für Verkehr und Nachrichtenübermittlung (5,7 auf 15,5 Prozent) und auch für Bildung und Unterhaltung.

Der Nahrungsmittelverbrauch je Kopf erreichte 1954 knapp 3.000 Kilokalorien pro Tag und blieb seitdem etwa konstant. Die Zusammensetzung der Nahrung verschob sich aber mit steigendem Wohlstand immer mehr von voluminösen und stärkereichen

Massen-
konsum:
BRD

1003

Nahrungsmitteln hin zu solchen mit mehr Eiweiß, Fett und Vitaminen. Vergleicht man den jährlichen Pro-Kopf-Verbrauch in der BRD 1950/51 und 1975/76, so fiel er bei Kartoffeln von 186,0 auf 79,5 Kilogramm, stieg dagegen bei Fleisch von 39,0 auf 82,5 Kilogramm, bei Frischobst von 40,7 auf 88,1 Kilogramm und bei Zitrusfrüchten sogar von 7,8 auf 23,3 Kilogramm. Mit der Liberalisierung des Außenhandels erschienen auch in stärkerem Maße als zuvor ausländische Nahrungsmittel auf bundesdeutschen Tischen, von französischem Käse über italienische Trauben bis zu neuseeländischen Kiwis. Wahrscheinlich ist es auch der veränderten Nahrungszusammensetzung zuzuschreiben, daß die Körperlänge der nachwachsenden Generationen weiter deutlich zunahm. Noch stärker als bei den feineren Nahrungsmitteln war der Anstieg bei den weniger notwendigen Genußmitteln: so stieg 1950/51 bis 1975/76 der Verbrauch von Kaffee von 0,6 auf 5,7 Kilogramm, bei Bier von 39,4 auf 105,4 Liter, bei Wein von 5,8 auf 23,6 Liter und von Zigaretten von 481 auf 2.042 Stück. Seit Mitte der 70er Jahre erhöhte sich der Verbrauch der meisten Nahrungs- und Genußmittel pro Kopf dann nur noch langsam oder stagnierte.

Die wachsende Rolle der Wohnung bei den Haushaltsausgaben hatte mit steigenden Mieten, wesentlich aber auch mit qualitativen Verbesserungen zu tun. Durch einen umfangreichen Wohnungsbau wurde der Wohnungsbestand in der BRD 1950-67 verdoppelt. Dadurch verschwanden die Untermieterverhältnisse und Behelfsunterkünfte weitgehend. Da die Wohnungen größer und die Personenzahl je Haushalt kleiner wurde, stieg 1950-86 die Wohnfläche pro Person von 15 auf 37 Quadratmeter. Die Trennung von Wohnzimmer und Küche wurde auch bei Arbeitern üblich. Indem die Wohnungen größer wurden und die Kinderzahl je Familie sank, setzte es sich jetzt auch außerhalb des gehobenen Bürgertums massenhaft durch, daß Kinder ein eigenes Zimmer bekamen. Darüber hinaus verbesserte sich die Ausstattung der Wohnungen. Der Anteil der Wohnungen mit Bad stieg 1950-79 in der BRD von 20 auf 90 Prozent, der Anteil jener mit Zentralheizung statt Ofenheizung 1960-83 von ca. 10 auf 70 Prozent.

Eine Reihe von elektrischen Haushaltsgeräten hielten Einzug und erleichterten die Hausarbeit. Vergleicht man für einige langlebige Konsumgüter, wieviele aller Haushalte über diese 1962, 1973 und 1983 verfügten, so zeigt sich ihre allmähliche wie unterschiedliche Verbreitung: es waren beim Staubsauger 65 bzw. 91 bzw. 96 Prozent, beim Kühlschrank 52/93/96 Prozent, beim Fotoapparat 42/68/78 Prozent, beim Fernseher 36/89/94 Prozent, bei der elektrischen Waschmaschine 34/75/83 Prozent, beim Pkw 27/55/65 Prozent, beim Telefon 14/51/88 Prozent, beim Tonbandgerät 5/25/35 Prozent, beim Gefrierschrank 3/28/65 Prozent und bei der Geschirrspülmaschine 0/7/24 Prozent.

Der Konsumstandard der Alpenrepubliken unterschied sich von dem der BRD nur insoweit, als das Volkseinkommen pro Kopf abwich.

Konsum:
DDR

In der DDR dauerte hingegen nicht nur die karge Nachkriegszeit länger als in der BRD, da die Führung beim Wiederaufbau der Schwerindustrie den Vorrang vor privaten Konsumwünschen einräumte, dort hinkte nicht nur das Gesamtniveau des Konsumstandards stets um einige Jahre hinterher, sondern in manchem weicht auch seine Struktur ab vom bundesdeutschen Konsum des dem Niveau nach vergleichbaren Jahres. Der Wohnungsbau wurde in der DDR lange vernachlässigt und erst in den 70er Jahren stärker gefördert, und zwar fast ausschließlich in Gestalt von uniformen Wohnhochhäusern aus industriell vorgefertigten Großplatten. So waren in den 80er Jahren im Vergleich zur BRD die Wohnungen im Durchschnitt wesentlich älter, kleiner und auch weiterhin knapp, und junge Ehepaare mußten oft jahrelang auf die Zuteilung einer Wohnung warten und währenddessen bei ihren Eltern wohnen. Weil die Wirtschaft der DDR auf dem Weltmarkt vielfach nicht wettbewerbsfähig war, gingen qualitativ hochwertige Waren zu einem großen Teil in den Export, um Devisen zu verdienen, und waren dann im Inland nur sehr begrenzt vorhanden, und da trotzdem Devisen für Importe aus dem Westen knapp waren, lag auch die Versorgung mit von dort stammenden Waren immer deutlich unterhalb der Nachfrage (z.B. Südfrüchte und Kaffee). Als Folge der Wirtschaftsordnung waren aber auch einzelne heimische Konsumgüter des öfteren nur schwer oder gar nicht zu bekommen. Das Preisgefüge wurde in der DDR durch massive Subventionen einerseits und hohe Abschöpfungen andererseits stark verzerrt, so daß Grundnahrungsmittel, Mieten und öffentliche Verkehrsmittel wesentlich billiger, dagegen Güter des gehobenen Bedarfs (z.B. Elektrogeräte, Autos, gute Kleidung) wesentlich teurer waren als in der BRD. Dies beeinflußte entsprechend die Ausgabenstruktur der Haushalte. Es hatte überdies auch Folgen für die Qualität: da die Mieten auf dem Stand von 1939 eingefroren waren, deckten sie immer weniger die Betriebskosten, so daß erforderliche Reparaturen unterblieben und die Wohnbauten zunehmend verfielen.

Mit wachsendem Einkommen und Jahresurlaub entstand auch der Massentourismus. Der Anteil der Einwohner der BRD, die im fraglichen Jahr eine Urlaubsreise von mindestens fünf Tagen gemacht hatten, stieg 1962-80 von 26,3 auf 57,7 Prozent. Dabei waren die einzelnen sozialen Schichten unterschiedlich stark beteiligt: 1977 machten 80 Prozent der leitenden Angestellten und Beamten, aber nur 42 Prozent der Arbeiter und gar nur 14 Prozent der selbständigen Landwirte eine Urlaubsreise. Alpenraum und Küsten, vor allem das Mittelmeer, blieben die bevorzugten Reiseziele und wurden zunehmend überlaufen, ja wandelten sich durch Großhotels und Ferienzentren, Skilifte und Seilbahnen zu speziellen Ferienlandschaften. Seit 1972 überwiegen die Auslandsreisen der Bundesdeutschen ihre heimischen Urlaubsreisen.

Massentourismus

Für die Bewohner der DDR waren dagegen die Möglichkeiten zu Urlaubsreisen ins Ausland stark eingeschränkt und ins westliche Ausland kaum möglich.

9.3 Spaltung und Konkurrenz zweier Gesellschaftsordnungen

Während die Gegebenheiten und Probleme des fortgeschrittenen Industrialismus dem Wirtschaftsleben aller deutschen Staaten zahlreiche Gemeinsamkeiten verliehen, unterschieden sich hinsichtlich der gesellschaftlichen Ordnung vor allem die sozialistische DDR und die anderen deutschen Staaten grundlegend voneinander. Sie sollen hier deshalb getrennt behandelt werden.

Zunächst zum deutschen Hauptstaat, der Bundesrepublik Deutschland.

BRD: soziale Mobilität

Der Ausgang des Zweiten Weltkriegs schüttelte die deutsche Gesellschaft kräftig durcheinander, räumlich und sozial. Die Wanderungsbewegungen von Millionen von Flüchtlingen und Vertriebenen, von während des Kriegs vor dem Bombenkrieg Evakuierten und von aus der Kriegsgefangenschaft entlassenen Soldaten verebbten erst in den 50er Jahren. Vor allem brachte er einen gewaltigen Schub gesellschaftlicher Deklassierung mit sich. Flüchtlinge und Vertriebene sahen sich im Regelfall zunächst gezwungen, mit minderen Arbeiten vorlieb zu nehmen. Die ehemals Selbständigen unter ihnen mußten meist lohnabhängige Arbeiten annehmen, und vor allem für die ehemaligen Besitzer von landwirtschaftlichen Betrieben blieb es fast immer bei einem dauerhaften sozialen Abstieg. Viele Deutsche sahen sich in diesen Jahren auch zumindest vorübergehend aus ihrem alten Beruf ausgestoßen, vor allem durch die Entnazifizierung. Mit dem „Wirtschaftswunder" der 50er Jahre gelang es dann umgekehrt vielen, aus kleinen Anfängen neuen Wohlstand und Reichtum aufzubauen.

Nachdem diese besonderen Faktoren der Anfangszeit ihren Einfluß eingebüßt hatten, traten deutlich Bildungsqualifikationen und ererbter Besitz als jene entscheidenden Schlüssel hervor, welche die Tore zu den einzelnen Positionen in der Gesellschaft öffneten. Rund die Hälfte der Handwerker und Kaufleute, der größte Teil der Eigentümerunternehmer (1969: 73 Prozent) und fast alle Landwirte rekrutieren sich aus ihren eigenen Kreisen, da hier Erbschaft eines Betriebs eine große Rolle spielt. Innerhalb der Gruppe der Unselbständigen ist dagegen die Qualifikation entscheidend, und da allmählich die weitaus meisten Positionen unselbständig geworden sind, wurde das Bildungs- und Ausbildungssystem für den Zugang zu gesellschaftlichen Positionen bedeutender als je zuvor. Deshalb ist bei den Angestellten und Beamten auch sowohl die Aufstiegs- wie die Abstiegsmobilität höher als bei Selbständigen und Arbeitern. Seit Mitte der 60er Jahre hob eine umfangreiche Diskussion ins öffentliche Bewußtsein, daß immer noch höhere Bildungsabschlüsse von Kindern aus den verschiedenen sozialen Schichten in recht unterschiedlichem Ausmaß erreicht wurden. Auch weiterhin ließ sich feststellen, daß ein höheres Bildungsniveau der Eltern die Bildungschancen der Kinder vergrößerte. Noch in den 50er Jahren bestand bei Arbeitern und in der ländlichen Bevölkerung eine deutliche psychologische Abneigung dagegen, ihre Kinder auf die ihnen fremden höheren Schulen zu schicken. Nicht zuletzt unter dem Einfluß der Werbung für höhere Bildung verschwanden diese Vorbehalte dann im Laufe der 60er und 70er Jahre. Um auch finanzielle Ursachen für ungleichen Zugang zu den einzelnen Teilen des Bildungssystems abzubauen, schaffte man in den 40er und 50er Jahren das Schulgeld für Gymnasien ab, führte in einigen Bundesländern Lehrmittelfreiheit ein und gewährte ab 1971 mit dem Bundesausbildungsförderungsgesetz (BaföG) Zuschüsse und Darlehen für Studenten und Schüler aus einkommensschwachen Familien. Letztere schränkte die Bundesregierung aber ab 1981 unter dem Zwang zum Sparen wieder deutlich ein.

Die sich ständig, meist über relativ kurze Distanzen vollziehenden sozialen Aufstiegs- und Abstiegsprozesse hielten einander nicht die Waage, sondern der Wandel der Berufsstruktur erzeugte einen Sog in bestimmte Richtungen. Die Expansion der Stellenzahl in einzelnen Bereichen führte dazu, daß ihre Rekrutierungsfelder sich nach unten ausweiteten. Indem die Studentenzahlen stark anstiegen, kamen Studenten in wachsendem Maße besonders aus der unteren Mittelschicht und in geringerem Umfang auch verstärkt aus der Arbeiterschaft. Der Anteil der Studenten an wissenschaftlichen Hochschulen, die aus Arbeiterfamilien stammten, stieg 1951-76 von 4 auf 16 Prozent und stagnierte dann. Mit der Expansion der Angestellten- und Beamtenschaft strömten auch dort in steigendem Umfang junge Menschen aus Arbeiterfamilien zu. Indem sich die Zahl der Facharbeiter auf Kosten der ungelernten Arbeiter vergrößerte, fanden verstärkt Bundesbürger aus den Familien der letztgenannten den Weg in die Facharbeiterexistenz. Bei diesen Verschiebungen ist allerdings unklar, in welchem Ausmaß diese Zuströme als sozialer Aufstieg anzusehen sind. Die erreichten Angestelltenpositionen waren nicht unbedingt sozial höherwertig als die väterliche Arbeiterexistenz. Bei den höheren Bildungsabschlüssen veränderte deren inflatorische Vermehrung seit Ende der 60er Jahre deren Stellenwert. Die Politiker warben damals nachhaltig für höhere Bildung, und die Planungen der Bundesregierung von 1970 sahen sogar als Ziel vor, daß 50 Prozent eines Jahrgangs das Abitur machen und 25 Prozent studieren sollten. Während die Politiker bei den nichtakademischen Elternhäuser fleißig die Illusion nährten, Abitur und Studium ihrer Kinder würden sozialen Aufstieg bedeuten, war also tatsächlich beabsichtigt, die höheren Bildungsabschlüsse gesellschaftlich abzuwerten: um diese mußten junge Menschen sich in Zukunft auch mit Blick auf viele Berufe bemühen, für die bis dahin geringere Qualifikationen ausreichend gewesen waren. Das böse Erwachen folgte unvermeidlich einige Jahre später. Unter dem Druck des wachsenden Mißverhältnisses zwischen der Zahl der Abiturienten und jener der akademischen Arbeitsplätze sank der Anteil der Studierwilligen unter den Abiturienten 1972-85 von 89,7 auf 58,6 Prozent. Abiturienten drängten immer mehr in Positionen, für die bis dahin mittlere Reife als Eingangsvoraussetzung üblich gewesen war, und die Absolventen mit mittlerer Reife verdrängten in vielen Angestellten- und Beamtenpositionen Bewerber mit Hauptschulabschluß. Die durchschnittlichen Einkommensabstände zwischen den Berufsanfängern der verschiedenen Qualifikationsstufen sanken deutlich.

Verteilungs-
gerechtigkeit
und Chancen-
gleichheit

Die Bundesdeutschen stimmten weitgehend darin überein, daß das Leistungsprinzip Leitlinie für die Zuteilung von Sozialchancen und für die Entlohnung sein sollte. Das bedeutete, Ungleichheiten, die durch unterschiedliche Leistung gerechtfertigt waren, zu bejahen, wogegen die anderen möglichst durch gesellschaftspolitische Maßnahmen abgebaut werden müßten. Über die konkreten praktischen Folgerungen, die daraus zu ziehen waren, herrschte dagegen weniger Einigkeit. Besonders von Mitte der 60er Jahre bis Ende der 70er Jahre wurde in der Öffentlichkeit gestritten, wie weit Vermögen und Einkommen sowie Bildungschancen gerecht verteilt seien. Die Forderung nach „Chancengleichheit" kam auf, ohne daß Übereinstimmung darüber bestand, unter welchen Bedingungen diese als verwirklicht anzusehen sei. Die einen brachten das Schlagwort der „Unterprivilegierten" in Umlauf und unterstellten oft auch bei Unterschieden, die durch verschiedene Leistung gerechtfertigt waren, sie wären Ausdruck ungerechtfertigter „Privilegien". Die anderen versuchten umgekehrt pauschal jede Besserstellung als leistungsbedingt auszugeben, obwohl sie zum Teil auf Erbschaft, Glücksfälle und andere leistungsfremde Ursachen zurückging. Solange es ein Erbrecht gibt, das sowohl die Besetzung bestimmter gesellschaftlicher Positionen ebenso wie die Verteilung der Vermögen und damit auch der daraus fließenden Einkommen beeinflußt, und vor allem solange die Erziehung weitgehend durch die Familie erfolgt, die dabei ein eventuell höheres geistiges Niveau als gewissermaßen immaterielles Erbe weitergeben kann, sind Chancengleichheit und Leistungsprinzip grundsätzlich nur begrenzt realisierbar. Im übrigen war die Mehrheit der Bundesdeutschen nicht daran interessiert, daß an diesen beiden Sachverhalten Wesentliches geändert wurde, da das einen erheblichen Eingriff in die Freiheit des einzelnen bedeuten würde.

Soziales
Prestige

Wie entwickelte sich nun die reale Verteilung von Vermögen, Einkommen und Prestige in der BRD? Davon, daß Beamte mehr galten als es ihrem Einkommen und ihrer Qualifikation entsprochen hätte, blieb nichts mehr übrig. Und nachdem zum zweiten Mal ein Weltkrieg verloren gegangen war, lag das Ansehen von Offizieren auf Dauer unter jenem von Berufen vergleichbaren Einkommens. Traditionelle Ehrvorstellungen waren fast ganz verblaßt. Indem sich ein am Leistungsprinzip orientiertes Denken weithin durchsetzte, bestimmten nun Qualifikationen und in zweiter Linie Einkommen weitgehend das Sozialprestige. Dabei hielten Ärzte und Professoren die Spitze.

Vermögens-
verteilung

Die Vermögensverteilung wurde durch den Zweiten Weltkrieg und seine Folgen noch deutlicher verändert als durch den Ersten Weltkrieg. Dabei hing es in hohem Maße von Zufällen ab, ob man zu den Leidtragenden gehörte oder ungeschoren davonkam. Wer aus den Ostgebieten vertrieben oder in der SBZ enteignet wurde, verlor fast sein ganzes Vermögen. Die Währungsreform vernichtete überdies die Geldvermögen weitgehend. Dagegen blieb der Besitz von Sachwerten im Westen unangetastet, soweit er nicht von Bombenschäden getroffen worden war, und die Währungsreform befreite außerdem die Unternehmen praktisch von ihren Verbindlichkeiten. Diesen Ungleichheiten sollte das Lastenausgleichsgesetz von 1952 abhelfen, das die erhalten gebliebenen Vermögen besteuerte und Zahlungen an Flüchtlinge, Vertriebene und Bombengeschädigte leistete. Zwar wurden 1952-86 in diesem Zusammenhang 155 Milliarden DM aufgebracht und verteilt, aber da der Lastenausgleich nicht in die Substanz des Produktivvermögens eingriff, blieb die Umverteilungswirkung gering. Eine schärfere Besteuerung hätte sich jedoch für den Wiederaufbau ungünstig ausgewirkt. Vielmehr wurde der 1946 von den Besatzungsmächten eingeführte außerordentlich hohe Spitzensteuersatz auf Einkommen (bis 95 Prozent) bis 1958 auf 53 Prozent abgebaut, um die Eigenkapitalbildung zu erleichtern. Dadurch verstärkten sich wahrscheinlich die bestehenden Vermögensungleichheiten im Laufe der 50er Jahre, während dann seit den 60er Jahren die Verteilung der Gesamtvermögen wohl eher gleichmäßiger wurde, weil nun mit steigendem Masseneinkommen auch die unteren Schichten sparen konnten. Dagegen konzentrierte sich das gewerbliche Produktivvermögen, das ohnehin ungleicher verteilt war als andere Vermögensarten, zunehmend stärker in relativ wenigen Händen, was den Rückgang des Anteils der Selbständigen wiederspiegelte.

Ausgehend vom Leitbild einer Gesellschaft kleiner Besitzer, die durch ihren Besitz gegen sozialistische und kommunistische Ideen gefeit sind, begannen die CDU-geführten Bundesregierungen bald eine Politik der Vermögensbildung für die Masse der Bevölkerung, durch die Vermögen breiter gestreut werden sollte. Dazu wurde seit 1952 der Eigenheimbau gefördert, 1959-80 gab es Sparprämien, und 1961 kam das Vermögensbildungsgesetz (312 DM, 1970 ausgebaut zum 624 Mark-Gesetz und 1984 auf 936 DM erhöht). Aber es ging hier nicht um Größenordnungen, die man wirklich Vermögen nennen könnte, und das Produktivvermögen blieb dabei unangetastet. Um auch das Eigentum an Produktivvermögen breiter zu streuen, privatisierte die Bundesregierung Teile einiger Staatsunternehmen durch Ausgabe von „Volksaktien" mit „Sozialrabatt" (1959 Preussag, 1960 VW, 1965 VEBA), aber ohne anhaltende Wirkung auf die Vermögensverteilung.

Getragen von einer Welle generell gesellschaftskritischen Zeitgeistes wurden dann Ende der 60er und Anfang der 70er Jahre verschiedene Pläne zur Vermögensumverteilung heftig kontrovers diskutiert. Zu konkreten Maßnahmen kam es aber nicht, letztlich deshalb, weil die Unternehmer nichts abgeben und Herr im eigenen Haus bleiben wollten, weil die Gewerkschaftsführungen eine breite Streuung des Produktivvermögens ablehnten aus Furcht, die so beglückten Arbeitnehmer könnten die Gewerkschaften als weniger wichtig empfinden, und stattdessen eine Vermögensbeteiligung durch Fonds in der Hand der Gewerkschaftsfunktionäre forderten, und weil die Arbeitnehmer an konsumierbaren Mitteln interessiert waren, aber nicht an einem nicht zu konsumierenden und deshalb aus ihrer Sicht weitgehend fiktiven Produktivkapitalanteil.

Die Einkommensverteilung war in der BRD gleichmäßiger als in der NS-Zeit und auch als in Frankreich, Großbritannien und Italien, aber natürlich bestanden weiter beträchtliche Ungleichheiten. 1980 gaben bei der Steuererklärung 10.148 Personen ein Jahreseinkommen von mehr als 1 Million DM und 226 ein solches von mehr als 10 Millionen DM an. Besonders von den hohen Einkommen ging ein beträchtlicher Teil nicht auf Entlohnung für individuelle Leistung zurück, sondern resultierte aus dem Ertrag von Besitz, von dem vielfach ein Teil schon ererbt war. In der BRD blieben über die Jahrzehnte hinweg langfristig die Anteile der bestverdienenden 20 Prozent und der am geringsten verdienenden 40 Prozent der Haushalte an den gesamten verfügbaren Einkommen weitgehend unverändert. Ähnliches gilt für die Aufteilung in Arbeits- und Vermögenseinkommen, wobei diese gewissen Schwankungen unterworfen war. In den 50er Jahren verschob sich mit dem Wirtschaftsaufschwung die Verteilungssituation etwas zugunsten der Vermögenseinkommen, verlagerte sich im Laufe der 70er Jahre zugunsten der Arbeitseinkommen und pendelte dann in den 80er Jahren wieder auf den

Einkommens-
verteilung

1009

Stand der 60er Jahre zurück. Richtet man den Blick auf enger begrenzte Gruppen, werden eher auch langfristige Veränderungen sichtbar. Innerhalb der Beamtenschaft wurde jene Politik der Einkommensnivellierung, die schon in der Kaiserzeit begonnen hatte, kräftig fortgesetzt. Das Verhältnis des Endgehalts der Besoldungsgruppe A 16 (z.B. Regierungsdirektor) zu A 5 (z.B. Feuerwehrmann, Krankenschwester) verringerte sich 1951-89 von 389:100 auf 277:100. Ebenso schrumpfte auch der Abstand der höheren Beamten zu den Facharbeitern. Innerhalb der Angestelltenschaft gab es dagegen keine Nivellierungstendenz. Innerhalb der Arbeiterschaft blieben in der Entlohnung weiter beträchtliche Unterschiede zwischen den einzelnen Branchen und Betrieben bestehen, die weitgehend deren Unterschiede bei der Arbeitsproduktivität und der Stellung am Markt widerspiegeln. Der Entlohnungsunterschied zwischen Facharbeiter und Hilfsarbeiter verringerte sich nur wenig (1951-89 von 128:100 auf 123:100). Die Durchschnittseinkommen von Arbeitern und Angestellten bewegten sich langfristig aufeinander zu. Die Einkommen der Freiberufler nahmen, nachdem sie in den 50er Jahren meist hinter der allgemeinen Entwicklung hintergehinkt hatten, einen starken Aufschwung, jedoch in sehr unterschiedlichem Maß: stieg 1961-77 z.B. das durchschnittliche Jahreseinkommen der Rechtsanwälte von 38.112 auf 110.716 DM und das der Architekten von 30.886 auf 67.690 DM, so konnten die Zahnärzte sich von 28.333 auf 205.984 DM hochboxen! In den 80er Jahren bahnte sich dann eine Schwemme von Anwälten, Ärzten und anderen Freiberuflern an, deren Überangebot die Einkommen eines Teils der in diesen Berufen Tätigen zu drücken begann. Weil diejenigen, die aus dem Besitz großer Vermögen hohe Einnahmen bezogen, fast ganz zu den Selbständigen gehörten, und da die Zahl kleiner Selbständiger stark zurückging, setzte die Gruppe der Selbständigen, besonders der nichtlandwirtschaftlichen, sich gegenüber den Lohnabhängigen einkommensmäßig tendenziell immer weiter nach oben ab.

Da in Karriereberufen hohes Einkommen erst nach relativ langer Ausbildungsdauer und Karriere in vorgerücktem Alter erreicht wird, während vor allem Arbeiter schneller zum Verdienen kommen und dann keinen solchen Einkommensanstieg kennen, überzeichnet der Vergleich der Jahreseinkommen z.T. die sozialen Unterschiede. Deshalb seien hier einige Zahlen genannt, die 1955 aufsummierte lebenszeitliche Einkommen zu schätzen versuchten: leitender Angestellter 770.300 DM, Arzt mit großer Praxis 647.000 und mit kleiner Praxis 254.200 DM, Oberpostdirektor 471.500 DM, Schmelzer 441.800 DM, evangelischer Pfarrer 423.400 DM, Vollhauer unter Tage 355.900 DM, Werkmeister 312.300 DM, Fliesenleger 299.700 DM, Kontorist 201.300 DM, Telefonistin 200.100 DM, Zuschneiderin 165.100 DM.

Im übrigen darf nicht übersehen werden, daß diese Einkommensverteilung, die auf unterschiedliche Leistung und Qualifikation, Vermögensunterschiede und Machtkämpfe bei Tarif- und Gebührenverhandlungen zurückging, im nachhinein noch einmal durch den Staat überformt wurde durch verschieden hohe Steuerbelastungen sowie die Verteilung von Sozialleistungen und bestimmten Subventionen.

Soziale
Gliederung

Entsprechend dem Wandel der Wirtschaftsstruktur veränderte sich auch die Gesellschaftsstruktur. Der Anteil der Selbständigen an den Erwerbstätigen schrumpfte bis 1980 weiter (1950-80 von 14,8 auf 9,0 Prozent) und stabilisierte sich dann. Dieser Rückgang war vor allem durch die Landwirte verursacht, deren Zahl sich absolut und relativ stark verringerte, eine Folge der raschen Mechanisierung bei begrenzter Fläche und nur mäßig wachsenden Absatzmöglichkeiten. Der Anteil der mithelfenden Familienangehörigen, die fast nur in der Landwirtschaft vorkamen, ging aus diesem Grund noch weit stärker als jener der Selbständigen zurück. Die Zahl der Selbständigen im verarbeitenden Gewerbe schrumpfte demgegenüber nur wenig, und im Handels- und Dienstleistungsbereich gab es nicht nur Abgänge, sondern dort entstanden auch zahlreiche neue Existenzmöglichkeiten. Ganz anders als in der Zwischenkriegszeit herrschte jetzt im alten Mittelstand keine Deklassierungsfurcht. Dank des allgemeinen wirtschaftlichen Aufschwungs mußte es keinen sozialen Abstieg bedeuten, wenn jemand seine Selbständigkeit aufgab. Dadurch wurde eine wichtige Quelle möglichen sozialen Konflikts verstopft. Seine Rolle als eine vom Umfang her bedeutende und geistig prägende soziale Schicht hatte der alte Mittelstand jedenfalls verloren. Die Gesellschaft war endgültig zu einer Arbeitnehmergesellschaft geworden. Dabei sank 1950-89 der Anteil der Arbeiter von 50,9 auf 38,5 Prozent, während jener der Angestellten von 16,0 auf 41,9 Prozent und jener der Beamten von 4,0 auf 8,7 Prozent anwuchs. Dies lag nicht nur an der Expansion des Tertiären Sektors, sondern dazu trug auch bei, daß die Unternehmen größer wurden und dadurch die Industrieverwaltungen stark anschwollen.

Aber war die Unterteilung in Selbständige, Angestellte, Beamte und Arbeiter überhaupt noch geeignet, jene gesellschaftlichen Unterschiede zu erfassen, die für Bewußtsein und Verhalten entscheidend waren? Hiergegen sprach nicht nur, daß die Spannweite der Angestellten von der Verkäuferin bis zum Topmanager, daß jene der Selbständigen vom Kioskbesitzer und Kleinbauer bis zum Unternehmer reichte und dadurch beide Kategorien schon seit langem wenig aussagekräftig waren. Hiergegen sprach vor allem, daß die Grenzen zwischen den sozialen Großgruppen seit dem Zweiten Weltkrieg immer mehr verschwammen. Arbeitsrechtliche Stellung, Einkommenshöhe, Bildungsstand und Prestige überschnitten einander mehr denn je, ohne daß eines dieser Merkmale eindeutig dominierte. So bestand mehr ein soziales Kontinuum als eine Abfolge klar gegeneinander abgegrenzter Schichten. Das heißt nicht, daß sich alle in einer homogenen, nivellierten Mittelschicht wiederfänden, denn die Unterschiede an Vermögen, Einkommen, Prestige, Lebensstilen usw. blieben beträchtlich. Der Besitz oder Nichtbesitz von Produktionsmitteln bestand als Unterscheidungsmerkmal weiter, aber indem man den Kündigungsschutz und die übrige soziale Absicherung der Arbeitnehmer ebenso wie den Mieterschutz gegen Willkür der Hauseigentümer ausbaute, wurde die Verfügungsmöglichkeit über Eigentum an Produktionsmitteln und Wohnung für die Lebenslage weniger entscheidend. Ihre verhaltens- und bewußtseinsprägende Kraft ging zurück, und damit verlor die westdeutsche Gesellschaft nach dem Krieg bald ihre klassengesellschaftlichen Züge.

Die großgrundbesitzende Elite, die ohnehin hauptsächlich in Ostelbien beheimatet gewesen war, hatte das Jahr 1945 als soziale Schicht nicht überlebt und bildete seitdem kein wesentliches Element der deutschen Oberschicht mehr. So stieg das Gewicht der Unternehmerschaft und zugleich auch der Führungskräfte in Politik und Verwaltung, die nach Herkunft, Anschauungen und Art der Lebensführung weitgehend der (oberen) Mittelschicht verbunden waren. Die bundesdeutsche Oberschicht war in sich uneinheitlich. Anders als die britische mit ihren Privatschulen und Eliteuniversitäten oder als Teile der französischen mit ihrer Elitehochschule kannte die bundesdeutsche Oberschicht nicht die den Lebensstil einheitlich formende Kraft gemeinsamer elitärer Bildungseinrichtungen und Karrierewege. So verfügte sie auch über keine tonangebende „gute Gesellschaft" mehr. Sieht man von der „Prominenz" aus dem Schau-

Klassengesellschaft oder nivellierte Mittelstandsgesellschaft?

geschäft ab, setzte sich der Lebensstil der bundesdeutschen Oberschicht weniger stark durch repräsentativen Aufwand und besondere Umgangsformen von der Masse der Bevölkerung ab als dies in früheren Jahrhunderten der Fall war.

In der Mittelschicht hoben sich die Landwirte noch weiter relativ deutlich als eigenständige gesellschaftliche Gruppe ab. Sie rekrutierten sich fast nur aus sich selbst und heirateten auch fast nur innerhalb ihrer Kreise, was bei keiner anderen Gruppe mehr der Fall war. Dagegen verblaßten im Beamtentum die besonderen Beamtentraditionen. Hier ging die Entwicklung in Richtung auf ein allgemeines Arbeitnehmerbewußtsein.

Vor allem zwischen Arbeiterschaft und Angestellten verflossen die Grenzen zunehmend und ließen die Begriffe Proletariat und Bürgertum nicht nur objektiv, sondern auch im Bewußtsein unbrauchbar werden. Bei den Angestellten vermehrten sich besonders die unteren Angestelltengruppen stark, die gering qualifiziert sind und entsprechend bezahlt werden. 1970 entsprach bei 80 Prozent der Angestellten die Verdiensthöhe denen von Arbeitern. Auch gesellschaftliche Kontakte, z.B. in Vereinen, und Heiratsverbindungen gingen immer häufiger über diese Grenze hinweg. Indem für höhere Angestellte zunehmend akademische Bildung üblich wurde, verschwanden für kleine Angestellte Aufstiegsmöglichkeiten noch mehr als zuvor. Mit der Vermehrung einfacher, routinemäßiger und stärker kontrollierter Tätigkeiten und der steigenden Mechanisierung auch in Büros wurde die Arbeit von vielen kleinen Angestellten jener von Arbeitern ähnlicher. Der Vorsprung an Sozialprestige, den kleine Angestellte früher gegenüber den besserverdienenden Facharbeitern besessen hatten, bröckelte ab. Schließlich verflüchtigte sich auch das betont mittelständische, antiproletarische Selbstbewußtsein der Angestelltenschaft. Dies äußerte sich unter anderem im gewerkschaftlichen Organisationsverhalten: 1956-79 fiel unter den organisierten Angestellten der Anteil derjenigen, die in der gesonderten Angestelltengewerkschaft DAG waren, von 33,4 auf 22,6 Prozent, während der DGB seinen Anteil von 57,7 auf 74,6 Prozent vergrößerte. Auf der anderen Seite wurde mit dem Weg zum Massenkonsum für die meisten Arbeiter in den 60er Jahren jener Konsumstandard erreichbar, der bis dahin als kleinbürgerlich gegolten hatte. Die öffentlich sichtbaren Unterschiede schichtspezifischer Lebenshaltungsniveaus schwanden dahin. Waren 1950 nur 6 Prozent der Arbeiter Haus- oder Wohnungseigentümer, so waren es 1977 39 Prozent. Mit dem Ausbau der sozialen Sicherung sank die Unsicherheit der Arbeiterexistenz, wie auch das Problem der Altersarmut weitgehend verschwand. Für einen Teil der Arbeiter verlor die Arbeit durch die Fortschritte der Produktionstechnik das Merkmal der schweren körperlichen Beanspruchung, das herkömmlicherweise die Arbeiterexistenz gekennzeichnet hatte. Auch in arbeitsrechtlicher Hinsicht wurde die Behandlung der Arbeiter immer mehr an die der Angestellten angenähert, so bei der Dauer der Urlaubszeit, der Länge der Kündigungsfristen, von Arbeitszeit und Prämienzahlung, und auch Arbeiter erhielten ihren Verdienst zunehmend monatlich und bargeldlos statt wöchentlich bar ausgezahlt. Als erste große Branche schaffte 1988 die Chemieindustrie die Unterscheidung zwischen Arbeitern und Angestellten ganz ab, so daß alle Arbeitnehmer nach einheitlichen Kriterien bewertet wurden und die gleiche Bezahlungsweise und Kündigungsfristen hatten. In Ansätzen wuchs selbst das Interesse der Arbeiter an Gegenständen der höheren Kultur und an besserer Ausbildung ihrer Kinder, aber gerade hier, in der Neigung zu Buch und Theater und in der Schulwahl erhielten sich die Unterschiede in der Lebensweise von Arbeitern und Angestellten noch stärker als im Einkommen. Entsprechend diesen Veränderungen wandelte sich dann auch vor allem in den bessergestellten Teilen der Arbeiterschaft das Bewußtsein. Die bisherige Arbeitermentalität, die sich unentrinnbar am Boden der Gesellschaft sah und in einem begrenzten zeitlichen und räumlichen Horizont gefangen war, wurde von einer mehr mittelschichtorientierten Einstellung verdrängt. Dies alles heißt nicht, daß der Unterschied zwischen manueller und nichtmanueller unselbständiger Arbeit gesellschaftlich bedeutungslos geworden wäre, aber er verlor stark an Gewicht.

Zugleich verschwanden auch innerhalb der Arbeiterschaft herkömmliche Trennungslinien, denn die Gruppen der Landarbeiter, der im herrschaftlichen Haushalt wohnenden Dienstboten und der Heimarbeiter, deren jede sich durch recht spezifische Mentalitäts- und Verhaltensweisen von den Industriearbeitern unterschieden hatten, schrumpften im Laufe der 50er und 60er Jahre zur Bedeutungslosigkeit.

Nach dem Zweiten Weltkrieg wurden in der BRD die Interessenvertretungen der Arbeitnehmer und Arbeitgeber wiedergegründet. 1949 entstand der Bundesverband Deutscher Arbeitgeberverbände (BDA). Auf Gewerkschaftsseite ließ man die einzelnen parteipolitischen und konfessionellen Richtungsgewerkschaften nicht wieder aufleben, sondern ging von der neuen Idee der Einheitsgewerkschaft aus, die alle Arbeitnehmer in einer Industriebranche oder mehrerer verwandter Zweige vertrat. 1949 entstand der Deutsche Gewerkschaftsbund (DGB) als lose Dachorganisation der 16 einzelnen Branchengewerkschaften. Ganz gelang es jedoch nicht, die Idee der Einheitsgewerkschaft zu verwirklichen, denn daneben wurden 1948 die Deutsche Angestelltengewerkschaft (DAG) und 1950 der Deutsche Beamtenbund gegründet, während im DGB besonders anfangs noch stark das traditionelle Gewerkschaftsverständnis weiterlebte, das sich primär als Organisation der Arbeiter in der materiellen Produktion des industriellen Bereichs sah. 1980 hatten der DGB 7,88 Millionen Mitglieder, der Beamtenbund 0,82 und die DAG 0,49 Millionen. 1955 spaltete sich vom DGB noch die (katholische) christliche Gewerkschaftsbewegung ab, die aber bedeutungslos vor sich hinkümmerte und keine Tarifverträge abschloß. Der DGB war formell parteipolitisch neutral, stand aber der SPD näher als den anderen Parteien.

Die Betriebsräte wurden 1946 erneut eingeführt und ihre Stellung 1952 im Betriebsverfassungsgesetz geregelt, das im wesentlichen an das Betriebsrätegesetz von 1920 anknüpfte. Sie hatten ein Mitentscheidungsrecht bei sozialen und personellen, aber nur in seltenen Fällen in wirtschaftlichen Angelegenheiten. Eine stärkere Stellung erlangten die Gewerkschaften in der Montanindustrie. Dort verordnete die britische Militärregierung die paritätische Mitbestimmung, und ein Bundesgesetz sicherte dies 1951. Danach wurde in allen eisenschaffenden und bergbaulichen Unternehmen mit mehr als 1.000 Beschäftigten der Aufsichtsrat aus je fünf Vertretern der Anteilseigner und Arbeitnehmer und einem neutralen Mitglied zusammengesetzt, das von beiden Seiten gewählt wurde. Diese paritätische Mitbestimmung verlor aber mit der Zeit an Bedeutung; ihr Geltungsbereich schrumpfte, weil Montanbetriebe sich mit weiterverarbeitenden Unternehmen in Konzernen zusammenschlossen, und überhaupt verlor die Montanindustrie ihre wirtschaftliche Führungsrolle an andere Branchen. Die Gewerkschaften forderten wiederholt, die paritätische Mitbestimmung auf andere Großbetriebe auszudehnen. Als dann 1976 für alle Kapitalgesellschaften mit mehr als 2.000 Beschäftigten (außer Montanindustrie) die Mitbestimmung im Aufsichtsrat eingeführt wurde, blieb diese indessen knapp unterhalb der vollen Parität. Der Aufsichtsrat war zwar paritätisch besetzt, aber der Aufsichtsratsvorsitzende konnte im zweiten Wahl-

Arbeitgeber und Arbeitnehmer

gang von den Kapitalvertretern alleine gewählt werden, und bei einem Abstimmungs-patt gab die Stimme des Aufsichtsratsvorsitzenden den Ausschlag.

1948 wurde auch die Tarifautonomie wiederhergestellt, und es gab keine staatliche Zwangsschlichtung mehr. Nun schufen die hohen Wachstumsraten der Wirtschaft bis Mitte der 70er Jahre reichliche Zuwächse, aus denen beide Seiten im Verteilungskon-flikt zufriedengestellt werden konnten. Außerdem war die Tradition der Arbeiterbe-wegung durch den NS-Staat unterbrochen worden, und die Klassengrenzen in der Ge-sellschaft wurden abgebaut. Zusammengenommen bewirkte dies, daß in der BRD aufs Ganze gesehen die sozialen Auseinandersetzungen zwischen Gewerkschaften und Ar-beitgebern stets weniger intensiv, insbesondere auch Streiks und Aussperrungen weni-ger häufig waren als in den 20er Jahren und auch als in der Kaiserzeit. Dies gilt beson-ders für die 60er Jahre. Die Gewerkschaften gaben ihre systemverändernden Forde-rungen nach Sozialisierung im Laufe der 50er Jahre praktisch auf und konzentrierten ihre Politik auf Lohnerhöhungen, Arbeitszeitverkürzungen, soziale Sicherheit und Ar-beitsschutz sowie Mitbestimmung. Indem Arbeitgeber und Gewerkschaften jahrelang konstruktiv zusammenarbeiteten, trat das alte Klassenkampfdenken auf beiden Seiten hinter der Idee der Sozialpartnerschaft zurück. Auch gegenüber dem notwendigen produktionstechnischen Fortschritt nahmen die Gewerkschaften meist eine verantwor-tungsbewußte Haltung ein und trugen dadurch ihrerseits zum Wirtschaftswachstum bei. Der Fortschritt der BRD in den sozialen Beziehungen fällt auch im Vergleich zu Großbritannien, Italien und Frankreich auf, wo sich in Gesellschaft und sozialem Klima noch stärker klassenkämpferische Züge erhalten hatten, sowohl hinsichtlich der Art des Miteinander-Umgehens von Unternehmern und Arbeitnehmern im Betrieb wie auch in der Häufigkeit und Heftigkeit von Streiks. Bezeichnenderweise wurde dort auch die Mitbestimmungsidee von beiden Seiten abgelehnt.

Angleichung der Geschlechter-rollen: Rechts-stellung

Im Grundgesetz der BRD wurde in Artikel 3,2 festgelegt: „Männer und Frauen sind gleichberechtigt." Doch zwischen allgemeinem Grundsatz, rechtlichen Einzelbestim-mungen, vorherrschendem Rollenverständnis und tatsächlichem Verhalten bestanden beträchtliche Unterschiede.

Infolge des Widerstands konservativer Kräfte wurden die einzelnen Rechtsbestim-mungen nur schrittweise dem Gleichberechtigungsgrundsatz angepaßt. 1955 erklärte das Bundesarbeitsgericht es für unzulässig, daß Frauen für die gleiche Arbeit schlech-ter bezahlt werden als Männer. Indem die Arbeitgeber daraufhin die Leichtlohngrup-pen einführten, setzten sie die alte Praxis aber in gewisser Weise verdeckt fort. 1958 entfiel das Recht des Mannes, über die außerhäusliche Erwerbstätigkeit der Ehefrau, ihren Wohnort und ihr Vermögen bestimmen zu können. 1959 schaffte das Verfas-sungsgericht auch den Stichentscheid des Vaters in Erziehungsfragen ab. Trotzdem hielt man im Recht noch weiter daran fest, daß der Mann die Familie durch seine Ar-beit zu ernähren und die Frau in erster Linie durch die Haushaltsführung zum Fami-lienunterhalt beizutragen habe, was erst 1977 geändert wurde. Um Frauen nach der Scheidung besser zu stellen, führte der Gesetzgeber 1976 den Versorgungsausgleich ein, bei dem die während der Ehezeit erworbenen Versorgungsansprüche aufgeteilt werden. Die noch auf der Hausfrauenrolle beruhende Rentenregelung, nach der zwar die Witwe eine aus der Erwerbstätigkeit ihres Gatten abgeleitete Witwenrente erhielt und eine durch eigene Erwerbstätigkeit begründete Rente zusätzlich bekam, dagegen ein Witwer im Regelfall keinen Rentenanspruch aus der Erwerbstätigkeit seiner Frau hatte, wurde erst 1985 geändert und machte nur eingeschränkt einer Gleichbehandlung Platz. Die 1956 eingeführte Wehrpflicht war auf Männer begrenzt, behandelte also die Geschlechter ungleich, da damals die Konservativen an der Vorstellung einer besonderen Frauenrolle festhielten und die Linken überhaupt gegen alles Militärische waren. Während die meisten westlichen Industriestaaten seit dem Zweiten Weltkrieg die Streitkräfte für den freiwilligen Militärdienst von Frauen öffneten, vollzog die BRD auch dies nicht mit und stand damit zunehmend allein (1988 verfuhr so unter den 16 NATO-Staaten sonst nur noch Italien). Innerhalb der katholischen Kirche wurde der Frau die Gleichberechtigung nach wie vor fast ganz verweigert.

Rechtsbestimmungen vermochten nun aber gerade im innerfamiliären Bereich nur begrenzt steuernd zu wirken. Viel wichtiger für das tatsächliche Verhalten war das allgemein verbreitete Rollenverständnis. In den 50er Jahren fuhren die Familienpolitik und der größte Teil der Öffentlichkeit fort, als Norm die bürgerliche Familie anzusehen, bei welcher der Ehemann die Familie durch außerhäusliche Erwerbstätigkeit ernährt und die Frau nicht berufstätig, sondern für Haushalt und Kinder zuständig ist. Die Vorstellung, daß Frauen für höhere Berufe wenig geeignet wären, lebte bei Männern und Frauen weiter, was die Berufswahl erwerbstätiger Frauen vor allem auf Berufe mit kurzer Ausbildung lenkte und auch die Personalpolitik der Firmen beeinflußte. Im Laufe der 60er und 70er Jahre änderte sich das in der Öffentlichkeit vorherrschende Rollenverständnis dann deutlich. Die „Nur-Hausfrau" und „Nur-Mutter" wurden zunehmend als „Heimchen am Herd" abgewertet, und die außerhäusliche Erwerbstätigkeit verheirateter Frauen, die bis dahin nur aus wirtschaftlichen Zwängen heraus erfolgt war, wurde zum Zeichen der Emanzipation und Selbstverwirklichung aufgewertet. Zugleich verloren in der Vorstellung vom idealen Mann Eigenschaften wie Härte und Erfolg an Gewicht. Diese Tendenz, die Polarisierung der Geschlechterrollen abzubauen, erfaßte breite Kreise. So sank 1965-76 der Anteil der Männer, die eine außerhäusliche Berufstätigkeit der verheirateten Frau als „nicht normal" ansahen, von 72 auf 42 Prozent. Der Anteil der Frauen, die am liebsten nur ihren Haushalt besorgen mochten, schrumpfte 1961-73 von 57 auf 29 Prozent. Der Anteil der Erwachsenen, die dafür waren, daß Mann und Frau die gleichen Rechte haben sollten, stieg 1954-73 von 48 auf 74 Prozent. Nachdem die Frauenbewegung des 19. Jahrhunderts 1933 ihr Ende gefunden hatte, entstand Anfang der 70er Jahre aus der Studentenbewegung heraus eine neue Frauenbewegung, wobei zunächt die 1971 begonnene Kampagne gegen das Abtreibungsverbot des § 218 StGB zum Kristallisationskern wurde. Zahlreiche Frauenhäuser (zuerst 1976 in Berlin), Frauenselbsthilfegruppen und Gesprächskreise sprossen aus dem Boden. Dabei spaltete sich die Frauenbewegung Mitte der 70er Jahre in zwei Richtungen. Für die einen bedeutet Frauenemanzipation, daß Frauen möglichst in allen Bereichen mit den Männern gleichziehen und letztlich genauso wie diese Maschinenschlosser und Bauzimmermann werden oder den Mann als kinderlose Karrierefrau kopieren. Damit wurde aber das Problem, wer den Haushalt führen, Kinder erziehen und kranke Familienmitglieder pflegen soll, nicht auf neue, gerechtere Weise gelöst, sondern schlicht verdrängt. Daneben entstand eine feministische Richtung, welche die Rücksichtslosigkeit und Rationalität, Großtechnik und andere von ihr als negativ bewertete Erscheinungen der bestehenden Ordnungen als Ausdruck einer Männergesellschaft ansah und ihnen die Auffassung einer spezifisch weiblichen Emotionalität, Sensibilität und Friedfertigkeit entgegensetzte. Sie bezweifelte deshalb, daß es sinnvoll wäre, daß Frauen sich an eine an männliche Leistungsnormen ausgerichtete Gesellschaft anpassen.

Angleichung der Geschlechterrollen: Rollenverständnis

1015

*Angleichung
der
Geschlechter-
rollen:
tatsächliches
Verhalten*

Im tatsächlichen Verhalten ging der Abbau der besonderen Frauenrolle in den verschiedenen Bereichen unterschiedlich weit. Im höheren Schulwesen wurde nach dem Zweiten Weltkrieg überall die Koedukation eingeführt. Die Idee einer besonderen höheren Mädchenbildung verschwand. Im Bildungswesen drangen die Frauen auch deutlich zu höheren Abschlüssen vor: der Anteil der Mädchen an den Oberstufenschülern stieg 1956-82 von 34,2 auf 50,0 Prozent, der Anteil der Frauen an allen Hochschulstudenten wuchs 1950-82 von 16,7 auf 38,0 Prozent und stagnierte dann. Der Anteil der Frauen an den Erwerbstätigen lag 1950-86 durchgehend bei 36-38 Prozent, aber ihre Zusammensetzung änderte sich deutlich. Die Erwerbstätigkeit jüngerer lediger Frauen ging deutlich zurück, weil die schulische und die berufliche Ausbildung länger wurden, während jener verheirateter Frauen und auch solcher mit Kindern zunahm. Der Anteil der Erwerbstätigen unter den verheirateten Frauen ging zunächst gegenüber dem letzten Vorkriegsjahr deutlich zurück auf 24,8 Prozent (1950), stieg bis 1975 auf 39,1 Prozent an und hielt sich dann auf diesem Niveau. Zugleich wurde mit dem Strukturwandel der Wirtschaft der Anteil der mithelfenden Familienangehörigen – 1950 noch 30,7 Prozent der erwerbstätigen Frauen – weitgehend bedeutungslos, also jener Form von Berufstätigkeit, bei der sich Haushalt und Beruf am leichtesten vereinbaren ließen. Da aber weiterhin die Haushaltsarbeit im wesentlichen von den Frauen erledigt wurde, strebten viele Frauen im außerhäuslichen Beruf nur eine Teilzeitbeschäftigung an. Der Anteil der Teilzeitarbeitsplätze stieg 1960-86 von 3,9 auf 14,7 Prozent aller Arbeitsplätze, und diese Erwerbsform wurde fast nur von Frauen gewählt. Der (teilzeitarbeitende) „Hausmann" war dagegen gesellschaftlich kaum akzeptiert. Auch die familiäre Kindererziehung blieb weiter weitgehend Sache der Mütter, weshalb viele Frauen ihre Berufstätigkeit für die Zeit kleiner Kinder unterbrachen, und bei einer Scheidung wurden unverändert die Kinder meist der Mutter zugesprochen. Die Konzentration der Frauen auf bestimmte Berufe (besonders Bürotätigkeit, Handel, Gesundheits- und Erziehungsberufe, in der Produktion im Textilbereich und im Studium bei Geisteswissenschaften) schwächte sich bei der Berufswahl seit den 60er Jahren ab, und Frauen begannen auch in die „typisch männlichen" Berufe des technischen und naturwissenschaftlichen Bereichs einzudringen; ein entsprechendes Vordringen von Männern in „typisch weibliche" Berufe gab es dagegen nicht. Auf beiden Seiten waren die geschlechtsspezifischen Vorlieben bei der Berufswahl zweifellos nach wie vor deutlich ausgeprägt, zumal auch viele Arbeitgeber bei ihrer Personalpolitik am Gewohnten festzuhalten versuchen. Das Streben vieler Frauen, Haushalt und Beruf zu vereinigen, und die sich daraus ergebende Neigung, Teilzeitbeschäftigungen zu ergreifen, die Berufstätigkeit zumindest zeitweise auszusetzen und sich mit geringer Qualifikation zu begnügen, führte in Verbindung mit einem gewissen Widerstreben von männlicher Seite dazu, daß Frauen nach wie vor deutlich weniger Vorgesetzten- und Leitungspositionen innehatten als Männer. Dementsprechend verdienten Frauen auch durchschnittlich weniger als Männer. Vor diesem Hintergrund kam in den 80er Jahren die Diskussion über Quotenregelungen auf, welche durch eine Bevorzugung mehr Frauen in höhere Positionen bringen sollten.

Der Trend, daß sich das Verhalten der Frauen an jenes der Männer anglich, zeigte sich auch noch in anderen Bereichen. Seit den 60er Jahren reduzierten sich die Unterschiede in der Bekleidung, indem auch für Frauen Hosen tragbar wurden und die Männermode mehr Mut zur Farbe gewann. Die Zahl rauchender Frauen vermehrte sich seit dem Zweiten Weltkrieg deutlich; ihr Anteil an den Rauchern wuchs 1950-89 von

21 auf 42 Prozent. Auch im kriminellen Verhalten holten Frauen etwas auf; ihr Anteil an den strafrechtlich Verurteilten stieg 1960-88 von 11,1 auf 16,3 Prozent. Die zuletzt genannten Erscheinungen zeigen, daß der Begriff „Frauenemanzipation" die Entwicklung nur unzureichend erfaßte, da die Angleichung der Geschlechterrollen auch negative Verhaltensweisen einschloß.

So verlief die Entwicklung insgesamt dahin, daß die gesellschaftliche Stellung der beiden Geschlechter sich allmählich einander annäherte, ohne völlig gleich zu werden.

In der Sozialpolitik der BRD stand Anfang der 50er Jahre zunächt die Bewältigung der Kriegsfolgen im Mittelpunkt (1950 Kriegsopferversorgungsgesetz und Gesetz über Hilfsmaßnahmen für Heimkehrer, 1952 Lastenausgleichsgesetz, 1953 Entschädigungen für die Opfer der NS-Verfolgung). Das traditionelle System der Sozialversicherung wurde weitergeführt, und das kräftige Wirtschaftswachstum schuf dann die Basis, auf der in den folgenden Jahren das Netz der sozialen Sicherung bis 1974 immer dichter geknüpft werden konnte. Die Leistungen der bestehenden Sozialversicherungen wurden deutlich erhöht. Das galt vor allem für die Rentenversicherung. Mit der Rentenreform 1957 wurde das Niveau der laufenden Renten um 67-72 Prozent erhöht, womit man von dem Prinzip abging, daß die Rente nur Zubrot zu anderen Einkommensquellen war. Zugleich wurden die Renten dynamisiert, also ihre Höhe nicht mehr einmalig für ihre ganze Laufzeit nach den früheren Nominalwerten der Beiträge festgelegt, sondern jährlich den Lohnsteigerungen angepaßt. Damit mußte auch die Theorie geändert werden: man ging von der Idee des Kapitaldeckungsprinzips ab, nach dem die Rentenzahlungen aus dem durch die Beiträge angesammelten Vermögensbestand erfolgen sollten, und wechselte zur Umlagenfinanzierung, nach der die jeweils im Erwerbsleben stehende Generation aus ihrem Arbeitsertrag die Alten unterhält und damit zugleich den Anspruch erwirbt, später im Alter von der Generation ihrer Kinder unterhalten zu werden. Die Arbeitslosenversicherung finanzierte zunehmend auch Maßnahmen zur beruflichen (Wieder-)Eingliederung, z.B. Umschulung, Fortbildung und Arbeitsvermittlung. Um gegen Arbeitsplatzrisiken abzusichern, wurde ferner der Kündigungsschutz ausgebaut. Außerdem fuhr man noch fort, den Schutz der Sozialversicherung auf weitere Gruppen auszudehnen. So bezog man 1956 die Rentner und 1972 die Landwirte in die gesetzliche Krankenversicherung ein, die Rentenversicherung wurde 1957 für Landwirte und 1972 zu Discountpreisen auch für Selbständige und Hausfrauen geöffnet, und 1971 nahm man auch Schüler und Studenten in die Unfallversicherung auf. Das Schwerbehindertengesetz von 1974 erweiterte den Kreis der Anspruchsberechtigten stark, und zwar auch auf viele, die bei ihrer Berufsausübung nicht spürbar behindert waren. 1957/68 wurde die Lohnfortzahlung im Krankheitsfall auf Arbeiter ausgedehnt. Mit dem Wohngeld begann 1963 noch eine neue Maßnahme der sozialen Absicherung, um zu verhindern, daß die Freigabe der Mieten für geringverdienende Haushalte nicht vertretbare Folgen hatte. Um einen Lastenausgleich zwischen Familien mit und ohne Kindern zu schaffen, führte man ab 1954 Kindergeld ein. Dieser Familienlastenausgleich wurde jedoch relativ gering entwickelt. Während der Unterhalt der alten Generation praktisch ganz durch öffentlich umverteilte Mittel erfolgte, wurde die Aufbringung der nachwachsenden Generation zum größten Teil von den Eltern getragen. Dieser stückweise Ausbau der Sozialleistungen erfolgte teilweise auch mit Blick auf nahende Wahltage. Mit dem Wohlfahrtsstaat kam die Vorstellung auf, nicht nur existenzielle Risiken, sondern überhaupt alle mit den sozialen Risiken verbundenen materiellen Belastungen müßten abgesichert werden. Bei vielen Bürgern

Soziale
Sicherung

1017

machte sich eine Anspruchsmentalität breit, die teilweise – gemessen an den verfügbaren Mitteln – überzogen war. Als seit 1974 die Wirtschaft nicht mehr im gewohnten Maße wuchs und obendrein die Ausgaben für Arbeitslose stark stiegen, als die Kosten im Gesundheitswesen in die Höhe schnellten und der gestiegene Anteil der Rentenempfänger an der Bevölkerung sich bemerkbar machte, fand sich der expandierende Sozialstaat rasch jenseits der Grenzen des Finanzierbaren. Deshalb wurden ab 1977 an verschiedenen Stellen Leistungen gekürzt und Beiträge erhöht, um das Sozialversicherungssystem zu konsolidieren, zunächst in zaghaften kleinen Schritten, seit 1982 auch mit größeren Einschnitten. Nur der Familienlastenausgleich wurde weiter ausgebaut (1985 Erziehungszeiten bei der Rente, 1986 Erziehungsurlaub).

Neben den Sozialversicherungen sollte nicht übersehen werden, daß die freien Wohlfahrtsverbände (DRK, Caritasverband, Diakonisches Werk, Arbeiterwohlfahrt) zu großen Dienstleistungsbetrieben anschwollen, daß seit Mitte der 50er Jahre Großbetriebe eine betriebliche Altersversorgung aufbauten und daß sich auch die Risikoabsicherung durch private Versicherungen ausdehnte (vor allem Lebensversicherung, Haftpflichtversicherung, Feuerversicherung und Kfz-Versicherung).

Österreich
In Österreich und der Schweiz entsprachen etliche Grundzüge der Gesellschaft denen der BRD. Deshalb sollen hier nur wenige markante Unterschiede genannt werden.

In Österreich ging der Wandel des Verhältnisses zwischen Kapital und Arbeit vom Klassenkampf zur Sozialpartnerschaft noch weiter als in der BRD. Nach Vorläufern ab 1947 wurde die Sozialpartnerschaft 1957 in Gestalt der Paritätischen Kommission für Preis- und Lohnfragen institutionalisiert. In ihr waren der Österreichische Gewerkschaftsbund, der 1945 als überparteiliche Einheitsgewerkschaft gegründet wurde und die Richtungsgewerkschaften überwand, die Arbeiter-, Landwirtschafts- und Handelskammern und die Regierung vertreten. Die Paritätische Kommission beschloß zwar nicht de jure, aber de facto über Lohntarife und Preiserhöhungen. Dabei orientierte sich ihre Lohnpolitik am Produktivitätszuwachs, so daß sie den status quo ante der Verteilung konservierte. Diese Politik machte einigermaßen stabile Preise möglich und ließ Streiks zu einer großen Seltenheit werden.

Schweiz
In der Schweiz wurde die Sozialversicherung, die bis zum Zweiten Weltkrieg nur in Ansätzen existiert hatte, seitdem allmählich ausgebaut. Ihr Gesamtumfang blieb aber weiterhin deutlich hinter dem bundesdeutschen und österreichischen Niveau zurück und die private Komponente der Daseinsvorsorge entsprechend stärker. 1947 führte man die Alters- und Hinterlassenenversicherung und 1960 die Invalidenversicherung ein und machte 1976 die bis dahin wenig genutzte Arbeitslosenversicherung zur Pflichtversicherung. Die Krankenversicherung blieb weiter freiwillig. Angesichts der Schwäche der Schweizer Arbeiterbewegung setzten sich auch Kollektivarbeitsverträge erst in den Jahren unmittelbar nach dem Zweiten Weltkrieg allgemein durch, und eine Mitbestimmungsinitiative scheiterte 1976 in einer Volksabstimmung. Erst recht in der Frage der Gleichberechtigung der Frau hinkte die Schweiz hinter allen anderen europäischen Ländern hinterher. Selbst die Einführung des Stimm- und Wahlrechts für Frauen geschah erst 1971 auf Bundesebene und zog sich in den Kantonen 1959-90 hin.

DDR:
Utopie und
Anspruch
Wesentlich anders als in den westlichen deutschen Staaten entwickelte sich die Gesellschaft in der DDR. An ihrem Anfang stand als leitende Idee die Utopie der neuen Führung von einer kommunistischen Gesellschaft. Teilweise griff sie auf das Denken von Marx zurück, verband dies aber zugleich mit den Herrschaftsinteressen der kommunistischen Parteiführung. Die kommunistische Führung trat an mit dem Anspruch,

eine neue, wirklich gerechte Gesellschaft zu schaffen, die zur allgemeinen Emanzipation des Menschen hinführen würde. Zu deren Merkmalen sollten ein möglichst großes Maß an Gleichheit gehören, bei Einkommen und Karrierechancen ebenso wie in der Stellung der Geschlechter. Dadurch, daß die Kommunisten das Privateigentum an Produktionsmitteln beseitigten, sollten die Arbeiter zu Herren werden, sollten Klassengegensätze und Ausbeutung verschwinden. Die Verteilung der Konsumgüter sollte sich möglichst weitgehend an den Bedürfnissen und weniger an der Leistung orientieren. Schließlich war mit dieser Gesellschaftsutopie die Idee verbunden, unter den Gegebenheiten der neuen sozialistischen Gesellschaftsordnung würde ein neuer Mensch entstehen, der nicht mehr egoistisch handeln, sondern seine persönlichen Interessen dem Gemeinwohl unterordnen und sich ins Kollektiv eingliedern würde. Dabei ging das Menschenbild nicht vom privaten Bürger aus, sondern vom werktätigen Menschen, der in der Arbeit seine Erfüllung findet.

Soweit die Utopie – aber wieweit wurde sie verwirklicht?

Die Gleichheitsidee wurde in der DDR ideologisch immer wieder stark betont, und sie hatte auch praktische Folgen. Indem die Kommunisten den Besitz an Produktionsmitteln entschädigungslos enteigneten und bei der Währungsreform viele größere Guthaben beschlagnahmten, wurden die Ungleichheiten der Vermögensverteilung zweifellos stark reduziert. Da folglich auch jene privaten Einkommen entfielen, die als Kapitalertrag aus diesen Großvermögen geflossen waren, schrumpften die Spitzeneinkommen relativ zu den übrigen, so daß in dieser Hinsicht auch die Einkommensverteilung gleicher wurde als in der BRD. Innerhalb der Arbeitnehmerschaft beseitigte man bald die Unterscheidung zwischen Arbeitern, Angestellten und Beamten. Praktisch wurden alle Arbeitnehmer als „Arbeiterklasse" zusammengefaßt. Um die Behauptung, diese wäre einheitlich, nicht zu erschüttern, durften Behörden und Wissenschaftler fast keine Daten über Einkommensunterschiede innerhalb der Arbeitnehmerschaft veröffentlichen und erst recht nicht über die Einkommen der noch existierenden Selbständigen. Denn auch in der DDR war die Arbeitnehmerschaft in sich nach Qualifikation und Funktion differenziert. In den 50er Jahren erhielt die wirtschaftliche und technische Elite sogar Spitzengehälter weit über BRD-Niveau gezahlt, damit der DDR nicht auch noch die letzten, dringend benötigten Fachkräfte wegliefen. Nach 1961 wurde dies abgebaut. Die Differenzierung der Einkommen innerhalb der Arbeitnehmerschaft der DDR nach Leistung und Qualifikation wurde immer geringer und sank deutlich unter das bundesdeutsche Ausmaß. Die Selbständigen verdienten auch in der DDR im Durchschnitt mehr als Arbeitnehmer, doch reichten ihre Einkommen nicht in die Höhe westdeutscher Spitzeneinkommen hinauf und wurden auch höher besteuert. Es gab in der DDR weder exklusive Golfclubs noch eine auffällige Schickeria, und Spitzenfunktionäre waren bestrebt, ihren Wohlstand möglichst wenig nach außen sichtbar werden zu lassen. Andererseits entstanden Ungleichheiten, die nicht von Leistung und Einkommenshöhe abhingen, sondern vor allem von der Stellung im Herrschaftsgefüge, also gewissermaßen ständische Privilegien darstellen. Spitzenfunktionäre hatten über besondere Läden Zugang zu einem vielfältigeren und auch qualitativ besseren Warenangebot oft westlicher Herkunft, und ihnen standen besondere, gegen die Außenwelt abgeschirmte Urlaubszentren und Spezialkrankenhäuser zur Verfügung. Auch der Zugang zu westlichen Informationen und die Erlaubnis zu Westreisen wurden weitgehend nur politisch zuverlässigen Reisekadern gewährt.

Die alten Ungleichheiten im Zugang zu führenden Positionen in der Gesellschaft

Gleichheit im Sozialismus?

wurden ab 1945 völlig umgekrempelt. Im Zuge der Entnazifizierung und der Verstaatlichungen entfernten die Kommunisten in kurzer Zeit weit über hunderttausend Personen aus den Führungspositionen in Politik, Verwaltung und Wirtschaft sowie aus Justiz und Schulwesen. In diese Positionen rückten neue Leute auf, die weitgehend aus
Arbeiter- und Bauernfamilien stammten und die rechte Gesinnung, aber durchweg
nicht die erforderliche Qualifikation besaßen und nur notdürftig in Schnellkursen geschult wurden. Die Angehörigen der ehemaligen Oberschicht gingen zum großen Teil
in die Westzonen. Gleichzeitig begann die kommunistische Führung, neue Führungskräfte heranzubilden. Um das „bürgerliche Bildungsmonopol" zu brechen, wurden
beim Zugang zur höheren Schule und zur Universität systematisch Arbeiter- und Bauernkinder bevorzugt und Kinder aus „bürgerlichen" Familien diskriminiert und zurückgedrängt. Um 1960 rückten diese neuen Kräfte dann rasch in Führungspositionen
ein und lösten dort die wenig effiziente Notelite der Anfangsjahre und die Reste der
alten bürgerlichen Führungsschichten ab. Als diese Umwälzung abgeschlossen war,
wurde ab Anfang der 60er Jahre beim Hochschulzugang Leistung gegenüber der sozialen Herkunft wieder stärker gewichtet. Dementsprechend ging 1960-67 der Anteil der
Direktstudenten aus Arbeiterfamilien von 50,3 auf 38,2 Prozent zurück (seitdem wurden vorsichtshalber keine Zahlen mehr veröffentlicht), und seit Ende der 60er Jahre
wurde deutlich die Tendenz zur Selbstreproduktion der DDR-Elite sichtbar. Aber unverändert wurde bei der Zulassung zur Hochschule nicht nur auf die Leistung geachtet.
Arbeiter- und Bauernkinder wurden weiter bevorzugt, und außerdem war politische
Zuverlässigkeit unabdingbare Voraussetzung. Die Rekrutierung durch das Erbe von
Besitz war dagegen mit der Verstaatlichung entfallen.

Von Anfang an wirkten Medien und Schule auch stark darauf hin, die Frau ins Berufsleben einzubeziehen und dort dem Mann gleichzustellen, überhaupt alte Rollenbil-
der abzubauen. Altes Rollenverhalten erwies sich aber auch in der DDR in der innerfamiliären Arbeitsteilung und in der Berufswahl als zählebig. Hausarbeit blieb überwiegend Sache der Frauen, und in Leitungspositionen und in naturwissenschaftlichen
und technischen Berufen blieben Frauen stark unterrepräsentiert, wenn auch in geringerem Maße als in der BRD. Angesichts der Arbeitskräfteknappheit in der DDR
wurden die Frauen mehr als in jedem anderen Industriestaat für die Berufstätigkeit
mobilisiert; ihr Anteil an den Beschäftigten stieg 1950-71 von 36 auf 49 Prozent.

Die Spannung von Gleichheitsidee und Bedürfnisprinzip einerseits und Leistungsprinzip andererseits zeigte sich auch im Preisgefüge und im System der Sozialleistungen. Die Preise für Grundnahrungsmittel, Mieten und öffentlichen Personennahverkehr wurden stark subventioniert, die Leistungen des nach und nach verstaatlichten
Gesundheitswesens völlig kostenlos zur Verfügung gestellt. Bei der Sozialversicherung, deren Zweige man 1947 alle zu einer Einheitsversicherung zusammengefaßt
hatte, stiegen die Ausgaben wesentlich stärker als die Einnahmen, so daß immer größere Zuschüsse aus dem Staatshaushalt erforderlich waren. Insgesamt gesehen wurde
also ein großer und wachsender Teil der Güter und Dienstleistungen als bedürfnis-
orientierte Versorgung aus dem gesellschaftlichen Fonds von oben zugeteilt, was zu
Lasten der leistungsbezogenen individuellen Einkommen ging, über deren Verwendung der Empfänger selbst entscheiden konnten. Die Rente sollte ursprünglich möglichst egalisiert und nicht leistungsbezogen sein. Im Laufe der Jahre wurden dann aber
vor allem für Akademiker, Militärs und Polizisten doch höhere Renten eingeführt,
und seit 1971 breitete die freiwillige Zusatzrentenversicherung sich stark aus.

Marx hatte gemeint, daß nur direkte Arbeit Werte schaffe, und deshalb Einkommen aus Kapitalbesitz als Ausbeutung verurteilt. Zugleich hatte er im Privateigentum an Produktionsmitteln auch die Ursache für die Herrschaft von Menschen über Menschen und für den Klassenkonflikt zwischen Besitzern und Arbeitern gesehen. Die offizielle Ideologie der DDR behauptete, daß durch die Verstaatlichung der Produktionsmittel beide Probleme gelöst worden wären. Doch gerade in dieser Frage war die Kluft zwischen Anspruch und Wirklichkeit gewaltig. Dabei sei hier ganz davon abgesehen, daß technisch bedingte Erscheinungen wie Fließbandarbeit und die Trennung von leitender und ausführender Arbeit in der DDR genauso existierten wie in der BRD. Die Behauptung, durch die Umwandlung der Produktionsmittel in „Volkseigentum" wären alle Miteigentümer derselben und somit ihre eigenen Arbeitgeber geworden, war eine Fiktion. Real wurde die Verfügungsgewalt infolge der Zentralisierung von der staatlichen Bürokratie wahrgenommen. Im konkret erfahrbaren Erlebnisbereich ihres einzelnen Betriebs sehen sich die Arbeitenden vielmehr einer Betriebsleitung gegenüber, auf deren Entscheidungen sie keinen Einfluß hatten, da die Betriebsleiter von übergeordneten Instanzen eingesetzt wurden und von oben ihre Planvorgaben und Direktiven erhielten. Dem entsprach das Bewußtsein der Arbeiter, die sich nicht als „sozialistische Eigentümer", sondern ebenso wie diejenigen in kapitalistischen Betrieben des Westens als Arbeitnehmer fühlten.

Mehr noch: die DDR-Führung verweigerte den Arbeitnehmern eine autonome Interessenvertretung, und zwar unter dem Vorwand, die Arbeitnehmer wären die Eigentümer der Betriebe und es gäbe deshalb keine Interessengegensätze zwischen ihnen und den Unternehmensführungen. 1945 entstanden Ansätze zu einer Arbeiterselbstverwaltung, doch diese wurden bald zerschlagen und die Betriebsräte 1948 aufgelöst. Der 1945 gegründete Freie Deutsche Gewerkschaftsbund (FDGB) verstand sich im Unterschied zu bundesdeutschen Gewerkschaften nicht als Vertretung von Arbeitnehmerinteressen gegen oben, sondern als Ausführungsorgan der Partei. Er verwaltete Ferienplätze und andere Sozialleistungen, beeinflußte die Vergabe von Wohnungen und wirkte vor allem dabei mit, zu höherer Produktivität anzutreiben. So unterstützte der FDGB beispielsweise auch die Ausweitung der Schichtarbeit. Die von den Gewerkschaftsmitgliedern „gewählten" Betriebsgewerkschaftsleitungen bedurften der Bestätigung durch übergeordnete Instanzen, deren Weisungen sie auch unterworfen waren. Es gab keine Tarifautonomie, sondern Löhne und Gehälter wurden im wesentlichen von den zentralen Planungsinstanzen festgelegt. Streiks waren faktisch verboten. Die so übertünchten sozialen Konflikte äußerten sich dann verdeckt auf innerbetrieblicher Ebene in passivem Widerstand gegen Planvorgaben und Arbeitshetze. Daß Arbeitskräfte knapp waren und gebraucht wurden und auch nicht so leicht entlassen werden konnten, stärkte diesen dabei den Rücken. Auch die Behauptung, es gäbe in der DDR keine „Ausbeutung" im Sinne arbeitslosen Einkommens, entsprach nicht der Realität. Auch dort wurden Zinsen auf Sparguthaben, Staatsanleihen und Bankkredite gezahlt, und es existierte die Produktionsfondsabgabe. Daß infolge der Verstaatlichung der Produktionsmittel der daraus fließende Kapitalertrag nicht in private Taschen floß, kam dem Konsum der Arbeitnehmer nicht zugute, da der Aufwand für den Planungsapparat und die Reibungsverluste des Wirtschaftssystems dies überkompensierten.

Das Marxsche Denken und vor allem das Interesse der Herrschenden an der Arbeitsleistung der Bevölkerung für die Gesamtheit führten dazu, daß die Menschen in erster Linie als Arbeitende gesehen wurden. Das kam nicht nur darin zum Ausdruck, daß die „Nur-Hausfrau" als gesellschaftlich rückständig galt. So wurden vor allem jene Sozialleistungen ausgebaut, welche die Arbeitskraft erhielten und wiederherstellten (Gesundheitsvorsorge und Heilbehandlung), während das Rentenniveau im Verhältnis zu den Arbeitnehmereinkommen deutlich geringer war als in der BRD. Im Unterschied zu fast allen Werktätigen durften Rentner in den Westen reisen − schließlich leisteten diese nichts mehr für die Gemeinschaft, sondern kosteten nur noch. Verglichen mit der BRD besaßen in der Schule die berufsrelevanten mathematisch-naturwissenschaftlichen Lerninhalte ein größeres Gewicht gegenüber den musischen, die nur dem Individuum dienten. Die Weiterbildung von Erwachsenen war stärker auf berufliche Qualifikation und weniger auf Allgemeinbildung ausgerichtet.

Der Mensch als Kollektiv-mitglied

Überhaupt wurde der einzelne vor allem von der Gemeinschaft her gesehen. Entgegen dem langfristigen Trend des 19. und 20. Jahrhunderts zur Freisetzung des privaten Individuums, der sich nach der Unterbrechung in der NS-Zeit in der BRD verstärkt fortsetzte, der jene kleinräumigen Lebensbezüge aufweichte, die dem einzelnen Verhalten und Normen verbindlich vorgaben, und der damit individuelle Entscheidungs- und Handlungsspielräume eröffnete, entgegen dieser aus gesellschaftlichen Zwängen befreienden Entwicklung strebte in der DDR die Führung danach, den einzelnen möglichst stark in Kollektive einzubinden. Die Kollektive sollten jeden von klein auf durch Gruppendruck zum politisch, gesellschaftlich und moralisch erwünschten Verhalten erziehen. Dazu diente die 1946 gegründete Freie Deutsche Jugend (FDJ), die einzige zugelassene Jugendorganisation, der allmählich fast alle Schüler und Studenten angehörten, und ebenso die anderen Massenorganisationen. Besondere Einflußmöglichkeiten des Staats bestanden auch dadurch, daß die Kinder wegen der verbreiteten Berufstätigkeit der Mütter in starkem Maße Kinderkrippen und -gärten besuchten und daß die Schulen Ganztagsschulen waren. Die Kinder wurden in Kindergarten, Schule und FDJ gezielt darauf erzogen, sich diszipliniert ins Kollektiv einzupassen.

Die Erwachsenen sahen sich stark an den Betrieb gebunden. Dort fanden nach Dienstschluß ideologische und fachliche Arbeitssitzungen statt, der Betrieb organisierte zum großen Teil Klubs, Bibliotheken, Kulturhäuser und andere Freizeitveranstaltungen sowie Urlaubsreisen und hatte möglichst selbst die Organisation der Hochzeitsfeier eines heiratenden Arbeitnehmers zu übernehmen. Seit 1961 wurden kleinere Straftaten oft durch gesellschaftliche Gerichte mit erzieherischen Maßnahmen geahndet. Diese Laiengerichte bestanden in den Betrieben, und es sollten möglichst alle Angehörigen des Arbeits- und Nachbarschaftskollektivs an der Verhandlung teilnehmen, um einen entsprechenden moralischen Druck zu erzeugen. Außerdem führte auch die Hausgemeinschaft der Mieter als unterstes Gremium der Nationalen Front regelmäßig gemeinsame Veranstaltungen durch, vom Verschönern des Grundstücks über Altstoffsammlungen bis zur Nachbarschaftshilfe. Im Vergleich zu den Deutschen in der BRD waren jene in der DDR immer weniger gewohnt, ihre Lebensverhältnisse selbständig und mit eigenen Initiativen zu gestalten und zu bewältigen. Stark in Kollektive eingebunden zu sein bedeutete gleichermaßen Gängelung wie Betreuung und Unterstützung. Durch sie wurden Schwache stärker gestützt und mitgetragen, und es wurde auch Verwahrlosungserscheinungen bei Jugendlichen vorgebeugt, während umgekehrt die Menschen mit eigenen Wünschen, neuen Ideen und Eigeninitiative stärker die Flügel gestutzt bekamen und Nonkonformisten sich in gesellschaftliche Nischen oder in die Republikflucht gedrängt sahen.

Mochte die sozialistische Utopie einer gerechten und freien Gesellschaft in den An- *DDR-*
fangsjahren der DDR viele beflügelt haben, so zerplatzten diese roten Seifenblasen *Sozialismus:*
bald, als sie an die harten Kanten der Realität stießen. Schon Marx' Utopie war in sich *Utopie und*
nicht stimmig gewesen, dann stellte jener Konsumgüterüberfluß sich nicht ein, der *Realität*
für eine primär an Bedürfnissen orientierte Verteilung erforderlich gewesen wäre, die
Parteidiktatur schränkte Freiheitsräume des einzelnen stark ein, und erst recht kam
der „neue Mensch" nicht in Sicht. Allmählich wurde immer deutlicher, daß die bestehenden Mißstände nicht Folgen des Kriegs und der Vergangenheit und damit vorübergehender Natur, sondern systembedingt waren. Die Idee des Sozialismus verlor ihre
Faszinationskraft weitgehend. Wo die Kluft zwischen gleichwohl aufrechterhaltenem
Anspruch und Realität bewußt wurde, stellte sich oft Zynismus ein. Trotzdem wurden
Utopie und Anspruch nicht irrelevant, denn im Spannungsfeld zwischen ihnen und den
realen Sachzwängen vollzog sich die Entwicklung der Gesellschaft der DDR.

9.4 Kulturleben

Auslands-
einflüsse
Der Zweite Weltkrieg bedeutete auch für das deutsche Kulturleben einen Einschnitt. Das galt nicht nur wegen der personellen Verluste und der Zerstörungen − z.B. waren von den 70 Millionen Büchern reichsdeutscher Bibliotheken und Archive zwei Drittel in Flammen aufgegangen. Mit der Niederlage ging auch jene Politik unter, die das eigene deutsche Wesen in artgemäßer Kultur hatte entfalten wollen und sich dabei polemisch gegen westliche Einflüsse abgegrenzt hatte. Überdies entspann sich nach dem Zweiten Weltkrieg allgemein zwischen den westlichen Staaten eine intensivere Kommunikation als je zuvor, so daß Ideen, Moden, Lebensformen und Kunststile in Europa und Nordamerika ähnlicher wurden als früher, ja oft einheitlich.

So wurde das geistige Leben in den deutschen Staaten nach 1945 stark von ausländischen Einflüssen geprägt. In der westlichen Welt war jetzt eindeutig der englischsprechende Raum Quelle der entscheidenden Innovationen, insbesondere die USA. Da in der BRD eigene Traditionen nach 1945 teilweise diskreditiert waren und außerdem amerikanische Besatzungstruppen als Vermittler direkt im Land standen, drang die Amerikanisierung in Westdeutschland tiefer ein als in jedem anderen westeuropäischen Land. Der US-Einfluß wirkte am stärksten in der Massenkultur, in Technik und Naturwissenschaft, weniger intensiv im literarisch-künstlerischen Bereich. Innerhalb weniger Jahre nach Kriegsende kamen Kaugummi, Comics (seit 1951 Micky-Maus auf deutsch) und erneut und jetzt mit breiter Resonanz Coca-Cola und Jazz-Musik auf, dann im Laufe der 50er Jahre Jeans und Rock-Musik, beides zunächst noch vielfach abgelehnt, aber auch eine Fülle amerikanischer Kinofilme (besonders Western) und Fernsehserien, in den 60ern ferner Drogen und die Aktions- und Modeformen der Jugendprotestbewegung, in den 70ern Jogging. In der BRD sank der Marktanteil des deutschen Films 1960-76 von 47 auf 11 Prozent. Vieles wurde US-Vorbildern abgeguckt, z.B. der Schlagerstil und die Gestaltung von Fernsehunterhaltung als Show und Quiz. Viele Filme und Krimis und die meisten Comics waren überhaupt nur Übersetzungen. Insbesondere Jugendliche ahmten auch bald gewisse Lässigkeiten US-amerikanischer Umgangsformen und Körperhaltung nach. Mit den Dingen und Formen schwoll die Übernahme von englischen Fremdwörtern, die schon am Ende des

19. Jahrhunderts langsam eingesetzt hatte, jetzt in der (west-)deutschen Sprache zum breiten Strom an, auch hier besonders in der Alltagskultur und Technik. Einige Bereiche, z.B. Werbung und Luftfahrt, übernahmen fast das ganze Fachvokabular aus dem Englischen. In der Rock- und Pop-Musik wurden nicht nur die weitaus meisten Titel aus dem englischsprachigen Raum eingeführt, sondern auch jene westdeutschen Gruppen, die seit den 60er Jahren diesen Musikstil nachahmten, bedienten sich ganz überwiegend der englischen Sprache. Während die US-Einflüsse im Bereich der Breitenkultur an Vorläufer in den 1920er Jahren anknüpften, besaßen die USA seit dem Zweiten Weltkrieg auch in den meisten Wissenschaften eine international eindeutig führende Stellung. Das lag daran, daß ihre Forschungskapazitäten zu einer Größenordnung herangewachsen waren, die von keinem europäischen Land auch nur entfernt erreicht wurde. Gewiß gab es in den westdeutschen Staaten auch kulturelle Einflüsse aus anderen Ländern, z.B. in den 50er Jahren Theater und Existentialismus aus Frankreich, seit den 60ern skandinavisches Design und italienische Pizzerien, doch blieben diese gegenüber den amerikanischen Einflüssen ausgesprochen nachrangig.

Bemerkenswerterweise kam es in der DDR nicht zu einer vergleichbaren Russifizierung. Die UdSSR war zwar mit ihren Panzern ein machtpolitischer Faktor, an dem niemand in der DDR vorbei konnte, aber das politische System der Sowjetunion hemmte durch sein ständiges Kontrollstreben geistige Innovationen, und auch wirtschaftlich war die Sowjetunion gegenüber der DDR rückständig. So besaß sie in keinem Bereich kulturelle Ausstrahlungskraft. Zwar wurde Russisch in der Schule als Fremdsprache gelehrt, beteuerten offizielle Stellen ständig die Freundschaft zur UdSSR, waren im Bereich der Herrschafts- und Wirtschaftsordnung sowjetische Vorstellungen übernommen worden, wurden westliche Modeerscheinungen offiziell oft als dekadent und kapitalistisch abgelehnt – tatsächlich aber war der Einstrom von Anglizismen in die Sprache deutlich stärker als der von Russizismen (wenngleich auch weniger massiv als in der BRD), westliche Moden, Designstile und Unterhaltungsformen wurden mit einigen Jahren Verzögerung doch nachgeahmt, dagegen nichts dergleichen aus der UdSSR, die Russisch-Kenntnisse gerieten mangels Verwendung bei den meisten nach der Schule rasch in Vergessenheit, und DDR-Wissenschaftler lasen wesentlich mehr englische als russische Literatur.

Wie war es nun umgekehrt um die Ausstrahlung der deutschen Kultur in der Welt bestellt? Im Zweiten Weltkrieg wurde die deutsche Sprache als Feindsprache im Ausland zurückgedrängt, und seitdem verlor sie weiter an Boden. In sämtlichen internationalen Organisationen (außer der EG) spielte Deutsch bestenfalls eine Nebenrolle. Deutsche Wissenschaftler, besonders Naturwissenschaftler, gingen immer mehr dazu über, auch in den deutschen Staaten auf Englisch zu veröffentlichen, um international noch wahrgenommen zu werden. Darauf, wie sehr die internationale Stellung der deutschen Naturwissenschaften im Vergleich zu den Jahrzehnten vor 1933 schwächer geworden war, geben die Nobelpreise einen Hinweis: von den 1945-89 vergebenen naturwissenschaftlichen Nobelpreisen gingen nur 11,8 Prozent an Wissenschaftler aus deutschen Staaten, dagegen 52,9 Prozent an US-Amerikaner, 16,7 Prozent an Briten und je 3,0 Prozent an Russen und Franzosen. Diese Reihenfolge wurde auch durch die Häufigkeit des Zitiertwerdens in der Fachliteratur bestätigt. In den 70er Jahren verlor die BRD ihre Stellung als drittwichtigstes westliches Wissenschaftsland an Japan. Auch in anderen Kulturbereichen gingen international wichtige Innovationen und Modeerscheinungen nur selten von Westdeutschland aus, und erst recht nicht von der

DDR. Die BRD hatte als Lieferant vielfältiger und hochwertiger Industrieprodukte weltweit Bedeutung; als Kulturnation dagegen in viel geringerem Maße. Bemerkenswert ist immerhin, daß in steigenden Zahlen ausländische Studenten in der BRD studierten (wobei die BRD seit Mitte der 70er Jahre nach den USA und Frankreich international an dritter Stelle stand), vor allem aus Ländern der Dritten Welt.

Deutsche Kultur – eine Einheit?

Obwohl mehrere deutsche Staaten existierten, bestand weiterhin ein hohes Maß an kulturellen Gemeinsamkeiten im deutschen Raum. Zwischen den westlichen deutschen Staaten wurden die geistigen Verbindungen enger als je zuvor. Ein großer Teil der vervielfältigten schriftstellerischen und musikalischen Erzeugnisse aus Österreich und der deutschen Schweiz wäre ohne den bundesdeutschen Absatzmarkt nicht denkbar gewesen. Viel stärker wirkten umgekehrt bundesdeutsche Medien in die beiden Alpenländer hinein. In Österreich wurden die einheimischen Illustrierten sogar vollständig durch bundesdeutsche verdrängt. Auch das bundesdeutsche Fernsehen gewann in den Alpenstaaten zahlreiche Zuschauer, da es ein reichhaltigeres Programm bieten konnte als die dortigen Anstalten. Zwischen der DDR und der BRD wurde der Austausch von Druckerzeugnissen in den 50er Jahren auf ein schmales Rinnsal gedrosselt. Aber alle Versuche der DDR-Behörden, den Einfluß des westdeutschen Rundfunks und dann des Fernsehens zu unterbinden, schlugen letztlich fehl. So sah die DDR-Bevölkerung letztlich wesentlich mehr West- als Ostfernsehen, während umgekehrt die Bundesbürger nur sehr wenig DDR-Fernsehen einschalteten. Alle anderen deutschen Staaten waren also geistig auf die BRD hin orientiert, und zugleich erwies sich das geistige Leben in der BRD immer wieder als Quelle von Neuerungen.

Die kulturelle Entwicklung in Westdeutschland läßt sich grob in drei Phasen untergliedern: eine Zeit wiedergewonnener Stabilität bis etwa 1964, einen Abschnitt der geistigen Aufbrüche, Kritik und Experimente 1964-75 und danach eine Phase verunsicherter Suche nach Orientierungen. Das geistige Leben in Österreich und der deutschen Schweiz vollzog diese Phasen mit. Die Unterschiede zwischen diesen drei Ländern sind hier rasch genannt. In Österreich fielen die Aufbrüche weniger heftig aus als in der BRD, und das Geistesleben blieb insgesamt konservativer. Noch mehr gilt dies für die Schweiz: dort sickerten die kritischen Anstöße der späten 60er Jahre zunächst nur in begrenztem Umfang ein und kamen eigentlich erst seit 1974 zu breiterer Entfaltung.

Deutlicher ist der Unterschied zur DDR. Zwar orientierten sich DDR-Bürger stark an Lebensformen und Stilen aus der BRD, dennoch traten immer mehr Unterschiede hervor, bedingt durch die Begrenztheit der Kontakte über den Eisernen Vorhang hinweg, durch die obrigkeitliche Kulturpolitik mit ihren ideologischen Vorgaben, ihren Abwehrbestrebungen gegenüber Westeinflüssen und ihrer überhaupt neuerungsfeindlichen Haltung sowie durch die geringeren materiellen Möglichkeiten. Entwicklungen vollzogen sich in der DDR langsamer, das Leben war weniger hektisch. Es fehlten jene freie öffentliche Diskussion und jener wirtschaftliche Wettbewerb, die häufige Neuerungen und raschen Wandel bewirken. So hielten sich in der DDR in stärkerem Maße ältere Verhaltensweisen und Lebensformen als in der BRD. Gemessen an der sich rasch verändernden BRD wirkte dadurch das Leben in der DDR in mancher Hinsicht zunehmend bieder und traditionell, etwa in gesellschaftlichen Umgangsformen, manchen Sprachgewohnheiten und Wertvorstellungen. Überdies ließen die gesellschaftlichen und ideologischen Besonderheiten auch manche eigenständigen Züge des Kulturlebens entstehen. Allerdings blieben die kulturellen Unterschiede hinter jenem Maß zurück, in dem sie auch in früheren Jahrzehnten zwischen den verschiedenen deutschen Ländern bestanden hatten.

Angesichts dieser Gegebenheiten wird im folgenden, abgesehen von den Wissenschaften, die kulturelle Entwicklung der westlichen deutschen Staaten zusammen, die der DDR getrennt davon im Anschluß geschildert.

Am Ende des Zweiten Weltkriegs waren zahlreiche deutsche Forschungseinrichtungen zerstört, und die Supermächte warben etliche Wissenschaftler ab oder deportierten sie. Der Wiederaufbau der Wissenschaften hatte gegenüber den unmittelbaren Lebensbedürfnissen keine Priorität, und bis Mitte der 50er Jahre waren bestimmte Forschungsbereiche auch von den Besatzungsmächten verboten. Von den in der NS-Zeit emigrierten Wissenschaftlern kehrten nur wenige zurück. Seit den 50er Jahren erlebte die bundesdeutsche Wissenschaft obendrein eine stetige Abwanderung von Spitzenkräften ins Ausland, besonders in die USA, denen dort bessere Arbeitsbedingungen geboten wurden. So dauerte es auf etlichen Gebieten bis in die 70er Jahre, bis die bundesdeutsche Wissenschaft wieder den Anschluß gefunden hatte. Wissenschaft in der DDR hatte noch mit besonderen Startschwierigkeiten zu kämpfen. Da es 1945 fast keine deutschen marxistischen Wissenschaftler gab, mußte man zunächst auf die vorhandenen nichtmarxistischen Kräfte zurückgreifen. Der größere Teil von diesen wanderte aber im Laufe der 40er und 50er Jahre nach Westdeutschland ab, je mehr die Entwicklung zu einem kommunistischen Staat vorangetrieben wurde. Dadurch verwaisten viele Fachgebiete. Zugleich wurde im Laufe der 50er Jahre eine neue Generation von Wissenschaftlern herangezogen, die dann um 1960 herum noch relativ unqualifiziert in die vorhandenen Stellen einrückte. Erst danach konnte sich Wissenschaft in der DDR konsolidieren. Die Politik der SED seit dem Mauerbau, Kontakte zu westlichen Ländern zu kontrollieren und stark zu beschränken und vielfach Neuerungen als unerwünscht anzusehen, hemmte aber die Entwicklung der Wissenschaft in der DDR weiterhin.

In den Jahrzehnten nach dem Zweiten Weltkrieg vermehrten sich die wissenschaftlichen Kenntnisse international geradezu explosionsartig, viel stärker als je zuvor und als die materielle Produktion. Die Zeitspanne zwischen wissenschaftlicher Entdeckung und ihrer praktischen Anwendung verkürzte sich zunehmend. Wissenschaft wurde immer mehr zu einer entscheidenden Triebkraft wirtschaftlicher und gesellschaftlicher Entwicklung. Dahinter stand ein steigender Aufwand und neue Organisationsformen. Die Zahl der tätigen Wissenschaftler wuchs stark an, und in den Naturwissenschaften wurde vielfach der Geräteaufwand zunehmend größer. So erhöhten sich in der BRD die Ausgaben für Forschung und Entwicklung 1955-83 von 0,6 auf 2,8 Prozent des Bruttosozialprodukts. Bestimmte Wissenschaftsbereiche und die industrielle Produktion gingen eine immer engere Verbindung ein. Während bis zum Zweiten Weltkrieg die Forscher meist einzeln und in bewußter Distanz zur wirtschaftlichen und gesellschaftlichen Anwendung auf sich gestellt gearbeitet hatten, entstand in den USA in den 40er Jahren die Organisationsform einer auftragsgebundenen und gewissermaßen fabrikmäßigen Produktion von technisch verwertbarem Wissen durch große Forscherteams mit beträchtlichen finanziellen und apparativen Mitteln. Um hier mithalten zu können, wurden in einigen Bereichen der Grundlagenforschung staatlich finanzierte Großforschungseinrichtungen gegründet, besonders in der Kernforschung (als erste in der BRD 1956 die Kernforschungsanlage Jülich). Die bundesdeutschen Hochschulwissenschaftler hielten zunächst noch weiter an der Idee der

Wissenschaftspolitik und -organisation

praxisfernen, autonomen Forscherpersönlichkeit fest; im Laufe der 70er Jahre kam dann hier zunehmend Auftragsforschung für Wirtschaft und Gesellschaft auf sowie das Streben, den Transfer von Wissenschaft und Technologie von den Hochschulen an die Wirtschaft zu fördern. In der DDR wurde die Forschung überhaupt immer mehr von den Universitäten an die Akademien verlagert.

Naturwissen-
schaften

Die Arbeiten deutscher Naturwissenschaftler sind nur als Beiträge zu einer internationalen Gesamtheit zu verstehen und lassen sich aus dieser nicht herauslösen. Von den zahlreichen Erkenntnisfortschritten der internationalen Forschergemeinschaft seit 1945 seien hier nur einige Bereiche erwähnt, über die es bis dahin gar keine oder nur sehr dürftige Informationen gegeben hatte. Man suchte und fand immer kleinere Bausteine der Atomkerne. Mit Radarsonden und Wettersatelliten wurde die Atmosphäre erforscht, mit optischen Riesenteleskopen, Radioteleskopen und Raumsonden der Weltraum, mit Echolot und geophysikalischen Methoden der Meeresboden, und mit letzteren klärte man auch die geologischen Verhältnisse in größerer Tiefe der Erdkruste auf. Mit Elektronenmikroskopen (erfunden 1933 von E. Ruska) und anderen verbesserten Mitteln ließ sich der Feinbau der biologischen Zelle erforschen. Die Biologie erkannte Anfang der 40er Jahre die DNS als materiellen Träger der Erbinformation, entschlüsselte dann zunehmend ihren Aufbau und Code und gelangte in den 70er Jahren zu ihrer Synthese. Ferner entwickelte sich seit dem Zweiten Weltkrieg die Festkörperphysik, welche die Eigenschaften von Körpern untersucht, bei denen die Moleküle durch Bindungskräfte in bestimmten Lagen festgehalten werden, und die damit die Grundlage für die Entwicklung kristalliner Werkstoffe schuf.

Human-
wissen-
schaften:
BRD

In den Humanwissenschaften lief in der BRD die weitgehend geisteswissenschaftlich geprägte Wissenschaftsauffassung zunächst noch ungebrochen weiter, über den Zweiten Weltkrieg hinweg bis in die späten 50er Jahre hinein, um dann fast ganz abzubrechen. Die Germanistik sah Dichtung weitgehend als ein autonomes Kunstwerk an, das nur werkimmanent, also aus sich selbst heraus interpretiert werden dürfe, womit die Literatur aus ihren Zeitbezügen herausgeschnitten wurde. In der Geschichtswissenschaft blieben politische Ereignisgeschichte und individualisierende Betrachtungsweise vorherrschend. Auch Pädagogik, Politologie und Soziologie, die sich jetzt an den Universitäten fest etablierten, waren stark von geistesgeschichtlicher, hermeneutischer und spekulativer Methode geprägt.

Im wesentlichen zwei Innovationsschübe sorgten dann für weitreichende Veränderungen. Im Laufe der 50er Jahre wurden aus den USA die Methoden quantitativer empirischer Forschung übernommen. Das galt in gleicher Weise für Soziologie, Wirtschaftswissenschaften, Anthropogeographie, Psychologie und dann auch Pädagogik. Damit betrachteten Wissenschaftler auch menschliches Handeln und Denken als statistisch faßbare Massenerscheinungen. Als neue Methoden wurden jetzt u.a. Umfragen für Politik, Marketingzwecke und Sozialwissenschaft, wurden Intelligenz- und Persönlichkeitstests und die Ökonometrie eingeführt. Dies war nicht ohne Probleme. Der Volkswirtschaftslehre gelang es lange nur recht unvollkommen, Theorie und Empirie miteinander zu verbinden, und in den Sozialwissenschaften konzentrierte sich die empirische Forschung oft auf isolierte Einzeltatbestände, worüber gesamtgesellschaftliche Zusammenhänge in den Hintergrund traten. Im Laufe der 60er und 70er Jahre wandten sich dann Soziologie, Geschichtswissenschaft, Geographie, Germanistik, Pädagogik und auch Psychologie in starkem Maße umfassenden theoretischen Ansätzen zu (Funktionalismus aus den USA, Strukturalismus aus Frankreich und eine Wiederbelebung des Marxismus). Gleichzeitig wurden sozialwissenschaftliche Fragestellungen in beträchtlichem Umfang von den anderen der eben genannten Fächer aufgenommen. Vielfach entfaltete sich bald ein Pluralismus der Ansätze und Methoden, am stärksten in der Psychologie. Zusammengenommen bedeutete dies, daß Ende der 50er Jahre die metaphysisch orientierte Philosophie und überhaupt die idealistische Orientierung der Geisteswissenschaften abstarben, jene spezifisch deutschen Traditionen also, welche die deutschen Humanwissenschaften mehr als ein Jahrhundert lang von jenen der angelsächsischen Länder unterschieden hatten.

Erst recht verschwanden diese Traditionen in der DDR. Dort wurde Anfang der 50er Jahre der Marxismus-Leninismus von der politischen Führung als verbindlich durchgesetzt, was allen Humanwissenschaften den Stempel aufdrückte. Da der Marxismus-Leninismus dazu diente, die kommunistische Diktatur zu rechtfertigen, und deshalb als unantastbare Wahrheit galt, zugleich aber beanspruchte, als Wissenschaft Aussagen über die Realität zu machen, waren damit eine Reihe von Grundbegriffen und Hauptaussagen dem kritisch überprüfenden Zugriff der Wissenschaft entzogen. Abweichende Wissenschaftler wurden gemaßregelt. Insbesondere Philosophie und Politische Ökonomie wurden in diesem Korsett dogmatisch und steril und stark auf propagandistische Zwecke ausgerichtet. In diesem Bereich wurden vor allem marxistische Klassiker ausgelegt und weniger neue Probleme wirklich verarbeitet. Soziologie und Pädagogik zeigten in den 50er Jahren die gleiche Wirklichkeitsferne, nahmen dann aber in den 60er Jahren zögernd auch empirische Forschungen auf. Deren Ergebnisse durften indessen oft nicht veröffentlicht werden, da an ihnen die Diskrepanz zwischen Realität und ideologischem Anspruch deutlich wurde. In ähnlicher Weise konstituierte sich die marxistische Geschichtswissenschaft in den 50er Jahren mit recht dogmatischen und grobschlächtigen Arbeiten, und nachdem sie sich in den 60er Jahren konsolidiert hatte, begann Anfang der 70er Jahre eine Verwissenschaftlichung, die auf etlichen Gebieten zunehmend differenzierte und realitätsnahe Ergebnisse zeitigte.

Wenden wir uns nun zunächst den westlichen deutschen Staaten zu.

Ein Trend, der die ganzen Jahrzehnte nach dem Zweiten Weltkrieg durchzog, drängte weiter in Richtung auf eine Vereinheitlichung im kulturellen Leben, indem herkömmliche Unterschiede und Gegensätze abgebaut wurden. Dies betraf zum einen die weltanschaulich geprägten Subkulturen, besonders der katholischen Kirche und der Arbeiterbewegung. Nachdem schon der Nationalsozialismus deren Organisationen zerschlagen hatte, entzog der Abbau der sozialen, politischen und konfessionellen Gegensätze in der Zeit des wirtschaftlichen Wiederaufschwungs diesen Subkulturen auch ihre innere Grundlage. So lebten nach 1945 Vereine und Presseorgane mit klarer weltanschaulicher und parteipolitischer Prägung nur in begrenztem Umfang wieder auf und gingen dann im Laufe der 60er Jahre weitgehend ein. Auch die Unterschiede der einzelnen Regionen hinsichtlich Lebensweise und Mentalität verloren weiter an Gewicht. Dazu trug der durchmischende Zustrom der Flüchtlinge und Vertriebenen ab 1944 bei, und mehr noch die überall gleichmäßig wirkenden Massenmedien wie auch der weitgestreute Absatz industriell einheitlich gestalteter Konsumgüter. Es war kennzeichnend, daß sich der Gebrauch der Hochsprache überall auf Kosten der landschaftlich gebundenen Mundart weiter ausdehnte. Ferner wurde der Unterschied in Lebensweise und Mentalität zwischen Stadt und Land, der sich durch die städtischen Neuerungen mit der Industrialisierung deutlich ausgeprägt hatte, fast völlig abgebaut. Mit der Technisierung der Landwirtschaft wandelte sich der traditionelle Bauer zum unter-

*Human-
wissen-
schaften:
DDR*

*Vereinheit-
lichung*

1029

nehmerisch tätigen Landwirt. Indem sich Kraftfahrzeuge verbreiteten, wurden die ländlichen Milieus aufgebrochen: für die Dorfbewohner gerieten städtische Kultureinrichtungen und Einkaufsmöglichkeiten in bequeme Reichweite, ein wachsender Teil der Dorfbewohner begann, regelmäßig zu nichtlandwirtschaftlichen Arbeitsplätzen in größerer Entfernung zu pendeln, der Zugang zu besseren Bildungsmöglichkeiten wurde durch Mittelpunktschulen und öffentliche Verkehrsmittel deutlich erweitert, und immer mehr durchdrang städtischer Tourismus den ländlichen Raum, dessen Freizeitwert jetzt vermarktet wurde. Verstärkt siedelte sich Industrie auf dem Land an, und der Wohnungsbau übernahm auch in Landgemeinden völlig das Modell des städtischen Einzelhauses. Nicht zuletzt sorgten Fernsehen und Illustrierte dafür, daß die dort vermittelten Standards die dörfliche Eigenkultur verdrängten. Schließlich wurden auch die Unterschiede zwischen den Lebensstilen von Arbeitern und Mittelschicht weiter abgebaut. Auch hierzu trugen die modernen Massenmedien ihren Teil bei, die in die verschiedenen Haushalte das gleiche Angebot vermittelten. In die gleiche Richtung wirkte die Tatsache, daß mit dem Wirtschaftsaufschwung kleinbürgerliche Konsumstandards und Lebensformen für die Masse der Arbeiter erreichbar wurden. Der Lebensstil des kleinen Angestellten wurde weithin typisch.

Jugend   Entgegen dieser Tendenz zur Angleichung verschiedener Gruppenkulturen bildete sich allerdings auch ein neuer Subkulturbereich: jener der Jugend. Nach Anfängen in den 50er Jahren gelangte diese Erscheinung Mitte der 60er Jahre als Massenphänomen voll zum Durchbruch. Eigene, wechselnde Stilformen in Kleidung und Frisur entstanden, ebenso Elemente eines besonderen Jargons, und vor allem kam mit dem „Rock" eine besondere Art der Musik von Jugendlichen für Jugendliche auf. Auf diese Weise hoben sich Jugendliche von den Erwachsenen ab. Voraussetzung hierfür war, daß mit der allgemeinen Entwicklung zum Massenkonsum auch Jugendliche mehr materielle Mittel erhielten und so als Käuferschicht Bedeutung gewannen und daß für die Masse der Jugendlichen ein eigenes Zimmer üblich wurde, welches neue Möglichkeiten schuf (z.B. getrenntes Musikhören). Die Ausbreitung längerer Schulzeiten trug das Ihre dazu bei, Jugend als besonderen Lebensabschnitt mit bestimmten Problemfeldern entstehen zu lassen. Mit dem wachsenden Wohlstand, mit der Möglichkeit und dem Bestreben vieler Eltern, ihren Kindern immer mehr Wünsche zu erfüllen und ihnen Schwierigkeiten aus dem Weg zu räumen, ließen sich bei Kindern und Jugendlichen zunehmend häufiger bestimmte problematische Charakterzüge beobachten. Psychisches Durchstehvermögen, Ausdauer und die Fähigkeit, mit Frustrationen fertig zu werden, nahmen ab, und verstärkt traten Konzentrationsschwierigkeiten auf. Beigetragen haben hierzu möglicherweise auch Einflüsse der antiautoritären Erziehungsidee seit Ende der 60er Jahre, die Kindern Frustrationserlebnisse möglichst ersparen wollte. Die zunehmende Flüchtigkeit der Wahrnehmung, die teilweise bis zum Flippigen gesteigerte Beweglichkeit des Verhaltens stellte in gewisser Weise auch ein Weiterlaufen jener Entwicklung dar, die schon im späten 19. Jahrhundert als Folge der modernen Großstadtbedingungen eingesetzt hatte, insofern deren Reizfülle durch das Fernsehen und andere Medien noch deutlich weiter gesteigert wurde. Indem die Zeit weiterschritt, rückten diese Erscheinungen geringer psychischer Belastbarkeit dann über die Jugend hinaus auch in höhere Lebensalter vor.

Art und   Nicht nur bei Jugendlichen, sondern allgemein ließen steigende Einkommen und
Umfang des   wachsende Freizeit die Aktivitäten und Ausgaben im Freizeit- und Kulturbereich kräf-
Kulturlebens   tig expandieren, und zwar stärker als die übrigen Konsumausgaben. Kulturelle Ange-

bote und Aktivitäten wurden umfangreicher und vielfältiger als je zuvor. An dieser Entwicklung hatten die einzelnen Bereiche des Kulturlebens unterschiedlichen Anteil. Der Trend, daß die Teilhabe an Kultur sich sozial nach unten verbreitete, setzte sich fort, wovon vor allem die trivialen Formen der Massenkultur profitierten. Außerdem verlagerte sich das Gewicht der Freizeitaktivitäten noch stärker vom Vereinswesen weg auf kommerzielle Formen des Kulturlebens.

Unter den Vereinen konnten Gesang-, Musik- und Traditionsvereine nach dem Krieg zwar zunächst wieder Fuß fassen, verloren aber seit den 60er Jahren an Boden. Dagegen nahmen die Sportvereine einen gewaltigen Aufschwung. Ihre Mitgliederzahl stieg in der BRD 1960-89 von 4,9 auf 18,4 Millionen mit deutlichem Schwergewicht bei der männlichen Jugend. Der Anteil der Bundesbürger, die nie Sport trieben, ging 1950-76 von 77 auf 50 Prozent zurück. Neben dem Vereinssport kam außerdem ein kommerzieller Urlaubs- und Fitness-Sport auf.

Der Besitz von Büchern breitete sich weiter aus. 1955-78 fiel in der BRD der Anteil der Haushalte, die kein Buch besaßen, von 35 auf 5 Prozent und der mit bis zu 29 Büchern von 33 auf 24 Prozent, während jener mit über 100 Büchern von 10 auf 34 Prozent stieg. Bei den Unterhaltungsromanen hielten die gehobenen an der Buchform und dem namhaften Einzelautor fest (besonders erfolgreich: J.M. Simmel, H.G. Konsalik), während sich für die anspruchslosen ab 1949 die Form der Heftchenreihen mit Massenauflagen durchsetzte, die von anonymen Autorenteams fabrikmäßig hergestellt werden. Unter den Heftromanen breiteten sich neben Frauen- und Heimatromanen nach dem Krieg Kriminalromane stark aus, und mit Wildwest-, Science-fiction- und Landserheften und dann auch Porno- und Horrorreihen kamen neue Gattungen auf. Knapp ein Drittel aller Erwachsenen las regelmäßig Romanhefte. Ferner entwickelten sich nach dem Krieg auch Comic-Hefte rasch zur Massenerscheinung. Sie wurden bei Kindern und Jugendlichen zu einer beliebten Lektüre und erreichten 1983 in der BRD eine monatliche Auflage von 18 Millionen. Auch bei Zeitungen gewann vor allem die Trivialform in Gestalt der Boulevardzeitung stark an Boden. Deren wichtigste wurde die 1952 gegründete Bildzeitung, die rasch Millionenauflagen erzielte. Während die Gesamtauflage der Tageszeitungen nur leicht wuchs, nahmen die Zeitschriften an Vielfalt, Zahl und Verbreitung außerordentlich zu. Zur größten Illustrierten wurde bald die 1946 gegründete Hör Zu. 1978 schätzte man die Auflage der Freizeitzeitschriften, deren Themen von Sport über Kleingärten bis zu Modelleisenbahnen reichen, auf insgesamt 90 Millionen, die der allgemein gehaltenen Magazine, Illustrierten, Rundfunk-, Mode-, Frauen- und Familienzeitschriften auf 52 Millionen und jene der Verbandszeitschriften von Vereinen, Gewerkschaften, Fachverbänden usw. auf 22 Millionen. Dazu kamen noch die Fachzeitschriften.

Nicht nur Druckerzeugnisse expandierten, sondern auch Musik breitete sich dank ihrer Reproduzierbarkeit enorm aus. Mit dem Kofferradio gelangte sie auch hinaus in die freie Landschaft, viele Menschen gewöhnten sich an, bei häuslichen Arbeiten Hintergrundmusik aus dem Radio laufen zu lassen, und in Supermärkten und Warenhäusern wurde die seichte musikalische Berieselung üblich, um die Kunden zum Kauf zu stimulieren. Die Schallplattenproduktion in der BRD stieg 1950-70 von 6,3 auf 104,8 Millionen an, und 1982 betrug dort der Absatz von Schallplatten und Musikkassetten schon 207,7 Millionen Stück. Dabei trugen die Schallplatten ganz überwiegend sogenannte Unterhaltungsmusik (1968: 87 Prozent der Schallplattenproduktion). Die Unterhaltungsmusik im herkömmlichen Stil wurde nach dem Krieg rasch fast gänzlich durch den Schlager verdrängt. Mit dem Aufkommen des „Rock" übernahmen die Jugendlichen die führende Rolle unter den Schlagerkonsumenten, und ebenso wurden deren Interpreten immer jünger. Durch die Nachahmung von Schlagern gewann dann auch das Gitarrenspielen massenhaften Anhang. Aufführungen und Reproduktionen der sogenannten Ernsten Musik wurden noch stärker als zuvor von Werken des 18. und vor allem des 19. Jahrhunderts bestimmt, während zeitgenössische Komponisten sich überwiegend einer Formensprache bedienten, die dem Publikum weitgehend fremd und deshalb ohne nennenswerte Resonanz blieb. In Konzerten und Oper entfielen höchstens 10 Prozent aller Aufführungen auf die Werke lebender Komponisten.

Auch im Bereich der bildenden Kunst wurden die „avantgardistischen" Werke von den breiten Bevölkerungskreisen nicht angenommen, wenngleich sie auch nicht ganz so elitär isoliert blieben wie in der Musik. Im übrigen entstand auch im bildnerischen Bereich in den 60er Jahren mit dem Poster eine neue Form, die meist trivialen Bildschmuck noch weiter verbreitete, insbesondere in jugendliche Kreise hinein.

Auf dem Gebiet der primär auf optische Darbietungen angelegten Unterhaltung sorgte das Fernsehen für einen grundlegenden Wandel. In der BRD sendete die Arbeitsgemeinschaft der Rundfunkanstalten Deutschlands (ARD) seit 1952 täglich das Erste Programm, und dann kamen 1963 das Zweite und ab 1964 die Dritten Fernsehprogramme hinzu und 1967 das Farbfernsehen. Bis 1983 stieg in der BRD die Zahl der angemeldeten Fernsehgeräte auf 22 Millionen. Durch die Konkurrenz des Fernsehens starben Varieté und Zirkus weitgehend aus, und auch das Kino erlebte massive Verluste. Nachdem die Zahl der Kinobesuche 1947-56 von 460 auf 818 Millionen gestiegen war, ging sie stetig zurück bis auf 115 Millionen 1976 und stabilisierte sich dann auf dieser Höhe. Die Kinos verloren vor allem die älteren Besucher an das Fernsehen und wurden zu einer Sache des jüngeren Publikums. Wie schon früher gehörten Kinofilme in ihrer großen Mehrzahl dem trivialen Bereich an, während die anspruchsvollen Filme in kommerzieller Hinsicht meist unbedeutend blieben. Auch die Theater verloren durch die Konkurrenz des Fernsehens leicht an Boden (Zahl der jährlichen Besuche in der BRD 1955: 19,4 und 1979: 17,4 Millionen). Die Zahl der zur Auswahl stehenden Fernsehprogramme erweiterte sich noch, als ab 1984 Kabelfernsehnetze aufgebaut wurden und ab 1989 Fernsehsatelliten von Einzelhaushalten über eigene Antennen direkt empfangen werden konnten. Erwähnt werden muß an dieser Stelle auch der Fußball, der zum mit Abstand populärsten Sport wurde. In den 50er Jahren waren noch alle Fußballspieler Vereinsmitglieder, die einen Beruf hatten und nur nebenbei Fußball spielten. Nachdem man 1963 die Bundesliga eingeführt hatte, wurde der Spitzenfußball dann zu einer Sache von Berufssportlern, die als Angestellte des Wirtschaftsunternehmens Fußballverein arbeiten, das sie ohne engere persönliche Bindung wie Söldner wechseln. Der Spitzenfußball entwickelte sich zu einer Branche des Schaugeschäfts, mit immer größerem finanziellen Aufwand betrieben, von der Industrie als Werbeträger benutzt und von den Massenmedien vermarktet. Das Spitzentennis ging denselben Weg zum Berufssport. Um den Ansprüchen des zahlenden Publikums auf Spitzenleistungen zu genügen, ist es dann überhaupt in weiten Bereichen des Spitzensports seit den 1960er Jahren üblich geworden, daß Sportler ihre Leistungen durch chemische Aufputschmittel zu steigern versuchen.

Zwischen Anspruch und Trivialität

Daß die Westdeutschen immer ausgiebiger elektronische Medien nutzten, ging bemerkenswerterweise nicht zu Lasten ihrer Buchlektüre, die sich in etwa behaupten konnte. Dabei verlor aber die Belletristik zugunsten des Sachbuchs an Boden. Von der durchschnittlichen wöchentlichen Mediennutzung entfielen 1967-83 auf das Buchlesen durchgehend etwa 3 Stunden und auf das Zeitunglesen jeweils knapp 4 Stunden, während die Nutzung des Radios von 5 auf 8 1/2 Stunden stieg und die des Fernsehens sich bis 1973 auf 12 Stunden erhöhte und dann stagnierte. Dabei bestanden beträchtliche Unterschiede zwischen verschiedenen Teilen der Gesellschaft. Je höher der Bildungsstand, desto mehr wurden Bücher und Zeitungen gelesen (und das Theater besucht), je niedriger, desto stärker die elektronischen Medien genutzt und Romanhefte gelesen. So lebte die latente Spannung zwischen Elitenkultur und Massenkultur weiter. Teile der Elitenkultur konnten nur mit massiver öffentlicher Förderung am Leben gehalten werden. Das galt vor allem für Theater und Oper. Diese wurden immer stärker subventioniert, so daß sie sich 1982 nur noch zu 16 Prozent aus dem Einspielergebnis finanzierten. Gemeinden und Staat setzten hier die Tradition der Repräsentativkultur des 18. und 19. Jahrhunderts fort. Ein sehr großer Teil der Kulturetats wurde für diese Einrichtungen verwendet, aber ihre Ausstrahlung und Bedeutung innerhalb der Gesamtkultur entsprach dem nicht. Rundfunk und Fernsehen nutzten ihre Monopolstellung als öffentlich-rechtliche Anstalten mit Gebühreneinzug lange, um auch anspruchsvollere Sendungen auszustrahlen, z.B. mit politischen, wirtschaftlichen und kulturellen Informationen, die dann unvermeidlich das Interesse nur relativ kleiner Bevölkerungsschichten fanden. Unter dem Konkurrenzdruck privater Sender mußten sie ihr Programm dann aber in den 80er Jahren stärker dem Geschmack und Unterhaltungsbedürfnis des Massenpublikums anpassen.

Indem sich der Medienkonsum sozial nach unten ausbreitete, prägte sich bei den entsprechenden kommerziellen Produkten der triviale Charakter noch stärker aus, am deutlichsten bei den auf Teenager zugeschnittenen Erzeugnissen. Immer wieder zeigte sich der Hang zu Sensation, Action und Spannung – in der Konzentration von Boulevardpresse, Illustrierten und Teilen der Fernsehberichterstattung auf Skandale, Katastrophen und das Brandneue, in den Handlungen von Krimis, Sciene-fiction und Comics, ebenso im Fußball. Die geistige Reduktion wurde bei Boulevardpresse, Jugendzeitschriften und Comics daran deutlich, daß der Sprachstil schlagwortartig gekürzt war und das Bild das Wort zurückdrängte, ferner hier wie auch in Heftromanen an der Neigung zu einem undifferenzierten Freund-Feind-Schematismus, zur Personalisierung von Problemen und zur klischeehaften Darstellung von Personen. Außerdem fällt auf, daß das emotionale Element stark betont wurde, was für sentimentale Traumwelten vieler Romanhefte genauso galt wie für die Schlager der 50er und 60er Jahre, das Fußballerlebnis im Stadion, einen großen Teil der Fernsehberichterstattung und auch die Boulevardpresse, ganz besonders aber für Beat- und Rockmusik, die ihr Publikum durch eine sinnlich packende Musik zu fesseln, ja oft in einen rauschähnlichen Zustand zu setzen suchte. Für die englischsprachige Beat- und Rockmusik galt das um so mehr, als ein großer Teil der deutschen Hörer die englische Sprache zu wenig beherrschte, um von den Texten mehr als nur Bruchstücke verstehen zu können.

Bedeutete nun diese Entwicklung des Kulturkonsums, daß die Westdeutschen verdummt und manipuliert wurden, oder vergrößerte die Ausdehnung des Kulturkonsums ihren Gesichtskreis? Ohne Zweifel weitete sich das Informationsangebot seit dem Weltkrieg außerordentlich aus. Indem die Drucktechnik vervollkommnet wurde, nahm auch das farbige Bildmaterial in Büchern, Zeitschriften und Illustrierten immer mehr Raum ein, und hinzu trat das Fernsehen als weiterer Bildlieferant. Nicht zuletzt hierdurch wurde es vielen Menschen möglich, anschauliche Eindrücke von Orten,

Bildungs-
anstieg
oder Ver-
dummung?

1033

Ereignissen, Personen und Kulturgütern zu bekommen, die für sie früher unerreichbar gewesen waren. Ohne Zweifel entstanden im Medienbereich große Konzerne. Daraus folgte indessen nicht, daß diese das Publikum willkürlich manipulieren konnten, und zwar aus zwei Gründen. Zum einen: diese Medienkonzerne waren stark wirtschaftlich orientiert und ließen sich im allgemeinen vom Streben nach Markterfolg und weniger von der Idee einer publizistischen Mission leiten, so daß sie sich – anders als die öffentlich-rechtlichen Anstalten – nicht allzuweit von Geschmack, Interessen und Bewußtsein ihres zahlungsfähigen Publikums entfernen konnten, dessen Einstellungen also eher bestätigten und verstärkten als lenkten. Zum zweiten: die verschiedenen Medien boten in ihrer Gesamtheit so vielfältige Informationen und Sichtweisen an, daß sie reichliche Auswahl und damit jedem eine abwägende eigene Urteilsbildung ermöglichten, der das ernstlich wollte.

Nun waren die einzelnen Bürger zweifellos in unterschiedlichem Maße in der Lage und willens, die bestehenden Informationsmöglichkeiten sinnvoll zu nutzen. Die geistigen Fähigkeiten hierzu dürften im Ganzen im Laufe der Jahrzehnte gewachsen sein, da der Bildungsstand angehoben wurde. Der Anteil höherer Bildungsabschlüsse erhöhte sich deutlich, vor allem in den 60er und 70er Jahren, als auch in bis dahin bildungsfernen gesellschaftlichen Schichten das Interesse an weiterführender Schulbildung der Kinder aufblühte. In der BRD wuchs 1954-85 der Anteil der Abiturienten an einem Altersjahrgang von 4,0 auf 20,8 Prozent (letzteres zuzüglich 10 Prozent, die eine Hochschul- oder Fachhochschulreife über den zweiten Bildungsweg erwerben) und jener mit mittlerer Reife von 8,7 auf 33,2 Prozent, während die Hauptschule zunehmend zur Restschule herabsank. Die Zahl der Studenten in der BRD schwoll 1950-89/90 von 127.521 auf 1.416.351 an. Durch den starken Zustrom sank das Niveau der Gymnasien in mancher Hinsicht, und seit Ende der 70er Jahre wurde fraglich, wieweit das Abitur tatsächlich noch Studierfähigkeit nachweist. Andererseits wurden zunehmend beträchtliche Teile der Jahrgänge zu einer höheren Bildung geführt, die für diese früher nicht realisierbar schien, und es sollte auch nicht übersehen werden, daß das Niveau der Hauptschule angehoben wurde. Dort führten die Kultusverwaltungen in der BRD schrittweise 1950-64 das 9. Schuljahr und 1956-69 Englischunterricht ein, erhöhten den Anteil von Naturwissenschaft und Mathematik am Unterricht, senkten die Klassenfrequenzen und schlossen Zwergschulen.

Treibende Kräfte
Im Kulturleben wechselten seit dem Zweiten Weltkrieg Strömungen und Moden noch rascher als zuvor. Dabei gab es jetzt erst recht keine stilbildende Oberschicht mehr, deren Geschmack und Verhaltensweisen sich durch Nachahmung nach unten ausgebreitet hätten. Der Staat machte, in bewußter Abgrenzung gegen die NS-Zeit und gegen die DDR, weder eine bestimmte Gestaltungsweise verbindlich, noch gab er Inhalte und Aufgaben für die Kultur vor (was nicht ausschloß, daß die maßgebenden Kunstkritiker, Rezensenten, Galeristen, Museums- und Theaterdirektoren faktisch bestimmte Richtungen bevorzugten und andere ablehnten und damit darüber entschieden, was als hohe Kunst zu gelten hat). So fielen vor allem zwei Ausgangspunkte für Neuerungen auf. Für geistig anspruchsvolle Gehalte waren es vor allem die Angehörigen der Kulturintelligenz, die Schriftsteller und Künstler. Sie repräsentierten niemanden außer sich selbst. Ihren Werken war anzumerken, daß ihnen nach sozialer Herkunft, Ausbildung und Erfahrungshorizont vor allem der Produktionsbereich der Arbeiter und die Welt der Kaufleute und Ingenieure weitgehend fremd war, weshalb diese Lebensbereiche dort kaum vorkamen. Die Freiheit, die Staat und Gesellschaft

1034

diesen Kulturschaffenden gewährten, geriet mit Blick auf die „avantgardistische" Kunst bisweilen zur Freiheit des Hofnarren, der seinem Willen freien Lauf lassen darf, weil ihn keiner ernst nimmt. Für Neuerungen im Bereich von Kleidung und Frisur, teilweise auch der Freizeitgestaltung gewann vor allem seit den 60er Jahren die Jugend eine Vorreiterrolle für die Gesellschaft, wurde überhaupt Jugendlichkeit weithin erstrebtes Ziel. Dabei lieferten für die Jugend wiederum meist Stars aus Schaugeschäft, Musik und Film die Vorbilder. Da nun weder politische Autoritäten noch eine urteilssichere Oberschicht tonangebend waren, gewannen mehr denn je die Produzenten und Händler und damit deren Gewinnstreben steuernden Einfluß. Nicht nur Schlager wurden in ein straffes Vermarktungssystem eingespannt, zu dem Reklame, Hitparade, organisierte Fanklubs und Popzeitschriften gehören, auch viele Bücher wurden seit den 60er Jahren in einem völlig neuen Ausmaß gezielten Vermarktungsstrategien unterworfen, ja zum Teil von vornherein marktstrategisch geplant, und ebenso gerieten die Werke der bildenden Kunst zu Verschleißprodukten des Kunstmarktes. Um sich im großen Feld der Konkurrenz herauszuheben, produzierten viele Kulturschaffende für den Kunst- und Literaturmarkt möglichst Neuerungen und heizten damit den raschen Wechsel von Stilen und Moden weiter an.

Indem die Informationsmedien in steigendem Maße genutzt wurden, verloren hergebrachte Überzeugungen, geistige Bindungen und Verhaltensweisen weiter an prägender Kraft. Dies zeigte sich nicht zuletzt an der Rolle der Kirchen. Während sich in den späten 40er Jahren unter dem Eindruck der Niederlage etliche Deutsche wieder stärker dem Christentum zugewendet hatten, gingen seitdem Kirchlichkeit, häusliches frommes Brauchtum und der Einfluß der Kirchen auf das öffentliche Leben ständig zurück, vorübergehend beschleunigt in den späten 60er und frühen 70er Jahren. Die Teilnahme am Sonntagsgottesdienst fiel 1952-78 in der BRD bei den Katholiken von 48 auf 30 Prozent und bei den Protestanten von 14 auf 5,5 Prozent, der Anteil der katholisch oder evangelisch Getrauten an den Eheschließungen sank 1960-82 von 80,1 auf 58,5 Prozent, und der Anteil derjenigen, die nie ein Tischgebet sprechen, stieg 1965-82 von 54 auf 75 Prozent. Bei seelischen Problemen suchten viele Westdeutsche zunehmend den Psychologen auf statt den Pfarrer. Religion wurde den meisten gleichgültig, bei Protestanten und höher gebildeten Deutschen in stärkerem Maß als bei den anderen.

Indem die haltende Kraft von hergebrachten Überzeugungen und traditionellen Autoritäten sich abschwächte, gaben sich die Westdeutschen stärker an den durch die Massenmedien vermittelten jeweiligen Zeitgeist hin. Dies galt um so mehr, als durch den Nationalsozialismus etliche traditionelle Bindungen abgerissen und geschichtlich verwurzelte Selbstverständlichkeiten zerstört worden waren. Deshalb erwies sich das geistige Klima in der BRD als labiler und schwankender als in anderen westlichen Industriestaaten. Wiederholt zeigte sich, daß in der BRD die Stimmung die Pendelausschläge des Zeitgeistes stärker mitvollzog und auf Probleme empfindlicher reagierte (und überreagierte) als dies in anderen westlichen Industrieländern geschah, die von den gleichen Anstößen betroffen waren. Deutlich erkennbar wurde dies z.B. in der Nachhaltigkeit der kulturrevolutionären Anstöße der späten 60er Jahre und der mit der Wirtschaftskrise ab 1974 einsetzenden pessimistischen Strömungen, in der Intensität der Reaktionen auf die kleine Rezession 1966/67, auf den kumulierenden Terrorismus des Jahres 1977, auf das „Waldsterben" ab etwa 1980 und auf den radioaktiven Staubniederschlag durch den Kernkraftwerksunfall im sowjetischen Tschernobyl 1986.

Entkirchlichung

Wellen des Zeitgeistes

So waren auch die Hauptphasen der geistigen Entwicklung in der BRD durch deutlich voneinander unterscheidbare Züge geprägt – nach den Jahren der Besatzungszeit die Epoche der wiedergewonnenen Stabilität bis etwa 1964, die Periode der Aufbrüche zu neuen Ufern 1964-75 und danach die Zeit der Suche nach Orientierungen.

1945-48: Desorientierung

Der Krieg, sein katastrophaler Ausgang und das Elend der späten 40er Jahre wirkten auf zahlreiche Deutsche desorientierend. Die materielle Not und der Zerfall vieler Familien ließen manche moralischen Grundsätze und bürgerlichen Anstandsnormen zusammenbrechen. Eigentumskriminalität und Prostitution schossen ins Kraut. Manche jüngeren Schriftsteller glaubten, mit dem Kriegsende wäre eine „Stunde Null" gekommen. Sie setzten sich in ihren Werken kritisch mit der Situation auseinander und traten für einen grundsätzlichen Neubeginn ein (u.a. W. Borchert). Einige Künstler versuchten die Situation in anklagenden Bildern mit hohläugigen, ausgemergelten Menschen vor zerborstenem Gemäuer zu erfassen (besonders K. Hofer). Vorherrschend war diese Haltung jedoch nicht, sondern eher die Suche nach Orientierung in der Hinwendung zum Übernatürlichen. Sinnstiftende Worte, Trost und Deutungen der Kirchen waren gefragt, und auch das Geschäft mit der Astrologie blühte auf. Sei es ebenfalls als Suche nach Deutung, sei es als Ablenkung oder als geistiges Nachholbedürfnis nach der Zeit geistigen Mangels während der NS-Herrschaft – auffallend war eine außerordentlich große Nachfrage nach Theateraufführungen, Konzerten und anspruchsvollen Kulturzeitschriften. In keiner anderen Zeit der deutschen Geschichte haben anspruchsvolle Kulturgüter dieser Art eine solche Breitenwirkung erzielt wie in den Jahren 1945-48. Mit der Währungsreform brach dieser Boom ab; die meisten der neuen Zeitschriften und Theaterensembles gingen ein.

1949-64: wiedergewonnene Stabilität

Getrieben von der Erfahrung der Not nach 1945 und von dem Willen, es wieder zu persönlichem Wohlstand zu bringen, konzentrierten die Westdeutschen in den 50er Jahren alle Kräfte auf den materiellen Wiederaufbau. Die Arbeit stand im Mittelpunkt. Bewußtsein und Verhalten wurden weithin von einer konservativen Grundhaltung bestimmt, die sich verband mit einer Hinwendung zur Modernität im mehr Äußerlichen und Materiellen, wobei letztgenannter Zug mit den Jahren an Gewicht gewann. Die 50er Jahre waren keine Zeit großer geistiger Auseinandersetzungen. Verglichen mit den lebhaften, zerrissenen 20er Jahren war die geistige Landschaft der 50er homogener, der Ton der Auseinandersetzungen gemäßigter und zurückhaltender. Von den Intellektuellen der ehemals antidemokratischen Rechten hatten die meisten dazugelernt und paßten sich an. Die wenigen Unbelehrbaren blieben ohne große Resonanz. Auf der anderen Seite gab es kaum marxistische Intellektuelle, denn diese waren entweder in die DDR gegangen oder durch den stalinistischen Terror in der UdSSR und der SBZ/DDR desillusioniert. Jene linkskritischen Intellektuellen, die in Distanz zu den vorherrschenden Verhältnissen verharrten, blieben eine kleine Minderheit. Dazu mag auch beigetragen haben, daß nur ein geringer Teil der Schriftsteller, die in der NS-Zeit emigriert waren, in die BRD zurückkehrten.

Dominierend war das Streben, wieder zu bürgerlich geordneten Verhältnissen, zu Sitte und Anstand zurückzukehren. Dabei floß in der BRD in vielem die Abgrenzung gegen den NS-Staat mit jener gegen den Kommunismus in der DDR zusammen. So lehnte man staatliche Planung und Lenkung ebenso wie weitgreifende Utopien weithin ab und gab sich pragmatisch. An den Gymnasien führte man das 13. Schuljahr wieder ein und stellte die drei verschiedenen Gymnasialtypen wieder her. Dagegen konnte die von linker Seite und von den Besatzungsmächten getragene Position, die nach 1945 die

Dreigliedrigkeit des Schulwesens als undemokratisch kritisierte, keine Reformen durchsetzen. Nicht nur im Bildungswesen knüpfte man an idealistische und neuhumanistische und besonders christliche Traditionen an. Bei vielen Gelegenheiten wurde in der Öffentlichkeit der Geist des christlichen Abendlandes beschworen. Die Kirchen erlangten wieder stärkeren Einfluß in der Öffentlichkeit. Dabei bezog besonders die katholische Kirche ihre neue moralische Autorität auch daraus, daß sie so tat, als hätte sie die NS-Zeit unkompromittiert überstanden. Der konfessionelle Gegensatz trat erneut deutlich hervor. Es trug auch nicht gerade dazu bei, diesen abzubauen, daß die katholische Kirche weiter konfessionsgemischte Ehen verteufelte und die spezifisch katholische Mariologie weiter ausbaute, indem der Papst 1950 das Dogma der leiblichen Aufnahme Marias in den Himmel erfand. Besonders in den katholischen Bundesländern wurden die konfessionellen Volksschulen wiederhergestellt. Innerhalb der CDU und auch bei den von ihr beeinflußten Teilen des Staatsapparates spielte der Konfessionsproporz eine wichtige Rolle. In der Pädagogischen Hochschule München fand noch 1962 der Turnunterricht nach Konfessionen getrennt statt. In der Öffentlichkeit hatten die Verfechter traditioneller Ehe-und Sexualmoral eine starke Stellung. Sexualität war als Thema auf der Kinoleinwand und in Schule und Familie weitgehend tabuisiert, und als 1961 die Antibabypille erfunden wurde, galt sie zunächst als unanständig. Bindungsloser Individualismus fand nicht den Beifall der vorherrschenden Meinung. An bildungsbürgerlichen Werten orientierte Kulturkritiker klagten in großem Chor über die Ausbreitung der kommerziellen Massenkultur, besonders über den unheilvollen Einfluß von „Schundliteratur", Comics und Fernsehen, die besonders die Jugend zur Verwahrlosung und Kriminalität verleiten und überhaupt einen Verfall der Kultur bedeuten würden. Es gab Kampagnen gegen unzüchtige und reißerische Abbildungen auf Plakaten und in Schaufenstern sowie eine „Aktion saubere Leinwand" gegen Nacktes im Film. Nach dem totalitären Zugriff des NS-Staates auf den einzelnen und nachdem Kriegsdienst, Kriegsgefangenschaft und Vertreibung viele Lebensschicksale verwirrt und Familien jahrelang getrennt hatten, wurde gezielt das Leitbild der bürgerlichen Kernfamilie wieder betont, da gerade diese Kleingruppe als psychisch und sozial haltende Ordnung weiter tragfähig zu sein schien. Wegen deren Erziehungsaufgaben blieb man auch bei der Halbtagsschule. Im Wohnungsbau wurde von offizieller Seite besonders das schlichte Einfamilienhaus mit Garten gefördert, und das eigene „Häuschen im Grünen" war auch das Ziel vieler Bundesbürger. Diese Wohnungspolitik sollte Familie und Eigentum und überhaupt kleinbürgerliche Lebensformen stützen und die proletarische „Vermassung" abwehren, wobei sie ebensosehr die Tradition nationalsozialistischer Wohnungsbauideen fortführte, wie sie sich gegen den Kommunismus richtete.

Auseinandersetzung mit der Gegenwart und der jüngsten Vergangenheit war im Kulturleben der 50er Jahre nur wenig zu finden; stattdessen dominierte die Flucht ins zeitlos Realitätsferne und rein Ästhetische, in Subjektivität und Traumwelten. Abstrakte Kunst, atonale Musik und die Dichtung beanspruchten, etwas Autonomes zu sein. Jener kritische Blick auf die Realität, der einen großen Teil der Literatur und Malerei der 20er Jahre gekennzeichnet hatte, blieb verschwunden. Brecht wurde in den Theatern kaum gespielt. Vor allem in den späten 40er und der ersten Hälfte der 50er Jahre sind große Teile des Kulturlebens nur zu verstehen als Folge des Gefühls, die vorangegangene Katastrophe nicht verstehen zu können und zu wollen, als Ausdruck einer tiefsitzenden Sprachlosigkeit. Die Suche nach „Wesensbestimmung" der Zeit, die

1945-64:
Distanz zur
Wirklichkeit

Frage nach dem „Urgrund des Seienden" und die Reflexion über das „Menschsein schlechthin" umgingen die Analyse des Näherliegenden und Tatsächlichen.

In der Philosophie bestimmte der Existenzialismus die Diskussion (außer dem älteren Werk von Heidegger besonders durch Jaspers geprägt). Die französischen Autoren des „absurden Theaters" wurden stark rezipiert, die Sinnlosigkeit und Entfremdung des Menschen darzustellen versuchten. Kafkas verrätseltes Werk fand jetzt breitere Aufmerksamkeit. Unter den westdeutschen Schriftstellern war die aus den 30er Jahren stammende Haltung der „Inneren Emigration" herrschend. Die subjektive Naturlyrik blühte ebenso wie eine metaphysisch getönte Prosa. Verfremdete Metaphern, unbestimmte Assoziationen und vages Deuten waren verbreitet, dagegen naturalistischer Stil verpönt. Als wichtige Vertreter galten G. Eich, P. Celan, I. Bachmeier, E. Langgässer, K. Krolow und R. Schneider. Nur bei wenigen Autoren wiesen die Werke einen direkten, kritischen Bezug zur Realität auf (besonders H. Böll, W. Köppen, F. Dürrenmatt und M. Frisch).

Vom etablierten Kunstbetrieb wurde die realistisch-gegenständliche Malerei jetzt mit der Kunst des Nationalsozialismus und der DDR gleichgesetzt und deshalb mit Nichtachtung gestraft, wenngleich der Massengeschmack unverändert an ihr festhielt. Stattdessen erkannte der Kunstbetrieb jetzt den Expressionismus an und erklärte die „Avantgarde" zur allein angemessenen modernen Malerei. Bald dominierte in Ausstellungen und Museen eine Malerei, die versuchte, durch freie Formen und Farbgefüge die psychische Innenwelt der Künstlerpersönlichkeit intuitiv und unmittelbar auszudrücken. Hauptvertreter dieser abstrakten Malerei waren W. Baumeister, E.W. Nay, F. Winter, H. Hartung und Wols, der parallel entstehenden abstrakten Bildhauerei M. Bill. In Wien entstand als besondere Richtung der Phantastische Realismus, der zwar in gegenständlichem Stil malte, aber ebenfalls nicht Wirklichkeit, sondern surrealistische Phantasiewelten darstellte (R. Hausner, E. Fuchs, A. Brauer).

In der E-Musik wurde die Zwölftonmusik zur seriellen Musik weiterentwickelt, indem die Komponisten immer mehr Bereiche der Gesamtform bis zum kleinsten Detail aufeinander bezogen und zu einer Struktur verbanden. Diese atonalen Kompositionen wurden nach abstrakten Zahlenproportionen konstruiert und gerieten zu einem extrem intellektualisierten und schwer verständlichen Spiel. Vor allem K. Stockhausen und H.W. Henze sind zu nennen. Die musikalischen Experimente gingen noch weiter: die elektronische Musik legte nicht mehr, wie bisher jede Musik, Halbtöne als kleinste Bausteine zugrunde, sondern arbeitete mit homogenen und nach allen Seiten hin nahezu unbegrenzten Klängen.

Zwar fanden abstrakte Malerei, Naturlyrik und atonale Musik nur bei 2 bis 3 Prozent der Bevölkerung positive Resonanz, blieben also außerordentlich elitär, aber in der Massenkultur fand sich eine verwandte Realitätsflucht, wenn auch natürlich von schlichterem Zuschnitt. Unter den westdeutschen Kinoproduktionen hatten sentimentale Heimatfilme, Arztfilme und Kostümfilme große Erfolge, die den Traum einer unwirklichen heilen Welt inszenierten. Der westdeutsche Schlager verbreitete überwiegend melodisch-gefühlvolle Rührseligkeit, sei es mit Heimatlichem, sei es mit alltagsfernen, unbeschwerten Traumwelten von Capris roter Sonne, Tahiti und Florenz.

1950-64: moderne Elemente

Neben den besinnlichen und konservativen Zügen dürfen die modernen nicht übersehen werden. Sie waren besonders mit dem wirtschaftlichen Wiederaufbau und den Einflüssen aus Amerika verbunden. Überhaupt avancierten die USA zum unkritisch idealisierten Vorbild, das für Wohlstand, Leistung und fortschrittlichste Technik, für

Demokratie, klassenlose Gesellschaft und Freiheit stand und allgemein als Land der unbegrenzten Möglichkeiten galt. Das Gefühl der Modernität kam auch in dem in gehobenen Kreisen vorherrschenden Designstil zum Ausdruck, bei dem sich die Weiterentwicklung der Formen der NS-Zeit und die neuen US-Einflüsse nahtlos vermischten. Glatte, weich gerundete Formen dominierten. Sie zeigten sich in den plastischen Stromlinienformen ebenso wie im Wohnzimmertisch mit nierenförmiger Platte und im schalenförmigen Cocktailsessel. Nachdem der Fortschrittsoptimismus des späten 19. Jahrhunderts schon durch die Niederlage von 1918 und die Weltwirtschaftskrise schwer erschüttert worden war, schien er nach der Katastrophe von 1945 zunächst endgültig erledigt. Aber mit dem neuen Wohlstand der Wirtschaftswunderzeit kehrte der Fortschrittsoptimismus im Laufe der 50er Jahre noch einmal wieder, mit ihm der Glaube an die grenzenlosen Möglichkeiten der Technik und an die Beherrschbarkeit der materiellen und gesellschaftlichen Probleme. Zuwachsraten von Produktion und Konsum und technische Erfolge galten als Fortschrittsmaßstab. Ja, diese Haltung wurde sogar in breiteren Kreisen selbstverständlicher als je zuvor!

Seit den späten 50er Jahren verstärkten sich die modernen Elemente in verschiedenen Bereichen. Am deutlichsten wurde dies in der Architektur. Nachdem der neoklassizistische Monumentalstil seit 1945 diskreditiert war und man zunächst eher traditionell gebaut hatte, setzte sich jetzt der Internationale Stil für Großbauten rasch durch. Für Wirtschaftsverwaltungen und öffentliche Verwaltungen entstanden seitdem Bürohochhäuser, welche die rechnende und planende Rationalität auch optisch verkörperten. Als meist kubische Klötze mit ungebrochenen und ornamentlosen Fassaden blieben sie ohne individuelles Gesicht. Die schlanken, hochaufragenden Hochhaussilhouetten symbolisierten Wirtschaftswachstum und Fortschritt, die Fassaden aus Glas und dünnen Stahlträgern wurden nach dem Erdrückenden der NS-Architektur und der Kriegserlebnisse als Ausdruck von Klarheit, Offenheit und Leichtigkeit empfunden, und die vollklimatisierten Großraumbüros ließen den Vorrang von Organisation und Leistung deutlich werden. Zugleich begann man jetzt auch Wohnhochhäuser zu bauen. Dabei setzte ein planungsfeindliches Denken alle diese Großbauten ohne Bezug zu Stadtbild und Landschaft in die Gegend, ohne sie in ein Gesamtkonzept einzuordnen, als ginge sie die ganze Umgebung nichts an. In der Philosophie wurde seit den späten 50er Jahren der logisch ausgerichtete Kritische Rationalismus Poppers aufgenommen, der nach seiner Emigration vor dem Nationalsozialismus inzwischen im angloamerikanischen Raum zu Einfluß gekommen war. Daneben wirkte aber die idealistische deutsche Philosophietradition zunächst noch weiter. In Literatur und Malerei begann Ende der 50er Jahre langsam eine neue Hinwendung zur Realität, verbunden u.a. mit den Namen A. Andersch, G. Grass und H.M. Enzensberger in der Literatur und K. Klapheck und W. Petrick in der Kunst. Zunächst waren diese aber noch eine Minderheit.

Um die Mitte der 60er Jahre begann mancher die wiedergewonnene Stabilität der 50er Jahre als Stagnation, als selbstzufriedenen Provinzialismus zu empfinden. In verschiedenen Bereichen setzten Bestrebungen ein, Überholtes zu beseitigen und Neues und Zeitgemäßeres zu wagen. Vielfach war der Griff nach Neuem mit dem Nachrücken einer neuen Generation verbunden. Ihren Anfang nahmen die Neuerungsbestrebungen bei den großstädtischen Intellektuellen, und von da griffen sie dann immer weiter aus. Dabei erfaßten sie im ganzen die Gebildeten stärker als die übrige Bevölkerung, den protestantischen Raum stärker als den katholischen. Das entsprach ein-

1964-75:
Aufbrüche

mal mehr der schon lange üblichen Verteilung der Innovationsbereitschaft. Innerhalb weniger Jahre entstand in weiten Kreisen eine Aufbruchstimmung. In die bereits in Bewegung gekommene geistige Landschaft der BRD platzten 1967/68 Studentenunruhen in den meisten westdeutschen Universitätsstädten. Es war nicht die Studentenbewegung, welche die Dinge in Gang brachte, aber sie verlieh Neuerungswünschen Schubkraft.

Aufbrüche verschiedener Art liefen parallel und verbanden sich teilweise miteinander. Eine Reihe von Bestrebungen zielten auf mehr Fortschritt, Modernität und Planung ab. Andere begannen mit neuen Formen künstlerischen und literarischen Ausdrucks zu experimentieren. Man ließ nicht nur metaphysische und subjektivistische Realitätsferne hinter sich zurück, sondern wandte sich nun der Wirklichkeit in einer Weise zu, die bis zur Politisierung weiter Bereiche des Kulturlebens ging, Probleme primär als Fragen der Gesellschaftsstruktur zu begreifen suchte und überhaupt auf mehr politische Mitsprache drängte. Der Anspruch auf individuelle Selbstverwirklichung gewann bedeutend an Gewicht. Zum Teil war das Ausdruck des inzwischen erreichten materiellen Wohlstands, durch den die Befriedigung vieler unmittelbarer Bedürfnisse selbstverständlich geworden war, so daß nichtmaterielle stärker ins Bewußtsein rückten. Die in den Jahren des Wiederaufbaus recht stark betonte Wertschätzung der Arbeit schwächte sich leicht ab zugunsten jener von Freizeit und Lebensgenuß, und in der Arbeitswelt wuchsen die Ansprüche an Interessantheit und kreativen Charakter der Arbeit. Das hieß aber keineswegs, daß der Anstieg der Konsumwünsche sich vermindert hätte. Stärker als durch die materielle Lage wurde das Streben nach Selbstverwirklichung jedoch durch geistige Strömungen genährt. Unter dem Schlagwort Emanzipation wurde die auf die Aufklärung zurückgehende Idee vom mündigen, sich frei entfaltenden Individuum aufgegriffen und radikalisiert zu einer allgemeinen Kritik an Autoritäten, bestehenden Normen und Herrschaftsstrukturen, überhaupt das Glück des einzelnen verabsolutiert.

Aufbruch zu Modernität und Fortschritt

Der schon in den 50er Jahren begonnene Zug zur Modernität steigerte sich. Das Design wurde sachlicher und funktionalistischer. In vielen Wohnzimmern zog die kühle Nüchternheit kantiger Polstermöbel und eckiger Tische, von Chrom und Glas ein. Der Glaube an die Machbarkeit der Dinge und an unbegrenztes Wachstum breitete sich weiter aus. Wissenschaftliche Prognosen wurden beliebt, und so entstanden Institutionen für Zukunftsforschung. Pragmatische Problemlösungen galten jetzt als veraltet. Eine Welle technokratischer globaler Planungen setzte ein, die sich nur an maximaler Effizienz orientierten. Unter anderem gab es ab 1965 Raumordnungsplanung, ab 1967 Globalsteuerung der Konjunktur und ab 1970 Bundesbildungsplanung, und darüber hinaus kamen auf der politischen Linken Forderungen nach staatlicher Investitionslenkung auf. Der damit verbundene Hang zu großen Einheiten und zur Zentralisierung zeigte sich auch in anderen Bereichen. Durch die Gemeindereform wurden zahlreiche kleinere Gemeinden zu größeren zusammengefaßt. Die ein- bis dreiklassigen Volksschulen, die 1960 noch 25 Prozent der Volksschüler erfaßten, sahen sich jetzt als „Zwergschulen" verspottet. Im Laufe der 60er Jahre wurden sie fast alle aufgelöst und in Mittelpunktschulen konzentriert, und man fing an, riesige Gesamtschulen für 1.000 bis 2.000 Schüler zu errichten. Seit Mitte der 60er Jahre begannen viele Städte, Altbauviertel zu sanieren, deren Wohnungen modernen Ansprüchen nicht mehr genügten. Dabei planten Behörden und Experten, ohne die Betroffenen zu beteiligen. Die Stadtverwaltungen ließen ganze Häuserblocks abreißen und die großen, kahlgeschlagenen Flächen nach völlig neuem Konzept bebauen. Nicht nur die großen Bürobauten im nüchternen Internationalen Stil vermehrten sich, sondern man begann jetzt auch Großwohnsiedlungen mit Wohnhochhäusern komplett für über 10.000 Menschen auf dem Reißbrett zu planen und dann auf die grüne Wiese zu stellen. Diese Baumassen nahmen nicht mehr den Menschen als Maßstab, und sie verursachten Gefühle der Anonymität und Entfremdung, nicht der Geborgenheit. Es kam die Mode auf, unbearbeiteten Beton unverhüllt als Wand zu zeigen, besonders bei Universitätsbauten, was diese auch nicht gerade heimelig machte.

Ausgehend von einer vernunftbetonten Weltsicht und von der Auffassung, daß die technologischen und industriellen Leistungsanforderungen wachsen würden, gewann wissenschaftliche Bildung einen höheren Stellenwert. Die volkstümliche Bildung der Hauptschule geriet ins Feuer der Kritik. In der Grundschule wandte man sich seit 1969 von der Heimatkunde ab und bewegte sich auf einen fachsystematisch gegliederten Unterricht hin und führte selbst in dieser Altersstufe auch die Mengenlehre ein. Die gymnasiale Oberstufe wurde ab 1972 reformiert. Dabei ersetzte man die bisherigen Gymnasialtypen durch ein Kurssystem mit individuellen Wahlmöglichkeiten, das es auch ermöglichen sollte, den Unterricht in Leistungskursen wissenschaftsorientierter zu gestalten. 1964/65 kam die (teilweise irrtümliche) Ansicht auf, die BRD weise im internationalen Vergleich ein Bildungsdefizit auf und laufe deshalb Gefahr, den wirtschaftlichen Anschluß zu verlieren. Politiker aller Parteien begannen daraufhin ab 1965, in beträchtlicher Zahl neue Gymnasien und Hochschulen zu gründen und für Abitur und Studium zu werben. Der verstärkte Zustrom zu höherer Schulbildung, der schon Ende der 50er Jahre eingesetzt hatte, schwoll unter diesen Bedingungen rapide an, so daß 1972 für viele Fächer Aufnahmebeschränkungen (numerus clausus) zum Studium erlassen werden mußten, um die Hochschulen davor zu bewahren, hoffnungslos überflutet zu werden.

In den 60er Jahren traten abstrakte Malerei und die Literatur der 50er Jahre immer mehr in den Hintergrund. Stattdessen wurde in der zweiten Hälfte der 60er Jahre vielfach auf die 20er Jahre zurückgegriffen, auf kritisch-realistische Darstellungsweisen und Dadaismus, auf Psychoanalyse und Marxismus, Brecht und Tucholsky. Das Streben nach realistischer Gestaltung führte u.a. in der Malerei zum Hyperrealismus, der nach Fotovorlagen porentief deutlich malte, und zur Pop-Art, die banale Gegenstände der alltäglichen Konsumwelt abbildete, in der Literatur zum Dokumentartheater (R. Hochhut, H. Kipphardt), zu realistischen Romanen und der Wiederbelebung der Reportagetechnik und auch zum Dokumentarfilm. Vielfach wurde ein Hang spürbar, sich engagiert und kritisch mit aktuellen politischen und gesellschaftlichen Themen auseinanderzusetzen, besonders im Theater, aber auch in Lyrik und politischen Liedern sowie Malerei, oft genährt von der Illusion, Literatur und Kunst könnten politische Prozesse in Gang setzen. So entstanden eine Vielzahl neuer literarischer Entwürfe (außer den bereits genannten besonders auch P. Handke, P. Weiss und U. Johnson), und Künstler experimentierten mit bis dahin nicht verwendeten Formen und Materialien und erklärten die klassischen Gattungen Malerei und Skulptur für überholt. Die relativ homogene geistige Situation der 50er Jahre wich einem sich immer weiter auffächernden, verwirrenden Pluralismus der Stile und Sichtweisen. Nach einigen Jahren geriet die Entwicklung aber offenkundig in eine Sackgasse. In der Literatur ging die Politisierung so weit, daß sogar das Ende der Literatur ausgerufen wurde. In der Kunst führte das „avantgardistische" Streben nach Originalität dazu, daß manche

Aufbruch zu Experimentieren und Politisieren

Künstler geschäftig ihre Selbstinszenierung betrieben, einige flüchtig hingeworfene Skizzen und bloße wortreiche Konzepte schon für Kunst ausgaben oder Werke aus Fett, Filz und Müll zur Schau stellten und dabei mit mystifizierenden Phrasen den Anschein eines kaum vorhandenen geistigen Gehalts zu erwecken versuchten (J. Beuys). Künstler präsentierten Fotos, gefundene Gegenstände oder ihren eigenen Körper und bearbeiteten die Landschaft, ja erklärten beliebige Phänomene des realen Lebens zur Kunst. Bald konnte kein Experiment mehr schockieren, zumal die Gesten des Protests stets vom Kunstmarkt rasch gewinnbringend vereinnahmt wurden, der sie einem neuerungssüchtigen, aber oft wenig urteilsfähigen Käuferpublikum in zahlungskräftigen Kreisen aufredete. Auch in der E-Musik wurde eifrig experimentiert, wobei man die verschiedensten Schallquellen ebenso wie den Zufall (Aleatorik) einbezog. Letzteres konnte so weit gehen, daß der Komponist seine Komposition auf Anregungen in graphischer Form reduzierte. Schließlich schienen kaum noch neue Möglichkeiten denkbar.

Aufbruch
im Genera-
tionen-
konflikt

Während für die Wiederaufbaugeneration im Mittelpunkt gestanden hatte, das Elend der Nachkriegsjahre durch harte Arbeit zu überwinden, nahm die nach dem Zweiten Weltkrieg aufwachsende Generation den neuen Wohlstand, Frieden und Freiheit als selbstverständlich hin und empfand nun mehr oder minder diffus Defizite an Sinn und Idealen. Vor diesem Hintergrund brach ein Generationengegensatz auf, der sich in verschiedenen Formen des Protests, dem Bedürfnis nach neuen Erfahrungen und in Kritik äußerte. Ab 1965 wurde die Musik der Beatles und ihnen nachfolgender Gruppen von zahlreichen westdeutschen Jugendlichen begeistert aufgenommen, vor allem von Teenagern. Durch ihr Vorbild angeregt ließen sich bald die meisten Jungen die Haare lang wachsen. Ausgehend von den USA durchspülte in den Jahren 1968-72 eine Drogenwelle das Land. Rund ein Drittel der Jugendlichen probierten Haschisch und ähnliche Drogen, von der sie sich neue Wege zu Selbsterkenntnis und Lustgewinn versprachen. Von den Etablierten wurde der Drogenkonsum als kriminell verboten, obwohl gleichzeitig der herkömmliche Alkoholrausch als legal galt. Unter Studenten schließlich fanden gesellschaftskritische Parolen große Resonanz. Studentische Protesthaltung entlud sich seit 1966 in einer wachsenden Zahl von Demonstrationen. Ob lange Haare, die wilden Rhythmen der Beat-Musik und das teilweise ekstatische Gebaren des Publikums der Beat-Konzerte, Drogenrausch oder Protestdemonstrationen – sie alle waren Ausdruck einer Oppositionshaltung gegenüber der Erwachsenenwelt, und viele der Älteren sahen sie mit Schrecken und Unverständnis.

Aufbruch
zu Emanzi-
pation:
Kritische
Theorie

Nachdem das geistige Klima der 50er Jahre durch einen recht moderaten Geist geprägt gewesen war, kehrte mit der Studentenbewegung die Tradition grundsätzlichen, unpragmatischen und kompromißlosen politischen Denkens zurück. Abstrakte sozialwissenschaftliche Theorien wurden in studentischen Kreisen zu gängigen Formen der Gegenwartserfassung, und deren Begrifflichkeit drang auch in die allgemeine Bildungssprache ein. Größten Einfluß übte dabei die sich als solche verstehende „Kritische Theorie" aus, deren Hauptvertreter T.W. Adorno, M. Horkheimer und H. Marcuse waren. Diese führten die kulturkritische Haltung aus dem späten Kaiserreich in neuem Gewand fort. Auch die Kritische Theorie setzte das Intellektuellenideal des geistig-künstlerisch schöpferischen Menschen absolut und wandte sich pauschal gegen Technisierung, Bürokratisierung, arbeitsteilige Leistungsgesellschaft und Rationalisierung, und zugleich kritisierte sie jene Haltung der Massen, die sich dem Konsum hingaben und mit geringen kulturellen Bedürfnissen begnügten. Während der Kulturpessimismus aber bisher meist mit politisch rechts stehenden Positionen verbunden gewesen war, knüpfte die Kritische Theorie an die Aufklärung und an Marx an. Ersteres führte zum Wunsch der höchstmöglichen Selbstverwirklichung des einzelnen, weshalb die Kritische Theorie sich gegen bestehende Autoritäten wandte, nach letzterem beschrieb sie die Gesellschaft als von kapitalistischer Ausbeutung geprägt. Um zu erklären, warum die von Marx vorausgesagte proletarische Revolution in den westlichen Industriestaaten ausgeblieben war und warum die Interessen der Massen nicht mit denen der Intellektuellen übereinstimmten, half sich die Kritische Theorie mit der Behauptung, die kapitalistische Kulturindustrie der Massenmedien würde im Interesse des Großkapitals die Massen „manipulieren", sie also von ihren „eigentlichen" Bedürfnissen ablenken, ihnen ein „falsches Bewußtsein" aufzwingen und sie dadurch in Abhängigkeit halten. Da die offfensichtliche Meinungsfreiheit dazu nicht recht passen wollte, wurde diese nun als „repressive Toleranz" verächtlich gemacht. Die Kritische Theorie hielt es nicht für möglich, das bestehende System zu überwinden, weder durch Reformen noch durch Revolution, und flüchtete sich deshalb resignierend in die Geste der „großen Weigerung". So global der Erklärungsanspruch dieser Theorie war, so gering war ihr empirischer Gehalt – der Versuch, das Ganze zu erfassen, verführte zur Vernachlässigung des Konkreten und Wirklichen. Um sich Sachzwängen und Gegenargumenten nicht stellen zu müssen, taten die Anhänger dieser Theorie Einwände gern als interessenbestimmte „Ideologie" ab.

Im Unterschied zur resignierenden Haltung der Väter der Kritischen Theorie versuchten Studenten politisch zu handeln. Das führte zu einem diffusen Aktionismus ohne festumrissene Ziele. Die deutsche Studentenbewegung begann 1965/66 in West-Berlin und erfaßte dann 1967/68 zahlreiche westdeutsche Städte. Zu ihrem Hintergrund gehörte das allgemeine Unbehagen der Jüngeren an Zuständen, die sie als immobil empfanden, und ebenso die Tatsache, daß die herkömmlichen Organisationsstrukturen der Ordinarienuniversität den Erfordernissen der wachsenden Studentenmassen immer weniger gerecht wurden. Den entscheidenden Impuls lieferte die 1964 in den USA aufgekommene amerikanische Studentenbewegung, und als Interpretationsrahmen dienten besonders Versatzstücke der Kritischen Theorie. Während die Vereinigten Staaten bis dahin als idealisiertes Vorbild gedient hatten, wurden sie jetzt unter dem Eindruck ihres militärischen Engagements in Vietnam und ihrer Rassenunruhen für viele zum Negativsymbol, wogegen gleichzeitig beim Blick auf die Ostblockstaaten die bis dahin herrschende antikommunistische Fixierung auf deren diktatorischen Charakter in weiten Kreisen einer Verharmlosung wich.

Das Jahr 1968 sah auch in anderen westlichen Ländern Unruhen, aber gerade der Vergleich verdeutlicht die Eigenarten der westdeutschen Ereignisse. Der Protest gegen den Vietnamkrieg ging für die amerikanischen Studenten von dem existentiellen Problem aus, dorthin zum Kriegsdienst eingezogen zu werden, während die westdeutschen Studenten zu ihm ein rein literarisches Verhältnis hatten; während die Protestbewegung in den USA auf konkrete Probleme bezogen blieb, turnte die deutsche in realitätsfernen globalen Gesellschaftstheorien herum und identifizierte sich mit Idealen aus der Dritten Welt wie dem lateinamerikanischen Guerillaführer Che Guevara, dem nordvietnamesischen Parteichef Ho Chi Minh und dem chinesischen Parteichef Mao Tse tung, von denen sie kaum mehr als die Namen kannte und deren diktatorische Seite sie ignorierten; während sich die Studentenunruhen in Frankreich und Italien aufgrund der schwelenden sozialen Spannungen mit einer breiten

Aufbruch zu Emanzipation: Studentenbewegung

Mobilisierung der Arbeiter in Massenstreiks verbanden, blieben die bundesdeutschen Studenten gesellschaftlich isoliert und wurden von der breiten Bevölkerung abgelehnt. Die deutsche Studentenbewegung war also weniger Ausdruck realer Probleme als eine Kopfgeburt.

Trotzdem waren die Veränderungen gerade in der BRD weitreichender als in allen anderen westlichen Industriestaaten.* In Deutschland war es nämlich möglich, daß die jüngere Generation die NS-Vergangenheit ihrer Väter aufgriff: traditionellen Erziehungsmustern wurde vorgeworfen, sie hätten autoritäre Haltungen vermittelt und so mit zu 1933 beigetragen, in der kapitalistischen Demokratie glaubte man den Keim des Faschismus zu sehen, und überhaupt wurden bestehende Autoritäten als „faschistoid" angegriffen. Das machte die Etablierten unsicher. Außerdem hatte der Nationalsozialismus in Deutschland auch die Substanz von Traditionen beschädigt, die in den 50er Jahren in der BRD nur oberflächlich restauriert worden waren und nun um so leichter wankten. Während die Studentenbewegung selbst verebbte, ergriff die durch sie angetriebene Wandlung des geistigen Klimas die Kulturinstitutionen und darüber hinaus zunehmend breitere Bevölkerungsschichten.

Aufbruch zu Emanzipation: Egalisierung

Diese kritischen Bewegungen setzten auch einen Impuls frei, der auf mehr Gleichheit abzielte. Dadurch wurden Ungleichheiten in der Vermögensverteilung und im Zugang von Kindern unterschiedlicher sozialer Herkunft zu höheren Bildungsabschlüssen zu Themen, über die man in der Öffentlichkeit lebhaft zu diskutieren begann. Um Bildungschancen anzugleichen, richteten Kultusverwaltungen ab 1968 integrierte Gesamtschulen ein, in denen die Klassen 5-10 der drei Schultypen zusammengefaßt wurden. Die Gesamtschulen blieben jedoch umstritten und konnten sich nicht allgemein durchsetzen. Der Nachweis, bei vergleichbarem Aufwand gleiches Leistungsniveau und zugleich mehr Chancengleichheit erreichen zu können, gelang ihnen nicht. Überdies entfiel mit dem starken Zulauf zu Gymnasien das anfangs ebenfalls vorgebrachte Argument, nur durch sie ließe sich der Anteil höherer Bildungsabschlüsse steigern. Auch in der Kulturpolitik gingen elitäre Züge zurück. Der Kampf gegen Schund und Kitsch erstarb in den 60er Jahren. Kommunale Kulturpolitik nahm über Theater, Oper und Museum hinaus Bereiche in den Blick, die sie bisher nicht zur „Kultur" gerechnet hatte, so Photographie, Film, Rockkonzerte usw. Überdies versuchte sie, auch bildungsfernen Schichten den Zugang zu klassischen Kulturgütern zu erleichtern.

Aufbruch zu Emanzipation: Autoritätskritik

Am wirkmächtigsten war der antiautoritäre Impuls, der bestehende Autoritäten und Normen in Frage stellte, sie abbauen wollte und damit der Freiheit und Selbstverwirklichung des Individuums näherzukommen suchte.

Die Kirchen als traditionelle Autoritäten verloren in der Öffentlichkeit deutlich an Einfluß, und besonders die evangelische Kirche sah sich von einer Austrittswelle erfaßt. Die Konfessionsschulen wurden rasch abgebaut.

Ausgehend von Studenten und Jugendlichen bröckelten bisherige Umgangsformen und Kleidungssitten ab. Bequeme Jeans wurden für Jugendliche allgemein üblich, und diese Mode breitete sich dann (besonders als Freizeitkleidung) auch auf andere Bevölkerungsgruppen aus. Mit dem jetzt einsetzenden Trend, modisch jung sein zu wollen, verschwand auch der Herrenhut weitgehend. Männer trugen den Tagesanzug zunehmend weniger, und erst recht war der gute Anzug für Theaterbesuche und ähnliche

---

* Eine vergleichbar intensive antiautoritäre Welle erlebten nur die Niederlande.

Gelegenheiten stark rückläufig. Zugleich drängte die Freizeitkleidung immer weiter vor, die schon in den 50er Jahren vielfältiger und farbenfroher geworden war. Besonders bei den Jüngeren kamen unbefangenere und lockerere Umgangsformen auf. Studenten untereinander gingen vom Siezen zum Duzen über, was sich von da auch auf andere Gruppen ausbreitete.

Die einengende Autorität herkömmlicher Sexual- und Ehemoral brach in weiten Kreisen zusammen. In der BRD hob der Bundestag die Strafbarkeit von Ehebruch und Gotteslästerung 1969, von Homosexualität zwischen Erwachsenen 1969/73 und von Pornographie 1973 auf. Überhaupt wurden Sexualität und Nacktheit enttabuisiert. Ab 1968 führten die Kultusverwaltungen in den Schulen Sexualaufklärung ein. Eine Welle von pornographischen Filmen und Heften begann sich in die Öffentlichkeit zu ergießen. Die Werbung fing an, mit erotischen Abbildungen auf Kundenfang zu gehen, und manche Illustrierte setzte zu diesem Zweck seit Mitte der 60er Jahre mehr oder minder nackte Mädchen auf die Titelseiten. Am Strand ließ die Badekleidung besonders bei Frauen immer mehr Haut sehen oder verschwand sogar ganz. Der bindende und verpflichtende Charakter der Institution Ehe weichte sich unter dem Druck des wachsenden Autonomieanspruchs des Individuums auf. Voreheliche und in geringerem Maß auch außereheliche intime Beziehungen verloren den Makel des Unmoralischen (was nicht zuletzt dank der Empfängnisverhütungspille möglich wurde), ebenso ein Zusammenleben ohne Trauschein. Der Anteil der Frauen, die es verurteilten, wenn verheiratete Menschen neben ihrer Ehe intime Beziehungen unterhielten, sank 1963-76 von 88 auf 55 Prozent. Der Anteil der unverheirateten jungen Frauen, die nichts dabei fanden, wenn ein Mädchen und ein junger Mann ohne Trauschein zusammenlebten, stieg 1967-73 von 24 auf 92 Prozent. So erstaunt es nicht, daß auch der Anteil der unehelichen Kinder größer wurde. Die Ehescheidung verlor ihren moralischen Makel, und die Bereitschaft stieg, um des eigenen Glücks willen eine Ehe scheiden zu lassen. Mit dem Anspruch auf Selbstbestimmung der Frauen begannen 1971 auch Kampagnen gegen das Abtreibungsverbot, die sich gegenüber dem Lebensrecht des ungeborenen Lebens begrenzt durchsetzen konnten. In der BRD wurde gegen heftige Widerstände der katholischen Kirche und der Konservativen 1974 die Fristenlösung und nach deren Scheitern vor dem Bundesverfassungsgericht 1976 die Indikationenlösung eingeführt, in Österreich 1974 und in der Schweiz 1977 die Fristenlösung. In der BRD bürgerte sich dann eine Praxis ein, welche die Indikation „soziale Notlage" reichlich weit faßte und zu zahlreichen Abtreibungen führte, aber zweifellos hatte das frühere völlige Verbot massenhafte Abtreibungen auch nicht verhindert, sondern nur in die Illegalität gedrängt. Das Streben nach mehr Selbständigkeit führte dazu, daß Jugendliche und junge Erwachsene sich im Unterschied zu den vorangegangenen Jahrzehnten vielfach schon Jahre vor der Heirat aus dem Elternhaus lösten. Dadurch stieg die Anzahl der Ein-Personen-Haushalte stark an (1960-80 von 20,6 auf 30,2 Prozent), und außerdem entstand mit Wohngemeinschaften eine neue Lebensform.

Die Oberstufenreform wollte durch die Auflösung von Klassenverbänden und das Angebot, verschiedene Fächerkombinationen zu wählen, den Schülern auch ermöglichen, individuelle Neigungen zu realisieren. Der antiautoritäre Impuls ließ Emanzipation im Erziehungs- und Bildungswesen zu einem zentralen Begriff werden. In der Schule wich in den gesellschaftswissenschaftlichen Fächern die herkömmliche, gegenüber den politischen und gesellschaftlichen Verhältnissen affirmative Einstellung einer kritischen und stärker konfliktbezogenen Sicht. Daß Unterricht verstärkt auf selbständiges Denken abzielte, wirkte sich in der Methode darin aus, daß Lehrervortrag und Auswendiglernen deutlich zurücktraten und eigenständiges Erarbeiten durch den Schüler und das Unterrichtsgespräch an Gewicht gewannen. Geschichte geriet in den Ruf, der Rechtfertigung von Bestehendem zu dienen, und sah seine Existenzberechtigung angezweifelt. Die Idee einer antiautoritären Erziehung machte von sich reden, die kindlichen Wünschen und Bedürfnissen freien Lauf lassen wollte und erzieherische Einwirkung größtenteils als Zwang und Unterdrückung verurteilte. Viele Eltern wurden unsicher, welches die richtigen Erziehungsweisen seien. Nun setzten sich zwar die extremen Forderungen nicht allgemein durch, aber in abgeschwächter Form breiteten sich diese Ideen doch stark aus. Weithin verblaßten Werte wie Gehorsam, Disziplin, Dienen, Pflichterfüllung und Ordnung, also solche, die den einzelnen an ein Überindividuelles binden. Erziehungsmethoden wurden in manchem weniger streng, die den Kindern gelassenen Freiräume (z.B. abends ausgehen) größer. Die bis dahin in weiten Kreisen üblichen Schläge als Erziehungsmittel lehnte man zunehmend ab. Nachdem Umfragen nach wichtigen Erziehungszielen eineinhalb Jahrzehnte lang keine wesentlichen Änderungen registriert hatten, stieg 1964-76 die Nennung von „Selbständigkeit und freiem Willen" von 31 auf 51 Prozent, während „Gehorsam und Unterordnung" von 25 auf 10 Prozent fielen. Auch jene Umgangsformen, mit denen Jüngere gegenüber Älteren und Untergebene gegenüber Vorgesetzten Höflichkeit und Respekt bezeugten, gerieten teilweise außer Kurs. Tatsächlich stieg bei Heranwachsenden die Bereitschaft, kritische Fragen zu stellen und eigene Ansprüche zu erheben, während die Bereitschaft zu Gehorsam und zur Hinnahme von Unerwünschtem zurückging.

1975-89: Suche nach Orientierungen

Die Erkenntnis, daß die natürlichen Ressourcen prinzipiell begrenzt sind, die sich seit 1972 (Bericht des Club of Rome mit der These der Grenzen des Wachstums) verbreitete und die durch die überraschende Ölkrise 1973/74 breiten Kreisen vorstellbar wurde, jene Erkenntnis also, die fraglich werden ließ, ob es unendliches quantitatives Wachstum auf einem endlichen Planeten geben könne, das Entstehen von anhaltender Massenarbeitslosigkeit und ein zunehmendes Bewußtsein für Umweltschäden, dies alles entzog seit Mitte der 70er Jahre jenen Tendenzen den Boden, die Aufbrüche zu neuen Ufern im Sinn hatten, und ließ eine andere Bewußtseinslage entstehen. Ihren extremen Ausdruck fand diese Wende in der alternativen Bewegung, die Anfang der 70er Jahre entstand, zugleich gab sie aber auch konservativen Positionen Auftrieb. Die alternative Bewegung bildete sich teilweise als besondere Subkultur mit eigenen Zeitschriften, Teestuben, Läden und Projektgruppen aus, aber die von ihr formulierten Grundthemen reichten bald über sie hinaus und prägten nachhaltig die allgemeine Kultur. Diese Wende bedeutete keine Rückkehr zum Geist der 50er Jahre. Der Trend zur Lockerung bestehender Autoritäten und Verhaltensnormen setzte sich über die späten 70er Jahre hinaus zwar nicht weiter fort, aber die bis dahin in breitere Kreise eingedrungene Liberalität wurde auch nicht wieder abgebaut. Die in den vorangegangenen Jahren gewachsenen Ansprüche an Selbstverwirklichung lebten weiter. Das entstandene Maß an pluralistischer Offenheit des kulturellen Lebens blieb bestehen; weniger als je zuvor gab es einen einheitlichen Stil und verpflichtende Maßstäbe, sei es in Kunst, Kleidungsmode, Design oder Literatur − Beliebigkeit feierte Triumphe. In der Alternativbewegung lebten einige Positionen aus der Studentenbewegung weiter, so die antiautoritäre Einstellung, die Ablehnung von blindem Konsum und Leistungsstreben und eine überwiegend ablehnende Haltung gegenüber Staatsapparat, Kapital und Etablierten. Viele der Hoffnungen der vorangegangenen Jahre erwiesen sich aller-

1046

dings als Illusionen. Der technokratische und der reformerische ebenso wie der linke Optimismus wichen Zweifeln und diffusen Ängsten. Der Anteil derjenigen Westdeutschen, die glaubten, daß die Menschheit einer immer besseren Zukunft entgegengeht, sank 1972-82 von 60 auf 28 Prozent. Der Zivilisationspessimismus, der schon in der späten Kaiserzeit entstanden war, ja in manchem bis in die Romantik zurückreichte und der bei der Kritischen Theorie noch sehr elitär gewesen war, kehrte jetzt auf breiter Front wieder, und zwar mit einer Resonanz und Intensität, die anderen westlichen Industrienationen unbekannt blieb, obwohl dort fast stets die objektive wirtschaftliche Situation und teilweise auch die politische Stabilität schlechter waren als in der BRD.

Abstrakte linke Gesellschaftstheorie und Politisierung des Kulturlebens verloren Mitte der 70er Jahre sehr rasch an Resonanz. Schriftsteller und Künstler wandten sich von politischen Themen ab. Dafür fand in vielen Bereichen das Individuelle und Konkrete, Subjektive und unmittelbar Erfahrbare verstärkt Interesse. Ebenso gerieten Großstrukturen, seien sie technischer, baulicher oder wirtschaftlicher Art, gerieten Zentralismus und Bürokratie mit ihrer Anonymität ins Kreuzfeuer der Kritik, und man begann sich den kleineren, überschaubaren Einheiten zuzuwenden. In der Literatur setzte eine Welle autobiographischer Schriften und ein verstärktes Interesse an Lyrik ein, beides Mittel zum Ausdruck subjektiver Erfahrungen und persönlicher Gefühle. Auf dem Theater wurde verstärkt nach dem gestörten Befinden des Individuums gefragt (B. Strauß). Der Internationale Stil der Architektur sah sich als gesichtslos und eintönig kritisiert, und stattdessen wurde Individualität der Gebäude gefordert. Der Bau von Großwohnsiedlungen und Hochhauskästen erstarb. Man versuchte nun, sich in der Architektur wieder an überschaubaren Dimensionen zu orientieren, indem man kleinere Baukörper zugrundelegte mit mehrfach gebrochenen Fassaden, kleinen Fenstern und baulichen Details. Literatur und Sozialwissenschaften begannen, sich verstärkt dem konkreten Alltag zu widmen und diesen genau zu beschreiben. Auch die überschaubaren, direkt erfahrbaren regionalen und lokalen Lebensräume, das Nahe und Heimatliche in seiner Verschiedenheit fanden neues Interesse. Bürgerinitiativen, die in immer größerer Zahl entstanden, richteten ihre Proteste nicht theoretisierend gegen die Gesellschaftsordnung als Ganzes, sondern meist gegen konkrete, sie unmittelbar betreffende lokale Pläne, kämpften um einzelne Straßen, Industriebetriebe und Bäume. Am weitesten gingen die Versuche innerhalb der Alternativbewegung, in Selbsthilfegruppen, Werkstätten, sich möglichst selbst versorgenden Landkommunen und anderen Projekten eine Alternative zu bürokratischen und industriellen Großorganisationen und Arbeitsteilung zu finden.

Immer mehr Vorbehalte wuchsen auch gegen die Technik und ihren Zugriff auf die Welt und den Menschen herauf, der Glaube an die Planbarkeit und Machbarkeit der Dinge schwand, und Zweifel breiteten sich aus, ob man alles machen soll, was man machen kann. Beginnend mit den Protesten gegen das geplante Kernkraftwerk Wyhl in Südbaden seit 1975 entstand eine Ökologiebewegung, die sich gegen das „Zubetonieren der Landschaft" durch Straßen, Flugplätze und Hochbauten, gegen zuviel Autos, gegen Giftstoffe in der Nahrung und besonders vehement gegen Kernkraftwerke wandte. Gerade letztere gerieten mit ihrer Größe, der Unsichtbarkeit atomarer Strahlen und deren ungewisser, unter bestimmten Umständen tödlicher Wirkung zu Kristallisationskernen für frei flottierende Ängste. Zunehmend wurde Kritik an der Schulmedizin mit ihren Apparaten und chemischen Mitteln laut. Die Flächensanierungen mit ihren großangelegten Planungsentwürfen hörten auf. Auch um die globalen und langfristigen Planungsversuche wie Bildungsplanung, konjunkturelle Globalsteuerung und Landesraumordnungsplanung wurde es ab 1975 stiller, und die Behörden gingen zu räumlich, fachlich und zeitlich begrenzten Planungen über, die Politiker vielfach überhaupt zu kurzatmigem Krisenmanagement. Immer mehr Aktivitäten regten sich, um die Natur zu schützen. Bioläden mit angeblich schadstoffarmen Nahrungsmitteln machten allerorten auf, Müslis wurden Mode, und die Werbung begann bei etlichen Industrieprodukten, deren Natürlichkeit und Umweltverträglichkeit zu preisen. Vielerlei Naturheilmittel und Heilpraktikermethoden bekamen Konjunktur, darunter Sinnvolles ebenso wie seit langem widerlegter Unfug. Auch neue Großbauten fügten sich wieder stärker in ihre Umgebung ein, und statt vollklimatisierter Büros mit künstlichem Licht baute man wieder solche, in denen sich die Fenster zum Lüften öffnen lassen.

Die Durchgestaltung der Lebenswelt nach den Prinzipien kühler technisch-wissenschaftlicher Rationalität und funktionalistischen Denkens wurde weiten Teilen der Bevölkerung unangenehm, und emotionale Bedürfnisse schoben sich nach vorne. Die Architektur wandte sich von nackten Beton- und Glasfassaden ab und wieder dem Backstein zu, und in einer postmodernen Architektur kehrten Ornamente, Rundbögen, Säulen, Simse und Erker wieder. Bei Wohnmöbeln drängten rustikale Möbel und sogenannte altdeutsche Stilmöbel mit viel Zierrat, Holz und warmen Farben den sachlich-funktionalistischen Stil zurück. In der E-Musik lösten jüngere Komponisten sich vom konstruktivistischen Denken und kehrten wieder zu Tonalität, merkbarer Melodik und teils expressiver, teils lyrischer Ausdruckssprache zurück. In der Kunst lebte die Malerei wieder auf, indem Ende der 70er Jahre mit den „Neuen Wilden" eine Richtung aufkam, deren heftige und oft grobe Malweise sich mit starker Farbigkeit dem Gefühlsausdruck hingab und intellektuellen Spielereien abgeneigt war. In der alternativen Kulturszene wurden in Abkehr von rationalem Denken besonders Spontanität und Kreativität betont und unmittelbare, unreflektierte Ausdrucksformen gesucht. Und mit dem Zweifel an der Leistungsfähigkeit der Vernunft bekamen Workshops und Bücher Konjunktur, die durch körperliche und psychische Praktiken Erfahrungen auf einem Weg am Verstand vorbei versprachen, wie auch der Glaube an Astrologie und Esoterik wieder an Resonanz gewann.

Indem der Fortschrittsoptimismus der vorangegangenen Jahre Mitte der 70er Jahre rasch zerrann, entstand das diffuse Gefühl, nicht mehr einfach in die bisherige Richtung weitermarschieren zu können, ohne jedoch einen klaren neuen Weg zu wissen. Die Folgen waren eine gewisse Orientierungslosigkeit, bei etlichen Westdeutschen das verunsichernde Gefühl, in einer unübersichtlichen Welt zu leben, und die Suche nach wegweisenden Autoritäten, Identifikationsmöglichkeiten und Antworten auf die Frage nach Sinn und Perspektiven. Ein Versuch dazu war, sich auf Vergangenes, Altes und Vertrautes zurückzuorientieren. Denkmalschutz gewann stark an Gewicht, alte Bausubstanz wurde kaum noch abgerissen, sondern behutsam saniert und aufwendig restauriert, Neubauten begannen immer mehr Architekturformen früherer Epochen aufzunehmen, die Nachfrage nach Antiquitäten aller Art stieg enorm an und erfaßte jetzt auch Objekte des bislang verachteten späten 19. Jahrhunderts, Bücher mit historischen Themen bekamen Konjunktur, und historische Ausstellungen und Museen gewannen Zulauf wie nie zuvor. Hier und da keimten illusionäre Träume von einer Rückkehr zu vorindustriellen Lebensformen auf. Die Suche nach Orientierungen ließ auch das Interesse an Religion wieder steigen. Die Kirchenaustrittswelle verebbte, und die Kirchen wurden wieder verstärkt in Anspruch genommen. Zugleich kamen Mitte der 70er Jahre neue Religionen auf, die, meist an asiatische Traditionen anknüpfend, Weltverwandlungsideologien vertraten, welche kompromißlos gegen die bestehende Gesellschaft gerichtet waren. Sie waren totalitär organisiert und verbanden ihre Aktivitäten teilweise mit dem Ziel des Gelderwerbs. 1980 besaßen sie in der BRD ca. 150.000 meist jugendliche Anhänger. In der New-Age-Bewegung kam ein Denken auf, das von dem Bedürfnis nach ganzheitlicher Welterklärung und der Hoffnung auf ein neues Zeitalter getragen wird. Andere Deutsche flüchteten angesichts ihrer Unfähigkeit, mit ihren Alltagsproblemen psychisch fertigzuwerden, in die chemische Betäubung des Bewußtseins. In den 70er Jahren wurde Heroin eingeführt, womit der regelmäßige Drogenkonsum weitgehend zu einer Sache kaputter Typen absank. Deutlich größer als die Zahl der Drogenabhängigen war indessen die Zahl der Alkoholiker sowie jener, die ihre Probleme durch den Mißbrauch chemischer Beruhigungsmittel zudeckten.

Wesentlich anders als in den westlichen deutschen Staaten entwickelte sich das Kulturleben in der DDR. In den Jahren unmittelbar nach Kriegsende spielten linkskritische bürgerliche Intellektuelle der Weimarer Zeit, oft aus der Emigration zurückgekehrt, eine führende Rolle im Kulturleben der SBZ, nicht dagegen die Vertreter der sogenannten Inneren Emigration. In den Jahren 1949-53 wurden diese dann beiseite gedrängt, und die SED setzte ihren Anspruch durch, die Richtlinien des Kulturlebens zu bestimmen. Dadurch war das Kulturleben der DDR nicht pluralistisch, sondern einheitlich auf jene Inhalte und Ästhetik ausgerichtet, welche die Partei vorgab. Dieser Führungsanspruch der SED wurde mit Veröffentlichungs-, Ausstellungs- und Auftrittsverboten durchgesetzt, seit 1976 auch durch Abschiebung unbequemer Intellektueller in die BRD, teils mit, teils ohne Ausbürgerung. Die Intensität dieser Reglementierung schwankte. Während sie vor allem in den 50er Jahren in der Zeit des Kalten Kriegs besonders engherzig war, duldete die Parteiführung besonders Anfang der 70er Jahre etwas größere Spielräume.

Aus dem kulturellen Führungsanspruch der Partei ergab sich ihr steter Kampf gegen konkurrierende Einflüsse und Weltanschauungen. Auf dem Gebiet von Malerei, Theater und Literatur wurden westliche Moden und Experimente aus dem Kulturleben der DDR fast ganz ferngehalten. Im Bereich der Massenkultur gelang das weniger; ob Jazz, Kaugummi, Beat und Rockmusik oder lange Haare − stets kämpfte die offizielle DDR gegen die Einflüsse der bundesdeutschen Massenkultur, verdammte sie als „dekadent", „Unkultur" und „Sittenverfall" − und meist mußte sie nach einigen Jahren nachgeben und das Unerwünschte in zahmerer Form doch zulassen. Indem der Marxismus-Leninismus zur offiziellen und angeblich wissenschaftlich richtigen Weltanschauung erhoben worden war, wurde Religion mehr oder minder als Aberglaube verächtlich gemacht. Im Grunde blieb für Kirchen kein Platz, und in den 50er Jahren hofften die Parteifunktionäre, sie langfristig zum Verschwinden bringen zu können. Anfang der 50er Jahre war die Kirche heftigen Angriffen ausgesetzt bis hin zu Verhaftungen von Geistlichen. Diese Methoden wurden nach 1953 kaum fortgeführt, aber seitdem sahen sich die Kirchen systematisch schrittweise immer weiter aus dem öffentlichen Leben zurückgedrängt. Staatlicherseits wurde der Austritt aus der Kirche propagiert, und man führte die staatliche Jugend-, Ehe- und Grabweihe ein als Ersatz für die christlichen Riten (Konfirmation, Trauung, Begräbnis). Aktive Christen wurden in Schule und Beruf diskriminiert. Der Anteil der Kirchenmitglieder an der Bevölkerung

DDR: kultureller Führungsanspruch der Partei

sank 1963-87 von 81 auf 37 Prozent. Trotzdem verschwanden die Kirchen in der DDR nicht, sondern behaupteten sich vielmehr als einzige Organisation, die auch alternativen Denkansätzen in gewissem Umfang Raum gewährte.

Vor allem vier Faktoren formten das geistige Leben in der DDR: der Herrschaftsanspruch der kommunistischen Diktatoren gegenüber der Bevölkerung, die Orientierung an der offiziell immer wieder als Vorbild herausgestellten UdSSR, das aus der Tradition der Arbeiterbewegung herrührende Streben nach Gleichheit und Teilhabe auch im kulturellen Bereich und außerdem weiterwirkende bildungsbürgerliche Leitideen des 19. Jahrhunderts.

DDR: Obrigkeitlichkeit des Kulturlebens

Beim Wiederaufbau etlicher Stadtzentren in den 50er Jahren wurde der Stil von einem obrigkeitlichen Ordnungs- und Repräsentationswillen geprägt, der an die Zeit des Absolutismus des 18. Jahrhunderts erinnerte. Ein großer zentraler Platz für politische Kundgebungen, eine breite Hauptmagistrale für Aufmärsche, großflächige Repräsentationsfassaden entlang dieser Plätze und Achsen sowie Dominanten (meist Hochhäuser) als Blickfang waren die Vorgaben, denen die Einzelbauten sich unterzuordnen hatten. Literatur, Kunst und Bildungseinrichtungen durften Probleme der Gesellschaft nicht wirklich kritisch offenlegen. In Schule und FDJ wurde nicht zu geistig selbständigen Menschen, sondern betont zu Disziplin und Unterordnung, zu Fleiß und Ordnung erzogen. Die westdeutsche antiautoritäre Welle ließ die DDR unberührt. So wirkten die in der DDR aufgewachsenen Deutschen verglichen mit altersgleichen Bundesdeutschen angepaßter und disziplinierter, unselbständiger und unkritischer, weniger individualistisch und weniger locker.

DDR: Vorbild UdSSR

Das sowjetische Vorbild wirkte in der DDR vor allem in den 50er Jahren in bestimmten Bereichen nachhaltig ein. Von dort übernahm man den Stil der Repräsentationsarchitektur. Nach sowjetischem Vorbild verlor das Hochschulwesen seine Autonomie, und die Studiengänge wurden zunehmend verschult. Für Kunst, Literatur und Film und im übertragenen Sinn auch Musik machte die SED-Führung 1951 das sowjetische Konzept des „Sozialistischen Realismus" verbindlich. Abstrakte Malerei, serielle Musik und überhaupt formale Experimente wurden als Formalismus abgelehnt und unterdrückt. Sie wären Ausdruck eines nihilistischen Individualismus und westlicher Dekadenz. Stattdessen sollten Kulturschaffende sich einer realistischen und volkstümlichen Formensprache bedienen, um der Masse der Bevölkerung verständlich zu sein. Sozialistischer Realismus hieß in den 50er Jahren, ausschließlich die schönen Seiten des sozialistischen Aufbaus darzustellen und Optimismus zu verbreiten, womit die Kultur sogar direkt zur Produktionssteigerung beitragen sollte. Thematisch standen Arbeiter, Produktion und Klassenkampf im Mittelpunkt. Die Darstellungsweise war schematisierend und pathetisch, und es dominierte der Typ des tatkräftigen, vorbildlichen Helden. Im Laufe der 70er und 80er Jahre wurden dann zunehmend auch andere Seiten des Alltags zum Thema gemacht und mehr Subjektivität, nüchterne und distanzierte Sichtweisen und vielfältigere Stilvarianten zugelassen. Damit verlor das Gebot des Sozialistischen Realismus an dogmatischer Bindungskraft und verkam zunehmend zur Leerformel, wenngleich die Spannbreite der Sichtweisen auch kleiner und die Ausdrucksformen traditioneller blieben als in der BRD.

DDR: kulturelle Gleichheit und Teilhabe?

Zu den zentralen Ideen kommunistischer Kulturpolitik zählte der Versuch, Unterschiede im kulturellen Niveau verschiedener Bevölkerungsgruppen abzubauen und die Massen an höhere Kultur heranzuführen. So war man gezielt bestrebt, den Unterschied zwischen Stadt und Land zu reduzieren. Die kleinen Dorfschulen wurden nach dem Krieg rasch durch voll ausgebaute Zentralschulen ersetzt, und in die Dörfer stellte man mehrgeschossige Wohnblocks neben die Rübenfelder, um ihnen städtischen Charakter zu verleihen. Trotzdem blieb das Freizeit- und Konsumgüterangebot auf dem Lande deutlich schlechter als in großen Städten. Um das „bürgerliche Bildungsprivileg" zu brechen, wurde 1945 in der ganzen SBZ die kostenlose staatliche Einheitsschule eingeführt, zunächst für Klasse 1-8, dann ab 1959 als zehnklassige allgemeinbildende polytechnische Oberschule. Deren 9. und 10. Klasse wurden im Laufe der Zeit weitgehend angeglichen, so daß der Übergang zur Erweiterten Oberschule, die mit dem Abschluß des 12. Schuljahrs zum Abitur führte, ab 1982 erst nach der 10. Klasse erfolgte. Ursprünglich erhielten alle Schüler eines Jahrgangs tatsächlich den gleichen Unterrichtsstoff. Das führte dazu, daß stets jeweils ein beträchtlicher Teil der Schüler über- bzw. unterfordert wurde und daß das Gesamtniveau sich eher an den Leistungsschwächeren orientierte. Da das Wirtschaftsleben aber auch Führungskräfte mit möglichst hoher Qualifikation erforderte, wurden trotz ideologischer Bedenken seit Anfang der 60er Jahre innerhalb der Oberschule Unterrichtsorganisation und Unterrichtsangebot zunehmend nach den unterschiedlichen Begabungen differenziert, so daß sich die Einheitsschule in Richtung auf eine differenzierte Gesamtschule entwickelte. Um die Kluft zwischen Theorie und Praxis zu überwinden, führte man in den 50er Jahren den polytechnischen Unterricht ein, der aber in der Praxis oft dazu mißriet, die Schüler einfach für die Produktion zu mißbrauchen. Zweifellos wurde aufs Ganze gesehen das Bildungsniveau deutlich erhöht.

Um breite Schichten an „höhere Kultur" heranzuführen, organisieren vor allem Betriebe unter zentraler Anleitung eine „kulturelle Massenarbeit" in Form von Klubs, Kulturhäusern, Literaturzirkeln und Musikgruppen und gemeinsamen Kulturausflügen des Arbeitskollektivs. Nachdem die Kommunisten anfangs das Kulturdefizit der Massen als Nachwirkungen der Zeit der bürgerlichen Herrschaft in der Klassengesellschaft angesehen hatten, mußten sie dann die Erfahrung machen, daß sich auch unter den Verhältnissen der DDR nicht allgemein der allseits interessierte neue Mensch einstellte, daß das kulturelle Interesse hinter den Wünschen der Kulturfunktionäre zurückblieb und das Interesse an Theater, Lesen schöner Literatur und schöpferischer Tätigkeit bei den sozial Höhergestellten deutlich größer blieb als bei Arbeitern. So kauften viele Werktätige Theaterkarten, um den von ihnen erwarteten Kultursoll zu erfüllen, ohne zu den Aufführungen hinzugehen, und die kartenzählende offizielle Statistik pries dann die hohe Beteiligung am Kulturleben der Republik. Groteskerweise wurden gleichzeitig von vielen Buchtiteln nicht so viele Exemplare gedruckt, wie die Bürger sie zu kaufen wünschten – wegen Papiermangel. Auf mehr kulturelle Gleichheit und Teilhabe zielte auch die Kulturpolitik des „Bitterfelder Wegs", den die Parteiführung 1959-64 mit großem Aufwand propagierte. Um die Trennung von körperlicher und geistiger Arbeit zu überwinden und die Arbeiter die „Höhen der Kultur erstürmen" zu lassen, sollten Schriftsteller und Künstler in die Betriebe gehen und dort selbst Arbeitserfahrungen sammeln, und Arbeiter sollten selbst schreiben und malen. Doch die Kampagne scheiterte – die Intellektuellen machten kaum mit, und die zahlreichen Versuche von Arbeiterseite blieben qualitativ mäßig.

Die geringe Innovationsneigung und die meist ablehnende Haltung gegenüber westlichen Kultureinflüssen führten dazu, daß inhaltlich bildungsbürgerliche Ideen des 19. Jahrhunderts stark nachwirkten. Damit blieb die Kulturpolitik an der Haltung der kaiserzeitlichen Arbeiterbewegung kleben, die damals an die Kulturgüter des Bürger-

DDR: bildungsbürgerliches Erbe

tums Anschluß zu gewinnen versucht hatte. Das Streben, die Massen an „höhere Kultur" heranzuführen, konzentrierte sich stark auf Theater und Konzert, also die Kernstücke der damaligen bürgerlichen Repräsentativkultur. Nicht nur die Weimarer Klassiker wurden sehr gepflegt, sondern dem Menschenbild und dem Bildungsidealismus der deutschen Klassik verhaftet blieben auch die Idealvorstellung vom sozialistischen Menschen, der seine Fähigkeiten harmonisch und allseitig entfaltet, das Streben der Massenorganisationen, die Bevölkerung zu „sinnvoller" Freizeitverwendung im Sinne der eigenen Persönlichkeitsbildung anzuhalten, und die Idee, den Menschen durch schöne Literatur und Kunst zu heben und zu erziehen. So hielt auch der Kampf gegen Comics, Groschenhefte und Kitsch in der DDR viel länger an als in der BRD. Der Bereich der leichten Unterhaltung und der Unterhaltungsmusik wurde dagegen stiefmütterlich behandelt. Die Versuche, hier sozialistische Alternativen zu westlichen Formen zu entwickeln, blieben ohne breite Resonanz, so daß sich die DDR-Bevölkerung hier um so mehr an bundesdeutschen Funkmedien orientierte. Auch die bürgerliche Moral lebte ungebrochen weiter. Pornographie und nackte Mädchen auf den Titelseiten von Zeitschriften waren verboten, und man pochte auf „Sauberkeit" und „gute Sitten". Desgleichen wurde der wissenschaftlich-technische, auf industrielles Wachstum fixierte bürgerliche Fortschrittsoptimismus des 19. Jahrhunderts, obgleich längst angestaubt, unverdrossen konserviert. In diesem Sinne lehnte auch die Wohnungsbaupolitik jede antiurbane Zersiedlung durch Einfamilienhäuser ab und baute stattdessen großformatige, monotone Hochhauszeilen. Der Fortschrittsglaube war Teil der marxistischen Weltanschauung und als solcher für das öffentliche Denken unantastbar.

9.5 Nationale Spaltung im Ost-West-Gegensatz

Nach Niederlage und Besetzung des Deutschen Reiches war die deutsche Frage in einem Maße wie nie zuvor vom Willen fremder Mächte abhängig, ja die Deutschen waren praktisch nur noch Objekt und hatten selbst keinen wirklichen Einfluß auf ihre staatliche Gliederung. Dabei ging es weniger um das alte Problem, ob und wie sich deutsche Staatlichkeit in ein Gleichgewicht europäischer Mächte eingliedern könne, sondern jetzt wurde der globale Gegensatz zwischen den Weltmächten USA und Sowjetunion in die Mitte Europas übertragen mit schwerwiegenden Folgen für die deutsche Staatlichkeit. Gegenstand der deutschen Frage nach 1945 waren die neuen Staaten auf dem Boden des ehemaligen großdeutschen Reiches: das Entstehen der Bundesrepublik Deutschland und der Deutschen Demokratischen Republik und ihr Verhältnis zueinander, die Entwicklung der besonderen Stellung (West-)Berlins sowie auch die Auferstehung Österreichs, die Bewahrung seiner Einheit und seine internationale Stellung. *Grundlagen*

Schon gleich nach Kriegsende erfolgten erste Weichenstellungen, die sich rückblickend als höchst wichtig erweisen sollten. Die UdSSR nutzte die Tatsache, daß die beiden Hauptstädte Berlin und Wien zunächst von der Roten Armee besetzt wurden. Sie versuchte, dort rasch vollendete Tatsachen zu schaffen und sich damit Einfluß auf das künftige Deutsche Reich und Österreich zu sichern. In Österreich ließen die Russen schon im April 1945 wieder Parteien zu und setzten eine provisorische Regierung ein. Im Deutschen Reich erlaubten die Russen im Juni die Gründung von Parteien, die in Berlin Zentralen mit reichsdeutschem Anspruch errichteten, und schufen noch während der Potsdamer Konferenz im Juli 1945 in ihrer Zone Zentralverwaltungen, die offenbar Keimzellen der in Potsdam beschlossenen Reichsverwaltungen werden sollten. Die österreichische Regierung baute rasch die Verwaltung wieder auf und setzte die Verfassung von 1920/29 erneut in Kraft. Sie wurde nach langem Zögern auch von den Westmächten anerkannt und konnte im November 1945 gesamtösterreichische Parlamentswahlen durchführen lassen. *Frühe Weichenstellungen*

Als Amerikaner, Russen und Briten im selben Jahr, wie in Potsdam vereinbart, Zentralverwaltungen im Deutschen Reich errichten wollten, scheiterten alle ihre Bemühungen am Einspruch der Franzosen. Das gleiche Schicksal erlitten Versuche, gesamtdeutsche Gewerkschaften und Parteien zu bilden, wie überhaupt in den Jahren 1945-47 genauso alle von deutscher Seite ausgehenden Vorstöße zur überzonalen Zusammenarbeit am Veto der Franzosen im Kontrollrat platzten. Die Berliner Parteizentralen stießen dabei teilweise auch bei den in den Westzonen entstehenden Parteigliederungen auf Ablehnung. Frankreich war nur an den Krücken der Alliierten wieder auf die Beine gekommen und hatte, als Großmacht von den anderen nicht mehr ernst genommen, an der Potsdamer Konferenz nicht teilgenommen. Aber geradezu reflexartig griff die französische Regierung auf ihre Zerschlagungspläne aus dem Ersten Weltkrieg zurück, forderte das Saarland als französische Kolonie und ein autonomes Rheinland als französisches Glacis vom Reich abzutrennen, das Ruhrgebiet als Herz der deutschen Rüstungsindustrie zu internationalisieren und das Rumpfreich zum bloßen Staatenbund aufzulockern, um so den Deutschen endgültig jede Fähigkeit zu einem Angriffskrieg zu nehmen. Auf den Trümmern des Deutschen Reiches hoffte Paris dann Großmachtstatus und Gloire Frankreichs zu restaurieren, ja den Traum einer französischen Hegemonie im westlichen Kontinentaleuropa verwirklichen zu können. Tatsächlich löste die Regierung in Paris 1946 das Saargebiet aus dem Zuständigkeitsbereich des Alliierten Kontrollrats und trennte es zoll- und wirtschaftsmäßig vom Reich ab, 1947 ernannte sie eine eigene Saarregierung und erklärte das Saargebiet für „politisch unabhängig" vom Deutschen Reich, und außerdem führte sie schrittweise die Währungs- und Zollunion mit Frankreich ein. Da infolge der französischen Obstruktionspolitik der Alliierte Kontrollrat ohne Exekutive blieb, konnte er die ihm zugedachte Rolle nicht spielen. So lag die Ausübung der Macht in den Händen der einzelnen Militärgouverneure, die nun jeder in seiner Zone in eigener Regie schalteten. Dadurch entwickelten sich besonders Sozialisierungs-, Reparations-, Entnazifizierungs- und Personalpolitik der einzelnen Zonen rasch auseinander.

Österreich hatte also schon in den ersten Monaten nach Kriegsende einen erheblichen Vorsprung an staatlicher Einheit vor dem Deutschen Reich gewonnen. Das verstärkte sich noch, als im Juni 1946 für Österreich die Regelung, daß alle von der Nationalversammlung beschlossenen Gesetze der Zustimmung des Alliierten Kontrollrats für Österreich bedurften, dahin abgeschwächt wurde, daß die Gesetze in Kraft traten, wenn der Kontrollrat nicht binnen 31 Tagen Widerspruch einlegte. Sowohl für den reichsdeutschen wie für den österreichischen Kontrollrat galt das Prinzip der Einstimmigkeit, und die kam angesichts der zunehmenden Uneinigkeit der vier Siegermächte seit Mitte 1946 nur noch selten zustande; aber während dies für das Deutsche Reich den Ausfall auch noch des Kontrollrats selbst und damit überhaupt jeder Zentralbehörde bedeutete, stärkte es in Österreich die Stellung der nationalen Zentralbehörden gegenüber den Alliierten.

Wiederaufbau von Staatsorganen   Mit dem Einmarsch der alliierten Armeen hatte sich die deutsche Verwaltung weitgehend aufgelöst. Der Wiederaufbau der Verwaltung begann im Reichsgebiet damit, daß die Besatzungsoffiziere zunächst auf Gemeindeebene Bürgermeister einsetzten. Dann wurden Länder gegründet und Landespolitiker ernannt, schon 1945 in der sowjetischen und amerikanischen Zone, erst 1946/47 in der britischen und französischen Zone. Nach Gemeindewahlen fanden 1946/47 Landtagswahlen statt. Die deutschen Politiker waren zunächst nur reine Befehlsempfänger der Besatzungsbehörden und erhielten erst allmählich etwas selbständigere Befugnisse.

Einige der Länder knüpften an die Bundesstaaten und preußischen Provinzen der

1054

Weimarer Zeit an (Bayern, Hamburg und Bremen sowie aus arrondierten preußischen Provinzen Schleswig-Holstein und Niedersachsen, außerdem die fünf Länder in der SBZ), wobei aber die neun kleinsten Bundesstaaten mit Ausnahme von Hamburg und Bremen in den neugebildeten Ländern aufgingen; die anderen stellten als Folge der Besatzungszonenaufteilung völlige Neugründungen dar, nämlich Rheinland-Pfalz, Nordrhein-Westfalen, Hessen und die drei südwestdeutschen Länder. Letztere wurden 1952 durch Volksabstimmung zum Land Baden-Württemberg zusammengelegt. Im selben Jahr löste man in der DDR die Länder auf und ersetzte sie durch 14 Bezirke.

Weder im Kontrollrat für Deutschland noch in den Außenministerkonferenzen von Herbst 1945 und April und Juli 1946 konnten sich die vier Siegermächte über die Errichtung reichsdeutscher Zentralverwaltungen und die Aufbringungsweise der Reparationszahlungen einigen. Da die bis 1945 wirtschaftlich eng miteinander verflochtenen einzelnen Zonen wirtschaftlich voneinander isoliert und ihre Industrie auf ein niedriges Produktionsniveau festgelegt wurden, entstand in den Westzonen eine unhaltbare Wirtschaftslage, die es erforderlich machte, Nahrungsmittel von außen zuzuführen. Weil die wirtschaftliche Einheit Deutschlands, die auf der Potsdamer Konferenz vorgesehen worden war, nicht zustande kam, entschlossen sich Amerikaner und Briten im September 1946, dann wenigstens ihre beiden Zonen zusammenzulegen. Dies war zunächst mehr als wirtschaftliche Notmaßnahme gedacht gewesen, die eine Ausweitung zu einer gesamtdeutschen Wirtschaftseinheit offenließ. Dann begannen die Amerikaner aber zunehmend zu fürchten, die UdSSR wollte ganz Deutschland in ihren Machtbereich ziehen, ja darüber hinaus ihren Einfluß auch in andere Teile Westeuropas hinein ausdehnen, und wandten sich der Vorstellung zu, diese Ausbreitung des sowjetischen Einflusses eindämmen zu müssen. Deshalb sollte Westdeutschland wirtschaftlich wiederaufgebaut und damit auch politisch stabilisiert werden. Seit Mitte 1947 waren Washington und London nicht mehr an einer Lösung des Deutschlandproblems interessiert, bei der Moskau mitbestimmte.

Als die amerikanische und britische Zone im Januar 1947 zur Bizone zusammengelegt wurden, erhielt diese fünf zentrale Verwaltungsämter. Um jeden Anschein von Staatlichkeit zu vermeiden, verteilte man sie auf verschiedene Städte. Diese Organisationsform bewährte sich indessen nicht, und so wurde die Bizone im Juni 1947 reorganisiert. Jetzt erhielt sie drei Zentralbehörden mit Sitz in Frankfurt: einen Wirtschaftsrat als ein von den Länderparlamenten beschicktes Parlament, einen Verwaltungsrat mit Direktoren als ministerähnliche Ressortchefs und einen Exekutivrat, der halb Kabinett, halb Länderkammer war. Diese Gremien waren aber nur für Wirtschaft und Finanzen zuständig, und alle ihre Beschlüsse mußten von den Besatzungsmächten genehmigt werden. Anfang 1948 erweiterten die Amerikaner und Briten die Gesetzgebungskompetenz der Bizonengremien und organisierten diese noch einmal um: jetzt gab es einen Wirtschaftsrat (Parlament) und einen Länderrat als Legislative, einen Verwaltungsrat (Kabinett) mit Oberdirektor (Regierungschef) und Direktoren (Ministern) und eine vielfältige Administration. Nun bestand ein (bis auf zentrale Sicherheitsorgane) voll entwickelter Staatsapparat, dessen Tätigkeit zunehmend in Schwung kam und der seinen Charakter nur noch durch die Bezeichnungen verschleierte.

Die Sowjetunion reagierte auf diese Entwicklung, indem sie in ihrer Zone im Juni 1947 die Zentralverwaltungen zur Deutschen Wirtschaftskommission zusammenfaßte und im März 1948 deren Zuständigkeiten erheblich erweiterte sowie weitere Zentralverwaltungen einrichtete. Die beiden Außenministerkonferenzen der vier Sieger-

Bildung getrennter Zentralverwaltungen

1055

mächte im Jahr 1947 blieben für die deutsche Frage fruchtlos. Das politische Klima zwischen den drei westlichen Alliierten und der UdSSR verschlechterte sich zunehmend. Im Frühjahr 1948 einigten sich die USA und Großbritannien mit dem bis dahin widerstrebenden Frankreich, aus ihrem Besatzungsgebiet einen deutschen Weststaat zu gründen. Frankreich war wirtschaftlich zu schwach, um seine Pläne eines deutschen Staatenbundes und einer Abtrennung des Rheinlands länger gegen die Vorstellungen der Angloamerikaner festhalten zu können, vermochte aber immerhin Zugeständnisse hinsichtlich von Saar- und Ruhrgebiet zu erreichen. Am 20. März 1948 zog der sowjetische Vertreter aus dem Alliierten Kontrollrat für Deutschland aus, der seitdem nie mehr getagt hat. Im Juni stellten die Russen auch ihre Mitarbeit in der Kommandantur für Berlin ein, die ihre Tätigkeit dann ein halbes Jahr später als Gremium nur der drei Westmächte wieder aufnahm.

Doppelte Staatsgründung

Als die westdeutsche Währungsreform auch in West-Berlin durchgeführt wurde, begannen die Russen massiven Druck auf West-Berlin auszuüben, wahrscheinlich um die Westalliierten aus Berlin herauszudrücken und so ihre eigene Zone zu arrondieren. Sie sperrten am 24. Juni 1948 alle Straßen-, Bahn- und Schiffsverbindungen zwischen den Westzonen und West-Berlin und stoppten die Lieferung von Kohle, Elektrizität und Lebensmitteln aus der SBZ in die Westsektoren der Stadt. Aber die USA hielten an der exponierten Position in Berlin fest, um nicht ihr Gesicht zu verlieren. Durch eine beispiellose Luftbrücke versorgten sie West-Berlin mit dem Nötigsten zum Überleben. Von Juli 1948 bis Mai 1949 wurden in 212.621 Flügen 1.736.781 Tonnen Güter aller Art eingeflogen. Am 12. Mai 1949 brach die UdSSR die Blockade ab. Während der Blockade spalteten die Kommunisten die Verwaltung von Groß-Berlin Zug um Zug. Die Stadtverordnetenversammlung wurde aus ihren Amtsräumen im Ostsektor verdrängt, die SED erklärte dann den Magistrat für abgesetzt und etablierte eine neue Stadtverordnetenversammlung und einen neuen Magistrat in Ost-Berlin, und schließlich wurden die für Dezember angesetzten Neuwahlen zur Stadtverordnetenversammlung im Ostsektor verboten. Währenddessen wurde eine Verwaltungsabteilung nach der anderen durch kommunistische Absetzungserklärung, die Etablierung neuer östlicher Amtsträger und Auszug der „West"-Abteilung in die Westsektoren gespalten. Selbst Gewerkschaften und Universität spalteten sich.

Die Berliner Blockade gab in Westdeutschland der Angst vor einer sowjetischen Bedrohung mächtig Nahrung und ließ damit eigentlich erst die Bereitschaft der Westdeutschen entstehen, sich auf eine Weststaatsgründung einzulassen. Am 1. Juli 1948 erhielten die westdeutschen Ministerpräsidenten von den drei westlichen Militärgouverneuren den Auftrag, eine Verfassung ausarbeiten zu lassen. Dazu wählten im September die Landtage Delegierte zu einer verfassunggebenden Versammlung, dem Parlamentarischen Rat. Am 8. Mai 1949 verabschiedete der Parlamentarische Rat die von ihm ausgearbeitete Verfassung mit Mehrheit. Um den provisorischen Charakter der Staatsgründung zu betonen, hieß sie nur „Grundgesetz". Vier Tage später genehmigten die drei Militärgouverneure die Verfassung, und nachdem alle Länderparlamente (außer dem bayerischen) sie ratifiziert hatten, trat sie am 23. Mai 1949 in Kraft. Nach den ersten Bundestagswahlen im August wurde die erste Bundesregierung gebildet. Der neue Staat erhielt den Namen Bundesrepublik Deutschland. In ihm gingen die Bizone und die französische Zone auf, während das Saarland abgetrennt blieb. Außerdem legten die Alliierten fest, daß entgegen dem Wortlaut von Grundgesetz und (West-)Berliner Verfassung auch Berlin kein Bundesland war, weshalb die Berliner

Vertreter in Bundestag und Bundesrat kein Stimmrecht bekamen und Berlin nicht vom Bund regiert wurde. Um die Rechtseinheit mit dem Bundesgebiet zu wahren, mußten deshalb Bundesgesetze vom Berliner Abgeordnetenhaus immer noch einmal als eigene beschlossen werden. Zum „provisorischen" Regierungssitz der BRD wählte man in einer umstrittenen Entscheidung nicht Frankfurt, sondern die hierfür wenig geeignete Provinzstadt Bonn. Dorthin wurde dann der größte Teil der Frankfurter Bizonenbehörden überführt, um den Grundstock der Bundesministerien zu bilden. Zur „Hauptstadt" erklärt der Bundestag dagegen die ehemalige Reichshauptstadt Berlin.

Parallel zur Weststaatsgründung wandelte die UdSSR ihre Zone ebenfalls in einen Staat um, die Deutsche Demokratische Republik. Ein Erster Deutscher Volkskongreß im Dezember 1947 forderte eine Nationalversammlung und Zentralregierung. Ein Zweiter Deutscher Volkskongreß, der im März 1948 nach einem unklaren Schlüssel von den Parteien und Massenorganisationen beschickt wurde, berief einen Deutschen Volksrat, der eine Verfassung ausarbeiten ließ und annahm. Ein Dritter Deutscher Volkskongreß, der im Mai 1949 nach einer Einheitsliste gewählt wurde, stimmte der Verfassung noch einmal zu und wählte einen neuen Volksrat, der sich im Oktober zum provisorischen Parlament erklärte und eine provisorische Regierung bildete.

Sowohl BRD wie DDR waren zunächst keine souveränen Staaten, sondern standen nur unter einer gemilderten Form von Besatzungsherrschaft. Mit dem Besatzungsstatut für die BRD vom April 1949 trat an die Stelle der Militärgouverneure eine zivile Hohe Kommission. Ihr blieben vor allem Militärangelegenheiten, Reparationsfragen und Außenpolitik gänzlich vorbehalten, sie besaß ein Einspruchsrecht gegen alle Gesetze, und sie behielt überhaupt das Recht, jederzeit wieder die volle oberste Gewalt zu übernehmen, wenn sie es für erforderlich erachten sollte. Die Sowjetunion schuf für die DDR ähnliche Regelungen. Die BRD erhielt außerdem das Ruhrstatut auferlegt, durch das die wirtschaftliche Verfügungsgewalt über Kohle- und Stahlproduktion des Ruhrgebietes einer Internationalen Ruhrbehörde übertragen wurde, die von den drei westlichen Alliierten und den Benelux-Ländern besetzt wurde.

Warum brach das Deutsche Reich auseinander in BRD und DDR? Lag in dieser Entwicklung vielleicht sogar eine Zwangsläufigkeit? Letztlich war Hitlers gescheiterter Eroberungskrieg die Ursache, und zwar in dreifacher Weise.

Ursachen der Teilung

Erstens führte der Kampf gegen Hitlers Armeen die sowjetischen und amerikanischen Streitkräfte bis an die Elbe, wo sie nie zuvor gestanden hatten (sieht man vom russischen Vorrücken im Bündnis mit den Deutschen 1813 ab). Niederlage und Besetzung des Reiches schufen die Voraussetzung dafür, das die Frage seiner Einheit völlig von den anderen Großmächten abhängig wurde.

Zweitens rief die Aggression Hitlers erneut den französischen Wunsch hervor, das Deutsche Reich weitgehend zu zerschlagen, der dann konkret reichsdeutsche Zentralverwaltungen verhinderte. Wenn es nicht zum Kalten Krieg zwischen Ost und West gekommen wäre − hätte dann nicht vielleicht die französische Obstruktionspolitik überhaupt dazu geführt, daß das Deutsche Reich in Teilstaaten aufgelöst worden wäre?

Und drittens führte schließlich der Ausbruch des Kalten Kriegs zwischen den USA und der UdSSR die Spaltung des Deutschen Reiches notwendigerweise herbei. Nun waren die Führungsgruppen beider Weltmächte im Jahr 1945 durchaus daran interessiert, auch über das Kriegsende hinaus zusammenzuarbeiten, keine der beiden Mächte strebte planmäßig die Teilung des Deutschen Reiches an, und die Meinungsverschiedenheiten zwischen beiden Mächten in der Deutschlandpolitik in den Jahren 1945 und

1946 waren von der Sache her nicht so groß, daß sie nicht bei gutem Willen durch Kompromisse hätten überwunden werden können. Bemerkenswerterweise schuf die unterschiedliche Sozialisierungspolitik keine Gegensätze innerhalb des Kontrollrats. Aber eben dieser gute Wille fehlte, denn indem Mißtrauen aufkeimte, verfiel die Kooperationsbereitschaft. Diese Entwicklung war aber nicht ohne eine gewisse innere Zwangsläufigkeit, die wiederum in Hitlers Eroberungskrieg wurzelte. Nur dieser hatte überhaupt die beiden ungleichen Partner USA und UdSSR zusammengeführt. Dabei hatte die US-Führung ihre Bevölkerung mit der Parole mobilisiert, der Krieg sei ein Kreuzzug für Demokratie und Freiheit, und noch auf der Dreimächtekonferenz von Jalta im Februar 1945 setzte sie die Formel durch, daß für die osteuropäischen Staaten das Selbstbestimmungsrecht gelten sollte. Angesichts dieser propagandistischen Ausrichtung war das widernatürliche Bündnis mit der UdSSR nur unter der Voraussetzung möglich, daß Öffentlichkeit und Führung in den USA völlig verdrängten, mit wem man sich da eigentlich verbündet hatte, einer Macht nämlich, die im Innern ebenso wie der NS-Staat eine brutale, auf terroristische Mittel gestützte Diktatur darstellte und die danach strebte, sich eine Hegemonialzone zu schaffen. Dieser amerikanische Selbstbetrug mußte nach der Niederlage des Deutschen Reiches offenkundig werden. Als die Sowjetunion 1945 daranging, in der ihr eigenen rücksichtslosen, gewaltsamen Weise die osteuropäischen Staaten unter ihre Herrschaft zu bringen, war die amerikanische Öffentlichkeit rasch desillusioniert. Verstärkt durch etliche zweideutige Maßnahmen und Forderungen Moskaus, entstand in der westlichen Öffentlichkeit der irrige Eindruck, man habe es jetzt mit einem prinzipiell unbegrenzten Expansionsstreben der UdSSR zu tun. Die US-Regierung übte in verschiedener Weise Druck auf die Sowjetunion aus, um die sowjetische Herrschaft in Osteuropa zu verhindern, und ergriff ab 1947 Maßnahmen, um ein vermeintliches Expansionsstreben der UdSSR über die bereits von der Roten Armee besetzten Länder hinaus einzudämmen. Nicht zuletzt da Moskau meinte, ihm wäre in Jalta Osteuropa als Einflußsphäre zugestanden worden, deutete man dort diese westlichen Maßnahmen als aggressiven Schritt des amerikanischen Imperialismus. In wechselseitiger Fehleinschätzung eskalierten so Aktionen und Reaktionen beider Seiten bis zum Zustand des Kalten Kriegs und beiderseitiger Blockbildung. Als dessen Folge fraß sich dann die Grenze zwischen sowjetischer Zone und Westzonen immer tiefer in Deutschland hinein.

Als das von den Alliierten besetzte Deutsche Reich mit dem Ausbruch des Kalten Kriegs gespalten wurde, bestimmten alleine die Alliierten den Kurs. Die Deutschen waren ohnmächtige Objekte ihres eigenen Schicksals. Nun kennt die Geschichte etliche Beispiele, daß sich Regionen, die sich unterdrückt fühlten, aus einem Staatsverband abspalteten, und ebenso von Bürgerkriegen zwischen gesellschaftlich und weltanschaulich verschiedenen Gruppen, von denen sich schließlich die eine oder die andere im ganzen Staat durchsetzte − aber die Aufspaltung eines Staates in zwei Staaten mit verschiedenen gesellschaftlichen und politischen Ordnungen, die doch beide Anspruch auf Allgemeingültigkeit erhoben, war etwas historisch völlig Neues. Deutschland teilte dieses Schicksal mit Korea, Vietnam und China. Erklärbar war dies eben nur als staatliche Verfestigung der Einflußzonen zweier Weltmächte gegensätzlicher gesellschaftlicher und politischer Ordnung. Es gab keine Separatismustendenzen einzelner deutscher Regionen, an die diese Spaltung hätte anknüpfen können. Und doch wurden hier nicht einfach fremde Systeme von außen importiert, sondern beide Seiten fanden ihnen entgegenkommende Partner unter den Deutschen. Die in deutscher Tradition stehenden politischen Parteirichtungen, die in früheren Zeiten überall im ganzen Reich gegeneinander gestanden hatten, traten jetzt sozusagen zu Staaten kondensiert räumlich auseinander. So überrascht es nicht, daß am Anfang viele kommunistische Politiker in der DDR aus Westdeutschland stammten und umgekehrt ca. 30 Prozent der politischen und wirtschaftlichen Elite der BRD aus Gebieten östlich des Eisernen Vorhangs. Die beiden deutschen Traditionen waren aber ungleich stark. Die Kommunisten, die schon in den 1920er Jahren in der Sowjetunion das Vaterland aller Werktätigen erblickt hatten, stellten eine relativ kleine Gruppe dar. Dagegen stand die Westorientierung mit Abwehrhaltung gegen die Sowjetunion in einem von breiter Mehrheit getragenen Traditionsstrom. Nicht nur Hitler hatte Krieg mit Front gegen den Bolschewismus, aber nicht gegen den Westen gewollt; bei den Putschisten des 20. Juli 1944 wie bei den führenden Militärs in der Schlußphase des Weltkriegs hatte die Idee eines Friedens mit dem Westen bei fortdauernder Abwehr gegen die Rote Armee bestanden; die heranrückende Rote Armee hatte eine Fluchtwelle der Zivilbevölkerung Richtung Westen ausgelöst, während die deutsche Zivilbevölkerung beim Einmarsch der Westalliierten in ihren Häusern geblieben war und nur weiße Fahnen herausgehängt hatte; jeder deutsche Soldat war bei Kriegsende bestrebt gewesen, nur nicht in russische, sondern möglichst in amerikanische oder britische Kriegsgefangenschaft zu kommen. Die Grausamkeiten der einmarschierenden sowjetischen Soldaten, die Vertreibungen, die rigorose Ausplünderung der SBZ und dann die gewaltsame Errichtung einer kommunistischen Diktatur dort sowie die Blockade West-Berlins trugen noch das Ihre dazu bei, jene antikommunistische Grundstimmung der meisten Deutschen zu zementieren, die schon in den 1920er Jahren im Bürgertum vorhanden gewesen und dann durch die NS-Propaganda noch vertieft worden war. Seit Anfang der 50er Jahre faßte man dann im Westen nationalsozialistische und kommunistische Diktatur unter dem Begriff des Totalitarismus zusammen.

Da BRD und DDR nicht aus der Separation regionsgebundener Kräfte entstanden, sondern aus der von außen aufgezwungenen Verstaatlichung von Parteirichtungen, gingen beide davon aus, daß das gemeinsame Band der Staatsnation des Deutschen Reiches fortbestehe. Dabei galt es als undiskutiertes Selbstverständnis, daß Österreich ein unabhängiger Staat war und ebenso wie die anderen deutschsprachigen Gebiete jenseits der Reichsgrenzen von 1937 nicht zum wiederherzustellenden deutschen Gesamtstaat gehören sollte. Die BRD und die DDR beanspruchten, wie in beiden Verfassungen von 1949 ausgesprochen wurde, jeder für das Ganze zu stehen. Sie verstanden sich in ihrer damaligen Gestalt jeweils nur als Provisorium bis zur baldigen Wiederherstellung der Reichseinheit. Der Parlamentarische Rat erklärte, er habe „auch für jene Deutschen gehandelt, denen mitzuwirken versagt war"[88], und die Volkskongresse wiesen in ihren Reihen auch einige Personen aus den Westzonen auf und demonstrierten dadurch gesamtdeutschen Anspruch. Beide Staaten wählten mit Schwarz-Rot-Gold dieselbe Nationalflagge. Die DDR modifizierte ihre dann 1959, indem sie Hammer und Zirkel im Ährenkranz als Symbol hinzufügte. Die DDR als der kleinere und innerlich weniger gefestigte der beiden deutschen Staaten besaß für weitreichende Ansprüche die schwächere Ausgangsposition. So schwenkte die offizielle DDR schon 1953 auf die These um, daß in Deutschland faktisch zwei Staaten existieren würden, wogegen das Deutsche Reich untergegangen sei, hielt aber zugleich an der Vorstellung fest, daß die eine deutsche Nation weiterbestehe, und ebenso am Anspruch, Kernstaat eines künftigen Gesamtdeutschland zu sein, wenngleich das notgedrungen auch nur propagandistische Lippenbekenntnisse waren. Dagegen beharrte die BRD nachhaltiger auf ihrer Gründungsposition. Sie erklärte, die Gründung der DDR sei rechtswidrig und deren Regierung eine bloße Marionette Moskaus. Die Bundesregierung beanspruchte, selbst der einzige legitime Sprecher der ganzen Nation zu sein und verweigerte sich bis 1967 jeder Kontaktaufnahme zur DDR auf Regierungsebene. Die BRD trat zunächst als Treuhänder und Vertreter des nicht handlungsfähigen Deutschen Reiches auf. So nahm sie ab 1952 in einer Reihe von Verträgen die Verpflichtung auf sich, auch an Ausländer Entschädigungen für Leiden durch die nationalsozialistische Gewaltpolitik zu zahlen (geleistet wurden 1953-87 zusammen 59 Millarden Mark), und sie übernahm 1953 die Auslandsschulden des Deutschen Reiches, die dann bis 1979 abbezahlt wurden. Seit Mitte der 50er Jahre verstieg sich die offizielle BRD bis zu der Behauptung, mit dem Deutschen Reich identisch zu sein, das nur vorübergehend seine Staatsgewalt im Gebiet der DDR und in den Ostgebieten nicht ausüben könne. Zwar setzte sich international im gängigen Sprachgebrauch die Gleichsetzung der BRD mit Deutschland – Germany – Allemagne durch, aber rechtlich wurde die Identitätsthese von den Alliierten nie voll akzeptiert. Da die baldige Wiedervereinigung ausblieb, erwies sich diese Position auf Dauer als nicht haltbar, so daß das Bundesverfassungsgericht sich 1973 die schon sprachlogisch verquere Kompromißformel einer „Teilidentität" abquälte.

Der Weg der BRD zur Souveränität

In der BRD, der DDR und Österreich strebten die Regierungen zwangsläufig danach, die Souveränität zu gewinnen, und für die beiden erstgenannten war außerdem die Wiedervereinigung selbstverständliches Ziel. Dies geschah nun in einem Umfeld, in dem seit 1948/49 die Beziehungen zwischen USA und UdSSR durch den Kalten Krieg geprägt wurden, durch gegenseitige Bedrohungsvorstellungen und Kooperationsverweigerungen.

Für Österreich blockierte das zunächst dessen Wünsche, die ja nur im Zusammenwirken aller vier Alliierten zu erreichen waren. Gewiß, 1947 begannen Verhandlungen zwischen der Wiener Regierung und den Besatzungsmächten über die Wiederherstellung der Souveränität, und der Alliierte Kontrollrat arbeitete in Österreich, anders als in Deutschland, weiter. Aber seit Ende 1949 stagnierten die Verhandlungen weitgehend.

Anders war die Wirkung des Kalten Kriegs für die BRD. Indem bei den Westmächten die Furcht vor einer sowjetischen Expansion die Furcht vor einem selbständigen Deutschland zurückdrängte, gewannen diese Interesse an der BRD als Partner gegen die UdSSR. Vor allem in Militärkreisen wurde seit 1949 diskutiert, das Potential der deutschen Soldaten nutzbar zu machen (zumal diese sich im Rußlandfeldzug bewährt hatten!), und das erst recht, als im Sommer 1950 das kommunistische Nordkorea Südkorea eroberte und der Westen nun auch einen entsprechenden Angriff der Kommunisten in Mitteleuropa fürchtete. Während eine fortdauernde Zusammenarbeit aller Siegermächte wohl eine langanhaltende Besatzungszeit bedeutet hätte, rückte so die Chance nahe, die politische Entmündigung loszuwerden, allerdings nur für getrennte Teilstaaten. Der politische Kurs von Bundeskanzler Konrad Adenauer fügte sich der westlichen Blockbildung ein. Adenauer, der aus rheinländischer, bürgerlicher und katholischer Tradition stammte und den preußischen und nationalistischen und ebenso den sozialistischen Traditionen ablehnend gegenüberstand, strebte vorrangig an, die BRD fest in Westeuropa zu verankern, um so eine freiheitliche, demokratische und bürgerliche Ordnung in ihrem Innern abzusichern und zugleich die BRD davor zu bewahren, zwischen den Blöcken zerrieben zu werden. Die Wiedervereinigung mit der DDR war für ihn ein zwar ernstgemeintes, demgegenüber aber nur nachrangiges Ziel.

Auf dem Weg zur Souveränität konnte die Bundesregierung als erste Erfolge verbuchen, daß sie im November 1949 der Ruhrbehörde beitrat und daß im März 1951 die Westalliierten darauf verzichteten, die bundesdeutsche Gesetzgebung zu überwachen, und der BRD erlaubten, auch außenpolitische Beziehungen aufzunehmen. 1950-55 gaben die Westalliierten schrittweise die Produktionskontrollen über die bundesdeutschen Schlüsselindustrien auf. Vor allem die bundesdeutsche Bereitschaft zu einem Verteidigungsbeitrag versuchte Adenauer dann seit 1950 zu verwenden, um damit die volle Souveränität zu erkaufen. Nachdem Frankreich seine ursprünglichen Pläne, das reichsdeutsche Machtpotential zu zerschlagen, hatte aufgeben müssen, und mittelfristig die Gleichbehandlung Westdeutschlands unvermeidlich schien, strebte Paris jetzt an, das bundesdeutsche Machtpotential indirekt zu kontrollieren über den Umweg supranationaler europäischer Behörden. Dazu ergriff Frankreich 1950 zwei Initiativen. Der Schuman-Plan sah vor, daß die BRD, Frankreich, Italien und die Benelux-Staaten für ihre Kohle- und Stahlproduktion, die als Grundlage der Rüstungswirtschaft galt, einen gemeinsamen Markt unter Kontrolle einer supranationalen Behörde schaffen sollten (Montanunion). Der Pleven-Plan schlug vor, daß dieselben Staaten eine integrierte Europaarmee schaffen sollten unter supranationalen Kommando- und Verwaltungsbehörden (Europäische Verteidigungsgemeinschaft, EVG). Über die Montanunion, deren Gremien nach dem Prinzip der Gleichberechtigung der Mitglieder besetzt waren, wurde rasch Einigkeit erzielt. So trat sie 1952 in Kraft, womit die Internationale Ruhrbehörde faktisch endete. Der Pleven-Plan sah dagegen vor, daß es an der Kommandogewalt keine deutsche Beteiligung geben sollte, so daß diese faktisch von Frankreich geführt worden wäre. Die neu aufzustellenden deutschen Soldaten sollten also praktisch nur fremdbestimmte Hilfstruppen der französischen Großmachtstellung sein. In zähen Verhandlungen gelang es der Bundesregierung, den Plan einer Europaarmee so zu verändern, daß den Bundesdeutschen darin eine weitgehend gleichberechtigte Stellung zukam. Parallel handelten die BRD und die drei westlichen Besatzungsmächte miteinander einen Deutschlandvertrag aus, der das Besatzungsstatut ablösen und die BRD fast souverän machen sollte. Im Mai 1952 wurden EVG-Vertrag und Deutschlandvertrag unterzeichnet. In dem Maße, wie der französische Führungsanspruch in den Verhandlungen zurückgenommen werden mußte, war aber in Frankreich der Rückhalt für den EVG-Vertrag geschrumpft. Nachdem die anderen Staaten ihn schon ratifiziert hatten, scheiterte er 1954 in der französischen Nationalversammlung.

Nun einigte man sich rasch auf die Ersatzlösung, die BRD als gleichberechtigtes Mitglied direkt in die NATO aufzunehmen. Die NATO war 1949 von den USA und den wichtigsten westeuropäischen Staaten gegründet worden, um sich bei einem kommunistischen Angriff in Europa gemeinsam zu verteidigen und Konflikte untereinander friedlich zu schlichten. Um den geplanten bundesdeutschen Streitkräften trotzdem gewisse Beschränkungen auferlegen zu können, entstand eine besondere Konstruktion: der 1948 von Frankreich, Großbritannien und den Benelux-Staaten als Verteidigungsbündnis gegründete Brüsseler Pakt wurde zur Westeuropäischen Union (WEU) umgebaut, indem auch die BRD und Italien beitraten. Die BRD verpflichtete sich dabei, auf die Herstellung atomarer, biologischer und chemischer Waffen, von Kriegsschiffen über eine bestimmte Größe und von Fernraketen zu verzichten, und die WEU richtete ein Amt für Rüstungskontrolle ein. Ferner änderte man den Entwurf des Deutschlandvertrags in einigen Punkten zugunsten der BRD. Im Oktober 1954 wurden in Paris die Verträge über die Umwandlung der WEU und den Beitritt der BRD zu NATO und WEU und der Deutschlandvertrag unterzeichnet (1955 in Kraft).

Souveränität von BRD und DDR und Vorbehaltsrechte

Der Deutschlandvertrag erklärte die BRD für souverän, und die meisten der bisher den Besatzungsmächten zustehenden Rechte wurden auf bundesdeutsche Behörden übertragen. Die Hohe Kommission beendete ihre Tätigkeit, und ihre restlichen Befugnisse gingen auf die Botschafter der drei Westmächte über. Es gab nämlich weiterhin einige Beschränkungen der Souveränität: die drei Westalliierten behielten sich ihre bisher ausgeübten und innegehabten Rechte in bezug auf Deutschland als Ganzes einschließlich der Wiedervereinigung und der friedensvertraglichen Regelung vor, die BRD verpflichtete sich, Streitkräfte der Siegermächte in unveränderter Stärke auch weiterhin auf ihrem Territorium zu dulden, und außerdem behielten sich die Westmächte Notstandsbefugnisse vor einschließlich des Rechts der regelmäßigen Post- und Telefonüberwachung (letzteres übten sie auch intensiv aus, offiziell bis 1968). Über die formellen Vorbehaltsrechte hinaus galt, daß die BRD nur um jenen Preis ihre „Souveränität" erhielt, daß diese durch den Beitritt zu Montanunion, NATO und WEU gleichzeitig wieder gebunden wurde und die Westmächte mit den Integrationsstrukturen der Bündnisse ein Mittel der Kontrolle über die BRD bewahrten.

Ferner behielten die Alliierten ihre bisherigen Rechte in bezug auf Berlin bei. In West-Berlin blieb es bei dem Besatzungsstatut von 1951, so daß die Souveränität dort bei den drei Westalliierten lag, die weiterhin nach eigenem Ermessen in Verwaltungs- und Gerichtssachen eingreifen konnten, ohne daß ihre Maßnahmen von deutschen Behörden oder Gerichten angefochten werden durften. Aber mit der Berliner Blockade waren die Besatzungsmächte für West-Berlin faktisch zu Schutzmächten geworden. Sie übten ihre Rechte normalerweise aus, indem sie West-Berlin von deutschen Truppen entmilitarisiert hielten, vielmehr seine Sicherheit dadurch garantierten, daß sie dort eigene Streitkräfte stationierten; indem sie die West-Berliner Polizei kontrollierten und die Beziehungen West-Berlins zu ausländischen Behörden als eigene Sache behandelten. Gelegentlich griffen sie aber auch mit einzelnen Verboten ins Tagesgeschehen ein.

Parallel zur BRD gewann auch die DDR „Souveränität". Die UdSSR erklärte die DDR 1954 für souverän und legte dies formal 1955 auch in einem beiderseitigen Vertrag fest, behielt sich aber ähnlich den Westmächten Fragen vor, die Deutschland als Ganzes und Berlin betrafen. Das 1957 zwischen beiden Staaten geschlossene Truppenabkommen wahrte ferner das Recht der UdSSR zur Truppenstationierung aufgrund der bereits innegehabten Rechte und gibt dem Oberbefehlshaber der sowjetischen Truppen in der DDR Notstandsbefugnisse. Außerdem wurde auch die DDR in ein Bündnis eingebunden und damit indirekter Kontrolle unterworfen. Der Kreml gründete 1955 als Reaktion auf die Pariser Verträge den Warschauer Pakt, ein Bündnis zur gegenseitigen Verteidigung bei einem Angriff in Europa, zu dessen Gründungsmitgliedern neben der UdSSR und den übrigen von der Roten Armee besetzten Staaten Osteuropas auch die DDR zählte.

Sieht man davon ab, daß für die BRD 1968 der alliierte Notstandsvorbehalt durch die bundesdeutschen Notstandsgesetze abgelöst und 1984 die Beschränkung durch die WEU hinsichtlich der Herstellung konventioneller Waffen aufgehoben wurde, änderte sich 1955-90 nichts mehr an der Rechtslage der BRD und der DDR. Ost-Berlin wurde in diesen Jahrzehnten rechtlich und politisch schrittweise immer weiter in die DDR eingegliedert und verlor seinen Sonderstatus fast ganz.

Anders West-Berlin. Gewiß, die Halbstadt erhielt im Laufe der 50er Jahre zunehmende Bindungen an die BRD, unter anderem, indem dort eine Anzahl von Bundesbehörden errichtet wurden, und seit 1952 delegierten die Westmächte die Wahrnehmung ihres Rechts der Vertretung der auswärtigen Interessen Berlins an die BRD. Rechtlich blieb (West-)Berlin aber ein besonderes Gebilde unter Besatzungsstatut, vor allem deshalb, weil nur vom alliierten Besatzungsrecht her das Recht des Zugangs nach West-Berlin über des Territorium der DDR hinweg geltend gemacht werden konnte.

Seitdem mit BRD und DDR 1949/55 zwei neue Staaten entstanden waren, existierte das Deutsche Reich nur noch in höchst verdünnter Form weiter, nämlich als Zuordnungsobjekt weiterlebender Vorbehaltsrechte der vier Siegermächte. Regelmäßig ausgeübt wurden diese über 1955 hinaus in folgender Form: als gemeinsame Viermächteverwaltung gab es den Betrieb der Groß-Berliner Flugsicherheitszentrale und bis 1987 auch die Bewachung des Spandauer Kriegsverbrechergefängnisses, und als Ausübung von alliierten Vorbehaltsrechten gesamtdeutschen Charakters gab es die Praxis, daß die seit 1947 bei den Hauptquartieren der anderen Besatzungsmächte akkreditierten Militärmissionen weiterbestanden und die drei westlichen ebenso im Gebiet der ehemaligen SBZ wie die sowjetische im Gebiet der ehemaligen Westzonen Inspektionsfahrten unternahmen.

Daß die BRD in das westliche Bündnissystem einbezogen wurde, lieferte auch den Anstoß zur Souveränität Österreichs. Um die Abwehrfront der NATO gegen Osten zu schließen, fingen vor allem amerikanische NATO-Planer an, das westliche Österreich als strategisch wichtiges Verbindungsstück zwischen Westdeutschland und Italien in das westliche Verteidigungsbündnis einzuplanen. Damit drohte doch noch eine Spaltung Österreichs, und die Westalliierten und auch manche Österreicher begannen zu überlegen, in diesem Fall Westösterreich an die BRD anzuschließen. Um diese Entwicklung zu verhindern, erklärte die UdSSR, die bis dahin immer wieder einen Staatsvertrag blockiert hatte, sich wenige Wochen nach Ratifizierung der Pariser Verträge plötzlich kompromißbereit. Die Westmächte konnten jetzt nicht mehr nein sagen.

Österreichs Staatsvertrag 1955

Schon am 15. Mai 1955 unterzeichneten die vier Alliierten und Österreich in Wien den Staatsvertrag. Dieser erklärte Österreich für souverän. Die alliierten Truppen räumten die Alpenrepublik, die jetzt eigene Streitkräfte aufstellen durfte. Allerdings erlegte der Staatsvertrag Österreich einige Beschränkungen auf, u.a. verbot er einen wirtschaftlichen und politischen Anschluß an Deutschland, verpflichtete dazu, Demokratie und Menschenrechte zu wahren, und verbot den Streitkräften bestimmte Waffenarten.

Die Sowjetunion verzichtete also auf ihre Position im östlichen Österreich, das im Falle einer Teilung als eigener, kaum konsolidierbarer Staat im übrigen eher eine Belastung gewesen wäre, und konnte dafür einen neutralen Keil ins NATO-Gebiet hineintreiben. Politische Voraussetzung für diese Kompromißbereitschaft Moskaus war nämlich das Versprechen der Wiener Regierung, Österreich auf eine immerwährende Neutralität festzulegen, auch wenn dies formal durch österreichisches Gesetz und nicht im Staatsvertrag selbst geschah.

*Wieder-
vereinigungs-
angebote
1949-55:
verpaßte
Chancen?*

Nachdem die Spaltung Deutschlands durch die Gründung von BRD und DDR offensichtlich geworden war, bildete einige Jahre lang die Wiedervereinigungsidee ein
zentrales Thema der deutschen und internationalen Politik. In Westdeutschland betrachtete man die Einwohner der DDR sozusagen als arme, unschuldig in Sklaverei geratene Brüder und Schwestern, die es zu befreien galt. Die offiziellen Stellen hegten
– zumindest nach außen – Hoffnungen im Sinne einer Magnettheorie oder einer Politik der Stärke. Nach der Magnettheorie sollte die BRD so attraktiv gemacht werden
und eine solche Sogwirkung entwickeln, daß dadurch die DDR irgendwie aus dem sowjetischen Herrschaftsbereich herausgelöst würde. Die Politik der Stärke hoffte, die
UdSSR irgendwann durch Druck zwingen zu können, die DDR preiszugeben. Aber
eigentlich wurde damit nur die Ratlosigkeit über gangbare Mittel und Wege propagandistisch bemäntelt. Als es dann 1953 tatsächlich zum Aufstand in der DDR kam, scheiterte er am Einsatz sowjetischer Panzer, womit die Magnettheorie als Illusion entlarvt
wurde. Washington und London unterstützten das Wiedervereinigungsstreben der
BRD verbal, aber es waren faktisch nur Lippenbekenntnisse, wie sich zeigen sollte.

Von östlicher Seite wurden eine ganze Reihe von Wiedervereinigungsangeboten gemacht. Nun verriet deren Zeitpunkt, daß sie fast alle zunächst einmal das taktische
Ziel verfolgten, Weststaatsbildung und Westintegration aufzuhalten. Initiativen kamen von der UdSSR auf der Außenministerkonferenz der vier Siegermächte im Mai/
Juni 1949 (kurz nach der Verabschiedung des Grundgesetzes), aus Ost-Berlin im No-
vember 1950 (als in der BRD öffentlich die Wiedervereinigungsdebatte begann) und
erneut im September 1951 und Januar 1952, von Stalin in einer detaillierten Note im
März 1952 (als die Unterzeichnung von EVG- und Deutschlandvertrag heranrückte),
von der UdSSR auf der Außenministerkonferenz der vier Siegermächte im Januar/
Februar 1954, dann wieder im Oktober 1954 (zwei Wochen vor Unterzeichnung der
Pariser Verträge) und im Januar 1955 (gut einen Monat vor Ratifizierung der Pariser
Verträge im Bundestag).

Die Reaktion der Westalliierten und der Bundesregierung war im Prinzip jedesmal
die gleiche: sie forderten als ersten Schritt freie Wahlen zu einem gesamtdeutschen
Parlament, das dann eine Regierung zu bilden hätte. Da die Einwohnerschaft der
BRD 2,7mal so groß war wie die der DDR und letztere viel weniger hinter dem politischen System ihres Landes stand, war jedermann klar, daß bei solchen Wahlen die
demokratischen Parteien deutlich gewinnen und die Kommunisten schlecht abschneiden würden. In jenen Fällen, wo die Wiedervereinigungsinitiativen weitergehend erörtert wurden, forderten die Westmächte ferner für das künftige Deutsche Reich außenpolitische Handlungsfreiheit. Angesichts des erwarteten Wahlausganges rechnete man
allgemein damit, daß dies zu einem Anschluß an die Westmächte führen würde. Die
westlichen Vorschläge liefen also darauf hinaus, die DDR aus dem sowjetischen
Machtbereich herauszubrechen und dem eigenen einzugliedern, ohne der UdSSR dafür irgendeine Gegenleistung zu bieten. Doch Moskau verspürte keine Lust, seine
Kriegsbeute einfach fallen zu lassen, zumal dieses Beispiel auch seine Herrschaft über
die anderen Ostblockstaaten gefährdet hätte, und es war militärisch zu stark, um ein
gewaltsames Vorgehen des Westens fürchten zu müssen. So wundert es nicht, daß die
UdSSR die westlichen Vorschläge nie akzeptierte. Die östliche Seite, deren Vorschläge stärker variierten, forderte dagegen stets, daß zunächst aus den Regierungen
von BRD und DDR ein paritätisch besetztes gesamtdeutsches Regierungsgremium gebildet werden sollte und erst in einer späteren Phase des Wiedervereinigungsprozesses

gesamtdeutsche Wahlen stattfinden sollten, wobei es unklar blieb, inwieweit diese wirklich frei gewesen wären. Zwar war es kaum anzunehmen, daß auf diese Weise das Reich als Ganzes kommunistisch werden würde, aber es bestand doch unverkennbar die Absicht, durch dieses Verfahren dafür zu sorgen, daß die Kommunisten einen stärkeren Einfluß erhielten als es ihrem Anhang in der Bevölkerung entsprach. Wo die Erörterungen der Vorschläge ins Detail gingen, also auf den Konferenzen der vier Mächte und in jenem Notenwechsel zwischen ihnen, der an die Stalinnote von 1952 anknüpfte, schlug die sowjetische Seite stets vor, daß Gesamtdeutschland neutralisiert werden sollte, d.h. also frei von fremden Truppen und ohne Bindung an ein Bündnis. Das bedeutete, daß die USA mit der BRD den europäischen Eckpfeiler ihrer Eindämmungspolitik gegen die Sowjetunion hätten räumen müssen, und Moskau spekulierte wahrscheinlich darauf, daß dies zum völligen Rückzug der US-Truppen in Europa über den Atlantik hinweg führen würde, während die Sowjetunion aufgrund ihrer geographischen Lage unverändert in der Nachbarschaft Mitteleuropas geblieben wäre. Aber die Westmächte lehnten es stets ab, ein künftiges Gesamtdeutschland auf die Neutralisierung festzulegen. Dessen späteres Schicksal schien ihnen zu unsicher: ein schwaches Gesamtdeutschland drohte in den Einflußbereich der UdSSR als stärkster Macht in Europa zu geraten, ein ungebundenes starkes Deutschland könnte wieder auf die Pfade nationalistischer Machtpolitik zurückkehren und eine Schaukelpolitik zwischen Ost und West betreiben. Dabei ist zu bedenken, daß ein Gesamtdeutschland angesichts seiner Größe innerhalb des europäischen Staatensystems einen viel bedeutenderen Machtfaktor dargestellt hätte als das kleine Österreich, weshalb dessen Neutralisierung kein Modell abgeben konnte. So schien es den Westalliierten sicherer, drei Viertel Deutschlands fest an sich zu binden und damit weitgehend zu kontrollieren, als ganz Deutschland unkontrolliert seinen Weg ziehen zu lassen. Man muß also feststellen, daß die Positionen von West und Ost in der Wiedervereinigungsfrage unvereinbar waren. Eine Chance für eine Wiedervereinigung bestand mithin zu keinem Zeitpunkt. Es läßt sich nicht sicher ermitteln, inwieweit die östlichen Initiativen überhaupt ernst gemeint waren und nicht nur den taktischen Zweck verfolgten, den jeweils unmittelbar bevorstehenden nächsten Schritt der Westintegration der BRD zu vereiteln, indem Verhandlungen aufgenommen werden sollten, welche die östliche Seite dann lange hinziehen konnte; für einige ist die Ernsthaftigkeit durchaus denkbar. Nur ist diese Frage gar nicht entscheidend, da die Positionen inhaltlich unvereinbar waren.

Die Verhandlungen und Entscheidungen in der Wiedervereinigungsfrage in diesen Jahren waren ausschließlich Sache der vier Siegermächte. Die Regierungen der BRD und der DDR hatten kaum nennenswerten Einfluß auf diese Politik ihrer jeweiligen Besatzungsmächte, zumal sie ohnehin noch unter Besatzungsrecht standen. Sie waren noch kaum viel mehr als Schachfiguren im Spiel der Großen. Die Bundesregierung, die zunächst einmal die Souveränität der BRD erreichen wollte, unterstützte die ablehnende Haltung der westlichen Besatzungsmächte. So sehr in der BRD die in Opposition stehende SPD, die sich in einem Gesamtdeutschland einen höheren Stimmenanteil ausrechnen durfte als in der BRD, auch immer wieder darauf drängte, doch erst einmal die Ernsthaftigkeit der östlichen Angebote näher auszuloten und der Wiedervereinigung die Priorität vor der Westintegration einzuräumen – eine praktikable inhaltliche Alternative vertrat letztlich auch sie nicht. Das riskante Konzept eines neutralisierten Gesamtdeutschland fand bei einer großen Mehrheit der bundesdeutschen Bevölkerung keinen Rückhalt. Die meisten Westdeutschen und die offizielle Bonner

Politik wünschten obendrein damals auch noch die Gebiete östlich von Oder und Neiße zurück, was für alle vier Alliierten indiskutabel war. Adenauers Politik der Westintegration kam den Interessen der Westalliierten entgegen, aber sie war nicht Ursache dafür, daß die Wiedervereinigung ausblieb. Eine Bundesregierung, die den Neutralitätskurs eingeschlagen hätte, wäre in der Wiedervereinigungsfrage am Widerspruch der Westmächte gescheitert und hätte obendrein nicht einmal einen Zugewinn an Souveränität erreichen können, sondern nur die Besatzungsherrschaft verlängert.

Rückkehr des Saarlands

Vom deutschen Hauptstaat war nicht nur die DDR getrennt, sondern auch das Saarland abgespalten worden. Hier war die bundesdeutsche Wiedervereinigungspolitik erfolgreicher, da sich dieses Problem innerhalb der westlichen Staaten lösen ließ. Frankreichs Versuche, das von ihm kontrollierte Saarland international als einen souveränen Staat anerkennen zu lassen, blieben ohne Erfolg. Zur Rückgabe war Frankreich indessen auch nicht bereit. 1954 handelte Paris daher mit Bonn einen Kompromiß aus, der bis zum deutschen Friedensvertrag gelten sollte: das Saarland sollte statt eines französischen einen von der WEU ernannten Kommissar erhalten, aber weiter von Westdeutschland abgespalten und in Währungs- und Zollunion mit Frankreich verbunden bleiben. In der vorgesehenen Volksabstimmung lehnten die Saarländer 1955 diese Regelung mit 67,7 Prozent Nein-Stimmen ab. Daraufhin fand sich Frankreich schließlich für den Preis erheblicher wirtschaftlicher Zugeständnisse dazu bereit, das Saarland 1957 in die BRD zurückkehren zu lassen.

Feindliche Brüder

Zwischen BRD und DDR gab es nicht nur keine Wiedervereinigung, sondern das Trennende wurde immer stärker. Die DDR riegelte 1952 ihre Grenze zur BRD durch Sperranlagen ab, baute diese dann zunehmend aus und schränkte den Reiseverkehr nach Westen immer weiter ein. Schließlich schloß sie im August 1961 auch die Grenze nach West-Berlin durch eine Mauer ab und drosselte den Besuchsverkehr der West-Berliner zu ihren Verwandten und Bekannten im Ostteil der Stadt auf einige Feiertage. Die deutsche Teilung wurde im wahrsten Sinne des Wortes zementiert. Während die Spaltung der politischen Institutionen schon bis 1949 vollständig erfolgt war, hielten sich bei kulturellen Einrichtungen die Gemeinsamkeiten noch länger. Beispielsweise gab es Sportbeziehungen bis 1961, eine gemeinsame Olympiamannschaft bis 1964 und einen gemeinsamen Dachverband der evangelischen Landeskirchen sogar noch bis 1969. Verkehrsbeziehungen, Handelsaustausch, Postverkehr und Kontakte unterer Behörden bestanden allerdings stets fort, wenn auch nur in geringem Umfang, während der Telefonverkehr weitgehend unterbunden wurde. Verschärfend kam hinzu, daß in den Medien, in der Schule und oft auch in der Wissenschaft die Verhältnisse im jeweils anderen Staat zur negativen Karikatur verzeichnet wurden. So war es in der BRD in den 50er und 60er Jahren, um dann einer wesentlich nüchterneren Sichtweise zu weichen. Die DDR schlug durchgehend einen deutlich aggressiveren Ton an, und sie milderte ihren Stil anfang der 70er Jahre viel weniger als die BRD. So blieb es offizielles Lernziel in Schule und Wehrdienst der DDR, zu Haß auf den „Imperialismus" der BRD zu erziehen, und immer wieder wurde die unsinnige Behauptung aufgestellt, die BRD sei aufgrund ihrer „kapitalistischen" und „imperialistischen" Ordnung ihrem Wesen nach aggressiv und plane konkret einen Angriffskrieg gegen die DDR oder hätte dies getan. Die gegenseitigen Unfreundlichkeiten nahmen vielfältige Formen an. Beispielsweise betrieb die DDR 1960-71 einen Rundfunksender, der sich speziell an Bundeswehrsoldaten wandte und diese gegen die Vorgesetzten und das System überhaupt aufzuhetzen versuchte, und umgekehrt schickte die psychologische

Kampfkompanie der Bundeswehr in den 60er Jahren Millionen von Flugschriften an Ballons in die DDR. Im Laufe der 50er Jahre verschleppten Staatsorgane der DDR sogar mehrere hundert Menschen aus Westdeutschland, meist DDR-Flüchtlinge, besonders ehemalige Mitglieder der SED und der Streitkräfte, aber auch Mitarbeiter westlicher Geheimdienste und Parteien. Im Geheimen setzte die DDR solche aggressive Politik auch in der Zeit der Entspannungspolitik fort: so wurden 1974-88 westdeutsche DKP-Mitglieder in der DDR militärisch ausgebildet für Partisaneneinsätze in der BRD in etwaigen Krisenzeiten, und zeitweise schulte der Staatssicherheitsdienst der DDR sogar Terroristen der RAF in der Technik von Terroranschlägen.

Mit dem Beitritt von BRD und DDR zu NATO beziehungsweise Warschauer Pakt hatte sich ihre Trennung verfestigt, und in der internationalen Politik verblaßte die Deutschlandfrage seitdem zum Randthema. Auf dem Genfer Gipfeltreffen im Juli 1955 verhandelten die vier Siegermächte zum letzten Mal miteinander über eine deutsche Wiedervereinigung. Seit Mai 1952 ging die UdSSR davon aus, daß mit BRD und DDR auf Dauer zwei getrennte Staaten existierten. Wiederholt versuchte sie durchzusetzen, daß dieser Zustand in einem Friedensvertrag fixiert würde und daß der Westen die DDR völkerrechtlich anerkannte. Ende 1958 begann Moskau dann Druck auf West-Berlin auszuüben, indem es forderte, daß die drei Westmächte West-Berlin räumen sollten, und drohte, sonst die Kontrolle über die Zugänge an die DDR zu übertragen. Damit wollten die Russen offenbar die Westmächte zwingen, mit der DDR zu verhandeln und diese dadurch anzuerkennen. US-Präsident Kennedy erklärte dagegen im Juli 1961 die Anwesenheit der Westmächte in West-Berlin, das Selbstbestimmungsrecht der West-Berliner und den freien Zugang von der BRD aus für die drei Grundelemente, welche die USA garantieren würden. Seitdem stellte Moskau die Position der Westmächte in West-Berlin nicht mehr in Frage. Die Lage der Stadt blieb aber trotzdem gespannt, da die UdSSR die ganzen 60er Jahre hindurch wiederholt den Verkehr zwischen dem Bundesgebiet und West-Berlin behinderte und die Präsenz der BRD in West-Berlin verbal angriff.

Die Tatsache, daß die Westmächte den Bau der Berliner Mauer 1961 hinnahmen, zeigte aber deutlich, daß sie den status quo der Teilung nicht ändern konnten und wollten. Vielleicht hätte ein energisches Einschreiten der Amerikaner gegen den Mauerbau unter Berufung auf den Viermächtestatus von Groß-Berlin dazu geführt, daß die Mauer dann nicht nur um West-, sondern um Groß-Berlin herum gebaut worden wäre – mehr sicher nicht. Adenauer hatte im Geheimen schon 1958 dem sowjetischen Botschafter angeboten, die Teilung zu akzeptieren, wenn die DDR in einen neutralisierten und demokratischen Staat umgewandelt würde, vergleichbar der Lage Österreichs. Aber Moskau ging darauf nicht ein – auch hier sollte die UdSSR wieder etwas aufgeben, ohne eine Gegenleistung zu erhalten.

In der bundesdeutschen Öffentlichkeit wiederholten dagegen bis in den Ausgang der 60er Jahre alle Politiker gebetsmühlenartig die offenkundig unrealistische Forderung nach Wiedervereinigung auf der Basis freier Wahlen. Starr hielt man an formalrechtlichen Positionen fest, ohne wahrhaben zu wollen und öffentlich einzugestehen, daß diese unterdessen zu inhaltsleeren Hülsen vertrocknet waren. Die Westmächte leisteten die ihnen von den Bundesdeutschen abverlangten Lippenbekenntnisse zur deutschen Einheit zunehmend widerwillig und unter der stillschweigenden Voraussetzung, sie nie einlösen zu müssen. Die DDR propagierte 1956 bis 1966 die Idee einer paritätisch besetzten Konföderation der beiden Staaten, und zwar meist mit der Vorbedin-

Weiter in ausgefahrenen Gleisen

gung, daß die BRD vorher sozialistisch werden sollte, also einer Klausel, deren Abenteuerlichkeit dafür sorgen sollte, daß die von der SED-Führung gefürchtete Wiedervereinigung auch sicher ausblieb.

In der zweiten Hälfte der 60er Jahre begannen Teile der bundesdeutschen Öffentlichkeit sich von den bisherigen Formeln zu lösen, und die Entspannungstendenzen im Verhältnis zwischen den beiden Weltmächten drängten die BRD in dieselbe Richtung. So stellte die 1969 angetretene Bundesregierung unter Brandt und Scheel das Verhältnis zwischen BRD und DDR auf eine neue Grundlage. Dabei war diese Politik ambivalent. Einerseits erkannte sie resignierend das Unveränderliche an. 1972 schlossen Bonn und Ost-Berlin einen Grundlagenvertrag ab. Er beinhaltete nicht nur gegenseitigen Gewaltverzicht und Unverletzlichkeit der Grenzen, sondern mit diesem Vertrag gab die BRD ihren Alleinvertretungsanspruch auf, erkannte faktisch die DDR als souveränen Staat an und nahm diplomatische Beziehungen zu ihr auf. Daß Bonn entgegen dem Wunsch Ost-Berlins keine formelle völkerrechtliche Anerkennung aussprach, daß die DDR zwar als Staat, aber nicht als Ausland gelten sollte und die diplomatischen Vertretungen nicht Botschaften, sondern „ständige Vertretungen" genannt wurden, waren kaum viel mehr als Wortspiele. Sie sollten dazu dienen, den unverändert gebliebenen Grundgesetzklauseln der deutschen Einheit formal Genüge zu tun. Zugleich verband die sozialliberale Bundesregierung mit dieser entgegenkommenden Politik die weiterreichende Hoffnung, daß die SED-Führung ihre Herrschaft lockerer ausüben und durch eine Intensivierung der Kontakte zwischen den Deutschen beider Staaten das nationale Zusammengehörigkeitsgefühl gestärkt werden würde. Doch die Hoffnung auf einen baldigen Wandel in diese Richtung erwies sich weitgehend als Illusion.

Immerhin kamen seitdem eine Reihe praktischer Vereinbarungen zwischen beiden Staaten zustande, meist über Verkehrs-, Post-, Wirtschafts- und dann auch Umweltschutzbelange, wobei die BRD erhebliche Geldzahlungen an die DDR leistete. Zusätzlich geschaltete Telefonleitungen zwischen beiden Staaten ließen die Häufigkeit der Telefongespräche enorm anwachsen, und 1971-75 stieg auch die Zahl der Reisen von Bundesbürgern in die DDR, ohne dann aber langfristig die erreichte Höhe zu halten. Der Umfang der menschlichen Kontakte und Erleichterungen blieb insgesamt aber infolge der restriktiven Politik der DDR weit hinter den bundesdeutschen Erwartungen zurück. Sportbeziehungen und Jugendaustausch kamen nur langsam wieder in Gang, und im geistig-kulturellen Bereich blieben Kontakte recht spärlich. Überhaupt ging die SED-Führung bald zu einem Kurs verstärkter Abgrenzung über aus Angst, Westkontakte würden ihre Herrschaft untergraben. Aus einem gesamtdeutschen Verantwortungsgefühl heraus bemüht sich die Bundesregierung aber weiterhin um menschliche Erleichterungen für Menschen in der DDR. Dazu gehört auch, daß Bonn 1964-89 im geheimen 33.755 politische Gefangene aus der DDR freikaufte – ein problematisches Geschäft, das unangenehm an die Versuche Himmlers erinnert, KZ-Häftlinge an die Westmächte zu verkaufen (worauf diese nicht eingingen). Aber immerhin – während Bonn und Ost-Berlin vor dem Grundlagenvertrag gar keine offiziellen Beziehungen miteinander unterhalten hatten, besaßen sie danach wenigstens schlechte. Der offizielle Umgang der Regierungen der BRD und der DDR miteinander entkrampfte sich dann langsam und wurde zunehmend pragmatischer, wobei das Maß an Freundlichkeit und die Intensität der Zusammenarbeit schwankte, nicht zuletzt unter dem Einfluß der weltweiten Ost-West-„Großwetterlage".

Deutlich verbesserte sich in den 70er Jahren die Lage West-Berlins, nachdem die Botschafter der vier (ehemaligen) Siegermächte 1970-71 ein Abkommen über Berlin ausgehandelt hatten. Dabei schrieben sie die Viermächteverantwortlichkeit erneut fest. Die Sowjetunion garantierte sichere Zugänge von der BRD nach West-Berlin und erkannte die gewachsenen Bindungen West-Berlins an die BRD weitgehend an. Dafür bestätigten die Westmächte, daß West-Berlin weiterhin kein Bestandteil der BRD war, und die BRD verminderte etwas ihre Präsenz in West-Berlin gegenüber der bisherigen Praxis. Nach dieser Berlinvereinbarung nahm das Ausmaß an Spannungen um (West-)Berlin erheblich ab. Ergänzende Vereinbarungen der zuständigen deutschen Stellen füllten diesen Rahmen konkret aus: die West-Berliner konnten seit 1972 wieder zu jeder Zeit nach Ost-Berlin fahren, der Telefonverkehr zwischen beiden Teilstädten wurde wieder aufgenommen, und dank verkehrstechnischer Verbesserungen und erleichterter Arbeitsbedingungen stieg der Straßen- und Schienenverkehr zwischen der BRD und West-Berlin 1971-77 stark an.

So nahm sich die staatliche Lage der Deutschen in den folgenden zwei Jahrzehnten merkwürdig aus: als einziges europäisches Volk waren sie auf mehrere Staaten aufgeteilt, BRD und DDR lebten als einzige europäische Staaten nach wie vor ohne formellen Friedensvertrag, und West-Berlin blieb unter Besatzungsstatut hängen und war weder Teil der BRD noch ein eigener Staat.

Die internationalen Machtverhältnisse ließen keine Möglichkeiten, BRD und DDR zusammenzuschließen. Bleibt zu fragen, wie es um den Willen der Bevölkerung zu einer gesamtdeutschen Nation oder zur Eigenständigkeit der Einzelstaaten, wie es um das jeweilige Selbstverständnis der deutschen Staaten stand, und zwar aller deutscher Staaten. Während beispielsweise Franzosen, Italiener oder Dänen ihren Staat ohne Schwierigkeiten als politische Organisation ihres Volkes verstehen konnten, hatten es die auf mehrere Staaten verteilten Deutschen schwieriger. Deutsches Volk und deutsche Staatsnation fielen nicht zusammen.

Daß die Schweiz eine eigenständige Staatsnation war, stand völlig außer Frage. Die im Laufe der eidgenössischen Geschichte ausgebildete recht eigentümliche Verfassungsordnung, verstärkt durch die Tradition der außenpolitischen Neutralität und Selbstbezogenheit lieferte der Schweizer Staatsnation auch einen hinreichenden eigenen Inhalt. *Staatsnation in der Schweiz und Österreich*

Schwieriger verhielt es sich mit Österreich. 1945 besaßen die politisch Aktiven in Österreich einhellig den Willen zu einer eigenen österreichischen Staatsnation, aber bei der Masse der Bevölkerung war es mehr die unreflektierte Flucht aus dem Debakel des großdeutschen Reiches. Der Anschlußgedanke war seit dem Zweiten Weltkrieg in Österreich wie im übrigen deutschen Gebiet tot. Dies war nicht nur eine Reaktion auf die politischen Erfahrungen, sondern wichtig wurde auch, daß EFTA-Mitgliedschaft und EG-Assoziierung jenes Problem wirtschaftlicher Nicht-Lebensfähigkeit beseitigten, das in der Zwischenkriegszeit den Anschlußwunsch stark genährt hatte. Aber nur allmählich wuchs eine österreichische Staatsnation heran. Bei Befragungen stieg der Anteil der Österreicher, die meinten, daß Österreich eine Nation sei, 1965-79 von 48 auf 68 Prozent, und 23 bzw. 14 Prozent meinten, es beginne sich langsam als solche zu fühlen. Zugleich blieb dieses Nationalbewußtsein farblos. Es fehlte der österreichischen Staatsnation an konkretem Inhalt, an einer spezifischen Idee. Gelegentliche Versuche vor allem in den 50er Jahren, zu diesem Zweck ein österreichisches Wesen und eine österreichische Kulturidee als zeitlose Größen zu konstruieren, erwiesen sich in den 60ern als unhaltbar, da sie den ständigen geschichtlichen Wechsel verleugneten.

Die offizielle These, Österreich sei 1938 gar nicht untergegangen, sondern nur in eine Art Dornröschenschlaf verfallen und 1945 von den Siegermächten wieder wachgeküßt worden, war nicht minder wirklichkeitsfremd. Österreicher und Bundesdeutsche hatten nicht nur die Volkszugehörigkeit, sondern auch die Wirtschafts- und Gesellschaftsordnung im wesentlichen gemeinsam, und in Verfassung und Parteiensystem ähnelten diese beiden Staaten einander mehr als irgendwelche anderen zwei westlichen Staaten auf der Welt. Die Unterschiede der innenpolitischen, wirtschaftlichen und gesellschaftlichen Strukturen und der Lebensgewohnheiten der BRD zu jenen der DDR waren um vieles größer als die zu den Verhältnissen in Österreich. So blieb als Besonderheit und damit Inhalt der österreichischen Staatsnation nur die außenpolitische Orientierung, jenes Streben, das Feld der gefährlichen Streitigkeiten der großen Mächte und erst recht großdeutscher Abenteuer zu verlassen und stattdessen in irgendwelchen seligen Almregionen die friedliche Ruhe eines neutralen Kleinstaats zu genießen.

Staatsnation: BRD und DDR

Während das „Tausendjährige Reich" schon nach zwölf Jahren unterging, dauerten die nur als Provisorien geplanten Staaten BRD und DDR ein Mehrfaches davon. Nach dem Grundlagenvertrag begannen die Deutschen beiderseits der Mauer sich an den Gedanken zu gewöhnen, daß BRD und DDR auf Dauer bestehen würden. Auch die in den früheren Jahren in der BRD von manchem gehegte Idee, die BRD könnte in einem geeinten Europa aufgehen, war längst verflogen. So sahen sich beide Staaten immer mehr gezwungen, zu werden, was sie nicht werden wollten: sie selbst. Doch dabei herrschte weithin wenig Klarheit über das eigene nationale Selbstverständnis. In der BRD wurde im Prinzip von offizieller Seite auch nach dem Grundlagenvertrag an der Idee einer einheitlichen deutschen Nation festgehalten, welche die Bevölkerung sowohl der BRD wie auch der DDR umschloß. In der Praxis verschwand das Ziel der Wiedervereinigung jetzt aber weitgehend aus der deutschen Öffentlichkeit, ja in den 80er Jahren unterstützte die Bundesregierung die DDR sogar finanziell.

Aus der Sicht der DDR-Führung sah die nationale Frage anders aus. Ihre marxistische Weltanschauung behauptete, daß als gesetzmäßige historische Entwicklung langfristig überall der Sozialismus auf den Kapitalismus folgen würde, also auch in der BRD, so daß der Unterschied in der Gesellschaftsordnung zwischen BRD und DDR irgendwann entfallen würde. Damit würde dann auch jede Rechtfertigung für die Teilung in diese beiden Staaten verschwinden. Die SED-Führung war also durch ihre Weltanschauung gezwungen, theoretisch an der Idee der Wiedervereinigung festzuhalten. Dem widersprach nur scheinbar, daß in kurzfristiger Hinsicht die Akzente anders gesetzt wurden. 1967 ging die DDR-Führung von der einheitlichen deutschen Staatsbürgerschaft ab und führte eine eigene Staatsbürgerschaft der DDR ein, 1970 gab sie die Formel von den zwei Staaten in einer Nation auf und behauptete seitdem, daß sich in Deutschland zwei Nationen entwickelt hätten, eine sozialistische Nation in der DDR und eine bürgerliche in der BRD, ab 1972 durfte der Text der ostdeutschen Nationalhymne wegen der Passage „Deutschland, einig Vaterland" nicht mehr gesungen werden, und 1974 strich die DDR aus ihrer Verfassung alle Hinweise auf Wiedervereinigung und deutsche Nation. Indem die SED ihrem Nationsbegriff jetzt den Klasseninhalt zugrunde legte, ging sie bemerkenswerterweise nicht vom Bewußtsein der Bevölkerung aus, sondern von einem objektiven Merkmal. Diese Abgrenzungsbestrebungen waren auch eine Reaktion auf das Bemühen der Bundesregierung um intensivere menschliche Kontakte zwischen den Einwohnern beider Staaten. Die SED-Führung glaubte durch diese Bonner Bemühungen ihre Herrschaft gefährdet: als die schwächere von beiden Seiten konnte sich die DDR-Führung gesamtdeutsche Rhetorik nur leisten, solange für sie keine Gefahr bestand, daß diese verwirklicht wurde, und bei ernsthaften nationalen Initiativen trat sie schleunigst den Rückzug in verschärfte Abgrenzung an.

In beiden Staaten deckten sich die offizielle Haltung zur deutschen Frage und die Einstellung der Bevölkerung dazu nur bedingt. In der BRD entstand vor allem seit dem Grundlagenvertrag langsam ein eigenständiges, statt auf Gesamtdeutschland auf die BRD bezogenes Staatsnationsbewußtsein. Die DDR rückte für die Bundesbürger zunehmend aus dem Blickfeld, wie dies mit Österreich schon zuvor geschehen war. In einer Meinungsumfrage in Westdeutschland von 1979 verstanden 57 Prozent unter Deutschland allein die BRD und nur noch 27 Prozent BRD und DDR zusammen. Insbesondere den jüngeren Jahrgängen waren allmählich London, Rom oder Athen vertrauter als Leipzig oder Dresden. Meinungsumfragen zeigten schon seit den 60er Jahren, daß die Mehrheit der bundesdeutschen Bevölkerung eine Wiedervereinigung als Ziel zwar abstrakt bejahte, indessen nur unter der Voraussetzung, daß sie diese sozusagen geschenkt bekäme; nur sehr wenige waren bereit, dafür Opfer zu bringen, insbesondere finanzielle. Die freiheitliche und demokratische Verfassungsordnung und die gesellschaftlichen Realitäten lieferten in Abgrenzung zur DDR den Inhalt der werdenden bundesdeutschen Staatsnation.

Als Folge der nationalistischen Übersteigerungen der NS-Zeit und deren katastrophalen Ergebnisse, verstärkt durch den pragmatisch-glanzlosen Anfang, das unsichere nationale Selbstverständnis der BRD und die emanzipatorische Welle der 60er Jahre, büßten Nation und Vaterland, einst als höchstes Gut gepriesen, drastisch an Geltung ein. Ungleich höher rangierten jetzt das persönliche Wohlergehen. Ganz anders als in den Siegermächten des Zweiten Weltkriegs bestand dementsprechend in der BRD eine nur sehr geringe emotionale Bindung an nationale Bezüge. Der Text der Nationalhymne war der Mehrheit der Bundesdeutschen unbekannt, Nationalflagge und Wappenadler galten wenig, und die vaterländischen Lieder waren völlig verschwunden. Der Versuch, mit dem 17. Juni einen Nationalfeiertag zu stiften, schlug letztlich fehl. (Im übrigen sah es mit der Einstellung zum Nationalen in Österreich nicht viel anders aus.)

Auch die Bewohner der DDR begannen sich Ende der 60er Jahre zunehmend mit ihrem Staat zu identifizieren, aber sie blieben doch viel stärker auf die BRD als Maßstab und Informationsquelle bezogen als die Bundesdeutschen umgekehrt. Der Rückstand im Lebensstandard und vor allem die Beschränkungen der Freiheit verhinderten, daß das bestehende System voll akzeptiert wurde und damit die von der Führung proklamierte sozialistische Nation entstand. Nun bedeutete dies aber nicht, daß die gesamtdeutsche Staatsnation in der DDR-Bevölkerung tatsächlich weiterexistierte. So hätte sich Anfang der 80er Jahre im Falle einer Wiedervereinigung die Mehrheit der DDR-Bürger Gesamtdeutschland nicht nach dem Vorbild der BRD, sondern mit einem gemischten Gesellschaftssystem eines dritten Weges gewünscht. Da dieser zweifellos bei den Bundesbürgern nicht mehrheitsfähig war, bestand also keine Einigkeit mehr über die „Geschäftsgrundlagen" des Zusammenlebens in Gestalt der wirtschaftlichen, gesellschaftlichen und politischen Ordnung, ohne die ein gemeinsamer Staat aber nicht möglich ist.

Offenkundig begannen BRD und auch DDR, zu verschiedenen Staatsnationen zu werden, so wie sich dies zuvor in Österreich und noch früher in der Schweiz vollzogen hatte. In den späten 80er Jahren geriet diese Entwicklung dann aber in der DDR in eine Krise, die in den Beitritt der DDR zur BRD im Jahr 1990 mündete.

9.6 Pluralistische Demokratie und kommunistische Parteidiktatur

Entnazifi-
zierung

Entnazifizierung und Demokratisierung hatten die USA, die Sowjetunion und Großbritannien in Potsdam für Deutschland gemeinsam beschlossen. Die Durchführung fiel allerdings so unterschiedlich aus, daß zwei einander fremde politische Systeme in zwei Staaten entstanden.

Die Alliierten führten einen Lizenzzwang für den Druck aller Zeitungen, Zeitschriften und Bücher ein. Wie schon 1933 wurden auch jetzt wieder tonnenweise Bücher aus öffentlichen Bibliotheken entfernt und vernichtet, Gemälde aus Kunstsammlungen entfernt, Beamte entlassen und politische Gegner massenweise verhaftet und in Lager eingeliefert. Bis Januar 1947 verhafteten die Alliierten in den vier Zonen insgesamt 250.000 Personen. In den Westzonen kamen ca. 2.220 Namen auf die Liste jener Autoren, deren Bücher aus den Bibliotheken entfernt werden sollten. Die Amerikaner beschlagnahmten über 8.000 Bilder und verfrachteten sie in die USA; erst 1985 wurden drei Viertel davon an die BRD zurückgegeben und auch dann von den verantwortlichen Behörden noch weiter unter Verschluß gehalten. Im Unterschied zu den Jahren ab 1933 ging es nach dem Ende des Zweiten Weltkriegs aber gegen das (und diejenigen), was den Siegermächten irgendwie nationalsozialistisch und militaristisch zu sein schien.

Für den Gang der Entnazifizierung mußte nun entscheidend sein, was man als Wesen und Ursache des Nationalsozialismus ansah. Hier jedoch unterschieden sich besonders Angloamerikaner und Russen grundlegend. Unter dem Einfluß von Psychologie und geisteswissenschaftlicher Denktradition meinten die Amerikaner, der Nationalsozialismus sei der Gipfel einer weit in die deutsche Geschichte zurückreichenden, besonders von Preußen gestützten Tradition autoritärer, militaristischer und aggressiver Geisteshaltung. Die Russen, in marxistischer Denkweise geschult, sahen Nationalsozialismus dagegen als Herrschaft der Junker und des Monopolkapitals an. Daraus folgte, daß die USA vor allem durch eine umfassende Umerziehung zur Demokratie den verdorbenen deutschen Charakter von der falschen Gesinnung befreien wollten, die Russen dagegen in erster Linie anstrebten, durch Enteignungen die Junker und Kapitalisten als Klasse zu beseitigen. Während die Westmächte in individualistischer und rechtsstaatlicher Tradition nach individueller Schuld fragten, gingen die Russen weitgehend von einer Kollektivschuld aufgrund beispielsweise der Klassenzugehörigkeit aus. Das eine Verfahren erstickte an seiner ausufernden Umständlichkeit, das andere diskreditierte sich durch seine grobschlächtige Brutalität.

Zunächst entließen die Sieger jene Beamten, die NSDAP-Mitglieder gewesen waren, weitgehend. Die Westmächte stellten dann aber den größten Teil von ihnen bis etwa 1950 wieder ein, da es an anderen hinreichend qualifizierten Kräften mangelte, während die Russen besonders in den machtpolitisch wichtigen Bereichen Polizei, Justiz und Schule sowie bei Führungspositionen in Verwaltung und Wirtschaft das Experiment mit fachlich unqualifizierten, aber politisch im kommunistischen Sinn zuverlässigen neuen Leuten wagten. Vor allem die Amerikaner setzten ein weitausgreifendes Entnazifizierungsverfahren in Gang. Sämtliche 13 Millionen Erwachsene in ihrer Zone mußten einen Fragebogen mit 131 Fragen ausfüllen, auf dessen Grundlage dann Spruchkammern Hunderttausende von kleinen Nazis und Mitläufern, die keine Straftaten begangen hatten, wegen ihres politischen Verhaltens in der NS-Zeit aburteilten. Hatten die Deutschen eben noch den Herrenvolkanspruch bis in den Kaukasus getragen, fanden sie sich jetzt im politischen Umerziehungskindergarten wieder. Die Briten und Franzosen gingen bei dieser Entnazifizierung pragmatischer vor als die Amerikaner. Insgesamt wurden in den Westzonen gegen mehr als eineinhalb Millionen Menschen Sanktionen verhängt (meist Geldbußen und Berufsverbote). Diese Urteile waren angesichts ihrer Masse indessen oft wenig sorgfältig. Das Verfahren verleitete überdies zur Selbstrechtfertigung, so daß plötzlich keiner mehr Nazi gewesen sein wollte. Oft hinterließ es Verbitterung, förderte aber die Einsicht wenig. Angesichts des ausbrechenden Kalten Kriegs stellten die Westmächte das Spruchkammerverfahren 1948 weitgehend ein. Die Russen verfuhren anders. Kleine Parteigenossen und Mitläufer wurden weitgehend verschont, besonders bei Übertritt zur KPD. Dagegen gingen die Russen ebenso brutal wie pauschal gegen fast alle Angehörigen der Oberschichten und überhaupt mögliche politische Gegner vor. Selbst mancher, der eben gerade aus dem NS-KZ befreit worden war, wurde durch die Russen gleich wieder hineingesteckt. In den 1945-50 von der sowjetischen Geheimpolizei in der SBZ betriebenen Lagern kamen 42.900 Menschen um; etwa 30.000 Gefangene wurden in dieser Zeit in die UdSSR deportiert, wo weitere den Tod fanden.

Hinzu trat die Verurteilung von NS- und Kriegsverbrechern. Viele, die in den ehemals besetzten Ländern Verbrechen begangen hatten, wurden von den Besatzungsbehörden an diese ausgeliefert, besonders an Polen (allein in Polen 5.358 Verurteilungen). Die Militärgerichte in den drei westlichen Besatzungszonen verurteilten 5.025 NS- und Kriegsverbrecher. Die sowjetischen Militärtribunale verurteilten eine wesentlich größere Zahl wirklicher oder angeblicher NS- und Kriegsverbrecher. Gegen 24 führende Persönlichkeiten des NS-Staates führten die vier Besatzungsmächte 1945/46 in Nürnberg gemeinsam einen Prozeß durch. Ohne Zweifel waren von deutscher Seite schwere Verbrechen begangen worden, die nach strafrechtlicher Verfolgung schrien. Und doch war die Glaubwürdigkeit der Prozesse mangelhaft. Nicht nur, weil es viele Verfahrensmängel gab, die sowjetischen Militärtribunale überhaupt meist in geheimen Schnellverfahren ohne Rechtsmittel aburteilten und sich dabei zunehmend gegen Gegner des neuen SED-Regimes richteten. Vor allem waren die Prozesse Ausdruck der Tatsache, daß die Deutschen den Krieg verloren hatten. Die von Seiten der Siegermächte während des Kriegs und bei den Vertreibungen begangenen Verbrechen an

Deutschen sind nie verfolgt worden, die Erinnerung an sie wurde in den betreffenden Ländern tabuisiert, teilweise wurden diese Verbrechen dort überhaupt offiziell geleugnet. Außerdem wurde im Nürnberger Prozeß die Vorbereitung und das Führen eines Angriffskriegs als neuer Straftatbestand erfunden und rückwirkend angewendet, wobei letzteres gegen allgemein anerkannte Rechtsgrundsätze verstößt.* Sowohl nach Nürnberger Maßstäben als auch nach dem bestehenden Kriegsvölkerrecht hätte man Stalin und Churchill ebenfalls verurteilen können.** Außer den alliierten Militärgerichten verfolgten auch deutsche Gerichte NS- und Kriegsverbrechen. Westdeutsche Gerichte verurteilten 1945-81 6.456 Personen, 91 Prozent davon bis zum Jahr 1956. Zwar fanden die aufsehenerregenden bundesdeutschen Prozesse über die Massenmorde in den Vernichtungslagern erst in den 60er und 70er Jahren statt, erbrachten aber nur relativ wenige Verurteilungen, da die Beweislage mit zunehmender Zeit immer schlechter wurde. Bemerkenswerterweise führte die Kumpanei bundesdeutscher Richter dazu, daß kein einziger von ihnen wegen Willkürurteilen in der NS-Zeit verurteilt wurde. In allen Staaten kam es Anfang der 50er Jahre zu umfangreichen Strafminderungen und Begnadigungen. Die NS-Prominenz aller politischen Ebenen und die strafrechtlich Verurteilten blieben in der BRD aber auf Dauer von öffentlichen Ämtern ausgeschaltet, während die einfache Parteimitgliedschaft kein dauerhafter Makel war und bis Ende der 60er Jahre auch unter Politikern öfter vorkam.

In Österreich lag die Entnazifizierung weitgehend in der Hand österreichischer Stellen. Die Verfahrensweise entsprach in den Grundzügen jener in Westdeutschland.

Vergangen-heits-bewältigung Noch problematischer als die Entnazifizierung geriet die geistige Vergangenheitsbewältigung. In der Schweiz sonnte man sich in dem Bewußtsein, vom Nationalsozialismus verschont worden zu sein, und übersah dabei geflissentlich, daß man aus lauter Abwehr die liberale Substanz selbst beschädigt hatte. In Österreich erfand man nach dem Krieg schnell die Lebenslüge, Österreich wäre 1938 das erste Opfer Hitlers und ein besetztes Land gewesen, und ersparte sich damit weiteres Nachdenken. So wurde völlig verdrängt, daß der Nationalsozialismus in Österreich entstanden war, daß er in Österreich aus eigener Kraft aufgestiegen war, daß nach dem Anschluß 1938 in Österreich ein Ansturm auf die Parteimitgliedschaft eingesetzt hatte, deren Anteil an der

---

* Die Strafbarkeit des Angriffskriegs versuchten die Nürnberger Richter daraus abzuleiten, daß der auch vom Deutschen Reich unterzeichnete Briand-Kellog-Pakt den Krieg als Mittel der Politik ächtete. Diese Argumentation kann aber nicht überzeugen, da dieser Pakt eine politische Absichtserklärung von Völkerrechtssubjekten darstellte und keine Strafbestimmungen gegen einzelne Politiker enthielt. – Fast alle, die im Nürnberger Prozeß gegen die „Hauptkriegsverbrecher" verurteilt wurden, hatten tatsächlich eindeutig Verbrechen begangen. Bemerkenswerte Ausnahmen stellten Hitlers Stellvertreter und Hitlers Nachfolger dar. Rudolf Heß wurde als einziger nur wegen der Beteiligung an der Vorbereitung eines Angriffskriegs verurteilt und nicht auch noch wegen Verstößen gegen das Kriegsvölkerrecht oder Verbrechen gegen die Menschlichkeit. Die Verurteilung von Dönitz wegen Kriegsverbrechen stand auf sehr schwacher Grundlage, und er wurde als einziger wegen der bloßen Teilnahme an der Führung eines Angriffskriegs (nicht dessen Vorbereitung) verurteilt.
** Angriffskriege stellten auch die sowjetischen Angriffe auf Finnland und Polen 1939 sowie Lettland, Estland und Litauen 1940 dar, ebenso der britische Angriff auf Norwegen 1940 und auf die französische Flotte in Nordafrika 1940. Dabei erfolgte der Einmarsch der Russen in Polen in gemeinsamer und abgesprochener Aktion mit der NS-Führung – der russische Komplice saß dann in Nürnberg als Richter mit am Tisch. – Kriegsverbrechen, die in den unmittelbaren Verantwortungsbereich der politischen Führung der Alliierten fielen, waren nach geltendem Kriegsvölkerrecht zumindest die Ermordung von 4.000 polnischen Offizieren in Katyn durch die Russen 1940, die umfangreichen Deportationen durch die Russen nach Kriegsende und die nicht auf militärische Ziele, sondern bewußt gegen die Zivilbevölkerung gerichteten Bombardierungen deutscher Städte durch Großbritannien 1942-45 und der japanischen Städte Hiroshima und Nagasaki durch amerikanische Atombomben 1945. Hinzu kamen die von nachgeordneten Stellen sowohl während des Krieges als bei seinem Ende als Racheakte verübten Verbrechen, besonders durch Angehörige der slawischen Völker.

1074

Bevölkerung schließlich der im Altreich entsprach, und daß Österreicher nach 1938 auch in den Führungsetagen des NS-Staates mindestens genauso vertreten waren wie Deutsche aus dem Altreich und daß der Antisemitismus in Österreich stets stärker war und noch heute ist als im Reich bzw. in der BRD. So lehnte Österreich auch Wiedergutmachungsforderungen von jüdischer Seite zunächst ab, bis es sich dann 1961 zu Leistungen an die Jewish Claims Conference bereit fand, jedoch nie zu solchen an Israel. Die offizielle DDR betrachtete den Nationalsozialismus als eine Sache von Monopolkapital und Junkern, und da diese in der DDR durch die Enteignungen als Klasse beseitigt worden seien, habe die DDR mit dem Nationalsozialismus nichts zu tun und sei für nichts verantwortlich. Dementsprechend leistete die DDR auch nie Wiedergutmachungszahlungen an Personen außerhalb der DDR und an andere Staaten. Die offizielle DDR tat praktisch so, als ob sich die ganze DDR 1933-45 in der Emigration oder im Widerstand befunden hätte. Damit wurde verdrängt, daß breite Bevölkerungskreise im Nationalsozialismus mitgemacht hatten und vor allem, daß die DDR als Diktatur mit totalitärem Anspruch das unfreiheitliche Element mit dem NS-Staat gemeinsam hatte. Die offizielle DDR ging so weit, sich als alleinigen Erben aller fortschrittlichen und humanitären Traditionen der deutschen Geschichte hinzustellen und die reaktionären und militaristischen Traditionen, die zum Aufstieg des Nationalsozialismus geführt hätten, der BRD in die Schuhe zu schieben.

So blieb die Last der Erinnerung an die Untaten des NS-Staates weitgehend an den Westdeutschen hängen. Dabei konnte die BRD mit gutem Gewissen auf ihre neue demokratische Anständigkeit verweisen. Rassismus, Sozialdarwinismus und extremer Nationalismus waren hier seit 1945 praktisch tot und vegetierten nur noch in unbedeutenden Randgruppen dahin. Aber die Tatsache, daß der Nationalsozialismus auch etliche schon vorhandene und verbreitete Ideen und geistige Strömungen in sich aufgenommen hatte, machte es letztlich unmöglich, zwischen nationalsozialistischen und unbelasteten Elementen säuberlich zu trennen. Beispielsweise wurde 1945 das Kindergeld als Instrument nationalsozialistischer Bevölkerungspolitik angesehen und deshalb eingestellt, 1954 aber wieder eingeführt, und ebenso wurde 1948 der Große Befähigungsnachweis für das Handwerk als nationalsozialistisch beseitigt und dann 1953 wieder eingeführt. Umgekehrt konnten sich manche agrarromantischen Darstellungen in Schulbüchern wie überhaupt manche autoritätsbetonte Erziehungsleitbilder zunächst als unbedenklich halten, sahen sich dann aber in den 60er Jahren als faschistoid gebrandmarkt. Das Urteil über den Zusammenhang zwischen Kapitalismus und Nationalsozialismus blieb wechselnd und umstritten. Die ganzen 50er und 60er Jahre hindurch war es Gewohnheit der DDR und der Linken in der BRD, mit gezielten Kampagnen einzelne Politiker und Spitzenbeamte der BRD wegen ihrer NS-Vergangenheit anzugreifen, die dann oft zurücktreten mußten, meist zu Recht, manchmal jedoch auch trotz eindeutiger politischer Belastungen im Amt blieben. Gelegentlich beruhten die Angriffe aber auch auf Material, das in der DDR gefälscht worden war.*

---

* Zwei der aufsehenerregendsten Fälle waren die des Staatssekretärs im Bundeskanzleramt (1953-63) Globke und des Vertriebenenministers Oberländer. Globke wurde von Adenauer gegen alle Proteste im Amt gehalten, obwohl er 1935 an einem Rechtskommentar zu den Nürnberger Rassegesetzen mitgewirkt hatte. Gegen Oberländer veranstalteten die DDR und Polen 1960 ein propagandistisches Kesseltreiben, wobei sie behaupteten, er hätte an Mordaktionen in Polen teilgenommen. Die DDR verurteilte ihn in einem Schauprozeß in Abwesenheit zu lebenslänglichem Zuchthaus. Unter dem Druck der öffentlichen Meinung mußte Oberländer 1960 zurücktreten. 1975 wurde von polnischer Seite offiziell zugegeben, daß die Vorwürfe gegen ihn unbegründet waren.

In offiziellen Politikerreden wurde in Westdeutschland stets reuevoll an die Verbrechen der NS-Zeit erinnert. Die bundesdeutsche Öffentlichkeit bewahrte den verschiedenen Teilbereichen der NS-Verbrechen allerdings eine recht unterschiedliche Erinnerung, und dementsprechend sahen sich auch die Opfer verschieden behandelt. Die BRD übernahm 1952 die moralischen Verbindlichkeiten der nationalsozialistischen Judenverfolgung, ohne vom Ausland dazu gedrängt worden zu sein, und zahlte pauschal 3 Milliarden DM an Israel und 450 Millionen an die Jewish Claims Conference für Juden außerhalb Israels sowie darüber hinaus weitere Wiedergutmachungsleistungen auf individueller Basis (allein an israelische Bürger bis 1982 ca. 24 Milliarden DM). Verfolgte Zigeuner, Homosexuelle und Behinderte erhielten dagegen kaum Entschädigungen; sie blieben unverändert in einer gesellschaftlichen Randstellung. Seit Mitte der 50er Jahre schloß die BRD auch Wiedergutmachungsabkommen mit anderen westeuropäischen Staaten. Gegenüber Polen (bis 1975) und Russen wurden angesichts des Ost-West-Konflikts keine Leistungen erbracht, die nationalsozialistischen Verbrechen ihnen gegenüber in der bundesdeutschen Öffentlichkeit weitgehend verdrängt. Das Verhältnis zum Judentum blieb auf Dauer verkrampft. In offiziellen Politikerreden und den Medien herrscht weitgehend eine vom Schuldgefühl geplagte philosemitische Einstellung, die sich kaum kritische Äußerungen über Juden und die Expansionspolitik Israels erlaubte und gelegentliche Hakenkreuzschmierereien und dergleichen stets mit relativ großer Aufmerksamkeit entrüstet registrierte. Breite Schichten der bundesdeutschen Bevölkerung neigten dagegen zumindest in den ersten zwei Jahrzehnten nach dem Krieg dazu, die unangenehmen Erinnerungen an Opfer und eigene Schuld zu verdrängen und zu beschönigen, und hier fanden auch zahlreiche Hefte und Bücher ihre Käufer, die Krieg und NS-Zeit verharmlosten. Seit Mitte der 60er Jahre fand in der BRD, zunächst durch eine jüngere Generation anklagend vorgebracht, die Erinnerung an die Verbrechen der NS-Zeit größeres kritisches Interesse in der Öffentlichkeit und beeinflußte unterschwellig auch wiederholt die aktuelle Politik in Gestalt einer besonderen Sensibilität für mögliche Freiheitsbegrenzungen (z.B. in den Diskussionen um Notstandsgesetze, Extremistenbeschluß und Datenschutzprobleme). Die bundesdeutsche Geschichtswissenschaft setzte sich dagegen schon seit Anfang der 50er Jahre stets intensiv und ernsthaft mit dem Nationalsozialismus auseinander. Aufs Ganze gesehen stellte sich also die BRD den Schattenseiten der Vergangenheit nicht vorbehaltlos, aber immer noch ehrlicher und offener als die anderen deutschen Staaten, und erst recht viel mehr als die nichtdeutschen Staaten mit problembelasteter Vergangenheit der ihren.[*]

BRD:
Verfassung

Da die einzelnen deutschen Staaten sich in ihrer politischen Ordnung deutlich unterschieden, werden sie hier getrennt behandelt. Wenden wir uns zunächst der BRD zu.

---

[*] In Italien, das sich kurz vor seinem Zusammenbruch an die Seite der Sieger flüchtete und sich nach 1945 weniger als ehemaliger Bundesgenosse des NS-Reiches denn als halber Sieger aufführte, gab es keine Kriegsverbrecherprozesse. Politische Säuberungen wurden schon im Herbst 1944 weitgehend eingestellt, bevor sie richtig beginnen hatten. In den kontinuierlich fortexistierenden Streitkräften hielt sich manches faschistische Gedankengut, wie es in der Bundeswehr undenkbar wäre; 1970 kam es sogar zu einem gescheiterten faschistischen Putschversuch, der auf die Unterstützung des italienischen Militärs hoffte. Bei Wahlen schnitten die Neofaschisten stets wesentlich besser ab als rechtsextreme Parteien in der BRD. In Japan waren einer Aufarbeitung der Ereignisse der Diktatur- und Kriegszeit schon dadurch Grenzen gesetzt, daß jener Kaiser, der die politische Verantwortung für Angriffskrieg und Kriegsverbrechen trug, auch über das Kriegsende hinaus bis zu seinem Tod 1989 an der Spitze des Staats blieb. Die Schuld für Krieg und Diktatur wurde auf die Militärs abgewälzt und einigen Führern auch der Prozeß gemacht. Eine ernsthafte selbstkritische Auseinandersetzung mit dieser Zeit hat bis heute nicht begonnen und wird erst recht in den Schulbüchern nicht geduldet.

1945-49 wurde in den Westzonen in Gemeinden, Ländern und Bund die freiheitliche parlamentarische Demokratie wieder eingeführt. Die Westdeutschen haben sie nicht erkämpft, sondern die Besatzungsmächte verordneten dieses Prinzip, ohne die Westdeutschen zu fragen. Aber sie wurde ihnen nicht aufgezwungen. Es war das Glück beider Seiten, daß die Westdeutschen damit weitgehend einverstanden waren oder zumindest nicht widerstrebten. Im übrigen ist es durchaus denkbar, daß die Westalliierten die ihnen genehme gesellschaftliche und politische Ordnung andernfalls auch mit Gewalt gegen einen anders gerichteten westdeutschen Mehrheitswillen durchgesetzt hätten.**

Mit dem Grundgesetz wurde der Anschluß an die gemeinsamen Prinzipien der parlamentarischen Demokratien Westeuropas vollzogen und die Tradition einer stärker autoritätsbetonten deutschen Sonderverfassung verworfen. In vielen Regelungen knüpfte das Grundgesetz an die demokratische und föderalistische Tradition der Weimarer Republik an, versuchte aber dabei aus deren Geschichte zu lernen. Jetzt entstand ein echter Föderalismus, da kein Bundesland mehr so groß war, daß es wie Preußen eine faktische Hegemonie hätte ausüben können. Angesichts der Erfahrungen des NS-Terrors wurde der Schutz der Freiheit des einzelnen gegen den Mißbrauch staatlicher Gewalt deutlich ausgebaut. Dazu stellte man nicht nur die Unabhängigkeit der Gerichte wieder her und hob die Zensur auf, sondern die Grundrechte wurden für unveränderbar erklärt und erhielten direkte Gesetzeskraft. Außerdem richtete man jetzt ein Bundesverfassungsgericht ein, das nicht nur für Streitfälle zwischen Staatsorganen zuständig ist, sondern auch prüfen kann, ob Gesetze verfassungskonform sind, und bei dem selbst jeder einzelne Bürger klagen kann, wenn er sich durch Staatsorgane in seinen Grundrechten verletzt glaubt. Auch aus dem vermeintlichen Einfluß der Weimarer Verfassung auf das Scheitern der ersten Republik versuchten die Verfassungsväter Lehren zu ziehen. Um die politischen Verhältnisse zu stabilisieren, erhalten Splitterparteien mit weniger als 5 Prozent der Stimmen oder mindestens drei Direktmandaten keinen Sitz im Parlament, aus diesem Grund kann der Bundeskanzler nur noch dann gestürzt werden, wenn gleichzeitig ein neuer gewählt wird (konstruktives Mißtrauensvotum), und deshalb wurde auch die Stellung des Kanzlers gegenüber den Ministern gestärkt (Richtlinienkompetenz und alleinige parlamentarische Verantwortlichkeit des Kanzlers). Um einer neuen Diktatur vorzubeugen, ist im Grundgesetz die Stellung des Bundespräsidenten beschnitten und auf die rein repräsentative Funktion zurückgestutzt worden: seine Amtszeit beträgt nur noch fünf statt sieben Jahre, er wird statt direkt von den Bürgern von einer Bundesversammlung gewählt, die sich zu gleichen Teilen aus dem Bundestag und Delegierten der Länderparlamente zusammensetzt, der Oberbefehl über die Streitkräfte liegt nicht mehr beim Staatsoberhaupt, sondern beim

---

Das offizielle Japan war erst 1993 bereit zuzugeben, daß Japan den Krieg gegen China schuldhaft vom Zaun brach. In Frankreich wurde zwar unmittelbar nach Kriegsende in wilden Aktionen mit Kollaborateuren abgerechnet, aber seitdem wird eifrig an der Legende vom Volk im Widerstand gewebt und dabei zumindest bis in die 1980er Jahre völlig totgeschwiegen, daß Frankreich in Gestalt der Vichy-Regierung, welche die Masse der Bevölkerung hinter sich hatte, als einziges der besetzten nicht deutschen Länder freiwillig mit den Deutschen zusammenarbeitet hatte und daß Franzosen an den Verbrechen der deutschen Besatzungsherrschaft beteiligt gewesen waren. Zur Ablenkung wird in der französischen Öffentlichkeit um so lieber von den Verbrechen der Deutschen gesprochen und kritisch über deren Vergangenheitsbewältigung gewacht.
** Darauf deutet das Beispiel Griechenlands hin. Dort intervenierte gleich nach der Befreiung Großbritannien 1944 militärisch, um die ihm genehmen konservativen und englandfreundlichen Kräfte, die nicht mehrheitsfähig waren, mit Waffengewalt durchzusetzen. Das führte zum Bürgerkrieg, der mit britischer und amerikanischer Unterstützung zugunsten der Konservativen entschieden wurde.

Parlamentarische Demokratie: BRD

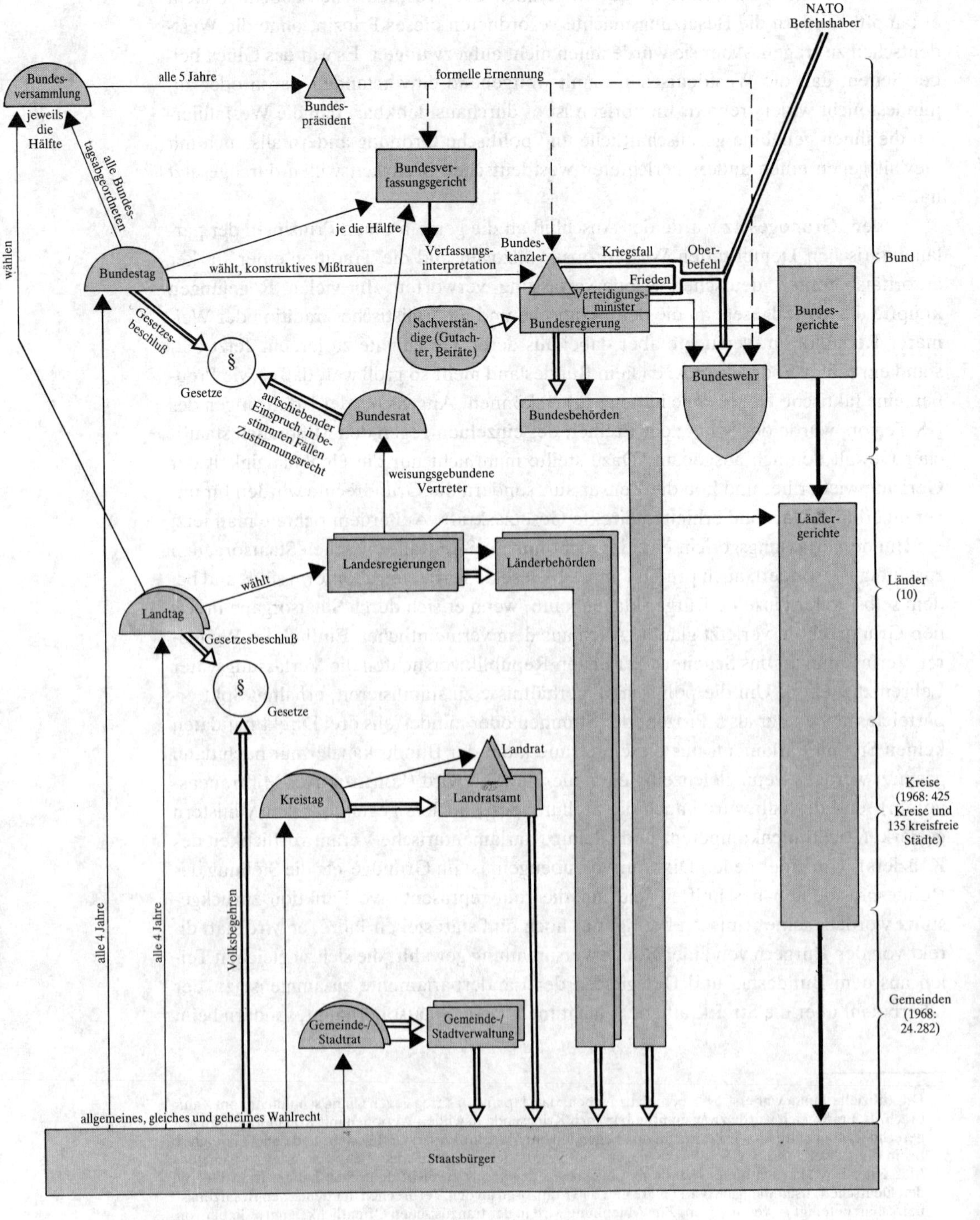

NATO
Befehlshaber

Bundes-
versammlung
— alle 5 Jahre →
Bundes-
präsident

formelle Ernennung

jeweils
die
Hälfte

alle Bundes-
tagsabgeordneten

Bundesverfassungsgericht

wählen

je die Hälfte

Bundestag

wählt, konstruktives Mißtrauen

Verfassungs-
interpretation

Bundes-
kanzler

Kriegsfall

Ober-
befehl

Bund

Frieden

Verteidigungs-
minister

Gesetzes-
beschluß

Sachverstän-
dige (Gutach-
ter, Beiräte)

Bundesregierung

Bundes-
gerichte

§

Gesetze

aufschiebender
Einspruch, in be-
stimmten Fällen
Zustimmungsrecht

Bundesrat

Bundeswehr

Bundesbehörden

weisungsgebundene
Vertreter

Länder-
gerichte

Landesregierungen

Länderbehörden

Länder
(10)

Landtag

wählt

Gesetzesbeschluß

§

Gesetze

Landrat

Kreise
(1968: 425
Kreise und
135 kreisfreie
Städte)

Kreistag

Landratsamt

alle 4 Jahre

alle 4 Jahre

Volksbegehren

Gemeinden
(1968:
24.282)

Gemeinde-/
Stadtrat

Gemeinde-/
Stadtverwaltung

allgemeines, gleiches und geheimes Wahlrecht

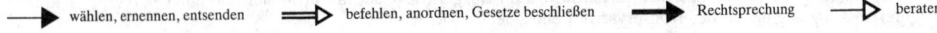

Staatsbürger

Der Verwaltungsaufbau in den einzelnen Bundesländern ist etwas unterschiedlich, besonders in den Stadtstaaten.

→ wählen, ernennen, entsenden   ⇒ befehlen, anordnen, Gesetze beschließen   ➡ Rechtsprechung   ⇨ beraten

Verteidigungsminister bzw. in Kriegszeiten formal beim Kanzler (tatsächlich dagegen weitgehend beim NATO-Oberbefehlshaber Europa, also einem US-General), dem Präsidenten ist fast jeder Einfluß auf die Regierungsbildung genommen, da der Kanzler durch den Bundestag gewählt wird, und der Präsident hat auch keine Notstandsbefugnisse mehr. Unter den nichterblichen Staatsoberhäuptern der Welt dürfte der Bundespräsident heute das machtloseste sein. Aufgrund der Erfahrung, wie verführbar Massen sind, beschränkt das Grundgesetz ihre politische Mitwirkung auf Parlamentswahlen und kennt keine plebiszitären Elemente mehr wie die Direktwahl des Präsidenten, Volksbegehren und Volksentscheid (letztere sind aber nach den meisten Länderverfassungen möglich). Außerdem wurde als Reaktion auf die Erfahrung demokratiefeindlicher Parteien im Grundgesetz die Möglichkeit vorgesehen, solche zu verbieten.

Gewissermaßen als Nachhall ihrer Zerschlagungspläne während des Kriegs drangen die Westalliierten 1949 darauf, daß der staatliche Aufbau möglichst dezentralisiert würde. So schrieben sie insbesondere das Prinzip des Föderalismus vor. Vor dem Hintergrund der Entwicklung vom Bismarckreich, das gerade erst aus selbständigen Einzelstaaten zusammengefügt worden war, über die stärker zentralisierte Weimarer Republik zum nationalsozialistischen Einheitsstaat und angesichts der noch langfristigeren Tendenz, Autonomie lokaler Gewalten zu beschneiden, bedeutete dies den Versuch, das Rad der Geschichte zurückzudrehen. Die zentralisierenden Tendenzen setzten sich dann auch bald wieder durch, und sie reichten jetzt sogar über den Staat hinaus, indem über diesem die EG-Ebene entstand. Der Grund für die fortschreitende Zentralisierung lag zum einen in der zunehmenden wirtschaftlichen und sonstigen verkehrsmäßigen Verflechtung, die einheitliche Regelungen für immer größere Räume sinnvoll erscheinen ließ. Zum anderen lag er darin, daß die Gleichschaltung der NS-Zeit, die Bevölkerungsverschiebungen durch Flucht und Vertreibung und die Neuordnung der Länder nach dem Krieg die traditionellen regionalen Bindungen geschwächt hatten. So konnte die Grundgesetzbestimmung, „einheitliche Lebensverhältnisse" zu schaffen, dazu benutzt werden, den Entscheidungsspielraum regionaler und lokaler Stellen immer weiter einzuschränken.

Zentralisierung

Die Zentralisierungstendenz vollzog sich in verschiedenen Formen: Entscheidungskompetenzen wurden nach oben abgegeben, Gebietseinheiten begannen zu kooperieren, um einheitliche Lösungen zu schaffen, und Gebietseinheiten wurden zu größeren Einheiten fusioniert. Die erstgenannte Form sah für die Gemeinden so aus, daß der Staat für immer weitere Lebensbereiche Vorschriften schuf, so daß die Selbstverwaltung der Gemeinden in wachsendem Maße zur Durchführung von Pflichtaufgaben nach Bundes- und Landesgesetzen wurde. Über das Verhältnis zwischen Bund und Ländern sagt das Grundgesetz, daß bestimmte Bereiche in die ausschließliche Gesetzgebungskompetenz des Bundes fallen, für bestimmte Aufgaben die Länder die Kompetenz haben, solange der Bund in ihnen nicht tätig wird (konkurrierende Gesetzgebung), und ansonsten die Gesetzgebungskompetenz grundsätzlich bei den Ländern liegt. In der Realität wurde dann im Laufe der Zeit der Katalog der Bundeskompetenzen durch formelle Verfassungsänderungen mehrfach auf Kosten der Länder erweitert, der Bund zog die Aufgaben der konkurrierenden Gesetzgebung weitgehend an sich, und außerdem weitete er seine Befugnisse mit Hilfe der Rechtsfigur des Sachzusammenhangs noch weiter aus, während die Länder viele ihrer Gesetzgebungsrechte nicht wahrnahmen und ihre Gesetzgebungstätigkeit überhaupt auf ein Minimum einschrumpfte. In dieser Hinsicht waren sie schließlich fast nur noch in den Bereichen Kultur, Polizei und Gemeindeangelegenheiten tätig. Trotz der zunehmend zentralen Entscheidungen blieb die ausführende Verwaltung aber unverändert Ländersache. So sanken die Länder allmählich praktisch zu Verwaltungsprovinzen herab, und vom Föderalismus blieb kaum viel mehr als die Fassade. Über dem Ganzen entwickelten die EG-Behörden eine immer umfangreichere Verordnungstätigkeit. Die zweite Form der Zentralisierung, die Kooperation, führte auf Gemeindeebene dazu, daß immer häufiger benachbarte Städte oder ganze Regionen gemeinsam gemischtwirtschaftliche Unternehmen gründeten. Da Einrichtungen zur Wasser-, Elektrizitäts- und Gasversorgung, die Schlachthöfe, Müllverbrennungsanlagen usw. aus Wirtschaftlichkeitsgründen immer stärker in weniger, aber größeren Einheiten konzentriert wurden, konnten die Gemeinden sie zunehmend nur noch gemeinschaftlich betreiben. Die Länder entwickelten zur Koordinierung ihrer Politik ein System von Konferenzen, Verträgen und Absprachen, wobei die 1948 gebildete Ständige Konferenz der Kultusminister zum wichtigsten Organ wurde. Hinzu kam die Kooperation der Regierungen der EG-Staaten miteinander. Die dritte Form der Zentralisierung zeigte sich darin, daß durch die Gemeindereform zahlreiche kleine Gemeinden zusammengelegt wurden, um auch im ländlichen Raum eine differenzierte Kommunalverwaltung aufbauen zu können. Dadurch sank die Zahl der Gemeinden in der BRD 1968-75 von 24.282 auf 10.913. Zu einer Neugliederung des Bundesgebiets in Bundesländer kam es dagegen nicht, obwohl dies Verfassungsauftrag war und obwohl es auch sinnvoll gewesen wäre, die zehn Bundesländer zu fünf bis sechs nach Größe und Leistungsfähigkeit ähnlichen Einheiten zusammenzufassen, denn dann wäre der Zwang geringer gewesen, zu kooperieren und Aufgaben nach oben abzugeben. Entsprechende Vorschläge einer Sachverständigenkommission 1972 blieben jedoch Papier. Alle Zentralisierungstendenzen bedeuteten mehr Einheitlichkeit und auch mehr Leistungsfähigkeit, aber zugleich rückten die Entscheidungsgremien dadurch weiter vom Bürger weg.

Dieser Zentralisierungsprozeß vollzog sich ungebrochen zumindest bis Ende der 70er Jahre. Seit Mitte der 70er Jahre stieß die zunehmende Bürgerferne von Entscheidungen dann auf wachsende Kritik, die unter anderem auch im Protest lokalgebundener Bürgerinitiativen zum Ausdruck kam. Anfang der 80er Jahre begann sich der Bund teilweise aus den Gemeinschaftsaufgaben von Bund und Ländern zurückzuziehen.

Die gleiche Tendenz, den Bund auf Kosten der Länder bzw. Kantone zu stärken, fand sich auch in Österreich und in der Schweiz. In ersterem war die Stellung der Länder noch schwächer als in der BRD. In der Schweiz war dagegen das Regionalbewußtsein als Kantönligeist deutlich kräftiger, waren die Unterschiede zwischen den Kantonen größer als in der BRD, obgleich die Verhältnisse räumlich recht klein waren.

Parlament, Regierung und organisierter Sachverstand

Das Kooperieren der westeuropäischen Regierungen auf EG-Ebene und der Landesregierungen in der BRD untereinander hatte für die jeweiligen Parlamente die problematische Folge, daß ihnen die von mehreren Regierungen ausgehandelten Kompromisse präsentiert wurden, denen sie dann praktisch nur noch zustimmen konnten. Sieht man davon aber einmal ab, so erwies sich die Stellung des Bundestags gegenüber der Regierung als stärker als die des früheren Reichstags, der in der Weimarer Republik durch die mangelnde Konsensfähigkeit der Parteien geschwächt gewesen war und im Kaiserreich erst recht deutlich weniger Einfluß gehabt hatte. Die Stellung des Bundestags war auch stärker als die des britischen oder französischen Parlamentes.* Dabei standen sich nun nicht mehr, wie es die Idee der konstitutionellen Monarchie gewesen war, das Parlament als Vertreter der Gesellschaft als Ganzes und die von ihm unabhängige Regierung gegenüber, sondern die Koalitionsmehrheit und die aus ihr hervorgegangene Regierung einerseits und die Opposition andererseits. Innerhalb des Regierungslagers führte zwar die Regierung, aber sie brauchte die Gefolgschaft der Koalitionsfraktionen hinter sich, so daß diese mitregierten. Die Minister und noch mehr die Abgeordneten sahen sich mit dem Problem konfrontiert, daß die zur politischen Entscheidung anstehenden Fragen zahlreicher und komplexer, der Umfang der entscheidungsrelevanten Informationen immer gewaltiger, die Auswirkungen immer schwerer überschaubar wurden. Beispielsweise beinhaltete das Bundesfernstraßengesetz im Jahr 1986 über 1.900 Einzelprojekte, deren Sinn oder Unsinn kein Abgeordneter für jeden Einzelfall wirklich beurteilen konnte. Angesichts dieser Entwicklung wundert der Trend zum Berufspolitiker und zur Akademisierung der Bundestagsabgeordneten nicht. Der Anteil derjenigen unter ihnen mit Hochschulstudium stieg 1953-87 von 44,0 auf 70,4 Prozent. Dieser Trend brachte es mit sich, daß die Führungseliten der Parteien einander in sozialer Herkunft und Bildungsstand ähnlicher wurden und überdies zunehmend weniger Lebens- und Berufserfahrung außerhalb der Politik besaßen, wodurch sie sich von den gesellschaftlichen Strukturen tendenziell ablösten. Noch wesentlicher veränderte sich der Stil der Entscheidungsfindung. Während in den 50er Jahren durchweg mit „gesundem Menschenverstand" Politik gemacht wurde, kam es seit dem Ende der 60er Jahre zu einer zunehmenden Verwissenschaftlichung. Die Ministerien zogen in immer stärkerem Maße Beiräte, Kommissionen und wissenschaftliche Gutachten heran – um 1980 gab die Bundesregierung jährlich ca. 1.500 Gutachten und Studien in Auftrag –, und der Bundestag baute die wissenschaftlichen und technischen Hilfsdienste für die Abgeordneten stark aus und begann, bei wichtigen Entscheidungen Hearings mit Fachleuten zu organisieren. Zugleich bildete sich innerhalb des Bundestags zunehmend eine arbeitsteilige Fachspezialisierung heraus. Parlamentsausschüsse, fraktionsinterne Arbeitsgruppen und Arbeitskreise legten den Kurs für Einzelprobleme fest, und die anderen Abgeordneten verließen sich weitgehend darauf, so daß das Plenum die dort getroffenen Entscheidungen fast nur noch absegnete. Damit verloren auch die Plenardebatten gegenüber der Ausschußarbeit an Bedeutung. Trotzdem dürfte das Gewicht der Ministerialbürokratie und der Sachverständigen im Entscheidungsprozeß gegenüber dem Bundestag gestiegen sein, und auch die politisch verantwortlichen Minister wurden abhängiger von der entscheidungsvorbereitenden Arbeit ihrer Bürokratie.

Die Machtstruktur der BRD wies einen pluralistischen Charakter auf, insofern es mehrere Machtzentren gab, die durchaus unterschiedliche Interessen und Wertvorstellungen besaßen und voneinander relativ unabhängig waren. Dazu gehörten nicht

Pluralistische Machtstruktur

---

* Anders als in der BRD konnte in Großbritannien der Premierminister das Unterhaus nach eigenem Gutdünken auflösen. Ferner besaß das britische Unterhaus keine voll spezialisierten Fachausschüsse, die einen Gesetzentwurf mit Sachverstand begutachten konnten, und überließ die Ausarbeitung von Gesetzesvorlagen und die Vornahme von Entscheidungen stärker der Regierung. Die Verfassung der französischen Fünften Republik war überhaupt von einer Tendenz zum vorparlamentarischen Konstitutionalismus geprägt. So konnte der Präsident die Nationalversammlung auflösen und sich mit Volksentscheiden an der Nationalversammlung vorbei ans Volk wenden, die Regierung konnte weite Bereiche auf dem Verordnungsweg regeln, ohne daß das Parlament eingreifen durfte, und darüber hinaus wurde das Parlament 1958 auch durch Maßnahmen zur Beschleunigung der Budgetprozedur, die Abschaffung der meisten permanenten Ausschüsse und die Beschneidung der Sitzungsperioden geschwächt.

nur Regierung, Parlament und die Spitzen von Parteien und Verwaltung, sondern auch die Interessenverbände, die Führungen großer Unternehmen, die Massenmedien und die Kirchen. Die Verschiedenheit der Parteien und Verbände war politischer Ausdruck des gesellschaftlichen Pluralismus. Während von den großen Parteien die SPD schon seit langem eine relativ starke Organisation besessen hatte, waren CDU und CSU zunächst eher lockere Sammlungen von Honoratioren und Interessengruppen und bauten erst ab Ende der 1960er Jahre effiziente Parteiapparate mit organisationsstarken Parteizentralen auf. Auf die Dauer gesehen bestand bei allen Parteien die Tendenz, immer größere Geldmittel für sich zu mobilisieren, wobei sie sich über die traditionellen Spenden und Mitgliedsbeiträge hinaus aus der Staatskasse bedienten und selbst gesetzwidrige Methoden nicht scheuten. Mit den verfügbaren Mitteln wurden auch die Parteibürokratien immer größer. Außerdem bestand die Tendenz, daß die Parteien durch Parteibuchpatronage zunehmend die Verwaltung durchdrangen. Nach dem Zweiten Weltkrieg entstanden die vielfältigen Interessenverbände als unabhängige Verbände neu. Sie wiesen ein breites Spektrum auf, zu dem Gewerkschaften und verschiedenste Industrie- und Arbeitgeberverbände ebenso gehörten wie Vertriebenenverbände, Ärzteverbände, ADAC, Mieterbund, Verband der Postbenutzer und viele andere. Sie übten Einfluß aus, indem Verbandsvertreter als Abgeordnete im Bundestag saßen, und noch mehr, indem sie sich an die Bürokratie wandten und dort bei der Vorbereitung von Gesetzentwürfen ihr spezielles Fachwissen einbrachten. Überdies waren sie bestrebt, durch Pressearbeit ihre Themen in die Öffentlichkeit zu bringen. Unternehmen und Verbände versuchten auch, durch Spenden an Parteien deren allgemeines Wohlwollen für ihre Interessen zu erlangen (wenn auch nicht direkt einzelne Gesetze zu kaufen). Der Einfluß der einzelnen Interessengruppen war recht unterschiedlich groß, je nach Organisationsgrad, einsetzbaren Finanzmitteln, Störfähigkeit (durch Streiks usw.) und Verfügung über Expertenwissen, das für die Gesetzgebung benötigt wurde. Einige Interessen waren auch gar nicht organisiert, aber als Wählergruppe wichtig genug, um – möglichst passend zu den Wahlen – umworben zu werden, z.B. die Rentner. Manche politischen Ziele und Aktivitäten gingen überhaupt nicht auf Interessenverbände zurück, sondern wurden durch Publizistik und Medien zu politischen Gegenständen gemacht (z.B. Bildungsreformpolitik nach 1965, Umweltschutzpolitik ab 1970).

Im Laufe der Zeit war das Kräfteverhältnis zwischen Kanzler, Regierungsparteien, Bundestagsfraktionen und Verbänden Wandlungen unterworfen. Der Einfluß der Gewerkschaften auf die Bundespolitik war bei SPD-geführten Regierungen größer als bei CDU-geführten. Aber auch die CDU hatte stets einen Arbeitnehmerflügel und zahlreiche Arbeitnehmer als Wähler, die sie berücksichtigen mußte, und umgekehrt konnte die SPD auf Bundesebene bisher nur in Koalition mit der FDP regieren, die dabei Mittelstands- und Unternehmerinteressen einbrachte, und sie war überdies bei vielen Gesetzen im Bundesrat, wo die sozialdemokratisch geführten Landesregierungen keine Mehrheit hatten, auf eine Kooperation CDU-geführter Regierungen angewiesen, die dies teilweise im parteipolitischen Sinne nutzten. Während der 50er Jahre verfügte Bundeskanzler Adenauer gegenüber Kabinett, CDU/CSU-Bundestagsfraktion und der noch wenig ausgebauten Partei über eine recht starke Stellung, die er teilweise zu einsamen Entscheidungen nutzte. Diese Macht des Kanzlers beruhte nicht zuletzt darauf, daß er in den ersten Jahren die wichtige Verbindung zu den Besatzungsmächten ganz in seinen Händen konzentrierte. In den Regierungen seit 1966 war dagegen die Stellung des Kanzlers schwächer, und die Führungen der Koalitionsfraktionen und -parteien spielten eine wesentliche größere Rolle. Vor allem in den 70er Jahren nahm auch das Bundesverfassungsgericht durch relativ präzise Vorgaben teilweise aktiv gestaltenden Einfluß auf die Politik.

Aufs Ganze gesehen kamen politische Entscheidungen in der BRD meist als Kompromiß im Gerangel verschiedener Interessengruppen zustande, ohne daß dabei eine stets eindeutig dominant gewesen wäre, sowie unter ständigem Blick der Regierenden auf die öffentliche Meinung. Letzteres verleitete Politiker seit Anfang der 60er Jahre oft dazu, sich stark am kurzfristig vorzeigbaren Erfolg zu orientieren und langfristigen Problemen und Perspektiven, die über den nächsten Wahltag hinausreichen, zu wenig Aufmerksamkeit zu schenken. Regierungen reagierten mehr auf die jeweiligen veröffentlichten oder demoskopisch ermittelten Meinungsströmungen, als daß sie selbst wegweisend führten.

Inwieweit hatten nun die Massenmedien die Kraft, als eigenständiger Machtfaktor kontrollierend zu wirken? Die Besatzungsmächte setzten gegen den Widerstand der westdeutschen Politiker durch, daß der Rundfunk nicht staatlich, sondern nach öffentlich-rechtlichem Prinzip organisiert wurde, d.h. mit einem Rundfunkrat als höchstem Gremium, der nach quasi ständischem Muster von verschiedenen gesellschaftlichen Gruppen beschickt wurde. Als die Bundesregierung 1960 versuchte, ein Regierungsfernsehen zu errichten, verhinderte dies das Verfassungsgericht. Im Laufe der Zeit verstärkten jedoch die Parteien ihren Einfluß in den Rundfunkräten immer weiter und drängten auf „Ausgewogenheit", was ausschloß, daß Sendungen allzu stark von der politischen Mitte nach rechts oder links abwichen. Als seit Mitte der 70er Jahre mit Kabel- und Satellitenfernsehen neue Medien möglich wurden, entbrannte um diese ein Machtkampf. Vor dem Hintergrund der Tatsache, daß sich in den Fernsehanstalten in den 70er Jahren zahlreiche eher nach links tendierende Journalisten etabliert hatten und daß eine private Organisationsform der neuen Medien die Trägerschaft durch eher konservativ ausgerichtete kapitalkräftige Verlegergruppen bedeuten mußte, stand die SPD dem Privatfernsehen feindlich, die CDU/CSU ihm positiv gegenüber. In dem schließlich gefundenen Kompromiß konnten letztere sich weitgehend durchsetzen. Im Pressewesen führten die steigenden Produktionskosten dazu, daß sich die Zahl der Vollredaktionen 1954-78 von 225 auf 119 verringerte; danach stagnierte sie. Doch diese Schrumpfung kann kaum als Schaden gelten, da die absterbenden Kleinstzeitungen zu einer selbständigen und kritischen Berichterstattung ohnehin kaum in der Lage gewesen waren. Wenn sie durch größere Regionalzeitungen als Kopfblätter übernommen wurden, verbesserte dies meist ihre journalistische Qualität. Für die Fähigkeit der Zeitungen, kontrollierend zu wirken, war es im übrigen auch wichtig, daß die in der BRD tätigen Nachrichtenagenturen seit 1949 wieder frei von staatlichem Einfluß waren.

Die Bereitschaft der Bundesbürger, auf politische Entscheidungen Einfluß zu nehmen, und die Formen, in denen dies geschah, wandelten sich im Laufe der Zeit. In den Jahren direkt nach dem Zweiten Weltkrieg waren die Westdeutschen desillusioniert, ruhebedürftig und der Politik ziemlich abgeneigt. Nach der Erfassung und Massenmobilisierung durch die NSDAP und ihre Organisationen und dem Ende in der allgemeinen Entnazifizierung war der Bedarf an Politik bei vielen erst einmal gedeckt. Überdies zwangen in diesen Jahren Hunger und Elend, sich ganz auf das Private und die unmittelbaren Lebensbedürfnisse zu konzentrieren. Am schnellsten kehrte die Bereit-

Massenmedien – ein eigenständiger Machtfaktor?

Partizipation und Politisierung

schaft zur Wahlbeteiligung zurück; bei den Bundestagswahlen 1953-83 lag sie relativ stabil auf dem Niveau von 86-91 Prozent, was im internationalen Vergleich eher hoch war. Langsamer stieg das innere Engagement. Der Anteil derer, die erklärten, sich für Politik zu interessieren, kletterte 1952-83 allmählich von 27 auf 57 Prozent, jener, die es gar nicht taten, fiel von 32 auf 6 Prozent.

Im Vergleich zur kämpferischen Aufgeregtheit der 20er Jahre wirkte das öffentliche Klima der 50er eher apolitisch ruhig. Dies änderte sich deutlich in der Folge der Studentenunruhen von 1968. Jetzt setzten heftig umstrittene Bestrebungen ein, das Demokratiekonzept von der Politik auf gesellschaftliche Bereiche zu übertragen und dort mehr Mitbestimmungsmöglichkeiten zu schaffen. Nun steht der Demokratieidee innerhalb der gesellschaftlichen Bereiche das grundsätzliche Problem entgegen, daß zwischen Lehrenden und Lernenden, Kapitalbesitzern und Arbeitnehmern usw. Wesensunterschiede bestehen, die es nicht möglich machen, das Gleichheitsprinzip auf diese Bereiche einfach zu übertragen. Insgesamt blieben diese Demokratisierungsbestrebungen relativ folgenlos. Ihr Ergebnis beschränkte sich darauf, daß der Bundestag 1976 das betriebliche Mitbestimmungsgesetz verabschiedete, daß im Schulbereich einige weitgehend kompetenzlose Mitwirkungseinrichtungen für Schüler und Eltern geschaffen wurden und daß man die Gruppenuniversität einführte, bei der an die Stelle der Entscheidungsgewalt der ordentlichen Professoren Gremien aus Professoren, universitärem Mittelbau (Assistenten usw.) und Studenten traten. Dabei blieben an den Universitäten die Mitbestimmungsgremien schwerfällig, und die Wahlbeteiligung der Studenten zu ihren Interessenvertretungen war stets beschämend gering. Da alle diese Partizipationsformen nicht auf dem demokratischen Gleichheitsprinzip, sondern auf einem quasiständischen Gruppenschlüssel beruhen, ist die Bezeichnung Demokratisierung hierfür im übrigen eigentlich irreführend.

Viel folgenreicher war es, daß seit der Studentenbewegung neue politische Aktionsformen aufkamen und die Bereitschaft stark wuchs, über die Stimmabgabe bei Parlamentswahlen hinaus und an den Parteien vorbei politisch aktiv zu werden. Dies galt besonders für jüngere und besser ausgebildete Bundesdeutsche, kaum für Arbeiter. Die Zahl der Demonstrationen in der BRD, früher weitgehend ein Instrument der Arbeiterbewegung, stieg 1970-83 von 1.363 auf 9.237, seit 1970 entstand eine Fülle von Bürgerinitiativen, die jährlich bei Verwaltungsgerichten eingegangenen Klagen und Anträge schnellten 1969-81 von 45.746 auf 215.480 empor, und die Methode von Straßenblockaden durch Hinsetzen, Lkws oder Traktoren kam auf. Es war nicht länger selbstverständlich, den Neubau von Straßen und Kraftwerken, die Ablehnung von Bauanträgen, unbegründete Schulzensuren und unerwünschte Politikerentscheidungen widerspruchslos hinzunehmen. Manche vorschnelle Behördenentscheidung wurde durch das Auftreten von Bürgerinitiativen aufgehoben, und manches Projekt erwies sich später tatsächlich als unnötig. Weite Teile der Bevölkerung wurden politisch selbstbewußter, und der Respekt vor Behörden und Polizei schrumpfte. Aber all diesen Formen verstärkten Engagements war auch gemeinsam, daß sie fast stets nur ablehnend waren und nicht auf konstruktive Gestaltung zielten, daß sie meist die Interessen der unmittelbar Betroffenen ausdrückten und dabei teilweise gegen die Interessen der mittelbar Betroffenen standen, die von den gewählten politischen Körperschaften und den Behörden als Allgemeinwohl mit zu vertreten waren (z.B. die Interessen potentieller Benutzer von neuen Straßen oder potentieller Inhaber von durch Industrieansiedlung neu geschaffenen Arbeitsplätzen).

Die innere Stabilität der BRD war anfangs fraglich. Die Millionen von Flüchtlingen und Vertriebenen, Ausgebombten, deklassierten Nazis und Arbeitslosen stellten ein unkalkulierbares politisches Protestpotential dar. Doch zugleich begann die Demokratie der BRD auch unter günstigeren Voraussetzungen als jene der Weimarer Republik: nach dem katastrophalen Ende des NS-Regimes gab es keine starken Kräfte mehr, die offen gegen die Demokratie auftraten. Jetzt akzeptierten auch die Unternehmerschaft, die Offiziere und die höheren Beamten die Demokratie, und die ostelbischen Junker waren überhaupt nicht mehr vorhanden. Die ehemaligen Nazis fügten sich durchweg in die neue Ordnung ein, nicht zuletzt unter dem Druck der Entnazifizierungsmaßnahmen. Aber ein Blick hinter die Fassade zeigt, daß viele Westdeutsche die Demokratie zunächst mehr hinnahmen als innerlich bejahten, dem neuen System mißtrauten und insgeheim an undemokratischen Ordnungsvorstellungen festhielten. Allmählich wuchs der bundesdeutschen Demokratie dann eine allgemeine und tiefer gegründete Solidarität zu. Beispielsweise stieg der Anteil derer, die ein Mehrparteiensystem bevorzugten, 1950-78 von 53 auf 92 Prozent, während der Anteil der Anhänger eines Einparteiensystems von 24 auf 5 Prozent zurückging. Die innerliche Hinwendung zur Demokratie wurde durch mehrere Faktoren erleichtert und gefördert: die Alternativen waren diskreditiert, die extreme Rechte durch die NS-Vergangenheit und die extreme Linke durch die Diktatur in der DDR, dann bedeutete die patriarchalische Autorität des langjährigen Bundeskanzlers Adenauer für etliche einen Brückenschlag von den obrigkeitlichen Traditionen zum demokratischen System, die lange verbreitete unpolitische Haltung ließ die noch vorhandenen undemokratischen Haltungen kaum störend an die Oberfläche des politischen Geschehens vordringen, und vor allem machte es der große Wirtschaftsaufschwung möglich, Deklassierte zu integrieren und Verteilungskonflikte zu entschärfen, womit er Unzufriedenheitspotentiale abbaute. Wie stark die Massenloyalität zunächst an den wirtschaftlichen Erfolg geknüpft war, zeigt sich darin, daß 1959/61 zwar 33 Prozent der Bundesdeutschen auf ihr wirtschaftliches System stolz waren, aber nur 7 Prozent auf das politische.* In den folgenden Jahren gewann der politische Grundkonsens eine deutlich festere Basis. Zwar breitete sich in den 80er Jahren zunehmend Mißvergnügen über das politische Führungspersonal aus, das es öfters an Sensibilität für manche Bürgerinteressen fehlen ließ, erforderlichen Entscheidungen auswich und in einigen Fällen auch einen Mangel an politischer Moral aufwies, aber es gab keine Kritik am Prinzip der Demokratie als solcher. Indem die Regierungen solide Mehrheiten fanden und es keine systemfeindlichen Massenbewegungen gab, erwies sich das politische System der BRD als stabiler als die Weimarer Republik und das Kaiserreich, ja auch objektiv stabiler als Frankreich und Italien nach dem Zweiten Weltkrieg.**

In dem Gefühl, auf noch unsicherem Boden zu stehen, in Erinnerung an die zerstörerische Rolle undemokratischer Kräfte in den 20er Jahren und in der Befürchtung, im Kalten Krieg durch von Ost-Berlin gesteuerte kommunistische Aktionen bedroht zu

Politische Stabilität und Massenloyalität

Streitbare Demokratie

---

* Zum Vergleich: Von den US-Amerikanern waren damals 23 Prozent auf ihr wirtschaftliches, aber 85 Prozent auf ihr politisches System stolz, von den Briten 10 bzw. 46 Prozent.
** In Frankreich war die Vierte Republik 1944-58 instabil und litt an häufigen Kabinettswechseln. 1958 brach sie durch einen Militärputsch zusammen, der sie an den Rand des Bürgerkriegs führte, und wurde durch die autoritärere Fünfte Republik ersetzt. 1968 wurde diese durch das Zusammenspiel von Studentenunruhen, Betriebsbesetzungen und landesweiten Massenstreiks schwer erschüttert. – Italien war nach dem Zweiten Weltkrieg durch die geringe Stabilität der Regierungen gekennzeichnet (1945-89: 49 Kabinette).

werden, ging die politische Führung der BRD anfangs scharf gegen undemokratische Kräfte vor, insbesondere gegen Kommunisten. Dies wurde diskussionslos von allen großen Parteien mitgetragen. 1950 beschloß die Bundesregierung eine Liste mit zehn links- und drei rechtsextremen Organisationen, deren Mitgliedschaft eine Tätigkeit im öffentlichen Dienst ausschloß. 1951 beantragte die Bundesregierung, die rechtsextreme SRP und die KPD zu verbieten, was durch das Bundesverfassungsgericht 1952 bzw. 1956 geschah. In den 50er Jahren uferte die strafrechtliche Verfolgung des Kommunismus stark aus, blieb aber stets in rechtsstaatlichen Formen. Unter anderem beschlagnahmten die Behörden kommunistische Texte und fingen Propagandamaterial, das mit der Post aus der DDR kam, an der Grenze ab. Schon die bloße Verbreitung von Meinungen, die sich für verfassungsfeindliche Ziele einsetzten, wurde bestraft, Filme aus Ostblockstaaten wurden 1954-61 durch eine Zensur weitgehend abgewehrt, und der Bezug von DDR-Zeitungen bedurfte seit 1951 einer staatlichen Genehmigung. Selbst Schriftsteller aus der DDR sahen sich an der Einreise gehindert. Im übertriebenen Sicherheitsdenken kam es 1962 auch zu einer Affäre um das Nachrichtenmagazin „Spiegel", als die Bundesregierung diesem eine kritische Veröffentlichung über die Bundeswehr als Landesverrat auslegte und die Staatsanwaltschaft übereifrig tätig wurde. Dabei war die Beschuldigung zu Unrecht erhoben worden, wie der Bundesgerichtshof schließlich feststellte. Nachdem die BRD selbstsicherer geworden war, bröckelte die kämpferische Einstellung immer mehr ab. 1967/68 hob man alle Sperren gegen Informationsmaterial aus dem Ostblock auf, ließ die Neugründung kommunistischer Parteien zu, duldete die NPD und schnitt die Staatsschutzbestimmungen stark zurück. Der antikommunistische Konsens zerfiel Ende der 60er Jahre, und in weiten Teilen der Öffentlichkeit wuchs die Sensibilität für jegliche Freiheitsbeschränkungen. Während 1949-64 insgesamt 119 extremistische Gruppen als verfassungsfeindlich verboten worden waren, kamen solche Verbote seitdem kaum noch vor.[*]

Als nach der Studentenbewegung von Linksextremisten dazu aufgerufen wurde, den „Marsch durch die Institutionen" anzutreten, erinnerten 1972 die Regierungschefs von Bund und Ländern in einem gemeinsamen Beschluß an die bestehende Rechtslage, nach der nur der Beamter werden könne, der sich verfassungskonform verhalte. Dazu wurde jetzt bei jeder Beamtenbewerbung routinemäßig beim Verfassungsschutz angefragt, ob Erkenntnisse vorliegen, die einen Zweifel an der Verfassungstreue begründen. Da Politiker und Gerichte sich nicht darüber einigen konnten, wo die Abgrenzung des Verfassungswidrigen zu ziehen sei, handhabten die nachgeordneten Behörden die Dinge sehr uneinheitlich: in einigen Fällen führten selbst Bagatellen zur Ablehnung, andererseits wurden jetzt Extremisten in den öffentlichen Dienst eingestellt, die es dort bisher praktisch nicht gegeben hatte. Die kommunistische Seite benutzte dies, um eine Diskussion zu entfachen, in der die BRD sich von linker Seite im In- und Ausland als illiberal diffamiert sah. Präventive Maßnahmen gegen Extremisten im öffentlichen Dienst gab es natürlich auch in den anderen westeuropäischen Staaten. Im Unterschied zu den meisten hiervon war die bundesdeutsche Regelung umfassender, indem sie sich nicht auf die im engeren Sinn sicherheitsrelevanten Stellen beschränkte, zugleich aber auch formalrechtlich korrekter, da sie Ablehnungen begründete und dagegen den

---

[*] Ausnahmen bildeten die Verbote des BDN 1969, der Wehrsportgruppe Hoffmann 1980, der VSBD/PdA 1982, der ANS/NA 1983, der NA 1989 sowie der NF, DA und NO 1992, alles rechtsextreme Organisationen.

Klageweg zuließ. Tatsächlich lehnten die Behörden 1972-79 nur 0,07 Prozent der Bewerber ab, so daß Aufwand und Ärger in keinerlei Verhältnis zur tatsächlichen Größe des Problems standen. Die SPD-regierten Länder gaben das Verfahren der Regelanfrage 1977/79 auf, und da ab Anfang der 80er Jahre ohnehin kaum noch Beamte, insbesondere Lehrer, eingestellt wurden, schlief die Sache dann weitgehend von selbst ein.

Heftige Debatten um das richtige Verhältnis von Freiheit und Sicherheitsinteressen gab es auch, als der Bundestag 1968 die Notstandsgesetze verabschiedete. Auch hier wurde von der politischen Linken der Vorwurf erhoben, die geplanten Regelungen wären illiberal, ja sogar, sie würden den verkappten Versuch darstellen, die Demokratie abzuschaffen und die Gewerkschaften auszuschalten. Tatsächlich sollten die Notstandsgesetze die alliierten Notstandsrechte ablösen. Vor dem Hintergrund der Erfahrungen der nationalsozialistischen Diktatur versuchten die Parteien, durch komplizierte Regelungen auch den Ausnahmezustand rechtsstaatlich zu normieren, wo in anderen Demokratien viel großzügiger der Exekutive freie Hand gelassen wurde. Die beschlossene Regelung unterschied sich von den in vielen anderen Demokratien üblichen Notstandsregelungen vor allem dadurch, daß die Möglichkeit der Grundrechtsbeschränkung relativ gering blieb und daß auch im Kriegsfall die Gesetzgebungskompetenz nicht von der Legislative auf die Exekutive übertragen werden sollte, es also kein Notverordnungsrecht gab; wenn der Bundestag nicht mehr arbeitsfähig sein sollte, sollte die Gesetzgebungskompetenz stattdessen auf ein Notparlament in Gestalt des Gemeinsamen Ausschusses übergehen.

Die Schwächlichkeit der parlamentarischen Opposition während der Großen Koalition 1966-69, die Pläne für Notstandsgesetze und die Diskrepanz zwischen dem Demokratieideal der USA und dem amerikanischen Einsatz im Vietnamkrieg ließen in den späten 60ern manchem Gebildeten die Glaubwürdigkeit des demokratischen Systems zweifelhaft werden. In dieser Situation konnten linke Ideologen unter Studenten vorübergehend breite Resonanz finden. Die Studentenbewegung stand am Anfang neuartiger fundamentaler und gewalttätiger Oppositionen gegen die demokratische Ordnung der BRD. Nicht die ganze Masse der Mitläufer, wohl aber die ideologischen Führer der Studentenbewegung sahen den Staat als bloß scheindemokratisches Unterdrückungs- und Ausbeutungssystem an. Die Forderung nach Systemüberwindung fand Gehör. Sie zielte nicht auf praxisbezogene, schrittweise Einzelreformen ab, sondern übte Pauschalkritik und forderte kompromißlose Totallösungen. Sie behauptete, für eine wirkliche, auch inhaltliche Demokratie einzutreten, aber tatsächlich war ihr theoretischer Ansatz undemokratisch, denn indem sie die Massen als manipuliert abtat, setzte sie einen elitären Führungsanspruch gegen das Mehrheitsprinzip. Daraus resultierte dann auch der Wille, die demokratischen Spielregeln zu verletzen. Als 1967 in West-Berlin bei einer Demonstration ein Student von der Polizei erschossen wurde, löste dies Studentendemonstrationen auch in westdeutschen Städten aus. 1968 verursachten Studenten nach einem Attentat auf den Studentenführer R. Dutschke in vielen Städten Straßenunruhen und versuchten, gewaltsam die Häuser des Springer-Verlags zu stürmen, dessen Zeitung „Bild" den linken Studenten als ein Symbol der Volksverdummung durch die Etablierten galt. Ferner kam es an Universitäten zu Vorlesungsstörungen und vorübergehenden Gebäudebesetzungen. Im folgenden Jahr verlief sich die Anhängerschaft rasch – die roten Seifenblasen von Revolutionsträumen zerplatzten mangels Massenanhang, und viele setzten auf die Reformpolitik der 1969 angetretenen sozialliberalen Bundesregierung.

Fundamentalopposition und Gewaltmethoden

Ein kleiner Teil der Studentenbewegung radikalisierte sich dagegen weiter. Seit 1970 entstanden mehrere kommunistische Gruppen, die als legale Parteien operierten mit dem Anspruch, als Führung im Klassenkampf einen revolutionären Prozeß in Gang zu setzen. Sie blieben jedoch in sektenhaften Zwergformen stecken. Ein Jahrzehnt später mußten sie ihr Scheitern eingestehen und zerfielen weitgehend.

Parallel zum Entstehen dieser Gruppen ging 1970 eine verschwindend kleine Minderheit als Rote Armee Fraktion (RAF) in den Untergrund. Obwohl ihre Absicht, eine Aufstandsbewegung zu entfesseln, sich rasch als Illusion erwies, und die RAF in der Bevölkerung keinerlei positive Resonanz fand, setzte sie unverdrossen weiter auf einen bewaffneten Kampf mit dem Ziel, das „imperialistische Herrschaftssystem" zu vernichten, verkörpert im politischen und militärischen Apparat in der BRD und den USA. Das Mißverhältnis zwischen der Größe der RAF, deren in der Illegalität lebender Kern nie mehr als wenige Dutzend Personen umfaßte (unterstützt durch einen Helferkreis von einigen hundert legal lebenden Personen), und der Größe ihres Angriffszieles war grotesk. Ihre terroristischen Aktionen lösten dagegen wiederholt höchste Beunruhigung aus, da die RAF nicht nur Banküberfälle und Sprengstoffanschläge verübte, sondern gezielte Angriffe gegen führende Vertreter von Politik, Rüstungswirtschaft und Militär unternahm.*

Neben diesen beiden Terrororganisationen entstanden seit 1973 Revolutionäre Zellen. Dabei handelte es sich um mehrere voneinander unabhängige Kleinstgruppen aus Personen, die in der Legalität lebten. Ihre Aktionen zielten vor allem gegen die Großunternehmen, die ihnen als die eigentlichen Machthaber galten. Sie verübten im Laufe der Zeit zahlreiche terroristische Sabotage- und Sprengstoffanschläge, die sich im Regelfall gegen Einrichtungen und nicht gegen Personen richteten.

Ferner bildeten sich seit 1976 sogenannte Autonome, Gruppen überwiegend perspektivloser Jugendlicher, die Organisationsbindungen ablehnten und sich anarchistisch gegen Staat und Gesetz überhaupt wandten. Sie störten massiv die Veranstaltungen politischer Gegner, wurden auf größeren Demonstrationen immer häufiger als gewalttätige Minderheit aktiv, die sich besonders an den Bauplätzen von Kernkraftwerken schlachtartige Auseinandersetzungen mit der Polizei lieferte und in den Innenstädten Schaufensterscheiben einschlug und Läden plünderte, und sie begingen auch Brand- und Sprengstoffanschläge. Im Unterschied zu den eigentlichen Terroristen lehnten sie aber Ideologien ab und besaßen kein langfristiges politisches Konzept.

Parallel zur Radikalisierung auf der extremen Linken kam es zur Radikalisierung auf der extremen Rechten. Ab 1974 splitterten aus der zerfallenden NPD eine Anzahl kleiner Grüppchen ab, die sich jetzt offen zum Nationalsozialismus bekannten. Ihre

---

* Die spektakulärsten Fälle waren 1975 der Überfall auf die bundesdeutsche Botschaft in Stockholm, bei dem zwei Diplomaten umkamen, 1977 die Ermordung des Generalbundesanwalts Buback und des Vorstandssprechers der Dresdner Bank Ponto und die Entführung und Ermordung des Arbeitgeberpräsidenten Schleyer, 1979 der gescheiterte Mordanschlag auf den NATO-Oberbefehlshaber Europa Haig, 1981 der mißglückte Mordanschlag auf den Kommandierenden General der US-Armee in Europa Kroesen, 1985 die Ermordung des Chefs der Rüstungsfirma MTU Zimmermann, 1986 die Ermordung des Forschungschefs der Siemens AG Beckurts sowie des Abteilungsleiters im Außenministerium von Braunmühl, 1989 die Ermordung des Vorstandsvorsitzenden der Deutschen Bank Herrhausen, 1990 das gescheiterte Bombenattentat auf den Staatssekretär im Innenministerium Neusel sowie 1991 die Ermordung des Verwaltungsratsvorsitzenden der Treuhandanstalt der ehemals Volkseigenen Betriebe der DDR Rohwedder. Außer der RAF bestand in den 70er Jahren noch die Terrorgruppe „Bewegung zweiter Juni", die vor allem von sich reden machte, als sie 1974 den Berliner Kammergerichtspräsidenten von Drenkmann ermordete und 1975 den Berliner CDU-Politiker Lorenz entführte.

Mitglieder waren nicht mehr Altnazis, sondern weitgehend jugendliche Neonazis, oft nur oberflächlich politisiert. Auch hier kam es zu einer wachsenden Militanz, und anscheinend nach dem Vorbild der linken Terroristen begannen einige Neonazis 1980 ebenfalls mit Sprengstoff- und Mordanschlägen. Verglichen mit den gewalttätigen Aktivitäten linksextremer und anarchistischer Täter blieben jene der Neonazis indessen zahlenmäßig wesentlich geringer.

Insgesamt entstand also als neues Element bundesdeutscher Innenpolitik eine politisch motivierte Gewalttätigkeit. Diese politische Gewalttätigkeit ging zwar nur von sehr kleinen Gruppen aus, wies aber eine wachsende und sich steigernde Tendenz auf, und weit über den Täterkreis hinaus hielt ein zunehmender Teil der Bevölkerung die Anwendung von Gewalt zur Durchsetzung innenpolitischer Ziele für legitim. Eine ernsthafte Gefahr für die demokratische politische Ordnung bedeutete der eigentliche Terrorismus nicht, wohl aber beeinträchtigte er die innere Sicherheit und war ein politisches Ärgernis.

Die Tendenz des Staatsapparats, an Umfang zu wachsen, setzte sich auch nach dem Zweiten Weltkrieg fort. Die Zahl der im unmittelbaren und mittelbaren öffentlichen Dienst Beschäftigten stieg 1950-85 von 2,3 auf 4,6 Millionen und stagnierte seitdem. Die Entwicklung von Personalbestand und Ausgaben zeigt, daß weniger die Bereiche traditioneller Hoheitsaufgaben wuchsen als vor allem die Leistungsverwaltung. Während z.B. die Ausgaben für Verteidigung nach dem Ende der Wiederaufbauphase der Bundeswehr durchweg bei knapp 4 Prozent des Volkseinkommens lagen, stiegen 1951-75 die Ausgaben für Bildung und Wissenschaft von 2,8 auf 7,4 Prozent des Volkseinkommens und jene für Gesundheit und Sport (z.B. für Krankenhäuser und Schwimmbäder) von 1,4 auf 2,7 Prozent. Die personelle Zusammensetzung des unmittelbaren öffentlichen Dienstes sah 1983 folgendermaßen aus: auf politische Führung, zentrale und Finanzverwaltung entfielen 475.000 Personen, der Sicherheitsbereich schlug zu Buche mit 133.000 Beschäftigten im Justizwesen, 300.000 für Polizei, Feuerwehr usw. sowie der Bundeswehr mit 482.000 Soldaten und 172.000 Zivilisten, in Bildung und Wissenschaft arbeiteten 857.000, im Bereich Gesundheit und Sport 338.000 und für die soziale Sicherung (ohne Sozialversicherungen) 128.000 Beschäftigte, und hinzu kamen 1.186.000 Beschäftigte im öffentlichen Wirtschafts- und Verkehrswesen (u.a. Bahnen, Post, Wohnungswesen usw.).

Neben der Leistungsverwaltung wurde die Umverteilungsfunktion der öffentlichen Haushalte immer wichtiger. Sie vollzog sich in verschiedenen Formen, von der Sozialversicherung über Sozialleistungen wie Kindergeld, Wohngeld und BAföG sowie die Subventionen für Landwirte, Kohlebergbau, Eigenheimbauer, Bundesbahnbenutzer und Sparer bis zur Einkommensteuerprogression. Dabei stand hinter den Umverteilungsmaßnahmen kein geschlossenes Konzept, sondern sie entstanden zusammenhanglos im Laufe der Jahrzehnte Stück für Stück, um immer neu auftauchende Partikularinteressen von Wählern (und Wirtschaftszweigen) zu befriedigen, von denen die gewählten Politiker sich abhängig fühlten. Denn mit den Leistungen stieg mindestens ebenso die Erwartenshaltung der Bürger an die öffentlichen Hände. Stärker denn je standen die Ziele, materielle Gerechtigkeit zu verwirklichen und die allgemeine Wohlfahrt zu fördern, als Staatszwecke neben Rechtssicherheit und äußerer Sicherheit.

Der größere Teil der wachsenden Staatsausgaben wurde dadurch finanziert, daß das starke Wirtschaftswachstum die Einnahmen kräftiger sprudeln ließ, und es stimmt nur bedingt, daß die öffentlichen Hände einen immer größeren Teil des Sozialprodukts an

Öffentliche Ausgaben

%
60
50
40
30
20
10
5
0
1820
1830
1840
1850
1860
1870
1880
1890
1900
1910
1920
1930
1940
1950
1960
1970
1980
Schuldendienst
Militär
besondere Kriegsfolgelasten (Kriegsrenten, Reparationen)
allgemeine Verwaltung und Sonstiges
öffentliche Sicherheit und Ordnung, Justiz
Verkehr und Nachrichtenwesen
Wohnungsbau und Raumordnung
Bildung, Wissenschaft, Forschung
Gesundheit, Sport, Erholung
Wirtschaftsförderung
Soziale Sicherung (ohne Sozialversicherung und Kriegsopferversorgung)
Sozialversicherungen

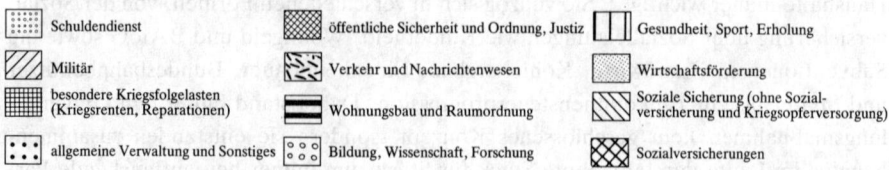

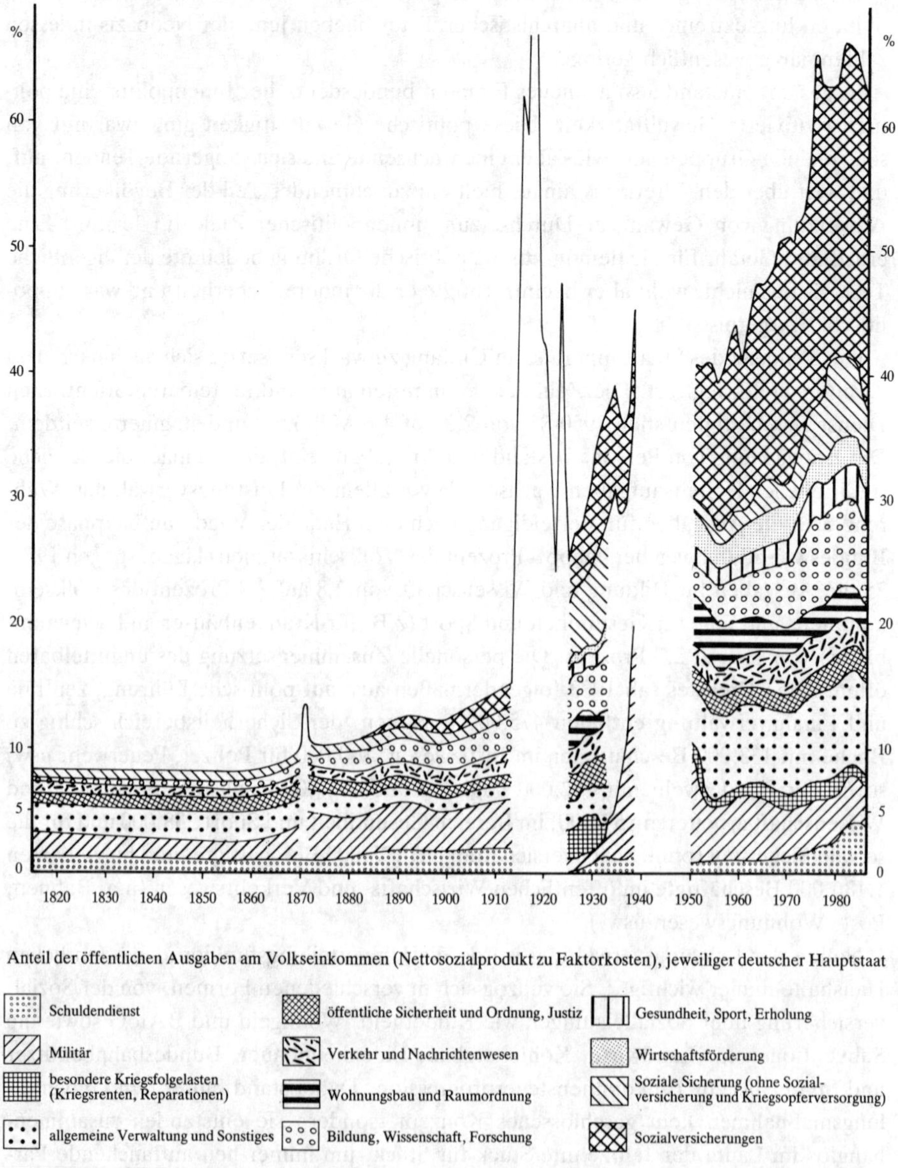

Anteil der öffentlichen Ausgaben am Volkseinkommen (Nettosozialprodukt zu Faktorkosten), jeweiliger deutscher Hauptstaat

sich gerissen hätten. Der Anteil der Steuern am Bruttosozialprodukt lag von 1950-88 fast stets zwischen 22,6 und 24,2 Prozent (nur 1977-80 bis 25,0 Prozent). Viele Bürger hatten trotzdem den Eindruck, daß die Steuerlasten ständig drückender geworden wären, da durch steigende Nominaleinkommen ein immer größerer Teil der Erwerbstätigen in die ursprünglich nur für Reiche gedachte Progressionszone der Lohn- und Einkommenssteuer hineinrutschte, wodurch der Anteil dieser Steuer am Gesamtsteueraufkommen 1950-89 von 19,4 auf 40,8 Prozent anwuchs. Die Sozialabgaben stiegen dagegen tatsächlich langfristig, besonders Anfang der 70er Jahre, denn die Ausgaben der Sozialversicherung wuchsen 1950-77 von 11,0 auf 25,9 Prozent des Volkseinkommens und stabilisierten sich dann knapp unterhalb dieses Wertes. Der Anteil der Staatsausgaben (ohne Sozialversicherungen) am Volkseinkommen blieb im Laufe der 50er und 60er Jahre weitgehend unverändert. Als die Politik der sozialliberalen Koalition, die auf den Ausbau des Sozialstaates programmiert war, sich mit dem starken Konjunktureinbruch von 1975 konfrontiert sah, schnellte dann der Staatsanteil schlagartig empor, und eine große Lücke zwischen Einnahmen und Ausgaben tat sich auf. Diese wurde in den nächsten Jahren nicht geschlossen, sondern durch Konjunkturprogramme noch weiter vergrößert und mit Krediten gestopft. Die Folgen waren fatal: während die Höhe der Staatsschulden 1950-73 zwischen 16-21 Prozent des Bruttosozialprodukts pendelte, explodierte sie 1973-83 von 18,0 auf 39,6 Prozent! Eine Staatsverschuldung derartiger Höhe war in der deutschen Geschichte in Friedenszeiten noch nie verursacht worden. Sie war Folge des bequemen Weges, Lasten in die ferne Zukunft abzuschieben, um nicht bei der nächsten Wahl Wählerstimmen zu verlieren. Die Lehre von Keynes verschaffte dafür das Alibi. Erst nach dem Regierungswechsel in Bonn 1982 wurde das weitere Wachstum der Staatsverschuldung des Bundes deutlich gebremst. Unter dem Zwang der Verhältnisse stellten auch alle Bundesländer auf Sparpolitik um, unabhängig davon, welche Parteien dort jeweils regierten. Unweigerlich schränkte der Zwang zur Haushaltskonsolidierung den politischen Handlungsspielraum in den 80er Jahren beträchtlich ein.

Über die Instrumente unmittelbarer Verwaltung und Mittelumverteilung hinaus griff der Staat in wachsendem Maße durch gesetzliche Regelungen in die verschiedensten Lebensbereiche ein. Die Gesetzgebungsmaschinerie lief auf immer höheren Touren. Der jährliche Umfang des Bundesgesetzblattes schwoll 1952/55 bis 1976/79 von 2.067 auf 5.450 Seiten an. Als kumuliertes Ergebnis waren 1986 als Bundesrecht 1.591 Gesetze und 2.664 Rechtsverordnungen und als Landesrecht 4.000 Gesetze und ca. 9.000 Rechtsverordnungen in Kraft, und hinzu kamen noch Kommunal- und EG-Recht. Wo lagen die Gründe für diese Regelungsflut? Zum einen tauchten neue Problembereiche auf wie z.B. Umweltschutz und Datenschutz, dann verrechtlichte der Gesetzgeber Bereiche, die bislang gewohnheitsmäßig geregelt gewesen waren oder als Bereich eines besonderen staatlichen Gewaltverhältnisses gegolten hatten, wie z.B. die Verhältnisse innerhalb des Schulwesens, und außerdem wurden die Lebensverhältnisse komplizierter. Überdies wuchs die Neigung, Konfliktfälle nicht mehr der Regelung durch die oft ungleich starken Betroffenen zu überlassen, sondern zu versuchen, durch eine höhere Regelungsdichte für einen gerechten Interessenausgleich zu sorgen. Die Verrechtlichung aller Lebensbereiche schritt in der BRD weiter fort als in den meisten anderen westlichen Industriestaaten. Sie führte dazu, daß verletzte Interessen besser geschützt waren, aber zugleich beschnitt sie den Handlungsspielraum des einzelnen durch Vorschriften und Auflagen, schwächte seine Verantwortungsbereitschaft und konfrontierte ihn mit mehr „Papierkrieg", langen Laufzeiten von behördlichen Baugenehmigungsverfahren usw. Obendrein stieß der Versuch, den Alltag durch immer mehr und immer präzisere Gesetze und Verordnungen zu regeln, die dabei in einer meist nicht leicht verständlichen Sprache abgefaßt waren, offenbar zunehmend an Grenzen, weil die Betroffenen oft beim besten Willen nicht mehr in der Lage waren, die Fülle der für ihren Tätigkeitsbereich maßgeblichen Vorschriften noch zu überblicken. Ein Teil davon wurde von durchführenden Behörden und den in der Wirt-

*Verrecht-
lichung*

schaft Tätigen schlicht ignoriert, und oft landeten Vergünstigungen und Sozialhilfen eher bei den Findigen als den eigentlich Bedürftigen.

Mehr oder weniger Staat?

Der langfristige Trend zu steigender Staatstätigkeit geriet seit Ende der 70er Jahre zunehmend ins Kreuzfeuer der Kritik. Die steigende Abgabenlast ließ eine sich ausweitende Schattenwirtschaft entstehen. Gegenüber der Fähigkeit des Staats, die wirtschaftlichen und gesellschaftlichen Probleme durch zentrale Regelungen zielgerichtet zu steuern, machte sich immer mehr Skepsis breit. Forderungen kamen auf, Teile der Staatsaufgaben zu privatisieren und die Zahl der Gesetze und Verordnungen zu verringern. Die Sozialleistungen wurden nicht weiter ausgebaut, im Gegenteil. Die Forderung nach Steuersenkung wurde populär und zum Regierungsprogramm. Gefördert durch die Möglichkeiten elektronischer Datenverarbeitung keimte in weiten Kreisen Mißtrauen gegen staatliche Datenerfassung auf. Gleichzeitig bestand jedoch unverändert der Anspruch der Bevölkerung an den Staat, den einzelnen Bürger sowie schwache Wirtschaftsbranchen und Regionen gegen Risiken und Mißerfolge abzusichern und zu versorgen, und nirgends war die Bereitschaft erkennbar, auf staatliche Leistungen zu verzichten; vielmehr verteidigte jede Interessengruppe ihre „Besitzstände" mit Zähnen und Klauen. Mehr und weniger Staat zugleich läßt sich aber nicht recht miteinander vereinbaren.

Justiz

Grenzen staatlicher Regelungsgewalt zeigten sich in der BRD auch in bestimmten Bereichen des Strafrechts. Bei Verstößen gegen Wirtschafts- und Umweltbestimmungen wurden vor allem die leicht erkennbaren und überschaubaren Tatbestände verfolgt, z.B. einfacher Betrug oder eine Umweltverschmutzung dadurch, daß ein Landwirt Jauche in den nächsten Fluß einleitete oder daß aus einer defekten Heizungsanlage Öl auslief. Dagegen brachten die Gerichte nur in Ausnahmefällen große und kompliziert organisierte Wirtschaftsverbrechen oder unzulässige Umweltschädigungen großen Maßstabs durch Großbetriebe zur Verurteilung, und selbst dann ahndeten sie diese nicht mit hinreichend hohen Strafen. Den Verfolgungsbehörden fehlte weitgehend das nötige spezialisierte betriebswirtschaftliche bzw. technische Fachwissen und der organisatorische Apparat, um den Strafgesetzen in diesen Bereichen Geltung verschaffen zu können, und die Politiker zeigten wenig Interesse, dieses zu ändern.

Auch auf neu entstandene Erscheinungen wie die Flut von Ladendiebstählen, die mit den Selbstbedienungsläden auflief, die Ende der 70er Jahre aufgekommene unternehmensmäßig organisierte Kriminalität und die Beschaffungskriminalität Drogensüchtiger wurde keine angemessene Antwort gefunden.

In der Strafjustiz wurde, nachdem der NS-Staat die Entwicklung vorübergehend zurückgedreht hatte, der langfristige Trend zu milderen Strafen wieder aufgenommen. Die Todesstrafe schaffte man 1949 ganz ab, nachdem die Nazis sich ihrer überreichlich bedient hatten. Freiheitsstrafen wurden durch Geldstrafen noch weiter zurückgedrängt. 1969 wurde das Zuchthaus (als schärfere Form neben dem Gefängnis) abgeschafft sowie das Bagatellunrecht der Übertretungen entkriminalisiert und durch das Recht der Ordnungswidrigkeiten ersetzt. 1976 erklärte man die Resozialisierung gesetzlich zum Ziel des Strafvollzugs und lockerte deshalb den Strafvollzug durch Freigang, Urlaub, bessere Berufsbildungsmöglichkeiten usw., um an die Stelle entmündigender Verwahrung die Vorbereitung auf eine erfolgreichere Lebenspraxis zu setzen. Der solchermaßen liberalisierte Strafvollzug tat sich aber oft schwer, zwischen begrenzten Realisierungsmöglichkeiten einerseits und dem Risiko des Mißbrauchs andererseits einen erfolgreichen Weg zu finden.

Der Ausgang des Zweiten Weltkriegs hatte Militärisches bei vielen Deutschen in jeder Hinsicht diskreditiert. Obendrein bemühten sich die Siegermächte, den Deutschen alles Militaristische auszutreiben. Deren Maßnahmen reichten bis zum Verbot so „militaristischer" Dinge wie Fechtsport und Segelfliegen. Kein Wunder also, daß der Plan, neue Streitkräfte aufzubauen, in der Mehrheit der bundesdeutschen Bevölkerung auf starke Ablehnung stieß. „Ohne mich" hieß es vielfach. Die Widerstände gegen die Wiederaufrüstung speisten sich in unterschiedlicher Weise aus moralischen, religiösen und nationalpolitischen Motiven. Durchsetzen konnten sie sich aber nicht. 1955 begann die Wiederbewaffnung. Die allgemeine Wehrpflicht wurde wieder eingeführt, wurde aber durch das neue Recht auf Wehrdienstverweigerung aus Gewissensgründen eingeschränkt. Zwar verebbten die anfänglichen Proteste bald, aber die Bundeswehr blieb auf Dauer ein zwar hingenommenes, jedoch bei weiten Teilen der Bevölkerung unbeliebtes Element. Als seit Mitte der 60er Jahre staatskritische wie hedonistische Einstellungen an Boden gewannen, schwoll die Häufigkeit der Anträge auf Wehrdienstverweigerung rasch an: mit Geburtsjahrgang 1946-57 stieg sie von 1,8 auf 11,4 Prozent des Jahrgangs und blieb dann auf diesem Niveau. Damit lag das Ausmaß der Wehrdienstverweigerung deutlich über dem in vergleichbaren Staaten Üblichen.[*] Die Ausstrahlung militärischer Wertvorstellungen und Verhaltensformen auf die zivile Gesellschaft, die Heroisierung des Kriegs in Teilen der gehobenen Literatur, die Idee der Armee als Schule der Nation − all das überlebte den Zweiten Weltkrieg in Westdeutschland nicht. Vielmehr zog in die Bundeswehr nach und nach ein zivilerer, gegen Schikanen empfindlicherer Ton ein, als er je zuvor in deutschen Streitkräften geherrscht hatte, und der Gedanke, daß sie einmal in einem Krieg eingesetzt werden könnte, wurde den Bundeswehrsoldaten zunehmend fremd.

Nach dem Zweiten Weltkrieg entstand in Westdeutschland ein neues Parteiensystem, das sich wesentlich von demjenigen vor 1933 unterschied. Bis 1950 mußte die Zulassung von Parteien von den Besatzungsmächten genehmigt werden. Diese ließen 1945 auf Länderebene nur vier Parteirichtungen zu: Christliche, Liberale, Sozialdemokraten und Kommunisten. Dadurch begannen sich die früher stark zersplitterten bürgerlichen Kräfte in zwei Parteien zu sammeln. Die christlichen Landesparteien schlossen sich 1950 zur Christlich Demokratischen Union (CDU) zusammen, ausgenommen die bayerische, die als Christlich Soziale Union (CSU) eine eigenständige Partei blieb, sich aber im Bundestag mit der CDU zu einer Fraktionsgemeinschaft verband. Die CDU war eine Sammlungsbewegung, die anfangs vor allem die mittelständische und christlich-katholische sowie die schwächere gewerkschaftliche Tradition der ehemaligen Zentrumspartei aufnahm, aber im Unterschied zu dieser in gewissem Umfang auch das protestantische Bürgertum konservativer und nationalliberaler Prägung ansprach. Ihre Programmvorstellungen waren zunächst recht offen. Von Anfang an war sie für die parlamentarische Demokratie, und 1949 setzte sich die marktwirtschaftliche gegen eine zunächst auch vorhandene mittelständisch-antikapitalistische Richtung durch. Bei den Liberalen, deren Landesparteien sich 1948 zur Freien Demokratischen Partei (FDP) zusammenschlossen, vereinigten sich jetzt die linksliberale und die mit Unternehmerinteressen verbundene nationalliberale Richtung in einer Partei. Sie war

---

[*] Der Anteil der Wehrdienstverweigerer an der Gesamtzahl der Wehrpflichtigen betrug 1981 z.B. in Frankreich 0,3 Prozent, Italien 0,1 Prozent und den Niederlanden 2,5 Prozent.

noch mehr als die CDU mittelständisch und marktwirtschaftlich orientiert, aber anders als diese in Bildungs- und Kirchenfragen eher laizistisch und dem Erbe der Aufklärung verpflichtet und deshalb mehr in protestantischen Gegenden erfolgreich. SPD und KPD wurden von den alten Anhängern im alten Stil wieder aufgebaut. Die SPD nahm ihr altes Selbstverständnis als klassenkämpferische Arbeiterpartei wieder auf, ebenso die Forderung nach Sozialisierung der Produktionsmittel und nach staatlicher Planwirtschaft. Die Sammlung des Bürgertums gelang CDU und FDP zunächst nur teilweise, obwohl die Besatzungsmächte mit allerlei Mitteln versuchten, rechtskonservative Parteien nicht wieder zum Zug kommen zu lassen. 1945 entstand außer einer rein katholischen Zentrumspartei noch als bayerische Regionalpartei die Wirtschaftliche Aufbau-Vereinigung, eine autoritäre Protestpartei, 1946 bildete sich als norddeutsche Regionalpartei die Deutsche Partei, die mittelständische Wähler protestantisch-konservativer und nationalistischer Orientierung ansprach, ebenfalls 1946 an einigen Stellen die Deutsche Rechtspartei, hinter deren konservativer Fassade stark rechtsorientierte Kräfte steckten, und 1948 trat die Bayernpartei ins Leben, die extrem bayerischen Föderalismus und mittelständische Protestwähler vertrat. Nach dem Fall des Linzenzzwangs konnte 1950 mit dem „Bund der Heimatvertriebenen und Entrechteten" (BHE) auch noch eine rechtsgerichtete Partei der deklassierten Flüchtlinge gegründet werden.

Die Entwicklung des bundesdeutschen Parteiensystems durchlief vier Phasen. 1946-52 begann die alte Zersplitterung und Polarisierung wieder aufzuleben. Im Laufe der 50er Jahre kam es dann zur Konzentration auf die drei großen Parteien CDU/CSU, SPD und FDP; von den übrigen Parteien war ab 1961 keine mehr im Bundestag vertreten (ab 1966 auch in keinem Landtag*). 1961-82 bestand faktisch ein Dreiparteiensystem. Dabei besaß auf Bundesebene keine Partei die absolute Mehrheit, so daß die FDP weitgehend das Zünglein an der Waage spielte. Als 1977/80 „Die Grünen" als politische Organisation der alternativen Bewegungen entstanden und 1982/83 in die Hälfte der Landtage und in den Bundestag einzogen, wandelte sich die politische Landschaft zum Vierparteiensystem. Damit wurden die Möglichkeiten politischer Mehrheitsbildungen theoretisch zahlreicher, aber praktisch vor allem schwieriger.

Die KPD erreichte bei den Landtagswahlen 1946/47 durchschnittlich 9,4 Prozent der Stimmen, wurde aber bald durch die gewaltsame Durchsetzung der kommunistischen Herrschaft in der SBZ/DDR diskreditiert und verlor schon seit 1948 rapide an Anklang. Das Verbot 1956 warf dann nur noch einer politischen Leiche den juristischen Totenschein hinterher. Bürgerliche Parteien und Unabhängige neben CDU/CSU und FDP erreichten bei der Bundestagswahl 1949 zusammen 22,2 Prozent der Stimmen. Im Laufe der 50er Jahre liefen ihre Wähler und zum Teil auch Minister aber immer mehr zur CDU/CSU über, so daß diese bürgerlichen Kleinparteien bis 1961 auf zusammen 3,8 Prozent der Stimmen schrumpften und dann meist zerfielen. Die 5 Prozent-Klausel förderte diese Entwicklung, verursachte sie aber nicht. Entscheidend waren vielmehr zwei Gründe: erstens gelang es der CDU/CSU, ihr katholisches Profil abzustreifen und dann das eigenständige Milieu des protestantischen Konservatismus aufzusaugen, und zweitens machte es der enorme Wirtschaftsaufschwung möglich, Vertriebene,

*Einzige Ausnahme war der Abgeordnete des Südschleswigschen Wählerverbands im schleswig-holsteinischen Landtag als Vertreter der dänischen Minderheit.

Ausgebombte und deklassierte Altnazis in die Gesellschaft zu integrieren und damit dieses politische Protestpotential auszutrocknen. So starben die deutschnationale Richtung (die ihren Schwerpunkt ohnehin in Ostelbien, also außerhalb des Bundesgebiets gehabt hatte), der politische Katholizismus und praktisch auch der Kommunismus als politische Kräfte aus.

In den 60er und 70er Jahren konnte auch die Gründung einiger neuer Parteien am faktischen Dreiparteiensystem nichts ändern, obwohl während der Großen Koalition 1966-69 die Integrationskraft der etablierten Parteien auf den rechten und linken Rand des Wählerspektrums geschwächt war. 1964 entstand die Nationaldemokratische Partei Deutschlands (NPD), welche die rechtsextremen Kräfte sammeln wollte. Als Folge der Wirtschaftsrezession 1966/67 und der linken Studentenunruhen konnte sie rasch ein diffuses bürgerliches Protestpotential auf sich ziehen. Sie erreichte bei den Landtagswahlen 1966-69 durchschnittlich 5,3 Prozent und konnte in sieben Landtage einziehen. Aber den Sprung in den Bundestag verfehlte sie und versank dann rasch in der Bedeutungslosigkeit. 1968 wurde die KPD als Deutsche Kommunistische Partei (DKP) neu gegründet. Sie war faktisch eine Auslandsorganisation der Ost-Berliner SED, von der sie auch finanziell weitgehend abhängig war. An den Hochschulen und in der Jugend- und Bildungsarbeit der Gewerkschaften vermochte die DKP einigen Einfluß zu erringen, aber bei Bundestagswahlen erreichte sie nie mehr als 0,3 Prozent der Stimmen und konnte auch in keinen Landtag einziehen. Als die SED 1989 die Geldzuwendungen einstellte, brach die DKP organisatorisch zusammen. Die ab 1970 gegründeten kommunistischen Parteien anderer Ausrichtung blieben ohnehin bedeutungslose Sekten.

In den 80er Jahren verloren die etablierten Parteien an Glaubwürdigkeit und Integrationskraft, so daß an den Rändern des Parteiensystems neue Parteien politisch heimatlos gewordene Wähler auf sich ziehen konnten. Links übernahmen die Grünen einerseits die Rolle einer verbalradikalen Fundamentalopposition gegen das politische System, andererseits waren sie aber auch die ungeduldige Antwort auf neuentstandene ökologische Probleme. Sie richteten sich gegen als bedrückend empfundene Folgen des Industrialismus, und entsprechend ihrer Herkunft aus der linken Protestbewegung standen sie Großkapital, Militär und nationalem Denken ablehnend gegenüber. Aus ihrer betont individualistischen und antiautoritären Grundhaltung ergab sich ein Streben nach Basisdemokratie, das innerhalb der Partei klare Führungsstrukturen und Professionalisierung zu vermeiden versuchte. Ihr Programm wies teilweise realitätsfremde Züge auf. Das Ringen zwischen den Anhängern kompromißloser Fundamentalopposition und jenen, die zur Mitverantwortung von Regierungspolitik bereit waren, um Umweltpolitik konkret mitgestalten zu können, wirkte innerhalb der Partei zeitweise lähmend. Immerhin konnten die Grünen in die meisten Landtage und 1983 und 1987 auch in den Bundestag einziehen. Am rechten Rand entstanden 1983 die Republikaner und 1987 die Deutsche Volksunion (DVU), die Wähler mit nationalen Empfindungen, Furcht vor dem unkontrollierten Ausländerzustrom und Ängsten angesichts zunehmender Konkurrenz auf dem Wohnungsmarkt, Arbeitslosigkeit und steigender Kriminalität ansprachen, jedoch ohne nachhaltige Erfolge.

Die CDU/CSU konnte bei Bundestagswahlen ihr Stimmergebnis von 31,0 Prozent 1949 bis auf 50,2 Prozent 1957 verbessern und pendelte danach zwischen 44,3 und 48,8 Prozent. Die SPD erreichte bei Bundestagswahlen 1949 nur 29,2 Prozent der Stimmen und blieb 1953 und 1957 auf diesem Niveau stehen. Nachdem sie sich mit dem Godesberger Programm geöffnet hatte und indem sich das katholische und sozialdemokratische Milieu besonders in den 60er Jahren weitgehend auflösten, stieg ihr Stimmenanteil stetig an und erreichte, mit dem auf Aufbruch eingestellten Zeitgeist als Rückenwind, 1972 sogar 45,8 Prozent. Danach fiel sie wieder bis auf 37,0 Prozent (1987) zurück, vor allem deshalb, weil sie das Wählerpotential der grundlegend Unzufriedenen, das bis dahin meist im linken Flügel der SPD seine Vertretung gesehen hatte, an die Grünen verlor. Die Ergebnisse der FDP bei Bundestagswahlen pendelten ohne klaren Trend zwischen 5,8 und 12,8 Prozent. Sie kassierte gute Ergebnisse, als der Kanzlerkandidat der CDU Popularitätsschwierigkeiten aufwies (1961 und 1980), und schlechte als Reaktion auf ihre Koalitionswechsel 1969 und 1982.

Programm-
und Struktur-
wandel der
Parteien

Programmatisch machten die Parteien im Laufe der Zeit gewisse Wandlungen durch. In der CDU verblaßte das „C" im Namen immer mehr. Die CDU war lange auf die Persönlichkeit des Kanzlers und Parteivorsitzenden Adenauer fixiert und als „Kanzlerwahlverein" programmatisch wenig profiliert. 1968 wurde erstmals auf einem Parteitag ein verbindliches Programm diskutiert und verabschiedet, aber in den 80er Jahren trat Grundsätzlich-Programmatisches wieder mehr zurück.

Die SPD schlug 1959 mit dem Godesberger Programm neue Wege ein. Sie gab ihre Kampfhaltung gegen „kapitalistische Klassenherrschaft" und Religion auf und berief sich nicht länger auf die marxistischen Klassiker. Das Fernziel des Sozialismus als Erfüllung der Menschheitsgeschichte wurde praktisch über Bord geworfen. Stattdessen bekannte sich die SPD zu einer sozial modifizierten Marktwirtschaft und akzeptierte 1960 auch die Einbindung der BRD in die NATO. Damit bauten die Genossen die traditionelle Spannung zwischen wortradikalem Programm und reformerischer Praxis ab, und die SPD wandelte sich auch programmatisch zur linken Reformpartei auf dem Boden der bestehenden Gesellschaftsordnung. Auf diese Weise öffnete sich auch auf Bundesebene der Weg von der Opposition aus Prinzip zur Regierungspartei. Angestoßen durch die Studentenbewegung lebten 1969 bei den Jungsozialisten für einige Jahre erneut marxistische Theorien und Forderungen nach „Systemüberwindung" auf, konnten sich aber in der Gesamtpartei nicht durchsetzen. Zwei Jahrzehnte nach Godesberg gerieten dann mit der allgemeinen Diskussion um Grenzen des Wachstums, Gefahren der Technik und Probleme von anonymen Großstrukturen sowie mit der Überschuldung des Staates einige alte Grundpositionen der SPD ins Wanken, vor allem der Glaube an den stetigen Fortschritt des Industrialismus und daran, daß zentrale und staatliche bürokratische Regelungen das beste Mittel seien, um gesellschaftliche und wirtschaftliche Probleme zu bewältigen. Außerdem wurde einer Politik der Sozialreformen, die auf der Umverteilung kräftiger Wirtschaftszuwächse beruht hatte, durch die Schwäche der Konjunktur der Boden entzogen. Erneut brachen in der SPD Diskussionen über eine grundlegende Umorientierung auf, nicht zuletzt angesichts der neuen Konkurrenz der Grünen.

Unter den Mitgliedern der CDU wie der SPD wuchs entsprechend dem allgemeinen Wandel der Gesellschaft der Anteil der Angestellten und Beamten stark an und überrundete den der Selbständigen (bei der CDU) bzw. Arbeiter (bei der SPD). Unter den SPD-Mitgliedern schrumpfte der Arbeiteranteil 1952-77 sogar von 45 auf 23 Prozent (1933 noch 60 Prozent). Damit wurde das Sozialprofil beider Parteien einander ähnlicher. Die SPD wandelte sich zu einer linken Volkspartei, in deren Führung in den 70er Jahren soziologisch geschulte Berufspolitiker einzogen. Mit der von Gewerkschaftssekretären geführten Klassenpartei der Industriearbeiter des Kaiserreiches hatte sie seitdem kaum viel mehr als den Namen gemeinsam. Daß seit den 60er Jahren zwei große Volksparteien die politische Landschaft der BRD dominierten, entsprach der Tatsache, daß in der Gesellschaft allgemein klassenbestimmte, konfessionelle und auch regionale Bindungen an verhaltensprägender Kraft verloren und das Verhalten verstärkt Ergebnis subjektiver Entscheidungen wurde. Dies äußerte sich auch darin, daß der Anteil der Stammwähler mit fester Parteibindung allgemein zurückging, insbesondere bei den großstädtischen und protestantischen Mittelschichten, und daß der Anteil jener Wähler zunahm, die mit ihrem Wahlverhalten auch auf kurzfristige politische Geschehnisse reagierten.

Die FDP wechselte zweimal ihr Profil: 1966/69 wurde die linksliberale Richtung dominant, Ende der 70er Jahre schwang das Pendel wieder zurück zu den Wirtschaftsinteressen. Auf lange Sicht gesehen fiel es der FDP immer schwerer, überhaupt ein eigenständiges Profil zu bewahren, da viele liberale Positionen von CDU und SPD übernommen und im politischen Leben verwirklicht worden waren (vor allem parlamentarische Demokratie und Garantie von Freiheitsrechten), so daß sie ihren Charakter als spezifisch liberale Parteisubstanz verloren, andere durch den Verlauf der Geschichte überholt waren (Antiklerikalismus, Vorstellung einer Marktwirtschaft kleiner und mittlerer Unternehmer). Was die FDP dennoch am Leben erhielt war offenbar weniger ein besonderes Programm als mehr ihre Funktion, absolute Mehrheiten einer Partei zu verhindern und in einer Koalition zur Mitte hin zu lenken.

Die Regierungen zeichneten sich aufs Ganze gesehen durch ein relativ hohes Maß an Stabilität aus.

Angesichts der Größe der anstehenden Probleme wurden 1945/46 in fast allen westdeutschen Ländern große Koalitionen aus CDU bzw. CSU und SPD und teilweise noch weiteren bürgerlichen Parteien gebildet, bis 1948 in einigen Fällen auch unter Beteiligung der KPD. Bei der Wahl der Direktoren im Wirtschaftsrat der Bizone 1947 ging die SPD dann aber freiwillig in die Opposition. So überließ sie ungezwungen einer Koalition der bürgerlichen Parteien das Feld – eine Kursbestimmung, die hinsichtlich der Zusammensetzung der Bundesregierungen bis 1966 und hinsichtlich wichtiger Grundentscheidungen bis heute gültig blieb. Die Koalition der bürgerlichen Parteien nutzte ihre Chancen und stellte die Weichen in Richtung Wirtschaftsliberalismus. Diese Koalition setzte sich auch nach der ersten Bundestagswahl 1949 in Gestalt einer Koalition aus CDU/CSU, FDP und DP fort. Die CDU stellte dabei mit dem bisherigen Präsidenten des Parlamentarischen Rates, Konrad Adenauer, den Bundeskanzler, und der FDP-Vorsitzende Theodor Heuss wurde Bundespräsident. Der bereits 73jährige Adenauer war von schlichtem und dürrem Auftreten, dabei ein Mann fester Grundsätze, nüchternen Urteils und listenreicher Taktik. Unter dem Einfluß der Bonner Szene mit ihrem Gegenüber von bürgerlicher Koalition und SPD-Opposition zerbrachen dann 1949-51 die meisten der großen Koalitionen in den Bundesländern, und es entstanden dort dann die verschiedensten Regierungsbündnisse. Mit der bürgerlichen Koalition auf Bundesebene – 1953-55 noch um den BHE erweitert, 1956/57-61 ohne die FDP – führte Adenauer die BRD zu wirtschaftlichem Aufschwung und innerer Konsolidierung, gewann die Souveränität zurück, setzte die Wiederbewaffnung durch und integrierte die BRD ins westliche Bündnissystem. Mit diesen Erfolgen gewann Adenauer große Popularität. Als er dann aber in der Frage der Nachfolge von Heuss 1959 unglücklich taktierte und Heinrich Lübke als Verlegenheitskandidat ins Präsidentenamt geschoben wurde und als Erfolge in der Deutschlandpolitik ausblieben, begann

Unter
Bundes-
kanzlern
der CDU

Adenauers Stern zu sinken. 1963 mußte er im Kanzleramt dem bisherigen Wirtschafts-minister Ludwig Erhard Platz machen, während die CDU/CSU-FDP-Koalition weiter-bestand.

Erhard war als Wirtschaftsminister erfolgreich gewesen, besaß aber kein Gespür für die Tücken der Macht. Als Kanzler fuhr er glücklos in den alten Geleisen weiter. Als die Rezession ein Haushaltsdefizit verursachte und die beiden Koalitionsparteien sich über dessen Deckung nicht einigen konnten, trat die FDP 1966 aus der Koalition aus. An Erhard vorbei beschlossen daraufhin CDU/CSU und SPD eine Große Koalition: die CDU stellte mit Kurt Georg Kiesinger den Kanzler, und Willy Brandt, der 1964-87 Vorsitzender der SPD war, wurde Außenminister. Diese Koalition war von vornherein nur als Vernunftehe auf Zeit gedacht, um schwer lösbar erscheinende Probleme mit vereinten Kräften anzupacken: die Bewältigung der an sich kleinen Rezession, die zu übertriebenen Besorgnissen Anlaß gab, die Einführung der Notstandsgesetze und die Einführung des Mehrheitswahlrechts. Durch letzteres wollte die CDU auch noch die FDP als letzte bürgerliche Konkurrenzpartei ausschalten, nachdem sie schon 1956 ver-geblich versucht hatte, für Bundestagswahlen eine Art Mehrheitswahlrecht einzufüh-ren und sich dadurch eine absolute Mehrheit zu verschaffen. Die ersten beiden Vorha-ben gelangen; das dritte scheiterte dann doch an der SPD, nachdem einige Landtags-wahlen ihr 1968 klargemacht hatten, daß das Mehrheitswahlrecht zu einer absoluten Mehrheit der CDU und nicht der SPD führen würde. Überhaupt war die weitge-spannte Koalition aufgrund ihre inneren Gegensätze recht schwerfällig.

Sozialliberale *Bundes-* *regierungen* Als bei der Bundespräsidentenwahl 1969 der Sozialdemokrat Gustav Heinemann mit den Stimmen der FDP gewählt wurde, die in der Opposition nach links gerückt war, zeichnete sich eine neue Konstellation ab, und nach der Bundestagswahl 1969 gin-gen diese beiden Parteien dann eine Koalition ein. Brandt wurde Bundeskanzler, der FDP-Vorsitzende Walter Scheel Außenminister. Getragen von der verbreiteten Auf-bruchstimmung jener Jahre strebte die sozialliberale Koalition weitgesteckte Ziele an: eine neue Ostpolitik gegenüber den osteuropäischen Staaten und der DDR, Liberali-sierung im Rechtswesen, umfangreicher Ausbau von Sozialleistungen und Bildungswe-sen und „mehr Demokratie wagen" auch im gesellschaftlichen Bereich. Als im Zuge der Auseinandersetzungen um die Ostverträge 1971/72 mehrere FDP- und SPD-Abge-ordnete zur Opposition übertraten, ging die Koalitionsmehrheit fast verloren. Ein Versuch der CDU, Brandt im April 1972 durch ein konstruktives Mißtrauensvotum zu stürzen, scheiterte zwar knapp, aber da die Koalition dann doch ihre Mehrheit verlor, kam es im November zu vorgezogenen Neuwahlen. Aus ihnen ging die sozialliberale Koalition gestärkt hervor. Ihre Politik innerer Reformen stieß teilweise auf heftige Wi-derstände, und gemessen an den vielfach euphorischen Erwartungen der einen und den Befürchtungen der anderen blieben die Erfolge begrenzt. Die Finanzierung des großangelegten Ausbaus von Sozialstaat und Bildungswesen setzte ein kräftiges Wirt-schaftswachstum voraus, das einfach als selbstverständlich angesehen wurde. Die 1974 beginnende Wirtschaftskrise entzog dem dann die Basis, und die mit der Ölkrise 1973/74 ins öffentliche Bewußtsein dringende Diskussion über die Grenzen des Wachstums trug das Ihre dazu bei, daß der Fortschrittsoptimismus einer Ernüchterung wich. Als sein persönlicher Referent als DDR-Spion enttarnt wurde, nahm Brandt dies 1974 zum Anlaß, zurückzutreten. Gleichzeitig wechselte Scheel ins Amt des Bundespräsidenten.

Die sozialliberale Koalition wurde unter der neuen Führung des bisherigen Finanz-ministers Helmut Schmidt als Kanzler und des neuen FDP-Vorsitzenden Hans-Dietrich Genscher als Außenminister fortgesetzt. Während Brandt zu utopischen Perspektiven neigte, war Schmidt ohne weitreichende Visionen und gab kostspielige Reformpläne auf. Vor dem Hintergrund weltwirtschaftlicher Krisenerscheinungen und des aufkommenden Terrorismus konzentrierte er sich darauf, pragmatisch und realitätsbezogen durch energisches Krisenmanagement das Erreichte zu bewahren. Als dann staatliche Konjunkturprogramme versagten und seit 1980 Einsparungen im Staatshaushalt nötig wurden, als in der Außenpolitik linke Entspannungsillusionen zerrannen und von der NATO die Nachrüstung beschlossen wurde und als obendrein die neuentstandene Konkurrenz der Grünen am linken Rand des sozialdemokratischen Wählerpotentials zu nagen begann, wurden wachsende Teile der SPD es allmählich leid, für den Regierungskurs Mitverantwortung zu tragen. Gleichzeitig wandte sich die FDP nach rechts. Damit war die Basis für die sozialliberale Koalition dahin, und als Schmidt sich 1982 entschlossen hatte, die FDP-Minister zu entlassen, kamen diese dem mit ihrem Rücktritt zuvor.

Gemeinsam mit der CDU/CSU machte die FDP daraufhin den CDU-Vorsitzenden Helmut Kohl durch ein konstruktives Mißtrauensvotum zum Kanzler einer neuen CDU/CSU-FDP-Koalition, die sich anschließend 1983 durch vorgezogene Neuwahlen die Bestätigung durch den Wähler holte. Die Sparpolitik wurde deutlich verschärft und damit der Bundeshaushalt in den ersten vier Jahren tatsächlich einigermaßen konsolidiert. Den bei seinem Regierungsantritt formulierten Anspruch einer geistig-moralischen Wende vermochte Kohl allerdings nicht einzulösen. Es gab keinen grundlegenden Kurswechsel, sondern in der Außen- und Deutschlandpolitik wurde der bisherige Weg kontinuierlich fortgesetzt, und auf vielen Feldern der Politik bot die Bundesregierung bald das Bild konzeptionslosen Durchwurstelns. Kohl betrieb Politik pragmatisch mit Blick auf Machterhalt und Wählerstimmungen. Überhaupt führte die Verengung der finanziellen Spielräume und der Druck gegensätzlicher Gruppeninteressen dazu, daß die Regierungspolitik schon seit Ende der 70er Jahre zunehmend kurzatmig wurde und grundlegende Probleme wie die Konsolidierung der Sozialversicherungen, Strukturprobleme schrumpfender Industriebranchen und des Agrarmarkts, Massenarbeitslosigkeit, Geburtenrückgang und Situation der Ausländer nicht langfristig vorausschauend und konsequent genug anging. Nichtsdestoweniger konnte die konservativ-liberale Koalition auch über die Bundestagswahl von 1987 hinaus fortgesetzt werden. Nachdem die CDU schon bei der Bundespräsidentenwahl 1979 mit Karl Carstens ihren Kandidaten hatte durchbringen können, wurde 1984 der CDU-Politiker Richard von Weizsäcker Bundespräsident.

Während in der BRD nach dem Zweiten Weltkrieg eine demokratische Staatsordnung entstand, etablierte die UdSSR in ihrer Zone Deutschlands eine kommunistische Diktatur. Ihr diktatorischer Charakter hatte zwei Gründe: erstens war die politische Ordnungsvorstellung der Besatzungsmacht, also der Kommunismus, bei der Bevölkerung der SBZ nicht mehrheitsfähig, so daß dieses Modell nur diktatorisch zum Zuge kommen konnte, und zweitens war die kommunistische Ordnung selbst in der UdSSR, die jetzt als Muster diente, eine Diktatur. In beidem unterschied sich die Situation in der SBZ von jener der Westzonen.

Die Sowjetische Militäradministration (SMAD) ließ im Juni 1945 in der SBZ die KPD, die SPD, die christlichdemokratische CDU und die liberale LDPD als Parteien zu. Die KPD gab sich zunächst demokratisch und gab vor, sie hätte nicht die Absicht, Deutschland das sowjetische System aufzuzwingen. Die SMAD besetzte aber beim

Regierung
Kohl

SBZ/DDR:
Errichtung
der kommuni-
stischen Dik-
tatur 1945-53

1099

Wiederaufbau der Verwaltung von Anfang an Polizei, Personalabteilungen, Bildungs-wesen und Justiz, also die machtpolitischen Schlüsselpositionen, mit Kommunisten. Die KPD gehorchte bedingungslos sowjetischen Weisungen und wurde ihrerseits von den Russen gefördert wo irgend möglich. Nachdem die Kommunisten bei den ersten Wahlen in Österreich im November 1945 eine vernichtende Niederlage hatten einstek-ken müssen, waren die ostdeutschen Kommunisten nicht mehr bereit, sich als selbstän-dige Partei zur Wahl zu stellen. Um eine Massenbasis zu gewinnen, erzwangen deshalb KPD und SMAD, daß sich KPD und SPD in der SBZ im April 1946 zur Sozialistischen Einheitspartei Deutschlands (SED) vereinigten, was aber auch dem Wunsch eines er-heblichen Teils der SPD-Funktionäre entsprach, die mit einer wiedervereinigten Ar-beiterbewegung den Sozialismus aufbauen wollten. Eine Urabstimmung der Mitglie-der über diese Frage fand nur in West-Berlin statt, wo sich 82 Prozent der SPD-Mit-glieder gegen eine *sofortige* Vereinigung und zugleich 62 Prozent für ein Bündnis bei-der Parteien aussprachen. Alle Vorstände in der SED wurden zunächst paritätisch mit ehemaligen KPD- und SPD-Mitgliedern besetzt. Aber auch dieser Zusammenschluß brachte den Kommunisten nicht den gewünschten Erfolg: bei den Landtagswahlen 1946 erreichte die SED, obgleich von der SMAD organisatorisch und propagandistisch massiv bevorzugt, nur durchschnittlich 47,8 Prozent der Stimmen. Seitdem wagten die Kommunisten in der SBZ/DDR nie mehr eine Wahl, die Alternativen geboten hätte. Die SMAD griff immer stärker in CDU und LDPD ein und ließ Politiker, die eine un-abhängige Meinung vertraten, auswechseln. 1945 und erneut 1947 setzte die SMAD sogar die Führung der CDU ab. Außerdem gründeten kommunistische Funktionäre 1948 eine Demokratische Bauernpartei und eine National-Demokratische Partei, die als Hilfsorgane der SED die Bauern beziehungsweise ehemalige Soldaten und Nazis gewinnen sollten. Für die Wahlen zum Dritten Volkskongreß im Mai 1949 drängte die SED den übrigen Parteien das Wahlverfahren einer Einheitsliste auf, auf der alle Par-teien zusammen als Block kandidierten und bei dem die Sitzverteilung schon vorher festgelegt war. Nach massiven Wahlfälschungen wurde ein Ergebnis von 66,1 Prozent Ja-Stimmen verkündet. Seitdem wurde in der DDR nur noch nach Einheitslisten „ge-wählt", wobei die Stimmabgabe seit 1954 fast überall auch noch offen erfolgte.

In den Jahren 1949-51 setzte die kommunistische Führung ihre Herrschaft endgültig durch. Die SED wurde nach sowjetischem Vorbild ausgerichtet. Man schaffte das Prinzip der paritätischen Besetzung der Vorstände ab. Alle Mitglieder wurden verhört und 151.000 von ihnen ausgeschlossen, die sich nicht moskautreu zeigten, insbeson-dere ehemalige Sozialdemokraten. Manche von ihnen sahen sich auch als „Agenten" verhaftet. Kaderpolitik und Zentralismus wurden in der SED eingeführt, und Beitritts-willige mußten ab jetzt eine längere Kandidatenzeit absolvieren, in der sie sich zu be-währen hatten. Die SED erkannte ausdrücklich den Führungsanspruch der KPdSU an. An die Stelle des Parteivorstands traten Sekretariat und Politbüro. 1950 wurde Walter Ulbricht Generalsekretär der SED, bis ihn 1971 Erich Honecker als Parteichef ablöste. Nach dem Aufstand 1953 und noch einmal 1957/58 kam es erneut zu großen „Säube-rungen" in der SED. 1949/50 brachen die Kommunisten auch den Widerstand der noch widerstrebenden Kräfte in CDU und LDPD. Alle Parteien wurden in der Nationalen Front zusammengeschlossen und mußten den Führungsanspruch der SED anerken-nen. Faktisch war damit die Einparteienherrschaft der SED im Staat und der kommu-nistischen Führung innerhalb der SED durchgesetzt worden. Die anderen Parteien wa-ren politisch zu leeren Hülsen verkommen.

Es war keine Revolution von unten gewesen, die zur Herrschaft der Kommunisten in der SBZ/DDR geführt hatte, und auch kein demokratischer Wählerwille. Vielmehr war sie mit Hilfe der Besatzungsmacht systematisch von oben und mit Gewaltmethoden gegen den Widerstand der Mehrheit der Bevölkerung durchgesetzt worden.

Die SED berief sich auf den Marxismus-Leninismus als „wissenschaftlich bewiesene" und deshalb allgemein verbindliche Weltanschauung. Das unterschied die DDR grundlegend von der BRD, deren politisches System davon ausging, daß es in einer pluralistischen Gesellschaft kein objektiv erkennbares und vorgegebenes Gemeinwohl gibt, sondern vielfältige Interessen und Überzeugungen, die sich in Parteien und Verbänden organisieren und miteinander um politischen Einfluß konkurrieren. Wo es aber angeblich objektive Wahrheit gibt, ist kein Platz für freie Diskussion und legale Opposition. Die sozialistischen Kirchenväter Marx, Engels und Lenin (1950-53 auch noch Stalin) waren weithin präsent, in Gestalt von Großbildnissen bei Massenaufmärschen ebenso wie als häufige Zitate. Auf Marx ging die Vorstellung zurück, sich in eine welthistorische Entwicklung eingebettet zu wähnen, bei der die existierende sozialistische Ordnung als Übergangsstufe gesetzmäßig zum Kommunismus als lichter Zukunft der Menschheit überleiten würde. Wichtiger als Marx war der Mißbrauch und die Deformierung seiner Lehre durch Lenin. Um in Rußland die Machtergreifung einer Minderheit zu rechtfertigen, die dann dort die absolutistische Tradition bürokratischer Herrschaft fortsetzte, hatte Lenin die Partei zur Vorhut der Arbeiterklasse erklärt als deren bewußtester Teil. Die Partei(-spitze) verfüge über die objektive Einsicht in die Bewegungsgesetze der Geschichte und beanspruchte deshalb, alle gesellschaftlichen, politischen und kulturellen Bereiche zu führen und anzuleiten. Dieses Modell wurde von der SED kopiert. Schon die Sprache der offiziellen Propaganda war verräterisch: in ihr kehrten die Begriffe Führen, Anleiten und Erziehen immer wieder, um das Verhältnis zwischen SED-Führung und Bevölkerung zu beschreiben – als ein Verhältnis von Führung zu entmündigten Untertanen. Für Marx' Vorstellung vom Absterben des Staates (eine führende Partei kam bei ihm ohnehin nicht vor) und von der Entfaltung der Freiheit des einzelnen blieb dabei natürlich kein Platz. Bemerkenswert war, daß die SED-Führung sich indessen bei der Legitimierung ihrer Herrschaft nicht völlig auf die „historische Mission" verließ, sondern zugleich die scheindemokratische Form einer Akklamation durch die Bevölkerung beibehielt, indem sie diese Einheitslisten bestätigen ließ. Letzteres verwies auf das Prinzip der Volkssouveränität, das aber doch mit einem „wissenschaftlich" begründeten Führungsanspruch unvereinbar ist.

Zentrum der Macht in der DDR war das Politbüro der SED, das alle grundsätzlichen politischen und die wesentlichen personellen Entscheidungen traf, sowie das mit ihm personell verflochtene Sekretariat als Spitze des ausführenden Parteiapparats. In der SED galt das Prinzip des Demokratischen Zentralismus, nach dem auf allen Ebenen die Beschlüsse der höheren Organe für die jeweils unteren streng verbindlich waren. Um eine Opposition gegen die Parteiführung zu verhindern, war es verboten, Fraktionen oder Gruppen innerhalb der Partei zu bilden. Die formal höchsten Parteigremien, der alle vier (seit 1971 alle fünf) Jahre stattfindende Parteitag und das vierbis sechsmal jährlich tagende Zentralkomitee waren reine Akklamationsorgane, ebenso die niederen Parteidelegiertenkonferenzen. Auf diesen Parteiversammlungen gab es keine Diskussionen, sondern es mußte vorher von oben genehmigt werden, wer was sagen durfte, und auf Parteitagen kamen nie Gegenstimmen vor. Vom Parteitag

Die SED als „Vorhut der Arbeiterklasse"

Entscheidungsstrukturen

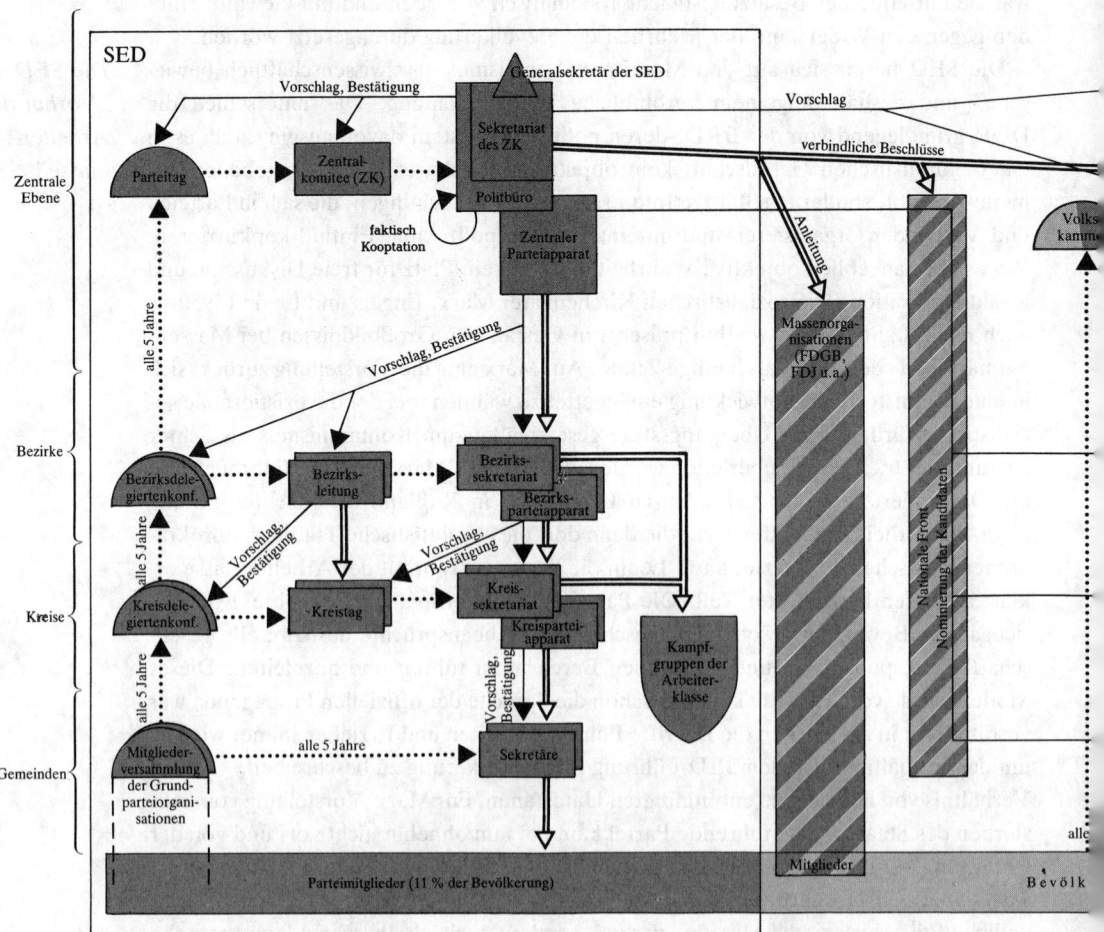

1981 ist bekannt, daß die Delegierten am Vortag sogar üben mußten, an welcher Stelle der Rede des Generalsekretärs sie in „spontanen" Jubel auszubrechen hatten. Die Kaderpolitik (d.h. Personalpolitik) in der Partei wurde zentral geplant. „Wahlen" erfolgten dann auf Vorschlag höherer Parteigremien und ohne Gegenkandidaten und mußten von oben bestätigt werden. Da das Politbüro keiner Kontrolle unterlag, bestand die Mitgliedschaft im Regelfall auf Lebenszeit. Von Mitbestimmung war in der Partei keine Rede, dafür forderte die Führung immer wieder Disziplin von den Mitgliedern.

Die SED führte gegenüber den Staatsorganen dadurch, daß alle wichtigen Posten mit Parteimitgliedern besetzt waren und der Kaderpolitik der SED unterlagen, daß auch dort das Prinzip des Demokratischen Zentralismus galt und daß Beschlüsse von Politbüro, Zentralkomitee und Parteitag unmittelbar für die Staatsorgane verbindlich waren. Als Folge des totalen Führungsanspruchs der SED wurde das Prinzip der Gewaltenteilung abgelehnt. Deshalb waren Gerichte nicht unabhängig. Vielmehr wurden Richter durch die Volksvertretungen der jeweiligen Ebenen auf Zeit „gewählt" und

DR (um 1976)

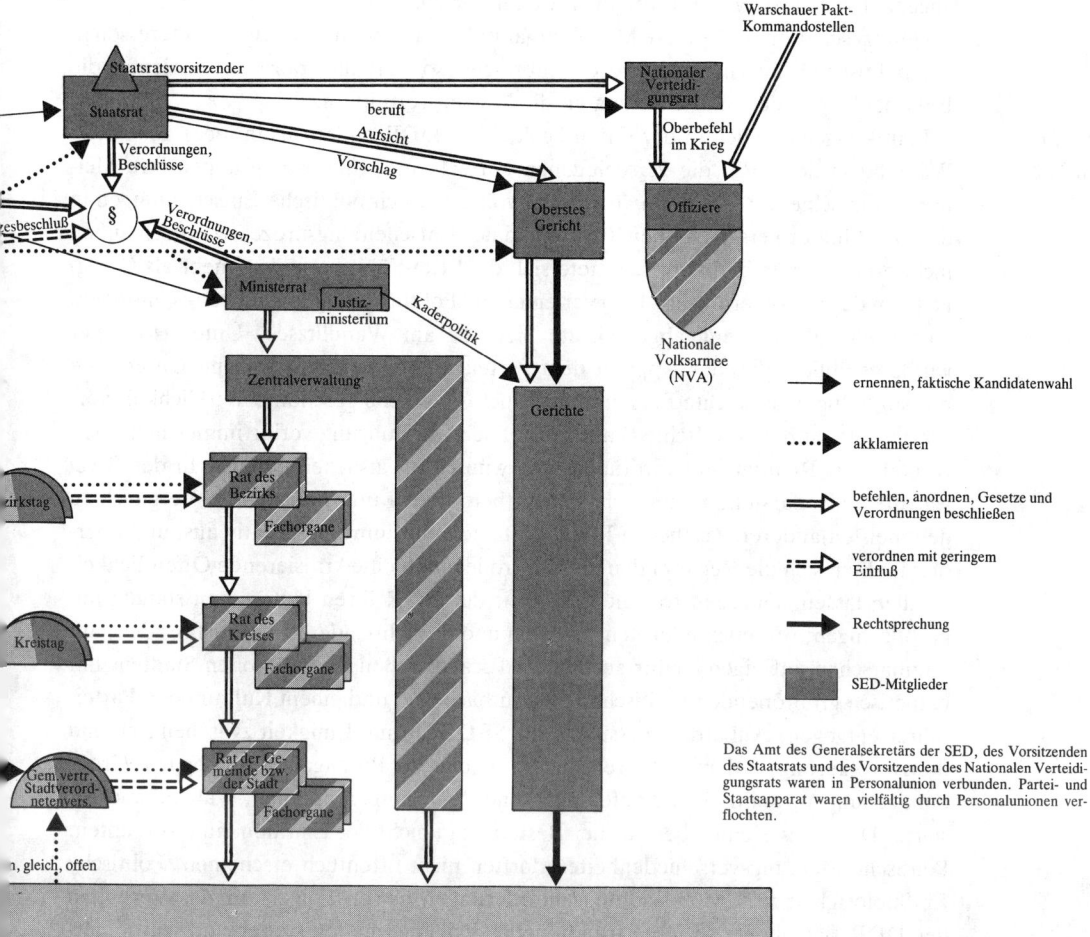

Staatsratsvorsitzender

Staatsrat — beruft — Nationaler Verteidigungsrat

Warschauer Pakt-Kommandostellen

Aufsicht

Vorschlag

Oberbefehl im Krieg

Verordnungen, Beschlüsse

§

Verordnungen, Beschlüsse

...esbeschluß

Oberstes Gericht

Offiziere

Ministerrat — Justizministerium

Kaderpolitik

Zentralverwaltung

Gerichte

Nationale Volksarmee (NVA)

Rat des Bezirks — Fachorgane

...zirkstag

Rat des Kreises — Fachorgane

Kreistag

Rat der Gemeinde bzw. der Stadt — Fachorgane

Gem.vertr. Stadtverordnetenvers.

..., gleich, offen

ernennen, faktische Kandidatenwahl

akklamieren

befehlen, anordnen, Gesetze und Verordnungen beschließen

verordnen mit geringem Einfluß

Rechtsprechung

SED-Mitglieder

Das Amt des Generalsekretärs der SED, des Vorsitzenden des Staatsrats und des Vorsitzenden des Nationalen Verteidigungsrats waren in Personalunion verbunden. Partei- und Staatsapparat waren vielfältig durch Personalunionen verflochten.

sollten parteilich sein, und höhere Gerichte und das Justizministerium erteilten nachgeordneten Gerichten Weisungen, wozu noch der informelle Einfluß der Parteifunktionäre auf die Gerichte kam. Das Parlament, die Volkskammer, war weitgehend bedeutungslos. Es entschied nicht nur diskussionslos und einstimmig (einzige Ausnahme von der Einstimmigkeit war das Gesetz über Schwangerschaftsabbruch 1973), sondern tagte nur selten und mit abnehmender Häufigkeit: von zwölfmal jährlich 1950/54 auf dreimal jährlich 1976/81 (zum Vergleich: Bundestag der BRD 1949-80 durchschnittlich 58 Plenarsitzungen jährlich). Die Volkskammer verabschiedete nur wenige Gesetze. Die Rechtssetzung erfolgte vielmehr weitgehend durch Verordnungen und Beschlüsse des Ministerrats als Spitze der Exekutive und auch des Staatsrats, der 1960 als kollektives Staatsoberhaupt gebildet wurde. Da es bei den „Wahlen" zur Volkskammer und den niedrigeren Volksvertretungen keine Auswahl gab, bestand für die Bürger keine politische Einflußmöglichkeit.

Der Verfassungstext von 1949 orientierte sich weitgehend an der Weimarer Verfassung und stand dementsprechend bald in eklatantem Widerspruch zur Realität. 1968 wurde deshalb eine neue Verfassung erlassen, die den wirklichen Verhältnissen stärker angepaßt war, aber Teile davon auch weiter verschleierte.

Gewerkschaften und andere Massenorganisationen sollten nicht eigene Interessen in den politischen Entscheidungsprozeß einbringen, sondern als Transmissionsriemen die Entscheidungen der SED-Führung an die Massen vermitteln.

Politik und Öffentlichkeit

Politik erschien auch in der Öffentlichkeit der DDR anders als in jener der BRD. Während in der BRD die verschiedenen Parteien und Interessengruppen ihre Meinungsunterschiede recht offen austrugen, vollzogen sich politische Entscheidungen in der DDR hinter verschlossenen Türen, und der Entscheidungsprozeß war nach außen nicht erkennbar. Überhaupt schottete sich die SED-Führung immer mehr als Obrigkeit von der Bevölkerung ab. 1960 verlegten die Politbüromitglieder ihren Wohnsitz in eine nach außen streng abgeschirmte Siedlung am Wandlitzsee. Unter Honecker wurde es üblich, daß der Apparat dem Parteichef bei Begegnungen mit Untertanen nur sorgfältig ausgesuchte Personen und auch sonst eine geschönte Wirklichkeit vorführte, z.B. durch verfälschte Statistiken. Die Parteiführung verlor immer mehr den Kontakt zur Realität und verdrängte unerwünschte Tatsachen einfach. In der BRD war die Selbstdarstellung der Staatsmacht betont zivil und fiel auch im Vergleich zu den meisten anderen westlichen Industriestaaten eher unrepräsentativ aus, und überdies mußten sich die Regierenden die Kontrolle durch eine kritisierende Öffentlichkeit gefallen lassen. Dagegen trat die Obrigkeit der DDR ihren Untertanen ständig mit großflächigen, oft leuchtendroten Plakaten und Spruchbändern an Hausfassaden, mit Aufmärschen auf eigens dafür angelegten Paradestraßen in den großen Städten, mit pathetisch großtönenden politischen Verlautbarungen und einem Kult um den Parteiführer entgegen. Außerdem versuchte die SED-Führung Einigkeit zwischen sich und der Bevölkerung zu demonstrieren, indem sie diese in Propagandakampagnen, Großkundgebungen, politischen Konferenzen und Anhörungen und bei „Wahlen" mobilisierte. Dies alles diente aber nur der Bestätigung, nicht der Einflußnahme von unten. Politische Meinungsverschiedenheiten durften nicht öffentlich erscheinen. Politische Einflußlosigkeit und Mobilisierungsanforderungen hatten Folgen für das Verhalten der DDR-Bewohner: so lebte traditionelles Rollenverhalten weiter und wurde verstärkt, wenn Behörden und die in der Öffentlichkeit demonstrativ sichtbare Polizei die Bürger autoritär und ruppig behandelten und diese das mit der Haltung des geduckten Untertanen hinnahmen, und ebenso wurde jene schon in der NS-Zeit eingeübte Verhaltensweise nach 1945 bruchlos weitergeführt, opportunistisch mitzulaufen, formal seiner Beteiligungspflicht zu genügen und sich im übrigen innerlich unpolitisch zurückzuziehen aufs private Glück von Familie, Wochenendhaus und Berufserfolg.

Zwischen Systemopposition und Konsens

Oberstes Ziel der SED-Führung war stets, die Macht in den Händen zu behalten. Als die kommunistische Diktatur errichtet wurde, stieß sie bei der Bevölkerung der SBZ/DDR auf wenig Gegenliebe. Daß die DDR auch hinsichtlich des Wohlstands hinter der BRD zurückblieb, tat ein übriges hinzu. Da die Kommunisten die Gewalt der Roten Armee hinter sich hatten und die Bevölkerung deshalb keine Chance besaß, einen inneren Wandel zu erzwingen, äußerte sich die Ablehnung vielfach in einer Flucht nach Westdeutschland. 1949-61 flüchteten 2.686.942 Deutsche aus der DDR in die BRD. 1952 begann die DDR-Führung, an der Grenze zur BRD Stacheldraht, Minenfelder und Wachtürme zu errichten, und 1957/58 schränkte sie Reisen in den Westen drastisch ein (außer nach West-Berlin). Aus Angst, die DDR könnte wie ein leckes Faß leerlaufen, ließ die SED-Führung schließlich 1961 eine Mauer um West-

Berlin herum errichten, um dieses letzte Fluchtloch zu stopfen, und erlaubte nur noch Dienstreisenden, das Land in den Westen zu verlassen. Seit 1964 durften dann auch Rentner zu Verwandtenbesuchen ausreisen. Ab 1972 wurde in geringer Zahl überdies manchen Personen, die noch nicht im Rentenalter sind, erlaubt, in wichtigen Familienangelegenheiten in die BRD zu reisen, und ab 1986 handhabe die DDR-Führung die Erlaubnis zu Westreisen für Bürger unterhalb des Rentenalters sogar erheblich lockerer. Die Sperranlagen zur BRD wurden aber immer weiter zu einem tief gestaffelten, immer undurchlässigeren System ausgebaut. Seit 1961 waren die patrouillierenden Grenzsoldaten angehalten, auf Flüchtende zu schießen, und es gab sogar Geldprämien für erschossene Flüchtlinge. 1970-84 waren an der Grenze zusätzlich Selbstschußanlagen installiert. 1961-89 wurden bei dem Versuch, die Grenze zur BRD oder nach West-Berlin zu überwinden, 600 Menschen umgebracht. Die Weltgeschichte kennt eine Reihe von Beispielen für Grenzbefestigungen, die gegen Angriffe und Einwanderungen von außen schützen sollten, und es gibt auch Staaten, die sich wechselseitig gegeneinander abkapseln. Aber ein einseitiges Sperrsystem, das verhindern sollte, daß die eigenen Insassen weglaufen, steht in der Geschichte einzigartig dar. Es war ein Armutszeugnis für das politische System der DDR, das damit unübersehbar eingestehen mußte, im Wettstreit der Systeme nicht mithalten zu können. Dies wurde zweifellos bestätigt, als die Unterzeichnung der UN-Menschenrechtserklärung und der KSZE-Schlußakte durch die DDR ab 1973 eine Welle von Zigtausenden von Ausreiseanträgen auslöste. Nur wenige wurden genehmigt, und mit Schikanen am Arbeitsplatz und Verhaftungen würgten die Behörden diese Bewegung dann vorübergehend ab, ohne sie indessen auf Dauer beseitigen zu können.

Das Ausmaß der Loyalität gegenüber dem System wandelte sich im Laufe der Zeit allerdings durchaus. In den 40er und 50er Jahren wurde das kommunistische System von der Mehrheit der Bevölkerung abgelehnt. Als die Regierung Anfang 1953 den Druck auf den „Klassenfeind" verstärkte und außerdem Steuern erhöhte und Subventionen strich, um eine rasche Industrialisierung und den Aufbau der Armee zu finanzieren, und als sie im Mai außerdem Arbeitsnormen erhöhte, d.h. also faktisch die Löhne senkte, brach am 17. Juni in Ost-Berlin eine Streikbewegung aus. Rasch erfaßte sie über 250 Orte mit Streiks und Demonstrationen. Daran beteiligten sich etwa sieben Prozent der Arbeiter, aber kaum Angehörige anderer Bevölkerungsschichten. Die Bewegung begann mit wirtschaftlichen Forderungen und wuchs sich dann zu einem politischen Aufstand aus, indem freie und geheime Wahlen gefordert wurden (dagegen nirgends die Rücknahme der Sozialisierungen der Industrie). Die SED-Führung war ohnmächtig. Aber als sowjetische Panzer auf der Bildfläche erschienen, brach der unkoordinierte und spontane Aufstand rasch zusammen. Es gab einige Dutzend Tote. Das Ereignis bedeutete für beide Seiten eine wichtige Erfahrung. Der Bevölkerung zeigte es, daß jeder Versuch aussichtslos ist, die Verhältnisse gewaltsam zu verändern, der SED-Führung machte es klar, daß sie sich nicht zu rigoros über die wirtschaftlichen und gesellschaftlichen Interessen der Arbeiter hinwegsetzen durfte.

Seit 1961 flaute die Opposition ab, und die Zustimmung zum System wuchs: viele Systemgegner waren inzwischen abgewandert, mit dem wirtschaftlichen Aufschwung konnte die Regierung Konsum- und Karrierewünsche besser befriedigen und Sozialleistungen bieten, und schließlich blieb der DDR-Bevölkerung nach dem Mauerbau auch gar nichts anderes mehr übrig, als sich mit den Gegebenheiten zu arrangieren und sich anzupassen. Aber die Legitimitätsbasis der SED-Herrschaft blieb brüchig. Der

Wunsch nach mehr Meinungsfreiheit und Reisefreizügigkeit erlosch nie, und die innere Stabilität der DDR blieb auch stark davon abhängig, ob die materiellen Wünsche der Bevölkerung erfüllt werden konnten. Dabei war die Führung der SED in einer problematischeren Position als jene aller anderen Ostblockstaaten: nur für die DDR gab es in Gestalt der BRD ein westliches Gegenstück derselben Volkszugehörigkeit, das obendrein stets wirtschaftlich erfolgreicher war, dessen Radio- und Fernsehsendungen einem großen Teil der DDR-Bevölkerung westliche Konsummaßstäbe und auch politische Informationen vermittelten und das allen ständig als Vergleichsmaßstab diente. Als in den 80er Jahren die Kluft zwischen den materiellen Ansprüchen der Bevölkerung und den Leistungen des Systems wuchs und die SED-Führung der Reformpolitik in der UdSSR nicht folgte, stieg die Unzufriedenheit wieder. Unter dem Dach der Kirche bildete sich sogar eine kritische Gegenöffentlichkeit jüngerer Bürger.

Herrschafts-
instrumente

Die wichtigsten Mittel, mit denen die SED-Führung ihre Herrschaft in der DDR aufrechterhielt, waren der Versuch, die materiellen Ansprüche der Bevölkerung zu befriedigen, die Repression von Widerständen, die gezielte Kaderpolitik und das Streben, die Menschen durch Erfassen und Erziehen positiv im Sinne der Führung auszurichten. Da die Massenloyalität in der DDR stets viel geringer war als in der BRD, spielte Repression eine wesentliche Rolle. Dazu wurde ein Polizeiapparat aufgebaut, der relativ zur Einwohnerzahl erheblich größer war als in der BRD, 1950 wurde der Staatssicherheitsdienst zur Überwachung der Bevölkerung gegründet und ab 1952 mit den Kampfgruppen eine Bürgerkriegsmiliz aus zuverlässigen SED-Mitgliedern aufgebaut, die direkt der Partei unterstanden (bis 1977 auf 500.000 Mann angewachsen).

Im Zuge der Entnazifizierung hatten die Russen massiven Terror auch gegen tatsächliche und mögliche politische Gegner ausgeübt, und der DDR-Staatsapparat setzte dies in den 50er Jahren fort. Dazu dienten ihm zahlreiche Verhaftungen, Folter, hohe und oft willkürliche Strafurteile und andere Druckmittel. Diese Repression richtete sich sowohl gegen politische Gegner wie auch gegen Bauern, die der Kollektivierung widerstrebten, gegen entschiedene Christen und gegen sich kritisch äußernde Personen. Begleitend wurde Anfang der 50er Jahre eine geradezu hysterische Agenten- und Verräterfurcht entfacht. Gegen Ende der 50er Jahre ließ die Intensität und Gewaltsamkeit der Repressionsmaßnahmen nach, und zahlreiche politische Gefangene wurden amnestiert. Dies geschah, da die kommunistische Herrschaft sich allmählich festigte und von der Bevölkerung zunehmend zumindest hingenomen wurde, und da es den Machthabern immer mehr gelang, durch ein ständig weiter ausgebautes System von Überwachungs- und Steuerungsmaßnahmen oppositionelle Regungen schon im Keim zu ersticken und auch überhaupt präventiv zu verhindern. Die vorangegangene NS-Herrschaft war nicht über jenen Zeitraum von einem Dutzend Jahren hinausgekommen, den auch die Kommunisten benötigten, um ihre Herrschaft in der DDR voll durchzusetzen, weshalb die Nazis stets noch mit Teilen der alten Elite zu tun gehabt hatten. Die SED-Herrschaft dauerte dagegen auch weit über ihre Aufbauphase hinaus an und konnte deshalb die Gesellschaft in einem Maße durchdringen und mit subtileren Methoden in den Griff bekomen, wie das die Nazis ihrerzeit nie erreicht hatten. Die Kaderpolitik der SED sorgte dafür, daß nur hinreichend linientreue Nachwuchskräfte in gehobene Funktionen gelangten. Wer als Student kritische Fragen stellte, wurde von der Universität verwiesen, und wer dezidierter Christ oder gar Wehrdienstverweigerer war, brauchte sich ohnehin keine Karrierechancen auszurechnen. Im Laufe der Jahrzehnte bekamen so die Eliten aller gesellschaftlichen Bereiche eine starke SED-Orientierung. Aber in der DDR blieb auch ein beträchtliches Maß direkter Repression bestehen. Kritik an einzelnen Personen und konkreten Einzelmißständen war möglich, aber wer die gesellschaftlichen und politischen Ursachen von Fehlentscheidungen thematisierte, wurde kriminalisiert. Ständig wurden DDR-Bürger wegen kritischer Äußerungen aufgrund nur vage umschriebener politischer Straftatbestände und wegen Fluchtversuchen zu längeren Haftstrafen verurteilt. Meist geschah das in Geheimprozessen. Die Zahl der politischen Gefangenen betrug ständig weit über Tausend. Als Reaktion auf die Solidarnosc-Bewegung in Polen 1980/81 und das Entstehen unangepaßter Kräfte im eigenen Land baute die SED-Führung im Laufe der 80er Jahre den Überwachungsapparat des Staatssicherheitsdienstes sogar noch weiter aus.

Den Maßnahmen des Staatsapparates waren die Bürger weitgehend wehrlos ausgeliefert. Es gab keine Möglichkeit, Verwaltungsentscheidungen gerichtlich überprüfen zu lassen. Die Verteidigungsmöglichkeiten vor Gericht wurden stark reduziert: 1985 gab es nur noch 600 Rechtsanwälte (BRD: 47.000), die fast alle gleichgeschalteten Rechtsanwaltskollektiven angehörten, und der Umgang der Verteidiger mit Angeklagten wurde immer weiter eingeschränkt. Auch die Tatsache, daß sich fast alle Arbeitsplätze in staatlichen oder genossenschaftlichen Betrieben befanden, gab der Führung ein Disziplinierungsinstrument in die Hand; wer politisch querlag, mußte mit seiner Entlassung rechnen. Der Staatsapparat versuchte Westeinflüsse möglichst fernzuhalten. Dazu dienten nicht nur die Reisebeschränkungen. Es war auch verboten, Presseerzeugnisse und politische Literatur aus dem Westen einzuführen. Solche wurden jährlich tonnenweise aus westdeutschen Postsendungen heraus beschlagnahmt und vernichtet. In wissenschaftlichen Bibliotheken befand sich die als „gefährlich" eingestufte Westliteratur unter Verschluß und durfte nur von einem kleinen Leserkreis mit Sondererlaubnis in Spezialesesälen eingesehen werden. Die speziell für die DDR ausgestrahlten Rundfunksendungen des amerikanischen RIAS Berlin wurden mit Störsendern bekämpft, und seit 1972 durften Funktionäre, Angehörige der Streitkräfte, Lehrer und einige andere Berufsgruppen keine Besuchs-, Post- und Telefonkontakte mit dem Westen haben. Lange war auch der Gemeinschaftsempfang westlicher Sender strafbar, und ab 1961 wurden in mehreren Aktionen Fernsehantennen, die auf Westfernsehen ausgerichtet waren, abgerissen oder umgedreht, bis die Obrigkeit in dieser Frage 1973 kapitulierte. Noch mehr als der Zustrom von Westeinflüssen wurde die Informationsverbreitung im Innern strikt kontrolliert. Dies erfolgte nicht nur durch Kaderpolitik und Strafandrohung. Rundfunk und Fernsehen, Filmindustrie und die eine zugelassene Nachrichtenagentur waren staatlich, und die Verlage gehörten Parteien oder Massenorganisationen. Für die Presse wurden vom Politbüro Sprachregelungen herausgegeben, Bücher unterlagen der Vorzensur, die viele Manuskripte aus politischen Gründen nicht zum Druck zuließ, und selbst der Zugang zu Fotokopierern blieb streng kontrolliert und einigen wenigen vorbehalten. Um die einzelnen Bürger zu überwachen, bestand ein dichtes Netz von Spitzeln, eine umfangreiche Post- und Telefonkontrolle und die Kaderakte. Für jeden Erwerbstätigen gab es eine Kaderakte, die von der Personalabteilung eines Betriebs in Zusammenarbeit mit dem Staatssicherheitsdienst geführt wurde. In ihr wurden außer beruflichen Beurteilungen auch Meldungen über polizeiliche Auffälligkeiten, Besuche aus dem Westen, Nichterscheinen zur Maidemonstration, systemkritische Witze usw. gesammelt. Der Betroffene bekam sie nie zu Gesicht, aber sie begleitete ihn wie ein Schatten sein Leben lang.

Der verästelte und effiziente staatliche Überwachungsapparat und der hohe Grad an sozialer Kontrolle erzeugten weithin ein gespaltenes Verhalten. Nach außen verhielten sich fast alle angepaßt, versuchten nicht dumm aufzufallen, redeten die gewünschten Phrasen der offiziellen Ideologie als Lippenbekenntnisse nach und vermieden es, ihre eigene politische Meinung in der Öffentlichkeit zu sagen. Im Privatleben redete man dann anders. Wer sich konform verhielt, hatte nichts zu fürchten, und weil die weitaus meisten sich anpaßten, wurde der Staatssicherheitsdienst mit den wenigen, die opponierten, leicht fertig.

Propaganda und Militarisierung Für das rechte obrigkeitliche Bewußtsein sollte auch die Erziehung in Schule und FDJ sowie die Propaganda in den Medien und an öffentlichen Fassaden sorgen. Während in der Aufbauzeit mancher ehrlich an die kommunistische Utopie glaubte und in ihr eine echte Perspektive sah, verblaßte diese mit den Jahren zu hohlen Phrasen. Propaganda und Informationspolitik wirkten auf die DDR-Bevölkerung weithin unglaubwürdig, weil sie dauernd in extremer Einseitigkeit die DDR zur besten aller denkbaren Gesellschaften hochstilisierten. Ständig wurden neue Planerfüllungen und -überfüllungen verkündet und langatmige offizielle Reden im Wortlaut gedruckt. Dagegen wurden Probleme ignoriert und Unglücksfälle in sozialistischen Staaten weitgehend verschwiegen. Auch Daten über die Umweltbelastung wurden geheim gehalten, und über die seit 1969 wieder steigende Kriminalität wurden immer stärker nach unten gefälschte Zahlen veröffentlicht (die Partei nahm lange an, in der sozialistischen Gesellschaft würde die Kriminalität verschwinden). Diese Informationspolitik wirkte auch deshalb unglaubwürdig, weil viele DDR-Bewohner westliche Fernseh- und Radioinformationen als Korrektur zu den eintönigen DDR-Medien nutzten. So stellte sich das von der Führung gewünschte sozialistische Staatsbewußtsein in weiten Teilen der Bevölkerung nicht recht ein. Dem versuchte die SED mit immer neuen Propagandakampagnen abzuhelfen – eine eigentlich ganz unmarxistische Antwort, denn da nach Marx das gesellschaftliche Sein das Bewußtsein bestimmt, hätten die Ursachen für mangelnde Zufriedenheit in Mängeln des wirtschaftlichen und politischen Systems gesucht und entsprechend dort beseitigt werden müssen.

Um für den rechten Untertanengehorsam zu sorgen, fand in der DDR eine fortschreitende Militarisierung der Gesellschaft statt. Dazu gehörte nicht nur, daß dem Militärwesen stets großer propagandistischer Aufwand gewidmet wurde, sondern das Militärische durchdrang auch das Zivilleben, z.B. mit der Uniformierung der FDJ und Massenaufmärschen in Reih und Glied, mit Begriffen wie „Held der Arbeit" und „Ernteschlacht", mit kämpferischem Vokabular und ständigem Freund-Feind-Denken in der Propaganda. Das Erziehungswesen wurde immer stärker von vormilitärischer Ausbildung geprägt: seit 1952 führte die Gesellschaft für Sport und Technik vormilitärische Ausbildung für Jugendliche außerhalb der Schule durch, seit 1967 fanden wehrsportliche Wettkämpfe der 8. Klassen statt, 1973 wurde die vormilitärische Lagerausbildung für die 11. Klassen und 1978 ein spezieller Wehrkundeunterricht mit Waffenausbildung für die 9. und 10. Klassen eingeführt. Außerdem mußten Studenten in den Semesterferien eine wehrsportliche Ausbildung absolvieren.

Österreich Wie in der BRD entstand auch in Österreich nach dem Zweiten Weltkrieg eine stabile Demokratie, die nicht mehr die scharfen klassenkämpferischen und kulturkämpferischen Gegensätze wie in den 20er Jahren kannte. Ein Versuch der Kommunisten, 1950 durch den Aufruf zu einem Generalstreik das politische System zu stürzen, fiel mangels Beteiligung der meisten Arbeiter kläglich in sich zusammen.

1108

Das österreichische Parteiensystem knüpfte ziemlich direkt an die Konstellation der 20er Jahre an. 1945 wurde die Österreichische Volkspartei (ÖVP) gegründet, und SPÖ und KPÖ erstanden wieder auf. Die ÖVP nahm die Tradition der Christlichsozialen auf, war aber eindeutig demokratisch und nicht mehr klerikal-konfessionell geprägt. Die SPÖ legte das marxistische Denken ab und wandelte sich von der Klassenpartei zur linken Volkspartei (neues Programm 1958). 1949 entstand noch der „Verband der Unabhängigen", aus dem dann 1955 die Freiheitliche Partei Österreichs (FPÖ) hervorging. Hier sammelte sich die deutschnationale und großdeutsche Tradition. Da diese Partei zunächst stark von ehemaligen Nazis durchsetzt war, galt sie bis Ende der 60er Jahre als nicht koalitionswürdig. ÖVP und SPÖ wurden von Anfang an wieder die beiden großen Parteien. Die KPÖ schnitt schon bei den Wahlen 1945 schlecht ab und verschwand 1959 ganz aus dem Bundesparlament. Die FPÖ blieb klein. 1982 entstanden dann wie in der BRD auch in Österreich Grüne.

1945 wurde zunächst eine Allparteienregierung gebildet, die man nach dem Ausscheiden der KPÖ 1947 als ÖVP-SPÖ-Koalition bis 1966 fortsetzte. Dabei stellte die ÖVP den Kanzler und die SPÖ Vizekanzler und Bundespräsidenten. Diese Große Koalition war sinnvoll, solange die Besatzungszeit noch andauerte, und sie half, die verhängnisvolle Tradition von Konfrontation und Klassenkampf zu überwinden. Aber zugleich bedeutete sie, daß es keine nennenswerte Opposition gab und daß der Koalitionsausschuß das eigentliche Entscheidungsgremium wurde. Überdies verführte sie dazu, daß immer mehr das Prinzip um sich griff, Posten in Regierungen und Verwaltungen auf Bundes-, Länder- und Gemeindeebene, in Rundfunk und Staatsbetrieben nach dem Proporzprinzip zu besetzen. Die beiden großen Parteien neigten dazu, Staat und Gesellschaft unter sich in Einflußsphären aufzuteilen. Auch die Wohnungsvergabe im öffentlich geförderten Wohnungsbau war stark vom Parteibuch abhängig, und selbst Automobil-, Mieter-, Sport-, Akademiker- und Rentnerverband existierten doppelt, jeweils einmal SPÖ- und ÖVP-orientiert. Da die Patronagewirtschaft nach dem Parteibuchprinzip so weite Teile von Staat und Gesellschaft durchwucherte, war der Anteil der Parteimitglieder an den Wahlberechtigten wesentlich höher als in der BRD (1966: 26 Prozent gegen 3,2 Prozent). Nachdem die ÖVP 1966 die absolute Mehrheit gewonnen hatte, regierte sie alleine. Darauf folgte 1970-83 eine SPÖ-Alleinregierung unter B. Kreisky, ab 1971 mit absoluter Mehrheit. Diese steuerte einen Reformkurs ähnlich dem der sozialliberalen Regierung in Bonn und hielt daran länger fest, was die Staatsverschuldung noch höher auflaufen ließ. Nach dem Verlust der absoluten Mehrheit 1983 regierte die SPÖ zunächst zusammen mit der FPÖ. Als letztere wieder stärker nach rechts rückte, kündigte die SPÖ die Koalition, worauf 1987 erneut eine Große Koalition zustandekam. Diese stand vor allem vor der Aufgabe, den Staatshaushalt und die in die Krise geratene Staatsindustrie zu sanieren, wobei sie die sozialpolitischen Wohltaten der 70er Jahre zum großen Teil wieder einsammelte.

Die Schweiz war unter der Bedrohung durch den Nationalsozialismus innerlich eng *Schweiz* zusammengerückt, und nach Ausbruch des Kalten Kriegs wurde diese Haltung unter der Fahne eines kräftigen Antikommunismus ungebrochen fortgesetzt. Das politische Klima war intolerant; die bestehenden Verhältnisse wurden öffentlich als heil, gesund und bewährt gepriesen, und jede grundsätzliche politische Kritik oder Neuordnungsvorstellung wurde als „unschweizerisch" verketzert. Die Medien waren eintönig und kannten kaum kritische Berichterstattung. Unter ihrer politischen Überstabilität verknöcherte die Schweiz zum politisch und gesellschaftlich konservativsten westeuropäischen Industriestaat. Erst seit Mitte der 70er Jahre begann sich dieser enge politische Konsens allmählich etwas zu lockern.

Nachdem den Sozialdemokraten 1943 ein Sitz im Bundesrat zugestanden worden war, einigten sich die vier großen Parteien 1959 auf jene Sitzverteilung im Bundesrat, die bis heute besteht: je zwei Sitze für liberale Freisinnige, Katholisch-Konservative und Sozialdemokraten und einen für die Bauern-, Gewerbe- und Bürgerpartei. Das Proporzsystem wurde auf viele andere staatliche Gremien übertragen und noch dadurch verfeinert, daß man außer der Parteizugehörigkeit auch kantonale, sprachliche und konfessionelle Zuordnungen berücksichtigte. Ebenso wurden auf Kantons- und Gemeindeebene alle wichtigen politischen Gruppen an der Macht beteiligt. Dieses System der Konkordanzdemokratie brachte es mit sich, daß keine nennenswerte Opposition vorhanden war und daß alle politischen Entscheidungen stets sorgfältig ausgehandelte Kompromisse darstellten. Wahlen boten keine echten Alternativen zu der von allen großen Parteien mitverantworteten Politik und waren ziemlich folgenlos. Dadurch erhielt die Politik einen Hang zur Unbeweglichkeit. Das wurde noch verstärkt durch die Referendumspraxis, da die Bürger dadurch die Politik nur beeinflußten, indem sie zu Neuerungen nein sagten.

Im politischen Entscheidungsprozeß in der Schweiz gewannen nach dem Zweiten Weltkrieg die Interessenverbände eine beherrschende Rolle. Gesetzesvorhaben stimmte der Bundesrat mit diesen ab. Dagegen war die Abgeordnetentätigkeit weiter nebenberuflich und der organisatorische Apparat des Parlaments nur schwach ausgebaut. So hatte das Parlament mangels dauernder Präsenz und mangels Sachkompetenz gegenüber der Exekutive eine sehr schwache Stellung. Die Parteien verharrten noch im Honoratiorentyp und waren finanziell fast ganz von Spenden der Wirtschaft abhängig. Unverkennbar wurde auf diese Weise der politische Kurs stark von großbürgerlichen und industriellen Interessen bestimmt. So war die Einkommenssteuerprogression relativ niedrig (1980 betrug der Spitzensteuersatz in der Schweiz 44,8 Prozent, dagegen in der BRD 56 und in Österreich 62 Prozent), und die Steuer- und Abgabenquote war geringer als in allen anderen westeuropäischen Industriestaaten (1980 Schweiz 29 Prozent des Bruttosozialprodukts, dagegen BRD und Österreich je 40 Prozent). Sozialleistungen und staatliche Daseinsvorsorge waren entsprechend schmaler. Auch die Umweltschutzgesetzgebung war in der Schweiz unternehmerfreundlicher, also zahnloser als in der BRD.

Offenkundig geriet das politische System der Schweiz nach dem Zweiten Weltkrieg in einer schleichenden Krise. Da die Parlamentswahlen mit dem Entstehen der Konkordanzdemokratie an Bedeutung verloren und da die Zahl der Referenden und Volksabstimmungen zunahm, wobei die Materien komplizierter wurden und immer mehr Bürger sich sachlich überfordert sahen, sank die Stimmbeteiligung stetig ab. Bei Nationalratswahlen ging sie 1947-87 von 72,4 auf 44,6 Prozent zurück. Derartige Verfallserscheinungen kannte kein anderes europäisches Land.

Beurteilung   Die drei auf dem Boden des großdeutschen Reiches entstandenen Staaten zogen jeder aus der NS-Zeit Konsequenzen, aber mit sehr unterschiedlichem Ergebnis. In der BRD und Österreich entstanden zum ersten Mal allgemein bejahte und stabile Demokratien. Sie verwirklichten im Laufe der Zeit mehr politische Freiheit und Rechtssicherheit gegenüber staatlichen Maßnahmen, als es dort je zuvor gegeben hatte, wenngleich die wachsende Fülle der Rechtsvorschriften den Handlungsspielraum des einzelnen im Alltag teilweise auch wieder einschränkte. Die DDR wurde hingegen ihrem

Anspruch, humane Werte zu verwirklichen, in ihrem politischen System nicht gerecht, ganz zu schweigen von der Marxschen Utopie einer herrschaftsfreien Gesellschaft. In der DDR wurden dem Bürger viel kleinere, enger beschnittene Freiräume zugestanden als in der BRD. Der totalitäre Anspruch der SED und die Methoden, der sie sich bei der Aufrechterhaltung ihrer Diktatur bediente, ähnelten manchen Zügen des NS-Staates, wenngleich die DDR anders als jener keine innere Dynamik besaß, die in Krieg und Massenmord hineintrieb. So konnte Brecht sarkastisch fragen, warum die Regierung, wenn das Volk ihr Vertrauen verloren habe, nicht das Volk auflöse und sich ein anderes wähle?

In mancher Hinsicht lagen Licht und Schatten beider Systeme jeweils dicht beisammen. Das demokratische ging stärker auf die Wählerwünsche ein, wo das kommunistische umgekehrt die Bevölkerung im Sinne einer Utopie erziehen wollte, und das demokratische vermochte dank freier öffentlicher Diskussion auch neu auftretende Probleme schneller zu erkennen und rascher und flexibler darauf zu reagieren, wie sich am Beispiel der Umweltschutzprobleme deutlich zeigte. In einer sich rasch verändernden Welt war diese Lernfähigkeit von großem Vorteil. Die Kehrseite der Medaille war, daß Politiker im demokratischen System dazu neigten, kurzatmig mit Blick auf die nächste Wahl zu handeln und langfristige Folgen zu wenig zu berücksichtigen, während die vom Druck der Interesen stärker abgelöste Diktatur leichter langfristige Ziele im Auge behalten, konsequent verfolgen und durchsetzen konnte. Während die demokratischen Systeme mehr politische Freiheit verwirklichten, konnte das kommunistische anscheinend gerade wegen seines repressiven Charakters für eine geringere Kriminalitätsrate sorgen. Während die vom Marktumsatz abhängige westliche Presse im Streben nach umsatzträchtigen, sensationellen Schlagzeilen bevorzugt über aktuelle Mißstände und Unglücke berichtete und dabei Fortschritte und Leistungen ebenso vernachlässigte wie grundsätzliche Probleme, die hinter der Oberfläche des bewegten Tagesgeschehens lagen, jubelte die staatlich kontrollierte DDR-Presse selbst kleinste Wirtschaftserfolge ständig zu großen Errungenschaften des Sozialismus hoch und verschwieg jegliche Mißstände und Probleme, womit sie ein noch weniger realistisches Bild der Welt lieferte.

9.7 Im Gefolge der Supermächte

Das
internationale
Umfeld

Das internationale Umfeld, in dem die deutschen Staaten sich nach dem Zweiten Weltkrieg wiederfanden, unterschied sich grundlegend von jenem früherer Zeiten. Schon im 19. Jahrhundert hatte sich der Aufstieg der USA und Rußlands zu den beherrschenden Weltmächten angekündigt. Nachdem Hitlers Versuch, die Sowjetunion zu vernichten und das Deutsche Reich als Weltmacht an ihre Stelle zu setzen, im Zweiten Weltkrieg gescheitert war, kam diese Tendenz voll zum Durchbruch. Die UdSSR wurde zur überragenden Macht in Europa und stieg nur deshalb nicht zur europäischen Hegemonialmacht auf, weil die USA sich diesmal – anders als noch 1918 – entschlossen hatten, in Europa langfristig militärisch präsent zu bleiben. Es gab kein autonomes europäisches Staatensystem mehr, sondern beide Randmächte schoben ihre Macht nach Europa hinein, teilten den Kontinent unter sich auf und konsolidierten ihre Einfluß- und Herrschaftssphären in einer bipolaren Blockbildung. Diese kristallisierte sich bis 1955 mit der Gründung von NATO und WEU einerseits und Warschauer Pakt andererseits zu festen Institutionen. Das Deutsche Reich als außenpolitisch handlungsfähige Großmacht endete 1945 und mit ihm sein Problem einer Mittellage und Bedrohung an zwei Fronten; die beiden Frontlinien rückten gewissermaßen zusammen zu einer Demarkationslinie, die das Reich in zwei Teile teilte, die sich beide fest in die einander feindlichen Blöcke integriert sahen. Die BRD wurde zum Osten des Westens, die DDR zum Westen des Ostens. Der gesellschaftspolitische und weltanschauliche Gegensatz verstärkte den machtpolitischen. Mitteleuropa als ein von deutscher Macht, Wirtschaft und Kultur beeinflußter Großraum bestand nicht länger.

Von den sieben Groß- und Weltmächten der 30er Jahre schieden das Deutsche Reich, Japan und Italien durch ihre Niederlage als Großmächte aus, und Großbritannien und Frankreich waren nur mit massiver Fremdhilfe zu Siegermächten geworden, während die USA und die UdSSR sich soweit von allen anderen absetzten, daß sie zu „Supermächten" aufstiegen. Im Laufe der Jahrzehnte verschoben sich dann die machtpolitischen Gewichte. Großbritannien und Frankreich erwiesen sich bald als Scheinsieger. Sie verloren bis Anfang der 60er Jahre ihre Kolonialreiche und Überseestützpunkte, und vor allem Großbritannien mußte seine Streitkräfte stark reduzieren, so

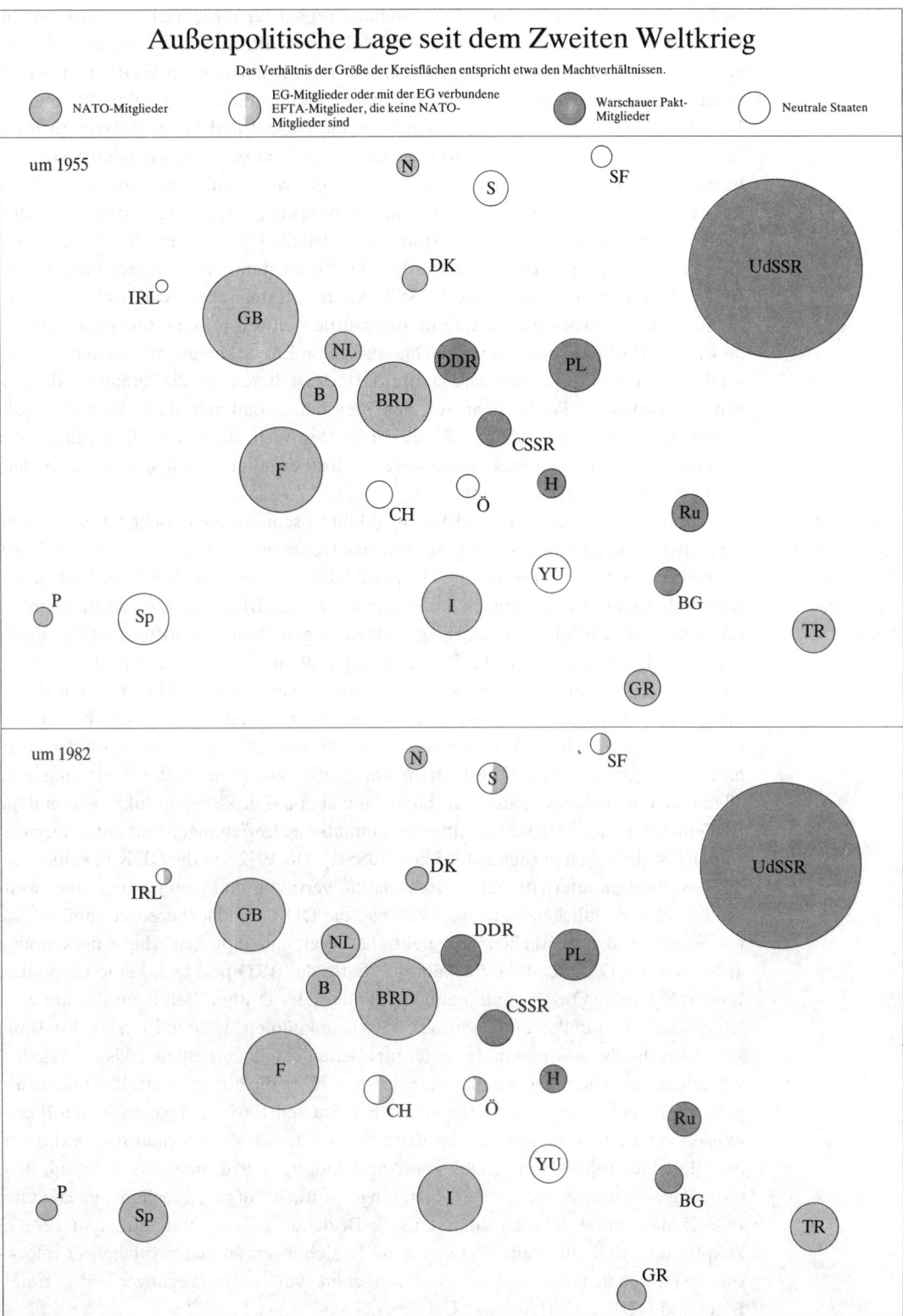

Außenpolitische Lage seit dem Zweiten Weltkrieg

Das Verhältnis der Größe der Kreisflächen entspricht etwa den Machtverhältnissen.

NATO-Mitglieder

EG-Mitglieder oder mit der EG verbundene
EFTA-Mitglieder, die keine NATO-
Mitglieder sind

Warschauer Pakt-
Mitglieder

Neutrale Staaten

um 1955

um 1982

daß beide von Weltmächten auf die Stellung regionaler Großmächte zurücksanken. 1945 waren Westeuropa und auch die UdSSR wirtschaftlich geschwächt, die USA dagegen auf dem Gipfel ihrer Wirtschaftsmacht (relativ zur übrigen Welt), und damals besaßen die USA als einzige Atomwaffen und beherrschten obendrein die Weltmeere. Im Laufe der Zeit holten dann Westeuropa, die UdSSR und Japan wirtschaftlich immer mehr auf. Japan und die BRD gewannen langsam eine nur wirtschaftliche, also quasi halbierte Großmachtrolle zurück. Die UdSSR wuchs militärisch zur echten Weltmacht heran: seit 1950 besaß sie ebenfalls Atomsprengkörper und verfügte seit 1957 auch über interkontinentale Trägersysteme, so daß die USA zum ersten Mal auf ihrem eigenen Territorium verwundbar wurden. Damit entstand ein atomares Patt. In den frühen 70er Jahren erreichte die UdSSR bei den strategischen Atomwaffen Parität, und ihre stark anwachsende Kriegsmarine wurde weltweit präsent, hingegen blieb sie an wirtschaftlichem Potential und technologischem Entwicklungsstand weiter klar hinter den USA zurück. Zunehmend komplizierter gestalteten sich die Rahmenbedingungen internationaler Politik dann seit den 70er Jahren dadurch, daß China als Großmacht aktiv wurde und daß die Länder der Dritten Welt, die zum großen Teil mit der Entkolonialisierung neu entstanden waren, selbstbewußter auftraten und eine bedeutendere Rolle zu spielen begannen.

Rückkehr aufs Parkett der internationalen Politik

Während Österreich schon in den 40er Jahren seine diplomatischen Beziehungen weitgehend wieder aufbauen konnte, war das Deutsche Reich vom Parkett der internationalen Politik verschwunden. DDR und BRD durften erst 1949 bzw. 1951 beginnen, diplomatische Beziehungen aufzunehmen. Da die BRD die DDR als illegitim betrachtete und sich selbst als einzigen rechtmäßigen Staat in Fortführung des Deutschen Reiches ansah, versuchte sie, Ost-Berlin diplomatisch zu isolieren. Bonn drohte jedem Staat, der die DDR anerkannte, damit, seinerseits die diplomatischen Beziehungen abzubrechen. Da die BRD der interessantere Handelspartner und besser legitimiert war und auch die Rückendeckung der Westmächte besaß, hatte sie damit zunächst weitgehend Erfolg. Die DDR nahm zwar 1949 diplomatische Beziehungen zu allen anderen Ostblockstaaten auf, blieb dann aber auf diese beschränkt, während die BRD im Laufe der 50er Jahre weltweit diplomatische Beziehungen aufbaute, nur nicht zu den Ostblockstaaten (außer 1955 zur UdSSR). Bis 1972 war die DDR in keiner einzigen weltweiten internationalen Organisation vertreten und kein Partner eines weltweiten völkerrechtlichen Vertrags. Während die DDR ständig ebenso krampfhaft wie vergeblich in der westlichen und neutralen Welt um diplomatische Anerkennung außerhalb des Ostblock-Ghettos kämpfte, hatte die BRD praktisch keine Ostpolitik. Immerhin konnte Ost-Berlin mit einigen Ländern der Dritten Welt Kontakte auf wirtschaftlicher, kultureller und sportlicher Basis anknüpfen, während umgekehrt Bonn 1963/64 Handelsmissionen in den osteuropäischen Staaten errichtete. Als die Wiedervereinigung ausblieb, begann im Laufe der 60er Jahre die bundesdeutsche Stellung abzubröckeln. Nachdem die meisten arabischen Staaten 1965 die diplomatischen Beziehungen zur BRD wegen deren Unterstützung für Israel abgebrochen hatten, konnte die DDR hier 1969/70 eine Reihe von Anerkennungen erreichen. Als Bonn mit dem Grundlagenvertrag seinen Alleinvertretungsanspruch aufgab, brachen die Dämme: 1972-75 nahmen 89 Staaten diplomatische Beziehungen zur DDR auf, und 1972/73 knüpfte die BRD ihrerseits diplomatische Beziehungen zu den restlichen Ostblockstaaten (Rumänien und Jugoslawien waren schon 1967/68 vorangegangen). 1973 traten BRD und DDR gleichzeitig der UNO bei.

Formell in die internationale Politik zurückzukehren bedeutete noch nicht, normale Beziehungen zu haben. Zu tief waren die Vorbehalte gegen die Deutschen, welche Kriegsentfesselung, nationalsozialistische Besatzungsherrschaft, alliierte Kriegspropaganda und die ab 1945 über die Judenvernichtung bekanntgewordenen Tatsachen in Europa und Amerika geschaffen hatten. Nur schrittweise gelang es der BRD im Laufe der 50er Jahre, im westlichen Ausland Vertrauen zu gewinnen, und lange wurde ihr dort der demokratische Neuanfang nicht recht geglaubt. Kriegsspielfilme und Kriegscomics, wie sie in den USA und Großbritannien verbreitet waren, pflegten das Bild des Deutschen als brutalen, militaristischen und nazistischen Bösewicht noch über Jahrzehnte hin. Auch die wiedergewonnene wirtschaftliche Stärke der BRD nährte in westeuropäischen Staaten in manchen Kreisen die Neigung, alte Antipathien am Leben zu erhalten. Noch viel ausgeprägter wirkten die aus der Vergangenheit herrührenden Vorbehalte in den osteuropäischen Staaten weiter. Stets wurde die BRD vom europäischen Ausland mit anderen Augen gesehen und mit anderen Maßstäben gemessen als die übrigen Staaten. Eine latente Beunruhigung lebte fort, die alle Vorkommnisse, die in der BRD irgendwie an den Nationalsozialismus erinnerten, mit einer Aufmerksamkeit registrierte, die weit über deren reale Bedeutung hinausging. Dabei blieb alles, was international an Vorbehalten gegen die Deutschen weiterbestand, an der BRD kleben, während es der DDR und Österreich gelang, der gedanklichen Verbindung zum Nationalsozialismus zu entschlüpfen. Zwar war das Ansehen der DDR bei westlichen Ländern schlecht und sicher deutlich negativer als das der BRD, aber der Grund dafür lag nicht in der deutschen Vergangenheit, sondern in der kommunistischen Diktatur. Österreich sah sich dann allerdings von der internationalen Öffentlichkeit unvermittelt mit Fragen nach seinem Verhältnis zum Nationalsozialismus konfrontiert, als es 1986 K. Waldheim zum Bundespräsidenten wählte, der wegen seiner Tätigkeit als Wehrmachtsoffizier im Zweiten Weltkrieg angegriffen wurde.

Anders als 1918 war 1945 die deutsche Machtstellung völlig untergegangen. West- wie Ostdeutschland entwickelten sich langsam von entmündigten und kriegszerstörten Besatzungszonen zu neuen Staaten, deren außenpolitischer Handlungsspielraum im Laufe der Jahrzehnte schrittweise wuchs. Jene Macht und Unabhängigkeit, wie sie einst das Deutsche Reich besessen hatte, erreichten sie indessen beide nicht wieder. Beide konnten und durften ihre außenpolitische Sicherheit nicht allein gewährleisten und blieben deshalb eingereiht ins Gefolge ihrer jeweiligen Supermacht.

Wiederkehr der Macht und ihre Grenzen

Die Reparationslieferungen der BRD wurden 1950 weitgehend und 1954 ganz eingestellt; auf weitere Reparationslieferungen aus der DDR verzichtete die UdSSR zwar ab 1954 formell, aber noch bis in die späten 60er Jahre hinein wurde durch verzerrte Preise im Handel zwischen beiden Staaten der Ressourcentransfer von der DDR in die UdSSR heimlich faktisch fortgesetzt. Ab 1957 brauchte die BRD, ab 1959 die DDR keine Stationierungskosten mehr für die Truppen ihrer jeweiligen Hegemonialmacht zu zahlen. Wirtschaftlicher Wiederaufbau und das Neuentstehen eigener Streitkräfte schufen wieder eigenes Gewicht und Einfluß. Die Aufstellung der Bundeswehr begann 1955 und war 1965 abgeschlossen. Die Streitkräfte der DDR wuchsen seit 1948, zunächst als Kasernierte Volkspolizei getarnt, seit 1956 offen als Nationale Volksarmee langsam heran, wobei ihr Umfang ständig weiter anstieg. Als es 1968 um die Aufwertung der D-Mark ging, wagte Bonn zum ersten Mal, dem Druck der Westmächte in einer wichtigen Frage zu widerstehen. Auch daß die BRD 1970 ihr besonderes Konfliktverhältnis zur UdSSR bereinigte, vergrößerte ihren Handlungsspielraum etwas weiter. Vor allem verlieh die Tatsache, daß die ganzen 70er Jahre über die internationale Politik der westlichen Welt von wirtschaftlichen Themen wie Währungsfragen, Rohstoffpreisen und -versorgung beherrscht wurde, der BRD außenpolitisch deutlich stärkere Einflußmöglichkeiten und damit die Kraft, ihre Interessen so zu vertreten wie andere Staaten auch. Als dann Anfang der 80er Jahre erneut sicherheitspolitische Probleme vorherrschend waren, verlor die BRD vorübergehend erkennbar wieder an Gewicht. Hierin zeigte sich die eigentümliche Zwiespältigkeit, daß die BRD seit den späten 60er Jahren zwar wirtschaftlich stark war, aber aufgrund vor allem der militärischen Gegebenheiten und auch wegen der Erinnerung an den Kraftausbruch der NS-Zeit weiterhin machtpolitisch wesentlich schwächer dastand und überdies auch bewußt zurückhaltend operierte. Wenn es darum ging, den Wechselkurs von Dollar, französischem Franc oder britischem Pfund durch Aufkäufe zu stützen, Beiträge zu EG und UNO zu leisten, Entwicklungshilfe zu zahlen sowie Militärhilfe an schwache NATO-Partner zu finanzieren, so war Bonn seit etwa 1970 stets mehr als (fast) alle anderen westlichen Regierungen gefragt, aber sein politischer Einfluß auf internationaler Ebene entsprach dem nicht. Auch innerhalb der EG brachte die BRD ihr Gewicht bis in die 80er Jahre nicht voll zur Geltung.

Daß die Nation als Gut für die Westdeutschen an Bedeutung verloren hatte, prägte auch die Außenpolitik der BRD: sie zielte nicht mehr auf Großmachtgeltung, Einflußzonen und nationale Ehre, sondern strebte an, den wirtschaftlichen Wohlstand durch die Beteiligung am Weltmarkt zu fördern und abzusichern.

Unverkennbar gewann außerhalb des jeweils eigenen Blocks Westdeutschland eine unvergleichbar größere Bedeutung als die DDR. Während die BRD auch in den Augen der Ostblockstaaten zu einer wirtschaftlich und militärisch ernstzunehmenden Kraft wurde, blieb die DDR für die westlichen Industriestaaten recht bedeutungslos, und ihre politischen, wirtschaftlichen und kulturellen Beziehungen zu diesen waren auch nach der Anerkennung nur sehr spärlich. Nachdem die Bonner Außenpolitik sich zunächst fast nur mit Deutschlandpolitik und Ost-West-Politik befaßt hatte, erweiterte die BRD im Laufe der 60er Jahre ihren außenpolitischen Gesichtskreis und wurde in der Dritten Welt mit Handelsbeziehungen und Entwicklungshilfe fast überall präsent, ja gewann wirtschaftlich weit mehr Weltgeltung als je ein deutscher Staat zuvor. Die DDR konzentrierte dagegen ihre Aktivitäten angesichts knapper Devisenmittel und nur geringem Westhandel auf einige wenige Entwicklungsländer. So erschien die DDR außerhalb des Ostblocks weiterhin weitgehend profillos, fast stets im Kielwasser Moskaus segelnd. Die einzige Ausnahme stellte der Sport dar. Um trotz wirtschaftlicher und kultureller Schwächen international einen Namen zu bekommen, verfiel Ost-Berlin auf den Ausweg, ab 1954 systematisch den Spitzensport zu fördern – mit dem beeindruckenden Erfolg, daß die Ostdeutschen bei den Olympischen Sommerspielen 1968 und 1972 jeweils den dritten und 1976, 1980 und 1988 den zweiten Platz errangen.

Auch innerhalb ihres Blocks im Verhältnis zur Führungsmacht besaß die BRD mehr Spielraum und Gewicht als die DDR. Dies galt schon militärisch: nachdem die Erstausrüstung der Bundeswehr noch weitgehend aus den (oft ausgemusterten) Beständen der Verbündeten erfolgt war, entstand in der BRD im Laufe der 60er Jahre eine nennenswerte eigene Rüstungsindustrie, während die DDR bei Kampfpanzern und Kampfflugzeugen ganz auf sowjetische Lieferungen angewiesen blieb, und von der Gesamtzahl der Soldaten des Bündnisses entfielen 1977 in der NATO 43,3 Prozent auf die Führungsmacht und 10,1 Prozent auf den deutschen Partner, dagegen im Warschauer Pakt 77,3 und 4,3 Prozent. Dieser Unterschied zeigte sich auch im politischen Bereich. Da es der SED-Führung an Rückhalt in der Bevölkerung fehlte, war sie zwangsläufig eng an Moskau gebunden und wäre wohl 1953 gar nicht an der Macht geblieben, wenn nicht sowjetische Truppen eingegriffen hätten. Die Bundesregierung dagegen konnte sich auf die Zustimmung in Wahlen stützen, und ein vergleichbares Eingreifen von US-Truppen in der BRD wäre schwer vorstellbar gewesen, schon mit Blick auf die Reaktion der amerikanischen Öffentlichkeit. Außerdem war die unterschiedlich starke Abhängigkeit auch wirtschaftlich begründet, denn die DDR wickelte einen viel größeren Teil ihres Außenhandels mit der UdSSR als die BRD mit den USA ab (1978: 36 verglichen mit 7 Prozent), und sie bezog dabei einen großen Teil ihrer Rohstoffe von dort.

Und schließlich blieben trotz ihres Wiederaufstiegs sowohl die BRD wie die DDR in einer schwächeren Stellung als die anderen ihnen vergleichbaren Blockmitglieder und lehnten sich stärker als alle anderen an ihre jeweilige Führungsmacht an. Dies hatte mehrere Gründe. Ihre geostrategische Lage an der Nahtstelle der Blöcke bedeutete eine besondere Verwundbarkeit und machte beide Staaten damit noch stärker vom Schutz durch ihre Verbündeten abhängig. Beide hatten kein Mitentscheidungsrecht über Ausrüstung und Verlagerung der auf ihrem Territorium stationierten fremden Truppen,* und auf beiden Territorien war eine beträchtliche Zahl vom Atomsprengköpfen stationiert, ohne daß die Deutschen über deren Einsatz hätten mitentscheiden können. Als jeweils einzige im Bündnis hatten sie ihre sämtlichen mobilen Kampfverbände auch im Frieden den Kommandostellen des Bündnisses unterstellt, weshalb sie auch keine eigenen Generalstäbe besaßen, waren also einer verhüllten Kontrolle unterworfen. Ferner verfügte die BRD im Unterschied zu Frankreich und Großbritannien auch weiterhin über keinen ständigen Sitz mit Vetorecht im Sicherheitsrat der UNO und über keine Atomwaffen, war also noch stärker vom amerikanischen „Atomschirm" abhängig. Außerdem war sie durch die exponierte Stellung West-Berlins, dessen äußere Sicherheit ganz von den USA abhing, in besonderem Maß auf deren Solidarität angewiesen und damit gegen deren Druck empfindlich.

Gebietserweiterung als Ziel von Außenpolitik war mit dem Ende des Zweiten Weltkriegs praktisch weltweit verschwunden. Stattdessen trat angesichts der ideologischen Rivalität im Ost-West-Konflikt der Wunsch hervor, in anderen Ländern ideologisch ähnliche Regierungen zu erhalten oder solchen an die Macht zu verhelfen. Ferner spielten in der Außenpolitik mehr denn je wirtschaftliche Ziele eine Rolle, vor allem das Streben nach dem Zugang zu Rohstoffen und Absatzmärkten. Bei den Methoden der Außenpolitik traten zu den traditionellen der Diplomatie und der militärischen Drohung neue hinzu. Im Ost-West-Konflikt wurden die verschiedensten Kampfformen gegeneinander praktiziert: beispielsweise verweigerten die USA und ihre Bündnispartner seit 1950, koordiniert durch die CoCom-Listen, die Lieferung bestimmter Waren und Technologien an Ostblockstaaten, seit 1950 strahlten amerikanische Radiosender von bundesdeutschem Boden aus gezielt Informationen in den Ostblock, die den dort Regierenden unerwünscht waren, und Ostblockstaaten versuchten, über

Ziele und Methoden der Außenpolitik

---

* 1958 setzten die USA von der BRD aus amerikanische Truppen im Bürgerkrieg in Libanon ein, 1973 transportierten sie von bundesdeutschem Boden aus während des israelisch-arabischen Kriegs Kriegsmaterial nach Israel und 1986 lieferten sie über einen Stützpunkt in der BRD Waffen an den kriegführenden Iran, alles ohne die Bundesregierung vorher zu fragen.

kommunistische Parteien und Tarnorganisationen Einfluß auf die westeuropäische Innenpolitik zu nehmen. Im Verkehr mit unterentwickelten Ländern kam Entwicklungshilfe als neues Instrument auf. Während auswärtige Kulturpolitik dem Deutschen Reich in den ersten drei Jahrzehnten des 20. Jahrhunderts nur dazu gedient hatte, das Auslandsdeutschtum zu stützen, wurde sie seit den 50er Jahren zu einem Mittel der Selbstdarstellung und Vertrauenswerbung ausgebaut, besonders gegenüber der Dritten Welt. Die BRD schuf für diesen Zweck zahlreiche Einrichtungen im Ausland. Ihre Kulturpolitik hielt sich aber im Stil eher zurück und verschwieg auch die problematischen Seiten des eigenen Landes nicht, um nicht den Eindruck zu erwecken, sie wolle mit den sendungsbewußten Franzosen wetteifern. Die DDR war institutionell viel weniger vertreten und trieb eine Kulturpropaganda, die einseitig die eigenen Leistungen herausstellte.

Koordination und Integration   BRD und DDR − nicht dagegen Österreich und die Schweiz − wurden nach dem Zweiten Weltkrieg zunehmend in Formen zwischenstaatlicher Koordination und Integration eingebunden, deren Intensität weit über alles bis dahin Bekannte hinauswuchs. Für die zweite Hälfte des 19. und die erste Hälfte des 20. Jahrhunderts war es kennzeichnend gewesen, daß sich Staaten nationalistisch selbst überhöhten, zu allen anderen Staaten auf Distanz hielten und die Grundprobleme der äußeren Sicherheit und materieller Wohlfahrt auf eigene Faust zu lösen versuchten, doch diese Formen waren jetzt überholt. Die Rivalität zwischen kommunistischem und westlichem System, der Bedeutungsverlust der europäischen Staaten gegenüber den Supermächten, das Versagen traditioneller Sicherheitspolitik und die zunehmende wirtschaftliche Verflechtung der westlichen Staaten führten zu neuartigen Strukturen. Kriegsbündnisse vorübergehenden Charakters und mit meist nur lockerer Zusammenarbeit hatte es auch früher gegeben. Hingegen entstand in der NATO ab 1952, also in Friedenszeiten, eine auf Dauer angelegte und fest institutionalisierte Organisationsstruktur mit zentralen militärischen und politischen Führungsgremien (Militärausschuß als zweimal jährliches Treffen der Stabschefs, ständiger Militärstab, Rat als zweimal jährliches Treffen der Außenminister oder ständige Botschafterkonferenz), einer wachsenden Zahl von Ausschüssen, verschiedenen ständigen gemischtnational besetzten Kommandostellen einschließlich eines Oberkommandos für Europa, gemeinsamen Manövern und gemeinsamer Finanzierung von Infrastrukturprojekten. Eine ähnliche, wenn auch weniger dichte und mehr zweiseitige Struktur richtete die UdSSR mit dem Warschauer Pakt ein. Ferner entstanden im ost- und noch wesentlich stärker im westeuropäischen Raum eine Reihe neuartiger nichtmilitärischer Strukturen der Koordinierung und Integration, besonders in Gestalt von EG und RGW.

Die Institutionalisierung multilateraler außenpolitischer Beziehungen erfolgte auch in noch weitergespannten Teilnehmerkreisen. Dies geschah zunächst mit der 1945 gegründeten weltweiten UNO. Vor ihrer ursprünglichen Hauptaufgabe, den Frieden zu wahren, versagte sie jedoch immer wieder, da ihr zentrale Zwangsmittel gegen widerstrebende Staaten fehlten. Aber außer der Generalversammlung gewannen noch mehr einige ihrer Sonder- und Unterorganisationen als Diskussionsgremien für wirtschaftliche Probleme zwischen Industrie- und Entwicklungsländern eine gewisse Bedeutung (so seit 1945 Ernährungsorganisation FAO, seit 1964 Welthandelskonferenz UNCTAD und seit 1967 Industrieorganisation UNIDO). Dies galt vor allem seit den 70er Jahren. In diesem Jahrzehnt wurden auch noch andere multilaterale Kontakte institutionalisiert: seit 1975 gab es ein jährliches Treffen der Regierungschefs der sieben

1118

wichtigsten westlichen Industriestaaten (darunter der BRD) als Weltwirtschaftsgipfel, und unter Teilnahme aller europäischen Staaten und der USA fanden 1973-75 die KSZE-Konferenz in Helsinki (mit Folgekonferenzen 1977/78 Belgrad, 1980-83 Madrid und 1986-89 Wien) und 1984-86 die KVAE-Konferenz in Stockholm statt, und zu Abrüstungsgesprächen trafen sich die meisten NATO- und Warschauer-Pakt-Staaten in Wien 1973-89 als MBFR-Konferenz. Gerade diese weitgespannten Diskussionsgremien erwiesen sich aber meist als wenig fruchtbar.

Insgesamt entfaltete sich also in verschiedensten Kreisen ein ständiger Prozeß von Beratungen und Absprachen in komplexen Systemen. Hinzu traten die immer häufigeren bilateralen Kontakte, vor allem als Reisen der Außen- und Wirtschaftsminister.

Seit dem Zweiten Weltkrieg lebten die deutschen Staaten in Frieden. Nie zuvor in der gesamten deutschen Geschichte hatte es einen längeren Zeitraum gegeben, der von Feldzügen und Kriegen zwischen deutschen und nichtdeutschen Staaten frei war! Doch dabei ergaben sich beträchtliche Unterschiede zwischen der Art der Beziehungen zu Staaten desselben Blocks, zu jenen des anderen Blocks und zu solchen der Dritten Welt.

Krieg und Frieden

Zwischen den Regierungen der BRD und der übrigen westeuropäischen Staaten entwickelten sich Verhaltensweisen, die durch Kooperation und Kompromißbereitschaft geprägt waren und die auch durch eine neue Einstellung der Bevölkerung und immer engere wirtschaftliche Interessenverflechtungen getragen wurden. Der Frieden der Westeuropäer untereinander wurde von diesen zunehmend als selbstverständlich empfunden. Die Zeit kriegerischer Auseinandersetzungen war hier endgültig vorbei. Auch zwischen den osteuropäischen Staaten wuchs die Kooperation, doch ging dort die UdSSR mehrfach mit Waffengewalt gegen ihre Satellitenstaaten vor.*

Ganz anders zwischen den Blöcken. Angesichts des Gegensatzes der gesellschaftlichen und ideologischen Systeme und der machtpolitischen Rivalität der beiden Supermächte bestand ein Klima dauernden gegenseitigen Mißtrauens, in dem man auch bei den nach und nach entstandenen Absprachen und Verträgen nicht recht darauf vertraute, sich auf sie verlassen zu können. Deshalb beruhte der Friede hier primär nicht auf Zusammenarbeit, sondern auf militärischer Abschreckung durch starke Streitkräfte, was zu einem ständigen Wettrüsten führte. Dies betraf BRD und DDR stärker als alle anderen Staaten. In jedem der beiden Staaten waren seit Anfang der 50er Jahre mehr ausländische Soldaten stationiert als in irgendeinem anderen souveränen Staat der Welt, und nachdem wieder deutsche Streitkräfte aufgestellt worden waren, ergab die Gesamtzahl der deutschen und ausländischen Soldaten je Flächeneinheit gerechnet in beiden Staaten einen höheren Wert als in irgendeinem anderen Staat der Welt (außer Israel) und als je zuvor in der deutschen Geschichte in Friedenszeiten. Hinzu kamen die Veränderungen der Waffen seit dem Zweiten Weltkrieg. Schon die konventionellen Waffen steigerten ihre Feuerkraft qualitativ und quantitativ gewaltig. So war die Feuerkraft des gesamten Großgeräts der Bundeswehr schließlich größer als von jenem der Wehrmacht zu irgendeinem Zeitpunkt im Zweiten Weltkrieg. Durch die Vollmotorisierung sämtlicher Heerestruppen und die Einführung von Düsenflugzeugen

---

* 1953 Einsatz von Militär gegen den Aufstand in der DDR, 1956 militärische Niederschlagung des Aufstandes in Ungarn, 1968 im Verein mit anderen Einmarsch in der Tschechoslowakei. 1981 erzwang die UdSSR praktisch durch eine Invasionsdrohung, daß die polnische Armee selbst die Opposition in Polen unter Kriegsrecht zerschlug.

hätten militärische Operationen in einem Tempo ablaufen können, das die Blitzfeldzüge des Zweiten Weltkriegs weit übertroffen hätte. Außerdem ließ die Entwicklung der Elektronik Treffgenauigkeit der Waffen und Ortungsmöglichkeiten immer weiter wachsen. Darüber hinaus steigerte das Aufkommen der Atomwaffen die Vernichtungsmöglichkeiten. Daß diese Militärapparate überdies innerhalb von Stunden, ja die Luftabwehrkräfte innerhalb weniger Minuten einsatzbereit waren, bedeutete einen noch nie zuvor erreichten Bereitschaftsstand.

Differenzierter gestalteten sich die Beziehungen zu Ländern der Dritten Welt. Zwar gab es auch hier keine kriegerischen Verwicklungen, aber mit Aktionsformen, die diese Ebene und damit die Abschreckungswirkung der Militärapparate sozusagen unterliefen, zog der Kampf der Araber gegen die Expansionspolitik Israels seit Ende der 60er Jahre gelegentlich auch deutsche Staaten in Mitleidenschaft. Terroristen der Palästinensischen Befreiungsorganisation – einerseits eine eigenständige Befreiungsbewegung, andererseits auch für gewisse Einflüsse aus Moskau offen – überfielen 1972 die israelische Mannschaft bei den Olympischen Spielen in München und 1985 den Wiener Flughafen, und sie unterstützten wiederholt die deutschen Terroristen der RAF. Außerdem versuchten die arabischen OPEC-Staaten 1973/74 mit einem Ölembargo politischen Druck auf die Westeuropäer und damit auch auf die westlichen deutschen Staaten auszuüben.

BRD und DDR maßen ihren Streitkräften unterschiedliches Gewicht bei. Der Anteil der Militärausgaben am Bruttosozialprodukt betrug 1982 in der BRD 3,4 Prozent und in der DDR 5,8 Prozent (wobei der bundesdeutsche Wert durch die Jahrzehnte hindurch auch stets niedriger lag als jener der USA, Frankreichs oder Großbritanniens), der Anteil der Soldaten an der Einwohnerzahl lag 1980 in der BRD bei 0,8 Prozent verglichen mit 1,3 Prozent in der DDR (wobei die umfangreichen paramilitärischen Einheiten der DDR noch gar nicht berücksichtigt sind).

Die Erinnerung an Kriegsverursachung und Niederlage im Zweiten Weltkrieg warf weiter ihre langen Schatten: es ist auffällig, daß sich unter den neun bedeutendsten Staaten der Welt die BRD ebenso wie die beiden anderen Angreifer und Verlierer des letzten Weltkriegs 1945-89 stets ausgesprochen friedlich verhielt, während alle anderen in der Zeit etliche Kriege führten.* Die BRD schickte keinen einzigen Soldaten zum Kampfeinsatz über ihre Grenzen, übte keinen militärischen Druck auf andere Staaten aus, mischte sich nie in fremde Bürgerkriege ein und verankerte das Verbot des Angriffskrieges sogar in der Verfassung. Sie lehnte es sogar ab, sich an den nicht kämpfenden UN-Friedenstruppen zu beteiligen. Nachdem die BRD eine eigene Rüstungsindustrie aufgebaut hatte, gewann sie zwar im Laufe der 70er Jahre auch als Rüstungsexporteur an Bedeutung; die Bundesregierung strebte aber an, daß keine eigentlichen Waffen in Spannungsgebiete geliefert werden sollten, ohne dies jedoch wirklich kon-

---

* Größere militärische Kampfeinsätze seit dem Zweiten Weltkrieg: die USA führten Krieg 1950-53 in Korea und 1964-73 in Vietnam und unternahmen militärische Interventionen 1958 im Libanon, 1965 in der Dominikanischen Republik; 1983 auf Grenada und 1989 in Panama; die UdSSR intervenierte militärisch 1956 in Ungarn, 1968 in der ČSSR und führte 1979-89 Krieg in Afghanistan; China eroberte 1950/51 Tibet, griff 1962 Indien und 1979 Vietnam an und verursachte 1969 kleinere Grenzauseinandersetzungen mit der UdSSR; Großbritannien führte 1956 am Suezkanal und 1982 um die Falklandinseln Krieg (von kleineren Kolonialaktionen abgesehen); Frankreich führte 1946-54 in Indochina und 1954-62 in Algerien Krieg gegen Befreiungsbewegungen sowie 1956 am Suezkanal (wozu kleinere Interventionen in den ehemaligen französischen Kolonien kamen); Indien führte 1965 und 1971 Krieg gegen Pakistan. – Dagegen führten außer der BRD auch Japan und Italien in diesen Jahrzehnten keine Kriege mehr.

1120

sequent realisieren zu können.* Im Unterschied zur Politik der BRD kannte die offizielle Ideologie der DDR kein Verbot des Angriffskriegs, sondern der Kampf für den „Sozialismus" und gegen den „Imperialismus" auch mit militärischen Mitteln galt ihr theoretisch stets als gerechtfertigt. So beteiligte sich die DDR 1968 am Einmarsch in der Tschechoslowakei, lieferte seit 1967 Waffen an die im Kampf befindliche PLO und unterstützte seit Anfang der 70er Jahre durch militärische Ausrüstung und vor allem militärische Ausbilder und Berater die Truppen der sozialistischen Unabhängigkeitsbewegungen und Diktaturen in Angola, Moçambique, Namibia, Äthiopien und Südjemen in ihrem Unabhängigkeits- bzw. Bürgerkrieg.

Aufgrund der Lage an der Nahtstelle beider Blöcke waren BRD und DDR stärker von der „Großwetterlage" im Ost-West-Konflikt betroffen als andere Staaten. Die Grundprinzipien der Außenpolitik der beiden Supermächte waren 1949-85 konstant. Prinzipiell wünschten sie, ihre Gesellschaftsordnung auszudehnen und den Einfluß der jeweils anderen Supermacht zu reduzieren. Da angesichts des militärischen Potentials eine offene militärische Auseinandersetzung mit dem anderen Block in völlig unkalkulierbare Dimensionen eskalieren konnte, wurde die Bewahrung des Friedens aber als wichtigstes Ziel eingeschätzt, und so gab es anscheinend in dieser Zeit nie konkrete großangelegte Eroberungspläne. Das tatsächliche Verhalten der Supermächte war vielmehr stets durch die Grundsätze gekennzeichnet, erstens die offene militärische Auseinandersetzung zu vermeiden und deshalb keinen militärischen Eingriff in den Block der anderen Supermacht zu unternehmen,** wohl aber zu versuchen, durch Propaganda und gegebenenfalls durch Unterstützung entsprechender Parteien oder Dissidenten in den anderen Block hineinzuwirken, und zweitens im blockfreien Bereich dort, wo in einem Land starke innere Gegensätze aufbrachen, die einem selbst näherstehende Gruppe zu unterstützen bis hin zum offenen militärischen Einsatz.

Vor dem Hintergrund dieser Konstanten im Ost-West-Verhältnis war das mehr Atmosphärische der Rhetorik und Umgangsformen starken Wandlungen unterworfen. Dabei wurden diese auch erheblich von Fehleinschätzungen der jeweils anderen Seite bestimmt. In den 50er Jahren, der Zeit des Kalten Kriegs, war die Atmosphäre zwischen beiden Seiten durch aggressive Rhetorik und die Furcht vor Aggressionsabsichten der Gegenseite vergiftet. Letztere wurzelte in der gewaltsamen Sowjetisierung Osteuropas, der sowjetischen Blockade West-Berlins und der kommunistischen Eroberung Südkoreas einerseits und in der weltweiten Paktgründung durch die USA und deren roll-back-Rhetorik andererseits. Im Laufe der 60er Jahre strebten die beiden Supermächte danach, die Atmosphäre zu entkrampfen, was dann zur Entspannungspolitik der 70er Jahre führte.

Die UdSSR hatte in den 50er Jahren mehrfach ein gesamteuropäisches Sicherheitssystem gefordert, d.h. ein System, bei dem die USA in Europa nicht mehr (militärisch) präsent sein sollten, so daß das Übergewicht der UdSSR über die europäischen Staaten stärker zum Tragen kommen konnte. 1969 nahm Moskau diese Idee in vagerer

„Großwetterlage" im Ost-West-Konflikt

---

* Unterlaufen wurde die Bestimmung bei Koproduktionen mit anderen Staaten durch Exporte des Partners, durch Lizenzproduktion im Ausland und deren Export, durch die Ausfuhr von gleichermaßen zivil wie militärisch verwendbaren Gütern und durch illegales Handeln einzelner Firmen.
** Der Koreakrieg widerspricht dem oben Gesagten nicht, denn Korea gehörte 1950 noch nicht zu der von der US-Regierung öffentlich erklärten westlichen Verteidigungszone. Außerdem lagen beim Kriegsausbruch südkoreanische Provokation und nordkoreanische Aggression in einer unklaren Gemengelage.

Form als Vorschlag einer europäischen Sicherheitskonferenz wieder auf. Diesmal ging der Westen darauf ein, so daß es 1973-75 zur „Konferenz für Sicherheit und Zusammenarbeit in Europa" (KSZE) in Helsinki kam. Die UdSSR erreichte, daß ihr durch allgemeinen Gewaltverzicht und Erklärung der Unverletzlichkeit der bestehenden Grenzen der – inzwischen auch von der BRD nicht mehr bestrittene – Besitzstand der Ostblockstaaten garantiert wurde. Im Gegenzug setzte der Westen durch, daß in die umfassende Schlußakte auch die Achtung der Menschenwürde und Grundfreiheiten aufgenommen wurde sowie das Prinzip freier Kommunikation, und zwar nicht nur auf Regierungsebene, sondern es sollten z.B. auch individuelle Reisen erleichtert und Druckschriften anderer Staaten zugelassen werden. Doch es war ein fragwürdiges Dokument, denn die DDR (und die anderen Ostblockstaaten) dachten von vornherein nicht daran, die im Vertrag festgelegten individuellen Freiheitsrechte ernsthaft zu realisieren. Das gleiche galt auch für den 1976 in Kraft getretenen und auch von der DDR unterzeichneten UN-Bürgerrechtspakt, nach dem es unter anderem jedem freistand, sein eigenes Land zu verlassen.

Mit der Entspannungspolitik war in den USA und bei der westeuropäischen Linken vielfach die Illusion verbunden, es wäre nicht nur eine atmosphärische Verbesserung eingetreten, sondern der Charakter kommunistischer Politik hätte sich grundsätzlich gewandelt. Als dann die erhoffte Liberalisierung innerhalb des Ostblocks ausblieb, die UdSSR gerade in den 70er Jahren in mehreren afrikanischen Ländern militärisch eingreifen ließ, ihre Flotte stark vergrößerte und schließlich 1979 in Afghanistan einmarschierte und außerdem 1981 die freie Gewerkschaftsbewegung in Polen unterdrückt wurde, machte sich im Westen Enttäuschung breit. So gingen die USA 1980 wieder auf Konfrontationskurs zur Sowjetunion, wo umgekehrt das amerikanische Pochen auf die Verwirklichung von Menschenrechten zu Abgrenzungsreaktionen geführt hatte. Die Bündnispartner konnten sich der allgemeinen Klimaverschlechterung nicht entziehen. Dabei versuchten gerade die Regierungen in Bonn und Ost-Berlin länger als die anderer großer Staaten krampfhaft an den verwelkenden Blütenträumen der Entspannungspolitik festzuhalten, hatten die Deutschen doch aufgrund ihrer besonderen Lage am meisten zu verlieren, wenn sich das Ost-West-Klima verschlechterte.

Nach einem Wechsel in der sowjetischen Führung 1985 begannen Moskau und Washington dann nach neuen Formen eines geregelten Nebeneinander und nach Möglichkeiten der Abrüstung zu suchen, und innerhalb weniger Jahre gestalteten die Beziehungen zwischen den beiden Supermächten sich kooperativer als je zuvor seit dem Zweiten Weltkrieg.

BRD und Ostblock: Kalter Krieg

Die Entwicklung der bilateralen Verhältnisse der BRD zu den Ostblockstaaten war notwendigerweise eng in die „Großwetterlage" des Ost-West-Konflikts eingebunden. Anders als mit den westlichen Staaten kam es hier im Laufe der 50er und 60er Jahre zu keiner Versöhnung. Das lag nicht nur am globalen Kalten Krieg, sondern wurde durch besondere deutsche Faktoren verstärkt. Die nationalsozialistische Kriegspropaganda, die Erlebnisse beim Einmarsch der Roten Armee 1944/45 und die Sowjetisierung Osteuropas 1947/48 hatten bei den Bundesdeutschen eine tiefe Abneigung gegen die Sowjetunion und ein Gefühl der Bedrohung hinterlassen. Ebenso umgekehrt: im Unterschied zum „Normalkrieg" im Westen hatte NS-Deutschland gegen Polen und Russen einen Vernichtungskrieg geführt, so daß diese Völker wesentlich größere Opfer zu beklagen hatten, daß bei ihnen eine viel tiefer verwurzelte Verbitterung geblieben war als in den USA und Westeuropa.* Außerdem forderten die Vertriebenenverbände in der BRD die ehemals deutschen Gebiete östlich von Oder und Neiße zurück, und bis Mitte der 60er Jahre wagte kein führender bundesdeutscher Politiker, dem großen Wählerpotential der Vertriebenen nicht nach dem Munde zu reden. Zwar erklärten die Vertriebenenverbände, auf Gewalt verzichten zu wollen, aber da eine nicht gewaltsame Rückgewinnung der Ostgebiete nicht vorstellbar war, neigte man in Osteuropa dazu, diese Gewaltverzichtserklärung für bloße Tarnung zu halten. So verketzerten in den 50er und 60er Jahren die Medien aller europäischen Ostblockstaaten, am stärksten die polnischen, die BRD in ununterbrochenen Propagandakampagnen als „revanchistischen" und „militaristischen" Staat, in welchem der Faschismus und der angebliche alte deutsche „Drang nach Osten" weiterleben würden. Daß die Propaganda hier ein systematisch aufgeblähtes Schreckbild aufbaute, entsprang zwar unrealistischen, aber echten Befürchtungen der Führungen, und es diente diesen auch gezielt als Mittel der inneren Integration. Insbesondere in Polen sollten damit Legitimationsdefizite der Führung überspielt werden. Noch 1968 mußte die frei erfundene Behauptung, die BRD hätte Subversionspläne gehabt, mit dazu herhalten, die sowjetische Intervention in der Tschechoslowakei propagandistisch zu rechtfertigen. Im Unterschied zu den teilweise verantwortungslosen Reden war die tatsächliche Vertriebenenpolitik der BRD dagegen ein wichtiger Beitrag zum Frieden, denn indem sie die Vertriebenen erfolgreich in die bundesdeutsche Gesellschaft eingliederte, erlahmte der Rückkehrwille der Vertriebenen seit Mitte der 50er Jahre immer mehr. Was das bedeutete zeigt ein Vergleich mit jenen palästinensischen Flüchtlingen, die seit 1948 absichtlich nicht integriert, sondern in Lagern gehalten wurden, um als Hebel zur Veränderung des status quo zu dienen, und die dann als Herd des Terrorismus zu einem internationalen Problem wurden.

Dem internationalen Zug zur Entspannungspolitik konnte sich dann auch die BRD nicht entziehen. 1966 bot die Bundesregierung den Ostblockstaaten einen Gewaltverzicht an. Darauf reagierte die UdSSR zunächst damit, daß sie unter Berufung auf Artikel 53 und 107 der UN-Satzung als Siegermacht ein militärisches Interventionsrecht in der BRD beanspruchte. Die beweglichere Ostpolitik der Regierung Brandt/Scheel, die nun entschieden auch eine Aussöhnung auch mit den Ostblockstaaten anstrebte, führte dann zu raschen Vertragsabschlüssen, 1970 mit Moskau und Warschau und 1973 mit Prag. In diesen Verträgen erklärten jeweils beide Seiten einen Gewaltverzicht, die Unverletzlichkeit der bestehenden Grenzen und den Verzicht auf Gebietsansprüche. Dabei erkannte die BRD auch die Oder-Neiße-Linie als Polens Westgrenze an und schrieb die Ostgebiete offiziell ab. Die CDU/CSU-Opposition und die Vertriebenenverbände griffen diese Anerkennung des status quo als Verzichtspolitik heftig an. Tatsächlich wurde aber auf nichts verzichtet, was nicht längst verloren war, zumal die Ostgebiete längst einer dort neu herangewachsenen Generation von Polen zur Heimat geworden waren, und die CDU/CSU wußte auch keine Alternative, sondern erschöpfte sich in Kritik der Verhandlungstaktik. Für diese Ostpolitik, die neues Vertrauen aufbauen wollte und bereit war, moralische Hypotheken anzuerkennen, wurde Brandt 1971 mit dem Friedensnobelpreis gewürdigt. Der gegenseitige Gewaltverzicht hatte

BRD und Ostblock: Entspannungspolitik

---

* Im Zweiten Weltkrieg verloren die UdSSR 20,6 und Polen 4,5 Millionen Menschen, dagegen Frankreich 0,81, Großbritannien 0,39 und die USA 0,26 Millionen.

vor allem atmosphärische Bedeutung, und selbst formal galt das sowjetische Interventionsrecht nur als überlagert, wurde aber nicht beseitigt. Immerhin entkrampfte sich das Verhältnis der BRD zur Sowjetunion und zu Polen allmählich, die östliche Propaganda mäßigte sich, der Handelsaustausch und Reisekontakte touristischer und kultureller Art nahmen zu. Weitgesteckte Hoffnungen Bonns, diese Beziehungen deutlich intensivieren zu können, zerstoben jedoch nach einigen Jahren weitgehend. Auch die 1968 von der NATO vorgeschlagenen und für die deutschen Staaten besonders wichtigen MBFR-Verhandlungen über die beiderseitige Reduzierung konventioneller Truppen in Mitteleuropa enttäuschten – da die UdSSR ihre Überlegenheit wahren wollte, schleppten sie sich 1973-89 ergebnislos hin.

Militär-
strategien:
Grund-
probleme

Solange tiefes Mißtrauen zwischen westlichem Bündnis und Ostblock herrschte, war die gegenseitige militärische Abschreckung und damit die Militärstrategie ein Kernelement der Außenpolitik. Eine wesentliche Grundtatsache bestand nun darin, daß seit 1947 in Mitteleuropa immer die konventionellen Streitkräfte des Ostens deutlich stärker waren als die des Westens, wenngleich sich durch den Aufbau der Bundeswehr die konventionelle Abwehrkraft des Westens gegenüber der ursprünglichen Lage erhöhte. Das bestimmte die Militärstrategien beider Seiten. Die Strategie des Warschauer Pakts sah vor, bei Ausbruch eines Krieges durch schnelle Vorstöße den Kampf auf das Gebiet des Feindes zu tragen und ihn dort zu schlagen. Dementsprechend übten Truppen des Warschauer Paktes bei Manövern auch stets offensive Vorstöße und nicht Abwehr auf dem eigenen Gebiet. Nachdem die NATO-Planung zunächst vorgesehen hatte, im Falle eines östlichen Angriffs zumindest das Gebiet der BRD zu räumen, wurde 1963 die Verteidigungslinie an die Ostgrenze der BRD verlegt und das Prinzip der Vorneverteidigung proklamiert. Dies geschah jedoch mehr aus politischen Gründen, um die Bundesbürger zu beruhigen, während Militärstrategen der NATO stets bezweifelten, daß sich diese Linie halten ließe.

Zwei militärische Entwicklungen schufen völlig neuartige Bedingungen für eine Verteidigungsstrategie. Erstens übertrafen die seit 1945 existierenden Atomsprengkörper an Zerstörungskraft alles bislang Dagewesene. Zusammengenommen erreichten sie in den 60er Jahren eine Sprengkraft, die ausgereicht hätte, alles Leben auf der Erde zu vernichten. Darüber hinaus setzen Atomexplosionen bei einem begrenzten Einsatz im Unterschied zu konventionellen Waffen eine radioaktive Strahlung frei, die zu einer äußerst lange anhaltenden Verseuchung auch weiter nicht zerstörter Gebiete führen kann. Zweitens existierten seit Mitte der 50er Jahre Mittelstreckenraketen (d.h. für die Strecke Westeuropa – UdSSR ausreichend) und Interkontinentalraketen, deren Reichweiten und Treffgenauigkeit immer mehr zunahmen und die sich wegen ihrer Geschwindigkeit nicht abfangen ließen. War ein Staat früher sicher, wenn seine Streitkräfte stark genug waren, einen Angriff im Kampf abzuwehren, so konnte jetzt Sicherheit vor einem Gegner, der zu einem massiven militärischen Einsatz bereit sein könnte, nur noch darin bestehen, daß er durch die Drohung, mit demselben Mittel zu vergelten, gezwungen wurde, seine atomwaffentragenden Fernraketen gar nicht erst abzuschießen, also gar nicht erst anzugreifen. Durch dieses atomare Abschreckungsprinzip wurde die Verfügungsgewalt über ein solches Drohmittel sicherheitspolitisch entscheidend.

Militär-
strategien:
Entwicklung

Am Beginn der NATO stand im Kern die einseitige pauschale Schutzgarantie der starken USA für das vom Krieg geschwächte Westeuropa für den Fall eines sowjetischen Angriffs. Da bis Ende der 50er Jahre zwar die USA das Gebiet der UdSSR atomar bombardieren, diese aber nicht entsprechend antworten konnte, stützten sich die amerikanischen Verteidigungsüberlegungen seit 1952 ganz auf den massiven Einsatz von strategischen und dann auch taktischen Atomwaffen als billiges Mittel, um damit die Unterlegenheit bei konventionellen Truppen auszugleichen. Dementsprechend wurden ab 1954 die US-Streitkräfte in der BRD mit taktischen Atomwaffen in Form von Granaten, Minen und Sprengköpfen für Kurzstreckenraketen versehen. Ab 1958 rüstete man dann auch die Bundeswehr mit taktischen Trägersystemen für Atomsprengkörper aus, wobei die Atomsprengkörper selbst aber im Besitz und in der Verfügungsgewalt der USA blieben. Da diese Atomwaffen für den Einsatz gegen bereits eingedrungene Truppen gedacht waren und meist Reichweiten von höchstens einigen Dutzend Kilometern hatten, wären sie also im Kriegsfall weitgehend auf westdeutschem Boden zur Explosion gebracht worden und hätten damit bei einem Einsatz in großem Stil mehr oder minder den Selbstmord der BRD bedeutet.

Als auch das amerikanische Festland durch sowjetische Interkontinentalraketen verwundbar wurde, gaben die USA die Strategie der massiven Vergeltung preis und wichen auf die Strategie der abgestuften Erwiderung zurück, die sie nach hinhaltendem Widerstand der Westeuropäer 1967 offiziell als NATO-Strategie durchsetzten. Nach dieser Strategie sollte ein östlicher Angriff zunächst nur mit konventionellen Waffen abgewehrt werden und, falls diese nicht ausreichten, die Antwort durch Griff zu taktischen und gegebenenfalls strategischen Atomwaffen stufenweise gesteigert werden, theoretisch jeweils mit zwischengeschalteten Pausen, um in diesen einen Abbruch des Kriegs erhandeln zu können. Diese Strategie hatte ein Doppelgesicht: einerseits war die amerikanische Drohung, auch auf geringe sowjetische Angriffe gleich mit dem Einsatz strategischer Atomwaffen zu reagiern, unglaubwürdig geworden, seit die UdSSR einen vergleichbaren Gegenschlag androhen konnte, und die neue Strategie sollte eine abgestufte Palette glaubwürdiger Reaktionen beinhalten; andererseits bedeutete sie den Versuch der USA, einen Krieg möglichst auf (Mittel-) Europa zu begrenzen und den Atomwaffeneinsatz möglichst lange hinauszuzögern, um zu verhindern, daß ein Krieg durch einen Einsatz sowjetischer Interkontinentalraketen auf das amerikanische Festland übergreift. Letzterem stand das Interesse der BRD gegenüber, daß ein einmal ausgebrochener Krieg durch die Drohung der USA mit ihren strategischen Atomwaffen möglichst rasch beendet bzw. von Anfang an verhindert werden mußte. Aber je stärker das Potential sowjetischer interkontinentaler Atomwaffen seitdem wurde, desto mehr paralysierte es die amerikanischen strategischen Atomwaffen, desto fraglicher wurde die Schutzgarantie durch den amerikanischen strategischen „Atomschirm" für die BRD, desto mehr wurde denkbar, daß beide Supermächte einmal auf deutschem Boden einen konventionellen oder vielleicht auch taktisch-nuklearen Krieg führen könnten und dabei in ihrem Heimatgebiet unbehelligt blieben.

Als Reaktion auf das Schwinden der amerikanischen Atomgarantie bauten Frankreich und auch Großbritannien in den 60er Jahren verstärkt eigene Atomstreitkräfte auf. Die Bundesregierung forderte für sich wenigstens ein Mitspracherecht bei der amerikanischen Entscheidung über den Einsatz von Atomwaffen. Um den Anschein eines europäischen und damit auch bundesdeutschen Mitspracherechts zu erwecken, schlugen die USA 1963 eine gemischtnational bemannte NATO-Flotte von Überwasserschiffen mit Atomraketen (MLF) vor (bei amerikanischem Vetorecht). Außer der BRD war kaum ein NATO-Land daran interessiert, und aus Moskau kamen entschiedene Proteste gegen alles, was nach einem deutschen Finger am atomaren Abzugshebel aussah. Da die USA an einer Entspannung mit der UdSSR und wohl auch an deren Wohlwollen während ihres Kriegs in Vietnam interessiert waren, ließ Washington 1965 das MLF-Projekt fallen und erzwang 1969 auch die Unterschrift der widerstrebenden Bundesregierung unter den Atomwaffensperrvertrag, der die Weitergabe beziehungsweise den Erwerb von Atomwaffen verbot. Damit wurde die BRD endgültig vom Schutz durch amerikanische Atomstreitkräfte abhängig.

Als Frankreich 1966 seine Truppen aus der Integration in die NATO löste, um eine Rolle als unabhängige Großmacht spielen zu können, verbesserte das die westdeutsche Sicherheitssituation auch nicht gerade. Die französischen Streitkräfte bekamen den Auftrag, das Territorium Frankreichs zu verteidigen, wobei sie das Gebiet der BRD nur als Glacis ansahen. Seit 1973 verfügten die für den dortigen Einsatz vorgesehenen französischen Truppen auch über taktische Atomwaffen, mit denen sie Frankreich sozusagen bis zum letzten Deutschen verteidigen konnten.

USA und UdSSR einigten sich 1972 auf eine Parität bei ihren Interkontinentalraketen, so daß diese ihre Abschreckungswirkung gegenseitig aufzehrten. Dabei blieb aber das seit 1959 aufgebaute Potential der sowjetischen, auf Westeuropa gerichteten Mittelstreckenraketen unberücksichtigt und unbalanciert. Als die Sowjetunion letzteres ab 1977 durch einen an Reichweite und Treffgenauigkeit wesentlich weiterentwickelten und jetzt mobilen Raketentyp erneuerte, forderte deshalb Bundeskanzler Schmidt, auch diese zum Gegenstand von Rüstungsbegrenzungsverhandlungen zu machen. Die USA machten den Gegenvorschlag, in der BRD eine gerade neuentwickelte Mittelstreckenrakete hoher Treffgenauigkeit zu stationieren, mit der dann neuerdings von dort aus in wenigen Minuten sowjetisches Gebiet hätte erreicht werden können. So faßte die NATO 1979 den Doppelbeschluß, die neuen US-Raketen ab 1983 zu stationieren, wenn nicht bis dahin durch Verhandlungen der beiden Supermächte ein Abbau der neuen sowjetischen Mittelstreckenraketen erreicht sei. In der BRD kam es gegen die Nachrüstung zu einer in dieser Breite noch nie dagewesenen Protestbewegung. Vielleicht hoffte der Kreml, daß schon diese die Stationierung verhindern würde, und die USA waren wohl mehr an zusätzlichen Einsatzoptionen durch ihre neuen Raketen interessiert. Jedenfalls scheiterten die Verhandlungen der beiden Führungsmächte, und so begannen die USA, die neuen Waffensysteme in der BRD aufzustellen.

BRD und westeuropäische Integration

Nach dem Zweiten Weltkrieg kamen von verschiedenen Seiten Anstöße zu engerer Zusammenarbeit der (west-)europäischen Länder. In einem ersten Anlauf gründeten zehn westeuropäische Staaten 1949 den Europarat mit Sitz in Straßburg, dem 1951 auch die BRD beitrat und dem sich dann bis 1978 alle restlichen westeuropäischen Staaten anschlossen. Die Kompetenzen des Europarats waren indessen sehr mager: die Beratende Versammlung, gebildet aus Parlamentariern der nationalen Parlamente, und das Ministerkomitee aus den Außenministern konnten nur unverbindliche Empfehlungen verabschieden. Der Europarat war als erster Schritt zu einer weitergehenden politischen Integration gedacht, doch scheiterten solche Versuche rasch am Widerspruch Großbritanniens, das noch stark auf sein Commonwealth hin orientiert war, und der Skandinavier. So dümpelte der Europarat seitdem relativ bedeutungslos vor sich hin. Aus diesem Grund unternahm ein engerer Kreis, nämlich Frankreich, die BRD, Italien und die Benelux-Staaten, ab 1950 einen weitergehenden Anlauf mit dem Konzept, übernationale Institutionen zu schaffen, an die Hoheitsrechte übertragen wurden, nämlich in Gestalt der Montanunion und der – dann gescheiterten – EVG. Dieselbe Staatengruppe tat 1957 einen weiteren Schritt, indem sie die Europäische

Wirtschaftsgemeinschaft (EWG) und die Europäische Atom-Gemeinschaft (Euratom) gründete. Die EWG sah eine Zollunion, eine gemeinsame Agrarpolitik und eine Koordinierung der Wirtschaftspolitik vor. Das war ein Geschäft auf Gegenseitigkeit: Franzosen und Italiener öffneten ihre Märkte der überlegenen bundesdeutschen Industrie und konnten umgekehrt ihre Agrarinteressen zur Geltung bringen. Euratom sollte gemeinsame Atomforschungsanlagen errichten. Für alle drei Gemeinschaften der sechs zusammen wurde ein Parlament aus Delegierten der nationalen Parlamente und ein Europäischer Gerichtshof gebildet. Montanunion, EWG und Euratom erhielten in Brüssel jeweils als Beschlußorgan einen Ministerrat und als Exekutive eine Hohe Behörde bzw. Kommission, deren Mitglieder von den Regierungen gemeinsam ernannt wurden. 1967 legte man die Exekutivorgane der drei Gemeinschaften zur Europäischen Gemeinschaft (EG) zusammen.

Bei der Gründung der EWG war erwartet worden, daß der wirtschaftliche Integrationsprozeß aus seiner Eigendynamik heraus zur angestrebten politischen Union weitertreiben würde. Doch die Hoffnung trog. 1963-69 blockierte der französische Staatspräsident de Gaulle jede Vertiefung des politischen Zusammenschlusses, ja erzwang 1966 sogar, daß im Ministerrat bei wichtigen Angelegenheiten statt das Mehrheitsprinzips Einstimmigkeit bestehen sollte. Getragen von der Idee einer unabhängigen Weltmacht Frankreich als Hegemonialmacht Westeuropas verhinderte de Gaulle auch, daß Großbritannien der EG beitrat, was deshalb erst 1973 geschah. Versuche, nach de Gaulles Abgang den Weg zur politischen Union erneut aufzunehmen, blieben erfolglos. Vielmehr führte die Wirtschaftskrise seit 1973/74 dazu, daß nationale Interessengegensätze wieder stärker hervortraten und die Regierungen zunehmend versuchten, Probleme durch nationale Alleingänge zu bewältigen. Die Integrationspolitik begann zu stagnieren, in einigen Bereichen zeichnete sich sogar eine Renationalisierung der Politik ab.

Vieles wurde in der EG bis Ende der 80er Jahre erreicht, aber etliches blieb Idee. Zwar wurden Handelsverträge mit dritten Staaten seit 1973 nur noch von EG-Organen abgeschlossen, aber die eigentliche Außenpolitik blieb Sache der Einzelstaaten. Zwar wurde das Europäische Parlament seit 1979 direkt gewählt, aber es blieb weitgehend machtlos. Über Gesetze wurde auf europäischer Ebene von der Exekutive entschieden; demokratischem Brauch entsprach das nicht. Das ursprüngliche Konzept eines durch übernationale Institutionen geeinten Westeuropa setzte sich nicht durch. Stattdessen verdichtete sich die Kooperation, die jedoch die letzte Verfügungsgewalt eben weiter den nationalen Regierungen beließ. Es entstand eine allmählich immer dichtere und kompliziertere multinationale Verfilzung von Entscheidungsprozessen, an denen Kommission und Ministerrat, EG-Ausschüsse und nationale Bürokratien beteiligt waren. In die Ausschüsse, die in großer Zahl ins Leben traten, wurden für befristete Zeit Beamte aus den nationalen Bürokratien entsandt, so daß sie mehr den Charakter einer Verwaltungskooperation als den übernationaler Organe aufwiesen. Vor allem blieb der Ministerrat gegenüber der übernationalen Kommission entscheidend. Seit 1969 traten überdies die Regierungschefs mehrfach zu Gipfelkonferenzen zusammen, die sie dann 1974 als Europäischen Rat institutionalisierten (dreimal jährlich). 1970 begannen die EG-Staaten, ihre Außenpolitik gegenüber der übrigen Welt zunehmend zu koordinieren, indem die Außenminister sich vierteljährlich trafen und sich über ein Fernschreibnetz ständig abzustimmen versuchten (Europäische Politische Zusammenarbeit – EPZ). Aber immer wieder konnten sich die EG-Staaten bei wichtigen internationalen Fragen nicht auf eine gemeinsame Position einigen, so daß das außenpolitische Gewicht der EG zwischen den beiden Supermächten recht gering blieb. Ab 1968 wurde der Warenverkehr nicht mehr mit Zöllen belastet, doch weiter hemmten Unterschiede der Industrienormen, Verbraucherschutz- und Umweltschutzbestimmungen und die durch unterschiedliche Umsatzsteuersätze entstehenden Grenzformalitäten den Handel. Seit 1979 gab es ein Europäisches Währungssystem, aber die nationalen Währungen bestanden weiter. Erreicht wurde auch, daß die EG-Organe Recht setzten, das unmittelbar in den Mitgliedsstaaten galt, also nicht erst aufgrund einer völkerrechtlichen Verpflichtung im Innern umgesetzt wurde, so daß nach und nach immer mehr Rechtsvorschriften der Mitgliedsstaaten vereinheitlicht wurden. Der Personenverkehr über die Grenzen wurde von Visa- und anderen Formalitäten befreit, und seit 1968 hatten Arbeitnehmer weitgehend freie Arbeitsplatzwahl im EG-Raum. Seit 1962 wurden schrittweise für fast alle wichtigen Agrarprodukte Marktordnungen eingeführt, und 1975 schuf die EG einen Regionalfonds zur Unterstützung unterentwickelter Gebiete. Unkoordiniert blieben dagegen die Konjunktur-, Verkehrs-, Sozial-, Steuer- und Bildungspolitik der Einzelstaaten.

Solange die BRD noch schwach gewesen war, hatte sie sich nachhaltig für einen überstaatlichen Ausbau Westeuropas eingesetzt. Aber indem sie eigene Macht zurückgewann, sank ihr Interesse an der Überstaatlichkeit, und seit den 70er Jahren kroch bei den Westdeutschen die Furcht herauf, verstärkte wirtschaftliche Integration könnte für die relativ gut funktionierende Wirtschaft und die relativ stabile Währung der BRD zu einer Nivellierung zum Schlechteren führen. Das hatte zur Folge, daß Bonn sich gegenüber einer weiteren EG-Integration in der praktischen Politik zunehmend reserviert verhielt und sich das offizielle Eintreten für einen fortschreitenden Einigungsprozeß weitgehend zum Lippenbekenntnis verdünnte.

Mit westeuropäischen Staaten verband sich die BRD nicht nur durch die EG, sondern daneben entstand ein Netz weiterer vielfältiger Formen von Zusammenarbeit. Ein französisch-bundesdeutsch-britisches Firmenkonsortium baute seit 1972 mit dem Airbus ein Großraumflugzeug, und die 1975 von der BRD und neun anderen Staaten gegründete Europäische Weltraumbehörde verfügte seit 1979 mit der Ariane über eine Trägerrakete für Satelliten. Im militärischen Bereich entstanden zahlreiche bilaterale und multilaterale Kooperationen mit wechselndem Teilnehmerkreis. Sie hatten die Gestalt regelmäßiger Stabsbesprechungen, einer Zusammenarbeit in der Ausbildung und seit 1959, deutlich verstärkt seit 1977, gemeinsamer Rüstungsprojekte. Etliche bundesdeutsche Städte gingen Städtepartnerschaften mit anderen westeuropäischen Städten ein. Die Zahl der Städtepartnerschaften betrug 1978 800, davon 320 mit französischen und 135 mit britischen Städten. Unter der bilateralen Zusammenarbeit kam der bundesdeutsch-französischen besondere Beachtung zu. Die „Erbfeindschaft", die das Klima zwischen beiden Staaten lange vergiftet hatte, wurde im Laufe der 50er Jahre allmählich überwunden. Der deutsch-französische Vertrag von 1963 besiegelte die Aussöhnung formell. Auf seiner Basis begann eine umfangreiche regelmäßige Konsultationstätigkeit (u.a. Regierungschefs zweimal und Außen- und Verteidigungsminister je viermal jährlich). Eine besondere kulturelle Verbindung, die über die Intensität entsprechender Kontakte zu anderen westeuropäischen Ländern hinausgegangen wäre, entstand allerdings nicht.

Insgesamt entwickelten sich also zwischen der BRD und anderen westeuropäischen Staaten Verflechtungen und persönliche Kontakte in noch nie dagewesenem Umfang.

So war Außenpolitik nicht länger Sache nur der Außenminister, sondern fand auf den verschiedensten Ebenen statt, und die traditionelle Trennung von Innen und Außen des souveränen Staates begann sich allmählich aufzulösen.

Das Verhältnis der DDR zu ihren osteuropäischen Nachbarn gestaltete sich anders als das der BRD zu ihren westeuropäischen. Im Rahmen von Warschauer Pakt als militärischem und RGW als wirtschaftlichem Zusammenschluß vollzog sich kein Integrationsprozeß, der den westeuropäischen Verhältnissen vergleichbar gewesen wäre. Es bestanden fundamentale Unterschiede. Da sich in der EG mehrere Staaten zusammengefunden hatten, von denen keiner so stark war, daß er die anderen beherrschen konnte, und da die räumlich entfernte Führungsmacht USA außen vor blieb, war eine Integration auf der Basis gleichberechtigter Partnerschaft möglich. Im Ostblock dagegen kooperierten nicht die kleinen Staaten untereinander, sondern saßen stets wie Mäuse mit dem großen Bären UdSSR zusammen in einem Boot. Jede engere Kooperation bedeutete für sie zwangsläufig verstärkte Abhängigkeit von der UdSSR. Während die Mitgliedschaft in der EG freiwillig war, verhinderte die UdSSR 1956 mit Waffengewalt den Versuch Ungarns, aus dem Warschauer Pakt auszutreten. Deshalb lehnten die kleineren osteuropäischen Staaten übernationale Institutionen strikt ab, und der RGW erließ auch keine Verordnungen mit Gesetzeskraft wie die EG. Ein Vorstoß Moskaus zu einer übernationalen Planungsbehörde im RGW 1962 scheiterte. Aus Angst um die Stabilität ihrer Herrschaft war den Regierungen der Ostblockstaaten auch freier individueller Reiseverkehr ihrer Bürger zwischen den Blockstaaten suspekt. Kulturaustausch fand nur organisiert und kontrolliert statt. Lange waren die Grenzen ziemlich abgeriegelt und nur mit Genehmigung überschreitbar. Erst 1972 führte die DDR den genehmigungsfreien Reiseverkehr mit Polen und der ČSSR ein, vorübergehend auch mit Ungarn. 1980 beschränkte Ost-Berlin den Reiseverkehr mit Polen aber wieder stark, um nicht vom Bazillus der freiheitlichen polnischen Gewerkschaftsbewegung angesteckt zu werden. Gleichwohl entwickelte sich auch zwischen den Ostblockstaaten nach und nach ein dichter werdendes Netz von Institutionen und Kontakten offizieller Stellen verschiedener Ebenen.

DDR in Osteuropa

Anders als BRD und DDR verfolgten Österreich und die Schweiz nach dem Zweiten Weltkrieg eine Außenpolitik der Neutralität und hielten sich von politischen Bündnissen fern. Die Schweiz trieb das politische Abseits-Stehen so weit, daß sie selbst der UNO nicht beitrat – 1986 lehnten die Schweizer die Beitrittsidee in einer Volksabstimmung ab –, sondern sich damit „begnügte", an den UN-Organisationen in Genf zu verdienen. Als Reaktion auf die EG-Gründung schufen die beiden Alpenrepubliken 1959 zusammen mit Großbritannien und den skandinavischen Staaten die EFTA, eine bloße Freihandelszone ohne weitergehende Koordinierung und politische Absichten. Als die EFTA durch den EG-Beitritt Großbritanniens weitgehend zerfiel, schlossen Österreich und die Schweiz 1972 mit der EG ein Freihandelsabkommen für gewerbliche Waren.

Neutralität: Österreich und Schweiz

Die Neutralität geriet zunehmend zum leeren Wort. Mochte es im traditionellen europäischen Staatensystem bis zum Zweiten Weltkrieg eine machtpolitische Neutralität gegeben haben – jetzt hatten beide Staaten aufgrund ihrer gesellschaftlichen und politischen Ordnung, ihres wirtschaftlichen Entwicklungsniveaus und der Orientierung ihrer Außenhandelsverflechtungen, ihrer persönlichen und kulturellen Kontakte einen festen Platz sowohl im Ost-West-Konflikt wie im Nord-Süd-Gegensatz, und zwar an der Seite der westeuropäischen Industriestaaten. Die zunehmende wirtschaftliche Verflechtung besonders mit den westeuropäischen Staaten gewann Züge einer faktischen Integration, nur ohne Mitbestimmungsmöglichkeit. Im Falle eines großen Kriegs zwischen Ost- und Westeuropa hätten selbst dann, wenn die Neutralität der Alpenrepubliken formell gewahrt geblieben wäre, die Auswirkungen von Atomexplosionen an der Grenze nicht haltgemacht, und eine Niederlage Westeuropas hätte angesichts der engen wirtschaftlichen Verflechtungen faktisch auch eine Niederlage Österreichs und der Schweiz bedeutet. Und selbst, daß die Neutralität in einem großen Krieg auch nur formell respektiert worden wäre, ist nach den Erfahrungen neutraler Kleinstaaten im Ersten und Zweiten Weltkrieg unwahrscheinlich, besonders für das geostrategisch wichtige Österreich. Mit ihren eigenen schwachen Streitkräften, die vor allem in Österreich ohnehin mehr symbolischen Charakter hatten, hätten die beiden Alpenländer einen ernsthaften östlichen Angriff nicht abwehren können, und zugleich hätte die NATO eine Eroberung Österreichs kaum untätig hingenommen. Die militärische Sicherheit beider Länder hing also tatsächlich daran, daß das östliche Kriegs- und Drohpotential durch die NATO abgeschreckt wurde, so daß sie sozusagen bei dieser billig auf dem Trittbrett mitfuhren.

Beziehungen
zur
Dritten Welt

Gegenüber den Ländern der Dritten Welt verfolgten die deutschen Staaten eine vom Ansatz her unterschiedliche Politik. Die DDR betrachtete auch die internationalen Beziehungen unter dem Gesichtspunkt des Klassenkampfes und sah es als Ziel an, international den Sozialismus zu stärken. Deshalb konzentrierte sie ihre Entwicklungshilfe weitgehend auf einige wenige sozialistische Diktaturen, besonders (Nord-)Vietnam, und unterstützte die Unabhängigkeitsbewegungen in den portugiesischen Kolonien und im südlichen Afrika. Die Politik der BRD gegenüber Ländern der Dritten Welt war bis Ende der 60er Jahre stark von dem Motiv bestimmt, deren Wohlverhalten in der Frage der Nichtanerkennung der DDR zu erreichen. In der Praxis führte das dazu, bundesdeutsche Hilfsmaßnahmen wie mit der Gießkanne breit zu verstreuen. Nachdem sich diese Politik überlebt hatte, mischten sich verschiedene Motive miteinander, so das Interesse, den eigenen Export zu fördern und den Bezug von Rohstoffen zu sichern, humanitäre Neigungen sowie auch das Streben, politisch verwandte oder zumindest nichtkommunistische Systeme zu unterstützen, wobei die Gewichtungen wechselten.

Entwicklungshilfe erfolgte durch Kapitalhilfe, durch die Entsendung von Experten und als Ausbildung im Partnerland oder an deutschen Hochschulen. An öffentlicher Entwicklungshilfe gaben 1980 die BRD 3.517 Millionen Dollar (= 0,43 Prozent ihres Bruttosozialprodukts), die Schweiz 246 (= 0,24 Prozent), Österreich 173 (= 0,23 Prozent) und die DDR kümmerliche 72 Millionen Dollar (= 0,06 Prozent). Dabei bemäntelte die DDR ihre geringen finanziellen Kapazitäten mit der Ausrede, als nicht-imperialistischer Staat trüge sie auch keine Verantwortung für die Folgen des Kolonialismus. Die Idee der Kapitalhilfe wurde in den 50er Jahren in den USA erfunden in dem naiven Glauben, Wirtschaftswachstum wäre im wesentlichen eine Funktion von Investitionen, es würde also den unterentwickelten Ländern nur an Sachkapital fehlen. Die BRD übernahm dann ebenso wie alle anderen Industrieländer diesen Irrtum. Der darauf gegründete Versuch, durch Kapitaltransfer einen Entwicklungsprozeß in Gang zu setzen, mußte jedoch zwangsläufig weitgehend scheitern, denn er traf in den Empfängerländern auf eine oft hemmende Mentalität, zu geringe Qualifikationen der Arbeitskräfte, korrupte Verwaltungen und Fehlverhalten der Eliten (Kapitalflucht und Abwanderung von Akademikern ins Ausland). Überdies litt ein großer Teil der Entwicklungshilfe darunter, daß sie in Kooperation mit den dortigen Eliten auf Projekte gelenkt wurde, die diesen materiell nutzten, aber nur wenig den Armen im Lande. Eine andere Form der Entwicklungshilfe begannen die EG-Staaten, als sie 1975 fast allen schwarzafrikanischen und einigen karibischen und pazifischen Kleinstaaten für die meisten Produkte einseitig freien Zugang zum EG-Markt einräumten und Einrichtungen schufen, um deren Erlöse aus dem Rohstoffexport zu stabilisieren.

9.8 Erbe

Die betrachteten gut vier Jahrzehnte liegen noch nicht lange zurück und hängen deshalb noch durch viele Fäden mit der Gegenwart zusammen. Aber nicht alles Geschehen hatte Folgen von längerer Dauer, und so ist auch hier zu fragen, welche Entwicklungen und Entscheidungen bis in die Gegenwart hinein prägend wirken. In mancherlei Hinsicht sind die Kontinuitäten der weiterbestehenden BRD natürlich größer als jene aus der untergegangenen DDR. Während bundesdeutsche Institutionen und Grundentscheidungen, z.B. die Integration in EG und NATO, bestehen geblieben sind, endete mit der DDR nicht nur deren politisches System, sondern es verschwanden auch die stets als Errungenschaften herausgestellten Merkmale wie Arbeitsplatzsicherheit, billige Mieten und geringe Kriminalitätsrate, weil sie untrennbar mit wirtschaftlicher Ineffizienz, Verfall der Häuser und obrigkeitlicher Freiheitsbeschränkung verbunden waren.

Trotzdem ist die DDR nicht spurlos untergegangen. Dabei ist zunächst an die bleibenden Folgen jener Entwicklungen zu denken, die sich in allen deutschen Staaten abspielten, wenn auch teilweise aufgrund unterschiedlicher Triebkräfte; beispielsweise sind im und auf dem Boden Giftstoffe akkumuliert worden (Altlasten), die Stellung der Frau in der Gesellschaft ist jener der Männer ähnlicher geworden, standes- und klassenbedingte Unterschiede der Lebensformen sind stark zurückgegangen, weite Kreise haben sich den Kirchen entfremdet, die Ehe hat ihre frühere Verbindlichkeit verloren, die traditionellen Loyalitäten zu bestimmten Parteien sind abgebröckelt, um nur einiges zu nennen. Alle aufgelisteten Entwicklungen sind in der DDR im Ergebnis noch deutlich stärker ausgeprägt als in der BRD; in der Schweiz und auch in Österreich dagegen eher weniger.

Westdeutsche und Ostdeutsche haben sich im Laufe von vier Jahrzehnten aber auch auseinandergelebt, was nach der Wiedervereinigung als Problem der inneren Einheit deutlich offenbar geworden ist. Während die politische und die soziale Ordnung sich rasch vereinheitlichen ließen, zeigen die Unterschiede in den Mentalitäten eine deutlich größere Beharrungskraft. In der BRD haben sich, ebenso wie in Österreich, nach dem Zweiten Weltkrieg demokratische Denk- und Verhaltensweisen fest etabliert. In der DDR galten dagegen in der Öffentlichkeit die staatlichen Entscheidungen als die einzig richtigen, die von allen zu bejahen waren und deren Grundlagen teilweise als objektiv wahr zu glauben waren, und wer sich außerhalb des erzwungenen Konsens stellte, wurde in undifferenziertem Schwarz-Weiß-Denken als feindlich verfolgt. So gelten denen, die unter diesen Bedingungen aufgewachsen sind, der pluralistische Streit verschiedener Positionen vielfach nicht als Ausdruck gleichermaßen berechtigter Interessen, sondern als Chaos und Nörgelei. Die Toleranz gegenüber anderen Meinungen ist dann entsprechend begrenzt. Die Abschottung der DDR-Bürger von anderen Ländern und Kulturen war nicht geeignet, jenes Maß an Weltoffenheit entstehen zu lassen, das in Westdeutschland nach und nach herangewachsen ist. So erwies sich dann auch die offiziell verkündete „Völkerfreundschaft" nach dem Zusammenbruch der DDR als hohle Propaganda, die in den Mentalitäten der Menschen keine echte Basis hatte. Bei den Westdeutschen hat die Welle von Emanzipationsbestrebungen und antiautoritärer Kritik über die Aufbruchszeit in den späten 60er und frühen 70er Jahren hinaus bleibende Spuren hinterlassen. Die gesellschaftlichen Freiräume sind größer geworden und jene gesellschaftlichen und moralischen Zwänge abgebaut worden, die sich nicht mehr zu legitimieren vermochten, und im Verhalten der Menschen hat es einen Gewinn an Selbständigkeit und Selbstbewußtsein gegeben. Aber diese Veränderungen sind ambivalent. Manchmal ist die Orientierung an traditionellen Autoritäten nur durch eine ebenso unkritische Anhänglichkeit an neue modische Ideen ersetzt worden; und die befreite Sexualität ist teilweise zugleich von kommerziellen Interessen in Dienst genommen worden. Vor allem hat die Aufwertung der individuellen Selbstverwirklichung zum obersten Ziel teilweise zu einer gewissen Rücksichtslosigkeit gegenüber anderen Menschen geführt, die Betonung des gegenwärtigen Eigeninteresses zur Vernachlässigung langfristiger negativer Folgen für die Allgemeinheit, d.h. damit indirekt auch für sich selbst. Während diese Liberalisierung und Individualisierung in abgeschwächter Form auch in Österreich und der Schweiz erfolgt sind, hat die kommunistische Diktatur in der DDR die Menschen jahrzehntelang in genau entgegengesetzte Richtung geformt und damit bereits vorhandene autoritäre und obrigkeitliche Traditionen noch verstärkt. So sind die Ostdeutschen im allgemeinen stärker gewohnt, sich anzupassen und unterzuordnen und Autoritäten und Versprechungen unkritisch zu glauben. Sie erwarten eher, daß der Staat sie versorgt und Probleme löst, und sind weniger bereit, Eigeninitiative zu entwickeln und selbst Verantwortung zu übernehmen. Damit ist auch das Gespür für das jeweilige Verhältnis von Kosten und Ertrag als Entscheidungsgrundlage weitgehend abhanden gekommen.

Neben diesen Unterschieden in der Mentalität ist ferner noch auf einigen anderen Feldern ein Erbe der DDR zu verzeichnen, das nicht so schnell verschwinden wird. Dazu gehört das Problem, daß viele Ostdeutsche in die Aktivitäten des Staatssicherheitsdienstes verstrickt waren, ebenso wie die Tatsache, daß die Infrastruktur in der DDR verschlissen worden ist, während man sie in Westdeutschland in einer Weise in Stand gehalten hat, die auch manche anderen westlichen Industriestaaten übertrifft (z.B. die USA oder Italien).

10.

Die Deutschen in der Gegenwart: seit 1989

10.1 Deutschland als Magnet für Einwanderer

Bei der jüngsten Entwicklung der Bevölkerung in Deutschland waren die Wanderungsbewegungen auffälliger als die natürliche Bevölkerungsbewegung. Als Polen und die UdSSR 1987 begannen, Ausreiseerlaubnisse für Volksdeutsche wesentlich großzügiger zu erteilen, setzte eine Welle von Übersiedlungen Volksdeutscher aus Osteuropa in die BRD ein. 1987-94 waren es 1.949.000 Personen, davon 639.000 aus Polen. Die meisten beherrschten die deutsche Sprache schlecht oder gar nicht, waren also infolge der jahrzehntelangen Assimilierungspolitik eigentlich nur noch deutschstämmig, aber nicht mehr Deutsche im kulturellen Sinne. Manche der Aussiedler aus Polen leiteten ihren Anspruch auf die deutsche Staatsbürgerschaft auch nur daraus ab, daß sie oder ihre Eltern von den Nationalsozialisten im Zweiten Weltkrieg als eindeutschungsfähig eingestuft worden waren, was bundesdeutsche Behörden schon als Nachweis deutscher Abstammung ansahen. So war es kein Wunder, daß diese späten Aussiedler bei vielen Westdeutschen auf Vorbehalte stießen. Die deutsche Minderheit in der UdSSR konnte im Zeichen der Liberalisierung des Landes unter Gorbatschow öffentlich fordern, die deutsche Wolgarepublik wiederherzustellen, doch die inzwischen dort heimisch gewordene Bevölkerung erhob hiergegen energischen Widerstand. Daran änderte auch der Vertrag zwischen der BRD und Rußland über die schrittweise Wiederherstellung der Wolgarepublik wenig. So wurde unter den Rußlanddeutschen ebenso wie unter den Deutschen in Rumänien der Wille vorherrschend, in die BRD auszusiedeln. In Polen entwickelte sich die Situation für die verbliebenen Volksdeutschen insofern günstiger, als nach der Demokratisierung die neue polnische Regierung 1990 die Existenz der deutschen Minderheit anerkannte und ihr eigene Vereinigungen erlaubte. Im Nachbarschaftsvertrag mit der BRD 1991 bekräftigte sie dies noch einmal. Aber hinter der Aussiedlerwelle stand nicht nur die Befürchtung, die volkliche Identität sonst völlig zu verlieren, sondern auch der Wunsch nach besseren materiellen Lebensbedingungen, und für dieses Motiv gibt es auch in Polen weiterhin Nahrung.

Angesichts der Tatsache, daß die Deutschen in Osteuropa und Übersee seit Jahrzehnten immer mehr im Volkstum ihrer Umgebung aufgehen, und forciert durch die jüngste Aussiedlungswelle, ist wohl zu erwarten, daß die im 18. und 19. Jahrhundert

Deutsche in Osteuropa

entstandene Zerstreuung der Deutschen in absehbarer Zeit ihr Ende finden wird. Dann wird die Verbreitung der Deutschen wieder auf ein geschlossenes Siedlungsgebiet beschränkt sein, also auf die Staaten BRD, Österreich, Liechtenstein und die deutschen Teile der Schweiz, bei letzteren mit gewissen Vorbehalten hinsichtlich ihres Deutschseins, woran sich die lebendigen deutschen Volksgruppen in Südtirol, Eupen-Malmedy und Nordschleswig räumlich direkt anschließen.

Auf dem Weg zur multi-kulturellen Gesellschaft?

Zu den Aussiedlern kamen die nichtdeutschen Einwanderer hinzu. 1990 lebten in der BRD mehr Ausländer als in den ehemaligen Kolonialmächten Frankreich und Großbritannien. Da in vielen Ländern der Dritten Welt keine positive wirtschaftliche, soziale und politische Entwicklung abzusehen ist, wird das Problem des Einwandererdrucks auf Staaten wie die BRD und die Schweiz wahrscheinlich in Zukunft längerfristig größer werden, und wenn die Nachfolgestaaten der UdSSR und die übrigen osteuropäischen Staaten den Reiseverkehr liberalisieren, ohne die Wohlstandskluft zu Westeuropa überwinden zu können, könnte auch von dorther ein Einwanderungsdruck entstehen. So wie einst die alten Hochkulturen in Mesopotamien auf die umliegenden Randvölker, im Römischen Reich auf die Germanen und im kaiserzeitlichen China auf die Steppenvölker anziehend wirkten, die dann alle ihren Anteil am Reichtum der Hochkulturen erringen wollten, sei es friedlich einsickernd oder gewaltsam erobernd, so wirkt heute Westeuropa (und Nordamerika) für Menschen in vielen anderen Weltgegenden attraktiv. Die Ausbreitung der Kenntnis von diesem Wohlstandsgefälle und der Ausbau der Verkehrsverbindungen wirken dabei in immer größerer Entfernung mobilisierend.

Wird die BRD also zum Einwanderungsland, ist sie es durch das Bleiben ehemaliger Gastarbeiter und den Zustrom von Asylbewerbern schon geworden? Ende der 80er Jahre tauchten auf der politischen Linken Stimmen auf, welche die BRD zum offenen Einwanderungsland erklären möchten, eine multikulturelle Bevölkerungsmischung befürworten und auch Ausländern Wahlrecht verleihen wollen. Dies steht im Widerspruch zum Willen der Mehrheit der Bevölkerung und zum bisherigen offiziellen Selbstverständnis der BRD, die im Grundgesetz als Nationalstaat der Deutschen definiert ist. Aber auch bei jenen Ausländern, die vor längerer Zeit ins Land gekommen sind, entspricht das Verhalten im Regelfall nicht einer tatsächlichen Einwandererrolle, denn sie nutzen fast überhaupt nicht die Möglichkeit, sich einbürgern zu lassen und damit zu echten Einwanderern zu werden. Außerdem stehen im Unterschied zur BRD gerade die klassischen Einwanderungsländer wie die USA, Australien und Kanada nicht fast beliebig offen, sondern versuchen seit langem, ihre Einwanderung mit Quoten und Qualifikationskriterien zu steuern.

Wenn man daran festhalten will, daß die Bundesrepublik ein deutscher Nationalstaat im klassischen Sinne sein soll, dann folgt daraus, daß man sich bemühen muß, den Zuzug zu beschränken und zu kontrollieren, und daß die im Land lebenden Ausländer, die einmal als Gastarbeiter gekommen sind, zunehmend vor der Alternative stehen, insbesondere mit Blick auf die heranwachsende zweite Generation, sich entweder tatsächlich als Gastarbeiter zu verstehen und dementsprechend wieder in ihre Herkunftsländer zurückzukehren, oder aber als Einwanderer und dann konsequent die alten volklich-kulturellen Eigenarten aufzugeben und sich in Sprache und Gewohnheiten einzudeutschen. Das deutsche Volk hat in der Vergangenheit schon manche volkliche Minderheit assimiliert, und umgekehrt sind viele Deutsche besonders im 19. Jahrhundert ausgewandert und dann in anderen Völkern aufgegangen; dies ist auch heute möglich, wenn es nur gewollt wird, und es ist nichts Negatives, solange es freiwillig und nicht gezwungen geschieht. Sollte umgekehrt die Bundesrepublik zu einem Einwanderungsland werden, müßte für eine so grundlegende Entscheidung ein breiter Konsens erzielt werden; eine Entwicklung in diese Richtung sich gegen den Willen einer großen Bevölkerungsmehrheit einfach faktisch vollziehen lassen wäre undemokratisch. Es müßten Instrumente für eine gezielte Steuerung der Einwanderung geschaffen werden, und die Einwanderer müßten auch die grundlegenden Wertvorstellungen der BRD akzeptieren (einschließlich religiöser Toleranz, der Trennung von Staat und Religion und der Gleichberechtigung der Frauen).

Diesen Erkenntnissen und ihren Konsequenzen versuchten die verantwortlichen Politiker aber weitgehend auszuweichen. Die Gastarbeiterpolitik blieb unklar und deshalb verfehlt, und die Politiker und Behörden hielten gegenüber den Bürgern daran fest, daß die BRD kein Einwanderungsland sei, ließen aber gleichzeitig zu, daß sich de facto eine wildwüchsige Einwanderung durch die Hintertür über den massenhaften Mißbrauch des Rechts auf Asylantrag vollzog. Dieses hat vor dem Hintergrund von hoher Arbeitslosigkeit, einem in den Ballungsgebieten zunehmend angespannten Wohnungsmarkt und steigenden Kosten für die Versorgung vieler Asylbewerber Ende der 80er Jahre in Teilen der Bevölkerung eine ablehnende Haltung gegenüber Ausländern entstehen lassen. Sie richtete sich im wesentlichen gegen die als besonders fremdartig empfundenen Türken und Asylbewerber und eskalierte seit 1991 in der BRD und der Schweiz zu gewaltsamen Überfällen auf Ausländer. Diese Ablehnung ist keine typisch deutsche Reaktion, sondern läßt sich in anderen Industriestaaten mit vergleichbarer Situation genauso beobachten. Unvermeidlich wird dies Verhalten aber bei den Deutschen in Erinnerung an den Rassismus der NS-Zeit mit anderen Augen gesehen und schärfer beurteilt als anderswo.

Zuwanderung ist nicht nur eine Frage von staatlicher Identität und Minderheitenproblemen, sondern hat auch Folgen für die Bevölkerungszahl. Nun hatten die Deutschen in der BRD und der DDR zusammengenommen in den 80er Jahren eine Geburtenrate, die zu gering war, um ihren Bestand aufrechterhalten zukönnen, und es gibt keine Anzeichen für eine Trendwende. Im Gegenteil – als Folge des Vereinigungsschocks stürzte die Geburtenrate der Ostdeutschen 1989-93 auf weniger als die Hälfte ab. Selbst wenn das Bevölkerungsverhalten auf dem Stand der 80er Jahre bliebe, würde die Zahl der Deutschen in der BRD langfristig stark schrumpfen. Der Zustrom volksdeutscher Aussiedler aus Osteuropa überdeckt diesen Schrumpfungstrend seit Ende der 80er Jahre, aber das ist eine vorübergehende Erscheinung, denn selbst wenn alle noch in Osteuropa lebenden Deutschen in die BRD aussiedelten, würde das die Schrumpfung nicht grundsätzlich abwenden, sondern nur hinausschieben. Ein Sinken der Bevölkerungszahl würde unter anderem bedeuten, daß durch die zahlenmäßige Schwäche der jüngeren Jahrgänge der Anteil der Alten an der Bevölkerung stiege, so daß entweder die Erwerbstätigen immer stärker mit Abgaben belastet werden müßten, um die Mittel zur Versorgung der alten Menschen aufzubringen, oder deren Versorgungsniveau deutlich gesenkt werden müßte. Ob es dazu kommt hängt auch davon ab, wie weit das Absinken der Zahl der Deutschen durch die Einwanderung von Nichtdeutschen kompensiert wird. Nötig ist also eine langfristig denkende Bevölkerungs- und Einwanderungspolitik, welche das nationale Selbstverständnis der BRD, die sozialen Probleme durch die Existenz nicht akkulturierter Minderheiten und die Bevölkerungszahl selbst in gleicher Weise im Blick hat.

*Sterben
die Deutschen
aus?*

10.2 Wirtschaftsunion

*Der Weg zur
Wirtschafts-
union*

Die wirtschaftliche Vereinigung von BRD und DDR 1990 bedeutete, zwei Volkswirtschaften gegensätzlicher Wirtschaftsordnung und recht unterschiedlicher Leistungsfähigkeit plötzlich miteinander zu verschmelzen, ein Vorgang, für den es in der Wirtschaftsgeschichte keinerlei Beispiel gibt. Seine Folgen sind auf Jahre hinaus zu einem
entscheidenden Bestimmungsfaktor der wirtschaftlichen Entwicklung der vereinigten
Bundesrepublik geworden.

Nachdem die DDR im Laufe des revolutionären Umsturzes ihre Westgrenze Anfang
November 1989 geöffnet hatte, ergoß sich ein breiter Strom von Übersiedlern aus der
DDR in die BRD. Hierdurch und durch die Folgen der Umstürze in den anderen Ostblockstaaten wurde die Wirtschaft der DDR zunehmend destabilisiert. Die im Winter
1989/90 amtierende SED-Regierung ließ aber realistische Einsichten in den Umfang
der notwendigen Wirtschaftsreformen vermissen und konnte deshalb keine Hoffnung entzünden, daß sich die materiellen Lebensbedingungen in der DDR bessern würden.

So kam auf den Massendemonstrationen in der DDR die Forderung auf, die
D-Mark auch in der DDR einzuführen, womit sich die kurzschlüssige Erwartung verband, dann am westdeutschen Wohlstand teilhaben zu können. In dieser Situation beschloß die Bundesregierung Anfang Februar 1990, der DDR eine baldige Währungs-
und Wirtschaftsunion anzubieten, um so den DDR-Bürgern in ihrer Heimat eine positive Perspektive zu eröffnen und damit den massiven Übersiedlerstrom zu stoppen,
der bei längerer Dauer für Wohnungs- und Arbeitsmarkt und damit den sozialen Frieden im Westen ebenso wie für das Funktionieren der Wirtschaft im Osten zu einer
schweren Belastung werden mußte. Schon am 2. Juli 1990 wurde die D-Mark auch in
der DDR als einzige amtliche Währung eingeführt, wobei Löhne, Renten, Mieten
usw. sowie ein begrenzter Betrag pro Kopf 1:1, alle übrigen Guthaben und Verbindlichkeiten 1:2 umgestellt wurden. Da eine einheitliche Währung einheitliche wirtschaftliche Rahmenbedingungen voraussetzt, stellte man bis Juli die zentrale Wirtschaftsplanung ein und gab fast alle Preise frei, und es wurde überhaupt das gesamte
bundesdeutsche Wirtschafts-, Steuer- und Sozialrecht der DDR mit nur geringen

Übergangsregelungen übergestülpt. Die wirtschaftliche Einheit entstand also schon vor der politischen Einheit, die im Oktober folgte.

Die Bundesregierung gab sich der Illusion hin, daß die Einführung von D-Mark und Marktwirtschaft in Ostdeutschland ein Wirtschaftswunder entfachen würde, ähnlich wie die Währungsreform in den Westzonen 1948. Doch die Rahmenbedingungen waren grundverschieden. Die damals freigesetzte Unternehmerinitiative war in vier Jahrzehnten Zentralverwaltungswirtschaft verkommen, anders als damals gab es keine funktionierende staatliche Verwaltung, und es bestand auch kein relativ geschützter Binnenmarkt, sondern ungehinderte Konkurrenz durch die überlegene westdeutsche Wirtschaft.

Deindustrialisierung der ostdeutschen Wirtschaft

Indem die DDR-Bürger nach der Währungsunion fast nur noch West-Waren kauften, verlor das warenproduzierende Gewerbe in der DDR schlagartig seinen Binnenmarkt, der bis dahin etwa 80 Prozent seines Absatzes aufgenommen hatte, an die hereinflutenden West-Waren. Mit diesem Verhalten vernichteten die Ostdeutschen zwangsläufig ihre eigenen Arbeitsplätze. Hinzu kam, daß die neuen Bundesländer auch ihre Absatzmärkte in Osteuropa verloren, als ihre Produkte dort mit harter D-Mark statt mit Transferrubel bezahlt werden mußten und ihr Hauptkunde UdSSR überdies durch innere Schwierigkeiten der Zahlungsunfähigkeit entgegentrieb. Während die westdeutschen Unternehmer sich schon in den Monaten vor der Währungsunion aufmachten, um neue Absatzmärkte in der DDR zu erobern, blieb das Management der ostdeutschen Betriebe träge und inaktiv. Es bestand weitgehend weiter aus bisherigen SED-Kadern, die überdies auch nichts von Marketing und Kostenkalkulation verstanden. An Nachfrage fehlte es in den neuen Bundesländern nicht, aber die ostdeutschen Industriebetriebe hatten keine wettbewerbsfähigen Produkte anzubieten, um daran zu verdienen.

Neuinvestitionen liefen nicht sofort an, und das aus mehreren Gründen. Die Behörden kamen mit den dafür notwendigen Verwaltungsakten nur schwer zurecht, da es ihnen an Erfahrung mit dem neuen Recht mangelte. Das Eigentum an allen Volkseigenen Betrieben wurde im März 1990 einer Treuhandanstalt übertragen, die diese bis 1994 privatisierte. Das bedeutete weitgehend den Ausverkauf an westliche Unternehmer, da es ostdeutsches Kapital nicht gab, und der Verkauf lief auch nur zögernd an. Überdies wurden in den neuen Bundesländern die Reallöhne bald erheblich angehoben; daß sie dabei stärker stiegen als die Produktivität der Betriebe, erschwerte deren Wettbewerbsfähigkeit zusätzlich, wogegen andererseits bei einer großen Lohndifferenz zum Westen keine Aussicht bestanden hätte, den Abwanderungsstrom dorthin einzudämmen. Auch die Politik trug zur Krise bei, da die Übergangsregierung der DDR vom Sommer 1990 den wirtschaftspolitischen Reformaufgaben nicht gewachsen war und die Bundesregierung lange die Umstellungsprobleme völlig unterschätzte und konzeptionslos auf die Selbstheilungskräfte des Marktes vertraute. Indem der Kanzler schon bei der Währungsunion den Ostdeutschen durch einen günstigen Umtauschkurs zu Gefallen war, der ihre Scheinguthaben in echte DM-Guthaben verwandelte, erzeugte er zugleich auf der anderen Seite der Bilanz einen riesigen Berg von DM-Altschulden, welche die ostdeutschen Betriebe belasteten. Die Regelung im Einigungsvertrag, daß die nach 1949 Enteigneten ihre Immobilien zurückerhalten sollten, führte weithin zu Unklarheiten, wem das erforderliche Betriebsgelände gehörte, was dessen Verkauf blockierte.

So verfielen die alten Wirtschaftsaktivitäten zunächst viel rascher, als neue aufgebaut werden konnten. Von Anfang 1990 bis Mitte 1991 sank das Bruttoinlandsprodukt Ostdeutschlands um 40 Prozent, wobei besonders die Produktion der Industrie (um 65 Prozent) und der Landwirtschaft verfiel, weniger der Dienstleistungsbereich, da dort ein deutlicher Nachholbedarf bestand. Damit verringerte sich zwangsläufig die Zahl der Arbeitsplätze, zumal die Betriebe schon vorher mehr Beschäftigte in ihren Lohnlisten geführt hatten als für die Produktion nötig gewesen war. Sie ging von 9,6 Millionen Anfang 1990 auf 6,2 Millionen 1993 zurück. Von den arbeitslos Gewordenen wanderten Hunderttausende in den Westen ab oder pendelten zu Arbeitsplätzen dorthin. Ende 1993 hatten von der Bevölkerung im erwerbsfähigen Alter in Ostdeutschland genauso wie in Westdeutschland knapp 65 Prozent einen Arbeitsplatz, nur war die Erwerbsneigung in der DDR deutlich höher gewesen als in der alten BRD, und da diese Neigung bestehen blieb, stand in Ostdeutschland ein viel höherer Anteil als Arbeitslose, ABM-Kräfte, Umschüler usw. in den Listen der Arbeitsämter.

Seit 1992 wuchs die Wirtschaft in den neuen Bundesländern wieder und holte auf, wovon der Arbeitsmarkt zunächst aber kaum berührt wurde.

Gab es „sanftere" Alternativen? Angesichts des wirtschaftlichen Zusammenbruchs Ostdeutschlands nach der Wirtschaftsunion stellt sich die Frage, ob dieser vermeidbar gewesen wäre. Theoretisch wäre es denkbar gewesen, erst die nötigen Strukturreformen und Betriebsmodernisierungen vorzunehmen und dann erst die Grenzen auch wirtschaftlich zu öffnen und die Währungsunion einzugehen. Dieses hätte aber vorausgesetzt, daß die Ostdeutschen über mehrere Jahre hin bereit gewesen wären, bei freiem Reiseverkehr trotz krassen Einkommensgefälles zu Westdeutschland im Osten wohnen zu bleiben und außerdem im wesentlichen weiter ostdeutsche Waren zu kaufen, obwohl die von Qualität und Image her attraktivere westliche Ware gewissermaßen direkt vor Augen gelegen hätte. Hätten 16 Millionen Menschen soviel entsagende Selbstdisziplin aufbringen können? Diese Annahme ist sicher unrealistisch. Da die Ostdeutschen hastig den westlichen Wohlstand wollten, mußten sie also auch die Schmerzen der Anpassung in Kauf nehmen. Die Fehler der verantwortlichen Politiker haben die Probleme vergrößert, aber nicht im Kern verursacht. Allerdings weckten westliche Politiker 1990 Illusionen über das Machbare, und so war bald die Enttäuschung groß.

Raum und Verkehr Außer Konjunktur und Wirtschaftsordnung in Ostdeutschland veränderte die wirtschaftliche Vereinigung auch räumliche Strukturen. Der Berliner Raum hat starke Wachstumsimpulse erhalten, da West-Berlin aus seiner Insellage befreit wurde und Berlin als Ganzes gesamtdeutsche Hauptstadtfunktionen übernehmen soll. Auch die geographische Lage der westdeutschen Zonenrandgebiete wurde spürbar aufgewertet.

In den neuen Bundesländern überforderten der steigende Güterverkehr und die nachholende Automobilisierung bald das vorhandene Verkehrsnetz an vielen Stellen, so daß auch die verkehrsmäßige Raumerschließung verbessert werden mußte.

Standort Deutschland in Gefahr? Die Probleme der deutschen Wirtschaftseinheit verdeckten zeitweilig, daß die internationalen Rahmenbedingungen der deutschen Wirtschaft sich längerfristig veränderten. Indem die Märkte weltweit immer stärker zusammenwuchsen, verschärfte sich die internationale Konkurrenz. Dadurch gerieten Steuersätze und Sozialabgaben, Umweltauflagen und Arbeitszeitregelungen in den verschiedenen Industrieländern als Kostenfaktoren unter einen zunehmenden Druck zur Vereinheitlichung nach unten. Dies galt für die westdeutsche Wirtschaft um so mehr, als Japan und die ostasiatischen Schwellenländer ihre Stellung am Weltmarkt ausbauten, während Produktivitätssteigerungen und Produktinnovationen der bundesdeutschen Wirtschaft sich im Laufe der 80er

1142

Jahre in Grenzen hielten und die stark europaorientierte deutsche Wirtschaft ihre Chancen in Ost- und Südostasien langsamer als andere Konkurrenten erkannte. Hinzu kam, daß seit dem Zerfall des RGW die Konkurrenz durch Billiglohnländer nicht mehr nur aus Übersee kam, sondern mit Tschechien, Ungarn und Polen direkt vor der Haustür lag. Die Aufwertungstendenz der Mark erschwerte den Wettbewerb für die deutsche Wirtschaft zusätzlich. Die Industrie reagierte auf diese Situation in den 90er Jahren mit verstärkter Rationalisierung und der Verlagerung von Arbeitsplätzen ins Ausland. Andererseits weist die Bundesrepublik nicht zuletzt durch die hohe Qualifikation der Arbeitskräfte, gute und zuverlässige öffentliche Infrastruktur sowie den sozialen Frieden als Wirtschaftsstandort auch beträchtliche Stärken auf.

Mittelfristig stellt sich die Aufgabe, die Leistungsfähigkeit der Wirtschaft in den neuen Bundesländern auf westdeutsches Niveau anzuheben und die Umweltbelastung auf dieses abzusenken, ohne durch die erforderlichen Aufwendungen die wirtschaftliche Wettbewerbsfähigkeit der westlichen BRD und damit die Basis für materiellen Wohlstand zu gefährden. Das Beispiel des Mezzogiorno in Italien zeigt, wie zählebig sich einmal verfestigte regionale Unterschiede halten können. Die Schadstoffemissionen in Luft und Wasser in Ostdeutschland gingen zwar schon 1990 zurück, da die Produktion schrumpfte, aber das Problem der ökologischen Altlasten wird noch lange erhalten bleiben. *Künftige Aufgaben*

In langfristiger Perspektive werden Bewahrung und Ausbau des materiellen Lebensstandards der Deutschen wesentlich davon abhängen, wie in allen deutschen Staaten drei grundlegende Probleme bewältigt werden: erstens ob die internationale Wettbewerbsfähigkeit der Wirtschaft erhalten werden kann, da sie angesichts des heutigen Ausmaßes internationalen Austauschs und der Rohstoffarmut der deutschen Staaten unerläßlich ist, zweitens ob eine Antwort auf die Tatsache gefunden wird, daß die Vorräte an Rohstoffen und fossiler Energie auf der Welt letztlich endlich sind, und drittens ob die durch den Industrialismus verursachten Umweltbelastungen in vertretbaren Grenzen gehalten werden können. Ein Scheitern in einer dieser Fragen würde langfristig gesehen ins Elend führen.

Die Erhaltung der Wettbewerbsfähigkeit erfordert vor allem, durch intensive Forschung Innovationen hervorzubringen, sie flexibel aufzunehmen und in die Produktion umzusetzen. Dieses müßte selbst in der BRD noch stärker als bisher geschehen, wenn sie den Anschluß an die führenden Nationen nicht verlieren will.

Die Antworten auf die anderen beiden Fragen hängen zusammen. Nun kann man aus dem Industrialismus nicht in die angeblich heile vorindustrielle Vergangenheit aussteigen wie aus einer Straßenbahn an deren Endstation am grünen Waldesrand. Die vorindustriellen Methoden, sich mit der materiellen Umwelt auseinanderzusetzen, sind angesichts der bestehenden Bevölkerungsdichte und bei der erreichten Höhe des Standards von Konsum, Gesundheitswesen, Reisemöglichkeit, sozialer Sicherung usw. nicht mehr möglich. Es müssen also neue, bessere Antworten als die bestehenden gefunden werden. Das Problem besteht nicht in dem Willen, die natürliche Umwelt mit der menschlichen Vernunft beherrschen zu wollen. Das Problem ist der oft verengte Gebrauch der Vernunft, der sein Handeln auf ein begrenztes und isoliertes Ziel fixiert, der weitgehend nur berücksichtigt, was sich als berechenbare Kosten und Nutzen auf das unmittelbare eigene Interesse auswirkt, und der dabei oft die Komplexität vielfältiger Wirkungszusammenhänge in der Umwelt außer acht läßt, der Nebenfolgen, Auswirkungen auf Dritte und Spätwirkungen übersieht, auch wenn diese nicht vorhergesehenen Schadensfolgen kumulieren und langfristig die Existenzgrundlagen überhaupt bedrohen können. In der Energiefrage ist es nötig, die bestehenden Techniken dahingehend zu verbessern, daß der Energieverbrauch je Produkteinheit, Geräteleistung, Heizwirkung usw. weiter sinkt, und außerdem neue Verfahren zu finden, welche die begrenzten fossilen Energieträger möglichst weitgehend durch solche ersetzen, die dauerhaft zur Verfügung stehen. Für letzteres gibt es nur die Möglichkeit, zur Nutzung der Sonnenenergie zurückzukehren, allerdings nicht zur der vorindustriellen Weise ihrer Umwandlung durch pflanzliche Photosynthese in Brennholz, sondern mit neuen technischen Verfahren der Umwandlung (wozu auch die Nutzung der von der Sonneneinstrahlung in Bewegung gehaltenen Wasserkraft und Windkraft gehören). Hinsichtlich der Rohstoffe ist ebenfalls anzustreben, den Verbrauch je produzierter Einheit zu senken, ferner knappe Rohstoffe durch reichlicher vorhandene zu ersetzen, und vor allem möglichst weitgehend aus Abfällen durch Recycling Rohstoffe zurückzugewinnen. Da die Aufnahmefähigkeit von Luft, Flüssen und Deponien für Abfälle begrenzt ist, besteht auch von dorther die Notwendigkeit, möglichst große Teile der Abfälle durch Recycling in den Produktionsprozeß zurückzuführen. Es werden also neue Verfahren zur Wiederaufbereitung von Abfällen benötigt, so daß man sich dem Modell eines Rohstoffkreislaufs, wie er in der vorindustriellen Zeit auf der Basis von organischem Material weitgehend bestanden hatte, auf einer neuen Ebene wieder annähert, wenngleich auch ein vollständiger Kreislauf nie möglich sein wird. Vordergründig ist dies mit höheren Kosten verbunden und steht damit im Gegensatz zur Wirtschaftlichkeit. Tatsächlich bedeutet eine übermäßige Abgabe von Schadstoffen an die Umwelt aber, daß zwar bei der Produktion Kosten gespart werden, dafür aber bei Dritten Kosten in Form von Gebäudeschäden, Schäden an Land- und Forstwirtschaft und gesundheitlichen Beeinträchtigungen entstehen. Niemand sollte erwarten, daß sich Unternehmer bei ihren Entscheidungen an etwas anderem orientieren als an der betriebswirtschaftlichen Rentabilität. Es ist Aufgabe des Gesetzgebers, das Rechtssystem so zu gestalten, daß die Kosten der Umweltschäden in Form von Sonderabgaben und Haftungspflichten in die Kalkulation des Verursachers eingehen und entsprechend von ihm in seine Entscheidungen einbezogen werden. Das ist bisher nur ungenügend geschehen. Gegen übermäßigen Einsatz von Bioziden in der Landwirtschaft kann eine Rückkehr zu biologischen Methoden der Schädlingsbekämpfung helfen. Besonders problematisch ist die Tatsache, daß zahlreiche Umweltprobleme wegen der Kompetenzen der EG-Organe und im Interesse der Erhaltung der internationalen Wettbewerbsfähigkeit nicht im einzelstaatlichen Alleingang, sondern nur durch internationale Zusammenarbeit gelöst werden können. Da die BRD von Umweltbelastungen stärker betroffen ist als viele andere Staaten, wird ihr nichts anderes übrig bleiben, als hierbei ein Motor zu sein.

10.3 Die unvollendete soziale Einheit

Mit der Wirtschaftsunion und der Wiedervereinigung von BRD und DDR 1990 wurden auch das bundesdeutsche Sozialversicherungssystem, Tarifautonomie und Streikrecht, Mitbestimmung und die übrigen Rechtselemente der bundesdeutschen Sozialordnung auf Ostdeutschland übertragen. Die ständischen Privilegien der DDR-Gesellschaft verschwanden mit der Marktwirtschaft ebenso, wie der als SED-hörig diskreditierte FDGB unterging. Mit der Einheitlichkeit des rechtlichen Rahmens war aber noch keine tatsächliche Gleichheit der sozialen Verhältnisse erreicht. Ende 1990 betrug der durchschnittliche Nettolohn in den neuen Bundesländern 960 Mark, in den alten aber 2.300 Mark. Das Wohlstandsgefälle zwischen BRD und DDR verwandelte sich in einen sozialen Gegensatz innerhalb der Bundesrepublik. Damit entstand ein Verteilungskonflikt neuer Art. Das Streben nach einem Ausgleich des sozialen Gefälles zwischen West und Ost erforderte erhebliche öffentliche Aufwendungen für Investitionen in die Infrastruktur, Sozialleistungen, Bezahlung übernommener Altschulden und Entschädigungsansprüche und Beseitigung von Umweltschäden. Das bedeutete einen Transfer großer Finanzmittel in den Osten zu Lasten der Westdeutschen. Nun ist das Ausmaß der Bereitschaft zur Solidarität abhängig von der Intensität des Gefühls der Zusammengehörigkeit; es nimmt von der eigenen Familie über andere Bundesländer bis nach beispielsweise Bangladesh ab, obwohl die Bedürftigkeit in dieser Reihe zunimmt. Nachdem mit der Katastrophe des Zweiten Weltkriegs und verstärkt nach 1968 in Westdeutschland die Idee der Größe der Nation als einem hohen Wert, für den schwere Opfer lohnen, und das nationale Gemeinschaftsgefühl völlig außer Kurs geraten sind, nimmt es nicht Wunder, daß die Bereitschaft der Westdeutschen gering war, mit den Ostdeutschen zu teilen: die Wiederherstellung der nationalen Einheit galt ihnen eben nicht mehr als Herzenssache, für die Opfer des einzelnen lohnen. Auf der anderen Seite breitete sich bei den Ostdeutschen, nachdem ihre anfänglichen Illusionen über die Möglichkeiten rascher Teilhabe verflogen waren, das Gefühl aus, Bürger zweiter Klasse zu sein, deren Erfahrungen vielfach entwertet wurden. Verschärft wurden die Gegensätze zwischen West und Ost noch dadurch, daß Westdeutsche nun ihren nach 1949 in der DDR enteigneten Grundbesitz zurückverlangten, denn diese

Westdeutsche gegen Ostdeutsche

1145

Wünsche kollidierten zwangsläufig mit den Interessen der inzwischen dort etablierten Besitzer. Auf dem Boden dieser Interessengegensätze gedieh eine gegenseitige Abneigung: der Westdeutschen gegen die jammernden Ossis, die immer nur fordern würden, der Ostdeutschen gegen die arroganten Wessis, die den Osten erobern und plattmachen würden. Da Bundeskanzler Kohl es weder mit verzichtunwilligen Westdeutschen noch mit fordernden Ostdeutschen verderben wollte, schob er die Last der zusätzlichen Aufwendungen zunächst überwiegend durch Kredite auf die Zukunft ab, wodurch die Staatsschulden explodierten und der Bundeshaushalt zunehmend außer Kontrolle geriet. Um so heftiger wurden bald die Verteilungskämpfe darum, wem durch Steuer- und Sozialabgabenerhöhung und Einsparungen staatlicher Leistungen die Lasten aufgebürdet werden sollten.

Verlust der Sicherheit im Osten

Aber auch innerhalb der Ostdeutschen traten soziale Spannungen und Probleme auf, wie sie bislang dort unbekannt waren. Die Gesellschaft zerfiel in jene, die ihre Arbeitsplätze behielten und damit durch die kräftigen Lohnsteigerungen ihren Lebensstandard bald spürbar verbesserten, und jene, die aus wirtschaftlichen Gründen oder wegen ihrer SED- und Stasi-Vergangenheit arbeitslos wurden. Dabei traf die Arbeitslosigkeit psychologisch um so schwerer, als sie vier Jahrzehnte lang unbekannt gewesen war, ja diejenigen, die nicht arbeiteten, wegen unsozialen Lebenswandels bestraft worden waren. Gerade die Arbeitsplatzsicherheit und die Geborgenheit durch die Einbindung ins Kollektiv, welche für die Gesellschaft der DDR so charakteristisch gewesen waren, zerfielen unter dem Druck der hereinbrechenden Marktwirtschaft. Der Standard sozialer Sicherheit rutschte sogar noch unter westdeutsches Niveau, da die Bedrohung durch die Arbeitslosigkeit allgegenwärtig wurde und oft auch Kündigungsschutzbestimmungen einfach nicht eingehalten wurden.

Einem besonderen Umstellungsdruck sahen sich die ostdeutschen Frauen ausgesetzt. Mit den westlichen Medien kamen andere Rollenvorstellungen, und auch die DDR-typische Frauenerwerbsquote ging zurück, da die Frauen von den Entlassungen stärker als Männer betroffen waren und die betriebliche Kinderbetreuung unter dem neuen Kostendruck abgebaut wurde.

10.4 Kulturleben

Mit dem Zusammenbruch der sowjetischen Herrschaft über Osteuropa 1990 schwand dort auch der kulturelle Einfluß aus Rußland. Im Zuge der allgemeinen Umorientierung nach Westen gewann in Polen, der Tschechoslowakei, Ungarn und auch in Rußland und dem Baltikum Deutsch als Fremdsprache neue Bedeutung. Hierin spiegelt sich die wirtschaftliche Bedeutung Deutschlands für Osteuropa wider, und zugleich knüpft diese Entwicklung auch an die Tatsache an, daß das Deutsche dort schon in früheren Jahrhunderten Bildungssprache war. *Deutsch als Verkehrssprache*

Während die Wiedervereinigung das westdeutsche Kulturleben nicht nennenswert beeinflußte, veränderte sie in den neuen Bundesländern auch die kulturelle Szene spürbar. Innerhalb weniger Monate nach der Wende endeten in Ostdeutschland die Bevormundung des Kulturlebens durch Partei und Staat, die Indoktrination in der Schule und die Militarisierung der Gesellschaft. Aus der Sprache verschwanden die meisten DDR-spezifischen Vokabeln. *Umbruch der Kultur im Osten*

Auch im Schulsystem orientierten sich die neuen Bundesländer auf das westdeutsche Vorbild hin um, indem sie 1991 zu einem gegliederten Schulsystem übergingen, wobei Haupt- und Realschule meist zusammengefaßt wurden. Schwieriger war die Vereinigung auf der Ebene der Mentalitäten; lange eingeübte geistige Gewohnheiten können ein zähes Leben haben. Viele Menschen in den neuen Bundesländern empfanden zumindest zunächst eine gewisse Desorientierung angesichts der hereinbrechenden Vielfalt der Meinungen, der lauten Buntheit der westdeutschen Lebensweise und der neuen Existenzrisiken, vor der die Übersichtlichkeit und Orientierungssicherheit der alten Verhältnisse mit ihrer autoritären Ordnung und dem Betreutwerden wegbrachen.

Ähnlich wie in Westdeutschland nach der Währungsreform 1948 erlebten 1990 im Osten Theater, Bibliotheken, Museen, Buchverkauf und Kinos einen scharfen Nachfragerückgang. Dazu trug sicher mit bei, daß der Subventionsabbau die Preise für diese Kulturgüter deutlich steigen ließ. Zugleich offenbarte sich darin aber eben auch, daß jene Politik, die höhere Kultur an die Massen heranbringen wollte, in diesem Bereich zu einem künstlich überhöhten Konsum geführt hatte, ohne ihn mentalitätsmäßig verankern zu können und zum echten Bedürfnis werden zu lassen, denn zugleich strömten jetzt Trivialliteratur, Pornographie und Videofilme ins Land und fanden breiten Absatz.

10.5 Erneute staatliche Einheit

Die Spaltung des Deutschen Reiches Ende der 40er Jahre war Folge des beginnenden Kalten Kriegs zwischen den beiden Supermächten, und als die Blockkonfrontation erlosch, geriet die deutsche Einheit unversehens wieder auf die Tagesordnung. Vier Jahrzehnte lang war die Teilung aufrechterhalten worden durch den entschlossenen Willen der UdSSR, den bestehenden Zustand zu bewahren. Zwar hatten auch Frankreich, Großbritannien und andere europäische Staaten kein Interesse an einer deutschen Wiedervereinigung gehabt, aber nur die Sowjetunion war bereit gewesen, diese gegebenenfalls mit Waffengewalt zu verhindern; darum war sie entscheidend, und als Moskau diese Position aufgab, entstanden in der deutschen Frage plötzlich Handlungsspielräume.

Internationale Rahmenbedingungen

Als Gorbatschow 1985 die Führung der UdSSR übernahm, ging er von der Erkenntnis aus, daß sein Land sich machtpolitisch übernommen hatte und durch innere Reformen seine wirtschaftliche Basis stärken müsse, um die Weltmachtrolle weiter tragen zu können. Deswegen war er an wirtschaftlicher Zusammenarbeit mit dem Westen interessiert, und zwar um so intensiver, je mehr sich die Wirtschaftslage in der UdSSR mit den Jahren verschlechterte. Zugleich gab er Anfang 1989 den sowjetischen Anspruch auf, die osteuropäischen Satellitenstaaten notfalls mit Waffengewalt auf Moskauer Kurs zu halten, denn dieser Raum hatte für Moskau an wirtschaftlichem und militärischem Wert verloren, und die bisherige sowjetische Politik zumindest latenter Gewaltsamkeit vertrug sich nicht mit der angestrebten Zusammenarbeit mit dem Westen.

Die Teilung Deutschlands war dadurch verfestigt worden, daß sich in BRD und DDR ein jeweils eigenes Staatsbewußtsein zu entwickeln begonnen hatte. Gorbatschows Reformpolitik, der Demokratisierungsschritte in Polen und Ungarn folgten, weckte bei den Menschen in der DDR steigende Erwartungen, aber die realitätsblinde SED-Führung ignorierte die zunehmenden wirtschaftlichen Schwierigkeiten der DDR und glaubte, keine Reformen nötig zu haben. Diese Diskrepanz ließ seit 1987 zumindest bei der jüngeren Generation den Glauben an die Zukunft des Sozialismus und damit die Identifikation mit der DDR abbröckeln. Als Ungarn 1989 seine Grenze zum Westen faktisch öffnete und sich damit ein Schlupfloch auftat, durch das seit August

Zerfall des DDR-Staatsbewußtseins

immer mehr DDR-Bürger flüchteten, blieb der SED-Führung bald nichts anderes übrig, als ihren Bürgern Reisen ins westliche Ausland auf direktem Weg zu erlauben, denn mit einer weiter scharf bewachten Vordertür wäre die DDR angesichts des Flüchtlingsstroms durch das faktisch offene Hintertürchen auf Dauer lächerlich geworden, und sie konnte sich schlecht auch noch gegenüber den sozialistischen Nachbarstaaten einmauern. Auf die Rundfunknachricht hin, daß in Zukunft für alle Reiseanträge ins Ausland Visa erteilt werden würden, stürmten viele Ost-Berliner am 9. November 1989 spontan zur Mauer, die unter dem Druck der versammelten Massen unkontrolliert geöffnet wurde. Innerhalb weniger Wochen nutzte ein großer Teil der DDR-Bürger die Gelegenheit zu einer Reise in die BRD. Durch den eigenen Augenschein wurde ihnen bewußt, daß der Unterschied in den materiellen Lebensbedingungen zwischen den beiden Staaten noch größer war, als sie aufgrund des Westfernsehens angenommen hatten. Zugleich brachten die Massenmedien der DDR nach dem Zusammenbruch der Zensur immer neue Enthüllungen über Korruption und Amtsmißbrauch der SED-Führung und über das Ausmaß der Umweltvergiftung in der DDR. Schockartig wurde den Ostdeutschen bewußt, wie tief die Misere ihres Staates war, und das ließ weithin die Überzeugung reifen, daß sie unmöglich in absehbarer Zeit aus eigener Kraft zu überwinden sein würde. Während in den Wochen vor dem 9. November auf den Demonstrationen in der DDR die Reform zu einer demokratischen (und sozialistischen) DDR, aber nirgends Wiedervereinigung gefordert wurde, verdrängte deshalb im Laufe der Monate Dezember und Januar in der öffentlichen Meinung der DDR der Ruf nach Wiedervereinigung die Reformforderungen. Auch Meinungsumfragen zeigen, daß im Dezember in der DDR die Stimmung von einer Mehrheit gegen in eine Mehrheit für die Wiedervereinigung umkippte, die sich dann im folgenden noch verstärkte. Aus der individuellen Flucht über die Grenze wurde das Streben nach kollektiver Flucht der DDR als Ganzes in den Beitritt zur BRD. Die Systemkrise der DDR verwandelte sich in die nationale Frage.

Die Wieder-
vereinigung

Die Wiedervereinigung wurde nicht von Kabinetten und Diplomaten in Szene gesetzt, sondern von unten erzwungen. Der ständige Menschenstrom aus der DDR in die BRD (Mai 1989 bis Juni 1990 über 600.000 Flüchtlinge und Übersiedler), die regelmäßigen Massendemonstrationen in der DDR in den Revolutionsmonaten und die Destabilisierung der DDR-Wirtschaft waren die Triebkräfte, auf welche die Politiker reagierten. Ohne diesen Druck von unten hätten die vier (ehemaligen) Siegermächte der Wiedervereinigung kaum so rasch zugestimmt, und zugleich führte dieser Druck zu einem überhasteten Zusammenschluß und machte ein kontrolliertes Zusammmenwachsen unmöglich.

Ende November 1989 sprachen die Regierungen in Ost-Berlin und Bonn vorsichtig davon, man müsse eine „Vertragsgemeinschaft" beziehungsweise „konföderative Strukturen" anstreben. Nachdem deutlich geworden war, daß die DDR als Staat keine Perspektive mehr hatte, arbeitete Bundeskanzler Kohl seit Anfang Februar 1990 darauf hin, daß die BRD die DDR faktisch übernimmt. Das Ergebnis der Volkskammerwahlen in der DDR im März bedeutete dann ein klares Votum für die Vereinigung, und die daraufhin gebildete Regierung in Ost-Berlin betrachtete sich von vornherein nur als Übergangsregierung mit dem Auftrag, die Einheit herzustellen. Wegen der fortschreitenden inneren Destabilisierung war die DDR bei den Verhandlungen über die Einheit in einer äußerst schwachen Position, so daß Bonn sich in allen wichtigen Fragen durchsetzte. Indem die DDR mit der Währungsunion im Juli auch das bundesdeutsche Wirtschafts-, Sozial- und Steuerrecht komplett übernahm, verzichtete sie für die wichtigsten innenpolitischen Gebiete auf die Möglichkeit eigener Gesetzgebung und damit einen Teil ihrer Souveränität. Zu Jahresanfang forderten die Ostdeutschen, daß auch Errungenschaften der DDR in den Vereinigungsprozeß eingebracht werden müßten, doch angesichts der desolaten Lage der DDR verstummte dieser Anspruch nach und nach. Der im Spätsommer ausgehandelte Einigungsvertrag zwischen beiden Staaten übertrug das gesamte Rechtssystem der BRD mit einigen Übergangsregelungen auf die DDR.

Als die Demonstranten in der DDR Ende 1989 die Idee der Wiedervereinigung auf die politische Tagesordnung setzten, rief dies die vier Siegermächte auf den Plan, die sich 1954/55 das Entscheidungsrecht über Fragen der deutschen Einheit vorbehalten hatten. Sie bezogen zunächst wieder ihre Position aus den 50er Jahren: die USA hatten nichts gegen ein wiedervereinigtes Deutschland, sofern dies nur fest in die NATO eingebunden war, während in den Regierungen in Moskau, London und Paris wieder die Erinnerungen an die nationalsozialistische Aggressionspolitik und die Ängste vor einem übermächtigen Gesamtdeutschland heraufkrochen und eine Wiedervereinigung ihnen dementsprechend unerwünscht war.

Unter dem Druck des Verfalls der DDR stimmte Gorbatschow dann Ende Januar 1990 der Wiedervereinigung im Prinzip zu, worauf auch Großbritannien und Frankreich nicht mehr anders konnten. Allerdings stellte Moskau dem westlichen Wunsch nach NATO-Mitgliedschaft Gesamtdeutschlands seine alte Forderung nach politischer Neutralität gegenüber. Schrittweise gab die UdSSR dann aber nach. Bei einem Treffen mit Kohl im Kaukasus Mitte Juli gestand Gorbatschow schließlich zu, daß Gesamtdeutschland in der NATO bleiben könne und die sowjetischen Truppen binnen vier Jahren aus dem Gebiet der DDR abziehen; als Gegenleistung versprach der Bundeskanzler, die gesamtdeutschen Streitkräfte bis 1994 auf 370.000 Mann zu reduzieren (1989 hatten die Bundeswehr 495.000 und die NVA 173.000 Soldaten), die Kosten des sowjetischen Truppenabzugs zu übernehmen (später auf 12 Milliarden Mark festgelegt) und der UdSSR massive Wirtschaftshilfe zu gewähren. Die sich zuspitzende Wirtschaftskrise in der UdSSR bewog Gorbatschow, die erhoffte Hilfe durch die BRD höher zu bewerten als den politischen Verlust der DDR, und die konservativen Kräfte in der sowjetischen Führung, welche die Preisgabe der Kriegsbeute DDR als Verrat ablehnten, wußten letztlich auch keine andere Alternative, als die sowjetische Einflußsphäre mit Panzern aufrecht zu erhalten, was sich die politisch schwach gewordene UdSSR aber nicht mehr leisten konnte. Die Absprache Kohl-Gorbatschow wurde dann aufgenommen in den „Vertrag über die abschließenden Regelungen in Bezug auf Deutschland", den BRD, DDR und die vier Siegermächte am 12. September unterzeichneten und in dem die alliierten Vorbehaltsrechte aufgehoben wurden, wodurch Gesamtdeutschland voll souverän wurde, und in den begleitenden deutsch-sowjetischen Vertrag. Außerdem verzichtete die BRD im Abschlußvertrag erneut auf ABC-Waffen und bekräftige die Oder-Neiße-Linie als deutsch-polnische Grenze.

Am 3. Oktober trat die DDR der Bundesrepublik bei. Die DDR-Ministerien wurden als Außenstellen von den Bonner Ministerien übernommen und die NVA in die Bundeswehr eingegliedert; schrittweise wurden sie dann weitgehend aufgelöst. Die Identifikation der Ostdeutschen mit der DDR war soweit zerfallen, daß sie diese nicht einmal als Bundesland weiterleben lassen wollten; stattdessen wurden die Länder

Brandenburg, Mecklenburg-Vorpommern, Sachsen, Sachsen-Anhalt und Thüringen wiederhergestellt, und Ost-Berlin vereinigte sich wieder mit West-Berlin.

Eine neue BRD?
Die Vereinigung von BRD und DDR war keine Fusion gleichwertiger Partner, sondern sie vollzog sich so, wie ein stärkerer Konzern die in Konkurs gegangene Konkurrenzfirma übernimmt und sich dann mit deren Sanierung plagt. Daß die bundesdeutsche Rechtsordnung unverändert als gesamtdeutsche weitergilt, war nicht nur Folge des Zeitdrucks im Einigungsprozeß, sondern lag auch daran, daß die Westdeutschen bei ihrer Haltung blieben, die BRD als richtigen Normalfall und die DDR als anormale Abweichung anzusehen. Symbolisch kam dies darin zum Ausdruck, daß Staatsname, Nationalhymne und Grundgesetz unverändert geblieben sind. Zwar wurde beschlossen, den Sitz von Bundesregierung, Bundestag und Bundespräsident nach Berlin zu verlegen, aber fast alle Bundesbehörden sind im Westen geblieben, und die von westdeutschen Unternehmen aufgekauften ostdeutschen Betriebe werden seitdem vom Westen her gesteuert. Die Ostdeutschen kamen in eine etablierte Gesellschaft dazu. Auf Bundesebene machten sie sich auch in der politischen Führungsschicht sowohl personell wie programmatisch kaum bemerkbar, während umgekehrt westliches Führungspersonal in die Verwaltung der neuen Bundesländer ging.

Trotzdem ist die Bundesrepublik nicht die alte geblieben. Mit den Bürgern und dem Gebiet der DDR hat sie auch neue Probleme, Konflikte und Erfahrungen in sich aufgenommen, mit der auch formalrechtlich vollen Souveränität sah sie sich international neuen Erwartungen ausgesetzt, und mit dem Ende der Ost-West-Konfrontation und der Konkurrenz durch die DDR hat sie außenpolitisch neue Handlungsspielräume gewonnen.

Noch viel weniger gleicht die vereinigte Bundesrepublik dem ehemaligen Deutschen Reich. Sie ist nicht nur räumlich kleiner − besitzt sie doch nur 66 Prozent des Reichsgebietes von 1914. In ihr hat sich die nationale Einheit jetzt mit der demokratischen Freiheit verbunden, denn die autoritären Traditionen monarchischer, junkerlicher und militaristischer Art sind längst überwunden. Sie ist keine unabhängige Großmacht mit wechselnder Bündnisorientierung, sondern fest in die gemeinsamenStrukturen Westeuropas integriert; hatte man sich im 19. Jahrhundert vom Nationalstaat erhofft, daß er den Wohlstand durch wirtschaftliche Einheit förderte und Sicherheit nach außen gewährleistete, so ist dies heute nur noch im übernationalen Rahmen realisierbar. Schließlich erhebt die Bundesrepublik auch keine Ansprüche kolonialer oder nationaler Art auf andere Gebiete, und sie hat überhaupt machtstaatliche Ambitionen verlernt.

Rückkehr zur national-staatlichen Normalität?
Die Vereinigungsdynamik ging von der Bevölkerung der DDR aus, nicht von Westdeutschland. Die Westdeutschen sahen den Prozeß der Wiedervereinigung mit gemischten Gefühlen. Einerseits bestand noch ein latentes nationales Zusammengehörigkeitsgefühl; die jahrzehntelange Wiedervereinigungsrhetorik der politischen Öffentlichkeit war zwar schon länger nicht mehr geglaubt, aber auch nicht bewußt durch ein anderes Konzept ersetzt worden. Die wachsende Zahl von DDR-Bürgern, die ihren aus der gemeinsamen Staatsbürgerschaft resultierenden Rechtsanspruch auf Teilhabe durch Übersiedeln einlösen wollten, ließ auch objektiv keine Alternative zu. So existierte in der bundesdeutschen Öffentlichkeit keine nennenswerte Opposition gegen die Einheit. Andererseits hatte man sich in der Bundesrepublik behaglich eingerichtet, ohne die Ostdeutschen zu vermissen, und so gab es weithin keine nationale Begeisterung, sondern vor allem Befürchtungen hinsichtlich der drohenden Kosten, und

weite Teile der westdeutschen Linken standen der nationalen Einheit auch aufgrund ihrer traditionellen Vorbehalte gegen alles Nationale zumindest mit großer innerer Reserve gegenüber.

Da in der Anfangsphase der Revolution in der DDR eine reformierte, weiter eigenständige DDR, aber noch keine Wiedervereinigung gefordert worden war, stellt sich die Frage, ob eine solche auf Dauer denkbar gewesen wäre, die Entwicklung zu zwei getrennten Staatsnationen sich also in Freiheit hätte vollenden können. Voraussetzung hierfür wäre gewesen, daß sich den Menschen in der DDR dort eine materiell und politisch hinreichend attraktive Alternative eröffnet hätte, so daß sie ihre DDR als eigenständigen Staat mit besonderen Strukturmerkmalen der BRD vorgezogen hätten. Hätte es dafür eine Chance gegeben, wenn die SED-Führung schon 1985, als Moskaus Reformpolitik seinen Satellitenstaaten den nötigen Handlungsspielraum gewährte, auf Reformkurs gegangen wäre? Im nachhinein ist deutlich, daß diese Frage verneint werden muß: schon zu diesem Zeitpunkt war die DDR so hoch an das Ausland verschuldet, hatte wirtschaftlich schon so stark an internationaler Wettbewerbsfähigkeit verloren und einen solchen Berg an Infrastrukturmängeln und ökologischen Lasten aufgehäuft, daß die Probleme nicht mehr aus eigener Kraft überwunden werden konnten. Außerdem hätte eine Liberalisierung unvermeidlich vieles ans Licht der politischen Öffentlichkeit gefördert, was mit den alten Verhältnissen wohl zwangsläufig auch die DDR selbst diskreditieren mußte.

Trotzdem bedeutet dies nicht, daß die deutsche Geschichte damit zu einem gewissermaßen natürlichen Zustand des Nationalstaats zurückgekehrt wäre. Nationaler Zusammengehörigkeitswille ist etwas historisch Wandelbares; er kann als Antwort auf Probleme einer bestimmten historischen Situation entstehen oder zerbrechen, wobei diese Entscheidung dann dauerhaft werden mag. So wie Österreich 1918 aus dem Zerfall der Donaumonarchie in den Anschluß an das Deutsche Reich flüchten wollte, nach der nationalsozialistischen Machtergreifung wieder davon abrückte und dann nach einigen wüsten gemeinsamen Jahren auf die Katastrophe von 1945 mit dem Willen zur staatlichen Eigenständigkeit reagierte, so war auch er Beitrittswunsch der DDR in erster Linie Reaktion auf eine akute Krisensituation. So wie gemeinsame Erfolge nationale Identität stärken, können Mißerfolge sie zerstören.

Die österreichische Staatsnation wurde von der Vereinigung von BRD und DDR nicht berührt, da Bonn die nationale Einheit mit dem Beitritt der Ostdeutschen für vollendet erklärte. Trotzdem gingen die internationalen Veränderungen an der österreichischen Nation nicht spurlos vorüber. Kern der nationalen Identität Österreichs ist der Wille, sich neutral aus den Konfrontationen der Großmächte herauszuhalten. Mit dem Ende des Kalten Kriegs zwischen den Blöcken und der Auflösung des Ostblocks ist 1990 aber der bisherige Bezugspunkt der Neutralität entfallen, und mit dem Beitritt zur EU 1995 und der Beteiligung am sich intensivierenden KSZE-Prozeß bewegt sich Österreich von der Neutralität in Richtung europäische Integration. Anders als in der DDR sieht sich Österreich aber mit keinen Problemen konfrontiert, die als Lösung auf den Anschluß an einen großen Bruder drängen, und so läßt die politische Trägheit einmal etablierter Verhältnisse die österreichische Staatsnation weiterbestehen, auch wenn die rationalen Argumente für sie schwächer geworden sind.

Nation
Österreich

10.6 Die gewaltlose Revolution

Erfolgreiche Revolutionen sind in der deutschen Geschichte nicht eben häufig, und ihr völlig gewaltloser Verlauf macht die Revolution in der DDR 1989 einzigartig.

Die in der DDR heraufziehende Krise ließ seit Mitte der 80er Jahre eine regimekritische Bürgerrechts- und Friedensbewegung entstehen. Die SED-Führung reagierte mit verstärkter Repression. Die Kluft, die sich zwischen den steigenden Reformerwartungen der Bevölkerung und der starren Haltung der SED-Führung auftat, verursachte ein Gefühl der Perspektivlosigkeit und zernagte das Vertrauen in die Führung. So nutzten ab Spätsommer 1989 immer mehr Ostdeutsche die neue Fluchtgelegenheit, die sich über Ungarn ergeben hatte, und dann auch den spektakulären Weg über die bundesdeutschen Botschaften in Prag und Warschau. Daß die SED-Führung sprachlos zusah, machte die Systemkrise offenkundig. Daraufhin wagte die Bürgerrechtsbewegung in den ersten Oktobertagen Demonstrationen, auf denen sie öffentlich Reformen in der DDR forderte. Sie wurden von der Polizei mit Verhaftungen unterdrückt.

Die
gewaltlose
Revolution

Am 9. Oktober demonstrierten dann in Leipzig 70.000 Menschen für Reformen. Die sowjetischen Streitkräfte hatten aus Moskau Befehl nicht einzugreifen. Damit war dem SED-Regime von vornherein jene entscheidende Machtstütze entzogen, durch die es 1953 gerettet worden war und die seitdem immer im Hintergrund gestanden hatte. Bereitgestellte ostdeutsche Truppeneinheiten hatten Einsatzbefehl für den Fall gewaltsamer „konterrevolutionärer" Ausschreitungen; da die Demonstranten sich aber absolut friedlich verhielten, unternahm das Militär nichts. Die Polizei griff nicht mehr ein, da inzwischen auch ein Teil der Parteifunktionäre das Vertrauen in das Politbüro verloren hatte und solche Repressionsmaßnahmen angesichts der Masse der Demonstranten für sinnlos hielt. Mit diesem Tag war der Bann der Angst vor den Repressionsmaßnahmen des Regimes gebrochen, und das Gesetz des Handelns ging auf die Bürger über.

Der ständige Flüchtlings- bzw. Übersiedlerstrom in den Westen und die Massendemonstrationen, die nun in Leipzig von Anfang Oktober bis Ende Februar 1990 regelmäßig jeden Montag stattfanden, ergänzt durch unregelmäßige Demonstrationen auch in anderen Städten, erzeugten fortlaufend einen gewaltlosen, aber doch mächtigen

Druck von unten, der den revolutionären Prozeß vorantrieb. Einige Politbüromitglieder versuchten Ballast abzuwerfen, indem sie Honecker und eine Reihe weiterer Spitzenpolitiker absetzten. Doch die neue Partei- und Staatsführung konnte in der Bevölkerung kein Vertrauen gewinnen, da sie konzeptionslos und ohne durchgreifenden Reformwillen war und letztlich die Führungsrolle der SED bewahren wollte. Die Forderungen der Demonstranten steigerten sich zu Reisefreiheit, Abschaffung des Machtmonopols der SED und freien Wahlen. Vor allem in den Monaten November und Dezember 1989 zerfielen die bisherigen Machtstrukturen. Massenhaft traten die Mitglieder aus SED und FDJ aus; CDU, LDPD und FDGB wechselten ihre Führungsspitzen aus und kündigten der SED die Gefolgschaft auf; die Volkskammer begann offen zu debattieren; Fernsehen, Rundfunk und Zeitungen kümmerten sich nicht mehr um die Zensur und fingen an kritisch zu berichten; Anhänger der Bürgerrechtsbewegung besetzten die regionalen Zentralen des Staatssicherheitsdienstes, der später aufgelöst wurde; die Betriebskampfgruppen wurden entwaffnet und später ebenfalls aufgelöst; bei den Streitkräften rissen Disziplinlosigkeiten ein. Schon vorher war die SPD wiedergegründet worden, und die Bürgerrechtsbewegung formierte sich in einer Reihe von Organisationen und Parteien. Die SED versuchte durch eine Umbenennung in Partei des Demokratischen Sozialismus (PDS) den Anschein zu erwecken, an ihrer Stelle sei eine neue demokratische Partei entstanden.

Anfang Dezember wurde ein wöchentlich tagender Runder Tisch aus Vertretern der Oppositionsgruppen, Blockparteien und Massenorganisationen gebildet, der die Regierung für die Übergangszeit bis zu freien Wahlen kontrollieren sollte, und entsprechendes geschah auf der Ebene der Bezirke und Städte. Die Oppositionsbewegung blieb aber organisatorisch zersplittert, ohne klare und realitätsgerechte Konzepte für den Neuanfang und ohne den Willen zur Machtübernahme. Es fehlte ihr auch an politischen Führungspersönlichkeiten – kein Wunder angesichts der Tatsache, daß nach vier Jahrzehnten konsequent parteipolitisch orientierter Kaderpolitik die Intelligenz weitgehend SED-orientiert war, von den Pfarrern einmal abgesehen, und es anders als beispielsweise bei der Revolution von 1848 keine alternative Elite gab.

Ab Anfang 1990 waren auf zentraler, Bezirks- und lokaler Ebene weder die amtierenden SED-Politiker noch die Runden Tische in der Lage, die Entwicklung zu steuern, so daß die Staatsautorität rapide verfiel.

Nachdem der Wille zur Wiedervereinigung sich unter den Ostdeutschen erkennbar durchgesetzt hatte und mit Blick auf die für den 18. März 1990 angesetzte Volkskammerwahl griffen die westdeutschen Parteien seit Jahresbeginn massiv in den Wahlkampf ein. Die SPD unterstützte die wiedergegründete Ost-SPD, die CDU setzte auf die alte Ost-CDU, die sie mit zwei kleineren neu entstandenen Parteien zum Wahlbündnis „Allianz für Deutschland" zusammenschloß, und die FDP schuf sich als Standbein den „Bund Freier Demokraten", ein Wahlbündnis aus der alten LDPD und zwei neuen liberalen Zwergparteien. Teile der Bürgerrechtsbewegung schlossen sich zum Bündnis 90 zusammen, das die Wiedervereinigung ablehnte und dementsprechend ohne großen Bruder im Westen blieb. Damit hatten die Bonner Parteien die diffuse Parteienlandschaft der DDR nach westdeutschem Muster ausgerichtet, und sie dominierten den Wahlkampf auch personell, materiell und organisatorisch. Christdemokraten und Liberale verdrängten, daß die ehemaligen Blockparteien vierzig Jahre die kommunistische Diktatur verantwortlich mitgetragen hatten; das Interesse beider Westparteien, schlagkräftige Parteiapparate zu gewinnen, war wegen des Volkskam-

*Ver-
schmelzung
von BRD
und DDR*

1155

merwahlkampfes stärker als moralische Bedenken. Durch 56 Jahre NS- und SED-Diktatur waren ältere Traditionen des Wahlverhaltens restlos abgerissen und die Ostdeutschen politisch entwurzelt. So gab bei dieser Wahl dann das Streben den Ausschlag, rasch mit Hilfe einer Währungsunion zu westlichem Wohlstand zu gelangen. Auf diese Weise gewann die Allianz, gewissermaßen die Partei des Bundeskanzlers, mit 48,2 Prozent der Stimmen, wogegen die SPD nur 21,8 Prozent erhielt und auf die Liberalen 5,3 Prozent erhielten. Die PDS, bis vor kurzem noch als SED allmächtig und nun Gegner der Wiedervereinigung, kam nur auf magere 16,3 Prozent, wobei sie besonders bei den alten DDR-Eliten Anhänger fand, und das Bündnis 90 landete weit abgeschlagen bei 2,9 Prozent. Die daraufhin gebildete Koalitionsregierung aus den Parteien der Allianz, der SPD und den Liberalen verfolgte nur das Ziel, die staatliche Einheit zu schaffen. Noch vor dem Beitritt der DDR zur BRD verschmolzen im Herbst die Schwesterparteien beider Staaten: die SPD in West und Ost, die West-CDU mit den Parteien der Allianz, wobei die Ost-CDU vorher mit der alten Bauernpartei fusioniert hatte, und die West-FDP mit den drei liberalen Parteien der DDR, von denen die LDPD sich vorher mit der alten National-Demokratischen Partei vereint hatte. Dagegen fusionierte Bündnis 90 erst 1993 mit den Grünen. Die negativen Erinnerungen an die kommunistische Diktatur blieben weitgehend an der PDS hängen. Deren Versuch, auch in Westdeutschland Fuß zu fassen, scheiterte bald kläglich.

Aufbau der Verwaltungen in den neuen Bundesländern   Der Staatsapparat auf dem Gebiet der DDR stand nach dem Beitritt zur BRD vor einem Haufen von Problemen. Die Opfer der Diktatur forderten, die Diener der SED-Herrschaft aus dem Staatsdienst zu entfernen, andererseits ist es unmöglich, eine allzu große Zahl von Menschen auf Dauer auszugrenzen, und es mangelte weitgehend auch an fachlich qualifiziertem Ersatz. Vielen Richtern und Lehrern fehlte das Bewußtsein, durch Unrechtsurteile beziehungsweise durch die Erziehung zu Unterordnung und Heuchelei als Teil des Herrschaftssystems funktioniert zu haben, und auch an den Hochschulen hielt sich der Wille zur Selbstreinigung in Grenzen. Das Wissen der Bürger, daß viele Mitarbeiter des Staatssicherheitsdienstes weiter unerkannt in ihren Ämtern sitzen, und die Furcht der Betroffenen, enttarnt zu werden, begannen drückend auf der politischen Landschaft zu lasten. Das schlagartig eingeführte bundesdeutsche Recht war den in Verwaltung und Justiz Tätigen zunächst fremd. Neue Aufgaben erforderten den Aufbau neuer Verwaltungsorgane: Auf die kommunale Verwaltung kamen eine Reihe von Tätigkeiten zu, die bis dahin von den Betrieben wahrgenommen worden waren, das komplizierte bundesdeutsche Besteuerungssystem erforderte eine wesentlich umfangreichere Finanzverwaltung, für die mit der Einführung rechtsstaatlicher Verhältnisse einsetzende Prozeßflut waren erheblich mehr Richter nötig, und die Zentralverwaltungen der neuen Bundesländer mußten aus dem Nichts aufgebaut werden.

Die Beschäftigten des öffentlichen Dienstes der DDR wurden einzeln überprüft und ein großer Teil als politisch belastet, überzählig oder zu wenig qualifiziert nicht in das neue Beamtenverhältnis übernommen. Die westdeutschen Bundesländer halfen den neuen Bundesländern beim Neuaufbau der Verwaltungen und liehen Verwaltungsbeamte und Richter aus, jedoch nur in begrenzter Zahl und für eine gewisse Zeit.

So nimmt es nicht Wunder, daß Verwaltung, Justiz und Polizei der neuen Bundesländer für geraume Zeit den Anforderungen nicht voll gewachsen waren.

Wahlen und Problemstau   Nach den ersten gesamtdeutschen Bundestagswahlen im Dezember 1990, die ganz im Zeichen der Wiedervereinigung standen, konnte die christlich-liberale Koalition unter Kohl und Genscher ihre Regierung fortsetzen, und trotz der bald sichtbar werdenden Folgeprobleme der Einheit und der steigenden Arbeitslosigkeit konnte die Koalition sich auch bei den Bundestagswahlen 1994 noch knapp behaupten.

Seit Mitte der 80er Jahre stieg in der Bundesrepublik die Zahl der Nichtwähler und dann auch der Stimmen für rechte und andere Protestparteien. Dies war nicht Ausdruck von Desinteresse an Politik, wie vielfältige politische Gruppeninitiativen von Bürgern zeigten, sondern Folge eines zunehmenden Vertrauensverlustes für die etablierten Parteien. Dahinter stand die längerfristige Ausbreitung jenes Typs von Berufspolitiker, der auf seine Wiederwahl angewiesen ist und deshalb dazu neigt, Probleme primär als Gegenstände parteipolitischer Profilierung zu sehen und sich in politische Symbolhandlungen und leere Versprechungen zu flüchten, wo klare Entscheidungen bestimmte Wählergruppen verprellen könnten. Der immer selbstbewußter auftretende Interessenpluralismus der Gesellschaft machte dabei den Politikern die Führung nicht gerade leichter. Nachdem dieser Politikstil schon in den 80er Jahren zu einer Politik des Durchwurstelns geführt hatte, mußte er angesichts der Tatsache, daß durch die Umwälzungen der Jahre 1989/91 eine Reihe großer und schwieriger Gestaltungsaufgaben auf die Tagesordnung kamen, einen Stau ungelöster Probleme erzeugen. Die Verengung finanzieller Spielräume durch die Konjunkturschwäche 1993/94 und die hohen Folgekosten der Wiedervereinigung führten in den 90er Jahren zu einer ständig verschärften Sparpolitik aller öffentlichen Haushalte. Überhaupt neigte der Staat dazu, Aufgaben an private Hände abzugeben und sich aus der Verantwortung für die Wirtschaft zurückzuziehen, sei es, um einfach die Kosten loszuwerden, oder weil man sich von Privatisierung mehr Effizienz erhoffte oder weil politische Gestaltung nicht nur durch den Druck gegensätzlicher Interessengruppen erschwert wurde, sondern staatliche Steuerungsmöglichkeiten auch angesichts der Globalisierung der Wirtschaft im allgemeinen und des Europäischen Binnenmarktes im Besonderen objektiv schrumpften.

10.7 Rückkehr zur Großmachtrolle?

*Umbruch
in der
Weltpolitik*

In den Jahren 1987-91 erlebte die internationale Szenerie einen tiefgreifenden Wandel. Mit dem Zusammenbruch der kommunistischen Diktaturen und der Zentralverwaltungswirtschaften in den osteuropäischen Staaten im Laufe des Jahres 1989 und dem Demokratisierungsprozeß in der UdSSR selbst fand der Systemgegensatz zwischen Westen und Osten nach vier Jahrzehnten ein Ende. Unter Gorbatschow wichen in den sowjetischen Beziehungen zum Westen Abschottung und Konfrontationsdenken des Kalten Kriegs der Kooperationsbereitschaft. Auf dem Felde der äußeren Sicherheit verlor die Idee der einseitigen Sicherheit durch Abschreckung des möglichen Gegners an Boden zugunsten des Konzepts gemeinsamer Sicherheit durch gegenseitige Verflechtung und Zusammenarbeit. Damit hörte auch das Wettrüsten der beiden Blöcke auf, und Abrüstung wurde möglich. Indem Warschauer Pakt und RGW 1990 faktisch zerfielen und im folgenden Jahr auch formell aufgelöst wurden und sich schließlich 1991 auch noch die UdSSR selbst zu einem Bund unabhängiger Staaten auflockerte, endete die sowjetische Vorherrschaft in Osteuropa – sie hatte stets in erster Linie auf militärischer Macht beruht, und als Moskau nicht mehr willens war, diese einzusetzen, kehrten die osteuropäischen Staaten nach Europa zurück, das damit seine Teilung überwand. Indem Polen, Tschechoslowakei und Ungarn sich dabei besonders auf die BRD orientierten (Ungarn außerdem auf Österreich), begann auch Mitteleuropa als ein traditionell von deutscher Wirtschaft und Kultur in besonderer Weise beeinflußter Raum wiederzuerstehen.

Zugleich verschoben sich die internationalen Kräfteverhältnisse. Durch das Ende des Kalten Kriegs verlor im Ausgang der 80er Jahre militärische Stärke, speziell auch der Besitz an Atomwaffen, als Machtfaktor an Gewicht, und wirtschaftliche Wettbewerbsfähigkeit, Besitz moderner Technologie und Verfügung über Investitionskapital gewannen als Machtfaktoren an Bedeutung. Damit stieg das internationale Gewicht der bisher halbierten Großmächte Bundesrepublik und Japan gegenüber jenem von USA, Frankreich und Großbritannien deutlich an. Zunächst zehrt allerdings die Sanierung der heruntergekommenen Ex-DDR für einige Zeit an den Kräften der BRD. Da die UdSSR überdies ihr osteuropäisches Imperium verlor, in eine Wirtschaftskrise schlidderte und sich schließlich in einen Staatenbund zergliederte, sank die einstige Supermacht zu politischen Sozialfällen herab, die um ausländische Hilfe baten.

Auch die Wiedervereinigung berührte die außenpolitische Rolle der BRD. Nicht nur die Rivalität mit der DDR auf dem internationalen Parkett entfiel, sondern von der vergrößerten BRD erwarten die anderen Staaten auch mehr Initiativen, Führung und Verantwortung in der internationalen Politik. Zugleich beschränkte die Vertiefung des Integrationsprozesses der EG den autonomen Handlungsspielraum der Bundesrepublik auch wieder.

Nach dem Amtsantritt Gorbatschows erklärte die UdSSR sich 1985 bereit, ihre Mittelstreckenwaffen in Europa abzubauen, was zwei Jahre später zu vertraglichen Vereinbarungen der beiden Supermächte führte, alle landgestützten Raketen zwischen 500 und 5.000 Kilometern Reichweite in Europa zu beseitigen. Damit wurden zum ersten Mal in der Geschichte Waffen, die im Wettrüsten gegeneinander aufgestellt worden waren und weiter als militärisch brauchbar galten, durch eine freiwillige Vereinbarung abgerüstet. Die NATO und insbesondere die Bundesregierung reagierten auf die unerwartete Abrüstungsbereitschaft der Russen lange weitgehend konzeptionslos und diffus. Da man in Bonn daran zweifelte, daß Washington glaubhaft den Einsatz seiner Interkontinentalraketen androhen würde, wenn es um die Abwehr eines konventionellen östlichen Angriffs auf die BRD ginge, fürchteten jetzt manche, bei einer Abschaffung der Mittelstreckenwaffen würde das konventionelle Übergewicht des Ostblocks in Europa stärker zur Geltung kommen, und mit den Atomwaffen geringer Reichweite würden ausschließlich solche in Europa verbleiben, die fast nur deutsches Gebiet treffen konnten.

Nach diesem ersten Schritt gingen dann im Laufe der Jahre 1988 und 1989 Mißtrauen und Bedrohungsängste auf beiden Seiten drastisch zurück, und einseitige Abrüstungsschritte setzten ein. Ab März 1989 tagte in Wien die VKSE-Abrüstungskonferenz der NATO- und Warschauer Pakt-Staaten, die schon im November 1990 zum umfassendsten Abrüstungsvertrag der Geschichte führte. Man einigte sich für Panzer, Artilleriewaffen, Kampfflugzeuge und Angriffshubschrauber auf einen zahlenmäßigen Gleichstand beider Blöcke in Europa (bis zum Ural), der deutlich unter dem Ist-Stand lag. Da der Ostblock bisher an konventionellen Truppen überlegen gewesen war, sollte er also deutlich stärker abrüsten. Um Überraschungsangriffe unmöglich zu machen, sollten die schweren Waffen in Mitteleuropa besonders stark reduziert werden. Doch die Grundidee dieses Vertrags war schon bei seinem Abschluß überholt, da als Folge der demokratischen Umstürze in Osteuropa die Denkmöglichkeit eines gemeinsamen Angriffs der Warschauer Pakt-Staaten um die Jahreswende 1989/90 überholt war, da ferner Ungarn, die Tschechoslowakei und die Deutschen (für das Gebiet der DDR) 1990 von sich aus den vollständigen Abzug der Roten Armee von ihren Territorien aushandelten (Polen folgte 1991) und weil die vereinte BRD schon als Preis für ihre neue Einheit Abrüstungsverpflichtungen eingegangen war. Die Rote Armee nahm bei ihrem Abzug auch ihre atomaren Kurzstreckenwaffen und chemischen Waffen mit. Die USA zogen 1990 ihre Chemiewaffen aus der BRD ab und kündigten 1991 auch den Abzug aller landgestützten taktischen Atomwaffen aus Europa an, da es in ihrer Reichweite nach der Demokratisierung Osteuropas keine gegnerischen Ziele mehr gab. Die ganzen Abrüstungsvereinbarungen zusammen bedeuteten für die auf dem Gebiet von BRD und DDR stationierten Truppen, daß sie 1989-96 von 1.500.000 auf 500.000 Mann und von 17.000 auf 7.000 Kampfpanzer verringert werden sollen.

Abrüstung

1159

Parallel zu den Abrüstungsvereinbarungen entwickelte sich ein System vertrauens-bildender Maßnahmen. Das an sich schon in der KSZE-Schlußakte 1975 vereinbarte Prinzip, größere Manöver anzukündigen und Manöverbeobachter des jeweils anderen Paktes einzuladen, wurde mit der KVAE-Konferenz von Stockholm 1986 auch in die Praxis umgesetzt. Im Februar 1990 vereinbarten NATO und Warschauer Pakt in Ottawa Aufklärungsflüge über das Territorium des jeweils anderen Bündnissystems, und der VKSE-Vertrag enthielt gegenseitige Inspektionsrechte zur Kontrolle der Abrüstung.

Auf dem KSZE-Gipfeltreffen aller europäischen Staaten im November 1990 in Paris zog man dann auch formell einen Schlußstrich unter den Kalten Krieg. Auch die ehemaligen Ostblockstaaten erkannten die parlamentarische Demokratie mit Mehrparteiensystem und die Menschenrechte als gemeinsame Prinzipien an, und alle Staaten erteilten dem Abschreckungsprinzip eine Absage und einigten sich darauf, daß Sicherheit unteilbar sein soll.

Im Unterschied zum Warschauer Pakt ist die NATO bestehen geblieben, da sie anders als jener auf einer echten Interessengemeinschaft beruht. Ihre Strategie und Truppenverteilung war indessen jetzt überholt, denn sie war bisher auf die Gefahr ausgerichtet gewesen, daß die Verbände des Warschauer Paktes auf breiter Front einen Massenangriff von Osten her unternehmen. So begann die NATO 1992, multinationale mobile Verbände zu schaffen, die für Krisenfälle in verschiedenen Regionen geeignet sein sollen.

Jene, die im Ausland befürchteten, sie bekämen es nach der Wiedervereinigung mit den Großmachtambitionen eines Vierten Reiches zu tun, sahen sich bald eines anderen belehrt: Während des Golfkriegs 1990/91 schickte die BRD im Unterschied zu Großbritannien und Frankreich keine Kampftruppen zu den gegen Irak aufmarschierten alliierten Streitkräften – zu sehr hatten sich die Führungsschichten ebenso wie die Öffentlichkeit der BRD im Laufe der Jahrzehnte machtpolitische Gesten abgewöhnt, und zu sehr war man mit den unmittelbaren Problemen der Wiedervereinigung beschäftigt, um schon eine Konzeption für die Rolle der größer gewordenen Bundesrepublik in der Welt zu haben. Auf massives Drängen der westlichen Partner unterstützte die BRD die Alliierten dann finanziell, lieferte ihnen Rüstungsgüter, stellte deutsche Flugplätze und Häfen für den US-amerikanischen Aufmarsch zur Verfügung und schickte als symbolische Geste einige Flugzeuge in die (nicht kriegführende) Türkei am Rande des Kriegsgebiets. Damit trat die BRD zum ersten Mal als Kriegspartei auf. In der bundesdeutschen Öffentlichkeit begann nun eine Debatte über die künftige Rolle der BRD in der Welt, auch darüber, ob sie künftig Truppen außerhalb des NATO-Verteidigungsfalles und im Rahmen der UNO einsetzen solle. Die Bundesregierung dehnte den rechtlichen und politischen Spielraum hierfür schrittweise aus, indem sie 1992 Sanitätssoldaten zur UNO-Friedenstruppe in Kambodscha schickte, sich 1993 an der UNO-Intervention in Somalia beteiligte und 1995 Kampfflugzeuge an NATO-Einsätzen in Bosnien teilnehmen ließ. Sicher ist, daß die Bundesrepublik zu einer allein handelnden Großmachtpolitik im Stil des Deutschen Reiches weder zurückkehren kann, da sie in EG, NATO und KSZE eingebunden ist, noch dies will.

Um der Konkurrenz Japans und der USA langfristig standhalten zu können und dem Wirtschaftswachstum neue Schubkraft zu geben, beschlossen die EG-Staaten 1986, die Integration zu einem echten Binnenmarkt zu vertiefen, auf dem es für Personen, Waren, Dienstleistungen und Kapital keine nationalen Grenzhindernisse mehr gibt. Er trat 1993 offiziell in Kraft. Nationale Marktabgrenzungen bei Banken und Versicherungen, im Straßengüterverkehr und Luftverkehr wurden aufgehoben, ebenso wie die Praxis, Staatsaufträge nur national zu vergeben, um auch hier einen preissenkenden internationalen Wettbewerb einzuführen; die Verbrauchssteuern der Mitgliedstaaten sollten angeglichen werden, damit die verfahrensaufwendigen Steuerausgleichsabgaben an den Grenzen entfallen; und es sollten die handelshemmende Wirkung national unterschiedlicher Normen und technischer Vorschriften beseitigt werden, um Märkte zu vergrößern und dadurch Stückkosten senken zu können. So erließ der EG-Ministerrat eine Fülle von Verordnungen zur Rechtsangleichung, aber in den wenigen Jahren war es unmöglich, alle Standards und Rechtsvorschriften zu harmonisieren. Deshalb ging man von diesem bisher immer verfolgten Weg ab und einigte sich darauf, die nationalen Normen gegenseitig anzuerkennen. Das heißt, daß der jeweils niedrigste Standard auch in der BRD zulässig wurde. Da auch die meisten arbeits-, sozial- und umweltrechtlichen Regelungen für Unternehmen Kosten bedeuten, erhob sich damit die Frage, wie weit die bundesdeutschen Standards, die höher sind als in vielen anderen EG-Staaten, angesichts verschärften Wettbewerbs erhalten werden können. Insgesamt bedeutete diese Entwicklung, daß der Gestaltungsspielraum des Bundestags reduziert worden ist, sei es durch den EG-Ministerrat, obwohl dieser weiterhin nicht parlamentarisch kontrolliert wird, sei es durch die Marktkräfte, die im Binnenmarkt Bundesrecht unterlaufen können.

Da die Mark im EWS zur dominanten Währung geworden war, fühlte besonders Frankreich sich in der Wirtschaftspolitik von der Bundesbank abhängig und forderte deshalb, bis 1999 eine gemeinsame europäische Währung zu schaffen, um die Mark auszuschalten. Nachdem die Bundesregierung nachgegeben hatte, faßten die EG-Staaten 1991 einen entsprechenden Beschluß. Tatsächlich fehlte es aber an der nötigen Gemeinsamkeit in der Wirtschaftspolitik, so daß 1993 sogar das EWS zerbrach. Bald war umstritten, ob eine Währungsunion zu dem geplanten Termin möglich und sinnvoll sein würde.

Die Erwartung eines dynamischen Integrationsprozesses ließ auch die restlichen EFTA-Staaten engeren Anschluß an die EG suchen, der 1993 in Gestalt des Europäischen Wirtschaftsraumes mit freiem Verkehr von Waren, Dienstleistungen, Kapital und Personen zwischen EG (seit 1993: Europäische Union – EU) und EFTA realisiert wurde. Er blieb aber weitgehend nur ein kurzes Durchgangsstadium.

Österreich beantragte 1989 den Beitritt zur EG, der dann 1995 vollzogen wurde. Langfristig muß dieser Schritt ebenso wie der 1995 erfolgte Beitritt zur NATO-Partnerschaft für den Frieden die Neutralität zumindest verwässern, aber nachdem der Ost-West-Konflikt fortgefallen ist, bleibt ohnehin unklar, worauf Neutralität sich künftig beziehen soll. Auch in der Schweiz, wo die Neutralitätsidee emotional tief verankert ist, setzte eine Diskussion darüber ein, ob die Schweiz sich weiter aus der EG heraushalten könne. Die Regierung beantragte 1992 bei der EG den Beitritt, aber wenige Monate später scheiterte dann selbst der Beitritt zum Europäischen Wirtschaftsraum in einer Volksabstimmung an den Stimmen der Deutsch-Schweizer. *Österreich und Schweiz*

Mit der Wiedervereinigung, dem Untergang der starren Strukturen des Ost-West-Konflikts und dem Zerfall der Sowjetunion ist außenpolitisch eine relativ offene Situation der Neuorientierung entstanden. Die BRD steht vor der Aufgabe, ihren Standort zu bestimmen zwischen neuen wirtschaftlichen und machtpolitischen Chancen, neuen Erwartenshaltungen anderer Staaten und alten psychologischen Lasten historischer *Außenpolitische Perspektiven*

Erinnerung. Das gilt besonders mit Blick auf die osteuropäischen Länder, deren Umwälzung und Wirtschaftslage die Deutschen mehr berührt als die anderen westeuropäischen Völker. Für die äußere Sicherheit ist die Frage, wie weit diese künftig durch KSZE, NATO oder EG gewährleistet werden soll und kann und wie weit deren Bereich nach Osten ausgedehnt werden soll. Zwar sind die im Gegensatz von Ideologie und Gesellschaftsordnung wurzelnden Konflikte vorbei, aber in Osteuropa sind neue Konfliktherde nationaler Färbung entstanden, deren Einhegung sich als neue Aufgabe stellt. Langfristig ist überdies nicht auszuschließen, daß Hunger, soziale Kämpfe und politisches Abenteurertum in unterentwickelten Ländern Konflikte aufbrechen lassen, auch kriegerischer Art, die sich international ausweiten und auch die deutschen Staaten in Mitleidenschaft ziehen können, sei es durch Handelsschäden, Flüchtlingswellen, Terrorismus oder Mittelstreckenraketen. Sicher wäre es wünschenswert, dies zu verhindern, indem man dort erträgliche Lebensbedingungen schafft und damit die Konflikt- und Fluchtursachen beseitigt, aber die Möglichkeiten hierzu sind für die Deutschen gering. Deutsche Entwicklungshilfe wird an den Gefahren nichts ändern können, denn solange in den Empfängerländern nicht die politischen und sozialen Strukturen verändert werden, bleibt sie das unfruchtbare Unterfangen, Mittel in Fässer ohne Boden zu schütten.

Anhang

Zitatnachweis

1 In: Günther Franz (hg.): Quellen zur Geschichte des deutschen Bauernstandes im Mittelalter, Darmstadt 1967, S. 73.

2 Ulrich von Hutten 25.10.1518 an Willibald Pirckheimer, in: Hutten: Schriften, hg. Eduard Böcking, Bd. 1, Leipzig 1859, Brief Nr. 90.

3 Zitiert nach: Johannes Bühler: Die Kultur im Mittelalter, Stuttgart 1954, S. 123.

4 Zitiert nach: Gustav Freytag: Bilder aus der deutschen Vergangenheit, Bd. 2, Leipzig o.J. (Ausgabe List), S. 103.

5 In: G. Franz (s. Anm. 1), Nr. 55, S. 138ff.

6 Zitiert nach: Karlheinz Deschner: Das Kreuz mit der Kirche. Eine Sexualgeschichte des Christentums, Düsseldorf 1974, S. 210f.

7 Jeremias Gotthelf: Sämtliche Werke, Bd. 10, hg. R. Hunziker und Hans Bloesch, S. 47.

8 Anselmi Gesta episcoporum Leodiensium, MGH, SS, VII, S. 225.

9 Wie Anm. 2.

10 Die Hanse 1469 an den englischen König. In: Hansisches Urkundenbuch, Bd. 9, Leipzig 1903, Nr. 584, Ziffer 2 und 4.

11 Nikolaus von Cues: De concordatio catholica, III. c. 32.

12 Enea Silvio Piccolomini: Germania, 1457, deutsch von Adolf Schmidt, Köln 1962, S. 122.

13 Zitiert nach: Frankfurt um 1600. Alltagsleben in einer Stadt. Kleine Schriften des Historischen Museums, Bd. 7, Frankfurt 1976, S. 60.

14 Zitiert nach: G. Schönfeldt: Beiträge zur Geschichte des Pauperismus und der Prostitution in Hamburg, Ergänzungshefte zur Zeitschrift für Sozial- und Wirtschaftsgeschichte 2 (1897), S. 8f.

15 Sebastian Frank: Weltbuch oder Spiegel und Bildnis des ganzen Erdbodens, Tübingen 1534, ohne Seitenangabe.

16 Zitiert nach: Die Produktivkräfte in der Geschichte, hg. Wolfgang Jonas, Ost-Berlin 1969, S. 202.

17 Zitiert nach: Th. Fischer: Städtische Armut und Armenfürsorge im 15. und 16. Jahrhundert, Göttingen 1979, S. 246f.

18 In: Günther Franz (hg.): Quellen zur Geschichte des deutschen Bauernstandes in der Neuzeit, Darmstadt 1963, S. 117ff.

19 Joachim Baetkius: Excidium Germaniae, zitiert nach: Peter Lahnstein: Das Leben im Barock, Stuttgart 1974, S. 22.

20 P.W. von Hörnigk: Österreich über alles wann es nur will, 1684, Ausgabe Frankfurt a.M. 1948, S. 80.

21 Christian L.A. Patje: Wie war Hannover?, Hannover 1817, S. 151f.

22 Johann Peter Süßmilch: Die Göttliche Ordnung in den Veränderungen des menschlichen Geschlechts aus der Geburt, dem Tod und der Fortpflanzung desselben, Berlin ^{2}1761, S. 521f.

23 Veit Ludwig von Seckendorff: Teutscher Fürsten-Staat, Jena 1737, Anhang S. 236.

24 Zitiert nach: Eckart Klessmann: Geschichte der Stadt Hamburg, Hamburg 1981, S. 169.

25 Zitiert nach: Ludwig Hüttl: Schlösser, München 1982, S. 141.

26 Zitiert nach: Karl Biedermann: Deutschland im 18. Jahrhundert, Bd. 2, 1. Teil. Leipzig 1858, S. 140.

27 A.M. Ertel: Von der Niedergerichtsbarkeit, Nördlingen 1737, S. 694.

28 Freiherr vom Stein. Briefe und amtliche Schriften, hg. Erich Botzenhart und Walther Hubatsch, Bd. 1, Stuttgart 1957, S. 533.

29 Christian Garve: Über den Charakter der Bauern und ihr Verhältniß gegen die Gutsherrn und gegen die Regierung, Breslau 1786, S. 54f.

30 Adolf Freiherr von Knigge: Über den Umgang mit Menschen, 10. Originalausgabe, Hannover 1822, S. 110ff.

31 Johann Bernard Fischer: Statistische und topographische Beschreibung des Burggrafentums Nürnberg unterhalb des Gebürgs oder des Fürstentums Brandenburg-Anspach, Bd. 2, Anspach 1787, S. 14.

32 Christian L.A. Patje: Wie war Hannover?, Hannover 1817, S. 149.

33 Zitiert nach: Karl Biedermann: Deutschland im 18. Jahrhundert, Bd. 2, Leipzig 1880, S. 1153.

34 Zitiert nach: H. Heppe: Geschichte des deutschen Volksschulwesens, Bd. 3, Gotha 1858, S. 37.

35 Instruktion für die Commandeurs der Cavallerie-Regimenter, 11.5.1763, in: Die Werke Friedrichs des Großen, Bd. 6; Militärische Schriften, Berlin 1913, S. 314.

36 Die Generalprinzipien des Krieges, 1748, in: Die Werke Friedrichs des Großen, Bd. 6; Militärische Schriften, Berlin 1913, S. 5f.

37 Zitiert nach dem Tagebuch des Marchese Lucchesini, Eintragung vom 29.5.1781, in: Gespräche Friedrichs des Großen mit H. de Catt und dem Marchese Lucchesini, hg. Fritz Bischoff, Leipzig 1885, S. 215.

38 J.K. Riesbeck: Briefe eines reisenden Franzosen über Deutschland an seinen Bruder zu Paris, Bd. 1, 2. Auflage o.O. 1784, S. 111.

39 Albrecht Thaer: Grundsätze der rationellen Landwirtschaft, Bd. 1, Berlin 1809, § 1.

40 Friedrich August Ludwig von der Marwitz, hg. Friedrich Meusel, Bd. 2 (Tagebücher etc)., Tl. 2, Berlin 1913, S. 379f.

41 Ernst Moritz Arndt: Ein Wort über die Pflege und Erhaltung der Forsten und der Bauern im Sinne einer höheren, d.h. menschlichen Gesetzgebung, 1816, in: Werner Conze (hg.): Quellen zur Geschichte der deutschen Bauernbefreiung, Berlin 1957, S. 149.

42 Franz Dinnendahl: Selbstbiographie, in: Treue, W. und H. Pönicke, K. Manegold (hg.): Quellen zur Geschichte der industriellen Revolution, Göttingen 1966, S. 52.

43 So schrieb Friedrich Koenig, der Erfinder der Schnellpresse. Zitiert nach: Franz Schnabel: Deutsche Geschichte im Neunzehnten Jahrhundert, Bd. 3, Freiburg 1950, S. 290f.

44 In: Günther Franz (hg.): Quellen zur Geschichte des deutschen Bauernstandes in der Neuzeit, Darmstadt 1963, S. 359f. (§§ 76,74,79,83).

45 Biedermeier auf der Walze. Aufzeichnungen und Briefe des Handwerksburschen J.E. Dewald 1836-1838, in: Deutsche Selbstbiographien aus drei Jahrhunderten, hg. Gisela Möller, München 1967, S. 475.

46 J. Belli: Die rote Feldpost unterm Sozialistengesetz, Stuttgart 1912, S. 10.

47 August Bebel: Aus meinem Leben, Bd. 1, Stuttgart 1910, S. 32.

48 Wilhelm Heinrich Riehl: Die Naturgeschichte des deutschen Volkes, Bd. 2, Stuttgart ^{5}1858, S. 44.

49 Gottfried Keller: Werke. Deutsches Verlagshaus Bong & Co 1921, Bd. 10, S. 159.

50 Christoph Martin Wieland: Der allgemeine Mangel deutschen Gemeinsinnes und Nationalgeistes und Mittel zu deren Erweckung und Belebung. Vorrede zu Schiller's Historischem Calender für Damen für das Jahr 1792, Leipzig 1792, S. 122.

51 Metternich: Denkwürdigkeiten, hg. Otto H. Brandt, Bd. 1, München 1926, S. 252.

52 Aus den Berichten des französischen Gesandten in München, Baron de Bourgoing, in: Geschichte in Quellen, hg. Wolfgang Lautemann und Manfred Schlenke, Bd. 4, München 1980, S. 122.

53 Friedrich Wilhelm IV. am 23.12.1848 in einem Schreiben an Radowitz, in: W. Möring: Josef von Radowitz. Nachgelassene Briefe und Aufzeichnungen. Zur Geschichte der Jahre 1848-1853, Stuttgart 1922, S. 68.

54 Germaine de Staël: Über Deutschland, 1810, Ausgabe Stuttgart 1962, S. 67f.

55 In: T. Klein: Der Vorkampf deutscher Einheit und Freiheit. Erinnerungen, Urkunden, Berichte, Briefe. Ebenhausen 1914, S. 58.

56 Zitiert nach: M. Busch: Tagebuchblätter, Bd. 3, Leipzig 1899, S. 9.

57 Max Hölz: Vom „Weißen Kreuz" zur roten Fahne. Jugend-, Kampf- und Zuchthauserlebnisse, Berlin 1929, S. 22.

58 Otto von Bismarck: Die Gesammelten Werke, Bd. 10, Berlin 1928, S. 140.

59 Protokoll des Parteitages der Sozialdemokratischen Partei Deutschlands in Erfurt 1891, Berlin 1891, S. 172.

60 Bismarck an den Gesandten in Petersburg, 17.4.1866, in: Otto von Bismarck: Die Gesammelten Werke, Bd. 5, Berlin 1926, S. 457.

61 Stenographische Berichte über die Verhandlungen des Deutschen Reichstags, I. Legislaturperiode, I. Session, Bd. 2, Berlin 1871, S. 921.

62 Otto von Bismarck: Die Gesammelten Werke, Bd. 8, Berlin 1926, S. 646.

63 Stenographische Berichte über die Verhandlungen des Reichstages, IX. Legislaturperiode, V. Session, Bd. 1, Berlin 1898, S. 60.

64 Stefan Zweig: Die Welt von gestern. Erinnerungen eines Europäers, Frankfurt 1947, S. 245.

65 Kriegsbriefe gefallener Studenten, München 1928, S. 90.

66 Zitiert nach: Handbuch der europäischen Volksgruppen, Wien 1971, S. 466.

67 Aus dem Bericht einer Arbeiterin aus dem AEG-Konzern 1926 in der „Roten Fahne", zitiert nach: Jürgen Kuczynski: Geschichte des Alltags des deutschen Volkes, Bd. 5, Köln 1982, S. 168f.

68 Völkischer Beobachter, 1. Mai 1933.

69 Zitiert nach: Hans-Gerd Schumann: Nationalsozialismus und Gewerkschaftsbewegung, Hannover 1958, S. 142.

70 Adolf Hitler: Mein Kampf, Bd. 2, München 1927, S. 455.

71 ib., Bd. 2, München 1927, S. 460.

72 ib., Bd. 2, München 1927, S. 452.

73 Joseph Goebbels: Was wollen wir im Reichstag? in: „Der Angriff" vom 30.4.1928.

74 So der KP-Abgeordnete Obuch im preußischen Landtag. Zitiert nach: Jakob Diel: Das Ermächtigungsgesetz, in: Die Freiheit, 1, Heft 5, Oktober 1946, S. 27f.

75 Zitiert nach: Lutz Graf Schwerin von Krosigk: Es geschah in Deutschland, Tübingen 1951, S. 147.

76 Zitiert nach: Ewald von Kleist-Schmenzin: Die letzte Möglichkeit, in: Politische Studien, Heft 106 (1959), S. 91.

77 Rudolf Heß 1934 im Kölner Rundfunk, in: Dokumente der deutschen Politik, Bd. 2, Berlin 1936, S. 10.

78 In: Ursachen und Folgen, Bd. 9, Berlin o.J., S. 431, 429.

79 Adolf Hitler: Mein Kampf, Bd. 1, München 1925, S. 189, 192.

80 Bericht von Rudolf Höß, in: Auschwitz. Zeugnisse und Berichte, hg. H.G. Adler u.a., Köln ²1979, S. 51-53.

81 Völkischer Beobacher, 18. Juli 1928.

82 Akten zur deutschen auswärtigen Politik, 1918-1945, Ser. D, Bd. 8, Nr. 384, S. 347.

83 Denkschrift vom 25.5.1940; zitiert nach: Mißtrauische Nachbarn − Deutsche Ostpolitik − Dokumente und Analysen, hg. Hans Adolf Jacobsen, Düsseldorf 1970, S. 141f.

84 Rede Himmlers in Posen am 4.10.1943 vor SS-Gruppenführern, in: Der Prozeß gegen die Hauptkriegsverbrecher vor dem Internationalen Militärgerichtshof, Bd. 29, Nürnberg 1948, S. 123.

85 Zitiert nach: Albert Speer: Erinnerungen, Frankfurt 1976, S. 446.

86 Zitiert nach: Hermann Graml: Die Alliierten in Deutschland, in: Institut für Zeitgeschichte: Westdeutschlands Weg zur Bundesrepublik Deutschland 1945-1949, München 1976, S. 29.

87 Bericht des Bauern Karl Tiffert aus Lossen, in: Dokumentation der Vertreibung, Bd. 1/1, Bonn 1954, S. 432f.

88 Grundgesetz, Präambel.

Größe des deutschen Volkes

Angaben in Millionen. Die Zahlen ohne Komma sind auf ganze Millionen abgerundet. Alle Zahlen für die Zeit vor 1800 sind nur als grobe Schätzungen aufzufassen.

Als deutscher Hauptstaat gilt: für 970-1750 das römisch-deutsche Reich, 1850 der Deutsche Bund, 1910-39 das Deutsche Reich, ab 1950 die BRD. Das römisch-deutsche Reich ist dabei wie folgt abgegrenzt: für 970: deutsche Herzogtümer, Königreich Italien und die Marken, aber ohne Oberhoheit über Gebiete mit fremdvolklichen eigenen Herrschern (Burgund, Böhmen, Polen, Süditalien); für 1300, 1400, 1500 und 1600 I: einschließlich Reichsitalien, Niederlande und Schweiz; für 1600 II, 1650 und 1750: ohne Italien, Niederlande und Schweiz.

Jahr	Deutsche insgesamt	Deutsche im geschlossenen Siedlungs-gebiet	Deutsche zerstreut in in Europa und Rußland	Deutsche in Übersee	Deutsche im Hauptstaat	Wohnbevölke-rung insgesamt im Hauptstaat
970	4	4	0	0	4	7
1300	16	16	unter 1	0	16	25
1400	11	11	unter 1	0	11	16
1500	16	16	unter 1	0	16	23
1600 I	} 19	19	unter 1	0	19	{ 29
1600 II						22
1650	14	14	unter 1	0	13	16
1750	22	21	unter 1	0,1	20	24
1850	46	42	2,7	1,5	37	42
1910	88,4	73,1	5,6	9,7	60,9	64,6
1922	90,1	76,7	4,4	9,0	61,0	61,9
1937	92	82,6	4,7	5	67,0	67,8
1939	93	83,9	4,7	5	78,6	79,6
1950	87	80,2	3,5	3	46,9	47,1
1972	92	88,1	2,8	1	58,1	61,7
1990	90	87,3	2,0	0,3	74,5	79,4

Einheit und Spaltung

souveräne Staaten und selbständige Gebiete, die nicht Teil anderer Staaten sind oder unter Oberhoheit anderer Staaten stehen, mit mehrheitlich deutscher Bevölkerung

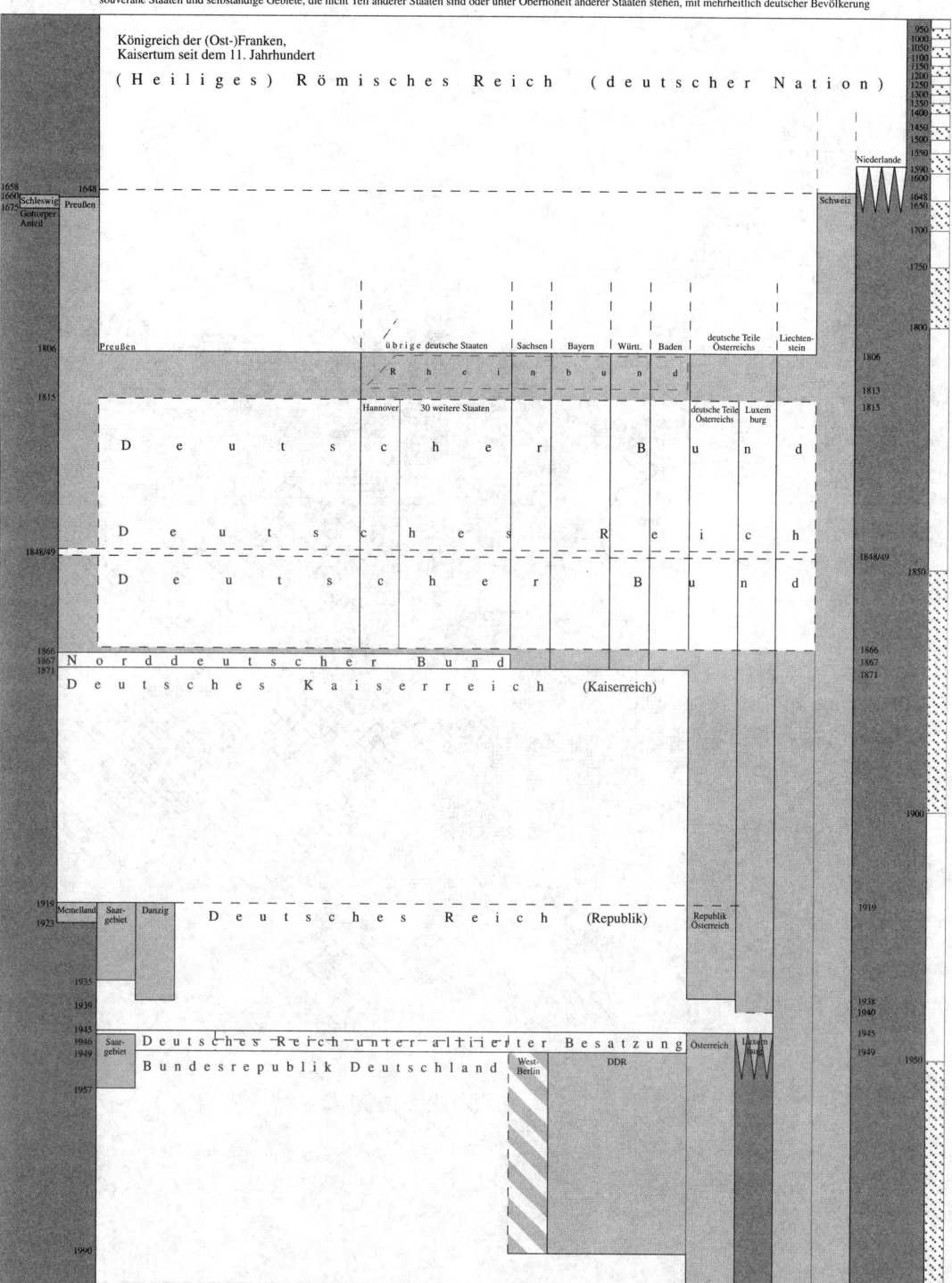

Expansion und Kontraktion deutscher Herrschaft

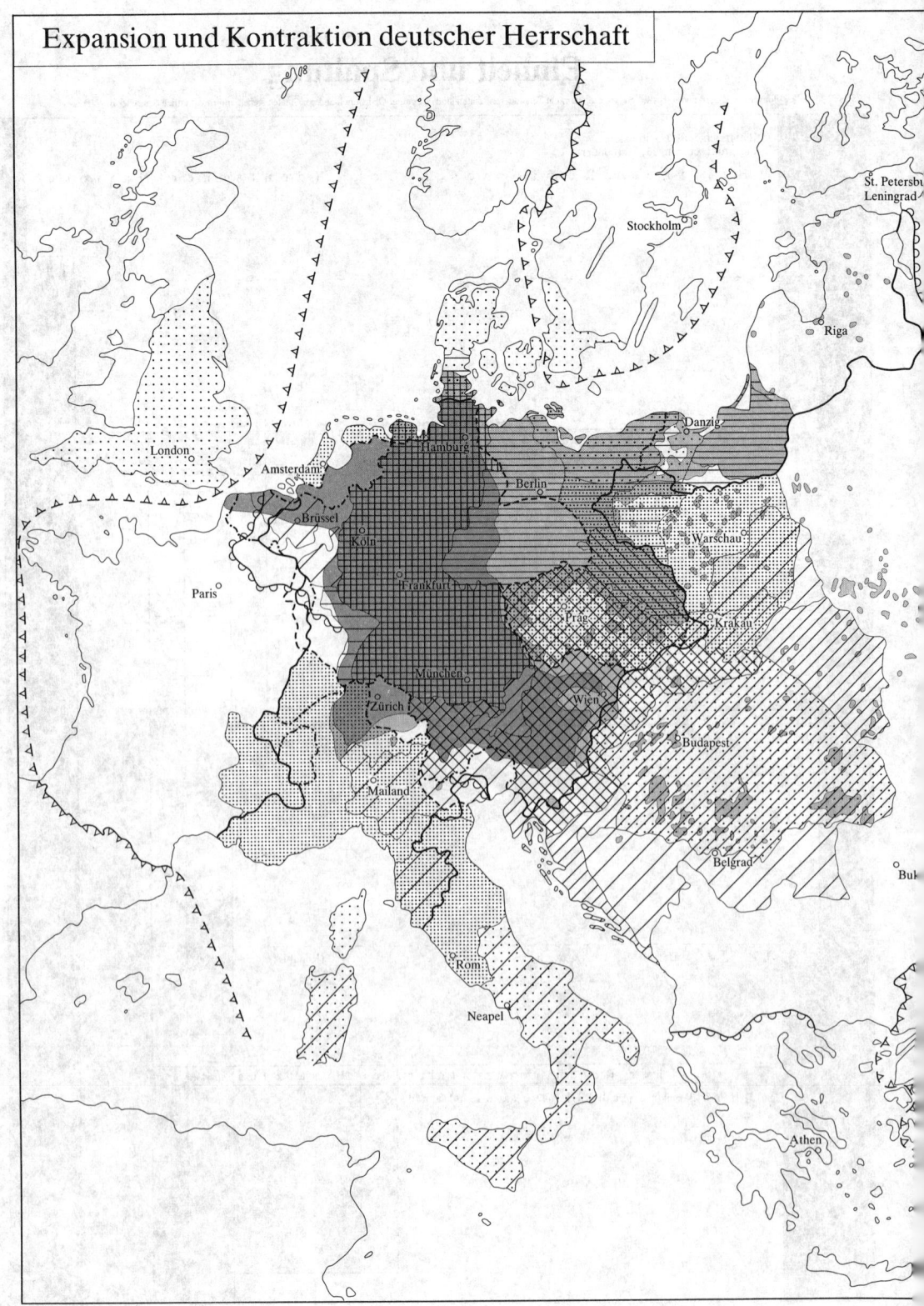

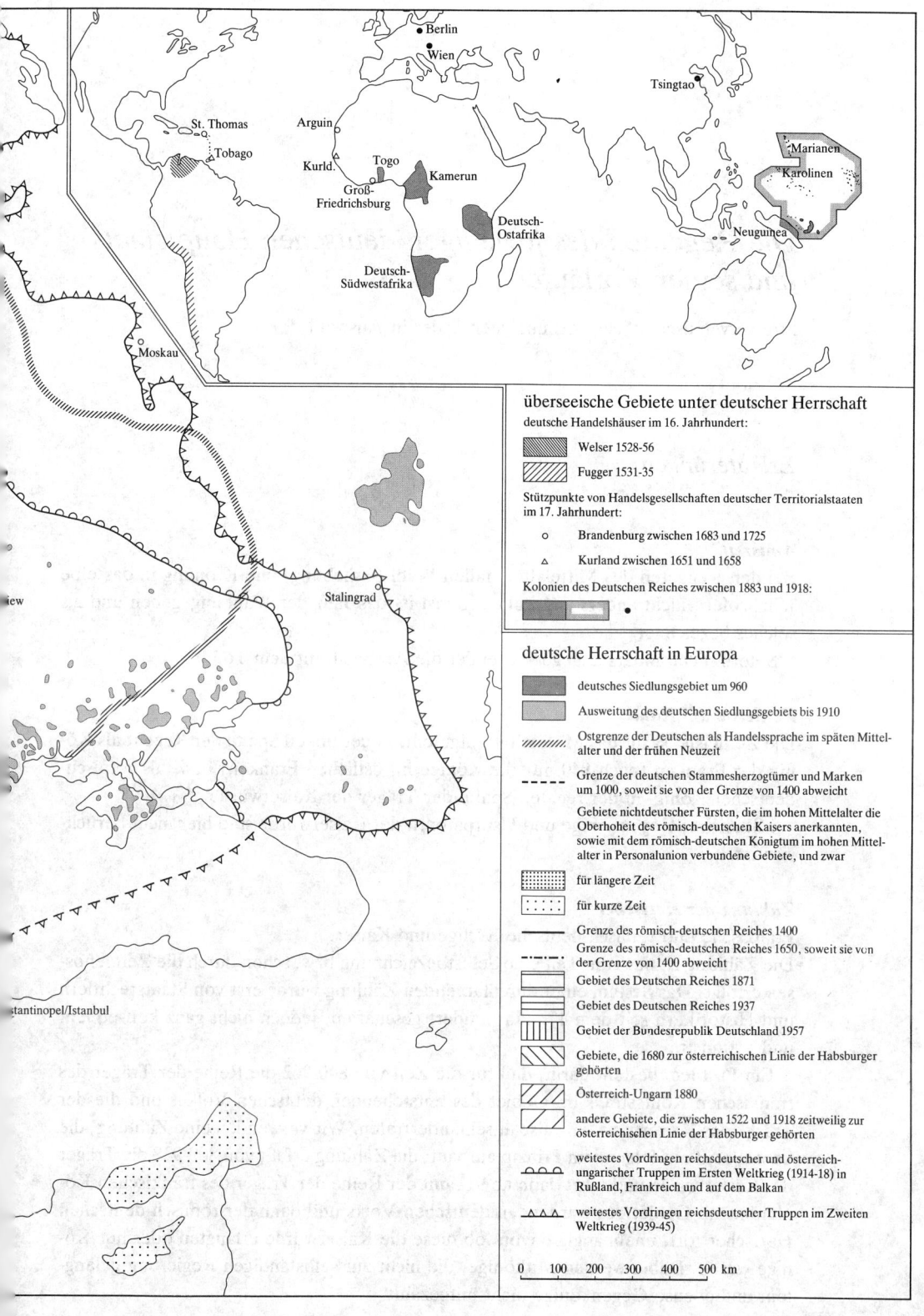

überseeische Gebiete unter deutscher Herrschaft

deutsche Handelshäuser im 16. Jahrhundert:

Welser 1528-56

Fugger 1531-35

Stützpunkte von Handelsgesellschaften deutscher Territorialstaaten im 17. Jahrhundert:

o   Brandenburg zwischen 1683 und 1725

△   Kurland zwischen 1651 und 1658

Kolonien des Deutschen Reiches zwischen 1883 und 1918:

deutsche Herrschaft in Europa

deutsches Siedlungsgebiet um 960

Ausweitung des deutschen Siedlungsgebiets bis 1910

Ostgrenze der Deutschen als Handelssprache im späten Mittelalter und der frühen Neuzeit

Grenze der deutschen Stammesherzogtümer und Marken um 1000, soweit sie von der Grenze von 1400 abweicht

Gebiete nichtdeutscher Fürsten, die im hohen Mittelalter die Oberhoheit des römisch-deutschen Kaisers anerkannten, sowie mit dem römisch-deutschen Königtum im hohen Mittelalter in Personalunion verbundene Gebiete, und zwar

für längere Zeit

für kurze Zeit

Grenze des römisch-deutschen Reiches 1400

Grenze des römisch-deutschen Reiches 1650, soweit sie von der Grenze von 1400 abweicht

Gebiet des Deutschen Reiches 1871

Gebiet des Deutschen Reiches 1937

Gebiet der Bundesrepublik Deutschland 1957

Gebiete, die 1680 zur österreichischen Linie der Habsburger gehörten

Österreich-Ungarn 1880

andere Gebiete, die zwischen 1522 und 1918 zeitweilig zur österreichischen Linie der Habsburger gehörten

weitestes Vordringen reichsdeutscher und österreich-ungarischer Truppen im Ersten Weltkrieg (1914-18) in Rußland, Frankreich und auf dem Balkan

weitestes Vordringen reichsdeutscher Truppen im Zweiten Weltkrieg (1939-45)

0   100   200   300   400   500 km

1171

Die Regenten des jeweiligen deutschen Hauptstaats und seiner Vorläufer

Ihre verwandschaftliche Stellung zueinander in Auswahl

Erläuterungen

Amtszeit

Bei den Regenten des Mittelalters fallen Wahl (Erhebung) und Krönung in dasselbe Jahr, sofern nicht anders angegeben. Sonst ist das Jahr der Wahl angegeben und als solches bezeichnet.

Sofern nicht anders angegeben, endet die Amtszeit mit dem Tod.

Zeitleiste am Rand

Die Zeitleiste ist für das Mittelalter aufgeteilt: in der linken Spalte der Regent als König der Franken (nach 840 nur die Könige im östlichen Franken) bzw. als römisch-deutscher König, in der rechten Spalte der Träger der Kaiserwürde.

Mitkönige, Gegenkönige und Usurpatoren der Kaiserwürde sind hier nicht berücksichtigt.

Zählung der Herrscher

Fränkische und römisch-deutsche Könige und Kaiser:
Die Zählung ist nur zum Teil eine Selbstbezeichnung bzw. schon durch die Zeitgenossen erfolgt. Das System einer durchlaufenden Zählung wurde erst von Staatsrechtlern und Historikern seit dem 17. Jahrhundert geschaffen, jedoch nicht ganz konsequent und irrtumsfrei.

Ein Problem besteht darin, daß für die Zeit von 840-962 die Reihe der Träger des fränkischen Königstitels im Gebiet des entstehenden deutschen Volkes und die der Träger des Kaisertums teilweise auseinandertraten. Wir verwenden eine Zählung, die konsequent auf folgendem Prinzip aufbaut: die Zählung erfaßt von 800-928 die Träger der Kaiserwürde und fährt dann ab 911 mit der Reihe der Träger des fränkischen Königtums im Gebiet des werdenden deutschen Volks und dann der römisch-deutschen Herrscher fort, unabhängig davon, ob diese die Kaiserwürde erlangten oder nur Könige waren. Dabei werden Mitkönige, die nicht zur selbständigen Regierung gelangten, und ebenso Gegenkönige nicht mitgezählt.

Von dieser Zählung weicht die Selbstbezeichnung der Herrscher wie auch die in der wissenschaftlichen Literatur am häufigsten verwendete Zählung in den folgenden Fällen ab.

Der erste Träger des Namens fügte diesem grundsätzlich nie eine Nummer hinzu; dies erfolgte stets erst durch spätere Generationen, nachdem ein zweiter Träger desselben Namens im Amt aufgetaucht war.

Alle Könige der Franken bis zu Otto I. verwendeten selbst keinen Zählungszusatz.

Heinrich III., IV. und V. zählten sich als Könige anders wie als Kaiser, nämlich als Kaiser eine Nummer geringer wie als König, da Heinrich I. zwar König, aber nicht Kaiser gewesen war.

Lothar II. bezeichnete sich selbst als Lothar III., was auf der irrigen Annahme beruhte, der fränkische Teilkönig Lothar II. von Niederlothringen müßte als Kaiser mitgezählt werden.

Konrad III. bezeichnete sich selbst stets als Konrad II., was darauf beruht, daß er Konrad I. in der Traditionsreihe der Herrscher nicht mitzählte; das ist insofern nicht unberechtigt, als Konrad I. nicht nur nicht Kaiser wurde, sondern der legitime Kaiser Ludwig III. während Konrads ganzer Regierungszeit noch lebte und so auch eine nach unserem System verfahrende Herrscherzählung Konrad I. in der Tat aussparen könnte.

Philipp bezeichnete sich selbst als Philipp II., da er im Sinne der Auffassung, das Reich sei das fortexistierende Römische Reich, den römischen Kaiser Philippus Arabs (244-249) als Philipp I. zählte.

Konrad IV., Friedrich III., Ludwig IV. und Friedrich IV. bezeichneten sich selbst ohne Zählungszusatz. In der Literatur wird Friedrich IV. vielfach als III. gezählt, was darauf beruht, daß der tatsächliche Friedrich III. fälschlich als Gegenkönig angesehen wird, während in Wirklichkeit eine Doppelwahl vorlag und Friedrich sein Königtum dann nur wenig zur Geltung bringen konnte.

Deutsches Reich nach 1871:
Wenn Kaiser Friedrich sich selbst als III. bezeichnete, so zählte er die Reihe der preußischen Könige fort und begann nicht mit dem 1871 gegründeten Deutschen Reich eine neue Zählung.

Die Schrifthöhe und die Großbuchstaben zeigen den jeweiligen Status

HEINRICH legitimer Regent des jeweiligen deutschen
Hauptstaats und seiner Vorläufer

HEINRICH nur Mitkönig

Heinrich Gegenkönig

☐ Römische Kaiserwürde (800-1806)

⌐ ¬ Usurpatoren der Kaiserwürde
∟ ⌐

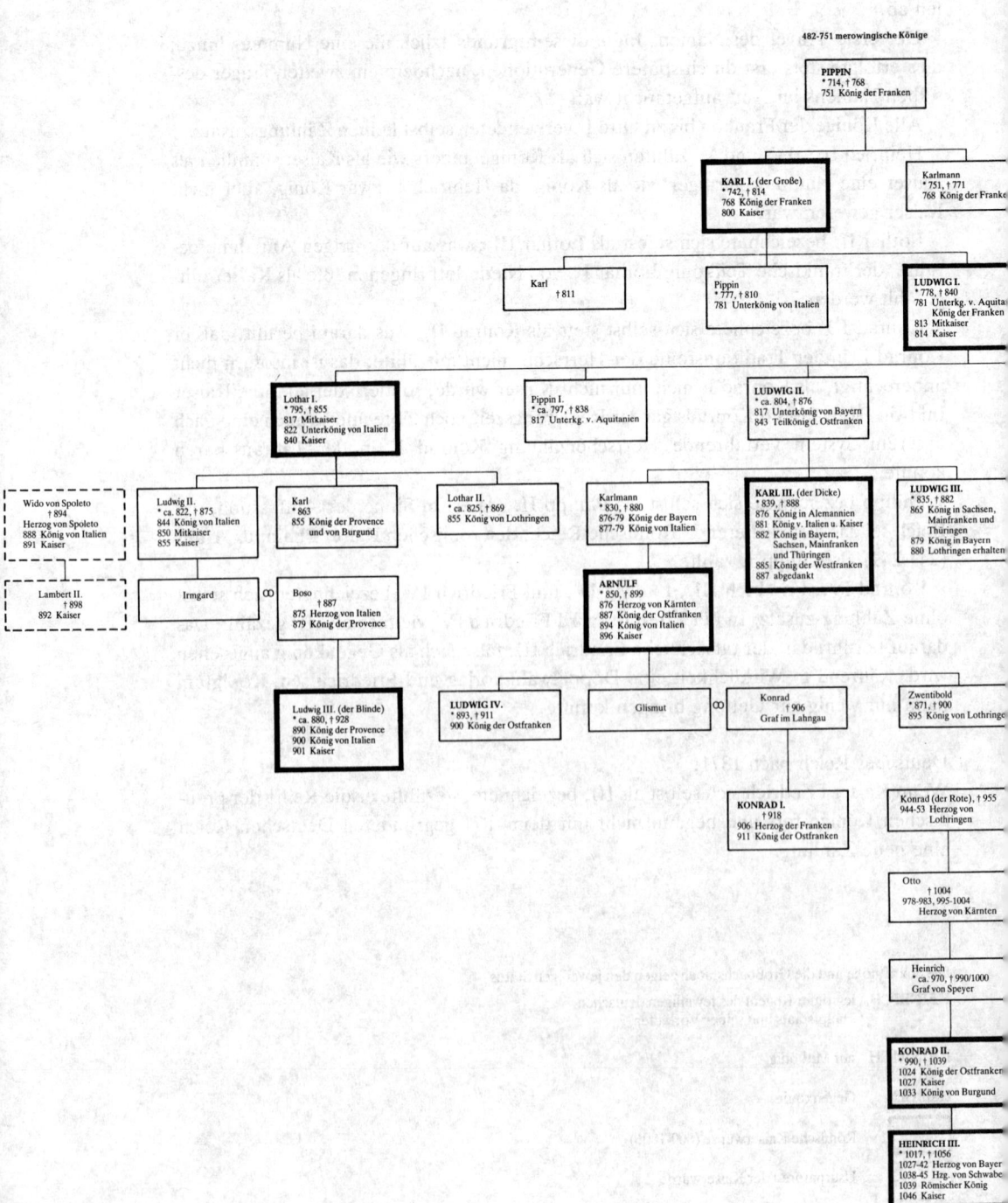

PIPPIN
* 714, † 768
751 König der Franken

KARL I. (der Große)
* 742, † 814
768 König der Franken
800 Kaiser

Karlmann
* 751, † 771
768 König der Franken

Karl
† 811

Pippin
* 777, † 810
781 Unterkönig von Italien

LUDWIG I.
* 778, † 840
781 Unterkg. v. Aquita...
König der Franken
813 Mitkaiser
814 Kaiser

Lothar I.
* 795, † 855
817 Mitkaiser
822 Unterkönig von Italien
840 Kaiser

Pippin I.
* ca. 797, † 838
817 Unterkg. v. Aquitanien

LUDWIG II.
* ca. 804, † 876
817 Unterkönig von Bayern
843 Teilkönig d. Ostfranken

Wido von Spoleto
† 894
Herzog von Spoleto
888 König von Italien
891 Kaiser

Ludwig II.
* ca. 822, † 875
844 König von Italien
850 Mitkaiser
855 Kaiser

Karl
* 863
855 König der Provence
und von Burgund

Lothar II.
* ca. 825, † 869
855 König von Lothringen

Karlmann
* 830, † 880
876-79 König der Bayern
877-79 König von Italien

KARL III. (der Dicke)
* 839, † 888
876 König in Alemannien
881 König v. Italien u. Kaiser
882 König in Bayern,
Sachsen, Mainfranken
und Thüringen
885 König der Westfranken
887 abgedankt

LUDWIG III.
* 835, † 882
865 König in Sachsen,
Mainfranken und
Thüringen
879 König in Bayern
880 Lothringen erhalten

Lambert II.
† 898
892 Kaiser

Irmgard ∞ Boso
† 887
875 Herzog von Italien
879 König der Provence

ARNULF
* 850, † 899
876 Herzog von Kärnten
887 König der Ostfranken
894 König von Italien
896 Kaiser

Ludwig III. (der Blinde)
* ca. 880, † 928
890 König der Provence
900 König von Italien
901 Kaiser

LUDWIG IV.
* 893, † 911
900 König der Ostfranken

Glismut ∞ Konrad
† 906
Graf im Lahngau

Zwentibold
* 871, † 900
895 König von Lothringen

KONRAD I.
† 918
906 Herzog der Franken
911 König der Ostfranken

Konrad (der Rote), † 955
944-53 Herzog von
Lothringen

Otto † 1004
978-983, 995-1004
Herzog von Kärnten

Heinrich
* ca. 970, † 990/1000
Graf von Speyer

KONRAD II.
* 990, † 1039
1024 König der Ostfranken
1027 Kaiser
1033 König von Burgund

HEINRICH III.
* 1017, † 1056
1027-42 Herzog von Bayern
1038-45 Hzg. von Schwaben
1039 Römischer König
1046 Kaiser

Die Regenten des jeweiligen deutschen Hauptstaats und seiner Vorläufer

Ihre verwandtschaftliche Stellung zueinander in Auswahl

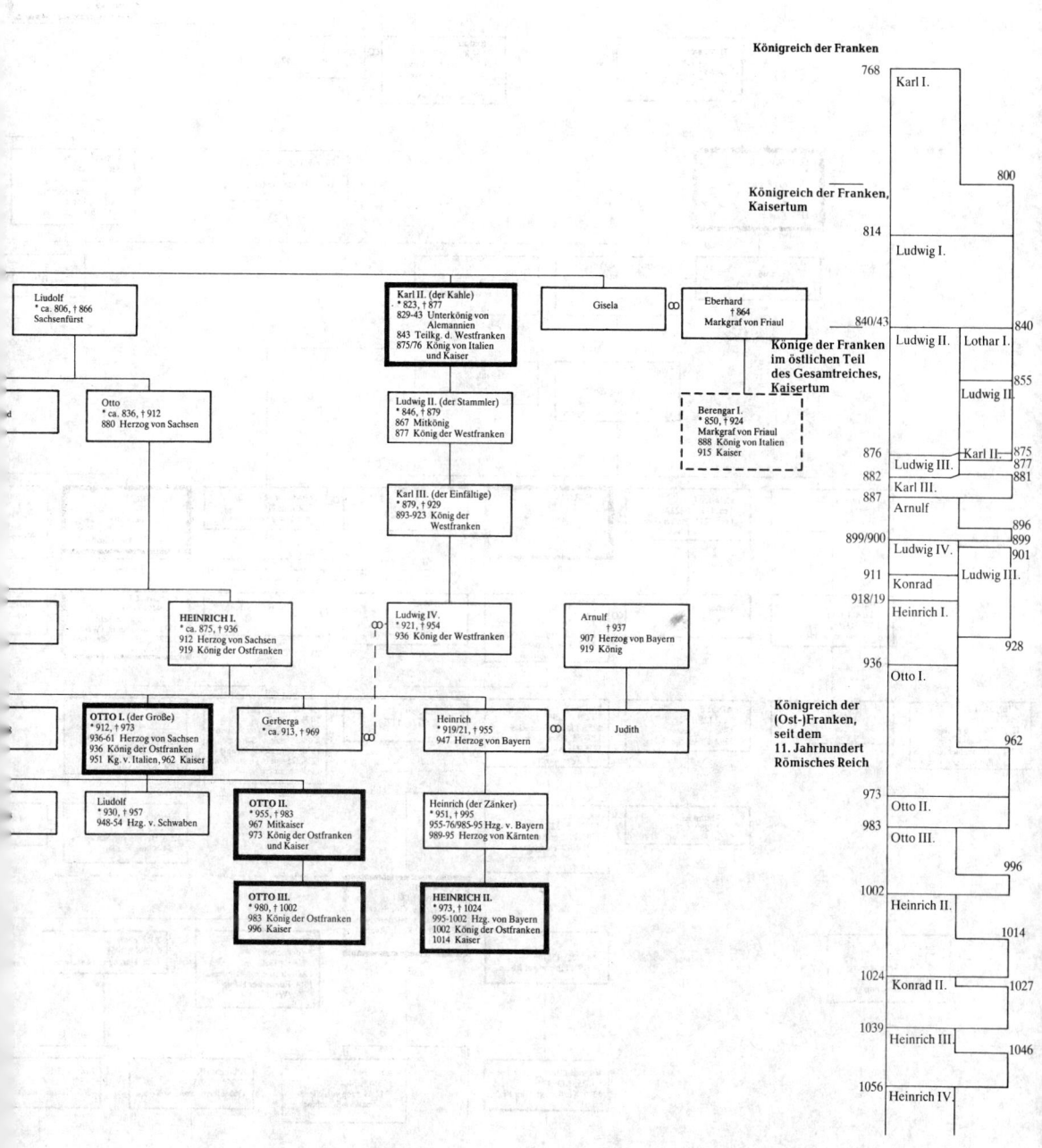

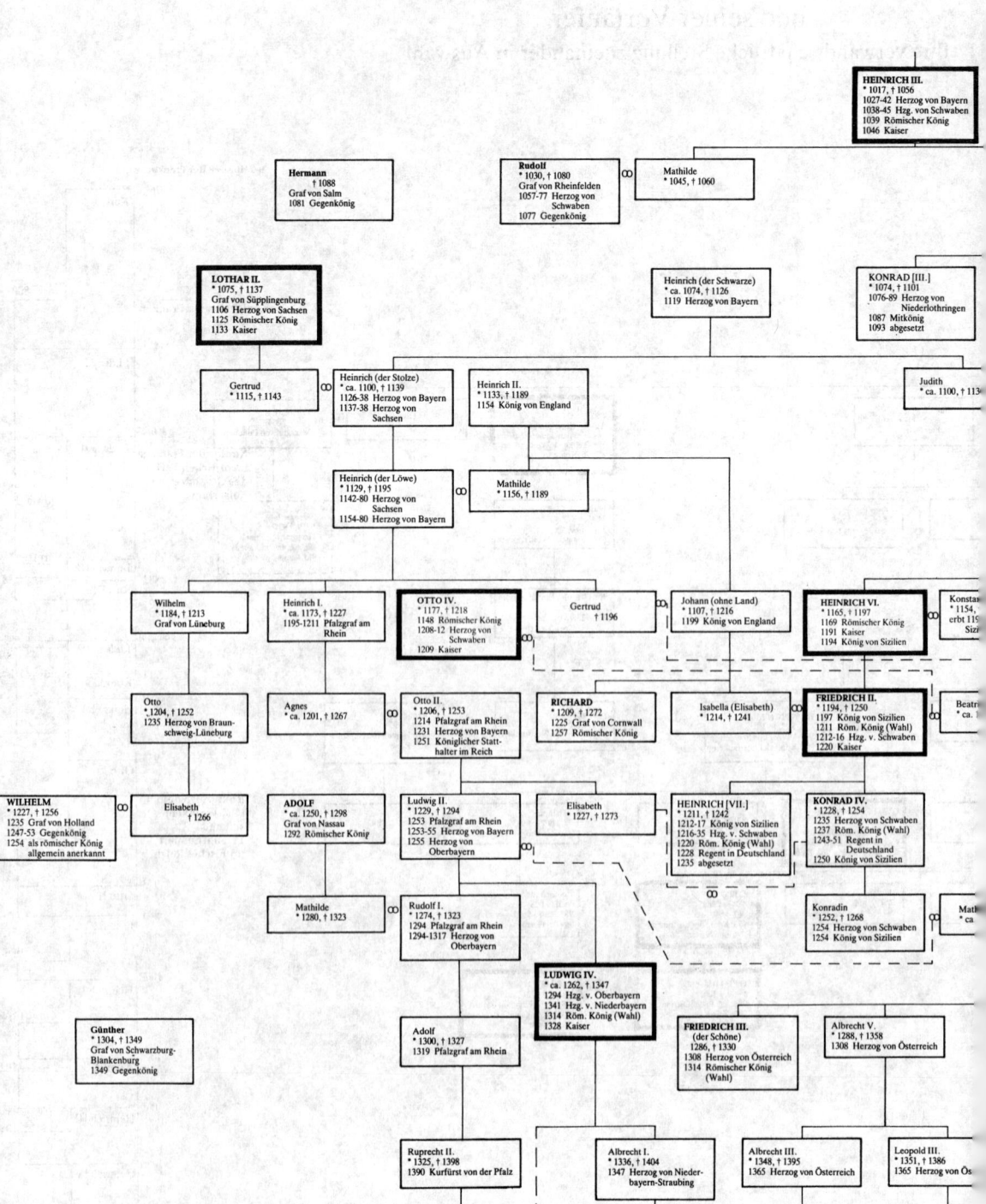

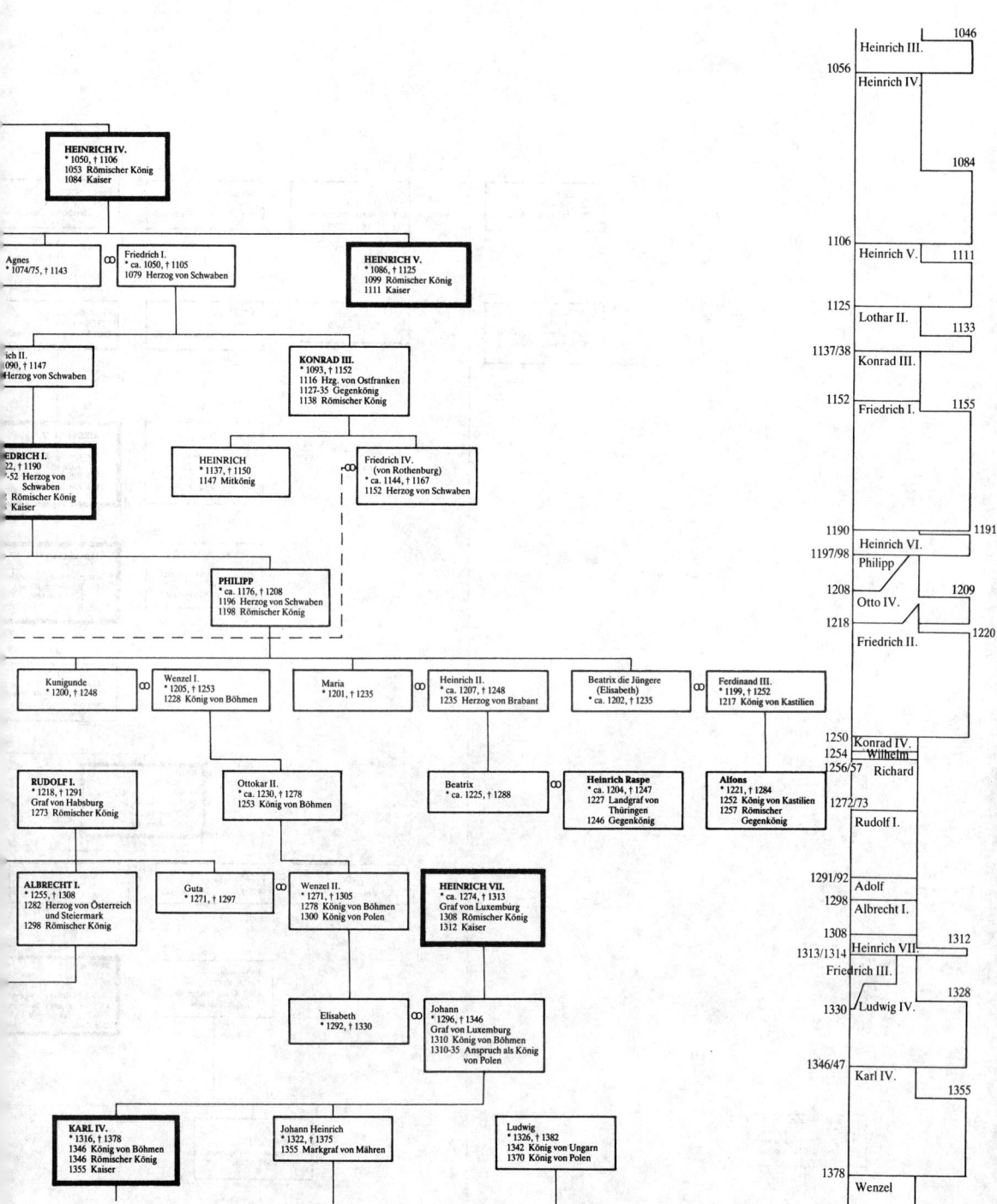

HEINRICH IV.
* 1050, † 1106
1053 Römischer König
1084 Kaiser

Agnes
* 1074/75, † 1143

∞

Friedrich I.
* ca. 1050, † 1105
1079 Herzog von Schwaben

HEINRICH V.
* 1086, † 1125
1099 Römischer König
1111 Kaiser

rich II.
090, † 1147
Herzog von Schwaben

KONRAD III.
* 1093, † 1152
1116 Hzg. von Ostfranken
1127-35 Gegenkönig
1138 Römischer König

EDRICH I.
22, † 1190
-52 Herzog von
Schwaben
Römischer König
Kaiser

HEINRICH
* 1137, † 1150
1147 Mitkönig

∞

Friedrich IV.
(von Rothenburg)
* ca. 1144, † 1167
1152 Herzog von Schwaben

PHILIPP
* ca. 1176, † 1208
1196 Herzog von Schwaben
1198 Römischer König

Kunigunde
* 1200, † 1248

∞

Wenzel I.
* 1205, † 1253
1228 König von Böhmen

Maria
* 1201, † 1235

∞

Heinrich II.
* ca. 1207, † 1248
1235 Herzog von Brabant

Beatrix die Jüngere
(Elisabeth)
* ca. 1202, † 1235

∞

Ferdinand III.
* 1199, † 1252
1217 König von Kastilien

RUDOLF I.
* 1218, † 1291
Graf von Habsburg
1273 Römischer König

Ottokar II.
* ca. 1230, † 1278
1253 König von Böhmen

Beatrix
* ca. 1225, † 1288

∞

Heinrich Raspe
* ca. 1204, † 1247
1227 Landgraf von
Thüringen
1246 Gegenkönig

Alfons
* 1221, † 1284
1252 König von Kastilien
1257 Römischer
Gegenkönig

ALBRECHT I.
* 1255, † 1308
1282 Herzog von Österreich
und Steiermark
1298 Römischer König

Guta
* 1271, † 1297

∞

Wenzel II.
* 1271, † 1305
1278 König von Böhmen
1300 König von Polen

HEINRICH VII.
* ca. 1274, † 1313
Graf von Luxemburg
1308 Römischer König
1312 Kaiser

Elisabeth
* 1292, † 1330

∞

Johann
* 1296, † 1346
Graf von Luxemburg
1310 König von Böhmen
1310-35 Anspruch als König
von Polen

KARL IV.
* 1316, † 1378
1346 König von Böhmen
1346 Römischer König
1355 Kaiser

Johann Heinrich
* 1322, † 1375
1355 Markgraf von Mähren

Ludwig
* 1326, † 1382
1342 König von Ungarn
1370 König von Polen

1046
Heinrich III.
1056
Heinrich IV.

1084

1106
Heinrich V.   1111
1125
Lothar II.
1133
1137/38
Konrad III.
1152
Friedrich I.   1155

1190   1191
1197/98 Heinrich VI.
Philipp
1208
Otto IV.   1209
1218
Friedrich II.
1220

1250 Konrad IV.
1254   Wilhelm
1256/57 Richard

1272/73
Rudolf I.

1291/92
Adolf
1298 Albrecht I.

1308
Heinrich VII   1312
1313/1314
Friedrich III.
1328
1330 Ludwig IV.

1346/47
Karl IV.
1355

1378
Wenzel

1177

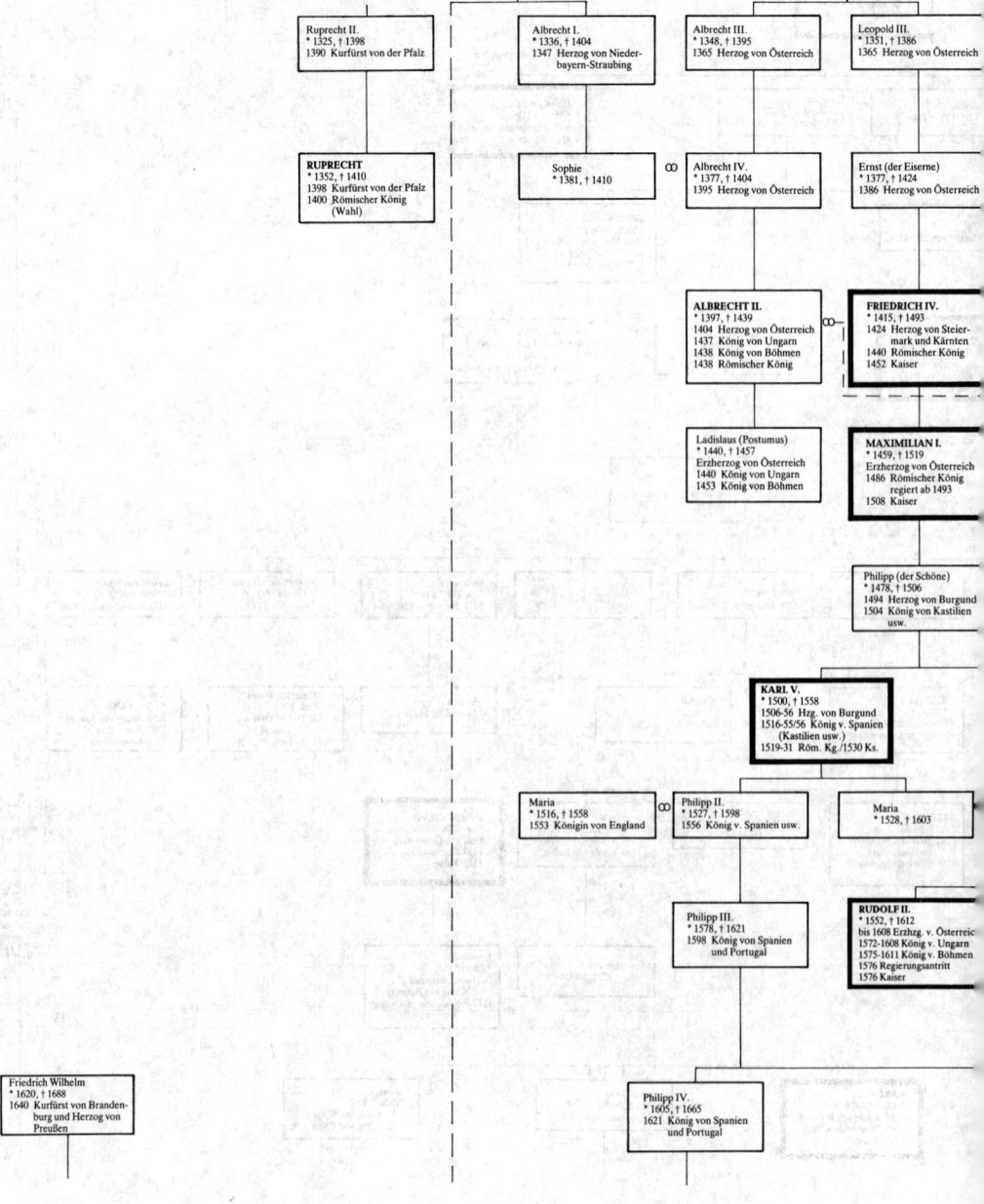

Ruprecht II.
* 1325, † 1398
1390 Kurfürst von der Pfalz

Albrecht I.
* 1336, † 1404
1347 Herzog von Nieder-
bayern-Straubing

Albrecht III.
* 1348, † 1395
1365 Herzog von Österreich

Leopold III.
* 1351, † 1386
1365 Herzog von Österreich

RUPRECHT
* 1352, † 1410
1398 Kurfürst von der Pfalz
1400 Römischer König
(Wahl)

Sophie
* 1381, † 1410

∞

Albrecht IV.
* 1377, † 1404
1395 Herzog von Österreich

Ernst (der Eiserne)
* 1377, † 1424
1386 Herzog von Österreich

ALBRECHT II.
* 1397, † 1439
1404 Herzog von Österreich
1437 König von Ungarn
1438 König von Böhmen
1438 Römischer König

∞

FRIEDRICH IV.
* 1415, † 1493
1424 Herzog von Steier-
mark und Kärnten
1440 Römischer König
1452 Kaiser

Ladislaus (Postumus)
* 1440, † 1457
Erzherzog von Österreich
1440 König von Ungarn
1453 König von Böhmen

MAXIMILIAN I.
* 1459, † 1519
Erzherzog von Österreich
1486 Römischer König
regiert ab 1493
1508 Kaiser

Philipp (der Schöne)
* 1478, † 1506
1494 Herzog von Burgund
1504 König von Kastilien
usw.

KARL V.
* 1500, † 1558
1506-56 Hzg. von Burgund
1516-55/56 König v. Spanien
(Kastilien usw.)
1519-31 Röm. Kg./1530 Ks.

Maria
* 1516, † 1558
1553 Königin von England

∞

Philipp II.
* 1527, † 1598
1556 König v. Spanien usw.

Maria
* 1528, † 1603

Philipp III.
* 1578, † 1621
1598 König von Spanien
und Portugal

RUDOLF II.
* 1552, † 1612
bis 1608 Erzhzg. v. Österreic
1572-1608 König v. Ungarn
1575-1611 König v. Böhmen
1576 Regierungsantritt
1576 Kaiser

Friedrich Wilhelm
* 1620, † 1688
1640 Kurfürst von Brandenburg und Herzog von
Preußen

Philipp IV.
* 1605, † 1665
1621 König von Spanien
und Portugal

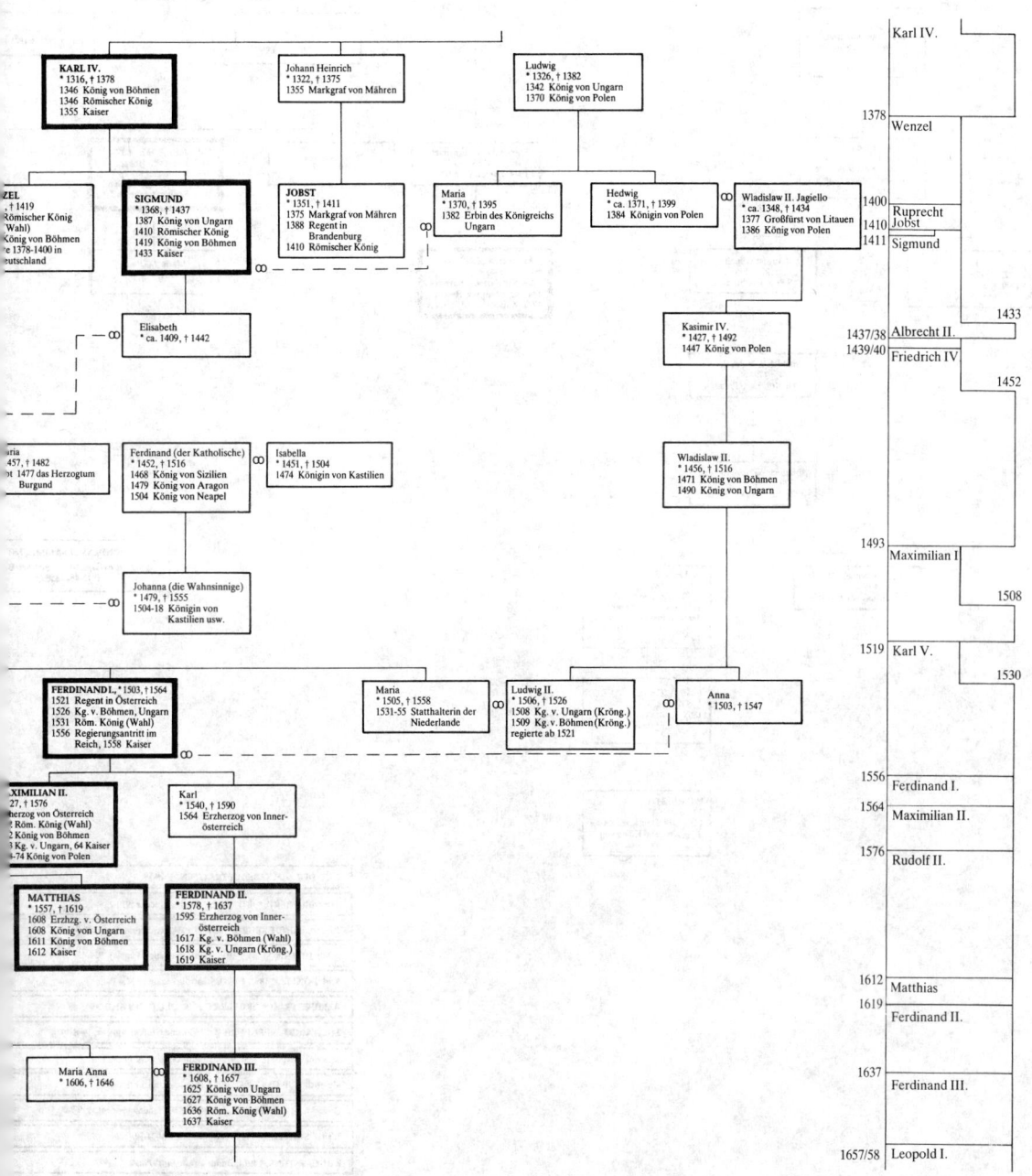

KARL IV.
* 1316, † 1378
1346 König von Böhmen
1346 Römischer König
1355 Kaiser

Johann Heinrich
* 1322, † 1375
1355 Markgraf von Mähren

Ludwig
* 1326, † 1382
1342 König von Ungarn
1370 König von Polen

ZEL
, † 1419
Römischer König
Wahl)
König von Böhmen
e 1378-1400 in
eutschland

SIGMUND
* 1368, † 1437
1387 König von Ungarn
1410 Römischer König
1419 König von Böhmen
1433 Kaiser

JOBST
* 1351, † 1411
1375 Markgraf von Mähren
1388 Regent in
Brandenburg
1410 Römischer König

Maria
* 1370, † 1395
1382 Erbin des Königreichs
Ungarn

Hedwig
* ca. 1371, † 1399
1384 Königin von Polen

Wladislaw II. Jagiello
* ca. 1348, † 1434
1377 Großfürst von Litauen
1386 König von Polen

Elisabeth
* ca. 1409, † 1442

Kasimir IV.
* 1427, † 1492
1447 König von Polen

aria
457, † 1482
bt 1477 das Herzogtum
Burgund

Ferdinand (der Katholische)
* 1452, † 1516
1468 König von Sizilien
1479 König von Aragon
1504 König von Neapel

Isabella
* 1451, † 1504
1474 Königin von Kastilien

Wladislaw II.
* 1456, † 1516
1471 König von Böhmen
1490 König von Ungarn

Johanna (die Wahnsinnige)
* 1479, † 1555
1504-18 Königin von
Kastilien usw.

FERDINAND I., * 1503, † 1564
1521 Regent in Österreich
1526 Kg. v. Böhmen, Ungarn
1531 Röm. König (Wahl)
1556 Regierungsantritt im
Reich, 1558 Kaiser

Maria
* 1505, † 1558
1531-55 Statthalterin der
Niederlande

Ludwig II.
* 1506, † 1526
1508 Kg. v. Ungarn (Krong.)
1509 Kg. v. Böhmen(Krong.)
regierte ab 1521

Anna
* 1503, † 1547

XIMILIAN II.
27, † 1576
erzog von Österreich
Röm. König (Wahl)
König von Böhmen
Kg. v. Ungarn, 64 Kaiser
-74 König von Polen

Karl
* 1540, † 1590
1564 Erzherzog von Inner-
österreich

MATTHIAS
* 1557, † 1619
1608 Erzhzg. v. Österreich
1608 König von Ungarn
1611 König von Böhmen
1612 Kaiser

FERDINAND II.
* 1578, † 1637
1595 Erzherzog von Inner-
österreich
1617 Kg. v. Böhmen (Wahl)
1618 Kg. v. Ungarn (Krong.)
1619 Kaiser

Maria Anna
* 1606, † 1646

FERDINAND III.
* 1608, † 1657
1625 König von Ungarn
1627 König von Böhmen
1636 Röm. König (Wahl)
1637 Kaiser

Karl IV.

1378 Wenzel

1400 Ruprecht
1410 Jobst
1411 Sigmund

1433

1437/38 Albrecht II.
1439/40 Friedrich IV.

1452

1493 Maximilian I

1508

1519 Karl V.

1530

1556 Ferdinand I.
1564 Maximilian II.

1576 Rudolf II.

1612 Matthias
1619 Ferdinand II.

1637 Ferdinand III.

1657/58 Leopold I.

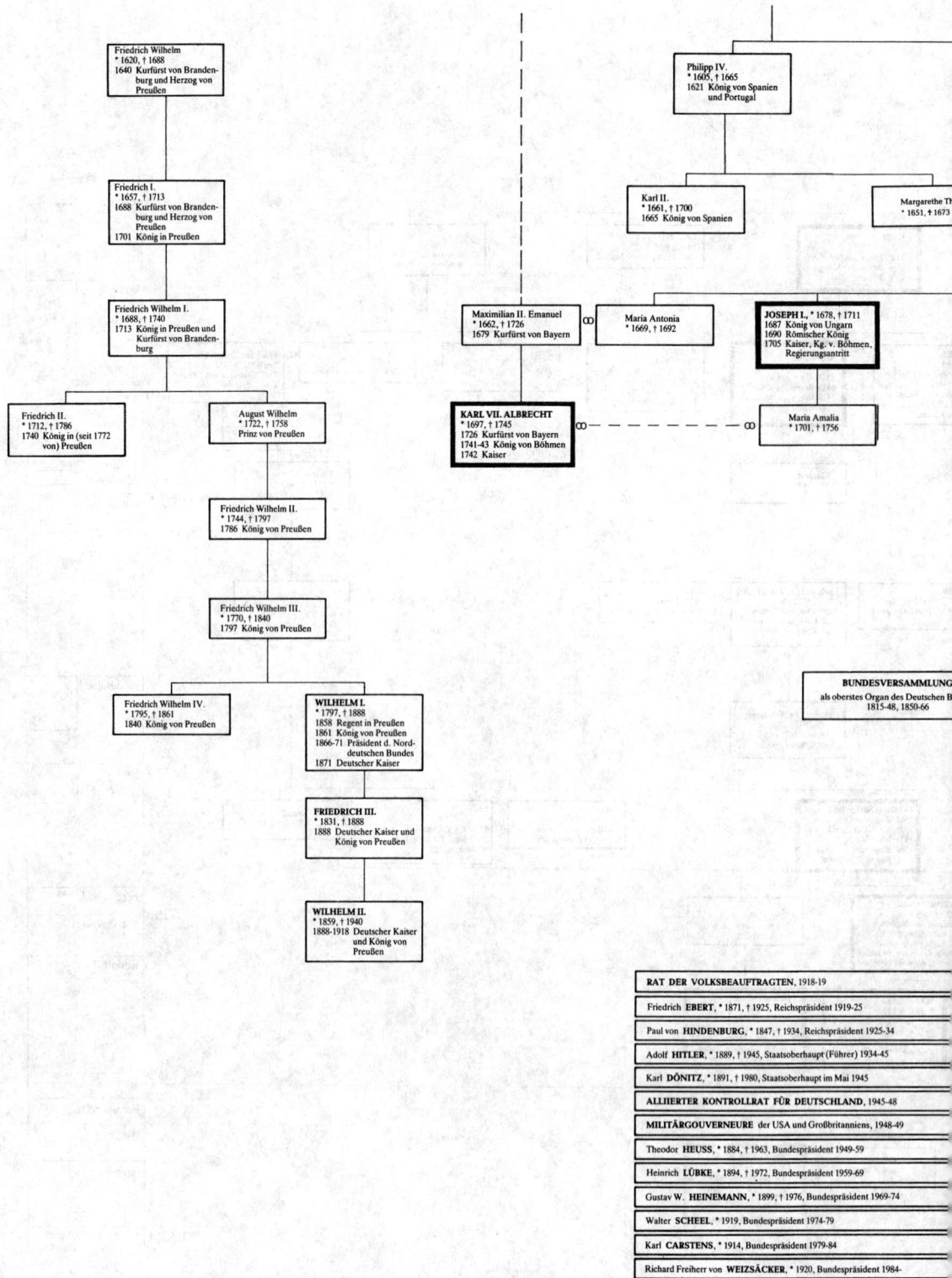

Friedrich Wilhelm
* 1620, † 1688
1640 Kurfürst von Brandenburg und Herzog von
Preußen

Friedrich I.
* 1657, † 1713
1688 Kurfürst von Brandenburg und Herzog von
Preußen
1701 König in Preußen

Friedrich Wilhelm I.
* 1688, † 1740
1713 König in Preußen und
Kurfürst von Branden-
burg

Friedrich II.
* 1712, † 1786
1740 König in (seit 1772
von) Preußen

August Wilhelm
* 1722, † 1758
Prinz von Preußen

Friedrich Wilhelm II.
* 1744, † 1797
1786 König von Preußen

Friedrich Wilhelm III.
* 1770, † 1840
1797 König von Preußen

Friedrich Wilhelm IV.
* 1795, † 1861
1840 König von Preußen

WILHELM I.
* 1797, † 1888
1858 Regent in Preußen
1861 König von Preußen
1866-71 Präsident d. Norddeutschen Bundes
1871 Deutscher Kaiser

FRIEDRICH III.
* 1831, † 1888
1888 Deutscher Kaiser und
König von Preußen

WILHELM II.
* 1859, † 1940
1888-1918 Deutscher Kaiser
und König von
Preußen

Philipp IV.
* 1605, † 1665
1621 König von Spanien
und Portugal

Karl II.
* 1661, † 1700
1665 König von Spanien

Margarethe The
* 1651, † 1673

Maximilian II. Emanuel
* 1662, † 1726
1679 Kurfürst von Bayern

∞

Maria Antonia
* 1669, † 1692

JOSEPH I., * 1678, † 1711
1687 König von Ungarn
1690 Römischer König
1705 Kaiser, Kg. v. Böhmen,
Regierungsantritt

KARL VII. ALBRECHT
* 1697, † 1745
1726 Kurfürst von Bayern
1741-43 König von Böhmen
1742 Kaiser

∞ — — — — — — ∞

Maria Amalia
* 1701, † 1756

BUNDESVERSAMMLUNG
als oberstes Organ des Deutschen B.
1815-48, 1850-66

RAT DER VOLKSBEAUFTRAGTEN, 1918-19

Friedrich **EBERT**, * 1871, † 1925, Reichspräsident 1919-25

Paul von **HINDENBURG**, * 1847, † 1934, Reichspräsident 1925-34

Adolf **HITLER**, * 1889, † 1945, Staatsoberhaupt (Führer) 1934-45

Karl **DÖNITZ**, * 1891, † 1980, Staatsoberhaupt im Mai 1945

ALLIIERTER KONTROLLRAT FÜR DEUTSCHLAND, 1945-48

MILITÄRGOUVERNEURE der USA und Großbritanniens, 1948-49

Theodor **HEUSS**, * 1884, † 1963, Bundespräsident 1949-59

Heinrich **LÜBKE**, * 1894, † 1972, Bundespräsident 1959-69

Gustav W. **HEINEMANN**, * 1899, † 1976, Bundespräsident 1969-74

Walter **SCHEEL**, * 1919, Bundespräsident 1974-79

Karl **CARSTENS**, * 1914, Bundespräsident 1979-84

Richard Freiherr von **WEIZSÄCKER**, * 1920, Bundespräsident 1984-

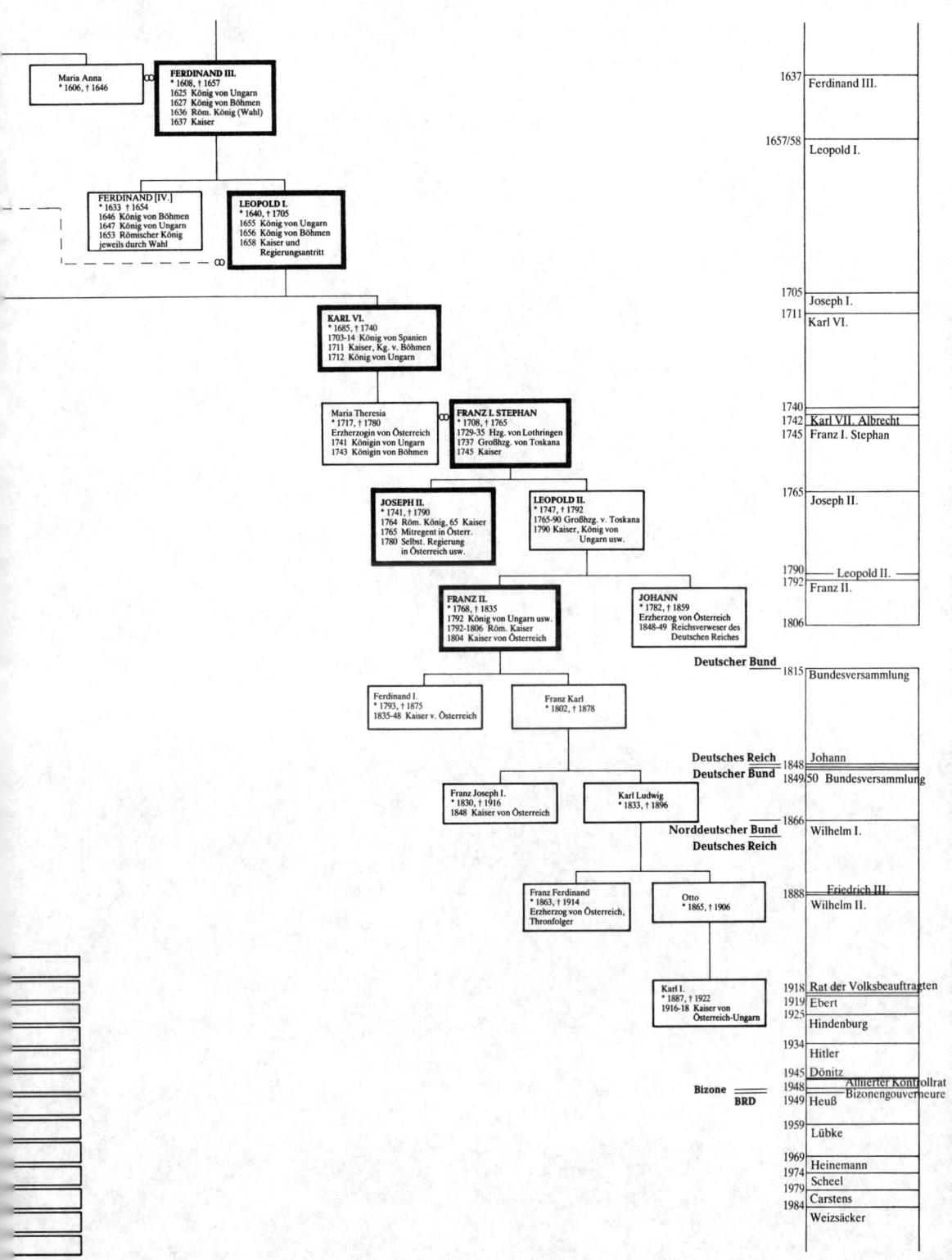

Maria Anna
* 1606, † 1646

∞

FERDINAND III.
* 1608, † 1657
1625 König von Ungarn
1627 König von Böhmen
1636 Röm. König (Wahl)
1637 Kaiser

FERDINAND [IV.]
* 1633 † 1654
1646 König von Böhmen
1647 König von Ungarn
1653 Römischer König
jeweils durch Wahl

LEOPOLD I.
* 1640, † 1705
1655 König von Ungarn
1656 König von Böhmen
1658 Kaiser und
Regierungsantritt

∞

KARL VI.
* 1685, † 1740
1703-14 König von Spanien
1711 Kaiser, Kg. v. Böhmen
1712 König von Ungarn

Maria Theresia
* 1717, † 1780
Erzherzogin von Österreich
1741 Königin von Ungarn
1743 Königin von Böhmen

∞

FRANZ I. STEPHAN
* 1708, † 1765
1729-35 Hzg. von Lothringen
1737 Großhzg. von Toskana
1745 Kaiser

JOSEPH II.
* 1741, † 1790
1764 Röm. König, 65 Kaiser
1765 Mitregent in Österr.
1780 Selbst. Regierung
in Österreich usw.

LEOPOLD II.
* 1747, † 1792
1765-90 Großhzg. v. Toskana
1790 Kaiser, König von
Ungarn usw.

FRANZ II.
* 1768, † 1835
1792 König von Ungarn usw.
1792-1806 Röm. Kaiser
1804 Kaiser von Österreich

JOHANN
* 1782, † 1859
Erzherzog von Österreich
1848-49 Reichsverweser des
Deutschen Reiches

Ferdinand I.
* 1793, † 1875
1835-48 Kaiser v. Österreich

Franz Karl
* 1802, † 1878

Franz Joseph I.
* 1830, † 1916
1848 Kaiser von Österreich

Karl Ludwig
* 1833, † 1896

Franz Ferdinand
* 1863, † 1914
Erzherzog von Österreich,
Thronfolger

Otto
* 1865, † 1906

Karl I.
* 1887, † 1922
1916-18 Kaiser von
Österreich-Ungarn

Deutscher Bund

Deutsches Reich
Deutscher Bund

Norddeutscher Bund
Deutsches Reich

Bizone
BRD

1637	Ferdinand III.
1657/58	Leopold I.
1705	Joseph I.
1711	Karl VI.
1740	
1742	Karl VII. Albrecht
1745	Franz I. Stephan
1765	Joseph II.
1790	Leopold II.
1792	Franz II.
1806	
1815	Bundesversammlung
1848	Johann
1849/50	Bundesversammlung
1866	Wilhelm I.
1888	Friedrich III.
	Wilhelm II.
1918	Rat der Volksbeauftragten
1919	Ebert
1925	Hindenburg
1934	Hitler
1945	Dönitz
1948	Alliierter Kontrollrat
	Bizonengouverneure
1949	Heuß
1959	Lübke
1969	Heinemann
1974	Scheel
1979	Carstens
1984	Weizsäcker

Zeitleisten

1000 1100 1200 1300 1400 1500 1600 1700 1800 1850 1900 1950 1988

Wirtschaftssektor mit den meisten Beschäftigten
Land- und Forstwirtschaft — verarbeitendes Gewerbe — Tertiärer Sektor

Wirtschaftsbereich, in dem das meiste Kapital angelegt ist
Land- und Forstwirtschaft — verarbeitendes Gewerbe

Wichtigster Primärenergieträger
Brennholz — Steinkohle — Erdöl

Wichtigstes Transportmittel im Güterfernverkehr im Binnenland
Binnenschiff — Eisenbahn — Lkw

Vorherrschendes Beleuchtungsmittel im Haushalt
Kerze, Kienspan — Öllampe — elektrisches Licht

Stil öffentlicher Baukunst
Romanik — Gotik — Renaissance/Barock/Klassizismus — Historismus — Pluralistisch — Neoklassizismus — Intern. Stil — Postmoderne

Jeweiliger deutscher Hauptstaat
Römisches Reich (deutscher Nation) — Deutscher Bund — Norddeutscher Bund — Deutsches Reich — BRD

Vorherrschende Verfassungsform
Lehenswesen — ständisch beschränkte Monarchie — Absolutismus — konstitutionelle Monarchie — demokratische Rep. — NS-Staat — BRD

Größter Bereich unter den Staatsausgaben
Militärwesen — Soziale Sicherung

Wichtige Kriege
Dreißigjähriger Krieg — Angriffe Ludwigs XIV. von Frankreich — österr. Erbfolgekrieg — Siebenjähriger Krieg — Krieg gegen das revolutionäre Frankreich u. Napoleon — preußisch-öster. Krieg — dt.-franz. Krieg — Erster Weltkrieg — Zweiter Weltkrieg

Angaben auf den jeweiligen deutschen Hauptstaat bezogen.

Zeittafel

	Fortschritte in Naturerkenntnis und Naturbeherrschung	Eintreten für Freiheit und Gerechtigkeit	Sicherung des äußeren Friedens und Verteidigung	Staatliche Einheit und Spaltung der Deutschen	andere wichtige Ereignisse
700				768-814 Regierungszeit Karls I. des Großen, König der Franken: schafft durch den Zusammenschluß aller westgermanischen Stämme auf dem Kontinent in sein Reich die Voraussetzung für das Entstehen des deutschen Volkes	
800	9. Jhd. Aufkommen des Dreschflegels in Deutschland			800 Kaiserkrönung Karls I. in Rom begründet die Tradition eines rombezogenen Kaisertums der Franken bzw. Deutschen	
900			955 Abwehr des Ungarneinfalls in der Schlacht auf dem Lechfeld; die Ungarn stellen ihre Raubzüge ins Reich ein 978 französischer Überfall auf Aachen, um Lothringen zu erobern	962 Kaiserkrönung Ottos I.; sie markiert den Abschluß des Entstehens jenes staatlichen Rahmens, in dem sich die Geschichte der Deutschen in den nächsten Jahrhunderten abspielt	936-73 Regierungszeit Kaiser Ottos I.
1000	11. Jhd. Aufkommen von Pflügen mit Streichbrett in Deutschland, die den Boden wenden können			1076-1122 Investiturstreit zwischen Kaiser und Papst um das Recht der Einsetzung der Bischöfe und den allgemeinen Vorrang; schwächt das Kaisertum und seine Stellung im Reich	1053-1106 Regierungszeit Kaiser Heinrichs IV.

	Fortschritte in Natur-erkenntnis und Naturbeherrschung	Eintreten für Freiheit und Gerechtigkeit	Sicherung des äußeren Friedens und Verteidigung	Staatliche Einheit und Spaltung der Deutschen	andere wichtige Ereignisse
1100	12. Jhd. Aufkommen von Windmühlen in Deutschland			1122 Wormser Konkordat beendet den Investiturstreit, wobei der König die Kontrolle über die Bischöfe weitgehend verliert 1189 Kaiser Heinrich VI. erbt das Königreich Sizilien; das Kaisertum wird dadurch kurzzeitig auf den Gipfel seiner Macht geführt, mittelfristig aber aus dem Reich abgelenkt	1152-90 Regierungszeit Kaiser Friedrichs I. Barbarossa
1200	1150-1350 Hauptgründungszeit von Städten	13. Jhd. Entstehen von Dorfgemeinden und Stadtgemeinden mit Selbstverwaltung 13. Jhd. Entstehen von Bauernrepubliken an der Nordseeküste u. in der Schweiz 1234 Schlacht von Altenesch: die Stedinger versuchen vergeblich, ihre Freiheit zu verteidigen. 1291 der Ewige Bund von Uri, Schwyz und Unterwalden wird als Eidgenossenschaft neu festgelegt	1227 Sieg der norddeutschen Territorien bei Bornhöved über die Dänen befreit Holstein von dänischer Herrschaft 1241 Niederlage des Herzogs von Niederschlesien in der Abwehrschlacht gegen die Mongolen bei Liegnitz	1220 confoederatio cum principibus ecclesiasticis: die geistlichen Fürsten erhalten ihre landesherrlichen Rechte bestätigt, wodurch das Entstehen von Landesherrschaften endgültig wird. 1231 statutum in favorem principum: die weltlichen Fürsten erhalten die gleichen Hoheitsrechte gewährt wie die geistlichen	1212/15-50 Regierungszeit Kaiser Friedrichs II. 1225 Franziskanerorden beginnt mit dem Aufbau deutscher Niederlassungen 1231-90 der Deutsche Orden erobert Preußen 13. Jhd. Entstehen der Städtehanse
1300	14. Jhd. Aufkommen öffentlicher Räderuhren	1315 die Schweizer Eidgenossenschaft schlägt einen Unterwerfungsversuch durch die Habsburger in der Schlacht von Morgarten ab. 14. Jhd. in vielen Städten erlangen Zünfte mehr Mitspracherechte			1348 Gründung der ersten deutschen Universität in Prag 1348/49 Beginn der Pestkatastrophe

1185

	Fortschritte in Naturerkenntnis und Naturbeherrschung	Eintreten für Freiheit und Gerechtigkeit	Sicherung des äußeren Friedens und Verteidigung	Staatliche Einheit und Spaltung der Deutschen	andere wichtige Ereignisse
1300	1390 Beginn der Papierherstellung in Deutschland; als billigeres Schreibmaterial fördert Papier die Kommunikation	1386 die Schweizer Eidgenossenschaft schlägt einen Unterwerfungsversuch durch die Habsburger in der Schlacht von Sempach ab 1388 die Schweizer Eidgenossenschaft schlägt einen Unterwerfungsversuch durch die Habsburger in der Schlacht von Näfels ab			Ende 14. Jhd. erste Geschütze
1400	um 1450 Johann Gensfleisch zum Gutenberg erfindet den Buchdruck: Bücher werden billiger 1480 Erfindung des Handspinnrads; ermöglicht schnelleres Spinnen als die Handspindel 1492 Martin Behaim baut den ersten Globus	1405-08 Bund ob dem See als genossenschaftlicher Zusammenschluß sich selbst regierender Gemeinwesen im Bodenseeraum 1478 Bauern und Bergknappen in Kärnten versuchen vergeblich, eine Bauernrepublik zu gründen	1444 Einmarsch des französischen Königs in Lothringen und Elsaß und vergebliche Aufforderung an diese Gebiete, sich zu unterwerfen; das französische Königtum erhebt zum ersten Mal offiziell Anspruch auf alle Gebiete westlich des Rheins 1498 Beginn der französischen Versuche, das zum Reich gehörende Herzogtum Mailand zu erobern (1516 französisch)	1437 Beginn der bis 1806 fast ununterbrochenen Folge von Habsburgern als römisch-deutsche Könige/Kaiser 1486-95 königlicher Hoftag institutionalisiert sich zum Reichstag 1495/1527 Reichskammergericht als erste vom Hof des Königs unabhängige Zentralbehörde des Reiches eingerichtet	1446-78 Regierungszeit Kaiser Karls IV. 1486-1519 Regierungszeit Kaiser Maximilians I. 1495 Ewiger Landfrieden verbietet die Fehde für alle Zukunft; im Laufe des 16. Jhds. Durchsetzung des Monopols legitimer Gewaltanwendung durch die Landesherren
1500	um 1500 Peter Henlein erfindet die Taschen(räder)uhr	1500 Dithmarscher Bauern verteidigen mit ihrem Sieg in der Schlacht von Hemmingstedt ihre Freiheit			1471-1528 Albrecht Dürer

Fortschritte in Naturerkenntnis und Naturbeherrschung	Eintreten für Freiheit und Gerechtigkeit	Sicherung des äußeren Friedens und Verteidigung	Staatliche Einheit und Spaltung der Deutschen	andere wichtige Ereignisse
1500				
um 1500 Erfindung des Schraubstocks in Nürnberg	1502, 1513, 1517 Bundschuhverschwörungen im Oberrheingebiet		1500-02 gescheiterter Versuch, mit dem Reichsregiment eine ständische Reichsregierung zu schaffen	
ab 1500 Entstehen der Post	1514 Bauernaufstand des „Armen Konrad" in Württemberg		1516 Karl (später Kaiser Karl V.) erbt Spanien und Unteritalien, wodurch das Kaisertum von seinen Aufgaben im Reich abgelenkt wird	1517 31.10.: Martin Luther veröffentlicht 95 Thesen über Buße und Ablaß und leitet damit die Reformation ein
				1519-55/56 Regierungszeit Kaiser Karls V.
		1521 der französische König Franz I. beginnt die kriegerischen Auseinandersetzungen mit Kaiser Karl V.; vorläufig beendet durch den Frieden von Cambrai 1529		1521 Reichstag zu Worms: Anhörung Luthers, Verbot seiner Lehre durch das Wormser Edikt
		1529 erfolgreiche Verteidigung Wiens gegen türkischen Angriff		1522 Luther übersetzt das Neue Testament
	1525 gescheiterte Bauernrevolution in Oberdeutschland	1536 Franz I. nimmt die Angriffe gegen Karl V. wieder auf; beendet 1544 durch den Frieden von Crépy	1526 Beginn der bis 1918 dauernden Verbindung Österreichs mit Böhmen und Ungarn	
1543 Nikolaus Kopernikus veröffentlicht seine Erkenntnis, daß die Erde sich um die Sonne dreht.				1542 Beginn der Rekatholisierung in Bayern
Mitte 16. Jhd. Eisenguß erfunden in Sachsen		1558-60 Angriff Rußlands auf die baltischen Reichsfürstentümer, die dem Reich verloren gehen		1545-63 Neuformierung der katholischen Kirche auf dem Konzil von Trient
16. Jhd. vereinzelter Beginn der Düngung durch Mergeln, Stalldung und Erdplaggen				1555 Augsburger Religionsfriede: Anerkennung des Luthertums als Konfession neben dem Katholizismus, Festschreiben der Regionalisierung der konfessionellen Spaltung
			1590 (nördliche) Niederlande erklären ihre Unabhängigkeit vom römisch-deutschen Reich	

	Fortschritte in Naturerkenntnis und Naturbeherrschung	Eintreten für Freiheit und Gerechtigkeit	Sicherung des äußeren Friedens und Verteidigung	Staatliche Einheit und Spaltung der Deutschen	andere wichtige Ereignisse
1500		1595-96 gescheiterter Bauernaufstand in Ober- und Niederösterreich gegen Rekatholisierung und steigende grundherrliche Lasten	1593 die Türken nehmen ihre Eroberungspläne gegen den Südosten des Reiches wieder auf, aber ohne große Erfolge		
1600	1609 erste regelmäßig erscheinende deutsche Zeitung in Straßburg	1603 Johannes Althusius vertritt in seiner „Politica methodice digesta ..." die Idee der Volkssouveränität		1608 der konfessionelle Gegensatz läßt bis auf weiteres den Reichstag ausfallen	
	1609-19 Johannes Kepler findet die Gesetze der Planetenbahnen	1613 Einführung begrenzter konfessioneller Toleranz in Brandenburg-Preußen		1618-48 Dreißigjähriger Krieg	
		1626 gescheiterter Bauernaufstand in Oberösterreich gegen die zwangsweise Rekatholisierung		1629/30 mit dem Restitutionsedikt scheitert der letzte Versuch des Kaisertums, eine starke Zentralgewalt zu errichten	
			1630 Schweden beginnt militärisch in den Dreißigjährigen Krieg einzugreifen, um die deutsche Ostseeküste zu erobern		
			1635 Beginn des offenen Eingreifens Frankreichs in den Dreißigjährigen Krieg, um Habsburg und das Reich zu schwächen und Gebietsgewinne auf Kosten des Reiches zu machen		
				1648 Westfälischer Frieden: Fürsten erhalten Landeshoheit in ihren Territorien; Schweiz wird unabhängig vom Reich	1650 in Innsbruck erstes Opernhaus auf deutschem Boden
			1652-54, 1666 Versuche Schwedens, Bremen militärisch zu unterwerfen, scheitern am Widerstand der norddeutschen Fürsten		
		1653 gescheiterter Bauernaufstand in der nordwestlichen Schweiz, der die Autonomie der Bauerngemeinden in den Untertanenlanden stärken wollte			1653-63 Kurfürst Friedrich Wilhelm von Brandenburg setzt in seinen Ländern den Absolutismus durch

Fortschritte in Natur-erkenntnis und Naturbeherrschung	Eintreten für Freiheit und Gerechtigkeit	Sicherung des äußeren Friedens und Verteidigung	Staatliche Einheit und Spaltung der Deutschen	andere wichtige Ereignisse
1600				1660 Friede von Oliva: (Ost)-Preußen wird souverän
		1664 Angriff des Osmanischen Reiches wird vom Kaiser in der Schlacht bei St. Gotthard a. d. Raab zurückgeschlagen	1663 Wiederbelebung des Reichstags in Gestalt eines ständigen Gesandten-kongresses	
		1667/68 Angriff Frankreichs auf das Reich in den (spanischen) Niederlanden und der Freigrafschaft Burgund; letztere 1678/79 an Frankreich verloren		
		1670 französische Truppen besetzen Lothringen für einige Jahre		
		1675 Schwedischer Angriff auf Brandenburg wird von Kurfürst Friedrich Wilhelm durch den Sieg in der Schlacht bei Fehrbellin zurückgeschlagen		
		1679-83 Ludwig XIV. besetzt schrittweise den größten Teil des Elsaß (Reunionen); 1697 abgetreten.		
		1681 Frankreich besetzt und annektiert Straßburg.		
		1683 Befreiung Wiens von der türkischen Belagerung durch den Sieg in der Schlacht am Kahlenberg		
		1686 Versuch Dänemarks, Hamburg mit Waffengewalt zu unterwerfen, scheitert am Widerstand der norddeutschen Fürsten		1686-99 Eroberung Ungarns durch die Habsburger

Fortschritte in Naturerkenntnis und Naturbeherrschung	Eintreten für Freiheit und Gerechtigkeit	Sicherung des äußeren Friedens und Verteidigung	Staatliche Einheit und Spaltung der Deutschen	andere wichtige Ereignisse
1600				
		1688 Versuch Ludwigs XIV., die linksrheinische Pfalz zu erobern, löst den Pfälzischen Erbfolgekrieg aus (bis 1697).		1701-14 Spanischer Erbfolgekrieg
1700				
1709 Johann Friedrich Böttger erfindet das europäische Hartporzellan	1705 gescheiterter Bauernaufstand in Oberbayern gegen die Zwangsmaßnahmen österreichischer Besatzungstruppen		1713, 1777/78, 1784/85 vergebliche Versuche Österreichs, seine Stellung im Reich durch den Gewinn Bayerns zu stärken	1713-40 Regierungszeit König Friedrich Wilhelms I. von Preußen
1720 Beginn des Chausseebaus in Deutschland		1733 Frankreich erklärt dem Reich den Krieg und erobert Lothringen, das damit dem Reich verloren geht	1740-45/48 österreichischer Erbfolgekrieg; Preußen begründet durch seinen Aufstieg zur Großmacht den deutschen Dualismus	1740-86 Regierungszeit König Friedrichs II. von Preußen
1747 A. S. Margraf entdeckt, daß sich aus Runkelrüben Zucker gewinnen läßt			1756-63 Siebenjähriger Krieg; bestätigt Preußen als Großmacht und zementiert damit den deutschen Dualismus	1765-90 Regierungszeit Kaiser Josephs II. (in Österreich bis 1780 nur Mitregent)
1753 erste brauchbare Dampfmaschine im deutschen Raum in Lintorf bei Duisburg aufgestellt				
1764-86 kurhannoversche Landesaufnahme; erste trigonometrische Vermessung eines deutschen Landes				
1767 erster Kokshochofen zur Eisenerzverhüttung auf dem europäischen Kontinent in der Sulzbacher Hütte/Saargebiet				1729-81 Gotthold Ephraim Lessing
1768 Kurfürstentum Hannover beginnt als erster deutscher Staat mit der Aufteilung der Allmende und der Beseitigung des Flurzwangs, um der bürgerlichen Eigeninitiative Raum zu geben				

Jahr	Fortschritte in Naturerkenntnis und Naturbeherrschung	Eintreten für Freiheit und Gerechtigkeit	Sicherung des äußeren Friedens und Verteidigung	Staatliche Einheit und Spaltung der Deutschen	andere wichtige Ereignisse
1700		1777-81 Aufhebung der persönlichen Unfreiheit für die Domänenbauern in Preußen			1772 Preußen und Österreich unternehmen zusammen mit Rußland die erste polnische Teilung
	1781 Immanuel Kant bestimmt in der „Kritik der reinen Vernunft" die Methode und Grenzen menschlicher Erkenntnis	1781 Österreich verkündet als erster deutscher Staat den Grundsatz der Gleichheit vor dem Gesetz			
	1781/84 erste Baumwollspinnmaschine auf dem Kontinent in Cromford bei Ratingen	1781/82 Aufhebung der Leibeigenschaft der Bauern in Böhmen und Österreich			
		1790 gescheiterter Bauernaufstand in Sachsen	1792 das revolutionäre Frankreich erklärt Österreich den Krieg und beginnt, Reichsgebiet zu erobern		1793 Preußen unternimmt zusammen mit Rußland die zweite polnische Teilung
		Ende 18. Jhd. Fürsten hören auf, durch Machtsprüche in Prozesse einzugreifen			1795 Preußen und Österreich teilen zusammen mit Rußland das restliche Polen ganz auf (dritte polnische Teilung)
	1796/97 Alois Senefelder erfindet den Steindruck		1797 Frankreich annektiert das linksrheinische Gebiet (bis 1814)		1749-1832 Johann Wolfgang von Goethe
					1759-1805 Friedrich von Schiller
					1770-1827 Ludwig van Beethoven
					1770-1831 Georg Wilhelm Friedrich Hegel
1800				1803 Reichsdeputationshauptschluß beseitigt die geistlichen Fürstentümer und die Reichsunmittelbarkeit der Reichsstädte	
				1806 Mediatisierung der meisten kleineren Fürsten, Grafen und Herren	

Fortschritte in Naturerkenntnis und Naturbeherrschung	Eintreten für Freiheit und Gerechtigkeit	Sicherung des äußeren Friedens und Verteidigung	Staatliche Einheit und Spaltung der Deutschen	andere wichtige Ereignisse
1800				
	1807/10 Aufhebung der persönlichen Unfreiheit für die grundherrlichen Bauern in Preußen		1806 Auflösung des römisch-deutschen Reiches	
	1808 Städteordnung führt in Preußen die kommunale Selbstverwaltung ein			
	1808 Körperstrafen im preußischen Heer weitgehend beseitigt			
		1809 gescheiterter Tiroler Aufstand und verschiedene Einzelaktionen gegen die französische Fremdherrschaft	1809-13 Rheinbund als Zusammenschluß der mittleren und kleineren deutschen Staaten	1810 Gründung der Universität Berlin als erste nach den Prinzipien der Humboldtschen Reform
1810/11 Einführung der Gewerbefreiheit in Preußen, um Wirtschaftsinitiative freizusetzen	1810/11 Einführung der Gewerbefreiheit in Preußen			
1812 Friedrich Koenig erfindet die Zylinderdruckmaschine	1812 Judenemanzipation in Preußen	1813/14 Befreiungskriege gegen die französische Fremdherrschaft		1812 Einführung des Abiturs in Preußen und Schaffung des Gymnasiums
		1813 Sieg in der Völkerschlacht bei Leipzig über Napoleon		1813/14 Einführung der allgemeinen Wehrpflicht in Preußen
1814/39 Joseph Madersberger erfindet die Nähmaschine mit endlosem Faden	1814 Nassau erhält als erster deutscher Staat eine Repräsentativverfassung			1814/15 Wiener Kongreß
1815 Krupp erzeugt als erster auf dem Kontinent Gußstahl	1815 Gleichberechtigung der drei christlichen Konfessionen für den Deutschen Bund endgültig festgelegt	1815 Teilnahme preußischer Truppen am Sieg über Napoleon in der Schlacht bei Waterloo; damit Befreiung der deutschen Staaten von französischer Fremdherrschaft endgültig gesichert	1815 Gründung des Deutschen Bundes	1815 Gründung der ersten deutschen polytechnischen Anstalt in Wien
1816 erste Flußdampfschiffe auf deutschen Gewässern				
1816 erste Gasanstalt im deutschen Raum in Freiberg	1817 Wartburgfest: Burschenschaften fordern politische Freiheit		1817 Wartburgfest: Burschenschaften fordern politische Einheit Deutschlands	
1818 Aufhebung der Binnenzölle in Preußen				1819 Karlsbader Beschlüsse zur Unterdrückung liberaler und nationaler Bestrebungen im Deutschen Bund
1827 Josef Ressel erfindet die Schiffsschraube				
1827 K. E. von Baer begründet die Embryologie				

1800	Fortschritte in Natur-erkenntnis und Naturbeherrschung	Eintreten für Freiheit und Gerechtigkeit	Sicherung des äußeren Friedens und Verteidigung	Staatliche Einheit und Spaltung der Deutschen	andere wichtige Ereignisse
	1828 Friedrich Wöhler stellt mit Harnstoff erstmals ein Produkt des organischen Lebens synthetisch aus mineralischen Stoffen her	1830 Unruhen in einigen deutschen Staaten; als deren Folge 1830/31 in den wichtigsten Schweizer Kantonen und 1830-33 in Hessen-Kassel, Sachsen und Braunschweig Einführung von Repräsentativverfassungen			
	1833 Gründung des deutschen Zollvereins durch Preußen	1832 Hambacher Fest: Massendemonstration für mehr politische Freiheit		1832 Hambacher Fest: Massendemonstration für einen deutschen Einheitsstaat	
	1835 erste deutsche Dampfeisenbahn Nürnberg-Fürth				
	1838 Bau des ersten eisernen Schiffs in Deutschland				
	1839 M.J. Schleiden und T. Schwann entdecken, daß der Körper als Kolonie von Zellen angesehen werden kann			1841 Hoffmann von Fallersleben dichtet das Deutschlandlied	
	1840 Justus von Liebig veröffentlicht die theoretischen Grundlagen für die Mineraldüngung in der Landwirtschaft			1840er Jahre die bürgerliche deutsche Nation wächst zur breiten Bewegung heran	
	1842 J. Robert Mayer entdeckt den Energieerhaltungssatz				
	1842 Hamburg beginnt als erste deutsche Stadt den Bau einer Vollkanalisation	1844 Aufruhr heimarbeitender Weber in einigen schlesischen Dörfern gegen einen einzelnen Verleger			
	1845 Friedrich G. Keller erfindet Papier aus Holzschliff	1846 Adolf Kolping beginnt, katholische Gesellenheime zu gründen			

1800	Fortschritte in Naturerkenntnis und Naturbeherrschung	Eintreten für Freiheit und Gerechtigkeit	Sicherung des äußeren Friedens und Verteidigung	Staatliche Einheit und Spaltung der Deutschen	andere wichtige Ereignisse
	1847 Werner von Siemens erfindet den elektrischen Zeigertelegraphen	1847 Friedrich Wilhelm Raiffeisen beginnt mit der Gründung landwirtschaftlicher Genossenschaften			
		1848 Johann Heinrich Wichern gründet die (evangelische) Innere Mission als Hilfsorganisation			
		1848 die Schweiz erhält ihre heutige liberale und demokratische Verfassung		1848/49 Revolution: Bürgertum versucht vergeblich, den Deutschen Bund in ein Deutsches Reich umzuformen	
		1848/49 Revolution: vergeblicher Kampf um liberale Verfassungen für ein Deutsches Reich und die Einzelstaaten; Nationalversammlung in der Paulskirche als erstes gesamtdeutsches Parlament; Grundrechtskatalog der Nationalversammlung; Abschaffung von Vorzensur und Patrimonialgerichtsbarkeit; Bauernbefreiung zum Abschluß gebracht			
	1849 Beginn des Aufbaus des Telegraphennetzes in Deutschland	1849 Preußen wird Verfassungsstaat		1849 Preußen versucht vergeblich, die deutsche Frage durch die Gründung eines mitteleuropäischen Doppelreiches zu lösen	
	um 1850 Beginn der Industrialisierung in Deutschland	um 1850 im Strafprozeß Öffentlichkeit und Geschworenengerichte eingeführt			
		1850 Hermann Schulze-Delitzsch beginnt mit der Gründung gewerblicher Genossenschaften			
		1853 Preußen verbietet Fabrikarbeit für Kinder unter zwölf Jahren			
	1855 Beginn der Zementproduktion in Deutschland				

Fortschritte in Naturerkenntnis und Naturbeherrschung	Eintreten für Freiheit und Gerechtigkeit	Sicherung des äußeren Friedens und Verteidigung	Staatliche Einheit und Spaltung der Deutschen	andere wichtige Ereignisse
1855 Einführung des Bessemerverfahrens in Deutschland, das die Massenproduktion von Stahl ermöglicht				
1856 Beginn der Herstellung künstlicher Farbstoffe				
1856-65 Gregor Mendel entdeckt die Gesetze dominanter und rezessiver Vererbung				1818-83 Karl Marx
1861 Philipp Reis erfindet das Telefon	1861 Fortschrittspartei in Preußen als erste deutsche Parei gegründet			
1864 Peter Mitterhofer erfindet die Schreibmaschine			1864 nationale deutsche Erhebung in Schleswig-Holstein gegen die dänische Herrschaft, militärisches Eingreifen Preußens und Österreichs, Abtretung des Doppelherzogtums an diese	1862 preußischer Verfassungskonflikt
1865 August Kekulé entdeckt die Ringstruktur des Benzols	1865 Allgemeiner Deutscher Zigarrenmacherverein als erste deutsche Gewerkschaft			1862-90 Otto von Bismarck preußischer Ministerpräsident, 1867-71 Kanzler des Norddeutschen Bundes, 1871-90 Reichskanzler des Deutschen Reiches
1866 Werner von Siemens erfindet den Generator			1866 Krieg Preußens gegen Österreich um die Vorherrschaft in Deutschland; letzter Krieg deutscher Staaten gegeneinander	
			1866 Erlöschen des Deutschen Bundes	
			1866/67 Gründung des Norddeutschen Bundes unter preußischer Führung	
	1867 Allgemeines und gleiches Männerwahlrecht im Norddeutschen Bund eingeführt		1867 Ausgleich Wiens mit den Magyaren; Österreich wird zur Realunion aus Zisleithanien und Ungarn	
1868-71 L. Meyer stellt gleichzeitig mit Mendelejew das periodische System der Elemente auf	1867 Aufhebung des Vebots von Koalitionen und Streiks in Preußen			

1800

Fortschritte in Naturerkenntnis und Naturbeherrschung	Eintreten für Freiheit und Gerechtigkeit	Sicherung des äußeren Friedens und Verteidigung	Staatliche Einheit und Spaltung der Deutschen	andere wichtige Ereignisse
		1870 Frankreich erklärt Preußen den Krieg und löst damit den deutsch-französischen Krieg 1870/71 aus	1871 Erweiterung des Norddeutschen Bunds zum Deutschen Reich	1871 Einführung der Deutschen Mark im Deutschen Reich 1871-76/87 Kulturkampf in Preußen, Baden und Hessen gegen die katholische Kirche
	1873 Reichspost führt als erstes deutsches Unternehmen allgemeinen Erholungsurlaub ein 1875 Vereinigung des Allgemeinen Deutschen Arbeitervereins (gegr. 1863) und der Sozialdemokratischen Arbeiterpartei (gegr. 1869) zur Sozialistischen Arbeiterpartei (später Sozialdemokratische Partei)	1873(-90) Bismarck versucht durch eine komplizierte Bündnispolitik den Bestand des Reiches friedlich zu wahren		
1876 Nikolaus Otto erfindet den ersten brauchbaren Viertaktmotor 1876 Robert Koch entdeckt die Milzbrand-Bakterien: zum ersten Mal ein Krankheitserreger selbst entdeckt 1876 Carl von Linde erfindet die künstliche Eiserzeugung und begründet damit die Kältetechnik 1878 Beginn der Herstellung von Zelluloid in Deutschland: erster Kunststoff 1879 Werner von Siemens baut in Berlin die erste elektrische Bahn der Welt 1881 Inbetriebnahme des ersten Telefonortsnetzes im Deutschen Reich 1881 erste deutsche Straßenbahn in Berlin 1882 Berlin und Hamburg als erste deutsche Städte mit elektrischer Straßenbeleuchtung	1878 Sachsen führt als erstes deutsches Land eine progressive Einkommensteuer ein 1883 Krankenversicherung im Deutschen Reich; erste Sozialversicherung der Welt	1878 Bismarck bemüht sich auf dem Berliner Kongreß als „ehrlicher Makler" um eine friedliche Neuordnung der Verhältnisse auf dem Balkan 1879(-1918) Verteidigungs- und Neutralitätsbündnis zwischen dem Deutschen Reich und Österreich (Zweibund)		1878-90 Sozialistengesetz im Deutschen Reich 1879 Deutsches Reich geht zur Schutzzollpolitik über

1800

andere wichtige Ereignisse	Staatliche Einheit und Spaltung der Deutschen	Sicherung des äußeren Friedens und Verteidigung	Eintreten für Freiheit und Gerechtigkeit	Fortschritte in Naturerkenntnis und Naturbeherrschung
1884/85 Deutsches Reich erwirbt Kolonien in Afrika			1884 Unfallversicherung im Deutschen Reich als Sozialversicherung	1885 Ernst von Bergmann erfindet die Methode der aseptischen Wundbehandlung 1885 Gottlieb Daimler erfindet das Motorrad 1886 Karl Benz erfindet das Auto 1887 erste deutsche Kläranlage für städtische Abwässer in Frankfurt a.M. 1887 E. Berliner erfindet das Grammophon (Plattenspieler) 1888 Heinrich Hertz weist die Existenz elektromagnetischer Wellen nach um 1890 Aufkommen des luftbereiften Fahrrads
1888-1918 Regierungszeit Kaiser Wilhelms II. im Deutschen Reich			1889 Alters- und Invalidenversicherung im Deutschen Reich als Sozialversicherung 1891 Verbot der Sonn- und Feiertagsarbeit für das Gewerbe im Deutschen Reich 1896 in Preußen Abitur auch für Frauen möglich	1893 Emil von Behring stellt ein Serum gegen Diphterie her und begründet damit die Serumheilkunde 1895 erste Kinoaufführung in Berlin 1895/96 Wilhelm Conrad Röntgen entdeckt die Röntgenstrahlen 1897 Rudolf Diesel erfindet den Dieselmotor 1897 Karl Ferdinand Braun erfindet die Kathodenstrahlröhre 1897 Eduard Buchner isoliert zum ersten Mal ein Enzym

1800

	Fortschritte in Naturerkenntnis und Naturbeherrschung	Eintreten für Freiheit und Gerechtigkeit	Sicherung des äußeren Friedens und Verteidigung	Staatliche Einheit und Spaltung der Deutschen	andere wichtige Ereignisse
1900	1900 Ferdinand von Zeppelin baut das erste brauchbare lenkbare Luftschiff 1900 Max Planck stellt die Quantentheorie auf 1902 erste deutsche U-Bahn in Berlin 1907 Alfred Wilm stellt die erste brauchbare Aluminiumlegierung her 1909 Farbwerke Bayer erfinden den synthetischen Kautschuk 1910-1913 Fritz Haber und Carl Bosch erfinden ein großtechnisch brauchbares Verfahren zur synthetischen Herstellung von Ammoniak 1915 Hugo Junkers baut das erste Ganzmetallflugzeug der Welt 1916 Albert Einstein stellt die Allgemeine Relativitätstheorie auf	1900 Baden läßt als erster Bundesstaat des Reiches Frauen zum Universitätsstudium zu 1918 Oktoberreform führt das parlamentarische System im Deutschen Reich und gleiches Wahlrecht in Preußen ein 1918 November: Unternehmer erkennen Gewerkschaften endgültig als alleinige Vertreter der Arbeiterschaft an, Prinzip kollektiver Lohnverträge und Koalitionsfreiheit festgelegt; Frauenwahlrecht im Deutschen Reich und Österreich eingeführt	1918 die beiden sudetendeutschen Länder werden von der Tschechoslowakei erobert 1918/20 Jugoslawien versucht vergeblich, Südsteiermark und Südkärnten zu erobern	1918 Auflösung Österreich-Ungarns; Gründung der Republik (Deutsch-) Österreich	1900 Bürgerliches Gesetzbuch (BGB) im Deutschen Reich um 1900 Sigmund Freud entwickelt die Psychoanalyse 1914-18 Erster Weltkrieg 1918 November: Deutsches Reich und Österreich werden Republik

1198

	Fortschritte in Naturerkenntnis und Naturbeherrschung	Eintreten für Freiheit und Gerechtigkeit	Sicherung des äußeren Friedens und Verteidigung	Staatliche Einheit und Spaltung der Deutschen	andere wichtige Ereignisse
1900	1919 Beginn von Flugliniendiensten im Deutschen Reich	1919 Januar: Abwehr eines linksradikalen Aufstands in Berlin gegen die demokratische Regierung 1919 Frühjahr: Beseitigung der Rätediktaturen in einigen Großstädten 1919 Juli: Weimarer Reichsverfassung 1920 Betriebsräte im Deutschen Reich eingeführt 1920 Abwehr des reaktionären Kapp-Putsches im Deutschen Reich 1920 österreichische Verfassung		1919 Die Regierungen des Deutschen Reiches und Österreichs vereinbaren in einem Geheimvertrag den Zusammenschluß beider Staaten 1919 Versailler Vertrag: spaltet Danzig, Saargebiet und Memelland als selbständige Teile vom Deutschen Reich ab; Verbot des Anschlusses Österreichs 1921 Volksabstimmungen in Tirol und Salzburg sprechen sich für einen Anschluß an das Deutsche Reich aus	1922 Vertrag von Rapallo zwischen dem Deutschen Reich und Rußland (1916-)1923 Inflation im Deutschen Reich
	1923 offizieller Beginn regelmäßiger Rundfunksendungen im Deutschen Reich 1923 Firma Lanz baut als erste in Europa einen brauchbaren Ackerschlepper mit Verbrennungsmotor 1924 erstes Montagefließband in Deutschland bei Opel-Rüsselsheim 1925 Werner Heisenberg formuliert die Neue Quantentheorie	1923 Oktober: Putsch der illegalen Reichswehr in Küstrin und kommunistischer Aufstandsversuch in Hamburg abgewehrt 1923 November: Putschversuch Hitlers und Ludendorffs in München abgewehrt	1923 Memelland von Litauen besetzt und annektiert 1923 Ruhrgebiet durch Franzosen und Belgier militärisch besetzt; passiver Widerstand dagegen scheitert 1925 Verträge von Locarno: Deutsches Reich erkennt seine Westgrenze als unverletzlich an und erklärt Gewaltverzicht gegen Frankreich, Belgien, Polen und Tschechoslowakei	1923 vergeblicher Versuch Frankreichs, durch Separatisten eine „Rheinische Republik" und eine „Autonome Pfalz" vom Deutschen Reich abzuspalten	

Fortschritte in Naturerkenntnis und Naturbeherrschung	Eintreten für Freiheit und Gerechtigkeit	Sicherung des äußeren Friedens und Verteidigung	Staatliche Einheit und Spaltung der Deutschen	andere wichtige Ereignisse
1926 Erwin Schrödinger formuliert die Wellenmechanik	1927 Arbeitslosenversicherung im Deutschen Reich	1926 Eintritt des Deutschen Reiches in den Völkerbund und Bekenntnis zu dessen Grundsätzen friedlicher Konfliktregelung		1930 Auseinanderbrechen der Großen Koalition im Deutschen Reich; Ende der parlamentarischen Demokratie und Beginn einer autoritären Präsidialdiktatur
			1931 Plan einer Zollunion zwischen Österreich und dem Deutschen Reich scheitert an Frankreichs Einspruch	1931/32 Weltwirtschaftskrise in Deutschland
				1932/33 Ende der parlamentarischen Demokratie in Österreich, Beginn der autoritären Diktatur
1933 Ernst Ruska erfindet das Elektronenmikroskop	1933 Martin Niemöller gründet den Pfarrer-Notbund, der sich der Gleichschaltung der evangelischen Kirche widersetzt			1933/34 nationalsozialistische Revolution im Deutschen Reich; Beginn der NS-Diktatur
1933 Beginn des Aufbaus eines Fernschreibnetzes im Deutschen Reich (Telex)				1933-45 Adolf Hitler Führer und Reichskanzler
1935 Gerhard Domagk entdeckt die Heilwirkung der Sulfonamide			1935 Rückkehr des Saargebiets zum Deutschen Reich nach einer Volksabstimmung	1935 Nürnberger Rassegesetze zur Diskriminierung der Juden
1935 erstes regelmäßiges Fernsehprogramm der Welt in Berlin ausgestrahlt				
1938 Otto Hahn gelingt die erste Spaltung eines Atomkerns			1938 Anschluß Österreichs an das Deutsche Reich	
1938 Paul Schlack erfindet Perlon, das erste synthetische Gewebe			1938 Münchner Abkommen; Angliederung des Sudetenlands an das Deutsche Reich	
1939 Ernst Heinkel baut das erste Düsenflugzeug			1939 Angliederung Danzigs und des Memellands an das Reich	1939 das Deutsche Reich besetzt die Rest-Tschechei.
1939 Paul Müller erfindet mit DDT das erste Biozid				1939 August: Hitler-Stalin-Pakt über die Aufteilung Polens

1900

Fortschritte in Natur-erkenntnis und Naturbeherrschung	Eintreten für Freiheit und Gerechtigkeit	Sicherung des äußeren Friedens und Verteidigung	Staatliche Einheit und Spaltung der Deutschen	andere wichtige Ereignisse
				1939-45 Zweiter Weltkrieg 1. Sept.: deutscher Angriff auf Polen
				1940 April: deutsche Besetzung Dänemarks und Norwegens
				1940 Mai: deutscher Einmarsch in Niederlande, Belgien, Frankreich, Luxemburg
1941 erster deutscher Farbfilm	1941 öffentliche Proteste der Kirchen gegen die Euthanasie		1940 faktische Annexion Luxemburgs	1941 Juni: deutscher Angriff auf die UdSSR
1941 Konrad Zuse baut den ersten brauchbaren Computer				1941-45 staatlich befohlene und organisierte Massen-vernichtung der Juden
1942 erste Fernrakete entwickelt unter Leitung von Wernher von Braun	1942/43 Flugblattaktionen der Studentengruppe „Weiße Rose" gegen die NS-Diktatur			
	1944 20. Juli: gescheiterter Putschversuch, der rechts-staatliche Verhältnisse wiederherstellen wollte			
	1945 Wiederzulassung von Parteien in Deutschland und Österreich		1945 Deutsches Reich unter alliierter Besatzungsherr-schaft, aufgeteilt in vier Zonen und Berlin; Wieder-errichtung der Republik Österreich unter alliierter Kontrolle	1945 Enteignung von Groß-grundbesitz in der SBZ
			1945 Konferenz der Regierungschefs der USA, UdSSR und Großbritanniens in Potsdam: legen Grundsätze für die Behandlung des besetzten Deutschen Reiches fest	1945-47 Vertreibung der Deutschen aus den Gebieten östlich von Oder und Neiße und aus dem Sudetenland
			1945-47 Aufbau von Ländern in den Besatzungszonen Deutschlands	

1900

Fortschritte in Naturerkenntnis und Naturbeherrschung	Eintreten für Freiheit und Gerechtigkeit	Sicherung des äußeren Friedens und Verteidigung	Staatliche Einheit und Spaltung der Deutschen	andere wichtige Ereignisse
	1946 Betriebsräte in Westdeutschland wieder eingeführt			1946 Beginn der Enteignung der Industrie in der SBZ 1946 zwangsweise Vereinigung von SPD und KPD zur SED in der SBZ 1946-51 Durchsetzung der kommunistischen Diktatur in der SBZ/DDR
			1946/47 Frankreich spaltet das Saargebiet vom Deutschen Reich ab und verselbständigt es 1947 Zusammenlegung der amerikanischen und britischen Zone Deutschlands zur Bizone	
1948 in den Westzonen Deutschlands Währungsreform und Aufhebung der Bewirtschaftung für den größten Teil der Konsumgüter	1948 Tarifautonomie in Westdeutschland wiederhergestellt		1948 Auszug des sowjetischen Vertreters beendet die Tätigkeit des Alliierten Kontrollrats für Deutschland 1948/49 sowjetische Blockade West-Berlins und Spaltung der Stadt Groß-Berlin in West- und Ost-Berlin	
	1949 23. Mai: Inkrafttreten des Grundgesetzes der BRD als bisher freiheitlichste deutsche Verfassung 1949 Gründung des Deutschen Gewerkschaftsbundes (DGB) als Dachorganisation der neugegründeten Einzelgewerkschaften 1951 Gesetz zur paritätischen Mitbestimmung in der Montanindustrie in der BRD	1949 Verbot des Angriffskriegs im Grundgesetz der BRD	1949 Gründung der BRD und DDR und Abschwächung der Besatzungsherrschaft durch neue Besatzungsstatute	1949-63 Konrad Adenauer Bundeskanzler der BRD
1952 Beginn täglicher Fernsehsendungen in der BRD	1952 Lastenausgleichsgesetz in der BRD zur Hilfe für Flüchtlinge, Vertriebene und Bombengeschädigte		1952 DDR riegelt Grenze zur BRD durch Sperranlagen ab	

1900

Fortschritte in Naturerkenntnis und Naturbeherrschung	Eintreten für Freiheit und Gerechtigkeit	Sicherung des äußeren Friedens und Verteidigung	Staatliche Einheit und Spaltung der Deutschen	andere wichtige Ereignisse
	1953 17. Juni: gescheiterter Arbeiteraufstand in der DDR: Forderungen nach freiheitlicher und demokratischer Ordnung		1954/55 Deutschlandvertrag erklärt die BRD für souverän	
	1955 Bundesarbeitsgericht in der BRD verkündet Grundsatz gleicher Entlohnung für Männer und Frauen	1955 Gründung der Bundeswehr in der BRD	1955 österreichischer Staatsvertrag: Österreich souverän, Abzug der Besatzungstruppen	
		1955 Beitritt der BRD zu NATO und WEU; BRD verpflichtet sich, auf die Herstellung von ABC-Waffen zu verzichten		1957 Gründung der EWG unter Beteiligung der BRD
	1957 Einführung der dynamischen Rente und deutliche Rentenerhöhung in der BRD		1957 Rückkehr des Saarlands zur BRD	
	1963 Wohngeld in der BRD eingeführt		1961 13. August: Bau der Mauer um West-Berlin herum durch die DDR	
		1962 Vertrag zwischen der BRD und Frankreich legt die Grundlage für eine Aussöhnung		1967/68 Studentenunruhen in der BRD
		1969 BRD tritt dem Atomwaffensperrvertrag bei		1969-82 sozialliberale Koalition in der BRD
1970 Aufkommen von Computern mit Mikroprozessoren (Chips)		1970 BRD schließt Gewaltverzichtsabkommen mit der UdSSR und Polen		
1970 Beginn einer gezielten Umweltpolitik in der BRD	1971 Bundesausbildungsförderungsgesetz (BAföG) in der BRD führt Zuschüsse für Studenten und Schüler aus einkommensschwachen Familien ein		1971 Viermächteabkommen über Berlin sichert die Stellung West-Berlins	
1972 Daimler-Benz setzt als erste Firma in der BRD Industrieroboter ein		1973 Beitritt der BRD und der DDR in die UNO	1972 Grundlagenvertrag zwischen BRD und DDR: BRD gibt ihren Alleinvertretungsanspruch auf und erkennt die DDR faktisch an	
		1973 BRD schließt Gewaltverzichtsabkommen mit der ČSSR		
1975 Klett führt als erster Verlag in der BRD das Lichtsatzverfahren ein	1976 Einführung der fast paritätischen Mitbestimmung für Arbeitnehmer in Großbetrieben in der BRD	1975 die deutschen Staaten unterzeichnen die Schlußakte der KSZE-Konferenz von Helsinki (Prinzip des Gewaltverzichts, der Unverletzlichkeit der Grenzen, Achtung der Menschenrechte)		

1900

Fortschritte in Natur-erkenntnis und Naturbeherrschung	Eintreten für Freiheit und Gerechtigkeit	Sicherung des äußeren Friedens und Verteidigung	Staatliche Einheit und Spaltung der Deutschen	andere wichtige Ereignisse
1900				ab 1982 christlichliberale Koalition in der BRD
		1987 Abkommen über Mittel-streckenwaffen zwischen USA und UdSSR; danach werden zum ersten Mal auf deutschem Boden stationierte Waffen aufgrund eines Abrüstungs-abkommens beseitigt		
	1989 Revolution in der DDR stürzt die Diktatur der SED-Führung und er-zwingt eine freiheit-liche und demokrati-sche Ordnung		1989 9. November Herstellung freien Reiseverkehrs zwischen BRD und DDR	
		1990 BRD unterzeichnet VKSE-Vertrag über die Abrüstung konventio-neller Streitkräfte	1990 3. Oktober Beitritt der DDR zur BRD	
		1990 die deutschen Staaten Mitglieder der Charta von Paris, die das Abschreckungsprinzip durch die Zusammen-arbeit in KSZE-Insti-tutionen ersetzen will		

Verzeichnis der Karten, Grafiken und Abbildungen

Abbildungen

Ausgewählte Literatur

Aus den Arbeiten, die der Verfasser dieses Buches herangezogen hat, sind im folgenden jene ausgewählt, von denen er meint, daß sie einem an Vertiefung interessierten Leser als erste nützlich sein können. Dabei ist unvermeidlich jede Auswahl aus der Fülle der Literatur subjektiv. Aufgenommen sind vor allem Darstellungen zusammenfassenden Charakters; Arbeiten zu speziellen Themen sind im wesentlichen dort berücksichtigt, wo diese Aspekte in allgemeineren Darstellungen gar nicht oder zu knapp berücksichtigt werden. Aus Platzgründen ist auf die Aufnahme von Zeitschriftenaufsätzen weitgehend, auf die von Einzelaufsätzen in Sammelbänden fast ganz verzichtet worden.

1. Epochenübergreifende Darstellungen

1.1 Gesamtdarstellungen

Handbuch der deutschen Geschichte, hg. Bruno Gebhardt, neu bearb. hg. Herbert Grundmann, 4 Bde., Stuttgart ^{9}1970
Deutsche Geschichte in 12 Bänden, hg. Horst Bartel u.a., 12 Bde., Ost-Berlin 1982 ff
Deutsche Geschichte in drei Bänden, hg. Hans Joachim Bartmuss u.a., 3 Bde., Ost-Berlin 1965-68
Handbuch der europäischen Geschichte, hg. Theodor Schieder, 7 Bde., Stuttgart 1968-87
Kuczynski, Jürgen: Geschichte des Alltags des deutschen Volkes: 1600 bis 1945. Studien, 5 Bde., Köln 1980-82
Holborn, Hajo: Deutsche Geschichte in der Neuzeit, 3 Bde., München ^{4}1970-71

1.2 Hilfsmittel

1.2.1 Lexika

Lexikon der deutschen Geschichte. Personen, Ereignisse, Institutionen. Von der Zeitwende bis zum Ausgang des Zweiten Weltkriegs, hg. Gerhard Taddey, Stuttgart ^{2}1983
Rössler, Hellmuth und Günther Franz: Sachwörterbuch zur deutschen Geschichte, München 1958

Sachwörterbuch der Geschichte Deutschlands und der deutschen Arbeiterbewegung, 2 Bde., Ost-Berlin 1969-70

Neue deutsche Biographie, hg. Historische Kommission bei der Bayerischen Akademie der Wissenschaften, 20 Bände, Berlin 1953 ff

Rössler, Hellmuth und Günther Franz: Biographisches Wörterbuch zur deutschen Geschichte, München 1952

Biographisches Lexikon zur deutschen Geschichte. Von den Anfängen bis 1917, hg. Karl Obermann u.a., Ost-Berlin ^{2}1970

Geschichtliche Grundbegriffe, hg. Otto Brunner, Werner Conze und Reinhart Koselleck, 6 Bde., Stuttgart 1972-88

Die Religion in Geschichte und Gegenwart. Handwörterbuch für Theologie und Religionswissenschaft, 3. Aufl. hg. Kurt Galling, 7 Bde., Tübingen 1957-62

Lexikon für Theologie und Kirche, 2. Aufl. hg. Joseph Höfer und Karl Rahner, 11 Bde., Freiburg 1957-67

Sowjetsystem und demokratische Gesellschaft. Eine vergleichende Enzyklopädie, hg. C.D. Kernig, 6 Bde., Freiburg 1966-72

Handwörterbuch der deutschen Rechtsgeschichte, hg. Adalbert Erler und Ekkehard Kaufmann, bisher 3 Bde., Berlin 1971 ff

Handwörterbuch der Sozialwissenschaften, 12 Bde., Stuttgart 1956-65

Historisches Wörterbuch der Philosophie, hg. Joachim Ritter, bisher 6 Bde., Basel 1971 ff

Wörterbuch der deutschen Volkskunde, neu bearb. Richard Beitel, Stuttgart ^{2}1955

Handwörterbuch des deutschen Aberglaubens, hg. Hanns Bächtold-Stäubli, 10 Bde., Berlin 1927-42

1.2.2 Atlanten

Großer Historischer Weltatlas, hg. Bayerischer Schulbuch-Verlag, 3 Bde., München 1953-70

Westermanns großer Atlas zur Weltgeschichte, hg. Hans-Erich Stier u.a., Braunschweig ^{8}1972

Putzger historischer Weltatlas, Berlin neu bearb. 1979

Atlas zur Geschichte, hg. Zentralinstitut für Geschichte der Akademie der Wissenschaften der DDR, 2 Bde., Gotha 1975

Kinder, Hermann und Werner Hilgemann: dtv-Atlas zur Weltgeschichte. Karten und chronologischer Abriß, 2 Bde., München ^{14}1979

Atlas zur Geschichte der deutschen Ostsiedlung, Bielefeld 1958

Deutscher Kulturatlas, hg. Gerhard Lüdtke und Lutz Mackensen, 5 Bde., Berlin 1928-37

1.3 Geschichte einzelner Regionen

Geschichte der deutschen Länder (Territorien-Ploetz), 2 Bde., Würzburg 1964-70

Geschichte Schleswig-Holsteins, begründet von Volquart Pauls, 7 Bde. in Lieferungen, Neumünster 1957-80

Brandt, Otto, Wilhelm Klüver und Herbert Jankuhn: Geschichte Schleswig-Holsteins, Kiel ^{8}1981

Hamburg. Geschichte der Stadt und ihrer Bewohner, hg. Werner Jochmann und Hans D. Loose, 2 Bde., Hamburg 1982-86

Geschichte Niedersachsens, hg. Hans Patze, bisher 2 Bde., Hildesheim 1977 ff

Rheinische Geschichte, hg. Franz Petri und Georg Droege, 4 Bde., Düsseldorf 1976-83

Westfälische Geschichte, hg. Wilhelm Kohl, 4 Bde., Düsseldorf 1982-84

Demandt, Karl Ernst: Geschichte des Landes Hessen, Kassel ^{2}1972

Das Werden Hessens, hg. Walter Heinemeyer, Marburg 1986

Handbuch der bayerischen Geschichte, hg. Max Spindler, 4 Bde., München 1967-75

Badische Geschichte. Vom Großherzogtum bis zur Gegenwart, Stuttgart 1979

Sütterlin, Berthold: Geschichte Badens, 2 Bde., Karlsruhe Bd. 1 ^{2}1968

Schreiber, Hermann: Das Elsaß und seine Geschichte, Gernsbach 1988

Weller, Karl und Arnold Weller: Württembergische Geschichte im südwestdeutschen Raum, Stuttgart ^{9}1981

Kötzschke, Rudolf und Hellmut Kretzschmer: Sächsische Geschichte, Frankfurt a.M. 1965

Geschichte Thüringens, hg. Hans Patze und Walter Schlesinger, 6 Bde., Köln 1968-84

Eggert, Oskar: Geschichte Pommerns, bisher 1 Bd., Bielefeld 1974

Schultze, Johannes: Die Mark Brandenburg, 5 Bde., Berlin 1961-69
Schumacher, Bruno: Geschichte Ost- und Westpreußens, Würzburg ⁵1965
Geschichte Schlesiens, hg. Historische Kommission für Schlesien, 3 Bde., Stuttgart/Darmstadt 1961 ff
Das östliche Deutschland. Ein Handbuch, hg. Göttinger Arbeitskreis, Würzburg 1959
Preußen-Ploetz. Eine historische Bilanz in Daten und Deutungen, hg. Manfred Schlenke, Freiburg 1983
Vogler, Günter und Klaus Vetter: Preußen. Von den Anfängen bis zur Reichsgründung, Ost-Berlin ²1973
Heinrich, Gerd: Geschichte Preußens. Staat und Dynastie, Frankfurt a.M. 1981
Preußen in der deutschen Geschichte, hg. Dirk Blasius, Königstein 1980
Preußen im Rückblick, hg. Hans-Jürgen Puhle und Hans-Ulrich Wehler (= Geschichte und Gesellschaft, Sonderheft 6), Göttingen 1980
Krockow, Christian Graf von: Warnung vor Preußen, Berlin 1981
Thadden, Rudolf von: Fragen an Preußen. Zur Geschichte eines aufgehobenen Staates, München 1981
Deutschland und Österreich, hg. Robert A. Kann, München 1980
Österreich und die deutsche Frage im 19. und 20. Jahrhundert. Probleme der politisch-staatlichen und soziokulturellen Differenzierung im deutschen Mitteleuropa, hg. Heinrich Lutz und Helmut Rumpler, München 1982
Katzenstein, Peter J.: Disjoined Partners. Austria and Germany since 1815, Berkely 1976
Geschichte Österreichs, hg. Österreichische Akademie der Wissenschaften, bisher 1 Bd., Wien 1980 ff
Zöllner, Erich: Geschichte Österreichs. Von den Anfängen bis zur Gegenwart, München ⁷1984
Hantsch, Hugo: Geschichte Österreichs, 2 Bde., Graz 1968-69
Spectrum Austriae. Österreich in Geschichte und Gegenwart, hg. Otto Schulmeister, Wien ²überarb. 1980
Bruckmüller, Ernst: Nation Österreich. Sozialhistorische Aspekte ihrer Entwicklung, Wien 1984
Preradovitch, Nikolaus von: Der nationale Gedanke in Österreich 1866-1938, Göttingen 1962
Kann, Robert A.: Geschichte des Habsburgerreiches 1526-1918, Wien 1977
Geschichte der Schweiz – und der Schweizer, 3 Bde., Basel 1983
Dürrenmatt, Peter: Schweizer Geschichte, 2 Bde., Zürich 1976
Handbuch der Schweizer Geschichte, 2 Bde., Zürich 1971-77
Im Hof, Ulrich: Geschichte der Schweiz, Stuttgart 1974
Masnata-Rubattel, Claire und François: Macht und Gesellschaft in der Schweiz. Demokratie und Unterdrückung, Darmstadt 1978
Widmer, Sigmund: Illustrierte Geschichte der Schweiz, München ⁴1977
Raton, Pierre: Liechtenstein. Staat und Geschichte, Vaduz 1969
Meyers, Joseph: Geschichte Luxemburgs, Luxembourg 1962

1.4 Reflexionen zur deutschen Geschichte

Craig, Gordon A.: Über die Deutschen, München 1982
Nipperdey, Thomas: Nachdenken über die deutsche Geschichte. Essays, München 1986
Grebing, Helga: Der „deutsche Sonderweg" in Europa 1806-1945. Eine Kritik, Stuttgart 1986
Deutscher Sonderweg – Mythos oder Realität?, hg. Karl Dietrich Bracher u.a., München 1982
Dahrendorf, Ralf: Gesellschaft und Demokratie in Deutschland, München 1965
Bracher, Karl Dietrich: Das deutsche Dilemma. Leidenswege der politischen Emanzipation, München 1971
Demokratie und Diktatur. Geist und Gestalt politischer Herrschaft in Deutschland und Europa. Festschrift für Karl Dietrich Bracher, hg. Manfred Funke, Hans-Adolf Jacobsen und Hans-Helmuth Knütter, Düsseldorf 1987
Thadden, Rudolf von: Das schwierige Vaterland. Geschichte und Geschichtsbewußtsein als Problem der Deutschen, in: aus politik und zeitgeschichte B 45/1979, S. 3-17
Mommsen, Wolfgang J.: Nation und Geschichte. Über die Deutschen und die deutsche Frage, München 1990
Plessner, Helmuth: Die verspätete Nation. Über die politische Verführbarkeit bürgerlichen Geistes, Stuttgart ⁵1969
Buchheim, Karl: Militarismus und ziviler Geist. Die Demokratie in Deutschland, München 1964

1.5 Beziehungen der Deutschen zu anderen Völkern

Die Deutschen und ihre östlichen Nachbarn, hg. Viktor Aschenbrenner u.a., Frankfurt a.M. 1967

Schreiber, Hermann: Die Deutschen und der Osten. Das versunkene Jahrtausend, München 1984

Stökl, Günther: Osteuropa und die Deutschen. Geschichte und Gegenwart einer spannungsreichen Nachbarschaft, Oldenburg 1967

Gause, Fritz: Deutsch-slawische Schicksalsgemeinschaft. Abriß einer Geschichte Ostdeutschlands und seiner Nachbarländer, Würzburg ³1967

Valjavec, Fritz: Geschichte der deutschen Kulturbeziehungen zu Südosteuropa, 5 Bde., München 1953-70

Seibt, Ferdinand: Deutschland und die Tschechen, München 1974

Hilf, Rudolf: Deutsche und Tschechen. Bedeutung und Wandlungen einer Nachbarschaft in Mitteleuropa, Opladen 1986

Aus 500 Jahren deutsch-tschechoslowakischer Geschichte, hg. Karl Obermann, Ost-Berlin 1958

Broszat, Martin: 200 Jahre deutsche Polenpolitik, München 1963

Polen und Deutschland. Wissenschaftliche Konferenz polnischer Historiker über die polnisch-deutschen Beziehungen in der Vergangenheit, Köln 1963

Deutschland und Polen. Beiträge zu ihren geschichtlichen Beziehungen, hg. Albert Brackmann, München 1933

Russisch-deutsche Beziehungen von den Kiever Rus' bis zur Oktoberrevolution. Studien und Aufsätze, hg. Heinz Lemke, Ost-Berlin 1976

Frankreich und Deutschland. Zur Geschichte einer produktiven Nachbarschaft, Hannover 1976

Poidevin, Raymond und Jacques Bariéty: Frankreich und Deutschland. Die Geschichte ihrer Beziehungen 1815-1975, München 1982

Haller, Johannes: Tausend Jahre deutsch-französische Beziehungen, Stuttgart ²1930

Gerhardt, Martin und Walther Hubatsch: Deutschland und Skandinavien im Wandel der Jahrhunderte, Darmstadt ²1977

Großbritannien und Deutschland. Europäische Aspekte der politisch-kulturellen Beziehungen beider Länder in Geschichte und Gegenwart, München 1974

Leifer, Walter: Rhein und Themse fließen zueinander. Geschichte und Gegenwart der deutschenglischen Beziehungen, Herrenalb 1964

Tausend Jahre deutsch-italienische Beziehungen. Das Ergebnis der deutsch-italienischen Historikertagungen in Braunschweig (1953), Goslar (1956), Siena (1957), Bamberg (1958) und Erice (1959), Braunschweig 1960

1.6 Volk

1.6.1 Demographie

Keyser, Erich: Bevölkerungsgeschichte Deutschlands, Leipzig ³1945

Imhof, Arthur E.: Die gewonnenen Jahre. Von der Zunahme unserer Lebensspanne seit dreihundert Jahren, München 1981

Raum und Bevölkerung in der Weltgeschichte. Bevölkerungs-Ploetz, 2 Bde., Würzburg 1956

Marschalck, Peter: Bevölkerungsgeschichte Deutschlands im 19. und 20. Jahrhundert, Frankfurt a.M. 1983

Bade, Klaus J.: Vom Auswanderungsland zum Einwanderungsland? Deutschland 1880-1980, Berlin 1983

Imhof, Arthur E.: Einführung in die historische Demographie, München 1977

Bolte, Karl Martin, Dieter Kappe und Josef Schmid: Bevölkerung. Statistik, Theorie, Geschichte und Politik des Bevölkerungsprozesses, Leverkusen ⁴1980

Mackenroth, Gerhard: Bevölkerungslehre. Theorie, Soziologie und Statistik der Bevölkerung, Berlin 1953

Linde, Hans: Theorie der säkularen Nachwuchsbeschränkung, 1800 bis 2000, Frankfurt a.M. 1984

1.6.2 Deutsche Minderheiten im Ausland

Handbuch der europäischen Volksgruppen, hg. Manfred Straka, Stuttgart 1970

German minorities, Neudeln 1978

Handwörterbuch des Grenz- und Auslandsdeutschtums, 3 Bde., Breslau 1936

Deutsche im Ausland, hg. Friedrich Wilhelm Mohr und Walter von Hauff, Breslau 1923

Bernauer, Ludwig: Die Statistik als Spiegel der französischen Assimilationspolitik im Elsaß und in Deutsch-Lothringen, in: Humanitas Ethnica. Festschrift für Theodor Veiter, Wien 1967, S. 183-97

Verdoodt, Albert: Zweisprachige Nachbarn, Wien 1968 (zum Elsaß)

Steinacker Harold: Das Südostdeutschtum im Rhythmus der europäischen Geschichte, München 1954

Kaindl, Raimund Ferdinand: Geschichte der Deutschen in den Karpathenländern, 3 Bde., Gotha 1906-11

Wehler, Hans-Ulrich: Nationalitätenpolitik in Jugoslawien. Die deutsche Minderheit 1918-1978, Göttingen 1980

Oschlies, Wolf: Rumäniendeutsches Schicksal 1918-1988. Wo Deutsch zur Sprache der Grabsteine wird, Köln 1988

Wittram, Reinhard: Geschichte der baltischen Deutschen, Stuttgart 1939

Fleischhauer, Ingeborg: Die Deutschen im Zarenreich, München 1986

Kappler, Andreas, Boris Meissner und Gerhard Simon: Die Deutschen im Russischen Reich und im Sowjetstaat, Köln 1987

O'Connor, Richard: Die Deutsch-Amerikaner, Hamburg 1970

Cunz, Dieter: Einwanderung und Einordnung der Deutschamerikaner, in: Deutsche Rundschau 81 (1955), S. 132-43

Die Deutschen in Lateinamerika. Schicksal und Leistung, hg. Hartmut Fröschke, Tübingen 1979

1.6.3 Angehörige anderer Völker als Minderheiten unter den Deutschen

Spaich, Herbert: Fremde in Deutschland. Unbequeme Kapitel unserer Geschichte, Weinheim 1981

Herbert, Ulrich: Geschichte der Ausländerbeschäftigung in Deutschland 1880 bis 1980, Berlin 1986

Dachselt, Martin: Die Rechtsverhältnisse der fremden Minderheiten in Deutschland, in: Archiv für Politik und Geschichte 4 (1926), Tl. 1, S. 317-52

Die Sorben. Wissenswertes aus Vergangenheit und Gegenwart der sorbischen nationalen Minderheit, Bautzen 1964

Schmidt, Otto Eduard: Die Wenden, Dresden 1926

Lorentz, Friedrich: Geschichte der Kaschuben, Berlin 1926

Erbe, Helmut: Die Hugenotten in Deutschland, Essen 1937

Kleßmann, Christoph: Polnische Bergarbeiter im Ruhrgebiet 1870-1945. Soziale Integration und nationale Subkultur einer Minderheit in der deutschen Industriegesellschaft, Göttingen 1978

Adler, Hans Günter: Die Juden in Deutschland. Von der Aufklärung bis zum Nationalsozialismus, München 1960

Elbogen, Ismar und Eleonore Sterling: Die Geschichte der Juden in Deutschland. Eine Einführung, Frankfurt a.M. 1966

Graetz, Heinrich: Volkstümliche Geschichte der Juden, 3 Bde., Berlin 1923

Hohmann, Joachim S.: Geschichte der Zigeunerverfolgung in Deutschland, Frankfurt a.M. 1981

Mode, Heinz: Zigeuner. Der Weg eines Volkes in Deutschland, Leipzig 1968

1.6.4 Deutsch – Deutschland

Der Volksname Deutsch. hg. Hans Eggers, Darmstadt 1970

Weisgerber, Leo: Deutsch als Volksname. Ursprung und Bedeutung, Darmstadt 1953

Berschin, H.: Deutschland – ein Name im Wandel. Die deutsche Frage im Spiegel der Sprache, München 1979

Meynen, Emil: Deutschland und Deutsches Reich. Sprachgebrauch und Begriffswesenheit des Wortes Deutschland, Leipzig 1935

1.7 Wirtschafts- und Sozialgeschichte

1.7.1 Gesamtdarstellungen

Handbuch der deutschen Wirtschafts- und Sozialgeschichte, hg. Hermann Aubin und Wolfgang Zorn, 2 Bde., Stuttgart 1971-76

Henning, Friedrich-Wilhelm: Handbuch der Wirtschafts- und Sozialgeschichte Deutschlands, 3 Bde., Paderborn 1990 ff

Henning, Friedrich-Wilhelm: Sozial- und Wirtschaftsgeschichte, 3 Bde. (1: Das vorindustrielle Deutschland 800 bis 1800; 2: Die Industrialisierung in Deutschland 1800 bis 1914; 3: Das industrialisierte Deutschland 1914 bis 1976), Paderborn [4]1978-85

Handbuch der europäischen Wirtschafts- und Sozialgeschichte, hg. Hermann Kellenbenz, 6 Bde., Stuttgart 1980 ff

Europäische Wirtschaftsgeschichte, hg. Carlo M. Cipolla, 5 Bde., Stuttgart 1978-80

Mottek, Hans: Wirtschaftsgeschichte Deutschlands. Ein Grundriß, 3 Bde., Ost-Berlin 1974

Kellenbenz, Hermann: Deutsche Wirtschaftsgeschichte, 2 Bde., München 1977-81

Lütge, Friedrich: Deutsche Sozial- und Wirtschaftsgeschichte, Berlin [3]1966

Engelsing, Rolf: Sozial- und Wirtschaftsgeschichte Deutschlands, Göttingen 1973

Borchardt, Knut: Grundriß der deutschen Wirtschaftsgeschichte, Göttingen 1978

Henning, Friedrich-Wilhelm: Landwirtschaft und ländliche Gesellschaft in Deutschland, 2 Bde., Paderborn 1978-79

Hentschel, Volker: Deutsche Wirtschafts- und Sozialpolitik 1815 bis 1945, Königstein 1980

1.7.2 Einzelprobleme der Wirtschaftsgeschichte

Hoffmann, Walther G.: Das Wachstum der deutschen Wirtschaft seit der Mitte des 19. Jahrhunderts, Berlin 1965

Sombart, Werner: Der moderne Kapitalismus. Historisch-systematische Darstellung des gesamteuropäischen Wirtschaftslebens von seinen Anfängen bis zur Gegenwart, 3 Bde., München [2]1916-27

Die Produktivkräfte in der Geschichte, hg. Wolfgang Jonas, Ost-Berlin 1969

Hardach, Gerd: Deutschland in der Weltwirtschaft 1870-1970. Eine Einführung in die Sozial- und Wirtschaftsgeschichte, Frankfurt a.M. 1977

Hardach, Karl: Wirtschaftsgeschichte Deutschlands im 20. Jahrhundert, Göttingen 1976

Borchardt, Knut: Wachstum, Krisen, Handlungsspielräume der Wirtschaftspolitik, Göttingen 1982

Voigt, Fritz: Verkehr, Bd. 2: Die Entwicklung des Verkehrssystems, Berlin 1965

Sieferle, Rolf Peter: Der unterirdische Wald. Energiekrise und industrielle Revolution, München 1982

Landes, David S.: Der entfesselte Prometheus. Technologischer Wandel und industrielle Entwicklung in Westeuropa von 1750 bis zur Gegenwart, Köln 1973

Schramm, Percy Ernst: Deutschland und Übersee. Der deutsche Handel mit den anderen Kontinenten, insbesondere Afrika, von Karl V. bis Bismarck, Braunschweig 1950

Wachstumsschwankungen: wirtschaftliche und soziale Auswirkungen (Spätmittelalter bis 20. Jahrhundert), hg. Hermann Kellenbenz, Stuttgart 1981

Houtte, J.A. van: An Economic History of the Low Countries 800-1800, London 1977

Die Wirtschaftsgeschichte Österreichs, Wien 1971

Ennen, Edith und Walter Janssen: Deutsche Agrargeschichte, Wiesbaden 1979

Abel, Wilhelm: Geschichte der deutschen Landwirtschaft, Stuttgart [3]1978

Haushofer, Hans: Die deutsche Landwirtschaft im technischen Zeitalter, Stuttgart [2]1972

Abel, Wilhelm: Agrarkrisen und Agrarkonjunktur. Eine Geschichte der Land- und Ernährungswirtschaft Mitteleuropas seit dem hohen Mittelalter, Hamburg [2]1966

Abel, Wilhelm: Die drei Epochen der deutschen Agrargeschichte, Hannover [2]1964

Lütge, Friedrich: Geschichte der deutschen Agrarverfassung, Stuttgart [2]1967

Born, Martin: Die Entwicklung der deutschen Agrarlandschaft, Darmstadt 1974

Abel, Wilhelm: Stufen der Ernährung. Eine historische Skizze, Göttingen 1981

Maurizio, Adam: Die Geschichte unserer Pflanzennahrung von den Urzeiten bis zur Gegenwart, Berlin 1927

Maurizio, Adam: Geschichte der gegorenen Getränke, Berlin 1935

Schivelbusch, Wolfgang: Das Paradies, der Geschmack und die Vernunft. Eine Geschichte der Genußmittel, München 1980

Jaeger, Hans: Geschichte der Wirtschaftsordnung in Deutschland, Frankfurt a.M. 1988

1.7.3 Landschaft und Umweltprobleme

Barthelmeß, Alfred: Wald. Umwelt des Menschen. Dokumente zu einer Problemgeschichte von Naturschutz, Landschaftspflege und Humanökologie, München 1972

Rubner, Heinrich: Forstgeschichte im Zeitalter der industriellen Revolution, Berlin 1967

Bernhardt, August: Geschichte des Waldeigenthums, der Waldwirtschaft und Forstwirtschaft in Deutschland, 3 Bde., Berlin 1872-75

Struss, Dieter: Reise in die Tiefe des Waldes. Geschichte der Bäume unter der Herrschaft des Menschen, München 1986

Wimmer, Josef: Geschichte des deutschen Bodens mit seinem Pflanzen- und Tierleben von der keltisch-römischen Urzeit bis zur Gegenwart, Halle a.S. 1905

Bertsch, Karl und Franz: Geschichte unserer Kulturpflanzen, Stuttgart [2]1949

Müller-Wille, Wilhelm: Die spätmittelalterlich-frühneuzeitliche Kulturlandschaft und ihre Wandlungen, in: Verhandlungen des Deutschen Geographentages (Würzburg 1957) 31 (1958), S. 375-85

Landeskultur in Deutschland. Entwicklung, Ergebnisse und Aufgaben in mehr als 250 Jahren, Hamburg 1976

Brüggemeier, Franz-Josef und Thomas Rommelspacher: Besiegte Natur. Geschichte der Umwelt im 19. und 20. Jahrhundert, München 1987

Wey, Klaus-Georg: Umweltpolitik in Deutschland. Kurze Geschichte des Umweltschutzes in Deutschland seit 1900, Opladen 1982

Wirtschaftsentwicklung und Umweltbeeinflussung (14.-20. Jahrhundert), hg. Hermann Kellenbenz, Stuttgart 1983

Bayerl, Günter: Materialien zur Geschichte der Umweltproblematik, in: Technologie und Politik 16, Reinbek 1980, S. 180-219

Erhard, Heinrich: Aus der Geschichte der Stadtreinigung, Köln 1954

1.7.4 Technik

Brentjes, Burchard und Siegfried Richter und Rolf Sonnemann: Geschichte der Technik, Leipzig 1978

Die Technik. Von den Anfängen bis zur Gegenwart, hg. Ulrich Troitzsch und Wolfgang Weber, Braunschweig 1982

Radkau, Joachim: Technik in Deutschland vom 18. Jahrhundert bis zur Gegenwart, Frankfurt a.M. 1989

Demokratische und autoritäre Technik. Beiträge zu einer anderen Technikgeschichte, Reinbek 1980

Ullrich, Otto: Technik und Herrschaft. Vom Hand-werk zur verdinglichten Blockstruktur industrieller Produktion, Frankfurt a.M. 1977

1.7.5 Medizin und Gesundheit

Ackerknecht, Erwin H.: Geschichte der Medizin, Stuttgart [4]1979

Fischer, Alfons: Geschichte des deutschen Gesundheitswesens, 2 Bde., Berlin 1933

Fischer-Homberger, Esther: Geschichte der Medizin, Berlin [2]1977

Seidler, Eduard: Geschichte der Pflege des kranken Menschen, Stuttgart [5]1980

Vorwahl, Heinrich: Deutsche Volksmedizin in Vergangenheit und Gegenwart, Dresden 1939

Diepgen, Paul: Deutsche Volksmedizin, Wissenschaftliche Heilkunde und Kultur, Stuttgart 1935

1.7.6 Wohnen und Sachgüter

Trautmann-Weber, Gisela: Wohnen, Hannover 1981

Wohnen im Wandel. Beiträge zur Geschichte des Alltags in der bürgerlichen Gesellschaft, hg. Lutz Niethammer, Wuppertal 1979

Baumgarten, Karl: Das deutsche Bauernhaus. Ein Überblick über seine Geschichte vom 9. bis ins 19. Jahrhundert, Ost-Berlin 1980

Heyne, Moritz: Das deutsche Wohnungswesen von den ältesten Zeiten bis zum 16. Jahrhundert, Leipzig 1899

Schwarz, Dietrich W.H.: Sachgüter und Lebensformen. Einführung in die materielle Kulturgeschichte des Mittelalters und der Neuzeit, Berlin 1911

1.7.7 Stadt

Mumford, Lewis: Die Stadt. Geschichte und Ausblick, Köln 1963

Städtische Versorgung und Entsorgung im Wandel der Geschichte, hg. Jürgen Sydow, Sigmaringen, 1981

Gruber, Karl: Die Gestalt der deutschen Stadt. Ihr Wandel aus der geistigen Ordnung der Zeiten, München ²1976

Stadt-Land Beziehungen. Verhandlungen des 19. Deutschen Volkskundekongresses in Hamburg 1973, Göttingen 1975

1.7.8 Einzelfragen der Sozialgeschichte

Bosl, Karl und Eberhard Weis: Die Gesellschaft in Deutschland, Bd. 1, München 1976

Bruckmüller, Ernst: Sozialgeschichte Österreichs, Wien 1985

Sachße, Christoph und Florian Tennstedt: Geschichte der Armenfürsorge in Deutschland, Stuttgart 1980

Fischer, Wolfram: Armut in der Geschichte. Erscheinungsformen und Lösungsansätze der „Sozialen Frage" in Europa seit dem Mittelalter, Göttingen 1982

Gladen, Albin: Geschichte der Sozialpolitik in Deutschland, Wiesbaden 1974

Hentschel, Volker: Geschichte der deutschen Sozialpolitik (1880-1980). Soziale Sicherung und kollektives Arbeitsrecht, Frankfurt a.M. 1983

Ritter, Gerhard A.: Entstehung und Entwicklung des Sozialstaats in vergleichender Perspektive, in: Historische Zeitschrift 243 (1986), S. 1-90

Hentschel, Volker: Das System der sozialen Sicherung in historischer Sicht 1880 bis 1975, in: Archiv für Sozialgeschichte 18 (1978), S. 307-352

Kaelble, Hartmut: Soziale Mobilität und Chancengleichheit im 19. und 20. Jahrhundert. Deutschland im internationalen Vergleich, Göttingen 1983

Probleme der Modernisierung in Deutschland. Sozialhistorische Studien zum 19. und 20. Jahrhundert, hg. Hartmut Kaelble u.a., Opladen 1979

Ven, Frans van der: Sozialgeschichte der Arbeit, 3 Bde., München 1972

Hardach, Gerd: Klassen und Schichten in Deutschland 1848-1970, in: Geschichte und Gesellschaft 3 (1977), S. 503-24

Engelsing, Rolf: Zur Sozialgeschichte deutscher Mittel- und Unterschichten, Göttingen 1973

Nahrstedt, Wolfgang: Die Entstehung der Freizeit, Hamburg 1972

Sozialgeschichte der Freizeit. Untersuchungen zum Wandel der Alltagskultur in Deutschland, hg. Gerhard Huck, Wuppertal 1980

Fabrik, Familie, Feierabend. Beiträge zur Sozialgeschichte des Alltags im Industriezeitalter, hg. Jürgen Reulecke und Wolfhard Weber, Wuppertal 1978

Rosenberg, Hans: Probleme der deutschen Sozialgeschichte, Frankfurt a.M. 1969

Pross, Harry: Jugend, Eros, Politik. Die Geschichte der deutschen Jugendverbände, Bern 1964

1.7.9 Einzelne Gesellschaftsschichten

Franz, Günther: Geschichte des deutschen Bauernstandes vom frühen Mittelalter bis zum 19. Jahrhundert, Stuttgart 1970

Die Arbeiter. Lebensformen, Alltag und Kultur von der Frühindustrialisierung bis zum „Wirtschaftswunder", hg. Wolfgang Ruppert, München 1986

Mooser, Josef: Arbeiterleben in Deutschland 1900-1980, Frankfurt a.M. 1980

Reck, Siegfried: Arbeiter nach der Arbeit. Sozialhistorische Studien zu den Wandlungen des Arbeiteralltags, Lahn 1977

Arbeiter im Industrialisierungsprozeß. Herkunft, Lage und Verhalten, hg. Werner Conze und Ulrich Engelhardt, Stuttgart 1979

Kocka, Jürgen: Die Angestellten in der deutschen Geschichte 1850-1980, Göttingen 1981

Reif, Heinz-Günther: Sozialgeschichte des deutschen Adels, Frankfurt a.M. 1986

Beiträge zur Analyse der deutschen Oberschicht, hg. Wolfgang Zapf, München 1965

Demeter, Karl: Das deutsche Offizierskorps in Gesellschaft und Staat 1650-1945, Berlin ⁴1965

1.7.10 Familie, Frauen, Kinder

Mitterauer, Michael und Reinhard Sieder: Vom Patriachat zur Partnerschaft. Zum Strukturwandel der Familie, München 1977

Familie und Gesellschaftsstruktur. Materialien zu den sozioökonomischen Bedingungen von Familienformen, hg. Heidi Rosenbaum, Frankfurt a.M. 1974

Weber-Kellermann, Ingeborg: Die deutsche Familie. Versuch einer Sozialgeschichte, Frankfurt a.M. 1974

Sieder, Reinhard: Sozialgeschichte der Familie, Frankfurt a.M. 1987

Hubbard, William H.: Familiengeschichte. Materialien zur deutschen Familie seit dem Ende des 18. Jahrhunderts, München 1983

Shorter, Edward: Die Geburt der modernen Familie, Reinbek 1977

Frevert, Ute: Frauen-Geschichte. Zwischen bürgerlicher Verbesserung und neuer Weiblichkeit, Frankfurt a.M. 1986

Frauen suchen ihre Geschichte. Historische Studien zum 19. und 20. Jahrhundert, hg. Karin Hausen, München 1983

Frauen in der Geschichte, Düsseldorf

    Bd. 1: Frauenrechte und die gesellschaftliche Arbeit der Frauen im Wandel, hg. Annette Kuhn und Gerhard Schneider, [3]1984

    Bd. 2: Fachwissenschaftliche und fachdidaktische Beiträge zur Sozialgeschichte der Frauen vom frühen Mittelalter bis zur Gegenwart, hg. Annette Kuhn und Jörn Rüsen, [2]1986

    Bd. 3: Fachwissenschaftliche und fachdidaktische Beiträge zur Geschichte der Weiblichkeit vom frühen Mittelalter bis zur Gegenwart, hg. Annette Kuhn und Jörn Rüsen, 1983

    Bd. 4: Frauen in der Geschichte IV, hg. Ilse Brehm u.a., 1983

    Bd. 5: Frauen in der deutschen Nachkriegsgeschichte, hg. Anna-Elisabeth Freier und Annette Kuhn, 1984

    Bd. 6: Frauenbilder und Frauenwirklichkeiten. Interdisziplinäre Studien zur Frauengeschichte in Deutschland im 18. und 19. Jahrhundert, hg. Ruth Joeres und Annette Kuhn, 1985

    Bd. 7: Interdisziplinäre Studien zur Geschichte der Frauen im frühen Mittelalter, hg. Werner Affeldt und Annette Kuhn, 1986

    Bd. 8: Zwischen Muttergottheiten und Männlichkeitswahn, hg. Bodo von Borries und Annette Kuhn, 1986

Stuckmann, Reinhard: Gewerbliche Frauenarbeit in Deutschland 1875-1980, in: Geschichte und Gesellschaft 11 (1985), S. 447-75

Ariés, Philippe: Geschichte der Kindheit, München 1975

Deutsche Kindheiten. Autobiographische Zeugnisse 1700-1900, hg. Irene Hardach-Pinke und Gerd Hardach, Kronberg 1978

Johansen, Erna M.: Betrogene Kinder. Eine Sozialgeschichte der Kindheit, Frankfurt a.M. 1978

Hört ihr die Kinder weinen? Eine psychogenetische Geschichte der Kindheit, hg. Lloyd de Mause, Frankfurt a.M. 1977

Arnold, Klaus: Kind und Gesellschaft in Mittelalter und Renaissance, Paderborn 1980

Mitterauer, Michael: Sozialgeschichte der Jugend, Frankfurt a.M. 1986

Gillis, John R.: Geschichte der Jugend. Tradition und Wandel im Verhältnis der Altersgruppen und Generationen in Europa von der zweiten Hälfte des 18. Jahrhunderts bis zur Gegenwart, Weinheim 1980

1.8 Kultur

1.8.1 Gesamtdarstellungen

Schoeps, Hans-Joachim: Deutsche Geistesgeschichte der Neuzeit. Ein Abriß in fünf Bänden, 5 Bde., Mainz 1977-80

Steinhausen, Georg: Geschichte der deutschen Kultur, Leipzig [3]1929

Zoepfl, Friedrich: Deutsche Kulturgeschichte, 2 Bde., Freiburg 1928

Treue, Wilhelm: Illustrierte Kulturgeschichte des deutschen Alltags, München 1952

Hauser, Arnold: Sozialgeschichte der Kunst und Literatur, München 1953

Kunst und Kultur (= Deutschland. Porträt einer Nation, Bd. 4), Gütersloh 1985

Bildung, Wissenschaft, Technik (= Deutschland. Porträt einer Nation, Bd. 5), Gütersloh 1985

1.8.2 Mentalitäten

Elias, Norbert: Über den Prozeß der Zivilisation, 2 Bde., Frankfurt a.M. 1977

Wendorff, Rudolf: Zeit und Kultur. Geschichte des Zeitbewußtseins in Europa, Opladen 1980

Delumeau, Jean: Angst im Abendland. Die Geschichte kollektiver Ängste im Europa des 14. bis 18. Jahrhunderts, 2 Bde., Reinbek 1985

Nitschke, August: Kunst und Verhalten. Analoge Konfigurationen, Stuttgart 1975

Kamper, Dietmar: Zur Geschichte der Einbildungskraft, München 1981

1.8.3 Deutsche Sprache

Eggers, Hans: Deutsche Sprachgeschichte, 4 Bde., Reinbek 1963-77
König, Werner: dtv-Atlas zur deutschen Sprache, München ^{6}1985
Sonderegger, Stefan: Grundzüge deutscher Sprachgeschichte, Berlin 1979
Bach, Adolf: Geschichte der deutschen Sprache, Heidelberg ^{9}1970
Moser, Hugo: Deutsche Sprachgeschichte, Tübingen ^{6}1969
Martin, Bernhard: Die deutschen Mundarten, Marburg ^{2}1959

1.8.4 Kirche

Ökumenische Kirchengeschichte, hg. Raymund Kottje und Bernd Möller, 3 Bde., Mainz 1970-74
Handbuch der Kirchengeschichte, hg. Hubert Jedin, 7 Bde., Freiburg 1962-79
Schmidt, Kurt Dietrich: Grundriß der Kirchengeschichte, Göttingen ^{8}1984
Bihlmeyer, Karl und Hermann Tüchle: Kirchengeschichte, 3 Bde., Paderborn 1951-59
Deschner, Karlheinz: Das Kreuz mit der Kirche. Eine Sexualgeschichte des Christentums, Düsseldorf 1974
Zur Geschichte der Toleranz und Religionsfreiheit, hg. Heinrich Lutz, Darmstadt 1977

1.8.5 Philosophie

Störig, Hans-Joachim: Kleine Weltgeschichte der Philosophie, Frankfurt a.M. ^{12}1981
Helferich, Christoph: Geschichte der Philosophie von den Anfängen bis zur Gegenwart, Stuttgart 1985
Schnädelbach, Herbert: Philosophie in Deutschland 1831-1933, Frankfurt a.M. 1983
Stegmüller, Wolfgang: Hauptströmungen der Gegenwartsphilosophie. Eine kritische Einführung, 3 Bde., Stuttgart ^{6}1976-86
Hirschberger, Johannes: Geschichte der Philosophie, 2 Bde., Freiburg ^{7}1965
Meyer, Hans: Geschichte der abendländischen Weltanschauung, 5 Bde., Würzburg 1947-50
Aster, Ernst von: Geschichte der Philosophie, Stuttgart ^{14}1963
Lukács, Georg: Die Zerstörung der Vernunft, Berlin 1954

1.8.6 Wissenschaften

Störig, Hans Joachim: Kleine Weltgeschichte der Wissenschaft, 2 Bde., Stuttgart 1970
Bernal, John Desmond: Die Wissenschaft in der Geschichte, Ost-Berlin 1961
Neue Wissenschaft, in: Propyläen Weltgeschichte, Bd. 9, Frankfurt a.M. 1960, S. 459-632
Kreibich, Rolf: Die Wissenschaftsgesellschaft. Von Galilei zur High-Tech-Revolution, Frankfurt a.M. 1986
Wissenschaftsgeschichte der Philologien, hg. Wolfgang Haubrichs und Gerhard Sander, Göttingen 1984
Fueter, Eduard: Geschichte der neueren Historiographie, München ^{3}1936
Iggers, Georg G.: Deutsche Geschichtswissenschaft. Eine Kritik der traditionellen Geschichtsauffassung von Herder bis zur Gegenwart, München 1971
Srbik, Heinrich von: Geist und Geschichte vom deutschen Humanismus bis zur Gegenwart, 2 Bde., München 1950-51
Geschichtswissenschaft in Deutschland. Traditionelle Positionen und gegenwärtige Aufgaben, hg. Bernd Faulenbach, München 1974
Schultz, Hans-Dietrich: Die deutschsprachige Geographie von 1800-1970. Ein Beitrag zur Geschichte ihrer Methodologie, Berlin 1980
Winkel, Harald: Wirtschaftswissenschaft: I: Geschichte, in: Handwörterbuch der Wirtschaftswissenschaft, Bd. 9, Stuttgart 1982, S. 413-25
Schmölders, Günter: Wirtschaftswissenschaft: III: Theoriebildung in der Volkswirtschaftslehre, Geschichte, in: Handwörterbuch der Wirtschaftswissenschaft, Bd. 9, Stuttgart 1982, S. 425-46
Doucet, Friedrich W.: Forschungsobjekt Seele. Eine Geschichte der Psychologie, München 1971
Suter, Jules: Zur geschichtlichen Entwicklung der Psychologie, in: Kleines Handbuch der Psychologie, hg. David und Rosa Katz, Basel ^{3}1971, S. 26-54
Geschichte der deutschen Psychologie im 20. Jahrhundert, hg. Mitchell G. Ash und Ulfried Geuter, Opladen 1985
Mason, Stephen F.: Geschichte der Naturwissenschaft in der Entwicklung ihrer Denkweisen, Stuttgart 1961

Geschichte der Naturwissenschaften, hg. Hans Wußing, Köln 1983

Lepenies, Wolf: Das Ende der Naturgeschichte. Wandel kultureller Selbstverständlichkeiten in den Wissenschaften des 18. und 19. Jahrhunderts, München 1976

Hennemann, Gerhard: Grundzüge einer Geschichte der Naturphilosophie und ihrer Hauptprobleme, Berlin 1975

Teichmann, Jürgen: Wandel des Weltbildes. Astronomie, Physik und Meßtechnik in der Kulturgeschichte, München 1980

Geschichte der Biologie, hg. Ilse Jahn, Jena 1982

Lanham, Urb: Epochen der Biologie. Die Geschichte einer modernen Wissenschaft, München 1972

Strube, Wilhelm: Der historische Weg der Chemie, Bd. 1, Leipzig [3]1980

Strunz, Franz: Astrologie, Alchemie, Mystik. Ein Beitrag zur Geschichte der Naturwissenschaften, München 1928

Knappich, Wilhelm: Geschichte der Astrologie, Frankfurt a.M. [2]1988

1.8.7 Schule und Erziehung

Handbuch der deutschen Bildungsgeschichte vom 15. Jahrhundert bis zur Gegenwart, 6 Bde., München 1987 ff

Geschichte der Erziehung, hg. Karl-Heinz Günther u.a., Ost-Berlin [10]1971

Scheuerl, Hans: Geschichte der Erziehung. Ein Grundriß, Stuttgart 1985

Kinderstuben. Wie Kinder zu Bauern, Bürgern, Aristokraten wurden, 1700-1850, hg. Jürgen Schlumbohm, München 1983

Fertig, Ludwig: Zeitgeist und Erziehungskunst. Eine Einführung in die Kulturgeschichte der Erziehung in Deutschland von 1600 bis 1900, Darmstadt 1984

Schwarze Pädagogik – Quellen zur Naturgeschichte der bürgerlichen Erziehung, hg. und eingeleitet von Katharina Rutschky, Berlin 1977

Herrlitz, Hans-Georg, Wulf Hopf und Hartmut Titze: Deutsche Schulgeschichte von 1800 bis zur Gegenwart. Eine Einführung, Königstein 1981

Lundgreen, Peter: Sozialgeschichte der deutschen Schule im Überblick, 2 Bde., Göttingen 1980

Paulsen, Friedrich: Geschichte des gelehrten Unterrichts auf den deutschen Schulen und Universitäten vom Ausgang des Mittelalters bis zur Gegenwart, 2 Bde., Berlin [3]1919-21

Kraul, Margret: Das deutsche Gymnasium 1780-1980, Frankfurt a.M. 1984

Prahl, Hans-Werner: Sozialgeschichte des Hochschulwesens, München 1978

Ellwein, Thomas: Die deutsche Universität vom Mittelalter bis zur Gegenwart, Königstein 1985

Engelsing, Rolf: Analphabetentum und Lektüre. Zur Sozialgeschichte des Lesens in Deutschland zwischen feudaler und industrieller Gesellschaft, Stuttgart 1973

1.8.8 Kunst

Deutsche Kunstgeschichte, 5 Bde., München 1942-55

Lützeler, Heinrich: Deutsche Kunst. Einsichten in die Welt und in den Menschen. Von der Frühzeit bis zur Gegenwart, Bonn 1987

Dehio, Georg: Geschichte der deutschen Kunst, 4 Bde., Berlin 1930-34

Propyläen Kunstgeschichte in 18 Bänden, Bd. 5-12, Berlin 1964-77

Weigert, Hans: Geschichte der deutschen Kunst, 2 Bde., Frankfurt a.M. 1963

Haftmann, Werner: Malerei im 20. Jahrhundert. Eine Entwicklungsgeschichte, München [6]1979

Vogt, Paul: Geschichte der deutschen Malerei im 20. Jahrhundert, Köln 1976

Deutsche Kunst im 20. Jahrhundert 1905-1985, hg. Norman Rosenthal, Wieland Schmied und Christos Joachimides, München 1985

dtv-Atlas zur Baukunst, Bd. 2: Baugeschichte von der Romanik bis zur Gegenwart, München 1981

Benevolo, Leonardo: Geschichte der Architektur des 19. und 20. Jahrhunderts, 2 Bde., München 1978

Lampugnani, Vittorio Magnago: Architektur und Städtebau des 20. Jahrhunderts, Stuttgart 1980

Selle, Gerd: Die Geschichte des Design in Deutschland von 1870 bis heute, Köln 1978

Hennebo, Dieter und Alfred Hoffmann: Geschichte der deutschen Gartenkunst, 3 Bde., Hamburg 1962-63

1.8.9 Literatur

Deutsche Literaturgeschichte. Von den Anfängen bis zur Gegenwart, hg. Wolfgang Beutin u.a., Stuttgart 1979

Geschichte der deutschen Literatur. Kontinuität und Veränderung vom Mittelalter bis zur Gegenwart, hg. Ehrhard Bahr, 3 Bde., Tübingen 1987-88

Deutsche Literatur. Eine Sozialgeschichte, hg. Horst Albrecht Glaser, 10 Bde., Reinbek 1980 ff

Deutsche Literaturgeschichte für die Sekundarstufe II und Studienanfänger, 5 Bde., Düsseldorf 1980-81

Hansers Sozialgeschichte der deutschen Literatur vom 16. Jahrhundert bis zur Gegenwart, hg. Rolf Grimminger, bisher 4 Bde., München 1980 ff

Boor, Helmut de und Richard Newald: Geschichte der deutschen Literatur von den Anfängen bis zur Gegenwart, 8 Bde., München 1966 ff

Geschichte der deutschen Literatur vom 18. Jahrhundert bis zur Gegenwart, hg. Viktor Žmegač, 3 Bde., Königstein 1979-83

Schütz, Erhard und Jochen Vogt: Einführung in die deutsche Literatur des 20. Jahrhunderts, 3 Bde., Opladen 1977-80

Berg, Jan u.a.: Sozialgeschichte der deutschen Literatur von 1918 bis zur Gegenwart, Frankfurt a.M. 1981

Sichelschmidt, Gustav: Liebe, Mord und Abenteuer. Eine Geschichte der deutschen Unterhaltungsliteratur, Berlin 1969

Schenda, Rudolf: Die Lesestoffe der Kleinen Leute: Studien zur populären Literatur im 19. und 20. Jahrhundert, München 1976

Trivialliteratur, hg. Annemarie Rucktäschel und Hans Zimmermann, München 1976

1.8.10 Musik

Moser, Hans Joachim: Geschichte der deutschen Musik, 3 Bde., Stuttgart 1930

Handbuch der Musikgeschichte, hg. Guido Adler, Berlin [2]1930

Malsch, Rudolf: Geschichte der deutschen Musik, Berlin [3]1949

Mersmann, Hans: Musikgeschichte in der abendländischen Kultur, Frankfurt a.M. [3]1973

Wiora, Walter: Ideen zur Geschichte der Musik, Darmstadt 1980

1.8.11 Volkskultur

Wiegelmann, Günter, Matthias Zender und Gerhard Heilfurth: Volkskunde. Eine Einführung, Berlin 1977

Volkskultur. Zur Wiederentdeckung des vergessenen Alltags (16. bis 20. Jahrhundert), hg. Richard van Dülmen und Norbert Schindler, Frankfurt a.M. 1984

Wiegelmann, Günter: Innovationszentren in der ländlichen Sachkultur Mitteleuropas, in: Volkskultur und Geschichte. Festgabe für Josef Dünninger, Berlin 1970, S. 120-36

Bausinger, Hermann: Volkskultur in der technischen Welt, Stuttgart 1961

Bausinger, Hermann: Formen der „Volkspoesie", Berlin 1968

Lüthi, Max: Volksmärchen und Volkssage, Bern 1961

Peuckert, Will-Erich: Deutsches Volkstum in Märchen und Sage, Berlin 1938

Seemann, Erich und Walter Wiora: Volkslied, in: Deutsche Philologie im Aufriß, Bd. 2, Berlin 1960, S. 349-96

Moser, Hans: Volksbräuche im geschichtlichen Wandel, München 1985

Hefner-Alteneck, Jakob Heinrich von: Trachten, Kunstwerke und Gerätschaften vom frühen Mittelalter bis zum Ende des 18. Jahrhunderts, 10 Bde., Frankfurt a.M. [2]1879-89

Schlee, Ernst: Die Volkskunst in Deutschland. Ausstrahlung, Vorlagen, Quellen, München 1978

Lehmann, Alfred: Aberglaube und Zauberei. Von den ältesten Zeiten an bis in die Gegenwart, Stuttgart 1925

Biedermann, Hans: Handlexikon der magischen Künste von der Spätantike bis zum 19. Jahrhundert, Graz [2]1973

1.8.12 Medien

Schottenloher, Karl: Bücher bewegten die Welt. Eine Kulturgeschichte des Buches, 2 Bde., Stuttgart [2]1968

Geschichte der deutschen Presse, Bd. 1 von Margot Lindemann, Bd. 2-3 von Kurt Koszyk, Berlin 1966-72

Kirchner, Joachim: Das deutsche Zeitschriftenwesen. Seine Geschichte und seine Probleme, 2 Bde., Wiesbaden ²1958-62
Deutsche Zeitungen des 17. und 20. Jahrhunderts, hg. Heinz-Dietrich Fischer, Pullach 1972
Hoehne, Hansjoachim: Die Geschichte der Nachricht und ihrer Verbreiter, Baden-Baden 1977
Rundfunk in Deutschland, hg. Hans Bausch, 5 Bde., München 1980
Toeplitz, Jerzy: Geschichte des Films, 4 Bde., München 1973-83

1.8.13 Sport und Tanz

Eichberg, Henning: Leistung, Spannung, Geschwindigkeit. Sport und Tanz im gesellschaftlichen Wandel des 18./19. Jahrhunderts, Stuttgart 1978
Geschichte der Leibesübungen, hg. Horst Überhorst, Bd. 3, 2 Tle., Berlin 1980-82
Diem, Carl: Weltgeschichte des Sports und der Leibeserziehung, Stuttgart 1960
Sachs, Curt: Eine Weltgeschichte des Tanzes, Berlin 1933
Günther, Helmut und Helmut Schäfer: Vom Schamanentanz zur Rumba. Die Geschichte des Gesellschaftstanzes, Stuttgart 1959

1.8.14 Kleidungsmode

Thiel, Erika: Geschichte des Kostüms. Die europäische Mode von den Anfängen bis zur Gegenwart, Wilhelmshaven ⁴1980
Nienholdt, Eva: Die deutsche Tracht im Wandel der Jahrhunderte, Berlin 1938
Boehn, Max von: Die Mode. Menschen und Moden, 8 Bde., München 1923-25

1.8.15 Andere Kulturbereiche

Knudsen, Hans: Deutsche Theatergeschichte, Stuttgart ²1970
Berding, Helmut: Antisemitismus in Deutschland 1870-1980, Frankfurt a.M. 1984
Sieferle, Rolf Peter: Fortschrittsfeinde? Opposition gegen Technik und Industrie von der Romantik bis zur Gegenwart, München 1984
Conti, Christoph: Abschied vom Bürgertum. Alternative Bewegungen in Deutschland von 1890 bis heute, Reinbek 1984
Prahl, Hans-Werner und Albrecht Steinecke: Der Millionen-Urlaub. Von der Bildungsreise zur totalen Freizeit, Neuwied 1979

1.9 Herrschaftsverhältnisse

1.9.1 Recht, Verfassung, Verwaltung, Finanzen

Conrad, Hermann: Deutsche Rechtsgeschichte, 2 Bde., Karlsruhe 1962-66
Coing, Helmut: Epochen der Rechtsgeschichte in Deutschland, München ⁴1981
Kroeschell, Karl: Deutsche Rechtsgeschichte, 2 Bde., Hamburg 1972-73
Mitteis, Heinrich und Heinz Liebrich: Deutsche Rechtsgeschichte. Ein Studienbuch, München ¹⁷1984
Planitz, Hans und Karl August Eckhardt: Deutsche Rechtsgeschichte, Köln ²1961
Boldt, Hans: Deutsche Verfassungsgeschichte, 2 Bde., München 1984-90
Huber, Ernst Rudolf: Deutsche Verfassungsgeschichte seit 1789, 6 Bde., Stuttgart 1957-84
Hartung, Fritz: Deutsche Verfassungsgeschichte vom 15. Jahrhundert bis zur Gegenwart, Stuttgart ⁹1969
Brauneder, Wilhelm und Friedrich Lachmayer: Österreichische Verfassungsgeschichte. Einführung in Entwicklung und Strukturen, Wien 1976
Walter, Friedrich: Österreichische Verfassungs- und Verwaltungsgeschichte von 1500-1955, Wien 1972
Ebel, Wilhelm: Geschichte der Gesetzgebung in Deutschland, Göttingen ²1958
Deutsche Verwaltungsgeschichte, hg. Kurt G.A. Jeserich, Hans Pohl und Georg-Christoph von Unruh, 6 Bde., Stuttgart 1983-87
Hattenhauer, Hans: Geschichte des Beamtentums, Köln 1980
Wunder, Bernd: Geschichte der Bürokratie in Deutschland, Frankfurt a.M. 1986
Fenske, Hans: Bürokratie in Deutschland. Vom späten Kaiserreich bis zur Gegenwart, Berlin 1985
Lotz, Albert: Geschichte des deutschen Beamtentums, Berlin 1909

Klein, Ernst: Geschichte der öffentlichen Finanzen in Deutschland (1500-1870), Wiesbaden 1974

Mayer, Theodor: Geschichte der Finanzwirtschaft vom Mittelalter bis zum Ende des 18. Jahrhunderts, in: Handbuch der Finanzwissenschaft, hg. Wilhelm Gerloff und Fritz Neumark, Bd. 1, Tübingen ²1952, S. 236-72

Staatliche Umverteilungspolitik in historischer Perspektive. Beiträge zur Entwicklung des Staatsinterventionismus in Deutschland und Österreich, hg. Fritz Blaich, Berlin 1980

Witt, Peter-Christian: Finanzpolitik und sozialer Wandel. Wachstum und Funktionswandel der Staatsausgaben in Deutschland 1871-1933, in: Sozialgeschichte heute, hg. Hans-Ulrich Wehler, Göttingen 1974, S. 565-74

Andic, Suphan und Jindřich Veverka: The Growth of Government Expenditure in Germany since the Unification, in: Finanzarchiv N.F. 23 (1963/64), S. 169-278

Kohl, Jürgen: Staatsausgaben in Westeuropa. Analysen zur langfristigen Entwicklung der öffentlichen Finanzen, Frankfurt a.M. 1985

Ribhegge, Wilhelm: Die Systemfunktion der Gemeinden. Zur deutschen Kommunalgeschichte seit 1918, in: aus politik und zeitgeschichte B 47/1973

1.9.2 Justiz, Polizei, Kriminalität

Schmidt, Eberhard: Einführung in die Geschichte der deutschen Strafrechtspflege, Göttingen ³1965

Dülmen, Richard von: Theater des Schreckens – Gerichtspraxis und Strafritual in der frühen Neuzeit, München 1988

Schild, Wolfgang: Alte Gerichtsbarkeit. Vom Gottesurteil bis zum Beginn der modernen Rechtsprechung, München 1980

Heinemann, Franz: Der Richter und die Rechtspflege der deutschen Vergangenheit, Leipzig o.J. (1900)

Senfft, Heinrich: Richter und andere Bürger. 150 Jahre politische Justiz und neudeutsche Herrschaftspublizistik, Nördlingen 1988

Harnischmacher, Robert und Arved Semerak: Deutsche Polizeigeschichte, Stuttgart 1986

Melcher, Kurt: Die Geschichte der Polizei (= Die Polizei in Einzeldarstellungen, Bd. 2), Berlin 1926

Radbruch, Gustav und Heinrich Gwinner: Geschichte des Verbrechens. Versuch einer historischen Kriminologie, Stuttgart 1951

Räuber, Volk und Obrigkeit. Studien zur Geschichte der Kriminalität in Deutschland seit dem 18. Jahrhundert, hg. Heinz Reif, Frankfurt a.M. 1983

Hentig, Hans von: Studien zur Kriminalgeschichte, Bern 1962

Küther, Carsten: Räuber und Gauner in Deutschland. Das organisierte Bandenwesen im 18. und frühen 19. Jahrhundert, Göttingen 1976

Avé-Lallement, Friedrich Christian B.: Das deutsche Gaunertum, 4 Bde., Wiesbaden 1858

1.9.3 Militär

Handbuch zur deutschen Militärgeschichte 1648-1939, hg. Militärgeschichtliches Forschungsamt, 6 Bde., München 1964-81

Hermann, Carl Hans: Deutsche Militärgeschichte. Eine Einführung, Frankfurt ³1979

Huber, Ernst Rudolf: Heer und Staat in der deutschen Geschichte, Hamburg ²1943

Craig, Gordon Alexander: Die preußisch-deutsche Armee von 1640 bis 1945. Staat im Staate, Düsseldorf 1960

Geyer, Michael: Deutsche Rüstungspolitik 1860-1980, Frankfurt a.M. 1983

1.9.4 Machtverhältnisse, Parteien, Freiheit, Arbeiterbewegung

Fraenkel, Ernst: Deutschland und die westlichen Demokratien, Stuttgart 1964

Fischer, Fritz: Bündnis der Eliten. Zur Kontinuität der Machtstrukturen in Deutschland 1871-1945, Düsseldorf 1979

Stern, Fritz: Das Scheitern illiberaler Politik. Studien zur politischen Kultur Deutschlands im 19. und 20. Jahrhundert, Berlin 1974

Hallgarten, George W.F. und Joachim Radkau: Deutsche Industrie und Politik von Bismarck bis heute, Frankfurt a.M. 1974

Ritter, Gerhard Albert: Arbeiterbewegung, Parteien und Parlamentarismus, Göttingen 1976

Ritter, Gerhard Albert: Staat, Arbeiterschaft und Arbeiterbewegung in Deutschland. Vom Vormärz bis zum Ende der Weimarer Republik, Berlin 1980

Der moderne Parlamentarismus und seine Grundlagen in der ständischen Repräsentation, hg. Karl Bosl, Berlin 1977

Die geschichtlichen Grundlagen der modernen Volksvertretung. Die Entwicklung von den mittelalterlichen Korporationen zu den modernen Parlamenten, hg. Heinz Rausch, 2 Bde., Darmstadt 1974-80

Ritter, Gerhard Albert: Deutscher und britischer Parlamentarismus. Ein verfassungsgeschichtlicher Vergleich, Tübingen 1962

Bracher, Karl-Dietrich: Zeit der Ideologien. Eine Geschichte politischen Denkens im 20. Jahrhundert, München 1985

Berber, Friedrich: Das Staatsideal im Wandel der Weltgeschichte. Eine Einführung in die Hauptprobleme der Staatsphilosophie, München [2]1978

Zippelius, Reinhold: Geschichte der Staatsideen, München [5]1985

Kaack, Heino: Geschichte und Struktur des deutschen Parteiensystems, Opladen 1971

Tormin, Walter: Geschichte der deutschen Parteien seit 1848, Stuttgart [3]1968

Bergsträsser, Ludwig und Wilhelm Mommsen: Geschichte der politischen Parteien in Deutschland, München [11]1965

Die deutschen Parteien im Überblick. Von den Anfängen bis heute, hg. Walter Schlangen, Königstein 1979

Die bürgerlichen Parteien in Deutschland 1830-1945, hg. Dieter Fricke, 2 Bde., Leipzig 1968-70

Das Problem der Freiheit in der deutschen und schweizerischen Geschichte, Lindau 1955

Breuer, Dieter: Geschichte der literarischen Zensur in Deutschland, Heidelberg 1982

Haasis, Hellmut G.: Spuren der Besiegten, 3 Bde., Reinbek 1984

Grebing, Helga: Geschichte der deutschen Arbeiterbewegung, [100-109 Tsd.]München 1981

Klönne, Arno: Die deutsche Arbeiterbewegung – Geschichte, Ziele, Wirkungen, Köln 1980

1.10 Deutsche Frage und Stellung Deutschlands in der internationalen Politik

Die deutsche Einheit als Problem der europäischen Geschichte, hg. Carl Hinrichs und W. Berges, Stuttgart 1961

Jüttner, Alfred: Die deutsche Frage. Eine Bestandsaufnahme, Köln 1971

Joachimsen, Paul: Vom deutschen Volk zum deutschen Staat. Eine Geschichte des deutschen Nationalbewußtseins. Göttingen [3]1956

Conze, Werner: Die deutsche Nation. Ergebnis der Geschichte, Göttingen [2]1965

Europa und die Einheit Deutschlands. Eine Bilanz nach 100 Jahren, hg. Walter Hofer, Köln 1970

Die Deutsche Frage im 19. und 20. Jahrhundert, hg. Josef Becker und Andreas Hillgruber, München 1983

Gruner, Wolf D.: Die deutsche Frage. Ein Problem der europäischen Geschichte seit 1800, München 1985

Berdahl, Robert A.: Der deutsche Nationalismus in neuer Sicht, in: Nationalismus, hg. Heinrich August Winkler, Königstein 1978, S. 138-54

Sauer, Wolfgang: Das Problem des deutschen Nationalstaates, in: Politische Vierteljahrsschrift 3 (1962), S. 159-86

Meinecke, Friedrich: Weltbürgertum und Nationalstaat, München [9]1963

Hattenhauer, Hans: Deutsche Nationalsymbole. Zeichen und Bedeutung, München 1984

Calleo, David: Legende und Wirklichkeit der deutschen Gefahr. Neue Aspekte zur Rolle Deutschlands in der Weltgeschichte von Bismarck bis heute, Bonn 1980

Wendt, Bernd-Jürgen: Deutschland in der Mitte Europas. Grundkonstellationen der Geschichte, in: Deutsche Studien 19 (1981), S. 220-75

Hillgruber, Andreas: Deutsche Großmacht- und Weltpolitik im 19. und 20. Jahrhundert, Düsseldorf 1977

Poidevin, Raymond: Die unruhige Großmacht – Deutschland und die Welt im 20. Jahrhundert, Würzburg 1985

Hillgruber, Andreas: Die gescheiterte Großmacht. Eine Skizze des Deutschen Reiches 1871-1945, Düsseldorf 1980

Grundfragen der deutschen Außenpolitik seit 1871, Darmstadt 1975

Dehio, Ludwig: Deutschland und die Weltpolitik im 20. Jahrhundert, Frankfurt a.M. 1961

Deutschland in der Weltpolitik des 19. und 20. Jahrhunderts, hg. Imanuel Geiss und Bernd-Jürgen Wendt, Düsseldorf 1973

Jacobsen, Hans-Adolf: Von der Strategie der Gewalt zur Politik der Friedenssicherung. Beiträge zur deutschen Geschichte im 20. Jahrhundert, Düsseldorf 1977

Dehio, Ludwig: Gleichgewicht oder Hegemonie. Betrachtungen über ein Grundproblem der neueren Staatengeschichte, Krefeld 1948

Demandt, Alexander: Deutschlands Grenzen in der Geschichte, München 1990

Aubin, Hermann: Von Raum und Grenzen des deutschen Volkes. Studien zur Volksgeschichte, Berlin 1938

Szaz, Zoltan Michael: Die deutsche Ostgrenze. Geschichte und Gegenwart, München 1961

Kämpf, Helmut: Geschichte der Westgrenze des deutschen Reiches bis zur französischen Revolution, Potsdam 1943

Bonjour, Edgar: Geschichte der schweizerischen Neutralität. Vier Jahrhunderte eidgenössische Außenpolitik, 6 Bde., Basel 1970

2. Mittelalter

2.1 Allgemeines

Boockmann, Hartmut: Einführung in die Geschichte des Mittelalters, München [3]1985

Lexikon des Mittelalters, 8 Bde., München 1977 ff

Borst, Arno: Lebensformen im Mittelalter, Frankfurt a.M. 1973

Grundmann, Herbert: Über die Welt des Mittelalters, in: Propyläen Weltgeschichte, Bd. 11, Frankfurt a.M. 1965, S. 363-446

Dannenbauer, Heinrich: Grundlagen der mittelalterlichen Welt, Stuttgart 1958

Le Goff, Jacques: Kultur des europäischen Mittelalters, München 1970

Waas, Adolf: Der Mensch im deutschen Mittelalter, Graz 1964

Schulze, Hans K.: Grundstrukturen der Verfassung im Mittelalter, 2 Bde., Stuttgart 1985-86

2.2 Epochendarstellungen

Fleckenstein, Josef: Grundlagen und Beginn der deutschen Geschichte, Göttingen 1974

Schulze, Hans K.: Vom Reich der Franken zum Land der Deutschen. Merowinger und Karolinger, Berlin 1987

Schneider, Reinhard: Das Frankenreich, München 1982

Riché, Pierre: Die Welt der Karolinger, Stuttgart 1981

Prinz, Friedrich: Grundlagen und Anfänge. Deutschland bis 1056, München 1985

Haverkamp, Alfred: Aufbruch und Gestaltung. Deutschland 1056-1273, München 1984

Keller, Hagen: Zwischen regionaler Begrenzung und universalem Horizont. Deutschland im Imperium der Salier und Staufer 1024-1250, Berlin 1986

Fuhrmann, Horst: Deutsche Geschichte im hohen Mittelalter, Göttingen 1978

Die Zeit der Staufer – Geschichte, Kunst, Kultur – Ausstellung Stuttgart 1977. Katalog, 4 Bde., Stuttgart 1977

Boockmann, Hartmut: Stauferzeit und spätes Mittelalter. Deutschland 1125-1518, Berlin 1987

Töpfer, Bernhard und Evamaria Engel: Vom staufischen Imperium zum Hausmachtkönigtum. Deutsche Geschichte 1122-1314, Weimar 1976

Moraw, Peter: Von offener Verfassung zu geteilter Verdichtung. Das Reich im späten Mittelalter 1250-1490, Berlin 1985

Leuschner, Joachim: Deutschland im späten Mittelalter, Göttingen 1975

Heimpel, Hermann: Deutschland im späteren Mittelalter, in: Handbuch der deutschen Geschichte, hg. Leo Just, Bd. 1, Konstanz 1957

Nitschke, August: Frühe christliche Reiche, in: Propyläen Weltgeschichte Bd. 5, Frankfurt a.M. 1963, S. 273-393

Dhondt, Jan: Das frühe Mittelalter, Frankfurt a.M. 1968

Le Goff, Jacques: Das Hochmittelalter, Frankfurt a.M. 1965
Jakob, Hermann: Kirchenreform und Hochmittelalter 1046-1215, München 1984
Schmeidler, Bernhard: Das spätere Mittelalter von der Mitte des 13. Jahrhunderts bis zur Reformation, Darmstadt 1962
Meuthen, Erich: Das 15. Jahrhundert, München 1980

2.3 Ostsiedlung

Die deutsche Ostsiedlung des Mittelalters als Problem der europäischen Geschichte. Reichenauer Vorträge 1970-72, hg. Walter Schlesinger, Sigmaringen 1975
Kötzschke, Rudolf und W. Ebert: Geschichte der ostdeutschen Kolonisation, Leipzig 1938
Higounet, Charles: Die deutsche Ostsiedlung im Mittelalter, Berlin 1986
Urkunden und Quellen zur Geschichte der deutschen Ostsiedlung, Darmstadt 1970
Besch, Werner: Sprachlandschaften und Sprachausgleich im 15. Jahrhundert, München 1967
Die Slawen in Deutschland. Geschichte und Kultur der slawischen Stämme westlich von Oder und Neisse vom 6. bis 12. Jahrhundert. Ein Handbuch, hg. Joachim Herrmann, Ost-Berlin [2]1972

2.4 Wirtschaft und Gesellschaft

2.4.1 Allgemeines

Pitz, Ernst: Wirtschafts- und Sozialgeschichte Deutschlands im Mittelalter, Wiesbaden 1979
Europa 1400. Die Krise des Spätmittelalters, hg. Ferdinand Seibt und Winfried Eberhard, Stuttgart 1984

2.4.2 Wirtschaft und Stadt

Goetz, Hans-Werner: Leben im Mittelalter vom 7. bis zum 13. Jahrhundert, München [3]1987
Alltag im Spätmittelalter, hg. Harry Kühnel, Graz 1984
Rörig, Fritz: Wirtschaftskräfte im Mittelalter, Wien [2]1971
Mensch und Umwelt im Mittelalter, hg. Bernd Herrmann, Stuttgart 1986
Dirlmeier, Ulf: Umweltprobleme in deutschen Städten des Spätmittelalters, in: Technikgeschichte 43 (1981), S. 191-205
Curschmann, Fritz: Hungersnöte im Mittelalter, Leipzig 1900
Die Burgen im deutschen Sprachraum. Ihre rechts- und verfassungsgeschichtliche Bedeutung, hg. Hans Patze, 2 Bde., Sigmaringen 1976
Hotz, Werner: Kleine Kunstgeschichte der deutschen Burg, Darmstadt [4]1979
Die Stadt im Mittelalter, hg. Carl Haase, 3 Bde., Darmstadt 1972-73
Die Stadt am Ausgang des Mittelalters, hg. Wilhelm Rausch, Linz 1974
Planitz, Hans: Die deutsche Stadt und die Kultur des Bürgertums im Mittelalter, Göttingen [2]1955
Ennen, Edith: Die europäische Stadt des Mittelalters, Göttingen 1972
Boockmann, Hartmut: Die Stadt im späten Mittelalter, München [2]1987
Schildhauer, Johannes: Die Hanse. Geschichte und Kultur, Stuttgart 1984
Dollinger, Philippe: Die Hanse, Stuttgart [4]1989

2.4.3 Gesellschaft

Soziale Ordnungen im Selbstverständnis des Mittelalters, hg. Albert Zimmermann, 2 Bde., Berlin 1979-80
Bosl, Karl: Die Grundlagen der modernen Gesellschaft im Mittelalter. Eine deutsche Gesellschaftsgeschichte des Mittelalters, 2 Bde., Stuttgart 1972
Bosl, Karl: Frühformen der Gesellschaft im mittelalterlichen Europa. Beiträge zu einer Strukturanalyse der mittelalterlichen Welt, München 1964
Sprandel, Rolf: Verfassung und Gesellschaft im Mittelalter, Paderborn 1975
Ullmann, Walter: Individuum und Gesellschaft im Mittelalter, Göttingen 1974
Adel und Bauern im deutschen Staat des Mittelalters, hg. Theodor Mayer, Leipzig 1943
Sprandel, Rolf: Gesellschaft und Literatur im Mittelalter, Paderborn 1982

Ullmann, Walter: Individuum und Gesellschaft im Mittelalter, Göttingen 1974

Adel und Bauern im deutschen Staat des Mittelalters, hg. Theodor Mayer, Leipzig 1943

Sprandel, Rolf: Gesellschaft und Literatur im Mittelalter, Paderborn 1982

Rittertum im Mittelalter, hg. Arno Borst, Darmstadt 1976

Winter, Johanna Maria von: Rittertum. Ideal und Wirklichkeit, München 1979

Rösener, Werner: Bauern im Mittelalter, München [3]1987

Deutsches Bauerntum im Mittelalter, hg. Günther Franz, Darmstadt 1976

Quellen zur Geschichte des deutschen Bauernstands im Mittelalter, hg. Günther Franz, Darmstadt 1967

Epperlein, Siegfried: Bauernbedrückung und Bauernwiderstand im hohen Mittelalter, Ost-Berlin 1960

Gilden und Zünfte. Kaufmännische und gewerbliche Genossenschaften im frühen und hohen Mittelalter, hg. Berent Schwineköper, Sigmaringen 1985

Shahar, Shulamith: Die Frauen im Mittelalter, Frankfurt a.M. 1983

Frauen im Mittelalter, hg. Annette Kuhn und Peter Ketsch, 2 Bde. Düsseldorf 1983-84

Ennen, Edith: Frauen im Mittelalter, München [3]1987

2.5 Kultur

Southern, Richard W.: Geistes- und Sozialgeschichte des Mittelalters, Stuttgart [2]1980

Wolf, Alois: Deutsche Kultur im Hochmittelalter 1150-1250, Essen 1986

Rosenfeld, Hans-Friedrich und Hellmut Rosenfeld: Deutsche Kultur im Spätmittelalter 1250-1500, Wiesbaden 1978

Seidlmayer, Michael: Weltbild und Kultur Deutschlands im Mittelalter, in: Handbuch der Deutschen Geschichte, hg. Leo Just, Bd. 1, Konstanz 1957

Das Leben in der Gotik, München 1969

Gurjewitsch, Aaron J.: Das Weltbild des mittelalterlichen Menschen, Dresden 1978

Johannsmeier, Rolf: Spielmann, Schalk und Scharlatan. Die Welt als Karneval: Volkskultur im späten Mittelalter, Reinbek 1984

Huizinga, Johan: Herbst des Mittelalters. Studien über Lebens- und Geistesformen des 14. und 15. Jahrhunderts in Frankreich und in den Niederlanden, Stuttgart [11]1975

Duby, Georges: Die Kunst des Mittelalters, 3 Bde., Stuttgart 1984-85

Aubert, Marcel: Hochgotik, Baden-Baden 1963

Fischer, F.W. und J.J.M. Timmers: Spätgotik, Baden-Baden 1971

Schlesinger, Walter: Kirchengeschichte Sachsens im Mittelalter, 2 Bde., Graz 1962

Schnürer, Gustav: Kirche und Kultur im Mittelalter, 3 Bde., Paderborn 1927-30

Hauck, Albert: Kirchengeschichte Deutschlands, 5 Bde., Leipzig [8]1954

Wollasch, Joachim: Mönchtum des Mittelalters zwischen Kirche und Welt, München 1973

Erbstösser, Martin: Ketzer im Mittelalter, Stuttgart 1984

Grundmann, Herbert: Religiöse Bewegungen im Mittelalter, Hildesheim [3]1970

Peuckert, Will-Erich: Die große Wende. Das apokalyptische Saeculum und Luther. Geistesgeschichte und Volkskunde, Hamburg 1948

Peuckert, Will-Erich: Deutscher Volksglaube des Spätmittelalters, Stuttgart 1931

Schmitt, Kurt Dietrich: Germanischer Glaube und Christentum, Göttingen 1948

2.6 Entstehung von Reich und Nation der Deutschen

Die Entstehung des deutschen Reiches, hg. Hellmut Kämpf, Darmstadt [3]1971

Jarnut, Jörg: Gedanken zur Entstehung des mittelalterlichen deutschen Reiches, in: Geschichte in Wissenschaft und Unterricht 32 (1981), S. 99-114

Tellenbach, Gerd: Die Entstehung des deutschen Reiches. Von der Entwicklung des fränkischen und deutschen Staates im 9. und 10. Jahrhundert, München [3]1947

Tellenbach, Gerd: Königtum und Stämme der Werdezeit des Deutschen Reiches, Weimar 1939

Aspekte der Nationenbildung im Mittelalter, hg. Helmut Beumann und Werner Schröder, Sigmaringen 1978

Hugelmann, Karl Gottfried: Stämme, Nation und Nationalstaat im deutschen Mittelalter, Stuttgart 1955

Brühl, Carlheinrich: Die Anfänge der deutschen Geschichte, Wiesbaden 1972
Eggert, Wolfgang: Das ostfränkisch-deutsche Reich in der Auffassung seiner Zeitgenossen, Wien 1973
Ewig, Eugen: Beobachtungen zur politisch-geographischen Terminologie des fränkischen Großreiches und der Teilreiche des 9. Jahrhunderts, in: Spiegel der Geschichte. Festschrift Max Braubach, Münster 1964, S. 99-140

2.7 Kaisergeschichte

Hampe, Karl: Das Hochmittelalter. Geschichte des Abendlandes von 900 bis 1250, Köln [5]1963
Schieffer, Theodor: Die deutsche Kaiserzeit (900-1250), Frankfurt a.M. 1973
Holtzmann, Robert: Geschichte der sächsischen Kaiserzeit, München [6]1979
Hampe, Karl: Deutsche Kaisergeschichte im Zeitalter der Salier und Staufer, Heidelberg [12]1968
Gerlich, Alois: Habsburg – Luxemburg – Wittelsbach im Kampf um die deutsche Königskrone, Wiesbaden 1960
Schramm, Percy Ernst: Kaiser, Rom und Renovatio, 2 Bde., Leipzig 1929
Schramm, Percy Ernst: Herrschaftszeichen und Staatssymbolik. Beiträge zu ihrer Geschichte vom 3. bis 16. Jahrhundert, 3 Bde., Stuttgart 1954-56
Müller-Mertens, Eckhard: Regnum Teutonicum. Aufkommen und Verbreitung der deutschen Reichs- und Königsauffassung im frühen Mittelalter, Wien 1970
Beumann, Helmut: Das Kaisertum Ottos des Großen, in: Historische Zeitschrift 195 (1962), S. 529-73
Das Königtum. Seine geistigen und rechtlichen Grundlagen, Sigmaringen [4]1973
Mayer, Theodor: Das deutsche Königtum und sein Wirkungsbereich, in: Das Reich und Europa, hg. Fritz Hartung u.a., Leipzig 1941, S. 52-63
Cartellieri, Alexander: Die Weltstellung des deutschen Reiches 911-1047, München 1932
Cartellieri, Alexander: Das Zeitalter Friedrich Barbarossas 1150-1190 (Neudruck), Aalen 1972
Scheiding-Wulkopf, Ilse: Lehnsherrliche Beziehungen der fränkisch-deutschen Könige zu anderen Staaten vom 9. bis zum Ende des 12. Jahrhunderts, Marburg 1948
Holtzmann, Robert: Der Weltherrschaftsgedanke des mittelalterlichen Kaisertums und die Souveränität der europäischen Staaten, in: Historische Zeitschrift 159 (1939), S. 251-64
Holtzmann, Robert: Kaiserpolitik und deutsche Grenzpolitik im hohen Mittelalter, in: Zeitschrift für deutsche Geisteswissenschaft 1 (1938), S. 97-118
Kienast, Walther: Deutschland und Frankreich in der Kaiserzeit (900-1270), 3 Bde., Stuttgart [2]1974-75
Mayer, Theodor: Das Kaisertum und der Osten im Mittelalter, in: ders.: Mittelalterliche Studien, Sigmaringen 1959, S. 60-76
Schünemann, Konrad: Deutsche Kriegführung im Osten während des Mittelalters, in: Deutsches Archiv zur Erforschung des Mittelalters 2 (1938), S. 54-84
Baethgen, Friedrich: Zur Geschichte der ältesten deutsch-polnischen Beziehungen, in: Altpreußische Forschungen 13 (1936), S. 1-16

2.8 Herrschaftsordnung

Mitteis, Heinrich: Der Staat des hohen Mittelalters. Grundlinien einer vergleichenden Verfassungsgeschichte des Lehenszeitalters, Weimar [10]1980
Herrschaft und Staat im Mittelalter, hg. Hellmut Kämpf, Darmstadt 1956
Mayer, Theodor: Fürsten und Staat. Studien zur Verfassungsgeschichte des deutschen Mittelalters, Weimar 1950
Schlesinger, Walter: Beiträge zur deutschen Verfassungsgeschichte des Mittelalters, 2 Bde., Göttingen 1963
Bosl, Karl: Herrscher und Beherrschte im Deutschen Reich des 10.-12. Jahrhunderts, München 1963
Jordan, Karl: Herrschaft und Genossenschaft im deutschen Mittelalter, in: Geschichte in Wissenschaft und Unterricht 12 (1961), S. 104-115
Rudolf, Hans Ulrich: Grundherrschaft und Freiheit im Mittelalter, Düsseldorf 1976

Mitteis, Heinrich: Lehnrecht und Staatsgewalt. Untersuchungen zur mittelalterlichen Verfassungsgeschichte, Darmstadt 1974

Dopsch, Alfons: Herrschaft und Bauer in der deutschen Kaiserzeit, Jena 1939

Schubert, Ernst: König und Reich. Studien zur spätmittelalterlichen deutschen Verfassungsgeschichte, Göttingen 1979

Krieger, Karl-Friedrich: Die Lehnshoheit der deutschen Könige im Spätmittelalter (ca. 1200-1437), Aalen 1979

Das spätmittelalterliche Königtum im europäischen Vergleich, hg. Reinhard Schneider, Sigmaringen 1987

Schlesinger, Walter: Die Entstehung der Landesherrschaft, Darmstadt ²1964

Brunner, Otto: Land und Herrschaft. Grundfragen der territorialen Verfassungsgeschichte Österreichs im Mittelalter, Darmstadt 1973

Der deutsche Territorialstaat im 14. Jahrhundert, hg. Hans Patze, 2 Bde., Sigmaringen 1970-71

Boockmann, Hartmut: Der Deutsche Orden, München ²1982

Tumler, Marian: Der Deutsche Orden im Werden, Wachsen und Wirken bis 1400, Wien 1955

Angermeier, Heinz: Königtum und Landfriede im deutschen Spätmittelalter, München 1966

Blickle, Peter: Deutsche Untertanen. Ein Widerspruch, München 1981

Die Anfänge der Landgemeinde und ihr Wesen, hg. Institut für Geschichtliche Landesforschung des Bodenseegebietes, Stuttgart 1964

Bader, Karl Siegfried: Studien zur Rechtsgeschichte des mittelalterlichen Dorfes, 3 Bde., Weimar 1957-73

Bader, Karl Siegfried: Dorfgenossenschaft und Dorfgemeinde, Köln 1962

Aubin, Hermann: Das Schicksal der schweizerischen und der friesischen Freiheit, in: Emder Jahrbuch 32 (1952), S. 21-42

3. Frühe Neuzeit

3.1 Allgemeines

Hinrichs, Ernst: Einführung in die Geschichte der Frühen Neuzeit, München 1980

Lahnstein, Peter: Das Leben im Barock. Zeugnisse und Berichte 1640-1740, Stuttgart 1974

Lahnstein, Peter: Report der ‚guten alten Zeit'. Zeugnisse und Berichte 1750-1805, Stuttgart ²1971

Näf, Werner: Die Epochen der neueren Geschichte. Staat und Staatengemeinschaft vom Ausgang des Mittelalters bis zur Gegenwart, 2 Bde., München 1970

Brunner, Otto: Neue Wege der Verfassungs- und Sozialgeschichte, Göttingen ²1968

Leib und Leben in der Geschichte der Neuzeit, hg. Arthur E. Imhof, Berlin 1983

Biologie des Menschen in der Geschichte, hg. Arthur E. Imhof, Stuttgart 1978

Kuhn, Walter: Geschichte der deutschen Ostsiedlung in der Neuzeit, 3 Bde., Köln 1955-57

Aufklärung, Absolutismus und Bürgertum in Deutschland, hg. Franklin Kopitzsch, München 1976

Bruford, Walter Horace: Die gesellschaftlichen Grundlagen der Goethezeit, Weimar 1936

Hüttl, Ludwig: Schlösser, München 1982

3.2 Epochendarstellungen

Andreas, Willy: Deutschland vor der Reformation, Stuttgart ⁶1959

Lutz, Heinrich: Das Ringen um deutsche Einheit und kirchliche Erneuerung. Von Maximilian I. bis zum Westfälischen Frieden 1490-1648, Berlin 1983

Schulze, Winfried: Deutsche Geschichte im 16. Jahrhundert, Frankfurt a.M. 1987

Moeller, Bernd: Deutschland im Zeitalter der Reformation, Göttingen 1977

Skalweit, Stephan: Reich und Reformation, Frankfurt a.M. 1967

Heckel, Martin: Deutschland im konfessionellen Zeitalter, Göttingen 1983

Vierhaus, Rudolf: Staaten und Stände. Vom Westfälischen Frieden bis zum Hubertusburger Frieden 1648-1763, Berlin 1984

Vierhaus, Rudolf: Deutschland im Zeitalter des Absolutismus 1648-1763, Göttingen 1978

Schilling, Heinz: Höfe und Allianzen. Deutschland 1648-1763, Berlin 1989

Erbe, Michael: Deutsche Geschichte 1713-1790. Dualismus und Aufgeklärter Absolutismus, Stuttgart 1985

Biedermann, Karl: Deutschland im 18. Jahrhundert, 4 Bde., Leipzig [2]1880

Lutz, Heinrich: Reformation und Gegenreformation, München [2]1982

Dipper, Christof: Deutschland 1648-1789, Frankfurt a.M. 1990

Rabe, Horst: Reich und Glaubensspaltung. Deutschland 1500-1600, München 1989

Press, Volker: Kriege und Krisen. Deutschland 1600-1715, München 1990

Dülmen, Richard van: Entstehen des frühneuzeitlichen Europa 1550-1648, Frankfurt a.M. 1982

Zeeden, Ernst Walter: Hegemonialkriege und Glaubenskämpfe. 1556-1648, Frankfurt a.M. 1975

Duchhardt, Heinz: Das Zeitalter des Absolutismus, München 1989

Barudio, Günter: Das Zeitalter des Absolutismus und der Aufklärung. 1648-1779, Frankfurt a.M. 1981

3.3 Wirtschaft und Gesellschaft

Braudel, Fernand: Sozialgeschichte des 15.-18. Jahrhunderts, 3 Bde. (1: Der Alltag; 2: Der Handel; 3: Aufbruch zur Weltwirtschaft), München 1971-86

Blaich, Fritz: Die Epoche des Merkantilismus, Wiesbaden 1973

Imhof, Arthur Erwin: Die verlorenen Welten. Alltagsbewältigung durch unsere Vorfahren − und weshalb wir uns heute so schwer damit tun, München 1984

Quellen zur Geschichte des deutschen Bauernstands in der Neuzeit, hg. Günther Franz, Darmstadt 1963

Herbst des alten Handwerks. Zur Sozialgeschichte des 18. Jahrhunderts, hg. Michael Stürmer, München 1979

Quellen zur Geschichte des deutschen Handwerks. Selbstzeugnisse seit der Reformationszeit, hg. Wolfram Fischer, Göttingen 1957

Danckert, Werner: Unehrliche Leute. Die verfemten Berufe, Bern 1963

Abel, Wilhelm: Massenarmut und Hungerkrisen im vorindustriellen Deutschland, Göttingen 1972

Schriften zur Problematik der deutschen Führungsschichten in der Neuzeit, hg. Hellmuth Rössler, fortgeführt Günther Franz, Darmstadt
  Bd. 1: Deutscher Adel 1430-1555, 1965
  Bd. 2: Deutscher Adel 1555-1740, 1965
  Bd. 3: Deutsches Patriziat 1430-1740, 1968
  Bd. 4: Universität und Gelehrtenstand 1400-1800, 1970
  Bd. 5: Beamtentum und Pfarrstand 1400-1800, 1972
  Bd. 6: Führungskräfte der Wirtschaft 1350-1850, 1973
  Bd. 8: Bauernschaft und Bauernstand, 1500-1970, 1975

Ruppert, Wolfgang: Bürgerlicher Wandel. Die Geburt der modernen deutschen Gesellschaft im 18. Jahrhundert, Frankfurt a.M. 1981

Sozialgeschichte der Familie in der Neuzeit Europas: Neue Forschungen, hg. Werner Conze, Stuttgart 1976

Möller, Helmut: Die kleinbürgerliche Familie im 18. Jahrhundert. Verhalten und Gruppenkultur, Berlin 1969

Schmitt-Lermann, Hans: Der Versicherungsgedanke im deutschen Geistesleben des Barock und der Aufklärung, München 1954

Schoepfer, Gerald: Sozialer Schutz im 16.-18. Jahrhundert: ein Beitrag zur Geschichte der Personenversicherung und der landwirtschaftlichen Versicherung, Graz 1976

3.4 Bauernrevolution 1525 und andere bäuerliche Erhebungen

Der Bauernkrieg 1524-26. Bauernkrieg und Reformation, hg. Rainer Wohlfeil, München 1975

Der deutsche Bauernkrieg, hg. Horst Buszello, Peter Blickle und Rudolf Endres, Paderborn 1983

Blickle, Peter: Die Revolution von 1525, München [2]1981

Franz, Günther: Der deutsche Bauernkrieg, Darmstadt [7]1965

Revolte und Revolution in Europa. Referate und Protokolle des Internationalen Symposiums zur Erinnerung an den Bauernkrieg 1525, hg. Peter Blickle (Historische Zeitschrift, Beiheft N.F. 4), München 1975

Der deutsche Bauernkrieg 1524-1526, hg. Hans-Ulrich Wehler (Geschichte und Gesellschaft, Sonderheft 1), Göttingen 1975

Der deutsche Bauernkrieg von 1525, hg. Peter Blickle, Darmstadt 1985

Der deutsche Bauernkrieg 1524/25. Geschichte — Tradition — Lehren, hg. Adolf Laube, Ost-Berlin 1977

Europäische Bauernrevolten der frühen Neuzeit, hg. Winfried Schulze, Frankfurt a.M. 1982

Schulze, Winfried: Bäuerlicher Widerstand und feudale Herrschaft in der frühen Neuzeit, Stuttgart 1980

Blicke, Peter u.a.: Aufruhr und Empörung? Studien zu den Formen bäuerlichen Widerstands in Territorien des Alten Reiches, München 1980

3.5 Reformation

Wohlfeil, Rainer: Einführung in die Geschichte der Reformation, München 1982

Blickle, Peter: Die Reformation im Reich, Stuttgart 1982

Reformation oder frühbürgerliche Revolution? hg. Rainer Wohlfeil, München 1972

Illustrierte Geschichte der deutschen frühbürgerlichen Revolution, hg. Adolf Laube, Max Steinmetz und Günter Vogler, Ost-Berlin 1974

Dülmen, Richard van: Reformation und Revolution: soziale Bewegung und religiöser Radikalismus in der deutschen Reformation, München 1977

Stupperich, Robert: Die Reformation in Deutschland, München 1972

Bornkamm, Heinrich: Das Jahrhundert der Reformation. Gestalten und Kräfte, Göttingen [2]1966

3.6 Übriges Kulturleben

Zeeden, Ernst Walter: Deutsche Kultur in der frühen Neuzeit, Frankfurt a.M. 1968

Flemming, Willi: Deutsche Kultur im Zeitalter des Barock, Konstanz [2]1960

Ermatinger, Emil: Deutsche Kultur im Zeitalter der Aufklärung, Frankfurt a.M. 1969

Muchembled, Robert: Kultur des Volkes — Kultur der Eliten. Die Geschichte einer erfolgreichen Verdrängung, Stuttgart [2]1984

Brunner, Otto: Adeliges Landleben und europäischer Geist. Leben und Werk Wolf Helmhards von Hohberg 1612-1688, Salzburg 1949

Alewyn, Richard und Karl Sälzle: Das große Welttheater. Die Epoche der höfischen Feste in Dokument und Deutung, Hamburg 1959

Veit, Ludwig Andreas und L. Lenhart: Kirche und Volksfrömmigkeit im Zeitalter des Barock, Freiburg 1956

Lehmann, Hartmut: Das Zeitalter des Absolutismus (= Christentum und Gesellschaft, Bd. 9), Stuttgart 1980

Eichberg, Henning: Geometrie als barocke Verhaltensform. Fortifikation und Exercitien, in: Zeitschrift für Historische Forschung 4 (1977), S. 17-50

Hager, Werner: Barock-Architektur, Baden-Baden 1968

Hansen, Josef: Zauberwahn, Inquisition und Hexenprozeß im Mittelalter und die Entstehung der großen Hexenverfolgungen, München 1900

Die Hexen der Neuzeit. Studien zur Sozialgeschichte eines kulturellen Deutungsmusters, hg. Claudia Honegger, Frankfurt a.M. 1978

Peuckert, Will-Erich: Pansophie. Ein Versuch zur Geschichte der weißen und schwarzen Magie, Berlin [2]1956

Kultur der einfachen Leute, hg. Richard van Dülmen, München 1983

Dijksterhuis, E.J.: Die Mechanisierung des Weltbildes, Berlin 1956

Mittelstraß, Jürgen: Neuzeit und Aufklärung. Studien zur Entstehung der neuzeitlichen Wissenschaft und Philosophie, Berlin 1970

Möller, Horst: Vernunft und Kritik. Deutsche Aufklärung im 17. und 18. Jahrhundert, Frankfurt a.M. 1986

Pütz, Peter: Die deutsche Aufklärung, Darmstadt 1978

3.7 Das Reich

Lutz, Heinrich: Die deutsche Nation zu Beginn der Neuzeit. Fragen nach dem Gelingen und Scheitern deutscher Einheit im 16. Jahrhundert, in: Historische Zeitschrift 234 (1982), S. 529-59

Angermeier, Heinz: Die Reichsreform 1410-1555, München 1984

Wiesflecker, Hermann: Kaiser Maximilian I. Das Reich, Österreich und Europa an der Wende zur Neuzeit, 5 Bde., München 1971-86

Schröcker, Alfred: Die Deutsche Nation: Beobachtungen zur politischen Propaganda im ausgehenden 15. Jahrhundert, Lübeck 1974

Das Römisch-Deutsche Reich im politischen System Karls V., hg. Heinrich Lutz, München 1982

Kohler, Alfred: Das Reich im Kampf um die Hegemonie in Europa 1521-1648, München 1990

Zeumer, Karl: Heiliges römisches Reich deutscher Nation. Eine Studie über den Reichstitel, Weimar 1910

Vlekke, Bernard Hubertus Maria: Evolution of the Dutch nation, Leiden 1963

Rachfahl, Felix: Die Trennung der Niederlande vom Deutschen Reich, in: Westdeutsche Zeitschrift für Geschichte und Kunst 19 (1900), S. 96 ff

Barudio, Günter: Der Teutsche Krieg 1618-1648, Frankfurt a.M. 1985

Schormann, Gerhard: Der Dreißigjährige Krieg, Göttingen 1985

Mann, Golo: Das Zeitalter des Dreißigjährigen Krieges, in: Propyläen Weltgeschichte Bd. 7, Frankfurt a.M. 1964, S. 133-230

Der Dreißigjährige Krieg. Perspektiven und Strukturen, hg. Hans Ulrich Rudolf, Darmstadt 1977

Burkhardt, Johannes: Der Dreißigjährige Krieg 1618-1648, Frankfurt a.M. 1990

3.8 Absolutismus und sonstige Herrschaftsverhältnisse

Oestreich, Gerhard: Geist und Gestalt des frühmodernen Staates, Berlin 1969

Hartung, Fritz: Die Ausbildung des absolutistischen Staates in Österreich und Preußen, in: Das Reich und Europa, hg. ders. u.a., Leipzig 1941, S. 64-78

Kappelhoff, Bernd: Absolutistisches Regiment oder Ständeherrschaft?, Hildesheim 1982

Carsten, Francis Ludwig: Die Ursachen des Niedergangs der deutschen Landstände, in: Historische Zeitschrift 192 (1961), S. 275-81

Der Aufgeklärte Absolutismus, hg. Karl Otmar Freiherr von Aretin, Köln 1974

Blickle, Peter: Deutsche Untertanen. Ein Widerspruch, München 1981

Hintze, Otto: Weltgeschichtliche Bedingungen der Repräsentativverfassung, in: ders.: Staat und Verfassung, Bd. 1, Göttingen ²1962, S. 140-85

Die Entstehung des modernen souveränen Staates, hg. Hanns Hubert Hofmann, Köln 1967

Spangenberg, Hans: Vom Lehenstaat zum Ständestaat, München 1912

Blickle, Peter: Landschaften im alten Reich. Die staatliche Funktion des gemeinen Mannes in Oberdeutschland, München 1973

Döhring, Erich: Geschichte der deutschen Rechtspflege seit 1500, Berlin 1953

Glanzdorf, Johann und Fritz Treichel: Henker, Schinder und arme Sünder, Bad Münder 1970

3.9 Preußen

Schieder, Theodor: Friedrich der Große, Frankfurt a.M. 1983

Mittenzwei, Ingrid: Friedrich II. von Preußen. Eine Biographie, Ost-Berlin 1979

Preußen in der deutschen Geschichte vor 1789, hg. Ingrid Mittenzwei, Ost-Berlin 1983

Büsch, Otto: Militärsystem und Sozialleben im alten Preußen 1713-1807. Die Anfänge der sozialen Militarisierung der preußisch-deutschen Gesellschaft, Berlin 1962

Ritter, Gerhard: Staatskunst und Kriegshandwerk. Das Problem des „Militarismus" in Deutschland, Bd. 1, München ⁴1970

Rosenberg, Hans: Bureaucracy, Aristocracy and Autocracy. The Prussian Experiance 1660-1815, Cambridge 1958

Deppermann, Klaus: Der preußische Absolutismus und der Adel. Eine Auseinandersetzung mit der marxistischen Absolutismustheorie, in: Geschichte und Gesellschaft 8 (1982), S. 538-553

4. 19. Jahrhundert

4.1 Epochendarstellungen

Craig, Gordon A.: Deutsche Geschichte 1866-1945, München [3]1981

Mann, Golo: Deutsche Geschichte des 19. und 20. Jahrhunderts, Frankfurt a.M. [18]1985

Wehler, Hans-Ulrich: Deutsche Gesellschaftsgeschichte, Bd. 1-3, München 1987 ff

Nipperdey, Thomas: Deutsche Geschichte 1800-1866. Bürgerwelt und starker Staat, München [3]1985

Möller, Horst: Fürstenstaat und Bürgernation. Deutschland 1763-1815, Berlin 1989

Lutz, Heinrich: Zwischen Habsburg und Preußen. Deutschland 1815-1866, Berlin 1985

Raumer, Kurt und Manfred Botzenhart: Deutschland von 1789 bis 1815 (= Deutsche Geschichte, hg. Leo Just, Bd. 3/1a), Wiesbaden [5]1980

Faber, Kurt Georg: Restauration und Revolution. Von 1815 bis 1851 (= Deutsche Geschichte, hg. Leo Just, Bd. 3/1b), Wiesbaden 1979

Schnabel, Franz: Deutsche Geschichte im 19. Jahrhundert, 4 Bde., Freiburg [3]1947

Aretin, Karl Otmar Freiherr von: Vom Deutschen Reich zum Deutschen Bund, Göttingen 1980

Rürup, Reinhard: Deutschland im 19. Jahrhundert. 1815-1871, Göttingen 1984

Koch, Rainer: Deutsche Geschichte 1815-1848, Stuttgart 1985

Nipperdey, Thomas: Deutsche Geschichte 1866-1918, 2 Bde., München 1990-1993

Stürmer, Michael: Das ruhelose Reich. Deutschland 1866-1918, Berlin 1983

Wehler, Hans-Ulrich: Das Deutsche Kaiserreich 1871-1918, Göttingen [5]1983

Ploetz: Das deutsche Kaiserreich, 1867/71-1918. Bilanz einer Epoche, hg. Dieter Langewiesche, Würzburg 1984

Baumgart, Winfried: Deutschland im Zeitalter des Imperialismus (1890-1914), Stuttgart [5]1986

Die Habsburgermonarchie 1848-1918, hg. Adam Wandruschka und P. Urbanitsch, 4 Bde., Wien 1973 ff

Probleme der franzisko-josephinischen Zeit, 1848-1916, hg. Friedrich Engel-Janosi und Helmut Rumpler, München 1967

Fehrenbach, Elisabeth: Vom Ancien Régime zum Wiener Kongreß, München 1981

Langewiesche, Dieter: Restauration und Revolution 1815-1849, München 1985

Gall, Lothar: Europa auf dem Weg in die Moderne 1850-1890, München 1984

Weis, Eberhard: Der Durchbruch des Bürgertums 1776-1847, Frankfurt a.M. 1975

Schieder, Theodor: Staatensystem als Vormacht der Welt. 1848-1918, Frankfurt a.M. 1975

Bergeron, Louis und François Furet und Reinhart Koselleck: Das Zeitalter der europäischen Revolution 1780-1848, Frankfurt a.M. 1969

Palmade, Guy: Das bürgerliche Zeitalter, Frankfurt a.M. 1974

Mommsen, Wolfgang Justin: Das Zeitalter des Imperialismus, Frankfurt a.M. 1969

Deutschland zwischen Revolution und Restauration, hg. Helmut Berding und Hans-Peter Ullmann, Königstein 1981

4.2 Überseewanderung

Marschalck, Peter: Deutsche Überseewanderung im 19. Jahrhundert, Stuttgart 1973

Deutsche Amerikaauswanderung im 19. Jahrhundert. Sozialgeschichtliche Beiträge, hg. Günter Moltmann, Stuttgart 1976

4.3 Wirtschaft und Gesellschaft

4.3.1 Allgemeines

Fischer, Wolfram: Wirtschaft und Gesellschaft im Zeitalter der Industrialisierung, Göttingen 1972

Ruppert, Wolfgang: Die Fabrik. Geschichte von Arbeit und Industrialisierung in Deutschland, München 1983

Die deutsche Stadt im Industriezeitalter, hg. Jürgen Reulecke, Wuppertal 1978

Leinert, Martin: Die Sozialgeschichte der Großstadt, Hamburg 1925

Reulecke, Jürgen: Geschichte der Urbanisierung in Deutschland, Frankfurt a.M. 1985

Materialien zur Statistik des Deutschen Bundes 1815-1870, hg. Wolfram Fischer, J. Krengel und J. Wietog, München 1982

Materialien zur Statistik des Kaiserreichs 1870-1914, hg. Gerd Hohorst u.a., München 1975

4.3.2 Wirtschaft

Industrielle Revolution. Wirtschaftliche Aspekte, hg. Rudolf Braun u.a., Köln 1976

Böhme, Helmut: Prolegomena zu einer Sozial- und Wirtschaftsgeschichte Deutschlands im 19. und 20. Jahrhundert, Frankfurt a.M. 1968

Organisierter Kapitalismus, hg. Heinrich August Winkler, Göttingen 1974

Hentschel, Volker: Wirtschaft und Wirtschaftspolitik im Wilhelminischen Deutschland. Organisierter Kapitalismus und Interventionsstaat, Stuttgart 1978

Quellen zur Geschichte der industriellen Revolution, hg. Wilhelm Treue, H. Pönicke und K. Manegold, Göttingen 1967

Studien zur Geschichte der industriellen Revolution in Deutschland, hg. Hans Mottek, Ost-Berlin 1960

Giedion, Sigfried: Die Herrschaft der Mechanisierung, Frankfurt a.M. 1982

Teuteberg, Hans J. und Günter Wiegelmann: Der Wandel der Nahrungsgewohnheiten unter dem Einfluß der Industrialisierung, Göttingen 1972

Städte-, Wohnungs- und Kleiderhygiene des 19. Jahrhunderts in Deutschland, hg. W. Arzelt u.a., Stuttgart 1969

Simson, John von: Kanalisation und Städtehygiene im 19. Jahrhundert, Düsseldorf 1983

Jetter, Dieter: Grundzüge der Krankenhausgeschichte 1800-1900, Darmstadt 1977

4.3.3 Gesellschaft

Moderne deutsche Sozialgeschichte, hg. Hans-Ulrich Wehler, Köln [5]1976

Deutsche Sozialgeschichte. Dokumente und Skizzen, hg. Bd. 1: Werner Pöls, Bd. 2: Gerhard A. Ritter und Jürgen Kocka, 2 Bde., München 1973-74

Henning, Hansjoachim: Sozialgeschichtliche Entwicklungen in Deutschland von 1815 bis 1860, Paderborn 1977

Henning, Hansjoachim: Quellen zur sozialgeschichtlichen Entwicklung in Deutschland von 1815 bis 1860, Paderborn 1977

Staat und Gesellschaft im deutschen Vormärz 1815-1848, hg. Werner Conze, Stuttgart [2]1970

Steinbach, Peter: Industrialisierung und Sozialsystem im Fürstentum Lippe. Zum Verhältnis von Gesellschaftsstruktur und Sozialverhalten einer verspätet industrialisierten Region im 19. Jahrhundert, Berlin 1976

Gesellschaft in der industriellen Revolution, hg. Rudolf Braun u.a., Köln 1973

Mayer, Arno J.: Adelsmacht und Bürgertum. Die Krise der europäischen Gesellschaft 1848-1914, München 1984

Kocka, Jürgen: Stand – Klasse – Organisation. Strukturen sozialer Ungleichheit in Deutschland vom späten 18. bis zum frühen 20. Jahrhundert im Aufriß, in: Klassen in der europäischen Sozialgeschichte, hg. Hans-Ulrich Wehler, Göttingen 1979, S. 137-65

Kaelble, Hartmut: Industrialisierung und soziale Ungleichheit. Europa im 19. Jahrhundert. Eine Bilanz, Göttingen 1983

Müller, Josef Heinz und Siegfried Geisenberger: Die Einkommensstruktur in verschiedenen deutschen Ländern 1874 bis 1913, Berlin 1972

Kaelble, Hartmut: Sozialer Aufstieg in Deutschland 1850-1914, in: Vierteljahrschrift für Sozial- und Wirtschaftsgeschichte 60 (1973), S. 41-71

Gerhard, Ute: Verhältnisse und Verhinderungen. Frauenarbeit, Familie und Rechte der Frauen im 19. Jahrhundert, Frankfurt a.M. 1981

Schissler, Hanna: Preußische Agrargesellschaft im Wandel. Wirtschaftliche, gesellschaftliche und politische Transformationsprozesse von 1763 bis 1847, Göttingen 1978

Dipper, Christof: Die Bauernbefreiung in Deutschland 1790-1850, Stuttgart 1980

Blasius, Dirk: Bürgerliche Gesellschaft und Kriminalität. Zur Sozialgeschichte Preußens im Vormärz, Göttingen 1976

Faust, Helmut: Geschichte des Genossenschaftswesens, Frankfurt a.M. [2]1965

Beiträge zur Kulturgeschichte der deutschen Arbeiterbewegung 1848-1918, hg. Peter von Rüden u.a., 2 Bde., Frankfurt a.M. 1979-81

Langewiesche, Dieter und Klaus Schönhoven: Arbeiter in Deutschland. Studien zur Lebensweise der Arbeiterschaft im Zeitalter der Industrialisierung, Paderborn 1981

Kultur und Lebensweise des Proletariats, hg. Wolfgang Jacobeit und Ute Mohrmann, Ost-Berlin 1973
Kocka, Jürgen: Arbeitsverhältnisse und Arbeiterexistenzen, Bonn 1990
Jantke, Carl und Dietrich Hilger: Die Eigentumslosen, Freiburg 1965
Arbeiterkultur im 19. Jahrhundert (= Geschichte und Gesellschaft, 1979, H 1)
Europäische Arbeiterbewegungen im 19. Jahrhundert. Deutschland, Österreich, England und Frankreich im Vergleich, hg. Jürgen Kocka, Göttingen 1983
Rühle, Otto: Das proletarische Kind, München 1922
Bürger und Bürgerlichkeit im 19. Jahrhundert, hg. Jürgen Kocka, Göttingen 1987
Kocka, Jürgen: Unternehmer in der deutschen Industrialisierung, Göttingen 1975
Handwerksgeschichte in neuer Sicht, hg. Wilhelm Abel, Göttingen 1970
Buchholtz, Ernst Wolfgang: Ländliche Bevölkerung an der Schwelle des Industriezeitalters. Der Raum Braunschweig als Beispiel, Stuttgart 1966

4.4 Kultur

Bruford, Walter Horace: Deutsche Kultur der Goethezeit, Konstanz 1965
Buchheim, Karl: Deutsche Kultur zwischen 1830 und 1870, Frankfurt a.M. 1966
Kramer, Hans: Deutsche Kultur zwischen 1871 und 1918, Frankfurt a.M. 1971
Hamann, Richard und Jost Hermand: Epochen der deutschen Kultur von 1870 bis zur Gegenwart, 5 Bde., München 1971-76
Kultureller Wandel im 19. Jahrhundert, hg. Günter Wiegelmann, Göttingen 1973
Glaser, Hermann: Maschinenwelt und Alltagsleben. Industriekultur in Deutschland. Vom Biedermeier bis zur Weimarer Republik, Frankfurt a.M. 1981
Glaser, Hermann: Die Kultur der Wilhelminischen Zeit, Frankfurt a.M. 1984
Brunschwig, Henri: Gesellschaft und Romantik in Preußen im 18. Jahrhundert. Die Krise des preußischen Staates am Ende des 18. Jahrhunderts und die Entstehung der romantischen Mentalität, Frankfurt a.M. 1975
Balet, Leo und E. Gerhard: Die Verbürgerlichung der deutschen Kunst, Literatur und Musik im 18. Jahrhundert, Frankfurt a.M. 1973
Klessmann, Eckart. Die deutsche Romantik, Köln 1979
Gerlach, Walther: Fortschritte der Naturwissenschaften im 19. Jahrhundert, in: Propyläen Weltgeschichte, Bd. 8, Frankfurt a.M. 1960, S. 235-77
Medizin, Naturwissenschaft, Technik und das Zweite Kaiserreich, hg. Gunter Mann und Rolf Wiener, Göttingen 1970
Dahlhaus, Carl: Die Musik des 19. Jahrhunderts, Wiesbaden 1980
Fellerer, Karl Gustav: Studien zur Musik des 19. Jahrhunderts, Regensburg 1984
Das Triviale in Literatur, Musik und bildender Kunst, hg. Helga de La Motte-Haber, Frankfurt a.M. 1972
Schenda, Rudolf: Volk ohne Buch. Studien zur Sozialgeschichte der populären Lesestoffe 1770-1910, München 1977
Studien zur Trivialliteratur. 19. Jahrhundert, hg. Heinz Otto Burger, Frankfurt a.M. [2]1976
Kaldany-Mohr, Irmgard: „Unterhaltungsmusik" als soziokulturelles Phänomen des 19. Jahrhunderts, Regensburg 1977
Studien zur Trivialmusik des 19. Jahrhunderts, hg. Carl Dahlhaus, Regensburg 1967
Blessing, Werner K.: Staat und Kirche in der Gesellschaft. Institutionelle Autorität und mentaler Wandel in Bayern während des 19. Jahrhunderts, Göttingen 1982
Greschat, Martin: Das Zeitalter der Industriellen Revolution. Das Christentum vor der Moderne, Stuttgart 1980
Schivelbusch, Wolfgang: Geschichte der Eisenbahnreise. Zur Industrialisierung von Raum und Zeit im 19. Jahrhundert, München 1977
Schivelbusch, Wolfgang: Lichtblicke. Zur Geschichte der künstlichen Helligkeit im 19. Jahrhundert, München 1983
Volksleben zwischen Zunft und Fabrik. Studien zur Kultur und Lebensweise werktätiger Klassen und Schichten während des Übergangs vom Feudalismus zum Kapitalismus, hg. Rudolf Weinhold, Ost-Berlin 1982
Verhaltenswandel in der industriellen Revolution, hg. August Nitschke, Stuttgart 1975

Hepp, Corona: Avantgarde. Moderne Kunst, Kulturkritik und Reformbewegung nach der Jahr-
hundertwende, München 1986
Brehpohl, Wilhelm: Industrievolk im Wandel von der agraren zur industriellen Daseinsform, dar-
gestellt am Ruhrgebiet, Tübingen 1957
Stern, Fritz: Kulturpessimismus als politische Gefahr, Bern 1963
Pot, Johan Hendrik Jakob van der: Die Bewertung des technischen Fortschritts. Eine systemati-
sche Übersicht der Theorien, 2 Bde., Assen 1985
Bergmann, Klaus: Agrarromantik und Großstadtfeindschaft, Meisenheim 1970

4.5 Politik

4.5.1 Revolution 1848

Siemann, Wolfram: Die deutsche Revolution von 1848/49, Frankfurt a.M. 1985
Die deutsche Revolution von 1848/49, hg. Dieter Langewiesche, Darmstadt 1983
Blackbourn, David und Geoff Eley: Mythen deutscher Geschichtsschreibung. Die gescheiterte
bürgerliche Revolution von 1848, Frankfurt a.M. 1980
Valentin, Veit: Geschichte der deutschen Revolution 1848/49, 2 Bde., Köln 1970
Stadelmann, Rudolf: Soziale und politische Geschichte der Revolution von 1848, München ³1973
Wollstein, Günter: Das „Großdeutschland" der Paulskirche. Nationale Ziele der bürgerlichen
Revolution 1848/49, Düsseldorf 1977
Mommsen, Wilhelm: Größe und Versagen des deutschen Bürgertums. Ein Beitrag zur Geschich-
te des Jahres 1848/49, München ²1964
Vossler, Otto: Die Revolution von 1848 in Deutschland, Frankfurt a.M. ³1972
Wollstein, Günter: Deutsche Geschichte 1848/49. Gescheiterte Revolution in Mitteleuropa,
Stuttgart 1986
Rothfels, Hans: 1848. Betrachtungen im Abstand von hundert Jahren, Darmstadt 1972

4.5.2 Reichsgründung 1871

Reichsgründung 1870/71. Tatsachen, Kontroversen, Interpretationen, hg. Theodor Schieder und
Ernst Deuerlein, Stuttgart 1970
Probleme der Reichsgründungszeit 1848-79, hg. Helmut Böhme, Köln 1968
Die großpreußisch-militaristische Reichsgründung, hg. Horst Bartel und Ernst Engelberg, 2 Bde.,
Ost-Berlin 1971
Lutz, Heinrich: Österreich-Ungarn und die Gründung des Deutschen Reiches. Europäische Ent-
scheidungen 1867-1871, Frankfurt a.M. 1979
Zechlin, Egmont: Bismarck und die Grundlegung der deutschen Großmacht, Stuttgart ²1960
Böhme, Helmut: Deutschlands Weg zur Großmacht. Studien zum Verhältnis von Wirtschaft und
Staat während der Reichsgründungszeit 1848-1881, Köln 1966
Zechlin, Egmont: Die deutsche Reichsgründung, Berlin 1967
Stadler, Peter: Die Schweiz und die deutsche Reichsgründung, in: Geschichte in Wissenschaft und
Unterricht 25 (1974), S. 209-27

4.5.3 Innenpolitik des Kaiserreiches

Das kaiserliche Deutschland. Politik und Gesellschaft 1870-1918, hg. Michael Stürmer, Düsseldorf
1977
Innenpolitische Probleme des Bismarck-Reiches, hg. Otto Pflanze, München 1983
Das Deutsche Kaiserreich 1871-1914. Ein historisches Lesebuch, hg. Gerhard A. Ritter, Göttingen
²1975
Moderne deutsche Verfassungsgeschichte (1815-1918), hg. Ernst-Wolfgang Böckenförde und
R. Wahl, Köln 1972
Probleme politischer Partizipation im Modernisierungsprozeß, hg. Peter Steinbach, Stuttgart 1982
Schmidt, Gustav: Parlamentarisierung oder „Präventive Konterrevolution", in: Gesellschaft,
Parlament und Regierung, hg. Gerhard A. Ritter, Düsseldorf 1974, S. 249-78
Rauch, Manfred: Die Parlamentarisierung des Deutschen Reiches, Düsseldorf 1977
Lepsius, M. Rainer: Parteiensystem und Sozialstruktur: Zum Problem der Demokratisierung der
deutschen Gesellschaft, in: Wirtschaft, Geschichte und Wirtschaftsgeschichte. Festschrift
F. Lütge, hg. W. Abel u.a., Stuttgart 1966, S. 371-93

Langewiesche, Dieter: Das Deutsche Kaiserreich – Bemerkungen zur Diskussion über Parlamentarisierung und Demokratisierung Deutschlands, in: Archiv für Sozialgeschichte 19 (1979), S. 628-42

Groh, Dieter: Negative Integration und revolutionärer Attentismus. Die deutsche Sozialdemokratie am Vorabend des Ersten Weltkrieges, Berlin 1973

Gall, Lothar: Zu Ausbildung und Charakter des Interventionsstaats, in: Historische Zeitschrift 227 (1978), S. 552-70

Blaich, Fritz: Staat und Verbände in Deutschland 1871-1945, Wiesbaden 1979

4.5.4 Außenpolitik des Kaiserreiches, Erster Weltkrieg

Hillgruber, Andreas: Bismarcks Außenpolitik, Freiburg 1972

Geiss, Imanuel: Das Deutsche Reich und die Vorgeschichte des Ersten Weltkriegs, München 1978

Fischer, Fritz: Krieg der Illusionen. Die deutsche Politik 1911 bis 1914, Düsseldorf ^{2}1970

Marine und Marinepolitik im kaiserlichen Deutschland 1871-1914, hg. Herbert Schottelius und Wilhelm Deist, Düsseldorf 1972

Gründer, Horst: Geschichte der deutschen Kolonien, Paderborn 1985

Herzfeld, Hans: Der Erste Weltkrieg, München ^{7}1985

Kielmannsegg, Peter Graf: Deutschland und der Erste Weltkrieg, Frankfurt a.M. ^{2}1980

Erster Weltkrieg. Ursachen, Entstehung und Kriegsziele, hg. Wolfgang Schieder, Köln 1969

Fischer, Fritz: Griff nach der Weltmacht. Die Kriegszielpolitik des kaiserlichen Deutschland 1914/18, Düsseldorf 1961

Zechlin, Egmont: Kriegsausbruch und Kriegsziele 1914, Göttingen 1972

Hölzle, Erwin: Die Selbstentmachtung Europas. Das Experiment des Friedens vor und im Ersten Weltkrieg, 2 Bde., Göttingen 1975-78

4.5.5 Politik: Verschiedenes

Willms, Johannes: Nationalismus ohne Nation. Deutsche Geschichte 1789-1914, Frankfurt a.M. 1985

Näf, Werner: Die Epochen der neueren Geschichte. Staat und Staatengemeinschaft vom Ausgang des Mittelalters bis zur Gegenwart, 2 Bde., München 1970

Preradovich, Nikolaus von: Die Führungsschichten in Österreich und Preußen 1804-1918, Wiesbaden 1955

Kann, Robert A.: Das Nationalitätenproblem der Habsburger Monarchie, 2 Bde., Graz ^{2}1964

Ritter, Gerhard: Staatskunst und Kriegshandwerk. Das Problem des „Militarismus" in Deutschland, 4 Bde., München 1954-68

Heffter, Heinrich: Die deutsche Selbstverwaltung im 19. Jahrhundert, Stuttgart 1950

Sell, Friedrich C.: Die Tragödie des deutschen Liberalismus, Stuttgart ^{2}1981

Koselleck, Reinhart: Preußen zwischen Reform und Revolution. Allgemeines Landrecht, Verwaltung und soziale Bewegung von 1791 bis 1848, Stuttgart ^{3}1981

Knemeyer, Franz-Ludwig: Regierungs- und Verwaltungsreformen in Deutschland zu Beginn des 19. Jahrhunderts, Köln 1970

Srbik, Heinrich von: Metternich, 2 Bde., München ^{3}1957

Griewank, Karl: Der Wiener Kongreß und die europäische Restauration 1814/15, Leipzig ^{3}1963

Srbik, Heinrich von: Deutsche Einheit. Idee und Wirklichkeit vom Heiligen Reich bis Königgrätz, 4 Bde., München 1935-42

Schulze, Hagen: Der Weg zum Nationalstaat. Die deutsche Nationalbewegung vom 18. Jahrhundert bis zur Reichsgründung, München 1985

Nationalismus und sozialer Wandel, hg. Otto Dann, Hamburg 1978

Schieder, Theodor: Das deutsche Kaiserreich von 1871 als Nationalstaat, Köln 1961

Gall, Lothar: Bismarck. Der weiße Revolutionär, Berlin 1980

Engelberg, Ernst: Bismarck. Urpreuße und Reichsgründer, 2 Bde., Berlin 1985-90

Das Bismarck-Problem in der Geschichtsschreibung nach 1945, hg. Lothar Gall, Köln 1971

Wehler, Hans-Ulrich: Bismarck und der Imperialismus, München ^{4}1976

Stegmann, Dirk: Die Erben Bismarcks, Köln 1970

Wehler, Hans-Ulrich: Krisenherde des Kaiserreiches 1871-1918, Göttingen ^{2}1979

Fischer, Fritz: Der Erste Weltkrieg und das deutsche Geschichtsbild. Beiträge zur Bewältigung eines historischen Tabus, Düsseldorf 1977

5. 1918-45

5.1 Allgemeines

Schulz, Gerhard: Deutschland seit dem Ersten Weltkrieg 1918-1945, Göttingen 1976
Craig, Gordon A.: Deutsche Geschichte 1866-1945, München [3]1981
Mann, Golo: Deutsche Geschichte des 19. und 20. Jahrhunderts, Frankfurt a.M. [2]1969
Bracher, Karl Dietrich: Die Krise Europas 1917-1975, Frankfurt a.M. 1975
Petzina, Dietmar: Die deutsche Wirtschaft in der Zwischenkriegszeit, Wiesbaden 1977
Materialien zur Statistik des Deutschen Reiches 1914-1945, hg. Dieter Petzina u.a., München 1978
Fischer, Wolfram: Deutsche Wirtschaftspolitik 1918-1945, Opladen 1968
Blaich, Fritz: Staat und Verbände in Deutschland 1871-1945, Wiesbaden 1979
Lindt, Andreas: Das Zeitalter des Totalitarismus. Politische Heilslehren und ökonomischer Aufbruch (= Christentum und Gesellschaft, Bd. 13), Stuttgart 1981
Scholder, Klaus: Die Kirchen und das Dritte Reich (1918-1934), 2 Bde., Frankfurt 1977 (I) und Berlin 1985 (II)
Deutsche Kunst der 20er und 30er Jahre, hg. Erich Steingräber, München 1979
Rothenberger, Karl-Heinz: Die elsaß-lothringische Heimat- und Autonomiebewegung zwischen den beiden Weltkriegen, Frankfurt a.M. 1975

5.2 1918-33

5.2.1 Gesamtdarstellungen und Allgemeines

Schulze, Hagen: Weimar. Deutschland 1917-1933, Berlin 1982
Kolb, Eberhard: Die Weimarer Republik, München 1984
Peukert, Detlev: Die Weimarer Republik, Frankfurt a.M. 1987
Mommsen, Hans: Die verspielte Freiheit. Der Weg der Republik von Weimar in den Untergang 1918 bis 1933, Berlin 1989
Rosenberg, Arthur: Geschichte der Weimarer Republik, Köln [20]1980
Weimar. Selbstpreisgabe einer Demokratie. Eine Bilanz heute, hg. Karl Dietrich Erdmann und Hagen Schulze, Düsseldorf 1980
Die Weimarer Republik. Belagerte Civitas, hg. Michael Stürmer, Königstein [2]1985
Tormin, Walter: Die Weimarer Republik, Hannover [18]1973
Heiber, Helmut: Die Republik von Weimar, München [8]1975
Dederke, Karlheinz: Reich und Republik. Deutschland 1917-1933, Stuttgart [5]1984
Die Republik von Weimar, hg. Jens Flemming u.a., 2 Bde., Düsseldorf 1979
Industrielles System und politische Entwicklung in der Weimarer Republik, hg. Hans Mommsen, Dietmar Petzina und Bernd Weisbrod, Düsseldorf 1974
Winkler, Heinrich August: Von der Revolution zur Stabilisierung der Republik. Arbeiter und Arbeiterbewegung in der Weimarer Republik 1918 bis 1924, Berlin 1984
ders.: Der Schein der Normalität. Arbeiter und Arbeiterbewegung in der Weimarer Republik 1924 bis 1930, Berlin 1985
ders.: Der Weg in die Katastrophe. Arbeiter und Arbeiterbewegung in der Weimarer Republik 1930 bis 1933, Berlin 1987

5.2.2 Wirtschaft und Gesellschaft

Holtfrerich, Carl-Ludwig: Die deutsche Inflation 1914-1923. Ursachen und Folgen in internationaler Perspektive, Berlin 1980
Die deutsche Inflation. Eine Zwischenbilanz, hg. Gerald D. Feldman u.a., Berlin 1982
Geiger, Theodor: Die soziale Schichtung des deutschen Volks, Stuttgart 1932
Abelshauser, Werner: Die Weimarer Republik als Wohlfahrtsstaat, Wiesbaden 1987
Preller, Ludwig: Sozialpolitik in der Weimarer Republik, Stuttgart [2]1978
Zapf, Wolfgang: Wandlungen der deutschen Elite. Ein Zirkulationsmodell deutscher Führungsgruppen 1919-1961, München 1965

5.2.3 Kultur

Laquer, Walter: Weimar. Die Kultur der Republik, Frankfurt a.M. 1976
Hermand, Jost und Frank Trommler: Die Kultur der Weimarer Republik, München 1978
Linse, Ulrich: Barfüßige Propheten. Erlöser der zwanziger Jahre, Berlin 1983

5.2.4 Innen- und Außenpolitik

Kluge, Ulrich: Die deutsche Revolution 1918/19, Frankfurt a.M. 1985
Vom Kaiserreich zur Weimarer Republik, hg. Eberhard Kolb, Köln 1972
Carsten, Francis Ludwig: Revolution in Mitteleuropa 1918-19, Köln 1973
Rürup, Reinhard: Demokratische Revolution und „dritter Weg". Die deutsche Revolution von 1918/19 in der neueren wissenschaftlichen Diskussion, in: Geschichte und Gesellschaft 9 (1983), S. 278-301
Jesse, Eckhard und Henning Köhler: Die deutsche Revolution 1918/19 im Wandel der historischen Forschung. Forschungsüberblick und Kritik an der „herrschenden Lehre", in: aus politik und zeitgeschichte B 45/1978, S. 3-23
Die ungeliebte Republik. Dokumentation zur Innen- und Außenpolitik Weimars 1918-1933, hg. Wolfgang Michalka und Gottfried Niedhart, München 1980
Sontheimer, Kurt: Antidemokratisches Denken in der Weimarer Republik. Die politischen Ideen des deutschen Nationalismus zwischen 1918-33, München 1962
Die Krise des Liberalismus zwischen den Weltkriegen, hg. Rudolf von Thadden, Göttingen 1978
Bracher, Karl Dietrich: Die Auflösung der Weimarer Republik, Düsseldorf [6]1978
Bischof, Erwin: Rheinischer Separatismus 1918-24, Bern 1969
Turner, Henry Ashby: Stresemann − Republikaner aus Vernunft, Berlin 1968
Sontheimer, Kurt: Deutschland zwischen Demokratie und Antidemokratie. Studien zum politischen Bewußtsein der Deutschen, München 1971
Jaworkski, Rudolf: Vorposten oder Minderheit. Der sudetendeutsche Volkstumskampf in den Beziehungen zwischen Weimarer Republik und der ČSR, Stuttgart 1977

5.3 NS-Staat

5.3.1 Gesamtdarstellungen und Allgemeines

Thamer, Hans-Ulrich: Verführung und Gewalt. Deutschland 1933-1945, Berlin 1986
Bracher, Karl Dietrich: Die deutsche Diktatur. Entstehung, Struktur, Folgen des Nationalsozialismus, Köln [6]1979
Ploetz. Das Dritte Reich, hg. Martin Broszat und Norbert Frei, Würzburg 1983
Hildebrand, Klaus: Das Dritte Reich, München [3]1987
Aleff, Eberhard: Das Dritte Reich, Hannover [16]1970
Das Dritte Reich. Herrschaftsstruktur und Geschichte, hg. Martin Broszat und Horst Möller, München 1983
Nationalsozialistische Diktatur 1933 bis 1945. Eine Bilanz, hg. Karl Dietrich Bracher, Manfred Funke und Hans-Adolf Jacobsen, Düsseldorf 1983
Broszat, Martin: Der Staat Hitlers, München [10]1983
Fest, Joachim: Hitler, Frankfurt a.M. 1976
Jäckel, Eberhard: Hitlers Weltanschauung. Entwurf einer Herrschaft, Tübingen 1969
Nolte, Ernst: Der Faschismus in seiner Epoche, München [6]1984
Kershaw, Ian: Der NS-Staat. Geschichtsinterpretationen und Kontroversen im Überblick, Reinbek 1988
Hildebrand, Klaus: Hitlers Ort in der Geschichte des preußisch-deutschen Nationalstaats, in: Historische Zeitschrift 217 (1973), S. 584-632
Wippermann, Wolfgang: Faschismustheorien, Darmstadt [4]1980
Saage, Richard: Faschismustheorien. Eine Einführung, München [3]1981
Bracher, Karl Dietrich: Zeitgeschichtliche Kontroversen. Um Faschismus, Totalitarismus, Demokratie, München [5]1984
Hillgruber, Andreas: Endlich genug über Nationalsozialismus und Zweiter Weltkrieg? Forschungsstand und Literatur, Düsseldorf 1982
Der Nationalsozialismus. Dokumente 1933-1945, hg. Walther Hofer, Frankfurt a.M. 1957
Der deutsche Faschismus in Quellen und Dokumenten, hg. Reinhard Kühnl, Köln [5]1980

5.3.2 Gesellschaft

Schoenbaum, David: Die braune Revolution. Eine Sozialgeschichte des Dritten Reiches, Köln 1968

Mason, Timothy W.: Sozialpolitik im Dritten Reich. Arbeiterklasse und Volksgemeinschaft, Opladen 1977

Saldern, Adelheid von: Mittelstand im Dritten Reich, Frankfurt a.M. 1979

Frauen im Faschismus, hg. Annette Kuhn und Valentine Rothe, 2 Bde., Düsseldorf 1982

5.3.3 Kultur

Kunst und Kultur im deutschen Faschismus, hg. Ralf Schnell, Stuttgart 1978

Schäfer, Hans Dieter: Das gespaltene Bewußtsein. Über deutsche Kultur und Lebenswirklichkeit 1933-1945, München 1981

Loewy, Ernst: Literatur unterm Hakenkreuz. Das Dritte Reich und seine Dichtung, Frankfurt a.M. 1983

Die deutsche Literatur im Dritten Reich, hg. Horst Denkler und Karl Prümm, Stuttgart 1976

Hinz, Berthold: Die Dekoration der Gewalt. Kunst und Medien im Faschismus, Gießen 1979

Merker, Reinhard: Die bildenden Künste im Nationalsozialismus. Kulturideologie, Kulturpolitik, Kulturproduktion, Köln 1983

Petsch, Joachim: Baukunst und Stadtplanung im Dritten Reich, München 1976

Wissenschaft im Dritten Reich, hg. Peter Lundgreen, Frankfurt a.M. 1985

Die Kirchen im Dritten Reich. Christen und Nazis Hand in Hand?, hg. Georg Denzler und Volker Fabricius, 2 Bde., Frankfurt a.M. 1984

Deutsches Geistesleben und Nationalsozialismus, hg. Andreas Flitner, Tübingen 1965

Möller, Horst: Exodus der Kultur. Schriftsteller, Wissenschaftler und Künstler in der Emigration nach 1933, München 1984

Bleuel, Hans Peter: Das saubere Reich, Bern 1972

5.3.4 Alltag

Focke, Harald und Uwe Reimer: Alltag unterm Hakenkreuz, Reinbek 1979

Heyen, Franz Josef: Nationalsozialismus im Alltag, Boppard 1967

Terror und Hoffnung in Deutschland 1933-45. Leben im Faschismus, hg. Johannes Beck u.a., Reinbek 1980

Steinbach, Lothar: Ein Volk, ein Reich, ein Glaube? Ehemalige Nationalsozialisten und Zeitzeugen berichten über ihr Leben im Dritten Reich, Berlin 1984

5.3.5 Machtergreifung

Bracher, Karl Dietrich, Wolfgang Sauer und Gerhard Schulz: Die nationalsozialistische Machtergreifung, Köln [3]1974

Deutschlands Weg in die Diktatur. Internationale Konferenz zur nationalsozialistischen Machtübernahme, hg. Martin Broszat, Berlin 1985

Jasper, Gotthard: Die gescheiterte Zähmung. Wege zur Machtergreifung Hitlers 1930-34, Frankfurt a.M. 1986

Die nationalsozialistische Machtergreifung, hg. Wolfgang Michalka, Paderborn 1984

Möller, Horst: Die nationalsozialistische Machtergreifung. Konterrevolution oder Revolution, in: Vierteljahreshefte für Zeitgeschichte 31 (1983), S. 25-51

Turner, Henry Ashby jr.: Die Großunternehmer und der Aufstieg Hitlers, Berlin 1985

Turner, Henry Ashby jr.: Faschismus und Kapitalismus in Deutschland, Göttingen 1972

5.3.6 Widerstand

Der Widerstand gegen den Nationalsozialismus. Die deutsche Gesellschaft und der Widerstand gegen Hitler, hg. Jürgen Schmädeke und Peter Steinbach, München [2]1986

Roon, Ger van: Widerstand im Dritten Reich, München [4]1987

Der deutsche Widerstand 1933-1945, hg. Klaus-Jürgen Müller, Paderborn 1986

Hoffmann, Peter: Widerstand, Staatsstreich, Attentat, München [4]1985

Hoffmann, Peter: Widerstand gegen Hitler. Probleme des Umsturzes, München [2]1984

Muth, Heinrich: Jugendopposition im Dritten Reich, in: Vierteljahreshefte für Zeitgeschichte 30 (1982), S. 369-417

Weisenborn, Günther: Der lautlose Aufstand. Bericht über die Widerstandsbewegung des deutschen Volkes 1933-1945, Frankfurt a.M. [4]1974

5.3.7 Terror und Verbrechen

Broszat, Martin, Hans-Adolf Jacobsen und Hans Krausnick: Anatomie des SS-Staates, Olten 1965

Die deutsche Justiz und der Nationalsozialismus, 3 Bde., Stuttgart 1968-74

Gruchmann, Lothar: Justiz im Dritten Reich 1933-1940, München 1988

Adam, Uwe Dietrich: Judenpolitik im Dritten Reich, Düsseldorf 1979

Hilberg, Raul: Die Vernichtung der europäischen Juden. Die Gesamtgeschichte des Holocaust, Berlin 1982

Die nationalsozialistischen Gewaltverbrechen, hg. Reinhard Henkys, Stuttgart 1964

5.3.8 Außenpolitik und Zweiter Weltkrieg

Recker, Marie-Luise: Die Außenpolitik des Dritten Reiches, München 1990

Hildebrand, Klaus: Deutsche Außenpolitik 1933-1945, Stuttgart [2]1973

Jacobsen, Hans-Adolf: Nationalsozialistische Außenpolitik, Frankfurt a.M. 1968

Hitler, Deutschland und die Mächte. Studien zur Außenpolitik des Dritten Reiches, hg. Manfred Funke, Düsseldorf 1976

Nationalsozialistische Außenpolitik, hg. Wolfgang Michalka, Darmstadt 1978

Kuhn, Axel: Hitlers außenpolitisches Programm. Entstehung und Entwicklung 1919-1939, Stuttgart 1970

Thies, Jochen: Architekt der Weltherrschaft. Die „Endziele" Hitlers, Düsseldorf [2]1976

Das Deutsche Reich und der Zweite Weltkrieg, hg. Militärgeschichtliches Forschungsamt, 10 Bde., Stuttgart 1979 ff

Gruchmann, Lothar: Der Zweite Weltkrieg. Kriegführung und Politik, München [8]1985

Dahms, Hellmuth Günther: Der Zweite Weltkrieg, Tübingen 1965

Hillgruber, Andreas: Hitlers Strategie. Politik und Kriegführung 1940-1941, Frankfurt a.M. 1965

Jacobsen, Hans-Adolf: Der Weg zur Teilung der Welt. Politik und Strategien von 1939 bis 1945, Koblenz 1977

Ploetz. Geschichte des Zweiten Weltkrieges, 2 Bde., Würzburg 1960

Kriegsbeginn 1939. Entfesselung oder Ausbruch des Zweiten Weltkriegs?, hg. Gottfried Niedhart, Darmstadt 1976

Lukacs, John: Die Entmachtung Europas. Der letzte europäische Krieg 1939-1941, Stuttgart 1978

Martin, Bernd: Friedensinitiativen und Machtpolitik im Zweiten Weltkrieg 1939-1942, Düsseldorf 1974

Probleme des Zweiten Weltkrieges, hg. Andreas Hillgruber, Köln 1967

Michaelis, Herbert: Der Zweite Weltkrieg 1939-1945, Frankfurt a.M. 1972

Der Zweite Weltkrieg in Bildern und Dokumenten, hg. Hans-Adolf Jacobsen und Hans Dollinger, 3 Bde., München 1963

5.4 Österreich und der Anschluß

Weinzierl, Erika und Kurt Skalnik: Österreich 1918-1938, 2 Bde., Graz 1983

Geschichte der Republik Österreich, hg. Heinrich Benedikt, München 1954

Carsten, Francis L.: Faschismus in Österreich. Von Schönerer zu Hitler, München 1977

Kreissler, Felix: Von der Revolution zur Annexion. Österreich 1918-1938, Wien 1970

Schausberger, Norbert: Der Griff nach Österreich. Der Anschluß, Wien 1978

Luža, Radomir: Österreich und die großdeutsche Idee in der NS-Zeit, Wien 1977

Gehl, Jürgen: Austria, Germany and the Anschluss 1931-1938, London 1963

6. Seit 1945

6.1 Gesamtdarstellungen

Grosser, Alfred: Geschichte Deutschlands seit 1945. Eine Bilanz, München [11]1984
Vogelsang, Thilo: Das geteilte Deutschland, München [12]1983
Bracher, Karl Dietrich: Die Krise Europas 1917-1975, Frankfurt a.M. 1975

6.2 Vertreibung und Auslandsdeutsche

Die Vertreibung der Deutschen aus dem Osten. Ursachen, Ereignisse, Folgen, hg. Wolfgang Benz,
    Frankfurt a.M. 1985
Zayas, Alfred M. de: Die Anglo-Amerikaner und die Vertreibung der Deutschen, München [3]1978
Die Vertreibung der deutschen Bevölkerung aus den Gebieten östlich der Oder-Neisse, hg. Bun-
    desministerium für Vertriebene, 3 Bde., Wolfenbüttel/Berlin 1953-60
Die Vertreibung der deutschen Bevölkerung aus der Tschechoslowakei, hg. Bundesministerium
    für Vertriebene, 2 Bde., Berlin 1957
Born, Joachim und Sylvia Dickgießer: Deutschsprachige Minderheiten, Mannheim 1989
Wege und Wandlungen. Die Deutschen in der Welt heute, 2 Bde., Berlin 1981-82
Ritschel, Karl-Heinz: Diplomatie um Südtirol, Stuttgart 1966

6.3 Teilung und deutsche Frage

Hillgruber, Andreas: Deutsche Geschichte 1945-1982. Die „deutsche Frage" in der Weltpolitik,
    Stuttgart [6]1987
Nolte, Ernst: Deutschland und der kalte Krieg, München [2]1985
Erdmann, Karl Dietrich: Drei Staaten − zwei Nationen − ein Volk? Überlegungen zu einer deut-
    schen Geschichte seit der Teilung, Kiel 1985
Weidenfeld, Werner: Die Frage nach der Einheit der deutschen Nation, München 1981
Die Identität der Deutschen, hg. Werner Weidenfeld, München 1983
Graml, Hermann: Die Alliierten und die Teilung Deutschlands. Konflikte und Entscheidungen
    1941-1948, Frankfurt a.M. 1985
Backer, John H.: Die Entscheidung zur Teilung Deutschlands. Amerikas Deutschlandpolitik
    1943-1948, München 1981
Fritsch-Bournazel, Renata: Die Sowjetunion und die deutsche Teilung. Die sowjetische Deutsch-
    landpolitik 1945-1979, Opladen 1979
Schwarz, Hans-Peter: Vom Reich zur Bundesrepublik. Deutschland im Widerstreit der außen-
    politischen Konzeptionen in den Jahren der Besatzungsherrschaft 1945-1949, Neuwied [2]1980
Bruns, Wilhelm: Deutsch-deutsche Beziehungen, Opladen [4]1984
Buchheim, Hans: Deutschlandpolitik 1949-1972. Der politisch-diplomatische Prozeß, Stuttgart
    1984
Loth, Wilfried: Die Teilung der Welt 1941-55, München 1980

6.4 BRD − DDR im Vergleich

Deutschland-Handbuch. Eine doppelte Bilanz 1949-1989, hg. Werner Weidenfeld und Hartmut
    Zimmermann, München 1989
Behr, Wolfgang: Bundesrepublik Deutschland − Deutsche Demokratische Republik. Systemver-
    gleich. Politik − Wirtschaft − Gesellschaft, Stuttgart [2]erweiterte 1985
Bundesrepublik Deutschland und Deutsche Demokratische Republik. Die beiden deutschen
    Staaten im Vergleich, hg. Eckhard Jesse, Berlin 1980
Böger, Klaus und Hans Kremendahl: Bundesrepublik Deutschland − Deutsche Demokratische
    Republik: Vergleich der Systeme. Unterrichtsmaterial für die Sekundarstufe 2, Didaktischer
    Teil, Stuttgart 1979

Kulturpolitisches Wörterbuch: Bundesrepublik Deutschland / Deutsche Demokratische Republik im Vergleich, hg. Wolfgang R. Langenbucher, Ralf Rytlewski und Bernd Weyergraf, Stuttgart 1983

Thomas, Karin: Zweimal deutsche Kunst nach 1945, Köln 1985

Bergsdorf, Wolfgang und Uwe Göbel: Bildungs- und Wissenschaftspolitik im geteilten Deutschland, Wien 1980

Leptin, Gert: Die deutsche Wirtschaft nach 1945. Ein Ost-West-Vergleich, Opladen [3]1980

BRD – DDR. Die Wirtschaftssysteme, hg. Hannelore Hamel, München [3]1983

Winkel, Harald: Die Wirtschaft im geteilten Deutschland 1945-1970, Wiesbaden 1974

Arbeitsschutz und Arbeitssicherheit in beiden deutschen Staaten, hg. Friedrich Ebert Stiftung, Bonn 1979

Schichtarbeit in beiden deutschen Staaten, hg. Friedrich Ebert Stiftung, Bonn 1979

Umweltschutz in beiden Teilen Deutschlands, hg. Maria Haendcke-Hoppe und Konrad Merkel, Berlin 1986

Urlaub und Tourismus in beiden deutschen Staaten, hg. Friedrich Ebert Stiftung, Bonn 1978

Wiggershaus, Renate: Geschichte der Frauen und der Frauenbewegung in der BRD und in der DDR nach 1945, Wuppertal 1979

Jugend im doppelten Deutschland, hg. Walter Jaide und Barbara Hille, Opladen 1977

End, Heinrich: Zweimal deutsche Außenpolitik. Internationale Dimensionen des innerdeutschen Konflikts 1949-1972, Köln 1973

Die Dritte Welt und die beiden Staaten in Deutschland, hg. Siegfried Baske und Gottfried Zieger, Asperg 1983

Blänsdorf, Agnes: Zur Konfrontation mit der NS-Vergangenheit in der Bundesrepublik, der DDR und Österreich. Entnazifizierung und Wiedergutmachung, in: aus politik und zeitgeschichte B 16-17/1987, S. 3-18

6.5 BRD

6.5.1 Gesamtdarstellungen und Allgemeines

Geschichte der Bundesrepublik Deutschland, hg. Karl Dietrich Bracher u.a., 5 Bde., Wiesbaden 1982-87

Die Bundesrepublik Deutschland. Geschichte in vier Bänden, hg. Wolfgang Benz, 4 Bde., Frankfurt a.M. erweitert 1989

Morsey, Rudolf: Geschichte der Bundesrepublik Deutschland, München 1987

Thränhardt, Dietrich: Geschichte der Bundesrepublik Deutschland, Frankfurt a.M. 1986

Rupp, Hans Karl: Politische Geschichte der BRD. Entstehung und Entwicklung. Eine Einführung, Stuttgart [2]erweiterte 1982

Lehmann, Hans Georg: Chronik der Bundesrepublik Deutschland 1945/49-1983, München [2]1983

Grosser, Alfred: Das Deutschland im Westen. Eine Bilanz nach 40 Jahren, München 1985

Die zweite Republik. 25 Jahre Bundesrepublik Deutschland – eine Bilanz, hg. Richard Löwenthal und Hans-Peter Schwarz, Stuttgart 1974

Die Bundesrepublik. Eine historische Bilanz, hg. Robert Hettlage, München 1990

Claessens, Dieter, Arno Klönne und Armin Tschoepe: Sozialkunde der Bundesrepublik Deutschland, Köln (neu) 1978

Lebensbedingungen in der Bundesrepublik. Sozialer Wandel und Wohlfahrtsentwicklung, hg. Wolfgang Zapf, Frankfurt a.M. 1978

Ballerstedt, Eike und Wolfgang Glatzer: Soziologischer Almanach. Handbuch gesellschaftlicher Daten und Indikatoren, Frankfurt a.M. [3]1979

Voß, Werner: Die BRD. Daten und Analysen, Stuttgart 1980

Die Bundesrepublik Deutschland. Entstehung, Entwicklung, Struktur, hg. Wolf Dieter Narr und Dietrich Thränhardt, Königstein 1979

Vorgeschichte der Bundesrepublik Deutschland, hg. Josef Becker, Theo Stammen und Peter Waldmann, München 1979

Overesch, Manfred: Deutschland 1945-1949. Vorgeschichte und Gründung der Bundesrepublik, Düsseldorf 1979

Benz, Wolfgang: Die Gründung der Bundesrepublik. Von der Bizone zum souveränen Staat, München 1984

Doering-Manteuffel, Anselm: Die Bundesrepublik Deutschland in der Ära Adenauer, Darmstadt 1983

6.5.2 Subjektive Sichtweisen

Mitscherlich, Alexander und Margarete: Die Unfähigkeit zu trauern, München 1968
Stichworte zur „Geistigen Situation der Zeit", hg. Jürgen Habermas, 2 Bde., Frankfurt a.M. 1979
Sontheimer, Kurt: Die verunsicherte Republik. Die Bundesrepublik nach 30 Jahren, München 1979
Die zornigen alten Männer. Gedanken über Deutschland nach 1945, hg. Axel Eggebrecht, Reinbek 1979

6.5.3 Demographie, Gastarbeiter

Schmid, Josef: Bevölkerungsveränderungen in der Bundesrepublik Deutschland, Stuttgart 1984
Schrumpfende Bevölkerung, wachsende Probleme? Ursachen, Folgen, Strategien, hg. Warnfried Dettling, München 1978
McRae, Verena: Die Gastarbeiter. Daten, Fakten, Probleme, München [2]1981
Meier-Braun, Karl-Heinz: „Gastarbeiter" oder Einwanderer? Anmerkungen zur Ausländerpolitik in der Bundesrepublik Deutschland, Frankfurt a.M. 1980

6.5.4 Wirtschaft

Abelshauser, Werner: Wirtschaftsgeschichte der Bundesrepublik Deutschland 1945-1980, Frankfurt a.M. [2]1983
Glastetter, Werner, Rüdiger Paulert und Ulrich Spörel: Die wirtschaftliche Entwicklung der Bundesrepublik Deutschland 1950 bis 1980, Frankfurt a.M. 1983
Kern, Horst und Michael Schumann: Industriearbeit und Arbeiterbewußtsein, Frankfurt a.M. 1975
Kern, Horst und Michael Schumann: Das Ende der Arbeitsteilung? Rationalisierung in der industriellen Produktion: Bestandsaufnahme, Trendbestimmung, München [3]1986
Natur- und Umweltschutz in der BRD, hg. Gerhard Olschowy, Hamburg 1978
Daten zur Umwelt 1986/87, hg. Umweltbundesamt, Berlin 1986
Priebe, Hermann: Die subventionierte Unvernunft. Landwirtschaft und Naturhaushalt, Berlin 1985

6.5.5 Gesellschaft

Bolte, Karl Martin und Stefan Hradil: Soziale Ungleichheit in der Bundesrepublik Deutschland, Opladen 1984
Schäfers, Bernhard: Sozialstruktur und Wandel in der Bundesrepublik Deutschland, Stuttgart [3]1981
Fürstenberg, Friedrich: Sozialstruktur in der BRD, Opladen [4]1975
Sozialgeschichte der Bundesrepublik Deutschland. Beiträge zum Kontinuitätsproblem, hg. Werner Conze und M. Rainer Lepsius, Stuttgart [2]1985
Projekt Klassenanalyse. Materialien zur Klassenstruktur der BRD, 2 Bde., Berlin 1973-74
Klassen- und Sozialstruktur in der BRD 1950-1970, hg. Autorenkollektiv des Instituts für Marxistische Studien und Forschungen, Bd. 2-3, Frankfurt a.M. 1974-75
Arndt, Norbert: Das Volksvermögen in der Bundesrepublik Deutschland. Entwicklung und Verteilung seit 1950, Köln 1971
Zapf, Wolfgang: Wandlungen der deutschen Elite. Ein Zirkulationsmodell deutscher Führungsgruppen 1919-1961, München 1965

6.5.6 Kultur

Hermand, Jost: Kultur im Wiederaufbau. Die Bundesrepublik 1945-1965, München 1986
Hermand, Jost: Die Kultur der Bundesrepublik Deutschland 1965-85, München 1988
Glaser, Hermann: Kulturgeschichte der Bundesrepublik Deutschland, 3 Bde., München 1985-89
Brand, Karl-Werner, Detlef Büsser und Dieter Rucht: Aufbruch in eine andere Gesellschaft. Neue soziale Bewegungen in der Bundesrepublik Deutschland, Frankfurt a.M. 1986
Mast, Claudia: Aufbruch ins Paradies? Die Alternativbewegung und ihre Fragen an die Gesellschaft, Osnabrück 1980

Schnell, Ralf: Die Literatur der Bundesrepublik, Stuttgart 1986

Deutsche Gegenwartsliteratur, hg. Manfred Durzak, Stuttgart 1981

Schmied, Wieland: Malerei nach 1945 in Deutschland, Österreich und der Schweiz, Frankfurt a.M. 1974

1945-1985. Kunst in der Bundesrepublik Deutschland. Nationalgalerie Staatliche Museen Preußischer Kulturbesitz (Ausstellungskatalog), Berlin 1985

Klotz, Heinrich: Architektur in der Bundesrepublik, Frankfurt a.M. 1977

Köhler, Gabriele und Burkhard Schäfers: Leitbilder der Stadtentwicklung in der Bundesrepublik Deutschland, in: aus politik und zeitgeschichte B 46-47/1986, S. 29-39

Baumgartner, Hans Michael und Hans-Martin Sass: Philosophie in Deutschland 1945-1975, Meisenheim 1980

Vogt, Hans: Neue Musik seit 1945, Stuttgart 1972

Jahrbuch der öffentlichen Meinung (ab Bd. 6: Allensbacher Jahrbuch der Demoskopie), hg. Elisabeth Noelle und Erich Peter Neumann, bisher 8 Bde., Allensbach 1955 ff

Kmieciak, Peter: Wertstruktur und Wertwandel in der BRD, Göttingen 1976

Noelle-Neumann, Elisabeth und Renate Köcher: Die verletzte Nation. Über den Versuch der Deutschen, ihren Charakter zu ändern, Stuttgart 1987

Schmidtchen, Gerhard: Protestanten und Katholiken. Soziologische Analyse konfessioneller Kultur, Bern 1973

Hach, Jürgen: Gesellschaft und Religion in der Bundesrepublik Deutschland, Heidelberg 1980

Zoll, Ralf und Eike Henning: Massenmedien und Meinungsbildung. Angebot, Reichweite, Nutzung und Inhalt der Medien in der BRD, München 1970

Meyn, Hermann: Massenmedien in der Bundesrepublik Deutschland, Berlin 1979

Zender, Matthias: Der Volksbrauch in der heutigen Zeit, in: Der Deutschunterricht 15 (1963), H. 2, S. 5-20

Freizeit, hg. Reinhard Schmitz-Scherzer, Frankfurt a.M. 1974

Kulturindustrie und Ideologie, hg. Joachim Bischoff und Karlheinz Maldauer, 2 Bde., Hamburg 1980-82

Mezger, Werner: Schlager. Versuch einer Gesamtdarstellung unter besonderer Berücksichtigung des Musikmarktes der Bundesrepublik Deutschland, Tübingen 1975

Kneif, Tibor: Rockmusik, Reinbek 1982

Holtz, Christina: Comics. Ihre Entwicklung und Bedeutung, München 1980

Riha, Karl: Zok Roorr wumm. Zur Geschichte der Comics-Literatur, Steinbach 1970

6.5.7 Politische Ordnung

Greiffenhagen, Martin und Sylvia: Ein schwieriges Vaterland, München 1979

Ellwein, Thomas: Das Regierungssystem der Bundesrepublik Deutschland, Köln [5]1983

Sontheimer, Kurt: Grundzüge des politischen Systems der Bundesrepublik Deutschland, München [9]1984

Beyme, Klaus von: Das politische System der Bundesrepublik Deutschland, München [4]1979

Parteiensystem der BRD, hg. Dieter Staritz, Opladen 1976

Parteien-Handbuch. Die Parteien der Bundesrepublik Deutschland 1945-1980, 2 Bde., hg. Richard Stöss, Opladen 1983-1984

Weber, Jürgen: Die Interessengruppen im politischen System der Bundesrepublik Deutschland, Stuttgart 1977

Berghahn, Volker: Unternehmer und Politik in der Bundesrepublik 1949-1984, Frankfurt a.M. 1985

Zuviel Staat? Die Grenzen der Staatstätigkeit. Mit Beiträgen von Thomas Ellwein u.a., Stuttgart 1982

6.5.8 Außenpolitik

Pfetsch, Frank R.: Die Außenpolitik der Bundesrepublik 1949-1980, Eichstätt 1981

Noack, Paul: Deutsche Außenpolitik seit 1945, Stuttgart [2]1981

Hanrieder, Wolfram: Fragmente der Macht. Die Außenpolitik der Bundesrepublik, München 1981

Im Spannungsfeld der Weltpolitik: 30 Jahre deutsche Außenpolitik (1949-1979), hg. Wolfram Hanrieder und Hans Rühle, Stuttgart 1980

Baring, Arnulf: Außenpolitik in Adenauers Kanzlerdemokratie, München 1969

Außenpolitische Perspektiven des westdeutschen Staates, 3 Bde., München 1971-72

Handbuch der deutschen Außenpolitik, hg. Hans-Peter Schwarz, München 1975

Haftendorn, Helga: Sicherheit und Entspannung. Zur Außenpolitik der Bundesrepublik Deutschland 1955-1982, Baden-Baden 1983

Regionale Verflechtung der Bundesrepublik Deutschland. Europäische Analysen und theoretische Probleme, München 1973

Ziebura, Gilbert: Die deutsch-französischen Beziehungen seit 1945. Mythos und Realitäten, Pfullingen 1970

6.6 DDR

Staritz, Dietrich: Geschichte der DDR 1949-1984, Frankfurt a.M. 1984

Weber, Hermann: Grundriß der Geschichte der DDR 1945-1981, Hannover 1982

Weber, Hermann: Die DDR 1945-1986, München 1988

DDR Handbuch, hg. Bundesministerium für Innerdeutsche Beziehungen, Köln ³1985

Lehmann, Hans Georg: Chronik der DDR. 1945/49 bis heute, München 1987

Sontheimer, Kurt und Wilhelm Bleek: Die DDR. Politik, Gesellschaft, Wirtschaft, Hamburg ⁵1979

DDR. Mit Beiträgen von Walter Sperling u.a., Stuttgart 1983

Politik, Wirtschaft und Gesellschaft in der DDR, hg. Günter Erbe u.a., Opladen ²1980

Voigt, Dieter, Werner Voss und Sabine Meck: Sozialstruktur in der DDR. Eine Einführung, Darmstadt 1987

Windmöller, Eva und Thomas Höpker: Leben in der DDR, München 1980

Gaus, Günter: Wo Deutschland liegt. Eine Ortsbestimmung, Hamburg 1983

Fricke, Karl Wilhelm: Opposition und Widerstand in der DDR, Köln 1984

Fricke, Karl Wilhelm: Politik und Justiz in der DDR. Zur Geschichte der politischen Verfolgung 1945-1968, Köln 1979

Fricke, Karl Wilhelm: Die DDR-Staatssicherheit. Entwicklung, Strukturen, Aktionsfelder, Köln 1982

Handbuch DDR-Wirtschaft. Eine Bestandsaufnahme, hg. Deutsches Institut für Wirtschaftsforschung, Frankfurt a.M. ⁴1984

Damus, Renate: Der reale Sozialismus als Herrschaftssystem am Beispiel der DDR. Kritik der nachkapitalistischen Gesellschaft, Gießen 1978

Jäger, Manfred: Kultur und Politik in der DDR. Ein historischer Abriß, Köln 1981

Bruns, Wilhelm: Die Außenpolitik der DDR, Berlin 1985

Drei Jahrzehnte Außenpolitik der DDR, hg. Hans-Adolf Jacobsen u.a., München 1979

6.7 Österreich

Österreich. Die Zweite Republik, hg. Erika Weinzierl und Kurt Skalnik, 2 Bde., Graz 1972

Schulmeister, Otto: Der zweite Anschluß. Österreichs Verwandlung seit 1945, Wien 1979

Pisa, Karl: Österreich – Land der begrenzten Unmöglichkeiten, Stuttgart 1985

Das politische System Österreichs, hg. Heinz Fischer, Wien ²1977

Knoll, Reinhold und Anton Mayer: Österreichische Konsensdemokratie in Theorie und Praxis. Staat, Interessenverbände, Parteien und politische Wirklichkeit, Wien 1976

Stourzh, Gerald: Geschichte des Staatsvertrags 1945-1955, Graz 1985

6.8 Schweiz

Die Schweiz seit 1945, hg. Erich Gruner, Bern 1971

Handbuch der schweizerischen Außenpolitik, hg. Alois Riklin, Bern 1975

Wittmann, Walter: Wohin treibt die Schweiz? Die Schweiz in den achtziger Jahren – verpaßte Chancen oder Bewältigung der Zukunft, Bern 1979

Ziegler, Jean: Eine Schweiz, über jeden Verdacht erhaben, Darmstadt 1976

Riklin, Alois und Roland Klug: Stimmabstinenz und direkte Demokratie. Ursachen – Bewertungen – Konsequenzen. Daten zur direkten Demokratie in der Schweiz, Bern 1981

Schweiz – Bundesrepublik Deutschland. Wirtschaftliche, politische und militärische Aspekte im Vergleich, hg. Reinhold Biskup, Stuttgart ²1985

Bildquellen-Nachweis

John Deere Werke Zweibrücken 1.3
Thyssen AG, Duisburg 2.4
Stadtarchiv Ulm 3.3
Stadt Essen 4.1; 4.2; 4.3
Städtisches Museum Braunschweig 5.1
Hanseatische Luftfoto-Gesellschaft, Hamburg (Freigabe Nr. LA Mmb 414178) 5.3
Bayer AG 6.4
Neue Nationalgalerie Berlin-West 8.1
Damals-Archiv (Schusterwerkstatt am Sonntagmorgen, Theodor Hosemann, 1845) 8.2
Öffentliche Kunstsammlung Basel, Kunstmuseum (Sebastian Gutzwiller, Basler Familienkonzert, 1849) 8.3
Landesmuseum Schleswig 8.4
Kunsthistorisches Museum Wien 10.1
Willi Fix, Speyer (Luftbildfreigabe 13029-4, Bezirksregierung Rheinhessen-Pfalz) 10.2
Stadt Würzburg 11.4
Staatsgalerie Stuttgart 11.7
Österreichische Galerie, Wien 11.8
Galerie der Stadt Stuttgart, 11.10
Josef Keller Verlag, Starnberg 11.11
Schleswig-Holsteiner Kunstverein, Kiel 11.14
Bayrisches Landesamt für Denkmalpflege 14.1
Staatliche Museen zu Berlin 14.4
Transglobe Agency 14.5
Braith-Mali-Museum, Biberach a.d.R. 15.3
Nixdorf Computer, Paderborn 15.5
Allgemeiner Deutscher Nachrichtendienst Zentralbild 18.7; 18.8
ADN Luftbild Nr. 153680 19.1
Landesbildstelle Württemberg, Stuttgart 19.2
Historisches Archiv Friedr. Krupp GmbH, Essen 21.1; 21.2; 21.3
Bilderdienst Süddeutscher Verlag, München 22; 23.3; 23.4; 24.1; 24.2; 24.3; 29.2; 30.1; 30.2
Bundesbildstelle Bonn 24.4; 25.4; 27.4; 27.5; 28.8
Agfa Foto-Historama, Köln 25.3
Graf von Kanitz, Selm-Cappenberg 26.1
Kurpfälzisches Museum Heidelberg 26.3
Landesbildstelle Berlin 5.2; 27.2; 29.1
Bertelsmann Lexikon Verlag 20.4
DPA 27.6

Register

279, 283, 289, 295, 301, 305, 312f, 321f, 325f,
332, 335, 343, 345, 357, 380, 385, 392, 409f,
420, 422-27, 429, 436-38, 441, 449, 458f, 466,
482, 484, 487, 493, 496, 498, 505, 517, 522,
524, 551f, 554f, 556f, 559f, 567, 576f, 582,
586, 588, 632, 649, 686, 702f, 712, 723-25,
729f, 743, 750
Bayern, Rep.   824, 878, 884, 888f, 892, 946f,
1055, 1093f
Bayern, Volk/Stamm   31-39, 43, 46, 123
Bayernpartei   1094
BDN   (Bund   Deutscher   Nationalsozialisten)
1086
Beamte   50, 120, 232, 238f, 241, 267, 339,
341f, 344, 363, 369, 384, 386-90, 392, 395f,
401, 410, 421, 434, 436, 444, 448, 463, 465,
481, 483, 500, 502, 504, 507, 511f, 518, 521,
523, 542, 545, 574, 576f, 579, 581, 583f, 587-
589, 591, 593, 607, 612, 662f, 665, 667f, 670f,
677, 679, 732, 734, 743, 747, 751f, 774, 800,
811, 830, 832, 834f, 844, 879-81, 885, 887,
889, 892, 899f, 909-13, 915, 1005, 1007f, 1010-
1012, 1019, 1073f, 1085-87, 1096, 1156
Beamtenbund siehe Deutscher Beamtenbund
Beat-Musik   1033, 1042, 1049
Beatrix, Tochter Kg. Philipps   129
Bebel, August   522, 740f, 752f
Beck, Ludwig   912f
Beckmann, Max   855
Beckurts, Karl Heinz   1088
Beefsteak   653
Beethoven, Ludwig van   534f, 546
Befähigungsnachweis   für   Handwerker   483,
650, 816, 1075
Befestigungsrecht   119, 126, 129, 131, 133,
138, 230, 238, 691
Befreiungshalle bei Kelheim   563
Befreiungskriege   555-57, 559, 561, 563, 576
Begarden   209
Beginen   209
Behaim, Martin   295
Behring, Emil von   645
Beichte   102, 108, 211, 307f, 344
Bekennende Kirche   900, 908
Belgien   31, 80, 371, 476, 490, 521, 550f, 556,
558f, 562, 655, 679, 722, 738, 758, 761, 779f,
783, 799, 867, 870f, 873, 928f, 938, 941f, 947,
965, 1000, 1057, 1061, 1126
Belgrad, Frieden von 1739   461
Belgrad, Stadt   460f, 1119
Belzec   916
Benedetti, Vincent Graf   723
Benediktiner   196
Benevent, Fsm./Hzm.   34, 36, 40, 44f, 118,
147
Benn, Gottfried   715
Benz, Karl   626
Benzin   818, 1001
Berchtesgaden, Abtei   331
Berengar I., Mgf. von Friaul   42f
Berg, Hzm./Ghzm.   313, 425, 576
Bergakademie   414, 490
Bergbau   184, 187, 196, 257f, 260-62, 269-71,
281, 284, 295, 371, 374, 394, 396, 483, 485,

489f, 492, 621f, 626, 635-38, 649, 651, 669,
676, 814, 821, 946, 977, 979, 982, 988, 995,
1013, 1089
Bergen   191
Bergengruen, Werner   857
Bergfried   70
Bergisches Land   493
Bergius, Friedrich   818
Bergleute; Bergknappen   164, 259, 267, 270,
281, 284, 334f, 394, 408, 504, 508, 512, 662
Bergmann, Ernst von   646
Bergwerk siehe Bergbau
Berlin   174, 267, 368, 370, 376f, 380, 383, 386f,
414, 427, 429, 465, 489f, 493, 526f, 533, 544,
567, 586, 591, 593f, 631, 633, 637, 639-43,
645, 654f, 659, 683, 696, 699, 708, 723, 729,
731, 748, 754, 774, 824f, 848, 854, 859, 879-
81, 913, 926, 947-50, 998f, 1053, 1056f, 1062,
1142, 1152
Berlin, Ost   999, 1056, 1063f, 1085, 1105, 1152
Berlin, West   950, 953, 999, 1015, 1043, 1053,
1056f, 1062f, 1066, 1069, 1087, 1100, 1104,
1117, 1142, 1152
Berlinabkommen 1971   1069
Berliner   Blockade   1948   1056, 1059, 1062,
1121
Berliner Kongreß 1878   769
Berliner Mauer   999, 1066f, 1104f, 1150
Berliner Vertrag 1926   927
Berliner, Emil   697
Bern   98, 179, 209, 212, 219, 241, 493
Bernstein   82, 191
Bernstein, Eduard   753
Berthold   von   Henneberg,   Kft.   von   Mainz
315f
Berufsschule   684
Berufsstände   siehe   Ständestaat,   österreichi-
scher
Besatzungsstatut, BRD 1949   1057, 1061
Besatzungsstatut,   West-Berlin   1951   1062f,
1069
Besatzungszonen 1945-49   947f, 976f, 1054-58,
1072f
siehe auch Bizone, SBZ
Besitzbürgertum   510, 512, 516, 561, 581, 585,
592f, 597, 611, 830, 836, 869
besonderes Gewaltverhältnis   587, 1091
Bessarabien   802, 935
Bessemerverfahren   627
Bethmann Hollweg, Theobald von   756, 778
Beton   628, 855, 1041, 1048
Betriebsrat   838, 841f, 883, 1013, 1021
Betriebskampfgruppen
siehe Kampfgruppen der Arbeiterklasse
Betriebswirtschaftslehre   697
Bettelorden   109, 196, 210
Bettelordnung   395
Bettler   85f, 92, 196, 198, 202, 208, 235, 255f,
275f, 285, 343, 385, 394f, 504, 508f, 662, 907
Beumelburg, Werner   857
Beuys, Joseph   1042
„Bewegung zweiter Juni"   1088
BGB (Bauern-, Gewerbe- und Bürgerpartei)
917f, 1110

1254

Gilde 84, 96, 201-03, 228, 239, 285, 395f
Giro 267, 493, 631, 997
Gitarre 1032
Glarus 240f, 413
Glas 102, 180, 258, 260, 262f, 290, 366, 372, 378, 381, 406, 494, 497, 628, 655, 855, 1039f, 1048
Glasfaser 990
Glasfenster 180, 214, 262, 381, 1039, 1048
Glaubensfreiheit 472, 580, 622
  siehe auch Toleranz
Gleichschritt 438, 463
Globalsteuerung 981f, 1040, 1048
Globke, Hans 1075
Globus 295
Glühbirne 627, 642
Glyptothek, München 526
Gneisenau, Neidhardt von 576
Gnesen, Ebm. 152
Gnesen, Stadt 166
Gobelin 366, 372, 400
Godesberger Programm 1096
Goebbels, Joseph 861, 891, 905
Goerdeler, Carl 913
Goethe, Johann Wolfgang von 416, 531, 535, 537, 691, 850
Gograf 52, 134, 136
Gold 82, 262, 265, 349, 372, 631
Goldene Bulle 220
Goldmacherei 296, 368, 540
„Der Golem", Film 853
Golf 697
Golfkrieg 1160
Göllheim, Schlacht bei 1298 223
Göpel 260
Gorbatschow, Michael 1137, 1149, 1151, 1158f
Goremykin, Iwan 796
Göring, Hermann 826, 861, 897, 899, 908f, 913
Goslar 69, 71, 80
Gotha 642
Gotik 98, 213-15, 292, 537
Gotland 215, 246
Gottesfrieden 141f
Gottesgnadentum 119, 137, 339, 432, 440, 445, 762, 904
Gottesurteil 105, 141, 233
Gotthelf, Jeremias 540
Göttingen 414, 493
Gouvernement 448
Graf; Grafschaft 36, 40, 52-54, 71, 86, 92, 118f, 122f, 126, 134, 136, 139, 194, 218, 229f, 237, 242, 278, 290, 310, 418, 420, 504, 552, 557
Grammophon 697
Gran, Ebm. 152
Gran, Stadt 362
Granate 627f
Graphologie 851
Grass, Günther 1039
Gratian, Mönch 134
Gregor VII., Papst 124f
Gregor XIII., Papst 304

Gregorianik 111
gregorianische Kalenderreform 304
Grenzmark siehe Markgrafschaft
Griechenland 546, 728, 776, 939, 941f, 967, 1077
Grien, Hans Baldung 292
Grimm, Jacob 541f
Grimm, Wilhelm 541f
Groningen 318, 327
Gropius, Walter 855
Großbritannien; Briten 362, 386, 411, 423, 427-29, 441, 450-53, 457-59, 461, 464f, 476, 478, 480, 485, 490-92, 507, 521, 534, 540, 547f, 550-52, 555-59, 562, 568f, 576, 586, 600, 605, 617, 619, 625, 627f, 634, 648f, 651, 655, 663, 666, 678-80, 683f, 708, 716, 719, 721, 728, 758, 761f, 765f, 768-82, 784-86, 797, 804, 816, 818, 824, 835, 860, 869, 872, 925f, 928f, 931f, 934-40, 943, 946-50, 954, 973, 975-978, 1000, 1002, 1009, 1014, 1025, 1053, 1055f, 1061, 1064, 1072f, 1077, 1081, 1085, 1112, 1117, 1122-29, 1138, 1149, 1151, 1158, 1160
  siehe auch England
Großbuchstaben 402
Großbürgertum 386f, 411, 496, 595, 655, 661, 664-66, 668, 682, 691f, 732, 834
großdeutsche Idee 569, 717, 726, 747, 801, 803, 873, 1109
Großdeutsche Volkspartei 892
„Große Depression" 623
Große Koalition, BRD 1087, 1094, 1097f
Große Koalition, Österreich 1109
Große Koalition, Weimarer Rep. 886, 890f
Großfamilie 93
Grosz, George 853
„Gründerzeit" 623, 649, 708
Grundgesetz der BRD 599, 920, 955, 967, 978, 1014, 1056f, 1064, 1068, 1076-80, 1138, 1152
Grundherr 54-56, 79f, 82, 84-87, 89-96, 119, 134, 136, 164f, 183, 193, 195, 199, 231, 236, 238f, 242, 267, 273f, 281-85, 331, 337, 340, 368, 378f, 385, 393f, 506, 517f, 573, 575, 593
Grundherrschaft 51, 54-57, 79, 94f, 133, 137-139, 194, 196, 200f, 228-30, 237, 271, 280, 283f, 333f, 339-41, 387, 393, 434, 448, 480, 482, 499, 503, 505, 509, 583, 592f, 598, 659
Grundlagenvertrag BRD-DDR 1972 1068, 1070f
Grundrechte 567, 580, 589, 594f, 598, 1077, 1087, 1122
  siehe auch Menschenrechte
Grundruhrrecht 190
Grundschule 851, 1041
Grüne 1094-96, 1099, 1109, 1156
Grünewald, Matthias 292
Grütze 73, 381
Guevara, Ernesto gen. Che 1043
Guinea 370
Gulasch 653
Gulden 267
Günther, Gf. von Schwarzburg und Gegenkg. 224

1270

548-50, 557f, 571
Polen 1807-13 siehe Warschau, Ghzm.
Polen, österreichischer Teil 1772-1918   558, 732
siehe auch Galizien
Polen, preußischer Teil 1772-1916   473, 558, 732
siehe auch Posen, Westpreußen
Polen, russischer Teil 1815-1916   558, 610f, 719, 732, 781, 783
Polen, Republik   728, 785f, 797, 799-803, 867, 871, 875, 913, 915, 923, 925-27, 929-31, 934-938, 941f, 946-48, 960f, 963f, 1073, 1075, 1119, 1122-24, 1129, 1137, 1143, 1147, 1149, 1158f
Polen, Volk   145, 151, 215, 462, 473f, 554, 565, 612, 614, 728, 730-32, 740, 743, 754, 797, 802, 867, 941f, 960, 1076, 1107, 1122f
siehe auch Ruhrpolen, Wasserpolen
Polenfeldzug 1939   802, 913, 937
Politbüro   1100-02, 1107, 1154f
Politische Ökonomie   1029
Politologie   1028
Polizei; Polizisten   139, 141, 234, 338, 342f, 412, 439, 499, 525, 579, 586, 590f, 670, 747, 750, 757, 888, 895, 898, 909, 996f, 1020, 1062, 1073, 1080, 1084, 1087-89, 1100, 1104, 1106, 1154, 1156
Polizeiordnung   343f, 436
siehe auch Reichspolizeiordnung
Polka   528
polnische Sprache   473, 614, 800
polnische Teilung von 1772   454, 462, 471, 473
polnische Teilung von 1793   473, 548, 550, 553
polnische Teilung von 1795   473, 548, 550, 553
Polterabend   106
Polyamid   818
Polytechnische Anstalten   490, 542, 544f, 685
siehe auch Technische Hochschulen
polytechnischer Unterricht   1051
Polyvinylchlorid (PVC)   990
Pommerellen   166-68, 246f
Pommern   98, 145, 149, 152f, 154, 156, 163-67, 227, 246, 254, 283, 295, 301, 312, 324-26, 362, 392f, 424f, 428f, 446, 559, 639, 867, 935
Ponto, Jürgen   1088
Pop-Art   1041
Popper, Karl   857f, 1039
Poppo, Ebf. von Trier   67
Pornographie   854, 864, 1031, 1045, 1052, 1148
Porträt   207, 273, 289, 308, 402, 522, 528f, 854
Portugal; Portugiesen   256f, 268, 314, 356, 442, 494, 758-60, 942
portugiesische Sprache   356, 609
Porzellan   368, 372, 374, 381, 403, 463, 494, 497, 655
Posen, Provinz   472, 558, 568, 614, 730, 867
Posen, Stadt   166
Post   82, 266f, 327, 354, 374, 376, 485, 494, 507, 563, 585, 630f, 633, 687, 736f, 750, 814, 824, 979, 1062, 1066, 1068, 1107
Poster   1032
Postkarte   631, 688

Potsdam, Tag von 1933   912
Potsdamer Konferenz 1945   948, 960-62, 1053-1055, 1072
Pottasche   258, 628
Prag, Bm./Ebm.   152f
Prag, Frieden von 1635   324f
Prag, Frieden von 1866   722, 731
Prag, Schlacht von 1757   429
Prag, Stadt   166, 206, 322, 345, 567, 853, 1154
Pragmatische Sanktion   425
Pranger   234, 382, 587
Prater   526
Přemysliden   223
Pressefreiheit   580, 592f, 747, 756
Preßlufthammer   821
Preußen, Ordensgebiet/Hzm.   156, 165f, 168, 191, 217, 237f, 246, 247, 283, 301, 313, 352f, 369, 422, 424f, 441f, 448
siehe auch Ostpreußen
Preußen, Kgr.   57, 374, 376, 389, 391, 395, 425, 427-29, 435f, 438f, 444-46, 450, 453, 459-62, 464f, 473-75, 481-84, 489, 499, 503, 505, 507, 511, 517f, 520f, 541, 547-62, 565-72, 576f, 582-89, 591-93, 595, 611, 614, 625, 632, 635, 642f, 648f, 651, 662, 670, 674, 676, 678, 684-87, 695, 717-27, 729f, 737-40, 747-52, 754-56, 760, 762, 764f, 877f, 881, 1072, 1077
Preußen, Rep.   878, 881, 887, 891, 895, 897-900, 947, 953
Preußen, Volk   98, 145, 152, 155f, 254
preußische Reformen siehe Reformzeit
Priesterseminar   279, 303, 305
Primogenitur   332
Privileg   101, 135, 183, 191, 193, 268, 343, 372, 390, 418, 472, 474, 482f, 498-500, 549, 575, 580f, 592, 596, 598, 740
Produktionsfondsabgabe   985, 1021
Produktivität siehe Arbeitsproduktivität
Professor   206, 290, 343, 533, 536, 546, 585, 589f, 593, 665, 703, 885, 899f, 909f, 1008, 1084
Proletarische Hundertschaften   889
Propaganda siehe Kriegspropaganda, national-sozialistische Propaganda
Proporzprinzip   1109f
Prostituierte   210, 212, 308, 672, 680, 709, 864, 907, 1036
Protestanten; Protestantismus   295, 302-07, 320-24, 356f, 408, 410, 415, 439, 522f, 533, 663, 702f, 709, 727, 743, 746, 856, 1035, 1039
siehe auch Calvinisten, Täufer
Provence   41f
Provinziallandtag   588, 750
Provisorische Nationalversammlung, österreichische 1918   869, 878
Prozession   69, 106, 202, 209, 304, 408f
Prämonstratenser   196
Psychoanalyse   700f, 859f, 1041
Psychologie   525, 541, 699f, 851, 1028f, 1072
psychosomatische Erkrankungen   69, 543, 1002
Ptolemäus   297
Pubertät   95, 647
Puddelverfahren   627

Tagsatzung 241, 243, 326, 441
Taler 267
Tannenberg, Schlacht bei 1410 246
Tannenberg, Schlacht bei 1914 780f, 890
Tanz 113, 205f, 210f, 289, 308, 344, 400f, 403, 405, 408, 528, 696, 712, 854, 856, 864
Tanzlokal 522, 696
Tapete 366, 381, 463
Tarifautonomie 841, 891, 1014, 1145
Tarifverträge, kollektive 675, 814, 838-41, 1018
Tarnowitz/Oberschlesien 490
Tarnow und Gorlice, Schlacht von 1915 781
Taschentuch 264, 403
Tauchsieder 826
Taufe 102, 105, 277, 344, 389, 514, 702
Täufer 300-03, 346
Tauroggen, Konvention von 1812 555
Taxis siehe Thurn und Taxis
Taylor, Frederick Winslow 821, 995
Techniker 490, 624, 662
Technische Hochschulen 685, 697
Technische Truppen 332
Technische Überwachungsvereine 464, 517
Tee 73, 382
Teilzeitarbeit 1016
Telefon 491f, 631, 639, 643, 650f, 687, 789f, 824, 996f, 1004, 1062, 1066, 1068f, 1107
Telegraphie 627, 631f, 639, 650, 687, 722
Teleskop 1028
Telex 824, 997
Tell, Wilhelm 240, 326
Tennis 697, 1032
Teppich 72, 94, 113, 181, 372, 497, 654f
Terroristen 590, 1035, 1088f, 1099, 1120, 1123
Teschen, Frieden von 1779 430
Tessin 313
Tettnang, Gft. 331
Teufel 69, 105, 208, 210f, 295, 306-08, 408, 415
Teutoburger Wald, Schlacht im 9 n.Chr. 29, 563
Textilgewerbe/-industrie 186f, 269, 368, 376, 380, 476, 489f, 492f, 508, 623, 626, 628, 637, 639f, 681, 814, 818, 821, 975, 981, 988, 1016
Thaer, Albrecht 479, 485
Thankmar, Halbbruder Kg. Ottos I. 43
Theater 388, 398, 401f, 404, 408, 417, 466, 525-27, 529-32, 601, 613, 689-91, 696, 704, 756, 790, 796, 799, 833, 842, 849, 853-56, 859, 864, 1012, 1025, 1032f, 1036f, 1041, 1044, 1047, 1049, 1051f, 1147
siehe auch Schauspiel
Theologe 182, 207, 270, 280, 295, 298, 300, 303f, 306f, 357, 415, 507, 524, 535, 701
Theologie 111, 295, 392, 410, 412-14, 466, 523, 539, 709
Thermometer 367
Thietmar, Bf. von Merseburg 105
Thing 50-52, 134, 234
Thomas von Aquin 94, 212
Thomasverfahren 634
Thorn, Frieden von 1411 247

Thorn, Stadt 261
Thurn und Taxis 266, 327, 585
Thyssen-Konzern 637
Thüringen 33, 36, 41f, 44, 117, 119f, 124, 128, 218, 223, 300f, 335, 337, 393, 484, 730, 879, 888f, 896, 1152
Thüringer, Volk 31-33, 35, 39
Thälmann, Ernst 883
Tibet 775
Tieck, Ludwig 535
Tierschutzgesetzgebung 525, 712, 865
Tierschutzverein 525
Till Eulenspiegel 289
Tilly, Johann Tserclaes Graf von 322-24
Tirol 224, 238, 258, 279, 313f, 321, 331, 333, 336f, 450, 484, 552, 554f, 558, 565, 734, 868, 870
siehe auch Südtirol
Tiroler Aufstand 1809 554f
Tiroler Landesordnungen 1526, 1532, 1574 337, 340
Tirpitz, Alfred von 775f
Tischzucht 114
Tjost 113
Tobago 370
Todesstrafe 36, 50, 142, 150, 235, 255, 284, 301, 307, 337, 346, 395, 408, 437, 439f, 447, 587, 907, 912, 955, 1092
Toggenburg, Gft. 331
Togo 771
Toleranz, konfessionelle 254, 303, 306, 323, 344, 415, 445f, 583, 914, 1139
Tollkirsche 102
Tomate 76, 259
Tonbandgerät 1004
Töpfer 79, 186
Torgau 947
Torpedo 628
Toskana 118, 149, 217, 221, 459, 558
Totalitarismus 1059
Totentanz 211
Toul, Bm. 325
Toul, Reichsstadt 321
Tourismus 601, 696, 712, 715, 820, 986, 989, 1005, 1030
Trafalgar, Schlacht bei 1805 552
Tragödie 399, 417
Trakl, Georg 715
Traktor 823, 864, 993
Transferrubel 1141
Travemünde 528
Treblinka 916
Trentino 732, 868, 965
Treuhandanstalt 1088, 1141
„Treuhänder der Arbeit" 841f
Tribur, Fürstentag von 1076 124
Tridentinisches Konzil 279, 302f, 357, 409
Trier, Ebm. 140, 220, 312
Trier, Stadt 80, 140, 388, 525
Triest 568, 732, 783
Tripolis 154
Triumphbogen 404
Trivialkultur 530f, 601, 695f, 709, 711f, 1031-1033, 1148